주제별
형사판례정리 Ⅱ

(2021. 1. 1 ~ 2023. 11. 15)

글샘

Content

제1편 형법총칙 - 1

제1장 형법의 적용범위 3
제2장 죄(罪) 53
1. 죄의 성립과 형의 감면 (제9조-제24조) 53
2. 공범 (제30조-제34조) 89
3. 경합범(제37조-제40조), 포괄일죄 93

제3장 형(刑) 97
1. 몰수와 추징 (제48조) 97
2. 형의 양정 (제51조-제58조) 108
3. 형의 선고유예 (제59조-제61조) 140
4. 형의 집행유예 (제62조-제65조) 141

제2편 형법각칙 - 145

제1장 공안을 해하는 죄 147
제2장 공무원의 직무에 관한 죄 147
1. 직무유기 (제122조) 147
2. 직권남용권리행사방해 (제123조) 151
3. 공무상비밀누설 (제127조) 199
4. 수뢰·사전수뢰 (제129조) 201
5. 제3자 뇌물수수 (제130조) 201
6. 수뢰후부정처사, 사후수뢰 (제131조) 202

제3장 공무방해에 관한 죄 205
1. 공무집행방해 등 (제136조, 제144조) 205
2. 위계공무집행방해 (제137조) 220
3. 공무상표시무효 등 (제140조) 237
4. 특수공무집행방해 등 (제144조) 237

제4장	도주와 범인은닉의 죄	237
제5장	위증과 증거인멸의 죄	238
	1. 위증 (제152조)	238
	2. 증거인멸 등 (제155조)	238
제6장	무고의 죄	243
제7장	방화와 실화의 죄	244
제8장	교통방해의 죄	244
제9장	통화에 관한 죄	244
제10장	유가증권 등에 관한 죄	244
제11장	문서에 관한 죄	245
	1. 공문서 등의 위조·변조·행사 (제225조, 제229조)	245
	2. 허위공문서작성·행사 (제227조, 제229조)	256
	3. 공전자기록위작·변작 (제227조의2)	270
	4. 공정증서원본불실기재·행사 (제228조, 제229조)	270
	5. 공문서 등의 부정행사 (제230조)	271
	6. 사문서위조 · 변조 · 행사 (제231조, 제234조)	275
제12장	인장에 관한 죄	278
제13장	성풍속에 관한 죄	278
제14장	도박과 복표에 관한 죄	278
	1. 도박 · 상습도박 (제245조 제1항, 제2항)	278
	2. 도박개장 (제247조)	278
제15장	살인 등의 죄	278
제16장	상해와 폭행의 죄	279
제17장	과실치사상의 죄	283
제18장	유기와 학대의 죄	297
제19장	체포와 감금의 죄	298
제20장	협박의 죄	304

… Content

제21장 약취, 유인 및 인신매매의 죄	308
제22장 강간과 추행의 죄	313
제23장 명예에 관한 죄	353
제24장 신용·업무와 경매에 관한 죄	416
1. 신용훼손 (제313조)	416
2. 업무방해 (제314조)	416
3. 입찰방해 (제315조)	441
제25장 주거침입의 죄	445
1. 주거침입 (제319조)	445
제26장 권리행사를 방해하는 죄	531
1. 권리행사방해 (제323조)	531
2. 강요 (제324조)	531
3. 강제집행면탈 (제327조)	533
제27장 절도와 강도의 죄	534
1. 절도 (제329조)	534
2. 야간주거(방실)침입절도 (제330조)	534
3. 특수절도 (제331조)	534
4. 강도 (제333조)	534
제28장 사기와 공갈의 죄	538
1. 사기 (제347조)	538
2. 공 갈 (제350조)	554
제29장 횡령과 배임의 죄	555
1. 횡 령 (제355조 제1항)	555
2. 업무상횡령 (제365조)	593
3. 배임 (제355조 제2항)	594
4. 업무상배임 (제356조)	612
5. 배임수·증재 (제357조)	626
제30장 장물에 관한 죄	629
제31장 손괴에 관한 죄	630

제3편 형사특별법 - 633

제1장 교통관련법 ·· 635
1. 특정범죄가중처벌등에관한법률위반(도주차량)(제5조의3) ··············· 635
2. 특정범죄가중처벌등에관한법률위반(위험운전치사상) ······················ 635
3. 교통사고처리특례법위반 ··· 640
4. 도로교통법위반 ··· 675

제2장 스토킹범죄의 처벌 등에 관한 법률 ·· 705
제3장 성폭력범죄의 처벌 등에 관한 특례법(구 성폭력범죄의 처벌 및 피해자보호 등에 관한 법률) ········ 716
제4장 아동·청소년의 성보호에 관한 법률 ······································ 739
제5장 식품위생법 ·· 743
제6장 특정경제범죄 가중처벌 등에 관한 법률 ·································· 754
제7장 특정범죄가중처벌 등에 관한 법률 ·· 763
제8장 폭력행위 등 처벌에 관한 법률 ·· 773
제9장 변호사법 ·· 811
제10장 청소년보호법 ·· 826
제11장 정보통신망 이용촉진 및 정보보호 등에 관한 법률 ················ 827
제12장 특정강력범죄의 처벌에 관한 특례법 ·································· 850
제13장 기타 법률 ·· 851

제4편 형사소송법 - 1311

제1장 총 론 ·· 1313
제2장 수사 및 공소제기 ·· 1322
제3장 제1심 공판절차 ·· 1460
제4장 상소심 절차 ·· 1564
제5장 특수절차 ·· 1595

판례목차

제1편 형법총칙

Ⓐ 대법원 2021. 08. 26 선고 2020도12017 판결 [법정소동ㆍ공무집행방해ㆍ일반교통방해ㆍ집회및시위에관한법률위반] ···3

Ⓑ 대법원 2021. 12. 30 선고 2017도15175 판결 [노동조합및노동관계조정법위반] ·················7

Ⓑ 대법원 2022. 03. 11. 선고 2018도18872 판결 [업무상배임ㆍ게임산업진흥에관한법률위반] ·············11

Ⓐ 대법원 2022. 12. 22. 선고 2020도16420 전원합의체 판결 [사기ㆍ전자금융거래법위반ㆍ교통사고처리특례법위반(치상)ㆍ도로교통법위반(무면허운전)ㆍ도로교통법위반(음주운전)] ·················13

Ⓑ 대법원 2022. 12. 29. 선고 2022도10660 판결 [아동ㆍ청소년의성보호에관한법률위반(상습성착취물제작ㆍ배포등)ㆍ아동복지법위반(아동에대한음행강요ㆍ매개ㆍ성희롱등)ㆍ아동ㆍ청소년의성보호에관한법률위반(성착취물소지)ㆍ미성년자의제유사강간] ·················37

Ⓑ 대법원 2023. 02. 23 선고 2022도4610 판결 [변호사법위반] ·················40

Ⓐ 대법원 2023. 03. 09 선고 2022도16120 판결 [실화] ·················43

Ⓑ 대법원 2023. 03. 13 선고 2021도3652 판결 [위계공무집행방해ㆍ출입국관리법위반] ·················45

Ⓒ 대법원 2023. 05. 18 선고 2022도10961 판결 [농수산물의원산지표시등에관한법률위반] ·················48

Ⓐ 대법원 2021. 03. 25 선고 2017도17643 판결 [모욕] ·················53

Ⓑ 대법원 2021. 08. 19 선고 2020도14576 판결 [상관모욕] ·················57

Ⓑ 대법원 2021. 11. 25. 선고 2021도10903 판결 [저작권법위반방조] ·················60

Ⓑ 대법원 2021. 12. 30 선고 2021도9680 판결 [재물손괴] ·················65

Ⓑ 대법원 2022. 08. 25 선고 2020도16897 판결 [모욕] ·················69

Ⓐ 대법원 2022. 10. 27. 선고 2019도10516 판결 [폭력행위등처벌에관한법률위반(공동주거침입)ㆍ업무방해] 72

Ⓑ 대법원 2022. 10. 27. 선고 2019도14421 판결 [출판물에의한명예훼손ㆍ모욕] ·················76

Ⓑ 대법원 2023. 04. 27 선고 2020도6874 판결 [폭행] ·················79

Ⓑ 대법원 2023. 05. 18 선고 2017도2760 판결 [업무방해] ·················83

Ⓐ 대법원 2022. 06. 30. 선고 2020도7866 판결 [마약류불법거래방지에관한특례법위반방조] ·················89

Ⓒ 대법원 2020. 11. 12. 선고 2019도11688 판결 [상표법위반] ·················93

Ⓑ 대법원 2021. 10. 14 선고 2021도8719 판결 [특정범죄자에대한보호관찰및전자장치부착등에관한법률위반ㆍ재물손괴] ·················95

Ⓑ 대법원 2021. 07. 21 선고 2020도10970 판결 [폐기물관리법위반] ·················97

Ⓑ 대법원 2021. 10. 14 선고 2021도7168 판결 [국민체육진흥법위반·정보통신망이용촉진및정보보호등에관한법률위반(음란물유포)] ·· 99

Ⓑ 대법원 2022. 11. 17. 선고 2022도8662 판결 [사기] ·· 102

Ⓑ 대법원 2022. 12. 29. 선고 2022도8592 판결 [도박공간개설] ······································ 106

Ⓐ 대법원 2021. 01. 21. 선고 2018도5475 전원합의체 판결 [특수상해미수·폭행] ············ 108

Ⓑ 대법원 2023. 07. 13 선고 2023도2043 판결 [살인·성폭력범죄의처벌등에관한특례법위반(특수강제추행)·특수상해·특수폭행·상습폭행·폭행] 〈사형을 선고한 원심판결에 대해 양형부당을 주장한 사건〉 135

Ⓑ 대법원 2023. 06. 29 자 2023모1007 결정 [집행유예취소인용결정에대한재항고] ········· 141

제2편 형법각칙

Ⓐ 대법원 2022. 06. 30. 선고 2021도8361 판결 [직무유기] ·· 147

Ⓐ 대법원 2020. 12. 10. 선고 2019도17879 판결 [위계공무집행방해·직권남용권리행사방해·허위공문서작성·허위작성공문서행사] ··· 151

Ⓐ 대법원 2021. 03. 11. 선고 2020도12583 판결 [특정범죄가중처벌등에관한법률위반(국고등손실)[피고인 1, 피고인 3에 대한 예비적죄명 및 피고인 2에 대한 일부 예비적 죄명: 특정경제범죄가중처벌등에관한법률위반(횡령), 피고인 2, 피고인 10에 대한 일부예비적 죄명: 업무상횡령, 피고인 2에 대한 일부 예비적 죄명:업무상배임, 피고인 2, 피고인 3에 대하여 일부 인정된 죄명: 업무상횡령]·위증·국가정보원법위반(피고인 9에 대하여 일부 변경된 죄명: 강요)·업무방해·노동조합및노동관계조정법위반·업무상횡령·뇌물공여·허위공문서작성·허위작성공문서행사·정보통신망이용촉진및정보보호등에관한법률위반(명예훼손)] ·· 156

Ⓐ 대법원 2022. 10. 27. 선고 2020도15105 판결 [정치관여·직권남용권리행사방해·뇌물수수·대통령기록물관리에관한법률위반·군사기밀보호법위반] ·· 182

Ⓐ 대법원 2023. 04. 27 선고 2020도18296 판결 [직권남용권리행사방해] ······················· 190

Ⓑ 대법원 2021. 11. 25. 선고 2021도2486 판결 [공무상비밀누설] ·································· 199

Ⓑ 대법원 2021. 02. 04. 선고 2020도12103 판결 [수뢰후부정처사(일부인정된 죄명: 뇌물수수)·공무상비밀누설·증거인멸교사] ··· 202

Ⓐ 대법원 2021. 09. 16. 선고 2015도12632 판결 [특수공무집행방해치상·업무방해·폭력행위등처벌에관한법률위반(공동재물손괴등)·건조물침입] ··· 205

Ⓑ 대법원 2021. 10. 14. 선고 2018도2993 판결 [공무집행방해·일반교통방해·집회및시위에관한법률위반] 210

Ⓐ 대법원 2022. 03. 17. 선고 2021도13883 판결 [공무집행방해(인정된 죄명: 폭행)] ········ 215

Ⓑ 대법원 2021. 04. 29. 선고 2018도18582 판결 [위계공무집행방해] ····························· 220

Ⓑ 대법원 2022. 03. 31. 선고 2018도15213 판결 [위계공무집행방해·폭력행위등처벌에관한법률위반(공동주거침입)] ··· 226

Ⓑ 대법원 2022. 04. 28. 선고 2020도12239 판결 [위계공무집행방해·불실기재여권행사·여권법위반] ·230

Ⓑ 대법원 2022. 06. 30. 선고 2021도244 판결 [특정경제범죄가중처벌등에관한법률위반(사기)·자본시장과금융투자업에관한법률위반·근로기준법위반·근로자퇴직급여보장법위반·위계공무집행방해] ········233

Ⓑ 대법원 2021. 01. 28. 선고 2020도2642 판결 [증거위조·위조증거사용] ·······················238

Ⓑ 대법원 2022. 06. 30. 선고 2022도3413 판결 [무고] ···243

Ⓐ 대법원 2020. 12. 24. 선고 2019도8443 판결 [업무방해·상해·공문서위조·위조공문서행사] ······245

Ⓐ 대법원 2021. 02. 25. 선고 2018도19043 판결 [공문서변조·변조공문서행사] ················250

Ⓒ 대법원 2021. 03. 11. 선고 2020도14666 판결 [사기·사기미수·공문서위조·위조공문서행사·사문서위조·위조사문서행사] ···252

Ⓑ 대법원 2021. 09. 16. 선고 2019도18394 판결 [뇌물수수·허위공문서작성·허위작성공문서행사] ·256

Ⓐ 대법원 2022. 08. 19. 선고 2020도9714 판결 [허위공문서작성·허위작성공문서행사·공용서류손상·직권남용권리행사방해] ···262

Ⓑ 대법원 2023. 03. 30 선고 2022도6886 판결 [허위공문서작성·허위작성공문서행사] ············266

Ⓐ 대법원 2022. 09. 29. 선고 2021도14514 판결 [공문서부정행사] ······························271

Ⓑ 대법원 2022. 03. 31. 선고 2021도17197 판결 [사문서위조·위조사문서행사] ·················275

Ⓑ 대법원 2023. 06. 15 선고 2020도927 판결 [폭행] 〈주한미군의 기지에서 발생한 군인 사이의 폭행에 대하여 피해자의 처벌불원 의사가 표시된 사건〉···279

Ⓐ 대법원 2022. 12. 01. 선고 2022도1499 판결 [업무상과실치사] ································283

Ⓒ 대법원 2022. 12. 01. 선고 2022도11950 판결 [업무상과실치상] ·······························289

Ⓑ 대법원 2023. 01. 12. 선고 2022도11163 판결 [업무상과실치상] ·······························291

Ⓑ 대법원 2023. 08. 31 선고 2021도1833 판결 [업무상과실치사·의료법위반] 〈의사인 피고인이 간호사에게 환자 감시 업무를 맡기고 수술실을 이탈한 후 피해자인 환자에게 심정지가 발생하여 사망한 사건〉 ····294

Ⓑ 대법원 2020. 03. 27. 선고 2016도18713 판결 【체포치상(인정된죄명:체포미수)·공무집행방해】 298

Ⓑ 대법원 2022. 12. 15. 선고 2022도9187 판결 [협박] ···304

Ⓐ 대법원 2021. 09. 09. 선고 2019도16421 판결 [미성년자유인(인정된죄명: 미성년자약취)] ········308

Ⓐ 대법원 2021. 02. 04. 선고 2018도9781 판결 [준강제추행] ···································313

Ⓑ 대법원 2022. 08. 19. 선고 2021도3451 판결 [강제추행] ·······································320

Ⓐ 대법원 2023. 09. 21 선고 2018도13877 전원합의체 판결 [성폭력범죄의처벌등에관한특례법위반(친족관계에의한강제추행)[인정된죄명:아동·청소년의성보호에관한법률위반(위계등추행)]] 〈폭행·협박 선행형의 강제추행죄에서 '폭행 또는 협박'의 의미〉·······································328

Ⓐ 대법원 2020. 11. 19. 선고 2020도5813 전원합의체 판결 [상해·명예훼손·폭행] ·············353

Ⓐ 대법원 2021. 03. 25. 선고 2016도14995 판결 [특수공무집행방해치상·특수공무집행방해·특수공용물건손상·일반교통방해·집회및시위에관한법률위반·명예훼손] ······································380

Ⓐ 대법원 2021. 08. 26. 선고 2021도6416 판결 [명예훼손] ·······································387

- ⓑ 대법원 2022. 04. 14. 선고 2021도17744 판결 [명예훼손] ·······································391
- Ⓐ 대법원 2022. 05. 13. 선고 2020도15642 판결 [명예훼손] ·······································393
- Ⓐ 대법원 2022. 07. 28. 선고 2020도8336 판결 [명예훼손·모욕] ································396
- ⓑ 대법원 2022. 08. 31. 선고 2019도7370 판결 [모욕] ··400
- Ⓐ 대법원 2022. 12. 15. 선고 2017도19229 판결 [모욕] 〈피고인이 인터넷 포털사이트 뉴스 댓글 란에 피해자에 대하여 "국민호텔녀", "퇴물" 등의 표현을 사용하여 모욕하였다고 기소된 사안〉 ······403
- ⓑ 대법원 2023. 02. 02. 선고 2022도4719 판결 [모욕] ··407
- ⓑ 대법원 2023. 02. 02. 선고 2022도13425 판결 [명예훼손] ······································410
- Ⓐ 대법원 2021. 09. 30. 선고 2021도6634 판결 [명예훼손·업무방해] ·······················416
- Ⓐ 대법원 2023. 03. 16 선고 2021도16482 판결 [명예훼손·업무방해·폭행] ············420
- ⓑ 대법원 2023. 03. 30 선고 2019도7446 판결 [업무방해] ·······································423
- ⓑ 대법원 2023. 04. 27 선고 2020도34 판결 [업무방해] ··428
- ⓑ 대법원 2023. 08. 31 선고 2021도17151 판결 [업무방해·전자금융거래법위반] ····430
- ⓑ 대법원 2023. 09. 27 선고 2023도9332 판결 [특정경제범죄가중처벌등에관한법률위반(배임)(인정된죄명:업무상배임)·업무방해] ··438
- ⓑ 대법원 2023. 09. 21 선고 2022도8459 판결 [입찰방해] 〈입찰방해죄에서 입찰의 공정을 해하는 행위의 의미 및 피고인들의 행위가 담합행위에 해당하는지에 관한 사안〉 ·······································441
- ⓑ 대법원 2021. 01. 14. 선고 2017도21323 판결 [건조물침입] ································445
- Ⓐ 대법원 2021. 09. 09. 선고 2020도12630 전원합의체 판결 [주거침입] ················450
- ⓑ 대법원 2022. 01. 27. 선고 2021도15507 판결 [주거침입·도로교통법위반(음주운전)] ····503
- Ⓐ 대법원 2022. 03. 24. 선고 2017도18272 전원합의체 판결 [주거침입] ················507
- Ⓐ 대법원 2022. 09. 07. 선고 2021도9055 판결 [업무방해·폭력행위등처벌에관한법률위반(공동주거침입)] 523
- ⓑ 대법원 2023. 06. 29 선고 2023도3351 판결 [야간건조물침입절도] ······················528
- ⓑ 대법원 2021. 11. 25. 선고 2018도1346 판결 [강요] ··531
- ⓑ 대법원 2021. 06. 30. 선고 2020도4539 판결 [강도상해] ······································534
- Ⓐ 대법원 2021. 11. 11. 선고 2021도7831 판결 [특정경제범죄가중처벌등에관한법률위반(사기)(예비적 죄명: 조세범처벌법위반)·사기미수·사문서위조·위조사문서행사·전자금융거래법위반·사기(예비적 죄명: 조세범처벌법위반)·사기방조(예비적 죄명: 조세범처벌법위반방조)] ·······················538
- ⓑ 대법원 2021. 11. 11. 선고 2021도9855 판결 [특정경제범죄가중처벌등에관한법률위반(사기)·[택일적 죄명: 특정경제범죄가중처벌등에관한법률위반(횡령), 예비적 죄명: 특정경제범죄가중처벌등에관한법률위반(배임)]·특정경제범죄가중처벌등에관한법률위반(공갈)] ·······································540
- ⓑ 대법원 2022. 05. 26. 선고 2022도1227 판결 [사기미수] ······································541

- Ⓑ 대법원 2022. 12. 29. 선고 2022도12494 판결 [절도(인정된죄명:사기)] ·····································545
- Ⓐ 대법원 2023. 01. 12 선고 2017도14104 판결 [특정경제범죄가중처벌등에관한법률위반(사기) · 특정경제범죄가중처벌등에관한법률위반(횡령) · 상법위반 · 공전자기록등불실기재 · 불실기재공전자기록등행사 · 국가기술자격법위반 · 건설산업기본법위반 · 위계공무집행방해 · 범죄수익은닉의규제및처벌등에관한법률위반 · 뇌물공여 · 사기 · 부정처사후수뢰 · 공전자기록등위작 · 위작공전자기록등행사 · 허위공문서작성 · 허위작성공문서행사 · 뇌물수수 · 제3자뇌물수수 · 특정범죄가중처벌등에관한법률위반(알선수재) · 직권남용권리행사방해 · 부패방지및국민권익위원회의설치와운영에관한법률위반 · 공무상비밀누설 · 제3자뇌물취득] ·······547
- Ⓐ 대법원 2021. 02. 18. 선고 2016도18761 전원합의체 판결 ·····································555
- Ⓑ 대법원 2021. 02. 25. 선고 2020도12927 판결 [특정경제범죄가중처벌등에관한법률위반(배임)(피고인 1에 대하여 예비적 죄명: 배임수재) · 특정경제범죄가중처벌등에관한법률위반(횡령) · 공갈미수 · 조세범처벌법위반] ·····································559
- Ⓐ 대법원 2022. 06. 23. 선고 2017도3829 전원합의체 판결 [횡령] ·····································561
- Ⓐ 대법원 2022. 06. 30. 선고 2017도21286 판결 [횡령] ·····································585
- Ⓐ 대법원 2022. 12. 29. 선고 2021도2088 판결 [횡령] ·····································588
- Ⓑ 대법원 2023. 06. 01 선고 2020도2884 판결 [특정경제범죄가중처벌등에관한법률위반(횡령)[예비적죄명:특정경제범죄가중처벌등에관한법률위반(배임)]] ·····································591
- Ⓑ 대법원 2021. 07. 08. 선고 2014도12104 판결 [배임미수] ·····································594
- Ⓐ 대법원 2021. 07. 15. 선고 2015도5184 판결 [특정경제범죄가중처벌등에관한법률위반(배임)(인정된 죄명: 배임)] ·····································597
- Ⓑ 대법원 2021. 12. 16. 선고 2020도9789 판결 [특정경제범죄가중처벌등에관한법률위반(횡령)[인정된 죄명: 특정경제범죄가중처벌등에관한법률위반(배임)]] ·····································600
- Ⓑ 대법원 2022. 10. 14. 선고 2018도13604 판결 [배임] ·····································603
- Ⓐ 대법원 2022. 12. 22. 선고 2020도8682 전원합의체 판결 [배임] ·····································608
- Ⓐ 대법원 2021. 05. 27. 선고 2020도15529 판결 [업무상배임미수] ·····································612
- Ⓑ 대법원 2021. 06. 24. 선고 2018도14365 판결 [업무상배임] ·····································615
- Ⓑ 대법원 2021. 11. 25. 선고 2016도3452 판결 [새마을금고법위반 · 업무상배임 · 특정경제범죄가중처벌등에관한법률위반(배임)(인정된 죄명: 업무상배임)] ·····································619
- Ⓑ 대법원 2022. 06. 30. 선고 2018도4794 판결 [업무상배임] ·····································623
- Ⓑ 대법원 2021. 09. 30. 선고 2019도17102 판결 [배임수재 · 부정청탁및금품등수수의금지에관한법률위반] ·····································626
- Ⓑ 대법원 2022. 11. 30. 선고 2022도1410 판결 [재물손괴] ·····································630

제3편 형사특별법

- Ⓑ 대법원 2020. 12. 30. 선고 2020도9994 판결 [특정범죄가중처벌등에관한법률위반(위험운전치상)] …… 635
- Ⓑ 대법원 2023. 06. 29 선고 2022도13430 판결 [특정범죄가중처벌등에관한법률위반(위험운전치상)·도로교통법위반(음주운전)]〈전동킥보드와 같은 개인형 이동장치가 구「특정범죄 가중처벌 등에 관한 법률」제5조의11 제1항의 '원동기장치자전거'에 해당하는지 여부가 문제된 사건〉 …………………637
- Ⓐ 대법원 2020. 12. 24. 선고 2020도8675 판결 [교통사고처리특례법위반(치상)] ………………………640
- Ⓐ 대법원 2023. 07. 17 선고 2021도11126 전원합의체 판결 [교통사고처리특례법위반(치상)]〈성년후견인이 의사무능력인 피해자를 대리하여 처벌불원의사를 결정할 수 있는지 여부〉 ……………………643
- Ⓒ 대법원 2021. 01. 14. 선고 2017도10815 판결 [도로교통법위반(음주운전)] ……………………………675
- Ⓑ 대법원 2021. 09. 16. 선고 2019도11826 판결 [도로교통법위반(무면허운전)] ………………………676
- Ⓑ 대법원 2021. 09. 30. 선고 2017도13182 판결 [교통사고처리특례법위반·도로교통법위반(무면허운전)·자동차손해배상보장법위반] ……………………………………………………………………679
- Ⓐ 대법원 2021. 10. 14. 선고 2018도10327 판결 [도로교통법위반(공동위험행위)·도로교통법위반·범인도피교사·범인도피] …………………………………………………………………………………682
- Ⓑ 대법원 2022. 05. 12. 선고 2021도14074 판결 [도로교통법위반(음주운전)] …………………………687
- Ⓒ 대법원 2022. 06. 09. 선고 2021도14878 판결 [도로교통법위반(음주측정거부)·교통사고처리특례법위반·도로교통법위반(무면허운전)] ……………………………………………………………………692
- Ⓑ 대법원 2022. 06. 30. 선고 2022도32 판결 [도로교통법위반(음주운전)·범인도피교사·보험사기방지특별법위반·범인도피] ……………………………………………………………………………………693
- Ⓑ 대법원 2022. 07. 28. 선고 2022도3929 판결 [도로교통법위반(음주측정거부)] ……………………696
- Ⓑ 대법원 2022. 10. 27. 선고 2022도8806 판결 [도로교통법위반(음주운전)·도로교통법위반(무면허운전)] ·700
- Ⓑ 대법원 2023. 06. 29 선고 2021도17733 판결 [교통사고처리특례법위반(치상)·도로교통법위반(무면허운전)]〈운전면허 취소사실을 알지 못하고 사다리차를 운전하던 중, 전방주시의무를 위반한 과실로 교통사고를 일으켜 피해차량 탑승자들에게 상해를 입힌 사건〉 ……………………………………702
- Ⓑ 대법원 2023. 02. 23 자 2022모2092 결정 [잠정조치기각결정에대한재항고] ………………………705
- Ⓐ 대법원 2023. 05. 18 선고 2022도12037 판결 [스토킹범죄의처벌등에관한법률위반·정보통신망이용촉진및정보보호등에관한법률위반] ……………………………………………………………………708
- Ⓑ 대법원 2023. 09. 27 선고 2023도6411 판결 [스토킹범죄의처벌등에관한법률위반]〈스토킹범죄 성립을 위해서 피해자의 현실적인 불안감 내지 공포심이 필요한지 여부 등이 문제된 사건〉 ……………713
- Ⓑ 대법원 2021. 02. 25. 선고 2016도4404 판결 [성폭력범죄의처벌등에관한특례법위반(장애인강간)(인정된 죄명: 강간·강간미수)·성폭력범죄의처벌등에관한특례법위반(장애인위계등간음)·성폭력범죄의처벌등에관한특례법위반(장애인강제추행)(인정된 죄명: 강제추행)·부착명령] ……………………716
- Ⓐ 대법원 2021. 08. 12. 선고 2020도17796 판결 [성폭력범죄의처벌등에관한특례법위반(주거침입유사강간)·폭행·강제추행미수] …………………………………………………………………………………719

- Ⓑ 대법원 2021. 10. 28. 선고 2021도9051 판결 [강간[인정된 죄명:성폭력범죄의처벌등에관한특례법위반(장애인강간), 예비적 죄명:심신미약자간음]·사기] ·································722
- Ⓑ 대법원 2022. 06. 09. 선고 2022도1683 판결 [성폭력범죄의처벌등에관한특례법위반(카메라등이용촬영)] 723
- Ⓐ 대법원 2022. 08. 25. 선고 2022도3801 판결 [성폭력범죄의처벌등에관한특례법위반(주거침입강제추행)·성폭력범죄의처벌등에관한특례법위반(카메라등이용촬영·반포등)·성폭력범죄의처벌등에관한특례법위반(카메라등이용촬영물소지등)·공연음란] ·································725
- Ⓐ 대법원 2022. 11. 10. 선고 2020도13672 판결 [성폭력범죄의처벌등에관한특례법위반(장애인준강간)·간음유인] ·································730
- Ⓑ 대법원 2023. 04. 13 선고 2023도162 판결 [성폭력범죄의처벌등에관한특례법위반(주거침입강제추행)] 735
- Ⓓ 대법원 2023. 04. 13 선고 2023도2358, 2023전도26 판결 [성폭력범죄의처벌등에관한특례법위반(장애인유사성행위)[인정된죄명:성폭력범죄의처벌등에관한특례법위반(장애인피보호자간음)]·성폭력범죄의처벌등에관한특례법위반(장애인강제추행)[인정된죄명:성폭력범죄의처벌등에관한특례법위반(장애인피보호자간음)]·장애인복지법위반·부착명령] ·································736
- Ⓑ 대법원 2023. 06. 29 선고 2022도6278 판결 [아동·청소년의성보호에관한법률위반(음란물소지)·아동·청소년의성보호에관한법률위반(성착취물소지)]〈구「아동·청소년의 성보호에 관한 법률」제11조 제5항의 아동·청소년이용음란물 '소지' 여부가 문제된 사건〉 ·································739
- Ⓑ 대법원 2021. 07. 15. 선고 2020도13815 판결 [식품위생법위반] ·································743
- Ⓑ 대법원 2022. 08. 25. 선고 2020도12944 판결 [개발제한구역의지정및관리에관한특별조치법위반·식품위생법위반·수도법위반·하천법위반] ·································746
- Ⓑ 대법원 2023. 07. 13 선고 2021도10763 판결 [식품위생법위반] ·································749
- Ⓒ 대법원 2021. 10. 14. 선고 2016도16343 판결 [특정경제범죄가중처벌등에관한법률위반(사기)·사기·시설물의안전관리에관한특별법위반·뇌물공여] ·································754
- Ⓑ 대법원 2022. 04. 28. 선고 2022도1013 판결 [특정범죄가중처벌등에관한법률위반(운전자폭행등)(인정된 죄명: 상해)·재물손괴·특정범죄가중처벌등에관한법률위반(도주치상)·도로교통법위반(사고후미조치)·도로교통법위반(음주운전)·도로교통법위반(무면허운전)·특정범죄가중처벌등에관한법률위반(위험운전치상)] ·································763
- Ⓑ 대법원 2022. 07. 28. 선고 2020도13705 판결 [특정범죄가중처벌등에관한법률위반(절도)] ·································766
- Ⓒ 대법원 2022. 09. 07. 선고 2022도8341 판결 [특정범죄가중처벌등에관한법률위반(향정)·마약류관리에관한법률위반(대마)] ·································769
- Ⓐ 대법원 2021. 09. 09. 선고 2020도6085 전원합의체 판결 [폭력행위등처벌에관한법률위반(공동재물손괴등)·폭력행위등처벌에관한법률위반(공동주거침입)·폭력행위등처벌에관한법률위반(공동상해)] ·································773
- Ⓐ 대법원 2023. 08. 31 선고 2023도6355 판결 [폭력행위등처벌에관한법률위반(공동폭행)·정보통신망이용촉진및정보보호등에관한법률위반(명예훼손)·공갈미수]〈피고인들 중 1인이 피해자를 폭행하고 나머지는 이를 휴대전화로 촬영하거나 지켜본 것이 공동폭행에 해당하는지 문제된 사건〉 ·································809
- Ⓑ 대법원 2022. 01. 13. 선고 2015도6326 판결 [변호사법위반] ·································811
- Ⓑ 대법원 2022. 01. 13. 선고 2015도6329 판결 [변호사법위반] ·································816

Ⓑ 대법원 2022. 01. 14. 선고 2017도18693 판결 [변호사법위반·부패방지및국민권익위원회의설치와운영에관한법률위반] ···820

Ⓑ 대법원 2022. 10. 14. 선고 2021도10046 판결 [의료법위반·변호사법위반] ·······················822

Ⓐ 대법원 2020. 12. 10. 선고 2020도11471 판결 [정보통신망이용촉진및정보보호등에관한법률위반(명예훼손)] ···827

Ⓒ 대법원 2022. 05. 12. 선고 2021도1533 판결 [정보통신망이용촉진및정보보호등에관한법률위반(정보통신망침해등)·컴퓨터등장애업무방해·저작권법위반·정보통신망이용촉진및정보보호등에관한법률위반] ···830

Ⓐ 대법원 2022. 07. 28. 선고 2022도4171 판결 [정보통신망이용촉진및정보보호등에관한법률위반(명예훼손)] ···835

Ⓑ 대법원 2022. 10. 27. 선고 2022도9877 판결 [특정범죄가중처벌등에관한법률위반(보복협박등)(일부 인정된 죄명: 협박)·정보통신망이용촉진및정보보호등에관한법률위반(명예훼손)·성폭력범죄의처벌등에관한특례법위반(카메라등이용촬영·반포등)·성폭력범죄의처벌등에관한특례법위반(카메라등이용촬영물소지등)] ·839

Ⓒ 대법원 2022. 11. 17. 선고 2021도701 판결 [정보통신망이용촉진및정보보호등에관한법률위반(음란물유포)방조(인정된죄명:영화및비디오물의진흥에관한법률위반방조)] ···843

Ⓑ 대법원 2023. 09. 14 선고 2023도5814 판결 [정보통신망이용촉진및정보보호등에관한법률위반·폭행] 〈'공포심이나 불안감을 유발하는 문언 등을 반복적으로 상대방에게 도달하게 하는 행위' 해당 여부에 관한 사건〉 ···845

Ⓑ 대법원 2020. 12. 10. 선고 2015도19296 판결 [대통령기록물관리에관한법률위반·공용전자기록등손상]851

Ⓓ 대법원 2020. 12. 10. 선고 2020도6425 판결 [저작권법위반] ···861

Ⓓ 대법원 2020. 12. 24. 선고 2018도17378 판결 [외국환거래법위반] ···864

Ⓑ 대법원 2020. 12. 24. 선고 2019도12901 판결 [공직선거법위반] ···866

Ⓑ 대법원 2021. 01. 14. 선고 2016도7104 판결 [대통령기록물관리에관한법률위반·공무상비밀누설·무고·공용서류은닉·특정범죄가중처벌등에관한법률위반(뇌물)] ···872

Ⓒ 대법원 2021. 01. 14. 선고 2020도10979 판결 [보건범죄단속에관한특별조치법위반(부정의약품제조등)] 876

Ⓐ 대법원 2021. 01. 28. 선고 2018도4708 판결 [예비군법위반] ···879

Ⓓ 대법원 2021. 02. 04. 선고 2020도13899 판결 [의료법위반] ···881

Ⓓ 대법원 2021. 02. 10. 선고 2019도18700 판결 [도시및주거환경정비법위반] ·······················883

Ⓓ 대법원 2021. 03. 11. 선고 2018도12270 판결 [상관모욕] ···889

Ⓑ 대법원 2021. 03. 25. 선고 2016도14165 판결 [자본시장과금융투자업에관한법률위반] ·················892

❸ 대법원 2021. 04. 15. 선고 2020도16468 판결 [사기·전자금융거래법위반] ·······················898

Ⓒ 대법원 2021. 04. 29. 선고 2019도9494 판결 [공직선거법위반] ···901

Ⓓ 대법원 2021. 04. 29. 선고 2020도16369 판결 [마약류불법거래방지에관한특례법위반(인정된 죄명: 마약류불법거래방지에관한특례법위반방조)·마약류관리에관한법률위반(향정)] ···906

Ⓒ 대법원 2021. 05. 07. 선고 2018도12973 판결 [정신보건법위반] ···909

Ⓓ 대법원 2021. 06. 10. 선고 2020도14321 판결 [정치자금법위반] ·····················912

Ⓓ 대법원 2021. 06. 10. 선고 2021도2436 판결 [공동주택관리법위반] ·················914

Ⓒ 대법원 2021. 06. 24. 선고 2019도13234 판결 [공직선거법위반] ·····················916

Ⓑ 대법원 2021. 06. 24. 선고 2019도13687 판결 [공직선거법위반] ·····················919

Ⓒ 대법원 2021. 07. 15. 선고 2018도144 판결 [저작권법위반] ···························922

Ⓒ 대법원 2021. 07. 21. 선고 2020도16062 판결 [컴퓨터등장애업무방해 · 공직선거법위반] ·············924

Ⓓ 대법원 2021. 07. 21. 선고 2021도4785 판결 [게임산업진흥에관한법률위반] ···········927

Ⓑ 대법원 2021. 07. 29. 선고 2019도13010 판결 [공익사업을위한토지등의취득및보상에관한법률위반] 931

Ⓑ 대법원 2021. 07. 29. 선고 2021도3520 판결 [사기 · 사문서위조 · 전기통신사업법위반] ·············933

Ⓓ 대법원 2021. 07. 29. 선고 2021도6092 판결 [특정경제범죄가중처벌등에관한법률위반(사기)(일부 인정된 죄명: 사기) · 사기 · 마약류관리에관한법률위반(향정) · 약사법위반] ·····················936

Ⓒ 대법원 2021. 08. 19. 선고 2020도16111 판결 [성폭력범죄자의성충동약물치료에관한법률위반] ·····938

Ⓓ 대법원 2021. 08. 26. 선고 2020도13556 판결 [저작권법위반] ·······················945

Ⓐ 대법원 2021. 09. 09. 선고 2017도19025 전원합의체 판결 [저작권법위반방조] ·····················949

Ⓓ 대법원 2021. 09. 09. 선고 2019도5371 판결 [공공기록물관리에관한법률위반교사 · 직권남용권리행사방해 · 증거인멸교사 · 정치관여] ·····················986

Ⓒ 대법원 2021. 09. 30. 선고 2019도3595 판결 [부동산가격공시및감정평가에관한법률위반] ·············988

Ⓑ 대법원 2021. 09. 30. 선고 2020도3996 판결 [업무상과실치사 · 업무상과실치상 · 산업안전보건법위반] 993

Ⓓ 대법원 2021. 09. 30. 선고 2021도1143 판결 [자본시장과금융투자업에관한법률위반] ·················1000

Ⓒ 대법원 2021. 10. 14. 선고 2017도10634 판결 [부동산가격공시및감정평가에관한법률위반] ·········1003

Ⓒ 대법원 2021. 10. 28. 선고 2020도1942 판결 [개인정보보호법위반 · 부정처사후수뢰 · 형사사법절차전자화촉진법위반 · 공무상비밀누설 · 직무유기 · 위계공무집행방해 · 무고 · 성매매알선등행위의처벌에관한법률위반(성매매)] ·····················1006

Ⓓ 대법원 2021. 10. 28. 선고 2021도404 판결 [출입국관리법위반] ·····················1010

Ⓒ 대법원 2021. 11. 25. 선고 2017도641 판결 [대부업등의등록및금융이용자보호에관한법률위반 · 조세범처벌법위반] ·····················1012

Ⓓ 대법원 2021. 11. 25. 선고 2021도10981 판결 [특정경제범죄가중처벌등에관한법률위반(배임)(피고인들에 대하여 일부 인정된 죄명: 업무상배임) · 업무상횡령 · 주택법위반] ·····················1015

Ⓓ 대법원 2021. 12. 30. 선고 2020도1709 판결 [전자금융거래법위반] ·····················1017

Ⓒ 대법원 2022. 01. 13. 선고 2021도11110 판결 [자본시장과금융투자업에관한법률위반 · 증거은닉교사 · 특정경제범죄가중처벌등에관한법률위반(횡령) · 업무상횡령 · 사문서위조 · 위조사문서행사 · 주식회사등의외부감사에관한법률위반 · 사기] ·····················1021

Ⓒ 대법원 2022. 01. 27. 선고 2021도15334 판결 [도시및주거환경정비법위반] ·····················1029

Ⓓ 대법원 2022. 02. 11. 선고 2020도68 판결 [근로기준법위반] ··1034

Ⓓ 대법원 2022. 02. 11. 선고 2021도13197 판결 [지방공무원법위반] ·····································1038

Ⓓ 대법원 2022. 02. 24. 선고 2018도3821 판결 [건설산업기본법위반] ·································1042

Ⓓ 대법원 2022. 02. 24. 선고 2020도17430 판결 [공공단체등위탁선거에관한법률위반] ·········1047

Ⓒ 대법원 2022. 03. 17. 선고 2019도9044 판결 [영유아보육법위반(예비적 죄명: 개인정보보호법위반)] ·1055

Ⓒ 대법원 2022. 03. 17. 선고 2021도2180 판결 [상표법위반·업무상배임] ·····························1058

Ⓒ 대법원 2022. 03. 17. 선고 2021도16232, 2021전도156 판결 [강간치상·마약류관리에관한법률위반(향정)·성폭력범죄의처벌등에관한특례법위반(카메라등이용촬영)·강제추행·특정경제범죄가중처벌등에관한법률위반(사기)·사기·공문서위조·위조공문서행사·부착명령] ···1061

Ⓑ 대법원 2022. 03. 31. 선고 2019도10297 판결 [근로기준법위반·근로자퇴직급여보장법위반] ······1064

❶ 대법원 2022. 03. 31. 선고 2020도12560 판결 [업무상과실치사·산업안전보건법위반] ·············1066

Ⓑ 대법원 2022. 03. 31. 선고 2022도755 판결 [국민체육진흥법위반] ·····································1069

Ⓑ 대법원 2022. 04. 14. 선고 2019도14416 판결 [산업안전보건법위반] ·································1071

Ⓑ 대법원 2022. 04. 14. 선고 2020도9257 판결 [근로기준법위반] ···1076

Ⓓ 대법원 2022. 04. 14. 선고 2021도2046 판결 [수입식품안전관리특별법위반] ·····················1078

Ⓐ 대법원 2022. 04. 21. 선고 2019도3047 전원합의체 판결 [추행] ·······································1080

Ⓓ 대법원 2022. 04. 28. 선고 2022도1508 판결 [공동주택관리법위반] ·································1111

Ⓓ 대법원 2022. 05. 12. 선고 2020도18062 판결 [약사법위반] ···1113

Ⓑ 대법원 2022. 05. 26. 선고 2018도13864 판결 [자본시장과금융투자업에관한법률위반] ········1117

Ⓑ 대법원 2022. 06. 09. 선고 2016도11744 판결 [노동조합및노동관계조정법위반·업무방해·폭력행위등처벌에관한법률위반(공동강요)·폭력행위등처벌에관한법률위반(공동주거침입)(피고인6에대하여인정된죄명:주거침입)·재물손괴] ···1122

Ⓑ 대법원 2022. 06. 16. 선고 2022도1676 판결 [개인정보보호법위반] ·································1126

Ⓒ 대법원 2022. 06. 30. 선고 2022도3044 판결 [사기·주택법위반·전자서명법위반·사문서위조·위조사문서행사·교통사고처리특례법위반(치상)·도로교통법위반(음주운전)] ··························1129

Ⓒ 대법원 2022. 07. 14. 선고 2020도9188 판결 [업무상과실치사·산업안전보건법위반·업무상과실치상] 1134

Ⓓ 대법원 2022. 07. 14. 선고 2021도16578 판결 [자동차관리법위반] ····································1137

Ⓓ 대법원 2022. 07. 28. 선고 2019도7563 판결 [변호사법위반] ···1140

Ⓒ 대법원 2022. 07. 28. 선고 2020도12419 판결 [아동복지법위반(아동에대한음행강요·매개·성희롱등)] 1141

Ⓒ 대법원 2022. 08. 31. 선고 2020도1007 판결 [통신비밀보호법위반] ·································1144

ⓒ 대법원 2022. 09. 16. 선고 2019도19067 판결 [독점규제및공정거래에관한법률위반 · 특정경제범죄가중처벌등에관한법률위반(횡령)[피고인1에대하여일부인정된죄명:특정경제범죄가중처벌등에관한법률위반(배임) · 업무상횡령 · 일부예비적죄명:특정경제범죄가중처벌등에관한법률위반(배임) · 피고인2에대하여인정된죄명:특정경제범죄가중처벌등에관한법률위반(배임)] · 특정경제범죄가중처벌등에관한법률위반(배임)(일부인정된죄명:업무상배임) · 업무방해] ··1147

Ⓑ 대법원 2022. 09. 29. 선고 2019도18942 판결 [조세범처벌법위반] ·······························1156

Ⓓ 대법원 2022. 10. 27. 선고 2018도4413 판결 [자본시장과금융투자업에관한법률위반] ················1159

ⓒ 대법원 2022. 10. 27. 선고 2020도12563 판결 [금융실명거래및비밀보장에관한법률위반방조] ······1163

ⓒ 대법원 2022. 11. 10. 선고 2018도1966 판결 [개인정보보호법위반] ·······························1167

ⓒ 대법원 2022. 11. 17. 선고 2022도7290 판결 [감염병의예방및관리에관한법률위반 · 위계공무집행방해 · 공무상표시무효교사] ···1170

ⓒ 대법원 2022. 11. 17. 선고 2022도9737 판결 [마약류관리에관한법률위반(대마) · 마약류관리에관한법률위반(향정)] ···1175

Ⓓ 대법원 2022. 11. 30. 선고 2022도6462 판결 [국민체육진흥법위반(도박등)방조] ···············1176

Ⓓ 대법원 2022. 12. 01. 선고 2018도13867 판결 [업무상횡령 · 위계공무집행방해 · 증거인멸교사 · 방송법위반 · 변호사법위반] ···1179

ⓒ 대법원 2022. 12. 16. 선고 2022도10629 판결 [여신전문금융업법위반] ··························1181

Ⓑ 대법원 2022. 12. 22. 선고 2016도21314 전원합의체 판결 [의료법위반] ·······················1183

Ⓑ 대법원 2022. 12. 29. 선고 2017도10007 판결 [의료법위반] ······································1199

ⓒ 대법원 2022. 12. 29. 선고 2018도2720 판결 [근로기준법위반] ···································1202

Ⓑ 대법원 2023. 01. 12. 선고 2019도16782 판결 [담배사업법위반] ·································1205

ⓒ 대법원 2023. 01. 12. 선고 2021도10861 판결 [전자금융거래법위반] ·····························1209

Ⓓ 대법원 2023. 02. 02. 선고 2021도15681 판결 [업무방해 · 위증 · 증거위조교사 · 건설산업기본법위반 · 위계공무집행방해] ··1213

Ⓓ 대법원 2023. 02. 02. 선고 2021도16198 판결 [학원의설립 · 운영및과외교습에관한법률위반] ········1217

ⓒ 대법원 2023. 02. 02. 선고 2021도16765 판결 [기부금품의모집및사용에관한법률위반] ···············1221

Ⓑ 대법원 2023. 02. 02. 자 2022어48 결정 [불처분결정에대한재항고] ·····························1227

Ⓑ 대법원 2023. 03. 16 선고 2020도15554 판결 [병역법위반] [공2023상, 732] ···············1230

ⓒ 대법원 2023. 03. 30. 선고 2022도4793 판결 [자동차관리법위반] ·······························1235

ⓒ 대법원 2023. 04. 21. 자 2023모176 결정 [추징보전청구기각결정에대한재항고] ···············1237

Ⓑ 대법원 2023. 04. 27. 선고 2020도16431 판결 [노동조합및노동관계조정법위반 · 근로기준법위반 · 남녀고용평등과일 · 가정양립지원에관한법률위반] ···1241

ⓒ 대법원 2023. 04. 27. 선고 2020도17883 판결 [자동차관리법위반 · 자동차손해배상보장법위반] ···1245

- Ⓑ 대법원 2023. 04. 27. 선고 2022도15459 판결 [부정청탁및금품등수수의금지에관한법률위반] ……1249
- Ⓑ 대법원 2023. 06. 01. 선고 2020도5233 판결 [가정폭력범죄의처벌등에관한특례법위반] …………1252
- Ⓒ 대법원 2023. 06. 15. 선고 2020도16228 판결 [근로기준법위반·최저임금법위반] 〈근로기준법상 가산임금 규정이 적용되는 근로기준법 제11조 제1항의 '상시 5명 이상의 근로자를 사용하는 사업 또는 사업장'에 해당하는지 여부가 문제된 사건〉……………………………………………………1255
- Ⓑ 대법원 2023. 07. 13. 선고 2021도15745 판결 [가정폭력범죄의처벌등에관한특례법위반] …………1257
- Ⓒ 대법원 2023. 07. 13. 선고 2023도188 판결 [근로자퇴직급여보장법위반] ……………………………1262
- Ⓐ 대법원 2023. 07. 17. 선고 2017도1807 전원합의체 판결 [특정경제범죄가중처벌등에관한법률위반(사기)·의료법위반] 〈비의료인이 개설자격을 위반하여 의료법인 명의 의료기관을 개설·운영하였는지 여부가 문제된 사건〉………………………………………………………………………………1264
- Ⓑ 대법원 2023. 08. 18. 선고 2020도6492 판결 [의료법위반·특정경제범죄가중처벌등에관한법률위반(사기)] 〈비의료인이 개설자격을 위반하여 의료법인 명의 의료기관을 개설·운영하였는지 여부가 문제된 사건〉……………………………………………………………………………………………1291
- Ⓓ 대법원 2023. 08. 31. 선고 2023도2715 판결 [공공단체등위탁선거에관한법률위반] 〈농업협동조합장 선거에서 금지되는 기부행위의 상대방이 해당 지역농업협동조합의 조합원이어야 하는지에 관한 사건〉…1295
- Ⓑ 대법원 2023. 09. 14. 선고 2023도6767 판결 [뇌물수수·뇌물공여·직권남용권리행사방해·부정청탁및금품등수수의금지에관한법률위반] 〈지방자치단체장의 수행비서가 상급자로부터 수행활동비 명목으로 매월 정기적으로 일정한 돈을 지급받은 행위가 「부정청탁 및 금품등 수수의 금지에 관한 법률」 제8조 제1항에서 금지하는 공직자 등의 금품 수수에 해당하는지가 문제된 사건〉……………1301
- Ⓑ 대법원 2023. 09. 21. 선고 2021도11675 판결 [근로자퇴직급여보장법위반] 〈의료소비자생활협동조합의 봉직의가 근로기준법상 '근로자'에 해당하는지 여부가 문제되는 사건〉……………………………1305

제4편 형사소송법

- Ⓑ 대법원 2021. 01. 28. 선고 2017도18536 판결 [위증] ………………………………………………1313
- Ⓑ 대법원 2021. 06. 30. 선고 2018도14261 판결 [자본시장과금융투자업에관한법률위반] ……………1315
- Ⓑ 대법원 2022. 02. 11. 자 2021모3175 결정 [사건기록열람등사거부처분소·변경기각결정에대한재항고] 1316
- Ⓑ 대법원 2022. 05. 26. 선고 2021도2488 판결 [특정경제범죄가중처벌등에관한법률위반(배임)] ……1318
- Ⓐ 대법원 2020. 11. 26. 선고 2020도10729 판결 [성폭력범죄의처벌등에관한특례법위반(카메라등이용촬영)]1322
- Ⓑ 대법원 2021. 02. 25 선고 2020도3694 판결 [상습폭행(인정된 죄명: 폭행)·아동복지법위반(상습아동학대)[인정된 죄명: 아동복지법위반(아동학대)]] ……………………………………………………1328
- Ⓑ 대법원 2021. 05. 27. 선고 2018도13458 판결 [특수공무집행방해치상·특수공무집행방해] ………1333
- Ⓐ 대법원 2021. 11. 18. 선고 2016도348 전원합의체 판결 [준강제추행·성폭력범죄의처벌등에관한특례법위반(카메라등이용촬영)] ……………………………………………………………………………1336
- Ⓒ 대법원 2021. 12. 16. 선고 2019도17150 판결 [사기] ………………………………………………1346

- ⓑ 대법원 2021. 12. 30. 선고 2019도16259 판결 [아동·청소년의성보호에관한법률위반(음란물제작·배포등)·아동·청소년의성보호에관한법률위반(음란물소지)·정보통신망이용촉진및정보보호등에관한법률위반(음란물유포)] ···1347
- ⓑ 대법원 2022. 01. 14. 자 2021모1586 결정 [압수처분에대한준항고기각결정에대한재항고] ·········1350
- Ⓐ 대법원 2022. 01. 27. 선고 2021도11170 판결 [자본시장과금융투자업에관한법률위반·보조금관리에관한법률위반·업무상횡령·사기·허위작성공문서행사·금융실명거래및비밀보장에관한법률위반·범죄수익은닉의규제및처벌등에관한법률위반·업무방해·위계공무집행방해·위조사문서행사·증거은닉교사·증거인멸교사·증거위조교사·사문서위조·위조공문서행사(인정된 죄명: 허위작성공문서행사)] ············1355
- ⓑ 대법원 2022. 02. 17. 선고 2019도4938 판결 [성폭력범죄의처벌등에관한특례법위반(카메라등이용촬영)] 1368
- ⓑ 대법원 2022. 04. 28. 선고 2021도17103 판결 [마약류관리에관한법률위반(향정)·출입국관리법위반] 1371
- ⓑ 대법원 2022. 05. 31. 자 2016모587 결정 [준항고인용결정에대한재항고] ·····································1376
- ⓑ 대법원 2022. 06. 30. 자 2020모735 결정 [압수물가환부불허결정에대한준항고일부인용결정에대한재항고] ·1379
- ⓑ 대법원 2022. 07. 14. 자 2019모2584 결정 [준항고인용결정에대한재항고] ·····································1383
- ⓑ 대법원 2022. 07. 28. 선고 2022도2960 판결 [성매매알선등행위의처벌에관한법률위반(성매매알선등)] 1393
- Ⓓ 대법원 2022. 08. 19. 선고 2020도1153 판결 [폭력행위등처벌에관한법률위반] ···························1396
- ⓑ 대법원 2022. 09. 29. 선고 2020도13547 판결 [특정경제범죄가중처벌등에관한법률위반(사기)] ····1398
- Ⓐ 대법원 2022. 11. 17. 선고 2022도8257 판결 [폭력행위등처벌에관한법률위반(공동상해)·업무방해·특수상해] ···1400
- ⓑ 대법원 2022. 12. 01. 선고 2019도5925 판결 [병역법위반] ···1402
- ⓑ 대법원 2022. 12. 15. 선고 2022도8824 판결 [특정범죄가중처벌등에관한법률위반(허위세금계산서교부등)·조세범처벌법위반] ···1405
- ⓑ 대법원 2023. 04. 27. 선고 2018도8161 판결 [풍속영업의규제에관한법률위반] ·····························1409
- Ⓐ 대법원 2023. 04. 27. 선고 2023도2102 판결 [마약류관리에관한법률위반(향정)] ·····························1412
- ⓑ 대법원 2023. 06. 01. 선고 2018도18866 판결 [군사기밀보호법위반(예비적죄명:군기누설)] ········1416
- ⓑ 대법원 2023. 06. 01. 선고 2018도19782 판결 [군사기밀보호법위반·군기누설] ···························1419
- ⓑ 대법원 2023. 06. 01. 선고 2020도12157 판결 [상표법위반] ···1422
- ⓑ 대법원 2023. 06. 29. 선고 2020도3626 판결 [성매매알선등행위의처벌에관한법률위반(성매매알선등)]〈성매매알선등행위의처벌에관한법률위반(성매매알선등)죄 성립 여부 및 공소사실 특정 여부가 문제된 사건〉·······1427
- Ⓐ 대법원 2023. 09. 18. 선고 2022도7453 전원합의체 판결 [업무방해] 〈증거은닉범이 본범으로부터 은닉을 교사받고 소지·보관 중이던 본범의 정보저장매체를 임의제출하는 경우 본범의 참여권 인정 여부가 문제된 사건〉···1431
- Ⓐ 대법원 2023. 06. 01. 선고 2020도2550 판결 [성폭력범죄의처벌등에관한특례법위반(카메라등이용촬영)] 1454
- ⓑ 대법원 2020. 12. 10. 선고 2020도2623 판결 [공직선거법위반] ···1460

ⓒ 대법원 2021. 02. 04. 선고 2019도10999 판결 [특정범죄가중처벌등에관한법률위반(허위세금계산서교부등)·관세법위반·조세범처벌법위반] ···1463

Ⓑ 대법원 2021. 06. 10. 선고 2020도15891 판결 [특정범죄가중처벌등에관한법률위반(뇌물)] ·········1466

Ⓐ 대법원 2021. 06. 30. 선고 2019도7217 판결 [강제추행(인정된 죄명: 공연음란)] ······················1470

❸ 대법원 2022. 01. 13. 선고 2021도13108 판결 [사기] ··1474

Ⓐ 대법원 2022. 03. 17. 선고 2016도17054 판결 [폭력행위등처벌에관한법률위반(집단·흉기등상해)(변경된 죄명: 특수상해)] ···1480

Ⓑ 대법원 2022. 03. 31. 선고 2018도19472, 2018전도126 판결 [군인등강간치상·군인등강제추행치상(예비적 죄명: 상습강제추행)·부착명령] ··1484

Ⓐ 대법원 2022. 04. 14. 선고 2021도14530, 2021전도143 판결 [성폭력범죄의처벌등에관한특례법위반(13세미만미성년자위계등간음)·성폭력범죄의처벌등에관한특례법위반(13세미만미성년자위계등추행)·부착명령] ···1486

Ⓐ 대법원 2022. 05. 13. 선고 2017도3884 판결 [무고·사문서위조·위조사문서행사] ······················1489

Ⓑ 대법원 2022. 05. 26. 선고 2017도11582 판결 [강제추행] ··1493

❸ 대법원 2022. 06. 16. 선고 2022도364 판결 [공갈·특수협박·협박·특수상해·특수폭행·상해] 1496

Ⓐ 대법원 2022. 06. 16. 선고 2022도2236 판결 [미성년자약취·사체은닉미수] ································1501

❸ 대법원 2022. 07. 14. 선고 2020도13957 판결 [정치자금법위반] ···1508

❸ 대법원 2022. 09. 07. 선고 2022도6993 판결 [폭력행위등처벌에관한법률위반(단체등의구성·활동)·폭력행위등처벌에관한법률위반(단체등의공동공갈)·정보통신망이용촉진및정보보호등에관한법률위반(명예훼손)·아동·청소년의성보호에관한법률위반(성착취물제작·배포등)·폭력행위등처벌에관한법률위반(단체등의공동강요)·폭력행위등처벌에관한법률위반(공동강요)·아동·청소년의성보호에관한법률위반(성착취물소지등)·성폭력범죄의처벌등에관한특례법위반(카메라등이용촬영·반포등)·성폭력범죄의처벌등에관한특례법위반(카메라등이용촬영물소지등)] ···1515

Ⓐ 대법원 2022. 09. 29. 선고 2020도11185 판결 [군인등강제추행·성폭력범죄의처벌등에관한특례법위반(통신매체이용음란)] ···1518

Ⓑ 대법원 2022. 10. 27. 선고 2022도9510 판결 [공직선거법위반] ···1526

Ⓓ 대법원 2022. 11. 22. 자 2022모1799 결정 [구속집행정지결정에대한재항고] ································1531

❸ 대법원 2022. 12. 15 선고 2022도10564 판결 [성폭력범죄의처벌등에관한특례법위반(촬영물등이용협박)·성폭력범죄의처벌등에관한특례법위반(카메라등이용촬영·반포등)·성폭력범죄의처벌등에관한특례법위반(촬영물등이용강요)·공갈미수] ··1533

ⓒ 대법원 2022. 12. 20. 자 2020모627 결정 [형사보상각하결정에대한재항고] ··································1535

Ⓐ 대법원 2023. 01. 12. 선고 2022도11245 판결 [살인·협박·보호관찰명령] ···································1539

Ⓐ 대법원 2023. 06. 01. 선고 2023도3741 판결 [마약류관리에관한법률위반(향정)·마약류관리에관한법률위반(대마)·특정범죄가중처벌등에관한법률위반(도주치상)·도로교통법위반(사고후미조치)·범인도피교사] 1547

- Ⓑ 대법원 2023. 06. 15. 선고 2022도15414 판결 [정보통신망이용촉진및정보보호등에관한법률위반(음란물유포)[택일적죄명:성폭력범죄의처벌등에관한특례법위반(카메라등이용촬영·반포등)]] ……………………1549
- Ⓐ 대법원 2023. 06. 15. 선고 2023도3038 판결 [업무상횡령·근로기준법위반·근로자퇴직급여보장법위반]1553
- Ⓑ 대법원 2023. 06. 29. 선고 2020도3705 판결 [성폭력범죄의처벌등에관한특례법위반(통신매체이용음란)·정보통신망이용촉진및정보보호등에관한법률위반(명예훼손)·모욕·협박] ……………………1557
- Ⓑ 대법원 2023. 08. 31. 선고 2023도8024 판결 [특정범죄가중처벌등에관한법률위반(도주치상)·마약류관리에관한법률위반(향정)·도로교통법위반(사고후미조치)·도로교통법위반(무면허운전)] ……………1559
- Ⓑ 대법원 2020. 12. 24. 선고 2020도10778 판결 [주식회사의외부감사에관한법률위반] ……………1564
- Ⓒ 대법원 2021. 01. 14. 자 2020모3694 결정 [항소기각결정에대한재항고] ……………1565
- Ⓑ 대법원 2021. 05. 06. 선고 2021도1282 판결 [사기] ……………1568
- Ⓑ 대법원 2022. 02. 18. 자 2022어3 결정 [항고기각결정에대한재항고] ……………1570
- Ⓑ 대법원 2022. 04. 28. 선고 2021도16719, 2021전도165, 2021보도54 판결 [살인[예비적죄명:아동학대범죄의처벌등에관한특례법위반(아동학대치사)]·아동복지법위반(상습아동학대)·아동복지법위반(상습아동유기·방임)·아동복지법위반(아동학대)·아동복지법위반(아동유기·방임)·부착명령·보호관찰명령] …1572
- Ⓑ 대법원 2022. 05. 26. 자 2022모439 결정 [상소권회복기각결정에대한재항고] ……………1575
- Ⓓ 대법원 2022. 07. 28. 선고 2021도10579 판결 [국가정보원직원법위반] ……………1578
- Ⓒ 대법원 2022. 10. 27. 자 2022모1004 결정 [상소권회복기각결정에대한재항고] ……………1580
- Ⓒ 대법원 2022. 11. 10. 선고 2022도7940 판결 [사기] ……………1581
- Ⓑ 대법원 2023. 01. 12. 선고 2022도14645 판결 [마약류관리에관한법률위반(향정)] ……………1583
- Ⓑ 대법원 2023. 01. 12. 자 2022모1566 결정 [수사기관의압수수색처분에대한준항고기각결정에대한재항고] 1588
- Ⓑ 대법원 2023. 04. 21. 자 2022도16568 결정 [준강간] ……………1591
- Ⓒ 대법원 2023. 04. 27. 자 2023모350 결정 [상소권회복기각결정에대한재항고] ……………1592
- Ⓒ 대법원 2021. 03. 11. 선고 2018오2 판결 [폭력행위등처벌에관한법률위반(변경된 죄명: 특수감금)] 1595
- Ⓓ 대법원 2021. 03. 11. 선고 2019오1 판결 [폭력행위등처벌에관한법률위반(인정된 죄명: 특수감금)] 1600
- Ⓓ 대법원 2021. 03. 12. 자 2019모3554 결정 [재심기각결정에대한재항고] ……………1603
- Ⓒ 대법원 2021. 04. 09. 자 2020모4058 결정 [재판의집행에관한이의인용결정에대한재항고] ……………1604
- Ⓐ 대법원 2022. 05. 19. 선고 2021도17131, 2021전도170 전원합의체 판결 [강도·폭행·업무방해·부착명령] ……………1606
- Ⓓ 대법원 2022. 06. 16. 자 2022모509 결정 [재심기각결정에대한재항고] ……………1626
- Ⓓ 대법원 2022. 07. 28. 선고 2020도12279 판결 [사기] ……………1628
- Ⓑ 대법원 2023. 02. 13. 자 2022모1872 결정 [정식재판청구권회복기각결정에대한재항고] ……………1630
- Ⓓ 대법원 2023. 02. 23. 자 2021모3227 결정 [재판의집행에관한이의기각결정에대한재항고] ……………1633

⑱ 대법원 2023. 07. 14. 자 2023모1121 결정 [이송결정에대한재항고] 〈「제주4·3사건 진상규명 및 희생자 명예회복에 관한 특별법」 제14조 제3항에 따라 제주지방법원에 관할이 있는 재심사건이 무엇인지 문제된 사건〉···1635

제3편 형사특별법

제1장　교통관련법

제2장　스토킹범죄의 처벌 등에 관한 법률

제3장　성폭력범죄의 처벌 등에 관한 특례법

제4장　아동·청소년의 성보호에 관한 법률

제5장　식품위생법

제6장　특정경제범죄 가중처벌 등에 관한 법률

제7장　특정범죄가중처벌 등에 관한 법률

제8장　폭력행위 등 처벌에 관한 법률

제9장　변호사법

제10장　청소년보호법

제11장　정보통신망 이용촉진 및 정보보호 등에 관한 법률

제12장　특정강력범죄의 처벌에 관한 특례법

제13장　기타 법률

제8장 폭력행위 등 처벌에 관한 법률

Ⓐ 대법원 2021. 09. 09. 선고 2020도6085 전원합의체 판결 [폭력행위등처벌에관한법률위반(공동재물손괴등)·폭력행위등처벌에관한법률위반(공동주거침입)·폭력행위등처벌에관한법률위반(공동상해)]

【판시사항】

[1] 공동거주자 중 한 사람이 법률적인 근거 기타 정당한 이유 없이 다른 공동거주자가 공동생활의 장소에 출입하는 것을 금지하였는데 다른 공동거주자가 이에 대항하여 공동생활의 장소에 들어간 경우, 주거침입죄가 성립하는지 여부(소극) 및 그 공동거주자가 공동생활의 장소에 출입하기 위하여 출입문의 잠금장치를 손괴하는 등 다소간의 물리력을 행사하여 그 출입을 금지한 공동거주자의 사실상 평온상태를 해쳤더라도 마찬가지인지 여부(적극) / 이때 그 공동거주자의 승낙을 받아 공동생활의 장소에 함께 들어간 외부인의 출입 및 이용행위가 전체적으로 그의 출입을 승낙한 공동거주자의 통상적인 공동생활 장소의 출입 및 이용행위의 일환이자 이에 수반되는 행위로 평가할 수 있는 경우, 그 외부인에 대하여 주거침입죄가 성립하는지 여부(소극)

[2] 피고인 甲은 처(妻) 乙과의 불화로 인해 乙과 공동생활을 영위하던 아파트에서 짐 일부를 챙겨 나왔는데, 그 후 자신의 부모인 피고인 丙, 丁과 함께 아파트에 찾아가 출입문을 열 것을 요구하였으나 乙은 외출한 상태로 乙의 동생인 戊가 출입문에 설치된 체인형 걸쇠를 걸어 문을 열어 주지 않자 공동하여 걸쇠를 손괴한 후 아파트에 침입하였다고 하여 폭력행위 등 처벌에 관한 법률 위반(공동주거침입)으로 기소된 사안에서, 아파트에 대한 공동거주자의 지위를 계속 유지하고 있던 피고인 甲에게 주거침입죄가 성립한다고 볼 수 없고, 피고인 丙, 丁에 대하여도 같은 법 위반(공동주거침입)죄가 성립하지 않는다고 한 사례

【판결요지】

[1] [다수의견]

(가) 형법은 제319조 제1항에서 '사람의 주거, 관리하는 건조물, 선박이나 항공기 또는 점유하는 방실에 침입한 자'를 주거침입죄로 처벌한다고 규정하고 있는바, 주거침입죄는 주거에 거주하는 거주자, 건조물이나 선박, 항공기의 관리자, 방실의 점유자 이외의 사람이 위 주거, 건조물, 선박이나 항공기, 방실(이하 '주거 등'이라 한다)에 침입한 경우에 성립한다. 따라서 주거침입죄의 객체는 행위자 이외의 사람, 즉 '타인'이 거주하는 주거 등이라고 할 것이므로 행위자 자신이 단독으로 또는 다른 사람과 공동으로 거주하거나 관리 또는 점유하는 주거 등에 임의로 출입하더라도 주거침입죄를 구성하지 않는다. 다만 다른 사람과 공동으로 주거에 거주하거나 건조물을 관리하던 사람이 공동생활관계에서 이탈하거나 주거 등에 대한 사실상의 지배·관리를 상실한 경우 등 특별한 사정이 있는 경우에 주거침입죄가 성립할 수 있을 뿐이다.

(나) 주거침입죄가 사실상 주거의 평온을 보호법익으로 하는 이상, 공동주거에서 생활하는 공동거주자

개개인은 각자 사실상 주거의 평온을 누릴 수 있다고 할 것이다. 그런데 공동거주자 각자는 특별한 사정이 없는 한 공동주거관계의 취지 및 특성에 맞추어 공동주거 중 공동생활의 장소로 설정한 부분에 출입하여 공동의 공간을 이용할 수 있는 것과 같은 이유로, 다른 공동거주자가 이에 출입하여 이용하는 것을 용인할 수인의무도 있다. 그것이 공동거주자가 공동주거를 이용하는 보편적인 모습이기도 하다. 이처럼 공동거주자 각자가 공동생활의 장소에서 누리는 사실상 주거의 평온이라는 법익은 공동거주자 상호 간의 관계로 인하여 일정 부분 제약될 수밖에 없고, 공동거주자는 이러한 사정에 대한 상호 용인하에 공동주거관계를 형성하기로 하였다고 보아야 한다. 따라서 공동거주자 상호 간에는 특별한 사정이 없는 한 다른 공동거주자가 공동생활의 장소에 자유로이 출입하고 이를 이용하는 것을 금지할 수 없다.

공동거주자 중 한 사람이 법률적인 근거 기타 정당한 이유 없이 다른 공동거주자가 공동생활의 장소에 출입하는 것을 금지한 경우, 다른 공동거주자가 이에 대항하여 공동생활의 장소에 들어갔더라도 이는 사전 양해된 공동주거의 취지 및 특성에 맞추어 공동생활의 장소를 이용하기 위한 방편에 불과할 뿐, 그의 출입을 금지한 공동거주자의 사실상 주거의 평온이라는 법익을 침해하는 행위라고는 볼 수 없으므로 주거침입죄는 성립하지 않는다. 설령 그 공동거주자가 공동생활의 장소에 출입하기 위하여 출입문의 잠금장치를 손괴하는 등 다소간의 물리력을 행사하여 그 출입을 금지한 공동거주자의 사실상 평온상태를 해쳤더라도 그러한 행위 자체를 처벌하는 별도의 규정에 따라 처벌될 수 있음은 별론으로 하고, 주거침입죄가 성립하지 아니함은 마찬가지이다.

(다) 공동거주자 각자가 상호 용인한 통상적인 공동생활 장소의 출입 및 이용행위의 내용과 범위는 공동주거의 형태와 성질, 공동주거를 형성하게 된 경위 등에 따라 개별적·구체적으로 살펴보아야 한다. 공동거주자 중 한 사람의 승낙에 따른 외부인의 공동생활 장소의 출입 및 이용행위가 외부인의 출입을 승낙한 공동거주자의 통상적인 공동생활 장소의 출입 및 이용행위의 일환이자 이에 수반되는 행위로 평가할 수 있는 경우에는 이러한 외부인의 행위는 전체적으로 그 공동거주자의 행위와 동일하게 평가할 수 있다. 따라서 공동거주자 중 한 사람이 법률적인 근거 기타 정당한 이유 없이 다른 공동거주자가 공동생활의 장소에 출입하는 것을 금지하고, 이에 대항하여 다른 공동거주자가 공동생활의 장소에 들어가는 과정에서 그의 출입을 금지한 공동거주자의 사실상 평온상태를 해쳤더라도 주거침입죄가 성립하지 않는 경우로서, 그 공동거주자의 승낙을 받아 공동생활의 장소에 함께 들어간 외부인의 출입 및 이용행위가 전체적으로 그의 출입을 승낙한 공동거주자의 통상적인 공동생활 장소의 출입 및 이용행위의 일환이자 이에 수반되는 행위로 평가할 수 있는 경우라면, 이를 금지하는 공동거주자의 사실상 평온상태를 해쳤음에도 불구하고 그 외부인에 대하여도 역시 주거침입죄가 성립하지 않는다고 봄이 타당하다.

[대법관 이기택의 별개의견]

(가) 대법원 2021. 9. 9. 선고 2020도12630 전원합의체 판결의 법리에 따라 살펴본다. 주거침입죄의 구성요건적 행위인 침입의 의미가 '거주자가 주거에서 누리는 사실상의 평온상태를 해치는 행위태양으로 주거에 들어가는 것'을 의미하고, 이에 해당하는지 여부는 출입 당시 객관적·외형적으로 드러난 행위태양을 기준으로 판단함이 원칙이다. 하지만 침입에 해당하는지 여부는 기본적으로 거주자의 의사해석의 문제이다. 사실상의 평온을 해치는 행위태양으로 주거에 들어가는 것이라면 대체

로 거주자의 의사에 반하는 것으로 해석된다.
(나) 행위자의 출입이 거주자의 의사에 반하는지는 출입 당시의 객관적 사정을 구체적으로 고려하여 거주자의 진정한 의사를 합리적으로 해석하여 판단하여야 한다. 거주자의 의사에 반하는지는 외부적으로 드러난 의사를 기준으로 판단하는 것이 원칙이라고 할 것이나, 그 외 출입 당시의 상황 등 구체적인 사실관계에 따라 달리 판단될 수 있는 경우가 있을 수 있다. 결국 거주자의 의사에 반하는지에 관한 해석은 사실인정의 영역이라고 할 것이다.
(다) 거주자가 명시적으로 출입금지의 의사를 표시한 경우 그러한 출입금지의 의사에 반하여 주거에 들어간 경우에는 대체로 침입에 해당한다고 볼 수 있을 것이다.
한편 거주자의 출입금지에 관한 의사에는 그 이유가 있기 마련이다. 거주자의 의사에 반하는지를 판단함에 있어서도 거주자가 출입을 금지한 이유를 알아야 비로소 그 진정한 의사가 확인되는 경우가 있다. 이러한 경우 단순히 외부적으로 표시한 출입금지의 의사를 기준으로 하여 거주자의 의사에 반하는 것이라고 해석할 경우 부당한 결론에 이르게 되는 경우가 있을 수 있다. 이렇게 되면 주거침입죄의 가벌성의 범위가 부당하게 넓어질 수 있다. 그만큼 거주자의 의사에 반하는지를 판단함에 있어 거주자의 진정한 의사가 중요한 이유이다.
거주자가 명시적으로 출입금지의 의사를 표시하였더라도 그러한 의사에 전제나 배경이 있는 경우가 있을 수 있다. 가령 거주자가 출입이 허용되는 신분이나 자격을 전제로 출입 허용 여부를 정한 경우를 생각해 볼 수 있다. 이러한 경우에는 출입이 허용되는 신분이나 자격이 있는 사람이 출입한 경우에는 침입이라고 볼 수 없으나 출입이 허용되지 않는 신분이나 출입 자격이 없는 경우에는 침입이라고 볼 수 있다.

[대법관 조재연, 대법관 민유숙, 대법관 이동원의 반대의견]
(가) 대법원은 2021. 9. 9. 선고 2020도12630 전원합의체 판결로 주거침입죄의 보호법익이 '주거권'이 아니고 '사실상 주거의 평온'이라는 점을 재확인하였다. 이는 공동주거의 경우에도 동일하다.
(나) 주거 내에 현재하는 공동거주자가 출입을 금지하였는데도 불구하고 폭력적인 방법 또는 비정상적인 경로로 공동주거에 출입한 경우는 출입 당시 객관적·외형적으로 드러난 행위태양에 비추어 주거 내에 현재하는 공동거주자의 평온상태를 명백히 해치는 것이어서 침입행위에 해당하므로 주거침입죄가 성립한다. 그러한 주거침입행위자가 스스로 집을 나간 공동거주자이거나, 그 공동거주자로부터 승낙을 받은 외부인이라 하여도 마찬가지이다.
(다) 다수의견은 행위자가 공동으로 거주하거나 관리 또는 점유하는 주거 등에 다른 공동거주자의 사실상 평온상태를 해치는 행위태양으로 출입하더라도 주거침입죄를 구성하지 않는다고 하나, 찬성할 수 없다.

[2] 피고인 甲은 처(妻) 乙과의 불화로 인해 乙과 공동생활을 영위하던 아파트에서 짐 일부를 챙겨 나왔는데, 그 후 자신의 부모인 피고인 丙, 丁과 함께 아파트에 찾아가 출입문을 열 것을 요구하였으나 乙은 외출한 상태로 乙의 동생인 戊가 출입문에 설치된 체인형 걸쇠를 걸어 "언니가 귀가하면 오라."며 문을 열어 주지 않자 공동하여 걸쇠를 손괴한 후 아파트에 침입하였다고 하여 폭력

행위 등 처벌에 관한 법률 위반(공동주거침입)으로 기소된 사안에서, 검사가 제출한 증거만으로는 피고인 甲이 아파트에서의 공동생활관계에서 이탈하였다거나 그에 대한 지배·관리를 상실하였다고 보기 어렵고, 공동거주자인 乙이나 그로부터 출입관리를 위탁받은 戊가 공동거주자인 피고인 甲의 출입을 금지할 법률적인 근거 기타 정당한 이유가 인정되지 않으므로, 아파트에 대한 공동거주자의 지위를 계속 유지하고 있던 피고인 甲이 아파트에 출입하는 과정에서 정당한 이유 없이 이를 금지하는 戊의 조치에 대항하여 걸쇠를 손괴하는 등 물리력을 행사하였다고 하여 주거침입죄가 성립한다고 볼 수 없고, 한편 피고인 丙, 丁은 공동거주자이자 아들인 피고인 甲의 공동주거인 아파트에 출입함에 있어 戊의 정당한 이유 없는 출입금지 조치에 대항하여 아파트에 출입하는 데에 가담한 것으로 볼 수 있고, 그 과정에서 피고인 甲이 걸쇠를 손괴하는 등 물리력을 행사하고 피고인 丙도 이에 가담함으로써 공동으로 재물손괴 범죄를 저질렀으나 피고인 丙의 행위는 그 실질에 있어 피고인 甲의 행위에 편승, 가담한 것에 불과하므로, 피고인 丙, 丁이 아파트에 출입한 행위 자체는 전체적으로 공동거주자인 피고인 甲이 아파트에 출입하고 이를 이용하는 행위의 일환이자 이에 수반되어 이루어진 것에 해당한다고 평가할 수 있어 피고인 丙, 丁에 대하여도 같은 법 위반(공동주거침입)죄가 성립하지 않는다고 한 사례.

【참조조문】 [1] 형법 제319조 제1항 / [2] 폭력행위 등 처벌에 관한 법률 제2조 제2항 제1호, 형법 제319조 제1항, 제366조
【참조판례】 [1] 대법원 1982. 4. 27. 선고 81도2956 판결(공1982, 544), 대법원 2012. 12. 27. 선고 2010도16537 판결
【전   문】 【피 고 인】 피고인 1 외 2인   【상 고 인】 피고인들 및 검사(피고인 1에 대하여)
【변 호 인】 변호사 김현근 외 2인
【원심판결】 서울동부지법 2020. 4. 24. 선고 2019노1473 판결

【주   문】

원심판결 중 피고인 2에 대한 유죄 부분과 피고인 3에 대한 부분을 파기하고, 이 부분 사건을 서울동부지방법원 합의부에 환송한다. 검사와 피고인 1의 상고를 각 기각한다.

【이   유】

상고이유를 판단한다.

1. 이 법원의 심판 범위

이 사건 공소사실 중 피고인 2, 피고인 3에 대한 「폭력행위 등 처벌에 관한 법률」(이하 '폭력행위처벌법'이라 한다) 위반(공동상해)의 점에 대하여 제1심이 무죄를 선고하였고, 검사가 항소하였으나 원심은 이를 기각하였다. 이에 대하여는 검사가 상고하지 않았으므로 이 부분은 확정되었다. 따라서 피고인 2, 피고인 3에 대하여는 이미 무죄로 확정된 이 부분을 제외한 나머지 부분만이 이 법원의 심판대상이 된다 할 것이므로, 이에 관한 상고이유만을 살펴보기로 한다.

2. 사건의 개요와 쟁점

가. 심판대상 공소사실의 요지는 다음과 같다.

피고인 1은 공소외 1의 남편이자 공소외 2의 형부이고, 피고인 2, 피고인 3은 피고인 1의 부모이자 공소외 1의 시부모이다.

1) 폭력행위처벌법 위반(공동재물손괴등)

 피고인들은 2018. 5. 19. 14:30경 피해자 공소외 1의 주거지인 이 사건 아파트에 찾아가 출입문을 열 것을 요구하였다. 하지만 피해자 공소외 1은 외출한 상태로 동생인 공소외 2가 출입문에 설치된 체인형 걸쇠를 걸어 "언니가 귀가하면 오라."며 문을 열어 주지 않았다. 이에 피고인 1, 피고인 2는 공동하여, 피고인 1은 열린 틈 사이로 손을 넣어 위 체인형 걸쇠를 수차례 내려치고, 피고인 2는 문고리를 계속 흔들어 위 출입문에 설치되어 있던 체인형 걸쇠가 출입문에서 떨어져 나가게 하였다.

 이로써 피고인 1, 피고인 2는 피해자 공소외 1 소유의 금액 미상의 체인형 걸쇠를 손괴하여 그 효용을 해하였다.

2) 폭력행위처벌법 위반(공동주거침입)

 피고인들은 공동하여 제1)항 기재 일시 및 장소에서 피해자 공소외 2가 머무르고 있던 주거지의 출입문에 설치된 체인형 걸쇠를 손괴한 후 침입하였다.

나. 원심은 다음과 같이 판단하였다.

1) 피고인 1, 피고인 2에 대한 폭력행위처벌법 위반(공동재물손괴등) 부분에 관하여는 이를 유죄로 판단한 제1심판결을 그대로 유지하였다.

2) 피고인 1에 대한 폭력행위처벌법 위반(공동주거침입) 부분에 관하여는, 형법상 주거침입죄의 객체인 주거는 타인이 거주하는 것에 한하고, 타인과 공동으로 생활하고 있는 자가 행위자인 경우에는 그가 공동생활에서 이탈한 후가 아니면 당해 주거는 본죄의 객체가 되지 않는데, 피고인 1이 이 사건 당시 이 사건 아파트에 대한 공동거주자의 지위에서 이탈되었다고 볼 수 없다는 이유로 주거침입죄가 성립하지 않는다고 판단하여 이를 유죄로 인정한 제1심판결을 파기하고 무죄를 선고하였다.

3) 피고인 2, 피고인 3에 대한 폭력행위처벌법 위반(공동주거침입) 부분에 관하여는, 복수의 주거권자가 있는 경우 한 사람의 승낙이 다른 거주자의 의사에 직접·간접으로 반하는 경우에는 그에 의한 주거에의 출입은 그 의사에 반한 사람의 주거의 평온, 즉 주거의 지배·관리의 평온을 해치는 결과가 되므로 주거침입죄가 성립하는데, 피고인 2, 피고인 3이 이 사건 아파트의 공동거주자인 피고인 1의 승낙을 받고 이 사건 아파트에 들어갔더라도 다른 거주자인 공소외 1이나 위 공소외 1로부터 주거에 대한 출입관리를 위탁받은 피해자 공소외 2의 승낙을 받지 못하여 피해자 공소외 2의 사실상 주거의 평온을 깨뜨렸으므로 주거침입죄가 성립한다는 이유로 이를 유죄로 인정한 제1심판결을 그대로 유지하였다.

다. 검사와 피고인들의 상고이유의 요지는 다음과 같다.

1) 검사의 상고이유

 피고인 1은 이 사건 아파트에서 이탈하여 공동거주자의 지위를 상실하였고, 피고인 2, 피고인 3과 함께 폭력적인 방법을 사용하여 이 사건 아파트에 들어갔으므로 주거침입죄가 성립한다.

그럼에도 불구하고 이와 달리 주거침입죄가 성립하지 않는다고 판단한 원심판결에는 논리와 경험의 법칙을 위반하여 자유심증주의의 한계를 벗어나거나 주거침입죄의 성립에 관한 법리를 오해한 잘못이 있다.

2) 피고인들의 상고이유

가) 피고인 1, 피고인 2에 대한 폭력행위처벌법 위반(공동재물손괴등) 부분에 관하여 피고인 1, 피고인 2가 이 부분 공소사실 기재와 같이 체인형 걸쇠를 손괴한 사실이 없고 이를 손괴하려는 고의도 없었다. 설령 그렇지 않더라도 위 피고인들의 행위는 자구행위 또는 정당행위에 해당한다. 그럼에도 불구하고 이 부분 공소사실을 유죄로 판단한 원심판결에는 논리와 경험의 법칙을 위반하여 자유심증주의의 한계를 벗어나거나 폭력행위처벌법 위반(공동재물손괴등)죄의 성립, 정당행위, 자구행위에 관한 법리를 오해한 잘못이 있다.

나) 피고인 2, 피고인 3에 대한 폭력행위처벌법 위반(공동주거침입) 부분에 관하여

(1) 공동거주자 중 한 사람의 승낙을 받고 공동주거에 들어간 경우에는 다른 거주자에 대한 범죄 목적으로 들어가는 등의 특별한 사정이 없는 이상 다른 거주자의 의사에 반하더라도 주거침입죄가 성립하지 않는다. 피고인 2, 피고인 3은 이 사건 아파트의 공동거주자인 피고인 1의 승낙을 받고 이 사건 아파트에 들어갔고, 다른 거주자인 공소외 1이나 피해자 공소외 2에 대한 범죄를 목적으로 들어간 것도 아니므로 위 피고인들에 대하여는 주거침입죄가 성립하지 않는다.

(2) 피고인 2, 피고인 3에게는 주거침입의 고의가 없었고, 위 피고인들의 행위는 형법 제20조에서 정한 사회상규에 위배되지 않는 정당행위 또는 형법 제23조에서 정한 자구행위에 해당하여 위법성이 조각된다.

(3) 그럼에도 불구하고 위 피고인들에 대한 이 부분 공소사실을 유죄로 인정한 원심판결에는 주거침입죄의 성립, 정당행위, 자구행위에 관한 법리를 오해한 잘못이 있다.

라. 관련 법리

주거침입죄는 사실상 주거의 평온을 보호법익으로 한다. 주거침입죄의 구성요건적 행위인 침입은 주거침입죄의 보호법익과의 관계에서 해석하여야 하므로, 침입이란 거주자가 주거에서 누리는 사실상의 평온상태를 해치는 행위태양으로 주거에 들어가는 것을 의미하고, 침입에 해당하는지 여부는 출입 당시 객관적·외형적으로 드러난 행위태양을 기준으로 판단함이 원칙이다. 사실상의 평온을 해치는 행위태양으로 주거에 들어가는 것이라면 특별한 사정이 없는 한 거주자의 의사에 반하는 것이겠지만, 단순히 주거에 들어가는 행위 자체가 거주자의 의사에 반한다는 거주자의 주관적 사정만으로 바로 침입에 해당한다고 볼 수 없다(대법원 2021. 09. 09. 선고 2020도12630 전원합의체 판결 참조).

마. 이 사건의 주된 쟁점 사항은 다음과 같다.

1) 논의의 전제

이 사건은 이 사건 아파트의 공동거주자이던 피고인 1이 그의 부모이자 다른 공동거주자 공소외 1의 시부모인 피고인 2, 피고인 3과 함께 이 사건 아파트에 출입하는 과정에서, 공소외 1의 위탁으로 이 사건 아파트 내에 머무르고 있던 피해자 공소외 2가 이 사건 아파트 출입문에

체인형 걸쇠를 걸어 출입문을 열어 주지 않는 등 피고인 1의 출입을 금지하자 그 체인형 걸쇠를 손괴하는 등 물리력을 행사한 사안이다. 피고인들의 이 사건 아파트 출입 당시 객관적·외형적으로 드러난 행위태양에 비추어 피해자 공소외 2의 사실상 평온상태를 해치는 경우에 해당한다고 볼 수는 있다.

2) 이 사건의 주된 쟁점 사항

가) 첫 번째 쟁점은, 공동거주자 중 한 사람이 그의 출입을 금지한 다른 공동거주자의 사실상 평온상태를 해치는 행위태양으로 공동주거에 들어간 경우 그것이 공동주거의 보편적인 이용형태에 해당한다고 평가할 수 있는 경우에도 주거침입죄가 성립하는지 여부이다.

나) 두 번째 쟁점은, 공동거주자 중 한 사람이 그의 공동주거 출입을 금지한 다른 공동거주자에 대항하여 물리력의 행사를 통해 공동주거에 출입함에 있어 이러한 공동거주자의 행위에 외부인이 가담하여 함께 그들의 출입을 금지하는 다른 공동거주자의 사실상 평온상태를 해치는 행위태양으로 공동주거에 들어간 경우 그것이 외부인의 출입을 승낙한 공동거주자의 통상적인 공동주거 이용행위이거나 이에 수반되는 행위에 해당한다면 그 외부인에 대하여 주거침입죄가 성립하는지 여부이다.

3. 검사의 상고이유에 대한 판단

가. 피고인 1에 대한 폭력행위처벌법 위반(공동주거침입) 부분에 관하여

1) 형법은 제319조 제1항에서 '사람의 주거, 관리하는 건조물, 선박이나 항공기 또는 점유하는 방실에 침입한 자'를 주거침입죄로 처벌한다고 규정하고 있는바, 주거침입죄는 주거에 거주하는 거주자, 건조물이나 선박, 항공기의 관리자, 방실의 점유자(이하 '거주자 등'이라 한다) 이외의 사람이 위 주거, 건조물, 선박이나 항공기, 방실(이하 '주거 등'이라 한다)에 침입한 경우에 성립한다. 따라서 주거침입죄의 객체는 행위자 이외의 사람, 즉 '타인'이 거주하는 주거 등이라고 할 것이므로 행위자 자신이 단독으로 또는 다른 사람과 공동으로 거주하거나 관리 또는 점유하는 주거 등에 임의로 출입하더라도 주거침입죄를 구성하지 않는다. 다만 다른 사람과 공동으로 주거에 거주하거나 건조물을 관리하던 사람이 공동생활관계에서 이탈하거나 주거 등에 대한 사실상의 지배·관리를 상실한 경우 등 특별한 사정이 있는 경우에 주거침입죄가 성립할 수 있을 뿐이다.

대법원은 이러한 취지에서 피해자와 피고인이 동거하는 주거는 타인의 주거에 해당하지 않는다는 이유로 피고인이 그 주거에 들어갔더라도 주거침입죄가 성립하지 않는다고 판단한 원심을 수긍하였고(대법원 2012. 12. 27. 선고 2010도16537 판결 참조), 공동관리 중인 건조물에 공동점유자 중의 1인이 임의로 출입하였더라도 건조물침입죄가 성립하지 않는다고 판단하였다(대법원 1982. 04. 27. 선고 81도2956 판결 참조).

2) 한편 주거침입죄가 사실상 주거의 평온을 보호법익으로 하는 이상, 공동주거에서 생활하는 공동거주자 개개인은 각자 사실상 주거의 평온을 누릴 수 있다고 할 것이다. 그런데 공동거주자 각자는 특별한 사정이 없는 한 공동주거관계의 취지 및 특성에 맞추어 공동주거 중 공동생활의 장소로 설정한 부분에 출입하여 공동의 공간을 이용할 수 있는 것과 같은 이유로, 다른 공동거주자가 이에 출입하여 이용하는 것을 용인할 수인의무도 있다. 그것이 공동거주자가 공동

주거를 이용하는 보편적인 모습이기도 하다. 이처럼 공동거주자 각자가 공동생활의 장소에서 누리는 사실상 주거의 평온이라는 법익은 공동거주자 상호 간의 관계로 인하여 일정 부분 제약될 수밖에 없고, 공동거주자는 이러한 사정에 대한 상호 용인하에 공동주거관계를 형성하기로 하였다고 보아야 한다. 따라서 공동거주자 상호 간에는 특별한 사정이 없는 한 다른 공동거주자가 공동생활의 장소에 자유로이 출입하고 이를 이용하는 것을 금지할 수 없다.

공동거주자 중 한 사람이 법률적인 근거 기타 정당한 이유 없이 다른 공동거주자가 공동생활의 장소에 출입하는 것을 금지한 경우, 다른 공동거주자가 이에 대항하여 공동생활의 장소에 들어갔더라도 이는 사전 양해된 공동주거의 취지 및 특성에 맞추어 공동생활의 장소를 이용하기 위한 방편에 불과할 뿐, 그의 출입을 금지한 공동거주자의 사실상 주거의 평온이라는 법익을 침해하는 행위라고는 볼 수 없으므로 주거침입죄는 성립하지 않는다. 설령 그 공동거주자가 공동생활의 장소에 출입하기 위하여 출입문의 잠금장치를 손괴하는 등 다소간의 물리력을 행사하여 그 출입을 금지한 공동거주자의 사실상 평온상태를 해쳤더라도 그러한 행위 자체를 처벌하는 별도의 규정에 따라 처벌될 수 있음은 별론으로 하고, 주거침입죄가 성립하지 아니함은 마찬가지이다.

3) 원심은 아래와 같은 사실관계와 이유를 근거로 피고인 1에 대하여 폭력행위처벌법 위반(공동주거침입)죄가 성립하지 않는다고 보았다.

가) 원심이 인정한 사실관계

(1) 피고인 1과 공소외 1은 2015. 9. 5. 혼인한 법률상 부부로, 그 사이에는 자녀가 1명이 있고, 2016. 8. 15. 무렵부터 이 사건 아파트에서 부부생활을 영위해 왔다.

(2) 피고인 1과 공소외 1은 2018. 1.경부터 신축 아파트 분양문제로 다툼이 잦아졌고, 피고인 1은 2018. 4. 9. 공소외 1과 싸우고 자신의 짐 일부를 챙겨 이 사건 아파트에서 나갔는데, 피고인 1은 2018. 4. 13. 이 사건 아파트를 찾아갔다가 공소외 1과 다시 싸우고 집을 나왔다. 그 이후 공소외 1은 이 사건 아파트의 출입문의 비밀번호를 일방적으로 변경하고 출입문에 체인형 걸쇠도 부착하였다.

(3) 피고인 1은 휴대전화 메신저를 통해 2018. 4. 17.과 2018. 4. 19. 공소외 1에게 이 사건 아파트 현관 출입문의 비밀번호를 알려 줄 것을 요청하였고, 2018. 5. 4.에는 이 사건 아파트를 찾아가 현관에서 출입문을 열어 줄 것을 요청하기도 하였지만 거부당했다.

(4) 공소외 1은 이 사건 발생 이후인 2018. 6. 28.경 법원에 이혼 등을 청구하였고, 2018. 9. 4. 피고인 1과 공소외 1 사이에 이혼조정이 성립되었다.

나) 원심의 판단 이유

이 사건 당시 피고인 1과 공소외 1 사이에 부부관계를 청산하고 피고인 1이 공동주거인 이 사건 아파트에서 나가서 살기로 하는 명시적인 합의가 있었다고 보기 어렵다. 이러한 상황에서 피고인 1이 위 아파트에서 짐 일부를 챙겨 나갔다거나 공소외 1이 일방적으로 출입문의 비밀번호를 변경하여 피고인 1을 들어오지 못하게 하였다는 사정만으로 피고인 1이 공동거주자의 지위에서 이탈하거나 배제되었다고 볼 수 없다. 따라서 피고인 1이 이 사건 아파트에 들어가는 과정에서 출입문에 설치된 체인형 걸쇠를 손괴하는 등의 방법을 사용하였다고 하더라도 주거침입죄가 성립하지 않는다.

4) 원심판결 이유를 앞서 본 법리와 기록에 비추어 살펴본다.

검사가 제출한 증거들만으로는 피고인 1이 이 사건 아파트에서의 공동생활관계에서 이탈하였다거나 그에 대한 지배·관리를 상실하였음을 인정하기에 부족하고 달리 이를 인정할 증거가 없다. 나아가 이 사건 아파트의 공동거주자인 공소외 1이나 그로부터 이 사건 아파트에 대한 출입관리를 위탁받은 피해자 공소외 2가 이 사건 아파트의 공동거주자인 피고인 1의 이 사건 아파트 출입을 금지할 법률적인 근거 기타 정당한 이유가 있었다고 인정되지 않는다.

그렇다면 이 사건 아파트에 대한 공동거주자의 지위를 계속 유지하고 있던 피고인 1이 이 사건 아파트에 출입하는 과정에서 정당한 이유 없이 이를 금지하는 피해자 공소외 2의 조치에 대항하여 이 사건 아파트의 출입문에 설치된 체인형 걸쇠를 손괴하는 등 물리력을 행사하였다고 하여 주거침입죄가 성립한다고 볼 수는 없다. 같은 취지의 원심의 판단에는 상고이유 주장과 같이 논리와 경험의 법칙을 위반하여 자유심증주의의 한계를 벗어나거나 주거침입죄의 성립에 관한 법리를 오해한 잘못이 없다.

나. 피고인 1에 대한 나머지 부분에 관하여

한편 검사는 원심판결 중 피고인 1 부분 전부에 대하여 상고하였으나, 원심이 유죄로 판단한 폭력행위처벌법 위반(공동재물손괴등)에 대하여는 상고장이나 상고이유서에 이에 관한 구체적인 불복이유를 기재하지 않았다.

4. 피고인들의 상고이유에 대한 판단

가. 피고인 1, 피고인 2에 대한 폭력행위처벌법 위반(공동재물손괴등) 부분에 관하여원심판결 이유를 관련 법리와 적법하게 채택한 증거에 비추어 살펴보면, 이 부분 공소사실을 유죄로 인정한 것은 정당하다고 판단된다. 따라서 원심의 판단에 상고이유 주장과 같이 논리와 경험의 법칙을 위반하여 자유심증주의의 한계를 벗어나거나 폭력행위처벌법 위반(공동재물손괴등)죄의 성립, 자구행위, 정당행위에 관한 법리를 오해한 잘못이 없다.

나. 피고인 2, 피고인 3에 대한 폭력행위처벌법 위반(공동주거침입) 부분에 관하여

1) 공동주거에서 생활하고 있는 공동거주자 개개인은 각자가 사실상 주거의 평온을 누릴 수 있으므로 외부인이 공동거주자 중 한 사람의 승낙을 받아 공동주거에 들어가더라도 다른 공동거주자에 대한 관계에서 그의 사실상 평온상태를 해치는 행위태양으로 들어간 경우에는 다른 공동거주자의 사실상 주거의 평온에 대한 침해가 된다는 점에서 주거침입죄를 구성한다고 볼 수도 있을 것이다. 그러나 공동거주자 각자는 특별한 사정이 없는 한 공동주거관계의 취지 및 특성에 맞추어 공동주거 중 공동생활의 장소에 출입하고 이를 이용할 수 있을 뿐만 아니라, 다른 공동거주자가 이에 출입하고 이를 이용하는 것도 용인하여야 한다. 이처럼 공동거주자 각자가 공동생활의 장소에서 누리는 사실상 주거의 평온이라는 법익은 공동거주자 상호 간의 관계로 인하여 일정 부분 제약될 수밖에 없고, 공동거주자는 이러한 사정에 대한 상호 용인하에 공동주거관계를 형성하기로 하였다고 보아야 한다. 그렇다면 공동거주자가 상호 용인한 범위 내에서 통상적으로 공동생활의 장소에 출입하고 이를 이용하는 행위는 설령 그 행위태양이 다른 공동거주자의 사실상 평온상태를 해치는 것으로 볼 수 있을지라도 그의 주거의 평온을 침해하는 행위라고

볼 수 없으므로 주거침입죄가 성립하지 않는다. 외부인이 공동거주자 중 한 사람의 승낙에 따라서 공동생활의 장소에 함께 출입한 것이 다른 공동거주자의 주거의 평온을 침해하는 행위가 된다고 볼 수 있는지 여부도 이러한 측면에서 살펴볼 필요가 있다.

2) 공동거주자 각자가 상호 용인한 통상적인 공동생활 장소의 출입 및 이용행위의 내용과 범위는 공동주거의 형태와 성질, 공동주거를 형성하게 된 경위 등에 따라 개별적·구체적으로 살펴보아야 한다. 공동거주자 중 한 사람의 승낙에 따른 외부인의 공동생활 장소의 출입 및 이용행위가 외부인의 출입을 승낙한 공동거주자의 통상적인 공동생활 장소의 출입 및 이용행위의 일환이자 이에 수반되는 행위로 평가할 수 있는 경우에는 이러한 외부인의 행위는 전체적으로 그 공동거주자의 행위와 동일하게 평가할 수 있다. 따라서 공동거주자 중 한 사람이 법률적인 근거 기타 정당한 이유 없이 다른 공동거주자가 공동생활의 장소에 출입하는 것을 금지하고, 이에 대항하여 다른 공동거주자가 공동생활의 장소에 들어가는 과정에서 그의 출입을 금지한 공동거주자의 사실상 평온상태를 해쳤더라도 주거침입죄가 성립하지 않는 경우로서, 그 공동거주자의 승낙을 받아 공동생활의 장소에 함께 들어간 외부인의 출입 및 이용행위가 전체적으로 그의 출입을 승낙한 공동거주자의 통상적인 공동생활 장소의 출입 및 이용행위의 일환이자 이에 수반되는 행위로 평가할 수 있는 경우라면, 이를 금지하는 공동거주자의 사실상 평온상태를 해쳤음에도 불구하고 그 외부인에 대하여도 역시 주거침입죄가 성립하지 않는다고 봄이 타당하다. 구체적인 이유는 다음과 같다.

가) 개인의 법익이 침해되는가를 판단함에 있어 그 법익의 사회적 함의 및 한계도 함께 고려할 필요가 있다. 그런데 공동주거의 경우 공동거주자 각자의 개별적인 법익보호라는 측면만이 아니라 공동주거라고 하는 공동생활의 의미와 그에 따르는 사회적 한계를 고려하여 주거침입죄의 보호법익의 침해 여부 및 범죄의 성립 여부를 살펴보아야 한다. 여러 사람이 함께 거주하는 공동주거에서는 공동거주자 각자가 누리는 주거에서의 법익이 일정 부분 제약되고, 공동거주자 상호 간에 이러한 제약을 용인하였다고 보아야 한다. 공동거주자 중 한 사람의 승낙에 따른 외부인의 출입이 공동주거의 형태와 성질, 공동주거관계를 형성하게 된 경위, 공동거주자와 외부인의 관계, 외부인이 공동주거에 출입한 목적, 출입태양 등에 비추어 그의 출입을 승낙한 공동거주자의 통상적인 공동생활 장소의 출입 및 이용행위의 일환이자 이에 수반되는 행위로 평가할 수 있는 경우임에도 다른 공동거주자의 공동주거 내에서의 사실상 평온상태를 깨뜨리는 측면이 있다는 이유만으로 주거침입죄의 성립을 인정하는 것은 공동거주자 상호 간에 용인한 의사에 반할 뿐만 아니라 공동주거의 본질과 특성, 다양성 및 그에 따르는 사회적 한계를 무시하는 불합리한 해석이 된다.

나) 공동거주자 중 한 사람의 승낙에 따른 외부인의 출입이 이를 승낙한 공동거주자의 통상적인 공동생활 장소의 출입 및 이용행위의 일환이자 이에 수반되는 행위로 평가할 수 있는 경우까지 다른 공동거주자의 사실상 평온상태를 해치는 방법으로 출입하였다는 사정만으로 주거침입죄의 성립을 인정하게 되면, 공동거주자 사이의 공동주거 내에서의 상충된 법익, 즉 일반적·적극적 주거의 자유 향유와 소극적 주거의 자유와 평온의 향유 사이의 충돌이라고 하는 공동거주자 내부의 우연한 사정만으로 외부인의 주거침입죄 성립 여부가 좌우되는 불합리한 결과가 발생할 수 있다.

법규범으로서 형법의 본질과 임무는 사회의 존립과 유지에 필요불가결한 기본가치를 보호

함에 있고, 형법의 규율 대상은 다른 규범이나 사회적 통제수단으로는 해결할 수 없는 중대한 법익에 대한 위험이 명백한 행위나 사회에 끼치는 해악이 큰 행위에 한정함이 바람직하다. 법규범 중에서도 특히 형법에 대하여 개인의 자유와 권리를 박탈하거나 제한하는 강력한 제재수단을 부여한 취지 역시 같은 맥락에서 이해하여야 한다. 형법은 주거침입죄의 구성요건적 행위를 침입이라고만 규정하고 있고, 그 형벌도 3년 이하의 징역 또는 500만 원 이하의 벌금으로 독일 등 다른 나라의 입법례 등에 비하여 높으며, 비친고죄로 규율하고 있다. 위와 같은 형법의 본질과 그 규율 내용에 더하여 공동주거 및 침입이라는 개념 자체가 갖는 사회적, 규범적 의미를 보태어 보면, 주거침입죄에 있어서의 침입이라는 개념에는 그 자체로서 이미 사회적으로 용인될 수 있는 범위를 넘어선 주거의 평온이라는 법익에 대한 중대한 침해의 위험이 있는 행위 또는 사회에 끼치는 해악이 큰 행위라는 법적 평가가 포함되어 있다고 할 것이므로 이러한 형법의 규율 대상이 되는 행위로 평가되어야 주거침입죄로 처벌할 수 있다고 해석함이 타당하다. 그런데 공동거주자 중 한 사람의 승낙에 따라 공동주거에 출입한 행위가 이를 승낙한 공동거주자의 통상적인 공동생활 장소의 출입 및 이용행위의 일환이자 이에 수반되는 행위로 평가할 수 있는 경우는 다른 규범이나 사회적 통제수단으로는 해결할 수 없는 중대한 법익에 대한 위험이 있는 행위이거나 사회에 끼치는 해악이 큰 행위에 해당한다고 보기 어렵다. 외부인의 공동주거 출입으로 인하여 다른 공동거주자의 신체의 자유 등 별도의 법익이 침해되고, 그 법익의 침해가 별도의 범죄를 구성하는 경우에는 그 범죄로 처벌하는 것으로 충분하고, 이에 대한 처벌규정은 이미 형법 등에 구비되어 있기도 하다. 이러한 경우까지 주거침입죄로 형사처벌하는 것은 공동거주에 따르는 사회적 관계의 다양성과 특수성 및 자율규제의 가능성을 무시한 국가형벌권의 과도한 개입으로서 부당하다.

다) 공동거주자 사이에는 각자가 공동주거에서 누리는 법익의 보호가치가 동등하다고 볼 수 있는데, 외부인의 출입과 관련하여 공동거주자 사이의 법익이 충돌되는 상황에서 다른 공동거주자의 사실상 주거의 평온이라는 법익이 침해되었다고 보아 외부인에 대하여 주거침입죄의 성립을 인정하게 되면, 외부인의 출입을 거부한 공동거주자의 법익만을 우선하고, 외부인의 출입을 승낙한 다른 공동거주자의 법익은 무시하는 것이 된다는 측면에서도 부당하다.

라) 공동거주자 중 한 사람의 승낙에 따른 공동주거 출입행위가 이를 승낙한 공동거주자의 통상적인 공동생활 장소의 출입 및 이용행위의 일환이자 이에 수반되는 행위로 평가할 수 있는 경우에도 외부인을 주거침입죄로 처벌하게 되면 그의 출입을 승낙한 공동거주자를 주거침입죄의 공범으로 처벌할 수 있는지도 문제가 될 수 있을 것이다. 그러나 앞서 본 바와 같이 공동거주자는 공동생활관계에서 이탈하지 않거나 그의 공동주거 출입행위를 금지할 법률적인 근거 기타 정당한 이유가 없는 이상 주거침입죄로 처벌할 수 없으므로 위와 같은 경우 공동거주자의 승낙에 따라 공동주거에 출입한 외부인만을 주거침입죄로 처벌할 수밖에 없는데, 이러한 결론은 외부인의 출입이 이를 승낙한 공동거주자의 통상적인 공동생활 장소의 출입 및 이용행위의 일환이자 이에 수반되는 행위로 평가할 수 있는 한, 공동생활의 현실과 사회 일반의 관념에 맞지 않고, 형사처벌의 보충성에 비추어 보아도 부당하다. 특히 공동거주자 중 한 사람이 적극적으로 외부인의 출입을 권유하여 함께 주거에 들어온 경우를 생각해 보면 그 부당함이 더욱 분명하게 드러난다.

3)
   가) 이 사건 기록에 의하면, 다음과 같은 사실을 알 수 있다.
      (1) 이 사건 아파트의 공동거주자인 공소외 1은 이 사건 범행 당일인 2018. 5. 19.경 외출하면서 자신의 어머니와 동생인 피해자 공소외 2에게 아이를 돌보아 달라고 부탁하였고, 피해자 공소외 2는 이 사건 범행 당시 이 사건 아파트에서 머무르고 있었다.
      (2) 피고인 2, 피고인 3은 공소외 1이 외출한 사실을 알지 못한 채 그 주장에 의하면 피고인 1과 공소외 1을 화해시키고, 손녀를 만나기 위하여 피고인 1과 함께 이 사건 아파트를 방문하였다. 그런데 피해자 공소외 2는 피고인들이 들어올 수 없도록 출입문에 설치된 체인형 걸쇠를 걸고 문을 열어 주지 않았다. 그러자 이 사건 아파트의 공동거주자인 피고인 1은 이 사건 아파트의 출입문에 설치된 체인형 걸쇠를 손괴하였고, 피고인 2도 이에 가담하였다. 그 후 피고인들은 함께 이 사건 아파트에 들어갔다.
   나) 이러한 사실관계를 앞서 본 법리에 비추어 살펴본다. 피고인 2, 피고인 3은 이 사건 아파트의 공동거주자이자 아들인 피고인 1의 공동주거인 이 사건 아파트에 출입함에 있어 다른 공동거주자인 공소외 1로부터 출입관리를 위탁받은 피해자 공소외 2의 정당한 이유 없는 출입금지 조치에 대항하여 이 사건 아파트에 출입하는 데에 가담한 것으로 볼 수 있다. 비록 그 과정에서 피고인 1이 출입문에 설치된 체인형 걸쇠를 손괴하는 등 물리력을 행사하였고, 피고인 2도 이에 가담함으로써 공동으로 재물손괴의 범죄를 저질렀으나, 피고인 1의 이러한 행위는 공동생활관계에서 이탈하지 않은 상태에서 정당한 이유 없이 이루어진 출입금지 조치에 대항하여 공동거주자로서 공동생활의 장소에 출입하고, 이를 이용하기 위한 방편이라고 볼 수 있고, 피고인 2의 행위는 그 실질에 있어 피고인 1의 이러한 행위에 편승, 가담한 것에 불과하다. 그렇다면 피고인 2, 피고인 3이 이 사건 아파트에 출입한 행위 그 자체는 전체적으로 공동거주자인 피고인 1이 이 사건 아파트에 출입하고 이를 이용하는 행위의 일환이자 이에 수반되어 이루어진 것에 해당한다고 평가할 수 있으므로, 피고인 2, 피고인 3에 대하여는 폭력행위처벌법 위반(공동주거침입)죄가 성립하지 않는다고 보아야 한다.
   다) 그런데도 원심은 이 부분 공소사실을 유죄로 판단하였는바, 이러한 원심판결에는 주거침입죄의 성립에 관한 법리를 오해하여 판결에 영향을 미친 잘못이 있다. 이를 지적하는 피고인 2, 피고인 3의 상고이유 주장은 이유 있다.

5. 파기의 범위

위에서 본 것과 같은 이유로 피고인 2에 대한 폭력행위처벌법 위반(공동주거침입) 부분은 파기되어야 한다. 그리고 피고인 2에 대한 나머지 유죄 부분은 위 파기 부분과 형법 제37조 전단의 경합범 관계에 있어 하나의 형이 선고되어 함께 파기되어야 하므로, 결국 원심판결 중 피고인 2에 대한 유죄 부분은 모두 파기되어야 한다.

6. 결 론

그러므로 피고인 2, 피고인 3의 나머지 상고이유에 대한 판단을 생략한 채 원심판결 중 피고인 2에 대한 유죄 부분과 피고인 3에 대한 부분을 파기하고, 이 부분 사건을 다시 심리·판단하게 하기 위하여 원심법원에 환송하기로 하고, 검사와 피고인 1의 상고를 각 기각하기로 하여 주문과 같이 판결한다. 이 판결에는 대법관 이기택의 별개의견과 대법관 조재연, 대법관 민유숙, 대법관 이동원의 반대의견이 있는 외에는 관여 법관의 의견이 일치하였고, 다수의견에 대한 대법관 김선수, 대법관 천대엽의 보충의견과 반대의견에 대한 대법관 민유숙의 보충의견이 있다.

7. 피고인들에 대한 각 폭력행위처벌법 위반(공동주거침입) 부분에 대한 대법관 이기택의 별개의견

이 사건의 쟁점은 이 사건 아파트에 대한 공동거주자인지 여부가 다투어지는 피고인 1과 그의 승낙을 받은 피고인 2, 피고인 3이 피해자 공소외 2의 외부적 출입금지 의사에 반하여 이 사건 아파트에 들어간 것이 주거침입죄에 해당하는지 여부이다. 이에 대하여 다수의견에서는 피고인들의 이 사건 아파트 출입행위가 공동거주자의 보편적인 이용형태 등에 해당하는지를 기준으로 주거침입죄의 성립 여부를 논하였다. 이와 달리 별개의견에서는 피고인들에 대하여 출입금지 의사를 표시한 피해자 공소외 2의 진정한 의사해석을 통하여 피고인들에 대한 주거침입죄의 성립 여부를 논하고자 한다.

가. 거주자의 의사에 반하는지에 대한 해석의 다양성

1)
가) 대법원 2021. 09. 09. 선고 2020도12630 전원합의체 판결의 법리에 따라 살펴본다. 주거침입죄의 구성요건적 행위인 침입의 의미가 '거주자가 주거에서 누리는 사실상의 평온상태를 해치는 행위태양으로 주거에 들어가는 것'을 의미하고, 이에 해당하는지 여부는 출입 당시 객관적·외형적으로 드러난 행위태양을 기준으로 판단함이 원칙이다.
나) 하지만 침입에 해당하는지 여부는 기본적으로 거주자의 의사해석의 문제이다. 사실상의 평온을 해치는 행위태양으로 주거에 들어가는 것이라면 대체로 거주자의 의사에 반하는 것으로 해석된다.

2) 행위자의 출입이 거주자의 의사에 반하는지는 출입 당시의 객관적 사정을 구체적으로 고려하여 거주자의 진정한 의사를 합리적으로 해석하여 판단하여야 한다. 거주자의 의사에 반하는지는 외부적으로 드러난 의사를 기준으로 판단하는 것이 원칙이라고 할 것이나, 그 외 출입 당시의 상황 등 구체적인 사실관계에 따라 달리 판단될 수 있는 경우가 있을 수 있다. 결국 거주자의 의사에 반하는지에 관한 해석은 사실인정의 영역이라고 할 것이다.

3) 거주자가 명시적으로 출입금지의 의사를 표시한 경우 그러한 출입금지의 의사에 반하여 주거에 들어간 경우에는 대체로 침입에 해당한다고 볼 수 있을 것이다. 가령 거주자가 집에 들어오려는 외판원에게 '들어오지 마세요.'라고 명시적으로 말하였는데도 외판원이 그 집에 들어가면 거주자의 의사에 반하는 것이 분명하므로 침입에 해당한다.

한편 거주자의 출입금지에 관한 의사에는 그 이유가 있기 마련이다. 거주자의 의사에 반하는지를 판단함에 있어서도 거주자가 출입을 금지한 이유를 알아야 비로소 그 진정한 의사가 확인되는 경우가 있다. 이러한 경우 단순히 외부적으로 표시한 출입금지의 의사를 기준으로 하여 거주자의 의사에 반하는 것이라고 해석할 경우 부당한 결론에 이르게 되는 경우가 있을 수 있다. 이렇게 되면 주거침입죄의 가벌성의 범위가 부당하게 넓어질 수 있다. 그만큼 거주자의 의사에 반하는지를 판단함에 있어 거주자의 진정한 의사가 중요한 이유이다.

거주자가 명시적으로 출입금지의 의사를 표시하였더라도 그러한 의사에 전제나 배경이 있는 경우가 있을 수 있다. 가령 거주자가 출입이 허용되는 신분이나 자격을 전제로 출입 허용 여부를 정한 경우를 생각해 볼 수 있다. 이러한 경우에는 출입이 허용되는 신분이나 자격이 있는 사람이 출입한 경우에는 침입이라고 볼 수 없으나 출입이 허용되지 않는 신분이나 출입 자격이 없는 경우에는 침입이라고 볼 수 있다. 가령 어느 종교의 신자의 경우에는 출입이 허용되는 성직자의 기도공간이 있다. 이 경우 성직자의 기도공간에 신자가 출입한 경우에는 침입이라고 볼 수 없으나, 신자 이외의 사람이 출입한 경우에는 침입이라고 보아야 할 것이다. 어느 회사에서 영업비밀 보호를 이유로 그 임직원만이 출입이 허용된 사무실에 그 회사의 임직원이 출입한 경우에는 침입이라고 볼 수 없으나, 퇴직한 직원이나 경쟁사의 임직원이 출입한 경우에는 침입이라고 보아야 할 것이다.

그런데 위와 같이 거주자가 출입을 허용할지 여부를 신분이나 자격을 전제로 정한 경우에도 그 신분이나 자격 등에 대하여 다툼이 있는 경우가 있을 수 있다.

가령 거주자는 갑이 출입할 수 없는 사람이라고 생각하고 그의 출입을 금지하였는데 나중에 갑의 신분이나 자격이 확인되어 출입할 수 있는 사람이라고 판명된 경우를 생각해 볼 수 있다. 이러한 경우에는 갑의 출입을 금지하는 전제 사실이 존재하지 않았으므로 갑이 거주자의 의사에 반하여 출입한 것으로 볼 수 없다.

앞서 본 예와 같이, 신자의 경우에는 출입이 허용되는 성직자의 기도공간이 있다. 갑이 위 기도공간에 출입하려 하는데 성직자는 갑이 신자가 아니라고 생각하고 그의 기도공간 출입을 막았으나 갑이 기도공간으로 들어왔다. 나중에 갑이 신자임이 확인되었다. 이 경우 갑에 대하여 주거침입죄가 성립한다고 볼 수 있는가(물음표)

또 다른 예로, 어느 회사의 임직원에 한하여 출입이 허용되는 영업비밀이 보관되어 있는 사무실이 있다. 갑이 위 사무실에 출입하려고 하였는데 위 사무실의 관리자는 갑이 회사의 임직원이 아니라고 생각하고 그의 사무실 출입을 막았으나 갑이 그대로 위 사무실에 들어왔다. 나중에 갑이 회사의 임직원임이 확인되었다. 이 경우 갑에 대하여 주거침입죄가 성립한다고 볼 수 있는가(물음표)

앞서 든 각 사례에서 성직자나 사무실 관리자의 진정한 의사에 근거하여 본다면 성직자나 사무실 관리자가 외부적으로 표시된 의사만을 기준으로 갑에 대하여 주거침입죄가 성립한다고 보는 것은 진정한 출입금지 의사를 파악하지 못한 것이다. 갑의 출입을 금지한 전제 사실이 처음부터 존재하지 아니하므로 갑의 기도공간이나 사무실 출입이 성직자나 사무실 관리자의 의사에 반한 것으로 볼 수 없기 때문이다. 위 각 사례에서 성직자나 사무실 관리자의 진정한 의사에 의한다면 갑에 대하여는 주거침입죄가 성립하지 않는다고 보아야 할 것이다.

나. 피고인들에 대한 각 폭력행위처벌법 위반(공동주거침입)죄의 성립 여부에 관한 판단
1) 논의의 전제
이 사건은 이 사건 아파트에 대한 공동거주자인지 여부가 다투어지는 피고인 1과 그로부터 출입 승낙을 받은 피고인 2, 피고인 3이 피해자 공소외 2의 외부적으로 표시한 출입금지 의사에 반하여 이 사건 아파트에 들어간 것이 주거침입죄에 해당하는지 여부가 쟁점이다.

이 사건에서 피해자 공소외 2가 피고인들에 대하여 이 사건 아파트에 출입하는 것을 금지하는 의사의 기본적인 전제는 피고인 1이 이 사건 아파트의 공동거주자가 아니라는 점에 있다고 볼 수 있다.

피해자 공소외 2가 피고인들에 대하여 이 사건 아파트에 출입하는 것을 금지하는 진정한 의사를 해석하기 위해서는 피고인 1이 이 사건 아파트의 공동거주자인지 여부를 우선적으로 살펴볼 필요가 있다.

이하 이 사건의 사실관계를 살펴보고, 피고인 1이 이 사건 아파트의 공동거주자인지 여부를 판단한 다음, 피고인들이 이 사건 아파트에 출입하는 것에 대한 피해자 공소외 2의 진정한 의사를 해석하여 피고인들에 대하여 주거침입죄가 성립하는지 여부를 판단하기로 한다.

2) 이 사건의 사실관계

원심판결 이유 및 이 사건 기록에 의하면 다음과 같은 사실을 알 수 있다.

가) 피고인 1과 공소외 1은 2015. 9. 5. 혼인한 법률상 부부이다. 피고인 1과 공소외 1 사이에는 자녀가 1명이 있고, 2016. 8. 15. 무렵부터 이 사건 아파트에서 생활하여 왔다.

나) 피고인 1과 공소외 1은 2018. 1.경부터 신축 아파트 분양문제로 다툼이 잦아졌다. 피고인 1은 2018. 4. 9. 공소외 1과 싸우고 자신의 짐 일부를 챙겨 이 사건 아파트에서 나갔다. 피고인 1은 2018. 4. 13. 이 사건 아파트를 찾아갔다가 공소외 1과 다시 싸우고 집을 나왔다. 그 이후 공소외 1은 이 사건 아파트의 출입문의 비밀번호를 일방적으로 변경하고 출입문에 체인형 걸쇠도 부착하였다.

다) 피고인 1은 휴대전화 메신저를 통해 2018. 4. 17.과 2018. 4. 19. 공소외 1에게 이 사건 아파트 현관 비밀번호를 알려 줄 것을 요청하였다. 피고인 1은 2018. 5. 4.경 이 사건 아파트를 찾아가 공소외 1에게 문을 열어 줄 것을 요청하기도 하였는데, 공소외 1은 이를 거부하였다.

라) 이 사건 아파트의 공동거주자인 공소외 1은 이 사건 범행 당일인 2018. 5. 19.경 외출하면서 자신의 어머니와 동생인 피해자 공소외 2에게 아이를 돌보아 달라고 부탁하였고, 피해자 공소외 2는 이 사건 범행 당시 이 사건 아파트에서 머무르고 있었다.

마) 피고인 2, 피고인 3은 공소외 1이 외출한 사실을 알지 못한 채 피고인 1과 함께 이 사건 아파트를 방문하였다. 그런데 피해자 공소외 2는 피고인들이 이 사건 아파트에 출입하는 것을 거부하였다. 그러자 이 사건 아파트의 공동거주자인 피고인 1은 이 사건 아파트의 출입문에 설치된 체인형 걸쇠를 손괴하였고, 피고인 2도 이에 가담하였다. 그 후 피고인들은 함께 이 사건 아파트에 들어갔다.

바) 공소외 1은 이 사건 발생 이후인 2018. 6. 28.경 법원에 이혼청구를 하였고, 2018. 9. 4. 피고인 1과 공소외 1 사이에 이혼조정이 성립되었다.

3) 피고인 1이 이 사건 아파트의 공동거주자인지 여부

가) 주거침입죄는 거주자 이외의 사람이 주거에 침입한 경우에 성립한다. 주거침입죄의 객체인 주거는 다른 사람이 거주하는 것에 한한다. 다른 사람과 공동으로 공동주거에서 생활하고 있는 공동거주자 중 한 사람이 행위자인 경우 당해 공동주거는 주거침입죄의 객체로 되지 않는다. 다만 공동거주자가 공동생활관계에서 이탈하였거나 주거에 대한 사실상의 지배·

관리관계를 상실하였다고 인정할 수 있는 경우에는 당해 주거는 주거침입죄의 객체에 해당한다. 공동거주자가 공동생활관계에서 이탈하였거나 공동주거에 대한 사실상의 지배·관리관계가 상실되었는지 여부는 공동거주자 사이의 관계, 공동거주자 사이의 다툼의 발생 경위, 공동주거에서 벗어난 경위 등 구체적 사정을 고려하여 개별적으로 판단하여야 한다. 한편 공동거주자 중 한 사람이 다른 공동거주자를 상대로 법원에 공동주거의 출입을 금지하는 가처분을 신청하여 법원으로부터 출입금지가처분 결정을 받은 경우나 공동거주자 중 한 사람이 「가정폭력범죄의 처벌 등에 관한 특례법」(이하 '가정폭력처벌법'이라 한다)이나 「아동학대범죄의 처벌 등에 관한 특례법」(이하 '아동학대처벌법'이라 한다)에 따라 '주거로부터의 퇴거 등 격리' 또는 '주거에서 100m 이내의 접근 금지'의 임시조치 결정(가정폭력처벌법 제29조 제1항 제1호, 제2호, 아동학대처벌법 제19조 제1항 제1호, 제2호)을 받은 경우 등 법률적인 근거에 따라 공동주거의 출입이 금지되는 경우도 있을 수 있다. 이와 같은 경우는 공동거주자가 공동생활관계에서 이탈하였거나 공동주거에 대한 사실상의 지배·관리관계가 상실된 경우에 해당하는 것으로 볼 수 있다.

나) 위와 같은 사실관계를 앞서 본 법리에 비추어 살펴본다.

이 사건 당시 피고인 1과 공소외 1 사이에 부부관계를 청산하고 피고인 1이 이 사건 아파트에서 나가서 살기로 하는 명시적인 합의가 있었다거나, 피고인 1과 공소외 1 사이의 부부관계가 파탄에 이르렀다고 보기 어렵다. 이러한 상황에서 피고인 1이 위 아파트에서 짐 일부를 챙겨 나갔다거나 공소외 1이 일방적으로 출입문의 비밀번호를 변경하여 피고인 1을 들어오지 못하게 하였다는 사정만으로 피고인 1이 이 사건 아파트에서의 공동생활관계에서 이탈하였다거나 그에 대한 지배·관리를 상실하였다고 인정하기는 어렵다. 따라서 피고인 1이 이 사건 당시 이 사건 아파트에 대한 공동거주자의 지위를 유지하고 있었다고 할 것이다.

4) 피해자 공소외 2의 진정한 의사 해석

가) 앞서 본 사실관계에 의하여 피고인들이 이 사건 아파트에 출입하는 것을 금지하는 피해자 공소외 2의 진정한 의사를 살펴보기로 한다.

나) 앞서 본 사실관계에 의하여 인정되는 피고인들과 공소외 1, 피해자 공소외 2의 관계, 이 사건의 분쟁 경위 등에 비추어 보면, 피해자 공소외 2는 피고인 1과 공소외 1 사이의 부부관계가 파탄에 이르렀고, 피고인 1이 이 사건 아파트에 대한 공동거주자의 지위를 상실하여 공소외 1의 승낙 없이는 이 사건 아파트에 출입할 수 없다고 생각하여 피고인들의 출입을 금지하였다고 봄이 상당하다. 위와 같은 사정 이외에 달리 피해자 공소외 2가 피고인 1이나 그의 승낙을 받은 피고인 2, 피고인 3이 이 사건 아파트에 출입하는 것을 금지하는 동기나 이유가 될 만한 별도의 사정은 기록상 찾아볼 수 없다.

다) 피해자 공소외 2가 피고인들에 대하여 한 이 사건 아파트에 대한 출입금지 의사의 전제 사실은 피고인 1과 공소외 1 사이의 부부관계가 파탄에 이르렀고, 피고인 1이 더 이상 이 사건 아파트에 대한 공동거주자가 아니어서 공소외 1의 승낙 없이는 이 사건 아파트에 출입할 수 없다는 것으로 볼 수 있다. 그런데 피고인 1과 공소외 1 사이의 부부관계가 파탄에 이르렀다거나, 피고인 1이 이 사건 아파트에서의 공동생활관계에서 이탈하였거나 그에 대한 지배·관리를 상실하였다고 인정하기는 어렵다는 점은 앞서 본 바와 같다.

그렇다면 피해자 공소외 2가 외부적으로 피고인들에 대하여 이 사건 아파트에 출입하는 것을 금지하는 의사를 표시하였다고 하더라도, 피해자 공소외 2의 진정한 의사는 피고인 1과 공소외 1 사이의 부부관계가 파탄에 이르지 않았고, 피고인 1이 이 사건 아파트에서의 공동생활관계에서 이탈하였다거나 그에 대한 지배·관리를 상실하지 않았다면 피고인들이 이 사건 아파트에 들어오는 것을 금지하지 않았을 것이라고 봄이 합리적이라고 할 것이다. 따라서 피고인들의 이 사건 아파트에 대한 출입이 피해자 공소외 2의 의사에 반하여 이루어졌다고 볼 수 없으므로 피고인들에 대하여 주거침입죄가 성립한다고 인정할 수 없다. 나아가 피고인들이 이 사건 아파트에 출입하는 과정에서 이 사건 아파트의 출입문에 설치된 체인형 걸쇠를 손괴하였다고 하더라도 이는 이 사건 아파트에 출입하기 위한 최소한의 물리력 행사라고 볼 수 있으므로 위와 같은 사정이 피고인들의 주거침입죄의 성립 여부에 영향을 미치지 않는다.

5) 검사 및 피고인 2, 피고인 3의 상고이유에 대한 판단

위와 같은 이유로 피고인들에 대한 각 폭력행위처벌법 위반(공동주거침입) 부분은 모두 무죄로 판단되어야 한다.

피고인 1에 대한 폭력행위처벌법 위반(공동주거침입) 부분을 무죄로 판단한 원심판결의 결론은 정당하다. 따라서 상고이유 주장과 같이 논리와 경험의 법칙을 위반하여 자유심증주의의 한계를 벗어나거나 주거침입죄의 성립에 관한 법리를 오해한 잘못이 없다.

그러나 피고인 2, 피고인 3에 대한 폭력행위처벌법 위반(공동주거침입) 부분을 유죄로 판단한 원심판결에는 피해자 공소외 2의 의사에 반하는지를 판단함에 있어 논리와 경험의 법칙을 위반하여 자유심증주의의 한계를 벗어나 사실을 잘못 인정하거나, 침입에 관한 법리를 오해한 잘못이 있다. 이를 지적하는 피고인 2, 피고인 3의 상고이유 주장은 이유 있다.

다. 소결론

따라서 원심판결 중 피고인 2, 피고인 3에 대한 각 폭력행위처벌법 위반(공동주거침입)부분은 파기되어야 한다. 그리고 피고인 2에 대한 위 파기 부분과 나머지 유죄 부분은 형법 제37조 전단의 경합범 관계에 있어 하나의 형이 선고되어 함께 파기되어야 하므로, 원심판결 중 피고인 2에 대한 유죄 부분은 모두 파기되어야 한다. 피고인 2, 피고인 3의 나머지 상고이유에 대한 판단을 생략한 채 원심판결 중 피고인 2에 대한 유죄 부분과 피고인 3에 대한 부분을 파기하고, 이 부분 사건을 다시 심리·판단하게 하기 위하여 원심법원에 환송하여야 하고, 검사와 피고인 1의 상고는 각 기각하여야 한다.

위와 같은 이 사건 결론은 다수의견과 견해를 같이하지만, 결론에 이르기까지의 구체적인 이유가 다르므로 별개의견으로 이를 밝혀둔다.

8. 피고인들에 대한 각 폭력행위처벌법 위반(공동주거침입) 부분에 대한 대법관 조재연, 대법관 민유숙, 대법관 이동원의 반대의견

가. 반대의견의 요지

대법원은 이번 전원합의체 판결로 주거침입죄의 보호법익이 '주거권'이 아니고 '사실상 주거의 평온'이라는 점을 재확인하였다. 이는 공동주거의 경우에도 동일하다.

주거 내에 현재하는 공동거주자가 출입을 금지하였는데도 불구하고 폭력적인 방법 또는 비정상적인 경로로 공동주거에 출입한 경우는 출입 당시 객관적·외형적으로 드러난 행위태양에 비추어 주거 내에 현재하는 공동거주자의 평온상태를 명백히 해치는 것이어서 침입행위에 해당하므로 주거침입죄가 성립한다. 그러한 주거침입행위자가 스스로 집을 나간 공동거주자이거나, 그 공동거주자로부터 승낙을 받은 외부인이라 하여도 마찬가지이다.

다수의견은 행위자가 공동으로 거주하거나 관리 또는 점유하는 주거 등에 다른 공동거주자의 사실상 평온상태를 해치는 행위태양으로 출입하더라도 주거침입죄를 구성하지 않는다고 하나, 찬성할 수 없다.

나. 논의의 전제

1) 먼저 이 사건과 대법원 2021. 09. 09. 선고 2020도12630 전원합의체 판결과의 관계를 분명히 하고자 한다. 이 사건은 대법원 2020도12630 전원합의체 판결의 법정의견을 전제로 하지만, 사실관계와 법리적 쟁점을 달리한다.

대법원 2020도12630 전원합의체 판결에서는 '주거지에 현재하는 거주자의 승낙에 따라 평온하게 출입한 행위'에 대한 주거침입죄의 성립이 문제 된다. '부재중인 공동거주자의 추정적 반대의사'에 대한 평가가 쟁점이다. 이 사건은 '스스로 주거지를 나온 후 통상적인 방법으로는 출입할 수 없게 된 거주자가 그 주거지에 현재하는 공동거주자의 출입금지에도 불구하고 폭력적인 방법을 사용하여 출입한 행위'가 문제 된다. '주거지에 현재하는 공동거주자의 사실상 평온을 침해한 행위'에 대한 평가가 쟁점이다.

2) 주거의 평온에 대한 보호 필요성의 증대 및 공동주거관계의 구체적·개별적 규율 필요성에 대하여 본다.

가) 현대 사회생활과 주거생활의 변화로 주거의 평온에 대한 보호 필요성이 더욱 증대되었다. 현대사회에서는 대중매체의 발달과 정보·통신수단의 발달로 사생활의 비밀에 대한 침해 가능성이 커짐에 따라 사생활 보호의 중요성이 더욱 강조되기에 이르렀고, 사생활의 비밀을 보호하기 위한 여건으로서 주거의 평온을 보호할 필요성이 더욱 커졌다. 즉 주거공간이 침범되는 경우에는 사생활의 비밀이 침해될 가능성이 높기 때문에 주거의 평온도 이 단계에서 이미 침해될 가능성이 커졌다. 더욱이 도시화의 심화로 개인의 주거공간이 좁은 공간으로 한정되어 외부인의 출입에 의한 주거의 평온에 대한 침해 우려는 과거에 비하여 심각해졌고, 그 보호의 필요성은 훨씬 증대되었다.

나) 대다수의 국민이 혼인 등의 사유로 가족관계를 이루거나 그 밖에 경제적인 이유 등으로 여러 사람이 하나의 주거공간을 공동으로 사용하고 있다. 도시화·밀집화로 많은 국민이 공동주택에서 거주하고 있다. 한편 주거의 개념에는 다가구용 단독주택이나 다세대주택·연립주택·아파트 등 공동주택 내부에 있는 엘리베이터, 공용 계단과 복도도 포함된다(대법원 2009. 08. 20. 선고 2009도3452 판결 등 참조). 이와 같이 대다수 국민이 주거공간에 대하여 공동거주자로서의 지위를 갖는 현대사회에서, 공동거주자 사이의 지위관계, 공동주거 내에서 공동거주자가 누리는 법익이 상호 간 충돌하는 양상과 이에 대한 규율의

필요성 등도 천차만별이다. 공동주거관계의 규율은 공동주거 형성 경위, 형태, 공동거주자 상호관계 등 구체적 사정을 살펴 개별적으로 이루어져야 한다.
3) 공동주거에서 주거침입죄가 성립하는지 여부의 문제는 공동거주자 사이의 법익이 충돌할 때 발생한다. '불행한 가정은 저마다의 이유로 불행하다.'는 말에서 알 수 있듯, 가정이라는 하나의 주거공간에서 가정구성원들 사이의 법익 침해 양상과 주거의 평온을 보호할 필요성도 다양하다. 그런데 이를 공동주거 내지 공동거주자라는 이유로 일률적·추상적으로 규율하여 일의적으로 주거침입죄가 성립하는지 여부를 논의하는 것은 다양한 분쟁상황에 대한 올바른 법적 규율이라고 할 수 없다. 또한 공동주거를 규율하는 법령이 존재하는 경우에도 공동거주자 또는 외부인에 대하여 주거침입죄가 성립하는지 여부는 그 법령에 따르는 공동거주자 내부관계, 외부인과의 관계 등을 개별적·구체적으로 살펴 판단하여야 할 문제로서 일률적·추상적으로 그 판단 기준을 미리 설정하는 것은 옳지 않다.

결국 공동주거에서 주거침입죄가 성립하는지 여부는 헌법이 보장하는 '주거의 자유'와 '혼인과 가족생활의 보호', '주거침입죄의 입법 목적과 취지', '주거침입죄의 보호법익의 구체적 내용과 법적 성질', '침입의 의미와 그 판단 기준' 등을 종합적으로 고려하여 구체적·개별적으로 판단하여야 한다.

다. 공동거주자를 주거침입죄로 처벌할 수 있는지 여부

1) 주거침입죄는 개인적 법익에 관한 죄이고, 그 주거지에서 거주하는 사람이 여럿인 경우 보호법익의 침해는 거주자 개개인이 누리는 주거의 평온을 기준으로 판단하여야 한다.
　　가) 공동주거는 자기의 주거지인 동시에 타인의 주거지이기도 하므로 공동거주자의 한 사람이 다른 공동거주자와의 관계에서 그 사람의 주거의 평온을 해치는 행위를 한다면, 주거침입죄의 보호법익 침해가 발생한다.
　　나) 헌법은 제16조 전문에서 "모든 국민은 주거의 자유를 침해받지 아니한다."라고 규정하여 주거의 자유를 기본권으로 보장하고 있다. 또한 헌법은 제36조 제1항에서 "혼인과 가족생활은 개인의 존엄과 양성의 평등을 기초로 성립되고 유지되어야 하며, 국가는 이를 보장한다."라고 규정하여 혼인과 가족을 국가의 특별한 보호하에 두고 있다. 혼인과 가족생활은 주거라는 장소를 통해 실현되므로 주거의 자유는 혼인과 가족생활의 공간적 영역을 보장함으로써 혼인과 가족생활에 관한 기본권을 확보하는 기능을 한다.

주거공간은 사생활의 중심으로 개인의 인격과 불가분적으로 연결되어 있으므로 그 불가침이 보장되지 않고서는 인간 행복의 최소한의 조건인 개인의 사적 영역이 지켜질 수 없다(헌법재판소 2020. 9. 24. 선고 2018헌바171 전원재판부 결정 참조). 주거는 사생활의 중심이 되는 장소이기 때문에 그 불가침성이 보장되지 않고서는 개인의 생명, 신체, 재산의 안전도 지켜지기 어렵다. 따라서 헌법이 보장하는 주거의 자유는 주거에 거주하는 개인을 기본권의 주체로 하고, 혼인과 가족생활에 관한 기본권도 혼인을 하고 가족을 이루는 개인을 기초로 하여 보장된다. 주거침입죄는 헌법이 기본권으로 보장하는 주거의 자유를 구체적으로 보호하기 위한 규정이고, 헌법이 보장하는 혼인과 가족생활도 간접적으로 보호하는 기능을 하므로, 주거침입죄가 보호하는 법익의 주체도 개인인 거주자이다. 주거침입죄의 이러한 법적 성질은 공동거주자 내부관계에서도 그대로 유지되어야 한다.

다) 다수의견이 참고로 인용한 판결들은 이 사건 쟁점과 사안을 달리하여 인용할 수 없다. 즉 대법원 1982. 04. 27. 선고 81도2956 판결, 대법원 2012. 12. 27. 선고 2010도16537 판결은 모두 거주·점유 권한 없는 자의 출입행위임을 전제로 주거침입죄 등으로 기소되었으나, 심리결과 공동 거주해 온 사정 또는 적법한 점유권원이 인정되어 주거침입죄 등이 성립하지 않는다고 판단된 사안으로서 객관적·외형적으로 드러난 행위태양이 다른 공동점유자나 공동거주자의 주거의 평온을 해치는 방법에 의한 경우가 아니다.

2) 다수의견은 공동거주자 일방이 그의 출입을 금지한 공동거주자의 평온상태를 해치는 행위태양으로 들어갔더라도 이는 공동주거를 이용하는 보편적인 형태라고 한다.

그러나 다수의견은 주거침입죄의 보호법익의 내용이나 법적 성질, 침입의 의미와 판단 기준에 반하고, 양립할 수 없는 공동거주자의 '공동주거의 보편적 이용형태'와 '사실상 평온상태를 해치는 행위태양'을 양립 가능한 것으로 본 잘못이 있다.

가) 주거침입죄의 구성요건적 행위인 침입은 거주자가 주거에서 누리는 사실상의 평온상태를 해치는 행위태양으로 주거에 들어가는 것으로 출입 당시 객관적·외형적으로 드러난 행위태양을 기준으로 판단하여야 한다는 원칙은 다수의견도 인정하고 있다.

그렇다면 공동거주자라도 잠금장치를 손괴하는 등 폭력적인 방법 또는 비정상적인 경로로 공동주거에 출입한 경우에는 객관적·외형적으로 보아 다른 공동거주자의 평온상태를 해치는 행위태양으로 출입한 것이므로 침입행위에 해당한다.

나) 사실상의 평온상태를 해치는 행위태양에 의한 출입행위는 공동주거의 보편적 이용형태와 양립할 수 없다.

공동거주자 상호 간에 용인한 공동주거에 대한 보편적인 이용형태에 포함되려면 잠금장치의 열쇠를 각자 소지하거나 비밀번호를 공유하면서 공동거주자 각자가 그 열쇠 또는 비밀번호를 이용하여 잠금장치를 풀고 출입문을 열어 주거지에 출입할 수 있어야 한다.

공동거주자가 스스로 집을 나간 후 주거지 이용이나 소유권 귀속을 다투면서 계속적으로 다른 공동거주자와 충돌하며 폭력을 행사하는 태도는 공동주거의 보편적인 이용형태라고 볼 수 없다. 집에 남아 있는 공동거주자에게 이를 용인할 부담을 지우기 어렵다. 그 집에서 미성년 자녀를 키우고 있다면 폭력적 출입을 금지할 필요성은 더욱 높아진다.

그 상황에서 거주자가 평온에 위협을 느끼고 잠금장치를 변경하여 상대방의 출입을 금지함으로써 집을 나간 공동거주자가 정상적인 출입이 불가능해지자 손괴, 폭력행사 등 평온을 해치는 수단을 사용하여 공동주거에 출입한다면 이는 공동주거의 이용행위의 한계를 벗어난 침입행위이다.

다) 다수의견이 스스로 인정하고 있듯이, 공동거주자 상호 간에 용인되는 이용의 내용과 범위는 공동주거를 형성한 경위, 공동주거의 형태와 성질, 공동거주자들의 관계에 따라 개별적으로 살펴보아야 한다. 공동거주자라는 사정만으로 그 거주자의 공동주거 출입·이용행위를 항상 용인하여야 하는 것은 아니다.

3) 다수의견에 따르면 공동거주자에서 이탈하기까지의 기간을 규율의 공백상태로 방치하게 되어 부당하다.

가) 다수의견은 공동거주자의 지위에 있는 한 주거침입죄의 성립을 부정한다. 다수의견은 '특별한 사정'이 있으면 공동거주자에게도 주거침입죄를 인정할 수 있다고 하면서도 특별한

사정이란 '공동생활에서 이탈하였거나 사실상 지배·관리를 상실한 경우'라고 한다. 그런데 공동거주를 이탈하였거나 사실상 지배·관리를 상실한 사람은 이미 '공동거주자'에 포함되지 않는다. 공동거주자의 의미에 관한 동어반복일 뿐이다. 따라서 다수의견은 공동거주자에 대하여 사실상 예외 없이 주거침입죄를 부정하는 견해로 보인다. 다수의견의 진의가 이와 다르다면, '특별한 사정'의 판단 기준과 범위에 관한 견해를 명시하여야 할 것이다.

나) 다수의견은 공동거주자 상호 간에 용인한 공동주거 이용행위의 내용과 범위는 공동거주자 내부관계에 따라 개별적으로 판단하여야 한다고 하면서도, 평온하고 일상적인 공동주거를 전제로 공동거주자가 공동생활관계 또는 공동거주자로서의 지위에서 이탈하기까지는 다른 공동거주자의 평온상태를 해치는 출입행위도 공동거주자라는 이유로 주거침입죄의 보호범위에서 제외한다. 그러나 공동주거를 형성하게 된 경위, 공동주거의 형태와 성질 등에 따라 공동거주자가 공동거주자로서의 지위에서 이탈하기 전이라도 주거침입죄가 성립할 수 있다.

다) 오히려 다수의 재판례에서 알 수 있듯이, 공동거주자 사이에서 주거침입죄 성립 여부가 문제 되는 경우는 공동주거관계가 와해되는 과정(공동생활관계에서 이탈하기 전 단계로서 공동거주자로서의 지위는 인정된다), 즉 공동거주자 사이에서 분쟁이 발생하여 일방이 주거지를 나갔다가 들어오기를 반복하면서 갈등과 충돌을 일으켜 거주자로서는 주거의 평온을 지키기 위하여 잠금장치의 열쇠나 비밀번호를 변경할 수밖에 없는 경우에 발생한다. 특히 이 사건과 같이 부부 사이의 혼인관계가 파탄되어 이혼에 이르기까지의 과정은 구체적인 경우마다 다양한 양상을 보이며, 많은 사례에서 장기간 부부를 포함한 가족공동체는 갈등과 대립에 휩싸이고, 심각한 폭력사태가 발생하기도 한다. 공동거주의 해소에 이르지 못하였으나 공동생활을 감내하기도 어려운 기간이 계속된다.

라) 반대의견은 공동생활관계가 해소되는 과정에서 발생하는 폭력에 적극적으로 대처하여 구성원들의 평온과 안전을 보호하는 방향으로 주거침입죄의 해석이 이루어져야 한다는 취지이다.

4) 다수의견이 '정당한 이유'를 주거침입죄의 성립을 부정하는 근거로 연결하는 점에 찬성하기 어렵다.

가) 다수의견은, 공동거주자가 법률적인 근거 기타 정당한 이유 없이 다른 공동거주자의 출입을 금지한 경우에는 폭력을 동원하여 출입하더라도 주거침입죄가 성립하지 않는다고 한다. '출입금지에 대항하는' 것이고 '공동주거의 취지에 맞추어 이용하기 위한 방편'이라는 이유를 들고 있다.

이는 피해자에게 법률적인 근거 또는 이에 준하는 정당한 사유가 존재할 것을 요구하는 것과 마찬가지로서 침입행위 이전의 권리관계를 가려서 범죄 성립 여부를 판단한다는 결론에 이른다.

그러나 확립된 대법원 판례는, 권리자라고 하더라도 권리실행으로써 자력구제의 수단으로 주거지나 건조물에 침입한 경우에는 주거침입죄나 건조물침입죄가 성립한다는 입장이다. '주거의 평온'을 보호법익으로 하여 이를 침해하는 행위를 처벌하는 주거침입죄에 있어서 '피해자가 출입을 금지한 행위가 법적 근거를 갖추었는지 여부'를 판단 기준으로 삼는다면 확립된 대법원의 입장에 부합하지 않는다.

나) 나아가 '정당한 이유'를 고려할 수 있다고 할지라도, 출입의 금지가 정당한지 여부는 분쟁

의 전체적인 과정과 출입금지에 이르게 된 경위를 모두 살핀 후에 판단하여야 하고 이는 사실심의 심리를 통하여 확정할 수 있는 사실인정의 문제이다.

분쟁 과정에 있는 공동거주자들, 특히 혼인공동체의 해소 과정에서 발생하는 개별 행위들의 정당성 여부 또는 책임의 소재는 특정 시점의 단편적인 사정만으로 가릴 수 없다. '출입금지'의 결과적인 조치만 들어 피해자는 정당성이 결여되었고 피고인의 출입은 허용된다고 결론짓는 것은 아닌지 우려스럽다.

다) 다수의견이 전제하는 '공동거주자 중 한 사람이 정당한 이유 없이 상대방의 출입을 금지'하는 경우는 형법 이론서에서 논의되는 가상의 사례일 수 있겠으나(아내가, 밤늦게 술친구를 데리고 귀가하려는 남편을 불만스럽게 여겨 출입문을 잠그는 예시가 거론되기도 한다), 현실의 분쟁과 거리가 멀다는 점을 다시 지적한다.

5) 다수의견은 주거침입죄의 독자적인 가치를 지나치게 축소한 태도로서 최근의 법령 개정 방향에 부합하지 않는다.

가) 다수의견은 공동거주자 등의 출입 과정에서 다른 공동거주자의 신체의 자유 등 별도의 법익이 침해되는 경우에는 그 해당 범죄로 처벌할 수 있고 이로써 충분하다고 하나, 이는 주거침입죄의 의의를 제대로 파악하지 못하였거나 가볍게 평가한 것이다.

나) 주거의 자유와 평온을 형벌로써 보호하는 이유는 누구나 자기의 주거 안에 있는 동안에는 최대한의 안전을 기대할 수 있고 그러한 기대를 국가가 적극적으로 보호한다는 데 있다. 이는 신체의 자유 등 다른 기본적 자유의 맨 앞에 있는 문지기와 같은 기본적인 권리이자 국가에 대한 기대와 요청이라고 할 수 있다. 이를 제쳐두고 상해죄나 손괴죄 등으로 처벌하면 된다는 견해는, 주거의 자유와 평온에 대하여 개개인이 기대하는 가치의 무거움을 제대로 이해하지 못한 것이다.

주거침입죄는 주거의 평온과 안전의 보호를 목적으로 하고, 주거에 대한 출입통제를 통하여 주거 내에서 발생할 수 있는 생명, 신체, 재산의 침해를 방지하는 기능을 하므로, 주거침입죄에서의 보호법익을 독자적으로 보호할 필요가 있다. 따라서 공동거주자 일방이나 외부인의 출입행위가 다른 공동거주자의 사실상 주거의 평온이라는 법익을 침해한 경우에는 주거침입죄로 처벌하여야 하고, 나아가 출입 과정에서 또는 출입 후에 다른 공동거주자의 생명이나 신체, 재산 등의 법익을 별도로 침해한 경우에는 그 법익의 침해로 인하여 구성되는 범죄로 처벌함이 타당하다.

다) 오늘날 주거의 평온에 대한 침해의 위협은 외부인에 의한 침해 못지않게 가족 등 공동거주자에 의해서도 일어날 수 있다.

특히 주거지에 남아 있는 배우자가 미성년 자녀를 양육하는 대부분의 경우 폭력적인 출입행위는 분쟁의 경위와 책임소재를 떠나 미성년 자녀의 복지에 중대한 위해를 미치게 된다. 과거에는 '가정 내 분쟁에 형법은 개입하지 않는다.'는 관념하에 가정 내 분쟁은 가정 내에서 자율적으로 해결하고, 국가형벌권은 보충적으로 개입하는 것이 바람직하다고 인식하였던 때가 있었다. 그러나 이러한 태도는 가정폭력에 대한 보호의 거부로 이어져 가정 내 범죄를 야기하는 원인이 되었고, 이에 대한 반성으로「가정폭력방지 및 피해자보호 등에 관한 법률」과 가정폭력처벌법이 제정되어 국가가 적극적으로 가정폭력에 개입할 수 있게 되었다. 나아가, 아직도 가정 내에서 이루어지는 폭력의 예방과 피해자 보호가 미흡하다는 지적에 따라 미비점을 개선·보완하기 위하여 가정폭력처벌법이 2020. 10. 20. 법률 제17499호로 개정되어 2021. 1. 21. 시행되었다. 개정법은 가정폭력범죄에 형법 제2편 제36장 주거침입의 죄를 포함시켰다[제2조 제3호 (사)목]. 가정폭력처벌법의 적용대상인 가정구성원은 배우자, 직계존비속, 동거친족으로서[제2조 제2호 (가) 내지 (라)목] 공동거주자와 범위가 거의 일치한다. 따라서 위 형법 제2편 제36장에 정해진 주거침입죄, 퇴거불응죄는 물론 그 미수범까지 가정폭력처벌법이 정한 가정폭력범죄에 포함되게 되었다.

다수의견과 달리 입법은 가정폭력처벌법의 개정을 통하여 공동거주자에 대하여도 다른 가정구성원의 신체적·정신적 평온을 해치는 행위를 엄단하기 위하여 적극적으로 규율하려는 입장이다.

라. 공동거주자중 한 사람의 승낙을 받은 외부인이 다른 공동거주자의 평온상태를 해치는 행위태양으로 공동주거에 들어간 경우 주거침입죄가 성립하는지 여부

1) 다수의견은 외부인이 주거 내에 현재하는 공동거주자의 평온상태를 해치는 행위태양으로 공동주거에 출입한 경우에도 그의 출입이 다른 공동거주자의 승낙에 의한 것이라는 이유로 주거침입죄의 성립을 부정하나, 이 또한 부당하다.

외부인이 주거 내에 현재하는 공동거주자의 출입금지를 폭력적인 방법으로 제압하고 공동주거에 출입하면 주거침입죄가 성립하고, 공동거주자 중 한 사람의 승낙을 받았다는 이유로 주거침입죄의 성립을 부정할 수 없다.

다수의견이 추상적으로 표현한 '공동거주자의 승낙에 따른 외부인의 출입행위'의 실상은 외부인이 공동거주자와 합세하여 폭력적인 방법으로 집에 있는 공동거주자의 출입금지를 제압하고 공동주거에 침입한 행위이다.

2) 공동거주자 사이에 공동주거 내에서 발생하는 법익충돌은 그들의 내부관계라고 할지라도 외부인이 공동주거에 침입하는 행위는 그것만으로 구성요건에 해당하고 독립적으로 처벌되어야 한다.

외부인의 공동주거 출입행위는 공동거주자 사이의 통상적인 공동주거 이용행위와 전혀 관계가 없다. 외부인은 거주자가 출입을 금지한다는 사정을 인식하면서도 이를 제압하고 출입을 감행하였다. 이를 공동거주자 내부관계에서의 법익충돌로 평가할 근거가 없고, 오히려 다른 공동거주자의 승낙을 이유로 주거침입죄의 성립을 부정하는 것은 외부인의 출입을 금지하는 다른 공동거주자의 독자적인 법익주체성을 무시하는 결과에 이른다.

3) 나아가 다수의견이 외부인의 침입행위를 정당화하는 사유로 들고 있는 것들도 옳지 않다.

가) 형법 제319조 제1항이 정한 구성요건에 해당하는 행위를 한 사람에 대하여 그 법정형의 범위 내에서 처벌하는 것은 국가형벌권의 정당한 행사이다. 외부인의 공동주거 출입행위가 주거침입죄의 구성요건에 해당하면 그 법정형이 정한 범위 내에서 처벌하여야 한다. 다수의견은 입법자가 마련한 주거침입죄의 구성요건에 해당함에도 침해 법익의 경중을 다시 가리거나, 사회적 해악을 구성요건으로 추가로 요구한다는 것이지만 근거는 제시하지 않고 있다. 나아가 외부인이 다른 공동거주자의 반대를 무릅쓰고 사실상의 평온상태를 해치는 행위태양으로 공동주거에 출입한 행위는 그 자체로 이미 사회적으로 용인할 수 있는 범위를 넘어선 법익 침해행위로서 사회에 끼치는 해악 또한 크다고 할 것이다.

나) 형법상 주거침입죄에 관한 법정 최고형이 3년의 징역형이고, 비친고죄로 규율된다는 점은

입법자의 입법형성권 범위 내의 것으로 이 사건 쟁점과 논리적 관련성을 찾기 어렵다.

나아가 주거침입죄에 관하여 스위스 형법(제186조), 일본 형법(제130조), 중국 형법(제245조)도 법정 최고형을 3년의 자유형 내지 징역형으로 정하여 우리 형법이 정한 법정 최고형과 동일할 뿐만 아니라 일부 다른 나라의 형법에서 정한 주거침입죄의 법정형과 우리 형법에서 정한 주거침입죄의 법정형을 형식적·산술적으로 비교하여 주거침입죄의 성립 범위를 제한하는 것도 적절하지 않다(외부인의 공동주거 침입행위가 공동거주자의 승낙에 따른 것이라는 사정은 필요한 경우 그 구체적 사정을 개별적으로 고려하여 양형에서 적절히 참작하면 충분하다).

2021. 10. 21. 시행을 앞두고 있는 「스토킹범죄의 처벌 등에 관한 법률」은 주거 등 일상적으로 생활하는 장소 또는 그 부근에서 '기다리거나 지켜보는 행위'를 한 경우, 즉 주거 등 '침입'에 이르지 않는 행위를 한 경우에도 그 법정 최고형을 3년의 징역형으로 정하고 있다[제18조 제1항, 제2조 제1호 (나)목].

다) 어떤 범죄를 친고죄로 규정할지 여부는 피해자의 의사나 감정 등을 고려한 입법정책상의 문제일뿐더러 이 사건을 비롯하여 피해자의 고소나 신고에 의하여 수사가 개시되는 대부분의 주거침입 처벌 사례를 참작한다면 우리 형법이 주거침입죄를 친고죄로 규정하고 있지 않음을 이유로 외부인의 공동주거 침입행위를 정당화할 수 없다.

라) 공동거주자 상호 간 공동주거에서 누리는 법익의 보호가치는 동등하므로 외부인의 공동주거 침입행위로 공동거주자의 주거의 평온이 침해된 경우에도 동등하게 보호되어야 한다. 다수의견과 반대의견의 대립은 공동거주자 사이의 법익이 충돌되는 상황에서 이익 형량의 기준을 달리하는 데서 비롯된다. 반대의견은 힘과 다수의 위세로부터 보호받아야 할 주거의 자유와 평온이라는 법익을 보다 우위에 두어야 한다는 입장이다. 다수의견은 이 경우 외부인을 처벌하면 그에 동조한 공동거주자의 법익을 무시하여 부당하다고 하나, 법익형량과 처벌의 당·부당의 판단은 구별되어야 한다.

마. 이 사건에 대한 판단

1) '정당한 이유' 관련 인정 사실

다수의견은 '피해자 공소외 2가 피고인 1의 출입을 금지할 법률적인 근거 기타 정당한 이유가 없다.'고 하였다.

가) 다수의견은 공소외 1이 2018. 4. 13. 이 사건 아파트 출입문의 비밀번호를 변경하고 출입문에 체인형 걸쇠도 부착하였으며, 피고인 1에게 출입문의 비밀번호도 알려주지 않았다는 점과 이 사건 범행 당시 피해자 공소외 2가 출입문을 열어 주지 않았다는 점을 근거로 위와 같이 단정한 듯하다.

그러나 이 사건 범행 발생 약 한 달 전부터 전개된 일련의 과정 중에서 위의 단편적인 사정만을 들어 판단할 수 없고, 공소외 1이 비밀번호를 변경한 경위, 피해자 공소외 2가 범행 당시 위와 같은 언동을 하게 된 맥락까지 고려하여야 비로소 그 정당한 이유가 있는지를 판단할 수 있다.

나) 원심까지 이 부분이 쟁점이 되지 않았으므로, 부득이 공소외 1의 제1심 법정진술 등 원심이 배척하지 않은 증거들에 의하여 기록상 인정되는 사실관계까지 살펴 다수의견의 부

당함을 지적하기로 한다.
(1) 피고인 1은 공소외 1과 신축 아파트 분양문제로 갈등을 빚다가 2018. 4. 9.경 '너 혼자 살아라. 애는 아빠 없다고 해라.'라고 말을 하고, 옷가지(겨울옷, 여름옷 포함)와 신발 등을 챙겨 이 사건 아파트에서 나갔다. 그리고 그 다음 날 이 사건 아파트로 들어와 본인 명의 통장 등을 가지고 다시 나갔다(피고인 1이 위 일자에 스스로 집을 나간 점은 원심에서도 인정된 사실관계이다).
(2) 피고인 1은 2018. 4. 13. 이 사건 아파트에 찾아와 공소외 1에게 별거를 하려고 하니 이 사건 아파트의 임대차보증금 중 일부를 돌려 달라고 하면서 다투다가 들고 있던 컵을 내리쳐 깨지게 하였다. 이에 공소외 1이 112에 신고를 하였고, 경찰이 이 사건 아파트에 찾아오는 상황까지 발생하였다. 당시 피해자 공소외 2도 그 현장에 있었다. 그 후 공소외 1은 출입문의 비밀번호를 변경하고 출입문에 걸쇠를 부착하였다.
(3) 피고인 1은 2018. 4. 9. 이 사건 아파트에서 나와 피고인 2, 피고인 3의 주거지에서 머물고 있었으므로 피고인 2, 피고인 3도 피고인 1의 별거 사실을 알고 있었다.
다) 이 사건 범행 당일의 상황에 관한 아래의 사정은 이미 원심이 인정한 바와 같다.
(1) 피고인들은 범행 당일 아무런 연락 없이 이 사건 아파트에 찾아가 초인종을 누른 다음 출입문이 열리지 않자 욕설을 하였다. 그간의 경과를 알고 있던 피해자 공소외 2는 출입문을 열어 주지 않았고, 인터폰을 통하여 피고인들에게 공소외 1이 귀가하면 오라고 하였다. 그러자 피고인들은 출입문을 열라고 문을 두드리면서 소란을 피웠고, 피해자 공소외 2가 출입문을 조금 열고 걸쇠를 걸자 피고인 2가 출입문을 열라고 하면서 열린 문틈 사이로 발을 집어넣어 문을 닫지 못하도록 하면서 문고리를 계속 흔들었고, 피고인 1은 열린 출입문 틈 사이로 손을 넣어 체인형 걸쇠를 여러 차례 내리쳤다. 이 사건 아파트 출입문에 부착된 걸쇠는 출입문을 닫아야 해제할 수 있는데 위 피고인들이 위와 같이 출입문을 닫을 수 없게 하여 걸쇠를 해제할 수도 없는 상황이 되었다. 그 과정에서 피고인 1, 피고인 2는 공동으로 위와 같은 행위를 하여 걸쇠가 출입문에서 떨어져 나가게 하였다.
(2) 피고인들은 걸쇠가 떨어져 나가 출입문이 열리자마자 이 사건 아파트 안으로 들이닥쳤다(피고인 1은 그 과정에서 현관 출입문 앞에 있던 피해자 공소외 2를 밀쳐서 상해죄의 유죄판결을 받아 그 판결이 확정되었다). 당시 이 사건 아파트에 머물고 있던 공소외 1의 어머니는 피고인들이 갑자기 아파트 내로 들어오는 것에 당황하여 놀라 넘어졌고 그 직후 바로 아이를 데리고 안방으로 들어가 문을 잠갔다. 이후 양측이 안방 문을 사이에 두고 서로 대치하기에 이르렀다.
라) 위와 같은 일련의 과정에 비추어 본다면, 이 사건 범행 당시 피해자 공소외 2가 한 '출입금지'에 정당한 이유가 없다고 단정할 수 없고, 피고인들의 출입을 정당화하는 근거로 삼을 수도 없다.
마) 별개의견은 피해자 공소외 2의 진정한 의사가 피고인 1이 이 사건 아파트에서의 공동생활관계에서 이탈하였다거나 그에 대한 지배·관리를 상실하지 않았다면 피고인들이 이 사건 아파트에 들어오는 것을 금지하지 않았을 것이라고 한다.
이러한 별개의견 역시 기록에 의하여 인정되는 이 사건의 분쟁 경위와 내용, 공소외 1이 이 사건 아파트의 출입문 비밀번호를 변경하고 걸쇠를 설치하게 된 경위, 피해자 공소외 2가 피고인들의 출입을 금지한 구체적인 상황과는 동떨어진 의사해석이다.

2) 피고인 1에 대한 폭력행위처벌법 위반(공동주거침입)죄의 성립 여부

가) 원심은 피고인 1이 이 사건 아파트의 공동거주자라는 점을 들어 위 피고인에 대한 폭력행위처벌법 위반(공동주거침입) 부분을 무죄라고 판단하였다.

나) 앞서 본 바와 같이 피고인 1은 공소외 1과 싸우고 스스로 공동주거지에서 나와 별거를 시작하였고, 공소외 1이 위 피고인의 출입을 허용하는 동안 출입하여서는 통장 등을 가져가거나 공소외 1과 싸우고 다시 공동주거지에서 나왔다. 피고인 1은 공소외 1이 출입문 비밀번호를 변경하자 몇 차례 출입을 요청하다가 이 사건 범행에 이르렀다.

피고인 1은 피해자 공소외 2가 출입을 거절하였음에도 걸쇠를 손괴하는 등 폭력적인 방법을 사용하여 피해자 공소외 2를 제압하고 이 사건 아파트에 들어갔다.

다) 이와 같이 피고인 1이 스스로 집을 나가 별거가 개시된 경위, 피해자 측도 처음에는 위 피고인의 출입을 막지 않았다가 분쟁과 충돌이 이어지자 출입문의 잠금장치를 교체하고 위 피고인의 출입을 금지하게 된 경위 등을 종합하여 보면, 피고인 1의 이러한 이 사건 아파트 출입행위는 객관적·외형적으로 드러난 행위태양에 비추어 보더라도 피해자 공소외 2의 사실상의 평온상태를 명백히 해친 경우에 해당하고 공동거주자로서의 이용범위를 벗어난 것으로 허용되지 않는다. 피해자 공소외 2가 위 피고인의 출입을 제지한 데에 정당한 이유가 있고, 위 피고인에게 폭력행위처벌법 위반(공동주거침입)죄의 성립을 인정할 수 있다.

피고인 1이 공동거주자의 지위에서 이탈하지 않았다는 점만으로 폭력행위처벌법 위반(공동주거침입)죄의 성립을 부정할 수 없다.

라) 그런데도 원심은 이 부분 공소사실을 무죄로 판단하였다. 이러한 원심판결에는 주거침입죄의 성립에 관한 법리를 오해하여 판결에 영향을 미친 잘못이 있다. 이를 지적하는 검사의 상고이유 주장은 이유 있다.

3) 피고인 2, 피고인 3에 대한 폭력행위처벌법 위반(공동주거침입)죄의 성립 여부

가) 피고인 2, 피고인 3이 피해자 공소외 2에 대하여 폭력적인 방법을 사용하여 이들의 출입을 거절한 위 피해자를 제압하고 이 사건 아파트에 출입한 행위는 객관적·외형적으로 드러난 행위태양에 비추어 보더라도 피해자 공소외 2의 사실상의 평온상태를 명백히 해친 경우에 해당하므로, 위 피고인들에 대하여 폭력행위처벌법 위반(공동주거침입)죄가 성립한다. 위 피고인들의 출입이 공동거주자인 피고인 1의 승낙에 따른 것이라 하더라도 위 범죄의 성립에 영향이 없다.

나) 피고인 2, 피고인 3에 대한 폭력행위처벌법 위반(공동주거침입) 부분을 유죄로 인정한 제1심을 그대로 유지한 원심의 판단에는 상고이유 주장과 같이 논리와 경험의 법칙을 위반하여 자유심증주의의 한계를 벗어나거나 주거침입죄의 성립에 관한 법리를 오해한 잘못이 없다.

바. 소결론

위와 같은 이유로 피고인들에 대한 폭력행위처벌법 위반(공동주거침입) 부분은 모두 유죄로 인정

되어야 한다. 따라서 원심판결 중 피고인 1에 대한 폭력행위처벌법 위반(공동주거침입) 부분은 파기되어야 한다. 한편 위 파기 부분과 원심이 피고인 1에 대하여 유죄로 인정한 나머지 범죄는 형법 제37조 전단의 경합범 관계에 있어 하나의 형이 선고되어야 하므로, 결국 원심판결 중 피고인 1에 대한 부분 전부를 파기하고 이 부분 사건을 다시 심리·판단하도록 원심법원에 환송하여야 하고, 피고인 2, 피고인 3의 상고는 각 기각하여야 한다.

이상과 같은 이유로 다수의견에 찬성할 수 없음을 밝힌다.

9. 다수의견에 대한 대법관 김선수, 대법관 천대엽의 보충의견

다수의견에서는 공동거주자가 상호 용인하에 공동주거를 이용하는 보편적인 형태의 관점에서 이 사건 각 쟁점을 검토하였다. 그 결과 공동거주자 중 한 사람이 법률적인 근거나 정당한 이유 없이 일방적으로 다른 공동거주자가 출입문을 잠그는 등 공동생활의 장소에 출입하는 행위 자체를 실력으로 저지, 금지한 경우, 다른 공동거주자가 이에 대항하여 공동생활의 장소에 들어가기 위해 그 출입 봉쇄 조치를 해제하는 취지의 물리력을 행사하였더라도 이는 공동거주자가 공동주거에 출입하고 이를 이용하기 위한 방편에 불과한 것으로 평가할 수 있고, 그와 함께 이루어진 외부인의 출입도 이를 승낙한 공동거주자의 통상적인 공동생활 장소의 출입 및 이용행위의 일환이자 이에 수반되는 행위로 평가할 수 있는 경우라면 역시 주거침입죄가 성립하지 않는다고 판단하였다.

이하 이 사건 각 쟁점에 대한 다수의견의 취지를 보다 분명히 함과 아울러 그 논거를 보완하고, 반대의견의 지적에 대한 견해를 밝히기로 한다.

가. 공동주거 내 공동생활관계의 의미와 한계

주거란 인간의 삶을 구성하는 물리적이고 객관적인 환경인 동시에 주관적이고 사회 심리적인 환경을 의미한다. 주거의 의미와 역할에 관한 다양한 생각과 인식, 각 개인이 경험한 주거에 대한 문화적 차이는 각각의 주거관의 차이로 나타난다.

공동주거는 이를 이루는 공동거주자 상호 간의 협력적인 주거의 한 형태를 일컫는 것으로, 그 자체로 완전한 하나의 공동체를 의미하는 것은 아니다. 공동주거는 각자의 사적인 주거공간을 갖추고 있을 수도, 공동거주자 전부를 위한 공동체적 주거공간만으로 이루어질 수도 있고, 이는 고정적인 것이 아니라 상호 합의나 관행, 상황 등을 토대로 변화 가능한 열린 공간으로서의 개념이기도 하다.

공동거주는 삶의 방식과 가치를 공유하는 사람들의 독립성과 공동체성이 조화를 이루는 주거문화의 한 형태로, 그 생활의 장인 공동주거를 구성하는 공동거주자 사이의 결합의 정도는 다양하고, 단독거주와 공동거주의 경계도 언제나 명확한 것은 아니다. 전통적인 공동주거형태인 가족공동체에서 갖는 공동주거 혹은 공동거주의 의미와, 도회에서의 현대적인 공동주거형태인 셰어 하우스(share house)에서 갖는 의미가 다른 것이 그 단적인 예이다. 공동거주는 개인의 존엄성이 실현되는 주거의 근본가치를 유지하면서도 사적 공간으로서의 권리에 대한 제약을 감내하고 같은 주거공간 내에서 함께하는 공동거주자로서 공존의 삶을 수용하는 주거문화이다. 공동주거 내에서 각자가 누리는 사적 삶의 영역이 어디까지인지는 상호 합의 및 거주의 형태와 관행, 그에 대한 사회의 보편적 인식 등에 따라 결정된다. 이러한 공동거주는 단일한 주거공간 내에서 공유와 공존의 삶을 받아들인 경우에 비로소 시작된다. 그럼에도 공동거주자 사이의 주거관의 차이, 사적인 영역과 공동의 영역 간의 경계에 대한 서로 다른 인식 등이 상시적인 긴장관계를 조성하게 된다.

가장 기본적인 주거 공동체인 가정의 경우를 보더라도, 가령 자녀가 단독으로 사용하는 방에 부모가 임의로 출입하는 행위가 공동주거 내 사적 영역의 침범인지를 두고 가족 구성원들 사이에 갈등을 야기할 수도 있을 것이다. 그 경우 자녀가 일방적으로 자신의 온전한 사적 영역으로 선언하고 부모의 출입을 금지하였다고 하여 그 방에 부모가 출입한 것에 대한 법적 평가를 달리해야 할 것인지에 대해 쉽게 그렇다고 단정하기 어렵다. 특히 주거침입죄의 적용 문제에 있어서는 형사처벌의 보충성에 비추어 더욱 이를 긍정하기 어려울 것이다. 반면 욕실 등 특정 목적의 온전한 사적 이용에 대한 상호 용인과 합의가 전제되어 있는 공간임에도 비정상적인 방법으로 출입하여 이를 침해하는 행위의 경우에는 단순히 공동주거 내의 공간에 대한 공동거주자의 출입이라는 이유만으로 그 침입의 불법성을 쉽게 부정하기 어려울 것이다. 공용화된 전체 공동주거의 공간 내에 개인적인 공간이 혼재되어 있는 주거형태의 경우라면 사적인 공간과 공동의 공간의 경계를 둘러싼 갈등이 더욱 심화될 수 있다.

이처럼 공동주거 내에는 개인과 주거 공동체라는 다면적인 관계가 존재하는 까닭에 개인의 사적 영역과 공간을 온전히 배제할 수는 없겠지만, 공동의 공간으로 인정되는 영역은 폐쇄적 공간이 아닌 상호 간에 열린 공동의 시간과 삶을 경험하고 소통하는 공간으로서 기능한다. 그 안에서 공동거주자 각자는 자기만의 독립적인 공간으로만 사용하는 삶의 계획은 지양해야 하고, 이를 감내할 의사가 없으면 공동주거관계를 해체하거나 공동주거에서 이탈하여야 하고, 그와 같은 해체 내지 이탈의 상황에 이르면 더 이상 공동주거 내지 공동거주에 수반되는 권리와 의무를 주장할 수 없다.

공동주거 내 공동거주자의 공동체적 소통과 참여는 주거 공동체로서의 공간을 함께 사용하며 가치관을 공유하는 과정이다. 개인의 프라이버시와 공동의 삶을 균형 있게 유지하는 공간이 되기 위하여 개인이 점유하는 공간과 다른 사람과 공유하는 공간이 무엇인지 확인하고 양해해 가는 과정도 필요하다. 무엇보다 중요한 것은 공동거주자 상호 간에 주거 공동체의 의미와 그 안에서의 사적인 영역과 삶의 한계를 이해, 용인하고 그 속에서 함께 살아가겠다는 인식과 태도, 상호 존중의 자세가 필요하다.

이 사건 각 쟁점에 대한 다수의견의 견해 및 결론은 위와 같이 공동주거 내에서 공동생활관계가 가지는 의미와 한계에 대한 이해에 따른 것이다.

나. 공동거주자를 주거침입죄로 처벌할 수 있는지 여부

1) 형법 제319조 제1항 문언의 해석상 주거침입죄의 객체는 행위자 이외의 사람, 즉 타인이 거주하는 주거이고, 공동거주자 중 한 사람이 행위자인 경우에는 그가 공동생활의 관계에서 이탈하거나 주거에 대한 사실상의 지배·관리를 상실하는 등의 특별한 사정이 없는 한 다른 사람과 공동으로 거주하는 주거도 주거침입죄의 객체에 해당하지 않는다.

2) 공동주거는 공동거주자 중 한 사람에 대하여는 자기의 주거임과 동시에 다른 거주자에 대한 관계에서는 타인의 주거로서의 지위를 겸한다. 공동주거의 이러한 이중적인 성격 때문에 공동거주자 개개인은 각자 공동주거에서 사실상 주거의 평온이라는 법익을 누리는 한편, 공동거주자 상호 간의 관계에서는 각자가 누리는 주거의 법익이 일정 부분 제약될 수밖에 없고, 공동

거주자는 공동주거관계를 형성하면서 이러한 사정을 용인한 것으로 볼 수 있다. 공동거주자가 공동거주 기간 중 공동생활의 장소에 자유롭게 출입하는 것은 공동거주자로서 공동주거를 이용하는 통상적인 모습이자 공동거주자 각자가 용인하고 수인해야 하는 공동주거관계의 가장 기본에 속하는 부분이다. 따라서 특별한 사정이 없는 한 공동거주자 사이에서는 어느 한 사람이 다른 공동거주자의 출입을 금지할 수 없고, 이를 무시하고 자유롭게 출입하였다고 하여 주거침입죄가 성립하지 않는다.

3) 다만 공동거주자의 공동주거 출입이 다른 공동거주자와의 관계에서 주거침입죄에 해당하는 특별한 사정이 존재하는 예외적인 경우도 배제할 수는 없을 것이다. 다수의견도 이러한 예외적인 가능성마저 부정하는 취지가 아니다.

우선, 공동거주자가 공동거주의 경위와 형태, 경과, 현황 등 구체적인 사실관계하에서 공동주거에서 이탈한 것으로 인정되면 위 특별한 사정이 존재하는 경우라고 볼 수 있을 것이다.

다음으로, 공동거주자 중 한 사람이 다른 공동거주자를 상대로 법원에 공동주거의 출입을 금지하는 가처분을 신청하여 법원으로부터 출입금지가처분 결정을 받은 경우, 공동거주자 중 한 사람이 가정폭력행위자에 해당하여 가정폭력처벌법에 따라 '피해자 또는 가정구성원의 주거 또는 점유하는 방실로부터의 퇴거 등 격리', '피해자 또는 가정구성원이나 그 주거·직장 등에서 100m 이내의 접근 금지'의 임시조치 결정을 받은 경우(제29조 제1항 제1호, 제2호), 공동거주자 중 한 사람이 아동학대행위자에 해당하여 아동학대처벌법에 따른 주거로부터의 퇴거 등 격리 또는 주거 등에서 100m 이내의 접근 금지의 임시조치 결정을 받은 경우(제19조 제1항 제1호, 제2호) 등과 같이 법률적인 근거에 따른 출입금지에 반하여 공동주거에 들어간 경우에는 주거침입죄가 성립한다고 볼 수 있을 것이다. 이는 주거에 대한 사실상의 지배·관리를 상실한 특별한 사정이 존재하는 경우라고 볼 수 있다.

4) 위와 같은 특별한 사정 내지 이에 준하는 경우가 아니라면, 공동거주자는 다른 공동거주자의 공동생활의 장소 출입을 금지할 수 없다. 이는 공동생활의 장소를 이용하기 위해 출입하는 다른 공동거주자를 정당한 이유 없이 공동주거에서 배제하는 것이어서 허용될 수 없기 때문이다. 이처럼 정당한 이유 없이 출입금지를 당한 공동거주자가 이에 대항하여 공동생활의 장소에 출입하여도 주거침입죄가 성립하지 않는다고 본다면, 그 출입에 앞서 다른 공동거주자가 출입문을 잠그는 등 실력행사를 통해 출입 자체를 봉쇄한 조치를 해제하는 취지의 물리력의 행사가 있었다 하더라도 그 행위 자체를 처벌할 수 있음은 별론으로 하더라도 공동생활의 장소로의 출입행위가 주거침입죄를 구성하지 않음은 마찬가지이다.

물론, 위와 같은 출입금지가처분 등 적법한 절차를 취하기 전이라 하더라도 공동거주자로부터 주거의 평온에 대한 보호가 필요한 이례적인 상황, 가령 공동주거가 공동거주자 일방의 심각한 가정폭력이나 아동학대 등으로부터 다른 공동거주자와 그의 보호를 받는 미성년 자녀를 보호해 주는 피신처로서 기능하고 있는 상황임에도 공동거주자 일방이 물리력을 행사하여 강제적으로 출입하는 등의 경우에는 구체적인 사실관계에 따라 침입행위로 인정될 수 있을 것이다. 공동거주자의 공동주거 내 출입의 자유가 인간 존엄성을 실현하는 도구로서의 주거공간을 전제로 하는 것이므로, 공동주거 혹은 그 내부의 특정 공간이 이러한 인간 존엄성의 실현을 위한 공동주거의 기능을 상실한 채 오로지 공동거주자 일방의 폭력과 그 피해자인 다른 공동거주자의 생명, 신체의 안전에 대한 심각한 위험이 임박하거나 도래한 상황하에서 그 피신처로서의 역할을 수행하고 있는 경우라면, 그 실질에 있어서 다른 공동거주자의 주거의 평온에 대한 보호가 필요한 특별한 사정이 존재한다고 볼 수도 있기 때문이다.

이 점에 있어서 반대의견의 지적과 달리 다수의견은 2020. 10. 20. 개정된 가정폭력처벌법이 주거침입죄를 가정폭력범죄에 포함시킨 개정 취지에 반한다고 볼 수 없다. 다수의견의 취지도 가정폭력의 예방과 피해자 보호라고 하는 가정폭력처벌법의 개정 취지를 존중하고 이에 부합하는 것이기 때문이다. 나아가 가정폭력처벌법은 가정폭력을 수반하는 특정 범죄의 형사처벌절차에 관한 특례 등을 정한 것으로, 주거침입죄가 가정폭력범죄에 포함되었다 하더라도 이는 가정구성원 사이의 신체적, 정신적 또는 재산상 피해를 수반하는 행위가 주거침입죄의 방법으로 이루어진 경우를 대상으로 하는 것일 뿐, 주거침입죄에 해당하지 않는 주거의 출입행위가 그 과정에서 가정구성원의 신체적, 정신적 또는 재산상 피해를 야기하였다 하여 그 출입행위를 주거침입죄로 의율, 처벌한다는 의미는 아니기 때문이다. 전통적인 공동주거형태인 가족공동체를 구성하는 공동거주자 내부관계에서 주거침입죄가 성립하는지는 앞서 본 법리를 토대로 구체적인 사실관계하에서 사안의 실체를 가려 판단할 문제일 뿐이다. 그러한 실체에 대한 고려 없이 공동거주자가 공동주거에 출입하는 과정에서 물리력의 행사가 있었다는 이유만으로 일률적으로 주거침입죄로 의율하여 처벌할 수는 없다.

더구나 가정폭력처벌법의 적용 요건인 가정구성원은 배우자, 직계존비속, 동거친족 등을 의미하는데, 이 사건의 경우 피고인 1의 출입을 금지한 피해자 공소외 2가 이에 해당한다고 보기 어려우므로 이를 반대의견의 논거로 삼는 것도 적절하지 않다.

5)
    가) 다수의견은 이와 같이 공동거주자 일방의 출입을 금지할 법률적인 근거 기타 정당한 이유가 없는데도 공동거주자 중 한 사람이 다른 공동거주자의 출입 그 자체를 일방적인 실력의 행사로써 금지한 경우를 전제로 하여, 그러한 허용되지 않는 출입금지에 대항하여 출입한 공동거주자에 대한 주거침입죄의 성립 여부를 논한 것이다. 공동거주자 일방의 출입을 금지할 법률적인 근거 기타 정당한 이유가 있는데도 불구하고 공동거주자 일방이 이를 무시하고 주거의 사실상 평온상태를 해치는 행위태양으로 출입한 경우까지 전면적으로 주거침입죄의 성립을 부정하는 취지는 아니다.

    다수의견의 취지는, 공동거주자 사이의 분쟁과 관련하여 그중 한 사람에 대한 주거침입죄의 성립 여부를 판단할 때에는 균형 있고 신중한 접근이 필요하다는 것이다. 공동주거로부터 이탈의 인정, 법원의 출입금지가처분 결정 또는 접근 금지 등 임시조치 결정에 따른 공동주거에 대한 사실상의 지배·관리의 박탈 등 사실관계의 인정 내지 법적 절차에 따라 공동거주자 사이의 분쟁 및 그 공동주거형태의 난맥상을 바로잡을 수 있는 상황임에도 그러한 절차 없이 공동거주자의 공동생활 장소 출입을 곧바로 범죄시하는 것은 온당하지 못하기 때문이다. 주거침입죄는 피해자가 처벌의사를 철회하더라도 처벌되는 범죄로서, 공동거주자 내 분쟁의 와중에 국가가 형벌법규를 적용하여 성급하게 개입하게 되면, 경우에 따라서는 자칫 공동주거를 형성하게 된 원인관계를 회복시킬 수 없는 지경에 이르게 할 수도 있다. 일상의 삶이 영위되는 기본적 장소인 공동주거는 공동거주자 누구를 막론하고 인간의 존엄성이 일상적으로 실현되는 장소임을 감안하면 그에 대한 권리 내지 지위를 박탈함에는 한층 신중을 기할 필요가 있기도 하다.

나) 이 사건에 관하여 다수의견은, 피고인 1이 이 사건 아파트에 대한 공동생활관계에서 이탈한 바 없고, 피고인 1에 대하여 출입금지가처분 결정 또는 접근 금지 등 임시조치 결정 등 법원의 결정이 내려진 사실도 없어 공동거주자인 공소외 1이나 그로부터 이 사건 아파트에 대한 출입관리의 위탁을 받은 피해자 공소외 2가 피고인 1의 출입을 금지할 수 있는 '특별한 사정'을 인정할 수 없음을 전제로, 피해자 공소외 2의 피고인 1에 대한 일방적인 실력행사에 의한 출입금지는 허용될 수 없고, 피고인 1이 이에 대항하여 이 사건 아파트에 출입하기 위하여 이 사건 아파트의 출입문에 설치된 체인형 걸쇠를 손괴하는 등 물리력을 행사하여 이 사건 아파트에 출입하였다고 하더라도 이는 피고인 1이 공동주거인 이 사건 아파트에 출입하기 위한 방편에 불과하다고 보아 피고인 1에 대하여 주거침입죄가 성립하지 않는다고 판단한 것이다. 이 사건의 경우 공동거주자의 공동주거 출입행위라 하더라도 주거침입죄가 성립하는 이례적인 상황에 해당한다고 볼 수 없어 이를 전제로 하는 예외적인 법리를 적용할 사안이 아니라는 것이 다수의견의 취지이다.

다) 반대의견은 피해자 공소외 2나 공소외 1의 진술 등을 근거로 피해자 공소외 2가 피고인 1에 대하여 출입금지 조치를 하게 된 정당한 이유와 관련하여 새로이 사실인정을 한 다음, 이 사건 당시 피해자 공소외 2가 한 '출입금지'에 정당한 이유가 없다고 단정할 수 없다고 한다.

그러나 반대의견은 원심이 인정하지 않은 사실관계를 근거로 위와 같은 판단을 하였다는 점에서 문제가 있다. 다수의견은 원심이 인정한 사실을 전제로 출입 당시의 사정에 비추어 피해자 공소외 2가 피고인 1에 대하여 출입금지 조치를 할 법률적 근거 기타 정당한 이유가 없다고 본 것이다[한편 기록상, 피고인 1은 수사기관에서 2018. 4. 13. 집에서 쫓겨났다고 진술하였는데(증거기록 1권 50면), 그 상대방인 피해자 공소외 2나 공소외 1의 진술 등을 근거로 한 반대의견의 사실인정이 설득력이 있는지도 의문이라는 점을 덧붙인다].

6)

가) 반대의견은 공동거주자 일방이 그의 출입을 금지한 공동거주자의 평온상태를 해치는 행위태양으로 공동주거에 들어간 이상 이는 공동주거를 이용하는 보편적인 형태가 될 수 없고, 통상적인 공동주거의 이용 한계를 벗어난 것이라고 한다.

그러나 거주자가 주거에 출입하면서 다소간의 물리력을 행사하였다고 하여 거주자 아닌 자가 주거에 침입하는 행위로 될 수 없는 것처럼, 공동거주자가 공동생활의 장소에 출입하면서 다른 공동거주자의 일방적인 실력행사에 의한 출입금지에 대항하여 이를 해제하는 취지의 물리력을 행사하였다는 이유만으로 그 출입행위의 성질이 침입행위로 바뀐다고 볼 수 없다. 공동주거에 출입하는 것은 공동주거관계에 따른 공동주거 이용의 가장 기본적인 전제가 되는 데다가, 그 행사한 물리력에 대해서는 이를 처벌하는 형벌 조항이 별도로 존재하기 때문이다.

나) 반대의견의 견해는 이 사건에서 공동거주자 일방의 출입 자체를 법률적인 근거나 정당한 이유 없이 일방적인 실력행사를 통해 금지한 다른 공동거주자의 선행 조치의 문제점을 애

써 무시하거나 간과한 것이기도 하다. 공동거주자가 다른 공동거주자의 공동주거 출입을 실력으로 저지, 금지하는 행위는 그 자체로 다른 공동거주자의 주거의 평온을 침해하는 행위로 평가할 수 있고, 나아가 출입을 봉쇄당한 공동거주자가 마땅히 지낼 곳조차 없는 경우를 상정해 보면, 그러한 일방적인 출입 봉쇄 조치가 정당하다는 전제에서 이를 제압하고 출입한 행위를 도리어 주거침입으로 평가하여 처벌하는 것은 사회통념에도 맞지 않는다.
이 사건의 경우 처가 공동주거에 거주하고 남편이 집을 나왔다가 들어가고자 하는 사안이지만, 그와 반대로 처가 일시 공동주거에서 나간 틈을 이용하여 남편이 출입문 잠금장치의 열쇠나 비밀번호를 변경하여 처로 하여금 들어오지 못하게 하여 처가 친정 부모와 함께 잠금장치를 파손 내지 해제하고 집안으로 들어간 경우를 상정하면, 반대의견에 따를 경우 이때에도 주거침입죄가 성립한다고 보아야 하는데, 이와 같은 결론은 누구도 선뜻 수긍할 수 없기 때문이다.
이러한 경우에도 주거침입죄가 성립한다고 보아 형사처벌하게 되면 공동주거에서 쫓겨난 약자인 공동거주자에게 가혹한 결론에 이를 수도 있다.

다) 반대의견은 다수의견이 주거의 평온을 보호법익으로 하여 이를 침해하는 행위를 처벌하는 주거침입죄에 있어서 '피해자가 출입을 금지한 행위가 법적 근거를 갖추었는지 여부'를 판단 기준으로 삼는다면, '권리자라고 하더라도 권리실행으로써 자력구제의 수단으로 주거지나 건조물에 침입한 경우에는 주거침입죄나 건조물침입죄가 성립한다.'는 확립된 대법원의 입장에 부합하지 않는다고 한다.
반대의견이 언급하는 대법원판결은, 주거나 건조물에 대한 주거 혹은 점유에 관한 권리의 독점적 귀속을 둘러싸고 상호 대립하는 이해관계자들 사이의 분쟁 중 그 점유를 이미 상실한 당사자가 이를 되찾기 위한 권리실행으로써 자력구제의 수단을 이용하여 주거나 건조물에 출입한 경우에 관한 사안으로 이해되고, 이러한 일반적인 사안의 경우에는 위와 같은 대법원의 입장이 타당하다고 함에 별다른 이론이 없다.
그러나 이 사건과 같이 공동주거관계가 일방의 이탈 등에 의한 중단 내지 단절 없이 계속 유지되고 있어 공동거주자 각자의 공동주거 출입 등 이용의 자유와 평온이 보장된 가운데 공동거주자의 한 사람이 공동주거에 출입함에 있어 다른 공동거주자의 정당한 이유 없는 출입금지 조치에 대항하여 출입하는 행위가 주거침입죄에 해당하는지 여부는 앞서 본 권리자라도 자력구제가 금지된다고 보아 주거침입죄나 건조물침입죄의 성립을 인정한 경우와는 그 분쟁의 실질을 달리하여 위와 같은 대법원판결의 법리가 그대로 적용될 수 없다. 공동주거관계로부터의 이탈이 인정되지 않는 사실관계하의 공동주거 내에서는 개인의 존엄성이 실현되는 주거의 자유와 평온을 공동거주자 각자가 누릴 수 있는 한편, 주거의 공동 이용에 따른 공동거주자 각자의 권리행사에 제약이 수반되고 다른 공동거주자의 존재와 그 권리행사에 대한 상호 용인도 요구되기 때문이다.
거듭하여 말하지만 다수의견은 공동거주자가 공동주거를 이용하는 보편적인 모습에 비추어, 공동거주자가 거주자로서 주거의 보편적인 이용형태로 통상적인 출입방법에 따라 주거에 출입하려고 하는데, 다른 공동거주자가 법률적인 근거 기타 정당한 이유 없이 그의 출입을 일방적으로 금지하는 경우 그 주거에 들어가려고 하는 공동거주자를 주거침입죄로 처벌할 수 있는지에 대하여 말하는 것이다.

다. 공동거주자 중 한 사람의 승낙을 받은 외부인이 다른 공동거주자의 평온상태를 해치는 행위태양으로 공동주거에 들어간 경우 주거침입죄가 성립하는지 여부

1) 주거침입죄는 개인적 법익에 관한 죄이고, 거주자가 주거에 거주할 법률상의 권리 또는 권한이 없더라도 그 주거에 대한 지배·관리가 사실상 평온하게 이루어진 경우라면 형법적인 보호를 받는다. 공동주거의 경우에도 공동주거에 거주하는 공동거주자 개개인이 각자 외부로부터 주거의 평온이라는 보호법익을 누릴 수 있는 지위에 있다.

   다른 한편, 공동주거의 경우 공동거주자 개개인이 가지는 주거의 평온이라는 법익이 상호 충돌될 수 있으므로 공동거주자 각자는 다른 공동거주자와의 관계로 인하여 공동주거에서 누리는 주거의 평온이라는 법익이 일정 부분 제약될 수밖에 없고, 공동거주자는 공동주거관계를 형성하면서 이러한 사정을 상호 용인하였다고 보아야 한다.

   공동거주자 각자가 상호 용인한 통상적인 공동생활 장소의 출입 및 이용행위의 내용과 범위는 공동주거의 형태와 성질 및 공동주거를 형성하게 된 경위 등에 따라 개별적·구체적으로 살펴보아야 한다. 공동거주자 중 한 사람이 외부인을 초대하여 공동주거에 출입하도록 하는 것은 공동거주자가 공동주거를 이용하는 보편적인 모습의 하나이다. 가령 한 가정에서 부부 중 일방이 그의 부모나 동료를 집에 초대하는 경우를 상정하면 일반인의 통상적인 생활관계에 비추어 이는 공동거주자로서 공동주거를 이용하는 보편적인 모습으로 볼 수 있다. 따라서 공동거주자 일방의 초대나 승낙에 따라 외부인이 공동주거에 출입하는 것은 특별한 사정이 없는 한 공동거주자가 공동생활 장소에 출입하고 이를 이용하는 행위의 일환이자 이에 수반되는 행위로 평가할 수 있다. 반면, 공동거주자로서의 통상적인 공동주거 이용에 수반되거나 포섭되는 행위라고 볼 수 없음에도 공동거주자 중 한 사람의 승낙이 있었다는 사정만으로 다른 공동거주자의 반대를 무릅쓰고 외부인이 공동주거에 출입하는 행위의 경우에는 달리 보아야만 할 것이다.

   이처럼 공동거주자 중 한 사람의 승낙에 따라 외부인이 공동주거에 출입한 것이 이에 반대하는 다른 공동거주자와의 관계에서 주거침입죄가 성립하는지 여부는 일률적으로 평가하기 어렵다. 그 평가 기준으로 삼을 수 있는 것은 외부인의 출입을 승낙한 공동거주자의 관점에서는 그러한 외부인의 출입이 공동주거에 대한 그 공동거주자의 통상의 이용에 수반되는 행위로서 평가할 수 있는지 여부가 될 것이고, 다른 공동거주자의 관점에서는 이를 수인할 수 있는 범위 내에 있다고 평가할 수 있는지 여부가 될 것이다. 그 구체적인 판단은 해당 공동주거관계의 특성과 공동거주자 사이의 합의 내지 규율 기타 관련 사실관계를 종합하여 사안에 부합하는 합리적인 결론을 내리는 것으로 충분할 것이다.

2) 위와 같은 법리와 평가 기준은 외부인이 공동거주자 중 한 사람의 승낙에 따라 그 공동거주자의 공동주거에 출입하는 과정에서 다른 공동거주자의 사실상의 평온상태를 해친 경우에도 마찬가지로 적용될 수 있다.

   즉, 그와 같은 경우에도 이를 승낙한 공동거주자가 공동생활의 장소에 출입하고 이를 이용하는 행위의 일환이자 이에 수반되는 행위로 평가할 수 있는지, 다른 공동거주자가 해당 공동주거관계의 특성상 이를 수인하여야 하는 범위 내라고 평가할 수 있는지 여부 등을 살펴 주거침입죄의 성립 여부를 판단하여야 한다.

   앞서 살펴본 것처럼 공동거주자가 공동생활의 장소에 출입하는 것임에도 이에 대한 다른 공동

거주자의 일방적인 실력행사에 의한 출입 봉쇄 조치에 대항하여 공동주거에 출입하는 과정에서 다소간의 물리력을 행사하였다는 이유만으로 그 출입행위의 성질이 침입행위로 바뀐다고 볼 수 없고, 그 물리력 행사에 대해서는 이를 처벌하는 별도의 형벌 조항으로 규율함이 타당하다는 논리 및 형사처벌의 보충성은, 그 공동거주자의 통상적인 공동주거 이용으로서의 출입행위에 수반하여 이루어진 외부인에 대해서도 마찬가지로 적용되어야 하기 때문이다.

3) 반대의견은 이 사건과 같이 공동거주자 중 한 사람의 승낙을 받은 외부인이 공동주거에 출입하기 위하여 물리력을 행사하여 다른 공동거주자의 사실상 평온상태를 해친 경우에는 주거침입죄로 처벌하여야 한다고 한다.

먼저, 공동거주자의 공동주거 출입 및 그의 승낙하에 그에 수반하여 이루어진 외부인의 공동주거 출입 과정에서 다른 공동거주자의 사실상의 평온을 해치는 행위태양이 있었다는 이유만으로 일률적으로 이를 주거침입죄로 처벌하는 것이 공동주거와 관련한 주거침입죄의 올바른 해석 및 적용이 될 수 없음은 앞서 살펴본 바와 같다.

나아가 공동거주자가 다른 공동거주자의 공동주거 출입 자체를 실력으로 저지, 금지하는 것은 그 자체가 선제적으로 다른 공동거주자의 주거의 평온을 침해하는 행위로 평가할 수 있고, 출입을 봉쇄당한 공동거주자가 마땅히 지낼 곳조차 없는 경우를 상정해 보면, 그러한 일방적인 출입 봉쇄 조치가 정당하다는 전제에서 이를 해제하고 출입하는 행위를 도리어 침입행위로 평가하는 것은 사회통념에도 맞지 않다는 점 역시 앞서 살펴본 바와 같다. 이 사건의 경우 공동거주자인 공소외 1 또는 그로부터 이 사건 아파트에 대한 출입관리의 위탁을 받은 피해자 공소외 2가 당시 공동주거관계에서 이탈한 상태가 아닌 다른 공동거주자인 피고인 1의 출입을 금지할 수 있는 특별한 사정이 존재하지 않음에도 피고인 1의 출입을 실력으로 저지, 금지한 까닭에 피고인 1이 이 사건 아파트에 출입하기 위하여 이 사건 아파트 출입문에 설치된 체인형 걸쇠를 손괴하는 등 물리력을 행사하게 된 것이다. 피고인 2, 피고인 3은 공소외 1의 시부모이자 피고인 1의 부모 지위에서 피고인 1의 행위에 가담하여 그에 수반하여 함께 출입하게 된 것으로, 이는 전체적으로 피고인 1이 공동주거인 이 사건 아파트에 출입하고 이용하는 행위의 일환이자 이에 수반되는 행위로서 이루어진 것으로 평가할 수 있다.

다수의견은 이와 같은 상황을 전제로, 공동주거관계에 따르는 상호 간의 권리의 제약과 수인의무의 법리에 비추어 피고인 2, 피고인 3의 출입행위는 공동거주자인 피고인 1의 출입행위와 동일한 평가를 받을 수 있다고 본 것이다.

반대의견의 취지가 외부인의 공동주거 출입 과정에서 물리력이 행사된 경우는 일률적으로 주거침입죄가 성립하여야 한다는 것이건, 이 사건의 경우 그와 같이 보아야 한다는 것이건, 모두 온당한 법리 내지 결론이라고 다수의견이 보지 않는 이유이다.

4) 반대의견은 다수의견이 힘과 다수의 위세로부터 보호받아야 할 주거의 자유와 평온이라는 법익을 보호하는 데 미흡하다는 취지로도 주장한다.

그러나 이는 다수의견의 취지를 오해한 것이다. 반복하여 말하지만, 다수의견은 공동거주자 중 한 사람이 공동거주자로서 서로 용인한 범위 내에서 공동주거를 이용하는 행위로서 공동주거 중 공동생활의 장소에 출입하고, 외부인의 출입 역시 그에 수반하여 그 공동거주자의 승낙을 받고 그와 함께 이루어지는 통상적인 공동주거의 이용에 관한 상황임을 전제로 하는 것이다.

이러한 경우에도 정당한 이유 없이 출입금지 조치를 한 공동거주자에 대한 관계에서 주거침입죄가 성립한다고 하면, 이는 공동거주자가 공동주거에서 누리는 일상적인 주거의 평온이라는 법익이 다른 공동거주자의 일방적인 실력행사에 의해 부정당하게 된다. 그것이야말로 일방의 힘과 위세에 의하여 주거의 자유와 평온의 법익을 침해하는 것이자 이를 용인하는 것이다.

5) 다수의견이 형법상 주거침입죄의 법정형과 주거침입죄를 비친고죄로 규정한 다른 나라의 경우와 비교한 것은, 형법상 주거침입죄의 형벌과 규율체계에 비추어 공동거주자 중 한 사람의 승낙에 따라 공동주거에 출입하는 행위가 이를 승낙한 공동거주자의 통상적인 공동생활 장소의 출입 및 이용행위의 일환이자 이에 수반되는 행위로 평가할 수 있는데도 그 외부인을 주거침입죄로 처벌하는 것은 과도한 국가형벌권의 행사라는 점을 지적하고자 한 것이다.

이 점과 관련하여 다수의견의 취지는, 국가형벌권을 통한 사적인 영역에의 국가의 과도한 개입은 필연적으로 그에 따르는 민간 영역의 자율성과 민사적·가사적 법리와 제도의 발전을 막는 부작용을 초래할 수 있으므로 신중을 기할 필요가 있다는 것이다. 가정을 비롯한 사적 영역에서 국가에 의한 사회적 약자 보호의 필요성이 날로 증대하고 있지만 그 수단으로 형벌법규의 적용 및 형사처벌의 범위를 넓히는 방향으로 쉽게 주거침입죄를 적용하는 것이 주저되는 이유이기도 하다.

이상과 같이 다수의견에 대한 보충의견을 밝힌다.

10. 반대의견에 대한 대법관 민유숙의 보충의견

가. 반대보충의견의 요지

이번 전원합의체 판결이 향후 재판에 미칠 영향 및 관련 법령의 해석론을 전망하기로 한다.

나. '공동주거관계로부터의 이탈' 인정 요건의 변화

다수의견은 공동거주자에 대하여 주거침입죄의 성립을 부정하므로, 공동거주자의 지위에서 이탈하였는지 여부가 주거침입죄 성립의 중요한 판단 기준이 될 것이다.

공동거주자가 그 지위에서 이탈하였는지를 인정할 확립된 기준은 없고, 구체적인 사건마다 인정되는 사실관계에 따라 개별적으로 판단되어야 한다. 아직까지 인정기준을 판시한 대법원 판례도 찾을 수 없다.

이혼으로 혼인공동체가 해소되어 부부 중 한 사람이 공동주거에서 벗어난 경우에는 공동거주자의 지위에서 이탈하였음이 명백하다. 그러나 공동주거관계를 형성하게 된 원인관계가 해소되거나 주거지에 대한 점유 권원을 상실하여야만 공동거주자의 지위에서 이탈하는 것은 아니다.

대법원은, 피고인이 가정불화로 집을 나와 5개월 정도 별거하면서 출입문 열쇠도 결혼중매인을 통하여 아내에게 교부하고 이후 열쇠의 반환을 요구하지 않았다면, 설령 피고인이 임차인으로 그 집에 피고인의 짐을 두고 있었다고 하더라도, 피고인은 공동거주자의 지위에서 이탈하였다고 보아 출입문의 자물쇠를 뜯어내고 집에 출입한 행위를 주거침입죄로 인정한 원심을 수긍하였다(대법원 1995. 09. 15. 선고 94도3336 판결 참조).

다수의견은 공동거주자에 대하여 주거침입죄가 성립하지 않는 근거를 '공동주거의 통상적인 이용

형태'와 '공동거주자가 상호 용인하여야 하는 법익의 제약'에서 찾고 있으므로, 앞으로 공동주거관계에서 이탈되었는지의 판단 역시 여기에서 기준을 찾아야 할 것이다. 그리고 그 판단은 공동거주자가 별거에 이르게 된 경위와 기간, 집에 남아 있는 공동거주자가 상대방의 출입을 금지하는 조치(비밀번호 변경 등)를 취하게 된 경위와 그 이후 쌍방의 대처 등의 사정을 심리한 결과 인정되는 사실관계에 따라 구체적·개별적으로 이루어져야 할 것이다.

다. 가정폭력처벌법과의 관계

반대의견에서 밝힌 바와 같이 2021. 1. 21. 시행된 개정 가정폭력처벌법에 따르면, 공동거주자인 가정구성원 사이에서 발생하는 형법상 주거침입죄(형법 제319조 제1항)와 퇴거불응죄(형법 제319조 제2항), 특수주거침입죄(형법 제320조), 위 각 범죄의 미수범(형법 제322조)도 위 법이 정한 '가정폭력범죄'에 해당한다[제2조 제3호 (사)목].

또한 가정폭력범죄의 신고를 받고 현장에 출동한 사법경찰관리는 폭력행위의 제지, 가정폭력행위자·피해자의 분리 조치는 물론 형사소송법 제212조에 따른 현행범인의 체포 등 범죄수사까지 하여야 하는 내용으로 개정되었다(제5조 제1호, 제1호의2).

다수의견에 따라 공동거주자에 대하여 주거침입죄의 성립을 부정하는 결론은 형법상 주거침입죄로 기소된 경우에 한정된 것으로 해석하여야 한다. 다수의견이 '법령상 다른 규정이 있는 경우'에는 그 법령에 따라야 한다는 점을 부정하는 것은 아니라고 보인다.

공동거주자가 폭력적인 수단으로 다른 공동거주자의 거부를 제압하고 공동의 주거지에 출입한 행위는 설령 다수의견에 따라 형법상 주거침입죄로 의율할 수는 없더라도, 개정 가정폭력처벌법이 정한 가정폭력범죄에 해당하고 가정폭력처벌법에 의하면 가정폭력 신고를 받은 수사기관은 현장에 출동하여 가정폭력행위자를 현행범체포하는 등 범죄수사를 할 권한과 책무를 갖게 되었다. 위와 같은 행위에 대하여 피해자 또는 가정구성원의 주거 등으로부터 퇴거 등 격리 또는 100m 이내의 접근금지의 임시조치 결정(제29조 제1항 제1호, 제2호), 위와 같은 내용의 피해자보호명령(제55조의2 제1항 제1호, 제2호)과 임시보호명령(제55조의4 제1항), 피해자 또는 가정구성원에게 접근하는 행위를 제한하는 보호처분 결정(제40조 제1항 제1호)이 내려질 수 있다. 만약 공동거주자가 위 처분 등을 위반하여 주거지에 출입하면 같은 법 제63조의 보호처분 등 불이행죄에 해당하여 형사처벌 대상이 된다. 위와 같이 임시조치 등을 위반한 행위는 '공동주거에 출입을 금지한 법원의 조치'에도 불구하고 출입한 행위로서 다수의견에 따르더라도 별도로 형법상 주거침입죄도 성립할 것이다.

만약 다수의견이 '공동거주자가 폭력적인 수단으로 다른 공동거주자의 거부를 제압하고 공동의 주거지에 출입한 행위는 형법상 주거침입죄를 구성하지 않으므로 가정폭력처벌법이 정한 가정폭력범죄에도 해당하지 않는다.'는 견해라면, 다수의견으로 인하여 가정폭력처벌법의 개정 취지가 완전히 몰각된다. 가정구성원, 즉 공동거주자라고 할지라도 폭력적인 수단에 의한 주거침입행위에 대하여 피해를 입는 가정구성원을 보호하기 위하여 가정폭력처벌법이 개정되어 형법 제2편 제36장 주거침입의 죄를 명시적으로 포함시켰음에도 해석으로 이를 가정폭력범죄에서 제외하는 결과가 되기 때문이다.

이상과 같은 이유로 반대의견에 대한 보충의견을 밝힌다.

Ⓐ 대법원 2023. 08. 31 선고 2023도6355 판결 [폭력행위등처벌에관한법률위반(공동폭행)·정보통신망이용촉진및정보보호등에관한법률위반(명예훼손)·공갈미수] 〈피고인들 중 1인이 피해자를 폭행하고 나머지는 이를 휴대전화로 촬영하거나 지켜본 것이 공동폭행에 해당하는지 문제된 사건〉

【판시사항】

폭력행위 등 처벌에 관한 법률 제2조 제2항 제1호의 '2명 이상이 공동하여 폭행의 죄를 범한 때'의 의미 / 폭행 실행범과 공모한 사실은 인정되나 그와 공동하여 범행에 가담하였거나 범행장소에 있었다고 인정되지 않는 경우, 위 조항의 '공동하여 죄를 범한 때'에 해당하는지 여부(소극) 및 여러 사람이 공동하여 범행을 공모한 경우, 공모자에게도 공모공동정범이 성립하기 위해서는 그중 2인 이상이 범행장소에서 실제 범죄의 실행에 이르러야 하는지 여부(적극)

【판결요지】

폭력행위 등 처벌에 관한 법률 제2조 제2항 제1호의 '2명 이상이 공동하여 폭행의 죄를 범한 때'란 수인 사이에 공범관계가 존재하고, 수인이 동일 장소에서 동일 기회에 상호 다른 자의 범행을 인식하고 이를 이용하여 폭행의 범행을 한 경우임을 요한다. 따라서 폭행 실행범과의 공모사실이 인정되더라도 그와 공동하여 범행에 가담하였거나 범행장소에 있었다고 인정되지 아니하는 경우에는 공동하여 죄를 범한 때에 해당하지 않고, 여러 사람이 공동하여 범행을 공모하였다면 그중 2인 이상이 범행장소에서 실제 범죄의 실행에 이르렀어야 나머지 공모자에게도 공모공동정범이 성립할 수 있을 뿐이다.

【참조조문】 폭력행위 등 처벌에 관한 법률 제2조 제2항 제1호
【참조판례】 대법원 1986. 6. 10. 선고 85도119 판결(공1986, 894), 대법원 1990. 10. 30. 선고 90도2022 판결(공1990, 2488), 대법원 1994. 4. 12. 선고 94도128 판결(공1994상, 1552)
【전 문】 【피 고 인】 피고인 1 외 2인 【상 고 인】 피고인들 【변 호 인】 변호사 김권규 외 2인
【원심판결】 제주지방법원 2023. 4. 27. 선고 2022노1073 판결.

【주 문】

원심판결을 파기하고, 사건을 제주지방법원에 환송한다.

【이 유】

상고이유(상고이유서 제출기간이 지난 다음 제출된 변호인 의견서 등 기재는 상고이유를 보충하는 범위에서)를 판단한다.

1. 「폭력행위 등 처벌에 관한 법률」(이하 '폭력행위처벌법'이라고 한다) 제2조 제2항 제1호의 '2명 이상이 공동하여 폭행의 죄를 범한 때'라고 함은 그 수인 사이에 공범관계가 존재하고, 수인이 동일

장소에서 동일 기회에 상호 다른 자의 범행을 인식하고 이를 이용하여 폭행의 범행을 한 경우임을 요한다(대법원 1986. 6. 10. 선고 85도119 판결 등 참조). 따라서 폭행 실행범과의 공모사실이 인정되더라도 그와 공동하여 범행에 가담하였거나 범행장소에 있었다고 인정되지 아니하는 경우에는 공동하여 죄를 범한 때에 해당하지 않고(대법원 1990. 10. 30. 선고 90도2022 판결 등 참조), 여러 사람이 공동하여 범행을 공모하였다면 그중 2인 이상이 범행장소에서 실제 범죄의 실행에 이르렀어야 나머지 공모자에게도 공모공동정범이 성립할 수 있을 뿐이다(대법원 1994. 4. 12. 선고 94도128 판결 등 참조).

2. 원심판결 이유를 위 법리와 기록에 비추어 살펴본다. 원심은 적법하게 채택한 증거들에 의하여, 이 사건 범행 전날 피고인 3은 '싸워서라도 돈을 받아내라', 피고인 2는 '무조건 고개를 낮추고 싸워', '영상으로 찍을 거니까 너가 이겨야 돼'라는 등의 말을 피고인 1에게 하였고, 범행 당일 피고인들 모두 피해자와의 싸움 현장에 나가 피고인 1이 직접 피해자를 폭행하자, 피고인 2는 그 모습을 휴대전화기로 촬영하고, 피고인 3은 이를 옆에서 지켜보았다는 제1심 인정 사실을 인용하면서, 피고인들이 폭력행위처벌법 제2조 제2항 제1호에 따라 공동하여 피해자를 폭행한 것이라고 판단하였다.

그러나 원심이 인정한 사실관계에 의하더라도, 피고인들 상호 간에 공동으로 피해자를 폭행하자는 공동가공의 의사로 공범관계의 성립에 이르렀다고 볼 수 없을 뿐만 아니라, 피고인 3, 피고인 2는 이 사건 현장에서 피고인 1의 폭행을 인식하고 이를 이용하여 피해자의 신체에 대한 유형력을 행사하는 폭행의 실행행위에 가담한 것이 아니라 단지 피고인 1이 피해자를 폭행하는 모습을 지켜보거나 이를 동영상으로 촬영하였다는 것에 불과하다. 따라서 피고인 1의 단독범행에 의한 폭행과 피고인 3, 피고인 2의 폭행 교사 또는 방조로 인한 죄책 유무는 별론으로 하고, 피고인들에게 2명 이상이 공동하여 피해자를 폭행한 경우 성립하는 폭력행위처벌법 위반(공동폭행)죄의 죄책을 물을 수는 없다.

그럼에도 원심이 피고인들에 대하여 폭력행위처벌법 위반(공동폭행)죄가 성립한다고 판단한 것에는 위 법이 정하는 '공동하여'의 의미에 관한 법리를 오해하여 판결에 영향을 미친 잘못이 있다. 이를 지적하는 이 부분 피고인들의 상고이유 주장은 이유 있다.

3. 피고인들에 대한 폭력행위처벌법 위반(공동폭행) 부분은 파기되어야 하는데, 피고인들에 대한 나머지 유죄 부분이 위 파기 부분과 형법 제37조 전단의 경합범 관계에 있어 하나의 형이 선고되었으므로, 원심판결은 전부 파기되어야 한다.

4. 그러므로 나머지 상고이유에 대한 판단을 생략한 채 원심판결을 파기하고, 사건을 다시 심리·판단하도록 원심법원에 환송하기로 하여, 관여 대법관의 일치된 의견으로 주문과 같이 판결한다.

제9장 변호사법

● 대법원 2022. 01. 13. 선고 2015도6326 판결 [변호사법위반]

【판시사항】

[1] 근로감독관이 특별사법경찰관으로서 중대재해와 관련한 산업안전보건법 위반 내지 근로기준법 위반을 수사하는 절차가 형사소송법 등에 따른 절차인지 여부(원칙적 적극)

[2] 구 공인노무사법 제2조 제1항 제3호에서 공인노무사가 의뢰인에게 상담을 할 수 있다고 정한 '노동 관계 법령'의 의미 / 공인노무사가 의뢰인에게 노동 관계 법령에 관한 내용을 넘어서 수사절차에 적용되는 형사소송법 등에 관한 내용까지 상담을 하는 것이 구 공인노무사법에서 정한 직무의 범위를 벗어난 것인지 여부(원칙적 적극)

[3] 구 공인노무사법 제2조 제1항 제1호에서 공인노무사가 대행 또는 대리할 수 있다고 정한 '노동 관계 법령에 따라 관계 기관에 대하여 행하는 신고 등'의 의미 / 같은 항 제2호에서 공인노무사가 작성할 수 있다고 정한 '노동 관계 법령에 따른 모든 서류'도 같은 항 제1호와 마찬가지로 노동 관계 법령에 근거가 있을 것을 요하는지 여부(적극)

【판결요지】

[1] 구 산업안전보건법(2019. 1. 15. 법률 제16272호로 전부 개정되기 전의 것) 제2조 제1호, 제7호, 제26조 제4항, 근로감독관 집무규정(산업안전보건) 제27조 제1항, 제2항, 근로기준법 제102조 제1항, 제104조 제1항, 근로감독관 집무규정 제40조 제1항 본문, 제44조 제2항, 사법경찰관리의 직무를 수행할 자와 그 직무범위에 관한 법률(이하 '사법경찰직무법'이라 한다) 제6조의2 제1항 제1호, 제5호, 구 형사소송법(2019. 12. 31. 법률 제16850호로 개정되기 전의 것) 제196조, 제198조 이하, 구 특별사법경찰관리 집무규칙(2021. 1. 1. 법무부령 제995호로 폐지되고 '특별사법경찰관리에 대한 검사의 수사지휘 및 특별사법경찰관리의 수사준칙에 관한 규칙'이 제정되었다)을 종합하여 보면, 중대재해가 발생하여 근로감독관이 그 발생원인 등을 조사하는 것은 산업안전보건법 및 그 하위법령에 따른 절차이고, 근로감독관이 근로기준법 제104조 제1항에서 정한 근로자의 통보에 따라 현장조사 등을 하는 것은 근로기준법 및 그 하위법령에 따른 절차라고 할 것이나, 근로감독관이 특별사법경찰관으로서 중대재해와 관련한 산업안전보건법 위반 내지 근로기준법 위반을 수사하는 경우에는 산업안전보건법, 근로기준법 등에 특별한 근거가 없는 이상, 그 수사절차는 형사소송법, 사법경찰직무법, 구 특별사법경찰관리 집무규칙에 따른 절차라고 보는 것이 타당하다.

[2] 구 공인노무사법(2020. 1. 29. 법률 제16895호로 개정되기 전의 것, 이하 같다) 제2조 제1항 제3호는 공인노무사가 의뢰인에게 노동 관계 법령에 관한 상담을 할 수 있다고 규정하고 있다. 여기서 노동 관계 법령이란 근로기준법, 산업안전보건법, 노동조합 및 노동관계조정법 등 구 공인노무사법 시행령(2020. 7. 28. 대통령령 제30873호로 개정되기 전의 것) 제2조 [별표 1]에 열거된 법률과 그

법률에 근거한 하위법령을 의미하므로, 그에 규정되지 아니한 형사소송법, 사법경찰관리의 직무를 수행할 자와 그 직무범위에 관한 법률, 구 특별사법경찰관리 집무규칙(2021. 1. 1. 법무부령 제995호로 폐지되고 '특별사법경찰관리에 대한 검사의 수사지휘 및 특별사법경찰관리의 수사준칙에 관한 규칙'이 제정되었다)(이하 '형사소송법 등'이라 한다)은 노동 관계 법령에 해당하지 아니한다. 따라서 공인노무사가 의뢰인에게 노동 관계 법령에 관한 내용을 넘어서 수사절차에 적용되는 형사소송법 등에 관한 내용까지 상담을 하는 것은 노동 관계 법령에 관한 상담을 하는 과정에서 불가피하게 이루어졌다는 등의 특별한 사정이 없는 한 구 공인노무사법에서 정한 직무의 범위를 벗어난 것으로 보아야 한다.

[3] 구 공인노무사법(2020. 1. 29. 법률 제16895호로 개정되기 전의 것, 이하 같다) 제2조 제1항 제1호는 공인노무사가 '노동 관계 법령에 따라 관계 기관에 대하여 행하는 신고·신청·보고·진술·청구(이의신청·심사청구 및 심판청구를 포함한다) 및 권리 구제 등(이하 '신고 등'이라 한다)'을 대행 또는 대리할 수 있다고 규정하고 있다.

여기서 '노동 관계 법령에 따라 관계 기관에 대하여 행하는 신고 등'이란 그 문언상 '노동 관계 법령에 근거하여 관계 기관에 대하여 행하는 신고 등'을 의미한다. 구 공인노무사법 제2조 제1항 제2호는 '노동 관계 법령에 따른 모든 서류'를 공인노무사가 작성할 수 있다고 규정하고 있는데, 제2호에서 정한 서류도 제1호와 마찬가지로 노동 관계 법령에 근거가 있을 것을 요구한다고 보아야 한다.

【참조조문】 [1] 구 산업안전보건법(2019. 1. 15. 법률 제16272호로 전부 개정되기 전의 것) 제2조 제1호, 제7호(현행 제2조 제2호 참조), 제26조 제4항(현행 제56조 제1항 참조), 근로기준법 제102조 제1항, 제104조 제1항, 사법경찰관리의 직무를 수행할 자와 그 직무범위에 관한 법률 제6조의2 제1항 제1호, 제5호, 구 형사소송법(2019. 12. 31. 법률 제16850호로 개정되기 전의 것) 제196조, 제198조 / [2] 구 공인노무사법(2020. 1. 29. 법률 제16895호로 개정되기 전의 것) 제2조 제1항 제3호, 제3항, 구 공인노무사법 시행령(2020. 7. 28. 대통령령 제30873호로 개정되기 전의 것) 제2조 [별표 1](현행 제2조 제1항 [별표 1] 참조), 변호사법 제109조 제1호 / [3] 구 공인노무사법(2020. 1. 29. 법률 제16895호로 개정되기 전의 것) 제2조 제1항 제1호, 제2호, 변호사법 제109조 제1호

【전 문】 【피 고 인】 피고인 【상 고 인】 검사
【변 호 인】 법무법인(유한) 율촌 담당변호사 변현철 외 1인
【원심판결】 서울중앙지법 2015. 4. 17. 선고 2015노489 판결

【주 문】

원심판결 중 무죄 부분을 파기하고, 이 부분 사건을 서울중앙지방법원 합의부에 환송한다.

【이 유】

상고이유를 판단한다.

1. 쟁점 공소사실의 요지

이 사건 공소사실 중 변호사법 위반 부분의 요지는 다음과 같다.

변호사가 아닌 자는 금품을 받고, 수사기관에서 취급 중인 수사 사건이나 법령에 따라 설치된 조사기관에서 취급 중인 조사 사건 및 그 밖에 일반의 법률사건 등에 관하여 법률상담 또는 법률 관계 문서 작성 등을 하여서는 아니 됨에도, 피고인은 자신이 대표 공인노무사로 있는 공소외 1 노무법인(이하 '공소외 1 법인'이라고 한다) 소속 공인노무사인 공소외 2, 공소외 3, 공소외 4와 공모하여, 2007. 2.경부터 2013. 3. 중순경까지 제1심 판시 별지 범죄일람표(이하 '범죄일람표'라고 한다) 기재와 같이 총 75회에 걸쳐 건설현장 산업재해, 근로자 사망, 임금체불 등의 사건을 의뢰받고, '참고인진술조서 예상문답', '산업안전보건법 형사사건 처리절차', '피의자별 적용법령' 등의 문서를 기초로 법률상담을 하거나 법률 관계 문서인 산업안전보건법 의견서를 작성하고, 그 대가로 합계 2,196,050,000원을 수수하였다.

2. 원심판단의 요지

원심은 다음과 같은 이유로, 피고인 및 공소외 1 법인 소속 공인노무사 공소외 2, 공소외 3, 공소외 4(이하 '피고인 등'이라 한다)의 행위는 공인노무사법이 정한 직무인 노동 관계 법령에 따른 법률상담 또는 법률 관계 문서의 작성에 해당하므로, 외견상 변호사법 제109조 제1호에서 정한 법률상담 또는 법률 관계 문서 작성에 해당하는 것처럼 보인다고 하더라도 이를 처벌할 수 없다고 판단하여, 이 사건 공소사실 중 쟁점 공소사실인 변호사법 위반 부분을 무죄로 판단한 제1심판결을 그대로 유지하였다.

가. 피고인 등은 공인노무사 자격을 가진 사람이므로 공인노무사법에서 정한 범위 내에서 직무를 수행할 수 있다.

나. 공인노무사법 제2조 제1항 제2호는 '노동 관계 법령에 따른 모든 서류의 작성과 확인', 같은 항 제3호는 '노동 관계 법령과 노무관리에 관한 상담·지도'를 공인노무사가 수행할 수 있는 직무로 규정하고 있다.

다. 피고인 등은 공인노무사법 시행령에서 정한 노동 관계 법령인 산업안전보건법을 위반하였는지 여부가 문제 되는 건설현장에서의 사망 사고 등 산업재해에 관한 업무를 처리하면서 법률상담 및 법률 관계 문서 작성을 하였다.

3. 대법원의 판단

그러나 위와 같은 원심의 판단은 다음과 같은 이유에서 수긍하기 어렵다.

가. 법률상담 부분에 대한 판단

1) 관련 법리

가) 구 산업안전보건법(2019. 1. 15. 법률 제16272호로 전부 개정되기 전의 것, 이하 같다) 제2조에 따르면, 산업재해란 근로자가 업무에 관계되는 건설물·설비·원재료·가스·증기·분진 등에 의하거나 작업 또는 그 밖의 업무로 인하여 사망 또는 부상하거나 질병에 걸리는 것을 말하고(제1호), 그중 사망 등 재해 정도가 심한 것으로서 고용노동부령으로 정하는 재해를 중대재해라고 한다(제7호). 구 산업안전보건법 제26조 제4항은 중대재해가 발생한 경우 고용노동부장관이 발생원인을 조사하도록 규정하고 있고, 산업안전보건법 등

을 담당하는 근로감독관의 직무집행에 필요한 사항을 규정한 고용노동부훈령인「근로감독관 집무규정(산업안전보건)」은 중대재해 등이 발생한 경우 근로감독관이 즉시 재해 발생 원인 등에 대한 조사에 착수하여야 하고(제27조 제1항), 조사 결과 산업안전보건법 위반 사항을 확인한 경우에는 범죄인지보고를 하고 수사에 착수하거나 과태료 부과 등의 조치를 하여야 한다고 규정하고 있다(제27조 제2항).

나) 한편 근로기준법 제104조 제1항은 '사업 또는 사업장에서 근로기준법 또는 근로기준법에 따른 대통령령을 위반한 사실이 있으면 근로자가 고용노동부장관이나 근로감독관에게 이를 통보할 수 있다.'고 규정하고 있고, 같은 법 제102조 제1항은 '근로감독관은 사업장, 기숙사, 그 밖의 부속 건물을 현장조사하고 장부와 서류의 제출을 요구할 수 있으며 사용자와 근로자에 대하여 심문할 수 있다.'고 규정하고 있다. 근로감독관의 직무집행에 필요한 사항을 규정한 고용노동부훈령인「근로감독관 집무규정」에 따르면, 근로감독관은 조사 결과 법 위반사실이 확인되면 위 규정 [별표 3] 및 [별표 4]에서 정한 기준에 따라 처리하여야 하는데(제40조 제1항 본문), 위 기준에 따를 때 시정이 필요한 사항에 대하여는 사용자에게 먼저 서면으로 시정을 지시하고, 기한 내 이를 이행하지 아니하면 즉시 수사에 착수하여야 한다(제44조 제2항).

다) 산업안전보건법이나 근로기준법에 규정된 범죄에 관하여는「사법경찰관리의 직무를 수행할 자와 그 직무범위에 관한 법률」(이하 '사법경찰직무법'이라 한다) 제6조의2 제1항 제1호, 제5호에 따라 근로감독관이 사법경찰관의 직무를 수행하는데, 구 형사소송법(2019. 12. 31. 법률 제16850호로 개정되기 전의 것, 이하 같다)은 제196조에서 사법경찰관이 범죄의 혐의가 있다고 인식하는 때에는 범인, 범죄사실과 증거에 관하여 수사를 개시·진행하여야 한다고 규정하면서, 제198조 이하에서 수사절차에 관한 규정을 두고 있다. 아울러 근로감독관과 같이 사법경찰직무법에 따라 사법경찰관의 직무를 행하는 특별사법경찰관은 구「특별사법경찰관리 집무규칙」(2021. 1. 1. 법무부령 제995호로 폐지되고 '특별사법경찰관리에 대한 검사의 수사지휘 및 특별사법경찰관리의 수사준칙에 관한 규칙'이 제정되었다. 이하 같다)에서 정한 범죄수사에 관한 집무상의 준칙도 준수하여야 한다.

라) 위와 같은 규정들을 종합하여 보면, 중대재해가 발생하여 근로감독관이 그 발생원인 등을 조사하는 것은 산업안전보건법 및 그 하위법령(이하 '산업안전보건법 등'이라 한다)에 따른 절차이고, 근로감독관이 근로기준법 제104조 제1항에서 정한 근로자의 통보에 따라 현장조사 등을 하는 것은 근로기준법 및 그 하위법령(이하 '근로기준법 등'이라 한다)에 따른 절차라고 할 것이나, 근로감독관이 특별사법경찰관으로서 중대재해와 관련한 산업안전보건법 위반 내지 근로기준법 위반을 수사하는 경우에는 산업안전보건법, 근로기준법 등에 특별한 근거가 없는 이상, 그 수사절차는 형사소송법, 사법경찰직무법, 구「특별사법경찰관리 집무규칙」(이하 '형사소송법 등'이라 한다)에 따른 절차라고 보는 것이 타당하다.

마) 구 공인노무사법(2020. 1. 29. 법률 제16895호로 개정되기 전의 것, 이하 같다) 제2조 제1항 제3호는 공인노무사가 의뢰인에게 노동 관계 법령에 관한 상담을 할 수 있다고 규정하고 있다. 여기서 노동 관계 법령이란 근로기준법, 산업안전보건법,「노동조합 및 노동관계조정법」등 구 공인노무사법 시행령(2020. 7. 28. 대통령령 제30873호로 개정되기 전의 것) 제2조[별표 1]에 열거된 법률과 그 법률에 근거한 하위법령을 의미하므로, 그에

규정되지 아니한 형사소송법 등은 노동 관계 법령에 해당하지 아니한다. 따라서 공인노무사가 의뢰인에게 노동 관계 법령에 관한 내용을 넘어서 수사절차에 적용되는 형사소송법 등에 관한 내용까지 상담을 하는 것은 노동 관계 법령에 관한 상담을 하는 과정에서 불가피하게 이루어졌다는 등의 특별한 사정이 없는 한 구 공인노무사법에서 정한 직무의 범위를 벗어난 것으로 보아야 한다.

2) 판 단

범죄일람표 순번 24, 27, 28, 66번을 제외한 나머지 부분의 공소사실을 보면, 검사는 '피고인 등이 형사사건 처리절차, 적용법령, 산업안전보건법 주요판례, 참고인진술조서 예시문, 특별사법경찰관 작성의 수사결과보고서, 피의자신문조서, 검사 및 변호사 프로필, 노동청 참고인 진술 내용 등(순번별로 동일하지는 아니하다)을 기초로 의뢰인에게 법률상담하였다.'는 취지로 기소하였다.

피고인 등이 검사 및 변호사 프로필을 기초로 담당 검사와 특정 변호사의 관계 등에 관하여 상담을 하였다면 이러한 상담은 그 자체로 노동 관계 법령에 관한 상담으로 볼 수 없고, 피고인 등이 참고인진술조서 예시문, 특별사법경찰관 작성의 수사결과보고서, 피의자신문조서, 노동청 참고인 진술 내용 등을 기초로 수사의 실제 진행과정을 알아내어 의뢰인에게 이를 알려주거나, 수사과정에서 진술할 내용을 구체적으로 알려주는 등 산업안전보건법 내지 근로기준법에 관한 내용을 벗어난 부분에 대해서까지 상담을 한 것이라면 이에 관한 상담까지 구 공인노무사법 제2조 제1항 제3호에서 정한 직무의 범위 내에 있다고 보기는 어렵다.

그럼에도 원심은 피고인 등이 의뢰인과 산업안전보건법 위반 사건에 대하여 상담한 이상 노동 관계 법령에 관한 상담에 해당한다는 이유로, 피고인 등이 상담의 기초자료로 삼은 참고인진술조서 예시문 등의 내용이 무엇인지, 위 문건들을 기초로 어떠한 내용의 상담을 하였는지, 그 상담 중 노동 관계 법령에 관한 내용을 벗어난 부분이 있는지 여부 등에 관하여 심리·판단하지 아니한 채 이 부분 공소사실에 대하여 무죄를 인정하였다. 원심의 이러한 판단에는 공인노무사의 직무 범위에 관한 법리를 오해하여 필요한 심리를 다하지 아니한 잘못이 있다.

나. 법률 관계 문서 작성 부분에 대한 판단

1) 관련 법리

구 공인노무사법 제2조 제1항 제1호는 공인노무사가 '노동 관계 법령에 따라 관계 기관에 대하여 행하는 신고·신청·보고·진술·청구(이의신청·심사청구 및 심판청구를 포함한다) 및 권리 구제 등(이하 '신고 등'이라 한다)'을 대행 또는 대리할 수 있다고 규정하고 있다. 여기서 '노동 관계 법령에 따라 관계 기관에 대하여 행하는 신고 등'이란 그 문언상 '노동 관계 법령에 근거하여 관계 기관에 대하여 행하는 신고 등'을 의미한다. 구 공인노무사법 제2조 제1항 제2호는 '노동 관계 법령에 따른 모든 서류'를 공인노무사가 작성할 수 있다고 규정하고 있는데, 제2호에서 정한 서류도 제1호와 마찬가지로 노동 관계 법령에 근거가 있을 것을 요구한다고 보아야 한다.

2) 판 단

범죄일람표 중 순번 44, 54, 56, 61, 62, 72, 75번 부분을 제외한 나머지 부분의 공소사실을 보면, 검사는 '피고인 등이 의뢰인에게 법률 관계 문서인 산업안전보건법 의견서(이하 '이 사건 각 의견서'라고 한다)를 작성해 주었다.'는 취지로 기소하였다.

앞서 본 법리에 의하면, 피고인 등의 행위가 구 공인노무사법 제2조 제1항 제1호에서 정한 의뢰인의 관계 기관에 대한 의견진술의 대리 또는 대행이나, 같은 항 제2호에서 정한 노동 관계 법령에 따른 서류의 작성에 해당한다고 보기 위하여는 산업안전보건법 등 노동 관계 법령에 그 근거가 있어야 한다. 특히 근로감독관이 특별사법경찰관으로서 중대재해와 관련한 산업안전보건법 위반에 대한 수사절차를 개시한 이후라면 그 단계에서의 의견진술은 근거에 따라 형사소송법 등에 따른 의견진술의 대리 또는 대행에 해당할 수 있으므로, 피고인 등이 이 사건 각 의견서를 작성하게 된 경위 및 이 사건 각 의견서의 내용, 피고인 등이 근로감독관에게 이 사건 각 의견서를 제출하였는지 여부 및 당시 근로감독관이 중대재해 발생원인을 조사하는 단계에 있었는지, 아니면 특별사법경찰관으로서 수사하는 단계에 있었는지 여부, 산업안전보건법 등에 의견서 작성 또는 제출과 관련된 근거가 있는지 여부 등을 살펴보아야 한다.

그럼에도 원심은 피고인 등이 산업안전보건법 위반 사건에 대하여 이 사건 각 의견서를 작성한 이상 이 사건 각 의견서가 구 공인노무사법 제2조 제1항 제2호에서 정한 서류에 해당한다고 단정하고 위 사항들에 대하여 심리·판단하지 아니한 채 이 부분 공소사실에 대하여 무죄를 인정하였다. 원심의 이러한 판단에는 공인노무사의 직무 범위에 관한 법리를 오해하여 필요한 심리를 다하지 아니한 잘못이 있다.

4. 결론

그러므로 원심판결 중 무죄 부분을 파기하고, 이 부분 사건을 다시 심리·판단하게 하기 위하여 원심법원에 환송하기로 하여, 관여 대법관의 일치된 의견으로 주문과 같이 판결한다.

● 대법원 2022. 01. 13. 선고 2015도6329 판결 [변호사법위반]

【판시사항】

[1] 근로감독관에 대하여 근로기준법 등 노동 관계 법령 위반사실을 신고하는 고소·고발이 구 공인노무사법 제2조 제1항 제1호에서 공인노무사가 수행할 수 있는 직무로 정한 '노동 관계 법령에 따라 관계 기관에 대하여 행하는 신고 등의 대행 또는 대리'에 해당하는지 여부(소극) 및 고소·고발장의 작성을 위한 법률상담이 같은 항 제3호의 '노동 관계 법령과 노무관리에 관한 상담·지도'에 해당하는지 여부(소극)

[2] 노동조합 및 노동관계조정법 위반으로 고소당한 피고소인이 그 수사절차에서 근로감독관에게 답변서를 제출하는 행위가 구 공인노무사법 제2조 제1항 제1호에 따라 공인노무사가 대행 또는 대리할 수 있는 행위인 '노동 관계 법령에 따라 관계 기관에 대하여 행하는 진술'에 해당하는지 여부(소극) 및 그 답변서가 같은 항 제2호에 정한 '노동 관계 법령에 따른 모든 서류'에 해당하는지 여부(소극)

【판결요지】

[1] 근로감독관에 대하여 근로기준법 등 노동 관계 법령 위반사실을 신고하는 행위라도 범인에 대한 처벌을 구하는 의사표시가 포함되어 있는 고소·고발은 노동 관계법령이 아니라 형사소송법, 사법경찰관리의 직무를 행할 자와 그 직무범위에 관한 법률 등에 근거한 것으로서, 구 공인노무사법 (2020. 1. 29. 법률 제16895호로 개정되기 전의 것, 이하 같다) 제2조 제1항 제1호에서 공인노무사가 수행할 수 있는 직무로 정한 '노동 관계 법령에 따라 관계 기관에 대하여 행하는 신고 등의 대행 또는 대리' 해당하지 아니하고, 고소·고발장의 작성을 위한 법률상담도 구 공인노무사법 제2조 제1항 제3호의 '노동 관계 법령과 노무관리에 관한 상담·지도' 해당하지 않는다고 봄이 타당하다.

[2] 근로기준법 제102조 제5항, 제105조에 따라 근로감독관이 노동 관계 법령 위반의 죄에 관하여 사법경찰관으로서 수행하는 수사 역시 개별 노동 관계 법령에 정해진 절차가 아니라 형사소송법상 수사절차의 일환이라고 할 것이므로, 노동조합 및 노동관계조정법 위반으로 고소당한 피고소인이 그 수사절차에서 근로감독관에게 답변서를 제출하는 행위 역시 구 공인노무사법(2020. 1. 29. 법률 제16895호로 개정되기 전의 것) 제2조 제1항 제1호에 따라 공인노무사가 대행 또는 대리할 수 있는 행위인 '노동관계 법령에 따라 관계 기관에 대하여 행하는 진술' 해당한다거나 그 답변서가 같은 항 제2호에 정한 '노동 관계 법령에 따른 모든 서류' 해당한다고 볼 수 없다.

【참조조문】 [1] 구 공인노무사법(2020. 1. 29. 법률 제16895호로 개정되기 전의 것) 제2조 제1항 제1호, 제3호, 형사소송법 제223조, 제234조, 변호사법 제109조 제1호 / [2] 구 공인노무사법(2020. 1. 29. 법률 제16895호로 개정되기 전의 것) 제2조 제1항 제1호, 제2호, 근로기준법 제102조 제5항, 제105조, 형사소송법 제223조, 변호사법 제109조 제1호
【전 문】 【피 고 인】 피고인 【상 고 인】 검사
【변 호 인】 법무법인(유한) 율촌 담당변호사 변현철 외 1인
【원심판결】 서울중앙지법 2015. 4. 17. 선고 2015노705 판결

【주 문】

원심판결을 파기하고, 사건을 서울중앙지방법원 합의부에 환송한다.

【이 유】

상고이유를 판단한다.

1. 공소사실의 요지

변호사가 아니면 금품·향응 또는 그 밖의 이익을 받고 수사기관에서 취급 중인 수사 사건에 관하여 법률상담, 법률 관계 문서 작성 등을 하여서는 아니 된다.

피고인은 공소외 1 노무법인(이하 '공소외 1 법인'이라 한다)의 대표 노무사로서 위 노무법인 소속 공인노무사인 공소외 2, 공소외 3과 공모하여, 2008. 5.경부터 2009. 4. 21.경까지 3차례에 걸쳐 의뢰인들과 체불임금 등에 대하여 법률상담을 한 후 의뢰인의 회사 대표를 상대로 근로기준법 위반을 이유로 한 고소장을 작성하여 이를 서울지방노동청 서부지청 등에 제출하고, 2009. 4. 26.

「노동조합 및 노동관계조정법」(이하 '노동조합법'이라 한다) 위반으로 고소당한 의뢰인 회사의 대표 명의로 답변서를 작성하여 이를 서울지방노동청에 제출하고, 이들로부터 착수금 내지 성공보수금 명목으로 금품을 지급받았다.

이로써 피고인은 위 공소외 2, 공소외 3과 공모하여 특별사법경찰관인 근로감독관이 취급하는 수사 사건에 관하여 법률상담, 법률 관계 문서 작성을 하고 금품을 지급받았다.

2. 원심판단의 요지

원심은 다음과 같은 이유로, 피고인 및 공소외 1 법인 소속 공인노무사 공소외 2, 공소외 3(이하 '피고인 등'이라 한다)의 공소사실 기재 법률상담과 법률 관계 문서의 작성 및 제출은 공인노무사법 제2조 제1항 제1호에서 정한 공인노무사의 직무에 해당하므로, 외견상 변호사법 제109조 제1호에서 정한 법률상담 **또는** 법률 관계 문서 작성에 해당하는 것처럼 보인다고 하더라도 이를 처벌할 수 없다고 판단하여, 이 사건 공소사실을 무죄로 판단한 제1심판결을 그대로 유지하였다.

가. 피고인 등은 공인노무사 자격을 가진 사람이므로 공인노무사법에서 정한 범위 내에서 직무를 수행할 수 있다.

나. 공인노무사법 제2조 제1항 제1호는 '노동 관계 법령에 따라 관계 기관에 대하여 행하는 신고·신청·보고·진술·청구(이의신청·심사청구 및 심판청구를 포함한다) 및 권리 구제 등의 대행 또는 대리'가 공인노무사의 직무 범위에 포함된다고 규정하고 있는데, 피고인 등이 법률상담을 하거나 법률 관계 문서를 작성한 사건은 근로기준법 내지 노동조합법 관련 사건으로, 공인노무사법 시행령에서 정한 노동 관계 법령에 해당한다.

다. 공인노무사법이 1995. 12. 6. 법률 제5018호로 개정되면서 신고 등의 대상이 기존의 '행정기관'에서 '관계 기관'으로 확대된 점, 근로기준법 제104조에서 근로자가 사업 또는 사업장의 법 위반사실을 신고할 수 있도록 규정하고 있는 점, 근로감독관의 직무집행에 관하여 규정한 고용노동부 훈령인 「근로감독관 집무규정」에서 근로감독관이 처리할 신고사건의 범위에 '고소·고발'도 포함하고 있는 점에 비추어 보면, 공인노무사는 근로기준법 위반 사안에 대하여 근로감독관에게 고소·고발을 할 수 있고, 고소·고발에 관한 서류의 작성도 대행할 수도 있다고 보아야 한다.

3. 대법원의 판단

그러나 위와 같은 원심의 판단은 다음과 같은 이유에서 수긍하기 어렵다.

가. 근로기준법 제102조 제1항은 근로감독관은 사업장, 기숙사, 그 밖의 부속 건물을 현장조사하고 장부와 서류의 제출을 요구할 수 있으며 사용자와 근로자에 대하여 심문할 수 있다고 규정하고, '감독 기관에 대한 신고'에 관하여 규정하고 있는 근로기준법 제104조는 제1항에서 사업 또는 사업장에서 근로기준법 또는 근로기준법에 따른 시행령을 위반한 사실이 있으면 근로자는 그 사실을 고용노동부장관이나 근로감독관에게 통보할 수 있다고 규정하고 있다. 한편 근로기준법은 그와 별도로 제102조 제5항에서 근로감독관은 근로기준법이나 그 밖의 노동 관계 법령 위반의 죄에 관하여 「사법경찰관리의 직무를 행할 자와 그 직무범위에 관한 법률」(이하 '사법경찰직무법'이라 한다)에서 정하는 바에 따라 사법경찰관의 직무를 수행한다고 규정하고, 근로기준법 제105조 본

문은 '이 법이나 그 밖의 노동 관계 법령에 따른 현장조사, 서류의 제출, 심문 등의 수사는 검사와 근로감독관이 전담하여 수행한다.'고 규정하고 있는바, 위 근로기준법 제105조 본문이 규정하는 현장조사 등은 행정기관으로서의 현장조사나 서류 제출 요구, 심문과는 구별된다.

나. 고소는 범죄로 인한 피해자나 그와 일정한 관계에 있는 사람이 수사기관에 대하여 범죄사실을 신고하여 범인의 처벌을 구하는 의사표시이고(형사소송법 제223조 등), 고발은 고소권자와 범인 이외의 사람이 수사기관에 대하여 범죄사실을 신고하여 범인의 처벌을 구하는 의사표시로서(형사소송법 제234조), 범인에 대한 형사처벌을 요구하지 않는 단순한 피해신고는 고소·고발에 포함되지 않는다. 고소·고발은 서면 또는 구술로써 검사 또는 사법경찰관에게 하여야 하고(형사소송법 제237조 제1항), 사법경찰관이 고소 또는 고발을 받은 때에는 신속히 조사하여 관계서류와 증거물을 검사에게 송부하여야 하며(형사소송법 제238조), 고소는 친고죄와 반의사불벌죄의 소추조건이 된다(형사소송법 제327조 제5호, 제6호). 타인으로 하여금 형사처분을 받게 할 목적으로 허위사실을 고소·고발한 사람은 무고죄로 처벌을 받는다(형법 제156조).

이와 같이 고소·고발은 형사사건에 관한 사법작용의 시발이 되는 행위로서 단순한 법령위반사실의 신고와 구분되고, 고소·고발장의 작성업무는 변호사 외에 형사소송절차에 관한 법률소양을 갖춘 법무사에게 허용되나 일반 행정사에게는 허용되지 않는다(헌법재판소 2000. 7. 20. 선고 98헌마52 전원재판부 결정 참조).

다. 또한 고용노동부훈령인 「근로감독관 집무규정」 제33조는 '신고사건'이란 사업 또는 사업장에서 노동 관계 법령의 위반행위로 권익을 침해당한 자 또는 제3자가 그 위반사항에 대하여 문서·구술·전화·우편·기타의 방법으로 행정관청에 진정·청원·탄원·고소·고발 등을 한 사건을 말한다고 규정하고 있으나, 고소·고발사건은 별도로 범죄사건부에 기재하고(위 규정 제34조 제1항), 고소·고발사건을 접수하였을 때에는 관련 규칙이 정하는 바에 따라 범인과 범죄사실을 수사하고 그에 관한 증거를 수집하여야 한다고 규정하고 있어(위 규정 제46조 제1항), 행정기관으로서의 절차와 수사절차를 별개의 절차로 취급하고 있다.

라. 이러한 점에 비추어 보면, 근로감독관에 대하여 근로기준법 등 노동 관계 법령 위반사실을 신고하는 행위라도 범인에 대한 처벌을 구하는 의사표시가 포함되어 있는 고소·고발은 노동 관계 법령이 아니라 형사소송법, 사법경찰직무법 등에 근거한 것으로서, 구 공인노무사법(2020. 1. 29. 법률 제16895호로 개정되기 전의 것, 이하 같다) 제2조 제1항 제1호에서 공인노무사가 수행할 수 있는 직무로 정한 '노동 관계 법령에 따라 관계 기관에 대하여 행하는 신고 등의 대행 또는 대리'에 해당하지 아니하고, 고소·고발장의 작성을 위한 법률상담도 구 공인노무사법 제2조 제1항 제3호의 '노동 관계 법령과 노무관리에 관한 상담·지도'에 해당하지 않는다고 봄이 타당하다. 또한 근로기준법 제102조 제5항, 제105조에 따라 근로감독관이 노동 관계 법령 위반의 죄에 관하여 사법경찰관으로서 수행하는 수사 역시 개별 노동 관계 법령에 정해진 절차가 아니라 형사소송법상 수사절차의 일환이라고 할 것이므로, 노동조합법 위반으로 고소당한 피고소인이 그 수사절차에서 근로감독관에게 답변서를 제출하는 행위 역시 구 공인노무사법 제2조 제1항 제1호에 따라 공인노무사가 대행 또는 대리할 수 있는 행위인 '노동 관계 법령에 따라 관계 기관에 대하여 행하는 진술'에 해당한다거나 그 답변서가 같은 항 제2호에 정한 '노동 관계 법령에 따른 모든 서류'에 해당한다고 볼 수 없다.

마. 그럼에도 불구하고 원심은 그 판시와 같은 이유로 이 사건 공소사실을 무죄로 판단하였으니, 이러한 원심의 판단에는 공인노무사의 직무 범위에 관한 법리를 오해하여 판결에 영향을 미친 잘못이 있다.

4. 결 론

그러므로 원심판결을 파기하고, 이를 다시 심리·판단하게 하기 위하여 원심법원에 환송하기로 하여, 관여 대법관의 일치된 의견으로 주문과 같이 판결한다.

---

⑧ 대법원 2022. 01. 14. 선고 2017도18693 판결 [변호사법위반·부패방지및국민권익위원회의설치와운영에관한법률위반]

【판시사항】

변호사법 제113조 제5호, 제31조 제1항 제3호 위반죄의 공소시효 기산점(=수임행위가 종료한 때)

【판결요지】

변호사법은 제31조 제1항 제3호에서 '변호사는 공무원으로서 직무상 취급하거나 취급하게 된 사건에 관하여는 그 직무를 수행할 수 없다.'고 규정하면서 제113조 제5호에서 변호사법 제31조 제1항 제3호에 따른 사건을 수임한 변호사를 1년 이하의 징역 또는 1천만 원 이하의 벌금에 처하도록 규정하고 있는바, 금지규정인 변호사법 제31조 제1항 제3호가 '공무원으로서 직무상 취급하거나 취급하게 된 사건' 관한 '직무수행'을 금지하고 있는 반면 처벌규정인 변호사법 제113조 제5호는 '공무원으로서 직무상 취급하거나 취급하게 된 사건'을 '수임'한 행위를 처벌하고 있다. 위 금지규정에 관하여는 당초 처벌규정이 없다가 변호사법이 2000. 1. 28. 법률 제6207호로 전부 개정되면서 변호사법 제31조의 수임제한에 해당하는 행위 유형 가운데 제31조 제1항 제3호에 따른 사건을 '수임'한 경우에만 처벌하는 처벌규정을 신설하였고, 다른 행위 유형은 징계 대상으로만 규정하였다(변호사법 제91조 제2항 제1호). 이러한 금지규정 및 처벌규정의 문언과 변호사법 제90조, 제91조에 따라 형사처벌이 되지 않는 변호사법 위반행위에 대해서는 징계의 제재가 가능한 점 등을 종합적으로 고려하면, 변호사법 제113조 제5호, 제31조 제1항 제3호 위반죄의 공소시효는 그 범죄행위인 '수임'행위가 종료한 때로부터 진행된다고 봄이 타당하고, 수임에 따른 '수임사무의 수행'이 종료될 때까지 공소시효가 진행되지 않는다고 해석할 수는 없다.

【참조조문】 변호사법 제31조 제1항 제3호, 제90조, 제91조 제2항 제1호, 제113조 제5호
【전 문】 【피 고 인】 피고인 1 외 3인
【상 고 인】 피고인 1, 피고인 2 및 검사(피고인 1, 피고인 3, 피고인 4에 대하여)
【변 호 인】 법무법인 예강 외 3인
【원심판결】 서울고법 2017. 10. 25. 선고 2016노717 판결

【주　문】

상고를 모두 기각한다.

【이　유】

상고이유를 판단한다.

1. 검사의 상고이유에 대하여

변호사법은 제31조 제1항 제3호에서 '변호사는 공무원으로서 직무상 취급하거나 취급하게 된 사건에 관하여는 그 직무를 수행할 수 없다.'고 규정하면서 제113조 제5호에서 변호사법 제31조 제1항 제3호에 따른 사건을 수임한 변호사를 1년 이하의 징역 또는 1천만 원 이하의 벌금에 처하도록 규정하고 있는바, 금지규정인 변호사법 제31조 제1항 제3호가 '공무원으로서 직무상 취급하거나 취급하게 된 사건'에 관한 '직무수행'을 금지하고 있는 반면 처벌규정인 변호사법 제113조 제5호는 '공무원으로서 직무상 취급하거나 취급하게 된 사건'을 '수임'한 행위를 처벌하고 있다. 위 금지규정에 관하여는 당초 처벌규정이 없다가 변호사법이 2000. 1. 28. 법률 제6207호로 전부 개정되면서 변호사법 제31조의 수임제한에 해당하는 행위 유형 가운데 제31조 제1항 제3호에 따른 사건을 '수임'한 경우에만 처벌하는 처벌규정을 신설하였고, 다른 행위 유형은 징계 대상으로만 규정하였다(변호사법 제91조 제2항 제1호). 이러한 금지규정 및 처벌규정의 문언과 변호사법 제90조, 제91조에 따라 형사처벌이 되지 않는 변호사법 위반 행위에 대해서는 징계의 제재가 가능한 점 등을 종합적으로 고려하면, 변호사법 제113조 제5호, 제31조 제1항 제3호위반죄의 공소시효는 그 범죄행위인 '수임'행위가 종료한 때로부터 진행된다고 봄이 타당하고, 수임에 따른 '수임사무의 수행'이 종료될 때까지 공소시효가 진행되지 않는다고 해석할 수는 없다.

원심은 판시와 같은 이유로 이 사건 공소사실 중 피고인 1에 대한 납북귀환어부 공소외 1에 관한 간첩조작의혹사건 및 납북귀환어부 공소외 2 등(공소외 3, 공소외 4)에 관한 간첩조작의혹사건 수임으로 인한 각 변호사법 위반 부분과 피고인 3, 피고인 4에 대한 부분에 대하여 각 공소시효가 완성되었다고 보아 면소를 선고한 제1심판결을 그대로 유지하였다. 원심판결 이유를 위 법리와 기록에 비추어 살펴보면, 원심의 판단에 논리와 경험의 법칙을 위반하여 자유심증주의의 한계를 벗어나거나 변호사법 위반죄의 수임제한 및 공소시효 기산점 등에 관한 법리를 오해한 잘못이 없다.

2. 피고인 1의 상고이유에 대하여

원심은 판시와 같은 이유로 피고인 1에 대한 공소사실(무죄 및 면소 부분 제외)을 유죄로 판단하고 피고인 1로부터 133,820,608원을 추징하였다. 원심판결 이유를 관련 법리와 적법하게 채택된 증거에 비추어 살펴보면, 원심의 판단에 논리와 경험의 법칙을 위반하여 자유심증주의의 한계를 벗어나거나「부패방지 및 국민권익위원회의 설치와 운영에 관한 법률」위반죄의 성립, 추징의 상대방 및 추징금 산정 등에 관한 법리를 오해한 잘못이 없다.

3. 피고인 2의 상고이유에 대하여

기록에 의하면, 피고인 2는 제1심판결에 대하여 항소하면서 항소이유로 양형부당만을 주장하였음을 알 수 있다. 이러한 경우 원심판결에 법리오해의 위법이 있다는 취지의 주장은 적법한 상고이유가 되지 못한다.

4. 결 론

그러므로 상고를 모두 기각하기로 하여, 관여 대법관의 일치된 의견으로 주문과 같이 판결한다.

Ⓑ 대법원 2022. 10. 14. 선고 2021도10046 판결 [의료법위반·변호사법위반]

【판시사항】

[1] 의료법 제27조 제3항에서 '소개·알선·유인하는 행위'의 의미 및 의료법 제27조 제3항의 입법 취지 / 의료법 제27조 제3항에서 정한 '영리 목적'의 의미 및 이때 '대가'는 소개·알선·유인행위에 따른 의료행위와 관련하여 의료기관·의료인 측으로부터 취득한 이익을 분배받는 것을 전제하는지 여부(적극) / 손해사정사가 보험금 청구·수령 등 보험처리에 필요한 후유장애 진단서 발급의 편의 등 목적으로 환자에게 특정 의료기관·의료인을 소개·알선·유인하면서 그에 필요한 비용을 대납하여 준 후 그 환자가 수령한 보험금에서 이에 대한 대가를 받은 경우, 의료법 제27조 제3항이 금지하는 행위에 해당하는지 여부(소극)

[2] 비변호사의 법률사무취급을 금지하는 변호사법 제109조 제1호의 입법 취지 및 '기타 일반의 법률사건'의 의미 / 법률적 지식이 없거나 부족한 보험가입자를 위하여 보험금 청구를 대리하거나 사실상 보험금 청구사건의 처리를 주도하는 것이 '기타 일반의 법률사건'에 관하여 법률사무를 취급하는 행위로 볼 수 있는지 여부(적극) / 손해사정사가 금품을 받거나 보수를 받기로 하고 교통사고의 피해자 측을 대리 또는 대행하여 보험회사에 보험금을 청구하거나 피해자 측과 가해자가 가입한 자동차보험회사 등과 사이에서 이루어질 손해배상액의 결정에 관하여 중재나 화해를 하도록 주선하거나 편의를 도모하는 등으로 관여하는 것이 손해사정사의 업무범위에 속하는 손해사정에 관하여 필요한 사항인지 여부(소극)

【판결요지】

[1] 의료법 제27조 제3항은 국민건강보험법이나 의료급여법에 따른 본인부담금을 면제하거나 할인하는 행위, 금품 등을 제공하거나 불특정 다수인에게 교통편의를 제공하는 행위 등 영리를 목적으로 환자를 의료기관이나 의료인에게 소개·알선·유인하는 행위 및 이를 사주하는 행위를 금지한다. 이 조항의 '소개·알선·유인하는 행위'는 환자와 특정 의료기관·의료인 사이에 치료위임계약의 성립 또는 체결에 관한 중개·유도 또는 편의를 도모하는 행위를 의미하는 것으로, 이러한 행위가 영리적으로 이루어지는 것을 금지·처벌하는 이 조항의 입법 취지는 의료기관 주위에서 환자 유치를 둘러싸고 금품수수 등 비리가 발생하는 것을 방지하며 의료기관 사이의 불합리한 과당경쟁을 방지

함에 있다. 이와 같은 의료법 제27조 제3항의 규정·내용·입법 취지와 규율의 대상을 종합하여 보면, 위 조항에서 정한 '영리 목적'은 환자를 특정 의료기관·의료인에게 소개·알선·유인하는 행위에 대한 대가로 그에 따른 재산상 이익을 취득하는 것으로, 이때의 '대가'는 간접적·경제적 이익까지 포함하는 것으로 볼 수 있지만, 적어도 소개·알선·유인행위에 따른 의료행위와 관련하여 의료기관·의료인 측으로부터 취득한 이익을 분배받는 것을 전제한다고 봄이 상당하다. 그러므로 손해사정사가 보험금 청구·수령 등 보험처리에 필요한 후유장애 진단서 발급의 편의 등 목적으로 환자에게 특정 의료기관·의료인을 소개·알선·유인하면서 그에 필요한 비용을 대납하여 준 후 그 환자가 수령한 보험금에서 이에 대한 대가를 받은 경우, 이는 치료행위를 전후하여 이루어지는 진단서 발급 등 널리 의료행위 관련 계약의 성립 또는 체결과 관련한 행위이자 해당 환자에게 비용 대납 등 편의를 제공한 행위에 해당할 수는 있지만, 그와 관련한 금품수수 등은 환자의 소개·알선·유인에 대하여 의료기관·의료인 측이 지급하는 대가가 아니라 환자로부터 의뢰받은 후유장애 진단서 발급 및 이를 이용한 보험처리라는 결과·조건의 성취에 대하여 환자 측이 약정한 대가를 지급한 것에 불과하여, 의료법 제27조 제3항의 구성요건인 '영리 목적'이나 그 입법 취지와도 무관하므로, 위 조항이 금지하는 행위에 해당한다고 볼 수 없다.

[2] 변호사는 기본적 인권의 옹호와 사회정의 실현을 사명으로 하여 널리 법률사무를 행하는 것을 직무로 하므로 변호사법은 변호사의 자격을 엄격히 제한하고 직무의 성실·적정한 수행을 위해 필요한 규율에 따르도록 하는 등 제반의 조치를 강구하고 있는데, 그러한 자격이 없고 규율에 따르지 않는 사람이 처음부터 금품 기타 이익을 얻기 위해 타인의 법률사건에 개입하는 것을 방치하면 당사자 기타 이해관계인의 이익을 해하고 법률생활의 공정·원활한 운용을 방해하며 나아가 법질서를 문란케 할 우려가 있는바, 비변호사의 법률사무취급을 금지하는 변호사법 제109조 제1호는 변호사제도를 유지함으로써 그러한 우려를 불식시키려는 취지의 규정이다. 이러한 입법 취지와 같은 법 제3조에서 일반 법률사무를 변호사의 직무로 규정하고 있는 점을 감안하면, 같은 법 제109조 제1호가 규정한 '기타 일반의 법률사건'은 법률상의 권리·의무에 관하여 다툼 또는 의문이 있거나 새로운 권리의무관계의 발생에 관한 사건 일반을 말하는 것이므로, 법률적 지식이 없거나 부족한 보험가입자를 위하여 보험금 청구를 대리하거나 사실상 보험금 청구사건의 처리를 주도하는 것은 '기타 일반의 법률사건'에 관하여 법률사무를 취급하는 행위로 볼 수 있다. 한편 손해사정사는 손해 발생 사실의 확인, 보험약관 및 관계 법규 적용의 적정 여부 판단, 손해액 및 보험금의 사정, 위 각 업무와 관련한 서류의 작성·제출의 대행, 위 각 업무의 수행과 관련한 보험회사에 대한 의견의 진술을 그 업무로 하는바(보험업법 제188조), 손해사정사가 그 업무를 수행함에 있어 보험회사에 손해사정보고서를 제출하고 보험회사의 요청에 따라 그 기재 내용에 관하여 근거를 밝히고 타당성 여부에 관한 의견을 개진하는 것이 필요할 경우가 있더라도, 이는 어디까지나 보험사고와 관련한 손해의 조사와 손해액의 사정이라는 본래의 업무와 관련한 것에 한하는 것일 뿐, 여기에서 나아가 금품을 받거나 보수를 받기로 하고 교통사고의 피해자 측을 대리 또는 대행하여 보험회사에 보험금을 청구하거나 피해자 측과 가해자가 가입한 자동차보험회사 등과 사이에서 이루어질 손해배상액의 결정에 관하여 중재나 화해를 하도록 주선하거나 편의를 도모하는 등으로 관여하는 것은 위와 같은 손해사정사의 업무범위에 속하는 손해사정에 관하여 필요한 사항이라고 할 수 없다.

【참조조문】 [1] 의료법 제27조 제3항 / [2] 변호사법 제3조, 제109조 제1호, 보험업법 제188조

【참조판례】 [1] 대법원 1998. 5. 29. 선고 97도1126 판결(공1998하, 1838), 대법원 2004. 10. 27. 선고 2004도5724 판결(공2004하, 1977), 대법원 2019. 4. 25. 선고 2018도20928 판결(공2019상, 1201) / [2] 대법원 1998. 8. 21. 선고 96도2340 판결(공1998하, 2361), 대법원 2004. 11. 25. 선고 2004도6027 판결, 대법원 2008. 10. 23. 선고 2008도6924 판결
【전 문】 【피 고 인】 피고인 1 외 18인 【상 고 인】 피고인 1 내지 14 및 검사
【변 호 인】 변호사 문현웅 외 2인 【원심판결】 서울중앙지법 2021. 7. 9. 선고 2020노2822 판결

【주 문】

상고를 모두 기각한다.

【이 유】

1. 검사의 상고이유에 대한 판단

가. 의료법 위반의 점(무죄 부분)

1) 의료법 제27조 제3항은 「국민건강보험법」이나 「의료급여법」에 따른 본인부담금을 면제하거나 할인하는 행위, 금품 등을 제공하거나 불특정 다수인에게 교통편의를 제공하는 행위 등 영리를 목적으로 환자를 의료기관이나 의료인에게 소개·알선·유인하는 행위 및 이를 사주하는 행위를 금지한다. 이 조항의 '소개·알선·유인하는 행위'는 환자와 특정 의료기관·의료인 사이에 치료위임계약의 성립 또는 체결에 관한 중개·유도 또는 편의를 도모하는 행위를 의미하는 것으로(대법원 1998. 05. 29. 선고 97도1126 판결, 대법원 2019. 04. 25. 선고 2018도20928 판결 등 참조), 이러한 행위가 영리적으로 이루어지는 것을 금지·처벌하는 이 조항의 입법 취지는 의료기관 주위에서 환자 유치를 둘러싸고 금품수수 등 비리가 발생하는 것을 방지하며 의료기관 사이의 불합리한 과당경쟁을 방지함에 있다(대법원 2004. 10. 27. 선고 2004도5724 판결 등 참조). 이와 같은 의료법 제27조 제3항의 규정·내용·입법 취지와 규율의 대상을 종합하여 보면, 위 조항에서 정한 '영리 목적'은 환자를 특정 의료기관·의료인에게 소개·알선·유인하는 행위에 대한 대가로 그에 따른 재산상 이익을 취득하는 것으로, 이때의 '대가'는 간접적·경제적 이익까지 포함하는 것으로 볼 수 있지만, 적어도 소개·알선·유인행위에 따른 의료행위와 관련하여 의료기관·의료인 측으로부터 취득한 이익을 분배받는 것을 전제한다고 봄이 상당하다. 그러므로 손해사정사가 보험금 청구·수령 등 보험처리에 필요한 후유장애 진단서 발급의 편의 등 목적으로 환자에게 특정 의료기관·의료인을 소개·알선·유인하면서 그에 필요한 비용을 대납하여 준 후 그 환자가 수령한 보험금에서 이에 대한 대가를 받은 경우, 이는 치료행위를 전후하여 이루어지는 진단서 발급 등 널리 의료행위 관련 계약의 성립 또는 체결과 관련한 행위이자 해당 환자에게 비용 대납 등 편의를 제공한 행위에 해당할 수는 있지만, 그와 관련한 금품수수 등은 환자의 소개·알선·유인에 대하여 의료기관·의료인 측이 지급하는 대가가 아니라 환자로부터 의뢰받은 후유장애 진단서 발급 및 이를 이용한 보험처리라는 결과·조건의 성취에 대하여 환자 측이 약정한 대가를 지급한 것에 불과하여, 의료법 제27조 제3항의 구성요건인 '영리 목적'이나 그 입법 취지와도 무관하므로, 위

조항이 금지하는 행위에 해당한다고 볼 수 없다.

2) 원심은 판시와 같은 이유로 피고인들에 대한 공소사실 중 의료법 위반 부분에 대하여 범죄의 증명이 없다고 보아 무죄를 선고한 제1심판결을 그대로 유지하였다. 원심판결 이유를 관련 법리와 기록에 비추어 살펴보면, 원심의 이유 설시에 일부 적절하지 않은 부분이 있지만, 의료법 제27조 제3항 위반죄가 성립하지 아니한다고 한 원심의 결론에 논리와 경험의 법칙을 위반하여 자유심증주의의 한계를 벗어나거나 의료법 제27조 제3항 위반죄 성립에 관한 법리오해의 잘못이 없다.

나. 변호사법 위반의 점(유죄 부분)

검사는 원심판결 전부에 관하여 상고하였으나, 이 부분에 관하여 상고장·상고이유서에 구체적인 불복이유의 기재가 없다.

2. 피고인들의 상고이유에 대한 판단

가. 공통사항

1) 변호사는 기본적 인권의 옹호와 사회정의 실현을 사명으로 하여 널리 법률사무를 행하는 것을 직무로 하므로 변호사법은 변호사의 자격을 엄격히 제한하고 직무의 성실·적정한 수행을 위해 필요한 규율에 따르도록 하는 등 제반의 조치를 강구하고 있는데, 그러한 자격이 없고 규율에 따르지 않는 사람이 처음부터 금품 기타 이익을 얻기 위해 타인의 법률사건에 개입하는 것을 방치하면 당사자 기타 이해관계인의 이익을 해하고 법률생활의 공정·원활한 운용을 방해하며 나아가 법질서를 문란케 할 우려가 있는바, 비변호사의 법률사무취급을 금지하는 변호사법 제109조 제1호는 변호사제도를 유지함으로써 그러한 우려를 불식시키려는 취지의 규정이다. 이러한 입법 취지와 같은 법 제3조에서 일반 법률사무를 변호사의 직무로 규정하고 있는 점을 감안하면, 같은 법 제109조 제1호가 규정한 '기타 일반의 법률사건'은 법률상의 권리·의무에 관하여 다툼 또는 의문이 있거나 새로운 권리의무관계의 발생에 관한 사건 일반을 말하는 것이므로(대법원 1998. 08. 21. 선고 96도2340 판결 등 참조), 법률적 지식이 없거나 부족한 보험가입자를 위하여 보험금 청구를 대리하거나 사실상 보험금 청구사건의 처리를 주도하는 것은 '기타 일반의 법률사건'에 관하여 법률사무를 취급하는 행위로 볼 수 있다. 한편 손해사정사는 손해발생 사실의 확인, 보험약관 및 관계 법규 적용의 적정 여부 판단, 손해액 및 보험금의 사정, 위 각 업무와 관련한 서류의 작성·제출의 대행, 위 각 업무의 수행과 관련한 보험회사에 대한 의견의 진술을 그 업무로 하는바(보험업법 제188조), 손해사정사가 그 업무를 수행함에 있어 보험회사에 손해사정보고서를 제출하고 보험회사의 요청에 따라 그 기재 내용에 관하여 근거를 밝히고 타당성 여부에 관한 의견을 개진하는 것이 필요할 경우가 있더라도, 이는 어디까지나 보험사고와 관련한 손해의 조사와 손해액의 사정이라는 본래의 업무와 관련한 것에 한하는 것일 뿐, 여기에서 나아가 금품을 받거나 보수를 받기로 하고 교통사고의 피해자 측을 대리 또는 대행하여 보험회사에 보험금을 청구하거나 피해자 측과 가해자가 가입한 자동차보험회사 등과 사이에서 이루어질 손해배상액의 결정에 관하여 중재나 화해를 하도록 주선하거나 편의를 도모하는 등으로 관여하는 것은 위와 같은 손해사정사의 업무범위에 속하는 손해사정에 관하여 필요한 사항이라고 할 수 없다(대법원 2004. 11. 25. 선고 2004도

6027 판결, 대법원 2008. 10. 23. 선고 2008도6924 판결 등 참조).

2) 원심은 판시와 같은 이유로 피고인들에 대한 공소사실 중 변호사법 위반 부분을 유죄로 판단한 제1심판결을 그대로 유지하였다. 원심판결 이유를 관련 법리와 적법하게 채택된 증거에 비추어 살펴보면, 원심의 판단에 논리와 경험의 법칙을 위반하여 자유심증주의의 한계를 벗어나거나 손해사정사의 업무범위, 변호사법 제109조 제1호 위반죄의 성립에 관한 법리오해의 잘못이 없다.

나. 개별사항

1) 피고인 1 · 피고인 2 · 피고인 3 · 피고인 4 · 피고인 5 · 피고인 6 · 피고인 7

원심판결 이유를 관련 법리와 적법하게 채택된 증거에 비추어 살펴보면, 위와 같은 원심의 판단에 법률의 착오에 관한 법리오해의 잘못이 없다.

2) 피고인 8 · 피고인 9 · 피고인 10 · 피고인 11 · 피고인 12 · 피고인 13 · 피고인 14

원심판결 이유를 관련 법리와 적법하게 채택된 증거에 비추어 살펴보면, 위와 같은 원심의 판단에 헌법상 법률유보원칙 및 직업의 자유에 관한 헌법 위반, 추징액 산정 등에 관한 법리오해 및 판단누락의 잘못이 없다.

형사소송법 제383조 제4호에 의하면 사형, 무기 또는 10년 이상의 징역이나 금고가 선고된 사건에서만 양형부당을 사유로 한 상고가 허용된다. 위 피고인들에 대하여 그보다 가벼운 형이 선고된 이 사건에서 형이 너무 무거워 부당하다는 취지의 주장은 적법한 상고이유가 되지 못한다.

3. 결 론

그러므로 상고를 모두 기각하기로 하여, 관여 대법관의 일치된 의견으로 주문과 같이 판결한다.

제10장 청소년보호법

제11장   정보통신망 이용촉진 및 정보보호 등에 관한 법률

Ⓐ 대법원 2020. 12. 10. 선고 2020도11471 판결 [정보통신망이용촉진및정보보호등에관한법률위반(명예훼손)]

【판시사항】

정보통신망 이용촉진 및 정보보호 등에 관한 법률 제70조 제2항 명예훼손죄의 구성요건 중 비방할 목적이 있는지와 피고인이 드러낸 사실이 거짓인지가 별개의 구성요건인지 여부(적극) 및 드러낸 사실이 거짓인 경우 비방할 목적이 당연히 인정되는지 여부(소극) / 위 규정에서 정한 모든 구성요건에 대한 증명책임의 소재(=검사) / '사람을 비방할 목적'의 의미와 판단 기준 및 '공공의 이익'을 위한 것과의 관계 / 드러낸 사실이 '공공의 이익'에 관한 것인지 판단하는 기준

【판결요지】

정보통신망 이용촉진 및 정보보호 등에 관한 법률 제70조 제2항은 "사람을 비방할 목적으로 정보통신망을 통하여 공공연하게 거짓의 사실을 드러내어 다른 사람의 명예를 훼손한 자는 7년 이하의 징역, 10년 이하의 자격정지 또는 5천만 원 이하의 벌금에 처한다."라고 정하고 있다. 이 규정에 따른 범죄가 성립하려면 피고인이 공공연하게 드러낸 사실이 거짓이고 그 사실이 거짓임을 인식하여야 할 뿐만 아니라 사람을 비방할 목적이 있어야 한다. 비방할 목적이 있는지 여부는 피고인이 드러낸 사실이 거짓인지 여부와 별개의 구성요건으로서, 드러낸 사실이 거짓이라고 해서 비방할 목적이 당연히 인정되는 것은 아니다. 그리고 이 규정에서 정한 모든 구성요건에 대한 증명책임은 검사에게 있다.

'사람을 비방할 목적'이란 가해의 의사와 목적을 필요로 하는 것으로서, 사람을 비방할 목적이 있는지는 드러낸 사실의 내용과 성질, 사실의 공표가 이루어진 상대방의 범위, 표현의 방법 등 표현 자체에 관한 여러 사정을 감안함과 동시에 그 표현으로 훼손되는 명예의 침해 정도 등을 비교·형량하여 판단하여야 한다. '비방할 목적'은 공공의 이익을 위한 것과는 행위자의 주관적 의도라는 방향에서 상반되므로, 드러낸 사실이 공공의 이익에 관한 것인 경우에는 특별한 사정이 없는 한 비방할 목적은 부정된다. 여기에서 '드러낸 사실이 공공의 이익에 관한 것인 경우'란 드러낸 사실이 객관적으로 볼 때 공공의 이익에 관한 것으로서 행위자도 주관적으로 공공의 이익을 위하여 그 사실을 드러낸 것이어야 한다. 그 사실이 공공의 이익에 관한 것인지는 명예훼손의 피해자가 공무원 등 공인(公人)인지 아니면 사인(私人)에 불과한지, 그 표현이 객관적으로 공공성·사회성을 갖춘 공적 관심 사안에 관한 것으로 사회의 여론형성이나 공개 토론에 기여하는 것인지 아니면 순수한 사적인 영역에 속하는 것인지, 피해자가 명예훼손적 표현의 위험을 자초한 것인지 여부, 그리고 표현으로 훼손되는 명예의 성격과 침해의 정도, 표현의 방법과 동기 등 여러 사정을 고려하여 판단하여야 한다. 행위자의 주요한 동기와 목적이 공공의 이익을 위한 것이라면 부수적으로 다른 사익적 목적이나 동기가 포함되어 있더라도 비방할 목적이 있다고 보기는 어렵다.

【참조조문】 정보통신망 이용촉진 및 정보보호 등에 관한 법률 제70조 제2항, 형사소송법 제308조
【참조판례】 대법원 2011. 11. 24. 선고 2010도10864 판결, 대법원 2020. 3. 2. 선고 2018도15868 판결(공2020상, 785)
【전   문】 【피 고 인】 피고인   【상 고 인】 검사
【원심판결】 서울중앙지법 2020. 7. 30. 선고 2019노3820 판결

【주   문】

상고를 기각한다.

【이   유】

상고이유를 판단한다.

1. 「정보통신망 이용촉진 및 정보보호 등에 관한 법률」(이하 '정보통신망법'이라 한다) 제70조 제2항은 "사람을 비방할 목적으로 정보통신망을 통하여 공공연하게 거짓의 사실을 드러내어 다른 사람의 명예를 훼손한 자는 7년 이하의 징역, 10년 이하의 자격정지 또는 5천만 원 이하의 벌금에 처한다."라고 정하고 있다. 이 규정에 따른 범죄가 성립하려면 피고인이 공공연하게 드러낸 사실이 거짓이고 그 사실이 거짓임을 인식하여야 할 뿐만 아니라 사람을 비방할 목적이 있어야 한다. 비방할 목적이 있는지 여부는 피고인이 드러낸 사실이 거짓인지 여부와 별개의 구성요건으로서, 드러낸 사실이 거짓이라고 해서 비방할 목적이 당연히 인정되는 것은 아니다. 그리고 이 규정에서 정한 모든 구성요건에 대한 증명책임은 검사에게 있다.

'사람을 비방할 목적'이란 가해의 의사와 목적을 필요로 하는 것으로서, 사람을 비방할 목적이 있는지는 드러낸 사실의 내용과 성질, 사실의 공표가 이루어진 상대방의 범위, 표현의 방법 등 표현 자체에 관한 여러 사정을 감안함과 동시에 그 표현으로 훼손되는 명예의 침해 정도 등을 비교·형량하여 판단하여야 한다. '비방할 목적'은 공공의 이익을 위한 것과는 행위자의 주관적 의도라는 방향에서 상반되므로, 드러낸 사실이 공공의 이익에 관한 것인 경우에는 특별한 사정이 없는 한 비방할 목적은 부정된다. 여기에서 '드러낸 사실이 공공의 이익에 관한 것인 경우'란 드러낸 사실이 객관적으로 볼 때 공공의 이익에 관한 것으로서 행위자도 주관적으로 공공의 이익을 위하여 그 사실을 드러낸 것이어야 한다. 그 사실이 공공의 이익에 관한 것인지는 명예훼손의 피해자가 공무원 등 공인(公人)인지 아니면 사인(私人)에 불과한지, 그 표현이 객관적으로 공공성·사회성을 갖춘 공적 관심 사안에 관한 것으로 사회의 여론형성이나 공개토론에 기여하는 것인지 아니면 순수한 사적인 영역에 속하는 것인지, 피해자가 명예훼손적 표현의 위험을 자초한 것인지 여부, 그리고 표현으로 훼손되는 명예의 성격과 침해의 정도, 표현의 방법과 동기 등 여러 사정을 고려하여 판단하여야 한다. 행위자의 주요한 동기와 목적이 공공의 이익을 위한 것이라면 부수적으로 다른 사익적 목적이나 동기가 포함되어 있더라도 비방할 목적이 있다고 보기는 어렵다(대법원 2011. 11. 24. 선고 2010도10864 판결, 대법원 2020. 03. 02. 선고 2018도15868 판결 참조).

2. 이 사건 공소사실의 요지는 다음과 같다.

피고인은 공소외 1 협회 이사이고, 피해자는 미국 공소외 2 그룹 자산운용사(영문명 생략)의 최고경영자로 재직한 사람이다. 피고인은 2018. 10. 19.경 휴대전화를 이용하여 공소외 3 학회 ○○○○ 그룹채팅방에 '3,000억 원대 △△△ □□□□ 사기사건을 목격했다. 피해자가 사기꾼이라는 증거를 찾았다. 피해자는 공소외 2 그룹 Asset Management의 CEO라고 자신을 소개했지만 거짓이었다.'라는 내용의 글을 게시하였다. 그러나 사실은 피해자는 미국 공소외 2 그룹 자산운용사의 최고경영자였다. 이로써 피고인은 피해자를 비방할 목적으로 정보통신망을 통하여 공공연하게 거짓의 사실을 드러내어 피해자의 명예를 훼손하였다.

3. 원심은 피고인이 드러낸 사실이 거짓임을 인식하였거나 피해자를 비방할 목적이 있다는 점에 대하여 범죄의 증명이 없다고 보아, 이 사건 공소사실을 유죄로 판단한 제1심판결을 파기하고 무죄를 선고하였다. 상세한 이유는 다음과 같다.

가. 피고인은 피해자에게 직접 문자메시지를 보내 공소외 2 그룹 자산운용사의 최고경영자 자격을 사칭한 부분에 대하여 미국의 감독기관과 수사기관에 신고하겠다고 고지하는 등의 행위를 하였다. 피고인은 피해자가 공소외 2 그룹 자산운용사의 최고경영자가 아니며 이를 사칭하여 투자금을 편취하려고 한다는 확신이 있었던 것으로 보인다. 공소외 2 그룹 법무팀도 피고인으로부터 피해자가 공소외 2 그룹 자산운용사의 최고경영자가 맞는지 문의를 받는 과정에서 피해자가 회사 이름을 몰래 이용하여 사적 이익을 취득하려 한다고 오해하여 피해자에게 경고 메일을 보내기도 하였다. 그렇다면 위와 같은 피고인의 의심도 어느 정도 합리적인 것이라고 할 수 있다.

나. 피고인은 짧은 시간 제한된 만남의 기회에서 받은 단편적인 인상과 다소 부족한 검증 결과 등을 근거로 피해자가 공소외 2 그룹 자산운용사의 최고경영자 자격을 사칭하였다고 성급히 결론짓고 이를 정보통신망에 게시하였다. 이러한 피고인의 행위는 다소 부적절하거나 지나친 면이 있다. 하지만 당시는 정보의 불균형이 심한 블록체인 시장에 대한 투자가 과열 양상을 보여 선의의 피해자가 양산될 조짐마저 보였다. 피해자는 공소외 2 그룹 자산운용사의 최고경영자로서 금융 관련 국제 세미나 등에 초청되어 강연을 다니면서 ◇◇블록체인 스토리지의 코인 발행 프로젝트를 소개하고 투자금을 유치하고 있었으므로, 이와 관련하여 피해자의 금융업계 이력과 신빙성에 대한 비판과 검증을 할 필요가 있었다. 피고인이 게시글을 게시한 곳은 공소외 3 학회 회원들로 구성된 단체 대화방이었다. 이러한 사정을 종합하면, 피고인이 의혹을 제기한 주된 동기는 피해자를 비방하는 데 있기보다 금융업계에서 피해자와 피해자가 진행하는 프로젝트에 대한 검증이 필요하다는 것을 강조하는 데 있다.

4. 원심판결 이유를 위에서 본 법리와 기록에 비추어 살펴보면, 원심판결에 논리와 경험의 법칙에 반하여 자유심증주의의 한계를 벗어나거나 정보통신망법 위반(명예훼손)죄의 성립에 관한 법리를 오해한 잘못이 없다.

5. 검사의 상고는 이유 없으므로 이를 기각하기로 하여, 대법관의 일치된 의견으로 주문과 같이 판결한다.

© 대법원 2022. 05. 12. 선고 2021도1533 판결 [정보통신망이용촉진및정보보호등에관한법률위반(정보통신망침해등)·컴퓨터등장애업무방해·저작권법위반·정보통신망이용촉진및정보보호등에관한법률위반]

【판시사항】

[1] 구 정보통신망 이용촉진 및 정보보호 등에 관한 법률 제48조 제1항의 입법 취지 및 서비스제공자로부터 권한을 부여받은 이용자가 아닌 제3자가 정보통신망에 접속한 경우, 그에게 접근권한이 있는지 판단하는 기준 / 정보통신망에 대하여 서비스제공자가 접근권한을 제한하고 있는지 판단하는 방법

[2] 저작권법 제93조 제1항, 제2항의 입법 취지 / 데이터베이스제작자의 권리가 침해되었는지 판단하는 방법 / 데이터베이스의 개별 소재 또는 상당한 부분에 이르지 못하는 부분의 반복적이거나 특정한 목적을 위한 체계적 복제 등에 의한 데이터베이스제작자의 권리 침해는 데이터베이스의 개별 소재 또는 상당하지 않은 부분에 대한 반복적이고 체계적인 복제 등으로 결국 상당한 부분의 복제 등을 한 것과 같은 결과를 발생하게 한 경우에 한하여 인정되는지 여부(적극)

[3] 형법 제314조 제2항의 '컴퓨터 등 장애 업무방해죄'에서 말하는 '허위의 정보 또는 부정한 명령의 입력', '기타 방법'의 의미 / 위 죄가 성립하기 위하여 정보처리에 장애가 현실적으로 발생하여야 하는지 여부(적극)

【판결요지】

[1] 구 정보통신망 이용촉진 및 정보보호 등에 관한 법률(2018. 12. 24. 법률 제16021호로 개정되기 전의 것, 이하 '구 정보통신망법'이라고 한다) 제48조 제1항은 누구든지 정당한 접근권한 없이 또는 허용된 접근권한을 넘어 정보통신망에 침입하는 것을 금지하고 있고, 이를 위반하여 정보통신망에 침입한 자에 대하여는 5년 이하의 징역 또는 5천만 원 이하의 벌금에 처한다(위 법 제71조 제1항 제9호). 위 규정은 이용자의 신뢰 내지 그의 이익을 보호하기 위한 규정이 아니라 정보통신망 자체의 안정성과 그 정보의 신뢰성을 보호하기 위한 것이므로, 위 규정에서 접근권한을 부여하거나 허용되는 범위를 설정하는 주체는 서비스제공자이다. 따라서 서비스제공자로부터 권한을 부여받은 이용자가 아닌 제3자가 정보통신망에 접속한 경우 그에게 접근권한이 있는지 여부는 서비스제공자가 부여한 접근권한을 기준으로 판단하여야 한다. 그리고 정보통신망에 대하여 서비스제공자가 접근권한을 제한하고 있는지 여부는 보호조치나 이용약관 등 객관적으로 드러난 여러 사정을 종합적으로 고려하여 신중하게 판단하여야 한다.

[2] 데이터베이스제작자는 그의 데이터베이스의 전부 또는 상당한 부분을 복제·배포·방송 또는 전송(이하 '복제 등'이라고 한다)할 권리를 가지고(저작권법 제93조 제1항), 데이터베이스의 개별 소재는 데이터베이스의 상당한 부분으로 간주되지 않지만, 개별 소재의 복제 등이라 하더라도 반복적이거나 특정한 목적을 위하여 체계적으로 함으로써 해당 데이터베이스의 통상적인 이용과 충돌하거나 데이터베이스제작자의 이익을 부당하게 해치는 경우에는 해당 데이터베이스의 상당한 부분의 복제 등으

로 본다(저작권법 제93조 제2항). 이는 지식정보사회의 진전으로 데이터베이스에 대한 수요가 급증함에 따라 창작성의 유무를 구분하지 않고 데이터베이스를 제작하거나 그 갱신·검증 또는 보충을 위하여 상당한 투자를 한 자에 대하여는 일정기간 해당 데이터베이스의 복제 등 권리를 부여하면서도, 그로 인해 정보공유를 저해하여 정보화 사회에 역행하고 경쟁을 오히려 제한하게 되는 부정적 측면을 방지하기 위하여 단순히 데이터베이스의 개별 소재의 복제 등이나 상당한 부분에 이르지 못한 부분의 복제 등만으로는 데이터베이스제작자의 권리가 침해되지 않는다고 규정한 것이다.

데이터베이스제작자의 권리가 침해되었다고 하기 위해서는 데이터베이스제작자의 허락 없이 데이터베이스의 전부 또는 상당한 부분의 복제 등이 되어야 하는데, 여기서 상당한 부분의 복제 등에 해당하는지를 판단할 때는 양적인 측면만이 아니라 질적인 측면도 함께 고려하여야 한다. 양적으로 상당한 부분인지 여부는 복제 등이 된 부분을 전체 데이터베이스의 규모와 비교하여 판단하여야 하며, 질적으로 상당한 부분인지 여부는 복제 등이 된 부분에 포함되어 있는 개별 소재 자체의 가치나 그 개별 소재의 생산에 들어간 투자가 아니라 데이터베이스제작자가 그 복제 등이 된 부분의 제작 또는 그 소재의 갱신·검증 또는 보충에 인적 또는 물적으로 상당한 투자를 하였는지를 기준으로 제반 사정에 비추어 판단하여야 한다.

또한 앞서 본 규정의 취지에 비추어 보면, 데이터베이스의 개별 소재 또는 상당한 부분에 이르지 못하는 부분의 반복적이거나 특정한 목적을 위한 체계적 복제 등에 의한 데이터베이스제작자의 권리 침해는 데이터베이스의 개별 소재 또는 상당하지 않은 부분에 대한 반복적이고 체계적인 복제 등으로 결국 상당한 부분의 복제 등을 한 것과 같은 결과를 발생하게 한 경우에 한하여 인정함이 타당하다.

[3] 형법 제314조 제2항은 '컴퓨터 등 정보처리장치 또는 전자기록 등 특수매체기록을 손괴하거나 정보처리장치에 허위의 정보 또는 부정한 명령을 입력하거나 기타 방법으로 정보처리에 장애를 발생하게 하여 사람의 업무를 방해한 자'를 처벌하도록 정하고 있다. 여기에서 '허위의 정보 또는 부정한 명령의 입력'이란 객관적으로 진실에 반하는 내용의 정보를 입력하거나 정보처리장치를 운영하는 본래의 목적과 상이한 명령을 입력하는 것이고, '기타 방법'이란 컴퓨터의 정보처리에 장애를 초래하는 가해수단으로 컴퓨터의 작동에 직접·간접으로 영향을 미치는 일체의 행위를 말한다. 한편 위 죄가 성립하기 위해서는 위와 같은 가해행위 결과 정보처리장치가 그 사용목적에 부합하는 기능을 하지 못하거나 사용목적과 다른 기능을 하는 등 정보처리에 장애가 현실적으로 발생하여야 한다.

【참조조문】 [1] 구 정보통신망 이용촉진 및 정보보호 등에 관한 법률(2018. 12. 24. 법률 제16021호로 개정되기 전의 것) 제48조 제1항, 제71조 제1항 제9호 / [2] 저작권법 제93조 제1항, 제2항 / [3] 형법 제314조 제2항
【참조판례】 [1] 대법원 2005. 11. 25. 선고 2005도870 판결(공2006상, 71) [3] 대법원 2012. 5. 24. 선고 2011도7943 판결, 대법원 2013. 3. 28. 선고 2010도14607 판결(공2013상, 811), 대법원 2020. 2. 13. 선고 2019도12194 판결
【전 문】 【피 고 인】 피고인 1 외 5인 【상 고 인】 검사
【변 호 인】 변호사 김성욱 외 4인
【원심판결】 서울중앙지법 2021. 1. 13. 선고 2020노611 판결

【주 문】

상고를 모두 기각한다.

【이 유】

상고이유를 판단한다.

1. 구「정보통신망 이용촉진 및 정보보호 등에 관한 법률」위반(정보통신망침해등)죄의 성립 여부

가. 구「정보통신망 이용촉진 및 정보보호 등에 관한 법률」(2018. 12. 24. 법률 제16021호로 개정되기 전의 것, 이하 '구 정보통신망법'이라고 한다) 제48조 제1항은 누구든지 정당한 접근권한 없이 또는 허용된 접근권한을 넘어 정보통신망에 침입하는 것을 금지하고 있고, 이를 위반하여 정보통신망에 침입한 자에 대하여는 5년 이하의 징역 또는 5천만 원 이하의 벌금에 처한다(위 법 제71조 제1항 제9호). 위 규정은 이용자의 신뢰 내지 그의 이익을 보호하기 위한 규정이 아니라 정보통신망 자체의 안정성과 그 정보의 신뢰성을 보호하기 위한 것이므로, 위 규정에서 접근권한을 부여하거나 허용되는 범위를 설정하는 주체는 서비스제공자이다. 따라서 서비스제공자로부터 권한을 부여받은 이용자가 아닌 제3자가 정보통신망에 접속한 경우 그에게 접근권한이 있는지 여부는 서비스제공자가 부여한 접근권한을 기준으로 판단하여야 한다(대법원 2005. 11. 25. 선고 2005도870 판결 등 참조). 그리고 정보통신망에 대하여 서비스제공자가 접근권한을 제한하고 있는지 여부는 보호조치나 이용약관 등 객관적으로 드러난 여러 사정을 종합적으로 고려하여 신중하게 판단하여야 한다.

나. 이러한 법리 및 기록에 비추어 살펴본다.

1) 피고인 1, 피고인 2, 피고인 3, 피고인 4, 피고인 5(이하 '피고인 1 등'이라고 한다)는 피해자 주식회사 야놀자(이하 '피해자 회사'라고 한다)의 '바로예약 애플리케이션'(이하 '이 사건 앱'이라고 한다)과 통신하는 API(Application Programming Interface) 서버의 URL과 API 서버로 정보를 호출하는 명령구문들을 알아내어, 자체 개발한 원심 판시 '야놀자 크롤링 프로그램'을 사용하여 API 서버에 명령구문을 입력하는 방식으로 피해자 회사의 숙박업소 정보를 수집하였다.

2) 위 API 서버의 URL이나 명령구문은 피해자 회사가 적극적으로 공개하지는 않았지만 누구라도 간단한 기술조작이나 통상 사용되는 소위 '패킷캡쳐 프로그램' 등을 통해 쉽게 알아낼 수 있는 정보이다. 일반 이용자들은 이 사건 앱을 통해 API 서버에 회원 가입 후 또는 회원 가입 없이 자유롭게 접근할 수 있었고, 이 사건 앱이나 API 서버로의 접근을 막는 별도의 보호조치는 없었다.

3) 피해자 회사의 이 사건 앱 서비스 이용약관에서 '이용자는 회사를 이용함으로써 얻은 정보를 회사의 사전 승낙 없이 복제, 송신, 출판, 배포, 방송 등 기타 방법에 의하여 영리 목적으로 이용하거나 제3자에게 이용하게 하여서는 안 된다.'고 정하고 있으나, 이는 이 사건 앱 또는 API 서버로부터 취득한 정보의 이용을 제한하는 내용일 뿐, 이에 대한 접근을 제한하는 내용으로 볼 수 없다.

4) 또한 위 이용약관에서 회원에 대하여 '자동접속프로그램 등을 사용하여 회사의 서버에 부하를 일으켜 회사의 정상적인 서비스를 방해하는 행위'를 금지하고 있기는 하지만, 위 약관 규정을 회원가입을 하지 않은 이용자들에게 적용할 수 있는 근거를 찾기 어렵고, 규정의 내용 또한 접근권한 자체를 제한하는 것으로 볼 수 없어 위와 같은 약관상의 규정만으로 API 서버에 대

한 접근권한이 객관적으로 제한되었다고 보기 어렵다.

5) 결국 피해자 회사에 의하여 피고인 1 등의 위와 같은 방식에 의한 API 서버로의 접근이 제한되었다고 보기 어려우므로, 피고인 1 등의 정보통신망 침입을 인정할 수 없다.

다. 원심은 같은 취지에서 검사가 제출한 증거만으로는 피고인 1 등이 접근권한 없이 또는 접근권한을 넘어 피해자의 정보통신망에 침입하였다고 보기 어렵다는 이유로 이 사건 공소사실 중 구 정보통신망법 위반의 점을 무죄로 판단하였다. 이러한 원심의 판단에 논리와 경험의 법칙을 위반하여 자유심증주의의 한계를 벗어나거나 구 정보통신망법 위반(정보통신망침해등)죄의 성립에 관한 법리를 오해한 잘못이 없다.

2. 저작권법 위반죄의 성립 여부

가. 데이터베이스제작자는 그의 데이터베이스의 전부 또는 상당한 부분을 복제·배포·방송 또는 전송(이하 '복제 등'이라고 한다)할 권리를 가지고(저작권법 제93조 제1항), 데이터베이스의 개별 소재는 데이터베이스의 상당한 부분으로 간주되지 않지만, 개별 소재의 복제 등이라 하더라도 반복적이거나 특정한 목적을 위하여 체계적으로 함으로써 해당 데이터베이스의 통상적인 이용과 충돌하거나 데이터베이스제작자의 이익을 부당하게 해치는 경우에는 해당 데이터베이스의 상당한 부분의 복제 등으로 본다(저작권법 제93조 제2항). 이는 지식정보사회의 진전으로 데이터베이스에 대한 수요가 급증함에 따라 창작성의 유무를 구분하지 않고 데이터베이스를 제작하거나 그 갱신·검증 또는 보충을 위하여 상당한 투자를 한 자에 대하여는 일정기간 해당 데이터베이스의 복제 등 권리를 부여하면서도, 그로 인해 정보공유를 저해하여 정보화 사회에 역행하고 경쟁을 오히려 제한하게 되는 부정적 측면을 방지하기 위하여 단순히 데이터베이스의 개별 소재의 복제 등이나 상당한 부분에 이르지 못한 부분의 복제 등만으로는 데이터베이스제작자의 권리가 침해되지 않는다고 규정한 것이다.

데이터베이스제작자의 권리가 침해되었다고 하기 위해서는 데이터베이스제작자의 허락 없이 데이터베이스의 전부 또는 상당한 부분의 복제 등이 되어야 하는데, 여기서 상당한 부분의 복제 등에 해당하는지를 판단할 때는 양적인 측면만이 아니라 질적인 측면도 함께 고려하여야 한다. 양적으로 상당한 부분인지 여부는 복제 등이 된 부분을 전체 데이터베이스의 규모와 비교하여 판단하여야 하며, 질적으로 상당한 부분인지 여부는 복제 등이 된 부분에 포함되어 있는 개별 소재 자체의 가치나 그 개별 소재의 생산에 들어간 투자가 아니라 데이터베이스제작자가 그 복제 등이 된 부분의 제작 또는 그 소재의 갱신·검증 또는 보충에 인적 또는 물적으로 상당한 투자를 하였는지를 기준으로 제반 사정에 비추어 판단하여야 한다.

또한 앞서 본 규정의 취지에 비추어 보면, 데이터베이스의 개별 소재 또는 상당한 부분에 이르지 못하는 부분의 반복적이거나 특정한 목적을 위한 체계적 복제 등에 의한 데이터베이스제작자의 권리 침해는 데이터베이스의 개별 소재 또는 상당하지 않은 부분에 대한 반복적이고 체계적인 복제 등으로 결국 상당한 부분의 복제 등을 한 것과 같은 결과를 발생하게 한 경우에 한하여 인정함이 타당하다.

나. 원심은 다음과 같은 사정을 들어 이 사건 공소사실 중 데이터베이스제작자의 복제권 침해로 인한 저작권법 위반의 점을 무죄로 판단하였다. ① 피고인 1 등이 피해자 회사의 API 서버로부터 수집

한 정보들은 피해자 회사의 숙박업소 관련 데이터베이스의 일부에 해당한다. ② 위 정보들은 이미 상당히 알려진 정보로서 그 수집에 상당한 비용이나 노력이 들었을 것으로 보이지 않거나 이미 공개되어 있어 이 사건 앱을 통해서도 확보할 수 있었던 것이고, 데이터베이스의 갱신 등에 관한 자료가 없다. ③ 이러한 피고인 1 등의 데이터베이스 복제가 피해자 회사의 해당 데이터베이스의 통상적인 이용과 충돌하거나 피해자의 이익을 부당하게 해치는 경우에 해당한다고 보기 어렵다.

다. 원심판결 이유를 앞서 본 법리와 기록에 비추어 살펴보면, 원심의 판단에 논리와 경험의 법칙을 위반하여 자유심증주의의 한계를 벗어나거나 데이터베이스제작자의 권리 침해로 인한 저작권법 위반죄의 성립에 관한 법리를 오해하여 판결에 영향을 미친 잘못이 없다.

3. 컴퓨터등장애업무방해죄 성립 여부

형법 제314조 제2항은 '컴퓨터 등 정보처리장치 또는 전자기록 등 특수매체기록을 손괴하거나 정보처리장치에 허위의 정보 또는 부정한 명령을 입력하거나 기타 방법으로 정보처리에 장애를 발생하게 하여 사람의 업무를 방해한 자'를 처벌하도록 정하고 있다. 여기에서 '허위의 정보 또는 부정한 명령의 입력'이란 객관적으로 진실에 반하는 내용의 정보를 입력하거나 정보처리장치를 운영하는 본래의 목적과 상이한 명령을 입력하는 것이고, '기타 방법'이란 컴퓨터의 정보처리에 장애를 초래하는 가해수단으로 컴퓨터의 작동에 직접·간접으로 영향을 미치는 일체의 행위를 말한다. 한편 위 죄가 성립하기 위해서는 위와 같은 가해행위 결과 정보처리장치가 그 사용목적에 부합하는 기능을 하지 못하거나 사용목적과 다른 기능을 하는 등 정보처리에 장애가 현실적으로 발생하여야 한다(대법원 2012. 05. 24. 선고 2011도7943 판결, 대법원 2013. 03. 28. 선고 2010도14607 판결, 대법원 2020. 02. 13. 선고 2019도12194 판결 등 참조).

원심은 판시와 같은 이유로 검사가 제출한 증거들만으로는 피고인 1 등이 공모하여 정보처리장치에 부정한 명령을 입력하여 장애가 발생하게 하였다고 보기 어렵다는 이유로 이 부분 공소사실을 무죄로 판단하였다. 원심판결 이유를 앞서 본 법리와 기록에 비추어 살펴보면, 원심의 판단에 필요한 심리를 다하지 아니하고 논리와 경험의 법칙을 위반하여 자유심증주의의 한계를 벗어나거나 컴퓨터등장애업무방해죄의 성립에 관한 법리를 오해한 잘못이 없다.

4. 결 론

그러므로 상고를 모두 기각하기로 하여, 관여 대법관의 일치된 의견으로 주문과 같이 판결한다.

Ⓐ 대법원 2022. 07. 28. 선고 2022도4171 판결 [정보통신망이용촉진및정보보호등에관한법률위반(명예훼손)]

【판시사항】

[1] 정보통신망 이용촉진 및 정보보호 등에 관한 법률 제70조 제1항 명예훼손죄의 구성요건 중 비방할 목적이 있는지와 피고인이 드러낸 사실이 사회적 평가를 떨어뜨릴 만한 것인지가 별개의 구성요건인지 여부(적극) 및 드러낸 사실이 사회적 평가를 떨어뜨리는 것이면 비방할 목적이 당연히 인정되는지 여부(소극) / 위 규정에서 정한 모든 구성요건에 대한 증명책임 소재(=검사) / '비방할 목적'의 판단 기준 및 '공공의 이익'을 위한 것과의 관계 / 드러낸 사실이 '공공의 이익'에 관한 것인지 판단하는 기준 / 행위자의 주요한 동기와 목적인 공공의 이익에 부수적으로 다른 사익적 목적이나 동기가 포함되어 있는 경우, 비방할 목적의 유무(소극)

[2] 피고인이 고등학교 동창인 갑으로부터 사기 범행을 당했던 사실과 관련하여 같은 학교 동창 10여 명이 참여하던 단체 채팅방에서 '갑이 내 돈을 갚지 못해 사기죄로 감방에서 몇 개월 살다가 나왔다. 집에서도 포기한 애다. 너희들도 조심해라.'라는 내용의 글을 게시함으로써 갑의 명예를 훼손하였다고 하여 정보통신망 이용촉진 및 정보보호 등에 관한 법률 위반(명예훼손)으로 기소된 사안에서, 제반 사정을 종합하면 피고인의 주요한 동기와 목적은 공공의 이익을 위한 것으로 볼 여지가 있고 피고인에게 갑을 비방할 목적이 있다는 사실이 증명되었다고 볼 수 없다는 이유로, 이와 달리 본 원심판결에 법리오해의 잘못이 있다고 한 사례

【판결요지】

[1] 정보통신망 이용촉진 및 정보보호 등에 관한 법률 제70조 제1항은 "사람을 비방할 목적으로 정보통신망을 통하여 공공연하게 사실을 드러내어 다른 사람의 명예를 훼손한 자는 3년 이하의 징역 또는 3천만 원 이하의 벌금에 처한다."라고 정한다. 이 규정에 따른 범죄가 성립하려면 피고인이 공공연하게 드러낸 사실이 다른 사람의 사회적 평가를 떨어뜨릴 만한 것임을 인식해야 할 뿐만 아니라 사람을 비방할 목적이 있어야 한다. 비방할 목적이 있는지는 피고인이 드러낸 사실이 사회적 평가를 떨어뜨릴 만한 것인지와 별개의 구성요건으로서, 드러낸 사실이 사회적 평가를 떨어뜨리는 것이라고 해서 비방할 목적이 당연히 인정되는 것은 아니다. 그리고 이 규정에서 정한 모든 구성요건에 대한 증명책임은 검사에게 있다.

'비방할 목적'은 드러낸 사실의 내용과 성질, 사실의 공표가 이루어진 상대방의 범위, 표현의 방법 등 표현 자체에 관한 여러 사정을 감안함과 동시에 그 표현으로 훼손되는 명예의 침해 정도 등을 비교·형량하여 판단해야 한다. 이것은 공공의 이익을 위한 것과는 행위자의 주관적 의도라는 방향에서 상반되므로, 드러낸 사실이 공공의 이익에 관한 것인 경우에는 특별한 사정이 없는 한 비방할 목적은 부정된다. 여기에서 '드러낸 사실이 공공의 이익에 관한 것인 경우'란 드러낸 사실이 객관적으로 볼 때 공공의 이익에 관한 것으로서 행위자도 주관적으로 공공의 이익을 위하여 그 사실을 드러낸 것이어야 한다. 공공의 이익에 관한 것에는 널리 국가·사회 그 밖에 일반 다수인의 이익에 관한 것뿐만 아니라 특정한 사회집단이나 그 구성원 전체의 관심과 이익에 관한 것도 포함

한다. 그 사실이 공공의 이익에 관한 것인지는 명예훼손의 피해자가 공무원 등 공인(공인)인지 아니면 사인(사인)에 불과한지, 그 표현이 객관적으로 공공성·사회성을 갖춘 공적 관심 사안에 관한 것으로 사회의 여론형성이나 공개토론에 기여하는 것인지 아니면 순수한 사적인 영역에 속하는 것인지, 피해자가 명예훼손적 표현의 위험을 자초한 것인지 여부, 그리고 표현으로 훼손되는 명예의 성격과 침해의 정도, 표현의 방법과 동기 등 여러 사정을 고려하여 판단해야 한다. 행위자의 주요한 동기와 목적이 공공의 이익을 위한 것이라면 부수적으로 다른 사익적 목적이나 동기가 포함되어 있더라도 비방할 목적이 있다고 보기는 어렵다.

[2] 피고인이 고등학교 동창인 갑으로부터 사기 범행을 당했던 사실과 관련하여 같은 학교 동창 10여 명이 참여하던 단체 채팅방에서 '갑이 내 돈을 갚지 못해 사기죄로 감방에서 몇 개월 살다가 나왔다. 집에서도 포기한 애다. 너희들도 조심해라.'라는 내용의 글을 게시함으로써 갑의 명예를 훼손하였다고 하여 정보통신망 이용촉진 및 정보보호 등에 관한 법률 위반(명예훼손)으로 기소된 사안에서, 피고인이 드러낸 사실의 내용, 게시 글의 작성 경위와 동기 등 제반 사정을 종합하면, 게시 글은 채팅방에 참여한 고등학교 동창들로 구성된 사회집단의 이익에 관한 사항으로 볼 수 있고, 피고인이 게시 글을 채팅방에 올린 동기나 목적에는 자신에게 재산적 피해를 입힌 갑을 비난하려는 목적도 포함되었다고 볼 수 있으나, 갑으로 인하여 동창 2명이 재산적 피해를 입은 사실에 기초하여 갑과 교류 중인 다른 동창생들에게 주의를 당부하려는 목적이 포함되어 있고, 실제로 게시 글의 말미에 그러한 목적을 표시하였으므로, 피고인의 주요한 동기와 목적은 공공의 이익을 위한 것으로 볼 여지가 있고 피고인에게 갑을 비방할 목적이 있다는 사실이 합리적 의심의 여지가 없을 정도로 증명되었다고 볼 수 없다는 이유로, 이와 달리 보아 공소사실을 유죄로 인정한 원심판결에 같은 법 제70조 제1항에서 정한 '비방할 목적'에 관한 법리오해의 잘못이 있다고 한 사례.

【참조조문】 [1] 정보통신망 이용촉진 및 정보보호 등에 관한 법률 제70조 제1항, 형사소송법 제308조 / [2] 정보통신망 이용촉진 및 정보보호 등에 관한 법률 제70조 제1항, 형사소송법 제308조
【참조판례】 [1] 대법원 2011. 11. 24. 선고 2010도10864 판결, 대법원 2020. 3. 2. 선고 2018도15868 판결(공2020상, 785), 대법원 2020. 12. 10. 선고 2020도11471 판결(공2021상, 253)
【전 문】 【피 고 인】 피고인
【상 고 인】 피고인 【변 호 인】 변호사 김정욱
【원심판결】 대구지법 2022. 3. 25. 선고 2021노3171 판결

【주 문】

원심판결을 파기하고, 사건을 대구지방법원에 환송한다.

【이 유】

상고이유를 판단한다.

1. 공소사실 요지

이 사건 공소사실 요지는 다음과 같다. 피고인은 2019. 1. 초순 고등학교 동창 10여 명이 참여하

는 단체 카카오톡 채팅방에서 피해자를 비방할 목적으로 '피해자가 내 돈을 갚지 못해 사기죄로 감방에서 몇 개월 살다가 나왔다. 집에서도 포기한 애다. 너희들도 조심해라.'라는 내용의 사실을 적시하여 공연히 피해자의 명예를 훼손하였다.

2. 「정보통신망 이용촉진 및 정보보호 등에 관한 법률」(이하 '정보통신망법'이라 한다)에 정한 명예훼손죄에 관한 법리

정보통신망법 제70조 제1항은 "사람을 비방할 목적으로 정보통신망을 통하여 공공연하게 사실을 드러내어 다른 사람의 명예를 훼손한 자는 3년 이하의 징역 또는 3천만 원 이하의 벌금에 처한다."라고 정한다. 이 규정에 따른 범죄가 성립하려면 피고인이 공공연하게 드러낸 사실이 다른 사람의 사회적 평가를 떨어뜨릴 만한 것임을 인식해야 할 뿐만 아니라 사람을 비방할 목적이 있어야 한다. 비방할 목적이 있는지는 피고인이 드러낸 사실이 사회적 평가를 떨어뜨릴 만한 것인지와 별개의 구성요건으로서, 드러낸 사실이 사회적 평가를 떨어뜨리는 것이라고 해서 비방할 목적이 당연히 인정되는 것은 아니다. 그리고 이 규정에서 정한 모든 구성요건에 대한 증명책임은 검사에게 있다(대법원 2020. 12. 10. 선고 2020도11471 판결 참조).

'비방할 목적'은 드러낸 사실의 내용과 성질, 사실의 공표가 이루어진 상대방의 범위, 표현의 방법 등 표현 자체에 관한 여러 사정을 감안함과 동시에 그 표현으로 훼손되는 명예의 침해 정도 등을 비교·형량하여 판단해야 한다. 이것은 공공의 이익을 위한 것과는 행위자의 주관적 의도라는 방향에서 상반되므로, 드러낸 사실이 공공의 이익에 관한 것인 경우에는 특별한 사정이 없는 한 비방할 목적은 부정된다. 여기에서 '드러낸 사실이 공공의 이익에 관한 것인 경우'란 드러낸 사실이 객관적으로 볼 때 공공의 이익에 관한 것으로서 행위자도 주관적으로 공공의 이익을 위하여 그 사실을 드러낸 것이어야 한다. 공공의 이익에 관한 것에는 널리 국가·사회 그 밖에 일반 다수인의 이익에 관한 것뿐만 아니라 특정한 사회집단이나 그 구성원 전체의 관심과 이익에 관한 것도 포함한다. 그 사실이 공공의 이익에 관한 것인지는 명예훼손의 피해자가 공무원 등 공인(公人)인지 아니면 사인(私人)에 불과한지, 그 표현이 객관적으로 공공성·사회성을 갖춘 공적 관심 사안에 관한 것으로 사회의 여론형성이나 공개토론에 기여하는 것인지 아니면 순수한 사적인 영역에 속하는 것인지, 피해자가 명예훼손적 표현의 위험을 자초한 것인지 여부, 그리고 표현으로 훼손되는 명예의 성격과 침해의 정도, 표현의 방법과 동기 등 여러 사정을 고려하여 판단해야 한다. 행위자의 주요한 동기와 목적이 공공의 이익을 위한 것이라면 부수적으로 다른 사익적 목적이나 동기가 포함되어 있더라도 비방할 목적이 있다고 보기는 어렵다(대법원 2011. 11. 24. 선고 2010도10864 판결, 대법원 2020. 03. 02. 선고 2018도15868 판결, 대법원 2020. 12. 10. 선고 2020도11471 판결 참조).

3. 사실관계

원심판결 이유와 기록에 따르면 다음 사실을 알 수 있다.

가. 피고인과 피해자는 같은 예술고등학교 무용과를 졸업한 동창으로서 2013년 무렵까지 친분 관계를 유지하였다.

나. 피해자는 피고인과 다른 고등학교 동창 친구에게 자신의 자력을 속이는 방법으로 기망하여 피고인의 신용카드로 5,000만 원이 넘는 금액을 결제하고 다른 친구의 신용카드로 4,000만 원이 넘

는 금액을 결제하여 재산상 이익을 취득한 행위로 2016. 7.경 구속되었고, 2017. 1. 6. 형사재판에서 사기죄로 징역 10월에 집행유예 2년의 형을 선고받은 후 석방되었다.

다. 피고인은 2019. 1. 초순 고등학교 동창생들 10여 명이 참여하고 있던 인터넷 메신저 채팅방에 친구의 초대로 참여하였다가 채팅방에 피해자도 참여하고 있음을 알게 되었다.

라. 피고인은 채팅방에 참여하고 있던 피해자 외의 다른 동창생들을 대상으로 새로운 채팅방을 만든 후, 그 채팅방에 '피해자가 내 돈을 갚지 못해 사기죄로 감방에서 몇 개월 살다가 나왔다. 집에서도 포기한 애다. 너희들도 조심해라.'라는 내용의 글(이하 '이 사건 게시 글'이라 한다)을 게시한 후 곧바로 채팅방에서 나갔다. 피해자는 위 채팅방에 참여한 다른 동창으로부터 위와 같은 사실을 전해 들은 후 2020. 9. 15. 피고인을 고소하였다.

마. 피고인은 경찰에서 이 사건 게시 글을 올린 이유에 관하여 "피해자가 람보르기니 등 고가의 외제차를 타고 다니며 허영을 부리는 모습에 어이가 없었다. 한편으로는 저의 경우처럼 동창생 중 피해자와 금전거래를 하는 또 다른 피해자가 생길까 봐서 '너희들도 피해자와 돈거래를 하지 마라.'라는 취지로 글을 올렸다."라고 진술하였다.

4. 이 사건에 대한 판단

가. 이러한 사실관계로부터 다음과 같은 사정을 알 수 있다.

   (1) 피고인이 이 사건 게시 글에 적은 사실은 '피해자가 피고인에 대한 사기죄로 몇 개월간 수감된 적이 있다.'는 것인데, 그 내용은 객관적 사실에 부합한다.

   (2) 피고인이 만든 채팅방에 참여하였던 상대방들은 피고인, 피해자와 같은 고등학교 출신의 동창들로서 특정한 사회집단으로 볼 수 있다. 그리고 피해자의 사기 범행의 대상이 되었던 피고인과 다른 친구도 같은 고등학교 출신의 동창이었다.

   (3) 피고인은 이 사건 게시 글에서 위와 같은 사실을 적으며 '집에서도 포기한 애다.'라는 표현을 사용하여 피해자에 대한 경멸적 감정을 드러내었다. 다만 그것이 현저히 상당성을 잃은 정도의 공격적 표현이라고 보기는 어렵고 그 밖에 악의적이라고 볼 만한 비방을 한 사실이 드러나지 않는다.

   (4) 피고인은 채팅방에 참여한 동창들에게 '너희들도 조심해라.'라고 하여 주의를 당부하였는데, 이러한 모습은 '다른 동창들의 피해를 예방하려는 동기로 공소사실 기재 행위를 한 것'이라는 피고인의 주장에 부합한다. 게다가 피해자가 과거에 피고인을 포함하여 같은 고등학교 동창 친구 2명을 상대로 사기 범행을 하였으므로, 그 범행의 피해자였던 피고인으로서는 피해자와 다른 동창들이 교류하는 장면을 보고는 다른 동창들에게 피해자에 대한 주의를 당부할 만한 동기가 있다고 볼 수 있다.

   (5) 피고인은 수사기관에서부터 현재까지 일관되게 같은 취지로 주장하고 있다.

나. 이러한 사정을 위에서 본 법리에 비추어 다음과 같은 결론을 도출할 수 있다.

이 사건 게시 글은 채팅방에 참여한 고등학교 동창들로 구성된 사회집단의 이익에 관한 사항으로 볼 수 있다. 피고인이 이 사건 게시 글을 채팅방에 올린 동기나 목적에는 자신에게 재산적 피해를 입힌 피해자를 비난하려는 목적도 포함되어 있다고 볼 수 있지만, 피해자로 인하여 고등학교 동창 2명이 재산적 피해를 입은 사실에 기초하여 피해자와 교류 중인 다른 동창생들에게 주의를 당부하려는 목적이 포함되어 있고, 실제로 피고인이 이 사건 게시 글의 말미에 그러한 목적을 표시하였다. 따라서 피고인의 주요한 동기와 목적이 공공의 이익을 위한 것으로 볼 여지가 있고 피고인에게 피해자를 비방할 목적이 있다는 사실이 합리적 의심의 여지가 없을 정도로 충분히 증명되었다고 볼 수 없다.

다. 그런데도 원심은 피고인에게 피해자를 비방할 목적이 있었다고 보아 이 사건 공소사실을 유죄로 인정한 제1심판결을 그대로 유지하였다. 원심판결에는 정보통신망법 제70조 제1항에서 정한 '비방할 목적'에 관한 법리를 오해하여 판결에 영향을 미친 잘못이 있다. 이를 지적하는 상고이유 주장은 정당하다.

5. 결 론

피고인의 상고는 이유 있어 나머지 상고이유에 대한 판단을 생략한 채, 원심판결을 파기하고 사건을 다시 심리·판단하도록 원심법원에 환송하기로 하여, 대법관의 일치된 의견으로 주문과 같이 판결한다.

---

⑱ 대법원 2022. 10. 27. 선고 2022도9877 판결 [특정범죄가중처벌등에관한법률위반(보복협박등)(일부 인정된 죄명: 협박)·정보통신망이용촉진및정보보호등에관한법률위반(명예훼손)·성폭력범죄의처벌등에관한특례법위반(카메라등이용촬영·반포등)·성폭력범죄의처벌등에관한특례법위반(카메라등이용촬영물소지등)]

【판시사항】

[1] 전기통신의 감청의 의미 / 제3자가 당사자 일방의 동의를 받고 통신의 음향·영상을 청취하거나 녹음하였다 하더라도 상대방의 동의가 없었던 경우, 통신비밀보호법 제3조 제1항 위반에 해당하는지 여부(적극)

[2] 방송자가 인터넷을 도관 삼아 인터넷서비스제공업체 또는 온라인서비스제공자인 인터넷개인방송 플랫폼업체의 서버를 이용하여 실시간 또는 녹화된 형태로 음성, 영상물을 방송함으로써 불특정 혹은 다수인이 이를 수신·시청할 수 있게 하는 인터넷개인방송은 그 성격이나 통신비밀보호법 제2조 제3호, 제7호, 제3조 제1항, 제4조에 비추어 전기통신에 해당하는지 여부(적극) / 인터넷개인방송의 방송자가 비밀번호를 설정하는 등으로 비공개 조치를 취한 후 방송을 송출하는 경우, 방송자로부터 허가를 받지 못한 사람은 당해 인터넷개인방송의 당사자가 아닌 '제3자'에 해당하는지 여부(적극) 및 이러한 제3자가 비공개 조치가 된 인터넷개인방송을 비정상적인 방법으로 시청·녹화하는 것은 통신비밀보호법상의 감청에 해당할 수 있는지 여부(적극) / 비공개 조치를 취한 후 방송을 송출하는 인터넷개인방송의 방송자가 제3자의 시청·녹화 사실을 알거나 알 수 있었음

에도 방송을 중단하거나 제3자를 배제하지 않은 채 방송을 계속 진행하는 등 허가받지 아니한 제3자의 시청·녹화를 사실상 승낙·용인한 것으로 볼 수 있는 경우, 제3자가 방송 내용을 지득·채록하는 것이 통신비밀보호법에서 정한 감청에 해당하는지 여부(소극)
[3] 정보통신망 이용촉진 및 정보보호 등에 관한 법률 제48조 제1항에서 접근권한을 부여하거나 허용되는 범위를 설정하는 주체(=서비스제공자) / 서비스제공자로부터 권한을 부여받은 이용자가 아닌 제3자가 정보통신망에 접속한 경우, 그에게 접근권한이 있는지를 판단하는 기준

【판결요지】

[1] 전기통신의 감청은 제3자가 전기통신의 당사자인 송신인과 수신인의 동의를 받지 아니하고 통신비밀보호법 제2조 제7호 소정의 각 행위를 하는 것만을 말한다고 풀이함이 상당하다고 할 것이므로, 전기통신의 당사자의 일방이 상대방 모르게 통신의 음향·영상 등을 청취하거나 녹음하는 것은 여기의 감청에 해당하지 아니하지만, 제3자의 경우는 설령 당사자 일방의 동의를 받고 그 통신의 음향·영상을 청취하거나 녹음하였다 하더라도 그 상대방의 동의가 없었던 이상, 사생활 및 통신의 불가침을 국민의 기본권의 하나로 선언하고 있는 헌법규정과 통신비밀의 보호와 통신의 자유 신장을 목적으로 제정된 통신비밀보호법의 취지에 비추어 이는 통신비밀보호법 제3조 제1항 위반이 된다.

[2] 방송자가 인터넷을 도관 삼아 인터넷서비스제공업체 또는 온라인서비스제공자인 인터넷개인방송 플랫폼업체의 서버를 이용하여 실시간 또는 녹화된 형태로 음성, 영상물을 방송함으로써 불특정 혹은 다수인이 이를 수신·시청할 수 있게 하는 인터넷개인방송은 그 성격이나 통신비밀보호법 제2조 제3호, 제7호, 제3조 제1항, 제4조에 비추어 전기통신에 해당함은 명백하다.
인터넷개인방송의 방송자가 비밀번호를 설정하는 등 그 수신 범위를 한정하는 비공개 조치를 취하지 않고 방송을 송출하는 경우, 누구든지 시청하는 것을 포괄적으로 허용하는 의사라고 볼 수 있으므로, 그 시청자는 인터넷개인방송의 당사자인 수신인에 해당하고, 이러한 시청자가 방송 내용을 지득·채록하는 것은 통신비밀보호법에서 정한 감청에 해당하지 않는다. 그러나 인터넷개인방송의 방송자가 비밀번호를 설정하는 등으로 비공개 조치를 취한 후 방송을 송출하는 경우에는, 방송자로부터 허가를 받지 못한 사람은 당해 인터넷개인방송의 당사자가 아닌 '제3자'에 해당하고, 이러한 제3자가 비공개 조치가 된 인터넷개인방송을 비정상적인 방법으로 시청·녹화하는 것은 통신비밀보호법상의 감청에 해당할 수 있다. 다만 방송자가 이와 같은 제3자의 시청·녹화 사실을 알거나 알 수 있었음에도 방송을 중단하거나 그 제3자를 배제하지 않은 채 방송을 계속 진행하는 등 허가받지 아니한 제3자의 시청·녹화를 사실상 승낙·용인한 것으로 볼 수 있는 경우에는 불특정인 혹은 다수인을 직간접적인 대상으로 하는 인터넷개인방송의 일반적 특성상 그 제3자 역시 인터넷개인방송의 당사자에 포함될 수 있으므로, 이러한 제3자가 방송 내용을 지득·채록하는 것은 통신비밀보호법에서 정한 감청에 해당하지 않는다.

[3] 정보통신망 이용촉진 및 정보보호 등에 관한 법률 제48조 제1항은 이용자의 신뢰 또는 이익을 보호하기 위한 규정이 아니라 정보통신망 자체의 안정성과 그 정보의 신뢰성을 보호하기 위한 것이므로, 위 규정에서 접근권한을 부여하거나 허용되는 범위를 설정하는 주체는 서비스제공자이다. 따라서 서비스제공자로부터 권한을 부여받은 이용자가 아닌 제3자가 정보통신망에 접속한 경우, 그에게 접근권한이 있는지 여부는 서비스제공자가 부여한 접근권한을 기준으로 판단하여야 한다.

【참조조문】 [1] 통신비밀보호법 제2조 제3호, 제7호, 제3조 제1항, 제4조, 제16조 제1항 / [2] 통신비밀보호법 제2조 제3호, 제7호, 제3조, 제4조 / [3] 정보통신망 이용촉진 및 정보보호 등에 관한 법률 제48조 제1항
【참조판례】 [1] 대법원 2002. 10. 8. 선고 2002도123 판결(공2002하, 2770) [3] 대법원 2005. 11. 25. 선고 2005도870 판결(공2006상, 71)
【전 문】 【피 고 인】 피고인 【상 고 인】 피고인
【변 호 인】 법무법인 정법 담당변호사 정이훈 외 2인
【원심판결】 서울고법 2022. 7. 22. 선고 2022노288 판결

【주 문】

상고를 기각한다.

【이 유】

상고이유를 판단한다.

1. 피해자가 제출한 방송녹음파일의 증거능력에 관하여

가. 통신비밀보호법 제3조, 제4조 위반 여부

1) 통신비밀보호법 제2조에 의하면 '전기통신'이란 유선·무선·광선 및 기타의 전자적 방식에 의하여 모든 종류의 음향·문언·부호 또는 영상을 송신하거나 수신하는 것을 말하고(제3호), '감청'이란 전기통신에 대하여 당사자의 동의 없이 전자장치·기계장치 등을 사용하여 통신의 음향·문언·부호·영상을 청취·공독하여 그 내용을 지득 또는 채록하거나 전기통신의 송·수신을 방해하는 것을 말한다(제7호). 통신비밀보호법 제3조는 통신비밀보호법, 형사소송법, 군사법원법의 규정에 의하지 아니한 전기통신의 감청을 금지하고 있고, 같은 법 제4조는 위 규정을 위반하여 불법감청에 의하여 지득 또는 채록된 전기통신의 내용은 재판 또는 징계절차에서 증거로 사용할 수 없다고 정하고 있다.

2) 이와 같은 전기통신의 감청은 제3자가 전기통신의 당사자인 송신인과 수신인의 동의를 받지 아니하고 통신비밀보호법 제2조 제7호 소정의 각 행위를 하는 것만을 말한다고 풀이함이 상당하다고 할 것이므로, 전기통신의 당사자의 일방이 상대방 모르게 통신의 음향·영상 등을 청취하거나 녹음하는 것은 여기의 감청에 해당하지 아니하지만, 제3자의 경우는 설령 당사자 일방의 동의를 받고 그 통신의 음향·영상을 청취하거나 녹음하였다 하더라도 그 상대방의 동의가 없었던 이상, 사생활 및 통신의 불가침을 국민의 기본권의 하나로 선언하고 있는 헌법규정과 통신비밀의 보호와 통신의 자유 신장을 목적으로 제정된 통신비밀보호법의 취지에 비추어 이는 통신비밀보호법 제3조 제1항 위반이 된다(대법원 2002. 10. 08. 선고 2002도123 판결 등 참조).

3) 방송자가 인터넷을 도관 삼아 인터넷서비스제공업체 또는 온라인서비스제공자인 인터넷개인방송 플랫폼업체의 서버를 이용하여 실시간 또는 녹화된 형태로 음성, 영상물을 방송함으로써 불특정 혹은 다수인이 이를 수신·시청할 수 있게 하는 인터넷개인방송은 그 성격이나 통신비

밀보호법의 위와 같은 규정에 비추어 전기통신에 해당함은 명백하다.

인터넷개인방송의 방송자가 비밀번호를 설정하는 등 그 수신 범위를 한정하는 비공개 조치를 취하지 않고 방송을 송출하는 경우, 누구든지 시청하는 것을 포괄적으로 허용하는 의사라고 볼 수 있으므로, 그 시청자는 인터넷개인방송의 당사자인 수신인에 해당하고, 이러한 시청자가 방송 내용을 지득·채록하는 것은 통신비밀보호법에서 정한 감청에 해당하지 않는다. 그러나 인터넷개인방송의 방송자가 비밀번호를 설정하는 등으로 비공개 조치를 취한 후 방송을 송출하는 경우에는, 방송자로부터 허가를 받지 못한 사람은 당해 인터넷개인방송의 당사자가 아닌 '제3자'에 해당하고, 이러한 제3자가 비공개 조치가 된 인터넷개인방송을 비정상적인 방법으로 시청·녹화하는 것은 통신비밀보호법상의 감청에 해당할 수 있다. 다만 방송자가 이와 같은 제3자의 시청·녹화 사실을 알거나 알 수 있었음에도 방송을 중단하거나 그 제3자를 배제하지 않은 채 방송을 계속 진행하는 등 허가받지 아니한 제3자의 시청·녹화를 사실상 승낙·용인한 것으로 볼 수 있는 경우에는 불특정인 혹은 다수인을 직간접적인 대상으로 하는 인터넷개인방송의 일반적 특성상 그 제3자 역시 인터넷개인방송의 당사자에 포함될 수 있으므로, 이러한 제3자가 방송 내용을 지득·채록하는 것은 통신비밀보호법에서 정한 감청에 해당하지 않는다.

4) 기록에 따르면, 피해자가 수사기관에 제출한 방송녹음파일 중 2021. 6. 6. 자 방송과 2021. 6. 17. 23:17경부터 시작된 방송은 피고인이 비공개 조치를 하지 않은 상태에서 한 방송이거나, 피고인이 비공개 조치를 한 후 방송을 하는 과정에서 피고인과 잘 아는 사이인 피해자가 불상의 방법으로 접속하거나 시청하고 있다는 사정을 알면서도 방송을 중단하거나 피해자를 배제하는 조치를 취하지 아니하고, 오히려 피해자의 시청 사실을 전제로 피해자를 상대로 한 발언을 하기도 하는 등 계속 진행한 방송임을 알 수 있다. 이러한 경위에 비추어 피해자는 위 각 방송의 당사자에 포함될 뿐 당사자가 아닌 제3자에 해당한다고 볼 수는 없으므로, 피해자가 위 각 방송을 시청하면서 음향·영상 등을 청취하거나 녹음하였더라도 통신비밀보호법 제3조를 위반한 불법감청에 해당하지 않는다.

나. 「정보통신망 이용촉진 및 정보보호 등에 관한 법률」(이하 '정보통신망법'이라고 한다) 제48조 제1항 위반 여부

1) 정보통신망법 제48조 제1항은 이용자의 신뢰 또는 이익을 보호하기 위한 규정이 아니라 정보통신망 자체의 안정성과 그 정보의 신뢰성을 보호하기 위한 것이므로, 위 규정에서 접근권한을 부여하거나 허용되는 범위를 설정하는 주체는 서비스제공자이다. 따라서 서비스제공자로부터 권한을 부여받은 이용자가 아닌 제3자가 정보통신망에 접속한 경우, 그에게 접근권한이 있는지 여부는 서비스제공자가 부여한 접근권한을 기준으로 판단하여야 한다(대법원 2005. 11. 25. 선고 2005도870 판결 등 참조).

2) 따라서 피해자에게 피고인의 인터넷개인방송에 접근할 권한이 있는지 여부는 방송자인 피고인이 아니라 인터넷개인방송 플랫폼업체가 부여한 접근권한을 기준으로 판단하여야 하는바, 원심이 적법하게 채택한 증거 및 그에 기하여 인정한 사실관계에 의하면 피해자가 2021. 6. 6. 자 방송, 2021. 6. 17. 자 각 인터넷개인방송에 접속한 것이 인터넷개인방송 플랫폼업체가 부여한 접근권한 없이 이루어진 것이라고 단정하기 어렵다. 나아가 기록에 의하여 알 수 있는 다음과 같은 사정들, 즉 피해자의 최초 신고 이후 피고인이 송출한 방송의 내용, 피해자가 피

고인의 방송에 접속하게 된 경위, 피해자의 방송 시청 및 녹화로 인하여 훼손되는 정보통신망 자체의 안전성이나 정보의 신뢰성, 피해자의 증거수집 과정에서 침해되는 피고인의 사생활 내지 인격적 이익 등을 전체적으로 고려하여 보더라도 피해자가 수사기관에 제출한 방송녹음파일의 증거능력을 배제할 수는 없다.

다. 원심이 같은 취지에서 위 각 방송녹음파일의 증거능력을 인정한 조치는 정당하고 거기에 상고이유 주장과 같은 증거능력에 관한 법리를 오해한 위법이 없다.

2. 나머지 상고이유에 관하여

원심판결 이유를 위 법리와 적법하게 채택된 증거에 비추어 살펴보면, 원심의 판단에 논리와 경험의 법칙을 위반하여 자유심증주의의 한계를 벗어나거나 임의제출, 위법수집증거배제법칙, 전자정보의 임의제출 또는 압수에서의 적법절차, 「특정범죄 가중처벌 등에 관한 법률」 제5조의9 제2항의 보복 목적 등에 관한 법리를 오해하여 판결에 영향을 미친 잘못이 없다.

3. 결 론

그러므로 상고를 기각하기로 하여, 관여 대법관의 일치된 의견으로 주문과 같이 판결한다.

© 대법원 2022. 11. 17. 선고 2021도701 판결 [정보통신망이용촉진및정보보호등에관한법률위반(음란물유포)방조(인정된죄명:영화및비디오물의진흥에관한법률위반방조)]

【판시사항】

정보통신망 이용촉진 및 정보보호 등에 관한 법률 제75조, 영화 및 비디오물의 진흥에 관한 법률 제97조에서 양벌규정을 둔 취지 / 위 양벌규정 중 '법인의 대표자' 관련 부분은 대표자의 책임을 요건으로 하여 법인을 처벌하는 것인지 여부(적극) 및 그 대표자의 처벌까지 전제조건이 되는지 여부(소극)

【판결요지】

정보통신망 이용촉진 및 정보보호 등에 관한 법률 제75조 및 영화 및 비디오물의 진흥에 관한 법률 제97조는 법인의 대표자 등이 그 법인의 업무에 관하여 각 법규위반행위를 하면 그 행위자를 벌하는 외에 그 법인에도 해당 조문의 벌금을 과하는 양벌규정을 두고 있다. 위와 같이 양벌규정을 따로 둔 취지는, 법인은 기관을 통하여 행위하므로 법인의 대표자의 행위로 인한 법률효과와 이익은 법인에 귀속되어야 하고, 법인 대표자의 범죄행위에 대하여는 법인 자신이 책임을 져야 하는바, 법인 대표자의 법규위반행위에 대한 법인의 책임은 법인 자신의 법규위반행위로 평가될 수 있는 행위에 대한 법인의 직접책임이기 때문이다. 따라서 대표자의 고의에 의한 위반행위에 대하여는 법인 자신의 고의에 의한 책임을, 대표자의 과실에 의한 위반행위에 대하여는 법인 자신의 과실에 의한 책임을 져야 한다.

이처럼 양벌규정 중 법인의 대표자 관련 부분은 대표자의 책임을 요건으로 하여 법인을 처벌하는 것이지 그 대표자의 처벌까지 전제조건이 되는 것은 아니다.

【참조조문】 정보통신망 이용촉진 및 정보보호 등에 관한 법률 제75조, 영화 및 비디오물의 진흥에 관한 법률 제97조
【참조판례】 대법원 2010. 9. 30. 선고 2009도3876 판결, 대법원 2018. 4. 12. 선고 2013도6962 판결(공2018상, 932), 헌법재판소 2010. 7. 29. 선고 2009헌가25, 29, 36, 2010헌가6, 25 전원재판부 결정(헌공166, 1343)
【전 문】 【피 고 인】 A 주식회사 【상 고 인】 피고인
【변 호 인】 법무법인(유한) 동인 담당변호사 이천세 외 4인
【원심판결】 서울남부지법 2020. 12. 17. 선고 2019노2493 판결

【주 문】

상고를 기각한다.

【이 유】

상고이유를 판단한다.

1. 「정보통신망 이용촉진 및 정보보호 등에 관한 법률」(이하 '정보통신망법'이라고 한다) 제75조 및 「영화 및 비디오물의 진흥에 관한 법률」(이하 '영화비디오법'이라고 한다) 제97조는 법인의 대표자 등이 그 법인의 업무에 관하여 각 법규위반행위를 하면 그 행위자를 벌하는 외에 그 법인에도 해당 조문의 벌금을 과하는 양벌규정을 두고 있다. 위와 같이 양벌규정을 따로 둔 취지는, 법인은 기관을 통하여 행위하므로 법인의 대표자의 행위로 인한 법률효과와 이익은 법인에 귀속되어야 하고, 법인 대표자의 범죄행위에 대하여는 법인 자신이 책임을 져야 하는바, 법인 대표자의 법규위반행위에 대한 법인의 책임은 법인 자신의 법규위반행위로 평가될 수 있는 행위에 대한 법인의 직접책임이기 때문이다. 따라서 대표자의 고의에 의한 위반행위에 대하여는 법인 자신의 고의에 의한 책임을, 대표자의 과실에 의한 위반행위에 대하여는 법인 자신의 과실에 의한 책임을 져야 한다(헌법재판소 2010. 07. 29. 선고 2009헌가25 등 전원재판부 결정, 대법원 2010. 09. 30. 선고 2009도3876 판결, 대법원 2018. 04. 12. 선고 2013도6962 판결 등 참조). 이처럼 양벌규정 중 법인의 대표자 관련 부분은 대표자의 책임을 요건으로 하여 법인을 처벌하는 것이지 그 대표자의 처벌까지 전제조건이 되는 것은 아니다.

2. 원심은 판시와 같은 이유로, 피고인에 대한 공소사실 중 정보통신망법 위반(음란물유포) 방조 및 영화비디오법 위반 방조 부분을 모두 유죄로 판단하였다.

원심판결 이유를 앞서 본 법리와 적법하게 채택된 증거에 비추어 살펴보면, 원심의 이유 설시에 일부 적절하지 않은 부분은 있으나 그 결론은 수긍할 수 있으므로, 원심의 판단에 필요한 심리를 다하지 않은 채 논리와 경험의 법칙에 반하여 자유심증주의의 한계를 벗어나거나 정보통신망법 및 영화비디오법이 정한 각 양벌규정의 적용, 영화비디오법에서 정한 '비디오물'과 '유통'의 개념 및 적용, 추징의 부가형적 성질 및 추징액의 산정, 증명책임, 죄형법정주의 등에 관한 각 법리를 오해

하거나 또는 판단을 누락하여 판결에 영향을 미친 잘못이 없다.

3. 그러므로 상고를 기각하기로 하여, 관여 대법관의 일치된 의견으로 주문과 같이 판결한다.

---

⑧ 대법원 2023. 09. 14 선고 2023도5814 판결 [정보통신망이용촉진및정보보호등에관한법률위반·폭행] 〈'공포심이나 불안감을 유발하는 문언 등을 반복적으로 상대방에게 도달하게 하는 행위' 해당 여부에 관한 사건〉

【판시사항】

[1] 정보통신망 이용촉진 및 정보보호 등에 관한 법률 제74조 제1항 제3호, 제44조의7 제1항 제3호에서 정한 '공포심이나 불안감을 유발하는 문언을 반복적으로 상대방에게 도달하게 하는 행위'에 해당하는지 판단하는 방법 / 정보통신망을 이용한 일련의 불안감 조성행위가 정보통신망 이용촉진 및 정보보호 등에 관한 법률 제74조 제1항 제3호 위반죄에 해당하기 위한 요건

[2] 회사의 대표이사인 피고인이 피해자에게 해고를 통보하자 피해자가 반발한 상황에서, 피고인이 휴대전화를 사용하여 피해자에게 메시지를 7회 전송하고 전화를 2회 걸어 정보통신망을 통하여 공포심이나 불안감을 유발하는 문언·음향을 반복적으로 피해자에게 도달하도록 하였다는 내용으로 기소된 사안에서, 피고인의 행위는 전체적으로 일회성 내지 비연속적인 단발성 행위가 수차 이루어진 것으로 볼 여지가 있을 뿐 정보통신망을 이용하여 상대방의 불안감 등을 조성하는 일련의 행위를 반복한 경우에 해당한다고 단정할 수 없다고 한 사례

【판결요지】

[1] 정보통신망 이용촉진 및 정보보호 등에 관한 법률 제74조 제1항 제3호, 제44조의7 제1항 제3호는 정보통신망을 통하여 공포심이나 불안감을 유발하는 부호·문언·음향·화상 또는 영상을 반복적으로 상대방에게 도달하게 하는 행위를 처벌한다. 여기서 '공포심이나 불안감을 유발하는 문언을 반복적으로 상대방에게 도달하게 하는 행위'에 해당하는지는 상대방에게 보낸 문언의 내용과 그 표현 방법 및 함축된 의미, 피고인과 상대방 사이의 관계, 문언을 보낸 경위, 횟수 및 그 전후의 사정, 상대방이 처한 상황 등을 종합적으로 고려해서 판단하여야 한다.

나아가 이 범죄는 구성요건상 위 조항에서 정한 정보통신망을 이용하여 상대방의 불안감 등을 조성하는 일정 행위의 반복을 필수적인 요건으로 삼고 있을 뿐만 아니라 그 입법 취지에 비추어 보더라도 정보통신망을 이용한 일련의 불안감 조성행위가 이에 해당한다고 하기 위해서는 각 행위 상호 간에 일시·장소의 근접, 방법의 유사성, 기회의 동일, 범의의 계속 등 밀접한 관계가 있어 전체적으로 상대방의 불안감 등을 조성하기 위한 일련의 반복적인 행위로 평가할 수 있는 경우여야만 하고, 그와 같이 평가될 수 없는 일회성 내지 비연속적인 단발성 행위가 여러 번 이루어진 것에 불과한 경우에는 각 행위의 구체적 내용 및 정도에 따라 협박죄나 경범죄처벌법상 불안감 조

성행위 등 별개의 범죄로 처벌할 수 있음은 별론으로 하더라도 위 법 위반죄로 처벌할 수 없다.

[2] 회사의 대표이사인 피고인이 피해자에게 해고를 통보하자 피해자가 반발한 상황에서, 피고인이 휴대전화를 사용하여 피해자에게 메시지를 7회 전송하고 전화를 2회 걸어 정보통신망을 통하여 공포심이나 불안감을 유발하는 문언·음향을 반복적으로 피해자에게 도달하도록 하였다는 내용으로 기소된 사안에서, 통화의 전체적인 내용 및 취지는 피해자의 불성실한 근무태도 및 회사 내에서의 무례한 행실과 업무용 차량의 사적 이용이 계기가 된 해고 조치와 관련하여 피고인이 피해자를 타이르면서 해고 통지의 수용 및 그에 따른 이행을 촉구하는 내용이 대부분인데, 그중 피고인에게 불리하게 보이는 극히 일부의 표현만 추출하여 공소가 제기되었고, 그마저도 피해자가 해고 통지를 수용하지 않겠다는 의사를 계속 고수함에 따라 피고인이 순간적으로 격분하여 회사의 대표이사 지위에서 해고 의사를 명확히 고지하는 과정에서 일시적·충동적으로 다소 과격한 표현을 사용한 것으로 볼 수 있는 점, 피고인이 보낸 메시지는 그 내용 및 시간적 간격에 비추어 보면 약 3시간 동안 3개의 메시지를 피해자에게 보낸 것으로, 이러한 사정만으로 정보통신망 이용촉진 및 정보보호 등에 관한 법률 제44조의7 제1항 제3호에서 정한 일련의 반복적 행위에 해당한다고 단정할 수 없고, 그 뒤에 있었던 통화의 경우 최종적인 메시지의 발송시점으로부터 약 5시간 내지 7시간 후에 이루어졌을 뿐만 아니라 당시 피고인과 피해자 사이의 현안을 직접 대화로 해결하기 위한 시도였다는 점, 피고인이 다소 과격한 표현의 경고성 문구를 포함하여 보낸 메시지의 전체적인 내용은 더 이상 피해자와 함께 근무할 수 없다는 취지로 해고의 의사표시를 명확히 고지한 것에 불과하여, 이는 피고인과 피해자 사이에 현안이 된 해고 방식의 고용관계 종료를 둘러싼 법적 분쟁 혹은 이에 관한 협의 과정의 급박하고 격앙된 형태 내지 전개라고 볼 수 있을 뿐, 피해자의 불안감 등을 조성하기 위한 일련의 반복적인 행위라고 평가하기는 어려운 점 등을 종합하면, 피고인의 행위는 전체적으로 일회성 내지 비연속적인 단발성 행위가 수차 이루어진 것으로 볼 여지가 있을 뿐 정보통신망을 이용하여 상대방의 불안감 등을 조성하는 일련의 행위를 반복한 경우에 해당한다고 단정할 수 없다고 한 사례.

【참조조문】 [1] 정보통신망 이용촉진 및 정보보호 등에 관한 법률 제44조의7 제1항 제3호, 제74조 제1항 제3호 / [2] 정보통신망 이용촉진 및 정보보호 등에 관한 법률 제44조의7 제1항 제3호, 제74조 제1항 제3호
【참조판례】 [1] 대법원 2008. 8. 21. 선고 2008도4351 판결(공2008하, 1322), 대법원 2009. 4. 23. 선고 2008도11595 판결(공2009상, 792), 대법원 2010. 9. 9. 선고 2010도5914 판결, 대법원 2013. 12. 12. 선고 2013도7761 판결
【전 문】【피 고 인】 피고인 【상 고 인】 피고인
【원심판결】 대구지방법원 2023. 4. 20. 선고 2022노3228 판결,

【주 문】

원심판결을 파기하고, 사건을 대구지방법원에 환송한다.

【이 유】

상고이유를 판단한다.

1. 판시 폭행의 점에 관한 상고이유에 관하여

원심은 판시와 같은 이유로, 피고인이 이 부분 공소사실과 같이 피해자를 폭행한 사실을 인정할 수 있고, 이는 형법 제21조의 정당방위 및 형법 제20조의 정당행위에 해당한다고 볼 수 없다고 판단하였다.

원심판결 이유를 관련 법리 및 기록에 비추어 살펴보면, 이 부분 원심의 판단에 논리와 경험의 법칙에 위배하여 자유심증주의의 한계를 벗어나거나 폭행죄 및 정당방위에 관한 법리를 오해함으로써 판결에 영향을 미친 잘못이 없다.

2. 판시 「정보통신망 이용촉진 및 정보보호 등에 관한 법률」(이하 '정보통신망법'이라 한다) 위반의 점에 관한 상고이유에 관하여

가. 공소사실의 요지

(회사명 생략) 주식회사(이하 '이 사건 회사'라 한다)의 대표이사인 피고인은 2021. 2. 1. 22:00경 포항시 (주소 생략)에 있는 이 사건 회사의 숙소에서 피해자에게 해고를 통보하고, 야간에 갑작스런 해고 통보를 받은 피해자가 사유를 물어본다는 이유로 피해자에게 욕설을 하면서 '오늘 같이 있으면 무슨 사고를 칠지 모른다.'며 당장 나가라고 압박하다가, 피고인을 피해 위 회사 사무실로 피신한 피해자를 계속 쫓아다님으로써 결국 피해자가 야간에 회사 밖으로 나가도록 만들었다.

피고인은 같은 날 23:00경 장소를 알 수 없는 곳에서 휴대전화를 사용하여 피해자에게 "일단 내일 회사 근처 얼쩡거리지 마라, 나 옆에서 봤으면"이라는 메시지를 전송한 것을 비롯하여 그때부터 다음 날인 2021. 2. 2. 09:36경까지 제1심 별지 범죄일람표(이하 '별지 범죄일람표'라 한다) 기재와 같이 총 9회에 걸쳐 반복적으로 메시지를 전송하고 피해자에게 전화를 걸어, 정보통신망을 통하여 공포심이나 불안감을 유발하는 문언·음향을 반복적으로 피해자에게 도달하도록 하였다.

나. 원심 판단

원심은 피고인의 메시지와 통화의 내용·취지·경위, 전후 정황 등에 비추어 이는 공포심이나 불안감을 유발하는 문언에 해당한다고 보아 이 부분 공소사실에 대하여 유죄를 선고한 제1심판결을 유지하였다.

다. 대법원 판단

1) 관련 법리

정보통신망법 제74조 제1항 제3호, 제44조의7 제1항 제3호는 정보통신망을 통하여 공포심이나 불안감을 유발하는 부호·문언·음향·화상 또는 영상을 반복적으로 상대방에게 도달하게 하는 행위를 처벌한다. 여기서 '공포심이나 불안감을 유발하는 문언을 반복적으로 상대방에게 도달하게 하는 행위'에 해당하는지 여부는 상대방에게 보낸 문언의 내용과 그 표현 방법 및 함축된 의미, 피고인과 상대방 사이의 관계, 문언을 보낸 경위, 횟수 및 그 전후의 사정, 상대방이 처한 상황 등을 종합적으로 고려해서 판단하여야 한다(대법원 2013. 12. 12. 선고 2013도7761 판결 등 참조).

나아가 이 범죄는 구성요건상 위 조항에서 정한 정보통신망을 이용하여 상대방의 불안감 등을 조성하는 일정 행위의 반복을 필수적인 요건으로 삼고 있을 뿐만 아니라 그 입법 취지에 비추어 보더라도 정보통신망을 이용한 일련의 불안감 조성행위가 이에 해당한다고 하기 위해서는 각 행위 상호 간에 일시·장소의 근접, 방법의 유사성, 기회의 동일, 범의의 계속 등 밀접한 관계가 있어 전체적으로 상대방의 불안감 등을 조성하기 위한 일련의 반복적인 행위로 평가할 수 있는 경우여야만 하고, 그와 같이 평가될 수 없는 일회성 내지 비연속적인 단발성 행위가 여러 번 이루어진 것에 불과한 경우에는 각 행위의 구체적 내용 및 정도에 따라 협박죄나 경범죄처벌법상 불안감 조성행위 등 별개의 범죄로 처벌할 수 있음은 별론으로 하더라도 위 법 위반죄로 처벌할 수 없다(대법원 2008. 08. 21. 선고 2008도4351 판결, 대법원 2009. 04. 23. 선고 2008도11595 판결, 대법원 2010. 09. 09. 선고 2010도5914 판결 등 참조).

2) 원심판결 이유 및 원심이 적법하게 채택한 증거에 따르면, 아래의 사정을 알 수 있다.

가) 피고인은 당시 자신의 지인이자 피해자의 숙부인 공소외인의 요청에 따라 2020. 12. 10.부터 피해자를 이 사건 회사의 직원으로 채용하였다. 이 사건 회사의 숙소는 이 사건 회사의 임직원이 대부분 거주하는 곳으로 이 사건 회사의 사무실과 같은 건물 3층에 있었고, 피고인과 피해자는 같은 호실에서 각자 방을 사용하되 거실·주방·화장실을 공유하는 방식으로 사용하였다.

나) 피고인은 평소 피해자가 자주 게임을 하는 등 불성실한 점, 피해자가 어른들 앞에서도 함부로 담배를 피우는 등 예의가 없는 점 등에 관하여 문제의식을 가지고 있던 중 2021. 1. 31. 일요일에 전 직원이 출근하여 근무하는 상황임에도 피해자가 이 사건 회사 소유의 렌트 차량을 이용하여 개인적인 업무를 처리하고 온 것이 직접적인 계기가 되어 피해자를 해고하기로 마음먹었다.

다) 피고인은 2021. 2. 1. 21:00경부터 같은 날 23:30경까지 카카오톡을 이용하여 피해자의 채용을 부탁했던 공소외인과 대화를 하면서 피해자의 위와 같은 근무태도 및 행실을 언급하면서 '절대 같이 못 지낸다. 제발 부탁하니 조용히 피해자를 회사에서 내보내달라.'고 요청하였음에도, 공소외인이 이를 거절하자 서로 논쟁이 격화되었다.

라) 피고인은 같은 날 22:00경 피해자와 동거하는 숙소의 거실에서 피해자에게 '나가라, 너와 같이 일을 못한다. 내일부터 너랑 나랑 둘 중의 하나는 없을 거다.'는 취지로 해고의 의사표시를 하였다. 피해자가 이에 반발하면서 말다툼을 하다가 아래층에 있는 사무실로 내려가자, 피고인은 잠시 후 그곳으로 가 다시 말다툼을 하면서 피해자를 내쫓았고, 이에 따라 피해자는 차량을 이용하여 모텔로 가게 되었다. 피고인은 위와 같은 상황이 종료될 무렵인 같은 날 23:00경 피해자에게 해고 통지 사실을 확인하면서 이 사건 회사에 출근하지 말라는 취지로 별지 범죄일람표 순번 1번 기재 카카오톡 메시지를 보냈다.

마) 공소외인은 앞서 본 바와 같이 피고인과 카카오톡 메시지로 대화하던 중 같은 날 23:17경 피고인의 피해자에 대한 해고 조치에 항의하는 취지에서 피고인에게 '형도 대표 취급 못 받는다더만, 피해자를 내보내면 나랑도 끝이에요.'라는 메시지를 보냈다. 피고인은 이를 확인한 직후인 2021. 2. 2. 00:06경부터 00:13경까지 피해자에게 별지 범죄일람표 순번 2·3번 기재와 같이 '너 공소외인과 얘기 끝났다. 그래서 내가 대표취급 못 받는다 했다며? 여기서 대표취급 받는데. 대신 니를 확실하게 밟아줄게. 두 번 다시 보지 말자.'

는 내용의 카카오톡 메시지를 어절·문구·문장별로 총 5번에 걸쳐 나누어 보냈다.
바) 피고인은 2021. 2. 2. 01:55경부터 02:11경까지 피해자에게 별지 범죄일람표 순번 4 내지 7번 기재와 같이 '너 내일 아침에 짐 싸고 안 사라지면 너 때문에 작은아버지 죽는다. 두고 봐라. 실험하던지? 두 달 동안 나를 지켜봤으면 내가 누군지 파악해야지. 감히~~뒤통수를 치냐? 조용히 사라져라. 시끄럽게 하지 말고. 너 작은아버지 죽는다. 알겠냐? 너는 뒤에서 내가 대표 인정도 못 받는다고 작은 아버지께 꼬질렀냐? 대신 내가 확실하게 지근지근 밟아줄게. 반드시 혹독한 댓가 치룬다. 조용히 나가라. 두어 달 옆에서 봤으면. 뒤진다. 내손에. 전부.'라는 내용의 카카오톡 메시지를 어절·문구·문장별로 총 7번에 걸쳐 나누어 보냈다.
사) 피고인은 피해자와 같은 날 07:26경 약 4분 32초 동안 통화를 하였고(별지 범죄일람표 순번 8번), 같은 날 09:36경 약 57초 동안 통화를 하였는데(별지 범죄일람표 순번 9번), 통화 내용은 피해자를 타이르면서 해고를 수용하라는 취지였고, 그 과정에서 피해자와의 의견 대립이 분명히 드러난 상태였다.
아) 피해자도 같은 날 21:30경 피고인에게 해고를 거부하는 취지의 카카오톡 메시지를 5회에 걸쳐 발송하였다.

3) 이러한 사정을 앞서 본 법리 및 기록에 비추어 살펴보면, 이 부분 공소사실에 관하여 유죄를 선고한 원심의 판단은 다음과 같은 이유에서 수긍할 수 없다.
가) 우선, 별지 범죄일람표 순번 8·9번 기재 통화의 전체적인 내용 및 취지는, 피해자의 불성실한 근무태도 및 회사 내에서의 무례한 행실과 업무용 차량의 사적 이용이 계기가 된 해고 조치와 관련하여 피고인이 피해자를 타이르면서 해고 통지의 수용 및 그에 따른 이행을 촉구하는 내용이 대부분이다. 순번 8·9번에 기재된 내용은 그중 피고인에게 불리하게 보이는 극히 일부의 표현만 추출한 것이고, 그마저도 피해자가 해고 통지를 수용하지 않겠다는 의사를 계속 고수함에 따라 피고인이 순간적으로 격분하여 이 사건 회사의 대표이사 지위에서 해고 의사를 명확히 고지하는 과정에서 일시적·충동적으로 다소 과격한 표현을 사용한 것으로 볼 수 있다.
나) 다음으로, 별지 범죄일람표 순번 1 내지 7번(그중 순번 4·5번의 발송 시간에는 명백한 오기가 있다) 기재 카카오톡 메시지는 그 내용 및 시간적 간격에 비추어 보면, 전체적으로 총 3개의 메시지(순번 1번, 순번 2·3번, 순번 4 내지 7번)를 발송한 것이다. 즉, 피고인은 약 3시간 동안 3개의 메시지를 피해자에게 보낸 것으로, 이러한 사정만으로 정보통신망법 제44조의7 제1항 제3호에서 정한 일련의 반복적 행위에 해당한다고 단정할 수 없다. 그 뒤에 있었던 순번 8·9번 기재 통화의 경우 최종적인 카카오톡 메시지의 발송 시점으로부터 약 5시간 내지 7시간 후에 이루어졌을 뿐만 아니라 위에서 본 바와 같이 당시 피고인과 피해자 사이의 현안을 직접 대화로 해결하기 위한 시도였다는 경위에 비추어, 이를 더하여 보더라도 달리 보기 어렵다.
다) 이 사건 범죄의 구성요건인 '공포심이나 불안감을 유발하는 행위'에 해당하는지 여부는 상대방에게 보낸 문언의 내용과 함축된 의미 외에도 상호 간의 관계, 그 전후의 사정과 상황 등을 종합적으로 고려해서 판단하여야 함은 앞서 본 바와 같다. 피고인이 카카오톡 메시지를 발송하게 된 것은 피해자가 이 사건 회사에 입사한 후 2개월도 채 되지 않은

기간 동안 부적절하거나 불성실한 근무태도가 계속 반복되던 중 2021. 1. 31. 업무용 차량을 사적 용도로 사용하는 부적절한 행태로까지 나아간 것이 직접적인 계기가 되었다. 결국 이 사건 회사의 대표이사인 피고인은 피해자에게 직접 구두로 해고의 의사표시를 하였음에도 피해자가 이를 수용하지 않은 채 반발하는 상황이 계속 되었고, 피고인에게 피해자의 채용을 부탁했던 공소외인에게 이러한 사정을 언급하면서 퇴사에 협조해 줄 것을 요청하였음에도 공소외인 역시 이를 거절하였으며, 그 과정에서 오히려 피고인은 피해자가 자신을 대표이사로 인정할 수 없다는 취지의 도를 넘은 언행을 한 것을 알게 되었다. 이에 피고인이 격분하여 일시적·충동적으로 다소 과격한 표현의 경고성 문구를 포함하여 약 3시간 동안 3개의 메시지를 보내게 된 것이고, 그 전체적인 내용은 더 이상 피해자와 함께 근무할 수 없다는 취지로 해고의 의사표시를 명확히 고지한 것에 불과하다. 위와 같은 카카오톡 메시지 전송의 전후 경위 및 그 내용과 의미, 피고인과 피해자 및 그 관계 형성의 매개가 된 공소외인 3자 간의 관계 등에 비추어, 이는 피고인과 피해자 사이에 현안이 된 해고 방식의 고용관계 종료를 둘러싼 법적 분쟁 혹은 이에 관한 협의 과정의 급박하고 격앙된 형태 내지 전개라고 볼 수 있을 뿐, 피해자의 불안감 등을 조성하기 위한 일련의 반복적인 행위라고 평가하기는 어렵다.

　　라) 따라서 별지 범죄일람표 순번 1 내지 7번과 같이 약 3시간 동안 3개의 메시지를 보낸 것은 물론 순번 8·9번과 같이 통화 내용 중 일부 부적절한 표현을 사용한 사정을 더하여 보더라도, 이는 전체적으로 일회성 내지 비연속적인 단발성 행위가 수차 이루어진 것으로 볼 여지가 있을 뿐 정보통신망법 제74조 제1항 제3호, 제44조의7 제1항 제3호에서 정한 바와 같이 정보통신망을 이용하여 상대방의 불안감 등을 조성하는 일련의 행위를 반복한 경우에 해당한다고 단정할 수 없다.

　4) 결국 이 부분 공소사실을 유죄로 본 원심의 판단에는 정보통신망법 제74조 제1항 제3호 위반죄의 성립에 관한 법리를 오해함으로써 판결에 영향을 미친 잘못이 있다. 그렇다면 원심판결 중 판시 정보통신망법 위반의 점에 관한 부분은 파기되어야 하는데, 이 부분은 유죄로 인정된 나머지 부분과 실체적 경합 관계에 있어 하나의 형이 선고되었으므로, 결국 원심판결은 모두 파기되어야 한다.

3. 결 론

그러므로 원심판결을 파기하고, 사건을 다시 심리·판단하도록 원심법원에 환송하기로 하여, 관여 대법관의 일치된 의견으로 주문과 같이 판결한다.

제12장　특정강력범죄의 처벌에 관한 특례법

제13장 기타 법률

Ⓑ 대법원 2020. 12. 10. 선고 2015도19296 판결 [대통령기록물관리에관한법률위반·공용전자기록등손상]

【판시사항】

[1] 공문서(전자공문서 포함)는 결재권자가 서명 등의 방법으로 결재함으로써 성립하는지 여부(적극) 및 여기서 '결재'의 의미와 결재권자의 결재가 있었는지 판단하는 기준
[2] 구 대통령기록물 관리에 관한 법률상 대통령기록물은 대통령기록물생산기관이 '생산'한 것이어야 하는지 여부(적극) 및 대통령기록물이 공문서(전자공문서 포함)의 성격을 띠는 경우에는 결재권자의 결재가 이루어짐으로써 공문서로 성립된 이후에 비로소 대통령기록물로도 생산되었다고 보아야 하는지 여부(적극)
[3] 구 대통령기록물 관리에 관한 법률 제2조에서 규정한 대통령기록물의 '보유'가 '사실상의 보유'를 의미하는지 여부(적극) 및 등록이나 이관에 이르지 않았더라도 마찬가지인지 여부(적극)
[4] 공용전자기록 등 손상죄에서 말하는 '공무소에서 사용하는 서류 기타 전자기록'에 공문서로서의 효력이 생기기 이전의 서류, 정식의 접수 및 결재 절차를 거치지 않은 문서, 결재 상신 과정에서 반려된 문서 등이 포함되는지 여부(적극) 및 미완성의 문서라도 본죄가 성립하는지 여부(적극)

【판결요지】

[1] 구 전자정부법(2010. 2. 4. 법률 제10012호로 전부 개정되기 전의 것) 제17조 제1항은 "전자공문서는 당해 문서에 대한 결재(국회규칙·대법원규칙·헌법재판소규칙·중앙선거관리위원회규칙 및 대통령령으로 정하는 전자적인 수단에 의한 결재를 말한다)가 있음으로써 성립한다."라고 규정하고 있다. 구 사무관리규정(2008. 9. 2. 대통령령 제20982호로 개정되기 전의 것, 이하 '구 사무관리규정'이라 한다) 제6조의3 제4항은 "문서관리카드는 당해 문서관리카드에 대한 결재권자의 전자문자서명 및 처리일자의 표시에 의한 결재가 있음으로써 공문서로 성립한다."라고, 제8조 제1항은 "공문서는 당해 문서에 대한 서명(전자문자서명·전자이미지서명 및 행정전자서명을 포함한다. 이하 같다)에 의한 결재가 있음으로써 성립한다."라고 규정하고 있다. 또한 구 사무관리규정이 전부 개정된 이후 그 명칭이 변경된 현행 '행정 효율과 협업 촉진에 관한 규정' 제6조 제1항은 "공문서는 결재권자가 해당 문서에 서명의 방식으로 결재함으로써 성립한다."라고 규정하고 있다.
위 규정들을 종합하여 보면, 공문서(전자공문서 포함)는 결재권자가 서명 등의 방법으로 결재함으로써 성립된다. 여기서 '결재'란 문서의 내용을 승인하여 문서로서 성립시킨다는 의사를 서명 등을 통해 외부에 표시하는 행위이다. 결재권자의 결재가 있었는지 여부는 결재권자가 서명을 하였는지 뿐만 아니라 문서에 대한 결재권자의 지시사항, 결재의 대상이 된 문서의 종류와 특성, 관련 법령의 규정 및 업무 절차 등을 종합적으로 고려하여야 한다.

[2] 구 대통령기록물 관리에 관한 법률(2007. 4. 27. 법률 제8395호로 제정된 것, 이하 '구 대통령기록물법'이라 한다) 제2조 제1호는 대통령기록물에 관하여 '대통령의 직무수행과 관련하여 대통령 등의 기관이 생산·접수하여 보유하고 있는 기록물'이라고 정의하고 있다. 이와 같이 구 대통령기록물법상 대통령기록물은 대통령기록물생산기관이 '생산'한 것이어야 하는데, 해당 대통령기록물이 공문서(전자공문서 포함)의 성격을 띠는 경우에는 결재권자의 결재가 이루어짐으로써 공문서로 성립된 이후에 비로소 대통령기록물로도 생산되었다고 봄이 타당하다.

[3] 구 공공기록물 관리에 관한 법률 시행령(2011. 12. 21. 대통령령 제23383호로 개정되기 전의 것) 제20조 제1항 본문은 "공공기관이 기록물을 생산 또는 접수한 때에는 그 기관의 전자기록생산시스템으로 생산 또는 접수 등록번호를 부여하고 이를 그 기록물에 표기하여야 한다."라고 규정하고, 구 사무관리규정(2008. 9. 2. 대통령령 제20982호로 개정되기 전의 것) 제24조는 "공문서는 생산한 즉시 공공기록물 관리에 관한 법률 시행령 제20조의 규정에 의하여 기록물등록대장에 등록하고 생산등록번호를 부여하여야 한다."라고 규정하여 공문서를 포함한 기록물의 '생산' 이후에 이루어지는 절차로서 '등록'을 구별하여 규정하고 있다.

나아가 구 대통령기록물 관리에 관한 법률(2007. 4. 27. 법률 제8395호로 제정된 것, 이하 '구 대통령기록물법'이라 한다)은 대통령기록물에 대한 체계적 보존·관리를 통해 이를 공개하도록 하여 국정운영의 투명성과 책임성을 높이는 것을 목적으로 제정된 점, 위 법률이 규정한 이관절차는 국정운영의 연속성을 유지하기 위해 대통령의 재직기간 중에 생산된 기록물을 임기 종료 전까지 국가기록원 산하 대통령기록관에 이관하기 위한 것인 점, 그런데 대통령기록물생산기관이 생산한 기록물이 등록이나 이관되지 않았다는 이유만으로 대통령기록물이 아니라고 보는 것은 법률의 규정 취지에 부합하지 않는 해석인 점 등을 종합하여 보면, 구 대통령기록물법 제2조가 규정한 '보유'란 '사실상의 보유'를 의미하는 것으로 봄이 타당하고, 등록이나 이관에 이르지 않았다고 하더라도 달리 볼 수 없다.

[4] 형법 제141조 제1항은 공무소에서 사용하는 서류 기타 물건 또는 전자기록 등 특수매체기록을 손상 또는 은닉하거나 기타 방법으로 그 효용을 해한 자를 처벌하도록 규정하고 있다. '공무소에서 사용하는 서류 기타 전자기록'에는 공문서로서의 효력이 생기기 이전의 서류라거나, 정식의 접수 및 결재 절차를 거치지 않은 문서, 결재상신 과정에서 반려된 문서 등을 포함하는 것으로, 미완성의 문서라고 하더라도 본죄의 성립에는 영향이 없다.

【참조조문】 [1] 구 전자정부법(2010. 2. 4. 법률 제10012호로 전부 개정되기 전의 것) 제17조 제1항(현행 제26조 제1항 참조), 구 사무관리규정(2008. 9. 2. 대통령령 제20982호로 개정되기 전의 것) 제6조의3 제4항(현행 삭제), 제8조 제1항(현행 행정 효율과 협업 촉진에 관한 규정 제6조 제1항 참조), 행정 효율과 협업 촉진에 관한 규정 제6조 제1항 / [2] 구 대통령기록물 관리에 관한 법률(2010. 2. 4. 법률 제10009호로 개정되기 전의 것) 제2조 제1호, 대통령기록물 관리에 관한 법률 제8조 / [3] 구 대통령기록물 관리에 관한 법률(2010. 2. 4. 법률 제10009호로 개정되기 전의 것) 제2조, 대통령기록물 관리에 관한 법률 제1조, 제8조, 제10조 제1항, 제11조 제1항, 제3항, 제4항, 구 공공기록물 관리에 관한 법률 시행령(2011. 12. 21. 대통령령 제23383호로 개정되기 전의 것) 제20조 제1항, 구 사무관리규정(2008. 9. 2. 대통령령 제20982호로 개정되기 전의 것) 제24조(현행 행정 효율과 협업 촉진에 관한 규정 제11조 제1항 참조) / [4] 형법 제141조 제1항

【참조판례】 [4] 대법원 1971. 3. 30. 선고 71도324 판결(집19-1, 형139), 대법원 1980. 10. 27. 선고 80도1127 판결(공1981, 13377), 대법원 1998. 8. 21. 선고 98도360 판결, 대법원 2006. 5. 25. 선고 2003도3945 판결(공2006하, 1196)

【전   문】【피 고 인】피고인 1 외 1인
【상 고 인】검사 【변 호 인】법무법인 정률 외 2인
【원심판결】서울고법 2015. 11. 24. 선고 2015노622 판결

【주   문】

원심판결을 파기하고, 사건을 서울고등법원에 환송한다.

【이   유】

상고이유(상고이유서 제출기간이 지난 후에 제출된 서면은 상고이유를 보충하는 범위 내에서)를 판단한다.

1. 대통령기록물 관리에 관한 법률 위반의 점에 관하여

가. 공소사실의 요지

피고인 1은 2006. 12. 1.부터 2008. 2. 25.까지 대통령비서실 ○○○○○○○○실장으로 재직하였고, 피고인 2는 2006. 2.경부터 2008. 2.경까지 대통령비서실 ○○○○○○○○비서관으로 재직하였다.

피고인 2는 2007. 10. 2.부터 같은 해 10. 4.까지 평양에서 개최된 남북정상회담 행사 당시 공소외 1 대통령(이하 '공소외 1 전 대통령'이라 한다)과 공소외 2 북한 국방위원장 사이에 진행된 정상회담의 회의록(이하 '이 사건 회의록'이라 한다)을 작성한 후 2007. 10. 9. 15:13경 청와대 통합업무관리시스템인 'e지원시스템'으로 '문서관리카드'(이하 '이 사건 문서관리카드'라 한다)를 생성하여 필요한 문서 정보를 기재하고 '(파일명 1 생략).hwp'라는 제목의 회의록 파일을 첨부하여 같은 날 16:34 결재를 상신하고, 피고인 1은 e지원시스템을 통해 도달한 이 사건 문서관리카드를 결재하고, 2007. 10. 21.경 공소외 1 전 대통령이 이 사건 문서관리카드에 전자서명에 의한 결재를 함으로써 이 사건 문서관리카드는 대통령기록물로 생산되었다.

피고인들은 공모하여 2008. 1. 30.경부터 2008. 2. 14.경 사이에 e지원시스템을 관리하던 △△△△비서관실의 공소외 3에게 이 사건 회의록 파일이 첨부된 이 사건 문서관리카드의 삭제를 요청하여, 공소외 3으로 하여금 e지원시스템에서 이 사건 문서관리카드 파일이 사용자에 의해 더 이상 인식될 수 없도록 삭제 조치하여 대통령기록물인 이 사건 문서관리카드를 무단으로 파기하였다.

나. 원심의 판단

원심은, 이 사건 문서관리카드는 결재권자의 결재가 예정된 문서이고 '결재가 예정된 문서'는 결재가 이루어졌을 때 비로소 공문서로 성립함과 동시에 기록물로 생산되는데, 결재권자인 공소외 1 전 대통령이 결재를 통해 그 내용을 승인하여 공문서로 성립시키려는 의사가 있었다고 보기 어려워 이 사건 문서관리카드는 결재(성립)된 공문서가 아니므로 대통령기록물로 생산되었다고 볼 수 없다고 보아, 이 부분 공소사실을 무죄로 판단하였다.

다. 대법원의 판단

1) 대통령기록물 관련 법령의 규정 및 해석

가) 헌법 제82조는 대통령의 국법상 행위는 문서로써 하고 국무총리와 관계 국무위원이 부서한다고 규정하여 문서주의 원칙을 선언하고 있고, 공공기관의 기록물 관리에 관하여 필요한 사항을 정하여 기록유산의 안전한 보존과 공공기관의 기록정보의 효율적 활용을 도모할 목적으로 1999. 1. 29. 「공공기관의 기록물 관리에 관한 법률」이 제정되었다. 위 법률은 대통령과 그 보좌기관이 대통령의 직무수행과 관련하여 생산 또는 접수한 모든 기록물은 중앙기록물관리기관의 장이 이를 수집하여 보존하여야 한다(제13조 제1항)고 규정하여 앞서 본 대통령의 국법상 행위에 대한 문서주의 원칙을 구체화하였다. 또한 공공기관으로 하여금 효율적이고 책임 있는 업무수행을 위하여 업무의 입안단계부터 종결단계까지 업무수행의 모든 과정 및 결과가 기록물로 생산·관리될 수 있도록 업무 과정에 기반한 기록물 관리를 위하여 필요한 조치를 마련하도록 하였다(제11조 제1항).

이후 공공기록물 중 대통령기록물의 보호·보존 및 활용 등 대통령기록물의 효율적 관리와 대통령기록관의 설치·운영에 관하여 필요한 사항을 정함으로써 국정운영의 투명성과 책임성을 높이는 것을 목적으로 2007. 4. 27. 법률 제8395호로 「대통령기록물 관리에 관한 법률」(이하 '구 대통령기록물법'이라 한다)이 제정되었다. 구 대통령기록물법은 대통령과 대통령의 보좌기관·자문기관의 장 등은 대통령의 직무수행과 관련한 모든 과정 및 결과가 기록물로 생산·관리되도록 하여야 함을 원칙으로 규정하였다(제7조 제1항).

나) 나아가 구 대통령기록물법 제8조는 "제2조 제1호 (나)목 및 (다)목의 기관(이하 '대통령기록물생산기관'이라 한다), 대통령기록물생산기관의 기록관 및 대통령기록관의 장은 대통령기록물이 전자적으로 생산·관리되도록 하여야 하며, 전자적 형태로 생산되지 아니한 기록물에 대하여도 전자적으로 관리되도록 하여야 한다."라고 규정하여, 대통령의 직무수행과 관련한 모든 과정 및 결과가 전자적 기록물로 생산·관리되어야 함을 원칙으로 하였다.

「공공기관의 기록물 관리에 관한 법률」은 2006. 10. 4. 법률 제8025호로 「공공기록물 관리에 관한 법률」(이하 '구 공공기록물법'이라 한다)로 명칭이 변경되면서 전부 개정되었는데, 공공기관 및 기록물관리기관의 장은 기록물이 전자적으로 생산·관리되도록 필요한 조치를 마련하여야 하며, 전자적 형태로 생산되지 않은 기록물도 전자적으로 관리되도록 노력하여야 함을 규정하고 있다(제6조). 그리고 구 사무관리규정(2008. 9. 2. 대통령령 제20982호로 개정되기 전의 것, 이하 '구 사무관리규정'이라 한다)은 '업무관리시스템'이라 함은 행정기관이 업무처리의 전 과정을 과제관리카드 및 문서관리카드 등을 이용하여 전자적으로 관리하는 시스템을 말한다고 규정(제3조 제14호)하고, 구「공공기록물 관리에 관한 법률 시행령」(2011. 12. 21. 대통령령 제23383호로 개정되기 전의 것, 이하 '구 공공기록물법 시행령'이라 한다)은 '전자기록생산시스템'이라 함은 「사무관리규정」 제3조 제12호 내지 제14호에 따른 전자문서시스템, 행정정보시스템, 업무관리시스템을 말한다(제2조 제7호)고 규정함으로써 전자기록생산시스템으로서 '업무관리시스템' 도입에 관한 근거가 마련되었다. 여기서 말하는 업무관리시스템에는 과제관리카드 및 문서관리카드 등이 포함되는데(구 사무관리규정 제6조의3 제1항) 그중 문서관리카드에는 기안한 내용, 의사결정과정에서 제기된 의견, 수정된 내용 및 지시 사항, 의사결정내용이 기록·관리될 수 있도록 구성되어야 한다(구 사무관리규정 제6조의3 제3항).
다) 구 대통령기록물법은 생산된 대통령기록물을 중앙기록물관리기관으로 이관하는 절차를 규정하고 있다. 대통령기록물의 원활한 수집 및 이관을 위하여 대통령기록물생산기관의 장은 매년 대통령기록물의 생산현황을 소관 기록관의 장에게 통보하고 소관 기록관의 장은 중앙기록물관리기관의 장에게 통보하여야 한다(제10조 제1항). 대통령기록물생산기관의 장은 대통령기록물을 소관 기록관으로 이관하여야 하고, 기록관은 대통령의 임기가 종료되기 전까지 이관대상 대통령기록물을 중앙기록물관리기관으로 이관하여야 하며(제11조 제1항 전단), 중앙기록물관리기관의 장은 이관받은 대통령기록물을 대통령기록관에서 관리하도록 하여야 한다(제11조 제3항). 대통령기록물생산기관의 기록관의 장은 대통령 임기 종료 6개월 전부터 이관대상 대통령기록물의 확인·목록작성 및 정리 등 이관에 필요한 조치를 강구하여야 한다(제11조 제4항 전단).
라) 구 대통령기록물법은 대통령기록물의 무단파기 등을 방지하고 투명한 대통령기록물수집·보존·관리 체계를 확보하기 위하여 대통령기록물의 폐기에 대해서도 구체적인 규정을 두고 있다. 먼저 보존기간이 경과된 대통령기록물을 폐기하려는 때에는 대통령기록관리위원회(이하 '위원회'라 한다)의 심의를 거쳐야 하는데(제13조 제1항), 대통령기록물생산기관의 장은 폐기대상 목록을 폐기하려는 날부터 60일 전까지 대통령기록관의 장에게 보내고, 대통령기록관의 장은 목록을 받은 날부터 50일 이내에 위원회의 심의를 거쳐 그 결과를 대통령기록물생산기관의 장에게 통보하며, 이 경우 대통령기록물생산기관의 장은 폐기가 결정된 대통령기록물의 목록을 지체 없이 관보 또는 정보통신망에 고시하여야 한다(제13조 제2항). 나아가 이관된 대통령기록물 중 보존기간이 경과된 대통령기록물에 대해서도 위원회의 심의를 거쳐 폐기하도록 하고 있다(제13조 제3항).

2) 대통령기록물의 생산과 보유에 관한 법리

가) 구 전자정부법(2010. 2. 4. 법률 제10012호로 전부 개정되기 전의 것) 제17조 제1항은 "전자공문서는 당해 문서에 대한 결재(국회규칙·대법원규칙·헌법재판소규칙·중앙선거관리위원회규칙 및 대통령령으로 정하는 전자적인 수단에 의한 결재를 말한다)가 있음으로써 성립한다."라고 규정하고 있다. 구 사무관리규정 제6조의3 제4항은 "문서관리카드는 당해 문서관리카드에 대한 결재권자의 전자문자서명 및 처리일자의 표시에 의한 결재가 있음으로써 공문서로 성립한다."라고, 제8조 제1항은 "공문서는 당해 문서에 대한 서명(전자문자서명·전자이미지서명 및 행정전자서명을 포함한다. 이하 같다)에 의한 결재가 있음으로써 성립한다."라고 규정하고 있다. 또한 구 사무관리규정이 전부 개정된 이후 그 명칭이 변경된 현행 「행정 효율과 협업 촉진에 관한 규정」 제6조 제1항은 "공문서는 결재권자가 해당 문서에 서명의 방식으로 결재함으로써 성립한다."라고 규정하고 있다.
위 규정들을 종합하여 보면, 공문서(전자공문서 포함)는 결재권자가 서명 등의 방법으로 결재함으로써 성립된다고 할 수 있다. 여기서 '결재'란 문서의 내용을 승인하여 문서로서 성립시킨다는 의사를 서명 등을 통해 외부에 표시하는 행위이다. 결재권자의 결재가 있었는지 여부는 결재권자가 서명을 하였는지뿐만 아니라 문서에 대한 결재권자의 지시 사항, 결재의 대상이 된 문서의 종류와 특성, 관련 법령의 규정 및 업무 절차 등을 종합적으로 고려하여야 한다.

나) 구 대통령기록물법 제2조 제1호는 대통령기록물에 관하여 '대통령의 직무수행과 관련하여 대통령 등의 기관이 생산·접수하여 보유하고 있는 기록물'이라고 정의하고 있다. 이와 같이 구 대통령기록물법상 대통령기록물은 대통령기록물생산기관이 '생산'한 것이어야 하는데, 해당 대통령기록물이 공문서(전자공문서 포함)의 성격을 띠는 경우에는 결재권자의 결재가 이루어짐으로써 공문서로 성립된 이후에 비로소 대통령기록물로도 생산되었다고 봄이 타당하다.

다) 구 공공기록물법 시행령 제20조 제1항 본문은 "공공기관이 기록물을 생산 또는 접수한 때에는 그 기관의 전자기록생산시스템으로 생산 또는 접수 등록번호를 부여하고 이를 그 기록물에 표기하여야 한다."라고 규정하고, 구 사무관리규정 제24조는 "공문서는 생산한 즉시 공공기록물 관리에 관한 법률 시행령 제20조의 규정에 의하여 기록물등록대장에 등록하고 생산등록번호를 부여하여야 한다."라고 규정하여 공문서를 포함한 기록물의 '생산' 이후에 이루어지는 절차로서 '등록'을 구별하여 규정하고 있다.

나아가 구 대통령기록물법은 대통령기록물에 대한 체계적 보존·관리를 통해 이를 공개하도록 하여 국정운영의 투명성과 책임성을 높이는 것을 목적으로 제정된 점, 위 법률이 규정한 이관절차는 국정운영의 연속성을 유지하기 위해 대통령의 재직기간 중에 생산된 기록물을 임기 종료 전까지 국가기록원 산하 대통령기록관에 이관하기 위한 것인 점, 그런데 대통령기록물생산기관이 생산한 기록물이 등록이나 이관되지 않았다는 이유만으로 대통령기록물이 아니라고 보는 것은 법률의 규정 취지에 부합하지 않는 해석인 점 등을 종합하여 보면, 구 대통령기록물법 제2조가 규정한 '보유'란 '사실상의 보유'를 의미하는 것으로 봄이 타당하고, 등록이나 이관에 이르지 않았다고 하더라도 달리 볼 수 없다.

3) 인정 사실

원심판결 이유와 적법하게 채택된 증거에 의하면, 다음의 사실이 인정된다.

가) 청와대 업무관리시스템인 'e지원시스템'은 문서관리시스템과 과제관리시스템 및 기록관리를 포함한 청와대 업무시스템 전체를 총괄하는 통합업무관리시스템이다. 그중 문서관리시스템은 행정업무의 기본단위인 문서관리를 표준화하여 문서의 생산·유통·축적·재활용이 가능하도록 할 목적으로 고안된 시스템으로 '문서관리카드'라는 새로운 문서양식을 도입한 것이 핵심이다. 위 문서관리카드는 '표제부', '경로부', '관리속성부'의 세 부분으로 구성되는데, '표제부'에는 문서 제목과 작성 취지, 작성일, 작성자 등 기본적인 개요가 담겨있고, '경로부'는 문서 작성 이후 누구를 거쳐 최종 보고자에게 보고되었는지, 중간 경유자들의 문서내용에 대한 의견은 무엇인지 알 수 있도록 되어 있으며, '관리속성부'는 홍보방식을 선택하는 홍보관리와 기록물의 유형을 분류하는 기록관리로 이루어져 있다.

문서관리카드의 '표제부'는 문서의 취지 및 성격을 파악할 수 있는 사항과 함께 이 사건 회의록과 같은 본문이 파일 형태로 첨부되어 링크되는 부분으로 구성된다. 이와 같이 문서관리카드는 파일 형태로 첨부되는 본문의 작성 과정에 관여한 복수의 업무처리 담당자의 의사결정에 관한 내용을 담고 있는 전자문서 서식으로서, 일단 생성된 이후에는 작성자가 임의로 삭제하는 것이 불가능하여 해당 업무처리를 종료할 때까지 진행된 과정이나 추가된 정보가 그대로 기록·보존되도록 되어 있다.

나) 피고인 2는 2007. 10. 9. 15:13경 청와대 통합업무관리시스템인 e지원시스템에서 이 사건 문서관리카드를 작성하였는데, 제목을 '(제목 생략)'로, 과제명을 '(과제명 생략)'으로, 처리구분을 '업무보고입니다'로, 보고경로를 '피고인 1 ○○○○○○○○실장', '공소외 1 대통령' 순으로 각 설정하고, '처리의견'란에 "(처리의견 1 생략)"라고 기재한 다음, 이 사건 회의록 파일을 첨부하여 같은 날 16:34경 결재를 상신하였다.

다) 공소외 1 전 대통령은 2007. 10. 19. 22:55경 위와 같이 결재 상신된 이 사건 문서관리카드에 첨부된 이 사건 회의록 파일을 열어 그 내용을 확인한 다음, 같은 달 21일 11:23경 이 사건 문서관리카드의 '처리의견'란에 "(처리의견 2 생략)"라고 기재하고, 결재권자의 처리화면에서 '문서처리' 항목을 선택한 다음, 열람·시행·재검토·보류·중단 중 '열람' 항목을 눌렀다. 공소외 1 전 대통령은 그와 별도로 같은 날 11:56경 '(파일 요지 생략)' 등을 내용으로 하는 '(파일명 2 생략).hwp' 파일을 작성하여 이 사건 문서관리카드에 첨부하였다.

라) 공소외 1 전 대통령이 위와 같이 '열람' 항목을 입력함으로써 이 사건 문서관리카드에는 공소외 1 전 대통령의 전자문서서명 및 처리일자가 표시되었다. 그 후 공소외 1 전 대통령에게 상신되는 모든 결재 및 보고문서의 사전·사후 점검을 담당하던 제□부속실 행정관 공소외 4는 2007. 10. 21. 14:47경 자신의 문서함으로 돌아온 이 사건 문서관리카드를 기안자인 피고인 2에게 전달하여 하행 처리하였다. e지원시스템 구조상 피고인 2는 이에 대하여 '종료처리' 항목을 선택하여 이 사건 문서관리카드를 등록할 수 있었으나 '종료처리' 항목을 선택하지 않고 있다가 2008. 1. 30. 이 사건 문서관리카드에 대하여 '계속 검토'로 처리하였다.

마) 전자기록생산시스템으로 생산된 전자기록물은 담당자가 시스템상 '종료' 버튼을 눌러야 등록번호가 생성되면서 청와대 내 기록관인 기록물관리시스템(RMS)으로 전달·보관된다. 청와대 기록관리비서관실에서는 구 대통령기록물법 제16조 제2항이 규정한 기록물 분류 작업을 위하여 청와대 소속 직원들에게, 문서관리카드 등 전자문서의 경우 2008. 1. 말경까지 '종료처리'가 되어야 전자적으로 재분류, 이관 업무 진행이 가능하므로, 업무처리가 완료된 문서관리카드에 대해 속히 '종료처리'해 줄 것을 공지하였다.

바) 2008. 2. 14. 11:30경 e지원시스템의 웹페이지 주소(URL)가 변경되어 이용자들은 e지원시스템으로 접속 불가능한 일명 '셧다운(shut down)' 상태가 되었다. 피고인 2는 공소외 1 전 대통령의 지시 사항에 따라 이 사건 회의록 파일의 내용을 수정·보완한 회의록을 작성하였다. 피고인 2는 2008. 2. 14. e지원시스템에 접속하여 '(메모보고 제목 생략)'라는 제목의 '메모보고'를 작성한 다음, △△△△비서관실에 있는 컴퓨터를 이용하여 위와 같이 수정·보완한 회의록 파일을 '(파일명 3 생략).hwp'라는 제목으로 첨부한 후 공소외 1 전 대통령을 수신인으로 하여 e지원시스템에 등재하였다. 메모보고는 이메일(e-mail)과 유사한 형식의 간이한 보고방법으로, 문서관리카드와 달리 전자서명이나 처리일자가 생성되지 않는다.

사) 공소외 1 전 대통령 임기 말 청와대에서 e지원시스템의 '(시스템 테이블명 생략)'라는 테이블에서 대상 문서관리카드에 대한 정보를 삭제하는 방식으로 테스트 문서, 중복문서에 해당하는 문서관리카드 등 일부 문서관리카드를 e지원시스템에서 인식할 수 없도록 만드

는 작업이 진행되었다. 이 사건 문서관리카드도 e지원시스템의 메인테이블에서 이 사건 문서관리카드에 대한 정보가 삭제되어 있어 e지원시스템에서 이를 인식하는 것이 불가능한 상태로 되었다.

4) 대통령기록물의 생산·보유에 관한 판단

가) 앞서 본 대통령기록물에 관한 법리와 구 대통령기록물법, 구 공공기록물법의 입법 취지와 규정내용, 문서작성 과정에서 생성된 정보를 기록으로 남기도록 한 문서관리시스템의 도입 취지, 공소외 1 전 대통령이 첨부한 지시 사항의 내용, 문서관리시스템을 통한 업무처리 절차 등을 종합하면, 공소외 1 전 대통령은 2007. 10. 21. 이 사건 회의록의 내용을 확인한 후 이 사건 문서관리카드에 서명을 생성하여 결재함으로써 이 사건 회의록이 첨부된 이 사건 문서관리카드를 공문서로 성립시킨다는 의사를 표시하였고, 이에 따라 이 사건 문서관리카드는 대통령기록물로 생산되었다고 봄이 타당하다. 그 이유는 다음과 같다.

(1) 이 사건 문서관리카드에는 피고인 2가 2007. 10. 9. 이 사건 회의록을 작성하여 피고인 1을 거쳐 공소외 1 전 대통령에게 결재를 상신한 사실, 피고인 1은 '참고하시기 바랍니다'라는 처리의견을 표시한 사실, 공소외 1 전 대통령은 결재 상신된 이 사건 회의록 파일의 내용을 확인한 후 같은 달 21일 11:23경 하행 처리하면서 '(지시 사항 요지 1 생략)'는 취지의 지시를 첨부한 사실 등 이 사건 회의록 생산 과정에 관여한 업무담당자들의 의사결정에 관한 정보가 포함되어 있다. 이러한 정보들은 구 사무관리규정 제6조의3 제3항이 문서관리카드에 기록·관리될 수 있도록 규정한 기안 내용(제1호), 의사결정과정에서 제기된 의견, 수정된 내용 및 지시 사항(제2호), 의사결정내용(제3호)에 해당한다.

(2) 청와대 e지원시스템의 문서관리시스템은 구 사무관리규정 등이 정한 바에 따라 문서 작성의 기안자와 상급자(결재권자) 간의 의사교환을 통한 기관 내 의사결정을 목적으로 하는 의사결정시스템이다. 문서관리카드는 일정한 업무상의 목적 달성에 이르기까지 그 의사소통의 과정과 결과물을 축적하여 관리하는 청와대 통합업무관리시스템의 일부를 구성한다.

(3) 구 공공기록물법 시행령 제18조는 대통령이 참석하는 회의를 개최하는 경우 회의록을 작성하도록 하면서(제1항 제1호), 위 회의록에는 회의의 명칭, 개최기관, 일시 및 장소, 참석자 및 배석자 명단, 진행 순서, 상정 안건, 발언 요지, 결정 사항 및 표결 내용에 관한 사항이 포함되어야 한다(제2항)고 규정하고 있다. 이와 같이 회의록은 개최된 회의의 일시, 장소 및 회의의 진행 순서와 회의에서 이루어진 발언 내용 등 객관적인 정보를 담은 문서로서 이에 대한 결재권자의 결재의사는 승인, 허가 등 결단적·처분적 의사가 아니라 내용을 열람하고 확인하는 의사로 보아야 한다.

(4) 공소외 1 전 대통령이 이 사건 문서관리카드에 첨부한 지시 사항은 '(지시 사항 요지 2 생략)'는 것인데, 이는 공소외 1 전 대통령이 결재 상신된 이 사건 회의록의 내용을 열람하고 그 내용을 확인하였다는 의사와 서로 모순되는 것이 아니다.

(5) 피고인 2는 이 사건 회의록의 오기를 수정하고, 오해가 발생할 수 있는 내용에 대하여는 각주를 달아 정확성과 완성도를 높여 대화록의 형태로 작성한 후 e지원시스템에 등재할 직무상 의무가 있다. 이러한 의무는 공소외 1 전 대통령이 이 사건 문서관리

카드에 첨부한 '지시 사항'에 근거하여 발생하는데, 이와 같이 결재권자가 문서관리카드를 통해 지시한 사항은 후속 업무처리의 근거가 됨은 물론 이후 재작성을 통해 결재를 상신한 문서가 적절한지 여부를 판단하는 기준이 된다.

(6) 당시 시행되던 구 사무관리규정 제6조의3 제4항은 "문서관리카드는 당해 문서관리카드에 대한 결재권자의 전자문자서명 및 처리일자의 표시에 의한 결재가 있음으로써 공문서로 성립한다."라고 규정하였다. 공소외 1 전 대통령은 이 사건 문서관리카드에 대해 '반환'명령을 선택하여 전자문자서명의 생성 없이 작성자에게 반려할 수 있었음에도 그와 같이 하지 않고 '문서처리' 및 '열람' 명령을 선택하여 전자문자서명 및 처리일자가 생성되도록 하였다.

나) 위와 같이 대통령기록물로 생산된 이 사건 문서관리카드는 2007. 10. 21. 기안자인 피고인 2에게 하행 처리되었는데, 피고인 2는 이 사건 문서관리카드에 대하여 '종료처리' 항목을 선택하지 않고, 2008. 1. 30. 무렵 '계속 검토'로 처리하는 등 문서보관함에 이를 보관하였다. 따라서 이 사건 문서관리카드는 대통령 보좌기관이 생산하여 보유하는 대통령기록물에 해당한다.

5) 무단파기에 관한 판단

구 대통령기록물법은 대통령기록물생산기관의 장은 보존기간이 경과된 대통령기록물을 폐기하려는 때에는 위원회의 심의를 거쳐 폐기하여야 하고(제13조), 누구든지 무단으로 대통령기록물을 파기·손상·은닉·멸실 또는 유출하거나 국외로 반출하여서는 안 된다(제14조)고 규정하면서, 제14조를 위반하여 대통령기록물을 무단으로 파기한 자를 처벌하는 규정(제30조 제1항 제1호)을 두고 있다. 따라서 생산된 대통령기록물은 구 대통령기록물법 제13조가 규정한 폐기절차에 의하지 않고는 임의로 파기할 수 없다.

공소외 1 전 대통령 임기 말 청와대에서 기록물 이관을 위한 기록 재분류 작업이 진행되었고, 이를 통해 테스트 문서, 중복문서에 해당하는 문서관리카드 등을 e지원시스템에서 인식할 수 없도록 만드는 작업이 이루어졌으나, 이 사건 문서관리카드는 중복문서나 테스트문서에 해당한다고 볼 수 없다. 그러므로 피고인들이 e지원시스템이 더 이상 이 사건 문서관리카드를 인식하지 못하도록 그 정보를 삭제하였다면 이는 대통령기록물의 파기에 해당하고, 국가정보원이 '(회의록 명칭 생략)'을 생산하여 보존하고 있다는 사정은 위 파기행위를 정당화할 사유가 되지 못한다.

6) 소결론

그럼에도 이와 달리 판시와 같은 이유로 이 부분 공소사실에 대하여 무죄를 선고한 원심의 판단에는 대통령기록물의 생산과 공문서의 성립에 관한 법리를 오해하여 판결에 영향을 미친 위법이 있고, 이를 지적하는 검사의 상고이유는 이유 있다.

2. 공용전자기록 등 손상의 점에 관하여

가. 공소사실의 요지

이 사건 문서관리카드의 기안자, 검토자인 피고인들은 e지원시스템 문서관리카드 메인테이블 등에서 이 사건 문서관리카드에 해당되는 정보를 삭제하는 방법으로 e지원시스템이 더 이상 이 사건 문서관리카드를 인식하지 못하도록 함으로써 공무소에서 사용하는 전자기록인 이 사건 문서관리카드를 무효로 하였다.

나. 원심의 판단

원심은 다음과 같은 사정을 들어 이 사건 문서관리카드는 공무소에서 사용하는 전자기록이라고 볼 수 없다는 이유로 이 부분 공소사실을 무죄로 판단하였다.

1) 이 사건 회의록 파일은 최종 완성되기 전의 초본이고, 피고인들은 공소외 1 전 대통령의 지시에 따라 이 사건 회의록을 수정·보완하여 완성된 회의록을 작성하였으며, 피고인들이 완성된 회의록을 폐기하려고 하였다거나 유출하려고 하였다고 볼 증거는 없다.

2) 이 사건 회의록 파일은 더 이상 '공무소에서 사용하는 전자기록'이라고 보기 어렵고, 이 사건 회의록 파일과 불가분의 일체를 이루고 있는 이 사건 문서관리카드 역시 공무소에서 사용하는 전자기록이라고 볼 수 없다. 그러므로 피고인 2가 이 사건 문서관리카드에 관한 정보를 삭제하였다고 하더라도 공무소에서 사용하는 전자기록을 무효로 하였다고 볼 수 없고, 달리 이를 인정할 만한 증거가 없다.

다. 대법원의 판단

1) 형법 제141조 제1항은 공무소에서 사용하는 서류 기타 물건 또는 전자기록 등 특수매체기록을 손상 또는 은닉하거나 기타 방법으로 그 효용을 해한 자를 처벌하도록 규정하고 있다. '공무소에서 사용하는 서류 기타 전자기록'에는 공문서로서의 효력이 생기기 이전의 서류라거나 (대법원 1971. 03. 30. 선고 71도324 판결 참조), 정식의 접수 및 결재 절차를 거치지 않은 문서, 결재 상신 과정에서 반려된 문서(대법원 1980. 10. 27. 선고 80도1127 판결, 대법원 1998. 08. 21. 선고 98도360 판결, 대법원 2006. 05. 25. 선고 2003도3945 판결 등 참조) 등을 포함하는 것으로, 미완성의 문서라고 하더라도 본죄의 성립에는 영향이 없다.

2) 위와 같은 법리에 앞서 본 바와 같이 이 사건 회의록이 첨부된 이 사건 문서관리카드는 공소외 1 전 대통령이 결재의 의사로 서명을 생성함으로써 대통령기록물로 생산되었을 뿐 아니라 첨부된 '지시 사항'에 따른 후속조치가 예정되어 있으므로 이 사건 문서관리카드에 기록된 정보들은 후속 업무처리의 근거가 된다는 점 등을 종합하면, 이 사건 문서관리카드는 '공무소에서 사용하는 전자기록'에 해당한다. 따라서 피고인들이 e지원시스템이 이 사건 문서관리카드를 인식하지 못하도록 그 기본정보를 삭제한 행위는 형법 제141조 제1항의 공용전자기록 등 손상죄를 구성한다.

3) 그럼에도 이와 다른 전제에서 판시와 같은 이유로 이 부분 공소사실에 대하여 무죄를 선고한 원심의 판단에는 공무소에서 사용하는 전자기록에 관한 법리를 오해하여 판결에 영향을 미친 위법이 있고, 이를 지적하는 검사의 상고이유는 이유 있다.

3. 결 론

그러므로 원심판결을 파기하고, 사건을 다시 심리·판단하도록 원심법원에 환송하기로 하여, 관여 대법관의 일치된 의견으로 주문과 같이 판결한다.

⑪ 대법원 2020. 12. 10. 선고 2020도6425 판결 [저작권법위반]

【판시사항】

1995. 12. 6. 법률 제5015호로 개정된 저작권법 부칙 제4조 제3항의 규정 취지 및 위 규정에서 허용하는 회복저작물을 원저작물로 하는 2차적저작물 이용행위의 범위

【판결요지】

1995. 12. 6. 법률 제5015호로 개정된 저작권법(이하 '1995년 개정 저작권법'이라 한다)은 국제적인 기준에 따라 외국인의 저작권을 소급적으로 보호하면서, 부칙 제4조를 통하여 위 법 시행 전의 적법한 이용행위로 제작된 복제물이나 2차적저작물 등을 법 시행 이후에도 일정기간 이용할 수 있게 함으로써 1995년 개정 저작권법으로 소급적으로 저작권법의 보호를 받게 된 외국인의 저작물(이하 '회복저작물'이라 한다)을 1995년 개정 저작권법 시행 전에 적법하게 이용하여 온 자의 신뢰를 보호하는 한편 그동안 들인 노력과 비용을 회수할 수 있는 기회도 부여하였다. 특히 2차적저작물의 작성자는 단순한 복제와 달리 상당한 투자를 하는 경우가 많으므로, 부칙 제4조 제3항을 통해 회복저작물의 2차적저작물 작성자의 이용행위를 기간의 제한 없이 허용하면서, 저작권의 배타적 허락권의 성격을 보상청구권으로 완화함으로써 회복저작물의 원저작자와 2차적저작물 작성자 사이의 이해관계를 합리적으로 조정하고자 하였다.

1995년 개정 저작권법 부칙 제4조 제3항은 회복저작물을 원저작물로 하는 2차적저작물로서 1995. 1. 1. 전에 작성된 것을 계속 이용하는 행위에 대한 규정으로 새로운 저작물을 창작하는 것을 허용하는 규정으로 보기 어렵고, 위 부칙 제4조 제3항이 허용하는 2차적저작물의 이용행위를 지나치게 넓게 인정하게 되면 회복저작물의 저작자보호가 형해화되거나 회복저작물 저작자의 2차적저작물 작성권을 침해할 수 있다. 따라서 회복저작물을 원저작물로 하는 2차적저작물과 이를 이용한 저작물이 실질적으로 유사하더라도, 위 2차적저작물을 수정·변경하면서 부가한 새로운 창작성이 양적·질적으로 상당하여 사회통념상 새로운 저작물로 볼 정도에 이르렀다면, 위 부칙 제4조 제3항이 규정하는 2차적저작물의 이용행위에는 포함되지 않는다고 보아야 한다.

【참조조문】구 저작권법(1995. 12. 6. 법률 제5015호로 개정되기 전의 것) 제3조 제1항, 저작권법 제3조 제1항, 제136조 제1항 제1호, 부칙(1995. 12. 6.) 제4조 제1항, 제2항, 제3항
【전   문】【피 고 인】피고인 1 외 1인
【상 고 인】피고인들
【변 호 인】변호사 김진희
【원심판결】서울중앙지법 2020. 5. 8. 선고 2019노442 판결

【주   문】

원심판결을 파기하고, 사건을 서울중앙지방법원에 환송한다.

【이 유】

상고이유를 판단한다.

1. 이 사건 공소사실의 요지는, 피고인 1이 2012. 3. 15.경부터 영리를 목적으로 원저작자의 허락을 받지 않고 회복저작물인 소설 「○○○○(△△△△ △△△△)」일본어판의 번역물을 무단으로 복제·배포하는 방법으로 원저작자의 저작권을 침해하였고, 피고인 2 주식회사는 대표이사인 피고인 1이 위와 같이 영리를 목적으로 원저작자의 저작권을 침해하였다는 것이다.

원심은 1995. 12. 6. 법률 제5015호로 개정된 저작권법(이하 '1995년 개정 저작권법'이라 한다) 부칙 제4조 제3항의 규정 취지와 내용에 비추어 보면, 1995년 개정 저작권법으로 소급적으로 저작권법의 보호를 받게 된 외국인의 저작물(이하 '회복저작물'이라 한다)에 관한 저작권 침해가 위 부칙 조항에 의해 예외적으로 허용되는 '2차적저작물의 이용행위'로 인정되기 위해서는, 회복저작물을 원저작물로 하는 2차적저작물이 1995. 1. 1. 이전에 작성되어야 하고, 위 2차적저작물의 이용권한을 가지는 자가 저작물의 동일성을 유지한 채로 이용행위를 하여야 하는데, 피고인들이 원심 판시 □□□□년판 「◇◇」1권의 내용을 일부 수정·증감하여 원심 판시 ☆☆☆☆년판 「◇◇」1권을 발행한 것이 1995. 1. 1. 이전에 작성된 □□□□년판 「◇◇」1권의 이용행위라고 볼 수 없다고 보아 피고인들에 대한 저작권법 위반의 공소사실을 유죄로 판단하였다.

2. 그러나 원심의 판단은 다음과 같은 이유로 받아들일 수 없다.

가. 1995. 12. 6. 법률 제5015호로 개정되기 전의 저작권법 제3조 제1항은 "외국인의 저작물은 대한민국이 가입 또는 체결한 조약에 따라 보호된다. 다만 당해 조약 발효일 이전에 발행된 외국인의 저작물은 보호되지 아니한다."라고 규정하였다. 그러나 1995년 개정 저작권법은 소급보호를 원칙으로 하는 베른협약(Berne Convention for the Protection of Literary and Artistic Works) 제18조 제1항을 받아들여 종전 저작권법 제3조 제1항 단서 규정을 삭제하였다. 1995년 개정 저작권법은 위와 같은 개정으로 소급적으로 저작권법의 보호를 받게 된 회복저작물에 대해, 부칙 제4조를 통해 그 시행 전의 이용행위에 대해서는 면책됨을 선언하면서(제1항), 그 시행 이후에는 일정 범위의 이용행위를 허용하였다. 1995년 개정 저작권법 부칙 제4조는 법 시행 이후에 허용되는 행위에 대해, 회복저작물의 복제물로서 1995. 1. 1. 전에 제작된 것은 1996. 12. 31.까지 계속하여 배포할 수 있고(제2항), 회복저작물을 원저작물로 하는 2차적저작물로서 1995. 1. 1. 전에 작성된 것은 이 법 시행 후에도 이를 계속하여 이용할 수 있되, 그 원저작물의 권리자는 1999. 12. 31. 이후의 이용에 대하여 상당한 보상을 청구할 수 있다(제3항)고 규정하였다.

위와 같이 1995년 개정 저작권법은 국제적인 기준에 따라 외국인의 저작권을 소급적으로 보호하면서, 부칙 제4조를 통하여 위 법 시행 전의 적법한 이용행위로 제작된 복제물이나 2차적저작물 등을 법 시행 이후에도 일정기간 이용할 수 있게 함으로써 회복저작물을 1995년 개정 저작권법 시행 전에 적법하게 이용하여 온 자의 신뢰를 보호하는 한편 그동안 들인 노력과 비용을 회수할 수 있는 기회도 부여하였다. 특히 2차적저작물의 작성자는 단순한 복제와 달리 상당한 투자를 하는 경우가 많으므로, 부칙 제4조 제3항을 통해 회복저작물의 2차적저작물 작성자의 이용행위를 기간의 제한 없이 허용하면서, 저작권의 배타적 허락권의 성격을 보상청구권으로 완화함으로써 회복저작물의 원저작자와 2차적저작물 작성자 사이의 이해관계를 합리적으로 조정하고자 하였다.

1995년 개정 저작권법 부칙 제4조 제3항은 회복저작물을 원저작물로 하는 2차적저작물로서 1995. 1. 1. 전에 작성된 것을 계속 이용하는 행위에 대한 규정으로 새로운 저작물을 창작하는 것을 허용하는 규정으로 보기 어렵고, 위 부칙 제4조 제3항이 허용하는 2차적저작물의 이용행위를 지나치게 넓게 인정하게 되면 회복저작물의 저작자 보호가 형해화되거나 회복저작물 저작자의 2차적저작물 작성권을 침해할 수 있다. 따라서 회복저작물을 원저작물로 하는 2차적저작물과 이를 이용한 저작물이 실질적으로 유사하더라도, 위 2차적저작물을 수정·변경하면서 부가한 새로운 창작성이 양적·질적으로 상당하여 사회통념상 새로운 저작물로 볼 정도에 이르렀다면, 위 부칙 제4조 제3항이 규정하는 2차적저작물의 이용행위에는 포함되지 않는다고 보아야 한다.

나. 위 법리와 원심에서 적법하게 채택된 증거에 비추어 살펴본다.

1) 원심 판시「○○○○(△△△△ △△△△)」일본어판은 1995년 개정 저작권법 시행일 이전에 공표되어 1995년 개정 저작권법 시행으로 대한민국에서 소급하여 보호를 받게 된 회복저작물이고, □□□□년판「◇◇」1권은 위 회복저작물을 번역한 2차적저작물이다. 피고인들은 □□□□년판「◇◇」1권의 내용을 일부 수정·증감하여 원심 판시 ☆☆☆☆년판「◇◇」1권을 발행하였다. □□□□년판「◇◇」1권과 대비하여 ☆☆☆☆년판「◇◇」1권에는 인명, 지명, 한자발음 등을 개정된 외국어표기법이나 국어맞춤법에 따라 현대적 표현으로 수정하거나, 번역의 오류를 수정한 부분, 누구나 쉽게 떠올릴 수 있고 자주 쓰이는 유사한 단어를 단순하게 변경하거나, 조사를 생략 또는 변경하거나, 띄어쓰기를 수정한 부분들이 다수 있으나, 이러한 부분들은 양 저작물 사이의 동일성이나 유사성에 영향을 미치기 어렵다.

2) □□□□년판「◇◇」1권에서 한 문장으로 표현한 것을 ☆☆☆☆년판「◇◇」1권에서는 두 문장으로 분리하거나, 반대로 분리된 문장을 한 문장으로 결합한 부분, 지문과 대화문의 위치를 변경한 부분 등이 다수 있다. 또한 ☆☆☆☆년판「◇◇」1권에는 □□□□년판「◇◇」1권의 어구나 어절을 수정하거나, □□□□년판「◇◇」1권에 없는 내용을 새로 추가한 부분도 있다. 이러한 수정·변경된 내용들에 의해 □□□□년판「◇◇」1권과 ☆☆☆☆년판「◇◇」1권 사이의 동일성은 상실된 것으로 볼 수 있다.

3) 한편 앞서 본 법리에 따라 양 저작물의 실질적 유사성을 판단하기 위해서는 위와 같이 단순히 양 저작물을 대비할 것이 아니라, 2차적저작물인 □□□□년판「◇◇」1권의 창작적인 표현이 ☆☆☆☆년판「◇◇」1권에 포함되어 있는지 살펴보아야 한다. □□□□년판「◇◇」1권에는 회복저작물인「○○○○(△△△△ △△△△)」의 표현을 그대로 직역한 부분도 많이 있으나, 이를 제외한 어휘와 구문의 선택 및 배열, 문장의 장단, 문체, 등장인물의 어투, 어조 및 어감의 조절 등에서 표현방식의 선택을 통한 창작적 노력이 나타난 부분이 다수 있고, 이러한 창작적인 표현들이 ☆☆☆☆년판「◇◇」1권에도 상당 부분 포함되어 있다. 위 2)항에서 살펴본 바와 같이 □□□□년판「◇◇」1권과 ☆☆☆☆년판「◇◇」1권에 차이점들이 있지만, 위와 같은 공통된 창작적인 표현들의 양적·질적 비중이 훨씬 크다고 볼 수 있다. 따라서 ☆☆☆☆년판「◇◇」1권은 □□□□년판「◇◇」1권을 실질적으로 유사한 범위에서 이용하였지만, 사회통념상 새로운 저작물로 볼 정도에 이르렀다고 단정하기 어렵다.

4) 그렇다면 ☆☆☆☆년판「◇◇」1권은 □□□□년판「◇◇」1권과의 관계에서 1995년 개정 저

작권법 부칙 제4조 제3항이 정하는 회복저작물을 원저작물로 하는 2차적저작물의 이용행위에 포함된다고 봄이 타당하다.

다. 그런데도 원심은 위 부칙 제4조 제3항의 이용행위가 실질적 동일성이 유지되는 범위에서의 이용만을 의미한다는 전제에서, 피고인 1이 ☆☆☆☆년판 「◇◇」 1권을 작성한 것은 위 조항에서 허용하는 □□□□년판 「◇◇」 1권의 이용행위에 해당하지 않는다고 판단하였다. 이러한 원심판결에는 1995년 개정 저작권법상 2차적저작물의 이용행위에 관한 법리 등을 오해하여 판결에 영향을 미친 위법이 있다. 이 점을 지적하는 상고이유는 이유 있다.

3. 그러므로 나머지 상고이유에 관한 판단을 생략한 채 원심판결을 파기하고, 사건을 다시 심리·판단하도록 원심법원에 환송하기로 하여, 관여 대법관의 일치된 의견으로 주문과 같이 판결한다.

---

⑩ 대법원 2020. 12. 24. 선고 2018도17378 판결 [외국환거래법위반]

【판시사항】

구 외국환거래법 제8조 제1항 본문에 따라 업으로 하고자 하는 경우 미리 등록하여야 하는 '외국환업무'의 의미(= 같은 법 제3조 제1항 제16호와 위 법률조항의 위임을 받은 같은 법 시행령 제6조에서 열거한 업무)

【판결요지】

구 외국환거래법(2017. 1. 17. 법률 제14525호로 개정되기 전의 것, 이하 '법'이라 한다) 제8조 제1항 본문은 "외국환업무를 업으로 하려는 자는 대통령령으로 정하는 바에 따라 외국환업무를 하는 데에 충분한 자본·시설 및 전문인력을 갖추어 미리 기획재정부장관에게 등록하여야 한다."라고 규정하고, 벌칙 조항인 법 제27조 제1항 제5호는 '제8조 제1항 본문에 따른 등록을 하지 아니하거나, 거짓이나 그 밖의 부정한 방법으로 등록을 하고 외국환업무를 한 자'를 처벌하도록 규정하고 있다.

정의규정인 법 제3조 제1항 제16호에 따르면, '외국환업무'란 외국환의 발행 또는 매매[(가)목], 대한민국과 외국 간의 지급·추심(推尋) 및 수령[(나)목], 외국통화로 표시되거나 지급되는 거주자와의 예금, 금전의 대차 또는 보증[(다)목], 비거주자와의 예금, 금전의 대차 또는 보증[(라)목], 그 밖에 위 업무들과 유사한 업무로서 대통령령으로 정하는 업무[(마)목] 중 어느 하나에 해당하는 것을 말한다. 위 법률조항의 위임에 따라 구 외국환거래법 시행령(2016. 3. 22. 대통령령 제27038호로 개정되기 전의 것, 이하 '시행령'이라 한다) 제6조는 법 제3조 제1항 제16호 (마)목의 '대통령령으로 정하는 업무'에 관하여 비거주자와의 내국통화로 표시되거나 지급되는 증권 또는 채권의 매매(제1호), 거주자 간의 신탁·보험 및 파생상품거래(외국환과 관련된 경우에 한정한다) 또는 거주자와 비거주자 간의 신탁·보험 및 파생상품거래(제2호), 외국통화로 표시된 시설대여(여신전문금융업법에 따른 시설대여를 말한다)(제3

호), 그 밖에 법 제3조 제1항 제16호 (가)목부터 (라)목까지 및 이 조 제1호부터 제3호까지의 업무에 딸린 업무(제4호)를 말한다고 규정하고 있다.

위와 같은 규정들의 문언에 비추어 보면, 법 제8조 제1항 본문에 따라 업으로 하고자 하는 경우 미리 등록하여야 하는 '외국환업무'는 법 제3조 제1항 제16호와 위 법률 조항의 위임을 받은 시행령 제6조가 열거한 업무만을 의미한다고 봄이 타당하다.

【참조조문】 구 외국환거래법(2017. 1. 17. 법률 제14525호로 개정되기 전의 것) 제3조 제1항 제16호, 제8조 제1항, 제27조 제1항 제5호(현행 제27조의2 제1항 제1호 참조), 구 외국환거래법 시행령(2016. 3. 22. 대통령령 제27038호로 개정되기 전의 것) 제6조
【전 문】
【피 고 인】 피고인 주식회사
【상 고 인】 검사
【변 호 인】 법무법인(유한) 광장 담당변호사 문호준 외 2인
【원심판결】 서울중앙지법 2018. 10. 12. 선고 2018노737 판결

【주 문】

상고를 기각한다.

【이 유】

상고이유를 판단한다.

1. 형벌법규의 해석은 엄격하여야 하고, 명문의 형벌법규의 의미를 피고인에게 불리한 방향으로 지나치게 확장해석하거나 유추해석하는 것은 죄형법정주의의 원칙에 어긋나는 것으로서 허용되지 않는다(대법원 2011. 08. 25. 선고 2011도7725 판결 등 참조).

구 외국환거래법(2017. 1. 17. 법률 제14525호로 개정되기 전의 것, 이하 '법'이라 한다) 제8조 제1항 본문은 "외국환업무를 업으로 하려는 자는 대통령령으로 정하는 바에 따라 외국환업무를 하는 데에 충분한 자본·시설 및 전문인력을 갖추어 미리 기획재정부장관에게 등록하여야 한다."라고 규정하고, 벌칙 조항인 법 제27조 제1항 제5호는 '제8조 제1항 본문에 따른 등록을 하지 아니하거나, 거짓이나 그 밖의 부정한 방법으로 등록을 하고 외국환업무를 한 자'를 처벌하도록 규정하고 있다.

정의규정인 법 제3조 제1항 제16호에 따르면, '외국환업무'란 외국환의 발행 또는 매매[(가)목], 대한민국과 외국 간의 지급·추심(推尋) 및 수령[(나)목], 외국통화로 표시되거나 지급되는 거주자와의 예금, 금전의 대차 또는 보증[(다)목], 비거주자와의 예금, 금전의 대차 또는 보증[(라)목], 그 밖에 위 업무들과 유사한 업무로서 대통령령으로 정하는 업무[(마)목] 중 어느 하나에 해당하는 것을 말한다. 위 법률조항의 위임에 따라 구 외국환거래법 시행령(2016. 3. 22. 대통령령 제27038호로 개정되기 전의 것, 이하 '시행령'이라 한다) 제6조는 법 제3조 제1항 제16호 (마)목의 '대통령령으

로 정하는 업무'에 관하여 비거주자와의 내국통화로 표시되거나 지급되는 증권 또는 채권의 매매(제1호), 거주자 간의 신탁·보험 및 파생상품거래(외국환과 관련된 경우에 한정한다) 또는 거주자와 비거주자 간의 신탁·보험 및 파생상품거래(제2호), 외국통화로 표시된 시설대여(여신전문금융업법에 따른 시설대여를 말한다)(제3호), 그 밖에 법 제3조 제1항 제16호 (가)목부터 (라)목까지 및 이 조 제1호부터 제3호까지의 업무에 딸린 업무(제4호)를 말한다고 규정하고 있다.

위와 같은 규정들의 문언에 비추어 보면, 법 제8조 제1항 본문에 따라 업으로 하고자 하는 경우 미리 등록하여야 하는 '외국환업무'는 법 제3조 제1항 제16호와 위 법률조항의 위임을 받은 시행령 제6조가 열거한 업무만을 의미한다고 봄이 타당하다.

2. 원심은 판시와 같은 이유로 투자일임업을 주요 업무로 하는 피고인이 고객인 투자자들로부터 투자일임을 받아 투자자들을 대신하여 증권회사에 외화증권의 매도를 지시하거나 국내외 외화파생상품의 매매를 지시한 행위는 법 제3조 제1항 제16호, 시행령 제6조에 규정된 외국환업무에 해당하지 않는다고 보아 이 사건 공소사실을 무죄로 판단하였다. 원심판결 이유를 위에서 본 법리와 기록에 비추어 살펴보면, 원심의 판단에 상고이유와 같이 법에서 정한 '외국환업무'의 의미에 관한 법리를 오해한 위법이 없다.

3. 그러므로 상고를 기각하기로 하여, 관여 대법관의 일치된 의견으로 주문과 같이 판결한다.

Ⓑ 대법원 2020. 12. 24. 선고 2019도12901 판결 [공직선거법위반]

【판시사항】

[1] 특정 의사 표현에 대한 법적 평가를 할 때 그 전제로서 유의하여야 할 사항 / 다의적으로 해석될 수 있는 발언에 관하여 다른 합리적 해석의 가능성을 배제한 채 공소사실에 부합하는 취지로만 해석할 수 있는지 여부(소극)

[2] 공직선거법 제250조 제2항에서 말하는 '사실'의 공표의 의미 및 어떠한 표현이 사실인가 또는 의견인가를 구별할 때 고려하여야 할 사항 / 형사처벌 여부가 문제 되는 표현이 사실을 드러낸 것인지 아니면 의견이나 추상적 판단을 표명한 것인지 판단하는 기준 / 어떠한 표현이 공표된 사실의 내용 전체의 취지를 살펴볼 때 중요한 부분에서 객관적 사실과 합치되는 경우, 이를 허위사실의 공표라고 볼 수 있는지 여부(소극)

【판결요지】

[1] 어떠한 의사 표현이 법률에서 규정한 범죄에 해당한다고 평가하는 것은 그로써 표현의 자유라는 헌법상 기본권의 행사에 부정적인 영향을 줄 위험이 없지 않으므로 특정 의사 표현에 대한 법적 평가를 함에 있어서는 그 전제로서 문제 된 표현의 의미가 합리적으로 파악되고 이해될 수 있도록

세심한 주의를 기울여야 한다. 다의적으로 해석될 수 있는 발언에 관하여 다른 합리적 해석의 가능성을 배제한 채 공소사실에 부합하는 취지로만 해석하는 것은 정치적 표현의 자유와 선거운동의 자유의 헌법적 의의와 중요성을 충분히 반영하지 않은 결과가 되고, '의심스러울 때는 피고인에게 유리하게'라는 형사법의 기본 원칙에도 반한다.

[2] 공직선거법 제250조 제2항에서 말하는 '사실'의 공표란 가치판단이나 평가를 내용으로 하는 의견표현에 대치되는 개념으로 시간과 공간적으로 구체적인 과거 또는 현재의 사실관계에 관한 보고 내지 진술을 의미하며 표현 내용이 증거에 의해 증명이 가능한 것을 말하고, 어떠한 표현이 사실인가 또는 의견인가를 구별함에 있어서는 언어의 통상적 의미와 용법, 증명가능성, 문제 된 말이 사용된 문맥, 표현이 행해진 사회적 정황 등 전체적 정황을 고려하여야 한다.

나아가 형사처벌 여부가 문제 되는 표현이 사실을 드러낸 것인지 아니면 의견이나 추상적 판단을 표명한 것인지를 구별할 때에는 언어의 통상적 의미와 용법, 증명가능성, 문제 된 말이 사용된 문맥과 표현의 전체적인 취지, 표현의 경위와 사회적 맥락 등을 고려하여 판단하되, 헌법상 표현의 자유의 우월적 지위, 형벌법규 해석의 원칙에 비추어 어느 범주에 속한다고 단정하기 어려운 표현인 경우에는 원칙적으로 의견이나 추상적 판단을 표명한 것으로 파악하여야 한다. 또한 어떠한 표현이 공표된 사실의 내용 전체의 취지를 살펴볼 때 중요한 부분에서 객관적 사실과 합치되는 경우에는 세부적으로 진실과 약간 차이가 나거나 다소 과장된 표현이 있더라도 이를 허위사실의 공표라고 볼 수 없다.

【참조조문】 [1] 공직선거법 제250조 제2항 / [2] 공직선거법 제250조 제2항
【참조판례】 [2] 대법원 2007. 3. 15. 선고 2006도8368 판결(공2007상, 580), 대법원 2020. 7. 16. 선고 2019도13328 전원합의체 판결(공2020하, 1632)
【전　　문】【피 고 인】 피고인 【상 고 인】 피고인
【변 호 인】 변호사 이상훈 외 1인
【원심판결】 부산고법 2019. 9. 4. 선고 2019노198 판결

【주　　문】

원심판결을 파기하고, 사건을 부산고등법원에 환송한다.

【이　　유】

상고이유를 판단한다.

1. 공소사실의 요지

이 사건 공소사실의 요지는 다음과 같다. 피고인은 2018. 6. 13. 실시된 제7회 전국동시지방선거에서 ○○시장 후보로 출마하여 당선되었다. 사실은 △△△△ □□공장 부지는 2009. 9. 28. 이미 결정되었던 사안이었고 상대방 후보인 공소외 1의 ○○시장 재임기간은 그 이후여서 공소외 1이 ○○시장으로서 △△△△ □□공장 부지 선정에 관여한 사실이 없었다. 그럼에도 피고인은, 2018. 5. 29. ○○시청 프레스센터에서 "공소외 1 후보 재임시절인 2012. 10. 12. 오후 4시 △

△△△△ □□공장 준공식 개최되었다. 그 전에 ○○공장 부지가 좁은데도 행정지원이 미비하고, ○○시가 이를 함께 고민하고 해결하려는 노력이 없음에 □□으로 그 방향을 선회한 것이다. 이는 공소외 1 후보 재임기간에 행정미숙으로 인해 일자리 대참사가 발생한 것이다."(이하 '이 사건 발언'이라고 한다)라는 내용으로 기자회견문을 발표하였다. 이로써 공소외 1이 당선되지 못하게 할 목적으로 공소외 1에 관하여 허위의 사실을 공표하였다.

2. 원심의 판단 요지

원심은 제1심법원이 들었던 사정들을 포함하여 다음과 같은 이유로 이 사건 공소사실을 유죄로 인정한 제1심판결을 유지하였다.

가. 피고인은 기업유치를 통한 일자리 창출 등이라는 공약제시의 효과를 극대화하기 위하여 이 사건 발언을 기자회견문에 포함시켰고, 이는 △△△△△가 □□군에 공장을 증설하게 된 경위와 그 책임이 누구에게 있는지에 관한 과거 사실을 말하는 것임이 분명하므로, 의견의 표명이 아니라 사실의 적시에 해당한다.

나. 이 사건 발언은, △△△△△ □□공장 건설이 공소외 1의 ○○시장 재임기간 전에 결정된 것이어서 공소외 1과는 관련이 없음에도, 마치 공소외 1의 ○○시장 재임기간 행정미숙으로 인한 것처럼 표현한 것이어서 허위에 해당한다. 피고인은 이 사건 기자회견 직후 기자로부터 △△△△△ □□ 부지 이전 결정이 공소외 1의 전임시장 시절이 아닌지에 관한 질문을 받고 회피하는 듯한 답변을 했을 뿐, 적극적으로 이 사건 발언이 잘못되었거나 오해의 소지가 있음을 분명히 하지 않았으므로 피고인이 앞서 공표한 허위사실을 정정하였다고 보기도 어렵다. 이러한 사정에 비추어 보면, 피고인은 이 사건 발언 부분에 공소외 1 후보에 관한 허위사실이 포함되어 있음을 미필적으로라도 인식하였음에도 불구하고, 이를 그대로 발표한 것으로 인정할 수 있다.

다. 피고인은 △△△△△의 □□공장 건설에 따른 ○○시의 일자리 감소가 공소외 1 후보와 전혀 관련이 없음을 잘 알고 있었으므로, 이 사건 발언을 상대 후보자의 공직적격성검증을 위한 의혹의 제기라고 볼 수도 없다.

3. 대법원의 판단

다음과 같은 이유로 원심의 판단을 그대로 받아들이기 어렵다.

가. 먼저 이 사건 발언의 의미를 살펴본다.

1) 이 사건 발언은 ① 공소외 1 후보의 ○○시장 재임기간에 △△△△△ □□공장 준공식이 개최되었다는 문장, ② 그 전에 행정지원이 미비하고, ○○시가 함께 고민하고 해결하려는 노력이 없어 (△△△△△가 공장 부지 결정을 ○○시에서) □□으로 선회하였다는 문장, ③ 이는 공소외 1 후보 재임기간에 행정미숙으로 인해 일자리 대참사가 발생한 것이라는 문장으로 구성되어 있다.

2) 원심판단과 같이, 이 사건 발언은 '공소외 1 후보의 ○○시장 재임기간에 있었던' 또는 '공소외 1 후보의 ○○시장 재임기간의' 행정미숙으로 인하여 △△△△△ 공장이 ○○시가 아니라 □□군에 건립되는 것으로 결정되었고, 그로 인해 ○○시에 일자리 대참사가 발생하였다는 의

미로도 이해할 수 있어 보이기는 한다.

그러나 이 사건 발언의 문언 자체만을 중시하더라도 '△△△△△ □□공장 준공식 전에 있었던 ○○시의 행정미숙으로 ○○시가 아니라 □□군에 △△△△△ 공장 건립이 결정되었으며, 이로써 공소외 1 후보의 재임기간에 일자리 대참사가 발생하였다.'는 의미로 이해할 수 있는 여지 또한 있다. 이 사건 발언에는 분명 '공소외 1 후보의 재임기간의'가 아니라 '공소외 1 후보의 재임기간에'라고만 되어 있기 때문이다.

3)
  가) 이처럼 이 사건 발언의 의미가 문언상 명확하다고 할 수 없다면, 그 구체적인 의미를 합리적으로 헤아리기 위해서는 이 사건 기자회견문의 내용과 기자회견문 발표에 이은 기자들과의 질의·응답에도 주목할 필요가 있다. 말이나 개념은 상이한 의사소통의 맥락 속에서 다양한 의미를 가질 수 있는데, 이 사건 발언은 기자회견문의 일부일 뿐이고(본문 41행 중 4행), 기자회견문의 나머지 부분 및 뒤이은 기자들과의 질의·응답이 전체적으로 하나의 기자회견을 구성하므로, 기자회견문과 뒤이은 질의·응답은 이 사건 발언을 통해 피고인이 전달하고자 하였던 의사를 확인할 가장 유력한 자료라고 할 수 있기 때문이다.
  나) 이 사건 기자회견문은 '△△△△△ 재유치 및 기존 산업 일자리 로드맵 제시'라는 제목으로, ① △△△△△ 재유치(○○시의 행정지원 미비로 □□에 △△△△△ 공장이 준공되어 □□군에 약 1만 6,000개 가까운 일자리가 창출됨. ○○시 행정미숙으로 ○○을 떠나는 기업을 재유치하겠음), ② 사회적 기업 설립(지역기업 분사형, 공공사업 수행형, 행정기관 지원형, 비정규직 대체형 등 지역 밀착형 설립을 지원함), ③ 무상급식과 일자리 창출 연계(무상급식 공약 관련 공소외 1 후보의 입장변경 지적 및 급식체계를 사회적 기업, 친환경농업생산, 비정규직 문제와 연계하여 통합적으로 해결함)에 대한 공약을 발표하는 것이었다. 전체적으로 '△△△△△ 재유치 등 적극적 행정을 통한 지역 일자리 창출'이라는 피고인의 선거공약과 정책방향을 밝히는 내용임이 명백하다.
  다) 또 기자회견문 낭독 직후 ① "△△△△△ □□ 부지 이전 결정은 공소외 2 시장 시절에 결정 난 것이 아니었나?"라는 기자의 질의에 피고인은 "그런 부분도 있겠지만 &- △△△△는 행정기관의 협조부재로 □□을 떠난 것이다."라고 대답하여 △△△△△ □□공장 건립 결정이 공소외 1 후보의 ○○시장 재임 전에 이루어졌음을 인정하는 한편 ② "△△△△△가 ○○에 재유치한다면 부지는?"이라는 다른 기자의 질의에 "부지 언급은 예민한 사안이다. 어느 지역에라도 ○○에 올 수만 있다면 좋을 것이다. 기존 ○○공장을 확장할 수 있다는 △△△△△ 측의 의지도 있었다."라고 답변하였고, ③ "○○을 떠난 기업이 행정기관의 소홀한 대처로 떠났다는 취지로 언급하였다. 그러나 실질적으로 ○○지역 땅값이 비싼 이유가 주된 이유인데 이것을 행정에서 어떻게 해결할 것인가?"라는 질문에 대해서는 "△△△△△의 경우 행정의 적극성을 가졌다면 해결할 수 있었을 것이라고 본다."라고 대답하였다. 결국 피고인은 기자들과의 대화를 통해서도 '○○시의 행정지원 미비로 △△△△△ 공장이 ○○에 건립되지 못하였고 그로 인해 지역사회 일자리 사정이 악화되었으므로, △△△△△ 공장의 ○○ 재유치를 통해 이를 해결하고자 한다.'는 자신의 정책지향과 포부를 유권자에 전달하려 한 것으로 보인다.
  라) 요컨대, 이 사건 기자회견문 및 기자들과의 질의·응답을 통하여 ① 피고인은 종전 ○○

시정의 책임자가 피고인이 기자회견에서 제시하고 있는 바와 같은 '△△△△△ 공장의 ○○ 재유치' 등의 정책을 적극적으로 강구하지 않은 것이 바로 '행정미숙'이고, 그로 인하여 '일자리 대참사'가 발생하였다는 상황 인식에 터 잡아 ② '△△△△△ 공장의 ○○ 재유치' 등의 정책을 실현하여 ○○ 지역에 많은 일자리를 만들겠다는 자신의 핵심 공약을 제시하여 유권자의 지지를 구하고자 하였던 것으로 보일 뿐 ③ 이와 달리 원심의 판단처럼 '△△△△△ □□공장 건립 결정의 책임 소재'를 의도적으로 드러내고자 하였던 것으로 보기는 어렵다.

4) 위와 같은 사정들을 모두 고려하면, 이 사건 발언을 두고, '누가 보거나 듣더라도 △△△△△ 공장이 ○○시가 아니라 □□군에 건립된 것은 공소외 1 후보의 ○○시장 재임기간에 있었던 행정미숙 때문'이라는 의사를 표현한 것으로 단정할 수는 없고, 오히려 '○○시의 행정미숙으로 △△△△△가 ○○시가 아니라 □□군에 공장 건립을 결정하였고, 공소외 1 후보의 ○○시장 재임기간 동안 ○○시에 일자리 대참사라고 볼 만큼 일자리 사정이 좋지 않았다.'는 취지로 해석함이 발언의 전후 맥락에도 맞고 자연스러워 보인다.

5) 이 점은 이 사건 기자회견에 관한 언론보도를 보더라도 비교적 명확히 확인된다.

기록에 의하면, 이 사건 기자회견 직후인 2018. 5. 29. 10:46 ◇◇◇◇은 "공소외 3 후보는 '☆☆☆☆당 공소외 1 후보가 ○○시장 재임기간인 2012. 10. 12. △△△△△ □□공장 준공식이 개최됐다. 그 전에 ○○공장 부지가 좁아 신축이 필요한데도 행정지원이 미비해 ○○에 건립될 공장이 □□으로 가버렸다. 이는 ○○시의 소극적인 행정으로 인해 일자리대참사가 발생한 것이다'라고 지적했다."라고 보도한 사실이 인정된다. 이는 이 사건 발언에 대한 원심의 이해와는 사뭇 다르다.

대부분의 언론은 기자회견문에 기재된 이 사건 발언 부분을 그대로 원용하여 보도한 것으로 보이고, 다만 원심의 판단과 같이 '△△△△△ 공장이 □□에 건립된 것이 공소외 1의 재임기간 행정지원 미비 때문이라고 지적하였다.'는 취지로 보도한 언론사도 있어 보인다. 위와 같이 이 사건 기자회견문을 접한 언론사에서 같은 기자회견의 내용을 달리 이해하여 서로 다른 취지의 언론보도를 한 점은 의미가 있다.

6) 어떠한 의사 표현이 법률에서 규정한 범죄에 해당한다고 평가하는 것은 그로써 표현의 자유라는 헌법상 기본권의 행사에 부정적인 영향을 줄 위험이 없지 않으므로 특정 의사표현에 대한 법적 평가를 함에 있어서는 그 전제로서 문제 된 표현의 의미가 합리적으로 파악되고 이해될 수 있도록 세심한 주의를 기울여야 한다. 이 점에서 앞서 본 사정들을 함께 살펴보면, 이 사건 발언의 내용이 '△△△△△ □□공장 건립 결정은 공소외 1 후보의 ○○시장 재임기간에 있었던 행정미숙 때문'이라는 원심의 판단은 받아들일 수 없다. 다의적으로 해석될 수 있는 이 사건 발언에 관하여 다른 합리적 해석의 가능성을 배제한 채 이 사건 공소사실에 부합하는 취지로만 해석하는 것은 정치적 표현의 자유와 선거운동의 자유의 헌법적 의의와 중요성을 충분히 반영하지 않은 결과가 되고, '의심스러울 때는 피고인에게 유리하게'라는 형사법의 기본 원칙에도 반한다.

나. 이 사건 발언은 사실의 공표가 아니라 의견의 표명에 해당한다.

1) 공직선거법 제250조 제2항에서 말하는 '사실'의 공표란 가치판단이나 평가를 내용으로 하는

의견 표현에 대치되는 개념으로 시간과 공간적으로 구체적인 과거 또는 현재의 사실관계에 관한 보고 내지 진술을 의미하며 그 표현 내용이 증거에 의해 증명이 가능한 것을 말하고, 어떠한 표현이 사실인가 또는 의견인가를 구별함에 있어서는 언어의 통상적 의미와 용법, 증명가능성, 문제 된 말이 사용된 문맥, 그 표현이 행해진 사회적 정황 등 전체적 정황을 고려하여야 한다(대법원 2007. 03. 15. 선고 2006도8368 판결 등 참조).

나아가 형사처벌 여부가 문제 되는 표현이 사실을 드러낸 것인지 아니면 의견이나 추상적 판단을 표명한 것인지를 구별할 때에는 언어의 통상적 의미와 용법, 증명가능성, 문제된 말이 사용된 문맥과 표현의 전체적인 취지, 표현의 경위와 사회적 맥락 등을 고려하여 판단하되, 헌법상 표현의 자유의 우월적 지위, 형벌법규 해석의 원칙에 비추어 어느 범주에 속한다고 단정하기 어려운 표현인 경우에는 원칙적으로 의견이나 추상적 판단을 표명한 것으로 파악하여야 한다. 또한 어떠한 표현이 공표된 사실의 내용 전체의 취지를 살펴볼 때 중요한 부분에서 객관적 사실과 합치되는 경우에는 세부적으로 진실과 약간 차이가 나거나 다소 과장된 표현이 있더라도 이를 허위사실의 공표라고 볼 수 없다(대법원 2020. 07. 16. 선고 2019도13328 전원합의체 판결 참조).

2) 위 법리에 따라 살펴본다. 이 사건 발언 중 '공소외 1 후보 재임시절에 △△△△△ □□공장 준공식이 개최되었다.'는 ① 문장은 구체적인 과거의 사실관계에 관한 보고이므로 사실의 공표임이 명백하다. 그 외 '그 전에 행정지원이 미비하였고, ○○시가 이를 함께 고민하고 해결하려는 노력이 없음에 □□으로 그 방향을 선회한 것이다. 이는 공소외 1 후보 재임기간에 행정 미숙으로 인해 일자리 대참사가 발생한 것이다.'라는 ②, ③ 문장은 의견의 표명으로 볼 수 있다. 그 전의 △△△△△에 대한 행정지원이 미비하였다고 볼 것인지, △△△△△ 공장이 ○○시에 증설되지 않음으로써 ○○시의 일자리 사정이 '대참사'라고 표현할 만큼 좋지 않게 되었는지는 보는 사람의 관점에 따라 다르고 증거에 의한 증명이 어렵기 때문이다.

3) 이와 같이 이 사건 발언에는 사실의 공표와 의견의 표명이 혼재되어 있는바, 이를 전체적으로 보아 사실의 공표로 볼 것인지, 의견의 표명으로 볼 것인지가 문제 된다.

그러나 이 사건 발언의 주된 취지는 앞서 본 바와 같이 '○○시의 행정지원 미비, 같이 해결하려는 노력의 부족으로 △△△△△가 □□군에 공장 건립을 결정하였고, 그로 인해 ○○시가 일자리 창출의 기회를 놓치게 되었는데, 이로써 공소외 1 후보 재임기간에 일자리 대참사가 발생하였다고 평가할 만하다.'는 것으로 해석되므로 ②, ③ 문장 내용이 주된 것으로 보인다. △△△△△ □□공장 준공식이 공소외 1 후보의 ○○시장 재임시절에 개최되었다는 ① 문장은 이러한 평가의 전제사실 내지 배경사실에 불과한 것으로 보이고, 여기에 이 사건 발언이 △△△△△ 공장 재유치 등을 통한 ○○시 일자리 창출이라는 피고인의 선거공약을 발표하고 정책방향을 제시하는 기자회견문의 일부라는 점까지 더하여 보면, 이 사건 발언은 '전체적으로' 보아 의견의 표명으로 봄이 타당하다.

다. 위에서 상세히 밝힌 바와 같은 이유로 이 사건 발언을 가리켜 공소외 1에 관한 허위사실을 공표한 것으로 단정하기는 어렵다. 원심은 이 사건 발언의 맥락과 경과 및 전후 사정을 충분히 고려하지 않고 이 사건 발언의 의미를 단선적으로만 해석하여 판시와 같은 이유로 이 사건 공소사실을 유죄로 인정하였다. 이러한 원심판단에는 공직선거법 제250조 제2항이 규정한 허위사실공표죄에 관한 법리를 오해하여 판결 결과에 영향을 미친 위법이 있다. 따라서 이를 지적하는 상고이유 제1점의 주장은 이유 있다.

4. 결 론

그러므로 나머지 상고이유에 관한 판단을 생략한 채 원심판결을 파기하고, 사건을 다시 심리·판단하게 하기 위하여 원심법원에 환송하기로 하여, 관여 대법관의 일치된 의견으로 주문과 같이 판결한다.

ⓑ 대법원 2021. 01. 14. 선고 2016도7104 판결 [대통령기록물관리에관한법률위반·공무상비밀누설·무고·공용서류은닉·특정범죄가중처벌등에관한법률위반(뇌물)]

【판시사항】

대통령기록물 관리에 관한 법률 제30조 제2항 제1호, 제14조에 의해 유출이 금지되는 대통령기록물에 원본 문서나 전자파일 이외에 그 사본이나 추가 출력물까지 포함된다고 해석하는 것이 죄형법정주의 원칙상 허용되는지 여부(소극)

【판결요지】

대통령기록물 관리에 관한 법률(이하 '대통령기록물법'이라 한다)은 대통령기록물의 보호·보존 및 활용 등 대통령기록물의 효율적 관리와 대통령기록관의 설치·운영에 관하여 필요한 사항을 정함으로써 국정운영의 투명성과 책임성을 높이는 것을 목적으로 한다(제1조). 대통령기록물법 제2조는 '대통령기록물'이란 대통령의 직무수행과 관련하여 대통령 등 기관이 생산·접수하여 보유하고 있는 기록물 및 물품을 의미하고(제1호), '기록물'이란 공공기록물 관리에 관한 법률(이하 '공공기록물법'이라 한다) 제3조 제2호에 따른 기록물을 의미한다[제1호의2 (가)목]고 규정하고 있다. 공공기록물법 제3조 제2호는 '기록물'이란 공공기관이 업무와 관련하여 생산하거나 접수한 문서·도서·대장·카드·도면·시청각물·전자문서 등 모든 형태의 기록정보 자료와 행정박물(行政博物)을 말한다고 규정하고 있다.

대통령기록물법은, 대통령과 대통령의 보좌기관·자문기관의 장 등은 대통령의 직무수행과 관련한 모든 과정 및 결과가 기록물로 생산·관리되도록 하여야 함을 원칙으로 규정하고(제7조 제1항), 생산된 대통령기록물을 중앙기록물관리기관으로 이관하는 절차와 대통령기록물을 폐기하는 절차 등에 관하여도 구체적인 규정을 두고 있다(제11조, 제13조). 나아가 누구든지 무단으로 대통령기록물을 파기·손상·은닉·멸실 또는 유출하거나 국외로 반출하여서는 아니 된다고 규정하면서(제14조), 이를 위반하여 대통령기록물을 무단으로 파기·손상·은닉·멸실 또는 유출하거나 국외로 반출한 자를 처벌하도록 규정하고 있고(제30조 제1항, 제2항), 이와 별도로 대통령기록물 관리업무를 담당하거나 담당하였던 자 또는 대통령기록물에 접근·열람하였던 자는 그 과정에서 알게 된 비밀 및 보호기간 중인 대통령지정기록물에 포함되어 있는 내용을 누설하여서는 아니 된다고 규정하면서(제19조 본문) 이를 위반한 자를 처벌하도록 규정하고 있다(제30조 제3항).

대통령기록물법 제4조는 대통령기록물의 관리에 관하여는 다른 법률에 우선하여 이 법을 적용하되, 이 법에 규정되지 아니한 사항에 관하여는 공공기록물법을 적용하도록 하고 있다. 공공기록물법 제21조 제1항은 영구보존으로 분류된 기록물 중 중요한 기록물은 복제본을 제작하여 보존하거나 보존매체에 수록하는 등의 방법으로 이중보존하는 것을 원칙으로 하고, 제48조는 기록물관리기관이 대통령령으로 정한 기준과 절차에 따라 보존매체에 수록한 기록물은 원본과 같은 것으로 추정한다고 규정하고 있다.

이와 같은 법령의 규정 및 체계에다가, 대통령기록물법은 대통령기록물의 효율적 관리를 통한 국정운영의 투명성과 책임성 강화를 목적으로 입법된 것으로 사본 자체를 원본과 별도로 보존할 필요가 있다는 등의 특별한 사정이 없는 이상 원본 문서나 전자파일 이외에 그 사본이나 추가 출력물까지 모두 대통령기록물로 보존할 필요는 없는 점, 대통령기록물법은 대통령기록물 자체를 파기, 손상, 유출하는 등의 행위와 그 내용을 누설하는 행위를 구별하여 규정하고 있는 점, 공공기록물법 제21조는 영구보존으로 분류된 기록물 중 중요한 기록물에 대한 복제본 제작 등에 관하여 별도의 규정을 두고 있는 점 등을 종합적으로 고려하면, 대통령기록물법 제30조 제2항 제1호, 제14조에 의해 유출이 금지되는 대통령기록물에 원본 문서나 전자파일 이외에 그 사본이나 추가 출력물까지 포함된다고 해석하는 것은 죄형법정주의 원칙상 허용되지 아니한다.

【참조조문】 헌법 제12조 제1항, 형법 제1조 제1항, 대통령기록물 관리에 관한 법률 제1조, 대통령기록물 관리에 관한 법률(2020. 12. 8. 법률 제17573호로 개정되기 전의 것) 제2조 제1호, 제1호의2 (가)목, 제4조, 제7조 제1항, 제11조, 제13조, 제14조, 제19조, 제30조 제1항, 제2항, 제3항, 공공기록물 관리에 관한 법률 제3조 제2호, 제21조, 제48조
【전　　문】　【피 고 인】 피고인 1 외 1인　　【상 고 인】 피고인 1 및 검사
【변 호 인】 법무법인(유한) 바른 외 1인
【원심판결】 서울고법 2016. 4. 29. 선고 2015노3042 판결

【주　문】

상고를 모두 기각한다. 제1심판결의 주문 중 "별지 범죄일람표 (1) 순번 9 기재 문건 전달로 인한 대통령기록물 관리에 관한 법률 위반의 점을 제외한 나머지 각 대통령기록물 관리에 관한 법률 위반의 점"을 "각「대통령기록물 관리에 관한 법률」위반의 점"으로 경정한다.

【이　유】

상고이유를 판단한다.

1. 검사의 상고이유에 대하여
가. 피고인들에 대한「대통령기록물 관리에 관한 법률」(이하 '대통령기록물법'이라 한다) 위반의 점에 관하여

1) 죄형법정주의는 국가형벌권의 자의적인 행사로부터 개인의 자유와 권리를 보호하기 위하여 범죄와 형벌을 법률로 정할 것을 요구한다. 그러한 취지에 비추어 보면 형벌법규의 해석은 엄격하여야 하고, 문언의 가능한 의미를 벗어나 피고인에게 불리한 방향으로 해석하는 것은 죄형법정주의의 내용인 확장해석금지에 따라 허용되지 아니한다(대법원 2016. 03. 10. 선고 2015도17847 판결 등 참조).

2) 대통령기록물법은 대통령기록물의 보호·보존 및 활용 등 대통령기록물의 효율적 관리와 대통령기록관의 설치·운영에 관하여 필요한 사항을 정함으로써 국정운영의 투명성과 책임성을 높이는 것을 목적으로 한다(제1조). 대통령기록물법 제2조는 '대통령기록물'이란 대통령의 직무수행과 관련하여 대통령 등 기관이 생산·접수하여 보유하고 있는 기록물 및 물품을 의미하고(제1호), '기록물'이란 「공공기록물 관리에 관한 법률」(이하 '공공기록물법'이라 한다) 제3조 제2호에 따른 기록물을 의미한다[제1호의2 (가)목]고 규정하고 있다. 공공기록물법 제3조 제2호는 '기록물'이란 공공기관이 업무와 관련하여 생산하거나 접수한 문서·도서·대장·카드·도면·시청각물·전자문서 등 모든 형태의 기록정보 자료와 행정박물(行政博物)을 말한다고 규정하고 있다.

대통령기록물법은, 대통령과 대통령의 보좌기관·자문기관의 장 등은 대통령의 직무수행과 관련한 모든 과정 및 결과가 기록물로 생산·관리되도록 하여야 함을 원칙으로 규정하고(제7조 제1항), 생산된 대통령기록물을 중앙기록물관리기관으로 이관하는 절차와 대통령기록물을 폐기하는 절차 등에 관하여도 구체적인 규정을 두고 있다(제11조, 제13조). 나아가 누구든지 무단으로 대통령기록물을 파기·손상·은닉·멸실 또는 유출하거나 국외로 반출하여서는 아니 된다고 규정하면서(제14조), 이를 위반하여 대통령기록물을 무단으로 파기·손상·은닉·멸실 또는 유출하거나 국외로 반출한 자를 처벌하도록 규정하고 있고(제30조 제1항, 제2항), 이와 별도로 대통령기록물 관리업무를 담당하거나 담당하였던 자 또는 대통령기록물에 접근·열람하였던 자는 그 과정에서 알게 된 비밀 및 보호기간 중인 대통령지정기록물에 포함되어 있는 내용을 누설하여서는 아니 된다고 규정하면서(제19조 본문) 이를 위반한 자를 처벌하도록 규정하고 있다(제30조 제3항).

대통령기록물법 제4조는 대통령기록물의 관리에 관하여는 다른 법률에 우선하여 이 법을 적용하되, 이 법에 규정되지 아니한 사항에 관하여는 공공기록물법을 적용하도록 하고 있다. 공공기록물법 제21조 제1항은 영구보존으로 분류된 기록물 중 중요한 기록물은 복제본을 제작하여 보존하거나 보존매체에 수록하는 등의 방법으로 이중보존하는 것을 원칙으로 하고, 제48조는 기록물관리기관이 대통령령으로 정한 기준과 절차에 따라 보존매체에 수록한 기록물은 원본과 같은 것으로 추정한다고 규정하고 있다.

이와 같은 법령의 규정 및 체계에다가, 대통령기록물법은 대통령기록물의 효율적 관리를 통한 국정운영의 투명성과 책임성 강화를 목적으로 입법된 것으로 사본 자체를 원본과 별도로 보존할 필요가 있다는 등의 특별한 사정이 없는 이상 원본 문서나 전자파일 이외에 그 사본이나 추가 출력물까지 모두 대통령기록물로 보존할 필요는 없는 점, 대통령기록물법은 대통령기록물 자체를 파기, 손상, 유출하는 등의 행위와 그 내용을 누설하는 행위를 구별하여 규정하고 있는 점, 공공기록물법 제21조는 영구보존으로 분류된 기록물 중 중요한 기록물에 대한 복제본 제작 등에 관하여 별도의 규정을 두고 있는 점 등을 종합적으로 고려하면, 대통령기록물법

제30조 제2항 제1호, 제14조에 의해 유출이 금지되는 대통령기록물에 원본 문서나 전자파일 이외에 그 사본이나 추가 출력물까지 포함된다고 해석하는 것은 죄형법정주의 원칙상 허용되지 아니한다.

3) 위 법리에 따라 기록을 살펴보면, 원심이 원심 별지 범죄일람표 (1), 범죄일람표 (3) 기재 문건들은 피고인 1이 사용하던 컴퓨터에 저장되어 있던 문서 파일을 보고절차에 사용한 원본 문서와 별도로 추가 출력하거나 사본한 문서로서 대통령기록물법 제30조 제2항 제1호, 제14조에서 정한 대통령기록물로 볼 수 없다고 보아, 피고인들에 대한 이 사건 공소사실 중 대통령기록물법 위반의 점에 대하여 무죄를 선고한 제1심판결을 그대로 유지한 것은 정당하고, 거기에 상고이유 주장과 같이 대통령기록물에 관한 법리를 오해하는 등으로 판결에 영향을 미친 잘못이 없다.

나. 피고인들에 대한 공무상비밀누설의 점에 관하여

원심은 ① 피고인 2가 피고인 1에게 원심 별지 범죄일람표 (2) 순번 4 기재 문건(이하 '공소외 1 동향 문건'이라 한다)의 전달을 지시하였다는 사실이 합리적 의심을 배제할 정도로 입증되었다고 볼 수 없고, ② 피고인들이 공소외 1 동향 문건을 제외한 나머지 범죄일람표 (2) 기재 문건의 내용을 대통령 친인척인 공소외 2에게 알려준 것은 ○○○○비서관실의 정당한 업무 범위에 해당한다고 보아, 피고인들에 대한 이 사건 공소사실 중 공무상비밀누설의 점(피고인 1에 대한 공소외 1 동향 문건 전달로 인한 부분 제외)을 무죄로 판단한 제1심판결을 그대로 유지하였다.

원심판결 이유를 관련 법리와 기록에 비추어 살펴보면, 위와 같은 원심의 판단에 상고이유 주장과 같이 논리와 경험의 법칙을 위반하여 자유심증주의의 한계를 벗어나거나, 정당행위의 요건과 적법한 직무행위의 범위에 관한 법리를 오해하고, 필요한 판단을 누락하는 등으로 판결에 영향을 미친 잘못이 없다.

다. 피고인 1에 대한 공용서류은닉, 무고의 점에 관하여

원심은 그 판시와 같은 이유로 피고인 1에 대한 이 사건 공소사실 중 공용서류은닉, 무고의 점을 무죄로 판단한 제1심판결을 그대로 유지하였다.

원심판결 이유를 관련 법리와 기록에 비추어 살펴보면, 위와 같은 원심의 판단에 상고이유 주장과 같이 논리와 경험의 법칙을 위반하여 자유심증주의의 한계를 벗어나거나, 공용서류은닉죄에서의 '공무소에서 사용하는 서류' 및 무고의 범의에 관한 법리를 오해하고, 필요한 판단을 누락하는 등으로 판결에 영향을 미친 잘못이 없다.

라. 피고인 1에 대한 「특정범죄 가중처벌 등에 관한 법률」(이하 '특정범죄가중법'이라 한다) 위반(뇌물)의 점에 관하여

원심은 그 판시와 같은 이유로 피고인 1에 대한 이 사건 공소사실 중 특정범죄가중법 위반(뇌물)의 점 가운데 현금 5,000만 원 수수 부분에 대하여 무죄로 판단한 제1심판결을 그대로 유지하고, 골드바 합계 6개 중 1개 수수 부분에 대하여 범죄사실의 증명이 없는 때에 해당한다고 보아 이를 유죄로 판단한 제1심판결을 파기하여 무죄로 판단하면서, 골드바 합계 5개를 수수한 부분은 공소시효가 완성되었다고 보아 이를 유죄로 인정한 제1심판결을 파기하고 면소를 선고하였다.

원심판결 이유를 관련 법리와 기록에 비추어 살펴보면, 위와 같은 원심의 판단에 상고이유 주장

과 같이 논리와 경험의 법칙을 위반하여 자유심증주의의 한계를 벗어나거나, 뇌물공여자의 진술의 신빙성 판단에 관한 법리를 오해하고, 필요한 심리를 다하지 아니하는 등으로 판결에 영향을 미친 잘못이 없다.

2. 피고인 1의 상고이유에 대하여

원심은 피고인 1이 공소외 1 동향 문건을 공소외 3을 통하여 공소외 2에게 전달한 사실을 인정할 수 있고, 위 문건에 포함된 내용에 관하여 ○○○○비서관실에서 정보를 수집하고 이를 보고하였다는 사실은 외부에 알려지지 않는 것에 상당한 이익이 있는 사항으로 공무상 비밀에 해당한다고 보아, 피고인 1에 대한 이 사건 공소사실 중 공소외 1 동향 문건관련 공무상비밀누설의 점을 유죄로 판단한 제1심판결을 그대로 유지하였다.

원심판결 이유를 관련 법리와 기록에 비추어 살펴보면, 위와 같은 원심의 판단에 상고이유 주장과 같이 논리와 경험의 법칙을 위반하여 자유심증주의의 한계를 벗어나거나, 공무상비밀누설죄에서의 직무상 비밀의 의미와 범위 및 대통령기록물법 제16조 제1항의 대통령기록물 공개 원칙에 관한 법리를 오해하는 등으로 판결에 영향을 미친 잘못이 없다.

3. 결 론

그러므로 상고를 모두 기각하고, 제1심판결의 주문에 명백한 오류가 있으므로 형사소송규칙 제25조에 따라 이를 경정하기로 하여, 관여 대법관의 일치된 의견으로 주문과 같이 판결한다.

ⓒ 대법원 2021. 01. 14. 선고 2020도10979 판결 [보건범죄단속에관한특별조치법위반(부정의약품제조등)]

【판시사항】

보건범죄 단속에 관한 특별조치법 제3조 제1항 제2호에서 정한 '연간'의 의미 / 여러 해 동안 수회에 걸쳐 이루어진 부정의약품 제조·판매행위 등이 포괄일죄에 해당하는 경우, 그 기간 중 어느 일정 연도의 연간 소매가격이 같은 법 제3조 제1항 제2호에서 정한 1천만 원을 넘으면 다른 연도의 연간 소매가격이 위 금액에 미달하더라도 그 전체를 같은 법 제3조 제1항 제2호 위반의 포괄일죄로 처단하여야 하는지 여부(적극) / 이러한 법리는 여러 해 동안 수회에 걸쳐 이루어진 부정의약품 제조·판매행위 등의 연간 소매가격이 모두 1천만 원을 넘는 경우에도 마찬가지인지 여부(적극)

【판결요지】

보건범죄 단속에 관한 특별조치법(이하 '보건범죄단속법'이라고 한다) 제3조 제1항 제2호의 '연간'은 역법상의 한 해인 1. 1.부터 12. 31.까지의 1년간을 의미한다. 하지만 동일 죄명에 해당하는 수 개의 행위를 단일하고 계속된 범의하에 일정기간 계속하여 행하고 그 피해법익도 동일한 경우에는 이들 각 행위를 통틀어 포괄일죄로 처단하여야 할 것이다. 여러 해 동안 수회에 걸쳐 이루어진 부정의약품 제조·판매행위 등을 포괄일죄에 해당한다고 보는 이상, 그 기간 중 어느 일정 연도의 연간 소매가격이 보건범죄단속법 제3조 제1항 제2호에서 정한 1천만 원을 넘은 경우에는 다른 연도의 연간 소매가격이 위 금액에 미달한다고 하더라도 그 전체를 보건범죄단속법 제3조 제1항 제2호 위반의 포괄일죄로 처단함이 타당하다. 이러한 법리는 여러 해 동안 수회에 걸쳐 이루어진 부정의약품 제조·판매행위 등의 연간 소매가격이 모두 1천만 원을 넘는 경우에도 마찬가지이다.

【참조조문】 보건범죄 단속에 관한 특별조치법 제3조 제1항 제2호, 형법 제37조
【참조판례】 대법원 1980. 3. 25. 선고 79도2962 판결(공1980, 12756), 대법원 1995. 1. 12. 선고 93도3213 판결(공1995상, 934), 대법원 2007. 3. 29. 선고 2007도595 판결
【전   문】
【피 고 인】 피고인
【상 고 인】 검사 및 피고인
【변 호 인】 변호사 이선진 외 1인
【원심판결】 서울고법 2020. 7. 23. 선고 2019노1431 판결

【주   문】

원심판결을 파기하고, 사건을 서울고등법원에 환송한다.

【이   유】

상고이유를 판단한다.

1. **검사의 상고이유에 대하여**

가. 원심은, 피고인이 공소외인과 공모하여 2016. 3. 28.경부터 2017. 6. 20.경까지 의약품제조업 허가를 받지 아니하고 판시 별지 범죄일람표(주위적 공소사실) 기재와 같이 의약품인 '다이어트한약' 소매가격 합계 585,959,000원 상당을 제조·판매한 행위가 포괄하여 「보건범죄 단속에 관한 특별조치법」(이하 '보건범죄단속법'이라고 한다) 위반(부정의약품제조 등)죄에 해당한다는 주위적 공소사실에 대하여, 부정의약품의 가액이 소매가격으로 연간 1천만 원 이상인 경우에는 보건범죄단속법 제3조 제1항 제2호 위반의 일죄가 성립하고, 같은 호 위반죄는 1년 단위로 하나의 죄를 구성하여 그 상호 간에는 경합범 관계에 있으며, 위 '연간'이란 역법상의 한 해인 1. 1.부터 12. 31.까지의 1년간을 의미하므로, 피고인의 2016년 및 2017년 이 사건 다이어트한약 제조·판매행위는 각 연도별로 포괄하여 각 보건범죄단속법 제3조 제1항 제2호 위반죄가 성립하고 그 상호 간은 경합범 관계에 있다고 보아, 위 주위적 공소사실 부분을 유죄로 인정한 제1심판결을 파기하고 이유에서 무죄로 판단하였다.

나. 그러나 원심의 판단은 다음과 같은 이유로 받아들이기 어렵다.
1) 보건범죄단속법 제3조 제1항 제2호의 '연간'은 역법상의 한 해인 1. 1.부터 12. 31.까지의 1년간을 의미한다. 하지만 동일 죄명에 해당하는 수 개의 행위를 단일하고 계속된 범의 하에 일정기간 계속하여 행하고 그 피해법익도 동일한 경우에는 이들 각 행위를 통틀어 포괄일죄로 처단하여야 할 것이다(대법원 2007. 03. 29. 선고 2007도595 판결 참조). 여러 해 동안 수회에 걸쳐 이루어진 부정의약품 제조·판매행위 등을 포괄일죄에 해당한다고 보는 이상, 그 기간 중 어느 일정 연도의 연간 소매가격이 보건범죄단속법 제3조 제1항 제2호에서 정한 1천만 원을 넘은 경우에는 다른 연도의 연간 소매가격이 위 금액에 미달한다고 하더라도 그 전체를 보건범죄단속법 제3조 제1항 제2호 위반의 포괄일죄로 처단함이 타당하다(대법원 1980. 03. 25. 선고 79도2962 판결, 대법원 1995. 01. 12. 선고 93도3213 판결 참조). 이러한 법리는 여러 해 동안 수회에 걸쳐 이루어진 부정의약품 제조·판매행위 등의 연간 소매가격이 모두 1천만 원을 넘는 경우에도 마찬가지이다.
2) 원심이 적법하게 채택하여 조사한 증거들에 의하면, 원심이 실체적 경합범 관계로 인정한 2016년도 보건범죄단속법 위반행위와 2017년도 보건범죄단속법 위반행위는 모두 부정의약품의 연간 소매가격이 보건범죄단속법 제3조 제1항 제2호에서 정한 1천만 원을 넘는 사실, 피고인의 이 사건 제조·판매행위는 그 구성요건의 성질상 동종행위의 반복이 예상되고 반복된 수 개의 제조·판매행위 상호 간에는 일시·장소의 근접, 방법의 유사성, 기회의 동일, 범의의 계속 등 밀접한 관계에 있는 사실을 알 수 있다.

위와 같은 사실관계를 앞서 본 법리에 비추어 살펴보면, 피고인의 이 사건 제조·판매행위는 전체를 포괄하여 보건범죄단속법 제3조 제1항 제2호 위반의 일죄만 성립한다고 봄이 타당하다.
3) 그런데도 원심은 이와 달리 이를 실체적 경합범 관계에 있다고 보아 포괄일죄의 관계에 있는 주위적 공소사실을 이유에서 무죄로 판단하였다. 이러한 원심판결에는 보건범죄단속법 제3조 제1항 제2호 위반죄의 죄수에 관한 법리를 오해하여 판결에 영향을 미친 잘못이 있다. 이를 지적하는 검사의 상고이유 주장은 이유 있다.

원심이 들고 있는 대법원 2000. 04. 20. 선고 99도3822 전원합의체 판결은 사안이 달라 이 사건에 원용하기에 적절하지 아니하다.

2. 파기의 범위

원심판결 중 주위적 공소사실 부분이 파기되어야 한다. 위 파기 부분과 동일체 관계에 있는 예비적 공소사실 부분도 파기되어야 하므로, 결국 원심판결 전부가 파기되어야 한다.

3. 결 론

그러므로 피고인의 상고이유 주장에 대한 판단을 생략한 채 원심판결을 파기하고, 사건을 다시 심리·판단하도록 원심법원에 환송하기로 하여, 관여 대법관의 일치된 의견으로 주문과 같이 판결한다.

Ⓐ 대법원 2021. 01. 28. 선고 2018도4708 판결 [예비군법위반]

【판시사항】

진정한 양심에 따른 병역거부가 병역법 제88조 제1항에서 정한 '정당한 사유'에 해당하는지 여부(적극) 및 이때 '진정한 양심'의 의미와 증명 방법 / 진정한 양심에 따른 예비군훈련 거부의 경우에도 예비군법 제15조 제9항 제1호에서 정한 '정당한 사유'에 해당하는지 여부(적극) 및 정당한 사유가 없다는 사실에 대한 증명책임 소재(=검사)와 증명 방법

【판결요지】

병역법 제88조 제1항에서 정한 '정당한 사유'가 있는지를 판단할 때에는 병역법의 목적과 기능, 병역의무의 이행이 헌법을 비롯한 전체 법질서에서 가지는 위치, 사회적 현실과 시대적 상황의 변화 등은 물론 피고인이 처한 구체적이고 개별적인 사정도 고려해야 한다.

양심에 따른 병역거부, 이른바 양심적 병역거부는 종교적·윤리적·도덕적·철학적 또는 이와 유사한 동기에서 형성된 양심상 결정을 이유로 집총이나 군사훈련을 수반하는 병역의무의 이행을 거부하는 행위를 말한다. 양심적 병역거부자에게 병역의무의 이행을 일률적으로 강제하고 그 불이행에 대하여 형사처벌 등 제재를 하는 것은 양심의 자유를 비롯한 헌법상 기본권 보장체계와 전체 법질서에 비추어 타당하지 않을 뿐만 아니라 소수자에 대한 관용과 포용이라는 자유민주주의 정신에도 위배된다. 따라서 진정한 양심에 따른 병역거부라면, 이는 병역법 제88조 제1항의 '정당한 사유'에 해당한다고 보아야 한다.

이때 진정한 양심이란 그 신념이 깊고, 확고하며, 진실한 것을 말한다. 인간의 내면에 있는 양심을 직접 객관적으로 증명할 수는 없으므로 사물의 성질상 양심과 관련성이 있는 간접사실 또는 정황사실을 증명하는 방법으로 진정한 양심에 따른 병역거부인지 여부를 판단할 수 있다.

한편 예비군법 제15조 제9항 제1호는 병역법 제88조 제1항과 마찬가지로 국민의 국방의 의무를 구체화하기 위하여 마련된 것이고, 예비군훈련도 집총이나 군사훈련을 수반하는 병역의무의 이행이라는 점에서 병역법 제88조 제1항에서 정한 '정당한 사유'에 관한 대법원 2018. 11. 1. 선고 2016도10912 전원합의체 판결의 법리에 따라 예비군법 제15조 제9항 제1호에서 정한 '정당한 사유'를 해석함이 타당하다. 따라서 진정한 양심에 따른 예비군훈련 거부의 경우에도 예비군법 제15조 제9항 제1호에서 정한 '정당한 사유'에 해당한다고 보아야 한다.

정당한 사유가 없다는 사실은 범죄구성요건이므로 검사가 증명하여야 한다. 다만 진정한 양심의 부존재를 증명한다는 것은 마치 특정되지 않은 기간과 공간에서 구체화되지 않은 사실의 부존재를 증명하는 것과 유사하다. 위와 같은 불명확한 사실의 부존재를 증명하는 것은 사회통념상 불가능한 반면 그 존재를 주장·증명하는 것이 좀 더 쉬우므로, 이러한 사정은 검사가 증명책임을 다하였는지를 판단할 때 고려하여야 한다. 따라서 양심상의 이유로 예비군훈련 거부를 주장하는 피고인은 자신의 예비군훈련거부가 그에 따라 행동하지 않고서는 인격적 존재가치가 파멸되고 말 것이라는 절박하고 구체적인 양심에 따른 것이며 그 양심이 깊고 확고하며 진실한 것이라는 사실의 존재를 수긍할 만한 소명자료를 제시하고, 검사는 제시된 자료의 신빙성을 탄핵하는 방법으로 진정한 양심의 부존재를 증명할 수 있

다. 이때 예비군훈련 거부자가 제시하여야 할 소명자료는 적어도 검사가 그에 기초하여 정당한 사유가 없다는 것을 증명하는 것이 가능할 정도로 구체성을 갖추어야 한다.

【참조조문】 헌법 제19조, 제37조 제2항, 제39조, 병역법 제88조 제1항, 예비군법 제6조 제1항, 제15조 제9항 제1호, 형사소송법 제308조
【참조판례】 대법원 2018. 11. 1. 선고 2016도10912 전원합의체 판결(공2018하, 2401)
【전　　문】【피 고 인】 피고인 【상 고 인】 피고인 【변 호 인】 변호사 이창화 외 3인
【원심판결】 울산지법 2018. 2. 21. 선고 2017노1415, 1641 판결

【주　문】

원심판결을 파기하고, 사건을 울산지방법원에 환송한다.

【이　유】

상고이유를 판단한다.

1.
가. 병역법 제88조 제1항에서 정한 '정당한 사유'가 있는지를 판단할 때에는 병역법의 목적과 기능, 병역의무의 이행이 헌법을 비롯한 전체 법질서에서 가지는 위치, 사회적 현실과 시대적 상황의 변화 등은 물론 피고인이 처한 구체적이고 개별적인 사정도 고려해야 한다.

양심에 따른 병역거부, 이른바 양심적 병역거부는 종교적·윤리적·도덕적·철학적 또는 이와 유사한 동기에서 형성된 양심상 결정을 이유로 집총이나 군사훈련을 수반하는 병역의무의 이행을 거부하는 행위를 말한다. 양심적 병역거부자에게 병역의무의 이행을 일률적으로 강제하고 그 불이행에 대하여 형사처벌 등 제재를 하는 것은 양심의 자유를 비롯한 헌법상 기본권 보장체계와 전체 법질서에 비추어 타당하지 않을 뿐만 아니라 소수자에 대한 관용과 포용이라는 자유민주주의 정신에도 위배된다. 따라서 진정한 양심에 따른 병역거부라면, 이는 병역법 제88조 제1항의 '정당한 사유'에 해당한다고 보아야 한다.

이때 진정한 양심이란 그 신념이 깊고, 확고하며, 진실한 것을 말한다. 인간의 내면에 있는 양심을 직접 객관적으로 증명할 수는 없으므로 사물의 성질상 양심과 관련성이 있는 간접사실 또는 정황사실을 증명하는 방법으로 진정한 양심에 따른 병역거부인지 여부를 판단할 수 있다(대법원 2018. 11. 01. 선고 2016도10912 전원합의체 판결 참조).

나. 한편 예비군법 제15조 제9항 제1호는 병역법 제88조 제1항과 마찬가지로 국민의 국방의 의무를 구체화하기 위하여 마련된 것이고, 예비군훈련도 집총이나 군사훈련을 수반하는 병역의무의 이행이라는 점에서 병역법 제88조 제1항에서 정한 '정당한 사유'에 관한 위 전원합의체 판결의 법리에 따라 예비군법 제15조 제9항 제1호에서 정한 '정당한 사유'를 해석함이 타당하다. 따라서 진정한 양심에 따른 예비군훈련 거부의 경우에도 예비군법 제15조 제9항 제1호에서 정한 '정당한

사유'에 해당한다고 보아야 한다.

다. 정당한 사유가 없다는 사실은 범죄구성요건이므로 검사가 증명하여야 한다. 다만 진정한 양심의 부존재를 증명한다는 것은 마치 특정되지 않은 기간과 공간에서 구체화되지 않은 사실의 부존재를 증명하는 것과 유사하다. 위와 같은 불명확한 사실의 부존재를 증명하는 것은 사회통념상 불가능한 반면 그 존재를 주장·증명하는 것이 좀 더 쉬우므로, 이러한 사정은 검사가 증명책임을 다하였는지를 판단할 때 고려하여야 한다. 따라서 양심상의 이유로 예비군훈련 거부를 주장하는 피고인은 자신의 예비군훈련 거부가 그에 따라 행동하지 않고서는 인격적 존재가치가 파멸되고 말 것이라는 절박하고 구체적인 양심에 따른 것이며 그 양심이 깊고 확고하며 진실한 것이라는 사실의 존재를 수긍할 만한 소명자료를 제시하고, 검사는 제시된 자료의 신빙성을 탄핵하는 방법으로 진정한 양심의 부존재를 증명할 수 있다. 이때 예비군훈련 거부자가 제시하여야 할 소명자료는 적어도 검사가 그에 기초하여 정당한 사유가 없다는 것을 증명하는 것이 가능할 정도로 구체성을 갖추어야 한다(위 전원합의체 판결 참조).

2. 원심은 피고인이 여호와의 증인 신도로서 그 종교의 교리를 이유로 예비군훈련을 거부하는 것이 예비군법 제15조 제9항 제1호에서 정한 '정당한 사유'에 해당하지 않는다고 판단하여, 이 사건 공소사실을 유죄로 인정한 제1심판결을 그대로 유지하였다. 그러나 위 전원합의체 판결 법리의 취지에 비추어 살펴보면, 원심판결은 예비군법에서 정한 '정당한 사유'에 관한 법리를 오해하여 필요한 심리를 다하지 않음으로써 판결에 영향을 미친 위법이 있다. 이를 지적하는 상고이유는 이유 있다.

3. 그러므로 피고인의 나머지 상고이유에 관한 판단을 생략한 채 원심판결을 파기하고, 사건을 다시 심리·판단하도록 원심법원에 환송하기로 하여, 관여 대법관의 일치된 의견으로 주문과 같이 판결한다.

---

⑩ 대법원 2021. 02. 04. 선고 2020도13899 판결 [의료법위반]

【판시사항】

구 의료법(2016. 12. 20. 법률 제14438호로 개정되기 전의 것) 제17조 제1항, 제89조의 취지 / 의사 등이 구 의료법 제17조 제1항에 따라 직접 진찰하여야 할 환자를 진찰하지 않은 채 그 환자를 대상자로 표시하여 진단서·증명서 또는 처방전을 작성·교부한 경우, 같은 조항을 위반한 것인지 여부(적극) 및 이는 환자가 실제 존재하지 않는 허무인(虛無人)인 경우에도 마찬가지인지 여부(적극)

【판결요지】

구 의료법(2016. 12. 20. 법률 제14438호로 개정되기 전의 것, 이하 같다) 제17조 제1항은 '의료업에 종사하고 직접 진찰하거나 검안한 의사, 치과의사, 한의사(이하 '의사 등'이라 한다)가 아니면 진단서·검안서·증명서 또는 처방전(전자처방전을 포함한다)을 작성하여 환자(환자가 사망한 경우에는 배우자, 직계존비속 또는 배우자의 직계존속을 말한다) 또는 형사소송법 제222조 제1항에 따라 검시를 하는 지방검찰청 검사(검안서에 한한다)에게 교부하거나 발송(전자처방전에 한한다)하지 못한다.'고 규정하고, 같은 법 제89조는 제17조 제1항을 위반한 자를 처벌하고 있다. 이는 진단서·검안서·증명서 또는 처방전이 의사 등이 환자를 직접 진찰하거나 검안한 결과를 바탕으로 의료인으로서의 판단을 표시하는 것으로서 사람의 건강상태 등을 증명하고 민형사책임을 판단하는 증거가 되는 등 중요한 사회적 기능을 담당하고 있어 그 정확성과 신뢰성을 담보하기 위하여 직접 진찰·검안한 의사 등만이 이를 작성·교부할 수 있도록 하는 데 그 취지가 있다. 따라서 의사 등이 구 의료법 제17조 제1항에 따라 직접 진찰하여야 할 환자를 진찰하지 않은 채 그 환자를 대상자로 표시하여 진단서·증명서 또는 처방전을 작성·교부하였다면 구 의료법 제17조 제1항을 위반한 것으로 보아야 하고, 이는 환자가 실제 존재하지 않는 허무인(虛無人)인 경우에도 마찬가지이다.

【참조조문】 구 의료법(2016. 12. 20. 법률 제14438호로 개정되기 전의 것) 제17조 제1항(현행 제17조 제1항, 제17조의2 제1항 참조), 제89조(현행 제89조 제1호 참조)
【참조판례】 대법원 2013. 4. 11. 선고 2011도14690 판결(공2013상, 903), 대법원 2017. 12. 22. 선고 2014도12608 판결(공2018상, 366)
【전   문】 【피 고 인】 피고인 【상 고 인】 피고인
【변 호 인】 법무법인 린 담당변호사 강인철 외 2인
【원심판결】 의정부지법 2020. 9. 24. 선고 2019노3357 판결

【주   문】

상고를 기각한다.

【이   유】

상고이유를 판단한다.

1. 구 의료법(2016. 12. 20. 법률 제14438호로 개정되기 전의 것, 이하 같다) 제17조 제1항은 '의료업에 종사하고 직접 진찰하거나 검안한 의사, 치과의사, 한의사(이하 '의사 등'이라 한다)가 아니면 진단서·검안서·증명서 또는 처방전(전자처방전을 포함한다)을 작성하여 환자(환자가 사망한 경우에는 배우자, 직계존비속 또는 배우자의 직계존속을 말한다) 또는 형사소송법 제222조 제1항에 따라 검시를 하는 지방검찰청 검사(검안서에 한한다)에게 교부하거나 발송(전자처방전에 한한다)하지 못한다.'고 규정하고, 같은 법 제89조는 제17조 제1항을 위반한 자를 처벌하고 있다. 이는 진단서·검안서·증명서 또는 처방전이 의사 등이 환자를 직접 진찰하거나 검안한 결과를 바탕으로 의료인으로서의 판단을 표시하는 것으로서 사람의 건강상태 등을 증명하고 민형사책임을 판단하는 증거가 되는 등 중요한 사회적 기능을 담당하고 있어 그 정확성과 신뢰성을 담보하기 위하여 직접 진찰·검안한 의사 등만이 이를 작성·교부할 수 있도록 하는 데 그 취지가 있다. 따라서 의사 등이 구 의료법 제17조 제1항에 따라 직접 진찰하여야 할 환자를 진찰하지 않은 채 그 환자를 대상

자로 표시하여 진단서·증명서 또는 처방전을 작성·교부하였다면 구 의료법 제17조 제1항을 위반한 것으로 보아야 하고(대법원 2013. 04. 11. 선고 2011도14690 판결, 대법원 2017. 12. 22. 선고 2014도12608 판결 등 참조), 이는 환자가 실제 존재하지 않는 허무인(虛無人)인 경우에도 마찬가지이다.

2. 위 법리에 비추어 원심판결 이유를 살펴보면, '피고인이 2016. 4. 30.경부터 2016. 7. 22.경까지 허무인 공소외 1 등의 명의로 7회에 걸쳐 처방전을 작성하여 공소외 2에게 교부한 행위'가 구 의료법 제17조 제1항에 위반된다고 판단한 원심판결에 상고이유 주장과 같이 구 의료법 제17조 제1항에 관한 법리를 오해하여 판단을 그르친 잘못이 없다.

3. 그러므로 상고를 기각하기로 하여, 관여 대법관의 일치된 의견으로 주문과 같이 판결한다.

---

⑭ 대법원 2021. 02. 10. 선고 2019도18700 판결 [도시및주거환경정비법위반]

【판시사항】

[1] 정비사업 시행과 관련한 서류 및 자료를 공개하여야 할 의무 또는 조합원 등의 열람·복사 요청에 따라야 할 의무를 규정하고 이를 위반하는 행위를 처벌하는 도시 및 주거환경정비법 제124조 제1항, 제4항, 제138조 제1항 제7호의 입법 취지
[2] '조합원의 전화번호'가 도시 및 주거환경정비법 제124조 제4항에 따른 열람·복사의 대상인지 여부(적극)
[3] '조합원별 신축건물 동호수 배정 결과'가 도시 및 주거환경정비법 제124조 제4항에 따른 열람·복사의 대상인지 여부(적극)
[4] 정비사업조합의 '조합원'이자 '감사'인 사람이 정비사업 관련 자료의 열람·복사를 요청한 경우, 조합임원은 도시 및 주거환경정비법 제124조 제4항에 따라 열람·복사를 허용할 의무를 부담하는지 여부(적극) 및 이를 위반하여 열람·복사를 허용하지 않는 경우에는 같은 법 제138조 제1항 제7호에 따라 형사처벌의 대상이 되는지 여부(적극)

【판결요지】

[1] 도시 및 주거환경정비법 제124조 제1항, 제4항, 제138조 제1항 제7호의 입법 취지는, 조합이 정비사업을 시행하는 경우 조합임원은 조합을 대표하면서 막대한 사업자금을 운영하는 등 각종 권한을 가지고 있기 때문에 조합임원과 건설사 간 유착으로 인한 비리가 발생할 소지가 크고, 정비사업과 관련된 비리는 그 조합과 조합원의 피해로 직결되어 지역사회와 국가 전체에 미치는 병폐도 크므로, 이를 개선하기 위한 방안으로서 정비사업의 시행과 관련된 서류와 자료를 공개하도록 하여 정

비사업의 투명성·공공성을 확보하고 조합원의 알권리를 충족시키기 위한 것이다.

[2] 도시 및 주거환경정비법 제124조 제1항, 제4항(이하 제4항을 '의무조항'이라 한다), 제138조 제1항 제7호의 내용과 체계에다가 의무조항의 연혁과 입법 취지 등을 종합하면, 조합원의 전화번호도 의무조항에 따른 열람·복사의 대상이라고 보아야 한다.

[3] 도시 및 주거환경정비법 제124조 제1항, 제4항(이하 제4항을 '의무조항'이라 한다), 제138조 제1항 제7호의 내용과 체계에다가 정비사업조합이 수립하는 관리처분계획의 내용 등을 종합하면, 조합원별 신축건물 동호수 배정 결과는 의무조항에 따른 열람·복사의 대상이라고 보아야 한다.

[4] 도시 및 주거환경정비법(이하 '도시정비법'이라 한다) 제124조 제4항(이하 '의무조항'이라 한다)은 '조합원'과 '토지 등 소유자'를 열람·복사 요청권자로 규정하고 있을 뿐이고, 조합임원인 '감사'는 의무조항에서 규정한 열람·복사 요청권자에 해당하지 않는다. 그러나 '감사'가 '조합원'의 지위를 함께 가지고 있다면 '조합원'으로서 열람·복사 요청을 할 수 있고, 어떤 조합원이 조합의 감사가 되었다는 사정만으로 조합원 또는 토지 등 소유자의 지위에서 가지는 권리를 상실한다고 볼 수는 없다. 감사인 조합원이 정보공개청구의 목적에 '감사업무'를 부기하였다고 하여 조합원의 지위에서 한 것이 아니라고 단정하기도 어렵다. 감사가 아닌 조합원도 조합의 사무 및 재산상태를 확인하고 업무집행에 불공정이나 부정이 있는지를 감시할 권리가 있고, 정보공개를 통해 조합의 업무집행에 문제가 있다고 생각하면 감사에게 감사권 발동을 촉구할 수도 있다.

따라서 정비사업조합의 '조합원'이자 '감사'인 사람이 정비사업 관련 자료의 열람·복사를 요청한 경우에도 특별한 사정이 없는 한 조합임원은 의무조항에 따라 열람·복사를 허용할 의무를 부담하고, 이를 위반하여 열람·복사를 허용하지 않는 경우에는 도시정비법 제138조 제1항 제7호에 따라 형사처벌의 대상이 된다고 보아야 한다.

【참조조문】 [1] 도시 및 주거환경정비법 제124조 제1항, 제4항, 제138조 제1항 제7호 / [2] 구 도시 및 주거환경정비법(2012. 2. 1. 법률 제11293호로 개정되기 전의 것) 제81조 제3항(현행 제124조 제3항 참조), 구 도시 및 주거환경정비법(2017. 2. 8. 법률 제14567호로 전부 개정되기 전의 것) 제81조 제3항(현행 제124조 제3항 참조), 도시 및 주거환경정비법 제124조 제1항, 제3항, 제4항, 제6항, 제138조 제1항 제7호, 구 도시 및 주거환경정비법 시행규칙(2012. 8. 2. 국토해양부령 제506호로 개정되기 전의 것) 제22조 제1항(현행 제22조 참조), 개인정보 보호법 제2조 제1호, 제18조 제2항 제2호, 제19조, 제71조 제2호, 공공기관의 정보공개에 관한 법률 제9조 제1항 제6호 (가)목, (다)목 / [3] 도시 및 주거환경정비법 제74조 제1항 제3호, 제76조 제1항 제1호, 제86조 제2항, 제124조 제1항, 제3항, 제4항, 제6항, 제138조 제1항 제7호, 개인정보 보호법 제2조 제1호, 공공기관의 정보공개에 관한 법률 제9조 제1항 / [4] 도시 및 주거환경정비법 제124조 제4항, 제138조 제1항 제7호

【참조판례】 [1] 대법원 2016. 2. 18. 선고 2015도10976 판결, 헌법재판소 2011. 4. 28. 선고 2009헌바90 전원재판부 결정(헌공175, 702)

【전 문】 【피 고 인】 피고인 【상 고 인】 피고인 【변 호 인】 변호사 이성섭
【원심판결】 수원지법 2019. 11. 22. 선고 2019노4325 판결

【주 문】

상고를 기각한다.

【이   유】

상고이유를 판단한다.

1. 구성요건해당성에 관하여

가. 관련 규정의 내용과 입법 취지

「도시 및 주거환경정비법」(이하 '도시정비법'이라 한다) 제124조 제1항은 추진위원장 또는 사업시행자(조합의 경우 청산인을 포함한 조합임원, 토지 등 소유자가 단독으로 시행하는 재개발사업의 경우에는 그 대표자를 말한다)는 정비사업의 시행에 관한 다음 각호의 서류 및 관련 자료가 작성되거나 변경된 후 15일 이내에 이를 조합원, 토지 등 소유자 또는 세입자가 알 수 있도록 인터넷과 그 밖의 방법을 병행하여 공개하여야 한다고 규정하고, 각호에서 공개대상인 서류를 열거하면서 그 제5호에서 '관리처분계획서'를 규정하고 있다. 제124조 제4항(이하 '이 사건 의무조항'이라 한다)은 조합원, 토지 등 소유자가 제1항에 따른 서류 및 다음 각호를 포함하여 정비사업 시행에 관한 서류와 관련 자료에 대하여 열람·복사 요청을 한 경우 추진위원장이나 사업시행자는 15일 이내에 그 요청에 따라야 한다고 규정하고, 각호에서 열람·복사의 대상인 서류를 열거하면서 그 제2호에서 '조합원 명부'를 규정하고 있다. 제138조 제1항 제7호(이하 '이 사건 처벌조항'이라 한다)는 제124조 제1항을 위반하여 관련 자료를 공개하지 아니하거나 또는 이 사건 의무조항을 위반하여 조합원 또는 토지 등 소유자의 열람·복사 요청에 따르지 아니하는 조합임원 등에 대하여는 1년 이하의 징역 또는 1천만 원 이하의 벌금에 처하도록 규정하고 있다.

이러한 규정들의 입법 취지는, 조합이 정비사업을 시행하는 경우 조합임원은 조합을 대표하면서 막대한 사업자금을 운영하는 등 각종 권한을 가지고 있기 때문에 조합임원과 건설사 간 유착으로 인한 비리가 발생할 소지가 크고, 정비사업과 관련된 비리는 그 조합과 조합원의 피해로 직결되어 지역사회와 국가 전체에 미치는 병폐도 크므로, 이를 개선하기 위한 방안으로서 정비사업의 시행과 관련된 서류와 자료를 공개하도록 하여 정비사업의 투명성·공공성을 확보하고 조합원의 알권리를 충족시키기 위한 것이다(대법원 2016. 02. 18. 선고 2015도10976 판결, 헌법재판소 2011. 4. 28. 선고 2009헌바90 전원재판부 결정 등 참조).

나. '조합원의 전화번호'가 열람·복사 대상인지 여부

1) 앞서 본 관련 규정들의 내용과 체계에다가 이 사건 의무조항의 연혁과 입법 취지 등을 종합하면, 조합원의 전화번호도 이 사건 의무조항에 따른 열람·복사의 대상이라고 보아야 한다. 그 구체적인 이유는 다음과 같다.

① 이 사건 의무조항은 '조합원 명부'를 열람·복사 대상으로 규정하고 있으므로 조합원 명부에 조합원들의 전화번호가 기재되어 있다면 조합원들의 전화번호가 포함된 조합원 명부가 열람·복사의 대상이 된다. 설령 조합원 명부에 조합원들의 전화번호가 기재되어 있지 않다고 하더라도, 조합이 정비사업 시행을 위해 조합원들의 전화번호를 수집하여 관리하고 있다면 이 사건 의무조항에서 열람·복사의 대상으로 규정한 '정비사업의 시행에 관한 서류와 관련 자료'에 해당한다고 보아야 한다.

② 도시정비법 제124조 제3항은 공개 및 열람·복사 대상에서 제외되는 정보를 '주민등록번

호'에 한정하고 있으므로, 주민등록번호를 제외한 다른 정보들은 원칙적으로 열람·복사의 대상이다. 구「도시 및 주거환경정비법」(2012. 2. 1. 법률 제11293호로 개정되기 전의 것, 이하 '구 도시정비법'이라 한다) 제81조 제3항, 구「도시 및 주거환경정비법 시행규칙」(2012. 8. 2. 국토해양부령 제506호로 개정되기 전의 것) 제22조 제1항은 '공개대상 서류 및 관련 자료는 개인의 신상정보를 보호하기 위하여 이름, 주민등록번호 및 주소를 제외하고 공개하여야 한다.'고 규정하였다가, 2012. 2. 1. 법률 제11293호로 개정된 구 도시정비법 제81조 제3항은 '공개 및 열람·복사 등을 하는 경우에는 주민등록번호를 제외하고 공개하여야 한다.'고 규정함으로써 공개대상의 범위를 확대하였다.

③ 조합원의 전화번호는 정비사업의 추진과 관련한 조합 구성원의 의견수렴과 의사소통에 꼭 필요한 정보이다. 추진위원회·조합의 해산이나 정비구역 등의 지정해제를 희망하는 토지 등 소유자, 조합임원의 해임 등을 위한 총회 소집을 희망하는 조합원의 경우 다른 조합원들과의 정보공유를 통해 의견을 수렴할 필요가 있으며, 조합원들의 이름과 주소만으로는 조합원 상호 간의 신속하고 원활한 의사소통에 한계가 있다.

④ 이 사건 의무조항에 의하면 '조합원과 토지 등 소유자'만 열람·복사를 청구할 수 있으므로 공개의 범위가 일반 공중이 아니라 '해당 정비사업의 시행에 직접적인 이해관계가 있는 한정된 범위의 사람들'로 제한된다. 또한 도시정비법 제124조 제6항은 이 사건 의무조항에 따라 열람·복사를 요청한 사람은 제공받은 서류와 자료를 사용목적 외의 용도로 이용·활용하여서는 아니 된다는 제한을 규정하고 있다.

⑤ 조합원의 전화번호는「개인정보 보호법」제2조 제1호에서 정한 개인정보에 해당하나, 이 사건 의무조항은「개인정보 보호법」제18조 제2항 제2호에서 정한 '다른 법률에 특별한 규정이 있는 경우'에 해당하므로 조합임원은 정보주체인 조합원의 별도의 동의 절차를 거칠 필요 없이 이 사건 의무조항에 따라 조합원의 전화번호를 공개하여야 한다. 만약 이 사건 의무조항에 따라 조합원의 전화번호를 제공받은 사람이 이를 제공받은 목적(정비사업의 시행과 관련하여 조합원 또는 토지 등 소유자들 사이의 의견수렴·의사소통) 외의 용도로 이용하거나 제3자에게 제공하는 경우에는 형사처벌의 대상이 된다(「개인정보 보호법」제19조, 제71조 제2호).

⑥ 조합원의 전화번호는「공공기관의 정보공개에 관한 법률」(이하 '정보공개법'이라 한다)에 의하더라도 공개대상인 정보에 해당한다. 정보공개법 제9조 제1항 제6호는 '「개인정보 보호법」제2조 제1호에 따른 개인정보로서 공개될 경우 사생활의 비밀 또는 자유를 침해할 우려가 있다고 인정되는 정보'는 공개하지 않을 수 있으나, 이 경우에도 '법령에서 정하는 바에 따라 열람할 수 있는 정보'[(가)목]이거나 '공공기관이 작성하거나 취득한 정보로서 공개하는 것이 공익이나 개인의 권리 구제를 위하여 필요하다고 인정되는 정보'[(다)목]에 대하여는 공개하도록 규정하고 있다. 전화번호는「개인정보 보호법」제2조 제1호에 따른 개인정보로서 공개될 경우 사생활의 비밀 또는 자유를 침해할 우려가 있다고 인정되는 정보이기는 하지만, '이 사건 의무조항에서 정하는 바에 따라 열람할 수 있는 정보'이자 '조합의 공익과 조합원의 권리를 위하여 필요하다고 인정되는 정보'에 해당하므로 비공개대상에서 제외된다.

2) 같은 취지에서 원심은, 조합원의 전화번호가 이 사건 의무조항에 따른 열람·복사의 대상이라고 판단하였다. 이러한 원심판단에 상고이유 주장과 같이 이 사건 의무조항의 해석·적용이나

개인정보 보호에 관한 법리를 오해한 잘못이 없다.
다. '신축건물 동호수 배정 결과'가 열람·복사 대상인지 여부
1) 앞서 본 관계 법령의 규정 내용과 체계에다가 정비사업조합이 수립하는 관리처분계획의 내용 등을 종합하면, 조합원별 신축건물 동호수 배정 결과는 이 사건 의무조항에 따른 열람·복사의 대상이라고 보아야 한다. 그 구체적인 이유는 다음과 같다.
① 조합원별 신축건물 동호수 배정 결과는 이 사건 의무조항에서 열람·복사의 대상으로 규정한 '정비사업의 시행에 관한 서류와 관련 자료'에 해당한다.
② 조합원별 신축건물 동호수 배정 결과는 정비사업조합의 관리처분계획 및 이전고시를 통해 조합원들에게 공개되어야 하는 정보이다(도시정비법 제74조 제1항 제3호, 제86조 제2항). 도시정비법 제76조 제1항 제1호는 관리처분계획 수립기준으로서 '대지 또는 건축물이 균형 있게 분양신청자에게 배분'되도록 하여야 한다고 규정하고 있다. 정비사업에서 신축건물 동호수의 추첨·배정은 개별 조합원들의 이해관계가 첨예하게 걸린 문제로서, 동호수 추첨·배정이 투명하고 공정한 절차에 따라 이루어졌는지를 조합원이 감시하고 확인할 수 있는 기회가 보장되어야 한다. 조합원들이 조합의 집행부가 마련한 관리처분계획안이 적정하게 수립되었는지 여부에 관하여 사전에 정보를 공유하고 의견을 수렴하기 위해서는, 조합원들이 관리처분계획안 수립의 필수 구성요소인 조합원별 신축건물 동호수 추첨·배정 결과를 조합의 집행부가 관리처분계획안을 총회안건자료로서 조합원들에게 공개하기 전이라도 미리 알아야 할 필요가 있으며, 조합의 집행부가 그 추첨·배정 결과를 미리 조합원들에게 공개하지 못할 합리적인 이유를 찾기 어렵다.
③ 신축건물 배정 동호수는 「개인정보 보호법」 제2조 제1호에서 정한 개인정보에 해당하지 않으며, 정보공개법 제9조 제1항 각호에서 정한 비공개대상 정보에도 해당하지 않는다.
2) 같은 취지에서 원심은, 조합원별 신축건물 동호수 배정 결과가 이 사건 의무조항에 따른 열람·복사의 대상이라고 판단하였다. 이러한 원심판단에 상고이유 주장과 같이 이 사건 의무조항의 해석·적용에 관한 법리를 오해한 잘못이 없다.
라. 감사가 열람·복사를 요청한 경우에도 이 사건 의무조항이 적용되는지 여부
1) 이 사건 의무조항은 '조합원'과 '토지 등 소유자'를 열람·복사 요청권자로 규정하고 있을 뿐이고, 조합임원인 '감사'는 이 사건 의무조항에서 규정한 열람·복사 요청권자에 해당하지 않는다. 그러나 '감사'가 '조합원'의 지위를 함께 가지고 있다면 '조합원'으로서 열람·복사 요청을 할 수 있고, 어떤 조합원이 조합의 감사가 되었다는 사정만으로 조합원 또는 토지 등 소유자의 지위에서 가지는 권리를 상실한다고 볼 수는 없다.
감사인 조합원이 정보공개청구의 목적에 '감사업무'를 부기하였다고 하여 조합원의 지위에서 한 것이 아니라고 단정하기도 어렵다. 감사가 아닌 조합원도 조합의 사무 및 재산상태를 확인하고 업무집행에 불공정이나 부정이 있는지를 감시할 권리가 있고, 정보공개를 통해 조합의 업무집행에 문제가 있다고 생각하면 감사에게 감사권 발동을 촉구할 수도 있다.
따라서 정비사업조합의 '조합원'이자 '감사'인 사람이 정비사업 관련 자료의 열람·복사를 요청한 경우에도 특별한 사정이 없는 한 조합임원은 이 사건 의무조항에 따라 열람·복사를 허용할 의무를 부담하고, 이를 위반하여 열람·복사를 허용하지 않는 경우에는 이 사건 처벌조항

에 따라 형사처벌의 대상이 된다고 보아야 한다.

2) 이 사건 사실관계를 이러한 법리에 비추어 살펴본다.

이 사건 열람·복사 요청은 정비사업조합의 '조합원'이자 '감사'인 사람이 '소유자 재산권 보호 및 감사업무 수행'을 위하여 한 것으로서, '소유자 재산권 보호'를 위한 열람·복사 요청은 '감사'로서가 아니라 '조합원'으로서 자신의 재산권을 보호하기 위하여 한 것이라고 볼 여지가 충분하며, 추가적으로 감사업무 수행이라는 목적을 부기하였다고 하여 조합원의 열람·복사 요청이 아니라고 단정할 수 없다.

3) 같은 취지에서 원심은, 재건축조합의 조합원이자 감사인 사람이 정비사업 시행에 관한 서류 또는 그 관련 자료에 대하여 열람·복사를 요청한 경우에도 이 사건 의무조항이 적용됨을 전제로 판단하였다. 이러한 원심판단에 이 사건 의무조항의 해석·적용에 관한 법리를 오해하여 판결에 영향을 미친 잘못이 없다.

2. 법률의 착오에 정당한 이유가 인정되는지 여부

가. 형법 제16조에서 자기의 행위가 법령에 의하여 죄가 되지 아니하는 것으로 오인한 행위는 그 오인에 정당한 이유가 있는 때에 한하여 벌하지 아니한다고 규정하고 있는 것은 단순한 법률의 부지의 경우를 말하는 것이 아니고, 일반적으로 범죄가 되는 경우이지만 자기의 특수한 경우에는 법령에 의하여 허용된 행위로서 죄가 되지 아니한다고 그릇 인식하고 그와 같이 그릇 인식함에 정당한 이유가 있는 경우에는 벌하지 아니한다는 취지이다(대법원 2000. 08. 18. 선고 2000도2943 판결 등 참조).

나. 원심은, 피고인이 조합의 자문변호사로부터 조합원의 전화번호와 신축건물 동호수 배정 결과를 공개하지 않는 것이 좋겠다는 취지의 답변을 받았더라도, 이는 자문변호사 개인의 독자적 견해에 불과하고 도시정비법의 전체적 규율 내용에 관한 면밀한 검토와 체계적 해석에 터 잡은 법률해석으로는 보이지 않으며, 피고인의 직업, 경력, 사회적 지위 등을 고려할 때 피고인이 변호사의 자문을 받았다는 사정만으로 자신의 행위가 죄가 되지 않는다고 오인한 것에 정당한 이유가 있다고 보기는 어렵다고 판단하였다.

원심판결 이유를 관련 법리와 기록에 비추어 살펴보면, 이러한 원심판단은 수긍할 수 있고, 거기에 법률의 착오에 관한 법리를 오해하는 등의 잘못이 없다.

3. 결 론

그러므로 상고를 기각하기로 하여, 관여 대법관의 일치된 의견으로 주문과 같이 판결한다.

⑪ 대법원 2021. 03. 11. 선고 2018도12270 판결 [상관모욕]

【판시사항】

[1] 군형법 제64조 제1항에서 규정한 상관모욕죄의 보호법익 / 군형법 제2조 제1호에서 정한 '명령복종 관계'의 의미 및 상관인지 판단하는 기준
[2] 부대지휘 및 관리, 병영생활에서 분대장이 분대원의 상관에 해당하는지 여부(적극) 및 분대장과 분대원이 모두 병(兵)인 경우 달리 보아야 하는지 여부(소극)

【판결요지】

[1] 군형법 제64조 제1항은 "상관을 그 면전에서 모욕한 사람은 2년 이하의 징역이나 금고에 처한다."라고 규정하고, 제2조 제1호는 "'상관'이란 명령복종 관계에서 명령권을 가진 사람을 말한다. 명령복종 관계가 없는 경우의 상위 계급자와 상위 서열자는 상관에 준한다."라고 규정하고 있다. 군형법 제64조 제1항에서 규정한 상관모욕죄는 상관의 명예 등의 개인적 법익뿐만 아니라 군 조직의 위계질서 및 통수체계 유지도 보호법익으로 한다.
'명령복종 관계'는 구체적이고 현실적인 관계일 필요까지는 없으나 법령에 의거하여 설정된 상하의 지휘계통 관계를 말한다. 한편 명령복종의 관계에 있는지를 따져 명령권을 가지면 상관이고 이러한 경우 계급이나 서열은 문제가 되지 아니한다. 군의 직무상 하급자가 명령권을 가질 수도 있기 때문이다.

[2] 군형법 제2조 제1호, 제64조 제1항, 국방부 부대관리훈령 제2조 제5호, 제4조, 제9조 제2항, 제17조 제1호, 제2호, 제18조 제1항, 육군규정 120 병영생활규정 제20조 제2항, 제43조 제1항, 제43조의2 등 제반 규정의 취지, 내용 등을 종합하면, 부대지휘 및 관리, 병영생활에 있어 분대장과 분대원은 명령복종 관계로서 분대장은 분대원에 대해 명령권을 가진 사람 즉 상관에 해당하고, 이는 분대장과 분대원이 모두 병(兵)이라 하더라도 달리 볼 수 없다.

【참조조문】 [1] 군형법 제2조 제1호, 제64조 제1항 / [2] 군형법 제2조 제1호, 제64조 제1항
【참조판례】 [1] 대법원 2015. 9. 24. 선고 2015도11286 판결(공2015하, 1633), 헌법재판소 2016. 2. 25. 선고 2013헌바111 전원재판부 결정(헌공233, 339)
【전   문】【피 고 인】피고인
【상 고 인】검사
【변 호 인】변호사 오영삼
【원심판결】수원지법 2018. 7. 9. 선고 2017노4615 판결

【주   문】

원심판결 중 공소외 1에 대한 상관모욕 부분을 파기하고, 이 부분 사건을 수원지방법원에 환송한다. 나머지 상고를 기각한다.

【이   유】

상고이유를 판단한다.

1. 공소외 2에 대한 각 상관모욕의 점에 대하여

원심은 판시와 같은 이유로 이 사건 공소사실 중 공소외 2에 대한 각 상관모욕의 점에 대하여 피고인이 피해자를 모욕하였다거나 모욕의 고의가 있었음이 합리적 의심의 여지 없이 증명되었다고 보기 어렵다고 판단하여, 이를 유죄로 인정한 제1심판결을 파기하고 무죄를 선고하였다. 원심판결 이유를 기록에 비추어 살펴보면, 원심의 위와 같은 판단에 상고이유 주장과 같이 논리와 경험의 법칙을 위반하여 자유심증주의의 한계를 벗어나거나 상관모욕죄에서의 모욕에 관한 법리를 오해한 잘못이 없다.

2. 공소외 1에 대한 상관모욕의 점에 대하여

가. 공소사실의 요지 및 원심의 판단

이 부분 공소사실의 요지는, 피고인이 분대장으로서 상관인 피해자 상병 공소외 1의 면전에서 상관인 피해자를 모욕하였다는 것이다.

원심은, 공소외 1은 피고인이 소속된 분대의 분대장 지위에 있었으나, 병()인 분대장을 상관모욕죄의 상관으로 볼 수는 없다는 이유로 이 부분 공소사실을 무죄로 판단한 제1심판결을 그대로 유지하였다.

나. 관련 규정 및 법리

(1) 군형법 제64조 제1항은 "상관을 그 면전에서 모욕한 사람은 2년 이하의 징역이나 금고에 처한다."라고 규정하고, 제2조 제1호는 "'상관'이란 명령복종 관계에서 명령권을 가진 사람을 말한다. 명령복종 관계가 없는 경우의 상위 계급자와 상위 서열자는 상관에 준한다."라고 규정하고 있다.

군형법 제64조 제1항에서 규정한 상관모욕죄는 상관의 명예 등의 개인적 법익뿐만 아니라 군 조직의 위계질서 및 통수체계 유지도 보호법익으로 한다(대법원 2015. 09. 24. 선고 2015도11286 판결 참조).

'명령복종 관계'는 구체적이고 현실적인 관계일 필요까지는 없으나 법령에 의거하여 설정된 상하의 지휘계통 관계를 말한다. 한편 명령복종의 관계에 있는지를 따져 명령권을 가지면 상관이고 이러한 경우 계급이나 서열은 문제가 되지 아니한다. 군의 직무상 하급자가 명령권을 가질 수도 있기 때문이다(헌법재판소 2016. 02. 25. 선고 2013헌바111 전원재판부 결정 참조).

(2) 국방부 훈령인 부대관리훈령은 "'명령'이란 상관이 직무상 발하는 지시를 말한다."(제2조 제5호), "'지휘·감독 책임자'란 부대지휘 및 업무감독과 관련하여 분대장급 이상의 지휘·감독자를 말한다."(제9조 제2항)라고 규정하고, 제17조는 병영생활 행동강령으로 "지휘자(병 분대장, 조장 등을 말한다) 이외의 병의 상호관계는 명령복종 관계가 아니다."(제1호), "병의 계급은 상호 서열관계를 나타내는 것이며 지휘자를 제외한 병 상호 간에는 명령, 지시를 할 수 없

다."(제2호)라고 규정하며, "지휘자를 제외한 병사 사이에서 명령, 지시를 한 경우나 이를 묵인한 자에 대하여는 엄중 문책한다."(제18조 제1항)라고 규정하고 있다. 그리고 위 훈령은 부대관리에 관하여 다른 훈령 및 군 규정에 우선하여 적용된다(제4조 참조).

(3) 육군규정 120 병영생활규정은 "분대장을 제외한 병 상호 간 관등성명 복창은 금지한다."(제20조 제2항), "분대장을 제외한 병 상호 간에는 명령이나 지시, 간섭을 금지한다."(제43조 제1항)라고 규정하는 한편, "'병 상호 간 관계'는 상대방의 인격을 존중하고 직무를 수행함에 있어서 협동적 동반관계에 있으며, 군인사법상으로는 계급 순위에 의한 상하 서열관계에 있으면서도 군형법 적용에 있어서는 대등한 관계에 있으나, 후임병사는 선임병사에게 경례, 호칭, 언행 등 규정과 교범에 명시된 군대예절을 지켜야 한다."(제43조의2)라고 규정하고 있다.

(4) 이러한 군형법 등 제반 규정의 취지, 내용 등을 종합하면, 부대지휘 및 관리, 병영생활에 있어 분대장과 분대원은 명령복종 관계로서 분대장은 분대원에 대해 명령권을 가진 사람 즉 상관에 해당하고, 이는 분대장과 분대원이 모두 병(兵)이라 하더라도 달리 볼 수 없다.

다. 이 사건에 대한 판단

기록에 의하면, 피고인은 (부대명 생략) 소속의 분대원이고, 피해자는 2016. 9. 1.자로 (중대명 생략) 중대장으로부터 위 분대의 분대장으로 임명받았으며, 피고인과 피해자 모두 병(兵)이었던 사실을 알 수 있다.

위와 같은 사실관계를 앞서 본 법리에 비추어 살펴보면, 피해자는 분대장으로서 분대원인 피고인에 대하여 상관의 지위에 있었다. 그럼에도 원심은 병(兵)인 분대장은 상관모욕죄의 상관으로 볼 수 없다고 잘못 판단하고, 그 전제하에 공소사실 기재 행위가 상관모욕죄에서 말하는 모욕에 해당하는지에 관하여는 심리·판단하지 아니한 채 이 부분 공소사실에 대하여 무죄를 인정하고 말았다. 따라서 이러한 원심의 판단에는 상관모욕죄의 상관에 관한 법리를 오해하여 필요한 심리를 다하지 아니한 잘못이 있다.

3. 결론

그러므로 원심판결 중 공소외 1에 대한 상관모욕 부분을 파기하고, 이 부분 사건을 다시 심리·판단하도록 원심법원에 환송하며, 나머지 상고를 기각하기로 하여, 관여 대법관의 일치된 의견으로 주문과 같이 판결한다.

ⓑ 대법원 2021. 03. 25. 선고 2016도14165 판결 [자본시장과금융투자업에관한법률위반]

【판시사항】

구 자본시장과 금융투자업에 관한 법률 제9조 제1항 제2호 (나)목, 같은 법 시행령 제9조 제2호, 구 금융투자업규정 제1-6조에서 규정한 '주요주주'의 의미 / 투자자가 기존 지배주주 등과의 투자계약이나 주주 간 계약 등을 통하여 1차적으로 발행주식총수의 100분의 1 이상의 주식을 인수한 다음 지배적인 영향력을 행사하는 데 필요한 추가 투자의 기반을 마련하기 위한 회사 내 여건 조성 등을 기존 지배주주 등에게 요구하였으나, 기존 지배주주 등이 경영전략 등 주요 의사결정이나 업무집행에 관하여 그 요구나 지시를 따르지 않으면 안 될 사실상 구속력을 인정하기 어렵거나, 오히려 기존 지배주주 등이 지배적인 영향력을 계속 보유·행사하면서 투자자와 대립하거나 투자자의 추가 투자 등을 통한 지배 근거 확보를 견제하고 있는 상황인 경우, 그 투자자가 위 주요주주에 해당하는지 여부(소극)

【판결요지】

구 자본시장과 금융투자업에 관한 법률(2015. 7. 31. 법률 제13453호로 개정되기 전의 것, 이하 '구 자본시장법'이라 한다) 제9조 제1항 제2호, 구 자본시장과 금융투자업에 관한 법률 시행령(2016. 7. 28. 대통령령 제27414호로 개정되기 전의 것, 이하 '구 자본시장법 시행령'이라 한다) 제9조에 따르면 "자기의 계산으로 법인의 의결권 있는 발행주식총수의 100분의 10 이상의 주식을 소유한 자['(가)목 주요주주']" 또는 "임원의 임면 등의 방법으로 법인의 중요한 경영사항에 대하여 사실상의 영향력을 행사하는 주주[이하 '(나)목 주요주주'라 한다]로서 ① 단독으로 또는 다른 주주와의 합의·계약 등에 따라 대표이사 또는 이사의 과반수를 선임한 주주('제1호 주요주주'), 또는 ② 경영전략·조직변경 등 주요 의사결정이나 업무집행에 지배적인 영향력을 행사한다고 인정되는 자로서 금융위원회가 정하여 고시하는 주주(이하 '제2호 주요주주'라 한다)"는 '주요주주'로서 구 자본시장법 제9조 제1항이 규정하는 '대주주'에 해당한다. 그리고 구 자본시장법 제23조 제1항에 의하면, 금융투자업자가 발행한 주식을 취득하여 대주주가 되고자 하는 자는 미리 금융위원회의 승인을 받아야 한다.

구 금융투자업규정(2016. 6. 28. 금융위원회고시 제2016-22호로 개정되기 전의 것) 제1-6조는 구 자본시장법 시행령 제9조 제2호의 위임에 따라 제2호 주요주주의 요건 중 '금융위원회가 정하여 고시하는 주주'를 "임원(상법 제401조의2 제1항 각호의 자를 포함한다)인 주주로서 의결권 있는 발행주식총수의 100분의 1 이상을 소유하는 자"라고 규정하고 있다. 따라서 (나)목 주요주주 중 제2호 주요주주에 해당하기 위해서는 "의결권 있는 발행주식총수의 100분의 1 이상을 소유하고, 임원의 임면 등의 권한을 포함하여 경영전략·조직변경 등(이하 '경영전략 등'이라 한다) 주요 의사결정이나 업무집행에 지배적인 영향력을 행사하는 자로서 상법 제401조의2 제1항 각호의 자를 포함한 임원"의 요건을 갖추어야 한다.

여기서 '경영전략 등 주요 의사결정이나 업무집행에 지배적인 영향력을 행사'한다는 것은 주주가 경영전략 등 주요 의사결정이나 업무집행에 관하여 사실상 구속력 있는 결정이나 지시를 할 수 있는 지배의 근거를 갖추고 그에 따른 지배적인 영향력을 계속적으로 행사하는 것을 의미한다.

특히 투자자가 기존 지배주주 등과의 투자계약이나 주주 간 계약 등을 통하여 1차적으로 발행주식총수의 100분의 1 이상의 주식을 인수한 다음 지배적인 영향력을 행사하는 데 필요한 추가 투자의 기반을 마련하기 위한 회사 내 여건 조성 등을 기존지배주주 등에게 요구하였다고 하더라도, 기존 지배주주 등이 경영전략 등 주요 의사결정이나 업무집행에 관하여 그 요구나 지시를 따르지 않으면 안 될 사실상 구속력을 인정하기 어렵거나, 오히려 기존 지배주주 등이 지배적인 영향력을 계속 보유·행사하면서 투자자와 대립하거나 투자자의 추가 투자 등을 통한 지배 근거 확보를 견제하고 있는 상황이라면 그 투자자를 가리켜 (나)목 주요주주 중 제2호 주요주주에 해당한다고 볼 수 없다.

【참조조문】 구 자본시장과 금융투자업에 관한 법률(2015. 7. 31. 법률 제13453호로 개정되기 전의 것) 제9조 제1항 제2호[현행 금융회사의 지배구조에 관한 법률 제2조 제6호 (나)목 참조], 제23조 제1항(현행 금융회사의 지배구조에 관한 법률 제31조 제1항 참조), 제446조 제1호(현행 금융회사의 지배구조에 관한 법률 제42조 제1항 제1호 참조), 구 자본시장과 금융투자업에 관한 법률 시행령(2016. 7. 28. 대통령령 제27414호로 개정되기 전의 것) 제9조(현행 금융회사의 지배구조에 관한 법률 시행령 제4조 참조), 상법 제401조의2 제1항
【전 문】
【피 고 인】 피고인
【상 고 인】 피고인
【변 호 인】 법무법인 시공 담당변호사 최승진 외 2인
【원심판결】 수원지법 2016. 8. 19. 선고 2015노4057 판결

【주 문】

원심판결을 파기하고, 사건을 수원지방법원에 환송한다.

【이 유】

상고이유를 판단한다.

1. 이 사건 공소사실 및 원심의 판단

가. 이 사건 공소사실

피고인은 2013. 7. 17. 금융투자업자인 공소외 1 주식회사(이하 '이 사건 회사'라 한다)의 주식 65,000주(발행주식총수의 100분의 9.6)를 취득하였다.

피고인은 위와 같이 이 사건 회사의 주식을 취득하면서 이사 3명 중 1명과 감사 1명의 지명권을 받아 사외이사로 공소외 2를, 감사로 공소외 3을 선임하게 하고, 위 회사가 발행할 주식의 총수를 220만 주에서 500만 주로 높인 것을 비롯하여 정관의 중요 내용을 바꾸는 등 위 회사에 대한 영향력을 행사할 토대를 확고하게 마련하였다.

금융투자업자가 발행한 주식을 취득하여 대주주가 되고자 하는 자는 법정의 요건을 갖추어 미리 금융위원회의 승인을 받아야 한다. 그럼에도 불구하고 피고인은 금융위원회의 승인을 받지 않은 상태에서, 2013. 8. 무렵부터 서울 서초구 (주소 생략)에 있는 이 사건 회사의 사무실에서 대표이사 공소외 4에게 회사의 인사 문제, 자금 문제, 업무 방식 등을 지시함으로써 위 회사의 이사를

통해 업무집행을 지시하였다.

이로써 피고인은 금융위원회의 승인을 받지 아니하고 금융투자업자의 대주주가 되었다.

나. 원심의 판단

원심은 그 판시와 같은 인정 사실과 사정을 종합하여, 피고인이 경영전략·조직변경 등 주요 의사결정이나 업무집행에 지배적인 영향력을 행사한 주주에 해당한다고 보아 이 사건 공소사실을 유죄로 판단하였다.

2. 이 사건의 공소사실의 요지와 쟁점

구 「자본시장과 금융투자업에 관한 법률」(2015. 7. 31. 법률 제13453호로 개정되기 전의 것, 이하 '구 자본시장법'이라 한다) 제9조 제1항 제2호, 구 「자본시장과 금융투자업에 관한 법률 시행령」(2016. 7. 28. 대통령령 제27414호로 개정되기 전의 것, 이하 '구 자본시장법 시행령'이라 한다) 제9조에 따르면 "자기의 계산으로 법인의 의결권 있는 발행주식총수의 100분의 10 이상의 주식을 소유한 자['(가)목 주요주주']" 또는 "임원의 임면 등의 방법으로 법인의 중요한 경영사항에 대하여 사실상의 영향력을 행사하는 주주[이하 '(나)목 주요주주'라 한다]로서 ① 단독으로 또는 다른 주주와의 합의·계약 등에 따라 대표이사 또는 이사의 과반수를 선임한 주주('제1호 주요주주'), 또는 ② 경영전략·조직변경 등 주요 의사결정이나 업무집행에 지배적인 영향력을 행사한다고 인정되는 자로서 금융위원회가 정하여 고시하는 주주(이하 '제2호 주요주주'라 한다)"는 '주요주주'로서 구 자본시장법 제9조 제1항이 규정하는 '대주주'에 해당한다. 그리고 구 자본시장법 제23조 제1항에 의하면, 이 사건 회사와 같은 금융투자업자가 발행한 주식을 취득하여 대주주가 되고자 하는 자는 미리 금융위원회의 승인을 받아야 한다.

이 사건 공소사실의 요지는 "피고인이 이 사건 회사에 대한 영향력을 행사할 토대를 확고하게 마련하고, 이 사건 회사의 대표이사인 공소외 4를 통해 업무집행을 지시하였다."라는 것으로서, 피고인이 (나)목 주요주주 중 제2호 주요주주에 해당하여 미리 금융위원회의 승인을 받아야 하는지 여부가 이 사건의 쟁점이다.

3. 대법원의 판단

원심의 판단은 다음과 같은 이유로 받아들이기 어렵다.

가. 관련 법리

구 「금융투자업규정」(2016. 6. 28. 금융위원회고시 제2016-22호로 개정되기 전의 것) 제1-6조는 구 자본시장법 시행령 제9조 제2호의 위임에 따라 제2호 주요주주의 요건 중 '금융위원회가 정하여 고시하는 주주'를 "임원(상법 제401조의2 제1항각호의 자를 포함한다)인 주주로서 의결권 있는 발행주식총수의 100분의 1 이상을 소유하는 자"라고 규정하고 있다. 따라서 (나)목 주요주주 중 제2호 주요주주에 해당하기 위해서는 "의결권 있는 발행주식총수의 100분의 1 이상을 소유하고, 임원의 임면 등의 권한을 포함하여 경영전략·조직변경 등(이하 '경영전략 등'이라 한다) 주요 의사결정이나 업무집행에 지배적인 영향력을 행사하는 자로서 상법 제401조의2 제1항각호의 자를 포함한 임원"의 요건을 갖추어야 한다.

여기서 '경영전략 등 주요 의사결정이나 업무집행에 지배적인 영향력을 행사'한다는 것은 주주가 경영전략 등 주요 의사결정이나 업무집행에 관하여 사실상 구속력 있는 결정이나 지시를 할 수 있는 지배의 근거를 갖추고 그에 따른 지배적인 영향력을 계속적으로 행사하는 것을 의미한다.

특히 투자자가 기존 지배주주 등과의 투자계약이나 주주 간 계약 등을 통하여 1차적으로 발행주식총수의 100분의 1 이상의 주식을 인수한 다음 지배적인 영향력을 행사하는 데 필요한 추가 투자의 기반을 마련하기 위한 회사 내 여건 조성 등을 기존 지배주주 등에게 요구하였다고 하더라도, 기존 지배주주 등이 경영전략 등 주요 의사결정이나 업무집행에 관하여 그 요구나 지시를 따르지 않으면 안 될 사실상 구속력을 인정하기 어렵거나, 오히려 기존 지배주주 등이 지배적인 영향력을 계속 보유·행사하면서 투자자와 대립하거나 투자자의 추가 투자 등을 통한 지배 근거 확보를 견제하고 있는 상황이라면 그 투자자를 가리켜 (나)목 주요주주 중 제2호 주요주주에 해당한다고 볼 수 없다.

나. 원심판결 이유와 기록을 살펴보면 다음과 같은 사실을 알 수 있다.

1) 공소외 4는 이 사건 회사의 대표이사이자 대주주였고, 피고인은 주식회사 공소외 5(이하 '공소외 5 회사'라 한다)의 대표이사였다.

2) 이 사건 회사가 2013. 7. 2. 당시 설립 중의 회사인 공소외 5 회사에 투자 유치를 위하여 제출한 출자제안서에는 투자조건으로 "갑(공소외 5 회사 및 공소외 5 회사가 지정하는 자)은 본 투자(보통주+BW)를 통하여 이 사건 회사의 주주총회 의결권, 이사회 의결권을 유효한 방법으로 과반수 이상 확보함을 전제로 한다. 갑의 주주총회 의결권: 51.1%(의결권 위임 포함), 이사회 구성: 공소외 4 / 갑이 2명 지명(총 3인), 이사회 의장: 갑이 지명하는 이사가 수행" 등이 기재되어 있다.

3) 피고인은 2013. 7. 17. 공소외 4, 이 사건 회사와, 피고인이 이 사건 회사의 발행주식 130,000주를 유상증자 방식으로 대금 650,000,000원에 인수하기로 약정하고(이하 '이 사건 투자약정'이라 한다), 같은 날 이 사건 회사에 650,000,000원을 납입하고 이 사건 회사의 주식 130,000주(발행주식총수의 9.6%)를 인수하였다. 이 사건 투자약정 제4조는 투자의 선행조건으로 "피고인이 지명하는 사외이사 1명 및 감사 1명에 대한 선임 결의"를 정하고 있었다.

4) 또한 피고인은 2013. 7. 17. 공소외 4와 이 사건 투자약정에 관하여 피고인과 공소외 4의 권리의무를 명확히 하기 위해 주주 간 합의서(이하 '이 사건 주주 간 합의서'라 한다)를 작성하였다. 이 사건 주주 간 합의서 제2조 제2항은 '공소외 4는 피고인이 본건 투자를 완료한 날부터 1년째 되는 날(시점)부터 1개월째 되는 날(종점)까지의 1개월간 피고인이 본건 투자로 취득한 주식 및 그 이후 추가로 취득한 주식 전량(신주인수권부사채 전량 포함)을 매수할 수 있는 권리를 가진다.'는 취지로, 제5조 제1항은 '공소외 4와 피고인은 공소외 4가 본 합의서 체결일로부터 최소 3년간 이 사건 회사의 대표이사로서 근무하는 데 동의하며, 피고인은 위 기간 내에 공소외 4를 이 사건 회사의 이사 및 대표이사로 선임하기로 하는 결의에 찬성 의결을 하여야 한다.'는 취지로, 같은 조 제4항은 '피고인이 대주주 변경승인을 받은 후, 피고인이 행사할 수 있는 의결권의 수가 공소외 4가 행사할 수 있는 의결권의 수를 초과할 경우, 피고인이 이 사건 회사의 이사의 과반수를 지명할 수 있는 권리를 갖기로 하며, 공소외 4는 피고인의 권리 행사에 적극 협조하여야 한다.'는 취지로 정하고 있었다.

5) 피고인은 그 무렵 이 사건 투자약정에 따라 이 사건 회사의 이사 3명 중 1명과 감사 1명의 지명권을 행사하였고, 이에 따라 이 사건 회사의 주주총회는 공소외 2를 사외이사로, 공소외 3을 감사로 각 선임하였다. 한편 공소외 4는 같은 날 이 사건 회사의 부동산투자본부 본부장이었던 공소외 6을 사내이사로 선임하도록 하였고, 이 사건 회사의 이사회는 같은 날 공소외 6을 각자 대표이사로 선임하였다.

6) 이 사건 회사의 이사회는 2013. 11. 28. 공소외 5 회사에 "사채의 종류: 무보증 사모 분리형 신주인수권부사채, 권면총액: 3,000,000,000원 미만, 신주인수권 행사가격: 1주당 5,000원, 신주인수권 행사기간: 발행일로부터 1개월이 경과한 날부터 만기 전일까지" 등으로 정한 신주인수권부사채를 발행하는 안건에 관하여 결의하였는데, 공소외 4는 반대하였으나 공소외 6과 공소외 2의 찬성으로 위 안건은 그대로 가결되었다.

7) 이 사건 회사는 2013. 12. 4. 공소외 5 회사와 제1회 무보증 사모 신주인수권부사채(권면총액 1,800,000,000원, 이하 '이 사건 사채'라 한다) 인수계약을 체결하였고, 공소외 5 회사는 2013. 12. 8. 그 인수대금 1,800,000,000원을 납입하고 이 사건 사채를 취득하였다.

8) 이 사건 회사의 이사회는 2013. 12. 24. '공소외 4가 이 사건 회사에 대하여 횡령 및 배임행위를 한 혐의를 포착하였다.'는 등의 이유를 들어 공소외 6과 공소외 2의 찬성으로 공소외 4를 이 사건 회사의 각자 대표이사에서 해임하였다.

9) 이 사건 회사의 이사회는 2014. 1. 22. 이사 공소외 6 해임의 건, 이사 공소외 4 해임의 건 등을 안건으로 임시주주총회를 개최하기로 하였다.

10) 이 사건 회사는 2014. 2. 7. 공소외 5 회사에 이 사건 사채 원리금 합계 1,848,082,192원(= 원금 1,800,000,000원 + 이자 48,082,192원)을 지급하여 사채 전액을 변제하였다.

11) 2014. 2. 10. 개최된 이 사건 회사의 임시주주총회에서 공소외 4에 대한 이사 해임 안건은 부결되었고, 공소외 6에 대한 이사 해임 안건은 가결되었다. 이 사건 회사의 이사회는 2014. 2. 18. 공소외 4를 다시 대표이사로 선임하였다.

다. 앞서 본 법리에 따라 위 사실관계를 살펴보면, 피고인은 금융위원회의 대주주 변경승인을 받아야 할 (나)목 주요주주 중 제2호 주요주주에 해당하지 않는다고 봄이 타당하다.

1) 피고인은 2013. 7. 15. 이 사건 투자약정에 따라 이 사건 회사의 사외이사 1명 및 감사 1명을 그 의사대로 선임하기는 하였으나, 이 사건 회사의 대표이사 또는 이사의 과반수를 선임하지는 못하였다.

2) 피고인은 2013. 8. 무렵부터 이 사건 회사의 임직원으로부터 지배구조 변경 등에 관한 보고를 받고 이 사건 회사의 대표이사인 공소외 4에게 피고인의 총괄 아래 특정 사업을 담당하라는 의사를 전달하는 등 사실상 이 사건 회사의 경영사항 등에 관여하기는 하였으나, 이러한 사정만으로는 피고인이 경영전략 등 주요 의사결정이나 업무집행에 관하여 사실상 구속력 있는 결정이나 지시를 할 수 있는 지배의 근거를 갖추고 그에 따른 지배적인 영향력을 계속적으로 행사했다고 볼 수 없다.

3) 더욱이 다음과 같은 점에 비추어 보면, 이 사건 회사의 대주주이자 대표이사인 공소외 4가 경영전략 등 주요 의사결정이나 업무집행에 관하여 투자자인 피고인의 요구나 지시를 따르지 않

으면 안 될 사실상 구속력이 있었다고 인정하기 어렵거나, 오히려 공소외 4가 지배적인 영향력을 계속 보유·행사하면서 피고인과 대립하거나 피고인의 추가 투자 등을 통한 지배 근거 확보를 견제하고 있었던 것으로 보인다.

 가) 공소외 4는 이 사건 회사의 대주주였고, 이 사건 주주 간 합의서에 따라 피고인이 취득한 주식 및 신주인수권부사채 전량에 대한 매수청구권을 부여받았으며 대표이사의 지위도 최소 3년간 보장받았다. 반면 이 사건 주주 간 합의서에 따르면 피고인은 대주주 변경승인을 받고 피고인이 행사할 수 있는 의결권의 수가 공소외 4가 행사할 수 있는 의결권의 수를 초과한 경우에야 이 사건 회사의 이사의 과반수에 대한 선임권을 가질 수 있었다.

 나) 이 사건 사채의 발행은 피고인이 이 사건 회사에 대한 지배의 근거를 확보하기 위해 필요한 절차였으나, 공소외 4는 2013. 11. 28. 이 사건 회사의 이사회에서 이 사건 사채 발행의 건에 대해 반대하였다. 결국 피고인이 대표이사로 있는 공소외 5 회사가 2013. 12. 8.이 사건 사채를 취득하였으나, 이 사건 회사는 2014. 2. 7. 이 사건 사채 원리금 전액을 상환하였다.

 다) 이 사건 회사의 이사회는 2013. 12. 24. 공소외 4를 이 사건 회사의 각자 대표이사에서 해임하였으나, 결국 이 사건 회사의 2014. 2. 10.자 주주총회에서 공소외 4에 대한 이사 해임 안건은 부결되었고, 위 공소외 4에 대한 대표이사 해임 결의에 찬성한 공소외 6에 대한 이사 해임 안건은 가결되었으며, 공소외 4는 2014. 2. 18. 다시 이 사건 회사의 대표이사로 선임되었다.

 4) 그 외에 피고인이 경영전략 등 주요 의사결정이나 업무집행에 관하여 사실상 구속력 있는 결정이나 지시를 할 수 있는 지배의 근거를 갖추고 그에 따른 지배적인 영향력을 계속적으로 행사하였다고 볼 만한 사정은 없다.

라. 그런데도 원심이 피고인이 (나)목 주요주주 중 제2호 주요주주에 해당한다고 보아 이 사건 공소사실을 유죄로 판단한 데에는, 구 자본시장법 시행령 제9조 제2호에서 정한 '지배적인 영향력' 등에 관한 법리를 오해하여 판결에 영향을 미친 잘못이 있다.

4. 결 론

그러므로 나머지 상고이유에 대한 판단을 생략한 채 원심판결을 파기하고, 사건을 다시 심리·판단하도록 원심법원에 환송하기로 하여, 관여 대법관의 일치된 의견으로 주문과 같이 판결한다.

● 대법원 2021. 04. 15. 선고 2020도16468 판결 [사기·전자금융거래법위반]

【판시사항】

[1] 전자금융거래법 제6조 제3항 제2호에서 정한 '접근매체의 대여' 및 '대가'의 의미 / 전자금융거래법 제6조 제3항 제2호 위반죄가 성립하기 위하여 접근매체를 대여하는 자는 접근매체 대여에 대응하는 경제적 이익을 수수·요구 또는 약속하면서 접근매체를 대여한다는 인식을 가져야 하는지 여부(적극)

[2] 피고인이 성명불상자로부터 '대출이 가능하고, 대출 원리금 상환에 필요한 체크카드를 보내주면 대출을 해 주겠다.'는 연락을 받고 그에게 피고인 명의의 체크카드를 비밀번호와 함께 교부함으로써 접근매체를 대여하였다고 하여 전자금융거래법 위반으로 기소된 사안에서, 제반 사정을 종합하면 피고인은 대출금 및 이자를 지급하기 위해 필요하다는 성명불상자의 기망으로 체크카드를 교부한 사람으로서 대출의 대가로 접근매체를 대여했다거나 체크카드를 교부할 당시 그러한 인식을 하였다고 단정하기 어렵다고 한 사례

【판결요지】

[1] 전자금융거래법 제6조 제3항 제2호에서 정한 '접근매체의 대여'란 대가를 수수·요구 또는 약속하면서 일시적으로 다른 사람으로 하여금 접근매체 이용자의 관리·감독 없이 접근매체를 사용해서 전자금융거래를 할 수 있도록 접근매체를 빌려주는 행위를 말하고, 여기에서 '대가'란 접근매체의 대여에 대응하는 관계에 있는 경제적 이익을 말한다. 이때 접근매체를 대여하는 자는 접근매체 대여에 대응하는 경제적 이익을 수수·요구 또는 약속하면서 접근매체를 대여한다는 인식을 가져야 한다.

[2] 피고인이 성명불상자로부터 '대출이 가능하고, 대출 원리금 상환에 필요한 체크카드(이하 '카드'라고 한다)를 보내주면 대출을 해 주겠다.'는 연락을 받고 그에게 피고인 명의의 카드를 비밀번호와 함께 교부함으로써 접근매체를 대여하였다고 하여 전자금융거래법 위반으로 기소된 사안에서, 피고인은 성명불상자가 보낸 월변대출 관련 광고성 문자를 보고 그에게 카카오톡 문자로 대출을 문의하였고, 성명불상자는 카카오톡 문자로 피고인에게 대출에 따른 월 이자, 원금 상환방식 및 필요한 대출서류 등을 알려주면서, 원금 또는 이자의 상환은 피고인의 계좌와 카드를 이용하여 이루어지므로 원리금을 상환할 카드를 자신에게 맡겨야 한다고 안내한 점, 피고인은 대출에 필요한 서류를 전송한 후 성명불상자로부터 대출 승인이 났다고 안내받고 성명불상자의 요구에 따라 그에게 대출금을 지급받을 계좌번호, 카드에 대한 은행명 및 비밀번호, 계약서 및 차용증을 받을 주소 등을 알려준 후 카드를 건네준 점, 성명불상자는 피고인에게 연체 없는 정상 카드인지 확인한다고 하면서 카드와 연결된 계좌에 입금된 돈을 인출하였고, 피고인은 당일 저녁 성명불상자에게 보이스피싱은 아닌지 되묻기도 한 점, 피고인은 이전에 보이스피싱 범행에 연루된 적이 없는 점 등의 사정을 종합하면, 피고인은 대출금 및 이자를 지급하기 위해 필요하다는 성명불상자의 기망으로 카드를 교부한 사람으로서 대출의 대가로 접근매체를 대여했다거나 카드를 교부할 당시 그러한 인식을 하였다고 단정하기 어렵다는 이유로, 이와 달리 보아 공소사실을 유죄로 판단한 원심판결에 전자금융거래법상 '대가를 약속하면서 접근매체를 대여하는 행위' 및 고의에 관한 법리오해의 잘못이 있다고 한 사례.

【참조조문】 [1] 전자금융거래법 제6조 제3항 제2호 / [2] 구 전자금융거래법(2020. 5. 19. 법률 제17297호로 개정되기 전의 것) 제6조 제3항 제2호, 제49조 제4항 제2호, 형법 제13조
【참조판례】 [1] 대법원 2017. 8. 18. 선고 2016도8957 판결(공2017하, 1822), 대법원 2019. 6. 27. 선고 2017도16946 판결(공2019하, 1507)
【전   문】【피 고 인】 피고인 【상 고 인】 피고인 【변 호 인】 변호사 허재은
【원심판결】 제주지법 2020. 10. 22. 선고 2019노786, 1080 판결

【주   문】

원심판결을 파기하고, 사건을 제주지방법원에 환송한다.

【이   유】

상고이유(상고이유서 제출기간이 지난 다음 제출된 진정서 등의 각 기재는 상고이유를 보충하는 범위에서)를 판단한다.

1. 이 사건 공소사실 중 사기 부분에 대하여

원심은 판시와 같은 이유로 이 사건 공소사실 중 사기 부분을 유죄로 판단하였다. 원심판결 이유를 관련 법리와 적법하게 채택된 증거에 비추어 살펴보면, 원심의 판단에 논리와 경험의 법칙을 위반하여 자유심증주의의 한계를 벗어나거나 사기죄에서 기망행위와 편취의 범의에 관한 법리를 오해한 잘못이 없다.

2. 이 사건 공소사실 중 「전자금융거래법」 위반 부분에 대하여

가. 이 부분 공소사실의 요지는, 피고인이 2019. 6. 14. 성명불상자로부터 "2,000만 원 이상의 대출이 가능하다. 이자 상환은 본인 계좌에 대출 이자를 입금해 놓으면 내가 체크카드를 이용하여 출금할 것이니, 이자 상환에 필요한 체크카드를 보내 달라."라는 연락을 받고, 2019. 6. 17.경 성명불상자에게 피고인 명의의 ○○은행 계좌의 접근매체인 체크카드(이하 '이 사건 카드'라고 한다)를 택배를 통해 교부하고, 그 카드의 비밀번호를 알려줌으로써 접근매체를 대여하였다는 것이다.

나. 「전자금융거래법」 제6조 제3항 제2호에서 정한 '접근매체의 대여'란 대가를 수수·요구 또는 약속하면서 일시적으로 다른 사람으로 하여금 접근매체 이용자의 관리·감독 없이 접근매체를 사용해서 전자금융거래를 할 수 있도록 접근매체를 빌려주는 행위를 말하고(대법원 2017. 08. 18. 선고 2016도8957 판결 참조), 여기에서 '대가'란 접근매체의 대여에 대응하는 관계에 있는 경제적 이익을 말한다(대법원 2019. 06. 27. 선고 2017도16946 판결 참조). 이때 접근매체를 대여하는 자는 접근매체 대여에 대응하는 경제적 이익을 수수·요구 또는 약속하면서 접근매체를 대여한다는 인식을 가져야 한다.

다. 원심판결 이유와 기록에 의하면 다음과 같은 사실 및 사정을 알 수 있다.

1) 피고인은 2019. 6. 14. 성명불상자가 보낸 월변대출 관련 광고성 문자를 보고, 성명불상자에게 카카오톡 문자로 월변대출을 문의하였다.

2) 성명불상자는 카카오톡 문자로 피고인에게 대출에 따른 월 이자, 원금 상환방식 및 필요한 대출서류 등을 알려주면서, 원금 또는 이자의 상환은 피고인의 계좌와 체크카드를 이용하여 이루어지므로, 원금 및 이자를 상환할 체크카드를 자신에게 맡겨야 한다고 안내하였다.

3) 피고인은 성명불상자에게 대출에 필요한 서류를 전송한 후 성명불상자로부터 2,500만 원까지 승인이 났다고 안내받았다.

4) 피고인은 성명불상자의 요구에 따라 성명불상자에게 대출금을 지급받을 계좌번호, 카드에 대한 은행명 및 비밀번호, 계약서 및 차용증을 받을 주소 등을 알려준 후, 2019. 6. 17. 제주 화물청사에서 성명불상자에게 이 사건 카드를 건네주었다.

5) 성명불상자는 2019. 6. 18. 피고인에게 연체 없는 정상 카드인지를 확인한다고 하면서 이 사건 카드와 연결된 계좌에 입금된 돈을 인출하였고, 피고인은 같은 날 저녁에 성명불상자에게 보이스피싱은 아니었는지 되묻기도 하였다.

6) 피고인은 이 사건 이전에 형사처벌을 받은 전력이 없고, 보이스피싱 범행에 연루된 적도 없다.

라. 위와 같은 사실 및 사정을 앞서 본 법리에 비추어 살펴보면, 피고인은 대출금 및 이자를 지급하기 위해 필요하다는 성명불상자의 기망으로 이 사건 카드를 교부한 사람으로서, 피고인이 대출의 대가로 접근매체를 대여했다거나 이 사건 카드를 교부할 당시 그러한 인식을 하였다고 단정하기도 어렵다.

마. 그런데도 원심은 피고인이 성명불상자로부터 향후 대출을 받을 수 있는 무형의 기대이익을 대가로 약속하고 성명불상자에게 접근매체를 대여한 것으로 보아 이 부분 공소사실을 유죄로 판단하였다. 이러한 원심판결에는 「전자금융거래법」 제6조 제3항 제2호에서 정한 '대가를 약속하면서 접근매체를 대여하는 행위' 및 고의에 관한 법리를 오해하여 판결에 영향을 미친 잘못이 있다. 이를 지적하는 피고인의 상고이유 주장은 이유 있다.

3. 파기의 범위

위와 같은 이유로 원심판결 중 「전자금융거래법」 위반 부분을 파기하여야 한다. 그런데 원심은 이 부분 공소사실과 유죄로 인정한 나머지 공소사실이 형법 제37조 전단의 경합범 관계에 있다는 이유로 하나의 형을 선고하였다. 결국 원심판결을 전부 파기하여야 한다.

4. 결 론

그러므로 나머지 상고이유에 관한 판단을 생략한 채 원심판결을 파기하고, 사건을 다시 심리·판단하도록 원심법원에 환송하기로 하여, 관여 대법관의 일치된 의견으로 주문과 같이 판결한다.

ⓒ 대법원 2021. 04. 29. 선고 2019도9494 판결 [공직선거법위반]

【판시사항】

[1] 정당의 후보자 추천 관련 금품 등의 수수행위 금지·처벌규정인 공직선거법 제47조의2 제1항 전문, 제230조 제6항에서 말하는 '정당이 특정인을 후보자로 추천하는 일과 관련하여'의 의미 및 '후보자 추천 관련성' 유무를 판단하는 기준

[2] 甲 정당의 지역위원회 위원장인 피고인이 제7회 전국동시지방선거에서 甲 정당 지방의회의원 후보자로 공천받기를 희망하는 乙에게 '甲 정당 도당위원장이자 국회의원인 丙을 만나 식사를 하면서 乙에 대하여 얘기를 잘 해주겠다. 나중에라도 공천받는 데 도움이 될 것이다.'는 취지로 말하고 乙로부터 식사비 명목으로 돈을 받음으로써 甲 정당의 후보자 추천과 관련하여 금품을 제공받았다고 하여 공직선거법 위반으로 기소된 사안에서, 제반 사정을 종합하면 피고인이 乙에게서 돈을 받은 것이 乙을 지방의회의원 후보자로 추천하는 데에 어떠한 형태로든 영향을 미칠 수 있는 경우에 해당한다는 점에 대하여 합리적 의심을 배제할 정도로 증명되었다고 보기 어렵다고 한 사례

【판결요지】

[1] 공직선거법 제47조의2 제1항 전문은 "누구든지 정당이 특정인을 후보자로 추천하는 일과 관련하여 금품이나 그 밖의 재산상의 이익 또는 공사의 직을 제공하거나 그 제공의 의사를 표시하거나 그 제공을 약속하는 행위를 하거나, 그 제공을 받거나 그 제공의 의사표시를 승낙할 수 없다."라고 규정하고 있고, 같은 법 제230조 제6항은 "제47조의2 제1항 또는 제2항을 위반한 자는 5년 이하의 징역 또는 3천만 원 이하의 벌금에 처한다."라고 규정하고 있다. 위 형벌규정의 문언 내용과 체계, 입법 목적 등을 고려하면, '정당이 특정인을 후보자로 추천하는 일과 관련하여'란 금품 또는 재산상 이익의 제공이 후보자 추천의 대가 또는 사례에 해당하거나, 그렇지 않다고 하더라도 후보자 추천에 있어서 금품 또는 재산상 이익의 제공이 어떠한 형태로든 영향을 미칠 수 있는 경우에 해당하여야 함을 의미한다.

그리고 위와 같은 '후보자 추천 관련성' 유무의 판단은 금품 등의 수수와 관련된 당사자들의 지위, 금품 등의 수수 당시 당해 정당의 후보자 추천절차와 그 결과, 금품 등 수수 당시의 시기적 상황, 수수의 경위와 그 금액 및 전달방법, 금품 등의 수수를 전후한 당사자들의 언행 등 여러 사정들을 종합하여 사회통념에 따라 합리적으로 판단하여야 한다.

[2] 甲 정당의 지역위원회 위원장인 피고인이 제7회 전국동시지방선거에서 甲 정당 지방의회의원 후보자로 공천받기를 희망하는 乙에게 '甲 정당 도당위원장이자 국회의원인 丙을 만나 식사를 하면서 乙에 대하여 얘기를 잘 해주겠다. 나중에라도 공천받는 데 도움이 될 것이다.'는 취지로 말하고 乙로부터 식사비 명목으로 45만 원을 받음으로써 甲 정당의 후보자 추천과 관련하여 금품을 제공받았다고 하여 공직선거법 위반으로 기소된 사안에서, 甲 정당의 지방의회의원 후보자 추천 과정, 甲 정당의 전략공천 관련 당내 규정의 내용, 금품 수수의 경위, 수수된 금품의 액수와 시기, 경선 과정에서의 피고인이나 丙의 구체적인 영향력에 관한 증명 정도 등 제반 사정을 종합하면, 검사가 제출한 증거들만으로 피고인이 乙에게서 위 돈을 받은 것이 乙을 지방의회의원 후보자로 추천하는

데에 어떠한 형태로든 영향을 미칠 수 있는 경우에 해당한다는 점에 대하여 합리적 의심을 배제할 정도로 증명되었다고 보기 어렵다는 이유로, 이와 달리 피고인의 행위가 공직선거법 제47조의2 제1항 전문, 제230조 제6항의 구성요건인 '정당이 특정인을 후보자로 추천하는 일과 관련하여' 부분을 충족하는지를 판단할 때 필요한 여러 사정들을 충분히 심리·판단하지 아니한 채 공소사실을 유죄로 인정한 원심의 판단에 공직선거법 제47조의2 제1항에서 정한 정당의 후보자 추천 관련성에 관한 법리오해 및 심리미진 등의 위법이 있다고 한 사례.

【참조조문】 [1] 공직선거법 제47조의2 제1항, 제230조 제6항 / [2] 공직선거법 제47조 제2항, 제47조의2 제1항, 제230조 제6항, 형사소송법 제307조, 제308조
【참조판례】 [1] 대법원 2009. 4. 23. 선고 2009도834 판결(공2009상, 808), 대법원 2009. 5. 14. 선고 2008도11040 판결(공2009상, 930), 대법원 2013. 11. 28. 선고 2011도17163 판결
【전　　문】【피 고 인】 피고인 【상 고 인】 피고인 및 검사
【변 호 인】 법무법인 디라이트 외 1인 1112 판례공보 2021. 6. 15.
【원심판결】 대전고법 2019. 6. 27. 선고 2019노88 판결

【주　　문】

　　원심판결 중 유죄 부분을 파기하고, 이 부분 사건을 대전고등법원에 환송한다. 검사의 상고를 기각한다.

【이　　유】

　　상고이유를 판단한다.

1. 피고인의 상고이유에 대하여

가. 공직선거법 제47조의2 제1항전문은 "누구든지 정당이 특정인을 후보자로 추천하는 일과 관련하여 금품이나 그 밖의 재산상의 이익 또는 공사의 직을 제공하거나 그 제공의 의사를 표시하거나 그 제공을 약속하는 행위를 하거나, 그 제공을 받거나 그 제공의 의사표시를 승낙할 수 없다."라고 규정하고 있고, 같은 법 제230조 제6항은 "제47조의2 제1항 또는 제2항을 위반한 자는 5년 이하의 징역 또는 3천만 원 이하의 벌금에 처한다."라고 규정하고 있다(이하 두 규정을 합하여 '이 사건 형벌규정'이라고 한다). 이 사건 형벌규정의 문언 내용과 체계, 그 입법 목적 등을 고려하면, '정당이 특정인을 후보자로 추천하는 일과 관련하여'라 함은 금품 또는 재산상 이익의 제공이 후보자 추천의 대가 또는 사례에 해당하거나, 그렇지 않다고 하더라도 후보자 추천에 있어서 금품 또는 재산상 이익의 제공이 어떠한 형태로든 영향을 미칠 수 있는 경우에 해당하여야 함을 의미한다(대법원 2009. 04. 23. 선고 2009도834 판결, 대법원 2009. 05. 14. 선고 2008도11040 판결 등 참조).
　　그리고 위와 같은 '후보자 추천 관련성' 유무의 판단은 금품 등의 수수와 관련된 당사자들의 지위, 금품 등의 수수 당시 당해 정당의 후보자 추천절차와 그 결과, 금품 등 수수 당시의 시기적 상황, 수수의 경위와 그 금액 및 전달방법, 금품 등의 수수를 전후한 당사자들의 언행 등 여러 사정들을 종합하여 사회통념에 따라 합리적으로 판단하여야 한다(대법원 2013. 11. 28. 선고 2011

도17163 판결 등 참조).

나. 원심은 그 채택 증거들을 종합하여 다음과 같은 이유로 피고인은 (정당명 생략)이 공소외 1을 2018. 6. 13. 제7회 전국동시지방선거 △△△도의회의원 후보자(이하 '이 사건 후보자'라 한다)로 추천하는 일과 관련하여 공소외 1로부터 금품을 제공받았다고 판단하였다.

1) 공소외 1은 (정당명 생략) 소속으로 공천을 받아 위 지방선거에서 △△△도의회의원 후보에 출마하고자 하였고, 피고인도 이를 잘 알고 있었다.

2) 공소외 1과 피고인의 진술을 종합해 보면 '(정당명 생략) □□시 갑 지역위원회 위원장(이하 '지역위원장'이라고 한다)인 피고인이 (정당명 생략) △△△도당위원장(이하 '도당위원장'이라고 한다)이자 당시 국회의원이던 공소외 2와 식사를 하면서 친분관계를 쌓게 되면 피고인과 공소외 1이 향후 공천을 받는 데 도움이 되니 피고인이 공소외 1에게 식사비를 요구하였고, 공소외 1도 이에 동의하여 식사비 명목으로 45만 원을 제공하였다.'는 것이다.

3) 피고인은 20여 년간 □□을 기반으로 (정당명 생략) 소속으로 정치활동을 하다가 2016. 7.경부터는 (정당명 생략) □□시 갑 지역위원장이었고, 공소외 2는 지방의회의원 공천을 관장하는 도당위원장으로서, 피고인과 공소외 2가 이 사건 후보자의 공천과 관련한 정치적 영향력이 없다고 볼 수는 없다.

4) 위 금원이 공천에 대한 대가 또는 사례라고 보기에 충분한 금액이라고 보이지는 않으나, 피고인과 공소외 1의 경력, 지위 및 관계, 피고인과 공소외 1이 위 금원을 수수할 당시 처해 있었던 정치적 상황, 위 금원의 수수 경위 및 이에 관한 피고인과 공소외 1의 각 진술 내용, 피고인과 공소외 2의 정치적 지위와 영향력 등을 종합하면, 공소외 1이 국회의원 공소외 2와의 식사비 명목으로 피고인에게 45만 원을 제공하고 피고인이 제공받은 것은, 이 사건 후보자의 추천에 있어서 어떠한 형태로든 영향을 미칠 수 있는 경우에 해당한다.

다. 그러나 원심의 판단은 수긍하기 어렵다. 원심이 적법하게 채택하여 조사한 증거들에 비추어 알 수 있는 사정, 즉 이 사건 후보자의 추천 과정, (정당명 생략)의 전략공천 관련 당내 규정의 내용, 금품 수수의 경위, 수수된 금품의 액수와 시기, 경선 과정에서의 피고인이나 공소외 2의 구체적인 영향력에 관한 증명 정도 등에 비추어 보면, 검사가 제출한 증거들만으로 피고인이 공소외 1에게서 위 돈을 제공받은 것이 공소외 1을 이 사건 후보자로 추천하는 데에 어떠한 형태로든 영향을 미칠 수 있는 경우에 해당한다는 점에 대하여 합리적 의심을 배제할 정도로 증명되었다고 보기 어렵기 때문이다. 그 구체적인 이유는 다음과 같다.

1) 이 사건 형벌규정은 정당의 공직후보자 추천과 관련된 금전의 수수행위를 금지함으로써, 정당 내 후보자 추천의 공정성과 투명성을 보장하고 이를 통하여 국민의 의사를 대변하는 진정한 대의제 민주주의의 발전을 지향한다. 한편 위 규정이 헌법상 보장된 정당 활동의 자유를 제한하는 면이 있더라도 그 제한은 공직선거의 자유와 공정을 보장하기 위한 제도적 장치로서의 의미가 있는 데다가 '정당이 특정인을 후보자로 추천하는 일과 관련하여'라는 구성요건이 충족될 것을 전제로 제한된다는 점에서 헌법상 비례의 원칙에 위배된다고 볼 수 없다(대법원 2009. 05. 14. 선고 2008도11040 판결 참조).

2) 앞서 본 법리에 의하면, 피고인이 위 돈을 받은 것이 '정당이 특정인을 후보자로 추천하는 일

과 관련하여' 이루어졌다고 평가하기 위해서는 위 돈의 수수가 공직후보자의 추천에 어떠한 형태로든 영향을 미칠 수 있는 경우에 해당하여야 한다. 원심은 이를 긍정하였는데, 다음과 같은 이유에서 받아들이기 어렵다.

가) 이 사건 후보자의 추천 과정을 살펴본다.

① 공직선거법 제47조 제2항은, 정당이 공직후보자를 추천하는 때에는 당헌 또는 당규로 정한 민주적인 절차에 따라야 함을 규정하고 있다.

② 피고인이 위 돈을 받을 당시 (정당명 생략)의 당헌·당규에 따르면, 시·도의회의원 후보자의 선정과 관련하여 정당의 전략공천은 불가능하였던 것으로 보인다.

전략공천은 당헌·당규에 정해진 경우에 한하여(국회의원, 광역·기초자치단체장만 가능함) 중앙당 전략공천위원회의 심사와 당대표의 선정, 최고위원회의 의결 및 당무위원회의 인준 등의 절차를 거쳐 이루어지고, 시·도의회의원 선거의 경우엔 도당위원장이 시·도의회의원 후보자를 자신의 단독 재량으로 전략공천할 근거는 없다. 경쟁후보자가 부적격으로 판단되어 단수후보로 추천되는 경우가 아니면 경선을 치러 시·도의회의원 후보자가 결정된다.

실제로 2014년 지방선거에서 (정당명 생략) △△△도당은 시·도의회의원 선거에서 전략공천을 한 바 없었다.

③ 2018년 (정당명 생략)의 △△△도의원 후보자 공천 과정 또한 종전과 차이가 없었던 것으로 보인다.

2018년 지방선거 당시 (정당명 생략) △△△도당의 이 사건 후보자 공천 과정은 다음과 같았다. · 후보자검증신청자 접수 후 △△△도당 공직후보자 검증위원회의 검증심사, · 예비후보자 등록, · 중앙당 최고위원회의 △△△도당 공직후보자 추천관리위원회, 재심위원회, 선거관리위원회 구성, · 공천접수 및 △△△도당 공직후보자추천관리위원회의 공천면접 및 심사(단수 추천 또는 경선 의결), · 중앙당 최고위원회의 권리당원 선거인명부 확정, · △△△도당 상무위원회의 경선 후보자 및 경선방법의 확정, · 경선 실시, · 경선결과 발표 및 이의신청 처리(△△△도당 재심위원회), · 중앙당 최고위원회의 의결 및 당무위원회의 인준 등의 절차를 통해 이 사건 후보자가 확정된다.

즉 권리당원에 의한 경선이 원칙이었고 공천신청자가 복수일 때에 당원경선을 실시하여 유효투표의 다수를 얻은 후보자가 당선인으로 결정된다.

실제로 2018년 치러진 지방선거에서 (정당명 생략) △△△도당 관내 시·도의회의원 선거구 중 단수 추천된 곳 이외에는 공소외 1이 공천을 신청한 □□시 제1선거구를 포함하여 나머지 모든 선거구에서 경선으로 후보자가 결정된 것으로 보인다.

나) 공직선거법 제47조 제2항의 규정과 (정당명 생략)의 당헌·당규가 위와 같다면, 피고인이 과연 '정당이 특정인을 후보자로 추천하는 일과 관련하여' 위 돈을 수수한 것인지 여부를 평가하기 위해서는, 이 사건 후보자의 실제 공천 과정이 '당원의 자율적인 의사를 반영한 후보자 결정'이라는 위 법률조항 및 당내 규정의 취지와 달리 작동될 여지가 있는지, 있다면 어떤 경우인지 등을 세심하게 살펴볼 필요가 있다. 그런데 이와 관련하여 피고인과 공소외 2가 이 사건 후보자의 결정 과정 중 어떤 단계에서 어떻게 후보자의 공천에 영향을 미칠 수 있다거나 미치게 할 수 있다는 것인지 이를 알 수 있게 하는 검사의 입증은 불충분하다.

① 당내경선이 치러질 예정이었던 이 사건 후보자의 공천과 관련하여 공소외 2와 피고인이 후보자를 단수로 추천하거나 그렇게 만들 수 있는 힘을 가지고 있었는지, 후보검증절차 및 선정절차에서 어떤 영향력이 있는지, 경선절차에서 권리당원 등에 대한 정치적인 영향력이 어떤지 등을 가늠할 객관적 자료가 없다.

② 검사가 후보자 공천에 관한 피고인이나 공소외 2의 구체적 영향력을 입증하기 위하여 제출한 증거는 수사보고서가 사실상 유일하다.

그런데 위 수사보고서는 담당경찰관이 □□시 ◇◇구선거관리위원회의 지도주임과 전화로 통화한 결과를 토대로 작성한 것인데, 그 내용도 '피고인이 □□시 갑 선거구 지역위원장으로서 당원들을 관리하고 도당위원장에게 공천과 관련된 이야기를 해 줄 수 있어 공천 관련 영향을 줄 수 있다.'는 매우 막연한 수준의 주관적 짐작에 터 잡은 것에 불과하다.

③ 도당위원장이나 지역위원장이 후보자 공천과 관련된 당원들의 의사형성 과정에 정치적 영향을 미칠 가능성이 어떤 경우에도 늘 존재한다고 단정할 근거는 없다. 당원들의 개인적 입장이나 처지, 위원장들과의 개별적 친소의 정도, 각 시기별 정치·사회적 이슈에 대한 견해 차이 등 매우 다양한 사정에 따라 당원들이 위원장들의 입장과 달리 의사결정하는 경우를 쉽게 예상할 수 있고, 위원장과 당원들의 관계도 시기에 따라 변할 수 있기 때문이다. 결과이기는 하지만 피고인에게 위 돈을 제공하였던 공소외 1은 2018. 4.경 치러진 당원들의 경선 과정에서 탈락하였다.

따라서 위 각 위원장의 지위 자체가 곧바로 당원들의 공직후보자 선택 과정에 어떠한 영향을 미칠 수 있다고 일반적으로 전제하는 것은 타당하지 않다. 이 사건 형벌규정의 적용 여부를 따져 피고인에게 유무죄를 심판하는 국면에서는 그러한 전제의 인정에 더욱 신중할 필요가 있다.

다) 원심은, 이 사건 형벌규정의 구성요건인 '정당이 특정인을 후보자로 추천하는 일과 관련하여' 부분의 충족 여부를 판단함에 있어서 앞서 본 사정들을 제대로 살피지 않았다. 위 돈을 주고받을 당시 피고인과 공소외 1이 가졌던 공소외 2의 지위 및 정치적 영향력에 대한 주관적 인식이나 평가, 둘 사이의 대화 및 그에 기초한 그들의 희망이나 의도 등에만 주로 주목하였던 것으로 보이는데, 그렇더라도 원심의 판단은 여전히 수긍하기 어렵다.

원심이 파악한 사실관계에 따르더라도, 공소외 1은 피고인이 공소외 2와 친분관계를 쌓게 되면 그것이 자신의 향후 공천에 도움이 될 수 있을 것이라는 막연한 기대감에서 위 둘이 친분관계를 쌓을 식사자리 비용 명목으로 위 돈을 피고인에게 지급하였다고 볼 수 있을 뿐이다.

피고인이 받은 돈의 규모, 그 돈을 받은 시점이 이 사건 후보자 공천을 위한 경선일로부터는 약 7개월 전이고 이 사건 후보자 추천절차가 시작되는 검증신청자 접수일로부터는 약 6개월 전인 점, 그 당시 공소외 1은 이 사건 후보자로 나설 것을 계획하고 있었을 뿐 출마 의사를 확정적으로 공표하지는 않았던 점을 함께 고려하면, 공소외 1이 피고인에게 제공한 돈이 그 자체로 정당의 후보자 추천과 관련된 것으로 평가하기는 어렵다.

라. 그럼에도 원심은 피고인의 행위가 이 사건 형벌규정의 구성요건인 '정당이 특정인을 후보자로 추천하는 일과 관련하여' 부분을 충족하는지 여부를 판단함에 있어서 필요한 여러 사정들을 충분히 심리·판단하지 않은 채 판시와 같은 이유만으로 이 사건 공소사실 중 정당의 후보자 추천 관련

금품수수금지 위반으로 인한 공직선거법 위반 부분을 유죄로 판단하였다. 이러한 원심의 판단에는 공직선거법 제47조의2 제1항에서 정한 정당의 후보자 추천 관련성에 관한 법리를 오해하고 필요한 심리를 다하지 아니하거나 형사재판에서 증명의 정도에 관한 법리를 오해하여 판결에 영향을 미친 위법이 있다.

2. 검사의 상고이유에 대하여

원심은 판시와 같은 이유로, 이 사건 공소사실 중 후보자 등의 기부행위제한 위반으로 인한 공직선거법 위반 부분에 대하여 범죄의 증명이 없다고 보아, 이를 무죄로 판단한 제1심판결을 그대로 유지하였다.

원심판결 이유를 관련 법리와 기록에 비추어 살펴보면, 원심의 판단에 논리와 경험의 법칙을 위반하여 자유심증주의의 한계를 벗어나거나 공직선거법 위반죄에서의 기부행위에 관한 법리를 오해한 잘못이 없다.

한편 검사는 원심판결 전부에 대하여 상고하였으나, 유죄 부분에 관하여는 상고장이나 상고이유서에 불복이유의 기재가 없다.

3. 결 론

그러므로 원심판결 중 유죄 부분을 파기하고 이 사건을 원심법원에 환송하며 검사의 상고를 기각하기로 하여, 관여 대법관의 일치된 의견으로 주문과 같이 판결한다.

---

① 대법원 2021. 04. 29. 선고 2020도16369 판결 [마약류불법거래방지에관한특례법위반(인정된 죄명: 마약류불법거래방지에관한특례법위반방조)·마약류관리에관한법률위반(향정)]

【판시사항】

마약류 불법거래 방지에 관한 특례법 제6조를 위반하여 마약류를 수출입·제조·매매하는 행위 등을 업으로 하는 범죄행위의 정범이 그 범죄행위로 얻은 수익은 같은 법 제13조부터 제16조까지의 규정에 따라 몰수·추징의 대상이 되는지 여부(적극) / 위 정범으로부터 대가를 받고 판매할 마약을 공급하는 방법으로 위 범행을 용이하게 한 방조범이 정범의 위 범죄행위로 인한 수익을 정범과 공동으로 취득하였다고 평가할 수 없는 경우, 방조행위로 얻은 재산 등에 한하여 몰수, 추징할 수 있는지 여부(적극)

【판결요지】

마약류 불법거래 방지에 관한 특례법(이하 '마약거래방지법'이라고 한다) 제6조를 위반하여 마약류를 수출입·제조·매매하는 행위 등을 업으로 하는 범죄행위의 정범이 그 범죄행위로 얻은 수익은 마약거래방지법 제13조부터 제16조까지의 규정에 따라 몰수·추징의 대상이 된다. 그러나 위 정범으로부터 대가를 받고 판매할 마약을 공급하는 방법으로 위 범행을 용이하게 한 방조범은 정범의 위 범죄행위로 인한 수익을 정범과 공동으로 취득하였다고 평가할 수 없다면 위 몰수·추징 규정에 의하여 정범과 같이 추징할 수는 없고, 그 방조범으로부터는 방조행위로 얻은 재산 등에 한하여 몰수, 추징할 수 있다고 보아야 한다.

【참조조문】 마약류 불법거래 방지에 관한 특례법 제6조, 제13조, 제14조, 제15조, 제16조, 형법 제30조, 제32조
【전   문】 【피 고 인】 피고인 【상 고 인】 피고인
【변 호 인】 변호사 박지훈 외 1인
【원심판결】 수원고법 2020. 11. 5. 선고 2020노224, 288 판결

【주 문】

원심판결 중 추징에 관한 부분을 파기한다. 피고인으로부터 73,800,000원을 추징한다. 나머지 상고를 기각한다.

【이 유】

상고이유를 판단한다.

1. 양형부당 주장에 관하여

형사소송법 제383조 제4호에 의하면 사형, 무기 또는 10년 이상의 징역이나 금고가 선고된 사건에서만 양형부당을 사유로 한 상고가 허용된다. 피고인에 대하여 그보다 가벼운 형이 선고된 이 사건에서 형이 너무 무거워 부당하다는 취지의 주장은 적법한 상고이유가 되지 못한다.

2. 추징이 위법하다는 주장에 관하여

가. 「마약류 불법거래 방지에 관한 특례법」(이하 '마약거래방지법'이라고 한다) 제6조를 위반하여 마약류를 수출입·제조·매매하는 행위 등을 업으로 하는 범죄행위의 정범이 그 범죄행위로 얻은 수익은 마약거래방지법 제13조부터 제16조까지의 규정에 따라 몰수·추징의 대상이 된다. 그러나 위 정범으로부터 대가를 받고 판매할 마약을 공급하는 방법으로 위 범행을 용이하게 한 방조범은 정범의 위 범죄행위로 인한 수익을 정범과 공동으로 취득하였다고 평가할 수 없다면 위 몰수·추징 규정에 의하여 정범과 같이 추징할 수는 없고, 그 방조범으로부터는 방조행위로 얻은 재산 등에 한하여 몰수, 추징할 수 있다고 보아야 한다.

나. 원심은, 피고인의 마약거래방지법 위반 방조죄와 관련하여 공소외 1 등 마약거래방지법 위반죄의 정범이 필로폰 매매를 업으로 하는 범죄행위로 얻은 재산인 필로폰 판매수익 327,308,700원에서 공소외 1로부터 이미 압수되어 몰수된 금원 11,640,000원을 공제한 나머지 315,668,700원을 추징하고, 피고인의「마약류 관리에 관한 법률」(이하 '마약류관리법'이라고 한다) 위반(향정)죄와 관련하여 피고인이 판매한 필로폰 대금 1,800,000원을 추징하여, 피고인으로부터 합계 317,468,700원[= 마약거래방지법 위반 방조죄 관련 추징금 315,668,700원(= 공소외 1 등의 필로폰 판매수익 327,308,700원 - 공소외 1로부터 압수되어 몰수된 금원 11,640,000원) + 마약류

관리법 위반(향정)죄 관련 추징금 1,800,000원]의 추징을 명하였다.

다. 기록에 의하면, 다음과 같은 사실이나 사정을 알 수 있다.

1) 검사는 피고인이 공소외 1, 공소외 2, 공소외 3, 공소외 4, 공소외 5 등과 공모하여 2018. 7. 3.경부터 2019. 3. 23.경까지 총 495회에 걸쳐 대금 합계 327,308,700원을 받고 필로폰 불상량을 판매함으로써 향정신성의약품인 필로폰의 매매를 업으로 하였다고 하는 공소사실에 대해 마약거래방지법 제6조 제2항, 마약류관리법 제60조 제1항 제2호, 제4조 제1항 제1호, 제2조 제3호 (나)목, 형법 제30조를 적용하여 피고인을 기소하였다.

2) 그러나 검사는 제1심에서 2020. 3. 20. "피고인은 공소외 1 등이 필로폰 매매를 업으로 하고자 한다는 사실을 알면서도 공소외 1에게 2018. 5.경부터 2019. 3.경까지 13회에 걸쳐 합계 약 400g 상당의 필로폰을 1g당 180,000원에 공급하는 방법으로 공소외 1 등의 위 범행을 용이하게 함으로써 공소외 1 등이 향정신성의약품인 필로폰의 매매를 업으로 하는 행위를 방조하였다."라는 내용으로 공소장변경신청을 하면서, 적용법조 중 "형법 제30조"를 "형법 제32조 제1항"으로 변경하였다.

3) 이에 제1심법원은 2020. 3. 24. 제1심 제4회 공판기일에서 위와 같은 공소장변경신청을 허가하였고, 피고인은 위 공판기일에서 위와 같이 변경된 공소사실을 모두 인정한다고 진술하였다.

4) 한편 공소외 1 등은 인터넷에 필로폰 판매광고를 게시한 다음, 이를 보고 연락해 오는 매수자들로부터 모바일 메신저인 '텔레그램'을 이용해 특정 계좌로 필로폰 대금을 송금받고, 미리 소분하여 서울 등 전국 각지에 은닉해 놓은 필로폰의 주소와 장소 사진을 전송해 주거나, 고속버스 수화물 서비스를 이용하여 필로폰을 보내 주는 방식으로 필로폰을 업으로 판매하였다.

5) 그러나 피고인은 위와 같은 공소외 1 등의 필로폰 판매행위에 관여하지 않았다. 또한 피고인은 공소외 1에게 공급한 필로폰의 대가로 그 대금 합계 72,000,000원을 지급받은 외에 공소외 1 등으로부터 공소외 1 등이 업으로 판매한 필로폰 대금이나 수익을 전혀 분배받지 않았고, 오직 자신의 계산으로 공소외 1에게 필로폰을 유상으로 공급하였을 뿐이다.

라. 위와 같은 사실과 사정을 앞서 본 법리에 비추어 살펴보면, 정범인 공소외 1 등은 마약거래방지법 제6조 위반죄의 범죄행위로 필로폰 판매대금 합계 327,308,700원을 얻었으나, 피고인은 정범인 공소외 1 등이 필로폰 매매를 업으로 하고자 한다는 사실을 알면서 단지 이를 방조하기 위하여 공소외 1에게 필로폰 합계 약 400g을 1g당 180,000원에 공급하였을 뿐이고, 공소외 1 등과 공동으로 위 필로폰 매매로 인한 불법수익을 얻은 자에 해당한다고 보기 어렵다. 따라서 마약거래방지법 제6조 위반죄의 방조범인 피고인으로부터는 자신의 방조행위로 얻은 재산인 필로폰 공급대금 72,000,000원(= 400g × 180,000원)을 추징하여야 한다.

마. 그런데도 원심은 이와 달리 마약거래방지법 위반 방조죄와 관련하여 피고인으로부터 정범인 공소외 1 등이 필로폰 매매를 업으로 하는 범죄행위로 얻은 재산인 필로폰 판매대금 전액에서 공소외 1로부터 몰수된 금원을 공제한 나머지 금액을 추징하였다. 원심판결 중 위와 같은 추징 부분에는 마약거래방지법상 추징 및 추징금 산정에 관한 법리를 오해한 잘못이 있다. 이를 지적하는 피고인의 상고이유 주장은 이유 있다.

3. 결론

그러므로 원심판결 중 추징 부분을 파기하되, 이 부분은 이 법원이 직접 재판하기에 충분하므로 형사소송법 제396조에 의하여 다음과 같이 판결하고 나머지 상고를 기각하기로 하여, 관여 대법관의 일치된 의견으로 주문과 같이 판결한다.

앞서 본 것과 같은 이유로 마약거래방지법 제16조 제1항, 제13조 제1항 제1호, 마약류관리법 제67조 단서에 의하여 피고인으로부터 73,800,000원[= 마약거래방지법 위반 방조죄 관련 추징금 72,000,000원 + 마약류관리법 위반(향정)죄 관련 추징금 1,800,000원]을 추징한다.

© 대법원 2021. 05. 07. 선고 2018도12973 판결 [정신보건법위반]

【판시사항】

정신질환자의 입원 등에 필요한 보호의무자 확인 서류 등 수수 의무 위반으로 인한 구 정신보건법 제24조 제1항 위반죄가 진정부작위범에 해당하는지 여부(적극) / 위 죄의 공동정범은 그 의무가 수인에게 공통으로 부여되어 있는데도 수인이 공모하여 전원이 그 의무를 이행하지 않았을 때 성립하는지 여부(적극) / '정신의료기관 등의 장'이 아니라 그곳에 근무하고 있을 뿐인 정신건강의학과 전문의도 위 규정에서 정한 보호의무자 확인 서류 등의 수수 의무를 부담하는지 여부(소극)

【판결요지】

구 정신보건법(2016. 5. 29. 법률 제14224호 정신건강증진 및 정신질환자 복지서비스 지원에 관한 법률로 전부 개정되기 전의 것, 이하 '구 정신보건법'이라 한다) 제24조 제1항은 "정신의료기관 등의 장은 정신질환자의 보호의무자 2인의 동의(보호의무자가 1인인 경우에는 1인의 동의로 한다) 있고 정신건강의학과 전문의가 입원 또는 입소(이하 '입원 등'이라 한다) 필요하다고 판단한 경우에 한하여 당해 정신질환자를 입원 등을 시킬 수 있으며, 입원 등을 할 때 당해 보호의무자로부터 보건복지부령으로 정하는 입원 등의 동의서 및 보호의무자임을 확인할 수 있는 서류를 받아야 한다."라고 정하고, 제57조 제2호는 제24조 제1항을 위반하여 입원동의서 또는 보호의무자임을 확인할 수 있는 서류를 받지 아니한 자를 처벌한다고 정하고 있다. 그 규정 형식과 취지에 비추어 보면, 보호의무자 확인 서류 등 수수 의무 위반으로 인한 구 정신보건법 위반죄는 구성요건이 부작위에 의해서만 실현될 수 있는 진정부작위범에 해당한다.

진정부작위범인 위 수수 의무 위반으로 인한 구 정신보건법 위반죄의 공동정범은 그 의무가 수인에게 공통으로 부여되어 있는데도 수인이 공모하여 전원이 그 의무를 이행하지 않았을 때 성립할 수 있다. 그리고 위 규정에 따르면 보호의무자 확인 서류 등의 수수 의무는 '정신의료기관 등의 장'에게만 부여되어 있고, 정신의료기관 등의 장이 아니라 그곳에 근무하고 있을 뿐인 정신건강의학과 전문의는 위 규정에서 정하는 보호의무자 확인 서류 등의 수수 의무를 부담하지 않는다고 보아야 한다.

【참조조문】 구 정신보건법(2016. 5. 29. 법률 제14224호 정신건강증진 및 정신질환자 복지서비스 지원에 관한 법률로 전부 개정되기 전의 것) 제24조 제1항(현행 정신건강증진 및 정신질환자 복지서비스 지원에 관한 법률 제43조 제1항 참조), 제57조 제2호(현행 정신건강증진 및 정신질환자 복지서비스 지원에 관한 법률 제86조 제3호 참조), 형법 제30조
【전   문】【피 고 인】 피고인 1 외 2인 【상 고 인】 검사
【변 호 인】 법무법인(유한) 광장 담당변호사 강을환 외 1인
【원심판결】 의정부지법 2018. 7. 26. 선고 2018노333 판결

【주 문】

상고를 모두 기각한다.

【이 유】

상고이유를 판단한다.

1. 공소사실 요지와 쟁점

피고인들에 대한 공소사실은 구 정신보건법(2016. 5. 29. 법률 제14224호「정신건강증진 및 정신질환자 복지서비스 지원에 관한 법률」로 전부 개정되기 전의 것, 이하 '구 정신보건법'이라 한다) 위반에 관한 것으로 그 요지는 다음과 같다. 피고인들은 정신의료기관인 ○○○○병원 소속 정신건강의학과 전문의들로서, ① 병원장 공소외인과 공모하여 또는 ② 양벌규정에 따라 단독으로, 보호의무자에 의한 입원을 할 때 해당 정신질환자의 보호의무자임을 확인할 수 있는 서류를 받지 않은 채 입원을 시켰다.

쟁점은 위와 같은 선택적 공소사실 가운데 ① 부분과 관련하여 피고인들이 병원장 공소외인과 공모하여 범행을 한 것으로 볼 수 있는지 여부, ② 부분과 관련하여 피고인들을 구 정신보건법상 양벌규정으로 처벌할 수 있는지 여부이다.

2. 피고인들이 병원장 공소외인과 공모하여 구 정신보건법을 위반한 것으로 볼 수 있는지 여부

가. 구 정신보건법 제24조 제1항은 "정신의료기관 등의 장은 정신질환자의 보호의무자 2인의 동의(보호의무자가 1인인 경우에는 1인의 동의로 한다)가 있고 정신건강의학과 전문의가 입원 또는 입소(이하 '입원 등'이라 한다)가 필요하다고 판단한 경우에 한하여 당해 정신질환자를 입원 등을 시킬 수 있으며, 입원 등을 할 때 당해 보호의무자로부터 보건복지부령으로 정하는 입원 등의 동의서 및 보호의무자임을 확인할 수 있는 서류를 받아야 한다."라고 정하고, 제57조 제2호는 제24조 제1항을 위반하여 입원동의서 또는 보호의무자임을 확인할 수 있는 서류를 받지 아니한 자를 처벌한다고 정하고 있다. 그 규정 형식과 취지에 비추어 보면, 보호의무자 확인 서류 등 수수 의무 위반으로 인한 구 정신보건법 위반죄는 구성요건이 부작위에 의해서만 실현될 수 있는 진정부작위범에 해당한다.

진정부작위범인 위 수수 의무 위반으로 인한 구 정신보건법 위반죄의 공동정범은 그 의무가 수인에게 공통으로 부여되어 있는데도 수인이 공모하여 전원이 그 의무를 이행하지 않았을 때 성립할 수 있다. 그리고 위 규정에 따르면 보호의무자 확인 서류 등의 수수 의무는 '정신의료기관 등의

장'에게만 부여되어 있고, 정신의료기관 등의 장이 아니라 그곳에 근무하고 있을 뿐인 정신건강의학과 전문의는 위 규정에서 정하는 보호의무자 확인 서류 등의 수수 의무를 부담하지 않는다고 보아야 한다.

나. 원심은 다음과 같이 무죄로 판단한 제1심판결을 그대로 유지하였다. 구 정신보건법 제24조 제1항은 보호의무자에 의한 입원의 경우 정신질환자가 입원 등을 할 때 보호의무자임을 확인할 수 있는 서류를 받아야 할 의무자가 정신의료기관 등의 장이라고 정하고 있다. 이 사건 병원 소속 정신건강의학과 전문의에 불과한 피고인들은 위와 같은 의무자가 아니고 병원장 공소외인과 공모하였다고 볼 수 없다.

위에서 본 법리에 따르면, 이 사건 병원에 근무하는 정신건강의학과 전문의인 피고인들은 보호의무자 확인 서류 등 수수 의무의 귀속주체가 아니므로 피고인들에게 보호의무자 확인 서류 등의 수수 의무가 공통으로 부여되어 있다고 할 수 없다. 따라서 피고인들은 보호의무자 확인 서류 등의 수수 의무 위반으로 인한 구 정신보건법 위반죄의 공동정범이 될 수 없다.

원심판결에 논리와 경험의 법칙에 반하여 자유심증주의의 한계를 벗어나거나 구 정신보건법 제57조 제2호 위반죄의 공동정범에 관한 법리를 오해한 잘못이 없다.

3. 피고인들을 구 정신보건법상 양벌규정으로 처벌할 수 있는지 여부

원심은 선택적 공소사실 중 ② 부분에 관해서도 다음과 같은 이유로 무죄로 판단한 제1심판결을 그대로 유지하였다. 구 정신보건법 제24조의 규정 내용, 이 사건 병원에서 이루어지는 보호의무자에 의한 입원 과정, 정신의료기관 등의 실제 업무 관행 등을 종합하면, 피고인들은 이 사건 병원 소속 정신건강의학과 전문의로서 정신질환자에 대한 입원 필요성 여부를 의학적으로 진단하는 역할을 할 뿐 실제로 보호의무자임을 확인할 수 있는 서류를 받는 업무를 수행하는 자에 해당한다고 보기 어렵다.

원심판결 이유를 관련 법리에 비추어 살펴보면, 원심판결에 논리와 경험의 법칙에 반하여 자유심증주의의 한계를 벗어나거나 구 정신보건법 제58조 양벌규정에 관한 법리를 오해한 잘못이 없다.

4. 결 론

검사의 상고는 이유 없어 이를 모두 기각하기로 하여, 대법관의 일치된 의견으로 주문과 같이 판결한다.

⑪ 대법원 2021. 06. 10. 선고 2020도14321 판결 [정치자금법위반]

【판시사항】

정치자금을 '정치활동을 위한 경비' 외의 용도로 지출하는 것을 금지하는 정치자금법 제2조 제3항에서 말하는 '사적 경비', '부정한 용도'의 의미 및 구체적 사안에서 정치자금이 정치활동을 위하여 소요되는 경비 외의 용도로 지출되었는지 판단하는 기준

【판결요지】

> 정치자금법은 정치자금의 적정한 제공을 보장하고 그 수입과 지출 내역을 공개하여 투명성을 확보하는 동시에 정치자금과 관련한 부정을 방지함으로써 민주정치의 건전한 발전에 기여하는 데에 입법 목적이 있다(제1조). 그에 따라 정치자금은 국민의 의혹을 사는 일이 없도록 공명정대하게 운용되어야 하고(제2조 제2항), 정치활동을 위한 경비가 아닌 사적 경비로 지출하거나 부정한 용도로 지출하여서는 아니 되며(제2조 제3항), 이를 위반하는 행위는 형사처벌의 대상이 된다. 여기에서 말하는 '사적 경비'란 가계에 대한 지원이나 보조, 개인적인 채무의 변제나 대여, 사적 모임의 회비나 그에 대한 지원경비, 개인적인 여가나 취미활동을 위한 비용 등의 용도로 사용하는 경비를 의미하고, '부정한 용도'란 이러한 사적 경비 이외의 경우로서 정치자금의 지출 목적이 위법한 것뿐만 아니라 사회상규나 신의성실의 원칙에 위배되는 부당한 경우를 의미한다. 구체적 사안에서 정치자금이 정치활동을 위하여 소요되는 경비 외의 용도로 지출되었는지 여부는 지출의 목적, 상대방, 지급액수 및 전후 경위 등을 종합적으로 고려하여 정치활동의 목적을 위하여 그 지출이 필요하다고 평가할 수 있는지에 따라 판단하여야 한다.

【참조조문】 정치자금법 제1조, 제2조 제2항, 제3항, 제47조 제1항 제1호
【참조판례】 대법원 2008. 6. 12. 선고 2006도4982 판결(공2008하, 993)
【전   문】 【피 고 인】 피고인   【상 고 인】 피고인   【변 호 인】 법무법인(유한) 지평 담당변호사 강경운 외 1인
【원심판결】 서울남부지법 2020. 9. 24. 선고 2020노395 판결

【주   문】

상고를 기각한다.

【이   유】

상고이유를 판단한다.

1. 정치자금법은 정치자금의 적정한 제공을 보장하고 그 수입과 지출 내역을 공개하여 투명성을 확보하는 동시에 정치자금과 관련한 부정을 방지함으로써 민주정치의 건전한 발전에 기여하는 데에 입법 목적이 있다(제1조). 그에 따라 정치자금은 국민의 의혹을 사는 일이 없도록 공명정대하게 운용되어야 하고(제2조 제2항), 정치활동을 위한 경비가 아닌 사적 경비로 지출하거나 부정한 용도로 지출하여서는 아니 되며(제2조 제3항), 이를 위반하는 행위는 형사처벌의 대상이 된다. 여기에서 말

하는 '사적 경비'란 가계에 대한 지원이나 보조, 개인적인 채무의 변제나 대여, 사적 모임의 회비나 그에 대한 지원경비, 개인적인 여가나 취미활동을 위한 비용 등의 용도로 사용하는 경비를 의미하고, '부정한 용도'란 이러한 사적 경비 이외의 경우로서 정치자금의 지출 목적이 위법한 것뿐만 아니라 사회상규나 신의성실의 원칙에 위배되는 부당한 경우를 의미한다. 구체적 사안에서 정치자금이 정치활동을 위하여 소요되는 경비 외의 용도로 지출되었는지 여부는 지출의 목적, 상대방, 지급 액수 및 전후 경위 등을 종합적으로 고려하여 정치활동의 목적을 위하여 그 지출이 필요하다고 평가할 수 있는지에 따라 판단하여야 한다(대법원 2008. 06. 12. 선고 2006도4982 판결 참조).

2. 이 사건의 경우 적법하게 채택하여 조사한 증거에 의하여 알 수 있는 다음과 같은 사정에다가 이후 기부금의 사용내역이나 경위 등을 종합하여 보면, 피고인이 소속 정당 국회의원들 중 일부로 구성된 이 사건 단체에 5,000만 원의 정치자금을 기부한 행위는 정치자금법 제2조 제3항 소정의 정치자금을 부정한 용도로 지출할 경우에 해당한다.

가. 피고인은 소속 정당 국회의원들 중 일부로 구성된 이 사건 단체에 5,000만 원의 정치자금을 기부하였는데, 그 규모는 피고인이 위 단체의 구성원으로서 해당 단체의 정관·규약 또는 운영관례상의 의무에 기하여 부담하던 종전의 회비의 범위를 현저하게 초과하는 것으로서 설령 그 기부과정에서 단체에 대한 기부의 필요성이 있었다거나 그 무렵 단체의 규약 또는 관례가 변경되었다는 사정이 있다고 하더라도 이를 두고 공직선거법 제112조 제2항 제2호 (마)목에 따라 허용되는 의례적 행위라고 보기는 어려운 수준이다.

나. 오히려 그와 같은 금품제공행위는 비례대표 국회의원인 피고인으로서는 금지되는 공직선거법 제113조 제1항 소정의 기부행위에 해당한다고 보이고, 그 기부행위에 선거운동의 목적이 확연히 드러나지 않는다거나 선거와의 관련성이 적다고 해도 그 위법성이 정당화되는 것은 아니다.

다. 만약 피고인이 이 사건 단체에 5,000만 원의 정치자금을 기부하지 않았더라면, 특별한 사정이 없는 한 그 금원은 피고인의 국회의원 선거 불출마로 인하여 정치자금법 제21조 제2항, 제1항에 따라 정당 등에 인계하는 방식으로 반환되어야 한다. 정치자금법과 공직선거법의 입법 취지, 규율 대상이나 적용범위가 다르다는 점을 감안하더라도 위와 같은 반환절차가 임박한 시점에서 앞서 본 바와 같이 공직선거법상 허용되지 아니하는 기부행위를 목적으로 정치자금이 사용된 것을 두고 정치활동의 목적으로 공정하고 떳떳하게 지출된 것이라거나 사회상규나 신의성실에 합치되는 방식으로 지출되었다고 평가하기는 어렵다.

3. 같은 취지의 원심의 판단에 상고이유 주장과 같이 필요한 심리를 다하지 않은 채 논리와 경험의 법칙을 위반하여 자유심증주의의 한계를 벗어나거나 공직선거법상 기부행위제한, 정치자금법 제2조 제3항에서 정한 '부정한 용도', 위법성의 인식 등에 관한 법리를 오해한 잘못이 없다. 원심은 피고인의 기부행위가 사회상규에 위배되지 아니하여 위법성이 조각된다는 주장에 대한 판단을 누락하였으나, 앞서 본 사실관계에 비추어 보면, 피고인의 기부행위는 지극히 정상적인 생활형태의 하나라거나 역사적으로 생성된 사회질서의 범위 안에 있는 것으로 볼 수 없어 위법성이 조각된다고 보기 어려우므로, 판결에 영향을 미친 잘못은 없다.

4. 그러므로 상고를 기각하기로 하여, 관여 대법관의 일치된 의견으로 주문과 같이 판결한다.

⑩ 대법원 2021. 06. 10. 선고 2021도2436 판결 [공동주택관리법위반]

【판시사항】

[1] 건축법령이 정한 증축 행위가 공동주택관리법 제35조 제1항 제2호의 허가대상에 포함되는지 여부(적극)
[2] 피고인이 관할관청의 허가를 받지 않고 공동주택의 외부 공간에 2층과 지상을 연결하는 길이와 높이가 각 1m를 초과하고 면적이 약 3㎡인 경량철골조 옥외계단을 설치하여 무단으로 공동주택을 증축하였다는 공소사실로 기소된 사안에서, 옥외계단 설치 행위로 건축면적 등이 늘어났다면 건축법 시행령 제2조 제2호의 증축 행위로서 공동주택관리법 제35조 제1항 제2호에 따라 관할관청의 허가 대상이 될 수 있다고 한 사례

【판결요지】

[1] 공동주택관리법 제35조 제1항 제2호, 구 공동주택관리법 시행령(2019. 10. 22. 대통령령 제30147호로 개정되기 전의 것) 제35조 제1항 [별표 3]은 일정한 공동주택의 증축 행위에 관하여 관할관청의 허가를 받도록 하고 있으나, 공동주택관리법은 증축행위의 의미에 관한 정의규정을 두지 않은 채 "이 법에서 따로 정하지 아니한 용어의 뜻은 주택법에서 정한 바에 따른다."라고 규정하고 있다(제2조 제2항). 그런데 이에 따라 준용되는 주택법에서도 증축 행위에 관한 정의규정을 발견할 수 없다.
한편 공동주택관리법 제2조 제1항 제1호 (나)목, 주택법 제2조 제1호 등 관계 법령 체계상 공동주택관리법은 스스로 정의하지 않은 사항에 관하여는 건축법령상의 정의가 준용될 수 있음을 전제하고 있는데, 건축법 제2조 제1항 제2호는 건축물을 토지에 정착하는 공작물 중 지붕과 기둥 또는 벽이 있는 것과 이에 딸린 시설물, 지하나 고가의 공작물에 설치하는 사무소·공연장·점포·차고·창고, 그 밖에 대통령령으로 정하는 것으로 정의하고 있고, 건축법 시행령 제2조 제2호에 따르면 증축이란 기존 건축물이 있는 대지에서 건축물의 건축면적, 연면적, 층수 또는 높이를 늘리는 것을 말한다. 따라서 건축법령이 정한 증축 행위는 체계적·논리적 해석 원리상 특별한 사정이 없는 한 공동주택관리법 제35조 제1항 제2호의 허가 대상에 포함된다.

[2] 피고인이 관할관청의 허가를 받지 않고 공동주택의 외부 공간에 2층과 지상을 연결하는 길이와 높이가 각 1m를 초과하고 면적이 약 3㎡인 경량철골조 옥외계단을 설치하여 무단으로 공동주택을 증축하였다는 공소사실로 기소된 사안에서, 피고인이 설치한 위 옥외계단에 지붕이나 기둥, 벽 등을 두고 있지 않더라도, 위와 같은 용도와 현황 등에 비추어 볼 때 이는 기존 건축물에 딸린 시설물로서 건축법 제2조 제1항 제2호가 정한 건축물에 해당한다고 봄이 타당하므로 피고인의 옥외계단 설치 행위로 말미암아 건축면적, 연면적, 층수 또는 높이가 늘어났다면, 건축법 시행령 제2조 제2호의 증축 행위로서 공동주택관리법 제35조 제1항 제2호에 따라 관할관청의 허가 대상이 될 수 있다는 이유로, 피고인이 관할관청의 허가 없이 공동주택 증축 행위를 하였다고 보아 공소사실을 유죄로 판단한 원심판단을 수긍한 사례.

【참조조문】 [1] 공동주택관리법 제2조 제2항, 제35조 제1항 제2호, 구 공동주택관리법 시행령(2019. 10. 22. 대통령령 제30147호로 개정되기 전의 것) 제35조 제1항 [별표 3], 건축법 제2조 제1항 제2호, 건축법 시행령 제2조 제2호 / [2] 공동주택관리법 제2조 제2항, 제35조 제1항 제2호, 구 공동주택관리법 시행령(2019. 10. 22. 대통령령 제30147호로 개정되기 전의 것) 제35조 제1항 [별표 3], 건축법 제2조 제1항 제2호, 건축법 시행령 제2조 제2호
【전   문】 【피 고 인】 피고인 【상 고 인】 피고인 【변 호 인】 변호사 임영곤
【원심판결】 전주지법 2021. 1. 26. 선고 2020노1477 판결

【주   문】

상고를 기각한다.

【이   유】

상고이유를 판단한다.

1. 피고인의 행위가 공동주택관리법상 허가 대상인지 여부(상고이유 제1점)

가. 공동주택관리법상 허가 대상이 되는 증축의 개념

공동주택관리법 제35조 제1항 제2호, 구 공동주택관리법 시행령(2019. 10. 22. 대통령령 제30147호로 개정되기 전의 것) 제35조 제1항[별표 3]은 일정한 공동주택의 증축 행위에 관하여 관할관청의 허가를 받도록 하고 있으나, 공동주택관리법은 증축 행위의 의미에 관한 정의규정을 두지 않은 채 "이 법에서 따로 정하지 아니한 용어의 뜻은 주택법에서 정한 바에 따른다."라고 규정하고 있다(제2조 제2항). 그런데 이에 따라 준용되는 주택법에서도 증축 행위에 관한 정의규정을 발견할 수 없다.

한편 공동주택관리법 제2조 제1항 제1호 (나)목, 주택법 제2조 제1호등 관계 법령 체계상 공동주택관리법은 스스로 정의하지 않은 사항에 관하여는 건축법령상의 정의가 준용될 수 있음을 전제하고 있는데, 건축법 제2조 제1항 제2호는 건축물을 토지에 정착하는 공작물 중 지붕과 기둥 또는 벽이 있는 것과 이에 딸린 시설물, 지하나 고가의 공작물에 설치하는 사무소·공연장·점포·차고·창고, 그 밖에 대통령령으로 정하는 것으로 정의하고 있고, 건축법 시행령 제2조 제2호에 따르면 증축이란 기존 건축물이 있는 대지에서 건축물의 건축면적, 연면적, 층수 또는 높이를 늘리는 것을 말한다. 따라서 건축법령이 정한 증축 행위는 체계적·논리적 해석 원리상 특별한 사정이 없는 한 공동주택관리법 제35조 제1항 제2호의 허가 대상에 포함된다고 해석함이 타당하다.

나. 이 사건에 관한 판단

원심판결 이유 및 적법하게 채택한 증거들에 의하면, 피고인은 2019. 1. 초순 원심 판시 공동주택의 외부 공간에 길이(수평 거리)와 높이(수직 거리)가 각 1m를 초과하고 면적이 약 3㎡인 경량철골조 옥외계단을 설치한 사실, 위 옥외계단은 원심 판시 공동주택의 외부 공간에 고정된 채 2층에 있는 위 공동주택과 지상을 연결하는 통로로 이용된 사실이 인정된다.

피고인이 설치한 위 옥외계단에 지붕이나 기둥, 벽 등을 두고 있지 않더라도, 위와 같은 용도와 현황 등에 비추어 볼 때 이는 기존 건축물에 딸린 시설물로서 건축법 제2조 제1항 제2호가 정한

건축물에 해당한다고 봄이 타당하다. 따라서 피고인의 옥외계단 설치 행위로 말미암아 건축면적, 연면적, 층수 또는 높이가 늘어났다면, 건축법 시행령 제2조 제2호의 증축 행위로서 공동주택관리법 제35조 제1항 제2호에 따라 관할관청의 허가 대상이 될 수 있다.

원심은 같은 전제에서 피고인의 옥외계단 설치 행위로 건축면적 등이 증가하였다는 이유로 피고인이 관할관청의 허가 없이 공동주택 증축 행위를 하였다고 판단한 제1심 결론을 그대로 유지하였다.

이러한 원심판단에는 논리와 경험의 법칙을 위반하여 자유심증주의의 한계를 벗어나거나 증축에 관한 법리를 오해한 잘못이 없다.

2. 피고인의 행위가 정당행위에 해당하는지 여부(상고이유 제2점)

관련 법리와 기록에 비추어 살펴보면, 원심이 그 판시와 같은 이유를 들어 피고인의 행위가 정당행위에 해당하지 않는다고 판단한 것은 수긍할 수 있고, 거기에 정당행위에 관한 법리를 오해한 잘못이 없다.

3. 결 론

그러므로 상고를 기각하기로 하여, 관여 대법관의 일치된 의견으로 주문과 같이 판결한다.

© 대법원 2021. 06. 24. 선고 2019도13234 판결 [공직선거법위반]

【판시사항】

[1] 공직선거법상 기부행위와 관련하여 출연자와 기부행위자가 일치하지 않는 등 어느 쪽이 기부행위자인지 분명하지 않은 경우, 기부행위자를 특정하는 방법 / 공직선거법 제115조 위반의 주체인 기부행위자가 반드시 제공한 물품에 대한 소유권 또는 처분권을 가지는 자에 해당하여야 하는지 여부(소극)
[2] 공직선거법 제115조 전문에서 말하는 '선거에 관하여'의 의미 / 공직선거에 출마할 정당추천 후보자를 선출하기 위한 당내경선에 즈음하여 제3자가 당내에서 후보선출권이 있고 동시에 당해 선거구 안에 있거나 그 선거구민과 연고가 있는 자에 대하여 그 후보자를 지지하도록 하기 위하여 금품을 수수하는 행위가 공직선거법 제115조에서 금지하는 기부행위에 해당하는지 여부(적극)

【판결요지】

[1] 공직선거법 제112조 제1항의 기부행위는 그에 의한 기부의 효과를 후보자 또는 후보자가 되려는 자에게 돌리려는 의사를 가지고 공직선거법 제112조 제1항에 규정된 사람에게 금품 등을 제공하는 것으로서 그 출연자가 기부행위자가 되는 것이 통례이지만, 그 기부행위를 한 것으로 평가되는 주체인 기부행위자는 항상 그 물품 등의 사실상 출연자에 한정되는 것은 아니다. 출연자와 기부행위

자가 일치하지 않거나 외형상 기부행위에 함께 관여하는 듯이 보여서 어느 쪽이 기부행위자인지 분명하지 않은 경우에는 그 물품 등이 출연된 동기 또는 목적, 출연행위와 기부행위의 실행 경위, 기부자와 출연자 그리고 기부받는 자와의 관계 등 모든 사정을 종합하여 기부행위자를 특정하여야 한다. 따라서 공직선거법 제115조 위반의 주체는 위와 같은 사정을 종합하여 기부행위자로 평가되는 자에 해당하면 충분하고, 반드시 제공한 물품에 대한 소유권 또는 처분권을 가지는 자에 해당하여야 하는 것은 아니다.

[2] 공직선거법 제115조 전문은 "제113조(후보자 등의 기부행위제한) 또는 제114조(정당 및 후보자의 가족 등의 기부행위제한)에 규정되지 아니한 자라도 누구든지 '선거에 관하여' 후보자(후보자가 되고자 하는 자를 포함한다) 또는 그 소속정당(창당준비위원회를 포함한다)을 위하여 기부행위를 하거나 하게 할 수 없다."라고 규정하고 있다. 여기서 '선거에 관하여'란 당해 선거를 위한 선거운동이 되지 아니하더라도 당해 선거를 동기로 하거나 빌미로 하는 등 당해 선거와 관련이 있는 것을 말한다.

그리고 공직선거법 제1조가 "이 법은 대한민국헌법과 지방자치법에 의한 선거가 국민의 자유로운 의사와 민주적인 절차에 의하여 공정히 행하여지도록 하고, 선거와 관련한 부정을 방지함으로써 민주정치의 발전에 기여함을 목적으로 한다."라고 규정하고, 제7조가 정당·후보자 등의 공정경쟁 의무를 규정하고 있으며, 제47조 제1항이 정당이 공직선거의 후보자를 추천할 수 있음을 규정하면서 제2항이 "정당이 제1항에 따라 후보자를 추천하는 때에는 민주적인 절차에 따라야 한다."라고 규정하여, 정당 내에서의 민주적 절차에 의한 후보자 공천을 공직선거가 국민의 자유로운 의사와 민주적인 절차에 의하여 공정히 행하여지도록 하는 제도의 일환으로 보고 있는 점 등을 고려하면, 공직선거에 출마할 정당추천 후보자를 선출하기 위한 당내경선도 당해 공직선거를 연유로 한 것이어서 궁극적으로는 당해 공직선거와 관련한 것이다. 따라서 공직선거에 출마할 정당추천 후보자를 선출하기 위한 당내경선에 즈음하여 제3자가 당내에서 후보선출권이 있고 동시에 당해 선거구 안에 있거나 그 선거구민과 연고가 있는 자에 대하여 그 후보자를 지지하도록 하기 위하여 금품을 수수하는 행위도 당해 공직선거와 관련하여 행하는 것으로서 공직선거법 제115조가 금지하는 기부행위에 해당한다.

【참조조문】 [1] 공직선거법 제112조 제1항, 제115조, 제257조 제1항 제1호 / [2] 공직선거법 제1조, 제7조, 제47조 제1항, 제2항, 제113조, 제114조, 제115조, 제257조 제1항 제1호
【참조판례】 [1] 대법원 2008. 3. 13. 선고 2007도9507 판결(공2008상, 545), 대법원 2011. 7. 14. 선고 2011도3862 판결(공2011하, 1701) [2] 대법원 1996. 6. 14. 선고 96도405 판결(공1996하, 2280), 대법원 2013. 4. 11. 선고 2012도15497 판결
【전   문】【피 고 인】 피고인 【상 고 인】 피고인 【변 호 인】 법무법인 소백 외 1인
【원심판결】 서울고법 2019. 9. 6. 선고 2019노427 판결

【주   문】

상고를 기각한다.

【이　유】

상고이유(상고이유서 제출기간이 지난 후에 제출된 상고이유보충서의 기재는 상고이유를 보충하는 범위 내에서)를 판단한다.

1.

가. 공직선거법 제112조 제1항의 기부행위는 그에 의한 기부의 효과를 후보자 또는 후보자가 되려는 자에게 돌리려는 의사를 가지고 공직선거법 제112조 제1항에 규정된 사람에게 금품 등을 제공하는 것으로서 그 출연자가 기부행위자가 되는 것이 통례이지만, 그 기부행위를 한 것으로 평가되는 주체인 기부행위자는 항상 그 물품 등의 사실상 출연자에 한정되는 것은 아니다. 출연자와 기부행위자가 일치하지 않거나 외형상 기부행위에 함께 관여하는 듯이 보여서 어느 쪽이 기부행위자인지 분명하지 않은 경우에는 그 물품 등이 출연된 동기 또는 목적, 출연행위와 기부행위의 실행 경위, 기부자와 출연자 그리고 기부받는 자와의 관계 등 모든 사정을 종합하여 기부행위자를 특정하여야 한다. 따라서 공직선거법 제115조위반의 주체는 위와 같은 사정을 종합하여 기부행위자로 평가되는 자에 해당하면 충분하고, 반드시 제공한 물품에 대한 소유권 또는 처분권을 가지는 자에 해당하여야 하는 것은 아니다(대법원 2008. 03. 13. 선고 2007도9507 판결, 대법원 2011. 07. 14. 선고 2011도3862 판결 등 참조).

나. 공직선거법 제115조전문은 "제113조(후보자 등의 기부행위제한) 또는 제114조(정당 및 후보자의 가족 등의 기부행위제한)에 규정되지 아니한 자라도 누구든지 '선거에 관하여' 후보자(후보자가 되고자 하는 자를 포함한다) 또는 그 소속정당(창당준비위원회를 포함한다)을 위하여 기부행위를 하거나 하게 할 수 없다."라고 규정하고 있다. 여기서 "선거에 관하여"라 함은 당해 선거를 위한 선거운동이 되지 아니하더라도 당해 선거를 동기로 하거나 빌미로 하는 등 당해 선거와 관련이 있는 것을 말한다.

그리고 공직선거법 제1조가 "이 법은 대한민국헌법과 지방자치법에 의한 선거가 국민의 자유로운 의사와 민주적인 절차에 의하여 공정히 행하여지도록 하고, 선거와 관련한 부정을 방지함으로써 민주정치의 발전에 기여함을 목적으로 한다."라고 규정하고, 제7조가 정당·후보자 등의 공정경쟁의무를 규정하고 있으며, 제47조 제1항이 정당이 공직선거의 후보자를 추천할 수 있음을 규정하면서 제2항이 "정당이 제1항에 따라 후보자를 추천하는 때에는 민주적인 절차에 따라야 한다."라고 규정하여, 정당 내에서의 민주적 절차에 의한 후보자 공천을 공직선거가 국민의 자유로운 의사와 민주적인 절차에 의하여 공정히 행하여지도록 하는 제도의 일환으로 보고 있는 점 등을 고려하면, 공직선거에 출마할 정당추천 후보자를 선출하기 위한 당내경선도 당해 공직선거를 연유로 한 것이어서 궁극적으로는 당해 공직선거와 관련한 것이다. 따라서 공직선거에 출마할 정당추천 후보자를 선출하기 위한 당내경선에 즈음하여 제3자가 당내에서 후보선출권이 있고 동시에 당해 선거구 안에 있거나 그 선거구민과 연고가 있는 자에 대하여 그 후보자를 지지하도록 하기 위하여 금품을 수수하는 행위도 당해 공직선거와 관련하여 행하는 것으로서 공직선거법 제115조가 금지하는 기부행위에 해당한다(대법원 1996. 06. 14. 선고 96도405 판결, 대법원 2013. 04. 11. 선고 2012도15497 판결 등 참조).

2. 원심은 그 판시와 같은 이유로, 피고인은 금품의 단순한 전달자가 아니라 공직선거법 제115조 위반의 주체인 기부행위자에 해당하고, 당내경선도 당해 공직선거와 관련된 것으로 피고인이 (정당명 생략)의 이 사건 비례대표선거 후보자 순위 선정을 위한 당내경선에서 지역상무위원을 포섭하여 공소외인을 비례대표 1순위 후보자로 선출되게 하기 위하여 기부행위를 하였으므로 피고인은 이 사건 비례대표선거에 관하여 공소외인을 위하여 기부행위를 한 것이라고 보아, 이 사건 공소사실을 유죄로 판단한 제1심판결을 그대로 유지하였다.

원심판결 이유를 앞서 본 법리와 적법하게 채택된 증거에 따라 살펴보면, 원심의 판단에 논리와 경험의 법칙을 위반하여 자유심증주의의 한계를 벗어나거나 상고이유 주장과 같이 공직선거법 제115조의 적용범위와 기부행위의 주체 등에 관한 법리를 위반한 잘못이 없다.

3. 그러므로 상고를 기각하기로 하여, 관여 대법관의 일치된 의견으로 주문과 같이 판결한다.

ⓑ 대법원 2021. 06. 24. 선고 2019도13687 판결 [공직선거법위반]

【판시사항】

선거에 관한 여론조사결과를 왜곡하여 공표하는 행위 등을 금지·처벌하는 공직선거법 제96조 제1항, 제252조 제2항의 취지 / 공직선거법 제96조 제1항의 행위 태양인 '공표'의 의미 및 공표의 요건인 전파가능성에 관한 증명책임 소재(=검사)와 증명 정도 / 공직선거법 제96조 제1항에 따라 공표 등이 금지되는 '왜곡된 여론조사결과'의 내용 및 전파가능성을 이유로 개별적으로 한 사람에게 알리는 행위가 '왜곡된 여론조사결과의 공표' 행위에 해당하기 위한 요건

【판결요지】

공직선거법 제96조 제1항은 "누구든지 선거에 관한 여론조사결과를 왜곡하여 공표 또는 보도할 수 없다."라고 규정하고, 제252조 제2항은 "제96조 제1항을 위반한 자는 5년 이하의 징역 또는 300만 원 이상 2천만 원 이하의 벌금에 처한다."라고 규정하고 있다. 이는 여론조사의 객관성·공정성에 대한 신뢰를 이용하여 선거인의 판단에 잘못된 영향을 미치는 행위를 처벌함으로써 선거의 공정성을 보장하려는 규정이다.

공직선거법 제96조 제1항의 행위태양인 '공표' 불특정 또는 다수인에게 왜곡된 여론조사결과를 널리 드러내어 알리는 것을 말한다. 비록 개별적으로 한 사람에게만 왜곡된 여론조사결과를 알리더라도 그를 통하여 불특정 또는 다수인에게 전파될 가능성이 있다면 이 요건을 충족하나, 전파될 가능성에 관하여서는 검사의 엄격한 증명이 필요하다.

한편 공직선거법 제96조 제1항의 입법 취지에 비추어 공직선거법 제96조 제1항에 따라 공표 또는 보도가 금지되는 '왜곡된 여론조사결과' 선거인으로 하여금 객관성·공정성을 신뢰할 만한 수준의 여론조사가 실제 이루어진 결과에 해당한다고 믿게 할 정도의 구체성을 가지는 정보로서 그것이 공표 또는

보도될 경우 선거인의 판단에 잘못된 영향을 미치고 선거의 공정성을 저해할 개연성이 있는 내용일 것을 요한다. 따라서 전파가능성을 이유로 개별적으로 한 사람에게 알리는 행위가 '왜곡된 여론조사결과의 공표' 행위에 해당한다고 하기 위해서는 그 한 사람을 통하여 '왜곡된 여론조사결과'로 인정될 수 있을 정도의 구체성이 있는 정보가 불특정 또는 다수인에게 전파될 가능성이 있다는 점이 인정되어야 한다.

【참조조문】 공직선거법 제96조 제1항, 제252조 제2항, 형사소송법 제308조
【참조판례】 대법원 2011. 12. 22. 선고 2008도11847 판결(공2012상, 200), 대법원 2018. 11. 29. 선고 2017도8822 판결(공2019상, 245), 대법원 2020. 11. 19. 선고 2020도5813 전원합의체 판결(공2021상, 57)
【전   문】【피 고 인】피고인 【상 고 인】피고인
【변 호 인】법무법인(유한) 태평양 담당변호사 문강배 외 1인
【원심판결】 광주고법 2019. 9. 11. 선고 (제주)2019노57 판결

【주 문】

원심판결을 파기하고, 사건을 광주고등법원에 환송한다.

【이 유】

상고이유를 판단한다.

1. 공소사실의 요지

피고인은 2018. 6. 13. 실시된 지방선거에서 제주시 (선거구명 생략) 선거구에 (정당명 생략) 소속 후보자로 출마하여 제주도의회 도의원으로 당선된 사람이다. 피고인은 2018. 6. 4. 선거구민인 공소외 1에게 전화를 걸어 "우리 자체 여론조사 했는데 28포인트 앞서고 있다. 거의 30퍼센트, 28.5퍼센트 이긴 걸로 나왔다. 이제는 이미 기울어진 운동장이야. 성당은 몰표야. 거기는 거의 80프로 이상 먹어."라고 말하였다. 그러나 피고인이 후보로 등록한 이래 위 선거구 후보자들에 대한 여론조사가 실시된 사실이 없다. 이로써 피고인은 여론조사결과를 왜곡하여 공표하였다.

2. 관련 법리

공직선거법 제96조 제1항은 "누구든지 선거에 관한 여론조사결과를 왜곡하여 공표 또는 보도할 수 없다."라고 규정하고, 제252조 제2항은 "제96조 제1항을 위반한 자는 5년 이하의 징역 또는 300만 원 이상 2천만 원 이하의 벌금에 처한다."라고 규정하고 있다. 이는 여론조사의 객관성·공정성에 대한 신뢰를 이용하여 선거인의 판단에 잘못된 영향을 미치는 행위를 처벌함으로써 선거의 공정성을 보장하려는 규정이다(대법원 2018. 11. 29. 선고 2017도8822 판결 참조).

공직선거법 제96조 제1항의 행위태양인 '공표'는 불특정 또는 다수인에게 왜곡된 여론조사결과를 널리 드러내어 알리는 것을 말한다. 비록 개별적으로 한 사람에게만 왜곡된 여론조사결과를 알리더라도 그를 통하여 불특정 또는 다수인에게 전파될 가능성이 있다면 이 요건을 충족하나, 전파될 가능성에 관하여서는 검사의 엄격한 증명이 필요하다(대법원 2011. 12. 22. 선고 2008도11847 판결, 대법원 2020. 11. 19. 선고 2020도5813 전원합의체 판결 참조).

한편 공직선거법 제96조 제1항의 입법 취지에 비추어 공직선거법 제96조 제1항에 따라 공표 또는 보도가 금지되는 '왜곡된 여론조사결과'는 선거인으로 하여금 객관성·공정성을 신뢰할 만한 수준의 여론조사가 실제 이루어진 결과에 해당한다고 믿게 할 정도의 구체성을 가지는 정보로서 그것이 공표 또는 보도될 경우 선거인의 판단에 잘못된 영향을 미치고 선거의 공정성을 저해할 개연성이 있는 내용일 것을 요한다. 따라서 전파가능성을 이유로 개별적으로 한 사람에게 알리는 행위가 '왜곡된 여론조사결과의 공표' 행위에 해당한다고 하기 위해서는 그 한 사람을 통하여 '왜곡된 여론조사결과'로 인정될 수 있을 정도의 구체성이 있는 정보가 불특정 또는 다수인에게 전파될 가능성이 있다는 점이 인정되어야 한다.

3. 이 사건에 관한 판단

가. 원심판결 이유와 기록에 의하면 다음과 같은 사정을 알 수 있다.

1) 피고인은 2018. 6. 13. 실시된 지방선거 중 제주특별자치도의회 의원선거 제주시 (선거구명 생략) 선거구에 출마하였다. 위 선거구에 출마한 후보자는 피고인과 공소외 2 2명이었다.

2) 피고인은 선거를 앞둔 2018. 6. 4. 공소외 1에게 전화를 하여 공소사실 기재와 같은 말을 하였다.

3) 공소외 1은 평소에 통화 내용을 녹음하지 않는데 이 사건 무렵 건물 공사와 관련한 시공사와의 문제로 인하여 통화 내용이 자동으로 녹음되도록 설정해 두었고 그로 인하여 우연히 피고인과의 전화통화 내용이 녹음되었다.

4) 공소외 1은 사건 당일 저녁 공소외 3 제주도지사 후보 유세현장에서 공소외 4와 위 선거에 출마한 상대후보인 공소외 2에게 녹음 내용을 들려주었다.

5) 공소외 2는 다음 날 피고인을 고발하였다.

나. 위와 같은 사정을 앞서 본 법리에 비추어 살펴보면, 피고인이 공소외 1에게 전화통화를 하면서 공소사실 기재와 같은 발언을 하였다는 사실만으로는 선거인의 판단에 잘못된 영향을 미치고 선거의 공정성을 저해할 개연성이 있는 구체적인 정보가 전파될 가능성이 있어 피고인에게 불특정 또는 다수인에게 왜곡된 여론조사결과를 공표할 고의가 있었다고 보기 어렵다. 그 이유는 다음과 같다.

1) 이 사건에서 피고인이 공소외 1 외 다른 사람에게 공소사실과 같은 발언을 하였다고 볼 자료는 없다.

2) 피고인은 공소외 1에게 전화를 걸어 안부 인사 겸 지지를 부탁하면서 구두로 공소사실 기재와 같은 말을 하였을 뿐이다. 통상적으로 구두에 의한 정보의 전달은 그것이 활자화되거나 녹음·녹화되지 않는 이상 구체성이 그대로 유지되어 전파되기 어렵다.

3) 공소외 1이 피고인과의 통화 내용을 녹음한 것은 우연한 사정에 불과하다.

4) 더구나 피고인이 공소외 1의 녹음 사실을 알았거나, 예상할 수 있었다고 보이지 않는다.

다. 그럼에도 원심은 판시와 같은 이유만으로 이 사건 공소사실을 유죄로 판단하였다. 이러한 원심판결에는 공직선거법 제96조 제1항의 '왜곡된 여론조사결과의 공표'의 의미에 관한 법리를 오해하여 판결에 영향을 미친 잘못이 있다. 이를 지적하는 취지의 상고이유 주장은 이유 있다.

4. 결 론

그러므로 나머지 상고이유에 대한 판단을 생략한 채 원심판결을 파기하고, 사건을 다시 심리·판단하도록 원심법원에 환송하도록 하여, 관여 대법관의 일치된 의견으로 주문과 같이 판결한다.

© 대법원 2021. 07. 15. 선고 2018도144 판결 [저작권법위반]

【판시사항】

[1] 저작자 아닌 자를 저작자로 표시하여 저작물을 공표한 이상 저작권법 제137조 제1항 제1호에 따른 범죄가 성립하는지 여부(적극) 및 그러한 공표에 저작자 아닌 자와 실제 저작자의 동의가 있었더라도 마찬가지인지 여부(원칙적 적극) / 실제 저작자가 저작자 아닌 자를 저작자로 표시하여 저작물을 공표하는 범행에 가담한 경우, 위 규정 위반죄의 공범으로 처벌할 수 있는지 여부(적극)

[2] 저작자를 허위로 표시하는 대상이 되는 저작물이 이전에 공표된 적이 있더라도 저작권법 제137조 제1항 제1호에 따른 범죄가 성립하는지 여부(적극)

【판결요지】

[1] 저작권법 제137조 제1항 제1호는 저작자 아닌 자를 저작자로 하여 실명·이명을 표시하여 저작물을 공표한 자를 형사처벌한다고 정하고 있다. 이 규정은 자신의 의사에 반하여 타인의 저작물에 저작자로 표시된 저작자 아닌 자의 인격적 권리나 자신의 의사에 반하여 자신의 저작물에 저작자 아닌 자가 저작자로 표시된 데 따른 실제 저작자의 인격적 권리뿐만 아니라 저작자 명의에 관한 사회 일반의 신뢰도 보호하려는 데 목적이 있다. 이러한 입법 취지 등을 고려하면, 저작자 아닌 자를 저작자로 표시하여 저작물을 공표한 이상 위 규정에 따른 범죄는 성립하고, 사회통념에 비추어 사회일반의 신뢰가 손상되지 않는다고 인정되는 특별한 사정이 있는 경우가 아닌 한 그러한 공표에 저작자 아닌 자와 실제 저작자의 동의가 있었더라도 달리 볼 것은 아니다. 또한 실제 저작자가 저작자 아닌 자를 저작자로 표시하여 저작물을 공표하는 범행에 가담하였다면 저작권법 제137조 제1항 제1호 위반죄의 공범으로 처벌할 수 있다.

[2] 저작권법상 공표는 저작물을 공연, 공중송신 또는 전시 그 밖의 방법으로 공중에게 공개하는 것과 저작물을 발행하는 것을 말한다(저작권법 제2조 제25호). 이러한 공표의 문언적 의미와 저작권법 제137조 제1항 제1호의 입법 취지에 비추어 보면, 저작자를 허위로 표시하는 대상이 되는 저작물이 이전에 공표된 적이 있더라도 위 규정에 따른 범죄의 성립에는 영향이 없다.

【참조조문】 [1] 저작권법 제137조 제1항 제1호 / [2] 저작권법 제2조 제25호, 제137조 제1항 제1호
【참조판례】 [1][2] 대법원 2017. 10. 26. 선고 2016도16031 판결(공2017하, 2229) / [2] 대법원 2020. 4. 9. 선고 2017도9459 판결

【전   문】 【피고인】 피고인 1 외 3인 【상고인】 피고인 1, 피고인 2, 피고인 3 및 검사(피고인 4에 대하여)
【변호인】 법무법인 상록 외 1인
【원심판결】 의정부지법 2017. 12. 11. 선고 2017노567 판결

【주   문】

상고를 모두 기각한다.

【이   유】

상고이유를 판단한다.

1. 검사의 상고이유에 관한 판단

원심은 피고인 4에 대한 공소사실에 관하여 범죄의 증명이 없다고 보아, 이를 유죄로 인정한 제1심판결을 파기하고 무죄를 선고하였다. 원심판결 이유를 관련 법리와 기록에 비추어 살펴보면, 원심판결에 상고이유 주장과 같이 저작권법 위반죄의 죄수와 범의에 관한 법리를 오해하여 판결에 영향을 미친 잘못이 없다.

2. 피고인 1, 피고인 2, 피고인 3의 상고이유에 관한 판단

가. 저작권법 제137조 제1항 제1호는 저작자 아닌 자를 저작자로 하여 실명·이명을 표시하여 저작물을 공표한 자를 형사처벌한다고 정하고 있다. 이 규정은 자신의 의사에 반하여 타인의 저작물에 저작자로 표시된 저작자 아닌 자의 인격적 권리나 자신의 의사에 반하여 자신의 저작물에 저작자 아닌 자가 저작자로 표시된 데 따른 실제 저작자의 인격적 권리뿐만 아니라 저작자 명의에 관한 사회 일반의 신뢰도 보호하려는 데 그 목적이 있다. 이러한 입법 취지 등을 고려하면, 저작자 아닌 자를 저작자로 표시하여 저작물을 공표한 이상 위 규정에 따른 범죄는 성립하고, 사회통념에 비추어 사회 일반의 신뢰가 손상되지 않는다고 인정되는 특별한 사정이 있는 경우가 아닌 한 그러한 공표에 저작자 아닌 자와 실제 저작자의 동의가 있었다고 하더라도 달리 볼 것은 아니다(대법원 2017. 10. 26. 선고 2016도16031 판결 참조). 또한 실제 저작자가 저작자 아닌 자를 저작자로 표시하여 저작물을 공표하는 범행에 가담하였다면 저작권법 제137조 제1항 제1호위반죄의 공범으로 처벌할 수 있다.

저작권법상 공표는 저작물을 공연, 공중송신 또는 전시 그 밖의 방법으로 공중에게 공개하는 것과 저작물을 발행하는 것을 말한다(저작권법 제2조 제25호). 이러한 공표의 문언적 의미와 위에서 본 저작권법 제137조 제1항 제1호의 입법 취지에 비추어 보면, 저작자를 허위로 표시하는 대상이 되는 저작물이 이전에 공표된 적이 있다고 하더라도 위 규정에 따른 범죄의 성립에는 영향이 없다(대법원 2020. 04. 09. 선고 2017도9459 판결 등 참조).

나. 원심은 피고인 1, 피고인 2, 피고인 3에 대한 공소사실을 유죄로 판단하였다. 원심판결 이유를 위 법리와 적법하게 채택된 증거에 비추어 살펴보면, 원심판결에 논리와 경험의 법칙에 반하여 자유심증주의의 한계를 벗어나거나 저작권법 위반죄의 성립 등에 관한 법리를 오해한 잘못이 없다.

3. 결론

검사와 피고인 1, 피고인 2, 피고인 3의 상고는 이유 없어 이를 모두 기각하기로 하여, 대법관의 일치된 의견으로 주문과 같이 판결한다.

ⓒ 대법원 2021. 07. 21. 선고 2020도16062 판결 [컴퓨터등장애업무방해 · 공직선거법위반]

【판시사항】

장래에 있을 선거에서의 선거운동과 관련하여 금품 기타 이익의 제공, 그 제공의 의사표시 및 약속을 한 경우, 공직선거법 제230조 제1항 제4호, 제135조 제3항 위반죄가 성립하기 위하여 그 당시 반드시 선거운동의 대상인 특정 후보자가 존재하고 있어야 하는지 여부(소극)

【판결요지】

공직선거법 제135조 제3항에서 정한 '선거운동과 관련하여'는 '선거운동에 즈음하여, 선거운동에 관한 사항을 동기로 하여'라는 의미로서 '선거운동을 위하여'보다 광범위하며, 선거운동의 목적 또는 선거에 영향을 미치게 할 목적이 없었다 하더라도 그 행위 자체가 선거의 자유 · 공정을 침해할 우려가 높은 행위를 규제할 필요성에서 설정된 것이고, 공직선거법 제230조 제1항 제4호, 제135조 제3항 위반죄는 선거운동과 관련하여 금품 기타 이익의 제공 또는 그 제공의 의사를 표시하거나 그 제공을 약속하는 행위를 처벌대상으로 하는 것으로서, 그 처벌대상은 위 법이 정한 선거운동기간 중의 금품제공 등에 한정되지 않는다. 한편 공직선거법 제135조 제3항은 '누구든지' 선거운동과 관련하여 금품 기타 이익의 제공 또는 그 제공의 의사를 표시하거나 그 제공을 약속하는 것을 금지하고 있을 뿐, 그 주체를 후보자, 후보자가 되고자 하는 자, 후보자를 위하여 선거운동을 하는 자 등으로 제한하고 있지 않다.

위와 같은 공직선거법 관련 법리 및 규정에 비추어 보면, 공직선거법 제230조 제1항 제4호, 제135조 제3항 위반죄는 금품 기타 이익의 제공, 그 제공의 의사표시 및 약속(이하 '이익의 제공 등'이라고 한다)이 특정 선거에서의 선거운동과 관련되어 있음이 인정되면 충분하다고 할 것이므로, 장래에 있을 선거에서의 선거운동과 관련하여 이익의 제공 등을 할 당시 선거운동의 대상인 후보자가 특정되어 있지 않더라도 장차 특정될 후보자를 위한 선거운동과 관련하여 이익의 제공 등을 한 경우에는 위 공직선거법 제230조 제1항 제4호, 제135조 제3항 위반죄가 성립한다고 보아야 하고, 이익의 제공 등을 할 당시 반드시 특정 후보자가 존재하고 있어야 한다고 볼 수 없다.

【참조조문】 공직선거법 제135조 제3항, 제230조 제1항 제4호
【참조판례】 대법원 2005. 2. 18. 선고 2004도6795 판결, 대법원 2010. 12. 23. 선고 2010도9110 판결(공2011상, 275), 대법원 2017. 12. 5. 선고 2017도13458 판결(공2018상, 141)
【전   문】 【피 고 인】 피고인   【상 고 인】 피고인 및 특별검사

【변 호 인】 법무법인 엘케이비앤파트너스 외 8인
【원심판결】 서울고법 2020. 11. 6. 선고 2019노461 판결

【주 문】

상고를 모두 기각한다.

【이 유】

상고이유(상고이유서 제출기간이 지난 후에 제출된 피고인 및 특별검사의 상고이유 보충서 등의 각 기재는 상고이유를 보충하는 범위 내에서)를 판단한다.

1. 피고인의 상고이유에 관하여

원심은 이 사건 공소사실 중 컴퓨터 등 장애 업무방해의 점(이유 무죄 부분 제외)에 대하여 그 판시와 같은 이유로 피고인과 공소외 1 등 사이에 (프로그램명 생략)을 이용한 댓글 순위 조작 범행에 관하여 공동가공의 의사가 존재하고, 피고인에게 위 범행에 대한 본질적 기여를 통한 기능적 행위지배도 존재하므로 피고인이 공모공동정범으로서 위 범행에 가담하였다고 보아 유죄로 인정하였다.

원심판결 이유를 적법하게 채택된 증거에 비추어 살펴보면, 원심판단에 상고이유 주장과 같이 필요한 심리를 다하지 아니한 채 논리와 경험의 법칙을 위반하여 자유심증주의의 한계를 벗어나거나, 디지털 증거의 증명력의 한계와 판단 방법, 헌법상 무죄추정의 원칙에 위배되는 헌법해석 및 적용, 증명책임 및 증명의 정도, 공모공동정범의 성립, 포괄일죄에서 공소사실 특정의 정도 등에 관한 법리오해, 이유모순, 이유불비 또는 판단누락 등의 잘못이 없다.

2. 특별검사의 상고이유에 관하여

가. 이 사건 공소사실 중 공직선거법 위반의 점의 요지

피고인은 2018. 6. 13. 실시될 예정인 제7회 지방선거(이하 '이 사건 지방선거'라고 한다)까지 인터넷 네이버카페 '(카페명 생략)'을 이용하여 지속적으로 댓글 순위 조작 작업을 하도록 함으로써 이 사건 지방선거에서 (정당명 생략)을 위한 선거운동에 계속 활용할 생각으로, 2017. 12. 28.경 공소외 2 보좌관을 통하여, 2018. 1. 2.경에는 직접 공소외 1에게 연락하여, '공소외 3 변호사를 일본 오사카 총영사로 추천하는 것은 어렵고, 대신 일본 센다이 총영사로 추천하여 임명될 수 있게 해 주겠다.'고 제안함으로써(이하 '이 사건 이익 제공의 의사표시'라고 한다) 이 사건 지방선거에서 (정당명 생략)의 선거운동과 관련하여 공소외 1에게 이익 제공의 의사를 표시하였다.

나. 원심의 판단

1) 공직선거법 제230조 제1항 제4호, 제135조 제3항 위반죄가 성립하기 위해서는 '선거운동과 관련하여' 금품 기타 이익의 제공 또는 그 제공의 의사를 표시하거나 약속하는 등의 행위를 하여야 한다. '선거운동과 관련하여'라는 요건을 구비하기 위해서는 특정 선거 및 특정 후보자

의 존재가 인정되어야 하고 아울러 그와의 관련성이 인정되어야 하므로, 특정 후보자의 존재를 상정할 수 없는 상태에서 특정 선거를 염두에 두고 특정 정당을 광고·지지하는 등의 행위만으로 '선거운동과 관련하여'라는 요건을 구비하였다고 볼 수 없다.

피고인이 공소외 1에게 이 사건 이익 제공의 의사를 표시할 당시 이 사건 지방선거에 출마를 선언하거나 그 선거에 입후보할 의사를 가졌다고 객관적으로 인정할 수 있는 특정 후보자가 존재한다는 점을 인정할 증거가 없으므로 피고인의 이 사건 이익 제공의 의사표시가 '선거운동과 관련하여' 이루어진 것이라고 볼 수 없다.

2) 또한 피고인의 이 사건 이익 제공의 의사표시가 이 사건 지방선거와 관련하여 이루어졌다고 볼 증거가 부족하다.

3) 따라서 피고인이 공소외 1에게 이 사건 이익 제공의 의사를 표시한 것은 이 사건 지방선거의 선거운동과 관련하여 이루어진 것이라고 볼 수 없으므로, 이 사건 공소사실 중 공직선거법 위반의 점은 범죄의 증명이 없는 경우에 해당한다.

다. 대법원의 판단

1) 공직선거법은 법이 규정한 수당·실비 기타 이익을 제공하는 경우를 제외하고는 수당·실비 기타 자원봉사에 대한 보상 등 명목 여하를 불문하고 누구든지 선거운동과 관련하여 금품 기타 이익의 제공 또는 그 제공의 의사를 표시하거나 그 제공의 약속·지시·권유·알선·요구 또는 수령할 수 없다고 규정하고 있다(제135조 제3항). 나아가 위 규정을 위반하여 수당·실비 기타 자원봉사에 대한 보상 등 명목 여하를 불문하고 선거운동과 관련하여 금품 기타 이익의 제공 또는 그 제공의 의사를 표시하거나 그 제공을 약속한 자에 대하여 5년 이하의 징역 또는 3천만 원 이하의 벌금에 처하도록 규정하고 있다(제230조 제1항 제4호).

공직선거법 제135조 제3항에서 정한 '선거운동과 관련하여'는 '선거운동에 즈음하여, 선거운동에 관한 사항을 동기로 하여'라는 의미로서 '선거운동을 위하여'보다 광범위하며, 선거운동의 목적 또는 선거에 영향을 미치게 할 목적이 없었다 하더라도 그 행위 자체가 선거의 자유·공정을 침해할 우려가 높은 행위를 규제할 필요성에서 설정된 것이고(대법원 2005. 02. 18. 선고 2004도6795 판결 등 참조), 공직선거법 제230조 제1항 제4호, 제135조 제3항위반죄는 선거운동과 관련하여 금품 기타 이익의 제공 또는 그 제공의 의사를 표시하거나 그 제공을 약속하는 행위를 처벌대상으로 하는 것으로서, 그 처벌대상은 위 법이 정한 선거운동기간 중의 금품제공 등에 한정되지 않는다(대법원 2010. 12. 23. 선고 2010도9110 판결, 대법원 2017. 12. 05. 선고 2017도13458 판결 등 참조). 한편 공직선거법 제135조 제3항은 '누구든지' 선거운동과 관련하여 금품 기타 이익의 제공 또는 그 제공의 의사를 표시하거나 그 제공을 약속하는 것을 금지하고 있을 뿐, 그 주체를 후보자, 후보자가 되고자 하는 자, 후보자를 위하여 선거운동을 하는 자 등으로 제한하고 있지 않다.

위와 같은 공직선거법 관련 법리 및 규정에 비추어 보면, 공직선거법 제230조 제1항 제4호, 제135조 제3항위반죄는 금품 기타 이익의 제공, 그 제공의 의사표시 및 약속(이하 '이익의 제공 등'이라고 한다)이 특정 선거에서의 선거운동과 관련되어 있음이 인정되면 충분하다고 할 것이므로, 장래에 있을 선거에서의 선거운동과 관련하여 이익의 제공 등을 할 당시 선거운동의 대상인 후보자가 특정되어 있지 않더라도 장차 특정될 후보자를 위한 선거운동과 관련하여 이익의 제공 등을 한 경우에는 위 공직선거법 제230조 제1항 제4호, 제135조 제3항위반죄가 성립한다고 보아야 하고, 이익의 제공 등을 할 당시 반드시 특정 후보자가 존재하고 있어야 한다고 볼 수 없다. 따라서 원심의 이 부분 판단에는 상고이유 주장과 같이 '선거운동과 관련하여'의 해석에 관한 법리를 오해한 잘못이 있다.

2) 그런데 앞서 본 바와 같이 원심은 이 부분 공소사실을 무죄로 판단한 이유로 피고인의 이 사건 이익 제공의 의사표시가 '선거운동과 관련하여' 이루어진 것이라고 볼 수 없다는 점 외에 피고인의 이 사건 이익 제공의 의사표시가 이 사건 지방선거와 관련하여 이루어졌다고 볼 증거가 없다는 점을 들었다. 원심판결 이유를 기록에 비추어 살펴보면, 피고인의 이 사건 이익 제공의 의사표시가 이 사건 지방선거와 관련하여 이루어졌다고 볼 증거가 없다는 원심의 판단에 필요한 심리를 다하지 아니한 채 논리와 경험의 법칙을 위반하여 자유심증주의의 한계를 벗어나거나, 상고이유 주장과 같이 특정선거 관련성 여부에 대한 법리를 오해한 잘못이 없다.

3) 따라서 원심이 '선거운동과 관련하여'의 해석에 관한 법리를 오해하였다고 하더라도 피고인의 이 사건 이익 제공의 의사표시가 이 사건 지방선거의 선거운동과 관련하여 이루어진 것이라고 볼 증거가 없는 이상 이 부분 공소사실은 범죄의 증명이 없는 경우에 해당하여 무죄를 선고할 수밖에 없으므로 원심의 앞서 본 바와 같은 잘못은 판결 결과에 영향이 없다.

3. 결 론

그러므로 상고를 모두 기각하기로 하여, 관여 대법관의 일치된 의견으로 주문과 같이 판결한다.

---

⑪ 대법원 2021. 07. 21. 선고 2021도4785 판결 [게임산업진흥에관한법률위반]

【판시사항】

[1] 게임물의 내용 구현과 밀접한 관련이 있는 게임물의 운영방식을 등급분류신청서나 그에 첨부된 게임물내용설명서에 기재된 내용과 다르게 변경하여 이용에 제공하는 행위가 게임산업진흥에 관한 법률 제32조 제1항 제2호에서 정한 '등급을 받은 내용과 다른 내용의 게임물을 이용에 제공하는 행위'에 해당하는지 여부(적극)

[2] 피고인들이 PC방에 게임기를 설치하고 무료 모바일 게임물로 등급분류 받은 특정 게임물을 아케이드 게임물로 플랫폼을 변경하여 게임기의 지폐투입구에 현금 1만 원을 투입하면 3분 동안 위 게임물이 작동되게 하는 방식으로 영업함으로써 게임산업진흥에 관한 법률을 위반하였다는 내용으로 기소된 사안에서, 무료 모바일 게임물로 등급분류 받은 게임물을 유료 아케이드 게임물 형태로 제공한 피고인들의 행위는 '게임물의 내용 구현과 밀접한 관련이 있는 게임물의 운영방식을 변경하여 이용에 제공한 행위'로서 같은 법 제32조 제1항 제2호에서 정한 '등급을 받은 내용과 다른 내용의 게임물을 이용에 제공하는 행위'에 해당한다고 한 사례

【판결요지】

[1] 게임산업진흥에 관한 법률(이하 '게임산업법'이라고 한다) 제21조 제1항, 제5항, 제22조 제2항, 제28조 제2호의2, 제32조 제1항 제2호, 제38조 제8항, 제45조 제4호, 제46조 제6호, 게임산업진흥에 관한 법률 시행규칙 제9조의2 제2항, 제3항의 내용 및 입법 취지 등에 비추어 보면, 게임물 자체의 내용뿐만 아니라 게임물의 내용 구현과 밀접한 관련이 있는 게임물의 운영방식을 등급분류신청서나 그에 첨부된 게임물내용설명서에 기재된 내용과 다르게 변경하여 이용에 제공하는 행위도 게임산업법 제32조 제1항 제2호에서 정한 '등급을 받은 내용과 다른 내용의 게임물을 이용에 제공하는 행위'에 해당한다고 보아야 한다.

[2] 피고인들이 PC방에 게임기 60대를 설치하고 무료 모바일 게임물로 등급분류 받은 특정 게임물을 아케이드 게임물로 플랫폼을 변경하여 게임기의 지폐투입구에 현금 1만 원을 투입하면 3분 동안 위 게임물이 작동되게 하는 방식으로 영업함으로써 게임산업진흥에 관한 법률(이하 '게임산업법'이라고 한다)을 위반하였다는 내용으로 기소된 사안에서, 무료인 모바일 게임이 유료의 아케이드 게임물 형태로 변경됨으로써 잠재적·현실적 게임이용자의 게임 참가가능성, 게임에 참여할 수 있는 횟수·정도 등에 변경이 초래된 점, 위 게임물이 사행성이 강한 슬롯머신(릴회전류)을 모사한 게임물인 점을 고려할 때 게임물의 과금체계를 무료에서 유료로 변경하는 것은 사행성 조장의 정도에서 현격한 차이가 있고, 과금체계 변경은 등급분류에 있어 중요한 의미가 있는 점 등의 여러 사정을 종합하면, 무료 모바일 게임물로 등급분류 받은 게임물을 유료 아케이드 게임물 형태로 제공한 피고인들의 행위는 '게임물의 내용 구현과 밀접한 관련이 있는 게임물의 운영방식을 변경하여 이용에 제공한 행위'로서 게임산업법 제32조 제1항 제2호에서 정한 '등급을 받은 내용과 다른 내용의 게임물을 이용에 제공하는 행위'에 해당한다는 이유로, 이와 달리 보아 공소사실을 무죄로 판단한 원심판결에 게임산업법이 정한 '게임물의 내용' 및 등급분류에 관한 법리오해의 잘못이 있다고 한 사례.

【참조조문】 [1] 게임산업진흥에 관한 법률 제21조 제1항, 제5항, 제22조 제2항, 제28조 제2호의2, 제32조 제1항 제2호, 제38조 제8항, 제45조 제4호, 제46조 제6호, 게임산업진흥에 관한 법률 시행규칙 제9조의2 제2항, 제3항 / [2] 게임산업진흥에 관한 법률 제21조 제1항, 제5항, 제32조 제1항 제2호, 제45조 제4호
【참조판례】 [1] 대법원 2014. 11. 13. 선고 2013도9831 판결(공2014하, 2393)
【전   문】【피 고 인】 피고인 1 외 1인 【상 고 인】 검사 【변 호 인】 법무법인 다빈치 담당변호사 정준모 외 1인
【원심판결】 대전지법 2021. 4. 8. 선고 2020노279 판결

【주   문】

원심판결을 파기하고, 사건을 대전지방법원에 환송한다.

【이   유】

상고이유를 판단한다.

1. 이 사건 공소사실의 요지는 다음과 같다.

피고인 1은 아산시 (주소 생략) 소재 '(상호 생략)'의 운영자이고, 피고인 2는 위 피시방의 종업원으로 근무하는 사람이다.

피고인들은 2019. 2. 25.경부터 2019. 3. 4.경까지 위 피시방에서 게임기 60대를 설치하고 무료 모바일 게임물로 등급분류 받은 포세이돈(POSEIDON, 등급분류번호 생략) 게임물을 아케이드 게임물로 플랫폼을 변경하여 위 게임기의 지폐투입구에 현금 1만 원을 투입하면 3분 동안 위 포세이돈 게임물이 작동되게 하는 방식으로 영업을 하여 등급분류를 받은 내용과 다른 내용의 게임물을 손님들의 이용에 제공하였다.

2. 원심은 판시와 같은 이유로 피고인들이 등급분류를 받은 내용과 다른 내용의 게임물을 이용에 제공하였다고 보기 어렵다고 보아, 위 공소사실을 무죄로 판단한 제1심판결을 그대로 유지하였다.

3. 그러나 원심의 위와 같은 판단은 아래와 같은 이유로 받아들이기 어렵다.

가. 「게임산업진흥에 관한 법률」(이하 '게임산업법'이라고 한다) 제21조 제1항은 게임물을 유통시키거나 이용에 제공하게 할 목적으로 게임물을 제작 또는 배급하고자 하는 자는 해당 게임물을 제작 또는 배급하기 전에 게임물의 내용에 관하여 등급분류를 받아야 한다고 규정하고 있고, 같은 법 제28조 제2호의2, 제38조 제8항, 제46조 제6호는 게임물 관련사업자로 하여금 게임물의 내용 구현과 밀접한 관련이 있는 운영방식을 통하여 사행성을 조장하지 않을 의무를 부과하면서 그에 위반되는 행위에 대하여는 시정명령을 거쳐 형사처벌을 할 수 있도록 규정하고 있으며, 같은 법 제22조 제2항은 게임산업법에 의하여 규제되는 행위에 대하여 등급분류를 신청할 경우 이를 거부할 수 있도록 규정하고 있다.

그리고 게임산업법 제21조 제5항, 같은 법 시행규칙 제9조의2 제2항, 제3항은 등급분류를 받은 게임물의 내용이 수정된 경우 그 변경된 내용이 등급의 변경을 요할 정도가 아닌 경우에는 등급을 유지하나, 등급의 변경을 요할 정도로 수정된 경우에는 등급재분류 대상이 되어 새로이 등급분류를 받아야 하며, 게임물의 이용방식이 현저하게 변경되어 내용수정의 범위를 초과하는 경우에는 게임산업법 제21조 제1항에 따라 다시 등급분류를 신청하여야 한다고 규정하고 있다.

한편 게임산업법 제45조 제4호, 제32조 제1항 제2호는 등급분류를 받은 게임물과 다른 내용의 게임물을 이용에 제공한 행위를 처벌하도록 규정하고 있는데, 이는 게임물의 등급분류제를 정착시키고 불법게임물로 인한 사행성의 조장을 억제하여 건전한 사회기풍을 조성하는 데에 그 입법 취지가 있다고 할 수 있다(헌법재판소 2002. 10. 31. 선고 2000헌가12 전원재판부 결정 참조).

이러한 게임산업법과 같은 법 시행규칙의 규정 내용 및 입법 취지 등에 비추어 보면, 게임물 자체의 내용뿐만 아니라 게임물의 내용 구현과 밀접한 관련이 있는 게임물의 운영방식을 등급분류 신청서나 그에 첨부된 게임물내용설명서에 기재된 내용과 다르게 변경하여 이용에 제공하는 행위도 게임산업법 제32조 제1항 제2호에서 정한 '등급을 받은 내용과 다른 내용의 게임물을 이용에 제공하는 행위'에 해당한다고 보아야 한다(대법원 2014. 11. 13. 선고 2013도9831 판결 참조).

나. 원심이 인정한 사실 및 적법하게 채택한 증거들에 의하면 다음과 같은 사실을 알 수 있다.

1) 이 사건 게임물은 슬롯머신을 모사한 릴게임(4×3)으로, 등급분류신청 당시 게임물내용설명서에 '스마트폰 또는 태블릿을 통하여 무료로 즐길 수 있다.'고 기재하여 게임물등급위원회로부터 등급분류를 받았다.

2) 피고인들은 위 대박피시방에 게임기 60대를 설치하였는데, 위 게임기는 태블릿 피시 기판에

대형 모니터, 지폐투입기, 시간표시기, 아이오(IO)보드 등의 각종 장치를 결합하여 아케이드 게임기 형태로 제작된 것이다.

3) 위 게임기에 위와 같이 무료 모바일 게임물로 등급분류를 받은 게임물이 설치되어 있기는 하나, 위 대박피시방에서 무료로 위 게임을 즐길 수는 없고, 게임기 지폐투입구에 3분당 현금 1만 원(1시간당 20만 원)을 투입하여 유료로 이용하게 되어 있다.

다. 이러한 사실관계와 함께 아래와 같은 사정들을 종합적으로 고려해 보면, 무료 모바일 게임물로 등급분류 받은 게임물을 유료 아케이드 게임물 형태로 제공한 피고인들의 행위는 '게임물의 내용 구현과 밀접한 관련이 있는 게임물의 운영방식을 변경하여 이용에 제공한 행위'로서 게임산업법 제32조 제1항 제2호에서 정한 '등급을 받은 내용과 다른 내용의 게임물을 이용에 제공하는 행위'에 해당한다고 보는 것이 타당하다.

1) 무료인 모바일 게임이 유료의 아케이드 게임물 형태로 변경됨으로써 잠재적·현실적 게임이용자의 게임 참가가능성, 게임에 참여할 수 있는 횟수·정도 등에 변경이 초래되었다.

2) 이 사건 게임물이 사행성이 강한 슬롯머신(릴회전류)을 모사한 게임물인 점을 고려할 때, 게임물의 과금체계를 무료에서 유료로 변경하는 것은 사행성 조장의 정도에 있어 현격한 차이를 보인다고 할 것이고, 게임산업법 제21조 제7항, 같은 법 시행규칙 제8조 제3항은 게임물 이용에 사회통념상 과다한 비용이 소요되는지 여부 등을 사행성 확인을 위한 기준의 하나로 규정하고 있기도 하는바, 위와 같은 과금체계 변경은 등급분류에 있어 중요한 의미가 있다고 보아야 한다.

3) 이 사건에서 아케이드 게임물 형태로의 변경은 결국 무료 모바일 게임에 대하여 과금을 가능하게 하기 위하여 이루어진 것이므로 게임물의 내용 구현과 밀접한 관련이 있음을 부정하기 어려울 뿐 아니라, 게임산업법 제21조 제2항, 제3항, 같은 법 시행규칙 제8조, 게임물관리위원회 구 등급분류 규정(2019. 4. 17. 개정되기 전의 것) 제4조, 제6조, 제17조 등이 모바일 게임물과 아케이드 게임물에 대한 등급분류 기준을 상이하게 규정하고 있음을 함께 고려해 보면, 아케이드 게임물 형태로의 변경 역시 등급분류에 있어 중요한 의미가 있다고 할 것이다.

4) 유료 아케이드 게임물 형태로의 변경이 '등급을 받은 내용과 다른 내용의 게임물을 이용에 제공하는 행위'에 해당하지 아니한다면 등급분류를 받은 이후 유료 아케이드 게임물로 변경하더라도 게임산업법 제21조 제5항이 정하고 있는 수정신고의 대상도 되지 않는다고 보아야 하는데, 이는 게임산업법이 게임물에 대한 수정신고제도를 둔 취지에 반한다.

라. 그런데도 이와 달리 피고인들의 행위가 '등급을 받은 내용과 다른 내용의 게임물을 이용에 제공하는 행위'로 보기 어렵다고 보아 이 사건 공소사실을 무죄로 판단한 원심판결에는 게임산업법이 정한 '게임물의 내용' 및 등급분류에 관한 법리를 오해하여 판결에 영향을 미친 잘못이 있다. 이를 지적하는 검사의 상고이유 주장은 이유 있다.

4. 그러므로 원심판결을 파기하고, 사건을 다시 심리·판단하도록 원심법원에 환송하기로 하여, 관여 대법관의 일치된 의견으로 주문과 같이 판결한다.

⑱ 대법원 2021. 07. 29. 선고 2019도13010 판결 [공익사업을위한토지등의취득및보상에관한법률위반]

【판시사항】

주택재개발사업의 사업시행자가 수용재결에 따른 보상금을 지급하거나 공탁하고 공익사업을 위한 토지 등의 취득 및 보상에 관한 법률 제43조에 따라 부동산의 인도를 청구하는 경우, 현금청산대상자나 임차인 등이 주거이전비 등을 보상받기 전에는 구 도시 및 주거환경정비법 제49조 제6항 단서에 따라 주거이전비 등의 미지급을 이유로 부동산의 인도를 거절할 수 있는지 여부(적극) / 이때 현금청산대상자나 임차인 등이 수용개시일까지 수용대상 부동산을 인도하지 않은 경우, 공익사업을 위한 토지 등의 취득 및 보상에 관한 법률 제43조, 제95조의2 제2호 위반죄로 처벌할 수 있는지 여부(소극)

【판결요지】

공익사업을 위한 토지 등의 취득 및 보상에 관한 법률(이하 '토지보상법'이라 한다)은 제43조에서 "토지소유자 및 관계인과 그 밖에 토지소유자나 관계인에 포함되지 아니하는 자로서 수용하거나 사용할 토지나 그 토지에 있는 물건에 관한 권리를 가진 자는 수용 또는 사용의 개시일까지 그 토지나 물건을 사업시행자에게 인도하거나 이전하여야 한다."라고 정하고, 제95조의2 제2호에서 이를 위반하여 토지 또는 물건을 인도하거나 이전하지 아니한 자를 처벌한다고 정하고 있다.

구 도시 및 주거환경정비법(2017. 2. 8. 법률 제14567호로 전부 개정되기 전의 것, 이하 '구 도시정비법'이라 한다) 제49조 제6항은 '관리처분계획의 인가·고시가 있은 때에는 종전의 토지 또는 건축물의 소유자·지상권자·전세권자·임차권자 등 권리자는 제54조의 규정에 의한 이전의 고시가 있은 날까지 종전의 토지 또는 건축물에 대하여 이를 사용하거나 수익할 수 없다. 다만 사업시행자의 동의를 받거나 제40조 및 토지보상법에 따른 손실보상이 완료되지 아니한 권리자의 경우에는 그러하지 아니하다.'고 정하고 있다. 이 조항은 토지보상법 제43조에 대한 특별규정으로서, 사업시행자가 현금청산대상자나 임차인 등에 대해서 종전의 토지나 건축물의 인도를 구하려면 관리처분계획의 인가·고시만으로는 부족하고 구 도시정비법 제49조 제6항 단서에서 정한 대로 토지보상법에 따른 손실보상이 완료되어야 한다.

구 도시정비법 제49조 제6항 단서의 내용, 그 개정 경위와 입법 취지, 구 도시정비법과 토지보상법의 관련 규정의 체계와 내용을 종합하면, 토지보상법 제78조 등에서 정한 주거이전비, 이주정착금, 이사비 등(이하 '주거이전비 등'이라 한다)도 구 도시정비법 제49조 제6항 단서에서 정하는 '토지보상법에 따른 손실보상'에 해당한다. 따라서 주택재개발사업의 사업시행자가 공사에 착수하기 위하여 현금청산대상자나 임차인 등으로부터 정비구역 내 토지 또는 건축물을 인도받기 위해서는 협의나 재결절차 등에서 결정되는 주거이전비 등을 지급할 것이 요구된다. 사업시행자가 수용재결에서 정한 토지나 지장물 등 보상금을 지급하거나 공탁한 것만으로 토지보상법에 따른 손실보상이 완료되었다고 보기 어렵다.

사업시행자가 수용재결에 따른 보상금을 지급하거나 공탁하고 토지보상법 제43조에 따라 부동산의 인도를 청구하는 경우 현금청산대상자나 임차인 등이 주거이전비 등을 보상받기 전에는 특별한 사정이 없는 한 구 도시정비법 제49조 제6항 단서에 따라 주거이전비 등의 미지급을 이유로 부동산의 인도를 거절할 수 있다. 따라서 이러한 경우 현금청산대상자나 임차인 등이 수용개시일까지 수용대상 부동산을 인도하지 않았다고 해서 토지보상법 제43조, 제95조의2 제2호 위반죄로 처벌해서는 안 된다.

【참조조문】 공익사업을 위한 토지 등의 취득 및 보상에 관한 법률 제43조, 제78조, 제95조의2 제2호, 구 도시 및 주거환경정비법(2017. 2. 8. 법률 제14567호로 전부 개정되기 전의 것) 제49조 제6항(현행 제81조 제1항 참조)
【참조판례】 대법원 2021. 6. 30. 선고 2019다207813 판결(공2021하, 1364)
【전   문】 【피 고 인】 피고인   【상 고 인】 피고인
【원심판결】 서울북부지법 2019. 8. 23. 선고 2019노332 판결

【주   문】

원심판결을 파기하고, 사건을 서울북부지방법원에 환송한다.

【이   유】

상고이유(상고이유서 제출기간이 지난 다음 제출된 상고이유보충서들은 이를 보충하는 범위에서)를 판단한다.

1. **주택재개발정비사업 구역 내 토지나 건축물을 점유하고 있는 현금청산대상자나 임차인이 사업시행자에게 수용개시일까지 토지 등을 인도할 의무가 있는지 여부와 그 의무 위반으로 인한 형사책임**

「공익사업을 위한 토지 등의 취득 및 보상에 관한 법률」(이하 '토지보상법'이라 한다)은 제43조에서 "토지소유자 및 관계인과 그 밖에 토지소유자나 관계인에 포함되지 아니하는 자로서 수용하거나 사용할 토지나 그 토지에 있는 물건에 관한 권리를 가진 자는 수용 또는 사용의 개시일까지 그 토지나 물건을 사업시행자에게 인도하거나 이전하여야 한다."라고 정하고, 제95조의2 제2호에서 이를 위반하여 토지 또는 물건을 인도하거나 이전하지 아니한 자를 처벌한다고 정하고 있다.

구「도시 및 주거환경정비법」(2017. 2. 8. 법률 제14567호로 전부 개정되기 전의 것, 이하 '구 도시정비법'이라 한다) 제49조 제6항은 '관리처분계획의 인가·고시가 있은 때에는 종전의 토지 또는 건축물의 소유자·지상권자·전세권자·임차권자 등 권리자는 제54조의 규정에 의한 이전의 고시가 있는 날까지 종전의 토지 또는 건축물에 대하여 이를 사용하거나 수익할 수 없다. 다만 사업시행자의 동의를 받거나 제40조및 토지보상법에 따른 손실보상이 완료되지 아니한 권리자의 경우에는 그러하지 아니하다.'고 정하고 있다. 이 조항은 토지보상법 제43조에 대한 특별규정으로서, 사업시행자가 현금청산대상자나 임차인 등에 대해서 종전의 토지나 건축물의 인도를 구하려면 관리처분계획의 인가·고시만으로는 부족하고 구 도시정비법 제49조 제6항 단서에서 정한 대로 토지보상법에 따른 손실보상이 완료되어야 한다.

구 도시정비법 제49조 제6항 단서의 내용, 그 개정 경위와 입법 취지, 구 도시정비법과 토지보상법의 관련 규정의 체계와 내용을 종합하면, 토지보상법 제78조등에서 정한 주거이전비, 이주정착금, 이사비 등(이하 '주거이전비 등'이라 한다)도 구 도시정비법 제49조 제6항 단서에서 정하는 '토지보상법에 따른 손실보상'에 해당한다. 따라서 주택재개발사업의 사업시행자가 공사에 착수하기 위하여 현금청산대상자나 임차인 등으로부터 정비구역 내 토지 또는 건축물을 인도받기 위해서는 협의나 재결절차 등에서 결정되는 주거이전비 등을 지급할 것이 요구된다. 사업시행자가 수용재결에서 정한 토지나 지장물 등 보상금을 지급하거나 공탁한 것만으로 토지보상법에 따른 손실보상이 완료되었다고 보기 어렵다(대법원 2021. 06. 30. 선고 2019다207813 판결 참조).

사업시행자가 수용재결에 따른 보상금을 지급하거나 공탁하고 토지보상법 제43조에 따라 부동산의 인도를 청구하는 경우 현금청산대상자나 임차인 등이 주거이전비 등을 보상받기 전에는 특별한 사정이 없는 한 구 도시정비법 제49조 제6항 단서에 따라 주거이전비 등의 미지급을 이유로 부동산의 인도를 거절할 수 있다. 따라서 이러한 경우 현금청산대상자나 임차인 등이 수용개시일까지 수용대상 부동산을 인도하지 않았다고 해서 토지보상법 제43조, 제95조의2 제2호위반죄로 처벌해서는 안 된다.

2. 이 사건에 대한 판단

원심은 현금청산대상자인 피고인이 수용개시일까지 수용대상 부동산을 인도하지 않은 행위가 토지보상법 제43조, 제95조의2 제2호 위반죄에 해당한다고 보아 이 사건 공소사실을 유죄로 인정하였는데, 주거이전비 등은 사전보상의 원칙이 적용되는 손실보상금에 해당하기 어렵다는 이유로 주거이전비 등이 지급되었는지 여부에 대해서는 심리하지 않았다. 원심판결은 토지보상법 제43조, 제95조의2 제2호 위반죄의 성립에 관한 법리를 오해하여 필요한 심리를 다하지 않아 판결에 영향을 미친 잘못이 있다. 이를 지적하는 상고이유 주장은 정당하다.

3. 결 론

나머지 상고이유에 대한 판단을 생략한 채 원심판결을 파기하고 사건을 다시 심리·판단하도록 원심법원에 환송하기로 하여, 대법관의 일치된 의견으로 주문과 같이 판결한다.

---

⑧ 대법원 2021. 07. 29. 선고 2021도3520 판결 [사기·사문서위조·전기통신사업법위반]

【판시사항】

전기통신사업법 제30조 본문에서 정한 '타인의 통신을 매개'한다는 것과 '타인의 통신용으로 제공'한다는 것의 의미 / 통신이 매개되거나 전기통신역무를 제공받은 타인이 통신의 매개 또는 제공을 요청하였거나 통신의 매개 또는 제공 행위에 관여하였던 경우에도 그 매개 또는 제공 행위가 위 조항 본문에서 정한 '타인의 통신을 매개'하는 행위 또는 '타인의 통신용으로 제공'하는 행위에 해당할 수 있는지 여부(적극)

【판결요지】

전기통신사업법 제30조 본문은 '누구든지 전기통신사업자가 제공하는 전기통신역무를 이용하여 타인의 통신을 매개하거나 이를 타인의 통신용으로 제공하여서는 아니 된다.'고 규정한다. 이는 정당한 권한 없이 다른 전기통신사업자가 제공하는 전기통신역무를 이용하여 자신이 제공받는 역무와 동종 또는 유사한 역무를 제공함으로써 전기통신사업자의 사업에 지장을 초래하거나 통신시장질서를 교란하는 행위를 막기 위한 취지의 조항이다. 여기에서 '타인의 통신을 매개'한다는 것은 전기통신사업자가 제공하는 전기통신역무를 이용하여 다른 사람들 사이의 통신을 연결해 주는 행위를 의미하고, '타인의 통신용으로 제공'한다는 것은 전기통신사업자가 제공하는 전기통신역무를 다른 사람이 통신을 위하여 이용하도록 제공하는 행위를 의미한다. 위 조항의 문언과 입법 취지에 비추어 볼 때 통신이 매개되거나 전기통신역무를 제공받은 타인이 통신의 매개 또는 제공을 요청하였거나 통신의 매개 또는 제공 행위에 관여하였던 경우에도 그 매개 또는 제공 행위는 위 조항 본문이 정한 '타인의 통신을 매개'하는 행위 또는 '타인의 통신용으로 제공'하는 행위에 해당할 수 있고, 위 조항 단서 각호의 경우에 해당하지 않는 한 이러한 행위는 금지된다.

【참조조문】 전기통신사업법 제30조
【참조판례】 헌법재판소 2002. 5. 30. 선고 2001헌바5 전원재판부 결정(헌공69, 472)
【전　　문】　【피 고 인】 피고인　　【상 고 인】 피고인 및 검사　【변 호 인】 변호사 홍기정
【원심판결】 서울동부지법 2021. 2. 17. 선고 2020노1337 판결

【주　문】

원심판결을 파기하고 사건을 서울동부지방법원에 환송한다.

【이　유】

검사의 상고이유를 판단한다.

1. 타인통신매개로 인한 전기통신사업법 위반의 점(주위적 공소사실) 관련

가. 이 부분 공소사실의 요지

보이스피싱 조직은 중국 등 해외에서 콜센터를 운영하면서 불특정 다수의 사람들을 상대로 무작위로 전화를 걸어 금융기관 직원 등을 사칭하여 금원을 편취하는 수법으로 범행하는 조직으로, 성명불상의 총책은 조직원 간 유기적인 연락을 관리하는 역할, 성명불상의 유인책은 국내 피해자들에게 전화를 걸어 금원을 요구하는 역할, 성명불상의 수거책은 피해자들로부터 금원을 받는 역할, 성명불상의 중간 조직책[위챗 대화명(대화명 1 생략), (대화명 2 생략)]은 성명불상의 총책으로부터 지시를 받아 콜센터에서 인터넷망으로 접속하면 국내 휴대전화번호로 변경되어 피해자들의 전화기에 표시되도록 하는 통신장비(Voice over IP Gateway, 이하 'VoIP 게이트웨이'라 함)를 관리하는 역할, 피고인은 성명불상의 중간 조직책으로부터 지시를 받고 유심을 구매하여 중국으로 전달하거나 국내에 있는 고시원 등에 VoIP 게이트웨이를 설치·관리하는 역할을 분담하기로 순차 모의하였다.

피고인은 2020. 7. 8.경 타인 명의로 개통된 '(휴대전화번호 생략)' 유심을 구입하여 보이스피싱 조직에 전달하는 한편, VoIP 게이트웨이를 설치하여 관리하면서 보이스피싱 조직원들이 국내 휴대전화번호인 '(휴대전화번호 생략)'를 사용하는 전화로 송신할 수 있도록 한 것을 비롯하여, 2020. 6. 29.경부터 2020. 7. 15.경까지 위와 같은 방법으로 총 47개의 휴대전화번호를 이용하여 송신할 수 있도록 함으로써, 성명불상자와 공모하여 전기통신사업자가 제공하는 전기통신역무를 이용하여 타인의 통신을 매개하였다.

나. 원심의 판단

원심은, 타인통신매개로 인한 전기통신사업법 위반죄가 성립하기 위해서는 전화 통화를 한 성명불상의 보이스피싱 조직원과 보이스피싱 피해자들이 피고인과의 관계에서 '타인'에 해당하여야 하는데, 이 부분 공소사실은 피고인이 매개한 통신의 일방 당사자인 위 성명불상의 보이스피싱 조직원과 피고인이 타인통신매개로 인한 전기통신사업법 위반죄의 공동정범임을 전제로 한 것이므로, 위 공소사실 자체로 위 성명불상의 보이스피싱 조직원은 피고인과의 관계에서 '타인'에 해당한다고 볼 수 없다는 이유로, 이 부분 공소사실을 무죄로 판단하였다.

다. 대법원의 판단

그러나 원심의 판단은 다음과 같은 이유로 받아들일 수 없다.

(1) 전기통신사업법 제30조본문은 '누구든지 전기통신사업자가 제공하는 전기통신역무를 이용하여 타인의 통신을 매개하거나 이를 타인의 통신용으로 제공하여서는 아니 된다.'고 규정한다. 이는 정당한 권한 없이 다른 전기통신사업자가 제공하는 전기통신역무를 이용하여 자신이 제공받는 역무와 동종 또는 유사한 역무를 제공함으로써 전기통신사업자의 사업에 지장을 초래하거나 통신시장질서를 교란하는 행위를 막기 위한 취지의 조항이다(헌법재판소 2002. 5. 30. 선고 2001헌바5 전원재판부 결정 참조). 여기에서 '타인의 통신을 매개'한다는 것은 전기통신사업자가 제공하는 전기통신역무를 이용하여 다른 사람들 사이의 통신을 연결해 주는 행위를 의미하고, '타인의 통신용으로 제공'한다는 것은 전기통신사업자가 제공하는 전기통신역무를 다른 사람이 통신을 위하여 이용하도록 제공하는 행위를 의미한다. 위 조항의 문언과 입법 취지에 비추어 볼 때 통신이 매개되거나 전기통신역무를 제공받은 타인이 통신의 매개 또는 제공을 요청하였거나 통신의 매개 또는 제공 행위에 관여하였던 경우에도 그 매개 또는 제공 행위는 위 조항 본문이 정한 '타인의 통신을 매개'하는 행위 또는 '타인의 통신용으로 제공'하는 행위에 해당할 수 있고, 위 조항 단서 각호의 경우에 해당하지 않는 한 이러한 행위는 금지된다.

(2) 원심판결 이유와 적법하게 채택한 증거에 의하면, 피고인은 성명불상의 보이스피싱 중간 조직책[위챗 대화명(대화명 1 생략), (대화명 2 생략)]의 지시를 받아 제3자 명의로 개통된 유심이 연결된 VoIP 게이트웨이를 설치 및 관리하는 방법으로 성명불상의 보이스피싱 유인책이 보이스피싱 피해자들과 전화 통화를 할 수 있도록 매개한 사실을 알 수 있다. 위 사실을 앞서 본 법리에 비추어 보면, 피고인의 행위는 위 성명불상의 보이스피싱 중간 조직책 등과 공모하여 타인인 보이스피싱 유인책과 피해자들 사이의 통신을 매개한 경우에 해당한다.

(3) 그럼에도 원심은 판시와 같은 이유만을 들어 이 부분 공소사실을 무죄로 판단하였다. 이러한 원심의 판단에는 타인통신매개로 인한 전기통신사업법 위반죄의 성립에 관한 법리를 오해하여 필요한 심리를 다하지 아니하여 판결에 영향을 미친 잘못이 있고, 이를 지적하는 취지의 검사의 상고이유 주장은 이유 있다.

2. 파기의 범위

위와 같은 이유로 원심판결 중 타인통신매개로 인한 전기통신사업법 위반에 대한 주위적 공소사실 부분은 파기되어야 한다. 그런데 위 파기 부분은 원심이 유죄로 인정한 나머지 부분과 일죄 또는 형법 제37조 전단의 경합범 관계에 있어 하나의 형이 선고되어야 하므로, 결국 원심판결은 전부 파기되어야 한다.

3. 결 론

그러므로 피고인의 상고이유에 대한 판단을 생략한 채 원심판결을 파기하고, 사건을 다시 심리·판단하도록 원심법원에 환송하기로 하여, 관여 대법관의 일치된 의견으로 주문과 같이 판결한다.

⑮ 대법원 2021. 07. 29. 선고 2021도6092 판결 [특정경제범죄가중처벌등에관한법률위반(사기)(일부 인정된 죄명: 사기)·사기·마약류관리에관한법률위반(향정)·약사법위반]

【판시사항】

약사법 제20조 제1항에 따라 금지되는 약국 개설행위의 의미 / 약사 등이 아닌 사람이 종전 개설자의 약국 개설·운영행위와 단절되는 새로운 개설·운영행위를 한 것으로 볼 수 있는 경우에도 약사법에서 금지하는 약국 개설행위에 해당하는지 여부(적극)

【판결요지】

약사법 제20조 제1항은 "약사 또는 한약사가 아니면 약국을 개설할 수 없다."라고 정하고 있다. 이 조항에 따라 금지되는 약국 개설행위는 약사 또는 한약사(이하 '약사 등'이라 한다) 자격이 없는 일반인이 약국의 시설 및 인력의 충원·관리, 개설신고, 의약품 제조 및 판매업의 시행, 필요한 자금의 조달, 그 운영성과의 귀속 등을 주도적으로 처리하는 것을 뜻한다. 약사 등이 아닌 사람이 이미 개설된 약국의 시설과 인력을 인수하고 그 운영을 지배·관리하는 등 종전 개설자의 약국 개설·운영행위와 단절되는 새로운 개설·운영행위를 한 것으로 볼 수 있는 경우에도 약사법에서 금지하는 약사 등이 아닌 사람의 약국 개설행위에 해당한다.

【참조조문】 약사법 제20조 제1항
【참조판례】 대법원 2008. 11. 13. 선고 2008도7388 판결, 대법원 2011. 10. 27. 선고 2009도2629 판결(공2011하, 2478)
【전   문】 【피 고 인】 피고인   【상 고 인】 피고인
【변 호 인】 변호사 이소연
【원심판결】 부산고법 2021. 4. 28. 선고 2021노118 판결

【주   문】

상고를 기각한다. 원심판결의 사건명 표시 중 "가. 특정경제범죄가중처벌등에관한법률위반(사기)"를 "가. 특정경제범죄가중처벌등에관한법률위반(사기)(일부 인정된 죄명: 사기)"로 경정한다.

【이　유】

상고이유를 판단한다.

1. 약사법 위반 부분

약사법 제20조 제1항은 "약사 또는 한약사가 아니면 약국을 개설할 수 없다."라고 정하고 있다. 이 조항에 따라 금지되는 약국 개설행위는 약사 또는 한약사(이하 '약사 등'이라 한다) 자격이 없는 일반인이 약국의 시설 및 인력의 충원·관리, 개설신고, 의약품 제조 및 판매업의 시행, 필요한 자금의 조달, 그 운영성과의 귀속 등을 주도적으로 처리하는 것을 뜻한다(의료법 위반죄에 관한 대법원 2008. 11. 13. 선고 2008도7388 판결 등 참조). 약사 등이 아닌 사람이 이미 개설된 약국의 시설과 인력을 인수하고 그 운영을 지배·관리하는 등 종전 개설자의 약국 개설·운영행위와 단절되는 새로운 개설·운영행위를 한 것으로 볼 수 있는 경우에도 약사법에서 금지하는 약사 등이 아닌 사람의 약국 개설행위에 해당한다(의료법 위반죄에 관한 대법원 2011. 10. 27. 선고 2009도2629 판결 등 참조).

원심은 피고인에 대한 공소사실 중 약사법 위반 부분을 유죄로 판단한 제1심판결을 그대로 유지하였다. 원심판결 이유를 위에서 본 법리와 적법하게 채택된 증거에 비추어 살펴보면, 원심판결에 논리와 경험의 법칙에 반하여 자유심증주의의 한계를 벗어나거나 약사법 제20조 제1항의 '약국 개설'에 관한 법리를 오해한 잘못이 없다.

2. 나머지 부분

원심은 피고인에 대한 공소사실(약사법 위반 부분 제외)을 유죄로 판단한 제1심판결을 그대로 유지하였다. 원심판결 이유를 관련 법리와 적법하게 채택된 증거에 비추어 살펴보면, 원심판결에 논리와 경험의 법칙에 반하여 자유심증주의의 한계를 벗어나거나 사기죄 성립, 편취액 산정 등에 관한 법리를 오해한 잘못이 없다.

형사소송법 제383조 제4호에 따르면 사형, 무기 또는 10년 이상의 징역이나 금고가 선고된 사건에서만 양형부당을 이유로 상고할 수 있다. 따라서 피고인에 대하여 그보다 가벼운 형이 선고된 이 사건에서 형이 너무 무거워 부당하다는 주장은 적법한 상고이유가 아니다.

3. 결론

피고인의 상고는 이유 없어 이를 기각하기로 하되, 원심판결 중 사건명 표시 가.에 "(일부 인정된 죄명: 사기)"의 기재가 누락되었음이 분명하므로 형사소송규칙 제25조 제1항에 따라 직권으로 경정하기로 하여, 대법관의 일치된 의견으로 주문과 같이 판결한다.

ⓒ 대법원 2021. 08. 19. 선고 2020도16111 판결 [성폭력범죄자의성충동약물치료에관한법률위반]

【판시사항】

[1] 성충동 약물치료 명령에 따른 준수사항 위반행위를 처벌하는 성폭력범죄자의 성충동 약물치료에 관한 법률 제35조 제2항에서 정한 '정당한 사유'의 법적 성격(=구성요건해당성 조각사유) 및 정당한 사유가 없다는 사실에 대한 증명책임 소재(=검사) / 준수사항 위반행위에 정당한 사유가 있는지 판단하는 방법

[2] 피고인이 성폭력범죄를 저질러 성폭력범죄자의 성충동 약물치료에 관한 법률에 따른 1년간의 성충동 약물치료 명령(치료명령)을 선고받아 확정되었는데, 그 집행에 불응하여 같은 법 위반죄로 징역 1년 6월을 복역하다가 징역형 집행종료 2개월 전 재개된 치료명령의 집행시도에서 약물치료 부작용에 대한 우려 등을 이유로 보호관찰관의 약물치료 지시에 다시 불응함으로써 '정당한 사유' 없이 준수사항을 위반하였다는 내용으로 기소된 사안에서, 피고인은 집행시도 당시 집행의 필요성에 대한 법원의 판단을 받을 필요가 있었음에도 그 기회를 얻지 못한 상황에서 이러한 점을 이유로 약물치료 지시에 불응한 것으로 볼 수 있어 피고인의 준수사항 위반행위에는 정당한 사유가 있다고 한 사례

【판결요지】

[1] 성폭력범죄자의 성충동 약물치료에 관한 법률(이하 '성충동약물치료법'이라고 한다) 제10조 제1항 제1호는 성충동 약물치료 명령(이하 '치료명령'이라고 한다)을 받은 사람은 치료기간 동안 보호관찰관의 지시에 따라 성실히 약물치료에 응하여야 한다고 규정하고, 제35조 제2항은 "이 법에 따른 약물치료를 받아야 하는 사람이 정당한 사유 없이 제10조 제1항 각호의 준수사항을 위반한 때에는 3년 이하의 징역 또는 1천만 원 이하의 벌금에 처한다."라고 규정한다. 성충동 약물치료는 치료대상자의 신체의 자유, 사생활의 자유, 개인의 자기운명결정권, 인격권 등의 기본권을 제한하는 조치이므로, 성충동약물치료법 제35조 제2항은 약물치료 등 치료명령을 수인하기 어려운 정당한 사유가 있는 경우에는 피고인이 치료명령에 따른 준수사항을 위반하더라도 벌할 수 없도록 하여 기본권의 침해를 최소화하고자 하고 있다.

정당한 사유는 구체적인 사안에서 법관이 개별적으로 판단해야 하는 불확정개념으로서, 실정법의 엄격한 적용으로 생길 수 있는 불합리한 결과를 막고 구체적 타당성을 실현하기 위한 것이다. 정당한 사유는 구성요건해당성을 조각하는 사유로, 정당한 사유가 없다는 사실을 검사가 증명하여야 하고, 이는 형법상 위법성조각사유인 정당행위나 책임조각사유인 기대불가능성과는 구별된다.

준수사항 위반행위에 정당한 사유가 있는지 여부를 판단할 때에는 성충동약물치료법의 목적과 기능 및 준수사항 위반에 대한 같은 법 제35조 제2항의 입법 취지를 충분히 고려하면서, 피고인이 준수사항을 위반하게 된 구체적인 동기와 경위, 준수사항을 위반함으로써 발생한 결과 등을 종합적으로 고려하여 구체적인 사안에 따라 개별적으로 판단하여야 한다.

[2] 피고인이 성폭력범죄를 저질러 성폭력범죄자의 성충동 약물치료에 관한 법률(이하 '성충동약물치료법'이라고 한다)에 따른 1년간의 성충동 약물치료 명령(이하 '치료명령'이라고 한다)을 선고받아 확

정되었는데, 그 집행에 불응하여 성충동약물치료법 위반죄로 징역 1년 6월을 복역하다가 징역형 집행종료 2개월 전 재개된 치료명령의 집행시도에서 약물치료 부작용에 대한 우려 등을 이유로 보호관찰관의 약물치료 지시에 다시 불응함으로써 '정당한 사유' 없이 준수사항을 위반하였다는 내용으로 기소된 사안에서, 치료명령을 규정한 성충동약물치료법 제8조 제1항에 대한 헌법재판소의 헌법불합치결정에 따라 성충동약물치료법이 2017. 12. 19. 법률 제15254호로 개정되어 치료명령의 집행시점에 집행의 필요성을 다시 한번 심리·판단하도록 하는 집행면제 신청제도가 신설되었는데(같은 법 제8조의2), 그 부칙 제3조는 신설된 집행면제 관련 규정이 개정법 시행 전에 치료명령을 선고받은 사람에 대해서도 적용된다고 규정한 점, 피고인의 경우 집행시도 당시 치료명령 선고일로부터 6년 가까이 경과하였으므로 여전히 재범의 위험성이 있는지 등 치료명령 집행의 필요성에 대한 법원의 판단을 다시 받을 필요가 있었고, 피고인도 이를 원한다는 의사표시를 하였던 점, 그런데 피고인은 성충동약물치료법 제8조의2 제2항의 집행면제 신청기간의 제한 등으로 인하여 법원의 판단을 다시 받지 못한 점 등을 종합하면, 피고인은 집행시도 당시 집행의 필요성에 대한 법원의 판단을 받을 필요가 있었음에도 그 기회를 얻지 못한 상황에서 이러한 점을 이유로 약물치료 지시에 불응한 것으로 볼 수 있어 피고인의 준수사항 위반행위에는 정당한 사유가 있다는 이유로, 이와 달리 보아 공소사실을 유죄로 인정한 원심의 판단에 성충동약물치료법 제35조 제2항의 '정당한 사유'에 관한 법리오해의 잘못이 있다고 한 사례.

【참조조문】 [1] 헌법 제10조, 제12조, 제17조, 제37조 제2항, 성폭력범죄자의 성충동 약물치료에 관한 법률 제1조, 제8조 제1항, 제8조의2, 제10조 제1항, 제14조, 제35조 제2항, 부칙(2017. 12. 19.) 제3조 / [2] 성폭력범죄자의 성충동 약물치료에 관한 법률 제8조의2 제1항, 제2항, 제10조 제1항 제1호, 제14조, 제35조 제2항, 부칙(2017. 12. 19.) 제3조
【참조판례】 [1] 대법원 2018. 11. 1. 선고 2016도10912 전원합의체 판결(2018하, 2401)
【전　　문】【피 고 인】 피고인　【상 고 인】 피고인　【변 호 인】 변호사 박기훈
【원심판결】 대전지법 2020. 11. 4. 선고 2020노2007 판결

【주　　문】

원심판결을 파기하고, 사건을 대전지방법원에 환송한다.

【이　　유】

상고이유를 판단한다.

1. 사건의 경위와 쟁점

가. 공소사실의 요지

피고인은 2013. 8. 2. 수원지방법원 안산지원에서 미성년자의제강간죄 등으로 징역 5년 및 「성폭력범죄자의 성충동 약물치료에 관한 법률」(이하 '성충동약물치료법'이라고 한다)에 따른 1년간의 성충동 약물치료 명령(이하 '치료명령'이라고 한다) 등을 선고받았고, 그 판결은 2014. 4. 10. 확정되었다(이하 '성폭력 사건'이라고 한다).

피고인은 치료명령에 따라 치료기간 동안 보호관찰관의 지시에 따라 성실히 약물치료에 응하라는

준수사항을 이행하여야 함에도, 치료기간인 2019. 5. 7. 보호관찰관의 지시를 정당한 사유 없이 따르지 아니함으로써 준수사항을 위반하였다.

나. 원심의 판단

원심은, 피고인이 정당한 사유 없이 준수사항을 위반하였다고 인정하여 징역 2년을 선고한 제1심 판결을 그대로 유지하면서, 피고인에게 헌법불합치결정에 따라 신설된 집행면제 신청의 기회를 부여하지 않고 집행된 치료명령은 위헌이거나 위법하여 무효라는 피고인의 주장을 배척하였다.

다. 이 사건 처벌규정

성충동약물치료법 제10조 제1항 제1호는 치료명령을 받은 사람은 치료기간 동안 보호관찰관의 지시에 따라 성실히 약물치료에 응하여야 한다고 규정하고, 제35조 제2항은 "이 법에 따른 약물치료를 받아야 하는 사람이 정당한 사유 없이 제10조 제1항각호의 준수사항을 위반한 때에는 3년 이하의 징역 또는 1천만 원 이하의 벌금에 처한다."라고 규정한다(이하 '이 사건 처벌규정'이라고 한다). 한편 2017. 12. 19. 신설된 성충동약물치료법 제8조의2는 징역형과 함께 치료명령을 받은 사람이 징역형의 집행종료 무렵에 치료명령의 집행면제를 신청할 수 있도록 규정하고 있다.

라. 이 사건의 쟁점

이 사건의 쟁점은, 피고인이 치료명령 집행개시 시점에 집행의 필요성에 대한 법원의 판단을 받을 필요가 있음에도 이러한 판단을 받지 못하였다고 볼 수 있다면, 준수사항 위반행위에 정당한 사유가 있다고 보아야 하는지 여부이다.

2. 성충동 약물치료와 관련 규정의 해석

가. 성충동 약물치료 제도

1) 성충동 약물치료 제도는 성폭력범죄를 저지른 성도착증 환자로서 성폭력범죄를 다시 범할 위험성이 있다고 인정되는 사람에 대하여 성충동 약물치료를 실시하여 성폭력범죄의 재범을 방지하고 사회복귀를 촉진하기 위한 제도이다(성충동약물치료법 제1조 참조). 그런데 치료대상자의 동의 없이 법원의 명령에 따라 강제로 성충동 약물치료를 하도록 하는 제도는 세계적으로 드물고, 특히 약물치료를 거부하는 경우 형사처벌을 하도록 하는 경우는 더욱 드물다. 더구나 국내외적으로 실제 약물치료 집행 사례가 많지 않아 약물치료의 효과나 치료약물의 부작용 등에 대하여 충분한 사례를 통한 연구가 이루어지지도 못한 상황이다.

2) 헌법재판소는, 치료명령을 규정한 성충동약물치료법 제8조 제1항에 대하여 입법 목적의 정당성, 수단의 적절성이 인정되고, 원칙적으로는 침해의 최소성 및 법익균형성이 충족되나, 장기형이 선고되는 경우 치료명령의 선고시점과 집행시점 사이에 상당한 시간적 간극이 있어 집행시점에서 발생할 수 있는 불필요한 치료와 관련한 부분에 대해서는 침해의 최소성과 법익균형성을 인정하기 어렵고, 이를 막을 수 있는 절차가 마련되어 있지 않아 과잉금지원칙에 위배된다는 이유로 헌법불합치결정을 하였다(헌법재판소 2015. 12. 23. 선고 2013헌가9 전원재판부 결정, 이하 '이 사건 헌법불합치결정'이라고 한다). 헌법재판소는 위 결정에서 성충동약물치료법에 따른 치료명령에 의하여 약물투여가 되면 범죄행위에 해당하지 아니하는 성적 욕구나 행

위까지도 억제될 수 있고, 이는 헌법 제12조의 신체의 자유, 헌법 제17조의 사생활의 자유, 헌법 제10조에서 유래하는 개인의 자기운명결정권, 인격권을 제한한다고 하고 있다.

3) 대법원 역시 성충동약물치료법 제8조 제1항에 따른 치료명령은 원칙적으로 형 집행종료 이후 신체에 영구적인 변화를 초래할 수도 있는 약물의 투여를 피청구자의 동의 없이 강제적으로 상당 기간 실시하게 된다는 점에서 헌법이 보장하고 있는 신체의 자유와 자기결정권에 대한 가장 직접적이고 침익적인 처분에 해당한다고 판시한 바 있다(대법원 2014. 02. 27. 선고 2013도12301, 2013전도252, 2013치도2 판결 참조).

4) 국가는 개인이 가지는 불가침의 기본적 인권을 확인하고 이를 보장할 의무를 진다(헌법 제10조 후문). 모든 국가기관은 헌법을 준수할 의무가 있으므로 헌법에 합치되게 제도를 설정하고 운용하여야 할 책무가 있다. 성충동 약물치료 제도에 위와 같은 기본권 제한적 성격이 있음을 충분히 고려하여 기본권에 대한 과도한 침해가 되지 않도록 제도를 운용할 필요가 있다. 특히 이 사건 헌법불합치결정의 취지에 비추어, 치료명령의 선고시점과 집행시점 사이에 상당한 시간적 간극이 있는 경우 집행시점에도 여전히 집행의 필요성이 있는지에 대하여 판단을 받을 기회를 부여하는 것은 제도를 합헌적으로 운용하기 위해 필수적인 절차로 보아야 한다.

나. 헌법불합치결정에 따른 개선입법

1) 헌법재판소가 법률의 위헌성을 지적하되 입법시한을 정하여 개선입법을 촉구하는 내용의 헌법불합치결정을 하는 경우 입법부는 그 취지를 충분히 고려하여 헌법불합치결정에서 지적된 위헌성을 제거할 수 있는 개선입법을 해야 하고, 만일 개선입법의 내용이 불충분하여 헌법불합치결정에서 지적된 위헌성이 제거되지 못하였거나 그 개선입법의 효과를 받아야 하는 사람에게 효과를 미치지 못한다면, 그러한 개선입법은 헌법상 평등원칙에 위배되는 것으로 위헌이 될 수 있다[헌법재판소 2019. 9. 26. 선고 2018헌바218, 2018헌가12(병합) 전원재판부 결정 참조].

2) 헌법재판소는 이 사건 헌법불합치결정에서 '성충동약물치료법 제8조 제1항의 위헌적 부분은 치료명령의 선고에 의하여 곧바로 현실화되는 것이 아니라 집행시점에서 비로소 구체적으로 문제가 되며, 그 집행시점까지 개선입법을 함으로써 제거될 수 있다.'는 이유로 입법시한을 2017. 12. 31.로 정하여 헌법불합치결정을 하였다.

이에 따라 성충동약물치료법은 이 사건 헌법불합치결정에서 정한 입법시한 내인 2017.12. 19. 법률 제15254호로 개정되어 치료명령의 집행시점에 집행의 필요성을 다시 한번 심리·판단하도록 하는 집행면제 신청 제도를 신설하였는데(같은 법 제8조의2), 그 부칙 제3조는 신설된 집행면제 관련 규정은 개정법 시행 전에 치료명령을 선고받은 사람에 대해서도 적용한다고 규정하였다.

3) 헌법불합치결정에 따른 개선입법의 원칙에 관한 위와 같은 법리를 토대로 이 사건 헌법불합치결정의 내용과 개정법 부칙 제3조의 내용을 종합해 보면, 적어도 이 사건 헌법불합치결정에서 정한 입법시한 이후에 치료명령이 집행되는 경우에는 위헌성이 제거된 개선입법의 취지가 반영될 수 있어야 한다고 봄이 타당하다. 따라서 입법시한 이후 치료명령이 집행되는데도 개선입법에 따른 면제신청을 할 수 없는 경우라면, 법원으로서는 앞서 본 헌법 규정의 취지를 충분히 고려하여 그 집행에 대한 준수사항 위반행위에 정당한 사유가 있는지 여부를 판단하여야 한다.

다. 성충동 약물치료 집행의 필요성 판단

1) 성폭력범죄의 동기와 원인은 성적 충동에 한정되지 않고 정서적 욕구 또는 권력적 통제욕구 등이 중요한 동기가 되므로, 성충동약물치료법은 약물치료와 함께 심리치료 프로그램을 반드시 병행하도록 하고 있다. 이는 약물의 도움을 받되, 인지행동 치료 등 심리치료를 통하여 근본적으로 치료대상자의 사고를 변화시킴으로써 교화 및 치료를 도모하려는 것으로, 이러한 성충동약물치료법에 의한 치료명령의 본질상 치료대상자의 치료 의지와 협조 없이는 그 실효성을 담보하기 어렵다.

2) 성충동약물치료법은 이러한 점을 고려하여 "치료명령을 집행하기 전에 약물치료의 효과, 부작용 및 약물치료의 방법·주기·절차 등에 관하여 충분히 설명하여야 한다."라고 규정하여(제14조 제2항) 치료대상자의 치료의지와 협조를 유도하도록 하고 있고, 치료대상자가 약물치료에 불응하는 경우에도 강제로 약물을 투여하는 직접강제 방법을 규정하지 않고 형사처벌 규정을 둠으로써 치료대상자의 협조에 따라 치료명령을 집행하도록 하고 있다. 또한 성충동약물치료법 제8조의2 제5항은 "법원은 면제신청에 따른 결정을 하기 위하여 필요한 경우에는 보호관찰소의 장에게 치료명령을 받은 사람의 교정성적, 심리상태, 재범의 위험성 등 필요한 사항의 조사를 요청할 수 있다."라고 규정하고 있다.

3) 따라서 치료명령의 집행시점에 법원이 치료대상자의 면제신청에 따라 집행의 필요성에 대한 판단을 할 때에는 치료대상자의 심리상태가 어떠한지를 고려할 필요가 있고, 치료대상자가 약물치료 지시에 불응하여 형사처벌을 받았음에도 치료를 거부하고 있는 경우에는 그와 같은 상황에도 불구하고 약물치료를 강제할 필요성과 실효성이 있는지에 대한 판단을 할 필요가 있다.

라. 정당한 사유의 해석

1) 성충동 약물치료는 앞서 본 바와 같이 치료대상자의 신체의 자유, 사생활의 자유, 개인의 자기운명결정권, 인격권 등의 기본권을 제한하는 조치이므로, 이 사건 처벌규정은 약물치료 등 치료명령을 수인하기 어려운 정당한 사유가 있는 경우에는 피고인이 치료명령에 따른 준수사항을 위반하더라도 벌할 수 없도록 하여 기본권의 침해를 최소화하고자 하고 있다.

2) 정당한 사유는 구체적인 사안에서 법관이 개별적으로 판단해야 하는 불확정개념으로서, 실정법의 엄격한 적용으로 생길 수 있는 불합리한 결과를 막고 구체적 타당성을 실현하기 위한 것이다. 정당한 사유는 구성요건해당성을 조각하는 사유로, 정당한 사유가 없다는 사실을 검사가 증명하여야 하고, 이는 형법상 위법성조각사유인 정당행위나 책임조각사유인 기대불가능성과는 구별된다(대법원 2018. 11. 01. 선고 2016도10912 전원합의체 판결 참조).

3) 준수사항 위반행위에 정당한 사유가 있는지 여부를 판단할 때에는 성충동약물치료법의 목적과 기능 및 준수사항 위반에 대한 처벌규정의 입법 취지를 충분히 고려하면서, 피고인이 준수사항을 위반하게 된 구체적인 동기와 경위, 준수사항을 위반함으로써 발생한 결과 등을 종합적으로 고려하여 구체적인 사안에 따라 개별적으로 판단하여야 한다.

3. 이 사건에 대한 판단

가. 기록에 의하여 인정되는 사실관계

1) 피고인에 대한 성폭력 사건의 징역형 집행이 2018. 1. 5. 종료 예정이었으므로, 피고인은 성충동약물치료법 제14조 제3항에 따라 석방 2개월 전인 2017. 11. 5.경부터 치료명령의 집행을 개시하기 위하여 2017. 10. 26. 공주치료감호소로 이송되었다.

2) 피고인은 약물치료의 부작용에 대한 우려 등을 들어 2017. 11. 8.경부터 시작된 보호관찰관의 약물치료 지시에 불응하였고, 2018. 1. 5. 석방 직후 성충동약물치료법 제10조 제1항 제1호 위반죄로 발부된 체포영장이 집행되어 수감되었으며, 2018. 1. 6. 구속영장이 집행되었다. 한편 피고인에 대하여 2017. 12. 27.부터 심리치료 프로그램이 실시되었는데, 피고인이 2018. 1. 6. 구속되면서 중단되었다.

3) 피고인은 2018. 6. 22. 대전지방법원 공주지원에서 성충동약물치료법 위반죄로 징역 1년 6월을 선고받았고, 그 판결은 2019. 1. 10. 확정되었다(이하 '선행사건'이라고 한다).

4) 피고인에 대한 선행사건의 징역형 집행이 2019. 7. 5. 종료 예정이었으므로, 담당 보호관찰관은 2019. 5. 7. 다시 피고인에 대한 치료명령의 집행을 시도하였으나(이하 '이 사건 집행시도'라고 한다), 피고인은 여전히 약물치료의 부작용에 대한 우려 등 건강상의 이유를 들어 약물치료 지시에 불응하였고, 2019. 7.경 검찰에 제출한 진술서에서는 '피고인은 성도착증 환자가 아니므로 약물치료의 필요가 없으니, 이를 확인받을 수 있도록 정신감정을 받게 해 달라.'는 의사를 표시하였다.

5) 피고인은 2019. 7. 5. 석방 직후 성충동약물치료법 제10조 제1항 제1호 위반죄로 발부된 체포영장이 집행되어 다시 수감되었고, 2019. 7. 6. 구속영장에 의하여 구속되었으며, 2019. 7. 12. 이 사건으로 공소제기 되었다.

나. 판 단

위와 같은 사건의 경위 및 기록에 따라 알 수 있는 아래와 같은 사정들을 앞서 본 법리에 비추어 살펴보면, 피고인은 이 사건 집행시도 당시 집행의 필요성에 대한 법원의 판단을 받을 필요가 있었음에도 그 기회를 얻지 못한 상황에서 이러한 점을 이유로 약물치료 지시에 불응한 것으로 볼 수 있으므로, 피고인의 준수사항 위반행위에는 정당한 사유가 있다고 봄이 타당하다.

1) 피고인의 경우 아래와 같은 점에서 이 사건 집행시도 당시 치료명령 집행의 필요성에 대한 법원의 판단을 다시 받을 필요가 있었고, 피고인도 이를 원한다는 의사표시를 하였다.

　가) 이 사건 집행시도 당시인 2019. 5. 7.경은 피고인에 대한 치료명령 선고일인 2013. 8. 2.로부터 6년 가까이 경과한 때로 상당한 시간적 간극이 있으므로, 이 사건 집행시도 당시 치료명령 선고시점과 마찬가지로 여전히 재범의 위험성이 있는지에 대한 판단을 받도록 할 필요가 있었다.

　나) 피고인은 선행사건 약물치료 불응 행위로 인하여 치료명령에서 명한 치료기간인 1년을 초과하는 기간인 1년 6월의 징역형의 집행을 받았음에도 다시 수감되는 것을 감수하고 약물치료 지시에 불응하였는바, 이러한 피고인의 심리상태를 고려하여 약물치료를 강제할 필요성과 그 실효성 등에 대한 새로운 판단을 할 필요도 있었다.

　다) 피고인은 성폭력 사건 재판 당시에는 정신감정을 받는 것을 거부하였고, 성폭력 사건 징역형 집행종료 무렵에도 치료의 필요성에 대한 재판단을 받겠다는 의사를 표시한 적이 없

으나, 2019. 7.경 검찰에 제출한 진술서에서는 정신감정을 받아 현재 재범의 위험성이 있는지 여부에 대한 판단을 받겠다는 의사를 적극적으로 밝혔으므로, 이 사건 집행시도 무렵에는 면제신청의 의사를 표시하였다고 볼 수 있다.

2) 그런데 피고인은 이 사건 집행시도 무렵 치료명령 집행의 필요성에 대한 법원의 판단을 다시 받지 못하였고, 이는 이 사건 헌법불합치결정 및 그에 따른 개선입법에도 불구하고 피고인에 대해서는 여전히 위험성이 제거되지 못한 것과 다름이 없다.

　가) 이 사건 헌법불합치결정으로 신설된 성충동약물치료법 제8조의2 제2항 본문은 "집행면제 신청은 치료명령의 원인이 된 범죄에 대한 징역형의 집행이 종료되기 전 12개월부터 9개월까지의 기간에 하여야 한다."라고 규정하고 있고, 이 규정은 2018. 1. 1. 시행되었다. 피고인의 성폭력 사건에 대한 징역형의 집행은 2018. 1. 5. 종료되었는바, 개정법의 시행 당시 이미 면제신청 기간이 지나 있어 신청을 할 수 없었다.

　나) 성충동약물치료법 제8조의2 제2항 단서는 '다른 범죄를 범하여 징역형의 집행이 종료되기 전 12개월부터 9개월까지의 기간'에만 집행면제 신청을 할 수 있도록 규정하고 있다. 피고인에 대한 선행사건의 판결이 확정되어 징역형의 집행종료일을 알 수 있게 된 2019. 1. 10.에는 이미 징역형의 집행종료일인 2019. 7. 5.이 6개월밖에 남지 않아 면제신청 기간이 지났다는 취지의 담당 보호관찰관의 안내에 따라 피고인은 이 사건 집행시도 당시에도 면제신청을 할 수 없었다.

3) 성충동약물치료법 제14조 제3항은 석방 2개월 전에 치료명령의 집행을 개시하도록 규정하고 있어 피고인은 이전 징역형 종료 이전에 준수사항 위반죄를 범하게 되고, 그 결과 석방과 동시에 다시 구금되며, 같은 조 제4항에 따라 구금으로 인하여 치료명령의 집행은 정지되는바, 이러한 집행 관련 규정들로 인하여 피고인이 반복적으로 처벌을 받으면서도 앞서 본 것과 같은 이유로 집행의 필요성에 대한 법원의 판단을 받지 못할 위험이 있고, 이는 신체의 자유와 자기결정권에 대한 침해에 해당할 여지가 있다.

4) 개정된 성충동약물치료법은 집행면제 신청의 일률적 기준을 마련하는 취지에서 신청기간을 규정한 것이고, 피고인과 같이 기간을 준수할 수 없는 경우 이를 배제하려는 취지는 아니라고 할 것이므로, 집행기관으로서는 이 사건 집행시도 당시 치료명령 집행의 필요성에 대한 판단을 다시 받고자 하는 의사를 표시한 피고인에게 집행면제 신청 기회를 부여함으로써 개정된 법률을 그 개정 취지에 맞게 합헌적으로 적용할 필요가 있었다.

다. 소결론

그럼에도 원심은 피고인이 정당한 사유 없이 보호관찰관의 약물치료 지시에 응하지 않았다고 보아 이 사건 공소사실을 유죄로 판단하였다. 이러한 원심의 판단에는 성충동약물치료법 제35조 제2항의 '정당한 사유'에 관한 법리를 오해하여 판결에 영향을 미친 잘못이 있다. 이를 지적하는 피고인의 상고이유 주장은 이유 있다.

다만 피고인의 이 사건 준수사항 위반행위에 정당한 사유가 있다고 보아 처벌할 수 없다고 하더라도, 피고인에 대한 확정된 치료명령의 효력에 영향이 있는 것은 아니므로, 집행기관은 피고인에게 집행의 필요성에 대한 심사를 받을 기회를 부여한 후 집행의 필요성이 있다는 결정이 나오면 이에 따라 적법하게 잔여기간에 대한 치료명령을 집행할 수 있다고 보아야 한다.

앞서 본 바와 같은 이 사건 헌법불합치결정의 내용, 그에 따라 신설된 성충동약물치료법 제8조의 2 집행면제 신청 제도의 취지, 피고인이 이 사건 집행시도 당시 면제신청 의사를 표시하였다고 볼 수 있음에도 그 기회가 부여되지 않았던 점, 그 과정에 피고인의 귀책사유가 있다고 보기 어려운 점 등을 종합적으로 고려해 보면, 피고인에 대하여는 성충동약물치료법 제8조의2 제2항의 신청기간을 그대로 적용할 수 없으므로, 향후 피고인은 명시적으로 치료거부 의사를 밝힌 경우가 아니라면 신청기간의 제한을 받지 아니하고 상당한 기간 내에 집행면제 신청을 할 수 있다고 보아야 한다. 보호관찰관은 피고인에 대하여 치료명령 집행의 필요성에 대한 심사절차를 거친 다음 그 결과에 따라 잔여기간에 대한 치료명령의 집행 여부를 정하여야 하고, 이와 같은 조치를 통하여 개선입법의 취지에 따라 위헌성이 제거된 적법한 집행을 할 수 있다.

4. 결 론

그러므로 원심판결을 파기하고, 사건을 다시 판단하도록 원심법원에 환송하기로 하여, 관여 대법관의 일치된 의견으로 주문과 같이 판결한다.

---

⑪ 대법원 2021. 08. 26. 선고 2020도13556 판결 [저작권법위반]

【판시사항】

[1] 편집물이 저작물로서 보호받기 위한 요건으로서 창작성의 정도 / 독창적인 편집방침 내지 편집자의 창조적 개성에 따라 소재를 취사선택하였거나 취사선택된 구체적인 소재가 나름의 편집방식으로 배열·구성된 경우, 편집저작물로서 창작성이 인정되는지 여부(적극) 및 이와 달리 편집저작물로서 창작성을 인정하기 어려운 경우

[2] 편집저작물 저작권자의 저작물과 침해자의 저작물 사이에 실질적인 유사성이 있는지 판단할 때, 소재의 선택·배열 또는 구성에서 창작적 표현에 해당하는 것만을 대비하여야 하는지 여부(적극) / 편집저작물에 관한 저작권 침해 여부가 문제 된 사건에서 저작권자의 저작물 중 일부에 대한 침해 여부가 다투어지는 경우, 저작권 침해 여부를 판단하는 방법 및 이를 담당하는 법원이 취할 조치

【판결요지】

[1] 편집물이 저작물로서 보호를 받으려면 일정한 방침 내지 목적을 가지고 소재를 수집·분류·선택하고 배열하여 편집물을 작성하는 행위에 창작성이 있어야 하는바, 그 창작성은 작품이 저자 자신의 작품으로서 남의 것을 복제한 것이 아니라는 것과 최소한도의 창작성이 있는 것을 의미하므로 반드시 작품의 수준이 높아야 하는 것은 아니지만 저작권법에 의한 보호를 받을 가치가 있는 정도의 최소한의 창작성은 있어야 한다. 편집물에 포함된 소재 자체의 창작성과는 별개로 해당 편집물을 작성한 목적, 의도에 따른 독창적인 편집방침 내지 편집자의 학식과 경험 등 창조적 개성에 따

라 소재를 취사선택하였거나 그 취사선택된 구체적인 소재가 단순 나열이나 기계적 작업의 범주를 넘어 나름의 편집방식으로 배열·구성된 경우에는 편집저작물로서의 창작성이 인정된다. 편집방침은 독창적이라고 하더라도 그 독창성이 단순히 아이디어에 불과하거나 기능상의 유용성에 머무는 경우, 소재의 선택·배열·구성이 진부하거나 통상적인 편집방법에 의한 것이어서 최소한의 창작성이 드러나지 않는 경우, 동일 내지 유사한 목적의 편집물을 작성하고자 하는 자라면 누구나 같거나 유사한 자료를 선택할 수밖에 없고 편집방법에서도 개성이 드러나지 않는 경우 등에는 편집저작물로서의 창작성을 인정하기 어렵다.

[2] 저작권의 침해 여부를 가리기 위하여 두 저작물 사이에 실질적인 유사성이 있는지를 판단할 때에는 창작적인 표현형식에 해당하는 것만을 가지고 대비해 보아야 한다. 이는 편집저작물의 경우에도 같으므로, 저작권자의 저작물과 침해자의 저작물 사이에 실질적 유사성이 있는지를 판단할 때에도, 소재의 선택·배열 또는 구성에 있어서 창작적 표현에 해당하는 것만을 가지고 대비하여야 한다. 따라서 편집저작물에 관한 저작권 침해 여부가 문제 된 사건에서 저작권자의 저작물 전체가 아니라 그중 일부에 대한 침해 여부가 다투어지는 경우에는, 먼저 침해 여부가 다투어지는 부분을 특정한 뒤 저작물의 종류나 성격 등을 고려하여 저작권자의 저작물 중 침해 여부가 다투어지는 부분이 창작성 있는 표현에 해당하는지, 침해자의 저작물의 해당 부분이 저작권자의 저작물의 해당 부분에 의거하여 작성된 것인지 및 그와 실질적으로 유사한지를 개별적으로 살펴야 하고, 나아가 이용된 창작성 있는 표현 부분이 저작권자의 저작물 전체에서 차지하는 양적·질적 비중 등도 고려하여 저작권 침해 여부를 판단하여야 한다. 그리고 저작권법 위반의 형사사건을 담당하는 법원은 이와 같은 저작권 침해사건의 특성을 고려하여 석명권을 행사하여 검사로 하여금 침해 부분을 명확히 특정하도록 함으로써 피고인의 방어권 행사가 실질적으로 보장될 수 있도록 하여야 한다.

【참조조문】 [1] 저작권법 제2조 제17호, 제18호, 제6조 제1항 / [2] 저작권법 제2조 제17호, 제18호, 제6조 제1항
【참조판례】 [1] 대법원 2003. 11. 28. 선고 2001다9359 판결(공2004상, 21), 대법원 2009. 6. 25. 선고 2008도11985 판결 [2] 대법원 2007. 3. 29. 선고 2005다44138 판결(공2007상, 605), 대법원 2014. 9. 4. 선고 2012다115625, 115632 판결, 대법원 2018. 5. 15. 선고 2016다227625 판결(공2018상, 1061)
【전   문】   【피 고 인】 피고인 1 외 1인   【상 고 인】 피고인들
【변 호 인】 법무법인 우면 담당변호사 장지원 외 2인
【원심판결】 서울북부지법 2020. 9. 15. 선고 2019노1531 판결

【주   문】

상고를 모두 기각한다.

【이   유】

상고이유를 판단한다.

1.

가. 저작권법 제2조 제17호는 편집물을 "저작물이나 부호·문자·음·영상 그 밖의 형태의 자료(이하

'소재'라 한다)의 집합물을 말하며, 데이터베이스를 포함한다."라고 정의하고, 제18호는 편집저작물을 "편집물로서 그 소재의 선택·배열 또는 구성에 창작성이 있는 것을 말한다."라고 정의한 다음, 제6조 제1항은 "편집저작물은 독자적인 저작물로서 보호된다."라고 규정한다. 편집물이 저작물로서 보호를 받으려면 일정한 방침 내지 목적을 가지고 소재를 수집·분류·선택하고 배열하여 편집물을 작성하는 행위에 창작성이 있어야 하는바, 그 창작성은 작품이 저자 자신의 작품으로서 남의 것을 복제한 것이 아니라는 것과 최소한도의 창작성이 있는 것을 의미하므로 반드시 작품의 수준이 높아야 하는 것은 아니지만 저작권법에 의한 보호를 받을 가치가 있는 정도의 최소한의 창작성은 있어야 한다(대법원 2003. 11. 28. 선고 2001다9359 판결, 대법원 2009. 06. 25. 선고 2008도11985 판결 등 참조). 편집물에 포함된 소재 자체의 창작성과는 별개로 해당 편집물을 작성한 목적, 의도에 따른 독창적인 편집방침 내지 편집자의 학식과 경험 등 창조적 개성에 따라 소재를 취사선택하였거나 그 취사선택된 구체적인 소재가 단순 나열이나 기계적 작업의 범주를 넘어 나름대로의 편집방식으로 배열·구성된 경우에는 편집저작물로서의 창작성이 인정된다. 편집방침은 독창적이라고 하더라도 그 독창성이 단순히 아이디어에 불과하거나 기능상의 유용성에 머무는 경우, 소재의 선택·배열·구성이 진부하거나 통상적인 편집방법에 의한 것이어서 최소한의 창작성이 드러나지 않는 경우, 동일 내지 유사한 목적의 편집물을 작성하고자 하는 자라면 누구나 같거나 유사한 자료를 선택할 수밖에 없고 편집방법에서도 개성이 드러나지 않는 경우 등에는 편집저작물로서의 창작성을 인정하기 어렵다.

나. 저작권의 침해 여부를 가리기 위하여 두 저작물 사이에 실질적인 유사성이 있는지를 판단할 때에는 창작적인 표현형식에 해당하는 것만을 가지고 대비해 보아야 한다(대법원 2007. 03. 29. 선고 2005다44138 판결, 대법원 2018. 05. 15. 선고 2016다227625 판결 등 참조).

이는 편집저작물의 경우에도 같으므로, 저작권자의 저작물과 침해자의 저작물 사이에 실질적 유사성이 있는지 여부를 판단할 때에도, 소재의 선택·배열 또는 구성에 있어서 창작적 표현에 해당하는 것만을 가지고 대비하여야 한다. 따라서 편집저작물에 관한 저작권 침해 여부가 문제 된 사건에서 저작권자의 저작물 전체가 아니라 그중 일부에 대한 침해 여부가 다투어지는 경우에는, 먼저 침해 여부가 다투어지는 부분을 특정한 뒤 저작물의 종류나 성격 등을 고려하여 저작권자의 저작물 중 침해 여부가 다투어지는 부분이 창작성 있는 표현에 해당하는지, 침해자의 저작물의 해당 부분이 저작권자의 저작물의 해당 부분에 의거하여 작성된 것인지 및 그와 실질적으로 유사한지 여부를 개별적으로 살펴야 하고, 나아가 이용된 창작성 있는 표현 부분이 저작권자의 저작물 전체에서 차지하는 양적·질적 비중 등도 고려하여 저작권 침해 여부를 판단하여야 한다[대법원 2014. 09. 04. 선고 2012다115625(본소), 2012다115632(반소) 판결 등 참조]. 그리고 저작권법 위반의 형사사건을 담당하는 법원은 이와 같은 저작권 침해사건의 특성을 고려하여 석명권을 행사하여 검사로 하여금 침해 부분을 명확히 특정하도록 함으로써 피고인의 방어권 행사가 실질적으로 보장될 수 있도록 하여야 한다.

2. 위 법리와 적법하게 채택한 증거에 비추어 살펴보면, 다음과 같은 점에서 피해자 교재의 편집저작물성과 피고인들의 저작권 침해 및 침해의 고의를 인정할 수 있다.

가. 피해자 교재 중 최소한 안전파트 부분인 '제5장 재해사례 및 안전대책'은 피해자 회사의 공소외

1, 공소외 2가 그들의 학식이나 건설현장 경험을 바탕으로 하여 건설업 기초안전보건교육이라는 목적에 적합하도록 나름대로의 방식에 따라 안전관리 조치, 재해사례 등에 관한 여러 자료와 정보들을 수집, 선별하고 구성하여 기술한 편집물로서, 제1심판결 별지 범죄일람표 순번 6의 '현장에서 발생하는 주요 재해유형' 7가지를 제시한 뒤 이에 따라 재해유형 등을 총 6개의 하부목차로 구분하여 작성되었는데, 그중 제1심판결 별지 범죄일람표 기재 총 8면은 위와 같은 제5장의 전체 구성 내에서 편집자의 독창적인 편집방침 내지 창조적 개성에 따라 소재를 취사선택하였거나 그 취사선택된 구체적인 소재가 단순 나열이나 기계적 작업의 범주를 넘어 나름대로의 표현방법으로 배열·구성된 것이라고 볼 수 있어 편집저작물로서의 창작성을 인정할 수 있다.

나. 나아가 피고인 교재 중 '제5장 재해사례 및 안전대책'은 피해자 교재의 제5장과 동일한 목차로 구성되었을 뿐만 아니라 제1심판결 별지 범죄일람표 기재 총 8면은 피해자 교재의 각 해당 부분에 대응되는 목차 내에 배치되었고 각 면의 개별 내용 및 배열과 구성이 피해자 교재의 해당 면과 실질적으로 동일 내지 유사하므로, 결국 피고인 교재는 피해자 교재의 창작성이 있는 부분과 실질적으로 유사하다.

다. 또한 피고인들이 피해자 교재를 참조하여 피고인 교재를 작성한 점 및 위와 같이 피고인 교재와 피해자 교재가 실질적으로 유사한 점 등을 고려하면 의거성을 인정할 수 있고, 피고인들의 이 사건 저작권 침해 범행에 관한 고의도 충분히 인정할 수 있다.

3. 원심은 같은 취지에서 이 사건 공소사실을 유죄로 판단한 제1심판결을 그대로 유지하였다. 이러한 원심의 판단에 논리와 경험의 법칙을 위반하여 자유심증주의의 한계를 벗어나거나 저작권법 위반의 고의에 관한 법리 등을 오해한 잘못이 없다.

4. 그리고 원심판결에 양형의 기초 사실에 관한 심리미진의 위법이 있다는 취지의 주장과 형이 너무 무거워 부당하다는 취지의 주장은 결국 양형부당 주장에 해당한다. 형사소송법 제383조 제4호에 의하면 사형, 무기 또는 10년 이상의 징역이나 금고가 선고된 사건에서만 양형부당을 사유로 한 상고가 허용된다. 피고인들에 대하여 그보다 가벼운 형이 선고된 이 사건에서 형이 너무 무거워 부당하다는 취지의 주장은 적법한 상고이유가 되지 못한다.

5. 그러므로 상고를 모두 기각하기로 하여, 관여 대법관의 일치된 의견으로 주문과 같이 판단한다.

Ⓐ 대법원 2021. 09. 09. 선고 2017도19025 전원합의체 판결 [저작권법위반방조]

【판시사항】

[1] 공중송신권을 침해하는 게시물이나 그 게시물이 위치한 웹페이지 등에 연결되는 링크를 한 행위가 공중송신권 침해에 해당하는지 여부(소극)
[2] 정범이 공중송신권을 침해하는 게시물을 인터넷 웹사이트 서버 등에 업로드하여 공중의 구성원이 개별적으로 선택한 시간과 장소에서 접근할 수 있도록 이용에 제공한 후 침해 게시물을 서버에서 삭제하는 등으로 게시를 철회하지 않는 경우, 정범의 범죄행위가 방조의 대상이 될 수 있는지 여부(적극) / 공중송신권을 침해하는 게시물인 영상저작물에 연결되는 링크를 자신이 운영하는 사이트에 영리적·계속적으로 게시한 행위가 전송의 방법으로 공중송신권을 침해한 정범의 범죄를 방조한 행위에 해당하는지 여부(적극) / 공중송신권 침해에 대한 방조가 성립하지 않는 경우

【판결요지】

[1] 공중송신권을 침해하는 게시물이나 그 게시물이 위치한 웹페이지 등(이하 통틀어 '침해 게시물 등'이라 한다)에 연결되는 링크를 한 행위라도, 전송권(공중송신권) 침해행위의 구성요건인 '전송(공중송신)'에 해당하지 않기 때문에 전송권 침해가 성립하지 않는다. 이는 대법원의 확립된 판례이다.
링크는 인터넷에서 링크하고자 하는 웹페이지나 웹사이트 등의 서버에 저장된 개개의 저작물 등의 웹 위치 정보 또는 경로를 나타낸 것에 지나지 않는다. 인터넷 이용자가 링크 부분을 클릭함으로써 침해 게시물 등에 직접 연결되더라도, 이러한 연결 대상 정보를 전송하는 주체는 이를 인터넷 웹사이트 서버에 업로드하여 공중이 이용할 수 있도록 제공하는 측이지 그 정보에 연결되는 링크를 설정한 사람이 아니다. 링크는 단지 저작물 등의 전송을 의뢰하는 지시나 의뢰의 준비행위 또는 해당 저작물로 연결되는 통로에 해당할 뿐이므로, 링크를 설정한 행위는 전송에 해당하지 않는다. 따라서 전송권(공중송신권) 침해에 관한 위와 같은 판례는 타당하다.

[2] [다수의견]
(가) 공중송신권 침해의 방조에 관한 종전 판례는 인터넷 이용자가 링크 클릭을 통해 저작자의 공중송신권 등을 침해하는 웹페이지에 직접 연결되더라도 링크를 한 행위가 '공중송신권 침해행위의 실행 자체를 용이하게 한다고 할 수는 없다.'는 이유로, 링크 행위만으로는 공중송신권 침해의 방조행위에 해당한다고 볼 수 없다는 법리를 전개하고 있다.
링크는 인터넷 공간을 통한 정보의 자유로운 유통을 활성화하고 표현의 자유를 실현하는 등의 고유한 의미와 사회적 기능을 가진다. 인터넷 등을 이용하는 과정에서 일상적으로 이루어지는 링크 행위에 대해서까지 공중송신권 침해의 방조를 쉽게 인정하는 것은 인터넷 공간에서 표현의 자유나 일반적 행동의 자유를 과도하게 위축시킬 우려가 있어 바람직하지 않다.
그러나 링크 행위가 어떠한 경우에도 공중송신권 침해의 방조행위에 해당하지 않는다는 종전 판례는 방조범의 성립에 관한 일반 법리 등에 비추어 볼 때 재검토할 필요가 있다. 이는 링크 행위를 공중송신권 침해의 방조라고 쉽게 단정해서는 안 된다는 것과는 다른 문제이다.

(나) 정범이 침해 게시물을 인터넷 웹사이트 서버 등에 업로드하여 공중의 구성원이 개별적으로 선택한 시간과 장소에서 접근할 수 있도록 이용에 제공하면, 공중에게 침해 게시물을 실제로 송신하지 않더라도 공중송신권 침해는 기수에 이른다. 그런데 정범이 침해 게시물을 서버에서 삭제하는 등으로 게시를 철회하지 않으면 이를 공중의 구성원이 개별적으로 선택한 시간과 장소에서 접근할 수 있도록 이용에 제공하는 가벌적인 위법행위가 계속 반복되고 있어 공중송신권 침해의 범죄행위가 종료되지 않았으므로, 그러한 정범의 범죄행위는 방조의 대상이 될 수 있다.

(다) 저작권 침해물 링크 사이트에서 침해 게시물에 연결되는 링크를 제공하는 경우 등과 같이, 링크 행위자가 정범이 공중송신권을 침해한다는 사실을 충분히 인식하면서 그러한 침해 게시물 등에 연결되는 링크를 인터넷 사이트에 영리적·계속적으로 게시하는 등으로 공중의 구성원이 개별적으로 선택한 시간과 장소에서 침해 게시물에 쉽게 접근할 수 있도록 하는 정도의 링크 행위를 한 경우에는 침해 게시물을 공중의 이용에 제공하는 정범의 범죄를 용이하게 하므로 공중송신권 침해의 방조범이 성립한다. 이러한 링크 행위는 정범의 범죄행위가 종료되기 전 단계에서 침해 게시물을 공중의 이용에 제공하는 정범의 범죄 실현과 밀접한 관련이 있고 그 구성요건적 결과 발생의 기회를 현실적으로 증대함으로써 정범의 실행행위를 용이하게 하고 공중송신권이라는 법익의 침해를 강화·증대하였다고 평가할 수 있다. 링크 행위자에게 방조의 고의와 정범의 고의도 인정할 수 있다.

(라) 저작권 침해물 링크 사이트에서 침해 게시물로 연결되는 링크를 제공하는 경우 등과 같이, 링크 행위는 그 의도나 양태에 따라서는 공중송신권 침해와 밀접한 관련이 있는 것으로서 그 행위자에게 방조 책임의 귀속을 인정할 수 있다. 이러한 경우 인터넷에서 원활한 정보 교류와 유통을 위한 수단이라는 링크 고유의 사회적 의미는 명목상의 것에 지나지 않는다. 다만 행위자가 링크 대상이 침해 게시물 등이라는 점을 명확하게 인식하지 못한 경우에는 방조가 성립하지 않고, 침해 게시물 등에 연결되는 링크를 영리적·계속적으로 제공한 정도에 이르지 않은 경우 등과 같이 방조범의 고의 또는 링크 행위와 정범의 범죄 실현 사이의 인과관계가 부정될 수 있거나 법질서 전체의 관점에서 살펴볼 때 사회적 상당성을 갖추었다고 볼 수 있는 경우에는 공중송신권 침해에 대한 방조가 성립하지 않을 수 있다.

[대법관 조재연, 대법관 김선수, 대법관 노태악의 반대의견]
다음과 같은 이유로 다수의견에 동의할 수 없다. 첫째, 다수의견은 규제와 처벌의 필요성을 내세워 저작권 침해물 링크 사이트에서 침해 게시물에 연결되는 링크를 제공하는 링크 행위를 처벌하고자 형법 총칙상 개념인 방조에 대한 확장해석, 링크 행위 및 방조행위와 정범의 범죄 사이의 인과관계에 관한 확장해석을 통해 형사처벌의 대상을 확대하고 있는데, 이는 형사처벌의 과잉화를 초래하고 사생활 영역의 비범죄화라는 시대적 흐름에 역행하는 것이다. 둘째, 다수의견은 방조범 성립 범위의 확대로 말미암아 초래될 부작용을 축소하고자 영리적·계속적 형태의 링크 행위만을 방조범으로 처벌할 수 있다고 하나, 이는 일반적인 방조범의 성립과 종속성, 죄수 등의 법리에 반하고, 법원으로 하여금 방조범의 성립이 문제 될 때마다 그 성립 요건을 일일이 정해야만 하는 부담을 지우며, 죄형법정주의 원칙에 따른 법적 안정성과 예측가능성에 커다란 혼란을 가져올 수밖에 없다. 셋째, 저작권 침해물 링크 사이트에서 침해 게시물에 연결되는 링크를 제공하는 링크 행위에

대하여 종전 판례를 변경하여 유죄로 판단할 정당성은 인정되기 어렵다. 비록 저작권 침해물 링크 사이트에서의 영리적·계속적 링크 행위의 폐해가 증가하고 있다고 하더라도 이에 대해서는 입법을 통해 대처하는 것이 바람직하다. 링크 행위의 유형화와 그에 따른 처벌의 필요성 및 근거 조항 마련을 위한 입법 논의가 이루어지고 있는 현시점에서 대법원이 구성요건과 기본 법리를 확장하여 종전에 죄가 되지 않는다고 보았던 행위에 관한 견해를 바꾸어 형사처벌의 범위를 넓히는 것(사실상 소급처벌에 해당한다)은 결코 바람직하지 않다. 충분한 논의를 통해 사회적 합의를 끌어내고, 그에 따른 입법적 결단을 기다려주는 것이 올바른 제도 도입을 위해서도 필요하다. 결론적으로 쟁점에 관한 종전 판례의 견해는 여전히 타당하므로 유지되어야 한다.

【참조조문】 [1] 구 저작권법(2016. 3. 22. 법률 제14083호로 개정되기 전의 것) 제2조 제7호, 제10호, 제32조, 제10조 제1항, 제18조, 제136조 제1항 제1호 / [2] 구 저작권법(2016. 3. 22. 법률 제14083호로 개정되기 전의 것) 제2조 제7호, 제10호, 제32조, 제10조 제1항, 제18조, 제136조 제1항 제1호
【참조판례】 [1] 대법원 2009. 11. 26. 선고 2008다77405 판결(공2010상, 15), 대법원 2010. 3. 11. 선고 2009다4343 판결(공2010상, 718) / [2] 대법원 2015. 3. 12. 선고 2012도13748 판결(공2015상, 583)(변경)
【전 문】 【피 고 인】 피고인 【상 고 인】 검사
【변 호 인】 변호사 이창우
【원심판결】 서울중앙지법 2017. 11. 3. 선고 2017노2303 판결

【주 문】

원심판결을 파기하고, 사건을 서울중앙지방법원 합의부에 환송한다.

【이 유】

상고이유를 판단한다.

1. 사건 개요와 쟁점

가. 공소사실 요지

이 사건 공소사실 요지는 다음과 같다.

피고인은 성명불상자들이 해외에 서버가 있는 동영상 공유사이트인 '(사이트명 1 생략)' 등에 공중이 개별적으로 선택한 시간과 장소에서 접근하게 할 목적으로 저작권자의 영상저작물인 드라마·영화 등의 동영상(이하 '이 사건 영상저작물'이라 한다)을 임의로 업로드하고 계속하여 이를 게시하여 이용에 제공하고, 위 게시물에 접근한 이용자들이 이 사건 영상저작물을 클릭하면 개별적으로 송신이 이루어지게 하는 방법으로 저작권자의 전송권을 침해하고 있다는 사실을 알고 있었다. 그런데도 피고인은 2015. 7. 25.부터 2015. 11. 24.까지 총 450회에 걸쳐, 자신이 개설하여 운영하면서 광고 수익을 얻는 이른바 '다시보기 링크 사이트'인 '(사이트명 2 생략)' 사이트(이하 '이 사건 사이트'라 한다) 게시판에 이 사건 영상저작물과 연결되는 링크를 게시하고(이하 '이 사건 링크 행위'라 한다), 이 사건 사이트를 이용하는 사람들이 제목 등으로 이 사건 영상저작물을 검색하여 게시된 링크를 찾을 수 있게 한 뒤 이들이 링크를 클릭하면 성명불상자들이 이용제공

중인 이 사건 영상저작물의 재생 준비화면으로 이동하여 개별적으로 송신이 이루어지게 하였다. 이로써 피고인은 영리를 목적으로 또는 상습으로 성명불상자들의 전송권 침해행위를 용이하게 하여 방조하였다.

나. 원심판단

원심은 다음과 같은 이유로 피고인에 대하여 무죄를 선고한 제1심판결을 그대로 유지하였다.

성명불상자들이 저작권자의 이용허락 없이 해외 동영상 공유사이트에 이 사건 영상저작물을 게시한 행위는 저작권자의 전송권 침해에 해당한다. 이 사건 영상저작물의 게시가 철회될 때까지는 유·무형의 방법으로 방조행위가 이루어질 수 있지만, 방조행위는 전송권 침해의 실행행위 자체를 용이하게 하는 방법으로만 가능하다. 그런데 공소사실 기재 링크는 인터넷에서 링크하고자 하는 저작물의 웹 위치 정보나 경로를 나타낸 것에 지나지 않는다. 인터넷 이용자는 링크 부분을 클릭함으로써 저작권자의 복제권이나 공중송신권을 침해하는 웹페이지 등에 방문하여야 비로소 해당 게시물에 접속할 수 있게 된다. 따라서 피고인의 행위는 저작권 침해행위의 실행 자체를 용이하게 한 것이 아니라 그와 무관한 지위에서 단순히 전송권이 침해되고 있는 상태를 이용한 것에 불과하여 이를 방조행위로 볼 수 없다.

원심은 "링크를 하는 행위 자체는 인터넷에서 링크하고자 하는 웹페이지 등의 위치 정보나 경로를 나타낸 것에 불과하여, 인터넷 이용자가 링크 부분을 클릭함으로써 저작권자에게서 이용허락을 받지 아니한 저작물을 게시하거나 인터넷 이용자에게 그러한 저작물을 송신하는 등의 방법으로 저작권자의 복제권이나 공중송신권을 침해하는 웹페이지 등에 직접 연결된다고 하더라도 침해행위의 실행 자체를 용이하게 한다고 할 수는 없으므로, 이러한 링크 행위만으로는 저작재산권 침해행위의 방조행위에 해당한다고 볼 수 없다."라는 대법원 2015. 03. 12. 선고 2012도13748 판결 등(이하 '종전 판례'라 한다)을 참조 판결로 인용하고 있다.

다. 쟁 점

쟁점은 이 사건 링크 행위가 정범의 범죄를 방조한 행위에 해당하는지 여부이다. 정범의 범죄는 전송의 방법으로 공중송신권(공소사실 기재 '전송권'은 현행 저작권법상 '공중송신권'에 해당한다)을 침해한 행위이다. 이는 링크 행위만으로는 공중송신권 침해를 방조한 행위에 해당하지 않는다는 종전 판례를 유지할 것인지에 관한 문제이다.

2. 저작권법상 공중송신권과 그에 대한 침해

가. 공중송신, 전송 등의 개념

2006. 12. 28. 법률 제8101호로 전부 개정되기 전의 저작권법은 제18조에서 방송권(저작자는 그 저작물을 방송할 권리를 가진다)을, 제18조의2에서 전송권(저작자는 그 저작물을 전송할 권리를 가진다)을 규정하고 있었는데, 2006년의 저작권법 전부 개정을 통해 방송, 전송, 디지털음성송신 및 기타의 송신행위를 모두 포괄하는 '공중송신'이라는 개념을 신설하였다.

이 사건에 적용되는 구 저작권법(2016. 3. 22. 법률 제14083호로 개정되기 전의 것, 이하 '저작권법'이라 한다)은 제2조에서 공중송신 등에 관하여 정의하고 있다. '공중송신'은 저작물, 실연·음반·방송 또는 데이터베이스(이하 '저작물 등'이라 한다)를 공중이 수신하거나 접근하게 할 목적으로 무선 또는 유선통신의 방법에 의하여 송신하거나 이용에 제공하는 것을 말한다(제2조 제7호). '전송(傳送)'은 공중송신 중 공중의 구성원이 개별적으로 선택한 시간과 장소에서 접근할 수 있도록 저작물 등을 이용에 제공하는 것을 말하며, 그에 따라 이루어지는 송신을 포함한다(제2조 제10호). 여기서 '공중'은 불특정 다수인(특정 다수인을 포함한다)을 말한다(제2조 제32호).

공중송신 중 전송에서 말하는 '공중의 구성원이 개별적으로 선택한 시간과 장소에서 접근할 수 있도록 저작물 등을 이용에 제공하는 것'의 전형적인 예로는, 공중의 구성원이 이용할 수 있는 상태로 저작물 등을 인터넷 웹사이트 서버에 업로드하는 경우를 들 수 있다. 공중의 구성원에게 저작물 등을 실제로 송신하지 않더라도 저작물 등을 업로드하여 접근할 수 있도록 하는 행위 자체만으로도 전송에 해당한다.

나. 공중송신권 침해

저작권법은 "저작자는 그의 저작물을 공중송신할 권리를 가진다."라고 정하고(제18조), 공중송신권을 저작재산권으로 명시하여(제10조 제1항) 공중송신권을 저작자의 저작재산권으로 보호하고 있다. 또한 저작권법은 벌칙 규정을 두어 저작재산권을 공중송신 등의 방법으로 침해한 자를 5년 이하의 징역 또는 5천만 원 이하의 벌금에 처하거나 이를 병과할 수 있도록 하고 있다(제136조 제1항 제1호).

저작물을 이용하려면 원칙적으로 저작재산권자의 이용허락을 받아야 한다(제46조). 저작재산권자의 이용허락이 없는데도 고의로 저작물을 공중송신하는 경우에는 저작권법에서 정한 저작재산권의 제한 규정(제23조부터 제35조의3까지) 또는 저작물 이용의 법정허락(제50조부터 제52조까지)에 해당하지 않는 한 공중송신권 침해행위가 되어 벌칙 규정이 적용된다.

3. 링크 행위의 의미와 한계

가. 인터넷에서 링크와 표현의 자유

성명불상자들이 저작권자의 허락 없이 해외 공유사이트에 이 사건 영상저작물을 임의로 업로드하고 계속하여 이를 게시하여 공중의 구성원이 개별적으로 선택한 시간과 장소에 접근할 수 있도록 이용에 제공한 행위가 저작재산권인 공중송신권을 전송의 방법으로 침해한 행위에 해당함은 분명하다. 그런데 이 사건에서는 피고인이 위와 같이 공중송신권을 침해하는 게시물(이하 '침해 게시물'이라 한다)인 영상저작물에 연결되는 링크를 자신이 운영하는 사이트에 게시한 행위가 성명불상자들의 범죄인 공중송신권 침해행위를 용이하게 했는지가 문제 된다. 이와 관련하여 링크 행위의 의미, 기능과 성격을 살펴볼 필요가 있다.

인터넷을 기반으로 하는 서비스인 월드와이드웹(World Wide Web)은 인터넷에 연결된 컴퓨터를 통해 사람들이 시간과 공간의 제약 없이 정보를 전송하고 공유할 수 있도록 하는 기술이다. 월드와이드웹은 인터넷에 연결된 장치들이 보유한 정보를 촘촘하게 연결하여 누구나 손쉽게 인터넷에 존재하는 정보에 접근할 수 있도록 하겠다는 사상에 기반하고 있다. 정보를 거미줄처럼 연결하기 위하여 월드와이드웹이 채택한 기술이 하이퍼링크(hyperlink, 이하 '링크'라 한다)이다. 월드와이드웹은 인터넷에 존재하는 정보를 단일 자원 식별자(UniformResource Identifier, 이하 'URI'라 한다)로 표시하는데, 링크는 URI를 웹페이지 문서와 연결시켜 인터넷 이용자가 링크를 클릭하면 시간과 공간에 구애받지 않고 URI로 표시된 정보에 접근할 수 있도록 해준다. 또한 링크는 연결

대상의 형식이나 내용에 구애받지 않는 중립적인 기술이다.

링크는 인터넷 공간의 정보를 연결하고 공유하는 핵심적인 수단이다. 따라서 이용자들이 인터넷 공간에서 다른 정보에 대한 링크를 자유롭게 할 수 있도록 허용함으로써 표현의 자유를 보장하고 정보의 자유로운 유통을 촉진할 필요가 있다.

나. 링크의 자유의 한계

표현의 자유와 정보 유통의 자유도 절대적으로 보장되는 것은 아니다. 헌법은 모든 국민이 언론·출판의 자유를 가진다고 정하면서도(제21조 제1항), 언론·출판은 타인의 명예나 권리 또는 공중도덕이나 사회윤리를 침해하여서는 안 된다고 정함으로써(제21조 제4항), 언론·출판의 자유에 따르는 책임과 의무를 강조하고 있다. 인터넷 공간에서 링크를 설정하는 방식으로 이루어지는 표현행위도 타인의 권리를 침해하거나 그 침해를 용이하게 하는 경우까지 허용될 수는 없다.

헌법은 저작자·발명가·과학기술자와 예술가의 권리는 법률로써 보호한다고 정하고 있다(제22조 제2항). 학문과 예술의 자유를 제도적으로 보장하여 학문과 예술을 발전·진흥시키고 문화국가를 실현하고자 저작자 등의 권리보호를 국가의 과제로 정한 것이다. 이와 같은 헌법 규정에 따라 저작권법 등을 제정하여 저작자 등의 권리를 구체적으로 보호하고 있다(헌법재판소 2002. 4. 25. 선고 2001헌마200 전원재판부 결정 등 참조).

링크가 설정되면 인터넷 특성상 수많은 인터넷 이용자들이 링크를 통해 링크 대상 정보에 접근할 수 있다. 만일 링크 대상 정보가 침해 게시물이라면, 그러한 정보에 연결되는 링크를 제공하는 행위는 경우에 따라서는 공중의 구성원이 침해 게시물에 손쉽게 접근할 수 있도록 해준다.

인터넷 공간에서 정보를 연결하고 공유하는 핵심 기술인 링크의 독자적 가치를 존중하고 링크 행위의 자유를 보장하여야 한다. 그러나 링크를 하는 행위가 저작자의 저작재산권인 공중송신권을 침해하거나 침해를 방조하는 불법행위에 해당하여 저작권법이나 형법상 범죄구성요건을 충족할 경우에는 사법적 통제를 하여야 한다. 링크 행위에 대한 사법적 통제가 무조건 링크의 자유와 그 독자적 가치를 침해한다고 볼 수는 없다.

인터넷과 각종 정보통신 기술 발달로 저작재산권이 침해되는 사례가 빈발하는 현실에서 표현행위의 일종인 링크의 자유와 저작자의 저작재산권은 모두 헌법상 보장되는 기본권으로서 서로 긴장관계를 갖고 대립하는 과정에서 각자의 영역 내에서 보호되어야 하고 어느 한쪽을 절대적으로 보호하여 다른 쪽을 희생시켜서는 안 된다.

4. 침해 게시물 등에 연결되는 링크를 한 행위가 공중송신권 침해에 해당하는지 여부

침해 게시물이나 그 게시물이 위치한 웹페이지 등(이하 통틀어 '침해 게시물 등'이라 한다)에 연결되는 링크를 한 행위라도, 전송권(공중송신권) 침해행위의 구성요건인 '전송(공중송신)'에 해당하지 않기 때문에 전송권 침해가 성립하지 않는다. 이는 대법원의 확립된 판례이다(대법원 2009. 11. 26. 선고 2008다77405 판결, 대법원 2010. 03. 11. 선고 2009다4343 판결 등 참조).

링크는 인터넷에서 링크하고자 하는 웹페이지나 웹사이트 등의 서버에 저장된 개개의 저작물 등의 웹 위치 정보 또는 경로를 나타낸 것에 지나지 않는다. 인터넷 이용자가 링크 부분을 클릭함으로써 침해 게시물 등에 직접 연결된다고 하더라도, 이러한 연결 대상 정보를 전송하는 주체는 이를 인터넷 웹사이트 서버에 업로드하여 공중이 이용할 수 있도록 제공하는 측이지 그 정보에 연결되는 링크를 설정한 사람이 아니다. 링크는 단지 저작물 등의 전송을 의뢰하는 지시나 의뢰의 준비행위 또는 해당 저작물로 연결되는 통로에 해당할 뿐이므로, 링크를 설정한 행위는 전송에 해당하지 않는다. 따라서 전송권(공중송신권) 침해에 관한 위와 같은 판례는 타당하다.

5. **침해 게시물 등에 연결되는 링크를 영리적·계속적으로 한 행위가 공중송신권 침해의 방조에 해당하는지 여부**

가. 공중송신권 침해의 방조에 관한 종전 판례는 인터넷 이용자가 링크 클릭을 통해 저작자의 공중송신권 등을 침해하는 웹페이지에 직접 연결되더라도 링크를 한 행위가 '공중송신권 침해행위의 실행 자체를 용이하게 한다고 할 수는 없다.'는 이유로, 링크 행위만으로는 공중송신권 침해의 방조행위에 해당한다고 볼 수 없다는 법리를 전개하고 있다. 링크는 인터넷 공간을 통한 정보의 자유로운 유통을 활성화하고 표현의 자유를 실현하는 등의 고유한 의미와 사회적 기능을 가진다. 인터넷 등을 이용하는 과정에서 일상적으로 이루어지는 링크 행위에 대해서까지 공중송신권 침해의 방조를 쉽게 인정하는 것은 인터넷 공간에서 표현의 자유나 일반적 행동의 자유를 과도하게 위축시킬 우려가 있어 바람직하지 않다.

그러나 링크 행위가 어떠한 경우에도 공중송신권 침해의 방조행위에 해당하지 않는다는 종전 판례는 방조범의 성립에 관한 일반 법리 등에 비추어 볼 때 재검토할 필요가 있다. 이는 링크 행위를 공중송신권 침해의 방조라고 쉽게 단정해서는 안 된다는 것과는 다른 문제이다.

나. 정범이 침해 게시물을 인터넷 웹사이트 서버 등에 업로드하여 공중의 구성원이 개별적으로 선택한 시간과 장소에서 접근할 수 있도록 이용에 제공하면, 공중에게 침해 게시물을 실제로 송신하지 않더라도 공중송신권 침해는 기수에 이른다. 그런데 정범이 침해 게시물을 서버에서 삭제하는 등으로 게시를 철회하지 않으면 이를 공중의 구성원이 개별적으로 선택한 시간과 장소에서 접근할 수 있도록 이용에 제공하는 가벌적인 위법행위가 계속 반복되고 있어 공중송신권 침해의 범죄행위가 종료되지 않았으므로, 그러한 정범의 범죄행위는 방조의 대상이 될 수 있다.

다. 형법 제32조 제1항은 "타인의 범죄를 방조한 자는 종범으로 처벌한다."라고 정하고 있다. 방조란 정범의 구체적인 범행준비나 범행사실을 알고 그 실행행위를 가능·촉진·용이하게 하는 지원행위 또는 정범의 범죄행위가 종료하기 전에 정범에 의한 법익 침해를 강화·증대시키는 행위로서, 정범의 범죄 실현과 밀접한 관련이 있는 행위를 말한다(대법원 1965. 08. 17. 선고 65도388 판결, 대법원 1995. 09. 29. 선고 95도456 판결, 대법원 2006. 04. 28. 선고 2003도4128 판결, 대법원 2012. 08. 30. 선고 2012도6027 판결 등 참조). 방조범은 정범의 실행을 방조한다는 이른바 방조의 고의와 정범의 행위가 구성요건에 해당하는 행위인 점에 대한 정범의 고의가 있어야 한다(대법원 2005. 04. 29. 선고 2003도6056 판결 등 참조).

방조범은 정범에 종속하여 성립하는 범죄이므로 방조행위와 정범의 범죄 실현 사이에는 인과관계가 필요하다. 방조범이 성립하려면 방조행위가 정범의 범죄 실현과 밀접한 관련이 있고 정범으로 하여금 구체적 위험을 실현시키거나 범죄 결과를 발생시킬 기회를 높이는 등으로 정범의 범죄 실현에 현실적인 기여를 하였다고 평가할 수 있어야 한다. 정범의 범죄 실현과 밀접한 관련이 없는 행위를 도와준 데 지나지 않는 경우에는 방조범이 성립하지 않는다.

판례는 전송권(공중송신권) 침해를 방조하는 행위에 관하여 다음과 같이 판단하였다. 전송권 침해를 방조하는 행위란 정범의 전송권 침해를 용이하게 해주는 직접·간접의 모든 행위를 말한다. 위와 같은 방조행위는 정범의 전송권 침해행위 중에 이를 방조하는 경우는 물론, 전송권 침해행위에 착수하기 전에 장래의 전송권 침해행위를 예상하고 이를 용이하게 해주는 경우도 포함한다. 방조범은 정범이 실행하는 전송권 침해행위에 대한 미필적 고의가 있는 것으로 충분하고, 정범의 전송권 침해행위가 실행되는 일시, 장소, 객체 등을 구체적으로 인식할 필요가 없으며, 나아가 정범이 누구인지 확정적으로 인식할 필요도 없다(대법원 2013. 09. 26. 선고 2011도1435 판결 등 참조).

최근 저작재산권자의 이용허락 없이 전송되는 방송프로그램, 영화, 만화 등 침해 게시물로 연결되는 링크를 공중에게 제공하면서 배너 광고를 통해 광고 수익을 얻는 등의 방식으로 링크를 온라인상 저작권 침해물의 유통 경로로 악용하는 이른바 '다시보기' 사이트 등의 링크 사이트(이하 '저작권 침해물 링크 사이트'라 한다)나 모바일 애플리케이션이 급속히 확산되었다. 비록 링크 자체는 연결 통로의 역할을 하는 것으로서 중립적 기술이라고 할지라도 링크가 제공되는 환경, 링크의 게시 목적과 방법 등의 여러 사정을 고려하면 전송의 방법으로 저작재산권을 침해하는 정범의 범죄 실현에 조력하는 행위가 될 수 있다.

저작권 침해물 링크 사이트에서 이루어지는 링크 행위와 같이 링크 대상이 침해 게시물 등임을 알면서 그러한 게시물 등에 연결되는 링크를 영리적·계속적으로 제공한 자는 정범의 행위가 공중송신권 침해의 구성요건에 해당한다는 점을 충분히 인식하면서도 침해 게시물을 공중의 이용에 제공하는 행위를 용이하게 하여 공중송신권 침해를 강화·증대할 의사로 링크 행위를 하였다고 볼 수 있다.

저작권 침해물 링크 사이트에서 제공하는 링크가 없었더라면 정범이 게시한 저작권 침해물을 발견할 수 없었던 공중의 구성원까지 그 링크를 통해 원하는 시간과 장소에서 쉽게 저작권 침해물에 접근할 수 있게 되었다. 링크 행위로 말미암아 공중이 접근할 수 있도록 저작권 침해물을 이용에 제공하는 정범의 실행행위가 용이하게 되고 공중송신권이라는 법익의 침해가 강화·증대된다. 이와 같이 링크를 제공하는 행위가 공중의 구성원이 개별적으로 선택한 시간과 장소에서 침해 게시물에 쉽게 접근할 수 있도록 하는 정도에 이른다면, 침해 게시물을 공중의 이용에 제공하는 정범의 범죄 실현과 밀접한 관련이 있고 그 구성요건적 결과 발생의 기회를 현실적으로 증대함으로써 공중송신권이라는 법익의 침해를 강화·증대하였다고 볼 수 있다. 이러한 경우 단순히 공중송신권이 침해되고 있는 상태를 이용한 것에 지나지 않는다고 볼 수 없고 방조범 성립에서 요구되는 방조행위와 정범의 범죄 실현 사이의 인과관계를 인정할 수 있다.

라. 온라인에서 이루어지는 대량의 저작권 침해는 주로 해외 서버에서 일어나고 있다. 국제 공조를 통하지 않고서는 정범을 특정하거나 적발하는 데 어려움이 있기 때문에 정범에 대한 단속과 처벌에는 현실적인 한계가 있다. 이러한 상황에서 저작권 침해물 링크 사이트를 통해 침해 게시물 등에 연결되는 링크를 영리적·계속적으로 제공하는 등으로 정범의 범죄 실현에 조력하는 행위자마저도 방조범으로 처벌하지 않는다면 저작권이 침해되는 상황을 사실상 방치하는 결과가 되고, 이는 권리자에게는 지나치게 가혹하다. 저작권 침해물 링크 사이트에서 제공하는 링크로 말미암아 침해 게시물에 대한 공중의 접근이 용이해지는 반면 피해자인 저작재산권자로서는 적법한 저작물 제공을 통한 수익이나 향후 수익 기회를 상실하게 된다는 점에서, 위와 같은 링크 행위가 정범의

범죄 실현에 기여하는 정도도 작지 않다.

마. 외국의 사례를 보더라도, 저작권 침해물로 연결되는 링크를 한 행위에 관하여 단지 링크가 링크 대상의 위치 정보나 경로를 나타낸 것에 지나지 않는다는 이유로 공중송신권 침해에 관한 간접적인 책임조차 전면적으로 부정한 사례는 찾기 어렵다. 저작권자의 허락 없이 위법하게 공개된 저작물에 대한 링크 행위가 저작권 침해에 해당하는지 여부가 쟁점이 된 사례에서, 미국에서는 우리나라의 공중송신권에 대응하는 권리인 배포권·전시권의 침해는 부정하면서도 일정한 요건을 충족하는 경우 간접침해 책임을 부담할 수 있다고 하였다. 유럽연합 사법재판소는 공중전달권·공중이용제공권의 직접침해를 긍정하였다. 한편 일본에서도 링크 행위가 공중송신권 침해에 대한 방조행위가 될 수 없다고 본 사례는 없고, 단지 링크 대상이 저작권 침해물인지 분명하지 않아 불법행위를 방조하거나 고의·과실을 인정할 수 없다는 이유로 공중송신권 침해에 대한 방조 책임을 부정한 사례가 있을 뿐이다.

바. 요컨대, 저작권 침해물 링크 사이트에서 침해 게시물에 연결되는 링크를 제공하는 경우 등과 같이, 링크 행위자가 정범이 공중송신권을 침해한다는 사실을 충분히 인식하면서 그러한 침해 게시물 등에 연결되는 링크를 인터넷 사이트에 영리적·계속적으로 게시하는 등으로 공중의 구성원이 개별적으로 선택한 시간과 장소에서 침해 게시물에 쉽게 접근할 수 있도록 하는 정도의 링크 행위를 한 경우에는 침해 게시물을 공중의 이용에 제공하는 정범의 범죄를 용이하게 하므로 공중송신권 침해의 방조범이 성립한다. 이러한 링크 행위는 정범의 범죄행위가 종료되기 전 단계에서 침해 게시물을 공중의 이용에 제공하는 정범의 범죄 실현과 밀접한 관련이 있고 그 구성요건적 결과 발생의 기회를 현실적으로 증대함으로써 정범의 실행행위를 용이하게 하고 공중송신권이라는 법익의 침해를 강화·증대하였다고 평가할 수 있다. 링크 행위자에게 방조의 고의와 정범의 고의도 인정할 수 있다.

6. 침해 게시물 등에 연결되는 링크를 한 행위에 대한 방조범 성립의 한계 설정

가. 인터넷 이용자들 사이에서 일상적으로 이루어지는 링크는 인터넷 공간의 본질적 가치인 정보의 자유로운 유통을 위한 핵심적이고 필수적인 수단이다. 위와 같이 저작권 침해물 링크 사이트에서 이루어지는 링크가 아니라면, 헌법 제21조에 따라 보장되는 표현의 자유나 헌법 제10조에 내재된 일반적 행동의 자유라는 관점에서 링크의 자유를 보호할 필요가 있다.

공중송신권 침해 게시물에 단순히 링크를 한 경우에 방조행위의 방법에 제한이 없다는 방조 법리만을 기계적으로 적용하여 공중송신권 침해의 방조행위라고 인정하는 것은 경계해야 한다. 방조행위가 정범의 실행행위를 용이하게 하는 직간접적인 모든 행위라는 이유만으로 링크를 통한 공중송신권 침해의 방조범 성립을 쉽게 인정할 경우 자칫 시민들이 인터넷 공간에서 링크 설정을 통해 자유롭게 정보를 교환하고 공유하는 일상적인 인터넷 이용행위를 위축시킬 수 있다. 결국 침해 게시물 등에 연결되는 링크를 한 행위가 공중송신권 침해의 방조행위로서 방조범이 성립하는지 판단하기 위해서는, 위에서 본 방조범의 고의 요건과 인과관계 요건 등을 엄격하게 적용하여 링크 행위 고유의 독자적인 기능과 가치가 훼손되지 않도록 합목적인 결론을 도출할 필요가 있다.

나. 공소가 제기된 범죄사실의 주관적 요소인 고의의 존재에 대한 증명책임은 검사에게 있다. 유죄의

인정은 법관으로 하여금 합리적인 의심을 할 여지가 없을 정도로 공소사실이 진실한 것이라는 확신을 가지게 하는 증명력을 가진 증거로 하여야 하므로, 그와 같은 증거가 없다면 설령 피고인에게 유죄의 의심이 간다고 하더라도 피고인의 이익으로 판단할 수밖에 없다(대법원 2004. 05. 14. 선고 2004도74 판결 등 참조).

방조범 성립에 요구되는 방조의 고의와 정범의 고의를 침해 게시물 등에 대한 링크에 관하여 보면, 링크 대상이 침해 게시물 등으로서 불법성이 있다는 것을 링크를 한 사람이 인식하여야 한다는 것을 뜻한다. 물론 방조범에서 요구되는 정범 등의 고의는 정범에 의하여 실현되는 범죄의 구체적 내용을 인식할 것을 요하는 것은 아니고 미필적 인식이나 예견으로 충분하지만(대법원 2005. 04. 29. 선고 2003도6056 판결 등 참조), 이는 정범의 범행 대상인 침해 게시물 등의 불법성에 대한 인식이 필요하다는 점과 모순되지 않는다.

위에서 보았듯이 링크의 자유에 대한 제한은 엄격하게 인정할 필요가 있고, 링크 대상인 게시물이 저작재산권자로부터 이용허락을 받은 것이거나 저작물의 공정한 이용의 대상이 될 여지가 있으며, 빠른 속도로 다양한 정보의 연결과 공유가 이루어지는 인터넷 공간의 특성상 링크 대상이 공중송신권 침해 등으로 위법한 게시물인 경우와 그렇지 않은 경우의 구별이 언제나 명확한 것도 아니다. 불법성에 대한 피고인의 인식은 적어도 공중송신권 침해 게시물임을 명확하게 인식할 수 있는 정도가 되어야 한다. 검사는 링크를 한 행위자가 링크 대상인 게시물이 공중송신권을 침해하는 게시물 등으로서 불법성이 있다는 것을 명확하게 인식할 수 있는 정도에 이르렀다는 점을 엄격하게 증명하여야 한다.

다. 침해 게시물 등에 연결되는 링크를 하였을 때 정범의 공중송신권 침해에 대한 방조행위가 성립하려면, 링크 행위가 정범의 범죄 실현과 밀접한 관련이 있고 공중송신권 침해의 기회를 현실적으로 증대시켜 정범의 범죄 실현에 현실적인 기여를 하였다고 평가할 수 있어야 한다. 위에서 보았듯이 저작권 침해물 링크 사이트에서 정범의 침해 게시물 등에 연결되는 링크를 영리적·계속적으로 게시하는 경우 등과 같이 공중의 구성원이 개별적으로 선택한 시간과 장소에서 그 공중송신권 침해 게시물에 쉽게 접근할 수 있도록 링크를 제공하는 행위가 이에 해당한다. 반면 위와 같은 정도에 이르지 않은 링크 행위는 정범의 공중송신권 침해와 밀접한 관련이 있고 그 법익 침해를 강화·증대하는 등의 현실적인 기여를 하였다고 보기 어려운 이상 공중송신권 침해의 방조행위라고 쉽사리 단정해서는 안 된다.

라. 요컨대, 저작권 침해물 링크 사이트에서 침해 게시물로 연결되는 링크를 제공하는 경우 등과 같이, 링크 행위는 그 의도나 양태에 따라서는 공중송신권 침해와 밀접한 관련이 있는 것으로서 그 행위자에게 방조 책임의 귀속을 인정할 수 있다. 이러한 경우 인터넷에서 원활한 정보 교류와 유통을 위한 수단이라는 링크 고유의 사회적 의미는 명목상의 것에 지나지 않는다. 다만 행위자가 링크 대상이 침해 게시물 등이라는 점을 명확하게 인식하지 못한 경우에는 방조가 성립하지 않고, 침해 게시물 등에 연결되는 링크를 영리적·계속적으로 제공한 정도에 이르지 않은 경우 등과 같이 방조범의 고의 또는 링크 행위와 정범의 범죄 실현 사이의 인과관계가 부정될 수 있거나 법질서 전체의 관점에서 살펴볼 때 사회적 상당성을 갖추었다고 볼 수 있는 경우에는 공중송신권 침해에 대한 방조가 성립하지 않을 수 있다.

7. 판례 변경

링크 행위자가 정범이 공중송신권을 침해한다는 사실을 충분히 인식하면서 그러한 침해 게시물 등에 연결되는 링크를 인터넷 사이트에 영리적·계속적으로 게시하는 등으로 공중의 구성원이 개별적으로 선택한 시간과 장소에서 침해 게시물에 쉽게 접근할 수 있도록 하는 정도의 링크 행위를 한 경우에는 위 5.에서 본 방조 요건을 충족하여 침해 게시물을 공중의 이용에 제공하는 정범의 범죄를 용이하게 하였다고 볼 수 있으므로 공중송신권 침해의 방조범이 성립할 수 있다.

이와 달리 저작권자의 공중송신권을 침해하는 웹페이지 등으로 링크를 하는 행위만으로는 어떠한 경우에도 공중송신권 침해의 방조행위에 해당하지 않는다는 취지로 판단한 종전 판례인 대법원 2015. 03. 12. 선고 2012도13748 판결 등은 이 판결의 견해에 배치되는 범위에서 이를 변경하기로 한다.

8. 이 사건에 대한 판단

가. 원심판결 이유와 원심이 적법하게 채택한 증거에 따르면 다음 사실을 알 수 있다. 성명불상자들은 저작재산권자의 이용허락 없이 해외 인터넷 동영상 공유사이트인 '(사이트명 1 생략)' 등에 영화·드라마·예능프로그램 등인 이 사건 영상저작물을 업로드하여 게시하였다. 성명불상자들의 위와 같은 행위는 저작재산권자의 허락 없이 공중의 구성원이 개별적으로 선택한 시간과 장소에서 접근할 수 있도록 이 사건 영상저작물을 이용에 제공하는 공중송신권 침해에 해당한다. 성명불상자들이 위와 같이 업로드한 이 사건 영상저작물을 삭제하지 않는 한 공중의 구성원이 개별적으로 선택한 시간과 장소에서 이 사건 영상저작물을 접근할 수 있도록 이용에 제공하는 공중송신권 침해의 범죄행위는 종료되지 않았다.

피고인은 성명불상자들의 이 사건 영상저작물에 대한 공중송신권 침해행위 도중에 그러한 범행을 충분히 인식하면서 총 450회에 걸쳐 이 사건 영상저작물로 연결되는 링크를 이 사건 사이트에 게시하였다. 이 사건 사이트의 이용자들은 피고인이 게시한 링크를 통해 이 사건 영상저작물에 용이하게 접근할 수 있고, 피고인은 그러한 사실을 충분히 알고 있었다. 이 사건 사이트는 피고인이 광고 수익을 얻기 위한 목적으로 개설하여 계속적으로 운영하는 저작권 침해물 링크 사이트로서, 피고인은 불특정 다수의 이용자들이 이 사건 영상저작물에 대한 링크를 손쉽게 찾을 수 있도록 링크를 영화·드라마·예능프로그램 등의 유형별로 구분하여 게시하고 이에 대한 검색기능을 제공하였다.

나. 위와 같은 사실관계를 위에서 본 법리에 비추어 살펴보면, 피고인은 성명불상자들의 공중송신권 침해행위 도중에 그 범행을 충분히 인식하면서 그러한 침해 게시물 등에 연결되는 링크를 이 사건 사이트에 영리적·계속적으로 게시하여 공중의 구성원이 개별적으로 선택한 시간과 장소에서 침해 게시물에 쉽게 접근할 수 있도록 하는 정도의 링크 행위를 하여 침해 게시물을 공중의 이용에 제공하는 성명불상자들의 범죄를 용이하게 하였으므로 공중송신권 침해의 방조범이 성립할 수 있다.

한편 이 사건에서 방조범인 피고인은 영리를 목적으로 또는 상습적으로 저작재산권 침해행위를 방조하였으므로, 이 사건 공소사실에 대한 공소는 저작권법 제140조 단서 제1호에 따라 고소가 필요하지 않아, 이 사건 공소제기는 적법하다고 볼 수 있다(대법원 2013. 10. 11. 선고 2013도8907 판결 등 참조).

다. 원심은 피고인의 이 사건 링크 행위가 단지 공중송신권이 침해되고 있는 상태를 이용한 것에 지나지 않아 공중송신권 침해의 방조행위가 될 수 없다는 이유로 이 사건 공소사실을 무죄로 판단하였다. 원심판단에는 공중송신권 침해의 방조에 관한 법리를 오해하여 판결에 영향을 미친 잘못이 있다. 이 점을 지적하는 취지의 검사의 상고이유 주장은 정당하다.

9. 결 론

검사의 상고는 이유 있어 원심판결을 파기하고, 사건을 다시 심리·판단하도록 원심법원에 환송하기로 하여, 주문과 같이 판결한다. 이 판결에는 대법관 조재연, 대법관 김선수, 대법관 노태악의 반대의견이 있는 외에는 관여 법관의 의견이 일치하였고, 다수의견에 대한 대법관 김재형, 대법관 천대엽의 보충의견, 그리고 반대의견에 대한 대법관 조재연의 보충의견, 대법관 김선수의 보충의견, 대법관 노태악의 보충의견이 있다.

10. 쟁점에 관한 대법관 조재연, 대법관 김선수, 대법관 노태악의 반대의견

가. 반대의견의 요지

다수의견은 피고인의 이 사건 링크 행위와 같이 링크 대상이 공중송신권 침해 게시물임을 알면서 그러한 게시물에 연결되는 링크를 인터넷 사이트에 영리적·계속적으로 게시한 행위는 공중송신권 침해행위의 방조에 해당한다는 이유로, 이 사건 링크 행위가 공중송신권 침해의 방조행위가 될 수 없다고 보아 공소사실을 무죄로 판단한 원심판결에는 공중송신권 침해행위의 방조에 관한 법리를 오해하여 판결에 영향을 미친 잘못이 있다고 한다. 대법원은 이 사건 링크 행위가 행해지기 불과 4개월여 전에 이 사건 링크 행위와 같이 인터넷상에서 링크를 하는 행위는 인터넷에서 링크하고자 하는 웹페이지 등의 위치 정보나 경로를 나타낸 것에 불과하여 이러한 링크 행위만으로는 공중송신권 침해행위의 실행을 용이하게 하는 방조행위에 해당하지 않는다는 견해[대법원 2015. 03. 12. 선고 2012도13748 판결(종전 판례이다) 참조]를 밝혔는데, 다수의견은 종전 판례의 위와 같은 견해를 변경하고 있다.

그러나 다음과 같은 이유로 다수의견에 동의할 수 없다. 첫째, 다수의견은 규제와 처벌의 필요성을 내세워 이 사건 링크 행위를 처벌하고자 형법 총칙상 개념인 방조에 대한 확장해석, 링크 행위 및 방조행위와 정범의 범죄 사이의 인과관계에 관한 확장해석을 통해 형사처벌의 대상을 확대하고 있는데, 이는 형사처벌의 과잉화를 초래하고 사생활 영역의 비범죄화라는 시대적 흐름에 역행하는 것이다. 둘째, 다수의견은 표현의 자유 보장을 위해 링크 행위에 대한 방조범의 성립 인정은 신중하여야 하고 그 한계 설정이 필요하다고 하면서도 정작 이 사건에서는 스스로 그 한계를 무너뜨리고 있다. 다수의견은 방조범 성립 범위의 확대로 말미암아 초래될 부작용을 축소하고자 영리적·계속적 형태의 링크 행위만을 방조범으로 처벌할 수 있다고 하나, 이는 일반적인 방조범의 성립과 종속성, 죄수 등의 법리에 반하고, 법원으로 하여금 방조범의 성립이 문제 될 때마다 그 성립 요건을 일일이 정해야만 하는 부담을 지우며, 죄형법정주의 원칙에 따른 법적 안정성과 예측가능성에 커다란 혼란을 가져올 수밖에 없다. 셋째, 이 사건과 같은 링크 행위에 대하여 종전 판례를 변경하여 유죄로 판단할 정당성은 인정되기 어렵다. 비록 저작권 침해물 링크 사이트에서의 영리적·계속적 링크 행위의 폐해가 증가하고 있다고 하더라도 이에 대해서는 입법을 통해 대처하는 것이 바람직하다. 링크 행위의 유형화와 그에 따른 처벌의 필요성 및 근거 조항 마련을 위한 입법 논의가 이루어지고 있는 현시점에서 대법원이 구성요건과 기본 법리를 확장하여 종전에 죄가 되지 않는다고 보았던 행위에 관한 견해를 바꾸어 형사처벌의 범위를 넓히는 것(사실상 소급처벌에 해당한다)은 결코 바람직하지 않다. 충분한 논의를 통해 사회적 합의를 끌어내고, 그에 따른 입법적 결단을 기다려주는 것이 올바른 제도 도입을 위해서도 필요하다. 결론적으로 쟁점에 관한 종전 판례의 견해는 여전히 타당하므로 유지되어야 한다. 이하에서 더 구체적으로 살펴본다.

나. 이 사건 링크 행위가 공중송신권 침해행위를 방조한 행위에 해당하는지

(1) 대법원은 형법상 방조의 의미에 관하여 일관되게 정범이 범행을 한다는 정을 알면서 그 실행행위를 용이하게 하는 직접·간접의 모든 행위를 말한다고 판시해 왔다(대법원 1986. 12. 09. 선고 86도198 판결, 대법원 1995. 09. 29. 선고 95도456 판결, 대법원 2006. 04. 28. 선고 2003도4128 판결, 대법원 2018. 09. 13. 선고 2018도7658, 2018전도54, 55, 2018보도6, 2018모2593 판결 등 참조). 이렇듯 대법원은 방조의 개념 정의에서부터 정범의 실행행위와 관련성이 있는 행위만이 형법상 방조로 처벌된다는 점을 밝혀 왔고, 정범의 실행행위와 직접적이고도 밀접한 관련성이 있다고 객관적으로 인정되는 행위만이 방조에 해당한다고 판시하여 방조와 정범의 실행행위 사이의 관련성 내지 인과관계를 특별히 강조하기도 하였다(대법원 1965. 08. 17. 선고 65도388 판결). 링크 행위는 저작권 침해행위 '자체'를 용이하게 하는 것이 아니어서 저작권 침해행위의 방조에 해당하지 않는다는 종전 판례도 방조와 정범의 실행행위 사이의 관련성 내지 인과관계를 방조 성립 요건의 하나로 인정하였다고 이해할 수 있다.

그런데 다수의견은 방조의 개념에 정범의 실행행위를 용이하게 하는 행위뿐만 아니라 '정범의 범죄행위가 종료되기 전에 정범에 의한 법익 침해를 강화·증대시키는 행위로서 정범의 범죄 실현과 밀접한 관련이 있는 행위'까지 포함된다고 한다. 다수의견은 방조 개념에 위 행위가 포함되는 것이 마치 대법원 판례인 것처럼 대법원판결들을 근거로 들고 있으나, 이는 대법원 판결에서 단 한 번도 설시하지 않은 내용으로서 학설상의 논의를 비판 없이 받아들여 대법원이 확고하게 유지해 온 방조의 개념을 바꾸는 것이어서 동의할 수 없다. 대법원은 일관되게 종범은 '실행행위 전'이나 '실행행위 중'에 정범을 방조하여 그 실행행위를 용이하게 하는 것을 말한다고 판시해 왔는데(대법원 1982. 04. 27. 선고 82도122 판결, 대법원 2009. 06. 11. 선고 2009도1518 판결 등 참조), 다수의견은 '범죄행위가 종료되기 전'까지 행해진 행위도 방조의 개념에 포함될 수 있다고 하여 정범의 실행행위 종료 이후의 행위로 인한 방조 성립 가능성을 열어두고 있다. 특히 '범죄 실현'은 '범죄 실행'뿐만 아니라 그로 인한 '결과 발생'까지 포함하는 개념임에도, 다수의견은 정범의 '실행행위'가 아닌 정범의 '범죄 실현'과의 관련성만 있어도 방조가 성립할 수 있다고 보고 있다. 따라서 다수의견의 태도는 형법상 방조의 성립 범위를 예측 가능한 범위를 넘어 광범위하게 확장하는 결과를 초래하고, 방조의 개념

에 관한 기존 판례 전부를 실질적으로 변경하는 것에 해당한다. 특수한 영역에서의 처벌 공백을 보충해야 한다는 필요성 때문에 형법 총칙상의 개념인 방조의 의미에 관한 견해를 변경하여 방조의 성립 범위를 확장하는 것은 본말이 전도된 것으로서 그로 인해 초래될 다양한 영역에서의 파장은 현재의 단계에서 그 범위를 예측할 수 없을 정도로 매우 심각하다고 하지 않을 수 없다.

(2) 인터넷 링크는 인터넷에서 이용자들이 접속하고자 하는 웹페이지로의 이동을 쉽게 해주는 기술을 의미한다. 그중 이른바 심층링크(deep link) 또는 직접링크(direct link)는 웹사이트의 서버에 저장된 저작물의 인터넷 주소(URL)와 하이퍼텍스트 태그(tag) 정보를 복사하여 이용자가 이를 자신의 블로그 게시물 등에 붙여두고 여기를 클릭함으로써 웹사이트 서버에 저장된 저작물을 직접 보거나 들을 수 있게 하는 것으로서, 인터넷에서 링크하고자 하는 저작물의 웹 위치 정보 내지 경로를 나타낸 것에 불과하다(대법원 2009. 11. 26. 선고 2008다77405 판결). 피고인이 이 사건 사이트에 게시한 링크 역시 해외 인터넷 동영상 공유사이트(이하 '해외 공유사이트'라 한다) 서버에 저장된 이 사건 영상저작물의 인터넷 주소와 하이퍼텍스트 태그 정보를 복사한 것으로서, 피고인은 이 사건 링크 행위를 통해 이 사건 사이트를 방문한 사람들에게 이 사건 영상저작물의 웹 위치 정보 내지 경로를 알려준 것에 불과하다.

해외 공유사이트에 이 사건 영상저작물을 업로드한 성명불상의 정범들은 저작권법 제136조 제1항 제1호에서 정한 복제, 공중송신의 방법으로 저작권자의 권리(복제권, 공중송신권)를 침해하였다. 이 사건 영상저작물을 공중의 이용에 제공하는 정범들의 행위는 업로드로써 종료되는데(정보통신망을 이용한 명예훼손 행위는 명예훼손적 글의 게시행위로써 종료된다는 대법원 2007. 10. 25. 선고 2006도346 판결 등 참조), 이 사건 링크 행위 당시 정범들의 업로드는 이미 종료된 상태였으므로, 이 사건 링크 행위는 이 사건 영상저작물을 공중의 이용에 제공하는 정범들의 행위를 용이하게 한다고 볼 수 없다. 다만 이 사건 링크 행위 당시에도 해외 공유사이트 등을 통해 이 사건 영상저작물에 접근한 이용자들의 요청이 있는 경우 그들에 대한 이 사건 영상저작물의 개별적인 송신은 계속되고 있었으나, 위와 같은 송신은 이미 종료된 업로드를 기초로 해외 공유사이트 서버에 설치된 파일 전송 프로그램(file transfer protocol)을 통해 기계적·반복적으로 구현되는 결과에 지나지 않는다. 따라서 이를 정범들의 행위로 평가할 수 있다고 하더라도, 이 사건 사이트 방문자들에게 이 사건 영상저작물의 웹 위치 정보 내지 경로를 알려준 이 사건 링크 행위가 위와 같은 송신행위 자체에 실질적인 기여를 하였다고 평가하기는 어렵다. 이 사건 사이트를 통해 이 사건 영상저작물의 웹 위치 정보 내지 경로가 공개됨으로써 이 사건 영상저작물에 접근할 수 있는 이용자의 범위가 확대될 수 있으나, 그러한 결과가 해외 공유사이트 서버에 설치된 프로그램을 통해 구현되는 송신행위 자체에 어떠한 영향을 미친다고 보기는 어렵기 때문이다. 정범들의 업로드 행위 이후 공중송신권 침해의 실행행위 자체를 용이하게 하는 행위란 송신 및 그 계속성·지속성 유지를 위한 기술적 조치와 관련된 행위, 즉 송신의 속도를 높이는 프로그램을 제공하거나 송신을 중단시키기 위해 게시물을 서버에서 삭제하고자 하는 제3자의 시도를 막을 수 있는 프로그램을 제공하는 행위 등 송신행위와 객관적으로 밀접한 관련성이 있는 행위를 말하는 것으로 보아야 한다. 결국 이 사건 링크 행위는 객관적으로 정범들의 공중송신권 침해의 실행행위를 용이하게 하는 방조행위에 해당하지 않는다.

(3) 이 사건 링크 행위에 관한 위와 같은 판단은 링크 행위 일반에도 그대로 적용될 수 있다. 즉 링크 행위를 통해 침해 게시물에 접근할 수 있는 이용자의 범위가 확대된다고 하더라도, 그러한 결과가 침해 게시물의 업로드 이후에 행해지는 개별적인 송신행위 자체에 어떠한 영향을 미친다고 보기 어렵다. 따라서 링크 행위는 인터넷에서 링크하고자 하는 웹페이지 등의 위치 정보나 경로를 나타낸 것에 불과하여 침해행위의 실행 자체를 용이하게 한다고 할 수 없어 링크 행위만으로는 저작재산권 침해행위의 방조행위에 해당한다고 볼 수 없다는 종전 판례의 법리는 타당하다.

(4) 다수의견과 같이, 침해 게시물에 연결하는 링크를 통해서 공중의 구성원이 원하는 시간과 장소에서 침해 게시물에 접근하여 이용할 수 있게 된다는 이유로 링크 행위를 공중송신권 침해행위의 방조로 인정할 경우, 인터넷 이용자들의 일상적인 링크 행위뿐만 아니라 저작권 침해물이 게시된 웹사이트나 웹페이지의 인터넷 주소(URL)를 공개하는 행위, 정보검색 서비스를 통해 침해 게시물에 접근하는 것을 용이하게 하는 포털사이트(portal site) 운영자의 행위 등도 형법상 방조에 해당할 여지가 생기는데, 이러한 해석은 인터넷 환경에서 표현의 자유와 일반적 행동의 자유를 지나치게 위축시키고, 링크 행위가 수행하는 정보전달 기능에 상당한 제약을 가져올 가능성이 크다. 종전 판례는 위와 같은 심각한 파장을 고려하여 방조행위의 비정형적 특성에도 불구하고 링크 행위와 정범의 공중송신권 침해행위 사이에는 직접적 관련성 내지 인과관계가 존재하지 않는다는 이유를 들어 링크 행위를 형법상 방조의 범위에서 제외하였고, 이는 지극히 타당한 태도이다.

다수의견은 링크 행위를 형법상 방조로 의율하는 것에 대한 위와 같은 우려를 의식하여 링크 행위 중 일정한 요건을 충족하는 행위만이 공중송신권 침해행위의 방조를 구성한다고 하나, 이러한 기준 자체의 문제점에 대해서는 뒤에서 별도로 살펴본다.

(5) 다수의견은 저작권 침해물로 연결되는 링크를 한 행위에 관하여 공중송신권 침해에 관한 간접적인 책임조차 전면적으로 부정한 외국 사례를 찾기 어렵다는 점을 판례 변경의 필요성을 뒷받침하는 근거로 들고 있다. 그러나 다수의견이 외국의 사례로 거론하는 미국, 유럽연합 사법재판소, 일본의 사례는 모두 민사상 손해배상을 청구한 사안들이다. 오히려 이 사건 링크 행위와 같이 저작권 침해물로 연결되는 링크를 한 행위에 대하여 공중송신권 침해행위의 방조로 형사처벌하는 입법례는 찾기 어렵다.

다. 다수의견이 제시한 링크 행위로 인한 방조범이 성립하기 위한 요건에 관하여

다수의견은, 공중송신권 침해 게시물에 연결되는 링크를 저작권 침해물 링크 사이트에 영리적·계속적으로 게시하는 등으로 공중의 구성원이 개별적으로 선택한 시간과 장소에서 침해 게시물에 쉽게 접근하여 이용할 수 있도록 링크를 제공하는 정도의 링크 행위(이하 '영리적·계속적 링크 행위'라 한다)를 한 경우에는 그 밖의 링크 행위를 한 경우와 달리 정범의 공중송신권 침해와 밀접한 관련이 있고 그 구성요건적 결과 발생의 기회를 현실적으로 증대함으로써 공중송신권이라는 법익의 침해를 강화·증대하였기 때문에 방조범이 성립한다고 한다. 영리적·계속적 링크 행위와 그 밖의 링크 행위는, 공중송신권 침해행위와의 인과관계 존재 여부에서 차이가 나기 때문에 전자는 방조를 구성하나 후자는 그렇지 않다는 취지인 듯하다. 그러나 다음과 같은 이유로 다수의견이 설정한 위 기준 자체에도 동의하기 어렵다.

(1) 다수의견은 종전 선례에서 확립된 형법상 방조의 개념을 허물어 가면서까지 링크 행위가 공중송신권 침해행위에 대한 방조에 해당할 수 있다는 결론을 도출하였다. 그러고는 그와 같은 결론에 따르면 인터넷 공간에서 표현의 자유나 일반적 행동의 자유의 과도한 위축, 인터넷 공간 자체의 사회, 경제, 문화, 기술적 의미와 가치 훼손 등의 문제가 우려되자, 이제는 방조범이 성립하는 링크 행위의 범위를 비난가능성이 큰 일부 행위, 즉 영리적·계속적 링크 행위만으로 제한하고자 사실상 링크 행위에만 적용되는 방조범 성립 요건을 만들어냈다. 다수의견의 이러한 접근 방식은 다른 사안에서 그 예를 찾기 어렵고, 대법원으로 하여금 앞으로 또 다른 유형의 행위에 관한 방조의 성립이 문제 될 때에 그 행위에 맞는 성립 요건을 일일이 정해야만 하는 부담을 지우며, 죄형법정주의 원칙에서 나온 법적 안정성과 예측가능성에 커다란 혼란을 가져올 수밖에 없다.

(2) 방조범이 성립하기 위해서 정범의 범죄행위가 인정되어야 하는 것은 공범의 종속성에 따른 당연한 결과이고(대법원 1981. 11. 24. 선고 81도2422 판결, 대법원 2017. 05. 31. 선고 2016도12865 판결 등 참조), 공범의 종속성에 따라 여러 명의 정범이 각기 저지른 범행을 방조한 행위는 각 정범의 범죄별로 별개의 죄를 구성한다. 또한 저작재산권 침해행위는 저작권자가 같더라도 저작물별로 침해되는 법익이 다르므로 각각의 저작물에 대한 침해행위는 원칙적으로 별개의 죄를 구성하고, 동일한 저작물에 대한 침해행위가 단일하고도 계속된 범의 아래 일정 기간 반복하여 행하여진 경우에만 포괄하여 하나의 범죄가 성립한다고 볼 수 있을 뿐이다(대법원 2012. 05. 10. 선고 2011도12131 판결 등 참조).

위 법리에 비추어 보면, 다수의견의 논리대로 링크 행위가 공중송신권 침해행위에 대한 방조에 해당할 수 있다고 가정하더라도, 링크 행위는 공중송신권을 침해한 정범별로, 링크의 대상이 되는 저작물별로 실체적 경합의 관계에 있는 별개의 죄를 구성한다고 보아야 공범의 성립, 죄수, 책임에 관한 일반적인 법리에 부합한다. 따라서 링크 행위의 계속성(반복성) 여부에 따라 링크로 인한 방조의 성립 여부 자체가 달라진다는 다수의견의 논리는, 한 명의 정범이 업로드한 단일 저작물인 침해 게시물로 연결하는 다수의 링크 행위가 계속적으로 이루어진 경우에 한하여 적용된다는 취지가 아닌 이상, 특정 행위의 구성요건 해당성을 판단할 때에 그와 별개의 죄를 구성하는 다른 행위들의 태양을 종합적으로 고려할 수 있음을 전제하는 것이 되어 방조범의 성립과 종속성, 죄수 등 형사법의 기본 체계와 이론에 부합하지 않는다. 예컨대, 이 사건에서 피고인은 2015. 7. 25. 제1심 판시 범죄일람표 순번 1 기재와 같이 이 사건 사이트 게시판에 '(아이디 생략)'이라는 아이디를 사용하는 정범이 해외 공유사이트에 업로드한 드라마 '미생'의 복제 영상에 연결하는 링크를 게시하였다. 링크 행위가 공중송신권 침해행위의 방조에 해당할 수 있다는 다수의견의 논리대로라도, 위 링크 행위는 피고인의 다른 링크 행위와 별개의 죄를 구성하는데, 다수의견은 위 링크 행위로 인한 방조의 성립 여부를 개별적·독자적으로 판단하지 않고, 피고인이 이 사건 사이트를 운영하면서 계속적·반복적으로 링크 행위를 해왔다는 점을 들어 이 사건 링크 행위 전체가 방조를 구성한다고 보고 있다. 이러한 다수의견의 논리는 종래의 방조범의 성립과 종속성, 죄수에 관한 기본 법리를 무너뜨리는 것이어서 받아들일 수 없다.

(3) 링크는 URI를 웹페이지 문서와 연결하여 인터넷 이용자가 링크를 클릭하면 시간과 공간에 구

애받지 않고 URI로 표시된 정보에 접근할 수 있도록 하는 기술이다. 링크의 위와 같은 기능은 링크의 양이나 게시 기간, 링크가 게시된 인터넷 환경과는 무관하게 일정하게 수행되는 것이므로, 링크 행위의 태양이나 링크가 게시된 인터넷 환경에 따라 링크 행위와 정범의 공중송신권 침해행위 사이의 관련성 내지 인과관계가 실질적으로 달라진다는 다수의견의 전제도 타당하지 않다. 월드와이드웹 기반의 또 다른 서비스인 이른바 소셜 네트워크 서비스의 발달 등으로 인터넷상에서 이루어지는 정보의 교환 방식이 다양해지고, 영리를 목적으로 만들어진 웹사이트 못지않게 대중의 관심을 끄는 개인 블로그 등이 늘고 있는 현실 등에 비추어 보면, 링크 행위의 영리성이 링크 행위와 정범의 공중송신권 침해행위 사이의 관련성 내지 인과관계의 존재 여부를 결정할 핵심적인 기준이 된다고 보기도 어렵다. 더욱이 링크 행위의 영리성은 링크 행위자가 행위 당시에 가진 '목적'에 관한 사항일 뿐인데, 행위 당시 행위자가 가진 목적에 따라 그 행위와 다른 행위 사이의 관련성 내지 인과관계가 달라진다고 볼 수 없다.

(4) 다수의견이 제시하는 방조범이 성립하기 위한 요건인 '영리적·계속적' 게시라는 행위태양은 정범의 경우에는 '영리를 목적으로 또는 상습적으로'라는 규정형식을 통해 친고죄에서 제외되기 위한 소추조건에 해당한다(저작권법 제140조 단서 제1호). 다수의견의 논리대로라면 정범의 경우에는 소추조건에 해당하는 사항이 방조범의 경우에는 성립 요건이 된다는 것인데, 이는 정범과 방조범 사이에 구성요건이 분리되는 기이한 결과를 가져와 방조의 종속성에 반한다.

(5) 링크 이용자로 하여금 개별적으로 선택한 시간과 장소에서 침해 게시물에 쉽게 접근하여 이용할 수 있도록 하는 것은 링크 행위의 기본적 속성이고, 인터넷상에서 링크 행위를 하는 경우 특정 소수만이 링크의 이용자가 되는 것이 예외적이라고 여겨질 정도로 공중의 구성원이 링크의 이용자가 되는 것이 일반적이다. 따라서 다수의견이 제시하고 있는 '링크 행위가 공중의 구성원이 개별적으로 선택한 시간과 장소에서 침해 게시물에 쉽게 접근하여 이용할 수 있도록 하는 정도에 이르러야 한다.'는 기준은 링크를 영리적·계속적으로 게시할 때에만 충족되는 것이 아닐뿐더러 링크 행위와 정범의 침해행위 사이의 인과관계 존재 여부를 결정할 기준이 된다고 보기도 어렵다.

(6) 방조의 성립 여부는, 기존에 대법원이 확립한 바대로 특정 행위가 정범의 실행행위를 용이하게 하는 것인지(여기에는 방조행위와 정범의 실행행위 사이의 관련성 내지 인과관계의 문제가 포함된다), 그 행위 당시 행위자에게 방조의 고의와 정범의 고의가 있었는지를 따져서 결정하면 된다. 형법 제31조에서 정한 교사의 성립 여부를 특정 행위로써 정범이 범죄의 결의를 하게 되었는지, 그 행위 당시 행위자에게 교사의 고의와 정범의 고의가 있었는지를 따져서 결정하면 족한 것과 마찬가지이다.

다수의견은 기존에 대법원이 확립한 이러한 일반적인 원칙에서 벗어나 마치 링크 행위가 독자적인 범죄행위에 해당하는 것처럼 링크 행위 자체의 반가치, 그 행위로 인한 법익 침해의 정도를 종합적으로 고려하여 링크 행위의 방조범 성립 여부를 판단하고 있다.

이렇듯 다수의견은 영리적·계속적 링크 행위와 그 밖의 링크 행위 사이에 정범의 공중송신권 침해행위와의 인과관계 존재 여부가 달라지는 이유에 대해서 구체적이고도 설득력 있는 논증을 하지 못하고 있다. 다수의견의 위와 같은 논리적 한계 및 그로 인해 침해 게시물로 연결되는 링크를 제공하는 행위 모두가 방조범에 해당할 수 있는 잠재적 가능성은 처벌의 필요성을 이유로 이 사건 링크 행위를 처벌하고자 한다면 별도의 구성요건을 창설하여야 한다는 반대의견이 타당함을 여실히 보여준다.

라. 판례 변경의 정당성에 관하여

앞에서 살펴본 바와 같이 종전 판례는 여전히 타당하므로 이를 변경할 필요는 없다. 설사 종전 판례에 따르면 새로운 입법 없이는 저작권 침해물 링크 사이트에서의 영리적·계속적 링크 행위를 저작권법 위반죄의 정범은 물론이고 방조범으로도 처벌하지 못하는 현실적인 문제가 있다고 하더라도, 우리 사회에서 이 사건 쟁점에 대해 대법원이 종전 판례의 견해를 채택하였음을 당연한 전제로 하여 국민들이 일상생활을 영위하고 국회도 입법을 통해 무분별한 링크 행위로 야기되는 문제 등에 대처하고자 법률 개정 논의를 진행하고 있는 현시점에 대법원이 종전 판례를 변경하여 이 사건 링크 행위를 유죄로 인정하는 것은 법적 안정성을 심각하게 훼손할 우려가 있다.

대법원이 일정한 유형의 행위에 대하여 처벌의 대상이 아니라고 명시적인 견해를 밝힌 경우 법령 개정 등의 사정변경 없이 그 견해를 바꾸어 처벌의 대상으로 판단하는 것은 판례의 모순·저촉 상황을 해소하기 위해 불가피한 경우, 시대 상황이 근본적으로 바뀌어 종전 견해를 고집하면 현저히 정의에 반하게 되는 경우 등이 아니면 원칙적으로 허용되지 않는다고 보아야 한다. 대법원이 처벌법규의 해석을 통해 일정한 유형의 행위가 처벌의 대상이 되는지를 판단하면, 이러한 판단은 처벌법규와 어우러져 국민들이 준수할 행위 준칙으로서의 기능을 하게 된다. 특히 대법원이 특정 유형의 행위에 대하여 처벌의 대상이 아니라고 명시적인 견해를 밝힌 경우 그러한 판단을 신뢰하여 행동한 국민들은 법적으로 보호받아 마땅하다. 대법원이 확립된 판례를 통해 처벌의 대상이 아니라고 본 행위를 한 사람을 법령 개정 등의 사정변경 없이 처벌하는 것은 헌법상 형벌불소급의 원칙 및 평등의 원칙과 조화되기 어렵고, 대법원이 세워놓은 판단 기준을 허물어 처벌의 영역을 확장하는 것은 국민들에게 행위 준칙을 제공하는 역할을 포기하는 것과 다를 바 없다. 이 사건 공소사실 행위는 대법원이 종전 판례를 통해 링크 행위는 저작권법 위반 방조죄를 구성하지 않는다고 판단한 직후에 행해진 것이라는 점에 비추어 보면, 이 사건에서 종전 판례를 변경하여 유죄로 판단할 정당성은 더욱 인정되기 어렵다고 하지 않을 수 없다.

마. 소 결

이 사건 링크 행위가 공중송신권 침해의 방조행위가 될 수 없다고 보아 이 사건 공소사실을 무죄로 판단한 원심판결은 종전 판례의 견해에 따른 것으로서 정당하고, 거기에 공중송신권 침해행위의 방조에 관한 법리를 오해하여 판결에 영향을 미친 잘못이 없다.

이 사건 쟁점과 관련하여 대법원이 오랜 기간 일관되게 유지해 온 형법상 방조의 개념을 확장하고는, 그로 인한 부작용이 우려되자 특정 사안에만 적용될 수 있는 이른바 핀셋(pincette) 법리(그러나 다수의견이 이 사건에서 채택한 방조의 개념 확대가 이 사건과 같은 유형의 행위에만 그 영향을 미치리라는 보장은 없다)를 도입하여 법적 안정성을 후퇴시킨 다수의견에 동의할 수 없다. 이상과 같은 이유로 다수의견에 찬성할 수 없음을 밝힌다.

11. 다수의견에 대한 대법관 김재형, 대법관 천대엽의 보충의견

이 사건 링크 행위가 공중송신권 침해의 방조에 해당한다는 다수의견의 취지와 논거를 보완하고 반대의견의 비판에 대하여 간략하게라도 답변하고자 한다.

가. 전송의 방법에 의한 공중송신권 침해의 의미와 이에 대한 법적 평가

(1) 정범의 행위인 공중송신권 침해는 저작재산권을 공중송신의 방법으로 침해하는 것, 달리 말해 저작물을 저작재산권자의 이용허락 없이 공중송신하는 행위이다. 이 사건에서 문제 되는 정범의 행위는 공중송신 중 '전송'이다. 전송은 다수의견에서 보았듯이 저작물 등을 업로드하여 공중이 접근할 수 있도록 이용에 제공하는 것이고, 공중의 구성원에게 저작물 등을 실제로 송신하였는지 여부와는 관계없다.

이는 저작권법의 정의 규정을 보면 명확하다. 공중송신은 저작물 등을 공중이 수신하거나 접근하게 할 목적으로 무선 또는 유선통신의 방법에 의하여 송신하거나 이용에 제공하는 것이다(저작권법 제2조 제7호). 전송은 공중송신 중 공중의 구성원이 개별적으로 선택한 시간과 장소에서 접근할 수 있도록 저작물 등을 이용에 제공하는 것으로서, 그에 따라 이루어지는 송신을 포함한다(저작권법 제2조 제10호). 저작권법상 전송은 '공중의 구성원이 개별적으로 선택한 시간과 장소에서 접근할 수 있도록 저작물 등을 이용에 제공하는 것'이고, 그에 따라 이루어지는 기계적인 송신은 전송의 부수적인 요소에 지나지 않는다. 전송에서 말하는 '저작물 등을 이용에 제공하는 것'이란 공중의 구성원이 원하면 언제든지 저작물 등에 접근할 수 있도록 허용하는 접근가능성 제공을 뜻한다. 공중의 구성원에게 저작물 등을 실제로 송신하지 않더라도 저작물 등을 업로드하여 공중의 구성원이 개별적으로 선택한 시간과 장소에서 접근할 수 있도록 하면 전송에 해당하게 된다.

(2) 저작권법 제136조 제1항 제1호는 저작재산권을 공중송신의 방법으로 침해한 자를 구성요건으로 하고 있다. 공중송신 중 전송은 그 개념 자체에서 시간적 계속성을 예정하고 있다. 가령 인터넷 웹사이트 서버에 저작재산권자의 이용허락 없이 저작물을 업로드하여 누구나 원하는 시간과 장소에서 이에 접근할 수 있도록 이용에 제공하는 행위는 공중송신권을 계속 침해하고 있다고 볼 수 있다. 이러한 행위는 일정한 위법행위의 실행과 그 지속성을 내포하고 있으므로, 최초의 위법행위뿐만 아니라 그 계속 행위에 대해서도 공중송신권 침해라는 점에서는 동일하게 평가할 수 있다. 정범이 서버에 저작물을 업로드하는 위법행위를 저질러 공중송신권 침해의 위법상태를 야기한 다음 업로드한 저작물의 게시를 철회하지 않는다면, 공중의 구성원이 개별적으로 선택한 시간과 장소에서 접근할 수 있도록 이를 무선 또는 유선통신의 방법으로 공중의 이용에 제공하는 위법행위가 계속되고 있다고 볼 수 있다. 따라서 전송의 방법에 의한 공중송신권 침해는 저작물(침해 게시물)의 게시가 철회되기 전까지는 침해행위가 계속되는 계속범에 해당한다.

법원 실무에서도 다른 사람의 저작물을 무단으로 업로드하여 공중송신권을 침해하는 행위를 계속범으로 보는 사례가 있다. 무단 업로드한 게시물이 게시되어 있는 기간 동안에는 공중송신권 침해 범행이 계속되고 있다고 보아 그 게시 기간 등이 특정된 경우 공소사실이 특정되었다고 판단한 대법원판결(대법원 2015. 11. 12. 선고 2015도3968 판결) 역시 공중송신권 침해가 계속범에 해당한다는 전제에 있다고 이해할 수 있다.

(3) 저작권 침해물 링크 사이트에서 제공하는 링크를 통해 인터넷 이용자가 침해 게시물에 쉽게

접근할 수 있다는 것은 분명하다. 전송의 방법으로 저작재산권을 침해하는 정범의 입장에서 '공중이 침해 게시물에 접근하는 것'은 실질적으로 '침해 게시물을 공중의 이용에 제공하는 것'과 같다. 위와 같은 링크로 말미암아 침해 게시물에 대한 공중의 접근이 쉬워지면, 그에 상응하여 공중이 선택한 시간과 장소에서 접근할 수 있도록 침해 게시물을 공중의 이용에 제공하는 방법으로 저작재산권을 침해하는 정범의 실행행위도 쉬워지고 공중송신권에 대한 법익 침해도 강화된다. 따라서 저작권 침해물 링크 사이트에서 침해 게시물 등에 연결되는 링크를 제공하는 행위는 정범의 공중송신권 침해행위의 계속 중에 이를 용이하게 하는 방조행위 개념에 포함될 수 있다.

나. 방조에 관한 일반 법리와 공중송신권 침해 방조에 관한 종전 판례의 부정합성

(1) 종전 판례는 '링크를 하는 행위 자체는 위와 같이 인터넷에서 링크하고자 하는 웹페이지 등의 위치 정보나 경로를 나타낸 것에 불과하여, 인터넷 이용자가 링크 부분을 클릭함으로써 저작권자로부터 이용허락을 받지 아니한 저작물을 게시하거나 인터넷 이용자에게 그러한 저작물을 송신하는 등의 방법으로 저작권자의 복제권이나 공중송신권을 침해하는 웹페이지 등에 직접 연결된다고 하더라도 그 침해행위의 실행 자체를 용이하게 한다고 할 수는 없다.'고 하였다. 이는 정범의 공중송신권 침해행위의 실행을 저작물의 무단 게시행위나 무단 송신행위 등으로 보면서, 그러한 저작물에 연결되는 링크는 무단 게시행위나 무단 송신행위의 실행 자체를 용이하게 하지 않았다는 취지이다. 종전 판례에 따르면, 정범의 저작물 게시행위(업로드) 자체를 용이하게 하는 경우 또는 업로드 후 인터넷 이용자의 요청에 따라 기계적으로 이루어지는 저작물 송신행위 자체를 용이하게 하는 경우에만 방조범이 성립하게 된다.

그러나 방조를 단지 정범의 '실행 자체'를 용이하게 하는 행위로 제한된다고 본 선례는 방조범에 관한 일반적인 대법원판결들에서는 찾을 수 없다. 대법원은 정범에게 범행의 결의를 강화하도록 하는 것과 같은 무형적, 정신적 방조행위까지도 널리 형법상 방조행위에 해당한다고 판단해 왔다(대법원 1995. 09. 29. 선고 95도456 판결, 대법원 2018. 09. 13. 선고 2018도7658, 2018전도54, 55, 2018보도6, 2018모2593 판결 등 참조). 종전 판례는 공중송신의 방법으로 저작재산권을 침해하는 범죄에 한하여 유독 방조의 성립 범위를 좁힌 것으로서 방조에 관한 대법원의 확립된 판례와 정합성이 없다(이러한 의미에서 종전 판례 법리야말로 반대의견의 어법을 따르면 '핀셋 법리'라고 할 수 있다).

(2) 위에서 보았듯이 공중의 구성원에게 저작물 등을 실제로 송신하지 않더라도 저작물 등을 업로드하면 공중이 접근할 수 있도록 공중의 이용에 제공하는 것으로서 전송에 해당한다. 그러나 종전 판례는 정범의 행위를 단지 저작물의 게시라는 자연적인 행위 또는 인터넷 이용자의 요청에 따라 이루어지는 저작물의 송신이라고 파악하고 있을 뿐이다. 공중송신 중 전송의 방법에 의한 저작재산권 침해는 '공중이 접근할 수 있도록 저작물 등을 이용에 제공하는 것'이 본질적 요소인데도 종전 판례는 이를 제대로 파악하지 못하였다.

전송의 방법에 의한 저작재산권 침해의 범죄행위는 저작재산권자의 이용허락 없이 저작물을 게시함으로써 종료되는 행위가 아니라 저작물의 게시가 철회되기 전까지 범죄행위가 계속 반복된다. 저작물의 게시 기간이 길어지거나 저작물에 상시 접근할 수 있는 공중의 구성원이 많아질수록 저작물이 무단으로 공중의 이용에 제공되어 저작재산권자의 공중송신권이 침해되는

정도도 심화된다. 링크를 통하여 저작물의 위치 정보나 경로를 알려주면, 인터넷 이용자들이 원하면 언제든지 저작물에 쉽게 접근할 수 있어 저작물을 공중의 이용에 제공하는 정범의 행위가 용이해질 수 있다. 그런데도 종전 판례는 링크가 정범의 공중송신권 침해행위를 용이하게 하지 않는다고 단정하여 방조범의 성립 가능성을 원천적으로 부정하였다. 이는 종전 판례가 정범의 구성요건에 해당하는 전송의 방법에 의한 저작재산권 침해의 의미를 제대로 살피지 못한 채 이에 대한 법적 평가를 잘못하였기 때문이다.

다. 반대의견의 문제점

(1) 반대의견은, 다수의견이 이 사건 링크 행위를 처벌하기 위해 대법원이 유지해 온 형법상 방조의 개념을 확장한 다음 그로 인한 부작용이 우려되자 특정 사안에만 적용될 수 있는 이른바 핀셋 법리를 도입하여 법적 안정성을 후퇴시켰다고 비판한다. 그러나 다수의견은 종전 판례에 대한 법원 내부와 외부의 비판(가령 박준석, "인터넷 링크 행위자는 이제 정범은 물론 방조범조차 아닌 것인가・", 산업재산권 제48호, 한국지식재산학회, 2015, 80-81면; 이해완, "링크 사이트에 의한 저작권 침해 확산에 대한 입법적 대응방안 연구", 성균관법학 제29권 제4호, 성균관대학교 법학연구원, 2017, 418-421면 참조)을 수용하고 방조의 개념에 관한 판례와 다수설을 이 사건에 적용한 것이기 때문에, 위와 같은 비판은 아무런 근거가 없다. 이 사건은 방조 개념의 확장 문제와는 관계가 없는데도, 반대의견은 이 사건을 전혀 다른 맥락으로 파악하고 있다.

학계의 다수설은 방조의 개념을 '정범에 의한 구성요건의 실행을 가능하게 하거나 용이하게 하거나 또는 정범에 의한 법익 침해를 강화하는 것'이라고 정의하고 있다(다수의 형법 교과서나 주석서만 보더라도 이를 확인할 수 있다. 가령 김일수・서보학, 새로쓴 형법총론, 제13판, 박영사, 2018, 491면; 이재상・장영민・강동범, 형법총론, 제10판, 박영사, 2019, 520면 참조). 이것이 판례의 입장과 다르다거나 방조의 개념을 확장한 것이라고 주장하는 견해는 찾을 수 없다. 대법원이 여러 차례에 걸쳐 방조의 개념을 '정범의 실행행위를 용이하게 하는 직접・간접의 모든 행위'라고 하였는데, 이는 정범의 범죄 실현을 용이하게 하는 행위로서 정범에 의한 법익 침해를 강화・증대하는 행위와 다르지 않다. 다수의견은 침해 게시물을 공중의 이용에 제공하는 정범의 범죄행위 계속 중 피고인이 이 사건 링크 행위로 정범의 범죄를 용이하게 하였고 더 나아가 그에 따라 정범에 의한 공중송신권 침해가 강화・증대되어 방조범의 성립을 충분히 인정할 수 있다는 취지이지, 방조의 개념을 확장하여 방조가 아닌 사안을 방조로 포섭시킨 것이 아니다.

반대의견은 다수의견이 정범의 실행행위 종료 이후의 행위에 대해서도 방조 성립의 가능성을 열어두었다고 하지만, 이것도 다수의견을 오독한 것이거나 근거가 없는 비판이다. 다수의견은 정범의 범죄행위의 종료 후에도 방조범이 성립할 수 있다고 한 적이 없다. 종범은 정범이 실행행위를 하기 전이나 실행행위를 하던 중에 정범을 방조하여 실행행위를 용이하게 하는 것을 말하므로 정범의 '범죄 종료' 후에 이루어지는 이른바 사후방조를 종범이라고 볼 수 없다는 것은 대법원의 확립된 판례이다(대법원 1982. 04. 27. 선고 82도122 판결, 대법원 2009. 06. 11. 선고 2009도1518 판결 등 참조). 다수의견이 사용한 '범죄행위의 종료'라는 표현은 대법원 판례에서 말하는 '범죄 종료'와 같은 뜻이다.

대법원은 정범의 범죄가 기수에 이른 이후에도 범죄행위가 종료하기 전에는 정범의 범죄에 대한 방조가 성립할 수 있다고 판단하였다(대법원 2012. 08. 30. 선고 2012도6027 판결 등 참조). 범죄가 기수에 이른 이후에도 범죄행위가 종료하지 않은 계속범의 경우에는 행위가 계속되는 동안 방조가 성립할 수 있다. 이러한 판례의 태도는 다수의견과 같이 정범의 범죄가 기수에 이른 후에도 범죄행위가 종료하기 전까지는 정범의 법익 침해를 강화하는 행위가 방조행위에 포함될 수 있음을 보여주는 근거가 된다. 예를 들어 감금죄는 피해자를 일정한 장소에 감금함으로써 기수에 이르지만, 그 후 정범의 범행을 알면서 피해자를 감금된 장소 밖으로 나가지 못하도록 하는 자는 그 행위를 통해 정범에 의한 신체적 활동의 자유 침해를 강화하여 정범의 범죄 실현에 기여하므로 감금죄의 방조범이 성립한다.

반대의견은 다수의견이 정범의 실행행위가 아닌 범죄 실현과 관련성만 있어도 방조가 성립할 수 있다고 보아 방조의 범위를 확장하였다고 한다. 그러나 다수의견은 어떠한 행위가 단지 정범의 범죄 실현과 관련성만 있어도 방조라고 한 것이 아니다. 다수의견은 "방조란 정범의 구체적인 범행준비나 범행사실을 알고 그 실행행위를 가능·촉진·용이하게 하는 지원행위 또는 정범의 범죄행위가 종료하기 전에 정범에 의한 법익 침해를 강화·증대시키는 행위로서, 정범의 범죄 실현과 밀접한 관련이 있는 행위를 말한다."라고 하였다. 다수의견은 방조행위와 정범의 범죄 실현 사이에 인과관계가 필요하다는 점을 분명히 하였다. 다수의견이 말하는 '정범의 범죄 실현과 밀접한 관련이 있는 행위'란 정범의 범죄 실현과 인과관계가 있는 행위여야 방조라고 할 수 있다는 점을 강조한 것으로서, 방조행위의 영향력이 정범의 범의 강화, 실행행위는 물론 정범 결과에까지 미쳐야만 방조범 성립을 위한 인과관계를 인정할 수 있다는 취지이다. 반대의견은 다수의견을 제대로 이해하지 못하고 있다. 공범의 처벌근거는 공범이 정범의 실행행위를 통해서 간접적으로 법익 침해라는 정범 결과의 발생을 야기하는 데 있는데도, 반대의견은 정범의 실행행위만을 방조행위의 결과라고 여기고 있을 뿐이다. 오히려 반대의견과 같이 방조행위와 정범 결과 사이의 인과관계를 무시할 경우에 방조범의 성립 범위가 지나치게 확대되는 문제가 발생한다. 다수의견이 방조의 개념을 확장하였다는 전제에서 나온 반대의견의 비판은 타당하지 않다.

(2) 반대의견은 영상저작물을 공중의 이용에 제공하는 정범의 행위가 업로드로써 종료된다는 점을 중시하고 있는데, 그 근거로 정보통신망을 이용한 명예훼손 행위는 명예훼손적인 글의 게시행위로써 종료된다는 대법원 2007. 10. 25. 선고 2006도346 판결을 들고 있다. 그러나 위 판결은 전송의 방법에 의한 공중송신권 침해에 대해 그대로 적용할 수 없다.

명예훼손에서는 서적·신문 등 기존 매체에 명예훼손적인 내용의 글을 게시하는 경우에 게시행위로써 명예훼손의 범행이 종료한다. 위 판결은 정보통신망을 이용한 명예훼손의 경우 명예훼손적인 글을 게시한 이후 독자의 접근가능성이 기존 매체에 비하여 좀 더 높다고 볼 여지가 있지만 그러한 정도의 차이만으로 범죄의 종료 시기를 달리 볼 수 없다고 판단하였다. 반면 전송의 방법에 의한 저작재산권 침해는 '공중의 구성원이 개별적으로 선택한 시간과 장소에서 접근할 수 있도록 저작물 등을 이용에 제공하는 것'으로 구성요건적 행위 자체가 공중에 대한 상시 접근가능성 제공을 통한 저작물 등의 계속적인 이용 제공이라는 시간적 계속성을 예정하고 있는 계속범에 속한다. 따라서 정보통신망을 이용한 특정 게시물의 게시 부분이 공통될 뿐 구성요건적 행위의 내용과 법적 성격을 달리하는 위 판결의 법리가 이 사건에서 타당할 수는 없다.

(3) 반대의견은 다수의견에 따를 경우 링크의 자유를 지나치게 위축시키거나 링크가 수행하는 정보전달기능을 제약할 가능성이 크다고 한다. 그 이유로 인터넷 이용자들의 일상적인 링크 행위뿐만 아니라 침해 게시물이 게시된 웹사이트나 웹페이지의 인터넷 주소(URL)를 공개하는 행위 등도 형법상 방조에 해당할 여지가 있다고 한다. 그러나 이는 다수의견의 취지를 오해한 것이다.

다수의견은 인터넷 환경에서 일반적인 표현의 자유와 행동의 자유가 보장되어야 한다는 점을 분명히 하였다. 다만 일반적인 링크의 자유가 그 한계를 넘어 저작자의 저작재산권 침해를 조장·강화하는 등 이를 용이하게 하는 모든 경우에까지 무한정 허용될 수 있는 것은 아니다. 다수의견은 링크의 자유 보장과 저작재산권 보호 사이의 균형과 조화를 도모한다는 관점에서 링크 행위가 정보의 교환과 공유라는 고유의 기능을 넘어서 실질적으로는 정범의 공중송신권 침해를 강화·증대하는 것과 같다고 평가되는 경우에 한하여 방조범 성립을 인정하는 것이지, 그러한 정도에 이르지 않은 웹페이지 주소의 공개 등 일반적이고 통상적인 링크 행위까지 방조범의 성립을 인정하자는 것이 아니다.

행위자가 정범이 공중송신권을 침해한다는 사실을 충분히 인식하면서 그러한 침해 게시물 등에 연결되는 웹사이트나 웹페이지의 인터넷 주소를 영리적·계속적으로 게시하는 등으로 공중의 구성원이 침해 게시물에 쉽게 접근할 수 있도록 하는 행위를 한 경우에는 공중송신권 침해의 방조범이 성립한다고 보아야 한다. 이러한 행위는 저작권법상 전송의 방법에 의한 공중송신권 침해행위의 개념이나 형법상 방조의 법리에 비추어 공중송신권 침해 방조의 요건을 갖추고 있고, 나아가 그 위법성 측면에서도 표현의 자유와 일반적 행동의 자유를 보장하는 법질서 전체적인 관점에서 사회적 상당성을 잃은 행위로 평가할 수 있기 때문이다. 반대의견은 링크의 자유라는 한쪽 법익만을 지나치게 강조한 채 저작재산권자의 보호를 외면하였다는 비판을 면하기 어렵다.

(4) 반대의견은 정보검색 서비스를 통해 침해 게시물에 접근하는 것을 용이하게 하는 포털사이트 운영자의 행위가 형법상 방조에 해당할 여지가 생긴다는 점을 우려하지만, 이것이 다수의견을 반대할 이유가 될 수 없다.

포털사이트 운영자는 '이용자가 선택한 저작물 등을 그 내용의 수정 없이 이용자가 지정한 지점 사이에서 정보통신망을 통하여 전달하기 위하여 송신하거나 경로를 지정하거나 연결을 제공하는 자'로서 저작권법에서 말하는 온라인서비스제공자에 해당한다(저작권법 제2조 제30호). 그런데 이 사건 당시 적용되던 저작권법 제102조는 온라인서비스제공자의 책임 제한이라는 제목으로 제1항 제4호에서 온라인서비스제공자가 '정보검색도구를 통하여 이용자에게 정보통신망상 저작물 등의 위치를 알 수 있게 하거나 연결하는 행위'와 관련하여 저작권이 침해되더라도 정해진 요건을 모두 갖춘 경우에는 그 침해에 대하여 책임지지 아니한다고 정하고 있다. 이 규정은 온라인서비스제공자의 행위가 저작재산권 침해행위에 대한 방조행위가 될 수 있다는 전제에서 일정한 요건을 갖춘 경우에 책임을 면제하는 것으로서, 온라인서비스제공자의 행위가 어떠한 경우에도 절대적으로 면책되어야 한다는 극단적인 입장을 취하지 않는 한, 반대의견의 우려는 이 사건에서 방조범의 성립을 부정할 근거가 될 수 없다.

(5) 반대의견은 종전 판례가 링크 행위와 정범의 공중송신권 침해행위 사이에 직접적인 관련성

또는 인과관계가 존재하지 않는다는 이유를 들어 링크 행위를 형법상 방조의 범위에서 제외하였다고 한다. 그러나 종전 판례는 그러한 이유를 들어 판단하지 않았고 판결문 어디에서도 그러한 표현이 나와 있지 않다.

라. 다수의견이 제시한 기준의 타당성

(1) 반대의견은, 다수의견이 여러 정범들의 다수의 저작물에 대한 저작권 침해행위를 링크의 방법으로 방조한 경우에도 별개의 죄인 각각의 링크 행위들을 종합하여 영리성·계속성이 충족되면 전체 링크 행위에 대해 방조죄가 성립한다고 보고 있어 공범의 성립, 죄수 등 형사법의 기본 체계나 관련 법리에 부합하지 않는다고 비판한다. 그러나 이는 다수의견의 취지를 곡해한 것이다.

다수의견은 방조의 대상이 되는 각 정범의 행위나 저작물의 수와 무관하게 죄수가 결정된다고 한 적이 없다. 별개의 죄를 구성하는 다른 행위들이 언제나 함께 고려되어야 한다고 한 적도 없다. 각각의 링크 행위들을 종합하여 영리성·계속성이 충족되면 전체 링크 행위에 대해 단일한 방조죄(이 점에 대한 반대의견의 취지가 불명확하나, 공중송신권 침해 방조죄의 포괄일죄를 말하는 것으로 보인다)가 성립한다고 한 적도 없다. 저작재산권 침해행위는 저작권자가 같더라도 저작물별로 침해되는 법익이 다르므로 각각의 저작물에 대한 침해행위는 원칙적으로 각 별개의 죄를 구성한다는 것은 대법원의 확립된 판례이다(대법원 2012. 05. 10. 선고 2011도12131 판결, 대법원 2013. 08. 23. 선고 2011도1957 판결 등 참조). 하나 또는 여러 정범의 저작재산권 침해행위가 실체적 경합관계에 있는 경우 특별한 사정이 없는 한 그러한 저작물로 연결되는 링크 행위 또한 공중송신권을 침해한 정범별로 혹은 링크의 대상이 되는 저작물별로 실체적 경합의 관계에 있는 별개의 방조행위가 된다는 것은 당연하다.

다수의견은 피고인에게 방조의 고의가 있는지, 피고인이 이 사건 링크 행위를 통해 정범의 실행행위 또는 구성요건적 결과 발생의 기회를 현실적으로 강화·증대시켰는지 등을 증명하는 과정에서 링크가 제공되는 환경, 링크의 게시 목적 등과 함께 링크 행위의 영리적·계속적인 측면을 주요 정황의 하나로 고려하여야 한다는 의미일 뿐이고, 공범의 종속성을 부정하거나 방조범 죄수의 일반론을 부정하는 취지가 아니다.

(2) 반대의견은, 링크 행위자가 가진 목적에 불과한 영리성이나 링크 행위의 양태, 링크가 게시된 인터넷 환경 등에 따라 링크 행위와 정범의 공중송신권 침해행위 사이의 관련성이나 인과관계의 존재 여부가 달라질 수 없다고 한다. 나아가 링크 행위가 공중의 구성원이 침해 게시물에 쉽게 접근할 수 있도록 하는 정도에 이르러야 방조범이 성립한다는 다수의견의 기준은 링크를 영리적·계속적으로 게시할 때에만 충족되는 것도 아니라고 비판한다.

다수의견을 다시 설명하자면 다음과 같다. 링크 행위가 전송의 방법에 의한 공중송신권 침해의 개념이나 방조범의 일반 법리에 비추어 그 성립 요건을 충족하는 경우에는 공중송신권 침해의 방조범에 해당할 수 있다. 다만 방조범 성립 여부를 판단할 때에는 인터넷에서 링크가 가지는 정보 유통의 기능, 표현의 자유나 일반적 행동의 자유의 일환으로서 링크 행위의 자유를 충분히 보장할 필요성 등을 고려하여 고의나 인과관계에 관한 요건을 엄격하게 적용하여 합리적인 범위 내에서 방조범의 성립을 제한하여야 한다.

방조범은 정범 범행의 성립과 계속, 강화와 증대 등에 실질적으로 기여하는 사실이 인정되어야 성립할 수 있다. 이 사건에서 피고인이 단지 일상적인 정보 교환을 위한 링크 행위의 수준에 그쳤다면 공중송신권 침해라는 정범 범행의 성립이나 강화 등에 실질적으로 기여하는 사실이나 고의를 인정하기 어려울 것이다. 그러나 피고인이 저작권 침해물 링크 사이트를 운영하면서 확정적인 고의로 그 링크를 영리적·계속적으로 제공하여, 전송의 방법으로 공중송신권을 침해하는 정범의 범죄 실현에 현실적으로 기여한 사실이 증명되었으므로 방조범 성립 요건을 구비하였다고 인정할 수 있다.

다수의견은 이와 같이 방조범의 고의, 정범과 방조범 사이의 인과관계와 그 증명을 엄격히 요구함으로써 방조범의 성립을 합리적인 범위 내에서 제한적으로 인정할 필요가 있다고 보았다. 특히 인과관계 문제는 이 사건에서 중요한 부분이다. 종래의 판례는 방조행위와 정범의 범죄 실현 사이의 인과관계를 명시적으로 언급하지 않았고, 다만 학설상 인과관계 필요설에 입각하고 있다는 평가를 받아 왔을 뿐이다. 방조행위와 정범의 범죄 실현 사이에 인과관계가 있어야 하는지 여부와 그 정도에 대해서는 다양한 견해가 있는데, 단순한 위험의 창출이나 증대가 아니라 정범의 구체적 위험의 실현이나 결과 발생의 기회를 증대시킨 경우에 한하여 방조범을 인정할 수 있다는 구체적·인과적 기회증대설 또는 인과적 위험증대설이 국내의 일반적인 견해이다. 이에 따르면, 방조행위가 정범의 실행행위 또는 법익 침해의 결과 발생과 밀접하게 관련되어 정범의 범죄 실현에 현실적으로 기여하였다고 인정할 수 있는 행위, 즉 정범의 '실행행위' 또는 '구성요건적 결과 발생'의 기회를 현실적으로 증대시킨 경우에 한하여 방조범이 성립하고, 이러한 정도에 이르지 않으면 방조행위가 성립하지 않는다.

다수의견은 방조행위와 정범의 범죄 실현 사이에 인과관계가 필요하다는 점을 명시적으로 긍정하고 있다. 이는 일체의 기회증대가 아니라 실질적 인과관계 있는 인과적 기회증대의 경우로 방조범의 성립을 제한할 필요가 있음을 분명히 한 것이다.

다수의견이 이 사건 링크 행위에 의한 방조범 성립의 주요 정황의 하나로 들고 있는 사정, 즉 저작권 침해물 링크 사이트에서 침해 게시물 등에 연결되는 링크를 영리적·계속적으로 제공하는 경우 등과 같은 링크 행위의 유형은 공중의 구성원이 침해 게시물에 쉽게 접근할 수 있도록 하는 정도로 정범의 범죄 실현에 대한 구체적·인과적 기회증대를 인정할 수 있거나 방조범의 확정적인 고의를 추단할 수 있는 하나의 지표이다. 그러나 이것이 인과관계의 존재나 고의 또는 이를 전제로 하는 방조범의 성립을 인정하기 위한 절대적인 기준은 아니다. 이와 다른 전제에서 나온 반대의견의 비판은 타당하지 않다.

(3) 반대의견은, 다수의견이 링크 행위가 독자적인 범죄행위에 해당하는 것처럼 링크 행위 자체의 반가치, 그 행위로 인한 법익 침해의 정도를 고려하고, 나아가 '영리적·계속적'게시라는 행위 양태가 정범의 경우에는 소추조건에 해당함에도 방조범의 경우 성립 요건이 된다고 봄으로써 대법원이 확립한 일반원칙인 방조의 종속성에 반한다고 한다. 그러나 공범의 성립이 정범의 성립에 종속된다는 것은 대법원의 확립된 견해이고(대법원 2000. 02. 25. 선고 99도1252 판결, 대법원 2017. 05. 31. 선고 2016도12865 판결 등 참조), 다수의견도 링크 행위를 정범과는 독립하여 성립하는 독자적인 범죄행위로 평가하고 있지 않다. 다수의견은 저작권법상 소추조건 규정에서 정한 사항을 방조범의 성립 요건으로 인정하자는 취지도 아니다.

다수의견이 링크 행위의 성격을 고려하는 이유는 링크 행위가 가지는 가치중립성과 표현의 자유나 일반적 행동 자유의 측면에서 링크 행위의 의미를 규명하고 방조범에서 말하는 인과관계와 위법성의 측면에서 링크 행위의 영리적·계속적 형태 등 관련 정황을 고려하여 평가하기 위한 것이다. 링크 행위로 인한 법익 침해의 정도 역시 링크 행위자가 아닌 정범에 의한 법익 침해의 정도를 뜻하는 것으로, 링크 행위가 정범의 범죄 실현에 기여한 행위로서 방조범이 성립할 수 있는 행위인지를 판단할 때 당연히 고려하여야 하는 요소이다. 이러한 정황들이 저작권법상 소추조건 규정에서 정한 요건과 개념상 중복된다고 하더라도, 다수의견은 이를 구체적 사안에서 방조행위와 정범의 범죄 실현 사이의 인과관계와 위법성에 대한 증명과 평가의 문제로 포섭하고자 하는 것일 뿐이고, 방조범의 일반 법리에서 벗어나 방조행위의 양태를 방조범의 독자적인 성립 요건으로 삼아야 한다는 것이 아니다.

공범의 성립에 관한 제한적 종속형식설에 따르더라도 방조범이 성립하는지는 정범의 구성요건 해당성과 위법성에 종속될 뿐 정범의 책임에까지 종속되지 않는다. 책임은 행위자 개인에 대한 법적 비난이므로 책임의 개별화가 실현되어야 하고, 이에 따라 방조범의 책임은 정범과는 독자적으로 확정된다. 정범보다 가벌성이 높은 방조범 고유의 책임을 인정하는 것 역시 방조범의 일반 법리상 이례적이지 않다. 책임의 개별화 원칙으로 가벌성이나 양형책임의 측면에서 정범보다 무거운 방조범도 있을 수 있다. 방조범의 형은 '정범'의 형보다 감경하지만(형법 제32조 제2항), 여기서 '감경한다.'는 것은 법정형의 감경을 뜻하고 선고형을 감경한다는 것이 아니므로, 방조범에 대한 '선고형'이 정범보다 가볍지 않더라도 위법하지 않다는 것이 판례이다(대법원 2015. 08. 27. 선고 2015도8408 판결 등 참조). 다수의견은 형사법의 대원칙인 개인책임의 원칙 또는 책임의 개별화 원칙에 따라 위와 같은 여러 정황들을 방조범인 피고인의 책임과 관련한 요소로서도 아울러 고려할 수 있다는 취지이지, 방조범이 정범과 독립하여 성립한다는 것이 아니다.

마. 종전 판례 변경의 필요성

(1) 이미 살펴본 것처럼 종전 판례는 정범의 구성요건적 행위인 저작권법상 전송의 의미를 제대로 살피지 못하고 형법상 방조의 개념을 잘못 해석하여 침해 게시물에 대한 링크 행위의 공중송신권 침해 방조범 성립을 전면적으로 부정하였다. 이러한 판례는 저작권법상 공중송신권 침해와 형법상 방조범 성립 요건에 관한 법리에 비추어 타당하지 않아 더 이상 유지될 수 없다.

(2) 반대의견은, 종전 판례가 국민들의 행위 준칙으로서 실질적인 규범력을 가지게 되었다는 전제에서 피고인의 링크 행위를 판례 변경을 통해 방조범으로 처벌하는 것을 우려한다. 그렇지만 대법원 판례일지라도 그것이 올바르지 않다면 이를 바로잡는 조치는 빠를수록 바람직하다. 더욱이 대법원이 링크 행위가 공중송신권 침해의 방조가 되지 않는다는 견해를 취한 것은 2015. 3. 12. 선고한 종전 판례가 유일하고, 일반 국민들에게 규범력을 가질 정도로 장기간 유지된 대법원의 확립된 입장도 아니다. 오히려 종전 판례는 저작권 침해물 링크 사이트의 운영자 등에게는 링크라는 수단을 이용하면 어떠한 경우에도 저작재산권 침해의 책임에서 벗어날 수 있고, 그 때문에 저작재산권 침해의 피해를 입은 국민에게는 정당한 권리보호가 이루어질 수 없다는 잘못된 신호를 줄 수 있다. 법률에 대한 잘못된 해석·적용으로 말미암아 마땅히 변경해야 할 판례를 방치하는 태도야말로 도리어 정의 관념을 왜곡하고 법적 안정성과 구체적 타당성을 훼손할 수 있다.

대법원은 전원합의체 판결로 최근에 선고된 선례를 변경해 왔다. 예를 들면, 양심적 병역거부와 병역법 제88조 제1항의 정당한 사유에 관한 판결(대법원 2018. 11. 01. 선고 2016도10912 전원합의체 판결), 공유물의 소수지분권자가 다른 공유자와 협의 없이 공유물의 전부 또는 일부를 독점적으로 점유·사용하고 있는 경우 다른 소수지분권자가 공유물의 보존행위로서 공유물의 인도를 청구할 수 없다는 판결(대법원 2020. 05. 21. 선고 2018다287522 전원합의체 판결), 국민건강보험법에 따라 보험급여를 받은 피해자가 가해자를 상대로 손해배상청구를 할 경우 그 손해 발생에 피해자의 과실이 경합된 때에는, 기왕치료비와 관련한 피해자의 손해배상채권액은 전체 기왕치료비 손해액에서 먼저 공단부담금을 공제한 다음 과실상계를 하는 '공제 후 과실상계' 방식으로 산정하여야 한다는 판결(대법원 2021. 03. 18. 선고 2018다287935 전원합의체 판결) 등 다수의 전원합의체 판결이 있다.

특히 형사사건에서 특정 사안에 대하여 무죄를 선고한 판결을 유죄 취지로 변경한 판결도 적지 않다. 구 형법(2012. 12. 18. 법률 제11574호로 개정되기 전의 것) 제297조에서 규정한 강간죄의 객체인 '부녀'에 법률상 처(妻)가 포함되고, 혼인관계가 실질적으로 유지되고 있더라도 남편이 반항을 불가능하게 하거나 현저히 곤란하게 할 정도의 폭행이나 협박을 가하여 아내를 간음한 경우 강간죄가 성립한다고 인정한 판결(대법원 2013. 05. 16. 선고 2012도14788, 2012전도252 전원합의체 판결), 소유권의 취득에 등록이 필요한 타인 소유 차량을 인도받아 보관하고 있는 사람이 이를 사실상 처분한 경우 보관 위임자나 보관자가 차량의 등록명의자가 아니라도 횡령죄가 성립한다는 판결(대법원 2015. 06. 25. 선고 2015도1944 전원합의체 판결), 피기망자가 처분행위의 의미나 내용을 인식하지 못하였더라도, 피기망자의 작위 또는 부작위가 직접 재산상 손해를 초래하는 재산적 처분행위로 평가되고 이러한 작위 또는 부작위를 피기망자가 인식하고 한 것이라면 처분행위에 상응하는 처분의사는 인정된다는 판결(대법원 2017. 02. 16. 선고 2016도13362 전원합의체 판결), 위계에 의한 간음에서 피해자가 오인, 착각, 부지에 빠지게 되는 대상은 간음행위 자체 외에 간음행위에 이르게 된 동기이거나 간음행위와 결부된 금전적·비금전적 대가와 같은 요소일 수도 있다고 인정한 판결(대법원 2020. 08. 27. 선고 2015도9436 전원합의체 판결) 등이 있다.

대법원이 기존 판결의 오류를 바로잡는 것은 헌법에서 부여받은 권한이자 의무이지 법적 안정성을 훼손하는 일이 아니다. 위에서 본 여러 대법원 전원합의체 판결 또한 마찬가지이다.

(3) 반대의견은, 국회에서 침해 게시물 등에 대한 링크 행위를 저작재산권 침해 등으로 규율하려는 저작권법 개정 논의가 진행 중인 상황에서 대법원이 종전 판례를 변경하는 것은 법적 안정성을 훼손할 우려가 있다고 한다.

저작권법 개정 논의는 링크 행위의 공중송신권 침해에 대한 방조범 성립 가능성을 부정한 종전 판례에서 비롯되었다. 이 판례가 학계로부터 큰 비판을 받고 있는데도 그 변경이 이루어지지 않고 종전 판례가 선고된 이후 저작권 침해물 링크 사이트 등이 범람하고 있는데도 이에 대한 적절한 사법적 통제를 기대하기 어렵다고 보아 개정안이 마련되었다. 국회에서 입법적 해결을 모색하는 이유가 바로 종전 판례의 존재 때문이므로, 종전 판례를 변경하는 것은 국회의 입법 논의를 해결할 수 있는 직접적이고 현실적인 해결책이다.

이 사건은 대법원이 종전 판례에서 선언한 방조범 규정의 해석·적용에 관한 의견을 변경할 필요가 있어 전원합의체에서 심판하는 사건으로(법원조직법 제7조 제1항 제3호), 법령의 해석·적용을 중핵으로 하는 사법권은 대법원을 최고법원으로 하는 법원에 속한다(헌법 제101조, 제103조). 이는 입법권을 가지는 국회의 저작권법 개정 논의와 직접적인 관련이 없고, 이와 연계하여야만 할 필연적인 이유도 없다. 대법원의 헌법적 책무에 비추어 볼 때, 이 사건 링크 행위가 현행법의 해석으로도 충분히 공중송신권 침해의 방조행위에 해당한다고 볼 수 있는데도 공중송신권 침해와 방조의 개념을 잘못 적용한 종전 판례를 고수하는 것은 바람직하지 않다.

(4) 반대의견은, 종전 판례를 변경하여 이 사건 링크 행위를 방조범으로 처벌하는 것이 헌법상 형벌불소급의 원칙이나 평등의 원칙과 조화되기 어렵다고 한다.

형사처벌의 근거가 되는 것은 법률이지 판례가 아니다. 형법 조항에 관한 판례의 변경은 법률조항의 내용을 확인하는 것에 지나지 않아 이로써 법률조항 자체가 변경된 것이 아니다. 행위 당시의 판례에 따르면 처벌대상이 되지 않는 것으로 해석되었던 행위를 판례의 변경에 따라 확인된 내용의 형법 조항에 근거하여 처벌한다고 해서 그것이 헌법상 평등의 원칙과 형벌불소급의 원칙에 반한다고 할 수는 없다(대법원 1999. 09. 17. 선고 97도3349 판결 등 참조). 물론 변경되는 판례에 대한 피고인의 신뢰와 그 보호의 필요성에 비추어 구체적인 사안에 따라서는 형법 제16조에서 정한 법률의 착오에 해당하는지 여부를 심리하여 판단할 필요가 있을 수 있다.

바. 종 합

저작권 침해물 링크 사이트에서 침해 게시물에 연결되는 링크를 제공하는 경우 등과 같이, 링크 행위는 저작권법상 공중송신권 침해와 형법상 방조범의 성립 요건에 관한 법리에 비추어 구체적인 사안에 따라 공중송신권 침해의 방조가 성립될 수 있는데도, 종전 판례는 방조범 성립을 전면 부정하는 오류를 범하였다. 이는 정범의 행위인 전송의 의미와 이에 대한 법적 평가를 그르치고 형법상 방조의 개념을 잘못 적용하였기 때문이다. 이것이 다수의견이 종전 판례를 변경해야 한다고 하는 이유이다.

다수의견은 저작재산권을 공중송신 중 전송의 방법으로 침해하는 정범의 구성요건적 행위의 의미와 성격에 대한 올바른 이해를 바탕으로 피고인의 링크 행위는 정범의 공중송신권 침해의 방조에 해당하고, 이러한 결론이 방조범 성립에 관한 일반 법리에 저촉되지 않는다는 근거를 제시하였다. 영상저작물을 무단으로 공중의 이용에 제공한 정범 범행의 성격, 영상저작물로 연결되는 링크가 제공되는 환경, 그러한 링크가 게시된 목적과 영리적·계속적으로 링크를 제공하는 행위의 방법과 실질, 링크 행위와 정범의 범행 사이의 구체적·인과적 관련성 등을 종합하여 위와 같은 결론을 도출하였다.

나아가 고의와 인과관계의 증명 등의 측면에서 방조범의 성립 범위를 합리적으로 제한함으로써 인터넷 환경에서 일반적인 표현의 자유와 행동의 자유가 부당하게 제한되지 않도록 하고자 하였다. 다수의견이 침해 게시물 등에 연결되는 링크가 영리적·계속적으로 게시되었다는 점을 강조하는 것도 그 연장선상에서 나온 것이다.

이상과 같이 다수의견에 대한 보충의견을 개진한다.

12. 반대의견에 대한 대법관 조재연의 보충의견

가. 종전 판례의 타당성

반대의견에서 밝힌 바와 같이 이 사건 영상저작물을 공중의 이용에 제공하는 정범의 행위는 업로드로써 종료된다고 보아야 하므로, 그 이후에 이루어지는 링크 행위는 정범의 위와 같은 실행행위를 용이하게 한다고 볼 수 없다. 그런데 다수의견은 정범이 공중송신권 침해 게시물을 서버에서 삭제하는 등으로 게시를 철회하지 않는 이상 정범의 범죄행위는 종료되지 않는다고 하면서 이러한 정범의 침해 상태 유지 행위도 방조의 대상이 될 수 있다고 한다. 설령 다수의견과 같이 정범의 범죄행위 범위를 확장하여 보더라도, 아래와 같은 이유로 링크 행위는 형법상 방조에 해당한다고 볼 수 없다. 그럼에도 종전 판례를 변경하고자 하는 다수의견은 형벌법규 엄격해석의 원칙에 위배되므로 받아들이기 어렵다.

(1) 링크가 공중송신권 침해물의 웹 위치 정보 내지 경로를 공개하고 이동을 용이하게 함으로써 웹에 접근할 수 있는 이용자의 범위를 확대할 수는 있으나, 정범이 공중송신권 침해물을 게시한 웹의 접속자(방문자)가 많아진다는 사정만으로, 그 저작물의 이용 여부와 무관하게, 정범으로 하여금 게시를 철회하지 않고 유지하도록 하는 결의를 강화한다거나 그러한 유지를 용이하게 한다고 볼 수는 없다.

(2) 인터넷 이용자가 링크(심층링크 또는 직접링크를 말한다. 이하 같다) 클릭을 통해 링크가 연결시켜 주는 웹의 위치에 도달한다고 하더라도, 그 웹페이지 또는 웹사이트가 이용자의 접속 즉시 자동으로 저작물이 실행되도록 되어 있다는 등의 특별한 사정이 없는 한, 그 웹의 위치에 있는 저작물을 이용할 것인지 여부는 개별 이용자의 별개의 의사결정 및 이에 따른 추가적인 클릭 행위 여부에 따라 결정된다.

그런데 인터넷 링크 자체는 링크를 클릭함으로써 도달하는 웹에 대한 위치 정보 내지 경로를 나타낼 뿐이고, 그 외 링크를 통해 도달하는 웹에 존재하는 것에 관한 정보는 담고 있지 않다. 링크를 물리적인 현실공간에 대응시켜 보면 공중의 어느 지점을 가리키는 손가락, 공식적인 지역명칭과 번호로만 이루어진 주소기재 또는 목적지를 알 수 없는 교통수단에 비유할 수 있다. 링크 자체로는 그 가리키는 곳에 무엇이 있는지, 그것이 공중송신권 침해물인지 여부 등에 관한 정보를 제공한다거나 공중송신권 침해물에 대한 이용의사를 촉진시킨다고 볼 수 없다.

(3) 인터넷 공간에서 링크 행위는 다양한 목적으로 광범위하게 이루어지는 일상적인 행위로서 그 성격상 중립적인 정보제공성이 강한 행위이고, 공중송신권 침해 저작물에 대한 링크 행위를 하는 경우 역시 공중송신권 침해의 정범 또는 정범의 실행행위와 무관하게 정보 제공목적 또는 자신이 운영하는 웹사이트나 웹페이지 등에 대한 방문자 유인 등의 독자적인 동기나 이해관계를 가지고 링크 행위를 하는 경우가 많다. 이러한 점에 비추어 보아도 인터넷 이용자에게 있어 링크가 당연히 정범의 공중송신권 침해 실행행위를 연상하게 하는 것이라고 속단하기 어렵다.

(4) 위와 같은 링크의 속성에 비추어 보면, 설령 다수의견과 같이 정범의 실행행위 범위를 확장하여 본다고 하더라도 링크 행위 자체가 정범의 공중송신권 침해 실행행위를 용이하게 한다는 결론이 도출된다고 볼 수 없다.

이는 형법상 방조의 개념에 다수의견과 같이 '정범에 의한 법익 침해를 강화·증대시키는 행위'까지 포함시킨다 하더라도 마찬가지이다. 다수의견은 링크가 없었다면 정범이 게시한 저작권 침해물을 발견할 수 없었던 사람들까지 그 링크를 통해 원하는 시간과 장소에서 쉽게 저작권 침해물에 접근할 수 있게 되었으므로, 링크 행위로 말미암아 공중이 접근할 수 있도록 저작권 침해물을 이용에 제공하는 정범의 실행행위가 용이하게 되고 공중송신권이라는 법익의 침해가 강화·증대되었다고 한다. 그러나 링크 자체가 '저작권 침해물'을 발견하게 하는 수단이라고 볼 수 없다. 이와 달리 보는 것은 마치 제3자가 불법유흥업소와 마을 사이에 위치한 산에 터널을 설치하여 직접 통하는 길을 낸 경우 그 자가 불법유흥업소의 발견을 쉽게 하였으므로, 그러한 행위가 해당 업소의 영업행위에 대한 방조가 된다고 하는 것과 같다. 인터넷 공간에서의 링크 역시 웹 사이의 일상적인 이동을 위한 경로 및 수단일 뿐 그 자체에 '저작권 침해물'에 대한 통로라는 점이 나타나 있지 않으므로, 링크 자체가 저작권 침해물에 대한 정범의 공중에 대한 이용제공행위를 용이하게 한다고 볼 수 없다.

(5) 그러므로 종전 판례가 '링크를 하는 행위 자체는 인터넷에서 링크하고자 하는 웹페이지 등의 위치 정보나 경로를 나타낸 것에 불과하여 정범의 저작재산권 침해행위의 실행 그 자체를 용이하게 한다고 할 수 없으므로 링크 행위만으로는 저작재산권 침해행위의 방조에 해당하지 않는다.'고 본 법리는 타당하다.

나. 판례 변경의 규범적 한계

(1) 우리 법제와 같은 성문법주의에서는 최고법원의 판례라고 하더라도 그것이 바로 법원(法源)이 되는 것은 아니고, 대법원은 종전 판례를 변경할 수 있다. 그러나 대법원 판례를 받아들이는 법적 현실에 유의하여야 한다. 국민에게 법전 속의 법은 멀고 살아있는 사건 속의 판례는 가깝다. 실제 우리 사회에서 대법원 판례의 역할은 개별 사건 하나에 대한 해결에만 그치지 않고 법령해석의 통일이라는 제도적 기능도 가진다. 국민은 대법원 판례에서 의사결정과 행위의 지침 및 적법·위법의 경계를 찾는다. 그러기에 판례를 변경하고자 할 때에는 판례의 계속에 대한 신뢰를 염두에 두어야 한다. 최고법원의 판례변경은 법적 안정성의 희생 위에 성립하는 것이므로, 판례의 선언 못지않게 판례의 변경 역시 신중하고 절제되어야 한다. 그것이 국민의 신뢰에 존재의 뿌리를 둔 판례의 무게이다.

선례에 너무 엄격하게 고정되는 것은 특정한 사건에서 부정의를 가져오고 법의 정당한 발전을 부당하게 제한할 수 있다. 이에 따라 판례의 변경은 제도적으로 허용되고 있고, 국민이 그에 따른 법률관계의 변화를 감수할 것도 어느 정도 예정되어 있기는 하다. 그러나 판례의 잦은 변경 또는 쉬운 변경은 다른 문제이다. 판례에 대한 신뢰와 상충될 수밖에 없는 소급효의 문제는 판례 변경을 선언하기에 앞서 늘 그 전제로서 고려하여야 하는 숙명과도 같은 것이다. 법치주의의 핵심가치인 법적 안정성과 신뢰보호의 원칙은 판례 변경에 대한 규범적 제약조건이 된다.

(2) 형사사건의 경우 특히 법률 규정에 아무런 변동이 없는데도 종래 처벌대상이 아니라고 선언하였던 행위에 대하여 법률의 해석을 통하여 새로 처벌대상에 포함시키는 내용의 판례 변경은 더욱 신중하게 이루어져야 한다. 그러한 변경이 최선이 되기 위하여는 적어도 사회전반의 다양한 사례의 관찰과 숙의 및 판례 변경에 관한 국민의 법의식 변화 등을 두루 살피고, 판례가 왔다갔다 하는 것을 막기 위하여 새로운 판례가 유지될 것인가를 고찰하는 것이 전제되어야 한다. 인터넷 환경의 특성상 링크 없이는 그 환경 구현이 불가능한바, 링크 행위를 공중

송신권 침해행위의 방조로 처벌하는 경우 인터넷 참여자들에게 발생할 수 있는 방조 책임 및 형사처벌 범위 확대의 문제 등에 관하여 충분한 숙의가 이루어졌다고 보기 어렵다.

다수의견이 주장하는 종전 판례의 변경사유는 공중송신권 침해행위의 성격에 비추어 링크 행위를 형법상 방조 개념의 범위에 포섭할지 여부에 대한 종전의 판단이 잘못되었고 일정한 사정이 더해지는 경우 특정한 유형의 링크 행위는 방조에 해당한다는 것에 불과할 뿐, 종전 판례의 법리에 명백한 잘못이 있음을 지적하는 것이 아니다. 다수의견이 주장하는 일정한 사정이 더해진 경우를 포함하여 링크 행위의 반사회성 및 가벌성이 분명하다거나 통상의 수범자라면 기존 판례에도 불구하고 처벌을 감수함이 마땅하다고 보기 어렵다. 다수의견이 종전 판례의 변경이 필요한 이유로 강조하는 저작재산권자의 보호가 침해자에 대한 형사처벌을 통해서만 실현가능한 것이라고 할 수 없고, 그 외 다수의견이 드는 이유 및 사정 역시 법적 안정성과 신뢰보호의 가치를 후퇴시키면서까지 종전 판례의 변경을 불가피하게 하는 것이라고 볼 수 없다. 반대의견이 링크의 자유라는 한쪽의 법익만을 지나치게 강조하는 것이 아니다. 인터넷 공간에서 링크 행위와 관련하여 입법개선조치를 기대할 수 없다거나, 입법조치를 기다리기에는 링크 행위로 인한 사회적 폐해가 너무도 극심하다는 등의 사정이 보이지 않는 이상, 형사처벌은 구성요건을 명확히 하고 소급처벌이 되지 않도록 경과 규정을 마련하는 등 입법조치를 통해서 해결하는 것이 온당하다는 것이다.

(3) 그럼에도 다수의견은 종전 판례를 변경하여 공중송신권 침해 방조행위의 처벌대상을 링크 행위에까지 확대하여 해석하고 이를 기초로 피고인을 유죄로 인정하려고 한다. 이러한 다수의견의 입장은 형사법에서 국민에게 법적안정성과 예측가능성을 보장하기 위하여 소급입법 금지와 형벌불소급 원칙을 선언하고 있는 헌법 정신에 맞지 않는다. 다수의견에 대한 보충의견 중, 대법원이 링크 행위가 공중송신권 침해의 방조가 되지 않는다는 견해를 취한 것은 2015. 3. 12. 선고한 종전 판례가 유일하고 일반 국민들에게 규범력을 가질 정도로 장기간 유지된 대법원의 확립된 입장도 아니라는 견해에 대해서도 동의하기 어렵다.

다. 소 결

종전 판례는 그 자체로 오류가 없다. 그뿐만 아니라 판례공보 간행 판결로서 그동안 사실심 및 수사기관 등의 판단 기준으로 자리 잡았고 인터넷 이용자들에게 최신 대법원 판례로서 행위지침의 역할을 하여 왔다. 그런데 이를 불과 6년 만에 뒤집어 인터넷 이용자 일반을 대법원 판례에 대한 신뢰라는 보호막 밖으로 끌어내어 형사처벌의 위험 앞에 놓이게 하는 다수의견에 깊이 우려한다. 판례도 하나의 역사이다.

이상과 같이 반대의견의 논거를 보충한다.

13. 반대의견에 대한 대법관 김선수의 보충의견

이 사건 링크 행위가 공중송신권 침해의 방조에 해당하지 않는다는 반대의견의 논거를 보충하고, 다수의견에 대한 보충의견이 지적한 문제 중 몇 가지 사항에 관하여 검토한다.

가. 이 사건 링크 행위에 대하여 방조의 고의를 인정할 수 있는지

다수의견은 피고인이 이 사건 사이트의 이용자들이 피고인이 게시한 링크를 통해 이 사건 영상저작물에 용이하게 접근하여 이를 이용할 수 있다는 사실을 알고 있었기 때문에 피고인에게 방조의 고의가 인정된다고 한다. 그러나 다음과 같은 이유로 피고인에게는 정범들의 범행을 방조한다는 인식과 의사, 즉 방조의 고의가 인정되지 않는다고 봄이 타당하다.

(1) 피고인은 해외 공유사이트에 이 사건 영상저작물 등 불법 복제물이 업로드된 상황을 인지하고서, 배너 광고 유치를 통한 수익을 얻고자 이 사건 사이트 게시판에 이 사건 영상저작물 등의 웹 위치 정보 내지 경로가 담긴 링크를 게시하였다. 피고인에게는 성명불상의 정범들에 의해 야기된 공중송신권 침해 상태를 이용하여 자신의 경제적인 이익을 추구한다는 인식 내지 의사만 있었을 뿐 이 사건 링크 행위를 통해 정범들의 공중송신권 침해행위를 용이하게 한다는 인식 내지 의사는 없었다.

피고인의 이 사건 링크 행위는, 갑(甲)이 자신이 운영하는 유튜브 채널의 구독자 수를 늘리기 위해 길을 가다 우연히 목격한 을(乙)의 공연음란 행위를 위 유튜브 채널을 통해 생중계하는 행위와 유사하다. 갑의 행위를 통해 을의 공연음란 행위를 접할 수 있는 사람의 수는 늘어나고 그러한 사정에 관한 갑의 인식 또한 인정된다. 그러나 위 행위를 두고 을의 범죄(공연음란)에 대한 방조로 의율할 수는 없다. 갑에게 을의 실행행위를 용이하게 한다는 인식과 의사가 없었을뿐더러, 갑의 위 행위는 객관적으로 을의 실행행위를 용이하게 하는 것도 아니기 때문이다. 이러한 판단은 피고인의 이 사건 링크 행위에도 그대로 적용될 수 있다. 이 사건 링크 행위를 통해 이 사건 영상저작물을 접할 수 있는 사람의 수가 늘어나 정범들에 의해 야기된 법익 침해가 강화·증대될 수 있지만, 그렇다고 하여 피고인에게 정범들의 공중송신권 침해행위를 도우려는 의사가 있었다거나 피고인의 행위가 위 정범들의 침해행위를 용이하게 하는 것이라고 보기는 어렵다.

(2) 이 사건 링크 행위의 상대방은 이 사건 사이트를 방문할 불특정 다수의 사람들이고, 피고인은 이들에게 이 사건 영상저작물의 웹 위치 정보 내지 경로를 제공함으로써 이 사건 영상저작물로 손쉽게 접근할 기회를 제공하였다. 따라서 이 사건 링크 행위 당시 피고인에게 이 사건 사이트를 방문할 불특정 다수의 사람들이 이 사건 영상저작물에 접근하여 이를 수신하는 것을 돕는다는 인식 내지 의사가 있었다고 볼 여지가 있기는 하다. 그러나 링크 이용자들에 대한 이 사건 영상저작물의 개별적인 송신은 해외 공유사이트 서버를 통해 기계적·반복적으로 구현되는 결과에 지나지 않고, 피고인에게 위와 같은 송신행위를 돕는다는 인식 내지 의사도 없었다. 따라서 이 사건 링크 행위는 이 사건 영상저작물을 수신한 이용자들의 행위에만 관여한 것으로 봄이 타당하고, 이렇게 보는 것이 피고인의 고의의 내용에 부합하므로, 피고인의 이 사건 링크 행위는 이 사건 영상저작물을 수신한 이용자들의 행위에 대한 방조가 될 수 있음은 별론으로 하더라도, 그 상대방인 성명불상의 정범들의 공중송신권 침해 범행에 대한 방조가 될 수는 없다.

나. 링크 행위를 공중송신권 침해행위의 방조로 의율하는 것의 공범 종속성에 따른 한계

(1) 정범의 성립은 교사범, 방조범의 구성요건의 일부를 형성하고 교사범, 방조범이 성립함에는 먼저 정범의 범죄행위가 인정되는 것이 그 전제요건이 된다. 이는 공범의 종속성에 연유하는 당연한 귀결이다. 따라서 교사범, 방조범의 사실 적시에서도 정범의 범죄 구성요건이 되는 사

실 전부를 적시하여야 하고, 이 기재가 없는 교사범, 방조범의 사실 적시는 죄가 되는 사실의 적시라고 할 수 없다(대법원 1981. 11. 24. 선고 81도2422 판결, 대법원 2020. 05. 28. 선고 2016도2518 판결 등 참조).

이러한 법리에 비추어 보면, 링크 행위를 공중송신권 침해행위의 방조로 기소할 경우 검사는 정범의 공중송신권 침해 범죄의 구체적 사실을 공소사실에 기재하여야 한다. 그런데 링크 행위와 관련된 저작물의 공중송신 행위는 수사기관이 추적하기 어려운 해외 공유사이트 등에서 이루어지는 경우가 대부분이어서, 정범의 신원은커녕 그 인원수를 특정하는 것조차 어려운 것이 현실이다. 결국 링크 행위를 공중송신권 침해행위의 방조로 기소하더라도 공소사실에 정범의 공중송신권 침해 범죄의 구체적 사실을 함께 기재하기가 쉽지 않을 수 있다. 그렇다면 대법원이 종전 판례를 변경하여 일정한 유형의 링크 행위를 공중송신권 침해행위의 방조로 인정하더라도, 개개의 사건에서 공소사실의 특정 여부가 쟁점으로 부각될 여지가 크고, 결국 링크 행위를 저작권 침해의 방조죄로 처벌하기 위해서는 또다시 방조범의 사실 적시에 관한 예외 법리를 도입하는 것이 필요하게 될 수도 있을 것이다.

(2) 링크 행위가 공중송신권 침해행위에 대한 방조에 해당한다는 다수의견에 따르면, 링크 행위를 처벌하기 위해서는 정범의 행위가 구성요건 해당성과 위법성을 충족하여야만 한다. 그러나 링크 행위는 저작권자로부터 이용허락을 받은 저작물 이용자가 적법하게 복제하거나 정당한 범위 내에서 공개해 놓은 저작물에 대해서 그 저작물 이용자의 의사에 반하여 행해질 수도 있다. 이러한 링크 행위는 침해 게시물에 대한 링크 행위보다 비난가능성이 더욱 크다고 볼 여지가 있음에도, 이를 저작물의 복제행위 또는 공중송신 행위에 대한 방조로 보아서는 적절하게 규율할 수 없다.

(3) 링크 행위가 공중송신권 침해행위에 대한 방조에 해당한다는 다수의견에 따르면, 한 사람이 단독으로 또는 여러 사람이 공모하여 공중송신권 침해행위로서의 업로드와 링크 행위를 모두 행한 경우 링크 행위는 위 공중송신권 침해행위에 대한 가벌적 평가에 당연히 포함되는 이른바 불가벌적 사후행위에 해당하게 되어 별도의 범죄를 구성하지 않고, 공소사실에 반드시 기재될 필요도 없는 행위가 되어버리고 만다. 그러나 링크를 온라인상 저작권 침해물의 유통 경로로 악용하는 저작권 침해물 링크 사이트나 모바일 애플리케이션(이하 '링크 사이트 등'이라 한다)의 개설·운영행위(운영에 수반되는 링크 행위를 포함한다)를 그 행위자가 저작물의 업로드 행위를 하였는지에 따라 처벌 여부가 좌우될 종속적 성격의 행위라고 보기는 어렵다.

다. 다수의견에 대한 보충의견의 문제점

(1) 다수의견은 방조의 개념에 정범의 실행행위를 용이하게 하는 행위뿐만 아니라 '정범의 범죄행위가 종료되기 전에 정범에 의한 법익 침해를 강화·증대시키는 행위로서 정범의 범죄 실현과 밀접한 관련이 있는 행위'까지 포함된다고 한다. 이처럼 다수의견은 종전의 선례가 방조의 개념을 설명하기 위해 일관되게 사용하던 '실행행위'라는 용어 대신에 '범죄행위'라는 표현을 굳이 사용하고 있다. 여기서 말하는 '범죄행위'의 의미가 분명하지 않지만, 만일 다수의견이 이를 공소시효의 기산점에 관한 형사소송법 제252조 제1항의 '범죄행위'와 같은 의미로 사용한 것이라면, 이는 범죄행위의 '결과'까지 포함하는 의미가 되어(대법원 2003. 09. 26. 선고 2002도3924 판결 등 참조) 다수의견이 설정한 방조의 개념으로 인해 정범의 실행행위로 인

한 '결과 발생 시'까지 방조의 성립이 가능하다는 결론이 도출될 수 있다. 반대의견은 이 점을 우려하고 있는 것이다. 따라서 반대의견이 다수의견을 오독하였다거나 근거가 없는 비판을 하고 있다는 다수의견에 대한 보충의견의 지적은 타당하지 않다.

(2) 다수의견에 대한 보충의견은, 전송의 방법에 의한 공중송신권 침해는 저작물(침해 게시물)의 게시가 철회되기 전까지는 침해행위가 계속되고, 반대의견이 저작물을 공중의 이용에 제공하는 정범의 행위가 업로드로써 종료된다는 점의 근거로 들고 있는 대법원 2007. 10. 25. 선고 2006도346 판결은 공중송신권 침해에 대해서는 그대로 적용할 수 없다고 한다. 그러나 위와 같은 지적은 타당하지 않다.

저작물을 공중의 이용에 제공하는 행위는 공중이 접근할 수 있는 인터넷 웹사이트 서버 등에 저작물을 업로드함으로써 종료되고, 그 이후에는 저작물이 공중의 이용에 제공된 '상태'가 유지될 뿐이다. 대법원은 2007. 10. 25. 선고 2006도346 판결에서 정보통신망을 이용한 명예훼손 행위는 명예훼손적 글의 게시행위로써 종료된다고 판단하였다. 위 판결에서 적용된 구「정보통신망 이용촉진 및 정보보호 등에 관한 법률」(2007. 12. 21. 법률 제8778호로 개정되기 전의 것) 제61조 제1항, 제2항은 사람을 비방할 목적으로 정보통신망을 통하여 공연히 사실 또는 허위의 사실을 적시하여 타인의 명예를 훼손한 자를 처벌하도록 규정하였다. 위 규정에 따른 구성요건적 행위의 대표적인 예가 명예훼손적 글을 불특정 또는 다수인이 인식할 수 있도록 인터넷 웹사이트 서버 등에 게시하는 것이다. 이러한 행위와 저작물에 공중(다수인)이 접근하게 할 목적으로 유선 또는 무선통신을 이용하여 저작물을 이용에 제공하는 행위(공중송신)는, 그 대상이 명예훼손적 게시물이냐 저작권 침해 게시물이냐의 차이만 있을 뿐 정보통신망(유선 또는 무선통신)을 통해 다수인으로 하여금 특정 대상물에 접근하여 이용할 수 있는 상태에 둔다는 행위태양의 측면에서 다르지 않다. 따라서 명예훼손 행위에 관한 위 판결의 법리는 저작물을 공중의 이용에 제공하는 행위에 그대로 적용된다고 보는 것이 타당하고 자연스럽다.

다수의견에 대한 보충의견은 대법원 2015. 11. 12. 선고 2015도3968 판결을 그 근거로 들고 있다. 그러나 위 판결은 무단으로 업로드한 게시물이 게시된 기간에 공중송신권 침해행위가 계속된다고 판단한 적이 없고, 업로드한 영상저작물 등의 제목, 게시 기간, 업로드한 저장공간, 게시물의 번호 등이 특정되었다는 등의 이유로 공중송신권 침해죄의 공소사실이 특정되었다고 판단한 원심을 수긍하였을 뿐이다. 오히려 다수의견과 같이 업로드한 게시물이 게시되어 있는 기간 동안 공중송신권 침해행위가 계속된다고 볼 경우 공중송신권 침해죄에서 저작물의 '게시 기간'은 감금죄에서 감금 기간과 같이 공소사실에 반드시 특정되어야만 하는 사항이 되는데, 이는 현재의 실무와 부합하지 않는다(이 사건 공소사실에도 정범들의 저작물 게시 기간이 특정되어 있지 않다). 더욱이 다수의견에 따르면, 저작물의 게시를 철회하지 않는 한 공중송신권 침해 범행에 대한 공소시효가 진행되지 않고, 무단 업로드 행위자가 공중송신권 침해로 처벌을 받은 이후에도 사실심판결 선고나 약식명령 발령 후의 행위 부분에 대하여는 또다시 처벌할 수 있으며, 저작권법 처벌조항이 무단 업로드 행위 종료 후 개정되어 법정형이 중하게 변경된 경우에는 행위자에게 개정된 중한 처벌조항을 적용할 수 있고, 급기야 14세 미만의 형사미성년자가 행한 무단 업로드 행위도 그 게시가 철회되지 않았다는 이유로 수십 년 뒤에 형사처벌할 수 있다는 결론이 도출되는데,이는 행위자에게 지나치게 가혹하고 공중송신의 기본적인 성격과도 맞지 않는다.
  (3) 다수의견에 대한 보충의견은, 링크로 말미암아 침해 게시물에 대한 공중의 접근이 쉬워지면, 그에 상응하여 공중이 선택한 시간과 장소에서 접근할 수 있도록 침해 게시물을 공중의 이용에 제공하는 방법으로 저작재산권을 침해하는 정범의 실행행위도 쉬워지고 공중송신권에 대한 법익 침해도 강화된다고 한다. 그러나 이러한 지적은 뇌물공여 행위를 용이하게 하는 행위는 무조건 뇌물수수의 방조에 해당한다는 것과 다를 바 없어 받아들이기 어렵다. 앞서 지적한 바와 같이 이 사건 링크 행위는 이 사건 영상저작물을 수신한 이용자들의 행위에만 관여한 것으로 봄이 타당하고, 이렇게 보는 것이 피고인의 고의와 공중송신의 객관적인 성질에 부합한다.
  (4) 다수의견에 대한 보충의견은, 다수의견은 피고인이 이 사건 링크 행위를 통해 정범의 실행행위 또는 구성요건적 결과 발생의 기회를 현실적으로 강화·증대시켰는지 등을 증명하는 과정에서 링크 행위의 영리적·계속적 측면을 주요 정황의 하나로 고려하여야 한다는 취지일 뿐 영리적·계속적 형태의 링크 행위가 방조범의 성립을 인정하기 위한 절대적인 기준은 아니라고 한다. 그러나 이러한 지적은 다수의견의 실제 판시와 배치되는 것으로서 타당하지 않다.
  다수의견은 '8. 이 사건에 대한 판단' 부분에서 이 사건 링크 행위로 인한 방조범 성립을 인정하면서 "피고인은 성명불상자들의 공중송신권 침해행위 도중에 그 범행을 충분히 인식하면서 그러한 침해 게시물 등에 연결되는 링크를 이 사건 사이트에 영리적·계속적으로 게시하여 공중의 구성원이 개별적으로 선택한 시간과 장소에서 침해 게시물에 쉽게 접근할 수 있도록 하는 정도의 링크 행위를 하여 침해 게시물을 공중의 이용에 제공하는 성명불상자들의 범죄를 용이하게 하였으므로 공중송신권 침해의 방조범이 성립할 수 있다."라고 설시하고 있다. 이는 피고인의 이 사건 링크 행위가 영리적·계속적 링크 행위에 해당하기 때문에 공중송신권 침해의 방조범이 성립한다는 취지로 이해될 수밖에 없다. 따라서 다수의견이 사실상 링크 행위에만 적용되는 방조범 성립 요건을 만들어 죄형법정주의에 기초한 법적 안정성과 예측 가능성에 혼란을 가져온다는 반대의견의 지적은 타당하다.
라. 입법을 통한 근본적인 문제 해결의 필요성
  (1) 다수의견은 최근 링크 사이트 등이 급속히 확산되고 있는 사회 현실 등을 고려하여 침해 게시물에 연결되는 링크를 영리적·계속적으로 하는 행위를 공중송신권 침해행위의 방조로 의율할 필요성이 있다고 한다. 이를 통해 다수의견이 판례의 변경을 통해 규율하고자 하는 종국적인 대상은 인터넷상에서 연결 통로의 역할을 하는 링크 행위 자체가 아니라 링크 사이트 등의 개설·운영행위와 같이 경제적인 이익을 위해 링크를 저작권 침해물의 유통 경로로 악용하는 행위임을 엿볼 수 있다. 같은 취지에서 다수의견은 저작권 침해물 링크 사이트에서 이루어지는 링크가 아니라면 표현의 자유나 일반적 행동의 자유라는 관점에서 링크의 자유를 보호할 필요가 있다고 하고 있다. 위와 같은 저작권 침해물 링크 사이트에서 이루어지는 링크의 악용 행위의 사회적 해악을 고려할 때, 이를 적절히 규제할 필요성이 있다는 점에 대해서는 전적으로 공감한다. 현재 이를 처벌하는 명문의 규정이 없는 것은 입법의 불비 상태라고 할 수 있다.
  (2) 그렇다고 하여 다수의견과 같이 인터넷상에서 연결 통로의 역할을 하는 링크 행위 자체를 형사처벌의 대상으로 삼는 것은 링크 사이트 등의 개설·운영행위 등을 규제하기 위한 정도(正

道)가 아니고, 입법의 불비 상태에서 처벌의 필요성을 내세워 형법 총칙상의 방조 개념을 확장한 다음 링크 행위를 거기에 포섭시키는 것은 죄형법정주의를 실질적으로 부정하는 것이다. 링크를 저작권 침해의 수단으로 악용하는 행위와 같이, 종래에 처벌되지 않았지만 형사처벌의 필요성이 인정되는 새로운 유형의 행위는 새로운 입법을 통해 형사처벌의 대상으로 규율하는 것이 타당하다. 대법원이 판례를 변경하면서까지 이러한 행위를 다른 사람이 저지른 저작권 침해행위의 '방조'로 의율하는 것은 입법자로 하여금 이러한 행위로 인한 폐단에 대처하려는 적극적인 조치의 마련을 주저하게 하거나 바람직한 제도의 설계에 부정적인 영향을 미칠 우려가 있어 바람직하지 않다.

단적인 예로, 링크 사이트 등의 운영을 통해 얻은 불법적인 수익은 필요적으로 몰수 또는 추징함이 바람직한데, 링크 행위를 공중송신권 침해행위의 방조로 규율하여서는 이러한 필요적 몰수·추징 제도를 도입할 수 없고, 종전 판례의 변경으로 불완전한 규율 상태가 고착화될 가능성마저 있다.

(3) 처벌의 필요성이 인정되나 그에 대한 규율이 완비되지 않은 행위에 대해서는 충분한 사회적 합의를 거친 다음 입법을 통해 바람직한 규율 체계를 완비하고, 장래에 입법 당시 예상치 못한 새로운 문제가 등장하는 경우에는 법의 개정 등을 통해 차례차례 대응해 나가는 것이 헌법상 법치주의 원칙과 권력분립 원칙에 부합한다. 당장에 특정 행위나 그 행위자를 처벌할 필요성에 사로잡혀 형법 총칙상의 방조 개념을 확장하고 법리에 반하는 시도를 감행할 것이 아니라 바람직한 제도 설계와 도입이라는 거시적 관점에서 이 사건에 대한 해결책을 모색하여야 한다.

이상과 같은 이유로 반대의견을 보충한다.

14. 반대의견에 대한 대법관 노태악의 보충의견

다수의견 중 방조범 성립 부분에 관하여 반대의견의 입장을 보충하고자 한다.

정범의 범죄 실행행위를 도와주는 행위라면 정신적이든 물질적이든 방조행위가 될 수 있다. 그러나 정범의 실행 자체를 도와주는 행위가 아니라면 방조에 해당하지 않는다는 것이 지금까지 대법원의 확립된 입장이었다. 형법학계에서도 판례의 입장을 위와 같이 이해하고, 종전 판례를 인용하면서 방조행위를 설명하는 유력한 견해도 있다(예컨대 신동운, 형법총론, 제12판, 법문사, 2020, 684면). 인터넷 링크 행위만으로 저작권 침해라는 정범의 실행 자체를 용이하게 하는 것이 아니라는 종전 판례는 바로 이와 같은 선례의 연장선에 있는 것이다. 다수의견은 방조의 개념을 "정범의 구체적인 범행준비나 범행사실을 알고 그 실행행위를 가능·촉진·용이하게 하는 지원행위 또는 정범의 범죄행위가 종료하기 전에 정범에 의한 법익 침해를 강화·증대시키는 행위로서, 정범의 범죄 실현과 밀접한 관련이 있는 행위를 말한다."라고 정의하면서 여러 참고 판례를 열거하고 있다. 다수의견에 대한 보충의견에서는 다수의견이 방조 개념에 관한 종래의 판례와 다수설을 이 사건에 적용한 것이라고 한다. 그러나 형법학계에서도 그렇게 보지 않는 유력한 견해가 있음은 앞에서 밝혔고 다수의견이 적용한 견해가 학계의 일반적인 지지를 받고 있다고 볼 근거도 없다. 그뿐만 아니라 다수의견이 들고 있는 어느 판례를 살펴보아도 '정범에 의한 법익 침해를 강화·증대시키는 행위' 또는 '정범의 범죄 실현과 밀접한 관련이 있는 행위' 등과 같이 포괄적으로 방조의 개념을 정의한 경우는 없다. 판례상 '강화'라는 표현은 '정범에게 범행의 결의를 강화하도록 하는 것'이라는 맥락에서 사용되고 있을 뿐이고, '실행행위를 용이하게 하는 행위'가 아닌 '범죄 실현과 밀접한 관련이 있는 행위'로 방조행위를 설명한 적도 없다. 결국 다수의견은 선례에서 표현한 여러 용어를 사용하고 있지만, 실제로는 방조의 개념을 종래의 '정범의 실행행위 자체를 도와주는 행위'에서 실행행위 자체를 도와주지 않더라도 '정범의 범죄 실현과 밀접한 관련성이 있는 법익 침해를 강화·증대시키는 행위'로 변경하여야 한다는 입장으로서, 방조범의 개념을 실질적으로 변경하여 그 성립의 범위가 확장되는 결과를 가져올 것임이 분명하다. 반대의견은 이러한 점을 지적한 것이다.

인터넷 환경 아래에서 방조범의 성립 요건을 다수의견과 같이 보게 된다면, 기본적으로 인터넷 환경을 둘러싼 모든 기술적 조치가 여기에 해당할 가능성을 완전히 배제할 수 없다. 다수의견은 인과관계나 영리적·계속적 속성을 가지는지 여부에 따라 그 성립의 범위를 제한할 수 있다는 것이나, 링크 행위와 정범의 공중송신권 침해 범죄 사이에 인과관계를 어디까지 인정할 수 있는지 분명하지 않고 그 실질적 기준을 제시하지 못하고 있다는 점은 반대의견에서 상세히 반박한 바와 같다.

인터넷 환경과 링크라는 새로운 기술의 등장과 그 이용 범위의 확대로 인해 인터넷상의 링크 행위가 우리의 일상생활에 미치는 영향이 커졌고, 특히 저작권 침해행위 등에 대해서는 적절한 대처가 필요하다. 반대의견은 이러한 링크 행위에 대한 규제나 처벌의 필요성에 반대하는 것이 아니다. 그 처벌에 대한 명확한 법률이나 근거를 찾을 수 없음에도 방조범 성립에 관한 법리를 확대하여 링크 행위를 방조범으로 처벌하자는 입장에 동의할 수 없다는 것이다. 처벌규정이 없는 상황에서 법 해석을 통하여도 법 발견을 할 수 없다면, 입법적으로 해결하는 것이 바람직하고도 완전한 해결책이지, 종전에 대법원이 죄가 되지 않는다고 보았던 행위를 그 견해까지 바꾸어가면서 다시 처벌해서는 안 된다는 것이다. 반대의견은 이 점을 강조하고 다수의견에 따른 파급 효과에 대해 깊이 우려하고 있을 뿐, 다수의견이 지적하는 것처럼 다수의견을 곡해하거나 오독한 것이 아니다. 반대의견은, 다수의견이 방조범의 성립에 관하여 확립된 선례를 규제나 처벌의 필요성을 이유로 무리하게 확대해석함으로써 인터넷상의 링크 행위뿐만 아니라 인터넷을 움직이고 그 기반이 되는 모든 기술적 조치가 형법상 방조범으로 처벌받을 수 있는 잠재적 가능성이 열리는 것과 그로 인해 초래될 수 있는 이른바 냉각 효과(chilling effect)를 우려하는 것이다. 다수의견이 새롭게 정립하고 있는 법리에 따라 '정범의 실행행위 또는 법익 침해의 결과 발생에 기여한 측면이 있다.'는 이유만으로 형사처벌의 대상이 되는 방조범이 쉽게 인정되어서는 안 된다는 것을 다시 한번 강조하고 싶다.

이상과 같이 반대의견에 대한 보충의견을 밝힌다.

ⓓ 대법원 2021. 09. 09. 선고 2019도5371 판결 [공공기록물관리에관한법률위반교사·직권남용권리행사방해·증거인멸교사·정치관여]

【판시사항】

2014. 1. 14. 개정된 군형법 제94조 제2항에 따른 10년의 공소시효 기간이 개정 군형법 시행 후에 행해진 정치관여 범죄에만 적용되는지 여부(적극)

【판결요지】

2014. 1. 14. 법률 제12232호로 개정되기 전의 군형법 제94조는 '정치관여'라는 표제 아래 "정치단체에 가입하거나 연설, 문서 또는 그 밖의 방법으로 정치적 의견을 공표하거나 그 밖의 정치운동을 한 자는 2년 이하의 금고에 처한다."라고 규정하였다. 2014. 1. 14. 법률 제12232호로 개정된 군형법(이하 '개정 군형법'이라 한다) 제94조는 '정치관여'라는 표제 아래 제1항에서는 처벌대상이 되는 정치관여 행위를 제1 내지 제6의 각호로 열거하면서 각호의 어느 하나에 해당하는 행위를 한 사람은 5년 이하의 징역과 5년 이하의 자격정지에 처한다고 규정하고, 제2항에서는 "제1항에 규정된 죄에 대한 공소시효의 기간은 군사법원법 제291조 제1항에도 불구하고 10년으로 한다."라고 규정하고 있다. 위와 같은 법률 개정 전후의 문언에 따르면, 군형법상 정치관여죄는 2014. 1. 14. 자 법률 개정을 통해 구성요건이 세분화되고 법정형이 높아짐으로써 그 실질이 달라졌다고 평가할 수 있고, 공소시효 기간에 관한 특례 규정인 개정 군형법 제94조 제2항은 개정 군형법상의 정치관여죄에 대하여 규정하고 있음이 분명하다. 따라서 개정 군형법 제94조 제2항에 따른 10년의 공소시효 기간은 개정 군형법 시행 후에 행해진 정치관여 범죄에만 적용된다.

【참조조문】 구 군형법(2014. 1. 14. 법률 제12232호로 개정되기 전의 것) 제94조, 군형법 제94조, 군사법원법 제291조 제1항
【전   문】 【피 고 인】 피고인 1 외 1인 【상 고 인】 피고인들 및 군검사
【변 호 인】 법무법인 그린 외 1인
【원심판결】 고등군사법원 2019. 4. 10. 선고 2018노313 판결

【주 문】

상고를 모두 기각한다.

【이 유】

상고이유(상고이유서 제출기간이 지난 다음에 제출된 상고이유보충서는 상고이유를 보충하는 범위에서)를 판단한다.

1. 피고인 1의 상고이유에 관하여

가. 원심은, 피고인 1이 공소외인 등과 공모하여 국군기무사령부의 직무인 군 첩보 수집·작성 및 처

리 등 명목으로 자신의 지휘·감독 아래 있는 국군기무사령부 소속 부대원들로 하여금 인터넷 공간에서 특정 정당과 정치인을 지지·찬양 또는 반대·비방하거나 대통령과 국가정책을 홍보하는 의견을 유포하도록 하였고, 이는 피고인 1이 그 직권을 남용하여 위 부대원들로 하여금 의무 없는 일을 하게 한 것이라고 판단하였다.

원심판결 이유를 관련 법리와 적법하게 채택한 증거들에 비추어 살펴보면, 위와 같은 원심의 판단에 상고이유 주장과 같이 논리와 경험의 법칙에 반하여 자유심증주의의 한계를 벗어나거나 직권남용권리행사방해죄에서의 직권남용, 고의, 공모관계, 기대가능성 및 직권남용권리행사방해죄와 정치관여죄의 양립 가능 여부 등에 관한 법리를 오해하여 판결에 영향을 미친 잘못이 없다.

나. 형사소송법 제383조 제4호에 의하면 사형, 무기 또는 10년 이상의 징역이나 금고가 선고된 사건에서만 양형부당을 사유로 한 상고가 허용되므로, 피고인 1에 대하여 그보다 가벼운 형이 선고된 이 사건에서 형의 양정이 부당하다는 취지의 주장은 적법한 상고이유가 되지 못한다.

2. 피고인 2의 상고이유에 관하여

원심은, 피고인 2가 피고인 1 등과 공모하여 위 1.의 가.항 기재 범행을 저질렀고 피고인 2의 고의도 인정된다고 판단하였다.

원심판결 이유를 관련 법리와 적법하게 채택한 증거들에 비추어 살펴보면, 위와 같은 원심의 판단에 상고이유 주장과 같이 논리와 경험의 법칙에 반하여 자유심증주의의 한계를 벗어나거나 직권남용권리행사방해죄에서의 직권남용 등에 관한 법리를 오해하여 판결에 영향을 미친 잘못이 없다.

3. 검사의 상고이유에 관하여

가. 2011. 11. 28.경부터 2012. 12. 20.경까지 정치관여 글 게시 등에 관한 정치관여 부분

2014. 1. 14. 법률 제12232호로 개정되기 전의 군형법(이하 '구 군형법'이라 한다) 제94조는 '정치관여'라는 표제 아래 "정치단체에 가입하거나 연설, 문서 또는 그 밖의 방법으로 정치적 의견을 공표하거나 그 밖의 정치운동을 한 자는 2년 이하의 금고에 처한다."라고 규정하였다. 2014. 1. 14. 법률 제12232호로 개정된 군형법(이하 '개정 군형법'이라 한다) 제94조는 '정치관여'라는 표제 아래 제1항에서는 처벌대상이 되는 정치관여 행위를 제1 내지 제6의 각호로 열거하면서 각호의 어느 하나에 해당하는 행위를 한 사람은 5년 이하의 징역과 5년 이하의 자격정지에 처한다고 규정하고, 제2항에서는 "제1항에 규정된 죄에 대한 공소시효의 기간은 군사법원법 제291조 제1항에도 불구하고 10년으로 한다."라고 규정하고 있다. 위와 같은 법률 개정 전후의 문언에 따르면, 군형법상 정치관여죄는 2014. 1. 14. 자 법률 개정을 통해 구성요건이 세분화되고 법정형이 높아짐으로써 그 실질이 달라졌다고 평가할 수 있고, 공소시효 기간에 관한 특례 규정인 개정 군형법 제94조 제2항은 개정 군형법상의 정치관여죄에 대하여 규정하고 있음이 분명하다. 따라서 개정 군형법 제94조 제2항에 따른 10년의 공소시효 기간은 개정 군형법 시행 후에 행해진 정치관여 범죄에만 적용된다.

원심이 같은 취지에서 구 군형법 시행 당시에 행해진 이 부분 공소사실에 대하여 개정 군형법 제94조 제2항이 아닌 군사법원법 제291조 제1항에서 정한 공소시효 기간(5년)에 따라 그 공소시효가 완성되었다고 보아 이유에서 면소로 판단한 것은 정당하고, 거기에 상고이유 주장과 같이 개

정 군형법 제94조 제2항의 적용 범위에 관한 법리를 오해하여 판결에 영향을 미친 잘못이 없다. 상고이유로 들고 있는 대법원판결은 이 사건과 사안이 다르므로 이 사건에 원용하기에 적절하지 아니하다.

나. 「공공기록물 관리에 관한 법률」 위반 교사 부분

원심은, 군검사가 제출한 증거들만으로는 국군기무사령부 소속 부대원들이 피고인의 지시에 따라 파기한 보고서들이 구 「공공기록물 관리에 관한 법률」(2014. 11. 29. 법률 제12844호로 개정되기 전의 것, 이하 '구 공공기록물법'이라 한다)에서 정한 기록물에 해당한다고 단정하기 어렵다는 이유로 이 부분 공소사실을 무죄로 판단하였다.

원심판결 이유를 관련 법리와 기록에 비추어 살펴보면, 원심의 이유 설시에 일부 미흡한 부분이 있으나 이 부분 공소사실을 무죄로 판단한 원심의 결론을 수긍할 수 있고, 거기에 상고이유 주장과 같이 논리와 경험의 법칙에 반하여 자유심증주의의 한계를 벗어나거나 구 공공기록물법상 기록물의 생산 등에 관한 법리를 오해하여 판결에 영향을 미친 잘못이 없다.

다. 나머지 부분

군검사는 원심판결 전부에 대하여 불복한다는 취지의 상고장을 제출하였으나 나머지 부분에 대하여는 상고장과 상고이유서에 구체적인 상고이유 기재가 없다.

4. 결론

그러므로 상고를 모두 기각하기로 하여, 대법관의 일치된 의견으로 주문과 같이 판결한다.

ⓒ 대법원 2021. 09. 30. 선고 2019도3595 판결 [부동산가격공시및감정평가에관한법률위반]

【판시사항】

[1] 구 부동산 가격공시 및 감정평가에 관한 법률 제37조 제1항의 성실의무 등이 적용되는 감정평가업자의 업무 중 같은 법 제29조 제1항 제6호의 '금융기관·보험회사·신탁회사 등 타인의 의뢰에 의한 토지 등의 감정평가'에 금융기관·보험회사·신탁회사와 이에 준하는 공신력 있는 기관의 의뢰에 의한 감정평가 외에 널리 제3자의 의뢰에 의한 감정평가도 포함되는지 여부(적극)

[2] 구 부동산 가격공시 및 감정평가에 관한 법률 제43조 제4호 위반죄의 성립 범위

[3] 구 부동산 가격공시 및 감정평가에 관한 법률 제46조 양벌규정에 따라 사용자인 법인 또는 개인을 처벌하는 취지 및 이때 사용자인 법인 또는 개인이 상당한 주의 또는 감독 의무를 게을리하였는지 판단하는 기준

【판결요지】

[1] 구 부동산 가격공시 및 감정평가에 관한 법률(2013. 8. 6. 법률 제12018호로 개정되기 전의 것, 이하 '구 부동산공시법'이라 한다) 제37조 제1항은 "감정평가업자는 제29조 제1항 각호의 업무를 행함에 있어 품위를 유지하여야 하고, 신의와 성실로써 공정하게 감정평가를 하여야 하며, 고의 또는 중대한 과실로 잘못된 평가를 하여서는 아니 된다."라고 정하고 있고, 제43조 제4호는 "제37조 제1항의 규정을 위반하여 고의로 잘못된 평가를 한 자는 2년 이하의 징역 또는 3천만 원 이하의 벌금에 처한다."라고 정하고 있으며, 제46조는 법인 대표자 등의 위반행위에 대하여 법인을 처벌하는 양벌규정을 정하고 있다.

구 부동산공시법 제2조 제8호는 "감정평가업이라 함은 타인의 의뢰에 의하여 일정한 보수를 받고 토지 등의 감정평가를 업으로 행하는 것을 말한다."라고 정하고 있고, 제22조는 "감정평가사는 타인의 의뢰에 의하여 토지 등을 감정평가함을 그 직무로 한다."라고 정하고 있으며, 제29조 제1항 각호는 감정평가업자가 행하는 업무에 대하여 구체적으로 열거하면서 그중 제6호로 '금융기관·보험회사·신탁회사 등 타인의 의뢰에 의한 토지 등의 감정평가'를 규정하고 있을 뿐 감정평가 의뢰인을 금융기관·보험회사·신탁회사와 이에 준하는 공신력을 가진 기관으로 한정하지 않고 있다. 구 부동산공시법은 토지 등의 적정가격 형성을 도모하고 국토의 효율적 이용과 국민경제의 발전에 이바지함을 목적으로 감정평가업무가 가지는 공공적 성질을 감안하여 일정한 자격을 갖춘 감정평가업자(제27조에 따라 신고한 감정평가사와 제28조에 따라 인가를 받은 감정평가법인)만 감정평가업을 영위할 수 있도록 하고, 감정평가업자가 아닌 자가 감정평가업을 영위하는 경우를 형사처벌하고 있다(제43조 제2호). 또한 이 법률은 감정평가의 공정성과 합리성을 보장하기 위하여 감정평가업자가 준수하여야 할 원칙과 기준을 정하고(제31조), 감정평가업자에게 성실의무 등을 부과하면서 이를 위반하여 고의 또는 중대한 과실로 잘못된 평가를 하는 경우 징계 또는 형사처벌하고 있다(제42조의2, 제43조 제4호).

위와 같은 구 부동산공시법의 규정 내용과 체계, 입법 목적을 종합하면, 구 부동산공시법 제37조 제1항의 성실의무 등이 적용되는 감정평가업자의 업무 중 제29조 제1항 제6호의 '금융기관·보험회사·신탁회사 등 타인의 의뢰에 의한 토지 등의 감정평가'에는 금융기관·보험회사·신탁회사와 이에 준하는 공신력 있는 기관의 의뢰에 의한 감정평가뿐만 아니라 널리 제3자의 의뢰에 의한 감정평가도 모두 포함된다고 보아야 한다.

[2] 구 부동산 가격공시 및 감정평가에 관한 법률(2013. 8. 6. 법률 제12018호로 개정되기 전의 것) 제43조 제4호 위반죄는 같은 법 제31조에 따라 제정된 '감정평가에 관한 규칙' 등에서 정한 감정평가의 원칙과 기준에 어긋나거나 신의성실의 의무에 위배되는 방법으로 감정평가를 함으로써 그 결과가 공정성과 합리성을 갖추지 못한 모든 경우에 성립한다.

[3] 구 부동산 가격공시 및 감정평가에 관한 법률(2013. 8. 6. 법률 제12018호로 개정되기 전의 것) 제46조는 "법인의 대표자나 법인 또는 개인의 대리인, 사용인, 그 밖의 종업원이 그 법인 또는 개인의 업무에 관하여 제43조 또는 제44조의 위반행위를 하면 그 행위자를 벌하는 외에 그 법인 또는 개인에게도 해당 조문의 벌금형을 과한다. 다만 법인 또는 개인이 그 위반행위를 방지하기 위하여 해당 업무에 관하여 상당한 주의와 감독을 게을리하지 아니한 경우에는 그러하지 아니하다."라고 정하고 있다.

이러한 양벌규정에 따라 사용자인 법인 또는 개인을 처벌하는 것은 형벌의 자기책임원칙에 비추어 위반행위가 발생한 그 업무와 관련하여 사용자인 법인 또는 개인이 상당한 주의 또는 감독 의무를 게을리한 과실이 있기 때문이다. 이때 사용자인 법인 또는 개인이 상당한 주의 또는 감독 의무를 게을리하였는지는 해당 위반행위와 관련된 모든 사정, 즉 법률의 입법 취지, 처벌조항 위반으로 예상되는 법익 침해의 정도, 그 위반행위에 관하여 양벌조항을 마련한 취지 등은 물론 위반행위의 구체적인 모습과 그로 인하여 실제 야기된 피해 또는 결과의 정도, 법인 또는 개인의 영업 규모, 행위자에 대한 감독가능성 또는 구체적인 지휘감독 관계, 법인 또는 개인이 위반행위 방지를 위하여 실제 행한 조치 등을 전체적으로 종합하여 판단해야 한다.

【참조조문】 [1] 구 부동산 가격공시 및 감정평가에 관한 법률(2013. 8. 6. 법률 제12018호로 개정되기 전의 것) 제1조, 제2조 제8호, 제22조, 제29조 제1항 제6호, 제31조, 제37조 제1항, 제42조의2, 제43조 제2호, 제4호, 제46조 / [2] 구 부동산 가격공시 및 감정평가에 관한 법률(2013. 8. 6. 법률 제12018호로 개정되기 전의 것) 제31조, 제37조 제1항, 제43조 제4호 / [3] 구 부동산 가격공시 및 감정평가에 관한 법률(2013. 8. 6. 법률 제12018호로 개정되기 전의 것) 제43조 제4호, 제46조
【참조판례】 [2] 대법원 2001. 4. 24. 선고 2001도361 판결, 대법원 2003. 6. 24. 선고 2003도1869 판결(공2003하, 1657) / [3] 대법원 2010. 4. 29. 선고 2009도7017 판결(공2010상, 1065)
【전   문】【피 고 인】 피고인 1 외 3인
【상 고 인】 피고인들
【변 호 인】 법무법인(유한) 지평 외 2인
【원심판결】 서울고법 2019. 2. 12. 선고 2016노3226 판결

【주   문】

상고를 모두 기각한다.

【이   유】

상고이유(상고이유서 제출기간이 지난 다음 제출된 피고인 1, 피고인 2, 주식회사 피고인 3의 상고이유보충서는 이를 보충하는 범위에서)를 판단한다.

1. 피고인 1, 피고인 2, 주식회사 피고인 3(이하 '피고인 3 회사'라 한다)의 상고이유 주장

가. 구 「부동산 가격공시 및 감정평가에 관한 법률」(2013. 8. 6. 법률 제12018호로 개정되기 전의 것, 이하 '구 부동산공시법'이라 한다) 제46조, 제43조 제4호의 적용 범위에 관한 법리오해와 죄형법정주의 위반 여부
구 부동산공시법 제37조 제1항은 "감정평가업자는 제29조 제1항각호의 업무를 행함에 있어 품위를 유지하여야 하고, 신의와 성실로써 공정하게 감정평가를 하여야 하며, 고의 또는 중대한 과실로 잘못된 평가를 하여서는 아니 된다."라고 정하고 있고, 제43조 제4호는 "제37조 제1항의 규정을 위반하여 고의로 잘못된 평가를 한 자는 2년 이하의 징역 또는 3천만 원 이하의 벌금에 처한다."라고 정하고 있으며, 제46조는 법인 대표자 등의 위반행위에 대하여 법인을 처벌하는 양벌규정을 정하고 있다.

구 부동산공시법 제2조 제8호는 "감정평가업이라 함은 타인의 의뢰에 의하여 일정한 보수를 받고 토지 등의 감정평가를 업으로 행하는 것을 말한다."라고 정하고 있고, 제22조는 "감정평가사는 타인의 의뢰에 의하여 토지 등을 감정평가함을 그 직무로 한다."라고 정하고 있으며, 제29조 제1항 각호는 감정평가업자가 행하는 업무에 대하여 구체적으로 열거하면서 그중 제6호로 '금융기관·보험회사·신탁회사 등 타인의 의뢰에 의한 토지 등의 감정평가'를 규정하고 있을 뿐 감정평가 의뢰인을 금융기관·보험회사·신탁회사와 이에 준하는 공신력을 가진 기관으로 한정하지 않고 있다.

구 부동산공시법은 토지 등의 적정가격 형성을 도모하고 국토의 효율적 이용과 국민경제의 발전에 이바지함을 목적으로 감정평가업무가 가지는 공공적 성질을 감안하여 일정한 자격을 갖춘 감정평가업자(제27조에 따라 신고한 감정평가사와 제28조에 따라 인가를 받은 감정평가법인)만 감정평가업을 영위할 수 있도록 하고, 감정평가업자가 아닌 자가 감정평가업을 영위하는 경우를 형사처벌하고 있다(제43조 제2호). 또한 이 법률은 감정평가의 공정성과 합리성을 보장하기 위하여 감정평가업자가 준수하여야 할 원칙과 기준을 정하고(제31조), 감정평가업자에게 성실의무 등을 부과하면서 이를 위반하여 고의 또는 중대한 과실로 잘못된 평가를 하는 경우 징계 또는 형사처벌하고 있다(제42조의2, 제43조 제4호).

위와 같은 구 부동산공시법의 규정 내용과 체계, 입법 목적을 종합하면, 구 부동산공시법 제37조 제1항의 성실의무 등이 적용되는 감정평가업자의 업무 중 제29조 제1항 제6호의 '금융기관·보험회사·신탁회사 등 타인의 의뢰에 의한 토지 등의 감정평가'에는 금융기관·보험회사·신탁회사와 이에 준하는 공신력 있는 기관의 의뢰에 의한 감정평가뿐만 아니라 널리 제3자의 의뢰에 의한 감정평가도 모두 포함된다고 보아야 한다.

원심은 다음과 같은 이유로 이 사건 감정평가가 형사처벌의 대상이 아니라는 피고인들의 주장을 받아들이지 않았다. 구 부동산공시법 제43조 제4호는 감정평가업자가 수행하는 업무가 지니는 고유의 공적인 성질을 감안하여 감정평가업자가 해당 감정평가업무를 담당하게 된 원인관계 등과 상관없이 '제37조 제1항의 규정을 위반하여 고의로 잘못된 평가'를 한 경우 이를 형사처벌의 대상으로 하고 있다. 그 감정평가업무가 민간임대주택의 분양전환가격을 결정하기 위한 감정평가라고 해서 달리 볼 수 없다.

원심판결의 이유를 관련 법리와 적법하게 채택된 증거에 비추어 살펴보면, 원심판결에 상고이유 주장과 같이 구 부동산공시법 제46조, 제43조 제4호의 적용 범위에 관한 법리를 오해하거나 죄형법정주의 원칙을 위반한 잘못이 없다.

나. 나머지 상고이유 주장

구 부동산공시법 제43조 제4호위반죄는 같은 법 제31조에 따라 제정된 '감정평가에 관한 규칙' 등에서 정한 감정평가의 원칙과 기준에 어긋나거나 신의성실의 의무에 위배되는 방법으로 감정평가를 함으로써 그 결과가 공정성과 합리성을 갖추지 못한 모든 경우에 성립한다(대법원 2001. 04. 24. 선고 2001도361 판결, 대법원 2003. 06. 24. 선고 2003도1869 판결 등 참조).

구 부동산공시법 제46조는 "법인의 대표자나 법인 또는 개인의 대리인, 사용인, 그 밖의 종업원이 그 법인 또는 개인의 업무에 관하여 제43조또는 제44조의 위반행위를 하면 그 행위자를 벌하는 외에 그 법인 또는 개인에게도 해당 조문의 벌금형을 과한다. 다만 법인 또는 개인이 그 위반행위를 방지하기 위하여 해당 업무에 관하여 상당한 주의와 감독을 게을리하지 아니한 경우에는 그러하지 아니하다."라고 정하고 있다. 이러한 양벌규정에 따라 사용자인 법인 또는 개인을 처벌하는 것은 형벌의 자기책임 원칙에 비추어 위반행위가 발생한 그 업무와 관련하여 사용자인 법인 또는 개인이 상당한 주의 또는 감독 의무를 게을리한 과실이 있기 때문이다. 이때 사용자인 법인 또는 개인이 상당한 주의 또는 감독 의무를 게을리하였는지는 해당 위반행위와 관련된 모든 사정, 즉 법률의 입법 취지, 처벌조항 위반으로 예상되는 법익 침해의 정도, 그 위반행위에 관하여 양벌조항을 마련한 취지 등은 물론 위반행위의 구체적인 모습과 그로 인하여 실제 야기된 피해 또는 결과의 정도, 법인 또는 개인의 영업 규모, 행위자에 대한 감독가능성 또는 구체적인 지휘감독 관계, 법인 또는 개인이 위반행위 방지를 위하여 실제 행한 조치 등을 전체적으로 종합하여 판단해야 한다(대법원 2010. 04. 29. 선고 2009도7017 판결 등 참조).

원심은 다음과 같은 이유로 이 사건 공소사실을 유죄로 인정한 제1심판결을 그대로 유지하였다. 피고인 1, 피고인 2는 피고인 4와 공모하여 (아파트명 생략) 아파트(이하 '이 사건 아파트'라 한다)의 공시가격, 임대보증금 가격, 거래사례 선정과 그에 따른 품등비교 등에 의하여 정상적으로 감정평가를 실시할 경우 공소외인이 요구하는 감정평가금액이 산정될 수 없음을 충분히 인식한 상태에서 공소외인으로부터 부정한 청탁을 받고 신의성실 의무에 위배되는 방법으로 이 사건 아파트에 대한 잘못된 감정평가를 하였다. 피고인 3 회사는 대표이사인 피고인 1과 소속 감정평가사인 피고인 2가 위와 같이 잘못된 감정평가를 하는 것에 대하여 이를 방지하기 위한 상당한 주의와 감독을 다하였다고 보기 어렵다.

원심판결 이유를 관련 법리와 적법하게 채택된 증거에 비추어 살펴보면, 원심판결에 논리와 경험의 법칙에 반하여 자유심증주의의 한계를 벗어나거나 구 부동산공시법 제43조 제4호 위반죄의 성립, 제46조 단서의 '상당한 주의와 감독'의 의미, 고의, 공모관계에 관한 법리를 오해한 잘못이 없다.

2. 피고인 4의 상고이유 주장

원심은 이 사건 공소사실을 유죄로 판단한 제1심판결을 그대로 유지하였다. 원심판결 이유를 관련 법리와 적법하게 채택된 증거에 비추어 살펴보면, 원심판결에 논리와 경험의 법칙에 반하여 자유심증주의의 한계를 벗어나거나 구 부동산공시법 제43조 제4호 위반죄의 성립, 공모관계에 관한 법리를 오해한 잘못이 없다.

3. 결론

피고인들의 상고는 이유 없어 이를 모두 기각하기로 하여, 대법관의 일치된 의견으로 주문과 같이 판결한다.

⑧ 대법원 2021. 09. 30. 선고 2020도3996 판결 [업무상과실치사·업무상과실치상·산업안전보건법위반]

【판시사항】

[1] 구 산업안전보건법에서 정한 안전·보건조치 의무를 위반하였는지 판단하는 방법
[2] 대규모 조선소 작업 현장에서 크레인 간 충돌 사고로 여러 명의 근로자들이 사망하거나 부상당하여 사업주인 甲 주식회사와 협력업체 대표 乙이 구 산업안전보건법 위반으로 기소된 사안에서, 甲 회사 등에게는 구 산업안전보건법 제23조 등 규정에 따라 크레인 간 충돌로 인한 산업안전사고 예방에 합리적으로 필요한 정도의 안전조치 의무가 부과되어 있다고 해석되는데, 甲 회사 등은 작업계획서에 충돌 사고를 방지할 수 있는 구체적인 조치를 포함시키지 않는 등 그 의무를 다하지 아니하였다고 보아, 이와 달리 공소사실을 무죄로 판단한 원심판결에 구 산업안전보건법 제23조에서 정한 사업주의 안전조치 의무 등에 관한 법리오해의 위법이 있다고 한 사례

【판결요지】

[1] 구 산업안전보건법(2019. 1. 15. 법률 제16272호로 개정되기 전의 것, 이하 '구 산업안전보건법'이라 한다)에서 정한 안전·보건조치 의무를 위반하였는지 여부는 구 산업안전보건법 및 같은 법 시행규칙에 근거한 '산업안전보건기준에 관한 규칙'(이하 '안전보건규칙'이라 한다)의 개별 조항에서 정한 의무의 내용과 해당 산업현장의 특성 등을 토대로 산업안전보건법의 입법 목적, 관련 규정이 사업주에게 안전·보건조치를 부과한 구체적인 취지, 사업장의 규모와 해당 사업장에서 이루어지는 작업의 성격 및 이에 내재되어 있거나 합리적으로 예상되는 안전·보건상 위험의 내용, 산업재해의 발생 빈도, 안전·보건조치에 필요한 기술 수준 등을 구체적으로 살펴 규범목적에 부합하도록 객관적으로 판단하여야 한다. 나아가 해당 안전보건규칙과 관련한 일정한 조치가 있었다고 하더라도 해당 산업현장의 구체적 실태에 비추어 예상 가능한 산업재해를 예방할 수 있을 정도의 실질적인 안전조치에 이르지 못할 경우에는 안전보건규칙을 준수하였다고 볼 수 없다. 특히 해당 산업현장에서 동종의 산업재해가 이미 발생하였던 경우에는 사업주가 충분한 보완대책을 강구함으로써 산업재해의 재발 방지를 위해 안전보건규칙에서 정하는 각종 예방 조치를 성실히 이행하였는지 엄격하게 판단하여야 한다.

[2] 대규모 조선소 작업 현장에서 크레인 간 충돌 사고로 여러 명의 근로자들이 사망하거나 부상당하여 사업주인 甲 주식회사와 협력업체 대표 乙이 구 산업안전보건법(2019. 1. 15. 법률 제16272호로 개정되기 전의 것, 이하 '구 산업안전보건법'이라 한다) 위반으로 기소된 사안에서, 위 현장은 수많은 근로자가 동시에 투입되고, 대형 크레인이 상시적으로 이용되며, 사업장 내 크레인 간 충돌 사고를 포함하여 과거 여러 차례 다양한 산업재해가 발생한 전력이 있는 대규모 조선소인 점, 구 산업안전보건법과 구 산업안전보건법 시행규칙(2017. 10. 17. 고용노동부령 제197호로 개정되기 전의 것) 및 구 산업안전보건기준에 관한 규칙(2017. 12. 28. 고용노동부령 제206호로 개정되기 전의 것)의 개별 조항에서는 사업주로 하여금 기계, 기구, 중량물 취급, 그 밖의 설비 혹은 불량한 작업방법으로 인한 위험의 예방에 필요한 조치를 할 의무를 부과하고 있고, 크레인 등 양중기에 의한 충돌 등 위험이 있는 작업을 하는 장소에서는 그 위험을 방지하기 위하여 필요한 조치를 취할 의무가 있음을 특별히 명시하고 있는 점 등을 종합하면, 甲 회사 등에게는 구 산업안전보건법 제23조

등 규정에 따라 크레인 간 충돌로 인한 산업안전사고 예방에 합리적으로 필요한 정도의 안전조치 의무가 부과되어 있다고 해석되는데, 甲 회사 등은 작업계획서에 충돌 사고를 방지할 수 있는 구체적인 조치를 포함시키지 않는 등 그 의무를 다하지 아니하였다고 보아, 이와 달리 공소사실을 무죄로 판단한 원심판결에 구 산업안전보건법 제23조에서 정한 사업주의 안전조치 의무 등에 관한 법리오해의 위법이 있다고 한 사례.

【참조조문】 [1] 구 산업안전보건법(2019. 1. 15. 법률 제16272호로 전부 개정되기 전의 것) 제1조, 제5조 제1항 제1호, 제23조(현행 제38조 참조), 제29조 제3항(현행 제63조 참조), 제66조의2(현행 제167조 제1항 참조), 제67조 제1호(현행 제168조 제1호 참조), 제68조 제3호(현행 제169조 제1호 참조) / [2] 구 산업안전보건법(2019. 1. 15. 법률 제16272호로 전부 개정되기 전의 것) 제1조, 제5조 제1항 제1호, 제23조(현행 제38조 참조), 제29조 제3항(현행 제63조 참조), 제66조의2(현행 제167조 제1항 참조), 제67조 제1호(현행 제168조 제1호 참조), 제68조 제3호(현행 제169조 제1호 참조), 구 산업안전보건법 시행규칙(2017. 10. 17. 고용노동부령 제197호로 개정되기 전의 것) 제30조 제4항(현행 산업안전보건법 시행령 제11조, 산업안전보건법 시행규칙 제6조 참조), 구 산업안전보건기준에 관한 규칙(2017. 12. 28. 고용노동부령 제206호로 개정되기 전의 것) 제14조 제2항, 제38조 제1항 제11호 [별표 4], 제40조 제1항 제1호
【전   문】【피 고 인】피고인 1 외 2인 【상 고 인】피고인 1 및 검사 【변 호 인】변호사 이형주 외 1인
【원심판결】 창원지법 2020. 2. 21. 선고 2019노941 판결

【주   문】

원심판결 중 피고인 1과 피고인 3 주식회사에 대한 부분을 파기하고, 이 부분 사건을 창원지방법원에 환송한다. 피고인 2에 대한 이 사건 공소를 기각한다.

【이   유】

상고이유를 판단한다.

1. 검사의 피고인 1과 피고인 3 주식회사(이하 '피고인 3 회사'라고만 한다)에 대한 상고이유에 관하여

가. 구 산업안전보건법(2019. 1. 15. 법률 제16272호로 전부 개정되기 전의 것, 이하 '구 산업안전보건법'이라고 한다)은 산업안전·보건에 관한 기준을 확립하고 그 책임의 소재를 명확하게 하여 산업재해를 예방하고 쾌적한 작업환경을 조성함으로써 근로자의 안전과 보건을 유지·증진함을 목적으로 한다(제1조). 사업주는 산업안전보건법과 그에 따른 명령으로 정하는 산업재해 예방을 위한 기준을 지킴으로써 근로자의 안전과 건강을 유지·증진시켜야 할 의무가 있다(제5조 제1항 제1호).

사업주는 사업을 할 때 기계·기구, 그 밖의 설비에 의한 위험 등을 예방하기 위하여 필요한 조치를 하여야 하고, 중량물 취급 등 작업을 할 때 불량한 작업방법 등으로 인하여 발생하는 위험을 방지하기 위하여 필요한 조치를 하여야 하며, 작업 중 물체가 떨어지거나 날아올 위험이 있는 장소에는 그 위험을 방지하기 위하여 필요한 조치를 하여야 한다(제23조 제1항, 제2항, 제3항). 또한 같은 장소에서 행하여지는 사업으로서 사업의 일부를 분리하여 도급으로 하는 사업 중 일정한 사업주 등(이하 '도급 사업주'라고 한다)은 그의 수급인이 사용하는 근로자가 추락 또는 낙하

위험이 있는 장소 등 고용노동부령으로 정하는 산업재해 발생위험이 있는 장소에서 작업을 할 때에는 안전·보건시설의 설치 등 고용노동부령으로 정하는 산업재해 예방을 위한 조치를 하여야 한다(제29조 제3항).

구 산업안전보건법에서 정한 안전·보건조치 의무를 위반하였는지 여부는 구 산업안전보건법 및 같은 법 시행규칙에 근거한「산업안전보건기준에 관한 규칙」(이하 '안전보건규칙'이라 한다)의 개별 조항에서 정한 의무의 내용과 해당 산업현장의 특성 등을 토대로 산업안전보건법의 입법 목적, 관련 규정이 사업주에게 안전·보건조치를 부과한 구체적인 취지,사업장의 규모와 해당 사업장에서 이루어지는 작업의 성격 및 이에 내재되어 있거나 합리적으로 예상되는 안전·보건상 위험의 내용, 산업재해의 발생 빈도, 안전·보건조치에 필요한 기술 수준 등을 구체적으로 살펴 규범목적에 부합하도록 객관적으로 판단하여야 한다.나아가 해당 안전보건규칙과 관련한 일정한 조치가 있었다고 하더라도 해당 산업현장의 구체적 실태에 비추어 예상 가능한 산업재해를 예방할 수 있을 정도의 실질적인 안전조치에 이르지 못할 경우에는 안전보건규칙을 준수하였다고 볼 수 없다. 특히 해당 산업현장에서 동종의 산업재해가 이미 발생하였던 경우에는 사업주가 충분한 보완대책을 강구함으로써 산업재해의 재발 방지를 위해 안전보건규칙에서 정하는 각종 예방 조치를 성실히 이행하였는지 엄격하게 판단하여야 한다.

나. 원심은 다음과 같은 이유를 들어 피고인 1과 피고인 3 회사에 대한 아래 공소사실을 무죄로 판단하였다.

1) 작업계획서에 크레인 간 중첩작업으로 인한 간섭 내지 충돌을 방지하기 위한 구체적인 조치방법이나 크레인의 전도 낙하위험 등을 예방할 수 있는 안전대책을 포함하여 작성하지 않은 점(피고인들)

구 산업안전보건법 시행규칙(2017. 10. 17. 고용노동부령 제197호로 개정되기 전의 것, 이하 '구 시행규칙'이라 한다) 등에는 '중량물'이나 '중량물 취급작업'의 정의나 기준에 관한 규정이 없다. 크레인 간 충돌로 인해 크레인 자체가 전도되거나 낙하하는 경우의 위험을 방지하기 위한 안전대책까지 포함하여 작업계획서를 작성해야 한다는 명시적인 규정이 없고, '중량물 취급작업'의 의미도 명백하지 않다.

2) 관리감독자이자 작업지휘자인 공소외 1(피고인 3 회사 현장반장) 및 공소외 2(공소외 3 회사 현장반장)가 다른 업무수행을 위해 현장을 이탈하여 작업지휘 등의 업무를 수행하지 아니하게 한 점(피고인들)

피고인 3 회사와 공소외 3 회사 모두 현장반장을 관리감독자 및 작업지휘자로 지정하여 작업을 지휘하는 등의 업무를 수행하게 하였고, 그 관리감독자가 일부 업무를 수행하였으나, 현실적인 업무 부담으로 이 사건 사고 시점에 작업지휘가 이루어지지 않은 것으로 보인다. 따라서 피고인 3 회사의 조선소장이던 피고인 2와 공소외 3 회사 대표자인 피고인 1이 공소외 1, 공소외 2로 하여금 이 사건 당시 현장을 이탈하여 작업지휘 등 업무를 수행하지 못하게 하였다고 단정하기 어렵고, 이를 구 산업안전보건기준에 관한 규칙(2017. 12. 28. 고용노동부령 제206호로 개정되기 전의 것, 이하 '구 안전보건규칙'이라 한다) 제39조 제1항, 제35조 제1항 및 [별표 2] 제3항에 정해진 의무를 위반한 것이라고 평가하기 어렵다.

3) 크레인 간 중첩작업에 의한 충돌 예방을 위한 신호방법을 제대로 정하지 않은 점(피고인들)

구 안전보건규칙 제40조에 의하더라도 '일정한' 신호방법을 정해야 한다는 것일 뿐, 크레인 중첩작업 시 별도의 신호방법을 마련해야 한다는 구체적인 규정은 없다. 따라서 크레인신호규정에 의한 일반적인 신호방법 및 골리앗 크레인 신호수와 지브형 크레인 운전수 간에 무전 연락이 가능했던 점을 제외하고 크레인 중첩작업 시의 위험을 방지하기 위한 신호조정 방법이 별도로 정해져 있지 않았어도 이는 구 안전보건규칙에 정해진 의무를 위반한 것이라고 평가하기 어렵다.

4) 크레인 간 중첩작업에 따른 충돌 등으로 인하여 물체가 떨어지거나 날아올 위험이 있는 마틴링게 P모듈 메인데크 동편 well bay 부근에 출입금지구역 설정 등의 조치를 하지 않은 점(피고인들), 위와 같은 조치를 피고인 3 회사에 요청하지 않고, 피고인 3 회사에서 설치한 간이화장실 및 흡연 장소를 방치한 점(피고인 1)

구 안전보건규칙 제14조 제2항에 의하더라도 출입금지구역의 설치 반경 내지 범위에 관한 구체적인 기준이 정해져 있지 않고, 이 사건과 같이 크레인 메인지브 자체가 권상(卷上)중이던 물건 등과 함께 낙하하는 경우 그 낙하 반경 및 출입 금지가 필요한 범위가 명백하지 않다. 출입금지구역의 설정 여부는 크레인 간 충돌 방지를 위한 안전대책의 일환으로 고려할 수 있을 뿐, 그것이 구 안전보건규칙 제14조 제2항에 정해진 의무를 위반한 것이라고 평가하기는 어렵다.

5) 골리앗 크레인이 작업 도중 2회에 걸쳐 재시작하였으나 그 과정에서 별도의 신호수 배치나 작업방법을 정하지 않은 점(피고인 3 회사)

골리앗 크레인은 엘리베이터 운반 작업을 위해 주행하는 과정에서 상부 트롤리를 옮기기 위해 두 차례에 걸쳐 정지한 것으로서 이는 일련의 연속적인 작업 과정일 뿐이므로, 크레인이 정지된 후 다시 작업을 시작하는 것을 '재시작'으로 보아 구 안전보건규칙 제89조에 따라 별도의 신호수 배치나 작업방법을 정해야 한다고 볼 근거가 없다.

다. 원심판결 이유를 앞서 본 법리에 비추어 살펴본다.

1) 앞서 나. 중 제2), 5)항에서 본 이 부분 원심판결 이유를 관련 법리와 기록에 비추어 살펴보면, 이 부분 원심의 판단에 논리와 경험의 법칙을 위반하여 자유심증주의의 한계를 벗어나거나 구 산업안전보건법 제23조, 제29조 제3항 및 구 안전보건규칙의 관련 규정에서 정한 안전보건조치 및 산업재해예방조치 의무 위반에 따른 산업안전보건법 위반죄의 성립에 관한 법리를 오해한 잘못이 없다.

2) 그러나 앞서 나. 중 제1), 3), 4)항에서 본 원심의 판단은 다음과 같은 이유로 수긍할 수 없다. 이 사건 산업현장은 수많은 근로자가 동시에 투입되고, 다수의 대형 장비가 수시로 이동 작업을 수행하며 육중한 철골 구조물이 블록을 형성하여 선체에 조립되는 공정이 필수적이어서 대형 크레인이 상시적으로 이용되고, 사업장 내 크레인 간 충돌 사고를 포함하여 과거 여러 차례 다양한 산업재해가 발생한 전력이 있는 대규모 조선소이다. 이러한 사업장의 특성을 토대로 구 산업안전보건법과 구 시행규칙 및 개별 안전보건규칙에서 정한 의무의 내용과 취지 등을 살펴보면, 사업주인 피고인 3 회사와 피고인 1에게는 해당 규정에 따라 크레인 간 충돌로 인한 산

업안전사고 예방에 합리적으로 필요한 정도의 안전조치 의무가 부과되어 있다고 해석된다.

즉, 구 산업안전보건법 제23조 제1항, 제2항은 사업주로 하여금 기계, 기구, 중량물 취급, 그 밖의 설비 혹은 불량한 작업방법으로 인한 위험의 예방에 필요한 조치를 할 의무를 부과하고 있다. 구 산업안전보건법 제23조 제3항, 제29조 제3항, 구 시행규칙 제30조 제4항에서는 크레인 등 양중기에 의한 충돌 등 위험이 있는 작업을 하는 장소에서는 그 위험을 방지하기 위하여 필요한 조치를 취할 의무가 있음을 특별히 명시하고 있다. 이 사건 사고 2개월 전 거제조선소 8안벽에서 골리앗 크레인이 크롤러 크레인 보조 붐을 충돌하는 사고가 발생하는 등 이 사건 산업현장에서는 이미 크레인 간 충돌 사고가 수차례 발생한 바 있다. 그렇다면 수범자인 사업주로서는 합리적으로 필요한 범위 내의 안전조치를 보강함으로써 크레인 간 충돌에 따른 대형 안전사고의 발생을 예방할 의무가 요구된다고 볼 수 있다.

이 사건 공소가 제기된 구 안전보건규칙의 해당 조항 중 아래의 각 조항 역시 사업주인 피고인 3 회사와 피고인 1에게 그와 관련한 구체적인 안전조치 의무가 부과된 것으로 볼 수 있는 근거가 된다.

가) 구 안전보건규칙 제38조 제1항 제11호 및 [별표 4]

구 안전보건규칙 제38조 제1항 제11호 및 [별표 4] 제11항에 따르면, 사업주는 '중량물의 취급 작업'을 하는 경우 근로자의 위험을 방지하기 위하여 '추락위험, 낙하위험, 전도위험, 협착위험, 붕괴위험'을 예방할 수 있는 안전대책을 포함한 작업계획서를 작성하고 그 계획에 따라 작업을 하도록 하여야 한다. 이는 크레인 등을 이용한 중량물 취급 작업 중 발생할 수 있는 위 각종 사고의 위험을 예방할 수 있는 안전대책에 관한 규정으로서, 위 규정에서는 이와 같은 위험을 방지하기 위하여 해당 작업, 작업장의 상태 등을 사전 조사하고 그 결과를 토대로 작업계획서를 작성하며 그 계획에 따라 작업을 하도록 규정하고 있다. 위와 같은 규정의 내용에 더하여 앞서 본 이 사건 산업현장의 특성을 종합하여 보면, 피고인 3 회사와 피고인 1에 대하여는 중량물의 취급을 위해 다수의 크레인을 동시에 투입하여 중첩작업을 함에 따른 크레인 간 충돌 사고를 방지할 수 있는 구체적인 조치까지 작업계획서에 포함하여 작성하고 그 계획에 따라 작업을 하도록 할 의무가 부과되어 있었던 것으로 볼 수 있다.

그럼에도 피고인 3 회사와 피고인 1은 이 사건 당시 작성한 작업계획서에 크레인 간 충돌 위험을 방지하기 위한 구체적인 안전조치를 포함하지 아니하였다.

나) 구 안전보건규칙 제40조 제1항 제1호구 안전보건규칙 제40조 제1항 제1호는, 사업주는 크레인 등 양중기를 사용하는 작업을 하는 경우 발생할 수 있는 위험을 방지할 수 있도록 일정한 신호방법을 정하여 신호하도록 명시하고 있다. 앞서 본 관련 규정의 내용 및 취지에 비추어 보면, 양중기 이용 작업과 관련하여 구 안전보건규칙이 발생 가능한 것으로 예정한 안전사고 중에는 다수 크레인의 중첩작업에 따른 크레인 충돌 사고도 포함된 것으로 볼 수 있다. 또한 앞서 본 이 사건 산업현장의 특성 및 이 사건과 유사한 안전사고 전력에 비추어 보면, 위 규정이 정한 일정한 신호방법에는 크레인 중첩작업에 따른 충돌 사고 방지를 위한 것도 포함되어 있다고 볼 수 있다. 이에 해당하는 것으로는, 크레인 별로 신호수를 분산 배치하고 신호수들의 신호방법을 정하여 둘 뿐만 아니라 통합신호수를 두어 통합신호수를 통하여 각 신호수들이 신호대로 이행하였음을 확인한 후 작업하도

록 하거나 신호수가 신호한 후에 상대방 크레인의 안전조치 이행을 확인하고 나서 다음 작업 단계로 이동하도록 하는 신호방법을 명시하는 등의 조치가 포함될 수 있다. 이와 달리 크레인의 단독 작업에 따르는 일정한 신호방법을 정하는 것만으로는 합리적으로 필요한 안전조치 의무를 이행한 것으로 볼 수 없고, 이 사건 사고 이후 피고인 3 회사가 취한 보완조치를 보더라도 그와 같은 안전조치를 요구하는 것이 이 사건 산업현장의 특성상 불합리하거나 무리한 의무의 부과라고 볼 수 없다.

그럼에도 피고인들은 '크레인신호규정에 의한 일반적인 신호방법' 및 '골리앗 크레인의 신호수와 지브 크레인 운전수 간에 무전 연락이 가능했던 점'을 제외하고는 크레인 중첩작업의 위험을 방지하기 위한 신호조정 방법을 별도로 정하지 아니하였다.

다) 구 안전보건규칙 제14조 제2항구 안전보건규칙 제14조 제2항은 물체가 떨어지거나 날아올 위험이 있는 경우, 위험을 방지하기 위하여 출입금지구역의 설정 등 필요한 조치를 하여야 할 의무가 있다고 규정하고 있다. 여기서 '위험을 방지하기 위하여 필요한 조치'는 개별 사업장의 규모, 이루어지는 구체적인 작업 내용, 작업에 사용되는 물체의 제원 등을 고려하여 작업장별로 구체적·개별적으로 정해지는 것이므로, 위 규정에서 출입금지구역의 설치 반경이나 범위를 구체적인 수치로 제시하거나 위험 방지 조치를 개별적으로 열거하지 않았다는 사정만으로 사업주에게 해당 의무가 부과되지 아니하였다고 단정할 것은 아니다. 오히려 관련 규정의 내용과 취지 및 이 사건 산업현장의 특성 등을 종합하여 보면, 이 규정은 이 사건 크레인 중첩작업 당시 사업주가 취하였어야 할 안전조치와 관련하여 구체적인 일정한 의무를 부과하는 근거가 된다고 볼 수 있다.

즉, 사업주가 앞서 본 구 안전보건규칙 제38조 제1항 제11호 [별표 4]에 따른 작업계획서 작성 의무 및 구 안전보건규칙 제40조 제1항 제1호에 따른 신호방법을 정하여 신호할 의무 등과 같이 크레인 간 중첩작업으로 인한 대형 사고의 위험 방지를 위하여 사업주에게 마땅히 요구되고 기대되는 직접적인 안전조치를 취하지 않은 경우라면, 그에 따른 위험의 발생을 방지하기 위한 최소한의 조치로라도 구 안전보건규칙 제14조 제2항에 따른 출입금지구역 설정 등 보완적 조치 의무가 구체적으로 발생·부과되는 것으로 볼 수 있다.

따라서 피고인 3 회사와 피고인 1은 위 규정에 따라 이 사건 골리앗 크레인과 이 사건 지브 크레인의 각 단독 작업으로 인하여 물체의 낙하 위험이 있는 구역뿐만 아니라 크레인 간 중첩작업으로 인하여 충돌 및 물체의 낙하 위험 있는 구역에 해당하는 P모듈 상부의 일정 구역에 대하여는 일정한 시간 동안이라도 출입 금지 등 위험을 방지하기 위한 조치를 취할 구체적인 의무가 있었다고 할 수 있다. 그럼에도 위 피고인들은 이에 관한 어떠한 조치도 취하지 아니하였다.

그럼에도 원심은 피고인 1과 피고인 3 회사에 대한 위 나. 중 제1), 3), 4)항 기재 공소사실을 무죄로 판단하였다. 이 부분의 원심판결에는 구 산업안전보건법 제23조에서 정한 사업주의 안전조치 의무 및 같은 법 제29조에서 정한 도급 사업주의 산업재해예방조치 의무에 관한 법리를 오해하여 판결에 영향을 미친 위법이 있다.

라. 그러므로 피고인 3 회사와 피고인 1에 대한 이 부분 검사의 상고이유 주장은, '피고인 3 회사의 현장반장 및 공소외 3 회사의 현장반장이 다른 업무수행을 위해 현장을 이탈하여 작업지휘 등의 업무를 수행하지 아니하게 하였다.'는 위 피고인들에 대한 공소사실[위 나. 중 제2)항] 및 '골리앗

크레인이 작업 도중 2회에 걸쳐 재시작 하였으나 그 과정에서 별도의 신호수 배치나 작업방법을 정하지 아니하였다.'는 피고인 3 회사에 대한 공소사실[위 나. 중 제5)항]에 해당하는 무죄 부분을 제외한 나머지 부분에 한하여 이유 있다.

2. 피고인 1의 상고이유에 관하여

원심은 그 판시와 같은 이유로 피고인 1에 대한 공소사실 중 업무상과실치사상 부분을 유죄로 판단하였다. 원심판결 이유를 관련 법리와 적법하게 채택된 증거에 비추어 살펴보면, 원심의 판단에 논리와 경험의 법칙을 위반하여 자유심증주의의 한계를 벗어나거나 업무상과실치사상죄의 성립에 관한 법리를 오해한 잘못이 없다.

3. 피고인 2에 대하여

기록에 의하면, 피고인 2는 검사의 이 사건 상고제기 이후인 2020. 5. 24. 사망한 사실이 인정되므로, 형사소송법 제382조, 제328조 제1항 제2호에 의하여 피고인 2에 대한 공소를 기각한다.

4. 파기의 범위

피고인 1에 대한 산업안전보건법 위반의 점에 관한 원심판결 중 위 제1의 나. 중 제1), 3), 4)항 기재 공소사실에 관한 무죄 부분은 파기되어야 하는데, 이 부분은 같은 제2)항 기재 공소사실에 관한 무죄 부분과 일죄의 관계에 있고, 원심에서 유죄로 인정된 업무상과실치사죄 및 업무상과실치상죄와 상상적 경합 관계에 있어 이들에 대하여 하나의 형을 정해야 하므로, 피고인 1에 대한 원심판결은 전부 파기되어야 한다.

또한 피고인 3 회사에 대한 안전조치 의무 및 산업재해예방조치 의무 위반에 따른 산업안전보건법 위반의 점에 관한 원심판결 중 위 제1의 나. 중 제1), 3), 4)항 기재 공소사실에 관한 무죄 부분은 파기되어야 하는데, 이 부분은 같은 제2), 5)항 기재 공소사실에 관한 무죄 부분과는 일죄의 관계에 있고, 원심에서 유죄로 인정된 협의체 운영 의무 위반으로 인한 산업안전보건법 위반죄 및 안전·보건 점검 의무 위반으로 인한 산업안전보건법 위반죄와 형법 제37조 전단의 경합범 관계에 있어 이들에 대하여 하나의 형을 정해야 하므로, 피고인 3 회사에 대한 원심판결은 전부 파기되어야 한다.

5. 결 론

그러므로 원심판결 중 피고인 1, 피고인 3 회사에 대한 부분을 파기하고, 이 부분 사건을 다시 심리·판단하도록 원심법원에 환송하며, 피고인 2에 대한 공소를 기각하기로 하여, 관여 대법관의 일치된 의견으로 주문과 같이 판결한다.

⑪ 대법원 2021. 09. 30. 선고 2021도1143 판결 [자본시장과금융투자업에관한법률위반]

【판시사항】

구 자본시장과 금융투자업에 관한 법률 제443조 제1항 단서 및 제2항의 적용을 위하여 위반행위로 얻은 이익의 가액을 산정할 때 유의하여야 할 사항 / '위반행위로 얻은 이익'에 '실현이익'과 '미실현이익'이 모두 포함되는지 여부(적극) 및 이때 '미실현이익'을 산정하는 방법 / 여기서 '정보 공개로 인한 효과가 주가에 전부 반영된 시점의 주가'를 결정하는 방법

【판결요지】

구 자본시장과 금융투자업에 관한 법률(2018. 3. 27. 법률 제15549호로 개정되기 전의 것, 이하 '구 자본시장법'이라 한다) 미공개중요정보 이용행위를 금지하고(제174조), 이를 위반한 경우 형사처벌하고 있다(제443조). 구 자본시장법은 '위반행위로 얻은 이익 또는 회피한 손실'을 범죄구성요건의 일부로 삼아 그 가액에 따라 형을 가중하고 있으므로(제443조 제1항 단서와 제2항), 이를 적용할 때에는 위반행위로 얻은 이익의 가액을 엄격하고 신중하게 산정함으로써 범죄와 형벌 사이에 적정한 균형이 이루어져야 한다는 죄형 균형의 원칙이나 형벌은 책임에 기초하고 그 책임에 비례해야 한다는 책임주의 원칙을 훼손하지 않도록 유의해야 한다.

'위반행위로 얻은 이익'은 행위자가 얻은 이익으로서 위반행위와 인과관계 있는 것 전부를 뜻하므로, 특별한 사정이 없는 한 호재성 미공개중요정보 이용행위 이후 정보의 공개로 인한 효과가 주가에 전부 반영된 시점까지 이루어진 실제 거래로 이미 발생한 이익(이하 '실현이익'이라 한다)과 그 시점 당시 보유 중인 미공개중요정보 이용행위 대상 주식의 평가이익(이하 '미실현이익'이라 한다)이 모두 포함된다. 이때 '미실현이익'은 정보의 공개로 인한 효과가 주가에 전부 반영된 시점의 주가와 실제 매수단가의 차액에 그 당시 보유 중인 미공개중요정보 이용행위 대상 주식의 수를 곱하여 계산한 금액으로 산정한다. 이는 정보의 공개로 인한 효과가 주가에 모두 반영된 시점 당시 보유 중인 미공개중요정보 이용행위 대상 주식이 그 시점 이후에 실제 매도된 경우에도 마찬가지로 적용된다.

여기서 '정보 공개로 인한 효과가 주가에 전부 반영된 시점의 주가'는 그 정보 공개 이후 주가와 거래량의 변동 추세, 그러한 변동 추세가 지속된 기간 등의 여러 사정을 종합하여 객관적으로 엄격하고 신중하게 결정되어야 한다. 통상적으로는 호재성 정보가 공개된 이후 상승세에 있던 주가 흐름이 멈추거나 하락세로 돌아서는 시점의 주가를 '정보의 공개로 인한 효과가 주가에 전부 반영된 시점의 주가'로 볼 수 있다.

【참조조문】 구 자본시장과 금융투자업에 관한 법률(2018. 3. 27. 법률 제15549호로 개정되기 전의 것) 제174조, 제443조 제1항, 제2항
【참조판례】 대법원 2018. 10. 12. 선고 2018도8438 판결(공2018하, 2149)
【전 문】 【피 고 인】 피고인   【상 고 인】 피고인
【변 호 인】 변호사 황혁
【원심판결】 서울중앙지법 2021. 1. 15. 선고 2020노1175 판결

【주 문】

상고를 기각한다.

【이 유】

상고이유를 판단한다.

1. 미공개중요정보 이용행위 해당 여부

원심은 피고인이 이 사건 유상증자결정 정보를 알게 된 후 공소외 주식회사 주식(이하 '이 사건 주식'이라 한다) 59,000주를 매수한 행위를 미공개중요정보 이용행위로 판단한 제1심판결을 그대로 유지하였다.

원심판결 이유를 적법하게 채택된 증거에 비추어 살펴보면, 원심판결에 논리와 경험의 법칙에 반하여 자유심증주의의 한계를 벗어난 잘못이 없다.

2. 위반행위로 얻은 이익에 관한 판단

가. 구 「자본시장과 금융투자업에 관한 법률」(2018. 3. 27. 법률 제15549호로 개정되기 전의 것, 이하 '구 자본시장법'이라 한다)은 미공개중요정보 이용행위를 금지하고(제174조), 이를 위반한 경우 형사처벌하고 있다(제443조). 구 자본시장법은 '위반행위로 얻은 이익 또는 회피한 손실'을 범죄구성요건의 일부로 삼아 그 가액에 따라 형을 가중하고 있으므로(제443조 제1항 단서와 제2항), 이를 적용할 때에는 위반행위로 얻은 이익의 가액을 엄격하고 신중하게 산정함으로써 범죄와 형벌 사이에 적정한 균형이 이루어져야 한다는 죄형 균형의 원칙이나 형벌은 책임에 기초하고 그 책임에 비례해야 한다는 책임주의 원칙을 훼손하지 않도록 유의해야 한다(대법원 2018. 10. 12. 선고 2018도8438 판결 등 참조).

'위반행위로 얻은 이익'은 행위자가 얻은 이익으로서 위반행위와 인과관계 있는 것 전부를 뜻하므로, 특별한 사정이 없는 한 호재성 미공개중요정보 이용행위 이후 정보의 공개로 인한 효과가 주가에 전부 반영된 시점까지 이루어진 실제 거래로 이미 발생한 이익(이하 '실현이익'이라 한다)과 그 시점 당시 보유 중인 미공개중요정보 이용행위 대상 주식의 평가이익(이하 '미실현이익'이라 한다)이 모두 포함된다(대법원 2018. 10. 12. 선고 2018도8438 판결 등 참조). 이때 '미실현이익'은 정보의 공개로 인한 효과가 주가에 전부 반영된 시점의 주가와 실제 매수단가의 차액에 그 당시 보유 중인 미공개중요정보 이용행위 대상 주식의 수를 곱하여 계산한 금액으로 산정한다. 이는 정보의 공개로 인한 효과가 주가에 모두 반영된 시점 당시 보유 중인 미공개중요정보 이용행위 대상 주식이 그 시점 이후에 실제 매도된 경우에도 마찬가지로 적용된다.

여기서 '정보 공개로 인한 효과가 주가에 전부 반영된 시점의 주가'는 그 정보 공개 이후 주가와 거래량의 변동 추세, 그러한 변동 추세가 지속된 기간 등의 여러 사정을 종합하여 객관적으로 엄격하고 신중하게 결정되어야 한다. 통상적으로는 호재성 정보가 공개된 이후 상승세에 있던 주가 흐름이 멈추거나 하락세로 돌아서는 시점의 주가를 '정보의 공개로 인한 효과가 주가에 전부 반영된 시점의 주가'로 볼 수 있다.

나. 원심판결 이유와 적법하게 채택된 증거에 따르면 다음 사실을 알 수 있다.

피고인은 2018. 2. 12.경 미공개중요정보인 이 사건 유상증자결정 정보를 이용해 이 사건 주식을 총 59,000주 매수하였고, 그 직후 이 사건 유상증자결정 정보가 공개되었다. 그 이후 이 사건 주식의 주가는 종가 기준으로 급격하게 계속 상승하여 2018. 2. 21. 최고가인 12,000원에 이르고 2018. 3. 7. 무렵까지 전반적으로 위 가격 근처에서 안정적으로 유지되었다.

위 정보 공개 이후 이 사건 주식의 주가가 최고가인 12,000원에 이를 때까지 위 정보 이외에 다른 주가 상승 요인이 있었다고 볼 만한 사정이 없다.

피고인은 2018. 3. 7. 이후 이 사건 주식 59,000주를 여러 차례 나누어 매도하였다.

다. 원심은, 피고인이 이 사건 유상증자결정 정보가 공개되기 전에 위 정보를 이용하여 이 사건 주식 59,000주를 매수한 다음 2018. 2. 21.까지 그대로 보유한 사실을 인정한 다음, 위 정보 공개 이후 이 사건 주식의 주가가 상승세를 멈춘 2018. 2. 21.이 위 정보의 공개로 인한 효과가 주가에 모두 반영된 시점이라고 보아 이날의 종가인 12,000원을 기준으로 피고인의 미실현이익을 216,176,000원이라고 판단하였다.

원심판결은 위에서 본 법리에 기초한 것으로서 정당하다. 원심판결에 상고이유 주장과 같이 구 자본시장법 제443조의 '위반행위로 얻은 이익'에 관한 법리를 오해한 잘못이 없다.

3. 양형부당 주장에 관한 판단

형사소송법 제383조 제4호에 따르면 사형, 무기 또는 10년 이상의 징역이나 금고가 선고된 사건에서만 양형부당을 이유로 상고할 수 있다. 따라서 피고인에 대하여 벌금형이 선고된 이 사건에서 형이 너무 무거워 부당하다는 주장은 적법한 상고이유가 아니다.

4. 결 론

피고인의 상고는 이유 없어 이를 기각하기로 하여, 대법관의 일치된 의견으로 주문과 같이 판결한다.

ⓒ 대법원 2021. 10. 14. 선고 2017도10634 판결 [부동산가격공시및감정평가에관한법률위반]

【판시사항】

구 부동산 가격공시 및 감정평가에 관한 법률에서 감정평가사 자격을 갖춘 사람만이 감정평가업을 독점적으로 영위할 수 있도록 한 취지 / 민사소송법 제335조에 따른 법원의 감정인 지정결정 또는 같은 법 제341조 제1항에 따른 법원의 감정촉탁을 받은 경우, 감정평가업자가 아닌 사람이더라도 그 감정사항에 포함된 토지 등의 감정평가를 할 수 있는지 여부(적극) 및 이러한 행위가 형법 제20조의 정당행위에 해당하여 위법성이 조각되는지 여부(적극)

【판결요지】

구 부동산 가격공시 및 감정평가에 관한 법률(2016. 1. 19. 법률 제13796호 부동산가격공시에 관한 법률로 전부 개정되기 전의 것, 이하 '구 부동산공시법'이라고 한다) 제2조 제7호 내지 제9호, 제43조 제2호는 감정평가란 토지 등의 경제적 가치를 판정하여 그 결과를 가액으로 표시하는 것을 말하고, 감정평가업자란 제27조에 따라 신고를 한 감정평가사와 제28조에 따라 인가를 받은 감정평가법인을 말한다고 정의하면서, 감정평가업자가 아닌 자가 타인의 의뢰에 의하여 일정한 보수를 받고 감정평가를 업으로 행하는 것을 처벌하도록 규정하고 있다. 이와 같이 감정평가사 자격을 갖춘 사람만이 감정평가업을 독점적으로 영위할 수 있도록 한 취지는 감정평가업무의 전문성, 공정성, 신뢰성을 확보해서 재산과 권리의 적정한 가격형성을 보장하여 국민의 권익을 보호하기 위한 것이다(구 부동산공시법 제1조 참조).

한편 소송의 증거방법 중 하나인 감정은 법관의 지식과 경험을 보충하기 위하여 특별한 학식과 경험을 가진 제3자에게 그 전문적 지식이나 이를 구체적 사실에 적용하여 얻은 판단을 법원에 보고하게 하는 것으로, 감정신청의 채택 여부를 결정하고 감정인을 지정하거나 단체 등에 감정촉탁을 하는 권한은 법원에 있고(민사소송법 제335조, 제341조 제1항 참조), 행정소송사건의 심리절차에서 공익사업을 위한 토지 등의 취득 및 보상에 관한 법률상 토지 등의 손실보상액에 관하여 감정을 명할 경우 그 감정인으로 반드시 감정평가사나 감정평가법인을 지정하여야 하는 것은 아니다.

법원은 소송에서 쟁점이 된 사항에 관한 전문성과 필요성에 대한 판단에 따라 감정인을 지정하거나 감정촉탁을 하는 것이고, 감정결과에 대하여 당사자에게 의견을 진술할 기회를 준 후 이를 종합하여 그 결과를 받아들일지 여부를 판단하므로, 감정인이나 감정촉탁을 받은 사람의 자격을 감정평가사로 제한하지 않더라도 이러한 절차를 통하여 감정의 전문성, 공정성 및 신뢰성을 확보하고 국민의 재산권을 보호할 수 있기 때문이다.

그렇다면 민사소송법 제335조에 따른 법원의 감정인 지정결정 또는 같은 법 제341조 제1항에 따른 법원의 감정촉탁을 받은 경우에는 감정평가업자가 아닌 사람이더라도 그 감정사항에 포함된 토지 등의 감정평가를 할 수 있고, 이러한 행위는 법령에 근거한 법원의 적법한 결정이나 촉탁에 따른 것으로 형법 제20조의 정당행위에 해당하여 위법성이 조각된다고 보아야 한다.

【참조조문】 구 부동산 가격공시 및 감정평가에 관한 법률(2016. 1. 19. 법률 제13796호 부동산 가격공시에 관한 법률로 전부 개정되기 전의 것) 제1조(현행 감정평가 및 감정평가사에 관한 법률 제1조 참조), 제2조 제7호(현행 감정평가

및 감정평가사에 관한 법률 제2조 제2호 참조), 제8호(현행 감정평가 및 감정평가사에 관한 법률 제2조 제3호 참조), 제9호(현행 감정평가 및 감정평가사에 관한 법률 제2조 제4호 참조), 제43조 제2호(현행 감정평가 및 감정평가사에 관한 법률 제49조 제2호 참조), 민사소송법 제335조, 제341조 제1항, 형법 제20조
【참조판례】 대법원 2002. 6. 14. 선고 2000두3450 판결(공2002하, 1676)
【전 문】 【피 고 인】 피고인 1 외 1인 【상 고 인】 피고인들
【변 호 인】 법무법인 세중 담당변호사 권혜정
【원심판결】 수원지법 2017. 6. 19. 선고 2017노561 판결

【주 문】

원심판결을 파기하고, 사건을 수원지방법원에 환송한다.

【이 유】

상고이유를 판단한다.

1. 이 사건 공소사실의 요지는 다음과 같다.

   피고인 1은 산삼, 인삼, 장뇌삼 감정업 등을 주목적으로 설립한 피고인 2 주식회사(이하 '피고인 2 회사'라고 한다)의 실질적 대표로서, 2015. 4. 8. 수원지방법원 제2행정부로부터 2014구합59550호 계고처분취소소송과 관련되어 시흥시 (주소 생략) 임야에 재배되고 있는 공소외 1 소유 산양삼(이하 '이 사건 산양삼'이라고 한다)의 보상 평가액 산정을 의뢰받고, 2015. 5. 26.경부터 2015. 5. 28.경까지 심마니인 공소외 2, 공소외 3, 공소외 4와 함께 이 사건 산양삼에 대하여 표본 조사를 한 후 "감정평가액(손실보상금) 300,000,000원, 평가업자 피고인 2 회사, 감정인 피고인 1, 공소외 2, 공소외 3, 공소외 4"라고 기재한 '손실보상금감정서'를 작성하여 법원에 제출함으로써 감정평가업자가 아닌 자로서 감정평가업을 영위하였고, 피고인 2 회사는 대표인 피고인 1이 위와 같이 피고인 2 회사의 업무에 관하여 감정평가업자가 아닌 자로서 감정평가업을 영위하였다.

2. 원심은 그 판시와 같은 이유로 피고인들에 대한 공소사실을 유죄로 판단한 제1심판결을 그대로 유지하였다.

3. 그러나 원심의 위와 같은 판단은 받아들이기 어렵다.

가. 구「부동산 가격공시 및 감정평가에 관한 법률」(2016. 1. 19. 법률 제13796호로 전부 개정되기 전의 것, 이하 '구 부동산공시법'이라고 한다) 제2조 제7호 내지 제9호, 제43조 제2호는 감정평가란 토지 등의 경제적 가치를 판정하여 그 결과를 가액으로 표시하는 것을 말하고, 감정평가업자란 제27조에 따라 신고를 한 감정평가사와 제28조에 따라 인가를 받은 감정평가법인을 말한다고 정의하면서, 감정평가업자가 아닌 자가 타인의 의뢰에 의하여 일정한 보수를 받고 감정평가를 업으로 행하는 것을 처벌하도록 규정하고 있다. 이와 같이 감정평가사 자격을 갖춘 사람만이 감정평가업을 독점적으로 영위할 수 있도록 한 취지는 감정평가업무의 전문성, 공정성, 신뢰성을 확보해서 재산과 권리의 적정한 가격형성을 보장하여 국민의 권익을 보호하기 위한 것이다(구 부동

산공시법 제1조참조).

한편 소송의 증거방법 중 하나인 감정은 법관의 지식과 경험을 보충하기 위하여 특별한 학식과 경험을 가진 제3자에게 그 전문적 지식이나 이를 구체적 사실에 적용하여 얻은 판단을 법원에 보고하게 하는 것으로, 감정신청의 채택 여부를 결정하고 감정인을 지정하거나 단체 등에 감정촉탁을 하는 권한은 법원에 있고(민사소송법 제335조, 제341조 제1항참조), 행정소송사건의 심리절차에서「공익사업을 위한 토지 등의 취득 및 보상에 관한 법률」상 토지 등의 손실보상액에 관하여 감정을 명할 경우 그 감정인으로 반드시 감정평가사나 감정평가법인을 지정하여야 하는 것은 아니다(대법원 2002. 06. 14. 선고 2000두3450 판결 등 참조).

법원은 소송에서 쟁점이 된 사항에 관한 전문성과 필요성에 대한 판단에 따라 감정인을 지정하거나 감정촉탁을 하는 것이고, 감정결과에 대하여 당사자에게 의견을 진술할 기회를 준 후 이를 종합하여 그 결과를 받아들일지 여부를 판단하므로, 감정인이나 감정촉탁을 받은 사람의 자격을 감정평가사로 제한하지 않더라도 이러한 절차를 통하여 감정의 전문성, 공정성 및 신뢰성을 확보하고 국민의 재산권을 보호할 수 있기 때문이다.

그렇다면 민사소송법 제335조에 따른 법원의 감정인 지정결정 또는 같은 법 제341조 제1항에 따른 법원의 감정촉탁을 받은 경우에는 감정평가업자가 아닌 사람이더라도 그 감정사항에 포함된 토지 등의 감정평가를 할 수 있고, 이러한 행위는 법령에 근거한 법원의 적법한 결정이나 촉탁에 따른 것으로 형법 제20조의 정당행위에 해당하여 위법성이 조각된다고 보아야 한다.

나. 기록에 따르면 다음과 같은 사실이 인정된다.

1) 공소외 1은 2014. 10. 24. 수원지방법원에 2014구합59550호로 한국토지주택공사를 상대로 토지 등의 수용에 따른 손실보상금 증액 청구를 하였는데, 그 사건의 주된 쟁점은 이 사건 산양삼의 손실보상액을 산정하는 것이었다.

2) 공소외 1은 2015. 3. 13. 이 사건 산양삼의 손실보상액 등에 관한 감정신청을 하면서 법원에 위촉된 산양삼 분야 전문 감정인이나 산림청 산하 한국임업진흥원에서 추천하는 감정인을 선정해 달라고 하였고, 법원은 2015. 4. 8. 감정을 채택하면서 법원행정처 특수분야 전문가 명단에 등재되어 있던 피고인 1을 감정인으로 지정하였다.

3) 법원은 2015. 5. 21. 피고인 2 회사에 감정촉탁을 하였는데, 구체적인 감정사항은 ①이 사건 산양삼에 대한 가격시점 당시 수량, ② 이 사건 산양삼의 품종, 원산지 등, ③ 이 사건 산양삼이 적정 수확기에 달할 경우 예상총수입의 현가액 등, ④ 이 사건 산양삼의 정당한 손실보상액이었다.

4) 한편 피고인 1은 2013. 3. 14. 법원행정처 특수분야 전문가 명단에 농업 분야 전문가로 등재되어 있었고, 그 무렵부터 법원으로부터 감정인으로 지정되어 2~3회 산양삼 등에 대한 감정을 수행한 적이 있었다.

5) 피고인 1은 공소사실 기재와 같이 표본 조사를 한 후 2015. 7. 15. 법원에 이 사건 산양삼에 대한 감정서를 제출하였다.

사실관계가 위와 같다면, 피고인들은 법원의 감정인 지정결정 및 감정촉탁을 받고 이 사건 산양삼의 수량, 품종, 원산지, 적정수확기 및 손실보상액에 대한 감정을 한 것으로, 그 실질적인 내용 중에 토지 등의 감정평가 행위가 포함되어 있더라도 이는 법령에 근거한 법원의 적법한 결정 및 촉탁에 의한 것으로 형법 제20조의 정당행위에 해당하여 위법성이 조각된다고 봄이 타당하다.

그럼에도 원심은 그 판시와 같은 이유만으로 피고인들의 행위가 정당행위에 해당하지 않는다고 판단하였는바, 이러한 원심판단에는 형법 제20조 정당행위에 관한 법리를 오해하여 판결에 영향을 미친 위법이 있다.

4. 결 론

그러므로 원심판결을 파기하고 사건을 다시 심리·판단하도록 원심법원에 환송하기로 하여, 관여 대법관의 일치된 의견으로 주문과 같이 판결한다.

ⓒ 대법원 2021. 10. 28. 선고 2020도1942 판결 [개인정보보호법위반·부정처사후수뢰·형사사법절차전자화촉진법위반·공무상비밀누설·직무유기·위계공무집행방해·무고·성매매알선등행위의처벌에관한법률위반(성매매)]

【판시사항】

구 개인정보 보호법 제74조 제2항 양벌규정의 취지 및 위 양벌규정에 의하여 개인정보처리자 아닌 행위자도 같은 법 제71조 제2호, 제18조 제1항 벌칙규정의 적용대상이 되는지 여부(적극) / '법인격 없는 공공기관'을 위 양벌규정에 의하여 처벌할 수 있는지 여부(소극) 및 이 경우 행위자를 위 양벌규정으로 처벌할 수 있는지 여부(소극)

【판결요지】

구 개인정보 보호법(2020. 2. 4. 법률 제16930호로 개정되기 전의 것, 이하 같다) 제71조 제2호는 같은 법 제18조 제1항을 위반하여 이용 범위를 초과하여 개인정보를 이용한 개인정보처리자를 처벌하도록 규정하고 있고, 같은 법 제74조 제2항에서는 법인의 대표자나 법인 또는 개인의 대리인, 사용인, 그 밖의 종업원이 그 법인 또는 개인의 업무에 관하여 같은 법 제71조에 해당하는 위반행위를 하면 그 행위자를 벌하는 외에 그 법인 또는 개인에게도 해당 조문의 벌금형을 과하도록 하는 양벌규정을 두고 있다.

위 법 제71조 제2호, 제18조 제1항에서 벌칙규정의 적용대상자를 개인정보처리자로 한정하고 있기는 하나, 위 양벌규정은 벌칙규정의 적용대상인 개인정보처리자가 아니면서 그러한 업무를 실제로 처리하는 자가 있을 때 벌칙규정의 실효성을 확보하기 위하여 적용대상자를 해당 업무를 실제로 처리하는 행위자까지 확장하여 그 행위자나 개인정보처리자인 법인 또는 개인을 모두 처벌하려는 데 그 취지가 있으므로, 위 양벌규정에 의하여 개인정보처리자 아닌 행위자도 위 벌칙규정의 적용대상이 된다.

그러나 구 개인정보 보호법은 제2조 제5호, 제6호에서 공공기관 중 법인격이 없는 '중앙행정기관 및 그 소속 기관' 등을 개인정보처리자 중 하나로 규정하고 있으면서도, 양벌규정에 의하여 처벌되는 개인정보처리자로는 같은 법 제74조 제2항에서 '법인 또는 개인'만을 규정하고 있을 뿐이고, 법인격 없는 공공기관에 대하여도 위 양벌규정을 적용할 것인지 여부에 대하여는 명문의 규정을 두고 있지 않으므로, 죄형법정주의의 원칙상 '법인격 없는 공공기관'을 위 양벌규정에 의하여 처벌할 수 없고, 그 경우 행위자 역시 위 양벌규정으로 처벌할 수 없다고 봄이 타당하다.

【참조조문】 구 개인정보 보호법(2020. 2. 4. 법률 제16930호로 개정되기 전의 것) 제2조 제5호, 제6호, 제18조 제1항, 제71조 제2호, 제74조 제2항
【참조판례】 대법원 1999. 7. 15. 선고 95도2870 전원합의체 판결(공1999하, 1696), 대법원 2017. 12. 5. 선고 2017도11564 판결(공2018상, 132)
【전 문】 【피 고 인】 피고인 【상 고 인】 피고인 및 검사
【변 호 인】 법무법인 한누리 외 1인
【원심판결】 대전고법 2020. 1. 17. 선고 2019노189, 274 판결

【주 문】

원심판결 중 피고인에 대한 유죄 부분(이유 무죄 부분 포함)을 파기하고, 이 부분 사건을 대전고등법원에 환송한다. 검사의 상고를 기각한다.

【이 유】

상고이유(상고이유서 제출기간이 지난 후에 제출된 상고이유보충서의 기재는 상고이유를 보충하는 범위 내에서)를 판단한다.

1. 검사의 상고이유에 관하여

원심은 판시와 같은 이유로 피고인에 대한 공소사실 중 2017. 5. 3. 직무유기 부분에 대하여 범죄의 증명이 없다고 보아, 이를 무죄로 판단한 제1심판결을 그대로 유지하였다. 원심판결 이유를 관련 법리와 기록에 비추어 살펴보면, 원심의 판단에 필요한 심리를 다하지 아니한 채 논리와 경험의 법칙을 위반하여 자유심증주의의 한계를 벗어나거나 직무유기죄의 성립 등에 관한 법리를 오해한 잘못이 없다.

2. 피고인의 상고이유에 관하여

가. 상고이유 제2점(양벌규정에 관한 법리오해 주장)

1) 이 부분 공소사실의 요지는 다음과 같다.

피고인은 2014. 7. 21.경부터 2018. 8. 5.경까지 ○○○○경찰서 형사과 강력팀에서 근무하였다. 개인정보처리자는 법령 등에서 정하는 소관 업무의 수행을 위하여 불가피한 경우 등의 이용 범위를 초과하여 개인정보를 이용하여서는 아니 된다.

가) 피고인은 2017. 1. 13. 09:26경 위 ○○○○경찰서 형사과 사무실에서, 피고인으로부터

돈을 차용한 후 2016. 12. 말까지 변제할 것을 약속했던 공소외 1이 돈을 갚지 않자, 공소외 1이 실제 거주하고 있는 주소지 외의 다른 거주지에 전입신고 되어 있는지 등을 확인하기 위하여, 피고인의 컴퓨터를 이용하여 형사사법정보시스템(KICS) 온라인망에 접속해 '공소외 1, (주민등록번호 1 생략)'을 조회하여 공소외 1의 전입신고 된 주소지 및 수배 여부 등을 확인하였다.

나) 피고인은 2017. 6. 29. 08:16경 위 장소에서, 위 공소외 1과 그의 아내 공소외 2가 기존 주소지에서 다른 곳으로 이사하였는지 여부 등을 확인하기 위하여, 피고인의 컴퓨터를 이용하여 형사사법정보시스템(KICS) 온라인망에 접속해 '공소외 1, (주민등록번호 1 생략)'을 조회하고, 계속하여 '공소외 2, (주민등록번호 2 생략)'을 조회하여 위 두 사람의 주소지 및 수배 여부 등을 확인하였다.

다) 이로써 피고인은 소관 업무의 수행을 위하여 불가피한 경우 등의 이용 범위를 초과하여 개인정보를 각 이용하였다.

2) 원심은 위 공소사실에 대하여 구「개인정보 보호법」(2020. 2. 4. 법률 제16930호로 개정되기 전의 것, 이하 구「개인정보 보호법」이라고 한다) 제74조 제2항, 제71조 제2호, 제18조 제1항을 적용하여 유죄로 인정하면서, 피고인이 비록 개인정보처리자는 아니나 위 법 제74조 제2항에 따른 양벌규정에 의하여 처벌 범위가 확장되어 같은 법 제71조 제2호의 적용대상자가 된다고 판단하였다.

3) 그러나 원심의 위와 같은 판단은 아래와 같은 이유로 받아들이기 어렵다.

가) 구「개인정보 보호법」 제71조 제2호는 같은 법 제18조 제1항을 위반하여 이용 범위를 초과하여 개인정보를 이용한 개인정보처리자를 처벌하도록 규정하고 있고, 같은 법 제74조 제2항에서는 법인의 대표자나 법인 또는 개인의 대리인, 사용인, 그 밖의 종업원이 그 법인 또는 개인의 업무에 관하여 같은 법 제71조에 해당하는 위반행위를 하면 그 행위자를 벌하는 외에 그 법인 또는 개인에게도 해당 조문의 벌금형을 과하도록 하는 양벌규정을 두고 있다.

나) 위 법 제71조 제2호, 제18조 제1항에서 벌칙규정의 적용대상자를 개인정보처리자로 한정하고 있기는 하나, 위 양벌규정은 벌칙규정의 적용대상인 개인정보처리자가 아니면서 그러한 업무를 실제로 처리하는 자가 있을 때 벌칙규정의 실효성을 확보하기 위하여 적용대상자를 해당 업무를 실제로 처리하는 행위자까지 확장하여 그 행위자나 개인정보처리자인 법인 또는 개인을 모두 처벌하려는 데 그 취지가 있으므로, 위 양벌규정에 의하여 개인정보처리자 아닌 행위자도 위 벌칙규정의 적용대상이 된다(대법원 1999. 07. 15. 선고 95도2870 전원합의체 판결, 대법원 2017. 12. 05. 선고 2017도11564 판결 등 참조).

그러나 구「개인정보 보호법」은 제2조 제5호, 제6호에서 공공기관 중 법인격이 없는 '중앙행정기관 및 그 소속 기관' 등을 개인정보처리자 중 하나로 규정하고 있으면서도, 양벌규정에 의하여 처벌되는 개인정보처리자로는 같은 법 제74조 제2항에서 '법인 또는 개인'만을 규정하고 있을 뿐이고, 법인격 없는 공공기관에 대하여도 위 양벌규정을 적용할 것인지 여부에 대하여는 명문의 규정을 두고 있지 않으므로, 죄형법정주의의 원칙상 '법인격 없는 공공기관'을 위 양벌규정에 의하여 처벌할 수 없고, 그 경우 행위자 역시 위 양벌규정으로 처벌할 수 없다고 봄이 타당하다.

다) 이 사건 당시 피고인은 경찰청 소속기관인 ○○○○경찰서 소속 경찰공무원이었고, 피고인이 이용한 개인정보의 개인정보처리자는 경찰청으로서 법인격 없는 '중앙행정기관 또는 그 소속기관'에 해당한다고 할 것인바, 그와 같은 사정을 앞서 본 법리에 비추어 살펴보면, 피고인이 소속된 위 공공기관은 양벌규정에 의하여 처벌되는 개인정보처리자에 포함된다고 볼 수 없고, 따라서 피고인 역시 위 양벌규정에 의하여 처벌할 수 있는 행위자에 해당하지 않는다.

라) 그런데도 이와 달리 피고인에 대하여 위 양벌규정이 적용됨을 전제로 위 공소사실을 유죄로 판단한 원심판결에는 양벌규정에 관한 법리를 오해하여 판결에 영향을 미친 잘못이 있고, 이를 지적하는 취지의 이 부분 상고이유 주장은 이유 있다.

나. 나머지 상고이유

원심은 판시와 같은 이유로 피고인에 대한 공소사실(무죄 부분과 2017. 1. 13. 자 및 2017. 6. 29. 자 「개인정보 보호법」 위반 부분 제외)을 유죄로 판단하였다. 원심판결 이유를 관련 법리와 적법하게 채택된 증거에 비추어 살펴보면, 원심의 판단에 논리와 경험의 법칙을 위반하여 자유심증주의의 한계를 벗어나거나 공무상비밀누설죄의 직무상 비밀 및 누설, 위계공무집행방해죄의 직무집행을 방해한 행위, 「개인정보 보호법」 위반죄의 개인정보 및 누설, 「형사사법절차 전자화 촉진법」 위반죄의 누설 및 권한 없이 처리하는 행위 등에 관한 법리를 오해한 잘못이 없다.

3. 파기의 범위

원심판결 중 피고인에 대한 2017. 1. 13. 자 및 2017. 6. 29. 자 「개인정보 보호법」 위반 부분은 위 2. 가.에서 본 것과 같은 이유로 파기되어야 한다. 그리고 위 파기 부분과 과형상 일죄 내지 형법 제37조 전단의 경합범 관계에 있어 하나의 형이 선고된 나머지 유죄 부분도 파기되어야 한다(위 유죄 부분 중 일부와 일죄의 관계에 있는 이유 무죄 부분도 함께 파기될 수밖에 없다).

4. 결 론

그러므로 원심판결 중 피고인에 대한 유죄 부분(이유 무죄 부분 포함)을 파기하고 이 부분 사건을 다시 심리·판단하도록 원심법원에 환송하며, 검사의 상고를 기각하기로 하여, 관여 대법관의 일치된 의견으로 주문과 같이 판결한다.

ⓓ 대법원 2021. 10. 28. 선고 2021도404 판결 [출입국관리법위반]

【판시사항】
[1] 출입국사범 사건에서 지방출입국·외국인관서의 장의 적법한 고발이 있었는지 판단하는 방법
[2] 피고인이 체류자격을 가지지 아니한 사람을 고용하여 출입국관리법을 위반하였다는 공소사실이 제1심에서 유죄로 인정되고, 검사가 양형부당을 이유로 항소하였는데, 원심이 직권으로 출입국관리법 제101조 제1항에 따른 지방출입국·외국인관서의 장의 고발이 없었음을 이유로 제1심판결을 파기하고 공소를 기각한 사안에서, 기록에 의하면 피고인에 대한 공소가 이루어지기 전에 이미 공소사실에 관한 적법한 고발이 있었음을 알 수 있으므로, 원심이 그와 같은 사정에 관하여 추가로 조사·확인하지 아니한 채 고발이 없었다고 단정한 것에 심리미진 또는 법리오해의 잘못이 있다고 한 사례

【판결요지】
[1] 출입국사범 사건에서 지방출입국·외국인관서의 장의 적법한 고발이 있었는지 여부가 문제 되는 경우에 법원은 증거조사의 방법이나 증거능력의 제한을 받지 아니하고 제반 사정을 종합하여 적당하다고 인정되는 방법에 의하여 자유로운 증명으로 그 고발 유무를 판단하면 된다.

[2] 피고인이 취업활동을 할 수 있는 체류자격을 가지지 아니한 외국인을 고용하여 출입국관리법을 위반하였다는 공소사실이 제1심에서 유죄로 인정되고, 검사가 이에 대해 양형부당을 이유로 항소하였는데, 원심이 직권으로 출입국관리법 제101조 제1항에 따른 지방출입국·외국인관서의 장의 고발이 없었음을 이유로 제1심판결을 파기하고 공소를 기각한 사안에서, 기록에 의하면 피고인에 대한 공소가 이루어지기 전에 이미 공소사실에 관한 적법한 고발이 있었음을 알 수 있으므로, 원심이 그와 같은 사정에 관하여 추가로 조사하여 확인하지 아니한 채 막연히 위와 같은 고발이 없었다고 단정한 것에 출입국사범 사건에서 고발 유무의 조사에 관하여 필요한 심리를 다하지 아니하거나 적당하다고 인정되는 방법에 의하여 자유로운 증명으로 고발 유무를 판단하도록 한 법리를 오해한 잘못이 있다고 한 사례.

【참조조문】 [1] 출입국관리법 제2조 제10호의2, 제14호, 제101조 제1항, 형사소송법 제308조 / [2] 구 출입국관리법(2020. 3. 24. 법률 제17089호로 개정되기 전의 것) 제94조 제9호, 출입국관리법 제2조 제10호의2, 제14호, 제18조 제3항, 제101조 제1항, 형사소송법 제308조, 제327조 제2호
【참조판례】 [1] 대법원 2001. 2. 9. 선고 2000도1216 판결(공2001상, 678)
【전 문】 【피 고 인】 피고인 【상 고 인】 검사
【변 호 인】 변호사 강상수
【원심판결】 제주지법 2020. 12. 10. 선고 2020노39 판결

【주   문】

원심판결을 파기하고, 사건을 제주지방법원에 환송한다.

【이　　유】

상고이유를 판단한다.

출입국사범 사건에서 지방출입국·외국인관서의 장의 적법한 고발이 있었는지 여부가 문제 되는 경우에 법원은 증거조사의 방법이나 증거능력의 제한을 받지 아니하고 제반 사정을 종합하여 적당하다고 인정되는 방법에 의하여 자유로운 증명으로 그 고발 유무를 판단하면 된다(대법원 2001. 02. 09. 선고 2000도1216 판결 등 참조).

원심판결 이유와 기록에 의하면, 이 사건 공소는 피고인이 체류자격을 가지지 아니한 사람을 고용하여 출입국관리법 제94조 제9호, 제18조 제3항을 위반하였다는 공소사실로 2019. 11. 27. 제기되었고, 이에 대하여 제1심은 공소사실을 모두 유죄로 인정하여 피고인에게 징역 1년 6개월, 집행유예 3년을 선고하였는데, 검사가 제1심판결에 대하여 양형부당을 이유로 항소를 제기하자, 원심은 검사의 양형부당 주장에 관한 판단을 생략한 채 직권으로 이 사건에 관하여 출입국관리법 제101조 제1항에 따른 지방출입국·외국인관서의 장의 고발이 없었음을 이유로 제1심판결을 파기하고 피고인에 대한 공소를 기각하였음을 알 수 있다.

기록에 의하면 피고인에 대한 공소가 이루어지기 전인 2019. 10. 30.경 이미 이 사건 공소사실에 관한 적법한 고발이 있었음을 알 수 있다. 원심은 그와 같은 사정에 관하여 추가로 조사하였더라면 이를 쉽게 확인할 수 있었음에도 막연히 위와 같은 고발이 없었다고 단정하고 말았다. 이러한 원심의 판단에는 출입국사범 사건에서 고발 유무의 조사에 관하여 필요한 심리를 다하지 아니하거나 적당하다고 인정되는 방법에 의하여 자유로운 증명으로 고발 유무를 판단하도록 한 법리를 오해함으로써 판결에 영향을 미친 잘못이 있다.

그러므로 원심판결을 파기하고, 사건을 다시 심리·판단하도록 원심법원에 환송하기로 하여, 관여 대법관의 일치된 의견으로 주문과 같이 판결한다.

ⓒ 대법원 2021. 11. 25. 선고 2017도641 판결 [대부업등의등록및금융이용자보호에관한법률위반
· 조세범처벌법위반]

【판시사항】

구 대부업 등의 등록 및 금융이용자 보호에 관한 법률 제2조 제2호에서 말하는 '대부중개'의 의미 및 이자율 등 대부조건이 확정되지 않은 상태에서 금전의 대부를 주선하는 행위도 대부중개의 범위에 포함될 수 있는지 여부(적극) / 어떠한 행위가 대부중개에 해당하는지 판단하는 기준 및 대부중개업 등록을 하지 않은 자가 대부의 거래당사자에게 제공한 용역이 대부중개에 해당하는지 판단할 때 고려해야 할 사항

【판결요지】

구 대부업 등의 등록 및 금융이용자 보호에 관한 법률(2015. 7. 24. 법률 제13445호로 개정되기 전의 것, 이하 '대부업법'이라 한다)은 대부업에 관하여 '금전의 대부(어음할인·양도담보, 그 밖에 이와 비슷한 방법을 통한 금전의 교부를 포함한다)를 업으로 하거나, 등록한 대부업자 또는 여신금융기관으로부터 대부계약에 따른 채권을 양도받아 이를 추심하는 것을 업으로 하는 것'이라고 정의하고(제2조 제1호), 대부중개업에 관하여 '대부중개를 업으로 하는 것'이라고 정의하고 있으나(제2조 제2호), 대부중개 자체에 관해서는 그 의미를 정의하거나 그 범위를 제한하는 규정을 두고 있지 않다. 위와 같은 대부업법 규정과 '제3자로서 두 당사자 사이에 서서 일을 주선하는 것'이라는 중개의 사전적 의미 등을 고려하면, 대부업법 제2조 제2호에서 말하는 '대부중개'는 거래당사자 사이에서 금전의 대부를 주선('알선'이라고도 한다)하는 행위를 뜻하고, 금전의 대부를 주선하는 행위에 해당하는 이상 이자율 등 대부조건이 확정되지 않은 상태에서 한 행위도 대부중개의 범위에 포함될 수 있다고 봄이 타당하다.

어떠한 행위가 대부중개에 해당하는지는 행위자의 주관적 의사에 따라 결정할 것이 아니라 객관적으로 보아 그 행위가 사회통념상 금전의 대부를 주선하는 행위라고 인정되는지에 따라 결정해야 한다. 한편 대부업법은 대부중개업을 하려는 자에게 영업소 별로 해당 영업소를 관할하는 시·도지사에게 등록할 의무를 부과하고 이를 위반한 자를 처벌하도록 하며(제3조 제1항, 제19조 제1항 제1호), 미등록 대부중개업자 등으로 하여금 대부중개와 관련한 대가, 즉 중개수수료를 대부를 받는 거래상대방으로부터 받지 못하게 하고 이러한 제한을 위반한 자를 처벌하도록 하고 있다(제11조의2 제2항, 제19조 제2항 제6호). 위와 같은 대부업법 규정에 따르면, 대부중개업의 등록을 하지 않은 자가 대부의 거래당사자에게 어떠한 용역을 제공한 경우 그 용역이 대부업법에서 정한 대부중개에 해당하는지에 따라 해당 용역의 제공과 그 용역에 대한 대가 수수가 처벌대상이 되는지 여부가 결정된다. 따라서 개별 사안에서 특정 용역의 제공행위가 대부중개에 해당하는지는 용역 제공의 원인이 된 계약의 체결 경위와 그 내용, 용역 제공자가 실제로 수행한 업무의 성격 등을 종합적으로 고려해서 신중하게 판단해야 한다.

【참조조문】 구 대부업 등의 등록 및 금융이용자 보호에 관한 법률(2015. 7. 24. 법률 제13445호로 개정되기 전의 것) 제2조 제1호, 제2호, 제3조 제1항, 제11조의2 제2항, 제19조 제1항 제1호, 제2항 제6호
【전 문】 【피 고 인】 피고인 【상 고 인】 검사
【원심판결】 대구지법 2016. 12. 8. 선고 2016노1037 판결

【주 문】

상고를 기각한다.

【이 유】

상고이유를 판단한다.

1. 대부중개의 의미와 판단 기준

구 「대부업 등의 등록 및 금융이용자 보호에 관한 법률」(2015. 7. 24. 법률 제13445호로 개정되기 전의 것, 이하 '대부업법'이라 한다)은 대부업에 관하여 '금전의 대부(어음할인·양도담보, 그 밖에 이와 비슷한 방법을 통한 금전의 교부를 포함한다)를 업으로 하거나, 등록한 대부업자 또는 여신금융기관으로부터 대부계약에 따른 채권을 양도받아 이를 추심하는 것을 업으로 하는 것'이라고 정의하고(제2조 제1호), 대부중개업에 관하여 '대부중개를 업으로 하는 것'이라고 정의하고 있으나(제2조 제2호), 대부중개 자체에 관해서는 그 의미를 정의하거나 그 범위를 제한하는 규정을 두고 있지 않다. 위와 같은 대부업법 규정과 '제3자로서 두 당사자 사이에 서서 일을 주선하는 것'이라는 중개의 사전적 의미 등을 고려하면, 대부업법 제2조 제2호에서 말하는 '대부중개'는 거래당사자 사이에서 금전의 대부를 주선('알선'이라고도 한다)하는 행위를 뜻하고, 금전의 대부를 주선하는 행위에 해당하는 이상 이자율 등 대부조건이 확정되지 않은 상태에서 한 행위도 대부중개의 범위에 포함될 수 있다고 봄이 타당하다.

어떠한 행위가 대부중개에 해당하는지는 행위자의 주관적 의사에 따라 결정할 것이 아니라 객관적으로 보아 그 행위가 사회통념상 금전의 대부를 주선하는 행위라고 인정되는지에 따라 결정해야 한다. 한편 대부업법은 대부중개업을 하려는 자에게 영업소별로 해당 영업소를 관할하는 시·도지사에게 등록할 의무를 부과하고 이를 위반한 자를 처벌하도록 하며(제3조 제1항, 제19조 제1항 제1호), 미등록 대부중개업자 등으로 하여금 대부중개와 관련한 대가, 즉 중개수수료를 대부를 받는 거래상대방으로부터 받지 못하게 하고 이러한 제한을 위반한 자를 처벌하도록 하고 있다(제11조의2 제2항, 제19조 제2항 제6호). 위와 같은 대부업법 규정에 따르면, 대부중개업의 등록을 하지 않은 자가 대부의 거래당사자에게 어떠한 용역을 제공한 경우 그 용역이 대부업법에서 정한 대부중개에 해당하는지에 따라 해당 용역의 제공과 그 용역에 대한 대가 수수가 처벌대상이 되는지 여부가 결정된다. 따라서 개별 사안에서 특정 용역의 제공행위가 대부중개에 해당하는지는 용역 제공의 원인이 된 계약의 체결 경위와 그 내용, 용역 제공자가 실제로 수행한 업무의 성격 등을 종합적으로 고려해서 신중하게 판단해야 한다.

2. 이 사건에 대한 판단

가. 원심은 다음과 같은 이유로 피고인에 대한 공소사실 중 무등록 대부중개업 영위로 인한 대부업법 위반 부분과 제1심판결 별지 범죄일람표 순번 4 기재 중개수수료 수수로 인한 대부업법 위반 부분(이하 '쟁점 공소사실'이라 한다)을 모두 무죄로 판단하였다. 피고인은 이자율 등 대출조건이 확정되지 않은 상태에서 이른바 프로젝트 파이낸스(Project Finance)대출과 관련한 업무, 사업관리

(PM, Project Management) 업무 등을 수행하였다. 사업시행자가 프로젝트 파이낸스 대출을 받을 수 있도록 대출기관을 물색하고 대출기관과 대출조건을 협의하는 등의 업무는 공소외 1이 사업시행자와 체결한 금융자문계약에 따라 별도로 수행하였다. 따라서 피고인이 대부업법에서 정한 대부중개업을 하였다거나 대부를 받는 거래상대방으로부터 중개수수료를 받았다고 할 수 없다.

나. 위에서 본 법리에 따르면, 금전의 대부를 주선하는 행위에 해당하는 이상 이자율 등 대부조건이 확정되지 않은 상태에서 행한 행위도 '대부중개'의 범위에 포함될 수 있으므로, 원심이 무죄 판단의 근거로 들고 있는 이유 중 피고인이 이자율 등 대출조건 자체가 확정되지 않은 상태에서 업무를 수행하였으므로, 피고인이 수행한 업무를 대부업법에서 정한 대부중개업으로 볼 수 없다는 부분은 적절하지 않다.

그러나 원심판결 이유와 적법하게 채택된 증거에 따라 알 수 있는 다음과 같은 사정을 위에서 본 법리에 비추어 살펴보면, 피고인이 대부업법에서 정한 '대부중개', 즉 제3자로서 대부 거래의 당사자 사이에서 그 거래를 주선하는 행위를 하였다거나 그와 관련하여 대가를 수수하였다고 볼 수 없으므로, 이와 같은 전제에서 쟁점 공소사실을 모두 무죄로 판단한 원심의 결론은 정당하다.

(1) 피고인이 운영하던 회사들(주식회사 공소외 2, 주식회사 공소외 3)은 부동산 개발사업 등을 추진하던 사업시행자와 사업관리 용역계약을 체결한 다음 그 계약에 따라 사업계획 수립, 사업성 분석, 시공사 선정 등에 실질적으로 관여하여 의견을 제시하고 자문에 응하는 등의 용역을 수행하였다. 위와 같은 용역은 사업시행에 관한 '자문 또는 대행(대리)' 업무에 해당하는 것으로 볼 수 있으므로, 그 용역이 프로젝트 파이낸스 대출의 성사에 결과적으로 기여한 측면이 있다는 이유만으로 이를 대출의 주선행위에 해당한다고 보기 어렵다.

(2) 사업시행자가 프로젝트 파이낸스 대출을 받을 수 있도록 대출기관을 물색하고 대출기관과 대출조건을 협의하는 것과 같이 사업시행자와 대출기관 사이에서 대출을 주선하는 전형적인 업무는, 피고인 측과 별개로 사업시행자와 금융자문계약을 체결한 증권회사가 담당하였다. 몇몇 사업에서 피고인이 사업시행자에게 증권회사의 담당 직원인 공소외 1을 소개해 주었으나, 이러한 행위만으로 피고인이 대부 거래 자체를 주선하였다고 단정하기 어렵다.

다. 원심판결에 논리와 경험의 법칙에 반하여 자유심증주의의 한계를 벗어나거나 대부업법 위반죄에 관한 법리를 오해하여 판결에 영향을 미친 잘못은 없다.

3. 결 론

검사의 상고는 이유 없어 상고를 기각하기로 하여, 대법관의 일치된 의견으로 주문과 같이 판결한다.

⑩ 대법원 2021. 11. 25. 선고 2021도10981 판결 [특정경제범죄가중처벌등에관한법률위반(배임)] (피고인들에 대하여 일부 인정된 죄명: 업무상배임)·업무상횡령·주택법위반]

【판시사항】

[1] 형벌법규의 적용대상이 행정법규가 규정한 사항을 내용으로 하는 경우, 행정법규 규정의 해석 원칙
[2] 주택법 제102조 제13호에서 정한 '제54조 제1항을 위반하여 주택을 공급한 자'의 의미 / 주택법에 따라 주택건설사업계획의 승인을 받을 것을 예정하고 사업을 시행하려는 자가 아직 그 승인을 받기 전인 경우, 주택법 제54조 제1항에서 정한 '사업주체'에 해당하는지 여부(소극)

【판결요지】

[1] 형벌법규의 해석은 엄격하여야 하고 명문규정의 의미를 피고인에게 불리한 방향으로 지나치게 확장 해석하거나 유추 해석하는 것은 죄형법정주의의 원칙에 어긋나는 것으로서 허용되지 않으며, 이러한 법해석의 원리는 형벌법규의 적용대상이 행정법규가 규정한 사항을 내용으로 하고 있는 경우에 그 행정법규의 규정을 해석하는 데에도 마찬가지로 적용된다.

[2] 주택법 제102조 제13호는 "제54조 제1항을 위반하여 주택을 건설·공급한 자"를 처벌하도록 규정하고 있고, 주택법 제54조 제1항 제1호는 '사업주체가 입주자를 모집하려는 경우 국토교통부령으로 정하는 바에 따라 시장·군수·구청장의 승인을 받아 주택을 공급하여야 한다.'고 규정하고 있다. 주택법 제102조 제13호에서 정한 '제54조 제1항을 위반하여 주택을 공급한 자'는 그 문언상 주택법 제54조 제1항 제1호에 따라 관할 관청의 승인을 받아야 함에도 그 승인을 받지 아니하고 입주자를 모집한 사업주체를 의미한다고 해석되는데, 여기서 '사업주체'란 '주택법 제15조에 따른 주택건설사업계획 또는 대지조성사업계획의 승인을 받아 그 사업을 시행하는 자'(주택법 제2조 제10호)를 말한다. 따라서 주택법에 따라 주택건설사업계획의 승인을 받을 것을 예정하고 사업을 시행하려고 하더라도 아직 그 승인을 받기 전이라면 주택법 제54조 제1항에서 정한 '사업주체'에 해당한다고 볼 수 없다.

【참조조문】 [1] 헌법 제12조 제1항, 형법 제1조 제1항 [2] 주택법 제2조 제10호, 제15조, 제54조 제1항 제1호, 제102조 제13호
【참조판례】 [1] 대법원 1990. 11. 27. 선고 90도1516 전원합의체 판결(공1991, 285), 대법원 2011. 7. 14. 선고 2009도7777 판결
【전 문】 【피 고 인】 피고인 1 외 2인 【상 고 인】 피고인들 【변 호 인】 법무법인 상승 외 6인
【원심판결】 대전고법 2021. 7. 22. 선고 (청주)2021노24 판결

【주 문】

원심판결 중 피고인 1, 피고인 2에 대한 유죄 부분(이유 무죄 부분 포함)을 각 파기하고, 이 부분 사건을 대전고등법원에 환송한다. 피고인 3의 상고를 기각한다.

【이 유】

상고이유(상고이유서 제출기간이 지난 후에 제출된 상고이유보충서의 기재는 상고이유를 보충하는 범위 내에서)를 판단한다.

1. 피고인 1의 상고이유에 관하여

원심은 판시와 같은 이유로 피고인 1에 대한 부분(미승인 입주자 모집으로 인한 주택법 위반 부분, 무죄 부분 제외)을 유죄로 판단하였다. 원심판결 이유를 관련 법리와 적법하게 채택된 증거에 비추어 살펴보면, 원심의 판단에 필요한 심리를 다하지 않은 채 논리와 경험의 법칙을 위반하여 자유심증주의의 한계를 벗어나거나 업무상배임죄 및 주택법 위반죄의 성립 등에 관한 법리오해, 이유모순의 잘못이 없다.

2. 피고인 2의 상고이유에 관하여

가. 미승인 입주자 모집으로 인한 주택법 위반 부분

형벌법규의 해석은 엄격하여야 하고 명문규정의 의미를 피고인에게 불리한 방향으로 지나치게 확장 해석하거나 유추 해석하는 것은 죄형법정주의의 원칙에 어긋나는 것으로서 허용되지 않으며, 이러한 법해석의 원리는 그 형벌법규의 적용대상이 행정법규가 규정한 사항을 내용으로 하고 있는 경우에 그 행정법규의 규정을 해석하는 데에도 마찬가지로 적용된다(대법원 1990. 11. 27. 선고 90도1516 전원합의체 판결, 대법원 2011. 07. 14. 선고 2009도7777 판결 등 참조).

주택법 제102조 제13호는 "제54조 제1항을 위반하여 주택을 건설·공급한 자"를 처벌하도록 규정하고 있고, 주택법 제54조 제1항 제1호는 '사업주체가 입주자를 모집하려는 경우 국토교통부령으로 정하는 바에 따라 시장·군수·구청장의 승인을 받아 주택을 공급하여야 한다.'고 규정하고 있다. 주택법 제102조 제13호에서 정한 '제54조 제1항을 위반하여 주택을 공급한 자'는 그 문언상 주택법 제54조 제1항 제1호에 따라 관할 관청의 승인을 받아야 함에도 그 승인을 받지 아니하고 입주자를 모집한 사업주체를 의미한다고 해석되는데, 여기서 '사업주체'란 '주택법 제15조에 따른 주택건설사업계획 또는 대지조성사업계획의 승인을 받아 그 사업을 시행하는 자'(주택법 제2조 제10호)를 말한다. 따라서 주택법에 따라 주택건설사업계획의 승인을 받을 것을 예정하고 사업을 시행하려고 하더라도 아직 그 승인을 받기 전이라면 주택법 제54조 제1항에서 정한 '사업주체'에 해당한다고 볼 수 없다.

원심은 이와 다르게 당시 공소외 지역주택조합이 주택법에 따른 주택건설사업계획의 승인을 받지 않았음에도 주택법 제54조 제1항에서 정한 '사업주체'에 해당한다고 보고, 이를 전제로 이 부분 공소사실을 유죄로 인정하고 말았다. 이러한 원심판결에는 주택법상 '사업주체'에 관한 법리를 오해하여 판결에 영향을 미친 잘못이 있다.

나. 나머지 부분

원심은 판시와 같은 이유로 피고인 2에 대한 나머지 유죄 부분을 인정하였다. 원심판결 이유를 관련 법리와 적법하게 채택된 증거에 비추어 살펴보면, 원심의 판단에 논리와 경험의 법칙을 위반하여 자유심증주의의 한계를 벗어나거나 업무상배임죄의 성립, 공동정범 등에 관한 법리오해,

이유모순의 잘못이 없다.

3. 피고인 3의 상고이유에 관하여

원심은 판시와 같은 이유로 피고인 3에 대한 부분(무죄 부분 제외)을 유죄로 판단하였다. 원심판결 이유를 관련 법리와 적법하게 채택된 증거에 비추어 살펴보면, 원심의 판단에 필요한 심리를 다하지 않은 채 논리와 경험의 법칙을 위반하여 자유심증주의의 한계를 벗어나거나 업무상배임죄 및 주택법 위반죄의 성립, 공동정범 등에 관한 법리를 오해한 잘못이 없다.

4. 파기의 범위

원심판결 중 피고인 2에 대한 미승인 입주자 모집으로 인한 주택법 위반 부분은 위에서 본 것과 같은 이유로 파기되어야 한다. 위 파기이유는 공동피고인인 피고인 1에 대한 미승인 입주자 모집으로 인한 주택법 위반 부분에 관하여도 공통되므로 형사소송법 제392조 규정에 따라 피고인 1의 이 부분 원심판결도 아울러 파기되어야 한다. 그리고 위 파기 부분과 형법 제37조 전단의 경합범 관계에 있어 하나의 형이 선고된 유죄 부분도 함께 파기되어야 한다. 결국 원심판결 중 피고인 1, 피고인 2에 대한 유죄 부분(이유 무죄 부분 포함)은 각 파기되어야 한다.

5. 결 론

그러므로 원심판결 중 피고인 1, 피고인 2에 대한 유죄 부분(이유 무죄 부분 포함)을 각 파기하고, 이 부분 사건을 다시 심리·판단하도록 원심법원에 환송하며, 피고인 3의 상고를 기각하기로 하여, 관여 대법관의 일치된 의견으로 주문과 같이 판결한다.

---

⑪ 대법원 2021. 12. 30. 선고 2020도1709 판결 [전자금융거래법위반]

【판시사항】

[1] 구 전자금융거래법 제6조 제3항 제2호에서 정한 접근매체의 '전달'의 의미
[2] 전자금융거래의 이용자가 법인인 경우, 접근매체의 점유를 이전한 행위가 구 전자금융거래법 제6조 제3항 제2호에서 말하는 접근매체의 '전달'에 해당하는지 판단하는 기준

【판결요지】

[1] 구 전자금융거래법(2020. 5. 19. 법률 제17297호로 개정되기 전의 것, 이하 '구 전자금융거래법'이라고 한다)은 전자금융거래의 법률관계를 명확히 하여 전자금융거래의 안전성과 신뢰성을 확보하는 것을 입법 목적의 하나로 하고 있고(제1조), 금융회사 또는 전자금융업자가 접근매체를 발급할 때에는 이용자의 신청이 있는 경우에 한하여 본인임을 확인한 후에 발급하도록 규정하며(제6조 제2항), 접근매체의 양도 등 행위를 금지하고 이를 위반하는 경우 처벌하는 규정을 두고 있다(제6조

제3항, 제49조 제4항). 이는 전자금융거래에서 거래지시를 하거나 이용자 및 거래내용의 진실성과 정확성을 확보하기 위하여 사용되는 접근매체를 이용자 본인의 의사에 따라 사용·관리되도록 함으로써 전자금융거래의 법률관계를 명확히 하고자 하는 것이다.

2015. 1. 20. 법률 제13069호로 개정되기 전의 전자금융거래법 제6조 제3항은 접근매체를 양도하거나 양수하는 행위(제1호), 대가를 주고 접근매체를 대여받거나 대가를 받고 접근매체를 대여하는 행위(제2호), 접근매체를 질권의 목적으로 하는 행위(제3호), 위 각 행위를 알선하는 행위(제4호)를 금지하고 이를 위반하는 경우 처벌하도록 규정하고 있었는데, 2015. 1. 20. 개정으로 '대가를 수수·요구 또는 약속하면서 보관·전달·유통하는 행위'도 추가로 금지하고 이를 위반하는 경우 처벌하도록 규정하였다. 이러한 개정의 취지는 타인 명의 금융계좌가 전기통신금융사기 등 각종 범죄에 이용되는 것을 근절하기 위함이었다.

이러한 구 전자금융거래법의 입법 목적과 접근매체의 '전달' 행위를 금지하는 취지 등을 종합하여 보면, 구 전자금융거래법 제6조 제3항 제2호에서 정한 접근매체의 '전달'은 타인 명의 금융계좌의 불법적인 거래나 이용에 기여하는 접근매체의 점유 또는 소지의 이전 행위를 말한다고 봄이 타당하다.

[2] 전자금융거래의 이용자가 법인인 경우 그 접근매체는 법인의 의사에 따라 사용·관리되어야 하는바, 접근매체의 점유를 이전한 이후에도 여전히 법인의 실질적인 의사에 따라 접근매체가 사용·관리되는 경우라면 이를 구 전자금융거래법(2020. 5. 19. 법률 제17297호로 개정되기 전의 것) 제6조 제3항 제2호에서 말하는 접근매체의 '전달'에 해당한다고 할 것은 아니다. 그러나 법인의 설립 경위, 전자금융거래계약의 체결 경위, 접근매체의 점유를 이전하게 된 동기 및 경위, 접근매체의 점유를 이전한 이후의 정황 등 관련 사정을 객관적으로 판단해 볼 때, 피고인이 가지고 있던 접근매체의 점유를 타인에게 이전함으로써 접근매체가 법인의 실질적인 의사에 따라 사용·관리되지 아니하고 타인 명의 금융계좌의 불법적인 거래 및 이용에 기여하게 되는 경우라면 이는 위 규정에서 말하는 접근매체의 '전달'에 해당하고, 피고인이 이러한 사정을 알고 미필적으로라도 이를 용인하였다면 그에 관한 고의도 있다고 보아야 한다.

【참조조문】[1] 구 전자금융거래법(2015. 1. 20. 법률 제13069호로 개정되기 전의 것) 제6조 제3항, 제49조 제4항, 구 전자금융거래법(2020. 5. 19. 법률 제17297호로 개정되기 전의 것) 제1조, 제6조 제2항, 제3항, 제49조 제4항 / [2] 구 전자금융거래법(2020. 5. 19. 법률 제17297호로 개정되기 전의 것) 제6조 제3항, 제49조 제4항, 형법 제13조
【전 문】 【피 고 인】 피고인 【상 고 인】 검사
【원심판결】 서울남부지법 2020. 1. 14. 선고 2019노1859 판결

【주 문】

원심판결 중 무죄 부분을 파기하고, 그 부분 사건을 서울남부지방법원에 환송한다.

【이 유】

상고이유를 판단한다.

1. 공소사실의 요지

피고인은 2017. 4. 3. 불상지에서 피고인이 성명불상자로부터 받은 서류를 이용하여 개설한 공소외 주식회사 명의의 우리은행 계좌의 통장, 현금카드, OTP 카드를 성명불상자로부터 현금 9만 원을 받으면서 성명불상자에게 전달하고 비밀번호를 알려준 것을 비롯하여 2017. 3. 29.부터 2017. 8. 2.까지 제1심판결 별지 범죄일람표 2 기재와 같이 총 34회에 걸쳐 대가를 받으면서 각 법인 명의로 개설된 계좌의 접근매체를 성명불상자에게 전달하였다.

2. 원심의 판단

원심은 판시와 같은 이유로 위 공소사실에 대하여 범죄의 증명이 없다고 보아, 이를 유죄로 판단한 제1심판결을 파기하고 무죄를 선고하였다.

3. 대법원의 판단

그러나 원심의 위와 같은 판단은 다음과 같은 이유에서 수긍할 수 없다.

가. 관련 법리

구 전자금융거래법(2020. 5. 19. 법률 제17297호로 개정되기 전의 것, 이하 '구 전자금융거래법'이라고 한다)은 전자금융거래의 법률관계를 명확히 하여 전자금융거래의 안전성과 신뢰성을 확보하는 것을 입법 목적의 하나로 하고 있고(제1조), 금융회사 또는 전자금융업자가 접근매체를 발급할 때에는 이용자의 신청이 있는 경우에 한하여 본인임을 확인한 후에 발급하도록 규정하며(제6조 제2항), 접근매체의 양도 등 행위를 금지하고 이를 위반하는 경우 처벌하는 규정을 두고 있다(제6조 제3항, 제49조 제4항). 이는 전자금융거래에서 거래지시를 하거나 이용자 및 거래내용의 진실성과 정확성을 확보하기 위하여 사용되는 접근매체를 이용자 본인의 의사에 따라 사용·관리되도록 함으로써 전자금융거래의 법률관계를 명확히 하고자 하는 것이다.

2015. 1. 20. 법률 제13069호로 개정되기 전의 전자금융거래법 제6조 제3항은 접근매체를 양도하거나 양수하는 행위(제1호), 대가를 주고 접근매체를 대여받거나 대가를 받고 접근매체를 대여하는 행위(제2호), 접근매체를 질권의 목적으로 하는 행위(제3호), 위 각 행위를 알선하는 행위(제4호)를 금지하고 이를 위반하는 경우 처벌하도록 규정하고 있었는데, 2015. 1. 20. 개정으로 '대가를 수수·요구 또는 약속하면서 보관·전달·유통하는 행위'도 추가로 금지하고 이를 위반하는 경우 처벌하도록 규정하였다. 이러한 개정의 취지는 타인 명의의 금융계좌가 전기통신금융사기 등 각종 범죄에 이용되는 것을 근절하기 위함이었다.

이러한 구 전자금융거래법의 입법 목적과 접근매체의 '전달' 행위를 금지하는 취지 등을 종합하여 보면, 구 전자금융거래법 제6조 제3항 제2호에서 정한 접근매체의 '전달'은 타인 명의 금융계좌의 불법적인 거래나 이용에 기여하는 접근매체의 점유 또는 소지의 이전 행위를 말한다고 봄이 타당하다.

전자금융거래의 이용자가 법인인 경우 그 접근매체는 법인의 의사에 따라 사용·관리되어야 하는바, 접근매체의 점유를 이전한 이후에도 여전히 법인의 실질적인 의사에 따라 접근매체가 사용·관리되는 경우라면 이를 구 전자금융거래법 제6조 제3항 제2호에서 말하는 접근매체의 '전달'에 해당한다고 할 것은 아니다. 그러나 법인의 설립 경위, 전자금융거래계약의 체결 경위, 접근매체의 점유를 이전하게 된 동기 및 경위, 접근매체의 점유를 이전한 이후의 정황 등 관련 사정을 객관적으로 판단해 볼 때, 피고인이 가지고 있던 접근매체의 점유를 타인에게 이전함으로써 접근매체가 법인의 실질적인 의사에 따라 사용·관리되지 아니하고 타인 명의 금융계좌의 불법적인 거래 및 이용에 기여하게 되는 경우라면 이는 위 규정에서 말하는 접근매체의 '전달'에 해당하고, 피고인이 이러한 사정을 알고 미필적으로라도 이를 용인하였다면 그에 관한 고의도 있다고 보아야 한다.

나. 원심판결 이유와 적법하게 채택된 증거에 따르면, 다음과 같은 사실을 알 수 있다.

1) 피고인은 2017. 3.경 '김실장'이라는 성명불상자로부터 "법인 명의의 계좌를 개설한 후 접근매체를 전달하여 주면 계좌 1개당 9만 원을 주겠다."라는 제안을 받았다.

2) 피고인은 그 제안을 승낙한 후 '김실장'으로부터 계좌 개설에 필요한 서류들을 제공받아 2017. 3. 29.부터 2017. 8. 2.까지 20개 법인(이하 '이 사건 각 법인'이라고 한다)의 계좌 총 34개를 개설하여 각 개설 직후 은행 밖에서 기다리고 있던 '김실장'에게 계좌 1개당 7~9만 원을 받고 각 계좌의 접근매체를 건네주었다.

3) 이 사건 각 법인은 계좌 개설 1~5개월 전 무렵에 설립되었는데, 피고인은 수사기관에서 "법인의 대표를 만난 적은 없다. 김실장이 노숙자나 건너 건너 아는 지인이라고 말하였다."라는 취지로 진술하였다.

4) 피고인은 수사기관에서 계좌의 용도에 대하여 "김실장이 보이스피싱은 아니고 스포츠토토 계좌로 사용된다고 하였다. 불법적인 일임은 알고 있었으나, 개인회생 중이어서 돈이 필요했다."라고 진술하였다.

5) 피고인이 '김실장'에게 전달한 계좌의 상당수는 보이스피싱 사기, 조건만남 사기, 도박사이트 운영 등 범죄에 이용되었다.

다. 위 사실관계를 앞서 본 법리에 비추어 보면, 피고인은 성명불상자의 지시에 따라 성명불상자가 금융계좌 개설을 위하여 노숙자나 타인 명의를 빌려 설립한 이 사건 각 법인의 금융계좌를 대리인 자격으로 개설한 뒤 그 접근매체를 대가를 받고 성명불상자에게 전달하였고 결국 이 사건 각 법인의 금융계좌는 범죄에 이용되었는바, 위와 같은 피고인의 행위는 이 사건 각 법인 명의의 금융계좌가 이용자인 각 법인이 아닌 자에 의하여 불법적으로 거래되거나 이용될 수 있도록 접근매체의 점유를 타인에게 이전한 것으로, 구 전자금융거래법 제6조 제3항 제2호에서 말하는 접근매체의 '전달'에 해당한다고 봄이 타당하다.

라. 그런데도 원심은 판시와 같은 이유만으로 피고인의 행위가 '전달'에 해당하지 않는다고 판단하였는바, 이러한 원심판단에는 구 전자금융거래법 제6조 제3항 제2호의 '전달'에 관한 법리를 오해하여 판결에 영향을 미친 위법이 있다.

4. 결론

그러므로 원심판결 중 무죄 부분을 파기하고 그 부분 사건을 다시 심리·판단하도록 원심법원에 환송하기로 하여, 관여 대법관의 일치된 의견으로 주문과 같이 판결한다.

ⓒ 대법원 2022. 01. 13. 선고 2021도11110 판결 [자본시장과금융투자업에관한법률위반·증거은 닉교사·특정경제범죄가중처벌등에관한법률위반(횡령)·업무상횡령·사문서위조·위조사문서행 사·주식회사등의외부감사에관한법률위반·사기]

【판시사항】

[1] 주권상장법인의 주식 등 대량보유·변동 보고의무 위반으로 인한 자본시장과 금융투자업에 관한 법률 위반죄가 진정부작위범에 해당하는지 여부(적극) / 위 죄의 공동정범은 그 의무가 수인에게 공통으로 부여되어 있는데도 수인이 공모하여 전원이 그 의무를 이행하지 않았을 때 성립하는지 여부(적극)

[2] 주권상장법인의 주식 등 변경 보고의무 위반으로 인한 자본시장과 금융투자업에 관한 법률 위반죄가 진정부작위범에 해당하는지 여부(적극) / 위 죄의 공동정범은 그 의무가 수인에게 공통으로 부여되어 있는데도 수인이 공모하여 전원이 그 의무를 이행하지 않았을 때 성립하는지 여부(적극)

【판결요지】

[1] 자본시장과 금융투자업에 관한 법률(이하 '자본시장법'이라 한다) 제147조 제1항 전문은 "주권상장법인의 주식 등을 대량보유(본인과 그 특별관계자가 보유하게 되는 주식 등의 수의 합계가 그 주식 등의 총수의 100분의 5 이상인 경우를 말한다)하게 된 자는 그날부터 5일 이내에 그 보유상황, 보유 목적, 그 보유 주식 등에 관한 주요계약내용, 그 밖에 대통령령으로 정하는 사항을 대통령령으로 정하는 방법에 따라 금융위원회와 거래소에 보고하여야 하며, 그 보유 주식 등의 수의 합계가 그 주식 등의 총수의 100분의 1 이상 변동된 경우에는 그 변동된 날부터 5일 이내에 그 변동내용을 대통령령으로 정하는 방법에 따라 금융위원회와 거래소에 보고하여야 한다."라고 규정하고 있고, 자본시장법 제445조 제20호는 제147조 제1항을 위반하여 주식 등 대량보유·변동 보고를 하지 아니한 자를 처벌한다고 규정하고 있다. 그 규정 형식과 취지에 비추어 보면 주권상장법인의 주식 등 대량보유·변동 보고의무 위반으로 인한 자본시장법 위반죄는 구성요건이 부작위에 의해서만 실현될 수 있는 진정부작위범에 해당한다. 진정부작위범인 주식 등 대량보유·변동 보고의무 위반으로 인한 자본시장법 위반죄의 공동정범은 그 의무가 수인에게 공통으로 부여되어 있는데도 수인이 공모하여 전원이 그 의무를 이행하지 않았을 때 성립할 수 있다.

[2] 자본시장과 금융투자업에 관한 법률(이하 '자본시장법'이라 한다) 제147조 제4항은 "제1항에 따라 보고한 자는 그 보유 목적이나 그 보유 주식 등에 관한 주요계약내용 등 대통령령으로 정하는 중요한 사항의 변경이 있는 경우에는 5일 이내에 금융위원회와 거래소에 보고하여야 한다."라고 규정하고 있고, 자본시장법 제445조 제20호는 제147조 제4항을 위반하여 주식 등 변경 보고를 하지 아니한 자를 처벌한다고 규정하고 있다. 그 규정 형식과 취지에 비추어 보면 주권상장법인의 주식 등 변경 보고의무위반으로 인한 자본시장법 위반죄는 구성요건이 부작위에 의해서만 실현될 수 있는 진정부작위범에 해당한다. 진정부작위범인 주식 등 변경 보고의무 위반으로 인한 자본시장법 위반죄의 공동정범은 그 의무가 수인에게 공통으로 부여되어 있는데도 수인이 공모하여 전원이 그 의무를 이행하지 않았을 때 성립할 수 있다.

【참조조문】 [1] 자본시장과 금융투자업에 관한 법률 제147조 제1항, 제445조 제20호, 형법 제30조 / [2] 자본시장과 금융투자업에 관한 법률 제147조 제4항, 제445조 제20호, 형법 제30조
【참조판례】 [1][2] 대법원 2008. 3. 27. 선고 2008도89 판결(공2008상, 641), 대법원 2009. 2. 12. 선고 2008도9476 판결, 대법원 2021. 5. 7. 선고 2018도12973 판결(공2021하, 1211)
【전 문】 【피 고 인】 피고인 1 외 10인
【상 고 인】 피고인 1, 피고인 2, 피고인 3, 피고인 4, 피고인 5, 피고인 7, 피고인 8, 피고인 9, 피고인 10, 피고인 11 및 검사(피고인 1, 피고인 2, 피고인 6, 피고인 8, 피고인 9, 피고인 10에 대하여)
【변 호 인】 변호사 이범균 외 14인
【원심판결】 서울고법 2021. 8. 10. 선고 2021노345 판결

【주 문】

원심판결 중 피고인 1, 피고인 7에 대한 유죄 부분(이유무죄 부분 포함)을 각 파기하고, 이 부분 사건을 서울고등법원에 환송한다. 피고인 2, 피고인 3, 피고인 4, 피고인 5, 피고인 8, 피고인 9, 피고인 10, 피고인 11의 상고, 검사의 피고인 1에 대한 나머지 상고와 피고인 2, 피고인 6, 피고인 8, 피고인 9, 피고인 10에 대한 상고를 모두 기각한다.

【이 유】

상고이유(상고이유서 제출기간이 지난 다음에 제출된 서면은 상고이유를 보충하는 범위에서)를 판단한다.

1. 피고인 1의 상고이유에 관한 판단

가. 각 공소외 1 회사 주식 대량보유(변동) 보고 누락으로 인한 「자본시장과 금융투자업에 관한 법률」(이하 '자본시장법'이라 한다) 위반 부분

1) 이 부분 공소사실 요지

피고인 1, 피고인 2는 공소외 2 등과 공모하여 2017. 12. 6.경부터 2018. 7. 17.경까지 원심 판시 [별지 7] 기재와 같이 총 10회에 걸쳐 공소외 1 회사 주식을 매수하였음에도 공소외 1 회사 주식 등의 대량보유상황 보고를 하지 않았다.

2) 원심의 판단

원심은 다음과 같은 이유로 이 부분 공소사실을 유죄로 판단하였다.

공소외 3 회사와 공소외 2는 공소외 1 회사 주식 등의 대량보유·변동 보고에 있어서 공동보유자 관계에 있다. 공소외 3 회사, 공소외 2는 공소외 2가 피고인 2에게 지시하여 타인 명의로 매집한 공소외 1 회사 주식까지 포함하여 공소외 1 회사 주식 대량보유·변동을 보고할 의무가 있다. 주식 등 대량보유·변동 보고의무의 주체가 아닌 사람이더라도 대량보유·변동 보고의무자의 위반행위에 공모·가담한 경우에는 공동정범의 죄책을 진다. 피고인 1은 공소외 1 회사 주식 대량보유·변동 보고를 하지 아니한 공소외 2의 이 부분 범행에 공모·가담하였다.

3) 대법원의 판단

가) 자본시장법 제147조 제1항전문은 "주권상장법인의 주식 등을 대량보유(본인과 그 특별관계자가 보유하게 되는 주식 등의 수의 합계가 그 주식 등의 총수의 100분의 5 이상인 경우를 말한다)하게 된 자는 그날부터 5일 이내에 그 보유상황, 보유 목적, 그 보유 주식 등에 관한 주요계약내용, 그 밖에 대통령령으로 정하는 사항을 대통령령으로 정하는 방법에 따라 금융위원회와 거래소에 보고하여야 하며, 그 보유 주식 등의 수의 합계가 그 주식 등의 총수의 100분의 1 이상 변동된 경우에는 그 변동된 날부터 5일 이내에 그 변동내용을 대통령령으로 정하는 방법에 따라 금융위원회와 거래소에 보고하여야 한다."라고 규정하고 있고, 자본시장법 제445조 제20호는 제147조 제1항을 위반하여 주식 등 대량보유·변동 보고를 하지 아니한 자를 처벌한다고 규정하고 있다. 그 규정 형식과 취지에 비추어 보면 주권상장법인의 주식 등 대량보유·변동 보고의무 위반으로 인한 자본시장법 위반죄는 구성요건이 부작위에 의해서만 실현될 수 있는 진정부작위범에 해당한다. 진정부작위범인 주식 등 대량보유·변동 보고의무 위반으로 인한 자본시장법 위반죄의 공동정범은 그 의무가 수인에게 공통으로 부여되어 있는데도 수인이 공모하여 전원이 그 의무를 이행하지 않았을 때 성립할 수 있다(대법원 2008. 03. 27. 선고 2008도89 판결, 대법원 2009. 02. 12. 선고 2008도9476 판결, 대법원 2021. 05. 07. 선고 2018도12973 판결 참조).

나) 위 규정에 따르면 주식 등 대량보유·변동 보고의무는 '주권상장법인의 주식 등을 대량보유(본인과 그 특별관계자가 보유하게 되는 주식 등의 수의 합계가 그 주식 등의 총수의 100분의 5 이상인 경우를 말한다)하게 된 자'에게만 부여되어 있다. 그리고 누구의 명의로든지 자기의 계산으로 주권상장법인의 주식 등을 대량 소유하는 자도 포함된다[「자본시장과 금융투자업에 관한 법률 시행령」(이하 '자본시장법 시행령'이라 한다) 제142조 제1호 참조].

여기서 '특별관계자'란 특수관계인과 공동보유자를 말한다(자본시장법 시행령 제141조 제1항). '공동보유자'란 본인과 합의나 계약 등에 따라 주식 등을 공동으로 취득하거나 처분하는 행위, 주식 등을 공동 또는 단독으로 취득한 후 그 취득한 주식을 상호양도하거나 양수하는 행위, 의결권을 공동으로 행사하는 행위 중 어느 하나에 해당하는 행위를 할 것을 합의한 자를 말한다(자본시장법 시행령 제141조 제2항).

다) 원심판결 이유와 기록에 의하면, 공소외 3 회사와 공소외 2는 공소외 1 회사 주식의 공동보유자 관계에 있으므로, 공소외 3 회사와 공소외 2에게 공소외 2가 타인 명의로 매수한 공소외 1 회사 주식까지 포함하여 공소외 1 회사 주식의 대량보유·변동을 보고할 의무가 있다. 그러나 피고인 1은 공소외 1 회사 주식의 대량보유·변동을 보고할 의무를 부담하는 자가 아니다.

피고인 1에게 공소외 2와 공통된 공소외 1 회사 주식 대량보유·변동 보고의무가 부여되어 있지 않은 이상, 피고인 1과 공소외 2 사이에 진정부작위범인 주식 등 대량보유·변동 보고의무 위반으로 인한 자본시장법 제445조 제20호 위반죄의 공동정범은 성립할 수 없다.

라) 그런데도 원심은 피고인 1이 공소외 1 회사 주식 대량보유·변동 보고의무자인 공소외 2의 이 부분 범행에 공모·가담하였다는 이유로 이 부분 공소사실을 유죄로 판단하였다. 이러한 원심판결에는 진정부작위범인 자본시장법 제445조, 제147조 제1항 위반죄의 공동정범 등에 관한 법리를 오해하여 판결에 영향을 미친 잘못이 있다. 이를 지적하는 피고인 1의 상고이유 주장은 이유 있다.

나. 공소외 4 회사 주식의 납세담보 제공 관련 대량보유(변동) 보고 누락으로 인한 자본시장법 위반 부분

1) 이 부분 공소사실 요지

공소외 5 회사는 2017. 11. 30.경 공소외 4 회사 주식 3,087,038주를 납세담보로 제공하고, 2017. 12. 4. 공소외 4 회사 주식 1,402,003주를 추가로 납세담보로 제공하였다. 그러나 피고인 1, 피고인 7, 피고인 9는 공소외 2, 공소외 6 등과 공모하여 공소외 4 회사 주식 4,489,038주에 대한 납세담보 제공 관련 주식 대량보유상황 보고를 하지 않았다.

2) 원심의 판단

원심은 다음과 같은 이유로 이 부분 공소사실을 유죄로 판단하였다.

주식 등 대량보유·변동 보고의무의 주체가 아닌 사람이더라도 대량보유·변동 보고의무자의 위반행위에 공모·가담한 경우에는 공동정범의 죄책을 진다. 피고인 1은 공소외 2, 공소외 6 등과 공모하여 공소외 4 회사 주식에 대한 대량보유 보고를 한 후 그 주식을 납세담보로 공탁하여 보유 주식에 대한 신탁·담보계약, 그 밖의 주요계약내용 등 중요한 사항의 변경이 있었음에도 그에 관한 변경보고를 하지 않았다.

3) 대법원의 판단

가) 자본시장법 제147조 제4항은 "제1항에 따라 보고한 자는 그 보유 목적이나 그 보유 주식 등에 관한 주요계약내용 등 대통령령으로 정하는 중요한 사항의 변경이 있는 경우에는 5일 이내에 금융위원회와 거래소에 보고하여야 한다."라고 규정하고 있고, 자본시장법 제445조 제20호는 제147조 제4항을 위반하여 주식 등 변경 보고를 하지 아니한 자를 처벌한다고 규정하고 있다. 그 규정 형식과 취지에 비추어 보면 주권상장법인의 주식 등 변경 보고의무 위반으로 인한 자본시장법 위반죄는 구성요건이 부작위에 의해서만 실현될 수 있는 진정부작위범에 해당한다. 진정부작위범인 주식 등 변경 보고의무 위반으로 인한 자본시장법 위반죄의 공동정범은 그 의무가 수인에게 공통으로 부여되어 있는데도 수인이 공모하여 전원이 그 의무를 이행하지 않았을 때 성립할 수 있다(대법원 2008. 03. 27. 선고 2008도89 판결, 대법원 2009. 02. 12. 선고 2008도9476 판결, 대법원 2021. 05. 07. 선고 2018도12973 판결 참조).

나) 위 규정에 따르면 주식 등 변경 보고의무는 '주권상장법인의 주식 등을 대량보유(본인과 그 특별관계자가 보유하게 되는 주식 등의 수의 합계가 그 주식 등의 총수의 100분의 5 이상인 경우를 말한다)하여 주식 등 대량보유·변동을 보고한 자'에게만 부여되어 있다. 그리고 누구의 명의로든지 자기의 계산으로 주권상장법인의 주식 등을 대량 소유하여 주식 등 대량보유·변동을 보고한 자도 포함된다(자본시장법 시행령 제142조 제1호 참조).

다) 원심판결 이유와 기록에 의하면 다음과 같은 사실을 알 수 있다.

(1) 공소외 5 회사는 2017. 11. 1. 공소외 4 회사 주식 1,460,000주, 2017. 11. 2. 공소외 4 회사 주식 1,627,038주 합계 3,087,038주(발행주식 대비 누적 7.97%)를 취득하였다. 공소외 5 회사는 2017. 11. 3. 공소외 4 회사 주식 1,402,003주(발행주식 대비 누적 11.59%)를 추가로 취득하였다. 이로써 공소외 5 회사는 공소외 4 회사 주식 합계 4,489,041주(이하 '이 사건 주식'이라 한다)를 보유하게 되었다.

(2) 공소외 5 회사는 전 대표이사 공소외 7과 관련한 세무조사를 받았고, 2017. 9. 26. 경 중부지방국세청으로부터 4,237,760,000원의 추징금을 부과받았다. 이에 공소외 5 회사는 2017. 11. 30.경 2017. 11. 1.과 2017. 11. 2. 취득한 공소외 4 회사 주식 3,087,038주를, 2017. 12. 4.경 2017. 11. 3. 취득한 공소외 4 회사 주식 1,402,003주를 각각 납세담보로 제공하였다.

(3) 공소외 5 회사는 2017. 11. 8.과 2017. 11. 9. 2회에 걸쳐 공소외 4 회사 주식 대량보유·변동 보고를 한 후 이 사건 주식을 납세담보로 공탁하여 보유 주식에 대한 담보계약, 그 밖의 주요계약내용 등 중요한 사항의 변경이 있었음에도 변경보고를 하지 않았다.

(4) 한편 공소외 5 회사는 2017. 1. 25.경 ○○○투자조합을 상대로 신주 6,627,400주, 인수대금 100억 원으로 하는 유상증자를 실시한다고 공시하고, 2017. 2. 24. 대상자를 공소외 8 회사로 변경하기로 결정한 후, 2017. 2. 28. 공소외 8 회사로부터 유상증자 대금 100억 원을 지급받았다.

(5) 공소외 8 회사는 2016. 8. 20.경 공소외 2, 공소외 6이 인수한 반도체 부품 생산 회사이다. 그러나 공소외 5 회사가 공소외 8 회사가 납입한 위 유상증자 대금으로 이 사건 주식을 매수하였다고 볼 만한 자료가 없다.

(6) 공소외 5 회사는 2017. 1. 25.경 △△△투자조합1호(대표조합원 피고인 9)를 상대로 전환사채 150억 원을 발행하는 2차 전환사채 발행 결정을, △△△투자조합2호(대표조합원 피고인 9)를 상대로 신주인수권부사채 150억 원을 발행하는 1차 신주인수권부사채 발행 결정을 각 공시하였다.

(7) 공소외 5 회사는 2017. 4. 10.경 △△△투자조합1호로부터 2차 전환사채 대금 150억 원을 지급받고, △△△투자조합2호로부터 1차 신주인수권부사채 대금 150억 원을 지급받았다.

(8) △△△투자조합1호와 △△△투자조합2호는 대표조합원이 모두 피고인 9이고, 피고인 1이 공소외 2의 지시에 따라 관리하는 조합이다. 그러나 공소외 5 회사가 위 전환사채 대금과 신주인수권부사채 대금으로 이 사건 주식을 매수하였다고 볼 만한 자료가 없다.

(9) 공소외 2, 공소외 6은 공소외 5 회사의 실사주이다. 공소외 2의 지시로 공소외 5 회사의 공소외 4 회사 주식 보유 목적에 관한 허위보고가 이루어졌다. 공소외 5 회사는 이 사건 주식을 매수한 이후에도 공소외 2의 지시에 따라 공소외 4 회사에 대한 적대적 M&A를 위하여 지속적으로 공소외 4 회사 주식을 매수하였다.

라) 위와 같은 사실관계를 앞서 본 법리에 비추어 살펴보면, 피고인 1이 공소외 4 회사 주식을 자기의 계산으로 실질적으로 소유하는 자라고 볼 수 없으므로 피고인 1은 공소외 4회사 주식 대량보유·변동 보고의무를 부담하지 않을 뿐만 아니라 공소외 4 회사 주식 변경 보고의무도 부담하지 않는다.

피고인 1에게 공소외 4 회사 주식 변경 보고의무자와 공통된 의무가 부여되어 있지 않은 이상, 피고인 1에 대하여 진정부작위범인 주식 등 변경 보고의무 위반으로 인한 자본시장법 제445조 제20호 위반죄의 공동정범은 성립할 수 없다.

마) 그런데도 원심은 피고인 1이 공소외 2 등과 공모하였다는 이유로 이 부분 공소사실을 유죄로 판단하였다. 이러한 원심판결에는 진정부작위범인 자본시장법 제445조, 제147조 제4항 위반죄의 공동정범 등에 관한 법리를 오해하고 필요한 심리를 다하지 아니하여 판결에 영향을 미친 잘못이 있다. 이를 지적하는 피고인 1의 상고이유 주장은 이유 있다.

다. 나머지 부분

원심은 판시와 같은 이유로 피고인 1에 대한 이 사건 공소사실 중 각 공소외 1 회사 주식 대량보유(변동) 보고 누락으로 인한 자본시장법 위반 부분, 공소외 4 회사 주식의 납세담보 제공 관련 대량보유(변동) 보고 누락으로 인한 자본시장법 위반 부분을 제외한 나머지 부분(주문무죄 및 이유무죄 부분 제외)을 유죄로 판단하였다.

원심판결 이유를 관련 법리와 적법하게 채택된 증거에 비추어 살펴보면, 원심의 판단에 논리와 경험의 법칙을 위반하여 자유심증주의의 한계를 벗어나거나 공동정범, 자본시장법 제176조의 '시세조종행위', 자본시장법 제178조 제1항 제2호의 '중요사항에 관하여 거짓의 기재 내지 표시', 자본시장법 제178조 제2항의 '풍문의 유포', 자본시장법 제443조의 '위반행위로 얻은 이익', 횡령죄의 불법영득의사, 죄수 관계 등에 관한 법리를 오해하고, 판단누락, 이유모순으로 판결에 영향을 미친 잘못이 없다.

2. 피고인 2의 상고이유에 관한 판단

원심은 판시와 같은 이유로 피고인 2에 대한 이 사건 공소사실(주문무죄 및 이유무죄 부분 제외)을 유죄로 판단하였다.

원심판결 이유를 관련 법리와 적법하게 채택된 증거에 비추어 살펴보면, 원심의 판단에 논리와 경험의 법칙을 위반하여 자유심증주의의 한계를 벗어나거나 공동정범, 자본시장법 제176조의 '시세조종행위' 등에 관한 법리를 오해하여 판결에 영향을 미친 잘못이 없다.

3. 피고인 3의 상고이유에 관한 판단

원심은 판시와 같은 이유로 피고인 3에 대한 이 사건 공소사실(주문무죄 및 이유무죄 부분 제외)을 유죄로 판단하였다.

원심판결 이유를 관련 법리와 적법하게 채택된 증거에 비추어 살펴보면, 원심의 판단에 논리와 경험의 법칙을 위반하여 자유심증주의의 한계를 벗어나거나 공동정범, 자본시장법 제178조 제1항 제2호의 '중요사항에 관하여 거짓의 기재 내지 표시' 등에 관한 법리를 오해하고, 이유모순으로 판결에 영향을 미친 잘못이 없다.

4. 피고인 4의 상고이유에 관한 판단

형사소송법 제383조 제4호에 의하면 사형, 무기 또는 10년 이상의 징역이나 금고가 선고된 사건에서만 양형부당을 사유로 한 상고가 허용된다. 피고인 4에 대하여 그보다 가벼운 형이 선고된 이 사건에서 형이 너무 무거워 부당하다는 취지의 주장은 적법한 상고이유가 되지 못한다.

5. 피고인 5의 상고이유에 관한 판단

원심은 판시와 같은 이유로 피고인 5에 대한 이 사건 공소사실(주문무죄 및 이유무죄 부분 제외)을 유죄로 판단하였다.

원심판결 이유를 관련 법리와 적법하게 채택된 증거에 비추어 살펴보면, 원심의 판단에 논리와 경험의 법칙을 위반하여 자유심증주의의 한계를 벗어나거나 공동정범, 사기죄의 기망행위, 편취의 범의 등에 관한 법리를 오해하여 판결에 영향을 미친 잘못이 없다.

6. 피고인 7의 상고이유에 관한 판단

원심은 판시와 같은 이유로 피고인 7에 대한 이 사건 공소사실[공소외 4 회사 주식의 납세담보 제공 관련 대량보유(변동) 보고 누락으로 인한 자본시장법 위반 부분, 주문무죄 및 이유무죄 부분 제외]을 유죄로 판단하였다.

원심판결 이유를 관련 법리와 적법하게 채택된 증거에 비추어 살펴보면, 원심의 판단에 필요한 심리를 다하지 않은 채 논리와 경험의 법칙을 위반하여 자유심증주의의 한계를 벗어나거나 공동정범, 자본시장법 제178조 제1항 제2호의 '중요사항에 관하여 거짓의 기재 내지 표시', 진술의 신빙성, 공판중심주의 및 직접심리주의, 증거재판주의 등에 관한 법리를 오해하고, 판단누락, 이유모순, 이유불비로 판결에 영향을 미친 잘못이 없다.

7. 피고인 8의 상고이유에 관한 판단

원심은 판시와 같은 이유로 피고인 8에 대한 이 사건 공소사실(주문무죄 및 이유무죄 부분 제외)을 유죄로 판단하였다.

원심판결 이유를 관련 법리와 적법하게 채택된 증거에 비추어 살펴보면, 원심의 판단에 필요한 심리를 다하지 않은 채 논리와 경험의 법칙을 위반하여 자유심증주의의 한계를 벗어나거나 공동정범, 자본시장법 제178조 제1항 제2호의 '금융투자상품의 매매, 그 밖의 거래와 관련하여', '금전, 그 밖의 재산상의 이익', 횡령죄의 성립 등에 관한 법리를 오해하고, 판단누락, 이유불비로 판결에 영향을 미친 잘못이 없다.

8. 피고인 9의 상고이유에 관한 판단

원심은 판시와 같은 이유로 피고인 9에 대한 이 사건 공소사실(주문무죄 및 이유무죄 부분 제외)을 유죄로 판단하였다.

원심판결 이유를 관련 법리와 적법하게 채택된 증거에 비추어 살펴보면, 원심의 판단에 논리와 경험의 법칙을 위반하여 자유심증주의의 한계를 벗어나거나 공동정범 등에 관한 법리를 오해하고, 판단누락, 이유모순으로 판결에 영향을 미친 잘못이 없다.

9. 피고인 10의 상고이유에 관한 판단

원심은 판시와 같은 이유로 피고인 10에 대한 이 사건 공소사실(주문무죄 및 이유무죄 부분 제외)을 유죄로 판단하였다.

원심판결 이유를 관련 법리와 적법하게 채택된 증거에 비추어 살펴보면, 원심의 판단에 논리와 경험의 법칙을 위반하여 자유심증주의의 한계를 벗어나거나 공동정범, 자본시장법 제178조 제1항 제2호의 '중요사항에 관하여 거짓의 기재 내지 표시', 자본시장법 제178조 제2항의 '풍문의 유포', 자본시장법 제443조의 '위반행위로 얻은 이익' 등에 관한 법리를 오해하고, 판단누락, 이유모순으로 판결에 영향을 미친 잘못이 없다.

10. 피고인 11의 상고이유에 관한 판단

원심은 판시와 같은 이유로 피고인 11에 대한 이 사건 공소사실(이유무죄 부분 제외)을 유죄로 판단하였다.

원심판결 이유를 관련 법리와 적법하게 채택된 증거에 비추어 살펴보면, 원심의 판단에 논리와 경험의 법칙을 위반하여 자유심증주의의 한계를 벗어나거나 공동정범, 자본시장법 제176조의 '시세조종행위' 등에 관한 법리를 오해하여 판결에 영향을 미친 잘못이 없다.

원심의 양형판단에 죄형균형의 원칙, 책임주의 원칙을 위반한 위법이 있다는 취지의 주장은 결국 양형부당 주장에 해당한다. 그런데 형사소송법 제383조 제4호에 의하면 사형, 무기 또는 10년 이상의 징역이나 금고가 선고된 사건에서만 양형부당을 사유로 한 상고가 허용된다. 피고인 11에 대하여 그보다 가벼운 형이 선고된 이 사건에서 형이 너무 무거워 부당하다는 취지의 주장은 적법한 상고이유가 되지 못한다.

11. 검사의 상고이유에 관한 판단

가. 원심은 이 사건 공소사실 중 피고인 1, 피고인 8의 공소외 4 회사 주식 대량보유 보고 누락으로 인한 자본시장법 위반 부분, 피고인 1의 □□□□□□□□□□ 자율주행차량 사업 관련 사기적 부정거래로 인한 구 자본시장법(2018. 12. 31. 법률 제16191호로 개정되기 전의 것) 위반 부분, 피고인 1, 피고인 2, 피고인 9, 피고인 10의 공소외 1 회사 1차 적대적 M&A 관련 시세조종으로 인한 구 자본시장법(2017. 10. 31. 법률 제15021호로 개정되기 전의 것) 위반 부분, 피고인 6의 ◇◇◇ 시세조종으로 인한 구 자본시장법(2017. 10. 31. 법률 제15021호로 개정되기 전의 것) 위반 부분에 대하여 범죄의 증명이 없다고 보아 주문 내지 이유에서 무죄로 판단하였다.

원심판결 이유를 관련 법리와 기록에 비추어 살펴보면, 원심의 판단에 논리와 경험의 법칙을 위반하여 자유심증주의의 한계를 벗어나거나 공동정범, 자본시장법 제176조의 '시세조종행위' 등에 관한 법리를 오해하여 판결에 영향을 미친 잘못이 없다.

나. 원심은 피고인 1에 대한 ◇◇◇ 시세조종 및 사기적 부정거래로 인한 구 자본시장법(2017. 10. 31. 법률 제15021호로 개정되기 전의 것) 위반 공소사실 중 ☆☆☆를 통한 애플, 테슬라 납품 부분, 해외기업 ▽▽ 및 ◎◎◎와의 업무협약 체결 및 ◁◁◁을 통한 자율주행차량 사업 진행 부분, 미국 ▷▷▷주립대와의 자율주행 공동연구개발 부분, ◎◎◎를 통한 자율주행 음성인식 기술 확보 부분, 사기적 부정거래로 인한 이익액 577억 42,486,738원 부분에 대하여 범죄의 증명이 없다고 보아 이유에서 무죄로 판단하였다.

원심판결 이유를 관련 법리와 기록에 비추어 살펴보면, 원심의 판단에 논리와 경험의 법칙을 위반하여 자유심증주의의 한계를 벗어나거나 공동정범, 자본시장법 제443조의 '위반행위로 얻은 이익' 등에 관한 법리를 오해하여 판결에 영향을 미친 잘못이 없다.

12. 파기의 범위

가. 원심판결 중 피고인 1에 대한 각 공소외 1 회사 주식 대량보유(변동) 보고 누락으로 인한 자본시장법 위반 부분, 공소외 4 회사 주식의 납세담보 제공 관련 대량보유(변동) 보고 누락으로 인한 자본시장법 위반 부분은 앞서 본 것과 같은 이유로 파기되어야 한다. 그리고 위 파기 부분과 형법 제37조 전단의 경합범 관계에 있어 하나의 형이 선고된 유죄 부분도 함께 파기되어야 한다. 결국 원심판결 중 피고인 1에 대한 유죄 부분(이유무죄 부분 포함)은 전부 파기되어야 한다.

나. 공소외 4 회사 주식의 납세담보 제공 관련 대량보유(변동) 보고 누락으로 인한 자본시장법 위반 부분에 대한 파기이유는 이 부분 공동피고인인 피고인 7에게도 공통되므로 형사소송법 제392조에 따라 피고인 7의 이 부분 원심판결도 아울러 파기되어야 한다. 그리고 위 파기 부분과 형법 제37조 전단의 경합범 관계에 있어 하나의 형이 선고된 유죄 부분도 함께 파기되어야 한다. 결국 원심판결 중 피고인 7에 대한 유죄 부분(이유무죄 부분 포함)은 전부 파기되어야 한다.

13. 결 론

그러므로 피고인 1의 나머지 상고이유에 관한 판단을 생략한 채, 원심판결 중 피고인 1, 피고인 7에 대한 유죄 부분(이유무죄 부분 포함)을 파기하고, 이 부분 사건을 다시 심리·판단하도록 원심법원에 환송하며, 피고인 2, 피고인 3, 피고인 4, 피고인 5, 피고인 8, 피고인 9, 피고인 10, 피고인 11의 상고, 검사의 피고인 1에 대한 나머지 상고와 피고인 2, 피고인 6, 피고인 8, 피고인 9, 피고인 10에 대한 상고를 모두 기각하기로 하여, 관여 대법관의 일치된 의견으로 주문과 같이 판결한다.

Ⓒ 대법원 2022. 01. 27. 선고 2021도15334 판결 [도시및주거환경정비법위반]

【판시사항】

[1] 정비사업의 시행에 관하여 공개하여야 할 서류 및 그 '관련 자료'를 규정하고 이를 위반한 조합임원 등을 처벌하는 구 도시 및 주거환경정비법 제86조 제6호, 제81조 제1항, 도시 및 주거환경정비법 제138조 제1항 제7호, 제124조 제1항의 입법 취지 / 구 도시 및 주거환경정비법 제81조 제1항 각호, 도시 및 주거환경정비법 제124조 제1항 각호에 명시된 공개대상 서류의 '관련 자료'를 해석하는 기준

[2] '속기록'이 구 도시 및 주거환경정비법 제81조 제1항 제3호, 도시 및 주거환경정비법 제124조 제1항 제3호에서 정한 의사록의 '관련 자료'에 포함되는지 여부(소극)

[3] '자금수지보고서'가 도시 및 주거환경정비법 제124조 제1항 제9호에서 정한 결산보고서의 '관련 자료'에 해당하는지 여부(소극)

【판결요지】

[1] 구 도시 및 주거환경정비법(2017. 2. 8. 법률 제14567호로 전부 개정되기 전의 것, 이하 '구 도시정비법'이라 한다) 제86조 제6호 및 제81조 제1항, 도시 및 주거환경정비법(이하 '현행 도시정비법'이라 한다) 제138조 제1항 제7호 및 제124조 제1항은 조합임원 등이 정비사업의 시행에 관하여 조합원, 토지 등 소유자 또는 세입자가 알 수 있도록 15일 이내에 인터넷과 그 밖의 방법을 병행하여 공개하여야 할 서류를 열거하면서, 위와 같이 명시된 서류의 '관련 자료'도 함께 공개대상으로 규정하는 한편, 이를 위반한 조합임원 등에 대하여는 1년 이하의 징역 또는 1천만 원 이하의 벌금에 처하도록 규정하고 있다. 이러한 규정들의 입법 취지는, 조합이 정비사업을 시행하는 경우 조합임원은 조합을 대표하면서 막대한 사업자금을 운영하는 등 각종 권한을 가지고 있기 때문에 조합임원과 건설사 간 유착으로 인한 비리가 발생할 소지가 크고, 정비사업과 관련된 비리는 그 조합과 조합원의 피해로 직결되어 지역사회와 국가 전체에 미치는 병폐도 크므로, 이를 개선하기 위한 방안으로서 정비사업의 시행과 관련된 서류와 자료를 공개하도록 하여 정비사업의 투명성·공공성을 확보하고 조합원의 알권리를 충족시키기 위한 것이다.

그런데 구 도시정비법과 현행 도시정비법은 공개대상이 되는 서류를 각호에서 구체적으로 열거하면서도 '관련 자료' 판단 기준에 관하여는 별도로 규정하고 있지 않을 뿐만 아니라, 그 밖에 공개가 필요한 서류 및 관련 자료는 대통령령에 위임하여 이를 추가할 수 있는 근거 규정을 두고 있으므로, 구 도시정비법과 현행 도시정비법 혹은 그 위임에 따른 시행령에 명문의 근거 규정 없이 정비사업의 투명성·공공성 확보 내지 조합원의 알권리 보장 등 규제의 목적만을 앞세워 각호에 명시된 서류의 '관련 자료' 범위를 지나치게 확장하여 인정하는 것은 죄형법정주의가 요구하는 형벌법규 해석원칙에 어긋난다.

[2] 구 도시 및 주거환경정비법(2017. 2. 8. 법률 제14567호로 전부 개정되기 전의 것, 이하 '구 도시정비법'이라 한다) 제81조 제1항, 도시 및 주거환경정비법(이하 '현행 도시정비법'이라 한다) 제124조 제1항은 조합임원 등이 정비사업의 시행에 관하여 작성 또는 변경 후 15일 이내에 공개하여야 할 서류를 규정하는 한편, 구 도시정비법 제81조 제2항, 현행 도시정비법 제125조 제1항은 위와 같이 공개하여야 할 서류를 포함하여 총회 또는 중요한 회의가 있은 때에는 속기록·녹음 또는 영상자료를 만들어 청산 시까지 보관하여야 한다고 규정한다. 즉, 구 도시정비법과 현행 도시정비법은 신속하게 공개하여야 할 자료와 일정한 경우에 한하여 작성 후 청산 시까지 보관하여야 할 자료를 구분하고, 속기록·녹음 또는 영상자료는 보관대상으로 규정할 뿐 의사록과 같은 공개대상으로 명시하지 않고 있다.

의사록이 진정하게 작성되었는가는 참석자명부와 서면결의서를 통해서도 확인할 수 있으므로, 반드시 참석자의 구체적인 발언 내용이 담긴 속기록이 필요하다고 보기 어렵다. 나아가 구 도시정비법과 현행 도시정비법 위반죄의 구성요건인 '관련 자료' 범위를 해석하고 그 위반을 이유로 하는 형사처벌의 범위를 정함에 있어 그에 관한 법령의 명시적인 위임 근거가 없는 정비사업에 관한 지방자치단체의 조례 및 그 하위 지침에 기속된다고 볼 수도 없다.

결국 구 도시정비법 제81조 제1항 제3호, 현행 도시정비법 제124조 제1항 제3호에서 정한 의사록의 '관련 자료'에 속기록이 포함된다고 보는 것은 문언의 가능한 의미를 벗어나 피고인에게 불리한 확장해석에 해당하여 허용될 수 없다.

[3] 자금수지보고서가 도시 및 주거환경정비법(이하 '현행 도시정비법'이라 한다) 제124조 제1항 제9호에서 정한 결산보고서의 '관련 자료'에 해당한다고 보아 이를 형사처벌의 근거로 삼는 것은 죄형법정주의의 원칙하에서 문언의 가능한 범위를 벗어나 피고인에게 불리한 확장해석에 해당하여 허용될 수 없다. 그 이유는 다음과 같다.

(가) 구 도시 및 주거환경정비법(2017. 2. 8. 법률 제14567호로 전부 개정되기 전의 것, 이하 '구 도시정비법'이라 한다)과 현행 도시정비법이 처음부터 공개대상으로 명시한 월별 자금의 입금·출금 세부내역에도 월별 수입·지출 내역, 현금예금 보유내역, 차입금 현황 등이 포함되어 있으므로, 결산보고서가 진정하게 성립되었는지 판단하기 위하여 반드시 자금수지보고서가 필요하다고 보기 어렵다.

(나) '서울특별시 정비사업 조합 등 표준 예산·회계규정'에 의하더라도 결산보고서로 재무제표 및 부속명세서를 작성한다고 규정할 뿐, 자금수지보고서가 결산보고서와 불가분적으로 또는 직접적으로 관련된다고 볼 만한 근거를 찾을 수 없다.

(다) 구 도시정비법 제81조 제1항 각호, 현행 도시정비법 제124조 제1항 각호의 서류에 관한 '관련 자료' 해석이 그 위반을 이유로 하는 형사처벌의 범위를 정함에 있어 그에 관한 법령의 명시적인 위임 근거가 없는 지방자치단체 조례나 그에 따라 설치된 정비사업 종합정보관리시스템 운영지침에 기속된다고 보기 어렵다.

【참조조문】 [1] 헌법 제12조 제1항, 형법 제1조 제1항, 구 도시 및 주거환경정비법(2017. 2. 8. 법률 제14567호로 전부 개정되기 전의 것) 제81조 제1항(현행 제124조 제1항 참조), 제86조 제6호(현행 제138조 제1항 제7호 참조), 도시 및 주거환경정비법 제124조 제1항, 제138조 제1항 제7호 / [2] 헌법 제12조 제1항, 형법 제1조 제1항, 구 도시 및 주거환경정비법(2017. 2. 8. 법률 제14567호로 전부 개정되기 전의 것) 제81조 제1항 제3호(현행 제124조 제1항 제3호 참조), 제2항(현행 제125조 제1항 참조), 제86조 제6호(현행 제138조 제1항 제7호 참조), 도시 및 주거환경정비법 제124조 제1항 제3호, 제125조 제1항, 제138조 제1항 제7호 / [3] 헌법 제12조 제1항, 형법 제1조 제1항, 구 도시 및 주거환경정비법(2017. 2. 8. 법률 제14567호로 전부 개정되기 전의 것) 제81조 제1항 제8호(현행 제124조 제1항 제8호, 제9호 참조), 도시 및 주거환경정비법 제124조 제1항 제8호, 제9호, 제138조 제1항 제7호
【참조판례】 [1] 대법원 2016. 2. 18. 선고 2015도10976 판결, 대법원 2021. 2. 10. 선고 2019도18700 판결(공2021상, 662), 헌법재판소 2011. 4. 28. 선고 2009헌바90 전원재판부 결정(헌공175, 702)
【전 문】 【피 고 인】 피고인
【상 고 인】 피고인
【변 호 인】 법무법인(유한) 지평 담당변호사 김지형 외 3인
【원심판결】 서울북부지법 2021. 10. 28. 선고 2020노2055 판결

【주 문】

원심판결 중 유죄 부분을 파기하고, 이 부분 사건을 서울북부지방법원에 환송한다.

【이 유】

상고이유를 판단한다.

1. 이 사건 공소사실의 요지는, 피고인이 ○○○○○구역 주택재건축정비사업추진위원회의 추진위원장으로서 2015. 12. 19. 개최된 주민총회 및 창립총회의 속기록을 비롯한 공소사실 별지 범죄일람표 기재 공개대상 서류를 작성된 후 15일 내에 인터넷과 그 밖의 방법을 병행하여 공개하지 않았다는 것이다.

   원심은 공소사실 별지 범죄일람표 연번 1번, 6번 기재 각 속기록은 「도시 및 주거환경정비법」(이하 '현행 도시정비법'이라 한다) 제124조 제1항 제3호 및 구 「도시 및 주거환경정비법」(2017. 2. 8. 법률 제14567호로 전부 개정되기 전의 것, 이하 '구 도시정비법'이라 하고, '현행 도시정비법'과 '구 도시정비법'을 '도시정비법'으로 통칭한다) 제81조 제1항 제3호에서 정한 '의사록'의 관련 자료로서, 연번 7번 기재 자금수지보고서는 현행 도시정비법 제124조 제1항 제9호에서 정한 '결산보고서'의 관련 자료로서 공개대상 서류에 해당한다고 보아, 위 연번 1 내지 8번 기재 각 서류 부분을 유죄로 판단하였다.

2. 그러나 원심의 판단은 다음과 같은 이유로 받아들이기 어렵다.

   가. 죄형법정주의는 국가형벌권의 자의적인 행사로부터 개인의 자유와 권리를 보호하기 위하여 범죄와 형벌을 법률로 정할 것을 요구한다. 그러한 취지에 비추어 보면 형벌법규의 해석은 엄격하여야 하고, 명문규정의 의미를 피고인에게 불리한 방향으로 지나치게 확장해석하거나 유추해석하는 것은 죄형법정주의 원칙에 어긋나는 것으로서 허용되지 않는다(대법원 1999. 07. 09. 선고 98도1719 판결, 대법원 2009. 12. 10. 선고 2009도3053 판결 등 참조).

   구 도시정비법 제86조 제6호, 제81조 제1항, 현행 도시정비법 제138조 제1항 제7호, 제124조 제1항은 조합임원 등이 정비사업의 시행에 관하여 조합원, 토지 등 소유자 또는 세입자가 알 수 있도록 15일 이내에 인터넷과 그 밖의 방법을 병행하여 공개하여야 할 서류를 열거하면서, 위와 같이 명시된 서류의 '관련 자료'도 함께 공개대상으로 규정하는 한편, 이를 위반한 조합임원 등에 대하여는 1년 이하의 징역 또는 1천만 원 이하의 벌금에 처하도록 규정하고 있다. 이러한 규정들의 입법 취지는, 조합이 정비사업을 시행하는 경우 조합임원은 조합을 대표하면서 막대한 사업자금을 운영하는 등 각종 권한을 가지고 있기 때문에 조합임원과 건설사 간 유착으로 인한 비리가 발생할 소지가 크고, 정비사업과 관련된 비리는 그 조합과 조합원의 피해로 직결되어 지역사회와 국가 전체에 미치는 병폐도 크므로, 이를 개선하기 위한 방안으로서 정비사업의 시행과 관련된 서류와 자료를 공개하도록 하여 정비사업의 투명성·공공성을 확보하고 조합원의 알권리를 충족시키기 위한 것이다(대법원 2016. 02. 18. 선고 2015도10976 판결, 대법원 2021. 02. 10. 선고 2019도18700 판결, 헌법재판소 2011. 04. 28. 선고 2009헌바90 전원재판부 결정 등 참조).

   그런데 도시정비법은 공개대상이 되는 서류를 각호에서 구체적으로 열거하면서도 '관련 자료'의 판단 기준에 관하여는 별도로 규정하고 있지 않을 뿐만 아니라, 그 밖에 공개가 필요한 서류 및 관련 자료는 대통령령에 위임하여 이를 추가할 수 있는 근거 규정을 두고 있으므로, 도시정비법 혹은 그 위임에 따른 시행령에 명문의 근거 규정 없이 정비사업의 투명성·공공성 확보 내지 조합원의 알권리 보장 등 규제의 목적만을 앞세워 각호에 명시된 서류의 '관련 자료'의 범위를 지나치게 확장하여 인정하는 것은 죄형법정주의가 요구하는 형벌법규 해석원칙에 어긋난다.

나. 먼저 속기록에 관하여 본다.
1) 구 도시정비법 제81조 제1항, 현행 도시정비법 제124조 제1항은 조합임원 등이 정비사업의 시행에 관하여 작성 또는 변경 후 15일 이내에 공개하여야 할 서류를 규정하는 한편, 구 도시정비법 제81조 제2항, 현행 도시정비법 제125조 제1항은 위와 같이 공개하여야 할 서류를 포함하여 총회 또는 중요한 회의가 있은 때에는 속기록·녹음 또는 영상자료를 만들어 청산 시까지 보관하여야 한다고 규정한다. 즉, 도시정비법은 신속하게 공개하여야 할 자료와 일정한 경우에 한하여 작성 후 청산 시까지 보관하여야 할 자료를 구분하고, 속기록·녹음 또는 영상자료는 보관대상으로 규정할 뿐 의사록과 같은 공개대상으로 명시하지 않고 있다.
2) 의사록이 진정하게 작성되었는가는 참석자명부와 서면결의서를 통해서도 확인할 수 있으므로, 반드시 참석자의 구체적인 발언 내용이 담긴 속기록이 필요하다고 보기 어렵다. 나아가 도시정비법 위반죄의 구성요건인 '관련 자료' 범위를 해석하고 그 위반을 이유로 하는 형사처벌의 범위를 정함에 있어 그에 관한 법령의 명시적인 위임 근거가 없는 정비사업에 관한 지방자치단체의 조례 및 그 하위 지침에 기속된다고 볼 수도 없다.
3) 결국 구 도시정비법 제81조 제1항 제3호, 현행 도시정비법 제124조 제1항 제3호에서 정한 의사록의 '관련 자료'에 속기록이 포함된다고 보는 것은 문언의 가능한 의미를 벗어나 피고인에게 불리한 확장해석에 해당하여 허용될 수 없다.

다. 다음으로 자금수지보고서에 관하여 본다.
1) 원심판결 이유 및 적법하게 채택된 증거에 비추어 보면, 다음과 같은 사실을 알 수 있다.
가) 「서울특별시 정비사업 조합 등 표준 예산·회계규정」 제10조는 정비사업 조합의 기본 재무제표는 자금수지계산서, 재무상태표, 운영계산서 및 이에 대한 주석으로 구성되며, 재무제표 및 부속명세서는 결산보고서로 작성한다고 규정한다.
나) 도시정비법은 자금수지보고서의 개념을 별도로 정의하고 있지는 않고, 피고인이 작성한 자금수지보고서는 「서울특별시 도시 및 주거환경정비 조례」에 근거하여 설치된 정비사업 종합정보관리시스템인 '서울특별시 클린업시스템' 운영지침에 첨부된 서식에 따른 것인데, 회계연도가 끝난 후 작성되는 결산보고서와 달리 분기별로 작성된다는 차이점이 있기는 하나 대체로 기본 재무제표에 포함되는 자금수지계산서의 항목별 내용을 요약한 것이다.
다) 한편 현행 도시정비법 제124조 제1항 제8호에 공개대상으로 명시된 '월별 자금의 입금·출금 세부내역'의 서식도 차입금, 분양수입금, 환급금 등의 수입 내역과 사업비, 운영비 등의 지출 내역을 월별로 정리하도록 구성되어 있다.
2) 위와 같은 사실을 앞서 본 법리에 비추어 살펴보면, 자금수지보고서가 결산보고서의 '관련 자료'에 해당한다고 보아 이를 형사처벌의 근거로 삼는 것은 죄형법정주의의 원칙하에서 문언의 가능한 범위를 벗어나 피고인에게 불리한 확장해석에 해당하여 허용될 수 없다. 그 이유는 다음과 같다.
가) 도시정비법이 처음부터 공개대상으로 명시한 월별 자금의 입금·출금 세부내역에도 월별 수입·지출 내역, 현금예금 보유내역, 차입금 현황 등이 포함되어 있으므로, 결산보고서가 진정하게 성립되었는지 판단하기 위하여 반드시 자금수지보고서가 필요하다고 보기 어렵다.

나) 「서울특별시 정비사업 조합 등 표준 예산·회계규정」에 의하더라도 결산보고서로 재무제표 및 부속명세서를 작성한다고 규정할 뿐, 자금수지보고서가 결산보고서와 불가분적으로 또는 직접적으로 관련된다고 볼 만한 근거를 찾을 수 없다.

다) 속기록 부분에서 본 바와 같이, 도시정비법 각호의 서류에 관한 '관련 자료'의 해석이 그 위반을 이유로 하는 형사처벌의 범위를 정함에 있어 그에 관한 법령의 명시적인 위임 근거가 없는 지방자치단체 조례나 그에 따라 설치된 정비사업 종합정보관리시스템 운영지침에 기속된다고 보기 어렵다.

3. 그럼에도 원심은 이 사건 공소사실 별지 범죄일람표 연번 1번, 6번 기재 각 속기록 및 연번 7번 기재 자금수지보고서가 도시정비법상 관련 자료에 해당한다고 보았다. 이러한 원심의 판단에는 구 도시정비법 제81조 제1항 및 현행 도시정비법 제124조 제1항의 '관련 자료'에 관한 법리를 오해하여 판결에 영향을 미친 위법이 있다. 이를 지적하는 피고인의 상고이유 주장은 이유 있다. 따라서 원심판결 중 속기록 및 자금수지보고서에 관한 부분은 파기되어야 하나, 원심은 이 부분과 나머지 유죄 부분이 형법 제37조 전단의 경합범에 해당한다고 보아 하나의 형을 선고하였으므로, 결국 원심판결 중 유죄 부분은 전부 파기될 수밖에 없다.

4. 그러므로 원심판결 중 유죄 부분을 파기하고, 이 부분 사건을 다시 심리·판단하도록 원심법원에 환송하기로 하여, 관여 대법관의 일치된 의견으로 주문과 같이 판결한다.

---

⑪ 대법원 2022. 02. 11. 선고 2020도68 판결 [근로기준법위반]

【판시사항】

[1] 구 근로기준법 제35조 제3호에 대한 헌법재판소 위헌결정에 헌법재판소법 제47조 제3항에 따른 소급효가 인정되는지 여부(소극) / 구 근로기준법 제35조 제3호는 위헌결정일인 2015. 12. 23.부터 효력을 상실하여 사용자는 월급근로자의 근무기간에 관계없이 같은 법 제26조 본문에 따라 근로자에게 30일 전에 해고의 예고를 하거나 30일분의 통상임금에 해당하는 해고예고수당을 지급할 의무를 부담하고 이를 위반하면 같은 법 제110조 제1호에 따라 형사처벌의 대상이 되는지 여부(적극)

[2] 2019. 1. 15. 법률 제16270호로 개정된 근로기준법 제26조 제1호의 적용 범위가 위 조항의 시행일인 2019. 1. 15. 이후 근로계약을 체결한 근로자로 한정되는지 여부(적극)

【판결요지】

[1] 헌법재판소는 2015. 12. 23. 구 근로기준법(2019. 1. 15. 법률 제16270호로 개정되기 전의 것, 이하 같다) 제35조 제3호가 근무기간이 6개월 미만인 월급근로자의 근로의 권리를 침해하고, 평등원칙에도 위배된다는 이유로 위 조항이 헌법에 위반된다는 결정을 하였다.

위헌결정이 선고된 구 근로기준법 제35조 제3호 그 자체는 형사처벌 조항에 해당하지 않지만, 위 조항을 위반할 것을 구성요건으로 규정하고 있는 같은 법 제110조 제1호와 결합하여 형벌에 관한 법률 조항을 이루게 된다. 그러나 위 조항은 같은 법 제26조 본문 및 제110조 제1호에 규정된 근로기준법 위반죄의 구성요건해당성 배제 사유를 규정한 것이기 때문에, 위 조항에 대한 위헌결정의 소급효를 인정할 경우 오히려 그 조항이 적용되어 형사처벌을 받지 않았던 사람들에게 형사상 불이익이 미치게 되므로 이와 같은 경우까지 헌법재판소법 제47조 제3항의 적용 범위에 포함시키는 것은 법적 안정성과 이미 불처벌 대상이었던 사용자의 신뢰보호의 이익까지 크게 해치게 되어 그 규정 취지에 반한다. 따라서 구 근로기준법 제35조 제3호에 대한 위헌결정에는 헌법재판소법 제47조 제3항에 따른 소급효가 인정되지 아니하고, 위 조항은 같은 법 제47조 제2항에 따라 위헌결정이 있는 날부터 효력을 상실한다고 보아야 한다.

위 법리에 따르면, 구 근로기준법 제35조 제3호는 위헌결정일인 2015. 12. 23.부터 효력을 상실하여 사용자는 월급근로자의 근무기간에 관계없이 구 근로기준법 제26조 본문에 따라 근로자에게 30일 전에 해고의 예고를 하거나 30일분의 통상임금에 해당하는 해고예고수당을 지급할 의무를 부담하고, 위 규정을 위반한 자는 같은 법 제110조 제1호에 따라 형사처벌의 대상이 된다.

[2] 근로기준법이 2019. 1. 15. 법률 제16270호로 개정되어(이하 '개정 근로기준법'이라 한다), 제35조를 삭제하고 해고예고의 적용 예외 사유를 제26조 단서에서 규정하며 그 예외 사유 중 하나로 제1호에 "근로자가 계속 근로한 기간이 3개월 미만인 경우"를 두었다. 개정 근로기준법 부칙은 위 규정의 시행 및 적용 범위에 관하여, 개정 근로기준법 제26조 및 제35조는 공포한 날부터 시행하되(제1조), 개정 근로기준법 제26조 제1호는 위 조항의 시행일 이후 근로계약을 체결한 근로자부터 적용한다고 규정하였다(제2조).

위 개정은 헌법재판소의 구 근로기준법(2019. 1. 15. 법률 제16270호로 개정되기 전의 것, 이하 같다) 제35조 제3호에 대한 위헌결정의 취지를 반영하면서 구 근로기준법 제35조에서 규정하고 있었던 해고예고에 대한 적용 예외 사유들을 '계속 근로한 기간이 3개월 미만인 경우'로 일원화하여 체계적으로 정비한 것이다. 따라서 개정 근로기준법 제26조 제1호의 적용 범위는 위 개정 조항의 시행일인 2019. 1. 15. 이후 근로계약을 체결한 근로자로 한정된다.

【참조조문】 [1] 구 근로기준법(2019. 1. 15. 법률 제16270호로 개정되기 전의 것) 제26조, 제35조 제3호(현행 삭제), 제110조 제1호, 헌법재판소법 제47조 제2항, 제3항 / [2] 구 근로기준법(2019. 1. 15. 법률 제16270호로 개정되기 전의 것) 제26조, 제35조 제3호(현행 삭제), 제110조 제1호, 구 근로기준법(2021. 1. 5. 법률 제17862호로 개정되기 전의 것) 제110조 제1호, 근로기준법 제26조 제1호, 부칙(2019. 1. 15. 법률 제16270호) 제1조, 제2조
【참조판례】 [1][2] 헌법재판소 2015. 12. 23. 선고 2014헌바3 전원재판부 결정(헌공231, 127) / [1] 대법원 2020. 5. 28. 선고 2017도8610 판결(공2020하, 1288), 헌법재판소 1997. 1. 16. 선고 90헌마110, 136 전원재판부 결정(헌공20, 229)
【전 문】 【피 고 인】 피고인 【상 고 인】 피고인 및 검사 【변 호 인】 법무법인 유앤아이 담당변호사 양병종
【원심판결】 대전지법 2019. 12. 11. 선고 2018노1426 판결

【주 문】

원심판결 중 유죄 부분과 공소외인에 대한 해고예고수당 미지급으로 인한 근로기준법 위반에 관한 무죄 부분을 파기하고, 이 부분 사건을 대전지방법원에 환송한다.

【이 유】

상고이유를 판단한다.

1. 검사의 상고이유에 대하여

가. 구 근로기준법 제35조 제3호에 대한 헌법재판소 위헌결정과 효력 범위

(1) 구 근로기준법(2019. 1. 15. 법률 제16270호로 개정되기 전의 것, 이하 같다) 제26조 본문은 근로자를 해고(경영상 이유에 의한 해고를 포함한다)하려면 적어도 30일 전에 예고를 하여야 하고, 30일 전에 예고를 하지 아니하였을 때에는 통상임금을 지급하여야 한다고 규정하고, 같은 법 제35조는 제26조의 적용 예외 사유의 하나로서 제3호에 "월급근로자로서 6개월이 되지 못한 자"를 열거하였다. 따라서 구 근로기준법이 시행되던 기간 중에는 "월급근로자로서 6개월이 되지 못한 자"에 대하여 해고의 예고 또는 해고예고수당의 지급을 하지 않고 해고를 하더라도 제35조 제3호의 적용 예외 사유에 해당하여 제26조 위반행위에 대하여 같은 법 제110조 제1호에 따른 처벌을 할 수 없었다.

(2) 헌법재판소는 2015. 12. 23. 구 근로기준법 제35조 제3호가 근무기간이 6개월 미만인 월급근로자의 근로의 권리를 침해하고, 평등원칙에도 위배된다는 이유로 위 조항이 헌법에 위반된다는 결정을 하였다(헌법재판소 2015. 12. 23. 선고 2014헌바3 전원재판부 결정).

헌법재판소의 위헌법률심판에 따라 위헌으로 결정된 법률 또는 법률의 조항은 그 결정이 있는 날부터 효력을 상실하는 것이 원칙이다(헌법재판소법 제47조 제2항). 다만 예외적으로 형벌에 관한 법률 또는 법률의 조항에 대한 위헌결정은 소급효가 인정되고(헌법재판소법 제47조 제3항), 위헌결정의 예외적 소급효가 인정되는 '형벌에 관한 법률 또는 법률의 조항'은 형사처벌의 직접적인 근거가 되는 실체법을 의미한다.

(3) 위헌결정이 선고된 구 근로기준법 제35조 제3호 그 자체는 형사처벌 조항에 해당하지 않지만, 위 조항을 위반할 것을 구성요건으로 규정하고 있는 같은 법 제110조 제1호와 결합하여 형벌에 관한 법률 조항을 이루게 된다(대법원 2020. 05. 28. 선고 2017도8610 판결 참조). 그러나 위 조항은 같은 법 제26조 본문 및 제110조 제1호에 규정된 근로기준법 위반죄의 구성요건해당성 배제 사유를 규정한 것이기 때문에, 위 조항에 대한 위헌결정의 소급효를 인정할 경우 오히려 그 조항이 적용되어 형사처벌을 받지 않았던 사람들에게 형사상 불이익이 미치게 되므로 이와 같은 경우까지 헌법재판소법 제47조 제3항의 적용 범위에 포함시키는 것은 법적 안정성과 이미 불처벌 대상이었던 사용자의 신뢰보호의 이익까지 크게 해치게 되어 그 규정 취지에 반한다(헌법재판소 1997. 1. 16. 선고 90헌마110 등 전원재판부 결정 참조). 따라서 구 근로기준법 제35조 제3호에 대한 위헌결정에는 헌법재판소법 제47조 제3항에 따른 소급효가 인정되지 아니하고, 위 조항은 같은 법 제47조 제2항에 따라 위헌결정이 있는 날부터 효력을 상실한다고 보아야 한다.

위 법리에 따르면, 구 근로기준법 제35조 제3호는 위헌결정일인 2015. 12. 23.부터 효력을 상실하여 사용자는 월급근로자의 근무기간에 관계없이 구 근로기준법 제26조 본문에 따라 근로자에게 30일 전에 해고의 예고를 하거나 30일분의 통상임금에 해당하는 해고예고수당을

지급할 의무를 부담하고, 위 규정을 위반한 자는 같은 법 제110조 제1호에 따라 형사처벌의 대상이 된다.

나. 개정 근로기준법 제26조의 적용 범위

근로기준법이 2019. 1. 15. 법률 제16270호로 개정되어(이하 '개정 근로기준법'이라 한다), 제35조를 삭제하고 해고예고의 적용 예외 사유를 근로기준법 제26조 단서에서 규정하며 그 예외 사유 중 하나로 제1호에 "근로자가 계속 근로한 기간이 3개월 미만인 경우"를 두었다. 개정 근로기준법 부칙은 위 규정의 시행 및 적용 범위에 관하여, 개정 근로기준법 제26조 및 제35조는 공포한 날부터 시행하되(제1조), 개정 근로기준법 제26조 제1호는 위 조항의 시행일 이후 근로계약을 체결한 근로자부터 적용한다고 규정하였다(제2조).

위 개정은 헌법재판소의 구 근로기준법 제35조 제3호에 대한 위헌결정의 취지를 반영하면서 구 근로기준법 제35조에서 규정하고 있었던 해고예고에 대한 적용 예외 사유들을 '계속 근로한 기간이 3개월 미만인 경우'로 일원화하여 체계적으로 정비한 것이다. 따라서 개정 근로기준법 제26조 제1호의 적용 범위는 위 개정 조항의 시행일인 2019. 1. 15. 이후 근로계약을 체결한 근로자로 한정된다.

다. 이 사건에 대한 판단

(1) 이 사건 공소사실 중 공소외인에 대한 해고예고수당 미지급으로 인한 근로기준법 위반 부분의 요지는 피고인이 2017. 5.경 근로자 공소외인을 사전 예고 없이 해고하면서 해고예고수당을 지급하지 않았다는 것이다. 이에 대하여 원심은, 공소외인이 계속 근로한 기간이 3개월 미만이어서 개정 근로기준법 제26조 제1호에 의해 해고예고 대상에 해당하지 않는다는 이유로 이 부분 공소사실을 유죄로 인정한 제1심판결을 파기하고 무죄를 선고하였다.

(2) 그런데 위 범행은 구 근로기준법 제35조 제3호에 대한 위헌결정일인 2015. 12. 23. 이후에 발생한 것이므로, 위 조항에 대한 위헌결정의 효력에 따라 이 부분 공소사실에 대하여는 구 근로기준법 제35조 제3호를 적용할 수 없다. 또한 개정 근로기준법 제26조 제1호의 시행일인 2019. 1. 15. 이전 피고인과 근로계약을 체결한 공소외인은 개정 근로기준법 부칙 제2조 규정에 의하면 개정 근로기준법 제26조 제1호의 적용 대상에 해당하지도 않는다.

(3) 그럼에도 원심은 이와 달리 개정 근로기준법 제26조 제1호를 적용하여 공소외인이 해고예고수당 지급 대상이 되지 않는다고 보아 이 부분 공소사실을 무죄로 판단하였으니, 이러한 원심의 판단에는 개정 근로기준법 제26조 제1호의 적용 범위 및 해고예고 대상의 예외 사유에 관한 법리를 오해하여 판결에 영향을 미친 잘못이 있다. 이 점을 지적하는 상고이유 주장은 이유 있다.

2. 피고인의 상고이유에 대하여

형사소송법 제383조 제4호에 의하면 사형, 무기 또는 10년 이상의 징역이나 금고가 선고된 사건에 한하여 원심판결에 중대한 사실의 오인이 있어 판결에 영향을 미쳤음을 이유로 상고할 수 있다.

따라서 피고인에 대하여 그보다 가벼운 형이 선고된 이 사건에서 사실오인, 법리오해를 내세우며 실질적으로 원심의 증거 선택 및 증명력에 관한 판단 내지 이에 기초한 사실인정을 탓하거나 원심이 인정한 사실과 다른 사실관계를 전제로 법리오해를 지적하는 취지의 주장은 적법한 상고이유가 되지 못한다. 나아가 관련 법리에 따라 살펴보더라도 원심의 판단에 상고이유 주장과 같이 근무 및 근로의 의미에 관한 법리오해 등의 위법이 없다.

3. 파기의 범위

위와 같은 이유로 원심판결 중 공소외인에 대한 해고예고수당 미지급으로 인한 근로기준법 위반에 관한 무죄 부분은 파기되어야 하는데, 이 부분은 원심이 유죄로 인정한 부분과 형법 제37조 전단의 경합범 관계에 있어 그 전체에 대하여 하나의 형을 선고하여야 하므로, 원심판결 중 유죄 부분도 함께 파기되어야 한다.

4. 결론

그러므로 원심판결 중 유죄 부분과 공소외인에 대한 해고예고수당 미지급으로 인한 근로기준법 위반에 관한 무죄 부분을 파기하고, 이 부분 사건을 다시 심리·판단하도록 원심법원에 환송하기로 하여, 관여 대법관의 일치된 의견으로 주문과 같이 판결한다.

Ⓓ 대법원 2022. 02. 11. 선고 2021도13197 판결 [지방공무원법위반]

【판시사항】

[1] 지방공무원의 승진임용에 관하여 임용권자에게 부여된 인사재량의 범위 / 지방공무원법 제42조의 구성요건인 '임용에 관하여 부당한 영향을 미치는 행위'에 해당하는지를 판단할 때 고려하여야 할 사항

[2] 지방공무원법상 공무원의 결원 발생 시 발생한 결원 수 전체에 대하여 오로지 승진임용의 방법으로 보충하거나 그 대상자에 대하여 승진임용 절차를 동시에 진행하여야 하는지 여부(소극) / 승진임용과 관련하여 인사위원회의 사전심의를 거치는 것은 임용권자가 승진임용 방식으로 인사권을 행사하고자 하는 것을 전제로 하는지 여부(적극) / 임용권자는 결원 보충의 방법과 승진임용의 범위에 관한 사항을 선택하여 결정할 수 있는 재량이 있는지 여부(적극)

[3] 지방공무원법상 임용권자는 인사위원회의 심의·의결 결과와 다른 내용으로 승진대상자를 결정하여 승진임용을 할 수 있는지 여부(적극) / 인사위원회의 심의·의결 결과에 따르도록 규정한 '지방공무원 임용령' 제38조의5가 임용권자의 인사재량을 배제하는 규정인지 여부(소극) 및 위 규정은 임용권자로 하여금 가급적 인사위원회의 심의·의결 결과를 존중하라는 취지인지 여부(적극)

【판결요지】

[1] 지방공무원의 승진임용에 관해서는 임용권자에게 일반 국민에 대한 행정처분이나 공무원에 대한 징계처분에서와는 비교할 수 없을 정도의 광범위한 재량이 부여되어 있다. 따라서 승진임용자의 자격을 정한 관련 법령 규정에 위배되지 아니하고 사회통념상 합리성을 갖춘 사유에 따른 것이라는 일응의 주장·증명이 있다면 쉽사리 위법하다고 판단하여서는 아니 된다. 특히 임용권자의 인사와 관련한 행위에 대하여 형사처벌을 하는 경우에는 임용권자의 광범위한 인사재량권을 고려하여 해당 규정으로 인하여 임용권자의 인사재량을 부당히 박탈하는 결과가 초래되지 않도록 처벌규정을 엄격하게 해석·적용하여야 할 것이다. 따라서 "누구든지 시험 또는 임용에 관하여 고의로 방해하거나 부당한 영향을 미치는 행위를 하여서는 아니 된다."라고 규정하는 지방공무원법 제42조의 '임용에 관하여 부당한 영향을 미치는 행위'에 해당하는지를 판단함에 있어서도 임용권자가 합리적인 재량의 범위 내에서 인사에 관한 행위를 하였다면 쉽사리 구성요건해당성을 인정하여서는 아니 된다.

[2] 지방공무원법은 공무원의 결원 발생 시 발생한 결원 수 전체에 대하여 오로지 승진임용의 방법으로 보충하도록 하거나 그 대상자에 대하여 승진임용 절차를 동시에 진행하도록 규정하지 않고, 제26조에서 "임용권자는 공무원의 결원을 신규임용·승진임용·강임·전직 또는 전보의 방법으로 보충한다."라고 규정하여 임용권자에게 다양한 방식으로 결원을 보충할 수 있도록 하고 있다. 그리고 지방공무원법 및 '지방공무원 임용령'에서는 인사의 공정성을 높이기 위한 취지에서 임용권자가 승진임용을 할 때에는 임용하려는 결원 수에 대하여 인사위원회의 사전심의를 거치도록 하고 있다(지방공무원법 제39조 제4항, 지방공무원 임용령 제30조 제1항). 즉, 승진임용과 관련하여 인사위원회의 사전심의를 거치는 것은 임용권자가 승진임용 방식으로 인사권을 행사하고자 하는 것을 전제로 한다. 이와 달리 만약 발생한 결원 수 전체에 대하여 동시에 승진임용의 절차를 거쳐야 한다고 해석하면, 해당 기관의 연간 퇴직률, 인사적체의 상황, 승진후보자의 범위, 업무 연속성 보장의 필요성이나 재직가능 기간 등과 무관하게 연공서열에 따라서만 승진임용이 이루어지게 됨에 따라 임용권자의 승진임용에 관한 재량권이 박탈되는 결과가 초래될 수 있으므로, 임용권자는 결원 보충의 방법과 승진임용의 범위에 관한 사항을 선택하여 결정할 수 있는 재량이 있다고 보아야 할 것이다.

[3] 징계에 관해서는 인사위원회의 징계의결 결과에 따라 징계처분을 하여야 한다고 분명하게 규정하고 있는 반면(지방공무원법 제69조 제1항), 승진임용에 관해서는 인사위원회의 사전심의를 거치도록 규정하였을 뿐 그 심의·의결 결과에 따라야 한다고 규정하고 있지 않으므로, 임용권자는 인사위원회의 심의·의결 결과와는 다른 내용으로 승진대상자를 결정하여 승진임용을 할 수 있다. '지방공무원 임용령' 제38조의5가 '임용권자는 특별한 사유가 없으면 소속 공무원의 승진임용을 위한 인사위원회의 사전심의 또는 승진의결 결과에 따라야 한다.'라고 규정하고 있으나 위 규정은 지방공무원법의 구체적인 위임에 따른 것이 아니므로 그로써 임용권자의 인사재량을 배제한다고 볼 수 없으며, 문언 자체로도 특별한 사유가 있으면 임용권자가 인사위원회의 심의·의결 결과를 따르지 않을 수 있음을 전제하고 있으므로 임용권자로 하여금 가급적 인사위원회의 심의·의결 결과를 존중하라는 취지로 이해하여야 한다.

【참조조문】 [1] 지방공무원법 제42조, 제83조 / [2] 지방공무원법 제26조, 제39조 제4항, 지방공무원 임용령 제30조 제1항 / [3] 지방공무원법 제39조 제4항, 제69조 제1항, 지방공무원 임용령 제38조의5

【참조판례】 [1] 대법원 2018. 3. 27. 선고 2015두47492 판결(공2018상, 817) / [3] 대법원 2020. 12. 10. 선고 2019도17879 판결(공2021상, 240)
【전 문】 【피 고 인】 피고인 【상 고 인】 피고인
【변 호 인】 법무법인(유한) 세종 담당변호사 민일영 외 2인
【원심판결】 춘천지법 강릉지원 2021. 9. 9. 선고 2020노308 판결

【주 문】

원심판결을 파기하고, 사건을 춘천지방법원 강릉지원에 환송한다.

【이 유】

상고이유를 판단한다.

1. 이 사건 공소사실의 요지

피고인은 2018. 7. 2. 강릉시장으로 취임한 후 4급 공무원 결원 발생(행정직렬 3자리, 시설직렬 1자리)에 따른 승진임용을 함에 있어, 강릉시인사위원회(이하 '인사위원회'라고 한다)에 행정직렬 4급 결원 수를 3명이 아닌 1명으로 보고하고, 시설직렬 4급 승진후보자가 있음에도 승진임용이 아닌 직무대리자의 임명을 위한 사전심의를 요청하도록 함으로써 인사위원회의 승진임용에 관한 사전심의가 제대로 이루어질 수 없도록 하여 승진임용에 관하여 부당한 영향을 미치는 행위를 하였다.

2. 원심의 판단

원심은 그 판시와 같은 이유로, 강릉시의 국장급 단기 재임으로 인한 시정의 연속성 단절이라는 문제를 해결하기 위하여 임용권자의 인사재량 범위 내에서 직무대리 제도를 활용하였을 뿐 인사위원회의 승진임용에 관한 사전심의에 부당한 영향을 미치는 행위를 한 것이 아니라는 피고인의 주장을 배척하고, 이 사건 공소사실에 관하여 유죄를 선고한 제1심의 판단을 유지하였다.

3. 대법원의 판단

그러나 원심의 판단은 다음과 같은 이유로 그대로 받아들이기 어렵다.

가. 지방공무원의 승진임용에 관해서는 임용권자에게 일반 국민에 대한 행정처분이나 공무원에 대한 징계처분에서와는 비교할 수 없을 정도의 광범위한 재량이 부여되어 있다. 따라서 승진임용자의 자격을 정한 관련 법령 규정에 위배되지 아니하고 사회통념상 합리성을 갖춘 사유에 따른 것이라는 일응의 주장·증명이 있다면 쉽사리 위법하다고 판단하여서는 아니 된다(대법원 2018. 03. 27. 선고 2015두47492 판결 등 참조). 특히 임용권자의 인사와 관련한 행위에 대하여 형사처벌을 하는 경우에는 임용권자의 광범위한 인사재량권을 고려하여 해당 규정으로 인하여 임용권자의 인사재량을 부당히 박탈하는 결과가 초래되지 않도록 처벌규정을 엄격하게 해석·적용하여야 할 것이다. 따라서 "누구든지 시험 또는 임용에 관하여 고의로 방해하거나 부당한 영향을 미치는 행위를 하여서는 아니 된다."라고 규정하는 지방공무원법 제42조의 '임용에 관하여 부당한 영향을

미치는 행위'에 해당하는지를 판단함에 있어서도 임용권자가 합리적인 재량의 범위 내에서 인사에 관한 행위를 하였다면 쉽사리 구성요건해당성을 인정하여서는 아니 된다.

나. 지방공무원법은 공무원의 결원 발생 시 발생한 결원 수 전체에 대하여 오로지 승진임용의 방법으로 보충하도록 하거나 그 대상자에 대하여 승진임용 절차를 동시에 진행하도록 규정하지 않고, 제26조에서 "임용권자는 공무원의 결원을 신규임용·승진임용·강임·전직 또는 전보의 방법으로 보충한다."라고 규정하여 임용권자에게 다양한 방식으로 결원을 보충할 수 있도록 하고 있다. 그리고 지방공무원법 및 「지방공무원 임용령」에서는 인사의 공정성을 높이기 위한 취지에서 임용권자가 승진임용을 할 때에는 임용하려는 결원 수에 대하여 인사위원회의 사전심의를 거치도록 하고 있다(지방공무원법 제39조 제4항, 「지방공무원 임용령」 제30조 제1항). 즉, 승진임용과 관련하여 인사위원회의 사전심의를 거치는 것은 임용권자가 승진임용 방식으로 인사권을 행사하고자 하는 것을 전제로 한다. 이와 달리 만약 발생한 결원 수 전체에 대하여 동시에 승진임용의 절차를 거쳐야 한다고 해석하면, 해당 기관의 연간 퇴직률, 인사적체의 상황, 승진후보자의 범위, 업무 연속성 보장의 필요성이나 재직가능 기간 등과 무관하게 연공서열에 따라서만 승진임용이 이루어지게 됨에 따라 임용권자의 승진임용에 관한 재량권이 박탈되는 결과가 초래될 수 있으므로, 임용권자는 결원 보충의 방법과 승진임용의 범위에 관한 사항을 선택하여 결정할 수 있는 재량이 있다고 보아야 할 것이다.

징계에 관해서는 인사위원회의 징계의결 결과에 따라 징계처분을 하여야 한다고 분명하게 규정하고 있는 반면(지방공무원법 제69조 제1항), 승진임용에 관해서는 인사위원회의 사전심의를 거치도록 규정하였을 뿐 그 심의·의결 결과에 따라야 한다고 규정하고 있지 않으므로, 임용권자는 인사위원회의 심의·의결 결과와는 다른 내용으로 승진대상자를 결정하여 승진임용을 할 수 있다. 「지방공무원 임용령」 제38조의5가 '임용권자는 특별한 사유가 없으면 소속 공무원의 승진임용을 위한 인사위원회의 사전심의 또는 승진의결 결과에 따라야 한다.'라고 규정하고 있으나 위 규정은 지방공무원법의 구체적인 위임에 따른 것이 아니므로 그로써 임용권자의 인사재량을 배제한다고 볼 수 없으며, 문언 자체로도 특별한 사유가 있으면 임용권자가 인사위원회의 심의·의결 결과를 따르지 않을 수 있음을 전제하고 있으므로 임용권자로 하여금 가급적 인사위원회의 심의·의결 결과를 존중하라는 취지로 이해하여야 한다(대법원 2020. 12. 10. 선고 2019도17879 판결 참조).

다. 원심은 피고인이 총무과장과 인사계장으로 하여금 3명의 결원이 발생한 행정직렬 4급에 관하여는 1명의 승진임용 사전심의를, 1명의 결원이 발생한 시설직렬 4급에 관하여는 승진임용이 아닌 직무대리자 임명의 사전심의를 인사위원회에 요청하도록 하였고, 직무대리자로 발령한 공소외 1, 공소외 2, 공소외 3 모두 직무대리 명령서가 아닌 임용장을 교부받고 국장 직무만 전담하여 수행함으로써 직무대리가 아닌 사실상 승진임용의 결과가 되었으므로 이러한 피고인의 행위는 소속 공무원에 대한 승진임용 재량권을 벗어나 인사위원회의 승진임용에 관하여 부당한 영향을 미친 행위라고 판단하였다.

원심의 이와 같은 판단은 피고인이 인사위원회에 행정직렬 3자리, 시설직렬 1자리에 대한 승진임용 사전심의를 요청해야 할 의무가 있음을 전제로 한 것이나, 앞서 본 바와 같이 임용권자가 발생한 결원 수 전체에 대하여 승진임용의 사전심의를 요청해야 할 의무가 있다고 볼 수 없으므로 피고인이 결원 수의 일부에 대하여만 인사위원회에 승진임용에 관한 사전심의를 요청한 것만으로 인사위원회의 사전심의 권한을 침해한 것으로 볼 수 없다. 그리고 원심이 적법하게 채택한 증거를 종합하여 보아도 피고인이 직무상 공백이 생기지 않도록 하는 임시적 조치로서 공소외 1, 공소외 2, 공소외 3에 대하여 직무대리 발령을 한 것이 오로지 특정한 사람을 승진시키기 위해 통상의 승진임용 절차를 회피할 목적으로 이루어졌다는 등의 특별한 사정이 있다고 보기도 어렵다. 따라서 피고인의 행위가 지방공무원법 제42조의 구성요건인 '임용에 관하여 부당한 영향을 미치는 행위'에 해당한다고 단정하기 어렵다.

라. 그런데도 원심은 지방공무원법 위반죄를 유죄로 판단한 제1심판결을 그대로 유지하였다. 이러한 원심의 판단에는 지방공무원 승진임용 제도 및 지방공무원법 제42조의 구성요건해당성 등에 관한 법리를 오해하여 필요한 심리를 다하지 않음으로써 판결에 영향을 미친 잘못이 있다. 이 점을 지적하는 피고인의 상고이유 주장은 이유 있다.

4. 결 론

그러므로 원심판결을 파기하고, 사건을 다시 심리·판단하도록 원심법원에 환송하기로 하여, 관여 대법관의 일치된 의견으로 주문과 같이 판결한다.

Ⓓ 대법원 2022. 02. 24. 선고 2018도3821 판결 [건설산업기본법위반]

【판시사항】

[1] 구 건설산업기본법상 건설업 등록제도의 취지 / 건설업 등록의무가 면제되는 '경미한 건설공사' 중 하나로 공사예정금액이 1,500만 원 미만인 전문 건설공사를 정한 구 건설산업기본법 시행령 제8조 제1항의 해석과 관련하여 분할 발주된 수 개의 공사가 '동일한 공사'로서 공사예정금액 합산 대상에 해당하는지 판단하는 기준
[2] 산업재해보상보험법 및 고용보험법에서 정한 '총공사금액'의 판단 기준을 구 건설산업기본법 시행령 제8조 제1항에서 정한 '동일한 공사'의 해석에 유추적용할 수 있는지 여부(소극)

【판결요지】

[1] 구 건설산업기본법(2017. 3. 21. 법률 제14708호로 개정되기 전의 것, 이하 '구 건설산업기본법'이라고 한다) 제9조 제1항 본문은 "건설업을 하려는 자는 대통령령이 정하는 업종별로 국토교통부장관에게 등록을 하여야 한다."라고 규정하면서, 제96조 제1호에서 "제9조 제1항에 따른 등록을 하지 아니하거나 부정한 방법으로 등록을 하고 건설업을 한 자"에 대한 처벌규정을 두고 있는데, 이러한 건설업 등록제도의 취지는 건설공사의 적정한 시공과 건설산업의 건전한 발전을 도모하고 무등록업자에 의한 부실시공을 예방하여 국민의 생명과 재산을 보호하고자 하는 것이다.

한편 구 건설산업기본법 제9조 제1항 단서는 건설업 등록제도의 예외로서 "대통령령으로 정하는 경미한 건설공사를 업으로 하려는 경우에는 등록을 하지 아니하고 건설업을 할 수 있다." 라고 정하고 있고, 구 건설산업기본법 시행령(2020. 12. 29. 대통령령 제31328호로 개정되기 전의 것) 제8조 제1항은 이러한 '경미한 건설공사' 중 하나로 공사예정금액이 1,500만 원 미만인 전문 건설공사를 정하면서, 동일한 공사를 2 이상의 계약으로 분할하여 발주하는 경우에는 각각의 공사예정금액을 합산한 금액을 공사예정금액으로 하도록 정하고 있다.

이러한 건설업 등록제도의 취지와 관련 규정의 내용 등에 비추어 볼 때, 분할 발주된 수 개의 공사가 '동일한 공사'로서 공사예정금액 합산 대상에 해당하는지 여부는 각 공사계약의 당사자, 공사 목적물, 공사기간, 공사 내용 및 방법, 수 개의 계약으로 분할하여 체결한 경위 등 제반 사정들을 종합적으로 고려하여, 실질적으로 각 공사계약이 하나의 계약으로서 각 공사 사이에 동일성이 인정되는지를 기준으로 판단하여야 한다. 반면 당사자들이 수 개의 공사에 대하여 하나의 공사계약을 체결하였다고 하더라도 각 공사가 목적물, 내용이나 시공방법 등을 달리하여 실질적으로 하나의 공사로 볼 수 없는 경우에는 이를 '동일한 공사'로 평가할 수 없을 것이다.

[2] 산업재해보상보험법 제6조 단서, 구 산업재해보상보험법 시행령(2017. 12. 16. 대통령령 제28506호로 개정되기 전의 것) 제2조 제1항 제3호 (가)목, 고용보험법 제8조 제1항 단서, 고용보험법 시행령 제2조 제1항 제2호 (가)목은 '고용보험 및 산업재해보상보험의 보험료징수 등에 관한 법률 시행령'(이하 '고용산재보험료징수법 시행령'이라고 한다)에 따른 총공사금액이 2,000만 원 미만인 공사에 관하여는 산업재해보상보험법 및 고용보험법의 적용을 배제하도록 정하고 있고, 고용산재보험료징수법 시행령 제2조 제1항 제2호는 총공사금액이란 총공사를 할 때 계약상의 도급금액을 말하는 것이라고 정하면서, 같은 조 제2항에서 이러한 총공사금액을 산정할 때 최종 목적물의 완성을 위하여 하는 동일한 건설공사를 둘 이상으로 분할하여 도급하는 경우에는 각각의 도급금액을 합산하되, 도급단위별 공사가 시간적 또는 장소적으로 분리되고 독립적으로 행해지는 경우에는 합산하지 않는 것으로 정하고 있다.

그러나 이러한 산업재해보상보험법 및 고용보험법에서 정한 '총공사금액'의 판단 기준을 구 건설산업기본법 시행령(2020. 12. 29. 대통령령 제31328호로 개정되기 전의 것)에서 정한 '동일한 공사'의 해석에 유추적용할 수는 없다.

【참조조문】 [1] 구 건설산업기본법(2017. 3. 21. 법률 제14708호로 개정되기 전의 것) 제9조 제1항, 제96조 제1호(현행 제95조의2 제1호 참조), 구 건설산업기본법 시행령(2020. 12. 29. 대통령령 제31328호로 개정되기 전의 것) 제8조 제1항 / [2] 산업재해보상보험법 제6조, 구 산업재해보상보험법 시행령(2017. 12. 16. 대통령령 제28506호로 개정되기 전의 것) 제2조 제1항 제3호 (가)목(현행 삭제), 고용보험법 제8조 제1항, 고용보험법 시행령 제2조 제1항 제2호 (가)목, 고용보험 및 산업재해보상보험의 보험료징수 등에 관한 법률 시행령 제2조 제1항 제2호, 제2항, 구 건설산업기본법 시행령(2020. 12. 29. 대통령령 제31328호로 개정되기 전의 것) 제8조 제1항

【전 문】 【피 고 인】 피고인 【상 고 인】 검사
【원심판결】 창원지법 2018. 2. 8. 선고 2017노3302 판결

【주 문】

원심판결을 파기하고, 사건을 창원지방법원에 환송한다.

【이　유】

상고이유를 판단한다.

1. 이 사건 공소사실의 요지

공사예정금액이 1,500만 원 미만인 경우를 제외하고는 전문공사에 해당하는 방수공사를 하려는 자는 국토교통부장관에게 이에 해당하는 건설업 등록을 하여야 한다.

그럼에도 불구하고 피고인은 건설업 등록을 하지 않은 채 2015. 4. 4. ○○아파트(이하 '이 사건 아파트'라고 한다)의 자치회장인 공소외 1로부터 이 사건 아파트에 대한 공사금액 2,895만 원의 방수공사(이하 '1차 공사'라고 한다)를 도급받아 2015. 4. 8.부터 2015. 4. 27.까지 이를 시공하고, 2015. 5. 20. 위 공소외 1로부터 이 사건 아파트에 대한 공사금액 5,040만 원의 방수공사(이하 '2차 공사'라고 한다)를 도급받아 2015. 5. 21.부터 2015. 5. 28.까지 이를 시공하였다.

2. 원심의 판단

원심은, 동일한 공사를 2 이상의 계약으로 분할 발주하는 경우 각 공사예정금액을 합산한 금액에 따라 건설업 등록이 필요 없는 경미한 공사의 해당 여부를 정하고 있는 구 건설산업기본법 시행령(2020. 12. 29. 대통령령 제31328호로 개정되기 전의 것, 이하 '구 건설산업기본법 시행령'이라고 한다) 제8조 제1항의 해석에 관하여, 유사한 규율 체계를 가지고 있는 산업재해보상보험법 및 고용보험법의 적용 범위에 관한 판단 기준을 유추하여, 위 조항에서 정한 '동일한 공사'는 각 건설공사 사이의 객관적인 관계에 비추어 전체 공사에 의하여 최종 목적물이 완성되는지 아니면 각 개별공사마다 최종 목적물이 완성되는 것인지 여부에 의하여 결정되고, 다음으로 최종 목적물이 전체 공사에 의하여 완성되는 경우라 하더라도 각 공사들이 시간적 또는 장소적으로 분리하여 독립적으로 행하여지는 것인지 여부에 의하여 결정되며, 2 이상으로 분할된 공사들이 시간적 또는 장소적으로 분리하여 행하여진다 함은 어느 하나의 공사에서 진행되는 작업 등으로 인하여 이와 별도로 진행되는 다른 공사의 적정한 시공에 영향이 없는 경우를 뜻한다고 전제한 다음, 피고인이 시공한 공사가 구 건설산업기본법(2017. 3. 21. 법률 제14708호로 개정되기 전의 것, 이하 '구 건설산업기본법'이라고 한다) 제9조 제1항 단서의 건설업 등록이 필요 없는 '경미한 건설공사'에 해당한다고 보아 이 사건 공소사실을 무죄로 판단하였다.

3. 대법원의 판단

그러나 원심의 위와 같은 판단은 다음과 같은 이유로 수긍하기 어렵다.

가. 구 건설산업기본법 제9조 제1항 본문은 "건설업을 하려는 자는 대통령령이 정하는 업종별로 국토교통부장관에게 등록을 하여야 한다."라고 규정하면서, 제96조 제1호에서 "제9조 제1항에 따른 등록을 하지 아니하거나 부정한 방법으로 등록을 하고 건설업을 한 자"에 대한 처벌규정을 두고 있는바, 이러한 건설업 등록제도의 취지는 건설공사의 적정한 시공과 건설산업의 건전한 발전을 도모하고 무등록업자에 의한 부실시공을 예방하여 국민의 생명과 재산을 보호하고자 하는 것이다.

한편 구 건설산업기본법 제9조 제1항 단서는 건설업 등록제도의 예외로서 "대통령령으로 정하는 경미한 건설공사를 업으로 하려는 경우에는 등록을 하지 아니하고 건설업을 할 수 있다."라고 정하고 있고, 구 건설산업기본법 시행령 제8조 제1항은 이러한 '경미한 건설공사' 중 하나로 공사예정금액이 1,500만 원 미만인 전문 건설공사를 정하면서, 동일한 공사를 2 이상의 계약으로 분할하여 발주하는 경우에는 각각의 공사예정금액을 합산한 금액을 공사예정금액으로 하도록 정하고 있다.

이러한 건설업 등록제도의 취지와 관련 규정의 내용 등에 비추어 볼 때, 분할 발주된 수 개의 공사가 '동일한 공사'로서 공사예정금액 합산 대상에 해당하는지 여부는 각 공사계약의 당사자, 공사 목적물, 공사기간, 공사 내용 및 방법, 수 개의 계약으로 분할하여 체결한 경위 등 제반 사정들을 종합적으로 고려하여, 실질적으로 각 공사계약이 하나의 계약으로서 각 공사 사이에 동일성이 인정되는지 여부를 기준으로 판단하여야 한다. 반면 당사자들이 수 개의 공사에 대하여 하나의 공사계약을 체결하였다고 하더라도 각 공사가 목적물, 내용이나 시공방법 등을 달리하여 실질적으로 하나의 공사로 볼 수 없는 경우에는 이를 '동일한 공사'로 평가할 수 없을 것이다.

나. 한편, 산업재해보상보험법 제6조 단서, 구 산업재해보상보험법 시행령(2017. 12. 16. 대통령령 제28506호로 개정되기 전의 것) 제2조 제1항 제3호 (가)목, 고용보험법 제8조 제1항 단서, 고용보험법 시행령 제2조 제1항 제2호 (가)목은 「고용보험 및 산업재해보상보험의 보험료징수 등에 관한 법률 시행령」(이하 '고용산재보험료징수법 시행령'이라고 한다)에 따른 총공사금액이 2,000만 원 미만인 공사에 관하여는 산업재해보상보험법 및 고용보험법의 적용을 배제하도록 정하고 있고, 고용산재보험료징수법 시행령 제2조 제1항 제2호는 총공사금액이란 총공사를 할 때 계약상의 도급금액을 말하는 것이라고 정하면서, 같은 조 제2항에서 이러한 총공사금액을 산정할 때 최종 목적물의 완성을 위하여 하는 동일한 건설공사를 둘 이상으로 분할하여 도급하는 경우에는 각각의 도급금액을 합산하되, 도급단위별 공사가 시간적 또는 장소적으로 분리되고 독립적으로 행해지는 경우에는 합산하지 않는 것으로 정하고 있다.

그러나 이러한 산업재해보상보험법 및 고용보험법에서 정한 '총공사금액'의 판단 기준을 구 건설산업기본법 시행령에서 정한 '동일한 공사'의 해석에 유추적용할 수는 없다. 그 이유는 다음과 같다.

1) 산업재해보상보험법 및 고용보험법은 각 보험의 시행을 통하여 근로자의 업무상 재해에 대한 신속·공정한 보상, 재해 예방 및 근로자 복지 증진을 위한 사업 시행, 실업의 예방 및 고용의 촉진, 실업급여를 통한 근로자의 생활안정과 구직 활동 촉진 등 근로자의 보호에 이바지하는 것을 입법 목적으로 하고 있어(산업재해보상보험법 제1조, 고용보험법 제1조 참조), 건설공사의 적정한 시공과 건설산업의 건전한 발전을 도모함을 목적으로 하는 건설산업기본법과는 그 입법 목적이 다르다.

2) 산업재해보상보험법 및 고용보험법에서 일정 범위에 속하는 사업에 대하여 법률의 적용을 배제하는 취지는, 안정적 수익구조를 갖지 못한 소규모 영세사업의 사업주 또는 업종이나 규모에 따라 산업재해 발생의 위험이 거의 없는 사업의 사업주에게까지 보험을 강제적으로 적용하여 그에 따른 비용을 부담하게 한다면 보험수지나 비용부담의 면에서 영세한 사업주에게 적지 않은 부담을 줄 수 있고, 경우에 따라서는 사업의 경쟁력이나 수익성에 악영향을 끼쳐 결과적으로 근로자 보호라는 목적을 달성할 수 없게 될 위험이 있으며, 특히 산업재해보상보험의 경우 산업재해 발생률이 높은 대규모 사업의 일부 위험을 소규모 사업이 일방적으로 떠안는 결과를 가져올 가능성도 배제할 수 없기 때문이다(헌법재판소 2018. 1. 25. 선고 2016헌바466

전원재판부 결정 참조). 반면 건설산업기본법에서 경미한 공사를 업으로 하려는 경우 등록의무를 면제하는 이유는, 국민의 건강과 생명, 재산에 미치는 영향이 상대적으로 작은 경미한 건설공사만을 업으로 하는 경우에 관해서까지 법으로 엄격한 자격요건을 규정하여 관리할 필요가 없기 때문이므로(대법원 2015. 04. 23. 선고 2013두12386 판결 참조), 양 제도는 취지를 달리한다.

3) 고용산재보험료징수법 시행령 제2조 제2항에서 총공사금액 산정에 관한 명시적인 근거 규정을 두고 있는 반면, 구 건설산업기본법 및 같은 법 시행령은 '동일한 공사'의 판단 기준에 관하여 어떠한 규정도 두고 있지 않다.

다. 원심이 적법하게 채택한 증거 및 기록에 의하면, 다음과 같은 사실이 인정된다.

1) 피고인은 2013. 5.경부터 '△△방수'라는 상호로 방수공사업을 영위하는 사람으로 구 건설산업기본법에 따른 건설업 등록을 마치지 아니하였다.

2) 이 사건 아파트 자치관리회 회장 공소외 1은 피고인에게 이 사건 아파트 10개 동에 대한 방수공사를 진행할 예정이니 이에 관한 견적서 제출을 요청하였고, 이에 따라 피고인은 2014. 11. 10.경 공사금액 합계 81,550,000원인 견적서를 제출하였다.

3) 한편 이 사건 아파트 입주민인 공소외 2는 2014. 12. 16.경 이 사건 아파트 자치관리회에 '피고인이 운영하는 △△방수는 건설업 등록을 마치지 않은 업체이므로 건설산업기본법상 경미한 공사가 아닌 이 사건 아파트 방수공사를 수행할 수 없다.'는 취지의 의견을 밝혔다.

4) 이 사건 아파트 자치관리회는 2015. 3. 6.경 1차 공사에 관하여 입찰공고를 게시하였고, 피고인은 위 공사를 낙찰받아 2015. 4. 4.경 이 사건 아파트 관리사무소 대표 공소외 1과 1차 공사에 관한 계약을 체결하였는데, 당시 공사금액이 각 9,650,000원인 3개의 계약으로 나누어 계약서를 작성하였다.

5) 이 사건 아파트 자치관리회는 2015. 4. 20. 2차 공사에 관하여 입찰공고를 게시하였고, 피고인은 위 공사를 낙찰받아 2015. 5. 20.경 위 공소외 1과 계약을 체결하였는데, 당시 공사금액이 350만 원 내지 660만 원인 10개의 계약으로 나누어 계약서를 작성하였다.

6) 1차 공사 및 2차 공사는 모두 이 사건 아파트 전체에 대한 옥상·외벽 균열보수 및 방수공사로서 공사대상이나 시공방법 등에서 차이가 없었고, 공사대금도 분할 발주된 각 개별 계약을 구분하지 않은 채 전체 공사의 진행도에 따라 수시로 지급되었다.

7) 피고인은 2차 공사가 완료될 무렵인 2015. 6. 18. 하자보수에 관한 협약을 체결하였는데, 위 협약 역시 각 개별 계약을 구분하지 않은 채 전체 보수공사에 대하여 4회의 하자보수공사를 실시한다는 내용이다.

8) 피고인과의 공사계약 체결 경위에 관하여 공소외 1은 수사기관에서 '공사를 분할하여 공사대금을 나누면 무등록 업체와 공사계약을 체결할 수 있는 것으로 알고 있었고, 이에 따라 피고인에게 계약을 분할하여 체결하자고 제안하였다.'는 취지로 진술하였다.

라. 이러한 사실관계를 앞서 본 법리에 비추어 살펴보면, 비록 피고인이 1차 공사는 3개의 계약으로, 2차 공사는 10개의 계약으로 분할하여 공사계약을 체결하기는 하였으나 위 각 공사계약에서 정한 공사는 그 계약 당사자, 공사대상 목적물, 공사 내용 및 방법 등이 실질적으로 동일한 공사에

해당한다. 나아가 피고인이 구 건설산업기본법에서 정한 건설업 등록제도를 회피하거나 면탈할 의도에서 동일한 공사를 다수의 계약으로 분할하여 수주한 것으로 볼 여지도 크다. 따라서 1차 공사 및 2차 공사는 모두 공사예정금액이 1,500만 원을 초과하는 전문 건설공사로서 구 건설산업기본법 제9조 제1항 단서에서 정하는 '경미한 공사'에 해당하지 않는다.

그럼에도 이와 달리 원심은 판시와 같은 이유만으로 위 각 공사가 건설업 등록이 필요 없는 '경미한 공사'에 해당한다고 보아 이 사건 공소사실을 무죄로 판단하였다. 이러한 원심의 판단에는 구 건설산업기본법 제9조 제1항 단서에서 정하는 '경미한 공사'에 관한 법리를 오해하여 판결에 영향을 미친 잘못이 있다. 이를 지적하는 상고이유 주장은 이유 있다.

4. 결 론

그러므로 원심판결을 파기하고, 사건을 다시 심리·판단하도록 원심법원에 환송하기로 하여, 관여 대법관의 일치된 의견으로 주문과 같이 판결한다.

ⓓ 대법원 2022. 02. 24. 선고 2020도17430 판결 [공공단체등위탁선거에관한법률위반]

【판시사항】

[1] 공공단체등 위탁선거에 관한 법률 제32조에 해당하는 금전·물품 등의 제공행위는 같은 법 제33조에서 허용되는 것으로 열거된 행위에 해당하지 않는 이상, 조합장 등의 재임 중 기부행위금지 위반을 처벌하는 같은 법 제59조의 구성요건 해당성이 인정되는지 여부(적극)

[2] 공공단체등 위탁선거에 관한 법률 제59조, 제35조 제5항이 농업협동조합 조합장으로 하여금 재임 중 일체의 기부행위를 할 수 없도록 규정한 취지

[3] 공공단체등 위탁선거에 관한 법률 제33조 제1항 제1호 (나)목의 '직무상의 행위'에 해당하기 위한 요건 및 그중 위탁단체가 금품을 위탁단체의 명의로 제공하는 것에 해당하는지 판단하는 방법

[4] 출연자와 기부행위자가 외형상 일치하지 않는 경우, 실질적 기부행위자를 특정하는 방법 / 공공단체등 위탁선거에 관한 법률상 금지되는 기부행위의 구성요건에 해당하는 행위에 위법성 조각사유가 인정되는지 판단하는 방법

【판결요지】

[1] 공공단체등 위탁선거에 관한 법률(이하 '위탁선거법'이라고 한다) 제35조 제5항은 '농업협동조합법에 따른 조합장 등은 재임 중에 기부행위를 할 수 없다.'고 규정하고 제59조는 이를 위반한 자를 처벌하도록 규정하고 있으며, 제32조는 위와 같이 금지되는 기부행위의 정의를 ' 거인(선거인명부를 작성하기 전에는 그 선거인명부에 오를 자격이 있는 자를 포함한다)이나 그 가족(선거인의 배우자, 선거인 또는 그 배우자의 직계존비속과 형제자매, 선거인의 직계존비속 및 형제자매의 배우자를 말한

다), 선거인이나 그 가족이 설립·운영하고 있는 기관·단체·시설을 대상으로 금전·물품 또는 그 밖의 재산상 이익을 제공하거나 그 이익제공의 의사를 표시하거나 그 제공을 약속하는 행위'로 규정한 후, 제33조에서 기부행위로 보지 않는 행위로서 직무상의 행위, 의례적 행위 등을 열거하면서 같은 조 제1항 제1호 (나)목에서 직무상의 행위 중 하나로서 '위탁단체가 해당 법령이나 정관 등에 따른 사업계획 및 수지예산에 따라 집행하는 금전·물품을 그 위탁단체의 명의로 제공하는 행위'를 규정하고 있다. 이러한 위탁선거법의 규정방식에 비추어, 위탁선거법 제32조에 해당하는 금전·물품 등의 제공행위는 같은 법 제33조에서 허용되는 것으로 열거된 행위에 해당하지 아니하는 이상, 조합장 등의 재임 중 기부행위금지 위반을 처벌하는 같은 법 제59조의 구성요건해당성이 인정된다.

[2] 농업협동조합(이하 '농협'이라고 한다)은 농업협동조합법이 정하는 국가적 목적을 위하여 설립되는 공공성이 강한 법인으로, 공공단체등 위탁선거에 관한 법률(이하 '위탁선거법'이라고 한다) 제59조, 제35조 제5항이 농협의 조합장으로 하여금 선거 관련 여부를 불문하고 재임 중 일체의 기부행위를 할 수 없도록 규정한 취지는 기부행위라는 명목으로 매표행위를 하는 것을 방지함으로써 조합장 선거의 공정성을 확보하기 위한 것이다. 즉, 위와 같은 기부행위가 조합장의 지지기반을 조성하는 데에 기여하거나 조합원에 대한 매수행위와 결부될 가능성이 높아 이를 허용할 경우 조합장 선거 자체가 후보자의 인물·식견 및 정책 등을 평가받는 기회가 되기보다는 후보자의 자금력을 겨루는 과정으로 타락할 위험성이 있어 이를 방지하기 위한 것이다. 특히 농협조합장은 조합원 중에서 정관이 정하는 바에 따라 조합원이 총회 또는 총회 외에서 투표로 직접 선출하거나, 대의원회가 선출하거나, 이사회가 이사 중에서 선출하므로(농업협동조합법 제45조 제5항), 조합장 선거는 투표자들이 비교적 소수로서 서로를 잘 알고 있고 인정과 의리를 중시하는 특정집단 내에서 이루어지며, 적은 표 차이로 당락이 결정되고 그 선거운동방법은 후보자와 선거인의 직접적인 접촉이 주를 이루게 되며, 이에 따라 후보자의 행위가 선거의 당락에 직접적으로 영향을 미친다는 특징이 있다. 뿐만 아니라 조합장 선거의 당선인은 지역농협을 대표하고 총회와 이사회의 의장이 되며, 지역농협의 직원을 임면하는 등(농업협동조합법 제46조 제1항, 제3항, 제56조 제1항) 지역농협의 존속·발전에 상당한 영향력을 미칠 수 있기 때문에 선거인의 입장에서 누가 조합장으로 당선되는지가 중요하고, 조합장 선거에 관심이 높을 수밖에 없다. 위와 같은 특성으로 인하여 조합장 선거는 자칫 과열·혼탁으로 빠질 위험이 높아 선거의 공정성 담보가 보다 높게 요구된다고 할 것인바, 조합장으로 하여금 재임 중 일체의 기부행위를 금지하는 것은 위탁선거가 가지는 고유한 특성을 고려하여 위탁선거의 과열과 혼탁을 방지하고 나아가 선거의 공정성 담보를 도모하기 위함이다.

[3] 공공단체등 위탁선거에 관한 법률(이하 '위탁선거법'이라고 한다) 제33조 제1항 제1호 (나)목이 규정한 '직무상의 행위'에 해당하는 경우 조합장의 재임 중 기부행위금지 위반을 처벌하는 같은 법 제59조 위반죄의 구성요건해당성이 없게 되는바, 위 '직무상의 행위'에 해당하기 위해서는 위탁선거법 제33조 제1항 제1호 (나)목이 규정한 바와 같이 위탁단체가 금전·물품(이하 '금품'이라고 한다)을 위탁단체의 명의로 제공하여야 할 뿐만 아니라 금품의 제공은 위탁단체의 사업계획 및 수지예산에 따라 집행되어야 하고, 이러한 사업계획 및 수지예산은 법령이나 정관 등에 근거한 것이어야 한다. 여기서 위탁단체가 금품을 위탁단체의 명의로 제공하는 것에 해당하는지는 대상자 선정과 집행과정에서 사전계획·내부결재나 사후보고 등 위탁단체 내부의 공식적 절차를 거쳤는지, 금품 제공이 위탁단체의 사업수행과 관련성이 있는지, 금품 제공 당시 제공의 주체가 위탁단체임을 밝혔는지, 수령자가 금품 제공의 주체를 위탁단체로 인식했는지, 금품의 제공 여부는 물론 제공된 금품의 종

류와 가액·제공 방식 등에 관해 기존에 동일하거나 유사한 관행이 있었는지, 그 밖에 금품 제공에 이른 동기와 경위 등을 종합적으로 고려하여 판단하여야 한다.

단순히 제공된 금품이 위탁단체의 사업계획 및 수지예산에 따라 집행되었다는 사정만으로는 위와 같은 '직무상의 행위'에 해당한다고 할 수 없고, 특히 직무행위의 외관을 빌렸으나 실질적으로는 금품 제공의 효과를 위탁단체의 대표자 개인에게 돌리려는 의도가 드러나는 경우에는 '직무상의 행위'로 볼 수 없다.

[4] 기부행위는 출연자가 기부행위자가 되는 것이 통례이지만, 기부행위를 한 것으로 평가되는 주체인 기부행위자는 항상 금전·물품(이하 '금품'이라고 한다) 또는 재산상 이익 등의 사실상 출연자에 한정되는 것은 아니며, 출연자와 기부행위자가 외형상 일치하지 않는 경우에는 금품이나 재산상 이익 등이 출연된 동기 또는 목적, 출연행위와 기부행위의 실행 경위, 기부자와 출연자 그리고 기부 받는 자와의 관계 등 모든 사정을 종합하여 실질적 기부행위자를 특정하여야 한다.

다만 공공단체등 위탁선거에 관한 법률상 금지되는 기부행위의 구성요건에 해당하는 행위라고 하더라도, 그것이 지극히 정상적인 생활형태의 하나로서 역사적으로 생성된 사회질서의 범위 안에 있는 것이라고 볼 수 있는 경우에는 일종의 의례적 행위나 직무상의 행위로서 사회상규에 위배되지 아니하여 위법성이 조각되는 경우가 있을 수 있지만, 이러한 위법성조각사유의 인정은 신중하게 하여야 하고, 그 판단에 있어서는 기부대상자의 범위와 지위 및 선정 경위, 기부행위에 제공된 금품 등의 종류와 가액, 기부행위 시점, 기부행위와 관련한 기존의 관행, 기부행위자와 기부대상자와의 관계 등 제반 사정을 종합적으로 고려하여야 한다.

【참조조문】 [1] 공공단체등 위탁선거에 관한 법률 제32조, 제33조 제1항 제1호 (나)목, 제35조 제5항, 제59조 / [2] 공공단체등 위탁선거에 관한 법률 제35조 제5항, 제59조 / [3] 공공단체등 위탁선거에 관한 법률 제33조 제1항 제1호 (나)목, 제59조 / [4] 공공단체등 위탁선거에 관한 법률 제33조, 제35조

【참조판례】 [2] 대법원 2021. 4. 29. 선고 2019도14338 판결, 헌법재판소 2018. 2. 22. 선고 2016헌바370 전원재판부 결정(헌공257, 424) / [4] 대법원 2007. 10. 26. 선고 2007도5858 판결, 대법원 2017. 3. 9. 선고 2016도21295 판결

【전 문】 【피 고 인】 피고인 【상 고 인】 피고인 【변 호 인】 법무법인 케이씨엘 외 1인

【원심판결】 춘천지법 강릉지원 2020. 11. 19. 선고 2019노516 판결

【주 문】

상고를 기각한다.

【이 유】

상고이유(상고이유서 제출기간이 지난 후에 제출된 상고이유보충서의 기재는 상고이유를 보충하는 범위 내에서)를 판단한다.

1. 관련 법리

「공공단체 등 위탁선거에 관한 법률」(이하 '위탁선거법'이라고 한다) 제35조 제5항은 '농업협동조합법에 따른 조합장 등은 재임 중에 기부행위를 할 수 없다.'고 규정하고 제59조는 이를 위반한

자를 처벌하도록 규정하고 있으며, 제32조는 위와 같이 금지되는 기부행위의 정의를 '선거인(선거인명부를 작성하기 전에는 그 선거인명부에 오를 자격이 있는 자를 포함한다)이나 그 가족(선거인의 배우자, 선거인 또는 그 배우자의 직계존비속과 형제자매, 선거인의 직계존비속 및 형제자매의 배우자를 말한다), 선거인이나 그 가족이 설립·운영하고 있는 기관·단체·시설을 대상으로 금전·물품 또는 그 밖의 재산상 이익을 제공하거나 그 이익제공의 의사를 표시하거나 그 제공을 약속하는 행위'로 규정한 후, 제33조에서 기부행위로 보지 않는 행위로서 직무상의 행위, 의례적 행위 등을 열거하면서 같은 조 제1항 제1호 (나)목에서 직무상의 행위 중 하나로서 '위탁단체가 해당 법령이나 정관 등에 따른 사업계획 및 수지예산에 따라 집행하는 금전·물품(이하 '금품'이라고 한다)을 그 위탁단체의 명의로 제공하는 행위'를 규정하고 있다. 이러한 위탁선거법의 규정방식에 비추어, 위탁선거법 제32조에 해당하는 금품 등의 제공행위는 같은 법 제33조에서 허용되는 것으로 열거된 행위에 해당하지 아니하는 이상, 조합장 등의 재임 중 기부행위금지 위반을 처벌하는 같은 법 제59조의 구성요건해당성이 인정된다(위탁선거법과 유사한 규정을 둔 농업협동조합법 위반 사건에 관한 대법원 2007. 10. 26. 선고 2007도5858 판결 등 참조).

농업협동조합(이하 '농협'이라고 한다)은 농업협동조합법이 정하는 국가적 목적을 위하여 설립되는 공공성이 강한 법인으로, 위탁선거법 제59조, 제35조 제5항이 농협의 조합장으로 하여금 선거 관련 여부를 불문하고 재임 중 일체의 기부행위를 할 수 없도록 규정한 취지는 기부행위라는 명목으로 매표행위를 하는 것을 방지함으로써 조합장 선거의 공정성을 확보하기 위한 것이다. 즉, 위와 같은 기부행위가 조합장의 지지기반을 조성하는 데에 기여하거나 조합원에 대한 매수행위와 결부될 가능성이 높아 이를 허용할 경우 조합장 선거 자체가 후보자의 인물·식견 및 정책 등을 평가받는 기회가 되기보다는 후보자의 자금력을 겨루는 과정으로 타락할 위험성이 있어 이를 방지하기 위한 것이다. 특히 농협 조합장은 조합원 중에서 정관이 정하는 바에 따라 조합원이 총회 또는 총회 외에서 투표로 직접 선출하거나, 대의원회가 선출하거나, 이사회가 이사 중에서 선출하므로(농업협동조합법 제45조 제5항), 조합장 선거는 투표자들이 비교적 소수로서 서로를 잘 알고 있고 인정과 의리를 중시하는 특정집단 내에서 이루어지며, 적은 표 차이로 당락이 결정되고 그 선거운동 방법은 후보자와 선거인의 직접적인 접촉이 주를 이루게 되며, 이에 따라 후보자의 행위가 선거의 당락에 직접적으로 영향을 미친다는 특징이 있다. 뿐만 아니라 조합장 선거의 당선인은 지역농협을 대표하고 총회와 이사회의 의장이 되며, 지역농협의 직원을 임면하는 등(농업협동조합법 제46조 제1항, 제3항, 제56조 제1항) 지역농협의 존속·발전에 상당한 영향력을 미칠 수 있기 때문에 선거인의 입장에서 누가 조합장으로 당선되는지가 중요하고, 조합장 선거에 관심이 높을 수밖에 없다. 위와 같은 특성으로 인하여 조합장 선거는 자칫 과열·혼탁으로 빠질 위험이 높아 선거의 공정성 담보가 보다 높게 요구된다고 할 것인바, 조합장으로 하여금 재임 중 일체의 기부행위를 금지하는 것은 위탁선거가 가지는 고유한 특성을 고려하여 위탁선거의 과열과 혼탁을 방지하고 나아가 선거의 공정성 담보를 도모하기 위함이다(대법원 2021. 04. 29. 선고 2019도14338 판결, 헌법재판소 2018. 2. 22. 선고 2016헌바370 전원재판부 결정 등 참조).

위탁선거법 제33조 제1항 제1호 (나)목이 규정한 '직무상의 행위'에 해당하는 경우 조합장의 재임 중 기부행위금지 위반을 처벌하는 같은 법 제59조 위반죄의 구성요건해당성이 없게 되는바, 위 '직무상의 행위'에 해당하기 위해서는 위탁선거법 제33조 제1항 제1호 (나)목이 규정한 바와 같이 위탁단체가 금품을 그 위탁단체의 명의로 제공하여야 할 뿐만 아니라 금품의 제공은 위탁단체의 사업계획 및 수지예산에 따라 집행되어야 하고, 이러한 사업계획 및 수지예산은 법령이나 정관 등에 근거한 것이어야 한다.

여기서 위탁단체가 금품을 그 위탁단체의 명의로 제공하는 것에 해당하는지 여부는 대상자 선정과 그 집행과정에서 사전계획·내부결재나 사후보고 등 위탁단체 내부의 공식적 절차를 거쳤는지, 금품 제공이 위탁단체의 사업수행과 관련성이 있는지, 금품 제공 당시 제공의 주체가 위탁단체임을 밝혔는지, 수령자가 금품 제공의 주체를 위탁단체로 인식했는지, 금품의 제공 여부는 물론 제공된 금품의 종류와 가액·제공 방식 등에 관해 기존에 동일하거나 유사한 관행이 있었는지, 그 밖에 금품 제공에 이른 동기와 경위 등을 종합적으로 고려하여 판단하여야 한다.

단순히 제공된 금품이 위탁단체의 사업계획 및 수지예산에 따라 집행되었다는 사정만으로는 위와 같은 '직무상의 행위'에 해당한다고 할 수 없고, 특히 직무행위의 외관을 빌렸으나 실질적으로는 금품 제공의 효과를 위탁단체의 대표자 개인에게 돌리려는 의도가 드러나는 경우에는 '직무상의 행위'로 볼 수 없다.

기부행위는 그 출연자가 기부행위자가 되는 것이 통례이지만, 그 기부행위를 한 것으로 평가되는 주체인 기부행위자는 항상 그 금품 또는 재산상 이익 등의 사실상 출연자에 한정되는 것은 아니며, 출연자와 기부행위자가 외형상 일치하지 않는 경우에는 그 금품이나 재산상 이익 등이 출연된 동기 또는 목적, 출연행위와 기부행위의 실행경위, 기부자와 출연자 그리고 기부받는 자와의 관계 등 모든 사정을 종합하여 실질적 기부행위자를 특정하여야 한다(위탁선거법과 유사한 규정을 둔 농업협동조합법 위반에 관한 대법원 2007. 10. 26. 선고 2007도5858 판결 등 참조).

다만 위탁선거법상 금지되는 기부행위의 구성요건에 해당하는 행위라고 하더라도, 그것이 지극히 정상적인 생활형태의 하나로서 역사적으로 생성된 사회질서의 범위 안에 있는 것이라고 볼 수 있는 경우에는 일종의 의례적 행위나 직무상의 행위로서 사회상규에 위배되지 아니하여 위법성이 조각되는 경우가 있을 수 있지만, 이러한 위법성조각사유의 인정은 신중하게 하여야 하고(대법원 2017. 03. 09. 선고 2016도21295 판결 등 참조), 그 판단에 있어서는 기부대상자의 범위와 지위 및 선정 경위, 기부행위에 제공된 금품 등의 종류와 가액, 기부행위 시점, 기부행위와 관련한 기존의 관행, 기부행위자와 기부대상자와의 관계 등 제반 사정을 종합적으로 고려하여야 한다.

2. 판 단

가. 공소사실의 요지

이 사건 공소사실은, 농업협동조합법에 따른 조합장은 재임 중에 기부행위를 할 수 없음에도 공소외 1 농협(이하 '이 사건 조합'이라고 한다)의 조합장인 피고인이, ① 2018. 9. 20.내지 21일경 조합원 29명에게 시가 39,000원 상당의 배 선물세트 1개씩(이하 '이 사건 배 선물세트'라고 한다)을 전달하고, ② 2018. 11. 23. 오전 이 사건 조합 사무실에서 전임 조합장이자 조합원인 공소외 2 등 3명에게 조합의 운영 상황을 설명하는 자리에서 시가 13,000원 상당의 귤 1상자씩, 시가 28,000원 상당의 한라봉 1상자씩(이하 '이 사건 귤 등'이라고 한다)을 각 전달하고, 같은 날 오후 전임 조합장이자 조합원인 공소외 3이 입원한 병원을 방문해 시가 32,700원 상당의 음료수 1상자(이하 '이 사건 음료수'라고 한다)를 전달함으로써 조합장 재임 중 각 기부행위를 하였다는 내용이다.

나. 인정 사실

원심판결 이유와 적법하게 채택한 증거에 의하면, 다음과 같은 사실을 알 수 있다.

1) 피고인의 지위와 차기 조합장 선거 시점

피고인은 2016. 12. 23.부터 지역농협인 이 사건 조합의 조합장으로 재임하였고, 2019. 3. 13. 실시된 제2회 전국동시조합장선거에서 이 사건 조합의 조합장으로 재선되었다.

2) 이 사건 배 선물세트 관련

가) 이 사건 조합은 2018. 9. 추석 명절 기념품 명목으로 담당자의 기안과 내부결재를 거쳐 전체 조합원을 상대로 잡곡세트를 지급하였고, 조합의 이사, 감사, 전임 조합장 등에게 한우 선물세트 또는 혼합과일 선물세트 등을 지급하였으며, 각 부서별로 매출액 등을 기준으로 한 우수고객을 선정하여 소정의 사은품을 지급하였는바, 그 비용은 이 사건 조합의 예산 중 광고선전비로 집행하였다.

나) 그런데 피고인은 그 무렵 이와 별도로 위 공소사실 ① 기재 조합원 29명의 이름, 주소, 연락처가 기재된 명단을 작성하여 조합 총무과 차장 공소외 4에게 건네면서 이 사건 배 선물세트의 배달을 지시하였는바, 이 사건 조합의 사전계획이나 내부결재를 거치지 않은 채 피고인 혼자 수령자 명단을 작성하였고 그 과정에서 별다른 객관적 자료를 참고하지도 않았다. 이와 관련하여 공소외 4는 수사기관에서 '전임 조합장들로부터는 위와 같은 지시를 받은 적이 없었다.'고 진술하였다.

다) 공소외 4는 '조합장이 배송하라고 했다.'는 취지로 말하며 피고인의 지시를 이 사건 조합의 축산과장 공소외 5에게 전달하였고, 공소외 5는 이 사건 배 선물세트를 배달하면서 수령자들에게 '조합장이 주는 것이다.'라고 말하였다.

라) 이 사건 조합에서 제공하는 명절 기념품에는 통상 이 사건 조합의 명칭이 기재된 스티커를 붙였는데, 이 사건 배 선물세트에는 그러한 스티커가 부착되어 있지 않았다.

마) 이 사건 배 선물세트 지급에 소요된 비용은 이 사건 조합의 예산 중 광고선전비로 집행되었다.

3) 이 사건 귤 등과 음료수 관련

가) 이 사건 조합은 2014. 12. ○○농협과 △△△농협의 합병으로 설립되었는데, 전임 조합장 등이 참석하여 열리던 운영평가자문회의는 그 무렵 폐지되었다.

나) 피고인은 조합장으로 재임 중 전임 조합장이자 조합원인 공소사실 ② 기재 사람들과 여러 차례 간담회를 하였고, 2018. 11. 23.에도 공소외 2 등 3명을 조합장 사무실로 불러 간담회(이하 '이 사건 간담회'라고 한다)를 하였다. 피고인은 이 사건 간담회 1~2일 전에서야 공소외 4에게 간담회 모임을 위해 전임 조합장들에게 연락할 것을 지시하였는데, 전임 조합장 중 조합장 선거의 경쟁 후보였던 공소외 5에게는 연락할 필요가 없다는 취지로 지시하였다.

다) 이 사건 간담회는 별도의 진행자나 회의자료 없이 조합장 사무실에서 1시간 동안 차를 마시며 대화하는 형식으로 진행되었고, 회의록도 작성되지 않았다.

라) 별다른 선물이 지급되지 않았던 기존 간담회와 달리, 이 사건 간담회 당일에는 참석한 전임 조합장들에게 이 사건 귤 등이 지급되었다.

마) 한편 평소 전임 조합장 간담회에 참석해 온 공소외 3은 병원에 입원하여 이 사건 간담회에 참석하지 못하였는바, 피고인은 이 사건 간담회를 마친 후 공소외 3이 입원한 병원을 찾아가 이 사건 음료수를 전달하였다.
바) 이 사건 귤 등과 음료수 지급에 소요된 비용은 이 사건 조합의 예산 중 교육지원사업비 항목의 생산지도비로 집행되었다.

다. 위탁선거법이 금지하는 기부행위의 구성요건에 해당하는지 여부

1) 이 사건 배 선물세트 제공 행위

앞서 본 법리에다가 위 인정 사실을 통해 알 수 있는 바와 같이, ① 이 사건 배 선물세트의 수령자 선정과 그 집행 등에 관해 사전계획·내부결재나 사후보고 등 이 사건 조합 내부의 공식적 절차를 거치지 않은 채 피고인이 단독으로 결정한 점, ② 이 사건 조합에서 이미 전체 조합원들과 이사, 감사 및 우수고객 등을 상대로 추석 명절 기념품을 지급하였음에도 그 무렵 피고인이 조합원 29명을 별도로 선정하여 이 사건 배 선물세트를 지급하였는바, 이 사건 배 선물세트의 제공과 이 사건 조합의 사업수행과의 관련성을 찾기 어려운 점, ③ 이 사건 배 선물세트의 전달에 관여한 조합 직원은 물론 그 수령자들도 이 사건 배 선물세트 제공의 주체를 피고인으로 인식한 것으로 보이는 점, ④ 위와 같이 조합장이 임의로 선정한 일부 조합원들에게만 명절 선물을 보내는 것은 상당히 이례적이었던 것으로 보이는 점, ⑤ 이 사건 배 선물세트를 제공할 당시 이 사건 조합이 제공하는 것임을 밝히지도 않은 점 등을 종합하면, 이 사건 배 선물세트 제공 행위는 위탁선거법 제33조 제1항 제1호 (나)목이 정한 '직무상의 행위'가 아닌, 위탁선거법이 금지하는 기부행위에 해당한다고 봄이 상당하고, 이 사건 배 선물세트 지급에 소요된 비용이 이 사건 조합의 예산으로 집행되었다는 사정만으로 달리 볼 수는 없다. 나아가 이 사건 배 선물세트가 제공된 동기,수령자 선정을 포함해 배 선물세트 제공에 이른 경위, 피고인과 이 사건 조합 및 수령자들과의 관계 등을 종합하면, 이 사건 배 선물세트의 기부행위 주체는 피고인으로 봄이 상당하다.

2) 이 사건 귤 등과 음료수 제공 행위

앞서 본 법리에다가 위 인정 사실을 통해 알 수 있는 바와 같이, ① 이 사건 간담회는 피고인이 개최시기와 참석대상자를 임의로 결정하였고, 별도의 진행자나 회의자료가 없었으며 회의록도 작성되지 않았는바, 이 사건 조합과 무관하게 피고인이 소집한 비공식적인 모임에 불과한 것으로 보이는 점, ② 이 사건 귤 등과 음료수를 제공하는 것에 관해 사전계획·내부결재나 사후보고 등 이 사건 조합 내부의 공식적 절차를 거쳤다는 자료를 찾아볼 수 없는 점, ③ 위와 같이 전임 조합장들에게 이 사건 귤 등과 음료수를 제공한 것과 이 사건 조합의 사업수행과의 관련성도 명확하지 않은 것으로 보이는 점, ④ 이 사건 간담회에 참석한 전임 조합장들에게 이 사건 귤 등 선물을 제공한 것은 기존 간담회의 전례에 비추어 이례적인 것으로 보이는 점, ⑤ 이 사건 귤 등과 음료수를 제공하면서 그 제공 주체가 이 사건 조합임을 밝혔다는 흔적도 찾을 수 없는 점 등을 종합하면, 이 사건 귤 등과 음료수 제공 행위 또한 위탁선거법 제33조 제1항 제1호 (나)목이 정한 '직무상의 행위'가 아닌, 위탁선거법이 금지하는 기부행위에 해당한다고 봄이 상당하고, 이 사건 귤 등과 음료수 지급에 소요된 비용이 이 사건 조합의 예산으로 집행되었다는 사정만으로 달리 볼 수는 없다. 나아가 이 사건 귤 등과 음료수가

제공된 동기와 그 경위, 피고인과 이 사건 조합 및 수령자들과의 관계 등을 종합하면, 이 사건 귤 등과 음료수의 기부행위 주체는 피고인으로 봄이 상당하다.

라. 사회상규에 위배되지 않는 행위로서 위법성이 조각되는지 여부

피고인은 자신이 임의로 선정한 다수의 조합원들에게 이 사건 배 선물세트를 지급하였고 조합장 선거에 영향력을 미칠 것으로 추단되는 전임 조합장들에게 이 사건 귤 등과 음료수를 지급한 점, 이 사건 배 선물세트 및 귤 등과 음료수의 지급 시점이 차기 조합장 선거 6개월 내지 4개월 전이었는바, 기부행위의 시점이 위 선거와 그리 멀지 않았던 점, 이 사건 배 선물세트나 귤 등을 지급한 것은 기존의 관행에 비추어 이례적이었던 점, 그 밖에 기부행위에 제공된 이 사건 배 선물세트 및 귤 등과 음료수의 가액, 피고인과 수령자들의 관계, 이 사건 배 선물세트 및 귤 등과 음료수의 지급에 이른 경위 등을 종합하면, 이 사건 배 선물세트 및 귤 등과 음료수를 지급한 이 사건 기부행위가 '사회상규에 위배되지 아니하는 행위'라고 볼 수 없다.

마. 소 결

원심판단에 상고이유 주장과 같이 논리와 경험의 법칙을 위반하여 자유심증주의의 한계를 벗어나거나 위탁선거법상 기부행위로 보지 않는 '직무상의 행위', 위법성조각사유 등에 관한 법리를 오해한 잘못이 없다.

피고인이 상고이유에서 들고 있는 대법원판결은 이 사건과 사안이 다르므로 이 사건에 원용하기에 적절하지 않다.

3. 결 론

그러므로 상고를 기각하기로 하여, 관여 대법관의 일치된 의견으로 주문과 같이 판결한다.

ⓒ 대법원 2022. 03. 17. 선고 2019도9044 판결 [영유아보육법위반(예비적 죄명: 개인정보보호법위반)]

【판시사항】

구 영유아보육법 제54조 제3항의 처벌대상자 중 '영상정보를 훼손당한 자'의 의미 / 영상정보를 삭제·은닉 등의 방법으로 직접 훼손하는 행위를 한 자가 위 규정의 처벌대상에 포함되는지 여부(소극) 및 이때 행위자가 어린이집을 설치·운영하는 자라도 마찬가지인지 여부(적극)

【판결요지】

구 영유아보육법(2020. 12. 29. 법률 제17785호로 개정되기 전의 것, 이하 같다) 제15조의4 제1항은 "어린이집을 설치·운영하는 자는 아동학대 방지 등 영유아의 안전과 어린이집의 보안을 위하여 개인정보 보호법 및 관련 법령에 따른 폐쇄회로 텔레비전을 설치·관리하여야 한다."라고 정하고, 구 영유아보육법 제15조의5 제3항은 "어린이집을 설치·운영하는 자는 제15조의4 제1항의 영상정보가 분실·도난·유출·변조 또는 훼손되지 아니하도록 내부 관리계획의 수립, 접속기록 보관 등 대통령령으로 정하는 바에 따라 안전성 확보에 필요한 기술적·관리적 및 물리적 조치를 하여야 한다."라고 정한다. 그리고 구 영유아보육법 제54조 제3항은 "제15조의5 제3항에 따른 안전성 확보에 필요한 조치를 하지 아니하여 영상정보를 분실·도난·유출·변조 또는 훼손당한 자는 2년 이하의 징역 또는 2천만 원 이하의 벌금에 처한다."라고 정한다.

여기서 처벌의 대상이 되는 자 중 '영상정보를 훼손당한 자'란 어린이집을 설치·운영하는 자로서 구 영유아보육법 제15조의5 제3항에서 정한 폐쇄회로 영상정보에 대한 안전성 확보에 필요한 조치를 하지 않았고 그로 인해 영상정보를 훼손당한 자를 뜻한다. 영상정보를 삭제·은닉 등의 방법으로 직접 훼손하는 행위를 한 자는 위 규정의 처벌대상이 아니고 행위자가 어린이집을 설치·운영하는 자라고 해도 마찬가지이다.

【참조조문】 구 영유아보육법(2020. 12. 29. 법률 제17785호로 개정되기 전의 것) 제15조의4 제1항, 제15조의5 제3항, 제54조 제3항
【전 문】 【피 고 인】 피고인 【상 고 인】 피고인 【변 호 인】 법무법인 문수 담당변호사 김태석
【원심판결】 울산지법 2019. 6. 13. 선고 2018노1287 판결

【주 문】

원심판결을 파기하고, 사건을 울산지방법원에 환송한다.

【이 유】

1. 주위적 공소사실의 요지

이 사건 주위적 공소사실의 요지는 다음과 같다.

어린이집을 설치·운영하는 자는 아동학대 방지 등 영유아의 안전과 어린이집의 보안을 위하여 폐쇄회로 텔레비전을 설치·관리해야 하고, 폐쇄회로 텔레비전의 영상정보가 분실·도난·유출·변조 또는 훼손되지 않도록 내부 관리계획의 수립, 접속기록 보관 등 안전성 확보에 필요한 기술적·관리적·물리적 조치를 해야 한다.

그런데도 피고인은 어린이집을 운영하면서 어린이집 사무실에 설치된 폐쇄회로 화면 저장장치에 저장된 영상정보가 훼손되지 않도록 안전성을 확보하기 위한 아무런 조치를 하지 않고 영상정보가 기록되어 있는 저장장치를 은닉하여 녹화영상정보가 전부 삭제되도록 하였다. 이로써 피고인은 폐쇄회로 텔레비전의 녹화영상정보가 훼손되게 하였다.

2. 원심판단

원심은 다음과 같은 이유로 위 공소사실을 유죄로 판단하였다.

가. 구 영유아보육법(2020. 12. 29. 법률 제17785호로 개정되기 전의 것, 이하 '구 영유아보육법'이라 한다) 제15조의5 제3항은 "영상정보가 분실·도난·유출·변조 또는 훼손되지 아니하도록" 하기 위해 안전성 확보에 필요한 조치를 취할 의무를 정하고 구 영유아보육법 제54조 제3항은 그러한 의무를 위반한 경우에 대한 처벌조항이다. 따라서 구 영유아보육법 제54조 제3항에서 정한 "영상정보를 분실·도난·유출·변조 또는 훼손당한 자"란 "영상정보가 분실·도난·유출·변조 또는 훼손되지 아니하도록 하지 못하거나 하지 아니한 자"를 뜻한다.

나. 피고인이 자신이 운영하는 어린이집에 설치된 CCTV의 영상이 녹화·저장된 컴퓨터 하드디스크를 버려 은닉하였고 그로 인해서 피고인이 운영하는 어린이집의 CCTV 영상정보가 훼손당하였다. 따라서 피고인은 구 영유아보육법 제15조의5 제3항에 따른 안전성 확보에 필요한 조치를 하지 않았고 이로 인해 영상정보를 훼손당하였다.

3. 대법원 판단

그러나 원심판단은 다음과 같은 이유로 받아들이기 어렵다.

가. 구 영유아보육법 제15조의4 제1항은 "어린이집을 설치·운영하는 자는 아동학대 방지 등 영유아의 안전과 어린이집의 보안을 위하여 개인정보 보호법 및 관련 법령에 따른 폐쇄회로 텔레비전을 설치·관리하여야 한다."라고 정하고, 구 영유아보육법 제15조의5 제3항은 "어린이집을 설치·운영하는 자는 제15조의4 제1항의 영상정보가 분실·도난·유출·변조 또는 훼손되지 아니하도록 내부 관리계획의 수립, 접속기록 보관 등 대통령령으로 정하는 바에 따라 안전성 확보에 필요한 기술적·관리적 및 물리적 조치를 하여야 한다."라고 정한다. 그리고 구 영유아보육법 제54조 제3항은 "제15조의5 제3항에 따른 안전성 확보에 필요한 조치를 하지 아니하여 영상정보를 분실·도난·유출·변조 또는 훼손당한 자는 2년 이하의 징역 또는 2천만 원 이하의 벌금에 처한다."라고 정한다.

여기서 처벌의 대상이 되는 자 중 '영상정보를 훼손당한 자'란 어린이집을 설치·운영하는 자로서 구 영유아보육법 제15조의5 제3항에서 정한 폐쇄회로 영상정보에 대한 안전성 확보에 필요한 조치를 하지 않았고 그로 인해 영상정보를 훼손당한 자를 뜻한다. 영상정보를 삭제·은닉 등의 방법으로 직접 훼손하는 행위를 한 자는 위 규정의 처벌대상이 아니고 행위자가 어린이집을 설치·운영하는 자라고 해도 마찬가지이다. 그 이유는 다음과 같다.

(1) 죄형법정주의는 국가형벌권의 자의적인 행사로부터 개인의 자유와 권리를 보호하기 위해 범죄와 형벌을 법률로 정할 것을 요구하므로 형벌법규의 해석은 엄격해야 하고 문언의 가능한 의미를 벗어나 피고인에게 불리한 방향으로 해석하는 것은 죄형법정주의의 내용인 확장해석금지에 따라 허용되지 않는다(대법원 2016. 03. 10. 선고 2015도17847 판결 등 참조). 법률을 해석할 때 입법 취지와 목적, 제정·개정 연혁, 법질서 전체와의 조화, 다른 법령과의 관계 등을 고려하는 체계적·논리적 해석방법을 사용할 수 있으나, 문언 자체가 비교적 명확한 개념으로 구성되어 있다면 원칙적으로 이러한 해석방법은 활용할 필요가 없거나 제한될 수밖에 없다(대법원 2009. 04. 23. 선고 2006다81035 판결 참조). 죄형법정주의 원칙이 적용되는 형벌법규의 해석에서는 더욱 그러하다(대법원 2017. 12. 21. 선고 2015도8335 전원합의체 판결 참조).

(2) '당한 자'라는 문언은 타인이 어떠한 행위를 하여 그로부터 위해 등을 입는 것을 뜻하고 스스로 어떠한 행위를 한 자를 포함하는 개념이 아니다. 형사법은 고의범과 과실범을 구분하여 구성요건을 정하고 있는데, 위와 같은 문언은 과실범을 처벌하는 경우에 사용하는 것으로 볼 수 있다. 따라서 '영상정보를 훼손당한 자'를 처벌하는 위 규정은 폐쇄회로 영상정보의 안전성 확보에 필요한 조치를 할 의무가 있는 자가 그러한 조치를 하지 않아 타인이 영상정보를 훼손하거나 그 밖의 다른 이유로 영상정보가 훼손된 경우 위와 같은 폐쇄회로 영상정보의 안전성 확보에 필요한 조치를 하지 않은 어린이집 설치·운영자를 처벌하는 규정으로 해석되어야 한다. 폐쇄회로 영상정보를 직접 훼손한 어린이집 설치·운영자가 '영상정보를 훼손당한 자'에 포함된다고 해석하는 것은 문언의 가능한 범위를 벗어나는 것으로서 받아들이기 어렵다.

(3) 구 영유아보육법 제15조의5 제3항은 "영상정보가 분실·도난·유출·변조 또는 훼손되지 아니하도록" 하기 위해 안전성 확보에 필요한 조치를 취할 의무를 정하고 구 영유아보육법 제54조 제3항은 그러한 의무를 위반한 경우에 대한 처벌조항이다. 어린이집 폐쇄회로 텔레비전 설치 규정은 어린이집에서 발생하는 안전사고와 보육교사 등에 의한 아동학대를 방지하기 위한 것이지만, 안전성 확보에 필요한 조치를 취할 의무와 그 위반에 대한 처벌을 정한 위 규정은 어린이집 내 폐쇄회로 텔레비전 설치·녹화로 인한 원장, 보육교사와 영유아의 사생활 노출을 최소화하고 침해를 방지하기 위한 규정이다.

따라서 구 영유아보육법 제54조 제3항에 따라 처벌되는 자는 안전성 확보에 필요한 조치를 취할 의무를 위반하여 영상정보가 훼손당하는 등으로 결과적으로 원장, 보육교사와 영유아의 사생활을 노출시키지 않을 의무를 위반한 자를 가리킨다. 여기에 스스로 영상정보를 훼손한 자까지 포함한다고 보는 것은 규정 체계나 취지에 비추어 보더라도 받아들이기 어렵다.

(4) 「개인정보 보호법」 제29조, 제73조 제1호는 영유아보육법 제15조의5 제3항, 제54조 제3항과 유사하게 '안전성 확보에 필요한 조치를 하지 아니하여 개인정보를 분실·도난·유출·위조·변조 또는 훼손당한 자'를 처벌하는 규정을 두면서 제59조, 제71조에서 '정당한 권한 없이 또는 허용된 권한을 초과하여 다른 사람의 개인정보를 훼손·멸실·변경·위조 또는 유출한 자'를 처벌하는 규정을 별도로 두고 있다. 그러나 영유아보육법은 제56조에서 제15조의4 규

정을 위반하여 폐쇄회로 텔레비전을 설치하지 않거나 설치·관리의무를 위반한 자에 대해서는 과태료를 부과하는 규정을 두고 있을 뿐「개인정보 보호법」제59조, 제71조와 같이 '다른 사람의 개인정보를 훼손·멸실·변경·위조 또는 유출한 자'를 처벌하는 명시적인 규정을 두고 있지 않다. 이러한 영유아보육법의 규정 태도는 '영상정보를 스스로 훼손·멸실·변경·위조 또는 유출한 자'에 대해서 형사처벌을 하려는 것은 아니라고 볼 수 있다.

나. 이 사건 주위적 공소사실의 핵심적인 부분은 어린이집을 운영하는 피고인이 폐쇄회로 영상정보가 저장된 저장장치를 '은닉'하는 방법으로 '영상정보를 훼손하였다.'는 것이다. 위에서 본 법리에 비추어 보면 이러한 사실만으로는 구 영유아보육법 제54조 제3항, 제15조의5 제3항에서 정한 '영상정보를 훼손당한 자'에 해당한다고 할 수 없다.

그런데도 원심은 구 영유아보육법 제54조 제3항, 제15조의5 제3항을 적용하여 이 사건 주위적 공소사실을 유죄로 판단하였다. 원심판결에는 죄형법정주의 원칙, 구 영유아보육법 제54조 제3항에서 정한 '영상정보를 훼손당한 자'의 의미에 관한 법리를 오해하여 판결에 영향을 미친 잘못이 있다.

4. 결 론

피고인의 상고는 이유 있어 원심판결을 파기하고 사건을 다시 심리·판단하도록 원심법원에 환송하기로 하여, 대법관의 일치된 의견으로 주문과 같이 판결한다.

ⓒ 대법원 2022. 03. 17. 선고 2021도2180 판결 [상표법위반·업무상배임]

【판시사항】

[1] 상표법상 '상표의 사용' 및 '상품'의 의미
[2] 피고인 甲은 상표권자의 허락 없이 상표를 임의로 표시한 수건을 주문·제작하여 그중 일부를 거래처에 판매하고 일부를 다른 거래처에 사은품 내지 판촉용으로 제공하였으며, 피고인 乙은 위 수건이 상표권자의 허락 없이 임의로 제작된 것임을 알면서도 그중 일부를 거래처에 제공하여 상표법 위반으로 기소된 사안에서, 수건의 외관·품질 및 거래 현황 등에 비추어 위 수건은 '상품'에 해당하고, 그중 일부가 사은품 또는 판촉물로서 무상으로 제공되었더라도 위 수건에 상표를 표시하거나 상표가 표시된 수건을 양도하는 행위는 상표법상 '상표의 사용'에 해당한다고 한 사례

【판결요지】

[1] 상표법상 '상표의 사용'이란 상품 또는 상품의 포장에 상표를 표시하는 행위, 상품 또는 상품의 포장에 상표를 표시한 것을 양도 또는 인도하거나 그 목적으로 전시·수출 또는 수입하는 행위 등을 의미하고, 여기에서 말하는 '상품'은 그 자체가 교환가치를 가지고 독립된 상거래의 목적물이 되는 물품을 의미한다.

[2] 피고인 甲은 상표권자의 허락 없이 상표를 임의로 표시한 수건 1,000개를 주문·제작하여 그중 200개 상당을 거래처에 판매하고 100개 상당을 다른 거래처에 사은품 내지 판촉용으로 제공하였으며, 피고인 乙은 위 수건이 상표권자의 허락 없이 임의로 제작된 것임을 알면서도 그중 290개 상당을 거래처에 제공하여 상표법 위반으로 기소된 사안에서, 수건의 외관·품질 및 거래 현황 등에 비추어 위 수건은 그 자체가 교환가치를 가지고 독립된 상거래의 목적물이 되는 물품으로 '상품'에 해당하고, 그중 일부가 사은품 또는 판촉물로서 무상으로 제공되었더라도 무상으로 제공된 부분만을 분리하여 상품성을 부정할 것은 아니므로, 위 수건에 상표를 표시하거나 상표가 표시된 수건을 양도하는 행위는 상표법상 '상표의 사용'에 해당한다고 한 사례.

【참조조문】 [1] 상표법 제2조 제1항 제11호, 제108조 제1항 제2호 / [2] 상표법 제2조 제1항 제11호, 제108조 제1항 제2호, 제230조
【참조판례】 [1] 대법원 19 . 6. 25. 선고 98후58 판결(공1999하, 1517), 대법원 2013. 12. 26. 선고 2012후1415 판결
【전 문】 【피 고 인】 피고인 1 외 1인 【상 고 인】 검사
【원심판결】 서울서부지법 2021. 1. 21. 선고 2019노694 판결

【주 문】

원심판결 중 피고인 1에 대한 상표법 위반 부분 및 피고인 2에 대한 부분을 각 파기하고, 이 부분 사건을 서울서부지방법원에 환송한다. 나머지 상고를 기각한다.

【이 유】

상고이유를 판단한다.

1. 피고인들에 대한 상표법 위반 부분

가. 상표법상 '상표의 사용'이란 상품 또는 상품의 포장에 상표를 표시하는 행위, 상품 또는 상품의 포장에 상표를 표시한 것을 양도 또는 인도하거나 그 목적으로 전시·수출 또는 수입하는 행위 등을 의미하고, 여기에서 말하는 '상품'은 그 자체가 교환가치를 가지고 독립된 상거래의 목적물이 되는 물품을 의미한다(대법원 1999. 06. 25. 선고 98후58 판결, 대법원 2013. 12. 26. 선고 2012후1415 판결 등 참조).

나. 원심판결 이유와 적법하게 채택한 증거들에 의하면 다음과 같은 사실을 알 수 있다.

1) 피고인 2는 2014. 4. 10.경 공소외 1 회사가 상표권자인 이 사건 상표를 임의로 표시한 이 사건 수건 1,000개를 1개당 8,500원 상당에 주문·제작하였다.

2) 위 수건은 일반 거래시장에서 독립적으로 유통되는 수건 제품과 외관이나 품질 등이 유사하다.

3) 피고인 2는 위 수건 중 200개 상당을 거래처인 '(상호명 1 생략)'의 운영자 공소외 2에게 1개당 45,000원 상당에 판매하였고, 100개 상당을 다른 거래처에 사은품 내지 판촉용으로 제공하였다. 공소외 2는 피고인 2로부터 구매한 위 수건을 다수의 소비자들에게 판매하였다.

4) 피고인 1은 2016. 11.경 위 수건이 상표권자의 허락 없이 임의로 제작된 것이라는 점을 알면서도 그중 290개 상당을 거래처인 '(상호명 2 생략)'에 제공하였다.

다. 위와 같은 이 사건 수건의 외관·품질 및 거래 현황 등을 앞서 본 법리에 비추어 살펴보면, 위 수건은 그 자체가 교환가치를 가지고 독립된 상거래의 목적물이 되는 물품으로 상품에 해당하고, 위 수건 중 일부가 사은품 또는 판촉물로서 무상으로 제공되었다고 하더라도 무상으로 제공된 부분만을 분리하여 그 상품성을 부정할 것은 아니다. 따라서 위 수건에 이 사건 상표를 표시하거나 이 사건 상표가 표시된 수건을 양도하는 행위는 상표법상 상표의 사용에 해당한다.

라. 그런데도 원심은 판시와 같은 이유로, 피고인 2가 '(상호명 1 생략)'에 판매한 수건 200개는 독립된 상거래의 목적물이 되는 상품에 해당한다고 판단하여 이 부분 상표법 위반죄를 유죄로 인정하면서도, 피고인 2가 다른 거래처에 제공한 수건 100개 및 피고인 1이 '(상호명 2 생략)'에 제공한 수건 290개는 판촉물에 불과할 뿐 상표법상 상품이 아니라고 보아 이 부분을 무죄로 판단하였다. 이와 같은 원심의 판단에는 상표의 사용에 관한 법리를 오해하여 판결에 영향을 미친 잘못이 있다. 이를 지적하는 검사의 상고이유 주장은 이유 있다.

2. 피고인 1에 대한 업무상배임 부분

원심은 판시와 같은 이유로 피고인 1에 대한 업무상배임의 점에 관하여 범죄의 증명이 없다고 보아 무죄를 선고한 제1심판결을 그대로 유지하였다. 원심판결 이유를 관련 법리와 기록에 비추어 살펴보면, 원심의 판단에 업무상배임에 관한 법리를 오해하는 등으로 판결에 영향을 미친 잘못이 없다.

3. 파기의 범위

원심이 경합범으로 공소제기된 수 개의 범죄사실 중 그 일부에 대하여 유죄, 일부에 대하여 무죄를 각 선고하고 무죄 부분에 대하여는 검사가 상고하였으나 유죄 부분에 대하여는 피고인과 검사 모두 상고하지 아니한 경우, 그 유죄 부분은 상소기간의 도과로 확정되는 것이므로 무죄 부분의 상고가 이유 있는 경우에도 그 무죄 부분만이 파기되어야 한다(대법원 1992. 01. 21. 선고 91도1402 전원합의체 판결, 대법원 2007. 06. 28. 선고 2005도7473 판결 등 참조). 다만 피고인 2에 관한 사건의 경우 검사가 상고한 상표법 위반 부분은 유죄가 인정된 상표법 위반죄와 일죄의 관계에 있고, 또 위 유죄가 인정된 상표법 위반죄는 유죄가 인정된 나머지 공소사실 부분과 형법 제37조 전단의 경합범 관계에 있어 하나의 형이 선고되었으므로, 원심판결 중 피고인 2에 관한 부분은 전부 파기하여야 한다(대법원 2009. 08. 20. 선고 2008도8034 판결 참조).

4. 결론

그러므로 원심판결 중 피고인 1에 대한 상표법 위반 부분 및 피고인 2에 대한 부분을 각 파기하고 이 부분의 사건을 다시 심리·판단하도록 원심법원에 환송하며 나머지 상고를 기각하기로 하여, 관여 대법관의 일치된 의견으로 주문과 같이 판결한다.

Ⓒ 대법원 2022. 03. 17. 선고 2021도16232, 2021전도156 판결 [강간치상·마약류관리에관한법률위반(향정)·성폭력범죄의처벌등에관한특례법위반(카메라등이용촬영)·강제추행·특정경제범죄가중처벌등에관한법률위반(사기)·사기·공문서위조·위조공문서행사·부착명령]

【판시사항】

마약류 관리에 관한 법률 제4조 제2항 제1호에 의하여 허용되는 마약류의 '취급'과 취급이 허용되는 대상 / 마약류취급의료업자로부터 위 법에 따라 자신에 대한 투약 용도로 제공받아 소지하게 된 마약류를 자신이 아닌 다른 사람 등에게 투약하거나 다른 사람 등의 투약을 위하여 제공하는 행위가 제4조 제1항에 의하여 금지된 것으로서 제61조 제1항 제5호의 처벌대상에 해당하는지 여부(적극)

【판결요지】

마약류 관리에 관한 법률(이하 '마약류관리법'이라 한다) 향정신성의약품을 마약류취급의료업자로부터 투약받아 소지하는 경우에는 마약류취급자가 아닌 자도 마약류를 취급할 수 있다고 규정하고 있는데(제4조 제2항 제1호), 이 규정에 의하여 허용되는 마약류의 '취급'은 특정인이나 특정 동물에 대한 치료라고 하는 마약류 제공 목적에 부합하는 사용 및 이를 위한 소지, 소유, 운반 등에 한정되고, 이에 의하여 취급이 허용되는 대상도 마약류관리법에 따라 마약류취급의료업자로부터 제공받아 소지하게 된 마약류에 한정된다고 보아야 한다. 그 이유는, 향정신성의약품 등 마약류와 원료물질의 취급·관리를 적정하게 함으로써 그 오용 또는 남용으로 인한 보건상의 위해를 방지하여 국민보건 향상에 이바지함을 마약류관리법의 목적으로 하고 있는 점(제1조), 마약류관리법에 따라 마약류 또는 임시마약류를 소지·소유·운반 또는 관리하는 자라도 다른 목적을 위하여 사용하는 것은 엄격히 금지되어 있는 점(제5조 제2항), 마약류취급의료업자에 한하여 마약 또는 향정신성의약품의 투약, 투약을 위한 제공 또는 이를 기재한 처방전 발급을 허용하고, 의료 및 동물 진료 목적 외에는 투약 등을 금지하고 있는 점(제30조 제1항) 등에 비추어 볼 때, 마약류취급의료업자로부터 마약류관리법에 따라 투약을 위하여 마약류를 제공받아 소지하는 경우에도 제4조 제2항 제1호에 의하여 마약류의 취급이 일반적으로 허용된다고 본다면 제5조 제2항에서 금지하고 있는 '목적 외 사용' 외에 수출, 매매, 제공 등을 금지·처벌할 근거가 없게 되어 마약류관리법의 입법 취지가 크게 훼손될 우려가 있기 때문이다.

따라서 마약류취급의료업자로부터 마약류관리법에 따라 자신에 대한 투약 용도로 제공받아 소지하게 된 마약류를 수출하거나 매매하는 경우는 물론 이를 자신이 아닌 다른 사람 등에게 투약하거나 다른 사람 등의 투약을 위하여 제공하는 행위는 제4조 제2항 제1호에 의하여 허용되는 '취급'에 포함되지 아니하고, 제4조 제1항에 의하여 금지된 것으로서 제61조 제1항 제5호의 처벌대상에 해당한다. 이는 제61조 제1항 제7호가 '제5조 제2항을 위반하여 향정신성의약품, 대마 또는 임시마약류를 취급한 자'를 제61조 제1항 제5호 위반자와 같은 형으로 처벌하도록 규정하고 있다고 하여 달리 볼 수 없다.

【참조조문】 마약류 관리에 관한 법률 제1조, 제4조 제1항, 제2항 제1호, 제5조 제2항, 제30조 제1항, 제61조 제1항 제5호
【전 문】【피고인 겸 피부착명령청구자】 피고인 【상 고 인】 피고인 겸 피부착명령청구자 및 검사
【변 호 인】 변호사 진보라 【원심판결】 부산고법 2021. 11. 24. 선고 2021노83, 2021전노4 판결

【주   문】

원심판결 중 피고사건의 유죄 부분(이유무죄 부분 포함)과 부착명령청구사건 부분을 파기하고, 그 부분 사건을 부산고등법원에 환송한다.

【이   유】

상고이유를 판단한다.

1. 피고인 겸 피부착명령청구자(이하 '피고인'이라고 한다)의 상고이유에 대하여

   원심판결 이유를 적법하게 채택된 증거에 비추어 살펴보면, 원심이 그 판시와 같은 이유로 피고인이 각 「마약류 관리에 관한 법률」(이하 '마약류관리법'이라고 한다) 위반(향정)의 점[단, 공소외 1에 대한 원심 별지 범죄일람표 2 연번 2 내지 9 기재 각 마약류관리법 위반(향정)의 점에 관한 부분은 제외]에 관한 공소사실 기재 범행일시에 향정신성의약품인 졸피뎀 성분이 함유된 수면제를 숙취 해소제 등에 탄 다음 이를 공소외 2나 공소외 1 또는 공소외 3(이하 특정할 필요가 없는 경우 '공소외 2 등'이라고 통칭한다)으로 하여금 각각 마시게 한 사실을 인정하고, 각 강간치상에 관한 공소사실(단, 피해자 공소외 1에 대한 원심 별지 범죄일람표 2 연번 10 기재 강간치상의 점은 제외)을 유죄로 판단한 것은 정당하다. 거기에 상고이유 주장과 같이 논리와 경험의 법칙을 위반하여 자유심증주의의 한계를 벗어난 잘못이 없다.

2. 검사의 상고이유에 대하여

가. 이 사건 공소사실 중 각 마약류관리법 위반(향정)의 점[단, 공소외 1에 대한 원심 별지 범죄일람표 2 연번 2 내지 9 기재 각 마약류관리법 위반(향정)의 점은 제외]에 대한 주위적 공소사실의 요지는, '피고인이 자신의 우울증 치료를 위해 처방·조제받아 가지고 있던 향정신성의약품인 졸피뎀 성분이 함유된 수면제를 숙취 해소제나 술에 탄 다음 이를 공소외 2 등으로 하여금 마시게 함으로써 마약류취급자가 아님에도 각각 향정신성의약품인 졸피뎀을 사용하였다.'는 것이다. 검사는 위 각 행위에 대하여 각각 마약류관리법 제61조 제1항 제5호, 제4조 제1항을 적용하여 공소를 제기하였다.

나. 원심은 피고인이 마약류취급자가 아니고 피해자들에게 졸피뎀 성분이 함유된 수면제를 숙취 해소제 등에 타 공소외 2 등으로 하여금 마시게 한 사실을 인정하면서도, 마약류취급자가 아닌 피고인이 향정신성의약품인 졸피뎀을 사용할 수 없는 경우에 해당한다고 보기 어렵다는 이유를 들어 이 부분 주위적 공소사실을 모두 무죄로 판단하였다.

다. 그러나 원심의 위와 같은 판단은 그대로 수긍하기 어렵다.

   1) 마약류관리법 제61조 제1항 제5호는 제4조 제1항을 위반하여 제2조 제3호 (라)목에 해당하는 향정신성의약품 또는 그 물질을 함유하는 향정신성의약품을 매매, 매매의 알선, 수수, 소지, 소유, 사용, 관리, 조제, 투약, 제공한 자 등을 처벌하도록 하고 있고, 제4조 제1항은 마약류취급자가 아니면 향정신성의약품을 소지, 소유, 사용, 운반, 관리, 수입, 수출, 제조, 조제, 투

약, 수수, 매매, 매매의 알선 또는 제공하는 행위를 하여서는 아니 된다고 규정하고 있다.

마약류관리법은 향정신성의약품을 마약류취급의료업자로부터 투약받아 소지하는 경우에는 마약류취급자가 아닌 자도 마약류를 취급할 수 있다고 규정하고 있는데(제4조 제2항 제1호), 이 규정에 의하여 허용되는 마약류의 '취급'은 특정인이나 특정 동물에 대한 치료라고 하는 마약류 제공 목적에 부합하는 사용 및 이를 위한 소지, 소유, 운반 등에 한정되고, 이에 의하여 취급이 허용되는 대상도 마약류관리법에 따라 마약류취급의료업자로부터 제공받아 소지하게 된 마약류에 한정된다고 보아야 한다. 그 이유는, 향정신성의약품 등 마약류와 원료물질의 취급·관리를 적정하게 함으로써 그 오용 또는 남용으로 인한 보건상의 위해를 방지하여 국민보건 향상에 이바지함을 마약류관리법의 목적으로 하고 있는 점(제1조), 마약류관리법에 따라 마약류 또는 임시마약류를 소지·소유·운반 또는 관리하는 자라도 다른 목적을 위하여 사용하는 것은 엄격히 금지되어 있는 점(제5조 제2항), 마약류취급의료업자에 한하여 마약 또는 향정신성의약품의 투약, 투약을 위한 제공 또는 이를 기재한 처방전 발급을 허용하고, 의료 및 동물 진료 목적 외에는 투약 등을 금지하고 있는 점(제30조 제1항) 등에 비추어 볼 때, 마약류취급의료업자로부터 마약류관리법에 따라 투약을 위하여 마약류를 제공받아 소지하는 경우에도 제4조 제2항 제1호에 의하여 마약류의 취급이 일반적으로 허용된다고 본다면 제5조 제2항에서 금지하고 있는 '목적 외 사용' 외에 수출, 매매, 제공 등을 금지·처벌할 근거가 없게 되어 마약류관리법의 입법 취지가 크게 훼손될 우려가 있기 때문이다.

따라서 마약류취급의료업자로부터 마약류관리법에 따라 자신에 대한 투약 용도로 제공받아 소지하게 된 마약류를 수출하거나 매매하는 경우는 물론 이를 자신이 아닌 다른 사람 등에게 투약하거나 다른 사람 등의 투약을 위하여 제공하는 행위는 제4조 제2항 제1호에 의하여 허용되는 '취급'에 포함되지 아니하고, 제4조 제1항에 의하여 금지된 것으로서 제61조 제1항 제5호의 처벌대상에 해당한다. 이는 제61조 제1항 제7호가 '제5조 제2항을 위반하여 향정신성의약품, 대마 또는 임시마약류를 취급한 자'를 제61조 제1항 제5호 위반자와 같은 형으로 처벌하도록 규정하고 있다고 하여 달리 볼 수 없다.

2) 피고인이 마약류관리법이 정한 마약류취급자가 아닌 사실과 이 부분 주위적 공소사실 기재 일시에 자신의 우울증 치료를 위해 처방·조제받아 가지고 있던 향정신성의약품인 졸피뎀 성분이 함유된 수면제를 숙취 해소제 등에 탄 다음 이를 공소외 2 등으로 하여금 마시게 한 사실은 원심도 인정하고 있고, 그 사실인정이 정당함은 앞서 본 바와 같다. 이러한 사실관계를 앞서 본 법리에 비추어 살펴보면, 이 부분 주위적 공소사실에 관한 피고인의 각 행위는 마약류관리법 제4조 제2항에 의하여 허용되는 취급에 해당하지 아니하고, 제4조 제1항에 의하여 금지된 사용에 해당하여 제61조 제1항 제5호에 의한 처벌의 대상이 된다고 보아야 한다.

그럼에도 원심은 피고인이 향정신성의약품인 졸피뎀을 사용할 수 없는 경우에 해당하지 않는다고 보아 이 부분 주위적 공소사실에 대하여 모두 무죄로 판단하였다. 이러한 원심의 판단에는 마약류관리법 제4조 제2항의 '취급'의 범위나 제61조 제1항 제5호의 '사용'에 관한 법리를 오해하여 판결에 영향을 미친 잘못이 있고, 이 점을 지적하는 상고이유 주장은 이유 있다.

3. 파기의 범위

앞서 본 바와 같이 원심판결 중 각 마약류관리법 위반(향정)의 점에 관한 주위적 공소사실 부분에 파기사유가 있고, 위 각 주위적 공소사실 부분이 파기되는 이상 이와 동일체 관계에 있는 각 예비적 공소사실 부분도 함께 파기할 수밖에 없다. 나아가 원심은 위와 같이 파기되는 각 예비적 공소사실 부분을 포함하여 각 강간치상 등 나머지 유죄 부분에 대하여 형법 제37조 전단의 경합범 관계에 있다고 보아 하나의 형을 선고하였으므로, 원심판결 중 피고사건에 대한 유죄 부분을 전부 파기하여야 한다.

한편 각 강간치상을 포함하여 원심판결 중 유죄 부분을 파기하는 경우이므로, 강간치상 등 일정한 성범죄 사건의 판결과 동시에 선고하는 부수처분인 「성폭력범죄의 처벌 등에 관한 특례법」 제47조 제1항에 의한 공개 및 고지명령 부분과 구「아동·청소년의 성보호에 관한 법률」(2020. 6. 2. 법률 17338호로 개정되기 전의 것) 제56조 제1항 본문에 의한 취업제한 명령 부분도 함께 파기된다.

또한 피고사건의 유죄 부분을 파기하는 이상 그와 함께 심리되어 동시에 판결이 선고되어야 하는 「전자장치 부착 등에 관한 법률」 제5조 제1항에 의한 위치추적 전자장치 부착명령 사건도 함께 파기하여야 한다.

4. 결 론

그러므로 나머지 상고이유 주장에 대한 판단을 생략한 채 원심판결 중 피고사건의 유죄 부분(이유무죄 부분 포함)과 부착명령청구사건 부분을 파기하고, 그 부분 사건을 다시 심리·판단하도록 원심법원에 환송하기로 하여, 관여 대법관의 일치된 의견으로 주문과 같이 판결한다.

Ⓑ 대법원 2022. 03. 31. 선고 2019도10297 판결 [근로기준법위반·근로자퇴직급여보장법위반]

【판시사항】

근로기준법에 따른 근로자에 해당하는지 판단하는 기준 및 이때 종속적인 관계가 있는지 판단하는 방법 / 어떤 근로자에게 누가 임금 등의 지급 의무를 부담하는 사용자인가 판단하는 기준과 방법

【판결요지】

근로기준법에 따른 근로자에 해당하는지는 계약의 형식보다는 실질적으로 사용자에 대한 종속적 관계에서 임금을 목적으로 사용자에게 근로를 제공하였는지 여부에 따라 판단해야 한다. 여기에서 종속적인 관계가 있는지는 업무 내용을 사용자가 정하고 취업규칙 또는 복무(인사)규정 등이 적용되며 업무수행 과정에서 사용자가 지휘·감독을 하는지, 사용자가 근무 시간·장소를 지정하고 근로자가 이에 구속되는지, 노무제공자가 스스로 비품·원자재나 작업도구를 소유하거나 제3자를 고용하여 업무를 대행하도록 하는 등 독립하여 자신의 계산으로 사업을 영위할 수 있는지, 노무 제공을 통해 스스로 이윤을 창출하거나 손실 등 위험을 부담하는지, 보수의 성격이 근로 자체의 대가적 성격인지, 기본급이나 고정

급이 정해져 있는지, 근로소득세를 원천징수하는지 등 보수에 관한 사항, 근로 제공 관계의 계속성과 사용자에 대한 전속성의 유무와 그 정도, 사회보장제도에 관한 법령에서 근로자로 인정되는지 등 경제적·사회적 여러 조건을 종합하여 판단해야 한다. 다만 사용자가 정한 취업규칙 또는 복무(인사)규정 등이 적용되는지, 기본급이나 고정급이 정해져 있는지, 근로소득세를 원천징수하는지, 사회보장제도에 관하여 근로자로 인정되는지 등의 사정은 사용자가 경제적으로 우월한 지위를 이용하여 임의로 정할 여지가 크기 때문에, 그러한 점들이 인정되지 않는다고 해서 그것만으로 근로자가 아니라고 쉽게 단정해서는 안 된다. 어떤 근로자에게 누가 임금 등의 지급 의무를 부담하는 사용자인가를 판단할 때에도 실질적인 근로관계를 기준으로 해야 하고, 이때 위와 같은 여러 요소들을 종합적으로 고려해야 한다.

【참조조문】 근로기준법 제2조 제1항 제1호, 제2호, 제43조
【참조판례】 대법원 2006. 12. 7. 선고 2006도300 판결(공2007상, 157), 대법원 2019. 12. 12. 선고 2019다253175 판결
【전 문】 【피 고 인】 피고인 【상 고 인】 피고인 【변 호 인】 변호사 김민규 외 3인
【원심판결】 의정부지법 2019. 6. 28. 선고 2018노2636 판결

【주 문】

상고를 기각한다.

【이 유】

상고이유를 판단한다.

근로기준법에 따른 근로자에 해당하는지는 계약의 형식보다는 실질적으로 사용자에 대한 종속적 관계에서 임금을 목적으로 사용자에게 근로를 제공하였는지 여부에 따라 판단해야 한다. 여기에서 종속적인 관계가 있는지는 업무 내용을 사용자가 정하고 취업규칙 또는 복무(인사)규정 등이 적용되며 업무 수행 과정에서 사용자가 지휘·감독을 하는지, 사용자가 근무 시간·장소를 지정하고 근로자가 이에 구속되는지, 노무제공자가 스스로 비품·원자재나 작업도구를 소유하거나 제3자를 고용하여 업무를 대행하도록 하는 등 독립하여 자신의 계산으로 사업을 영위할 수 있는지, 노무 제공을 통해 스스로 이윤을 창출하거나 손실 등 위험을 부담하는지, 보수의 성격이 근로 자체의 대가적 성격인지, 기본급이나 고정급이 정해져 있는지, 근로소득세를 원천징수하는지 등 보수에 관한 사항, 근로 제공 관계의 계속성과 사용자에 대한 전속성의 유무와 그 정도, 사회보장제도에 관한 법령에서 근로자로 인정되는지 등 경제적·사회적 여러 조건을 종합하여 판단해야 한다. 다만 사용자가 정한 취업규칙 또는 복무(인사)규정 등이 적용되는지, 기본급이나 고정급이 정해져 있는지, 근로소득세를 원천징수하는지, 사회보장제도에 관하여 근로자로 인정되는지 등의 사정은 사용자가 경제적으로 우월한 지위를 이용하여 임의로 정할 여지가 크기 때문에, 그러한 점들이 인정되지 않는다고 해서 그것만으로 근로자가 아니라고 쉽게 단정해서는 안 된다. 어떤 근로자에게 누가 임금 등의 지급 의무를 부담하는 사용자인가를 판단할 때에도 실질적인 근로관계를 기준으로 해야 하고, 이때 위와 같은 여러 요소들을 종합적으로 고려해야 한다(대법원 2006. 12. 07. 선고 2006도300 판결 등 참조).

원심은 공소외 회사가 하역업무는 물론 배송업무에 대해서도 사용자에 해당하므로 배송업무에 대한 임금을 지급할 의무가 있고, 공소외 회사의 대표이사인 피고인에게 배송업무에 대한 임금을 기초로 계산한 연차유급휴가 미사용 수당 등의 미지급에 대한 고의도 인정된다고 보아, 이 사건 공소사실을 모두 유죄로 판단하였다.

원심판결 이유를 앞에서 본 법리와 적법하게 채택된 증거에 비추어 살펴보면, 원심판결에 상고이유 주장과 같이 필요한 심리를 다하지 않은 채 논리와 경험의 법칙에 반하여 자유심증주의의 한계를 벗어나거나 사용자, 임금 등 미지급의 고의 등에 관한 법리를 오해하고 필요한 판단을 누락하거나 무죄추정의 원칙을 위반하는 등 판결에 영향을 미친 잘못이 없다.

피고인의 상고는 이유 없으므로 이를 기각하기로 하여, 대법관의 일치된 의견으로 주문과 같이 판결한다.

● 대법원 2022. 03. 31. 선고 2020도12560 판결 [업무상과실치사·산업안전보건법위반]

【판시사항】

[1] 구 산업안전보건법 제29조 제1항 제2호에서 정한 '전문분야의 공사'의 의미 및 전문분야에 대한 공사의 대부분을 도급하였다가 그중 일부를 다시 제3자에게 도급한 경우도 위 조항에 포함되는지 여부(적극)

[2] 구 산업안전보건법 제29조 제1항의 '같은 장소에서 행하여지는 사업'은 장소적 동일성 외에 시간적 동일성까지 필요한지 여부(소극) 및 사업이 전문분야의 공사로 이루어져 시행되는 경우, 사업주가 각 공사 전부를 분야별로 나누어 수급인에 도급을 줌으로써 자신이 직접 공사를 수행하지 않고 관리·감독만 하더라도 위 조항의 '같은 장소에서 행하여지는 사업'에 해당하는지 여부(적극)

【판결요지】

[1] 구 산업안전보건법(2019. 1. 15. 법률 제16272호로 전부 개정되기 전의 것) 제29조 제1항 제2호에서 정한 '전문분야의 공사'는 건설산업기본법 제2조 제6호에서 정한 '전문공사'에 한정되는 것이 아니라 이에 준하여 전문성이 요구되는 분야의 공사를 의미하고, 한편 위 조항은 사업이 전문분야 공사로 이루어져 시행되는 경우 각 전문분야에 대한 공사의 전부를 도급 주는 때에도 적용된다고 규정하는데, 전문분야에 대한 공사의 대부분을 도급하였다가 그중 일부를 다시 제3자에게 도급한 경우도 이에 포함된다.

[2] 구 산업안전보건법(2019. 1. 15. 법률 제16272호로 전부 개정되기 전의 것, 이하 같다) 제29조 제1항의 '같은 장소에서 행하여지는 사업'은 사업주와 수급인이 같은 장소에서 작업을 하는 사업을 의

미하는 것으로, 장소적 동일성 외에 시간적 동일성까지 필요하다고 볼 수는 없고, 산업재해를 예방하고 쾌적한 작업환경을 조성함으로써 노무를 제공하는 사람의 안전 및 보건을 유지·증진시키기 위한 입법 취지와 구 산업안전보건법 제29조 제1항 제2호의 도급인에게도 산업재해의 예방에 필요한 조치의무를 지우기 위한 위 조항의 개정 목적·경위에 고용노동부가 2012. 9.경 작성한 '사업의 일부 도급 사업주에 대한 안전·보건조치의무 적용 지침' 등을 종합하여 볼 때, 사업이 전문분야의 공사로 이루어져 시행되는 경우에 사업주가 각 공사 전부를 분야별로 나누어 수급인에 도급을 줌으로써 자신이 직접 공사를 수행하지 않고 사업의 전체적 진행과정을 총괄하고 조율하는 등 관리·감독만 하더라도, 위 조항의 '같은 장소에서 행하여지는 사업'에 해당한다.

【참조조문】 [1] 구 산업안전보건법(2019. 1. 15. 법률 제16272호로 전부 개정되기 전의 것) 제29조 제1항 제2호(현행 제63조 참조), 건설산업기본법 제2조 제6호 / [2] 구 산업안전보건법(2019. 1. 15. 법률 제16272호로 전부 개정되기 전의 것) 제29조 제1항 제2호(현행 제63조 참조)
【참조판례】 [2] 대법원 2016. 3. 24. 선고 2015도8621 판결(공2016상, 631)
【전 문】【피 고 인】피고인 1 외 1인【상 고 인】피고인들
【변 호 인】법무법인(유한) 지평 담당변호사 정원 외 2인
【원심판결】 청주지법 2020. 8. 21. 선고 2019노1244 판결

【주 문】

상고를 모두 기각한다.

【이 유】

1. 상고이유 제1, 2점에 관하여

가. 관련 법리

구 산업안전보건법(2019. 1. 15. 법률 제16272호로 전부 개정되기 전의 것, 이하 '산업안전보건법'이라 한다) 제29조 제1항 제2호에서 정한 '전문분야의 공사'는 건설산업기본법 제2조 제6호에서 정한 '전문공사'에 한정되는 것이 아니라 이에 준하여 전문성이 요구되는 분야의 공사를 의미하고, 한편 위 조항은 사업이 전문분야 공사로 이루어져 시행되는 경우 각 전문분야에 대한 공사의 전부를 도급을 주는 때에도 적용된다고 규정하는데, 전문분야에 대한 공사의 대부분을 도급하였다가 그중 일부를 다시 제3자에게 도급한 경우도 이에 포함된다.

산업안전보건법 제29조 제1항의 '같은 장소에서 행하여지는 사업'은 사업주와 수급인이 같은 장소에서 작업을 하는 사업을 의미하는 것으로, 장소적 동일성 외에 시간적 동일성까지 필요하다고 볼 수는 없고(대법원 2016. 03. 24. 선고 2015도8621 판결 참조), 산업재해를 예방하고 쾌적한 작업환경을 조성함으로써 노무를 제공하는 사람의 안전 및 보건을 유지·증진시키기 위한 입법 취지와 산업안전보건법 제29조 제1항 제2호의 도급인에게도 산업재해의 예방에 필요한 조치의무를 지우기 위한 위 조항의 개정 목적·경위에 고용노동부가 2012. 9.경 작성한 '사업의 일부 도급 사업주에 대한 안전·보건조치의무 적용 지침' 등을 종합하여 볼 때, 사업이 전문분야의 공사

로 이루어져 시행되는 경우에 사업주가 각 공사 전부를 분야별로 나누어 수급인에 도급을 줌으로써 자신이 직접 공사를 수행하지 않고 사업의 전체적 진행과정을 총괄하고 조율하는 등 관리·감독만 하더라도, 위 조항의 '같은 장소에서 행하여지는 사업'에 해당한다.

나. 판 단

이러한 법리 및 기록에 의하여 살펴보면, 원심이 같은 취지에서 그 판시와 같이 피고인 한국전력공사가 산업안전보건법 제29조 제3항 및 같은 조 제1항 제2호에서 정한 '도급 사업주'에 해당한다고 보아 피고인들의 산업안전보건법 위반의 점을 모두 유죄로 판단한 것은 정당하고, 거기에 상고이유의 주장과 같이 산업안전보건법 제29조 제1항의 '전문분야의 공사', '도급 사업주', '같은 장소에서 행하여지는 사업'에 대한 법리를 오해한 잘못이 없다.

2. 상고이유 제3점에 관하여

원심은, 그 판시와 같이 피고인 1은 수급인의 근로자들의 산업재해를 예방하기 위한 업무를 총괄 관리할 책임이 있었고 그 사업장에서 안전조치가 취해지지 않은 상태에서 산업재해가 발생할 우려가 있는 작업이 시행된다는 점을 알았거나 알 수 있었음에도 사전에 감전사고 예방을 위한 방호관 설치가 제대로 되었는지를 점검하거나 관련 법령상의 재해예방 조치를 취하지 않은 채 그대로 방치하였다고 보아, 피고인 1에게 산업안전보건법 제29조 제3항 위반의 점에 대한 고의를 인정하여 피고인들의 산업안전보건법 위반의 점을 모두 유죄로 판단하였다.

원심판결 이유를 관련 법리와 적법하게 채택된 증거에 비추어 살펴보면, 위와 같은 원심의 판단은 정당하고 거기에 상고이유의 주장과 같이 산업안전보건법 제29조 제3항 위반죄의 고의에 관한 법리를 오해하거나 논리와 경험의 법칙을 위반하여 자유심증주의의 한계를 벗어나 사실을 오인한 잘못이 없다.

3. 상고이유 제4점에 관하여

원심은, 그 판시와 같이 피고인 한국전력공사가 산업안전보건법 제29조 제1항 제2호에서 정한 '도급 사업주'에 해당하고, 피고인 1은 그 사용인으로서 산업안전보건법 제29조 제3항, 산업안전보건법 시행규칙 제30조 제4항, 제5항 및 산업안전보건기준에 관한 규칙 제38조 등에 따라 작업계획서 작성의무를 부담함에도 이를 해태하였다고 보아, 피고인들의 산업안전보건법 위반의 점을 모두 유죄로 판단하였다.

원심판결 이유를 관련 법리와 적법하게 채택된 증거에 비추어 살펴보면, 위와 같은 원심의 판단은 정당하고 거기에 상고이유의 주장과 같이 작업계획서 작성 관련 산업재해 예방조치 의무에 관한 법리를 오해한 잘못이 없다.

4. 상고이유 제5점에 관하여

원심은, 그 판시와 같이, ① 피고인 1은 사업장에서 안전조치가 취해지지 않은 상태에서 산업재해가 발생할 우려가 있는 작업이 시행된다는 점을 알았거나 알 수 있었음에도 사전에 감전사고 예방을 위한 방호관 설치가 제대로 되었는지를 점검하거나 관련 법령상의 재해예방 조치를 취하지 않은 채 그대로 방치하였을 뿐만 아니라 도급 사업주인 피고인 한국전력공사의 사용인이자 지장철탑

이설공사에 관한 안전보건관리책임자로서 산업안전보건법 제29조에 따라 사업장에 대한 종합적인 안전관리의무 및 안전조치의무를 부여받았음에도 수급인 공소외 회사에 이를 미룬 채 현장에 직접 안전관리를 할 직원을 두지 않은 등 아무런 관리 감독을 하지 않았고, ② 피고인 한국전력공사는 도급 사업주로서 종합적인 안전관리의무가 있음에도 이를 해태하여 수급인들 사이에 안전점검에 관한 의사소통 및 확인절차를 제대로 이행하지 않았으며, 안전보건총괄책임자를 지정하지도 않았다고 보아, 피고인 1에 대한 업무상과실치사의 점 및 피고인들에 대한 산업안전보건법 위반의 점을 모두 유죄로 판단하였다.

원심판결 이유를 관련 법리와 적법하게 채택된 증거에 비추어 살펴보면, 위와 같은 원심의 판단은 정당하고 거기에 상고이유의 주장과 같이 피고인 1의 업무상 주의의무, 피고인들의 안전관리의무 및 안전조치의무에 관한 법리를 오해한 잘못이 없다.

5. 결 론

그러므로 상고를 모두 기각하기로 하여, 관여 대법관의 일치된 의견으로 주문과 같이 판결한다.

ⓑ 대법원 2022. 03. 31. 선고 2022도755 판결 [국민체육진흥법위반]

【판시사항】

운동경기의 선수 등이 운동경기에 관하여 부정한 청탁을 받고 재물 또는 재산상 이익을 받거나 요구 또는 약속한 경우, 실제로 부정한 청탁에 따른 부정한 행위를 할 생각이 없었더라도 국민체육진흥법 제48조 제2호, 제14조의3 제1항 위반으로 인한 국민체육진흥법 위반죄가 성립하는지 여부(적극)

【판결요지】

국민체육진흥법 제14조의3 제1항은 "전문체육에 해당하는 운동경기의 선수·감독·코치·심판 및 경기단체의 임직원은 운동경기에 관하여 부정한 청탁을 받고 재물이나 재산상의 이익을 받거나 요구 또는 약속하여서는 아니 된다."라고 정하고, 제48조 제2호는 '제14조의3을 위반한 운동경기의 선수·감독·코치·심판 및 경기단체 임직원은 5년 이하의 징역이나 5천만 원 이하의 벌금에 처한다.'라고 정하여 운동경기의 선수 등이 부정한 청탁을 받고 재물이나 재산상 이익을 받는 행위를 금지하고 형사처벌 대상으로 삼고 있다. 한편 위 법 제47조 제1호는 '제14조의3 제1항을 위반하여 부정한 행위를 한 운동경기의 선수·감독·코치·심판 및 경기단체 임직원은 7년 이하의 징역이나 7천만 원 이하의 벌금에 처한다.'라고 정하여 운동경기의 선수 등이 승부조작 등 부정한 행위를 한 경우를 별도로 처벌하고 있다. 이는 전문체육 운동경기에 대한 승부조작 등의 부정행위를 금지함으로써 운동경기의 공정성에 대한 신뢰를 보호하기 위한 것이다.

> 위와 같은 국민체육진흥법의 규정 내용과 제14조의3의 입법 취지 등을 종합하면, 운동경기의 선수 등이 운동경기에 관하여 부정한 청탁을 받고 재물 또는 재산상 이익을 받거나 요구 또는 약속한 때에는 실제로 부정한 청탁에 따른 부정한 행위를 할 생각이 없었더라도 국민체육진흥법 제48조 제2호, 제14조의3 제1항 위반으로 인한 국민체육진흥법 위반죄가 성립한다.

【참조조문】 국민체육진흥법 제14조의3 제1항, 제47조 제1호, 제48조 제2호
【전 문】 【피 고 인】 피고인 【상 고 인】 피고인 【변 호 인】 변호사 김윤미
【원심판결】 대구지법 2021. 12. 24. 선고 2021노3426 판결

【주 문】

상고를 기각한다.

【이 유】

상고이유를 판단한다.

1. 국민체육진흥법 제48조 제2호 위반죄의 성립 여부

가. 국민체육진흥법 제14조의3 제1항은 "전문체육에 해당하는 운동경기의 선수·감독·코치·심판 및 경기단체의 임직원은 운동경기에 관하여 부정한 청탁을 받고 재물이나 재산상의 이익을 받거나 요구 또는 약속하여서는 아니 된다."라고 정하고, 제48조 제2호는 '제14조의3을 위반한 운동경기의 선수·감독·코치·심판 및 경기단체 임직원은 5년 이하의 징역이나 5천만 원 이하의 벌금에 처한다.'라고 정하여 운동경기의 선수 등이 부정한 청탁을 받고 재물이나 재산상 이익을 받는 행위를 금지하고 형사처벌 대상으로 삼고 있다. 한편 위 법 제47조 제1호는 '제14조의3 제1항을 위반하여 부정한 행위를 한 운동경기의 선수·감독·코치·심판 및 경기단체 임직원은 7년 이하의 징역이나 7천만 원 이하의 벌금에 처한다.'라고 정하여 운동경기의 선수 등이 승부조작 등 부정한 행위를 한 경우를 별도로 처벌하고 있다. 이는 전문체육 운동경기에 대한 승부조작 등의 부정행위를 금지함으로써 운동경기의 공정성에 대한 신뢰를 보호하기 위한 것이다.

위와 같은 국민체육진흥법의 규정 내용과 제14조의3의 입법 취지 등을 종합하면, 운동경기의 선수 등이 운동경기에 관하여 부정한 청탁을 받고 재물 또는 재산상 이익을 받거나 요구 또는 약속한 때에는 실제로 부정한 청탁에 따른 부정한 행위를 할 생각이 없었더라도 국민체육진흥법 제48조 제2호, 제14조의3 제1항 위반으로 인한 국민체육진흥법 위반죄가 성립한다.

나. 원심은 다음과 같은 이유로 이 사건 공소사실을 유죄로 판단하였다.

피고인은 공소외 1과 함께 공소외 2를 만나 공소외 2에게 "주말 야구경기에서 (팀명칭 생략)이 상대팀에게 1회에 볼넷을 허용하고, 4회 이전에 일정 점수 이상을 실점하는 내용으로 승부를 조작해 줄 테니 5억 원을 달라."라고 제안하고, 그 제안을 승낙한 공소외 2로부터 위와 같이 부정한 청탁을 받고 그 대가로 합계 5억 원을 받았다. 피고인 주장과 같이 처음부터 승부조작 의사가

없었을 뿐만 아니라 승부조작을 할 수도 없었더라도 피고인이 부정한 청탁을 받고 재물을 받았다고 보아야 한다.

다. 원심판결 이유를 위에서 본 법리와 적법하게 채택된 증거에 비추어 살펴보면, 원심판결에 논리와 경험의 법칙에 반하여 자유심증주의의 한계를 벗어나거나 국민체육진흥법 위반죄의 성립에 관한 법리를 오해한 잘못이 없다.

2. 추징액 산정에 관한 법리오해 여부

원심은 이 사건 공소사실을 유죄로 판단하면서 피고인으로부터 109,475,000원을 추징하였다. 원심판결 이유를 관련 법리와 적법하게 채택된 증거에 비추어 살펴보면, 원심판결에 논리와 경험의 법칙에 반하여 자유심증주의의 한계를 벗어나거나 추징액 산정에 관한 법리를 오해한 잘못이 없다.

3. 양형부당과 증거신청의 채택에 관한 주장의 당부

형사소송법 제383조 제4호에 따르면 사형, 무기 또는 10년 이상의 징역이나 금고가 선고된 사건에서만 양형부당을 이유로 상고할 수 있다. 따라서 피고인에 대하여 그보다 가벼운 형이 선고된 이 사건에서 형이 너무 무거워 부당하다는 주장은 적법한 상고이유가 아니다. 원칙적으로 증거신청의 채택 여부는 법원의 재량으로서 법원이 필요하지 않다고 인정할 때에는 조사하지 않을 수 있으므로(대법원 2011. 1. 27. 선고 2010도7947 판결 등 참조), 원심이 피고인의 증인신청을 받아들이지 않았더라도 위법하다고 할 수 없다.

4. 결 론

피고인의 상고는 이유 없어 이를 기각하기로 하여, 대법관의 일치된 의견으로 주문과 같이 판결한다.

Ⓑ 대법원 2022. 04. 14. 선고 2019도14416 판결 [산업안전보건법위반]

【판시사항】

[1] 사업주 등이 사업주 운영의 사업장에서 구 산업안전보건법의 위임에 따른 '산업안전보건기준에 관한 규칙'이 정하고 있는 위험방지조치를 취하지 않은 채 근로자에게 안전상 위험성이 있는 작업을 하도록 지시하거나 위험방지조치가 취해지지 않은 상태에서 위와 같은 작업이 이루어졌다고 인정되는 경우, 구 산업안전보건법 제67조 제1호, 제71조 위반죄가 성립하는지 여부(적극) 및 구 산업안전보건법 제23조 제3항이 정하는 위험방지조치의무는 사업주와 근로자 사이에 실질적인 고용관계가 성립하는 경우에 적용되는지 여부(적극)

[2] 건설기계를 대여받은 자가 작업자와 실질적 고용관계를 형성하여 구 산업안전보건법 제2조 제3호의 사업주에 해당하는 경우, 그 사업주는 구 산업안전보건법 제33조 제3항이 정한 위험 기계 등

을 대여받은 자로서 부담하는 유해·위험방지의무와는 별개로 같은 법 제23조 제3항이 정한 위험 방지조치의무도 부담하는지 여부(적극)

【판결요지】

[1] 구 산업안전보건법(2019. 1. 15. 법률 제16272호로 전부 개정되기 전의 것, 이하 같다) 제2조 제3호는 '사업주란 근로자를 사용하여 사업을 하는 자'라고 정하고, 제23조 제3항은 '사업주는 작업 중 근로자가 추락할 위험이 있는 장소 등에는 그 위험을 방지하기 위하여 필요한 조치를 하여야 한다.'고 정하고 있다. 구 산업안전보건법 제67조 제1호, 제71조에서 제23조 제3항을 위반한 행위를 처벌하는 것은, 산업재해의 결과 발생에 대한 책임을 물으려는 것이 아니라 사업주 등이 구 산업안전보건법 제23조 제3항 등에 정한 필요한 조치를 이행하지 아니한 것에 대한 책임을 물으려는 것으로 보아야 한다. 따라서 사업주 등이 사업주 운영의 사업장에서 위 법령의 위임에 따른 '산업안전보건기준에 관한 규칙'이 정하고 있는 위험방지조치를 취하지 아니한 채 근로자로 하여금 안전상 위험성이 있는 작업을 하도록 지시하거나 위험방지조치가 취해지지 않은 상태에서 위와 같은 작업이 이루어졌다고 인정되는 경우 그 자체로 구 산업안전보건법 제67조 제1호, 제71조 위반죄가 성립한다. 그리고 구 산업안전보건법 제23조 제3항이 정하는 위험방지조치의무는 근로자를 사용하여 사업을 행하는 사업주가 부담하여야 하는 재해방지의무로서 사업주와 근로자 사이에 실질적인 고용관계가 성립하는 경우에 적용된다.

[2] 구 산업안전보건법(2019. 1. 15. 법률 제16272호로 전부 개정되기 전의 것, 이하 같다) 제33조 제3항은 '기계 등을 타인에게 대여하거나 대여받는 자는 고용노동부령으로 정한 유해·위험 방지를 위하여 필요한 조치'를 하도록 정하고, 구 산업안전보건법 시행규칙(2018. 3. 30. 고용노동부령 제214호로 개정되기 전의 것) 제49조 제1항은 '위험 기계 등을 타인에게 대여하는 자가 취해야 할 유해·위험방지 조치'를, 제50조 제1항은 '법 제33조 제3항에 따라 위험 기계 등을 대여받는 자는 그가 사용하는 근로자가 아닌 사람에게 해당 기계 등을 조작하도록 하는 경우'에 취할 조치를, 제2항은 '기계 등을 대여받은 자가 기계 등을 반환할 때 수리·보수·점검 내역 등을 적은 서면을 발급할 의무'를 정하고 있다. 구 산업안전보건법 제23조 제3항은 사업주에게 특정 조치의무를 부과함으로써 위험한 작업환경으로부터 소속 근로자를 보호하는 것을 목적으로 하는 반면, 구 산업안전보건법 제33조 제3항은 유해하거나 위험한 기계·기구·설비 및 건축물의 대여를 통하여 발생할 수 있는 위험방지를 목적으로 한다. 따라서 건설기계를 대여받은 자가 작업자와 사이에 실질적 고용관계를 형성하여 구 산업안전보건법 제2조 제3호의 사업주에 해당하는 경우, 그 사업주는 구 산업안전보건법 제33조 제3항이 정한 위험 기계 등을 대여받은 자로서 부담하는 유해·위험방지의무와는 별개로 같은 법 제23조 제3항이 정한 위험방지조치의무도 부담한다.

【참조조문】 [1] 구 산업안전보건법(2019. 1. 15. 법률 제16272호로 전부 개정되기 전의 것) 제2조 제3호(현행 제2조 제4호 참조), 제23조 제3항(현행 제38조 제3항 참조), 제67조 제1호(현행 제168조 제1호 참조), 제71조(현행 제173조 참조) / [2] 구 산업안전보건법(2019. 1. 15. 법률 제16272호로 전부 개정되기 전의 것) 제2조 제3호(현행 제2조 제4호 참조), 제23조 제3항(현행 제38조 제3항 참조), 제33조 제3항(현행 제81조 참조), 구 산업안전보건법 시행규칙(2018. 3. 30. 고용노동부령 제214호로 개정되기 전의 것) 제49조 제1항(현행 제100조 참조), 제50조 제1항(현행 제101조 제1항 참조), 제2항(현행 제101조 제4항 참조)

【참조판례】 [1] 대법원 2007. 11. 29. 선고 2006도7733 판결, 대법원 2009. 5. 14. 선고 2008도101 판결, 대법원 2020. 8. 27. 선고 2018도10845 판결
【전 문】 【피 고 인】 피고인 1 외 1인 【상 고 인】 검사
【변 호 인】 법무법인(유한) 신원 담당변호사 김칠구 외 1인
【원심판결】 청주지법 2019. 9. 26. 선고 2019노211 판결

【주 문】

원심판결 중 피고인들에 대한 사다리식 통로 설치 관련 위험방지조치의무 위반으로 인한 산업안전보건법 위반 부분을 파기하고, 이 부분 사건을 청주지방법원에 환송한다. 검사의 나머지 상고를 기각한다.

【이 유】

상고이유를 판단한다.

1. 사다리식 통로 설치 관련 산업안전보건법 위반 부분

가. 이 부분 공소사실의 요지

피고인 1은 피고인 주식회사 ○○(이하 '피고인 회사'라고 한다)이 진행하는 건물 신축공사 현장소장으로서 위 공사에 관하여 근로자의 안전·보건에 관한 관리책임을 부담하는 안전보건총괄책임자이다.

피고인 1은 2018. 1.경 위 공사현장에서 사다리식 통로 등을 설치하는 경우 견고한 구조로 하고 심한 손상·부식 등이 없는 재료를 사용하여야 함에도, 운전석 상부 탑헤드 수직 이동통로 등받이 방호울 수평부재가 이탈되어 있고, 발판 용접 부위에 균열 손상이 있는 타워크레인 1호기(이하 '이 사건 타워크레인'이라 한다)를 근로자로 하여금 사용하게 하였다.

이로써 피고인 1은 근로자의 추락 등 위험을 방지하기 위한 조치를 취하지 않았고, 피고인 회사는 사용인인 피고인 1이 위와 같이 피고인 회사의 업무에 관하여 위반행위를 하였다.

나. 원심판단의 요지

원심은 다음과 같은 이유로 이 부분 공소사실을 유죄로 인정한 제1심판결을 파기하고 무죄로 판단하였다.

1) 구 산업안전보건법(2019. 1. 15. 법률 제16272호로 전부 개정되기 전의 것, 이하 '구 산업안전보건법'이라 한다) 제33조 제3항과 구 「산업안전보건법 시행규칙」(2018. 3. 30. 고용노동부령 제214호로 개정되기 전의 것, 이하 '구 「산업안전보건법 시행규칙」'이라 한다) 제49조, 제50조 등은 타워크레인을 대여하는 경우 대여자에 대하여 유해·위험방지조치의무를 규정하고 있을 뿐, 대여받는 자에게 수리·보수 및 점검내역 등을 제공받는 외에 타워크레인에 대한 직접 점검 수리·보수의무를 규정하고 있지 않다.

2) 이 사건 타워크레인의 손상은 타워크레인 대여업체가 현장에 설치해 놓은 이 사건 타워크레인

구조물 자체에 존재하는 것이므로, 하자가 존재한다는 이유만으로 피고인 회사가 산업안전보건법이 정한 근로자 추락 등 위험방지조치의무를 위반하였다고 단정할 수 없다. 그런데 검사가 제출한 증거들만으로는 피고인들이 그러한 손상의 존재를 인지하고서도 이를 방치하였다거나 손상의 존재를 의심할 수 있는 사정이 있음에도 불구하고 이를 전혀 확인하지 않는 등 근로자 추락 등의 위험을 방지하기 위하여 필요한 조치를 취하지 않았다고 인정할 수 없다.

다. 대법원의 판단

그러나 위와 같은 원심의 판단은 다음과 같은 이유에서 수긍할 수 없다.

1) 관련 법리

구 산업안전보건법 제2조 제3호는 '사업주란 근로자를 사용하여 사업을 하는 자'라고 정하고, 제23조 제3항은 '사업주는 작업 중 근로자가 추락할 위험이 있는 장소 등에는 그 위험을 방지하기 위하여 필요한 조치를 하여야 한다.'고 정하고 있다. 구 산업안전보건법 제67조 제1호, 제71조에서 제23조 제3항을 위반한 행위를 처벌하는 것은, 산업재해의 결과 발생에 대한 책임을 물으려는 것이 아니라 사업주 등이 구 산업안전보건법 제23조 제3항 등에 정한 필요한 조치를 이행하지 아니한 것에 대한 책임을 물으려는 것으로 보아야 한다. 따라서 사업주 등이 사업주 운영의 사업장에서 위 법령의 위임에 따른「산업안전보건기준에 관한 규칙」이 정하고 있는 위험방지조치를 취하지 아니한 채 근로자로 하여금 안전상 위험성이 있는 작업을 하도록 지시하거나 위험방지조치가 취해지지 않은 상태에서 위와 같은 작업이 이루어졌다고 인정되는 경우 그 자체로 구 산업안전보건법 제67조 제1호, 제71조 위반죄가 성립한다(대법원 2007. 11. 29. 선고 2006도7733 판결, 대법원 2020. 08. 27. 선고 2018도10845 판결 등 참조). 그리고 구 산업안전보건법 제23조 제3항이 정하는 위험방지조치의무는 근로자를 사용하여 사업을 행하는 사업주가 부담하여야 하는 재해방지의무로서 사업주와 근로자 사이에 실질적인 고용관계가 성립하는 경우에 적용된다(대법원 2009. 05. 14. 선고 2008도101 판결 등 참조).

구 산업안전보건법 제33조 제3항은 '기계 등을 타인에게 대여하거나 대여받는 자는 고용노동부령으로 정한 유해·위험 방지를 위하여 필요한 조치'를 하도록 정하고, 구「산업안전보건법 시행규칙」제49조 제1항은 '위험 기계 등을 타인에게 대여하는 자가 취해야 할 유해·위험방지 조치'를, 제50조 제1항은 '법 제33조 제3항에 따라 위험 기계 등을 대여받는 자는 그가 사용하는 근로자가 아닌 사람에게 해당 기계 등을 조작하도록 하는 경우'에 취할 조치를, 제2항은 '기계 등을 대여받은 자가 기계 등을 반환할 때 수리·보수·점검 내역 등을 적은 서면을 발급할 의무'를 정하고 있다. 구 산업안전보건법 제23조 제3항은 사업주에게 특정 조치의무를 부과함으로써 위험한 작업환경으로부터 소속 근로자를 보호하는 것을 목적으로 하는 반면, 구 산업안전보건법 제33조 제3항은 유해하거나 위험한 기계·기구·설비 및 건축물의 대여를 통하여 발생할 수 있는 위험방지를 목적으로 한다. 따라서 건설기계를 대여받은 자가 작업자와 사이에 실질적 고용관계를 형성하여 구 산업안전보건법 제2조 제3호의 사업주에 해당하는 경우, 그 사업주는 구 산업안전보건법 제33조 제3항이 정한 위험 기계 등을 대여받은 자로서 부담하는 유해·위험방지의무와는 별개로 같은 법 제23조 제3항이 정한 위험방지조치의무도 부담한다.

2) 인정 사실

원심판결 이유 및 적법하게 채택된 증거에 의하면 다음의 사실을 알 수 있다.

가) 피고인 회사는 이 사건 타워크레인을 직접 운용·관리하였고, 피고인 회사와 공소외 회사 사이에 작성된 건설기계 임대차계약서에는 피고인 회사의 공소외 회사 소속 타워크레인 조종사에 대한 지휘·감독권한이 명시되어 있다.

나) 이 사건 타워크레인의 조종사는 피고인 회사의 지시에 따라 매일 안전점검을 실시하였는데, 그 과정에서 이 사건 타워크레인의 손상 부위를 통행할 수 있어 추락의 위험이 있다.

다) 피고인 회사는 이 사건 타워크레인 설치작업 과정을 감독하였는데, 이 사건 타워크레인의 손상이 육안으로 쉽게 확인할 수 있는 것임에도, 설치 전후의 안전점검을 통해 손상 부위를 미리 발견하고 보수하는 등의 조치를 취하지 않았다.

3) 판 단

위와 같은 사실관계를 앞서 본 법리에 비추어 보면, 피고인 회사와 이 사건 타워크레인 조종사 사이에는 실질적인 고용관계가 인정되고, 피고인들은 이 사건 타워크레인 안전점검을 통해 손상부위를 발견, 보수하는 것과 같이「산업안전보건기준에 관한 규칙」이 정한 근로자의 추락 위험을 방지하기 위한 조치를 하여야 할 의무가 있음에도 위험방지에 필요한 아무런 조치를 취하지 않았다고 볼 수 있다.

그런데도 이와 달리 피고인들이 추락방지에 관한 위험방지조치의무를 위반하였다고 볼 수 없다고 판단한 원심판결은 구 산업안전보건법상 사업주 등의 위험방지조치의무 위반에 관한 법리를 오해한 잘못이 있다. 이를 지적하는 상고이유 주장은 이유 있다.

2. 안전난간 설치 관련 산업안전보건법 위반 부분

검사는 원심판결 중 안전난간 설치 관련 위험방지조치의무 위반으로 인한 구 산업안전보건법 위반 부분에 대하여도 상고하였으나, 상고장과 상고이유서에 이에 대한 구체적인 불복이유의 기재가 없다.

3. 결 론

그러므로 원심판결 중 피고인들에 대한 사다리식 통로 설치 관련 위험방지조치의무 위반으로 인한 구 산업안전보건법 위반 부분을 파기하고, 이 부분 사건을 다시 심리·판단하도록 원심법원에 환송하기로 하며, 검사의 나머지 상고를 기각하기로 하여, 관여 대법관의 일치된 의견으로 주문과 같이 판결한다.

ⓑ 대법원 2022. 04. 14. 선고 2020도9257 판결 [근로기준법위반]

【판시사항】

갑 조합의 조합장인 피고인이 근로자 과반수의 동의를 받지 않고 취업규칙인 인사규정을 근로자에게 불리하게 개정하였다고 하여 근로기준법 위반으로 기소되었는데, 갑 조합의 정년 관련 인사규정은 개정 전 '근로자가 만 58세 되는 해의 6월 30일 또는 12월 31일에 퇴직하는 것'에서 개정 후 '만 60세에 도달하는 날에 퇴직하는 것'으로 변경된 사안에서, 취업규칙이 근로자에게 불리하게 변경되었다고 보아 공소사실을 유죄로 인정한 원심판단에 법리오해의 잘못이 있다고 한 사례

【판결요지】

갑 조합의 조합장인 피고인이 근로자 과반수의 동의를 받지 않고 취업규칙인 인사규정을 근로자에게 불리하게 개정하였다고 하여 근로기준법 위반으로 기소되었는데, 갑 조합의 개정 전 인사규정은 "직원의 정년은 58세로 한다.", "직원의 정년해직 기준일은 정년에 도달하는 날이 1월에서 6월 사이에 있는 경우에는 6월 30일로, 7월에서 12월 사이에 있는 경우에는 12월 31일로 한다."라고 규정되었다가 "직원의 정년해직 기준일은 정년에 도달한 날로 한다."라는 것으로 개정됨으로써, 개정 전 '근로자가 만 58세 되는 해의 6월 30일 또는 12월 31일에 퇴직하는 것'에서 개정 후 '만 60세에 도달하는 날에 퇴직하는 것'으로 변경된 사안에서, 고용상 연령차별금지 및 고령자고용촉진에 관한 법률 제19조에 따라 근로자의 정년을 60세 미만이 되도록 정한 근로계약이나 취업규칙, 단체협약의 정년 관련 규정은 이에 위반되는 범위 내에서 모두 무효이므로, 인사규정이 불이익하게 변경되었는지 여부는 정년에 관한 내용을 담고 있는 개정 전후의 인사규정 전체를 보고 판단하여야 하고 각 개별 조항의 효력을 하나씩 따로 비교하여 판단할 것은 아닌바, 개정 인사규정에서 근로자의 정년은 만 60세에 도달하는 날 퇴직하는 것으로 변경되어 전체적으로 정년은 연장되었다는 이유로, 이와 달리 정년해직 기준일을 정한 조항만을 비교하여 취업규칙이 근로자에게 불리하게 변경되었다고 보아 공소사실을 유죄로 인정한 원심판단에 취업규칙의 불이익변경에 관한 법리오해의 잘못이 있다고 한 사례.

【참조조문】 근로기준법 제94조 제1항, 제114조 제1호, 고용상 연령차별금지 및 고령자고용촉진에 관한 법률 제19조
【전 문】 【피 고 인】 피고인 【상 고 인】 피고인 【변 호 인】 변호사 박소이
【원심판결】 수원지법 2020. 6. 22. 선고 2019노6849 판결

【주 문】

원심판결 중 근로기준법 위반 부분을 파기하고, 이 부분 사건을 수원지방법원에 환송한다.

【이 유】

상고이유를 판단한다.

1. 원심은, 이 사건 공소사실 중 원심에서 택일적으로 추가된 아래 근로기준법 위반 공소사실을 유죄로 판단하였다.

    사용자는 취업규칙의 작성 또는 변경에 관하여 해당 사업 또는 사업장에 근로자의 과반수로 조직된 노동조합이 있는 경우에는 그 노동조합, 근로자의 과반수로 조직된 노동조합이 없는 경우에는 근로자의 과반수의 의견을 들어야 한다. 다만 취업규칙을 근로자에게 불리하게 변경하는 경우에는 그 동의를 받아야 한다. 피고인은 2018. 1. 23. 공소외 조합의 조합장으로서, 취업규칙을 기존 "직원의 정년해직 기준일은 정년에 달한 날이 1월에서 6월 사이에 있는 경우에는 6월 30일로, 7월에서 12월 사이에 있는 경우에는 12월 31일로 한다."를 "직원의 정년해직 기준일은 정년에 도달한 날로 한다."라는 것으로 근로자에게 불리하게 변경하면서 근로자 과반수의 동의를 받지 아니하였다.

2. 그러나 원심의 판단은 다음과 같은 이유로 받아들이기 어렵다.

    기록에 따르면, 공소외 조합의 개정 전 인사규정 제60조 제2항은 "직원의 정년은 58세로 한다.", 제3항은 "직원의 정년해직 기준일은 정년에 도달하는 날이 1월에서 6월 사이에 있는 경우에는 6월 30일로, 7월에서 12월 사이에 있는 경우에는 12월 31일로 한다."라고 규정하고 있었는데, 2018. 1. 23. 위 공소사실과 같이 개정되었다. 즉, 이 사건 개정 전 인사규정은 근로자가 만 58세 되는 해의 6월 30일 또는 12월 31일에 퇴직하는 것으로 규정하고 있었으나 이 사건 개정으로 만 60세에 도달하는 날에 퇴직하는 것으로 변경된 것이다.

    그런데 원심은, 사업주는 근로자의 정년을 60세 이상으로 정하여야 한다는 「고용상 연령차별금지 및 고령자고용촉진에 관한 법률」(이하 '고령자고용법'이라 한다) 제19조가 시행되었다는 점을 들어 정년을 58세로 정한 이 사건 개정 전 인사규정 중 제60조 제2항의 효력은 없어졌지만 정년해직 기준일을 정한 제60조 제3항은 여전히 유효하다고 보아 위 정년해직 기준일을 정한 조항만을 비교하여 불이익하게 변경되었다고 판단하였다. 그러나 고령자고용법 제19조에 따라 근로자의 정년을 60세 미만이 되도록 정한 근로계약이나 취업규칙, 단체협약의 정년 관련 규정은 이에 위반되는 범위 내에서 모두 무효이므로(대법원 2017. 3. 9. 선고 2016다249236 판결 등 참조), 정년에 관한 내용을 담고 있는 개정 전후의 인사규정 전체를 보고 판단하여야 할 것이지 위 각 개별 조항의 효력을 하나씩 따로 비교하여 판단할 것은 아니다.

    따라서 이 사건 개정 인사규정에서 근로자의 정년은 만 60세에 도달하는 날 퇴직하는 것으로 변경되어 전체적으로 정년은 연장되었음에도, 원심이 취업규칙인 인사규정이 근로자에게 불리하게 변경되었다고 판단하여 이 부분 공소사실을 유죄로 인정한 것은 취업규칙의 불이익변경에 관한 법리를 오해하여 판결에 영향을 미친 잘못이 있다.

    그렇다면 원심판결 중 위 공소사실 부분은 파기되어야 하고, 이와 택일적으로 공소제기된 근로자 과반수 의견청취 의무위반으로 인한 근로기준법 위반 부분도 일죄로 공소제기되어 한꺼번에 심판되어야 하므로 함께 파기되어야 한다.

3. 그러므로 원심판결 중 근로기준법 위반 부분을 파기하고, 이 부분 사건을 다시 심리·판단하도록 원심법원에 환송하기로 하여, 관여 대법관의 일치된 의견으로 주문과 같이 판결한다.

⑪ 대법원 2022. 04. 14. 선고 2021도2046 판결 [수입식품안전관리특별법위반]

【판시사항】

수입식품 등 인터넷 구매 대행업 영업등록을 하고 대행업을 영위하는 경우, 구 수입식품안전관리특별법 제20조 제1항에 따라 수입신고를 하여야 하는지 여부(적극) 및 이때 해외 판매자로부터 국내 소비자에게 직접 배송되었거나 수입 통관절차에 국내 소비자의 '개인통관고유부호'가 사용되었더라도 위 대행업에 해당하는 이상 수입신고가 필요한지 여부(적극)

【판결요지】

2015. 2. 3. 법률 제13201호로 제정된 구 수입식품안전관리 특별법(2019. 12. 3. 법률 제16716호로 개정되기 전의 것, 이하 '구 수입식품법'이라고 한다)은 수입식품 증가에 따른 수입식품 안전 확보를 위해서 영업자 구분관리, 해외제조업소 등록 및 현지실사 등을 규정함으로써 수입 품목에 대한 관리뿐만 아니라 수입자 및 해외제조업소를 관리하여 안전한 식품이 수입될 수 있는 환경을 마련하는 데에 입법 목적이 있고, 수입식품 등에 관하여는 다른 법률보다 우선하여 적용된다(제4조). 구 수입식품법은 '수입식품 등 인터넷 구매 대행업'을 하려는 자를 식품의약품안전처장에게 영업등록을 하여야 하는 '영업자'로 규정하고 있고(제2조 제5호, 제14조, 제15조), 구 수입식품법 제14조 제2항의 위임에 따라 '영업자'의 영업 범위를 정하고 있는 구 수입식품안전관리 특별법 시행령(2019. 5. 14. 대통령령 제29763호로 개정되기 전의 것) 제2조 제3호는 '수입식품 등 인터넷 구매 대행업'을 '국내 소비자의 요청에 따라 해외 판매자의 사이버몰(컴퓨터 등과 정보통신설비를 이용하여 재화 등을 거래할 수 있도록 설정된 가상의 영업장을 말한다) 등으로부터 수입식품 등의 구매를 대행하여 수입하는 영업'이라고 규정하고 있다. 구 수입식품법상 '영업자'가 판매를 목적으로 하거나 영업상 사용할 목적으로 수입식품 등을 수입(수입신고 대행을 포함한다)하려면 총리령으로 정하는 바에 따라 식품의약품안전처장에게 수입신고를 하여야 하고(제20조 제1항), 그 위임에 따라 구 수입식품안전관리 특별법 시행규칙(2019. 6. 19. 총리령 제1546호로 개정되기 전의 것) 제27조 제2항은 수입식품 등 인터넷 구매 대행업자가 수입신고를 하려는 경우에는 '인터넷 구매대행 수입식품 등의 수입신고서'를 수입통관이 이루어지기 전에 관할 지방식품의약품안전청장에게 제출하도록 규정하고 있다.

위와 같은 법령의 내용과 취지 등을 종합하면, 수입식품 등 인터넷 구매 대행업 영업등록을 하고 대행업을 영위하는 이상 구 수입식품법 제20조 제1항에 따라 수입신고를 하여야 하고, 해외 판매자로부터 국내 소비자에게 직접 배송되었거나 수입 통관절차에 국내 소비자의 '개인통관고유부호'가 사용되었더라도 위 대행업에 해당하는 이상 수입신고가 필요하다.

【참조조문】 구 수입식품안전관리 특별법(2019. 12. 3. 법률 제16716호로 개정되기 전의 것) 제1조, 제2조 제5호, 제4조, 제14조, 제15조, 제20조 제1항, 제42조 제2호, 구 수입식품안전관리 특별법 시행령(2019. 5. 14. 대통령령 제29763호로 개정되기 전의 것) 제2조 제3호, 구 수입식품안전관리 특별법 시행규칙(2019. 6. 19. 총리령 제1546호로 개정되기 전의 것) 제27조 제2항 [별지 제26호 서식]

【전 문】 【피 고 인】 피고인 1 외 1인   【상 고 인】 피고인들

【변 호 인】 법무법인 혜민 담당변호사 허범
【원심판결】 서울서부지법 2021. 1. 25. 선고 2020노919 판결

【주 문】

상고를 모두 기각한다.

【이 유】

상고이유(상고이유서 제출기간이 지난 다음 제출된 서면은 상고이유를 보충하는 범위 내에서)를 판단한다.

1. 공소사실이 특정되었는지 여부(상고이유 제1점)

원심은 판시와 같은 이유로 이 사건 공소사실이 특정되었다고 판단하였다. 원심판결 이유를 관련 법리와 적법하게 채택한 증거에 비추어 살펴보면, 원심의 판단에 공소사실 특정에 관한 법리를 오해한 잘못이 없다.

2. 수입신고의무자인지 여부(상고이유 제2점)

2015. 2. 3. 법률 제13201호로 제정된 구「수입식품안전관리 특별법」(2019. 12. 3. 법률 제16716호로 개정되기 전의 것, 이하 '구 수입식품법'이라고 한다)은 수입식품 증가에 따른 수입식품 안전 확보를 위해서 영업자 구분관리, 해외제조업소 등록 및 현지실사 등을 규정함으로써 수입 품목에 대한 관리뿐만 아니라 수입자 및 해외제조업소를 관리하여 안전한 식품이 수입될 수 있는 환경을 마련하는 데에 입법 목적이 있고, 수입식품 등에 관하여는 다른 법률보다 우선하여 적용된다(제4조). 구 수입식품법은 '수입식품 등 인터넷 구매 대행업'을 하려는 자를 식품의약품안전처장에게 영업등록을 하여야 하는 '영업자'로 규정하고 있고(제2조 제5호, 제14조, 제15조), 구 수입식품법 제14조 제2항의 위임에 따라 '영업자'의 영업 범위를 정하고 있는 구 수입식품법 시행령(2019. 5. 14. 대통령령 제29763호로 개정되기 전의 것) 제2조 제3호는 '수입식품 등 인터넷 구매 대행업'을 '국내 소비자의 요청에 따라 해외 판매자의 사이버몰(컴퓨터 등과 정보통신설비를 이용하여 재화 등을 거래할 수 있도록 설정된 가상의 영업장을 말한다) 등으로부터 수입식품 등의 구매를 대행하여 수입하는 영업'이라고 규정하고 있다. 구 수입식품법상 '영업자'가 판매를 목적으로 하거나 영업상 사용할 목적으로 수입식품 등을 수입(수입신고 대행을 포함한다)하려면 총리령으로 정하는 바에 따라 식품의약품안전처장에게 수입신고를 하여야 하고(제20조 제1항), 그 위임에 따라 구 수입식품법 시행규칙(2019. 6. 19. 총리령 제1546호로 개정되기 전의 것) 제27조 제2항은 수입식품 등 인터넷 구매 대행업자가 수입신고를 하려는 경우에는 '인터넷 구매대행 수입식품 등의 수입신고서'를 수입통관이 이루어지기 전에 관할 지방식품의약품안전청장에게 제출하도록 규정하고 있다.

위와 같은 법령의 내용과 취지 등을 종합하면, 피고인들이 수입식품 등 인터넷 구매 대행업 영업등록을 하고 대행업을 영위하는 이상 구 수입식품법 제20조 제1항에 따라 수입신고를 하여야 하

고, 해외 판매자로부터 국내 소비자에게 직접 배송되었거나 수입 통관절차에 국내 소비자의 '개인통관고유부호'가 사용되었더라도 위 대행업에 해당하는 이상 수입신고가 필요하다.

한편 관세법 및 동 시행령의 위임에 따라 전자상거래물품의 통관에 필요한 사항을 규정하고 있던 구 「전자상거래물품 등의 특별통관 절차에 관한 고시」(2014. 6. 16. 관세청고시 제2014-77호로 개정되기 전의 것)는 전자상거래의 유형을 구분하여 수입화주 등을 정하는 내용의 전자상거래 유형 구분에 관한 규정을 두고 있었고, 피고인들이 상고이유에서 들고 있는 대법원 2015. 11. 27. 선고 2014두2270 판결은 위 고시 시행 당시 '당해 물품을 수입한 실제 소유자 확정 기준'에 관한 것이었다. 그러나 위 고시의 전자상거래 유형 구분에 관한 규정들은 전자상거래 유형이 지속적으로 다변화되어 유형 구분의 실효성이 없다는 이유로 2014. 6. 16. 위 고시가 개정되면서 모두 삭제되었는바, 위 폐지된 고시 및 대법원판결의 법리는 그 후 시행된 구 수입식품법 위반으로 기소된 이 사건에 적용되지 않는다.

원심은 판시와 같은 이유로 피고인들에 대한 공소사실을 유죄로 판단한 제1심판결을 그대로 유지하였다. 원심판결 이유를 앞서 본 법리와 적법하게 채택한 증거에 비추어 살펴보면, 이러한 원심의 판단에 논리와 경험의 법칙을 위반하여 자유심증주의의 한계를 벗어나거나 「수입식품안전관리 특별법」위반죄의 성립에 관한 법리를 오해한 잘못이 없다.

3. 결 론

그러므로 상고를 모두 기각하기로 하여, 관여 대법관의 일치된 의견으로 주문과 같이 판결한다.

Ⓐ **대법원 2022. 04. 21. 선고 2019도3047 전원합의체 판결 [추행]**

【판시사항】

[1] 동성인 군인 사이의 항문성교나 그 밖에 이와 유사한 행위가 사적 공간에서 자발적 의사 합치에 따라 이루어지는 등 군이라는 공동사회의 건전한 생활과 군기를 직접적·구체적으로 침해한 것으로 보기 어려운 경우, 군형법 제92조의6이 적용되는지 여부(소극)

[2] 군인인 피고인 갑은 자신의 독신자 숙소에서 군인 을과 서로 키스, 구강성교나 항문성교를 하는 방법으로 추행하고, 군인인 피고인 병은 자신의 독신자 숙소에서 동일한 방법으로 피고인 갑과 추행하였다고 하여 군형법 위반으로 기소된 사안에서, 피고인들과 을은 모두 남성 군인으로 당시 피고인들의 독신자 숙소에서 휴일 또는 근무시간 이후에 자유로운 의사를 기초로 한 합의에 따라 항문성교나 그 밖의 성행위를 한 점 등에 비추어 피고인들의 행위는 군형법 제92조의6에서 처벌 대상으로 규정한 '항문성교나 그 밖의 추행'에 해당하지 않는다고 한 사례

【판결요지】

[1] [다수의견]
군형법 제92조의6의 문언, 개정 연혁, 보호법익과 헌법 규정을 비롯한 전체 법질서의 변화를 종합적으로 고려하면, 위 규정은 동성인 군인 사이의 항문성교나 그 밖에 이와 유사한 행위가 사적 공간에서 자발적 의사 합치에 따라 이루어지는 등 군이라는 공동사회의 건전한 생활과 군기를 직접적, 구체적으로 침해한 것으로 보기 어려운 경우에는 적용되지 않는다고 봄이 타당하다. 구체적인 이유는 다음과 같다.

(가) 현행 군형법 제92조의6은 2013. 4. 5. 법률 제11734호로 개정된 것으로서 "제1조 제1항부터 제3항까지에 규정된 사람(이하 '군인 등'이라 한다)에 대하여 항문성교나 그 밖의 추행을 한 사람은 2년 이하의 징역에 처한다."라고 정하고 있다(이하 '현행 규정'이라 한다). 현행 규정은 구 군형법(2013. 4. 5. 법률 제11734호로 개정되기 전의 것, 이하 '구 군형법'이라 한다) 제92조의5 규정과는 달리 '계간(鷄姦)' 대신 '항문성교'라는 표현을 사용하고 행위의 객체를 군형법이 적용되는 군인 등으로 한정하였다.
제정 당시 군형법(2009. 11. 2. 법률 제9820호로 개정되기 전의 것, 이하 '제정 군형법'이라 한다) 제92조와 구 군형법 제92조의5의 대표적 구성요건인 '계간(鷄姦)'은 사전적(辭典的)으로 '사내끼리 성교하듯이 하는 짓'으로서 남성 간의 성행위라는 개념요소를 내포하고 있다. 반면, 현행 규정의 대표적 구성요건인 '항문성교'는 '발기한 성기를 항문으로 삽입하는 성행위'라는 성교행위의 한 형태를 가리키는 것으로서, 이성 간에도 가능한 행위이고 남성 간의 행위에 한정하여 사용되는 것이 아니다. 따라서 현행 규정의 문언만으로는 동성 군인 간의 성행위 그 자체를 처벌하는 규정이라는 해석이 당연히 도출될 수 없고, 별도의 규범적인 고려 또는 법적 평가를 더해야만 그러한 해석이 가능하다.

(나) 어떤 행위가 추행에 해당하는지에 대한 일반적인 관념이나 동성 간의 성행위에 대한 규범적 평가는 시대와 사회의 변화에 따라 바뀌어 왔고, 동성 간의 성행위가 객관적으로 일반인에게 성적 수치심이나 혐오감을 일으키게 하고 선량한 성적 도덕관념에 반하는 행위라는 평가는 이 시대 보편타당한 규범으로 받아들이기 어렵게 되었다.

(다) 현행 규정의 체계와 문언, 개정 경위와 함께, 동성 간 성행위에 대한 법규범적 평가의 변화에 따라 동성 군인 간 합의에 따른 성행위를 아무런 제한 없이 군기를 침해하는 행위라고 보기 어려운 점 등을 종합하면, 현행 규정의 보호법익에는 '군이라는 공동사회의 건전한 생활과 군기'라는 전통적인 보호법익과 함께 '군인의 성적 자기결정권'도 포함된다고 보아야 한다.

(라) 성적 자기결정권은 군형법의 적용 대상인 군인에게도 당연히 인정되는 보편적 권리로서, 군인의 신분에 수반되는 국가안전보장·질서유지 또는 공공복리를 위하여 필요한 범위 내에서 법률로 이를 제한하는 경우에도 그 본질적인 내용은 침해될 수 없다.
위에서 본 동성 간 성행위에 대한 법규범적 평가에 비추어 보면, 동성 군인 간 합의에 의한 성행위로서 그것이 군이라는 공동사회의 건전한 생활과 군기를 직접적, 구체적으로 침해하지 않는 경우까지 형사처벌을 하는 것은 헌법을 비롯한 전체 법질서에 비추어 허용되지 않는다고 보아야 한다. 이를 처벌하는 것은 합리적인 이유 없이 군인이라는 이유만으로 성적 자기결정권을 과도하게 제한하는 것으로서 헌법상 보장된 평등권, 인간으로서의 존엄과 가치, 그리고 행복추구권을 침해할 우려가 있다.
특히 현행 규정은 장교나 부사관 등 직업군인에게도 적용되는데, 직업군인의 경우 장기간 동안 군형법의 적용을 받게 되므로 기본권 제한의 정도가 매우 크다. 그리고 군인 간의 합의에 의한 항문성교 그 밖의 성행위가 사적 공간에서 은밀히 이루어진 경우 이를 처벌하기 위해서는 지극히 사생활 영역에 있는 행위에 대한 수사가 필수적인데, 이러한 수사는 군인의 사생활의 비밀과 자유를 과도하게 제한하는 것으로 허용되기 어렵다.

[대법관 안철상, 대법관 이흥구의 별개의견] 별개의견의 요지는 다음과 같다.

첫째, 현행 규정은 기본권 보장, 권력분립 원칙 등 헌법 질서의 테두리 안에서 전승을 위한 전투력 확보라는 군형법의 특수한 목적과 군의 건전한 생활과 군기라는 현행 규정의 보호법익을 충분히 고려하여 합리적으로 해석되어야 한다.

둘째, 다수의견은 '군이라는 공동사회의 건전한 생활과 군기'를 현행 규정의 적용 여부를 판단하는 기준으로 삼으면서도, 동성 군인 사이의 항문성교나 그 밖의 추행행위가 사적 공간에서 '자발적 의사 합치'에 따라 이루어진 경우에는 현행 규정이 적용되지 않는다고 한다. 그러나 합의 여부를 현행 규정 적용의 소극적 요소 중 하나로 파악하는 것은 법률해석을 넘어서는 실질적 입법행위에 해당하여 찬성하기 어렵다.

셋째, 다수의견은 성적 자기결정권을 현행 규정의 보호법익에 포함시키고 있다. 이에 따르면, 군인 등의 위와 같은 성적 행위가 자발적 합의에 의한 것이 아닌 경우 사적 공간에서의 행위라 하더라도 현행 규정의 적용 대상이 될 수 있게 된다. 그러나 이것은 군형법에서 비동의추행죄를 신설하는 의미가 되고, 이에 관한 충분한 논의와 사회적 공감대가 형성되지 않은 상태에서 이를 도입하는 것은 형사법체계에 큰 논란을 초래하는 것이어서 선뜻 받아들이기 어렵다.

넷째, 현행 규정의 적용 범위는 합헌적 해석을 바탕으로 군형법 체계와 보호법익을 고려하면, 행위 시 상황을 기준으로 판단함이 합리적인 해석이다. 이에 따르면, 현행 규정은 적전, 전시·사변과 같은 상황에서 기본적으로 적용되고, 평시의 경우에는 군사훈련, 경계근무 그 밖에 이에 준하는 군기를 직접적, 구체적으로 침해할 우려가 있는 상황에서만 적용된다고 봄이 타당하다.

[대법관 김선수의 별개의견]
다수의견은 두 사람이 상호 합의하여 성적 행위를 한 경우에도 현행 규정을 적용하여 형사처벌을 할 수 있는 여지를 남겨둔 것으로 보이므로, 그와 같은 해석은 가능한 문언해석의 범위를 벗어난 것으로 허용될 수 없다는 의견을 밝힌다.

(가) 현행 규정과 같이 조사 상당어 '에 대하여'를 사용한 경우 그 상대방은 주어가 행하는 술어 행위의 영향력이 미치는 대상이 될 뿐으로, 행위의 일방향성이 부각되므로, 주어와 대상의 상호 작용성, 상호 합의라는 의미와 연관 지어 해석할 수는 없다. 즉, 조사 상당어 '에 대하여'의 의미로부터 두 사람이 상호 합의하여 행위를 한 경우에도 적용할 수 있다는 해석을 이끌어 낼 수는 없다. 결국 '에 대하여'로 개정된 현행 규정에 따르면, 행위를 한 행위자만을 처벌할 수 있을 뿐 그 상대방을 처벌할 수 없다고 보아야 한다. 이러한 해석은 객관적으로 나타난 현행 규정의 문장구조

와 규정 형식, 문언의 의미와 내용에 따른 것으로서, 설령 입법자가 이를 의도하지 않았다고 하더라도 입법자의 의도가 법 문언에 객관적으로 표현되지 않은 이상 당연한 것이다.

또한 '상호 합의하다.'라는 어구의 의미해석상 '상호 합의한 성적 행위'에서 행위자와 그 상대방을 설정하기 어려우므로, 결국 현행 규정은 두 사람이 상호 합의하여 성적 행위를 한 경우에는 적용할 수 없다고 보아야 한다. 두 사람이 상호 합의하여 이 사건 행위를 한 경우 두 사람 중에 누가 행위자이고 상대방인지 구별할 수 없다면, 죄형법정주의 원칙에 따라 두 사람 모두 처벌대상에 해당하지 않는 것으로 해석하는 것이 타당하다. 그럼에도 현행 규정을 적용하여 두 사람을 모두 행위자로 의제하고 처벌하는 것은 죄형법정주의 원칙에 명백히 반한다.

(나) 군형법이라는 법률 명칭과 제1조의 규정에 비추어 보면 '군기 보호'라는 법익은 군형법상의 모든 장 및 모든 조항의 공통된 기본적인 보호법익이므로, 각 장 및 각 조항의 범죄는 '군기 보호'라는 공통된 보호법익을 기본으로 하여 각각의 독자적인 법익을 추가로 보호하는 것이라고 해석하는 것이 타당하다. '강간과 추행의 죄'에 관하여 규정한 제15장과 그중에서 추행의 죄에 관해 규정한 현행 규정은 군형법상의 모든 범죄의 보호법익인 '군기 보호'에 위 장 고유의 보호법익인 '성적 자유' 또는 '성적 자기결정권'을 함께 보호법익으로 한다고 해석하는 것이 군형법의 전체적인 체계와 현행 규정의 위치와 제목 등을 고려할 때 지극히 타당하다.

(다) '추행'에 해당하는지 여부를 판단할 때 중요한 고려요소 중 하나는 '그 시대의 성적 도덕관념'이므로, 현행 규정의 '추행'에 해당하는지 여부를 판단할 때에도 '이 시대의 성적 도덕관념'을 고려하여야 한다. 법원이 법률을 해석할 때 지금 이 시대의 법의식을 고려하는 것은 구체적 사건에서 타당성 있는 법률의 해석·적용을 위하여 반드시 요청되는 사항이다.

다수의견과 그 보충의견에서 설명한 동성애에 대한 우리 사회 인식의 변화에 비추어 볼 때, 성인 사이의 상호 합의에 의한 동성 간의 성적 행위를 지금 이 시대의 성적 도덕관념에 비추어 '더럽고 지저분한 행동'으로 평가할 수는 없다. 아무리 군의 특수성을 감안한다고 하더라도 형법상 추행과 같이 현행 규정상 추행도 일방의 의사에 반하여 구체적인 피해를 야기하는 행위만이 '더럽고 지저분한 행동'으로 평가하여야 한다. 이는 규범적 개념인 '추행'의 의미를 확정하는 법률해석의 과정에서 충분히 가능하고 반드시 필요한 것으로서, 문언해석의 범위를 벗어난다거나 법원의 해석 권한을 벗어나는 것이 아니다.

한편 현행 규정이 일방의 의사에 반하는 경우에만 적용되어야 한다는 해석이 군대 내에만 비동의 추행죄를 도입하게 되는 것이어서 형사법체계에 큰 논란을 초래한다는 지적은 타당하지 않다. 위와 같은 해석은 현행 규정의 문장구조와 체계, 추행의 의미에 대한 합리적 해석을 통해 그 적용 범위를 설정하려는 것으로, 어떤 새로운 범죄를 도입하는 것이 아니다. 또한 위 해석은 현행 규정의 적용 범위를 명확히 함으로써 현행 규정이 그 문언과 문장구조에 반하여 부당하게 적용되는 것을 방지하려는 것뿐이어서 형사법체계에 논란을 초래한다고 볼 수도 없다.

(라) 두 사람이 상호 합의한 성행위가 군기를 구체적, 직접적으로 침해하는 경우 현행 규정을 적용하여 처벌할 수 없다고 해석하더라도 처벌의 공백이 발생하지 않는다. 오히려 현행 규정을 두 사람이 상호 합의하여 행한 경우에도 일률적으로 적용한다면 군인에 대한 형벌권 남용의 위험이 상존할 수 있다. 따라서 군형법의 모든 조항에 공통된 보호법익인 '군기 보호'라는 명분으로 두 사람이 상호 합의하여 성적 행위를 한 경우까지 현행 규정을 적용하여 두 사람 모두를 형사처벌하는 것은 형벌의 최후수단성 원칙에 반한다고 하지 않을 수 없다.

[대법관 조재연, 대법관 이동원의 반대의견]
　　다수의견은 현행 규정이 동성 군인 사이의 항문성교나 그 밖에 이와 유사한 행위가 사적 공간에서 자발적 의사 합치에 따라 이루어지는 등 군이라는 공동사회의 건전한 생활과 군기를 직접적, 구체적으로 침해한 것으로 보기 어려운 경우에는 적용되지 않는다고 한다. 그러나 이러한 다수의견은 현행 규정이 가지는 문언의 가능한 의미를 넘어 법원에 주어진 법률해석 권한의 한계를 벗어난 것으로서 이에 동의할 수 없다. 구체적인 이유는 다음과 같다.

(가) 현행 규정은 '군인 등'에 대하여 항문성교나 그 밖의 추행을 한 사람을 2년 이하의 징역에 처하도록 정하고 있고, 군형법 제1조는 군형법의 적용대상자를 '군인 등'으로 정하고 있다. 따라서 현행 규정은 '군인 등'이 '군인 등'에 대하여 '항문성교나 그 밖의 추행'을 하는 행위를 구성요건으로 하는 형벌법규로서, 결국 현행 규정의 구성요건요소 중 해석이 필요한 부분은 주체, 객체(상대방), 행위 중 '항문성교나 그 밖의 추행'이라는 '행위' 요소에 관한 것이다.

(나) 다수의견과 같이 목적론적 축소해석 또는 합헌적 해석방법을 이용하여 문언의 가능한 의미를 벗어나 현행 규정의 구성요건을 변경하는 해석은 허용되지 않는다고 보아야 한다. 즉, 현행 규정에서 정하고 있는 '항문성교나 그 밖의 추행'에 해당하면 그로써 위 규정의 적용 대상이 되는 것이고, 여기에 더하여 다수의견과 같이 '사적 공간인지 여부', '자발적 합의에 의한 것인지 여부' 등의 사정을 고려하여 '군기를 직접적이고 구체적으로 침해하였는지'에 따라 그 적용 여부를 달리해야 할 근거는 없다. 다수의견과 같이 해석하는 것은 법원이 법률 문언에 없는 단서 조항을 신설하는 것과 같다. 이는 명문의 규정에 반하는 법형성 내지 법률 수정을 도모함으로써 법원이 가지는 법률해석 권한의 한계를 명백하게 벗어나는 것이다. 다수의견은 입법론으로 고려할 수 있을 뿐 현행 규정의 해석론으로는 받아들이기 어렵고, 입법정책의 문제를 법률해석의 문제로 다루는 것이라 할 수 있다.

(다) 법원은 국회가 제정한 법률에 대하여 그것이 헌법재판소에 의하여 위헌결정을 받기 전까지는 이를 적용하여야 하고, 군형법상 추행죄와 같이 이미 수차례 합헌결정을 받은 경우에는 더욱 그러하다. 비록 법률을 적용한 결과가 못마땅하다 하더라도 이는 헌법재판소의 결정과 입법기관의 법 개정을 통하여 해결하여야지, 법원이 법해석이라는 이름으로 이들 기관을 대신하는 것은 권한 분장의 헌법 정신에 어긋난다. 법률의 노후화 또는 해석결과의 불합리라는 이유만으로 법률 그 자체의 적용을 거부한 채 형벌법규 문언의 명백한 의미를 제한하거나 수정하는 해석을 하는 것은 국민이 법원에 부여한 권한에 속한다고 할 수 없다. 피고인에게 유리한 방향 또는 결과적으로 옳은 방향이라고 하더라도 마찬가지이다. 이는 민주주의의 기반인 삼권분립 원칙의 본질적 요청이고, 헌법 제40조(입법권), 제103조(법관의 독립), 제111조(헌법재판소의 권한 등)에 따른 한계이다.

(라) 현행 규정은 자발적 합의 아래 사적 공간에서 이루어진 행위에도 적용된다고 보아야 한다. 어떤 행위를 범죄로 규정하고 이를 어떻게 처벌할 것인가 하는 문제는 그 범죄의 죄질과 보호법익뿐만 아니라 우리의 역사와 문화, 입법 당시의 시대적 상황, 국민 일반의 가치관과 법감정 그리고 범죄예방을 위한 형사정책적 측면 등 여러 가지 요소를 종합적으로 고려하여 입법자가 결정할 사항이다. 어떤 행위를 징계로 해결할 것인지 아니면 형사처벌 대상으로 삼을 것인지를 법관이 판단하는 것은 바람직하지 않다. 현행 규정을 입법론적으로 그대로 존치하여야 한다는 것이 아니다. 다수의견과 같은 결론은 몇 명의 법관이 아니라, 실제적인 이해관계를 가진 사회 전반의 시민들이

전문가의 연구 등을 바탕으로 충분한 논의를 거쳐 헌법과 법률이 마련한 정당한 입법절차를 통하여 사회적 합의의 형태로 결정되어야 한다. 다수의견은 시민사회, 학계, 법률가 및 정치권 등의 소통을 통한 논의와 입법절차를 통하여 얻어야 할 결론을 법률 문언을 넘어서는 사법판단을 통하여 이루고자 하는 것이어서 받아들이기 어렵다.

[2] 군인인 피고인 갑은 자신의 독신자 숙소에서 군인 을과 서로 키스, 구강성교나 항문성교를 하는 방법으로 6회에 걸쳐 추행하고, 군인인 피고인 병은 자신의 독신자 숙소에서 동일한 방법으로 피고인 갑과 2회에 걸쳐 추행하였다고 하여 군형법 위반으로 기소된 사안에서, 피고인들과 을은 모두 남성 군인으로 동성애 채팅 애플리케이션을 통해 만났고 같은 부대 소속이 아니었는데, 당시 피고인들의 독신자 숙소에서 휴일 또는 근무시간 이후에 자유로운 의사를 기초로 한 합의에 따라 항문성교나 그 밖의 성행위를 하였고, 그 과정에 폭행·협박, 위계·위력은 없었으며 의사에 반하는 행위인지 여부가 문제 된 사정도 전혀 없는 점, 피고인들의 행위가 군이라는 공동체 내의 공적, 업무적 영역 또는 이에 준하는 상황에서 이루어져 군이라는 공동체의 건전한 생활과 군기를 직접적이고 구체적으로 침해한 경우에 해당한다는 사정은 증명되지 않은 점에 비추어 피고인들의 행위는 군형법 제92조의6에서 처벌대상으로 규정한 '항문성교나 그 밖의 추행'에 해당하지 않는다는 이유로, 이와 달리 보아 피고인들에게 유죄를 인정한 원심판단에 법리오해의 잘못이 있다고 한 사례.

【참조조문】 [1] 헌법 제10조, 제11조 제1항, 제17조, 제37조 제2항, 국가인권위원회법 제2조 제3호, 구 군형법(2009. 11. 2. 법률 제9820호로 개정되기 전의 것) 제92조(현행 제92조의6 참조), 구 군형법(2013. 4. 5. 법률 제11734호로 개정되기 전의 것) 제92조의5(현행 제92조의6 참조), 군형법 제1조, 제92조의6 / [2] 군형법 제92조의6, 형사소송법 제325조
【참조판례】 [1] 대법원 2008. 5. 29. 선고 2008도2222 판결(공2008하, 956)(변경), 대법원 2012. 6. 14. 선고 2012도3980 판결(변경)
【전 문】 【피 고 인】 피고인 1 외 1인 【상 고 인】 피고인들 및 군검사(피고인 1에 대하여)
【변 호 인】 변호사 박종민 외 2인
【원심판결】 고등군사법원 2019. 2. 1. 선고 2018노64 판결

【주 문】

원심판결 중 피고인 1에 대한 유죄 부분과 피고인 2에 대한 부분을 파기하고, 이 부분 사건을 고등군사법원에 환송한다. 군검사의 상고를 기각한다.

【이 유】

상고이유를 판단한다.

1. 군검사의 상고이유에 관한 판단

원심은 이 사건 공소사실 중 피고인 1에 대한 2016. 9. 18.경과 2016. 12.경 각 추행 부분에 대하여 범죄의 증명이 없다는 이유로 무죄를 선고한 제1심판결을 그대로 유지하였다. 원심판결 이유

를 관련 법리와 기록에 비추어 살펴보면, 원심판단에 위법수집증거에 관한 법리를 오해한 잘못이 없다.

2. 피고인들의 상고이유에 관한 판단

가. 공소사실 요지

피고인 1은 2016. 9. 초·중순 저녁에 강원 ○○군에 있는 자신의 독신자 숙소에서 (계급 1 생략) 공소외인과 서로 키스, 구강성교나 항문성교를 하는 방법으로 추행한 것을 비롯하여 그 무렵부터 2017. 2.경까지 (계급 1 생략) 공소외인과 동일하거나 유사한 방법으로 6회에 걸쳐 추행하였다.

피고인 2는 2016. 9. 18. 15:36경 이후 강원 ○○군에 있는 자신의 독신자 숙소에서 (계급 1 생략) 피고인 1과 서로 키스, 구강성교나 항문성교를 하는 방법으로 추행한 것을 비롯하여 2016. 12.경까지 (계급 1 생략) 피고인 1과 동일한 방법으로 2회에 걸쳐 추행하였다.

나. 원심판단과 쟁점

원심은, 군형법 제92조의6은 자발적 합의로 이루어진 행위에도 적용되고, 남성인 피고인들의 동성 간 구강성교, 상호 사정행위 등은 객관적으로 일반인에게 혐오감을 일으키게 하고 선량한 성적 도덕관념에 반하는 행위로서 군형법 제92조의6의 '그 밖의 추행'에 해당한다는 이유로, 위 공소사실을 유죄로 판단한 제1심판결을 그대로 유지하였다.

이 사건 쟁점은 동성 군인이 합의하여 영외의 사적 공간에서 항문성교를 비롯한 성행위를 하는 경우에 군형법 제92조의6(추행)을 위반하였다고 보아 처벌할 수 있는지 여부이다.

다. 대법원 판단

법은 원칙적으로 불특정 다수인에 대하여 동일한 구속력을 갖는 사회의 보편타당한 규범이므로, 이를 해석할 때에는 법의 표준적 의미를 밝혀 객관적 타당성이 있도록 하여야 하고 가급적 모든 사람이 수긍할 수 있는 일관성을 유지함으로써 법적 안정성이 손상되지 않도록 하여야 한다. 그리고 실정법이란 보편적이고 전형적인 사안을 염두에 두고 규정되기 마련이므로 사회현실에서 일어나는 다양한 사안에서 그 법을 적용할 때 구체적 사안에 맞는 가장 타당한 해결이 될 수 있도록, 즉 구체적 타당성을 가지도록 해석할 것도 요구된다. 요컨대, 법해석의 목표는 어디까지나 법적 안정성을 저해하지 않는 범위 내에서 구체적 타당성을 찾는 데 두어야 한다. 그 과정에서 가능한 한 법률에 사용된 문언의 통상적인 의미에 충실하게 해석하는 것을 원칙으로 하고, 나아가 법률의 입법 취지와 목적, 그 제정·개정 연혁, 법질서 전체와의 조화, 다른 법령과의 관계 등을 고려하는 체계적·논리적 해석방법을 추가적으로 동원함으로써, 위에서 본 법해석의 요청에 부응하는 타당한 해석이 되도록 하여야 한다(대법원 2009. 04. 23. 선고 2006다81035 판결 등 참조).

군형법 제92조의6의 문언, 개정 연혁, 보호법익과 헌법 규정을 비롯한 전체 법질서의 변화를 종합적으로 고려하면, 위 규정은 동성인 군인 사이의 항문성교나 그 밖에 이와 유사한 행위가 사적 공간에서 자발적 의사 합치에 따라 이루어지는 등 군이라는 공동사회의 건전한 생활과 군기를 직접적, 구체적으로 침해한 것으로 보기 어려운 경우에는 적용되지 않는다고 봄이 타당하다.

구체적인 이유는 다음과 같다.

(1) 법률 규정의 변화와 현행 규정의 문언적 의미

제정 당시 군형법(2009. 11. 2. 법률 제9820호로 개정되기 전의 것, 이하 '제정 군형법'이라 한다) 제92조는 "계간 기타 추행을 한 자는 1년 이하의 징역에 처한다."라고 정하였고, 구 군형법(2013. 4. 5. 법률 제11734호로 개정되기 전의 것, 이하 '구 군형법'이라 한다) 제92조의5는 "계간(계간)이나 그 밖의 추행을 한 사람은 2년 이하의 징역에 처한다."라고 정하였다.

대법원은 제정 군형법 제92조에서 말하는 '추행'이란 계간에 이르지 아니한 동성애 성행위 등 객관적으로 일반인에게 혐오감을 일으키게 하고 선량한 성적 도덕관념에 반하는 성적 만족행위로서 군이라는 공동사회의 건전한 생활과 군기를 침해하는 것이라고 판단하였고(대법원 2008. 05. 29. 선고 2008도2222 판결 참조), 구 군형법 제92조의5의 '추행'에 대해서도 같은 취지로 판단하였다(대법원 2012. 06. 14. 선고 2012도3980 판결 참조). 헌법재판소는 제정 군형법 제92조와 구 군형법 제92조의5에 대하여 3차례에 걸쳐 합헌결정을 하면서(헌법재판소 2002. 6. 27. 선고 2001헌바70 전원재판부 결정, 헌법재판소 2011. 3. 31. 선고 2008헌가21 전원재판부 결정, 헌법재판소 2016. 7. 28. 선고 2012헌바258 전원재판부 결정), 이 규정이 동성 군인 간의 행위에만 적용되고 강제력 행사를 요구하지 않으며 합의에 의한 것인지 여부나 행위의 시간, 장소 등에 관한 별도의 제한을 하지 않는다고 보았다.

현행 군형법 제92조의6은 2013. 4. 5. 법률 제11734호로 개정된 것으로서 "제1조 제1항부터 제3항까지에 규정된 사람(이하 '군인 등'이라 한다)에 대하여 항문성교나 그 밖의 추행을 한 사람은 2년 이하의 징역에 처한다."라고 정하고 있다(이하 '현행 규정'이라 한다). 현행 규정은 구 군형법 제92조의5 규정과는 달리 '계간(계간)' 대신 '항문성교'라는 표현을 사용하고 행위의 객체를 군형법이 적용되는 군인 등으로 한정하였다.

제정 군형법 제92조와 구 군형법 제92조의5의 대표적 구성요건인 '계간(계간)'은 사전적(사전적)으로 '사내끼리 성교하듯이 하는 짓'으로서 남성 간의 성행위라는 개념요소를 내포하고 있다. 반면, 현행 규정의 대표적 구성요건인 '항문성교'는 '발기한 성기를 항문으로 삽입하는 성행위'라는 성교행위의 한 형태를 가리키는 것으로서, 이성 간에도 가능한 행위이고 남성 간의 행위에 한정하여 사용되는 것이 아니다. 따라서 현행 규정의 문언만으로는 동성 군인 간의 성행위 그 자체를 처벌하는 규정이라는 해석이 당연히 도출될 수 없고, 별도의 규범적인 고려 또는 법적 평가를 더해야만 그러한 해석이 가능하다.

2013. 4. 5. 군형법 개정 당시 용어를 순화하였을 뿐이고 여전히 남성 간에 합의로 이루어진 성행위를 처벌하려는 입법의도에는 아무런 변화가 없다고 볼 수도 있다. 그러나 '동성 간의 성행위를 비하하는 용어를 변경하려는 것'이라는 개정이유에는 동성 간 성행위 자체만으로 이를 비하하거나 금기시하여 무조건적인 처벌의 대상으로 삼지 않으려는 의도가 포함되어 있다고 볼 수 있으므로, 이러한 취지를 도외시한 채 종래의 해석을 유지해야 하는 것은 아니다.

'추행'의 사전적 의미는 '① 더럽고 지저분한 행동, ② 강간이나 그와 비슷한 짓'이라고 되어 있다. 형법 등 성폭력범죄 처벌규정에서 '추행'을 구성요건으로 정하고 있는 경우가 있는데, 대법원은 추행을 '객관적으로 일반인에게 성적 수치심이나 혐오감을 일으키게 하고 선량한 성적 도덕관념에 반하는 행위로서 피해자의 성적 자유를 침해하는 것'이라고 하면서 이를 판단할 때 피해자의 의사를 고려요소의 하나로 삼고 있다(대법원 2015. 09. 10. 선고 2015도6980 판결 등 참조).

어떤 행위가 추행에 해당하는지에 대한 일반적인 관념이나 동성 간의 성행위에 대한 규범적 평가는 시대와 사회의 변화에 따라 바뀌어 왔고, 동성 간의 성행위가 객관적으로 일반인에게 성적 수치심이나 혐오감을 일으키게 하고 선량한 성적 도덕관념에 반하는 행위라는 평가는 이 시대 보편타당한 규범으로 받아들이기 어렵게 되었다. 대법원 2013. 11. 14. 선고 2011두11266 판결은 "동성애를 이성애와 같은 정상적인 성적 지향의 하나로 보아야 한다는 주장이 있고, 사회적인 분위기 역시 동성애를 비롯한 성적 소수자에 대한 이해와 관심이 높아져 가고 있다."라는 이유 등을 들어 동성애 성행위 장면이 나오는 영화를 청소년 관람불가 등급으로 분류한 처분을 취소한 원심판단을 받아들였다. 대법원 2014. 07. 24. 선고 2012므806 판결에서는 "민법 규정에 따라 적법하게 입양신고를 마친 사람이 단지 동성애자로서 동성과 동거하면서 자신의 성과 다른 성 역할을 하는 사람이라는 이유만으로는 입양이 선량한 풍속에 반하여 무효라고 할 수 없다."라고 판단하기도 하였다.

이처럼 현행 규정의 문언 변경과 함께 동성 간의 성행위에 대한 법규범적 평가가 달라진 점을 고려하면, 동성 간의 성행위가 그 자체만으로 '추행'이 된다고 본 종래의 해석은 더 이상 유지하기 어려워졌다. 아래에서는 현행 규정의 개정에 따른 보호법익의 변화를 살펴보고 헌법을 비롯한 전체 법질서를 고려하여 현행 규정의 적용 범위를 다시 검토해 보고자 한다.

(2) 보호법익과 군대의 특수성

제정 군형법 제92조는 '제15장 기타의 죄' 중 하나였고 당시 군형법에 다른 성폭력범죄를 처벌하는 규정은 없었다. 대법원은 제정 군형법 제92조의 주된 보호법익은 '개인의 성적 자유'가 아니라 '군이라는 공동사회의 건전한 생활과 군기'라는 사회적 법익이라고 파악하고 남성 군인 간 성행위는 이러한 보호법익을 침해하는 행위로서 처벌대상이 된다고 보았다(위 대법원 2008도2222 판결 참조). 헌법재판소 역시 같은 입장에서 남성 동성 간 성행위를 이성 간 성행위와 달리 취급하는 데 합리적인 이유가 있다고 하면서 상명하복의 엄격한 규율과 집단적 공동생활을 본질로 하는 군대의 특수한 사정을 고려하였다. 즉, 혈기왕성한 젊은 남성 의무복무자들이 폐쇄적인 단체생활을 하므로 남성 간의 비정상적인 성적 교섭행위가 발생할 가능성이 높고 상급자의 하급자를 상대로 한 의사에 반하는 성행위가 발생할 가능성이 높다는 것이다.

그런데 군대 내 여성의 증가로 여성 군인에 대한 성폭력 문제가 심각해지고 상명하복이 철저한 계급사회에서 하급자인 남성 군인에 대한 성폭력범죄도 빈번히 발생하여 군대 내 성폭력 문제가 사회적으로 관심을 받게 되자 군형법은 2009. 11. 2. 법률 제9820호로 개정되었다. 이때 군형법은 '제15장 강간과 추행의 죄'를 신설하여 군인 등에 대한 강간, 강제추행 등 성폭력범죄를 가중 처벌하는 규정을 도입하였고, 제정 군형법 제92조에 정해진 법정형의 징역형 상한을 1년에서 2년으로 상향하면서 이를 '제15장 강간과 추행의 죄'의 하나(제92조의5)로 옮겨 규정의 체계적 위치가 달라졌다. 2013. 4. 5. 다시 개정된 현행 규정에서는 다른 성폭력범죄 처벌규정과 마찬가지로 '군인 등에 대하여'라는 문구를 추가하여 행위의 주체와 객체를 구별하는 표현을 사용하고 있다.

현행 규정의 체계와 문언, 개정 경위와 함께, 동성 간 성행위에 대한 법규범적 평가의 변화에 따라 동성 군인 간 합의에 따른 성행위를 아무런 제한 없이 군기를 침해하는 행위라고 보기 어려운 점 등을 종합하면, 현행 규정의 보호법익에는 '군이라는 공동사회의 건전한 생활과 군기'라는 전통적인 보호법익과 함께 '군인의 성적 자기결정권'도 포함된다고 보아야 한다.

이 사건과 같이 군인이 자신의 사적 공간인 독신자 숙소에서 자유로운 의사로 합의에 따른 성행위를 한 사안으로서 군인의 성적 자기결정권이라는 법익에 대한 침해는 물론, 군이라는 공동사회의 건전한 생활과 군기라는 법익에 대한 침해를 인정하기 어려운 경우까지 처벌대상으로 삼는 해석은 허용될 수 없다.

(3) 헌법을 비롯한 전체 법질서

헌법 제11조 제1항은 "모든 국민은 법 앞에 평등하다. 누구든지 성별·종교 또는 사회적 신분에 의하여 정치적·경제적·사회적·문화적 생활의 모든 영역에 있어서 차별을 받지 아니한다."라고 정하여 평등의 원칙을 선언함과 동시에 모든 국민에게 평등권을 보장하고 있다. 국가인권위원회법 제2조 제3호는 '평등권 침해의 차별행위'를 정의하면서 차별사유의 하나로 '성적 지향'을 명시하여 합리적인 이유 없이 성적 지향에 근거한 차별을 금지하고 있다.

헌법 제10조는 "모든 국민은 인간으로서의 존엄과 가치를 가지며, 행복을 추구할 권리를 가진다. 국가는 개인이 가지는 불가침의 기본적 인권을 확인하고 이를 보장할 의무를 진다."라고 정하고, 제17조는 "모든 국민은 사생활의 비밀과 자유를 침해받지 아니한다."라고 정하며, 제37조 제2항은 "국민의 모든 자유와 권리는 국가안전보장·질서유지 또는 공공복리를 위하여 필요한 경우에 한하여 법률로써 제한할 수 있으며, 제한하는 경우에도 자유와 권리의 본질적인 내용을 침해할 수 없다."라고 정한다.

성적 자기결정권은 군형법의 적용 대상인 군인에게도 당연히 인정되는 보편적 권리로서, 군인의 신분에 수반되는 국가안전보장·질서유지 또는 공공복리를 위하여 필요한 범위 내에서 법률로 이를 제한하는 경우에도 그 본질적인 내용은 침해될 수 없다.

위에서 본 동성 간 성행위에 대한 법규범적 평가에 비추어 보면, 동성 군인 간 합의에 의한 성행위로서 그것이 군이라는 공동사회의 건전한 생활과 군기를 직접적, 구체적으로 침해하지 않는 경우에까지 형사처벌을 하는 것은 헌법을 비롯한 전체 법질서에 비추어 허용되지 않는다고 보아야 한다. 이를 처벌하는 것은 합리적인 이유 없이 군인이라는 이유만으로 성적 자기결정권을 과도하게 제한하는 것으로서 헌법상 보장된 평등권, 인간으로서의 존엄과 가치, 그리고 행복추구권을 침해할 우려가 있다.

특히 현행 규정은 장교나 부사관 등 직업군인에게도 적용되는데, 직업군인의 경우 장기간 동안 군형법의 적용을 받게 되므로 기본권 제한의 정도가 매우 크다. 그리고 군인 간의 합의에 의한 항문성교 그 밖의 성행위가 사적 공간에서 은밀히 이루어진 경우 이를 처벌하기 위해서는 지극히 사생활 영역에 있는 행위에 대한 수사가 필수적인데, 이러한 수사는 군인의 사생활의 비밀과 자유를 과도하게 제한하는 것으로 허용되기 어렵다.

다만 현행 규정이 평등권을 이유로 이성 간 행위에까지 확대 적용되어야 하는지에 대해서는 이 사건의 쟁점이 아닐 뿐만 아니라 현행 규정의 처벌 범위를 확대하는 문제가 있으므로 판단하지 않고자 한다.

라. 판례 변경

이와 달리 남성 군인 간 항문성교를 비롯한 성행위가 그 자체만으로 객관적으로 일반인에게 혐오감을 일으키게 하고 선량한 성적 도덕관념에 반하는 행위라는 이유로 사적 공간에서 합의하여 이루어진 성행위인지 여부 등을 따지지 않고 제정 군형법 제92조와 구 군형법 제92조의5 규정이 적용된다는 취지로 판단한 대법원 2008. 05. 29. 선고 2008도2222 판결, 대법원 2012. 06. 14. 선고 2012도3980 판결을 비롯하여 같은 취지의 대법원판결들은 이 판결의 견해에 배치되는 범위 내에서 변경하기로 한다.

마. 이 사건에 관한 판단

(1) 원심판결 이유와 기록에 따르면 다음 사정을 알 수 있다.

피고인 1과 공소외인은 (계급 1 생략), 피고인 2는 (계급 2 생략)으로서 동성애 채팅 애플리케이션 (명칭 생략)을 통해 만났고, 같은 부대 소속이 아니었다. 피고인들과 공소외인은 행위 당시 피고인들의 독신자 숙소에서 휴일 또는 근무시간 이후에 자유로운 의사를 기초로 한 합의에 따라 항문성교나 그 밖의 성행위를 하였다. 그 과정에 폭행·협박, 위계·위력은 없었으며 의사에 반하는 행위인지 여부가 문제 된 사정도 전혀 없다. 피고인들의 행위가 군이라는 공동체 내의 공적, 업무적 영역 또는 이에 준하는 상황에서 이루어져 군이라는 공동체의 건전한 생활과 군기를 직접적이고 구체적으로 침해한 경우에 해당한다는 사정은 증명되지 않았다.

(2) 이러한 사정을 위에서 본 법리에 비추어 보면, 피고인들의 행위는 현행 규정에서 처벌대상으로 규정한 '항문성교나 그 밖의 추행'에 해당하지 않는다.

그런데도 원심은 피고인들의 행위가 현행 규정에서 정한 '항문성교나 그 밖의 추행'에 해당한다고 보아 피고인들에 대한 위 공소사실을 유죄로 인정한 제1심판결을 그대로 유지하였다. 이러한 판단에는 군형법 제92조의6에 정해진 '항문성교나 그 밖의 추행'에 관한 법리를 오해하여 판결에 영향을 미친 잘못이 있다. 이 부분을 지적하는 피고인들의 상고이유 주장은 정당하다.

3. 결 론

피고인들의 나머지 상고이유에 대한 판단을 생략한 채 원심판결 중 피고인 1에 대한 유죄 부분과 피고인 2에 대한 부분을 파기하고, 이 부분 사건을 다시 심리·판단하도록 원심법원에 환송하며, 군검사의 상고는 이유 없어 이를 기각하기로 하여, 주문과 같이 판결한다. 이 판결에는 대법관 안철상, 대법관 이흥구의 별개의견, 대법관 김선수의 별개의견과 대법관 조재연, 대법관 이동원의 반대의견이 있는 외에는 관여 법관의 의견이 일치하였고, 다수의견에 대한 대법관 김재형, 대법관 노정희, 대법관 천대엽, 대법관 오경미의 보충의견이 있다.

4. 대법관 안철상, 대법관 이흥구의 별개의견

가. 이 사건 쟁점과 별개의견의 요지

(1) 이 사건 쟁점은, 군인 등에 대한 '항문성교나 그 밖의 추행행위'를 처벌하는 현행 규정을 어떻게 해석할 것인가이다.

군형법은, 추행죄에 관하여, 조문의 위치, 용어, 형량 등을 변경하고 적용 범위를 군인 등 상호 간의 행위로 제한하는 개정을 하였지만, 제정 당시부터 현행법에 이르기까지 그 구성요건의 골격은 그대로 유지하고 있다. 이러한 군형법상 추행죄에 관하여, 대법원은 '주된 보호법익이 개인의 성적 자유가 아니라 군이라는 공동사회의 건전한 생활과 군기라는 사회적 법익'이라고 판시하였고(대법원 2008. 05. 29. 선고 2008도2222 판결, 대법원 2012. 06. 14. 선고 2012도3980 판결 등 참조), 헌법재판소도 보호법익에 관하여 대법원과 같은 태도를 취하면서 대법원이 이를 동성 군인 간의 성행위에만 적용되는 것으로 해석하고 있음을 들어 명확성 원칙에 위배되지 않는다고 판시하였다(헌법재판소 2011. 3. 31. 선고 2008헌가21 전원재판부 결정, 헌법재판소 2016. 7. 28. 선고 2012헌바258 전원재판부 결정 등 참조). 대법원이나 헌법재판소는 모두 행위에 대한 합의 여부를 따지지 않고 군형법상 추행죄가 적용되는 것으로 보았다.

오늘날 동성애도 자연스러운 성적 지향의 하나로 받아들여지고 있다. 이는 선천적 요인과 후천적 요인이 복합적으로 작용하여 형성되는 것이고, 사람의 자유로운 의지로 선택하는 것이 아니라고 한다. 세계적으로도 아프리카 지역 등의 일부 국가를 제외하고는 동성애를 처벌하지 않고 있고, 나아가 동성 간의 결혼을 법적으로 허용하는 나라도 있다. 현행 규정은 동성애 등 특정 성적 지향을 처벌하기 위한 규정이 아니지만, 결과적으로 헌법상 권리인 성적 자기결정권을 제한하는 것이어서 위헌성이 문제 된다. 인간의 성적 자유를 확장해 온 역사적 발전과 특정 성적 지향을 이유로 차별이나 처벌을 금지하고 있는 세계적 추세에 비추어 보면, 현행 규정이 그대로 적용되는 경우 헌법 위반의 소지가 있다.

한편 국가의 안전보장과 국토방위의 차원에서 보면, 군인 등이 무분별한 성적 욕망을 추구함으로써 군의 전투력이 약화되는 것을 방지할 필요가 있다. 헌법재판소는 구 군형법 제92조의5에 대하여 합헌이라고 판단하면서, 구체적 사건에서 동성 군인 사이의 성적 행위가 이 규정에 해당하는지 여부는 제반 사정을 종합적으로 고려하여 판단되어야 할 법원의 통상적인 법률해석·적용의 문제라고 하고 있다(헌법재판소 2016. 7. 28. 선고 2012헌바258 전원재판부 결정 참조).

따라서 법원으로서는, 현행 규정에 대한 헌법재판소의 위헌결정이 없는 이상, 현행 규정의 위헌성을 제거하고 그 보호법익을 유지하는 합리적인 법률해석을 하여야 할 책무가 있다.

(2) 별개의견의 요지는 다음과 같다.

첫째, 현행 규정은 기본권 보장, 권력분립 원칙 등 헌법 질서의 테두리 안에서 전승을 위한 전투력 확보라는 군형법의 특수한 목적과 군의 건전한 생활과 군기라는 현행 규정의 보호법익을 충분히 고려하여 합리적으로 해석되어야 한다.

둘째, 다수의견은 '군이라는 공동사회의 건전한 생활과 군기'를 현행 규정의 적용 여부를 판단하는 기준으로 삼으면서도, 동성 군인 사이의 항문성교나 그 밖의 추행행위가 사적 공간에서 '자발적 의사 합치'에 따라 이루어진 경우에는 현행 규정이 적용되지 않는다고 한다. 그러나 합의 여부를 현행 규정 적용의 소극적 요소 중 하나로 파악하는 것은 법률해석을 넘어서는 실질적 입법행위에 해당하여 찬성하기 어렵다.

셋째, 다수의견은 성적 자기결정권을 현행 규정의 보호법익에 포함시키고 있다. 이에 따르면, 군인 등의 위와 같은 성적 행위가 자발적 합의에 의한 것이 아닌 경우 사적 공간에서의 행위라

하더라도 현행 규정의 적용 대상이 될 수 있게 된다. 그러나 이것은 군형법에서 비동의추행죄를 신설하는 의미가 되고, 이에 관한 충분한 논의와 사회적 공감대가 형성되지 않은 상태에서 이를 도입하는 것은 형사법체계에 큰 논란을 초래하는 것이어서 선뜻 받아들이기 어렵다.

넷째, 현행 규정의 적용 범위는 합헌적 해석을 바탕으로 군형법 체계와 보호법익을 고려하면, 행위 시 상황을 기준으로 판단함이 합리적인 해석이다. 이에 따르면, 현행 규정은 적전, 전시·사변과 같은 상황에서 기본적으로 적용되고, 평시의 경우에는 군사훈련, 경계근무 그 밖에 이에 준하는 군기를 직접적, 구체적으로 침해할 우려가 있는 상황에서만 적용된다고 봄이 타당하다.

나. 현행 규정 해석의 바람직한 방향

(1) 국가의 안전보장은 국가의 가장 중요한 임무 중의 하나이다. 헌법 제5조 제2항은 "국군은 국가의 안전보장과 국토방위의 신성한 의무를 수행함을 사명으로 하며, 그 정치적 중립성은 준수된다."라고 규정하고, 제39조 제1항은 "모든 국민은 법률이 정하는 바에 의하여 국방의 의무를 진다."라고 규정한다. 즉, 헌법은 주권자인 국민은 외적으로부터 국가를 방위하여 국가의 정치적 독립성과 영토의 완전성을 수호할 헌법적 의무를 부담한다는 것을 명시하고 있고, 이러한 헌법상 국가의 안전보장과 국토방위의 신성한 의무는 아무리 강조해도 지나치지 않다. 국가의 존립이 없으면 기본권 보장의 토대가 무너지기 때문이다(대법원 2018. 11. 01. 선고 2016도10912 전원합의체 판결 참조).

군은 전투에서의 승리라는 본래의 사명을 수행하기 위하여 그에 상응하는 특별한 조직과 규율이 요구되고, 군형법은 군의 이러한 특수성을 전제로 형벌이라는 제재를 수단으로 하여 군의 조직과 규율을 유지·보전함과 동시에 군이 가지는 전투력을 최대한으로 보존·발휘하게 하는 데 그 궁극적인 목적이 있다. 결국 전승을 위한 전투력의 확보는 군형법의 핵심적인 목적이며, 그것은 바로 군형법에서의 보호법익이라고 할 수 있으므로, 이와 같은 특별한 목적이야말로 군형법의 해석·적용에 있어서 가장 중요한 지도이념이다(헌법재판소 1995. 10. 26. 선고 92헌바45 전원재판부 결정 참조).

(2) 대법원과 헌법재판소는 군형법상 추행죄의 보호법익을 '개인의 성적 자유가 아니라 군이라는 공동사회의 건전한 생활과 군기'라고 판시하여 왔음은 앞에서 본 바와 같다. 제정 군형법 제92조부터 현행 규정에 이르기까지 군형법상 추행죄는 위와 같은 국가의 안전보장 및 국토방위의 신성한 의무를 지는 국군의 전투력 확보가 갖는 특수한 중요성을 근거로 하여, 남성 군인 간 성행위는 합의에 의한 것이더라도 군이라는 공동사회의 건전한 생활과 군기를 침해할 위험성이 있다고 보아 이를 처벌하도록 규정한 것이다.

현행 규정이 두 차례 개정을 통하여 그 문언과 체계에 변화가 생긴 것은 다수의견이 지적하고 있는 바와 같으나, 구체적인 개정의 경위(2009년 개정은 다른 규정의 신설에 따른 조문 위치의 변경과 법정형의 상향에 불과하고, 2013년 개정은 용어의 순화와 상대방도 군인 등이어야 함을 명시한 것에 불과하다)에 비추어 보면, 현행 규정은 여전히 동성 군인 간 성행위를 합의 여부와 상관없이 처벌하는 것으로, 보호법익에 근본적인 변화가 있다고 평가할 수는 없다. 결국 합의에 따른 행위를 처벌할 수 없다는 해석은 현행 규정의 본질적, 핵심적 요소를 변경하는 것으로서 법률 규정의 일부 폐지에 해당한다고 할 수 있다. 따라서 현행 규정의 위헌성을 이유로 합의를 현행 규정 적용의 소극적 요소로 파악하는 것은 법률해석의 범위를 넘어서는 실질적 입법행위에 해당하여 받아들이기 어렵다.

(3) 성적 자기결정권이 헌법상 기본권의 하나이고 군인에게도 당연히 인정되는 보편적 권리라는 점을 부정할 수는 없다. 그러나 이러한 기본권도 국가안전보장과 질서유지를 위하여 필요한 범위 내에서 법률로 제한할 수 있다. 따라서 합의에 의한 성행위를 처벌함으로써 군인 등의 성적 자기결정권이 제한된다고 하더라도, 뒤에서 보는 바와 같이 합헌적 해석을 바탕으로 보호법익인 군이라는 공동사회의 건전한 생활과 군기를 직접적, 구체적으로 침해할 우려가 있는 행위 시의 상황에서만 현행 규정이 적용되는 것으로 해석을 한다면, 이는 필요한 범위 내에서 법률로 제한한 것으로 헌법에 위반된다고 할 수 없다.

다. 현행 규정과 성적 자기결정권

(1) 군형법은 범죄와 형벌을 규정한 형법의 특별법으로서 민간인이 아닌 군인 등에 대하여 적용되는 법률이다. 군형법은 일반 형사법에도 있는 것을 군인 등에 맞게 변형한 규정과 군형법에만 있는 독자적인 규정으로 나눌 수 있다. 형법상 범죄는 개인적 법익, 사회적 법익, 국가적 법익으로 보호법익이 구분되고 있지만, 군형법상 범죄는 군조직의 정상적인 기능과 이를 위한 위계질서 및 통수체계 유지를 기본적 보호법익으로 하고 있다. 따라서 군형법상 범죄는 국가적 법익이 기본이 되고, 다른 보호법익을 상정할 수 있다고 하더라도 국가적 법익에 부수하는 것이라고 보아야 한다.

군형법은 2009. 11. 2. 개정으로 군인에 대한 강간, 강제추행 등 성폭력범죄를 가중 처벌하는 규정을 신설할 때 이들을 친고죄로 규정하였는데(구 군형법 제92조의8), 구 군형법 제92조의5 추행죄를 같은 장에 규정하면서도 다른 성폭력범죄 처벌규정과는 달리 이를 친고죄로 규정하지 않았다. 구 군형법 제92조의5 추행죄의 법정형이 강간, 강제추행 등 성폭력범죄보다 낮음에도 불구하고 이를 친고죄로 규정하지 않았던 것은 추행죄는 합의에 의한 성행위도 처벌하는 규정이어서 고소권자인 피해자를 상정할 수 없기 때문이다.

(2) 헌법 제10조, 제17조에서 도출되는 성적 자기결정권은 자신이 하고자 하는 성행위를 결정할 권리라는 적극적 측면과 원하지 않는 성행위를 거부할 권리라는 소극적 측면이 있다(대법원 2020. 08. 27. 선고 2015도9436 전원합의체 판결 참조). 양자는 공통된 개념을 사용한다고 하더라도 명확히 구별되어야 한다.

성범죄의 보호법익으로서 성적 자기결정권은 이러한 소극적 측면을 의미한다. 현행 규정은 합의가 이루어진 성적 행위도 처벌대상으로 삼음으로써 적극적 측면의 성적 자유를 제한하고 있으므로, 이러한 제한이 합헌적인지를 판단하는 과정에서 성적 자기결정권이 논의될 수는 있다. 그러나 피해자를 상정할 수 없는 현행 규정에서 보호법익으로서 소극적 측면의 성적 자기결정권은 문제 될 여지가 없다. 따라서 성적 자기결정권이 현행 규정의 보호법익에 포함된다고 할 수 없다.

(3) 그런데 다수의견은 성적 자기결정권을 현행 규정의 보호법익에 포함시키고 있다. 이에 따르면, 군인 등의 항문성교 그 밖의 유사한 행위가 자발적 합의에 의한 것이 아닌 경우 사적 공간에서의 행위라 하더라도 현행 규정의 적용 대상이 될 수 있게 된다. 이는 이른바 비동의추

행죄를 인정하는 것이다.

형법 등에 비동의간음·추행죄를 신설하여 폭행·협박, 위계·위력 등 다른 강제력 없이 일방의 의사에 반하여 이루어진 성행위를 처벌할 것인지에 대해서는 찬반 양론이 있다. 성적 자기결정권의 충실한 보호와 처벌공백을 해소하기 위하여 비동의간음·추행죄의 신설이 필요하다는 주장이 있는 반면, '동의'라는 구성요건이 갖는 불명확성과 사생활에 대한 국가형벌권의 과도한 개입 등을 이유로 반대하는 입장도 있다. 제20대 국회에서만 10개의 법률안이 발의되었음에도 통과되지 못하고 임기만료로 폐기되었고, 제21대 국회에서도 여러 법률안이 발의되어 논의 중에 있다.

이 문제는 충분한 논의를 거쳐 사회적 공감대가 형성된 후 국회의 입법절차를 통하여 해결하는 것이 바람직하다. 따라서 현행 규정의 보호법익에 행위 상대방의 성적 자기결정권을 포함하는 것은 입법이 아닌 법률해석으로 군인 등에게만 적용되는 '비동의추행죄'를 도입하는 것이 된다. 그것도 일반적인 비동의추행죄가 아니라 항문성교나 이와 유사한 행위에 대한 비동의추행죄만을 도입하게 된다. 이는 형사법체계에 큰 논란을 초래하는 것이어서 선뜻 받아들이기 어렵다.

라. 현행 규정의 합헌적 해석

(1) 자유를 확장해 온 역사적 발전과 특정 성적 지향을 이유로 차별이나 처벌을 금지하고 있는 세계적 추세에 비추어 볼 때, 현행 규정을 그대로 적용하는 것은 특정 성적 지향을 처벌하기 위해 제정된 규정은 아니라 하더라도 결과적으로 헌법상 권리인 적극적 측면의 성적 자기결정권을 제한하고 소수자에게 사회적 낙인을 가하는 것으로서 헌법 위반의 소지가 있다.

헌법재판소는, 현행 규정과 같은 취지의 규정인 구 군형법 제92조의5에서 말하는 '그 밖의 추행'이란 결국 폭행·협박에 의한 강제추행이나 심신상실 또는 항거불능 상태를 이용한 준강제추행을 제외하고, 객관적으로 일반인에게 혐오감을 일으키게 하고 선량한 성적 도덕관념에 반하면서 계간에 이르지 아니한 동성 군인 사이의 성적 만족 행위로서, 군이라는 공동사회의 건전한 생활과 군기를 침해하는 것을 의미하며, 구체적 사건에서 동성 군인 사이의 성적 행위가 심판대상조항에 해당하는지 여부는 행위자의 의사, 구체적 행위 태양, 행위자들 사이의 관계, 그 행위가 공동생활이나 군기에 미치는 영향과 그 시대의 성적 도덕관념 등 제반 사정을 종합적으로 고려하여 판단되어야 할 법원의 통상적인 법률해석·적용의 문제라고 하고 있다(헌법재판소 2016. 7. 28. 선고 2012헌바258 전원재판부 결정 참조).

현행 규정은 동성애나 특정 성적 지향을 처벌하기 위한 규정이 아니다. 이 규정을 도입한 취지는 동성 간에 폐쇄적인 단체생활을 하는 과정에서 무분별한 성적 욕망을 추구함으로써 일어날 수 있는 전투력 약화를 방지하기 위한 것이라고 할 수 있다. 그러나 현행 규정의 적용으로 헌법상 성적 자유권이 침해되는 결과가 되는 것은 무시할 수 없다. 이로 인해 사회적 낙인의 효과가 발생하는 것도 방지할 필요가 있다. 따라서 군기를 직접적, 구체적으로 침해할 우려가 있는 상황인 경우에 한하여 처벌하는 규정으로 합헌적인 해석을 할 필요가 있다.

(2) 군형법은 비상상황인 적전(적전), 전시·사변에 대비하여야 하는 것인 만큼 평상시와 비상시를 달리 규정하고 있는 경우가 많다. 예를 들면, 군무이탈(군형법 제30조)의 경우, 평시에는 1년 이상 10년 이하의 징역이지만, 전시에는 5년 이상의 유기징역으로, 적전인 상황에서는 사형

까지 가능한 것으로 하고 있다.

또한 군형법은 군의 목적을 달성하기 위한 것이므로 일반 사회에서는 징계사유에 불과한 것도 처벌하는 경우가 있다. 예를 들면, 이른바 꾀병에 해당하는 근무기피를 목적으로 질병을 가장한 경우(군형법 제41조 제2항), 통상적으로는 1년 이하의 징역에 처하도록 하면서, 적전인 상황에서는 10년 이하의 징역으로 가중 처벌하도록 하고 있다.

이처럼 군형법은 일반 사회에서는 징계사유에 불과한 행위를 형벌로 규율하거나 행위 시의 상황에 따라 같은 행위를 다르게 처벌하기도 한다. 이는 전승을 위한 전투력 확보라는 군형법의 특별한 목적에 의해 용인된다. 따라서 특정 군형법 규정이 행위 시 상황을 구별하여 처벌하지 않더라도 그 규정을 해석·적용할 때에는 행위 시의 상황을 고려할 수 있다.

(3) 현행 규정은 군인 등 사이에 항문성교나 그와 유사한 성행위가 있다는 사실만으로 곧바로 적용되는 것은 아니고, 합헌적 해석을 바탕으로 위에서 본 군형법 체계와 보호법익을 고려하여 행위 시 상황을 기준으로 적용 여부를 판단하는 것이 합리적이다. 특히 비상시 상황과 평시 상황에 군의 역할과 그 중요성이 갖는 의미는 전혀 다르므로, 이러한 사정을 충분히 고려하여야 한다.

요컨대, 현행 규정은 적전, 전시·사변과 같은 상황에서 기본적으로 적용되고, 평시의 경우에는 군사훈련, 경계근무 그 밖에 이에 준하는 군기를 직접적, 구체적으로 침해할 우려가 있는 상황에서만 적용된다고 보는 것이 타당하다. 따라서 근무를 마친 후의 자유시간이나 휴가 중인 경우에는 군기를 직접적, 구체적으로 침해할 우려가 없으므로 현행 규정이 적용되지 않는다고 보아야 한다.

마. 이 사건의 검토

피고인들과 공소외인이 공소사실 기재 행위를 할 당시는 비상시 상황이 아니고, 훈련 중이거나 근무 중도 아니었다. 피고인들과 공소외인은 모두 직업군인으로 같은 부대 소속이 아니었고, 개인적으로 알게 되어 피고인들의 독신자 숙소에서 휴일 또는 근무시간 이후에 공소사실 기재와 같은 행위를 하였으며, 그 과정에 군이라는 공동사회의 생활과 군기를 직접적, 구체적으로 침해할 만한 다른 사정도 없었다.

위와 같은 사정을 고려하면, 피고인들의 행위에 현행 규정을 적용하여 처벌할 수는 없다고 봄이 타당하다.

바. 소결론

이상과 같이 이 부분 공소사실을 유죄로 판단한 원심판결이 파기되어야 한다는 결론은 다수의견과 같으나, 그 이유와 논거가 다르므로 별개의견으로 이를 밝혀둔다.

5. 대법관 김선수의 별개의견

다수의견은 두 사람이 상호 합의하여 성적 행위를 한 경우에도 현행 규정을 적용하여 형사처벌을 할 수 있는 여지를 남겨둔 것으로 보이므로, 그와 같은 해석은 가능한 문언해석의 범위를 벗어난 것으로 허용될 수 없다는 의견을 밝힌다.

가. 현행 규정의 문장구조와 그 의미

형벌법규의 문언을 해석할 때에는 우리 사회의 건전한 상식을 가진 평균인의 독해를 기준으로 사회평균인이 이해하고 납득할 수 있는 방법으로 하여야 한다. 법원의 법률해석이 사회평균인의 이해 및 인식과 동떨어지게 되면 국민들에게 설득력과 규범력을 가질 수 없기 때문이다.

현행 규정의 문장구조는 '군인 등(행위의 상대방)에 대하여 항문성교나 그 밖의 추행(구성요건적 행위)을 한 사람(행위자)은 2년 이하의 징역(처벌)에 처한다.'는 것이다. 이 문장의 통사(統辭)적 구조상 '항문성교나 그 밖의 추행을 한'이 수식하는 성분은 '사람', 즉 '행위자'이므로 현행 규정은 '행위자'를 처벌하는 규정이다. 통사 구조상 '항문성교나 그 밖의 추행을 한'이 '행위의 상대방'을 수식하는 것은 불가능하므로, 현행 규정은 '행위의 상대방'을 처벌하는 것으로 볼 수 없다. 즉, 현행 규정은 행위자(A)와 그 상대방(B)을 분명하게 구분하고, 행위의 상대방을 조사 상당어 '에 대하여'로 한정하며, 나아가 상대방은 처벌하지 않고 오로지 행위자만을 처벌하는 것이다. 현행 규정을 행위자뿐만 아니라 행위의 상대방까지 처벌하는 근거 규정으로 해석하는 것은 가능한 문언해석의 범위를 벗어난 것으로서 죄형법정주의 원칙에 명백히 반한다.

원심이 유죄로 인정한 이 부분 공소사실의 요지는 ① 피고인 1은 공소외인과('에 대하여'가 아니다) 키스, 구강성교, 항문성교 등(이하 '이 사건 행위'라 한다)을 하는 방법으로 추행하고, ② 피고인 2는 피고인 1과('에 대하여'가 아니다) 이 사건 행위를 하는 방법으로 추행하였다는 것이다.

'행위자(A)가 그 상대방(B)에 대하여 이 사건 행위를 하는 것'과 '행위자(A)가 그 상대방(B)과 이 사건 행위를 하는 것'은 분명하게 구분되고, 양자를 동일한 것으로 볼 수는 없다.

반대의견은 2013년 군형법을 개정하면서 '군인 등에 대하여'를 추가한 의미에 대해 행위의 상대방을 '군인 등'으로 명시하기 위함이었을 뿐이라고 한다. 그러나 행위의 상대방의 신분을 한정하는 표현으로는 조사 상당어 '에 대하여'를 사용하는 방법뿐만 아니라 공동격 조사 '과'를 사용하는 방법도 있다. 그렇기 때문에 2013년 개정의 의미는 단순히 행위 상대방의 신분을 한정하였다는 것에 그치지 않고, 그러한 한정을 공동격 조사 '과'가 아니라 조사 상당어 '에 대하여'를 사용하여 명시하였다는 점을 주목해야 한다. 다수의견에 대한 보충의견에서는 위와 같은 점을 지적하면서도, 그 의미를 행위자의 의사를 중요하게 고려해야 한다는 정도로만 파악하고 있으나, 조사 상당어 '에 대하여'를 사용하고 있는 현행 규정의 문장구조에는 그보다 더 중요한 의미가 있다.

현행 규정과 같이 조사 상당어 '에 대하여'를 사용한 경우 그 상대방은 주어가 행하는 술어 행위의 영향력이 미치는 대상이 될 뿐으로, 행위의 일방향성이 부각되므로, 주어와 대상의 상호 작용성, 상호 합의라는 의미와 연관 지어 해석할 수는 없다. 즉, 조사 상당어 '에 대하여'의 의미로부터 두 사람이 상호 합의하여 행위를 한 경우에도 적용할 수 있다는 해석을 이끌어 낼 수는 없다. 결국 '에 대하여'로 개정된 현행 규정에 따르면, 행위를 한 행위자만을 처벌할 수 있을 뿐 그 상대방을 처벌할 수 없다고 보아야 한다. 이러한 해석은 객관적으로 나타난 현행 규정의 문장구조와 규정 형식, 문언의 의미와 내용에 따른 것으로서, 설령 입법자가 이를 의도하지 않았다고 하더라도 입법자의 의도가 법 문언에 객관적으로 표현되지 않은 이상 당연한 것이다.

또한 '상호 합의하다.'라는 어구의 의미해석상 '상호 합의한 성적 행위'에서 행위자와 그 상대방을 설정하기 어려우므로, 결국 현행 규정은 두 사람이 상호 합의하여 성적 행위를 한 경우에는 적용할 수 없다고 보아야 한다. 두 사람이 상호 합의하여 이 사건 행위를 한 경우 두 사람 중에 누가 행위자이고 상대방인지 구별할 수 없다면, 죄형법정주의 원칙에 따라 두 사람 모두 처벌대상에 해당하지 않는 것으로 해석하는 것이 타당하다. 그럼에도 현행 규정을 적용하여 두 사람을 모두 행위자로 의제하고 처벌하는 것은 죄형법정주의 원칙에 명백히 반한다.

군검사가 이 부분 공소사실을 피고인들이 '상대방에 대하여' 이 사건 행위를 하는 방법으로 추행하였다고 적시하지 못하고, '상대방과' 이 사건 행위를 하는 방법으로 추행하였다고 적시한 것은 피고인들이 그 상대방과 상호 합의하여 이 사건 행위를 함께 하였기 때문이다. 기록에 의하면, 피고인들 상호 간 또는 피고인 1과 공소외인 상호 간 서로 합의하여 자발적으로 이 사건 행위를 하였음을 알 수 있다.

현행 규정은 행위자가 '그 상대방에 대하여' 이 사건 행위를 할 것을 구성요건으로 규정하고 있음에도 이 부분 공소사실은 행위자가 '그 상대방과' 이 사건 행위를 하였다는 것이므로, 이 부분 공소사실은 그 자체로 구성요건을 충족하였다고 할 수 없다. 원심으로서는 군검사에게 공소사실을 현행 규정의 구성요건에 부합하도록 피고인들이 '그 상대방에 대하여' 이 사건 행위를 하는 방법으로 추행을 하였다는 것으로 공소장을 변경할 것인지에 대해 석명을 구한 후 군검사의 대응에 따라 판단하였어야 한다. 현재의 공소사실은 피고인이 '(상대방)에 대하여' 이 사건 행위를 하는 방법으로 추행을 하였다는 내용을 포함하고 있지 아니하므로, 이 사건은 형사소송법 제328조 제1항 제4호에서 정한 공소기각결정을 하여야 할 사유인 "공소장에 기재된 사실이 진실하다 하더라도 범죄가 될 만한 사실이 포함되지 아니하는 때"에 해당한다고 볼 여지도 있다.

나. 현행 규정의 체계적 위치와 장의 제목이 갖는 의미

법률의 명칭이나 장 또는 조항의 제목은 선행 조직자(advance organizers)의 역할, 즉 새로운 정보를 인지구조 내에 포함시키기 위한 발판을 마련하고자 추상성, 일반성, 포괄성의 정도가 높은 입문(입문)적 자료를 미리 제시하는 역할을 한다. 현행 규정의 보호법익을 '군기 보호'만으로 이해하는 것은 군형법이라는 법률의 명칭과 제1조의 적용대상자에 관한 규정, 각 장과 각 조항의 제목이 담당하는 선행 조직자 역할 내지 기능을 무시한 것이다.

군형법이라는 법률 명칭과 제1조의 규정에 비추어 보면 '군기 보호'라는 법익은 군형법상의 모든 장 및 모든 조항의 공통된 기본적인 보호법익이므로, 각 장 및 각 조항의 범죄는 '군기 보호'라는 공통된 보호법익을 기본으로 하여 각각의 독자적인 법익을 추가로 보호하는 것이라고 해석하는 것이 타당하다. '강간과 추행의 죄'에 관하여 규정한 제15장과 그중에서 추행의 죄에 관해 규정한 현행 규정은 군형법상의 모든 범죄의 보호법익인 '군기 보호'에 위 장 고유의 보호법익인 '성적 자유' 또는 '성적 자기결정권'을 함께 보호법익으로 한다고 해석하는 것이 군형법의 전체적인 체계와 현행 규정의 위치와 제목 등을 고려할 때 지극히 타당하다.

현행 규정의 보호법익을 오로지 '군기 보호'로만 보고 군인의 '성적 자유' 또는 '성적 자기결정권'과 전혀 무관하다고 이해하는 해석은, 추행의 죄가 '계간 기타 추행을 한 자'를 그 구성요건으로 하면서 '부하범죄 부진정죄', '정치관여죄'와 함께 '기타의 죄'의 장에 규정되었던 제정 군형법하에서라면 몰라도 '군인 등에 대하여'라는 구성요건 표지가 추가되고 '강간죄'와 함께 '강간과 추행의 죄'의 장에 규정된 현행 규정의 해석론으로는 더 이상 옳지 않다.

다. 추행의 의미

'추행(醜行)'에 대하여 표준국어대사전은 '① 더럽고 지저분한 행동, ② 강간이나 그와 비슷한 짓'이라고 정의한다. ②의 정의에는 상대방의 의사에 반한다는 의미가 내포되어 있는 반면, ①의 정의에는 그러한 의미가 내포되어 있지 않다고 할 수 있다. 따라서 두 사람이 상호 합의하여 이 사건 행위 등 성적 행위를 한 경우 ②의 정의의 추행에 해당할 여지는 원천적으로 배제되는 반면, ①의 정의의 추행에 해당할 여지는 남아 있다.

현행 규정의 '추행'이 위 두 가지 정의 중 어느 것에 해당하는지는 제반 사정을 고려하여 판단하여야 한다. 군형법 제92조의 각 조항들(제92조부터 제92조의8까지)이 포함된 제15장의 제목이 '강간과 추행의 죄'라는 점에서 그 제목이 올바른 선행 조직자의 역할을 하고 있다고 가정하면, 제92조 전체는 상대방의 의사에 반하는 행위에 대한 처벌을 의미하는 것으로 보아야 한다. 따라서 현행 규정의 추행도 상대방의 의사에 반하는 의미가 포함되어 있는 ②의 정의로 해석하는 것이 타당하다.

'추행'에 해당하는지 여부를 판단할 때 중요한 고려요소 중 하나는 '그 시대의 성적 도덕관념'이므로, 현행 규정의 '추행'에 해당하는지 여부를 판단할 때에도 '이 시대의 성적 도덕관념'을 고려하여야 한다. 법원이 법률을 해석할 때 지금 이 시대의 법의식을 고려하는 것은 구체적 사건에서 타당성 있는 법률의 해석·적용을 위하여 반드시 요청되는 사항이다.

다수의견과 그 보충의견에서 설명한 동성애에 대한 우리 사회 인식의 변화에 비추어 볼 때, 성인 사이의 상호 합의에 의한 동성 간의 성적 행위를 지금 이 시대의 성적 도덕관념에 비추어 '더럽고 지저분한 행동'으로 평가할 수는 없다. 아무리 군의 특수성을 감안한다고 하더라도 형법상 추행과 같이 현행 규정상 추행도 일방의 의사에 반하여 구체적인 피해를 야기하는 행위만이 '더럽고 지저분한 행동'으로 평가하여야 한다. 이는 규범적 개념인 '추행'의 의미를 확정하는 법률해석의 과정에서 충분히 가능하고 반드시 필요한 것으로서, 문언해석의 범위를 벗어난다거나 법원의 해석 권한을 벗어나는 것이 아니다.

반대의견은 현행 규정의 문언이나 입법 연혁, 보호법익이 분명하여 다른 해석을 할 여지가 없다고 하나, 반대의견이 현행 규정의 개정 경위로 든 대법원 73도1915 판결도 '계간 기타 추행을 한 자'를 규정한 '추행의 죄'의 문언이 불분명하다고 하면서 그 조항의 입법 취지와 보호법익 등을 고려하여 '민간인과의 행위'에는 적용되지 않는다고 제한 해석하였다. 반대의견은 현행 규정이 처벌하는 행위는 동성애자의 행위에 한정되지 않는다고 애써 부정하면서도, 한편으로는 다수의견에 대한 보충의견이 지적한 것처럼 문언 어디에도 없는 '남성' 군인 등 행위에 적용된다고 한정해석하고 있다. 반대의견에 따르면 이 역시 문언해석의 범위 내지 법원의 해석 권한을 벗어난 것이라는 비판에서 자유롭지 못할 것이다.

한편 현행 규정이 일방의 의사에 반하는 경우에만 적용되어야 한다는 해석이 군대 내에만 비동의추행죄를 도입하게 되는 것이어서 형사법체계에 큰 논란을 초래한다는 지적은 타당하지 않다. 위와 같은 해석은 현행 규정의 문장구조와 체계, 추행의 의미에 대한 합리적 해석을 통해 그 적용 범위를 설정하려는 것으로, 어떤 새로운 범죄를 도입하는 것이 아니다. 또한 위 해석은 현행 규정의 적용 범위를 명확히 함으로써 현행 규정이 그 문언과 문장구조에 반하여 부당하게 적용되는 것을 방지하려는 것뿐이어서 형사법체계에 논란을 초래한다고 볼 수도 없다.

라. 처벌의 공백이 발생하는지 여부

두 사람이 상호 합의한 성행위가 군기를 구체적, 직접적으로 침해하는 경우 현행 규정을 적용하여 처벌할 수 없다고 해석하더라도 처벌의 공백이 발생하지 않는다.

이 사건 행위가 공연히 이루어졌기 때문에 군기를 침해하는 것으로 평가할 수 있는 경우에는 행위자들을 공연음란죄로 처벌할 수 있을 것이다. 두 사람이 이 사건 행위를 하는 바람에 군무이탈이나 근무태만 등에 해당하여 군기를 구체적, 직접적으로 침해하게 된 경우에는 군무이탈이나 근무태만 등을 규율하는 해당 조항을 적용하여 처벌할 수 있을 것이다. 나아가 형사처벌을 해야 할 정도로 군기를 구체적, 직접적으로 침해하는 데까지 이르지 않은 경우에는 필요하다면 적절한 징계를 통해 충분히 군기를 확립할 수 있다.

오히려 현행 규정을 두 사람이 상호 합의하여 행한 경우에도 일률적으로 적용한다면 군인에 대한 형벌권 남용의 위험이 상존할 수 있다. 이 사건은 육군본부 중앙수사단이 (계급 3 생략) 1명의 동성 간 성행위를 입건하여 조사하던 중 동성애자인 상대 군인의 정보를 취득하고 수사대상을 확대하여 수십 명의 군인 등을 상대로 그들의 과거 행위를 수사한 후 십여 명의 군인 등을 기소하면서 시작되었다. 기록상 당시 피고인들을 포함한 수사 대상 군인 등은 별다른 문제 없이 복무하고 있었던 것으로 보일 뿐이고, 현행 규정 이외에는 수사기관의 수사 개시를 정당화할 만한 다른 사정을 찾아볼 수 없다. 아무런 문제 없이 충실하게 복무하고 있는 군인의 은밀한 사생활 영역을 파헤쳐 수사하고 처벌하는 것이 과연 군기의 확립과 보호에 긍정적인 효과가 있는지 의문이다.

따라서 군형법의 모든 조항에 공통된 보호법익인 '군기 보호'라는 명분으로 두 사람이 상호 합의하여 성적 행위를 한 경우까지 현행 규정을 적용하여 두 사람 모두를 형사처벌하는 것은 형벌의 최후수단성 원칙에 반한다고 하지 않을 수 없다.

마. 마지막으로 어떤 형벌법규를 해석할 때 외국의 입법례를 참고하기에 앞서 국어학적으로 정확한 문언해석이 선행되어야 하며, 국회의 입법과정에서도 국어전문가의 사전 검토가 필요하다는 점을 지적하여 둔다.

6. 대법관 조재연, 대법관 이동원의 반대의견

가. 이 사건의 본질과 반대의견의 요지

이 사건의 본질은 동성애나 개인의 성적 지향 또는 성적 자기결정권을 논하는 데 있지 않다. 군이라는 특수한 사회의 기율 유지에 관한 문제이다.

원심이 유죄로 인정한 이 부분 공소사실은, 남성 군인인 피고인들이 서로 항문성교 및 추행행위를 하였다는 것이다. 군형법 제92조의6은 "'군인 등'의 '군인 등'에 대한 항문성교나 그 밖의 추행" 행위를 처벌하도록 규정하고 있다. 현행 규정의 '항문성교'는 그 자체로 문언의 명확성을 갖추고 있고, '그 밖의 추행' 역시 예시적 입법형식을 취함에 따라 항문성교에 준하는 행위로 해석할 수 있는 한편, 행위의 강제성이나 시간과 장소 등에 관한 구성요건요소에 별다른 제한이 없다. 또한 현행 규정이 처벌하는 행위는 비동성애자의 행위를 포함하여 남성 '군인 등' 사이의 항문성교나 그 밖의 추행이라는 행위이고 동성애자의 행위에 한정되지 않는다.

그러므로 이 사건에서는 피고인들의 행위가 현행 규정이 처벌하는 '항문성교나 그 밖의 추행'에 해당하는지 여부가 문제 될 뿐이고, 구성요건적 행위를 제한적으로 해석하거나 동성애와 같은 개인의 성적 지향 또는 성적 자기결정권을 고려할 것은 아니다.

다수의견은 현행 규정이 동성 군인 사이의 항문성교나 그 밖에 이와 유사한 행위가 사적 공간에서 자발적 의사 합치에 따라 이루어지는 등 군이라는 공동사회의 건전한 생활과 군기(이하 '군기'라 한다)를 직접적, 구체적으로 침해한 것으로 보기 어려운 경우에는 적용되지 않는다고 한다.

그러나 이러한 다수의견은 현행 규정이 가지는 문언의 가능한 의미를 넘어 법원에 주어진 법률해석 권한의 한계를 벗어난 것으로서 이에 동의할 수 없다. 구체적인 이유는 다음과 같다.

나. 현행 규정의 해석
  (1) 법률해석의 원칙
    법률해석은 법전에 적힌 법률 문언의 의미를 밝히는 작업으로서 법률 그 자체에 내재되어 있는 객관적인 의미를 해명하는 것을 목적으로 한다. 따라서 법의 해석은 가능한 한 법률에 사용된 문언의 통상적인 의미에 충실하게 해석하는 것을 원칙으로 하고, 나아가 법률의 입법 취지와 목적, 제·개정 연혁, 법질서 전체와의 조화, 다른 법령과의 관계 등을 고려하는 체계적·논리적 해석방법을 추가함으로써 법 해석의 요청에 부응하는 타당한 해석이 되도록 하여야 한다. 이는 다수의견도 들고 있는 원칙이다.

    그런데 문언 자체가 비교적 명확한 개념으로 구성되어 있고 논리적으로 모순되지 않는다면 원칙적으로 더 이상 다른 해석방법을 활용할 필요가 없거나 제한될 수밖에 없다(대법원 2017. 12. 21. 선고 2015도8335 전원합의체 판결, 대법원 2020. 08. 27. 선고 2019도11294 전원합의체 판결 등 참조). 목적론적 해석 또는 합헌적 해석을 하는 경우에도 그것이 입법이 아닌 법률해석으로 남기 위하여는, 법률 제정 당시에 입법자가 전혀 예상하지 못하였기 때문에 법률로 규정되지 않았거나 불충분하게 규정된 경우, 법률에 명백한 실수가 있거나 법률 내용이 상호 모순 또는 충돌하는 경우, 법률 문언을 그대로 적용한 결과가 입법의도에서 벗어나 매우 불합리하다고 판단되는 경우나 그 문리대로의 적용이 실제로 불가능한 경우 등 예외적인 경우 이외에는, 문언과 문맥상 의미의 한계를 넘어서는 안 된다.

  (2) 현행 규정의 구체적인 해석
    현행 규정은 '군인 등'에 대하여 항문성교나 그 밖의 추행을 한 사람을 2년 이하의 징역에 처하도록 정하고 있고, 군형법 제1조는 군형법의 적용대상자를 '군인 등'으로 정하고 있다. 따라서 현행 규정은 '군인 등'이 '군인 등'에 대하여 '항문성교나 그 밖의 추행'을 하는 행위를 구성요건으로 하는 형벌법규로서, 결국 현행 규정의 구성요건요소 중 해석이 필요한 부분은 주체, 객체(상대방), 행위 중 '항문성교나 그 밖의 추행'이라는 '행위' 요소에 관한 것이다.

    (가) 먼저, 문언을 본다.
      현행 규정은 제목을 '추행'으로 명시하고, 대표적 구성요건적 행위로 '항문성교'를 예시한 다음 그 바로 뒤에 '그 밖의 추행'이라고 하여 어느 정도 일반적인 용어인 '추행'을 사용하는 예시적 입법형식을 취하고 있다. 입법자가 규율하고자 하는 대전제는 '추행'이고, 그 전형적이고 대표적인 행위로 '항문성교'를 예시한 것으로, '항문성교'는 현행 규정에서의 '추행'이 무엇인지를 해석할 수 있는 판단지침이 된다. 한편 현행 규정은 구성요건적 행위의 강제성이나 행위의 시간과 장소 등 다른 구성요건요소에는 제한을 두고 있지 않다.

법령에서 쓰인 용어에 관해 정의 규정이 없는 경우에는 원칙적으로 사전적인 정의 등 일반적으로 받아들여진 의미에 따라야 한다(위 대법원 2015도8335 전원합의체 판결 등 참조). 군형법은 '항문성교'나 '추행'의 의미에 관하여 행위가 상대방의 의사에 반하여 이루어졌다거나 행위의 시간과 장소 등의 요소를 포함하는 정의 규정을 두고 있지 않다.

그렇다면 문언상 제한이 없는 행위의 강제성 여부나 시간과 장소 등의 구성요건요소에 관한 한, 현행 규정의 구성요건적 행위에 예외가 없다고 새김이 원칙이다. 이는 입법자가 입법 단계에서 일정한 구성요건요소에 관하여는 예외를 인정하지 않음으로써 그 영역에 관한 판단과 평가의 여지를 두지 않은 것이므로, 그에 대하여는 법원의 해석 권한이 미칠 수 없다.

(나) 다음으로, 입법 연혁을 본다.

추행죄는 제정 군형법 당시부터 존재하였는데, 그 마지막 장인 제15장 '기타의 죄'의 장에 규정되어 있었다. 당시 시행 중이던 형법 제32장 정조에 관한 죄에 강제추행죄(제298조), 준강제추행죄(제299조) 및 심신미약자에 대한 위계·위력 추행죄(제302조)가 규정되어 있었음에도, 제정 군형법은 제92조(추행)를 따로 두고 위 각 형법상 죄보다 법정형을 낮게 규정하였다. 또한 제정 군형법은 위 각 형법상 죄와 달리 추행죄를 친고죄로 규정하지 않았다. 2009년 법률 제9820호로 개정된 구 군형법은 제15장 '강간과 추행의 죄'의 장을 신설하면서, 그 장 내에 폭행이나 협박으로 군인 등을 추행한 사람을 처벌하는 강제추행죄(제92조의2)와 군인 등의 심신상실 또는 항거불능 상태를 이용하여 추행한 사람을 처벌하는 준강제추행죄(제92조의3) 등을 별도로 신설하고 형법보다 법정형을 높게 규정하는 한편 이들 범죄를 친고죄로 규정하였다(제92조의8). 그런데 구 군형법은 추행죄의 조문 위치를 제92조에서 제92조의5로 옮기면서 법정형만을 1년 이하의 징역에서 2년 이하의 징역으로 높였을 뿐, 추행죄의 구성요건에 관한 내용과 친고죄 대상에서 제외하는 부분은 그대로 유지하였다. 구 군형법 제92조의5(추행)는 2013년 법률 제11734호 개정을 통하여 다시 제92조의6으로 조문 위치가 바뀌는 한편, 문언에 '군인 등에 대하여'가 추가되고, '계간'이라는 용어가 '항문성교'로, '기타'가 '그 밖에'로 변경되어 현행 규정이 되었다.

2013년의 개정은 동성 간의 성행위를 비하하는 용어(계간)를 순화함과 동시에, 개정 전 규정이 추행의 객체를 규정하지 않음에 따라 '그 밖의 추행'이 '군인 간'의 추행만을 의미하는 것인지 아니면 '군인과 군인 아닌 일반 국민 사이'의 추행도 포함하는 것인지 여부가 불명확하다는 종래의 해석상 논란을 해결하고 "민간인과의 사적 생활관계에서의 변태성 성적 만족 행위에는 위 규정이 적용되지 않는 것"으로 해석함이 타당하다고 본 대법원의 판단(대법원 1973. 09. 25. 선고 73도1915 판결)을 반영한 것이다. 이에 따라 현행 규정은 추행행위의 상대방을 '군인 등'으로 명시적으로 한정하고 '군인 등' 상호 간의 행위만을 처벌한다는 의미로 '대하여'라는 문구를 추가하였다.

위와 같은 입법 연혁에 비추어 볼 때, 현행 규정의 '항문성교'는 제정 군형법 및 구 군형법상 추행죄와 마찬가지로 여전히 남성 '군인 등' 상호 간의 '항문성교' 행위를 가리킨다고 할 수 있다. 2013년의 개정은 상대방을 명시적으로 한정하면서 대표적 구성요건적 행위의 '용어 순화'를 위하여 '계간'을 '항문성교'로 변경하였을 뿐이고, '항문성교 등 추행행위'이더라도 행위의 강제성 여부나 시간과 장소 등을 고려하여 일정한 경우는 처벌대상에서 제외하겠다는 문언을 추가하지 않았다.

제정 군형법 및 구 군형법 아래 대법원은 행위의 강제성 여부나 시간, 장소 등에 관한 별다른 제한 없이 '계간 기타 추행행위' 해당 여부를 판단하여 왔고(대법원 2008. 05. 29. 선고 2008도2222 판결, 대법원 2012. 06. 14. 선고 2012도3980 판결 참조), 헌법재판소 또한 그러한 해석을 전제로 합헌결정을 내린 바 있다(헌법재판소 2002. 6. 27. 선고 2001헌바70 전원재판부 결정, 헌법재판소 2011. 3. 31. 선고 2008헌가21 전원재판부 결정 참조). 이러한 상황에서 입법자가 다수의견과 같이 일정한 경우를 처벌대상에서 제외하겠다는 입법적 결단을 하였다면 2013년 개정 당시 '용어 순화'라는 개정이유에 그치지 않고 제정 군형법과 구 군형법에서의 해석과 다르게 처벌대상이 제한되어야 한다는 점을 현행 규정에 문언으로 명백하게 나타내었을 것이다. 그러나 입법자는 그러한 입법형식을 채택하지 않았고, 결국 현행 규정에는 다수의견이 주장하는 바와 같이 일정한 경우를 처벌대상에서 제외하겠다는 입법적 결단이 포함되었다고 볼 수 없다. 그럼에도 법률 문언에서 찾아볼 수 없는 이유를 논거로 삼아 현행 규정의 적용 대상을 제한하는 것은 법률이 정한 구성요건에 수정을 가하는 것이므로 법률해석론으로 받아들일 수 없다.

(다) 이어, 현행 규정의 보호법익에 관하여 본다.

대법원과 헌법재판소는 일치하여 제정 군형법 및 구 군형법상 추행죄의 주된 보호법익은 '개인의 성적 자유'라는 개인적 법익이 아니고 '군기'라는 사회적 법익이라고 밝혔다(위 대법원 2008도2222 판결, 위 헌법재판소 2001헌바70 전원재판부 결정 등 참조). 이러한 판단은 수차례 일관되게 재확인되어 이미 확립되어 있다. 또한 위와 같은 현행 규정에 이르기까지의 개정 경위에 비추어, 그 개정에 성적 자기결정권이라는 개인적 법익을 고려한 보호법익 사이의 위상 변화 또는 행위의 강제성 여부나 시간과 장소 등에 관한 구성요건요소를 제한하는 의미까지 포함되어 있다고 해석하기 어렵다. 현행 규정에 대하여 위와 같은 본질적인 변경을 도모하였다고 볼 만한 입법자료를 발견할 수도 없다. 그러므로 제정 군형법 및 구 군형법상 추행죄의 보호법익에 관한 대법원과 헌법재판소의 판단을 현행 규정에 이르러 변경할 정도의 특별한 사정변경이 있다고 보기 어렵고, 종래의 판단은 현행 규정에 대하여도 여전히 유효하다.

사적 공간에서 행위자의 자유로운 합의에 의하여 이루어진 성행위라고 하더라도, 그러한 행위를 한 사람이 군이라는 공동사회의 구성원인 이상 '군기'라는 사회적 법익을 침해하는 것으로 보아야 한다. 입법자가 형법과 별도로 군형법에만 존재하는 특수한 '추행죄'를 규정하여 이에 해당하는 행위를 처벌함으로써 주되게 보호하고자 하는 것은 형법에서 보호되지 않는 사회적 법익인 '군기'의 유지이다. 사적 공간에서 자유로운 합의에 의하여 이루어지는 성행위가 구성요건에 해당하지 않거나 위법성이 배제되려면 기본적으로 개인적 법익을 주된 보호법익으로 하여야 한다. 국가적 법익 또는 사회적 법익이 주된 보호법익이라면 비록 개인적 법익이 일부 관련되어 있다고 하더라도 상대방과의 합의 또는 공간의 사적 성격이 구성요건 또는 위법성의 배제를 가져온다고 할 수 없다.

(라) 나아가 군형법의 다른 규정 및 여타 형벌규정과의 유기적·체계적 해석을 통하여 본다.

구 군형법은 제92조의2에 강제추행죄를, 제92조의3에 준강제추행죄를 별도로 규정하였고, 이로써 폭행·협박에 의한 강제추행이나 심신상실 또는 항거불능 상태를 이용한 준강제추행은 이 규정들에 의하여 처벌할 수 있게 되었다. 2013년 법률 제11734호 개정으로 위 각 죄가 제92조의3 및 제92조의4로 각각 이동된 한편, 제92조의2에 유사강간죄가 별도로 신설되었고, 이로써 폭행·협박에 의한 항문성교는 위 제92조의2에 의하여 처벌하게 되었다. 1994. 1. 5. 「성폭력범죄의 처벌 및 피해자 보호 등에 관한 법률」이 제정되면서 업무상 위력 등에 의한 추행죄가 제11조에 신설되었고, 2010. 4. 15. 제정된 「성폭력범죄의 처벌 등에 관한 특례법」에서 제10조에 자리하게 되었으며, 2012. 12. 18. 전부 개정된 위 법률에서 비친고죄로 전환되었다. 한편 현행 규정의 법정형이 2년 이하의 징역인 반면, 군형법 제92조의2(유사강간), 제92조의3(강제추행), 제92조의4(준강제추행)의 법정형은 3년 이상의 유기징역 또는 1년 이상의 유기징역이고, 업무상위력 등에 의한 추행죄의 법정형은 3년 이하의 징역 또는 1천 500만 원 이하의 벌금이다.

위와 같이 강제력을 수반하는 추행 관련 범죄의 법정형에 비하여 현행 규정의 법정형이 현저히 낮은 점에 비추어 볼 때, 현행 규정은 위 각 죄보다 가벌성이 작은 행위로서 강제력을 수반하지 않는 추행행위를 처벌대상으로 한다고 봄이 타당하다. 여기에다가 군형법의 적용대상자가 범한 죄에 관하여 군형법에 특별한 규정이 없으면 다른 법령에서 정하는 바에 따른다고 정하고 있는 군형법 제4조의 취지를 더하여 보면, 현행 규정의 독자적 의의는 사실상 상대방의 의사에 반하지 않는 항문성교 및 그 밖의 추행행위를 처벌하는 데에 있다고 볼 수 있다. 그런데 다수의견과 같이 현행 규정의 구성요건적 행위 중 사적 공간에서 자발적 합의에 의하여 이루어지는 행위를 제외한다고 해석할 경우 현행 규정의 폐지 또는 개정 여부와 별개로 사실상 현행 규정을 적용할 여지가 거의 없게 된다. 이는 법원이 마땅치 않은 규정을 털어내기 위하여 성문의 형벌법규를 무시하고 해석을 통하여 살아 있는 법률을 사문화시키는 것으로서, 법관의 법률에 대한 구속이라는 헌법적 원칙을 고려할 때 정당한 해석론으로 취할 바가 못된다.

(마) 한편 다수의견이 말하는 '동성 간의 성행위에 대한 법규범적 평가가 달라진 점'이 현행 규정의 구성요건에 대한 해석 척도가 된다고 볼 수 없다.

'사적 공간에서 자유로운 합의에 따라 이루어지는 동성 간의 성행위가 정상적인 성적 만족 행위로서 사회 일반에 혐오감을 일으키고 성적 도덕관념에 반하는 행위에 해당하지 않는다.'거나 '이러한 행위를 처벌하는 것이 헌법정신에 어긋날 수 있다.'는 규범적 평가는 가능할 수 있다. 그러나 현행 규정은 그 문언에서 항문성교를 대표적 구성요건적 행위로 삼으면서 이에 준하는 추행행위를 처벌대상으로 정하고 있을 뿐, 행위의 수단, 시간 및 장소에 따라 행위에 대한 평가에 차이를 두거나 그러한 취지를 내포한다고 볼 만한 문언을 가지고 있지 않다. 현행 규정에 관한 한, 다수의견이 들고 있는 해석의 척도는 사법기관에 위임된 범위를 넘는 권한 행사라는 결과를 초래하게 된다.

다. 법원의 임무와 법률해석의 한계

(1) 목적론적 해석과 합헌적 법률해석의 한계

(가) 다수의견은 현행 규정을 그대로 적용할 경우 시대적 흐름에 맞지 않고 성적 소수자의 인

권을 침해하는 등 헌법에 맞지 않는다는 이유를 들어 현행 규정에 대하여 이른바 목적론적 축소해석과 합헌적 해석의 필요성이 있다고 한다.

그런데 목적론적 해석 또는 합헌적 해석도 문언의 통상적인 의미라는 한계 내에서만 가능한 것이다. 문언에 의할 때 하나의 해석만이 가능하고 다른 해석이 불가능한 경우라면, 그 하나의 해석을 받아들이든가(합헌), 받아들이지 않든가(위헌) 하는 외에 다른 해석을 할 수는 없다. 어느 법적 규율에 대한 합헌적 해석은 어디까지나 법규 문언이 다의적이어서 위헌적으로도 합헌적으로도 해석할 수 있는 여지가 있을 때 이를 위헌으로 판단하여서는 안 된다는 원칙일 뿐, 그 법규 문언이 갖는 일반적인 의미를 넘어서거나 그 법규의 제정 목적에 비추어 제정권자의 명백한 의지와 취지에 반하는 방향으로까지 무리하게 해석하여 법규 제정권자의 입법형성권의 범주에 속하는 사항 등에 이르기까지 개입할 수 있는 것은 아니다.

현행 규정은 앞서 본 바와 같이 문언 그 자체로 명확하고 군형법을 비롯한 관련 형벌법규와의 유기적·체계적 해석을 거치면서 문언 그대로의 의미가 더욱 뚜렷해질 뿐, 여러 갈래의 해석이 가능하거나 일정한 상황에 대하여 침묵하는 경우에 해당하지 않는다. 따라서 현행 규정에 대하여 문언의 가능한 의미를 벗어나는 해석을 하는 것은 법원의 권한에 속한다고 볼 수 없다.

(나) 법률 제정 당시에 입법자가 전혀 예상하지 못하였기 때문에 법률로 규정되지 않았거나 불충분하게 규정된 경우, 법률 문언을 그대로 적용한 결과가 입법의도에서 벗어나 매우 불합리하다고 판단되는 경우 등 법원의 법형성적 활동이 필요한 영역이 있을 수 있다.

현행 규정은 군형법이 1962년 제정되어 2009년 및 2013년 각 개정을 거치면서도 일관되게 상대방의 의사에 반하는지 여부나 시간과 장소 등에 의한 제한을 법문언에 포함하지 않았다. 현행 규정의 이러한 입법 연혁과 일관된 규정 방식을 고려하면, 입법자가 군대 내 성소수자의 성적 자기결정권 문제 등을 전혀 예상하지 못한 채 현행 규정과 같은 입법을 함으로써 법률에 흠결이 발생하였다거나 불충분하게 규정되었다고 볼 수 없다. 또한 현행 규정의 문언을 그대로 적용한 결과가 입법자의 의도를 벗어나는 불합리한 경우에 해당한다고 볼 수도 없다. 오히려 상명하복의 엄격한 규율과 집단적 공동생활을 본질로 하는 군대의 복무관계로 인하여 '군인 등' 상호 간의 성행위는 합의를 위장한 강요 등에 의한 성행위로 나타날 개연성이 높다는 점 등 군 생활의 특수성을 고려하여 '항문성교나 그 밖의 추행'의 구성요건적 수단 등을 제한하지 않은 것이라고 해석하는 것이 법률해석의 원리에 부합한다. 군형법은 무단 이탈죄(제79조), 부하범죄 부진정죄(제93조), 정치 관여죄(제94조) 등 일반형법이 범죄로 규정하지 않는 행위까지도 범죄로 규정하는 경우가 있고 그 처벌의 정도 또한 일반형법이 규정하는 동일한 유형의 범죄에 비하여 높다는 점에 비추어 보아도 그렇다.

다수의견과 같이 목적론적 축소해석 또는 합헌적 해석방법을 이용하여 문언의 가능한 의미를 벗어나 현행 규정의 구성요건을 변경하는 해석은 허용되지 않는다고 보아야 한다. 즉, 현행 규정에서 정하고 있는 '항문성교나 그 밖의 추행'에 해당하면 그로써 위 규정의 적용 대상이 되는 것이고, 여기에 더하여 다수의견과 같이 '사적 공간인지 여부', '자발적 합의에 의한 것인지 여부' 등의 사정을 고려하여 '군기를 직접적이고 구체적으로 침해하였는지'에 따라 그 적용 여부를 달리해야 할 근거는 없다. 다수의견과 같이 해석하는 것은 법원이 법률 문언에 없는 단서 조항을 신설하는 것과 같다. 이는 명문의 규정에 반하는 법형성 내지 법률 수정을 도모함으로써 법원이 가지는 법률해석 권한의 한계를 명백하게 벗어나는 것이다. 다수의견은 입법론으로 고려할 수 있을 뿐 현행 규정의 해석론으로는 받아들이기 어렵고, 입법정책의 문제를 법률해석의 문제로 다루는 것이라 할 수 있다.

(2) 법원의 권한과 임무

법원은 국회가 제정한 법률에 대하여 그것이 헌법재판소에 의하여 위헌결정을 받기 전까지는 이를 적용하여야 하고, 군형법상 추행죄와 같이 이미 수차례 합헌결정을 받은 경우에는 더욱 그러하다.

헌법재판소는 그동안 세 차례에 걸쳐 제정 군형법 제92조 및 구 군형법 제92조의5에 대하여 합의에 의한 것인지 여부나 행위의 시간, 장소 등에 관한 별도의 제한은 없는 것으로 해석됨을 전제로 합헌결정을 한 바 있고(위 헌법재판소 2001헌바70 전원재판부 결정, 위 헌법재판소 2008헌가21 전원재판부 결정, 헌법재판소 2016. 7. 28. 선고 2012헌바258 전원재판부 결정 참조), 대법원도 거듭하여 같은 취지의 해석론을 밝혀 왔다(위 대법원 2008도2222 판결, 위 대법원 2012도3980 판결 참조). 이러한 종전 헌법재판소 결정이나 대법원 판례의 해석은 타당하고 그 해석은 제정 군형법 제92조(추행)뿐 아니라 현행 규정에도 유효하므로 별도의 입법조치가 없는 한 그대로 유지되어야 한다.

비록 법률을 적용한 결과가 못마땅하다 하더라도 이는 헌법재판소의 결정과 입법기관의 법개정을 통하여 해결하여야지, 법원이 법해석이라는 이름으로 이들 기관을 대신하는 것은 권한분장의 헌법 정신에 어긋난다. 법률의 노후화 또는 해석결과의 불합리라는 이유만으로 법률 그 자체의 적용을 거부한 채 형벌법규 문언의 명백한 의미를 제한하거나 수정하는 해석을 하는 것은 국민이 법원에 부여한 권한에 속한다고 할 수 없다. 피고인에게 유리한 방향 또는 결과적으로 옳은 방향이라고 하더라도 마찬가지이다. 이는 민주주의의 기반인 삼권분립 원칙의 본질적 요청이고, 헌법 제40조(입법권), 제103조(법관의 독립), 제111조(헌법재판소의 권한 등)에 따른 한계이다.

라. 소결론

현행 규정은 자발적 합의 아래 사적 공간에서 이루어진 행위에도 적용된다고 보아야 한다. 남성 군인인 피고인들의 항문성교, 구강성교, 상호 사정행위 등이 사회적 법익인 군기를 침해하는 '추행'에 해당한다고 보아 공소사실을 유죄로 판단한 원심판결은 정당하다.

어떤 행위를 범죄로 규정하고 이를 어떻게 처벌할 것인가 하는 문제는 그 범죄의 죄질과 보호법익뿐만 아니라 우리의 역사와 문화, 입법 당시의 시대적 상황, 국민 일반의 가치관과 법감정 그리고 범죄 예방을 위한 형사정책적 측면 등 여러 가지 요소를 종합적으로 고려하여 입법자가 결정할 사항이다. 어떤 행위를 징계로 해결할 것인지 아니면 형사처벌 대상으로 삼을 것인지를 법관이 판단하는 것은 바람직하지 않다. 현행 규정을 입법론적으로 그대로 존치하여야 한다는 말을 하는 것이 아니다. 다수의견과 같은 결론은 몇 명의 법관이 아니라, 실제적인 이해관계를 가진 사회 전반의 시민들이 전문가의 연구 등을 바탕으로 충분한 논의를 거쳐 헌법과 법률이 마련한 정당한 입법절차를 통하여 사회적 합의의 형태로 결정되어야 한다. 다수의견은 시민사회, 학계, 법률가 및 정치권 등의 소통을 통한 논의와 입법절차를 통하여 얻어야 할 결론을 법률 문언을 넘어서는 사법판단을 통하여 이루고자 하는 것이어서 받아들이기 어렵다.

이상과 같은 이유로 다수의견에 찬성할 수 없음을 밝힌다.

7. 다수의견에 대한 대법관 김재형, 대법관 노정희, 대법관 천대엽, 대법관 오경미의 보충의견

현행 규정의 해석에 관한 다수의견의 논거를 보충하고, 다수의견이 법률해석의 한계를 벗어났다는 반대의견에 대하여 몇 가지 점에서 답변을 하고자 한다.

가. 법률해석의 원칙과 한계

법률의 의미, 내용과 적용 범위를 정하여 구체적 사건에 적용할 권한, 곧 법령의 해석·적용 권한은 사법권의 본질적 내용이고, 사법권은 법관으로 구성된 법원에 속한다(헌법 제101조 제1항). 법원의 법률해석 권한이 무제한적인 것은 아니므로 법원은 입법자의 입법형성권을 존중하는 방향으로 법률을 해석해야 하지만, 법률 제정 당시 입법자의 의사에 구속되는 것은 아니다. 더군다나 법률 규정이 항상 명확한 것은 아니고 법률을 문구대로 적용할 경우 부당한 결과를 초래하기도 한다. 이러한 경우에 법률의 정당한 의미를 찾아 현실에 맞게 법률을 적용하고자 법원은 문언해석 외에도 논리적·체계적 해석, 역사적 해석, 목적론적 해석, 헌법합치적 해석 등 여러 해석방법을 활용하고 있다. 다수의견에서 본 바와 같이 법률을 해석할 때에는 법률의 입법 취지와 목적, 그 제정·개정 연혁, 법질서 전체와의 조화, 다른 법령과의 관계 등을 모두 고려해야 하는데, 여기서 말하는 '법질서 전체'란 최고 규범인 헌법을 중심으로 하여 형성된 사회 일반의 법의식을 포함한다.

법률의 해석은 헌법 규정과 그 취지를 반영해야 한다. 어떤 법률조항에 대하여 여러 갈래의 해석이 가능한 경우에는 우선 그중 헌법에 부합하는 의미를 채택함으로써 위헌성을 제거하는 헌법합치적 해석을 해야 하고, 나아가 헌법에 부합하는 해석 중에서도 헌법의 원리와 가치를 가장 잘 실현할 수 있는 의미를 채택하는 헌법정향적 해석을 해야 한다(이에 관해서는 대법원 2020. 09. 03. 선고 2016두32992 전원합의체 판결 중 대법관 김재형의 별개의견 참조). 이러한 해석은 국가의 최고 규범인 헌법을 법률해석의 기준으로 삼아 법질서의 통일을 기하여야 한다는 법원리에 기초한 것으로서, 법률의 문언이 갖는 의미가 지나치게 포괄적이어서 그 문언대로 해석·적용하는 것이 헌법에 위반되는 결과를 가져오는 경우에는 입법 취지와 목적, 그 제정·개정 연혁과 함께 헌법규범을 고려하는 합헌적 해석을 통하여 교정할 수 있다.

법률은 그 시대 사회 일반의 법의식을 기초로 형성되므로, 동일한 내용의 법률이라고 하더라도 시대적·사회적 상황의 변화와 법의식의 변천에 따라 구체적인 의미, 내용과 적용 범위가 달라질 수 있다. 특히 사회공동체의 윤리·도덕관념을 반영하고 있는 법률의 경우에는 입법뿐만 아니라 법률을 해석·적용하는 과정에서도 가치관이나 법의식의 변화가 영향을 끼칠 수 있다. 대법원은 음란 개념에 관하여 '사회와 시대적 변화에 따라 변동하는 상대적이고도 유동적인 것'이라고 하면서 표현물의 음란 여부를 판단할 때는 '그 시대의 건전한 사회통념에 따라 객관적이고 규범적으로 평가하여야 한다.'고 하였다(대법원 2008. 03. 13. 선고 2006도3558 판결 참조). 이처럼 사회와 시대의 변화에 따라 그 의미가 달라질 수 있는 법률 규정의 적용 여부를 판단할 때에는 그 시대의 건전한 사회통념이 중요한 기준이 된다.

대법원은 구 형법(2012. 12. 18. 법률 제11574호로 개정되기 전의 것) 제297조의 강간죄의 객체인 '부녀'에 법률상 처도 포함되는지 여부가 문제 된 사건에서 '가정 내 성폭력에 대한 인식의 변화'를 중요하게 고려하여 강간죄의 성립을 부정하던 기존 판례를 변경하고 혼인관계가 실질적으로 유지되고 있는 처도 '부녀'에 포함된다고 해석하였다(대법원 2013. 05. 16. 선고 2012도14788 전원합의체 판결 참조). 이것은 사회적 상황과 법의식의 변화를 고려하여 형사법에 관한 대법원의 해석을 변경한 대표적인 예이다.

이 사건 쟁점인 '추행' 요건에 관하여 대법원은 이미 '그 시대의' 성적 도덕관념을 고려하여 추행에 해당하는지 여부를 판단해야 한다고 하였다(대법원 2002. 04. 26. 선고 2001도2417 판결, 대법원 2015. 09. 10. 선고 2015도6980 판결 등 참조). 이는 '추행'의 의미가 시대의 흐름에 따라 가변적이어서 그 개념과 범주가 달라질 수 있다는 것을 뜻한다. 법률을 해석할 때 법적 안정성을 침해하지 않는 범위에서 현재의 법상황과 사회 일반의 인식 변화를 고려하는 것은 오래 전에 제정된 법률이 현시대에도 여전히 통용될 수 있는 구체적 타당성을 갖도록 하기 위해 꼭 필요한 일이다.

요컨대, 법률해석은 제정 당시 입법자의 주관적 의사에 얽매여서는 안 되고 문언의 가능한 의미를 탐구하여 최고 규범인 헌법의 내용과 가치를 반영하고 시간의 흐름에 따른 현재의 법상황과 법의식의 변화를 고려하여 현시대에 맞는 법률의 정당한 의미를 밝혀내는 것이 되어야 한다.

나. 문언의 가능한 의미에 대한 탐구

현행 규정의 문언('항문성교나 그 밖의 추행')을 그대로 적용하면 남녀 군인이 합의하여 항문성교를 한 경우에도 구성요건을 충족시킨다고 볼 수밖에 없다. 현행 규정이 그 경우를 처벌대상에서 제외한다는 문언을 부가하지 않고 있기 때문이다.

현행 규정은 '항문성교'를 추행의 대표적 행위로 예시하고 이어서 '그 밖의 추행'이라는 표현을 사용하고 있다. 항문성교라는 문언의 의미대로 해석한다면, 남녀 군인의 합의에 의한 항문성교를 구성요건에서 배제할 수 없으므로 '항문성교'를 대표적 행위로 한 '그 밖의 추행'은 그 문언만으로는 남녀 군인이 합의하여 항문성교에 이르지 않는 성행위를 한 경우도 포함한다고 볼 여지가 있다. 이처럼 현행 규정은 문언의 사전적·일반적 의미가 지나치게 포괄적이어서 그 문언대로 해석·적용하는 경우 현행 규정에 대한 전통적 해석에 반하여 그 처벌 범위를 넓히는 부당한 결과를 가져온다.

반대의견은 입법 연혁에 비추어 '항문성교'는 남성 군인 등 상호 간의 행위로 제한하여 해석해야 한다고 한다. 이처럼 반대의견도 '항문성교'를 문언이 표현하고 있는 의미 그대로 해석하지 않고 입법 연혁을 고려하여 문언의 의미를 축소하여 그 적용 범위를 제한하는 것은, 현행 규정의 올바른 적용을 위해서는 입법 연혁과 취지 등을 고려한 합목적인 해석이 필요함을 나타낸다.

'추행'은 다의적으로 해석될 수 있다. 사람마다 추행이라고 생각하는 것이 다를 수 있다. 강간, 강제추행, 성희롱 등을 가리키는 것으로 생각하는 사람이 있는 반면, 추잡한 행동이라고 생각하는 사람도 있다. 군대 내에서 이루어지는 성적 추행에 관해서도 마찬가지이다. 군기라고 하는 보호법익과의 관계를 생각하지 않는다면, 군대 내에서 성적으로 문란한 행위 일체를 가리킨다고 생각할 수도 있고, 의사에 반하는 성적 행위 일체라고 생각할 수도 있다. 이 모든 것이 문언의 가능한 의미에 포함된다. 추행이라는 문구만으로 모든 결론을 도출할 수 없다는 바로 그 지점이 다수의견의 출발점이다.

다수의견은 현행 규정의 내용과 체계, 법률의 개정 연혁과 보호법익, 헌법 규정을 비롯한 전체 법질서의 변화 등을 종합적으로 고려하여 그 적용 범위를 더욱 축소하여 형벌법규를 엄격하게 해석·적용함으로써 문언에 포함될 수 있는 모든 사안을 형사처벌 대상에 포함시킬 때 발생하는 부당한 결과를 막으려는 것일 뿐, 문언의 가능한 의미를 벗어난 것이 아니다. 오히려 다수의견이 현행 규정의 적용 범위를 정할 때 군기는 물론 행위자의 의사에 반하는지를 함께 고려하여 추행 여부를 판단하는 것은 문언해석에 근거를 두고 있다.

군형법은 2009. 11. 2. 개정으로 '제15장 강간과 추행의 죄'를 신설하여 군인 등에 대한 강간, 강제추행 등 성폭력범죄를 가중 처벌하는 규정을 도입하였는데, 구 군형법 제92조의2 군인 등 강제추행죄는 '군인 등에 대하여' 폭행이나 협박으로 추행을 한 사람을 처벌한다고 정하였다. 당시에도 구 군형법 제92조의5는 행위의 주체와 객체를 구별하는 표현을 사용하지 않았으나, 2013. 4. 5. 구 군형법 제92조의5가 현행 규정으로 개정되면서는 군인 등 강제추행죄와 마찬가지로 '군인 등에 대하여' 항문성교나 그 밖의 추행을 한 사람을 처벌하는 것으로 표현이 변경되었다. 이것은 우선 군형법 제92조의 추행죄에 관하여 군인이 민간인과 사적 생활관계에서 변태성 성적만족 행위를 하는 것에 적용할 수 없다는 판례(대법원 1973. 09. 25. 선고 73도1915 판결)를 반영한 것으로 볼 수 있다. 그러나 그 문언의 통상적 의미에 비추어 보면 범죄행위의 주체가 되는 행위자와 범죄행위의 상대방을 구별하고 있다고 보는 것이 자연스럽다. 따라서 현행 규정이 적용되는 가벌적인 행위인지를 판단할 때 행위자와 상대방의 의사가 합치되었는지가 중요한 고려요소가 될 수도 있다.

다. 행위자의 의사를 고려하는 이유

군은 전투에서 승리해야 한다는 본래의 사명을 수행하기 위하여 그에 상응하는 특별한 조직과 규율이 요구된다. 군형법이 군의 특수성을 전제로 만들어진 법률이므로 군형법의 제정·개정이나 적용에서 군기가 중요한 기준이 되고 있다. 그러나 군인이라 하더라도 군기의 보전·유지와 실질적인 관련이 없는 영역에서 자유로운 의사에 따른 성행위가 군기를 직접적, 구체적으로 침해하는 경우란 제한적일 수밖에 없다. 오히려 2009년 군형법 개정 당시의 상황과 사회적 논의를 보면, 상명하복의 엄격한 규율이 지배하는 군대 내에서 상급자의 하급자에 대한 괴롭힘의 하나로서 발생하는 의사에 반하는 성적 행위, 즉 군인의 성적 자기결정권을 침해하는 행위야말로 군인의 사기를 현저히 저해하고 군이라는 공동체의 건강과 규율을 해치는 대표적인 행위로 거론되었다. 폭행·협박, 위계·위력 등 다른 강제력 없이 일방의 의사에 반하여 이루어진 성적 행위를 처벌하여 군인의 성적 자기결정권이 침해되지 않도록 하는 것 또한 군기를 보호하는 데 실질적으로 기여하는 것임을 알 수 있다.

현행 규정에서 행위자의 의사를 고려하는 또 다른 이유는 구체적 타당성 있는 적용 범위를 정하려는 데 있다. 상명하복의 엄격한 규율과 집단적 공동생활을 본질로 하는 군대의 특성상 군인 등 상호 간의 성행위는 합의를 위장한 강요 등에 의한 성행위일 개연성이 적지 않다. 만일 행위자의 의사를 충분히 고려하지 않고 항문성교 등 남성 군인 간 성행위가 있으면 곧바로 현행 규정이 적용된다고 해석한다면, 합의를 위장하여 자신의 의사에 반하여 추행을 강요당한 실질적인 피해자도 처벌대상이 될 수 있다. 이러한 부당한 결과를 방지하기 위해서도 현행 규정의 적용 여부를 판단할 때 행위자의 의사를 중요하게 고려할 필요가 있다.

라. 헌법규범과 현재의 법의식을 고려한 현행 규정의 정당한 의미

반대의견은 이 사건의 본질이 동성애, 성적 지향 또는 성적 자기결정권을 논하는 데 있지 않고, 군이라는 특수한 사회의 기율 유지에 관한 문제라고 한다. 다수의견은 군이라는 특수한 사회의 기율 유지에 필요한 군기의 중요성을 도외시하는 것이 아니고, 단지 동성애 등 특정한 성적 지향에 대한 맹목적인 부정적 평가와 편견으로 처벌 범위를 정해서는 안 된다는 것이다. 동성애나 그 성적 지향 자체에 대한 부정적인 평가를 전제하지 않고서는 동성 군인 간 자유로운 의사에 기초한 합의에 따라 사적 공간에서 이루어진 성행위가 왜 군의 기율을 침해하는지를 설명할 수 없기 때문이다.

군형법이 제정된 1962년 동성애는 비정상적이고 변태적인 취향으로 취급되었고, 군형법 제92조는 남성 간 성행위를 '계간(鷄姦)'이라고 부르면서 '더럽고 지저분한 행동'이라는 의미를 가진 '추행'으로 보아 처벌하도록 규정하였다. 그러나 그로부터 60년이 지난 2022년 현재 동성애에 대한 국내외의 인식은 군형법 제정 당시와 동일하지 않다.

대법원은 다수의견에서 보았듯이 판결 이유에서 동성애에 대한 사회의 인식이 변화하고 있다고 인정하였다. 아프리카와 중동 등 일부 국가들을 제외하고는 합의된 동성 간 성행위를 형사적으로 처벌하는 국가를 발견하기 어렵다. 이러한 동성애 등 특정한 성적 지향에 대한 사회적 인식의 변화는 세계적인 경향일 뿐만 아니라 우리나라 군대 내의 규범에도 이미 반영되어 있다. 국방부 훈령인 부대관리훈령 제4편 제7장은 '동성애자 병사의 복무'에 대하여 상세한 규정을 두고 있고, 제253조 제1항은 "병영 내 동성애자 병사는 평등하게 취급되어야 하며, 동성애 성향을 지녔다는 이유로 차별받지 아니한다."라고 정하고 있다. 이는 현행 법령에서 동성애 성적 지향을 가진 군인의 존재를 인정하고 이들이 차별 없이 복무할 수 있도록 보장하기 위한 제도적 장치이다.

법규범으로서 형법의 본질과 임무는 사회의 존립과 유지에 필요불가결한 기본가치를 보호하는 데 있다. 중대한 법익에 대한 위험이 명백한 행위나 사회에 끼치는 해악이 큰 행위라고 하더라도 다른 규범이나 사회적 통제수단으로 해결할 수 없을 때 형법의 규율 대상으로 삼는 것이 바람직하다(대법원 2021. 09. 09. 선고 2020도6085 전원합의체 판결 참조). 동성애 성적 지향과 그 성행위에 대한 국민들의 인식과 도덕적 평가가 개인적 견해에 따라 다양할 수 있다. 그러나 적어도 동성 간 성행위가 그 자체만으로 중대한 법익에 대한 위험이 명백하거나 사회에 끼치는 해악이 커서 반드시 처벌되어야 하는 범죄행위라고 평가하는 것이 현재 우리 사회의 법의식이라고 할 수는 없다.

요컨대, 현재 우리 사회에서 남성 군인 사이에 합의하여 사적 공간에서 이루어지는 항문성교 그 밖의 성행위 그 자체만으로는 '추행'의 개념표지인 '객관적으로 일반인에게 성적 수치심이나 혐오감을 일으키게 하고 선량한 성적 도덕관념에 반하는 행위'라고 보기 어렵고, 훈련 중에 공개적으로 이루어지는 등 다른 특별한 사정이 없는 한 군이라는 공동생활의 건전한 생활과 군기를 직접적, 구체적으로 침해한다고 볼 수 없다. 현행 규정을 그 보호법익이나 구성요건을 고려하지 않고 남성 군인 간의 항문성교 그 밖의 자발적 합의에 따른 성행위 전반에 걸쳐 적용하여 처벌 대상으로 삼는 것은 합리적인 이유 없이 특정한 성적 지향을 가진 사람을 차별하여 성적 자기결정권의

본질적인 내용을 침해하여 평등권을 침해하는 것이 된다. 다수의견은 헌법규범의 의미와 가치를 반영하고 지금 우리 사회의 법의식을 고려한 것으로서, 현행 규정의 위헌성을 제거하고 처벌범위를 합리적으로 설정하기 위하여 법원의 법률해석 권한 내에서 이루어진 정당한 해석이다.

마. 법원의 권한과 임무

반대의견은 동성 간의 자유로운 합의에 의한 성행위를 처벌하는 것이 헌법정신에 어긋날 수 있다는 규범적 평가가 가능할 수 있다고 하면서도, 이는 입법기관의 법 개정 등을 통하여 해결해야 하는 것으로, 다수의견이 위와 같은 규범적 평가를 논거로 삼아 현행 규정의 적용 범위에 관한 해석을 한 것은 국민이 법원에 부여한 법률해석 권한을 넘는다고 한다.

그러나 위 가.에서 보았듯이 구체적인 사건에서 법률의 해석과 그 적용 범위를 정하는 권한은 사법권의 본질적 내용을 이룬다. 국민이 사법부에 이러한 권한을 부여한 이유는 구체적인 사건에서 헌법규범에 부합하는 정당한 결론을 내림으로써 헌법이 국가로 하여금 국민 개인이 가지는 불가침의 인권을 확인하고 이를 보장할 의무(헌법 제10조 후문)를 충실하게 수행하도록 하려는 데 있다. 피고인의 행위와 같은 경우를 처벌하는 것이 헌법정신에 어긋날 수 있음을 인정하면서도 법원의 법률해석 권한을 좁게 이해하여 입법부의 법률 개정을 기다린 채 상고기각을 해야 한다는 반대의견의 논지는 받아들이기 어렵다.

정치의 영역에서 입법으로 해결해야 할 모든 문제를 사법부가 나서서 해결하려고 해서도 안 되고 그렇게 할 수도 없다. 그러나 지금 우리가 마주하고 있는 이 문제는 헌법과 법률의 틀 안에서 법률의 해석을 통하여 해결할 수 있는 문제라는 것이 다수의견의 입장이다. 법원은 헌법과 법률, 그리고 양심에 따라(헌법 제103조) 법적 안정성을 침해하지 않는 한도에서 구체적 타당성 있는 결론을 도출할 수 있도록 최선의 노력을 다하여 법률을 해석하고 적용해야 한다. 법률의 위헌성을 인식하고서도 만연히 법률 개정을 기다려야 한다는 이유로 법원 앞에 있는 당사자를 구제할 수 있는 길을 외면해서는 안 된다. 그것이 바로 국민이 사법부에 부여한 권한이자 임무이다.

이상과 같이 다수의견에 대한 보충의견을 개진한다.

⑪ 대법원 2022. 04. 28. 선고 2022도1508 판결 [공동주택관리법위반]

【판시사항】

[1] 주택단지의 입주자 등의 생활복리를 위한 공동시설인 '근린생활시설'이 구 주택법 제2조 제12호, 제14호 (가)목, 구 주택법 시행령 제7조에서 정한 '복리시설'에 해당하는지 여부(적극) 및 이와 같은 '복리시설'이 일반인에게 분양된 경우, 구 공동주택관리법 제35조 제1항의 수범대상에 포함되는지 여부(적극)

[2] '일반인에게 분양된 복리시설'에 부속된 '폐기물 보관시설'을 철거하는 것은 관할 관청의 허가를 받아야 하는지 여부(적극)

【판결요지】

[1] 주택단지의 입주자 등의 생활복리를 위한 공동시설인 '근린생활시설'은 구 주택법(2017. 12. 26. 법률 제15309호로 개정되기 전의 것) 제2조 제12호, 제14호 (가)목, 구 주택법 시행령(2019. 7. 2. 대통령령 제29946호로 개정되기 전의 것) 제7조에서 정한 '복리시설'에 해당한다. 이와 같은 '복리시설'이 일반인에게 분양된 경우에는 구 공동주택관리법(2019. 4. 23. 법률 제16381호로 개정되기 전의 것, 이하 같다) 제2조 제1항 제1호의 '공동주택'에 해당하지는 않지만, 구 공동주택관리법 제35조 제1항의 수범대상에 포함된다는 점은 문언의 규정상 명백하다.

[2] '일반인에게 분양된 복리시설'에 부속된 '폐기물 보관시설'은 집합건물의 소유 및 관리에 관한 법률 제2조 제4호, 제3조에 따라 '공용부분'에 해당하므로, 이를 철거하는 것은 구 공동주택관리법(2019. 4. 23. 법률 제16381호로 개정되기 전의 것) 제35조 제1항 제3호에서 정한 '일반인에게 분양된 복리시설 중 일부를 철거하는 행위'로서 구 공동주택관리법 시행령(2018. 11. 20. 대통령령 제29294호로 개정되기 전의 것) 제35조 제1항 [별표 3]의 '3. 파손·철거' 중 '나. 입주자 공유가 아닌 복리시설' 부분에서 정한 바에 따라 관할 관청의 허가를 받아야 한다고 해석함이 타당하다.

【참조조문】 [1] 구 주택법(2017. 12. 26. 법률 제15309호로 개정되기 전의 것) 제2조 제12호, 제14호 (가)목, 구 주택법 시행령(2019. 7. 2. 대통령령 제29946호로 개정되기 전의 것) 제7조, 구 공동주택관리법(2019. 4. 23. 법률 제16381호로 개정되기 전의 것) 제2조 제1항 제1호, 제35조 제1항 / [2] 구 공동주택관리법(2019. 4. 23. 법률 제16381호로 개정되기 전의 것) 제35조 제1항 제3호, 구 공동주택관리법 시행령(2018. 11. 20. 대통령령 제29294호로 개정되기 전의 것) 제35조 제1항 [별표 3], 집합건물의 소유 및 관리에 관한 법률 제2조 제4호, 제3조

【전 문】 【피 고 인】 피고인 　【상 고 인】 피고인
【변 호 인】 법무법인 수로 담당변호사 김병문
【원심판결】 서울중앙지법 2022. 1. 13. 선고 2021노419 판결

【주 문】

상고를 기각한다.

【이　유】

상고이유를 판단한다.

1. 피고인의 행위가 관할 관청의 허가 대상인지 여부

가. 관련 법리

주택단지의 입주자 등의 생활복리를 위한 공동시설인 '근린생활시설'은 구 주택법(2017. 12. 26. 법률 제15309호로 개정되기 전의 것, 이하 '구 주택법'이라 한다) 제2조 제12호, 제14호 (가)목, 구 주택법 시행령(2019. 7. 2. 대통령령 제29946호로 개정되기 전의 것) 제7조에서 정한 '복리시설'에 해당한다. 이와 같은 '복리시설'이 일반인에게 분양된 경우에는 구 공동주택관리법(2019. 4. 23. 법률 제16381호로 개정되기 전의 것, 이하 '구 공동주택관리법'이라 한다) 제2조 제1항 제1호의 '공동주택'에 해당하지는 않지만, 구 공동주택관리법 제35조 제1항의 수범대상에 포함된다는 점은 문언의 규정상 명백하다.

'일반인에게 분양된 복리시설'에 부속된 '폐기물 보관시설'은 집합건물의 소유 및 관리에 관한 법률 제2조 제4호, 제3조에 따라 '공용부분'에 해당하므로, 이를 철거하는 것은 구 공동주택관리법 제35조 제1항 제3호에서 정한 '일반인에게 분양된 복리시설 중 일부를 철거하는 행위'로서 구 공동주택관리법 시행령(2018. 11. 20. 대통령령 제29294호로 개정되기 전의 것) 제35조 제1항 [별표 3]의 '3. 파손·철거' 중 '나. 입주자 공유가 아닌 복리시설' 부분에서 정한 바에 따라 관할 관청의 허가를 받아야 한다고 해석함이 타당하다.

나. 판 단

1) 이러한 관련 법리 및 기록에 따라 살펴보면, ① 이 사건 상가는 이 사건 아파트와 상가로 이루어진 주택단지의 입주자 등의 생활복리를 위한 공동시설인 '근린생활시설'로서 구 주택법 제2조 제14호에서 정한 '복리시설'에 해당하고, ② 이 사건 시설물은 일반인에게 분양된 이 사건 상가에 부속된 '공용부분'에 해당하므로, 그 철거 행위는 구 공동주택관리법 제35조 제1항이 정한 관할 관청의 허가 대상에 포함된다.

2) 그런데 제1심은 이 사건 상가가 구 공동주택관리법 제35조의 적용대상인 '공동주택'인 '복리시설'에 해당하고, 이 사건 시설물은 그 '부대시설'에 해당한다고 보아 공소사실을 유죄로 판단하였는바, 이러한 제1심의 판단을 수긍한 원심의 이유 설시에 다소 적절하지 않은 부분이 있으나, 결과적으로 이 사건 시설물의 철거 행위가 구 공동주택관리법 제35조 제1항의 관할 관청의 허가 대상에 포함되어 처벌대상이 된다고 본 것은 정당하고, 거기에 상고이유 주장과 같이 법령 위반, 법리 오해, 죄형법정주의 위반 등으로 판결에 영향을 미친 잘못이 없다.

2. 피고인의 행위에 정당한 사유가 있는지 여부

원심은 그 판시와 같이, 피고인이 이 사건 시설물 철거 과정에 허가를 받지 않아도 무방하다고 오인한 것에 정당한 사유가 없다고 보아, 공소사실을 유죄로 판단하였다.

원심판결 이유를 관련 법리와 적법하게 채택된 증거에 비추어 살펴보면, 이러한 원심의 판단은 정당하고, 거기에 상고이유 주장과 같이 논리와 경험의 법칙을 위반하여 자유심증주의의 한계를 벗어나거나 법리를 오해하여 판결에 영향을 미친 잘못이 없다.

3. 결 론

그러므로 상고를 기각하기로 하여, 관여 대법관의 일치된 의견으로 주문과 같이 판결한다.

ⓓ 대법원 2022. 05. 12. 선고 2020도18062 판결 [약사법위반]

【판시사항】

[1] 약사법 제47조 제1항 제4호 (나)목, 약사법 시행규칙 제44조 제1항 제2호의 입법 취지 및 호객행위 등으로 인한 약사법 위반죄의 '고의'의 의미

[2] 약국 개설자들인 피고인들이 공모하여 자신들이 속한 회원 약국들 전부를 위한 공동의 안내도우미를 고용하고, 그 공동의 안내도우미로 하여금 인근 병원 근처에서 약국을 정하지 않은 환자들에게 접근하여 회원 약국들 중 미리 정해진 순번 약국으로 안내하면서 편의 차량을 제공하는 등 소비자·환자 등을 유치하기 위한 호객행위 등의 부당한 방법을 사용하여 약사법 위반으로 기소된 사안에서, 피고인들은 위 안내 행위가 약사법이 금지한 호객행위 등에 해당함을 인식하였다고 볼 여지가 많다고 한 사례

【판결요지】

[1] 약사법 제47조 제1항 제4호 (나)목은 '약국 개설자 등 의약품을 판매할 수 있는 자는 의약품 등의 유통체계 확립과 판매질서 유지를 위하여 매점매석 등 시장질서를 어지럽히는 행위, 약국의 명칭 등으로 소비자를 유인하는 행위나 의약품의 조제·판매 제한을 넘어서는 행위를 금지하는 등 의약품 유통관리 및 판매질서 유지와 관련한 사항으로서 보건복지부령으로 정하는 사항을 준수하여야 한다.'고 규정하고, 약사법 제95조 제1항 제8호는 약국 개설자 등이 이를 위반한 경우 1년 이하의 징역 또는 1천만 원 이하의 벌금에 처하도록 규정하고 있다. 이에 따라 보건복지부령인 약사법 시행규칙 제44조 제1항 제2호는 '의약품 유통관리 및 판매질서를 위한 준수사항'으로 '의약품 도매상 또는 약국 등의 개설자는 현상품·사은품 등 경품류를 제공하거나 소비자·환자 등을 유치하기 위하여 호객행위를 하는 등의 부당한 방법이나 실제로 구입한 가격 미만으로 의약품을 판매하여 의약품 시장질서를 어지럽히거나 소비자를 유인하지 아니할 것'(이하 '호객행위 등'이라 한다)을 규정하고 있다. 이는 의약품 판매질서의 적정을 기하여 국민보건 향상에 기여함을 목적으로 하는 약사법의 입법 취지나 그 목적을 달성하기 위해 약국 개설자 등 의약품 판매자의 불건전한 영업행위 등을 제한하고자 함에 있다.

이와 같은 호객행위 등으로 인한 약사법 위반죄의 '고의'란 약국 개설자 등이 자신의 행위가 의약품 시장질서를 어지럽히는 호객행위나 소비자를 유인하는 행위 등이라는 객관적 구성요건을 충족하였음을 인식하는 것을 의미한다.

[2] 약국 개설자들인 피고인들이 공모하여 자신들이 속한 회원 약국들 전부를 위한 공동의 안내도우미를 고용하고, 그 공동의 안내도우미로 하여금 인근 병원 근처에서 약국을 정하지 않은 환자들(이하 '비지정환자'라 한다)에게 접근하여 회원 약국들 중 미리 정해진 순번 약국으로 안내하면서 편의 차량을 제공하는 등 소비자·환자 등을 유치하기 위한 호객행위 등의 부당한 방법을 사용하여 약사법 위반으로 기소된 사안에서, 약국들의 호객행위 등이 지속되면서 약국들 상호 간 분쟁이나 갈등이 심화되자, 피고인들이 속한 회원 약국들은 약국 간 분쟁이나 갈등을 낮추려는 의도로 위 안내 행위를 한 점, 위 안내 행위는 불특정 다수인 비지정환자의 자유로운 의사와 무관하게 특정 약국으로 안내하므로 비지정환자의 약국 선택권이 침해될 가능성이 상당히 높은 점, 일부 지역의 약국들이 영리 목적으로 담합하여 비지정환자에게 자신들의 약국들로만 안내한 것으로, 실질적으로는 '공동 호객행위'의 한 형태로 보이는 점 등을 종합하면, 피고인들은 위 안내 행위가 약사법이 금지한 호객행위 등에 해당함을 인식하였다고 볼 여지가 많다고 하여, 이와 달리 본 원심판단에 잘못이 있다고 한 사례.

【참조조문】 [1] 약사법 제47조 제1항 제4호 (나)목, 제95조 제1항 제8호, 약사법 시행규칙 제44조 제1항 제2호 / [2] 약사법 제47조 제1항 제4호 (나)목, 제95조 제1항 제8호, 약사법 시행규칙 제44조 제1항 제2호
【전 문】 【피 고 인】 피고인 1 외 8인 【상 고 인】 검사 【변 호 인】 변호사 조형수
【원심판결】 서울동부지법 2020. 11. 27. 선고 2020노37 판결

【주 문】

원심판결을 파기하고, 사건을 서울동부지방법원에 환송한다.

【이 유】

상고이유를 판단한다.

1. 이 사건 공소사실의 요지

피고인들은 서울 송파구 (주소 생략) 소재 약국 개설자들로서, 공모하여 2017. 9. 13.부터 2017. 9. 14.까지 용역업체를 통해 고용한 도우미들로 하여금 서울○○병원 동관 후문에서 약국을 정하지 않은 환자들에게 접근하여 자신들이 속한 ○○반 약사회의 회원 약국들 중 미리 정해진 순번 약국으로 안내하는 등(이하 '이 사건 안내 행위'라 한다) 소비자·환자 등을 유치하기 위한 호객행위 등의 부당한 방법을 사용하였다.

2. 원심의 판단

원심은 판시와 같은 이유로, 피고인들이 서울○○병원 환자들에 대한 이 사건 안내 행위가 약사법이 금지한 호객행위 내지 소비자를 유인하는 행위임을 인식하였다고 인정하기 부족하다는 이유로, 이를 유죄로 판단한 제1심판결을 파기하고 무죄를 선고하였다.

3. 대법원의 판단

그러나 원심의 판단은 다음과 같은 이유에서 수긍하기 어렵다.

가.
1) 약사법 제47조 제1항 제4호 (나)목은 '약국 개설자 등 의약품을 판매할 수 있는 자는 의약품 등의 유통체계 확립과 판매질서 유지를 위하여 매점매석 등 시장질서를 어지럽히는 행위, 약국의 명칭 등으로 소비자를 유인하는 행위나 의약품의 조제·판매 제한을 넘어서는 행위를 금지하는 등 의약품 유통관리 및 판매질서 유지와 관련한 사항으로서 보건복지부령으로 정하는 사항을 준수하여야 한다.'고 규정하고, 약사법 제95조 제1항 제8호는 약국 개설자 등이 이를 위반한 경우 1년 이하의 징역 또는 1천만 원 이하의 벌금에 처하도록 규정하고 있다. 이에 따라 보건복지부령인 약사법 시행규칙 제44조 제1항 제2호는 '의약품 유통관리 및 판매질서를 위한 준수사항'으로 '의약품 도매상 또는 약국 등의 개설자는 현상품·사은품 등 경품류를 제공하거나 소비자·환자 등을 유치하기 위하여 호객행위를 하는 등의 부당한 방법이나 실제로 구입한 가격 미만으로 의약품을 판매하여 의약품 시장질서를 어지럽히거나 소비자를 유인하지 아니할 것'(이하 '호객행위 등'이라 한다)을 규정하고 있다. 이는 의약품 판매질서의 적정을 기하여 국민보건 향상에 기여함을 목적으로 하는 약사법의 입법 취지나 그 목적을 달성하기 위해 약국 개설자 등 의약품 판매자의 불건전한 영업행위 등을 제한하고자 함에 있다.

   이와 같은 호객행위 등으로 인한 약사법 위반죄의 '고의'란 약국 개설자 등이 자신의 행위가 의약품 시장질서를 어지럽히는 호객행위나 소비자를 유인하는 행위 등이라는 객관적 구성요건을 충족하였음을 인식하는 것을 의미한다.

2) 피고인이 고의를 부인하는 경우, 범의 자체를 객관적으로 증명할 수는 없으므로 사물의 성질상 범의와 관련성이 있는 간접사실 또는 정황사실을 증명하는 방법으로 이를 증명할 수밖에 없다. 이때 무엇이 관련성이 있는 간접사실 또는 정황사실에 해당하는지는 정상적인 경험칙에 바탕을 두고 치밀한 관찰력이나 분석력으로 사실의 연결 상태를 합리적으로 판단하는 방법에 의하여 판단하여야 한다(대법원 2017. 01. 12. 선고 2016도15470 판결 등 참조).

나. 제1심 및 원심이 적법하게 채택하여 조사한 증거들에 의하여 인정되는 아래와 같은 사실 내지 사정을 위 법리에 비추어 보면, 피고인들이 이 사건 안내 행위가 약사법이 금지한 호객행위 등에 해당함을 인식하였다고 볼 여지가 많다.

1) 서울○○병원 인근 다수 약국의 약사들은 이 사건 이전부터 병원을 방문한 환자들 중 약국을 미리 정하지 않은 환자들(이하 '비지정환자'라 한다)을 자신이 운영하는 약국으로 유치하기 위해, 약국 직원들로 하여금 병원 내에 상주하면서 비지정환자들에게 접근하여 자신의 약국으로 안내하면서 편의 차량을 제공하는 호객행위 등을 하였던 것으로 보인다.

   이와 같은 약국들의 호객행위 등이 지속되면서 약국들 상호 간 분쟁이나 갈등이 심화되자, 피고인들이 속한 ○○반 약사회 약국들은 약국 간 분쟁이나 갈등을 낮추려는 의도로 회원 약국들 전부를 위한 공동의 안내도우미(이하 '공동도우미'라 한다)를 고용하고, 그 공동도우미로 하여금 비지정환자들에게 접근하여 회원 약국들 중 순번을 정한 특정 약국으로 안내하면서 편의 차량을 제공하도록 하는 등 이 사건 안내 행위를 하였다.

2) 그러나 이 사건 안내 행위는 불특정 다수인 비지정환자들의 자유로운 의사와 무관하게 특정

약국으로 안내하면서 편의 차량을 제공하는 방법으로 비지정환자들을 유인한다는 점에서 본질적인 차이가 없고, 이로 인하여 비지정환자들의 약국 선택권이 침해될 가능성이 상당히 높다.

3) 특히 피고인들이 포함된 ○○반 약사회는 회원 약국들 사이의 형평만을 고려하여 자신들이 임의로 정한 순번에 따라 비지정환자들을 특정 약국으로 유인하였다. 이는 일부 지역의 약국들이 영리 목적으로 담합하여 비지정환자들에게 자신들의 약국들로만 안내한 것으로, 실질적으로는 '공동 호객행위'의 한 형태로 보일 뿐이다.

4) 한편 중증질환에 대하여 난이도가 높은 의료행위를 전문적으로 하는 상급종합병원인 서울○○병원에서 처방을 받은 비지정환자들로서는 병원 인근 약국에서 약을 구입하는 것이 보다 편리한 측면이 있을 수 있다. 그러나 당시 서울○○병원 인근에는 피고인들이 포함된 ○○반 약사회 소속 약국들 외에도 비지정환자들이 처방 받은 약을 판매하는 다른 약국들이 존재하였을 뿐만 아니라, 서울○○병원 인근이 아닌 다른 지역에 위치한 약국들에서 해당 약을 구입할 수 있는 가능성을 배제할 수 없다.

이러한 상황에서 피고인들이 비지정환자들을 상대로 특정 약국으로 안내하면서 무상으로 편의 차량을 제공하는 방식의 이 사건 안내 행위는 비지정환자들이 약국을 선택함에 있어 상당히 중요한 요소가 될 수 있고, 그로 인하여 다른 약국 등은 방문 환자가 감소하거나 경영에 곤란을 겪을 우려가 있는 등 의약품 시장질서를 해할 가능성이 높다.

5) 위와 같이 서울○○병원 동관 후문에서 약국들 간 호객행위 등 경쟁으로 인한 분쟁이 장기간 지속되어 왔고, 비지정환자들의 유치를 둘러싼 경쟁 관계에 있었거나 기존 호객행위 등 문제를 충분히 인식하고 있던 약사들인 피고인들로서는 이 사건 안내 행위가 약사법이 금지한 호객행위 등에 해당한다는 점을 충분히 인식할 수 있었다.

다. 그럼에도 피고인들이 이 사건 안내 행위가 호객행위 등에 해당함을 인식하였다고 인정하기 어렵다고 본 원심의 판단에는 약사법 위반죄의 고의에 관한 법리를 오해하거나 논리와 경험의 법칙을 위반하여 자유심증주의 한계를 벗어나 판결에 영향을 미친 잘못이 있고, 이를 지적하는 취지의 검사의 상고이유 주장은 이유 있다.

4. 결 론

그러므로 원심판결을 파기하고, 사건을 다시 심리·판단하도록 원심법원에 환송하기로 하여, 관여 대법관의 일치된 의견으로 주문과 같이 판결한다.

ⓑ 대법원 2022. 05. 26. 선고 2018도13864 판결 [자본시장과금융투자업에관한법률위반]

【판시사항】

[1] 자본시장과 금융투자업에 관한 법률 제178조 제1항 제1호에서 정한 '부정한 수단, 계획 또는 기교'의 의미와 판단 기준
[2] 자본시장과 금융투자업에 관한 법률 제178조 제2항에서 정한 '위계'의 의미
[3] 투자자문업자, 증권분석가 등이, 자신이 선행매수하여 보유하고 있고 추천 후에 이를 매도할 수도 있다는 증권에 관한 자신의 이해관계를 표시하지 않은 채 증권의 매수를 추천하는 행위가 자본시장과 금융투자업에 관한 법률 제178조 제1항 제1호에서 정한 '부정한 수단, 계획, 기교를 사용하는 행위'에 해당하는지 여부(적극) 및 같은 조 제2항에서 정한 '위계의 사용'에도 해당하는지 여부(적극) / 어떠한 행위가 '증권의 매수 추천'에 해당하여 부정한 수단, 계획이나 기교를 사용하는 행위인지 또는 위계의 사용인지 등을 판단하는 기준

【판결요지】

[1] 자본시장과 금융투자업에 관한 법률 제178조 제1항 제1호는 금융투자상품의 매매, 그 밖의 거래와 관련하여 '부정한 수단, 계획 또는 기교를 사용하는 행위'를 금지하고 있다. 여기서 '부정한 수단, 계획 또는 기교'란 사회통념상 부정하다고 인정되는 일체의 수단, 계획 또는 기교를 말한다. 어떠한 행위를 부정하다고 할지는 그 행위가 법령 등에서 금지된 것인지, 다른 투자자로 하여금 잘못된 판단을 하게 함으로써 공정한 경쟁을 해치고 선의의 투자자에게 손해를 전가하여 자본시장의 공정성, 신뢰성과 효율성을 해칠 위험이 있는지를 고려하여 판단해야 한다.

[2] 자본시장과 금융투자업에 관한 법률 제178조 제2항은 금융투자상품의 매매, 그 밖의 거래를 할 목적이나 시세의 변동을 도모할 목적으로 '풍문의 유포, 위계의 사용, 폭행 또는 협박'을 하는 것을 금지하고 있다. 여기서 '위계'란 거래 상대방이나 불특정 투자자를 기망하여 일정한 행위를 하도록 유인할 목적의 수단, 계획, 기교 등을 뜻하고, '기망'이란 객관적 사실과 다른 내용의 허위사실을 내세우는 등의 방법으로 타인을 속이는 것을 뜻한다.

[3] 투자자문업자, 증권분석가, 언론매체 종사자, 투자 관련 웹사이트 운영자 등이 추천하는 증권을 자신이 선행매수하여 보유하고 있고 추천 후에 이를 매도할 수도 있다는 증권에 관한 자신의 이해관계를 표시하지 않은 채 증권의 매수를 추천하는 행위는 자본시장과 금융투자업에 관한 법률(이하 '자본시장법'이라 한다) 제178조 제1항 제1호에서 정한 '부정한 수단, 계획, 기교를 사용하는 행위'에 해당한다. 또한 위와 같은 행위는 투자자의 오해를 초래하지 않기 위하여 필요한 중요사항인 개인적인 이해관계의 표시를 누락함으로써 투자자에게 객관적인 동기에서 증권을 추천한다는 인상을 주어 거래를 유인하려는 행위로서 자본시장법 제178조 제2항에서 정한 '위계의 사용'에도 해당한다. 여기서 '증권의 매수를 추천'한다고 함은 투자자에게 특정 증권이 매수하기에 적합하다는 사실을 소개하여 그 증권에 대한 매수 의사를 불러일으키는 것을 가리킨다.

어떠한 행위가 '증권의 매수 추천'에 해당하여 부정한 수단, 계획이나 기교를 사용하는 행위인지 또

는 위계의 사용인지 등은 행위자의 지위, 행위자가 특정 진술이나 표시를 하게 된 동기와 경위, 진술 등이 미래의 재무상태나 영업실적 등에 대한 예측이나 전망에 관한 사항일 때에는 합리적인 근거에 기초하여 성실하게 한 것인지, 진술 등의 내용이 거래 상대방이나 불특정 투자자에게 오인·착각을 유발할 위험이 있는지, 행위자가 진술 등을 한 후 취한 행동과 주가의 동향, 행위 전후의 여러 사정 등을 종합하여 객관적인 기준에 따라 판단해야 한다.

【참조조문】 [1] 자본시장과 금융투자업에 관한 법률 제178조 제1항 제1호, 제443조 제1항 제8호 / [2] 자본시장과 금융투자업에 관한 법률 제178조 제2항, 제443조 제1항 제9호 / [3] 자본시장과 금융투자업에 관한 법률 제178조 제1항 제1호, 제2항, 제443조 제1항 제8호, 제9호
【참조판례】 [1] 대법원 2014. 1. 16. 선고 2013도9933 판결(공2014상, 439) [2] 대법원 2011. 10. 27. 선고 2011도8109 판결(공2011하, 2504) [3] 대법원 2017. 3. 30. 선고 2014도6910 판결(공2017상, 930), 대법원 2017. 6. 8. 선고 2016도3411 판결
【전 문】 【피 고 인】 피고인 【상 고 인】 검사
【변 호 인】 법무법인(유한) 엘케이비앤파트너스 담당변호사 이광범 외 1인
【환송판결】 대법원 2017. 4. 7. 선고 2015도760 판결
【원심판결】 서울고법 2018. 8. 16. 선고 2017노1072 판결

【주 문】

원심판결을 파기하고, 사건을 서울고등법원에 환송한다.

【이 유】

상고이유를 판단한다.

1. 이 사건 공소사실 중 공소외 회사 방송을 이용해서 (주식명 1 생략), (주식명 2 생략), (주식명 3 생략) 주식과 관련한 부정거래행위를 하였다는 부분

가. 공소사실 요지

이 부분 공소사실 요지는 다음과 같다.

피고인은 2009. 4.경부터 공소외 회사에서 증권방송전문가로 활동하다가 방송의 영향력과 파급력을 이용하여 주가에 영향을 미쳐 개인적인 이익을 취득하기로 마음먹고, 방송에서 추천할 종목을 미리 매수한 다음 공소외 회사 방송프로그램에 출연하여 미리 주식을 매수해 둔 사실을 숨긴 채 그 종목을 추천하는 방송을 하고 주가가 오르면 곧바로 되파는 수법으로 거래 차익을 얻기로 계획하였다.

피고인은 2011. 10. 4. (주식명 1 생략) 주식 76,074주를 3,094,989,579원에 매수한 다음, 같은 날 22:00경 공소외 회사 방송프로그램인 '(프로그램명 1 생략)'에 출연하여 주식을 미리 매수한 사실을 숨긴 채 일반 투자자에게 위 종목을 추천하고, 2011. 10. 5. 공소외 회사 방송프로그램인 '(프로그램명 2 생략)'의 '(코너명 생략)' 코너에 위 종목을 추천 종목으로 편입시켰다. 매수

추종자의 유입에 따라 주가가 단기간에 상승하자 피고인은 2011. 10. 17.과 2011. 10. 18. 미리 매수해 둔 주식을 매도하였다. 피고인은 이를 비롯하여 2011. 10. 4.부터 2011. 11. 14.까지 같은 방법으로 (주식명 1 생략), (주식명 2 생략), (주식명 3 생략) 종목(이하 '(주식명 1 생략) 등 3개 종목'이라 한다)의 주식을 매매하였다.

이로써 피고인은 금융투자상품의 매매, 그 밖의 거래와 관련하여 부정한 계획 또는 기교를 사용하고, 금융투자상품의 매매, 그 밖의 거래를 할 목적이나 그 시세의 변동을 도모할 목적으로 위계를 사용하여 불상의 부당이득을 취득하였다.

나. 원심판단

원심은 다음과 같은 이유로 이 부분 공소사실을 무죄로 판단하였다.

증권의 매수를 추천하였다고 하려면 투자자에게 특정 증권을 매수하라는 의사표시를 한 경우에 해당해야 한다. 검사가 제출한 증거만으로는 피고인이 '(프로그램명 1 생략)', '(코너명 생략)' 등 공소외 회사 방송을 통해서 시청자인 일반 투자자에게 (주식명 1 생략) 등 3개 종목의 주식을 매수하라는 의사를 표시하였다거나 투자자에게 주식 매수를 부추길 의사가 있었다고 단정하기 어렵다. 결국 피고인이 공소외 회사 방송 시청자에게 (주식명 1 생략) 등 3개 종목의 매수를 추천하였다고 볼 수 없으므로, 이 부분 공소사실은 범죄의 증명이 없는 경우에 해당한다.

다. 대법원 판단

원심의 이러한 판단은 다음과 같은 이유로 그대로 받아들일 수 없다.

(1) 「자본시장과 금융투자업에 관한 법률」(이하 '자본시장법'이라 한다) 제178조 제1항 제1호는 금융투자상품의 매매, 그 밖의 거래와 관련하여 '부정한 수단, 계획 또는 기교를 사용하는 행위'를 금지하고 있다. 여기서 '부정한 수단, 계획 또는 기교'란 사회통념상 부정하다고 인정되는 일체의 수단, 계획 또는 기교를 말한다. 어떠한 행위를 부정하다고 할지는 그 행위가 법령 등에서 금지된 것인지, 다른 투자자로 하여금 잘못된 판단을 하게 함으로써 공정한 경쟁을 해치고 선의의 투자자에게 손해를 전가하여 자본시장의 공정성, 신뢰성과 효율성을 해칠 위험이 있는지를 고려하여 판단해야 한다(대법원 2014. 01. 16. 선고 2013도9933 판결 등 참조).

자본시장법 제178조 제2항은 금융투자상품의 매매, 그 밖의 거래를 할 목적이나 시세의 변동을 도모할 목적으로 '풍문의 유포, 위계의 사용, 폭행 또는 협박'을 하는 것을 금지하고 있다. 여기서 '위계'란 거래 상대방이나 불특정 투자자를 기망하여 일정한 행위를 하도록 유인할 목적의 수단, 계획, 기교 등을 뜻하고, '기망'이란 객관적 사실과 다른 내용의 허위사실을 내세우는 등의 방법으로 타인을 속이는 것을 뜻한다(대법원 2011. 10. 27. 선고 2011도8109 판결 등 참조).

투자자문업자, 증권분석가, 언론매체 종사자, 투자 관련 웹사이트 운영자 등이 추천하는 증권을 자신이 선행매수하여 보유하고 있고 추천 후에 이를 매도할 수도 있다는 증권에 관한 자신의 이해관계를 표시하지 않은 채 증권의 매수를 추천하는 행위는 자본시장법 제178조 제1항 제1호에서 정한 '부정한 수단, 계획, 기교를 사용하는 행위'에 해당한다. 또한 위와 같은 행위는 투자자의 오해를 초래하지 않기 위하여 필요한 중요사항인 개인적인 이해관계의 표시를 누락함으로써 투자자에게 객관적인 동기에서 증권을 추천한다는 인상을 주어 거래를 유인하려는 행위로서 자본시장법 제178조 제2항에서 정한 '위계의 사용'에도 해당한다(대법원 2017. 03. 30. 선고 2014도6910 판결 참조). 여기서 '증권의 매수를 추천'한다고 함은 투자자에게 특정 증권이 매수하기에 적합하다는 사실을 소개하여 그 증권에 대한 매수 의사를 불러일으키는 것을 가리킨다.

어떠한 행위가 '증권의 매수 추천'에 해당하여 부정한 수단, 계획이나 기교를 사용하는 행위인지 또는 위계의 사용인지 등은 행위자의 지위, 행위자가 특정 진술이나 표시를 하게 된 동기와 경위, 진술 등이 미래의 재무상태나 영업실적 등에 대한 예측이나 전망에 관한 사항일 때에는 합리적인 근거에 기초하여 성실하게 한 것인지, 진술 등의 내용이 거래 상대방이나 불특정 투자자에게 오인·착각을 유발할 위험이 있는지, 행위자가 진술 등을 한 후 취한 행동과 주가의 동향, 행위 전후의 여러 사정 등을 종합하여 객관적인 기준에 따라 판단해야 한다(대법원 2017. 06. 08. 선고 2016도3411 판결 참조).

(2) 원심판결 이유와 적법하게 채택된 증거에 따르면 다음 사실을 알 수 있다.

(가) 피고인은 2009년경부터 이른바 '증권분석전문가'로 활동하며 공소외 회사의 여러 정규방송 프로그램에 출연하였고, 공소외 회사에서 관리하는 인터넷홈페이지를 통해 다수의 유료회원에게 송출되는 인터넷 증권방송을 진행하였다.

(나) 피고인은 2011. 10. 4. (주식명 1 생략) 주식 75,274주를 3,064,479,814원에 매수한 다음, 같은 날 22:00경 '(프로그램명 1 생략)'에 출연하여 위와 같이 주식을 미리 매수한 사실을 숨긴 채 (주식명 1 생략) 주식에 관하여 약 3분간 해당 주식에 대한 매수세 유입 상황, 실적 개선 동향 등 향후 주가 상승에 영향을 미칠 요소에 관하여 구체적인 수치 등을 제시하면서 소개하였다.

피고인은 2011. 10. 6. (주식명 1 생략) 주식 800주를 더 매수하였고, 그 후 주가가 오르자 2011. 10. 17.과 2011. 10. 18. 자신이 보유하던 (주식명 1 생략) 주식 전량을 매도하였다. 한편 '(프로그램명 2 생략)' 제작진은 방송이 끝날 무렵 증권분석전문가가 유망하다고 선정한 종목명, 해당 종목의 가상 수익률 등이 기재된 명세표를 방송화면에 공개하였는데, (주식명 1 생략) 종목은 2011. 10. 18. 당시까지 위 방송에서 공개되는 피고인 관련 명세표(이하 '피고인 포트폴리오'라 한다)에 그대로 편입된 상태였다.

(다) 피고인은 2011. 11. 2. (주식명 3 생략) 주식 19,265주를 175,311,500원에 매수한 다음(그중 1,000주는 매수 당일 매도하였다), 2011. 11. 8. '(프로그램명 1 생략)'에 출연하여 위와 같이 주식을 미리 매수한 사실을 숨긴 채, (주식명 3 생략) 주식에 관하여 약 6분간 실적 개선 동향과 (주식명 3 생략) 제품 시장점유율이 국내 1위, 세계 2위라는 사실을 소개하고, 회사 시가총액이나 시장점유율을 고려할 때 현재 주가가 높지 않아 보인다는 의견을 밝혔다.

그 후 (주식명 3 생략)의 주가가 오르자 피고인은 2011. 11. 10. 자신이 보유하던 (주식명 3 생략) 주식 전량을 매도하였는데, 당시까지 (주식명 3 생략) 종목은 피고인 포트폴리오에 그대로 편입된 상태였다.

(라) 피고인은 2011. 11. 2. (주식명 2 생략) 주식 1,307,585주를 1,571,717,170원에 매수한 다음(그중 500주는 매수 당일, 350,000주는 2011. 11. 4., 87,500주는 2011. 11. 7. 매도하였다), 2011. 11. 8. '(프로그램명 1 생략)'에 출연하여 위와 같이 주식을 미리

매수한 사실을 숨긴 채, (주식명 2 생략) 주식에 관하여 박근혜 대선 캠프의 출범에 따른 수혜를 보고 있는 종목으로서 단기간에 주가가 상승할 가능성이 있다는 의견을 밝혔다.

그 후 (주식명 2 생략)의 주가가 오르자 피고인은 2011. 11. 14. 자신이 보유하던 (주식명 2 생략) 주식 전량을 매도하였는데, 당시까지 (주식명 2 생략) 종목은 피고인 포트폴리오에 그대로 편입된 상태였다.

(3) 이러한 사실을 위 (1)항에서 본 법리에 비추어 살펴본다.

공소외 회사 정규방송의 파급력과 당시 피고인의 지위 등을 고려할 때, 피고인이 '(프로그램명 1 생략)'에 출연하여 (주식명 1 생략) 등 3개 종목과 관련하여 소개한 내용이나 밝힌 의견은 투자자에게 위 종목의 매수 의사를 불러일으킬 만하다고 평가할 수 있다. 따라서 피고인은 투자자에게 (주식명 1 생략) 등 3개 종목이 매수하기에 적합하다는 점을 소개하여 매수 의사를 불러일으키는 행위, 즉 증권의 매수 추천을 하였다고 볼 수 있다.

따라서 피고인이 공소외 회사 방송을 시청하는 일반 투자자에게 (주식명 1 생략) 등 3개 종목을 자신이 미리 매수하여 보유하고 있고 추천 후에 이를 매도할 수도 있다는 증권에 관한 자신의 이해관계를 표시하지 않은 채 증권의 매수 추천을 하였다는 이 부분 공소사실이 인정된다고 볼 수 있다. 또한 피고인의 행위는 자본시장법 제178조 제1항 제1호에서 정한 '부정한 수단, 계획 또는 기교를 사용하는 행위'와 자본시장법 제178조 제2항에서 정한 '위계의 사용'에 해당한다고 보는 것이 환송판결의 취지에 부합한다.

(4) 그런데도 원심은 피고인이 공소외 회사 방송 시청자에게 (주식명 1 생략) 등 3개 종목의 매수를 추천하였다고 볼 수 없다는 이유로 이 부분 공소사실을 무죄로 판단하였다. 원심판결에는 자본시장법 제178조 제1항 제1호에서 정한 '부정한 수단, 계획 또는 기교를 사용하는 행위'와 자본시장법 제178조 제2항에서 정한 '위계의 사용'에 관한 법리를 오해하여 판결에 영향을 미친 잘못이 있다. 이를 지적하는 상고이유 주장은 정당하다.

2. 이 사건 공소사실 중 공소외 회사 방송을 이용해서 (주식명 4 생략) 주식과 관련한 부정거래행위를 하였다는 부분

원심은 검사가 제출한 증거만으로는 피고인이 공소외 회사 방송 시청자에게 (주식명 4 생략) 주식의 매수를 추천하였다고 인정하기 어렵다고 판단하였다. 원심판결 이유를 위에서 본 법리와 적법하게 채택된 증거에 비추어 살펴보면, 원심판결은 논리와 경험의 법칙에 반하여 자유심증주의의 한계를 벗어나거나 자본시장법 제178조 제1항 제1호에서 정한 '부정한 수단, 계획 또는 기교를 사용하는 행위'와 자본시장법 제178조 제2항에서 정한 '위계의 사용'에 관한 법리를 오해하여 판결에 영향을 미친 잘못이 없다.

3. 이 사건 공소사실 중 위 1, 2.항 부분을 제외한 나머지 부분

가. 원심은 피고인이 이 사건 공소사실 기재 일시에 인터넷 증권방송카페의 제목에 종목을 기재하고 인터넷방송을 하면서 종목을 언급하거나 휴대전화 문자메시지와 채팅방에 종목을 남기는 등의 방법으로 인터넷 증권방송카페 유료회원에게 (주식명 1 생략) 등 3개 종목과 (주식명 4 생략) 주식에 대하여 매수 추천을 하였다고 보기 어렵다고 판단하였다.

나. 상고심에서 상고이유 주장이 이유 없다고 판단되어 배척된 부분은 그 판결 선고와 동시에 확정력이 발생하여 그 부분에 대해서는 검사는 더 이상 다툴 수 없고, 또한 환송받은 법원으로서도 그와 배치되는 판단을 할 수 없으므로, 검사로서는 그 부분에 대한 주장을 상고이유로 삼을 수 없다(대법원 2021. 01. 14. 선고 2020도9836 판결 참조).

기록에 따르면, 환송판결 전 원심은 이 부분 공소사실을 무죄로 판단하였고, 그 후 상고심에서 이 부분 판단에 관한 검사의 상고이유 주장이 이유 없다고 판단되어 배척되었음을 알 수 있다. 따라서 검사의 이 부분 상고이유 주장은 이미 확정력이 발생한 부분에 대한 것이어서 적법한 상고이유가 될 수 없다.

4. 파기 범위

위에서 본 바와 같은 이유로 원심판결 중 위 1.항 공소사실 무죄 부분은 파기되어야 하는데, 나머지 부분도 파기 부분과 포괄일죄 관계에 있으므로, 원심판결은 모두 파기되어야 한다.

5. 결 론

원심판결을 파기하고 사건을 다시 심리·판단하도록 원심법원에 환송하기로 하여, 대법관의 일치된 의견으로 주문과 같이 판결한다.

---

⑱ 대법원 2022. 06. 09. 선고 2016도11744 판결 [노동조합및노동관계조정법위반·업무방해·폭력행위등처벌에관한법률위반(공동강요)·폭력행위등처벌에관한법률위반(공동주거침입)(피고인6에대하여인정된죄명:주거침입)·재물손괴]

【판시사항】

[1] 연장근로의 집단적 거부와 같이 사용자의 업무를 저해함과 동시에 근로자들의 권리행사로서의 성격을 아울러 가지는 행위가 노동조합 및 노동관계조정법상 쟁의행위에 해당하는지 판단하는 기준 / 이는 휴일근로 거부의 경우에도 마찬가지인지 여부(적극)

[2] 갑 노동조합의 간부인 피고인들이 주요방위산업체로 지정된 을 주식회사와 임금단체협상을 진행하면서 을 회사의 방산물자 생산부서 근로자인 조합원들을 포함하여 연장근로, 휴일근로를 집단적으로 거부하도록 결정함으로써 위 조합원들과 공모하여 방산물자를 생산하는 업무에 종사하는 자의 쟁의행위 금지 규정을 위반하였다고 하여 노동조합 및 노동관계조정법 위반으로 기소된 사안에서, 제반 사정을 종합하면 단체협상 기간에 갑 노동조합의 지침에 따라 연장근로·휴일근로가 이루어지지 않았더라도 방산물자 생산부서 조합원들이 쟁의행위를 하였다고 볼 수 없고, 이를 전제로 피고인들에게 공동정범의 책임을 물을 수 없다고 한 사례

【판결요지】

[1] 노동조합 및 노동관계조정법(이하 '노동조합법'이라 한다) 제2조 제6호에 따르면 쟁의행위란 파업·태업·직장폐쇄 기타 노동관계 당사자가 그 주장을 관철할 목적으로 행하는 행위와 이에 대항하는 행위로서 업무의 정상적인 운영을 저해하는 행위를 말한다. 노동조합법은 쟁의행위에 대하여 그 목적·방법 및 절차가 법령 기타 사회질서에 위배되지 않아야 하고 조합원은 노동조합에 의하여 주도되지 아니한 쟁의행위를 하여서는 아니 되는 등 일정한 제한을 하고 있다(노동조합법 제37조). 특히 방위사업법에 의하여 지정된 주요방위산업체에 종사하는 근로자 중 전력, 용수 및 주로 방산물자를 생산하는 업무에 종사하는 자는 쟁의행위를 할 수 없는데 이를 위반한 경우 노동조합법상 가장 중한 형사처벌을 하도록 규정하고 있다(노동조합법 제41조 제2항, 제88조). 이러한 쟁의행위에 대한 법령상의 엄정한 규율 체계와 헌법 제33조 제1항이 노동3권을 기본권으로 보장한 취지 등을 고려하면, 연장근로의 집단적 거부와 같이 사용자의 업무를 저해함과 동시에 근로자들의 권리행사로서의 성격을 아울러 가지는 행위가 노동조합법상 쟁의행위에 해당하는지는 해당 사업장의 단체협약이나 취업규칙의 내용, 연장근로를 할 것인지에 대한 근로자들의 동의 방식 등 근로관계를 둘러싼 여러 관행과 사정을 종합적으로 고려하여 엄격하게 제한적으로 판단하여야 한다. 이는 휴일근로 거부의 경우도 마찬가지이다.

[2] 갑 노동조합의 간부인 피고인들이 주요방위산업체로 지정된 을 주식회사와 임금단체협상을 진행하면서 을 회사의 방산물자 생산부서 근로자인 조합원들을 포함하여 연장근로, 휴일근로를 집단적으로 거부하도록 결정함으로써 위 조합원들과 공모하여 방산물자를 생산하는 업무에 종사하는 자의 쟁의행위 금지 규정을 위반하였다고 하여 노동조합 및 노동관계조정법 위반으로 기소된 사안에서, 갑 노동조합과 을 회사가 체결한 단체협약에 연장근로·휴일근로는 갑 노동조합의 사전 동의를 얻어 실시하고, 연장근로·휴일근로를 하지 않은 이유로 불이익 처우를 하지 못한다고 정하고 있는 점, 을 회사에서는 일정한 날을 연장근로일 또는 휴일근로일로 미리 지정하는 방식이 아니라 필요할 때마다 연장근로는 당일 아침에, 휴일근로는 보통 이틀 전에 중간관리자를 통해 신청자를 모집하는 방식으로 실시해 온 점, 갑 노동조합이 임금단체협상 진행 기간에 조합원들에게 연장근로·휴일근로 거부 지침을 내릴 때에는 을 회사가 애초에 연장근로·휴일근로 신청자 모집 자체를 하지 않기도 한 점 등을 종합하면, 을 회사는 갑 노동조합의 사전 동의를 얻고 필요시 근로자의 신청을 받아 연장근로·휴일근로를 실시해 왔을 뿐 일정한 날에 연장근로·휴일근로를 통상적 혹은 관행적으로 해 왔다고 단정하기 어려우므로, 단체협상 기간에 갑 노동조합의 지침에 따라 연장근로·휴일근로가 이루어지지 않았더라도 방산물자 생산부서 조합원들이 통상적인 연장근로·휴일근로를 집단적으로 거부함으로써 쟁의행위를 하였다고 볼 수 없고, 이를 전제로 피고인들에게 공동정범의 책임을 물을 수 없다는 이유로, 이와 달리 보아 공소사실을 유죄로 인정한 원심판결에 연장근로·휴일근로 거부와 쟁의행위에 관한 법리오해의 잘못이 있다고 한 사례.

【참조조문】 [1] 헌법 제33조 제1항, 노동조합 및 노동관계조정법 제2조 제6호, 제37조, 제41조 제2항, 제88조 / [2] 노동조합 및 노동관계조정법 제41조 제2항, 제88조, 형법 제30조
【전 문】 【피 고 인】 피고인 1 외 5인 【상 고 인】 피고인들 및 검사
【변 호 인】 법무법인 여는 담당변호사 김두현 외 2인
【원심판결】 창원지법 2016. 7. 6. 선고 2015노2084 판결

【주   문】

원심판결 중 유죄 부분을 파기하고, 이 부분 사건을 창원지방법원에 환송한다. 검사의 상고를 모두 기각한다.

【이   유】

상고이유(상고이유서 제출기간이 지난 다음 제출된 상고이유보충서의 기재는 상고이유를 보충하는 범위에서)를 판단한다.

1. 피고인들의 상고이유에 관하여
가. 연장근로·휴일근로 거부로 인한 「노동조합 및 노동관계조정법」 위반 부분에 관한 판단
   1) 원심은, 연장근로가 당사자 합의에 의하여 이루어지는 것이라고 하더라도 근로자들을 선동하여 근로자들이 통상적으로 해 오던 연장근로를 집단적으로 거부하도록 함으로써 회사업무의 정상 운영을 저해하였다면 이는 쟁의행위로 보아야 한다고 전제한 다음 피고인들이 조합원들과 함께 연장근로, 휴일근로를 거부한 행위는 쟁의행위에 해당한다고 판단하였다.
   노동조합 및 노동관계조정법(이하 '노동조합법'이라 한다) 제2조 제6호에 따르면 쟁의행위란 파업·태업·직장폐쇄 기타 노동관계 당사자가 그 주장을 관철할 목적으로 행하는 행위와 이에 대항하는 행위로서 업무의 정상적인 운영을 저해하는 행위를 말한다. 노동조합법은 쟁의행위에 대하여 그 목적·방법 및 절차가 법령 기타 사회질서에 위배되지 않아야 하고 조합원은 노동조합에 의하여 주도되지 아니한 쟁의행위를 하여서는 아니 되는 등 일정한 제한을 하고 있다(노동조합법 제37조). 특히 방위사업법에 의하여 지정된 주요방위산업체에 종사하는 근로자 중 전력, 용수 및 주로 방산물자를 생산하는 업무에 종사하는 자는 쟁의행위를 할 수 없는데 이를 위반한 경우 노동조합법상 가장 중한 형사처벌을 하도록 규정하고 있다(노동조합법 제41조 제2항, 제88조). 이러한 쟁의행위에 대한 법령상의 엄정한 규율 체계와 헌법 제33조 제1항이 노동3권을 기본권으로 보장한 취지 등을 고려하면, 연장근로의 집단적 거부와 같이 사용자의 업무를 저해함과 동시에 근로자들의 권리행사로서의 성격을 아울러 가지는 행위가 노동조합법상 쟁의행위에 해당하는지는 해당 사업장의 단체협약이나 취업규칙의 내용, 연장근로를 할 것인지에 대한 근로자들의 동의 방식 등 근로관계를 둘러싼 여러 관행과 사정을 종합적으로 고려하여 엄격하게 제한적으로 판단하여야 한다. 이는 휴일근로 거부의 경우도 마찬가지이다.
   2) 원심판결 이유 및 기록에 의하면, 다음과 같은 사실과 사정을 알 수 있다.
      가) 전국금속노동조합 ○○○○지회(이하 '○○○○지회'라고 한다)와 ○○○○ 주식회사(이하 '주식회사'는 생략한다)가 체결한 단체협약에는 연장근로·휴일근로는 ○○○○지회의 사전 동의를 얻어 실시하되, 그에 대한 소정의 가산임금을 지급하고, 연장근로·휴일근로를 하지 않은 이유로 불이익 처우를 하지 못한다고 정하고 있다.
      나) ○○○○ △△공장에서는 일정한 날을 연장근로일 또는 휴일근로일로 미리 지정하는 방식

이 아니라, 필요할 때마다 연장근로는 당일 아침에, 휴일근로는 보통 이틀 전에 직장·팀장 등 중간관리자를 통해 신청자를 모집하는 방식으로 연장근로·휴일근로를 실시해 왔다. 이렇게 실시된 연장근로 또는 휴일근로에 참여하는 근로자의 비율은 70~80% 정도였다.

다) ○○○○지회가 임금단체협상 진행 기간에 조합원들에게 연장근로·휴일근로 거부 지침을 내릴 때에는 ○○○○이 애초에 연장근로·휴일근로 신청자 모집 자체를 하지 않기도 하였다.

3) 이러한 사실 등을 위 법리에 비추어 살펴보면, ○○○○은 ○○○○지회의 사전 동의를 얻고 필요시 근로자의 신청을 받아 연장근로·휴일근로를 실시해 왔을 뿐 일정한 날에 연장근로·휴일근로를 통상적 혹은 관행적으로 해 왔다고 단정하기는 어렵다. 그러므로 이 사건 단체협상 기간에 ○○○○지회의 지침에 따라 연장근로·휴일근로가 이루어지지 않았다고 하더라도 이로써 방산물자 생산부서 조합원들이 통상적인 연장근로·휴일근로를 집단적으로 거부함으로써 쟁의행위를 하였다고 볼 수는 없다. 따라서 위 방산물자 생산부서 조합원들이 쟁의행위를 하였음을 전제로 피고인들에게 공동정범의 책임을 물을 수 없다.

4) 그런데도 이와 달리 연장근로·휴일근로 거부로 인한 노동조합법 위반 부분을 유죄로 판단한 원심판결에는 연장근로·휴일근로 거부와 쟁의행위에 관한 법리를 오해하여 판결에 영향을 미친 잘못이 있다. 이를 지적하는 상고이유 주장은 이유 있다.

나. 나머지 상고이유에 관한 판단

원심은 판시와 같은 이유로, 이 사건 공소사실 중 피고인들의 부분파업으로 인한 노동조합법 위반, 피고인 6에 대한 주거침입, 피고인 2, 피고인 3, 피고인 5, 피고인 6에 대한 2013. 9. 24.자 업무방해와 「폭력행위 등 처벌에 관한 법률」(이하 '폭력행위처벌법'이라고 한다) 위반(공동강요) 부분을 유죄로 판단한 제1심판결을 그대로 유지하였다. 원심판결 이유를 관련 법리와 적법하게 채택된 증거에 비추어 살펴보면, 원심의 판단에 논리와 경험의 법칙을 위반하여 자유심증주의의 한계를 벗어나거나 노동조합법 제41조 제2항, 주거침입죄, 업무방해죄, 강요죄에 관한 법리를 오해하는 등으로 판결에 영향을 미친 잘못이 없다.

피고인 2, 피고인 3, 피고인 5, 피고인 6의 폭력행위처벌법 위반(공동강요) 행위가 노동조합법 제4조에 정한 정당행위에 해당하여 위법성이 조각된다는 취지의 주장은 위 피고인들이 이를 항소이유로 삼거나 원심이 직권으로 심판대상으로 삼은 바가 없는 것을 상고심에 이르러 비로소 주장하는 것으로서 적법한 상고이유가 되지 못한다(나아가 직권으로 살펴보더라도 원심판결에 그 주장과 같은 잘못이 없다).

2. 검사의 상고이유에 관하여

원심은 판시와 같은 이유로 이 사건 공소사실 중 피고인들에 대한 2013. 7. 10.부터 2013. 9. 30.까지의 업무방해, 피고인 2, 피고인 3, 피고인 5, 피고인 6에 대한 폭력행위처벌법 위반(공동주거침입) 부분에 대하여 범죄의 증명이 없다고 보아 무죄로 판단한 제1심판결을 그대로 유지하였다. 원심판결 이유를 관련 법리와 기록에 비추어 살펴보면, 원심의 판단에 논리와 경험의 법칙을 위반하여 자유심증주의의 한계를 벗어나거나 업무방해죄의 위력에 관한 법리를 오해하는 등으로 판결에 영향을 미친 잘못이 없다.

3. 파기의 범위

위와 같은 이유로 원심판결 중 피고인들에 대한 연장근로·휴일근로 거부로 인한 노동조합법 위반 부분을 파기하여야 하는데, 원심은 이 부분과 나머지 유죄 부분이 형법 제37조 전단의 경합범 관계에 있다고 하여 피고인들에 대하여 하나의 형을 선고하였으므로, 원심판결 중 유죄 부분을 파기하여야 한다.

4. 결론

그러므로 원심판결 중 유죄 부분을 파기하고 이 부분 사건을 다시 심리·판단하도록 원심법원에 환송하며 검사의 상고를 모두 기각하기로 하여, 관여 대법관의 일치된 의견으로 주문과 같이 판결한다.

Ⓑ 대법원 2022. 06. 16. 선고 2022도1676 판결 [개인정보보호법위반]

【판시사항】

[1] 개인정보를 제공받은 자의 개인정보 보호법 제71조 제2호 위반죄는 정보제공자가 법령위반으로 개인정보를 제공한다는 사정에 대한 인식 외에 '영리 또는 부정한 목적'을 범죄성립요건으로 하는 목적범인지 여부(적극) / 개인정보 보호법 제71조 제2호에서 '부정한 목적'의 의미 및 이에 해당하는지 판단하는 방법
[2] 주택재개발정비사업 조합의 조합원인 피고인이 조합 임원 9명에 대한 해임안건이 담긴 해임 총회 개최사실을 알릴 목적으로 갑이 이전에 개최된 주민총회의 적정성을 검토하기 위해 제공받은 토지 등 소유자 명부 등을 바탕으로 작성하여 보관 중이던 조합원 명단을 제공받음으로써 부정한 목적으로 개인정보를 제공받았다는 이유로 개인정보 보호법 위반으로 기소된 사안에서, '해임 총회 개최사실을 알릴 목적'이 사회통념상 부정하다고 단정하기 어렵다고 한 사례

【판결요지】

[1] 개인정보 보호법 제71조 제2호는 '제18조 제1항·제2항(제39조의14에 따라 준용되는 경우를 포함한다), 제19조, 제26조 제5항 또는 제27조 제3항을 위반하여 개인정보를 이용하거나 제3자에게 제공한 자'뿐만 아니라 '그러한 사정을 알면서 영리 또는 부정한 목적으로 개인정보를 제공받은 자'도 처벌하도록 규정하고 있다. 개인정보를 제공받은 자의 개인정보 보호법 제71조 제2호 위반죄는 정보제공자가 법령위반으로 개인정보를 제공한다는 사정에 대한 인식 외에 '영리 또는 부정한 목적'을 범죄성립요건으로 하는 목적범이다. 여기서 '부정한 목적'이란 개인정보를 제공받아 실현하려는 의도가 사회통념상 부정한 것으로서, 이에 해당하는지 여부는 개인정보를 제공받아 실현하려는 목적의 구체적인 내용을 확정하고 당해 개인정보의 내용과 성격, 개인정보가 수집된 원래의 목적과 취지, 개인정보를 제공받게 된 경위와 방법 등 여러 사정을 종합하여 사회통념에 따라 판단하여야 한다.

[2] 주택재개발정비사업 조합의 조합원인 피고인이 조합 임원 9명에 대한 해임안건이 담긴 해임 총회 개최사실을 알릴 목적으로 갑이 이전에 개최된 주민총회의 적정성을 검토하기 위해 제공받은 토지 등 소유자 명부 등을 바탕으로 작성하여 보관 중이던 조합원 명단을 제공받음으로써 부정한 목적으로 개인정보를 제공받았다는 이유로 개인정보 보호법 위반으로 기소된 사안에서, 피고인은 도시 및 주거환경정비법에 따라 해임 총회의 요구자 대표로서 조합장 권한을 대행하여 해임 총회를 소집하기 위하여 개인정보인 조합원 명단을 제공받았다고 볼 여지가 있고, 개인정보인 조합원 명단의 내용과 성격, 조합원들이 조합에 개인정보를 제공한 원래의 목적, 피고인이 갑으로부터 조합원 명단을 제공받게 된 경위와 방법 등 제반 사정을 종합하면, '해임 총회 개최사실을 알릴 목적'이 사회통념상 부정하다고 단정하기 어렵다고 보아, 이와 달리 본 원심판결에 법리오해의 잘못이 있다고 한 사례.

【원심판결】 [1] 개인정보 보호법 제71조 제2호 / [2] 개인정보 보호법 제71조 제2호
【전 문】 【피 고 인】 피고인 【상 고 인】 피고인 【변 호 인】 변호사 박성빈
【원심판결】 서울북부지법 2022. 1. 14. 선고 2021노884 판결

【주 문】

원심판결을 파기하고, 사건을 서울북부지방법원에 환송한다.

【이 유】

직권으로 판단한다.

1. 이 사건 공소사실의 요지는 '주택재개발정비사업 조합의 조합원인 피고인이 조합 임원 9명에 대한 해임안건이 담긴 해임 총회 개최사실을 알릴 목적으로 공소외 1이 이전에 개최된 주민총회의 적정성을 검토하기 위해 제공받은 토지 등 소유자 명부 등을 바탕으로 작성하여 보관 중이던 조합원 명단을 제공받음으로써 부정한 목적으로 개인정보를 제공받았다.'는 것이다. 원심은 '해임 총회 개최사실을 알릴 목적'이 부정한 목적에 해당함을 전제로 이 사건 공소사실을 유죄로 인정한 제1심 판결을 그대로 유지하였다.

2. 그러나 원심의 이러한 판단은 다음과 같은 이유로 수긍할 수 없다.

가.

1) 「개인정보 보호법」 제71조 제2호는 '제18조 제1항·제2항(제39조의14에 따라 준용되는 경우를 포함한다), 제19조, 제26조 제5항 또는 제27조 제3항을 위반하여 개인정보를 이용하거나 제3자에게 제공한 자'뿐만 아니라 '그러한 사정을 알면서 영리 또는 부정한 목적으로 개인정보를 제공받은 자'도 처벌하도록 규정하고 있다. 개인정보를 제공받은 자의 「개인정보 보호법」 제71조 제2호 위반죄는 정보제공자가 법령위반으로 개인정보를 제공한다는 사정에 대한 인식 외에 '영리 또는 부정한 목적'을 범죄성립요건으로 하는 목적범이다. 여기서 '부정한 목적'이란

개인정보를 제공받아 실현하려는 의도가 사회통념상 부정한 것으로서, 이에 해당하는지 여부는 개인정보를 제공받아 실현하려는 목적의 구체적인 내용을 확정하고 당해 개인정보의 내용과 성격, 개인정보가 수집된 원래의 목적과 취지, 개인정보를 제공받게 된 경위와 방법 등 여러 사정을 종합하여 사회통념에 따라 판단하여야 한다.

2) 「도시 및 주거환경정비법」(이하 '도시정비법'이라 한다)은 정비사업의 투명성·공공성을 확보하고 조합원의 알 권리를 충족시키기 위하여 정비사업의 시행과 관련된 서류와 자료를 공개하도록 하고 있다(대법원 2021. 02. 10. 선고 2019도18700 판결 참조). 이에 조합원, 토지 등 소유자가 토지 등 소유자 명부, 조합원 명부에 대하여 열람·복사 요청을 한 경우 추진위원장이나 사업시행자는 15일 내에 그 요청에 따라야 하고(제124조 제4항), 열람·복사를 요청한 사람은 제공받은 서류와 자료를 사용목적 외의 용도로 이용·활용하여서는 아니 된다(제124조 제6항).

한편 총회는 조합장이 직권으로 소집하거나 조합원 5분의 1 이상 또는 대의원 3분의 2 이상의 요구로 조합장이 소집하는 것이 원칙이고(제44조 제2항), 조합임원 해임을 목적으로 조합원 10분의 1 이상의 요구에 따라 총회를 소집할 경우 요구자 대표로 선출된 자가 조합장 권한을 대행하여 해임 총회를 소집할 수 있다(제43조 제4항). 총회를 소집하려는 자는 총회가 개최되기 7일 전까지 회의 목적·안건·일시 및 장소를 정하여 조합원에게 통지하여야 하므로(제44조 제4항), 해임 총회의 요구자 대표로 선출된 자는 조합장 권한 대행으로서 해임 총회가 개최되기 7일 전까지 회의 목적·안건·일시 및 장소를 정하여 조합원에게 통지하여야 한다.

나. 기록에 의하면 다음과 같은 사실을 알 수 있다.

1) 피고인과 공소외 2는 ○○○○구역 주택재개발정비사업조합(이하 '이 사건 조합'이라 한다)의 조합원이다.

피고인과 공소외 2는 2019. 8. 19.부터 8. 27.까지 이 사건 조합의 조합원 82명으로부터 임원해임을 위한 임시총회 소집요구서를 받았다. 위 소집요구서에는 피고인과 공소외 2를 요구자 대표로 선출하는 내용이 포함되어 있다.

2) 공소외 2는 2019. 8. 16. 이 사건 조합에 임시총회 개최에 사용할 목적으로 조합원 명부의 공개를 요청하였고, 이 사건 조합은 2019. 8. 27. 목적을 상세하게 기술하여 다시 청구해달라고 답하였다.

이에 공소외 2는 2019. 8. 30. 이 사건 조합에 도시정비법 제124조에 따라 조합원의 주소, 전화번호가 수록된 조합원 명부의 복사를 요청하면서, 목적을 '이 사건 조합의 임원에 대한 해임 총회 개최사실을 각 조합원에게 등기로 발송하기 위함'이라고 명시하였다. 이 사건 조합은 2019. 9. 9. 공소외 2가 소집자 대표임을 확인할 수 없다는 이유로 조합원 명단의 복사요청을 거절하였다.

3) 조합원인 공소외 1은 2018. 5. 24. 이 사건 조합으로부터 '2018. 2. 1. 개최된 주민총회의 적정성 검토'를 목적으로 토지 등 소유자 명부 등을 제공받아 그 자료를 바탕으로 조합원의 이름, 주소가 포함된 718명의 조합원 명단을 작성하여 보관하고 있었다.

공소외 2가 이 사건 조합에 조합원 명단 공개 요청을 하였으나 거절당하자, 피고인은 조합원들에게 해임 총회 개최사실을 통지하기 위하여 2019. 8. 말경부터 2019. 9. 초순경 사이에 공소외 1로부터 조합원 명단을 제공받았다.

피고인은 그 조합원 명단을 이용하여 2019. 9. 4. 조합원들에게 조합장 권한 대행으로서 '조합장의 제1심 형사재판 결과'와 '임원 해임 관련 임시총회를 2019. 10. 4. 개최하고 그 소집을 통지한다.'는 내용이 담긴 우편물을 보냈고, 2019. 9. 6. 같은 내용의 문자메시지를 보냈다.

4) 피고인은 2019. 10. 4. 임원해임을 위한 임시총회를 진행하려 하였으나 임원들과 임원들을 지지하는 조합원들의 반대로 진행하지 못하였다.

다. 이러한 사실관계를 앞서 본 법리와 관련 규정에 비추어 살펴보면, 피고인은 도시정비법에 따라 해임 총회의 요구자 대표로서 조합장 권한을 대행하여 해임 총회를 소집하기 위하여 개인정보인 조합원 명단을 제공받았다고 볼 여지가 있고, 이러한 사정 아래에서 개인정보인 조합원 명단의 내용과 성격, 조합원들이 이 사건 조합에 개인정보를 제공한 원래의 목적, 피고인이 공소외 1로부터 조합원 명단을 제공받게 된 경위와 방법 등 제반 사정을 종합하면, 검사가 제출한 증거만으로는 '해임 총회 개최사실을 알릴 목적'이 사회통념상 부정하다고 단정하기 어렵다.

라. 그럼에도 원심은 판시와 같은 이유만으로 '해임 총회 개최사실을 알릴 목적'이 '부정한 목적'에 해당한다고 판단하였으니, 이러한 원심판단에는 「개인정보 보호법」 제71조 제2호의 '부정한 목적'에 관한 법리를 오해한 나머지 「개인정보 보호법」의 해석·적용을 그르친 잘못이 있고, 이는 판결에 영향을 미쳤음이 분명하다.

3. 그러므로 상고이유에 관한 판단을 생략한 채 원심판결을 파기하고, 사건을 다시 심리·판단하도록 원심법원에 환송하기로 하여, 관여 대법관의 일치된 의견으로 주문과 같이 판결한다.

© 대법원 2022. 06. 30. 선고 2022도3044 판결 [사기·주택법위반·전자서명법위반·사문서위조·위조사문서행사·교통사고처리특례법위반(치상)·도로교통법위반(음주운전)]

【판시사항】

[1] 주택법 제65조 제1항 제2호에서 주택공급질서의 교란행위로서 금지하고 있는 '입주자저축 증서 등의 양도행위'의 의미

[2] 주택법 제65조 제1항 제2호의 '입주자저축 증서' 양도·양수 행위에 주택청약종합저축 계좌가 개설된 은행에 연계된 '공인인증서'를 양도·양수한 행위도 포함되는지 여부(적극)

【판결요지】

[1] 주택법 제65조 제1항 제2호에서 주택공급질서의 교란행위로서 금지하고 있는 '입주자저축 증서 등의 양도행위'란 그 개념상 입주자저축 증서 등에 관한 법률상 혹은 사실상의 귀속주체를 종국적으로 변경하는 행위를 의미한다.

[2] 주택법 제65조 제1항 제2호의 '입주자저축 증서' 양도·양수 행위에는 주택청약종합저축 계좌가 개설된 은행에 연계된 '공인인증서'를 양도·양수한 행위도 포함된다고 봄이 타당하다. 그 이유는 다음과 같다.

(가) 주택법 제65조 제1항은 "누구든지 이 법에 따라 건설·공급되는 주택을 공급받거나 공급받게 하기 위하여 다음 각호의 어느 하나에 해당하는 증서 또는 지위를 양도·양수 또는 이를 알선하거나 양도·양수 또는 이를 알선할 목적으로 하는 광고를 하여서는 아니 된다."라고 정하면서, 제2호에서 양도·양수 등이 금지되는 증서의 하나로 '제56조에 따른 입주자저축 증서'를 정하고 있다. 여기서 '입주자저축'은 '주택청약종합저축'을 말하고(주택법 제56조 제2항), '증서'는 그 사전적 의미가 '권리나 의무, 사실 따위를 증명하는 문서'이므로, 결국 '입주자저축 증서'는 '주택청약종합저축 가입 사실 및 순위, 그에 따라 주택을 공급받을 수 있는 권리 내지 자격을 증명하는 문서'를 의미한다.

(나) 과거에는 주택청약이 주로 현장접수 형태로 이루어졌으므로, 주택을 공급받을 수 있는 권리를 이전하기 위해 '입주자저축 증서'인 청약통장 자체를 양도·양수하는 경우가 많았다. 그러나 최근에는 온라인 청약이 일반화되어 주택청약종합저축 계좌와 개설된 은행에 연계된 공인인증서가 있어야만 청약신청이 가능한 경우가 대부분이다. 은행 실무상으로도 전자통장이 실물통장을 대체하면서 실물 청약통장은 처음부터 발급조차 되지 않는 경우가 많아지고 있다. 이에 주택을 공급받을 수 있는 권리를 양도·양수하는 방법도 '공인인증서, 보안카드번호, 비밀번호' 등을 주고받는 형태로 변화하게 되었다.

(다) 주택청약종합저축 계좌가 개설된 은행에 연계된 공인인증서 및 그 보안카드번호, 비밀번호 등을 양수하여 취득하면, 이를 이용해 청약신청을 위한 인터넷 홈페이지에 접속하여 주택청약종합저축 계좌의 가입자와 동일인임을 확인받고, 주택청약종합저축 가입내역, 납입금, 청약순위 등을 증명하는 전자정보를 이용하여 청약신청을 할 수 있게 된다.
따라서 주택청약종합저축 가입자가 제3자에게 공인인증서를 양도하는 행위는 '주택청약종합저축 가입 사실 및 순위, 그에 따라 주택을 공급받을 수 있는 권리 내지 자격을 증명하는 전자문서'에 관한 접근매체를 양도하고 이로써 그 입주자저축 증서에 관한 법률상 혹은 사실상 귀속주체를 종국적으로 변경하는 행위에 해당한다.

(라) 주택법 제65조 제1항 제2호가 입주자저축 증서의 양도·양수를 금지하고 있는 취지는 주택청약종합저축 가입자가 그 저축에 관한 증서를 제3자에게 이전함으로써, 정해진 요건을 갖춘 주택청약종합저축 가입자에게만 인정되는 '주택을 공급받을 수 있는 지위'를 임의로 제3자에게 이전하여 실수요자 위주의 공급질서를 교란하는 것을 방지하고자 하는 것이다.
주택청약종합저축 계좌가 개설된 은행에 연계된 공인인증서를 양도하는 경우, 그 양수인은 양도인 명의로 청약신청을 하여 주택을 공급받을 수 있게 되므로 '입주자저축 증서'의 양도·양수 행위에 위 공인인증서 양도·양수 행위도 포함된다고 해석함이 입법 취지에 부합한다.

【참조조문】 [1] 주택법 제65조 제1항 제2호 / [2] 주택법 제56조 제2항, 제65조 제1항 제2호
【참조판례】 [1] 대법원 2005. 9. 9. 선고 2005다26727 판결
【전 문】 【피 고 인】 피고인 1 외 1인   【상 고 인】 검사   【변 호 인】 변호사 이정엽
【원심판결】 서울남부지법 2022. 2. 15. 선고 2021노2240 판결

【주 문】

원심판결의 피고인 1에 대한 유죄 부분 및 무죄 부분 중 제1심 판시 별지 범죄일람표 1 순번 2 내지 5, 8, 9번, 제1심 판시 별지 범죄일람표 2 순번 2 내지 8, 12 내지 15번 기재 각 주택법 위반 부분을 파기하고, 이 부분 사건을 서울남부지방법원에 환송한다. 검사의 나머지 상고를 기각한다.

【이 유】

상고이유를 판단한다.

1. 이 사건 공소사실 중 주택법 위반 부분의 요지와 원심의 판단

가. 피고인들에 대한 공소사실 중 주택법 위반 부분의 요지는 다음과 같다.

1) 피고인 1은 제1심 판시 별지 범죄일람표 1, 2와 같이 입주자저축 증서인 주택청약종합저축통장, 공인인증서, 청약통장의 앞면 사진, 청약통장 가입내역서, 계좌개설확인서, 청약신청 관련 서류(인감증명서, 주민등록등본 등), 청약 당첨 후 명의변경에 필요한 권리확보서류(분양권 매매계약서 등) 등을 양도·양수함으로써 주택법에 따라 건설·공급되는 주택을 공급받거나 공급받게 하기 위하여 '입주자저축 증서'를 양도·양수하였다.

2) 피고인들은 공모하여 2019. 6. 24. 공소외인 명의의 권리확보서류, 인감증명서, 주민등록등본 등을 양도함으로써 주택법에 따라 건설·공급되는 주택을 공급받거나 공급받게 하기 위하여 '입주자저축 증서'를 양도·양수하였다.

나. 원심은, 피고인들이 양도·양수한 서류 중 주택청약종합저축통장 원본을 제외한 나머지 공인인증서, 청약통장의 앞면 사진, 청약통장 가입내역서, 계좌개설확인서, 청약신청 관련 서류, 권리확보서류는 주택법 제65조 제1항 제2호의 '입주자저축 증서'에 해당하지 않고, 같은 항 나머지 각호의 '증서 또는 지위'에도 해당하지 않는다는 이유로, 피고인 1에 대한 공소사실 중 제1심 판시 별지 범죄일람표 1 순번 2 내지 9, 제1심 판시 별지 범죄일람표 2 순번 2 내지 10, 12 내지 15 기재 각 주택법 위반 부분, 피고인들에 대한 공소사실 중 2019. 6. 24.자 주택법 위반 부분에 대하여 범죄로 되지 아니하거나 범죄의 증명이 없다고 보아 무죄를 선고한 제1심판결을 그대로 유지하였다.

2. 대법원의 판단

가. 그러나 원심의 판단은 다음과 같은 이유로 그대로 수긍하기 어렵다.

주택법 제65조 제1항 제2호에서 주택공급질서의 교란행위로서 금지하고 있는 '입주자저축 증서 등의 양도행위'란 그 개념상 입주자저축 증서 등에 관한 법률상 혹은 사실상의 귀속주체를 종국적으로 변경하는 행위를 의미한다(2003. 5. 29. 법률 제6916호 주택법으로 법명 변경되기 전의 구 주택건설촉진법 제47조에 관한 대법원 2005. 09. 09. 선고 2005다26727 판결 참조).

주택법 제65조 제1항 제2호의 '입주자저축 증서' 양도·양수 행위에는 주택청약종합저축 계좌가 개설된 은행에 연계된 '공인인증서'를 양도·양수한 행위도 포함된다고 봄이 타당하다. 그 이유는 다음과 같다.

주택법 제65조 제1항은 "누구든지 이 법에 따라 건설·공급되는 주택을 공급받거나 공급받게 하기 위하여 다음 각호의 어느 하나에 해당하는 증서 또는 지위를 양도·양수 또는 이를 알선하거나 양도·양수 또는 이를 알선할 목적으로 하는 광고를 하여서는 아니 된다."라고 정하면서, 제2호에서 양도·양수 등이 금지되는 증서의 하나로 '제56조에 따른 입주자저축 증서'를 정하고 있다. 여기서 '입주자저축'은 '주택청약종합저축'을 말하고(주택법 제56조 제2항), '증서'는 그 사전적 의미가 '권리나 의무, 사실 따위를 증명하는 문서'이므로, 결국 '입주자저축 증서'는 '주택청약종합저축 가입 사실 및 순위, 그에 따라 주택을 공급받을 수 있는 권리 내지 자격을 증명하는 문서'를 의미한다.

과거에는 주택청약이 주로 현장접수 형태로 이루어졌으므로, 주택을 공급받을 수 있는 권리를 이전하기 위해 '입주자저축 증서'인 청약통장 자체를 양도·양수하는 경우가 많았다. 그러나 최근에는 온라인 청약이 일반화되어 주택청약종합저축 계좌와 개설된 은행에 연계된 공인인증서가 있어야만 청약신청이 가능한 경우가 대부분이다. 은행 실무상으로도 전자통장이 실물통장을 대체하면서 실물 청약통장은 처음부터 발급조차 되지 않는 경우가 많아지고 있다. 이에 주택을 공급받을 수 있는 권리를 양도·양수하는 방법도 '공인인증서, 보안카드번호, 비밀번호' 등을 주고받는 형태로 변화하게 되었다.

주택청약종합저축 계좌가 개설된 은행에 연계된 공인인증서 및 그 보안카드번호, 비밀번호 등을 양수하여 취득하면, 이를 이용해 청약신청을 위한 인터넷 홈페이지에 접속하여 주택청약종합저축 계좌의 가입자와 동일인임을 확인받고, 주택청약종합저축 가입내역, 납입금, 청약순위 등을 증명하는 전자정보를 이용하여 청약신청을 할 수 있게 된다.

따라서 주택청약종합저축 가입자가 제3자에게 공인인증서를 양도하는 행위는 '주택청약종합저축 가입 사실 및 순위, 그에 따라 주택을 공급받을 수 있는 권리 내지 자격을 증명하는 전자문서'에 관한 접근매체를 양도하고 이로써 그 입주자저축 증서에 관한 법률상 혹은 사실상 귀속주체를 종국적으로 변경하는 행위에 해당한다.

주택법 제65조 제1항 제2호가 입주자저축 증서의 양도·양수를 금지하고 있는 취지는 주택청약종합저축 가입자가 그 저축에 관한 증서를 제3자에게 이전함으로써, 정해진 요건을 갖춘 주택청약종합저축 가입자에게만 인정되는 '주택을 공급받을 수 있는 지위'를 임의로 제3자에게 이전하여 실수요자 위주의 공급질서를 교란하는 것을 방지하고자 하는 것이다.

주택청약종합저축 계좌가 개설된 은행에 연계된 공인인증서를 양도하는 경우, 그 양수인은 양도인 명의로 청약신청을 하여 주택을 공급받을 수 있게 되므로 '입주자저축 증서'의 양도·양수 행위에 위 공인인증서 양도·양수 행위도 포함된다고 해석함이 입법 취지에 부합한다.

나. 구체적인 판단

1) 피고인 1에 대한 공소사실 중 제1심 판시 별지 범죄일람표 1 순번 2 내지 5, 8, 9번, 제1심 판시 별지 범죄일람표 2 순번 2 내지 8, 12 내지 15번 주택법 위반 부분

이 부분 공소사실은 피고인 1이 공인인증서와 부속서류를 양도·양수하였다는 것이다. 앞서

본 바와 같이 주택청약종합저축 계좌가 개설된 은행에 연계된 '공인인증서'를 양도·양수한 행위도 주택법 제65조 제1항 제2호의 '입주자저축 증서' 양도·양수 행위에 포함된다. 그럼에도 원심은 판시와 같은 이유로 이 부분 공소사실을 무죄로 판단하였는바, 원심의 판단에는 주택법 제65조 제1항 제2호의 '입주자저축 증서' 양도·양수 행위에 관한 법리를 오해하여 판결에 영향을 미친 잘못이 있다. 이 점을 지적하는 검사의 상고이유는 이유 있다.

2) 피고인 1에 대한 공소사실 중 제1심 판시 별지 범죄일람표 1 순번 6, 7번, 제1심 판시 별지 범죄일람표 2 순번 9, 10번, 피고인들에 대한 2019. 6. 24. 자 주택법 위반 부분

이 부분 공소사실에 기재된 각 서류 중 권리확보서류(분양권 매매계약서 등), 주민등록등본, 인감증명서, 재직증명서, 청약자 제한사항 검색결과 출력물 등은 주택을 공급받을 수 있는 권리 내지 자격을 증명하는 문서가 아님이 그 자체로 명백하다. '청약통장 가입내역서' 역시 단순히 은행 전산조회 자료를 출력한 문서에 불과하여 주택을 공급받을 수 있는 권리 내지 자격을 증명하는 문서에 해당한다고 볼 수 없다. 원심은 판시와 같은 이유로 이 부분 공소사실을 무죄로 판단하였는바, 원심의 판단에 논리와 경험의 법칙을 위반하여 자유심증주의의 한계를 벗어나거나 주택법 제65조 제1항 제2호의 '입주자저축 증서'에 관한 법리를 오해한 잘못이 없다.

3. 나머지 상고이유에 관하여

검사는 원심판결 전부에 대하여 상고하였으나, 유죄 부분에 대하여는 상고장이나 상고이유서에 이에 관한 불복이유의 기재가 없다.

4. 파기의 범위

원심판결의 피고인 1에 대한 무죄 부분 중 제1심 판시 별지 범죄일람표 1 순번 2 내지 5, 8, 9번, 제1심 판시 별지 범죄일람표 2 순번 2 내지 8, 12 내지 15번 기재 각 주택법 위반 부분은 파기되어야 하고, 위 부분 공소사실은 피고인 1에 대한 유죄 부분과 형법 제37조 전단 경합범의 관계에 있어 하나의 형이 선고되어야 하므로, 피고인 1에 대한 유죄 부분도 함께 파기되어야 한다.

5. 결론

그러므로 원심판결 중 피고인 1에 대한 무죄 부분 중 제1심 판시 별지 범죄일람표 1 순번 2 내지 5, 8, 9번, 제1심 판시 별지 범죄일람표 2 순번 2 내지 8, 12 내지 15번 기재 각 주택법 위반 부분과 유죄 부분을 파기하고, 이 부분 사건을 다시 심리·판단하도록 원심법원에 환송하며, 검사의 나머지 상고를 기각하기로 하여, 관여 대법관의 일치된 의견으로 주문과 같이 판결한다.

[별 지] 범죄일람표 1: 생략

[별 지] 범죄일람표 2: 생략

© 대법원 2022. 07. 14. 선고 2020도9188 판결 [업무상과실치사·산업안전보건법위반·업무상과실치상]

【판시사항】

[1] 구 산업안전보건법에서 정한 안전·보건조치 의무를 위반하였는지 판단하는 기준 / '산업안전보건기준에 관한 규칙'과 관련한 일정한 조치가 있었으나 산업현장의 구체적 실태에 비추어 예상 가능한 산업재해를 예방할 수 있을 정도의 실질적인 안전조치에 이르지 못할 경우, 위 규칙을 준수하였다고 볼 수 있는지 여부(소극)
[2] 사업주에 대하여 구 산업안전보건법 제67조 제1호, 제23조 제2항, 제3항 및 제68조 제3호, 제29조 제3항 각 위반죄가 성립하기 위한 요건 / 사업주가 사업장에서 안전조치가 취해지지 않은 상태에서의 작업이 이루어지고 있고 향후 그러한 작업이 계속될 것이라는 사정을 미필적으로 인식하고서도 이를 그대로 방치하고, 이로 인하여 사업장에서 안전조치가 취해지지 않은 채로 작업이 이루어진 경우, 사업주가 그러한 작업을 개별적·구체적으로 지시하지 않았더라도 위 각 죄가 성립하는지 여부(적극)

【판결요지】

[1] 구 산업안전보건법(2019. 1. 15. 법률 제16272호로 전부 개정되기 전의 것, 이하 '구 산업안전보건법'이라고 한다)에서 정한 안전·보건조치 의무를 위반하였는지 여부는 구 산업안전보건법 및 구 산업안전보건법 시행규칙(2019. 12. 26. 고용노동부령 제272호로 전부 개정되기 전의 것)에 근거한 산업안전보건기준에 관한 규칙(이하 '안전보건규칙'이라고 한다)의 개별 조항에서 정한 의무의 내용과 해당 산업현장의 특성 등을 토대로 산업안전보건법의 입법 목적, 관련 규정이 사업주에게 안전·보건조치를 부과한 구체적인 취지, 사업장의 규모와 해당 사업장에서 이루어지는 작업의 성격 및 이에 내재되어 있거나 합리적으로 예상되는 안전·보건상 위험의 내용, 산업재해의 발생 빈도, 안전·보건조치에 필요한 기술 수준 등을 구체적으로 살펴 규범 목적에 부합하도록 객관적으로 판단하여야 한다. 나아가 해당 안전보건규칙과 관련한 일정한 조치가 있었다고 하더라도 해당 산업현장의 구체적 실태에 비추어 예상 가능한 산업재해를 예방할 수 있을 정도의 실질적인 안전조치에 이르지 못할 경우에는 안전보건규칙을 준수하였다고 볼 수 없다.
[2] 사업주에 대한 구 산업안전보건법(2019. 1. 15. 법률 제16272호로 전부 개정되기 전의 것) 제67조 제1호, 제23조 제2항, 제3항 및 제68조 제3호, 제29조 제3항 각 위반죄는 사업주가 자신이 운영하는 사업장에서 안전상의 위험성이 있는 작업을 산업안전보건기준에 관한 규칙이 정하고 있는 바에 따른 안전조치를 취하지 않은 채 하도록 지시하거나, 그 안전조치가 취해지지 않은 상태에서 위 작업이 이루어지고 있다는 사실을 알면서도 이를 방치하는 등 그 위반행위가 사업주에 의하여 이루어졌다고 인정되는 경우에 한하여 성립하되, 사업주가 사업장에서 안전조치가 취해지지 않은 상태에서의 작업이 이루어지고 있고 향후 그러한 작업이 계속될 것이라는 사정을 미필적으로 인식하고서도 이를 그대로 방치하고, 이로 인하여 사업장에서 안전조치가 취해지지 않은 채로 작업이 이루어졌다면, 사업주가 그러한 작업을 개별적·구체적으로 지시하지 않았더라도 위 각 죄가 성립한다.

【참조조문】 [1] 구 산업안전보건법(2019. 1. 15. 법률 제16272호로 전부 개정되기 전의 것) 제1조, 제5조 제1항 제1호, 제23조 제2항, 제3항(현행 제38조 제2항, 제3항 참조), 제29조 제3항(현행 제63조 참조), 구 산업안전보건법 시행규칙(2019. 12. 26. 고용노동부령 제272호로 전부 개정되기 전의 것) 제30조(현행 산업안전보건법 시행령 제11조, 산업안전보건법 시행규칙 제6조, 제80조 참조) / [2] 구 산업안전보건법(2019. 1. 15. 법률 제16272호로 전부 개정되기 전의 것) 제23조 제2항, 제3항(현행 제38조 제2항, 제3항 참조), 제29조 제3항(현행 제63조 참조), 제67조 제1호(현행 제168조 제1호 참조), 제68조 제3호(현행 제169조 제1호 참조), 형법 제13조

【참조판례】 [1] 대법원 2021. 9. 30. 선고 2020도3996 판결(공2021하, 2153) [2] 대법원 2010. 11. 25. 선고 2009도11906 판결, 대법원 2011. 9. 29. 선고 2009도12515 판결

【전 문】 【피 고 인】 피고인 1 외 1인 【상 고 인】 피고인들
【변 호 인】 법무법인(유한) 율촌 담당변호사 박해식 외 2인
【원심판결】 청주지법 2020. 6. 19. 선고 2019노767 판결

【주 문】

상고를 모두 기각한다.

【이 유】

상고이유를 판단한다.

1. 관련 법리

가. 구 산업안전보건법(2019. 1. 15. 법률 제16272호로 전부 개정되기 전의 것, 이하 '구 산업안전보건법'이라고 한다)은 산업안전·보건에 관한 기준을 확립하고 그 책임의 소재를 명확하게 하여 산업재해를 예방하고 쾌적한 작업환경을 조성함으로써 근로자의 안전과 보건을 유지·증진함을 목적으로 한다(제1조). 사업주는 산업안전보건법과 그에 따른 명령으로 정하는 산업재해 예방을 위한 기준을 지킴으로써 근로자의 안전과 건강을 유지·증진시켜야 할 의무가 있다(제5조 제1항 제1호). 사업주는 중량물 취급 등 작업을 할 때 불량한 작업방법 등으로 인하여 발생하는 위험을 방지하기 위하여 필요한 조치를 하여야 하고, 작업 중 근로자가 추락할 위험이 있는 장소, 토사·구축물 등이 붕괴할 우려가 있는 장소 그 밖에 작업 시 천재지변으로 인한 위험이 발생할 우려가 있는 장소에는 그 위험을 방지하기 위하여 필요한 조치를 하여야 한다(제23조 제2항, 제3항). 또한 같은 장소에서 행하여지는 사업으로서 사업의 일부를 분리하여 도급으로 하는 사업 중 일정한 사업주 등(이하 '도급 사업주'라고 한다)은 그의 수급인이 사용하는 근로자가 토사 등의 붕괴, 추락 또는 낙하 위험이 있는 장소 등 고용노동부령으로 정하는 산업재해 발생위험이 있는 장소에서 작업을 할 때에는 안전·보건시설의 설치 등 고용노동부령으로 정하는 산업재해 예방을 위한 조치를 하여야 한다(제29조 제3항). 그에 따라 구 산업안전보건법 시행규칙(2019. 12. 26. 고용노동부령 제272호로 전부 개정되기 전의 것)에서는 '고용노동부령으로 정하는 산업재해 발생위험이 있는 장소'로 토사·구축물·인공구조물 등이 붕괴될 우려가 있는 장소(제30조 제4항 제1호) 및 기계·기구 등이 넘어지거나 무너질 우려가 있는 장소(제2호) 등을 각 규정하면서, 도급인인 사업주가 하여야 할 조치는 위 규칙에서 정한 사항을 제외하고는 산업안전보건기준에 관한 규칙(이하

'안전보건규칙'이라고 한다)의 내용에 따른다고 정하고 있다(제30조 제5항).

구 산업안전보건법에서 정한 안전·보건조치 의무를 위반하였는지 여부는 구 산업안전보건법 및 같은 법 시행규칙에 근거한 안전보건규칙의 개별 조항에서 정한 의무의 내용과 해당 산업현장의 특성 등을 토대로 산업안전보건법의 입법 목적, 관련 규정이 사업주에게 안전·보건조치를 부과한 구체적인 취지, 사업장의 규모와 해당 사업장에서 이루어지는 작업의 성격 및 이에 내재되어 있거나 합리적으로 예상되는 안전·보건상 위험의 내용, 산업재해의 발생 빈도, 안전·보건조치에 필요한 기술 수준 등을 구체적으로 살펴 규범 목적에 부합하도록 객관적으로 판단하여야 한다. 나아가 해당 안전보건규칙과 관련한 일정한 조치가 있었다고 하더라도 해당 산업현장의 구체적 실태에 비추어 예상 가능한 산업재해를 예방할 수 있을 정도의 실질적인 안전조치에 이르지 못할 경우에는 안전보건규칙을 준수하였다고 볼 수 없다(대법원 2021. 09. 30. 선고 2020도3996 판결 등 참조).

나. 한편, 사업주에 대한 구 산업안전보건법 제67조 제1호, 제23조 제2항, 제3항 및 제68조 제3호, 제29조 제3항 각 위반죄는 사업주가 자신이 운영하는 사업장에서 안전상의 위험성이 있는 작업을 안전보건규칙이 정하고 있는 바에 따른 안전조치를 취하지 않은 채 하도록 지시하거나, 그 안전조치가 취해지지 않은 상태에서 위 작업이 이루어지고 있다는 사실을 알면서도 이를 방치하는 등 그 위반행위가 사업주에 의하여 이루어졌다고 인정되는 경우에 한하여 성립하되, 사업주가 사업장에서 안전조치가 취해지지 않은 상태에서의 작업이 이루어지고 있고 향후 그러한 작업이 계속될 것이라는 사정을 미필적으로 인식하고서도 이를 그대로 방치하고, 이로 인하여 사업장에서 안전조치가 취해지지 않은 채로 작업이 이루어졌다면, 사업주가 그러한 작업을 개별적·구체적으로 지시하지 않았더라도 위 각 죄가 성립한다(대법원 2010. 11. 25. 선고 2009도11906 판결, 대법원 2011. 09. 29. 선고 2009도12515 판결 등 참조).

2. 판 단

가. 원심은 판시와 같은 이유를 들어, 이 사건 자재 운반용 가설 삭도의 지주 받침대 교체 작업이 구 산업안전보건법 시행규칙에서 정한 '구축물·인공구조물 등이 붕괴될 우려가 있는 장소' 또는 '기계·기구 등이 넘어지거나 무너질 우려가 있는 장소'로서 산업재해 발생위험이 있는 장소에서의 작업이라고 본 다음, 피고인 1이 도급 사업주인 피고인 2 회사의 현장소장이자 안전보건총괄책임자로서 안전보건규칙 제38조 제1항, 제52조를 준수할 의무가 있음에도 이에 위반하여 예상 가능한 산업재해를 예방할 수 있을 정도의 실질적인 안전조치를 취하지 않았고, 그와 같은 안전조치가 취해지지 않은 채로 지주 받침대 교체 작업이 진행될 것임을 미필적으로나마 인식하고도 이를 그대로 방치한 것이라고 판단하여, 피고인들에 대한 이 부분 산업안전보건법 위반의 공소사실을 유죄로 인정하였다.

나. 원심판결 이유를 앞서 본 법리와 적법하게 채택된 증거들에 비추어 살펴보면, 원심판단에 상고이유 주장과 같이 산업안전보건법 및 안전보건규칙이 정하는 도급 사업주의 산업재해 예방 등 안전조치의무의 적용 범위와 내용, 산업안전보건법 위반죄의 범의 및 항소심의 심판범위에 관한 각 법리를 오해하거나 논리와 경험의 법칙을 위반하여 자유심증주의의 한계를 벗어나고 필요한 심리를 다하지 아니하여 판결에 영향을 미친 잘못이 없다.

3. 결론

그러므로 상고를 모두 기각하기로 하여, 관여 대법관의 일치된 의견으로 주문과 같이 판결한다.

---

⑭ 대법원 2022. 07. 14. 선고 2021도16578 판결 [자동차관리법위반]

【판시사항】

자동차관리법 제71조 제1항에 따라 부정사용이 금지되는 '폐차사실 증명서류'에 자동차해체재활용업자가 자동차 소유자로부터 폐차 요청을 받은 경우에 자동차를 인수하고 발급하는 폐차인수증명서가 포함되는지 여부(소극)

【판결요지】

형벌법규의 해석 법리, 자동차관리법 등 관련 규정의 문언과 체계, 개정 연혁 등에 비추어 보면, 자동차관리법 제71조 제1항에 따라 부정사용이 금지되는 '폐차사실 증명서류'에 자동차해체재활용업자가 자동차 소유자로부터 폐차 요청을 받은 경우에 자동차를 인수하고 발급하는 폐차인수증명서까지 포함된다고 해석하는 것은 죄형법정주의 원칙상 허용되지 않는다.

【참조조문】 헌법 제12조 제1항, 형법 제1조 제1항, 구 자동차관리법(2016. 1. 28. 법률 제13933호로 개정되기 전의 것) 제58조 제5항, 제80조 제8호, 자동차관리법 제71조 제1항, 제78조 제2호, 자동차관리법 시행규칙 제143조 제1항
【전 문】 【피 고 인】 피고인 【상 고 인】 피고인
【원심판결】 서울북부지법 2021. 11. 18. 선고 2020노433 판결

【주 문】

원심판결을 파기하고, 사건을 서울북부지방법원에 환송한다.

【이 유】

직권으로 판단한다.

1. 공소사실 요지, 원심판단과 쟁점

이 사건 공소사실 요지는 다음과 같다. 피고인은 2015. 4. 1.경 용인시 용인시청 차량등록사업소에서 (차량번호 생략) 투산 승용차의 말소등록을 신청하면서, 사실은 주식회사 ○○○○폐차산업이

승용차를 실제로 폐차하지 않고 자동차수출업자에게 판매하였기 때문에 자동차수출업자가 말소등록을 신청해야 함에도, 마치 승용차가 실제 폐차되어 자동차해체재활용업자인 피고인이 말소등록을 할 수 있는 것처럼 가장하기 위해 승용차의 '자동차등록증, 등록번호판을 인수·폐기하였음'이라고 기재된 폐차인수증명서를 제출한 것을 비롯하여 그때부터 2015. 12. 30.경까지 6회에 걸쳐 제1심판결 별지 1 범죄일람표 기재와 같이 폐차인수증명서를 부정사용하였다.

원심은 자동차해체재활용업자인 피고인이 폐차 요청을 받은 자동차를 수출할 예정인데도 폐차를 원인으로 말소등록을 신청하면서 자동차말소등록신청서에 폐차인수증명서를 첨부한 것은 법률에서 금지하는 '폐차사실 증명서류'의 부정사용에 해당한다고 판단하여 구 자동차관리법(2015. 12. 29. 법률 제13686호로 개정되기 전의 것, 이하 '2015. 12. 29. 개정 전의 법'이라 한다)과 현행 자동차관리법 제78조 제2호, 제71조 제1항을 적용하여 이 사건 공소사실을 유죄로 인정하였다.

이 사건 쟁점은 자동차해체재활용업자가 폐차 요청을 받은 자동차를 수출할 예정인데도 폐차를 원인으로 말소등록을 신청하면서 자동차말소등록신청서에 폐차인수증명서를 첨부한 것이 자동차관리법이 금지하는 '폐차사실 증명서류'의 부정사용에 해당하는지이다. 이를 판단하려면 그 전제로서 폐차인수증명서가 '폐차사실 증명서류'에 포함되는지가 문제 된다.

2. 자동차관리법 관련 규정과 그 해석

가. 자동차관리법 제71조 제1항은 "누구든지 이 법에 따른 자동차등록증, 폐차사실 증명서류, 등록번호판, 임시운행허가증, 임시운행허가번호판, 자동차자기인증표시, 부품자기인증표시, 내압용기검사 각인 또는 표시, 내압용기재검사 각인 또는 표시, 신규검사증명서, 이륜자동차번호판, 차대표기 및 원동기형식 표기를 위조·변조 또는 부정사용하거나 위조 또는 변조한 것을 매매, 매매 알선, 수수 또는 사용하여서는 아니 된다."라고 정하고 있고, 제78조 제2호는 "제71조 제1항을 위반하여 자동차등록증 등을 위조·변조한 자 또는 부정사용한 자와 위조·변조된 것을 매매, 매매 알선, 수수 또는 사용한 자"에 대하여 10년 이하의 징역 또는 1억 원 이하의 벌금에 처한다(2015. 12. 29. 개정 전의 법에서는 벌금형 상한이 5천만 원으로 되어 있는 것 외에는 이와 같다)고 정하여 '폐차사실 증명서류'의 부정사용 행위를 금지하고 형사처벌 대상으로 삼고 있다. 그러나 자동차관리법에 '폐차사실 증명서류'가 무엇인지를 정의한 규정은 없다.

나. 형벌법규의 해석 법리, 자동차관리법 등 관련 규정의 문언과 체계, 개정 연혁 등에 비추어 보면, 자동차관리법 제71조 제1항에 따라 부정사용이 금지되는 '폐차사실 증명서류'에 자동차해체재활용업자가 자동차 소유자로부터 폐차 요청을 받은 경우에 자동차를 인수하고 발급하는 폐차인수증명서까지 포함된다고 해석하는 것은 죄형법정주의 원칙상 허용되지 않는다. 구체적인 이유는 다음과 같다.

(1) 죄형법정주의는 국가형벌권의 자의적인 행사로부터 개인의 자유와 권리를 보호하기 위하여 범죄와 형벌을 법률로 정할 것을 요구한다. 그러한 취지에 비추어 보면 형벌법규의 해석은 엄격해야 하고, 문언의 가능한 의미를 벗어나 피고인에게 불리한 방향으로 해석하는 것은 죄형법정주의의 내용인 확장해석 금지에 따라 허용되지 않는다(대법원 2016. 03. 10. 선고 2015도17847 판결 등 참조).

(2) '폐차사실 증명서류'는 폐차한 사실을 증명하는 서류라고 해석하는 것이 문언의 통상적인 용

법에 부합한다. 폐차 요청 사실이나 폐차 요청을 받은 자동차를 인수한 사실을 증명하는 서류가 '폐차사실 증명서류'에 포함된다고 해석하는 것은 문언의 가능한 해석 범위를 벗어난다.

(3) 구 자동차관리법(2016. 1. 28. 법률 제13933호로 개정되기 전의 것, 이하 '2016. 1. 28. 개정 전의 법'이라 한다) 제58조 제5항은 자동차해체재활용업자가 자동차 소유자로부터 폐차 요청을 받은 경우에는 그 자동차·자동차등록증·등록번호판 및 봉인을 인수하고 국토교통부령으로 정하는 바에 따라 그 사실을 증명하는 서류를 발급해야 한다고 정하고 있다. 그 위임에 따라 자동차관리법 시행규칙 제143조 제1항은 폐차 요청을 받은 자동차해체재활용업자는 등록한 해당 사업장에서 자동차를 인수하고 폐차 요청을 한 자동차 소유자에게 폐차인수증명서를 발급해야 한다고 정하고 있다. 구 자동차등록규칙(2016. 12. 30. 국토교통부령 제384호로 개정되기 전의 것) 제37조 제1항 제3호는 말소등록 하려는 자는 자동차말소등록신청서에 [별지 제18호 서식]의 폐차인수증명서를 첨부하여 제출해야 한다고 정하는데, 해당 서식에는 "위와 같이 폐차 의뢰된 자동차를 인수하였음을 증명합니다."라는 문구와 함께 자동차해체재활용업자의 직인을 찍는 난이 마련되어 있다.

한편 2016. 1. 28. 개정 전의 법 제80조 제8호는 "제58조 제5항을 위반하여 폐차 요청 사실을 증명하는 서류의 발급을 거부하거나 이를 거짓으로 발급한 자"는 2년 이하의 징역 또는 2천만 원 이하의 벌금에 처한다(2015. 12. 29. 개정 전의 법에서는 벌금형 상한이 500만 원으로 되어 있는 것 외에는 이와 같다)고 정하여, '폐차사실 증명서류'와 명백히 구분지어서 '폐차 요청 사실을 증명하는 서류'라는 표현을 사용하고 있다.

이러한 규정을 체계적으로 해석하면 폐차인수증명서는 자동차해체재활용업자가 자동차 소유자로부터 폐차 요청을 받아 자동차를 인수한 사실을 증명하는 서류를 가리키는 것으로서 폐차사실을 증명하는 서류와는 구별된다고 볼 수 있다.

(4) 입법 연혁도 위와 같은 결론을 뒷받침한다. 원래 구 자동차관리법(1991. 12. 31. 법률 제4489호로 개정되기 전의 것, 이하 '1991. 12. 31. 개정 전의 법'이라 한다) 제58조 제2항은 "자동차폐업자는 제13조 제1항의 규정에 의하여 말소등록을 신청하고자 하는 자가 폐차를 요청한 때에는 당해 자동차를 폐차하고 그 사실을 증명하는 서류를 발급하여야 한다."라고 정하고, 제13조 제2항은 "자동차 소유자가 제1항 제1호 내지 제3호에 해당하는 사유로 말소등록을 신청하는 경우에는 교통부령이 정하는 경우를 제외하고 제1항 본문의 규정에 의한 자동차등록증 및 등록번호표 외에 제58조 제2항의 규정에 의한 폐차사실을 증명하는 서류를 제출하여야 한다."라고 정하며, 같은 법 제71조 제6호는 "제58조 제2항의 규정에 위반하여 폐차증명서의 발급을 거부하거나 허위의 폐차증명서를 발급한 자"는 5년 이하의 징역 또는 500만 원 이하의 벌금에 처한다고 정하고 있었다. 따라서 1991. 12. 31. 개정 전의 법은 '폐차사실을 증명하는 서류'를 자동차를 폐차하고 그 사실을 증명하는 서류, 즉 폐차증명서와 같은 뜻으로 사용하고 있었고, 법 개정 후의 '폐차사실 증명서류'도 같은 의미로 사용되었다고 보아야 한다.

(5) 위에서 보았듯이 폐차인수증명서를 허위 발급한 경우에는 자동차관리법에 별도의 형사처벌 규정을 두고 있고, 위조나 변조는 형법 제231조에 따라 사문서위조·변조죄로 처벌받을 수 있다. 따라서 '폐차사실 증명서류'에 폐차인수증명서가 포함되지 않는다고 해석해도 부정사용을 제외하고는 처벌의 공백은 발생하지 않는다.

3. 이 사건에 대한 구체적 판단

원심은 폐차인수증명서가 자동차관리법 제71조 제1항에 따라 부정사용이 금지되는 '폐차사실 증명서류'에 포함된다는 전제에서 이 사건 공소사실을 모두 유죄로 판단하였다. 원심판결에는 자동차관리법 제71조 제1항에서 정한 '폐차사실 증명서류'에 관한 법리를 오해하여 판결에 영향을 미친 잘못이 있다.

4. 결론

상고이유에 관한 판단을 생략한 채 원심판결을 파기하고 사건을 다시 심리·판단하도록 원심법원에 환송하기로 하여, 대법관의 일치된 의견으로 주문과 같이 판결한다.

---

⑪ 대법원 2022. 07. 28. 선고 2019도7563 판결 [변호사법위반]

【판시사항】

변호사법 제112조 제3호에서 '변호사를 표시 또는 기재'한다고 함의 의미 및 이러한 행위가 있었는지 판단하는 방법

【판결요지】

변호사법은 제112조 본문과 같은 조 제3호 전단에서 '변호사가 아니면서 변호사나 법률사무소를 표시 또는 기재한 자'를 처벌하도록 정하고 있다.

여기서 '변호사를 표시 또는 기재'한다고 함은 '변호사'라는 명칭을 사용하여 '변호사법에 따른 변호사'임을 표시 또는 기재하는 것을 말한다. 이러한 행위를 처벌하는 취지는 법률 소비자를 보호하고 법률 시장의 혼란을 방지하고자 함에 있으므로, '변호사를 표시 또는 기재'하는 행위가 있었는지는 '변호사'라는 명칭이 사용된 경위와 방법, 표시 또는 기재된 내용의 전체적인 맥락, 변호사 자격에 관한 오인 가능성 등을 종합적으로 고려하여 판단하여야 한다.

【참조조문】 변호사법 제112조 제3호
【전 문】 【피 고 인】 피고인 【상 고 인】 검사
【원심판결】 서울동부지법 2019. 5. 16. 선고 2018노1433 판결

【주 문】

상고를 기각한다.

【이　유】

상고이유를 판단한다.

변호사법은 제112조 본문과 같은 조 제3호 전단에서 '변호사가 아니면서 변호사나 법률사무소를 표시 또는 기재한 자'를 처벌하도록 정하고 있다.

여기서 '변호사를 표시 또는 기재'한다고 함은 '변호사'라는 명칭을 사용하여 '변호사법에 따른 변호사'임을 표시 또는 기재하는 것을 말한다. 이러한 행위를 처벌하는 취지는 법률 소비자를 보호하고 법률 시장의 혼란을 방지하고자 함에 있으므로, '변호사를 표시 또는 기재'하는 행위가 있었는지는 '변호사'라는 명칭이 사용된 경위와 방법, 표시 또는 기재된 내용의 전체적인 맥락, 변호사 자격에 관한 오인 가능성 등을 종합적으로 고려하여 판단하여야 한다.

원심은 판시와 같은 이유로 이 사건 공소사실에 대하여 범죄의 증명이 없다고 보아 무죄로 판단하였다. 원심판결 이유를 위 법리에 비추어 살펴보면, 원심의 판단에 논리와 경험의 법칙에 반하여 자유심증주의의 한계를 벗어나거나 변호사법 제112조 제3호에서 정한 '변호사를 표시 또는 기재'한 행위의 의미 등에 관한 법리를 오해하여 판결에 영향을 미친 잘못이 없다.

그러므로 상고를 기각하기로 하여, 관여 대법관의 일치된 의견으로 주문과 같이 판결한다.

ⓒ 대법원 2022. 07. 28. 선고 2020도12419 판결 [아동복지법위반(아동에대한음행강요·매개·성희롱등)]

【판시사항】

[1] 아동복지법상 아동에 대한 성적 학대행위에 해당하는지 판단할 때 아동이 명시적인 반대의사를 표시하지 않았더라도 성적 자기결정권을 행사하여 자신을 보호할 능력이 부족한 상황에 기인한 것인지를 가려보아야 하는지 여부(적극) / 아동복지법상 아동매매죄에서 아동 자신이 동의하였더라도 유죄가 인정되는지 여부(적극) / 아동·청소년이 자신을 대상으로 음란물을 제작하는 데에 동의하였더라도 아동·청소년의 성보호에 관한 법률상 아동·청소년이용 음란물 제작죄를 구성하는지 여부(원칙적 적극)

[2] 아동·청소년이 타인의 기망이나 왜곡된 신뢰관계의 이용에 의하여 외관상 성적 결정 또는 동의로 보이는 언동을 한 경우, 이를 아동·청소년의 온전한 성적 자기결정권의 행사에 의한 것으로 평가할 수 있는지 여부(소극)

【판결요지】

[1] 국가와 사회는 아동·청소년에 대하여 다양한 보호의무를 부담한다. 법원은 아동·청소년이 피해자인 사건에서 아동·청소년이 특별히 보호되어야 할 대상임을 전제로 판단해왔다. 아동복지법상 아동에 대한 성적 학대행위에 해당하는지 판단하는 경우 아동이 명시적인 반대의사를 표시하지 아니하였더라도 성적 자기결정권을 행사하여 자신을 보호할 능력이 부족한 상황에 기인한 것인지 가려 보아야 하고, 아동복지법상 아동매매죄에서 설령 아동 자신이 동의하였더라도 유죄가 인정된다. 아동·청소년이 자신을 대상으로 음란물을 제작하는 데에 동의하였더라도 원칙적으로 아동·청소년의 성보호에 관한 법률상 아동·청소년이용 음란물 제작죄를 구성한다.

[2] 아동·청소년은 사회적·문화적 제약 등으로 아직 온전한 성적 자기결정권을 행사하기 어려울 뿐만 아니라, 인지적·심리적·관계적 자원의 부족으로 타인의 성적 침해 또는 착취행위로부터 자신을 방어하기 어려운 처지에 있다. 또한 아동·청소년은 성적 가치관을 형성하고 성 건강을 완성해 가는 과정에 있으므로 아동·청소년에 대한 성적 침해 또는 착취행위는 아동·청소년이 성과 관련한 정신적·신체적 건강을 추구하고 자율적 인격을 형성·발전시키는 데에 심각하고 지속적인 부정적 영향을 미칠 수 있다. 따라서 아동·청소년이 외관상 성적 결정 또는 동의로 보이는 언동을 하였더라도, 그것이 타인의 기망이나 왜곡된 신뢰관계의 이용에 의한 것이라면, 이를 아동·청소년의 온전한 성적 자기결정권의 행사에 의한 것이라고 평가하기 어렵다.

【참조조문】 [1] 헌법 제10조, 아동복지법 제17조 제1호, 제2호, 아동·청소년의 성보호에 관한 법률 제11조 / [2] 헌법 제10조
【참조판례】 [1] 대법원 2015. 2. 12. 선고 2014도11501, 2014전도197 판결(공2015상, 505), 대법원 2015. 7. 9. 선고 2013도7787 판결(공2015하, 1173), 대법원 2015. 8. 27. 선고 2015도6480 판결(공2015하, 1454)
[2] 대법원 2020. 8. 27. 선고 2015도9436 전원합의체 판결(공2020하, 1872), 대법원 2020. 10. 29. 선고 2018도16466 판결
【전 문】 【피 고 인】 피고인 【상 고 인】 군검사
【변 호 인】 법무법인 저스티스 담당변호사 황윤상
【원심판결】 고등군사법원 2020. 8. 27. 선고 2020노18 판결

【주 문】

원심판결을 파기하고, 사건을 서울고등법원에 이송한다.

【이 유】

상고이유를 판단한다.

1. 공소사실과 원심판단

가. 이 사건 공소사실은, 피고인이 2018. 3. 14.경 피해아동(여, 14세)과 휴대전화로 영상통화를 하던 중 피해아동에게 '네 가슴을 보고 싶다.'고 말하여 피해아동으로 하여금 영상통화 화면에 가슴

을 보이도록 하고 이를 보면서 피고인이 자위행위를 하는 장면을 보여준 것을 비롯하여 그 무렵부터 2018. 4.경까지 사이에 총 5회에 걸쳐 같은 방법으로 피해아동에게 성적 학대행위를 하였다는 것이다.

나. 원심은, 성적 학대행위 해당 여부 판단에 관한 법리를 원용한 다음 피해아동이 성적 자기결정권 행사에 미숙한 것으로 보이지 않는 점 등을 들어 피고인의 행위가 피해아동의 건강·복지를 해치거나 정상적인 발달을 저해할 수 있는 성적 폭력 또는 가혹행위로서 '성적 학대행위'라고 단정하기 어렵다고 판단한 제1심을 수긍하면서, 특히 피해아동이 이 사건 이전 피고인과 합의하에 성관계를 하였던 점, 이 사건 영상통화가 피해아동의 의사에 반한다고 볼 사정이 없는 점 등을 지적하였다.

2. 대법원의 판단

가. 성적 학대행위에 해당하는지 여부는 행위자 및 피해아동의 의사·성별·연령, 피해아동이 성적 자기결정권을 제대로 행사할 수 있을 정도의 성적 가치관과 판단능력을 갖추었는지 여부, 행위자와 피해아동의 관계, 행위에 이르게 된 경위, 구체적인 행위 태양, 그 행위가 피해아동의 인격 발달과 정신 건강에 미칠 수 있는 영향 등의 구체적인 사정을 종합적으로 고려하여 그 시대의 건전한 사회통념에 따라 객관적으로 판단하여야 함은(대법원 2015. 07. 09. 선고 2013도7787 판결 등 참조) 원심이 지적한 바와 같다.

그러나 원심이 피해아동의 피고인과의 성관계 및 이 사건과 성관계 당시 피해아동의 언행 등을 이유로 피해아동이 성적 자기결정권을 행사하였음을 들어 판단한 부분은 그대로 수긍하기 어렵다.

나. 국가와 사회는 아동·청소년에 대하여 다양한 보호의무를 부담한다. 법원은 아동·청소년이 피해자인 사건에서 아동·청소년이 특별히 보호되어야 할 대상임을 전제로 판단해왔다. 아동복지법상 아동에 대한 성적 학대행위에 해당하는지 판단함에 있어 아동이 명시적인 반대의사를 표시하지 아니하였더라도 성적 자기결정권을 행사하여 자신을 보호할 능력이 부족한 상황에 기인한 것인지 가려보아야 하고(위 대법원 2013도7787 판결 참조), 아동복지법상 아동매매죄에 있어서 설령 아동 자신이 동의하였더라도 유죄가 인정된다(대법원 2015. 08. 27. 선고 2015도6480 판결 참조). 아동·청소년이 자신을 대상으로 음란물을 제작하는 데에 동의하였더라도 원칙적으로 「아동·청소년의 성보호에 관한 법률」상 아동·청소년이용 음란물 제작죄를 구성한다(대법원 2015. 02. 12. 선고 2014도11501, 2014전도197 판결 참조).

아동·청소년은 사회적·문화적 제약 등으로 아직 온전한 성적 자기결정권을 행사하기 어려울 뿐만 아니라, 인지적·심리적·관계적 자원의 부족으로 타인의 성적 침해 또는 착취행위로부터 자신을 방어하기 어려운 처지에 있다. 또한 아동·청소년은 성적 가치관을 형성하고 성 건강을 완성해가는 과정에 있으므로 아동·청소년에 대한 성적 침해 또는 착취행위는 아동·청소년이 성과 관련한 정신적·신체적 건강을 추구하고 자율적 인격을 형성·발전시키는 데에 심각하고 지속적인 부정적 영향을 미칠 수 있다. 따라서 아동·청소년이 외관상 성적 결정 또는 동의로 보이는 언동을 하였다 하더라도, 그것이 타인의 기망이나 왜곡된 신뢰관계의 이용에 의한 것이라면, 이를 아동·청소년의 온전한 성적 자기결정권의 행사에 의한 것이라고 평가하기 어렵다(대법원 2020. 08. 27. 선고 2015도9436 전원합의체 판결 참조).

다. 원심으로서는 위와 같은 법리를 기초로 피해아동이 성적 자기결정권을 제대로 행사할 수 있을 정도의 성적 가치관과 판단능력을 갖추었는지 여부 등을 신중하게 판단하였어야 하는데도, 그 판시와 같은 사정만을 들어 성적 자기결정권을 행사하였음을 전제로 성적 학대행위에 해당하지 않는다고 판단하였으니 원심의 판단에는 아동복지법 제17조 제2호가 정한 성적 학대행위에 관한 법리를 오해한 잘못 등이 있다. 이점을 지적하는 취지의 군검사의 상고이유 주장은 이유 있다.

3. 결 론

그러므로 원심판결을 파기하고, 사건을 다시 심리·판단하도록 원심법원과 동등한 관할 법원인 서울고등법원에 이송하기로 하여, 관여 대법관의 일치된 의견으로 주문과 같이 판결한다.

ⓒ 대법원 2022. 08. 31. 선고 2020도1007 판결 [통신비밀보호법위반]

【판시사항】

통신비밀보호법 제14조 제1항의 금지를 위반하는 행위는 같은 법 제3조 제1항 위반행위에 해당하여 같은 법 제16조 제1항 제1호의 처벌대상이 되는지 여부(원칙적 적극) / 통신비밀보호법 제3조 제1항이 공개되지 않은 타인 간의 대화를 녹음 또는 청취하지 못하도록 한 취지 / 대화에 원래부터 참여하지 않는 제3자가 일반 공중이 알 수 있도록 공개되지 않은 타인 간의 발언을 녹음하거나 전자장치 또는 기계적 수단을 이용하여 청취하는 것이 통신비밀보호법 제3조 제1항에 위반되는지 여부(원칙적 적극) / 통신비밀보호법상 '공개되지 않았다.'는 것을 판단하는 방법

【판결요지】

통신비밀보호법은 공개되지 않은 타인 간의 대화에 관하여 다음과 같이 정하고 있다. 누구든지 이 법과 형사소송법 또는 군사법원법의 규정에 의하지 않고는 공개되지 않은 타인 간의 대화를 녹음하거나 청취하지 못하고(제3조 제1항), 위와 같이 금지하는 청취행위는 전자장치 또는 기계적 수단을 이용한 경우로 제한된다(제14조 제1항). 그리고 제3조의 규정을 위반하여 공개되지 않은 타인 간의 대화를 녹음 또는 청취한 자(제1호)와 제1호에 의하여 지득한 대화의 내용을 공개하거나 누설한 자(제2호)는 제16조 제1항에 따라 처벌받는다.

위와 같은 통신비밀보호법의 내용과 형식, 통신비밀보호법이 공개되지 않은 타인 간의 대화에 관한 녹음 또는 청취에 대하여 제3조 제1항에서 일반적으로 이를 금지하고 있는데도 제14조 제1항에서 구체화하여 금지되는 행위를 제한하고 있는 입법 취지와 체계 등에 비추어 보면, 통신비밀보호법 제14조 제1항의 금지를 위반하는 행위는 통신비밀보호법과 형사소송법 또는 군사법원법의 규정에 따른 것이라는 등의 특별한 사정이 없는 한, 제3조 제1항 위반행위에 해당하여 제16조 제1항 제1호의 처벌대

상이 된다고 해석해야 한다.

통신비밀보호법 제3조 제1항이 공개되지 않은 타인 간의 대화를 녹음 또는 청취하지 못하도록 한 것은, 대화에 원래부터 참여하지 않는 제3자가 대화를 하는 타인 간의 발언을 녹음하거나 청취해서는 안 된다는 취지이다. 따라서 대화에 원래부터 참여하지 않는 제3자가 일반 공중이 알 수 있도록 공개되지 않은 타인 간의 발언을 녹음하거나 전자장치 또는 기계적 수단을 이용하여 청취하는 것은 특별한 사정이 없는 한 제3조 제1항에 위반된다.

'공개되지 않았다.'는 것은 반드시 비밀과 동일한 의미는 아니고, 구체적으로 공개된 것인지는 발언자의 의사와 기대, 대화의 내용과 목적, 상대방의 수, 장소의 성격과 규모, 출입의 통제 정도, 청중의 자격 제한 등 객관적인 상황을 종합적으로 고려하여 판단해야 한다.

【참조조문】 통신비밀보호법 제3조 제1항, 제14조 제1항, 제16조 제1항
【참조판례】 대법원 2006. 10. 12. 선고 2006도4981 판결(공2006하, 1939), 대법원 2014. 5. 16. 선고 2013도16404 판결, 대법원 2016. 5. 12. 선고 2013도15616 판결(공2016상, 809)
【전 문】 【피 고 인】 피고인   【상 고 인】 피고인
【원심판결】 부산고법 2020. 1. 9. 선고 2019노472 판결

【주 문】

상고를 기각한다.

【이 유】

상고이유를 판단한다.

1. 공소사실 요지와 원심판결

공소사실의 요지는 다음과 같다. 피고인은 2017. 9. 말 부산에 있는 부산○○교회 사무실에서 공소외 1, 공소외 2, 공소외 3이 게임을 진행하면서 한 대화 내용을 휴대전화로 녹음하여 교회 장로 공소외 4에게 카카오톡으로 전송하였다. 이로써 공개되지 않은 타인 간의 대화를 녹음하고, 위와 같은 방법으로 알게 된 대화의 내용을 누설하였다.

원심은 위 대화가 통신비밀보호법상 공개되지 않은 타인 간의 대화에 해당한다는 이유로 이 사건 공소사실을 유죄로 판단하였다.

2. 통신비밀보호법상 공개되지 않은 타인 간의 대화에 관한 법리

통신비밀보호법은 공개되지 않은 타인 간의 대화에 관하여 다음과 같이 정하고 있다. 누구든지 이 법과 형사소송법 또는 군사법원법의 규정에 의하지 않고는 공개되지 않은 타인 간의 대화를 녹음하거나 청취하지 못하고(제3조 제1항), 위와 같이 금지하는 청취행위는 전자장치 또는 기계적 수단을 이용한 경우로 제한된다(제14조 제1항). 그리고 제3조의 규정을 위반하여 공개되지 않은 타인 간의 대화를 녹음 또는 청취한 자(제1호)와 제1호에 의하여 지득한 대화의 내용을 공개하거나

누설한 자(제2호)는 제16조 제1항에 따라 처벌받는다.

위와 같은 통신비밀보호법의 내용과 형식, 통신비밀보호법이 공개되지 않은 타인 간의 대화에 관한 녹음 또는 청취에 대하여 제3조 제1항에서 일반적으로 이를 금지하고 있는데도 제14조 제1항에서 구체화하여 금지되는 행위를 제한하고 있는 입법 취지와 체계 등에 비추어 보면, 통신비밀보호법 제14조 제1항의 금지를 위반하는 행위는 통신비밀보호법과 형사소송법 또는 군사법원법의 규정에 따른 것이라는 등의 특별한 사정이 없는 한, 제3조 제1항 위반행위에 해당하여 제16조 제1항 제1호의 처벌대상이 된다고 해석해야 한다.

통신비밀보호법 제3조 제1항이 공개되지 않은 타인 간의 대화를 녹음 또는 청취하지 못하도록 한 것은, 대화에 원래부터 참여하지 않는 제3자가 대화를 하는 타인 간의 발언을 녹음하거나 청취해서는 안 된다는 취지이다(대법원 2006. 10. 12. 선고 2006도4981 판결, 대법원 2014. 05. 16. 선고 2013도16404 판결 등 참조). 따라서 대화에 원래부터 참여하지 않는 제3자가 일반 공중이 알 수 있도록 공개되지 않은 타인 간의 발언을 녹음하거나 전자장치 또는 기계적 수단을 이용하여 청취하는 것은 특별한 사정이 없는 한 제3조 제1항에 위반된다(대법원 2016. 05. 12. 선고 2013도15616 판결).

'공개되지 않았다.'는 것은 반드시 비밀과 동일한 의미는 아니고, 구체적으로 공개된 것인지는 발언자의 의사와 기대, 대화의 내용과 목적, 상대방의 수, 장소의 성격과 규모, 출입의 통제 정도, 청중의 자격 제한 등 객관적인 상황을 종합적으로 고려하여 판단해야 한다.

3. 이 사건에 관한 판단

원심판결 이유를 이러한 법리와 적법하게 채택된 증거에 비추어 살펴보면, 이 사건 공소사실을 유죄로 인정한 원심판결에 논리와 경험의 법칙에 반하여 자유심증주의의 한계를 벗어나거나 통신비밀보호법에서 말하는 '공개되지 않은 타인 간의 대화'와 형법 제20조 정당행위에 관한 법리를 오해한 잘못이 없다.

4. 결론

피고인의 상고는 이유 없어 이를 기각하기로 하여, 대법관의 일치된 의견으로 주문과 같이 판결한다.

ⓒ 대법원 2022. 09. 16. 선고 2019도19067 판결 [독점규제및공정거래에관한법률위반·특정경제범죄가중처벌등에관한법률위반(횡령)[피고인1에대하여일부인정된죄명:특정경제범죄가중처벌등에관한법률위반(배임)·업무상횡령·일부예비적죄명:특정경제범죄가중처벌등에관한법률위반(배임)·피고인2에대하여인정된죄명:특정경제범죄가중처벌등에관한법률위반(배임)]·특정경제범죄가중처벌등에관한법률위반(배임)(일부인정된죄명:업무상배임)·업무방해]

【판시사항】

[1] 2013. 8. 13. 개정 전의 구 독점규제 및 공정거래에 관한 법률상 부당한 자산·상품 등 지원행위에서 '현저히 낮거나 높은 대가로 제공 또는 거래하거나 현저한 규모로 제공 또는 거래하여 과다한 경제상 이익을 제공'한 것인지, 2013. 8. 13. 개정된 독점규제 및 공정거래에 관한 법률상 부당한 자산·상품 등 지원행위에서 '상당히 낮거나 높은 대가로 제공 또는 거래하거나 상당한 규모로 제공 또는 거래하여 과다한 경제상 이익을 제공'한 것인지, 부당한 거래단계 추가 등 행위에서 '다른 사업자와 직접 상품·용역을 거래하면 상당히 유리함에도 특수관계인이나 다른 회사를 거래단계에 추가하거나 거쳐서 거래하여 과다한 경제상 이익을 제공'한 것인지를 판단하는 방법 / 여기서 급부와 반대급부가 현저히 또는 상당히 유리한지를 판단하는 기준이 되는 '정상가격'의 의미
[2] 법 개정 전후에 걸친 포괄일죄에 대한 법령 적용
[3] 2013. 8. 13. 개정된 독점규제 및 공정거래에 관한 법률 제23조 제1항 제5호, 2014. 2. 11. 개정된 독점규제 및 공정거래에 관한 시행령 제36조 제1항 [별표 1의2] 제8호 (라)목이 정한 '기타의 사업활동방해'에 해당하기 위한 요건 및 이때 '부당성'의 유무를 판단하는 방법

【판결요지】

[1] 구 독점규제 및 공정거래에 관한 법률(2013. 8. 13. 법률 제12095호로 개정되기 전의 것, 이하 '구 공정거래법'이라 한다) 제23조 제1항은 "사업자는 다음 각호의 어느 하나에 해당하는 행위로서 공정한 거래를 저해할 우려가 있는 행위(이하 '불공정거래행위'라 한다)를 하거나, 계열회사 또는 다른 사업자로 하여금 이를 행하도록 하여서는 아니 된다."라고 규정하면서, 불공정거래행위의 한 유형으로 제7호에서 부당지원행위, 즉 '부당하게 특수관계인 또는 다른 회사에 대하여 가지급금·대여금·인력·부동산·유가증권·상품·용역·무체재산권 등을 제공하거나 현저히 유리한 조건으로 거래하여 특수관계인 또는 다른 회사를 지원하는 행위'를 규정하고 있다. 구 공정거래법상 부당지원행위의 유형 중 '부당한 자산·상품 등 지원행위'는 사업자가 부당하게 특수관계인 또는 다른 회사에 대하여 부동산·유가증권·상품·용역·무체재산권 등 자산을 현저히 낮거나 높은 대가로 제공 또는 거래하거나 현저한 규모로 제공 또는 거래하여 과다한 경제상 이익을 제공함으로써 특수관계인 또는 다른 회사를 지원하는 행위로서 공정한 거래를 저해할 우려가 있는 행위를 말한다[구 공정거래법 제23조 제1항 제7호, 제2항, 구 「독점규제 및 공정거래에 관한 법률 시행령」(2014. 2. 11. 대통령령 제25173호로 개정되기 전의 것) 제36조 제1항 [별표 1의2] 제10호 (나)목]. 구 독점규제 및 공정거래에 관한 법률(2013. 8. 13. 법률 제12095호로 개정되고, 2017. 4. 18. 법률 제14813호로 개정되기 전의 것, 이하 '개정 공정거래법'이라 한다)은 부당지원행위의 성립요건을 종

전의 '현저히 유리한 조건'에서 '상당히 유리한 조건'으로 변경하여 완화하는 한편[제23조 제1항 제7호 (가)목], 부당지원행위의 한 유형으로서 실질적인 역할이 없는 특수관계인이나 다른 회사를 매개로 거래하는 '부당한 거래단계 추가 등 행위'를 신설하였다[같은 호 (나)목]. '부당한 거래단계 추가 등 행위'라 함은 사업자가 다른 사업자와 직접 상품·용역을 거래하면 상당히 유리함에도 불구하고 부당하게 거래상 역할이 없거나 미미한 특수관계인이나 다른 회사를 거래단계에 추가하거나 거쳐서 거래하는 행위, 특수관계인이나 다른 회사를 거래단계에 추가하거나 거쳐서 거래하면서 그 특수관계인이나 다른 회사에 거래상 역할에 비하여 과도한 대가를 지급하는 행위를 통하여 과다한 경제상 이익을 제공함으로써 특수관계인 또는 다른 회사를 지원하는 행위로서 공정한 거래를 저해할 우려가 있는 행위를 말한다[개정 공정거래법 제23조 제1항 제7호 (나)목, 제3항, 구 독점규제 및 공정거래에 관한 법률 시행령(2014. 2. 11. 대통령령 제25173호로 개정되고, 2017. 7. 17. 대통령령 제28197호로 개정되기 전의 것) 제36조 제1항 [별표 1의2] 제10호 (라)목]. 신설된 '부당한 거래단계 추가 등 행위'는 구 공정거래법상 부당지원행위 개념에 포함되던 것을 입법자가 특별히 강조하여 구체화하기 위하여 개정 공정거래법에 별도의 행위유형으로 규정한 것이다. 위 개정 조문은 공포 후 6개월이 경과한 2014. 2. 14.부터 시행하되, 위 법 시행 전에 종료된 거래에 대해서는 종전의 규정을 적용하고, 위 법 시행 당시 계속 중인 거래에 대해서는 위 법 시행일부터 1년간은 종전의 규정을 적용한다[부칙(2013. 8. 13.) 제1조, 제2조 제1항, 제2항].

구 공정거래법상의 부당한 자산·상품 등 지원행위에서 '현저히 낮거나 높은 대가로 제공 또는 거래하거나 현저한 규모로 제공 또는 거래하여 과다한 경제상 이익을 제공'한 것인지, 개정 공정거래법상의 부당한 자산·상품 등 지원행위에서 '상당히 낮거나 높은 대가로 제공 또는 거래하거나 상당한 규모로 제공 또는 거래하여 과다한 경제상 이익을 제공'한 것인지, 부당한 거래단계 추가 등 행위에서 '다른 사업자와 직접 상품·용역을 거래하면 상당히 유리함에도 특수관계인이나 다른 회사를 거래단계에 추가하거나 거쳐서 거래하여 과다한 경제상 이익을 제공'한 것인지는 급부와 반대급부의 차이, 지원성 거래규모, 지원행위로 인한 경제상 이익, 지원기간, 지원횟수, 지원시기, 지원행위 당시 지원객체가 처한 경제적 상황 등을 종합적으로 고려하여 구체적·개별적으로 판단하여야 한다. 그리고 여기서 급부와 반대급부가 현저히 또는 상당히 유리한지를 판단하는 기준이 되는 '정상가격'은, 지원주체와 지원객체 간에 이루어진 경제적 급부와 동일한 경제적 급부가 시기, 종류, 규모, 기간, 신용상태 등이 유사한 상황에서 특수관계가 없는 독립된 자 간에 이루어졌을 경우 형성되었을 거래가격 등을 말한다.

[2] 포괄일죄로 되는 개개의 범죄행위가 법 개정의 전후에 걸쳐서 행하여진 경우 신·구법의 법정형에 대한 경중을 비교하여 볼 필요도 없이 범죄실행 종료 시의 법이라고 할 수 있는 신법을 적용하여 포괄일죄로 처단하여야 한다.

[3] 구 독점규제 및 공정거래에 관한 법률(2013. 8. 13. 법률 제12095호로 개정되고, 2017. 4. 18. 법률 제14813호로 개정되기 전의 것) 제23조 제1항 제5호, 구 독점규제 및 공정거래에 관한 법률 시행령(2014. 2. 11. 대통령령 제25173호로 개정되고, 2017. 7. 17. 대통령령 제28197호로 개정되기 전의 것) 제36조 제1항 [별표 1의2] 제8호 (라)목이 정한 '기타의 사업활동방해'에 해당하려면 사업자의 행위가 부당한 방법으로 다른 사업자의 사업활동을 심히 곤란하게 할 정도로 방해하는 경우이어야 한다.

이때 '부당성'의 유무는, 해당 사업자의 시장에서의 지위, 사용된 방해 수단, 그 수단을 사용한 의도와 목적, 사용된 수단과 관련한 법령의 규정 내용, 문제된 시장의 특성, 통상적인 거래 관행, 방해 행위의 결과 등을 종합적으로 고려하여 그 행위가 공정하고 자유로운 거래를 저해할 우려가 있는지 여부에 따라 판단하여야 한다.

【참조조문】 [1] 구 독점규제 및 공정거래에 관한 법률(2013. 8. 13. 법률 제12095호로 개정되기 전의 것) 제23조 제1항 제7호(현행 제45조 제1항 제9호 참조), 제2항(현행 제45조 제3항 참조), 구 독점규제 및 공정거래에 관한 법률(2017. 4. 18. 법률 제14813호로 개정되기 전의 것) 제23조 제1항 제7호(현행 제45조 제1항 제9호 참조), 제3항(현행 제45조 제3항 참조), 부칙(2013. 8. 13.) 제1조, 제2조, 구 독점규제 및 공정거래에 관한 법률 시행령(2014. 2. 11. 대통령령 제25173호로 개정되기 전의 것) 제36조 제1항 [별표 1의2] 제10호 (나)목[현행 제52조 [별표 2] 제9호 (나)목 참조], 구 독점규제 및 공정거래에 관한 법률 시행령(2017. 7. 17. 대통령령 제28197호로 개정되기 전의 것) 제36조 제1항 [별표 1의2] 제10호 (라)목[현행 제52조 [별표 2] 제9호 (라)목 참조] / [2] 형법 제1조 / [3] 구 독점규제 및 공정거래에 관한 법률(2017. 4. 18. 법률 제14813호로 개정되기 전의 것) 제23조 제1항 제5호(현행 제45조 제1항 제7호, 제8호 참조), 구 독점규제 및 공정거래에 관한 법률 시행령(2017. 7. 17. 대통령령 제28197호로 개정되기 전의 것) 제36조 제1항 [별표 1의2] 제8호 (라)목[현행 제52조 [별표 2] 제8호 (라)목 참조]
【참조판례】 [1] 대법원 2022. 5. 26. 선고 2020두36267 판결(공2022하, 1290) [2] 대법원 1998. 2. 24. 선고 97도183 판결(공1998상, 937), 대법원 2009. 4. 9. 선고 2009도321 판결 [3] 대법원 2018. 7. 11. 선고 2014두40227 판결(공2018하, 1609)
【전 문】【피 고 인】 피고인 1 외 4인 【상 고 인】 피고인 1, 피고인 2 및 검사
【변 호 인】 법무법인(유한) 바른 외 4인
【원심판결】 서울고법 2019. 12. 11. 선고 2018노365 판결

【주 문】

원심판결 중 피고인 1에 대한 유죄 부분 및 무죄 부분 중 각 독점규제 및 공정거래에 관한 법률 위반, 각 업무방해 부분, 피고인 주식회사 A에 대한 부분을 각 파기하고, 이 부분 사건을 서울고등법원에 환송한다. 피고인 2의 상고 및 검사의 나머지 상고를 각 기각한다. 원심판결 제119쪽 제17행의 "별지 범죄일람표 1"을 "별지 범죄일람표 1-(2)"로, 같은 쪽 제18행 "4,803,217,213원"을 "4,711,517,497원"으로, 같은 쪽 제20행 "5,710,772,163원"을 "5,619,072,447원"으로 각 경정한다.

【이 유】

상고이유(제출기간이 지난 다음 제출된 피고인 1의 각 상고이유보충서의 기재는 이를 보충하는 범위 내에서)를 판단한다.

1. 검사의 상고이유 중 피고인 1, 피고인 주식회사 A(그 상호가 '주식회사 B'이었다가 2021. 6. 23. 현재의 상호로 변경되었다. 이하 상호변경 전후를 불문하고 'B'라 한다)에 대한 각 부당지원행위로 인한 독점규제 및 공정거래에 관한 법률 위반 부분에 관하여

가. 공소사실 요지

사업자는 특수관계인 또는 다른 회사에 대하여 부동산·유가증권·무체재산권 등 자산 또는 상품·용역을 상당히 낮거나 높은 대가로 제공 또는 거래하거나 상당한 규모로 제공 또는 거래하는

행위, 다른 사업자와 직접 상품·용역을 거래하면 상당히 유리함에도 불구하고 거래상 역할이 없거나 미미한 특수관계인이나 다른 회사를 거래단계에 추가하거나 거쳐서 거래하는 행위를 통하여 과다한 경제상 이익을 제공함으로써 특수관계인 또는 다른 회사를 부당하게 지원하는 행위를 하여서는 아니 된다.

1) 피고인 1

피고인은 2005. 11. 무렵부터 2016. 4. 무렵까지 자신이 운영하는 B이 피자치즈, 체다치즈 등을 공급받음에 있어 C 주식회사(이하 'C'라 한다) 등으로부터 직접 공급받을 수 있음에도 불구하고, 거래상 아무런 역할을 하지 않는 주식회사 D(이하 'D'라 한다)를 거래단계에 추가하여 공급받음으로써 D와 피고인 2로 하여금 공소사실 기재와 같은 유통이윤을 취득하게 하여 부당하게 지원하였다.

피고인은 2014. 1. 무렵부터 2016. 10. 무렵까지 자신이 운영하는 B이 피자치즈 등을 공급받음에 있어 C 등으로부터 직접 공급받을 수 있음에도 불구하고, 거래상 아무런 역할을 하지 않는 주식회사 E(이하 'E'라 한다)을 거래단계에 추가하여 공급받음으로써 E과 피고인 2로 하여금 공소사실 기재와 같은 유통이윤을 취득하게 하여 부당하게 지원하였다(이하 D 및 E에 대한 위 각 지원행위를 통틀어 '이 사건 지원행위'라 한다).

2) 피고인 B

피고인은 위 일시, 장소에서 피고인의 대표자인 피고인 1이 피고인의 업무에 관하여 위와 같이 위반행위를 하였다.

나. 관련 규정 및 법리

구 「독점규제 및 공정거래에 관한 법률」(2013. 8. 13. 법률 제12095호로 개정되기 전의 것, 이하 '구 공정거래법'이라 한다) 제23조 제1항은 "사업자는 다음 각호의 어느 하나에 해당하는 행위로서 공정한 거래를 저해할 우려가 있는 행위(이하 '불공정거래행위'라 한다)를 하거나, 계열회사 또는 다른 사업자로 하여금 이를 행하도록 하여서는 아니 된다."라고 규정하면서, 불공정거래행위의 한 유형으로 제7호에서 부당지원행위, 즉 '부당하게 특수관계인 또는 다른 회사에 대하여 가지급금·대여금·인력·부동산·유가증권·상품·용역·무체재산권 등을 제공하거나 현저히 유리한 조건으로 거래하여 특수관계인 또는 다른 회사를 지원하는 행위'를 규정하고 있다. 구 공정거래법상 부당지원행위의 유형 중 '부당한 자산·상품 등 지원행위'는 사업자가 부당하게 특수관계인 또는 다른 회사에 대하여 부동산·유가증권·상품·용역·무체재산권 등 자산을 현저히 낮거나 높은 대가로 제공 또는 거래하거나 현저한 규모로 제공 또는 거래하여 과다한 경제상 이익을 제공함으로써 특수관계인 또는 다른 회사를 지원하는 행위로서 공정한 거래를 저해할 우려가 있는 행위를 말한다[구 공정거래법 제23조 제1항 제7호, 제2항, 구 「독점규제 및 공정거래에 관한 법률 시행령」(2014. 2. 11. 대통령령 제25173호로 개정되기 전의 것) 제36조 제1항 [별표 1의2] 제10호 (나)목].

구 「독점규제 및 공정거래에 관한 법률」(2013. 8. 13. 법률 제12095호로 개정되고, 2017. 4. 18. 법률 제14813호로 개정되기 전의 것, 이하 '개정 공정거래법'이라 한다)은 부당지원행위의 성립요건을 종전의 '현저히 유리한 조건'에서 '상당히 유리한 조건'으로 변경하여 완화하는 한편

[제23조 제1항 제7호 (가)목], 부당지원행위의 한 유형으로서 실질적인 역할이 없는 특수관계인이나 다른 회사를 매개로 거래하는 '부당한 거래단계 추가 등 행위'를 신설하였다[같은 호 (나)목]. '부당한 거래단계 추가 등 행위'라 함은 사업자가 다른 사업자와 직접 상품·용역을 거래하면 상당히 유리함에도 불구하고 부당하게 거래상 역할이 없거나 미미한 특수관계인이나 다른 회사를 거래단계에 추가하거나 거쳐서 거래하는 행위, 특수관계인이나 다른 회사를 거래단계에 추가하거나 거쳐서 거래하면서 그 특수관계인이나 다른 회사에 거래상 역할에 비하여 과도한 대가를 지급하는 행위를 통하여 과다한 경제상 이익을 제공함으로써 특수관계인 또는 다른 회사를 지원하는 행위로서 공정한 거래를 저해할 우려가 있는 행위를 말한다[개정 공정거래법 제23조 제1항 제7호 (나)목, 제3항, 구「독점규제 및 공정거래에 관한 법률 시행령」(2014. 2. 11. 대통령령 제25173호로 개정되고, 2017. 7. 17. 대통령령 제28197호로 개정되기 전의 것, 이하 '개정 공정거래법 시행령'이라 한다) 제36조 제1항 [별표 1의2] 제10호 (라)목]. 신설된 '부당한 거래단계 추가 등 행위'는 구 공정거래법상 부당지원행위 개념에 포함되던 것을 입법자가 특별히 강조하여 구체화하기 위하여 개정 공정거래법에 별도의 행위유형으로 규정한 것이다. 위 개정 조문은 공포 후 6개월이 경과한 2014. 2. 14.부터 시행하되, 위 법 시행 전에 종료된 거래에 대해서는 종전의 규정을 적용하고, 위 법 시행 당시 계속 중인 거래에 대해서는 위 법 시행일부터 1년간은 종전의 규정을 적용한다[부칙(2013. 8. 13.) 제1조, 제2조 제1항, 제2항].

구 공정거래법상의 부당한 자산·상품 등 지원행위에서 '현저히 낮거나 높은 대가로 제공 또는 거래하거나 현저한 규모로 제공 또는 거래하여 과다한 경제상 이익을 제공'한 것인지, 개정 공정거래법상의 부당한 자산·상품 등 지원행위에서 '상당히 낮거나 높은 대가로 제공 또는 거래하거나 상당한 규모로 제공 또는 거래하여 과다한 경제상 이익을 제공'한 것인지, 부당한 거래단계 추가 등 행위에서 '다른 사업자와 직접 상품·용역을 거래하면 상당히 유리함에도 특수관계인이나 다른 회사를 거래단계에 추가하거나 거쳐서 거래하여 과다한 경제상 이익을 제공'한 것인지는 급부와 반대급부의 차이, 지원성 거래규모, 지원행위로 인한 경제상 이익, 지원기간, 지원횟수, 지원시기, 지원행위 당시 지원객체가 처한 경제적 상황 등을 종합적으로 고려하여 구체적·개별적으로 판단하여야 한다. 그리고 여기서 급부와 반대급부가 현저히 또는 상당히 유리한지를 판단하는 기준이 되는 '정상가격'은, 지원주체와 지원객체 간에 이루어진 경제적 급부와 동일한 경제적 급부가 시기, 종류, 규모, 기간, 신용상태 등이 유사한 상황에서 특수관계가 없는 독립된 자 간에 이루어졌을 경우 형성되었을 거래가격 등을 말한다(대법원 2022. 05. 26. 선고 2020두36267 판결 참조).

포괄일죄로 되는 개개의 범죄행위가 법 개정의 전후에 걸쳐서 행하여진 경우 신·구법의 법정형에 대한 경중을 비교하여 볼 필요도 없이 범죄실행 종료 시의 법이라고 할 수 있는 신법을 적용하여 포괄일죄로 처단하여야 한다(대법원 1998. 02. 24. 선고 97도183 판결, 대법원 2009. 04. 09. 선고 2009도321 판결 등 참조).

다. 판 단

1) 원심판결 이유와 적법하게 채택된 증거에 따라 알 수 있는 다음과 같은 사정을 앞서 본 법리에 비추어 살펴보면, 피고인 1의 이 사건 지원행위는 '현저한 규모로 거래하여 과다한 경제상 이익을 제공함으로써 특수관계인 또는 다른 회사를 지원하는 행위'로서 구 공정거래법 제23조

제1항 제7호에서 금지하는 부당지원행위의 행위 요건을 충족한다고 봄이 타당하다.
① 피고인 B은 이 사건 지원행위 전후로 치즈 제조업체인 C이나 주식회사 F과 피자치즈, 체다치즈를 직접 거래하였고, 피고인 B과 유사한 사업을 영위하는 다른 사업자들도 대체로 C 등과 치즈를 직접 거래하여 왔는데, C 등이 피고인 B과 직접 거래하는지 D, E을 거쳐서 거래하는지에 관계없이 C 등의 치즈 판매가격은 동일한 것으로 보인다. 그렇다면 피고인 B이 D, E을 배제한 채 C 등과 직거래를 했을 경우 형성되었을 가격을 이 사건 지원행위와 관련한 정상가격으로 추단할 수 있는바, 피고인 B은 D, E에 치즈 납품대금으로 위와 같이 C 등과 직거래를 했을 경우 형성되었을 가격보다 높은 가격을 지급하였다.
② 피고인 B은 C 등으로부터 직접 치즈를 공급받을 수 있었음에도 불구하고 거래상 실질적인 역할이 없는 D, E을 거쳐서 공급받았다. 이 사건 지원행위로 인하여 D는 합계 약 47억 원, E은 합계 약 9억 원에 이르는 유통이익을 얻었다. 또한 피고인 B은 D에 이 사건 지원행위로 인한 치즈 납품대금으로 2005. 11. 무렵부터 2016. 4. 무렵까지 약 10년 5개월 동안 합계 약 1,021억 원을 지급하였는데, 이는 같은 기간 동안 D 매출액의 대부분을 차지한 것으로 보인다. 피고인 B은 E에 이 사건 지원행위로 인한 치즈 납품대금으로 2014. 1. 무렵부터 2016. 10. 무렵까지 약 2년 9개월 동안 합계 약 177억 원을 지급하였는데, 이 사건 지원행위가 이루어기 이전인 2013년도와 비교하여 볼 때 2014년도 및 2015년도의 매출액은 약 1.6~1.8배, 영업이익은 약 1.6배, 당기순이익은 약 7.7~9배 증가하였다.
③ 설령 지원객체인 D 및 E이 속한 시장에서 이 사건 지원행위가 차지하는 비중이 크지 않다고 하더라도, 그것만으로 곧바로 이 사건 지원행위가 '현저한 규모의 거래'에 해당하지 않는다고 단정할 것은 아니다. 왜냐하면, 부당지원행위를 금지하는 규정의 입법 취지는, 경제력 집중을 방지함과 아울러 효율성이 낮은 부실기업이나 한계기업을 존속케 함으로써 당해 시장에서 경쟁자를 부당하게 배제하거나 잠재적 경쟁자의 신규 시장진입을 억제하는 등으로 공정한 거래질서를 저해하는 것을 막고자 하는 데에 있다. 따라서 앞서 본 사정에 비추어 이 사건 지원행위의 거래물량만으로도 지원객체인 D 및 E의 사업개시 또는 사업유지를 위한 최소한의 물량을 초과할 정도의 거래규모가 확보되어 지원객체의 사업위험이 제거되었다고 볼 수 있는 이상, 이 사건 지원행위는 '현저한 규모의 거래'에 해당한다.

2) 앞서 본 바와 같이 개정 공정거래법 제23조 제1항 제7호 (가)목은 부당지원행위의 성립요건을 종전의 '현저히 유리한 조건'에서 '상당히 유리한 조건'으로 변경하여 완화한 것이고, 같은 호 (나)목의 '부당한 거래단계 추가 등 행위'는 구 공정거래법하에서도 부당지원행위에 해당하던 것을 입법자가 특별히 강조하여 구체화하기 위하여 개정 공정거래법에 별도의 행위유형으로 규정한 것이다. 따라서 만약 피고인 1의 이 사건 지원행위가 앞서 본 바와 같이 '현저한 규모로 거래하여 과다한 경제상 이익을 제공함으로써 특수관계인 또는 다른 회사를 지원하는 행위'로서 부당지원행위의 행위 요건에 해당할 뿐만 아니라 부당성(공정거래저해성) 요건도 충족되어 구 공정거래법 제23조 제1항 제7호의 부당지원행위에 해당한다면, 이는 '상당한 규모로 거래하여 과다한 경제상 이익을 제공함으로써 특수관계인 또는 다른 회사를 지원하는 행위'로서 개정 공정거래법 제23조 제1항 제7호 (가)목의 부당지원행위에 해당하고, '부당한 거래단계 추가 등 행위'로서 개정 공정거래법 제23조 제1항 제7호 (나)목의 부당지원행위에도 해당한다.

3) 이처럼 피고인 1의 이 사건 지원행위가 구 공정거래법 제23조 제1항 제7호 및 개정 공정거래

법 제23조 제1항 제7호에 따라 법 개정 전후의 전체 기간에 걸쳐 처벌대상이 되는 것으로서 포괄일죄에 해당한다면, 이는 2016. 4. 또는 10월 행위종료 시의 법인 개정 공정거래법 제23조 제1항 제7호로 처벌하여야 하고, 개정 공정거래법 부칙(2013. 8. 13.) 제2조 제2항의 "이 법 시행 당시 계속 중인 거래에 대해서는 이 법 시행일부터 1년간은 종전의 규정을 적용한다."라고 규정하고 있다고 하여 이와 달리 볼 것은 아니다.

4) 그런데도 이와 다른 전제에서 이 부분 공소사실을 모두 무죄로 판단한 원심판결에는 부당지원행위의 '현저한 규모의 거래'에 관한 법리를 오해하는 등으로 판결 결과에 영향을 미친 잘못이 있다. 이 점을 지적하는 검사의 상고이유는 이유 있다.

2. 검사의 상고이유 중 피고인 1, 피고인 B에 대한 각 사업활동방해로 인한 독점규제 및 공정거래에 관한 법률 위반 부분에 관하여

가. 공소사실 요지

1) 피고인 1

피고인은 피고인 3, 피고인 4와 함께, 2016. 7. 말 무렵 B의 우월적 지위를 이용하여 주식회사 G(이하 'G'라 한다), 주식회사 H(이하 'H'라 한다)로 하여금 (상호명 1 생략)에 소스, 치즈 공급을 하였고, 2016. 9. 22. (상호명 1 생략)의 대표인 공소외 1을 상대로 허위사실로 형사고소를 하였으며, 2017. 1.~2월 무렵 공소외 1이 운영하는 (상호명 1 생략) ○○○점 및 공소외 2가 운영하는 (상호명 1 생략) △△점 인근에 (상호명 2 생략) 직영점을 보복출점하였다(이하 통틀어 '이 사건 각 행위'라 한다). 이로써 피고인은 부당한 방법으로 (상호명 1 생략)의 사업활동을 심히 곤란하게 할 정도로 방해하였다.

2) 피고인 B

피고인은 위 일시, 장소에서 피고인의 대표자인 피고인 1이 피고인의 업무에 관하여 위와 같이 위반행위를 하였다.

나. 관련 규정 및 법리

개정 공정거래법 제23조 제1항 제5호, 개정 공정거래법 시행령 제36조 제1항 [별표 1의2] 제8호 (라)목이 정한 '기타의 사업활동방해'에 해당하려면 사업자의 행위가 부당한 방법으로 다른 사업자의 사업활동을 심히 곤란하게 할 정도로 방해하는 경우이어야 한다.

이때 '부당성'의 유무는, 해당 사업자의 시장에서의 지위, 사용된 방해 수단, 그 수단을 사용한 의도와 목적, 사용된 수단과 관련한 법령의 규정 내용, 문제 된 시장의 특성, 통상적인 거래 관행, 방해 행위의 결과 등을 종합적으로 고려하여 그 행위가 공정하고 자유로운 거래를 저해할 우려가 있는지 여부에 따라 판단하여야 한다(대법원 2018. 07. 11. 선고 2014두40227 판결 등 참조).

다. 판 단

1) 원심판결 이유와 적법하게 채택된 증거에 따라 알 수 있는 다음과 같은 사정을 앞서 본 법리에 비추어 살펴보면, 피고인 1의 이 사건 각 행위는 부당한 방법으로 다른 사업자의 사업활동을 심히 곤란하게 할 정도로 방해하는 행위로서 공정하고 자유로운 경쟁을 저해할 우려가 있

다고 봄이 타당하다.
① 피고인 1이 운영하는 피고인 B은 '(상호명 2 생략)'이라는 상호로 피자 등을 제조, 판매하는 가맹점을 모집하고 관리하는 운용본부이다. '(상호명 2 생략)'은 국내 일반음식점 시장에서 상당한 점유율을 가진 반면, '(상호명 1 생략)'은 종래 (상호명 2 생략)의 가맹점사업자 겸 가맹점사업자협의회 회장이었던 공소외 1이 피고인 B과의 가맹계약을 해지한 다음 설립한 새로운 피자 브랜드로 이 사건 각 행위 당시 시장 내 점유율이 미미한 수준이었다.
② 공소외 1은 '(상호명 1 생략)'의 설립을 준비하면서 (상호명 1 생략)에서 사용할 치즈는 H의 제품을, 소스는 G 제품을 각 사용하기로 계획하였다. 그런데 피고인 1 측은 피고인 B의 거래상 지위를 부당하게 이용하여 G 측에 위 소스와 치즈가 (상호명 1 생략)으로 납품되지 않도록 해달라고 요청하였고, 결국 G의 요청에 따라 주식회사 I(이하 'I'라 한다)는 (상호명 1 생략)에 위 소스와 치즈의 공급을 중단하였다. 당시 공소외 1이 2016. 7. 무렵부터 자신이 설립한 '더유니온'이라는 구매법인을 통해 H의 치즈를 I로부터 구매하여 일부 (상호명 2 생략) 가맹점사업자들에게 납품하였고, 이에 피고인 1 측으로서는 위와 같은 치즈 사입이 가맹계약 위반임을 들어 (상호명 2 생략) 가맹점사업자들에 대한 위 치즈의 공급을 중단할 필요가 있었다고 하더라도, '(상호명 2 생략) 가맹점사업자들'에게 위 치즈를 공급받지 않도록 하는 것을 넘어 '(상호명 1 생략)'에 위 치즈와 소스가 공급되지 않도록 할 만한 합리적인 사유를 찾을 수 없다.
③ 이에 더하여 피고인 1은, 피고인 B이 가맹점사업자들에게 납품할 치즈를 C 등으로부터 직접 공급받지 않고 D 등을 거쳐 공급받음에 따라 D 등에 귀속된 유통이익만큼 가맹점사업자들에게 비싸게 납품한 것이 사실임에도 불구하고, 이를 알린 (상호명 1 생략)의 대표 공소외 1을 '허위사실 적시 명예훼손죄' 등 혐의로 고소하였다. 또한 피고인 1은 공소외 1, 공소외 2가 (상호명 1 생략) ○○○점, △△점을 각 개설하자, 그 직후에 그와 매우 인접한 거리에 (상호명 2 생략) ○○○ 직영점, △△ 직영점을 각 설치하였다. 여기에 이 사건 각 행위가 이루어진 경위, (상호명 2 생략)과 (상호명 1 생략)의 시장에서의 지위 등을 고려하면, 전국 시장 단위에서 상당한 지위를 점하고 있는 (상호명 2 생략)을 운영하는 피고인 B이 소규모 경쟁사업자인 (상호명 1 생략)을 표적으로 삼아 일련의 이 사건 각 행위를 한 것은, (상호명 1 생략)과 공정하고 자유로운 경쟁을 하기 위한 것이라기보다 (상호명 2 생략)의 가맹점사업자들이 공소외 1과 같이 가맹계약을 해지하고 집단 이탈하는 것을 방지하고자 한 데에 주된 의도와 목적이 있었던 것으로 볼 수밖에 없다.
④ (상호명 1 생략)은 이 사건 각 행위로 인하여 사업 초기 단계에 피자에 사용할 소스와 치즈의 공급이 중단됨에 따라 제품 개발 및 설립이 지연되고 매장의 운영이나 가맹점사업자의 모집이 어려워지는 등 사업활동이 현저히 곤란하게 되었거나 장차 곤란하게 될 가능성이 있었다.

2) 그런데도 이와 다른 전제에서 이 부분 공소사실을 모두 무죄로 판단한 원심판결에는 '기타의 사업활동방해' 중 '다른 사업자의 사업활동을 심히 곤란하게 할 정도로 방해하는 행위' 및 부당성에 관하여 필요한 심리를 다하지 아니하거나 법리를 오해하는 등으로 판결 결과에 영향을 미친 잘못이 있다. 이 점을 지적하는 검사의 상고이유는 이유 있다.

3. 검사의 나머지 상고이유에 관하여

원심은 그 판시와 같은 이유로 피고인 1에 대한 공소사실 중 허위 유통이윤 지급으로 인한 특정경제범죄 가중처벌 등에 관한 법률 위반(횡령), 광고비 횡령 또는 배임으로 인한 특정경제범죄 가중처벌 등에 관한 법률 위반(횡령) 및 특정경제범죄 가중처벌 등에 관한 법률 위반(배임), 차명관리 가맹점에 대한 로열티 미수령 및 파견 직원 급여 미수령으로 인한 특정경제범죄 가중처벌 등에 관한 법률 위반(배임), 차명관리 가맹점 중 □□점, ◇◇점, 점, ▽▽점 권리금 지급으로 인한 특정경제범죄 가중처벌 등에 관한 법률 위반(배임), 신주인수권 저가 매도로 인한 특정경제범죄 가중처벌 등에 관한 법률 위반(배임), 각 업무방해 부분, 피고인 2에 대한 공소사실 중 특정경제범죄 가중처벌 등에 관한 법률 위반(횡령) 부분 및 피고인 3, 피고인 4에 대한 공소사실에 대하여 범죄의 증명이 없다고 보아 이를 무죄로 판단하였다. 원심판결 이유를 관련 법리와 기록에 따라 살펴보면, 원심의 판단에 상고이유 주장과 같이 논리와 경험의 법칙을 위반하여 자유심증주의의 한계를 벗어나거나 특정경제범죄 가중처벌 등에 관한 법률 위반(횡령)죄에서 재물의 타인성, 특정경제범죄 가중처벌 등에 관한 법률 위반(배임)죄에서 임무 위배 및 업무방해죄의 성립에 관한 법리를 오해한 잘못이 없다.

검사는 피고인들에 대한 원심판결 전부에 대하여 상고하였으나 유죄 부분에 대하여는 상고장이나 상고이유서에 이에 대한 불복이유의 기재가 없다.

4. 피고인 1의 상고이유에 관하여

원심은 그 판시와 같은 이유로 피고인 1에 대한 공소사실 중 허위 유통이윤 지급으로 인한 특정경제범죄 가중처벌 등에 관한 법률 위반(배임), 공소외 3, 공소외 4에 대한 가공급여 지급으로 인한 특정경제범죄 가중처벌 등에 관한 법률 위반(횡령), 차명관리 가맹점 중 ▷▷점 권리금 지급으로 인한 특정경제범죄 가중처벌 등에 관한 법률 위반(배임) 부분을 유죄로 판단하였다. 관련 법리와 적법하게 채택된 증거에 따라 살펴보면, 원심의 판단에 상고이유 주장과 같이 논리와 경험의 법칙을 위반하여 자유심증주의의 한계를 벗어나거나 특정경제범죄 가중처벌 등에 관한 법률 위반(배임)죄에서 임무 위배 및 손해, 포괄일죄, 특정경제범죄 가중처벌 등에 관한 법률 위반(횡령)죄에서 공동정범의 성립, 불고불리의 원칙 및 진술의 신빙성 판단에 관한 법리를 오해한 잘못이 없다.

5. 피고인 2의 상고이유에 관하여

원심은 그 판시와 같은 이유로 피고인 2에 대한 공소사실 중 특정경제범죄 가중처벌 등에 관한 법률 위반(배임) 부분을 유죄로 판단하였다. 관련 법리와 적법하게 채택된 증거에 따라 살펴보면, 원심의 판단에 상고이유 주장과 같이 논리와 경험의 법칙을 위반하여 자유심증주의의 한계를 벗어나거나 특정경제범죄 가중처벌 등에 관한 법률 위반(배임)죄에서 임무 위배 및 손해, 포괄일죄 등에 관한 법리를 오해한 잘못이 없다.

6. 파기의 범위

위에서 본 이유로 원심판결의 피고인 1에 대한 무죄 부분 중 각 독점규제 및 공정거래에 관한 법률 위반 부분, 피고인 B에 대한 부분은 각 파기되어야 한다. 그런데 피고인 1에 대한 각 업무방해 부분은 사업활동방해로 인한 독점규제 및 공정거래에 관한 법률 위반 부분과 상상적경합 관계에 있고, 피고인 1에 대한 유죄 부분은 각 독점규제 및 공정거래에 관한 법률 위반 부분과 형법 제37조 전단의 경합범 관계에 있으므로 함께 파기되어야 한다.

7. 결론

그러므로 원심판결 중 피고인 1에 대한 유죄 부분 및 무죄 부분 중 각 독점규제 및 공정거래에 관한 법률 위반, 각 업무방해 부분, 피고인 B에 대한 부분을 각 파기하고, 이 부분 사건을 다시 심리·판단하도록 원심법원에 환송하며, 피고인 2의 상고 및 검사의 나머지 상고를 각 기각하기로 하여 관여 대법관의 일치된 의견으로 주문과 같이 판결한다.

Ⓑ 대법원 2022. 09. 29. 선고 2019도18942 판결 [조세범처벌법위반]

【판시사항】

세금계산서 발급의무자가 세금계산서를 발급하였다가 이후 수정세금계산서 발급사유가 없음에도 그 공급가액에 음(-)의 표시를 한 수정세금계산서를 발급한 경우, 구 조세범 처벌법 제10조 제1항 제1호 전단에서 정한 처벌대상에 해당하는지 여부(소극)

【판결요지】

구 조세범 처벌법(2018. 12. 31. 법률 제16108호로 개정되기 전의 것) 제10조 제1항 제1호 전단(이하 '처벌조항'이라고 한다)은 '부가가치세법에 따라 세금계산서를 작성하여 발급하여야 할 자가 세금계산서를 발급하지 아니한 경우'에 처벌하도록 정하고 있다. 처벌조항의 문언과 입법 취지, 수정세금계산서 발급과 관련된 부가가치세법령의 내용 및 형벌법규 해석의 원칙 등에 비추어 보면, '세금계산서 발급의무자가 세금계산서를 발급하였다가 이후 수정세금계산서 발급사유가 없음에도 그 공급가액에 음(-)의 표시를 한 수정세금계산서를 발급한 경우'는 처벌조항에서 정한 처벌대상에 해당한다고 볼 수 없다. 그 구체적인 이유는 다음과 같다.

(가) 형벌법규의 해석은 엄격하여야 하고, 문언의 가능한 의미를 벗어나 피고인에게 불리한 방향으로 해석하는 것은 죄형법정주의의 내용인 확장해석금지에 따라 허용되지 않는다. 처벌조항에서 정한 '세금계산서를 발급하지 아니한 경우'에 '세금계산서를 발급한 후 그 공급가액에 음의 표시를 한 수정세금계산서를 발급한 경우'가 포함된다고 보는 것은 문언의 가능한 의미를 벗어나는 해석이 된다.

(나) 처벌조항은 세금계산서 발급을 강제하여 거래를 양성화하고 세금계산서를 발급하지 않아 조세의 부과와 징수를 불가능하게 하거나 현저히 곤란하게 하는 것을 막고자 하는 데에 그 취지가 있다. 세금계산서 발급의무자가 세금계산서를 발급한 후 이에 대한 음의 수정세금계산서를 그 발급사유

없이 발급하였다고 하더라도, 그러한 경우가 세금계산서를 아예 발급하지 아니한 경우와 거래의 양성화나 조세의 부과와 징수 가능성 등의 측면에서 동일하다고 평가할 수 없다.

(다) 부가가치세법 제32조 제7항은 '세금계산서의 기재사항을 착오로 잘못 적거나 세금계산서를 발급한 후 그 기재사항에 관하여 대통령령으로 정하는 사유가 발생하면 대통령령으로 정하는 바에 따라 수정세금계산서를 발급할 수 있다.'고 규정하고, 그 위임에 따라 부가가치세법 시행령 제70조 제1항은 수정세금계산서의 발급사유와 발급절차를 정하고 있다. 위 각 규정의 구체적인 내용에 비추어 보면, 세금계산서 발급의무자가 세금계산서를 발급한 후 그 공급가액에 음의 표시를 한 수정세금계산서를 발급하더라도 당초의 세금계산서가 발급되었다는 기왕의 사실 자체가 없어진다고 볼 수 없다.

【참조조문】 헌법 제12조 제1항, 형법 제1조 제1항, 구 조세범 처벌법(2018. 12. 31. 법률 제16108호로 개정되기 전의 것) 제10조 제1항 제1호, 부가가치세법 제32조 제7항, 부가가치세법 시행령 제70조 제1항
【참조판례】 대법원 2017. 12. 21. 선고 2015도8335 전원합의체 판결(공2018상, 252), 대법원 2019. 6. 27. 선고 2018도14148 판결(공2019하, 1510)
【전 문】 【피 고 인】 오진호 외 1인 【상 고 인】 검사
【변 호 인】 법무법인(유한) 한결 담당변호사 김호철 외 7인
【원심판결】 의정부지법 2019. 11. 28. 선고 2018노2604 판결

【주 문】

상고를 모두 기각한다.

【이 유】

상고이유를 판단한다.

1. 2014. 11. 25. 자 세금계산서 미발급으로 인한「조세범 처벌법」위반 부분

가. 이 부분 공소사실의 요지는 '피고인 오진호가 거래처에 물품을 공급하고 세금계산서를 발급하였다가 이를 취소하는 취지의 음(-)의 수정세금계산서를 다시 발급하는 방법으로, 물품을 공급하였음에도 세금계산서를 발급하지 아니하였고, 피고인 두산공작기계경서판매 주식회사는 그 대표자인 피고인 오진호가 피고인 두산공작기계경서판매 주식회사의 업무에 관하여 위와 같은 위반행위를 하였다.'는 것이다.

나. 원심은 수정세금계산서 발급으로 인해 처음에 발급한 세금계산서가 무효로 되어 구「조세범 처벌법」(2018. 12. 31. 법률 제16108호로 개정되기 전의 것, 이하 같다) 제10조 제1항 제1호 전단(이하 '이 사건 조항'이라고 한다)에서 정한 세금계산서 미발급의 죄가 성립하는 것은 아니라는 이유로 피고인들에 대한 이 부분 공소사실을 모두 무죄로 판단하였다.

다. 이 사건 조항은 '부가가치세법에 따라 세금계산서를 작성하여 발급하여야 할 자가 세금계산서를

발급하지 아니한 경우'에 처벌하도록 정하고 있다. 이 사건 조항의 문언과 입법 취지, 수정세금계산서 발급과 관련된 부가가치세법령의 내용 및 형벌법규 해석의 원칙 등에 비추어 보면, '세금계산서 발급의무자가 세금계산서를 발급하였다가 이후 수정세금계산서 발급사유가 없음에도 그 공급가액에 음의 표시를 한 수정세금계산서를 발급한 경우'는 이 사건 조항에서 정한 처벌대상에 해당한다고 볼 수 없다. 그 구체적인 이유는 다음과 같다.

형벌법규의 해석은 엄격하여야 하고, 문언의 가능한 의미를 벗어나 피고인에게 불리한 방향으로 해석하는 것은 죄형법정주의의 내용인 확장해석금지에 따라 허용되지 않는다(대법원 2017. 12. 21. 선고 2015도8335 전원합의체 판결 등 참조). 이 사건 조항에서 정한 '세금계산서를 발급하지 아니한 경우'에 '세금계산서를 발급한 후 그 공급가액에 음의 표시를 한 수정세금계산서를 발급한 경우'가 포함된다고 보는 것은 문언의 가능한 의미를 벗어나는 해석이 된다.

이 사건 조항은 세금계산서 발급을 강제하여 거래를 양성화하고 세금계산서를 발급하지 않아 조세의 부과와 징수를 불가능하게 하거나 현저히 곤란하게 하는 것을 막고자 하는 데에 그 취지가 있다(대법원 2019. 06. 27. 선고 2018도14148 판결 참조). 세금계산서 발급의무자가 세금계산서를 발급한 후 이에 대한 음의 수정세금계산서를 그 발급사유 없이 발급하였다고 하더라도, 그러한 경우가 세금계산서를 아예 발급하지 아니한 경우와 거래의 양성화나 조세의 부과와 징수 가능성 등의 측면에서 동일하다고 평가할 수 없다.

부가가치세법 제32조 제7항은 '세금계산서의 기재사항을 착오로 잘못 적거나 세금계산서를 발급한 후 그 기재사항에 관하여 대통령령으로 정하는 사유가 발생하면 대통령령으로 정하는 바에 따라 수정세금계산서를 발급할 수 있다.'고 규정하고, 그 위임에 따라 부가가치세법 시행령 제70조 제1항은 수정세금계산서의 발급사유와 발급절차를 정하고 있다. 위 각 규정의 구체적인 내용에 비추어 보면, 세금계산서 발급의무자가 세금계산서를 발급한 후 그 공급가액에 음의 표시를 한 수정세금계산서를 발급하더라도 당초의 세금계산서가 발급되었다는 기왕의 사실 자체가 없어진다고 볼 수 없다.

라. 원심판결 이유를 위 법리와 기록에 비추어 살펴보면, 원심판결의 이유 설시에 다소 적절하지 않은 부분이 있으나, 원심의 판단에 상고이유 주장과 같이 이 사건 조항의 적용범위에 관한 법리를 오해하여 판결에 영향을 미친 잘못이 없다.

한편 검사는 상고심에 이르러 피고인 오진호가 수정세금계산서를 발급한 행위는 '세금계산서를 거짓으로 기재하여 발급한 행위'에 해당하므로 이를 구「조세범 처벌법」제10조 제1항 제1호 후단의 죄로 처벌할 수 있다고도 주장하나, 이러한 주장은 불고불리의 원칙에 위배되어 받아들일 수 없다.

2. 각 부가가치세 및 법인세 포탈로 인한「조세범 처벌법」위반 부분

원심은 그 판시와 같은 이유로 피고인들에 대한 이 부분 공소사실에 대하여 범죄의 증명이 없다고 보아, 이를 유죄로 판단한 제1심판결을 파기하고 무죄를 선고하였다. 원심판결 이유를 관련 법리와 기록에 비추어 살펴보면, 원심판결의 이유 설시에 다소 적절하지 않은 부분이 있으나, 원심의 판단에 필요한 심리를 다하지 않은 채 논리와 경험의 법칙을 위반하여 자유심증주의의 한계를 벗어나거나 구「조세범 처벌법」제3조 제1항에서 정한 '사기나 그 밖의 부정한 행위' 등에 관한 법리를 오해하여 판결에 영향을 미친 잘못이 없다.

3. 결 론

그러므로 상고를 모두 기각하기로 하여, 관여 대법관의 일치된 의견으로 주문과 같이 판결한다.

---

⑪ 대법원 2022. 10. 27. 선고 2018도4413 판결 [자본시장과금융투자업에관한법률위반]

【판시사항】

구 자본시장과 금융투자업에 관한 법률상 투자자문업자가 일반투자자를 상대로 투자권유를 할 때 준수하여야 할 적합성 원칙과 설명의무, 투자권유를 하지 않고 파생상품 등을 판매할 때 준수하여야 할 적정성의 원칙이 유사투자자문업자에게도 적용되는지 여부(소극) / 투자판단 제공이 그 상대방을 '특정인'으로 하여 이루어지면 투자자문업에 해당하는지 여부(적극) 및 여기서 말하는 '특정'의 의미 / 프로그램 사용자가 투자판단을 도출해 내는 데 필수적인 설정값 등을 입력하면 이를 기초로 기계적인 연산작용을 통해 입력한 설정값 등에 들어맞는 주식 종목을 가려냄으로써 투자판단을 도출해 내는 방식으로 작동하는 주식 자동매매 프로그램을 판매·대여한 자가 그 프로그램 작동에 필수적인 입력 설정값 등도 제공한 경우, 위 법리가 마찬가지로 적용되는지 여부(적극)

【판결요지】

구 자본시장과 금융투자업에 관한 법률(2017. 4. 18. 법률 제14817호로 개정되기 전의 것, 이하 '구 자본시장법'이라고 한다)은 투자자문업을 '금융투자상품 등의 가치 또는 금융투자상품 등에 대한 투자판단(종류, 종목, 취득·처분, 취득·처분의 방법·수량·가격 및 시기 등에 대한 판단을 말한다)에 관한 자문에 응하는 것을 영업으로 하는 것'으로 규정하고(제6조 제6항), 한편 '불특정 다수인을 대상으로 발행 또는 송신되고, 불특정 다수인이 수시로 구입 또는 수신할 수 있는 간행물·출판물·통신물 또는 방송 등을 통하여 조언을 하는 경우에는 투자자문업으로 보지 아니한다.'고 규정하며(제7조 제3항), '불특정 다수인을 대상으로 하여 발행되는 간행물, 전자우편 등에 의하여 금융투자상품에 대한 투자판단 또는 금융투자상품의 가치에 관한 조언으로서 대통령령으로 정하는 것을 업(유사투자자문업)으로 영위하고자 하는 자는 금융위원회가 정하여 고시하는 서식에 따라 금융위원회에 신고하여야 한다.'고 규정하고 있다(제101조 제1항). 구 자본시장과 금융투자업에 관한 법률 시행령(2017. 5. 8. 대통령령 제28040호로 개정되기 전의 것)은 '법 제101조 제1항에서 "대통령령으로 정하는 것"이란 불특정 다수인을 대상으로 발행 또는 송신되고, 불특정 다수인이 수시로 구입 또는 수신할 수 있는 간행물·출판물·통신물 또는 방송 등을 통하여 투자자문업자 외의 자가 일정한 대가를 받고 행하는 투자조언을 말한다.'고 규정하고 있다(제102조).

구 자본시장법은 투자자문업자가 일반투자자를 상대로 투자권유를 하는 경우에 준수하여야 할 적합성 원칙(제46조)과 설명의무(제47조)를 규정하고 있고, 투자권유를 하지 않고 파생상품 등을 판매하는 경우 준수하여야 할 적정성의 원칙(제46조의2)을 규정하고 있다. 이와 같은 적합성 원칙, 설명의무, 적정성의 원칙은 유사투자자문업자에게는 적용되지 않는다. 적합성 원칙과 적정성의 원칙은 개별 투자자와의 면담·질문 등을 통해 그 투자자의 투자목적·투자상황 및 투자경험 등의 정보를 파악하는 것을 전제로 하고, 설명의무는 개별 투자자의 이해능력에 따라 이행방법이나 정도가 달라지는데, 불특정 다수인을 상대로 투자조언을 하는 유사투자자문업자에게는 이를 기대할 수 없기 때문이다.

투자자문업 및 유사투자자문업의 정의, 투자자문업자의 의무 등에 관한 구 자본시장법령의 내용 등을 종합해 보면, 투자판단 제공이 그 상대방을 '특정인'으로 하여 이루어지면 투자자문업에 해당하고, 여기서 '특정'이란 투자판단을 제공받는 상대방의 범위가 한정되어 있다는 의미가 아니라, 투자판단을 제공받는 과정에서 면담·질문 등을 통해 투자판단을 제공받는 상대방의 개별성, 특히 투자목적이나 재산상황, 투자경험 등이 반영된다는 것을 말한다.

프로그램 사용자가 투자판단을 도출해 내는 데 필수적인 설정값 등을 입력하면 이를 기초로 기계적인 연산작용을 통해 입력한 설정값 등에 들어맞는 주식 종목을 가려냄으로써 투자판단을 도출해 내는 방식으로 작동하는 주식 자동매매 프로그램을 판매·대여한 자가 그 프로그램 작동에 필수적인 입력 설정값 등도 제공하였다면, 이러한 일련의 행위는 해당 프로그램을 도구로 이용하여 프로그램 사용자들에게 투자판단을 제공한 것으로 볼 수 있으므로, 이런 경우에도 위 법리가 마찬가지로 적용된다.

【참조조문】 구 자본시장과 금융투자업에 관한 법률(2017. 4. 18. 법률 제14817호로 개정되기 전의 것) 제6조 제1항 제4호, 제6항(현행 제6조 제7항 참조), 제7조 제3항, 제17조, 제46조(현행 금융소비자 보호에 관한 법률 제17조 참조), 제46조의2(현행 금융소비자 보호에 관한 법률 제18조 참조), 제47조(현행 금융소비자 보호에 관한 법률 제19조 참조), 제101조 제1항, 제445조 제1호, 구 자본시장과 금융투자업에 관한 법률 시행령(2017. 5. 8. 대통령령 제28040호로 개정되기 전의 것) 제102조(현행 제102조 제1항 참조)
【참조판례】 대법원 2014. 5. 16. 선고 2012다46644 판결(공2014상, 1185)
【전 문】【피 고 인】피고인 【상 고 인】검사 【변 호 인】변호사 김현우 외 1인
【원심판결】 인천지법 2018. 2. 21. 선고 2017노1649 판결

【주 문】

상고를 기각한다.

【이 유】

상고이유를 판단한다.

1. 공소사실의 요지

피고인은 2015. 7.경부터 2016. 5. 25.경까지 피고인이 운영하는 주식회사 ○○ 사무실에서 인터넷 홈페이지(홈페이지 주소 생략)를 개설하고, 이를 통해 가입한 회원이 주식계좌를 만들어 홈페이지에 접속한 후 투자금액만 설정하면 기존에 설정된 매매전략 기본 값(이하 '기본 설정값'이라고

한다)에 따라 자동으로 투자할 주식 종목을 선정하고, 해당 종목에 대해 자동으로 주식을 매도·매수하는 자동매매 프로그램인 '△△△△' 프로그램(이하 '이 사건 프로그램'이라고 한다)을 판매하여 위 홈페이지에 추천 매매전략(이하 '권장 설정값'이라고 한다)을 정리하여 게시하고, 그 대가로 프로그램 구입비 명목으로 1,000만 원과 매월 위 프로그램을 사용하여 예치하는 예치금액의 1%를 수수료로 받는 방법으로 공소외인을 비롯한 성명불상자를 상대로 이 사건 프로그램을 이용한 투자자문업을 함으로써 금융투자업 등록을 하지 아니하고 투자자문업을 영위하였다.

2. 원심의 판단

원심은 아래와 같은 이유로, 피고인이 등록을 하지 않고 '투자자문업'을 영위하였다는 내용의 이 사건 공소사실에 대하여 범죄의 증명이 없는 경우에 해당한다고 보아 이를 유죄로 판단한 제1심판결을 파기하고 무죄로 선고하였다.

가. 구「자본시장과 금융투자업에 관한 법률」(2017. 4. 18. 법률 제14817호로 개정되기 전의 것, 이하 '구 자본시장법'이라고 한다)상의 '자문'은 인간과 인간 사이의 의사소통이나 행위를 전제로 한 것이므로 소프트웨어에 의하여 행해지는 자동화된 매매거래시스템 자체를 '자문'이라고 보기는 어렵다.

나. 피고인의 행위는 불특정 다수인을 대상으로 한 주식의 자동매매와 관련된 소프트웨어를 판매하고 기본값 설정 등의 부수적인 서비스를 제공한 행위에 해당하여 구 자본시장법상의 '유사투자자문업'을 영위한 것으로 볼 수 있을 뿐, 이와 구별되는 별도의 형사처벌 대상인 '투자자문업'을 영위한 것으로 보기는 어렵다.

3. 대법원의 판단

가. 관련 법리

구 자본시장법은 투자자문업을 '금융투자상품 등의 가치 또는 금융투자상품 등에 대한 투자판단(종류, 종목, 취득·처분, 취득·처분의 방법·수량·가격 및 시기 등에 대한 판단을 말한다)에 관한 자문에 응하는 것을 영업으로 하는 것'으로 규정하고(제6조 제6항), 한편 '불특정 다수인을 대상으로 발행 또는 송신되고, 불특정 다수인이 수시로 구입 또는 수신할 수 있는 간행물·출판물·통신물 또는 방송 등을 통하여 조언을 하는 경우에는 투자자문업으로 보지 아니한다.'고 규정하며(제7조 제3항), '불특정 다수인을 대상으로 하여 발행되는 간행물, 전자우편 등에 의하여 금융투자상품에 대한 투자판단 또는 금융투자상품의 가치에 관한 조언으로서 대통령령으로 정하는 것을 업(유사투자자문업)으로 영위하고자 하는 자는 금융위원회가 정하여 고시하는 서식에 따라 금융위원회에 신고하여야 한다.'고 규정하고 있다(제101조 제1항). 구 자본시장과 금융투자업에 관한 법률 시행령(2017. 5. 8. 대통령령 제28040호로 개정되기 전의 것)은 '법 제101조 제1항에서 "대통령령으로 정하는 것"이란 불특정 다수인을 대상으로 발행 또는 송신되고, 불특정 다수인이 수시로 구입 또는 수신할 수 있는 간행물·출판물·통신물 또는 방송 등을 통하여 투자자문업자 외의 자가 일정한 대가를 받고 행하는 투자조언을 말한다.'고 규정하고 있다(제102조).

구 자본시장법은 투자자문업자가 일반투자자를 상대로 투자권유를 하는 경우에 준수하여야 할 적합성 원칙(제46조)과 설명의무(제47조)를 규정하고 있고, 투자권유를 하지 않고 파생상품 등을 판매하는 경우 준수하여야 할 적정성의 원칙(제46조의2)을 규정하고 있다. 이와 같은 적합성 원칙, 설명의무, 적정성의 원칙은 유사투자자문업자에게는 적용되지 않는다. 적합성 원칙과 적정성의 원칙은 개별 투자자와의 면담·질문 등을 통해 그 투자자의 투자목적·투자상황 및 투자경험 등의 정보를 파악하는 것을 전제로 하고, 설명의무는 개별 투자자의 이해능력에 따라 이행방법이나 정도가 달라지는데, 불특정 다수인을 상대로 투자조언을 하는 유사투자자문업자에게는 이를 기대할 수 없기 때문이다(대법원 2014. 05. 16. 선고 2012다46644 판결 참조).

투자자문업 및 유사투자자문업의 정의, 투자자문업자의 의무 등에 관한 구 자본시장법령의 내용 등을 종합해 보면, 투자판단 제공이 그 상대방을 '특정인'으로 하여 이루어지면 투자자문업에 해당하고, 여기서 '특정'이란 투자판단을 제공받는 상대방의 범위가 한정되어 있다는 의미가 아니라, 투자판단을 제공받는 과정에서 면담·질문 등을 통해 투자판단을 제공받는 상대방의 개별성, 특히 투자목적이나 재산상황, 투자경험 등이 반영된다는 것을 말한다.

프로그램 사용자가 투자판단을 도출해 내는 데 필수적인 설정값 등을 입력하면 이를 기초로 기계적인 연산작용을 통해 입력한 설정값 등에 들어맞는 주식 종목을 가려냄으로써 투자판단을 도출해 내는 방식으로 작동하는 주식 자동매매 프로그램을 판매·대여한 자가 그 프로그램 작동에 필수적인 입력 설정값 등도 제공하였다면, 이러한 일련의 행위는 해당 프로그램을 도구로 이용하여 프로그램 사용자들에게 투자판단을 제공한 것으로 볼 수 있으므로, 이런 경우에도 위 법리가 마찬가지로 적용된다.

나. 인정 사실

이 사건 기록에 의하면, 아래의 사실을 알 수 있다.

1) 피고인이 제작하여 판매·대여한 이 사건 프로그램은 미리 입력된 설정값에 들어맞는 주식 종목 등을 선정하고 그 주식 종목을 매도·매수하는 내용의 주식 자동매매 프로그램이다. 이 사건 프로그램에 입력되는 조건은 매매전략을 수치화한 것으로서 피고인이나 사용자가 5개의 지표(이동평균선 등)와 여러 개의 조건(20일 평균거래금액, 20일 평균거래량 등) 중 전부나 일부를 선택한 결과물이다.

2) 피고인은 이 사건 프로그램에 기본 설정값을 입력해 둔 상태에서 이 사건 프로그램을 사용자들에게 판매·대여했고, 이후 시장상황 변화에 맞추어 사용자들에게 기본 설정값을 수정한 권장 설정값을 제공했다. 이 사건 프로그램 사용자들은 기본 설정값이 입력된 이 사건 프로그램을 그대로 사용할 수도 있고, 권장 설정값을 입력하거나 혹은 자신이 원하는 설정값을 입력하여 이 사건 프로그램을 사용할 수도 있다.

3) 이러한 설정값을 구성하는 항목들은 이 사건 프로그램 사용자들의 투자목적이나 재산상황, 투자경험 등 개별 사정과는 무관하다.

4) 피고인은 자신이 개설한 홈페이지에서 이 사건 프로그램을 판매·대여하였는데, 누구나 위 홈페이지에서 회원으로 가입할 수 있고, 위 홈페이지에 게시된 권장 설정값은 누구나 볼 수 있었다.

다. 판 단

앞서 본 인정 사실을 위 법리에 비추어 살펴본다.

1) 이 사건 프로그램은 미리 입력된 설정값에 따라 기계적인 연산작용을 통해 설정값에 들어맞는 투자판단을 도출해 내는 프로그램이고, 피고인은 이런 프로그램을 판매·대여하면서 사용자들이 그대로 활용할 수 있도록 기본 설정값을 제공하였고 이후 기본 설정값을 수정한 권장 설정값을 제공하기도 하였다. 그렇다면 결과적으로 피고인은 이 사건 프로그램을 수단으로 이용해 사용자들에게 투자판단의 제공을 한 것이고, 이를 들어 사람의 행위가 아닌 자동화된 매매거래시스템의 작동결과에 불과하다고 할 수 없다.

2) 피고인이 이 사건 프로그램을 판매·대여하면서 사용자들이 그대로 활용할 수 있도록 기본 설정값을 제공하고 이후 이를 수정한 권장 설정값을 제공하는 과정에서 면담·질문 등을 통해 이 사건 프로그램 사용자들과 개별적으로 접촉한 적이 없었고, 또 이 사건 프로그램의 사용자들 개개인의 투자목적·투자상황 및 투자경험 등의 정보도 전혀 반영하지 않았다. 따라서 피고인의 이러한 행위는 이 사건 프로그램 사용자들을 대상으로 한 것이지만 이들의 개별성과는 관계가 없으므로, 그 상대방이 '특정인'인 경우에 해당한다고 볼 수 없다.

3) 결국 원심의 이유 설시에 일부 적절하지 않은 부분이 있으나 피고인의 공소사실 기재 행위는 투자자문업을 영위한 것으로 보기 어렵다고 한 원심의 판단을 수긍할 수 있고, 거기에 상고이유 주장과 같이 논리와 경험의 법칙을 위반하여 자유심증주의의 한계를 벗어나거나 구 자본시장법 제6조 제6항에서 정한 '투자자문업'에 관한 법리를 오해하여 판결에 영향을 미친 잘못이 없다.

4. 결 론

그러므로 상고를 기각하기로 하여, 관여 대법관의 일치된 의견으로 주문과 같이 판결한다.

ⓒ 대법원 2022. 10. 27. 선고 2020도12563 판결 [금융실명거래및비밀보장에관한법률위반방조]

【판시사항】

[1] 구 금융실명거래 및 비밀보장에 관한 법률 제3조 제3항, 제6조 제1항에서 불법·탈법적 목적에 의한 타인 실명의 금융거래를 처벌하는 취지 / 위 규정에서 말하는 '그 밖의 탈법행위'의 의미 및 이에 해당하는지 판단하는 기준

[2] 방조범의 성립에 필요한 고의의 내용 / 목적범인 구 금융실명거래 및 비밀보장에 관한 법률 제6조 제1항 위반죄의 방조범 성립에 필요한 고의의 내용

【판결요지】

[1] 구 금융실명거래 및 비밀보장에 관한 법률(2020. 3. 24. 법률 제17113호로 개정되기 전의 것, 이하 '구 금융실명법'이라 한다)은 '실지명의(실지명의, 이하 '실명'이라 한다)에 의한 금융거래를 실시하고

그 비밀을 보장하여 금융거래의 정상화를 꾀함으로써 경제정의를 실현하고 국민경제의 건전한 발전을 도모함'을 목적으로 하는 것으로(제1조), 금융거래란 금융회사 등이 금융자산을 수입, 매매, 환매 등을 하는 행위를 말하며(제2조 제3호), 실명이란 주민등록표상의 명의, 사업자등록증상의 명의 등을 말한다고 규정하면서(제2조 제4호), 누구든지 구 특정 금융거래정보의 보고 및 이용 등에 관한 법률(2020. 3. 24. 법률 제17113호로 개정되기 전의 것) 제2조 제3호에 따른 불법재산의 은닉, 제4호에 따른 자금세탁행위 또는 제5호에 따른 공중협박자금조달행위 및 강제집행의 면탈, 그 밖에 탈법행위를 목적으로 타인의 실명으로 금융거래를 하여서는 아니 되고(제3조 제3항), 위와 같은 목적으로 타인의 실명으로 금융거래를 하는 행위를 처벌하도록 규정하고 있다(제6조 제1항).

위와 같은 구 금융실명법의 입법 목적과 그 내용을 종합해 보면, 구 금융실명법 제3조 제3항, 제6조 제1항이 불법·탈법적 목적에 의한 타인 실명의 금융거래를 처벌하는 것은 이러한 금융거래를 범죄수익의 은닉이나 비자금 조성, 조세포탈, 자금세탁 등 불법·탈법행위나 범죄의 수단으로 악용하는 것을 방지하는 데에 목적이 있다.

구 금융실명법 제3조 제3항, 제6조 제1항에서 말하는 '그 밖의 탈법행위'란, 단순히 우회적인 방법으로 금지규정의 제한을 피하려는 행위 전반을 의미하는 것이 아니라, 구 금융실명법 제3조 제3항, 제6조 제1항에 구체적으로 열거된 불법재산의 은닉, 자금세탁, 공중협박자금조달 및 강제집행의 면탈과 같이 형사처벌의 대상이 되는 행위에 준하는 정도에 이르러야 하고, 여기에 해당하는지 여부는 구 금융실명법 제3조 제3항, 제6조 제1항의 입법 목적 등을 충분히 고려하여 판단해야 한다.

[2] 형법상 방조행위는 정범이 범행을 한다는 정을 알면서 그 실행행위를 용이하게 하는 직접·간접의 행위를 말하므로, 방조범은 정범의 실행을 방조한다는 이른바 방조의 고의와 정범의 행위가 구성요건에 해당하는 행위인 점에 대한 정범의 고의가 있어야 하나, 방조범에서 정범의 고의는 정범에 의하여 실현되는 범죄의 구체적 내용을 인식할 것을 요하는 것은 아니고 미필적 인식 또는 예견으로 족하다.

구 금융실명거래 및 비밀보장에 관한 법률(2020. 3. 24. 법률 제17113호로 개정되기 전의 것) 제6조 제1항 위반죄는 이른바 초과주관적 위법요소로서 '탈법행위의 목적'을 범죄성립요건으로 하는 목적범이므로, 방조범에게도 정범이 위와 같은 탈법행위를 목적으로 타인 실명 금융거래를 한다는 점에 관한 고의가 있어야 하나, 그 목적의 구체적인 내용까지 인식할 것을 요하는 것은 아니다.

【참조판례】 [1] 구 금융실명거래 및 비밀보장에 관한 법률(2020. 3. 24. 법률 제17113호로 개정되기 전의 것) 제1조, 제2조 제3호, 제4호, 제3조 제3항, 제6조 제1항, 구 특정 금융거래정보의 보고 및 이용 등에 관한 법률(2020. 3. 24. 법률 제17113호로 개정되기 전의 것) 제2조 제3호(현행 제2조 제4호 참조), 제4호(현행 제2조 제5호 참조), 제5호(현행 제2조 제6호 참조) [2] 형법 제32조, 구 금융실명거래 및 비밀보장에 관한 법률(2020. 3. 24. 법률 제17113호로 개정되기 전의 것) 제3조 제3항, 제6조 제1항
【참조조문】 [1] 대법원 2017. 12. 22. 선고 2017도12346 판결(공2018상, 379) / [2] 대법원 2005. 4. 29. 선고 2003도6056 판결(공2005상, 887), 대법원 2022. 6. 30. 선고 2020도7866 판결(공2022하, 1542)
【전 문】 【피 고 인】 피고인 【상 고 인】 검사
【원심판결】 청주지법 2020. 8. 21. 선고 2019노1608 판결

【주 문】

원심판결을 파기하고 사건을 청주지방법원에 환송한다.

【이　　유】

상고이유를 판단한다.

1. 공소사실의 요지

　피고인은 2019. 1. 22. 무렵 성명불상자로부터 보이스톡으로 "마카오에 본사가 있고, 한국에 체인점이 있는데 한국에 있는 고객들을 상대로 환전해 주는 업무를 한다. 10:00부터 16:00까지 일하고, 월 400~600만 원을 지급하겠다. 고객이 입금한 돈 940만 원을 인출하여 우리가 보내는 환전소 직원에게 건네줘라."라는 취지의 말을 듣고 이를 승낙하여 피고인 명의의 계좌를 성명불상자의 탈법행위에 제공하기로 마음먹었다. 피고인은 2019. 1. 22. 무렵 보이스톡으로 성명불상자에게 피고인 명의 신협 계좌를 알려주고, 성명불상자는 2019. 1. 29. 무렵 전화금융사기 범행을 통해 공소외인으로부터 940만 원을 피고인 명의 신협 계좌로 송금받고, 피고인은 이를 인출하여 청주시에 있는 우편취급국에서 수수료 15만 원을 제한 나머지 925만 원을 성명불상자에게 건네주었다. 이로써 피고인은 성명불상자가 탈법행위를 목적으로 타인인 피고인의 실명으로 금융거래를 하는 것을 용이하게 하여 이를 방조하였다.

2. 원심의 판단

　원심은, '고객이 입금한 돈을 인출하여 환전소 직원에게 전달하여 주는 업무'가 구체적으로 어떤 법률에 의한 규제를 회피하기 위한 탈법행위인지 특정되지 않았고, 검사가 제출한 증거만으로는 성명불상자가 '고객이 입금한 돈'을 인출하여 달라고 요구하였다는 점을 인정하기에 부족하며, 피고인에게 정범인 성명불상자가 탈법행위를 목적으로 피고인의 실명으로 금융거래를 한다는 점에 관한 고의가 있었음이 인정되지 않는다는 이유로 공소사실을 무죄로 판단한 제1심판결을 그대로 유지하면서, 검사의 주장대로 피고인이 인식한 행위가 외국환거래법 위반행위라고 하더라도 정범인 성명불상자는 외국환거래법 위반행위를 한 것이 아니라 전화금융사기 범행을 하였을 뿐이므로 성명불상자가 어떤 탈법행위를 실행하였는지 알기 어렵다는 이유를 덧붙여 판단하였다.

3. 대법원의 판단

　그러나 원심의 위와 같은 판단은 그대로 받아들이기 어렵다.

가. 관련 법리

　구 「금융실명거래 및 비밀보장에 관한 법률」(2020. 3. 24. 법률 제17113호로 개정되기 전의 것, 이하 '구 금융실명법'이라 한다)은 '실지명의(실지명의, 이하 '실명'이라 한다)에 의한 금융거래를 실시하고 그 비밀을 보장하여 금융거래의 정상화를 꾀함으로써 경제정의를 실현하고 국민경제의 건전한 발전을 도모함'을 목적으로 하는 것으로(제1조), 금융거래란 금융회사 등이 금융자산을 수입, 매매, 환매 등을 하는 행위를 말하며(제2조 제3호), 실명이란 주민등록표상의 명의, 사업자등록증상의 명의 등을 말한다고 규정하면서(제2조 제4호), 누구든지 구 「특정 금융거래정보의 보고 및 이용 등에 관한 법률」(2020. 3. 24. 법률 제17113호로 개정되기 전의 것) 제2조 제3호에 따른 불법재산의 은닉, 제4호에 따른 자금세탁행위 또는 제5호에 따른 공중협박자금조달행위 및 강제집행의 면탈, 그 밖에 탈법행위를 목적으로 타인의 실명으로 금융거래를 하여서는 아니 되고(제

3조 제3항), 위와 같은 목적으로 타인의 실명으로 금융거래를 하는 행위를 처벌하도록 규정하고 있다(제6조 제1항, 이하 제3조 제3항과 제6조 제1항을 모두 합하여 '이 사건 규정'이라 한다).

위와 같은 구 금융실명법의 입법 목적과 그 내용을 종합해 보면, 이 사건 규정이 불법·탈법적 목적에 의한 타인 실명의 금융거래를 처벌하는 것은 이러한 금융거래를 범죄수익의 은닉이나 비자금 조성, 조세포탈, 자금세탁 등 불법·탈법행위나 범죄의 수단으로 악용하는 것을 방지하는 데에 목적이 있다(대법원 2017. 12. 22. 선고 2017도12346 판결 참조).

이 사건 규정에서 말하는 '그 밖의 탈법행위'라 함은, 단순히 우회적인 방법으로 금지규정의 제한을 피하려는 행위 전반을 의미하는 것이 아니라, 이 사건 규정에 구체적으로 열거된 불법재산의 은닉, 자금세탁, 공중협박자금조달 및 강제집행의 면탈과 같이 형사처벌의 대상이 되는 행위에 준하는 정도에 이르러야 하고, 여기에 해당하는지 여부는 앞서 본 이 사건 규정의 입법 목적 등을 충분히 고려하여 판단해야 한다.

형법상 방조행위는 정범이 범행을 한다는 정을 알면서 그 실행행위를 용이하게 하는 직접·간접의 행위를 말하므로, 방조범은 정범의 실행을 방조한다는 이른바 방조의 고의와 정범의 행위가 구성요건에 해당하는 행위인 점에 대한 정범의 고의가 있어야 하나, 방조범에서 정범의 고의는 정범에 의하여 실현되는 범죄의 구체적 내용을 인식할 것을 요하는 것은 아니고 미필적 인식 또는 예견으로 족하다(대법원 2005. 04. 29. 선고 2003도6056 판결 등 참조).

구 금융실명법 제6조 제1항 위반죄는 이른바 초과주관적 위법요소로서 '탈법행위의 목적'을 범죄성립요건으로 하는 목적범이므로, 방조범에게도 정범이 위와 같은 탈법행위를 목적으로 타인 실명 금융거래를 한다는 점에 관한 고의가 있어야 하나, 그 목적의 구체적인 내용까지 인식할 것을 요하는 것은 아니다.

나. 원심판결 이유와 적법하게 채택된 증거에 따르면 다음 사실을 인정할 수 있다.

1) 피고인은 2019. 1. 22. 무렵 '마카오 (업체명 생략)'에서 직원을 구한다는 취지의 광고 문자를 받고 전화를 하였고, 성명불상자로부터 "마카오에 본사가 있고 한국에 체인점이 있는데, 한국에 있는 고객들을 상대로 환전해 주는 업무를 한다. 고객이 입금한 돈을 인출하여 환전소 직원에게 전달해 주면 된다. 월 400~600만 원을 지급하겠다."라는 취지의 말을 듣고 피고인 명의 신협 계좌의 계좌번호를 알려주었다.

2) 성명불상자는 2019. 1. 29. 무렵 전기통신금융사기 범행을 하여 공소외인으로부터 940만 원을 편취하였는데 그 편취금을 피고인 명의 신협 계좌로 송금받았다.

3) 피고인은 2019. 1. 29. 성명불상자의 지시에 따라 자신의 신협 계좌에서 925만 원을 인출하여 성명불상자가 보낸 사람에게 건네주었다.

4) 피고인은 환전하는 방식에 대해서 이상한 생각이 들지 않았냐는 경찰의 질문에 "은행을 이용하면 수수료가 비싸서 개인 환전소를 이용한다고 생각했다."라고 진술하였다.

다. 위 사실관계를 앞서 본 법리에 비추어 살펴본다.

전기통신금융사기의 범인이 사기 범행을 통한 편취금을 자신이 아닌 타인 명의 금융계좌로 송금받는 이유는 범죄수익을 은닉하고 범인의 신원을 은폐하기 위한 것으로, 타인 실명의 금융거래를 범죄의 수단으로 악용하는 전형적인 경우이므로 이 사건 규정이 말하는 '탈법행위'를 목적으로 한 타인 실명 금융거래에 해당한다.

한편 외국환거래법은 외국환업무에 해당하는 환전 영업을 하기 위해서는 일정한 요건을 갖추어 등록을 하도록 하고(제8조), 등록을 하지 않고 외국환업무를 한 자를 처벌하도록 규정하고 있는바(제27조의2 제1항 제1호), 무등록 환전 영업은 그 자체로 범죄행위일 뿐 아니라 불법적인 자금의 세탁, 조세포탈, 횡령 등 다른 범죄의 수단이 되기도 하는 행위이므로, 무등록 환전 영업을 위하여 타인의 금융계좌를 이용하여 금융거래를 하는 것은 이 사건 규정이 말하는 '탈법행위'를 목적으로 한 타인 실명 금융거래에 해당한다.

피고인은 정범인 성명불상자가 이 사건 규정에서 말하는 '탈법행위'에 해당하는 무등록 환전 영업을 하기 위하여 타인 명의로 금융거래를 하려고 한다고 인식하였음에도 이러한 범행을 돕기 위하여 자신 명의의 금융계좌 정보를 제공하였고, 정범인 성명불상자는 이를 이용하여 전기통신금융사기 범행을 통한 편취금을 송금받아 탈법행위를 목적으로 타인 실명의 금융거래를 하였다. 그렇다면 피고인에게는 구 금융실명법 제6조 제1항 위반죄의 방조범이 성립하고, 피고인이 정범인 성명불상자가 목적으로 삼은 탈법행위의 구체적인 내용이 어떤 것인지를 정확히 인식하지 못하였다고 하더라도 범죄 성립에는 영향을 미치지 않는다.

라. 그런데도 원심은 그 판시와 같은 이유만으로 공소사실을 무죄로 판단한 제1심판결을 그대로 유지하였는바, 이러한 원심판단에는 구 금융실명법 제3조 제3항에서 말하는 '탈법행위'의 의미와 방조범의 '정범의 고의'에 관한 법리를 오해하여 판결에 영향을 미친 위법이 있다.

4. 결 론

그러므로 원심판결을 파기하고 사건을 다시 심리·판단하도록 원심법원에 환송하기로 하여 관여 대법관의 일치된 의견으로 주문과 같이 판결한다.

ⓒ 대법원 2022. 11. 10. 선고 2018도1966 판결 [개인정보보호법위반]

【판시사항】
[1] 구 공공기관의 개인정보보호에 관한 법률이 2011. 3. 29. 폐지되고 개인정보 보호법이 제정된 취지
[2] 구 공공기관의 개인정보보호에 관한 법률 제23조 제2항, 제11조에서 말하는 '누설'의 의미 및 고소·고발장에 다른 정보주체의 개인정보를 첨부하여 경찰서에 제출한 행위가 개인정보의 '누설'에 해당하는지 여부(한정 적극) / 구 공공기관의 개인정보보호에 관한 법률에 따른 '누설'에 관한 위의 법리가 개인정보 보호법에도 그대로 적용되는지 여부(적극)

【판결요지】

[1] 개인정보 보호법 제59조 제2호는 개인정보를 처리하거나 처리하였던 자는 업무상 알게 된 개인정보를 누설하거나 권한 없이 다른 사람이 이용하도록 제공하는 행위를 하여서는 아니 된다고 규정하고, 같은 법 제71조 제5호는 제59조 제2호를 위반하여 업무상 알게 된 개인정보를 누설하거나 권한 없이 다른 사람이 이용하도록 제공한 자 등에 해당하는 자는 5년 이하의 징역 또는 5천만 원 이하의 벌금에 처한다고 규정하고 있다. 한편 구 공공기관의 개인정보보호에 관한 법률(2011. 3. 29. 법률 제10465호로 폐지되기 전의 것, 이하 같다) 제11조는 개인정보의 처리를 행하는 공공기관의 직원이나 직원이었던 자 등은 직무상 알게 된 개인정보를 누설 또는 권한 없이 처리하거나 타인의 이용에 제공하는 등 부당한 목적을 위하여 사용하여서는 아니 된다고 규정하고, 같은 법 제23조 제2항은 제11조의 규정을 위반하여 개인정보를 누설 또는 권한 없이 처리하거나 타인의 이용에 제공하는 등 부당한 목적으로 사용한 자는 3년 이하의 징역 또는 1천만 원 이하의 벌금에 처한다고 규정하였다.

구 공공기관의 개인정보보호에 관한 법률이 2011. 3. 29. 폐지되고 개인정보 보호법이 제정된 취지는 공공부문과 민간부문을 망라하여 국제 수준에 부합하는 개인정보 처리원칙 등을 규정하고, 개인정보 침해로 인한 국민의 피해 구제를 강화하여 국민의 사생활의 비밀을 보호하며, 개인정보에 대한 권리와 이익을 보장하려는 것이다.

[2] 구 공공기관의 개인정보보호에 관한 법률(2011. 3. 29. 법률 제10465호로 폐지되기 전의 것, 이하 같다) 제23조 제2항, 제11조의 '누설'이란 아직 개인정보를 알지 못하는 타인에게 알려주는 일체의 행위를 말하고, 고소·고발장에 다른 정보주체의 개인정보를 첨부하여 경찰서에 제출한 것은 그 정보주체의 동의도 받지 아니하고 관련 법령에 정한 절차를 거치지 아니한 이상 부당한 목적하에 이루어진 개인정보의 '누설'에 해당하였다. 개인정보 보호법 제71조 제5호, 제59조 제2호 위반죄는 구 공공기관의 개인정보보호에 관한 법률 제23조 제2항, 제11조 위반죄와 비교하여 범행주체가 다르고 '누설'에 부당한 목적이 삭제되었다는 것만 다를 뿐 나머지 구성요건은 실질적으로 동일한 점, 개인정보 보호법 제59조 제2호가 금지하는 누설행위의 주체는 '개인정보를 처리하거나 처리하였던 자'이고, 그 대상은 '업무상 알게 된 개인정보'로 제한되므로, 수사기관에 대한 모든 개인정보 제공이 금지되는 것도 아닌 점 및 개인정보 보호법의 제정 취지 등을 감안하면, 구 공공기관의 개인정보보호에 관한 법률에 따른 '누설'에 관한 위의 법리는 개인정보 보호법에도 그대로 적용된다.

【참조조문】 [1] 구 공공기관의 개인정보보호에 관한 법률(2011. 3. 29. 법률 제10465호 개인정보 보호법 부칙 제2조로 폐지) 제11조(현행 개인정보 보호법 제59조 제2호 참조), 제23조 제2항(현행 개인정보 보호법 제71조 제5호 참조), 개인정보 보호법 제59조 제2호, 제71조 제5호 / [2] 구 공공기관의 개인정보보호에 관한 법률(2011. 3. 29. 법률 제10465호 개인정보 보호법 부칙 제2조로 폐지) 제11조(현행 개인정보 보호법 제59조 제2호 참조), 제23조 제2항(현행 개인정보 보호법 제71조 제5호 참조), 개인정보 보호법 제59조 제2호, 제71조 제5호

【참조판례】 [2] 대법원 2008. 10. 23. 선고 2008도5526 판결, 대법원 2015. 7. 9. 선고 2013도13070 판결
【전 문】 【피 고 인】 피고인 【상 고 인】 검사
【변 호 인】 법무법인 강율 담당변호사 강신중 외 1인
【원심판결】 광주지법 2018. 1. 16. 선고 2017노2205 판결

【주   문】

원심판결을 파기하고, 사건을 광주지방법원에 환송한다.

【이   유】

상고이유를 판단한다.

1. 공소사실 요지 및 원심의 판단

가. 이 사건 공소사실의 요지는, 피고인이 2014. 8.경 경찰서에 ○○농업협동조합의 조합장에게 농업협동조합법 위반 등의 혐의가 있다고 주장하는 내용의 고발장을 제출하면서 피고인이 위 조합의 경제상무로 근무할 때 확보하여 보관하고 있던 개인정보가 담긴 자료들을 첨부하여 제출함으로써 「개인정보 보호법」 제71조 제5호, 제59조 제2호를 위반하여 개인정보를 처리하거나 처리하였던 사람이 업무상 알게 된 개인정보를 누설하였다는 것이다.

나. 원심은 판시와 같은 이유로 「개인정보 보호법」에 따른 개인정보 누설에는 고소·고발에 수반하여 수사기관에 개인정보를 알려주는 행위가 포함되지 않는다고 보아 이 사건 공소사실을 유죄로 판단한 제1심판결을 파기하고 무죄로 판단하였다.

2. 대법원의 판단

가. 관련 규정과 법리

「개인정보 보호법」 제59조 제2호는 개인정보를 처리하거나 처리하였던 자는 업무상 알게 된 개인정보를 누설하거나 권한 없이 다른 사람이 이용하도록 제공하는 행위를 하여서는 아니 된다고 규정하고, 같은 법 제71조 제5호는 제59조 제2호를 위반하여 업무상 알게 된 개인정보를 누설하거나 권한 없이 다른 사람이 이용하도록 제공한 자 등에 해당하는 자는 5년 이하의 징역 또는 5천만 원 이하의 벌금에 처한다고 규정하고 있다. 한편 구 「공공기관의 개인정보보호에 관한 법률」(2011. 3. 29. 법률 제10465호로 폐지되기 전의 것, 이하 같다) 제11조는 개인정보의 처리를 행하는 공공기관의 직원이나 직원이었던 자 등은 직무상 알게 된 개인정보를 누설 또는 권한 없이 처리하거나 타인의 이용에 제공하는 등 부당한 목적을 위하여 사용하여서는 아니 된다고 규정하고, 같은 법 제23조 제2항은 제11조의 규정을 위반하여 개인정보를 누설 또는 권한 없이 처리하거나 타인의 이용에 제공하는 등 부당한 목적으로 사용한 자는 3년 이하의 징역 또는 1천만 원 이하의 벌금에 처한다고 규정하였다.

구 「공공기관의 개인정보보호에 관한 법률」이 2011. 3. 29. 폐지되고 「개인정보 보호법」이 제정된 취지는 공공부문과 민간부문을 망라하여 국제 수준에 부합하는 개인정보 처리원칙 등을 규정하고, 개인정보 침해로 인한 국민의 피해 구제를 강화하여 국민의 사생활의 비밀을 보호하며, 개인정보에 대한 권리와 이익을 보장하려는 것이다.

구 「공공기관의 개인정보보호에 관한 법률」 제23조 제2항, 제11조의 '누설'이라 함은 아직 개인정보를 알지 못하는 타인에게 알려주는 일체의 행위를 말하고(대법원 2015. 07. 09. 선고 2013

도13070 판결 참조), 고소·고발장에 다른 정보주체의 개인정보를 첨부하여 경찰서에 제출한 것은 그 정보주체의 동의도 받지 아니하고 관련 법령에 정한 절차를 거치지 아니한 이상 부당한 목적하에 이루어진 개인정보의 '누설'에 해당하였다(대법원 2008. 10. 23. 선고 2008도5526 판결 참조). 「개인정보 보호법」 제71조 제5호, 제59조 제2호 위반죄는 구 「공공기관의 개인정보보호에 관한 법률」 제23조 제2항, 제11조 위반죄와 비교하여 범행주체가 다르고 '누설'에 부당한 목적이 삭제되었다는 것만 다를 뿐 나머지 구성요건은 실질적으로 동일한 점, 「개인정보 보호법」 제59조 제2호가 금지하는 누설행위의 주체는 '개인정보를 처리하거나 처리하였던 자'이고, 그 대상은 '업무상 알게 된 개인정보'로 제한되므로, 수사기관에 대한 모든 개인정보 제공이 금지되는 것도 아닌 점 및 「개인정보 보호법」의 제정 취지 등을 감안하면, 구 「공공기관의 개인정보보호에 관한 법률」에 따른 '누설'에 관한 위의 법리는 「개인정보 보호법」에도 그대로 적용된다.

나. 판 단

앞서 본 법리에 비추어 살펴보면, 피고인이 고소·고발에 수반하여 이를 알지 못하는 수사기관에 개인정보를 알려주었다고 하더라도, 그러한 행위를 「개인정보 보호법」에 따른 개인정보 '누설'에서 제외할 수는 없다(다만 피고인의 위 행위가 범죄행위로서 처벌대상이 될 정도의 위법성을 갖추고 있지 않아 위법성이 조각될 수 있는지는 별개의 문제이다).

그럼에도 원심은 피고인의 위 행위가 「개인정보 보호법」에 따른 개인정보 누설에 포함되지 않는다고 보았는바, 이러한 원심의 판단에는 「개인정보 보호법」 제71조 제5호, 제59조 제2호가 정한 '누설'에 관한 법리를 오해하여 판결에 영향을 미친 잘못이 있다. 이를 지적하는 검사의 상고이유는 이유 있다.

3. 결 론

그러므로 원심판결을 파기하고 사건을 다시 심리·판단하게 하기 위하여 원심법원에 환송하기로 하여, 관여 대법관의 일치된 의견으로 주문과 같이 판결한다.

© 대법원 2022. 11. 17. 선고 2022도7290 판결 [감염병의예방및관리에관한법률위반·위계공무집행방해·공무상표시무효교사]

【판시사항】

[1] 죄형법정주의에 따른 형벌법규의 해석 원칙
[2] 감염병의 예방 및 관리에 관한 법률 제18조 제3항에서 정한 '역학조사'의 의미 / 같은 항 제1호에서 정한 '역학조사를 거부하는 행위'가 성립하려면 행위자나 그의 공범에 대하여 같은 항에서 정한 '역학조사'가 실시되었음이 전제되어야 하는지 여부(적극)

【판결요지】

[1] 헌법은 국가형벌권의 자의적인 행사로부터 개인의 자유와 권리를 보호하기 위하여 범죄와 형벌을 법률로 정하도록 하고 있다(헌법 제13조 제1항). 국민의 기본권을 제한하거나 의무를 부과하는 법률, 그중에서도 특히 형벌에 관한 법률은 국가기관이 자의적으로 권한을 행사하지 않도록 명확하여야 한다. 다시 말하면, 형벌법규는 어떠한 행위를 처벌할 것인지 일반인이 예견할 수 있어야 하고, 그에 따라 자신의 행위를 결정할 수 있도록 구성요건을 명확하게 규정할 것을 요구한다.

건전한 상식과 통상적 법감정을 가진 사람으로 하여금 자신의 행위를 결정해 나가기에 충분한 기준이 될 정도의 의미와 내용을 가지고 있다고 볼 수 없는 형벌법규는 죄형법정주의의 명확성원칙에 위배되어 위헌이 될 수 있으므로, 불명확한 규정을 헌법에 맞게 해석하기 위해서는 이 점을 염두에 두어야 한다. 그리고 형벌법규의 해석은 엄격하여야 하고, 문언의 가능한 의미를 벗어나 피고인에게 불리한 방향으로 해석하는 것은 죄형법정주의의 내용인 확장해석금지에 따라 허용되지 않는다.

[2] 감염병의 예방 및 관리에 관한 법률(이하 '감염병예방법'이라고 한다)은, 제18조 제3항에서 질병관리청장, 시·도지사 또는 시장·군수·구청장이 실시하는 역학조사에서 정당한 사유 없이 역학조사를 거부·방해 또는 회피하는 행위(제1호), 거짓으로 진술하거나 거짓 자료를 제출하는 행위(제2호), 고의적으로 사실을 누락·은폐하는 행위(제3호)를 금지하고, 제79조 제1호에서 제18조 제3항을 위반한 자를 2년 이하의 징역 또는 2,000만 원 이하의 벌금에 처하도록 규정하고 있다.

감염병예방법은, 제2조 제17호에서 "역학조사란 감염병환자 등이 발생한 경우 감염병의 차단과 확산 방지 등을 위하여 감염병환자 등의 발생 규모를 파악하고 감염원을 추적하는 등의 활동과 감염병 예방접종 후 이상반응 사례가 발생한 경우나 감염병 여부가 불분명하나 그 발병원인을 조사할 필요가 있는 사례가 발생한 경우 그 원인을 규명하기 위하여 하는 활동을 말한다."라고 규정하는 한편, 제18조 제1항, 제2항과 제29조에서 역학조사의 주체, 시기, 내용, 방법을 정한 다음, 제18조 제4항에서 역학조사의 내용과 시기·방법 등에 관하여 필요한 사항을 대통령령으로 정하도록 규정하고 있다.

위와 같은 법 문언과 체계 등을 종합하면, 감염병예방법상 '역학조사'는 일반적으로 감염병예방법 제2조 제17호에서 정의한 활동을 말하고, 여기에는 관계자의 자발적인 협조를 얻어 실시하는 다양하고도 창의적인 활동이 포함될 수 있다. 그러나 형벌법규의 해석은 엄격하여야 하고, 처벌의 대상이 되는 행위는 수범자의 예견가능성을 보장하기 위해 그 범위가 명확히 정해져야 한다. 따라서 형벌법규의 구성요건적 요소에 해당하는 감염병예방법 제18조 제3항의 '역학조사'는, 감염병예방법 제2조 제17호의 정의에 부합할 뿐만 아니라 감염병예방법 제18조 제1항, 제2항과 제29조, 감염병예방법 제18조 제4항의 위임을 받은 감염병의 예방 및 관리에 관한 법률 시행령이 정한 주체, 시기, 대상, 내용, 방법 등의 요건을 충족하는 활동만을 의미한다고 해석함이 타당하다.

아울러 '요구나 제의 따위를 받아들이지 않고 물리침'을 뜻하는 '거부'의 사전적 의미 등을 고려하면, 감염병예방법 제18조 제3항 제1호에서 정한 '역학조사를 거부하는 행위'가 성립하려면 행위자나 그의 공범에 대하여 감염병예방법 제18조 제3항에서 정한 '역학조사'가 실시되었음이 전제되어야 한다.

【참조조문】 [1] 헌법 제13조 제1항 / [2] 헌법 제13조 제1항, 감염병의 예방 및 관리에 관한 법률 제2조 제17호, 제18조, 제29조, 제79조 제1호, 구 감염병의 예방 및 관리에 관한 법률 시행령(2021. 12. 14. 대통령령 제32212호로 개정되기 전의 것) 제12조, 제13조, 제14조 [별표 1의3]

【참조판례】 [1] 대법원 2021. 1. 28. 선고 2020도2642 판결(공2021상, 563), 헌법재판소 2016. 11. 24. 선고 2015헌가23 전원재판부 결정(헌공242, 1825)
【전 문】 【피 고 인】 피고인 1 외 1인 【상 고 인】 피고인들
【변 호 인】 법무법인(유한) 광장 담당변호사 강을환 외 3인
【원심판결】 대구지법 2022. 5. 26. 선고 2021노3395 판결

【주 문】

원심판결을 파기하고, 사건을 대구지방법원에 환송한다.

【이 유】

상고이유(상고이유서 제출기간이 지난 다음 제출된 상고이유보충서는 상고이유를 보충하는 범위에서)를 판단한다.

1. 공소사실의 요지와 원심의 판단

가. 피고인들에 대한 공소사실 중 역학조사 거부로 인한 「감염병의 예방 및 관리에 관한 법률」(이하 '감염병예방법'이라고 한다) 위반 부분(이하 '쟁점 공소사실'이라고 한다)의 요지

'○○○○○ 센터'(이하 '이 사건 센터'라고 한다)는 △△△△△회(명칭 생략)이 운영하는 수련시설이다. 2020. 11. 27.부터 2020. 11. 28.까지 이 사건 센터에서 '□□□□□ 역량 개발 행사'(이하 '이 사건 행사'라고 한다)가 개최되었는데, 이 사건 행사에 참석한 공소외 1이 2020. 12. 3. 대구광역시 ◇◇구보건소에서 코로나 바이러스 감염증-19(이하 '코로나19'라고 한다) 양성 확진 판정을 받게 되었다. 이에 따라 이 사건 센터 시설을 관리하던 피고인 1은, 2020. 12. 3. 상주시의 코로나19 관련 역학조사 담당자인 공소외 2로부터 이 사건 행사 기간에 이 사건 센터 시설에 출입한 자들의 명단과 해당 시설에 종사하는 자들의 명단(위 각 명단을 합하여 이하 '이 사건 명단'이라고 한다)을 제출해 달라는 요구를 받고도 피고인 2와 공모한 대로 이 사건 명단의 제출을 거부하였다. 아울러 피고인 1은 2020. 12. 4. 이 사건 명단을 제출해 달라는 상주시장 명의의 공문을 받고도 피고인 2와 공모한 대로 이 사건 명단의 제출을 거부하였다. 이로써 피고인들은 공모하여 상주시장의 역학조사를 거부하였다.

나. 원심의 판단

원심은 다음과 같은 이유로 쟁점 공소사실을 유죄로 판단한 제1심판결을 그대로 유지하였다.

1) 상주시장 측이 피고인 1에게 이 사건 명단의 제출을 요구한 것은 '확진자의 감염원을 추적하고, 감염병환자, 감염병의사환자 및 병원체보유자(이하 '감염병환자 등'이라고 한다)의 발생 규모를 파악하는 동시에 감염병의 감염경로를 확인하기 위한 것'으로서 감염병예방법 제2조 제17호에서 정한 '역학조사'의 정의에 포섭된다. 따라서 상주시장 측의 위와 같은 요청을 거부한 피고인들의 행위는 감염병예방법 제18조 제3항 제1호에서 정한 '역학조사를 거부한 행위'에 해당한다.

2) 설령 상주시장 측이 피고인 1에게 이 사건 명단의 제출을 요구한 행위 자체가 감염병예방법 제18조 제3항에서 정한 '역학조사'에 해당하지 않는다고 하더라도, 역학조사에 수반되고 역학조사 간의 연결 과정을 형성하는 핵심적인 사실행위를 거부하는 행위도 감염병예방법 제18조 제3항 제1호에서 정한 '역학조사의 거부행위'에 해당된다고 봄이 타당한데, 상주시장 측의 이 사건 명단 제출 요구는 공소외 1에 대한 역학조사와 향후 있을 다른 역학조사 간의 연결 과정을 형성하는 핵심적인 사실행위에 해당하므로, 이를 거부한 피고인들의 행위는 감염병예방법 제18조 제3항 제1호에서 정한 '역학조사를 거부한 행위'에 해당한다.

2. 대법원의 판단

그러나 원심의 위와 같은 판단은 그대로 수긍하기 어렵다.

가.

1) 헌법은 국가형벌권의 자의적인 행사로부터 개인의 자유와 권리를 보호하기 위하여 범죄와 형벌을 법률로 정하도록 하고 있다(헌법 제13조 제1항). 국민의 기본권을 제한하거나 의무를 부과하는 법률, 그중에서도 특히 형벌에 관한 법률은 국가기관이 자의적으로 권한을 행사하지 않도록 명확하여야 한다. 다시 말하면, 형벌법규는 어떠한 행위를 처벌할 것인지 일반인이 예견할 수 있어야 하고, 그에 따라 자신의 행위를 결정할 수 있도록 구성요건을 명확하게 규정할 것을 요구한다.

건전한 상식과 통상적 법감정을 가진 사람으로 하여금 자신의 행위를 결정해 나가기에 충분한 기준이 될 정도의 의미와 내용을 가지고 있다고 볼 수 없는 형벌법규는 죄형법정주의의 명확성원칙에 위배되어 위헌이 될 수 있으므로(헌법재판소 2016. 11. 24. 선고 2015헌가23 전원재판부 결정 등 참조), 불명확한 규정을 헌법에 맞게 해석하기 위해서는 이 점을 염두에 두어야 한다. 그리고 형벌법규의 해석은 엄격하여야 하고, 문언의 가능한 의미를 벗어나 피고인에게 불리한 방향으로 해석하는 것은 죄형법정주의의 내용인 확장해석금지에 따라 허용되지 않는다(대법원 2021. 01. 28. 선고 2020도2642 판결 참조).

2) 감염병예방법은, 제18조 제3항에서 질병관리청장, 시·도지사 또는 시장·군수·구청장이 실시하는 역학조사에서 정당한 사유 없이 역학조사를 거부·방해 또는 회피하는 행위(제1호), 거짓으로 진술하거나 거짓 자료를 제출하는 행위(제2호), 고의적으로 사실을 누락·은폐하는 행위(제3호)를 금지하고, 제79조 제1호에서 제18조 제3항을 위반한 자를 2년 이하의 징역 또는 2,000만 원 이하의 벌금에 처하도록 규정하고 있다.

감염병예방법은, 제2조 제17호에서 "역학조사란 감염병환자 등이 발생한 경우 감염병의 차단과 확산 방지 등을 위하여 감염병환자 등의 발생 규모를 파악하고 감염원을 추적하는 등의 활동과 감염병 예방접종 후 이상반응 사례가 발생한 경우나 감염병 여부가 불분명하나 그 발병 원인을 조사할 필요가 있는 사례가 발생한 경우 그 원인을 규명하기 위하여 하는 활동을 말한다."라고 규정하는 한편, 제18조 제1항, 제2항과 제29조에서 역학조사의 주체, 시기, 내용, 방법을 정한 다음, 제18조 제4항에서 역학조사의 내용과 시기·방법 등에 관하여 필요한 사항을 대통령령으로 정하도록 규정하고 있다.

위와 같은 법 문언과 체계 등을 종합하면, 감염병예방법상 '역학조사'는 일반적으로 감염병예방법 제2조 제17호에서 정의한 활동을 말하고, 여기에는 관계자의 자발적인 협조를 얻어 실시하는 다양하고도 창의적인 활동이 포함될 수 있다. 그러나 형벌법규의 해석은 엄격하여야 하고, 처벌의 대상이 되는 행위는 수범자의 예견가능성을 보장하기 위해 그 범위가 명확히 정해져야 한다. 따라서 형벌법규의 구성요건적 요소에 해당하는 감염병예방법 제18조 제3항의 '역학조사'는, 감염병예방법 제2조 제17호의 정의에 부합할 뿐만 아니라 감염병예방법 제18조 제1항, 제2항과 제29조, 감염병예방법 제18조 제4항의 위임을 받은 감염병의 예방 및 관리에 관한 법률 시행령이 정한 주체, 시기, 대상, 내용, 방법 등의 요건을 충족하는 활동만을 의미한다고 해석함이 타당하다.

3) 아울러 '요구나 제의 따위를 받아들이지 않고 물리침'을 뜻하는 '거부'의 사전적 의미 등을 고려하면, 감염병예방법 제18조 제3항 제1호에서 정한 '역학조사를 거부하는 행위'가 성립하려면 행위자나 그의 공범에 대하여 감염병예방법 제18조 제3항에서 정한 '역학조사'가 실시되었음이 전제되어야 한다.

나. 위 법리에 비추어 원심판결 이유를 살펴본다.

1) 쟁점 공소사실 기재와 같은 피고인들의 행위가 감염병예방법 제18조 제3항 제1호에서 정한 '역학조사를 거부하는 행위'에 해당하려면, 상주시장 측의 이 사건 명단 제출 요구가 감염병예방법 제18조 제3항에서 정한 '역학조사'에 해당하여야 한다. 따라서 원심으로서는 상주시장 측의 이 사건 명단 제출 요구가 감염병예방법 제18조 제1항, 제2항과 감염병예방법 제18조 제4항의 위임을 받은 구 감염병의 예방 및 관리에 관한 법률 시행령(2021. 12. 14. 대통령령 제32212호로 개정되기 전의 것)이 정한 역학조사의 주체, 시기, 내용, 방법 등의 요건을 충족하는지를 구체적으로 심리한 다음, 그 결과를 토대로 피고인들의 행위가 감염병예방법 제18조 제3항 제1호에서 정한 '역학조사를 거부하는 행위'에 해당하는지를 판단하였어야 한다.

2) 그런데도 원심은 판시와 같은 이유만으로 피고인들의 행위가 감염병예방법 제18조 제3항 제1호에서 정한 '역학조사를 거부하는 행위'에 해당한다고 보아, 쟁점 공소사실을 유죄로 판단한 제1심판결을 그대로 유지하였다. 위와 같은 원심의 판단에는 감염병예방법 제18조 제3항에서 정한 '역학조사'의 의미 등에 관한 법리를 오해하여 필요한 심리를 다하지 않은 잘못이 있다. 이 점을 지적하는 피고인들의 상고이유 주장은 이유 있다.

3. 파기의 범위

위와 같은 이유로 원심판결 중 쟁점 공소사실 부분은 파기되어야 한다. 그런데 쟁점 공소사실 중 각각의 피고인에 대한 부분과 해당 피고인에 대하여 유죄로 인정된 나머지 부분이 형법 제37조 전단의 경합범 관계에 있다는 이유로 피고인별로 하나의 형이 선고되었으므로, 결국 원심판결은 전부 파기되어야 한다.

4. 결론

그러므로 원심판결을 파기하고, 사건을 다시 심리·판단하도록 원심법원에 환송하기로 하여, 관여 대법관의 일치된 의견으로 주문과 같이 판결한다.

ⓒ 대법원 2022. 11. 17. 선고 2022도9737 판결 [마약류관리에관한법률위반(대마)·마약류관리에관한법률위반(향정)]

【판시사항】

피고인들이 마약류를 매매, 수수, 소지하였다는 이유로 마약류 관리에 관한 법률 위반으로 기소된 사안에서, 제1심판결 중 이수명령 부분을 파기한 사례

【판결요지】

피고인들이 마약류를 매매, 수수, 소지하였다는 이유로 마약류 관리에 관한 법률 위반으로 기소된 사안에서, 피고인들이 마약류의 투약, 흡연 또는 섭취한 행위로 기소되지 않은 이상 '마약류사범'이 아니므로 마약류 관리에 관한 법률 제40조의2 제2항에 따른 이수명령을 할 수 없는데도 피고인들에게 유죄판결을 하면서 이수명령을 병과한 제1심판결을 그대로 유지한 원심판결에는 '마약류사범'의 의미를 오해하여 판결에 영향을 미친 잘못이 있다고 보아, 제1심판결 중 이수명령 부분을 파기한 사례.

【참조조문】 마약류 관리에 관한 법률 제40조의2 제1항, 제2항
【전 문】 【피 고 인】 피고인 1 외 2인 【상 고 인】 피고인들 【변 호 인】 변호사 박종민 외 2인
【원심판결】 수원고법 2022. 7. 15. 선고 2022노33 판결

【주 문】

원심판결과 제1심판결 중 피고인들에 대한 이수명령 부분을 파기한다. 피고인들의 상고를 모두 기각한다.

【이 유】

1. 상고이유를 판단한다.

가. 원심은 판시와 같은 이유로 피고인들에 대한 공소사실을 유죄로 판단한 제1심판결을 그대로 유지하였다. 원심판결 이유를 관련 법리와 적법하게 채택된 증거에 비추어 살펴보면, 원심의 판단은 정당하다. 원심판단에는 상고이유 주장과 같이 논리와 경험의 법칙을 위반하여 자유심증주의의 한계를 벗어나거나 마약류 수수와 매매의 죄수에 관한 법리를 오해하는 등의 잘못이 없다.

나. 형사소송법 제383조 제4호에 의하면 사형, 무기 또는 10년 이상의 징역이나 금고가 선고된 사건에서만 양형부당을 사유로 한 상고가 허용된다. 피고인 2에 대하여 그보다 가벼운 형이 선고된 이 사건에서 형이 너무 무거워 부당하다는 주장은 적법한 상고이유가 되지 못한다.

2. 직권으로 판단한다.

가. 「마약류 관리에 관한 법률」(이하 '마약류관리법'이라고 한다)은 '마약류사범'에 대하여 선고유예

외의 유죄판결을 선고하는 경우 재범예방에 필요한 교육의 수강명령이나 재활교육 프로그램의 이수명령을 병과하도록 규정하였다(제40조의2 제2항). 여기서 말하는 '마약류사범'이란 마약류를 투약, 흡연 또는 섭취한 사람을 가리킨다(마약류관리법 제40조의2 제1항).

나. 그런데 피고인들에 대한 공소사실은 마약류를 매매, 수수, 소지하였다는 것뿐이다. 피고인들이 마약류의 투약, 흡연 또는 섭취한 행위로 기소되지 않은 이상 '마약류사범'이 아니므로 마약류관리법 제40조의2 제2항에 따른 이수명령을 할 수 없다. 피고인들에게 유죄판결을 하면서 이수명령을 병과한 제1심판결을 그대로 유지한 원심판결에는 '마약류사범'의 의미를 오해하여 판결에 영향을 미친 잘못이 있다.

3. 결론

그러므로 원심판결 중 피고인들에 대한 이수명령 부분을 파기하되, 이 부분은 이 법원이 재판하기에 충분하므로 자판하기로 한다. 앞서 본 이유로 피고인들에게 이수명령을 할 수 없는데도 이를 병과한 제1심판결은 위법하므로, 제1심판결 중 이수명령 부분을 파기하고(피고인들에게 별도의 부수처분을 명하지 않으므로 이에 관한 제1심판결을 파기하는 것으로 충분하다), 피고인들의 상고는 모두 기각하기로 하여, 관여 대법관의 일치된 의견으로 주문과 같이 판결한다.

⑩ 대법원 2022. 11. 30. 선고 2022도6462 판결 [국민체육진흥법위반(도박등)방조]

【판시사항】

대한민국 영역 내에서 해외 스포츠 도박 사이트에 접속하여 베팅을 하는 방법으로 체육진흥투표권과 비슷한 것을 정보통신망을 이용하여 발행받은 다음 결과를 적중시킨 자가 재산상 이익을 얻는 내용의 도박을 한 경우, 국민체육진흥법 제26조 제1항에서 금지하고 있는 유사행위를 이용한 도박 행위에 해당하여 같은 법 제48조 제3호에 따라 처벌할 수 있는지 여부(적극) 및 이는 스포츠 도박 사이트의 운영이 외국인에 의하여 대한민국 영역 외에서 이루어진 것이더라도 마찬가지인지 여부(적극)

【판결요지】

국민체육진흥법 제26조 제1항은 "서울올림픽기념국민체육진흥공단과 수탁사업자가 아닌 자는 체육진흥투표권 또는 이와 비슷한 것을 발행(정보통신망에 의한 발행을 포함한다)하여 결과를 적중시킨 자에게 재물이나 재산상의 이익을 제공하는 행위(이하 '유사행위'라고 한다)를 하여서는 아니 된다."라고 규정하면서 같은 법 제47조 제2호에서 이를 위반한 자를 7년 이하의 징역이나 7천만 원 이하의 벌금으로 처벌하도록 규정하는 한편, 같은 법 제48조 제3호는 "제26조 제1항의 금지행위를 이용하여 도박을 한 자"를 5년 이하의 징역이나 5천만 원 이하의 벌금으로 처벌하도록 규정하고 있다.

국민체육진흥법이 유사행위를 금지하고 이를 위반한 행위를 처벌하는 데서 나아가 2012년 개정으로 금지된 유사행위를 이용하여 도박을 한 자를 처벌하는 규정을 신설한 취지는 정당한 체육진흥투표권 발행사업자가 아닌 자의 스포츠 도박 사업 운영에 참여하여 도박을 하는 행위를 근절함으로써 사행성이 높은 불법적인 스포츠 도박 행위를 규제하고 체육진흥투표권 발행사업의 안정성과 공정성을 확보하려는 데에 있다. 한편 정보통신망을 이용하는 스포츠 도박 사업은 장소적 제약을 뛰어넘어 규제 정도가 낮은 국가의 정보통신망과 연동함으로써 쉽게 자국의 규제를 회피할 수 있고, 스포츠 도박이 합법화된 국가의 정보통신망을 이용하여 이루어지는 경우도 많다.

위와 같은 국민체육진흥법 규정의 내용, 유사행위 금지규정과 이를 이용한 도박 행위에 대한 처벌규정의 신설 경위, 정보통신망을 통한 스포츠 도박의 현황 등을 종합하여 보면, 대한민국 영역 내에서 해외 스포츠 도박 사이트에 접속하여 베팅을 하는 방법으로 체육진흥투표권과 비슷한 것을 정보통신망을 이용하여 발행받은 다음 결과를 적중시킨 경우 재산상 이익을 얻는 내용의 도박을 하였다면, 그 스포츠 도박 사이트를 통한 도박 행위는 국민체육진흥법 제26조 제1항에서 금지하고 있는 유사행위를 이용한 도박 행위에 해당하므로, 제48조 제3호에 따라 처벌할 수 있다. 이는 그 스포츠 도박 사이트의 운영이 외국인에 의하여 대한민국 영역 외에서 이루어진 것이라고 하더라도 마찬가지이다.

【참조조문】 국민체육진흥법 제26조 제1항, 제47조 제2호, 제48조 제3호
【참조판례】 대법원 2018. 10. 30. 선고 2018도7172 전원합의체 판결(공2018하, 2386)
【전 문】 【피 고 인】 피고인 【상 고 인】 피고인
【변 호 인】 변호사 최종명 외 3인
【원심판결】 광주지법 2022. 5. 12. 선고 2020노2809 판결

【주 문】

상고를 기각한다. 원심판결의 주문 중 "원심판결을 파기한다."를 "원심판결 중 유죄 부분을 파기한다."로 변경하고, "피고인 ○○○의 항소 및"을 삭제하며, 이유 중 제11쪽 제9행의 "원심판결 중 피고인 ○○○에 관한 부분도 전부"를 "원심판결 중 피고인 ○○○에 관한 유죄 부분도"로 변경하고, 제13행의 "피고인 ○○○의 항소 및"을 삭제하는 것으로 각각 경정한다.

【이 유】

상고이유를 판단한다.

국민체육진흥법 제26조 제1항은 "서울올림픽기념국민체육진흥공단과 수탁사업자가 아닌 자는 체육진흥투표권 또는 이와 비슷한 것을 발행(정보통신망에 의한 발행을 포함한다)하여 결과를 적중시킨 자에게 재물이나 재산상의 이익을 제공하는 행위(이하 '유사행위'라고 한다)를 하여서는 아니 된다."라고 규정하면서 같은 법 제47조 제2호에서 이를 위반한 자를 7년 이하의 징역이나 7천만 원 이하의 벌금으로 처벌하도록 규정하는 한편, 같은 법 제48조 제3호는 "제26조 제1항의 금지행위를 이용하여 도박을 한 자"를 5년 이하의 징역이나 5천만 원 이하의 벌금으로 처벌하도록 규정하고 있다.

국민체육진흥법이 유사행위를 금지하고 이를 위반한 행위를 처벌하는 데서 나아가 2012년 개정으로 금지된 유사행위를 이용하여 도박을 한 자를 처벌하는 규정을 신설한 취지는 정당한 체육진흥투표권 발행사업자가 아닌 자의 스포츠 도박 사업 운영에 참여하여 도박을 하는 행위를 근절함으로써 사행성이 높은 불법적인 스포츠 도박 행위를 규제하고 체육진흥투표권 발행사업의 안정성과 공정성을 확보하려는 데에 있다. 한편 정보통신망을 이용하는 스포츠 도박 사업은 장소적 제약을 뛰어넘어 규제 정도가 낮은 국가의 정보통신망과 연동함으로써 쉽게 자국의 규제를 회피할 수 있고(대법원 2018. 10. 30. 선고 2018도7172 전원합의체 판결 참조), 스포츠 도박이 합법화된 국가의 정보통신망을 이용하여 이루어지는 경우도 많다.

위와 같은 국민체육진흥법 규정의 내용, 유사행위 금지규정과 이를 이용한 도박 행위에 대한 처벌규정의 신설 경위, 정보통신망을 통한 스포츠 도박의 현황 등을 종합하여 보면, 대한민국 영역 내에서 해외 스포츠 도박 사이트에 접속하여 베팅을 하는 방법으로 체육진흥투표권과 비슷한 것을 정보통신망을 이용하여 발행받은 다음 결과를 적중시킨 경우 재산상 이익을 얻는 내용의 도박을 하였다면, 그 스포츠 도박 사이트를 통한 도박 행위는 국민체육진흥법 제26조 제1항에서 금지하고 있는 유사행위를 이용한 도박 행위에 해당하므로, 제48조 제3호에 따라 처벌할 수 있다. 이는 그 스포츠 도박 사이트의 운영이 외국인에 의하여 대한민국 영역 외에서 이루어진 것이라고 하더라도 마찬가지이다.

원심은, 해외에서 적법하게 개설된 사설 스포츠 도박 사이트의 운영자에게 국민체육진흥법 제26조 제1항이 미치는지 여부를 불문하고 유사행위를 이용하여 도박을 한 내국인은 국민체육진흥법 제48조 제3호에 따라 처벌된다는 이유로 피고인에 대한 공소사실(무죄 부분 제외)을 유죄로 판단하였다. 원심판결 이유를 위 법리와 적법하게 채택된 증거에 비추어 살펴보면, 원심의 설시에 일부 부적절한 부분이 있으나, 그 판단에 논리와 경험의 법칙을 위반하여 자유심증주의의 한계를 벗어나거나 국민체육진흥법 제48조 제3호의 '금지행위', 제26조 제1항의 '유사행위' 등에 관한 법리를 오해하여 판결에 영향을 미친 잘못은 없다.

그러므로 상고를 기각하되, 원심판결 주문과 이유에 명백한 오기가 있으므로 형사소송규칙 제25조 제1항에 따라 직권으로 경정하기로 하여, 관여 대법관의 일치된 의견으로 주문과 같이 판결한다.

⑩ 대법원 2022. 12. 01. 선고 2018도13867 판결 [업무상횡령·위계공무집행방해·증거인멸교사·방송법위반·변호사법위반]

【판시사항】

구 방송법 제105조 제2호에서 정한 '허위 기타 부정한 방법'의 의미

【판결요지】

구 방송법(2015. 12. 22. 법률 제13580호로 개정되기 전의 것, 이하 '방송법'이라고 한다) 제105조 제2호는 '허위 기타 부정한 방법으로 제17조의 규정에 의한 재승인을 얻어 방송사업을 한 자'에 대하여 2년 이하의 징역 또는 3천만 원 이하의 벌금에 처하도록 규정하고 있다. 여기서 '허위 기타 부정한 방법'이라 함은 정상적인 절차·방법에 의해서는 방송법 제17조에 따른 재승인을 얻지 못할 수 있음에도 위계 기타 사회통념상 부정이라고 인정되는 행위로서 재승인 여부에 관한 의사결정에 영향을 미칠 수 있는 행위를 의미한다.

【참조조문】 구 방송법(2015. 12. 22. 법률 제13580호로 개정되기 전의 것) 제17조, 제105조 제2호
【전 문】 【피 고 인】 피고인 1 외 2인 【상 고 인】 피고인들 및 검사(피고인 1에 대하여)
【변 호 인】 변호사 이재홍 외 7인
【원심판결】 서울고법 2018. 8. 23. 선고 2017노3389 판결

【주 문】

상고를 모두 기각한다.

【이 유】

상고이유(상고이유서 제출기간이 지난 후에 제출된 상고이유보충서 등의 기재는 상고이유를 보충하는 범위 내에서)를 판단한다.

1. 피고인 1, 주식회사 우리홈쇼핑(이하 '우리홈쇼핑'이라고 한다)의 상고이유에 대하여

가. 피고인 1, 우리홈쇼핑의 방송법 위반 부분

1) 구 방송법(2015. 12. 22. 법률 제13580호로 개정되기 전의 것, 이하 '방송법'이라고 한다) 제105조 제2호는 '허위 기타 부정한 방법으로 제17조의 규정에 의한 재승인을 얻어 방송사업을 한 자'에 대하여 2년 이하의 징역 또는 3천만 원 이하의 벌금에 처하도록 규정하고 있다. 여기서 '허위 기타 부정한 방법'이라 함은 정상적인 절차·방법에 의해서는 방송법 제17조에 따른 재승인을 얻지 못할 수 있음에도 위계 기타 사회통념상 부정이라고 인정되는 행위로서 재

승인 여부에 관한 의사결정에 영향을 미칠 수 있는 행위를 의미한다.

2) 원심은 다음과 같은 이유로 우리홈쇼핑이 2015. 5. 26. 허위 기타 부정한 방법으로 방송채널사용사업 재승인(이하 '방송재승인'이라고 한다)을 얻었다고 보아, 위 피고인들에 대한 방송법 위반 부분을 유죄로 판단한 제1심판결을 그대로 유지하였다.

가) 피고인 1이 2015. 3. 6. 미래창조과학부(이하 '미래부'라고 한다)에 2차 사업계획서를 제출하면서 의도적으로 임직원의 처벌 내역을 사실과 다르게 허위로 기재하고, 이후 미래부 담당 공무원의 보정 및 확인 요청에 허위로 답변하거나 불응하였으며, 방송재승인 심사 이후에도 허위 또는 오류에 대한 시정 노력을 기울이지 아니함으로써 허위 기타 부정한 방법으로 우리홈쇼핑에 대한 방송재승인을 얻었다.

나) 우리홈쇼핑에 대한 방송재승인이 미래부의 부실한 심사에 기인한 것이라고 볼 수 없다.

3) 원심판결 이유를 앞서 본 법리와 적법하게 채택된 증거에 비추어 살펴보면, 원심의 판단에 필요한 심리를 다하지 아니한 채 논리와 경험의 법칙을 위반하여 자유심증주의의 한계를 벗어나거나 방송법 위반죄에서 '허위 기타 부정한 방법', 고의, 인과관계 및 증명책임에 관한 법리를 오해하고, 판단누락, 이유모순 등으로 판결에 영향을 미친 잘못이 없다.

나. 피고인 1의 위계공무집행방해 부분

원심은 그 판시와 같은 이유를 들어 피고인 1이 미래부에 방송재승인 심사위원 결격 대상자에서 공소외 1을 제외하지 아니한 명단을 제출하여 공소외 1이 심사위원으로 위촉되어 심사를 수행하게 함으로써 공정하게 방송재승인 심사를 진행하여야 할 미래부 담당 공무원들의 구체적이고 현실적인 직무집행이 방해되었다고 보아, 피고인 1의 위계공무집행방해 부분을 유죄로 판단한 제1심판결을 그대로 유지하였다. 원심판결 이유를 관련 법리와 적법하게 채택된 증거에 비추어 살펴보면, 원심의 판단에 필요한 심리를 다하지 아니한 채 위계공무집행방해죄의 성립 및 인과관계에 관한 법리를 오해하고, 판단누락 등으로 판결에 영향을 미친 잘못이 없다.

다. 피고인 1의 업무상횡령 부분

원심은 그 판시와 같은 이유를 들어 피고인 1의 업무상횡령 부분 중 정치후원금 명목으로 지출한 5,460만 원 부분, 공소외 2에게 교부한 1,000만 원 상당 상품권 부분, 피고인 2에게 교부한 1,200만 원 부분, 세무자문료와 법률자문료 명목으로 지출한 4억 1,890만 원 부분을 유죄로 판단한 제1심판결을 그대로 유지하였다. 원심판결 이유를 관련 법리와 적법하게 채택된 증거에 비추어 살펴보면, 원심의 판단에 필요한 심리를 다하지 아니한 채 논리와 경험의 법칙을 위반하여 자유심증주의의 한계를 벗어나거나 불법영득의사에 관한 법리를 오해한 잘못이 없다.

2. 피고인 2의 상고이유에 대하여

피고인 2는 상고이유로 원심판결에 양형사유에 관하여 필요한 심리를 다하지 아니한 잘못이 있다고 주장하는데, 이는 양형부당 주장에 해당한다. 형사소송법 제383조 제4호에 따르면 사형, 무기 또는 10년 이상의 징역이나 금고가 선고된 사건에서만 양형부당을 이유로 상고할 수 있다. 따라서 피고인 2에 대하여 그보다 가벼운 형이 선고된 이 사건에서 형이 너무 무거워 부당하다는 주장은 적법한 상고이유가 아니다.

3. 검사의 상고이유에 대하여

원심은 판시와 같은 이유로 피고인 1의 업무상횡령 부분 중 위에서 유죄로 인정한 부분을 제외한 나머지 부분에 대하여 무죄로 판단한 제1심판결을 그대로 유지하였다.

원심판결 이유를 관련 법리와 기록에 비추어 살펴보면, 원심의 판단에 논리와 경험의 법칙을 위반하여 자유심증주의의 한계를 벗어나거나 업무상횡령죄의 성립과 불법영득의사에 관한 법리를 오해한 잘못이 없다.

4. 결 론

그러므로 상고를 모두 기각하기로 하여, 관여 대법관의 일치된 의견으로 주문과 같이 판결한다.

ⓒ 대법원 2022. 12. 16. 선고 2022도10629 판결 [여신전문금융업법위반]

【판시사항】

[1] 법률의 해석 방법
[2] 여신전문금융업법 제70조 제1항 제4호에서 정한 '사용' 및 '기망하거나 공갈하여 취득한 신용카드나 직불카드'의 의미

【판결요지】

[1] 법률을 해석할 때 입법취지와 목적, 제·개정 연혁, 법질서 전체와의 조화, 다른 법령과의 관계 등을 고려하는 체계적·논리적 해석 방법을 사용할 수 있으나, 문언 자체가 비교적 명확한 개념으로 구성되어 있다면 원칙적으로 이러한 해석 방법은 활용할 필요가 없거나 제한되어야 한다.

[2] 여신전문금융업법 제70조 제1항 제4호에서는 '강취·횡령하거나, 사람을 기망하거나 공갈하여 취득한 신용카드나 직불카드를 판매하거나 사용한 자'를 처벌하도록 규정하고 있는데, 여기에서 '사용'은 강취·횡령, 기망 또는 공갈로 취득한 신용카드나 직불카드를 진정한 카드로서 본래의 용법에 따라 사용하는 경우를 말한다. 그리고 '기망하거나 공갈하여 취득한 신용카드나 직불카드'는 문언상 '기망이나 공갈을 수단으로 하여 다른 사람으로부터 취득한 신용카드나 직불카드'라는 의미이므로, '신용카드나 직불카드의 소유자 또는 점유자를 기망하거나 공갈하여 그들의 자유로운 의사에 의하지 않고 점유가 배제되어 그들로부터 사실상 처분권을 취득한 신용카드나 직불카드'라고 해석되어야 한다.

【참조조문】 [1] 여신전문금융업법 제70조 제1항 제4호 / [2] 여신전문금융업법 제70조 제1항 제4호
【참조판례】 [1] 대법원 2017. 12. 21. 선고 2015도8335 전원합의체 판결(공2018상, 252) [2] 대법원 2003. 11. 14. 선고 2003도3977 판결(공2003하, 2418), 대법원 2005. 7. 29. 선고 2005도4233 판결

【전 문】【피 고 인】피고인 【상 고 인】검사
【원심판결】서울중앙지법 2022. 8. 17. 선고 2022노842 판결

【주 문】

원심판결 중 여신전문금융업법 위반 부분을 파기하고, 이 부분 사건을 서울중앙지방법원에 환송한다.

【이 유】

상고이유를 판단한다.

1. 이 사건 공소사실 중 여신전문금융업법 위반 부분의 요지

   피고인은 2019. 2. 19. 춘천교도소에 수용 중인 피해자 공소외인에게 '피해자의 항소심 재판을 위해 변호인을 선임했는데 성공사례비를 먼저 주어야 한다. 며칠 뒤 큰돈이 나오니 영치된 피해자 명의의 신용카드로 성공사례비를 지불한 뒤 카드대금을 금방 갚겠다.'는 취지의 편지를 보냈다. 그러나 피고인은 사실 피해자의 신용카드로 성공사례비를 지불하더라도 그 대금을 변제할 의사나 능력이 없었고, 피해자의 신용카드를 생활비 등 개인적인 용도로 사용할 생각이었다.

   그런데도 피고인은 위와 같이 피해자를 기망하여 2019. 2. 22. 춘천교도소에서 피해자로부터 신용카드 1장(이하 '이 사건 신용카드'라 한다)을 교부받은 뒤, 2019. 2. 26.부터 같은 해 3. 25.까지 이 사건 신용카드로 총 23회에 걸쳐 합계 29,997,718원 상당을 결제하였다.

   이로써 피고인은 피해자를 기망하여 취득한 신용카드를 사용하였다.

2. 원심의 판단

   원심은, 기망하여 취득한 신용카드 사용으로 인한 여신전문금융업법 위반죄는 신용카드 자체를 기망하여 취득한 후 소유자 또는 점유자의 의사에 의하지 않고 신용카드를 사용한 경우에 인정된다고 전제한 뒤, 판시와 같은 사정에 의하여 인정되는 피고인의 신용카드 사용 동기 및 경위에 비추어 보면 피해자가 피고인에게 신용카드 사용권한을 준 것으로 보이므로 비록 신용카드 사용대금에 대한 피고인의 편취행위가 인정된다고 하더라도 신용카드 부정사용이라고 할 수 없다고 보아, 이 부분 공소사실을 무죄로 판단하였다.

3. 대법원의 판단

   가. 법률을 해석할 때 입법취지와 목적, 제·개정 연혁, 법질서 전체와의 조화, 다른 법령과의 관계 등을 고려하는 체계적·논리적 해석 방법을 사용할 수 있으나, 문언 자체가 비교적 명확한 개념으로 구성되어 있다면 원칙적으로 이러한 해석 방법은 활용할 필요가 없거나 제한되어야 한다.

   여신전문금융업법 제70조 제1항 제4호에서는 '강취·횡령하거나, 사람을 기망하거나 공갈하여 취득한 신용카드나 직불카드를 판매하거나 사용한 자'를 처벌하도록 규정하고 있는데, 여기에서 '사용'은 강취·횡령, 기망 또는 공갈로 취득한 신용카드나 직불카드를 진정한 카드로서 본래의 용법에 따라 사용하는 경우를 말한다(대법원 2003. 11. 14. 선고 2003도3977 판결, 대법원 2005.

07. 29. 선고 2005도4233 판결 등 참조). 그리고 '기망하거나 공갈하여 취득한 신용카드나 직불카드'는 문언상 '기망이나 공갈을 수단으로 하여 다른 사람으로부터 취득한 신용카드나 직불카드'라는 의미이므로, '신용카드나 직불카드의 소유자 또는 점유자를 기망하거나 공갈하여 그들의 자유로운 의사에 의하지 않고 점유가 배제되어 그들로부터 사실상 처분권을 취득한 신용카드나 직불카드'라고 해석되어야 한다.

나. 원심판결 이유와 적법하게 채택된 증거에 의하면, 피고인은 교도소에 수용 중인 피해자를 기망하여 2019. 2. 22. 이 사건 신용카드를 교부받은 뒤, 2019. 2. 26.부터 같은 해 3. 25.까지 약 1개월간 총 23회에 걸쳐 피고인의 의사에 따라 이 사건 신용카드를 사용하였으므로, 피해자는 피고인으로부터 기망당함으로써 피해자의 자유로운 의사에 의하지 않고 이 사건 신용카드에 대한 점유를 상실하였고, 피고인은 이 사건 신용카드에 대한 사실상 처분권을 취득하였다고 보아야 한다. 따라서 이 사건 신용카드는 피고인이 이 사건 신용카드의 소유자인 피해자를 기망하여 취득한 신용카드에 해당하고, 이를 사용한 피고인의 행위는 기망하여 취득한 신용카드 사용으로 인한 여신전문금융업법 위반죄에 해당한다.

다. 그런데도 원심은 피해자가 피고인에게 이 사건 신용카드 사용권한을 주었다는 이유로 이 부분 공소사실을 무죄로 판단하였다. 이러한 원심판결에는 여신전문금융업법 제70조 제1항 제4호에서 정한 '기망하여 취득한 신용카드'의 해석 등에 관한 법리를 오해하여 판결에 영향을 미친 잘못이 있다. 이를 지적하는 상고이유 주장은 이유 있다.

4. 결론

그러므로 원심판결 중 여신전문금융업법 위반 부분을 파기하고, 이 부분 사건을 다시 심리·판단하도록 원심법원에 환송하기로 하여, 관여 대법관의 일치된 의견으로 주문과 같이 판결한다.

Ⓑ 대법원 2022. 12. 22. 선고 2016도21314 전원합의체 판결 [의료법위반]

【판시사항】

[1] 한의사가 진단용 의료기기를 사용하는 것이 한의사의 '면허된 것 이외의 의료행위'에 해당하는지 판단하는 기준
[2] 한의사가 초음파 진단기기를 한의학적 진단의 보조수단으로 사용하는 것이 한의사의 '면허된 것 이외의 의료행위'에 해당하는지 여부(소극)

【판결요지】

[1] [다수의견]
한의사가 의료공학 및 그 근간이 되는 과학기술의 발전에 따라 개발·제작된 진단용 의료기기를

사용하는 것이 한의사의 '면허된 것 이외의 의료행위'에 해당하는지는 관련 법령에 한의사의 해당 의료기기 사용을 금지하는 규정이 있는지, 해당 진단용 의료기기의 특성과 그 사용에 필요한 기본적·전문적 지식과 기술 수준에 비추어 한의사가 진단의 보조수단으로 사용하게 되면 의료행위에 통상적으로 수반되는 수준을 넘어서는 보건위생상 위해가 생길 우려가 있는지, 전체 의료행위의 경위·목적·태양에 비추어 한의사가 그 진단용 의료기기를 사용하는 것이 한의학적 의료행위의 원리에 입각하여 이를 적용 내지 응용하는 행위와 무관한 것임이 명백한지 등을 종합적으로 고려하여 사회통념에 따라 합리적으로 판단하여야 한다. 이는 대법원 2014. 2. 13. 선고 2010도10352 판결의 '종전 판단 기준'과 달리, 한방의료행위의 의미가 수범자인 한의사의 입장에서 명확하고 엄격하게 해석되어야 한다는 죄형법정주의 관점에서, 진단용 의료기기가 한의학적 의료행위 원리와 관련 없음이 명백한 경우가 아닌 한 형사처벌 대상에서 제외됨을 의미한다.

[대법관 안철상, 대법관 이동원의 반대의견]
한의사의 현대적 진단기기 사용이 의료법상 허용되는 한방의료행위에 해당하는지는 그러한 진단행위 자체의 학문적 기초가 되는 원리가 한의학인지 양의학인지, 진단은 치료를 위한 준비단계라는 점에서 한의사가 학문적인 기초가 달라 제대로 훈련받지 않은 진단기기를 사용하여 양의학적 진단행위를 함으로써 오진(誤診)으로 적절한 치료를 제공하지 못하는 등 보건위생상 위해가 생길 우려가 있는지에 따라 결정되어야 한다.

[2] [다수의견]
한의사가 진단용 의료기기를 사용하는 것이 한의사의 '면허된 것 이외의 의료행위'에 해당하는지에 관한 새로운 판단 기준에 따르면, 한의사가 초음파 진단기기를 사용하여 환자의 신체 내부를 촬영하여 화면에 나타난 모습을 보고 이를 한의학적 진단의 보조수단으로 사용하는 것은 한의사의 '면허된 것 이외의 의료행위'에 해당하지 않는다고 보는 것이 타당하다. 이유는 다음과 같다.
(가) 한의사의 초음파 진단기기 사용을 금지하는 취지의 규정은 존재하지 않는다.
(나) 초음파 진단기기가 발전해온 과학기술문화의 역사적 맥락과 특성 및 그 사용에 필요한 기본적·전문적 지식과 기술 수준을 감안하면, 한의사가 한방의료행위를 하면서 진단의 보조수단으로 이를 사용하는 것이 의료행위에 통상적으로 수반되는 수준을 넘어서는 보건위생상 위해가 생길 우려가 있는 경우에 해당한다고 단정하기 어렵다.
(다) 전체 의료행위의 경위·목적·태양에 비추어 한의사가 초음파 진단기기를 사용하는 것이 한의학적 의료행위의 원리에 입각하여 이를 적용 또는 응용하는 행위와 무관한 것임이 명백히 증명되었다고 보기도 어렵다.

[대법관 안철상, 대법관 이동원의 반대의견]
다수의견은, 한방의료에도 현대 과학기술이 적용된 의료기기의 사용이 허용되어야 하고 나아가 그 사용을 장려할 필요도 있다는 점에서, 수긍할 수 있는 부분이 있다. 그러나 다음과 같은 이유로 다수의견에 선뜻 동의하기 어렵다.
첫째, 우리의 의료체계는 양방과 한방을 엄격히 구분하는 양방·한방 이원화 원칙을 취하고 있고,

의료법은 의사와 한의사를 구별하여 각각의 면허를 부여하고 있으므로, 한의사가 초음파 진단기기를 서양의학(이하 '양의학'이라 한다)적인 방법으로 사용한다면 이는 이원적 의료체계에 반하는 것으로 의료법상 무면허 의료행위에 해당한다.

둘째, 양의학·한의학의 학문적 원리와 진찰방법에는 근본적 차이가 있어 한의사가 초음파 진단기기를 부가적으로 사용하였더라도 이를 한의학적 진단행위로 볼 수 없고, 아울러 한의과 대학의 교육정도 등을 감안하면 제대로 훈련받지 않은 한의사가 초음파 진단기기를 사용할 경우 오진 등 보건위생상 위해가 생길 우려가 높다.

셋째, 한의사의 초음파 진단기기 사용을 허용할 것인지는 그 필요성이 인정된다고 하더라도 국민의 건강을 보호하고 증진하는 방향으로 제도적·입법적으로 해결함이 바람직하고, 그러한 정비가 이루어지기 전까지는 한의사의 초음파 진단기기 사용을 무면허 의료행위로 규제하는 것은 불가피하다.

【참조조문】 [1] 구 의료법(2011. 8. 4. 법률 제11005호로 개정되기 전의 것) 제1조, 제2조 제1항, 제2항 제1호, 제3호, 제5조, 제27조 제1항, 제87조 제1항 제2호(현행 제87조의2 제2항 제2호 참조) / [2] 구 의료법(2011. 8. 4. 법률 제11005호로 개정되기 전의 것) 제1조, 제2조 제1항, 제2항 제1호, 제3호, 제5조, 제27조 제1항, 제87조 제1항 제2호(현행 제87조의2 제2항 제2호 참조)
【참조판례】 [1][2] 대법원 2014. 2. 13. 선고 2010도10352 판결(공2014상, 635)(변경)
【전 문】 【피 고 인】 피고인 【상 고 인】 피고인 【변 호 인】 법무법인(유한) 화우 외 1인
【원심판결】 서울중앙지법 2016. 12. 6. 선고 2016노817 판결

【주 문】

원심판결을 파기하고, 사건을 서울중앙지방법원에 환송한다.

【이 유】

상고이유를 판단한다.

1. 사건의 개요와 쟁점

가. 공소사실 요지

누구든지 의료인이 아니면 의료행위를 할 수 없으며, 의료인도 면허된 것 이외의 의료행위를 할 수 없다. 그럼에도 한의사인 피고인은 2010. 3. 2.경 환자 공소외인을 진료하면서 초음파 진단기기(모델명: LOGIQ P5, 이하 '이 사건 초음파 진단기기'라 한다)를 사용하여 공소외인의 신체 내부를 촬영한 것을 비롯하여 2012. 6. 16.까지 공소외인에게 총 68회 초음파 촬영을 함으로써 초음파 화면에 나타난 모습을 보고 진단하는 방법으로 진료행위를 하여 면허된 것 이외의 의료행위를 하였다.

나. 원심의 판단

원심은 한의사가 현대적 의료기기를 사용하는 것이 면허된 것 이외의 의료행위에 해당하는지에 관한 대법원 2014. 02. 13. 선고 2010도10352 판결 법리에 따라 다음과 같은 이유로 이 사건

공소사실을 유죄로 판단한 제1심판결을 그대로 유지하였다.

1) 초음파 검사는 영상을 판독하는 과정이 필수적인데 이를 위해서는 서양의학적인 전문지식이 필요하므로, 초음파 진단기기는 판독에 관해서 서양의학의 학문적 원리에 기초하여 개발·제작된 것이지 단순히 물리학적 원리에 기초하여서만 개발·제작된 것은 아니다.
2) 의료행위에서 진단의 중요성에 비추어 볼 때, 피고인이 진단에 관해 서양의학의 전형적인 방법인 초음파 검사를 시행한 이상 치료방법으로 침이나 한약 등을 사용하였다는 사정만으로 초음파 진단기기를 사용하는 의료행위가 한의학의 이론이나 원리의 응용 또는 적용을 위한 것이라 보기 어렵다.
3) 초음파 진단기기 사용 자체로 인한 위험성은 크지 않으나, 진단은 중요한 의료행위여서 검사 내지 진단을 하는 과정에서 환자의 상태를 정확히 판독하지 못하면 사람의 생명이나 신체상의 위험을 발생시킬 우려가 있고, 이는 초음파 진단기기를 사용하는 경우에도 마찬가지이다.

다. 쟁 점

한의사가 초음파 진단기기를 사용해 환자의 신체 내부를 촬영하여 초음파 화면에 나타난 모습을 보고 진단하는 방법으로 진료행위를 한 것이 한의사의 면허된 것 이외의 의료행위에 해당하는지 여부가 이 사건의 쟁점이다.

2. 쟁점에 관한 판단

가. 한의사의 '면허된 것 이외의 의료행위'에 관한 판단 기준

1) 의료법의 관련 내용

구 의료법(2011. 8. 4. 법률 제11005호로 개정되기 전의 것, 이하 같다)은 모든 국민이 수준 높은 의료 혜택을 받을 수 있도록 국민의료에 필요한 사항을 규정함으로써 국민의 건강을 보호하고 증진하는 것을 목적으로 제정·시행되고 있다(제1조). 구 의료법에 따르면, 의료인은 보건복지부장관의 면허를 받은 의사·치과의사·한의사 등을 말하고(제2조 제1항), 이 중 의사는 의료와 보건지도의 임무를, 한의사는 한방 의료와 한방 보건지도의 임무를 수행하며(제2조 제2항 제1호, 제3호), 의사 또는 한의사가 되려는 사람은 소정의 교육과정을 이수하고 자격을 취득한 후 국가시험에 합격하고 보건복지부장관의 면허를 받아야 한다(제5조). 그리고 의료인이 아니면 누구든지 의료행위를 할 수 없고, 의료인도 면허된 것 이외의 의료행위를 할 수 없으며(제27조 제1항 본문), 이를 위반한 사람은 5년 이하의 징역이나 2천만 원 이하의 벌금에 처하도록 규정되어 있다(제87조 제1항 제2호).

구 의료법이 의사와 한의사가 각자 면허를 받아 면허된 것 이외의 의료행위를 할 수 없도록 규정한 취지는, 의료인의 고유한 담당 영역을 정하여 전문화를 꾀하고 독자적인 발전을 촉진함으로써 국민이 보다 나은 의료 혜택을 누리게 하는 한편, 의사와 한의사가 각자의 영역에서 체계적인 교육을 받고 국가로부터 관련 의료에 관한 전문지식과 기술을 검증받은 범위를 벗어난 의료행위를 할 경우 사람의 생명·신체나 일반 공중위생에 발생할 수 있는 위험을 방지하기 위한 것이다(대법원 2014. 01. 16. 선고 2011도16649 판결 등 참조).

이러한 취지에서 구 의료법은 의료기관의 개설(제33조), 진료과목의 설치·운영(제43조), 전문

의 자격 인정 및 전문과목의 표시(제77조) 등에 관한 여러 규정에서 의사와 한의사 직역이 구분되는 것을 전제로 각 직역의 의료인이 '면허된 것 이외의 의료행위'를 할 경우 형사처벌까지 받도록 규정하였으나, 막상 각 의료인에게 '면허된 의료행위'의 내용이 무엇인지, 어떠한 기준에 의하여 이를 구분하는지 등에 관하여 구체적인 규정을 두고 있지 아니하다. 즉, 구 의료법은 의료인을 의사·한의사 등 종별로 엄격히 구분하고 각각의 면허가 일정한 한계를 가짐을 전제로 면허된 것 이외의 의료행위를 금지·처벌하는 것을 기본적 체계로 하고 있으나, 각각의 업무 영역이 어떤 것이고 그 면허의 범위 안에 포함되는 의료행위가 구체적으로 어디까지인지에 관하여는 별다른 규정을 두고 있지 아니하다.

2) 종전의 판단 기준

대법원은 의사나 한의사의 구체적인 의료행위가 '면허된 것 이외의 의료행위'에 해당하는지에 대해 이원적 의료체계의 입법 목적, 해당 의료행위에 관련된 법령의 규정 및 취지, 해당 의료행위의 기초가 되는 학문적 원리, 해당 의료행위의 경위·목적·태양, 의과대학 및 한의과대학의 교육과정이나 국가시험 등을 통해 해당 의료행위의 전문성을 확보할 수 있는지 여부 등을 종합적으로 고려하여 구체적 사례에 따라 사회통념에 비추어 합리적으로 판단하여 왔다(위 대법원 2011도16649 판결 등 참조).

한의사가 전통적으로 내려오는 의료기기나 의료기술(이하 '의료기기 등'이라 한다) 이외에 의료공학의 발전에 따라 새로 개발·제작된 의료기기 등을 사용하는 것이 한의사의 '면허된 것 이외의 의료행위'에 해당하는지도 이러한 법리에 기초하여, 관련 법령에 한의사의 해당 의료기기 등 사용을 금지하는 취지의 규정이 있는지, 해당 의료기기 등의 개발·제작 원리가 한의학의 학문적 원리에 기초한 것인지, 해당 의료기기 등을 사용하는 의료행위가 한의학의 이론이나 원리의 응용 또는 적용을 위한 것으로 볼 수 있는지, 해당 의료기기 등의 사용에 서양의학에 관한 전문지식과 기술을 필요로 하지 않아 한의사가 이를 사용하더라도 보건위생상 위해가 생길 우려가 없는지 등을 종합적으로 고려하여 판단하여 왔다(대법원 2014. 02. 13. 선고 2010도10352 판결 참조, 이하 '종전 판단 기준'이라 한다).

3) 한의사의 진단용 의료기기 사용에 관한 새로운 판단 기준

그러나 의료행위 관련 법령의 규정과 취지는 물론 의료행위의 가변성, 그 기초가 되는 학문적 원리 및 과학기술의 발전과 응용 영역의 확대, 이와 관련한 교육과정·국가시험 기타 공적·사회적 제도의 변화, 의료행위에 통상적으로 수반되는 수준을 넘어선 보건위생상 위해 발생 우려가 없음을 전제로 하는 의료소비자의 합리적 선택가능성 등을 감안하면, 한의사의 진단용 의료기기 사용에 관하여 종전 판단 기준은 새롭게 재구성될 필요가 있다.

즉, 한의사의 한방의료행위와 의사의 의료행위가 전통적 관념이나 문언적 의미만으로 명확히 구분될 수 있는 것은 아닐뿐더러, 의료행위의 개념은 의료기술의 발전과 시대 상황의 변화, 의료서비스에 대한 수요자의 인식과 필요에 따라 달라질 수 있는 가변적인 것이기도 하고, 의약품과 의료기술 등의 변화·발전 양상을 반영하여 전통적인 한방의료의 영역을 넘어서 한의사에게 허용되는 의료행위의 영역이 생겨날 수도 있는 것이다(치과의사의 안면 보톡스 시술에 관한 대법원 2016. 07. 21. 선고 2013도850 전원합의체 판결 참조). 한편 구 의료법은 국민의 건강을 보호하고 증진하는 것을 목적(제1조)으로 하는데, 한의사의 '면허된 것 이외의 의료

행위'에 해당하는지에 관한 판단도 국민의 건강을 보호하고 증진하는 데 중점을 두고, 의료의 발전과 의료서비스의 수준 향상을 위하여 의료소비자의 선택가능성을 합리적인 범위에서 열어두는 방향으로 관련 법령을 해석하는 것이 바람직하다. 한의사의 '면허된 것 이외의 의료행위'는 결국 형사처벌 대상이라는 점에서 죄형법정주의 원칙이 적용되므로 그 의미와 적용 범위가 수범자인 한의사의 입장에서 명확하여야 하고, 엄격하게 해석되어야 한다는 점에서 보더라도 그러하다[헌법재판소 2013. 12. 26. 선고 2012헌마551, 561(병합) 전원재판부 결정 참조].

한의사가 의료공학 및 그 근간이 되는 과학기술의 발전에 따라 개발·제작된 진단용 의료기기를 사용하는 것이 한의사의 '면허된 것 이외의 의료행위'에 해당하는지 여부는 관련 법령에 한의사의 해당 의료기기 사용을 금지하는 규정이 있는지, 해당 진단용 의료기기의 특성과 그 사용에 필요한 기본적·전문적 지식과 기술 수준에 비추어 한의사가 진단의 보조수단으로 사용하게 되면 의료행위에 통상적으로 수반되는 수준을 넘어서는 보건위생상 위해가 생길 우려가 있는지, 전체 의료행위의 경위·목적·태양에 비추어 한의사가 그 진단용 의료기기를 사용하는 것이 한의학적 의료행위의 원리에 입각하여 이를 적용 내지 응용하는 행위와 무관한 것임이 명백한지 등을 종합적으로 고려하여 사회통념에 따라 합리적으로 판단하여야 한다(이하 '새로운 판단 기준'이라 한다). 이는 '종전 판단 기준'과 달리, 한방의료행위의 의미가 수범자인 한의사의 입장에서 명확하고 엄격하게 해석되어야 한다는 죄형법정주의 관점에서, 진단용 의료기기가 한의학적 의료행위 원리와 관련 없음이 명백한 경우가 아닌 한 형사처벌 대상에서 제외됨을 의미한다.

나. 한의사의 초음파 진단기기 사용이 '면허된 것 이외의 의료행위'에 해당하는지 여부

앞서 살펴본 새로운 판단 기준에 따르면, 한의사인 피고인이 초음파 진단기기를 사용하여 환자의 신체 내부를 촬영하여 화면에 나타난 모습을 보고 이를 한의학적 진단의 보조수단으로 사용하는 것은 한의사의 '면허된 것 이외의 의료행위'에 해당하지 않는다고 봄이 타당하다. 그 이유는 다음과 같다.

1) 한의사의 초음파 진단기기 사용을 금지하는 취지의 규정은 존재하지 않는다.

가) 진단용 방사선 발생장치를 설치한 의료기관 개설자 등은 안전관리책임자를 선임하여야 하는데, 한의원은 대상 의료기관에 포함되지 않고(구 의료법 제37조, 구 「진단용 방사선 발생장치의 안전관리에 관한 규칙」(2012. 11. 15. 보건복지부령 제168호로 개정되기 전의 것) 제10조 제1항 [별표 6]), 특수의료장비를 설치·운영하려는 의료기관의 설치인정기준에도 한의원은 제외되는 반면(구 의료법 제38조, 구 「특수의료장비의 설치 및 운영에 관한 규칙」(2012. 8. 2. 보건복지부령 제146호로 개정되기 전의 것) 제3조 제1항 [별표 1]), 초음파 진단기기는 진단용 방사선 발생장치 및 특수의료장비에 해당하지 않기 때문에 관련 법령에 한의사의 사용을 금지하는 취지의 규정은 없다.

나) 한편 초음파 진단기기를 취급하는 의료기사를 지도할 수 있는 사람에 의사 또는 치과의사만 규정되었을 뿐 한의사는 이에 포함되지 않으나[구 「의료기사 등에 관한 법률」(2013. 6. 4. 법률 제11860호로 개정되기 전의 것) 제1조의2 제1호, 구 「의료기사 등에 관한 법률 시행령」(2014. 11. 19. 대통령령 제25738호로 개정되기 전의 것) 제2조 제1항 제2호], 이를 근거로 한의사가 직접 환자에게 초음파 진단기기를 사용하는 것이 금지된다고

볼 수도 없다(대법원 2011. 01. 13. 선고 2010도2534 판결 참조).

다) 또한 한의원에서는 초음파 검사료가 국민건강보험법상 요양급여 및 법정 비급여 대상에 해당하지 않으나[구 국민건강보험법(2011. 9. 15. 법률 제11041호로 개정되기 전의 것) 제42조 제4항, 건강보험 행위 급여·비급여 목록표 및 급여 상대가치점수(보건복지부 고시 제2012-48호)], 특정 진료방법이 국민건강보험법상 요양급여 대상 등에 해당하는지와 그 진료방법이 의료법상 허용되는 의료행위에 해당하는지는 별개의 문제이므로(대법원 2021. 01. 14. 선고 2020두38171 판결 참조), 국민건강보험 관련 법령을 근거로 한의사의 초음파 진단기기 사용이 금지된다고 해석할 수도 없다.

2) 초음파 진단기기가 발전해온 과학기술문화의 역사적 맥락과 특성 및 그 사용에 필요한 기본적·전문적 지식과 기술 수준을 감안하면, 한의사가 한방의료행위를 하면서 그 진단의 보조수단으로 이를 사용하는 것이 의료행위에 통상적으로 수반되는 수준을 넘어서는 보건위생상 위해가 생길 우려가 있는 경우에 해당한다고 단정하기 어렵다.

가) 초음파 진단기기는 인체 부위에 접촉하여 있는 탐촉자(프로브)에서 발사된 초음파가 인체 내로 투과하여 조직의 경계면으로부터 신호가 반사되면 그 신호를 컴퓨터로 증폭·변환하여 영상을 구현하는 의료기기이다. 초음파 투입에 따라 인체 내에서 어떠한 생화학적 반응이나 조직의 특성 변화가 일어나지 않고, 세포막 손상, 염색체 손상, 산화, 중합반응 등으로 인한 부작용이 보고된 바 없으며, 초음파 진단기기는 임산부나 태아를 상대로도 안전하게 사용되고 있는 것으로 알려져 있다.

나) 구 「의료기기법 시행규칙」(2009. 6. 26. 보건복지가족부령 제118호로 개정되기 전의 것) 제2조 [별표 1]의 '의료기기의 등급분류 및 지정에 관한 기준과 절차'에 따르면, 의료기기는 사용 목적과 사용 시 인체에 미치는 잠재적 위해성의 정도에 따라 1등급(잠재적 위해성이 거의 없는 의료기기)부터 4등급(고도의 위해성을 가진 의료기기)으로 분류되는데, 이 사건 초음파 진단기기인 '범용초음파영상진단장치'는 다기능전자혈압계, 귀적외선체온계와 같이 위해도 2등급(잠재적 위해성이 낮은 의료기기)으로 지정되었다. 즉, 초음파 진단기기는 인체에 대한 잠재적 위해성 등의 측면에서 혈압계나 체온계 등 일상생활 영역에서 널리 이용되는 의료기기와 크게 다르지 않다고 볼 수 있다.

다) 헌법재판소는 종전 수차례에 걸쳐 한의사가 초음파 진단기기 내지 초음파 골밀도측정기를 사용하여 진료행위를 한 것이 한의사로서 면허된 것 이외의 의료행위에 해당한다고 결정한 바 있다(헌법재판소 2012. 2. 23. 선고 2009헌마623 전원재판부 결정, 헌법재판소 2012. 2. 23. 선고 2010헌마109 전원재판부 결정, 헌법재판소 2013. 2. 28. 선고 2011헌바398 전원재판부 결정 등 참조). 그러나 헌법재판소 결정 당시와 비교할 때 최근 국내 한의과 대학(한의학전문대학원 포함)은 모두 '진단학'과 '영상의학' 등을 전공필수 과목으로 하여 실무교육이 상당히 이루어지고 있고, 한의사 국가시험에도 영상의학 관련 문제가 계속 출제되어 왔으며, 매년 그 교육정도가 심화되고 출제비율도 증가하는 등 진단용 의료기기 사용과 관련한 의료행위의 전문성 제고의 기초가 되는 교육제도·과정이 지속적으로 보완·강화되어 왔다.

라) 최근 IT 과학기술의 발달로 3차원 초음파 영상이 구현되고, 휴대용 초음파 진단기기가 개발되는 등 초음파 진단기기는 성능이 비약적으로 발전하고 있고, 일반인도 이를 구매·사

용함에 아무런 제한이 없으며, CT기기나 MRI기기에 비해 사용이 간편하고, 진료비용도 저렴하다. 이에 의료계에서 초음파 진단기기는 인체 내부를 보는 진단기기임과 동시에 인체 내부의 소리를 듣는 '제2의 청진기'로도 인식되고 있다. 한의사의 청진기 사용이 면허 내의 의료행위임은 보건복지부의 유권해석 등에 비추어 별다른 의문이 없고, 여기에 한의과대학의 교육과정 및 초음파 진단기기의 과학기술적 발전 상황을 감안하면, 이와 같이 범용성·대중성·기술적 안전성이 담보되는 초음파 진단기기에 대하여 한의사의 사용을 허용하는 것은 구 의료법 제1조에서 정한 '국민의 건강을 보호하고 증진'하는 데 기여할 뿐만 아니라 헌법 제10조에 근거한 의료서비스에 대한 국민의 선택권을 합리적인 범위에서 보장하는 것이기도 하다. 의료공학 및 과학기술의 발전으로 의료기기의 성능이 대폭 향상되어 보건위생상 위해의 우려 없이 진단이 이루어질 수 있다면 자격이 있는 의료인 모두에게 그 사용권한을 부여하는 방향으로 구 의료법 제27조 제1항이 해석되어야 한다는 점[위 헌법재판소 2012헌마551, 561(병합) 전원재판부 결정 참조]에서 보더라도 그러하다.

마) 한편 구 의료법 제43조, 제77조 제1항, 제4항, 구「의료법 시행규칙」(2012. 8. 2. 보건복지부령 제145호로 개정되기 전의 것) 제41조 제1항에 의하면, 영상의학과는 초음파 진단기기, CT기기, MRI기기 등과 같은 영상 의료기기를 이용하여 얻어진 정보를 의학적 교육, 연구 및 임상적 경험을 통해 관찰하여 영상에 나타난 질병의 징후 등에 관한 진단을 내리고 이를 근거로 환자의 질병치료를 목적으로 하는 의학의 전문 진료과목으로서, 영상의학과 전문의는 초음파 진단기기를 사용한 검사 및 진단에 관한 전문성이 인정된다. 그러나 전체 의사 중 영상의학과 전문의를 제외할 경우에, 초음파 진단기기의 사용에 관한 전문성 또는 오진 가능성과 관련하여 그 사용으로 인한 숙련도와 무관하게 유독 한의사에 대해서만 이를 부정적으로 볼 만한 유의미한 통계적 근거를 찾을 수 없다. 그럼에도 한의사의 경우에만 일률적으로 초음파 진단기기 사용을 무면허 의료행위로 취급하는 것은 합리적 근거가 없는 해석이다.

바) 의료사고에서 의사의 과실 유무를 인정하기 위한 요건과 그 판단 기준에 대한 법리는 한의사의 경우에도 동일하게 적용되고(대법원 2011. 04. 14. 선고 2010도10104 판결 등 참조), 대법원은 한의사에 대하여 양약과 상호작용으로 발생할 수 있는 한약의 위험성을 환자에게 설명할 의무(대법원 2011. 10. 13. 선고 2009다102209 판결 참조) 및 환자에게 적절한 치료를 하거나 그러한 조치를 취하기 어려운 사정이 있다면 신속히 전문적인 치료를 할 수 있는 다른 병원으로의 전원조치를 취하여야 할 의무(대법원 2015. 03. 12. 선고 2012다117492 판결, 대법원 2017. 10. 26. 선고 2014도4570 판결 참조)까지 인정하고 있다. 이러한 대법원의 입장은 한의사가 한방의료행위를 하는 과정에서 일정한 범위 내에서 서양의학의 관점 및 지식까지도 갖추었음을 전제로 설명의무나 전원조치의무를 인정할 수 있다는 것인바, 한의사가 이러한 주의의무를 다하기 위해서라도 초음파 진단기기를 사용할 필요성이 인정되고, 그럼에도 이를 원천적으로 금지하는 해석은 타당하지 않다.

3) 전체 의료행위의 경위·목적·태양에 비추어 한의사가 초음파 진단기기를 사용하는 것이 한의학적 의료행위의 원리에 입각하여 이를 적용 또는 응용하는 행위와 무관한 것임이 명백히 증명되었다고 보기도 어렵다.

가) 초음파 진단기기의 개발·제작 원리는 초음파가 특정 물체에 송신되었다가 반사되어 오는

시간과 양을 물리적으로 측정하는 순수한 물리학적 원리에 기초한 것이어서 이를 두고 서양의학적 원리에 전적으로 기초하였다고 단정할 수 없다. 초음파 진단기기가 서양의학에 응용되기 이전인 1917년경 이미 수중 음파 탐지기가 군사용도로 개발·사용되었고, 현재 초음파는 생활가전 등 다양한 분야에 활용되고 있다. 즉, 현대의 진단용 의료기기는 과학기술을 통하여 발명·제작된 것이므로, 그 과학기술의 원리와 성과를 한의사 아닌 의사만이 독점적으로 의료행위에 사용할 수 있는 성질의 것이라고 보기 어렵다.

나) 한의학의 전통적인 진찰법(사진)에 망진(망진), 문진(문진), 문진(문진), 절진(절진)의 방법이 있고, 그 목적은 이를 통하여 해당 질환의 변증유형(변증유형)을 확정하기 위함이다. 이 중 절진(절진)은 한의사가 손을 이용하여 환자의 신체 표면을 만져보거나 더듬어보고 눌러봄으로써 필요한 자료를 얻어내는 진찰법이다. 그런데 한의사가 위와 같은 전통적인 진찰법으로는 변증유형의 확정에 필요한 완전한 진찰이 이루어지지 않거나 진단의 정확성과 안전성을 보다 높이기 위하여 보조적인 진단수단으로 현대 과학기술에서 유래한 진단기기를 사용하는 것을 한의학적 원리와 배치되거나 무관하다고 볼 수 없다. 즉, 한의사가 환자의 복부에 초음파 진단기기를 사용하는 것은 과거 전통적인 한의학적 진찰법으로 사용하던 절진의 일종인 복진(복진)을 기본적으로 시행하면서, 그 변증유형 판정의 정확성과 안전성을 높이기 위해 초음파 진단기기를 복진과 같은 방법으로 부가하여 사용하는 것이라고 봄이 타당하다.

다) 의학적으로 진단은 문진·시진·촉진·청진 및 각종 임상검사 등의 결과에 기초하여 질병 여부를 감별하고 그 종류, 성질 및 진행 정도 등을 밝혀내는 임상의학의 출발점이고 이에 따라 치료법이 선택되는 중요한 의료행위로서 진단행위와 치료행위는 불가분의 관계에 있다(대법원 2010. 07. 08. 선고 2007다55866 판결 참조). 진단행위와 치료행위를 전체적으로 고찰하면, 한의학적 의료행위의 전문가이자 공인된 자격을 갖춘 한의사가 환자에게 침술 및 한약치료 등 한방치료행위를 시행하는 상황에서, 그 전제로 해당 질환의 변증유형 확정을 위하여 이루어진 진단행위 역시 한의학적 원리와 일정한 관련성을 지닌 것이라고 볼 수 있다. 따라서 의료행위의 전체적인 경위·목적·태양을 고려하지 않은 채 단지 한의학적인 용어가 환자에게 생소한 점 등을 이유로 한의사가 진단 및 설명의무를 이행하는 과정에서 서양의학적 용어를 일부 사용한 사정만으로 한의사의 의료행위가 한의학적 원리에 의하지 않았음이 명백하다고 보기 어렵다.

라) 2003. 8. 6. 법률 제6965호로 제정된 「한의약 육성법」 제2조 제1호는 '한의약'을 우리의 선조들로부터 전통적으로 내려오는 한의학을 기초로 한 의료행위와 한약사를 말한다고 규정하였으나, 한의약의 외연을 과학적으로 응용·개발한 한방의료행위까지 확대하여 한의약 산업의 발전과 국제경쟁력 강화를 도모하고 종국적으로 높은 수준의 의료서비스를 제공하기 위하여 2011. 7. 14. 법률 제10852호로 개정된 「한의약 육성법」 제2조 제1호는 '한의약'을 우리의 선조들로부터 전통적으로 내려오는 한의학을 기초로 한 한방의료행위와 이를 기초로 하여 과학적으로 응용·개발한 한방의료행위 및 한약사를 말한다고 규정하였다.

이러한 법 개정 취지와 의료서비스 소비자인 환자들의 건강을 보호·증진하고 의료서비스를 선택할 권리를 고려하면, 한의사가 한의학적 진단의 보조수단으로서 현대 과학기술에서 유래한 초음파 진단기기를 사용하는 것이 '한의약'의 범주에서 벗어났다고 단정하기도 어렵다. 각국의 전통의학에 대하여 근거중심의학(Evidence Based Medicine)의 체계를 갖추도록 한 세계보건기구(WHO)의 권고에 비추어 한방의료행위의 과학화는 불가피한 시대적 요청이라는 점에서 보더라도 그러하다.

다. 소결론

의료법의 목적은 모든 국민이 수준 높은 의료 혜택을 받을 수 있도록 하여 국민의 건강을 보호하고 증진하는 것이고, 면허된 것 이외의 의료행위를 한 의료인을 처벌하는 이유도 사람의 생명·신체나 일반 공중위생에 발생할 수 있는 위험을 방지하여 국민의 건강을 보호하고 증진하기 위한 데 있다. 그리고 국가는 한의약기술의 과학화·정보화를 촉진하기 위하여 필요한 시책을 세우고 추진할 의무가 있다(「한의약 육성법」 제4조).

한의사가 정확한 한의학적 진단의 보조수단으로 범용성·대중성·기술적 안전성이 담보된 초음파 진단기기를 사용하는 것은 이원적 의료체계의 한 축인 한의학의 과학화·정보화를 촉진시킴으로써 독자적인 발전역량을 강화하는 것이자 의료소비자의 합리적인 선택권을 보장하고 국민의 건강을 보호·증진시키는 데 도움이 될 수 있는 것으로, 서양의학과 한의학이 독자적으로 발전하는 과정에서 국민이 지역적으로나 기술적으로 의료 사각지대 없이 의료 혜택을 향유할 수 있도록 하려는 이원적 의료체계의 원리 및 입법 목적에 부합한다고 볼 수 있다.

다만 이 판결은 한의사로 하여금 침습 정도를 불문하고 모든 현대적 의료기기 사용을 허용하는 취지는 아니다. 의료법 등 관련 법령이 한의사에게 명시적으로 사용을 금지하지 않은 것이자 본질이 진단용인 의료기기에 한정하여, 그 특성 및 사용에 관한 기본적·전문적 지식과 기술 수준에 비추어 한의사가 사용하더라도 의료행위에 통상적으로 수반되는 수준을 넘어서는 보건위생상의 위해가 생길 우려가 있다고 단정하기 어렵고, 전체 의료행위의 경위·목적·태양에 비추어 한의사가 사용하는 것이 한의학적 의료행위의 원리에 입각하여 이를 적용 내지 응용하는 행위와 무관함이 명백하지 아니한 경우에는, 한의사가 한의학적 진단의 보조수단으로 이를 사용하더라도 구 의료법 제27조 제1항 본문의 '면허된 것 이외의 의료행위'에는 해당하지 않는다는 의미이다.

라. 판례 변경

이와 같이 한의사가 의료공학 및 그 근간이 되는 과학기술의 발전에 따라 개발·제작된 진단용 의료기기를 사용하는 것이 한의사의 '면허된 것 이외의 의료행위'에 해당하는지는 앞서 본 '새로운 판단 기준'에 따라 판단하여야 한다. 이와 달리 진단용 의료기기의 사용에 해당하는지 여부 등을 따지지 않고 '종전 판단 기준'이 적용된다는 취지로 판단한 대법원 2014. 02. 13. 선고 2010도10352 판결을 비롯하여 같은 취지의 대법원판결은 모두 이 판결의 견해에 배치되는 범위 내에서 변경하기로 한다.

3. 이 사건에 관한 판단

가. 원심판결 이유 및 적법하게 채택한 증거에 의하면, 다음의 사정을 알 수 있다.

1) 한의사인 피고인은 범용초음파영상진단장치인 이 사건 초음파 진단기기를 환자 공소외인의 복부에 대고 신체 내부를 촬영하였는데, 복진(腹診)을 기본적으로 시행하면서 보조적 진단수단으

로 이 사건 초음파 진단기기를 사용하였다.

2) 피고인은 공소외인의 자궁 부위에 관한 초음파 영상을 관찰하고, 환자에 대해 기체혈어형(기체혈어형) 자궁 질환[석가(석瘕) 내지 장담(장담)]으로 변증(변증)하였다. 이는 환자에 대해 한의학적으로 진단한 경우에 해당한다. 구 의료법 제43조, 구 의료법 시행규칙 제41조 제1항 제4호에 따르면, 한의사의 진료과목은 한방내과, 한방부인과, 한방소아과, 한방안·이비인후·피부과, 한방신경정신과, 한방재활의학과, 사상체질과 및 침구과인데, 피고인의 의료행위는 이 사건 초음파 진단기기를 사용하여 한방부인과 진료를 한 것이라고 볼 수 있다. 설령 그 과정에서 피고인이 공소외인에게 자궁내막증식증에 관하여 일부 설명한 사실이 있더라도, 이는 자궁질환의 한의학적인 용어가 생소한 관계로 서양의학적 용어를 사용한 것으로 볼 여지가 있는 이상, 이를 이유로 서양의학적 진단을 하였다고 단정할 수는 없다. 당시 공소외인가 피고인에 의한 한방진료와 일반 병원에서의 산부인과 진료를 병행하였고, 피고인의 한방진료에 앞서 산부인과에서 자궁내막증식증 관련 진단을 받은 사실을 피고인에게 알려준 사실이 있음에 비추어 보더라도 그러하다.

3) 피고인은 공소외인에게 투자법침술, 경혈침술, 복강내침술, 경피적외선조사요법, 한약처방 등 한방치료행위를 하였으므로, 그와 같은 한방치료행위의 전제가 된 진단행위 역시 한의학적 원리에 기반한 것이라고 볼 수 있다. 피고인이 실시한 전체 의료행위의 경위·목적·태양 및 피고인의 교육정도, 경력 등에 비추어 보더라도, 피고인이 당시 이 사건 초음파 진단기기를 보조적으로 사용하여 진단한 행위가 한의학적 원리에 의하지 않았음이 명백하다거나, 그로 말미암아 의료행위에 통상적으로 수반되는 수준을 넘어서는 보건위생상 위해 발생의 우려가 증명되었다고 보기 어렵다.

나. 위와 같은 사정을 앞서 본 법리에 비추어 살펴보면, 한의사인 피고인이 이 사건 초음파 진단기기를 한의학적 진단의 보조수단으로 사용한 행위는 구 의료법 제27조 제1항 본문의 한의사의 '면허된 것 이외의 의료행위'에 해당한다고 볼 수 없다. 그럼에도 원심은 이 사건 공소사실을 유죄로 인정한 제1심판결을 그대로 유지하였는바, 이러한 원심의 판단에는 구 의료법 제27조 제1항 본문의 '면허된 것 이외의 의료행위'의 범위에 관한 법리 등을 오해한 잘못이 있다.

4. 결 론

그러므로 원심판결을 파기하고, 사건을 다시 심리·판단하도록 원심법원에 환송하기로 하여 주문과 같이 판결한다. 이 판결에는 대법관 안철상, 대법관 이동원의 반대의견이 있는 외에는 관여 법관의 의견이 일치하였다.

5. 대법관 안철상, 대법관 이동원의 반대의견

가. 이 사건의 쟁점과 반대의견의 요지

1) 이 사건의 쟁점은, 의사와 한의사를 구별하는 이원적 의료체계를 취하는 우리의 의료체계 아래에서 한의사의 초음파 진단기기 사용을 구 의료법상 적법한 한방의료행위로 보아 허용할 것인지의 문제이다.

다수의견의 요지는, 한의사의 진단용 의료기기 사용에 관한 새로운 판단 기준에 따라, ① 한의사의 초음파 진단기기 사용을 금지하는 법령이 없고, ② 초음파 진단기기의 특성과 그 사용에 필요한 기술 수준을 감안하면 한의사가 진단의 보조수단으로 사용하는 것이 의료행위에 통상적으로 수반되는 수준을 넘어서는 보건위생상 위해 우려가 없으며, ③ 전체 의료행위의 경위·목적·태양에 비추어 한의사가 초음파 진단기기를 사용하는 것이 한의학적 의료행위의 원리와 무관한 것임이 명백히 증명되었다고 보기 어려우므로, 한의사의 초음파 진단기기 사용은 '면허된 것 이외의 의료행위'에 해당하지 않는다는 것이다.

2) 이러한 다수의견은, 한방의료에도 현대 과학기술이 적용된 의료기기의 사용이 허용되어야 하고 나아가 그 사용을 장려할 필요도 있다는 점에서, 수긍할 수 있는 부분이 있다. 그러나 다음과 같은 이유로 다수의견에 선뜻 동의하기 어렵다.

첫째, 우리의 의료체계는 양방과 한방을 엄격히 구분하는 양방·한방 이원화 원칙을 취하고 있고, 의료법은 의사와 한의사를 구별하여 각각의 면허를 부여하고 있으므로, 한의사가 초음파 진단기기를 서양의학(이하 '양의학'이라 한다)적인 방법으로 사용한다면 이는 이원적 의료체계에 반하는 것으로 의료법상 무면허 의료행위에 해당한다.

둘째, 양의학·한의학의 학문적 원리와 진찰방법에는 근본적 차이가 있어 한의사가 초음파 진단기기를 부가적으로 사용하였더라도 이를 한의학적 진단행위로 볼 수 없고, 아울러 한의과대학의 교육정도 등을 감안하면 제대로 훈련받지 않은 한의사가 초음파 진단기기를 사용할 경우 오진 등 보건위생상 위해가 생길 우려가 높다.

셋째, 한의사의 초음파 진단기기 사용을 허용할 것인지는 그 필요성이 인정된다고 하더라도 국민의 건강을 보호하고 증진하는 방향으로 제도적·입법적으로 해결함이 바람직하고, 그러한 정비가 이루어지기 전까지는 한의사의 초음파 진단기기 사용을 무면허 의료행위로 규제하는 것은 불가피하다.

구체적인 이유는 다음과 같다.

나. 이원적 의료체계와 양방·한방의 면허된 의료행위

1) 우리의 의료체계는 의사와 한의사를 구별하여 별도의 면허 제도를 마련하고, 면허 이외의 의료행위를 한 경우 이를 형사처벌의 대상으로 하고 있다. 즉, 구 의료법은 의료인의 임무(제2조), 면허제도(제5조), 의료기관의 개설(제33조), 진료과목의 설치·운영(제43조), 전문의 자격인정 및 전문과목의 표시(제77조) 등 여러 규정에서 의사와 한의사 직역을 엄격히 구분하고 상호 면허된 영역을 벗어난 의료행위를 할 경우 이를 무면허 의료행위로 보아 형사처벌하고 있다(제87조). 이와 같이 양방과 한방을 엄격히 구분하는 양방·한방 이원화 원칙은 1951년 제정 국민의료법부터 현행 의료법에 이르기까지 일관되어 있는 확고한 원칙이다.

의료법은 '의료행위'와 '한방의료행위'가 구체적으로 무엇인지에 관하여 적극적인 정의규정을 두고 있지 않다. 대법원은, '의료행위'는 의학적 전문지식을 기초로 하는 경험과 기능으로 진찰, 검안, 처방, 투약 또는 외과적 시술을 시행하여 하는 질병의 예방 또는 치료행위 및 그 밖에 의료인이 행하지 아니하면 보건위생상 위해가 생길 우려가 있는 행위를 의미하고(대법원 2012. 05. 10. 선고 2010도5964 판결 참조), '한방의료행위'는 우리 선조들로부터 전통적으로 내려오는 한의학을 기초로 한 질병의 예방이나 치료행위로서 의료법의 관련 규정에 따라 한의사만이 할 수 있는 행위를 의미한다(대법원 2014. 09. 04. 선고 2013도7572 판결 참조)고 판시하여, 의료행위와 한방의료행위를 명확하게 구분하고 있다.

이에 따라 대법원은 한의사가 환자에게 주사를 하는 행위는 한의사가 사실상 의사의 자질을 갖고 있더라도 한의사에게 면허된 것 이외의 의료행위에 해당하고(대법원 1987. 12. 08. 선고 87도2108 판결 참조), 반대로 의사가 한약제를 조제한 후 한방원리에 따른 환자의 체질에 맞추어 투약하는 행위 및 환자의 경혈 등에 침을 놓는 침술행위는 한의사의 면허 없이 한방의료행위를 한 것으로서 면허된 것 이외의 의료행위에 해당한다고 판시하였다(대법원 1989. 12. 26. 선고 87도840 판결, 대법원 2014. 09. 04. 선고 2013도7572 판결 참조).

2) 이와 같이 의료법에서 의료행위와 한방의료행위를 엄격히 구분하고, 의료인이 아닌 자의 의료행위뿐만 아니라 의료인의 면허된 것 이외의 의료행위에 대하여도 엄격히 금지하고 형사처벌까지 하는 이유는 한 나라의 의료제도가 그 나라의 국민건강의 보호증진을 목적으로 하여 합목적적으로 체계화된 것으로서 국가로부터 의료에 관한 지식과 기술의 검증을 받은 사람으로 하여금 의료행위를 하게 하는 것이 가장 합리적이고 안전하기 때문이다.

사람의 생명과 신체를 대상으로 하는 의료행위의 특성상 설령 어떤 시술방법에 의하여 어떤 질병을 상당수 고칠 수 있더라도 국가에 의하여 확인되고 검증되지 아니한 의료행위는 항상 보건위생상 위해를 발생케 할 우려가 있으므로 전체 국민의 보건을 책임지고 있는 국가로서는 이러한 위험발생을 미리 막기 위하여 이를 법적으로 규제할 수밖에 없다. 양의학과 한의학은 그 학문적 원리가 서로 달라 학습과 임상이 전혀 다른 체계에 기초하고 있으므로 자신이 훈련받지 않은 분야의 의료행위를 무면허 의료행위로 보아 일률적, 전면적으로 금지하고 이를 위반한 경우에는 치료결과에 관계없이 형사처벌을 받게 하는 규제방법은 국민의 생명권과 건강권을 보호하고 국민의 보건에 관한 국가의 보호 의무를 이행하기 위한 적합한 조치에 해당한다(헌법재판소 2013. 2. 28. 선고 2011헌바398 전원재판부 결정 참조).

3) 한의사의 현대적 진단기기 사용이 의료법상 '면허된 것 이외의 의료행위'에 해당하는지 여부는 앞서 본 바와 같은 이원적 의료체계를 중점적으로 고려하여 판단하여야 한다. 한의사가 현대적 진단기기를 사용하여 진단행위를 한 경우, 진단기기의 사용행위 자체가 인체에 대해 침습적이지 않다는 점에만 착안하여 의료행위에 통상적으로 수반되는 수준을 넘어서는 보건위생상 위해가 생길 우려가 없다고 단정할 것은 아니다. 이러한 보건위생상 위해 우려는 비의료인의 경우에 무면허 의료행위 여부를 판단하는 중요한 기준이 될 것이지만 의료법상 적법하게 면허를 받은 한의사의 경우에는 본질적인 기준이라고 볼 수 없다.

물론 양의학, 한의학을 불문하고 현대 과학기술의 발전에 바탕을 둔 현대적 진단기기 사용에 따른 혜택을 모든 의료인에게 돌아가게 하는 것은 당연하고 의료정책상 장려되어야 할 것이다. 그런데 현대적 진단기기에는 CT기기, MRI기기와 같이 양의학을 기본원리로 하는 진단기기와 양도락 측정기, 경락기능 검사기, 경혈 탐지기와 같이 한의학을 기본원리로 하는 진단기기로 구분할 수 있는바, 한의사가 한의학을 기본원리로 하는 진단기기가 아닌 양의학을 기본원리로 하는 진단기기를 양의학적인 방법으로 사용함으로써 양의학의 영역을 침범한다면 이는 이원적 의료체계에 반하는 것으로 무면허 의료행위에 해당한다고 보아야 할 것이다.

한의사의 현대적 진단기기 사용이 의료법상 허용되는 한방의료행위에 해당하는지 여부는 그러한 진단행위 자체의 학문적 기초가 되는 원리가 한의학인지 양의학인지, 진단은 치료를 위한 준비단계라는 점에서 한의사가 학문적인 기초가 달라 제대로 훈련받지 않은 진단기기를 사용하여 양의학적 진단행위를 함으로써 오진(오진)으로 적절한 치료를 제공하지 못하는 등 보건위생상 위해가 생길 우려가 있는지에 따라 결정되어야 한다.

다. 양의학·한의학의 학문적 원리와 진찰방법

1) 양의학과 한의학의 원리

양의학은 기본적으로 사실적·실증적·객관적 실험과학을 기본으로 구성된 학문임에 비하여, 한의학은 주관적·직관적·경험적이며 자연철학의 원용이 주류를 이루는 학문이다.

양의학은 해부학적 지식을 기초로 하여 인체의 기능이나 질병을 설명하기 때문에 질병이란 것은 인체의 어떤 부위에 변화가 생겨서 나타나는 것으로 보고 치료도 그 부위에 대하여 행한다. 반면, 한의학은 인체를 하나의 통일체로 인식하고 각각의 장기와 조직들이 긴밀히 연결되어 움직이는 것으로 보고 질병이란 인체가 어떠한 원인에 의하여 변화를 일으키는 것이며, 그 변화는 내적·외적인 여러 가지 원인에 대한 인체의 반응 상태이므로, 여러 가지 증상이 나타나더라도 그 하나하나의 증상이 독립된 것이 아니고, 모두 긴밀한 연계를 가지고 있다고 본다.

양의학은 질병의 원인이 주로 외부적인 인자, 즉 세균이나 바이러스 등이라고 보기 때문에 치료방법도 이러한 것들을 제거하는 데 치중하는 것인 반면, 한의학에서는 질병의 발생요인을 주로 사람의 기력이 약하여 인체를 방어하지 못하는 것이라고 보고 있다.

2) 양의학과 한의학의 진찰방법

양의학의 진찰방법은 서양과학인 실험과학에 근거를 두고 인체의 화학적, 생물학적인 변화를 관찰·측정하는 데 주안을 두고 있고, 문진(문진), 시진(시진), 청진(청진), 타진(타진), 촉진(촉진) 등을 비롯한 전통적인 진찰방법 이외에 CT기기, MRI기기, 혈액검사, 소변검사 등 각종 기기를 이용하여 검사하는 등의 방법으로 진찰을 하고 있다.

한의학의 주요 진찰법은 망진(망진), 문진(문진), 문진(문진), 절진(절진)이 있는데, 이는 환자가 증상을 호소하는 국소적인 부위만 진찰하는 것이 아니라 전체적으로 보고, 듣고, 묻고, 만져서 환자의 상태를 종합적으로 판단하기 위한 진찰법이다. 위와 같은 사진(사진)법에 의한 신체적 징후에 근거하여 질병의 원인, 성질 등을 분석·종합·개괄하여 증후를 파악하는데, 이를 변증(변증)이라 한다. 그리고 변증의 기본적인 강령을 팔강(팔강)이라고 하는데, 팔강이란 환자의 상태를 음(음), 양(양), 표(표), 리(리), 한(한), 열(열), 허(허), 실(실)의 여덟 가지 기준에 따라 분석하는 것이다. 이러한 변증의 결론을 근거로 이에 상응하는 치료방법을 확정하게 된다.

라. 한의사의 초음파 진단기기 사용의 허용 여부

1) 한의학적 의료행위인지 여부

초음파 진단기기는 초음파가 반사되는 시간을 거리로 변환하여 조직의 위치를 표현하고 초음파로부터 반사되는 에너지량을 밝기로 변환하여 조직의 물성을 표현하는 의료기기로서 그 특성상 인체의 특정 부위 증상을 실험적·분석적으로 파악하게 된다. 따라서 초음파 진단기기를 사용하여 진찰하는 행위는 해부학적 지식을 기초로 하여 인체의 특정 부위를 진단·치료하는 양의학의 원리에 부합하지, 인체를 하나의 통일체로 보고 인체 각 부위가 긴밀한 연계성을 가지는 한의학의 원리에 부합하지 않는다.

다수의견은 한의사인 피고인이 손을 이용하여 환자의 복부 표면을 만져보거나 더듬어보고 눌러봄으로써 필요한 자료를 얻어내는 절진(절진)의 일종인 복진(복진)을 기본적으로 시행하면서 그 변증유형 판정의 정확성과 안전성을 높이기 위해 초음파 진단기기를 복진과 같은 방법으로 부가하여 사용하였다고 한다. 그러나 초음파 영상과 한의학적 변증 사이에 논리적 상관관계가 연구되어 검증된 것으로 보이지 않고, 한의사가 초음파 진단기기를 주된 방법으로 사용했는지 또는 보조적으로 사용했는지에 따라 '면허된 것 이외의 의료행위'의 범위가 달라진다고 볼 수도 없다. 초음파 영상을 통하여 환자의 내부 장기 모습을 살펴보고 진단과 치료를 하는 것은 기본적으로 해부학적 지식을 바탕으로 한 양의학의 진단과 치료방법에 해당한다. 이 사건에서 피고인은 환자에게 복부초음파를 시행하면서 자궁내막의 두께를 관찰하였는바, 이는 양의학 진료과목인 산부인과에서 전형적으로 행하는 초음파 검사방법에 해당한다. 따라서 피고인이 초음파 진단기기를 복진에 부가적으로 사용하였다고 하더라도 이를 한의학적 진단행위로 볼 수는 없다.

2) 보건위생상 위해가 생길 우려가 있는지 여부

의료법령에 의하면 영상의학과는 초음파 진단기기 등과 같은 영상 의료기기를 이용하여 얻어진 정보를 임상적 경험을 통해 관찰하여 영상에 나타난 질병의 징후 등에 관한 진단을 내리고 이를 근거로 환자의 질병치료를 목적으로 하는 양의학의 전문 진료과목으로, 구 의료법 제3조의3 제1항에 따라 종합병원의 필수 진료과목으로 지정되어 있다. 이에 반해 한의사 전문의의 경우 한방내과, 한방부인과, 한방소아과, 한방안·이비인후·피부과, 한방신경정신과, 한방재활의학과, 사상체질과 및 침구과로 진료과목을 나누고 있을 뿐 초음파 진단기기를 사용하여 진단하는 전문 진료과목이 지정되지 않았다(구 의료법 시행규칙 제41조 제1항).

초음파 진단기기는 조작방법이 비교적 간단하기는 하지만 안압측정기, 청력측정기 등과 달리 측정결과가 자동으로 추출되는 것이 아닌 데다가 탐촉자의 방향 등에 따라 허상이 자주 발생하며 실시간으로 영상을 확인하면서 검사가 이루어져야 한다. 따라서 정확한 초음파 검사를 위해서는 신체 장기의 형태, 조직의 구성, 환부의 특징, 다른 장기의 위치와 상태, 환자의 과거 병력 등과 같은 초음파 영상에 영향을 미칠 수 있는 다양한 사정들을 종합적으로 이해하여 검사 및 판독을 해야 하고, 이상 증세가 있거나 특정 질환이 의심되는 경우 검사자가 즉각적으로 결정하여 추가 검사를 시행할 정도의 풍부한 의학적 지식과 경험이 필수불가결하다.

그런데 양의학과 한의학은 그 배경이 되는 철학, 인체·질병·진단·치료에 대한 이해 및 접근방법이 완전히 다르고, 초음파 진단기기는 해부학적 지식을 기초로 하여 인체의 특정 부위를 진단·치료하는 것에 적합한 의료기기로서 한의학적 지식과 경험만으로는 초음파 영상을 정확히 판독하기 어려운 점에 비추어 보면, 최근 한의과 대학에서 진단용 의료기기 사용에 관한 교육 제도, 과정이 보완·강화된 사정을 감안하더라도 한의사의 초음파 진단기기 사용을 전면적으로 허용할 정도로 충분하다고 보기는 어렵다. 특히 피고인의 경우 한의사 면허 취득 당시 한의과 대학에서 초음파 진단기기 사용에 관한 교육을 제대로 받지 않았고, 면허 취득의 전제가 된 한의사 국가시험에서도 초음파 진단기기 사용에 관한 평가를 제대로 받지 않았으며 단지 사후적으로만 초음파 관련 교육을 이수하였는바, 이 사건에서 한의사인 피고인의 초음파 진단기기 사용을 면허된 의료행위로 보는 것은 그 면허 당시 허가된 내용에 반한다고 할 것이다.

결국 양의학과 한의학의 근본적인 차이, 초음파 진단기기 자체의 특성, 한의과 대학의 관련 교육정도 등을 감안하면, 영상의학과 전문의를 비롯한 의사에 비하여 충분한 훈련을 받지 못한 한의사가 초음파 진단기기를 사용한다면 오진(誤診) 등으로 질병을 적시에 발견하지 못하여 치료시기를 놓치거나 잘못된 치료로 나아갈 위험성이 높아진다고 봄이 타당하다.

마. 바람직한 문제 해결의 방향

최근 초음파 진단기기를 비롯한 현대적 진단기기의 성능이 비약적으로 발전하고 있고, 범용성·대중성이 인정되는 초음파 진단기기의 특성을 감안하면, 향후 한의과 대학의 관련 교육정도가 충분할 것을 전제로 한의사의 초음파 진단기기 사용을 허용할 필요성이 있을 수 있고, 이를 무한정 막을 것은 아니라고 본다. 그러나 이는 의사와 한의사 등 이해당사자들이 각각의 학문적 발전과 의료서비스의 질적 향상 도모 및 의료서비스 선택의 폭 확대라는 여러 사정을 고려하고, 서로의 이해관계를 조정하여 제도적·입법적으로 해결하는 것이 바람직하다. 그러한 제도적·입법적 정비가 이루어지기 전까지는 한의사의 초음파 진단기기 사용을 무면허 의료행위로 보아 일률적, 전면적으로 규제함으로써 사회적 혼란을 방지할 필요가 있다.

이 사건은 단순히 한의사에게 초음파 진단기기 사용을 허용할지 여부에 그치는 문제가 아니다. 이는 양의학과 한의학을 준별하는 이원화된 현행 의료체계를 유지할 것인지, 아니면 양의학과 한의학의 경계를 허물고 일정 부분 중첩되는 영역을 인정할 것인지를 결정하여야 하는 중대한 문제이다. 이를 해결하기 위해서는 먼저 국민의 건강을 보호하고 증진하는 방향으로 제도적·입법적 정비를 하는 것이 바람직하다. 이러한 제도적·입법적 정비가 선행되지 않은 상태에서 현대적 의료기기의 사용 허부가 문제 될 때마다 매번 의료인이 형사처벌이나 면허정지를 각오하고 다투게 하거나, 법원이 무면허 의료행위로 기소되거나 자격정지 처분을 받은 의료인을 상대로 그 허용 여부를 일일이 결정하게 하는 것은 의료계의 법적 혼란을 초래할 뿐 아니라 소송경제 측면에서도 바람직하지 못하다.

결국 한의사의 현대적 진단기기 사용을 허용할 것인지는 양방·한방을 준별하고 면허를 구분하여 내어주는 현행 의료제도의 태생적 문제와 관련된다. 이 문제를 해결하기 위해서는 이원화된 의료체계의 근본적인 변화를 시도할 수도 있겠지만, 그것이 여의치 않다면 관할 행정기관이 쌍방 의료인이 포함된 심사기구를 통해 현대적 진단기기를 심사하여 쌍방 또는 일방 의료인이 사용할 수 있는 진단기기의 종류와 품목 등을 결정·고시하고 이에 불복이 있는 경우 이를 다툴 수 있는 제도를 마련하거나, 미국 진단초음파협회(ARDMS)의 '초음파 진단 인증제도'와 같이 전체 의료 종사자를 상대로 초음파 진단 분야의 시험 및 인증에 관한 공신력 있는 자격제도를 설정하는 등 제도적 개선을 하는 방안을 고려할 수 있다.

바. 소결론

한의사인 피고인이 초음파 진단기기를 사용하여 환자의 신체 내부를 촬영하여 초음파 화면에 나타난 모습을 보고 진단하는 방법으로 진료행위를 한 것은 한의사의 '면허된 것 이외의 의료행위'

에 해당하므로 이 사건 의료법 위반 공소사실을 유죄로 판단한 원심판결은 정당하다. 이 사건 상고를 기각하여야 한다.

이상과 같은 이유로 다수의견에 찬성할 수 없음을 밝힌다.

---

⑬ 대법원 2022. 12. 29. 선고 2017도10007 판결 [의료법위반]

【판시사항】

[1] 구 의료법 제27조 제1항에서 정한 '의료행위'의 의미 / 의사 등이 간호사에게 의료행위의 실시를 개별적으로 지시하거나 위임한 적이 없는데도 간호사가 그의 주도 아래 전반적인 의료행위의 실시 여부를 결정하고 그 의료행위의 실시과정에도 의사 등이 지시·관여하지 않은 경우, 구 의료법 제27조 제1항이 금지하는 무면허 의료행위에 해당하는지 여부(적극) / 사망진단은 의사가 직접 수행해야 하는 의료행위인지 여부(적극) 및 의사 등의 개별적 지도·감독이 있는 경우, 간호사가 사망진단을 할 수 있는지 여부(소극)

[2] 의료행위에 해당하는 어떠한 시술행위가 무면허로 행하여졌으나 사회상규에 위배되지 아니하는 행위로서 위법성이 조각되는 경우

【판결요지】

[1] 구 의료법(2015. 12. 29. 법률 제13658호로 개정되기 전의 것, 이하 같다) 제27조 제1항은 의료인에게만 의료행위를 허용하고, 의료인이라고 하더라도 면허된 의료행위만 할 수 있도록 하여, 무면허 의료행위를 엄격히 금지하고 있다. 여기서 '의료행위'란 의학적 전문지식을 기초로 하는 경험과 기능으로 진찰, 검안, 처방, 투약 또는 외과적 시술을 시행하여 하는 질병의 예방 또는 치료행위 및 그 밖에 의료인이 행하지 않으면 보건위생상 위해가 생길 우려가 있는 행위를 말한다.

의사·치과의사 또는 한의사(이하 '의사 등'이라 한다)가 간호사로 하여금 의료행위에 관여하게 하는 경우에도 그 의료행위는 의사 등의 책임 아래 이루어지는 것이고 간호사는 보조자이다. 간호사가 의사 등의 진료를 보조하는 경우 모든 행위 하나하나마다 항상 의사 등이 현장에 입회하여 일일이 지도·감독해야 한다고 할 수는 없고, 경우에 따라서는 의사 등이 진료의 보조행위 현장에 입회할 필요 없이 일반적인 지도·감독을 하는 것으로 충분한 경우도 있을 수 있으나, 이는 어디까지나 의사 등이 그의 주도로 의료행위를 실시하면서 그 의료행위의 성질과 위험성 등을 고려하여 그중 일부를 간호사로 하여금 보조하도록 지시 내지 위임할 수 있다는 것을 의미하는 것에 그친다. 이와 달리 의사 등이 간호사에게 의료행위의 실시를 개별적으로 지시하거나 위임한 적이 없음에도 간호사가 그의 주도 아래 전반적인 의료행위의 실시 여부를 결정하고 간호사에 의한 의료행위의 실시과정에도 의사 등이 지시·관여하지 않은 경우라면, 이는 구 의료법 제27조 제1항이 금지하는 무면허 의료행위에 해당한다.

환자가 사망한 경우 사망진단 전에 이루어지는 사망징후관찰은 구 의료법 제2조 제2항 제5호에서 간호사의 임무로 정한 '상병자 등의 요양을 위한 간호 또는 진료 보조'에 해당한다고 할 수 있다. 그러나 사망의 진단은 의사 등이 환자의 사망 당시 또는 사후라도 현장에 입회해서 직접 환자를 대면하여 수행해야 하는 의료행위이고, 간호사는 의사 등의 개별적 지도·감독이 있더라도 사망의 진단을 할 수 없다. 사망의 진단은 사망 사실과 그 원인 등을 의학적·법률적으로 판정하는 의료행위로서 구 의료법 제17조 제1항이 사망의 진단 결과에 관한 판단을 표시하는 사망진단서의 작성·교부 주체를 의사 등으로 한정하고 있고, 사망 여부와 사망 원인 등을 확인·판정하는 사망의 진단은 사람의 생명 자체와 연결된 중요한 의학적 행위이며, 그 수행에 의학적 전문지식이 필요하기 때문이다.

[2] 의료행위에 해당하는 어떠한 시술행위가 무면허로 행하여졌을 때에는 그 시술행위의 위험성 정도, 일반인들의 시각, 시술자의 시술 동기, 목적, 방법, 횟수, 시술에 대한 지식수준, 시술경력, 피시술자의 나이, 체질, 건강상태, 시술행위로 인한 부작용 내지 위험발생 가능성 등을 종합적으로 고려하여, 법질서 전체의 정신이나 그 배후에 놓여 있는 사회윤리 내지 사회통념에 비추어 용인될 수 있는 행위에 해당한다고 인정되는 경우에만 사회상규에 위배되지 아니하는 행위로서 위법성이 조각된다.

【참조조문】 [1] 구 의료법(2015. 12. 29. 법률 제13658호로 개정되기 전의 것) 제2조 제2항 제5호, 제17조 제1항, 제27조 제1항 / [2] 구 의료법(2015. 12. 29. 법률 제13658호로 개정되기 전의 것) 제27조 제1항, 형법 제16조
【참조판례】 [1] 대법원 2012. 5. 10. 선고 2010도5964 판결(공2012상, 1031), 대법원 2018. 6. 19. 선고 2017도19422 판결(공2018하, 1423), 대법원 2020. 1. 9. 선고 2019두50014 판결(공2020상, 460) [2] 대법원 2006. 3. 23. 선고 2006도1297 판결
【전 문】【피 고 인】피고인 1 외 6인 【상 고 인】피고인들
【변 호 인】법무법인(유한) 영진 담당변호사 이장주
【원심판결】 의정부지법 2017. 6. 13. 선고 2016노3436 판결

【주 문】

상고를 모두 기각한다.

【이 유】

상고이유를 판단한다.

1. 관련 법리

가. 구 의료법(2015. 12. 29. 법률 제13658호로 개정되기 전의 것, 이하 '구 의료법'이라 한다) 제27조 제1항은 의료인에게만 의료행위를 허용하고, 의료인이라고 하더라도 면허된 의료행위만 할 수 있도록 하여, 무면허 의료행위를 엄격히 금지하고 있다. 여기서 '의료행위'라 함은 의학적 전문지식을 기초로 하는 경험과 기능으로 진찰, 검안, 처방, 투약 또는 외과적 시술을 시행하여 하는 질병의 예방 또는 치료행위 및 그 밖에 의료인이 행하지 아니하면 보건위생상 위해가 생길 우

려가 있는 행위를 말한다(대법원 2018. 06. 19. 선고 2017도19422 판결, 대법원 2020. 01. 09. 선고 2019두50014 판결 등 참조).

의사·치과의사 또는 한의사(이하 '의사 등'이라 한다)가 간호사로 하여금 의료행위에 관여하게 하는 경우에도 그 의료행위는 의사 등의 책임 아래 이루어지는 것이고 간호사는 그 보조자이다. 간호사가 의사 등의 진료를 보조하는 경우 모든 행위 하나하나마다 항상 의사 등이 현장에 입회하여 일일이 지도·감독하여야 한다고 할 수는 없고, 경우에 따라서는 의사 등이 진료의 보조행위 현장에 입회할 필요 없이 일반적인 지도·감독을 하는 것으로 충분한 경우도 있을 수 있으나, 이는 어디까지나 의사 등이 그의 주도로 의료행위를 실시하면서 그 의료행위의 성질과 위험성 등을 고려하여 그중 일부를 간호사로 하여금 보조하도록 지시 내지 위임할 수 있다는 것을 의미하는 것에 그친다. 이와 달리 의사 등이 간호사에게 의료행위의 실시를 개별적으로 지시하거나 위임한 적이 없음에도 간호사가 그의 주도 아래 전반적인 의료행위의 실시 여부를 결정하고 간호사에 의한 의료행위의 실시과정에도 의사 등이 지시·관여하지 아니한 경우라면, 이는 구 의료법 제27조 제1항이 금지하는 무면허 의료행위에 해당한다(대법원 2012. 05. 10. 선고 2010도5964 판결 등 참조).

환자가 사망한 경우 사망진단 전에 이루어지는 사망징후관찰은 구 의료법 제2조 제2항 제5호에서 간호사의 임무로 정한 '상병자 등의 요양을 위한 간호 또는 진료 보조'에 해당한다고 할 수 있다. 그러나 사망의 진단은 의사 등이 환자의 사망 당시 또는 사후에라도 현장에 입회해서 직접 환자를 대면하여 수행하여야 하는 의료행위이고, 간호사는 의사 등의 개별적 지도·감독이 있더라도 사망의 진단을 할 수 없다. 사망의 진단은 사망 사실과 그 원인 등을 의학적·법률적으로 판정하는 의료행위로서 구 의료법 제17조 제1항이 사망의 진단 결과에 관한 판단을 표시하는 사망진단서의 작성·교부 주체를 의사 등으로 한정하고 있고, 사망 여부와 사망 원인 등을 확인·판정하는 사망의 진단은 사람의 생명 자체와 연결된 중요한 의학적 행위이며, 그 수행에 의학적 전문지식이 필요하기 때문이다.

나. 의료행위에 해당하는 어떠한 시술행위가 무면허로 행하여졌을 때에는 그 시술행위의 위험성 정도, 일반인들의 시각, 시술자의 시술 동기, 목적, 방법, 횟수, 시술에 대한 지식수준, 시술경력, 피시술자의 나이, 체질, 건강상태, 시술행위로 인한 부작용 내지 위험발생 가능성 등을 종합적으로 고려하여, 법질서 전체의 정신이나 그 배후에 놓여 있는 사회윤리 내지 사회통념에 비추어 용인될 수 있는 행위에 해당한다고 인정되는 경우에만 사회상규에 위배되지 아니하는 행위로서 위법성이 조각된다(대법원 2006. 03. 23. 선고 2006도1297 판결 등 참조).

다. 형법 제16조는 자기가 행한 행위가 법령에 의하여 죄가 되지 않는 것으로 오인한 행위는 그 오인에 정당한 이유가 있는 때에 한하여 벌하지 않는다고 규정하고 있다. 이는 일반적으로 범죄가 성립하지만 자신의 특수한 사정에 비추어 법령에 따라 허용된 행위로서 죄가 되지 않는다고 그릇 인식하고 그러한 인식에 정당한 이유가 있는 경우에는 벌하지 않는다는 취지이다. 이때 정당한 이유는 행위자에게 자기 행위의 위법 가능성에 대해 심사숙고하거나 조회할 수 있는 계기가 있어 자신의 지적 능력을 다하여 이를 회피하기 위한 진지한 노력을 하였더라면 스스로의 행위에 대하여 위법성을 인식할 수 있는 가능성이 있었는데도 이를 다하지 못한 결과 자기 행위의 위법성을 인식하지 못한 것인지에 따라 판단하여야 한다. 이러한 위법성의 인식에 필요한 노력의 정도는 구체적인 행위정황과 행위자 개인의 인식능력 그리고 행위자가 속한 사회집단에 따라 달리 평가되어야 한다(대법원 2017. 03. 15. 선고 2014도12773 판결 등 참조).

2. 판 단

원심은 다음과 같은 이유로 피고인들의 행위가 구 의료법 제27조 제1항에서 금지하는 무면허 의료행위 및 이에 대한 교사에 해당한다고 보아 원심에서 변경된 이 사건 공소사실을 유죄로 인정하고, 정당행위, 법률의 착오에 관한 피고인들의 주장을 받아들이지 않았다. 간호사인 피고인 2, 피고인 3, 피고인 4, 피고인 5, 피고인 6(이하 '간호사인 피고인들'이라 한다)이 환자에 대한 사망의 징후를 확인하는 등의 행위를 할 수 있다고 하더라도, 이러한 행위는 사체검안 행위의 보조행위로서 의사가 사망 당시 또는 사후에라도 현장에 입회하여 환자의 사망의 징후를 직접 확인하는 것을 전제로 하는 행위라고 보아야 한다. 따라서 의사인 피고인 1이 간호사인 피고인들로부터 전화를 받았다고 하더라도, 간호사인 피고인들이 의사인 피고인 1이 입회하지 아니한 채 '환자의 사망의 징후를 확인하고, 이를 바탕으로 환자의 유족들에게 사망진단서 등을 작성·발급한 행위'는 사망을 진단하는 행위, 즉 사체검안을 구성하는 일련의 행위에 해당하므로 이를 포괄하여 무면허 의료행위에 해당한다고 봄이 타당하다.

원심판결 이유를 앞서 본 법리에 비추어 살펴보면, 원심의 이유 설시에 일부 부적절한 점이 있지만 원심이 그 채택 증거를 종합하여 그 판시와 같은 사실을 인정한 다음, 간호사인 피고인들의 행위가 전체적으로 의사 등이 하여야 하는 사망의 진단에 해당한다고 보아 피고인들을 유죄로 인정한 조치는 정당하다. 원심판결에 상고이유에서 주장하는 바와 같이 무면허 의료행위의 성립에 관한 법리를 오해하거나 죄형법정주의 위반, 정당행위, 법률의 착오에 관한 법리를 오해하는 등의 잘못이 없다.

3. 결 론

그러므로 상고를 모두 기각하기로 하여, 관여 대법관의 일치된 의견으로 주문과 같이 판결한다.

Ⓒ 대법원 2022. 12. 29. 선고 2018도2720 판결 [근로기준법위반]

【판시사항】

구 근로기준법 제44조, 제109조의 입법 취지 / 근로자가 상위 수급인의 처벌을 희망하지 아니하거나 처벌을 희망하는 의사를 철회하는 의사표시를 하는 경우, 하수급인 또는 그 직상 수급인의 처벌을 희망하지 아니하는 의사표시도 포함되어 있는지를 판단하기 위하여 고려해야 할 사항

【판결요지】

구 근로기준법(2018. 3. 20. 법률 제15513호로 개정되기 전의 것, 이하 같다) 제44조 제1항은 사업이 여러 차례의 도급에 따라 행하여지는 경우에 하수급인이 직상 수급인의 귀책사유로 근로자에게 임금을 지급하지 못한 경우에는 그 직상 수급인이 하수급인과 연대하여 하수급인이 사용한 근로자의 임

금을 지급할 책임을 지도록 규정하면서, 직상 수급인의 귀책사유가 그 상위 수급인의 귀책사유에 의하여 발생한 경우에는 상위 수급인도 연대하여 책임을 지도록 하고 있다. 그 귀책사유의 범위에 관하여 구 근로기준법 제44조 제2항, 구 근로기준법 시행령(2014. 9. 24. 대통령령 제25631호로 개정되기 전의 것, 이하 같다) 제24조는 정당한 사유 없이 도급계약에서 정한 도급 금액 지급일에 도급 금액을 지급하지 아니한 경우(제1호), 정당한 사유 없이 도급계약에서 정한 원자재 공급을 늦게 하거나 공급을 하지 아니한 경우(제2호), 정당한 사유 없이 도급계약의 조건을 이행하지 아니하여 하수급인이 도급사업을 정상적으로 수행하지 못한 경우(제3호)로 정하고 있다. 구 근로기준법 제109조는 위 규정을 위반한 직상 수급인과 상위 수급인을 처벌하되, 근로자의 명시한 의사와 다르게 공소를 제기할 수 없도록 규정하고 있다. 이는 본래 임금지급채무는 근로계약의 당사자로서 근로자와 직접적인 근로계약관계를 맺고 있는 사용자가 부담하는 것이 원칙이지만, 사업이 도급에 의하여 이루어지는 경우에 하수급인은 도급인에게 실질적으로 의존하거나 종속되어 있는 경우가 많으므로, 하수급인이 직상 수급인이나 그 상위 수급인의 귀책사유로 근로자에게 임금을 지급하지 못한 경우에는 직상 수급인과 그 상위 수급인에게 하수급인과 연대하여 임금을 지급할 책임을 부담하도록 함으로써, 그러한 사업에 종사하는 근로자의 임금채권을 보호하기 위한 취지이다.

　　구 근로기준법 제44조, 제109조의 입법 목적과 규정 취지에 비추어 보면, 임금 미지급에 귀책사유가 있는 상위 수급인은 하수급인의 근로자에 대한 관계에서 근로계약의 당사자는 아니지만 임금 미지급의 근본적인 원인을 제공하였다는 점에서 그 책임이 하수급인 또는 그 직상 수급인보다 가볍다고 볼 수 없다. 또한 상위 수급인이 하수급인의 근로자에게 임금지급의무를 이행하면 하수급인과 직상 수급인의 임금지급의무도 함께 소멸하게 된다. 그럼에도 하수급인의 근로자가 일반적으로 하수급인보다 자력이 더 나은 상위 수급인을 상대로 직접 임금을 청구하거나 형사고소 등의 법적 조치를 취할 여지가 많다 보니, 그 과정에서 상위 수급인이 근로자와 임금 지급에 관한 합의를 원만하게 이루고 근로자의 의사표시로 처벌을 면할 수 있는 경우에도 합의 과정에 참여하지 못한 하수급인이나 직상 수급인에 대하여는 처벌을 희망하지 아니하는 근로자의 의사표시가 명시적으로 이루어지지 않을 가능성도 적지 않다. 이러한 경우에도 귀책사유가 있는 상위 수급인으로부터 임금을 지급받는 등으로 그와 합의한 근로자가 하수급인이나 직상 수급인만 따로 처벌받기를 원하는 경우는 상당히 드물 것이다.

　　그렇다면 근로자가 상위 수급인의 처벌을 희망하지 아니하거나 처벌을 희망하는 의사를 철회하는 의사표시를 하는 경우에는, 근로자가 임금을 직접 청구하거나 형사고소 등의 법적 조치를 취한 대상이 누구인지, 상위 수급인과 합의에 이르게 된 과정 및 근로자가 처벌을 희망하지 아니하거나 처벌을 희망하는 의사를 철회하게 된 경위, 근로자가 그러한 의사표시에서 하수급인이나 직상 수급인을 명시적으로 제외하고 있는지, 상위 수급인의 변제 등을 통하여 근로자에 대한 임금지급채무가 어느 정도 이행되었는지 등의 여러 사정을 참작하여 여기에 하수급인 또는 그 직상 수급인의 처벌을 희망하지 아니하는 의사표시도 포함되어 있는지를 살펴보아야 하고, 하수급인과 직상 수급인을 배제한 채 오로지 상위 수급인에 대하여만 처벌을 희망하지 아니하는 의사표시를 하였다고 쉽게 단정하여서는 안 된다.

【참조조문】 구 근로기준법(2018. 3. 20. 법률 제15513호로 개정되기 전의 것) 제36조, 제44조, 제109조, 구 근로기준법 시행령(2014. 9. 24. 대통령령 제25631호로 개정되기 전의 것) 제24조
【전　문】　【피 고 인】 피고인 1 외 1인　【상 고 인】 검사
【원심판결】 창원지법 2018. 1. 25. 선고 2017노2221 판결

【주   문】

상고를 모두 기각한다.

【이   유】

상고이유를 판단한다.

구 근로기준법(2018. 3. 20. 법률 제15513호로 개정되기 전의 것, 이하 같다) 제36조 본문은 "사용자는 근로자가 사망 또는 퇴직한 경우에는 그 지급 사유가 발생한 때부터 14일 이내에 임금, 보상금, 그 밖에 일체의 금품을 지급하여야 한다."라는 내용으로 금품청산의무를 규정하고 있고, 같은 법 제109조는 위 규정을 위반한 사용자를 처벌하되, 근로자의 명시한 의사와 다르게 공소를 제기할 수 없도록 하고 있다.

구 근로기준법 제44조 제1항은 사업이 여러 차례의 도급에 따라 행하여지는 경우에 하수급인이 직상 수급인의 귀책사유로 근로자에게 임금을 지급하지 못한 경우에는 그 직상 수급인이 하수급인과 연대하여 하수급인이 사용한 근로자의 임금을 지급할 책임을 지도록 규정하면서, 직상 수급인의 귀책사유가 그 상위 수급인의 귀책사유에 의하여 발생한 경우에는 상위 수급인도 연대하여 책임을 지도록 하고 있다. 그 귀책사유의 범위에 관하여 구 근로기준법 제44조 제2항, 구 근로기준법 시행령(2014. 9. 24. 대통령령 제25631호로 개정되기 전의 것, 이하 같다) 제24조는 정당한 사유 없이 도급계약에서 정한 도급 금액 지급일에 도급 금액을 지급하지 아니한 경우(제1호), 정당한 사유 없이 도급계약에서 정한 원자재 공급을 늦게 하거나 공급을 하지 아니한 경우(제2호), 정당한 사유 없이 도급계약의 조건을 이행하지 아니하여 하수급인이 도급사업을 정상적으로 수행하지 못한 경우(제3호)로 정하고 있다. 구 근로기준법 제109조는 위 규정을 위반한 직상 수급인과 상위 수급인을 처벌하되, 근로자의 명시한 의사와 다르게 공소를 제기할 수 없도록 규정하고 있다. 이는 본래 임금지급채무는 근로계약의 당사자로서 근로자와 직접적인 근로계약관계를 맺고 있는 사용자가 부담하는 것이 원칙이지만, 사업이 도급에 의하여 이루어지는 경우에 하수급인은 도급인에게 실질적으로 의존하거나 종속되어 있는 경우가 많으므로, 하수급인이 직상 수급인이나 그 상위 수급인의 귀책사유로 근로자에게 임금을 지급하지 못한 경우에는 직상 수급인과 그 상위 수급인에게 하수급인과 연대하여 임금을 지급할 책임을 부담하도록 함으로써, 그러한 사업에 종사하는 근로자의 임금채권을 보호하기 위한 취지이다.

구 근로기준법 제44조, 제109조의 입법 목적과 규정 취지에 비추어 보면, 임금 미지급에 귀책사유가 있는 상위 수급인은 하수급인의 근로자에 대한 관계에서 근로계약의 당사자는 아니지만 임금 미지급의 근본적인 원인을 제공하였다는 점에서 그 책임이 하수급인 또는 그 직상 수급인보다 가볍다고 볼 수 없다. 또한 상위 수급인이 하수급인의 근로자에게 임금지급의무를 이행하면 하수급인과 직상 수급인의 임금지급의무도 함께 소멸하게 된다. 그럼에도 하수급인의 근로자가 일반적으로 하수급인보다 자력이 더 나은 상위 수급인을 상대로 직접 임금을 청구하거나 형사고소 등의 법적 조치를 취할 여지가 많다 보니, 그 과정에서 상위 수급인이 근로자와 임금 지급에 관한 합의를 원만하게 이루고 근로자의 의사표시로 처벌을 면할 수 있는 경우에도 합의 과정에 참여하지 못한 하수급인이나 직상 수급인에 대하여는 처벌을 희망하지 아니하는 근로자의 의사표시가 명시적으로 이루어지지 않을 가능성도 적지 않다. 이러한 경우에도 귀책사유가 있는 상위 수급인으로부터 임금을 지급받는 등으로 그와 합의한 근로자가 하수급인이나 직상 수급인만 따로 처벌받기를 원하는 경우는 상당히 드물 것이다.

그렇다면 근로자가 상위 수급인의 처벌을 희망하지 아니하거나 처벌을 희망하는 의사를 철회하는 의사표시를 하는 경우에는, 근로자가 임금을 직접 청구하거나 형사고소 등의 법적 조치를 취한 대상이 누구인지, 상위 수급인과 합의에 이르게 된 과정 및 근로자가 처벌을 희망하지 아니하거나 처벌을 희망하는 의사를 철회하게 된 경위, 근로자가 그러한 의사표시에서 하수급인이나 직상 수급인을 명시적으로 제외하고 있는지, 상위 수급인의 변제 등을 통하여 근로자에 대한 임금지급채무가 어느 정도 이행되었는지 등의 여러 사정을 참작하여 여기에 하수급인 또는 그 직상 수급인의 처벌을 희망하지 아니하는 의사표시도 포함되어 있는지를 살펴보아야 하고, 하수급인과 직상 수급인을 배제한 채 오로지 상위 수급인에 대하여만 처벌을 희망하지 아니하는 의사표시를 하였다고 쉽게 단정하여서는 안 된다.

원심은 판시와 같은 이유로 근로자 공소외 1 등이 상위 수급인 공소외 2에 대하여 처벌을 희망하지 아니하는 의사를 표시한 데에는 하수급인인 피고인 1, 직상 수급인인 피고인 2에 대한 처벌을 희망하지 아니하는 의사표시도 포함되어 있다고 봄이 타당하다고 한 다음, 이 사건 공소사실 중 판시 피고인들의 근로기준법 위반 부분은 피해자의 명시한 의사에 반하여 공소를 제기할 수 없는 사건에 대하여 제1심판결 선고 전에 처벌을 희망하지 아니하는 의사표시가 있는 때에 해당한다고 보아 형사소송법 제327조 제6호에 따라 공소를 기각하였다. 원심판결 이유를 앞에서 본 법리와 적법하게 채택된 증거에 비추어 살펴보면, 원심의 판단에 상고이유 주장과 같이 상위 수급인에 대한 처벌을 희망하지 아니하는 의사표시의 해석 등에 관한 법리를 오해한 잘못이 없다.

그러므로 상고를 모두 기각하기로 하여, 관여 대법관의 일치된 의견으로 주문과 같이 판결한다.

ⓑ 대법원 2023. 01. 12. 선고 2019도16782 판결 [담배사업법위반]

【판시사항】

[1] 죄형법정주의 원칙에 따른 형벌법규의 해석 / 담배사업법 제11조에서 정한 '담배의 제조'의 의미 및 어떠한 영업행위가 '담배의 제조'에 해당하는지 판단하는 방법 / 담배가공을 위한 일정한 작업을 수행하지 않은 자의 행위를 무허가 담배제조로 인한 담배사업법 제11조, 제27조 제1항 제1호 위반죄로 의율하는 것이 죄형법정주의의 내용인 확장해석금지 원칙에 어긋나는지 여부(원칙적 적극)
[2] 피고인이 불특정 다수의 손님들에게 연초 잎, 담배 필터, 담뱃갑을 제공하여 손님으로 하여금 담배제조기계를 조작하게 하거나 자신이 직접 그 기계를 조작하는 방법으로 담배를 제조하고, 손님에게 담배를 판매함으로써 담배제조업 허가 및 담배소매인 지정을 받지 아니하고 담배를 제조·판매하였다는 이유로 담배사업법 위반으로 기소된 사안에서, 피고인이 담배를 제조하였다거나 제

조된 담배를 소비자에게 판매하였다고 보기 어려운데도, 이와 달리 본 원심판단에 법리오해의 잘못이 있다고 한 사례

【판결요지】

[1] 죄형법정주의는 국가형벌권의 자의적인 행사로부터 개인의 자유와 권리를 보호하기 위하여 범죄와 형벌을 법률로 정하도록 요구한다. 그러한 취지에 비추어 보면 형벌법규의 해석은 엄격하여야 하고, 문언의 가능한 의미를 벗어나 피고인에게 불리한 방향으로 해석하는 것은 죄형법정주의의 내용인 확장해석금지에 따라 허용되지 않는다.
담배사업법 제2조 제1호는, "담배"란 연초의 잎을 원료의 전부 또는 일부로 하여 피우거나, 빨거나, 증기로 흡입하거나, 씹거나, 냄새 맡기에 적합한 상태로 제조한 것을 말한다고 규정한다. 담배사업법 제11조에 규정된 '담배의 제조'는 일정한 작업으로 담배사업법 제2조의 '담배'에 해당하는 것을 만들어 내는 것을 말한다.
어떠한 영업행위가 여기서 말하는 '담배의 제조'에 해당하는지는, 그 영업행위의 실질적인 운영형태, 담배가공을 위해 수행된 작업의 경위·내용·성격, 담배사업법이 담배제조업을 허가제로 규정하고 있는 취지 등을 종합적으로 고려하여 사회통념에 비추어 합리적으로 판단하여야 한다. 한편 '담배의 제조'는 담배가공을 위한 일정한 작업의 수행을 전제하므로, 그러한 작업을 수행하지 않은 자의 행위를 무허가 담배제조로 인한 담배사업법 제27조 제1항 제1호, 제11조 위반죄로 의율하는 것은 특별한 사정이 없는 한 문언의 가능한 의미를 벗어나 피고인에게 불리한 방향으로 해석한 것이어서 죄형법정주의의 내용인 확장해석금지 원칙에 어긋난다.

[2] 피고인이 불특정 다수의 손님들에게 연초 잎, 담배 필터, 담뱃갑을 제공하여 손님으로 하여금 담배제조기계를 조작하게 하거나 자신이 직접 그 기계를 조작하는 방법으로 담배를 제조하고, 손님에게 담배를 판매함으로써 담배제조업 허가 및 담배소매인 지정을 받지 아니하고 담배를 제조·판매하였다는 이유로 담배사업법 위반으로 기소된 사안에서, 피고인이 자신의 영업점에서 실제 행한 활동은 손님에게 연초 잎 등 담배의 재료를 판매하고 담배제조시설을 제공한 것인데, 이러한 피고인의 활동은 담배의 원료인 연초 잎에 일정한 작업을 가한 것이 아니어서 '담배의 제조'로 평가하기는 어려운 점, 피고인의 영업점에서 손님은 피고인으로부터 받은 연초 잎 등 담배의 재료와 담배제조시설을 이용하여 가공작업을 직접 수행하였는데, 당시 영업점에 비치된 담배제조시설의 규모와 자동화 정도 등에 비추어 볼 때 위와 같은 손님의 작업이 명목상의 활동에 불과하다고 보기는 어렵고, 그 작업을 피고인의 활동과 같게 볼 만한 특별한 사정을 찾기도 어려운 점, 담배사업법상 연초 잎의 판매와 개별 소비자에 의한 담배제조가 금지되어 있지 않은 점, 피고인의 영업방식에 따르면, 손님과 피고인 사이에 수수된 돈은 '완성된 담배'가 아닌 '담배의 재료 또는 제조시설의 제공'에 대한 대가라고 봄이 타당한 점 등을 종합하면, 피고인이 담배를 제조하였다거나 제조된 담배를 소비자에게 판매하였다고 보기 어려운데도, 이와 달리 본 원심판단에 법리오해의 잘못이 있다고 한 사례.

【참조조문】 [1] 헌법 제12조 제1항, 형법 제1조 제1항, 담배사업법 제2조 제1호, 제11조, 제27조 제1항 제1호 [2] 담배사업법 제2조 제1호, 제11조, 제27조 제1항 제1호, 형사소송법 제325조

【참조판례】 [1] 대법원 2017. 12. 21. 선고 2015도8335 전원합의체 판결(공2018상, 252), 대법원 2018. 9. 28. 선고 2018도9828 판결(공2018하, 2130)
【전 문】 【피 고 인】 피고인 【상 고 인】 피고인
【변 호 인】 법무법인 우성 담당변호사 오승준
【원심판결】 의정부지법 2019. 10. 24. 선고 2018노3361 판결

【주 문】

원심판결 중 피고인에 대한 부분을 파기하고, 이 부분 사건을 의정부지방법원에 환송한다.

【이 유】

상고이유를 판단한다.

1. 공소사실의 요지 및 원심 판단

가. 공소사실의 요지

피고인에 대한 공소사실은, "피고인은 주식회사 베스트타바코로부터 담배 재료를 공급받고, 2017. 2. 9.경부터는 공소외인으로부터 담배제조기계를 공급받은 후 불특정 다수의 손님들에게 연초 잎, 담배 필터, 담뱃갑을 제공하고 손님으로 하여금 담배제조기계를 조작하게 하거나 자신이 직접 그 기계를 조작하는 방법으로 담배를 제조하고, 손님에게 담배를 판매함으로써 단독으로 또는 공소외인과 공모하여 담배제조업 허가 및 담배소매인 지정을 받지 아니하고 담배를 제조·판매하였다."라는 것이다.

나. 원심 판단

원심은 그 판시와 같은 이유로 피고인에 대한 공소사실을 무죄로 판단한 제1심판결을 파기하고 유죄로 판단하였다.

2. 대법원의 판단

가. 죄형법정주의는 국가형벌권의 자의적인 행사로부터 개인의 자유와 권리를 보호하기 위하여 범죄와 형벌을 법률로 정하도록 요구한다. 그러한 취지에 비추어 보면 형벌법규의 해석은 엄격하여야 하고, 문언의 가능한 의미를 벗어나 피고인에게 불리한 방향으로 해석하는 것은 죄형법정주의의 내용인 확장해석금지에 따라 허용되지 않는다(대법원 2017. 12. 21. 선고 2015도8335 전원합의체 판결 등 참조).

담배사업법 제2조 제1호는, "담배"란 연초의 잎을 원료의 전부 또는 일부로 하여 피우거나, 빨거나, 증기로 흡입하거나, 씹거나, 냄새 맡기에 적합한 상태로 제조한 것을 말한다고 규정한다. 담배사업법 제11조에 규정된 '담배의 제조'는 일정한 작업으로 담배사업법 제2조의 '담배'에 해당하는 것을 만들어 내는 것을 말한다(대법원 2018. 09. 28. 선고 2018도9828 판결 참조).

어떠한 영업행위가 여기서 말하는 '담배의 제조'에 해당하는지는, 그 영업행위의 실질적인 운영형

태, 담배가공을 위해 수행된 작업의 경위·내용·성격, 담배사업법이 담배제조업을 허가제로 규정하고 있는 취지 등을 종합적으로 고려하여 사회통념에 비추어 합리적으로 판단하여야 한다. 한편 '담배의 제조'는 담배가공을 위한 일정한 작업의 수행을 전제하므로, 그러한 작업을 수행하지 않은 자의 행위를 무허가 담배제조로 인한 담배사업법 제27조 제1항 제1호, 제11조 위반죄로 의율하는 것은 특별한 사정이 없는 한 문언의 가능한 의미를 벗어나 피고인에게 불리한 방향으로 해석한 것이어서 죄형법정주의의 내용인 확장해석금지 원칙에 어긋난다.

나. 제1심판결 및 원심판결 이유와 적법하게 채택한 증거에 따르면, 다음의 사정을 알 수 있다.

1) 피고인은 연초 잎, 필터가 삽입된 담배종이 등의 담배 재료와 분쇄된 연초 잎을 담배종이 안으로 삽입해 주는 기계(이하 '튜빙 기계'라 한다) 등의 담배제조시설을 제3자로부터 공급받아, 이를 자신이 운영하는 영업점에 비치하고 영업을 하였다.

2) 피고인은 자신의 영업점을 방문한 손님에게 2,500원에 대략 1갑을 만들 수 있는 연초 잎 등 담배의 재료를 제공하였다. 손님은, ㉠ 그 연초 잎을 바구니에 넣고 스팀기를 이용하여 스팀을 분사하는 과정(습식 과정), ㉡ 분쇄기를 이용하여 연초 잎을 적당한 크기로 분쇄하는 과정(분쇄 과정), ㉢ 튜빙 기계를 이용하여 분쇄된 연초 잎을 필터가 삽입된 담배종이에 삽입하는 과정(튜빙 과정), ㉣ 튜빙 기계에서 나온 담배를 손에 쥐고 바닥에 친 다음 끝부분을 모아주는 과정(마무리 과정)을 거쳐 궐련을 만들었다. 손님이 기계 조작에 숙련된 경우 담배 10갑을 제조하는 데 약 1시간이 소요되었고, 손님의 숙련도 등에 따라 완성된 담배의 품질이 달라질 여지도 있었다.

3) 피고인이 직접 연초 잎에 가공작업을 하였다는 사정, 미리 만들어 놓은 담배를 판매하였다거나 손님에게 직접 담배를 만들어 주었다는 사정, 손님의 궐련 제조과정에 개입하여 일부 과정을 대신 수행하였다는 사정 등은 발견되지 않는다.

4) 한편 피고인과 함께 기소된 나머지 업주들은 공소사실을 자백하였거나 공판 과정에서 '직접 튜빙 기계를 작동하여 담배를 제조한 다음 손님에게 판매하는 방식의 영업을 하였다.'는 사실이 드러나 유죄판결을 선고받았고, 그 판결이 그대로 확정되었다.

다. 위 사정을 앞서 본 법리에 비추어 살펴보면, 피고인이 담배를 제조하였다거나 제조된 담배를 소비자에게 판매하였다고 보기 어렵다.

1) 피고인이 자신의 영업점에서 실제 행한 활동은 손님에게 연초 잎 등 담배의 재료를 판매하고 담배제조시설을 제공한 것인데, 이러한 피고인의 활동은 담배의 원료인 연초 잎에 일정한 작업을 가한 것이 아니어서 '담배의 제조'로 평가하기는 어렵다. 제조란 일반적으로 '물건이나 제품을 만들어 내는 것'을 뜻하므로, 피고인의 위와 같은 활동까지 제조로 이해하는 것은 문언의 가능한 의미를 벗어나 피고인에게 불리한 방향으로 해석한 것이다.

2) 피고인의 영업점에서 손님은 피고인으로부터 받은 연초 잎 등 담배의 재료와 담배제조시설을 이용하여 가공작업을 직접 수행하였는데, 당시 영업점에 비치된 담배제조시설의 규모와 자동화 정도 등에 비추어 볼 때 위와 같은 손님의 작업이 명목상의 활동에 불과하다고 보기는 어렵고, 그 작업을 피고인의 활동과 같게 볼 만한 특별한 사정을 찾기도 어렵다.

3) 담배사업법령에서 담배제조업을 허가제로 운영하고 이에 대한 허가기준을 둔 취지는, 국민건강

에 나쁜 영향을 미치는 담배산업의 특성을 고려하여 산업의 경쟁체제는 유지하면서도 군소생산업체가 다수 설립되는 것을 막아 담배의 품질과 공급량 등을 효율적으로 관리·감독하고 담배 소비 증가를 억제하려는 데에 있다(대법원 2018. 9. 28. 선고 2018도9828 판결 등 참조). 담배사업법상 연초 잎의 판매와 개별 소비자에 의한 담배제조가 금지되어 있지 않은 점 등을 고려할 때, 피고인의 영업방식이 위와 같은 입법 취지에 어긋난다고 단정하기도 어렵다.

4) 위와 같은 피고인의 영업방식에 따르면, 손님과 피고인 사이에 수수된 돈은 '완성된 담배'가 아닌 '담배의 재료 또는 제조시설의 제공'에 대한 대가라고 봄이 타당하다.

5) '연초의 잎'은 2001. 4. 7. 법률 제6460호로 담배사업법이 개정되면서 '담배'의 범위에서 제외된 이후(앞서 본 담배사업법 제2조 제1호 참조), 현재까지 담배사업법상 담배의 원료로만 규율되고 있다. 이를 고려하면, 피고인에 대한 공소사실은 '피고인이 영업점에 비치된 담배제조기계의 조작 등을 통해 만들어진 담배를 손님에게 판매하였다.'는 사실을 전제로 구성되어 있다고 보이므로, '피고인이 손님에게 담배사업법 제2조 제1호에서 정한 담배에 해당하는 연초를 판매하였다.'는 원심의 사실인정은 공소사실의 범위를 벗어났다고 판단된다.

라. 그런데도 원심은 판시와 같은 이유만으로 피고인이 단독으로 또는 공소외인과 공모하여 담배를 제조·판매하였다고 보아, 피고인에 대한 공소사실을 유죄로 판단하였다. 위와 같은 원심의 판단에는 담배사업법 제11조에서 정한 '담배의 제조'의 의미 등에 관한 법리를 오해하여 판결에 영향을 미친 잘못이 있다. 이를 지적하는 상고이유 주장은 이유 있다.

3. 결 론

그러므로 원심판결을 파기하고, 사건을 다시 심리·판단하도록 원심법원에 환송하기로 하여, 관여 대법관의 일치된 의견으로 주문과 같이 판결한다.

© 대법원 2023. 01. 12. 선고 2021도10861 판결 [전자금융거래법위반]

【판시사항】

전자금융거래법 제6조 제3항 제2호에서 정한 접근매체의 '보관' 및 '대가'의 의미 / 전자금융거래법 제6조 제3항 제3호 위반죄 성립에 필요한 '범죄에 이용할 목적'에 대한 인식의 정도 및 이를 판단할 때 고려하여야 할 사항

【판결요지】

전자금융거래법 제6조 제3항 제2호는 '대가를 수수 또는 약속하면서 접근매체를 보관하는 행위'를, 같은 항 제3호는 '범죄에 이용할 목적으로 접근매체를 보관하는 행위'를 금지하고, 같은 법 제49조 제4항 제2호는 이를 위반한 행위를 처벌하도록 규정하고 있다.

전자금융거래의 법률관계를 명확히 하여 전자금융거래의 안전성과 신뢰성을 확보하고자 하는 전자금융거래법의 입법 목적과 타인 명의 금융계좌가 전기통신금융사기 등 각종 범죄에 이용되는 것을 근절하고자 하는 전자금융거래법 제6조 제3항의 취지 등을 종합하여 보면, 위 규정 제2호에서 정한 접근매체의 '보관'은 타인 명의 금융계좌를 불법적으로 거래하거나 이용할 수 있도록 타인 명의 접근매체를 점유 또는 소지하는 행위를 말한다. 그리고 여기서 '대가'란 접근매체의 보관에 대응하는 관계에 있는 경제적 이익을 말하는데, 타인 명의 금융계좌를 불법적으로 이용하는 행위에 대하여 대가를 받기로 약속하고 그 불법적인 이용을 위하여 접근매체를 보관한 경우라면 접근매체의 보관에 대응하는 경제적 이익을 약속받은 것으로 볼 수 있다.

한편 전자금융거래법 제6조 제3항 제3호의 '범죄에 이용할 목적'은 이른바 '초과주관적 위법요소'로서, 그 목적에 대하여는 미필적 인식이 있으면 족하고 목적의 대상이 되는 범죄의 구체적인 내용까지 인식하여야 하는 것은 아니다. 그리고 이러한 목적은 본래 내심의 의사이므로 그 목적이 있는지는 접근매체를 보관하는 구성요건적 행위를 할 당시 피고인이 가지고 있던 주관적 인식을 기준으로 판단하면 되고, 거래 상대방이 접근매체를 범죄에 이용할 의사가 있었는지 또는 피고인이 인식한 것과 같은 범죄가 실행되었는지를 고려할 필요는 없다.

【참조조문】 전자금융거래법 제6조 제3항 제2호, 제3호, 제49조 제4항 제2호
【참조판례】 대법원 2019. 6. 27. 선고 2017도16946 판결(공2019하, 1507), 대법원 2021. 12. 30. 선고 2020도9972 판결
【전 문】 【피 고 인】 피고인 【상 고 인】 검사 및 피고인 【변 호 인】 변호사 이진영
【원심판결】 인천지법 2021. 7. 22. 선고 2020노4371, 2021노1317 판결

【주 문】

원심판결 중 무죄 부분을 파기하고, 이 부분 사건을 인천지방법원에 환송한다. 피고인의 상고를 기각한다.

【이 유】

상고이유를 판단한다.

1. 검사의 상고이유에 관한 판단

가. 전자금융거래법 위반 부분 공소사실의 요지

피고인은 2020. 9. 8. 성명불상자로부터 "조건만남을 수락한 피해자를 협박하여 받아낸 돈을 체크카드 2장에 넣어 두었다. 체크카드 2장을 보내줄 테니 돈을 인출하여 지정한 계좌로 보내주면 인출금액의 10%를 주겠다."라는 제안을 받고, 같은 날 17:40경 청주시 노상에서 공소외 1 명의 체크카드 1장, 공소외 2 명의 체크카드 1장을 퀵서비스 기사로부터 전달받아 보관함으로써 대가를 수수·약속함과 동시에 범죄에 이용할 목적으로 접근매체를 보관하였다.

나. 원심의 판단

원심은, ① 피고인은 인출행위에 대한 대가로 인출금액의 10%를 수수료로 받기로 하였을 뿐 보관행위에 대한 대가를 수수하기로 약속한 것이 아니므로 전자금융거래법 제6조 제3항 제2호에서 금지하는 '대가 수수·약속 접근매체 보관'에 해당하지 않고, ② 이 사건 체크카드 2장은 경찰과 수사협조자 공소외 1이 피고인을 검거하기 위해 미리 준비해 둔 것일 뿐 실제 범죄의 실행에 직접 사용되거나 범죄의 수행에 실질적으로 기여할 수 있는 접근매체가 아니므로, 전자금융거래법 제6조 제3항 제3호에서 금지하는 '범죄 이용 목적 접근매체 보관'에도 해당하지 않는다는 이유로, 위 공소사실을 모두 무죄로 판단하였다.

다. 대법원의 판단

그러나 원심의 위와 같은 판단은 그대로 받아들이기 어렵다.

1) 관련 법리

전자금융거래법 제6조 제3항 제2호는 '대가를 수수 또는 약속하면서 접근매체를 보관하는 행위'를, 같은 항 제3호는 '범죄에 이용할 목적으로 접근매체를 보관하는 행위'를 금지하고, 같은 법 제49조 제4항 제2호는 이를 위반한 행위를 처벌하도록 규정하고 있다.

전자금융거래의 법률관계를 명확히 하여 전자금융거래의 안전성과 신뢰성을 확보하고자 하는 전자금융거래법의 입법 목적과 타인 명의 금융계좌가 전기통신금융사기 등 각종 범죄에 이용되는 것을 근절하고자 하는 전자금융거래법 제6조 제3항의 취지 등을 종합하여 보면, 위 규정 제2호에서 정한 접근매체의 '보관'은 타인 명의 금융계좌를 불법적으로 거래하거나 이용할 수 있도록 타인 명의 접근매체를 점유 또는 소지하는 행위를 말한다(대법원 2021. 12. 30. 선고 2020도9972 판결 참조). 그리고 여기서 '대가'란 접근매체의 보관에 대응하는 관계에 있는 경제적 이익을 말하는데(대법원 2019. 06. 27. 선고 2017도16946 판결 참조), 타인 명의 금융계좌를 불법적으로 이용하는 행위에 대하여 대가를 받기로 약속하고 그 불법적인 이용을 위하여 접근매체를 보관한 경우라면 접근매체의 보관에 대응하는 경제적 이익을 약속받은 것으로 볼 수 있다.

한편 전자금융거래법 제6조 제3항 제3호의 '범죄에 이용할 목적'은 이른바 '초과주관적 위법요소'로서, 그 목적에 대하여는 미필적 인식이 있으면 족하고 목적의 대상이 되는 범죄의 구체적인 내용까지 인식하여야 하는 것은 아니다. 그리고 이러한 목적은 본래 내심의 의사이므로 그 목적이 있는지는 접근매체를 보관하는 구성요건적 행위를 할 당시 피고인이 가지고 있던 주관적 인식을 기준으로 판단하면 되고, 거래 상대방이 접근매체를 범죄에 이용할 의사가 있었는지 또는 피고인이 인식한 것과 같은 범죄가 실행되었는지를 고려할 필요는 없다.

2) 원심판결 이유와 적법하게 채택된 증거에 따르면 다음 사실이 인정된다.

가) 수사협조자 공소외 1은 SNS '트위터'에서 '불법자금 세탁'을 해준다는 취지의 광고 글을 보고 2020. 9. 8. 13:00경 광고 글을 게시한 텔레그램 대화명 '○○○○○'를 사용하는 성명불상자에게 '조건협박 피해금을 전달받은 계좌 2개의 체크카드를 보내고 인출금의 14%를 줄 테니 체크카드를 퀵으로 받아 인출을 해 달라.'는 취지로 요청하였고, 성명불상자가 이를 수락하자 그 내용을 경찰에 제보하였다.

나) 피고인은 2020. 8. 중순경 위 성명불상자가 텔레그램 홍보방에 '하루에 100만 원 이상

벌어 가실 분 구함'이라는 광고를 올린 것을 보고 연락하여 일을 달라고 하였고, 2020. 9. 8. 오후 성명불상자로부터 '조건만남 해서 협박한 돈이 입금되는데, 체크카드 2개를 받아 돈을 인출해 주면 인출금의 10%를 주겠다.'는 연락을 받고 수락하였다.

다) 피고인은 2020. 9. 8. 17:40경 성명불상자의 지시에 따라 공소사실 기재와 같이 체크카드 2장을 퀵서비스 기사로부터 전달받아 다른 장소로 이동하려던 중 현장에 미리 잠복 중이던 경찰관에게 전자금융거래법 위반 혐의로 현행범인 체포되었다.

라) 피고인은 검찰에서 '성명불상자에게 연락을 했을 때 인출책이라고 하길래 보이스피싱이냐고 물었더니 성명불상자가 보이스피싱은 아니고 조건만남 협박해서 받은 돈이라고 하여 조건만남은 신고를 잘 안할 테니까 해보자고 하여 수락하였다.'는 취지로 진술하였다.

3) 위 사실관계를 앞서 본 법리에 비추어 살펴본다. 피고인은 타인 명의 금융계좌에서 범죄로 인한 피해금을 인출해 주는 일을 하고 수수료를 받기로 약속한 후 그 금융계좌에 연결된 접근매체를 전달받아 보관한 것으로, 대가를 수수하기로 약속함과 동시에 범죄에 이용할 목적으로 접근매체를 보관한 것으로 봄이 타당하고, 피고인이 받기로 한 수수료가 보관행위에 대한 직접적인 대가가 아니라거나 실제로는 그 체크카드를 이용한 범죄가 현실화될 수 없다는 이유로 '대가관계'나 '범죄 이용 목적'이 없다고 할 수는 없다.

4) 그런데도 원심은 그 판시와 같은 이유만으로 위 공소사실을 모두 무죄로 판단하였다. 이러한 원심의 판단에는 전자금융거래법 제6조 제3항 제2호의 '대가', 같은 항 제3호의 '범죄에 이용할 목적' 등에 관한 법리를 오해하여 판결에 영향을 미친 잘못이 있고, 이를 지적하는 검사의 상고이유 주장은 이유 있다.

2. 피고인의 상고에 관한 판단

기록에 따르면, 피고인은 2021. 7. 22. 선고된 원심판결에 대하여 2021. 7. 26. 상고포기서를 제출한 이후 2021. 7. 28. 상고장을 제출하고, 피고인의 국선변호인이 2021. 9. 10. '상고이유서'라는 서면을 제출하였음을 알 수 있다.

피고인과 변호인의 상고는 피고인의 상고권포기로 상고권이 소멸한 이후에 제기된 것이어서 부적법하고, 국선변호인의 상고이유서를 상고장으로 보더라도 상고의 제기기간이 지나 상고권이 소멸한 이후에 제기된 것이어서 마찬가지로 부적법하다.

3. 결 론

그러므로 원심판결 중 무죄 부분을 파기하고, 이 부분 사건을 다시 심리·판단하도록 원심법원에 환송하며, 피고인의 상고를 기각하기로 하여 관여 대법관의 일치된 의견으로 주문과 같이 판결한다.

⑩ 대법원 2023. 02. 02. 선고 2021도15681 판결 [업무방해·위증·증거위조교사·건설산업기본법위반·위계공무집행방해]

【판시사항】

건설산업기본법 제96조 제4호에서 말하는 '하도급한 자'의 의미 / 건설사업자가 도급받은 건설공사의 전부 또는 건설산업기본법 시행령으로 정하는 주요 부분의 대부분을 다른 건설사업자에게 일괄하여 하도급하는 내용의 계약을 체결한 경우, 그 계약 체결 시에 건설산업기본법 제96조 제4호 위반죄가 기수에 이르는지 여부(원칙적 적극)

【판결요지】

건설산업기본법 제29조 제1항은 "건설사업자는 도급받은 건설공사의 전부 또는 대통령령으로 정하는 주요 부분의 대부분을 다른 건설사업자에게 하도급할 수 없다."라고 규정하고, 같은 법 제96조 제4호는 '제29조 제1항의 규정을 위반하여 하도급한 자는 3년 이하의 징역 또는 3천만 원 이하의 벌금에 처한다.'고 규정하고 있다. 한편 건설산업기본법 제2조 제12호는 '하도급이란 도급받은 건설공사의 전부 또는 일부를 다시 도급하기 위하여 수급인이 제3자와 체결하는 계약을 말한다.'고 규정하고 있다.

이러한 관련 규정의 문언과 건설산업의 건전한 발전을 도모하고자 하는 건설산업기본법의 입법목적 등을 아울러 고려하여 볼 때, 건설산업기본법 제96조 제4호에서 말하는 '하도급한 자'는 '하도급계약을 체결한 자'를 의미한다고 봄이 타당하다. 따라서 건설사업자가 도급받은 건설공사의 전부 또는 대통령령으로 정하는 주요 부분의 대부분을 다른 건설사업자에게 일괄하여 하도급하는 내용의 계약을 체결한 경우 특별한 사정이 없는 한 그 계약 체결 시에 건설산업기본법 제96조 제4호 위반죄는 기수에 이른다고 보아야 한다.

【참조조문】 건설산업기본법 제2조 제12호, 제29조 제1항, 제96조 제4호
【전 문】 【피 고 인】 피고인 1 외 7인
【상 고 인】 피고인 3, 피고인 5, 피고인 7, 피고인 8 및 검사(피고인 1, 피고인 2, 피고인 3, 피고인 A 주식회사, 피고인 5, 피고인 6에 대하여)
【변 호 인】 변호사 김용덕 외 4인
【원심판결】 대구고법 2021. 11. 4. 선고 2021노54 판결

【주 문】

원심판결 중 피고인 A 주식회사, 피고인 6에 대한 부분, 피고인 3에 대한 위증, 증거위조교사, 건설산업기본법 위반 부분, 피고인 5에 대한 건설산업기본법 위반, 위계공무집행방해 부분을 모두 파기하고, 이 부분 사건을 대구고등법원에 환송한다. 피고인 7, 피고인 8의 상고, 검사의 피고인 1에 대한 상고와 피고인 3, 피고인 5에 대한 나머지 상고를 모두 기각한다. 피고인 2에 대한 공소를 기각한다.

【이　유】

1. 피고인 3, 피고인 A 주식회사, 피고인 5, 피고인 6의 건설산업기본법 위반 부분에 대한 검사의 상고이유에 관한 판단

가. 이 부분 공소사실의 요지

피고인 A 주식회사(이하 '피고인 A'이라고 한다)의 직원들인 피고인 5, 피고인 3, 피고인 6은 2015. 11.경 대구도시철도공사가 피고인 A에 발주한 대구도시철도공사 2호선 승강장안전문(PSD) 제작·설치공사(이하 '이 사건 공사'라고 한다)를 실질적으로 주식회사 B(이하 'B'라고 한다)에 하도급하면서 대외적으로는 B가 승강장안전문을 제작하여 납품하고 피고인 A이 직접 이를 시공하는 것처럼 행세하기로 순차 모의하였다.

피고인 5, 피고인 3, 피고인 6은 위와 같은 모의에 따라 2015. 12. 17.경 피고인 A의 구매팀 담당자를 통해 B와 계약금을 177억 원으로 정하여 대구지하철 2호선 22개 역사의 승강장안전문을 제작·설치하기로 하는 내용의 물품공급계약을 체결하였는데, 지역 언론에서 일괄하도급 의혹을 제기하고 대구광역시에서 특별감사를 실시하자, 피고인 A이 직접 승강장안전문 설치공사를 시공하는 것처럼 가장하기 위해 2015. 12. 29.경 '설치공사는 피고인 A이 직접 수행하고, 해당 공사 금액을 추후 계약금액에서 정산한다.'는 내용을 추가한 수정물품공급계약서를 작성하였다.

피고인 3은 '위 수정물품공급계약서 기재와 같은 내용의 합의서를 2015. 12. 17. 자로 소급 작성하여 2015. 12. 17. 자 물품공급계약서에 첨부하라.'는 피고인 5의 지시에 따라 그와 같은 합의서를 작성하여 2015. 12. 17. 자 물품공급계약서에 첨부하였다. 한편 피고인 5는 피고인 3에게 지시하여 피고인 1로 하여금 2016. 3. 10.경 B와 '공사대금을 177억 원에서 125억 6,000만 원으로 감액하고, 피고인 A이 51억 4,000만 원을 부담하기로 하는 내용'의 물품공급계약서를 작성하도록 하였다.

나아가 피고인 5, 피고인 3은 2016. 3. 10.경부터 2017. 6.경까지 대구 달서구에 있는 계명대역 등 공사현장에서, B로 하여금 주식회사 C에 하도급하여 승강장안전문 설치공사를 시공하게 하였다.

이로써 피고인 5, 피고인 3, 피고인 6은 공모하여 도급받은 건설공사의 전부 또는 주요 부분의 대부분을 다른 건설업자에게 하도급하였고, 피고인 A은 그 종업원인 위 피고인들이 공모하여 피고인 A의 업무에 관하여 위와 같은 위반행위를 하였다.

나. 원심 판단의 요지

원심은, 건설산업기본법 제96조 제4호 위반죄는 건설사업자가 도급받은 건설공사의 전부 또는 대통령령으로 정하는 주요 부분의 대부분을 다른 건설사업자에게 하도급하기로 하는 계약을 체결한 후 이에 따라 실제로 공사에 착공한 때에 기수에 이른다는 전제에서, 피고인 A이 이 사건 공사에 관하여 B와 사이에 일괄하도급을 내용으로 하는 2015. 12. 17. 자 물품공급계약(이하 '제1차 물품공급계약'이라고 한다)을 체결하기는 하였으나 이 사건 공사 착공 전인 2015. 12. 29.경 일괄하도급을 해소하는 내용의 물품공급계약(이하 '제2차 물품공급계약'이라고 한다)을 체결하고, 그 변경된 계약에 따라 이 사건 공사 중 일부를 직접 시공하여 결국 건설산업기본법 제96조 제4호 위반죄가 기수에 이르지 않았다는 이유로, 이 부분 공소사실을 무죄로 판단하였다.

다. 대법원의 판단

그러나 원심의 위와 같은 판단은 그대로 수긍하기 어렵다.

1) 건설산업기본법 제29조 제1항은 "건설사업자는 도급받은 건설공사의 전부 또는 대통령령으로 정하는 주요 부분의 대부분을 다른 건설사업자에게 하도급할 수 없다."라고 규정하고, 같은 법 제96조 제4호는 '제29조 제1항의 규정을 위반하여 하도급한 자는 3년 이하의 징역 또는 3천만 원 이하의 벌금에 처한다.'고 규정하고 있다. 한편 건설산업기본법 제2조 제12호는 '하도급이란 도급받은 건설공사의 전부 또는 일부를 다시 도급하기 위하여 수급인이 제3자와 체결하는 계약을 말한다.'고 규정하고 있다.

이러한 관련 규정의 문언과 건설산업의 건전한 발전을 도모하고자 하는 건설산업기본법의 입법 목적 등을 아울러 고려하여 볼 때, 건설산업기본법 제96조 제4호에서 말하는 '하도급한 자'는 '하도급계약을 체결한 자'를 의미한다고 봄이 타당하다. 따라서 건설사업자가 도급받은 건설공사의 전부 또는 대통령령으로 정하는 주요 부분의 대부분을 다른 건설사업자에게 일괄하여 하도급하는 내용의 계약을 체결한 경우 특별한 사정이 없는 한 그 계약 체결 시에 건설산업기본법 제96조 제4호 위반죄는 기수에 이른다고 보아야 한다.

2) 원심판결 이유 및 적법하게 채택된 증거에 의하면 다음과 같은 사실 및 사정을 알 수 있다.

가) 피고인 A은 2015. 11. 2.경 이 사건 공사를 제한경쟁입찰 방법으로 낙찰받아 대구지방조달청과 공사금액 233억 7,500만 원의 도급계약을 체결하였다.

나) 피고인 A의 직원들인 피고인 5, 피고인 3, 피고인 6은 2015. 12. 17. 피고인 A의 구매팀 담당자를 통하여 B와 사이에 공사금액을 177억 원으로 정하여 이 사건 공사를 B에 일괄하도급하는 내용의 제1차 물품공급계약을 체결하였다.

다) 제1차 물품공급계약 체결 직후 시민단체와 언론에서 이 사건 공사에 관한 일괄하도급 의혹을 제기하고, 대구도시철도공사의 감독기관인 대구광역시에서 특별감사를 실시하자, 피고인 5, 피고인 3, 피고인 6은 제1차 물품공급계약을 통한 피고인 A과 B 사이의 일괄하도급 관계를 해소하기 위하여 2015. 12. 29. B와 사이에 '설치공사는 피고인 A이 직접 수행하고, 해당 공사금액은 추후 계약금액에서 정산한다.'는 문구를 추가하여 제2차 물품공급계약을 체결하였다.

라) 피고인 A은 2016. 3.경 제2차 물품공급계약에 따라 이 사건 공사를 개시하여 그중 주요 부분 일부를 직접 시공하였다.

3) 이러한 사실 및 사정을 앞서 본 법리에 비추어 살펴보면, 피고인 A과 B 사이에 이 사건 공사를 일괄하여 하도급하는 내용의 제1차 물품공급계약이 체결된 이상, 제1차 물품공급계약 체결 시에 이미 피고인 3, A, 피고인 5, 피고인 6의 건설산업기본법 위반죄는 기수에 이르렀다고 보아야 하고, 이 사건 공사 착공 전에 피고인 A과 B 사이에 일괄하도급 관계를 해소하는 내용의 제2차 물품공급계약이 다시 체결되고, 이에 따라 피고인 A이 이 사건 공사의 일부를 직접 시공하였다고 하여 달리 볼 것은 아니다.

4) 그럼에도 원심은 그 판시와 같은 이유로 이 부분 공소사실을 무죄로 판단하였으니, 원심판결에는 건설산업기본법 제96조 제4호 위반죄의 기수 시기에 관한 법리를 오해하여 판결에 영향을 미친 잘못이 있다. 이를 지적하는 검사의 상고이유의 주장은 이유 있다.

2. 검사의 나머지 상고이유에 관한 판단

가. 피고인 1의 건설산업기본법 위반 부분

이 부분에 대하여 원심은 앞선 제1의 나.항과 같은 이유로 무죄로 판단하였으니, 이에는 앞서 본 바와 같이 건설산업기본법 제96조 제4호 위반죄의 기수 시기에 관한 법리를 오해한 잘못이 있다. 그러나 기록에 따르면, 제1차 물품공급계약은 피고인 A의 본사에서 근무한 피고인 3, 피고인 5, 피고인 6의 관여하에 체결된 것으로 보일 뿐이고 계약직 직원으로 주로 공사현장의 현장대리인 역할을 수행하던 피고인 1이 그 계약 체결에 관여하였다고 볼 증거가 없으므로, 이 점에 대한 검사의 증명이 부족하다고 판단된다. 따라서 피고인 1의 건설산업기본법 위반 부분을 무죄로 판단한 원심판결은 결과적으로 수긍할 수 있다.

나. 피고인 1의 업무방해 부분 및 피고인 3, 피고인 5 부분

원심은 판시와 같은 이유로 피고인 1, 피고인 3, 피고인 5에 대한 공소사실 중 업무방해 부분에 대하여 범죄의 증명이 없다고 보아 이를 무죄로 판단하였다. 원심판결 이유를 관련 법리와 기록에 비추어 살펴보면, 원심의 판단에 논리와 경험의 법칙을 위반하여 자유심증주의의 한계를 벗어나거나 업무방해죄에서 업무방해의 위험성 등에 관한 법리를 오해한 잘못이 없다.

3. 피고인 3의 상고이유에 관한 판단

원심은 판시와 같은 이유로 피고인 3에 대한 공소사실(무죄 부분 제외)을 유죄로 판단하였다. 원심판결 이유를 관련 법리와 적법하게 채택된 증거에 비추어 살펴보면, 원심의 판단에 논리와 경험의 법칙을 위반하여 자유심증주의의 한계를 벗어나거나 위증죄, 증거위조교사죄의 성립 등에 관한 법리를 오해한 잘못이 없다.

4. 피고인 5, 피고인 7, 피고인 8의 상고이유에 관한 판단

원심은 판시와 같은 이유로 피고인 5, 피고인 7, 피고인 8에 대한 공소사실(무죄 부분 제외)을 유죄로 판단하였다. 원심판결 이유를 관련 법리와 적법하게 채택된 증거에 비추어 살펴보면, 원심의 판단에 논리와 경험의 법칙을 위반하여 자유심증주의의 한계를 벗어나거나 위계공무집행방해죄의 위계, 고의, 인과관계 등에 관한 법리를 오해한 잘못이 없다.

5. 피고인 2에 대한 공소에 관한 판단

기록에 의하면, 피고인 2는 검사의 이 사건 상고제기 이후인 2021. 11. 10. 사망한 사실이 인정되므로, 형사소송법 제382조, 제328조 제1항 제2호에 의하여 피고인 2에 대한 공소를 기각한다.

6. 파기의 범위

위와 같은 이유로 원심판결 중 피고인 3, A, 피고인 5, 피고인 6에 대한 건설산업기본법 위반 부분은 파기되어야 한다. 그런데 위 파기 부분은 원심이 유죄로 인정한 피고인 3에 대한 위증, 증거위조교사 부분 및 피고인 5에 대한 위계공무집행방해 부분과 각각 형법 제37조 전단의 경합범 관계에 있어 피고인 3, 피고인 5에게 각각 하나의 형이 선고되어야 하므로, 결국 원심판결 중 피고인 3에 대한 위증, 증거위조교사 부분과 피고인 5에 대한 위계공무집행방해 부분도 함께 파기되어야 한다.

7. 결론

그러므로 원심판결 중 피고인 A, 피고인 6에 대한 부분, 피고인 3에 대한 위증, 증거위조교사, 건설산업기본법 위반 부분, 피고인 5에 대한 건설산업기본법 위반, 위계공무집행방해 부분을 모두 파기하고, 이 부분 사건을 다시 심리·판단하도록 원심법원에 환송하며, 피고인 7, 피고인 8의 상고, 검사의 피고인 1에 대한 상고와 피고인 3, 피고인 5에 대한 나머지 상고를 모두 기각하고, 피고인 2에 대한 공소를 기각하기로 하여, 관여 대법관의 일치된 의견으로 주문과 같이 판결한다.

---

⑪ 대법원 2023. 02. 02. 선고 2021도16198 판결 [학원의설립·운영및과외교습에관한법률위반]

【판시사항】

[1] '30일 이상 학습장소로 제공되는 시설인 독서실'이 학원의 설립·운영 및 과외교습에 관한 법률상 등록 대상인 학원에 해당하는지 판단하는 방법
[2] 피고인이 학원의 설립·운영 및 과외교습에 관한 법률 제6조 제1항에 따른 등록을 하지 않은 채 학원에 해당하는 독서실인 스터디카페를 운영하였다는 이유로 학원의 설립·운영 및 과외교습에 관한 법률 위반으로 기소된 사안에서, 위 스터디카페는 학원의 설립·운영 및 과외교습에 관한 법률 제2조 제1호가 규정한 '30일 이상 학습장소로 제공되는 시설'에 해당한다고 보기 어려우므로, 이와 달리 본 원심판결에 법리오해의 잘못이 있다고 한 사례

【판결요지】

[1] 학원의 설립·운영 및 과외교습에 관한 법령의 규정 체계와 입법 연혁, '학원'과 '독서실'을 구분하는 타 법령의 규정, 학원(學院)의 사전적 의미 및 학원의 설립·운영 및 과외교습에 관한 법률(이하 '학원법'이라 한다)의 입법 목적 등을 종합적으로 고려하면, '30일 이상 학습장소로 제공되는 시설인 독서실'이 학원법상 등록 대상인 학원에 해당하는지는 그 기능이나 목적이 '지식·기술·예능을 교습하는 시설'에 준할 정도에 이르러야 하는바, 당해 시설의 이용 목적이 학습으로 제한되거나 관리자가 학습 이외의 목적을 위한 이용을 금지하는지, 당해 시설의 구조·비품 등이 주로 학습 환경 조성에 맞추어져 있는지, 학습 이외의 목적으로 이용되는 공간·시설의 존부와 면적, 제공되는 서비스의 내용, 이용자들의 대금 지급 방식과 이용 목적, 그 밖의 이용 실태 등을 종합적으로 고려하여 엄격하게 해석하여야 한다.

[2] 피고인이 학원의 설립·운영 및 과외교습에 관한 법률(이하 '학원법'이라 한다) 제6조 제1항에 따른 등록을 하지 않은 채 학원에 해당하는 독서실인 스터디카페를 운영하였다는 이유로 학원법 위반으로 기소된 사안에서, 위 스터디카페 중 '스터디존'의 경우 좌석별로 칸막이가 설치된 책상과 의자가 배치되어 있고, 이용자가 지정한 좌석에 대한 요금을 결제하면 일정 시간 그 좌석을 독점적으로

이용할 수 있다는 측면에서 독서실과 유사한 측면이 있기는 하나, 위 스터디카페에는 '스터디존' 외에도 컴퓨터를 사용할 수 있는 'PC존', 소모임 등을 할 수 있는 '스터디룸'은 물론, 이용자들이 커피나 구운 계란 등 간식을 구매하여 취식할 수 있는 공간도 존재하는 점, 위 스터디카페의 이용목적이 '학습'으로 제한되어 있다거나 피고인이 위 스터디카페에서 학습 외의 활동을 금지하였다고 볼 자료가 없어, 손님들이 개인적인 업무 처리나 여가시간 활용 등을 위해 '스터디존'을 이용하는 것도 가능했을 것으로 보이는 점, 위 스터디카페의 홍보 전단지에도 '편안하고 쾌적한 분위기'를 강조하면서 '고등학생·대학생, 취업준비생 외에 일반인에게도 시간제로 공간 대여를 하고 소모임 등을 위해 스터디룸을 대여한다.'는 취지로 기재되어 있으며, 실제 여성들이 소모임을 위해 위 스터디룸을 이용한 경우도 있는 것으로 보이는 점 등을 종합하면, 위 스터디카페는 학원법 제2조 제1호가 규정한 '30일 이상 학습장소로 제공되는 시설'에 해당한다고 보기 어려우므로, 이와 달리 본 원심판결에 법리오해의 잘못이 있다고 한 사례.

【참조조문】 [1] 구 사설강습소에 관한 법률(1970. 8. 3. 법률 제2209호로 개정되기 전의 것) 제2조(현행 학원의 설립·운영 및 과외교습에 관한 법률 제2조 제1호 참조), 구 사설강습소에 관한 법률(1975. 12. 31. 법률 제2833호로 개정되기 전의 것) 제2조(현행 학원의 설립·운영 및 과외교습에 관한 법률 제2조 제1호 참조), 구 사설강습소에 관한 법률 시행령(1990. 3. 3. 대통령령 제12940호로 개정되기 전의 것) 제2조 제1항 제1호(현행 학원의 설립·운영 및 과외교습에 관한 법률 제2조 제1호 참조), 제3호(현행 학원의 설립·운영 및 과외교습에 관한 법률 시행령 제2조 제1항 제4호 참조), 학원의 설립·운영 및 과외교습에 관한 법률 제2조 제1호, 제2조의2 제1항, 제6조 제1항, 제13조 제2항, 제18조 제1항, 제22조 제1항 제1호, 학원의 설립·운영 및 과외교습에 관한 법률 시행령 제2조 제1항 제4호, 제5조 제2항, 제3항, 조세특례제한법 제7조 제1항 제1호 (호)목, 지방세특례제한법 제101조 제1항 제1호 (호)목, 건축법 시행령 제34조 제2항 제2호, 제61조 제1항 제2호, 택지개발촉진법 시행령 제7조 제4항 제2호 / [2] 학원의 설립·운영 및 과외교습에 관한 법률 제2조 제1호, 제6조 제1항, 제22조 제1항 제1호, 학원의 설립·운영 및 과외교습에 관한 법률 시행령 제2조 제1항 제4호, 형사소송법 제325조
【전 문】 【피 고 인】 피고인 【상 고 인】 피고인 【변 호 인】 변호사 이연랑
【원심판결】 수원지법 2021. 11. 11. 선고 2021노616 판결

【주 문】

원심판결을 파기하고, 사건을 수원지방법원에 환송한다.

【이 유】

상고이유를 판단한다.

1.

가. 이 사건 공소사실의 요지는, 학원을 설립·운영하려는 사람은 일정한 시설과 설비를 갖추고 대통령령으로 정하는 바에 따라 교육감에게 등록하여야 함에도, 피고인이 등록을 하지 않은 채 2020. 3. 24.경 ○○스터디카페라는 상호로 학원에 해당하는 독서실을 운영하였다는 것이다.

나. 원심은, 피고인이 공소사실 기재 스터디카페(이하 '이 사건 시설'이라 한다)를 불특정 다수의 사람들에게 30일 이상 학습장소로 제공하였다고 판단한 후, 이는 「학원의 설립·운영 및 과외교습에 관한 법률」(이하 '학원법'이라 한다) 제2조 제1호에 규정된 학원의 일종인 '독서실'에 해당한다는 이유로 이 사건 공소사실을 유죄로 판단한 제1심판결을 유지하였다.

2. 그러나 원심의 판단은 수긍하기 어렵다.

가.

1) 학원법 제6조 제1항은 학원을 설립·운영하려는 자는 일정한 시설과 설비를 갖추어 대통령령이 정하는 바에 따라 교육감에게 등록하도록 규정하고, 제22조 제1항 제1호는 위와 같은 등록을 하지 않고 학원을 설립·운영한 자를 처벌한다.

2) 학원법 제2조 제1호 본문은 '학원'을 '사인이 대통령령으로 정하는 수 이상의 학습자 또는 불특정 다수의 학습자에게 30일 이상의 교습과정에 따라 지식·기술·예능을 교습하거나 30일 이상 학습장소로 제공되는 시설'로 정의하고, 학원법 시행령 제2조 제1항 제4호는 '독서실'을 '학습장소로 제공되는 학원인 시설'로 정의함으로써, 교습행위 없이 학습장소로만 제공되는 시설인 독서실을 학원법상의 학원에 포함시켜 규율하고 있다.

3) 그런데 학원법령은 학원의 종류를 초·중등교육법에 따른 학교교육과정을 교습하거나 유아 등을 대상으로 교습하는 '학교교과교습학원'과 그 외 평생교육·직업교육을 목적으로 하는 '평생직업교육학원'으로 분류하고(법 제2조의2 제1항), 학원을 설립·운영하려는 자가 제출해야 하는 학원설립·운영등록신청서에 '교습과정, 강사명단, 개강 예정 연월일' 등을 기재하고 그 첨부서류인 '원칙(원칙)'에 '수강자의 교습과정별 정원, 교습과정 및 교습일시, 과정 수료의 인정에 관한 사항, 교습기간 및 휴강일' 등이 포함되도록 규정하며(법 제6조 제1항, 법 시행령 제5조 제2항, 제3항), 학원설립·운영자는 강사의 연령·학력·전공과목 및 경력 등에 관한 사항을 게시하도록 규정하고(법 제13조 제2항), 학원설립·운영자는 학습자가 수강을 계속할 수 없는 경우 또는 학원의 등록말소 등으로 교습을 계속할 수 없는 경우 교습비 등을 반환하도록 규정하는 등(법 제18조 제1항) '지식·기술·예능의 교습시설'을 전제로 한 규정을 다수 두고 있다.

4) 학원법의 전신인 구「사설강습소에 관한 법률」은 1961. 9. 18. 제정 당시 학원에 해당하는 '사설강습소'를 지식·기술·예능 전수 목적의 강습, 교습시설로 정의하였다가, 1970. 8. 3. 개정 시 '사설강습소'의 정의에 '학습장소로 제공하는 시설'도 추가하였다(제2조).

구「사설강습소에 관한 법률 시행령」(1990. 3. 3. 대통령령 제12940호로 개정되기 전의 것)은 '학원'을 '독서실을 제외한 사설강습소'로, '독서실'을 '학습장소로 제공하는 사설강습소'로 정의하여(제2조 제1항 제1호, 제3호) '학원'과 '독서실'을 명백히 구분하였다. 또한 조세특례제한법 제7조 제1항 제1호 (호)목, 지방세특례제한법 제101조 제1항 제1호 (호)목 및 건축법 시행령 제34조 제2항 제2호, 제61조 제1항 제2호 및 택지개발촉진법 시행령 제7조 제4항 제2호 등도 '학원'과 '독서실'을 구분하여 규정하고 있다.

5) '학습장소로 제공되는 시설'은 '지식·기술·예능을 교습하는 시설'과 제공되는 용역의 내용, 학습자의 이용 목적과 이용 실태 등이 명확하게 구별되고, '학원(학원)'의 사전적 의미와는 차

이가 있음에도, 앞서 본 바와 같이 학원법은 학원의 정의에서 '지식·기술·예능을 교습하는 시설'과 '학습장소로 제공되는 시설'을 대등하게 병렬적으로 규정하고 있다.

위와 같은 학원법령의 규정 체계와 입법 연혁, '학원'과 '독서실'을 구분하는 타 법령의 규정, 학원(학원)의 사전적 의미 및 학원법의 입법 목적 등을 종합적으로 고려하면, '30일 이상 학습장소로 제공되는 시설인 독서실'이 학원법상 등록 대상인 학원에 해당하는지는 그 기능이나 목적이 '지식·기술·예능을 교습하는 시설'에 준할 정도에 이르러야 하는바, 당해 시설의 이용 목적이 학습으로 제한되거나 관리자가 학습 이외의 목적을 위한 이용을 금지하는지, 당해 시설의 구조·비품 등이 주로 학습 환경 조성에 맞추어져 있는지, 학습 이외의 목적으로 이용되는 공간·시설의 존부와 면적, 제공되는 서비스의 내용, 이용자들의 대금 지급 방식과 이용 목적, 그 밖의 이용 실태 등을 종합적으로 고려하여 엄격하게 해석하여야 한다.

나.

1) 원심판결 이유와 기록에 의하여 알 수 있는 바와 같이, 이 사건 시설 중 '스터디존'의 경우 좌석별로 칸막이가 설치된 책상과 의자가 배치되어 있고, 이용자가 지정한 좌석에 대한 요금을 결제하면 일정 시간 그 좌석을 독점적으로 이용할 수 있다는 측면에서 독서실과 유사한 측면이 있기는 하다.

2) 그러나 한편 ① 이 사건 시설에는 위 '스터디존' 외에도 컴퓨터를 사용할 수 있는 'PC존', 소모임 등을 할 수 있는 '스터디룸'은 물론, 이용자들이 커피나 구운 계란 등 간식을 구매하여 취식할 수 있는 공간도 존재하는 점, ② 이 사건 시설의 이용 목적이 '학습'으로 제한되어 있다거나 피고인이 이 사건 시설에서 학습 외의 활동을 금지하였다고 볼 자료가 없는바, 손님들이 개인적인 업무 처리나 여가시간 활용 등을 위해 위 '스터디존'을 이용하는 것도 가능했을 것으로 보이는 점, ③ 이 사건 시설의 홍보 전단지에도 '편안하고 쾌적한 분위기'를 강조하면서 '고등학생·대학생, 취업준비생 외에 일반인에게도 시간제로 공간 대여를 하고 소모임 등을 위해 스터디룸을 대여한다.'는 취지로 기재되어 있으며, 실제 여성들이 소모임을 위해 위 스터디룸을 이용한 경우도 있는 것으로 보이는 점, ④ 이 사건 시설의 이용 요금은 2시간에서 24시간까지의 이용시간에 따라 차등적인 '시간제 요금'과 28일 기준의 '4주 정기권' 등으로 구성되어 있는데, 정기권도 이용 기간은 30일 미만인 점, ⑤ 단속공무원이 이 사건 시설을 방문했을 당시 전체 좌석(95석) 중 6석이 '고정석'으로 분류되어 있었는바, 이 사건 시설의 이용자 대부분은 일회적 이용 방식인 '시간제 요금'을 이용한 것으로 보이는 점 등을 종합하면, 이 사건 시설이 학원법 제2조 제1호가 규정한 '30일 이상 학습장소로 제공되는 시설'에 해당한다고 보기는 어렵다.

다. 그럼에도 원심은 판시와 같은 이유로 이 사건 공소사실을 유죄로 판단하였는바, 원심판결에는 학원법 제2조 제1호가 규정한 '학원'에 관한 법리를 오해하여 판결에 영향을 미친 잘못이 있다. 이를 지적하는 상고이유 주장은 이유 있다.

3. 그러므로 나머지 상고이유에 대한 판단을 생략한 채 원심판결을 파기하고, 사건을 다시 심리·판단하도록 원심법원에 환송하기로 하여, 관여 대법관의 일치된 의견으로 주문과 같이 판결한다.

© 대법원 2023. 02. 02. 선고 2021도16765 판결 [기부금품의모집및사용에관한법률위반]

【판시사항】

[1] 기부금품의 모집 및 사용에 관한 법률이 기부금품의 모집과 사용을 엄격하게 규율하고 위반행위를 처벌하면서도 예외적으로 단체 등의 일정한 모금활동을 처벌대상에서 제외하는 취지 / 단체가 회원으로부터 수령한 회비 등 명목의 금원이 기부금품의 모집 및 사용에 관한 법률 제2조 제1호 (가)목 및 (다)목에서 정한 금품에 해당하여 처벌대상에서 제외되는 것인지 판단하는 방법

[2] 피고인이 기부금품모집등록을 한 갑 법인의 대표이사 또는 사무총장으로 재직하면서, 갑 법인의 인건비 및 홍보비 지출 비용을 기부금품의 모집 및 사용에 관한 법률 제13조에 따른 모집비용 충당비율을 초과하여 충당하였고, 기부금품 중 일정 금액을 경조사비 등에 지출하여 모집목적 외의 용도로 사용하였으며, 갑 법인은 그 업무에 관하여 갑 법인의 운영자인 피고인이 위와 같은 위반행위를 하였다는 이유로 기부금품의 모집 및 사용에 관한 법률 위반으로 기소된 사안에서, 갑 법인이 소속 회원들로부터 납부받은 금원은 '기부금품'에서 제외된다고 봄이 타당한데도, 이와 달리 본 원심판단에 법리오해의 잘못이 있다고 한 사례

【판결요지】

[1] 기부금품의 모집 및 사용에 관한 법률(이하 '기부금품법'이라 한다)의 입법 목적, 입법 연혁, 법규범의 체계 등에 비추어 보면, 기부금품법이 기부금품의 모집과 사용을 엄격하게 규율하고 위반행위를 처벌하면서도 예외적으로 기부금품법 제2조 제1호 (가)목 및 (다)목에서 단체 등의 일정한 모금활동을 그 처벌대상에서 제외하는 이유는, 단체의 자율성을 보장함과 동시에 단체의 구조적 특성, 모금 목적이나 모금 대상 등에 비추어 금품의 모집이 무분별하게 이루어지지 않을 것으로 기대되거나 또는 적정한 사용이 담보될 수 있을 것으로 보이기 때문이다.

단체가 회원으로부터 수령한 회비 등 명목의 금원이 기부금품법 제2조 제1호 (가)목 및 (다)목에서 정한 금품에 해당하여 기부금품법의 처벌대상에서 제외되는 것인지는, 단체의 내부 규정을 근거로 하여 단체의 설립 목적과 운영 상황, 회원 가입 자격 및 절차, 회원의 권리·의무, 회비 납부와 관리 등을 구체적으로 심리하여 종합적으로 판단하여야 할 것이다.

[2] 피고인이 기부금품모집등록을 한 갑 법인의 대표이사 또는 사무총장으로 재직하면서, 갑 법인의 인건비 및 홍보비 지출 비용을 기부금품의 모집 및 사용에 관한 법률(이하 '기부금품법'이라 한다) 제13조에 따른 모집비용 충당비율을 초과하여 충당하였고, 기부금품 중 일정 금액을 경조사비 등에 지출하여 모집목적 외의 용도로 사용하였으며, 갑 법인은 그 업무에 관하여 갑 법인의 운영자인 피고인이 위와 같은 위반행위를 하였다는 이유로 기부금품법 위반으로 기소된 사안에서, 갑 법인에 정기적인 금품을 납부한 사람들은 '정기회원신청서' 등을 작성하여 제출하고 그 목적에 따른 '회비' 또는 '후원금액'을 정하여 납부하였는데, 갑 법인은 위 사람들을 정회원 또는 후원회원으로 칭하였고, 갑 법인의 정관에는 회원의 의무와 권리가 규정되어 있는 점, 수사 과정에서 갑 법인이 기부금품 모집등록과 모집과정에서 기부금품법을 위반한 사정은 드러나지 아니하였으며, 기부금품

의 모집과 사용에 관한 장부의 작성, 모집상황과 사용명세 결과 공개, 등록청에 대한 보고서 제출과 공인회계사 작성 감사보고서 제출 의무 등을 준수하여 온 것으로 보이고, 이를 위반한 사정도 드러나지 아니한 점, 갑 법인의 지출은 대부분 회원들이 납부한 회비, 후원금을 재원으로 하여 이루어졌고, 갑 법인의 인건비 및 홍보비는 법인의 목적 수행에 수반되는 비용이며, 갑 법인이 금품을 모집한 목적 이외의 용도로 지출한 금액은 이자 등으로 인한 수입 금액에도 미치지 않는 금액인 점 등을 종합하면, 갑 법인이 소속 회원들로부터 납부받은 금원은 기부금품법의 규율대상인 '기부금품'에서 제외된다고 봄이 타당한데도, 이와 달리 갑 법인의 정관에 정한 '정회원', '후원회원', '일반회원'이 정기적으로 납부한 '회비' 또는 '후원금'에 대하여 기부금품법이 적용된다고 본 원심판단에 법리오해의 잘못이 있다고 한 사례.

【참조조문】 [1] 구 기부금품모집금지법(1962. 7. 24. 법률 제1110호로 개정되기 전의 것) 제3조(현행 기부금품의 모집 및 사용에 관한 법률 제3조, 제4조 제2항 참조), 구 기부금품모집금지법(1997. 12. 13. 법률 제5453호로 개정되기 전의 것) 제1조, 제4조, 구 기부금품의 모집 및 사용에 관한 법률(2006. 9. 22. 법률 제7979호로 개정되기 전의 것) 제1조, 제4조, 기부금품의 모집 및 사용에 관한 법률 제2조 제1호 (가)목, (다)목, 제4조 제1항, 제2항, 제12조 제1항, 제13조, 제16조 제5호, 제6호 / [2] 기부금품의 모집 및 사용에 관한 법률 제2조 제1호 (가)목, (다)목, 제4조 제1항, 제2항, 제12조 제1항, 제13조, 제16조 제5호, 제6호, 제17조, 형사소송법 제325조
【참조판례】 [1] 대법원 2016. 1. 14. 선고 2013도8118 판결, 헌법재판소 1998. 5. 28. 선고 96헌가5 전원재판부 결정(헌공28, 444)
【전 문】 【피 고 인】 피고인 1 외 1인 【상 고 인】 피고인들
【변 호 인】 법무법인(유한) 태평양 외 3인
【원심판결】 대구지법 2021. 11. 16. 선고 2020노1224 판결

【주 문】

원심판결 중 유죄 부분을 파기하고, 이 부분 사건을 대구지방법원에 환송한다.

【이 유】

상고이유(상고이유서 제출기간이 지난 다음 제출된 상고이유보충서의 기재는 이를 보충하는 범위 내에서)를 판단한다.

1. 판단 대상 공소사실의 요지

원심 판시 유죄 부분 공소사실(이하 '이 부분 공소사실'이라 한다)의 요지는 "피고인 1은 소외 계층을 위한 자원봉사 활성화 사업, 독거노인 및 빈곤층을 위한 무료급식 사업 등을 목적으로 2013. 4. 3. 법인설립허가를 받고 2013. 7. 22. 기부금품모집등록을 한 피고인 사단법인 ○○○○○○○○(이하 '피고인 법인'이라 한다)의 대표이사 또는 사무총장으로 재직하면서, (1) 2013. 8. 1.부터 2018. 7. 31.까지 제1심 판시 범죄일람표 1 기재와 같이 모집된 기부금품의 15%를 초과하여 모집금품을 모집비용에 충당하였고, (2) 2013. 7. 23.부터 2018. 5. 31.까지 제1심 판시 범죄일람표 2 기재와 같이 644회에 걸쳐 기부금품 중 181,313,685원을 모집목적 외의 용도로 사

용하였으며, 피고인 법인은 그 업무에 관하여 피고인 법인의 운영자인 피고인 1이 위와 같은 위반행위를 하였다."라는 것이다.

2. 관련 법리

가. 「기부금품의 모집 및 사용에 관한 법률」(이하 '기부금품법'이라 한다)은 명칭을 불문하고 반대급부 없이 취득하는 금전이나 물품을 '기부금품'이라고 정의하고(제2조 제1호 본문), 기부금품의 모집절차 및 사용방법 등을 정하고 있다. 기부금품을 모집하려는 자는 기부금품법 제4조 제1항에 따른 기부금품의 모집등록을 하여야 하고, 이 경우에도 기부금품법 제4조 제2항 각호에 정한 사업을 위한 경우에만 모집등록을 할 수 있다. 또한 기부금품법은 제12조 제1항 본문에서 "모집된 기부금품은 제13조에 따라 모집비용에 충당하는 경우 외에는 모집목적 외의 용도로 사용할 수 없다."라고 규정하여 모집목적 외 사용을 원칙적으로 금지하면서, 제13조에서 "모집자는 모집된 기부금품의 규모에 따라 100분의 15 이내의 범위에서 대통령령으로 정하는 비율을 초과하지 아니하는 기부금품의 일부를 기부금품의 모집, 관리, 운영, 사용, 결과보고 등에 필요한 비용에 충당할 수 있다."라고 규정하여 모집금품 중 일부를 모집비용에 충당할 수 있도록 하되 그 비율을 제한하고 있으며, 제16조 제5호 및 제6호에서 기부금품 사용에 관한 위 각 규정을 위반한 경우 형사처벌하도록 규정하고 있다.

나.

1) 1951. 11. 17. 제정된 '기부금품모집금지법'은 법률에 열거된 일부 경우를 제외하고는 기부금품의 모집을 금지하였다. 위 법은 1995. 12. 30. '기부금품모집규제법'으로 개정되면서 '기부금품의 무분별한 모집을 규제하고 모집된 기부금품을 적정하게 사용할 수 있게 함'을 목적으로 하여 기부금품의 모집대상·허가절차·사용방법 및 처벌규정을 정비하였는데, 개정된 '기부금품모집규제법'에서도 기부금품의 모집을 허가대상으로 정하는 등 기부금품 모집을 엄격히 제한하는 태도는 그대로 유지되었다.

2) 헌법재판소는 1998. 5. 28. 구 기부금품모집금지법(1951. 11. 7. 법률 제224호로 제정되고 1970. 8. 12. 법률 제2235호로 개정된 것)이 모집목적의 제한을 통해 모집행위를 원칙적으로 금지하는 것은 국민의 기본권인 행복추구권을 과도하게 침해하는 것이라고 보아 위 법 제3조에 대해 위헌결정을 하였다(헌법재판소 1998. 5. 28. 선고 96헌가5 전원재판부 결정). 그 후 기부금품모집규제법이 2006. 3. 24. 법률 제7908호로 '기부금품의 모집 및 사용에 관한 법률'로 개정되면서 기부금품의 모집을 등록제로 전환하고 그에 맞게 규정을 정비함으로써 현행 기부금품법과 같은 목적과 체계를 갖추게 되었다. 즉, 기부금품법은 당초 '기부금품 모집에 대한 엄격한 금지'를 입법 목적으로 하여 제정되었다가, 그 후 법률의 실효성 확보와 국민의 기본권 보장을 목적으로 몇 차례 개정을 거쳐 '성숙한 기부문화의 조성과 기부금품의 건전한 모집 및 적정한 사용'을 입법 목적으로 하는 규범 체계로 변경되었다.

3) 기부금품법 제2조 제1호 단서는 같은 호 각 목에서 정하는 금품에 대하여는 기부금품의 규율대상인 '기부금품'에서 제외한다고 규정하고 있는데, 그중 같은 호 (가)목에 의하면 '법인, 정당, 사회단체, 종친회, 친목단체 등이 정관, 규약 또는 회칙 등에 따라 소속원으로부터 가입금, 일시금, 회비 또는 그 구성원의 공동이익을 위하여 모은 금품'이, 같은 호 (다)목에 의하면 '국

가. 지방자치단체, 법인, 정당, 사회단체 또는 친목단체 등이 소속원이나 제3자에게 기부할 목적으로 그 소속원으로부터 모은 금품'이 기부금품법의 적용 대상에서 제외된다.

위와 같은 기부금품법의 입법 목적, 입법 연혁, 법규범의 체계 등에 비추어 보면, 기부금품법이 기부금품의 모집과 사용을 엄격하게 규율하고 위반행위를 처벌하면서도 예외적으로 기부금품법 제2조 제1호 (가)목 및 (다)목에서 단체 등의 일정한 모금활동을 그 처벌대상에서 제외하는 이유는, 단체의 자율성을 보장함과 동시에 단체의 구조적 특성, 모금 목적이나 모금 대상 등에 비추어 금품의 모집이 무분별하게 이루어지지 않을 것으로 기대되거나 또는 적정한 사용이 담보될 수 있을 것으로 보이기 때문이다(대법원 2016. 01. 14. 선고 2013도8118 판결 참조).

단체가 회원으로부터 수령한 회비 등 명목의 금원이 기부금품법 제2조 제1호 (가)목 및 (다)목에서 정한 금품에 해당하여 기부금품법의 처벌대상에서 제외되는 것인지는, 단체의 내부 규정을 근거로 하여 단체의 설립 목적과 운영 상황, 회원 가입 자격 및 절차, 회원의 권리·의무, 회비 납부와 관리 등을 구체적으로 심리하여 종합적으로 판단하여야 할 것이다.

3. 원심의 판단

원심은 '정기회원신청서 또는 정기후원신청서를 작성한 회원들이 피고인 법인에 납부한 회비, 후원회비'에 대하여, 피고인 법인에 정기적으로 돈을 납부한 정회원, 후원회원 및 일반회원 대부분이 단지 후원자의 지위에 있을 뿐 피고인 법인의 소속원이라고 볼 수 없다는 이유에서, 이 부분 공소사실을 유죄로 판단하였다.

4. 대법원의 판단

그러나 원심의 판단은 수긍하기 어렵다.

가. 원심판결 이유 및 기록을 종합하면 다음과 같은 사실을 인정할 수 있다.

1) 피고인 법인은 공소사실 기재와 같은 사업 등을 목적으로 설립된 사단법인이고 2013. 7.부터 매년 기부금품법 제4조에 따른 기부금품 모집등록을 하고 기부금을 모집하여 왔다.

2) 피고인 법인의 정관 제5조는 "정회원은 법인의 취지에 찬동하여 정회원으로서의 권리와 의무를 이행하는 자로 가입신청서를 작성하여 본 법인에 제출하는 자로 한다."(제1항), "후원회원, 일반회원의 경우는 가입신청서를 작성, 제출하는 자로 한다."(제2항), "정회원은 월 1만 원 이상의 회비를 납부한 자로 하고, 후원회원은 월 5천 원 이상의 회비를 납부한 자로 하며, 일반회원의 경우 재능, 노력 봉사자로 한다."(제3항)라고 회원자격을 정하고, 제6조는 "법인의 회원으로 정회원, 후원회원 및 일반회원을 둔다."라고 회원의 종류를 정하고 있다. 또 제7조는 회원의 권리에 관하여 "회원은 각종 회의에 출석하여 의견을 표시하고 결의에 참여한다. 법인의 회원은 법인의 자료 및 출판물을 제공받으며, 법인운영에 관한 자료를 열람할 수 있다."라고 정하고, 제8조는 회원의 의무에 관하여 "회원은 지역사회를 위한 본 법인의 회원으로서 품위와 자질에 모범이 되어야 한다. 회원은 법인 정관 및 규정을 준수, 총회 및 이사회의 결의사항을 이행한다. 회원은 이사회가 정한 회비를 납부하여야 한다."라고 정하고 있다.

3) 피고인 법인에 매월 정기적으로 금품을 납부한 사람들은 '정기회원신청서' 또는 '정기후원신청서'를 작성하여 피고인 법인에 제출하면서 '회원금액' 또는 '후원금액'을 정하여 납부하였다.

피고인 법인은 앞서 본 정관 규정에 따라 신청서를 제출하고 정기적으로 금품을 납부하는 사람들을 '정회원' 또는 '후원회원'으로 칭하면서 회원들에 대하여 후원증 또는 회원증을 발급하고, 학생인 회원에게는 취업활동 시 '인재추천서'를, 사업자인 회원에게는 '나눔 인증패'를 제공하기도 하였다.

4) 피고인 법인은 2013. 8.부터 2018. 7.까지 5년간 제1심 판시 범죄일람표 1의 '모집금액' 기재와 같이 금품을 모집하였는데, 그 모집금액은 기업 등 후원자로부터 모집한 금원과 '정회원' 또는 '후원회원'들로부터 매월 정기적으로 납부받은 금원을 합한 금원이며, 회원들로부터 납부받은 금원이 약 92%를 차지하고 있다.

5) 피고인 법인은 위와 같이 모집한 금품을 무료급식 사업 등 법인의 목적사업과 제1심 판시 범죄일람표 1의 모집비용(홍보비 및 인건비), 그 밖에 무료급식소 사업장의 확충·유지·관리 및 피고인 법인의 운영비에 사용하였다.

6) 검사는 기업 등 후원자로부터 모집한 기부금액과 피고인 법인이 매월 정회원 또는 후원회원들로부터 정기적으로 납부받은 '회비' 또는 '후원금' 금액을 구분하지 않고 모두 기부금품법의 적용 대상인 기부금품에 해당한다는 전제에서 지출된 비용 역시 모두 기부금품법에 따른 제한을 받는다고 보아, 피고인 법인의 인건비 및 홍보비 지출비용에 관하여는 기부금품법 제13조에 따른 모집비용 충당비율을 초과하여 비용에 충당하였다는 이유로 제16조 제1항 제6호 위반죄를, 피고인 법인이 경조사비 등에 지출한 금액에 관하여는 기부금품법 제12조 제1항을 위반하여 기부금품을 모집목적 외의 용도로 사용하였다는 이유로 제16조 제1항 제5호 위반죄를 각각 적용하여 기소하였다.

나.

1) 피고인 법인은 자원봉사활동과 무료급식 사업 등 목적을 위해 결합된 인적 결합체인 사단법인이고, 정관에서 피고인 법인의 목적에 동의하여 가입신청서를 작성·제출하는 사람을 정회원, 후원회원, 일반회원으로 정하고 있다. 피고인 법인에 정기적인 금품을 납부한 사람들은 피고인 법인에 '정기회원신청서' 등을 작성하여 제출하고 그 목적에 따른 '회비' 또는 '후원금액'을 정하여 납부하였다. 피고인 법인은 위 사람들을 정회원 또는 후원회원으로 칭하였고, 피고인 법인의 정관에는 회원의 의무와 권리가 규정되어 있다.

2) 피고인 법인은 기부금품법에 따른 모집등록을 마친 법인으로서 기부금품법에서 정한 내용에 따른 규제를 받고 있다. 수사 과정에서 피고인 법인이 기부금품 모집등록과 모집과정에서 기부금품법을 위반한 사정은 드러나지 아니하였다. 나아가 피고인 법인은 기부금품의 모집과 사용에 관한 장부의 작성, 모집상황과 사용명세 결과 공개, 등록청에 대한 보고서 제출과 공인회계사 작성 감사보고서 제출 의무 등을 준수하여 온 것으로 보이고, 이를 위반한 사정도 드러나지 아니하였다.

3) 피고인 법인의 지출은 대부분 회원들이 납부한 회비, 후원금을 재원으로 하여 이루어졌고, 피고인 법인의 인건비 및 홍보비는 법인의 목적 수행에 수반되는 비용이다. 한편 피고인 법인이 금품을 모집한 목적 이외의 용도로 지출한 금액은 같은 기간의 모집금액의 0.337% 정도에 해당하고, 이자 등으로 인한 수입 금액에도 미치지 않는 금액이다.

4) 또한 피고인 법인은 법인세법, 상속세 및 증여세법 등 법령에 규정된 각종 보고·공시의무, 외부 회계감사 의무, 주무관청의 점검과 국세청에의 통보 등 다양하고 엄격한 규제에 따라야 하는바, 실제로 기록상 피고인 법인에 대한 관련 법령 위반행위가 드러난 것도 없어 보인다.

다.

1) 이를 종합하면, 피고인 법인에 '정기회원신청서' 또는 '정기후원신청서'를 작성하여 제출하고 매월 정기적인 금액을 납부한 사람들은 피고인 법인의 정관에서 정한 '정회원' 또는 '후원회원' 등 회원자격을 얻게 되고, 피고인 법인이 이러한 '정회원' 또는 '후원회원'으로부터 모은 금품은 기부금품법 제2조 제1호 (가)목의 '법인이 정관에 따라 소속원으로부터 회비 또는 그 구성원의 공동이익을 위하여 모은 금품' 또는 같은 호 (다)목의 '법인이 소속원이나 제3자에게 기부할 목적으로 그 소속원으로부터 모은 금품'에 해당한다. 그리고 피고인 법인의 설립 목적, 회원들이 납부한 회비 또는 후원금의 관리 및 사용현황 등을 종합하여 보면, 위 회비 등의 납부가 무분별하게 이루어지지 않을 것으로 기대되고, 적정한 사용 또한 담보될 수 있는 경우라고 볼 여지가 상당하다. 그렇다면 피고인 법인이 소속 회원들로부터 납부받은 금원은 기부금품법의 규율대상인 '기부금품'에서 제외된다고 봄이 타당하다.

2) 그럼에도 원심은 피고인 법인의 정관에 정한 '정회원', '후원회원', '일반회원'이 피고인 법인의 '소속원'에 해당하지 아니하고, 따라서 그들이 정기적으로 납부한 '회비' 또는 '후원금'에 대하여 기부금품법이 적용된다고 보아, 이 부분 공소사실을 유죄로 판단하였다. 이러한 원심의 판단에는 기부금품법 제2조 제1호 (가)목 및 (다)목 규정의 해석에 관한 법리를 오해하여 판결에 영향을 미친 잘못이 있다. 이를 지적하는 피고인들의 상고이유 주장은 이유 있다.

5. 결 론

그러므로 피고인들의 나머지 상고이유에 관한 판단을 생략한 채 원심판결 중 유죄 부분을 파기하고 이 부분 사건을 다시 심리·판단하도록 원심법원에 환송하기로 하여, 관여 대법관의 일치된 의견으로 주문과 같이 판결한다.

ⓑ 대법원 2023. 02. 02. 자 2022어48 결정 [불처분결정에대한재항고]

【판시사항】

노인에 대한 폭행 또는 상해 금지규정 위반으로 인한 노인복지법 위반죄가 노인에 대한 형법상 폭행죄 및 상해죄를 가중처벌하기 위한 것인지 여부(적극) / 노인에 대한 폭행 또는 상해 금지규정 위반으로 인한 노인복지법 위반죄는 가정폭력범죄의 처벌 등에 관한 특례법 제2조 제3호 (가)목에서 정한 형법 제260조 제1항의 폭행죄 또는 형법 제257조 제1항의 상해죄가 '다른 법률에 따라 가중처벌되는 죄'로서 가정폭력범죄의 처벌 등에 관한 특례법 제2조 제3호 (파)목에 해당하여 가정보호사건의 대상이 되는 '가정폭력범죄'에 포함되는지 여부(적극)

【결정요지】

가정폭력범죄의 처벌 등에 관한 특례법(이하 '가정폭력처벌법'이라고 한다)은 가정폭력범죄를 범한 자에 대하여 환경의 조정과 성행의 교정을 위한 보호처분 제도를 마련하고 있는데, 가정보호사건은 '가정폭력범죄'로 인하여 보호처분의 대상이 되는 사건이다(제2조 제6호). 가정폭력처벌법은 '가정폭력범죄'를 가정구성원(배우자, 직계존비속, 동거 친족 등) 사이의 신체적, 정신적 또는 재산상 피해를 수반하는 행위인 가정폭력(제2조 제1호) 중 제2조 제3호에 규정된 범죄 유형에 해당하는 죄라고 규정한다. 가정폭력처벌법 제2조 제3호는 각 목의 어느 하나에 해당하는 죄를 '가정폭력범죄'로 규정하였는데, (가)목은 형법 제260조(폭행, 존속폭행) 제1항, 제2항의 죄 등을, (파)목은 '(가)목부터 (타)목까지의 죄로서 다른 법률에 따라 가중처벌되는 죄'를 규정하고 있다.

2004. 1. 29. 법률 제7152호로 개정된 노인복지법은 노인학대의 예방과 학대받는 노인의 보호를 위하여 '노인의 신체에 폭행을 가하거나 상해를 입히는 행위'(제1호) 등 일정한 노인학대 행위유형을 금지하는 규정(제39조의9) 및 이를 위반하는 경우 그 행위유형에 따라 처벌하는 벌칙 규정(제55조의2, 제55조의3 등)을 신설하였는데, 형법상 단순폭행죄(제260조 제1항) 및 단순상해죄(제257조 제1항)보다 중하게 처벌하도록 규정하였다. 한편 노인에 대한 금지행위의 객체가 되는 노인연령기준이 없어 이에 대한 처벌이 불명확했기 때문에 2016. 12. 2. 법률 제14320호로 개정된 노인복지법은 제39조의9에서 노인에 대한 금지행위의 객체가 되는 노인의 연령기준을 '65세 이상의 사람'으로 명시하였다.

위와 같이 노인에 대한 폭행 또는 상해 금지규정 위반으로 인한 노인복지법 위반죄는 행위객체가 노인에 한정되는 점 외에 형법상 폭행죄 및 상해죄와 행위태양이 동일하여 본질적인 차이가 없으므로 노인에 대한 형법상 폭행죄 및 상해죄를 가중처벌하기 위한 것으로 보아야 한다. 가정폭력처벌법상 '가정폭력범죄'는 가정구성원(배우자, 직계존비속, 동거 친족 등) 사이의 피해를 수반하는 행위(가정폭력)를 전제하고 있는데, 형법상 폭행죄 및 상해죄와 달리 노인에 대한 폭행 또는 상해 금지규정 위반으로 인한 노인복지법 위반죄를 위 '가정폭력범죄'에서 제외할 합리적 이유도 없다. 따라서 노인에 대한 폭행 또는 상해 금지규정 위반으로 인한 노인복지법 위반죄는 가정폭력처벌법 제2조 제3호 (가)목에서 정한 형법 제260조 제1항의 폭행죄 또는 형법 제257조 제1항의 상해죄가 '다른 법률에 따라 가중처벌되는 죄'로서 가정폭력처벌법 제2조 제3호 (파)목에 해당하여 가정보호사건의 대상이 되는 '가정폭력범죄'에 포함된다.

【참조조문】 가정폭력범죄의 처벌 등에 관한 특례법 제1조, 제2조 제1호, 제3호 (가)목, (파)목, 제6호, 형법 제257조 제1항, 제260조 제1항, 구 노인복지법(2016. 12. 2. 법률 제14320호로 개정되기 전의 것) 제39조의9 제1호, 제55조의2, 제55조의3 제1항(현행 제55조의3 제1항 제2호 참조), 노인복지법 제39조의9 제1호, 제55조의2, 제55조의3 제1항 제2호
【전 문】 【행 위 자】 행위자 【재항고인】 검사
【원심결정】 부산가법 2022. 6. 27. 자 2021서58 결정

【주 문】

원심결정을 파기하고, 사건을 부산가정법원에 환송한다.

【이 유】

재항고이유를 판단한다.

1. 사안의 개요와 원심의 판단

가.

1) 행위자는 2021. 8.경 주거지에서 행위자의 어머니(1934년생)인 피해자가 자신에게 잔소리를 했다는 이유로 피해자의 목을 조르고 주먹으로 얼굴을 때렸다.

2) 당시 신고를 받고 현장에 간 사법경찰관은 「가정폭력범죄의 처벌 등에 관한 특례법」(이하 '가정폭력처벌법'이라고 한다) 제8조의2 제1항에 의하여 직권으로 긴급임시조치를 하고 검사에게 임시조치를 신청하였으며, 검사의 청구에 따라 가정법원은 행위자에게 주거에서 퇴거하고 피해자의 주거 등에 접근금지를 명하는 임시조치결정을 하였다(부산가정법원 2021저302호).

3) 검사는 2021. 9.경 이 사건을 가정폭력처벌법 제9조에 따라 가정보호사건으로 제1심법원에 송치하였는데, 검사가 작성한 송치서에는 위 1)항과 같은 범죄사실이 기재되어 있되, 죄명은 '노인복지법 위반', 적용법조는 '노인복지법 제55조의3 제1항 제2호, 제39조의9 제1호'로 의율되어 있다.

나. 제1심법원은 노인복지법 위반죄가 가정폭력처벌법 제2조 제3호에 정한 '가정폭력범죄'에 해당하지 아니하므로 가정보호사건으로 처리하는 것이 적당하지 않은 경우(가정폭력처벌법 제37조 제1항 제2호)에 해당한다는 이유로 보호처분을 하지 아니한다는 결정과 함께 사건을 검사에게 송치하는 결정을 하였고, 검사가 항고하였으나 원심은 제1심결정을 유지하였다.

2. 대법원의 판단

가. 가정폭력처벌법은 가정폭력범죄를 범한 자에 대하여 환경의 조정과 성행의 교정을 위한 보호처분 제도를 마련하고 있는데, 가정보호사건은 '가정폭력범죄'로 인하여 보호처분의 대상이 되는 사건이다(제2조 제6호). 가정폭력처벌법은 '가정폭력범죄'를 가정구성원(배우자, 직계존비속, 동거 친족 등) 사이의 신체적, 정신적 또는 재산상 피해를 수반하는 행위인 가정폭력(제2조 제1호) 중 제2조 제3호에 규정된 범죄 유형에 해당하는 죄라고 규정한다. 가정폭력처벌법 제2조 제3호는 각 목의

어느 하나에 해당하는 죄를 '가정폭력범죄'로 규정하였는데, (가)목은 형법 제260조(폭행, 존속폭행) 제1항, 제2항의 죄 등을, (파)목은 '(가)목부터 (타)목까지의 죄로서 다른 법률에 따라 가중처벌되는 죄'를 규정하고 있다.

2004. 1. 29. 법률 제7152호로 개정된 노인복지법은 노인학대의 예방과 학대받는 노인의 보호를 위하여 '노인의 신체에 폭행을 가하거나 상해를 입히는 행위'(제1호) 등 일정한 노인학대 행위유형을 금지하는 규정(제39조의9) 및 이를 위반하는 경우 그 행위유형에 따라 처벌하는 벌칙 규정(제55조의2, 제55조의3 등)을 신설하였는데, 형법상 단순폭행죄(제260조 제1항) 및 단순상해죄(제257조 제1항)보다 중하게 처벌하도록 규정하였다. 한편 노인에 대한 금지행위의 객체가 되는 노인연령기준이 없어 이에 대한 처벌이 불명확했기 때문에 2016. 12. 2. 법률 제14320호로 개정된 노인복지법은 제39조의9에서 노인에 대한 금지행위의 객체가 되는 노인의 연령기준을 '65세 이상의 사람'으로 명시하였다.

위와 같이 노인에 대한 폭행 또는 상해 금지규정 위반으로 인한 노인복지법 위반죄는 행위객체가 노인에 한정되는 점 외에 형법상 폭행죄 및 상해죄와 행위태양이 동일하여 본질적인 차이가 없으므로 노인에 대한 형법상 폭행죄 및 상해죄를 가중처벌하기 위한 것으로 보아야 한다. 가정폭력처벌법상 '가정폭력범죄'는 가정구성원(배우자, 직계존비속, 동거 친족 등) 사이의 피해를 수반하는 행위(가정폭력)를 전제하고 있는데, 형법상 폭행죄 및 상해죄와 달리 노인에 대한 폭행 또는 상해 금지규정 위반으로 인한 노인복지법 위반죄를 위 '가정폭력범죄'에서 제외할 합리적 이유도 없다. 따라서 노인에 대한 폭행 또는 상해 금지규정 위반으로 인한 노인복지법 위반죄는 가정폭력처벌법 제2조 제3호 (가)목에서 정한 형법 제260조 제1항의 폭행죄 또는 형법 제257조 제1항의 상해죄가 '다른 법률에 따라 가중처벌되는 죄'로서 가정폭력처벌법 제2조 제3호 (파)목에 해당하여 가정보호사건의 대상이 되는 '가정폭력범죄'에 포함된다.

나. 나아가 가정보호사건으로 제1심법원에 송치되기 전 행위자에 대하여 임시조치결정이 내려진 사실은 앞서 본 바와 같고, 기록에 의하면 법원에 송치된 후 가정폭력처벌법 제21조에 따라 보호관찰소에서 행위자의 범죄 원인과 실태, 이후 정황 등을 조사한 결과가 담긴 조사서가 제1심법원에 제출되었다. 법원으로서는 이미 임시조치결정이 내려지고 결정전조사절차까지 진행된 이 사건에서 가정폭력처벌법 제40조 제1항 각호에 정해진 처분 중 가정폭력처벌법의 입법 목적인 '가정폭력범죄로 파괴된 가정의 평화와 안정을 회복하고 건강한 가정을 가꾸며 피해자와 가족구성원의 인권 보호'를 달성하기 위하여 적절한 보호처분에 관한 판단을 해야 할 것이다.

다. 원심이 노인복지법 위반죄가 가정보호사건의 대상이 될 수 있는 '가정폭력범죄'에 해당하지 않는다고 보아 보호처분을 하지 아니하고 검사에게 사건을 다시 송치한 제1심결정을 그대로 유지한 것에는 가정폭력처벌법 제2조 제3호, 제6호를 위반하여 재판에 영향을 미친 잘못이 있다.

3. 결 론

원심결정을 파기하고, 사건을 다시 심리·판단하도록 원심법원에 환송하기로 하여, 관여 대법관의 일치된 의견으로 주문과 같이 결정한다.

ⓑ 대법원 2023. 03. 16 선고 2020도15554 판결 [병역법위반] [공2023상, 732]

【판시사항】

[1] 구 병역법 제89조의2 제1호에서 정한 '정당한 사유'가 있는지를 판단할 때 고려해야 할 사항 / 이른바 '양심적 병역거부'의 의미 및 진정한 양심에 따른 병역거부가 병역법 제88조 제1항의 '정당한 사유'에 해당하는지 여부(적극) / 이러한 법리는 구 병역법 제89조의2 제1호에서 정한 '정당한 사유'가 있는지를 판단할 때에도 적용될 수 있는지 여부(적극)

[2] 여호와의 증인 신도로서 우울장애 등 기분장애 4급의 징병신체검사 결과에 따라 군사교육소집 대상자에서 제외된 피고인이 국가기관에서 사회복무요원으로 복무하던 중 종교적 신념을 이유로 통틀어 8일 이상 복무를 이탈하여 구 병역법 제89조의2 제1호 위반으로 기소된 사안에서, 병역법령 및 제반 사정을 종합하면, 피고인이 종교적 신념을 이유로 사회복무요원의 복무 이행을 거부하는 것은 구 병역법 제89조의2 제1호의 '정당한 사유'에 해당하지 않는다고 한 사례

【판결요지】

[1] 구 병역법(2019. 12. 31. 법률 제16852호로 개정되기 전의 것, 이하 같다) 제89조의2 제1호는 "사회복무요원 또는 예술·체육요원으로서 정당한 사유 없이 통틀어 8일 이상 복무를 이탈하거나 해당 분야에 복무하지 아니한 사람은 3년 이하의 징역에 처한다."라고 규정한다. 위 조항에서 정한 '정당한 사유'가 있는지를 판단할 때에는 병역법의 목적과 기능, 병역의무의 이행이 헌법을 비롯한 전체 법질서에서 가지는 위치, 사회적 현실과 시대적 상황의 변화 등은 물론 피고인이 처한 구체적이고 개별적인 사정도 고려해야 한다.

양심에 따른 병역거부, 이른바 '양심적 병역거부'는 종교적·윤리적·도덕적·철학적 또는 이와 유사한 동기에서 형성된 양심상 결정을 이유로 집총이나 군사훈련을 수반하는 병역의무의 이행을 거부하는 행위를 말한다. 진정한 양심적 병역거부자에게 집총이나 군사훈련을 수반하는 병역의무의 이행을 강제하고 그 불이행을 처벌하는 것은 양심의 자유에 대한 과도한 제한이 되거나 본질적 내용에 대한 위협이 된다. 양심적 병역거부자에게 병역의무의 이행을 일률적으로 강제하고 그 불이행에 대하여 형사처벌 등 제재를 하는 것은 양심의 자유를 비롯한 헌법상 기본권 보장체계와 전체 법질서에 비추어 타당하지 않을 뿐만 아니라 소수자에 대한 관용과 포용이라는 자유민주주의 정신에도 위배된다. 따라서 진정한 양심에 따른 병역거부라면, 이는 병역법 제88조 제1항의 '정당한 사유'에 해당한다. 이러한 법리는 구 병역법 제89조의2 제1호에서 정한 '정당한 사유'가 있는지를 판단할 때에도 적용될 수 있다.

[2] 여호와의 증인 신도로서 우울장애 등 기분장애 4급의 징병신체검사 결과에 따라 군사교육소집 대상자에서 제외된 피고인이 국가기관에서 사회복무요원으로 복무하던 중 종교적 신념을 이유로 통틀어 8일 이상 복무를 이탈하여 구 병역법(2019. 12. 31. 법률 제16852호로 개정되기 전의 것, 이하 같다) 제89조의2 제1호 위반으로 기소된 사안에서, 병역법령에 따르면, 국가기관 등의 공익목적 수행에 필요한 사회복지, 보건·의료, 교육·문화, 환경·안전 등의 사회서비스업무 및 행정업무

등의 지원을 하는 사회복무요원으로 하여금 집총이나 군사훈련을 수반하지 않는 복무의 이행을 강제하더라도 그것이 양심의 자유에 대한 과도한 제한이 되거나 본질적 내용에 대한 위협이 된다고 볼 수 없으며, 사회복무요원은 복무와 관련하여 소속기관장의 지휘·감독을 받고, 병무청장이 사회복무요원의 복무를 직접적·구체적으로 지휘·감독한다고 볼 수도 없는바(구 병역법 제31조 제1항 전문, 같은 조 제4항 본문, 제31조의2 제1항 본문), 병무청장이 사회복무요원의 복무와 관련하여 현장복무실태 점검 및 교정지도 등을 통한 복무부실 예방활동에 관한 사항 등을 관리·감독할 수 있다고 하더라도[구 병역법 제31조의2 제2항, 구 병역법 시행령(2020. 6. 30. 대통령령 제30806호로 개정되기 전의 것) 제63조] 이는 병무행정에 관한 사항일 뿐 집총이나 군사훈련을 수반하는 병역의무의 이행과 관련된 사항이 아닌 점, 피고인이 사회복무요원으로 복무하면서 집총이나 군사훈련을 수반하는 병역의무의 이행을 강요받았다거나 그것이 예정되어 있었다고 보이지 않고, 병무청장으로부터 그 복무와 관련하여 직접적·구체적으로 지휘·감독을 받았다고 볼 만한 사정도 전혀 엿보이지 않는 점 등을 종합하면, 피고인이 종교적 신념을 이유로 사회복무요원의 복무 이행을 거부하는 것은 구 병역법 제89조의2 제1호의 '정당한 사유'에 해당하지 않는다는 이유로, 이와 달리 판단하여 피고인에게 무죄를 선고한 환송 후 원심판결에 위 조항에서 정한 '정당한 사유'의 해석에 관한 법리 등을 오해한 잘못이 있다고 한 사례.

【참조조문】 [1] 헌법 제19조, 제37조 제2항, 제39조, 구 병역법(2019. 12. 31. 법률 제16852호로 개정되기 전의 것) 제89조의2 제1호, 병역법 제88조 제1항 / [2] 헌법 제19조, 제37조 제2항, 제39조, 구 병역법(2019. 12. 31. 법률 제16852호로 개정되기 전의 것) 제2조 제1항 제10호, 제5조 제1항 제3호 (나)목, 제27조 제1항, 제29조 제1항, 제3항, 제31조 제1항, 제4항, 제31조의2, 제55조 제1항, 제3항, 제77조 제1항, 제89조의2 제1호, 구 병역법 시행령(2020. 6. 30. 대통령령 제30806호로 개정되기 전의 것) 제63조, 제107조 제1호, 제108조, 구 사회복무요원 소집업무 규정(2021. 3. 18. 병무청훈령 제1774호로 개정되기 전의 것) 제21조 제1항 제1호
【참조판례】 [1] 대법원 2018. 11. 1. 선고 2016도10912 전원합의체 판결(공2018하, 2401)
【전 문】【피 고 인】 피고인 【상 고 인】 검사 【변 호 인】 변호사 김진우 외 1인
【환송판결】 대법원 2018. 12. 13. 선고 2017도21366 판결
【원심판결】 대전지법 2020. 10. 22. 선고 2018노3735 판결

【주 문】

원심판결을 파기하고, 사건을 대전지방법원에 환송한다.

【이 유】

상고이유(상고이유서 제출기간이 지난 후에 제출된 의견서는 상고이유를 보충하는 범위에서)를 판단한다.

1. 이 사건 공소사실의 요지

피고인은 여호와의 증인 신도로서, 2014. 6. 23.경부터 세종시 (주소 생략)에 있는 ○○○○위원회 △△△△△△실에서 사회복무요원으로 복무하던 중 종교적 신념을 이유로 2015. 12. 16.경부터

계속하여 출근하지 않아, 정당한 사유 없이 통틀어 8일 이상 복무를 이탈하였다.

2. 환송 후 원심의 판단

환송 후 원심은, 다음의 사정에 비추어 보면, 피고인이 사회복무요원의 복무를 이탈한 것은 종교적 신념에 기초한 진정한 양심에 따른 것으로서, 구 병역법(2019. 12. 31. 법률 제16852호로 개정되기 전의 것, 이하 '구 병역법'이라 한다) 제89조의2 제1호가 정한 '정당한 사유'에 해당한다고 보아, 이 사건 공소사실을 유죄로 인정한 제1심판결을 파기하고 피고인에 대하여 무죄를 선고하였다.

가. 피고인은 여호와의 증인 신도인 어머니의 영향으로 어릴 때부터 자연스럽게 여호와의 증인 교리를 접하며 성장하였고, 2010년경부터 성서를 공부하다가 피고인이 만 18세이던 2010. 8. 21. 침례를 받아 정식으로 여호와의 증인 신도가 되었으며, 세종시 조치원 □□□□에 소속되어 종교활동을 하고 있다.

나. 피고인은 우울장애 등의 기분장애 4급의 징병신체검사 결과에 따라 군사훈련을 면제받고 2014. 6. 23.경부터 세종시 (주소 생략)에 있는 ○○○○위원회 △△△△△△실에서 사회복무요원으로 복무를 시작하여 1년 6개월 정도 복무를 하던 중, '국방부 산하 병무청장 관할의 사회복무요원 신분으로 복무한다는 것이 군과 무관하다고 보기 어려워 양심적으로 용납이 안 된다.'는 이유로, 소집해제예정일을 6개월 정도 남겨둔 2015. 12. 16.경부터 복무를 이탈하였다. 사회복무요원은 병무청장에 의하여 복무 관리·감독을 받으나(구 병역법 제31조의2 제2항), 대체역은 소관중앙행정기관의 장에 의하여 복무 관리·감독을 받게 되므로(「대체역의 편입 및 복무 등에 관한 법률」 제22조), 복무에 관한 직접적·구체적인 지휘·감독권한의 귀속주체가 다르다.

다. 피고인은 양심적 병역거부에 관한 헌법재판소 결정(헌법재판소 2018. 6. 28. 선고 2011헌바379 등 전원재판부 결정)과 대법원판결(2018. 11. 1. 선고 2016도10912 전원합의체 판결)이 선고되기 이전인 2016. 2. 29. 병역법 위반죄로 기소되어 제1심에서 징역 1년 6월의 실형을 선고받고, 상고심 및 환송 후 원심에 이르기까지 4년 이상의 시간 동안 형사처벌의 위험을 감수하면서 일관되게 위와 같은 종교적 신념을 이유로 병역거부 의사를 밝히고 있다.

라. 피고인이 군인으로서 전쟁훈련을 할 수 없고, 하느님의 명령대로 살 것이며, 군과 관련이 있는 것이라면 어떠한 복무도 받아들일 수 없다는 종교적 신념의 표현에 일관성과 진실함, 확고함을 인정할 수 있다.

마. 피고인은 형사처벌을 받은 전력이 전혀 없고, 그 종교적 신념에 반하는 폭력적인 성향을 보였던 자료도 찾을 수 없다.

3. 대법원의 판단

그러나 환송 후 원심의 위와 같은 판단은 다음과 같은 이유로 수긍하기 어렵다.

가. 관련 법리

구 병역법 제89조의2 제1호는 "사회복무요원 또는 예술·체육요원으로서 정당한 사유 없이 통틀어 8일 이상 복무를 이탈하거나 해당 분야에 복무하지 아니한 사람은 3년 이하의 징역에 처한다."라고 규정한다(이하 '이 사건 조항'이라 한다). 이 사건 조항에서 정한 '정당한 사유'가 있는지를 판단할 때에는 병역법의 목적과 기능, 병역의무의 이행이 헌법을 비롯한 전체 법질서에서 가지는 위치, 사회적 현실과 시대적 상황의 변화 등은 물론 피고인이 처한 구체적이고 개별적인 사정도 고려해야 한다.

양심에 따른 병역거부, 이른바 '양심적 병역거부'는 종교적·윤리적·도덕적·철학적 또는 이와 유사한 동기에서 형성된 양심상 결정을 이유로 집총이나 군사훈련을 수반하는 병역의무의 이행을 거부하는 행위를 말한다. 진정한 양심적 병역거부자에게 집총이나 군사훈련을 수반하는 병역의무의 이행을 강제하고 그 불이행을 처벌하는 것은 양심의 자유에 대한 과도한 제한이 되거나 본질적 내용에 대한 위협이 된다. 양심적 병역거부자에게 병역의무의 이행을 일률적으로 강제하고 그 불이행에 대하여 형사처벌 등 제재를 하는 것은 양심의 자유를 비롯한 헌법상 기본권 보장체계와 전체 법질서에 비추어 타당하지 않을 뿐만 아니라 소수자에 대한 관용과 포용이라는 자유민주주의 정신에도 위배된다. 따라서 진정한 양심에 따른 병역거부라면, 이는 병역법 제88조 제1항의 '정당한 사유'에 해당한다(대법원 2018. 11. 01. 선고 2016도10912 전원합의체 판결 참조). 이러한 법리는 이 사건 조항에서 정한 '정당한 사유'가 있는지를 판단할 때에도 적용될 수 있다.

나. 판 단

1) 사회복무요원은 국가기관, 지방자치단체, 공공단체, 사회복지사업법 제2조에 따라 설치된 사회복지시설(이하 '국가기관 등'이라 한다)의 공익목적 수행에 필요한 사회복지, 보건·의료, 교육·문화, 환경·안전 등의 사회서비스업무 및 행정업무 등의 지원을 위하여 소집되어 공익 분야에 복무하는 사람으로서, 병역법이 정한 병역의 한 종류인 보충역에 해당한다[구 병역법 제2조 제1항 제10호, 제5조 제1항 제3호 (나)목]. 지방병무청장은 사회복무요원을 필요로 하는 국가기관 등의 장으로부터 다음 해에 필요한 인원의 배정을 요청받으면 복무기관·복무형태 및 배정인원 등을 결정하고, 사회복무요원 소집 순서가 결정된 사람을 대상으로 복무기관을 정하여 사회복무요원을 소집한다(구 병역법 제27조 제1항, 제29조 제1항 본문). 사회복무요원으로 소집된 사람에 대하여는 부득이한 사정이 없는 한 소집과 동시에 30일 이내 기간 동안 군사교육소집을 실시하되[구 병역법 제29조 제3항, 구 병역법 시행령(2020. 6. 30. 대통령령 제30806호로 개정되기 전의 것, 이하 '구 병역법 시행령'이라 한다) 제107조 제1호, 제108조 본문], 정신건강의학과 질환사유로 신체등급 4급 판정 또는 동일 사유로 보충역에 편입된 사람 등에 대하여는 군사교육소집을 실시하지 않는다[(구 병역법 제55조 제3항, 구「사회복무요원 소집업무 규정」(2021. 3. 18. 병무청훈령 제1774호로 개정되기 전의 것) 제21조 제1항 제1호]. 사회복무요원을 배정받은 기관의 장은 복무분야를 지정하여 사회복무요원을 복무하게 하여야 하고, 사회복무요원은 출퇴근 근무하며, 소속기관장의 지휘·감독을 받고, 사회복무요원이 복무하는 국가기관 등의 장은 사회복무요원 복무관리 담당직원을 지정하여야 한다(구 병역법 제31조 제1항 전문, 같은 조 제4항 본문, 제31조의2 제1항 본문). 한편 병무청장은 사회복무요원의 복무와 관련하여 현장복무실태 점검 및 교정지도 등을 통한 복무부실 예방활동에 관한 사항, 상담 및 고충처리 등을 통한 권익 보호에 관한 사항, 복무의무 위반자 등의 고발에 관한 사항 및 그 밖에 복무와 관련하여 병무청장이 필요하다고 인정하는 사항을 관리·감독할 수 있다(구 병역법 제31조의2 제2항, 구 병역법 시행령 제63조). 병무청장은 징집·소

집과 그 밖의 병무행정을 관장한다(구 병역법 제77조 제1항).

2) 앞서 본 법리와 위 병역법령에 따르면, 국가기관 등의 공익목적 수행에 필요한 사회복지, 보건·의료, 교육·문화, 환경·안전 등의 사회서비스업무 및 행정업무 등의 지원을 하는 사회복무요원으로 하여금 집총이나 군사훈련을 수반하지 않는 복무의 이행을 강제하더라도 그것이 양심의 자유에 대한 과도한 제한이 되거나 본질적 내용에 대한 위협이 된다고 볼 수 없으므로, 종교적 신념 등 양심의 자유를 이유로 사회복무요원의 복무를 거부하는 경우 특별한 사정이 없는 한 이 사건 조항이 정한 '정당한 사유'에 해당하지 않는다. 그리고 사회복무요원은 복무와 관련하여 소속기관장의 지휘·감독을 받으며, 병무청장이 사회복무요원의 복무를 직접적·구체적으로 지휘·감독한다고 볼 수도 없는바(구 병역법 제31조 제1항 전문, 같은 조 제4항 본문, 제31조의2 제1항 본문), 병무청장이 사회복무요원의 복무와 관련하여 현장복무실태 점검 및 교정지도 등을 통한 복무부실 예방활동에 관한 사항 등을 관리·감독할 수 있다고 하더라도(구 병역법 제31조의2 제2항, 구 병역법 시행령 제63조) 이는 병무행정에 관한 사항일 뿐 집총이나 군사훈련을 수반하는 병역의무의 이행과 관련된 사항이 아니므로, 이를 이유로 사회복무요원의 복무 이행을 거부하는 것도 이 사건 조항이 정한 '정당한 사유'에 해당하지 않는다.

3) 환송 후 원심이 인정한 사실관계에 따르면, 피고인은 우울장애 등의 기분장애 4급의 징병신체검사 결과에 따라 군사교육소집 대상자에서 제외되었고, 피고인이 ○○○○위원회 △△△△△△실에서 사회복무요원으로 복무하면서 집총이나 군사훈련을 수반하는 병역의무의 이행을 강요받았다거나 그것이 예정되어 있었다고 보이지 않고, 병무청장으로부터 그 복무와 관련하여 직접적·구체적으로 지휘·감독을 받았다고 볼 만한 사정도 전혀 엿보이지 않는다.

4) 따라서 여호와의 증인 신도인 피고인이 종교적 신념을 이유로 사회복무요원의 복무 이행을 거부하는 것은 이 사건 조항의 '정당한 사유'에 해당한다고 볼 수 없다. 이와 달리 판단한 환송 후 원심판결에는 이 사건 조항이 정한 '정당한 사유'의 해석에 관한 법리 등을 오해하여 판결에 영향을 미친 잘못이 있다. 이를 지적하는 검사의 상고이유 주장은 이유 있다.

4. 결 론

그러므로 원심판결을 파기하고, 사건을 다시 심리·판단하도록 원심법원에 환송하기로 하여, 관여 대법관의 일치된 의견으로 주문과 같이 판결한다.

ⓒ 대법원 2023. 03. 30. 선고 2022도4793 판결 [자동차관리법위반]

【판시사항】

[1] 자동차관리법상 '자동차정비업'의 의미 및 이때 '자동차관리법 시행규칙 제132조에서 정하는 작업'의 의미

[2] 피고인들이 관할 관청에 등록하지 아니하고 자동차 엔진룸 내 흡기호스에 공기와류장치를 삽입하는 방법으로 자동차정비업을 하여 자동차관리법 위반으로 기소된 사안에서, 위 작업이 자동차관리법 시행규칙 제132조 본문 각호의 작업에 해당하지 않는다면 튜닝승인대상인 작업에 해당하는지와 무관하게 이를 업으로 하는 것은 자동차관리법상 '자동차정비업'에 해당하므로, 이와 달리 공소사실을 무죄로 본 원심판단에 법리오해의 잘못이 있다고 한 사례

【판결요지】

[1] 자동차관리법 제2조 제8호 및 자동차관리법 시행규칙 제132조의 문구와 형식에 비추어 볼 때, 자동차관리법상 '자동차정비업'은 점검작업, 정비작업 또는 튜닝작업 중 자동차관리법 시행규칙 제132조에서 정하는 작업을 제외한 나머지 작업을 업으로 하는 것을 의미한다고 할 것이고, 이때 '자동차관리법 시행규칙 제132조에서 정하는 작업'이란 자동차관리법 시행규칙 제132조 본문 각호의 작업 중에서 튜닝승인대상인 작업을 제외한 나머지 작업만을 의미한다고 보아야 한다.

[2] 피고인들이 관할 관청에 등록하지 아니하고 자동차 엔진룸 내 흡기호스에 공기와류장치를 삽입하는 방법으로 자동차정비업을 하여 자동차관리법 위반으로 기소된 사안에서, 튜닝작업도 자동차관리법 시행규칙 제132조 본문 각호의 작업에 해당할 수 있으므로, 위 작업이 자동차관리법 제2조 제11호에서 규정한 튜닝작업이라고 하여도 자동차관리법 시행규칙 제132조 본문 각호의 작업에 해당하는지 심사를 하여야 하고, 만약 자동차관리법 시행규칙 제132조 본문 각호의 작업에 해당하지 않는다면 위 작업이 튜닝승인대상인 작업에 해당하는지와 무관하게 이를 업으로 하는 것은 자동차관리법상 '자동차정비업'에 해당하므로, 이와 달리 공소사실을 무죄로 본 원심판단에 법리오해의 잘못이 있다고 한 사례.

【참조조문】 [1] 자동차관리법 제2조 제8호, 자동차관리법 시행규칙 제55조, 제132조 / [2] 자동차관리법 제2조 제8호, 제11호, 제53조 제1항, 제79조 제13호, 자동차관리법 시행규칙 제55조, 제132조
【전 문】 【피 고 인】 피고인 1 외 1인 【상 고 인】 검사
【변 호 인】 법무법인 조율 담당변호사 정동근 외 1인
【원심판결】 대전지법 2022. 4. 13. 선고 2021노1976 판결

【주 문】

원심판결을 파기하고, 사건을 대전지방법원에 환송한다.

【이 유】

상고이유를 판단한다.

1. 이 사건 공소사실의 요지

자동차정비업 등 자동차관리사업을 하려는 자는 국토교통부령으로 정하는 바에 따라 관할 관청에 등록하여야 한다.

피고인들은 2018. 8. 11.경부터 2020. 1. 8.경까지 관할 관청에 등록하지 아니하고 아산시에 있는 '○○○○ 충남지사'에서 매월 20대가량의 자동차 엔진룸 내 흡기호스에 알루미늄 또는 카본 재질로 된 길이 7cm의 공기와류장치인 '무동력터보' 제품(이하 '이 사건 제품'이라 한다)을 삽입하는 방법으로 자동차정비업을 하였다.

2. 원심의 판단

원심은, 피고인들이 공소사실과 같이 이 사건 제품을 자동차 엔진룸 내 흡기호스에 장착한 행위(이하 '이 사건 작업'이라 한다)가 자동차관리법 제2조 제11호에서 규정하는 튜닝작업에 해당하고, 이는 점검작업이나 정비작업에 해당하지 않으므로 자동차관리법 시행규칙(이하 '시행규칙'이라 한다) 제132조 본문 각호의 작업에 해당하는지 나아가 따질 필요가 없이 위 각호의 작업은 아니라고 판단한 다음, 이 사건 작업이 시행규칙 제55조에 의한 튜닝승인대상이 되는 작업에 해당하지 않으므로, 결국 같은 법 제2조 제8호, 시행규칙 제132조 단서에 따라 이 사건 작업을 업으로 하는 것은 자동차정비업에서 제외된다고 보아, 피고인들에 대한 공소사실을 무죄로 판단하였다.

3. 대법원의 판단

그러나 원심의 판단은 다음과 같은 이유로 수긍하기 어렵다.

가. 자동차관리법 제2조 제8호는, "자동차정비업이란 자동차(이륜자동차는 제외한다)의 점검작업, 정비작업 또는 튜닝작업을 업으로 하는 것을 말한다. 다만 국토교통부령으로 정하는 작업은 제외한다."라고 규정하고 있다. 시행규칙 제132조 본문은 "법 제2조 제8호 단서에서 '국토교통부령으로 정하는 것'이라 함은 다음 각호의 작업을 말한다."라고 규정하면서, '오일의 보충·교환 및 세차'(제1호), '에어크리너엘리먼트 및 휠터류의 교환'(제2호), '배터리·전기배선·전구교환(전조등 및 속도표시등을 제외한다) 기타 전기장치(고전원전기장치는 제외한다)의 점검·정비'(제3호), '냉각장치(워터펌프는 제외한다)의 점검·정비'(제4호), '타이어(휠얼라인먼트는 제외한다)의 점검·정비'(제5호), '판금·도장 또는 용접이 수반되지 않는 차내설비 및 차체의 점검·정비. 다만 범퍼·본넷트·문짝·휀다 및 트렁크리드의 교환을 제외한다.'(제6호)고 규정하고 있고, 같은 조 단서는 '제55조의 규정에 의한 튜닝승인대상이 되는 작업을 제외한다.'고 규정하고 있다.

이러한 자동차관리법 및 시행규칙 규정의 문구와 형식에 비추어 볼 때, 자동차관리법상 '자동차정비업'은 점검작업, 정비작업 또는 튜닝작업 중 시행규칙 제132조에서 정하는 작업을 제외한 나머지 작업을 업으로 하는 것을 의미한다고 할 것이고, 이때 '시행규칙 제132조에서 정하는 작업'이란 시행규칙 제132조 본문 각호의 작업 중에서 튜닝승인대상인 작업을 제외한 나머지 작업만을 의미한다고 보아야 한다.

나. 원심은 이 사건 작업이 자동차관리법 제2조 제11호에서 규정한 튜닝작업에 해당하고, 이는 점검작업이나 정비작업에 해당하지 않으므로 시행규칙 제132조 본문 각호의 작업에 해당하는지 나아가 따질 필요가 없다고 하면서 이 사건 작업이 시행규칙 제132조 본문 각호의 작업은 아니라고 판단하였다. 그러나 튜닝작업도 시행규칙 제132조 본문 각호의 작업에 해당할 수 있으므로, 이 사건 작업이 자동차관리법 제2조 제11호에서 규정한 튜닝작업이라고 하여도 시행규칙 제132조 본문 각호의 작업에 해당하는지 심사를 하여야 한다. 그리고 시행규칙 제132조 본문 각호의 작업에 해당하지 않는다면 이 사건 작업은 튜닝승인대상인 작업에 해당하는지 여부와 무관하게 이를 업으로 하는 것은 자동차관리법상 '자동차정비업'에 해당한다고 보아야 한다.

다. 그럼에도 원심은 판시와 같은 이유로 피고인들에 대한 공소사실을 무죄로 판단하였으니, 이러한 원심의 판단에는 자동차관리법 제2조 제8호에서 규정한 '자동차정비업'의 범위에 관한 법리를 오해하여 판결에 영향을 미친 잘못이 있다. 이를 지적하는 검사의 상고이유 주장은 이유 있다.

4. 결 론

그러므로 검사의 나머지 상고이유에 관한 판단을 생략한 채 원심판결을 파기하고, 사건을 다시 심리·판단하도록 원심법원에 환송하기로 하여, 관여 대법관의 일치된 의견으로 주문과 같이 판결한다.

ⓒ 대법원 2023. 04. 21. 자 2023모176 결정 [추징보전청구기각결정에대한재항고]

【판시사항】

[1] 2022. 1. 4. 개정·시행된 범죄수익은닉의 규제 및 처벌 등에 관한 법률이 구 범죄수익은닉의 규제 및 처벌 등에 관한 법률과 달리 일정한 법정형 이상의 범죄를 범죄수익 환수의 대상이 되는 '중대범죄'로 정한 취지

[2] 검사가 피고인을 '2022. 1. 4.경부터 2022. 4. 1.경까지 기획재정부장관에게 등록하지 않고 외국환업무를 업으로 함으로써 외국환거래법 제8조 제1항, 제3항을 위반하였다.'는 혐의로 기소한 후, 외국환거래법 위반 범행으로 얻은 대가인 범죄수익과 관련한 추징재판의 집행을 위하여 피고인 소유 재산에 대해 추징보전을 청구한 사안에서, 피고인의 외국환거래법 위반 혐의는 같은 법 제27조의2 제1항에 따라 법정형이 '3년 이하의 징역 또는 3억 원 이하의 벌금'으로서 2022. 1. 4. 개정·시행된 범죄수익은닉의 규제 및 처벌 등에 관한 법률이 정한 '중대범죄'에 해당하므로, 피고인이 중대범죄로 인해 생긴 재산 또는 보수로 얻은 재산에 대하여는 추징이 가능할 뿐만 아니라 피고인에 대한 재산의 처분을 금지하는 추징보전명령도 가능하다고 한 사례

【결정요지】

[1] 2022. 1. 4. 법률 제18672호로 개정되어 시행된 범죄수익은닉의 규제 및 처벌 등에 관한 법률(이하 '범죄수익은닉규제법'이라 한다) 제2조는 재산상의 부정한 이익을 취득할 목적으로 범한 죄로서 '사형, 무기 또는 장기 3년 이상의 징역이나 금고에 해당하는 죄[제2호 (나)목에 규정된 죄는 제외한다]' 등을 특정범죄 중 '중대범죄'로 정하고, 중대범죄에 해당하는 범죄행위에 의하여 생긴 재산 또는 그 범죄행위의 보수로 얻은 재산인 '범죄수익'을 몰수할 수 있고(제8조 제1항 제1호), 제8조 제1항에 따라 몰수할 재산을 몰수할 수 없거나 그 재산의 성질, 사용 상황, 그 재산에 관한 범인 외의 자의 권리 유무, 그 밖의 사정으로 인하여 그 재산을 몰수하는 것이 적절하지 아니하다고 인정될 때에는 그 가액을 범인으로부터 추징할 수 있다고 정하고 있다(제10조 제1항). 나아가 위 범죄수익에 대한 추징에 관하여는 범죄수익은닉규제법 제12조에 의해 '추징보전'에 관한 규정인 마약류 불법거래 방지에 관한 특례법 제52조부터 제59조가 준용되므로, 법원은 중대범죄 등에 관련된 피고인에 대한 형사사건에 관하여 범죄수익을 추징하여야 할 경우에 해당한다고 판단할 만한 상당한 이유가 있는 경우로서 추징재판을 집행할 수 없게 될 염려가 있거나 집행이 현저히 곤란하게 될 염려가 있다고 인정할 때에는 검사의 청구에 의하여 또는 직권으로 추징보전명령을 하여 피고인에 대하여 재산의 처분을 금지할 수 있도록 정하고 있다. 이와 같이 개정된 범죄수익은닉규제법의 추징에 관한 규정은 부칙 제2조에 따라 시행(2022. 1. 4.) 후 발생한 범죄행위부터 적용된다.

현행 범죄수익은닉규제법이 구 범죄수익은닉의 규제 및 처벌 등에 관한 법률(2022. 1. 4. 법률 제18672호로 개정되기 전의 것, 이하 '구법'이라 한다)과 달리 일정한 법정형 이상의 범죄를 범죄수익 환수의 대상이 되는 중대범죄로 정한 것은, 구법이 범죄수익 환수의 대상이 되는 '중대범죄'에 대하여 일부 범죄를 열거하는 '나열식'으로 규정하고 있어 부정한 방법으로 취득한 범죄수익이라고 하더라도 미리 법률에 열거된 범죄가 아니라면 환수할 수 없는 등 변화된 사회 환경에 따른 신종 범죄에 대해서는 법률이 개정될 때까지 실효적으로 대처할 수 없는 한계가 있음을 고려하여 범죄수익 환수의 공백을 최소화하기 위함에 있다.

[2] 검사가 피고인을 '2022. 1. 4.경부터 2022. 4. 1.경까지 기획재정부장관에게 등록하지 않고 외국환업무를 업으로 함으로써 외국환거래법 제8조 제1항, 제3항을 위반하였다.'는 혐의로 기소한 후, 외국환거래법 위반 범행으로 얻은 대가인 범죄수익과 관련한 추징재판의 집행을 위하여 피고인 소유 재산에 대해 추징보전을 청구한 사안에서, 범죄수익은닉의 규제 및 처벌 등에 관한 법률(이하 '범죄수익은닉규제법'이라 한다)의 개정 및 관련 법리에 비추어 보면, 피고인의 외국환거래법 위반 혐의는 같은 법 제27조의2 제1항에 따라 법정형이 '3년 이하의 징역 또는 3억 원 이하의 벌금'으로서, 재산상의 부정한 이익을 취득할 목적으로 '장기 3년 이상의 죄'인 외국환거래법 위반죄를 저지른 경우에는 2022. 1. 4. 법률 제18672호로 개정·시행된 범죄수익은닉규제법이 정한 '중대범죄'에 해당하므로, 피고인이 중대범죄로 인해 생긴 재산 또는 보수로 얻은 재산에 대하여는 추징이 가능할 뿐만 아니라 법원으로서는 범죄수익은닉규제법 제12조에 따라 준용되는 마약류 불법거래 방지에 관한 특례법 제52조 등에 따라 검사의 청구 내지 직권으로 피고인에 대한 재산의 처분을 금지하는 추징보전명령도 가능하다는 이유로, 이와 달리 추징보전에 관한 법률의 근거가 없다고 보아 검사의 추징보전청구를 기각한 원심결정에 법리오해의 잘못이 있다고 한 사례.

【참조조문】 [1] 구 범죄수익은닉의 규제 및 처벌 등에 관한 법률(2022. 1. 4. 법률 제18672호로 개정되기 전의 것) 제2조, 범죄수익은닉의 규제 및 처벌 등에 관한 법률 제2조, 제8조 제1항, 제10조 제1항, 제12조, 부칙(2022. 1. 4.) 제1조, 제2조, 마약류 불법거래 방지에 관한 특례법 제52조 / [2] 범죄수익은닉의 규제 및 처벌 등에 관한 법률 제2조, 제8조 제1항, 제10조 제1항, 제12조, 부칙(2022. 1. 4.) 제1조, 제2조, 마약류 불법거래 방지에 관한 특례법 제52조, 외국환거래법 제8조 제1항, 제3항, 제27조의2 제1항
【전 문】 【피 고 인】 피고인 【재항고인】 검사
【원심결정】 서울동부지법 2023. 1. 6. 자 2023초기20 결정

【주 문】

원심결정을 파기하고, 사건을 서울동부지방법원에 환송한다.

【이 유】

재항고이유를 판단한다.

1. 검사는, '피고인이 2022. 1. 4.경부터 2022. 4. 1.경까지 기획재정부장관에게 등록하지 않고 외국환업무를 업으로 하였다.'는 외국환거래법 위반 등 혐의로 피고인을 기소한 후, 피고인이 외국환거래법 위반 범행으로 얻은 대가에 대한 추징재판의 집행을 위해 피고인 소유 재산에 대한 처분을 금지할 필요가 있다는 이유로 추징보전청구를 하였다.

2. 원심은, 피고인이 외국환거래법 위반으로 얻은 이익은 「범죄수익은닉의 규제 및 처벌 등에 관한 법률」(이하 '범죄수익은닉규제법'이라 한다)이 정한 추징의 대상에 해당하지 않고 달리 추징보전에 관한 법률의 근거가 없다는 이유로 검사의 추징보전청구를 기각하였다.

3. 그러나 원심의 판단은 다음과 같은 이유로 수긍할 수 없다.

가. 2022. 1. 4. 법률 제18672호로 개정되어 시행된 범죄수익은닉규제법 제2조는 재산상의 부정한 이익을 취득할 목적으로 범한 죄로서 '사형, 무기 또는 장기 3년 이상의 징역이나 금고에 해당하는 죄[제2호 (나)목에 규정된 죄는 제외한다]' 등을 특정범죄 중 '중대범죄'로 정하고, 중대범죄에 해당하는 범죄행위에 의하여 생긴 재산 또는 그 범죄행위의 보수로 얻은 재산인 '범죄수익'을 몰수할 수 있고(제8조 제1항 제1호), 제8조 제1항에 따라 몰수할 재산을 몰수할 수 없거나 그 재산의 성질, 사용 상황, 그 재산에 관한 범인 외의 자의 권리 유무, 그 밖의 사정으로 인하여 그 재산을 몰수하는 것이 적절하지 아니하다고 인정될 때에는 그 가액을 범인으로부터 추징할 수 있다고 정하고 있다(제10조 제1항). 나아가 위 범죄수익에 대한 추징에 관하여는 범죄수익은닉규제법 제12조에 의해 '추징보전'에 관한 규정인 「마약류 불법거래 방지에 관한 특례법」(이하 '마약거래방지법'이라 한다) 제52조부터 제59조가 준용되므로, 법원은 중대범죄 등에 관련된 피고인에 대한 형사사건에 관하여 범죄수익을 추징하여야 할 경우에 해당한다고 판단할 만한 상당한 이유가 있는 경우로서 추징재판을 집행할 수 없게 될 염려가 있거나 집행이 현저히 곤란하게 될 염려가 있다고 인정할 때에는 검사의 청구에 의하여 또는 직권으로 추징보전명령을 하여 피고인에 대하

여 재산의 처분을 금지할 수 있도록 정하고 있다. 이와 같이 개정된 범죄수익은닉규제법의 추징에 관한 규정은 부칙 제2조에 따라 시행(2022. 1. 4.) 후 발생한 범죄행위부터 적용된다.

현행 범죄수익은닉규제법이 구「범죄수익은닉의 규제 및 처벌 등에 관한 법률」(2022. 1. 4. 법률 제18672호로 개정되기 전의 것, 이하 '구법'이라 한다)과 달리 일정한 법정형 이상의 범죄를 범죄수익 환수의 대상이 되는 중대범죄로 정한 것은, 구법이 범죄수익 환수의 대상이 되는 '중대범죄'에 대하여 일부 범죄를 열거하는 '나열식'으로 규정하고 있어 부정한 방법으로 취득한 범죄수익이라고 하더라도 미리 법률에 열거된 범죄가 아니라면 환수할 수 없는 등 변화된 사회 환경에 따른 신종 범죄에 대해서는 법률이 개정될 때까지 실효적으로 대처할 수 없는 한계가 있음을 고려하여 범죄수익 환수의 공백을 최소화하기 위함에 있다.

나. 위와 같은 범죄수익은닉규제법의 개정 및 관련 법리에 비추어 보면, '피고인이 2022. 1. 4.경부터 2022. 4. 1.경까지 외국환거래법 제8조 제1항, 제3항을 위반하였다.'는 외국환거래법 위반 혐의는 외국환거래법 제27조의2 제1항에 따라 그 법정형이 '3년 이하의 징역 또는 3억 원 이하의 벌금'이므로, 재산상의 부정한 이익을 취득할 목적으로 '장기 3년 이상의 죄'인 외국환거래법 위반죄를 저지른 경우에는 개정된 범죄수익은닉규제법이 정한 중대범죄에 해당한다.

따라서 피고인이 중대범죄로 인해 생긴 재산 또는 보수로 얻은 재산에 대하여는 추징이 가능할 뿐만 아니라 법원으로서는 범죄수익은닉규제법 제12조에 따라 준용되는 마약거래방지법 제52조 등에 따라 검사의 청구 내지 직권으로 피고인에 대한 재산의 처분을 금지하는 추징보전명령도 가능하다.

다. 그럼에도 이와 달리 법률의 근거가 없다는 이유를 들어 검사의 추징보전청구를 기각한 원심의 판단은 법리를 오해한 잘못이 있다. 이를 지적하는 재항고이유 주장은 정당하다.

4. 그러므로 원심결정을 파기하고, 사건을 다시 심리·판단하도록 원심법원에 환송하기로 하여, 관여 대법관의 일치된 의견으로 주문과 같이 결정한다.

ⓑ 대법원 2023. 04. 27. 선고 2020도16431 판결 [노동조합및노동관계조정법위반·근로기준법위반·남녀고용평등과일·가정양립지원에관한법률위반]

【판시사항】

[1] 구 근로기준법 제51조 제1항에서 정한 탄력적 근로시간제는 취업규칙에 의하여만 도입이 가능한지 여부(적극) 및 근로계약이나 근로자의 개별적 동의를 통하여 도입할 수 없도록 한 취지
[2] 임금 등 지급의무의 존부와 범위에 관하여 다툴 만한 근거가 있는 경우, 사용자에게 구 근로기준법 제109조 제1항, 제36조, 제43조 제2항 위반의 고의를 인정할 수 있는지 여부(소극) / 임금 등 지급의무의 존부와 범위에 관하여 다툴 만한 근거가 있는지 판단하는 기준

【판결요지】

[1] 구 근로기준법(2017. 11. 28. 법률 제15108호로 개정되기 전의 것, 이하 같다) 제51조 제1항은 사용자는 취업규칙(취업규칙에 준하는 것을 포함한다)에서 정하는 바에 따라 2주 이내의 일정한 기간을 단위기간으로 하는 탄력적 근로시간제를 시행할 수 있다고 정하고 있다. 이러한 탄력적 근로시간제는 구 근로기준법 제50조 제1항과 제2항에서 정한 1주간 및 1일의 기준근로시간을 초과하여 소정근로시간을 정할 수 있도록 한 것으로서 법률에 규정된 일정한 요건과 범위 내에서만 예외적으로 허용된 것이므로 법률에서 정한 방식, 즉 취업규칙에 의하여만 도입이 가능할 뿐 근로계약이나 근로자의 개별적 동의를 통하여 도입할 수 없다. 근로계약이나 근로자의 개별적 동의로 탄력적 근로시간제를 도입할 수 있다고 한다면 취업규칙의 불리한 변경에 대해 근로자 과반수로 조직된 노동조합(그러한 노동조합이 없는 경우에는 근로자 과반수)의 동의를 받도록 한 근로기준법 제94조 제1항 단서의 취지가 무색해지는 결과가 초래되기 때문이다.

[2] 임금 등 지급의무의 존부와 범위에 관하여 다툴 만한 근거가 있다면 사용자가 그 임금 등을 지급하지 않은 데에 상당한 이유가 있다고 보아야 하므로, 사용자에게 구 근로기준법(2017. 11. 28. 법률 제15108호로 개정되기 전의 것) 제109조 제1항, 제36조, 제43조 제2항 위반의 고의가 있었다고 보기 어렵다. 임금 등 지급의무의 존부와 범위에 관하여 다툴 만한 근거가 있는지 여부는 사용자의 지급거절 이유와 그 지급의무의 근거, 사용자가 운영하는 회사의 조직과 규모, 사업 목적 등 여러 사항, 그 밖에 임금 등 지급의무의 존부와 범위에 관한 다툼 당시의 여러 사정에 비추어 판단하여야 한다.

【참조조문】 [1] 구 근로기준법(2017. 11. 28. 법률 제15108호로 개정되기 전의 것) 제50조 제1항, 제2항, 제51조 제1항, 근로기준법 제94조 제1항 / [2] 구 근로기준법(2017. 11. 28. 법률 제15108호로 개정되기 전의 것) 제36조, 제43조 제2항, 제109조 제1항, 형법 제13조
【참조판례】 [2] 대법원 2022. 5. 26. 선고 2022도2188 판결
【전 문】 【피 고 인】 피고인 【상 고 인】 피고인 및 검사
【변 호 인】 변호사 김원정 외 2인
【원심판결】 인천지법 2020. 11. 5. 선고 2019노3882 판결

【주　문】

원심판결 중 유죄 부분(이유무죄 부분 포함)과 연장근로수당 미지급으로 인한 근로기준법 위반에 관한 무죄 부분을 파기하고, 이 부분 사건을 인천지방법원에 환송한다. 검사의 나머지 상고를 기각한다.

【이　유】

상고이유를 판단한다.

1. 검사의 상고이유 중 연장근로수당 미지급으로 인한 근로기준법 위반 부분

가. 이 부분 공소사실의 요지

피고인은 피고인이 운영하는 ○○○○○○ 주식회사(이하 '이 사건 회사'라고 한다)에 고용되어 인천국제공항 내 대한항공 항공기 기내 청소 용역 업무(이 업무가 이루어지는 사업장을 '이 사건 사업장'이라고 한다)를 수행하며 연장근로를 제공한 근로자들의 연장근로수당을 매월의 지급일(재직 근로자의 경우) 또는 퇴직일로부터 14일 이내(퇴직 근로자의 경우)에 지급하지 않았다.

나. 원심의 판단

원심은 이 부분 공소사실을 유죄로 인정한 제1심판결을 파기하고 무죄로 판단하였다. ① 이 사건 회사와 근로자들이 작성한 근로계약서(이하 '이 사건 근로계약서'라고 한다)에는 탄력적 근로에 관한 근로조건이 공통적으로 기재되어 있어 이를 근로기준법상 취업규칙으로 볼 수 있으므로 이 사건 사업장에 탄력적 근로시간제가 유효하게 도입 및 시행되었다고 보이고, ② 설령 이 사건 근로계약서의 형식과 내용이 미흡하여 탄력적 근로시간제로서의 효력이 없다고 하더라도, 피고인이 이 사건 근로계약서를 통하여 장기간 탄력적 근로시간제를 적용해 왔고, 연장근로수당 미지급에 관한 근로자들의 이의제기나 노사 간 의견대립 등이 있었다고 볼 만한 자료가 없는 점 등을 고려하면 피고인에게 근로기준법 위반의 고의를 인정하기 부족하다는 이유를 들었다.

다. 대법원의 판단

그러나 원심의 판단은 수긍하기 어렵다.

1) 구 근로기준법(2017. 11. 28. 법률 제15108호로 개정되기 전의 것, 이하 같다) 제51조 제1항은 사용자는 취업규칙(취업규칙에 준하는 것을 포함한다)에서 정하는 바에 따라 2주 이내의 일정한 기간을 단위기간으로 하는 탄력적 근로시간제를 시행할 수 있다고 정하고 있다. 이러한 탄력적 근로시간제는 구 근로기준법 제50조 제1항과 제2항에서 정한 1주간 및 1일의 기준 근로시간을 초과하여 소정근로시간을 정할 수 있도록 한 것으로서 법률에 규정된 일정한 요건과 범위 내에서만 예외적으로 허용된 것이므로 법률에서 정한 방식, 즉 취업규칙에 의하여만 도입이 가능할 뿐 근로계약이나 근로자의 개별적 동의를 통하여 도입할 수 없다. 근로계약이나 근로자의 개별적 동의로 탄력적 근로시간제를 도입할 수 있다고 한다면 취업규칙의 불리한 변경에 대해 근로자 과반수로 조직된 노동조합(그러한 노동조합이 없는 경우에는 근로자 과반수)의 동의를 받도록 한 근로기준법 제94조 제1항 단서의 취지가 무색해지는 결과가 초래되기

때문이다.

임금 등 지급의무의 존부와 범위에 관하여 다툴 만한 근거가 있다면 사용자가 그 임금 등을 지급하지 않은 데에 상당한 이유가 있다고 보아야 하므로, 사용자에게 구 근로기준법 제109조 제1항, 제36조, 제43조 제2항 위반의 고의가 있었다고 보기 어렵다. 임금 등 지급의무의 존부와 범위에 관하여 다툴 만한 근거가 있는지 여부는 사용자의 지급거절 이유와 그 지급의무의 근거, 사용자가 운영하는 회사의 조직과 규모, 사업 목적 등 여러 사항, 그 밖에 임금 등 지급의무의 존부와 범위에 관한 다툼 당시의 여러 사정에 비추어 판단하여야 한다(대법원 2022. 05. 26. 선고 2022도2188 판결 참조).

2) 원심판결 이유와 원심이 적법하게 채택한 증거에 의하면, ① 이 사건 사업장에는 이 사건 근로계약서를 작성한 근로자들에게 적용되는 취업규칙이 근로계약서와 별도로 존재하고, 근로시간을 포함하여 복무규율과 임금 등 근로조건에 관한 내용이 취업규칙에 규정되어 있으며, 이 사건 근로계약서는 계약서에서 정하지 않은 사항은 취업규칙이 정하는 바에 따른다는 조항도 있는 사실, ② 이 사건 근로계약서에는 탄력적 근로시간제에 적용할 단위기간을 포함하여 탄력적 근로시간제 운영에 필요한 사항들이 제대로 기재되어 있지 않은 사실, ③ 이 사건 사업장에 고용된 상시 근로자의 수는 400명이 넘고, 이 사건 회사는 그 외에 다른 곳에도 사업장을 두고 각종 아웃소싱 사업 등을 영위한 사실을 알 수 있다.

3) 이러한 사실관계를 앞서 본 법리에 따라 살펴본다.

가) 피고인은 취업규칙에 탄력적 근로시간제를 정하지 아니한 채 연장근로를 제공한 이 사건 사업장의 근로자들에게 탄력적 근로시간제가 시행됨을 전제로 연장근로수당을 지급하지 아니하였다. 이 사건 근로계약서에 탄력적 근로시간제에 관한 내용이 기재되어 있다고 하더라도, 근로계약이나 근로자의 개별적 동의로 이를 도입할 수 없음은 앞서 본 바와 같다. 게다가 이 사건 사업장에는 취업규칙이 별도로 존재하였으므로 이 사건 근로계약서가 실질적으로 취업규칙에 해당한다고 평가할 수도 없다. 따라서 이 사건 사업장에 탄력적 근로시간제가 유효하게 도입되었다고 볼 수 없으므로 피고인은 근로기준법이 정한 기준근로시간을 초과한 연장근로에 대하여 연장근로수당을 지급하였어야 한다.

나) 탄력적 근로시간제의 도입은 취업규칙으로 정해야 함은 근로기준법에 명확하고 일의적으로 규정되어 있고, 탄력적 근로시간제 시행을 위해 필요한 단위기간 등이 제대로 기재되어 있지 않은 이 사건 근로계약서는 그 형식뿐 아니라 내용에 있어서도 탄력적 근로시간제를 정한 취업규칙에 해당한다고 볼 수 없음이 명백하다. 이 사건 회사가 수행하는 항공기 기내 청소 용역업은 탄력적인 인력 활용이 요청될 수 있는 업종이고, 이 사건 사업장 및 이 사건 회사의 규모에 비추어 피고인은 유효하게 탄력적 근로시간제를 시행하는 것이 충분히 가능했다고 보인다. 이러한 사정을 종합하여 보면, 피고인이 탄력적 근로시간제가 유효하게 도입 및 시행되었으므로 연장근로수당이 발생하지 않는다고 다툴 만한 근거가 있다고 보이지 아니하므로, 설령 근로자들이 연장근로수당이 지급되지 않은 것에 장기간 이의를 제기하지 않았다고 하더라도, 피고인에게 연장근로수당 미지급으로 인한 근로기준법 위반의 고의를 인정할 수 있다.

4) 그럼에도 원심은 그 판시와 같은 이유로 이 부분 공소사실을 무죄로 판단하였는바, 이러한 원

심의 판단에는 탄력적 근로시간제의 유효 요건, 근로계약과 취업규칙의 구별 및 임금 미지급에 대한 고의에 관한 법리를 오해하여 판결에 영향을 미친 잘못이 있다. 이를 지적하는 검사의 상고이유는 이유 있다.

2. 검사의 상고이유 중 근로조건 명시의무 위반으로 인한 근로기준법 위반 부분

원심은 판시와 같은 이유로 이 부분 공소사실을 무죄로 판단하였다. 원심판결 이유를 관련 법리와 원심이 적법하게 채택한 증거에 비추어 살펴보면, 원심의 이유 설시에 일부 미흡한 점이 있으나 이 부분 공소사실을 무죄로 판단한 원심의 결론을 수긍할 수 있고, 거기에 상고이유 주장과 같이 논리와 경험의 법칙을 위반하여 자유심증주의의 한계를 벗어나거나 채증법칙 위반, 근로조건 서면 명시의무에 관한 법리를 오해하여 판결에 영향을 미친 잘못이 없다.

3. 피고인의 상고이유

원심은 그 판시와 같이 ① 이 사건 회사의 남성근로자와 여성근로자의 객실 업무의 내용은 기내를 청소하고 정리하는 점에서 본질적으로 같고 특별한 기술자격이나 경력조건이 요구되지 않는 점, ② 남성근로자와 여성근로자가 함께 업무를 수행하는 경우가 많고 여성근로자만 업무를 수행하기도 하는 등 성별에 따른 명확한 역할 분담에 의하지 않는 점, ③ 남성근로자가 순간적인 근력을 이용하여 수행하는 중량물 처리 작업에 비하여 여성근로자가 기내 화장실과 주방을 청소하고 좁은 객실 사이에 들어가 오물을 수거하며 자리를 정돈하는 작업의 노동 강도가 더 낮다고 단정하기도 어려운 점 등에 비추어 근로자가 근무한 기간의 출근 성적에 따라 지급하는 근무일수에 연동하는 정근수당을 출근 성적이 아닌 성별에 따라 지급에 차별을 둔 것은 동일한 사업 내의 동일 가치 노동에 대하여 동일한 임금을 지급하지 않은 것이라고 판단하여 「남녀고용평등과 일·가정 양립 지원에 관한 법률」위반의 공소사실을 유죄로 판단하였다. 원심판결 이유를 관련 법리와 원심이 적법하게 채택한 증거에 비추어 살펴보면, 이러한 원심의 판단에 논리와 경험의 법칙을 위반하여 자유심증주의의 한계를 벗어나거나 채증법칙 위반, 「남녀고용평등과 일·가정 양립 지원에 관한 법률」상 동일 가치 노동 등에 관한 법리를 오해한 잘못이 없다.

4. 파기의 범위

위와 같은 이유로 원심판결 중 연장근로수당 미지급으로 인한 근로기준법 위반에 관한 부분은 파기되어야 하는데, 위 파기 부분은 원심이 유죄로 인정한 부분과 일죄 또는 형법 제37조 전단의 경합범 관계에 있으므로, 원심판결 중 유죄 부분도 함께 파기되어야 한다.

5. 결 론

그러므로 원심판결 중 유죄 부분(이유무죄 부분 포함)과 연장근로수당 미지급으로 인한 근로기준법 위반에 관한 무죄 부분을 파기하고, 이 부분 사건을 다시 심리·판단하도록 원심법원에 환송하며, 검사의 나머지 상고를 기각하기로 하여, 관여 대법관의 일치된 의견으로 주문과 같이 판결한다.

ⓒ 대법원 2023. 04. 27. 선고 2020도17883 판결 [자동차관리법위반·자동차손해배상보장법위반]

【판시사항】

[1] 자동차관리법 제24조의2 제2항에 따른 운행정지명령의 적법 요건 및 같은 법 제82조 제2호의2에 따른 처벌을 하기 위해서는 운행정지명령이 적법한 것이어야 하는지 여부(적극) 및 운행정지명령이 위법한 처분으로 인정되는 경우, 같은 법 제82조 제2호의2 위반죄가 성립할 수 있는지 여부(소극)

[2] 운행정지명령 위반으로 인한 자동차관리법 제82조 제2호의2를 위반한 죄와 의무보험미가입자동차 운행으로 인한 자동차손해배상 보장법 제46조 제2항 제2호를 위반한 죄가 양립 불가능한 관계에 있는지 여부(소극) 및 위 각 죄의 죄수관계(=실체적 경합관계)

【판결요지】

[1] 자동차관리법 제2조 제3호, 제24조의2 제1항, 제2항 제1호, 제82조 제2호의2, 자동차관리법 시행규칙 제22조 등을 종합하면, 시·도지사 또는 시장·군수·구청장(이하 '시장 등'이라 한다)은 자동차 소유자 또는 자동차 소유자로부터 자동차의 운행 등에 관한 사항을 위탁받은 사람에 해당하지 아니하는 사람이 정당한 사유 없이 자동차를 운행하는 경우에 운행정지명령을 하여야 하고, 이러한 요건을 갖추지 못하였다면 그 운행정지명령은 적법 요건을 갖추지 못하였다고 보아야 한다.

나아가 시장 등이 한 운행정지명령을 위반하여 자동차를 운행하였다는 이유로 같은 법 제82조 제2호의2에 따른 처벌을 하기 위해서는 그 운행정지명령이 적법한 것이어야 하고, 그 운행정지명령이 당연무효는 아니더라도 위법한 처분으로 인정된다면 같은 법 제82조 제2호의2 위반죄는 성립할 수 없다.

[2] 운행정지명령 위반으로 인한 자동차관리법 제82조 제2호의2를 위반한 죄와 의무보험미가입자동차 운행으로 인한 자동차손해배상 보장법 제46조 제2항 제2호를 위반한 죄는 구성요건과 수범자의 범위에서 차이가 있고 입법 목적과 보호법익도 다르다. 따라서 위 각 죄는 하나의 범죄가 성립되는 때에 다른 범죄가 성립할 수 없다거나 하나의 범죄가 무죄로 될 경우에만 다른 범죄가 성립할 수 있는 양립 불가능한 관계에 있다고 볼 수 없다.

나아가 위 각 죄는 자동차의 운행이라는 행위가 일부 중첩되기는 하나 법률상 1개의 행위로 평가되는 경우에 해당한다고 보기 어렵고, 또 구성요건을 달리하는 별개의 범죄로서 보호법익을 달리하고 있으므로 상상적 경합관계로 볼 것이 아니라 실체적 경합관계로 보는 것이 타당하다.

【참조조문】 [1] 자동차관리법 제2조 제3호, 제24조의2 제1항, 제2항 제1호, 제82조 제2호의2, 자동차관리법 시행규칙 제22조 / [2] 형법 제37조, 자동차관리법 제1조, 제24조의2 제2항, 제82조 제2호의2, 자동차손해배상 보장법 제1조, 제5조, 제8조, 제46조 제2항 제2호

【전 문】 【피 고 인】 피고인 【상 고 인】 피고인 【변 호 인】 변호사 김한가희

【원심판결】 서울중앙지법 2020. 11. 30. 선고 2020노2879 판결

【주   문】

원심판결을 파기하고, 사건을 서울중앙지방법원에 환송한다.

【이   유】

상고이유를 판단한다.

1. 자동차관리법 위반죄의 성립 여부

가. 자동차관리법 제2조 제3호는 "자동차사용자란 자동차 소유자 또는 자동차 소유자로부터 자동차의 운행 등에 관한 사항을 위탁받은 자를 말한다.", 같은 법 제24조의2 제1항은 "자동차는 제2조 제3호에 따른 자동차사용자가 운행하여야 한다."라고 규정하고, 같은 법 제24조의2 제2항은 "시·도지사 또는 시장·군수·구청장은 제1항의 요건에 해당하지 아니한 자가 정당한 사유 없이 자동차를 운행하는 경우 다음 각호의 어느 하나에 따라 해당 자동차의 운행정지를 명할 수 있다."라고 규정하면서 제1호에서 "자동차 소유자의 동의 또는 요청"을 규정하고 있다. 그리고 같은 법 제82조 제2호의2는 '제24조의2 제2항에 따른 운행정지명령을 위반하여 운행한 자를 100만 원 이하의 벌금에 처한다.'고 규정한다.

시·도지사 또는 시장·군수·구청장(이하 '시장 등'이라 한다)이 자동차관리법 제24조의2 제2항에 따른 자동차의 운행정지명령을 하려는 경우에는 같은 법 시행규칙 제22조에 따라 해당 자동차가 운행정지명령 대상에 해당하는 자동차임을 확인하여야 하고, 운행정지명령 대상 자동차 해당 여부는 자동차등록원부 기재사항의 정확성 여부, 자동차의 운행지역·운행형태, 자동차 소유자의 사회적·경제적 상황, 자동차 소유자와 운전자의 관계 및 그 밖의 정황 등을 종합하여 판단하여야 한다.

위 각 규정 등을 종합하면, 시장 등은 자동차 소유자 또는 자동차 소유자로부터 자동차의 운행 등에 관한 사항을 위탁받은 사람에 해당하지 아니하는 사람이 정당한 사유 없이 자동차를 운행하는 경우에 운행정지명령을 하여야 하고, 이러한 요건을 갖추지 못하였다면 그 운행정지명령은 적법 요건을 갖추지 못하였다고 보아야 한다.

나아가 시장 등이 한 운행정지명령을 위반하여 자동차를 운행하였다는 이유로 같은 법 제82조 제2호의2에 따른 처벌을 하기 위해서는 그 운행정지명령이 적법한 것이어야 하고, 그 운행정지명령이 당연무효는 아니더라도 위법한 처분으로 인정된다면 같은 법 제82조 제2호의2 위반죄는 성립할 수 없다.

나. 원심판결의 이유와 적법하게 채택된 증거에 따르면 다음의 사실과 사정을 알 수 있다.

1) 공소외인과 피고인은 2014. 7. 17. 혼인신고를 한 법률상 부부이다.

2) 공소외인은 2014. 11. 3. 무렵 ◆◆◆◆◆◆◆◆◆◆◆◆◆ 주식회사로부터 (차량번호 생략) 토요타 자동차(이하 '이 사건 자동차'라 한다)를 리스하였다. 피고인은 위 리스일 무렵부터 이 사건 자동차를 계속하여 운행하여 왔다.

3) 공소외인은 2018. 2. 7. 피고인에게 "제가 대출자 명의로 되어 있는 토요타 승용차를 2월 말까지 피고인 명의로 전환할 것을 각서합니다."라는 내용이 포함된 확약서를 작성·교부함으로써 이 사건 자동차의 명의를 이전하기로 약정하였다.

4) 공소외인은 2018. 3. 26. 피고인을 상대로 이혼 및 위자료청구 소송을 제기하였다(인천가정법원 부천지원 2018드단101355).

5) 2018. 8. 23. 이 사건 자동차에 관한 운행정지명령이 등록되었고, 피고인은 2019. 10. 12. 이 사건 자동차를 운행하던 중 운행정지명령 위반, 의무보험미가입자동차운행으로 단속되었다. 운행정지명령 위반에 대해서는 피고인이 운행정지명령등록 사실을 인식하지 못하였다고 보아 혐의없음의 불기소처분이 내려졌고, 의무보험미가입자동차운행에 대해서는 자동차손해배상 보장법 위반죄로 기소되었다.

6) 피고인이 위와 같이 단속된 직후 공소외인에게 운행정지에 대하여 묻는 취지의 문자메시지를 보내자, 공소외인은 피고인에게 범칙금, 자동차세가 체납되어 있다고 알려주면서 이를 납부하지 아니하면 자동차가 공매 처분될 것이라고 답변하였다. 그러나 당시 공소외인이 피고인에게 자동차를 반환하라는 취지의 요구를 하지는 않았던 것으로 보인다.

7) 위 운행정지명령은 2019. 10. 21. 해제되었고, 공소외인은 2019. 11. 11. 이 사건 자동차에 관하여 소유자 명의이전등록을 마치고 같은 날 김포시장에게 이 사건 자동차에 관한 운행정지 요청서를 제출하였다. 공소외인은 위 요청서 중 '자동차 정보'란에 등록번호만 기재하고 사용본 거지 부분을 기재하지 아니하였고, '참고사항'란에 "명의자와 운전자가 다르므로 연락이 안 되고 과태료, 범칙금 청구서가 명의자에게 오는 관계로"라고만 기재하였으며, 불법 운행된 사유, 불법 점유 및 운행자, 점유 장소, 주요 운행지역 등의 구체적인 사정은 기재하지 아니하였다.

8) 김포시장은 2019. 11. 11. 이 사건 자동차에 관하여 운행정지명령(이하 '이 사건 운행정지명령'이라 한다)을 발령하였고, 같은 날 이 사건 자동차의 등록원부에 운행정지명령(불법운행사유: 기타)이 등록되었다.

9) 공소외인은 2019. 12. 4. 피고인에게 "토요타 자동차 보험 안 들면 과태료 또 부과이니 당장 자동차 보험 들어야 함. 2019. 12. 4. 분명히 통보하였음, 토요타 자동차 운행중지 중이니 운행 중 걸리면 또 과태료 부과된다 하니 분명히 통보하였음"이라는 내용의 문자메시지를 전송하였다. 그러나 공소외인은 피고인에게 이 사건 자동차를 사용할 권원이 없다거나 자동차를 반환하라는 취지의 언급을 하지는 아니하였고, 오히려 피고인이 공소외인에게 "내게로 명의이전 안 하고 버티는 거냐, 운행정지 빨리 풀고 명의이전 이행해라."라고 답변하는 등 명의이전을 요구하였다.

다. 이러한 사실관계를 앞서 본 법리에 비추어 살펴보면, 피고인은 공소외인으로부터 이 사건 자동차의 운행 등에 관하여 위탁을 받은 자동차사용자에 해당한다고 볼 수 있고, 달리 위탁관계가 인정되지 않는다거나 단절되었다고 볼 만한 사정이 없다.

그렇다면 이 사건 운행정지명령은 자동차 소유자로부터 자동차의 운행 등에 관한 사항을 위탁받은 자가 아닌 사람이 정당한 사유 없이 자동차를 운행하는 경우에 해당하지 아니하는 자동차에 대하여 발령된 것으로서 그 요건을 갖추지 못하여 위법하다고 할 수 있다. 나아가 이 사건 운행정지명령이 당연무효에 이르지는 아니하더라도 위법한 것으로 인정되는 이상, 피고인이 그 운행정지명령을 위반하였다는 사정만으로는 피고인에게 자동차관리법 제82조 제2호의2 위반죄가 성립할 수 없다.

라. 그럼에도 원심은 그 판시와 같은 이유로 피고인이 운행정지명령을 위반하여 자동차를 운행하였다는 자동차관리법 위반의 공소사실을 유죄로 판단하였다. 이러한 원심의 판단에는 자동차관리법 제24조의2 제2항의 운행정지명령의 요건과 자동차관리법 제82조 제2호의2 위반죄에 대한 법리를 오해하여 판결에 영향을 미친 잘못이 있다.

2. 자동차관리법 위반죄와 자동차손해배상 보장법 위반죄의 관계(제2 상고이유)

자동차관리법은 자동차의 등록, 안전기준, 자기인증, 제작결함 시정, 점검, 정비, 검사 및 자동차관리사업 등에 관한 사항을 정하여 자동차를 효율적으로 관리하고 자동차의 성능 및 안전을 확보함으로써 공공의 복리를 증진함을 목적으로 하는 법률이다(같은 법 제1조). 같은 법 제24조의2 제2항, 제82조 제2호의2는 자동차 소유자 또는 자동차 소유자로부터 자동차의 운행 등에 관한 사항을 위탁받은 사람에 해당하지 아니하는 사람이 정당한 사유 없이 자동차를 운행하는 경우 자동차 소유자의 동의 또는 요청에 따라 시장 등이 운행정지를 명하고, 그 운행정지명령에 위반하여 운행하는 행위를 처벌하도록 규정하고 있다. 이는 자동차등록원부에 등록된 소유명의자와 실제 사용자가 다른 불법명의 자동차가 불법행위 및 강력범죄의 도구로 사용되어 지속적인 피해가 발생함에 따라 불법명의 자동차의 운행 및 유통을 근절하기 위하여 입법된 규정 중 하나이다(대법원 2021. 04. 29. 선고 2019도8605 판결 참조).

자동차손해배상 보장법은 자동차의 운행으로 사람이 사망 또는 부상하거나 재물이 멸실 또는 훼손된 경우에 손해배상을 보장하는 제도를 확립하여 피해자를 보호하고, 자동차사고로 인한 사회적 손실을 방지함으로써 자동차운송의 건전한 발전을 촉진함을 목적으로 하는 법률이다(같은 법 제1조). 같은 법 제5조, 제8조 본문, 제46조 제2항 제2호는 자동차의 소유자나 자동차를 사용할 권리가 있는 사람으로서 자기를 위하여 자동차를 운행하는 사람에 대하여 보험에 가입할 의무를 부과하면서 의무보험에 가입되어 있지 않은 자동차의 도로 운행을 금지하고 이를 위반한 자동차보유자를 처벌하도록 규정하고 있다. 이는 자동차의 운행으로 인한 사고에 대하여 손해배상을 보장하는 제도를 확립함으로써 피해자를 보호하고 동시에 부수적으로는 손해배상으로 인한 자동차보유자의 갑작스럽거나 막대한 경제적 손실을 방지하여 자동차사고로 인한 사회적 손실을 막고 자동차운송의 건전한 발전을 촉진하기 위하여 마련된 것이다(헌법재판소 2019. 11. 28. 선고 2018헌바134 전원재판부 결정 참조).

운행정지명령 위반으로 인한 자동차관리법 제82조 제2호의2를 위반한 죄와 의무보험미가입자동차 운행으로 인한 자동차손해배상 보장법 제46조 제2항 제2호를 위반한 죄는 그 구성요건과 수범자의 범위에서 차이가 있고 입법 목적과 보호법익도 다르다. 따라서 위 각 죄는 하나의 범죄가 성립되는 때에 다른 범죄가 성립할 수 없다거나 하나의 범죄가 무죄로 될 경우에만 다른 범죄가 성립할 수 있는 양립 불가능한 관계에 있다고 볼 수 없다.

나아가 위 각 죄는 자동차의 운행이라는 행위가 일부 중첩되기는 하나 법률상 1개의 행위로 평가되는 경우에 해당한다고 보기 어렵고, 또 구성요건을 달리하는 별개의 범죄로서 보호법익을 달리하고 있으므로 상상적 경합관계로 볼 것이 아니라 실체적 경합관계로 봄이 타당하다. 그럼에도 원심이 위 각 죄를 상상적 경합관계로 판단한 것은 죄수에 관한 법리를 오해한 잘못이 있다.

3. 양형부당 주장(제1 상고이유)에 관하여

원심판결에 양형조건이 되는 정상에 관한 심리미진의 잘못이 있다는 취지의 주장은 양형부당 상고이유에 해당한다. 그런데 형사소송법 제383조 제4호에 따르면 사형, 무기 또는 10년 이상의 징역이나 금고가 선고된 사건에서만 양형부당을 사유로 한 상고가 허용되므로, 피고인에 대하여 그보다 가벼운 형이 선고된 이 사건에서 형의 양정이 부당하다는 취지의 주장은 적법한 상고이유가 되지 못한다.

4. 파기의 범위

원심판결 중 자동차관리법 위반 부분은 위와 같은 파기사유가 있고, 원심이 이 부분과 자동차손해배상 보장법 위반의 공소사실을 모두 유죄로 인정한 다음 상상적 경합관계에 있다고 보아 하나의 형을 선고하였으므로, 원심판결은 전부 파기되어야 한다.

5. 결 론

그러므로 원심판결을 파기하고 사건을 다시 심리·판단하도록 원심법원에 환송하기로 하여, 관여 대법관의 일치된 의견으로 주문과 같이 판결한다.

Ⓑ 대법원 2023. 04. 27. 선고 2022도15459 판결 [부정청탁및금품등수수의금지에관한법률위반]

【판시사항】

[1] 학교체육 진흥법이 정한 '학교운동부지도자' 중 고등학교에 근무하는 사람이 초·중등교육법 제19조 제2항이 정한 '직원'에 해당하는지 여부(적극) 및 이때 관할청인 교육감이 '학교운동부지도자'를 교육공무직원의 정원에 포함시켜 관리하지 않는다는 사정만으로 달리 볼 수 있는지 여부(소극) / 고등학교 학교운동부지도자가 부정청탁 및 금품등 수수의 금지에 관한 법률 제2조 제2호 (다)목이 정한 '각급 학교의 교직원'에 해당하는지 여부(적극)

[2] 공직자 등이 재직 중 금품 등을 받거나 제공하기로 약속하고 퇴직 후 그 수수가 이루어지는 경우, 금품 등 약속으로 인한 부정청탁 및 금품등 수수의 금지에 관한 법률 위반죄가 성립하는지 여부(적극) 및 이때 금품 등 수수로 인한 같은 법 위반죄도 성립하는지 여부(소극) / 뇌물에 공할 금품이 특정되지 않은 경우, 이를 부정청탁 및 금품등 수수의 금지에 관한 법률 제22조 제4항에 따라 몰수 또는 추징할 수 있는지 여부(소극)

【판결요지】

[1] 부정청탁 및 금품등 수수의 금지에 관한 법률(이하 '청탁금지법'이라 한다) 제1조, 제2조 제1호 (라)목, 제2호 (다)목, 초·중등교육법 제2조 제3호, 제19조 제2항, 제4항, 제20조 제5항, 학교체육 진흥법 제2조 제2호, 제6호, 제12조 제1항을 종합하면, 학교체육 진흥법이 정한 '학교운동부지도자' 중 고등학교에 근무하는 사람은 초·중등교육법에 따른 학교의 소속으로서 학교운영에 필요한 사무인 학교운동부의 지도·감독 내지 학생선수의 훈련과 지도 사무를 수행하므로, 초·중등교육법 제19조 제2항이 정한 '직원'에 해당하고, 관할청인 교육감이 '학교운동부지도자'를 교육공무직원의 정원에 포함시켜 관리하지 않는다는 사정만으로 달리 볼 수 없다. 결국 고등학교 학교운동부지도자는 청탁금지법 제2조 제2호 (다)목이 정한 '각급 학교의 교직원'에 해당한다.

[2] 부정청탁 및 금품등 수수의 금지에 관한 법률(이하 '청탁금지법'이라 한다) 제22조 제1항 제1호, 제8조 제1항 위반죄의 주체는 공직자 등으로 한정되고, 청탁금지법 제22조 제1항 제3호, 제8조 제5항 위반죄는 상대방이 공직자 등인 경우에 한하여 성립하므로, 공직자 등의 재직 중 금품 등을 받거나 제공하기로 약속하고 퇴직 후 그 수수가 이루어지는 경우에는 금품 등 약속으로 인한 청탁금지법 위반죄가 성립할 뿐 금품 등 수수로 인한 청탁금지법 위반죄는 성립하지 않는다.

한편 청탁금지법 제22조 제4항은 이른바 필요적 몰수 또는 추징 조항인데, 몰수는 특정된 물건에 대한 것이고 추징은 본래 몰수할 수 있었음을 전제로 하는 것임에 비추어 뇌물에 공할 금품이 특정되지 않았던 것은 몰수할 수 없고 그 가액을 추징할 수도 없다.

【참조조문】 [1] 부정청탁 및 금품등 수수의 금지에 관한 법률 제1조, 제2조 제1호 (라)목, 제2호 (다)목, 초·중등교육법 제2조 제3호, 제19조 제2항, 제4항, 제20조 제5항, 학교체육 진흥법 제2조 제2호, 제6호, 제12조 제1항 / [2] 부정청탁 및 금품등 수수의 금지에 관한 법률 제8조 제1항, 제5항, 제22조 제1항 제1호, 제3호, 제22조 제4항
【참조판례】 [2] 대법원 1996. 5. 8. 선고 96도221 판결(공1996하, 1833), 대법원 2008. 2. 1. 선고 2007도5190 판결
【전 문】 【피 고 인】 피고인 1 외 1인 【상 고 인】 피고인들 【변 호 인】 변호사 장진호
【원심판결】 창원지법 2022. 11. 15. 선고 2022노27 판결

【주 문】

원심판결과 제1심판결 중 피고인 2에 대한 추징 부분을 파기한다. 피고인 1의 상고 및 피고인 2의 나머지 상고를 모두 기각한다. 원심판결 이유 중 7쪽 15행의 "피고인 ○○○"를 "피고인 2"로 경정한다.

【이 유】

1. 상고이유(상고이유서 제출기간이 지난 후에 제출된 각 상고이유보충서들의 기재는 상고이유를 보충하는 범위에서)를 판단한다.

가. 피고인들의 공통된 상고이유에 대하여

원심판결에 '학교운동부지도자'를 「부정청탁 및 금품등 수수의 금지에 관한 법률(이하 '청탁금지법

'이라 한다)」제2조 제2호가 정한 '공직자 등'으로 인정한 잘못이 있다는 취지의 주장은 상고이유서 제출기간이 지난 후에 제기된 것이어서 적법한 상고이유가 되지 못한다. 나아가 직권으로 살펴보더라도, 피고인들의 이 부분 상고이유를 받아들일 수 없다. 그 이유는 다음과 같다.

청탁금지법은 공직자 등에 대한 부정청탁 및 공직자 등의 금품 등의 수수(수수)를 금지함으로써 공직자 등의 공정한 직무수행을 보장하고 공공기관에 대한 국민의 신뢰를 확보하는 것을 목적으로 한다(제1조). 청탁금지법은 제2조 제2호 (다)목에서 '제1호 (라)목에 따른 각급 학교의 교직원'을 '공직자 등'에 포함시키고 있고, 제2조 제1호 (라)목에서 '각급 학교' 중 하나로 「초·중등교육법」에 따라 설치된 각급 학교를 열거하고 있다. 「초·중등교육법」은 제2조 제3호에서 '고등학교'를 초·중등교육을 실시하기 위한 학교의 하나로 열거하고, 제19조 제2항에서 '학교에는 교원 외에 학교운영에 필요한 행정직원 등 직원을 둔다.'고 정하며, 같은 조 제4항은 교원과 직원을 통틀어 '교직원'이라고 칭하고, 제20조 제5항에서 '행정직원 등 직원은 법령에서 정하는 바에 따라 학교의 행정사무와 그 밖의 사무를 담당한다.'고 정한다. 한편 「학교체육 진흥법」은 제2조 제2호에서 '학교'에 「초·중등교육법」 제2조에 따른 학교를 포함시키고, 같은 조 제6호에서 '학교운동부지도자'를 '학교에 소속되어 학교운동부를 지도·감독하는 사람'으로 정의하며, 제12조 제1항에서 '학교의 장은 학생선수의 훈련과 지도를 위하여 학교운동부지도자를 둘 수 있다.'고 정하고 있다.

이러한 법률의 규정을 종합하면, 「학교체육 진흥법」이 정한 '학교운동부지도자' 중 고등학교에 근무하는 사람은 「초·중등교육법」에 따른 학교의 소속으로서 학교운영에 필요한 사무인 학교운동부의 지도·감독 내지 학생선수의 훈련과 지도 사무를 수행하므로, 「초·중등교육법」 제19조 제2항이 정한 '직원'에 해당하고, 관할청인 교육감이 '학교운동부지도자'를 교육공무직원의 정원에 포함시켜 관리하지 않는다는 사정만으로 달리 볼 수 없다. 결국 고등학교 학교운동부지도자는 청탁금지법 제2조 제2호 (다)목이 정한 '각급 학교의 교직원'에 해당한다.

원심이 위와 같은 취지에서 피고인 2가 청탁금지법 제2조 제2호가 정한 '공직자 등'에 해당한다고 본 것은 정당하다.

나. 피고인 1의 나머지 상고이유에 대하여

원심은 판시와 같은 이유로 피고인에 대한 이 사건 공소사실(무죄 부분 제외)을 유죄로 판단한 제1심판결을 그대로 유지하였다. 원심판결 이유를 관련 법리와 적법하게 채택된 증거에 비추어 살펴보면, 청탁금지법 제8조 제1항, 제5항이 정한 '약속'에 관한 법리를 오해한 잘못이 없다.

다. 피고인 2의 나머지 상고이유에 대하여

형사소송법 제383조 제4호에 의하면 사형, 무기 또는 10년 이상의 징역이나 금고가 선고된 사건에 한하여 원심판결에 중대한 사실의 오인이 있어 판결에 영향을 미쳤음을 이유로 상고할 수 있다.

따라서 피고인에 대하여 그보다 가벼운 형이 선고된 이 사건에서 심리미진, 법리오해를 내세우며 실질적으로 원심의 증거 선택 및 증명력에 관한 판단 내지 이에 기초한 사실인정을 탓하거나 원심이 인정한 사실과 다른 사실관계를 전제로 법리오해를 지적하는 취지의 주장은 모두 적법한 상고이유가 되지 못한다.

2. 직권으로 판단한다.

가. 제1심은 피고인 2가 사직한 후 피고인 1로부터 교부받은 4,680만 원 상당액을 추징하였고, 원심은 이 판단을 그대로 유지하였다.

청탁금지법 제22조 제1항 제1호, 제8조 제1항 위반죄의 주체는 공직자 등으로 한정되고, 청탁금지법 제22조 제1항 제3호, 제8조 제5항 위반죄는 상대방이 공직자 등인 경우에 한하여 성립하므로, 공직자 등의 재직 중 금품 등을 받거나 제공하기로 약속하고 퇴직 후 그 수수가 이루어지는 경우에는 금품 등 약속으로 인한 청탁금지법 위반죄가 성립할 뿐 금품 등 수수로 인한 청탁금지법 위반죄는 성립하지 않는다(대법원 2008. 02. 01. 선고 2007도5190 판결 등 참조).

청탁금지법 제22조 제4항은 이른바 필요적 몰수 또는 추징 조항인데, 몰수는 특정된 물건에 대한 것이고 추징은 본래 몰수할 수 있었음을 전제로 하는 것임에 비추어 뇌물에 공할 금품이 특정되지 않았던 것은 몰수할 수 없고 그 가액을 추징할 수도 없다(대법원 1996. 05. 08. 선고 96도221 판결 등 참조).

앞서 본 바와 같이 피고인 2에 대하여는 금품 등 약속으로 인한 청탁금지법 위반죄만이 성립하는데, 원심판결 이유에 의하면 피고인들이 금전의 수수를 약속할 당시 그 수수할 금전이 특정되어 있지 않아 이를 몰수할 수 없었으므로, 그 가액을 추징할 수도 없다.

피고인 2로부터 4,680만 원을 추징한 제1심판결을 그대로 유지한 원심의 조치에는 추징에 관한 법리를 오해하여 판결에 영향을 미친 잘못이 있다.

3. 결론

원심판결 중 피고인 2에 대한 추징 부분을 파기하되, 이 부분은 이 법원이 재판하기에 충분하므로 자판하기로 한다. 앞서 본 이유로 피고인 2로부터 추징을 할 수 없는데도 이를 선고한 제1심판결은 위법하므로, 제1심판결 중 추징 부분을 파기하고, 피고인 1의 상고 및 피고인 2의 나머지 상고를 모두 기각하기로 하되, 원심판결 이유에 명백한 오기가 있으므로 형사소송규칙 제25조 제1항에 따라 직권으로 경정하기로 하여, 관여 대법관의 일치된 의견으로 주문과 같이 판결한다.

Ⓑ 대법원 2023. 06. 01. 선고 2020도5233 판결 [가정폭력범죄의처벌등에관한특례법위반]

【판시사항】

[1] 가정폭력범죄의 처벌 등에 관한 특례법 제63조 제1항 제2호에서 정한 '피해자보호명령을 받고 이를 이행하지 아니한 가정폭력행위자'의 의미

[2] 가정폭력범죄의 처벌 등에 관한 특례법에 따른 피해자보호명령을 받은 갑이 이를 이행하지 않아 같은 법 제63조 제1항 제2호의 보호처분 등의 불이행죄로 기소된 이후에 피해자보호명령의 전제가 된 가정폭력행위에 대하여 무죄판결을 선고받아 확정된 사안에서, 갑이 가정폭력행위자로 인정되어 피해자보호명령을 받고 이를 이행하지 않은 이상, 가정폭력범죄의 처벌 등에 관한 특례법 제63조 제1항 제2호의 보호처분 등의 불이행죄가 성립한다고 한 사례

【판결요지】

[1] 가정폭력범죄의 처벌 등에 관한 특례법(이하 '가정폭력처벌법'이라 한다)상 피해자보호명령 제도의 내용과 입법 취지 등에 비추어 보면, 가정폭력처벌법 제63조 제1항 제2호에서 정한 '피해자보호명령을 받고 이를 이행하지 아니한 가정폭력행위자'란 피해자의 청구에 따라 가정폭력행위자로 인정되어 피해자보호명령을 받았음에도 이행하지 않은 사람을 말한다.

[2] 가정폭력범죄의 처벌 등에 관한 특례법(이하 '가정폭력처벌법'이라 한다)에 따른 피해자보호명령을 받은 갑이 이를 이행하지 않아 가정폭력처벌법 제63조 제1항 제2호의 보호처분 등의 불이행죄로 기소된 이후에 피해자보호명령의 전제가 된 가정폭력행위에 대하여 무죄판결을 선고받아 확정된 사안에서, 갑이 피해자의 청구에 따라 가정폭력행위자로 인정되어 피해자보호명령을 받고 이를 이행하지 않은 이상, 가정폭력처벌법 제63조 제1항 제2호의 보호처분 등의 불이행죄가 성립하는데도, 이와 달리 본 원심판단에 법리오해의 잘못이 있다고 한 사례.

【참조조문】 [1] 가정폭력범죄의 처벌 등에 관한 특례법 제2조 제1호, 제3호, 제4호, 제55조의2 제1항, 제63조 제1항 제2호 / [2] 가정폭력범죄의 처벌 등에 관한 특례법 제2조 제1호, 제3호, 제4호, 제55조의2 제1항, 제63조 제1항 제2호
【따름판례】 대법원 2023. 7. 13 선고 2021도15745 판결
【전 문】 【피 고 인】 피고인 【상 고 인】 검사
【원심판결】 서울북부지법 2020. 4. 10. 선고 2019노1523 판결

【주 문】

원심판결을 파기하고, 사건을 서울북부지방법원에 환송한다.

【이 유】

상고이유를 판단한다.

1. 공소사실의 요지 및 원심의 판단

가. 공소사실의 요지

피고인은 피해자 공소외 1과 2013. 7. 1.경 이혼하고 현재 동거를 하고 있는 사실혼 관계의 부부이고, 피해자 공소외 2의 계부이다.

피고인은 2018. 11. 23. 서울가정법원에서 '1. 2019. 5. 25.까지 피해자들의 주거 및 직장 100m 이내의 접근금지, 2. 2019. 5. 25.까지 피해자들의 핸드폰 또는 이메일 주소로 유선, 무선, 광선 및 기타의 전자적 방식에 의하여 부호, 문언, 음향 또는 영상의 송신금지'를 내용으로 하는 피해자보호명령을 받았다.

그럼에도 피고인은 2019. 1. 22. 00:38경부터 00:53경까지 6회에 걸쳐 피해자들의 휴대폰으로 전화를 걸거나 문자메시지를 보내는 등 피해자보호명령을 이행하지 아니하였다.

나. 원심의 판단

원심은 아래와 같은 이유로 피고인이 「가정폭력범죄의 처벌 등에 관한 특례법」(이하 '가정폭력처벌법'이라 한다)이 정한 '가정폭력행위자'에 해당한다고 보기 어려우므로, 설령 피고인이 피해자보호명령을 받고 그 내용을 이행하지 않았더라도 가정폭력처벌법 제63조 제1항 제2호를 위반하였다고 볼 수는 없다고 판단하였다.

1) 피해자보호명령은 가정폭력범죄를 범한 사람 및 가정구성원인 공범에게 할 수 있고, 가정폭력범죄는 가정폭력처벌법 제2조 제3호 각 목이 정한 범죄를 의미한다.

2) 피고인이 2018. 1. 12. 20:30경 피해자 공소외 1의 몸을 끌어당기고 밀치는 등 폭행하였다는 공소사실에 관하여 2019. 5. 24. 무죄판결을 선고받고, 2019. 8. 14. 위 판결이 확정되었으며, 무죄가 확정된 위 공소사실 외에 피고인이 피해자보호명령을 받기 전 피해자 공소외 1, 공소외 2에게 가정폭력범죄를 범하였다는 사실로 기소되거나 가정보호사건으로 송치된 적은 없다.

2. 대법원의 판단

그러나 원심의 위와 같은 판단은 그대로 받아들이기 어렵다.

가. 가정폭력처벌법 제63조 제1항은 제55조의2에 따른 피해자보호명령을 받고 이행하지 아니한 가정폭력행위자에 대해 2년 이하의 징역 또는 2천만 원 이하의 벌금 또는 구류에 처한다고 규정한다. 한편 '가정폭력범죄'란 가정구성원 사이의 신체적, 정신적 또는 재산상 피해를 수반하는 행위로 가정폭력처벌법 제2조 제3호의 각 목의 어느 하나에 해당하는 죄를 말하고(제2조 제1호, 제3호), '가정폭력행위자'란 가정폭력범죄를 범한 사람 및 가정구성원인 공범을 말한다(제2조 제4호). 가정폭력처벌법상 피해자보호명령은 판사가 가정폭력범죄 피해자의 보호를 위하여 필요하다고 인정하는 때에 피해자 등의 청구에 따라 결정으로 가정폭력행위자에게 피해자의 주거지 등에서의 퇴거 등을 명하는 제도로서(제55조의2 제1항), 피해자가 스스로 안전과 보호를 위한 방책을 마련하여 직접 법원에 청구할 수 있도록 하여 신속하게 피해자를 보호하려는 취지를 가지고 신설되었다.

피해자보호명령 제도의 내용과 입법 취지 등에 비추어 보면, 가정폭력처벌법 제63조 제1항 제2호가 정한 '피해자보호명령을 받고 이를 이행하지 아니한 가정폭력행위자'란 피해자의 청구에 따라 가정폭력행위자로 인정되어 피해자보호명령을 받았음에도 이행하지 않은 사람을 말한다.

나. 제1심판결 및 원심판결 이유와 적법하게 채택된 증거에 따르면, 다음과 같은 사실 또는 사정을 알 수 있다.

1) 피해자 공소외 1은 피고인의 가정폭력, 즉 '2016. 1. 31. 식칼을 들고 피해자 공소외 1을 협박한 행위(특수협박)', '2017. 4. 24. 이불로 피해자 공소외 1을 뒤집어씌우고 몸으로 누른 행위(폭행)', '2017. 7. 2. 피고인을 피하는 피해자 공소외 1을 따라가 걸어 잠근 방문 손잡이를 흔든 행위(재물손괴)', '2018. 1. 12. 피해자 공소외 1의 몸을 끌어당기고 밀친 행위(폭행)' 등으로 인한 피해를 주장하면서 관련 증거방법을 첨부하여 2018. 2. 21. 서울가정법원에 피해자보호명령을 신청하였고, 같은 법원은 2018. 11. 23. 피고인에게 피해자보호명령을 하였다.

2) 피고인은 2019. 1. 22. 공소사실 기재와 같이 피해자보호명령을 이행하지 않았다.

3) 피고인은 위 2018. 1. 12. 자 폭행 사실로 기소되어 서울북부지방법원에서 벌금 30만 원의 유죄판결을 선고받았으나, 항소하여 2019. 5. 24. 서울북부지방법원에서 무죄판결을 선고받아 2019. 8. 14. 그 판결이 확정되었다.

4) 한편 위 피해자보호명령은 피고인의 항고와 재항고가 모두 기각되어 2019. 8. 2. 확정되었다.

다. 위 인정 사실을 앞서 본 법리에 비추어 살펴보면, 피고인이 피해자의 청구에 따라 가정폭력행위자로 인정되어 피해자보호명령을 받고 이를 이행하지 아니한 이상, 가정폭력처벌법 제63조 제1항 제2호의 보호처분 등 불이행죄가 성립한다.

라. 그런데도 원심은 판시와 같은 이유만으로 이 사건 공소사실에 대하여 무죄를 선고하였는바, 이러한 원심의 판단에는 필요한 심리를 다하지 않은 채 가정폭력처벌법상 보호처분 등 불이행죄의 성립에 대한 법리를 오해하여 판결에 영향을 미친 잘못이 있다. 이를 지적하는 검사의 상고이유는 이유 있다.

3. 결론

그러므로 원심판결을 파기하고, 사건을 다시 심리·판단하도록 원심법원에 환송하기로 하여, 관여 대법관의 일치된 의견으로 주문과 같이 판결한다.

ⓒ 대법원 2023. 06. 15. 선고 2020도16228 판결 [근로기준법위반·최저임금법위반] 〈근로기준법상 가산임금 규정이 적용되는 근로기준법 제11조 제1항의 '상시 5명 이상의 근로자를 사용하는 사업 또는 사업장'에 해당하는지 여부가 문제된 사건〉

【판시사항】

근로기준법 제11조 제1항에서 정한 '상시 5명 이상의 근로자를 사용하는 사업 또는 사업장'의 의미 및 근로자의 수가 때때로 5인 미만이 되더라도 사회통념에 의하여 객관적으로 판단하여 상태적으로 5인 이상이 되는 경우가 이에 해당하는지 여부(적극) / 주휴일에 실제 근무하지 않은 근로자가 근로기준법 제11조 제3항의 '상시 사용하는 근로자 수'를 산정하는 기준이 되는 같은 법 시행령 제7조의2 제1항의 '산정기간 동안 사용한 근로자의 연인원' 및 같은 조 제2항 각호의 '일(일)별 근로자 수'에 포함되는지 여부(소극) 및 주휴일에 실제 출근하지 않은 근로자를 상시 사용 근로자 수에서 제외하는 취지

【판결요지】

근로기준법 제11조 제1항의 '상시 5명 이상의 근로자를 사용하는 사업 또는 사업장'이란 '상시 근무하는 근로자의 수가 5명 이상인 사업 또는 사업장'이 아니라 '사용하는 근로자의 수가 상시 5명 이상

인 사업 또는 사업장'을 뜻하는 것이고, 이 경우 상시란 상태(상태)를 의미하므로 근로자의 수가 때때로 5인 미만이 되는 경우가 있어도 사회통념에 의하여 객관적으로 판단하여 상태적으로 5인 이상이 되는 경우에는 이에 해당한다.

이러한 취지에 비추어 보면, 주휴일은 근로기준법 제55조 제1항에 의하여 주 1회 이상 휴일로 보장되는 근로의무가 없는 날이므로, 주휴일에 실제 근무하지 않은 근로자는 근로기준법 제11조 제3항의 '상시 사용하는 근로자 수'를 산정하는 기준이 되는 같은 법 시행령 제7조의2 제1항의 '산정기간 동안 사용한 근로자의 연인원' 및 같은 조 제2항 각호의 '일(일)별 근로자 수'에 포함하여서는 아니 된다. 주휴일은 매주 일정하게 발생하는 휴일로서, 주휴일에 실제 출근하지 않은 근로자를 상시 사용 근로자 수에서 제외하여야 해당 사업장의 보통 때의 통상적인 사용 상태를 제대로 반영할 수 있고, 이를 제외하여도 사용자나 근로자가 근로기준법의 적용 여부를 사전에 파악하는 데에 어려움이 없어 법적 안정성과 예측가능성을 해하지 않기 때문이다.

【참조조문】 근로기준법 제11조 제1항, 제3항, 제55조 제1항, 근로기준법 시행령 제7조의2 제1항, 제2항
【참조판례】 대법원 2000. 3. 14. 선고 99도1243 판결(공2000상, 1009), 대법원 2008. 3. 27. 선고 2008도364 판결
【전　　문】【피 고 인】 피고인　【상 고 인】 검사　【변 호 인】 변호사 권락훈
【원심판결】 부산지법 2020. 11. 5. 선고 2020노1389 판결

【주　　문】

상고를 기각한다.

【이　　유】

상고이유를 판단한다.

1. 관련 법리

근로기준법 제11조 제1항의 '상시 5명 이상의 근로자를 사용하는 사업 또는 사업장'이라 함은 '상시 근무하는 근로자의 수가 5명 이상인 사업 또는 사업장'이 아니라 '사용하는 근로자의 수가 상시 5명 이상인 사업 또는 사업장'을 뜻하는 것이고, 이 경우 상시란 상태(상태)를 의미하므로 근로자의 수가 때때로 5인 미만이 되는 경우가 있어도 사회통념에 의하여 객관적으로 판단하여 상태적으로 5인 이상이 되는 경우에는 이에 해당한다(대법원 2000. 03. 14. 선고 99도1243 판결, 대법원 2008. 03. 27. 선고 2008도364 판결 등 참조).

이러한 취지에 비추어 보면, 주휴일은 근로기준법 제55조 제1항에 의하여 주 1회 이상 휴일로 보장되는 근로의무가 없는 날이므로, 주휴일에 실제 근무하지 않은 근로자는 근로기준법 제11조 제3항의 '상시 사용하는 근로자 수'를 산정하는 기준이 되는 같은 법 시행령 제7조의2 제1항의 '산정기간 동안 사용한 근로자의 연인원' 및 같은 조 제2항 각호의 '일(일)별 근로자 수'에 포함하여서는 아니 된다. 주휴일은 매주 일정하게 발생하는 휴일로서, 주휴일에 실제 출근하지 않은 근로자를 상시 사용 근로자 수에서 제외하여야 해당 사업장의 보통 때의 통상적인 사용 상태를 제대로

2. 이 사건의 판단

원심은 주휴일에 실제 근무하지 않은 근로자는 상시 사용하는 근로자 수의 산정기준이 되는 연인원에 포함되지 않는다고 보아, 피고인의 사업장이 상시 사용 근로자 수가 5인 이상인 사업장에 해당하지 않는다고 판단하였고, 그 결과 근로기준법상 연장·야간 및 휴일근로에 대한 가산임금 규정이 적용되지 않는다는 이유로 이 사건 공소사실(유죄 부분 제외)을 무죄로 판단한 제1심판결을 그대로 유지하였다.

원심판결 이유를 앞서 본 법리와 기록에 비추어 살펴보면, 원심판결의 이유 설시에 다소 미흡한 부분이 있기는 하나 원심의 판단에 근로기준법 적용 범위에 관한 상시 사용 근로자 수 산정방법에 관한 법리를 오해하는 등으로 판결에 영향을 미친 잘못이 없다. 검사는 원심판결 전부에 대하여 상고하였으나, 유죄 부분에 대해서는 상고장이나 상고이유서에 불복이유를 기재하지 않았다.

3. 결론

그러므로 상고를 기각하기로 하여, 관여 대법관의 일치된 의견으로 주문과 같이 판결한다.

Ⓑ 대법원 2023. 07. 13. 선고 2021도15745 판결 [가정폭력범죄의처벌등에관한특례법위반]

【판시사항】

가정폭력범죄의 처벌 등에 관한 특례법상 피해자보호명령 및 임시보호명령 제도의 취지 / 같은 법 제55조의4 제2항에서 임시보호명령의 종기로 정한 '피해자보호명령의 결정 시'의 의미 및 결정 주문에서 종기를 제한하지 않은 임시보호명령이 가정폭력행위자에게 고지되어 효력이 발생한 후 적법한 피해자보호명령이 가정폭력행위자에게 고지되어 효력이 발생할 때까지의 사이에 가정폭력행위자가 임시보호명령에서 금지를 명한 행위를 한 경우, 임시보호명령 위반으로 인한 같은 법 위반죄가 성립하는지 여부(적극) / 같은 법 제63조 제1항 제2호에서 정한 '피해자보호명령을 받고 이를 이행하지 아니한 가정폭력행위자'의 의미 및 항고심에서 절차적 사유로 취소된 피해자보호명령에서 금지를 명한 행위를 한 경우, 피해자보호명령 위반으로 인한 같은 법 위반죄가 성립하는지 여부(적극)

【판결요지】

가정폭력범죄의 처벌 등에 관한 특례법(이하 '가정폭력처벌법'이라 한다)은 종래 가정폭력범죄(제2조 제3호)에 대해서 검사가 가정보호사건으로 처리하고 관할 법원에 송치하거나(제11조) 법원이 가정폭력행위자에 대한 피고사건을 심리한 결과 관할 법원에 송치한 사건(제12조)을 전제로 판사가 심리를 거쳐 하는 보호처분(제40조 제1항)만을 규정하고 있었다. 그러나 2011. 7. 25. 법률 제10921호로 도입된 피해자보호명령 제도는 피해자가 가정폭력행위자와 시간적·공간적으로 밀착되어 즉시 조치를 취하지 않으면 피해자에게 회복할 수 없는 피해를 입힐 가능성이 있을 때 수사기관과 소추기관을 거치지 않고 스스로 안전과 보호를 위하여 직접 법원에 보호를 요청할 수 있도록 하는 한편 그러한 명령을 위반한 경우에는 형사처벌을 함으로써 피해자 보호를 강화하려는 취지에서 도입되었다. 임시보호명령 제도는 피해자보호명령 결정 전에 신속하게 피해자를 보호하고자 하는 취지에서 도입되었다.

위와 같은 규정의 체계와 내용, 입법 취지 등에 비추어 볼 때, 가정폭력처벌법 제55조의4 제2항에서 임시보호명령의 종기로 정한 "피해자보호명령의 결정 시"는 그 결정이 가정폭력행위자에게 고지됨으로써 효력이 발생한 때를 의미한다. 따라서 일단 임시보호명령이 가정폭력행위자에게 고지되어 효력이 발생하였다면 결정 주문에서 종기를 제한하지 않는 이상 적법한 피해자보호명령이 가정폭력행위자에게 고지되어 효력이 발생할 때까지 임시보호명령은 계속하여 효력을 유지하므로 가정폭력행위자가 그 사이에 임시보호명령에서 금지를 명한 행위를 한 경우에는 임시보호명령 위반으로 인한 가정폭력처벌법 위반죄가 성립한다.

나아가 가정폭력처벌법 제63조 제1항 제2호가 정한 '피해자보호명령을 받고 이를 이행하지 아니한 가정폭력행위자'란 피해자의 청구에 따라 가정폭력행위자로 인정되어 피해자보호명령을 받았음에도 이행하지 않은 사람을 말하고, 피해자보호명령이 항고심에서 절차적 사유로 취소되었음에 불과한 이상 피해자보호명령에서 금지를 명한 행위를 한 경우에는 피해자보호명령 위반으로 인한 가정폭력처벌법 위반죄가 성립한다.

【참조조문】 가정폭력범죄의 처벌 등에 관한 특례법 제2조 제3호, 제11조, 제12조, 제40조 제1항, 제55조의2 제1항 제2호, 제3호, 제55조의4 제1항, 제2항, 제63조 제1항 제2호, 구 가정보호심판규칙(2020. 12. 28. 대법원규칙 제2940호로 개정되기 전의 것) 제67조의6 제1항, 가정보호심판규칙 제67조의23 제3항, 형사소송법 제42조, 제380조
【참조판례】 대법원 2023. 6. 1. 선고 2020도5233 판결(공2023하, 1174)
【전 문】 【피 고 인】 피고인 【상 고 인】 검사
【변 호 인】 법무법인(유한) 강남 담당변호사 김용석 외 2인
【원심판결】 서울동부지방법원 2021. 11. 11. 선고 2021노863 판결,

【주 문】

원심판결 중 무죄 부분을 파기하고, 이 부분 사건을 서울동부지방법원에 환송한다.

【이 유】

상고이유를 판단한다.

1. 이 사건 공소사실 중 2020. 1. 12.부터 2020. 2. 21.까지 각 행위로 인한 「가정폭력범죄의 처벌 등에 관한 특례법」(이하 '가정폭력처벌법'이라 한다) 위반 부분의 요지

피고인은 피해자 공소외인(여, 45세)의 전 남편으로, 2019. 10. 16. 서울가정법원으로부터 "피해

자보호명령 결정 시까지 피해자의 핸드폰 또는 이메일주소로 유선, 무선, 광선 및 기타의 전자적 방식에 의하여 부호, 문언, 음향 또는 영상을 송신하지 아니할 것을 명한다."라는 내용의 임시보호명령(이하 '이 사건 임시보호명령'이라 한다)을 받아 같은 달 25일 그 임시보호명령을 송달받고, 2020. 1. 9. 위와 같은 내용의 피해자보호명령(이하 '이 사건 피해자보호명령'이라 한다)을 받아 2020. 1. 15. 그 피해자보호명령을 송달받았다.

그럼에도 피고인은 2020. 1. 12.부터 2020. 2. 21.까지 사이에 공소장 별지 범죄일람표(1) 순번 13 기재와 같이 피해자의 핸드폰으로 전화를 걸거나 공소장 별지 범죄일람표(3) 순번 133 내지 145 기재와 같이 13회에 걸쳐 피해자에게 문자메시지를 전송함으로써 총 14회에 걸쳐 이 사건 임시보호명령 또는 피해자보호명령을 위반하였다.

2. 원심의 판단

원심은, 이 사건 임시보호명령은 법원이 이 사건 피해자보호명령을 한 2020. 1. 9. 그 효력이 상실되었고, 이 사건 피해자보호명령은 항고심에서 취소됨으로써 소급하여 그 효력이 상실되었으므로, 피고인이 2020. 1. 9. 이후에 이 사건 임시보호명령 또는 피해자보호명령에서 정한 사항을 위반했더라도 그러한 행위는 가정폭력처벌법 제63조 제1항 제2호에서 정한 구성요건을 충족하였다고 볼 수 없다는 이유로, 이 사건 공소사실 중 2020. 1. 12.부터 2020. 2. 21.까지 각 행위로 인한 가정폭력처벌법 위반 부분에 대하여 범죄의 증명이 없다고 보아 무죄를 선고한 제1심판결을 그대로 유지하였다.

3. 대법원의 판단

1) 가정폭력처벌법 제55조의2 제1항은 "판사는 피해자의 보호를 위하여 필요하다고 인정하는 때에는 피해자, 그 법정대리인 또는 검사의 청구에 따라 결정으로 가정폭력행위자에게 다음 각 호의 어느 하나에 해당하는 피해자보호명령을 할 수 있다."라고 규정하면서, 같은 항 제2호로 "피해자 또는 가정구성원이나 그 주거·직장 등에서 100미터 이내의 접근금지"를, 제3호로 "피해자 또는 가정구성원에 대한 전기통신사업법 제2조 제1호의 전기통신을 이용한 접근금지"를 규정하고 있다. 같은 법 제55조의4 제1항은 "판사는 제55조의2 제1항에 따른 피해자보호명령의 청구가 있는 경우에 피해자의 보호를 위하여 필요하다고 인정하는 경우에는 결정으로 제55조의2 제1항 각호의 어느 하나에 해당하는 임시보호명령을 할 수 있다."라고 규정하고, 같은 조 제2항은 "임시보호명령의 기간은 피해자보호명령의 결정 시까지로 한다. 다만 판사는 필요하다고 인정하는 경우에 그 기간을 제한할 수 있다."라고 규정하고 있다.

가정폭력처벌법 제63조 제1항은 "다음 각호의 어느 하나에 해당하는 가정폭력행위자는 2년 이하의 징역 또는 2천만 원 이하의 벌금 또는 구류에 처한다."라고 규정하면서, 같은 항 제2호로 "제55조의2에 따른 피해자보호명령 또는 제55조의4에 따른 임시보호명령을 받고 이를 이행하지 아니한 가정폭력행위자"라고 규정하고 있다.

구 가정보호심판규칙(2020. 12. 28. 대법원규칙 제2940호로 개정되기 전의 것) 제67조의6 제1항은 "법 제55조의4에 따른 임시보호명령의 결정을 한 때에는 피해자와 행위자에게 결정을 통지하여야 한다."라고 규정하고 있고, 가정보호심판규칙 제67조의23 제3항은 "심리기일에 출석하지 아니한 피해자 및 행위자에 대한 피해자보호명령결정의 고지는 결정서의 송달에 의

한다."라고 규정하고 있다.

한편 형사소송법 제42조는 "재판의 선고 또는 고지는 공판정에서는 재판서에 의하여야 하고 기타의 경우에는 재판서등본의 송달 또는 다른 적당한 방법으로 하여야 한다. 단 법률에 다른 규정이 있는 때에는 예외로 한다."라고 규정하고 있는데, 피고인의 상고에 대하여 형사소송법 제380조 본문에 따라 상고기각결정을 한 경우에는 법률에 다른 규정이 있지 않는 한 형사소송법 제42조 본문의 규정에 의하여 그 등본을 피고인에게 송달하거나 다른 적당한 방법으로 고지하였을 때 그 효력이 생긴다(대법원 2012. 4. 27. 자 2012모576 결정 등 참조).

가정폭력처벌법은 종래 가정폭력범죄(제2조 제3호)에 대해서 검사가 가정보호사건으로 처리하고 관할 법원에 송치하거나(제11조) 법원이 가정폭력행위자에 대한 피고사건을 심리한 결과 관할 법원에 송치한 사건(제12조)을 전제로 판사가 심리를 거쳐 하는 보호처분(제40조 제1항)만을 규정하고 있었다. 그러나 2011. 7. 25. 법률 제10921호로 도입된 피해자보호명령 제도는 피해자가 가정폭력행위자와 시간적·공간적으로 밀착되어 즉시 조치를 취하지 않으면 피해자에게 회복할 수 없는 피해를 입힐 가능성이 있을 때 수사기관과 소추기관을 거치지 않고 스스로 안전과 보호를 위하여 직접 법원에 보호를 요청할 수 있도록 하는 한편 그러한 명령을 위반한 경우에는 형사처벌을 함으로써 피해자 보호를 강화하려는 취지에서 도입되었다. 임시보호명령 제도는 피해자보호명령 결정 전에 신속하게 피해자를 보호하고자 하는 취지에서 도입되었다.

위와 같은 규정의 체계와 내용, 입법 취지 등에 비추어 볼 때, 가정폭력처벌법 제55조의4 제2항에서 임시보호명령의 종기로 정한 "피해자보호명령의 결정 시"는 그 결정이 가정폭력행위자에게 고지됨으로써 효력이 발생한 때를 의미한다. 따라서 일단 임시보호명령이 가정폭력행위자에게 고지되어 효력이 발생하였다면 결정 주문에서 종기를 제한하지 않는 이상 적법한 피해자보호명령이 가정폭력행위자에게 고지되어 효력이 발생할 때까지 임시보호명령은 계속하여 효력을 유지하므로 가정폭력행위자가 그 사이에 임시보호명령에서 금지를 명한 행위를 한 경우에는 임시보호명령 위반으로 인한 가정폭력처벌법 위반죄가 성립한다.

나아가 가정폭력처벌법 제63조 제1항 제2호가 정한 '피해자보호명령을 받고 이를 이행하지 아니한 가정폭력행위자'란 피해자의 청구에 따라 가정폭력행위자로 인정되어 피해자보호명령을 받았음에도 이행하지 않은 사람을 말하고(대법원 2023. 06. 01. 선고 2020도5233 판결 참조), 피해자보호명령이 항고심에서 절차적 사유로 취소되었음에 불과한 이상 피해자보호명령에서 금지를 명한 행위를 한 경우에는 피해자보호명령 위반으로 인한 가정폭력처벌법 위반죄가 성립한다.

3) 원심판결 이유와 기록에 의하면 다음과 같은 사실을 알 수 있다.

(가) 피해자가 2019. 10. 16. 서울가정법원에 피해자보호명령 청구를 하였고(서울가정법원 사건번호 1 생략), 서울가정법원은 같은 날 피고인에게 "피해자보호명령 결정 시까지 피해자의 주거 및 직장에서 100m 이내의 접근금지와 피해자의 핸드폰 또는 이메일주소로 유선, 무선, 광선 및 기타의 전자적 방식에 의하여 부호, 문언, 음향 또는 영상을 송신하지 아니할 것을 명한다."라는 내용의 이 사건 임시보호명령을 하였으며, 그 임시보호명령은 2019. 10. 25. 피고인에게 송달되었다.

(나) 서울가정법원은 2020. 1. 9. 피고인에게 "2020. 7. 8.까지 피해자의 주거 및 직장에서 100m 이내의 접근금지와 피해자의 핸드폰 또는 이메일주소로 유선, 무선, 광선 및 기타의 전자적 방식에 의하여 부호, 문언, 음향 또는 영상을 송신하지 아니할 것을 명한다."라는 내용의 이 사건 피해자보호명령을 하였고, 그 피해자보호명령은 2020. 1. 15. 피고인에게 송달되었다.

(다) 피고인은 2020. 1. 22. 이 사건 피해자보호명령에 대하여 항고를 제기하였고(서울가정법원 사건번호 2 생략), 항고심은 2020. 3. 26. "피해자보호명령 사건의 심리기일에는 소환장의 송달에 의하여 행위자를 소환하여야 하는데, 제1심법원이 심리기일에 행위자를 소환했다고 인정할 만한 아무런 자료가 없으므로, 제1심법원은 피해자보호명령의 심리에 관한 법령을 위반한 것이고, 제1심법원의 이러한 법령위반은 이 사건 피해자보호명령에 영향을 미쳤다."라는 이유로 이 사건 피해자보호명령을 취소하고 사건을 제1심법원에 환송하는 결정을 하였으며, 그 결정은 2020. 3. 31. 피고인에게 송달되었다.

(라) 피고인은 2020. 1. 12. 피해자의 핸드폰으로 문자메시지를 1회 전송하고[공소장 별지 범죄일람표(3) 순번 133, 이하 '제1 행위'라 한다], 2020. 1. 23.부터 2020. 2. 21.까지 피해자의 핸드폰으로 전화를 1회 하고, 12회에 걸쳐 문자메시지를 전송하였다[공소장 별지 범죄일람표(1) 순번 13, 범죄일람표(3) 순번 134 내지 145, 이하 '제2 행위'라 한다].

4) 이러한 사실관계를 앞서 본 법리에 비추어 살펴본다.

서울가정법원은 이 사건 임시보호명령의 종기를 '피해자보호명령 결정 시'까지로 정하였을 뿐 달리 이를 제한하지 않았다. 따라서 이 사건 임시보호명령의 효력은 적법하게 피해자보호명령의 효력이 발생할 때까지 그대로 유지된다. 그런데 제1 행위는 이 사건 피해자보호명령이 피고인에게 고지되기 전에 이루어졌고 행위 당시에는 이 사건 임시보호명령의 효력이 여전히 유지되고 있었으므로 불이행죄가 성립한다.

이 사건 피해자보호명령은 2020. 1. 15. 피고인에게 송달되었다가 이를 취소하고 서울가정법원 단독재판부로 환송한다는 내용의 2020. 3. 26. 자 항고심 결정이 있었지만 절차적 사유로 취소되었음에 불과하므로 이를 위반한 제2 행위에 대해서도 불이행죄가 성립한다.

따라서 제1, 2 행위에 관하여 이 사건 임시보호명령 또는 피해자보호명령 위반으로 인한 가정폭력처벌법 위반죄가 성립한다고 봄이 타당하다.

이와 달리 제1, 2 행위 당시에 이미 이 사건 임시보호명령의 효력이 상실되었거나 이 사건 피해자보호명령이 항고심에서 취소됨으로써 효력이 상실되었음을 전제로 제1, 2 행위에 관하여 이 사건 임시보호명령 또는 피해자보호명령 위반으로 인한 가정폭력처벌법 위반죄가 성립하지 않는다고 본 원심의 판단에는 임시보호명령, 피해자보호명령의 효력에 관한 법리를 오해하여 판결에 영향을 미친 잘못이 있다. 이를 지적하는 검사의 상고이유 주장은 이유 있다.

4. 결론

그러므로 원심판결 중 무죄 부분을 파기하고, 이 부분 사건을 다시 심리·판단하도록 원심법원에 환송하기로 하여, 관여 대법관의 일치된 의견으로 주문과 같이 판결한다.

© 대법원 2023. 07. 13. 선고 2023도188 판결 [근로자퇴직급여보장법위반]

【판시사항】

퇴직금지급의무를 규정한 구 근로자퇴직급여 보장법 제9조 본문 및 단서의 취지 / 사용자가 같은 법 제9조 단서에 따라 퇴직금의 지급사유가 발생한 날부터 14일 이내에 근로자와 지급기일을 연장하는 합의를 한 후 연장한 지급기일까지 퇴직금을 지급하지 아니한 경우, 같은 법 제9조 위반죄가 성립하는지 여부(적극)

【판결요지】

구 근로자퇴직급여 보장법(2021. 4. 13. 법률 제18038호로 개정되기 전의 것, 이하 '구 퇴직급여법'이라 한다) 제9조는 "사용자는 근로자가 퇴직한 경우에는 그 지급사유가 발생한 날부터 14일 이내에 퇴직금을 지급하여야 한다. 다만 특별한 사정이 있는 경우에는 당사자 간의 합의에 따라 지급기일을 연장할 수 있다."라고 규정하고, 제44조 제1호는 "제9조를 위반하여 퇴직금을 지급하지 아니한 자"를 3년 이하의 징역 또는 2천만 원 이하의 벌금에 처하는 것으로 규정하고 있다. 금품청산의무에 대한 구 퇴직급여법 제9조 본문은 근로자가 퇴직으로 근로관계가 종료된 후에도 당연히 지급받아야 할 퇴직금을 조속히 지급받지 못한다면 금품을 받기 위하여 사업장에 남아 있는 등 부당하게 사용자에게 예속되기 쉽고, 또한 근로자 및 근로자가족의 생활이 위협받을 우려가 있을 뿐만 아니라 시간이 흐름에 따라 금품을 지급받지 못할 위험이 커지므로 법률관계를 조기에 청산하도록 강제하려는 취지이다.

위와 같은 규정의 문언과 형식, 취지에 비추어 보면, 구 퇴직급여법 제9조 단서는 당사자 간의 합의에 따라 지급기일을 연장할 수 있도록 하는 규정에 불과하고 연장한 지급기일까지 퇴직금을 지급하지 아니한 사용자의 형사책임까지 배제하는 취지라고 볼 수 없다. 따라서 사용자가 구 퇴직급여법 제9조 단서에 따라 퇴직금의 지급사유가 발생한 날부터 14일 이내에 근로자와 지급기일을 연장하는 합의를 하였더라도 연장한 지급기일까지 퇴직금을 지급하지 아니한다면 구 퇴직급여법 제9조 위반죄가 성립한다.

【참조조문】 구 근로자퇴직급여 보장법(2021. 4. 13. 법률 제18038호로 개정되기 전의 것) 제9조(현행 제9조 제1항 참조), 제44조 제1호
【참조판례】 대법원 2006. 5. 11. 선고 2005도8364 판결(공2006상, 1092)
【전 문】 【피 고 인】 피고인 【상 고 인】 검사
【원심판결】 서울동부지방법원 2022. 12. 16. 선고 2022노326 판결.

【주 문】

원심판결 중 무죄 부분을 파기하고, 이 부분 사건을 서울동부지방법원에 환송한다.

【이 유】

상고이유를 판단한다.

1. 이 사건 쟁점 공소사실의 요지

피고인은 운영하는 사업장에서 2005. 10. 4.부터 2021. 5. 28.까지 근무하다 퇴직한 공소외인의 퇴직금 29,271,490원을 당사자 간의 지급기일 연장에 관한 합의 없이 퇴직일로부터 14일 이내에 지급하지 않았다.

2. 원심의 판단

원심은 다음과 같은 이유로 이 부분 공소사실에 대하여 무죄를 선고한 제1심판결을 유지하였다.

구 「근로자퇴직급여 보장법」(2021. 4. 13. 법률 제18038호로 개정되기 전의 것, 이하 '구 퇴직급여법'이라 한다) 제9조 단서 규정에 따라 사용자가 근로자와 퇴직금의 지급기일을 연장하는 합의를 하였다면, 그 후 사용자가 연장된 지급기일까지 퇴직금을 지급하지 않았다 하더라도 구 퇴직급여법 제9조 위반죄가 성립하지 않는다. 그런데 피고인은 근로자인 공소외인과 퇴직금의 지급기일을 연장하는 합의를 하였다.

3. 대법원의 판단

그러나 원심의 위와 같은 판단은 다음과 같은 이유로 수긍하기 어렵다.

가. 구 퇴직급여법 제9조는 "사용자는 근로자가 퇴직한 경우에는 그 지급사유가 발생한 날부터 14일 이내에 퇴직금을 지급하여야 한다. 다만 특별한 사정이 있는 경우에는 당사자 간의 합의에 따라 지급기일을 연장할 수 있다."라고 규정하고, 제44조 제1호는 "제9조를 위반하여 퇴직금을 지급하지 아니한 자"를 3년 이하의 징역 또는 2천만 원 이하의 벌금에 처하는 것으로 규정하고 있다. 금품청산의무에 대한 구 퇴직급여법 제9조 본문은 근로자가 퇴직으로 근로관계가 종료된 후에도 당연히 지급받아야 할 퇴직금을 조속히 지급받지 못한다면 금품을 받기 위하여 사업장에 남아 있는 등 부당하게 사용자에게 예속되기 쉽고, 또한 근로자 및 근로자가족의 생활이 위협받을 우려가 있을 뿐만 아니라 시간이 흐름에 따라 금품을 지급받지 못할 위험이 커지므로 법률관계를 조기에 청산하도록 강제하려는 취지이다(대법원 2006. 05. 11. 선고 2005도8364 판결 등 참조).

위와 같은 규정의 문언과 형식, 취지에 비추어 보면, 구 퇴직급여법 제9조 단서는 당사자 간의 합의에 따라 지급기일을 연장할 수 있도록 하는 규정에 불과하고 연장한 지급기일까지 퇴직금을 지급하지 아니한 사용자의 형사책임까지 배제하는 취지라고 볼 수 없다. 따라서 사용자가 구 퇴직급여법 제9조 단서에 따라 퇴직금의 지급사유가 발생한 날부터 14일 이내에 근로자와 지급기일을 연장하는 합의를 하였더라도 연장한 지급기일까지 퇴직금을 지급하지 아니한다면 구 퇴직급여법 제9조 위반죄가 성립한다.

나. 원심판결 이유와 적법하게 채택된 증거에 의하면, 피고인은 공소외인의 퇴직일인 2021. 5. 28. 공소외인과 퇴직금 중 일부는 2021. 6. 16.까지 지급하고 나머지는 그 이후 지급하기로 하는 합의를 한 사실, 피고인은 2021. 6. 16.까지 공소외인에게 퇴직금을 전혀 지급하지 않은 사실을 알 수 있다. 이러한 사실관계를 앞서 본 법리에 비추어 살펴보면, 피고인은 공소외인에게 합의에 따

라 연장된 지급기일까지 퇴직금을 지급하지 않았으므로 구 퇴직급여법 제9조 위반죄가 성립한다.

다. 그런데도 원심은 판시와 같은 이유만으로 구 퇴직급여법 제9조 위반죄가 성립하지 않는다고 판단하였으니, 이러한 원심의 판단에는 구 퇴직급여법 제9조의 위반죄 성립에 관한 법리를 오해한 잘못이 있다. 이를 지적하는 취지가 포함된 상고이유 주장은 이유 있다.

4. 결론

원심판결 중 무죄 부분을 파기하고, 이 부분 사건을 다시 심리·판단하도록 원심법원에 환송하기로 하여, 관여 대법관의 일치된 의견으로 주문과 같이 판결한다.

Ⓐ 대법원 2023. 07. 17. 선고 2017도1807 전원합의체 판결 [특정경제범죄가중처벌등에관한법률위반(사기)·의료법위반] 〈비의료인이 개설자격을 위반하여 의료법인 명의 의료기관을 개설·운영하였는지 여부가 문제된 사건〉

【판시사항】

[1] 의료인 개인 명의로 개설된 의료기관이 구 의료법 제33조 제2항에서 정한 의료기관 개설자격 위반에 해당하는지 판단하는 기준
[2] 의료인 개인 명의로 개설된 의료기관의 개설자격 위반 여부에 관한 판단 기준을 의료법인 명의로 개설된 의료기관의 개설자격 위반 여부에 관한 판단에 그대로 적용할 수 있는지 여부(소극) 및 비의료인이 의료법인 명의로 개설된 의료기관에 관여하는 경우, 구 의료법 제33조 제2항에서 정한 의료기관 개설자격 위반에 해당하는지 판단하는 기준

【판결요지】

[1] 대법원은 의료인 개인 명의로 개설된 의료기관이 실질적으로 의료인의 자격이 없는 일반인(이하 '비의료인'이라 한다)에 의하여 개설·운영된 것인지에 대하여, 비의료인이 의료기관의 시설 및 인력의 충원·관리, 개설신고, 의료업의 시행, 필요한 자금의 조달, 운영성과의 귀속 등을 주도적인 입장에서 처리하였는지를 기준으로 판단하면서, 비의료인이 필요한 자금을 투자하여 시설을 갖추고 유자격 의료인을 고용하여 그 명의로 의료기관을 개설한 행위는 형식적으로만 적법한 의료기관의 개설로 가장한 것일 뿐 실질적으로는 비의료인이 의료기관을 개설한 경우에 해당한다고 판단하여 왔다. 또한 소비자생활협동조합법에 의하여 설립된 소비자생활협동조합 명의로 의료기관 개설신고가 된 경우에도 위와 같은 법리를 적용하여 왔다.

[2] [다수의견]

(가) 의료법인 명의로 개설된 의료기관의 경우, 의료인의 자격이 없는 일반인(이하 '비의료인'이라 한다)의 주도적 출연 내지 주도적 관여만을 근거로 비의료인이 의료기관을 개설·운영한 것으로 평가

하기 어렵다. 비의료인이 의료기관의 개설·운영 등에 필요한 자금 전부 또는 대부분을 의료법인에 출연하거나 의료법인 임원의 지위에서 의료기관의 개설·운영에 주도적으로 관여하는 것은 의료법인의 본질적 특성에 기초한 것으로서 의료법인의 의료기관 개설·운영을 허용한 의료법에 근거하여 비의료인에게 허용된 행위이다. 비의료인의 주도적 자금 출연 내지 주도적 관여 사정만을 근거로 비의료인이 실질적으로 의료기관을 개설·운영하였다고 판단할 경우, 허용되는 행위와 허용되지 않는 행위의 구별이 불명확해져 죄형법정주의 원칙에 반할 수 있다.

(나) 따라서 의료법인 명의로 개설된 의료기관을 실질적으로 비의료인이 개설·운영하였다고 판단하려면, 비의료인이 의료법인 명의 의료기관의 개설·운영에 주도적으로 관여하였다는 점을 기본으로 하여, 비의료인이 외형상 형태만을 갖추고 있는 의료법인을 탈법적인 수단으로 악용하여 적법한 의료기관 개설·운영으로 가장하였다는 사정이 인정되어야 한다.

이러한 사정은 다음 두 가지 사항 중 어느 하나에 해당되면 인정될 수 있다. 첫째는 비의료인이 실질적으로 재산출연이 이루어지지 않아 실체가 인정되지 아니하는 의료법인을 의료기관 개설·운영을 위한 수단으로 악용한 경우이고, 둘째는 의료법인의 재산을 부당하게 유출하여 의료법인의 공공성, 비영리성을 일탈한 경우이다. 전자는 의료법인 중 '법인'에 관한 사항이고, 후자는 의료법인 중 '의료'에 관한 사항이다.

① 재산이 출연되지 않은 의료법인은 의료기관을 개설·운영할 시설과 자금이 없어 스스로 의료기관을 개설·운영할 수 없다. 재산이 출연되지 않아 시설과 자금이 없는 의료법인의 명의로 의료기관이 개설되었더라도 그 의료기관은 필연적으로 의료법인이 아닌 제3자가 실질적으로 개설·운영하였다고 평가될 수밖에 없다. 비의료인이 실질적인 재산출연 없이 주무관청인 시·도지사를 기망하여 의료법인 설립허가를 받은 경우라면 의료기관을 개설·운영할 시설과 자금이 없는 의료법인을 의료기관 개설의 외형만을 갖추기 위하여 설립한 것으로 평가할 수 있다. 따라서 위와 같이 형식만을 갖춘 의료법인을 설립한 비의료인이 의료법인 명의 의료기관의 개설·운영을 주도하였다면 비의료인이 의료법인을 탈법적인 수단으로 악용하여 적법한 의료기관 개설·운영으로 가장한 채 실질적으로는 비의료인 자신이 의료기관을 개설·운영하였다고 보아야 한다.

② 의료법인은 의료기관 개설·운영 목적으로 의료법에 근거하여 설립되는 것으로[구 의료법(2015. 12. 29. 법률 제13658호로 개정되기 전의 것, 이하 같다) 제33조 제2항 제3호 참조], 의료법이 의료법인에 법인격을 부여하고 의료기관 개설·운영 자격을 인정한 전제인 공공성과 비영리성이 유지되어야 한다. 비의료인이 의료법인 명의로 의료기관을 개설·운영하면서 공공성, 비영리성을 일탈하였다면, 외형상으로 그 형태만을 갖추고 있는 의료법인을 탈법적인 수단으로 악용하여 적법한 의료기관 개설·운영으로 가장하였다고 보아야 한다. 형식적으로 의료법인 명의로 의료기관이 개설·운영되었더라도, 비의료인이 의료법인을 지배하면서 의료기관 운영수익 등을 상당한 기간 부당하게 유출하는 등 공공성, 비영리성을 일탈한 경우라면, 공공성, 비영리성을 전제로 의료기관 개설자격을 부여받은 의료법인의 규범적 본질이 유지되었다고 보기 어렵다.

③ 다만 의료법인 설립과정에 하자가 있었다는 사정이나 비의료인이 의료법인의 재산을 일시적으로 유출하였다는 정황만을 근거로 곧바로 비의료인이 의료기관 개설자격을 위반하여 의료기관

을 개설·운영하였다고 평가할 수는 없고, 의료법인 설립과정의 하자가 의료법인 설립허가에 영향을 미치거나 의료기관 개설·운영이 실질적으로 불가능할 정도에 이르는 것인지나 의료법인의 재산이 유출된 정도, 기간, 경위 및 이사회 결의 등 정당한 절차나 적정한 회계처리 절차가 있었는지 등을 종합적으로 고려하여 의료법인의 규범적 본질이 부정될 정도에 이르러 의료기관 개설·운영을 위한 탈법적인 수단으로 악용되었다고 평가될 수 있는지를 판단해야 한다.

[대법관 박정화, 대법관 민유숙, 대법관 김선수, 대법관 이흥구, 대법관 오경미의 반대의견]
의료법인 명의로 개설된 의료기관을 실질적으로 비의료인이 개설·운영하였다고 판단하는 기준은 개인 명의 의료기관이나 소비자생활협동조합 명의로 개설된 의료기관에 관한 선례와 마찬가지로 해석, 적용되어야 한다. 구 의료법 제33조 제2항 위반죄에 관한 구성요건해당성과 고의의 핵심적인 징표는, 비의료인이 의료기관의 개설·운영에 주도적으로 관여하였다는 점을 기본으로 하여 의료법인의 공공성 및 비영리성이 형해화되고 비의료인 개인의 사적 이익을 추구하는 탈법적 수단으로 악용되었다는 데에 있다. 따라서 비의료인이 의료법인을 설립한 실질적 목적과 동기, 설립과정의 적정성, 의료법인 내부의 의사결정방식, 의료업 운영 행태, 자산관리 및 수익의 귀속 양상 등 의료법인의 설립과 운영의 전반에 나타난 구체적 사정을 종합적으로 고려하여, 비의료인 개인의 사적 이익 추구로 의료법인의 공공성 및 비영리성이 형해화되어 의료법인에 대하여 예외적으로 의료기관 개설자격을 부여하는 의료법의 입법 취지가 몰각되었다고 볼 정도에 이르렀는지를 중심으로 이를 판단해야 한다.
구 의료법 제33조 제2항 위반행위는 의료기관 개설과 운영이라는 전 과정을 통하여 행위자의 단일하고 계속된 범의로 이루어지는 것임에도, 다수의견은 이러한 특성을 충분히 고려하지 않은 채 구성요건해당성 및 고의의 판단을 위한 여러 간접사실을 의료법인 설립에 관한 사항과 의료법인 운영에 관한 사항으로 형식적, 도식적으로 나누어 제시한 것이어서 타당하지 않다. 이러한 기준으로는 피고인의 행위와 고의를 전체적, 통합적으로 파악하기 어렵고, 그 결과 의료법인 명의 의료기관의 경우 개설자격 위반의 인정 범위가 지나치게 축소되는 결과를 초래한다. 이에 따르면 영리 목적 의료기관의 개설을 억지하여 의료의 적정을 기하고 국민의 건강을 보호, 증진하고자 하는 의료법의 입법 목적을 해치고 나아가 국민건강보험 재정의 건전성을 위협할 우려가 있다. 이러한 점에서 다수의견에 동의할 수 없다.

【참조조문】 [1] 구 의료법(2015. 12. 29. 법률 제13658호로 개정되기 전의 것) 제33조 제2항, 제87조 제1항 제2호(현행 제87조 참조) / [2] 구 의료법(2015. 12. 29. 법률 제13658호로 개정되기 전의 것) 제33조 제2항, 제87조 제1항 제2호(현행 제87조 참조)
【참조판례】 [1][2] 대법원 2011. 10. 27. 선고 2009도2629 판결(공2011하, 2478) / [1] 대법원 2014. 8. 20. 선고 2012도14360 판결(공2014하, 1919)
【따름판례】 대법원 2023. 8. 18 선고 2020도6492 판결
【전 문】 【피 고 인】 피고인 【상 고 인】 피고인
【변 호 인】 법무법인(유) 동인 외 1인
【원심판결】 대구고등법원 2017. 1. 19. 선고 2016노451 판결.

【주   문】

원심판결을 파기하고, 사건을 대구고등법원에 환송한다.

【이   유】

상고이유를 판단한다.

1. 사건의 개요와 쟁점

가. 의료법 위반의 점에 관한 공소사실의 요지

피고인은 의료인의 자격이 없는 일반인(이하 '비의료인'이라고 한다)에 해당하여 의료기관 개설자격이 없음에도 형식적으로 의료법인 ○○의료재단(이하 '이 사건 의료법인'이라고 한다)의 설립허가를 받은 다음, 그 법인의 이사장으로 취임하여 의료법인 ○○의료재단△△요양병원(이하 '이 사건 의료기관'이라고 한다)의 개설신고를 하고 의사 등을 직접 고용하여 그들로 하여금 다수의 환자들을 상대로 진료행위를 하게 함으로써, 적법한 의료기관 개설인 것처럼 가장한 채 의료기관 개설자격을 위반하여 이 사건 의료기관을 개설·운영하였다.

나. 원심의 판단

원심은, 의료법인 설립허가를 받을 때 일부 재산출연을 가장한 점, 임직원들에게 과다한 급여를 지급함으로써 영리를 목적으로 의료법인을 운영한 점, 의료법인의 이사나 감사가 정상적으로 활동하였다고 보기 어려운 점 등을 들어, 비의료인인 피고인이 의료기관 개설자격을 위반하여 의료기관을 개설한 경우에 해당한다고 판단하여 이 부분 공소사실을 유죄로 인정하였다.

다. 이 사건의 쟁점

대법원은, 의료인 개인 명의 의료기관의 경우 비의료인이 개설자격을 위반하여 의료기관을 개설·운영한 것으로 판단하는 기준으로, '비의료인이 그 의료기관의 시설 및 인력의 충원·관리, 개설신고, 의료업의 시행, 필요한 자금의 조달, 그 운영성과의 귀속 등을 주도적인 입장에서 처리하는 것'이라고 판시하여 왔다(대법원 2011. 10. 27. 선고 2009도2629 판결 등 참조). 이러한 주도성의 법리가 의료법인 명의로 의료기관이 개설된 이 사건에서도 그대로 적용될 수 있는지 문제 된다.

구 의료법(2015. 12. 29. 법률 제13658호로 개정되기 전의 것, 이하 같다) 제33조 제2항은 의료기관을 개설할 수 있는 자격을 의료인과 의료법인 등에 동등하게 부여하고 있다. 그중 의료법인은 재단법인의 성격을 갖는 법인(구 의료법 제50조 참조)으로서 설립자의 재산출연에 의하여 설립되고 법인의 기관에 의하여 운영된다. 이 경우 재산출연을 할 수 있는 사람이나 기관이 될 수 있는 사람, 다시 말하면 의료법인의 설립, 의료법인 명의 의료기관의 개설·운영을 주도적인 입장에서 처리할 수 있는 사람을 의료인으로 한정하고 있지 않다.

따라서 이 사건의 쟁점은, 주도성에 바탕을 둔 기존 대법원 판례의 법리를 기본으로 하여, 비의료인이 의료법인 명의로 개설된 의료기관에 관여하는 경우 의료기관 개설자격 위반이 된다고 판단하는 기준을 구체적으로 어떻게 설정할 것인지이다.

2. 쟁점에 관한 판단

가. 의료기관 개설자격 제한

1) 형벌법규 해석의 원칙

헌법 제13조 제1항은 국가형벌권의 자의적인 행사로부터 개인의 자유와 권리를 보호하기 위하여 범죄와 형벌을 법률로 정하도록 하고 있다. 국민의 기본권을 제한하거나 의무를 부과하는 법률, 그중에서도 특히 형벌에 관한 법률은 국가기관이 자의적으로 권한을 행사하지 않도록 명확하여야 한다. 다시 말하면, 형벌법규는 어떠한 행위를 처벌할 것인지 일반인이 예견할 수 있어야 하고, 그에 따라 자신의 행위를 결정할 수 있도록 구성요건을 명확하게 규정할 것을 요구한다.

건전한 상식과 통상적 법감정을 가진 사람으로 하여금 자신의 행위를 결정해 나가기에 충분한 기준이 될 정도의 의미와 내용을 가지고 있다고 볼 수 없는 형벌법규는 죄형법정주의의 명확성 원칙에 위배되어 위헌이 될 수 있으므로(헌법재판소 2016. 11. 24. 선고 2015헌가23 전원재판부 결정 등 참조), 불명확한 규정을 헌법에 맞게 해석하기 위해서는 이 점을 염두에 두어야 한다. 그리고 형벌법규의 해석은 엄격하여야 하고, 문언의 가능한 의미를 벗어나 피고인에게 불리한 방향으로 해석하는 것은 죄형법정주의의 내용인 확장해석금지에 따라 허용되지 않는다(대법원 2016. 03. 10. 선고 2015도17847 판결 참조).

2) 의료기관 개설자격 제한의 취지

모든 국민은 보건에 관하여 국가의 보호를 받는다(헌법 제36조 제3항). 구 의료법은 제1조에서 "이 법은 모든 국민이 수준 높은 의료 혜택을 받을 수 있도록 국민의료에 필요한 사항을 규정함으로써 국민의 건강을 보호하고 증진하는 데에 목적이 있다."라고 규정하여 위와 같은 취지를 선언하고, 제33조 제2항에서 의료기관을 개설할 수 있는 자를 '의사, 치과의사, 한의사 또는 조산사, 국가나 지방자치단체, 의료법인, 민법이나 특별법에 따라 설립된 비영리법인, 공공기관의 운영에 관한 법률에 따른 준정부기관, 지방의료원의 설립 및 운영에 관한 법률에 따른 지방의료원, 한국보훈복지의료공단법에 따른 한국보훈복지의료공단'으로 제한적으로 열거하면서, 제87조 제1항 제2호에서는 의료기관 개설자격이 없음에도 의료기관을 개설한 사람은 5년 이하의 징역이나 2천만 원 이하의 벌금에 처하도록 규정하고 있다.

구 의료법이 의료기관 개설자격을 의료전문성을 가진 의료인이나 공적인 성격을 가진 단체로 엄격히 제한하고 그 이외의 자가 의료기관을 개설하는 행위를 금지하는 취지는, 의료의 적정을 기하고 건전한 의료질서를 확립하여 국민의 건강을 보호 증진하고, 영리 목적으로 의료기관을 개설하는 경우에 발생할지도 모르는 국민 건강상의 위험을 미리 방지하기 위한 것이다(대법원 2005. 02. 25. 선고 2004도7245 판결 등 참조). 따라서 의료법상 의료기관을 개설할 수 있는 자의 명의로 의료기관 개설신고가 되었더라도 실질적으로는 의료기관 개설자격이 없는 자가 의료기관을 개설하면서 형식적으로만 적법한 의료기관의 개설로 가장한 경우에는 구 의료법 제33조 제2항에 위반된다고 봄이 타당하다(대법원 1995. 12. 12. 선고 95도2154 판결 등 참조).

3) 의료인 개인 명의 의료기관 개설자격 위반에 관한 판단 기준

대법원은 의료인 개인 명의로 개설된 의료기관이 실질적으로 비의료인에 의하여 개설·운영된 것인지에 대하여, 앞서 본 바와 같이 비의료인이 의료기관의 시설 및 인력의 충원·관리, 개설신고, 의료업의 시행, 필요한 자금의 조달, 운영성과의 귀속 등을 주도적인 입장에서 처리하였는지 여부를 기준으로 판단하면서, 비의료인이 필요한 자금을 투자하여 시설을 갖추고 유자격 의료인을 고용하여 그 명의로 의료기관을 개설한 행위는 형식적으로만 적법한 의료기관의 개설로 가장한 것일 뿐 실질적으로는 비의료인이 의료기관을 개설한 경우에 해당한다고 판단하여 왔다(위 대법원 2009도2629 판결 등 참조). 또한 소비자생활협동조합법에 의하여 설립된 소비자생활협동조합 명의로 의료기관 개설신고가 된 경우에도 위와 같은 법리를 적용하여 왔다(대법원 2014. 08. 20. 선고 2012도14360 판결 등 참조).

나. 의료법인 명의 의료기관 개설자격 위반에 관한 판단 기준
1) 기준 정립의 필요성
  가) 의료인 개인이 개설한 의료기관의 경우 비의료인이 병원 개설과 운영에 관여하거나 필요한 자금을 출연할 수 있는 방법이 의료법상 마련되어 있지 않다. 따라서 비의료인이 주도적으로 의료기관의 시설 및 인력의 충원·관리, 필요한 자금의 조달, 운영성과의 귀속 등을 처리하였다면 그대로 비의료인의 의료기관 개설·운영으로 평가할 수 있다.
  그동안 많이 문제 되어 온 소비자생활협동조합이 개설한 의료기관의 경우에도 소비자생활협동조합은 조합원의 공동소유와 공동운영을 전제로 한 사단법인 성격의 비영리법인이므로 특정 개인이 조합원을 배제하고 실질적으로 의료기관 개설과 운영을 주도하였다면 비의료인이 의료기관을 개설·운영한 것으로 평가할 수 있다.
  의료법인 명의로 개설된 의료기관의 경우, 비의료인의 주도적 출연 내지 주도적 관여만을 근거로 비의료인이 의료기관을 개설·운영한 것으로 평가하기 어렵다. 그 이유는 다음과 같다.
  (1) 의료법인은 재단법인의 일종이다(구 의료법 제50조 참조). 즉, 의료법인은 '의료기관 개설·운영을 목적으로 출연된 재산'이라는 실체에 대하여 법인격이 부여된 것이다. 따라서 의료법인의 설립을 위해서는 의료기관의 개설·운영이라는 의료법인의 목적 실현을 위하여 필요한 재산이 출연될 것이 반드시 요구되고, 의료법인이 아닌 제3자의 재산출연이 없으면 의료법인은 설립될 수 없다.
  구 의료법 제48조 제2항은, 의료법인은 그 법인이 개설하는 의료기관에 필요한 시설이나 시설을 갖추는 데에 필요한 자금을 보유하여야 한다고 규정하고, 구 의료법 시행령(2018. 9. 28. 대통령령 제29195호로 개정되기 전의 것, 이하 같다) 제19조, 구 의료법 시행규칙(2018. 9. 27. 보건복지부령 제596호로 개정되기 전의 것, 이하 같다) 제48조 제4호는 의료법인 설립허가 신청 시 재산목록 및 기부신청서를 첨부하여 제출하도록 규정하여 의료법인 설립과정에서 출연되어야 하는 재산의 범위, 재산출연의 절차 등을 정하고 있다. 그러나 의료법인에 대하여 재산을 출연할 수 있는 사람을 의료인으로 한정하거나 비의료인이 출연할 수 있는 재산의 규모 내지 범위를 제한하는 규정은 없다. 다만 구 의료법 제48조부터 제51조까지 사이에서 의료법인의 설립허가 절차, 재산 보유 의무, 설립허가 취소 사유 등을 규정하여 의료법인의 설립·운

영에 관한 행정적 통제가 이루어질 수 있도록 하고 있을 뿐이다. 이러한 의료법의 태도는 의료법인을 통해서 의료취약지역에 민간 의료기관의 건립을 유도함으로써 의료기관의 지역적 편중을 해소하는 한편, 민간 의료의 공공성을 제고하고 부작용을 방지하기 위한 행정적 통제 장치를 갖추도록 하는 것이라고 볼 수 있다.

이러한 규정 취지에 비추어 보면, 비의료인이 의료기관의 개설·운영 등에 필요한 자금 전부 또는 대부분을 의료법인에 출연하는 것도 허용된다. 또한 비의료인이 의료법인에 출연한 재산은 더 이상 비의료인의 재산이 아닌 의료법인의 재산이므로 비의료인이 의료법인에 출연한 재산이 의료기관의 개설·운영 등에 사용되었다고 하여 의료법인이 아닌 비의료인이 의료기관의 개설·운영 등에 필요한 자금을 조달하였다고 평가하기도 어렵다.

위와 같은 의료법인의 본질적 특성에 비추어 보면, 비의료인이 의료법인 설립과정에서 주도적으로 자금을 출연하였다는 사정만으로는 비의료인이 주도적인 입장에서 의료기관을 개설·운영하였다고 평가하기에 부족하다.

(2) 의료법인은 의료기관을 개설·운영할 수 있으나(구 의료법 제33조 제2항 제3호 참조), 의료법인이 자연인처럼 직접 의료기관을 개설·운영할 수는 없고, 이사회 등 의사결정기관과 이사 등 업무집행기관을 통하여 의료기관을 개설·운영하게 된다. 따라서 의료법인이 의료기관을 개설·운영하기 위해서는 의료법인이 아닌 제3자가 이사 등 지위에서 의사결정과 업무집행을 할 것이 반드시 요구된다.

구 의료법 제48조 제1항은 의료법인을 설립하기 위하여 관할 시·도지사의 허가를 받도록 규정하고, 구 의료법 시행령 제19조, 구 의료법 시행규칙 제48조 제1호, 제7호는 의료법인 설립허가 신청 시 설립발기인, 임원 취임 예정자의 약력, 이력서 등을 첨부하여 제출하도록 규정하고 있으나, 설립발기인이나 임원의 자격을 의료인으로 제한하거나 의료법인의 설립발기인, 임원에 의료인을 반드시 포함하여야 한다는 규정은 없다. 비의료인인 의료법인 임원에 대하여 의료기관의 개설·운영에 관한 의사결정이나 업무집행에 참여하는 것을 금지하거나 이를 제한하는 규정도 존재하지 않는다. 따라서 비의료인도 의료법인의 이사 등 지위에서 의료기관의 개설·운영에 관한 의사결정 내지 업무집행에 참여하거나 이를 주도할 수 있다고 보아야 한다.

비의료인이 의료법인의 이사 등 지위에서 의료기관의 개설·운영에 관한 의사결정 내지 업무집행에 관여한 것은 의료법인의 의사결정기관 내지 업무집행기관 지위에서 행한 정당한 직무집행으로 보아야 하므로, 의료법인이 아닌 비의료인이 의료기관의 개설·운영에 관여하였다고 평가하기도 어렵다.

위와 같은 의료법인의 본질적 특성에 비추어 보면, 비의료인이 의료법인의 임원 등 지위에서 의료기관의 개설·운영에 주도적으로 관여하였다는 사정만으로 비의료인이 주도적인 입장에서 의료기관을 개설·운영하였다고 평가하기에 부족하다.

비의료인이 의료기관의 개설·운영 등에 필요한 자금 전부 또는 대부분을 의료법인에 출연하거나 의료법인 임원의 지위에서 의료기관의 개설·운영에 주도적으로 관여하는 것은 의료법인의 본질적 특성에 기초한 것으로서 의료법인의 의료기관 개설·운영을 허용한 의료법에 근거하여 비의료인에게 허용된 행위이다. 따라서 비의료인의 주도적 자금 출연 내지 주도적 관여 사정만을 근거로 비의료인이 실질적으로 의료기관을 개설·운영하였다고 판단할 경우, 허용되는 행위와 허용되지 않는 행위의 구별이 불명확해져 죄형법정주의 원칙에 반할 수 있다.

나) 비의료인이 의료법인 명의 의료기관을 실질적으로 개설·운영하였는지 여부가 쟁점이 된 대법원 선례가 존재하지 않는 것은 아니다. 그러나 이러한 대법원 선례는 비의료인이 의료법인 명의 의료기관을 개설·운영하였는지 여부에 관한 구체적인 판단 기준을 정립하지 않고 개별 사안에 따라 그 결론을 달리하고 있다. 즉, 비의료인의 관여 정도나 의료법인의 운영 형태 등 구체적 사실관계를 기초로 비의료인이 의료법인 명의 의료기관을 실질적으로 개설·운영한 것으로 본 원심의 판단을 수긍한 판결(대법원 2017. 03. 16. 선고 2016도18721 판결, 대법원 2018. 01. 25. 선고 2017도17167 판결, 대법원 2020. 07. 23. 선고 2020도5494 판결 등)과 비의료인이 의료법인 명의 의료기관을 실질적으로 개설·운영한 것으로 단정할 수 없다는 취지의 원심의 판단을 수긍한 판결(대법원 2019. 05. 30. 선고 2019도1468 판결, 대법원 2022. 08. 11. 선고 2021도16080 판결 등)이 있으나, 그 판단 기준이 정립되어 있지 않다.

하급심판결들도 의료법인 명의 의료기관에 관한 개설자격 위반을 판단하면서 앞서 본 대법원 2009도2629 판결 등의 법리가 그대로 적용되는지 여부나 위 법리를 수정한 구체적 판단 기준을 어떻게 설정하여야 하는지 등에 관하여 다양한 견해를 보이고 있다.

위와 같이 개별 사안에서 구체적 사실관계에 기초하여 타당한 결론을 도출하였음과 별개로, 대법원은 의료법인 명의 의료기관에 관한 개설자격 위반 여부를 판단하는 통일적 기준을 정립하여 밝힐 필요가 있다. 그렇지 아니하면, 수범자로서는 구체적으로 어떠한 행위가 금지되는 것인지 충분히 알 수 없어 혼란이 야기될 수 있고, 또 처벌 범위의 불안정·불명확으로 인해 의료법인의 의료기관 개설·운영이 위축되어 입법자가 의료법인 제도를 통하여 추구하려는 의료취약지역의 민간 의료기관 건립 유도 목적도 달성하기 어렵게 될 수 있기 때문이다.

2) 의료기관 개설자격 위반의 판단 기준

따라서 의료법인 명의로 개설된 의료기관을 실질적으로 비의료인이 개설·운영하였다고 판단하려면, 비의료인이 의료법인 명의 의료기관의 개설·운영에 주도적으로 관여하였다는 점을 기본으로 하여, 비의료인이 외형상 형태만을 갖추고 있는 의료법인을 탈법적인 수단으로 악용하여 적법한 의료기관 개설·운영으로 가장하였다는 사정이 인정되어야 한다.

이러한 사정은 다음 두 가지 사항 중 어느 하나에 해당되면 인정될 수 있다. 첫째는 비의료인이 실질적으로 재산출연이 이루어지지 않아 실체가 인정되지 아니하는 의료법인을 의료기관 개설·운영을 위한 수단으로 악용한 경우이고, 둘째는 의료법인의 재산을 부당하게 유출하여 의료법인의 공공성, 비영리성을 일탈한 경우이다. 전자는 의료법인 중 '법인'에 관한 사항이고, 후자는 의료법인 중 '의료'에 관한 사항이다.

가) 앞서 본 바와 같이, 의료법인은 의료기관 개설·운영 목적을 위하여 출연된 재산이라는 실체에 대하여 법인격을 부여한 재단법인이므로, 출연된 재산 즉 의료법인의 기본재산은 바로 의료법인의 실체인 동시에 의료법인의 목적을 수행하기 위한 가장 기본적인 수단이다(대법원 1998. 8. 21. 선고 98다19202, 19219 판결 참조). 구 의료법도 같은 취지에

서 의료법인은 개설하는 의료기관에 필요한 시설이나 시설을 갖추는 데에 필요한 자금을 보유하여야 하고, 재산을 처분하려면 시·도지사의 허가를 받아야 한다는 규정을 두고 있다(제48조 제2항, 제3항).
재산이 출연되지 않은 의료법인은 의료기관을 개설·운영할 시설과 자금이 없어 스스로 의료기관을 개설·운영할 수 없다. 재산이 출연되지 않아 시설과 자금이 없는 의료법인의 명의로 의료기관이 개설되었더라도 그 의료기관은 필연적으로 의료법인이 아닌 제3자가 실질적으로 개설·운영하였다고 평가될 수밖에 없다. 비의료인이 실질적인 재산출연 없이 주무관청인 시·도지사를 기망하여 의료법인 설립허가를 받은 경우라면 의료기관을 개설·운영할 시설과 자금이 없는 의료법인을 의료기관 개설의 외형만을 갖추기 위하여 설립한 것으로 평가할 수 있다. 따라서 위와 같이 형식만을 갖춘 의료법인을 설립한 비의료인이 의료법인 명의 의료기관의 개설·운영을 주도하였다면 비의료인이 의료법인을 탈법적인 수단으로 악용하여 적법한 의료기관 개설·운영으로 가장한 채 실질적으로는 비의료인 자신이 의료기관을 개설·운영하였다고 보아야 한다.
의료법인은 의료기관 개설·운영 목적으로 의료법에 근거하여 설립되는 것으로(구 의료법 제33조 제2항 제3호 참조), 의료법이 의료법인에 법인격을 부여하고 의료기관 개설·운영 자격을 인정한 전제인 공공성과 비영리성이 유지되어야 한다. 비의료인이 의료법인 명의로 의료기관을 개설·운영하면서 공공성, 비영리성을 일탈하였다면, 외형상으로 그 형태만을 갖추고 있는 의료법인을 탈법적인 수단으로 악용하여 적법한 의료기관 개설·운영으로 가장하였다고 보아야 한다.
구 의료법이 의료기관 개설자격을 엄격하게 제한하면서도 의료법인에 대하여 의료인, 국가, 지방자치단체, 준정부기관 등과 함께 의료기관 개설자격을 부여하는 것은, 의료법인이 공공성과 비영리성을 갖추고 있으므로 의료법인에 대하여 의료기관 개설자격을 인정하여도 영리 목적 의료기관 개설로 인한 국민 건강상의 위험이 발생할 여지가 없어 의료의 적정을 기하고 국민의 건강을 보호·증진하려는 구 의료법의 입법 목적에 어긋나지 아니함을 전제로 하는 것이다. 구 의료법이 구성원이 존재하지 아니하여 비영리를 당연한 전제로 하는 재단법인 형태의 의료법인만을 허용하는 것이나, 민법이나 특별법에 따라 설립된 법인 중 비영리법인에 대하여만 의료기관 개설자격을 부여하는 것(구 의료법 제33조 제2항 제4호), 구 의료법 시행령 제20조가 의료법인의 영리추구금지를 명시하는 것, 구 의료법이 제48조부터 제51조까지 사이에서 의료법인의 설립허가 절차, 재산 보유 의무, 설립허가 취소 사유 등을 추가로 규정하는 것 등도 같은 취지이다.
형식적으로 의료법인 명의로 의료기관이 개설·운영되었더라도, 비의료인이 의료법인을 지배하면서 의료기관 운영수익 등을 상당한 기간 동안 부당하게 유출하는 등 공공성, 비영리성을 일탈한 경우라면, 공공성, 비영리성을 전제로 의료기관 개설자격을 부여받은 의료법인의 규범적 본질이 유지되었다고 보기 어렵다.
구체적으로 의료기관의 운영수익 등 의료법인의 재산이 정당한 지출원인 없이 부당하게 재산출연자인 비의료인에게 유출된 경우는 물론, 급여, 보수 등의 형식을 갖추었더라도 이사회 결의 등 정당한 절차나 적정한 회계처리를 거치지 않은 채 합리적인 범위를 지나치게 초과하여 지급된 경우, 의료법인의 재산과 재산출연자인 비의료인의 재산이 구분되기 어려울 정도로 혼용되어 재산출연자인 비의료인이 개인적 필요에 따라 임의로 의료법인의 재산을 입출금한 것으로 보이는 경우 등과 같이 실질적인 관점에서 의료법인의 재산이 재산출연자인 비의료인에게 부당하게 유출된 경우에도, 공공성, 비영리성을 일탈함으로써 규범적 본질이 부정되는 의료법인이 의료기관 개설·운영을 위한 탈법적인 수단으로 악용되었다고 평가할 수 있다.

다) 다만 구 의료법은 의료법인이 정관변경 및 재산처분을 할 때에 시·도지사의 허가를 받도록 하고 일정한 경우 의료법인 설립허가를 취소할 수 있도록 하는 등 의료법인 제도의 적정한 운영을 담보하기 위한 제도적 장치를 두고 있으므로, 의료법인이 근거 법령에 따라 설립되어 적법한 절차에 따라 의료기관을 개설한 후 시·도지사의 지속적인 관리·감독을 받으면서 상당한 기간 동안 의료기관을 정상적으로 운영하여 왔다면, 그 설립과정에 다소의 미비점이 있었다거나 운영과정에서 일시적으로 의료법인의 재산을 유출하는 횡령·배임 등 위법 행위가 존재하였다는 사정만으로 의료법인의 규범적 본질을 부정하여 의료법인이 의료기관 개설·운영을 위한 탈법적인 수단으로 악용되었다고 단정하기는 어려운 측면이 있다.

의료법인 설립과정에 하자가 있었다는 사정이나 비의료인이 의료법인의 재산을 일시적으로 유출하였다는 정황만을 근거로 곧바로 비의료인이 의료기관 개설자격을 위반하여 의료기관을 개설·운영하였다고 평가할 수는 없고, 의료법인 설립과정의 하자가 의료법인 설립허가에 영향을 미치거나 의료기관 개설·운영이 실질적으로 불가능할 정도에 이르는 것인지 여부나 의료법인의 재산이 유출된 정도, 기간, 경위 및 이사회 결의 등 정당한 절차나 적정한 회계처리 절차가 있었는지 여부 등을 종합적으로 고려하여 의료법인의 규범적 본질이 부정될 정도에 이르러 의료기관 개설·운영을 위한 탈법적인 수단으로 악용되었다고 평가될 수 있는지를 판단하여야 한다.

3. 이 사건에 대한 판단

가. 원심판결의 이유와 기록에 의하면 다음과 같은 사정들을 알 수 있다.

1) 이 사건 의료법인은 기본재산으로 이 사건 의료기관 부지와 건물을, 보통재산으로 현금 3억 원을 출연받는 것으로 하여 설립허가를 받았다.

   기본재산에 해당하는 이 사건 의료기관 부지와 건물에 대한 출연은 실제로 이루어졌고, 그 감정평가액은 약 32억 원이다. 현금 3억 원의 보통재산은 그 출연이 가장되었을 뿐, 실제로 출연되지 않았으나, 피고인이 이 사건 의료법인 설립 이후 이 사건 의료기관의 운영자금 중 일부 및 이 사건 의료법인 채무에 관한 변제자금은 직접 조달한 것으로 보인다.

2) 피고인은 이 사건 의료법인 설립 직후인 2009. 3.경 이사장으로 취임하였고, 이 사건 의료법인의 설립과정에서 피고인과 함께 자금을 조달한 공소외 1은 그 무렵 사무국장으로 채용되었다. 이 사건 의료법인의 이사나 감사는 피고인의 가족이나 지인들로서 의료법인이나 의료기관의 운영에 관하여 별다른 전문성을 갖추고 있었던 것으로 보이지 않는다.

   피고인의 처 공소외 2는 2009. 3.경부터 행정직 직원으로, 공소외 1의 처 공소외 3은 2011. 1.경부터 홍보부장으로 근무하던 중, 공소외 2는 2009. 8.경부터, 공소외 3은 2013. 11.경부터 이사의 지위를 겸하였다. 2013년경 이후 피고인은 월 1,300만 원의 보수를, 공소외 1은 월 770만 원, 공소외 2, 공소외 3은 각 월 900만 원의 급여를 지급받았다. 피고인은 수사기관에서 '2013. 7.경 이사회에서 이 사건 의료법인의 규모와 수익의 증대 및 근무경력 등을 고려하여 피고인, 공소외 2, 공소외 3의 급여 인상을 결의하였다.'는 취지로 진술하였고, 그와 같은 내용이 기재되어 있는 이사회 회의록도 제출되어 있다. 이 사건 의료법인의 재무제표에 의하면, 이 사건 의료법인의 매출액과 순이익은 2009년부터 2014년까지 지속적으로 증가하였다.

나. 위와 같은 사정들을 앞서 본 법리에 비추어 살펴본다.

1) 피고인이 이 사건 의료법인의 이사장으로 취임하여 이 사건 의료기관의 시설 및 인력의 충원·관리, 필요한 자금의 조달 등을 주도적 입장에서 처리하였던 것으로 보인다. 그러나 앞서 본 법리에 따르면, 그와 같은 사정만으로 피고인이 이 사건 의료기관을 개설·운영하였다고 단정할 수는 없고, 나아가 실체를 갖추지 못한 의료법인을 악용한 경우 또는 의료법인의 공공성, 비영리성을 일탈한 경우 중 어느 하나에 해당되면 인정될 수 있다.

2) 이 사건 의료법인 설립과정에서 보통재산 3억 원의 출연이 가장되었다는 점에서 이 사건 의료법인의 실체가 부정된다고 볼 여지가 없는 것은 아니다.

다만 이 사건 의료법인 설립 당시 기본재산은 실제 출연되었고, 그와 관련된 기망이나 하자는 없었던 것으로 보인다. 피고인이 출연을 가장한 부분은 기본재산이 아닌 보통재산으로 이 사건 의료기관의 시설 등과는 별다른 관련이 없는 부분이고, 전체 출연 가액의 10% 정도로 이 사건 의료법인의 설립허가나 의료기관 운영에 별다른 영향을 미치지 아니하였을 가능성을 배제할 수 없다. 또한 피고인이 이 사건 의료법인 설립 당시 이 사건 의료기관 운영자금 용도의 보통재산을 출연하지 않았다고 하더라도 그 후 이 사건 의료기관의 운영자금이나 이 사건 의료법인 채무에 관한 변제자금을 직접 조달하였으므로, 그와 같은 방법으로 운영자금 용도의 보통재산을 실질적으로 출연하였다고 평가될 여지도 있다.

따라서 원심으로서는 피고인이 이 사건 의료법인 설립 당시 현금 3억 원의 보통재산 출연을 가장한 것이 이 사건 의료법인 설립허가에 영향을 미치는 사항에 해당하는지, 피고인이 현금 3억 원의 보통재산을 실제 출연하지 아니하여 이 사건 의료법인이 정상적으로 이 사건 의료기관을 운영할 수 없었는지, 피고인이 사후적으로라도 이 사건 의료법인에 현금 3억 원에 상응하는 재산을 출연하였다고 볼 수 있는지 등을 살피는 방법으로 이 사건 의료법인의 실체가 부정되는 경우에 해당하는지를 판단하였어야 한다.

3) 피고인, 공소외 1, 공소외 2, 공소외 3이 2013. 7.경 이후 비교적 고액의 급여를 수령하였다는 점에서 이 사건 의료법인의 재산이 피고인 등에게 부당하게 유출되었다고 평가될 여지가 없는 것은 아니다.

다만 피고인, 공소외 1, 공소외 2, 공소외 3은 이사장, 사무국장, 행정직 직원, 홍보부장 등으로 근무한 때로부터 상당한 기간이 경과한 이후 비교적 고액의 급여를 수령하였던 것으로 보인다. 피고인, 공소외 1, 공소외 2, 공소외 3이 당초 다른 직원들과 유사한 수준인 월 200만 원 내지 400만 원의 급여를 수령하던 중 피고인의 수사기관 진술과 같이 이 사건 의료법인의 규모와 수익의 증대 및 근무경력 등이 고려되어 급여가 인상되었을 가능성을 배제할 수 없다. 실제 이 사건 의료법인의 규모 및 수익은 2009년 이후 지속적으로 증가하였다. 피고인, 공소외 1, 공소외 2, 공소외 3이 이 사건 의료법인 또는 의료기관에 근로를 제공하고 그에 대한 대가로 다른 직원들과 유사한 수준의 급여를 지급받았거나 상당기간 근로제공 이후 이 사건 의료법인의 규모와 수익의 증대에 관한 공로 내지 장기간의 근무경력 등을 인정받아 합리적인 범위 내에서 급여가 인상되었던 것이라면, 고액의 급여가 일시적으로 지급되었다는 단편적인 사정만을 근거로 의료법인의 재산이 부당하게 피고인 등에게 유출되었다고 평가하기는 어려울 수 있다.

나아가, 피고인 등에게 일정 기간 의료법인의 재산이 유출된 것으로 평가된다고 하더라도, 이 사건 의료법인이 적법한 절차에 따라 이 사건 의료기관을 개설한 후 상당한 기간 동안 시·도지사의 관리·감독을 받으며 정상적으로 이 사건 의료기관을 운영하여 왔다고 볼 여지가 있는 점에 비추어 보면, 피고인이 이 사건 의료법인을 의료기관 개설·운영을 위한 탈법적인 수단으로 악용하였다고 평가하기 위해서는 이 사건 의료법인이 재산 유출 없이 정상적으로 운영된 기간, 피고인 등에게 재산이 유출된 정도, 기간, 경위, 이사회 결의 등 정당한 절차나 적정한 회계처리 절차가 있었는지 여부 등이 종합적으로 심리·판단되어야 한다.

따라서 원심으로서는 피고인과 공소외 1, 공소외 2, 공소외 3에 대하여 급여가 인상된 시기, 경위 및 이 사건 의료법인의 규모, 수익 등에 비추어 급여 인상액이 합리적인 범위를 지나치게 초과하는지, 급여 인상, 급여 지급 과정에서 이사회 결의 등 정당한 절차나 적정한 회계처리가 이루어졌는지 등과 함께 이 사건 의료법인의 재산이 아무런 지출원인 없이 피고인에게 유출되었다거나 피고인이 이 사건 의료법인의 재산을 개인적 필요에 따라 임의로 입출금하였다는 등의 추가적인 정황이 존재하는지 등을 살피는 방법으로 이 사건 의료법인의 재산이 상당한 기간 동안 부당하게 유출된 경우에 해당하는지를 판단하였어야 한다.

다. 그럼에도 원심은 판시와 같은 이유만으로 이 부분 공소사실을 유죄로 인정하였다. 이러한 원심의 판단에는 구 의료법 제33조 제2항 위반에 따른 의료법 위반죄의 성립에 관한 법리를 오해하여 필요한 심리를 다하지 아니함으로써 판결에 영향을 미친 잘못이 있다. 이를 지적하는 취지의 상고이유 주장은 이유 있다.

4. 파기의 범위

위와 같은 이유로 원심판결 중 의료법 위반 부분은 파기되어야 한다. 그런데 원심은 이 부분과 유죄로 인정한 나머지 공소사실이 형법 제37조 전단의 경합범 관계에 있다는 이유로 하나의 형을 선고하였으므로, 원심판결은 전부 파기되어야 한다.

5. 결론

그러므로 피고인의 나머지 상고이유에 대한 판단을 생략한 채 원심판결을 파기하고, 사건을 다시 심리·판단하도록 원심법원에 환송하기로 하여 주문과 같이 판결한다. 이 판결에는 대법관 박정화, 대법관 민유숙, 대법관 김선수, 대법관 이흥구, 대법관 오경미의 반대의견이 있는 외에는 관여 법관의 의견이 일치하였고, 다수의견에 대하여는 대법관 안철상의 보충의견이 있다.

6. 대법관 박정화, 대법관 민유숙, 대법관 김선수, 대법관 이흥구, 대법관 오경미의 반대의견

가. 반대의견의 요지

의료법인 명의로 개설된 의료기관을 실질적으로 비의료인이 개설·운영하였다고 판단하는 기준은 개인 명의 의료기관이나 소비자생활협동조합 명의로 개설된 의료기관에 관한 선례와 마찬가지로 해석, 적용되어야 한다. 구 의료법 제33조 제2항 위반죄에 관한 구성요건해당성과 고의의 핵심적인 징표는, 비의료인이 의료기관의 개설·운영에 주도적으로 관여하였다는 점을 기본으로 하여 의료법인의 공공성 및 비영리성이 형해화되고 비의료인 개인의 사적 이익을 추구하는 탈법적 수단으로 악용되었다는 데에 있다. 따라서 비의료인이 의료법인을 설립한 실질적 목적과 동기, 설립과정의 적정성, 의료법인 내부의 의사결정방식, 의료업 운영 행태, 자산관리 및 수익의 귀속 양상 등 의료법인의 설립과 운영의 전반에 나타난 구체적 사정을 종합적으로 고려하여, 비의료인 개인의 사적 이익 추구로 의료법인의 공공성 및 비영리성이 형해화되어 의료법인에 대하여 예외적으로 의료기관 개설자격을 부여하는 의료법의 입법 취지가 몰각되었다고 볼 정도에 이르렀는지를 중심으로 이를 판단하여야 한다.

구 의료법 제33조 제2항 위반행위는 의료기관 개설과 운영이라는 전 과정을 통하여 행위자의 단일하고 계속된 범의로 이루어지는 것임에도, 다수의견은 이러한 특성을 충분히 고려하지 않은 채 구성요건해당성 및 고의의 판단을 위한 여러 간접사실을 의료법인 설립에 관한 사항과 의료법인 운영에 관한 사항으로 형식적, 도식적으로 나누어 제시한 것이어서 타당하지 않다. 이러한 기준으로는 피고인의 행위와 고의를 전체적, 통합적으로 파악하기 어렵고, 그 결과 의료법인 명의 의료기관의 경우 개설자격 위반의 인정 범위가 지나치게 축소되는 결과를 초래한다. 이에 따르면 영리 목적 의료기관의 개설을 억지하여 의료의 적정을 기하고 국민의 건강을 보호, 증진하고자 하는 의료법의 입법 목적을 해치고 나아가 국민건강보험 재정의 건전성을 위협할 우려가 있다. 이러한 점에서 다수의견에 동의할 수 없다.

나. 구 의료법 제33조 제2항 위반 여부 판단의 핵심은 의료법인을 통한 영리 추구와 그로 인한 공공성 및 비영리성의 형해화에 있다.

1) 대법원은 비의료인이 실질적으로 의료기관을 개설·운영하였는지에 관한 구체적 판단 기준으로 '비의료인이 그 의료기관의 시설 및 인력의 충원·관리, 개설신고, 의료업의 시행, 필요한 자금의 조달, 그 운영성과의 귀속 등을 주도적인 입장에서 처리하는 것'이라는 이른바 주도성의 법리를 확립시켜 왔다. 즉, 개설자격 위반 의료기관 개설행위를 엄격하게 금지할 필요가 있음을 전제로 그에 관한 판단 기준을 비의료인이 의료기관 개설 명의인보다 주도적 지위였는지로 설정하고 비의료인이 의료기관의 개설, 운영, 자금조달, 운영성과의 귀속 전반에 관여한 정도와 양태를 종합적으로 고려하여 이를 평가하여 왔다. 이는 무자격자의 의료기관 개설·운영이라는 구성요건적 행위를 행위자에게 귀속시키기 위한 것으로서 의료법인 명의 의료기관의 개설자격 위반의 경우에도 여전히 적용되는 판단 기준이다. 이는 다수의견도 인정하고 있다.

2) 다수의견이 지적하는 바와 같이 의료법인 명의 의료기관의 경우에는, 비의료인이 의료기관의 개설·운영 등에 필요한 자금을 출연하고 의료법인 임원 등 기관의 지위에서 의료기관의 개설·운영에 주도적으로 관여하는 것이 금지되지 않는다고 보이는 측면이 있으므로, 개설자격 위

반으로 인정되려면 비의료인의 개설·운영에서의 주도성과 함께 그가 형식적으로만 적법한 의료기관의 개설로 가장하여 실질적으로는 개설자격이 없는 자가 의료기관을 개설한 경우에 해당함을 인정할 수 있어야 한다. 이를 판단하는 주요 기준은 의료기관의 개설 및 운영에서 나타나는 영리성에 있다.

의료법인은 영리를 추구하여서는 아니 된다(구 의료법 시행령 제20조). 의료법상 의료법인은 공공성과 비영리성을 본질로 한다. 따라서 의료법인을 설립·운영하는 비의료인이 영리를 추구한 결과 의료법인의 공공성과 비영리성이 형해화되었다면, 그의 행위는 적법한 의료기관의 개설로 가장하여 실질적으로는 개설자격이 없는 자가 의료기관을 운영하는 경우에 해당한다고 평가할 수 있다.

다. 의료법인 명의 의료기관의 개설자격 위반에 관한 판단은 설립 및 운영의 전 과정에 나타난 영리추구와 관련된 여러 사정을 종합적으로 고려하여 의료법인의 공공성, 비영리성의 형해화 정도를 평가함으로써 이루어져야 한다.

1) 의료법인의 공공성 및 비영리성의 형해화는 의료기관 개설·운영자의 경제적 이윤 추구의 결과이다. 그러한 이윤 추구는 자금의 투입 및 자산의 유출이라는 두 가지 방향에서 나타나고 실현된다. 첫째는 의료법인의 설립과정에서 재산출연 등을 통해 투입하여야 하는 자금을 줄이는 행위이다. 둘째는 의료기관의 운영과정에서 의료법인의 자산을 부당하게 유출하여 실질적으로 운영자인 비의료인 개인에게 귀속시키는 행위이다. 이 두 가지 방향의 행위는 별개의 것이 아니라 의료법인의 설립·운영이라는 전체적인 과정 속에서 단일하고 계속된 범의 아래 설립·운영자인 비의료인의 경제적 이윤 추구라는 목적과 동기를 실현시키는 방법이 된다.

2) 따라서 의료법인 명의로 개설된 의료기관을 실질적으로 비의료인이 개설·운영하였는지 여부를 판단할 때는, 의료법인의 설립과정과 운영과정을 분리하여 별개로 살피는 방식이 아니라 설립·운영이라는 계속적인 전 과정을 통하여 나타난 구체적 사정을 종합적으로 고려하여, 의료법인의 공공성 및 비영리성이 형해화되었는지, 의료법인 제도가 비의료인 개인의 사적 이익을 추구하는 탈법적 수단으로 악용되어 의료법의 입법 취지가 몰각되었다고 볼 정도에 이르렀는지를 중심으로 판단하여야 한다.

즉, 의료법인 설립과정에서 기본재산이나 필요한 자금의 전부 또는 일부가 실제로 출연되지 않는 등 그 설립허가 과정에서 중대한 기망이 이루어진 경우, 의료법인의 임원 선임과 관련하여 금품, 향응 또는 그 밖의 재산상 이익을 주고받거나 이를 약속한 경우, 의료법인의 설립 당시부터 설립자 등 개인에게 수익이 배분되는 등 영리를 추구할 수 있도록 의사결정구조가 설계된 경우, 법령과 정관에서 정한 의사결정절차를 전혀 거치지 아니하였거나, 형식적으로는 이를 거쳤더라도 의료법인의 이사, 감사 등 임원진이 비의료인의 가족, 친지 등으로 구성되어 있어 실질적으로 비의료인 개인이 의료기관 개설·운영에 관한 의사결정을 주도함으로써 비의료인의 사익 추구를 위하여 의료법인이 운영된 경우, 무면허 의료행위, 요양급여 부당청구 등 영리 추구를 위한 부정한 방법이 사용된 경우, 의료법인의 재산이 개인 재산과 구분되기 어려울 정도로 혼용되었거나 급여 등의 형식을 빌어 의료법인의 수익이 비의료인에게 배분되어 실질적으로 출연재산의 회수를 도모한 경우 등 의료법인 설립·운영의 전 과정에 나타난 영리추구와 관련된 여러 사정을 바탕으로 통합적으로 판단할 필요가 있다.

3) 이때 구 의료법 제33조 제2항이 의료기관 개설자격을 엄격하게 제한하는 취지가 영리 목적 의료기관의 개설을 억지하여 의료의 적정을 기하고 국민의 건강을 보호, 증진하고자 하는 데에 있음을 유념할 필요가 있다. 다수의견이 지적하는 의료법인 제도 도입취지를 감안하더라도, 의료법이 공공성과 비영리성을 전제로 의료법인에 의료기관 개설자격을 부여하였음을 고려하면, 의료법인의 공공성과 비영리성은 어떠한 경우에도 유지되어야 하는 우선적인 가치로서 양보할 수 없는 것이다.

4) 의료법인의 영리 추구는 국민건강보험 재정의 건전성을 위협한다. 국민건강보험은 피보험자인 전 국민이 납부하는 보험료와 국가의 재정 부담으로 행하여지는 사회보험으로, 국민건강보험제도는 국가공동체가 구성원인 국민에게 제공하는 가장 기본적인 사회안전망에 해당한다(대법원 2021. 2. 4. 선고 2020두41429 판결 참조). 이러한 국민건강보험제도가 지속적이고 안정적으로 운용되기 위해서는 무엇보다 재정 건전성이 유지되어야 한다. 의료법인의 영리 추구가 허용될 경우, 의료법인 명의 의료기관이 국민건강보험법 제42조 제1항 제1호에 따라 요양기관으로 당연지정된 후 수익창출을 극대화하기 위하여 국민건강보험의 재원을 담보로 환자의 유인, 과잉진료, 진료비 허위청구 또는 부당청구 등을 반복함으로써 국민건강보험 재정의 건전성을 악화시킬 위험성이 상당하다. 이는 보험료 상승이나 보험 적용 대상의 축소 등을 통하여 결국 보험가입자인 전 국민의 의료비 부담을 증가시키는 요인이 될 수 있다.

5) 의료법인의 공공성, 비영리성이 형해화되어 의료법의 입법 취지가 몰각되었는지를 중심으로 의료기관 개설자격 위반을 판단하는 것이 의료인의 이익만 보호하는 결과를 가져오는 것은 아니다.

의료법인의 영리 추구를 금지하는 것은 개설·운영자가 의료인인지, 비의료인인지와 무관하게 의료의 적정, 국민의 건강, 국민건강보험의 재정 건전성에 관한 위험을 방지하기 위해서 추구해야 할 방향이다. 오히려 의료법인 명의 의료기관의 개설자격 위반행위는 의료행위를 할 수 있는 의료인의 고용을 매개로 그의 협조나 가담을 통해 이루어지는 경우가 많고, 의료법인이 영리 추구를 위하여 수익창출을 극대화하는 방향으로 의료기관을 운영하는 것은 그러한 의료인의 경제적 이익 등과 무관하지 않으므로, 비의료인의 의료기관 개설·운영을 규제하는 것은 그에 협조 내지 가담한 의료인의 이익을 함께 규제하는 것이기도 하다.

라. 다수의견이 제시하는 판단 기준에 따르면 의료법인 명의 의료기관에 관한 개설자격 위반행위의 처벌 범위가 지나치게 축소되는 결과를 가져올 수 있다. 이는 사실상 의료법인의 영리화를 허용하는 것과 유사한 상황을 초래함으로써 구 의료법이 의료기관 개설자격을 엄격하게 제한하면서 예외적으로 의료법인에 의료기관 개설자격을 부여하는 취지를 무색하게 하고, 의료법인에 대한 통제를 강화함으로써 그 공공성과 비영리성을 확보하려는 현행 의료법의 개정 방향과도 맞지 않는 문제가 있다. 또한 자격위반의 의료기관 개설행위를 규제하기 위한 의료업 정지처분, 부당이득징수처분 등 의료법과 국민건강보험법상의 제재적 행정처분 등과 관련하여 대법원이 수립하여 온 기존 선례와의 정합성에 혼란을 일으키거나 행정적 감독·통제에 공백을 발생시키고, 국민건강보험의 재정 건전성을 악화시킬 위험이 있다.

1) 다수의견이 의료법인 명의 의료기관의 개설자격 위반 여부를 판단하는 기준으로 제시한 추가요건은 계속범으로서 단일하고 계속된 범의로 이루어진 자격 위반 개설행위를 설립과정과 운영과정으로 형식적, 도식적으로 나누어 판단함으로써 그 처벌 범위를 지나치게 축소하여 부당하다.

가) 의료법인의 공공성 및 비영리성의 형해화는 비의료인인 피고인이 자신의 경제적 목적의 충족을 위하여 단일하고 계속된 범의 아래 의료법인에 투입하여야 하는 출연재산을 줄이고 의료법인에 귀속시켜야 하는 재산을 부당하게 유출시키는 두 측면에서 동시에 일어나는 것임에도, 다수의견은 설립과정과 운영과정을 형식적, 도식적으로 나누고 이를 개별 요건으로 설정함으로써 구성요건해당성과 고의의 존부를 총체적으로 파악하기 어려운 구조를 취하고 있다. 다수의견이 계속범인 구 의료법 제33조 제2항 위반죄의 판단에서 이와 같이 설립과정과 운영과정을 별개로 나누는 논리적 근거를 찾기 어렵다. 두 가지 기준 중 하나만 충족하면 구 의료법 제33조 제2항 위반죄를 인정하는 구조이기 때문에 언뜻 보기에는 유죄 인정의 범위가 넓어진 것처럼 보이는 착시효과를 일으키고 있으나, 실질적으로는 비의료인의 영리 추구에 관한 요소를 분절하여 요소와 요소의 결합 효과를 차단함으로써 유죄의 영역을 부당하게 좁히고 있다.

나) 대법원은 의료인 명의 의료기관의 개설자격 위반 판단 기준으로 주도성 법리를 확립하면서 그 평가대상을 의료기관의 개설, 운영, 자금조달, 운영성과의 귀속 중 일부로 한정하지 않고 비의료인의 의료기관 개설·운영을 추단할 수 있는 일련의 사정들 전반을 대상으로 판단하여 왔다. 이는 의료기관의 개설·운영 행태에 따라 비의료인의 주도성과 영리 추구성이 표출되는 양상이 다양하여 일부만을 평가대상으로 삼을 경우 비의료인의 의료기관 개설을 엄격하게 금지하는 구 의료법의 입법 취지에 부합하지 않을 수 있기 때문이다.

이러한 법리에 따르면 비의료인이 개설자격을 위반하여 의료기관을 개설·운영하였다고 볼 수 있는 여러 징표 중 일부가 결여된 경우에도 나머지 징표들을 종합적으로 고려하여 개설자격 위반행위로 포섭할 수 있으므로, 비의료인의 의료기관 개설을 엄격하게 금지하는 구 의료법의 입법 취지를 구현할 수 있다. 반면, 설립과정과 운영과정을 분리하여 일부만을 평가대상으로 삼거나 이를 각각의 별개 요건으로 설정하면, 설립과 운영의 전 과정에 나타난 주도성과 영리 추구성이 구 의료법 제33조 제2항 위반죄의 성립을 인정할 수 있을 정도임에도 이를 처벌할 수 없는 경우가 생길 수 있다.

다) 의료법인 설립과정에서 정상적으로 재산출연을 하였는지 여부는 의료법인 운영과정에서 발생하는 자산의 유출과 함께 의료법인의 공공성, 비영리성 위반 여부를 판단할 때에 함께 고려되어야 한다. 재산을 충실하게 출연하지 않은 행위, 즉 의료법인에 재산을 덜 투입한 행위는 의료법인 설립과정에서 의료법인의 재산 중 일부를 유출한 것과 규범적으로 동일하게 평가할 수 있음에도 다수의견이 이를 별개 기준으로 분리한 것은 논리적 일관성이 없다.

비의료인이 의료법인 설립과정에서 일부 재산을 덜 투입하고 운영과정에서 일부 재산을 유출하였다면, 투입하지 않은 재산과 유출한 재산이 각각 공공성, 비영리성 위반으로 평가되기에 충분하지 않다고 하더라도, 그 총합에서는 공공성, 비영리성 위반으로 평가될 수 있다. 예컨대, 다수의견의 첫째 추가요건인 '재산출연이 이루어지지 않아 의료법인의 실체가 인정되지 아니하는 경우'와 둘째 추가요건인 '재산의 부당 유출로 공공성, 비영리성을 일탈한 경우'를 만족시키는 기준이 각각 100이라고 가정할 때, 재산출연이 이루어지지 않은 정도가 80~90이고, 재산의 부당 유출이 이루어진 정도가 80~90에 해당하는 특정사안에서 다수의견은 이를 무죄라고 판단하게 된다. 반대의견에 따르면 이를 종합적으로 고려하여 유죄라고 판단할 가능성이 높아진다.
　　　다수의견은 의료법인 설립과정에서 출연 예정 재산의 실질가치를 기망하거나 그 일부를 실제 출연하지 않는 경우를 '재산출연이 이루어지지 않아 의료법인의 실체가 인정되지 아니하는 경우'에 해당하지 않는다고 보므로, 결과적으로 재산의 출연 위장, 과소출연 등의 행위가 구 의료법 제33조 제2항 위반죄의 판단에 아무런 역할을 하지 못하는 결과를 낳는다.
　　　이 사건에서도, 다수의견은 피고인이 의료법인 설립과정에서 보통재산 3억 원의 출연을 가장하였다는 점을 인정하면서도, 이는 기본재산이 아닌 보통재산으로서 이 사건 의료기관의 시설 등과 관련이 없는 부분이고 전체 출연 가액의 10% 정도라는 점 등을 들어 이 사건 의료법인의 실체가 부정되는 경우에 해당하는지를 추가로 심리·판단할 필요가 있다는 결론만을 도출하고, 위 출연 위장 행위를 두 번째 추가요건인 의료법인의 공공성, 비영리성 일탈 여부의 판단에서는 더 이상 고려하지 않고 있다. 여기에는 보통재산의 출연을 가장한 행위를 통해 피고인의 전체적인 행위와 인식을 중심으로 의료법인의 공공성 및 비영리성의 형해화 여부를 판단하지 않고 이 사건 의료법인이 허가가 취소될 정도로 객관적 실체가 부정되느냐를 판단하는 논리적 오류가 있다. 결과적으로 다수의견은 재산출연을 가장한 경우에도 의료법인의 허가가 취소될 정도로 실체가 부정되지 않으면 공공성, 비영리성 일탈 여부를 평가할 때에는 이를 판단대상에서 배제함으로써 구 의료법 제33조 제2항 위반죄의 성립을 곧바로 부정하여 처벌의 범위를 부당하게 축소한다.
　　라) 법치주의와 죄형법정주의를 토대로 의료법인과 관련된 구 의료법 제33조 제2항 위반죄의 판단에서 처벌의 기준을 명확하게 하는 것은 수긍할 수 있는 방향이지만, 다수의견에 따르더라도 판단 기준이 불분명한 것은 여전하다. 다수의견 또한 불확정개념을 사용하고 있고, 재산출연에서 발생한 기망행위가 어느 정도일 때 의료법인의 실체가 부정되는지, 재산을 얼마나 유출해야 '부당한' 것으로서 공공성, 비영리성의 일탈로 평가되는지 여전히 분명하지 않기 때문이다. 결국 명확성의 충족 여부에서 반대의견이 제시한 기준과 근본적인 차이가 있는 것은 아니다.
　　　이러한 불명확성은 구 의료법이 제33조 제2항에서 의료기관 개설자격에 대하여 정하고 제87조 제1항에서 그 위반행위를 처벌하고 있을 뿐 개설자격 위반행위의 구체적인 내용에 대하여는 침묵하고 있는 데에서 유래한다. 결국 수범자에게 예측가능성을 부여할 수 있도록 위 각 조항을 해석, 적용하여야 함은 당연하지만, 죄형법정주의와 의료법인 제도의 도입취지를 지나치게 강조하여 의료법인 명의 의료기관의 탈법적 수익 추구와 임직원의 고액 급여 수령을 통한 재산의 유출을 형식적인 이사회 결의, 회계자료 구비 등의 외관을 이유로 정상적인 의료기관 개설·운영의 범위 내로 평가하는 것은 의료기관 개설자격을 제한하고 의료기관의 비영리성을 엄격히 요구하는 의료법 체계의 근간을 위협할 수도 있다.
　2) 다수의견은 의료법인 설립을 위한 재산출연 문제를 의료법인의 객관적 실체를 인정할 수 있는지의 문제로 접근하여, 비의료인이 실질적인 재산출연 없이 주무관청을 기망하여 의료법인 설립허가를 받은 경우 의료기관을 개설·운영할 시설과 자금이 없어 외형상 형식만 갖추고 있는 의료법인이라는 점을 중시하여 의료기관 개설자격 위반 여부의 판단 기준으로 제시하고 있으

나 이는 다음과 같은 점에서 적절하지 않다.
   가) 비의료인의 의료기관 개설·운영 범행에서 의료법인은 범행 수단 내지 도구로 이용되는 것으로서 그 실체가 부정될 정도에 이르러야만 범죄 성립을 인정할 수 있다고 볼 논리적 근거가 없다. 의료법인이 법인으로서 실체를 갖추고 있는지 여부, 즉 의료법인 설립과정에 하자가 있는지 여부와 그 정도는 공법의 영역에서 주무관청이 설립허가의 취소 등을 판단할 때에 고려하여야 할 사항일 뿐이다. 다수의견은 이 사건에서 피고인이 기망의 방법을 써서 보통재산 3억 원을 출연하지 않았지만 이러한 점이 이 사건 의료법인 설립허가나 의료기관 운영에 별다른 영향을 미치지 않았을 가능성을 배제할 수 없으므로, 원심으로서는 위 가장출연이 의료법인 설립허가에 영향을 미치는 사항에 해당하는지, 그로 인해 정상적으로 의료기관을 운영할 수 없었는지 심리하였어야 한다고 보았다. 설립과정에 가장출연 등 하자가 있더라도 설립허가에 영향을 미칠 정도가 아니면 구 의료법 제33조 제2항 위반죄를 인정하기 어렵다는 견해로 이해된다. 이는 형사법의 영역에서 피고인의 행위와 인식을 토대로 구 의료법 제33조 제2항 위반죄의 인정 여부를 판단하는 문제와 공법의 영역에서 설립과정의 하자를 이유로 하는 주무관청의 의료법인 설립허가 처분이나 설립허가 취소처분 등의 기준을 설정하는 문제를 혼동한 것이어서 동의할 수 없다.
   나) 다수의견이 '재산출연이 이루어지지 않아 실체가 인정되지 아니하는 의료법인이 의료기관 개설·운영에 이용되었는지 여부'를 요건 중 하나로 본 것은 '법인격 부인의 법리'를 차용한 것으로 이해된다.
   그러나 개별적 법률행위에 관한 민사상 책임을 묻는 데에 적용되는 법인격 부인의 법리를 민사책임과 서로 다른 원리가 적용되는 형사책임의 판단 기준을 설정하는 데에 차용하는 것은 적절하지 않다. 또한 사법상 법률관계에서 매우 예외적으로 인정되는 법인격 부인의 법리를 구 의료법 제33조 제2항 위반죄의 판단 기준으로 삼는 것은 형사책임의 인정 범위를 부당하게 좁힐 우려가 있다.
   다) 실체가 부정될 정도로 재산출연이 이루어지지 않은 의료법인이 의료기관 개설·운영에 이용될 가능성이 현실적으로 많지 않다는 측면에서 보더라도 위 추가요건에 실천적 의미를 부여하기 어렵다.
   구 의료법 및 관련 법령은 의료법인의 의료기관 개설 시 갖추어야 하는 요건과 주무관청의 심사 절차를 규정하고 있어, 기본재산 자체를 출연하지 않거나 출연 예정 재산 중 상당 부분을 실제 출연하지 않은 채 주무관청인 시·도지사를 기망하여 의료법인을 설립하는 경우는 현실적으로 상정하기 어렵다. 대체로 출연 예정 재산의 실질가치를 기망하거나 그 일부를 실제 출연하지 않는 정도로 기망행위가 이루어지는데, 다수의견은 이를 첫 번째 추가요건인 '재산출연이 이루어지지 않아 실체가 인정되지 아니하는 경우'로 보지 않고 있으므로, 의료법인 설립과정의 재산출연 문제로 유죄가 인정될 가능성은 거의 없다.
3) 다수의견이 개설자격 위반 인정을 위한 두 번째 추가요건인 공공성, 비영리성의 일탈 여부를 판단할 때 비의료인이 의료법인 명의 의료기관의 개설·운영에 관여 내지 주도하는 것이 금지되지 않는다는 이유로 비의료인의 관여 내지 주도의 동기, 형태, 정도 등 구체적인 사정을 고려대상에서 완전히 배제하는 것은 타당하지 않다.
   가) 비의료인이 의료법인 명의 의료기관의 개설·운영에 관여할 수 있음을 악용하여 의료법인

의 공공성, 비영리성을 해치는 양태는 운영성과의 귀속 측면 외에서도 다양하게 나타날 수 있다. 다수의견과 같이 의료기관의 운영성과가 귀속되는 양상만을 판단대상으로 삼아 공공성, 비영리성 일탈 여부를 판단하는 경우, 의료기관의 운영성과가 유출된 정황이 상대적으로 약하지만 비의료인의 의료법인 설립 목적, 설립과정, 의료법인 내부 의사결정방식 등과 함께 종합적으로 판단하여 보면, 비의료인이 의료기관 수익 등 운영성과를 유출하기 위하여 의료법인 명의 의료기관을 개설·운영하였다고 평가되는 경우 또는 의료기관의 운영성과가 형식적으로 의료법인 내부 의사결정에 따라 비의료인에게 귀속되었으나 실질적으로 비의료인이 의료법인의 기관을 장악함으로써 의료기관의 수익 등 운영성과를 유출한 것으로 평가할 수 있는 경우 등을 모두 의료기관 개설자격 위반행위로 포섭하기 어려울 수 있다. 이러한 결과는 구 의료법이 의료법인의 공공성, 비영리성을 전제로 의료법인에 의료기관 개설자격을 부여하는 입법 취지에 부합하지 않는다.

나) 반대의견에 대하여 비의료인의 경제적 이윤 추구에 중점을 두어 이 사건 쟁점을 판단함으로써 비의료인의 의료기관 개설·운영 범행의 주요 동기만으로 구 의료법 제33조 제2항 위반죄를 인정한다고 비판하는 것은 반대의견의 입장을 잘못 이해한 것이다.

위와 같은 비판은 의료법인을 이용한 구 의료법 제33조 제2항 위반행위의 핵심 중 하나가 의료법인은 영리를 추구하여서는 아니 된다는 구 의료법 시행령 제20조의 취지를 형해화하는 데 있고, 이는 비의료인의 경제적 이윤 추구 행위를 통해 구현된다는 것을 도외시하거나 외면하는 것이다. 오히려 계속범인 구 의료법 제33조 제2항 위반죄의 판단에서 비의료인의 경제적 이윤 추구 여부는 단순한 범행의 동기에 그치는 것이 아니라 자격위반 의료기관 개설에 관한 피고인의 단일하고 계속된 범의를 드러내는 것으로서 의료법인의 설립부터 운영에 이르는 전 과정을 통해 평가되어야 하는 중요한 요소임에도 다수의견은 이를 간과하고 있다.

4) 비의료인이 실질적으로 의료기관을 개설·운영한 것인지에 관한 판단은 형사처벌 여부뿐만 아니라 의료법인 설립취소 등 행정적 제재 및 민사관계에도 영향을 미친다. 따라서 그 판단 기준을 새로이 설정할 때에는 다양한 법률관계에 미치는 영향은 물론, 그와 관련된 기존 대법원 선례와의 정합성을 숙의할 필요가 있다.

비의료인의 의료기관 개설·운영은 구 의료법 제87조 제1항 제2호에 따라 형사처벌의 대상이 될 뿐만 아니라, 2015. 12. 29. 법률 제13658호로 의료법이 개정된 이후부터는 제64조 제1항 제4호의2에 따라 의료기관에 대한 1년 이내의 의료업 정지처분, 개설허가 취소처분, 폐쇄명령의 사유가 될 수 있고, 제51조 제3호에 따라 의료법인 설립허가 취소의 사유가 될 수 있다. 또한 비의료인이 개설한 의료기관은 국민건강보험법상 요양기관이 될 수 없으므로, 그러한 의료기관이 국민건강보험법상 요양급여를 실시하고 급여비용을 청구하는 것은 '속임수나 그 밖의 부당한 방법'에 해당하여 국민건강보험법 제57조에 의한 부당이득징수처분의 대상이 된다는 것이 확립된 대법원 선례이다(대법원 2020. 7. 9. 선고 2018두44838 판결 등 참조). 대법원은 구 의료법 제33조 제2항을 비의료인이 의료기관을 개설하여 운영하는 경우에 초래될 국민 보건위생상 중대한 위험을 방지하기 위하여 제정된 강행법규로 해석하여 그에 위반하여 이루어진 사법상의 약정도 무효로 보고 있다(대법원 2022. 4. 14. 선고 2019다299423 판결 등 참조).

비의료인이 실질적으로 의료기관을 개설·운영한 것인지에 관한 판단 기준은 위와 같은 의료법상의 의료기관, 의료법인에 대한 행정적 제재, 국민건강보험법상 부당이득징수처분, 사법상 약정의 효력에 관하여도 영향을 미치게 된다. 다수의견은 비의료인의 의료기관 개설·운영행위가 형사처벌의 대상에 해당한다는 점에만 주목하여 형벌법규의 명확성이나 그 엄격해석을 요구하는 죄형법정주의의 원칙 등을 근거로 들면서 처벌 범위를 지나치게 축소하였다. 그 결과 행정적 감독·통제에 공백이 발생하고, 국민건강보험의 재정 건전성이 악화될 위험이 증가하며, 관련된 기존 대법원 선례에 부합하지 않는 문제를 발생시킬 가능성이 있다.

5) 의료법은 의료법인의 공공성, 비영리성을 엄격히 유지하기 위하여 설립 및 운영에 관한 통제를 강화하고, 개설자격 없는 자의 의료기관 설립·운영을 철저히 금지하는 방향으로 여러 차례 개정되었다. 다수의견의 견해는 이러한 의료법 개정 방향에 역행하는 측면이 있다.

  가) 의료법은 2019. 8. 27. 법률 제16555호로 개정되면서 의료법인에 두는 임원의 수, 임기, 결격사유, 임원 선임 관련 금품 수수 금지 등에 관한 사항을 신설하고 금품 수수 행위를 형사처벌하도록 하는 한편(제48조의2, 제51조의2, 제89조 제3호), 개설자격 없는 자의 의료기관 개설 범행에 대한 법정형을 상향하였으며(제87조), 2020. 12. 29. 법률 제17787호로 개정되면서 보건복지부장관이 개설자격 없는 자의 의료기관 개설 실태를 조사하고 위법이 확정된 경우 그 결과를 공표하도록 하였다(제33조의3). 국민건강보험법도 당초 보험급여 비용을 받은 요양기관에 대하여만 부당이득을 징수할 수 있는 것으로 규정하였으나, 2013. 5. 22. 법률 제11787호로 개정되면서 제57조 제2항을 신설하여 개설자격 없이 의료기관을 개설한 비의료인에 대하여도 부당이득을 징수할 수 있는 근거를 마련하였다.

  이와 같이 의료법은 물론 국민건강보험법도 의료법인의 설립·운영에 관한 통제를 강화하고, 개설자격 없는 자의 의료기관 개설·운영을 철저히 금지하는 방향으로 여러 차례 개정되고 있는 것은, 의료취약지역의 민간 의료기관 건립 확대라는 명분을 내세워 비의료인이 실질적으로 개설·운영하는 의료법인 명의 의료기관이 상당수 존재하는 현실 및 그와 같은 의료법인이 영리를 추구함으로써 발생하는 사회적 해악을 해결할 장치를 뒤늦게나마 입법적으로 마련하고 있는 것이다. 다수의견과 같이 의료법인 명의 의료기관에 관한 개설자격 위반 처벌 범위를 축소하는 것은 위와 같은 의료법 및 국민건강보험법의 개정 방향에 부합하지 않는다.

  나) 의료법에서 구 의료법 제33조 제2항 위반행위의 발생을 억제하기 위하여 여러 제도적 장치를 마련하고 있음을 이유로 의료법인 설립을 통한 영리 추구 행위에 관한 형사적 제재를 완화하는 것은 본말이 전도된 것이다. 의료법인의 공공성 및 비영리성의 형해화를 억제하는 것은 구 의료법 제33조 제2항 위반행위에 대한 형사책임의 부과와 주무관청의 행정적 통제를 통해 함께 이루어져야 한다. 기존의 행정적 통제 장치만으로는 비의료인의 의료법인 명의 의료기관 개설·운영을 억제하지 못한다는 입법적 고려에서 규제의 수단과 정도를 강화하고 있음에도, 행정적 규제의 추가를 이유로 형사처벌 범위를 축소할 수는 없다.

6) 다수의견은 의료법인의 영리화가 철저히 금지되어야 한다고 하면서도 의료법인을 이용한 영리 추구에 해당한다고 인정하는 범위를 다소 엄격하게 설정하는 듯하다. 이와 같은 해석은 사실

상 의료법인의 영리화를 허용하는 것과 유사한 결과를 초래할 여지가 있다.

가) 다수의견은, 이 사건 의료법인을 설립·운영한 비의료인 피고인과 그 친인척, 지인 등이 의료법인의 수익 증대 등으로 급여가 인상되어 고액의 급여를 지급받게 되었을 가능성을 들어 이 사건 의료법인의 재산이 피고인 등에게 부당하게 유출되었다고 평가하기 어려울 수 있다고 한다. 정당한 방법으로 의료법인의 수익이 증대되었다고 하더라도 의료법인의 공공성과 비영리성에 비추어 그 수익은 의료법인의 정당한 사업 목적 범위 내에서 사용되어야 한다. 수익 증대를 이유로 그에 비례하여 그 운영자 등에게 고액의 급여를 지급하는 것이야말로 의료법인을 통해 영리를 추구하고 있다는 징표일 수도 있다.

나) 다수의견과 같이 의료법인의 수익 증대를 이유로 비의료인에 대한 고액 급여 지급이 정당화되는 것으로 해석한다면, 의료법인 명의 의료기관을 개설·운영하는 비의료인은 의료법인의 수익 증대를 위하여 환자 유인, 과잉진료, 진료비 허위청구 또는 부당청구 등을 반복할 위험성이 크고, 그로 인하여 국민 건강상의 위험이 야기되고 국민건강보험 재정의 건전성이 악화될 수 있다. 이와 같은 위험을 방지하고자 구 의료법 시행령이 의료법인의 영리 추구를 명시적으로 금지하고 있음에도 다수의견은 의료법인의 수익 증대가 의료법인의 수익 유출을 정당화할 수 있다는 듯이 해석하고 있다. 이는 의료법의 체계와 정신에 어긋나는 해석이다.

다) 의료법인 제도를 악용하는 자격위반 비의료인의 수익 추구 행위는 궁극적으로 국민건강보험 재원을 담보로 이루어지는 '의료법인의 영리화'라는 결과를 가져온다. 의료법인의 영리 추구금지는 그 운영수익의 부당한 유출이 금지된다는 의미일 뿐 의료기관이 수익을 추구하는 것이 금지된다는 의미는 아니라고 하면서 의료법인 설립자가 본인과 그 지인들에게 고액 급여를 지급함으로써 의료기관의 수익을 가져가는 행태를 정당화하는 견해는, 의료법인 제도를 악용하여 의료기관의 공공성 및 비영리성과 국민건강보험의 재정 건전성을 잠식하고 있는 현실을 외면하는 것이나 마찬가지이다. 의료기관이 본격적으로 수익을 추구하고 이를 토대로 의료법인 설립자가 본인과 그 지인들을 내세워 고액 급여를 수령함으로써 의료기관의 수익을 가져가는 행위와 의료법인의 영리행위 사이에 근본적인 차이가 무엇이 있는지 알기 어렵다.

마. 이 사건의 결론

이러한 법리에 비추어 의료법 위반 부분에 관한 원심의 판단을 살펴본다.

1) 피고인은 별도의 의료법인과 병원을 공소외 4로부터 양수하면서 이 사건 의료기관의 부지와 건물을 증여받아 이를 토대로 이 사건 의료법인과 의료기관을 설립하여 이사장 지위를 물려받았고, 그 대가로 공소외 4에게 개인적으로 1억 2,500만 원을 지급하였을 뿐 재단설립을 위한 출연을 전혀 하지 않았다. 피고인이 공소외 1과 함께 출연하기로 하였던 현금 3억 원을 출연하지 않은 채 허위의 예금잔액증명서를 발급받아 이를 출연한 것처럼 가장한 것은 이 사건 의료법인 설립과정에서부터 적지 않은 규모의 금원을 실질적으로 유출한 것으로 평가할 수 있다.

2) 피고인은 이 사건 의료법인의 이사장으로 취임하여 상당기간 동안 고액의 급여를 수령하고, 이 사건 의료법인 설립·운영 과정에서 일부 금원을 투자한 공소외 1, 피고인의 배우자 공소외 2, 공소외 1의 배우자 공소외 3을 모두 사무국장 또는 임원으로 하여 상당기간 동안 고액

의 급여를 지급하였다. 피고인은 이 사건 의료기관의 수익 등 운영성과 중 상당 부분을 자신과 공소외 1 등에게 실질적으로 귀속시킨 것으로 보인다.
3) 이 사건 의료법인의 이사나 감사는 피고인의 가족이나 지인들로서 의료법인이나 의료기관의 운영에 관하여 별다른 전문성을 갖추고 있었던 것으로 보이지 않는다. 피고인이 자신의 가족이나 지인들을 이사로 임명하여 이사회를 장악하고 있었다고 보이는 이상, 이 사건 의료법인 이사회의 형식적 결의를 거쳐 피고인, 공소외 2, 공소외 3에게 거액의 급여가 지급되었더라도 피고인이 이 사건 의료기관의 수익 중 상당 부분을 유출함으로써 영리를 추구하였다고 평가되는 것에는 변함이 없다.
4) 앞서 본 사정들을 종합하여 보면, 피고인이 이 사건 의료법인의 설립과정 및 운영과정에서 그 재산을 유출하여 이 사건 의료법인의 공공성, 비영리성을 형해화하고 이를 사적 이익 추구를 위한 탈법적 수단으로 악용하였음을 충분히 인정할 수 있다. 비의료인인 피고인이 의료기관 개설자격을 위반하여 실질적으로 이 사건 의료기관을 개설·운영하였다고 본 원심의 판단은 충분히 수긍할 수 있다. 이 부분 공소사실을 유죄로 판단한 원심판단은 정당하고, 구 의료법 제33조 제2항 위반죄의 성립 등에 관한 법리를 오해하여 판결에 영향을 미친 잘못이 없다.

이상과 같은 이유로 다수의견에 찬성할 수 없음을 밝힌다.

7. 다수의견에 대한 대법관 안철상의 보충의견

다수의견이 의료법인 명의의 의료기관 개설자격 위반에 관하여 새로운 판단 기준을 제시하는 논거를 보충하고, 반대의견이 제시하는 견해에 대한 의견을 밝히고자 한다.

가. 기존 판례 법리 보완의 필요성

1) 구 의료법은 의료법인이 의료기관을 개설할 수 있도록 하면서, 동시에 비의료인도 주도적으로 의료법인에 자금을 출연하거나 의료기관 개설·운영에 관여하는 것을 허용하고 있다. 기존 판례의 주도성 법리를 의료법인 명의로 개설된 의료기관에 관하여 개설자격 위반을 판단하는 데에 그대로 적용할 경우, 비의료인으로서는 주도적 자금 출연 또는 주도적 관여가 허용되는 한편, 같은 행위에 대하여 '시설 및 인력의 충원·관리, 개설신고, 의료업의 시행, 필요한 자금의 조달, 그 운영성과의 귀속 등을 주도적인 입장에서 처리'한 것으로 평가되어 처벌받을 여지가 있게 된다. 따라서 수범자인 일반인으로서는 어떠한 행위가 허용되고 어떠한 행위가 처벌대상이 되는지를 구별하고 예측하는 것이 매우 어렵다. 이는 의료인 개인 명의 의료기관의 경우, 비의료인이 개설명의자인 의료인보다 상대적으로 주도적인 입장에서 개설·운영에 관여하면 처벌대상에 해당하는 것으로 보더라도 충분한 것과 다르다.

다수의견은, 이와 같이 기존 주도성 법리를 의료법인 명의 의료기관에 그대로 적용할 경우 비의료인에게 허용되는 행위와 허용되지 않는 행위 사이의 경계가 불분명하게 되어 죄형법정주의 원칙, 특히 명확성의 원칙을 해칠 우려가 있다는 문제의식에 따라, 법적 안정성과 예측가능성을 담보할 수 있는 의료법인 명의 의료기관 개설자격 위반에 관한 판단 기준을 새로이 정립하고자 하는 것이다.

2) 의료법인 명의 의료기관 개설자격 위반의 판단 기준이 명확하지 않을 경우, 의료법인 제도의

도입취지를 살리지 못하는 결과가 될 수 있다.

구 의료법은 제1조에서 "이 법은 모든 국민이 수준 높은 의료 혜택을 받을 수 있도록 국민의료에 관하여 필요한 사항을 규정함으로써 국민의 건강을 보호하고 증진하는 데에 목적이 있다."라고 규정하고 있다. 이러한 목적을 달성하기 위해서는 국민 건강의 보호와 증진에 위험이 되는 요소를 방지하는 것도 필요하지만, 국민 건강의 보호와 증진을 위하여 마련된 제도를 안정적으로 운영하고 나아가 활성화함으로써 모든 국민이 수준 높은 의료서비스를 제공받을 수 있도록 하는 것도 중요하다.

구 의료법이 의료업을 목적으로 하는 의료법인에 관한 설립근거를 마련하고 의료법인에 대하여 의료기관 개설자격을 부여하면서 의료법인에 자금을 출연할 수 있는 사람이나 의료법인의 이사 등 기관이 될 수 있는 사람을 의료인으로 한정하지 아니한 것은, 의료인 개설·운영의 의료기관 수가 현저히 적은 의료취약지역에 의료법인 명의 의료기관이 개설·운영되도록 유도함으로써 의료기관의 지역적 편중을 해소하고 의료취약지역 주민에게도 수준 높은 의료서비스를 제공하기 위한 것이다. 통계청이 제공하는 2022년 국가통계포털에 따르면, 의료법인 명의 의료기관(전국 1,318개)의 대도시 이외 지역 개설·운영 비율(44.2%)이 의료인 개인 명의 의료기관(전국 94,383개)의 대도시 이외 지역 개설·운영 비율(25.5%)보다 월등히 높은 것을 알 수 있어, 실제 의료법인 제도는 의료기관의 지역적 편중 해소라는 도입취지에 상당 부분 부합하는 방향으로 운영되어 온 것으로 보인다.

그런데 의료법인 명의 의료기관 개설자격 위반에 관한 판단 기준을 명확하게 설정하지 않을 경우, 수범자인 비의료인으로서는 어떠한 행위가 허용되고 어떠한 행위가 처벌대상이 되는지를 미리 예측할 수 없어 의료법인에 재산을 출연하거나 의료법인의 기관으로서 의료기관 개설·운영에 관여하는 것을 주저하게 될 것이고, 이는 의료법인 명의 의료기관의 개설·운영을 위축시켜 의료기관의 지역적 편중 해소 및 의료취약지역 주민에 대한 수준 높은 의료서비스 제공이라는 의료법인 제도의 도입취지를 살리지 못하는 결과를 가져올 수 있다. 이는 모든 국민이 수준 높은 의료 혜택을 받을 수 있도록 한다는 구 의료법의 입법 목적에도 반한다고 할 수 있다.

3) 비의료인이 의료기관의 개설과 운영에 참여하는 것을 원천적으로 봉쇄하는 외국의 입법례는 찾아보기 어렵다. 미국, 일본 등 대다수의 국가에서는 의료기관의 실질적 개설·운영자를 문제 삼지 않고 의료기관의 진료비 허위청구 내지 부당청구 등만을 엄격히 통제하면서, 그에 대하여 환수조치를 취하는 등의 방법으로 의료기관을 관리·감독하는 것으로 알려져 있다. 이러한 외국의 입법례에 비추어 보더라도, 국민 건강의 보호와 증진이라는 구 의료법의 입법 취지만을 내세워 실질적 개설·운영자에 관한 불명확한 판단 기준을 무리하게 적용하여 형사책임 등을 부과하는 것은 타당하다고 보기 어렵다.

물론, 국가별로 보건의료 수요와 공급의 상황, 보건의료체계, 국민들의 보건의료 서비스 이용 특성, 의료보험의 체계 및 재원 확보 방법 등이 상이하여, 개설자격 위반행위 처벌 여부 등에 관한 외국 입법례를 우리 의료법의 해석에 곧바로 적용할 수는 없을 것이나, 이를 통해 의료기관의 실질적 개설·운영자를 가려내고 그에 해당하는 비의료인에게 형사책임 등을 부과하는 것만이 국민 건강의 보호와 증진을 위한 유일한 방안은 아니라는 점을 넉넉히 알 수 있다. 의료기관 운영과정에서의 개별 위법사항을 철저히 통제하고 그에 대한 책임을 부과하는 것도 수준 높은 의료 혜택의 제공과 위험 요소의 방지라는 국가적 책무의 실현을 위한 조화로운 방안이 될 수 있다.

나. 개설자격 위반에 대한 제재의 적정성

1) 비의료인이 의료법인 명의 의료기관을 개설·운영한 것으로 판단되는 경우, 개설자격 위반 의료기관 개설로 인한 형사책임 외에 부당이득징수처분 등 각종 행정적, 민사적 책임까지 부담하게 된다.

 비의료인이 의료법인 명의 의료기관을 개설·운영한 것으로 판단되는 경우, 비의료인은 개설자격 위반 의료기관 개설로 인한 형사책임은 물론 국민건강보험법상 요양급여비용을 청구할 수 있는 자격이 없음에도 국민건강보험공단을 기망하여 요양급여비용을 지급받아 편취하였다는 내용의 사기죄의 형사책임도 지게 된다(대법원 2018. 04. 10. 선고 2017도17699 판결 등 참조). 또한 비의료인이 개설한 의료기관이 그 운영과정에서 국민건강보험공단으로부터 지급받아 온 요양급여비용은 국민건강보험법 제57조에 의한 부당이득징수처분의 대상이 되므로(대법원 2020. 7. 9. 선고 2018두44838 판결 등 참조), 비의료인이 의료법인 명의 의료기관을 개설·운영한 것으로 판단되는 경우, 비의료인은 개설·운영자에 대한 연대납부의무를 규정한 국민건강보험법 제57조 제2항에 따라 부당이득징수처분의 책임도 부담하게 된다. 국민건강보험공단은 비의료인에 대하여 국민건강보험법 제57조 제2항에 따른 부당이득징수처분의 책임을 묻는 대신 불법행위에 기한 손해배상책임을 물을 수도 있고, 그 경우 비의료인은 국민건강보험공단에 대하여 민사상 손해배상책임을 부담하게 된다(대법원 2020. 9. 3. 선고 2015다230730 판결 등 참조).

 의료법인 명의 의료기관 개설자격 위반의 판단 기준이 불명확하면, 그 불명확한 판단 기준에 따라 개설자격 위반 의료기관 개설·운영으로 인한 형사책임은 물론 사기죄의 형사책임, 상당 규모의 부당이득징수처분 등 행정적, 민사적 책임까지 부담하게 되는 것이다. 이는 죄형법정주의가 요구하는 명확성 원칙은 물론, 침익적 행정처분에 대하여 헌법상 요구되는 명확성의 원칙, 헌법상 비례의 원칙이나 책임주의 원칙에도 위배되는 것으로 평가될 여지가 상당하다.

2) 의료법인의 설립·운영 과정에서 나타날 수 있는 위법 행위 중 상당 부분은 행정적 관리·감독 장치나 개별적 형사처벌 규정을 통하여 제재하는 것이 가능하고, 그러한 방법이 보다 바람직하다고 할 수 있다.

 형사처벌은 사회공동체 질서 유지를 위한 유일한 수단이 아니고 오히려 가장 강력한 제재수단이므로 다른 규범이나 사회적 통제수단으로 질서 유지가 어려운 경우에 보충적으로 활용되는 것이 원칙이다. 행정적 관리·감독 등을 통하여 질서 유지나 위험 방지가 가능한데도 행정적 관리·감독 장치 등이 다소 미비하다는 이유만으로 형사처벌 규정을 광범위하게 해석, 적용하는 것은 자칫 국가형벌권의 과도한 개입을 초래하여 형벌의 보충성 원칙에 반할 우려가 있다.

 의료법은 1973. 2. 16. 법률 제2533호 전부 개정으로 의료법인 제도를 도입하면서부터 의료법인의 설립허가 절차, 재산 보유 의무, 설립허가 취소 사유 등을 규정하여 의료법인의 설립·운영에 관한 나름의 행정적 관리·감독 장치를 두고 있었고, 2019. 8. 27. 법률 제16555호 개정으로 의료법인에 두는 임원의 수, 임기, 결격사유에 관한 규정(제48조의2)과 임원 선임과 관련하여 금품 등 수수를 금지하는 규정 및 그 위반행위에 대한 처벌규정(제51조의2, 제89조 제3호)을 신설하는 등 행정적 관리·감독 장치와 개별적 형사처벌 규정을 추가로 마련하였으며, 2020. 12. 29. 법률 제17787호 개정으로 보건복지부장관이 개설자격 없는 자의 의료기관 개설 실태를 조사하고 위법이 확정된 경우 그 결과를 공표하도록 하는 규정(제33조의3)을 신설하기도 하였다.

위와 같이 행정적 관리·감독 장치나 개별적 형사처벌 규정 등이 추가됨에 따라 일정 유형의 위법 행위는 직접적이고 명확한 통제 장치에 따라 제재할 수 있게 되었다. 여전히 의료법인 명의 의료기관 개설·운영 과정에서 발생할 수 있는 위법 행위를 제재할 수 있는 행정적 관리·감독 장치나 개별적 형사처벌 규정이 충분히 마련되었다고 볼 수는 없겠으나, 개설자격 위반에 관한 형사처벌 규정의 포섭 범위를 무리하게 확대하는 것이 형벌의 보충성 원칙이나 죄형법정주의 원칙, 특히 명확성의 원칙 등에 반할 우려가 있다는 점을 고려하면, 입법절차 등을 통하여 위법 행위를 직접적으로 명확하게 통제하고 제재할 수 있는 행정적 통제 장치 또는 개별적 형사처벌 규정을 지속적으로 추가하고 보완하는 것이 보다 바람직하다고 할 것이다.

다. 반대의견이 제시한 견해에 대한 의견

1) 반대의견은, 비의료인의 의료법인 설립과 운영 등에 나타난 전반적인 사정들을 종합적으로 고려하여, 의료법인의 공공성 및 비영리성이 형해화되고 비의료인 개인의 사적 이익을 추구하는 탈법적 수단으로 악용되었는지 여부를 중심으로 의료법인 명의 의료기관 개설자격 위반 여부를 판단하여야 한다는 견해이다. 반대의견은, 다수의견과 같이 판단 기준을 설정할 경우 의료기관 개설자격 위반으로 판단되는 범위가 축소될 수 있음을 우려하는 것으로 보인다.

의료법이 의료법인의 설립·운영에 관한 관리·감독 장치를 두고 있기는 하나, 의료법인의 공공성, 비영리성 일탈을 사전에 예방하거나 사후에 행정적으로 통제하기에 충분하지 아니하고, 의료법인의 공공성, 비영리성 일탈이 국민 건강의 보호와 증진에 상당한 위험을 야기할 수 있다는 측면에서, 이와 관련된 가장 강력한 통제수단인 개설자격 위반에 관한 형사처벌 규정을 유연하게 해석, 적용하고자 하는 반대의견의 취지는 공감할 수 있는 부분이 있다.

그러나 반대의견이 제시하는 판단 기준은 수범자의 예측가능성을 담보하기 어려운 불명확한 기준이 여전히 남아 있게 된다는 점에서 찬성하기 어렵다.

가) 반대의견과 같이 의료법인 명의 의료기관 개설자격 위반 판단의 핵심 징표를 의료법인의 공공성 및 비영리성 일탈로 의료법인이 비의료인 개인의 사적 이익을 추구하는 탈법적 수단으로 악용되었다는 것에 두면 실질적으로는 비의료인이 경제적 이윤을 추구하였는지에 중점을 두어 구 의료법 제33조 제2항 위반죄 성립 여부를 판단하게 될 수 있다.

그러나 구 의료법 제87조 제1항 제2호, 제33조 제2항이 규율하는 개설자격 위반죄는 의료기관을 개설할 자격이 없는 사람이 의료기관을 개설·운영하면 성립하는 범죄로, 그 구성요건표지는 비의료인이 의료기관을 개설·운영하는 행위이다. 비의료인의 경제적 이윤 추구는 의료기관 개설·운영 범행의 주요 동기일 뿐, 이를 구성요건적 행위로 볼 수는 없고, 그와 같은 범행 동기가 인정된다는 이유만으로 비의료인이 의료기관 개설·운영의 범행을 저지른 것으로 인정할 수는 없다. 비의료인이 경제적 이윤을 추구하였다는 점을 넘어 이를 위하여 구성요건적 행위인 외형상 형태만을 갖추고 있는 의료법인을 탈법적인 수단으로 악용하여 적법한 의료기관 개설·운영으로 가장하는 행위, 즉 재산출연이 이루어지지 않아 실체가 인정되지 아니하는 의료법인을 의료기관 개설·운영 수단으로 악용하거나 의료법인의 재산을 부당하게 유출하여 의료법인의 공공성, 비영리성을 일탈하는 행위를 하였다는 사정이 인정되는 경우 비로소 비의료인이 의료기관을 개설·운영하였다고 평가할 수 있는 것이다.

나) 반대의견은 비의료인 개인의 사적 이익 추구로 의료법인의 공공성 및 비영리성이 일탈되었는지 여부를 의료법인의 설립부터 의료기관 개설·운영에 이르기까지의 전 과정에 나타난 사정들을 종합적으로 고려하여 판단한다는 견해를 제시하고 있다. 그러나 그와 같은 판단 기준의 제시로는 여전히 허용되는 행위와 허용되지 않는 행위 사이의 경계가 불분명하여 법적 안정성이나 수범자의 예측가능성을 담보하기 어려운 측면이 있다. 비의료인은 자신에게 허용된 의료법인 설립 단계에서의 재산출연 행위나 의료기관 개설·운영 관여 행위 중 구체적으로 어떠한 행위가 공공성, 비영리성 일탈과 관련된 것으로서 처벌대상이 되는지를 명확하게 예측하고 파악하기 어렵다. 또한 비의료인이 의료법인의 임직원 등 지위에서 의료법인에 근로를 제공하고 그에 대한 대가로 급여를 지급받는 등의 행위는 허용된다고 보아야 할 것인데, 반대의견이 제시하는 견해에 따르면 수범자인 비의료인으로서는 그와 같은 행위가 허용되는 것인지, 또는 공공성, 비영리성 일탈에 해당하여 처벌대상이 되는 것인지 혼란스러울 수 있다.

2) 반대의견은 다수의견이 의료법인의 영리화를 허용하는 것과 유사한 결과를 초래할 여지가 있다는 취지로 비판한다. 그러나 이는 다수의견의 취지를 다소 오해한 것으로 보인다.

영리의료법인은 의료기관의 운영수익 등 의료법인의 이익이 그 구성원에게 분배되는 의료법인을 의미한다. 구 의료법은 구성원이 존재하지 아니하여 비영리를 당연한 전제로 하는 재단법인 형태의 의료법인만을 허용하고, 민법이나 특별법에 따라 설립된 법인 중 비영리법인에 대하여만 의료기관 개설자격을 부여하며, 구 의료법 시행령 제20조는 의료법인의 영리추구금지를 명시하고 있어, 의료법의 해석상 영리의료법인의 설립이 허용되지 아니함은 이론의 여지가 없다. 「경제자유구역의 지정 및 운영에 관한 특별법」 제23조 제1항이 '외국인이 의료업을 목적으로 설립한 상법상 법인'에 대하여 경제자유구역 내 외국의료기관 개설자격을 부여하여 예외적으로 영리법인의 의료기관 개설이 허용된다고 평가될 뿐이다. 영리의료법인이 도입될 경우, 현행 국민건강보험제도, 의료급여법, 요양기관 당연지정제가 그대로 유지되기 어렵고, 임의 비급여 진료행위도 당연히 허용될 수 있는 등 의료체계에 대한 근본적인 변화가 수반될 수 있다. 영리의료법인의 도입을 위해서는 사회적 합의의 도출은 물론, 의료의 공공성 훼손 등 부작용을 방지하기 위한 공공보건의료의 확충, 의료급여의 확대 등 보완책 마련이 필요하다는 것이 일반적인 견해이다. 영리의료법인의 도입 여부는 어디까지나 입법의 영역에 속하는 사항이다. 다수의견은 의료법의 해석상 설립이 허용되지 아니하는 영리의료법인의 도입을 주장하거나 의료법인의 영리화 허용을 주장하는 것이 아니다. 다수의견도 비의료인이 공공성, 비영리성을 일탈하였다면 의료법인의 규범적 본질이 유지되었다고 보기 어려워 비의료인이 외형상 형태만을 갖추고 있는 의료법인을 탈법적인 수단으로 악용하여 적법한 의료기관 개설·운영으로 가장한 경우로 평가된다고 보아 의료법인의 영리화가 허용될 수 없음을 명확히 하고 있다.

반대의견은, 다수의견이 이 사건 의료법인의 수익 증대로 피고인 등의 급여가 인상되었을 가능성이 존재하는 이상 피고인 등이 일시적으로 고액의 급여를 지급받았다는 사정만으로 이 사건 의료법인의 재산이 부당하게 유출된 것으로 단정하기 어렵다고 판단한 부분을 우려하는 것으로 보인다. 그러나 비의료인도 의료법인의 임직원이 될 수 있고, 의료법인의 임직원으로서 급여를 지급받는 것이 허용되며, 일반적으로 임직원의 급여가 법인의 규모나 수익의 증가에 따라 인상될 수 있음을 고려하면, 의료법인의 수익 증대에 따라 인상된 급여를 지급받았다는 사정만으로는 의료법인의 재산을 부당하게 유출하였다고 단정하기 어려운 것이다. 다수의견의 위와 같은 판단이 의료법인의 영리화를 허용하는 것과 유사한 결과를 초래한다는 반대의견의 비판은 동의하기 어렵다.

3) 반대의견은, 다수의견과 같이 의료법인의 수익 증대가 비의료인에 대한 고액 급여 지급을 정당화하는 것으로 해석하면 비의료인이 의료법인의 수익 증대를 위하여 환자 유인, 과잉진료, 진료비 허위청구 또는 부당청구 등을 반복할 위험성이 상당하고, 그로 인하여 국민 건강상의 위험이 야기되고 국민건강보험 재정의 건전성이 악화될 수 있다고 지적한다. 그러나 의료법인의 영리추구금지는 의료기관 운영수익의 부당한 유출이 금지된다는 의미일 뿐, 의료법인 명의 의료기관이 수익을 추구하는 것이 금지된다는 의미는 아니다. 의료법인 명의 의료기관도 의료인 등 개설자격자가 개설·운영하는 의료기관 등과 마찬가지로 수익을 추구할 수 있고, 다만 그 운영수익이 부당하게 유출되는 것이 철저히 금지될 뿐이다. 한편 환자 유인 등 탈법행위는 의료기관이 수익을 추구하는 과정에서 발생하는 것으로, 의료법인 명의 의료기관뿐 아니라 수익을 추구하는 모든 의료기관에서 탈법행위가 발생할 위험성이 있다. 탈법행위 발생의 위험성이 의료법인 명의 의료기관에 한정되지 않는 이상, 의료법인 명의 의료기관에 대하여만 탈법행위 발생의 위험성을 이유로 수익 추구가 금지된다거나 제한된다고 해석할 수는 없고, 의료법인의 수익이 증대되어도 그 임직원인 비의료인에 대하여는 동일한 급여만이 지급되어야 한다는 결론을 도출할 수는 없다. 반대의견의 이 부분 지적도 동의하기 어렵다.

아울러, 의료법인의 공공성, 비영리성 일탈 여부를 판단하면서 의료법인 명의 의료기관이 수익을 추구하였는지 여부가 그 평가대상이 될 수 없듯이, 그 수익 추구 과정에서 탈법행위를 저질렀는지 여부나 그와 같은 위험성이 존재하는지 여부도 평가대상이 된다고 보기 어렵다. 환자 유인 등 탈법행위는 수익을 추구하는 모든 의료기관에서 발생할 위험성이 존재하고, 의료법인 명의 의료기관에 한정되거나 의료법인의 공공성, 비영리성 일탈과 직접적인 관련성이 있는 것도 아니므로, 모든 의료기관을 대상으로 한 행정적 관리·감독 장치나 개별적 형사처벌 규정을 통하여 직접적으로 명확하게 통제하여야 할 사항이다.

라. 맺음말

형벌법규의 의미와 그에 관한 판단 기준을 정립하고 밝히는 것은 죄형법정주의에 의하여 국민의 자유와 권리를 보장하려는 법치주의 이념을 실현하기 위한 것이다. 다수의견은 의료법인의 공공성, 비영리성 일탈을 일부 허용하는 등 의료법인 명의 의료기관에 관한 개설자격 위반 성립 범위를 부당하게 좁히는 것이 아니다. 다수의견은 의료법인 명의 의료기관의 개설·운영에서 비의료인에게 허용되는 행위와 허용되지 않는 행위 사이의 경계를 예측할 수 있는 판단 기준이 제시되어야 한다는 문제의식에서 출발하여 의료법인의 본질적 특성과 함께 의료법인 제도의 도입취지, 의료기관 개설자격 제한의 취지를 아울러 고려한 보다 명확하고 합리적인 판단 기준을 새로이 정립하여 제시하는 것이다.

사법부의 역할은 주어진 법의 범위 안에서 이를 해석·적용하여 무엇이 법인가를 선언함으로써 법질서 유지와 법적 평화를 가져오는 것이다. 사법부가 사회 정의를 실현한다는 의도 아래 미비한 법체계를 보완하는 방편으로 법에서 정한 본래적 의미를 벗어나 이를 해석·적용하는 것은 또 다른 부작용을 가져올 수 있어 경계하여야 할 일이다. 의료법인 명의 의료기관의 개설·운영 과정에서 발생하는 여러 가지 문제들을 구체적 사안에 따라 개별적으로 통제할 수 있는 행정적 관리·감독 장치나 형사적 제재 조치가 충분히 마련되어 있지 않다고 볼 여지도 있다. 이러한 미비점들은 사법부가 특정한 법 규정의 해석을 통하여 보완할 것이 아니라, 입법부나 행정부가 개별적으로 통제할 수 있는 행정적 관리·감독 장치나 형사적 제재 조치를 지속적으로 마련해 나감으로써 보완하는 것이 바람직하다. 이에 따라 의료법인 명의 의료기관이 의료취약지역 주민에 대하여 수준 높은 의료서비스를 제공하는 등 의료법이 목적하는 사회적 기능과 역할을 다할 수 있도록 하여야 할 것이다.

이상과 같이 다수의견에 대한 보충의견을 밝힌다.

ⓑ 대법원 2023. 08. 18. 선고 2020도6492 판결 [의료법위반·특정경제범죄가중처벌등에관한법률위반(사기)] 〈비의료인이 개설자격을 위반하여 의료법인 명의 의료기관을 개설·운영하였는지 여부가 문제된 사건〉

【판시사항】

[1] 의료법인 명의로 개설된 의료기관을 실질적으로 비의료인이 개설·운영하였다고 판단하기 위한 요건 및 이에 해당하는 것으로 인정할 수 있는 경우 / 비의료인이 의료기관 개설자격을 위반하여 의료법인 명의 의료기관을 개설·운영하였는지 판단하는 기준

[2] 비의료인에 해당하여 의료기관 개설자격이 없는 피고인이, 형식적으로 甲 의료법인을 인수하여 법인 산하 乙 요양병원의 운영권을 인계받은 다음 실질적으로는 피고인 자신이 乙 병원의 운영을 주도적으로 담당함으로써 의료기관 개설자격을 위반하여 乙 병원을 개설·운영하였다고 하여 의료법 위반으로 기소된 사안에서, 피고인이 乙 병원 직원들의 체불임금 지급을 위한 자금을 출연하면서 甲 법인을 인수한 다음 의료기관 운영에 관한 주요 사항을 주도적으로 처리하였다는 사정만으로 피고인이 탈법적인 수단으로 乙 병원을 개설·운영한 것으로 단정할 수 없다는 등의 이유로, 이와 달리 보아 공소사실을 유죄로 인정한 원심의 판단에 법리오해 등의 잘못이 있다고 한 사례

【판결요지】

[1] 의료법인 명의로 개설된 의료기관을 실질적으로 의료인의 자격이 없는 일반인(이하 '비의료인'이라고 한다)이 개설·운영하였다고 판단하려면, 비의료인이 의료법인 명의 의료기관의 개설·운영에 주도적으로 관여하였다는 점을 기본으로 하여, 비의료인이 외형상 형태만을 갖추고 있는 의료법인을 탈법

적인 수단으로 악용하여 적법한 의료기관 개설·운영으로 가장하였다는 사정이 인정되어야 한다.

이러한 사정은, 비의료인이 실질적으로 재산출연이 이루어지지 않아 실체가 인정되지 아니하는 의료법인을 의료기관 개설·운영을 위한 수단으로 악용한 경우이거나 의료법인의 재산을 부당하게 유출하여 의료법인의 공공성, 비영리성을 일탈한 경우 중 어느 하나에 해당되면 인정될 수 있다.

그중 전자의 경우, 비의료인이 실질적인 재산출연 없이 주무관청인 시·도지사를 기망하여 의료법인 설립허가를 받는 등 의료기관을 개설·운영할 시설과 자금이 없는 의료법인을 의료기관 개설의 외형만을 갖추기 위하여 설립한 것으로 평가할 수 있다면, 비의료인이 의료법인을 탈법적인 수단으로 악용하여 적법한 의료기관 개설·운영으로 가장한 채 실질적으로는 비의료인 자신이 의료기관을 개설·운영하였다고 보아야 한다.

후자의 경우, 형식적으로는 의료법인 명의로 의료기관이 개설·운영되었더라도, 비의료인이 의료법인을 지배하면서 의료기관 운영수익 등을 상당한 기간 동안 부당하게 유출하는 등 공공성, 비영리성을 일탈한 것으로 평가할 수 있다면, 공공성, 비영리성을 전제로 의료기관 개설자격을 부여받은 의료법인의 규범적 본질이 부정되는 것으로 평가할 수 있다.

다만 의료법인 설립과정에 하자가 있었다는 사정이나 비의료인이 의료법인의 재산을 일시적으로 유출하였다는 정황만을 근거로 곧바로 비의료인이 의료기관 개설자격을 위반하여 의료기관을 개설·운영하였다고 평가할 수는 없고, 의료법인 설립과정의 하자가 의료법인 설립허가에 영향을 미치거나 의료기관 개설·운영이 실질적으로 불가능할 정도에 이르는 것인지 여부나 의료법인의 재산이 유출된 정도, 기간, 경위 및 이사회 결의 등 정당한 절차나 적정한 회계처리 절차가 있었는지 여부 등을 종합적으로 고려하여 의료법인의 규범적 본질이 부정될 정도에 이르러 의료기관 개설·운영을 위한 탈법적인 수단으로 악용되었다고 평가될 수 있는지를 판단하여야 한다.

[2] 의료인의 자격이 없는 일반인(이하 '비의료인'이라고 한다)에 해당하여 의료기관 개설자격이 없는 피고인이, 형식적으로 甲 의료법인을 인수하여 법인 산하 乙 요양병원의 운영권을 인계받은 다음 실질적으로는 피고인 자신이 乙 병원의 운영을 주도적으로 담당함으로써 의료기관 개설자격을 위반하여 乙 병원을 개설·운영하였다고 하여 의료법 위반으로 기소된 사안에서, 피고인이 乙 병원 직원들의 체불임금 지급을 위한 자금을 출연하면서 甲 법인을 인수한 다음 의료기관 운영에 관한 주요 사항을 주도적으로 처리하였다는 사정만으로 피고인이 탈법적인 수단으로 乙 병원을 개설·운영한 것으로 단정할 수는 없고, 기록상 甲 법인의 인수과정에 하자가 있었다거나 재산출연에 관한 문제로 의료기관을 개설·운영하는 것이 실질적으로 불가능하였다고 볼 만한 사정을 찾을 수 없으며, 피고인이 이사회 결의 없이 甲 법인 계좌를 통한 자금 혼용을 해 온 사정이 있어 甲 법인의 재산이 피고인에게 부당하게 유출된 것으로 평가될 여지가 없지 않으나, 원심이 인정한 사실만으로는 정상적인 회계처리 등을 거치지 않은 채 입출금한 자금 규모, 기간, 경위, 피고인이 乙 병원의 운영과 무관하게 사적으로 법인재산을 유출하였는지 등이 명백히 밝혀진 것으로 보기 어려워, 甲 법인의 재산과 피고인 개인재산이 구분하기 어려울 정도로 혼용되거나 실질적 관점에서 甲 법인의 재산이 피고인에게 부당하게 유출되어 공공성, 비영리성을 일탈함으로써 의료법인의 규범적 본질이 부정될 정도에 이르렀다고 평가하기는 어려우므로, 원심으로서는 위와 같은 사정 등을 종합적으로 심리하여 甲 법인의 재산이 상당한 기간 동안 부당하게 유출된 경우에 해당하는지를 판단하였어야 한다는 이유로, 이와 달리 보아 공소사실을 유죄로 인정한 원심의 판단에 개설자격 위반 의료기관 개설로 인한 의료법 위반죄의 성립에 관한 법리오해 및 심리미진의 잘못이 있다고 한 사례.

【참조조문】 [1] 구 의료법(2019. 4. 23. 법률 제16375호로 개정되기 전의 것) 제33조 제2항, 제87조 제1항 제2호(현행 제87조 참조) / [2] 구 의료법(2019. 4. 23. 법률 제16375호로 개정되기 전의 것) 제33조 제2항, 제87조 제1항 제2호 (현행 제87조 참조)
【참조판례】 [1] 대법원 2023. 7. 17. 선고 2017도1807 전원합의체 판결(공2023하, 1568)
【전 문】 【피 고 인】 피고인 【상 고 인】 피고인
【변 호 인】 법무법인(유한) 해송 담당변호사 김영민 외 1인
【원심판결】 서울고등법원 2020. 5. 8. 선고 2019노1596 판결,

【주 문】

원심판결을 파기하고, 사건을 서울고등법원에 환송한다.

【이 유】

직권으로 판단한다.

1. 의료법 위반의 점에 관한 공소사실의 요지

피고인은 의료인의 자격이 없는 일반인(이하 '비의료인'이라고 한다)에 해당하여 의료기관 개설자격이 없음에도, 형식적으로 의료법인 (명칭 1 생략) 의료재단(이하 '이 사건 의료법인'이라고 한다)을 인수하여 재단 산하 (명칭 2 생략)요양병원(이하 '이 사건 의료기관'이라고 한다) 운영권을 인계받은 다음, 실질적으로는 피고인 자신이 이 사건 의료기관 운영을 주도적으로 담당함으로써 적법한 의료기관 개설인 것처럼 가장한 채 의료기관 개설자격을 위반하여 이 사건 의료기관을 개설·운영하였다.

2. 원심의 판단

원심은, 피고인이 가족이나 지인을 이 사건 의료법인 이사로 선임하고 명목상의 이사장을 내세워 이사회를 전혀 개최하지도 않은 채 이 사건 병원의 인사, 회계, 자금관리 등 운영에 관한 최종 결정권자로서 업무 전반을 주도한 점, 이사회 결의 없이 법인자금을 지출하는 등 법인자금과 개인자금을 혼용한 점 등의 사정을 이유로 이 부분 공소사실을 유죄로 판단한 제1심판결을 그대로 유지하였다.

3. 대법원의 판단

가. 의료법인 명의로 개설된 의료기관을 실질적으로 비의료인이 개설·운영하였다고 판단하려면, 비의료인이 의료법인 명의 의료기관의 개설·운영에 주도적으로 관여하였다는 점을 기본으로 하여, 비의료인이 외형상 형태만을 갖추고 있는 의료법인을 탈법적인 수단으로 악용하여 적법한 의료기관 개설·운영으로 가장하였다는 사정이 인정되어야 한다.

이러한 사정은, 비의료인이 실질적으로 재산출연이 이루어지지 않아 실체가 인정되지 아니하는 의료법인을 의료기관 개설·운영을 위한 수단으로 악용한 경우이거나 의료법인의 재산을 부당하게

유출하여 의료법인의 공공성, 비영리성을 일탈한 경우 중 어느 하나에 해당되면 인정될 수 있다.

그중 전자의 경우, 비의료인이 실질적인 재산출연 없이 주무관청인 시·도지사를 기망하여 의료법인 설립허가를 받는 등 의료기관을 개설·운영할 시설과 자금이 없는 의료법인을 의료기관 개설의 외형만을 갖추기 위하여 설립한 것으로 평가할 수 있다면, 비의료인이 의료법인을 탈법적인 수단으로 악용하여 적법한 의료기관 개설·운영으로 가장한 채 실질적으로는 비의료인 자신이 의료기관을 개설·운영하였다고 보아야 한다.

후자의 경우, 형식적으로는 의료법인 명의로 의료기관이 개설·운영되었더라도, 비의료인이 의료법인을 지배하면서 의료기관 운영수익 등을 상당한 기간 동안 부당하게 유출하는 등 공공성, 비영리성을 일탈한 것으로 평가할 수 있다면, 공공성, 비영리성을 전제로 의료기관 개설자격을 부여받은 의료법인의 규범적 본질이 부정되는 것으로 평가할 수 있다.

다만 의료법인 설립과정에 하자가 있었다는 사정이나 비의료인이 의료법인의 재산을 일시적으로 유출하였다는 정황만을 근거로 곧바로 비의료인이 의료기관 개설자격을 위반하여 의료기관을 개설·운영하였다고 평가할 수는 없고, 의료법인 설립과정의 하자가 의료법인 설립허가에 영향을 미치거나 의료기관 개설·운영이 실질적으로 불가능할 정도에 이르는 것인지 여부나 의료법인의 재산이 유출된 정도, 기간, 경위 및 이사회 결의 등 정당한 절차나 적정한 회계처리 절차가 있었는지 여부 등을 종합적으로 고려하여 의료법인의 규범적 본질이 부정될 정도에 이르러 의료기관 개설·운영을 위한 탈법적인 수단으로 악용되었다고 평가될 수 있는지를 판단하여야 한다(대법원 2023. 07. 17. 선고 2017도1807 전원합의체 판결 참조).

나. 원심판결 이유와 기록에 의한 다음 사정들을 위 법리에 비추어 살펴보면, 이 부분 원심의 판단은 그대로 수긍할 수 없다.

1) 피고인이 이 사건 의료기관 직원들의 체불임금 지급을 위한 자금을 출연하면서 이 사건 의료법인을 인수한 다음 의료기관 운영에 관한 주요 사항을 주도적으로 처리하였던 것으로 보인다. 그러나 그와 같은 사정만으로 피고인이 탈법적인 수단으로 이 사건 의료기관을 개설·운영한 것으로 단정할 수는 없고, 실체를 갖추지 못한 의료법인을 악용한 경우 또는 의료법인의 공공성, 비영리성을 일탈한 경우 중 어느 하나에 해당하여야 한다.

2) 그런데 기록상 이 사건 의료법인의 인수과정에 하자가 있었다거나 재산출연에 관한 문제로 의료기관을 개설·운영하는 것이 실질적으로 불가능하였다고 볼 만한 사정을 찾을 수 없다.

3) 피고인이 이사회 결의 없이 이 사건 의료법인 계좌를 통한 자금 혼용을 해 온 사정이 있어 이 사건 의료법인의 재산이 피고인에게 부당하게 유출된 것으로 평가될 여지가 없지 않다. 그러나 원심이 인용한 제1심 인정 사실만으로는 정상적인 회계처리 등을 거치지 않은 채 입출금한 자금의 규모, 기간, 경위, 피고인이 이 사건 의료기관의 운영과 무관하게 사적으로 법인재산을 유출하였는지 등이 명백히 밝혀진 것으로 보기 어려워, 이 사건 의료법인의 재산과 피고인 개인재산이 구분하기 어려울 정도로 혼용되거나 실질적 관점에서 이 사건 의료법인의 재산이 피고인에게 부당하게 유출되어 공공성, 비영리성을 일탈함으로써 의료법인의 규범적 본질이 부정될 정도에 이르렀다고 평가하기는 어렵다. 따라서 원심으로서는 위와 같은 사정 등을 종합적으로 심리하여 이 사건 의료법인의 재산이 상당한 기간 동안 부당하게 유출된 경우에 해당

하는지를 판단하였어야 한다.

다. 그럼에도 원심은 판시와 같은 이유만으로 이 부분 공소사실을 유죄로 인정하였다. 이러한 원심의 판단에는 개설자격 위반 의료기관 개설로 인한 의료법 위반죄의 성립에 관한 법리를 오해하여 필요한 심리를 다하지 아니함으로써 판결에 영향을 미친 잘못이 있다.

4. 파기의 범위

위와 같은 이유로 원심판결 중 의료법 위반 부분은 파기되어야 한다. 그런데 원심은 이 부분과 유죄로 인정한 나머지 공소사실이 형법 제37조 전단의 경합범 관계에 있다는 이유로 하나의 형을 선고하였으므로, 원심판결은 전부 파기되어야 한다.

5. 결 론

그러므로 상고이유에 대한 판단을 생략한 채 원심판결을 파기하고, 사건을 다시 심리·판단하도록 원심법원에 환송하기로 하여, 관여 대법관의 일치된 의견으로 주문과 같이 판결한다.

---

⑪ 대법원 2023. 08. 31. 선고 2023도2715 판결 [공공단체등위탁선거에관한법률위반] 〈농업협동조합장 선거에서 금지되는 기부행위의 상대방이 해당 지역농업협동조합의 조합원이어야 하는지에 관한 사건〉

【판시사항】

[1] 법률 해석의 방법과 한계
[2] 농업협동조합법에 따른 조합장 선거에서 공공단체등 위탁선거에 관한 법률상 금지되는 기부행위의 상대방인 '선거인'이나 '선거인명부에 오를 자격이 있는 자'는 해당 지역농업협동조합의 조합원이어야 하는지 여부(적극) 및 이때 조합원의 자격요건 중 '농업인'인지 여부는 농업협동조합법 시행령 제4조 제1항 각호에서 규정하는 요건을 구비하였는지를 기준으로 판단하여야 하는지 여부(적극)

【판결요지】

[1] 법은 원칙적으로 불특정 다수인에 대하여 동일한 구속력을 갖는 사회의 보편타당한 규범이므로 법의 표준적 의미를 밝혀 객관적 타당성이 있도록 해석하여야 하고, 가급적 모든 사람이 수긍할 수 있는 일관성을 유지함으로써 법적 안정성이 손상되지 않도록 하여야 한다. 그러기 위해서는 가능한 한 법률에 사용된 문언의 통상적인 의미에 충실하게 해석하는 것을 원칙으로 하여야 한다. 한편 법률의 문언 자체가 비교적 명확한 개념으로 구성되어 있다면 원칙적으로 더 이상 다른 해석방법은 활용할 필요가 없거나 제한될 수밖에 없고, 어떠한 법률의 규정에서 사용된 용어에 관하여

그 법률 및 규정의 입법 취지와 목적을 중시하여 문언의 통상적 의미와 다르게 해석하려 하더라도 당해 법률 내의 다른 규정들 및 다른 법률과의 체계적 관련성 내지 전체 법체계와의 조화를 무시할 수 없으므로, 거기에는 일정한 한계가 있을 수밖에 없다.

[2] 공공단체등 위탁선거에 관한 법률(이하 '위탁선거법'이라 한다) 제35조 제1항은 후보자 등이 기부행위제한기간 중 기부행위를 하는 것을 제한하고 제59조에서 이를 위반한 자를 처벌하도록 정하고 있다. 위탁선거법이 정하는 '기부행위'는 선거인이나 선거인명부에 오를 자격이 있는 자 등을 대상으로 금전 등을 제공하는 등의 행위를 말하고(위탁선거법 제32조), '선거인'은 해당 위탁선거의 선거권이 있는 자로서 선거인명부에 올라 있는 자를 말하며(위탁선거법 제3조 제5호), '선거권'은 해당 법령이나 정관 등이 정하는 바에 의하는데(위탁선거법 제12조), 농업협동조합법 제26조는 지역농업협동조합(이하 '지역농협'이라 한다)의 경우 조합원이 선거권을 가진다고 정하고 있다. 한편 농업협동조합법에 의하면, 지역농협 조합원은 해당 지역농협의 구역에 주소 등이 있는 농업인이어야 하는데(농업협동조합법 제19조 제1항), 농업인의 범위에 관한 사항을 시행령에 위임하고 있고(농업협동조합법 제19조 제4항), 농업협동조합법 시행령에서는 조합원의 자격요건인 농업인의 범위를 '1,000㎡ 이상 농지를 경영하거나 경작하는 자', '1년 중 90일 이상 농업에 종사하는 자', '일정 기준 이상의 누에 또는 가축을 사육하거나 원예작물을 재배하는 자', '660㎡ 이상의 농지에서 채소·과수 또는 화훼를 재배하는 자'로 규정하고 있다(농업협동조합법 시행령 제4조 제1항).

위와 같은 위탁선거법, 농업협동조합법, 같은 법 시행령 규정에 비추어 보면, 농업협동조합법에 따른 조합장 선거에서 위탁선거법상 금지되는 기부행위의 상대방인 선거인이나 선거인명부에 오를 자격이 있는 자는 해당 지역농협의 조합원이어야 하고, 조합원의 자격요건 중 농업인인지 여부는 농업협동조합법 시행령 제4조 제1항 각호에서 규정하는 요건을 구비하였는지를 기준으로 판단해야 한다.

【참조조문】 [1] 공공단체등 위탁선거에 관한 법률 제3조 제5호, 제12조, 제32조, 제35조 제1항, 제59조, 농업협동조합법 제19조 제1항, 제4항, 제26조, 농업협동조합법 시행령 제4조 제1항 / [2] 공공단체등 위탁선거에 관한 법률 제3조 제5호, 제12조, 제32조, 제35조 제1항, 제59조, 농업협동조합법 제19조 제1항, 제4항, 제26조, 농업협동조합법 시행령 제4조 제1항
【참조판례】 [1] 대법원 2009. 4. 23. 선고 2006다81035 판결(공2009상, 724), 대법원 2021. 3. 18. 선고 2018두47264 전원합의체 판결(공2021상, 895)
【전 문】 【피 고 인】 피고인 1 외 1인 【상 고 인】 검사
【변 호 인】 변호사 윤석만 외 1인
【원심판결】 광주지방법원 2023. 2. 1. 선고 2021노2521 판결.

【주 문】

원심판결을 파기하고, 사건을 광주지방법원에 환송한다.

【이 유】

직권판단을 포함하여 상고이유를 판단한다.

1. 피고인들의 각 선거운동기간이 아닌 기간의 선거운동, 매수 및 이해유도로 인한 「공공단체등 위탁선거에 관한 법률」(이하 '위탁선거법'이라 한다) 위반 부분에 관한 판단

각 매수 및 이해유도로 인한 위탁선거법 위반 부분에 관하여는 직권으로 본다.

유죄판결에 명시할 이유를 명확히 규정하고 있는 형사소송법 제323조와 달리 형사소송법 제325조는 "피고사건이 범죄로 되지 아니하거나 범죄사실의 증명이 없는 때에는 판결로써 무죄를 선고하여야 한다."라고 규정하고 있을 뿐, 무죄판결에 명시하여야 할 이유를 구체적으로 규정하고 있지 않다.

그러나 형사소송법 제39조 전단은 "재판에는 이유를 명시하여야 한다."라고 규정하고 있으므로, 피고인에 대하여 무죄판결을 선고하는 때에도 공소사실에 부합하는 증거를 배척하는 이유까지 일일이 설시할 필요는 없다고 하더라도(대법원 1979. 1. 23. 선고 75도3546 판결 등 참조), 그 증거들을 배척한 취지를 합리적인 범위 내에서 기재하여야 한다(대법원 1987. 4. 28. 선고 86도2779 판결 등 참조). 만일 주문에서 무죄를 선고하고도 그 판결 이유에는 이에 관한 아무런 판단을 기재하지 아니하였다면, 형사소송법 제361조의5 제11호 전단의 항소이유 또는 제383조 제1호의 상고이유로 할 수 있고, 주문으로부터는 판단의 유무가 명확히 판명되지 아니하는 경우라도 이유 중에 판단을 하지 않은 경우에는 재판의 누락이 있다고 보아야 한다(대법원 2014. 11. 13. 선고 2014도6341 판결 참조).

원심판결 이유에 의하면, 원심은 이 사건 공소사실을 유죄로 인정한 제1심판결을 전부 파기한 뒤, '공소외 1, 공소외 2가 선거권자가 아니어서 그들에게 금품을 제공하였다고 하더라도 위탁선거법 제59조, 제35조 제1항이 정한 기부행위제한 위반죄가 성립하지 아니한다.'는 이유만을 들어 피고인들에 대해 각 무죄를 선고하였다. 그러나 원심판결은 선거운동기간이 아닌 기간의 선거운동을 금지하는 위탁선거법 제66조 제1호, 제24조 제2항, 매수 및 이해유도를 금지하는 위탁선거법 제58조 제1호 위반 부분에 대하여는 아무런 이유를 명시하지 아니하였다.

사정이 이와 같다면 원심판결에는 각 선거운동기간이 아닌 기간의 선거운동, 매수 및 이해유도로 인한 위탁선거법 위반 부분에 대하여 이유를 갖추지 아니하여 판결에 영향을 미친 위법이 있다. 따라서 이 점을 지적하는 취지의 상고이유 주장은 이유 있다.

2. 피고인 1의 공소외 2에 대한 기부행위제한 위반으로 인한 위탁선거법 위반 부분에 관한 판단

가. 이 부분 공소사실의 요지

피고인 1은 기부행위제한기간인 2019. 2. 15. ○○농업협동조합(이하 '○○농협'이라 한다)의 조합원인 공소외 2에게 현금 30만 원을 제공하여 선거인명부에 오를 자격이 있는 자에게 기부행위제한기간 중 기부행위를 하였다.

나. 원심의 판단

원심은 다음과 같은 이유로 이 부분 공소사실을 유죄로 인정한 제1심판결을 파기하고 무죄로 판단하였다.

1) 농업협동조합법은 조합원의 자격에 관하여 지역농업협동조합(이하 '지역농협'이라 한다)의 구역에 주소, 거소나 사업장이 있는 농업인이어야 한다고 정하고 있다(제19조 제1항). 농업협동조합법은 농업인에 관하여 별도의 정의 규정을 두고 있지 아니하나, 농업인의 자주적인 협동조직을 바탕으로 농업인의 경제적·사회적·문화적 지위를 향상시키고, 농업의 경쟁력 강화를 통하여 농업인의 삶의 질을 높이며, 국민경제의 균형 있는 발전에 이바지한다는 입법 목적(제1조) 등을 고려하면, 농업협동조합법이 정한 농업인의 범위는 농지법과 「농업·농촌 및 식품산업 기본법」이 정한 농업인과 동일하다고 해석함이 타당하다.

2) 따라서 '농업에 종사한다.'라고 하려면, 농작물 경작 또는 다년생식물을 재배하는 일을 '주업으로' 독립생계를 영위할 정도는 아니더라도, ① 소득이나 이윤을 얻으려는 목적 아래 계속적·반복적으로, 즉 영업으로 농업경영을 하거나(농업협동조합법 시행령 제4조 제1항 제1, 3, 4, 5, 6호), ② 임금을 받을 목적으로 농업경영에 근로를 제공하는 것(농업협동조합법 시행령 제4조 제1항 제2호)을 말한다고 봄이 타당하고, 이러한 경우에만 농업인에 해당한다.

3) 공소외 2는 전남 해남군 (주소 1 생략) 전 2,327㎡를 매수하여 그곳 1,527㎡에 단감, 대봉 300주를 식재하여 2014. 5. 15. ○○농협에 조합원으로 가입한 사실이 인정되므로, 공소외 2는 농업협동조합법 시행령 제4조 제1항 제6호 '660㎡ 이상의 농지에서 채소·과수 또는 화훼를 재배하는 자'라는 조합원 자격요건은 갖춘 것으로 보인다. 그러나 공소외 2는 2018년경에는 재배한 단감을 판매하여 소득이나 이윤을 얻었음을 인정할 증거가 없으므로 주말 등을 이용하여 취미생활이나 여가활동으로 감나무를 재배하는 주말·체험영농의 비농업인이라 할 것이고 농업인이라는 조합원의 자격을 갖추지 못하여 농업협동조합법 제29조 제2항 제1호에 의하여 ○○농협에서 당연히 탈퇴되었다.

4) 조합원이 아닌 공소외 2는 선거권자가 아니어서 그에게 금품을 제공하였다고 하더라도 위탁선거법 제59조, 제35조 제1항이 정한 기부행위제한 위반죄가 성립하지 아니한다.

다. 대법원의 판단

원심의 판단은 다음과 같은 이유로 그대로 수긍하기 어렵다.

1) 법은 원칙적으로 불특정 다수인에 대하여 동일한 구속력을 갖는 사회의 보편타당한 규범이므로 법의 표준적 의미를 밝혀 객관적 타당성이 있도록 해석하여야 하고, 가급적 모든 사람이 수긍할 수 있는 일관성을 유지함으로써 법적 안정성이 손상되지 않도록 하여야 한다. 그러기 위해서는 가능한 한 법률에 사용된 문언의 통상적인 의미에 충실하게 해석하는 것을 원칙으로 하여야 한다. 한편 법률의 문언 자체가 비교적 명확한 개념으로 구성되어 있다면 원칙적으로 더 이상 다른 해석방법은 활용할 필요가 없거나 제한될 수밖에 없고, 어떠한 법률의 규정에서 사용된 용어에 관하여 그 법률 및 규정의 입법 취지와 목적을 중시하여 문언의 통상적 의미와 다르게 해석하려 하더라도 당해 법률 내의 다른 규정들 및 다른 법률과의 체계적 관련성 내지 전체 법체계와의 조화를 무시할 수 없으므로, 거기에는 일정한 한계가 있을 수밖에 없다(대법원 2021. 03. 18. 선고 2018두47264 전원합의체 판결 등 참조).

2) 위탁선거법 제35조 제1항은 후보자 등이 기부행위제한기간 중 기부행위를 하는 것을 제한하고 제59조에서 이를 위반한 자를 처벌하도록 정하고 있다. 위탁선거법이 정하는 '기부행위'는 선

거인이나 선거인명부에 오를 자격이 있는 자 등을 대상으로 금전 등을 제공하는 등의 행위를 말하고(위탁선거법 제32조), '선거인'은 해당 위탁선거의 선거권이 있는 자로서 선거인명부에 올라 있는 자를 말하며(위탁선거법 제3조 제5호), '선거권'은 해당 법령이나 정관 등이 정하는 바에 의하는데(위탁선거법 제12조), 농업협동조합법 제26조는 지역농협의 경우 조합원이 선거권을 가진다고 정하고 있다. 한편 농업협동조합법에 의하면, 지역농협 조합원은 해당 지역농협의 구역에 주소 등이 있는 농업인이어야 하는데(농업협동조합법 제19조 제1항), 농업인의 범위에 관한 사항을 시행령에 위임하고 있고(농업협동조합법 제19조 제4항), 농업협동조합법 시행령에서는 조합원의 자격요건인 농업인의 범위를 '1,000㎡ 이상 농지를 경영하거나 경작하는 자', '1년 중 90일 이상 농업에 종사하는 자', '일정 기준 이상의 누에 또는 가축을 사육하거나 원예작물을 재배하는 자', '660㎡ 이상의 농지에서 채소·과수 또는 화훼를 재배하는 자'로 규정하고 있다(농업협동조합법 시행령 제4조 제1항).

3) 위와 같은 위탁선거법, 농업협동조합법, 같은 법 시행령 규정에 비추어 보면, 농업협동조합법에 따른 조합장 선거에서 위탁선거법상 금지되는 기부행위의 상대방인 선거인이나 선거인명부에 오를 자격이 있는 자는 해당 지역농협의 조합원이어야 하고, 조합원의 자격요건 중 농업인인지 여부는 농업협동조합법 시행령 제4조 제1항 각호에서 규정하는 요건을 구비하였는지를 기준으로 판단해야 한다.

4) 그럼에도 원심은 공소외 2가 전남 해남군 (주소 1 생략) 전 2,327㎡를 매수하여 그곳 1,527㎡에 단감, 대봉 300주를 식재하여 2014. 5. 15. ○○농협에 조합원으로 가입한 사실이 인정되므로, 농업협동조합법 시행령 제4조 제1항 제6호의 '660㎡ 이상의 농지에서 채소·과수 또는 화훼를 재배하는 자'라는 조합원 자격요건은 갖춘 것으로 보인다고 하면서도, 농업협동조합법 제19조 제4항이나 같은 법 시행령 제4조 제1항에서 규정하고 있지 않은 '소득이나 이윤을 얻을 목적으로 계속적·반복적으로 단감을 재배할 것'의 요건을 갖추지 못하였다는 이유로 공소외 2가 농업협동조합법에서 정한 농업인이 아니라고 판단하였다. 이 부분 원심의 판단에는 농업협동조합법 제19조 제1항, 제4항 및 같은 법 시행령 제4조 제1항의 '농업인'과 위탁선거법 제59조에서 정한 기부행위가 금지되는 상대방인 '선거인', '선거인명부에 오를 자격이 있는 자'의 의미에 관한 법리를 오해하고 필요한 심리를 다하지 아니하여 판결에 영향을 미친 잘못이 있다. 이 점을 지적하는 상고이유 주장은 이유 있다.

3. 피고인들의 공소외 1에 대한 기부행위제한 위반으로 인한 위탁선거법 위반 부분에 관한 판단

가. 이 부분 공소사실의 요지

피고인들은 공모하여 기부행위제한기간인 2019. 2. 23. ○○농협의 조합원인 공소외 1에게 현금 30만 원을 제공하여 선거인명부에 오를 자격이 있는 자에게 기부행위제한기간 중 기부행위를 하였다.

나. 원심의 판단

원심은 다음과 같은 이유로 이 부분 공소사실을 유죄로 인정한 제1심판결을 파기하고 무죄로 판단하였다.

공소외 1은 그의 아버지 소유의 전남 해남군 (주소 2 생략) 전 5,775㎡에서 아버지 농사를 도와

주는 일을 하면서 1998. 11. 24. ○○농협의 조합원으로 가입하고, 우체국 집배원, 요양보호사, 군내버스 운전기사로 일하면서 토요일, 일요일에 아버지 농사를 도와주는 일을 하였으나, 그 농업에 종사한 일수가 1년 중 50일가량에 불과한 사실이 인정되므로, 공소외 1의 아버지가 위 농지를 경작하거나 경영하는 농업인(농업협동조합법 시행령 제4조 제1항 제1호)에 해당하고, 동일 가구 구성원이 아닌 공소외 1은 이에 해당하지 아니하며, 설령 공소외 1이 임금을 받을 목적으로 그의 아버지의 농업경영에 근로를 제공하여 농업에 종사하였다고 인정된다고 하더라도 1년 중 90일 이상 농업에 종사하여야 한다는(농업협동조합법 시행령 제4조 제1항 제2호) 조합원 자격요건을 갖추지 못하여 농업협동조합법 제29조 제2항 제1호에 의하여 ○○농협에서 당연히 탈퇴되었고, 조합원이 아닌 공소외 1은 선거권자가 아니어서 그에게 금품을 제공하였다고 하더라도 위탁선거법 제59조, 제35조 제1항이 정한 기부행위제한 위반죄가 성립하지 아니한다.

다. 대법원의 판단

원심의 판단은 다음과 같은 이유로 그대로 수긍하기 어렵다.

1) 원심판결 이유와 적법하게 채택된 증거에 비추어 살펴보면, 다음의 사실을 알 수 있다.

　가) 공소외 1은 1998. 11. 24. 전남 해남군 (주소 2 생략) 전 5,775㎡에서 농사를 짓는 것으로 하여 ○○농협의 조합원으로 가입하였고, 피고인들이 공소사실 기재와 같이 현금을 교부한 2019. 2. 23.경에도 조합원으로 등재되어 있었다.

　나) 공소외 1은 피고인들이 공소사실 기재와 같이 현금을 교부한 이후인 2022. 5. 31. 조합원 지위를 어머니 공소외 3에게 양도하고 ○○농협에 조합원 탈퇴신청서를 제출하였는데, 기존 조합원에 관한 실태조사정보에 의하면 공소외 1의 1년 농업종사일수가 90일, 최종 조사일은 2021. 9. 30.로 기재되어 있다.

　다) 공소외 1은 원심 증인신문절차에서 농업종사일수가 50일 이상인지를 묻는 변호인의 질문에 대하여 1년간 농업종사일수가 50일도 넘는다고 생각한다고 답변하였을 뿐 그 일수가 50일에 불과하다고 진술한 적은 없다.

2) 위와 같은 사실에 비추어 보면, 공소외 1은 농업협동조합법 제19조 제1항, 제4항 및 같은 법 시행령 제4조 제1항의 '농업인' 중 어느 하나에 해당함을 전제로 ○○농협에 조합원으로 가입하였다고 보인다. 따라서 원심은 공소외 1이 농업협동조합법 제19조 제1항, 제4항 및 같은 법 시행령 제4조 제1항 중 어느 요건을 갖추었음을 이유로 ○○농협에 가입하였는지, 공소외 1이 농업인의 범위에 해당하는지 여부를 확인하기 위하여 제출한 서류가 있는지, 그 서류를 그대로 믿기 어려운 사정이 있는지 등을 심리하여 공소외 1의 조합원 자격에 관하여 판단하였어야 한다.

3) 그럼에도 원심은 판시와 같은 이유로 이 부분 공소사실을 무죄로 인정하였다. 이러한 원심의 판단에는 논리와 경험의 법칙을 위반하여 자유심증주의의 한계를 벗어나거나 농업협동조합법 제19조 제1항, 제4항 및 같은 법 시행령 제4조 제1항의 '농업인'과 위탁선거법 제59조에서 정한 기부행위가 금지되는 상대방인 '선거인', '선거인명부에 오를 자격이 있는 자'의 의미에 관한 법리를 오해하고 필요한 심리를 다하지 아니하여 판결에 영향을 미친 잘못이 있다. 이 점을 지적하는 상고이유 주장은 이유 있다.

4. 파기의 범위

피고인 1이 공소외 2에게 현금을 제공한 행위에 관한 각 위탁선거법 위반 부분은 모두 파기되어야 하고, 피고인들이 공모하여 공소외 1에게 현금을 제공한 행위에 관한 각 위탁선거법 위반 부분은 모두 파기되어야 한다. 결국 원심판결 전부가 파기되어야 한다.

5. 결 론

그러므로 나머지 상고이유에 관한 판단을 생략한 채 원심판결을 파기하고, 사건을 다시 심리·판단하도록 원심법원에 환송하기로 하여, 관여 대법관의 일치된 의견으로 주문과 같이 판결한다.

Ⓑ 대법원 2023. 09. 14. 선고 2023도6767 판결 [뇌물수수·뇌물공여·직권남용권리행사방해·부정청탁및금품등수수의금지에관한법률위반] 〈지방자치단체장의 수행비서가 상급자로부터 수행활동비 명목으로 매월 정기적으로 일정한 돈을 지급받은 행위가 「부정청탁 및 금품등 수수의 금지에 관한 법률」 제8조 제1항에서 금지하는 공직자 등의 금품 수수에 해당하는지가 문제된 사건〉

【판시사항】

부정청탁 및 금품등 수수의 금지에 관한 법률 제8조 제1항에서 금지하는 금품 등 수수행위의 구성요건 해당 여부를 판단할 때 고려할 사항 및 공직자 등이 영득의사 없이 직무상 소요되는 비용을 지출할 목적으로 금품을 취득한 경우, 위 구성요건에 해당하는지 여부(소극)

【판결요지】

부정청탁 및 금품등 수수의 금지에 관한 법률(이하 '청탁금지법'이라 한다) 제8조는 공직자 등의 금품 등의 수수행위가 직무관련성 또는 대가성 없이 호의적 관계를 형성하기 위한 경우에도 형사처벌의 대상이 되도록 하여 공정한 직무수행을 보장하고 공공기관에 대한 국민의 신뢰를 확보하기 위한 것이므로 당사자 사이에 금품 수수를 통해 장래를 향하여 공직자 등과 친밀도나 호감도를 미리 형성·유지·증대시키려는 의사가 있었는지도 판단요소로 고려할 수 있지만, 직무관련성 또는 대가성 여부에 관한 제한 없이 금품 등의 수수행위 전반을 포괄적으로 금지함으로 인하여 공직자 등의 직무와 무관한 사적 영역의 일상적 사회생활을 과도하게 제한하거나 공직자 등의 정당한 권리행사를 부당하게 제한하는 등 처벌범위가 광범위하게 확대될 위험도 있다. 그러므로 청탁금지법의 입법 목적과 공직자 등의 정당한 권리행사를 조화롭게 보장하기 위해서는 청탁금지법 제8조 제1항이 정한 구성요건의 범위 내지 한계를 면밀히 살펴 청탁금지법의 입법 목적에 반하지 않는 행위, 즉 직무수행의 공정성에 의심을 불러일으키거나 공직자 등에 대한 국민의 신뢰를 저해하는 것과 무관한 경우에는 구성요건 해당 여부를 신중하게 판단할 필요가 있다.

따라서 청탁금지법 제8조 제1항이 금지하는 금품 등 수수행위는 '적법한 또는 정당한 권원 없이 금품 등을 수수하는 경우'에 해당하여야 함은 물론, '청탁금지법 제8조 제3항 제1호 내지 제8호의 경우 혹은 이에 준하는 경우로서, 영득의사 없이 해당 직무의 정당하고 원활한 수행과 관련하여 금품 등을 수수하는 경우'에 해당하지 않아야 한다고 볼 수 있고, 청탁금지법 제8조 제1항에서 대가관계의 명목으로 열거한 '기부·후원·증여'가 모두 무상으로 금품을 취득(요구, 약속 포함)하는 행위라는 점에 비추어 보면, 공직자 등이 영득의사 없이 직무상 소요되는 비용을 지출할 목적으로 금품을 취득한 경우에는 위 구성요건에 해당되지 않는다고 보는 것이 타당하다.

【참조조문】 부정청탁 및 금품등 수수의 금지에 관한 법률 제8조 제1항, 제3항
【전 문】 【피 고 인】 피고인 1 외 2인 【상 고 인】 피고인들
【변 호 인】 법무법인(유한) 세종 외 3인
【원심판결】 수원고등법원 2023. 5. 4. 선고 2022노930 판결.

【주 문】

원심판결 중 피고인 2, 피고인 3에 대한 부분을 모두 파기하고, 이 부분 사건을 수원고등법원에 환송한다. 피고인 1의 상고를 기각한다.

【이 유】

상고이유를 판단한다.

1. 피고인 1의 상고이유에 관하여

원심은 판시와 같은 이유로, 피고인 1에 대한 공소사실(무죄 부분 제외)을 유죄로 판단한 제1심판결을 유지하였다.

원심판결 이유를 관련 법리와 적법하게 채택된 증거에 비추어 살펴보면, 이러한 원심의 판단에 제3자뇌물공여죄의 부정한 청탁, 뇌물수수죄의 성립, 공소장변경, 진술의 신빙성 판단 등에 관한 법리를 오해함으로써 판결에 영향을 미친 잘못이 없다.

2. 피고인 3의 상고이유에 관하여

가. 공소사실 요지

피고인 3은 공직자임에도 불구하고 2019. 1. 하순경 성남시 중원구 성남대로 997에 있는 성남시청 사무실에서 피고인 2로부터 시장 수행활동비 등 명목으로 현금 50만 원을 교부받은 것을 비롯하여 그때부터 2019. 12. 하순경까지 피고인 2로부터 매달 50만 원씩 총 11회에 걸쳐 합계 550만 원을 교부받음으로써 매 회계연도에 300만 원을 초과하는 금품을 제공받았다.

나. 원심 판단

원심은 피고인 3이 피고인 2로부터 지급받는 금원을 스스로 보유하거나 그 이익을 향수할 의사로 수수한 것은 「부정청탁 및 금품등 수수의 금지에 관한 법률」(이하 '청탁금지법'이라 한다) 제8조

제1항이 금지하는 금품 수수행위에 해당하고, 청탁금지법 제8조 제3항 제1호의 '위로·격려·포상 등의 목적으로 제공하는 금품 등'에 해당하지 않는다고 보아, 피고인 3에 대한 공소사실을 유죄로 판단한 제1심판결을 유지하였다.

다. 대법원 판단

이 부분 원심의 판단은 다음과 같은 이유에서 수긍하기 어렵다.

1) 청탁금지법의 규정과 해석

가) 청탁금지법은 공직자 등에 대한 부정청탁 및 공직자 등의 금품 등의 수수를 금지함으로써 공직자 등의 공정한 직무수행을 보장하고 공공기관에 대한 국민의 신뢰를 확보하는 것을 목적으로 하여(제1조), 공직자 등의 공정한 직무수행을 저해하는 부정청탁의 관행을 근절하고, 공직자 등의 금품 등의 수수행위를 직무관련성 또는 대가성이 없는 경우에도 제재가 가능하도록 함으로써 공직에 대한 신뢰와 공직자의 청렴성을 보장하기 위해 제정되었다.

나) 청탁금지법 제8조는 제1항에서 "공직자 등은 직무 관련 여부 및 기부·후원·증여 등 그 명목에 관계없이 동일인으로부터 1회에 100만 원 또는 매 회계연도에 300만 원을 초과하는 금품 등을 받거나 요구 또는 약속해서는 아니 된다."라고 규정하여 일정한 금액 이상 금품 등의 수수를 금지하는 한편, 제3항에서 "다음 각호의 어느 하나에 해당하는 금품 등의 경우에는 제1항 또는 제2항에서 수수를 금지하는 금품 등에 해당하지 아니한다."라고 규정하고, 제1호 내지 제8호에서 수수를 금지하지 않는 예외 사유를 두고 있다. 위 예외 사유는 금품 등의 수수 금지에 따른 과도한 제한을 방지하고 사회상규에 반하지 아니하는 일상적 사회생활을 보장하기 위한 것으로, 예외 사유에 해당하는 경우 처음부터 청탁금지법의 금지행위에 해당하지 않는다.

다) 청탁금지법 제8조는 공직자 등의 금품 등의 수수행위가 직무관련성 또는 대가성 없이 호의적 관계를 형성하기 위한 경우에도 형사처벌의 대상이 되도록 하여 공정한 직무수행을 보장하고 공공기관에 대한 국민의 신뢰를 확보하기 위한 것이므로 당사자 사이에 금품 수수를 통해 장래를 향하여 공직자 등과 친밀도나 호감도를 미리 형성·유지·증대시키려는 의사가 있었는지 여부도 판단요소로 고려할 수 있지만, 직무관련성 또는 대가성 여부에 관한 제한 없이 금품 등의 수수행위 전반을 포괄적으로 금지함으로 인하여 공직자 등의 직무와 무관한 사적 영역의 일상적 사회생활을 과도하게 제한하거나 공직자 등의 정당한 권리행사를 부당하게 제한하는 등 처벌범위가 광범위하게 확대될 위험도 있다. 그러므로 청탁금지법의 입법 목적과 공직자 등의 정당한 권리행사를 조화롭게 보장하기 위해서는 청탁금지법 제8조 제1항이 정한 구성요건의 범위 내지 한계를 면밀히 살펴 청탁금지법의 입법 목적에 반하지 않는 행위, 즉 직무수행의 공정성에 의심을 불러일으키거나 공직자 등에 대한 국민의 신뢰를 저해하는 것과 무관한 경우에는 구성요건 해당 여부를 신중하게 판단할 필요가 있다.

라) 따라서 청탁금지법 제8조 제1항이 금지하는 금품 등 수수행위는 '적법한 또는 정당한 권원 없이 금품 등을 수수하는 경우'에 해당하여야 함은 물론, '청탁금지법 제8조 제3항 제1호 내지 제8호의 경우 혹은 이에 준하는 경우로서, 영득의사 없이 해당 직무의 정당하고 원활한 수행과 관련하여 금품 등을 수수하는 경우'에 해당하지 않아야 한다고 볼 수

있고, 청탁금지법 제8조 제1항에서 대가관계의 명목으로 열거한 '기부·후원·증여'가 모두 무상으로 금품을 취득(요구, 약속 포함)하는 행위라는 점에 비추어 보면, 공직자 등이 영득의사 없이 직무상 소요되는 비용을 지출할 목적으로 금품을 취득한 경우에는 위 구성요건에 해당되지 않는다고 봄이 타당하다.

2) 원심판결 이유와 기록에 따르면, 다음과 같은 사실을 알 수 있다.
  가) 피고인 3은 2018년경 피고인 1의 성남시장 후보자 선거캠프에서 운전·후보자 수행 등 업무를 담당하였고, 피고인 1이 성남시장으로 당선되자 2018. 9. 6. 성남시 (부서명 및 직책 1 생략)으로 임용되어 피고인 1의 수행비서로 근무하면서 운전·시장 수행 등 업무를 담당하였다.
  나) 피고인 2는 2018. 7. 30.경부터 2020. 3. 23.경까지 성남시 (부서명 및 직책 2 생략)으로 근무하면서 피고인 1의 시정 업무를 보좌하고 성남시의 정책 등을 총괄하였다.
  다) 피고인 3은 휴일이나 피고인 1의 휴가기간에도 피고인 1을 수행하면서 업무추진비로 집행할 수 없는 식사비 등 부대비용을 개인자금으로 지출하였다.
  라) 피고인 2는 이러한 사정을 알게 된 후인 2019. 1.경부터 피고인 3에게 성남시장 수행활동비 명목으로 매월 일정한 돈을 개인적으로 마련하여 지급하였고, 피고인 3은 위와 같이 지급받은 돈을 휴일 등에 피고인 1의 수행과정에서 발생한 비용으로 대부분을 지출하였다.

3) 이러한 사실관계를 앞서 본 법리에 비추어 살펴보면, 피고인 3이 피고인 2로부터 성남시장 수행활동비 명목으로 매월 일정한 돈을 지급받은 것은 아래와 같은 이유에서 청탁금지법 제8조 제1항이 금지하는 행위에 해당한다고 보기 어렵다.
  가) 피고인 3은 피고인 1의 수행비서라는 종속적 지위에서 성남시장 수행업무에 따른 부대비용을 상급 공직자인 피고인 2로부터 사후에 정산받은 것이거나, 앞으로 그와 같은 업무 수행과정에서 부담하게 될 비용을 사전에 보전받은 것이라고 볼 수 있다. 즉, 피고인 3이 피고인 1을 휴일 등에 수행한 경우에도, 지방자치단체장의 공적 업무와 직간접적으로 관련 있는 일정이라면 이는 수행비서로서의 법적 의무(지방공무원법 제49조 참조) 또는 직업윤리에 부합할 뿐만 아니라 행정목적을 달성하기 위하여 긴밀한 협의와 합리적 조정이 필요한 행정조직의 특성상 필요한 업무라고 볼 수 있으므로, 정당한 공무수행의 일환이라고 볼 여지가 크다. 이러한 업무 과정에서 소요된 비용이 업무추진비 등 예산으로 정산·보전되지 않는다면, 종국적으로는 피고인 1이 이를 부담했어야 하고, 전적으로 피고인 1의 사적 업무인 경우에는 더욱 그러하므로, 어느 경우에나 피고인 3이 개인자금으로 지출한 부분에 관하여는 당연히 이를 정산·보전받아야 한다고 봄이 타당하다. 결국 피고인 3이 위와 같은 경위로 피고인 2로부터 매월 일정한 돈을 지급받은 것은 공무수행 과정에서 개인자금으로 지출한 비용을 정당한 권원에 따라 상급 공직자로부터 정산·보전받은 행위에 불과하므로, 청탁금지법 제8조 제1항의 적극적 요건이 결여된 경우에 해당한다.
  나) 한편 피고인 3이 피고인 2로부터 매월 일정한 돈을 지급받은 행위는 공직자의 부패·비리 또는 직무의 공정성·객관성에 대한 국민의 신뢰를 해치는 행위와도 무관하므로 청탁금지법의 입법 목적에 반한다고 보기도 어렵다. 특히 성남시 (부서명 생략) 소속 상급 공직자인 피고인 2가 휴일 등에도 수행비서 업무를 담당하였던 하급 공무원인 피고인 3을 격려할 목적으로 지급한 것으로도 볼 수 있고, 피고인 2·피고인 3 사이의 상하·위계관

계 및 업무관계에 비추어 적법하고 원활한 공무수행을 위하여 법령상 허용되는 것이거나 사회상규에 반하지 않는 것이라고 평가할 여지도 크다. 따라서 피고인 3이 피고인 2로부터 매월 일정한 돈을 지급받은 행위는 청탁금지법 제8조 제3항 제1호, 제8호 또는 이에 준하여 수행비서의 정당하고 원활한 업무 수행과 관련하여 영득의사 없이 금품을 받는 경우에 해당하므로, 결과적으로 청탁금지법 제8조 제1항의 소극적 요건에도 해당한다.

4) 그럼에도 원심은 판시와 같은 이유만으로, 이 부분 공소사실을 유죄로 판단하였는바, 이러한 원심의 판단에는 청탁금지법 위반죄의 성립에 관한 법리를 오해함으로써 판결에 영향을 미친 잘못이 있다.

3. 파기 범위

원심판결 중 피고인 3에 대한 부분은 파기되어야 하는데, 파기사유는 피고인 2의 피고인 3에 대한 청탁금지법 위반 부분에 관하여도 공통되므로, 형사소송법 제392조에 따라 피고인 2의 피고인 3에 대한 청탁금지법 위반 부분도 함께 파기되어야 한다.

그런데 피고인 2의 피고인 3에 대한 청탁금지법 위반 부분은 유죄로 인정된 나머지 부분과 형법 제37조 전단의 경합범 관계에 있어 하나의 형이 선고되었으므로, 결국 원심판결 중 피고인 2에 대한 부분은 모두 파기되어야 한다.

4. 결 론

그러므로 원심판결 중 피고인 2, 피고인 3에 대한 부분을 모두 파기하고 이 부분 사건을 다시 심리·판단하도록 원심법원에 환송하기로 하되, 피고인 1의 상고를 기각하기로 하여, 관여 대법관의 일치된 의견으로 주문과 같이 판결한다.

ⓑ 대법원 2023. 09. 21. 선고 2021도11675 판결 [근로자퇴직급여보장법위반] 〈의료소비자생활협동조합의 봉직의가 근로기준법상 '근로자'에 해당하는지 여부가 문제되는 사건〉

【판시사항】

[1] 근로기준법상 '근로자'에 해당하는지 판단하는 기준 및 근로자성의 요건 중 '종속적인 관계' 유무를 판단하는 기준

[2] 의료소비자생활협동조합의 대표자로서 甲 의원을 운영하는 피고인이 의사 乙과 '乙은 2년 동안 甲 의원에서 진료업무를 수행하고 매월 보수를 받는다.'는 내용의 위탁진료계약을 체결하였음에도 乙의 퇴직금을 퇴직일부터 14일 이내에 지급하지 아니하였다고 하여 근로자퇴직급여 보장법 위반으로 기소된 사안에서, 위 계약의 형식이 위탁진료계약이라고 하더라도 계약 내용의 가장 중요한 부분은 乙이 정해진 시간 동안 甲 의원에서 진료업무를 수행하고 피고인은 乙에게 그 대가를 고정적으로 지급하는 것인 점 등 제반 사정을 종합하면, 乙은 임금을 목적으로 종속적인 관계에서

사용자에게 근로를 제공한 근로기준법상 근로자에 해당한다고 한 사례

【판결요지】

[1] 근로기준법상의 근로자에 해당하는지 여부는 계약의 형식이 고용계약인지 도급계약인지보다 그 실질에 비추어 근로자가 사업 또는 사업장에 임금을 목적으로 종속적인 관계에서 사용자에게 근로를 제공하였는지 여부에 따라 판단하여야 하고, 여기에서 종속적인 관계가 있는지 여부는 업무 내용을 사용자가 정하고 취업규칙 또는 복무(인사)규정 등의 적용을 받으며 업무 수행 과정에서 사용자가 상당한 지휘·감독을 하는지, 사용자가 근무시간과 근무장소를 지정하고 근로자가 이에 구속을 받는지, 노무제공자가 스스로 비품·원자재나 작업도구 등을 소유하거나 제3자를 고용하여 업무를 대행케 하는 등 독립하여 자신의 계산으로 사업을 영위할 수 있는지, 노무 제공을 통한 이윤의 창출과 손실의 초래 등 위험을 스스로 안고 있는지, 보수의 성격이 근로 자체의 대상적 성격인지, 기본급이나 고정급이 정하여졌는지 및 근로소득세의 원천징수 여부 등 보수에 관한 사항, 근로 제공 관계의 계속성과 사용자에 대한 전속성의 유무와 그 정도, 사회보장제도에 관한 법령에서 근로자로서 지위를 인정받는지 등의 경제적·사회적 여러 조건을 종합하여 판단하여야 한다. 다만 기본급이나 고정급이 정하여졌는지, 근로소득세를 원천징수하였는지, 사회보장제도에 관하여 근로자로 인정받는지 등의 사정은 사용자가 경제적으로 우월한 지위를 이용하여 임의로 정할 여지가 크기 때문에, 그러한 점들이 인정되지 않는다는 것만으로 근로자성을 쉽게 부정하여서는 안 된다.

[2] 의료소비자생활협동조합의 대표자로서 甲 의원을 운영하는 피고인이 의사 乙과 '乙은 2년 동안 甲 의원에서 진료업무를 수행하고 매월 보수를 받는다.'는 내용의 위탁진료계약을 체결하였음에도 乙의 퇴직금을 퇴직일부터 14일 이내에 지급하지 아니하였다고 하여 근로자퇴직급여 보장법 위반으로 기소된 사안에서, 위 계약의 형식이 위탁진료계약이라고 하더라도 계약 내용의 가장 중요한 부분은 乙이 정해진 시간 동안 甲 의원에서 진료업무를 수행하고 피고인은 乙에게 그 대가를 고정적으로 지급하는 것인 점, 甲 의원에서 진료업무를 수행하였던 유일한 의사인 乙은 주중 및 토요일 대부분을 甲 의원에서 근무하면서 매월 진료업무 수행의 현황이나 실적을 피고인에게 보고해야 했으므로, 피고인은 乙의 근무시간 및 근무장소를 관리하고 乙의 업무에 대하여 상당한 지휘·감독을 하였던 점, 乙은 피고인이 제공하는 의료장비나 사무기기를 활용하여 진료업무를 수행하고 피고인으로부터는 환자 치료실적에 따른 급여의 변동 없이 매월 고정적으로 돈을 받았으므로, 乙이 지급받은 돈은 근로 자체의 대상적 성격으로 보아야 하는 점, 乙이 비록 진료업무 수행 과정에서 피고인으로부터 구체적, 개별적인 지휘·감독을 받지는 않았으나 이는 의사의 진료업무 특성에 따른 것이어서 乙의 근로자성을 판단할 결정적인 기준이 될 수는 없는 점 등을 종합하면, 乙은 임금을 목적으로 종속적인 관계에서 사용자에게 근로를 제공한 근로기준법상의 근로자에 해당한다는 이유로, 이와 달리 보아 공소사실을 무죄로 판단한 원심판결에 乙의 근로자성에 관한 법리오해의 잘못이 있다고 한 사례.

【참조조문】 [1] 근로기준법 제2조 제1항 제1호, 근로자퇴직급여 보장법 제2조 제1호 / [2] 구 근로자퇴직급여 보장법(2021. 4. 13. 법률 제18038호로 개정되기 전의 것) 제2조 제1호, 제9조(현행 제9조 제1항 참조), 제44조 제1호, 근로기준법 제2조 제1항 제1호

【참조판례】 [1] 대법원 2006. 12. 7. 선고 2004다29736 판결(공2007상, 104), 대법원 2010. 10. 28. 선고 2010도

9240 판결

【전 문】 【피 고 인】 피고인 【상 고 인】 검사
【변 호 인】 법무법인 세령 담당변호사 김진환
【원심판결】 서울북부지방법원 2021. 8. 13. 선고 2020노2050 판결.

【주   문】

원심판결을 파기하고, 사건을 서울북부지방법원에 환송한다.

【이   유】

상고이유를 판단한다.

1. 공소사실의 요지 및 원심의 판단

가. 공소사실의 요지

피고인은 서울 중랑구 (주소 생략)에 있는 (조합명 생략)의료소비자생활협동조합(이하 '이 사건 조합'이라 한다) (병원명 생략)의원(이하 '이 사건 의원'이라 한다)의 대표로서 상시 근로자 6명을 사용하여 보건업을 경영하는 사용자인바, 위 사업장에서 2017. 8. 1.부터 2019. 7. 31.까지 근로한 공소외 1의 퇴직금 14,380,435원을 당사자 간 지급기일 연장에 관한 합의 없이 그 지급사유 발생일인 퇴직일부터 14일 이내에 지급하지 아니하였다.

나. 원심의 판단

원심은 아래와 같은 이유를 들어 공소외 1이 근로기준법상 근로자에 해당한다고 보기 어렵다는 이유로 공소사실을 유죄로 판단한 제1심판결을 파기하고 무죄로 판단하였다.

1) 공소외 1은 이 사건 조합으로부터 위탁받은 진료업무를 이행하고 그 대가로 보수를 받는 내용의 위탁진료계약(이하 '이 사건 계약'이라 한다)을 체결하였는데, 그 계약서에는 "공소외 1은 근로자가 아니므로 노동관계법과 관련한 부당한 청구를 하지 않는다."라는 기재가 명백히 되어 있다.

2) 공소외 1에 대한 취업규칙이나 복무규정이 마련되어 있지 않았고, 공소외 1은 자신의 진료업무 수행과 관련하여 피고인으로부터 어떠한 지시나 감독을 받은 사실이 없으며, 피고인으로서는 공소외 1이 진료업무를 적절히 수행하지 아니하는 경우에 위탁계약에 기한 권리(계약해지, 손해배상청구)만을 행사할 수 있을 뿐, 공소외 1을 징계할 수는 없었다.

3) 공소외 1에 대한 연차 등 휴가규정은 따로 없었고, 공소외 1이 휴가로 진료업무를 수행하지 못하는 경우 자신이 직접 대체의사를 구해 그로 하여금 진료업무를 대행하게 하였다.

2. 대법원의 판단

원심의 판단은 다음과 같은 이유로 받아들이기 어렵다.

가. 근로기준법상의 근로자에 해당하는지 여부는 계약의 형식이 고용계약인지 도급계약인지보다 그 실질에 비추어 근로자가 사업 또는 사업장에 임금을 목적으로 종속적인 관계에서 사용자에게 근로를 제공하였는지 여부에 따라 판단하여야 하고, 여기에서 종속적인 관계가 있는지 여부는 업무내용을 사용자가 정하고 취업규칙 또는 복무(인사)규정 등의 적용을 받으며 업무 수행 과정에서 사용자가 상당한 지휘·감독을 하는지, 사용자가 근무시간과 근무장소를 지정하고 근로자가 이에 구속을 받는지, 노무제공자가 스스로 비품·원자재나 작업도구 등을 소유하거나 제3자를 고용하여 업무를 대행케 하는 등 독립하여 자신의 계산으로 사업을 영위할 수 있는지, 노무 제공을 통한 이윤의 창출과 손실의 초래 등 위험을 스스로 안고 있는지, 보수의 성격이 근로 자체의 대상적 성격인지, 기본급이나 고정급이 정하여졌는지 및 근로소득세의 원천징수 여부 등 보수에 관한 사항, 근로 제공 관계의 계속성과 사용자에 대한 전속성의 유무와 그 정도, 사회보장제도에 관한 법령에서 근로자로서 지위를 인정받는지 등의 경제적·사회적 여러 조건을 종합하여 판단하여야 한다. 다만 기본급이나 고정급이 정하여졌는지, 근로소득세를 원천징수하였는지, 사회보장제도에 관하여 근로자로 인정받는지 등의 사정은 사용자가 경제적으로 우월한 지위를 이용하여 임의로 정할 여지가 크기 때문에, 그러한 점들이 인정되지 않는다는 것만으로 근로자성을 쉽게 부정하여서는 안 된다(대법원 2006. 12. 07. 선고 2004다29736 판결 등 참조).

나. 원심판결 이유와 원심과 제1심이 적법하게 채택한 증거들을 종합하면 다음의 사실을 알 수 있다.

1) 피고인은 이 사건 조합의 대표자로 2012. 4. 13. 이 사건 의원을 개설하여 운영하다가 당시 재직 중이던 의사 공소외 2에게 임금을 지급하지 아니하였다는 이유로 2013. 4. 1. 서울북부지방법원에서 근로기준법 위반죄로 벌금 200만 원의 약식명령을 받았다. 피고인은 공소외 2가 근로자가 아니라고 주장하며 정식재판을 청구하였으나 같은 법원에서 벌금 200만 원의 판결을 선고받았고, 이에 불복하여 항소, 상고하였으나 모두 기각되었다.

2) 피고인은 그 이후 공인노무사의 도움을 받아 위탁진료계약 형식의 계약서를 제공받아 노무관계를 해결해 오다가 2017. 8. 1. 공소외 1과 사이에 공소외 1이 그때부터 2019. 7. 31.까지 이 사건 의원에서 진료업무를 수행하고 매월 600만 원 및 현금 135만 원을 받는 내용의 이 사건 계약을 체결하였고, 공소외 1은 피고인으로부터 위 금액을 고정적으로 지급받았다.

3) 공소외 1은 이 사건 의원의 유일한 의사로 근무시간(주중 09:00~18:00, 토요일 09:00~15:00)이 일정하게 정하여져 있었고, 근무장소도 진료실(원장실)로 특정되어 있었다.

4) 이 사건 계약에 따라 공소외 1은 월 1회 상호 조정하에 진료업무 수행의 현황 및 실적을 피고인에게 통지하여야 했고(제6조 제4항), 피고인은 보고의무를 해태하거나 불성실하게 행한 경우 이 사건 계약을 해지할 수 있었다(제8조 제2항 제5호).

5) 공소외 1이 근무 중 사용하는 각종 의료장비나 사무기기 등은 피고인이 제공한 것이다.

6) 공소외 1은 이 사건 의원을 사업장으로 한 건강보험 가입신고가 되어 있었다.

다. 위와 같은 사실관계에 나타난 다음과 같은 사정들을 종합하여 보면, 공소외 1은 임금을 목적으로 종속적인 관계에서 사용자에게 근로를 제공한 근로기준법상의 근로자에 해당한다고 보인다.

1) 이 사건 계약의 형식이 위탁진료계약이라고 하더라도 이 사건 계약 내용의 가장 중요한 부분

은 공소외 1이 정해진 시간 동안 이 사건 의원에서 진료업무를 수행하고 피고인은 공소외 1에게 그 대가를 고정적으로 지급하는 것이다.

2) 이 사건 의원에서 진료업무를 수행하였던 유일한 의사인 공소외 1은 주중 및 토요일 대부분을 이 사건 의원에서 근무하면서 매월 진료업무 수행의 현황이나 실적을 피고인에게 보고하여야 했으므로, 피고인은 공소외 1의 근무시간 및 근무장소를 관리하고 공소외 1의 업무에 대하여 상당한 지휘·감독을 하였다고 봄이 타당하다.

3) 공소외 1은 피고인이 제공하는 의료장비나 사무기기를 활용하여 진료업무를 수행하였고 피고인으로부터는 환자 치료실적에 따른 급여의 변동 없이 매월 고정적으로 돈을 받았으므로, 공소외 1이 지급받은 돈은 근로 자체의 대상적 성격으로 보는 것이 타당하다.

4) 공소외 1이 비록 진료업무 수행 과정에서 피고인으로부터 구체적, 개별적인 지휘·감독을 받지는 않은 것으로 보이나 이는 의사의 진료업무 특성에 따른 것이어서 공소외 1의 근로자성을 판단할 결정적인 기준이 될 수는 없다.

라. 그런데도 원심은 그 판시와 같은 이유만으로 공소외 1이 근로기준법상의 근로자에 해당하지 않는다고 보아 이 사건 공소사실에 대하여 무죄로 판단하였는바, 이러한 원심의 판단에는 공소외 1의 근로자성에 대한 법리를 오해하여 판결에 영향을 미친 잘못이 있다.

3. 결 론

원심판결을 파기하고, 사건을 다시 심리·판단하도록 원심법원에 환송하기로 하여, 관여 대법관의 일치된 의견으로 주문과 같이 판결한다.

제4편 형사소송법

제1장 총론

제2장 수사 및 공소제기

제3장 제1심 공판절차

제4장 상소심의 절차

제5장 특수절차

제4편 형사소송법

제1장 총론

● 대법원 2021. 01. 28. 선고 2017도18536 판결 [위증]

【판시사항】

이미 선고된 판결의 내용을 실질적으로 변경하는 판결서 경정이 허용되는지 여부(소극) / 판결 주문에 기재하지 아니하고 판결 이유에만 기재한 경정결정의 효력(무효)

【판결요지】

> 법원은 '재판서에 잘못된 계산이나 기재, 그 밖에 이와 비슷한 잘못이 있음이 분명한 때'에는 경정결정을 통하여 위와 같은 재판서의 잘못을 바로잡을 수 있다(형사소송규칙 제25조 제1항). 그러나 이미 선고된 판결의 내용을 실질적으로 변경하는 것은 위 규정에서 예정하고 있는 경정의 범위를 벗어나는 것으로서 허용되지 않는다. 그리고 경정결정은 이를 주문에 기재하여야 하고, 판결 이유에만 기재한 경우 경정결정이 이루어졌다고 할 수 없다.

【참조조문】 형사소송규칙 제25조 제1항
【참조판례】 대법원 2015. 6. 11. 선고 2015도2435 판결, 대법원 2017. 4. 26. 선고 2016도21439 판결
【전   문】
【피 고 인】 피고인
【상 고 인】 피고인 및 검사
【변 호 인】 법무법인(유한) 민 담당변호사 고태관 외 2인
【원심판결】 서울중앙지법 2017. 10. 27. 선고 2017노2336 판결

【주   문】

원심판결을 파기하고, 사건을 서울중앙지방법원 합의부에 환송한다.

【이   유】

상고이유를 판단하기에 앞서 직권으로 본다.

1. 법원은 '재판서에 잘못된 계산이나 기재, 그 밖에 이와 비슷한 잘못이 있음이 분명한 때'에는 경정결정을 통하여 위와 같은 재판서의 잘못을 바로잡을 수 있다(형사소송규칙 제25조 제1항). 그러나 이미 선고된 판결의 내용을 실질적으로 변경하는 것은 위 규정에서 예정하고 있는 경정의 범위를 벗어나는 것으로서 허용되지 않는다(대법원 2017. 04. 26. 선고 2016도21439 판결 참조). 그리고 경정결정은 이를 주문에 기재하여야 하고, 판결 이유에만 기재한 경우 경정결정이 이루어졌다고 할 수 없다(대법원 2015. 06. 11. 선고 2015도2435 판결 참조).

2. 기록에 의하면 다음과 같은 사실을 알 수 있다.

가. 이 사건 공소사실의 요지는, '피고인은 공소외인에 대한 특정범죄 가중처벌 등에 관한 법률 위반(운전자 폭행 등) 사건의 증인으로 출석하여 선서를 한 다음 증언을 함에 있어, 변호사 및 검사의 각 질문에 대하여 공소외인이 피해자인 택시기사를 폭행하는 장면을 목격하였음에도 공소외인과 피해자의 신체적 접촉이 없었다거나, 공소외인의 폭행 장면을 목격하지 못하였다는 취지로 기억에 반하는 허위의 진술(이하 피고인의 변호사 질문에 대한 답변을 '제1 증언'이라 하고, 검사 질문에 대한 답변을 '제2 증언'이라 한다)을 하여 위증을 하였다.'는 것이고, 제1심은 이 사건 공소사실을 모두 유죄로 판단하였다.

나. 피고인은 제1 증언 및 제2 증언 모두에 대하여 사실오인, 법리오해 등의 잘못이 있다고 주장하며 제1심판결에 관하여 항소하였고, 원심은 적법하게 채택된 증거에 의하면 제2 증언은 피고인의 기억에 반하는 허위의 진술로 인정할 수 있으나, 제1 증언 부분은 합리적 의심 없이 증명되었다고 보기 어렵다고 판단하였다. 다만 원심은 판결 이유 말미에 '제1심 판결문의 범죄사실란에서 제1 증언 부분을 삭제하되, 제1 증언 부분에 대한 이유무죄 판단을 추가하는 것으로 직권 경정한다.'는 취지로 기재하면서, 주문란에는 '피고인의 항소를 기각한다.'고만 기재하였다.

3. 이러한 사실관계를 앞서 본 법리에 비추어 살펴본다.

제1심판결의 이유 중 제1 증언 관련 범죄사실을 삭제하고 이에 대한 이유무죄 판단을 추가하는 것으로 경정하는 것은 이미 선고된 제1심판결의 내용을 실질적으로 변경하는 것으로서 경정의 범위를 벗어나기 때문에 허용되지 않는다.

또한 원심이 판결 이유에서 직권으로 경정결정을 하였다고 하더라도 주문에 이를 기재하지 아니한 이상 경정결정으로서 효력도 생기지 않는다. 그 결과 원심판결에는 판결 이유에서 '피고인의 제1 증언 부분에 대한 항소이유를 받아들인다.'는 취지로 판단하면서도, 주문란에 '피고인의 항소를 기각한다.'고 기재한 것으로 되어, 판결의 이유와 주문이 서로 저촉·모순되게 된다.

원심판결에는 경정의 허용범위와 방식에 관한 법리를 오해하고, 이유모순의 잘못을 저질러 판결 결과에 영향을 미친 위법이 있다.

4. 그러므로 상고이유에 대한 판단을 생략한 채 원심판결을 파기하고, 사건을 원심법원에 환송하기로 하여, 관여 대법관의 일치된 의견으로 주문과 같이 판결한다.

Ⓑ 대법원 2021. 06. 30. 선고 2018도14261 판결 [자본시장과금융투자업에관한법률위반]

【판시사항】

법인의 해산 또는 청산종결 등기 이전에 있었던 업무나 재산에 관한 위반행위에 대하여 법인에 대한 청산종결 등기가 된 이후 수사가 개시되거나 공소가 제기된 경우, 법인에 형사소송법상 당사자능력이 존속하는지 여부(적극)

【판결요지】

법인에 대한 청산종결 등기가 되었더라도 청산사무가 종결되지 않는 한 그 범위 내에서는 청산법인으로 존속한다. 법인의 해산 또는 청산종결 등기 이전에 업무나 재산에 관한 위반행위가 있는 경우에는 청산종결 등기가 된 이후 위반행위에 대한 수사가 개시되거나 공소가 제기되더라도 그에 따른 수사나 재판을 받는 일은 법인의 청산사무에 포함되므로, 그 사건이 종결될 때까지 법인의 청산사무는 종료되지 않고 형사소송법상 당사자능력도 그대로 존속한다.

【참조조문】 형사소송법 제27조, 제328조 제1항 제2호, 자본시장과 금융투자업에 관한 법률 제17조, 제445조
【참조판례】 대법원 2003. 2. 11. 선고 99다66427, 73371 판결(공2003상, 765)
【전   문】
【피 고 인】 피고인
【상 고 인】 피고인
【변 호 인】 변호사 나승철
【원심판결】 수원지법 2018. 8. 22. 선고 2018노1578 판결

【주   문】

상고를 기각한다.

【이   유】

상고이유를 판단한다.

1. 법인에 대한 청산종결 등기가 되었더라도 청산사무가 종결되지 않는 한 그 범위 내에서는 청산법인으로 존속한다(대법원 2003. 02. 11. 선고 99다66427, 73371 판결 등 참조). 법인의 해산 또는 청산종결 등기 이전에 업무나 재산에 관한 위반행위가 있는 경우에는 청산종결 등기가 된 이후 위반행위에 대한 수사가 개시되거나 공소가 제기되더라도 그에 따른 수사나 재판을 받는 일은 법인의 청산사무에 포함되므로, 그 사건이 종결될 때까지 법인의 청산사무는 종료되지 않고 형사소송법상 당사자능력도 그대로 존속한다.

2. 원심은 다음과 같은 이유로 피고인 주식회사(이하 '피고인 회사'라 한다)에 대한 이 사건 공소사실을 유죄로 인정한 제1심판결을 그대로 유지하였다. 이 사건 약식명령 이전에 피고인 회사에 대한 청산종결 등기가 되었더라도 피고인 회사의 대표자와 사용인이 피고인 회사 존속 중에 그 업무에 관하여 무등록 투자일임업을 하였고, 이 사건 약식명령 청구 당시 피고인 회사의 실질적인 청산사무가 종결되지 않았다. 따라서 피고인 회사는 형사소송법상 당사자능력이 그대로 존속한다.

원심판결 이유를 위에서 본 법리에 비추어 살펴보면, 원심판결에 상고이유 주장과 같이 형사소송법상 법인의 당사자능력에 관한 법리를 오해하거나 형사소송법 제328조 제1항 제2호를 위반한 잘못이 없다.

3. 피고인의 상고는 이유 없으므로 이를 기각하기로 하여, 대법관의 일치된 의견으로 주문과 같이 판결한다.

Ⓑ **대법원 2022. 02. 11. 자 2021모3175 결정 [사건기록열람등사거부처분취소·변경기각결정에 대한재항고]**

【판시사항】

[1] 형사재판확정기록의 공개에 관하여 '공공기관의 정보공개에 관한 법률'에 의한 공개청구가 허용되는지 여부(소극) / 형사재판확정기록의 열람·등사신청 거부나 제한 등에 대한 불복 방법(=준항고) 및 불기소처분으로 종결된 기록의 정보공개청구 거부나 제한 등에 대한 불복 방법(=항고소송)

[2] 형사소송법 제59조의2에서 정한 '재판이 확정된 사건의 소송기록'의 의미 / 해당 형사사건에서 증거로 채택되지 아니하였거나 그 범죄사실과 직접 관련되지 아니한 서류도 재판확정기록에 포함되는지 여부(적극)

【판결요지】

[1] 2007. 6. 1. 신설되어 2008. 1. 1.부터 시행된 형사소송법 제59조의2의 내용과 취지 등을 고려하면, 형사소송법 제59조의2는 재판이 확정된 사건의 소송기록, 즉 형사재판확정기록의 공개 여부나 공개 범위, 불복절차 등에 관하여 공공기관의 정보공개에 관한 법률(이하 '정보공개법'이라 한다)과 달리 규정하고 있는 것으로 정보공개법 제4조 제1항에서 정한 '정보의 공개에 관하여 다른 법률에 특별한 규정이 있는 경우'에 해당한다. 따라서 형사재판확정기록의 공개에 관하여는 정보공개법에 의한 공개청구가 허용되지 않는다. 따라서 형사재판확정기록에 관해서는 형사소송법 제59조의2에 따른 열람·등사신청이 허용되고 그 거부나 제한 등에 대한 불복은 준항고에 의하며, 형사재판확정기록이 아닌 불기소처분으로 종결된 기록에 관해서는 정보공개법에 따른 정보공개청구가 허용되고 그 거부나 제한 등에 대한 불복은 항고소송절차에 의한다.

[2] 형사소송법 제59조의2의 '재판이 확정된 사건의 소송기록'이란 특정 형사사건에 관하여 법원이 작성하거나 검사, 피고인 등 소송관계인이 작성하여 법원에 제출한 서류들로서 재판확정 후 담당 기관이 소정의 방식에 따라 보관하고 있는 서면의 총체라 할 수 있고, 위와 같은 방식과 절차에 따라 보관되고 있는 이상 해당 형사사건에서 증거로 채택되지 아니하였거나 그 범죄사실과 직접 관련되지 아니한 서류라고 하여 재판확정기록에 포함되지 않는다고 볼 것은 아니다.

【참조조문】 [1] 형사소송법 제59조의2, 제416조, 공공기관의 정보공개에 관한 법률 제4조 제1항, 제9조, 제20조 / [2] 형사소송법 제59조의2
【참조판례】 [1] 대법원 2016. 12. 15. 선고 2013두20882 판결(공2017상, 141), 대법원 2017. 3. 15. 선고 2014두7305 판결 / [2] 대법원 2012. 3. 30. 자 2008모481 결정, 대법원 2016. 7. 12. 자 2015모2747 결정
【전 문】【재항고인】 재항고인
【원심결정】 인천지법 2021. 11. 12. 자 2021보3 결정

【주 문】

재항고를 기각한다.

【이 유】

재항고이유를 판단한다.

1. 2007. 6. 1. 신설되어 2008. 1. 1.부터 시행된 형사소송법 제59조의2의 내용과 취지 등을 고려하면, 형사소송법 제59조의2는 재판이 확정된 사건의 소송기록, 즉 형사재판확정기록의 공개 여부나 공개 범위, 불복절차 등에 관하여 「공공기관의 정보공개에 관한 법률」(이하 '정보공개법'이라 한다)과 달리 규정하고 있는 것으로 정보공개법 제4조 제1항에서 정한 '정보의 공개에 관하여 다른 법률에 특별한 규정이 있는 경우'에 해당한다. 따라서 형사재판확정기록의 공개에 관하여는 정보공개법에 의한 공개청구가 허용되지 않는다(대법원 2016. 12. 15. 선고 2013두20882 판결, 대법원 2017. 03. 15. 선고 2014두7305 판결 등 참조). 따라서 형사재판확정기록에 관해서는 형사소송법 제59조의2에 따른 열람·등사신청이 허용되고 그 거부나 제한 등에 대한 불복은 준항고에 의하며, 형사재판확정기록이 아닌 불기소처분으로 종결된 기록(이하 '불기소기록'이라 한다)에 관해서는 정보공개법에 따른 정보공개청구가 허용되고 그 거부나 제한 등에 대한 불복은 항고소송절차에 의한다.
형사소송법 제59조의2의 '재판이 확정된 사건의 소송기록'이란 특정 형사사건에 관하여 법원이 작성하거나 검사, 피고인 등 소송관계인이 작성하여 법원에 제출한 서류들로서 재판확정 후 담당 기관이 소정의 방식에 따라 보관하고 있는 서면의 총체라 할 수 있고, 위와 같은 방식과 절차에 따라 보관되고 있는 이상 해당 형사사건에서 증거로 채택되지 아니하였거나 그 범죄사실과 직접 관련되지 아니한 서류라고 하여 재판확정기록에 포함되지 않는다고 볼 것은 아니다(대법원 2012. 03. 30. 자 2008모481 결정, 대법원 2016. 07. 12. 자 2015모2747 결정 등 참조).

2. 위와 같은 법리에 비추어 살펴보면, 재항고인의 고소로 수사가 개시되어 일부 혐의사실에 대해서 약식기소가 이루어져 약식명령이 발령·확정된 인천지방검찰청 2020년 형제22511호 사건 기록(이하 '이 사건 수사기록'이라 한다)은 일련의 행위인 고소사실에 대해 한꺼번에 수사가 진행되어 서류가 작성된 후 범죄의 구성요건에 해당하는 부분에 관하여 약식기소가 이루어지면서 위와 같이 작성된 기록 일체가 법원에 제출되어 재판확정기록으로 보관되고 있는 기록이므로, 비록 나머지 고소사실에 대해서는 '혐의 없음'의 불기소처분이 있었다고 하더라도, 그 경위에 비추어 이 사건 수사기록 전체가 약식명령이 확정된 사건의 소송기록에 해당한다고 봄이 상당하다(재항고인 역시 이 사건 수사기록이 불기소기록이자 재판확정기록에 해당한다고 표시하여 열람·등사를 신청하였다). 따라서 원심이 이 사건 수사기록이 불기소기록에 해당한다고 보아 그 열람·등사에 관한 검사의 거부처분에 대하여 준항고로 다툴 수 없다고 단정한 것은 잘못이다.

3. 그런데 기록에 비추어 살펴보면, 검사는 정보공개법 제9조 제1항에 따라 기록이 공개될 경우 사건 관계인의 명예나 사생활의 비밀 또는 자유를 침해할 우려가 있거나 생명·신체 및 재산의 보호에 현저한 지장을 초래할 우려가 있고(제3호, 제6호 본문), 사건관계인의 영업비밀이 침해될 우려가 있거나 정당한 이익을 현저히 해칠 우려가 있다는(제7호 본문)사유 등을 들어 이 사건 수사기록의 일부에 대해 열람·등사를 거부한 사실을 알 수 있는바, 검사가 들고 있는 사유는 재판확정기록에 대한 열람·등사를 제한할 수 있는 형사소송법 제59조의2 제2항 제3호, 제6호의 사유와 실질적으로 동일한 내용에 해당되므로, 결국 이 사건 수사기록 중 일부에 대해 불허가처분을 한 검사의 처분은 그 결과에 있어 정당한 것으로 수긍할 수 있고, 원심의 판단에 재판에 영향을 미친 헌법·법률·명령 또는 규칙 위반의 잘못이 있다고 보기 어렵다.

4. 그러므로 재항고를 기각하기로 하여, 관여 대법관의 일치된 의견으로 주문과 같이 결정한다.

Ⓑ 대법원 2022. 05. 26. 선고 2021도2488 판결 [특정경제범죄가중처벌등에관한법률위반(배임)]

【판시사항】

법원이 선임한 부재자 재산관리인이 그 관리대상인 부재자의 재산에 대한 범죄행위에 관하여 법원으로부터 고소권 행사에 관한 허가를 얻은 경우, 형사소송법 제225조 제1항에서 정한 법정대리인으로서 적법한 고소권자에 해당하는지 여부(적극)

【판결요지】

법원이 선임한 부재자 재산관리인이 그 관리대상인 부재자의 재산에 대한 범죄행위에 관하여 법원으로부터 고소권 행사에 관한 허가를 얻은 경우 부재자 재산관리인은 형사소송법 제225조 제1항에서 정한 법정대리인으로서 적법한 고소권자에 해당한다고 보아야 한다. 그 이유는 다음과 같다.

(가) 형사소송법은 "피해자의 법정대리인은 독립하여 고소할 수 있다."라고 정하고 있다(제225조 제1항 참조). 법정대리인이 갖는 대리권의 범위는 법률과 선임 심판의 내용 등을 통해 정해지므로 독립하여 고소권을 가지는 법정대리인의 의미도 법률과 선임 심판의 내용 등을 통해 정해진다.

법원이 선임한 부재자 재산관리인은 법률에 규정된 사람의 청구에 따라 선임된 부재자의 법정대리인에 해당한다. 부재자 재산관리인의 권한은 원칙적으로 부재자의 재산에 대한 관리행위에 한정되나, 부재자 재산관리인은 재산관리를 위하여 필요한 경우 법원의 허가를 받아 관리행위의 범위를 넘는 행위를 하는 것도 가능하고, 여기에는 관리대상 재산에 관한 범죄행위에 대한 형사고소도 포함된다. 따라서 부재자 재산관리인은 관리대상이 아닌 사항에 관해서는 고소권이 없겠지만, 관리대상 재산에 관한 범죄행위에 대하여 법원으로부터 고소권 행사 허가를 받은 경우에는 독립하여 고소권을 가지는 법정대리인에 해당한다.

(나) 고소권은 일신전속적인 권리로서 피해자가 이를 행사하는 것이 원칙이나, 형사소송법이 예외적으로 법정대리인으로 하여금 독립하여 고소권을 행사할 수 있도록 한 이유는 피해자가 고소권을 행사할 것을 기대하기 어려운 경우 피해자와 독립하여 고소권을 행사할 사람을 정하여 피해자를 보호하려는 데 있다.

부재자 재산관리제도의 취지는 부재자 재산관리인으로 하여금 부재자의 잔류재산을 본인의 이익과 더불어 사회경제적 이익을 기하고 나아가 잔존배우자와 상속인의 이익을 위하여 관리하게 하고 돌아올 부재자 본인 또는 그 상속인에게 관리해 온 재산 전부를 인계하도록 하는 데 있다. 부재자는 자신의 재산을 침해하는 범죄에 대하여 처벌을 구하는 의사표시를 하기 어려운 상태에 있다. 따라서 부재자 재산관리인에게 법정대리인으로서 관리대상 재산에 관한 범죄행위에 대하여 고소권을 행사할 수 있도록 하는 것이 형사소송법 제225조 제1항과 부재자 재산관리제도의 취지에 부합한다.

【참조조문】 형법 제328조 제2항, 형사소송법 제223조, 제225조 제1항, 민법 제25조
【참조판례】 대법원 1976. 12. 21. 자 75마551 결정(공1977, 9864)
【전　문】　【피 고 인】피고인　【상 고 인】피고인
【변 호 인】 법무법인 한누리 담당변호사 김주영
【원심판결】 서울고법 2021. 2. 4. 선고 2020노1139 판결

【주　문】

상고를 기각한다.

【이　유】

상고이유(상고이유서 제출기간이 지난 다음 제출된 호소문은 이를 보충하는 범위에서)를 판단한다.

1. 공소사실 요지와 원심판단

가. 이 사건 공소사실 요지는 다음과 같다.

> 피고인과 피해자는 동거하지 않는 자매 사이이다. 피고인은 법원이 선임한 피해자의 부재자 재산관리인으로서 피해자 앞으로 공탁된 수용보상금 1,374,349,100원을 수령하였다. 그 후 법원은 피해자의 부재자 재산관리인을 피고인에서 변호사 공소외인으로 개임하였다. 피고인은 피해자의 부재자 재산관리인으로 있는 동안에는 선량한 관리자의 주의의무로 피해자를 위해 피해자의 재산을 보존하고 이용·개량해야 할 임무가 있고 개임되어 지위를 상실할 경우에는 새롭게 선임된 부재자 재산관리인이 피해자의 재산을 제대로 파악하고 보존·관리할 수 있도록 할 임무가 있다. 그럼에도 피고인은 임무에 위배하여 새롭게 선임된 부재자 재산관리인에게 공탁금의 존재를 알려주지도 않고 인계하지도 않아 재산상 이익을 취득하고 재산상 손해를 가하였다.

나. 원심은 이 사건 공소제기가 다음과 같은 이유로 적법하다고 보고 이 사건 공소사실을 유죄로 판단하였다. 형법 제361조, 제328조 제2항에 따라 고소가 있어야 공소를 제기할 수 있는 이 사건에서, 법원이 선임한 피해자의 부재자 재산관리인인 공소외인이 법원으로부터 고소권 행사에 관하여 허가를 받아 피고인을 고소하였다. 공소외인은 피해자의 법정대리인으로서 적법한 고소권자에 해당하므로, 이 사건 공소제기는 적법하다.

2. 공소제기 절차가 무효라는 상고이유에 관한 판단

가. 법원이 선임한 부재자 재산관리인이 그 관리대상인 부재자의 재산에 대한 범죄행위에 관하여 법원으로부터 고소권 행사에 관한 허가를 얻은 경우 부재자 재산관리인은 형사소송법 제225조 제1항에서 정한 법정대리인으로서 적법한 고소권자에 해당한다고 보아야 한다. 그 이유는 다음과 같다.

> (1) 형사소송법은 "피해자의 법정대리인은 독립하여 고소할 수 있다."라고 정하고 있다(제225조 제1항 참조). 법정대리인이 갖는 대리권의 범위는 법률과 선임 심판의 내용 등을 통해 정해지므로 독립하여 고소권을 가지는 법정대리인의 의미도 법률과 선임 심판의 내용 등을 통해 정해진다.
>
> 법원이 선임한 부재자 재산관리인은 법률에 규정된 사람의 청구에 따라 선임된 부재자의 법정대리인에 해당한다. 부재자 재산관리인의 권한은 원칙적으로 부재자의 재산에 대한 관리행위에 한정되나, 부재자 재산관리인은 재산관리를 위하여 필요한 경우 법원의 허가를 받아 관리행위의 범위를 넘는 행위를 하는 것도 가능하고, 여기에는 관리대상 재산에 관한 범죄행위에 대한 형사고소도 포함된다. 따라서 부재자 재산관리인은 관리대상이 아닌 사항에 관해서는 고소권이 없겠지만, 관리대상 재산에 관한 범죄행위에 대하여 법원으로부터 고소권 행사 허가를 받은 경우에는 독립하여 고소권을 가지는 법정대리인에 해당한다.
>
> (2) 고소권은 일신전속적인 권리로서 피해자가 이를 행사하는 것이 원칙이나, 형사소송법이 예외적으로 법정대리인으로 하여금 독립하여 고소권을 행사할 수 있도록 한 이유는 피해자가 고소권을 행사할 것을 기대하기 어려운 경우 피해자와 독립하여 고소권을 행사할 사람을 정하여 피해자를 보호하려는 데 있다.
>
> 부재자 재산관리제도의 취지는 부재자 재산관리인으로 하여금 부재자의 잔류재산을 본인의 이익과 더불어 사회경제적 이익을 기하고 나아가 잔존배우자와 상속인의 이익을 위하여 관리

하게 하고 돌아올 부재자 본인 또는 그 상속인에게 관리해 온 재산 전부를 인계하도록 하는 데 있다(대법원 1976. 12. 21. 자 75마551 결정 참조). 부재자는 자신의 재산을 침해하는 범죄에 대하여 처벌을 구하는 의사표시를 하기 어려운 상태에 있다. 따라서 부재자 재산관리인에게 법정대리인으로서 관리대상 재산에 관한 범죄행위에 대하여 고소권을 행사할 수 있도록 하는 것이 형사소송법 제225조 제1항과 부재자 재산관리제도의 취지에 부합한다.

나. 원심은, 법원이 선임한 피해자의 부재자 재산관리인인 공소외인이 법원으로부터 고소권 행사에 관한 허가를 받아 피고인을 고소한 이상 그 고소는 적법하다고 판단하였다. 원심판결 이유를 위에서 본 법리에 비추어 보면, 원심판결은 정당하고 상고이유 주장과 같이 형사소송법 제225조 제1항에서 정한 법정대리인과 친족상도례에 관한 법리를 오해한 잘못이 없다.

3. 나머지 상고이유에 관한 판단

원심은 이 사건 공소사실을 유죄로 판단하였다. 원심판결 이유를 관련 법리와 적법하게 채택된 증거에 비추어 살펴보면, 원심판결에 논리와 경험의 법칙에 반하여 자유심증주의의 한계를 벗어나거나 배임죄의 고의와 재산상 손해발생의 위험에 관한 법리를 오해하여 판결에 영향을 미친 잘못이 없다.

4. 결 론

피고인의 상고는 이유 없어 이를 기각하기로 하여, 대법관의 일치된 의견으로 주문과 같이 판결한다.

제2장 수사 및 공소제기

● 대법원 2020. 11. 26. 선고 2020도10729 판결 [성폭력범죄의처벌등에관한특례법위반(카메라등이용촬영)]

【판시사항】

[1] 저장매체에 대한 압수·수색 과정에서 전자정보가 담긴 저장매체, 하드카피나 이미징(imaging) 등 형태(복제본)를 수사기관 사무실 등으로 옮겨 복제·탐색·출력하는 경우, 피압수자나 변호인에게 참여 기회를 보장하고 혐의사실과 무관한 전자정보의 임의적인 복제 등을 막기 위한 적절한 조치를 취하여야 하는지 여부(적극) 및 이러한 조치를 취하지 않은 경우, 압수·수색의 적법 여부(원칙적 소극) / 이는 수사기관이 저장매체 또는 복제본에서 혐의사실과 관련된 전자정보만을 복제·출력한 경우에도 마찬가지인지 여부(적극)

[2] 형사소송법 제219조, 제121조에서 규정한 변호인의 참여권이 피압수자의 보호를 위하여 변호인에게 주어진 고유권인지 여부(적극) / 피압수자가 수사기관에 압수·수색영장의 집행에 참여하지 않는다는 의사를 명시한 경우, 그 변호인에게는 미리 집행의 일시와 장소를 통지하는 등으로 압수·수색영장의 집행에 참여할 기회를 별도로 보장하여야 하는지 여부(원칙적 적극)

[3] 위법수집증거 배제 원칙을 명시한 형사소송법 제308조의2의 취지 / 적법한 절차에 따르지 않고 수집한 증거 및 이를 기초로 하여 획득한 2차적 증거의 증거능력 유무(원칙적 소극) / 위법수집증거 및 이를 기초로 하여 획득한 2차적 증거의 증거능력을 예외적으로 인정할 수 있는 경우와 그 판단 기준

【판결요지】

[1] 수사기관이 압수·수색영장을 집행할 때에는 피압수자 또는 변호인은 그 집행에 참여할 수 있다(형사소송법 제219조, 제121조). 저장매체에 대한 압수·수색 과정에서 범위를 정하여 출력·복제하는 방법이 불가능하거나 압수의 목적을 달성하기에 현저히 곤란한 예외적인 사정이 인정되어 전자정보가 담긴 저장매체, 하드카피나 이미징(imaging) 등 형태(이하 '복제본'이라 한다)를 수사기관 사무실 등으로 옮겨 복제·탐색·출력하는 경우에도, 피압수자나 변호인에게 참여 기회를 보장하고 혐의사실과 무관한 전자정보의 임의적인 복제 등을 막기 위한 적절한 조치를 취하는 등 영장주의 원칙과 적법절차를 준수하여야 한다. 만일 그러한 조치를 취하지 않았다면 피압수자 측이 위와 같은 절차나 과정에 참여하지 않는다는 의사를 명시적으로 표시하였거나 절차 위반행위가 이루어진 과정의 성질과 내용 등에 비추어 피압수자에게 절차 참여를 보장한 취지가 실질적으로 침해되었다고 볼 수 없을 정도에 해당한다는 등의 특별한 사정이 없는 이상 압수·수색이 적법하다고 할 수 없다. 이는 수사기관이 저장매체 또는 복제본에서 혐의사실과 관련된 전자정보만을 복제·출력한 경우에도 마찬가지이다.

[2] 형사소송법 제219조, 제121조가 규정한 변호인의 참여권은 피압수자의 보호를 위하여 변호인에게 주어진 고유권이다. 따라서 설령 피압수자가 수사기관에 압수·수색영장의 집행에 참여하지 않는다는 의사를 명시하였다고 하더라도, 특별한 사정이 없는 한 그 변호인에게는 형사소송법 제219조, 제122조에 따라 미리 집행의 일시와 장소를 통지하는 등으로 압수·수색영장의 집행에 참여할 기회를 별도로 보장하여야 한다.

[3] 형사소송법 제308조의2는 '적법한 절차에 따르지 아니하고 수집한 증거는 증거로 할 수 없다'고 정하고 있다. 이는 위법한 압수·수색을 비롯한 수사 과정의 위법행위를 억제하고 재발을 방지함으로써 국민의 기본적 인권 보장이라는 헌법 이념을 실현하고자 위법수집증거 배제 원칙을 명시한 것이다. 헌법 제12조는 기본적 인권을 보장하기 위하여 압수·수색에 관한 적법절차와 영장주의 원칙을 선언하고 있고, 형사소송법은 이를 이어받아 실체적 진실 규명과 개인의 권리보호 이념을 조화롭게 실현할 수 있도록 압수·수색절차에 관한 구체적 기준을 마련하고 있다. 이러한 헌법과 형사소송법의 규범력을 확고하게 유지하고 수사 과정의 위법행위를 억제할 필요가 있으므로, 적법한 절차에 따르지 않고 수집한 증거는 물론 이를 기초로 하여 획득한 2차적 증거 또한 기본적 인권 보장을 위해 마련된 적법한 절차에 따르지 않고 확보한 것으로서 원칙적으로 유죄 인정의 증거로 삼을 수 없다고 보아야 한다.

그러나 법률에 정해진 절차에 따르지 않고 수집한 증거라는 이유만을 내세워 획일적으로 증거능력을 부정하는 것은 헌법과 형사소송법의 목적에 맞지 않는다. 실체적 진실 규명을 통한 정당한 형벌권의 실현도 헌법과 형사소송법이 형사소송절차를 통하여 달성하려는 중요한 목표이자 이념이기 때문이다. 수사기관의 절차 위반행위가 적법절차의 실질적인 내용을 침해하는 경우에 해당하지 않고, 오히려 증거능력을 배제하는 것이 헌법과 형사소송법이 형사소송에 관한 절차 조항을 마련하여 적법절차의 원칙과 실체적 진실 규명의 조화를 도모하고 이를 통하여 형사 사법 정의를 실현하려 한 취지에 반하는 결과를 초래하는 것으로 평가되는 예외적인 경우라면, 법원은 그 증거를 유죄 인정의 증거로 사용할 수 있다고 보아야 한다. 이에 해당하는지는 수사기관의 증거 수집 과정에서 이루어진 절차 위반행위와 관련된 모든 사정, 즉 절차 조항의 취지, 위반 내용과 정도, 구체적인 위반 경위와 회피가능성, 절차 조항이 보호하고자 하는 권리나 법익의 성질과 침해 정도, 이러한 권리나 법익과 피고인 사이의 관련성, 절차위반행위와 증거 수집 사이의 관련성, 수사기관의 인식과 의도 등을 전체적·종합적으로 고찰하여 판단해야 한다. 이러한 법리는 적법한 절차에 따르지 않고 수집한 증거를 기초로 하여 획득한 2차적 증거에 대해서도 마찬가지로 적용되므로, 절차에 따르지 않은 증거 수집과 2차적 증거 수집 사이 인과관계의 희석이나 단절 여부를 중심으로 2차적 증거 수집과 관련된 모든 사정을 전체적·종합적으로 고려하여 예외적인 경우에는 유죄 인정의 증거로 사용할 수 있다.

【참조조문】[1] 헌법 제12조, 형사소송법 제121조, 제219조 / [2] 형사소송법 제121조, 제122조, 제219조 [3] 헌법 제12조, 형사소송법 제307조, 제308조의2
【참조판례】[1] 대법원 2015. 7. 16.자 2011모1839 전원합의체 결정(공2015하, 1274), 대법원 2017. 9. 21. 선고 2015도12400 판결(공2017하, 2033) [3] 대법원 2007. 11. 15. 선고 2007도3061 전원합의체 판결(공2007하, 1974), 대법원 2013. 3. 14. 선고 2010도2094 판결(공2013상, 688), 대법원 2015. 1. 22. 선고 2014도10978 전원합의체 판결(공2015상, 357), 대법원 2019. 7. 11. 선고 2018도20504 판결(공2019하, 1609)

【전   문】【피 고 인】피고인 【상 고 인】검사 【변 호 인】변호사 박종민
【원심판결】의정부지법 2020. 7. 16. 선고 2020노481 판결

【주   문】

원심판결 중 무죄 부분을 파기하고, 이 부분 사건을 의정부지방법원에 환송한다.

【이   유】

상고이유를 판단한다.

1.

가. 수사기관이 압수·수색영장을 집행할 때에는 피압수자 또는 변호인은 그 집행에 참여할 수 있다(형사소송법 제219조, 제121조). 저장매체에 대한 압수·수색 과정에서 범위를 정하여 출력·복제하는 방법이 불가능하거나 압수의 목적을 달성하기에 현저히 곤란한 예외적인 사정이 인정되어 전자정보가 담긴 저장매체, 하드카피나 이미징(imaging) 등 형태(이하 '복제본'이라 한다)를 수사기관 사무실 등으로 옮겨 복제·탐색·출력하는 경우에도, 피압수자나 변호인에게 참여 기회를 보장하고 혐의사실과 무관한 전자정보의 임의적인 복제 등을 막기 위한 적절한 조치를 취하는 등 영장주의 원칙과 적법절차를 준수하여야 한다. 만일 그러한 조치를 취하지 않았다면 피압수자 측이 위와 같은 절차나 과정에 참여하지 않는다는 의사를 명시적으로 표시하였거나 절차 위반행위가 이루어진 과정의 성질과 내용 등에 비추어 피압수자에게 절차 참여를 보장한 취지가 실질적으로 침해되었다고 볼 수 없을 정도에 해당한다는 등의 특별한 사정이 없는 이상 압수·수색이 적법하다고 할 수 없다. 이는 수사기관이 저장매체 또는 복제본에서 혐의사실과 관련된 전자정보만을 복제·출력한 경우에도 마찬가지이다(대법원 2015. 07. 16.자 2011모1839 전원합의체 결정, 대법원 2017. 09. 21. 선고 2015도12400 판결 등 참조).

한편 형사소송법 제219조, 제121조가 규정한 변호인의 참여권은 피압수자의 보호를 위하여 변호인에게 주어진 고유권이다. 따라서 설령 피압수자가 수사기관에 압수·수색영장의 집행에 참여하지 않는다는 의사를 명시하였다고 하더라도, 특별한 사정이 없는 한 그 변호인에게는 형사소송법 제219조, 제122조에 따라 미리 집행의 일시와 장소를 통지하는 등으로 압수·수색영장의 집행에 참여할 기회를 별도로 보장하여야 한다.

나. 형사소송법 제308조의2는 '적법한 절차에 따르지 아니하고 수집한 증거는 증거로 할 수 없다'고 정하고 있다. 이는 위법한 압수·수색을 비롯한 수사 과정의 위법행위를 억제하고 재발을 방지함으로써 국민의 기본적 인권 보장이라는 헌법 이념을 실현하고자 위법수집증거 배제 원칙을 명시한 것이다(대법원 2013. 03. 14. 선고 2010도2094 판결, 대법원 2019. 07. 11. 선고 2018도20504 판결 등 참조). 헌법 제12조는 기본적 인권을 보장하기 위하여 압수·수색에 관한 적법절차와 영장주의 원칙을 선언하고 있고, 형사소송법은 이를 이어받아 실체적 진실 규명과 개인의 권리보호 이념을 조화롭게 실현할 수 있도록 압수·수색절차에 관한 구체적 기준을 마련하고 있

다. 이러한 헌법과 형사소송법의 규범력을 확고하게 유지하고 수사 과정의 위법행위를 억제할 필요가 있으므로, 적법한 절차에 따르지 않고 수집한 증거는 물론 이를 기초로 하여 획득한 2차적 증거 또한 기본적 인권 보장을 위해 마련된 적법한 절차에 따르지 않고 확보한 것으로서 원칙적으로 유죄 인정의 증거로 삼을 수 없다고 보아야 한다.

그러나 법률에 정해진 절차에 따르지 않고 수집한 증거라는 이유만을 내세워 획일적으로 증거능력을 부정하는 것은 헌법과 형사소송법의 목적에 맞지 않는다. 실체적 진실 규명을 통한 정당한 형벌권의 실현도 헌법과 형사소송법이 형사소송절차를 통하여 달성하려는 중요한 목표이자 이념이기 때문이다. 수사기관의 절차 위반행위가 적법절차의 실질적인 내용을 침해하는 경우에 해당하지 않고, 오히려 증거능력을 배제하는 것이 헌법과 형사소송법이 형사소송에 관한 절차 조항을 마련하여 적법절차의 원칙과 실체적 진실 규명의 조화를 도모하고 이를 통하여 형사 사법 정의를 실현하려 한 취지에 반하는 결과를 초래하는 것으로 평가되는 예외적인 경우라면, 법원은 그 증거를 유죄 인정의 증거로 사용할 수 있다고 보아야 한다. 이에 해당하는지는 수사기관의 증거 수집 과정에서 이루어진 절차 위반행위와 관련된 모든 사정, 즉 절차 조항의 취지, 위반 내용과 정도, 구체적인 위반 경위와 회피가능성, 절차 조항이 보호하고자 하는 권리나 법익의 성질과 침해 정도, 이러한 권리나 법익과 피고인 사이의 관련성, 절차 위반행위와 증거 수집 사이의 관련성, 수사기관의 인식과 의도 등을 전체적·종합적으로 고찰하여 판단해야 한다. 이러한 법리는 적법한 절차에 따르지 않고 수집한 증거를 기초로 하여 획득한 2차적 증거에 대해서도 마찬가지로 적용되므로, 절차에 따르지 않은 증거 수집과 2차적 증거 수집 사이 인과관계의 희석이나 단절 여부를 중심으로 2차적 증거 수집과 관련된 모든 사정을 전체적·종합적으로 고려하여 예외적인 경우에는 유죄 인정의 증거로 사용할 수 있다(대법원 2007. 11. 15. 선고 2007도3061 전원합의체 판결, 대법원 2015. 01. 22. 선고 2014도10978 전원합의체 판결, 대법원 2019. 07. 11. 선고 2018도20504 판결 등 참조).

2.

가. 이 사건 쟁점 공소사실의 요지는 다음과 같다.

피고인은 2019년 이하 불상경 의정부시 (주소 생략)에 있는 '○○노래연습장'의 화장실에서 그곳 용변 칸 안에 있는 쓰레기통 바깥쪽에 테이프를 이용하여 비닐로 감싼 소형 카메라를 부착하고, 위 카메라에 연결된 보조배터리를 쓰레기통 안쪽에 부착한 다음 녹화 버튼을 누르는 방법으로, 위 화장실에서 용변을 보는 성명불상 여성의 엉덩이와 음부를 촬영한 것을 비롯하여 2013년경부터 2019년경까지 원심 판시 범죄일람표 순번 1 내지 296 기재와 같이 총 296회에 걸쳐 피해자들이 화장실에서 용변을 보는 모습을 촬영하였다. 이로써 피고인은 카메라나 그 밖에 이와 유사한 기능을 갖춘 기계장치를 이용하여 성적 욕망 또는 수치심을 유발할 수 있는 다른 사람의 신체를 그 의사에 반하여 촬영하였다.

나. 원심은 다음과 같은 이유로 이 부분 공소사실에 대하여 범죄사실의 증명이 없는 때에 해당한다고 보아, 이를 유죄로 인정한 제1심판결을 파기하고 무죄로 판단하였다.

1) 수사기관이 피고인의 국선변호인에게 미리 집행의 일시와 장소를 통지하지 않은 채 2019. 10. 30. 수사기관 사무실에서 저장매체를 탐색·복제·출력하는 방식으로 압수·수색영장을

집행하여 적법절차를 위반하였다.

2) 당시 피고인이 구속상태였던 점과 형사소송법 제219조, 제121조에서 정한 참여절차의 중요성을 고려하면, 위와 같은 적법절차 위반은 그 정도가 무겁다.

3) 따라서 위법한 압수·수색을 통해 수집된 동영상 캡처 출력물 등은 형사소송법 제308조의2에 따라 증거로 사용할 수 없고, 피고인의 자백 또한 위 증거들에 터 잡은 결과물이거나 이 부분 공소사실의 유일한 증거여서 형사소송법 제308조의2 또는 형사소송법 제310조에 따라 유죄의 증거로 사용할 수 없다.

3. 원심의 위와 같은 판단은 다음과 같은 이유에서 그대로 수긍하기 어렵다.

가. 원심판결 이유와 기록에 의하면, 다음과 같은 사실을 알 수 있다.

1) 경기의정부경찰서 소속 사법경찰관 공소외 1 경위는 2019. 10. 25. 09:00경 피고인의 주거지에서 의정부지방법원 판사가 발부한 2019. 10. 24.자 압수·수색·검증영장(이하 '이 사건 영장'이라 한다)에 기초하여 피고인 소유의 컴퓨터 본체 1대(이하 '이 사건 컴퓨터'라 한다), 갤◇◇◇노트8 휴대전화 1대(이하 '이 사건 휴대전화'라 한다)를 경찰서로 반출하는 방식으로 압수하였다.

2) 당시 피고인은 이 사건 컴퓨터 및 휴대전화에 대한 각 원본반출확인서 중 '본인은 디지털기기·저장매체 봉인 과정에 참여하여 봉인에 이상이 없음을 확인하였고, 봉인 해제, 복제본의 획득, 디지털기기·저장매체 또는 복제본에 대한 탐색·복제·출력 과정에 참여할 수 있음을 고지받았으며, 위 과정에 참여하지 않겠습니다'라고 기재된 부분에 자필로 'V' 표시를 하고 서명·무인을 하였다.

3) 그 직후 시행된 제1회 경찰 피의자신문에서, 피고인은 '4~5년 전부터 피시방, 노래방 등 화장실 쓰레기통에 인터넷으로 구매한 몰래카메라를 설치하여 여성의 음부 등을 촬영하였고, 그 영상을 이 사건 컴퓨터 하드디스크에 저장해 두었다'라고 진술하였다.

4) 경기의정부경찰서 소속 공소외 2 경장은 2019. 10. 25. 이 사건 컴퓨터의 하드디스크를 탐색하여 피고인이 몰래카메라로 촬영한 것으로 보이는 다수의 동영상 파일 등을 발견한 후 그 취지 등을 담은 수사보고를 작성하고, 거기에 동영상 파일이 저장된 폴더 화면을 촬영한 사진을 첨부하였다.

5) 한편 검사는 2019. 10. 25. 피고인에 대한 구속영장을 청구하였고, 의정부지방법원 판사는 2019. 10. 26. 피고인의 국선변호인으로 공소외 3 변호사를 선정한 다음 피고인에 대한 구속 전 피의자 심문을 거쳐 구속영장을 발부하였다.

6) 피고인은 2019. 10. 29. 제2회 경찰 피의자신문에서 '2011년경부터 2019년경까지 이 사건 쟁점 공소사실 기재 각 범행 장소를 포함하여 피시방, 병원, 노래방 등 총 여섯 곳의 화장실에 몰래카메라를 설치하여 타인의 신체를 촬영하였다'라고 진술하면서 연도별 범행 장소를 특정하였다.

7) 경기의정부경찰서 소속 공소외 1 경위, 공소외 4 경사, 공소외 2 경장은 2019. 10. 30. 그들의 사무실에서 이 사건 컴퓨터에 내장된 세 개의 하드디스크를 한 개씩 맡아 탐색한 후, 각자

자신이 찾은 불법 촬영 동영상의 재생장면(각 동영상 파일별로 1개의 장면)을 캡처하여 해당 동영상 파일 정보를 캡처한 이미지와 함께 출력하였다(위 출력물을 모두 합하여 이하 '이 사건 출력물'이라 한다).

8) 그런데 수사기관은 피고인의 국선변호인에 대하여 위와 같은 이 사건 컴퓨터의 탐색·복제 및 이 사건 출력물의 생성절차에 관한 사전통지를 하지 않았고, 피고인이나 위 국선변호인이 위 절차에 참여하지도 않았다.

나. 위와 같은 사실관계를 앞서 본 법리에 비추어 살펴보면, 설령 피고인이 수사기관에 이 사건 컴퓨터의 탐색·복제·출력 과정에 참여하지 않겠다는 의사를 표시하였다고 하더라도, 수사기관으로서는 2019. 10. 30. 수사기관 사무실에서 저장매체인 이 사건 컴퓨터를 탐색·복제·출력하기에 앞서 피고인의 국선변호인에게 그 집행의 일시와 장소를 통지하는 등으로 위 절차에 참여할 기회를 제공하였어야 함에도 그러지 않았다. 따라서 원심이 이 사건 영장을 집행한 수사기관이 압수절차를 위반하였다고 판단한 것은 정당하고, 원심의 위와 같은 판단에 논리와 경험의 법칙을 위반하여 자유심증주의의 한계를 벗어나거나 변호인의 참여권의 성질에 관한 법리를 오해한 위법이 없다.

다.
1) 그러나 위와 같은 사실관계 및 기록을 통하여 알 수 있는 다음과 같은 사정을 모두 종합하여 보면, 수사기관의 위와 같은 절차 위반행위가 적법절차의 실질적인 내용을 침해하는 경우에 해당하지 않고, 오히려 이 사건 영장의 집행을 통해 수집된 증거의 증거능력을 배제하는 것이 헌법과 형사소송법이 형사소송에 관한 절차 조항을 마련하여 적법절차의 원칙과 실체적 진실 규명의 조화를 도모하고 이를 통하여 형사 사법 정의를 실현하려 한 취지에 반하는 결과를 초래하는 것으로 평가되는 예외적인 경우에 해당한다고 볼 여지가 충분하다.

가) 수사기관은 2019. 10. 25. 당시 피압수자로서 유일한 참여권자이던 피고인으로부터 이 사건 컴퓨터의 탐색·복제·출력 과정에 참여하지 않겠다는 의사를 확인한 후 이 사건 컴퓨터에 대한 탐색을 시작하였다. 위 탐색 당시 '이 사건 컴퓨터 하드디스크에 불법 촬영 영상물이 저장되어 있다'는 피고인의 진술도 나온 상태였다.

나) 그 후 피고인의 국선변호인이 선정될 무렵에는 이미 수사기관이 이 사건 컴퓨터에 대한 탐색을 어느 정도 진행하여 압수 대상 전자정보가 저장된 폴더의 위치 정도는 파악하고 있었던 것으로 보인다.

다) 피고인의 국선변호인이 수사기관에 이 사건 영장의 집행 상황을 문의하거나 그 과정에의 참여를 요구한 바 없다.

라) 이 사건 영장 집행 당시 피압수자의 참여 포기 또는 거부 의사에도 불구하고 압수·수색 절차 개시 후 선임 또는 선정된 그 변호인에게 별도의 사전통지를 하여야 한다는 점에 관하여 판례나 수사기관 내부의 지침이 확립되어 있었던 것은 아니다.

마) 수사기관은 이 사건 영장의 집행 과정에서 피고인이 2011년경부터 피시방, 노래방 등의 화장실에 설치해 둔 몰래카메라를 통해 수백 명에 이르는 피해자들의 신체를 촬영해 둔 영상물을 압수하였고, 그중 296건에 대한 범행을 기소하였다(이 사건 쟁점 공소사실이다). 피고인은 수사기관 및 법정에서 위 범행을 모두 자백하였다.

2) 그렇다면 원심으로서는 이 사건 영장에 따른 압수·수색의 경위, 이 사건 영장의 집행 당시에 시행되던 전자정보에 대한 압수절차 관련 규정, 압수된 증거의 입증 취지, 절차 위반에 이른 경위와 그에 대한 수사기관의 인식과 의도, 이 사건 범행의 내용과 죄질 등을 종합적으로 고려하여 위법수집증거 배제 원칙의 예외에 해당하는지 여부를 신중히 판단하였어야 한다.

그런데도 원심은 판시와 같은 이유만으로 이 사건 영장에 따른 압수·수색을 통해 수집된 증거들을 유죄의 증거로 사용할 수 없다고 단정하여 이 사건 쟁점 공소사실을 무죄로 판단하였다. 이와 같은 원심의 판단에는 위법수집증거 배제 원칙의 예외에 관한 법리를 오해하여 필요한 심리를 다하지 않은 위법이 있다. 이를 지적하는 검사의 상고이유는 이유 있다.

4. 그러므로 원심판결 중 무죄 부분을 파기하고, 이 부분 사건을 다시 심리·판단하도록 원심법원에 환송하기로 하여, 관여 대법관의 일치된 의견으로 주문과 같이 판결한다.

● 대법원 2021. 02. 25 선고 2020도3694 판결 [상습폭행(인정된 죄명: 폭행)·아동복지법위반(상습아동학대)[인정된 죄명: 아동복지법위반(아동학대)]]

【판시사항】

[1] 공소시효를 정지·연장·배제하는 특례조항을 신설하면서 소급적용에 관한 명시적인 경과규정을 두지 않은 경우, 그 조항을 소급하여 적용할 수 있는지 판단하는 방법

[2] 아동학대범죄의 공소시효 정지 규정인 아동학대범죄의 처벌 등에 관한 특례법 제34조의 취지 / 같은 법 제34조 제1항은 완성되지 않은 공소시효의 진행을 일정한 요건에서 장래를 향하여 정지시키는 것인지 여부(적극) 및 그 시행일 당시 범죄행위가 종료되었으나 아직 공소시효가 완성되지 않은 아동학대범죄에 대해서도 적용되는지 여부(적극)

【판결요지】

[1] 공소시효를 정지·연장·배제하는 특례조항을 신설하면서 소급적용에 관한 명시적인 경과규정을 두지 않은 경우 그 조항을 소급하여 적용할 수 있는지에 관해서는 보편타당한 일반원칙이 존재하지 않고, 적법절차원칙과 소급금지원칙을 천명한 헌법 제12조 제1항과 제13조 제1항의 정신을 바탕으로 하여 법적 안정성과 신뢰보호원칙을 포함한 법치주의 이념을 훼손하지 않는 범위에서 신중히 판단해야 한다.

[2] 아동학대범죄의 처벌 등에 관한 특례법(2014. 1. 28. 제정되어 2014. 9. 29. 시행되었으며, 이하 '아동학대처벌법'이라 한다)은 아동학대범죄의 처벌에 관한 특례 등을 정함으로써 아동을 보호하여 아동이 건강한 사회 구성원으로 성장하도록 함을 목적으로 다음과 같은 규정을 두고 있다. 제2조 제4호 (타)목은 아동복지법 제71조 제1항 제2호, 제17조 제3호에서 정한 '아동의 신체에 손상을 주거나 신체의 건강 및 발달을 해치는 신체적 학대행위'를 아동학대범죄의 하나로 정하고 있다. 제34조

는 '공소시효의 정지와 효력'이라는 제목으로 제1항에서 "아동학대범죄의 공소시효는 형사소송법 제252조에도 불구하고 해당 아동학대범죄의 피해아동이 성년에 달한 날부터 진행한다."라고 정하고, 부칙은 "이 법은 공포 후 8개월이 경과한 날부터 시행한다."라고 정하고 있다. 아동학대처벌법은 신체적 학대행위를 비롯한 아동학대범죄로부터 피해아동을 보호하기 위한 것으로서, 제34조는 아동학대범죄가 피해아동의 성년에 이르기 전에 공소시효가 완성되어 처벌대상에서 벗어나는 것을 방지하고자 그 진행을 정지시킴으로써 피해를 입은 18세 미만 아동(아동학대처벌법 제2조 제1호, 아동복지법 제3조 제1호)을 실질적으로 보호하려는 데 취지가 있다.

아동학대처벌법은 제34조 제1항의 소급적용에 관하여 명시적인 경과규정을 두고 있지는 않다. 그러나 이 규정의 문언과 취지, 아동학대처벌법의 입법 목적, 공소시효를 정지하는 특례조항의 신설·소급에 관한 법리에 비추어 보면, 이 규정은 완성되지 않은 공소시효의 진행을 일정한 요건에서 장래를 향하여 정지시키는 것으로서, 그 시행일인 2014. 9. 29. 당시 범죄행위가 종료되었으나 아직 공소시효가 완성되지 않은 아동학대범죄에 대해서도 적용된다고 봄이 타당하다.

한편 대법원 2015. 5. 28. 선고 2015도1362, 2015전도19 판결은 공소시효의 배제를 규정한 구 성폭력범죄의 처벌 등에 관한 특례법(2012. 12. 18. 법률 제11556호로 전부 개정되기 전의 것) 제20조 제3항에 대한 것으로, 공소시효의 적용을 영구적으로 배제하는 것이 아니고 공소시효의 진행을 장래에 향하여 정지시키는 데 불과한 아동학대처벌법 제34조 제1항의 위와 같은 해석·적용에 방해가 되지 않는다.

【참조조문】 [1] 헌법 제12조 제1항, 제13조 제1항 / [2] 아동학대범죄의 처벌 등에 관한 특례법 제1조, 제2조 제1호, 제4호 (타)목, 제34조 제1항, 부칙(2014. 1. 28.), 아동복지법 제3조 제1호, 제17조 제3호, 제71조 제1항 제2호, 구 성폭력범죄의 처벌 등에 관한 특례법(2012. 12. 18. 법률 제11556호로 전부 개정되기 전의 것) 제20조 제3항(현행 제21조 제3항 참조), 형사소송법 제252조
【참조판례】 [1][2] 대법원 2015. 5. 28. 선고 2015도1362, 2015전도19 판결(공2015하, 933) / [2] 대법원 2016. 9. 28. 선고 2016도7273 판결(공2016하, 1650)
【전   문】 【피 고 인】 피고인   【상 고 인】 피고인 및 검사
【변 호 인】 법무법인(유한) 화우 담당변호사 이광욱 외 1인
【원심판결】 서울서부지법 2020. 2. 13. 선고 2018노1659 판결

【주   문】

원심판결 중 원심판결 별지 2 범죄일람표 순번 1~10 기재 아동복지법 위반(아동학대) 부분과 유죄 부분을 파기하여, 이 부분 사건을 서울서부지방법원에 환송한다. 검사의 나머지 상고를 기각한다.

【이   유】

1. 직권으로 판단한다.

가. 원심은 원심판결 별지 2 범죄일람표 순번 1, 5, 6, 7, 9, 10 기재 공소외 1에 대한 아동복지법 위반(아동학대) 부분에 대하여 공소시효가 완성되었다고 판단하였다.

나. 이 부분 공소사실의 요지는 다음과 같다.

피고인은 공소외 2와 재혼한 부부 사이로, 공소외 2와 전남편 사이의 아들인 피해자 공소외 1(생년월일 생략)을 친양자 입양하였다. 피고인은 2008. 3. 2.경 공소외 2의 주거지인 서울 서초구 (주소 1 생략)에서 피해자 공소외 1(당시 만 5세)이 피고인과 함께 자는 것을 거부하고 운다는 등의 이유로 손으로 피해자 공소외 1의 얼굴을 때려 폭행한 것을 비롯하여 원심판결 별지 2 범죄일람표 순번 1, 5, 6, 7, 9, 10 기재와 같이 6회에 걸쳐 아동의 신체에 손상을 주거나 신체의 건강과 발달을 해치는 신체적 학대행위를 하고 아동의 정신건강과 발달에 해를 끼치는 정서적 학대행위를 하였다.

다. 이러한 행위는 구 아동복지법(2014. 1. 28. 법률 제12361호로 개정되기 전의 것) 제71조 제1항 제2호, 제17조 제3호, 제5호에 해당하는 범죄로서, 법정형이 '5년 이하의 징역 또는 3,000만 원 이하의 벌금'이므로 형사소송법 제249조 제1항 제4호가 적용되어 공소시효 기간은 범죄행위가 종료한 때부터 7년이다. 이 사건 공소는 2017. 10. 18. 제기되었다.

공소시효를 정지·연장·배제하는 특례조항을 신설하면서 소급적용에 관한 명시적인 경과규정을 두지 않은 경우 그 조항을 소급하여 적용할 수 있는지에 관해서는 보편타당한 일반원칙이 존재하지 않고, 적법절차원칙과 소급금지원칙을 천명한 헌법 제12조 제1항과 제13조 제1항의 정신을 바탕으로 하여 법적 안정성과 신뢰보호원칙을 포함한 법치주의 이념을 훼손하지 않는 범위에서 신중히 판단해야 한다(대법원 2015. 05. 28. 선고 2015도1362, 2015전도19 판결 참조).

「아동학대범죄의 처벌 등에 관한 특례법」(2014. 1. 28. 제정되어 2014. 9. 29. 시행되었으며, 이하 '아동학대처벌법'이라 한다)은 아동학대범죄의 처벌에 관한 특례 등을 정함으로써 아동을 보호하여 아동이 건강한 사회 구성원으로 성장하도록 함을 목적으로 다음과 같은 규정을 두고 있다. 제2조 제4호 (타)목은 아동복지법 제71조 제1항 제2호, 제17조 제3호에서 정한 '아동의 신체에 손상을 주거나 신체의 건강 및 발달을 해치는 신체적 학대행위'를 아동학대범죄의 하나로 정하고 있다. 제34조는 '공소시효의 정지와 효력'이라는 제목으로 제1항에서 "아동학대범죄의 공소시효는 형사소송법 제252조에도 불구하고 해당 아동학대범죄의 피해아동이 성년에 달한 날부터 진행한다."라고 정하고, 부칙은 "이 법은 공포 후 8개월이 경과한 날부터 시행한다."라고 정하고 있다. 아동학대처벌법은 신체적 학대행위를 비롯한 아동학대범죄로부터 피해아동을 보호하기 위한 것으로서, 제34조는 아동학대범죄가 피해아동의 성년에 이르기 전에 공소시효가 완성되어 처벌대상에서 벗어나는 것을 방지하고자 그 진행을 정지시킴으로써 피해를 입은 18세 미만 아동(아동학대처벌법 제2조 제1호, 아동복지법 제3조 제1호)을 실질적으로 보호하려는 데 그 취지가 있다.

아동학대처벌법은 제34조 제1항의 소급적용에 관하여 명시적인 경과규정을 두고 있지는 않다. 그러나 이 규정의 문언과 취지, 아동학대처벌법의 입법 목적, 공소시효를 정지하는 특례조항의 신설·소급에 관한 법리에 비추어 보면, 이 규정은 완성되지 않은 공소시효의 진행을 일정한 요건에서 장래를 향하여 정지시키는 것으로서, 그 시행일인 2014. 9. 29. 당시 범죄행위가 종료되었으나 아직 공소시효가 완성되지 않은 아동학대범죄에 대해서도 적용된다고 봄이 타당하다(대법원 2016. 09. 28. 선고 2016도7273 판결 참조).

한편 대법원 2015. 05. 28. 선고 2015도1362, 2015전도19 판결은 공소시효의 배제를 규정한 구 「성폭력범죄의 처벌 등에 관한 특례법」(2012. 12. 18. 법률 제11556호로 전부 개정되기 전의 것) 제20조 제3항에 대한 것으로, 공소시효의 적용을 영구적으로 배제하는 것이 아니고 공소시효의 진행을 장래에 향하여 정지시키는 데 불과한 아동학대처벌법 제34조 제1항의 위와 같은 해석·적용에 방해가 되지 않는다.

라. 위와 같은 사실관계를 위 법리에 비추어 다음과 같은 결론이 도출된다.

이 부분 공소사실에 기재된 행위에 관해서는 아동학대처벌법 제34조 제1항의 시행일 당시 아직 7년의 공소시효가 완성되지 않은 상태여서 공소시효가 정지되었다. 이 사건 공소가 제기된 2017. 10. 18.까지 (생년월일 생략)생인 피해자 공소외 1이 성년에 달하지 않아 공소시효의 기간이 지나지 않았음이 명백하다. 따라서 이 부분 공소는 형사소송법 제326조 제3호에 정해진 '공소의 시효가 완성되었을 때'에 해당하지 않는다.

그런데도 원심은 이 부분 공소사실 행위에 대해 아동학대처벌법 제34조 제1항을 적용하지 않고 공소시효가 완성되었다고 보아 면소를 선고하였다. 원심판결에는 아동학대처벌법 제34조 제1항과 부칙의 해석·적용에 관한 법리를 오해하여 판결에 영향을 미친 잘못이 있다.

2. 검사의 상고이유를 판단한다.

가. 공소기각 부분

이 부분 공소사실의 요지는 다음과 같다. 피고인은 2008. 4. 중순 서울 마포구 (주소 2 생략) 피고인의 집에서 피해자 공소외 1이 목소리가 작고 표정이 밝지 않다는 이유로 피해자 공소외 1의 얼굴을 때려 폭행한 것을 비롯하여 원심판결 별지 2 범죄일람표 순번 2, 3, 4, 8 기재와 같이 4회에 걸쳐 아동의 신체에 손상을 주거나 신체의 건강과 발달을 해치는 신체적 학대행위를 하고 아동의 정신건강과 발달에 해를 끼치는 정서적 학대행위를 하였다.

원심은 다음과 같은 이유로 이 부분 공소사실이 피고인의 방어권 행사에 지장이 없을 정도로 충분히 특정되었다고 보기 어렵다고 판단하였다. ① 공소사실에 '공소외 1을 때려 또는 손으로 때려 폭행'하였다고 추상적으로 기재되어 있을 뿐, 폭행의 수단과 방법, 폭행 부위와 횟수 등 범행의 구체적인 내용이 기재되어 있지 않아 학대 여부에 관한 판단을 전혀 할 수 없다. ② 범행 장소 역시 '서울 마포구 (주소 2 생략) 피고인의 집'이라고만 기재되어 있는데, 그곳은 피고인과 피해자가 장기간 함께 거주한 곳으로서 보다 구체적으로 거실인지 안방인지 특정되어 있지 않다. ③ 공소외 2와 공소외 1은 구체적인 폭행 내용 등에 대하여 진술하지 않았다.

그러나 원심판결은 다음과 같은 이유로 받아들이기 어렵다. 이 사건 공소사실은 범행 일시와 장소가 구체적으로 특정되어 있고, 개략적인 범행 방법이 특정되어 있으며, 피고인은 당시 피고인과 피해자가 위 주소지가 아닌 다른 곳에 거주하고 있었다고 다투고 있을 뿐이다. 따라서 공소사실은 충분히 특정되었고, 심판의 대상이 불분명하다거나 피고인에게 방어의 어려움이 초래되었다고 볼 수 없다.

설령 그렇지 않다고 하더라도 공소장의 기재가 불명확한 경우 법원은 형사소송규칙 제141조에 따라 검사에게 석명을 한 다음, 그래도 검사가 이를 명확하게 하지 않은 때에야 공소사실의 불특정을 이유로 공소를 기각해야 한다(대법원 1983. 06. 14. 선고 82도293 판결 참조). 원심은 검사에게 공소사실 특정에 관한 석명을 하지 않고 곧바로 공소사실이 특정되었다고 보기 어렵다는 이유로 직권으로 그 부분 공소를 기각하였다. 원심판결에는 공소사실의 특정에 관한 법리를 오해하였거나 필요한 심리를 다하지 않아 판결 결과에 영향을 미친 잘못이 있다.

나. 상습폭행과 아동복지법 위반(상습아동학대) 부분

원심은 이 사건 공소사실 중 상습폭행과 아동복지법 위반(상습아동학대) 부분에 대하여 폭행과 아동학대의 습벽이 인정되지 않는다고 보아 이유에서 무죄로 판단하였다. 원심판결 이유를 관련 법리와 기록에 비추어 살펴보면, 원심의 이러한 판단에 논리와 경험의 법칙에 반하여 자유심증주의의 한계를 벗어나거나 상습폭행죄와 아동복지법 위반(상습아동학대)죄에서 '상습성'에 관한 법리를 오해한 잘못이 없다.

다. 면소 부분[직권으로 판단한 공소외 1에 대한 아동복지법 위반(아동학대) 면소 부분 제외]

원심은 이 사건 공소사실 중 공소외 2에 대한 원심판결 별지 1 범죄일람표 순번 1~9 기재 폭행 부분에 대하여 공소시효가 완성되었다고 보아 면소를 선고하였다. 원심판결 이유를 관련 법리와 기록에 비추어 살펴보면, 원심판결에 논리와 경험의 법칙에 반하여 자유심증주의의 한계를 벗어나거나 공소시효 완성에 관한 법리를 오해한 잘못이 없다.

라. 폭행과 아동복지법 위반(아동학대) 무죄 부분

원심은 이 사건 공소사실 중 공소외 2에 대한 원심판결 별지 1 범죄일람표 순번 10 기재 폭행과 공소외 1에 대한 원심판결 별지 2 범죄일람표 12, 14, 16, 19 기재 아동복지법 위반(아동학대) 부분에 대하여 범죄의 증명이 없다고 보아 무죄로 판단하였다. 원심판결 이유를 관련 법리와 기록에 비추어 살펴보면, 원심의 이러한 판단에 논리와 경험의 법칙에 반하여 자유심증주의의 한계를 벗어나거나 신체적·정서적 학대행위와 진술의 신빙성 판단 등에 관한 법리를 오해한 잘못이 없다.

3. 피고인의 상고이유를 판단한다.

원심은 공소외 2에 대한 원심판결 별지 1 범죄일람표 순번 11~21 기재 폭행, 공소외 1에 대한 원심판결 별지 2 범죄일람표 11, 13, 15, 17, 18, 20~23 기재 아동학대, 공소외 3에 대한 아동복지법 위반(아동학대) 부분을 유죄로 판단하였다. 원심판결 이유를 관련 법리와 적법하게 채택된 증거에 비추어 살펴보면, 원심의 이러한 판단에 논리와 경험의 법칙에 반하여 자유심증주의의 한계를 벗어나거나 신체적·정서적 학대행위와 진술의 신빙성 판단 등에 관한 법리를 오해한 잘못이 없다.

4. 원심판결 중 원심판결 별지 2 범죄일람표 순번 1~10 기재 아동복지법 위반(아동학대) 부분은 파기되어야 한다. 그런데 위 각 파기 부분은 나머지 유죄 부분과 형법 제37조 전단의 경합범 관계에 있어 파기 부분 공소사실에 대한 심리 결과 유죄로 인정된다면 하나의 형이 선고되어야 한다. 따라서 원심판결 중 유죄 부분과 원심판결 별지 2 범죄일람표 순번 1~10 기재 아동복지법 위반(아동학대) 공소기각과 면소 부분은 함께 파기되어야 한다. 원심판결 중 별지 2 범죄일람표 순번 1~10 기재 아동복지법 위반(아동학대) 부분과 유죄 부분을 파기하고, 이 부분 사건을 다시 심리·판단하게 하도록 원심법원에 환송하며, 검사의 나머지 상고는 이유 없으므로 이를 기각하기로 하여, 대법관의 일치된 의견으로 주문과 같이 판결한다.

Ⓑ 대법원 2021. 05. 27. 선고 2018도13458 판결 [특수공무집행방해치상·특수공무집행방해]

【판시사항】

    헌법재판소가 구 형사소송법 제216조 제1항 제1호 중 제200조의2에 관한 부분('구법 조항')에 대해 헌법불합치결정을 하면서 일정 시한까지 계속 적용을 명한 부분의 효력이 '수색영장 없이 타인의 주거 등을 수색하여 피의자를 체포할 긴급한 필요가 없는 경우'에까지 미치는지 여부(소극) / 입법자가 위 헌법불합치결정에 따라 구법 조항을 개정하면서 부칙에 '개정 조항'의 소급적용에 관한 경과조치를 두고 있지 않은 경우, 위 헌법불합치결정을 하게 된 당해 사건 및 위 헌법불합치결정 당시 구법 조항의 위헌 여부가 쟁점이 되어 법원에 계속 중인 사건에 대하여 위 헌법불합치결정의 소급효가 미치는지 여부(적극) 및 이들 사건에 대하여는 위헌성이 제거된 개정 조항을 적용하여야 하는지 여부(적극)

【판결요지】

(가) 구 형사소송법(2019. 12. 31. 법률 제16850호로 개정되기 전의 것) 제216조 제1항은 "검사 또는 사법경찰관은 제200조의2(영장에 의한 체포)·제200조의3(긴급체포)·제201조(구속) 또는 제212조(현행범인의 체포)의 규정에 의하여 피의자를 체포 또는 구속하는 경우에 필요한 때에는 영장 없이 다음 처분을 할 수 있다."라고 규정하면서 제1호에서 "타인의 주거나 타인이 간수하는 가옥, 건조물, 항공기, 선차 내에서의 피의자 수사"를 규정하고 있었다.

헌법재판소는 2018. 4. 26. 선고 2015헌바370, 2016헌가7(병합) 전원재판부 결정에서, 위 제216조 제1항 제1호 중 제200조의2에 관한 부분(이하 '구법 조항'이라고 한다)은 체포영장이 발부된 피의자가 타인의 주거 등에 소재할 개연성은 소명되나, 수색에 앞서 영장을 발부받기 어려운 긴급한 사정이 인정되지 않는 경우에도 영장 없이 피의자 수색을 할 수 있다는 것이므로, 헌법 제16조의 영장주의 예외 요건을 벗어나는 것으로서 영장주의에 위반된다고 판단하였다. 나아가 구법 조항에 대하여 단순위헌결정을 하여 그 효력을 즉시 상실시킨다면, 수색영장 없이 타인의 주거 등을 수색하여 피의자를 체포할 긴급한 필요가 있는 경우에도 이를 허용할 법률적 근거가 사라지게 되는 법적 공백상태가 발생하게 된다는 이유로 헌법불합치를 선언하면서, 구법 조항은 2020. 3. 31.을 시한으로 입법자가 개정할 때까지 계속 적용된다고 결정하였다(이하 '헌법불합치결정'이라고 한다). 헌법불합치결정에 나타나는 구법 조항의 위헌성, 구법 조항에 대한 헌법불합치결정의 잠정적용의 이유 등에 의하면, 헌법재판소가 구법 조항의 위헌성을 확인하였음에도 불구하고 일정 시한까지 계속 적용을 명한 것은 구법 조항에 근거하여 수색영장 없이 타인의 주거 등을 수색하여 피의자를 체포할 긴급한 필요가 있는 경우에는 이를 허용할 필요성이 있었기 때문이다. 따라서 구법 조항 가운데 그 해석상 '수색영장 없이 타인의 주거 등을 수색하여 피의자를 체포할 긴급한 필요가 없는 경우' 부분은 영장주의에 위반되는 것으로서 개선입법 시행 전까지 적용중지 상태에 있었다고 보아야 한다.

(나) 헌법불합치결정에 따라 개정된 형사소송법은 제216조 제1항 제1호 중 '피의자 수사'를 '피의자 수색'으로 개정하면서 단서에 "제200조의2 또는 제201조에 따라 피의자를 체포 또는 구속하는 경우의 피의자 수색은 미리 수색영장을 발부받기 어려운 긴급한 사정이 있는 때에 한정한다."라는 부

분을 추가하였으나, 부칙은 소급적용에 관하여 아무런 규정을 두고 있지 않다.

어떤 법률조항에 대하여 헌법재판소가 헌법불합치결정을 하여 입법자에게 그 법률조항을 합헌적으로 개정 또는 폐지하는 임무를 입법자의 형성 재량에 맡긴 이상, 개선 입법의 소급적용 여부와 소급적용 범위는 원칙적으로 입법자의 재량에 달린 것이다. 그러나 구법 조항에 대한 헌법불합치결정의 취지나 위헌심판의 구체적 규범통제 실효성 보장이라는 측면을 고려할 때, 적어도 헌법불합치결정을 하게 된 당해 사건 및 헌법불합치결정 당시에 구법 조항의 위헌 여부가 쟁점이 되어 법원에 계속 중인 사건에 대하여는 헌법불합치결정의 소급효가 미친다고 해야 하므로, 비록 현행 형사소송법 부칙에 소급적용에 관한 경과조치를 두고 있지 않더라도 이들 사건에 대하여는 구법 조항을 그대로 적용할 수는 없고, 위헌성이 제거된 현행 형사소송법의 규정을 적용하여야 한다.

【참조조문】 헌법 제16조, 구 형사소송법(2019. 12. 31. 법률 제16850호로 개정되기 전의 것) 제216조 제1항 제1호, 형사소송법 제200조의2, 제216조 제1항 제1호, 부칙(2019. 12. 31.)
【참조판례】 대법원 2011. 9. 29. 선고 2008두18885 판결(공2011하, 2234), 헌법재판소 2018. 4. 26. 선고 2015헌바370, 2016헌가7 전원재판부 결정(헌공259, 687)
【전   문】 【피 고 인】 피고인   【상 고 인】 검사
【변 호 인】 법무법인 여는 담당변호사 권두섭 외 3인
【원심판결】 서울고법 2018. 8. 8. 선고 2015노655 판결

【주   문】

상고를 기각한다.

【이   유】

상고이유를 판단한다.

1. 헌법불합치결정과 잠정적용의 범위

구 형사소송법(2019. 12. 31. 법률 제16850호로 개정되기 전의 것) 제216조 제1항은 "검사 또는 사법경찰관은 제200조의2(영장에 의한 체포)·제200조의3(긴급체포)·제201조(구속) 또는 제212조(현행범인의 체포)의 규정에 의하여 피의자를 체포 또는 구속하는 경우에 필요한 때에는 영장 없이 다음 처분을 할 수 있다."라고 규정하면서 제1호에서 "타인의 주거나 타인이 간수하는 가옥, 건조물, 항공기, 선차 내에서의 피의자 수사"를 규정하고 있었다.

헌법재판소는 2018. 4. 26. 선고 2015헌바370, 2016헌가7(병합) 전원재판부 결정에서, 위 제216조 제1항 제1호제200조의2에 관한 부분(이하 '구법 조항'이라고 한다)은 체포영장이 발부된 피의자가 타인의 주거 등에 소재할 개연성은 소명되나, 수색에 앞서 영장을 발부받기 어려운 긴급한 사정이 인정되지 않는 경우에도 영장 없이 피의자 수색을 할 수 있다는 것이므로, 헌법 제16조의 영장주의 예외 요건을 벗어나는 것으로서 영장주의에 위반된다고 판단하였다. 나아가 구법 조항에 대하여 단순위헌결정을 하여 그 효력을 즉시 상실시킨다면, 수색영장 없이 타인의 주거 등을 수색하여 피의자를 체포할 긴급한 필요가 있는 경우에도 이를 허용할 법률적 근거가 사라지게 되

는 법적 공백상태가 발생하게 된다는 이유로 헌법불합치를 선언하면서, 구법 조항은 2020. 3. 31. 을 시한으로 입법자가 개정할 때까지 계속 적용된다고 결정하였다(이하 '이 사건 헌법불합치결정' 이라고 한다).

이 사건 헌법불합치결정에 나타나는 구법 조항의 위헌성, 구법 조항에 대한 헌법불합치결정의 잠정적용의 이유 등에 의하면, 헌법재판소가 구법 조항의 위헌성을 확인하였음에도 불구하고 일정 시한까지 계속 적용을 명한 것은 구법 조항에 근거하여 수색영장 없이 타인의 주거 등을 수색하여 피의자를 체포할 긴급한 필요가 있는 경우에는 이를 허용할 필요성이 있었기 때문이다. 따라서 구법 조항 가운데 그 해석상 '수색영장 없이 타인의 주거 등을 수색하여 피의자를 체포할 긴급한 필요가 없는 경우' 부분은 영장주의에 위반되는 것으로서 개선입법 시행 전까지 적용중지 상태에 있었다고 보아야 한다.

2. 형사소송법의 개정과 헌법불합치결정의 소급효

가. 이 사건 헌법불합치결정에 따라 개정된 형사소송법은 제216조 제1항 제1호중 '피의자 수사'를 '피의자 수색'으로 개정하면서 단서에 "제200조의2또는 제201조에 따라 피의자를 체포 또는 구속하는 경우의 피의자 수색은 미리 수색영장을 발부받기 어려운 긴급한 사정이 있는 때에 한정한다."라는 부분을 추가하였으나, 부칙은 소급적용에 관하여 아무런 규정을 두고 있지 않다.

나. 어떤 법률조항에 대하여 헌법재판소가 헌법불합치결정을 하여 입법자에게 그 법률조항을 합헌적으로 개정 또는 폐지하는 임무를 입법자의 형성 재량에 맡긴 이상, 개선입법의 소급적용 여부와 소급적용 범위는 원칙적으로 입법자의 재량에 달린 것이다. 그러나 구법 조항에 대한 이 사건 헌법불합치결정의 취지나 위헌심판의 구체적 규범통제 실효성 보장이라는 측면을 고려할 때, 적어도 이 사건 헌법불합치결정을 하게 된 당해 사건 및 이 사건 헌법불합치결정 당시에 구법 조항의 위헌 여부가 쟁점이 되어 법원에 계속 중인 사건에 대하여는 이 사건 헌법불합치결정의 소급효가 미친다고 해야 하므로, 비록 현행 형사소송법 부칙에 소급적용에 관한 경과조치를 두고 있지 않더라도 이들 사건에 대하여는 구법 조항을 그대로 적용할 수는 없고, 위헌성이 제거된 현행 형사소송법의 규정을 적용하여야 한다(대법원 2011. 09. 29. 선고 2008두18885 판결 등 참조).

3. 이 사건에 관한 판단

가. 기록에 의하면, 피고인이 원심법원에 구법 조항에 대하여 위헌법률심판제청을 신청하였고 원심법원이 이를 받아들여 위헌법률심판제청을 하였으며 그 결과 헌법재판소가 이 사건 헌법불합치결정을 한 사실을 알 수 있으므로, 이 사건은 당해 사건으로서 현행 형사소송법의 관련 조항이 적용되어야 한다. 따라서 체포영장에 따라 피의자를 체포하는 경우 타인의 건조물 등에서의 피의자 수색은 미리 수색영장을 발부받기 어려운 긴급한 사정이 있는 때에만 가능하다.

나. 원심은 그 판시와 같이 경찰관들이 집행하고 있던 직무는 이 사건 체포영장의 체포대상자들을 발견하기 위하여 타인의 건조물인 ○○신문사 건물(이하 '이 사건 건조물'이라고 한다)을 수색하는 것이었고, ① 검사가 체포영장 집행 시점(2013. 12. 22. 09:39경)의 이틀 전인 2013. 12. 20.경 서울서부지방법원에 '이 사건 건조물 내 13~15층 민주노총 사무실, 회의실, 창고, 화장실 등 전체'를 수색장소로 하여 수색영장을 청구하였으나, '수색의 상당성과 필요성에 대한 소명 부족'을

이유로 수색영장청구가 기각된 사실, ② 수색영장청구가 기각된 후인 2013. 12. 21. 16:45경 통화내역 및 실시간 위치추적 등을 통해 이 사건 체포영장의 대상자인 공소외 1이 이 사건 건조물과 120m 거리의 서울 중구 (주소 생략) 소재 기지국을 통해 통화한 사실이 확인되었고, 다른 체포대상자들(공소외 2, 공소외 3, 공소외 4, 공소외 5, 공소외 6 등) 또한 이 사건 건조물의 근거리에 위치한 기지국을 이용하여 통화한 것이 확인된 사실, ③ 남대문경찰서장은 2013. 12. 21.(토)부터 같은 달 22일(일)까지 사이에 이 사건 체포영장을 집행하기로 결정하고 그 집행을 위하여 이 사건 건조물 및 출입문 주변에 4,000~5,000명의 경찰을 동원하는 등 사전에 이 사건 체포영장의 집행을 준비한 사실, ④ 이처럼 수사기관으로서는 '수색의 상당성과 필요성에 대한 소명자료'를 보완하여 법원으로부터 수색영장을 발부받을 수 있는 시간적 여유가 충분히 있었음에도 불구하고 2013. 12. 22. 09:39경 이 사건 체포영장을 집행할 때까지 이 사건 건조물의 수색을 위한 수색영장을 청구하지 아니한 사실 등을 고려할 때, 이 사건 체포영장을 집행하기 위하여 이 사건 건조물을 수색하기에 앞서 수색영장을 발부받기 어려운 긴급한 사정이 있었다고 볼 수 없으므로, 경찰관들이 수색영장 없이 이 사건 건조물을 수색한 행위는 적법한 공무집행에 해당하지 않는다는 이유로 이 사건 공소사실을 무죄로 판단하였다.

다. 원심판결 이유를 적법하게 채택된 증거에 비추어 살펴보면, 원심의 판단에 필요한 심리를 다하지 않은 채 논리와 경험의 법칙을 위반하여 자유심증주의의 한계를 벗어나거나 체포영장 집행을 위한 피의자 수색 등에 관한 법리를 오해하는 등으로 판결에 영향을 미친 잘못이 없다.

4. 결 론

그러므로 상고를 기각하기로 하여, 관여 대법관의 일치된 의견으로 주문과 같이 판결한다.

● 대법원 2021. 11. 18. 선고 2016도348 전원합의체 판결 [준강제추행·성폭력범죄의처벌등에관한특례법위반(카메라등이용촬영)]

【판시사항】

[1] 수사기관이 특정 범죄혐의와 관련하여 전자정보가 수록된 정보저장매체를 임의제출받아 그 안에 저장된 전자정보를 압수할 때 예외적으로 정보저장매체 자체나 복제본을 임의제출받아 압수할 수 있는 경우

[2] 수사기관이 정보저장매체와 거기에 저장된 전자정보를 임의제출의 방식으로 압수할 때 임의제출자의 의사에 따른 전자정보 압수의 대상과 범위가 명확하지 않거나 이를 알 수 없는 경우, 임의제출에 따른 압수의 동기가 된 범죄혐의사실과 관련되고 이를 증명할 수 있는 최소한의 가치가 있는 전자정보에 한하여 압수의 대상이 되는지 여부(적극) 및 이때 범죄혐의사실과의 관련성이 인정되는 범위 / 휴대전화를 이용한 불법촬영 범죄의 경우, 그 안에 저장되어 있는 같은 유형의 전자정보에서 발견되는 간접증거나 정황증거는 범죄혐의사실과 구체적·개별적 연관관계가 인정될

수 있는지 여부(적극) / 피의자가 소유·관리하는 정보저장매체를 피의자 아닌 피해자 등 제3자가 임의제출하는 경우, 임의제출의 동기가 된 범죄혐의사실과 구체적·개별적 연관관계가 있는 전자정보에 한하여 압수의 대상이 되는 것으로 더욱 제한적으로 해석하여야 하는지 여부(적극)

[3] 압수의 대상이 되는 전자정보와 그렇지 않은 전자정보가 혼재된 정보저장매체나 복제본을 임의제출받은 수사기관이 정보저장매체 등을 수사기관 사무실 등으로 옮겨 탐색·복제·출력하는 일련의 과정에서, 범죄혐의사실과 무관한 전자정보의 임의적인 복제 등을 막기 위한 적절한 조치를 취하지 않은 경우, 압수·수색의 적법 여부(원칙적 소극) 및 이때 정보저장매체 또는 복제본에서 범죄혐의사실과 관련된 전자정보만을 복제·출력하였더라도 마찬가지인지 여부(적극) / 피해자 등 제3자가 피의자의 소유·관리에 속하는 정보저장매체를 영장에 의하지 않고 임의제출한 경우, 피의자에게 참여권을 보장하고 압수한 전자정보 목록을 교부하는 등 피의자의 절차적 권리를 보장하기 위한 적절한 조치가 이루어져야 하는지 여부(적극)

[4] 임의제출된 정보저장매체에서 압수의 대상이 되는 전자정보의 범위를 넘어서는 전자정보에 대해 수사기관이 영장 없이 압수·수색하여 취득한 증거가 위법수집증거에 해당하는지 여부(적극) 및 사후에 법원으로부터 영장이 발부되었거나 피고인이나 변호인이 이를 증거로 함에 동의한 경우 그 위법성이 치유되는지 여부(소극)

[5] 피고인이 2014. 12. 11. 피해자 甲을 상대로 저지른 성폭력범죄의 처벌 등에 관한 특례법 위반(카메라등이용촬영) 범행('2014년 범행')에 대하여 甲이 즉시 피해 사실을 경찰에 신고하면서 피고인의 집에서 가지고 나온 피고인 소유의 휴대전화 2대에 피고인이 촬영한 동영상과 사진이 저장되어 있다는 취지로 말하고 이를 범행의 증거물로 임의제출하였는데, 경찰이 이를 압수한 다음 그 안에 저장된 전자정보를 탐색하다가 甲을 촬영한 휴대전화가 아닌 다른 휴대전화에서 피고인이 2013. 12.경 피해자 乙, 丙을 상대로 저지른 같은 법 위반(카메라등이용촬영) 범행('2013년 범행')을 발견하고 그에 관한 동영상·사진 등을 영장 없이 복제한 CD를 증거로 제출한 사안에서, 피고인의 2013년 범행을 무죄로 판단한 원심의 결론이 정당하다고 한 사례

【판결요지】

[1] 오늘날 개인 또는 기업의 업무는 컴퓨터나 서버, 저장매체가 탑재된 정보처리장치 없이 유지되기 어려운데, 전자정보가 저장된 각종 저장매체(이하 '정보저장매체'라 한다)는 대부분 대용량이어서 수사의 대상이 된 범죄혐의와 관련이 없는 개인의 일상생활이나 기업경영에 관한 정보가 광범위하게 포함되어 있다. 이러한 전자정보에 대한 수사기관의 압수·수색은 사생활의 비밀과 자유, 정보에 대한 자기결정권, 재산권 등을 침해할 우려가 크므로 포괄적으로 이루어져서는 안 되고, 비례의 원칙에 따라 수사의 목적상 필요한 최소한의 범위 내에서 이루어져야 한다. 수사기관의 전자정보에 대한 압수·수색은 원칙적으로 영장 발부의 사유로 된 범죄혐의사실과 관련된 부분만을 문서 출력물로 수집하거나 수사기관이 휴대한 정보저장매체에 해당 파일을 복제하는 방식으로 이루어져야 하고, 정보저장매체 자체를 직접 반출하거나 저장매체에 들어 있는 전자파일 전부를 하드카피나 이미징 등 형태(이하 '복제본'이라 한다)로 수사기관 사무실 등 외부로 반출하는 방식으로 압수·수색하는 것은 현장의 사정이나 전자정보의 대량성으로 인하여 관련 정보 획득에 긴 시간이 소요되거나 전문 인력에 의한 기술적 조치가 필요한 경우 등 범위를 정하여 출력 또는 복제하는 방법이 불가능하거나 압수의 목적을 달성하기에 현저히 곤란하다고 인정되는 때에 한하여 예외적으로

로 허용될 수 있을 뿐이다.
위와 같은 법리는 정보저장매체에 해당하는 임의제출물의 압수(형사소송법 제218조)에도 마찬가지로 적용된다. 임의제출물의 압수는 압수물에 대한 수사기관의 점유 취득이 제출자의 의사에 따라 이루어진다는 점에서 차이가 있을 뿐 범죄혐의를 전제로 한 수사 목적이나 압수의 효력은 영장에 의한 경우와 동일하기 때문이다. 따라서 수사기관은 특정 범죄혐의와 관련하여 전자정보가 수록된 정보저장매체를 임의제출받아 그안에 저장된 전자정보를 압수하는 경우 그 동기가 된 범죄혐의사실과 관련된 전자정보의 출력물 등을 임의제출받아 압수하는 것이 원칙이다. 다만 현장의 사정이나 전자정보의 대량성과 탐색의 어려움 등의 이유로 범위를 정하여 출력 또는 복제하는 방법이 불가능하거나 압수의 목적을 달성하기에 현저히 곤란하다고 인정되는 때에 한하여 예외적으로 정보저장매체 자체나 복제본을 임의제출받아 압수할 수 있다.

[2] 수사기관이 제출자의 의사를 쉽게 확인할 수 있음에도 이를 확인하지 않은 채 특정 범죄혐의사실과 관련된 전자정보와 그렇지 않은 전자정보가 혼재된 정보저장매체를 임의제출받은 경우, 그 정보저장매체에 저장된 전자정보 전부가 임의제출되어 압수된 것으로 취급할 수는 없다.
전자정보를 압수하고자 하는 수사기관이 정보저장매체와 거기에 저장된 전자정보를 임의제출의 방식으로 압수할 때, 제출자의 구체적인 제출 범위에 관한 의사를 제대로 확인하지 않는 등의 사유로 인해 임의제출자의 의사에 따른 전자정보 압수의 대상과 범위가 명확하지 않거나 이를 알 수 없는 경우에는 임의제출에 따른 압수의 동기가 된 범죄혐의사실과 관련되고 이를 증명할 수 있는 최소한의 가치가 있는 전자정보에 한하여 압수의 대상이 된다. 이때 범죄혐의사실과 관련된 전자정보에는 범죄혐의사실 그 자체 또는 그와 기본적 사실관계가 동일한 범행과 직접 관련되어 있는 것은 물론 범행 동기와 경위, 범행 수단과 방법, 범행 시간과 장소 등을 증명하기 위한 간접증거나 정황증거 등으로 사용될 수 있는 것도 포함될 수 있다. 다만 그 관련성은 임의제출에 따른 압수의 동기가 된 범죄혐의사실의 내용과 수사의 대상, 수사의 경위, 임의제출의 과정 등을 종합하여 구체적·개별적 연관관계가 있는 경우에만 인정되고, 범죄혐의사실과 단순히 동종 또는 유사 범행이라는 사유만으로 관련성이 있다고 할 것은 아니다.
범죄혐의사실과 관련된 전자정보인지를 판단할 때는 범죄혐의사실의 내용과 성격, 임의제출의 과정 등을 토대로 구체적·개별적 연관관계를 살펴볼 필요가 있다. 특히 카메라의 기능과 정보저장매체의 기능을 함께 갖춘 휴대전화인 스마트폰을 이용한 불법촬영 범죄와 같이 범죄의 속성상 해당 범행의 상습성이 의심되거나 성적 기호 내지 경향성의 발현에 따른 일련의 범행의 일환으로 이루어진 것으로 의심되고, 범행의 직접증거가 스마트폰 안에 이미지 파일이나 동영상 파일의 형태로 남아 있을 개연성이 있는 경우에는 그 안에 저장되어 있는 같은 유형의 전자정보에서 그와 관련한 유력한 간접증거나 정황증거가 발견될 가능성이 높다는 점에서 이러한 간접증거나 정황증거는 범죄혐의사실과 구체적·개별적 연관관계를 인정할 수 있다. 이처럼 범죄의 대상이 된 피해자의 인격권을 현저히 침해하는 성격의 전자정보를 담고 있는 불법촬영물은 범죄행위로 인해 생성된 것으로서 몰수의 대상이기도 하므로 임의제출된 휴대전화에서 해당 전자정보를 신속히 압수·수색하여 불법촬영물의 유통 가능성을 적시에 차단함으로써 피해자를 보호할 필요성이 크다. 나아가 이와 같은 경우에는 간접증거나 정황증거이면서 몰수의 대상이자 압수·수색의 대상인 전자정보의 유형이 이미지 파일 내지 동영상 파일 등으로 비교적 명확하게 특정되어 그와 무관한 사적 전자정보 전반의 압수·수색으로 이어질 가능성이 적어 상대적으로 폭넓게 관련성을 인정할 여지가 많다는 점에서도 그러하다.

피의자가 소유·관리하는 정보저장매체를 피의자 아닌 피해자 등 제3자가 임의제출하는 경우에는, 그 임의제출 및 그에 따른 수사기관의 압수가 적법하더라도 임의제출의 동기가 된 범죄혐의사실과 구체적·개별적 연관관계가 있는 전자정보에 한하여 압수의 대상이 되는 것으로 더욱 제한적으로 해석하여야 한다. 피의자 개인이 소유·관리하는 정보저장매체에는 그의 사생활의 비밀과 자유, 정보에 대한 자기결정권 등 인격적 법익에 관한 모든 것이 저장되어 있어 제한 없이 압수·수색이 허용될 경우 피의자의 인격적 법익이 현저히 침해될 우려가 있기 때문이다.

[3] 압수의 대상이 되는 전자정보와 그렇지 않은 전자정보가 혼재된 정보저장매체나 그 복제본을 임의제출받은 수사기관이 그 정보저장매체 등을 수사기관 사무실 등으로 옮겨 이를 탐색·복제·출력하는 경우, 그와 같은 일련의 과정에서 형사소송법 제219조, 제121조에서 규정하는 피압수·수색 당사자(이하 '피압수자'라 한다)나 그 변호인에게 참여의 기회를 보장하고 압수된 전자정보의 파일 명세가 특정된 압수목록을 작성·교부하여야 하며 범죄혐의사실과 무관한 전자정보의 임의적인 복제 등을 막기 위한 적절한 조치를 취하는 등 영장주의 원칙과 적법절차를 준수하여야 한다. 만약 그러한 조치가 취해지지 않았다면 피압수자 측이 참여하지 아니한다는 의사를 명시적으로 표시하였거나 임의제출의 취지와 경과 또는 그 절차 위반행위가 이루어진 과정의 성질과 내용 등에 비추어 피압수자 측에 절차 참여를 보장한 취지가 실질적으로 침해되었다고 볼 수 없을 정도에 해당한다는 등의 특별한 사정이 없는 이상 압수·수색이 적법하다고 평가할 수 없고, 비록 수사기관이 정보저장매체 또는 복제본에서 범죄혐의 사실과 관련된 전자정보만을 복제·출력하였다 하더라도 달리 볼 것은 아니다. 나아가 피해자 등 제3자가 피의자의 소유·관리에 속하는 정보저장매체를 영장에 의하지 않고 임의제출한 경우에는 실질적 피압수자인 피의자가 수사기관으로 하여금 그 전자정보 전부를 무제한 탐색하는 데 동의한 것으로 보기 어려울 뿐만 아니라 피의자 스스로 임의제출한 경우 피의자의 참여권 등이 보장되어야 하는 것과 견주어 보더라도 특별한 사정이 없는 한 형사소송법 제219조, 제121조, 제129조에 따라 피의자에게 참여권을 보장하고 압수한 전자정보 목록을 교부하는 등 피의자의 절차적 권리를 보장하기 위한 적절한 조치가 이루어져야 한다.

[4] 임의제출된 정보저장매체에서 압수의 대상이 되는 전자정보의 범위를 초과하여 수사기관이 임의로 전자정보를 탐색·복제·출력하는 것은 원칙적으로 위법한 압수·수색에 해당하므로 허용될 수 없다. 만약 전자정보에 대한 압수·수색이 종료되기 전에 범죄혐의사실과 관련된 전자정보를 적법하게 탐색하는 과정에서 별도의 범죄혐의와 관련된 전자정보를 우연히 발견한 경우라면, 수사기관은 더 이상의 추가 탐색을 중단하고 법원으로부터 별도의 범죄혐의에 대한 압수·수색영장을 발부받은 경우에 한하여 그러한 정보에 대하여도 적법하게 압수·수색을 할 수 있다. 따라서 임의제출된 정보저장매체에서 압수의 대상이 되는 전자정보의 범위를 넘어서는 전자정보에 대해 수사기관이 영장 없이 압수·수색하여 취득한 증거는 위법수집증거에 해당하고, 사후에 법원으로부터 영장이 발부되었다거나 피고인이나 변호인이 이를 증거로 함에 동의하였다고 하여 그 위법성이 치유되는 것도 아니다.

[5] 피고인이 2014. 12. 11. 피해자 甲을 상대로 저지른 성폭력범죄의 처벌 등에 관한 특례법 위반(카메라등이용촬영) 범행(이하 '2014년 범행'이라 한다)에 대하여 甲이 즉시 피해 사실을 경찰에 신고하면서 피고인의 집에서 가지고 나온 피고인 소유의 휴대전화 2대에 피고인이 촬영한 동영상과 사진이 저장되어 있다는 취지로 말하고 이를 범행의 증거물로 임의제출하였는데, 경찰이 이를 압수

한 다음 그 안에 저장된 전자정보를 탐색하다가 甲을 촬영한 휴대전화가 아닌 다른 휴대전화에서 피고인이 2013. 12.경 피해자 乙, 丙을 상대로 저지른 같은 법 위반(카메라등이용촬영) 범행(이하 '2013년 범행'이라 한다)을 발견하고 그에 관한 동영상·사진 등을 영장 없이 복제한 CD를 증거로 제출한 사안에서, 甲은 경찰에 피고인의 휴대전화를 증거물로 제출할 당시 그 안에 수록된 전자정보의 제출 범위를 명확히 밝히지 않았고, 담당 경찰관들도 제출자로부터 그에 관한 확인절차를 거치지 않은 이상 휴대전화에 담긴 전자정보의 제출 범위에 관한 제출자의 의사가 명확하지 않거나 이를 알 수 없는 경우에 해당하므로, 휴대전화에 담긴 전자정보 중 임의제출을 통해 적법하게 압수된 범위는 임의제출 및 압수의 동기가 된 피고인의 2014년 범행 자체와 구체적·개별적 연관관계가 있는 전자정보로 제한적으로 해석하는 것이 타당하고, 이에 비추어 볼 때 범죄발생 시점 사이에 상당한 간격이 있고 피해자 및 범행에 이용한 휴대전화도 전혀 다른 피고인의 2013년 범행에 관한 동영상은 임의제출에 따른 압수의 동기가 된 범죄혐의사실(2014년 범행)과 구체적·개별적 연관관계 있는 전자정보로 보기 어려워 수사기관이 사전영장 없이 이를 취득한 이상 증거능력이 없고, 사후에 압수·수색영장을 받아 압수절차가 진행되었더라도 달리 볼 수 없다는 이유로, 피고인의 2013년 범행을 무죄로 판단한 원심의 결론이 정당하다고 한 사례.

【참조조문】 [1] 형사소송법 제215조, 제218조 / [2] 형사소송법 제106조, 제215조, 제218조, 제219조 / [3] 헌법 제12조 제1항, 제3항, 형사소송법 제121조, 제129조, 제218조, 제219조 / [4] 형사소송법 제218조, 제308조의2, 제318조 / [5] 구 성폭력범죄의 처벌 등에 관한 특례법(2018. 12. 18. 법률 제15977호로 개정되기 전의 것) 제14조 제1항, 형사소송법 제106조, 제218조, 제219조, 제308조의2
【참조판례】 [1][3] 대법원 2015. 7. 16. 자 2011모1839 전원합의체 결정(공2015하, 1274) / [2] 대법원 2021. 8. 26. 선고 2021도2205 판결 / [3] 대법원 2020. 11. 17. 자 2019모291 결정
【전 문】 【피 고 인】 피고인 【상 고 인】 피고인 및 검사
【변 호 인】 법무법인 상승 담당변호사 어수용 【원심판결】 청주지법 2015. 12. 11. 선고 2015노462 판결

【주 문】

상고를 모두 기각한다.

【이 유】

상고이유를 판단한다.

1. 피고인의 상고이유에 대하여

범죄사실의 인정은 합리적인 의심이 없는 정도의 증명에 이르러야 하지만(형사소송법 제307조 제2항), 사실인정의 전제로 행하여지는 증거의 취사선택 및 증거의 증명력은 사실심 법원의 자유판단에 속한다(형사소송법 제308조).

원심은 판시와 같은 이유로, 피고인이 원심 판시 범죄사실 기재와 같이 2014. 12. 11. 자기 집에서 피해자 공소외 1의 성기를 그 의사에 반하여 휴대전화로 촬영한 사실이 인정된다고 판단하여, 이에 관한 사실오인과 법리오해의 항소이유 주장을 받아들이지 않고 제1심 판결을 유지하였다.

상고이유 주장은 이러한 원심의 사실인정을 다투는 취지로서 실질적으로 사실심 법원의 자유판단에 속하는 원심의 증거 취사선택 및 증명력에 관한 판단을 탓하는 것에 불과하다. 그리고 원심판결 이유를 위 법리 및 적법하게 채택된 증거들에 비추어 살펴보아도, 원심의 판단에 상고이유 주장과 같이 고의에 관한 법리를 오해하고 공판중심주의를 위반하거나 논리와 경험의 법칙을 위반하여 자유심증주의의 한계를 벗어난 잘못이 없다.

2. 검사의 상고이유에 대하여

가. 관련 법리

1) 임의제출에 따른 전자정보 압수의 방법

오늘날 개인 또는 기업의 업무는 컴퓨터나 서버, 저장매체가 탑재된 정보처리장치 없이 유지되기 어려운데, 전자정보가 저장된 각종 저장매체(이하 '정보저장매체'라 한다)는 대부분 대용량이어서 수사의 대상이 된 범죄혐의와 관련이 없는 개인의 일상생활이나 기업경영에 관한 정보가 광범위하게 포함되어 있다. 이러한 전자정보에 대한 수사기관의 압수·수색은 사생활의 비밀과 자유, 정보에 대한 자기결정권, 재산권 등을 침해할 우려가 크므로 포괄적으로 이루어져서는 안 되고, 비례의 원칙에 따라 수사의 목적상 필요한 최소한의 범위 내에서 이루어져야 한다. 수사기관의 전자정보에 대한 압수·수색은 원칙적으로 영장발부의 사유로 된 범죄혐의사실과 관련된 부분만을 문서 출력물로 수집하거나 수사기관이 휴대한 정보저장매체에 해당 파일을 복제하는 방식으로 이루어져야 하고, 정보저장매체 자체를 직접 반출하거나 저장매체에 들어 있는 전자파일 전부를 하드카피나 이미징 등 형태(이하 '복제본'이라 한다)로 수사기관 사무실 등 외부로 반출하는 방식으로 압수·수색하는 것은 현장의 사정이나 전자정보의 대량성으로 인하여 관련 정보 획득에 긴 시간이 소요되거나 전문 인력에 의한 기술적 조치가 필요한 경우 등 범위를 정하여 출력 또는 복제하는 방법이 불가능하거나 압수의 목적을 달성하기에 현저히 곤란하다고 인정되는 때에 한하여 예외적으로 허용될 수 있을 뿐이다(대법원 2015. 07. 16. 자 2011모1839 전원합의체 결정 등 참조).

위와 같은 법리는 정보저장매체에 해당하는 임의제출물의 압수(형사소송법 제218조)에도 마찬가지로 적용된다. 임의제출물의 압수는 압수물에 대한 수사기관의 점유 취득이 제출자의 의사에 따라 이루어진다는 점에서 차이가 있을 뿐 범죄혐의를 전제로 한 수사 목적이나 압수의 효력은 영장에 의한 경우와 동일하기 때문이다. 따라서 수사기관은 특정 범죄혐의와 관련하여 전자정보가 수록된 정보저장매체를 임의제출받아 그 안에 저장된 전자정보를 압수하는 경우 그 동기가 된 범죄혐의사실과 관련된 전자정보의 출력물 등을 임의제출받아 압수하는 것이 원칙이다. 다만 현장의 사정이나 전자정보의 대량성과 탐색의 어려움 등의 이유로 범위를 정하여 출력 또는 복제하는 방법이 불가능하거나 압수의 목적을 달성하기에 현저히 곤란하다고 인정되는 때에 한하여 예외적으로 정보저장매체 자체나 복제본을 임의제출받아 압수할 수 있다.

2) 임의제출에 따른 전자정보 압수의 대상과 범위

가) 임의제출자의 의사

정보저장매체와 그 안에 저장된 전자정보는 개념적으로나 기능적으로나 별도의 독자적 가치와 효용을 지닌 것으로 상호 구별될 뿐만 아니라 임의제출된 전자정보의 압수가 적법한 것은 어디까지나 제출자의 자유로운 제출 의사에 근거한 것인 이상, 범죄혐의사실과 관련된 전자정보와 그렇지 않은 전자정보가 혼재되어 있는 정보저장매체나 복제본을 수사기관에 임의제출하는 경우 제출자는 제출 및 압수의 대상이 되는 전자정보를 개별적으로 지정하거나 그 범위를 한정할 수 있다. 이처럼 정보저장매체 내 전자정보의 임의제출 범위는 제출자의 의사에 따라 달라질 수 있는 만큼 이러한 정보저장매체를 임의제출받는 수사기관은 제출자로부터 임의제출의 대상이 되는 전자정보의 범위를 확인함으로써 압수의 범위를 명확히 특정하여야 한다. 나아가 헌법과 형사소송법이 구현하고자 하는 적법절차, 영장주의, 비례의 원칙은 물론, 사생활의 비밀과 자유, 정보에 대한 자기결정권 및 재산권의 보호라는 관점에서 정보저장매체 내 전자정보가 가지는 중요성에 비추어 볼 때, 정보저장매체를 임의제출하는 사람이 거기에 담긴 전자정보를 지정하거나 제출 범위를 한정하는 취지로 한 의사표시는 엄격하게 해석하여야 하고, 확인되지 않은 제출자의 의사를 수사기관이 함부로 추단하는 것은 허용될 수 없다.

따라서 수사기관이 제출자의 의사를 쉽게 확인할 수 있음에도 이를 확인하지 않은 채 특정 범죄혐의사실과 관련된 전자정보와 그렇지 않은 전자정보가 혼재된 정보저장매체를 임의제출받은 경우, 그 정보저장매체에 저장된 전자정보 전부가 임의제출되어 압수된 것으로 취급할 수는 없다. 이 경우 제출자의 임의제출 의사에 따라 압수의 대상이 되는 전자정보의 범위를 어떻게 특정할 것인지가 문제 된다.

나) 임의제출에 따른 압수의 동기가 된 범죄혐의사실과 관련된 전자정보

수사기관은 피의사실과 관계가 있다고 인정할 수 있는 것에 한정하여 증거물 또는 몰수할 것으로 사료하는 물건을 압수할 수 있다(형사소송법 제219조, 제106조).

따라서 전자정보를 압수하고자 하는 수사기관이 정보저장매체와 거기에 저장된 전자정보를 임의제출의 방식으로 압수할 때, 제출자의 구체적인 제출 범위에 관한 의사를 제대로 확인하지 않는 등의 사유로 인해 임의제출자의 의사에 따른 전자정보 압수의 대상과 범위가 명확하지 않거나 이를 알 수 없는 경우에는 임의제출에 따른 압수의 동기가 된 범죄혐의사실과 관련되고 이를 증명할 수 있는 최소한의 가치가 있는 전자정보에 한하여 압수의 대상이 된다. 이때 범죄혐의사실과 관련된 전자정보에는 범죄혐의사실 그 자체 또는 그와 기본적 사실관계가 동일한 범행과 직접 관련되어 있는 것은 물론 범행 동기와 경위, 범행수단과 방법, 범행 시간과 장소 등을 증명하기 위한 간접증거나 정황증거 등으로 사용될 수 있는 것도 포함될 수 있다. 다만 그 관련성은 임의제출에 따른 압수의 동기가 된 범죄혐의사실의 내용과 수사의 대상, 수사의 경위, 임의제출의 과정 등을 종합하여 구체적·개별적 연관관계가 있는 경우에만 인정되고, 범죄혐의사실과 단순히 동종 또는 유사 범행이라는 사유만으로 관련성이 있다고 할 것은 아니다(대법원 2021. 08. 26. 선고 2021도2205 판결 등 참조).

다) 불법촬영 범죄 등의 경우 임의제출된 전자정보 압수의 범위

범죄혐의사실과 관련된 전자정보인지를 판단할 때는 범죄혐의사실의 내용과 성격, 임의제출의 과정 등을 토대로 구체적·개별적 연관관계를 살펴볼 필요가 있다. 특히 카메라의 기능과 정보저장매체의 기능을 함께 갖춘 휴대전화인 스마트폰을 이용한 불법촬영 범죄와 같이 범죄의 속성상 해당 범행의 상습성이 의심되거나 성적 기호 내지 경향성의 발현에

따른 일련의 범행의 일환으로 이루어진 것으로 의심되고, 범행의 직접증거가 스마트폰 안에 이미지 파일이나 동영상 파일의 형태로 남아 있을 개연성이 있는 경우에는 그 안에 저장되어 있는 같은 유형의 전자정보에서 그와 관련한 유력한 간접증거나 정황증거가 발견될 가능성이 높다는 점에서 이러한 간접증거나 정황증거는 범죄혐의사실과 구체적·개별적 연관관계를 인정할 수 있다. 이처럼 범죄의 대상이 된 피해자의 인격권을 현저히 침해하는 성격의 전자정보를 담고 있는 불법촬영물은 범죄행위로 인해 생성된 것으로서 몰수의 대상이기도 하므로 임의제출된 휴대전화에서 해당 전자정보를 신속히 압수·수색하여 불법촬영물의 유통 가능성을 적시에 차단함으로써 피해자를 보호할 필요성이 크다. 나아가 이와 같은 경우에는 간접증거나 정황증거이면서 몰수의 대상이자 압수·수색의 대상인 전자정보의 유형이 이미지 파일 내지 동영상 파일 등으로 비교적 명확하게 특정되어 그와 무관한 사적전자정보 전반의 압수·수색으로 이어질 가능성이 적어 상대적으로 폭넓게 관련성을 인정할 여지가 많다는 점에서도 그러하다.

라) 피의자 아닌 사람이 피의자가 소유·관리하는 정보저장매체를 임의제출한 경우 전자정보 압수의 범위

피의자가 소유·관리하는 정보저장매체를 피의자 아닌 피해자 등 제3자가 임의제출하는 경우에는, 그 임의제출 및 그에 따른 수사기관의 압수가 적법하더라도 임의제출의 동기가 된 범죄혐의사실과 구체적·개별적 연관관계가 있는 전자정보에 한하여 압수의 대상이 되는 것으로 더욱 제한적으로 해석하여야 한다. 임의제출의 주체가 소유자 아닌 소지자·보관자이고 그 제출행위로 소유자의 사생활의 비밀 기타 인격적 법익이 현저히 침해될 우려가 있는 경우에는 임의제출에 따른 압수·수색의 필요성과 함께 임의제출에 동의하지 않은 소유자의 법익에 대한 특별한 배려도 필요한바(대법원 1999. 09. 03. 선고 98도968 판결, 대법원 2008. 05. 15. 선고 2008도1097 판결, 대법원 2013. 09. 26. 선고 2013도7718 판결 등 참조), 피의자 개인이 소유·관리하는 정보저장매체에는 그의 사생활의 비밀과 자유, 정보에 대한 자기결정권 등 인격적 법익에 관한 모든 것이 저장되어 있어 제한 없이 압수·수색이 허용될 경우 피의자의 인격적 법익이 현저히 침해될 우려가 있기 때문이다. 그러므로 임의제출자인 제3자가 제출의 동기가 된 범죄혐의사실과 구체적·개별적 연관관계가 인정되는 범위를 넘는 전자정보까지 일괄하여 임의제출한다는 의사를 밝혔더라도, 그 정보저장매체 내 전자정보 전반에 관한 처분권이 그 제3자에게 있거나 그에 관한 피의자의 동의 의사를 추단할 수 있는 등의 특별한 사정이 없는 한, 그 임의제출을 통해 수사기관이 영장 없이 적법하게 압수할 수 있는 전자정보의 범위는 범죄혐의사실과 관련된 전자정보에 한정된다고 보아야 한다.

3) 전자정보 탐색·복제·출력 시 피의자의 참여권 보장 및 전자정보 압수목록 교부

압수의 대상이 되는 전자정보와 그렇지 않은 전자정보가 혼재된 정보저장매체나 그 복제본을 임의제출받은 수사기관이 그 정보저장매체 등을 수사기관 사무실 등으로 옮겨 이를 탐색·복제·출력하는 경우, 그와 같은 일련의 과정에서 형사소송법 제219조, 제121조에서 규정하는 피압수·수색 당사자(이하 '피압수자'라 한다)나 그 변호인에게 참여의 기회를 보장하고 압수된 전자정보의 파일 명세가 특정된 압수목록을 작성·교부하여야 하며 범죄혐의사실과 무관한 전자정보의 임의적인 복제 등을 막기 위한 적절한 조치를 취하는 등 영장주의 원칙과 적법절차

를 준수하여야 한다. 만약 그러한 조치가 취해지지 않았다면 피압수자 측이 참여하지 아니한 다는 의사를 명시적으로 표시하였거나 임의제출의 취지와 경과 또는 그 절차 위반행위가 이루어진 과정의 성질과 내용 등에 비추어 피압수자 측에 절차 참여를 보장한 취지가 실질적으로 침해되었다고 볼 수 없을 정도에 해당한다는 등의 특별한 사정이 없는 이상 압수·수색이 적법하다고 평가할 수 없고, 비록 수사기관이 정보저장매체 또는 복제본에서 범죄혐의사실과 관련된 전자정보만을 복제·출력하였다 하더라도 달리 볼 것은 아니다(위 대법원 2011모1839 전원합의체 결정, 대법원 2020. 11. 17. 자 2019모291 결정 등 참조). 나아가 피해자 등 제3자가 피의자의 소유·관리에 속하는 정보저장매체를 영장에 의하지 않고 임의제출한 경우에는 실질적 피압수자인 피의자가 수사기관으로 하여금 그 전자정보 전부를 무제한 탐색하는 데 동의한 것으로 보기 어려울 뿐만 아니라 피의자 스스로 임의제출한 경우 피의자의 참여권 등이 보장되어야 하는 것과 견주어 보더라도 특별한 사정이 없는 한 형사소송법 제219조, 제121조, 제129조에 따라 피의자에게 참여권을 보장하고 압수한 전자정보 목록을 교부하는 등 피의자의 절차적 권리를 보장하기 위한 적절한 조치가 이루어져야 한다.

4) 임의제출된 정보저장매체 탐색 과정에서 무관정보 발견 시 필요한 조치·절차

앞서 본 바와 같이 임의제출된 정보저장매체에서 압수의 대상이 되는 전자정보의 범위를 초과하여 수사기관이 임의로 전자정보를 탐색·복제·출력하는 것은 원칙적으로 위법한 압수·수색에 해당하므로 허용될 수 없다. 만약 전자정보에 대한 압수·수색이 종료되기 전에 범죄혐의사실과 관련된 전자정보를 적법하게 탐색하는 과정에서 별도의 범죄혐의와 관련된 전자정보를 우연히 발견한 경우라면, 수사기관은 더 이상의 추가 탐색을 중단하고 법원으로부터 별도의 범죄혐의에 대한 압수·수색영장을 발부받은 경우에 한하여 그러한 정보에 대하여도 적법하게 압수·수색을 할 수 있다. 따라서 임의제출된 정보저장매체에서 압수의 대상이 되는 전자정보의 범위를 넘어서는 전자정보에 대해 수사기관이 영장 없이 압수·수색하여 취득한 증거는 위법수집증거에 해당하고, 사후에 법원으로부터 영장이 발부되었다거나 피고인이나 변호인이 이를 증거로 함에 동의하였다고 하여 그 위법성이 치유되는 것도 아니다.

나. 판 단

1) 원심판결 이유 및 적법하게 채택된 증거에 의하면 다음의 사실을 알 수 있다.

가) 피고인은 원심이 인정한 것과 같이 2014. 12. 11. 자기 집에서 피해자 공소외 1의 의사에 반해 성기를 촬영한 범행(이하 '2014년 범행'이라 한다)을 저질렀다. 피해자 공소외 1은 즉시 피해 사실을 경찰에 신고하면서, 피고인의 집에서 가지고 나온 피고인 소유의 휴대전화 2대(아이폰 및 삼성휴대폰)에 피고인이 촬영한 동영상과 사진이 저장되어 있다는 취지로 말하고 이를 범행의 증거물로 임의제출하였다.

나) 경찰관들은 위 휴대전화 2대를 영장 없이 압수하면서, 피해자 공소외 1에게 위 휴대전화에 저장된 동영상과 사진 등 전자정보 전부를 제출하는 취지인지 등 제출 범위에 관한 의사를 따로 확인하지는 않았다.

다) 피고인은 경찰에 휴대전화 1대(아이폰)에 대한 비밀번호를 제공하고 그 파일 이미징과정에 참여한 반면, 다른 휴대전화 1대(삼성휴대폰)에 대해서는 사실상 비밀번호 제공을 거부하고, 저장된 동영상 파일의 복원·추출 과정에 참여하지 않았다. 경찰은 전자의 휴대

전화(아이폰)에 저장된 동영상 파일을 통해 피해자 공소외 1에 대한 2014년 범행을 확인한 다음, 후자의 휴대전화(삼성휴대폰)에서 2014년 범행의 증거 영상을 추가로 찾던 중, 피해자 공소외 1이 아닌 다른 남성 2인이 침대 위에서 잠든 모습, 누군가가 손으로 그들의 성기를 잡고 있는 모습 등이 촬영된 동영상 30개와 사진 등을 발견하고, 그 내용을 확인한 후 이를 시디(CD)에 복제하였다.

라) 경찰은 피해자 공소외 1을 소환하여 위 동영상에 등장하는 남성 2인의 인적 사항 등에 대해 조사하여 그들이 피해자 공소외 2, 공소외 3이라는 사실을 알게 되고, 추가 수사를 통해 피고인이 2013. 12.경 피해자 공소외 2, 공소외 3이 술에 취해 잠든 사이 성기를 만지고 위 동영상을 촬영한 범행(이하 '2013년 범행'이라 한다)을 저지른 사실을 인지하였다.

마) 그 후 경찰은 압수·수색영장을 발부받아 2013년 범행 영상의 전자정보를 복제한 시디를 증거물로 압수하였다.

2) 위와 같은 사실관계를 앞서 본 법리에 비추어 살펴보면, 피해자 공소외 1은 경찰에 피고인의 휴대전화를 증거물로 제출할 당시 그 안에 수록된 전자정보의 제출 범위를 명확히 밝히지 않았고, 담당 경찰관들도 제출자로부터 그에 관한 확인절차를 거치지 않은 이상 위 휴대전화에 담긴 전자정보의 제출 범위에 관한 제출자의 의사가 명확하지 않거나 이를 알 수 없는 경우에 해당한다. 따라서 위 휴대전화에 담긴 전자정보 중 임의제출을 통해 적법하게 압수된 범위는 임의제출 및 압수의 동기가 된 피고인의 2014년 범행 자체와 구체적·개별적 연관관계가 있는 전자정보로 제한적으로 해석하는 것이 타당하다. 이에 비추어 볼 때 범죄발생 시점 사이에 상당한 간격이 있고 피해자 및 범행에 이용한 휴대전화도 전혀 다른 피고인의 2013년 범행에 관한 동영상은 앞서 살펴본 간접증거와 정황증거를 포함하는 구체적·개별적 연관관계 있는 관련 증거의 법리에 의하더라도 임의제출에 따른 압수의 동기가 된 범죄혐의사실(2014년 범행)과 구체적·개별적 연관관계 있는 전자정보로 보기 어려우므로 수사기관이 사전영장 없이 이를 취득한 이상 증거능력이 없고, 사후에 압수·수색영장을 받아 압수절차가 진행되었더라도 달리 볼 수 없다.

3) 원심의 판결 이유에 다소 적절하지 않은 부분이 있으나, 2013년 범행과 관련하여 발견된 동영상이 위법수집증거로서 설령 사후에 압수·수색영장을 발부받아 이를 압수하였더라도 2013년 범행의 증거로서는 증거능력이 없고 이를 기초로 한 2차 증거 역시 증거능력이 없다는 등의 이유로, 2013년 범행을 유죄로 인정한 제1심을 파기하고 무죄로 판단한 원심의 결론은 수긍할 수 있다. 거기에 상고이유 주장과 같이 정보저장매체에 대한 임의제출물 압수에 있어 제출자의 의사에 따른 전자정보의 제출 범위 한정, 임의제출된 전자정보의 증거능력 인정 요건 등에 관한 법리를 오해한 잘못이 없다.

3. 결 론

그러므로 상고를 모두 기각하기로 하여, 관여 법관의 일치된 의견으로 주문과 같이 판결한다.

ⓒ 대법원 2021. 12. 16. 선고 2019도17150 판결 [사기]

【판시사항】

검사가 기명날인 또는 서명이 없는 상태로 공소장을 관할법원에 제출한 경우, 공소제기의 효력(무효) 및 이때 검사가 공소장에 기명날인 또는 서명을 추후 보완하는 등의 방법으로 공소제기가 유효하게 될 수 있는지 여부(적극)

【판결요지】

공소를 제기하려면 공소장을 관할법원에 제출하여야 한다(형사소송법 제254조 제1항). 공무원이 작성하는 서류에는 법률에 다른 규정이 없는 때에는 작성 연월일과 소속공무소를 기재하고 기명날인 또는 서명하여야 한다(형사소송법 제57조 제1항). 여기서 '공무원이 작성하는 서류'에는 검사가 작성하는 공소장이 포함되므로, 검사가 기명날인 또는 서명이 없는 상태로 공소장을 관할법원에 제출하는 것은 형사소송법 제57조 제1항에 위반된다. 이와 같이 법률이 정한 형식을 갖추지 못한 채 공소장을 제출한 경우에는 특별한 사정이 없는 한 공소제기의 절차가 법률의 규정을 위반하여 무효인 때(형사소송법 제327조 제2호) 해당한다. 다만 이 경우 공소를 제기한 검사가 공소장에 기명날인 또는 서명을 추후 보완하는 등의 방법으로 공소제기가 유효하게 될 수 있다.

【참조조문】 형사소송법 제57조 제1항, 제254조 제1항, 제327조 제2호
【참조판례】 대법원 2007. 10. 25. 선고 2007도4961 판결(공2007하, 1889), 대법원 2012. 9. 27. 선고 2010도17052 판결(공2012하, 1768)
【전 문】 【피 고 인】 피고인 【상 고 인】 검사 【변 호 인】 변호사 한철상
【원심판결】 의정부지법 2019. 10. 31. 선고 2019노2065 판결

【주 문】

상고를 기각한다.

【이 유】

상고이유를 판단한다.

1. 공소를 제기하려면 공소장을 관할법원에 제출하여야 한다(형사소송법 제254조 제1항). 공무원이 작성하는 서류에는 법률에 다른 규정이 없는 때에는 작성 연월일과 소속공무소를 기재하고 기명날인 또는 서명하여야 한다(형사소송법 제57조 제1항). 여기서 '공무원이 작성하는 서류'에는 검사가 작성하는 공소장이 포함되므로, 검사가 기명날인 또는 서명이 없는 상태로 공소장을 관할법원에 제출하는 것은 형사소송법 제57조 제1항에 위반된다. 이와 같이 법률이 정한 형식을 갖추지 못한 채 공소장을 제출한 경우에는 특별한 사정이 없는 한 공소제기의 절차가 법률의 규정을 위반하여

무효인 때(형사소송법 제327조 제2호)에 해당한다. 다만 이 경우 공소를 제기한 검사가 공소장에 기명날인 또는 서명을 추후 보완하는 등의 방법으로 공소제기가 유효하게 될 수 있다(대법원 2007. 10. 25. 선고 2007도4961 판결, 대법원 2012. 09. 27. 선고 2010도17052 판결 참조).

2. 원심은 다음과 같은 이유로 의정부지방법원 2018고단4184 사건의 공소(이하 '이 부분 공소'라 한다)를 기각하였다.

이 부분 공소장에는 공소를 제기한 검사의 기명만 있을 뿐 서명 또는 날인이 없다. 이러한 하자에 대한 추후 보완 요구는 법원의 의무가 아니다. 이 부분 공소는 공소제기의 절차가 법률의 규정을 위반하여 무효인 때에 해당한다.

3. 원심판결 이유를 관련 법리와 기록에 비추어 살펴보면, 검사의 하자 추후 보완은 원칙적으로 제1심에서만 허용된다는 부분은 적절하지 않지만, 이 사건 공소제기의 절차가 법률의 규정을 위반하여 무효인 때에 해당한다는 원심의 결론은 옳다. 원심판결에 상고이유 주장과 같이 공소장 기명날인 또는 서명 누락과 공소제기의 효력에 관한 법리를 오해하여 판결에 영향을 미친 잘못이 없다.

4. 검사의 상고는 이유 없으므로 이를 기각하기로 하여, 대법관의 일치된 의견으로 주문과 같이 판결한다.

🅑 대법원 2021. 12. 30. 선고 2019도16259 판결 [아동·청소년의성보호에관한법률위반(음란물제작·배포등)·아동·청소년의성보호에관한법률위반(음란물소지)·정보통신망이용촉진및정보보호등에관한법률위반(음란물유포)]

【판시사항】

공소장에 검사의 간인이 없으나 공소장의 형식과 내용이 연속된 것으로 일체성이 인정되고 동일한 검사가 작성하였다고 인정되는 경우, 공소장이 유효한지 여부(적극) 및 이러한 공소장 제출에 의한 공소제기의 효력(유효)

【판결요지】

공소를 제기하려면 공소장을 관할법원에 제출하여야 한다(형사소송법 제254조 제1항). 공무원이 작성하는 서류에는 간인하거나 이에 준하는 조치를 하여야 한다(형사소송법 제57조 제2항). 여기서 '공무원이 작성하는 서류'에는 검사가 작성하는 공소장이 포함된다.

'간인'은 서류작성자의 간인으로서 1개의 서류가 여러 장으로 되어 있는 경우 그 서류의 각 장 사이에 겹쳐서 날인하는 것이다. 이는 서류 작성 후 그 서류의 일부가 누락되거나 교체되지 않았다는 사실을 담보하기 위한 것이다. 따라서 공소장에 검사의 간인이 없더라도 그 공소장의 형식과 내용이 연속된 것으로 일체성이 인정되고 동일한 검사가 작성하였다고 인정되는 한 그 공소장을 형사소송법 제

> 57조 제2항에 위반되어 효력이 없는 서류라고 할 수 없다. 이러한 공소장 제출에 의한 공소제기는 그 절차가 법률의 규정에 위반하여 무효인 때(형사소송법 제327조 제2호)에 해당한다고 할 수 없다.

【참조조문】 형사소송법 제57조 제2항, 제254조 제1항, 제327조 제2호
【참조판례】 대법원 2007. 10. 25. 선고 2007도4961 판결(공2007하, 1889), 대법원 2012. 9. 27. 선고 2010도17052 판결(공2012하, 1768)
【전 문】 【피 고 인】 피고인 【상 고 인】 검사
【원심판결】 의정부지법 2019. 10. 17. 선고 2019노1092 판결

【주 문】

원심판결을 파기하고, 사건을 의정부지방법원에 환송한다.

【이 유】

상고이유를 판단한다.

1. 공소를 제기하려면 공소장을 관할법원에 제출하여야 한다(형사소송법 제254조 제1항). 공무원이 작성하는 서류에는 간인하거나 이에 준하는 조치를 하여야 한다(형사소송법 제57조 제2항). 여기서 '공무원이 작성하는 서류'에는 검사가 작성하는 공소장이 포함된다(대법원 2007. 10. 25. 선고 2007도4961 판결, 대법원 2012. 09. 27. 선고 2010도17052 판결 참조).
'간인'은 서류작성자의 간인으로서 1개의 서류가 여러 장으로 되어 있는 경우 그 서류의 각 장 사이에 겹쳐서 날인하는 것이다. 이는 서류 작성 후 그 서류의 일부가 누락되거나 교체되지 않았다는 사실을 담보하기 위한 것이다. 따라서 공소장에 검사의 간인이 없더라도 그 공소장의 형식과 내용이 연속된 것으로 일체성이 인정되고 동일한 검사가 작성하였다고 인정되는 한 그 공소장을 형사소송법 제57조 제2항에 위반되어 효력이 없는 서류라고 할 수 없다. 이러한 공소장 제출에 의한 공소제기는 그 절차가 법률의 규정에 위반하여 무효인 때(형사소송법 제327조 제2호)에 해당한다고 할 수 없다.

2. 원심은 다음과 같은 이유로 이 사건 공소사실을 유죄로 판단한 제1심판결을 직권으로 파기하고 이 사건 공소를 기각하였다.

이 사건 공소장 1쪽 뒷면에 간인 일부가 되어 있으나, 2쪽 앞면에는 나머지 간인이 되어 있지 않고, 2쪽 뒷면부터 별지 [범죄일람표 2] 마지막 장까지 간인이 없다. 이러한 하자의 추완은 원칙적으로 제1심에서만 허용되어야 한다. 공소제기 검사의 전보 인사가 있는 경우에도 하자의 추완을 인정할 수 없다. 이 사건 공소장 1쪽 뒷면에 간인 일부가 남아 있는 이상 하자는 추완될 수 없다. 법원이 하자의 추완을 요구해서는 안 된다. 이 사건 공소는 공소제기의 절차가 법률의 규정에 위반하여 무효인 때(형사소송법 제327조 제2호)에 해당한다.

3. 그러나 원심의 판단은 그대로 받아들이기 어렵다.

가. 기록에 의하면 다음 사실을 알 수 있다.

1) 이 사건 공소장은 본문 3장, 별지 [범죄일람표 1] 1장, 별지 [범죄일람표 2] 3장 합계 총 7장으로 구성되어 있다. 본문과 별지 [범죄일람표]는 누락되지 않고 모두 포함되어 있다. 본문 우측 하단에도 본문 쪽수가 "1/3", "2/3", "3/3"으로 연속되어 기재되어 있다.

2) 이 사건 공소장 본문 1쪽에 공소제기 검사의 기명날인 및 서명이 되어 있다. 동일한 공소제기 검사가 공소장을 작성한 것으로 보이고 이와 달리 다른 검사가 이 사건 공소장을 작성하였다고 볼 만한 아무런 자료가 없다.

3) 이 사건 공소장 본문 1쪽에는 '공소장'이라는 제목 아래에 "아래와 같이 공소를 제기합니다."라고 기재되어 있다. 이어서 'Ⅰ. 피고인 관련사항'이라는 제목 아래에 피고인 이름, 주민등록번호, 나이, 직업, 주거, 등록기준지, 죄명, 적용법조가 차례대로 기재되어 있다.

4) 이 사건 공소장 본문 2쪽에는 나머지 '피고인 관련사항'으로 구속 여부, 변호인이 차례대로 기재되어 있다. 이어서 'Ⅱ. 공소사실'이라는 제목 아래에 본문 2쪽과 3쪽에 걸쳐 아래와 같이 공소사실이 기재되어 있다.

"1. (중략) 아동·청소년이용음란물임을 알면서 이를 소지하였다. 2. (중략) 2018. 8. 9.경부터 같은 달 20일경까지 별지 범죄일람표 1 기재와 같이 본건 동영상을 총 9회에 걸쳐 합계 45,000원에 판매함으로써 영리를 목적으로 아동·청소년이용음란물을 판매하였다. 3. (중략) 피고인은 2018. 8. 9. 19:11경 (중략) 그 무렵부터 같은 달 20일경까지 별지 범죄일람표 2 기재와 같이 총 147회에 걸쳐 합계 940,000원을 받고, 음란한 영상을 배포·판매·임대하거나 공공연하게 전시하였다."

5) 공소사실이 죄명, 적용법조에 따른「아동·청소년의 성보호에 관한 법률」위반(음란물소지)죄,「아동·청소년의 성보호에 관한 법률」위반(음란물제작·배포등)죄,「정보통신망 이용촉진 및 정보보호 등에 관한 법률」위반(음란물유포)죄의 구성요건에 부합하게 각 죄별로 일체성 있게 작성되었다.

6) 이어서 첨부되어 있는 별지 [범죄일람표 1]에 연번은 1부터 9까지, 범행일시는 2018. 8. 9.경부터 2018. 8. 20.경까지 기재되어 있으므로 공소사실 제2항에서 인용한 "범죄일람표 1"의 내용과 일치한다. 별지 [범죄일람표 1]은 이 사건 공소장 본문과 일체를 이룬다.

7) 별지 [범죄일람표(피의자가 유포한 음란물 목록) 2]에도 연번은 1부터 147까지, 범행일시는 2018. 8. 9. 19:11:37부터 2018. 8. 20. 17:07:04까지 기재되어 있으므로 공소사실 제3항에서 인용한 "범죄일람표 2"의 내용과 일치한다. 별지 [범죄일람표(피의자가 유포한 음란물 목록) 2]도 이 사건 공소장 본문과 일체를 이룬다.

나. 이러한 사실을 앞서 본 법리에 비추어 살펴보면, 이 사건 공소장의 형식과 내용은 연속된 것으로 일체성이 인정되고, 동일한 공소제기 검사가 작성하였다고 인정할 수 있다. 공소제기 검사의 간인이 없더라도 이 사건 공소장은 유효하므로 이 사건 공소장 제출에 의한 공소제기는 그 절차가 법률의 규정에 위반하여 무효인 때(형사소송법 제327조 제2호)에 해당한다고 할 수 없다.

다. 그런데도 원심은 이와 달리 이 사건 공소장에 공소제기 검사의 간인이 없다는 이유로 이 사건 공소장 제출에 의한 공소제기 절차가 법률의 규정에 위반하여 무효인 때에 해당한다고 보아 공소기각 판결을 선고하였다. 원심판결에는 공소장 간인 누락과 공소제기 효력에 관한 법리를 오해하여 판결에 영향을 미친 잘못이 있다. 이를 지적하는 검사의 상고이유 주장은 이유 있다.

4. 그러므로 원심판결을 파기하고 사건을 다시 심리·판단하도록 원심법원에 환송하기로 하여, 관여 대법관의 일치된 의견으로 주문과 같이 판결한다.

● 대법원 2022. 01. 14. 자 2021모1586 결정 [압수처분에대한준항고기각결정에대한재항고]

【판시사항】

[1] 압수의 목적물이 전자정보가 저장된 저장매체인 경우, 수사기관이 압수·수색영장 발부의 사유로 된 범죄 혐의사실 관련성에 대한 구분 없이 임의로 저장된 전자정보를 문서로 출력하거나 파일로 복제하는 행위가 위법한 압수인지 여부(원칙적 적극)

[2] 압수물 목록의 교부 취지 / 압수된 정보의 상세목록에 정보의 파일 명세가 특정되어 있어야 하는지 여부(적극)

[3] 수사기관이 범죄 혐의사실과 관련 있는 정보를 선별하여 압수한 후에도 그와 관련이 없는 나머지 정보를 삭제·폐기·반환하지 아니한 채 그대로 보관하고 있는 경우, 범죄 혐의사실과 관련이 없는 부분에 대한 압수가 위법한지 여부(적극) 및 사후에 법원으로부터 압수·수색영장이 발부되었거나 피고인이나 변호인이 이를 증거로 함에 동의한 경우 그 위법성이 치유되는지 여부(소극)

[4] 수사기관이 압수·수색영장에 기재된 범죄 혐의사실과의 관련성에 대한 구분 없이 임의로 전체의 전자정보를 복제·출력하여 이를 보관하여 두고, 이에 대해 구체적인 개별 파일 명세를 특정하여 상세목록을 작성하지 않고 포괄적인 압축파일만을 기재한 후 이를 전자정보 상세목록이라고 하면서 피압수자 등에게 교부한 경우, 정보 전체에 대한 압수가 위법한지 여부(적극) 및 사후에 법원으로부터 그와 같이 수사기관이 취득·보관하고 있는 전자정보 자체에 대해 다시 압수·수색영장이 발부되었더라도 마찬가지인지 여부(적극)

【결정요지】

[1] 수사기관은 압수의 목적물이 전자정보가 저장된 저장매체인 경우에는 압수·수색영장 발부의 사유로 된 범죄 혐의사실과 관련 있는 정보의 범위를 정하여 출력하거나 복제하여 이를 제출받아야 하고, 이러한 과정에서 혐의사실과 무관한 전자정보의 임의적인 복제 등을 막기 위한 적절한 조치를 취하는 등 영장주의 원칙과 적법절차를 준수하여야 한다. 따라서 저장매체의 소재지에서 압수·수색이 이루어지는 경우는 물론 예외적으로 저장매체에 들어 있는 전자파일 전부를 하드카피나 이미징(imaging) 등의 형태(이하 '복제본'이라 한다)로 수사기관 사무실 등으로 반출한 경우에도 반출한 저장매체 또는 복제본에서 혐의사실 관련성에 대한 구분 없이 임의로 저장된 전자정보를 문서로 출력하거나 파일로 복제하는 행위는 원칙적으로 영장주의 원칙에 반하는 위법한 압수가 된다.

[2] 법원은 압수·수색영장의 집행에 관하여 범죄 혐의사실과 관련 있는 정보의 탐색·복제·출력이 완료된 때에는 지체 없이 압수된 정보의 상세목록을 피의자 등에게 교부할 것을 정할 수 있다. 압수물 목록은 피압수자 등이 압수처분에 대한 준항고를 하는 등 권리행사절차를 밟는 가장 기초적인 자료가 되므로, 수사기관은 이러한 권리행사에 지장이 없도록 압수 직후 현장에서 압수물 목록을 바로 작성하여 교부해야 하는 것이 원칙이다. 이러한 압수물 목록 교부 취지에 비추어 볼 때, 압수된 정보의 상세목록에는 정보의 파일 명세가 특정되어 있어야 한다.

[3] 법원은 압수·수색영장의 집행에 관하여 범죄 혐의사실과 관련 있는 전자정보의 탐색·복제·출력이 완료된 때에는 지체 없이 영장 기재 범죄 혐의사실과 관련이 없는 나머지 전자정보에 대해 삭제·폐기 또는 피압수자 등에게 반환할 것을 정할 수 있다. 수사기관이 범죄 혐의사실과 관련 있는 정보를 선별하여 압수한 후에도 그와 관련이 없는 나머지 정보를 삭제·폐기·반환하지 아니한 채 그대로 보관하고 있다면 범죄 혐의사실과 관련이 없는 부분에 대하여는 압수의 대상이 되는 전자정보의 범위를 넘어서는 전자정보를 영장 없이 압수·수색하여 취득한 것이어서 위법하고, 사후에 법원으로부터 압수·수색영장이 발부되었다거나 피고인이나 변호인이 이를 증거로 함에 동의하였다고 하여 그 위법성이 치유된다고 볼 수 없다.

[4] 수사기관이 압수·수색영장에 기재된 범죄 혐의사실과의 관련성에 대한 구분 없이 임의로 전체의 전자정보를 복제·출력하여 이를 보관하여 두고, 그와 같이 선별되지 않은 전자정보에 대해 구체적인 개별 파일 명세를 특정하여 상세목록을 작성하지 않고 '····.zip'과 같이 그 내용을 파악할 수 없도록 되어 있는 포괄적인 압축파일만을 기재한 후 이를 전자정보 상세목록이라고 하면서 피압수자 등에게 교부함으로써 범죄 혐의사실과 관련성 없는 정보에 대한 삭제·폐기·반환 등의 조치도 취하지 아니하였다면, 이는 결국 수사기관이 압수·수색영장에 기재된 범죄 혐의사실과 관련된 정보 외에 범죄 혐의사실과 관련이 없어 압수의 대상이 아닌 정보까지 영장 없이 취득하는 것일 뿐만 아니라, 범죄혐의와 관련 있는 압수 정보에 대한 상세목록 작성·교부의무와 범죄혐의와 관련 없는 정보에 대한 삭제·폐기·반환의무를 사실상 형해화하는 결과가 되는 것이어서 영장주의와 적법절차의 원칙을 중대하게 위반한 것으로 봄이 타당하다(만약 수사기관이 혐의사실과 관련 있는 정보만을 선별하였으나 기술적인 문제로 정보 전체를 1개의 파일 등으로 복제하여 저장할 수밖에 없다고 하더라도 적어도 압수목록이나 전자정보 상세목록에 압수의 대상이 되는 전자정보 부분을 구체적으로 특정하고, 위와 같이 파일 전체를 보관할 수밖에 없는 사정을 부기하는 등의 방법을 취할 수 있을 것으로 보인다). 따라서 이와 같은 경우에는 영장 기재 범죄 혐의사실과의 관련성 유무와 상관없이 수사기관이 임의로 전자정보를 복제·출력하여 취득한 정보 전체에 대해 그 압수는 위법한 것으로 취소되어야 한다고 봄이 타당하고, 사후에 법원으로부터 그와 같이 수사기관이 취득하여 보관하고 있는 전자정보 자체에 대해 다시 압수·수색영장이 발부되었다고 하여 달리 볼 수 없다.

【참조조문】 [1] 헌법 제12조 제1항, 제3항, 형사소송법 제215조 / [2] 형사소송법 제129조, 제219조 / [3] 형사소송법 제215조 / [4] 헌법 제12조 제1항, 제3항, 형사소송법 제129조, 제215조, 제219조
【참조판례】 [1] 대법원 2017. 9. 21. 선고 2015도12400 판결(공2017하, 2033), 대법원 2017. 11. 14. 선고 2017도3449 판결(공2017하, 2403) / [2] 대법원 2018. 2. 8. 선고 2017도13263 판결(공2018상, 595)
【전 문】 【피 고 인】 피고인 【재항고인】 피고인

【변 호 인】 법무법인 감동으로 담당변호사 이상길 외 1인
【원심결정】 광주지법 2021. 5. 31. 자 2021보2 결정

【주 문】

원심결정을 파기하고, 사건을 광주지방법원에 환송한다.

【이 유】

재항고이유를 판단한다.

1. 회피의무에 관한 재항고이유

이 부분 재항고이유는 영장을 발부한 단독판사가 회피하지 아니한 채 해당 영장에 기한 압수의 취소를 구하는 준항고 사건의 재판을 한 것이 위법하다는 취지이나, 관련 법리와 기록에 비추어 살펴보면 원심의 절차에 재항고이유 주장과 같이 공정한 재판을 받을 권리를 침해한 잘못이 있다고 볼 수 없다.

2. 압수의 위법성에 관한 재항고이유

가. 사건의 경위

원심결정 이유와 기록에 의하면 다음과 같은 사실을 알 수 있다.

1) 수사기관은 '피의자 공소외 1이 의뢰인으로부터 사건무마를 위해 경찰에 전달한다는 명목으로 2018. 11.경부터 2019. 3. 하순경까지 3회에 걸쳐 합계 5,500만 원을 교부받고 1억 원을 약속받은 후, 이를 준항고인에게 전달하여 뇌물공여를 하였다.'는 내용의 변호사법 위반, 뇌물공여의 범죄 혐의사실에 대해 수사를 하면서, 2019. 5. 17. 법원으로부터 준항고인의 휴대전화 등에 대한 압수·수색영장(이하 '제1 압수·수색영장'이라 한다)을 발부받았다.

2) 제1 압수·수색영장은 휴대전화 등에 있는 전자정보의 압수 대상 및 방법에 대해 '저장매체 자체를 반출하거나 복제본으로 반출하는 경우에도 혐의사실과 관련된 전자정보만을 출력 또는 복제하여야 하고, 완료된 후에는 지체 없이 피압수자 등에게 압수 대상 전자정보의 상세목록을 교부하여야 하고, 그 목록에서 제외된 전자정보는 삭제·폐기 또는 반환하고 그 취지를 통지하여야 한다.'고 제한하였다. 한편 준항고인은 수사기관에 제1 압수·수색영장에 따른 휴대전화기의 전자정보에 관한 탐색·복제·출력 과정에 대한 절차 참여를 포기한다는 의사를 밝혔다.

3) 수사기관은 제1 압수·수색영장에 따라 준항고인이 소지하던 이 사건 휴대전화를 압수하여 경찰청 디지털포렌식계에 분석의뢰 하였는데, 담당분석관은 별도의 선별작업 없이 이 사건 휴대전화에 저장된 파일 대부분을 그대로 한 개의 파일(19-○○○호TF증1.zip, 이하 '이 사건 파일'이라 한다)로 압축해 저장매체에 복제하여 담당경찰관에게 건네주었다. 한편 담당경찰관이 작성한 압수조서 및 담당경찰관이 작성하여 준항고인에게 제시한 전자정보 상세목록에도 압수한 전자정보가 "(19-○○○호TF증1.zip"이라고 기재되어 있다.

4) 공소외 1은 앞서 본 의뢰인으로부터 사건청탁 명목으로 금원을 전달받았다는 내용의 변호사법 위반죄로만 기소되어 유죄판결이 선고·확정되었는데, 그 이후에도 이 사건 파일은 경찰청 내의 이미징 자료 등을 보관하는 서버에 그대로 저장된 채로 삭제되지 않고 있었다.

5) 한편 수사기관은 '준항고인이 2016. 12.경부터 2017. 5.경까지 공소외 2로부터 합계 5,000만 원을, 2018. 8.경 4,000만 원을 받았다.'는 내용의 범죄 혐의사실을 수사하면서, 위와 같이 제1 압수·수색영장에 의하여 압수하여 취득한 이 사건 파일이 수사기관에 보관 중인 것을 확인한 후 이 사건 파일에 대한 압수·수색영장을 청구하였고, 법원은 2020. 4. 16. 위 범죄 혐의사실에 대해 수사기관에서 보관 중인 이 사건 파일 등에 대한 압수·수색영장(이하 '제2 압수·수색영장'이라 한다)을 발부하였다.

6) 그런데 수사기관은 제2 압수·수색영장을 집행하면서 준항고인이나 그 변호인의 참여 기회를 보장하지 않았다. 이 때문에 수사기관은 다시 압수·수색영장을 청구하여 2021. 4. 7. 준항고인에 대한 일부 범죄 혐의사실이 추가된 것 외에는 제2 압수·수색영장과 거의 동일한 내용의 압수·수색영장을 발부받아(이하 '제3 압수·수색영장'이라 한다) 준항고인과 변호인의 참여 기회를 보장하여 이 사건 파일의 압수를 집행하였다.

나. 원심의 판단

원심은, 수사기관이 제1 압수·수색영장을 집행하면서 범죄 혐의사실과 관련된 전자정보를 탐색·선별하여 압수가 이루어진 것으로 보이고 휴대전화의 경우 혐의사실과 관련성이 없는 전자정보를 완전히 배제하는 것이 기술적으로 불가능하다는 사정 등을 들어 제1 압수·수색영장에 의한 압수처분이 위법하다고 볼 수 없다고 판단하였다.

나아가 원심은, 제2 압수·수색영장의 집행 과정에 준항고인이나 변호인의 참여 기회를 보장하지 않은 사실이 인정된다고 보면서도, 제2 압수·수색영장의 집행은 결국 제1 압수·수색영장에 의해 적법하게 수집한 증거를 다시 탐색·복제·출력하는 과정에 불과하다는 이유를 들어 절차참여를 보장한 취지가 실질적으로 침해되었다고 보기 어려워 제2 압수·수색영장에 의한 압수처분 역시 위법하다고 볼 수 없다고 판단하였으며, 위와 같이 제1 압수·수색영장, 제2 압수·수색영장에 따른 압수가 모두 적법한 이상 제3 압수·수색영장에 의한 압수 역시 적법하다고 판단하였다.

다. 대법원 판단

1) 수사기관은 압수의 목적물이 전자정보가 저장된 저장매체인 경우에는 압수·수색영장 발부의 사유로 된 범죄 혐의사실과 관련 있는 정보의 범위를 정하여 출력하거나 복제하여 이를 제출받아야 하고, 이러한 과정에서 혐의사실과 무관한 전자정보의 임의적인 복제 등을 막기 위한 적절한 조치를 취하는 등 영장주의 원칙과 적법절차를 준수하여야 한다. 따라서 저장매체의 소재지에서 압수·수색이 이루어지는 경우는 물론 예외적으로 저장매체에 들어 있는 전자파일 전부를 하드카피나 이미징(imaging) 등의 형태(이하 '복제본'이라 한다)로 수사기관 사무실으로 반출한 경우에도 반출한 저장매체 또는 복제본에서 혐의사실 관련성에 대한 구분 없이 임의로 저장된 전자정보를 문서로 출력하거나 파일로 복제하는 행위는 원칙적으로 영장주의 원칙에 반하는 위법한 압수가 된다(대법원 2017. 09. 21. 선고 2015도12400 판결, 대법원 2017. 11. 14. 선고 2017도3449 판결 등 참조).

법원은 압수·수색영장의 집행에 관하여 범죄 혐의사실과 관련 있는 정보의 탐색·복제·출력이 완료된 때에는 지체 없이 압수된 정보의 상세목록을 피의자 등에게 교부할 것을 정할 수 있다. 압수물 목록은 피압수자 등이 압수처분에 대한 준항고를 하는 등 권리행사절차를 밟는 가장 기초적인 자료가 되므로, 수사기관은 이러한 권리행사에 지장이 없도록 압수 직후 현장에서 압수물 목록을 바로 작성하여 교부해야 하는 것이 원칙이다. 이러한 압수물 목록 교부 취지에 비추어 볼 때, 압수된 정보의 상세목록에는 정보의 파일 명세가 특정되어 있어야 한다(대법원 2018. 02. 08. 선고 2017도13263 판결 등 참조).

법원은 압수·수색영장의 집행에 관하여 범죄 혐의사실과 관련 있는 전자정보의 탐색·복제·출력이 완료된 때에는 지체 없이 영장 기재 범죄 혐의사실과 관련이 없는 나머지 전자정보에 대해 삭제·폐기 또는 피압수자 등에게 반환할 것을 정할 수 있다. 수사기관이 범죄 혐의사실과 관련 있는 정보를 선별하여 압수한 후에도 그와 관련이 없는 나머지 정보를 삭제·폐기·반환하지 아니한 채 그대로 보관하고 있다면 범죄 혐의사실과 관련이 없는 부분에 대하여는 압수의 대상이 되는 전자정보의 범위를 넘어서는 전자정보를 영장 없이 압수·수색하여 취득한 것이어서 위법하고, 사후에 법원으로부터 압수·수색영장이 발부되었다거나 피고인이나 변호인이 이를 증거로 함에 동의하였다고 하여 그 위법성이 치유된다고 볼 수 없다.

수사기관이 압수·수색영장에 기재된 범죄 혐의사실과의 관련성에 대한 구분 없이 임의로 전체의 전자정보를 복제·출력하여 이를 보관하여 두고, 그와 같이 선별되지 않은 전자정보에 대해 구체적인 개별 파일 명세를 특정하여 상세목록을 작성하지 않고 '…..zip'과 같이 그 내용을 파악할 수 없도록 되어 있는 포괄적인 압축파일만을 기재한 후 이를 전자정보 상세목록이라고 하면서 피압수자 등에게 교부함으로써 범죄 혐의사실과 관련성 없는 정보에 대한 삭제·폐기·반환 등의 조치도 취하지 아니하였다면, 이는 결국 수사기관이 압수·수색영장에 기재된 범죄 혐의사실과 관련된 정보 외에 범죄 혐의사실과 관련이 없어 압수의 대상이 아닌 정보까지 영장 없이 취득하는 것일 뿐만 아니라, 범죄혐의와 관련 있는 압수 정보에 대한 상세목록 작성·교부의무와 범죄혐의와 관련 없는 정보에 대한 삭제·폐기·반환의무를 사실상 형해화하는 결과가 되는 것이어서 영장주의와 적법절차의 원칙을 중대하게 위반한 것으로 봄이 상당하다(만약 수사기관이 혐의사실과 관련 있는 정보만을 선별하였으나 기술적인 문제로 정보 전체를 1개의 파일 등으로 복제하여 저장할 수밖에 없다고 하더라도 적어도 압수목록이나 전자정보 상세목록에 압수의 대상이 되는 전자정보 부분을 구체적으로 특정하고, 위와 같이 파일 전체를 보관할 수밖에 없는 사정을 부기하는 등의 방법을 취할 수 있을 것으로 보인다). 따라서 이와 같은 경우에는 영장 기재 범죄 혐의사실과의 관련성 유무와 상관없이 수사기관이 임의로 전자정보를 복제·출력하여 취득한 정보 전체에 대해 그 압수는 위법한 것으로 취소되어야 한다고 봄이 상당하고, 사후에 법원으로부터 그와 같이 수사기관이 취득하여 보관하고 있는 전자정보 자체에 대해 다시 압수·수색영장이 발부되었다고 하여 달리 볼 수 없다.

2) 위와 같은 법리에 비추어 살펴보면, 수사기관이 제1 압수·수색영장을 집행하면서 기술적인 문제를 이유로 혐의사실 관련성에 대한 구분 없이 임의로 이 사건 휴대전화 내의 전자정보 전부를 1개의 압축파일인 이 사건 파일로 생성·복제하고, 이후 이 사건 파일에서 혐의사실과 관련된 전자정보만을 탐색·선별하여 출력 또는 복제하는 절차를 밟지 아니한 채 이 사건 파

일 1개 그대로에 대해 압수조서를 작성하고, 그 1개의 파일만을 기재한 것을 상세목록이라는 이름으로 준항고인에게 교부하였으며, 범죄혐의와 관련 없는 정보를 삭제·폐기·반환하는 등의 조치 역시 취하지 아니하고 오히려 이 사건 파일을 경찰청 내의 저장매체에 복제된 상태 그대로 보관하여 둔 이상, 결국 수사기관은 영장주의와 적법절차의 원칙, 제1 압수·수색영장에 기재된 압수의 대상과 방법의 제한을 중대하게 위반하여 이 사건 파일을 압수·취득한 것이므로, 결국 이 사건 파일 전체에 대한 압수는 취소되어야 한다고 봄이 상당하다.

나아가 수사기관이 위와 같이 위법하게 압수하여 취득한 이 사건 파일에 대해 별도의 범죄 혐의사실로 제2 압수·수색영장, 제3 압수·수색영장이 발부되었다고 하더라도 그 위법성은 치유된다고 보기 어렵고, 따라서 다른 점에 관하여 더 나아가 살펴볼 필요 없이 제2압수·수색영장, 제3 압수·수색영장에 의하여 이루어진 압수 역시 취소되어야 한다.

그럼에도 원심은 그 판시와 같은 이유만을 들어 이 사건 각 압수·수색영장에 기한 이 사건 파일에 관한 압수가 위법하다고 볼 수 없다고 판단하였으니, 이러한 원심판단에는 압수·수색영장에 관한 전자정보의 선별 및 상세목록 교부 등에 관한 법리를 오해한 잘못이 있다. 이 점을 지적하는 취지의 재항고이유는 이유 있다.

3. 결론

그러므로 나머지 재항고이유에 관한 판단을 생략한 채 원심결정을 파기하고 사건을 다시 심리·판단하도록 원심법원에 환송하기로 하여, 관여 대법관의 일치된 의견으로 주문과 같이 결정한다.

Ⓐ 대법원 2022. 01. 27. 선고 2021도11170 판결 [자본시장과금융투자업에관한법률위반·보조금관리에관한법률위반·업무상횡령·사기·허위작성공문서행사·금융실명거래및비밀보장에관한법률위반·범죄수익은닉의규제및처벌등에관한법률위반·업무방해·위계공무집행방해·위조사문서행사·증거은닉교사·증거인멸교사·증거위조교사·사문서위조·위조공문서행사(인정된 죄명: 허위작성공문서행사)]

【판시사항】

[1] 전자정보를 압수하고자 하는 수사기관이 정보저장매체와 거기에 저장된 전자정보를 임의제출의 방식으로 압수할 때 임의제출자의 의사에 따른 전자정보 압수의 대상과 범위가 명확하지 않거나 이를 알 수 없는 경우, 임의제출에 따른 압수의 동기가 된 범죄혐의사실과 관련되고 이를 증명할 수 있는 최소한의 가치가 있는 전자정보에 한하여 압수의 대상이 되는지 여부(적극) 및 이때 범죄혐의사실과의 관련성이 인정되는 범위

[2] 압수의 대상이 되는 전자정보와 그렇지 않은 전자정보가 혼재된 정보저장매체나 복제본을 임의제출받은 수사기관이 정보저장매체 등을 수사기관 사무실 등으로 옮겨 탐색·복제·출력하는 일련의 과정에서, 피압수자 측에 참여의 기회를 보장하는 등의 적절한 조치를 취하지 않은 경우, 압수

· 수색의 적법 여부(원칙적 소극) 및 이때 정보저장매체 또는 복제본에서 범죄혐의사실과 관련된 전자정보만을 복제·출력하였더라도 마찬가지인지 여부(적극)
[3] 피해자 등 제3자가 피의자의 소유·관리에 속하는 정보저장매체를 영장에 의하지 않고 임의제출한 경우, 실질적 피압수자인 피의자에게 참여권을 보장하는 등 피의자의 절차적 권리를 보장하기 위한 적절한 조치가 이루어져야 하는지 여부(적극) 및 이때 정보저장매체를 임의제출한 피압수자에 더하여 임의제출자 아닌 피의자에게도 참여권이 보장되어야 하는 '피의자의 소유·관리에 속하는 정보저장매체'의 의미 및 이에 해당하는지 판단하는 기준
[4] 금융계좌추적용 압수·수색영장의 집행에서 수사기관이 금융기관으로부터 금융거래자료를 수신하기에 앞서 금융기관에 영장 원본을 사전에 제시하지 않은 경우, 적법한 집행 방법인지 여부(원칙적 소극) 및 이때 예외적으로 영장의 적법한 집행 방법에 해당한다고 볼 수 있는 경우

【판결요지】

[1] 헌법과 형사소송법이 구현하고자 하는 적법절차, 영장주의, 비례의 원칙은 물론, 사생활의 비밀과 자유, 정보에 대한 자기결정권 및 재산권의 보호라는 관점에서 정보저장매체 내 전자정보가 가지는 중요성에 비추어 볼 때, 정보저장매체를 임의제출하는 사람이 거기에 담긴 전자정보를 지정하거나 제출 범위를 한정하는 취지로 한 의사표시는 엄격하게 해석하여야 하고, 확인되지 않은 제출자의 의사를 수사기관이 함부로 추단하는 것은 허용될 수 없다. 따라서 수사기관이 제출자의 의사를 쉽게 확인할 수 있음에도 이를 확인하지 않은 채 특정 범죄혐의사실과 관련된 전자정보와 그렇지 않은 전자정보가 혼재된 정보저장매체를 임의제출받은 경우, 그 정보저장매체에 저장된 전자정보 전부가 임의제출되어 압수된 것으로 취급할 수는 없다.

전자정보를 압수하고자 하는 수사기관이 정보저장매체와 거기에 저장된 전자정보를 임의제출의 방식으로 압수할 때, 제출자의 구체적인 제출 범위에 관한 의사를 제대로 확인하지 않는 등의 사유로 인해 임의제출자의 의사에 따른 전자정보 압수의 대상과 범위가 명확하지 않거나 이를 알 수 없는 경우에는 임의제출에 따른 압수의 동기가 된 범죄혐의사실과 관련되고 이를 증명할 수 있는 최소한의 가치가 있는 전자정보에 한하여 압수의 대상이 된다. 이때 범죄혐의사실과 관련된 전자정보에는 범죄혐의사실 그 자체 또는 그와 기본적 사실관계가 동일한 범행과 직접 관련되어 있는 것은 물론 범행 동기와 경위, 범행 수단과 방법, 범행 시간과 장소 등을 증명하기 위한 간접증거나 정황증거 등으로 사용될 수 있는 것도 포함될 수 있다. 다만 그 관련성은 임의제출에 따른 압수의 동기가 된 범죄혐의사실의 내용과 수사의 대상, 수사의 경위, 임의제출의 과정 등을 종합하여 구체적·개별적 연관관계가 있는 경우에만 인정되고, 범죄혐의사실과 단순히 동종 또는 유사 범행이라는 사유만으로 관련성이 있다고 할 것은 아니다.

[2] 압수의 대상이 되는 전자정보와 그렇지 않은 전자정보가 혼재된 정보저장매체나 그 복제본을 임의제출받은 수사기관이 그 정보저장매체 등을 수사기관 사무실 등으로 옮겨 이를 탐색·복제·출력하는 경우, 그와 같은 일련의 과정에서 형사소송법 제219조, 제121조에서 규정하는 피압수·수색 당사자(이하 '피압수자'라 한다)나 그 변호인에게 참여의 기회를 보장하고 압수된 전자정보의 파일 명세가 특정된 압수목록을 작성·교부하여야 하며 범죄혐의사실과 무관한 전자정보의 임의적인 복제 등을 막기 위한 적절한 조치를 취하는 등 영장주의 원칙과 적법절차를 준수하여야 한다. 만약

그러한 조치가 취해지지 않았다면 피압수자 측이 참여하지 아니한다는 의사를 명시적으로 표시하였거나 임의제출의 취지와 경과 또는 그 절차 위반행위가 이루어진 과정의 성질과 내용 등에 비추어 피압수자 측에 절차 참여를 보장한 취지가 실질적으로 침해되었다고 볼 수 없을 정도에 해당한다는 등의 특별한 사정이 없는 이상 압수·수적법하다고 평가할 수 없고, 비록 수사기관이 정보저장매체 또는 복제본에서 범죄혐의 사실과 관련된 전자정보만을 복제·출력하였다 하더라도 달리 볼 것은 아니다.

[3] 피해자 등 제3자가 피의자의 소유·관리에 속하는 정보저장매체를 영장에 의하지 않고 임의제출한 경우에는 실질적 피압수·수색 당사자(이하 '피압수자'라 한다)인 피의자가 수사기관으로 하여금 그 전자정보 전부를 무제한 탐색하는 데 동의한 것으로 보기 어려울 뿐만 아니라 피의자 스스로 임의제출한 경우 피의자의 참여권 등이 보장되어야 하는 것과 견주어 보더라도 특별한 사정이 없는 한 형사소송법 제219조, 제121조, 제129조에 따라 피의자에게 참여권을 보장하고 압수한 전자정보 목록을 교부하는 등 피의자의 절차적 권리를 보장하기 위한 적절한 조치가 이루어져야 한다.

이와 같이 정보저장매체를 임의제출한 피압수자에 더하여 임의제출자 아닌 피의자에게도 참여권이 보장되어야 하는 '피의자의 소유·관리에 속하는 정보저장매체'란, 피의자가 압수·수색 당시 또는 이와 시간적으로 근접한 시기까지 해당 정보저장매체를 현실적으로 지배·관리하면서 그 정보저장매체 내 전자정보 전반에 관한 전속적인 관리처분권을 보유·행사하고, 달리 이를 자신의 의사에 따라 제3자에게 양도하거나 포기하지 아니한 경우로서, 피의자를 그 정보저장매체에 저장된 전자정보에 대하여 실질적인 피압수자로 평가할 수 있는 경우를 말하는 것이다. 이에 해당하는지 여부는 민사법상 권리의 귀속에 따른 법률적·사후적 판단이 아니라 압수·수색 당시 외형적·객관적으로 인식 가능한 사실상의 상태를 기준으로 판단하여야 한다. 이러한 정보저장매체의 외형적·객관적 지배·관리 등 상태와 별도로 단지 피의자나 그 밖의 제3자가 과거 그 정보저장매체의 이용 내지 개별 전자정보의 생성·이용 등에 관여한 사실이 있다거나 그 과정에서 생성된 전자정보에 의해 식별되는 정보주체에 해당한다는 사정만으로 그들을 실질적으로 압수·수색을 받는 당사자로 취급하여야 하는 것은 아니다.

[4] 수사기관의 압수·수색은 법관이 발부한 압수·수색영장에 의하여야 하는 것이 원칙이고, 영장의 원본은 처분을 받는 자에게 반드시 제시되어야 하므로, 금융계좌추적용 압수·수색영장의 집행에 있어서도 수사기관이 금융기관으로부터 금융거래자료를 수신하기에 앞서 금융기관에 영장 원본을 사전에 제시하지 않았다면 원칙적으로 적법한 집행 방법이라고 볼 수는 없다.

다만 수사기관이 금융기관에 금융실명거래 및 비밀보장에 관한 법률(이하 '금융실명법'이라 한다) 제4조 제2항에 따라서 금융거래정보에 대하여 영장 사본을 첨부하여 그 제공을 요구한 결과 금융기관으로부터 회신받은 금융거래자료가 해당 영장의 집행 대상과 범위에 포함되어 있고, 이러한 모사전송 내지 전자적 송수신 방식의 금융거래정보 제공요구 및 자료 회신의 전 과정이 해당 금융기관의 자발적 협조의사에 따른 것이며, 그 자료 중 범죄혐의사실과 관련된 금융거래를 선별하는 절차를 거친 후 최종적으로 영장 원본을 제시하고 위와 같이 선별된 금융거래자료에 대한 압수절차가 집행된 경우로서, 그 과정이 금융실명법에서 정한 방식에 따라 이루어지고 달리 적법절차와 영장주의 원칙을 잠탈하기 위한 의도에서 이루어진 것이라고 볼 만한 사정이 없어, 이러한 일련의 과정을 전체적으로 '하나의 영장에 기하여 적시에 원본을 제시하고 이를 토대로 압수·수색하는 것'으로 평가할 수 있는 경우에 한하여, 예외적으로 영장의 적법한 집행 방법에 해당한다고 볼 수 있다.

【참조조문】 [1] 헌법 제12조 제1항, 제3항, 형사소송법 제106조, 제218조, 제219조 / [2] 헌법 제12조 제1항, 제3항, 형사소송법 제106조, 제121조, 제129조, 제218조, 제219조 / [3] 형사소송법 제121조, 제129조, 제218조, 제219조 / [4] 형사소송법 제118조, 제215조, 제219조, 금융실명거래 및 비밀보장에 관한 법률 제4조 제2항
【참조판례】 [1][2][3] 대법원 2021. 11. 18. 선고 2016도348 전원합의체 판결(공2022상, 57) / [4] 대법원 2017. 9. 7. 선고 2015도10648 판결, 대법원 2019. 3. 14. 선고 2018도2841 판결
【전 문】 【피 고 인】 피고인 【상 고 인】 피고인 및 검사
【변 호 인】 법무법인 엘케이비앤파트너스 외 2인
【원심판결】 서울고법 2021. 8. 11. 선고 2021노14 판결

【주 문】

상고를 모두 기각한다.

【이 유】

상고이유(상고이유서 제출기간이 지난 후에 제출된 상고이유보충서 기재는 적법한 상고이유를 보충하는 범위 내에서)를 판단한다.

1. 피고인의 상고이유에 대하여

가. 증거능력을 다투는 상고이유에 대하여

1) ○○대 강사휴게실 PC 2대(이하 '이 사건 각 PC'라 한다)에 저장된 전자정보의 증거능력

　가) 관련 법리

　　(1) 전자정보가 저장된 정보저장매체를 임의제출받는 경우 전자정보 압수의 범위와 관련성의 판단 기준

　　헌법과 형사소송법이 구현하고자 하는 적법절차, 영장주의, 비례의 원칙은 물론, 사생활의 비밀과 자유, 정보에 대한 자기결정권 및 재산권의 보호라는 관점에서 정보저장매체 내 전자정보가 가지는 중요성에 비추어 볼 때, 정보저장매체를 임의제출하는 사람이 거기에 담긴 전자정보를 지정하거나 제출 범위를 한정하는 취지로 한 의사표시는 엄격하게 해석하여야 하고, 확인되지 않은 제출자의 의사를 수사기관이 함부로 추단하는 것은 허용될 수 없다. 따라서 수사기관이 제출자의 의사를 쉽게 확인할 수 있음에도 이를 확인하지 않은 채 특정 범죄혐의사실과 관련된 전자정보와 그렇지 않은 전자정보가 혼재된 정보저장매체를 임의제출받은 경우, 그 정보저장매체에 저장된 전자정보 전부가 임의제출되어 압수된 것으로 취급할 수는 없다.
　　전자정보를 압수하고자 하는 수사기관이 정보저장매체와 거기에 저장된 전자정보를 임의제출의 방식으로 압수할 때, 제출자의 구체적인 제출 범위에 관한 의사를 제대로 확인하지 않는 등의 사유로 인해 임의제출자의 의사에 따른 전자정보 압수의 대상과 범위가 명확하지 않거나 이를 알 수 없는 경우에는 임의제출에 따른 압수의 동기가 된 범죄혐의사실과 관련되고 이를 증명할 수 있는 최소한의 가치가 있는 전자정보에 한하여 압수의 대상이 된다. 이때 범죄혐의사실과 관련된 전자정보에는 범죄혐의사실 그 자체 또는 그와 기본적 사실관계가 동일한 범행과 직접 관련되어 있는 것은 물론

범행 동기와 경위, 범행 수단과 방법, 범행 시간과 장소 등을 증명하기 위한 간접증거나 정황증거 등으로 사용될 수 있는 것도 포함될 수 있다. 다만 그 관련성은 임의제출에 따른 압수의 동기가 된 범죄혐의사실의 내용과 수사의 대상, 수사의 경위, 임의제출의 과정 등을 종합하여 구체적·개별적 연관관계가 있는 경우에만 인정되고, 범죄혐의사실과 단순히 동종 또는 유사 범행이라는 사유만으로 관련성이 있다고 할 것은 아니다(대법원 2021. 11. 18. 선고 2016도348 전원합의체 판결 등 참조).

(2) 전자정보 탐색·복제·출력 시 참여권 보장

압수의 대상이 되는 전자정보와 그렇지 않은 전자정보가 혼재된 정보저장매체나 그 복제본을 임의제출받은 수사기관이 그 정보저장매체 등을 수사기관 사무실 등으로 옮겨 이를 탐색·복제·출력하는 경우, 그와 같은 일련의 과정에서 형사소송법 제219조, 제121조에서 규정하는 피압수·수색 당사자(이하 '피압수자'라 한다)나 그 변호인에게 참여의 기회를 보장하고 압수된 전자정보의 파일 명세가 특정된 압수목록을 작성·교부하여야 하며 범죄혐의사실과 무관한 전자정보의 임의적인 복제 등을 막기 위한 적절한 조치를 취하는 등 영장주의 원칙과 적법절차를 준수하여야 한다. 만약 그러한 조치가 취해지지 않았다면 피압수자 측이 참여하지 아니한다는 의사를 명시적으로 표시하였거나 임의제출의 취지와 경과 또는 그 절차 위반행위가 이루어진 과정의 성질과 내용 등에 비추어 피압수자 측에 절차 참여를 보장한 취지가 실질적으로 침해되었다고 볼 수 없을 정도에 해당한다는 등의 특별한 사정이 없는 이상 압수·수색이 적법하다고 평가할 수 없고, 비록 수사기관이 정보저장매체 또는 복제본에서 범죄혐의사실과 관련된 전자정보만을 복제·출력하였다 하더라도 달리 볼 것은 아니다.

나아가 피해자 등 제3자가 피의자의 소유·관리에 속하는 정보저장매체를 영장에 의하지 않고 임의제출한 경우에는 실질적 피압수자인 피의자가 수사기관으로 하여금 그 전자정보 전부를 무제한 탐색하는 데 동의한 것으로 보기 어려울 뿐만 아니라 피의자 스스로 임의제출한 경우 피의자의 참여권 등이 보장되어야 하는 것과 견주어 보더라도 특별한 사정이 없는 한 형사소송법 제219조, 제121조, 제129조에 따라 피의자에게 참여권을 보장하고 압수한 전자정보 목록을 교부하는 등 피의자의 절차적 권리를 보장하기 위한 적절한 조치가 이루어져야 한다(위 대법원 2016도348 전원합의체 판결 등 참조).

이와 같이 정보저장매체를 임의제출한 피압수자에 더하여 임의제출자 아닌 피의자에게도 참여권이 보장되어야 하는 '피의자의 소유·관리에 속하는 정보저장매체'라 함은, 피의자가 압수·수색 당시 또는 이와 시간적으로 근접한 시기까지 해당 정보저장매체를 현실적으로 지배·관리하면서 그 정보저장매체 내 전자정보 전반에 관한 전속적인 관리처분권을 보유·행사하고, 달리 이를 자신의 의사에 따라 제3자에게 양도하거나 포기하지 아니한 경우로써, 피의자를 그 정보저장매체에 저장된 전자정보에 대하여 실질적인 피압수자로 평가할 수 있는 경우를 말하는 것이다. 이에 해당하는지 여부는 민사법상 권리의 귀속에 따른 법률적·사후적 판단이 아니라 압수·수색 당시 외형적·객관적으로 인식 가능한 사실상의 상태를 기준으로 판단하여야 한다. 이러한 정보저장매체의 외형적·객관적 지배·관리 등 상태와 별도로 단지 피의자나 그 밖의 제3자가 과거 그 정보저장매체의 이용 내지 개별 전자정보의 생성·이용 등에 관여한 사실이 있다거나 그 과정에서 생성된 전자정보에 의해 식별되는 정보주체에 해당한다는 사정만으로 그들을 실질적으로 압수·수색을 받는 당사자로 취급하여야 하는 것은 아니다.

나) 인정 사실

원심판결 이유 및 적법하게 채택된 증거에 의하면 다음의 사실을 알 수 있다.

(1) 검찰은 2019. 9. 10.경까지 피고인에 대한 2012. 9. 7. ○○대 총장 명의 표창장에 관한 사문서위조(서울중앙지방법원 2019고합738호 공소사실), 공소외 1의 △△대 및 □□대 의학전문대학원 지원 과정에서의 위 표창장의 제출로 인한 위조사문서행사, 위 표창장 및 그 밖에 허위 경력의 기재로 인한 □□대 의학전문대학원 입학사정 업무에 관한 위계공무집행방해 등 공소외 1의 의학전문대학원 부정지원 관련 범행을 범죄혐의사실로 하여 피고인의 ○○대 교수연구실, ◇◇◇고 등에 대한 압수·수색영장 집행 등의 수사를 진행하였다.

(2) 공소외 2는 2019. 3. 1.부터 ○○대 ☆☆학부 조교를 맡아 ○○대 강사휴게실 및 그 안에 있는 물건들을 전임자로부터 인계받아 관리하는 업무를 담당하고 있었다. 이 사건 각 PC는 권리관계에 관한 별도의 표시 없이 강사휴게실 내에 보관되고 있었다.

(3) 이 사건 각 PC의 소유·관리 상태에 관한 공소외 2 진술의 기본적인 취지는 전임자로부터 '퇴직자들이 놔두고 간 물건이니 학교당국에 반납하거나 알아서 처리하라.'고 들어서 그와 같이 알고 있었다는 것이다. 나아가 공소외 2의 진술에 의하면, 이 사건 각 PC의 사용을 희망하는 교수가 있을 경우 이를 제공하려고 하였다는 것이다.

(4) 피고인 측도 제1심 제1회 공판기일에서 이 사건 각 PC를 피고인이 사용한 사실이 없고 ○○대에서 공용PC로만 사용되었다고 주장하였고, 그 후 원심에 이르기까지 주장이 수차례 변경되기는 하였으나, 그 기본적인 취지는 이 사건 각 PC를 ○○대에서 공용PC로 사용하다가 피고인이 일정 기간 자신의 주거지 등으로 가져가 사용하였으며 2016. 12.경 ○○대 영어캠프 등에서 공용PC로 사용할 수 있도록 다시 ○○대로 가져다 놓았다는 것으로, 이는 이 사건 압수·수색 당시 이 사건 각 PC의 객관적, 현실적인 지배·보관 및 그 관리처분권의 귀속이 ○○대 측에 있었던 상태와 부합한다.

(5) 공소외 2는 ○○대 측의 협조지시를 토대로 2019. 9. 10. 검찰수사관들에게 ○○대 ☆☆학부 건물 내부를 안내하는 등으로 수사에 협조하던 중 검찰수사관의 요청에 따라 검찰수사관이 이 사건 각 PC 중 1대를 구동하여 거기에 저장된 전자정보를 확인할 수 있도록 하였다. 이처럼 공소외 2와 함께 있는 가운데 검찰수사관이 위 PC에 저장된 전자정보를 탐색하는 과정에서 공소외 3 관련 폴더를 발견하였고, 그 탐색이 계속되던 중 위 PC에서 '퍽'소리가 나면서 전원이 꺼지는 사태가 발생하자, 검찰수사관은 위 공소외 2와 ○○대의 물품 관리를 총괄하는 행정지원처장 공소외 4에게 위 현장에서의 탐색을 중단하고 이 사건 각 PC를 검찰에 제출하여 줄 수 있는지 문의·요청하였다.

(6) 이에 공소외 2와 공소외 4는 검찰수사관의 요청에 응하여 임의로 이 사건 각 PC를 제출하였고, 그와 같은 경위로 이 사건 각 PC를 임의로 제출한다는 취지의 내용과 그 하단에 임의제출목록으로 이 사건 각 PC가 기재되어 있는 '임의제출동의서'에 자

신들의 인적사항을 기재하고 서명 및 무인을 하였다.

(7) 당시 검찰수사관은 공소외 2, 공소외 4에게 이 사건 각 PC의 이미징 및 탐색, 전자정보 추출 등 과정에 참관할 의사가 있는지 확인하였으나, 공소외 2, 공소외 4는 참관하지 않겠다고 대답하였다. 그 후 공소외 2, 공소외 4는 '임의제출된 정보저장매체에 대한 하드카피·이미징, 전자정보의 탐색 및 복제(출력) 등 과정에 참관하지 않겠다.'는 취지의 '정보저장매체 제출 및 이미징 등 참관여부 확인서'(이하 '참관여부 확인서'라 한다)의 '피압수자(임의제출자)'란에 자신들의 인적사항을 기재하고 서명 및 무인을 하였다.

(8) 검찰수사관은 공소외 2, 공소외 4로부터 위 '임의제출동의서', '참관여부 확인서'를 각 제출받고, 공소외 2, 공소외 4에게 이 사건 각 PC에 관한 '압수목록 교부서'를 교부한 후 이 사건 각 PC를 대검찰청으로 가져갔다. 그 과정에서 공소외 2, 공소외 4에게 이 사건 각 PC에 저장된 전자정보의 구체적인 제출 범위에 관한 의사를 추가로 다시 확인하지는 않았다.

(9) 그 후 검찰은 이 사건 각 PC에 대한 이미징 및 포렌식 작업을 하여 전자정보를 추출하였고, 이에 따라 ○○대 총장 명의 표창장에 관한 사문서위조 범행이 2013. 6. 16.경 이 사건 각 PC 중 1대를 이용하여 이루어진 정황이 발견되었다.

(10) 이에 검찰은 2019. 11. 27. 서울중앙지방법원 2019고합738호 사건에서 '피고인이 2012. 9. 7. ○○대에서 ○○대 총장 직인을 임의로 날인하여 ○○대 총장 명의 표창장을 위조하였다.'는 기존 공소사실을, '피고인이 2013. 6. 16. 주거지에서 PC를 이용하여 전자파일로 ○○대 총장 명의 표창장을 위조하였다.'는 취지로 공소장변경허가 신청을 하였으나, 재판부로부터 공소사실의 동일성이 인정되지 않는다는 이유로 허가를 받지 못하자, 2019. 12. 17. 서울중앙지방법원 2019고합1050호로 위 공소장변경허가 신청과 같은 내용의 공소사실로 추가 기소를 하였다.

(11) 검찰은 2020. 2. 11. 공소외 2, 공소외 4에게 이 사건 각 PC에서 추출되어 압수된 전자정보의 파일 명세가 특정된 목록을 교부하였다.

(12) 이 사건 각 PC에 저장된 전자정보는 2013. 6. 16. 사문서위조(서울중앙지방법원 2019고합1050호 공소사실) 등 이 사건 공소사실 중 공소외 1의 의학전문대학원 부정지원 관련 범행의 증거로 사용되었다.

다) 판 단

(1) 이 사건 각 PC의 임의제출

앞서 본 법리에 비추어 위 인정 사실을 살펴보면, 이 사건 각 PC는 2019. 9. 10. 당시 특정인이 이를 특정 용도로 전속적으로 사용하고 있던 것이 아니라, ○○대 관계자가 ○○대에서 공용PC로 사용하거나 기타 방법으로 임의처리할 것을 전제로 3년 가까이 강사휴게실 내에 보관하면서 ○○대 ☆☆학부 조교가 이 사건 각 PC에 대한 보관·관리 업무를 수행하고 있던 것으로, 당시 위 보관·관리 업무의 담당자인 조교 공소외 2와 ○○대 물품 관리를 총괄하는 행정지원처장 공소외 4가 ○○대 측의 입장을 반영한 임의적인 의사에 따라 이 사건 각 PC를 검찰에 제출한 것이라고 인정된다.

(2) 이 사건 각 PC에 저장된 전자정보에 대한 압수의 필요성과 관련성

(가) 앞서 본 법리에 비추어 보면, 원심이 정보저장매체와 거기에 저장된 전자정보를 임의제출받아 압수하는 경우에는 압수의 대상이 그 필요성과 관련성이 인정되는 범위 내로 제한되는 것이 아니라고 전제하고, 수사기관이 공소외 2, 공소외 4에게 이 사건 각 PC에 저장된 전자정보의 구체적인 제출 범위에 관한 의사를 확인하지 않았더라도 이 사건 각 PC와 거기에 저장된 전자정보 일체가 임의제출된 것으로 볼 수 있다고 단정한 것은 잘못이다. 이 사건 각 PC는 피고인에 대한 범죄혐의사실 관련 전자정보와 그렇지 않은 전자정보가 혼재된 정보저장매체로서, 이 경우 확인되지 않은 제출자의 의사를 임의로 추단하여 PC에 저장된 전자정보 전부가 임의제출되어 압수된 것으로 취급하는 것은 원칙적으로 허용될 수 없다.

(나) 이처럼 임의제출자의 의사에 따른 전자정보 압수의 대상과 범위를 명확하게 알 수 없는 경우에는 임의제출에 따른 압수의 동기가 된 범죄혐의사실과 관련되고 이를 증명할 수 있는 최소한의 가치가 있는 전자정보에 한하여 압수의 대상이 된다고 보아야 한다.

이 사건 각 PC의 임의제출 당시 피고인은 이미 공소외 1의 △△대 및 □□대 의학전문대학원 지원 과정에서 위조된 ○○대 총장 명의 표창장을 제출하였다는 취지의 위조사문서행사, 위 표창장 및 그 밖에 허위 경력의 기재로 인한 □□대 의학전문대학원 입학사정 업무에 관한 위계공무집행방해 등의 범죄혐의사실로 수사를 받고 있었다. 따라서 피고인이 2013. 6. 16. 이 사건 각 PC 중 1대를 이용하여 위 표창장 위조행위를 하는 등 공소외 1의 의학전문대학원 부정지원 과정에서 이 사건 각 PC를 사용하여 생성된 전자정보는 위 범죄혐의사실에 관한 범행의 동기와 경위, 수단과 방법 등을 증명하기 위한 구체적·개별적 연관관계 있는 증거에 해당한다고 볼 수 있고, 그 밖에 이 사건 수사의 대상과 경위, 임의제출의 과정 등을 종합해 보더라도 그 필요성과 관련성을 인정하기에 충분하다.

(다) 결국 이 사건 각 PC에 저장된 전자정보 가운데 이 사건 공소사실 중 공소외 1의 의학전문대학원 부정지원 관련 범행의 증거로 사용된 부분은 임의제출에 따른 압수의 필요성과 관련성이 모두 인정되므로, 앞서 본 원심판단의 법리상 잘못은 판결 결과에 영향이 없다.

(3) 이 사건 각 PC에 저장된 전자정보에 대한 탐색 및 추출 등 과정에서의 참여권 보장

(가) 앞서 본 법리에 비추어 보면, 원심이 정보저장매체 및 저장된 전자정보를 임의제출받아 압수하는 경우에는 그 전자정보 탐색 등의 과정에서 원칙적으로 피압수자 측이나 피의자 측에게 참여권을 인정할 여지가 없다는 취지로 설시한 것은 잘못이다.

이 사건 각 PC는 피고인에 대한 범죄혐의사실과 관련된 전자정보와 그렇지 않은 전자정보가 혼재된 정보저장매체로서, 검찰이 이를 공소외 2, 공소외 4로부터 임의제출받아 압수한 후 대검찰청 국가디지털포렌식센터로 옮겨 거기에 저장된 전자정보를 탐색하고 추출하는 등의 과정에서 원칙적으로 피압수자인 ○○대 측에 참여의 기회를 보장하여야 하기 때문이다.

(나) 그런데 위 인정 사실에서 살펴본 바와 같이 이 사건 각 PC에서 범죄혐의사실과 관련된 전자정보를 탐색하고 추출하는 일련의 경과에 비추어 검찰이 피압수자 측인 공

소외 2, 공소외 4에게 참여 의사를 확인하고 기회를 부여하였으나 피압수자 측이 이를 포기하였다고 인정되므로, 이 사건 각 PC에서 추출된 전자정보의 압수·수색절차에 피압수자 측의 참여권을 보장하지 아니한 하자가 있다고 할 수는 없다.

나아가 압수·수색 대상인 정보저장매체 내 전자정보의 왜곡이나 혐의사실과 무관한 전자정보의 임의적인 복제 등을 막기 위한 적절한 조치의 일환으로 피압수자 측에 절차 참여를 보장한 취지(대법원 2011. 05. 26. 자 2009모1190 결정, 대법원 2015. 07. 16. 자 2011모1839 전원합의체 결정 등 참조)에 비추어 이 사건 압수·수색의 전체 과정을 살펴볼 때, 공소외 2에게 이 사건 각 PC의 임의제출에 따른 압수 당시 범죄혐의사실에 대한 상세한 고지 등의 추가적 조치가 이루어지지 않았다는 등 피고인이 주장하는 사유만으로는 피압수자 측에 절차 참여를 보장한 취지가 실질적으로 침해되었다고 볼 수도 없다.

(다) 또한 앞서 본 법리를 토대로 위 인정 사실을 살펴보면, 이 사건 각 PC의 임의제출에 따른 압수·수색 당시 외형적·객관적으로 인식 가능한 사실상의 상태를 기준으로 볼 때, 이 사건 각 PC나 거기에 저장된 전자정보가 피고인의 소유·관리에 속한 경우에 해당한다고 인정되지 않는다. 오히려 ○○대 측이 이 사건 각 PC를 2016. 12.경 이후 3년 가까이 강사휴게실 내에 보관하면서 현실적으로 지배·관리하는 한편, 이를 공용PC로 사용하거나 임의처리 등의 조치를 할 수 있었던 것으로 보이는 등의 객관적인 사정에 비추어 이 사건 각 PC에 저장된 전자정보 전반에 관하여 당시 ○○대 측이 포괄적인 관리처분권을 사실상 보유·행사하고 있는 상태에 있었다고 인정된다.

피고인이 2016. 12.경 이전에 이 사건 각 PC를 피고인의 주거지 등으로 가져가 전속적으로 이용한 바 있다거나, 2016. 12.경 이후 이 사건 각 PC가 보관된 장소인 강사휴게실이 피고인의 교수연구실 주변에 있었다는 점 등 피고인이 주장하는 모든 사정들을 고려해 보더라도, 피고인의 이 사건 각 PC에 대한 현실적 지배·관리 상태와 이에 저장된 전자정보 전반에 관한 관리처분권이 이 사건 압수·수색 당시까지 유지되고 있었다고 볼 수 없으므로, 피고인을 이 사건 압수·수색에 관하여 실질적인 피압수자로 평가할 수 있는 경우에 해당하지 아니한다.

따라서 이 사건 각 PC에 저장된 전자정보의 압수·수색은 위 대법원 2016도348 전원합의체 판결이 설시한 법리에 따르더라도 피의자에게 참여권을 보장하여야 하는 경우에는 해당하지 아니한다.

(라) 한편 피고인은 이 사건 각 PC에 저장된 전자정보의 압수·수색 과정에서 피고인 측을 전자정보의 '정보주체'라고 하면서 이를 근거로 피고인 측에게 참여권이 보장되었어야 한다는 취지의 주장도 한다. 앞서 본 바와 같이, 피의자의 관여 없이 임의제출된 정보저장매체 내의 전자정보 탐색 등 과정에서 피의자가 참여권을 주장하기 위해서는 정보저장매체에 대한 현실적인 지배·관리 상태와 그 내부 전자정보 전반에 관한 전속적인 관리처분권의 보유가 전제되어야 한다. 따라서 이러한 지배·관리 등의 상태와 무관하게 개별 전자정보의 생성·이용 등에 관여한 자들 혹은 그 과정에서 생성된 전자정보에 의해 식별되는 사람으로서 그 정보의 주체가 되는 사람들에게까지 모두 참여권을 인정하는 취지가 아니므로, 위 주장은 받아들이기 어렵다.

(마) 결국 이 사건 각 PC에 저장된 전자정보에 대한 탐색 및 추출 등 과정에서 피압수자 측에게는 참여권이 보장되었고, 이에 더하여 피고인 측의 참여권까지 보장되어야 하는 경우에는 해당하지 아니하므로, 원심판단의 이 부분 잘못 역시 판결 결과에 영향이 없다.

(4) 이 사건 각 PC에서 추출된 전자정보의 증거능력

원심은 판시와 같은 이유를 들어 검찰이 이 사건 각 PC의 소지·보관자인 ○○대 측으로부터 위 각 PC를 임의제출받아 압수한 것은 위법한 공소제기 후 수사에 해당하지 않고, 이 사건 각 PC에서 추출된 전자정보에 관하여 피고인 측의 동의를 받아야만 그 증거능력이 인정된다고 할 수 없으며, 이 사건 각 PC에서 추출된 전자정보 및 그 출력한 문건과 원본과의 동일성·무결성이 증명되었다고 보아 이 사건 각 PC에서 추출된 전자정보가 증거로 사용될 수 있다고 판단하였다.

원심판결 이유를 앞서 본 법리와 위 인정 사실에 비추어 살펴보면, 원심의 이유 설시에 일부 부적절한 부분이 있으나 이 사건 각 PC에서 추출된 증거의 증거능력을 인정한 원심의 결론은 정당하고, 상고이유 주장과 같이 공소제기 후 강제수사, 제3자 동의에 의한 임의제출물의 압수·수색에 있어서 정보주체의 동의의 필요성, 임의제출물의 압수에 있어서 보관자의 지위 및 임의성, 정보저장매체에 대한 임의제출물 압수에 있어서 형사소송법 제219조 준용규정의 범위, 원본과의 동일성·무결성, 영장주의 등에 관한 법리를 오해하여 판결에 영향을 미친 잘못이 없다.

2) 금융계좌추적용 압수·수색영장 집행 결과의 증거능력

가) 원심은 판시와 같은 이유를 들어 금융계좌추적용 압수·수색영장의 집행에 있어서 검찰이 형사사법정보통신망을 통해 여러 금융기관에 금융거래정보 제공요구서, 영장 사본 및 수사관 신분증 사본을 전자팩스 방식으로 송신하고 금융기관으로부터 이메일이나 팩스로 금융거래자료를 수신하여, 수신한 금융거래자료를 분석한 후 최종적으로 사건과 관련된 선별자료 목록을 작성한 다음 금융기관에 직접 방문하여 영장 원본을 제시하고 선별자료를 저장매체에 저장하는 한편 압수목록을 교부하고 압수조서를 작성하는 일련의 집행 방법은 헌법과 형사소송법이 정한 압수·수색절차에 위배되지 아니하고, 이 사건에서 그러한 방법으로 수집되어 증거로 제출된 금융거래자료는 증거능력이 있다고 판단하였다.

나) 그러나 수사기관의 압수·수색은 법관이 발부한 압수·수색영장에 의하여야 하는 것이 원칙이고, 영장의 원본은 처분을 받는 자에게 반드시 제시되어야 하므로(대법원 2017. 09. 07. 선고 2015도10648 판결, 대법원 2019. 03. 14. 선고 2018도2841 판결 등 참조), 금융계좌추적용 압수·수색영장의 집행에 있어서도 수사기관이 금융기관으로부터 금융거래자료를 수신하기에 앞서 금융기관에 영장 원본을 사전에 제시하지 않았다면 원칙적으로 적법한 집행 방법이라고 볼 수는 없다.

다만 수사기관이 금융기관에「금융실명거래 및 비밀보장에 관한 법률」(이하 '금융실명법'이라 한다) 제4조 제2항에 따라서 금융거래정보에 대하여 영장 사본을 첨부하여 그 제공을 요구한 결과 금융기관으로부터 회신받은 금융거래자료가 해당 영장의 집행 대상과 범위에 포함되어 있고, 이러한 모사전송 내지 전자적 송수신 방식의 금융거래정보 제공요구 및 자료 회신의 전 과정이 해당 금융기관의 자발적 협조의사에 따른 것이며, 그 자료 중 범

범죄혐의사실과 관련된 금융거래를 선별하는 절차를 거친 후 최종적으로 영장 원본을 제시하고 위와 같이 선별된 금융거래자료에 대한 압수절차가 집행된 경우로서, 그 과정이 금융실명법에서 정한 방식에 따라 이루어지고 달리 적법절차와 영장주의 원칙을 잠탈하기 위한 의도에서 이루어진 것이라고 볼 만한 사정이 없어, 이러한 일련의 과정을 전체적으로 '하나의 영장에 기하여 적시에 원본을 제시하고 이를 토대로 압수·수색하는 것'으로 평가할 수 있는 경우에 한하여, 예외적으로 영장의 적법한 집행 방법에 해당한다고 볼 수 있다.

다) 이러한 법리에 비추어 이 사건 각 금융계좌추적용 압수·수색영장의 집행 과정을 살펴보면, 수사기관이 금융기관으로부터 금융거래자료를 수신하기에 앞서 영장 원본을 사전에 제시하지 않았다고 하더라도 그 후 범죄혐의사실과 관련된 자료의 선별절차를 거친 후 최종적으로 영장 원본을 제시하고 그 선별된 자료를 직접 압수하는 일련의 과정이 전체적으로 하나의 영장에 기하여 적시에 원본을 제시하고 이를 토대로 영장의 당초 집행 대상과 범위 내에서 이를 압수·수색한 것으로 평가할 수 있는 경우에 해당하고, 수사기관이 적법절차와 영장주의 원칙을 잠탈하려는 의도에서 위와 같은 방법으로 집행하였다고 인정할 만한 사정도 보이지 아니한다.

따라서 이 사건 각 금융계좌추적용 압수·수색영장의 집행 과정에서 확보된 금융거래자료의 증거능력이 인정된다고 한 원심의 결론은 정당하고, 상고이유 주장과 같이 영장 제시 방법 및 압수·수색절차의 적법성, 이 부분 압수물 및 2차적 증거의 증거능력에 관한 법리오해, 심리미진 등으로 판결에 영향을 미친 잘못이 없다.

3) (회사명 1 생략) 실물주권 12만 주

원심은 판시와 같은 이유를 들어 (회사명 1 생략) 실물주권 12만 주에 관한 압수·수색영장이 피압수자에게 적법하게 제시되었고, 압수의 필요성과 범죄혐의사실과의 관련성도 인정되므로 증거능력이 있다고 판단하였다.

원심판결 이유를 관련 법리와 적법하게 채택한 증거에 비추어 살펴보면, 원심의 판단에 상고이유 주장과 같이 이 부분 압수물 및 2차적 증거의 증거능력에 관한 법리오해, 심리미진 등의 잘못이 없다.

4) (회사명 2 생략) 보관 통화 녹음파일의 증거능력

원심은 판시와 같은 이유를 들어 (회사명 2 생략) 보관 통화 녹음파일에 관하여 압수의 필요성과 범죄혐의사실과의 관련성이 인정되므로 증거능력이 있다고 판단하였다.

원심판결 이유를 관련 법리와 적법하게 채택한 증거에 비추어 살펴보면, 원심의 판단에 상고이유 주장과 같이 이 부분 압수물 및 2차적 증거의 증거능력에 관한 법리오해, 심리미진 등의 잘못이 없다.

나. 공소외 1의 의학전문대학원 부정지원 관련 범행에 관한 상고이유에 대하여

원심은 판시와 같은 이유를 들어 이 부분 공소사실(업무방해, 위계공무집행방해, ▽▽대 ◎◎◎◎연구소장 명의 체험활동 확인서에 관한 허위작성공문서행사, △△대 ◁대 ▷▷▷▷센터장 명의 인턴십 확인서에 관한 예비적 공소사실인 허위작성공문서행사, 2013. 6. 16. 사문서위조, 위조사문서행사) 기재와 같이 피고인이 ○○대 총장 명의 표창장을 위조하였고 나머지 각 증빙서류도 모

두 허위이며, 이를 공소외 1의 △△대 및 □□대 의학전문대학원 지원 과정에서 제출하거나 경력에 기재하는 것은 업무방해죄 및 위계공무집행방해죄의 위계에 해당하고, 그 과정에서 피고인의 고의와 공소외 1 등과의 공모관계가 인정되며, 이는 각 의학전문대학원의 입학사정 업무를 방해하는 행위로서 업무 담당자의 불충분한 심사에 의한 것이라고 볼 수 없다고 보아 이 부분 공소사실을 유죄로 판단하였다.

원심판결 이유를 관련 법리와 적법하게 채택한 증거에 비추어 살펴보면, 원심의 판단에 상고이유 주장과 같이 논리와 경험의 법칙을 위반하여 자유심증주의의 한계를 벗어나거나 공동정범의 성립, 업무방해죄 및 위계공무집행방해죄의 '위계' 및 '고의', 방해의 '위험성' 등에 관한 법리오해, 판단누락, 심리미진 등의 잘못이 없다.

다. 사기 및 구 「보조금 관리에 관한 법률」(2016. 1. 28. 법률 제13931호로 개정되기 전의 것, 이하 '구 보조금법'이라 한다) 위반 부분에 관한 상고이유에 대하여

원심은 판시와 같은 이유를 들어 이 부분 공소사실 기재 특별교부금은 구 보조금법상 보조금에 해당하고, 피고인이 허위로 연구보조원 수당을 신청하여 이를 지급받은 것으로 인정되므로 사기죄의 기망행위에 해당한다고 보아 이 부분 공소사실을 유죄로 판단하였다.

원심판결 이유를 관련 법리와 적법하게 채택한 증거에 비추어 살펴보면, 원심의 판단에 상고이유 주장과 같이 논리와 경험의 법칙을 위반하여 자유심증주의의 한계를 벗어나거나 구 보조금법 제2조 제1호, 제9조, 같은 법 시행령 제4조 제1항 [별표 1]의 해석, 사기죄의 기망에 관한 법리오해, 심리미진 등의 잘못이 없다.

라. 미공개 중요정보 이용으로 인한 「자본시장과 금융투자업에 관한 법률」(이하 '자본시장법'이라 한다) 위반 부분(이유 무죄 부분 제외)에 관한 상고이유에 대하여

원심은 판시와 같은 이유를 들어 이 부분 공소사실 기재와 같이 피고인이 미공개 중요정보를 이용하여 (회사명 1 생략) 주식을 매수한 사실이 인정된다고 보아 이 부분 공소사실을 유죄로 판단하였다.

원심판결 이유를 관련 법리와 적법하게 채택한 증거에 비추어 살펴보면, 원심의 판단에 상고이유 주장과 같이 논리와 경험의 법칙을 위반하여 자유심증주의의 한계를 벗어나거나 미공개 중요정보 이용행위의 성립, 무죄추정의 원칙에 관한 법리오해, 심리미진, 이유불비 등의 잘못이 없다.

마. 금융실명법 위반 부분(무죄 부분 제외)에 관한 상고이유에 대하여

원심은 판시와 같은 이유를 들어 피고인이 탈법행위를 목적으로 이 부분 공소사실 기재 각 계좌를 차용하여 자신의 계산으로 금융거래를 한 사실이 인정된다고 보아 이 부분 공소사실을 유죄로 판단하였다.

원심판결 이유를 관련 법리와 적법하게 채택한 증거에 비추어 살펴보면, 원심의 판단에 상고이유 주장과 같이 논리와 경험의 법칙을 위반하여 자유심증주의의 한계를 벗어나거나 금융실명법 위반죄의 '탈법 목적'에 관한 법리오해, 심리미진 등의 잘못이 없다.

바. 증거인멸교사 부분에 관한 상고이유에 대하여

원심은 판시와 같은 이유를 들어 피고인이 이 부분 공소사실 기재와 같이 공소외 3 또는 피고인

의 형사사건 등에 관한 증거인 공소외 5 관련 자료를 인멸하려는 고의를 가지고, 공소외 6, 공소외 7과 공모하여 (회사명 3 생략) 직원들에 대한 증거인멸교사가 이루어지도록 하였으며, 이에 대한 공동가공의 의사와 기능적 행위지배가 인정되고, 이러한 피고인의 행위는 방어권의 남용에 해당한다고 보아 이 부분 공소사실을 유죄로 판단하였다.

원심판결 이유를 관련 법리와 적법하게 채택한 증거에 비추어 살펴보면, 원심의 판단에 상고이유 주장과 같이 논리와 경험의 법칙을 위반하여 자유심증주의의 한계를 벗어나거나 증거인멸교사의 공동정범의 성립, '교사의 고의'와 '교사에 대한 공동가공의 의사', 증거인멸죄의 '형사사건 또는 징계사건에 관한 증거' 및 방어권 남용에 관한 법리오해, 이유모순 등의 잘못이 없다.

사. 증거은닉교사 부분에 관한 상고이유에 대하여

원심은 판시와 같은 이유를 들어 피고인이 이 부분 공소사실 기재와 같이 공소외 8에게 피고인의 주거지 PC 저장매체와 피고인의 ○○대 교수연구실 PC 본체에 관한 증거은닉을 지시한 사실이 인정되고, 이러한 피고인의 행위는 증거은닉의 공동정범이 아니라 교사에 해당하며, 공소외 8은 피고인의 지시에 따라 증거은닉을 결의한 것일 뿐 공동가공의 의사가 인정될 수 없다고 보아 이 부분 공소사실을 무죄로 판단한 제1심판결을 파기하고 유죄로 판단하였다.

원심판결 이유를 관련 법리와 적법하게 채택한 증거에 비추어 살펴보면, 원심의 판단에 상고이유 주장과 같이 논리와 경험의 법칙을 위반하여 자유심증주의의 한계를 벗어나거나 증거은닉죄의 '기수'와 '정범' 인정, 공동정범 및 교사범의 구별 기준인 '기능적 행위지배', 증거은닉의 '실행의 착수', 공소외 8의 '공동가공의 의사'에 관한 법리를 오해한 잘못이 없다.

2. 검사의 상고이유에 대하여

원심은 판시와 같은 이유로 이 사건 공소사실 중 △△대 ◁대 ▷▷▷▷센터장 명의 인턴십 확인서에 관한 주위적 공소사실인 위조공문서행사, 업무상횡령, (회사명 1 생략) 실물주권 12만 주 장외매수에 관한 미공개 중요정보 이용으로 인한 자본시장법 위반 및 「범죄수익은닉의 규제 및 처벌 등에 관한 법률」위반, 거짓 변경보고로 인한 자본시장법 위반, (회사명 2 생략) 계좌(계좌번호 생략)를 이용한 금융실명법 위반, 증거위조교사 부분에 대하여 범죄의 증명이 없다고 보아 이를 무죄로 판단하거나 무죄를 선고한 제1심판결을 그대로 유지하였다.

원심판결 이유를 관련 법리와 기록에 비추어 살펴보면, 원심의 판단에 논리와 경험의 법칙을 위반하여 자유심증주의의 한계를 벗어나거나, 위조공문서행사죄의 고의, 업무상횡령죄의 불법영득의사, 미공개 중요정보 이용으로 인한 자본시장법 위반죄의 성립, 공동정범의 성립, 금융실명법 위반죄의 '탈법 목적', 교사행위에 관한 법리오해, 판단누락 등의 잘못이 없다.

3. 결론

그러므로 상고를 모두 기각하기로 하여, 관여 대법관의 일치된 의견으로 주문과 같이 판결한다.

● 대법원 2022. 02. 17. 선고 2019도4938 판결 [성폭력범죄의처벌등에관한특례법위반(카메라등이용촬영)]

【판시사항】

[1] 수사기관이 전자정보를 담은 매체를 피의자로부터 임의제출 받아 압수하면서 거기에 담긴 정보 중 무엇을 제출하는지 명확히 확인하지 않은 경우, 압수의 대상이 되는 정보의 범위 / 수사기관이 피의자로부터 범죄혐의사실과 관련된 전자정보와 그렇지 않은 전자정보가 섞인 매체를 임의제출 받아 사무실 등지에서 정보를 탐색·복제·출력하는 경우, 피의자 측에 참여의 기회를 보장하고 압수된 전자정보가 특정된 목록을 교부해야 하는지 여부(적극) 및 그러한 조치를 하지 않았더라도 압수·수색이 적법하다고 볼 수 있는 경우

[2] 피고인이 휴대전화로 성명 불상 피해자들의 신체를 그 의사에 반하여 촬영하거나('1~7번 범행'), 짧은 치마를 입고 횡단보도 앞에서 신호를 기다리던 피해자의 다리를 몰래 촬영하여('8번 범행') 성폭력범죄의 처벌 등에 관한 특례법 위반(카메라등이용촬영)으로 기소되었는데, 8번 범행 피해자의 신고를 받고 출동한 경찰관이 현장에서 피고인으로부터 임의제출 받아 압수한 휴대전화를 사무실에서 탐색하는 과정에서 1~7번 범행의 영상을 발견한 사안에서, 제반 사정을 종합하면 1~7번 범행으로 촬영한 영상의 출력물과 파일 복사본을 담은 시디(CD)는 임의제출에 의해 적법하게 압수된 전자정보에서 생성된 것으로서 증거능력이 인정된다고 한 사례

【판결요지】

[1] 수사기관이 전자정보를 담은 매체를 피의자로부터 임의제출 받아 압수하면서 거기에 담긴 정보 중 무엇을 제출하는지 명확히 확인하지 않은 경우, 임의제출의 동기가 된 범죄혐의사실과 관련되고 이를 증명할 수 있는 최소한의 가치가 있는 정보여야 압수의 대상이 되는데, 범행 동기와 경위, 수단과 방법, 시간과 장소 등에 관한 간접증거나 정황증거로 사용될 수 있는 정보도 그에 포함될 수 있다. 수사기관이 피의자로부터 범죄혐의사실과 관련된 전자정보와 그렇지 않은 전자정보가 섞인 매체를 임의제출 받아 사무실 등지에서 정보를 탐색·복제·출력하는 경우 피의자나 변호인에게 참여의 기회를 보장하고 압수된 전자정보가 특정된 목록을 교부해야 하나, 그러한 조치를 하지 않았더라도 절차 위반행위가 이루어진 과정의 성질과 내용 등에 비추어 피의자의 절차상 권리가 실질적으로 침해되지 않았다면 압수·수색이 위법하다고 볼 것은 아니다.

[2] 피고인이 휴대전화로 성명 불상 피해자들의 신체를 그 의사에 반하여 촬영하거나(이하 '1~7번 범행'이라고 한다), 짧은 치마를 입고 횡단보도 앞에서 신호를 기다리던 피해자의 다리를 몰래 촬영하여(이하 '8번 범행'이라고 한다) 성폭력범죄의 처벌 등에 관한 특례법 위반(카메라등이용촬영)으로 기소되었는데, 8번 범행 피해자의 신고를 받고 출동한 경찰관이 현장에서 피고인으로부터 임의제출 받아 압수한 휴대전화를 사무실에서 탐색하는 과정에서 1~7번 범행의 영상을 발견한 사안에서, 1~7번 범행에 관한 동영상은 촬영 기간이 8번 범행 일시와 가깝고, 8번 범행과 마찬가지로 버스정류장 등 공공장소에서 촬영되어 임의제출의 동기가 된 8번 범죄혐의사실과 관련성 있는 증거인

점, 경찰관은 임의제출 받은 휴대전화를 피고인이 있는 자리에서 살펴보고 8번 범행이 아닌 영상을 발견하였으므로 피고인이 탐색에 참여하였다고 볼 수 있는 점, 경찰관이 피의자신문 시 1~7번 범행 영상을 제시하자 피고인은 그 영상이 언제 어디에서 찍은 것인지 쉽게 알아보고 그에 관해 구체적으로 진술하였으므로, 비록 피고인에게 압수된 전자정보가 특정된 목록이 교부되지 않았더라도 절차 위반행위가 이루어진 과정의 성질과 내용 등에 비추어 절차상 권리가 실질적으로 침해되었다고 보기 어려운 점 등을 종합하면, 1~7번 범행으로 촬영한 영상의 출력물과 파일 복사본을 담은 시디(CD)는 임의제출에 의해 적법하게 압수된 전자정보에서 생성된 것으로서 증거능력이 인정된다는 이유로, 이와 달리 보아 1~7번 범행 부분을 무죄로 판단한 원심판결에 법리오해의 잘못이 있다고 한 사례.

【참조조문】 [1] 형사소송법 제121조, 제129조, 제218조, 제219조 / [2] 구 성폭력범죄의 처벌 등에 관한 특례법(2018. 12. 18. 법률 제15977호로 개정되기 전의 것) 제14조 제1항, 형사소송법 제121조, 제129조, 제218조, 제219조, 제307조
【참조판례】 [1] 대법원 2021. 11. 18. 선고 2016도348 전원합의체 판결(공2022상, 57), 대법원 202 . 1. 27. 선고 2021도11170 판결(공2022상, 486)
【전 문】 【피 고 인】 피고인 【상 고 인】 검사 【변 호 인】 법무법인 차원 담당변호사 김진우
【원심판결】 의정부지법 2019. 3. 28. 선고 2018노1332 판결

【주 문】

원심판결을 파기하고, 사건을 의정부지방법원에 환송한다.

【이 유】

상고이유를 판단한다.

1. 공소사실의 요지

가. 피고인은 2017. 6. 28.부터 2017. 9. 2.까지 원심 판시 별지 범죄일람표 순번 1 내지 7기재와 같이 휴대전화(이하 '이 사건 휴대전화'라고 한다)의 카메라로 성적 욕망이나 수치심을 유발할 수 있는 성명 불상 피해자들의 신체를 그 의사에 반하여 촬영하였다(이하 통틀어 '순번 1~7번 범행'이라고 한다).

나. 피고인은 2017. 9. 4. 00:13경 고양시 (주소 생략) 부근 횡단보도 앞에서 보행 신호를 기다리던 짧은 치마를 입은 피해자의 뒤로 다가가, 이 사건 휴대전화로 다리를 몰래 촬영하였다(이하 '순번 8번 범행'이라고 한다).

2. 원심의 판단

원심은, 피고인이 발각된 자리에서 촬영한 순번 8번 범행의 영상만 임의로 제출했을 뿐 이 사건 휴대전화에 담긴 순번 1~7번 범행 영상까지 제출할 의사였다고 볼 수 없고, 순번 1~7번 범행은 순번 8번 범행과 관련성도 없으며, 수사기관이 이 사건 휴대전화를 탐색하면서 피고인의 참여권을

보장하지 않고 압수한 전자정보 목록을 교부하지 않았다는 등의 이유로, 순번 1~7번 범행 부분에 대하여 유죄를 선고한 제1심을 파기하고 무죄를 선고하였다.

3. 대법원의 판단

가. 관련 법리

수사기관이 전자정보를 담은 매체를 피의자로부터 임의제출 받아 압수하면서 거기에 담긴 정보 중 무엇을 제출하는지 명확히 확인하지 않은 경우, 임의제출의 동기가 된 범죄혐의사실과 관련되고 이를 증명할 수 있는 최소한의 가치가 있는 정보여야 압수의 대상이 되는데, 범행 동기와 경위, 수단과 방법, 시간과 장소 등에 관한 간접증거나 정황증거로 사용될 수 있는 정보도 그에 포함될 수 있다. 수사기관이 피의자로부터 범죄혐의사실과 관련된 전자정보와 그렇지 않은 전자정보가 섞인 매체를 임의제출 받아 사무실 등지에서 정보를 탐색·복제·출력하는 경우 피의자나 변호인에게 참여의 기회를 보장하고 압수된 전자정보가 특정된 목록을 교부해야 하나, 그러한 조치를 하지 않았더라도 절차 위반행위가 이루어진 과정의 성질과 내용 등에 비추어 피의자의 절차상 권리가 실질적으로 침해되지 않았다면 압수·수색이 위법하다고 볼 것은 아니다(대법원 2021. 11. 18. 선고 2016도348 전원합의체 판결 참조).

나. 원심판결 이유와 적법하게 채택한 증거에 의하면 아래 사실을 알 수 있다.

1) 순번 8번 범행 피해자의 112 신고를 받고 출동한 경찰관은 현장에서 피고인으로부터 이 사건 휴대전화를 임의제출 받아 영장 없이 압수하고, 피고인과 지구대 사무실로 임의동행하였다. 당시 작성된 압수조서에는 "피해자는 피혐의자가 소지하고 있는 휴대폰을 지목하면서 자신의 뒷모습을 찍었다고 주장하고 피혐의자 또한 찍은 사실에 대하여 인정하여 범죄에 사용된 휴대폰 임의제출 요구한바 이에 응하여 임의제출 받아 압수하였다."라고 기재되어 있다.

2) 피고인과 임의동행한 경찰관은 지구대에서 이 사건 휴대전화를 살펴보았는데 순번 8번 범행으로 촬영한 영상은 피고인이 임의제출하기 전에 삭제하여 찾지 못하였고, 이름을 알 수 없는 여러 여성의 신체를 찍은 영상을 발견하였다. 피고인은 그 자리에서 순번 8번 범행 외에도 여러 번 여성을 몰래 촬영한 사실이 있음을 자백하는 취지의 진술서를 작성하였다.

3) 경찰관은 피의자신문을 하면서 순번 1~7번 범행으로 촬영한 영상의 출력물을 보여주었고, 피고인은 촬영한 시각과 장소를 구체적으로 진술하였다.

다. 판 단

1) 피고인이 이 사건 휴대전화를 임의제출할 당시 그 안에 담긴 전자정보의 제출범위를 명확히 밝히지 않았으므로, 임의제출의 동기가 된 범죄혐의사실과 관련되고 이를 증명할 수 있는 최소한의 가치가 있는 전자정보여야 압수의 대상이 된다. 순번 1~7번 범행에 관한 동영상은 2017. 6. 28.부터 2017. 9. 2.까지 두 달 남짓한 기간에 걸쳐 촬영된 것으로 순번 8번 범행 일시인 2017. 9. 4.과 가깝고, 순번 8번 범행과 마찬가지로 이 사건 휴대전화로 버스정류장, 지하철 역사, 횡단보도 앞 등 공공장소에서 촬영되었다. 위 범행들은 그 속성상 상습성이 의심되거나 성적 기호 내지 경향성의 발현에 따른 일련의 행위라고 의심할 여지가 많아, 각 범행 영상은 상호 간에 범행 동기와 경위, 수단과 방법, 시간과 장소에 관한 증거로 사용될 수 있

는 관계에 있다. 순번 1~7번 범행 영상은 임의제출의 동기가 된 순번 8번 범죄혐의사실과 관련성 있는 증거이다.

2) 경찰관은 임의제출 받은 이 사건 휴대전화를 피고인이 있는 자리에서 살펴보고 순번 8번 범행이 아닌 영상을 발견하였으므로, 피고인이 탐색에 참여하였다고 볼 수 있다.

3) 경찰관은 피의자신문 시 순번 1~7번 범행 영상을 제시하였고, 피고인은 그 영상이 언제 어디에서 찍은 것인지 쉽게 알아보고 그에 관해 구체적으로 진술하였다. 비록 피고인에게 압수된 전자정보가 특정된 목록이 교부되지 않았더라도, 절차 위반행위가 이루어진 과정의 성질과 내용 등에 비추어 절차상 권리가 실질적으로 침해되었다고 보기 어렵다.

4) 그러므로 순번 1~7번 범행으로 촬영한 영상의 출력물과 파일 복사본을 담은 시디(CD)는 임의제출에 의해 적법하게 압수된 전자정보에서 생성된 것으로서 증거능력이 인정되는데도, 그 범행 부분을 무죄로 판단한 원심의 판단에는 정보저장매체에 담긴 전자정보의 임의제출 범위 등에 관한 법리를 오해하여 판결에 영향을 미친 잘못이 있다. 이를 지적하는 상고이유 주장은 이유 있다.

4. 파기의 범위

위에서 본 이유로 원심판결 중 무죄 부분은 파기되어야 한다. 위 파기 부분은 나머지 유죄 부분과 형법 제37조 전단의 경합범 관계에 있어 하나의 형이 선고되어야 하므로, 원심판결은 전부 파기되어야 한다.

5. 결 론

그러므로 원심판결을 파기하고, 사건을 다시 심리·판단하게 하기 위하여 원심법원에 환송하기로 하여, 관여 대법관의 일치된 의견으로 주문과 같이 판결한다.

ⓑ 대법원 2022. 04. 28. 선고 2021도17103 판결 [마약류관리에관한법률위반(향정)·출입국관리법위반]

【판시사항】

[1] 영사관계에 관한 비엔나협약 제36조 제1항 (b)호, 경찰수사규칙 제91조 제2항, 제3항에서 외국인을 체포·구속하는 경우 지체 없이 외국인에게 영사통보권 등이 있음을 고지하고, 외국인의 요청이 있는 경우 영사기관에 체포·구금 사실을 통보하도록 정한 취지 / 수사기관이 외국인을 체포하거나 구속하면서 지체 없이 영사통보권 등이 있음을 고지하지 않은 경우, 체포나 구속 절차가 위법한지 여부(적극)

[2] 적법한 절차에 따르지 아니하고 수집한 증거를 유죄 인정의 증거로 사용할 수 있는 예외적인 경우 및 이에 해당하는지 판단하는 기준

[3] 사법경찰관이 인도네시아 국적의 외국인인 피고인을 출입국관리법 위반의 현행범인으로 체포하면서 소변과 모발을 임의제출 받아 압수하였고, 소변검사 결과에서 향정신성의약품인 MDMA(일명 엑스터시) 양성반응이 나오자 피고인은 출입국관리법 위반과 마약류 관리에 관한 법률 위반(향정) 범행을 모두 자백한 후 구속되었는데, 피고인이 검찰 수사 단계에서 자신의 구금 사실을 자국 영사관에 통보할 수 있음을 알게 되었음에도 수사기관에 영사기관 통보를 요구하지 않은 사안에서, 체포나 구속 절차에 영사관계에 관한 비엔나협약 제36조 제1항 (b)호를 위반한 위법이 있으나, 절차 위반의 내용과 정도가 중대하거나 절차 조항이 보호하고자 하는 외국인 피고인의 권리나 법익을 본질적으로 침해하였다고 볼 수 없어 체포나 구속 이후 수집된 증거와 이에 기초한 증거들은 유죄 인정의 증거로 사용할 수 있다고 한 사례

【판결요지】

[1] 영사관계에 관한 비엔나협약(Vienna Convention on Consular Relations, 1977. 4. 6. 대한민국에 대하여 발효된 조약 제594호, 이하 '협약'이라 한다) 제36조 제1항은 "파견국의 국민에 관련되는 영사기능의 수행을 용이하게 할 목적으로 다음의 규정이 적용된다." 라고 하면서, (b)호에서 "파견국의 영사관할구역 내에서 파견국의 국민이 체포되는 경우, 재판에 회부되기 전에 구금되거나 유치되는 경우, 또는 그 밖의 방법으로 구속되는 경우에, 그 국민이 파견국의 영사기관에 통보할 것을 요청하면 접수국의 권한 있는 당국은 지체 없이 통보하여야 한다. 체포, 구금, 유치되거나 구속되어 있는 자가 영사기관에 보내는 어떠한 통신도 위 당국에 의하여 지체 없이 전달되어야 한다. 위 당국은 관계자에게 (b)호에 따른 그의 권리를 지체 없이 통보하여야 한다." 라고 정하고 있다. 이에 따라 경찰수사규칙 제91조 제2항, 제3항은 "사법경찰관리는 외국인을 체포·구속하는 경우 국내 법령을 위반하지 않는 범위에서 영사관원과 자유롭게 접견·교통할 수 있고, 체포·구속된 사실을 영사기관에 통보해 줄 것을 요청할 수 있다는 사실을 알려야 한다. 사법경찰관리는 체포·구속된 외국인이 제2항에 따른 통보를 요청하는 경우에는 [별지 제93호 서식]의 영사기관 체포·구속 통보서를 작성하여 지체 없이 해당 영사기관에 체포·구속 사실을 통보해야 한다." 라고 정하고 있다.

위와 같이 협약 제36조 제1항 (b)호, 경찰수사규칙 제91조 제2항, 제3항이 외국인을 체포·구속하는 경우 지체 없이 외국인에게 영사통보권 등이 있음을 고지하고, 외국인의 요청이 있는 경우 영사기관에 체포·구금 사실을 통보하도록 정한 것은 외국인의 본국이 자국민의 보호를 위한 조치를 취할 수 있도록 협조하기 위한 것이다. 따라서 수사기관이 외국인을 체포하거나 구속하면서 지체 없이 영사통보권 등이 있음을 고지하지 않았다면 체포나 구속 절차는 국내법과 같은 효력을 가지는 협약 제36조 제1항 (b)호를 위반한 것으로 위법하다.

[2] 적법한 절차에 따르지 아니하고 수집한 증거는 증거로 할 수 없다(형사소송법 제308조의2). 다만 수사기관의 절차 위반행위가 적법절차의 실질적인 내용을 침해하는 경우에 해당하지 않고, 오히려 그 증거의 증거능력을 배제하는 것이 헌법과 형사소송법이 형사소송에 관한 절차 조항을 마련하여 적법절차의 원칙과 실체적 진실 규명의 조화를 도모하고 이를 통하여 형사 사법 정의를 실현하려고 한 취지에 반하는 결과를 초래하는 것으로 평가되는 예외적인 경우라면 법원은 그 증거를 유죄 인정의 증거로 사용할 수 있다. 이에 해당하는지는 수사기관의 증거 수집 과정에서 이루어진 절차

위반행위와 관련된 모든 사정, 즉 절차 조항의 취지, 위반 내용과 정도, 구체적인 위반 경위와 회피가능성, 절차 조항이 보호하고자 하는 권리나 법익의 성질과 침해 정도, 이러한 권리나 법익과 피고인 사이의 관련성, 절차 위반행위와 증거 수집 사이의 관련성, 수사기관의 인식과 의도 등을 전체적·종합적으로 고찰해서 판단해야 한다.

[3] 사법경찰관이 인도네시아 국적의 외국인인 피고인을 출입국관리법 위반의 현행범인으로 체포하면서 소변과 모발을 임의제출 받아 압수하였고, 소변검사 결과에서 향정신성의약품인 MDMA(일명 엑스터시) 양성반응이 나오자 피고인은 출입국관리법 위반과 마약류 관리에 관한 법률 위반(향정) 범행을 모두 자백한 후 구속되었는데, 피고인이 검찰 수사 단계에서 자신의 구금 사실을 자국 영사관에 통보할 수 있음을 알게 되었음에도 수사기관에 영사기관 통보를 요구하지 않은 사안에서, 사법경찰관이 체포 당시 피고인에게 영사통보권 등을 지체 없이 고지하지 않았으므로 체포나 구속 절차에 영사관계에 관한 비엔나협약(Vienna Convention on Consular Relations, 1977. 4. 6. 대한민국에 대하여 발효된 조약 제594호) 제36조 제1항 (b)호를 위반한 위법이 있으나, 제반 사정을 종합하면 피고인이 영사통보권 등을 고지받았더라도 영사의 조력을 구하였으리라고 보기 어렵고, 수사기관이 피고인에게 영사통보권 등을 고지하지 않았더라도 그로 인해 피고인에게 실질적인 불이익이 초래되었다고 볼 수 없어 피고인에게 영사통보권 등을 고지하지 않은 사정이 수사기관의 증거 수집이나 이후 공판절차에 상당한 영향을 미쳤다고 보기 어려우므로, 절차 위반의 내용과 정도가 중대하거나 절차 조항이 보호하고자 하는 외국인 피고인의 권리나 법익을 본질적으로 침해하였다고 볼 수 없어 체포나 구속 이후 수집된 증거와 이에 기초한 증거들은 유죄 인정의 증거로 사용할 수 있다고 한 사례.

【참조조문】 [1] 영사관계에 관한 비엔나협약(Vienna Convention on Consular Relations, 1977. 4. 6. 발효, 조약 제594호) 제36조 제1항 (b)호, 경찰수사규칙 제91조 제2항, 제3항 [별지 제93호 서식] / [2] 형사소송법 제307조, 제308조의2 / [3] 출입국관리법 제17조 제1항, 제94조 제7호, 마약류 관리에 관한 법률 제2조 제3호 (나)목, 제4조 제1항 제1호, 제60조 제1항 제2호, 영사관계에 관한 비엔나협약(Vienna Convention on Consular Relations, 1977. 4. 6. 발효, 조약 제594호) 제36조 제1항 (b)호, 경찰수사규칙 제91조 제2항, 제3항 [별지 제93호 서식], 형사소송법 제307조, 제308조의2
【참조판례】 [2] 대법원 2007. 11. 15. 선고 2007도3061 전원합의체 판결(공2007하, 1974), 대법원 2009. 3. 12. 선고 2008도11437 판결(공2009상, 900), 대법원 2019. 7. 11. 선고 2018도20504 판결(공2019하, 1609)
【전 문】 【피 고 인】 피고인 【상 고 인】 피고인 【변 호 인】 변호사 곽리찬
【원심판결】 창원지법 2021. 11. 25. 선고 2021노1914, 2394 판결

【주 문】

상고를 기각한다.

【이 유】

상고이유를 판단한다.

1. 영사통보권 등 고지의무 위반과 위법수집증거 배제 원칙 위반 여부

가. 영사관계에 관한 비엔나협약 위반 여부

영사관계에 관한 비엔나협약(Vienna Convention on Consular Relations, 1977. 4. 6. 대한민국에 대하여 발효된 조약 제594호, 이하 '협약'이라 한다) 제36조 제1항은 "파견국의 국민에 관련되는 영사기능의 수행을 용이하게 할 목적으로 다음의 규정이 적용된다."라고 하면서, (b)호에서 "파견국의 영사관할구역 내에서 파견국의 국민이 체포되는 경우, 재판에 회부되기 전에 구금되거나 유치되는 경우, 또는 그 밖의 방법으로 구속되는 경우에, 그 국민이 파견국의 영사기관에 통보할 것을 요청하면 접수국의 권한 있는 당국은 지체 없이 통보하여야 한다. 체포, 구금, 유치되거나 구속되어 있는 자가 영사기관에 보내는 어떠한 통신도 위 당국에 의하여 지체 없이 전달되어야 한다. 위 당국은 관계자에게 (b)호에 따른 그의 권리를 지체 없이 통보하여야 한다."라고 정하고 있다. 이에 따라 경찰수사규칙 제91조 제2항, 제3항은 "사법경찰관리는 외국인을 체포·구속하는 경우 국내 법령을 위반하지 않는 범위에서 영사관원과 자유롭게 접견·교통할 수 있고, 체포·구속된 사실을 영사기관에 통보해 줄 것을 요청할 수 있다는 사실을 알려야 한다. 사법경찰관리는 체포·구속된 외국인이 제2항에 따른 통보를 요청하는 경우에는 [별지 제93호 서식]의 영사기관 체포·구속 통보서를 작성하여 지체 없이 해당 영사기관에 체포·구속 사실을 통보해야 한다."라고 정하고 있다.

위와 같이 협약 제36조 제1항 (b)호, 경찰수사규칙 제91조 제2항, 제3항이 외국인을 체포·구속하는 경우 지체 없이 외국인에게 영사통보권 등이 있음을 고지하고, 외국인의 요청이 있는 경우 영사기관에 체포·구금 사실을 통보하도록 정한 것은 외국인의 본국이 자국민의 보호를 위한 조치를 취할 수 있도록 협조하기 위한 것이다. 따라서 수사기관이 외국인을 체포하거나 구속하면서 지체 없이 영사통보권 등이 있음을 고지하지 않았다면 체포나 구속 절차는 국내법과 같은 효력을 가지는 협약 제36조 제1항 (b)호를 위반한 것으로 위법하다.

기록에 따르면, 사법경찰관이 2021. 5. 31. 19:19경 피고인을 현행범인으로 체포할 당시 피고인이 인도네시아 국적의 외국인이라는 사실이 명백했는데도 피고인에게 영사통보권 등을 고지하였다고 인정할 자료가 없다. 따라서 이 사건 체포나 구속 절차는 협약 제36조 제1항 (b)호를 위반하여 피고인에게 영사통보권 등을 지체 없이 고지하지 않아 위법하다.

나. 위법수집증거 배제 원칙의 예외 해당 여부

(1) 적법한 절차에 따르지 아니하고 수집한 증거는 증거로 할 수 없다(형사소송법 제308조의2). 다만 수사기관의 절차 위반행위가 적법절차의 실질적인 내용을 침해하는 경우에 해당하지 않고, 오히려 그 증거의 증거능력을 배제하는 것이 헌법과 형사소송법이 형사소송에 관한 절차 조항을 마련하여 적법절차의 원칙과 실체적 진실 규명의 조화를 도모하고 이를 통하여 형사사법 정의를 실현하려고 한 취지에 반하는 결과를 초래하는 것으로 평가되는 예외적인 경우라면 법원은 그 증거를 유죄 인정의 증거로 사용할 수 있다. 이에 해당하는지는 수사기관의 증거 수집 과정에서 이루어진 절차 위반행위와 관련된 모든 사정, 즉 절차 조항의 취지, 위반 내용과 정도, 구체적인 위반 경위와 회피가능성, 절차 조항이 보호하고자 하는 권리나 법익의 성질과 침해 정도, 이러한 권리나 법익과 피고인 사이의 관련성, 절차 위반행위와 증거 수집 사이의 관련성, 수사기관의 인식과 의도 등을 전체적·종합적으로 고찰해서 판단해야 한다(대법원 2007. 11. 15. 선고 2007도3061 전원합의체 판결, 대법원 2009. 03. 12. 선고 2008

도11437 판결, 대법원 2019. 07. 11. 선고 2018도20504 판결 등 참조).
(2) 원심판결 이유와 적법하게 채택된 증거에 따르면 다음 사실을 알 수 있다.
   (가) 피고인은 인도네시아 국적의 외국인으로 2016. 7. 29.부터 2021. 5. 31.까지 대한민국에 체류하면서 취업활동을 하였다. 사법경찰관은 2021. 5. 31. 19:19경 통역인을 통해 피고인에게 인도네시아어로 체포의 사유, 변명의 기회, 변호인 선임권 등을 고지하고 피고인을 출입국관리법 위반의 범죄사실로 현행범인 체포를 하였고, 같은 날 20:00경 피고인으로부터 소변과 모발을 임의제출 받아 압수하였다.
   (나) 간이시약검사 결과 피고인으로부터 압수한 소변에서 향정신성의약품인 MDMA(일명 엑스터시, 이하 '엑스터시'라 한다) 양성반응이 나왔고, 피고인은 2021. 6. 1. 통역인이 참여한 경찰 제1회 피의자신문에서 출입국관리법 위반과 「마약류 관리에 관한 법률」(이하 '마약류관리법'이라 한다) 위반(향정) 범행을 모두 자백하였다. 사법경찰관은 피의자신문을 진행하면서 '체포 통지를 피고인이 다니는 회사 사장에게 하였는데 피고인의 방어권 보장에 문제가 없는지'를 질문하였고, 피고인은 '그렇다.'고 답변하였다. 피고인은 2021. 6. 2. 발부된 구속영장에 따라 구속되었다.
   (다) 국립과학수사연구원의 소변감정 결과 피고인으로부터 압수한 소변에서 엑스터시 양성반응이 나왔고, 피고인은 2021. 6. 7. 통역인이 참여한 경찰 제2회 피의자신문에서도 마약류관리법 위반(향정) 범행을 자백하였다.
   (라) 피고인은 2021. 6. 14. 통역인이 참여한 검찰 피의자신문에서 검사가 인도네시아 영사관에 체포와 구속 사실을 알렸는지에 관하여 질문을 하자 '통보하지 않았으며 통보를 하지 않은 특별한 이유도 없다.'고 답변하였다. 피고인은 검사에 대하여 영사기관 통보를 요구하지 않았고, 출입국관리법 위반과 마약류관리법 위반(향정) 범행을 모두 자백하였다.
   (마) 피고인은 통역인이 참여한 제1심 제1회 공판기일에서 국선변호인과 함께 출석하여 인정신문에 앞서 진술을 하지 않거나 개별 물음에 대하여 진술을 거부할 수 있고 이익이 되는 사실을 진술할 수 있음을 고지받은 다음, 검사가 공소장에 따라 공소사실, 죄명과 적용법조를 낭독하자 공소사실을 모두 인정한다고 진술하였다.
(3) 이러한 사실을 위에서 본 법리에 비추어 보면, 다음과 같은 결론이 도출된다.
   피고인은 경찰 수사 단계에서 피고인에 관한 체포 통지를 피고인이 근무하는 회사 사장에게 한 것에 대해서 방어권 보장에 문제가 없다고 하였고, 검찰 수사 단계에서는 자신의 구금 사실을 영사관에 통보할 수 있음을 알게 되었는데도 통보를 요청하지 않았다. 이러한 사실에 비추어 보면 피고인이 영사통보권 등을 고지받았더라도 영사의 조력을 구하였으리라고 보기 어렵다.
   피고인은 체포 당시 인도네시아어로 체포의 사유, 변명의 기회, 변호인 선임권 등을 고지받았다. 수사절차에서 소변검사 결과 등 객관적인 증거를 제시받고 통역인의 조력을 받으면서 범행을 자백하였다. 그 후 제1심과 원심에서 통역인과 국선변호인의 조력을 받은 상태에서 자백을 하면서 이 사건 수사나 공판절차의 위법을 주장하지 않았다. 이러한 사정에 비추어 보면 수사기관이 피고인에게 영사통보권 등을 고지하지 않았더라도 그로 인해 피고인에게 실질적인 불이익이 초래되었다고 볼 수 없다.
   요컨대 피고인에게 영사통보권 등을 고지하지 않은 사정이 수사기관의 증거 수집이나 이후 공판절차에 상당한 영향을 미쳤다고 보기 어렵다. 이 사건 체포나 구속 절차에 협약 제36조 제1항 (b)호를 위반한 위법이 있더라도 절차 위반의 내용과 정도가 중대하거나 절차 조항이 보호하고자 하는 외국인 피고인의 권리나 법익을 본질적으로 침해하였다고 볼 수 없다. 따라서 이 사건 체포나 구속 이후 수집된 증거와 이에 기초한 증거들은 유죄 인정의 증거로 사용할 수 있다.

(4) 원심은 피고인의 체포나 구속 이후에 수집된 증거에 대하여 증거능력을 인정하고 이를 유죄의 증거로 사용하였다. 원심판결 이유를 관련 법리와 적법하게 채택된 증거에 비추어 살펴보면, 원심판결에 결과적으로 논리와 경험의 법칙에 반하여 자유심증주의의 한계를 벗어나거나 위법수집증거 배제 원칙에 관한 법리를 오해한 잘못이 없다.

2. 형사소송법 제383조 제4호의 위헌 여부와 양형부당 주장의 판단

피고인의 변호인은 형사소송법 제383조 제4호가 양형부당을 상고이유로 삼을 수 있는 경우를 제한하는 것은 헌법상 규정된 재판청구권을 침해하고 평등원칙에도 위반된다고 주장한다. 그러나 양형부당을 이유로 한 상고이유를 제한한 형사소송법 제383조 제4호는 입법자에게 허용된 형성의 자유 영역에 속하므로, 이 규정이 재판청구권을 규정한 헌법 제27조나 평등의 원칙에 어긋나는 위헌적인 조항이라고 할 수 없다(대법원 2007. 4. 26. 선고 2007도1808 판결 등 참조). 따라서 위와 같은 상고이유 주장은 원심이 선고한 형이 너무 무거워서 부당하다는 주장에 지나지 않는다.

형사소송법 제383조 제4호에 따르면 사형, 무기 또는 10년 이상의 징역이나 금고가 선고된 사건에서만 양형부당을 이유로 상고할 수 있다. 따라서 피고인에 대하여 그보다 가벼운 형이 선고된 이 사건에서 형이 너무 무거워 부당하다는 주장은 적법한 상고이유가 아니다.

3. 결 론

피고인의 상고는 이유 없어 이를 기각하기로 하여, 대법관의 일치된 의견으로 주문과 같이 판결한다.

---

⑱ 대법원 2022. 05. 31. 자 2016모587 결정 [준항고인용결정에대한재항고]

【판시사항】

수사기관이 준항고인을 피의자로 하여 발부받은 압수·수색영장에 기하여 인터넷서비스업체인 갑 주식회사를 상대로 갑 회사의 본사 서버에 저장되어 있는 준항고인의 전자정보인 A 대화내용 등에 대하여 압수·수색을 실시하였는데, 준항고인은 수사기관이 압수·수색 과정에서 참여권을 보장하지 않는 등의 위법이 있다는 이유로 압수·수색의 취소를 청구한 사안에서, 압수·수색에서 나타난 위법이 압수·수색절차 전체를 위법하게 할 정도로 중대하다고 보아 압수·수색을 취소한 원심의 결론을 수긍한 사례

【결정요지】

수사기관이 준항고인을 피의자로 하여 발부받은 압수·수색영장에 기하여 인터넷서비스업체인 갑 주식회사를 상대로 갑 회사의 본사 서버에 저장되어 있는 준항고인의 전자정보인 A 대화내용 등에 대하여 압수·수색을 실시하였는데, 준항고인은 수사기관이 압수·수색 과정에서 참여권을 보장하지 않는 등의 위법이 있다는 이유로 압수·수색의 취소를 청구한 사안에서, 수사기관이 압수·수색영장을 집행할 때 처분의 상대방인 갑 회사에 영장을 팩스로 송부하였을 뿐 영장 원본을 제시하지 않은 점, 갑 회사는 서버에서 일정 기간의 준항고인의 A 대화내용을 모두 추출한 다음 그중에서 압수·수색영장의 범죄사실과 관련된 정보만을 분리하여 추출할 수 없어 그 기간의 모든 대화내용을 수사기관에 이메일로 전달하였는데, 여기에는 준항고인이 자신의 부모, 친구 등과 나눈 일상적 대화 등 혐의사실과 관련 없는 내용이 포함되어 있는 점, 수사기관은 압수·수색 과정에서 준항고인에게 미리 집행의 일시와 장소를 통지하지 않았고, 갑 회사로부터 준항고인의 A 대화내용을 취득한 뒤 전자정보를 탐색·출력하는 과정에서도 준항고인에게 참여 기회를 부여하지 않았으며, 혐의사실과 관련된 부분을 선별하지 않고 그 일체를 출력하여 증거물로 압수하였고, 압수·수색영장 집행 이후 갑 회사와 준항고인에게 압수한 전자정보 목록을 교부하지 않은 점 등 제반 사정에 비추어 볼 때, 원심이 갑 회사의 본사 서버에 보관된 준항고인의 A 대화내용에 대한 압수·수색영장의 집행에 의하여 전자정보를 취득하는 것이 참여권자에게 통지하지 않을 수 있는 형사소송법 제122조 단서의 '급속을 요하는 때'에 해당하지 않는다고 판단한 것은 잘못이나, 그 과정에서 압수·수색영장의 원본을 제시하지 않은 위법, 수사기관이 갑 회사로부터 입수한 전자정보에서 범죄 혐의사실과 관련된 부분의 선별 없이 그 일체를 출력하여 증거물로 압수한 위법, 그 과정에서 서비스이용자로서 실질적 피압수자이자 피의자인 준항고인에게 참여권을 보장하지 않은 위법과 압수한 전자정보 목록을 교부하지 않은 위법을 종합하면, 압수·수색에서 나타난 위법이 압수·수색절차 전체를 위법하게 할 정도로 중대하다고 보아 압수·수색을 취소한 원심의 결론을 수긍할 수 있다고 한 사례.

【참조조문】 형사소송법 제121조, 제122조, 제129조, 제215조, 제219조, 제415조, 제417조
【전 문】 【피 고 인】 피고인 【재항고인】 검사
【원심결정】 서울중앙지법 2016. 2. 18. 자 2015보6 결정

【주 문】

재항고를 기각한다.

【이 유】

재항고이유를 판단한다.

1. 사안의 개요

원심결정 및 기록에 의하면, 다음과 같은 사실과 사정을 알 수 있다.

가. 서울중앙지방법원 판사는 2014. 5. 24. 검사의 청구에 따라 준항고인을 피의자로 한 압수·수색영장(이하 '이 사건 압수·수색영장'이라 한다)을 발부하였다. 서울중앙지방법원 판사는 이 사건 압수·수색영장의 '압수할 물건'으로 '1) 준항고인 명의로 개통된 휴대전화 단말기, 2) 준항고인의 휴대전화의 A과 관련된 준항고인의 A 아이디 및 대화명, 준항고인과 대화를 하였던 상대방 A 아이디의 계정정보, 대상기간(2014. 5. 12.부터 2014. 5. 21.까지) 동안 준항고인과 대화한 A 사용자들과 주고받은 대화내용 및 사진 정보, 동영상 정보 일체'라 기재하였고, '수색·검증할 장소, 신체 또는 물건'으로 '1) 준항고인의 신체(영장집행 시 제출을 거부할 경우에 한함), 휴대전화를 보관, 소지하고 있을 것으로 판단되는 가방, 의류, 2) 주식회사 B(이하 'B'라 한다) 본사 또는 압수할 물건을 보관하고 있는 데이터센터'로 기재하였으며, '범죄사실의 요지'로 준항고인의 「집회 및 시위에 관한 법률」위반(주최자 준수사항 위반) 등 혐의사실을 적시하였고, 압수대상 및 방법의 제한을 별지로 첨부하였다.

나. 수사기관은 2014. 5. 26. 11:55경 B를 상대로 이 사건 압수·수색영장에 기하여 피의자인 준항고인의 A 대화내용 등이 포함된 위 '압수할 물건'에 대한 압수·수색(이하 '이 사건 압수·수색'이라 한다)을 실시하였다.

다. 수사기관은 이 사건 압수·수색영장을 집행할 때 처분의 상대방인 B에 영장을 팩스로 송부하였을 뿐 영장 원본을 제시하지는 않았다.

라. B 담당자는 2014. 5. 26. 수사기관의 이 사건 압수·수색영장 집행에 응하여 준항고인의 A 대화내용이 저장되어 있는 서버에서 2014. 5. 20. 00:00부터 2014. 5. 21. 23:59까지 준항고인의 대화내용(이하 '이 사건 전자정보'라 한다)을 모두 추출하여 수사기관에 이메일로 전달하였다. B 담당자는 이 사건 전자정보 중에서 압수·수색영장의 범죄사실과 관련된 정보만을 분리하여 추출할 수 없었으므로 위 기간의 모든 대화내용을 수사기관에 전달하였는데, 이 사건 전자정보에는 준항고인이 자신의 부모, 친구 등과 나눈 일상적 대화 등 혐의사실과 관련 없는 내용이 포함되어 있다.

마. 수사기관은 이 사건 압수·수색 과정에서 준항고인에게 미리 집행의 일시와 장소를 통지하지 않았고, 결과적으로 준항고인이 2014. 5. 26. 자 이 사건 압수·수색 과정에 참여하지 못하였다. 그리고 수사기관은 B로부터 이 사건 전자정보를 취득한 뒤 전자정보를 탐색·출력하는 과정에서도 준항고인에게 참여 기회를 부여하지 않았으며, 혐의사실과 관련된 부분을 선별하지 않고 그 일체를 출력하여 증거물로 압수하였다.

바. 수사기관은 이 사건 압수·수색영장의 집행 이후 B와 준항고인에게 압수한 전자정보 목록을 교부하지 않았다.

2. 원심의 판단

원심은, 판시 사실을 인정한 후 이 사건 압수·수색은 형사소송법 제122조 단서의 '급속을 요하는 때'에 해당하지 않으므로, 수사기관이 피의자인 준항고인 등에게 이 사건 압수·수색의 집행일시·장소를 통지하지 않아 준항고인 등의 참여권을 보장하지 않은 행위는 위법하고, 판시 사정을 고려하면 이 사건 압수·수색영장 원본 제시, 압수물 목록 교부, 피의사실과의 관련성 등 준항고인의 나머지 주장에 관하여 나아가 살펴볼 필요 없이 이 사건 압수·수색은 취소를 면할 수 없다고 판단하였다.

3. 대법원의 판단

원심이 인터넷서비스업체인 B 본사 서버에 보관된 이 사건 전자정보에 대한 이 사건 압수·수색영장의 집행에 의하여 전자정보를 취득하는 것이 참여권자에게 통지하지 않을 수 있는 형사소송법 제122조 단서의 '급속을 요하는 때'에 해당하지 않는다고 판단한 것은 잘못이나, 그 과정에서 압수·수색영장의 원본을 제시하지 않은 위법, 수사기관이 B로부터 입수한 전자정보에서 범죄 혐의사실과 관련된 부분의 선별 없이 그 일체를 출력하여 증거물로 압수한 위법, 그 과정에서 서비스이용자로서 실질적 피압수자이자 피의자인 준항고인에게 참여권을 보장하지 않은 위법과 압수한 전자정보 목록을 교부하지 않은 위법을 종합하면, 이 사건 압수·수색에서 나타난 위법이 압수·수색절차 전체를 위법하게 할 정도로 중대하다는 원심의 결론을 수긍할 수 있다. 결국 원심결정에 재판에 영향을 미친 헌법·법률·명령 또는 규칙의 위반이 없다.

4. 결 론

그러므로 재항고를 기각하기로 하여, 관여 대법관의 일치된 의견으로 주문과 같이 결정한다.

ⓑ 대법원 2022. 06. 30. 자 2020모735 결정 [압수물가환부불허결정에대한준항고일부인용결정에 대한재항고]

【판시사항】

수사기관이 압수·수색영장에 적힌 '수색할 장소'에 있는 컴퓨터 등 정보처리장치에 저장된 전자정보 외에 원격지 서버에 저장된 전자정보를 압수·수색하기 위해서는 압수·수색영장에 적힌 '압수할 물건'에 별도로 원격지 서버 저장 전자정보가 특정되어 있어야 하는지 여부(적극) / 압수·수색영장에 적힌 '압수할 물건'에 컴퓨터 등 정보처리장치 저장 전자정보만 기재되어 있는 경우, 컴퓨터 등 정보처리장치를 이용하여 원격지 서버 저장 전자정보를 압수할 수 있는지 여부(소극)

【결정요지】

헌법과 형사소송법이 구현하고자 하는 적법절차와 영장주의 정신에 비추어 볼 때, 법관이 압수·수색영장을 발부하면서 '압수할 물건'을 특정하기 위하여 기재한 문언은 엄격하게 해석해야 하고, 함부로 피압수자 등에게 불리한 내용으로 확장해석 또는 유추해석을 하는 것은 허용될 수 없다.

압수할 전자정보가 저장된 저장매체로서 압수·수색영장에 기재된 수색장소에 있는 컴퓨터, 하드디스크, 휴대전화와 같은 컴퓨터 등 정보처리장치와 수색장소에 있지는 않으나 컴퓨터 등 정보처리장치와 정보통신망으로 연결된 원격지의 서버 등 저장매체(이하 '원격지 서버'라 한다)는 소재지, 관리자, 저장 공간의 용량 측면에서 서로 구별된다. 원격지 서버에 저장된 전자정보를 압수·수색하기 위해서는 컴퓨터 등 정보처리장치를 이용하여 정보통신망을 통해 원격지 서버에 접속하고 그곳에 저장되어 있는 전자정보를 컴퓨터 등 정보처리장치로 내려 받거나 화면에 현출시키는 절차가 필요하므로, 컴퓨터 등 정보처리장치 자체에 저장된 전자정보와 비교하여 압수·수색의 방식에 차이가 있다. 원격지 서버에 저장되어 있는 전자정보와 컴퓨터 등 정보처리장치에 저장되어 있는 전자정보는 그 내용이나 질이 다르므로 압수·수색으로 얻을 수 있는 전자정보의 범위와 그로 인한 기본권 침해 정도도 다르다.

따라서 수사기관이 압수·수색영장에 적힌 '수색할 장소'에 있는 컴퓨터 등 정보처리장치에 저장된 전자정보 외에 원격지 서버에 저장된 전자정보를 압수·수색하기 위해서는 압수·수색영장에 적힌 '압수할 물건'에 별도로 원격지 서버 저장 전자정보가 특정되어 있어야 한다. 압수·수색영장에 적힌 '압수할 물건'에 컴퓨터 등 정보처리장치 저장 전자정보만 기재되어 있다면 컴퓨터 등 정보처리장치를 이용하여 원격지 서버 저장 전자정보를 압수할 수는 없다.

【참조조문】 형사소송법 제114조 제1항, 제215조, 제219조
【참조판례】 대법원 2009. 3. 12. 선고 2008도763 판결(공2009상, 503)
【전 문】 【준항고인】 ○○○○○○○○ 주식회사
【변 호 인】 법무법인(유한) 화우 담당변호사 이인복 외 7인
【재항고인(피준항고인)】 서울경찰청 외사과 국제범죄수사대 사법경찰관
【원심결정】 서울중앙지법 2020. 2. 21. 자 2019보9 결정

【주 문】

재항고를 기각한다.

【이 유】

재항고이유를 본다.

1. 전자정보의 압수·수색에 관한 법리는 다음과 같다.

헌법과 형사소송법이 구현하고자 하는 적법절차와 영장주의의 정신에 비추어 볼 때, 법관이 압수·수색영장을 발부하면서 '압수할 물건'을 특정하기 위하여 기재한 문언은 엄격하게 해석해야 하고, 함부로 피압수자 등에게 불리한 내용으로 확장해석 또는 유추해석을 하는 것은 허용될 수 없다(대법원 2009. 03. 12. 선고 2008도763 판결 참조).

압수할 전자정보가 저장된 저장매체로서 압수·수색영장에 기재된 수색장소에 있는 컴퓨터, 하드디스크, 휴대전화와 같은 컴퓨터 등 정보처리장치와 수색장소에 있지는 않으나 컴퓨터 등 정보처리장치와 정보통신망으로 연결된 원격지의 서버 등 저장매체(이하 '원격지 서버'라 한다)는 소재지, 관리자, 저장 공간의 용량 측면에서 서로 구별된다. 원격지 서버에 저장된 전자정보를 압수·수색하기 위해서는 컴퓨터 등 정보처리장치를 이용하여 정보통신망을 통해 원격지 서버에 접속하고 그곳에 저장되어 있는 전자정보를 컴퓨터 등 정보처리장치로 내려 받거나 화면에 현출시키는 절차가 필요하므로, 컴퓨터 등 정보처리장치 자체에 저장된 전자정보와 비교하여 압수·수색의 방식에 차이가 있다. 원격지 서버에 저장되어 있는 전자정보와 컴퓨터 등 정보처리장치에 저장되어 있는 전

자정보는 그 내용이나 질이 다르므로 압수·수색으로 얻을 수 있는 전자정보의 범위와 그로 인한 기본권 침해 정도도 다르다.

따라서 수사기관이 압수·수색영장에 적힌 '수색할 장소'에 있는 컴퓨터 등 정보처리장치에 저장된 전자정보 외에 원격지 서버에 저장된 전자정보를 압수·수색하기 위해서는 압수·수색영장에 적힌 '압수할 물건'에 별도로 원격지 서버 저장 전자정보가 특정되어 있어야 한다. 압수·수색영장에 적힌 '압수할 물건'에 컴퓨터 등 정보처리장치 저장 전자정보만 기재되어 있다면 컴퓨터 등 정보처리장치를 이용하여 원격지 서버 저장 전자정보를 압수할 수는 없다.

2. 원심결정 이유와 기록에 따르면 다음 사실을 알 수 있다.

가. 주식회사 △△△△△△△(변경 전 상호: 주식회사 □□□□, 이하 '□□□□'이라 한다)은 2019. 5.경 '준항고인이 경력직 채용을 빙자하여 전기 자동차용 2차 전지와 관련한 고소인의 핵심 인력과 기술을 빼갔다.'는 내용으로 준항고인과 직원들을 고소하였다. 재항고인은 준항고인과 준항고인의 인사 담당 직원인 공소외 1, 공소외 2, □□□□에서 이직한 직원인 공소외 3, 공소외 2, 공소외 4, 공소외 5, 공소외 6, 공소외 7, 공소외 8을「산업기술의 유출방지 및 보호에 관한 법률」위반 등 피의사실로 수사하면서 검사에게 피의자들에 대한 압수·수색영장을 신청하였다.

나. 검사는 법원에 압수·수색영장을 청구하면서 압수·수색영장 청구서에 적힌 '압수할 물건'란에 '다) 피의자들의 범죄행위에 제공되었거나 경력직 채용과 관련된 업무 자료 또는 유출된 □□□□의 기술 자료가 저장되어 있는 컴퓨터, 주변기기 등 정보처리장치와 특수매체기록 등이 저장된 저장매체(하드디스크, 메모리카드, USB메모리, 플로피디스크, CD, DVD)', '바) 피의자들의 범죄행위에 제공되었거나 경력직 채용과 관련된 업무 자료 또는 유출된 □□□□의 기술 자료가 저장되어 있는 클라우드, 웹하드, 전산망 서버에 보관된 전자정보, 전자우편' 등을 기재하였다[이하 다)항의 정보처리장치와 저장매체를 모두 가리켜 '하드디스크', 바)항의 클라우드, 웹하드, 전산망 서버를 모두 가리켜 '클라우드'라 한다].

다. 법원은 2019. 9. 5. 압수·수색영장 청구서에 적힌 '압수할 물건' 중 일부에 대해서만 압수·수색영장(이하 '제1차 압수·수색영장'이라 한다)을 발부하면서 하드디스크 저장 전자정보에 대해서는 피의자 공소외 1, 공소외 2, 준항고인과 관련된 부분에 대한 청구를 기각하고, 클라우드 저장 전자정보에 대해서는 그 청구를 전부 기각하였으며, '수색할 장소'를 '준항고인의 서울 본사 인사 담당 부서(경력직 채용 담당자), 피의자 공소외 1, 공소외 2의 서울 본사 근무 장소, 피의자 공소외 6의 서산 공장 자리와 차량, 피의자 공소외 5, 공소외 7의 대전 연구원 자리와 차량'으로 정하였다.

라. 한편 준항고인은 데스크톱 가상화 인프라인 VDI(Virtual Desktop Infrastructure) 시스템을 구축하였다. 직원들은 부여된 아이디와 비밀번호를 입력하여 가상 데스크톱에 접속한 후 업무를 수행하고, 소속 팀이 가상 데스크톱에서 활용하는 팀룸(TeamRoom) 폴더에 업무 자료를 보관하여 팀원들과 공유하였다. 이에 따라 업무 자료는 업무용 컴퓨터 자체에는 저장되지 않고, VDI 서버에 저장되었다.

마. 재항고인은 2019. 9. 17. 준항고인의 서울 본사, 서산 공장, 대전 연구원에서 동시에 제1차 압수·수색영장의 집행에 착수하여, 각 집행 장소에서 준항고인의 직원들로부터 VDI 시스템 구축 상

황에 대한 설명을 들었다. 재항고인은 직원들이 가상 데스크톱에 접속시킨 업무용 컴퓨터를 넘겨받아 이를 이용하여 팀룸 폴더 안의 파일을 탐색하고 내용을 확인하였다.

바. 재항고인은 팀룸 폴더를 수색하여 서산 공장에서 □□□□ 출신 경력직 채용 면접에서 알게 된 □□□□의 기술을 공유하는 이메일과 소송에 대비하여 □□□□ 출신 경력직들이 가져온 기술 자료의 이관을 지시하는 이메일 등을 발견하고, 관련 파일을 선별하여 압축한 다음 별도의 USB에 저장·봉인하여 준항고인의 직원에게 보관하도록 한 후 영장 집행을 중지하였다. 서울 본사에서도 압수할 자료를 별도로 분류하여 보존조치를 한 후 영장 집행을 중지하였다. 반면 대전 연구원에서는 별다른 자료를 발견하지 못하고 영장 집행을 종료하였다(이하 각 수색과 그에 부수한 처분을 모두 가리켜 '이 사건 수색 등 처분'이라 한다).

사. 재항고인은 2019. 9. 18. '압수·수색·검증을 필요로 하는 사유'로 '준항고인 직원들의 업무용 컴퓨터 자체에는 아무런 자료가 저장되어 있지 않고 준항고인의 VDI 시스템 전산망 서버에 있는 팀룸 폴더에서 바.항의 이메일이 발견되었으므로 준항고인의 VDI 서버에 저장되어 있는 관련 전자정보를 확보하기 위한 추가 압수·수색이 필요하다.'는 점을 들며 검사에게 준항고인에 대한 추가 압수·수색영장을 신청하였다.

아. 법원은 2019. 9. 19. 검사의 청구를 받고 '압수할 물건'을 'VDI의 자료저장 서버와 VDI를 통해 접근 가능한 네트워크 드라이브 팀룸 폴더에 저장된 전자정보 중 관련 자료 부분 등'으로, '압수의 방법'을 'VDI 전자정보를 원격지에 보관할 경우 원격지 서버에 접속하여 전자정보를 다운로드하고 이를 출력하거나 복제한다.'로 한 압수·수색영장(이하 '제2차 압수·수색영장'이라 한다)을 발부하였다.

자. 재항고인은 2019. 9. 19.부터 9. 20.까지 준항고인의 서산 공장과 서울 본사에서 제2차 압수·수색영장을 집행하여, 피의자 공소외 9, 공소외 1의 계정으로 가상 데스크톱에 접속한 후 팀룸 폴더에서 전자정보를 선별하여 복사하는 방법으로 서산 공장에서는 45개의 전자정보를, 서울 본사에서는 24개의 전자정보를 압수하였다(이하 '이 사건 압수 처분'이라 한다).

차. 준항고인은 2019. 9. 24. 이 사건 압수 처분으로 압수된 전자정보 전부에 대하여 환부 청구를 하였으나, 재항고인은 2019. 10. 2. 이를 거부하였다(이하 '이 사건 거부 처분'이라 한다).

3. 이러한 사실관계를 위에서 본 법리에 비추어 살펴보면 다음과 같이 판단된다.

가. 제1차 압수·수색영장에 적힌 '압수할 물건'에는 하드디스크 저장 전자정보(일부 기각 부분 제외)가 포함되어 있는 반면, 클라우드 저장 전자정보는 제외되어 있다. 제1차 압수·수색영장에 적힌 '압수할 물건'에 클라우드 저장 전자정보가 기재되어 있지 않은 이상 제1차 압수·수색영장에 적힌 '압수할 물건'은 서울 본사 인사 담당 부서나 피의자 공소외 1, 공소외 2, 공소외 6, 공소외 5, 공소외 7의 근무 자리나 차량에 있는 하드디스크 저장 전자정보(일부 기각 부분 제외)에 한정된다.

나. 법원이 제1차 압수·수색영장을 발부하면서 검찰이 청구한 클라우드 저장 전자정보 부분을 기각하였음이 명백하므로 클라우드에 대한 수색도 허용되지 않는다.

다. 따라서 재항고인은 제1차 압수·수색영장을 집행하면서 클라우드에 해당하는 VDI 서버를 수색하여서는 안 된다. 더욱이 재항고인은 준항고인의 직원들로부터 VDI에 대한 설명을 들어 팀룸 폴더가 VDI 서버에 존재한다는 것을 충분히 알았을 것이다. 그런데도 재항고인은 VDI에 접속된 업무용 컴퓨터를 통해 가상 데스크톱의 팀룸 폴더에서 파일을 탐색하여 내용을 확인하고 보존조치를 하였다. 결국 이 사건 수색 등 처분은 영장에서 허용한 수색의 범위를 넘어선 것으로 적법절차와 영장주의 원칙에 반하여 위법하다.

라. 나아가 재항고인은 이 사건 수색 등 처분으로 알게 된 이메일 내용 등을 추가로 압수·수색할 필요를 인정할 수 있는 자료로 삼아 제2차 압수·수색영장을 발부받은 다음 가상 데스크톱의 팀룸 폴더를 압수·수색하여 이 사건 압수 처분을 하였다. 이는 위법한 이 사건 수색 등 처분에 따라 알게 된 사정을 토대로 한 것으로 위법하고, 이 사건 압수 처분이 적법하다는 전제에서 한 이 사건 거부 처분 역시 위법하다.

4. 원심결정 이유에 적절하지 않은 부분이 있으나, 이 사건 압수 처분과 이 사건 거부 처분을 취소한 결론은 정당하다. 원심결정에 재판에 영향을 미친 헌법·법률·명령 또는 규칙을 위반한 잘못이 없다.

5. 재항고는 이유 없으므로 이를 기각하기로 하여, 대법관의 일치된 의견으로 주문과 같이 결정한다.

● 대법원 2022. 07. 14. 자 2019모2584 결정 [준항고인용결정에대한재항고]

【판시사항】
[1] 수사기관의 압수·수색영장 집행에 대한 사전적·사후적 통제수단
[2] 수사기관이 압수·수색영장을 집행할 때 취해야 할 조치의 내용
[3] 저장매체에 대한 압수·수색 과정에서 전자정보가 담긴 저장매체 또는 그 복제본을 수사기관 사무실 등으로 옮겨 복제·탐색·출력할 수 있는 예외적인 사정이 존재하였다는 점에 대한 증명책임 소재(=영장의 집행기관인 수사기관) 및 이러한 증명이 이루어졌음을 전제로 압수·수색영장을 집행하는 과정에서 피의자 등에게 참여의 기회를 보장하고 혐의사실과 무관한 전자정보의 임의적 복제 등을 막기 위한 적법한 조치를 취하지 않은 경우, 압수·수색의 적법 여부(원칙적 소극)

【결정요지】
[1] 강제수사는 범죄수사 목적을 위하여 필요 최소한의 범위 내에서만 이루어져야 하므로(형사소송법 제199조 제1항), 수사기관의 압수·수색 또한 범죄수사에 필요한 경우에 한하여 피의자가 죄를 범하였다고 의심할 만한 정황이 있고 해당 사건과 관계가 있다고 인정할 수 있는 것에 한정하여 이

루어져야 한다(형사소송법 제215조). 수사기관이 압수 또는 수색을 할 때에는 처분을 받는 사람에게 반드시 적법한 절차에 따라 법관이 발부한 영장을 사전에 제시하여야 하고(헌법 제12조 제3항 본문, 형사소송법 제219조 및 제118조), 피의자·피압수자 또는 변호인(이하 '피의자 등'이라 한다)은 압수·수색영장의 집행에 참여할 권리가 있으므로(형사소송법 제219조, 제121조), 수사기관이 압수·수색영장을 집행할 때에도 원칙적으로는 피의자 등에게 미리 집행의 일시와 장소를 통지하여야 한다(형사소송법 제219조, 제122조). 한편 수사기관은 압수영장을 집행한 직후에 압수목록을 곧바로 작성하여 압수한 물건의 소유자·소지자·보관자 기타 이에 준하는 사람에게 교부하여야 한다(형사소송법 제219조, 제129조).

헌법과 형사소송법이 정한 이러한 규정의 체계·내용을 종합하여 보면, 압수·수색영장은 수사기관의 범죄수사 목적을 위하여 필요한 최소한의 범위 내에서만 신청·청구·발부되어야 하고, 이를 전제로 한 수사기관의 압수·수색영장 집행에 대한 사전적 통제수단으로, ① 압수·수색의 대상자에게 집행 이전에 반드시 영장을 제시하도록 함으로써 법관이 발부한 영장 없이 압수·수색을 하는 것을 방지하여 영장주의 원칙을 절차적으로 보장하고, 압수·수색영장에 기재된 물건·장소·신체에 한정하여 압수·수색이 이루어질 수 있도록 함으로써 개인의 사생활과 재산권의 침해를 최소화하며, ② 피의자 등에게 미리 압수·수색영장의 집행 일시와 장소를 통지함으로써 압수·수색영장의 집행 과정에 대한 참여권을 실질적으로 보장하고, 나아가 압수·수색영장의 집행 과정에서 피의사실과 관련성이 있는 압수물의 범위가 부당하게 확대되는 것을 방지함으로써 영장 집행절차의 적법성·적정성을 확보하도록 하였다.

또한 수사기관의 압수·수색영장 집행에 대한 사후적 통제수단 및 피의자 등의 신속한 구제절차로 마련된 준항고 등(형사소송법 제417조)을 통한 불복의 기회를 실질적으로 보장하기 위하여 수사기관으로 하여금 압수·수색영장의 집행을 종료한 직후에 압수목록을 작성·교부할 의무를 규정하였다.

[2] 헌법과 형사소송법이 정한 절차와 관련 규정, 그 입법 취지 등을 충실히 구현하기 위하여, 수사기관은 압수·수색영장의 집행기관으로서 피압수자로 하여금 법관이 발부한 영장에 의한 압수·수색이라는 강제처분이 이루어진다는 사실을 확인할 수 있도록 형사소송법이 압수·수색영장에 필요적으로 기재하도록 정한 사항이나 그와 일체를 이루는 내용까지 구체적으로 충분히 인식할 수 있는 방법으로 압수·수색영장을 제시하여야 하고, 증거인멸의 가능성이 최소화됨을 전제로 영장 집행 과정에 대한 참여권이 충실히 보장될 수 있도록 사전에 피의자·피압수자 또는 변호인(이하 '피의자 등'이라 한다)에 대하여 집행 일시와 장소를 통지하여야 함은 물론 피의자 등의 참여권이 형해화되지 않도록 그 통지의무의 예외로 규정된 '피의자 등이 참여하지 아니한다는 의사를 명시한 때 또는 급속을 요하는 때'라는 사유를 엄격하게 해석하여야 하며, 준항고 등을 통한 권리구제가 신속하면서도 실질적으로 이루어질 수 있도록 압수목록을 작성할 때 압수방법·장소·대상자별로 명확히 구분하여 압수물의 품종·종류·명칭·수량·외형상 특징 등을 최대한 구체적이고 정확하게 특정하여 기재하여야 한다.

[3] 저장매체에 대한 압수·수색 과정에서 범위를 정하여 출력 또는 복제하는 방법이 불가능하거나 압수의 목적을 달성하기에 현저히 곤란한 예외적인 사정이 인정되어 전자정보가 담긴 저장매체 또는 하드카피나 이미징 등 형태를 수사기관 사무실 등으로 옮겨 복제·탐색·출력할 수는 있다. 그러나 압수·수색 과정에서 위와 같은 예외적인 사정이 존재하였다는 점에 대하여는 영장의 집행기관인 수사기관이 이를 구체적으로 증명하여야 하고, 이러한 증명이 이루어졌음을 전제로 전자정보가 담긴 저

> 장매체 또는 하드카피·이미징 등 형태를 수사기관 사무실 등으로 옮겨 복제·탐색·출력을 통하여 압수·수색영장을 집행하는 경우에도 그 과정에서 피의자·피압수자 또는 변호인(이하 '피의자 등'이라 한다)에게 참여의 기회를 보장하고 혐의사실과 무관한 전자정보의 임의적 복제 등을 막기 위한 적법한 조치를 하는 등 헌법상 영장주의 및 적법절차의 원칙을 준수하여야 한다. 만약 그러한 조치를 취하지 않았다면, 그럼에도 피의자 등에 대하여 절차 참여를 보장한 취지가 실질적으로 침해되지 않았다고 볼 수 있는 특별한 사정이 없는 이상, 압수·수색을 적법하다고 평가할 수 없다.

【참조조문】 [1] 헌법 제12조 제3항, 형사소송법 제118조, 제199조 제1항, 제121조, 제122조, 제129조, 제215조, 제219조, 제417조 / [2] 헌법 제12조 제3항, 형사소송법 제118조, 제199조 제1항, 제121조, 제122조, 제129조, 제215조, 제219조, 제417조 / [3] 헌법 제12조 제3항, 형사소송법 제121조, 제122조, 제215조, 제219조, 제308조
【참조판례】 [3] 대법원 2015. 7. 16. 자 2011모1839 전원합의체 결정(공2015하, 1274)
【전 문】 【준항고인】 준항고인 【재항고인】 검사
【원심결정】 서울남부지법 2019. 8. 16. 자 2018보6 결정

【주 문】

재항고를 기각한다.

【이 유】

1. 관련 법리

강제수사는 범죄수사 목적을 위하여 필요 최소한의 범위 내에서만 이루어져야 하므로(형사소송법 제199조 제1항), 수사기관의 압수·수색 또한 범죄수사에 필요한 경우에 한하여 피의자가 죄를 범하였다고 의심할 만한 정황이 있고 해당 사건과 관계가 있다고 인정할 수 있는 것에 한정하여 이루어져야 한다(형사소송법 제215조). 수사기관이 압수 또는 수색을 할 때에는 처분을 받는 사람에게 반드시 적법한 절차에 따라 법관이 발부한 영장을 사전에 제시하여야 하고(헌법 제12조 제3항 본문, 형사소송법 제219조 및 제118조), 피의자·피압수자 또는 변호인(이하 '피의자 등'이라 한다)은 압수·수색영장의 집행에 참여할 권리가 있으므로(형사소송법 제219조, 제121조), 수사기관이 압수·수색영장을 집행할 때에도 원칙적으로는 피의자 등에게 미리 집행의 일시와 장소를 통지하여야 한다(형사소송법 제219조, 제122조). 한편 수사기관은 압수영장을 집행한 직후에 압수목록을 곧바로 작성하여 압수한 물건의 소유자·소지자·보관자 기타 이에 준하는 사람에게 교부하여야 한다(형사소송법 제219조, 제129조).

헌법과 형사소송법이 정한 이러한 규정의 체계·내용을 종합하여 보면, 압수·수색영장은 수사기관의 범죄수사 목적을 위하여 필요한 최소한의 범위 내에서만 신청·청구·발부되어야 하고, 이를 전제로 한 수사기관의 압수·수색영장 집행에 대한 사전적 통제수단으로, ① 압수·수색의 대상자에게 집행 이전에 반드시 영장을 제시하도록 함으로써 법관이 발부한 영장 없이 압수·수색을 하는 것을 방지하여 영장주의 원칙을 절차적으로 보장하고, 압수·수색영장에 기재된 물건·장소·신체에 한정하여 압수·수색이 이루어질 수 있도록 함으로써 개인의 사생활과 재산권의 침해를 최소

화하며, ② 피의자 등에게 미리 압수·수색영장의 집행 일시와 장소를 통지함으로써 압수·수색영장의 집행 과정에 대한 참여권을 실질적으로 보장하고, 나아가 압수·수색영장의 집행 과정에서 피의사실과 관련성이 있는 압수물의 범위가 부당하게 확대되는 것을 방지함으로써 영장 집행절차의 적법성·적정성을 확보하도록 하였다.

또한 수사기관의 압수·수색영장 집행에 대한 사후적 통제수단 및 피의자 등의 신속한 구제절차로 마련된 준항고 등(형사소송법 제417조)을 통한 불복의 기회를 실질적으로 보장하기 위하여 수사기관으로 하여금 압수·수색영장의 집행을 종료한 직후에 압수목록을 작성·교부할 의무를 규정하였다.

헌법과 형사소송법이 정한 절차와 관련 규정, 그 입법 취지 등을 충실히 구현하기 위하여, 수사기관은 압수·수색영장의 집행기관으로서 피압수자로 하여금 법관이 발부한 영장에 의한 압수·수색이라는 강제처분이 이루어진다는 사실을 확인할 수 있도록 형사소송법이 압수·수색영장에 필요적으로 기재하도록 정한 사항이나 그와 일체를 이루는 내용까지 구체적으로 충분히 인식할 수 있는 방법으로 압수·수색영장을 제시하여야 하고, 증거인멸의 가능성이 최소화됨을 전제로 영장 집행 과정에 대한 참여권이 충실히 보장될 수 있도록 사전에 피의자 등에 대하여 집행 일시와 장소를 통지하여야 함은 물론 피의자 등의 참여권이 형해화되지 않도록 그 통지의무의 예외로 규정된 '피의자 등이 참여하지 아니한다는 의사를 명시한 때 또는 급속을 요하는 때'라는 사유를 엄격하게 해석하여야 하며, 준항고 등을 통한 권리구제가 신속하면서도 실질적으로 이루어질 수 있도록 압수목록을 작성할 때 압수방법·장소·대상자별로 명확히 구분하여 압수물의 품종·종류·명칭·수량·외형상 특징 등을 최대한 구체적이고 정확하게 특정하여 기재하여야 한다.

한편 저장매체에 대한 압수·수색 과정에서 범위를 정하여 출력 또는 복제하는 방법이 불가능하거나 압수의 목적을 달성하기에 현저히 곤란한 예외적인 사정이 인정되어 전자정보가 담긴 저장매체 또는 하드카피나 이미징 등 형태를 수사기관 사무실 등으로 옮겨 복제·탐색·출력할 수는 있다(대법원 2015. 07. 16. 자 2011모1839 전원합의체 결정 참조). 그러나 압수·수색 과정에서 위와 같은 예외적인 사정이 존재하였다는 점에 대하여는 영장의 집행기관인 수사기관이 이를 구체적으로 증명하여야 하고, 이러한 증명이 이루어졌음을 전제로 전자정보가 담긴 저장매체 또는 하드카피·이미징 등 형태를 수사기관 사무실 등으로 옮겨 복제·탐색·출력을 통하여 압수·수색영장을 집행하는 경우에도 그 과정에서 피의자 등에게 참여의 기회를 보장하고 혐의사실과 무관한 전자정보의 임의적 복제 등을 막기 위한 적법한 조치를 하는 등 헌법상 영장주의 및 적법절차의 원칙을 준수하여야 한다. 만약 그러한 조치를 취하지 않았다면, 그럼에도 피의자 등에 대하여 절차 참여를 보장한 취지가 실질적으로 침해되지 않았다고 볼 수 있는 특별한 사정이 없는 이상, 압수·수색을 적법하다고 평가할 수 없다.

2. 인정 사실

원심결정 이유 및 기록에 따르면, 아래의 사실이 인정된다.

가. 압수·수색의 경과

1) 준항고인에 대한 「특정경제범죄 가중처벌 등에 관한 법률」위반(알선수재등) 등 사건(이하 '이 사건 형사사건'이라 한다)에 관하여 담당검사 및 검찰수사관(이하 이들을 각 '담당검사' 및 '담당수사관', 그리고 이들을 포함한 수사관계자를 '담당검사 등'이라 한다)은 2016. 9. 12. 판사

로부터 압수·수색·검증영장(이하 '이 사건 영장'이라 한다)과 체포영장을 발부받았다. 담당검사 등은 2016. 9. 20. 09:55경 검사실에서 체포영장을 집행하여 준항고인을 체포하였고, 그 직후 압수·수색을 시작하였다. 담당검사 등은 같은 날 10:00경 검사실에서 준항고인의 신체를 수색하여 휴대폰을 압수하였고, 그 직후 준항고인의 운전기사 신청외 1을 통하여 준항고인의 차량이 해당 검찰청 주차장에 있음을 확인한 후 이를 수색하여 다수의 물건을 압수하였으며, 같은 날 12:20경부터 15:30경까지 신청외 1이 보는 가운데 준항고인의 주거지·사무실을 수색하여 준항고인에게 유출하였던 수사자료 등을 포함한 상자 2~3개 분량과 라이카 카메라 1개 등을 압수하였다(이하 '이 사건 압수·수색'이라 한다). 담당검사 등은 이 사건 압수·수색에 착수하기 전에 준항고인에게 이 사건 영장을 제시하지 않았고, 준항고인에게 주거지·사무실에 대한 압수·수색 사실을 통지하지도 않았다.

2) '2016. 9. 20. 자 압수목록교부서 2매'에는 이 사건 영장에 따라 준항고인의 신체·승용차·주거지에 대한 압수물만이 아니라 검사실 및 관련 변호사 사무실에서 임의제출받은 압수물까지 포함되어 있었고, 압수방법·장소·대상자별로 구분되지 않은 채 압수물 중 극히 일부만 기재되었다. 압수물의 내역에는 '지출내역 등 서류 1박스' 등과 같이 압수물의 구체적 내역을 알 수 없는 포괄적 방식의 기재 내용과, 혐의사실과 무관하며 압수의 필요성조차 불분명한 '키보드·마우스·안경·연필·화장품' 등이 다수 기재되었을 뿐이다. 담당검사 등은 위 '압수목록교부서 2매'를 준항고인에게 교부하지도 않았다.

3) 담당수사관은 준항고인에게 수사자료를 유출하였다가 회수한 수사자료를 임의로 파쇄·폐기하였고, 2017년 초경 압수목록에 기재하지 않은 압수물 중 상당 부분을 준항고인이 아니라 제3자인 신청외 2의 아내 신청외 3에게 건네주었으며, 신청외 3은 2018. 1. 29.경 준항고인 측에 이를 전달하였다. 이 사건 영장에 기초한 압수물 중 디지털 포렌식 절차를 거쳐 일부 문서를 출력한 것 외에는 이 사건 형사사건에 증거로 제출된 것이 거의 없다. 이 사건 영장에는 '압수 대상 및 방법의 제한'이 첨부되었는데, 그중 '나. 전자정보의 압수' 항목은 [별지]와 같다. 담당검사 등은 압수한 휴대폰 3대 중 스마트폰 1대에 대하여 디지털 포렌식 절차를 거치기 전에 준항고인의 참여권도 보장하지 않은 상태에서 임의로 저장된 전자정보를 수색하였고, 혐의사실과 무관한 사생활이 담긴 사진을 포함한 전자정보 대부분을 담당검사의 개인 저장매체에 복제·저장하였다. 담당검사 등은 2017. 1.경 준항고인 측에 압수한 스마트폰 2대를 반환하였으나, 2018. 2.경 서울고등검찰청에 임의제출할 때까지 위 전자정보를 개인 저장매체에 보관하였다. 담당검사 등은 준항고인의 주거지에 대한 수색 과정에서 노트북 2대를 발견하였고, 준항고인의 참여권도 보장되지 않은 상태에서 노트북을 반출하였으며, 2016. 10. 4.에 이르러서야 디지털 포렌식 요청을 하였다. 노트북 2대 중 1대는 2018. 1. 29. 제3자를 거쳐 준항고인 측에 전달되었고, 나머지 1대는 2017. 11. 말경까지 검사실에 보관되다가 서울고등검찰청이 다시 압수하는 등 장기간 준항고인에게 반환되지 않았다. 담당검사 등은 준항고인에게 압수한 노트북 2대 및 스마트폰 2대 등에 저장된 전자정보에 대한 상세목록을 작성·교부한 적도 없다.

나. 관련 사건의 경과

1) 서울고등검찰청 감찰부 등은 2017. 11.경부터 담당수사관과 담당검사 등을 상대로 이 사건 영장의 집행절차 등을 조사하였는데, 2016. 9. 20. 자 압수목록교부서 2매에 발신인이 담당

검찰청이 아닌 '서울중앙지방검찰청', 수신인란 및 문서번호란이 각 공란, 피의자 이름도 준항고인이 아닌 '신청외 4'로 기재되어 있고, 신청외 1의 서명 부분은 육안으로 보더라도 서로 다른 모양·필체임이 밝혀졌다.

2) 담당수사관은 2017. 12. 11. 공용서류손상·허위공문서작성 등 다수 혐의로 공소가 제기되어, 제1심에서 2018. 8. 30. 이 사건 압수·수색과 관련된 공소사실 대부분에 대해 징역 1년 6개월, 집행유예 3년 등의 형을 선고받았고, 이 사건 압수·수색과 무관한 일부 공소사실에 대하여 무죄를 선고받았다(서울중앙지방법원 2017고합1248 등).

그중 공용서류손상죄의 범죄사실 요지는, '담당수사관은 준항고인에게 수사자료를 유출한 사정이 알려짐으로써 책임 문제가 발생할 위험성에 직면하자, 직접 이 사건 형사사건의 수사에 착수하여 신속하게 준항고인을 체포하고 압수·수색을 통해 유출한 자료를 회수한 다음 이를 폐기하여 수사자료 유출사실을 은폐하기로 마음먹고, 2016. 9. 20. 12:20경부터 15:30경까지 준항고인의 주거지 수색 후 유출하였던 수사자료 등 상자 2~3개 분량을 압수하였음에도 수사자료의 유출 및 회수사실이 드러나지 않도록 '압수목록교부서'에 이를 기재하지 않았다. 담당검사 등은 준항고인의 휴대폰에 대하여 곧바로 디지털 포렌식 요청을 하였으나, 압수한 노트북 2대에 대하여는 압수일로부터 2주일이 지났음은 물론 준항고인을 구속 기소하기 직전인 2016. 10. 4.이 되어서야 이를 요청하였다. 담당수사관은 2016. 9. 20. 16:30경 검사실에서 압수물 중 유출하였던 일부 수사자료를 파쇄하였고, 나머지 수사자료를 검사실에 보관하다가 2017. 1.경부터 2017. 2.경까지 모두 파쇄하였다. 이로써 담당수사관은 이 사건 형사사건의 증거물로 압수한 수사자료에 대하여 압수목록 교부 및 압수조서 작성 등 압수물로서의 효용을 갖추기 위한 절차를 거치지 않고 파쇄함으로써 공용서류 등의 효용을 해하였다.'는 것이다.

한편 허위공문서작성죄의 범죄사실 요지는, '담당수사관은 이 사건 압수·수색 이전에 압수물 건란이 백지인 압수목록교부서에 담당검사의 기명·날인을 받아 참여인에게 교부할 것을 위임받았으므로 압수물을 구체적으로 기재하여 압수목록교부서를 완성할 권한과 책무가 있었다. 담당수사관은 준항고인의 주거지에서 상자 2~3개 분량의 수사자료와 라이카 카메라 1개를 압수하였음에도 수사자료의 유출 및 회수사실이 드러나지 않도록 압수목록란에 압수물 대부분을 기재하지 않은 채 압수목록교부서를 작성함으로써, 행사할 목적으로 직무에 관한 공문서인 압수목록교부서를 허위로 작성하였다.'는 것이다.

3) 담당수사관은 공판 과정에서 "이 사건 압수·수색 당시부터 정상적인 압수·수색절차를 실시·진행할 의사는 아예 없었고, 단지 압수·수색의 기회를 이용하여 해당 수사자료를 임의로 수거·회수하였을 뿐이다."라는 취지로 주장하였다.

서울중앙지방검찰청은 2018. 6. 20. 담당수사관의 제1심 공판 과정에서, ① 이 사건 압수·수색 당시 이 사건 영장이 제시되지 않았고, ② 검사실에서 체포되어 조사 중인 준항고인에게 압수목록교부서를 제공하지도 않았으며, ③ 압수목록교부서에 압수물을 고의로 누락하여 기재하였고, ④ 압수물을 피압수자인 준항고인이 아니라 제3자인 신청외 2의 아내에게 건네주는 등 일반적인 수사절차라고는 도저히 이해할 수 없는 부분이 많다는 취지의 의견서를 제출하였다.

서울고등검찰청은 2019. 3. 19. 담당수사관의 항소심 공판 과정에서 '부인할 수 없는 사실은, ① 담당수사관이 이 사건 압수·수색 당시 영장 제시, 압수목록교부서의 작성 및 교부, 압수물

환부 등 형사소송법이 정한 적법절차를 하나도 제대로 지키지 않았고, 다량의 압수물을 압수목록교부서에 기재하지도 않은 채 무단으로 폐기한 점, ② 이로 인하여 피압수자인 준항고인은 주거지·사무실에 대한 압수·수색이 이루어진 사실이나 무엇을 압수해 갔는지 알 수 없게 되었고, 그로 인해 자신이 기소된 이 사건 형사사건에서 제대로 방어권을 행사할 수 없게 된 점'이라는 취지의 의견서를 제출하였다.

4) 제1심판결에 대해 쌍방이 항소하였으나, 항소심은 쌍방의 사실오인 및 법리오해 주장을 배척한 채 담당수사관의 양형부당 주장만 인정하여 2019. 4. 4. 제1심판결을 파기한 후 징역 1년, 집행유예 2년을 선고하였으며, 위 판결은 그 무렵 확정되었다(서울고등법원 2018노2518 등).

3. 재항고이유에 대한 판단

가. 이 사건 압수처분의 적법성 여부

관련 법리 및 위 인정 사실을 종합하여 보면, 아래와 같은 이유에서 이 사건 압수처분은 헌법과 형사소송법이 정한 영장주의, 적법절차 원칙은 물론 압수·수색의 절차 관련 규정을 위반한 것이어서 어느 모로 보나 위법하다.

1) 이 사건 압수처분은 사실상 수사기관이 영장청구권 및 영장의 집행권한을 남용한 것으로 임의수사의 원칙과 비례성의 원칙에 위반된다.

가) 담당검사 등은 준항고인에게 수사자료를 유출한 사정이 알려짐에 따른 위험을 피하기 위하여 유출한 자료를 신속하게 회수하여 이를 폐기함으로써 수사자료 유출사실을 은폐하기 위한 목적이었음에도 이러한 실질적인 목적을 숨긴 채 이 사건 영장을 청구하여 발부받은 것으로 볼 수 있다.

나) 이는 범죄수사라는 적법한 목적이 아니라 담당검사 등에 불리한 증거를 수거한 후 이를 파쇄하기 위한 부당한 목적으로 형식상 압수·수색절차의 기회를 이용한 것이자 이 사건 영장의 청구·발부·집행절차를 악용한 경우에 해당하고, 나아가 영장의 집행 역시 수사자료 유출행위의 은폐라는 목적을 달성하기 위하여 매우 광범위한 범위 내에서 사실상 아무런 제한 없이 위법하게 이루어진 것으로 볼 수 있다.

2) 담당검사 등은 이 사건 압수·수색에 착수하기 이전에 피의자 겸 피압수자인 준항고인에게 이 사건 영장을 제시하지 않았다. 따라서 이 사건 압수처분은 영장의 사전제시의무를 해태한 것으로 영장주의 원칙에 위반된다.

3) 이 사건 압수처분은 영장 집행 일시·장소에 대한 사전 통지의무를 위반하고 준항고인 등의 참여권을 박탈한 위법이 있다.

가) 담당검사 등은 준항고인에게 주거지·사무실에 대한 압수·수색에 착수하기 이전에 집행 일시·장소를 통지하지 않았고, 이로써 준항고인은 그 당시 주거지·사무실에 대하여 이 사건 영장이 집행되는 사실조차 알지 못하였다.

나) 이 부분 압수·수색은 준항고인에 대하여 체포영장을 집행하여 신병을 확보한 후에 이루어졌으므로, 적어도 이러한 상황은 증거인멸 우려 등으로 피의자 등에 대한 영장 집행의 일시·장소에 관한 통지의무가 면제되는 '급속을 요하는 때'에 해당한다고 볼 수 없다.

다) 준항고인에 대하여 체포영장이 집행되었으나, 체포영장에 기재된 '서울남부구치소 또는

체포지 인근 경찰관서'는 인치 또는 구금장소에 불과하므로 준항고인의 체포 상태가 유지됨을 전제로 정당한 수사 목적의 범위 내에서 다른 장소로 이동하는 것까지 제한되는 것은 아니다. 그러므로 준항고인이 승용차·주거지·사무실에 대한 이 사건 영장의 집행 과정에 참여하는 것이 법률상 불가능하다고 볼 수 없다.

라) 준항고인은 당시 피의자로서 변호인을 선임할 권리를 가지고 있었으므로(형사소송법 제30조 제1항), 담당검사 등으로부터 이 사건 영장의 집행 일시·장소를 적법하게 통지받았다면 신속하게 변호인을 선임한 후 변호인으로 하여금 집행절차에 참여하도록 할 수 있었다.

마) 신청외 1이 준항고인의 승용차·주거지에 대한 압수·수색 과정을 지켜본 사실은 인정된다. 그러나 준항고인으로부터 적법한 위임을 받은 적이 없는 신청외 1을 형사소송법 제123조 제1항이 정한 '간수자 또는 이에 준하는 자'로 볼 수 없고, 담당검사 등이 이러한 압수·수색 과정에서 신청외 1에게 이 사건 영장을 적법하게 제시하였다고 볼 수 없으므로, 이 사건 영장 집행 과정에서 준항고인의 참여권이 실질적으로 보장되었다고 볼 수도 없다.

4) 이 사건 압수처분은 압수목록 작성 시 압수방법·장소·대상자별로 구분하지 않은 상태에서 압수물의 대부분이 누락되었고, 기재 내용·방식 역시 지나치게 포괄적이며, 이마저도 준항고인에게 교부되지 않은 위법이 있다.

가) 담당검사 등이 작성한 '2016. 9. 20. 자 압수목록교부서 2매'에 기재된 압수물은 준항고인의 신체·승용차·주거지에서 압수된 것은 물론 제3자로부터 임의제출받은 것까지 포함되어 있다. 그럼에도 압수방법·장소나 대상자가 전혀 구분되어 있지 않은바, 준항고인의 입장에서는 이 사건 영장이 어느 장소에서 어느 범위까지 집행되었는지를 알 수 없다.

나) 위 압수목록교부서 2매에 기재된 압수물은 이 사건 압수처분에 따른 압수물 중 극히 일부에 국한되고, 위 서류는 형식적인 부실함과 그 내용상의 오류 및 포괄적인 기재 방식 등에 비추어 볼 때, 형사소송법 제219조 및 제129조에 따라 이 사건 영장의 집행 결과를 적법하게 기재한 서류라고 보기 어렵다.

다) 담당검사 등은 수사자료 유출사실을 은폐하기 위하여 고의로 압수물의 대부분을 누락하는 방법으로 압수목록교부서 2매를 부실하게 작성하였고, 상당한 분량의 압수물을 무단으로 파쇄·폐기·은닉함에 따라 준항고인은 이 사건 압수처분으로 인한 압수물이 무엇인지, 어느 범위에 이르는지를 도저히 알 수 없는 상태에 이르렀다. 이로 인하여 준항고인의 재산권이 침해되었음은 물론 불복의 기회가 실질적으로 보장될 수 없었고, 이 사건 형사사건에서 준항고인의 방어권이 충실하게 행사되기도 어려웠다.

5) 노트북 2대와 휴대폰 1대에 저장된 전자정보에 대한 압수·수색은 이 사건 영장에 명시된 '압수 대상 및 방법의 제한'을 위반하였고, 그 전체 과정에서 준항고인 등의 참여권이 보장되지도 않았으며, 집행 후 준항고인에게 전자정보 상세목록을 교부하지도 않았고, 저장매체 원본인 노트북 2대와 스마트폰 2대의 반환기간이 도과되었을 뿐만 아니라 담당검사 등이 적법한 절차 없이 압수한 전자정보를 개인 저장매체에 저장·반출하여 장기간 보유하는 등 여러 측면에서 위법하다.

가) 이 사건 영장에 첨부된 '압수 대상 및 방법의 제한'에는 [별지]와 같이 원칙적으로 저장매체의 소재지에서 수색·검증 후 혐의사실과 관련된 전자정보만을 범위를 정하여 문서로

출력하거나 수사기관이 휴대한 저장매체에 복제하여야 하고(이하 '원칙적 방법'이라 한다), 예외적으로 저장매체 소재지에서 복제본 형태로 반출하여 전자정보를 압수할 수 있으며(이하 '제1 예외적 방법'라 한다), 제1 예외적 방법이 불가능하거나 현저히 곤란한 경우에는 피압수자 등의 참여 아래 저장매체 원본을 봉인하여 저장매체의 소재지 이외의 장소로 반출할 수 있지만, 그 경우 피압수자 등의 참여권을 보장한 가운데 원본을 개봉하여 복제본을 획득하고, 원본은 지체 없이 반환하되, 특별한 사정이 없는 한 원본 반출일로부터 10일을 도과하여서는 안 된다(이하 '제2 예외적 방법'이라 한다)는 내용이 명시되어 있다.

나) 담당검사 등은 이 사건 영장에 따라 노트북 2대에 저장된 전자정보를 압수할 때 제2 예외적 방법에 따라 노트북 2대를 그 소재지에서 검사실로 반출하였다. 이러한 압수·수색의 적법성이 인정되기 위해서는 이 사건 영장의 집행 당시 원칙적 방법과 제1 예외적 방법이 모두 불가능하거나 현저히 곤란한 경우에 해당하였어야 하나, 이러한 사정이 증명되었다고 볼 수 없으므로, 노트북 2대에 저장된 전자정보에 대한 압수·수색은 그 시작부터 적법하다고 보기 어렵다.

다) 제2 예외적 방법에 따라 저장매체의 원본 반출이 허용되는 경우에도, 피압수자 등의 참여 아래 저장매체 원본을 봉인한 후 이를 반출하여야 한다. 그런데 담당검사 등의 이 사건 영장 집행 과정에서 준항고인 등의 참여권을 보장하지 않았으므로, 노트북 2대의 봉인 및 반출절차 역시 위법하다.

라) 제2 예외적 방법에 따라 저장매체의 원본 반출이 허용되는 경우에도 피압수자 등의 참여 아래 원본을 개봉하여 복제본을 획득한 후 원본을 지체 없이 반환하여야 하고, 특별한 사정이 없는 한 10일을 초과할 수 없다. 그런데 담당검사 등은 노트북 2대를 검사실로 반출한 2016. 9. 20.로부터 14일이 경과된 2016. 10. 4.에 이르러서야 디지털 포렌식 요청을 하였고, 그로부터 1년 이상 준항고인에게 노트북 2대를 반환하지 않았으며, 이를 정당시할 만한 불가피하거나 특별한 사정도 보이지 않으므로, 이 사건 영장을 위반하여 노트북 2대의 반환기간을 부당히 도과한 위법이 있다.

마) 담당검사 등은 압수한 휴대폰 3대 중 스마트폰 1대에 대하여 준항고인의 참여권을 보장하지 않은 상태에서 임의로 저장된 전자정보를 수색하고, 혐의사실과의 관련성도 살피지 않은 채 대부분의 전자정보를 담당검사의 개인 저장매체 등에 복제·저장하였고, 심지어 이를 반출한 후 장기간 보유하였다. 이로 인해 준항고인의 참여권이 침해되었음은 물론 혐의사실과 관련성 있는 전자정보에 한하여 필요 최소한의 범위에 대해서만 압수·수색을 허가한 이 사건 영장의 압수 대상 및 방법의 제한을 위반하였고, 임의수사의 원칙 및 비례성의 원칙을 위반하였을 뿐만 아니라 압수한 전자정보를 적법한 절차를 거치지 않은 채 무단 반출하여 소지한 위법이 있다.

바) 담당검사 등은 2017. 1.경에 이르러서야 압수한 스마트폰 2대를 준항고인 측에 반환하였는데, 압수일로부터 10일을 초과하여 반환하였어야 하는 특별한 사정도 인정되지 않으므로, 이 사건 영장을 위반하여 스마트폰 2대의 반환기간을 부당히 도과한 위법이 있다.

사) 위 노트북 2대 및 스마트폰 2대에 저장된 전자정보의 압수·수색절차 종료 직후에 준항고인에게 압수 대상 전자정보의 상세목록이 교부된 적도 없다.

나. 준항고 이익의 존부

수사기관의 압수물에 관한 처분의 취소를 구하는 준항고는 항고소송의 일종이므로 통상의 항고소송과 마찬가지로 그 이익이 있어야 하고, 준항고 절차의 계속 중 이로써 달성하려는 목적이 이미 이루어졌거나 시일의 경과 또는 그 밖의 사정으로 인하여 그 이익이 상실된 경우에는 준항고의 이익이 없어 부적법하다(대법원 2015. 10. 15. 자 결정 등 참조).

이러한 법리에 앞서 본 인정 사실을 종합하면, 담당검사 등은 이 사건 영장의 집행이 종료된 직후에 압수물의 대부분을 압수목록교부서에 기재하지 아니하였고, 이로 인하여 준항고인이 이 사건 압수처분에 근거한 압수물의 품목·종류·수량 등을 정확히 알 수 없는 상태에 이르렀으며, 압수목록교부서에 기재된 압수물의 상당 부분도 적법한 절차를 거쳐 준항고인에게 환부되지 않은 이상, 재항고인이 이 사건 압수처분에 근거한 압수물을 전혀 보관하고 있지 않더라도 담당검사 등의 이 사건 압수처분으로 인하여 준항고인의 재산권에 대한 부당한 침해가 계속되고 있을 뿐만 아니라 준항고인·재항고인 사이에 이 사건 압수처분으로 인한 압수물과 반환되지 않은 압수물의 범위에 대한 다툼이 해소되지 않았으므로, 준항고인은 이 사건 압수처분의 취소를 구할 법률상 이익이 있다.

다. 소 결

원심은 그 판시와 같은 이유로 이 사건 압수처분이 헌법과 형사소송법이 규정한 영장주의와 적법절차 원칙에 위반되어 위법하다고 판단하였는바, 이러한 원심의 판단에는 압수·수색영장 집행의 적법성 및 준항고 이익에 관한 법리를 오해함으로써 재판에 영향을 미친 잘못이 없다.

4. 결 론

그러므로 재항고를 기각하기로 하여, 관여 대법관의 일치된 의견으로 주문과 같이 결정한다.

[별 지] '압수 대상 및 방법의 제한' 중 '나. 전자정보의 압수' 항목: 생략

● 대법원 2022. 07. 28. 선고 2022도2960 판결 [성매매알선등행위의처벌에관한법률위반(성매매알선등)]

【판시사항】

압수의 대상이 되는 전자정보와 그렇지 않은 전자정보가 혼재된 정보저장매체나 그 복제본을 압수·수색한 수사기관이 정보저장매체 등을 수사기관 사무실 등으로 옮겨 탐색·복제·출력하는 일련의 과정에서 피압수자 측에 참여의 기회를 보장하고 압수된 전자정보의 파일 명세가 특정된 압수목록을 작성·교부하는 등의 조치를 취하지 않은 경우, 압수·수색의 적법 여부(원칙적 소극) / 이러한 위법한 압수·수색 과정을 통하여 취득한 증거가 위법수집증거에 해당하는지 여부(적극) 및 사후에 법원으로부터 영장이 발부되었거나 피고인이나 변호인이 이를 증거로 함에 동의하면 위법성이 치유되는지 여부(소극)

【판결요지】

압수의 대상이 되는 전자정보와 그렇지 않은 전자정보가 혼재된 정보저장매체나 그 복제본을 압수·수색한 수사기관이 정보저장매체 등을 수사기관 사무실 등으로 옮겨 이를 탐색·복제·출력하는 경우, 그와 같은 일련의 과정에서 형사소송법 제219조, 제121조에서 규정하는 피압수·수색 당사자(이하 '피압수자'라 한다)나 변호인에게 참여의 기회를 보장하고 압수된 전자정보의 파일 명세가 특정된 압수목록을 작성·교부하여야 하며 범죄혐의사실과 무관한 전자정보의 임의적인 복제 등을 막기 위한 적절한 조치를 취하는 등 영장주의 원칙과 적법절차를 준수하여야 한다. 만약 그러한 조치가 취해지지 않았다면 피압수자 측이 참여하지 아니한다는 의사를 명시적으로 표시하였거나 절차 위반행위가 이루어진 과정의 성질과 내용 등에 비추어 피압수자 측에 절차 참여를 보장한 취지가 실질적으로 침해되었다고 볼 수 없을 정도에 해당한다는 등의 특별한 사정이 없는 이상 압수·수색이 적법하다고 평가할 수 없고, 비록 수사기관이 정보저장매체 또는 복제본에서 범죄혐의사실과 관련된 전자정보만을 복제·출력하였다 하더라도 달리 볼 것은 아니다.

따라서 수사기관이 피압수자 측에 참여의 기회를 보장하거나 압수한 전자정보 목록을 교부하지 않는 등 영장주의 원칙과 적법절차를 준수하지 않은 위법한 압수·수색 과정을 통하여 취득한 증거는 위법수집증거에 해당하고, 사후에 법원으로부터 영장이 발부되었다거나 피고인이나 변호인이 이를 증거로 함에 동의하였다고 하여 위법성이 치유되는 것도 아니다.

【참조조문】 형사소송법 제106조, 제121조, 제122조, 제129조, 제215조, 제219조, 제308조의2, 제318조
【참조판례】 대법원 2015. 7. 16. 자 2011모1839 전원합의체 결정(공2015하, 1274), 대법원 2021. 11. 18. 선고 2016도348 전원합의체 판결(공2022상, 57)
【전 문】 【피 고 인】 피고인 【상 고 인】 피고인
【변 호 인】 법무법인 린 외 1인
【원심판결】 수원지법 2022. 2. 9. 선고 2021노5497 판결

【주   문】

원심판결을 파기하고, 사건을 수원지방법원에 환송한다.

【이   유】

직권으로 판단한다.

1. 관련 법리

압수의 대상이 되는 전자정보와 그렇지 않은 전자정보가 혼재된 정보저장매체나 그 복제본을 압수·수색한 수사기관이 정보저장매체 등을 수사기관 사무실 등으로 옮겨 이를 탐색·복제·출력하는 경우, 그와 같은 일련의 과정에서 형사소송법 제219조, 제121조에서 규정하는 피압수·수색 당사자(이하 '피압수자'라 한다)나 변호인에게 참여의 기회를 보장하고 압수된 전자정보의 파일 명세가 특정된 압수목록을 작성·교부하여야 하며 범죄혐의사실과 무관한 전자정보의 임의적인 복제 등을 막기 위한 적절한 조치를 취하는 등 영장주의 원칙과 적법절차를 준수하여야 한다. 만약 그러한 조치가 취해지지 않았다면 피압수자 측이 참여하지 아니한다는 의사를 명시적으로 표시하였거나 절차 위반행위가 이루어진 과정의 성질과 내용 등에 비추어 피압수자 측에 절차 참여를 보장한 취지가 실질적으로 침해되었다고 볼 수 없을 정도에 해당한다는 등의 특별한 사정이 없는 이상 압수·수색이 적법하다고 평가할 수 없고, 비록 수사기관이 정보저장매체 또는 복제본에서 범죄혐의사실과 관련된 전자정보만을 복제·출력하였다 하더라도 달리 볼 것은 아니다(대법원 2015. 07. 16. 자 2011모1839 전원합의체 결정, 대법원 2021. 11. 18. 선고 2016도348 전원합의체 판결 참조).

따라서 수사기관이 피압수자 측에 참여의 기회를 보장하거나 압수한 전자정보 목록을 교부하지 않는 등 영장주의 원칙과 적법절차를 준수하지 않은 위법한 압수·수색 과정을 통하여 취득한 증거는 위법수집증거에 해당하고, 사후에 법원으로부터 영장이 발부되었다거나 피고인이나 변호인이 이를 증거로 함에 동의하였다고 하여 위법성이 치유되는 것도 아니다(위 대법원 2016도348 전원합의체 판결 참조).

2. 사건의 경위

원심판결 이유 및 원심이 적법하게 채택한 증거에 의하면, 다음의 사실을 알 수 있다.

가. 수원지방법원 판사는 2021. 4. 2.경 피고인에 대하여 「성매매알선 등 행위의 처벌에 관한 법률」(이하 '성매매처벌법'이라 한다) 위반(성매매알선등) 혐의로 체포영장을 발부하면서, 피고인이 사용·보관 중인 휴대전화(성매매여성 등 정보가 보관되어 있는 저장장치 포함) 등에 대한 사전 압수·수색영장을 함께 발부하였다.

나. 경기남부지방경찰청 소속 경찰관은 2021. 4. 15. 13:25경 피고인을 체포하면서 피고인 소유의 휴대전화(이하 '이 사건 휴대전화'라 한다)를 압수하였다. 피고인은 당일 21:36분경 입감되었다.

다. 경찰관은 2021. 4. 16. 09:00경 이 사건 휴대전화를 탐색하던 중 성매매영업 매출액 등이 기재된 엑셀파일(이하 '이 사건 엑셀파일'이라 한다)을 발견하였고, 이를 별도의 저장매체에 복제하여 출력한 후 이 사건 수사기록에 편철하였다.

라. 그러나 이 사건 휴대전화 탐색 당시까지도 피고인은 경찰서 유치장에 입감된 상태였던 것으로 보인다(피고인에 대한 수사과정 확인서에 의하면 피고인은 당일 12:38경에야 수사 장소에 도착하여 조사를 진행한 것으로 되어 있다).

마. 경찰관은 2021. 4. 17.경 이 사건 엑셀파일 등에 대하여 사후 압수·수색영장을 발부받았다. 그러나 이 사건 휴대전화 내 전자정보 탐색·복제·출력과 관련하여 사전에 그 일시·장소를 통지하거나 피고인에게 참여의 기회를 보장하거나, 압수한 전자정보 목록을 교부하거나 또는 피고인이 그 과정에 참여하지 아니할 의사를 가지고 있는지 여부를 확인할 수 있는 어떤 객관적인 자료도 존재하지 않는다.

3. 판 단

위와 같은 사실관계를 앞서 본 법리에 비추어 살펴보면, 압수된 이 사건 휴대전화에서 탐색된 이 사건 엑셀파일을 출력한 출력물 및 위 엑셀파일을 복사한 시디(검사는 이를 증거로 제출하였다)는 경찰이 피압수자인 피고인에게 참여의 기회를 부여하지 않은 상태에서 임의로 탐색·복제·출력한 전자정보로서, 피고인에게 압수한 전자정보 목록을 교부하거나 피고인이 그 과정에 참여하지 아니할 의사를 가지고 있는지 여부를 확인한 바가 없으므로, 이는 위법하게 수집된 증거로서 증거능력이 없고, 사후에 압수·수색영장을 발부받아 압수절차가 진행되었더라도 위법성이 치유되지 않는다.

그럼에도 원심은 이 사건 엑셀파일에 관한 압수절차가 적법하다고 보아 위 출력물 및 시디의 증거능력을 인정하였는바, 이러한 원심의 판단에는 피의자의 참여권 보장 및 전자정보 압수목록 교부에 관한 법리를 오해한 잘못이 있다. 원심으로서는 증거능력이 없는 증거들을 제외한 나머지 증거들에 의하여 공소사실을 인정하고 그 판시 액수의 추징을 명한 제1심의 판단을 유지할 수 있는지 다시 심리, 판단하여야 할 것이다.

4. 결 론

그러므로 피고인의 상고이유에 관한 판단을 생략한 채 원심판결을 파기하고, 사건을 다시 심리·판단하게 하기 위하여 원심법원에 환송하기로 하여, 관여 대법관의 일치된 의견으로 주문과 같이 판결한다.

⑪ 대법원 2022. 08. 19. 선고 2020도1153 판결 [폭력행위등처벌에관한법률위반]

【판시사항】

2007. 12. 21. 개정된 형사소송법 부칙 제3조의 취지 / 위 부칙조항에서 말하는 '종전의 규정'에 구 형사소송법 제249조 제1항뿐만 아니라 같은 조 제2항도 포함되는지 여부(적극) / 개정 형사소송법 시행 전에 범한 죄에 대해서는 위 부칙조항에 따라 구 형사소송법 제249조 제2항이 적용되어 판결의 확정 없이 공소를 제기한 때로부터 15년이 경과하면 공소시효가 완성한 것으로 간주되는지 여부(적극)

【판결요지】

구 형사소송법(2007. 12. 21. 법률 제8730호로 개정되기 전의 것, 이하 같다) 제249조는 '공소시효의 기간'이라는 표제 아래 제1항 본문 및 각호에서 공소시효는 법정형에 따라 정해진 일정 기간의 경과로 완성한다고 규정하고, 제2항에서 "공소가 제기된 범죄는 판결의 확정 없이 공소를 제기한 때로부터 15년을 경과하면 공소시효가 완성한 것으로 간주한다."라고 규정하였다. 2007. 12. 21. 법률 제8730호로 형사소송법이 개정되면서 제249조 제1항 각호에서 정한 시효의 기간이 연장되고, 제249조 제2항에서 정한 시효의 기간도 '15년'에서 '25년'으로 연장되었는데, 위와 같이 개정된 형사소송법(이하 '개정 형사소송법'이라 한다) 부칙 제3조(이하 '부칙조항'이라 한다)는 '공소시효에 관한 경과조치'라는 표제 아래 "이 법 시행 전에 범한 죄에 대하여는 종전의 규정을 적용한다."라고 규정하고 있다.

부칙조항은, 시효의 기간을 연장하는 형사소송법 개정이 피의자 또는 피고인에게 불리한 조치인 점 등을 고려하여 개정 형사소송법 시행 전에 이미 저지른 범죄에 대하여는 개정 전 규정을 그대로 적용하고자 함에 그 취지가 있다.

위와 같은 법 문언과 취지 등을 종합하면, 부칙조항에서 말하는 '종전의 규정'에는 '구 형사소송법 제249조 제1항'뿐만 아니라 '같은 조 제2항'도 포함된다고 봄이 타당하다. 따라서 개정 형사소송법 시행 전에 범한 죄에 대해서는 부칙조항에 따라 구 형사소송법 제249조 제2항이 적용되어 판결의 확정 없이 공소를 제기한 때로부터 15년이 경과하면 공소시효가 완성한 것으로 간주된다.

【참조조문】 구 형사소송법(2007. 12. 21. 법률 제8730호로 개정되기 전의 것) 제249조, 형사소송법 제249조, 제326조 제3호, 부칙(2007. 12. 21.) 제3조
【전 문】 【피 고 인】 피고인 【상 고 인】 검사
【원심판결】 부산고법 2020. 1. 8. 선고 (창원)2019노206 판결

【주   문】

상고를 기각한다.

【이 유】

상고이유를 판단한다.

1. 구 형사소송법(2007. 12. 21. 법률 제8730호로 개정되기 전의 것, 이하 '구 형사소송법'이라 한다) 제249조는 '공소시효의 기간'이라는 표제 아래 제1항 본문 및 각호에서 공소시효는 법정형에 따라 정해진 일정 기간의 경과로 완성한다고 규정하고, 제2항에서 "공소가 제기된 범죄는 판결의 확정이 없이 공소를 제기한 때로부터 15년을 경과하면 공소시효가 완성한 것으로 간주한다."라고 규정하였다. 2007. 12. 21. 법률 제8730호로 형사소송법이 개정되면서 제249조 제1항 각호에서 정한 시효의 기간이 연장되고, 제249조 제2항에서 정한 시효의 기간도 '15년'에서 '25년'으로 연장되었는데, 위와 같이 개정된 형사소송법(이하 '개정 형사소송법'이라 한다) 부칙 제3조(이하 '이 사건 부칙조항'이라 한다)는 '공소시효에 관한 경과조치'라는 표제 아래 "이 법 시행 전에 범한 죄에 대하여는 종전의 규정을 적용한다."라고 규정하고 있다.

이 사건 부칙조항은, 시효의 기간을 연장하는 형사소송법 개정이 피의자 또는 피고인에게 불리한 조치인 점 등을 고려하여 개정 형사소송법 시행 전에 이미 저지른 범죄에 대하여는 개정 전 규정을 그대로 적용하고자 함에 그 취지가 있다.

위와 같은 법 문언과 취지 등을 종합하면, 이 사건 부칙조항에서 말하는 '종전의 규정'에는 '구 형사소송법 제249조 제1항'뿐만 아니라 '같은 조 제2항'도 포함된다고 봄이 타당하다. 따라서 개정 형사소송법 시행 전에 범한 죄에 대해서는 이 사건 부칙조항에 따라 구 형사소송법 제249조 제2항이 적용되어 판결의 확정 없이 공소를 제기한 때로부터 15년이 경과하면 공소시효가 완성한 것으로 간주된다.

2. 원심이 같은 취지에서 이 사건 공소사실 범죄에 대하여 판결의 확정 없이 공소가 제기된 때로부터 15년이 경과하여 구 형사소송법 제249조 제2항에서 정한 시효가 완성되었다는 이유로 피고인에 대하여 면소를 선고한 제1심판결을 그대로 유지한 것은 정당하고, 원심판결에 상고이유 주장과 같이 형사소송법 제249조 제2항에 관한 법리 등을 오해하여 판결에 영향을 미친 잘못이 없다.

3. 그러므로 상고를 기각하기로 하여, 관여 대법관의 일치된 의견으로 주문과 같이 판결한다.

● 대법원 2022. 09. 29. 선고 2020도13547 판결 [특정경제범죄가중처벌등에관한법률위반(사기)]

【판시사항】

형사소송법 제253조 제3항의 입법 취지 / 형사소송법 제253조 제3항에서 정지의 대상으로 규정한 '공소시효'의 의미 / 공소제기 후 피고인이 처벌을 면할 목적으로 국외에 있는 경우, 그 기간 동안 구 형사소송법 제249조 제2항에서 정한 기간의 진행이 정지되는지 여부(소극)

【판결요지】

구 형사소송법(2007. 12. 21. 법률 제8730호로 개정되기 전의 것, 이하 같다) 규정에 따르면, 공소시효는 범죄행위가 종료한 때로부터 진행하여 법정형에 따라 정해진 일정 기간의 경과로 완성한다(제252조 제1항, 제249조 제1항). 공소시효는 공소의 제기로 진행이 정지되지만(제253조 제1항 전단), 판결의 확정이 없이 공소를 제기한 때로부터 15년이 경과되면 공소시효가 완성한 것으로 간주된다(제249조 제2항).

형사소송법 제253조 제3항은 "범인이 형사처분을 면할 목적으로 국외에 있는 경우 그 기간 동안 공소시효는 정지된다."라고 규정하고 있다. 위 조항의 입법 취지는 범인이 우리나라의 사법권이 실질적으로 미치지 못하는 국외에 체류한 것이 도피의 수단으로 이용된 경우에 그 체류기간 동안은 공소시효가 진행되는 것을 저지하여 범인을 처벌할 수 있도록 하여 형벌권을 적정하게 실현하고자 하는 데 있다.

위와 같은 법 문언과 취지 등을 종합하면, 형사소송법 제253조 제3항에서 정지의 대상으로 규정한 '공소시효'는 범죄행위가 종료한 때로부터 진행하고 공소의 제기로 정지되는 구 형사소송법 제249조 제1항의 시효를 뜻하고, 그 시효와 별개로 공소를 제기한 때로부터 일정 기간이 경과하면 공소시효가 완성된 것으로 간주된다고 규정한 구 형사소송법 제249조 제2항에서 말하는 '공소시효'는 여기에 포함되지 않는다고 봄이 타당하다. 따라서 공소제기 후 피고인이 처벌을 면할 목적으로 국외에 있는 경우에도, 그 기간 동안 구 형사소송법 제249조 제2항에서 정한 기간의 진행이 정지되지는 않는다.

【참조조문】 구 형사소송법(2007. 12. 21. 법률 제8730호로 개정되기 전의 것) 제249조 제1항, 제2항, 제252조 제1항, 제253조 제1항, 형사소송법 제253조 제3항
【참조판례】 대법원 2008. 12. 11. 선고 2008도4101 판결(공2009상, 56)
【전 문】 【피 고 인】 문영수 【상 고 인】 검사
【변 호 인】 변호사 한경재
【원심판결】 서울고법 2020. 9. 18. 선고 2020노712 판결

【주 문】

상고를 기각한다.

【이　유】

상고이유를 판단한다.

1. 구 형사소송법(2007. 12. 21. 법률 제8730호로 개정되기 전의 것, 이하 '구 형사소송법'이라고 한다) 규정에 따르면, 공소시효는 범죄행위가 종료한 때로부터 진행하여 법정형에 따라 정해진 일정 기간의 경과로 완성한다(제252조 제1항, 제249조 제1항). 공소시효는 공소의 제기로 진행이 정지되지만(제253조 제1항 전단), 판결의 확정이 없이 공소를 제기한 때로부터 15년이 경과되면 공소시효가 완성한 것으로 간주된다(제249조 제2항).

   형사소송법 제253조 제3항은 "범인이 형사처분을 면할 목적으로 국외에 있는 경우 그 기간 동안 공소시효는 정지된다."라고 규정하고 있다. 위 조항의 입법 취지는 범인이 우리나라의 사법권이 실질적으로 미치지 못하는 국외에 체류한 것이 도피의 수단으로 이용된 경우에 그 체류기간 동안은 공소시효가 진행되는 것을 저지하여 범인을 처벌할 수 있도록 하여 형벌권을 적정하게 실현하고자 하는 데 있다(대법원 2008. 12. 11. 선고 2008도4101 판결 참조).

   위와 같은 법 문언과 취지 등을 종합하면, 형사소송법 제253조 제3항에서 정지의 대상으로 규정한 '공소시효'는 범죄행위가 종료한 때로부터 진행하고 공소의 제기로 정지되는 구 형사소송법 제249조 제1항의 시효를 뜻하고, 그 시효와 별개로 공소를 제기한 때로부터 일정 기간이 경과하면 공소시효가 완성된 것으로 간주된다고 규정한 구 형사소송법 제249조 제2항에서 말하는 '공소시효'는 여기에 포함되지 않는다고 봄이 타당하다. 따라서 공소제기 후 피고인이 처벌을 면할 목적으로 국외에 있는 경우에도, 그 기간 동안 구 형사소송법 제249조 제2항에서 정한 기간의 진행이 정지되지는 않는다.

2. 원심이 같은 취지에서 이 사건 공소사실 범죄에 대하여 판결의 확정 없이 공소가 제기된 때로부터 15년이 경과하여 구 형사소송법 제249조 제2항에서 정한 시효가 완성되었다는 이유로 피고인에 대하여 면소를 선고한 제1심판결을 그대로 유지한 것은 정당하고, 원심판결에 상고이유 주장과 같이 형사소송법 제253조 제3항의 적용 범위에 관한 법리 등을 오해하여 판결에 영향을 미친 잘못이 없다.

3. 그러므로 상고를 기각하기로 하여, 관여 대법관의 일치된 의견으로 주문과 같이 판결한다.

Ⓐ 대법원 2022. 11. 17. 선고 2022도8257 판결 [폭력행위등처벌에관한법률위반(공동상해)·업무방해·특수상해]

【판시사항】

[1] 공소사실의 특정을 요구하는 취지 및 특정 정도 / 범죄의 '일시'가 공소시효 완성 여부를 판별할 수 없을 정도로 개괄적으로 기재된 경우, 공소사실의 특정 여부(소극)
[2] 공소사실에 특정되지 아니한 부분이 있는 경우, 법원이 취할 조치

【판결요지】

[1] 공소사실의 기재는 범죄의 일시, 장소와 방법을 명시하여 사실을 특정할 수 있도록 하여야 하고(형사소송법 제254조 제4항), 이와 같이 공소사실의 특정을 요구하는 법의 취지는 법원에 대하여 심판의 대상을 한정하고 피고인에게 방어의 범위를 특정하여 그 방어권 행사를 쉽게 해 주기 위한 데에 있는 것이므로, 범죄의 '일시'는 이중기소나 시효에 저촉되는지 식별할 수 있을 정도로 기재하여야 한다. 따라서 범죄의 '일시'가 공소시효 완성 여부를 판별할 수 없을 정도로 개괄적으로 기재되었다면 공소사실이 특정되었다고 볼 수 없다.
[2] 공소사실이 특정되지 아니한 부분이 있다면, 법원은 검사에게 석명을 구하여 특정을 요구하여야 하고, 그럼에도 검사가 이를 특정하지 않는다면 그 부분에 대해서는 공소를 기각할 수밖에 없다.

【참조조문】 [1] 형사소송법 제254조 제4항 / [2] 형사소송법 제254조 제4항, 제327조 제2호, 형사소송규칙 제141조
【참조판례】 [1] 대법원 1997. 8. 22. 선고 97도1211 판결(공1997하, 2970), 대법원 2002. 10. 11. 선고 2002도2939 판결(공2002하, 2778), 대법원 2012. 9. 13. 선고 2010도17418 판결 [2] 대법원 2016. 12. 15. 선고 2015도3682 판결(공2017상, 191), 대법원 2019. 12. 24. 선고 2019도10086 판결(공2020상, 392)
【전 문】 【피 고 인】 피고인 1 외 1인 【상 고 인】 피고인들
【변 호 인】 변호사 김주만
【원심판결】 창원지법 2022. 6. 16. 선고 2021노2852 판결

【주 문】

원심판결의 피고인 1에 대한 부분 중 제1심 판시 제1죄 부분을 파기하고, 이 부분 사건을 창원지방법원에 환송한다. 피고인 1의 나머지 상고와 피고인 2의 상고를 기각한다.

【이 유】

상고이유를 판단한다.

1. 피고인 1의 상고이유에 관한 판단

가. 제1심 판시 제1죄 관련 공소사실 불특정 등 주장에 대하여

1) 원심은, '피고인 1은 제1심 공동피고인 공준식과 공모하여 2013. 12.경부터 2014. 1.경 사이에 밀양시에 있는 피해자가 운영하는 ○○○ 소주방에서, 약 10분 동안 소란을 피워 피해자의 정상적인 주점 영업 업무를 방해하였다.'는 취지의 공소사실에 대하여, 범죄일시가 다소 개괄적으로 표시되었다 하더라도 피고인의 방어권 행사에 지장이 있다고 보기 어려워 이 부분 공소사실은 특정되었고, 공소시효는 2014. 1. 31.부터 진행한다고 보아야 하며, 검사는 그로부터 7년이 지나기 전인 2020. 12. 30.에 이 사건 공소를 제기하였으므로 이 부분 공소사실에 대한 공소시효는 완성되지 아니하였다고 보아 유죄로 판단하였다.

2) 그러나 원심의 판단은 아래와 같은 이유로 받아들이기 어렵다.

　가) 공소사실의 기재는 범죄의 일시, 장소와 방법을 명시하여 사실을 특정할 수 있도록 하여야 하고(형사소송법 제254조 제4항), 이와 같이 공소사실의 특정을 요구하는 법의 취지는 법원에 대하여 심판의 대상을 한정하고 피고인에게 방어의 범위를 특정하여 그 방어권 행사를 쉽게 해 주기 위한 데에 있는 것이므로(대법원 2012. 09. 13. 선고 2010도17418 판결 등 참조), 범죄의 '일시'는 이중기소나 시효에 저촉되는지 식별할 수 있을 정도로 기재하여야 한다(대법원 1997. 08. 22. 선고 97도1211 판결, 대법원 2002. 10. 11. 선고 2002도2939 판결 등 참조). 따라서 범죄의 '일시'가 공소시효 완성 여부를 판별할 수 없을 정도로 개괄적으로 기재되었다면 공소사실이 특정되었다고 볼 수 없다.
　　공소사실이 특정되지 아니한 부분이 있다면, 법원은 검사에게 석명을 구하여 특정을 요구하여야 하고, 그럼에도 검사가 이를 특정하지 않는다면 그 부분에 대해서는 공소를 기각할 수밖에 없다(대법원 2016. 12. 15. 선고 2015도3682 판결, 대법원 2019. 12. 24. 선고 2019도10086 판결 참조).

　나) 원심이 유죄로 인정한 위 업무방해죄의 법정형은 형법 제314조 제1항에 따라 5년 이하의 징역 또는 1,500만 원 이하의 벌금이므로 형사소송법 제249조 제1항 제4호에 의하면 공소시효가 7년인데, 이 부분 공소는 2020. 12. 30. 제기되었다.
　　위 공소사실은 반복적 행위, 수일에 걸쳐 발생한 행위가 아니라 특정일에 발생한 행위이므로, 범행일이 2013. 12. 31. 이후인지 여부에 따라 공소시효의 완성 여부가 달라지는데, 이 부분 공소사실의 일시는 '2013. 12.경부터 2014. 1.경 사이'이므로, 공소시효 완성 여부를 판별할 수 없다.
　　따라서 이 부분 공소사실은 구체적으로 특정되었다고 할 수 없다.

3) 그렇다면 원심으로서는 검사에게 석명을 구하여 이 부분 범행일시에 관하여 공소사실을 특정하도록 요구하고, 만약 특정하지 아니하면 공소를 기각하였어야 하는데, 원심은 유죄의 실체판단을 하였다.
　이러한 원심의 조치에는 공소사실 특정에 관한 법리를 오해하여 판결에 영향을 미친 잘못이 있다.

나. 나머지 유죄 부분에 대하여

피고인 1은 원심판결 전부에 대하여 상고하였으나, 나머지 유죄 부분에 대하여는 상고장과 상고이유서에 구체적인 상고이유의 기재가 없다.

2. 피고인 2의 상고이유에 관한 판단

형사소송법 제383조 제4호에 의하면 사형, 무기 또는 10년 이상의 징역이나 금고가 선고된 사건에서만 양형부당을 사유로 한 상고가 허용된다. 따라서 피고인 2에 대하여 그보다 가벼운 형이 선고된 이 사건에서 형이 너무 무거워 부당하다는 취지의 주장은 적법한 상고이유가 되지 못한다.

3. 파기의 범위

위와 같은 이유로 원심판결의 피고인 1에 대한 부분 중 제1심 판시 제1죄 부분은 파기되어야 한다.

한편 피고인 1의 제1심 판시 제1죄와 나머지 죄 사이에 원심이 인용한 제1심판결 첫머리에 기재된 확정판결의 전과가 있으므로, 제1심 판시 제1죄는 판결이 확정된 죄와 형법 제37조 후단의 경합범 관계에 있어 판시 제1죄 부분이 파기된다고 하더라도 나머지 유죄 부분의 죄는 별개로 심리·판단되고 또 분리하여 확정되는 관계이다. 따라서 나머지 유죄 부분은 파기 범위에 속하지 아니한다(대법원 2005. 01. 28. 선고 2004도7359 판결, 대법원 2016. 09. 30. 선고 2016도7395 판결 등 참조).

4. 결론

그러므로 나머지 상고이유에 관한 판단을 생략한 채 원심판결의 피고인 1에 대한 부분 중 제1심 판시 제1죄 부분을 파기하여 이 부분 사건을 창원지방법원에 환송하고, 피고인 1의 나머지 상고와 피고인 2의 상고를 기각하기로 하여, 관여 대법관의 일치된 의견으로 주문과 같이 판결한다.

Ⓑ 대법원 2022. 12. 01. 선고 2019도5925 판결 [병역법위반]

【판시사항】

[1] 구 병역법 제70조 제3항, 제94조에서 규정하는 국외여행허가의무 위반으로 인한 병역법 위반죄의 법적 성격(=즉시범) 및 공소시효 기산점(=국외여행허가기간 만료일)
[2] 공소시효 정지에 관한 형사소송법 제253조 제3항의 입법 취지 / 위 규정에서 정한 '형사처분을 면할 목적'의 의미 및 국외에 체류한 범인에게 체류기간 동안 '형사처분을 면할 목적'이 있었다고 볼 수 있는 경우

【판결요지】

[1] 구 병역법(2002. 12. 26. 법률 제6809호로 개정되어 2003. 3. 27. 시행되기 전의 것, 이하 같다)은 제70조 제3항에서 국외여행의 허가를 받은 병역의무자가 허가기간 내에 귀국하기 어려운 때에는 기간만료 15일 전까지 병무청장의 기간연장허가를 받아야 한다고 정하고, 제94조에서 위 허가를

받지 않고 정당한 사유 없이 허가된 기간 내에 귀국하지 않은 사람은 3년 이하의 징역에 처한다고 정하였다(이하 '처벌조항'이라 한다).

처벌조항의 내용과 구 병역법 제94조의 입법 목적, 규정 체계 등에 비추어 볼 때, 처벌조항에서 규정하고 있는 국외여행허가의무 위반으로 인한 병역법 위반죄는 국외여행의 허가를 받은 병역의무자가 기간만료 15일 전까지 기간연장허가를 받지 않고 정당한 사유 없이 허가된 기간 내에 귀국하지 않은 때에 성립함과 동시에 완성되는 이른바 즉시범으로서, 그 이후에 귀국하지 않은 상태가 계속되고 있더라도 위 규정이 정한 범행을 계속하고 있다고 볼 수 없다. 따라서 위 범죄의 공소시효는 범행종료일인 국외여행허가기간 만료일부터 진행한다.

[2] 공소시효 정지에 관한 형사소송법 제253조 제3항의 입법 취지는 범인이 우리나라의 사법권이 실질적으로 미치지 못하는 국외에 체류한 것이 도피의 수단으로 이용된 경우에 체류기간 동안 공소시효 진행을 저지하여 범인을 처벌할 수 있도록 하고 형벌권을 적정하게 실현하는 데 있다. 따라서 위 규정이 정한 '형사처분을 면할 목적'은 국외 체류의 유일한 목적으로 되는 것에 한정되지 않고 범인이 가지는 여러 국외 체류 목적 중에 포함되어 있으면 족하다. 범인이 국외에 있는 것이 형사처분을 면하기 위한 방편이었다면 '형사처분을 면할 목적'이 있었다고 볼 수 있고, 위 '형사처분을 면할 목적'과 양립할 수 없는 범인의 주관적 의사가 명백히 드러나는 객관적 사정이 존재하지 않는 한 국외 체류기간 동안 '형사처분을 면할 목적'은 계속 유지된다.

【참조조문】 [1] 구 병역법(2002. 12. 26. 법률 제6809호로 개정되기 전의 것) 제70조 제3항, 제94조(현행 제94조 제2항 참조), 형사소송법 제252조 제1항 / [2] 형사소송법 제253조 제3항
【참조판례】 [2] 대법원 2008. 12. 11. 선고 2008도4101 판결(공2009상, 56), 대법원 2013. 6. 27. 선고 2013도2510 판결
【전 문】 【피 고 인】 피고인 【상 고 인】 검사 【변 호 인】 변호사 손한서
【원심판결】 대전지법 2019. 4. 18. 선고 2018노2365 판결

【주 문】

원심판결을 파기하고, 사건을 대전지방법원에 환송한다.

【이 유】

상고이유를 판단한다.

1. 공소사실과 원심 판단

가. 공소사실 요지

구 병역법(2002. 12. 26. 법률 제6809호로 개정되어 2003. 3. 27. 시행되기 전의 것, 이하 '구 병역법'이라 한다)에 따라 국외여행의 허가를 받은 사람은 허가기간에 귀국하기 어려운 경우에는 기간만료 15일 전까지 기간연장허가를 받아야 한다. 피고인은 2002. 12. 31.까지 국외여행 기간연장허가를 받아 미국에 거주하던 중 기간만료 15일 전까지 기간연장허가를 받지 않고 정당한 사유 없이 허가된 기간에 귀국하지 아니하였다.

나. 원심 판단

원심은 직권 판단으로, 이 사건 범행은 최종 국외여행허가기간 만료일인 2002. 12. 31.경 종료하여 공소시효가 그때부터 진행하며 3년이 경과함에 따라 공소시효가 완성되었다고 보아 이 사건 공소사실을 유죄로 인정한 제1심판결을 파기하고 피고인에 대하여 면소판결을 선고하였다.

그리고 피고인에 대하여 구 병역법 제83조 제2항 제9호의 규정에 따른 귀국명령이 있었다거나 피고인이 형사처분을 면할 목적으로 국외에 있었다는 점에 관한 아무런 증명이 없다고 덧붙여 판단하였다.

2. 대법원 판단

가. 이 사건 범행의 공소시효 기산점

구 병역법은 제70조 제3항에서 국외여행의 허가를 받은 병역의무자가 허가기간 내에 귀국하기 어려운 때에는 기간만료 15일 전까지 병무청장의 기간연장허가를 받아야 한다고 정하고, 제94조에서 위 허가를 받지 않고 정당한 사유 없이 허가된 기간 내에 귀국하지 않은 사람은 3년 이하의 징역에 처한다고 정하였다(이하 '이 사건 처벌조항'이라 한다).

이 사건 처벌조항의 내용과 구 병역법 제94조의 입법 목적, 규정 체계 등에 비추어 볼 때, 이 사건 처벌조항에서 규정하고 있는 국외여행허가의무 위반으로 인한 병역법 위반죄(이하 '이 사건 범죄'라 한다)는 국외여행의 허가를 받은 병역의무자가 기간만료 15일 전까지 기간연장허가를 받지 않고 정당한 사유 없이 허가된 기간 내에 귀국하지 않은 때에 성립함과 동시에 완성되는 이른바 즉시범으로서, 그 이후에 귀국하지 않은 상태가 계속되고 있더라도 위 규정이 정한 범행을 계속하고 있다고 볼 수 없다. 따라서 이 사건 범죄의 공소시효는 범행종료일인 국외여행허가기간 만료일부터 진행한다.

같은 취지의 원심판결에는 이 사건 범행의 공소시효 기산점에 관한 법리를 오해한 잘못이 없다. 이 부분 상고이유 주장은 이유 없다.

나. 공소시효 정지

1) 공소시효 정지에 관한 형사소송법 제253조 제3항의 입법 취지는 범인이 우리나라의 사법권이 실질적으로 미치지 못하는 국외에 체류한 것이 도피의 수단으로 이용된 경우에 체류기간 동안 공소시효 진행을 저지하여 범인을 처벌할 수 있도록 하고 형벌권을 적정하게 실현하는 데 있다. 따라서 위 규정이 정한 '형사처분을 면할 목적'은 국외 체류의 유일한 목적으로 되는 것에 한정되지 않고 범인이 가지는 여러 국외 체류 목적 중에 포함되어 있으면 족하다. 범인이 국외에 있는 것이 형사처분을 면하기 위한 방편이었다면 '형사처분을 면할 목적'이 있었다고 볼 수 있고, 위 '형사처분을 면할 목적'과 양립할 수 없는 범인의 주관적 의사가 명백히 드러나는 객관적 사정이 존재하지 않는 한 국외 체류기간 동안 '형사처분을 면할 목적'은 계속 유지된다(대법원 2008. 12. 11. 선고 2008도4101 판결 등 참조).

2) 원심판결 이유와 이 사건 기록에 의하여 인정되는 다음의 사실과 사정에 비추어 보면, 피고인의 국외 체류 목적 중에 이 사건 범행으로 인한 형사처분을 면할 목적을 인정할 여지가 있고, 달리 이와 양립할 수 없는 사정은 보이지 않는다.

가) 피고인은 14세에 미국으로 출국하여 체류하던 중 18세가 되어 제1국민역에 편입됨에 따라 당시 시행 중이던 병역법에 의하여 병무청장으로부터 국외여행허가를 받은 다음 4차례에 걸쳐 기간연장허가를 받아왔다. 이러한 사정에 비추어 피고인은 국외에 계속 체류하기 위해서는 병무청장으로부터 기간연장허가를 받아야 한다는 사정을 알았을 것으로 보이는데도 최종 국외여행허가기간 만료일인 2002. 12. 31. 이후 기간연장허가를 받지 않고 미국에 계속 체류하였다.

나) 광주·전남지방병무청장은 피고인에 대한 국외여행허가기간 만료 후인 2003. 1. 10.과 같은 해 2. 10.에 피고인에 대한 귀국보증인들(피고인의 외조부와 외조부의 지인)에게 각 국외여행 미귀국통지서를 송부하였다.

다) 피고인은 2005년경 비자기간이 만료된 후 학업을 중단하여 비자기간연장을 받지 못하게 되자 불법체류 상태로 입영의무 등이 면제되는 연령인 36세에 이르는 날(2012. 11. 15.)을 넘어 2017. 4. 18. 귀국할 때까지 장기간 미국에서 체류하였다.

3) 그런데도 원심은 피고인이 형사처분을 면할 목적으로 국외에 있었다는 점에 관한 아무런 증명이 없다고 보아 이 사건 범행의 공소시효가 정지되지 않았다고 판단하였다. 이러한 원심판단에는 공소시효 정지에 관한 법리를 오해하여 필요한 심리를 다하지 않은 잘못이 있다. 이 부분 상고이유 주장은 이유 있다.

3. 결 론

그러므로 원심판결을 파기하고, 사건을 다시 심리·판단하도록 원심법원에 환송하기로 하여, 관여 대법관의 일치된 의견으로 주문과 같이 판결한다.

Ⓑ 대법원 2022. 12. 15. 선고 2022도8824 판결 [특정범죄가중처벌등에관한법률위반(허위세금계산서교부등)·조세범처벌법위반]

【판시사항】

소관 업무의 성질이 수사업무와 유사하거나 이에 준하는 경우, 그 업무를 담당하는 공무원을 사법경찰관리 또는 특별사법경찰관리에 해당한다고 해석할 수 있는지 여부(원칙적 소극) / 조세범 처벌절차법 등 관련 법령에 조세범칙조사를 담당하는 세무공무원에게 압수·수색 및 혐의자 또는 참고인에 대한 심문권한이 부여되어 있어 업무의 내용과 실질이 수사절차와 유사한 점이 있고 이를 기초로 수사기관에 고발하는 경우 형사절차로 이행되는 측면이 있더라도, 조세범칙조사를 형사절차의 일환으로 볼 수 있는지 여부(원칙적 소극) / 조세범칙조사를 담당하는 세무공무원이 피고인이 된 혐의자 또는 참고인에 대하여 심문한 내용을 기재한 조서가 증거능력이 인정되는 경우 / 이때 형사소송법 제313조에서 정한 '특히 신빙할 수 있는 상태'의 의미 및 이를 판단할 때 고려할 사항

【판결요지】

사법경찰관리 또는 특별사법경찰관리에 대하여는 헌법과 형사소송법 등 법령에 따라 국민의 생명·신체·재산 등을 보호하기 위하여 광범위한 기본권 제한조치를 할 수 있는 권한이 부여되어 있으므로, 소관 업무의 성질이 수사업무와 유사하거나 이에 준하는 경우에도 명문의 규정이 없는 한 함부로 그 업무를 담당하는 공무원을 사법경찰관리 또는 특별사법경찰관리에 해당한다고 해석할 수 없다.

구 형사소송법(2020. 2. 4. 법률 제16924호로 개정되기 전의 것) 제197조는 세무 분야에 관하여 특별사법경찰관리의 직무를 행할 자와 그 직무의 범위를 법률로써 정한다고 규정하였고, 이에 따라 구 사법경찰관리의 직무를 수행할 자와 그 직무범위에 관한 법률(2021. 3. 16. 법률 제17929호로 개정되기 전의 것, 이하 '구 사법경찰직무법'이라 한다)은 특별사법경찰관리를 구체적으로 열거하면서 '관세법에 따라 관세범의 조사 업무에 종사하는 세관공무원'만 명시하였을 뿐 '조세범칙조사를 담당하는 세무공무원'을 포함시키지 않았다(구 사법경찰직무법 제5조 제17호). 뿐만 아니라 현행 법령상 조세범칙조사의 법적 성질은 기본적으로 행정절차에 해당하므로, 조세범 처벌절차법 등 관련 법령에 조세범칙조사를 담당하는 세무공무원에게 압수·수색 및 혐의자 또는 참고인에 대한 심문권한이 부여되어 있어 그 업무의 내용과 실질이 수사절차와 유사한 점이 있고, 이를 기초로 수사기관에 고발하는 경우에는 형사절차로 이행되는 측면이 있다 하여도, 달리 특별한 사정이 없는 한 이를 형사절차의 일환으로 볼 수는 없다.

그러므로 조세범칙조사를 담당하는 세무공무원이 피고인이 된 혐의자 또는 참고인에 대하여 심문한 내용을 기재한 조서는 검사·사법경찰관 등 수사기관이 작성한 조서와 동일하게 볼 수 없으므로 형사소송법 제312조에 따라 증거능력의 존부를 판단할 수는 없고, 피고인 또는 피고인이 아닌 자가 작성한 진술서나 그 진술을 기재한 서류에 해당하므로 형사소송법 제313조에 따라 공판준비 또는 공판기일에서 작성자·진술자의 진술에 따라 성립의 진정함이 증명되고 나아가 그 진술이 특히 신빙할 수 있는 상태 아래에서 행하여진 때에 한하여 증거능력이 인정된다. 이때 '특히 신빙할 수 있는 상태'란 조서 작성 당시 그 진술내용이나 조서 또는 서류의 작성에 허위 개입의 여지가 거의 없고, 그 진술내용의 신빙성과 임의성을 담보할 구체적이고 외부적인 정황이 있는 경우를 의미하는데, 조세범 처벌절차법 및 이에 근거한 시행령·시행규칙·훈령(조사사무처리규정) 등의 조세범칙조사 관련 법령에서 구체적으로 명시한 진술거부권 등 고지, 변호사 등의 조력을 받을 권리 보장, 열람·이의제기 및 의견진술권 등 심문조서의 작성에 관한 절차규정의 본질적인 내용의 침해·위반 등도 '특히 신빙할 수 있는 상태' 여부의 판단에 있어 고려되어야 한다.

【참조조문】 구 형사소송법(2020. 2. 4. 법률 제16924호로 개정되기 전의 것) 제197조(현행 제245조의10 제1항 참조), 형사소송법 제312조, 제313조, 구 사법경찰관리의 직무를 수행할 자와 그 직무범위에 관한 법률(2021. 3. 16. 법률 제17929호로 개정되기 전의 것) 제5조 제17호
【전 문】【피 고 인】피고인 1 외 1인 【상 고 인】피고인들
【변 호 인】변호사 박재성 외 2인
【원심판결】대전고법 2022. 6. 24. 선고 2021노392 판결

【주 문】

상고를 모두 기각한다.

【이 유】

상고이유를 판단한다.

1. 피고인 1의 상고이유에 관하여

가. 실제 거래 여부 및 공동범행 부분

원심은 판시와 같은 이유로 피고인 1에 대한 공소사실을 유죄로 판단하였다. 원심판결 이유를 관련 법리와 적법하게 채택된 증거에 비추어 살펴보면, 원심의 판단에 논리와 경험의 법칙을 위반하여 자유심증주의의 한계를 벗어나거나 관련 법리를 오해함으로써 판결에 영향을 미친 잘못이 없다.

나. 양형 부분

형사소송법 제383조 제4호에 의하면 사형, 무기 또는 10년 이상의 징역이나 금고가 선고된 사건에서만 양형부당을 사유로 한 상고가 허용된다. 피고인 1에 대하여 그보다 가벼운 형이 선고된 이 사건에서 형이 너무 무거워 부당하다는 취지의 주장은 적법한 상고이유가 되지 못한다.

2. 피고인 2의 상고이유에 관하여

가. 실제 거래 여부 및 공동범행 부분

원심은 판시와 같은 이유로 피고인 2에 대한 공소사실(무죄 부분 제외)을 유죄로 판단한 제1심판결을 그대로 유지하였다. 원심판결 이유를 관련 법리와 적법하게 채택된 증거에 비추어 살펴보면, 이러한 원심의 판단에 논리와 경험의 법칙을 위반하여 자유심증주의의 한계를 벗어남으로써 판결에 영향을 미친 잘못이 없다.

나. 범칙혐의자심문조서의 증거능력

1) 관련 법리

사법경찰관리 또는 특별사법경찰관리에 대하여는 헌법과 형사소송법 등 법령에 따라 국민의 생명·신체·재산 등을 보호하기 위하여 광범위한 기본권 제한조치를 할 수 있는 권한이 부여되어 있으므로, 소관 업무의 성질이 수사업무와 유사하거나 이에 준하는 경우에도 명문의 규정이 없는 한 함부로 그 업무를 담당하는 공무원을 사법경찰관리 또는 특별사법경찰관리에 해당한다고 해석할 수 없다.

구 형사소송법(2020. 2. 4. 법률 제16924호로 개정되기 전의 것) 제197조는 세무 분야에 관하여 특별사법경찰관리의 직무를 행할 자와 그 직무의 범위를 법률로써 정한다고 규정하였고, 이에 따라 구 「사법경찰관리의 직무를 수행할 자와 그 직무범위에 관한 법률」(2021. 3. 16. 법률 제17929호로 개정되기 전의 것, 이하 '구 사법경찰직무법'이라 한다)은 특별사법경찰관리를 구체적으로 열거하면서 '관세법에 따라 관세범의 조사 업무에 종사하는 세관공무원'만 명시하였을 뿐 '조세범칙조사를 담당하는 세무공무원'을 포함시키지 않았다(구 사법경찰직무법 제5조 제17호). 뿐만 아니라 현행 법령상 조세범칙조사의 법적 성질은 기본적으로 행정절차에 해당하므로, 「조세범 처벌절차법」 등 관련 법령에 조세범칙조사를 담당하는 세무공무원에게 압수·수색 및 혐의자 또는 참고인에 대한 심문권한이 부여되어 있어 그 업무의 내용과 실질이 수사절차와 유사한 점이 있고, 이를 기초로 수사기관에 고발하는 경우에는 형사절차로 이행되는 측면이 있다 하여도, 달리 특별한 사정이 없는 한 이를 형사절차의 일환으로 볼 수는 없다.

그러므로 조세범칙조사를 담당하는 세무공무원이 피고인이 된 혐의자 또는 참고인에 대하여 심문한 내용을 기재한 조서는 검사·사법경찰관 등 수사기관이 작성한 조서와 동일하게 볼 수 없으므로 형사소송법 제312조에 따라 증거능력의 존부를 판단할 수는 없고, 피고인 또는 피고인이 아닌 자가 작성한 진술서나 그 진술을 기재한 서류에 해당하므로 형사소송법 제313조에 따라 공판준비 또는 공판기일에서 작성자·진술자의 진술에 따라 성립의 진정함이 증명되고 나아가 그 진술이 특히 신빙할 수 있는 상태 아래에서 행하여진 때에 한하여 증거능력이 인정된다. 이때 '특히 신빙할 수 있는 상태'란 조서 작성 당시 그 진술내용이나 조서 또는 서류의 작성에 허위 개입의 여지가 거의 없고, 그 진술내용의 신빙성과 임의성을 담보할 구체적이고 외부적인 정황이 있는 경우를 의미하는데, 「조세범 처벌절차법」 및 이에 근거한 시행령·시행규칙·훈령(조사사무처리규정) 등의 조세범칙조사 관련 법령에서 구체적으로 명시한 진술거부권 등 고지, 변호사 등의 조력을 받을 권리 보장, 열람·이의제기 및 의견진술권 등 심문조서의 작성에 관한 절차규정의 본질적인 내용의 침해·위반 등도 '특히 신빙할 수 있는 상태" 여부의 판단에 있어 고려되어야 한다.

2) 판 단

원심은 판시와 같은 이유로 '피고인들에 대한 각 범칙혐의자심문조서'가 형사소송법 제313조에 따라 증거능력이 인정됨을 전제로, 피고인 2에 대한 공소사실(무죄 부분 제외)을 유죄로 판단한 제1심판결을 그대로 유지하였다.

원심판결 이유를 관련 법리와 적법하게 채택된 증거에 비추어 살펴보면, 이러한 원심의 판단에 세무공무원의 특별사법경찰관리 해당 여부에 관한 법리를 오해함으로써 판결에 영향을 미친 잘못이 없다.

3. 결 론

그러므로 상고를 모두 기각하기로 하여, 관여 대법관의 일치된 의견으로 주문과 같이 판결한다.

대법원 2023. 04. 27. 선고 2018도8161 판결 [풍속영업의규제에관한법률위반]

【판시사항】

[1] 수사기관이 범죄를 수사하면서 현재 범행이 행하여지고 있거나 행하여진 직후이고, 증거보전의 필요성 및 긴급성이 있으며, 일반적으로 허용되는 상당한 방법으로 촬영한 경우, 위 촬영이 영장 없이 이루어졌더라도 적법한지 여부(적극) / 이때 수사기관이 일반적으로 허용되는 상당한 방법으로 촬영하였는지 판단하는 기준

[2] 나이트클럽의 운영자 피고인 갑, 연예부장 피고인 을, 남성무용수 피고인 병이 공모하여 클럽 내에서 성행위를 묘사하는 공연을 하는 등 음란행위 영업을 하여 풍속영업의 규제에 관한 법률 위반으로 기소되었는데, 당시 경찰관들이 클럽에 출입하여 피고인 병의 공연을 촬영한 영상물 및 이를 캡처한 영상사진이 증거로 제출된 사안에서, 위 촬영물은 경찰관들이 피고인들에 대한 범죄혐의가 포착된 상태에서 클럽 내에서의 음란행위 영업에 관한 증거를 보전하기 위하여, 불특정 다수에게 공개된 장소인 클럽에 통상적인 방법으로 출입하여 손님들에게 공개된 모습을 촬영한 것이므로, 영장 없이 촬영이 이루어졌더라도 위 촬영물과 이를 캡처한 영상사진은 증거능력이 인정된다고 한 사례

【판결요지】

[1] 수사기관이 범죄를 수사하면서 현재 범행이 행하여지고 있거나 행하여진 직후이고, 증거보전의 필요성 및 긴급성이 있으며, 일반적으로 허용되는 상당한 방법으로 촬영한 경우라면 위 촬영이 영장 없이 이루어졌다 하여 이를 위법하다고 할 수 없다. 다만 촬영으로 인하여 초상권, 사생활의 비밀과 자유, 주거의 자유 등이 침해될 수 있으므로 수사기관이 일반적으로 허용되는 상당한 방법으로 촬영하였는지 여부는 수사기관이 촬영장소에 통상적인 방법으로 출입하였는지 또 촬영장소와 대상이 사생활의 비밀과 자유 등에 대한 보호가 합리적으로 기대되는 영역에 속하는지 등을 종합적으로 고려하여 신중하게 판단하여야 한다.

[2] 나이트클럽(이하 '클럽'이라 한다)의 운영자 피고인 갑, 연예부장 피고인 을, 남성무용수 피고인 병이 공모하여 클럽 내에서 성행위를 묘사하는 공연을 하는 등 음란행위 영업을 하여 풍속영업의 규제에 관한 법률 위반으로 기소되었는데, 당시 경찰관들이 클럽에 출입하여 피고인 병의 공연을 촬영한 영상물 및 이를 캡처한 영상사진이 증거로 제출된 사안에서, 경찰관들은 국민신문고 인터넷 사이트에 '클럽에서 남성무용수의 음란한 나체쇼가 계속되고 있다.'는 민원이 제기되자 그에 관한 증거수집을 목적으로 클럽에 출입한 점, 클럽은 영업시간 중에는 출입자격 등의 제한 없이 성인이라면 누구나 출입이 가능한 일반적으로 개방되어 있는 장소인 점, 경찰관들은 클럽의 영업시간 중에 손님들이 이용하는 출입문을 통과하여 출입하였고, 출입 과정에서 보안요원 등에게 제지를 받거나 보안요원이 자리를 비운 때를 노려 몰래 들어가는 등 특별한 사정이 발견되지 않는 점, 피고인 병은 클럽 내 무대에서 성행위를 묘사하는 장면이 포함된 공연을 하였고, 경찰관들은 다른 손님들과 함께 객석에 앉아 공연을 보면서 불특정 다수의 손님들에게 공개된 피고인 병의 모습을 촬

영한 점에 비추어 보면, 위 촬영물은 경찰관들이 피고인들에 대한 범죄 혐의가 포착된 상태에서 클럽 내에서의 음란행위 영업에 관한 증거를 보전하기 위하여, 불특정 다수에게 공개된 장소인 클럽에 통상적인 방법으로 출입하여 손님들에게 공개된 모습을 촬영한 것이므로, 영장 없이 촬영이 이루어졌더라도 위 촬영물과 이를 캡처한 영상사진은 증거능력이 인정된다는 이유로, 이와 달리 보아 피고인들에 대한 공소사실을 무죄로 판단한 원심판결에 수사기관 촬영물의 증거능력에 관한 법리오해의 잘못이 있다고 한 사례.

【참조조문】 [1] 형사소송법 제307조 / [2] 풍속영업의 규제에 관한 법률 제3조 제2호, 제10조 제2항, 형법 제30조, 형사소송법 제307조
【참조판례】 [1] 대법원 1999. 9. 3. 선고 99도2317 판결(공1999하, 2140)
【전 문】 【피 고 인】 피고인 1 외 2인 【상 고 인】 검사 【변 호 인】 변호사 고석상
【원심판결】 제주지법 2018. 5. 3. 선고 2017노112 판결

【주   문】

원심판결을 파기하고, 사건을 제주지방법원에 환송한다.

【이   유】

상고이유를 판단한다.

1. **사안의 개요**

가. 피고인들에 대한 공소사실의 요지

피고인 3은 제주시에 있는 'ㅇㅇㅇㅇ 나이트클럽'(이하 '이 사건 나이트클럽'이라 한다)을 운영하는 사람이고, 피고인 2는 이 사건 나이트클럽의 연예부장으로 근무하는 사람이며, 피고인 1은 이 사건 나이트클럽의 종업원으로 무용수이다.

누구든지 풍속영업을 영위하는 사람은 풍속영업소에서 음란행위를 하게 하거나 이를 알선 또는 제공하여서는 아니 된다. 그럼에도 피고인들은 음란행위로 손님을 모집할 것을 공모하여 2016. 6. 21. 23:00 무렵 이 사건 나이트클럽에서 피고인 1은 피고인 3으로부터 월 400만 원을 받고 피고인 2가 관리하고 있는 연예부에서 일하는 조건으로 이 사건 나이트클럽 무대에서 약 15분 동안 티팬티만 입은 채 성행위를 묘사하는 쇼를 하고, 다시 손님들이 앉아 있는 테이블로 내려와 술을 부어주는 등 흥을 돋운 후 다시 무대에 올라가 성기에 모조 성기를 끼워 음모가 보이는 상태에서 춤을 추며 성행위를 묘사하는 등 음란행위 영업을 하였다.

나. 원심의 판단

원심은, 경찰관들이 이 사건 나이트클럽에 손님으로 가장하고 출입하여 피고인 1의 공연을 촬영한 행위는 강제수사에 해당함에도 사전 또는 사후에 영장을 발부받은 사실이 없으므로, 그 촬영물이 수록된 CD 및 그 촬영물을 캡처한 영상사진은 위법수집증거로서 증거능력이 없다는 등의 이유로 제1심판결을 파기하고 피고인들에 대한 공소사실을 무죄로 판단하였다.

2. 대법원의 판단

그러나 원심의 판단은 다음과 같은 이유로 받아들이기 어렵다.

가. 수사기관이 범죄를 수사하면서 현재 범행이 행하여지고 있거나 행하여진 직후이고, 증거보전의 필요성 및 긴급성이 있으며, 일반적으로 허용되는 상당한 방법으로 촬영한 경우라면 위 촬영이 영장 없이 이루어졌다 하여 이를 위법하다고 할 수 없다(대법원 1999. 09. 03. 선고 99도2317 판결 등 참조). 다만 촬영으로 인하여 초상권, 사생활의 비밀과 자유, 주거의 자유 등이 침해될 수 있으므로 수사기관이 일반적으로 허용되는 상당한 방법으로 촬영하였는지 여부는 수사기관이 촬영장소에 통상적인 방법으로 출입하였는지 또 촬영장소와 대상이 사생활의 비밀과 자유 등에 대한 보호가 합리적으로 기대되는 영역에 속하는지 등을 종합적으로 고려하여 신중하게 판단하여야 한다.

나. 원심판결 이유 및 원심과 제1심이 적법하게 채택하여 조사한 증거들을 종합하면 다음의 사실을 알 수 있다.

1) 제주서부경찰서 소속 경찰관들은 국민신문고 인터넷사이트에 '이 사건 나이트클럽에서 남성무용수의 음란한 나체쇼가 계속되고 있다.'는 민원이 제기되자 그에 관한 증거수집을 목적으로 이 사건 나이트클럽에 출입하였다.

2) 이 사건 나이트클럽은 영업시간 중에는 출입자격 등의 제한 없이 성인이라면 누구나 출입이 가능한 일반적으로 개방되어 있는 장소이다.

3) 경찰관들은 이 사건 나이트클럽의 영업시간 중에 손님들이 이용하는 출입문을 통과하여 이 사건 나이트클럽에 출입하였고, 그 출입 과정에서 보안요원 등에게 제지를 받거나 보안요원이 자리를 비운 때를 노려 몰래 들어가는 등 특별한 사정이 발견되지 않는다.

4) 피고인 1은 이 사건 나이트클럽 내 무대에서 성행위를 묘사하는 장면이 포함된 공연을 하였고, 경찰관들은 다른 손님들과 함께 객석에 앉아 그 공연을 보면서 불특정 다수의 손님들에게 공개된 피고인 1의 모습을 촬영하였다.

다. 사실관계가 위와 같다면, 이 사건 촬영물은 경찰관들이 피고인들에 대한 범죄의 혐의가 포착된 상태에서 이 사건 나이트클럽 내에서의 음란행위 영업에 관한 증거를 보전하기 위한 필요에 의하여, 불특정 다수에게 공개된 장소인 이 사건 나이트클럽에 통상적인 방법으로 출입하여 손님들에게 공개된 모습을 촬영한 것이다. 따라서 영장 없이 촬영이 이루어졌다 하여 이를 위법하다고 할 수 없어 이 사건 촬영물과 그 촬영물을 캡처한 영상사진은 그 증거능력이 인정된다.

라. 그런데도 원심은 그 판시와 같은 이유만으로 이 사건 촬영물과 그 촬영물을 캡처한 영상사진의 증거능력을 부정하고 달리 증거가 없다고 하여 피고인들에 대한 공소사실을 무죄로 판단하였다. 이러한 원심의 판단에는 수사기관 촬영물의 증거능력에 관한 법리를 오해하여 판결에 영향을 미친 잘못이 있다.

3. 결론

그러므로 원심판결을 파기하고 사건을 다시 심리·판단하도록 원심법원에 환송하기로 하여, 관여 대법관의 일치된 의견으로 주문과 같이 판결한다.

Ⓐ 대법원 2023. 04. 27. 선고 2023도2102 판결 [마약류관리에관한법률위반(향정)]

【판시사항】

[1] 형사소송법 제254조 제4항에서 공소사실의 특정을 요구하는 취지 및 범죄 '일시'의 특정 정도 / 범죄의 일시·장소 등을 특정 일시나 상당한 범위 내로 특정할 수 없는 부득이한 사정이 존재하지 아니함에도 공소의 제기 혹은 유지의 편의를 위하여 범죄의 일시·장소 등을 지나치게 개괄적으로 표시함으로써 사실상 피고인의 방어권 행사에 지장을 가져오는 경우, 공소사실이 특정된 것인지 여부(소극) / 공소사실에 특정되지 아니한 부분이 있는 경우, 법원이 취할 조치

[2] 2020. 2. 4. 법률 제16924호로 개정되어 2022. 1. 1.부터 시행된 형사소송법 제312조 제1항에서 '그 내용을 인정할 때'의 의미 / 피고인이 공소사실을 부인하는 경우, 검사가 작성한 피의자신문조서 중 공소사실을 인정하는 취지의 진술 부분은 그 내용을 인정하지 않았다고 보아야 하는지 여부(적극)

【판결요지】

[1] 공소사실의 기재는 범죄의 일시, 장소와 방법을 명시하여 사실을 특정할 수 있도록 하여야 하고(형사소송법 제254조 제4항), 이와 같이 공소사실의 특정을 요구하는 법의 취지는 법원에 대하여 심판의 대상을 한정하고 피고인에게 방어의 범위를 특정하여 그 방어권 행사를 쉽게 해 주기 위한 데에 있는 것이므로, 범죄의 '일시'는 이중기소나 시효에 저촉되는지 식별할 수 있을 정도로 기재하여야 한다. 검사는 가능한 한 공소제기 당시의 증거에 의하여 이를 특정함으로써 피고인의 정당한 방어권 행사에 지장을 초래하지 않도록 하여야 할 것이다. 범죄의 일시·장소 등을 특정 일시나 상당한 범위 내로 특정할 수 없는 부득이한 사정이 존재하지 아니함에도 공소의 제기 혹은 유지의 편의를 위하여 범죄의 일시·장소 등을 지나치게 개괄적으로 표시함으로써 사실상 피고인의 방어권 행사에 지장을 가져오는 경우에는 형사소송법 제254조 제4항에서 정하고 있는 구체적인 범죄사실의 기재가 있는 공소장이라고 할 수 없다. 공소사실이 특정되지 아니한 부분이 있다면, 법원은 검사에게 석명을 구하여 특정을 요구하여야 하고, 그럼에도 검사가 이를 특정하지 않는다면 그 부분에 대해서는 공소를 기각할 수밖에 없다.

[2] 2020. 2. 4. 법률 제16924호로 개정되어 2022. 1. 1.부터 시행된 형사소송법 제312조 제1항은 검사가 작성한 피의자신문조서는 공판준비, 공판기일에 그 피의자였던 피고인 또는 변호인이 그 내용을 인정할 때에 한정하여 증거로 할 수 있다고 규정하고 있다. 여기서 '그 내용을 인정할 때'라 함은 피의자신문조서의 기재 내용이 진술 내용대로 기재되어 있다는 의미가 아니고 그와 같이 진술한 내용이 실제 사실과 부합한다는 것을 의미한다. 따라서 피고인이 공소사실을 부인하는 경우 검사가 작성한 피의자신문조서 중 공소사실을 인정하는 취지의 진술 부분은 그 내용을 인정하지 않았다고 보아야 한다.

【참조조문】 [1] 형사소송법 제254조 제4항, 제327조 제2호 / [2] 형사소송법 제312조 제1항

【참조판례】 [1] 대법원 2019. 12. 24. 선고 2019도10086 판결(공2020상, 392), 대법원 2021. 11. 11. 선고 2021도11454 판결, 대법원 2022. 11. 17. 선고 2022도8257 판결(공2023상, 97) [2] 대법원 2010. 6. 24. 선고 2010도5040 판결(공2010하, 1529), 대법원 2022. 7. 28. 선고 2020도15669 판결
【전 문】 【피 고 인】 피고인 【상 고 인】 피고인 【변 호 인】 변호사 윤대진
【원심판결】 대구지법 2023. 1. 18. 선고 2022노3872 판결

【주 문】

원심판결을 파기하고, 사건을 대구지방법원에 환송한다.

【이 유】

상고이유를 판단한다.

1. 공소사실 불특정 주장에 대한 판단

가. 공소사실의 기재는 범죄의 일시, 장소와 방법을 명시하여 사실을 특정할 수 있도록 하여야 하고(형사소송법 제254조 제4항), 이와 같이 공소사실의 특정을 요구하는 법의 취지는 법원에 대하여 심판의 대상을 한정하고 피고인에게 방어의 범위를 특정하여 그 방어권 행사를 쉽게 해 주기 위한 데에 있는 것이므로, 범죄의 '일시'는 이중기소나 시효에 저촉되는지 식별할 수 있을 정도로 기재하여야 한다(대법원 2022. 11. 17. 선고 2022도8257 판결 참조). 검사는 가능한 한 공소제기 당시의 증거에 의하여 이를 특정함으로써 피고인의 정당한 방어권 행사에 지장을 초래하지 않도록 하여야 할 것이다. 범죄의 일시·장소 등을 특정 일시나 상당한 범위 내로 특정할 수 없는 부득이한 사정이 존재하지 아니함에도 공소의 제기 혹은 유지의 편의를 위하여 범죄의 일시·장소 등을 지나치게 개괄적으로 표시함으로써 사실상 피고인의 방어권 행사에 지장을 가져오는 경우에는 형사소송법 제254조 제4항에서 정하고 있는 구체적인 범죄사실의 기재가 있는 공소장이라고 할 수 없다(대법원 2021. 11. 11. 선고 2021도11454 판결 참조). 공소사실이 특정되지 아니한 부분이 있다면, 법원은 검사에게 석명을 구하여 특정을 요구하여야 하고, 그럼에도 검사가 이를 특정하지 않는다면 그 부분에 대해서는 공소를 기각할 수밖에 없다(대법원 2019. 12. 24. 선고 2019도10086 판결 참조).

나. 기록에 의하면, 다음과 같은 사실을 알 수 있다.

1) 피고인은 "2021. 6. 10. 19:00경부터 같은 날 20:00경 사이에 경북 칠곡군 (주소 생략)에서 일회용 주사기에 향정신성의약품인 메트암페타민 약 0.05g을 넣고 생수로 희석해 자신의 오른팔에 주사하는 방법으로 이를 투약하였다."라는 등의 범죄사실로 2021. 10. 19. 징역 2년을 선고받아 2022. 4. 7. 그 판결(이하 '선행판결'이라 한다)이 확정되었다.

2) 이 사건 공소사실의 요지는 "피고인이 2021. 3.경부터 같은 해 6월경 사이에 경북 칠곡군 (주소 생략)에서 일회용 주사기에 향정신성의약품인 메트암페타민 약 0.05g을 넣고 생수로 희석하여 자신의 오른팔에 주사하는 방법으로 총 2회에 걸쳐 이를 투약하였다."라는 것이다.

3) 피고인에 대한 검찰 피의자신문조서에는 피고인이 2021. 3.경부터 같은 해 6. 10. 19:00경 사이에 공소사실과 같은 방법으로 메트암페타민을 2회 투약하였다고 진술한 것으로 기재되어 있다.

다. 이러한 사실관계를 앞서 본 법리에 비추어 보면, 선행판결의 범죄사실과 이 사건 공소사실의 범행 장소와 방법이 동일하고 범행 일시가 겹칠 가능성을 배제할 수 없다. 그 경우 선행판결의 범죄사실과 이 사건 공소사실 중 1회 투약 부분은 사실관계가 동일하다고 평가되어 선행판결의 효력이 이 사건 공소사실에도 미친다고 볼 수 있다. 그런데 이 사건 공소사실의 '일시' 기재만으로는 이 사건 공소사실이 선행판결의 범죄사실과 동일한지 판단할 수 없어 심판의 대상이나 방어의 범위가 특정되었다고 볼 수 없다. 피고인에 대한 검찰 피의자신문조서의 진술 기재대로 범죄 일시를 특정할 수 없는 부득이한 사정이 보이지도 않는다.

라. 그렇다면 원심으로서는 검사에게 석명을 구하여 범행일시에 관하여 공소사실을 특정하도록 요구하여야 하고 그럼에도 특정하지 않는다면 공소를 기각하였어야 하는데 원심은 유죄의 실체판단을 하였다. 이러한 원심의 조치에는 공소사실 특정에 관한 법리를 오해하여 판결에 영향을 미친 잘못이 있다.

2. 피고인에 대한 검찰 피의자신문조서의 증거능력에 대한 판단

가. 원심은 피고인에 대한 검찰 피의자신문조서(증거기록 제322면 이하) 등을 종합하여 공소사실을 유죄로 인정하였다.

나. 2020. 2. 4. 법률 제16924호로 개정되어 2022. 1. 1.부터 시행된 형사소송법 제312조 제1항은 검사가 작성한 피의자신문조서는 공판준비, 공판기일에 그 피의자였던 피고인 또는 변호인이 그 내용을 인정할 때에 한정하여 증거로 할 수 있다고 규정하고 있다. 여기서 '그 내용을 인정할 때'라 함은 피의자신문조서의 기재 내용이 진술 내용대로 기재되어 있다는 의미가 아니고 그와 같이 진술한 내용이 실제 사실과 부합한다는 것을 의미한다(대법원 2010. 06. 24. 선고 2010도5040 판결, 대법원 2022. 07. 28. 선고 2020도15669 판결 등 참조). 따라서 피고인이 공소사실을 부인하는 경우 검사가 작성한 피의자신문조서 중 공소사실을 인정하는 취지의 진술 부분은 그 내용을 인정하지 않았다고 보아야 한다.

다. 기록에 의하면, 피고인은 제1심에서 선행판결의 범죄사실 외에는 공소사실의 일시에 메트암페타민을 투약한 사실이 없다고 주장하면서 공소사실을 부인하였으므로 위 검찰 피의자신문조서 중 공소사실을 인정하는 취지의 진술 내용을 인정하지 않았다고 보아야 한다. 따라서 제1심 공판조서의 일부인 증거목록에 피고인이 제1심 제2회 공판기일에서 위 검찰 피의자신문조서에 동의한 것으로 기재되어 있는 것은 착오 기재이거나 피고인이 그 조서 내용과 같이 진술한 사실이 있었다는 것을 인정한다는 것을 '동의'로 조서를 잘못 정리한 것으로 이해될 뿐 이로써 위 검찰 피의자신문조서가 증거능력을 가지게 되는 것은 아니다(나.항 각 대법원판결 참조).

라. 그렇다면 원심이 위 검찰 피의자신문조서의 증거능력이 있다고 본 것은 형사소송법 제312조 제1항이 정하는 '검사가 작성한 피의자신문조서'의 증거능력에 관한 법리를 오해한 잘못이 있다.

3. 피고인의 자백 여부에 대한 판단

가. 원심은 피고인이 원심에서 공소사실을 모두 자백하였다고 보아 '피고인의 원심 법정진술'을 유죄의 증거로 삼았다.

나. 기록에 의하면, 다음과 같은 사실을 알 수 있다.

1) 피고인은 원심 제1회 공판기일에서 "공소사실을 인정한다."라고 진술하였다. 그러나 위 진술에 이어 곧바로 "피고인이 메트암페타민을 1회 투약한 것으로 공소장을 변경하였음에도 제1심은 이를 간과하였다."라는 취지의 진술을 하였다.

2) 한편 피고인은 제1심에서 위와 같이 선행판결의 범죄사실 외에는 공소사실의 일시에 메트암페타민을 투약한 사실이 없다고 주장하였다. 그러나 제1심이 공소사실을 모두 유죄로 인정하자 항소한 후 2022. 11. 14. 공소사실을 인정한다고 하면서 "제1심 공판검사가 투약횟수를 2회에서 1회로 정정하였다."라는 취지의 내용이 기재된 항소이유서를 제출하였다. 피고인은 이어 2022. 12. 1.과 2022. 12. 9. "투약횟수가 1회이다. 이에 맞게 추징금도 달라져야 한다."라는 취지의 반성문을 제출하였다. 그리고 2022. 12. 14. 원심 제1회 공판기일에서 위 항소이유서와 "제1심 공판검사가 투약횟수를 2회에서 1회로 정정하였다."라는 취지의 내용이 기재된 변론요지서를 진술하고, 이어서 1)항과 같이 진술하였다.

다. 위와 같은 제1심에서 피고인의 주장과, 원심 제1회 공판기일에서 공소사실을 인정한다고 진술하기 전후로 피고인이 주장하였던 내용에다가, 앞서 보았듯이 이 사건 공소사실이 선행판결의 범죄사실과 동일한지 판단할 수 없어 심판의 대상이나 방어의 범위가 특정되었다고 볼 수 없었던 사정 등을 종합하여 보면, 피고인의 진술을 공소사실 일시에 선행판결의 범죄사실과 별도로 메트암페타민을 2회 투약하였다고 자백한 것으로 볼 수는 없다(대법원 1990. 4. 27. 선고 89도1569 판결, 대법원 2008. 2. 14. 선고 2007도10599 판결 등 참조).

라. 그렇다면 원심이 피고인의 원심 법정진술을 공소사실 모두에 대한 자백으로 본 것은 자백에 관한 법리를 오해한 잘못이 있다.

4. 결 론

그러므로 나머지 상고이유에 대한 판단을 생략한 채 원심판결을 파기하고, 사건을 다시 심리·판단하도록 원심법원에 환송하기로 하여, 관여 대법관의 일치된 의견으로 주문과 같이 판결한다.

● 대법원 2023. 06. 01. 선고 2018도18866 판결 [군사기밀보호법위반(예비적죄명:군기누설)]

【　　　】
[1] 수사기관이 영장 발부의 사유로 된 범죄 혐의사실과 관계가 없는 증거를 압수할 수 있는지 여부(소극) 및 별도의 영장을 발부받지 아니하고 압수물 또는 압수한 정보를 그 압수의 근거가 된 압수·수색영장 혐의사실과 관계가 없는 범죄의 유죄 증거로 사용할 수 있는지 여부(소극)
[2] 영장에 의한 압수·수색을 규정한 형사소송법 제215조 제1항에서 '해당 사건과 관계가 있다'는 것의 의미 / 이때 압수·수색영장에 기재된 혐의사실과의 객관적 관련성이 인정되는 범위와 판단 기준 및 피의자 또는 피고인과의 인적 관련성이 인정되는 범위

【판결요지】

[1] 헌법 제12조의 영장주의와 형사소송법 제199조 제1항 단서의 강제처분 법정주의는 수사기관의 증거수집뿐만 아니라 강제처분을 통하여 획득한 증거의 사용까지 아우르는 형사절차의 기본원칙이다. 따라서 수사기관은 영장 발부의 사유로 된 범죄 혐의사실과 관계가 없는 증거를 압수할 수 없고, 별도의 영장을 발부받지 아니하고서는 압수물 또는 압수한 정보를 그 압수의 근거가 된 압수·수색영장 혐의사실과 관계가 없는 범죄의 유죄 증거로 사용할 수 없다.

[2] 형사소송법 제215조 제1항은 "검사는 범죄수사에 필요한 때에는 피의자가 죄를 범하였다고 의심할 만한 정황이 있고 해당 사건과 관계가 있다고 인정할 수 있는 것에 한정하여 지방법원판사에게 청구하여 발부받은 영장에 의하여 압수·수색 또는 검증을 할 수 있다."라고 규정한다. 여기에서 '해당 사건과 관계가 있다'는 것은 압수·수색영장에 기재한 혐의사실과 관련되고 이를 증명할 수 있는 최소한의 가치가 있는 것으로서 압수·수색영장의 혐의사실과 사이에 객관적, 인적 관련성이 인정되는 것을 말한다. 혐의사실과의 객관적 관련성은 압수·수색영장에 기재된 혐의사실 자체 또는 그와 기본적 사실관계가 동일한 범행과 직접 관련되어 있는 경우를 의미하지만, 범행 동기와 경위, 범행 수단과 방법, 범행 시간과 장소 등을 증명하기 위한 간접증거나 정황증거 등으로 사용될 수 있는 경우에도 인정할 수 있다. 이때 객관적 관련성은 압수·수색영장에 기재된 혐의사실의 내용과 수사의 대상, 수사 경위 등을 종합하여 구체적·개별적 연관관계가 있는 경우에만 인정할 수 있고, 혐의사실과 단순히 동종 또는 유사 범행이라는 사유만으로 객관적 관련성이 있다고 볼 수는 없다. 그리고 피의자 또는 피고인과의 인적 관련성은 압수·수색영장에 기재된 대상자의 공동정범이나 교사범 등 공범이나 간접정범은 물론 필요적 공범 등에 대한 사건에 대해서도 인정할 수 있다.

【참조조문】 [1] 헌법 제12조, 형사소송법 제199조 제1항, 제215조 제1항, 제307조, 제308조의2 / [2] 형사소송법 제215조 제1항
【참조판례】 [2] 대법원 2017. 1. 25. 선고 2016도13489 판결(공2017상, 496), 대법원 2017. 12. 5. 선고 2017도13458 판결(공2018상, 141), 대법원 2021. 7. 29. 선고 2020도14654 판결, 대법원 2021. 12. 30. 선고 2019도10309 판결
【전 문】 【피 고 인】 피고인 【상 고 인】 군검사 【변 호 인】 변호사 주진영

【원심판결】 고등군사법원 2018. 11. 15. 선고 2018노93 판결

【주 문】

상고를 기각한다.

【이 유】

상고이유를 판단한다.

1. 주위적 공소사실 부분에 관한 판단

검사는 원심판결 중 주위적 공소사실 부분에 대하여 상고하였으나, 상고장에 구체적인 이유의 기재가 없고 상고이유서에도 이에 관한 불복의 기재가 없다.

2. 예비적 공소사실 부분에 관한 판단

가. 압수·수색영장 기재 혐의사실과 압수물 사이의 관련성에 관한 상고이유에 대하여

1) 헌법 제12조의 영장주의와 형사소송법 제199조 제1항 단서의 강제처분 법정주의는 수사기관의 증거수집뿐만 아니라 강제처분을 통하여 획득한 증거의 사용까지 아우르는 형사절차의 기본원칙이다. 따라서 수사기관은 영장 발부의 사유로 된 범죄 혐의사실과 관계가 없는 증거를 압수할 수 없고, 별도의 영장을 발부받지 아니하고서는 압수물 또는 압수한 정보를 그 압수의 근거가 된 압수·수색영장 혐의사실과 관계가 없는 범죄의 유죄 증거로 사용할 수 없다.

형사소송법 제215조 제1항은 "검사는 범죄수사에 필요한 때에는 피의자가 죄를 범하였다고 의심할 만한 정황이 있고 해당 사건과 관계가 있다고 인정할 수 있는 것에 한정하여 지방법원 판사에게 청구하여 발부받은 영장에 의하여 압수·수색 또는 검증을 할 수 있다."라고 규정한다. 여기에서 '해당 사건과 관계가 있다'는 것은 압수·수색영장에 기재한 혐의사실과 관련되고 이를 증명할 수 있는 최소한의 가치가 있는 것으로서 압수·수색영장의 혐의사실과 사이에 객관적, 인적 관련성이 인정되는 것을 말한다. 혐의사실과의 객관적 관련성은 압수·수색영장에 기재된 혐의사실 자체 또는 그와 기본적 사실관계가 동일한 범행과 직접 관련되어 있는 경우를 의미하지만, 범행 동기와 경위, 범행 수단과 방법, 범행 시간과 장소 등을 증명하기 위한 간접증거나 정황증거 등으로 사용될 수 있는 경우에도 인정할 수 있다. 이때 객관적 관련성은 압수·수색영장에 기재된 혐의사실의 내용과 수사의 대상, 수사 경위 등을 종합하여 구체적·개별적 연관관계가 있는 경우에만 인정할 수 있고, 혐의사실과 단순히 동종 또는 유사 범행이라는 사유만으로 객관적 관련성이 있다고 볼 수는 없다(대법원 2017. 01. 25. 선고 2016도13489 판결, 대법원 2017. 12. 05. 선고 2017도13458 판결, 대법원 2021. 07. 29. 선고 2020도14654 판결 등 참조). 그리고 피의자 또는 피고인과의 인적 관련성은 압수·수색영장에 기재된 대상자의 공동정범이나 교사범 등 공범이나 간접정범은 물론 필요적 공범 등에 대한 사건에 대해서도 인정할 수 있다.

2) 원심은 판시와 같은 이유로 서울남부지방법원 판사가 2015. 9. 15. 발부한 압수·수색·검증 영장(이하 '이 사건 영장'이라 한다)에 기하여 압수한 압수물은 이 사건 영장 기재 혐의사실과 무관한 별개의 증거를 압수한 것으로 위법수집증거에 해당한다고 판단하였다. 원심판결 이유를 관련 법리와 기록에 비추어 살펴보면, 원심의 판단에 압수·수색영장의 '객관적 관련성'에 관한 법리를 오해한 잘못이 없다.

나. 위법수집증거 배제법칙의 예외에 관한 상고이유에 대하여

1) 형사소송법 제308조의2에 따라 적법한 절차에 따르지 아니하고 수집한 증거는 증거로 할 수 없다. 수사기관이 헌법과 형사소송법이 정한 절차에 따르지 아니하고 수집한 증거는 물론, 이를 기초로 하여 획득한 2차적 증거 역시 유죄 인정의 증거로 삼을 수 없는 것이 원칙이다. 다만 수사기관의 절차 위반 행위가 적법절차의 실질적인 내용을 침해하는 경우에 해당하지 아니하고, 오히려 그 증거의 증거능력을 배제하는 것이 헌법과 형사소송법이 형사소송에 관한 절차 조항을 마련하여 적법절차의 원칙과 실체적 진실 규명의 조화를 도모하고, 이를 통하여 형사 사법 정의를 실현하려고 한 취지에 반하는 결과를 초래하는 것으로 평가되는 예외적인 경우라면, 법원은 그 증거를 유죄 인정의 증거로 사용할 수 있다(대법원 2007. 11. 15. 선고 2007도3061 전원합의체 판결, 대법원 2013. 03. 14. 선고 2012도13611 판결 등 참조).
법원이 2차적 증거의 증거능력 인정 여부를 최종적으로 판단할 때에는 먼저 절차에 따르지 아니한 1차적 증거수집과 관련된 모든 사정들, 즉 절차 조항의 취지와 그 위반의 내용 및 정도, 구체적인 위반 경위와 회피가능성, 절차 조항이 보호하고자 하는 권리 또는 법익의 성질과 침해 정도 및 피고인과의 관련성, 절차 위반 행위와 증거수집 사이의 인과관계 등 관련성의 정도, 수사기관의 인식과 의도 등을 살피는 것은 물론, 나아가 1차적 증거를 기초로 하여 다시 2차적 증거를 수집하는 과정에서 추가로 발생한 모든 사정들까지 구체적인 사안에 따라 주로 인과관계 희석 또는 단절 여부를 중심으로 전체적·종합적으로 고려하여야 한다(대법원 2017. 9. 21. 선고 2015도12400 판결 참조).

2) 원심은 판시와 같은 이유로, 이 사건 영장에 기하여 압수한 메모지 2장은 위법수집증거로서 그 압수절차 위반 행위가 위법수집증거 배제법칙의 예외를 인정할 수 있는 경우에 해당하지 아니하고, 위 메모지에 기초하여 수집된 다른 증거 역시 위법수집증거에 터 잡아 획득한 2차적 증거로서 위 압수절차와 2차적 증거수집 사이에 인과관계가 희석 또는 단절된다고 보기 어려우므로 모두 위법수집증거에 해당한다고 판단하였다. 원심판결 이유를 관련 법리와 기록에 비추어 살펴보면, 원심의 판단에 필요한 심리를 다하지 않은 채 논리와 경험의 법칙을 위반하여 자유심증주의의 한계를 벗어나거나 위법수집증거 배제법칙의 예외 및 위법수집증거에 기초하여 획득한 2차적 증거의 증거능력에 관한 법리를 오해한 잘못이 없다.

3. 결론

그러므로 상고를 기각하기로 하여 관여 대법관의 일치된 의견으로 주문과 같이 판결한다.

● 대법원 2023. 06. 01. 선고 2018도19782 판결 [군사기밀보호법위반·군기누설]

【판시사항】

[1] 수사기관의 전자정보에 대한 압수·수색이 저장매체 자체를 직접 반출하거나 저장매체에 들어 있는 전자파일 전부를 하드카피나 이미징 등 형태로 수사기관 사무실 등 외부에 반출하는 방식으로 허용되는 예외적인 경우
[2] 수사기관이 하드카피나 이미징 등 형태(복제본)에 담긴 전자정보를 탐색하여 혐의사실과 관련된 정보를 선별하여 출력하거나 다른 저장매체에 저장하는 등으로 압수를 완료한 경우, 혐의사실과 관련 없는 전자정보(무관정보)를 삭제·폐기하여야 하는지 여부(적극) 및 수사기관이 새로운 범죄 혐의의 수사를 위하여 무관정보가 남아 있는 복제본을 탐색, 복제 또는 출력할 수 있는지 여부(소극)

【판결요지】

[1] 수사기관의 전자정보에 대한 압수·수색은 원칙적으로 영장 발부의 사유로 된 범죄 혐의사실과 관련된 부분만을 문서 출력물로 수집하거나 수사기관이 휴대한 저장매체에 해당 파일을 복제하는 방식으로 이루어져야 한다. 수사기관이 저장매체 자체를 직접 반출하거나 그 저장매체에 들어 있는 전자파일 전부를 하드카피나 이미징 등 형태(복제본)로 수사기관 사무실 등 외부에 반출하는 방식으로 압수·수색하는 것은 현장의 사정이나 전자정보의 대량성으로 인하여 관련 정보 획득에 긴 시간이 소요되거나 전문 인력에 의한 기술적 조치가 필요한 경우 등 범위를 정하여 출력 또는 복제하는 방법이 불가능하거나 압수의 목적을 달성하기에 현저히 곤란하다고 인정되는 때에 한하여 예외적으로 허용될 수 있을 뿐이다.
[2] 수사기관은 하드카피나 이미징 등 형태(이하 '복제본'이라 한다)에 담긴 전자정보를 탐색하여 혐의사실과 관련된 정보(이하 '유관정보'라 한다)를 선별하여 출력하거나 다른 저장매체에 저장하는 등으로 압수를 완료하면 혐의사실과 관련 없는 전자정보(이하 '무관정보'라 한다)를 삭제·폐기하여야 한다. 수사기관이 새로운 범죄 혐의의 수사를 위하여 무관정보가 남아 있는 복제본을 열람하는 것은 압수·수색영장으로 압수되지 않은 전자정보를 영장 없이 수색하는 것과 다르지 않다. 따라서 복제본은 더 이상 수사기관의 탐색, 복제 또는 출력 대상이 될 수 없으며, 수사기관은 새로운 범죄 혐의의 수사를 위하여 필요한 경우에도 유관정보만을 출력하거나 복제한 기존 압수·수색의 결과물을 열람할 수 있을 뿐이다.

【참조조문】 [1] 형사소송법 제106조, 제114조, 제215조, 제219조 / [2] 형사소송법 제215조, 제307조, 제308조의2
【참조판례】 [1] 대법원 2015. 7. 16. 자 2011모1839 전원합의체 결정(공2015하, 1274)
【전 문】 【피 고 인】 피고인 【상 고 인】 군검사 【변 호 인】 변호사 강준성
【원심판결】 고등군사법원 2018. 11. 29. 선고 2018노173 판결

【주　문】

상고를 기각한다.

【이　유】

상고이유를 판단한다.

1. 이 사건의 경위

가. 구 국군기무사령부(이하 '기무사'라 한다) 수사관은 공소외 1이 해외 방위산업체 컨설턴트 및 무역대리점 업무를 하면서 방위사업청 등이 발주하는 방위력개선사업과 관련한 군사기밀을 탐지·수집·누설하였다는 혐의로 수사를 진행하던 중, 2014. 6. 9. 서울중앙지방법원 판사로부터 공소외 1 등 6명의 신체, 사무실, 주거지 등에 대하여 압수·수색·검증영장(이하 '제1영장'이라 한다)을 발부받았다.

제1영장의 압수할 물건에는 위 군사기밀과 관련한 군 관련 자료, 이를 파일 형태로 담고 있는 컴퓨터, 노트북, 외장형 하드디스크, USB, CD, DVD, 휴대전화 등 정보저장매체와 그 정보저장매체에 수록된 내용, 수첩, 노트 등 범죄사실과 관련된 문서자료 등이 포함되었다.

제1영장의 압수 대상 및 방법에 관하여는 혐의사실과 관련된 전자정보만을 문서로 출력하거나 수사기관이 휴대한 저장매체에 복사하는 방법을 원칙으로 하되, 이러한 압수 집행이 불가능하거나 현저히 곤란한 경우 저장매체 전부를 하드카피·이미징하는 방식으로 복제할 수 있고, 집행 현장에서 복제가 불가능하거나 현저히 곤란한 경우에는 저장매체의 원본을 봉인, 반출한 뒤 복제작업을 마치고 지체 없이 반환하도록 하며, 복제한 저장매체에서 혐의사실과 관련된 전자정보만을 출력, 복사하여야 하고, 위와 같은 증거물 수집이 완료되고 복제한 저장매체를 보전할 필요성이 소멸된 후에는 혐의사실과 관련 없는 전자정보를 지체 없이 삭제·폐기하도록 하는 제한사항이 존재하였다.

나. 기무사 수사관은 2014. 6. 10. 제1영장을 집행하면서, 공소외 1의 주거지에 있던 공소외 1의 노트북, 메모리카드, 외장형 하드디스크 전부를 모두 이미징하는 방법으로 복제하여 '삼성 노트북 이미지', 'Transcend Flash 메모리 이미지', 'Micro SD Flash 메모리 이미지', 'Seagate 외장형 HDD 이미지 파일' 등(이하 '이미징 사본'이라 한다)을 생성하였다.

다. 서울중앙지방검찰청 검사는 2014. 7.경 공소외 1을 군사기밀 보호법 위반 등의 혐의로 기소하였다. 서울중앙지방법원은 2015. 1. 8. 공소외 1이 '특수전지원함/특수침투정', 'GPS 화물낙하산', '소형무장헬기', '고공침투장비', '기상레이더 2차' 사업 등과 관련한 군사기밀을 탐지·수집 및 누설하였다는 공소사실을 유죄로 인정하여 공소외 1에 대하여 징역 4년을 선고하고, 압수된 이미징 사본 중 일부를 몰수하는 판결을 선고하였다.

공소외 1과 검사는 위 판결에 불복하여 항소, 상고하였으나, 공소외 1의 일부 뇌물공여의 점이 추가로 유죄로 인정된 것 이외에 위 군사기밀 탐지·수집 및 누설에 관한 유죄 부분은 그대로 유지되었고, 위 판결은 2015. 9. 24. 대법원의 상고기각 판결로 확정되었다(이하 공소외 1에 대한 위 형사사건을 '선행사건'이라 한다).

라. 기무사 수사관은 2016. 7.경 군 내부 실무자가 공소외 1에게 '소형무장헬기' 사업과 관련한 군사기밀을 누설하였을 가능성을 확인하고, 2016. 7. 19. 서울중앙지방검찰청에 보관되어 있던 선행사건의 기록과 압수물을 대출받았다.

마. 기무사 수사관은 2016. 7. 21.경 압수물 중 이미징 사본에 대한 분석(이하 '1차 탐색'이라 한다)을 하고, 이를 기초로 피고인이 공소외 1에게 '소형무장헬기' 사업 등과 관련한 군사기밀을 누설하였다는 혐의로 피고인에 대한 내사를 개시하였다.

바. 기무사 수사관은 2016. 8. 2. 국방부 보통군사법원 군판사로부터 피고인이 '특수전지원함/특수침투정', '소형무장헬기', '기상레이더 2차' 사업과 관련한 군사기밀을 누설하였다는 범죄사실에 관한 증거자료를 확보할 필요가 있다는 등의 사유로 서울중앙지방검찰청에 보관된 선행사건의 압수물 중 위 사업 관련 군사기밀 및 군 관련 자료, 범죄사실을 증명할 수 있는 자료 등에 관한 압수·수색·검증영장(이하 '제2영장'이라 한다)을 발부받았다.

사. 기무사 수사관은 2016. 8. 4. 서울중앙지방검찰청 형사증거과 직원 공소외 2의 참여하에 제2영장을 집행하여, 그곳에 보관되어 있던 선행사건 압수물인 이미징 사본에서 공소외 1의 이메일 기록을 추출하여 압수하였다.

2. 대법원의 판단

가. 관련 법리

수사기관의 전자정보에 대한 압수·수색은 원칙적으로 영장 발부의 사유로 된 범죄 혐의사실과 관련된 부분만을 문서 출력물로 수집하거나 수사기관이 휴대한 저장매체에 해당 파일을 복제하는 방식으로 이루어져야 한다. 수사기관이 저장매체 자체를 직접 반출하거나 그 저장매체에 들어 있는 전자파일 전부를 하드카피나 이미징 등 형태(이하 '복제본'이라 한다)로 수사기관 사무실 등 외부에 반출하는 방식으로 압수·수색하는 것은 현장의 사정이나 전자정보의 대량성으로 인하여 관련 정보 획득에 긴 시간이 소요되거나 전문 인력에 의한 기술적 조치가 필요한 경우 등 범위를 정하여 출력 또는 복제하는 방법이 불가능하거나 압수의 목적을 달성하기에 현저히 곤란하다고 인정되는 때에 한하여 예외적으로 허용될 수 있을 뿐이다(대법원 2015. 07. 16. 자 2011모1839 전원합의체 결정 등 참고).

수사기관은 복제본에 담긴 전자정보를 탐색하여 혐의사실과 관련된 정보(이하 '유관정보'라 한다)를 선별하여 출력하거나 다른 저장매체에 저장하는 등으로 압수를 완료하면 혐의사실과 관련 없는 전자정보(이하 '무관정보'라 한다)를 삭제·폐기하여야 한다. 수사기관이 새로운 범죄 혐의의 수사를 위하여 무관정보가 남아 있는 복제본을 열람하는 것은 압수·수색영장으로 압수되지 않은 전자정보를 영장 없이 수색하는 것과 다르지 않다. 따라서 복제본은 더 이상 수사기관의 탐색, 복제 또는 출력 대상이 될 수 없으며, 수사기관은 새로운 범죄 혐의의 수사를 위하여 필요한 경우에도 유관정보만을 출력하거나 복제한 기존 압수·수색의 결과물을 열람할 수 있을 뿐이다.

나. 이 사건에 관한 판단

앞에서 본 사정을 위와 같은 법리에 비추어 살펴본다. 기무사는 1차 탐색 당시 제1영장 기재 혐의사실과 관련된 정보와 무관정보가 뒤섞여 있는 이미징 사본을 탐색의 대상으로 삼았다. 무관정보는 제1영장으로 적법하게 압수되었다고 보기 어려우므로, 참여권 보장 여부와 관계없이 이미징 사본의 내용을 탐색하거나 출력한 행위는 위법하다. 따라서 이를 바탕으로 수집한 전자정보 등 2차적 증거는 위법수집증거에 해당하여 유죄의 증거로 사용할 수 없다. 공소외 1이 선행사건 수사 당시 이미징 사본에 관한 소유권을 포기하였다거나, 제2영장을 발부받았다는 등 군검사가 상고이유로 주장하는 사유만으로는 위법수집증거라도 유죄의 증거로 사용할 수 있는 예외적인 경우에 해당한다고 보기 어렵다.

원심이 같은 취지에서 그 판시와 같은 이유로 이 사건 공소사실을 무죄로 판단한 것은 정당하고, 거기에 압수 절차나 압수물의 증거능력, 위법수집증거에 관한 법리를 오해하는 등의 잘못이 없다.

3. 결 론

그러므로 상고를 기각하기로 하여, 관여 대법관의 일치된 의견으로 주문과 같이 판결한다.

● 대법원 2023. 06. 01. 선고 2020도12157 판결 [상표법위반]

【판시사항】

[1] 압수의 대상이 되는 전자정보와 그렇지 않은 전자정보가 혼재된 정보저장매체나 복제본을 임의제출받은 수사기관이 정보저장매체 등을 수사기관 사무실 등으로 옮겨 탐색·복제·출력하는 일련의 과정에서, 범죄혐의사실과 무관한 전자정보의 임의적인 복제 등을 막기 위한 적절한 조치를 취하지 않은 경우, 압수·수색의 적법 여부(원칙적 소극)

[2] 피고인이 대표로 있는 회사가 수하인으로 기재된 위조품 메모리카드가 세관 휴대품검사관에 의해 적발되어 피고인이 타인의 등록상표가 표시된 지정상품과 유사한 상품을 인도하기 위하여 소지하였다는 이유로 상표법 위반으로 기소되었는데, 세관 소속 특별사법경찰관이 관할 법원 판사가 피고인을 피의자로 하여 상표법 위반을 혐의사실로 발부한 위 메모리카드 및 피고인의 휴대전화 등에 대한 사전 압수·수색영장에 의해 세관 유치품보관창고에서 유치창고 담당자를 피압수자로 하여 위 메모리카드를 압수하였고, 피고인이 대표로 있는 회사 소재지 관할 지방검찰청 검사장에 대하여 별도의 보고절차를 밟지 않고 위 회사에 대한 압수·수색을 실시하여 피고인의 휴대전화를 압수한 다음 문자메시지 등을 탐색·복원·출력한 사안에서, 위 휴대전화 및 메모리카드에 관한 증거들의 증거능력을 부정한 원심판결에 법리오해 등의 잘못이 있다고 한 사례

【판결요지】

[1] 압수의 대상이 되는 전자정보와 그렇지 않은 전자정보가 혼재된 정보저장매체나 그 복제본을 임의제출받은 수사기관이 정보저장매체 등을 수사기관 사무실 등으로 옮겨 이를 탐색·복제·출력하는 경우, 그와 같은 일련의 과정에서 형사소송법 제219조, 제121조에서 규정하는 피압수·수색 당사자(이하 '피압수자'라 한다)나 변호인에게 참여의 기회를 보장하고 압수된 전자정보의 파일 명세가 특정된 압수목록을 작성·교부하여야 하며 범죄혐의사실과 무관한 전자정보의 임의적인 복제 등을 막기 위한 적절한 조치를 취하는 등 영장주의 원칙과 적법절차를 준수하여야 한다. 만약 그러한 조치가 취해지지 않았다면 피압수자 측이 참여하지 아니한다는 의사를 명시적으로 표시하였거나 임의제출의 취지와 경과 또는 그 절차 위반행위가 이루어진 과정의 성질과 내용 등에 비추어 피압수자 측에 절차 참여를 보장한 취지가 실질적으로 침해되었다고 볼 수 없을 정도에 해당한다는 등의 특별한 사정이 없는 이상 압수·수색이 적법하다고 평가할 수 없다.

[2] 피고인이 대표로 있는 회사가 수하인으로 기재된 위조품 메모리카드가 세관 휴대품검사관에 의해 적발되어 피고인이 타인의 등록상표가 표시된 지정상품과 유사한 상품을 인도하기 위하여 소지하였다는 이유로 상표법 위반으로 기소되었는데, 세관 소속 특별사법경찰관이 관할 법원 판사가 피고인을 피의자로 하여 상표법 위반을 혐의사실로 발부한 위 메모리카드 및 피고인의 휴대전화 등에 대한 사전 압수·수색영장에 의해 세관 유치품보관창고에서 유치창고 담당자를 피압수자로 하여 위 메모리카드를 압수하였고, 피고인이 대표로 있는 회사 소재지 관할 지방검찰청 검사장에 대하여 별도의 보고절차를 밟지 않고 위 회사에 대한 압수·수색을 실시하여 피고인의 휴대전화를 압수한 다음 문자메시지 등을 탐색·복원·출력한 사안에서, ① 특별사법경찰관이 피고인의 휴대전화 압수·수색 과정에서 압수조서 및 전자정보 파일명세가 특정된 압수목록을 작성·교부하지는 않았지만, 그에 갈음하여 압수의 취지가 상세히 기재된 '조사보고(압수·수색검증영장 집행결과 보고)'를 작성하였으므로, 조사보고의 작성 경위 및 복원된 전자정보의 내용을 감안하면 적법절차의 실질적인 내용을 침해하였다고 보기는 어려운 점, 구 특별사법경찰관리 집무규칙(2021. 1. 1. 법무부령 제995호로 폐지되기 전의 것) 제4조는 내부적 보고의무 규정에 불과하므로, 특별사법경찰관리가 위 규정에서 정한 보고를 하지 않은 채 관할구역 외에서 수사를 하였다고 하여 적법절차의 실질적인 내용을 침해하는 경우에 해당한다고 볼 수 없는 점에 비추어 피고인의 휴대전화 압수·수색 과정에서 피고인에 대한 절차 참여를 보장한 취지가 실질적으로 침해되어 압수·수색이 위법하다고 볼 수 없고, ② 특별사법경찰관은 당초 수하인인 피고인으로부터 위 메모리카드를 임의제출받으려 하였으나, 피고인이 "자신은 메모리카드와는 아무런 관련이 없다."라는 취지로 주장하면서 자필 진술서까지 제출하자, 부득이하게 영장을 발부받아 세관 유치창고 담당자를 피압수자로 하여 압수집행을 한 것으로 보이는 점, 특별사법경찰관은 세관 유치창고 담당자에게 영장을 제시하면서 위 메모리카드를 압수하여 압수조서를 작성하였고, 위 유치창고 담당자에게 압수목록을 교부한 점에 비추어, 피고인은 위 메모리카드 압수 집행과정에서 절차 참여를 보장받아야 하는 사람에 해당한다고 단정할 수 없거나, 압수 집행과정에서 피고인에 대한 절차 참여를 보장한 취지가 실질적으로 침해되었다고 보기 어려워 압수가 위법하다고 볼 수 없으므로, 위 휴대전화 및 메모리카드에 관한 증거들의 증거능력을 부정한 원심판결에 법리오해 등의 잘못이 있다고 한 사례.

【참조조문】 [1] 헌법 제12조 제1항, 제3항, 형사소송법 제121조, 제129조, 제218조, 제219조 / [2] 헌법 제12조 제1항, 제3항, 형사소송법 제121조, 제129조, 제219조, 상표법 제108조 제1항 제4호, 제230조
【참조판례】 [1] 대법원 2021. 11. 18. 선고 2016도348 전원합의체 판결(공2022상, 57)
【전 문】 【피 고 인】 피고인 【상 고 인】 검사
【원심판결】 의정부지법 2020. 8. 20. 선고 2019노2260 판결

【주 문】

원심판결을 파기하고, 사건을 의정부지방법원에 환송한다.

【이 유】

상고이유를 판단한다.

1. 이 사건 공소사실의 요지

피고인은 2018. 6.경 파주시 (주소 생략)에 있는 피고인이 운영하는 '○○상사' 사무실에서, 샌디스크 엘엘씨가 반도체메모리장치 등을 지정상품으로 하여 등록번호 (생략)호로 상표등록을 한 'SanDisk'와 동일한 문양의 가짜 상표가 부착되어 있는 메모리카드 12,000개 정품 가액 약 4억 8,000만 원 상당(이하 '이 사건 메모리카드'라 한다)을 일명 △△△△로부터 교부받아 '□□□□국제운송'이라는 상호의 업체를 통해 중국에 있는 불상자에게 인도하기 위하여 소지하였다.

이로써 피고인은 타인의 등록상표가 표시된 지정상품과 유사한 상품을 인도하기 위하여 소지하는 방법으로 샌디스크 엘엘씨의 상표권을 침해하였다.

2. 원심 판단의 요지

원심은 다음과 같은 이유로 이 사건 공소사실을 유죄로 인정한 제1심판결을 파기하고 피고인에 대하여 무죄를 선고하였다.

가. 특별사법경찰관은 2018. 8. 23. 인천세관 유치품보관창고에서 사전 압수·수색영장(이하 '이 사건 영장'이라 한다)에 의하여 이 사건 메모리카드를 압수하였는데, 이 과정에서 피고인에 대한 참여통지는 없었고 압수목록도 교부하지 않았으므로, 이 사건 메모리카드에 대한 압수조서, 압수목록은 증거능력이 없다.

나. 특별사법경찰관은 2018. 8. 27. 위 '○○상사'에서 이 사건 영장에 의하여 피고인 소유의 휴대전화(이하 '이 사건 휴대전화'라 한다)를 압수한 다음 위 휴대전화에 저장된 전자정보에 대하여 복제·탐색·출력하는 과정에서 이 사건 휴대전화 압수에 관한 압수조서를 작성하지 않았고, 피고인에게 파일명세가 특정된 압수목록을 교부하지도 않았다. 그리고 인천세관 소속 특별사법경찰관이 관할구역 밖에서 수사하면서 수사를 행하는 지역을 관할하는 의정부지방검찰청 검사장 또는 의정부지방검찰청 고양지청장에게 보고하였음을 인정할 증거가 없다. 따라서 이 사건 휴대전화에 대한 압수는 위법하고, 그 위법의 정도도 무거워 이를 탐색하여 얻은 카카오톡 및 문자메시지 등은 증거능력이 없다.

다. 이 사건 휴대전화에서 추출된 전자정보가 위법하게 수집된 증거로서 증거능력이 인정되지 않는 이상 그에 터 잡아 수집한 2차적 증거인 피고인에 대한 경찰 및 검사 작성 피의자신문조서도 증거수집의 위법과 인과관계가 희석 또는 단절되었다고 볼 수 없다.

3. 인정 사실

원심판결 이유 및 적법하게 채택된 증거에 의하면 다음의 사실을 알 수 있다.

가. 인천세관 소속 인천항휴대품검사관들은 2018. 6. 29. 중국 석도항에서 인천항 제1국제여객터미널로 입국한 무역상 공소외인이 반입한 화물 중 위조품으로 추정되는 이 사건 메모리카드를 적발하여 유치하였고, 2018. 7. 9. 이 사건 메모리카드가 모두 위조품이라는 취지의 감정서를 회신 받았다. 이에 인천세관 소속 특별사법경찰관은 2018. 7. 11. 공소외인이 제출한 화물 송장(인보이스) 등에 수하인으로 기재된 ○○상사를 방문하여 대표자인 피고인을 조사하였는데, 피고인은 "자신이 화물의 화주도 아니고, 이 사건 메모리카드와는 아무런 관련이 없다."라는 취지로 진술하였다.

나. 인천지방법원 판사는 2018. 8. 22. 피고인을 피의자로 하여 이 사건 상표법 위반을 혐의사실로 이 사건 메모리카드 및 이 사건 휴대전화 등에 대한 사전 압수·수색영장을 발부하였다. 특별사법경찰관은 2018. 8. 23. 인천세관 유치품보관창고에서 유치창고 담당자를 피압수자로 하여 이 사건 영장에 의해 이 사건 메모리카드를 압수하였고, 위 메모리카드 압수에 관한 압수조서를 작성하였으며, 유치창고 담당자에게 압수목록을 교부하였다.

다. 특별사법경찰관은 2018. 8. 27. 이 사건 영장에 의하여 ○○상사에 대한 압수·수색을 실시하여 이 사건 휴대전화를 압수한 다음 디지털포렌식 절차를 진행하여 피고인의 카카오톡 및 문자메시지를 탐색·복원·출력하였다. 이 과정에서 이 사건 휴대전화 압수에 관한 압수조서가 작성되지 않았고, 피고인에 대하여 전자정보 파일명세가 특정된 압수목록이 교부되지 않았다. 다만 특별사법경찰관은 압수·수색 당시 이 사건 휴대전화를 제출받은 일시, 장소 및 압수경위 등을 '조사보고(압수·수색검증영장 집행결과 보고)'로 작성하여 기록에 편철하였다. 한편 특별사법경찰관은 위와 같은 압수·수색절차에 나아가기에 앞서 ○○상사의 소재지인 파주시를 관할하는 의정부지방검찰청 검사장이나 의정부지방검찰청 고양지청장에 대하여 별도의 보고절차를 밟지 않았다.

4. 휴대전화에 저장된 전자정보 및 메모리카드의 증거능력에 관한 판단

가. 관련 법리

압수의 대상이 되는 전자정보와 그렇지 않은 전자정보가 혼재된 정보저장매체나 그 복제본을 임의제출받은 수사기관이 정보저장매체 등을 수사기관 사무실 등으로 옮겨 이를 탐색·복제·출력하는 경우, 그와 같은 일련의 과정에서 형사소송법 제219조, 제121조에서 규정하는 피압수·수색 당사자(이하 '피압수자'라 한다)나 변호인에게 참여의 기회를 보장하고 압수된 전자정보의 파일 명세가 특정된 압수목록을 작성·교부하여야 하며 범죄혐의사실과 무관한 전자정보의 임의적인 복제 등을 막기 위한 적절한 조치를 취하는 등 영장주의 원칙과 적법절차를 준수하여야 한다. 만약 그러한 조치가 취해지지 않았다면 피압수자 측이 참여하지 아니한다는 의사를 명시적으로 표시하였거나 임의제출의 취지와 경과 또는 그 절차 위반행위가 이루어진 과정의 성질과 내용 등에 비추어 피압수자 측에 절차 참여를 보장한 취지가 실질적으로 침해되었다고 볼 수 없을 정도에 해당한다는 등의 특별한 사정이 없는 이상 압수·수색이 적법하다고 평가할 수 없다(대법원 2021. 11. 18. 선고 2016도348 전원합의체 판결 참조).

나. 휴대전화에 저장된 전자정보의 증거능력에 관한 판단

1) 위와 같은 사실관계를 앞서 본 법리에 비추어 살펴보면, 이 사건 휴대전화의 압수·수색 과정에서 피고인에 대한 절차 참여를 보장한 취지가 실질적으로 침해되었다고 보기 어려우므로 압수·수색이 위법하다고 볼 수 없다. 그 이유는 다음과 같다.

   가) 비록 특별사법경찰관은 이 사건 휴대전화의 압수·수색 과정에서 압수조서 및 전자정보 파일명세가 특정된 압수목록을 작성·교부하지는 않았지만, 그에 갈음하여 압수의 취지가 상세히 기재된 '조사보고(압수·수색검증영장 집행결과 보고)'를 작성하였는바, 조사보고의 작성 경위 및 복원된 전자정보의 내용을 감안하면 적법절차의 실질적인 내용을 침해하였다고 보기는 어렵다.

   나) 구「특별사법경찰관리 집무규칙(2021. 1. 1. 법무부령 제995호로 폐지되기 전의 것)」제4조는 내부적 보고의무 규정에 불과하므로, 특별사법경찰관리가 위 규정에서 정한 보고를 하지 않은 채 관할구역 외에서 수사를 하였다고 하여 적법절차의 실질적인 내용을 침해하는 경우에 해당한다고 볼 수 없다.

2) 그럼에도 원심은 이 사건 휴대전화에 관한 압수절차가 압수조서 작성 등의 절차를 지키지 않아 위법하다고 보아 이를 탐색하여 얻은 카카오톡 및 문자메시지 등의 증거능력을 부정하였는바, 이러한 원심의 판단에는 휴대전화 압수절차의 적법성에 관한 법리를 오해하여 판결에 영향을 미친 잘못이 있다.

다. 메모리카드의 증거능력에 관한 판단

1) 위와 같은 사실관계를 앞서 본 법리에 비추어 살펴본다. 아래에서 보는 바와 같은 이 사건 메모리카드의 압수 집행경과 등을 감안하면, 피고인은 이 사건 메모리카드 압수 집행과정에서 절차 참여를 보장받아야 하는 사람에 해당한다고 단정할 수 없거나, 압수 집행과정에서 피고인에 대한 절차 참여를 보장한 취지가 실질적으로 침해되었다고 보기 어려우므로 위 압수는 위법하다고 볼 수 없다.

   가) 피고인은 유체물인 이 사건 메모리카드에 관한 압수 당시 이 사건 메모리카드를 소지하고 있지 않았다. 특별사법경찰관은 당초 이 사건 메모리카드의 수하인인 피고인으로부터 메모리카드를 임의제출받으려 하였으나, 피고인이 "자신은 이 사건 메모리카드와는 아무런 관련이 없다."라는 취지로 주장하면서 자필 진술서까지 제출하자, 부득이하게 이 사건 영장을 발부받아 인천세관 유치창고 담당자를 피압수자로 하여 압수집행을 한 것으로 보인다.

   나) 특별사법경찰관은 인천세관 유치창고 담당자에게 이 사건 영장을 제시하면서 이 사건 메모리카드를 압수하였고, 위 메모리카드에 관한 압수조서를 작성하였으며, 위 유치창고 담당자에게 압수목록을 교부하였다.

2) 그럼에도 원심은 이 사건 메모리카드에 관한 압수절차가 피고인의 참여권 등을 침해하여 위법하다고 보아 위 메모리카드에 관한 압수조서, 압수목록의 증거능력을 부정하였는바, 이러한 원

심의 판단에는 참여권 보장에 관한 법리를 오해하여 판결에 영향을 미친 잘못이 있다.

라. 소결론

결국 판시와 같은 이유로 이 사건 휴대전화 및 메모리카드에 관한 증거들의 증거능력을 부정하고 나머지 증거들만으로는 범죄의 증명이 없는 경우에 해당한다는 이유로 이 사건 공소사실을 무죄로 판단한 원심판결에는 앞서 본 바와 같은 잘못으로 위 증거들의 증거능력을 부정한 나머지 필요한 심리를 다하지 못하여 판결에 영향을 미친 잘못이 있다. 원심으로서는 이 사건 휴대전화 및 메모리카드에 관한 압수·수색 과정에서 적법하게 수집된 증거들에 의하여 공소사실을 인정할 수 있는지 다시 심리, 판단하여야 할 것이다.

5. 결 론

그러므로 나머지 상고이유에 관한 판단을 생략한 채 원심판결을 파기하고, 사건을 다시 심리·판단하게 하기 위하여 원심법원에 환송하기로 하여, 관여 대법관의 일치된 의견으로 주문과 같이 판결한다.

Ⓑ 대법원 2023. 06. 29. 선고 2020도3626 판결 [성매매알선등행위의처벌에관한법률위반(성매매알선등)] 〈성매매알선등행위의처벌에관한법률위반(성매매알선등)죄 성립 여부 및 공소사실 특정 여부가 문제된 사건〉

【판시사항】

[1] 성매매알선 등 행위의 처벌에 관한 법률 제2조 제1항 제2호에서 규정한 '성매매알선'의 의미 및 성매매의 알선이 되기 위한 알선 정도 / 같은 법 제19조에서 정한 성매매알선죄의 성격(=성매매죄의 종범이 아닌 독자적인 정범) 및 알선자가 성매매를 하려는 당사자들의 의사를 연결하여 더 이상 알선자의 개입이 없더라도 당사자 사이에 성매매에 이를 수 있을 정도의 주선행위를 한 경우, 성매수자에게 실제로는 성매매에 나아가려는 의사가 없었더라도 성매매알선죄가 성립하는지 여부(적극)

[2] 동일 죄명에 해당하는 수 개의 행위를 단일하고 계속된 범의하에 일정기간 계속하여 행하고 피해법익도 동일한 경우의 죄수(=포괄일죄)

[3] 범죄의 일시·장소·방법을 명시하여 공소사실을 특정하도록 한 취지 및 공소사실의 특정 정도 / 포괄일죄의 경우, 공소사실의 특정 정도

【판결요지】

[1] 성매매알선 등 행위의 처벌에 관한 법률(이하 '성매매처벌법'이라 한다) 제2조 제1항 제2호가 규정하는 '성매매알선'은 성매매를 하려는 당사자 사이에 서서 이를 중개하거나 편의를 도모하는 것을

의미하므로, 성매매의 알선이 되기 위하여는 반드시 그 알선에 의하여 성매매를 하려는 당사자가 실제로 성매매를 하거나 서로 대면하는 정도에 이르러야만 하는 것은 아니고, 성매매를 하려는 당사자들의 의사를 연결하여 더 이상 알선자의 개입이 없더라도 당사자 사이에 성매매에 이를 수 있을 정도의 주선행위만 있으면 족하다. 그리고 성매매처벌법 제19조에서 정한 성매매알선죄는 성매매죄 정범에 종속되는 종범이 아니라 성매매죄 정범의 존재와 관계없이 그 자체로 독자적인 정범을 구성하므로, 알선자가 위와 같은 주선행위를 하였다면 성매수자에게 실제로는 성매매에 나아가려는 의사가 없었다고 하더라도 위 법에서 정한 성매매알선죄가 성립한다.

[2] 동일 죄명에 해당하는 수 개의 행위를 단일하고 계속된 범의하에 일정기간 계속하여 행하고 그 피해법익도 동일한 경우에는 이들 각 행위를 통틀어 포괄일죄로 처단하여야 할 것이다.

[3] 공소사실의 기재에 관해서 범죄의 일시·장소·방법을 명시하여 공소사실을 특정하도록 한 법의 취지는 법원에 대하여 심판의 대상을 한정하고 피고인에게 방어의 범위를 특정하여 방어권 행사를 쉽게 해 주기 위한 데에 있으므로, 공소사실은 이러한 요소를 종합하여 구성요건 해당사실을 다른 사실과 구별할 수 있을 정도로 기재하면 족하고, 공소장에 범죄의 일시·장소·방법 등이 구체적으로 적시되지 않았더라도 위와 같이 공소사실을 특정하도록 한 법의 취지에 반하지 아니하고 공소범죄의 성격에 비추어 개괄적 표시가 부득이한 경우에는, 공소내용이 특정되지 않아 공소제기가 위법하다고 할 수 없으며, 특히 포괄일죄에 관해서는 일죄의 일부를 구성하는 개개의 행위에 대하여 구체적으로 특정되지 아니하더라도 전체 범행의 시기와 종기, 범행방법, 피해자나 상대방, 범행횟수나 피해액의 합계 등을 명시하면 이로써 그 범죄사실은 특정되는 것이다. 그리고 공소장에 범죄의 일시·장소·방법 등의 일부가 다소 불명확하더라도 그와 함께 적시된 다른 사항들에 의하여 공소사실을 특정할 수 있고, 그리하여 피고인의 방어권 행사에 지장이 없다면, 공소제기의 효력에는 영향이 없다.

【참조조문】 [1] 성매매알선 등 행위의 처벌에 관한 법률 제2조 제1항 제2호, 제19조 / [2] 형법 제37조 / [3] 형사소송법 제254조 제4항, 제327조 제2호
【참조판례】 [1] 대법원 2005. 2. 17. 선고 2004도8808 판결(공2005상, 458), 대법원 2011. 12. 22. 선고 2011도14272 판결 / [2] 대법원 2002. 7. 26. 선고 2002도1855 판결(공2002하, 2159), 대법원 2009. 10. 15. 선고 2009도2198 판결 / [3] 대법원 2002. 6. 20. 선고 2002도807 전원합의체 판결(공2002하, 1750), 대법원 2008. 7. 10. 선고 2008도1664 판결, 대법원 2010. 4. 29. 선고 2007도7064 판결, 대법원 2010. 9. 9. 선고 2008도11254 판결, 대법원 2017. 2. 21. 선고 2016도19186 판결
【전 문】 【피 고 인】 피고인 【상 고 인】 검사
【원심판결】 의정부지방법원 2020. 2. 13. 선고 2019노1576 판결,

【주 문】

원심판결을 파기하고, 사건을 의정부지방법원에 환송한다.

【이 유】

1. 이 사건 공소사실의 요지

피고인은 남양주시 (주소 생략)에서 마사지실과 샤워실 7개 등 시설을 갖추고 'ㅇㅇㅇ ㅇㅇㅇ'이라는 상호로 성매매업소를 운영한 사람이고, 공소외 1은 위 성매매업소에서 성매매 예약을 받고 손님을 객실로 안내하는 일을 하는 종업원이다.

피고인과 공소외 1은 공모하여, 피고인은 2017. 10. 10.부터 2017. 10. 12.까지, 공소외 1은 2017. 10. 12.경 위 업소에서 태국 국적의 마사지사 등 6명을 고용하고 인터넷사이트에 성매매 광고를 한 후, 광고를 보고 연락하는 불특정 다수의 남성 손님에게 성매매 대금으로 10만 원을 받고 위 태국 국적 여성과 성교행위를 하도록 하여 성매매를 알선하였다.

2. 원심의 판단

가. 무죄 부분

원심은 이 사건 공소사실 중 2017. 10. 12. 자 순경 공소외 2에 대한 성매매알선행위에 관하여, 「성매매알선 등 행위의 처벌에 관한 법률」(이하 '성매매처벌법'이라 한다) 제19조 제1항 제1호는 추상적 위험범이 아니라 구체적이면서 현실적인 성매매의 실현 가능성을 전제로 성매매를 알선한 사람을 처벌하는 규정이므로 성을 실제로 매수하려는 당사자가 아닌 단속 경찰관에게 접대부를 알선하였더라도 성매매처벌법 위반(성매매알선등)죄가 성립하지 아니한다고 보아, 이 부분 공소사실을 유죄로 판단한 제1심판결을 직권으로 파기하고 무죄를 선고하였다.

나. 공소기각 부분

원심은 나머지 공소사실에 관하여, 성매매처벌법 제19조 제1항 제1호 위반죄의 경우에는 알선행위별로 범죄가 성립하고 각 알선죄 상호 간 실체적 경합 관계에 있음에도 이 부분 공소사실에 개별적인 성매매알선행위가 구체적으로 기재되지 않아 공소제기의 절차가 법률의 규정을 위반하여 무효일 때에 해당한다는 이유로 이 부분 공소사실을 유죄로 판단한 제1심판결을 직권으로 파기하고 공소를 기각하였다.

3. 대법원의 판단

그러나 원심의 위와 같은 판단은 다음과 같은 이유로 수긍하기 어렵다.

가. 무죄 부분

1) 성매매처벌법 제2조 제1항 제2호가 규정하는 '성매매알선'은 성매매를 하려는 당사자 사이에 서서 이를 중개하거나 편의를 도모하는 것을 의미하므로, 성매매의 알선이 되기 위하여는 반드시 그 알선에 의하여 성매매를 하려는 당사자가 실제로 성매매를 하거나 서로 대면하는 정도에 이르러야만 하는 것은 아니고, 성매매를 하려는 당사자들의 의사를 연결하여 더 이상 알선자의 개입이 없더라도 당사자 사이에 성매매에 이를 수 있을 정도의 주선행위만 있으면 족하다(대법원 2005. 02. 17. 선고 2004도8808 판결, 대법원 2011. 12. 22. 선고 2011도14272 판결 등 참조). 그리고 성매매처벌법 제19조에서 정한 성매매알선죄는 성매매죄 정범에 종속되는 종범이 아니라 성매매죄 정범의 존재와 관계없이 그 자체로 독자적인 정범을 구성하므로, 알선자가 위와 같은 주선행위를 하였다면 성매수자에게 실제로는 성매매에 나아가

려는 의사가 없었다고 하더라도 위 법에서 정한 성매매알선죄가 성립한다.

2) 원심판결 이유와 적법하게 채택된 증거들에 의하면, 피고인이 이 사건 당시 종업원인 공소외 1과 공모하여 피고인 운영의 성매매업소에서 단속 경찰관과 성매매 여성이 성매매에 이를 수 있도록 단속 경찰관을 독립된 방실에 대기시키고 상대방인 성매매 여성에게 연락하여 단속 경찰관이 대기하는 방실에 들어가게 한 사실이 인정된다.

3) 위 사실을 앞서 본 법리에 비추어 보면, 피고인은 성매매를 하려는 당사자들의 의사를 연결하여 더 이상 알선자인 피고인의 개입이 없더라도 당사자 사이에 성매매에 이를 수 있을 정도의 주선행위를 하였으므로, 성매매 당사자인 단속 경찰관에게 성매수 의사가 있었는지 여부와 무관하게 성매매처벌법 위반(성매매알선등)죄가 성립하였다고 보아야 할 것이다.

4) 그런데도 원심은 판시와 같은 이유를 들어 이 부분 공소사실을 무죄로 판단하였으니, 이러한 원심의 판단에는 성매매처벌법 위반(성매매알선등)죄의 성립에 관한 법리를 오해하여 판결에 영향을 미친 잘못이 있다. 이를 지적하는 검사의 상고이유 주장은 이유 있다.

나. 공소기각 부분

상고이유를 판단하기에 앞서 직권으로 판단한다.

1) 동일 죄명에 해당하는 수 개의 행위를 단일하고 계속된 범의하에 일정기간 계속하여 행하고 그 피해법익도 동일한 경우에는 이들 각 행위를 통틀어 포괄일죄로 처단하여야 할 것이다(대법원 2002. 07. 26. 선고 2002도1855 판결, 대법원 2009. 10. 15. 선고 2009도2198 판결 등 참조).

공소사실의 기재에 관해서 범죄의 일시·장소·방법을 명시하여 공소사실을 특정하도록 한 법의 취지는 법원에 대하여 심판의 대상을 한정하고 피고인에게 방어의 범위를 특정하여 방어권 행사를 쉽게 해 주기 위한 데에 있으므로, 공소사실은 이러한 요소를 종합하여 구성요건 해당사실을 다른 사실과 구별할 수 있을 정도로 기재하면 족하고, 공소장에 범죄의 일시·장소·방법 등이 구체적으로 적시되지 않았더라도 위와 같이 공소사실을 특정하도록 한 법의 취지에 반하지 아니하고 공소범죄의 성격에 비추어 개괄적 표시가 부득이한 경우에는, 공소내용이 특정되지 않아 공소제기가 위법하다고 할 수 없으며, 특히 포괄일죄에 관해서는 일죄의 일부를 구성하는 개개의 행위에 대하여 구체적으로 특정되지 아니하더라도 전체 범행의 시기와 종기, 범행방법, 피해자나 상대방, 범행횟수나 피해액의 합계 등을 명시하면 이로써 그 범죄사실은 특정되는 것이다(대법원 2002. 06. 20. 선고 2002도807 전원합의체 판결, 대법원 2010. 09. 09. 선고 2008도11254 판결 등 참조). 그리고 공소장에 범죄의 일시·장소·방법 등의 일부가 다소 불명확하더라도 그와 함께 적시된 다른 사항들에 의하여 공소사실을 특정할 수 있고, 그리하여 피고인의 방어권 행사에 지장이 없다면, 공소제기의 효력에는 영향이 없다(대법원 2008. 07. 10. 선고 2008도1664 판결, 대법원 2010. 04. 29. 선고 2007도7064 판결 등 참조).

2) 위 법리에 비추어 보면, 이 사건 공소사실 기재 범행은 피고인이 2017. 10. 10.부터 2017. 10. 12.까지 자신이 운영하던 성매매업소에서 성매매 광고를 보고 방문한 손님들에게 대금 10만 원을 받고 종업원인 태국 국적 여성 6명과의 성매매를 알선하였다는 것으로서 모두 동일한 죄명과 법조에 해당하는 것으로 단일하고 계속된 범의하에 시간적으로 근접하여 동일한

장소에서 동일한 방법으로 이루어졌고 피해법익 역시 동일하여 포괄하여 일죄에 해당할 뿐, 실체적 경합 관계에 있다고 보기 어렵다.

3) 나아가 원심이 공소를 기각한 이 부분 공소사실에는 범행의 시기와 종기, 범행의 장소, 고용한 성매매 여성의 수가 특정되어 있고, 성매매 광고를 보고 연락한 불특정 다수의 남성 손님들에게 10만 원의 성매매 대금을 받고 성매매를 알선하였다는 내용으로 성매매알선의 방법 또한 특정되어 있다. 한편 구체적인 성매수자, 범행횟수 등이 기재되지 않았더라도 법원에 대하여 심판의 대상을 한정하고 피고인에게 방어의 범위를 특정함으로써 방어권 행사를 쉽게 하는 데에 지장이 없는 이상 공소사실이 특정되지 않았다고 볼 것은 아니다. 이러한 사정들을 앞서 본 포괄일죄의 공소사실 특정에 관한 법리에 비추어 살펴보면, 이 부분 공소사실은 특정되었다고 볼 수 있다.

4) 그렇다면 이 사건 공소사실 기재 범행은 무죄 부분을 포함하여 전체가 포괄일죄 관계로서 공소사실이 특정되었음에도 그 범행이 실체적 경합 관계에 있음을 전제로 이 부분 공소사실이 특정되지 아니하여 공소제기의 절차가 법률의 규정을 위반하여 무효라고 본 원심의 판단에는 포괄일죄 및 공소사실의 특정에 관한 법리를 오해하여 판결에 영향을 미친 잘못이 있다.

4. 결 론

그러므로 검사의 나머지 상고이유에 관한 판단을 생략한 채 원심판결을 파기하고 사건을 다시 심리·판단하도록 원심법원에 환송하기로 하여, 관여 대법관의 일치된 의견으로 주문과 같이 판결한다.

● 대법원 2023. 09. 18. 선고 2022도7453 전원합의체 판결 [업무방해] 〈증거은닉범이 본범으로부터 은닉을 교사받고 소지·보관 중이던 본범의 정보저장매체를 임의제출하는 경우 본범의 참여권 인정 여부가 문제된 사건〉

【판시사항】

[1] 정보저장매체를 임의제출한 피압수자에 더하여 임의제출자 아닌 피의자에게도 참여권이 보장되어야 하는 '피의자의 소유·관리에 속하는 정보저장매체'의 의미 및 이에 해당하는지 판단하는 기준 / 피의자나 그 밖의 제3자가 과거 그 정보저장매체의 이용 내지 개별 전자정보의 생성·이용 등에 관여한 사실이 있다거나 그 과정에서 생성된 전자정보에 의해 식별되는 정보주체에 해당한다는 사정만으로 그들을 실질적 피압수자로 취급하여야 하는지 여부(소극)

[2] 피고인이 허위의 인턴십 확인서를 작성한 후 甲의 자녀 대학원 입시에 활용하도록 하는 방법으로 甲 등과 공모하여 대학원 입학담당자들의 입학사정업무를 방해하였다는 공소사실과 관련하여, 甲 등이 주거지에서 사용하던 컴퓨터 내 정보저장매체(하드디스크)에 인턴십 확인서 등 증거들이 저장되어 있고, 甲은 자신 등의 혐의에 대한 수사가 본격화되자 乙에게 지시하여 하드디스크를 은닉하였는데, 이후 수사기관이 乙을 증거은닉혐의 피의자로 입건하자 乙이 이를 임의제출하였고, 수

사기관은 하드디스크 임의제출 및 그에 저장된 전자정보에 관한 탐색·복제·출력 과정에서 乙측에 참여권을 보장한 반면 甲 등에게는 참여 기회를 부여하지 않아 그 증거능력이 문제 된 사안에서, 증거은닉범행의 피의자로서 하드디스크를 임의제출한 乙에 더하여 임의제출자가 아닌 甲 등에게도 참여권이 보장되어야 한다고 볼 수 없다고 한 사례

【판결요지】

[1] [다수의견]

(가) 정보저장매체 내의 전자정보가 가지는 중요성은 헌법과 형사소송법이 구현하고자 하는 적법절차, 영장주의, 비례의 원칙과 함께 사생활의 비밀과 자유, 정보에 대한 자기결정권 등의 관점에서 유래된다.

압수의 대상이 되는 전자정보와 그렇지 않은 전자정보가 혼재된 정보저장매체나 그 복제본을 임의제출받은 수사기관이 그 정보저장매체 등을 수사기관 사무실 등으로 옮겨 이를 탐색·복제·출력하는 경우, 그와 같은 일련의 과정에서 형사소송법 제219조, 제121조에서 규정하는 압수·수색영장의 집행을 받는 당사자(이하 '피압수자'라 한다)나 그 변호인에게 참여의 기회를 보장하고 압수된 전자정보의 파일 명세가 특정된 압수목록을 작성·교부하여야 하며, 범죄혐의사실과 무관한 전자정보의 임의적인 복제 등을 막기 위한 적절한 조치를 취하는 등 영장주의 원칙과 적법절차를 준수하여야 한다. 만약 그러한 조치가 취해지지 않았다면 피압수자 측이 참여하지 않겠다는 의사를 명시적으로 표시하였거나 임의제출의 취지와 경과 또는 그 절차 위반행위가 이루어진 과정의 성질과 내용 등에 비추어 피압수자 측에 절차 참여를 보장한 취지가 실질적으로 침해되었다고 볼 수 없을 정도에 해당한다는 등의 특별한 사정이 없는 이상 압수·수색이 적법하다고 평가할 수 없고, 비록 수사기관이 정보저장매체 또는 복제본에서 범죄혐의사실과 관련된 전자정보만을 복제·출력하였다고 하더라도 달리 볼 것은 아니다.

피해자 등 제3자가 피의자의 소유·관리에 속하는 정보저장매체를 임의제출한 경우에는 실질적 피압수자인 피의자가 수사기관으로 하여금 그 전자정보 전부를 무제한 탐색하는 데 동의한 것으로 보기 어려울 뿐만 아니라 피의자 스스로 임의제출한 경우 피의자의 참여권 등이 보장되어야 하는 것과 견주어 보더라도 특별한 사정이 없는 한 피의자에게 참여권을 보장하고 압수한 전자정보 목록을 교부하는 등 피의자의 절차적 권리를 보장하기 위한 적절한 조치가 이루어져야 한다.

(나) 이와 같이 정보저장매체를 임의제출한 피압수자에 더하여 임의제출자 아닌 피의자에게도 참여권이 보장되어야 하는 '피의자의 소유·관리에 속하는 정보저장매체'란, 피의자가 압수·수색 당시 또는 이와 시간적으로 근접한 시기까지 해당 정보저장매체를 현실적으로 지배·관리하면서 그 정보저장매체 내 전자정보 전반에 관한 전속적인 관리처분권을 보유·행사하고, 달리 이를 자신의 의사에 따라 제3자에게 양도하거나 포기하지 아니한 경우로서, 피의자를 그 정보저장매체에 저장된 전자정보 전반에 대한 실질적인 압수·수색 당사자로 평가할 수 있는 경우를 말하는 것이다. 이에 해당하는지 여부는 민사법상 권리의 귀속에 따른 법률적·사후적 판단이 아니라 압수·수색 당시 외형적·객관적으로 인식 가능한 사실상의 상태를 기준으로 판단하여야 한다. 이러한 정보저장매체의 외형적·객관적 지배·관리 등 상태와 별도로 단지 피의자나 그 밖의 제3자가 과거 그 정보저장매체의 이용 내지 개별 전자정보의 생성·이용 등에 관여한 사실이 있다거나 그 과정에

서 생성된 전자정보에 의해 식별되는 정보주체에 해당한다는 사정만으로 그들을 실질적으로 압수·수색을 받는 당사자로 취급하여야 하는 것은 아니다.

[대법관 민유숙, 대법관 이흥구, 대법관 오경미의 반대의견]

(가) 다수의견은 참여권을 보장받는 주체인 '실질적 피압수자'를 압수·수색의 원인이 된 범죄혐의사실의 피의자를 중심으로 협소하게 파악하는 것으로서 선례의 취지와 방향에 부합하지 않는다. 또 다수의견에 의하면 현대사회의 개인과 기업에게 갈수록 중요한 의미를 갖는 전자정보에 관한 수사기관의 강제처분에서 적법절차와 영장주의를 구현해야 하는 헌법적 요청을 외면함으로써 실질적 피압수자인 전자정보 관리처분권자의 사생활의 비밀과 자유 등에 관한 기본권이 침해되는 반헌법적 결과를 용인하게 된다.

(나) 대법원 2021. 11. 18. 선고 2016도348 전원합의체 판결 및 대법원 2022. 1. 27. 선고 2021도11170 판결 등에서 대법원은 전자정보의 압수·수색에서 참여권이 보장되는 주체인 실질적 피압수자는 해당 정보저장매체를 현실적으로 지배·관리하면서 그 정보저장매체 내 전자정보 전반에 관한 전속적인 관리처분권을 보유·행사하는 자로서 그에 대한 실질적인 압수·수색의 당사자로 평가할 수 있는 사람이라고 하였다. 이러한 선례의 법리와 취지에 따르면, 강제처분의 직접 당사자이자 형식적 피압수자인 정보저장매체의 현실적 소지·보관자 외에 소유·관리자가 별도로 존재하고, 강제처분에 의하여 그의 전자정보에 대한 사생활의 비밀과 자유, 정보에 대한 자기결정권, 재산권 등을 침해받을 우려가 있는 경우, 그 소유·관리자는 참여권의 보장 대상인 실질적 피압수자라고 보아야 한다. 이때 실질적 피압수자가 압수·수색의 원인이 된 범죄혐의사실의 피의자일 것을 요하는 것은 아니다.

따라서 증거은닉범이 본범으로부터 증거은닉을 교사받아 소지·보관하고 있던 본범 소유·관리의 정보저장매체를 피의자의 지위에서 수사기관에 임의제출하였고, 본범이 그 정보저장매체에 저장된 전자정보의 탐색·복제·출력 시 사생활의 비밀과 자유 등을 침해받지 않을 실질적인 이익을 갖는다고 평가될 수 있는 경우, 임의제출자이자 피의자인 증거은닉범과 함께 그러한 실질적 이익을 갖는 본범에게도 참여권이 보장되어야 한다.

[2] 피고인이 허위의 인턴십 확인서를 작성한 후 甲의 자녀 대학원 입시에 활용하도록 하는 방법으로 甲 등과 공모하여 대학원 입학담당자들의 입학사정업무를 방해하였다는 공소사실과 관련하여, 甲 등이 주거지에서 사용하던 컴퓨터 내 정보저장매체(이하 '하드디스크'라 한다)에 인턴십 확인서 등 증거들이 저장되어 있고, 甲은 자신 등의 혐의에 대한 수사가 본격화되자 乙에게 지시하여 하드디스크를 은닉하였는데, 이후 수사기관이 乙을 증거은닉혐의 피의자로 입건하자 乙이 이를 임의제출하였고, 수사기관은 하드디스크 임의제출 및 그에 저장된 전자정보에 관한 탐색·복제·출력 과정에서 乙 측에 참여권을 보장한 반면 甲 등에게는 참여 기회를 부여하지 않아 그 증거능력이 문제된 사안에서, 乙은 임의제출의 원인된 범죄혐의사실인 증거은닉범행의 피의자로서 자신에 대한 수사 과정에서 하드디스크를 임의제출하였는데, 하드디스크 및 그에 저장된 전자정보는 본범인 甲 등의 혐의사실에 관한 증거이기도 하지만 동시에 은닉행위의 직접적인 목적물에 해당하여 乙의 증거은닉 혐의사실에 관한 증거이기도 하므로, 乙은 하드디스크와 그에 저장된 전자정보에 관하여

실질적 이해관계가 있는 자에 해당하고, 하드디스크 자체의 임의제출을 비롯하여 증거은닉 혐의사실 관련 전자정보의 탐색·복제·출력 과정 전체에 걸쳐 乙은 참여의 이익이 있는 점, 하드디스크의 은닉과 임의제출 경위, 그 과정에서 乙과 甲 등의 개입 정도 등에 비추어 압수·수색 당시 또는 이에 근접한 시기에 하드디스크를 현실적으로 점유한 사람은 乙이라고 할 것이며, 나아가 乙이 그 무렵 위와 같은 경위로 하드디스크를 현실적으로 점유한 이상 다른 특별한 사정이 없는 한 저장된 전자정보에 관한 관리처분권을 사실상 보유·행사할 수 있는 지위에 있는 사람도 乙이라고 볼 수 있는 점, 甲은 임의제출의 원인된 범죄혐의사실인 증거은닉범행의 피의자가 아닐 뿐만 아니라 하드디스크의 존재 자체를 은폐할 목적으로 막연히 '자신에 대한 수사가 끝날 때까지' 은닉할 것을 부탁하며 하드디스크를 乙에게 교부하였는데, 이는 자신과 하드디스크 및 그에 저장된 전자정보 사이의 외형적 연관성을 은폐·단절하겠다는 목적하에 그 목적 달성에 필요하다면 '수사 종료'라는 불확정 기한까지 하드디스크에 관한 전속적인 지배·관리권을 포기하거나 乙에게 전적으로 양도한다는 의사를 표명한 것으로 볼 수 있는 점 등을 종합하면, 증거은닉범행의 피의자로서 하드디스크를 임의제출한 乙에 더하여 임의제출자가 아닌 甲 등에게도 참여권이 보장되어야 한다고 볼 수 없다는 이유로, 같은 취지에서 하드디스크에 저장된 전자정보의 증거능력을 인정한 원심의 판단이 정당하다고 한 사례.

【참조조문】 [1] 헌법 제12조 제1항, 제3항, 제17조, 형사소송법 제114조, 제118조, 제121조, 제122조, 제123조, 제129조, 제131조, 제218조, 제219조, 제307조, 제308조의2 / [2] 헌법 제12조 제1항, 제3항, 제16조, 제17조, 형법 제30조, 제155조 제1항, 제314조 제1항, 형사소송법 제121조, 제218조, 제219조, 제307조, 제308조의2
【참조판례】 [1] 대법원 2021. 11. 18. 선고 2016도348 전원합의체 판결(공2022상, 57), 대법원 2022. 1. 27. 선고 2021도11170 판결(공2022상, 486)
【전 문】【피 고 인】 피고인 【상 고 인】 피고인 【변 호 인】 법무법인(유한) 해광 외 1인
【원심판결】 서울중앙지방법원 2022. 5. 20. 선고 2021노363 판결,

【주 문】

상고를 기각한다.

【이 유】

상고이유를 판단한다.

1. 정보저장매체 임의제출 절차에서 참여권에 관한 법리오해 주장에 관한 판단

가. 관련 법리

1) 정보저장매체 내의 전자정보가 가지는 중요성은 헌법과 형사소송법이 구현하고자 하는 적법절차, 영장주의, 비례의 원칙과 함께 사생활의 비밀과 자유, 정보에 대한 자기결정권 등의 관점에서 유래된다.

압수의 대상이 되는 전자정보와 그렇지 않은 전자정보가 혼재된 정보저장매체나 그 복제본을

임의제출받은 수사기관이 그 정보저장매체 등을 수사기관 사무실 등으로 옮겨 이를 탐색·복제·출력하는 경우, 그와 같은 일련의 과정에서 형사소송법 제219조, 제121조에서 규정하는 압수·수색영장의 집행을 받는 당사자(이하 '피압수자'라 한다)나 그 변호인에게 참여의 기회를 보장하고 압수된 전자정보의 파일 명세가 특정된 압수목록을 작성·교부하여야 하며, 범죄혐의사실과 무관한 전자정보의 임의적인 복제 등을 막기 위한 적절한 조치를 취하는 등 영장주의 원칙과 적법절차를 준수하여야 한다. 만약 그러한 조치가 취해지지 않았다면 피압수자 측이 참여하지 않겠다는 의사를 명시적으로 표시하였거나 임의제출의 취지와 경과 또는 그 절차 위반행위가 이루어진 과정의 성질과 내용 등에 비추어 피압수자 측에 절차 참여를 보장한 취지가 실질적으로 침해되었다고 볼 수 없을 정도에 해당한다는 등의 특별한 사정이 없는 이상 압수·수색이 적법하다고 평가할 수 없고, 비록 수사기관이 정보저장매체 또는 복제본에서 범죄혐의사실과 관련된 전자정보만을 복제·출력하였다고 하더라도 달리 볼 것은 아니다.

피해자 등 제3자가 피의자의 소유·관리에 속하는 정보저장매체를 임의제출한 경우에는 실질적 피압수자인 피의자가 수사기관으로 하여금 그 전자정보 전부를 무제한 탐색하는 데 동의한 것으로 보기 어려울 뿐만 아니라 피의자 스스로 임의제출한 경우 피의자의 참여권 등이 보장되어야 하는 것과 견주어 보더라도 특별한 사정이 없는 한 피의자에게 참여권을 보장하고 압수한 전자정보 목록을 교부하는 등 피의자의 절차적 권리를 보장하기 위한 적절한 조치가 이루어져야 한다(대법원 2021. 11. 18. 선고 2016도348 전원합의체 판결 등 참조).

2) 이와 같이 정보저장매체를 임의제출한 피압수자에 더하여 임의제출자 아닌 피의자에게도 참여권이 보장되어야 하는 '피의자의 소유·관리에 속하는 정보저장매체'라 함은, 피의자가 압수·수색 당시 또는 이와 시간적으로 근접한 시기까지 해당 정보저장매체를 현실적으로 지배·관리하면서 그 정보저장매체 내 전자정보 전반에 관한 전속적인 관리처분권을 보유·행사하고, 달리 이를 자신의 의사에 따라 제3자에게 양도하거나 포기하지 아니한 경우로서, 피의자를 그 정보저장매체에 저장된 전자정보 전반에 대한 실질적인 압수·수색 당사자로 평가할 수 있는 경우를 말하는 것이다. 이에 해당하는지 여부는 민사법상 권리의 귀속에 따른 법률적·사후적 판단이 아니라 압수·수색 당시 외형적·객관적으로 인식 가능한 사실상의 상태를 기준으로 판단하여야 한다. 이러한 정보저장매체의 외형적·객관적 지배·관리 등 상태와 별도로 단지 피의자나 그 밖의 제3자가 과거 그 정보저장매체의 이용 내지 개별 전자정보의 생성·이용 등에 관여한 사실이 있다거나 그 과정에서 생성된 전자정보에 의해 식별되는 정보주체에 해당한다는 사정만으로 그들을 실질적으로 압수·수색을 받는 당사자로 취급하여야 하는 것은 아니다(대법원 2022. 01. 27. 선고 2021도11170 판결 등 참조).

나. 인정 사실

원심판결 이유 및 적법하게 채택된 증거에 의하면 다음의 사실을 알 수 있다.

1) 수사기관은 2019. 8. 27.경 공소외 1, 공소외 2의 자녀 입시·학사 비리 혐의, 사모펀드 투자비리 혐의, (명칭 1 생략) 학원 비리 혐의 등과 관련된 (명칭 2 생략) 대학교, (명칭 3 생략) 사무실, (명칭 1 생략) 학원 등에 대한 압수·수색을 기점으로 각종 의혹에 대한 수사를 본격화하였다.

2) 공소외 1은 압수·수색 등 수사에 대비하여 혐의사실과 관련된 전자정보가 저장된 컴퓨터 등

을 은닉하고자, 2019. 8. 31.경 공소외 3에게 서재에 있던 컴퓨터에서 떼어 낸 정보저장매체 2개 중 1개(HDD 1개), 아들 공소외 4의 컴퓨터에서 떼어 낸 정보저장매체 2개(HDD 1개, SSD 1개) 등 공소외 1, 공소외 2, 공소외 4(이하 '공소외 1 등'이라 한다)가 주거지에서 사용하던 3개의 정보저장매체(이하 '이 사건 하드디스크'라 한다)를 건네주면서 "수사가 끝날 때까지 숨겨 놓으라."라는 취지로 지시하였다. 공소외 3은 이 사건 하드디스크를 서울 양천구 소재 상가 지하 1층 헬스장 개인 보관함 등에 숨겨 두었다.

3) 이 사건 하드디스크에는 공소외 1이 은닉하고자 했던 증거들, 즉 자녀들의 대학·대학원 입시에 활용한 인턴십 확인서 및 공소외 4, 피고인 등 관련자들의 문자메시지 등이 저장되어 있었다.

4) 수사기관은 2019. 9. 10.경 공소외 3을 증거은닉혐의 피의자로 입건하였다. 공소외 3은 2019. 9. 11. 수사기관에 이 사건 하드디스크를 임의제출하였다.

5) 수사기관은 이 사건 하드디스크 임의제출 및 그에 저장된 전자정보에 관한 탐색·복제·출력 과정에서 공소외 3과 그 변호인에게 참여 의사를 확인하고 참여 기회를 부여하는 등 참여권을 보장하였는데 공소외 3 측은 탐색·복제·출력 과정에 참여하지 않겠다는 의사를 밝혔다. 수사기관은 공소외 1 등에게는 위와 같은 참여 의사를 확인하거나 참여 기회를 부여하지 않았다.

다. 판 단

앞서 살펴본 법리와 위 인정 사실에서 알 수 있는 다음과 같은 사정들을 종합하면, 증거은닉범행의 피의자로서 이 사건 하드디스크를 임의제출한 공소외 3에 더하여 임의제출자가 아닌 공소외 1 등에게도 참여권이 보장되어야 한다고 볼 수 없다. 같은 취지에서 이 사건 하드디스크에 저장된 전자정보의 증거능력을 인정한 원심의 판단은 정당한 것으로 수긍할 수 있다.

1) 공소외 3은 임의제출의 원인된 범죄혐의사실인 증거은닉범행의 피의자로서 자신에 대한 수사 과정에서 이 사건 하드디스크를 임의제출하였다. 이 사건 하드디스크 및 그에 저장된 전자정보는 본범인 공소외 1 등의 혐의사실에 관한 증거이기도 하지만 동시에 은닉행위의 직접적인 목적물에 해당하므로 공소외 3의 증거은닉 혐의사실에 관한 증거이기도 하다. 따라서 공소외 3은 이 사건 하드디스크와 그에 저장된 전자정보에 관하여 실질적 이해관계가 있는 자에 해당한다. 이 사건 하드디스크 자체의 임의제출을 비롯하여 증거은닉 혐의사실 관련 전자정보의 탐색·복제·출력 과정 전체에 걸쳐 공소외 3은 참여의 이익이 있다.

2) 공소외 1은 자신과 공소외 2 등에 대한 수사가 본격화되자 공소외 3에게 은닉을 지시하면서 이 사건 하드디스크를 전달하였다. 공소외 3은 이 사건 하드디스크가 발각되지 않도록 자신만이 아는 장소에 임의로 은닉하였다. 이후 공소외 3은 증거은닉혐의에 관한 피의자로 입건되자 수사기관에 은닉 사실을 밝히면서 이 사건 하드디스크를 임의제출하였다. 이 사건 하드디스크의 은닉과 임의제출 경위, 그 과정에서 공소외 3과 공소외 1 등의 개입 정도 등에 비추어 압수·수색 당시 또는 이에 근접한 시기에 이 사건 하드디스크를 현실적으로 점유한 사람은 공소외 3이라고 할 것이다. 나아가 공소외 3이 그 무렵 위와 같은 경위로 이 사건 하드디스크를 현실적으로 점유한 이상 다른 특별한 사정이 없는 한 저장된 전자정보에 관한 관리처분권을 사실상 보유·행사할 수 있는 지위에 있는 사람도 공소외 3이라고 볼 수 있다.

3) 공소외 1은 임의제출의 원인된 범죄혐의사실인 증거은닉범행의 피의자가 아닐 뿐만 아니라 이

사건 하드디스크의 존재 자체를 은폐할 목적으로 막연히 '자신에 대한 수사가 끝날 때까지' 은닉할 것을 부탁하며 이 사건 하드디스크를 공소외 3에게 교부하였다. 이는 자신과 이 사건 하드디스크 및 그에 저장된 전자정보 사이의 외형적 연관성을 은폐·단절하겠다는 목적하에 그 목적 달성에 필요하다면 '수사 종료'라는 불확정 기한까지 이 사건 하드디스크에 관한 전속적인 지배·관리권을 포기하거나 공소외 3에게 전적으로 양도한다는 의사를 표명한 것으로 볼 수 있다. 이로써 결과적으로 공소외 3은 이 사건 하드디스크에 대한 현실적·사실적 지배 및 그에 저장된 전자정보 전반에 관한 전속적인 관리처분권을 사실상 보유·행사할 수 있는 상태가 되었고, 자신이 임의로 선택한 장소에 이 사건 하드디스크를 은닉하였다가 이후 이를 수사기관에 임의제출함으로써 그 권한을 실제로 행사하였다.

2. 그 밖의 상고이유 주장에 관한 판단

원심은 판시와 같은 이유로 이 사건 공소사실을 유죄로 판단한 제1심판결을 그대로 유지하였다. 원심판결 이유를 관련 법리와 적법하게 채택한 증거에 비추어 살펴보면, 원심의 판단에 필요한 심리를 다하지 않은 채 논리와 경험의 법칙을 위반하여 자유심증주의의 한계를 벗어나거나 압수물과 피의사실 사이의 관련성, 공소권남용, 이 사건 확인서의 허위성에 관한 무죄추정 원칙 및 증거재판주의 원칙, 업무방해죄에서 위계와 결과발생 위험성, 고의 및 공동정범, 2차 증거의 증거능력 등에 관한 법리를 오해하여 판결에 영향을 미친 잘못이 없다.

3. 결 론

그러므로 상고를 기각하기로 하여 주문과 같이 판결한다. 이 판결에는 대법관 민유숙, 대법관 이흥구, 대법관 오경미의 반대의견이 있는 외에는 관여 법관의 의견이 일치하였고, 다수의견에 대한 대법관 안철상, 대법관 노태악, 대법관 천대엽의 보충의견, 그리고 반대의견에 대한 대법관 오경미의 보충의견이 있다.

4. 대법관 민유숙, 대법관 이흥구, 대법관 오경미의 반대의견

가. 반대의견의 요지

1) 다수의견은 이 사건 하드디스크의 임의제출자인 공소외 3이 증거은닉범행의 피의자로서 그에 저장된 전자정보에 관하여 실질적 이해관계가 있고 이를 현실적으로 점유함으로써 해당 전자정보에 관한 관리처분권을 사실상 보유·행사할 수 있는 지위에 있으므로 압수·수색 절차에서 그에게 참여권을 보장한 것으로 충분하고, 자신의 피의사실에 관한 증거를 은닉하기 위하여 공소외 3에게 이 사건 하드디스크를 교부한 공소외 1 등은 그에 대한 전속적인 관리처분권을 포기하였거나 양도한 이상 참여권 보장의 대상자인 실질적 피압수자에 해당하지 않는다고 판단하였다.

2) 그러나 이에 동의할 수 없다. 다수의견은 참여권을 보장받는 주체인 '실질적 피압수자'를 압수·수색의 원인이 된 범죄혐의사실의 피의자를 중심으로 협소하게 파악하는 것으로서 선례의 취지와 방향에 부합하지 않는다. 또 다수의견에 의하면 현대사회의 개인과 기업에 갈수록 중요한 의미를 갖는 전자정보에 관한 수사기관의 강제처분에서 적법절차와 영장주의를 구현해야

하는 헌법적 요청을 외면함으로써 실질적 피압수자인 전자정보 관리처분권자의 사생활의 비밀과 자유 등에 관한 기본권이 침해되는 반헌법적 결과를 용인하게 된다.

3) 위 대법원 2016도348 전원합의체 판결(이하 '2016도348 전원합의체 판결'이라 한다) 및 대법원 2021도11170 판결 등에서 대법원은 전자정보의 압수·수색에서 참여권이 보장되는 주체인 실질적 피압수자는 해당 정보저장매체를 현실적으로 지배·관리하면서 그 정보저장매체 내 전자정보 전반에 관한 전속적인 관리처분권을 보유·행사하는 자로서 그에 대한 실질적인 압수·수색의 당사자로 평가할 수 있는 사람이라고 하였다. 이러한 선례의 법리와 취지에 따르면, 강제처분의 직접 당사자이자 형식적 피압수자인 정보저장매체의 현실적 소지·보관자 외에 소유·관리자가 별도로 존재하고, 강제처분에 의하여 그의 전자정보에 대한 사생활의 비밀과 자유, 정보에 대한 자기결정권, 재산권 등을 침해받을 우려가 있는 경우, 그 소유·관리자는 참여권의 보장 대상인 실질적 피압수자라고 보아야 한다. 이때 실질적 피압수자가 압수·수색의 원인이 된 범죄혐의사실의 피의자일 것을 요하는 것은 아니다.

4) 따라서 증거은닉범이 본범으로부터 증거은닉을 교사받아 소지·보관하고 있던 본범 소유·관리의 정보저장매체를 피의자의 지위에서 수사기관에 임의제출하였고, 본범이 그 정보저장매체에 저장된 전자정보의 탐색·복제·출력 시 사생활의 비밀과 자유 등을 침해받지 않을 실질적인 이익을 갖는다고 평가될 수 있는 경우, 임의제출자이자 피의자인 증거은닉범과 함께 그러한 실질적 이익을 갖는 본범에게도 참여권이 보장되어야 한다.

이러한 점에서 다수의견과 견해를 달리한다. 그 상세한 논거는 다음과 같다.

나. 전자정보 압수·수색에서 참여권 보장의 취지와 참여권의 구체화

선례의 전자정보 압수·수색에서 참여권 법리는 국가의 강제처분의 직접 대상이 된 피압수자를 중심으로 하여 강제처분으로 기본권 등의 침해를 실제로 받는 사람, 즉 압수·수색 처분의 실질적 당사자를 보호하기 위한 방향으로 진화하였다.

1) 대법원은 일찍이 2011. 5. 26. 자 2009모1190 결정으로 전국교직원노동조합 사무실에 있는 정보저장매체에 대한 압수·수색에서 강제처분의 대상이 된 피압수자 또는 그 변호인에 대하여 참여권을 보장하는 법리를 최초로 설시하였다. 이어 대법원 2015. 7. 16. 자 2011모1839 전원합의체 결정을 통해 주식회사 종근당에 대한 압수·수색에서 강제처분의 대상자인 피압수자를 중심으로 한 참여권 보장의 법리를 다시 확인하면서, 피압수자의 참여권을 배제한 절차적 위법이 있을 때 원칙적으로 증거능력이 배제됨을 선언하였다.

위 대법원 2009모1190 결정과 대법원 2011모1839 전원합의체 결정에서 대법원은 전국교직원노동조합과 주식회사 종근당이 피의자의 지위에 있지 않았지만 수사기관의 압수·수색으로부터 전자정보에 대한 자기결정권, 재산권 등을 침해받지 않을 실질적인 이익을 갖는 피압수자의 지위에 있음을 중시하여, 이들을 참여권의 귀속 주체로 인정하였다. 이후 대법원은 피압수자와 피의자가 동일인인 여러 사안에서 정보저장매체에 대한 압수·수색 처분의 대상자인 피압수자에게 참여권을 인정하였고(대법원 2017. 09. 21. 선고 2015도12400 판결, 대법원 2017. 11. 14. 선고 2017도3449 판결, 대법원 2019. 07. 11. 선고 2018도20504 판결 등 참조), 마침내 2016도348 전원합의체 판결을 통해 피압수자와 피의자가 동일인이 아닌 사안에서 제3자를 피압수자로 하여 피의자 소유·관리의 정보저장매체에 대한 강제처분이 이루어

질 때 실질적 피압수자인 피의자에게 참여권을 보장하고 압수한 전자정보 목록을 교부하는 등 적절한 조치가 이루어져야 한다고 하여, 참여권의 보장 주체를 실질적 피압수자에까지 확대하였다. 대법원 2022. 05. 31. 자 2016모587 결정에서 수사기관이 인터넷서비스업체인 주식회사 카카오를 피압수자로 하여 그 서버에 저장되어 있는 서비스이용자(피의자)의 카카오톡 대화내용 등에 대하여 압수·수색을 실시하는 과정에서 서비스이용자에게 참여권의 귀속 주체인 실질적 피압수자의 지위를 인정하였다. 한편 위 대법원 2021도11170 판결에서는 피의자가 사용하던 정보저장매체를 제3자가 수사기관에 임의제출한 경우 그 관리처분권이 제3자에게 양도된 것으로 볼 수 있다면 피의자가 아닌 제3자(임의제출자)에게 참여의 기회를 부여한 것으로 충분하다고 하였다.

2) 이와 같이 대법원이 전자정보의 압수·수색 절차에서 '피압수자'를 중심으로 참여권 개념을 확립하고 실질적 피압수자에까지 그 귀속 주체를 확장한 것은, 오늘날 기업 또는 개인의 업무에 광범위하게 사용되는 대용량 컴퓨터나 서버 등 정보처리시스템, 스마트폰 등 정보저장매체에는 범죄혐의와 관련이 없는 개인의 일상생활이나 기업경영에 관한 전자정보(이하 '무관정보'라 한다)가 압수 대상인 혐의사실에 관한 전자정보(이하 '유관정보'라 한다)와 함께 광범위하게 혼재되어 있어, 이와 관련한 개인과 기업의 사생활의 비밀과 자유, 정보에 대한 자기결정권, 재산권 등의 법익을 보호하기 위하여 그에 대한 압수·수색 등의 강제처분을 하는 수사기관이 무관정보까지 탐색·복제·출력하지 않도록 할 절차적 조치가 절실히 필요하다는 헌법적 요청에 응답한 결과이다.

이러한 취지에서 대법원은 피의자가 소유·관리하는 정보저장매체를 제3자가 임의제출하는 경우 "정보저장매체에는 그의 사생활의 비밀과 자유, 정보에 대한 자기결정권 등 인격적 법익에 관한 모든 것이 저장되어 있어, 임의제출의 주체가 소유자 아닌 소지자·보관자에 불과함에도 아무런 제한 없이 압수·수색이 허용되면 피의자의 인격적 법익이 현저히 침해될 우려가 있음을 고려하여, 그 제출행위로 소유자의 사생활의 비밀 기타 인격적 법익이 현저히 침해될 우려가 있는 경우에는 임의제출에 따른 압수·수색의 필요성과 함께 임의제출에 동의하지 않은 소유자의 법익에 대한 특별한 배려도 필요하기 때문"에 압수의 대상을 유관정보로 더욱 제한하여 해석하여야 한다고 선언하였다(2016도348 전원합의체 판결, 대법원 2021. 11. 25. 선고 2019도7342 판결 등 참조).

다. 참여권 귀속 주체인 실질적 피압수자의 의미와 그 판단 기준

전자정보의 압수·수색에서 참여권의 귀속 주체가 되는 실질적 피압수자는 압수·수색 당시까지 해당 정보저장매체를 지배·관리하면서 정보저장매체 내 전자정보 전반에 관한 전속적인 관리처분권을 보유·행사하는 사람으로서, 정보저장매체에 적법한 압수의 대상이 되는 전자정보와 함께 혼재되어 있는 무관정보에 대한 수사기관의 탐색·출력 등을 배제할 사생활의 비밀 기타 인격적 법익을 가지고 있는 사람이라고 보아야 한다.

1) 강제처분의 대상자인 피압수자의 참여권

참여권의 귀속 주체는 강제처분의 대상이 된 정보저장매체 등의 현실적인 소지·보관자이자 저장된 전자정보의 관리처분권자로서 강제처분의 실질적 상대방인 것으로 충분하고, 압수·수색의 원인이 된 범죄혐의사실의 피의자일 것까지 요하는 것은 아니다.

가) 우리 헌법은 "누구든지 법률에 의하지 아니하고는 ··· 압수·수색 ··· 을 받지 아니하며"(제12조 제1항 후문), "체포·구속·압수 또는 수색을 할 때에는 적법한 절차에 따라 검사의 신청에 의하여 법관이 발부한 영장을 제시하여야 한다."(제12조 제3항 본문)라고 정하여 압수·수색에 관한 적법절차와 영장주의 원칙을 선언하고 있다. 형사소송법은 압수·수색에서 적법절차와 영장주의를 구체적으로 구현하기 위하여 압수·수색 영장의 발부 방식, 집행절차에서 영장의 제시, 당사자의 참여 및 참여권자에 대한 사전통지, 책임자의 참여 등 수사기관의 압수·수색 절차를 제한하는 상세한 조항을 마련하고 있다(제219조, 제114조, 제118조, 제121조, 제122조, 제123조). 특히 형사소송법 제215조 제1항은 "검사는 범죄수사에 필요한 때에는 피의자가 죄를 범하였다고 의심할 만한 정황이 있고 해당 사건과 관계가 있다고 인정할 수 있는 것에 한정하여 지방법원 판사에게 청구하여 발부받은 영장에 의하여 압수, 수색 또는 검증을 할 수 있다."라고 함으로써 이른바 '관련성 원칙'을 정하였다.

대법원은 유관정보와 무관정보가 혼재된 정보저장매체 압수·수색의 특수성에 주목하여 무관정보의 위법한 탐색·수집을 실효성 있게 억제함으로써 헌법과 형사소송법의 규범력을 확고히 하고자, 적법절차와 영장주의에 관한 헌법 제12조의 규정과 함께 압수·수색 절차에 '피의자 및 그 변호인'의 참여를 보장하고 "압수물에 대하여는 그 상실 또는 파손 등의 방지를 위하여 상당한 조치를 하여야 한다."라고 한 형사소송법의 규정(제219조, 제121조, 제131조)을 비롯한 여러 절차적 규정의 근본 취지를 살펴, 전자정보의 압수·수색 절차에 '피압수자 및 그 변호인'이 참여할 수 있다는 법리를 확립하고 그 보장 범위를 '실질적 피압수자'에게까지 확장하였다.

대법원은 변호인참여권에 관한 규정인 형사소송법 제243조의2가 신설되기 전 구 형사소송법(2007. 6. 1. 법률 제8496호로 개정되기 전의 것, 이하 같다)에 따른 피의자신문절차에서 변호인참여권에 관한 명문 규정이 없었음에도 헌법상의 적법절차 원칙을 바탕으로 구속 피고인 또는 피의자의 접견교통권에 관한 구 형사소송법 규정을 유추적용하여 피의자신문절차에서 변호인참여권을 인정한 바 있다(대법원 2003. 11. 11. 자 2003모402 결정 참조). 전자정보의 압수·수색 절차에서 피압수자의 참여권을 인정하고 이를 실질적 피압수자에게 확장한 것은 대법원이 그간 형사소송법을 헌법 합치적으로 해석하여 국가의 강제처분으로부터 그 대상자가 갖는 기본적 인권이 침해되지 않도록 보호하려는 이러한 입장의 연장선에 있다.

나) 헌법상 주거의 자유, 사생활의 비밀과 자유는 누구에게나 보장되며, 영장주의의 보호대상은 피의자에 한정되지 않으므로(헌법 제12조, 제16조, 제17조), 헌법상의 적법절차와 영장주의의 관철을 위해 마련된 절차적 권리인 참여권의 귀속 주체로서 '실질적 피압수자'가 압수·수색의 원인이 된 범죄혐의사실의 피의자의 지위에 있을 것이 요구되는 것은 아니다. 주거나 사무실에 대한 전형적인 압수·수색에서 강제처분의 대상이 된 주거 등의 실질적 소유·관리자가 사생활의 비밀과 자유 등의 보호를 받는 것과 마찬가지로 전자정보에 대한 압수·수색 절차에서도 강제처분의 목적인 정보저장매체 등의 소유·관리자가 영장주의의 원칙에 따라 참여권 등의 절차적 보장을 받아야 한다. 정보저장매체의 소유·관리자로서는 자신이 피의자가 아니라는 이유로 제3자(피의자)의 범죄혐의를 수사하는 국

가기관이 자신의 정보저장매체에서 무관정보를 광범위하게 탐색·복제·출력하는 것을 수인해야 할 아무런 이유가 없기 때문이다. 이를 허용하는 것은 일반영장을 허용하는 것이나 마찬가지의 결과를 가져온다.

다) 참여권의 취지나 인정 범위에 관한 선례의 태도에 따르면, 참여권 귀속 주체의 확정에서 해당 정보저장매체를 수사기관에 제출한 사람이 누구인지 또는 그가 피의자 지위에 있는지는 그다지 중요하지 않다. 전자정보의 관리처분권자가 직접 수사기관에 정보저장매체를 제출하는 경우와 피해자 등 제3자가 어떠한 경위로 이를 소지·보관하고 있다가 수사기관에 제출하는 경우를 구분할 필요 없이 피압수자 또는 실질적 피압수자인 전자정보의 관리처분권자에게 참여권을 보장하여 그의 사생활의 비밀 기타 인격적 법익을 실질적으로 보호할 필요성은 마찬가지이기 때문이다.

2016도348 전원합의체 판결이 피의자의 소유·관리에 속하는 정보저장매체를 무단으로 취거한 피해자가 이를 임의제출하는 경우 피의자에게 참여권을 인정한 것은 그가 정보저장매체의 소유·관리자이자 전자정보의 관리처분권자로서 강제처분의 실질적 대상자 지위, 즉 '피압수자 지위'에 있기 때문이다. 정보저장매체 내에 존재하는 무관정보의 관리처분권자는 피의자가 아니더라도 압수·수색의 실질적 당사자로서 해당 강제처분으로부터 그에 대한 인격적 법익 등의 침해를 차단할 이익을 가지고 있다. 반대로 피의자라 하더라도 관리처분권자가 아닌 이상 이러한 이익을 가지고 있지 않다.

대법원은 오직 불법촬영을 목적으로 숙박업소의 방실에 은밀히 설치되어 나체나 성행위 모습을 촬영할 수 있는 위장형 카메라 등을 수사기관이 숙박업자로부터 임의제출받으면서 이를 몰래 설치한 피의자에게 참여의 기회를 제공하지 않은 사안에서, 해당 정보저장매체의 기능과 속성상 소유자의 사생활의 비밀 기타 인격적 법익의 관점에서 임의제출에 따른 적법한 압수의 대상이 되는 전자정보와 그렇지 않은 전자정보가 혼재될 여지가 거의 없어 사실상 대부분 압수의 대상이 되는 전자정보만이 저장되어 있는 경우에는 소지·보관자 외에 피압수자에게 참여의 기회를 보장하지 않고 전자정보 압수목록을 작성·교부하지 않았다는 점만으로 곧바로 증거능력을 부정할 것은 아니라고 하였다(위 대법원 2019도7342 판결 참조). 유관정보만이 저장된 정보저장매체의 경우에는 무관정보의 임의적 탐색·복제의 위험이 사실상 없으므로 참여권을 보장하려는 취지가 훼손될 우려가 없다. 위 대법원판결은 이 경우 전자정보의 관리처분권자인 피의자라고 하더라도 참여권 보장 대상이 아니라고 봄으로써 참여권 귀속의 근거가 피의자의 지위에 있지 않고 압수·수색 등 강제처분의 대상이 됨으로써 사생활의 비밀 기타 인격적 법익의 실질적 침해를 입는 지위에 있음을 확인한 것이다.

라) 이와 같이 우리 형사사법체계나 수사실무상 전자정보 압수·수색 절차에서 보장되는 피압수자의 참여권은 수사기관의 강제처분을 합헌적으로 통제할 수 있는 실천적이면서도 필수적인 절차적 권리이자 제도로 자리잡았다. 강제처분을 받는 사람이 현장에서 압수집행의 모습을 직접 확인하고 이의를 제기할 수 있는 기회를 부여받음으로써 영장주의에 반하는 무관정보의 탐색과 수집을 실효성 있게 억지할 수 있다. 참여권이 그 취지에 맞게 실질적으로 기능하려면, 무관정보의 탐색·복제·출력 등으로 침해될 수 있는 사생활의 비밀과 자유 등 법익의 귀속 주체에게 참여권을 부여할 필요가 있다.

마) 다수의견이 이 사건 하드디스크 및 그에 저장된 전자정보가 공소외 3의 증거은닉 혐의사실에 관한 증거라는 점을 근거로 하여, 공소외 3은 이 사건 하드디스크와 그에 저장된 전자정보에 관하여 '실질적 이해관계가 있는 자'에 해당하고 그 탐색·복제·출력 과정 전체에 걸쳐 '참여의 이익'이 있으므로, 공소외 3에게 참여권을 보장한 이상 소유자인 공소외 1 등의 참여가 없었더라도 압수·수색 절차가 적법하다고 한 것은, 참여권 보장의 근거인 '전자정보에 관한 실질적 이해관계' 또는 '참여의 이익'을 피의자의 지위 또는 범죄혐의사실과 '관련된' 증거에 대한 강제처분이라는 데에서 찾는 것이다. 그러나 이는 참여권 보장의 근거와 그 대상에 관한 선례의 법리에 어긋나는 것으로서 부당하다. 앞서 살핀 바와 같이 선례는 압수의 대상을 범죄혐의사실에 관한 전자정보에 제한하고 그와 '무관한' 전자정보의 임의적인 복제 등을 막고자 참여권 보장을 선언하였는바, 선례에 따른 참여의 이익은 '무관증거'에 관한 이해관계의 보호에 있다. 위 대법원 2019도7342 판결 또한 '피의사실과 관련된' 전자정보, 즉 유관정보에 대한 이해관계만 있는 것은 '참여의 이익'으로 보지 않았다.

다수의견은 현대사회에서 정보저장매체 내의 전자정보가 갖는 중요성과 헌법 및 형사소송법이 구현하고자 하는 적법절차, 영장주의 원칙과 함께 사생활의 비밀과 자유, 정보에 대한 자기결정권 등의 보호를 강조하면서도, 참여권을 보장받는 주체인 '실질적 피압수자'의 의미를 압수·수색의 원인이 된 범죄혐의사실의 피의자를 중심으로 매우 좁게 해석하는 모순된 태도를 취하고 있다. 이로써 다수의견은 그간 선례가 전자정보에 관한 수사기관의 강제처분에서 참여권 보장의 법리를 선언하고 그 귀속 주체의 범위를 확장하는 등 적법절차와 영장주의 원칙을 구현해야 하는 헌법적 요청에 부응하여 이룩한 성과를 상당 부분 무력화하였다. 그 결과 전자정보의 압수·수색 절차에서 대법원이 피압수자 또는 실질적 피압수자의 기본권 보장을 위해 열었던 참여권이라는 절차적 권리의 문은 절반쯤 다시 닫히게 되었다. 강제처분의 직접적, 형식적 당사자인 피의자는 무관정보의 임의적인 탐색 등을 막을 별다른 이해관계를 가지고 있지 않음에도 그에게 참여권을 보장하는 것만으로 충분하고 정보저장매체의 소유·관리자에게까지 참여권을 보장할 필요가 없다고 하는 것은, 정보저장매체의 압수·수색에서 '관련성 원칙'을 관철하기 위한 적절한 조치가 될 수 없어 정보저장매체의 소유·관리자에게 발생할 수 있는 무관정보에 관한 인격적 법익의 침해에 대하여 적법절차와 영장주의의 보호를 포기하는 것이나 마찬가지이다.

2) 형식적 피압수자와 실질적 피압수자가 분리되는 경우 참여권의 보장

수사기관의 강제처분의 직접적 대상이 된 형식적 피압수자인 정보저장매체의 현실적 소지·보관자 외에 그 소유·관리자가 별도로 존재하는 경우, 후자를 실질적 피압수자로 보아 그에게도 참여권을 보장할 필요가 있다.

가) 기술의 발달에 따라 정보저장매체의 휴대성과 이동성이 증대되면서 정보저장매체의 현실적인 소지·보관자 외에 소유·관리자가 별도로 존재하는 경우가 흔히 발생하게 되었다. 먼저 정보저장매체가 소유·관리자의 의사와 무관하게 그에게서 이탈하여 제3자의 소지·보관 상태에 놓이게 되는 경우가 있다. 소유·관리자가 정보저장매체를 분실하거나 절도·점유이탈물횡령 등 범죄행위의 대상이 된 경우, 제3자가 소유·관리자의 승낙 없이 정보저장매체를 임의로 가져가는 경우 등이 이에 해당한다. 한편 소유·관리자의 의사에 따

라 형성된 점유매개관계를 기초로 정보저장매체가 제3자의 소지·보관 상태에 놓이게 되는 경우도 있다. 소유·관리자가 전문수리점에 정보저장매체의 수리를 의뢰하거나 이를 은행 등의 유료금고에 임치하는 경우, 자녀가 부모의 휴대전화기를 일시적으로 빌려서 사용하는 경우, 소유·관리자가 자신의 정보저장매체를 동거하지 않는 가족이나 지인 등에게 맡겨 보관시키는 경우 등일 것이다. 본범이 혐의사실에 대한 증거를 은닉하고자 자신이 소유·관리하던 정보저장매체를 증거은닉범에게 교부하는 경우도 소유·관리자인 본범의 의사에 따라 형성된 점유매개관계를 기초로 한다는 점에서 후자에 해당할 수 있다.

나) 2016도348 전원합의체 판결은 피해자 등 제3자가 피의자의 소유·관리에 속하는 정보저장매체를 피의자 모르게 범행장소에서 가지고 나와 수사기관에 임의제출한 경우로서, 정보저장매체가 소유·관리자의 의사와 무관하게 그의 점유에서 이탈한 전자의 사안에서 정보저장매체의 소유·관리자인 피의자를 실질적 피압수자로 보아 참여권을 인정하였다. 이러한 법리는 소유·관리자의 의사에 따라 형성된 점유매개관계를 기초로 제3자가 정보저장매체를 소지·보관하던 중 제3자를 상대로 강제처분이 이루어지는 경우인 후자의 사안에도 마찬가지로 적용되어야 한다. 참여권 보장의 대상에 해당하는지를 판단할 때 정보저장매체의 소유·관리자와 현실적인 소지·보관자가 분리된 것이 소유·관리자의 의사에 따라 이루어진 경우와 그렇지 않은 경우를 다르게 볼 이유가 없다. 두 경우 모두 전자정보의 관리처분권자가 수사기관의 무관정보 임의 복제 등으로 침해될 수 있는 인격적 법익의 귀속 주체라는 점에서 동일하기 때문이다.

3) 실질적 피압수자의 판단 기준

가) 참여권의 귀속 주체로서 실질적 피압수자에 해당하는지는 압수·수색 시점 또는 이에 시간적으로 근접한 시기까지 해당 정보저장매체를 현실적으로 지배·관리한 사람이 누구인지, 당시 수사의 경과 및 정보저장매체의 점유이탈 또는 점유매개를 둘러싼 객관적 상황을 기초로 수사기관이 정보저장매체의 소지·보관자 외에 소유·관리자가 별도로 존재함을 인식할 수 있었는지 등의 압수·수색 당시 외형적·객관적으로 인식 가능한 사실상의 상태를 기준으로 판단하여야 한다. 압수·수색 당시 수사기관이 인식할 수 없었던 관련자 사이의 내부적, 주관적 사정이나 민사법상 권리의 귀속에 관한 법률적·사후적인 판단은 고려대상이 아니다. 또한 정보저장매체를 현실적으로 지배·관리하였던 사람이더라도 그가 자신의 의사에 따라 이를 제3자에게 양도하거나 그 지배·관리권을 포기한 경우에는 참여권의 귀속 주체에서 배제된다(위 대법원 2021도11170 판결 참조).

나) 이와 같이 압수·수색 당시의 객관적·외형적으로 인식 가능한 사실상의 상태를 기준으로 실질적 피압수자 여부를 판단할 경우, 참여권자를 특정할 수 없거나 참여권 보장의 범위가 불합리할 정도로 다수에게 확대되는 등의 수사실무상 혼선과 부작용을 초래할 우려는 크지 않다. 별도의 관리처분권자가 존재한다고 볼 만한 특별한 사정이 없는 한, 압수·수색 당시 정보저장매체의 현실적 소지·보관자를 전자정보의 관리처분권자로 보아도 무방하고, 수사기관이 객관적·외형적으로 인식할 수 있는 사실상의 상태를 기초로 정보저장매체의 현실적인 소지·보관자 외에 전자정보의 전속적 관리처분권자가 별도로 존재함을 인정할 수 있는 특별한 사정이 있는 경우에 한정하여 그를 실질적 피압수자로 보면 충분하기 때문이다. 예컨대 은행이 금고에 보관하고 있는 고객의 정보저장매체나 컴퓨터 수리

업체가 수리를 의뢰받아 잠시 보관하고 있는 의뢰인의 컴퓨터 등 객관적·외형적으로 보아 현실적 소지·보관자와 전자정보의 전속적 관리처분권자가 분리되어 있음이 그 자체로 명백하거나 정보저장매체의 현실적인 소지·보관자의 진술, 수사의 경과 등을 통하여 수사기관이 전자정보의 전속적 관리처분권자가 별도로 존재함을 인식할 수 있는 경우가 여기에 해당한다.

다) 다수의견은 이 사건 하드디스크의 은닉과 임의제출 경위 등에 비추어 압수·수색 당시 또는 이에 근접한 시기에 이 사건 하드디스크를 현실적으로 점유한 사람은 공소외 3이고 그렇다면 다른 특별한 사정이 없는 한 이 사건 하드디스크에 저장된 전자정보에 관한 관리처분권을 사실상 보유·행사할 수 있는 지위에 있는 사람도 공소외 3이라고 하였으나, 이는 타당하지 않다. 이 사건에서 본범인 공소외 1 등과 증거은닉범인 공소외 3에 대한 각 수사절차의 경과, 이 사건 하드디스크를 임의제출하면서 공소외 3이 수사기관에 한 진술의 내용 등 수사기관이 객관적·외형적으로 인식할 수 있는 사실상의 상태에 비추어 볼 때, 수사기관은 이를 임의제출받을 당시 이 사건 하드디스크의 현실적 소지·보관자인 공소외 3 외에 전자정보의 전속적 관리처분권자인 공소외 1 등이 존재함을 인식할 수 있었기 때문이다. 특히 수사기관이 본범에 대한 피의사실을 수사하던 중 본범 소유·관리의 정보저장매체를 은닉하고 있던 사람을 증거은닉죄의 피의자로 삼아 은닉물을 임의제출받았다는 것은 그 자체로 임의제출 당시 수사기관이 증거은닉범의 구성요건요소인 본범의 존재와 해당 은닉물이 본범 소유·관리의 것임을 인식하고 있었음을 의미한다는 점에서도 그러하다.

라. 본범과 증거은닉범의 경우 참여권의 보장 범위

1) 참여권 보장의 법리는 본범이 혐의사실에 대한 증거를 은닉하고자 자신이 소유·관리하던 정보저장매체를 증거은닉범에게 전달하면서 증거은닉을 교사하고, 증거은닉범이 이를 소지·보관하며 은닉하고 있던 중 압수 또는 임의제출의 형식으로 수사기관에 제출하는 경우에도 마찬가지로 적용되어야 한다. 이 경우 본범은 은닉물의 현실적 소지·보관자인 증거은닉범에 대한 관계에서 전형적인 점유매개관계에 놓이는 정보저장매체의 소유·관리자로서 압수·수색 과정에서 무관정보의 탐색·수집 등을 막아 사생활의 비밀과 자유 등의 권리를 보호할 이해관계를 가지고 있는 실질적 피압수자에 해당한다. 증거은닉범이 증거은닉혐의의 피의자 지위에서 이를 수사기관에 임의제출하였다고 하더라도 실질적 피압수자는 본범이므로 그에게도 참여권이 보장되어야 한다. 은닉물인 정보저장매체 내의 무관정보에 관한 인격적 법익의 귀속 주체가 아닌 증거은닉범은 참여권을 보장받더라도 이를 실질적으로 행사할 아무런 유인이 없으므로, 본범을 배제하고 그에게만 참여권을 보장하는 것으로는 영장주의 관철을 위해 참여권을 보장한 취지를 구현할 수 없다. 은닉물인 정보저장매체의 압수·수색 절차에서 수사기관에 의해 본범의 사생활에 관한 무관정보가 광범위하게 무차별적으로 수집될 가능성을 차단하기도 어렵다. 이 사건에서도 증거은닉범인 공소외 3은 참여권 행사를 포기하였다.

2) 본범이 자신의 혐의사실에 관한 증거인 전자정보가 저장된 정보저장매체를 증거은닉범에게 교부하여 은닉행위를 교사한 경우, 그 전자정보에 관한 관리처분권을 확정적으로 완전히 포기하였다고 인정할 만한 다른 특별한 사정이 없는 한, 그와 같은 교부로 정보저장매체에 대한 현

실적·직접적 점유가 증거은닉범에게 이전되었다는 사정만으로 본범이 전자정보에 관한 관리처분권을 양도·포기하였다거나 그로써 정보저장매체에 혼재된 무관정보에 관한 수사기관의 탐색 등을 배제하고 사생활의 비밀과 자유 등 인격적 법익의 보호를 받을 수 있는 참여권에 관한 이해관계가 소멸되었다고 단정할 수 없다.

정보저장매체와 전자정보의 특성 및 그 은닉의 목적, 증거은닉의 경위, 은닉증거의 반환예정 여부, 당사자들의 진정한 의사 등을 고려하면, 본범은 정보저장매체의 은닉을 통하여 유관정보의 노출·발각 위험성이 소멸될 때까지 일시적으로 증거은닉범에게 보관을 맡긴 것에 불과하고 그러한 위험성이 소멸된 경우 무관증거인 전자정보를 포함한 정보저장매체에 대한 현실적 지배권을 회복하려는 의사라고 봄이 자연스럽고 경험칙에 부합하는 해석이다. 본범과 증거은닉범 사이에 유관정보와 무관정보가 혼재된 정보저장매체의 은닉을 둘러싸고 형성되는 점유매개관계의 특질상 본범으로서는 정보저장매체 안의 유관정보만을 가려내 폐기·멸실시키는 것이 기술적으로 곤란한 상황에서 자신의 형사책임을 회피하려는 목적과 함께 개인적, 인격적 가치를 갖는 무관정보를 유지·보존하여 향후 적절한 시점에 반환받고자 해당 정보저장매체를 은닉하게 하려는 의사로 보아야 한다.

3) 다수의견은 본범인 공소외 1이 본범 혐의사실에 관한 증거인 이 사건 하드디스크의 존재 자체를 은폐할 목적으로 '자신에 대한 수사가 끝날 때까지' 은닉할 것을 부탁하며 공소외 3에게 교부함으로써 자신과 이 사건 하드디스크 등 사이의 외형적 연관성을 은폐·단절하겠다는 목적하에 '수사 종료'라는 불확정 기한까지 그에 대한 전속적인 지배·관리권을 포기하거나 공소외 3에게 전적으로 양도한다는 의사를 표명하였다고 보았다.

그러나 다수의견은 전형적 점유매개관계인 '본범과 증거은닉범' 구조에서의 합리적 의사해석의 범위를 벗어난 것으로 타당하지 않다.

또한 다수의견은 참여권의 보장과 관련하여 정보저장매체가 갖는 무관증거의 혼재라는 특수성과 중요성을 간과하여 이를 살인 범행의 도구인 흉기나 마약 관련 범행에 제공된 마약류, 주사기 등과 같이 그 자체로 범죄혐의에 관한 증거인 유체물의 은닉을 교사하는 경우와 동일하게 평가하는 오류가 있다. 애당초 유관증거와 무관증거가 혼재된 정보저장매체가 압수·수색 등 강제처분에서 갖는 인격적 법익에 대한 의미의 맥락이 위의 흉기나 마약류와 같은 증거물의 경우와 동일하였다면 선례가 전자정보의 압수·수색 절차에서 피압수자에게 참여권을 보장하는 법리를 확립할 필요도 없었을 것이다.

다수의견은 이 사건의 본범과 증거은닉범 사이의 은닉물인 전자정보의 지배·관리를 둘러싼 의사해석 문제나 참여권의 귀속 주체 확정 문제를, 공소외 1이 증거은닉 교사를 통해 본범 수사에 관한 사법기능을 침해하는 행위를 한 것에 대한 불법성의 평가나 비난가능성 또는 형사책임의 인정 여부와 혼동하고 있는 것이기도 하다. 만일 본범의 증거은닉 교사행위가 없는 경우, 즉 본범이 증거은닉의 의도를 숨긴 채 이를 모르는 제3자에게 정보저장매체를 보관하도록 교부하여 은닉한 경우에도 과연 다수의견은 같은 견해를 취하여 본범의 참여권을 배제할 것인가? 두 사안에서 본범의 참여권 유무에 대한 결론을 다르게 낸다면, 이는 결국 은닉 교사행위의 가벌성에 대한 평가와 참여권 귀속 주체 확정 문제를 혼동한 것이라고 볼 수밖에 없다.

4) 이 사건에서 다수의견이, 본범에 대한 피의사실을 수사하던 중 증거은닉범으로부터 그가 은닉

하고 있던 본범 소유·관리의 정보저장매체를 임의제출받은 경우, 증거은닉범에 대한 수사절차는 실질적으로 본범에 대한 수사절차의 일환으로 행하여지는 속성을 간과하고, '본범과 증거은닉범' 구조의 점유매개관계에서 참여권의 귀속 주체인 실질적 피압수자는 누구인가라는 법리 문제에 대한 탐구를 회피한 채 본범이 증거은닉범에게 관리처분권을 양도·포기하였느냐라는 의사해석의 문제로 처리한 것은 인권 보장의 보루인 대법원이 취할 온당한 태도는 아니다.

마. 이 사건에 관한 판단

1) 이 사건 하드디스크의 임의제출에 따른 압수·수색 당시 외형적·객관적으로 인식 가능한 사실상의 상태를 기준으로 한 다음과 같은 사정에 비추어 볼 때, 공소외 3의 임의제출 당시 및 이와 시간적으로 근접한 시기까지 본범인 공소외 1 등이 현실적인 점유 또는 공소외 3을 통한 점유매개관계를 바탕으로 이 사건 하드디스크를 지배·관리하면서 그에 저장된 전자정보에 관하여 법익 귀속 주체로서 전속적인 관리처분권을 보유·행사하고 있었고, 그에 대한 관리처분권이나 소유·지배를 상실한 바 없다. 따라서 공소외 1 등이 그 전자정보에 관한 실질적 피압수자라고 봄이 타당하다.

   가) 이 사건 하드디스크는 공소외 1 등의 거주지 내 서재 등에 놓여 있던 각 개인용 컴퓨터에 설치되어 있었다. 공소외 1 등에 대한 본범 피의사실의 수사 중 발생한 공소외 3과 공소외 1의 증거은닉 범행 경과, 이 사건 하드디스크에 저장되어 있던 전자정보의 내용 등을 살펴보더라도, 공소외 1 등은 공소외 3의 임의제출일부터 불과 11일 전인 2019. 8. 31.까지도 이 사건 하드디스크를 전속적으로 사용하고 있었다고 볼 수 있다.

   나) 이 사건 하드디스크는 공소외 1 등이 주거지에서 장기간 개인적으로 사용하여 온 컴퓨터의 정보저장매체로서 공소외 1 등에 대한 본범 피의사실과 관련된 증거 외에도 공소외 1과 그 가족구성원의 다양한 개인정보가 저장되어 있는 것이다. 이 사건 하드디스크가 개인정보로서 갖는 주관적 가치에 비추어 볼 때 공소외 1이 공소외 3에게 이 사건 하드디스크를 건네준 것은 향후 검찰 수사를 대비하여 이를 숨겨 놓으라고 한 것이지 이를 없애려는 것은 아니었다고 보인다. 공소외 3은 수사기관에 이 사건 하드디스크를 임의제출하기 직전까지도 공소외 1의 은닉 지시에 따라 이를 헬스장 개인 보관함 등에 보관·관리하고 있었고, 이 사건 하드디스크와 함께 은닉하고 있던 별도의 (명칭 4 생략) 대학교 교수실 개인용 컴퓨터를 공소외 1의 요구에 따라 반환하기도 하였다. 이와 같이 이 사건 하드디스크를 교부받음으로써 형성된 특수한 형태의 점유매개관계 아래 공소외 3은 공소외 1의 지시가 있을 경우 언제든 이를 공소외 1에게 반환하는 등 지시 취지에 따른 처분에 나아갈 의사로 이 사건 하드디스크를 보관하여 은닉행위를 실행하였는바, 이 사건 하드디스크의 임의제출 당시 공소외 1 등이 이 사건 하드디스크에 대한 관리처분권이나 소유·지배를 완전히 상실하였다고 보기 어렵다.

   다) 그 무렵의 수사 경과, 공소외 3의 임의제출 당시 검찰 진술 등에 비추어, 수사기관도 이 사건 하드디스크를 임의제출로 압수할 당시 그 소유·관리 현황과 전속적인 사용자가 누구인지에 대하여 알았거나 충분히 알 수 있었다고 볼 수 있다.

2) 수사기관은 공소외 1에 대한 본범 피의사실의 수사 중 이 사건 하드디스크를 공소외 3으로부터 임의제출받아 압수한 뒤 그에 저장된 전자정보를 탐색·추출하는 등의 일련의 과정에서 피

압수자인 공소외 3 외에 이 사건 하드디스크 및 전자정보의 실질적 피압수자인 공소외 1 등에게 참여의 기회를 보장하여야 한다. 그러나 수사기관은 그러한 일련의 과정에서 피압수자인 공소외 3 외에 실질적 피압수자인 공소외 1 등에게 참여권을 보장하지 않았다.

따라서 수사기관이 압수한 이 사건 하드디스크 내 전자정보는 위법수집증거에 해당하고 이를 유죄의 증거로 사용할 수 없다. 달리 그 예외를 인정할 특별한 사정도 발견하기 어렵다. 수사기관이 그 위법수집증거에 터 잡아 수집한 관련자들의 진술 등도 위법수집증거에 기한 2차적 증거에 해당하여 역시 유죄 인정의 증거로 삼을 수 없다.

3) 이 사건에서 증거능력이 없는 증거를 제외한 나머지 증거들만으로는 이 사건 공소사실이 합리적인 의심을 배제할 정도로 증명되었다고 보기 어렵다고 볼 여지가 있다. 그럼에도 원심은 그 판시와 같은 이유로 이 사건 공소사실을 유죄로 인정한 제1심판결을 그대로 유지하였다. 이러한 원심판단에는 임의제출물의 압수에서 참여권, 위법수집증거 배제법칙에 관한 법리를 오해하고 필요한 심리를 다하지 않아 판결에 영향을 미친 잘못이 있다.

이상과 같은 이유로 다수의견에 찬성할 수 없음을 밝힌다.

5. 다수의견에 대한 대법관 안철상, 대법관 노태악, 대법관 천대엽의 보충의견

전자정보의 압수·수색 과정에서 절차적 적법성을 확보하기 위한 참여권의 주체와 관련하여, 형식적 피압수자가 아닌 피의자가 '실질적 피압수자'에 해당하는 경우 피의자에게 참여권을 보장한 일련의 판례의 판시 내용과 취지에 비추어 보면, 공소외 3이 이 사건 하드디스크를 임의제출함에 따른 압수·수색 범위는 그 동기가 된 범죄혐의사실인 '증거은닉죄'와 관련된 증거에 한정되므로, 해당 범죄혐의사실의 피의자이자 해당 증거물인 정보저장매체에 대한 현실적 지배·관리자인 공소외 3에게 참여권을 보장함으로써 절차적 적법성이 인정됨은 명백하다 할 것이어서, 이에 관한 추가 논증이 필요하다고 보이지 않는다. 아래에서는 반대의견이 지적하는 사항 중 다수의견의 취지가 오해되지 않도록 분명히 할 필요가 있는 부분에 한하여 다수의견의 논거를 보충하기로 한다.

가. 참여권에 관한 선례의 취지

선례의 '실질적 피압수자' 개념은 유체물을 전제로 한 전통적인 압수·수색 법리가 예상하지 못한 전자정보 압수·수색에 관한 참여권 보장 국면에서 법령상 문언과 헌법상 적법절차 원리·영장주의를 중심으로 한 기본이념 및 현실의 괴리를 극복하기 위해 고안된 일종의 도구적 개념이다. 참여권에 관한 일련의 선례에 담긴 취지는, 내장된 다수·다종의 개별 정보의 귀속 주체를 알기 어려운 정보저장매체에 대한 압수·수색에서 원칙적으로 전자정보 전반의 관리처분권자인 피압수자를 중심으로 규율하되, 다만 피압수자가 범죄혐의사실 및 압수물과 아무런 실질적 이해관계가 없는 경우에는 압수·수색 절차에 참여할 이유가 없는 반면, 실질적 이해관계가 있는 피의자는 피압수자가 아니라는 이유로 참여권이 배제됨으로써 누구의 참여도 없이 무분별한 압수·수색 집행이 이루어질 수 있는 가능성을 방지하기 위하여, '실질적 피압수자' 개념을 통해 이 문제를 해소하려는 데 있다.

이러한 선례의 태도에 비추어, 증거은닉범이 은닉행위의 대상인 정보저장매체를 증거은닉의 범죄혐의사실에 관하여 임의제출하는 경우에는, 비록 해당 정보저장매체가 본범의 소유더라도 임의제출에 따른 압수·수색의 동기이자 원인이 된 범죄혐의사실의 피의자임과 동시에 임의제출자로서 피압수자에 해당하는 증거은닉범에게 참여권을 부여하는 것으로 충분하고, 이에 더 나아가 본범을 실질적 피압수자로 보아 그에게까지 참여권을 인정할 필요는 없다. 이 경우에는 증거은닉범인 피의자가 자신의 범죄혐의사실에 관한 수사가 진행되는 과정에서 이와 관련성이 인정되는 소지·관리 중인 정보저장매체를 임의제출하는 것이므로, 그에 따른 압수·수색에서 증거은닉범이 피의자이자 피압수자로서 직접적·실질적·법률상 이해관계를 모두 갖추고 있기 때문이다. 2016도348 전원합의체 판결 사안에서 형식적 피압수자가 아닌 피의자에게도 '실질적 피압수자'로서 참여권을 인정한 것은, 임의제출자인 형식적 피압수자가 범죄혐의사실의 피해자에 불과하여 그에게 참여의 기회를 보장하는 것만으로는 참여권 보장의 취지가 실질적으로 구현될 수 없었던 경우로서, 증거은닉범의 임의제출 사안과는 논의의 평면을 달리한다.

요컨대, 압수·수색의 원인된 범죄혐의사실의 피의자가 해당 피의사실과 관련되었음은 물론 압수·수색의 대상인 정보저장매체 및 전자증거를 지배·관리함으로써 직접적·실질적·법률상 이해관계를 가지는 경우에, 그와 같은 이해관계자 및 피압수자의 지위를 겸하고 있는 피의자에게 참여권이 보장되었다면 참여권에 관한 절차적 적법성은 이로써 충족·완결된 것으로 볼 수 있다. 달리 특별한 사정이 없는 한 이러한 경우까지 실질적 피압수자를 별도로 상정할 필요는 없다.

이 사건에 관하여 보면, 이 사건 하드디스크는 그 증거은닉범인 공소외 3이 공소외 1로부터 이를 교부받아 지배·관리를 하던 중 자신의 범죄혐의사실인 증거은닉과 관련하여 수사기관에 임의제출한 것으로, 임의제출의 원인이 된 피의사실이나 해당 증거인 이 사건 하드디스크에 대하여 공소외 3이 직접적·실질적·법률상 이해관계를 갖고 있다. 따라서 이 사건 하드디스크의 압수·수색 절차가 정당한 이해관계자인 공소외 3의 참여하에 이루어진 이상 공소외 3에게 참여의 기회를 부여하는 것으로 해당 절차의 적법성은 원칙적으로 충족된다. 더 나아가 증거인멸의 목적으로 이 사건 하드디스크를 교부한 공소외 1 등에까지 참여권을 부여하지 않았다고 하여 그의 사생활의 비밀과 자유 등에 관한 법익이 침해되는 반헌법적 결과를 용인하게 되는 것이라는 반대의견은 받아들이기 어렵다.

나. 압수·수색의 원인된 범죄혐의사실을 기준으로 한 참여권의 인정

'실질적 피압수자' 개념을 비롯하여 참여권의 인정은 원칙적으로 압수·수색의 원인된 범죄혐의사실을 기준으로 하여야 한다. 참여권 보장의 범위와 한계는 수사절차의 특성을 감안하면서 그 절차를 통해 달성하고자 하는 목적과 그로 인해 침해되는 이익 사이의 비교형량을 통하여 결정되어야 한다. 참여권의 취지는 대물적 강제처분 과정에서 피압수자의 법익 침해를 최소화하는 것이지만, 동시에 그러한 법익의 본질적인 침해를 초래하지 않는 한도 내에서 신속하고 효과적인 수사를 통해 실체진실을 발견하려는 형사사법의 이념도 조화롭게 실현될 수 있어야 하기 때문이다.

반대의견은 전자정보의 압수·수색 절차에서의 참여권을 압수·수색의 원인된 범죄혐의사실과 절연하여 파악해야 한다는 취지이다. 그러나 범죄혐의사실은 강제수사로 규명하려는 궁극적 목적·대상임과 동시에 압수·수색 및 영장 발부의 근거이자 원인에 해당하고, 영장 집행 과정에서 탐색·복제·출력의 대상인 전자정보는 해당 피의사실과 관련된 직접적 목적물이기도 하므로, 해당 범죄혐의사실이야말로 관련 전자정보의 탐색·복제·출력 절차에서 가장 중요한 고려 요소이고, 그럼에도 당해 형사절차에서 가장 중요한 요소를 바로 그 절차상 권리인 참여권 인정에서 고려하

지 않는다는 것은 참여권의 의의나 취지에 현저히 배치될 뿐만 아니라 자연스럽지도 않다. 이와 관련한 선례의 판시는 전자정보 및 그 저장매체의 특성을 제대로 반영하지 못하는 유체물 중심의 압수·수색 관련 규정을 현실적·구체적 상황에 맞게 합리적으로 해석하려는 것임에도, 반대의견은 선례의 판시 중 일부 문구에 과도한 의미를 부여하거나 이를 피상적으로 이해함으로써 결국 형사소송법의 문언과 맞지 않고 형사사법의 이념과도 동떨어진 논지를 전개하는 것이어서 받아들이기 어렵다. 범죄혐의사실과 관련한 전자정보의 압수·수색 및 참여권의 보장이 정보저장매체 및 지배·관리자 중심으로 이루어진다는 것과, 범죄혐의사실과 절연하여 이를 파악한다는 것은 전혀 다른 문제이기 때문이다.

나아가 범죄혐의사실을 전제로 참여권을 파악하는 것은 참여권의 주체를 간결하고 명확하게 특정할 수 있다는 점에서 현장성·신속성·적시성·밀행성이 중시되는 영장집행실무에 부합하는 것이기도 하다. 위 대법원 2021도11170 판결은 제3자가 피의자의 범죄혐의사실과 관련하여 피의자 소유 정보저장매체를 임의제출한 경우에는 실질적 피압수자인 피의자에게 참여권을 보장해야 한다는 2016도348 전원합의체 판결을 전제로, 피의자에게 참여권이 인정되기 위한 정보저장매체에 해당하는지 여부에 대하여 객관적·외형적으로 인식 가능한 사실상의 상태를 기준으로 판단하도록 하였는데, 이 또한 압수·수색의 현장성 등을 고려하여 참여권의 범위를 합리적 수준으로 설정함으로써 기본권 보호와 실체적 진실발견이라는 형사사법의 이념을 조화롭게 구현하기 위함이다. 반대의견과 같이 전자정보의 탐색·복제·출력 과정에서의 무관정보에 관한 법익침해 가능성만을 기준으로 참여권을 판단하는 것은, 피의사실에 관한 강제수사절차에서 유래된 참여권의 본질을 무시하고 수사기관의 압수·수색이 모색적·탐색적으로 이루어지는 위법한 경우가 원칙이거나 일반적인 상황임을 전제하는 것이다. 그 염려하는 바는 충분히 공감할 수 있으나, 이는 참여권을 비롯한 관련 법리의 합리적 해석은 물론 엄격한 증거법칙의 적용을 통해 해결해야 할 사항이지, 그 때문에 그러한 이례적인 상황을 전제로 일반 법리를 구성할 수는 없는 터이다.

다. 관리처분권의 양도와 참여권 유무

제3자가 피의자의 소유·관리에 속하는 정보저장매체를 임의제출한 경우, 피의자가 그 정보저장매체에 저장된 전자정보 전반에 대한 압수·수색의 실질적 당사자로 평가되어 참여권을 보장받기 위해서는 압수·수색 당시 또는 이와 시간적으로 근접한 시기까지 해당 정보저장매체를 현실적으로 지배·관리하면서 그 정보저장매체 내 전자정보 전반에 관한 '전속적인' 관리처분권을 보유·행사하고, 달리 이를 자신의 의사에 따라 제3자에게 양도하거나 포기하지 않았어야 한다. 한편 여기서 '관리처분권'은 전자정보의 압수·수색 절차에서 기본권 보호와 실체진실 발견의 이념을 조화시켜 합리적인 참여권의 보호범위를 설정하기 위함이지 민사법상 권리의 귀속에 따른 법률적·사후적 관점에서 사법상의 권리관계를 확정하기 위한 것이 아님은 이미 선례가 분명히 한 바 있다(위 대법원 2021도11170 판결).

이러한 법리에 비추어 보면, 이 사건 하드디스크 및 저장된 전자정보의 임의제출과 압수 과정에서 공소외 1 등이 실질적 피압수자에 해당하지 않아 참여권이 인정되지 않는 이유는 자명하다. 공소외 1이 이 사건 하드디스크를 공소외 3에게 교부하면서 증거은닉을 교사하였고 공소외 3은 이를 은닉하였으므로 이로 인해 공소외 1 등이 이 사건 하드디스크의 현실적 지배·관리를 상실하였음은 명백하고, 나아가 그 저장된 전자정보 전반에 대한 관리처분권은 공소외 3에게 양도되어 실제로 공소외 3은 그만이 아는 장소에 이 사건 하드디스크를 은닉함으로써 정보저장매체 및 내장된 전자정보 전반을 수사기관에 노출되지 않도록 자신의 판단에 따라 이를 임의로 관리처분할 수 있는 상황에 두기까지 하였는바, 적어도 공소외 1 등으로서는 '전속적인' 관리처분권을 더 이상 보유·행사할 수 없는 상태에 이르렀다고 볼 수밖에 없기 때문이다.

더구나 본범이 증거를 스스로 은닉하는 것에 그치지 않고 정범인 증거은닉범을 교사하여 증거은닉의 상태를 초래한 것은 정당한 방어권의 범위를 넘어서는 것으로, 국가사법기능을 의도적으로 침해하면서까지 증거이탈의 상태를 스스로 조성하였다는 점에 비추어도 형사절차상 권리인 참여권이나 그 전제인 관리처분권은 그러한 국가사법기능 침해행위의 결과 더 이상 본범에 유보되어 있지 않다고 봄이 규범합치적인 해석이자, 실체진실 규명과 적법절차 원칙의 조화를 도모하고 이를 통해 정의를 실현하려는 형사사법의 이념에도 부합한다. 앞서 살펴본 바와 같이 이 사건 임의제출의 원인이 된 범죄혐의사실이나 해당 증거인 이 사건 하드디스크와 관련하여 공소외 3이 직접적·실질적·법률상 이해관계를 가진 자에 해당하여 공소외 3에게 이 사건 하드디스크에 대한 압수·수색 과정에서 참여의 기회를 보장하는 것으로 그 절차의 적법성은 원칙적으로 인정할 수 있고, 달리 복수의 참여권자가 따로 존재한다고 보아야만 할 특별한 사정이 없다는 점에서 더욱 그러하다.

이는 공소외 1의 증거은닉 교사행위에 대한 불법성 평가가 아니라 이 사건 하드디스크에 대한 공소외 1 등의 '전속적인' 관리처분권 상실에 따른 선례의 취지에 기한 평가이므로, 이 점에 관한 반대의견의 지적은 옳지 않다. 점유매개관계 등 민사적 법리를 토대로 달리 볼 수 있다는 반대의견의 논지 역시 굳이 반사회적 행위 내지 불법원인급여 등 동일한 민사적 법리로 탄핵하지 않더라도, 같은 취지에서 이를 받아들이기 어렵다.

라. 그 밖의 사정

반대의견이 들고 있는 그 밖의 논거 역시 일반적인 법리나 이 사건의 결론 및 선례의 포섭 법리로서 채택할 바가 되지 못함은 마찬가지이다.

이와 관련하여 한 가지 첨언하고자 하는 것은, 반대의견이 제시하는 압수·수색 절차상 참여권 보장의 방향성에 대해서까지 다수의견이 입장을 달리하는 것은 아니라는 점이다. 주요 외국의 입법례나 재판실무와 비교해 보더라도, 압수·수색 절차상 참여권에 관한 우리의 법리는 아직 형성 과정에 있는 것으로, 그 지향점은 전자정보 압수·수색에서 영장주의와 적법절차라는 헌법상 원칙을 구현하고 사생활의 비밀과 자유 및 정보에 대한 자기결정권 등 기본권이 침해되는 것을 방지하고자 함에 있지만, 강제수사절차상 그 본질은 어디까지나 특정 범죄혐의사실과 관련한 압수·수색 과정에서 그 절차적 적법성과 정당성을 확보하는 기능을 수행하는 데에 있다. 아울러 이는 신속하고 효과적인 수사를 통해 실체진실을 발견하려는 형사사법의 이념과 현저히 괴리되어서도 안 되므로, 상충하는 가치의 조화 속에서 균형점을 찾아야 한다는 점에서 그 방향성을 잃지 않으면서도 구체적 타당성 및 상식적 결론에 벗어나지 않도록 신중하게 접근할 필요가 있다. 그러한 점에서, 적어도 이 사건의 경우에는 반대의견의 입장을 채택할 수 없다는 것일 뿐, 반대의견이 전개하는 논지나 취지 전부를 다수의견이 부정하는 것은 아님을 굳이 밝혀 둔다.

6. 반대의견에 대한 대법관 오경미의 보충의견

당신이 얼마 전 택시에 두고 내리면서 잃어버린 스마트폰이 불법 유통되어 보이스피싱 범죄에 이용되다가 수사기관에 압수되는 상황은 언제든 일어날 수 있다. 당신의 스마트폰을 잠시 빌려가 사용하던 자녀가 지하철에서 불법촬영으로 적발되어 이를 수사기관에 임의제출하는 상황도 마찬가지다. 수사기관이 그 스마트폰의 소유·관리자가 당신이고 그 안에 당신의 개인정보가 저장되어 있음을 알게 된 경우, 그 탐색·추출 과정에서 범죄혐의사실을 기준으로 '직접적·실질적·법률상 이해관계'를 갖는 피압수자이자 피의자인 보이스피싱범 또는 당신의 자녀에게만 참여권을 인정하는 것으로 참여권에 관한 절차적 적법성은 충족·완결된 것일까? 다수의견에 대한 대법관 안철상, 대법관 노태악, 대법관 천대엽의 보충의견(이하 '다수보충의견'이라 한다)은 그렇다고 대답한다. 이런 상황에서 당신의 스마트폰에서 당신도 모르는 사이에 수사기관이 당신의 개인정보를 탐색·추출하는 것을 수긍할 수 있는가? 선례가 인정한 전자정보 압수·수색에서의 참여권이 이렇게 허술하고 형식적인 권리였던가? 반대의견은 그렇지 않다고 한다. 이 사건의 쟁점은 바로 이것이다.

가. 범죄혐의사실을 기준으로 참여권을 인정하여야 한다는 주장에 대하여

1) 범죄혐의사실을 중심으로 참여권 주체를 인정해야 한다는 다수보충의견의 주장은 결국 '피의자성'을 기준으로 참여권을 인정하는 것과 다름없다. 이러한 주장은 참여권 보장의 취지에 관한 선례의 명시적 태도 및 흐름에 어긋날 뿐만 아니라 다수보충의견 스스로의 논증과도 모순된다. 선례는 거듭하여 명시적으로 유관정보에 대한 적법한 강제처분의 기회에 압수·수색의 원인된 피의사실과 관련이 없는 정보의 무분별한 탐색·수집의 위험에 놓인 피압수자를 보호하는 데에 참여권의 실천적 의의와 취지가 있다고 밝혀 왔다. 그러한 위험으로부터 보호받을 필요성은 피압수자가 피의자인지 여부와 관계가 없다. 오히려 비교형량의 관점에서 피의자 아닌 피압수자로서는 자신과 무관한 다른 사람(피의자)에 대한 수사를 위하여 사생활의 공개를 감수해야 한다는 것을 더 받아들이기 어려울 것이다. 위 대법원 2019도7342 판결은 오직 불법촬영을 목적으로 숙박업소에 은밀히 위장형 카메라 등을 설치한 피의자가 전자정보의 관리처분권자로서 실질적 피압수자에 해당함에도 참여권을 인정할 필요가 없다고 봄으로써 무관정보에 관한 피압수자의 법익침해 위험이 없다면 참여권을 보장할 실익이 없음을 분명히 하였다. 이와 반대로 범죄혐의사실 또는 피의자성을 중심으로 참여권의 귀속을 결정해야 한다는 다수보충의견의 논지는 사실상 위 선례의 법리와 어긋나는 것으로 볼 여지가 있다.

또한 다수보충의견도 참여권에 관한 선례의 취지는 정보저장매체에 대한 압수·수색에서 원칙적으로 전자정보 전반의 관리처분권자인 피압수자를 중심으로 규율하되, 피압수자가 범죄혐의사실 및 압수물과 실질적 이해관계가 없는 경우 참여권자 부재의 문제를 해결하기 위해 실질적 피압수자 개념을 도구적으로 이용하는 것이라고 하였다. 그러면서도 범죄혐의사실을 중심으로 참여권 주체를 인정해야 한다는 다수보충의견의 논지는 일관성이 없다.

2) 다수보충의견은 범죄혐의사실 또는 압수물에 관한 '직접적·실질적·법률상 이해관계'를 참여권이 인정되기 위한 중요한 표지로 삼고 있으나 위와 같은 이해관계는 선례가 참여권을 인정한 취지나 그 보호영역과는 관련이 없으므로, 이를 참여권 귀속의 표지로 삼는 것은 논리적이지 않다.

다수보충의견이 말하는 "범죄혐의사실 또는 압수물에 대한 직접적·실질적·법률상 이해관계"의

취지가 분명하지는 않지만 대략 "피의자의 입장에서 자신의 '범죄혐의사실'에 관한 '증거(압수물)'가 수사기관에 노출되지 않도록 하여 형사책임을 회피할 이익", 즉 '유관증거에 관한 피의자의 방어권 관련 이해관계'를 의미하는 것으로 보인다. 그렇다면 이는 선례가 명시적으로 선언해 온 참여권 보장의 취지와 직접적으로는 관련이 없다. 이러한 이해관계를 보호하기 위하여 존재하는 것은 전통적으로 인정되어 온 적법절차의 원칙과 영장주의 그 자체이다. 피의자의 범죄혐의에 대한 특정과 소명을 통해 법관에 의하여 적법하게 발부된 영장에 의하지 아니하고는 '유관증거에 관한 피의자의 방어권 관련 이해관계'는 침해되지 않는다는 것이 바로 그것이다. 적법하게 영장이 발부된 이상, 피의자나 제3자 모두 영장에 의하여 그어진 선, 즉 '관련성 원칙'의 안에 있는 증거물인 유관증거에 대한 강제처분을 수인하여야 한다. 이는 영장주의의 수사기관에 대한 적극적인 측면이다. 이 영역에서는 참여권이 특별한 의미를 갖지 않는다.

참여권은 영장주의의 수사기관에 대한 소극적 측면에서 작동한다. 즉, 수사기관의 강제처분이 영장에 의하여 그어진 선, 즉 '관련성 원칙'의 밖에 있는 증거물인 무관증거로 나아갈 때 이를 억제하고 그 효력을 부인하는 힘이다. 참여권은 이러한 영역에서 위 선 밖에 있는 증거물인 무관증거에 관하여 가지는 강제처분 대상자의 이해관계를 보호한다.

결국 다수보충의견이 말하는 '직접적·실질적·법률상 이해관계'는 영장의 효력 범위를 결정하는 '관련성'과 크게 다르지 않고, 적어도 참여권 인정에 관하여는 유관증거와 무관증거를 구분하는 기준점 이상의 의미가 없다. 선례에 의하여 참여권으로 보호되는 영역은 무관증거의 영역으로서 '피의사실 또는 압수물에 대한 직접적·실질적·법률상 이해관계'가 인정되는 영역과 전혀 겹치지 않는다.

나. "범죄혐의사실과의 절연"이라는 비판에 대하여

다수보충의견은 반대의견이 압수·수색의 원인된 범죄혐의사실과 절연하여 참여권을 파악한 것이라고 지적하나 이는 반대의견을 잘못 이해한 것으로서 논리적으로 성립할 수 없는 주장이다. 참여권은 영장주의의 한 축을 이루는 것으로서 그 본질상 "범죄혐의사실과 절연"되어 논의될 수가 없다.

반대의견에 따르더라도 범죄혐의사실은 참여권의 보장 범위 또는 한계를 설정하는 데 실질적으로 영향을 미친다. 참여권 보장의 범위를 설정하기 위해서는 유관정보와 무관정보의 구별이 먼저 이루어져야 하고, 이는 범죄혐의사실을 기준으로 한다. 즉, 영장주의의 수사기관에 대한 소극적 측면에서 작동하는 '관련성 원칙'의 선은 범죄혐의사실을 기준으로 설정된다. 그 선 밖의 영역이 참여권의 영역이다. 결국 반대의견에 따른 실질적 피압수자의 개념은 압수·수색의 원인된 범죄혐의사실과 절연하여 파악한 것이 전혀 아니고, 오히려 범죄혐의사실을 전제로 하는 무관증거와 연관된 개념이다.

다. 고도화된 정보사회에 맞는 기본권 보장 방향의 수사실무를 위한 시사점

스마트폰은 그 소유·관리자와 하루 종일 일상생활을 같이 하면서 그의 개인정보를 세세하게 저장한다. 기업은 대용량 컴퓨터와 서버, 인터넷을 통한 정보의 교환과 저장 등이 없이는 영업활동이 불가능하다. 나아가 정보저장매체는 휴대성과 이동성의 증가에 따라 그 소유·관리자의 의사에 의하여 또는 의사와 무관하게 그의 점유에서 벗어나 타인의 소지·보관 상태에 놓이는 일이 흔히 일어나고 있다. 수사기관의 압수·수색 과정에서 피의자가 자신의 휴대전화나 컴퓨터 등을 은닉,

폐기하는 상황을 수시로 접하고 있다. 반대의견은 참여권의 문제가 발생하는 상황으로 정보저장매체의 점유이탈관계 또는 점유매개관계 등을 상정하고 있다. 이러한 관계 속에서 정보저장매체의 소유·관리자와 수사기관이 대립하는 것은 이례적인 일이 아니다.

정보기술의 비약적 발전에 따라 정보저장매체를 둘러싼 문제 상황은 앞으로 더욱 복잡하게 전개될 것이고, 이에 대한 수사기관의 강제처분을 합헌적으로 통제하여 수사실무를 기본권을 보장하는 방향으로 발전시켜야 한다는 명제는 당연한 것이 되었다. 대법원은 이러한 명제가 요구하는 절차적 권리의 보장으로 헌법적 요청에 부응함과 동시에 실체적 진실 규명으로 형사사법의 이념을 충족시킬 수 있는 전자정보 압수·수색 절차의 기준을 제시하여야 한다. 반대의견은 선례가 참여권 법리를 전개하면서 고려한 요소를 반영하여 전자정보 압수·수색의 상황을 유형화하고, 영장주의 원칙을 기반으로 실질적 피압수자의 이익을 보호할 수 있는 통일된 기준을 설정하였다. 이는 정보사회의 고도화에 대응하여 수사실무가 실체적 진실 규명의 역할을 효율적으로 수행하면서도 기본권 보장의 요청 또한 충족시키면서 발전해 나가는 지침이 될 수 있다.

라. 참여권 보장의 확대와 실체진실 발견 이념의 관계

반대의견에 따를 경우 수사실무에 혼란과 부담을 주어 실체진실의 발견이라는 형사사법의 또 다른 이념이 후퇴할 수 있다는 비판은 옳지 않다. 참여권 보장 범위는 2016도348 전원합의체 판결의 법리에 의하여 이미 '실질적 피압수자'에까지 확장되었다. 이 법리는 전자정보 압수·수색 절차에서 영장주의의 관철로 무관정보에 관한 피압수자의 기본권을 보장하여야 한다는 형사사법의 이념과 실체진실의 발견이라는 또 다른 이념 사이의 균형과 조화를 이룬 것으로 평가받고 있다. 수사기관이 그 이전보다 참여권 보장의 범위 판단에 대한 부담을 갖게 된 것은 사실이지만, 그러한 사정을 들어 실체진실의 발견이라는 형사사법 이념의 후퇴라고 할 수는 없다. 위 법리를 바탕으로 참여권 보장의 범위를 설정한 반대의견에 대하여 실체진실의 발견의 후퇴를 초래한다고 비판하는 것은 2016도348 전원합의체 판결 법리에 대하여 같은 내용의 비판을 하는 것과 다르지 않다.

전자정보의 압수·수색 실무는 압수·수색 현장에서 정보저장매체를 이미징하여 반출한 후 외부에서 별도의 절차로 유관정보를 탐색·출력하는 형태로 이루어지고 있다. 현장에서 정보저장매체라는 유체물을 찾아내어 압수하는 것 그 자체는 전통적인 유체물에 대한 강제수사와 크게 다른 것이 없으므로 참여권의 확대로 영장집행실무에 추가적인 제약을 가하는 것은 없다. 추가적 부담이 발생하는 부분은 이미징 절차와 함께 외부에서 별도로 유관정보의 탐색·출력이 이루어지는 절차에서이다. 하지만 이 부분 절차는 수사기관이 현장성·밀행성 등을 바탕으로 정보저장매체와 그 안의 전자정보를 안전하게 확보한 뒤에 별도로 이루어지는 것이므로, 참여권의 확대가 수사절차의 현장성·신속성·적시성·밀행성에 추가적 장애를 초래하거나 실체진실 발견이라는 형사사법 이념을 후퇴시킬 정도의 부담을 준다고 보기 어렵다. 다수보충의견이 오히려 수사절차의 효율성과 실체적 진실발견을 내세워 고도화된 정보사회에서 개인과 기업의 기본권 보호를 위해 요구되는 영장주의와 적법절차 원칙을 후퇴시키고 있다.

마. 정보저장매체의 은닉행위 등으로 발생하는 참여권 문제

본범의 피의사실을 수사하던 수사기관이 본범이 은닉한 정보저장매체의 소재를 추적하던 끝에 증거은닉범인 제3자로부터 이를 확보하였을 때, 본범은 그에 대한 탐색·출력 절차에서 참여권의 보장을 받지 못하는 것인가? 증거은닉범인 제3자에게만 참여권을 보장하는 것으로 충분하다고 보는 것은 선례가 확립해 온 참여권 보장의 법리를 너무 형식적으로 적용하여 그 근본 취지를 훼손하는 것은 아닌가? 이러한 상황에서 본범의 참여권 보장 외에 영장 집행의 합헌적 통제를 담보하는 장치가 마련되어 있는가? 피의자로부터 직접 그의 정보저장매체를 압수하는 것과 피의자로부터 이를 맡아 은닉하고 있던 제3자로부터 압수하는 것은 참여권 보장에서 어떠한 차별성이 있는가? 정보저장매체를 은닉한 제3자에게 증거은닉의 고의가 있는지 없는지, 즉 제3자가 증거은닉죄의 피의자 지위에 있는지는 본범에 대한 참여권 보장 여부의 판단에서 본질적인 요소인가? 이 모든 경우에 정보저장매체의 소유·관리자인 본범은 여전히 전자정보의 전속적 관리처분권자로서 무관정보 배제라는 참여의 이익을 가지고 있다고 보아야 하는 것은 아닌가? 참여권의 관점에서 본범에 대한 수사절차와 증거은닉범에 대한 수사절차는 실질적으로도 완전히 독립된 별개의 절차인가, 후자가 전자의 일부로 사실상 포섭될 수 있는 관계인가? 본범과 증거은닉범은 각자 피의자 지위를 가짐과 동시에 상대방의 범죄혐의에 대한 관계에서는 제3자 지위를 중첩적으로 갖고 있으므로 각각 참여권의 귀속 주체가 될 수 있는 것은 아닌가?

본범과 증거은닉범의 구조는 참여권 귀속 주체의 확정에서 다양한 논쟁거리를 가지고 있다. 반대의견은 이러한 여러 가지 특별함에 주목하면서 참여권 보장에 관한 선례를 바탕으로 위의 의문에 대한 답과 함께 참여권의 본질, 참여권 귀속 주체의 핵심적 징표가 무엇인지를 찾기 위한 노력의 결과물이다. 반대의견이 전개한 논의를 기초로 고도화되는 정보사회에서 정보저장매체에 대한 압수·수색 절차상 참여권 보장의 범위와 방향성에 대한 추가 논의가 활발하게 이루어지는 계기가 마련되기를 바란다.

이상과 같은 이유로 반대의견을 보충한다.

Ⓐ 대법원 2023. 06. 01. 선고 2020도2550 판결 [성폭력범죄의처벌등에관한특례법위반(카메라등이용촬영)]

【판시사항】

[1] 사법경찰관이 임의제출된 증거물을 압수한 경우 압수경위 등을 구체적으로 기재한 압수조서를 작성하도록 한 형사소송법 등 관련 규정의 취지 / 구 (경찰청) 범죄수사규칙 제119조 제3항에 따라 피의자신문조서 등에 압수의 취지를 기재하여 압수조서를 갈음할 수 있도록 한 경우, 이러한 관련 규정의 취지에 반하는지 여부(소극)

[2] 임의로 제출된 물건을 압수하는 경우, 제출에 임의성이 있다는 점에 관한 증명책임 소재(=검사)와 증명 정도 및 임의로 제출된 것이라고 볼 수 없는 경우 증거능력 유무(소극)

[3] 수사기관이 전자정보를 담은 매체를 피의자로부터 임의제출받아 압수하면서 거기에 담긴 정보 중 무엇을 제출하는지 명확히 확인하지 않은 경우, 압수의 대상이 되는 정보의 범위 / 카메라의 기능과 정보저장매체의 기능을 함께 갖춘 휴대전화기를 이용한 불법촬영 범죄의 경우, 그 안에 저

장되어 있는 같은 유형의 전자정보에서 발견되는 간접증거나 정황증거는 범죄혐의사실과 구체적·개별적 연관관계가 인정될 수 있는지 여부(적극)

【판결요지】

[1] 형사소송법 제106조, 제218조, 제219조, 형사소송규칙 제62조, 제109조, 구 (경찰청) 범죄수사규칙(2021. 1. 8. 경찰청 훈령 제1001호로 개정되기 전의 것, 이하 '구 범죄수사규칙'이라 한다) 제119조 등 관련 규정들에 의하면, 사법경찰관이 임의제출된 증거물을 압수한 경우 압수경위 등을 구체적으로 기재한 압수조서를 작성하도록 하고 있다. 이는 사법경찰관으로 하여금 압수절차의 경위를 기록하도록 함으로써 사후적으로 압수절차의 적법성을 심사·통제하기 위한 것이다. 구 범죄수사규칙 제119조 제3항에 따라 피의자신문조서 등에 압수의 취지를 기재하여 압수조서를 갈음할 수 있도록 하더라도, 압수절차의 적법성 심사·통제 기능에 차이가 없다.

[2] 임의로 제출된 물건을 압수하는 경우, 그 제출에 임의성이 있다는 점에 관하여는 검사가 합리적 의심을 배제할 수 있을 정도로 증명하여야 하고, 임의로 제출된 것이라고 볼 수 없는 경우에는 증거능력을 인정할 수 없다.

[3] 수사기관이 전자정보를 담은 매체를 피의자로부터 임의제출받아 압수하면서 거기에 담긴 정보 중 무엇을 제출하는지 명확히 확인하지 않은 경우, 임의제출의 동기가 된 범죄혐의사실과 관련되고 이를 증명할 수 있는 최소한의 가치가 있는 정보여야 압수의 대상이 되는데, 범행 동기와 경위, 수단과 방법, 시간과 장소 등에 관한 간접증거나 정황증거로 사용될 수 있는 정보도 그에 포함될 수 있다. 한편 카메라의 기능과 정보저장매체의 기능을 함께 갖춘 휴대전화기인 스마트폰을 이용한 불법촬영 범죄와 같이 범죄의 속성상 해당 범행의 상습성이 의심되거나 성적 기호 내지 경향성의 발현에 따른 일련의 범행의 일환으로 이루어진 것으로 의심되고, 범행의 직접증거가 스마트폰 안에 이미지 파일이나 동영상 파일의 형태로 남아 있을 개연성이 있는 경우에는 그 안에 저장되어 있는 같은 유형의 전자정보에서 그와 관련한 유력한 간접증거나 정황증거가 발견될 가능성이 높다는 점에서 이러한 간접증거나 정황증거는 범죄혐의사실과 구체적·개별적 연관관계를 인정할 수 있다.

【참조조문】 [1] 형사소송법 제106조, 제218조, 제219조, 형사소송규칙 제62조, 제109조 / [2] 형사소송법 제218조, 제307조, 제308조 / [3] 형사소송법 제106조, 제218조, 제219조
【참조판례】 [2] 대법원 2016. 3. 10. 선고 2013도11233 판결(공2016상, 587) [3] 대법원 2021. 11. 18. 선고 2016도348 전원합의체 판결(공2022상, 57), 대법원 2022. 2. 17. 선고 2019도4938 판결(공2022상, 628)
【전 문】
【피 고 인】 피고인
【상 고 인】 검사
【원심판결】 의정부지법 2020. 2. 6. 선고 2019노2215 판결

【주   문】

원심판결 중 무죄 부분을 파기하고, 이 부분 사건을 의정부지방법원에 환송한다.

【이   유】

상고이유를 판단한다.

1. 공소사실의 요지

가. 피고인은 2018. 9. 21. 02:53경 오산시 소재 ○○○ 모텔에서, 피해자 공소외 1(여, 20세)과 성관계를 한 다음 평소 사용하던 삼성갤럭시S8 휴대폰(이하 '이 사건 휴대전화기'라 한다)의 동영상 기능을 실행하여 잠이 든 피해자의 음부를 동의 없이 촬영한 것을 비롯하여 그때부터 2019. 1. 13.경까지 원심 판시 별지 범죄일람표 순번 제1 내지 6, 8번 기재와 같이 총 7회에 걸쳐 카메라나 그 밖에 이와 유사한 기능을 갖춘 기계장치를 이용하여 성적 욕망 또는 수치심을 유발할 수 있는 피해자 2명의 신체를 그 의사에 반하여 촬영하였다(이하 '쟁점 공소사실'이라 한다).

나. 피고인은 2018. 12. 26. 05:29경 서울 서대문구 소재 △△호텔에서, 함께 투숙한 피해자 공소외 2(여, 20세)가 옷을 벗고 잠자는 사이에 이 사건 휴대전화기를 이용하여 이불 밖으로 나온 피해자의 다리를 포함한 침대 위의 피해자 사진을 찍음으로써, 범죄일람표 순번 제7번 기재와 같이 성적 욕망 또는 수치심을 유발할 수 있는 타인의 신체를 의사에 반하여 촬영하였다.

2. 원심 판단의 요지

원심은, 다음과 같은 이유로 경찰관이 피고인으로부터 임의제출 방식으로 압수한 위 범죄일람표 순번 제1 내지 6, 8번 기재 동영상(이하 '이 사건 동영상'이라 한다)의 증거능력을 인정할 수 없고, 나머지 증거들만으로는 범죄의 증명이 없는 경우에 해당한다는 이유로 쟁점 공소사실을 유죄로 판단한 제1심판결을 파기하고 무죄로 판단하였다.

가. 형사소송법과 형사소송규칙의 위임 없이 제정된 구 (경찰청) 범죄수사규칙(2021. 1. 8. 경찰청 훈령 제1001호로 개정되기 전의 것, 이하 '구 범죄수사규칙'이라 한다) 제119조 제3항에 따라 피의자신문조서에 압수의 취지를 기재하고 압수조서를 작성하지 않은 것은 위법하다. 따라서 이 사건 동영상 압수에 관한 압수조서가 작성되었다고 볼 수 없고, 피고인에게 파일 명세가 특정된 전자정보 압수목록이 교부되지도 않았다.

나. 피고인은 고소사건의 피의자로 조사받던 중 임의제출에 의한 압수의 효과에 대하여 고지받지 못한 채 매우 위축된 상태에서 이 사건 동영상을 임의제출한 것으로 보이므로, 제출의 임의성에 대한 증명이 부족하다.

다. 피고인은 피해자 공소외 2가 고소한 범행에 관한 사진만 임의로 제출할 의사였을 뿐 이 사건 동영상까지 임의로 제출할 의사를 명시하였는지는 불확실하다. 따라서 이 사건 동영상은 유죄로 인정된 피해자 공소외 2에 대한 범죄혐의사실과 관련성이 없다.

3. 인정 사실

원심판결 이유 및 적법하게 채택된 증거에 의하면 다음의 사실을 알 수 있다.

가. 피해자 공소외 2는 2018. 12. 29. 위 범죄일람표 순번 제7번 기재 2018. 12. 26. 자 불법촬영

혐의사실로 피고인을 고소하였다.

나. 사법경찰관 공소외 3은 2019. 1. 25. 21:10경 서울서대문경찰서 여성청소년과 수사사무실에서 사법경찰리 공소외 4의 참여하에 피고인에 대한 피의자신문조서를 작성하였다. 경찰관은 피고인에게 이 사건 휴대전화를 보여줄 수 있는지 물어보았고, 피고인은 휴대전화의 사진첩을 열어서 경찰관에게 보여주었다. 경찰관은 피고인과 함께 이 사건 휴대전화의 사진첩을 확인하던 중 피해자 공소외 2에 대한 사진 외에 이 사건 동영상을 발견하였다. 이에 사법경찰관은 피고인에게 이 사건 휴대전화를 제출할 것인지 물어보았는데, 피고인은 자신의 업무를 이유로 휴대전화 제출을 거부하였다. 대신 피고인은 이 사건 휴대전화에 저장된 사진, 동영상 파일들을 제출하겠다고 하면서 이 사건 동영상을 제출하였다. 사법경찰관은 블루투스 방식으로 경찰관 업무용 휴대전화에 이 사건 동영상을 전송받아 복제하였고, 피의자신문조서에 '이때 피의자가 제출한 동영상 파일을 본 건 기록에 수사보고 형식으로 첨부한다.'고 기재하였다.

다. 사법경찰관은 피의자신문에서 피고인에게 이 사건 동영상을 재생하여 보여주면서 피해 여성들은 누구인지, 피해 여성들을 몰래 촬영한 것인지, 촬영 동기 등을 질문하였고, 피고인은 위 범죄일람표 순번 제1 내지 6, 8번 기재 각 해당 일시에 이 사건 동영상을 촬영하였다고 자백하였다.

라. 사법경찰관은 2019. 3. 8. 수사보고(증거영상 임의제출 관련)를 작성하면서 이 사건 동영상별로 캡처한 사진을 출력하여 기록에 편철하였다.

마. 피고인은 2019. 5. 3. 검찰에서 조사받으면서 범행 일체를 자백하였고, '제 휴대폰을 경찰관이 볼 수 있게 동의하였다. 제가 보는 앞에서 제 동의하에 경찰관이 동영상과 사진을 모두 다운받았다. 동영상 및 사진을 경찰관이 증거물로 사용할 수 있게 동의하였다.'는 취지로 진술하였다.

바. 피고인은 제1심에서 범행 일체를 자백하였고, 검사가 제출한 모든 서류에 대하여 증거로 함에 동의하였다. 피고인은 제1심에서 유죄판결이 선고되자 양형부당을 이유로 항소하였다.

사. 사법경찰관 공소외 3은 원심에서 검찰 측 증인으로 출석하여 '증인은 이 사건 동영상을 임의제출 받을 당시 피고인에게 임의제출의 효과에 대해서 설명했던 것 같다. 그렇기 때문에 피고인이 신입사원임을 이유로 휴대전화 임의제출을 거부했던 것 같다.'고 증언하였다.

아. 기록상 피고인이 피의자로 조사를 받던 중 이 사건 동영상을 제출할 당시 임의성에 대한 의심이 생길 정도로 위축된 상태에 있었다고 볼 만한 사정은 보이지 않고, 원심판결에도 그러한 사정에 대한 아무런 설시가 없다.

4. 대법원의 판단

가. 사법경찰관이 피의자신문조서에 압수의 취지를 기재하여 압수조서를 갈음한 조치가 위법한지 여부

형사소송법 제106조, 제218조, 제219조, 형사소송규칙 제62조, 제109조, 구 범죄수사규칙 제119조 등 관련 규정들에 의하면, 사법경찰관이 임의제출된 증거물을 압수한 경우 압수경위 등을 구체적으로 기재한 압수조서를 작성하도록 하고 있다. 이는 사법경찰관으로 하여금 압수절차의 경위를 기록하도록 함으로써 사후적으로 압수절차의 적법성을 심사·통제하기 위한 것이다. 구 범죄수사규칙 제119조 제3항에 따라 피의자신문조서 등에 압수의 취지를 기재하여 압수조서를 갈음

할 수 있도록 하더라도, 압수절차의 적법성 심사·통제 기능에 차이가 없으므로, 위와 같은 사정만으로 이 사건 동영상에 관한 압수가 형사소송법이 정한 압수절차를 지키지 않은 것이어서 위법하다는 취지의 원심판단에는 압수절차의 적법성에 관한 법리를 오해하여 판결에 영향을 미친 잘못이 있다.

나. 전자정보 압수목록이 교부된 것으로 평가할 수 있는지 여부

앞서 본 사실관계에 의하면, 사법경찰관은 피의자신문 시 이 사건 동영상을 재생하여 피고인에게 제시하였고, 피고인은 이 사건 동영상의 촬영 일시, 피해 여성들의 인적사항, 몰래 촬영하였는지 여부, 촬영 동기 등을 구체적으로 진술하였으며 별다른 이의를 제기하지 않았다. 따라서 이 사건 동영상의 압수 당시 실질적으로 피고인에게 해당 전자정보 압수목록이 교부된 것과 다름이 없다고 볼 수 있다. 비록 피고인에게 압수된 전자정보가 특정된 목록이 교부되지 않았더라도, 절차 위반행위가 이루어진 과정의 성질과 내용 등에 비추어 피고인의 절차상 권리가 실질적으로 침해되었다고 보기 어려우므로 이 사건 동영상에 관한 압수는 적법하다고 평가할 수 있다(대법원 2021. 11. 25. 선고 2019도9100 판결, 대법원 2022. 02. 17. 선고 2019도4938 판결 등 참조).

그럼에도 원심은 사법경찰관이 피고인으로부터 이 사건 동영상을 임의제출받아 압수하면서 전자정보 압수목록을 교부하지 않았다는 이유로 압수가 위법하다고 보았는바, 이러한 원심의 판단에는 전자정보 압수목록 교부에 관한 법리를 오해하여 판결에 영향을 미친 잘못이 있다.

다. 이 사건 동영상 제출의 임의성 인정 여부

1) 임의로 제출된 물건을 압수하는 경우, 그 제출에 임의성이 있다는 점에 관하여는 검사가 합리적 의심을 배제할 수 있을 정도로 증명하여야 하고, 임의로 제출된 것이라고 볼 수 없는 경우에는 증거능력을 인정할 수 없다(대법원 2016. 03. 10. 선고 2013도11233 판결 참조).

2) 위와 같은 사실관계를 앞서 본 법리에 비추어 살펴본다. 피고인이 사법경찰관에게 이 사건 동영상을 제출한 경위, 이 사건 공판의 진행 경과 및 검사의 임의성에 대한 증명 정도가 위와 같다면, 원심으로서는 피고인이 수사기관에서 이 사건 휴대전화기 대신 동영상을 제출한 구체적인 경위, 검찰 피의자신문 과정에서 피고인이 동영상 복제를 동의하였다는 취지로 진술한 경위, 피고인의 공판정에서의 태도 및 경찰관 공소외 3의 원심 증언 내용 등을 고려하여 이 사건 동영상 제출의 임의성 여부를 보다 면밀히 살펴보았어야 한다. 그럼에도 원심은 그 판시와 같은 이유만으로 이 사건 동영상 임의제출의 임의성에 대한 증명이 부족하다고 판단하였으니, 이러한 원심의 판단에는 이유불비 내지 임의제출의 임의성에 관한 법리를 오해하고 필요한 심리를 다하지 아니하여 판결에 영향을 미친 잘못이 있다.

라. 이 사건 동영상의 관련성 인정 여부

1) 수사기관이 전자정보를 담은 매체를 피의자로부터 임의제출받아 압수하면서 거기에 담긴 정보 중 무엇을 제출하는지 명확히 확인하지 않은 경우, 임의제출의 동기가 된 범죄혐의사실과 관련되고 이를 증명할 수 있는 최소한의 가치가 있는 정보여야 압수의 대상이 되는데, 범행 동기와 경위, 수단과 방법, 시간과 장소 등에 관한 간접증거나 정황증거로 사용될 수 있는 정보도 그에 포함될 수 있다. 한편 카메라의 기능과 정보저장매체의 기능을 함께 갖춘 휴대전화기인 스마트폰을 이용한 불법촬영 범죄와 같이 범죄의 속성상 해당 범행의 상습성이 의심되거나

성적 기호 내지 경향성의 발현에 따른 일련의 범행의 일환으로 이루어진 것으로 의심되고, 범행의 직접증거가 스마트폰 안에 이미지 파일이나 동영상 파일의 형태로 남아 있을 개연성이 있는 경우에는 그 안에 저장되어 있는 같은 유형의 전자정보에서 그와 관련한 유력한 간접증거나 정황증거가 발견될 가능성이 높다는 점에서 이러한 간접증거나 정황증거는 범죄혐의사실과 구체적·개별적 연관관계를 인정할 수 있다(대법원 2021. 11. 18. 선고 2016도348 전원합의체 판결 참조).

2) 위와 같은 사실관계를 앞서 본 법리에 비추어 살펴본다. 피고인이 이 사건 동영상을 임의제출할 당시에는 제출 범위를 명확히 밝히지 않았으므로, 임의제출에 따른 압수의 동기가 된 범죄혐의사실과 관련되고 이를 증명할 수 있는 최소한의 가치가 있는 전자정보에 한하여 압수의 대상이 된다. 그런데 이 사건 동영상은 2018. 9. 21.부터 2019. 1. 13.까지 촬영된 것으로 피해자 공소외 2에 대한 불법촬영 범행일시인 2018. 12. 26.과 시간적으로 근접하고, 카메라의 기능과 정보저장매체의 기능을 함께 갖춘 이 사건 휴대전화기로 자신과 성관계를 맺은 피해 여성들의 음부를 촬영하였다는 점에서 이 사건 임의제출에 따른 압수의 동기가 된 범죄혐의사실과 범행 장소, 수단, 방법 등이 유사하다. 따라서 피해자 공소외 2에 대한 범행은 범죄의 속성상 상습성이 의심되거나 성적 기호 내지 경향성의 발현에 따른 일련의 행위의 일환으로 이루어진 것으로 의심할 여지가 많아 이 사건 동영상은 범행 동기와 경위, 범행 수단과 방법, 범행 시간과 장소 등을 증명하기 위한 간접증거나 정황증거 등으로 사용될 수 있는 관계에 있다고 볼 수 있다. 결국 이 사건 동영상은 임의제출에 따른 압수의 동기가 된 범죄혐의사실인 피해자 공소외 2에 대한 불법촬영 범행과 구체적·개별적 연관관계가 있는 전자정보로서 관련성이 인정된다.

그럼에도 원심은 사법경찰관이 이 사건 동영상을 압수한 것은 관련성이 인정되는 범위를 초과한 것으로 위법하다고 보았는바, 이러한 원심의 판단에는 전자정보 압수의 관련성에 관한 법리를 오해하여 판결에 영향을 미친 잘못이 있다.

마. 소결론

결국 판시와 같은 이유로 이 사건 동영상의 증거능력을 부정하고 나머지 증거들만으로는 범죄의 증명이 없는 경우에 해당한다는 이유로 이 부분 공소사실을 무죄로 판단한 원심판결에는 앞서 본 바와 같은 잘못으로 위 증거의 증거능력을 부정한 나머지 필요한 심리를 다하지 못하여 판결에 영향을 미친 잘못이 있다. 이를 지적하는 취지의 상고이유 주장은 이유 있다.

5. 결 론

그러므로 나머지 상고이유에 관한 판단을 생략한 채 원심판결 중 무죄 부분을 파기하고, 이 부분 사건을 다시 심리·판단하도록 원심법원에 환송하기로 하여, 관여 대법관의 일치된 의견으로 주문과 같이 판결한다.

제3장 제1심 공판절차

● 대법원 2020. 12. 10. 선고 2020도2623 판결 [공직선거법위반]

【판시사항】

[1] 증인이 정당한 사유 없이 법정에 출석하지 아니하거나 소환에 응하지 아니하는 경우 또는 증인 소환장이 송달되지 아니한 경우, 법원이 증인의 법정 출석을 강제할 수 있는 조치 내용 / 이는 '특정범죄신고자 등 보호법'이 직접 적용되거나 준용되는 사건에 대해서도 마찬가지인지 여부(적극)

[2] 형사소송법이 증인의 법정 출석을 강제할 수 있는 권한을 법원에 부여한 취지 / 다른 증거나 증인의 진술에 비추어 굳이 추가 증거조사를 할 필요가 없다는 등 특별한 사정이 없고, 소재탐지나 구인장 발부가 불가능한 것이 아님에도 불구하고, 불출석한 핵심 증인에 대하여 소재탐지나 구인장 발부 없이 증인채택 결정을 취소하는 법원의 조치가 위법한지 여부(적극)

【판결요지】

[1] 모든 국민은 법정에 출석하여 증언할 의무를 부담한다. 법원은 소환장을 송달받은 증인이 정당한 사유 없이 출석하지 아니한 경우에 당해 불출석으로 인한 소송비용을 증인이 부담하도록 명하고, 500만 원 이하의 과태료를 부과할 수 있으며(형사소송법 제151조 제1항 전문), 정당한 사유 없이 소환에 응하지 아니하는 경우에는 구인할 수 있다(형사소송법 제152조). 또한 법원은 증인 소환장이 송달되지 아니한 경우에는 공무소 등에 대한 조회의 방법으로 직권 또는 검사, 피고인, 변호인의 신청에 따라 소재탐지를 할 수도 있다(형사소송법 제272조 제1항 참조). 이는 '특정범죄신고자 등 보호법'이 직접 적용되거나 준용되는 사건에 대해서도 마찬가지이다.

[2] 형사소송법이 증인의 법정 출석을 강제할 수 있는 권한을 법원에 부여한 취지는, 다른 증거나 증인의 진술에 비추어 굳이 추가 증인신문을 할 필요가 없다는 등 특별한 사정이 없는 한 사건의 실체를 규명하는 데 가장 직접적이고 핵심적인 증인으로 하여금 공개된 법정에 출석하여 선서 후 증언하도록 하고, 법원은 출석한 증인의 진술을 토대로 형성된 유죄·무죄의 심증에 따라 사건의 실체를 규명하도록 하기 위함이다. 따라서 다른 증거나 증인의 진술에 비추어 굳이 추가 증거조사를 할 필요가 없다는 등 특별한 사정이 없고, 소재탐지나 구인장 발부가 불가능한 것이 아님에도 불구하고, 불출석한 핵심 증인에 대하여 소재탐지나 구인장 발부 없이 증인채택 결정을 취소하는 것은 법원의 재량을 벗어나는 것으로서 위법하다.

【참조조문】 [1] 형사소송법 제151조 제1항, 제152조, 제272조 제1항, 특정범죄신고자 등 보호법 제1조, 제4조 제2항, 제7조, 제8조, 제9조 제2항 제1호, 제11조 제6항 / [2] 형사소송법 제152조, 제272조 제1항
【전　문】【피 고 인】피고인 【상 고 인】검사 【변 호 인】변호사 두완수
【원심판결】광주고법 2020. 2. 4. 선고 (전주)2019노190 판결

【주   문】

원심판결을 파기하고, 사건을 광주고등법원에 환송한다.

【이   유】

상고이유를 판단한다.

1. 이 사건 공소사실의 요지는, '피고인은 2017. 8. 초순경 피고인의 도의원 사무실에서 공소외인에게 당원모집을 하자고 말하면서 입당원서와 함께 현금 200,000원을 교부하고, 그로부터 약 3일 후 위와 같은 장소에서 같은 명목으로 현금 300,000원을 교부하는 등 2회에 걸쳐 합계 500,000원을 기부하였다'는 것이다.

2. 원심은 그 판시와 같은 이유로 이 사건 제보자인 ○○○(가명, 이하 '이 사건 제보자'라 한다)은「특정범죄신고자 등 보호법」(이하 '범죄신고자법'이라 한다)에 따라 보호되는 증인으로서 범죄신고자법의 취지에 비추어 제1심이 이 사건 제보자에 대하여 소재탐지촉탁 및 구인을 하지 않았다는 것을 위법하다고 볼 수 없고, 이 사건 제보자의 수사기관에서의 진술 등은 피고인이 증거로 함에 동의한 바 없을 뿐만 아니라 원진술자인 이 사건 제보자의 진술에 의하여 성립의 진정이 인정되지 않아 증거능력이 없으며, 나머지 증거들만으로는 이 사건 공소사실을 인정하기에 부족하다고 보아 이 사건 공소사실에 대하여 무죄를 선고한 제1심판결을 그대로 유지하였다.

3. 그러나 원심의 판단은 다음과 같은 이유로 받아들일 수 없다.

가. 모든 국민은 법정에 출석하여 증언할 의무를 부담한다. 법원은 소환장을 송달받은 증인이 정당한 사유 없이 출석하지 아니한 경우에 당해 불출석으로 인한 소송비용을 증인이 부담하도록 명하고, 500만 원 이하의 과태료를 부과할 수 있으며(형사소송법 제151조 제1항 전문), 정당한 사유 없이 소환에 응하지 아니하는 경우에는 구인할 수 있다(형사소송법 제152조). 또한 법원은 증인 소환장이 송달되지 아니한 경우에는 공무소 등에 대한 조회의 방법으로 직권 또는 검사, 피고인, 변호인의 신청에 따라 소재탐지를 할 수도 있다(형사소송법 제272조 제1항 참조). 이는 범죄신고자법이 직접 적용되거나 준용되는 사건에 대해서도 마찬가지이다. 그 이유는 다음과 같다.

1) 범죄신고자법은 특정범죄에 관한 형사절차에서 국민이 안심하고 자발적으로 협조할 수 있도록 그 범죄신고자 등을 실질적으로 보호하는 것에 그치지 아니하고 더 나아가 범죄로부터 사회를 방위하는 것을 주된 목적으로 한다. 그런데 범죄로부터 사회를 방위할 수 있는 가장 효과적인 방법은 범죄신고자 등의 법정 진술을 통해 범인을 처벌하는 것이다.

2) 범죄신고자법은 제11조에서 범죄신고자 등이 증인으로 법정에 출석하였음을 전제로 범죄신고자 등이나 그 친족 등이 보복을 당하지 않도록 하는 제도적 장치로서 피고인이나 방청인을 퇴정시키거나 공개법정 외의 장소에서 증인신문 등을 할 수 있는 규정을 두고 있다(제6항). 반면 범죄신고자법에는 범죄신고자 등의 법정 출석의무를 면제하는 규정이 없다.

3) 범죄신고자법은 검사나 사법경찰관이 다른 사건의 수사에 필요한 경우에는 검사의 허가를 받

아 신원관리카드를 열람할 수 있는 것으로 규정하고 있을 뿐(제9조 제2항 제1호), 당해 사건의 수사에 필요한 경우에도 검사의 허가를 받아 신원관리카드를 열람할 수 있는지에 관하여는 별도의 규정이 없다. 그러나 검사나 사법경찰관이 당해 사건의 수사에 필요한 경우에 범죄신고자 등의 신원관리카드를 열람하여 이를 당해 수사에 사용할 수 있다고 해석하는 것은 수사권의 기본적·본질적인 내용으로 범죄신고자법에 이러한 내용이 없더라도 당연히 허용되는 것으로 해석된다. 이러한 해석은 당해 사건의 재판에도 마찬가지로 적용된다.

4) 범죄신고자법상 수사기관 등은 범죄신고자법을 적용할 때 피의자·피고인의 방어권 및 변호인의 변론권을 부당하게 침해하지 아니하도록 주의하여야 한다(제4조 제2항). 범죄신고자 등이 피고인 측 증인인데 범죄신고자 등이 법정 출석을 고의로 회피할 경우 신원관리카드의 열람이 허용되지 않아 소재탐지나 구인장 발부도 어렵다고 한다면 피고인의 방어권이나 변호인의 변론권이 침해되는 결과가 발생할 수도 있다.

5) 법원이 당해 사건의 재판진행을 위해 검사에게 신원관리카드의 열람을 요청하여 확보한 범죄신고자 등의 인적 사항을 소재탐지촉탁서나 구인장에 기재하여 이를 집행하는 것은 정상적인 재판진행 절차에 해당할 뿐 범죄신고자법 제8조에서 말하는 '범죄신고자 등이라는 정황을 알면서 그 인적 사항 또는 범죄신고자 등임을 미루어 알 수 있는 사실을 다른 사람에게 알려주거나 공개 또는 보도'하는 행위에 해당하지 않는다.

나. 형사소송법이 증인의 법정 출석을 강제할 수 있는 권한을 법원에 부여한 취지는, 다른 증거나 증인의 진술에 비추어 굳이 추가 증인신문을 할 필요가 없다는 등 특별한 사정이 없는 한 사건의 실체를 규명하는 데 가장 직접적이고 핵심적인 증인으로 하여금 공개된 법정에 출석하여 선서 후 증언하도록 하고, 법원은 출석한 증인의 진술을 토대로 형성된 유죄·무죄의 심증에 따라 사건의 실체를 규명하도록 하기 위함이다. 따라서 다른 증거나 증인의 진술에 비추어 굳이 추가 증거조사를 할 필요가 없다는 등 특별한 사정이 없고, 소재탐지나 구인장 발부가 불가능한 것이 아님에도 불구하고, 불출석한 핵심 증인에 대하여 소재탐지나 구인장 발부 없이 증인채택 결정을 취소하는 것은 법원의 재량을 벗어나는 것으로서 위법하다.

다. 기록에 의하면 다음과 같은 사실을 알 수 있다.

1) 이 사건 제보자는 피고인에 관한 이 사건 공소사실 기재 범죄혐의를 선거관리위원회에 제보한 뒤 수사기관에서 이에 관하여 진술하고 공직선거법령에 따라 신원관리카드가 작성된 사람이고, ○○○은 그 사람의 가명이며, 이 사건은 이 사건 제보자의 제보로 수사가 시작되었다.

2) 피고인이 이 사건 제보자 작성의 문답서 및 이 사건 제보자에 대한 경찰 진술조서 등(이하 '이 사건 증거들'이라 한다)에 대하여 부동의하자 검사는 2019. 1. 29. 제1심에 신원보호를 위하여 이 사건 제보자의 인적 사항을 밝히지 않고 증인신청을 하였고, 제1심이 이를 채택하여 2019. 1. 31. 검사에게 이 사건 제보자에 대한 증인소환장이 송달되었다.

3) 이 사건 제보자는 검사에게 '피고인이 자신의 신원을 알게 될 경우 자신에게 위해를 가할까 두렵다'며 2019. 3. 7. 및 2019. 4. 4. 제1심의 증인신문기일에 출석하지 않았다.

4) 검사는 2019. 5. 29. 이 사건 제보자의 인적 사항을 밝히지 않은 채 제1심에 직권으로 소재탐지촉탁을 해줄 것을 신청하였으나 제1심은 소재탐지촉탁을 하지 않았다.

5) 이 사건 제보자는 2019. 6. 13.과 2019. 7. 25. 공판기일에도 출석하지 않았고, 제1심은 2019. 7. 25. 이 사건 제보자에 대한 증인채택 결정을 취소하고 변론을 종결한 다음 2019. 8. 22. 무죄판결을 선고하였다.

6) 검사는 이에 불복하여 항소하면서, 제1심의 위와 같은 증인채택 결정 취소가 위법한 절차진행에 해당하고, 실체적 진실발견이라는 형사소송법의 대원칙에 반한다는 취지를 항소이유로 주장하였고, 원심에서도 이 사건 제보자에 대한 소재탐지촉탁을 신청함과 동시에 구인장 발부를 요청하였다. 그러나 원심은 이를 받아들이지 않고 2020. 1. 14. 변론을 종결한 뒤 2020. 2. 4. 항소기각 판결을 선고하였다.

라. 위와 같은 사실관계를 위에서 본 법리에 비추어 살펴본다. 이 사건 제보자는 이 사건의 핵심 증인에 해당한다고 볼 여지가 있으므로, 제1심은 이 사건 제보자에 대하여 소재탐지나 구인장을 발부한 후 그 소재 여부를 확인한 다음 이 사건 증거들이 형사소송법 제314조에서 요구하는 필요성 및 특신상태를 충족하는지 여부를 판단하였어야 한다. 그럼에도 이 사건 제보자가 범죄신고자법에 따라 보호되는 범죄신고자 등에 해당한다는 이유로 이 사건 제보자에 대한 소재탐지나 구인장 발부 없이 이 사건 제보자에 대한 증인채택 결정을 취소한 제1심의 절차진행은 위법하다. 따라서 원심으로서는 위와 같은 제1심의 위법을 시정하는 조치를 취하였어야 할 것임에도 이러한 조치를 취하지 않은 채 제1심판결의 결론을 그대로 유지하였다. 이러한 원심판결에는 범죄신고자법의 입법 취지와 공판중심주의 및 직접심리주의 등에 관한 법리를 오해하여 판결에 영향을 미친 잘못이 있다.

4. 그러므로 나머지 상고이유에 대한 판단을 생략한 채 원심판결을 파기하고, 사건을 다시 심리·판단하게 하기 위하여 원심법원에 환송하기로 하여, 관여 대법관의 일치된 의견으로 주문과 같이 판결한다.

ⓒ 대법원 2021. 02. 04. 선고 2019도10999 판결 [특정범죄가중처벌등에관한법률위반(허위세금계산서교부등)·관세법위반·조세범처벌법위반]

【판시사항】

[1] 제1심판결에 대하여 항소가 된 경우 판결의 확정력이 미치는 시간적 한계(= 항소심 판결선고 시)
[2] 매입처별세금계산서합계표에 기재된 매입처의 공급가액에 해당하는 실물거래가 전혀 존재하지 않거나 일부 실물거래가 존재하더라도 전체적으로 공급가액을 부풀려 허위로 기재한 합계표를 정부에 제출한 경우, 그 가공 혹은 허위의 공급가액 부분 전체에 관하여 위 허위기재를 내용으로 하는 구 조세범 처벌법 제10조 제3항 제3호에 해당하는지 여부(적극) / 이때 통정하여 일부 실물거래가 존재하나 전체적으로 공급가액을 부풀려 거짓으로 기재한 매입처별세금계산서합계표를 정부에 제출한 부분에 대하여는 같은 조 제2항 제2호가 별도로 성립하는지 여부(적극) 및 양자의 죄수관계(=상상적 경합범)

【판결요지】

[1] 판결의 확정력은 사실심리의 가능성이 있는 최후의 시점인 판결선고 시를 기준으로 하여 그때까지 행하여진 행위에 대하여만 미치는 것으로서, 제1심판결에 대하여 항소가 된 경우 판결의 확정력이 미치는 시간적 한계는 현행 형사항소심의 구조와 운용실태에 비추어 볼 때 항소심 판결선고 시라고 보는 것이 상당하다.

[2] 구 조세범 처벌법(2018. 12. 31. 법률 제16108호로 개정되기 전의 것, 이하 '구 조세범 처벌법'이라고 한다) 제10조 제2항 제2호는 '부가가치세법에 따라 매입처별세금계산서합계표를 정부에 제출하여야 할 자가 통정하여 거짓으로 기재한 매입처별세금계산서합계표를 제출한 경우'를, 같은 조 제3항 제3호는 '재화 또는 용역을 공급하지 아니하거나 공급받지 아니하고 부가가치세법에 따른 매출·매입처별세금계산서합계표를 거짓으로 기재하여 정부에 제출한 행위'를 각각 처벌하고 있다.

위 각 규정의 내용 및 입법 취지, 매입처별세금계산서합계표의 의의와 기능 등을 종합하면, 위 합계표에 기재된 매입처의 공급가액에 해당하는 실물거래가 전혀 존재하지 않거나 일부 실물거래가 존재하더라도 전체적으로 그 공급가액을 부풀려 허위로 기재한 합계표를 정부에 제출한 경우에는 그 가공 혹은 허위의 공급가액 부분 전체에 관하여 위 허위기재를 내용으로 하는 구 조세범 처벌법 제10조 제3항 제3호에 해당하고, 이 경우에 통정하여 일부 실물거래가 존재하나 전체적으로 공급가액을 부풀려 거짓으로 기재한 매입처별세금계산서합계표를 정부에 제출한 부분에 대하여는 구 조세범 처벌법 제10조 제2항 제2호가 별도로 성립하며, 양자는 상상적 경합범의 관계에 있다.

【참조조문】 [1] 형사소송법 제326조 제1호 / [2] 구 조세범 처벌법(2018. 12. 31. 법률 제16108호로 개정되기 전의 것) 제10조 제2항 제2호(현행 제10조 제2항 제3호 참조), 제3항 제3호, 형법 제40조
【참조판례】 [1] 대법원 1993. 5. 25. 선고 93도836 판결(공1993하, 1940) / [2] 대법원 2010. 5. 13. 선고 2010도336 판결
【전   문】 【피 고 인】 피고인 【상 고 인】 피고인 【변 호 인】 변호사 김태영
【원심판결】 광주고법 2019. 7. 16. 선고 2018노520, 2019노169 판결

【주   문】

원심판결 중 피고인에 대한 유죄 부분을 파기하고, 이 부분 사건을 광주고등법원에 환송한다.

【이   유】

상고이유를 판단한다.

1. 원심은, 피고인에 대한 공소사실 중 피고인이 공소외 1 회사 관련하여 그 판시와 같은 이유로 매입처 공소외 2 회사로부터 실제 공급받은 재화보다 더 많은 재화를 공급받은 것처럼 공급가액을 부풀린 거짓 기재 매입처별세금계산서합계표를 제출한 행위에 대하여 구 「조세범 처벌법」(2018. 12. 31. 법률 제16108호로 개정되기 전의 것, 이하 '구 조세범 처벌법'이라고 한다) 제10조 제2항 제2호를 적용하여 유죄로 판단하였다.

2. 그러나 원심의 판단은 아래와 같은 이유로 받아들이기 어렵다.

가.
- (1) 판결의 확정력은 사실심리의 가능성이 있는 최후의 시점인 판결선고 시를 기준으로 하여 그 때까지 행하여진 행위에 대하여만 미치는 것으로서, 제1심판결에 대하여 항소가 된 경우 판결의 확정력이 미치는 시간적 한계는 현행 형사항소심의 구조와 운용실태에 비추어 볼 때 항소심 판결선고 시라고 보는 것이 상당하다(대법원 1993. 05. 25. 선고 93도836 판결 참조).
- (2) 구 조세범 처벌법 제10조 제2항 제2호는 '부가가치세법에 따라 매입처별세금계산서합계표를 정부에 제출하여야 할 자가 통정하여 거짓으로 기재한 매입처별세금계산서합계표를 제출한 경우'를, 같은 조 제3항 제3호는 '재화 또는 용역을 공급하지 아니하거나 공급받지 아니하고 부가가치세법에 따른 매출·매입처별세금계산서합계표를 거짓으로 기재하여 정부에 제출한 행위'를 각각 처벌하고 있다.

  위 각 규정의 내용 및 입법 취지, 매입처별세금계산서합계표의 의의와 기능 등을 종합하면, 위 합계표에 기재된 매입처의 공급가액에 해당하는 실물거래가 전혀 존재하지 않거나 일부 실물거래가 존재하더라도 전체적으로 그 공급가액을 부풀려 허위로 기재한 합계표를 정부에 제출한 경우에는 그 가공 혹은 허위의 공급가액 부분 전체에 관하여 위 허위기재를 내용으로 하는 구 조세범 처벌법 제10조 제3항 제3호에 해당하고(대법원 2010. 5. 13. 선고 2010도336 판결 참조), 이 경우에 통정하여 일부 실물거래가 존재하나 전체적으로 공급가액을 부풀려 거짓으로 기재한 매입처별세금계산서합계표를 정부에 제출한 부분에 대하여는 구 조세범 처벌법 제10조 제2항 제2호가 별도로 성립하며, 양자는 상상적 경합범의 관계에 있다.

나. 기록에 의하면 아래와 같은 사실을 알 수 있다.
- (1) 피고인은 영리를 목적으로 재화 또는 용역을 공급하지 아니하거나 공급받지 아니하고 2012. 3. 25.경부터 2015. 5. 26.경까지 합계 3,392,347,669원의 허위 세금계산서를 수취하거나 허위 매입처별세금계산서합계표 및 허위 매출처별세금계산서합계표를 제출한 범죄사실 등으로 2018. 9. 6. 항소심인 광주고등법원에서 「특정범죄 가중처벌 등에 관한 법률」 제8조의2 제1항 제2호, 제2항, 구 조세범 처벌법 제10조 제3항 제1호, 제3호 등이 적용되어 특정범죄 가중처벌 등에 관한 법률 위반(허위세금계산서교부등)죄 등으로 징역 1년 및 벌금 4억 원의 유죄판결을 선고받았고, 2018. 11. 7. 피고인의 상고가 기각되어 위 판결이 그대로 확정되었다.
- (2) 위 공소사실은 위와 같이 확정된 항소심판결의 선고 이전인 2013. 7. 27.경부터 2015. 2. 25.경까지 사이에 이루어진 것이다.

다. 위와 같은 사실관계를 앞서 본 법리에 비추어 살펴본다.

피고인이 위 항소심판결 선고 이전에 매입처별세금계산서합계표에 기재된 매입처의 공급가액에 해당하는 실물거래가 전혀 존재하지 않거나 일부 실물거래가 존재하더라도 전체적으로 그 공급가액을 부풀려 허위로 기재한 매입처별세금계산서합계표를 제출한 행위는 모두 구 조세범 처벌법 제10조 제3항 제3호에 해당하고 이는 전체적으로 포괄하여 특정범죄가중처벌 등에 관한 법률 위반(허위세금계산서교부등)죄가 성립할 수 있고, 그 경우 구 조세범 처벌법 제10조 제2항 제2호가 적용된 위 공소사실은 위 특정범죄 가중처벌 등에 관한 법률 위반(허위세금계산서교부등)죄와는 상상적 경합관계에 있다. 따라서 위 확정판결의 효력은 위 공소사실에 미친다고 할 것이므로 결국 위 공소사실은 확정판결이 있는 때에 해당하므로 면소로 판단하여야 한다.

라. 그럼에도 원심이, 위 공소사실 기재 피고인의 행위가 구 조세범 처벌법 제10조 제3항 제3호에 해당할 수 있음은 인정하면서도 그 경우 위 확정된 항소심판결의 특정범죄 가중처벌 등에 관한 법률 위반(허위세금계산서교부등)죄 범죄사실과 포괄일죄의 관계에 있는지에 관하여는 아무런 심리·판단을 하지 아니한 채, 위 공소사실이 구 조세범 처벌법 제10조 제3항 제3호와 상상적 경합관계에 있는 구 조세범 처벌법 제10조 제2항 제2호로만 기소되어 불고불리의 원칙상 구 조세범 처벌법 제10조 제3항 제3호를 적용하여 처벌할 수 없다는 이유로 구 조세범 처벌법 제10조 제2항 제2호의 성립 여부에 관하여만 판단하여 이를 유죄로 인정한 데에는 허위 또는 거짓 기재 매입처별세금계산서합계표 제출로 인한 조세범 처벌법 위반죄와 특정범죄 가중처벌 등에 관한 법률 위반(허위세금계산서교부등)죄의 죄수 및 상상적 경합관계와 기판력에 관한 법리를 오해하여 필요한 심리를 다하지 아니함으로써 판결에 영향을 미친 잘못이 있다.

3. 위 공소사실과 원심이 유죄로 인정한 나머지 범죄는 형법 제37조 전단의 경합범의 관계에 있어 하나의 형이 선고되었으므로 원심판결 중 피고인에 대한 유죄 부분 전부를 파기하여야 한다.

4. 그러므로 원심판결 중 피고인에 대한 유죄 부분을 파기하고, 이 부분 사건을 다시 심리·판단하도록 원심법원에 환송하기로 하여, 관여 대법관의 일치된 의견으로 주문과 같이 판결한다.

Ⓑ 대법원 2021. 06. 10. 선고 2020도15891 판결 [특정범죄가중처벌등에관한법률위반(뇌물)]

【판시사항】

검사가 공판기일에 증인으로 신청하여 신문할 사람을 특별한 사정 없이 미리 수사기관에 소환하여 면담하는 절차를 거친 후 증인이 법정에서 피고인에게 불리한 내용의 진술을 한 경우, 증인신문 전 면담 과정에서 증인에 대한 회유나 압박, 답변 유도나 암시 등으로 증인의 법정진술에 영향을 미치지 않았다는 점이 담보되어야 증인의 법정진술을 신빙할 수 있는지 여부(적극) 및 이때 증인에 대한 회유나 압박 등이 없었다는 사정에 대한 증명책임 소재(=검사)와 증명 방법

【판결요지】

헌법은 제12조 제1항 후문에서 적법절차의 원칙을 천명하고, 제27조에서 재판받을 권리를 보장하고 있다. 형사소송법은 이를 실질적으로 구현하기 위하여, 피고사건에 대한 실체심리가 공개된 법정에서 검사와 피고인 양 당사자의 공격·방어활동에 의하여 행해져야 한다는 당사자주의와 공판중심주의, 공소사실의 인정은 법관의 면전에서 직접 조사한 증거만을 기초로 해야 한다는 직접심리주의와 증거재

판주의를 기본원칙으로 채택하고 있다. 이에 따라 공소가 제기된 후에는 그 사건에 관한 형사절차의 모든 권한이 사건을 주재하는 수소법원에 속하게 되며, 수사의 대상이던 피의자는 검사와 대등한 당사자인 피고인의 지위에서 방어권을 행사하게 된다.

이러한 형사소송법의 기본원칙에 비추어 보면, 검사가 공판기일에 증인으로 신청하여 신문할 사람을 특별한 사정 없이 미리 수사기관에 소환하여 면담하는 절차를 거친 후 증인이 법정에서 피고인에게 불리한 내용의 진술을 한 경우, 검사가 증인신문 전 면담 과정에서 증인에 대한 회유나 압박, 답변 유도나 암시 등으로 증인의 법정진술에 영향을 미치지 않았다는 점이 담보되어야 증인의 법정진술을 신빙할 수 있다고 할 것이다. 검사가 증인신문 준비 등 필요에 따라 증인을 사전 면담할 수 있다고 하더라도 법원이나 피고인의 관여 없이 일방적으로 사전 면담하는 과정에서 증인이 훈련되거나 유도되어 법정에서 왜곡된 진술을 할 가능성도 배제할 수 없기 때문이다. 증인에 대한 회유나 압박 등이 없었다는 사정은 검사가 증인의 법정진술이나 면담 과정을 기록한 자료 등으로 사전면담 시점, 이유와 방법, 구체적 내용 등을 밝힘으로써 증명하여야 한다.

【참조조문】 헌법 제12조 제1항, 제27조, 형사소송법 제275조, 제307조, 제308조
【참조판례】 대법원 2009. 10. 22. 선고 2009도7436 전원합의체 판결(공2009하, 1921), 대법원 2011. 4. 28. 선고 2009도10412 판결(공2011상, 1084)
【전　　문】 【피 고 인】 피고인　　【상 고 인】 피고인 및 검사　　【변 호 인】 법무법인(유한) 대륙아주 외 5인
【원심판결】 서울고법 2020. 10. 28. 선고 2019노2741 판결

【주　　문】

원심판결 중 유죄 부분(이유무죄 부분 포함)을 파기하고, 이 부분 사건을 서울고등법원에 환송한다. 검사의 나머지 상고를 기각한다.

【이　　유】

상고이유(상고이유서 제출기간이 지난 후에 제출된 피고인의 상고이유보충서는 상고이유를 보충하는 범위에서)를 판단한다.

1. 피고인의 상고이유에 관하여

가. 관련 법리

헌법은 제12조 제1항후문에서 적법절차의 원칙을 천명하고, 제27조에서 재판받을 권리를 보장하고 있다. 형사소송법은 이를 실질적으로 구현하기 위하여, 피고사건에 대한 실체심리가 공개된 법정에서 검사와 피고인 양 당사자의 공격·방어활동에 의하여 행해져야 한다는 당사자주의와 공판중심주의, 공소사실의 인정은 법관의 면전에서 직접 조사한 증거만을 기초로 해야 한다는 직접심리주의와 증거재판주의를 기본원칙으로 채택하고 있다. 이에 따라 공소가 제기된 후에는 그 사건에 관한 형사절차의 모든 권한이 사건을 주재하는 수소법원에 속하게 되며, 수사의 대상이던 피의자는 검사와 대등한 당사자인 피고인의 지위에서 방어권을 행사하게 된다(대법원 2009. 10. 22. 선고 2009도7436 전원합의체 판결, 대법원 2011. 04. 28. 선고 2009도10412 판결 참조).

이러한 형사소송법의 기본원칙에 비추어 보면, 검사가 공판기일에 증인으로 신청하여 신문할 사람을 특별한 사정 없이 미리 수사기관에 소환하여 면담하는 절차를 거친 후 증인이 법정에서 피고인에게 불리한 내용의 진술을 한 경우, 검사가 증인신문 전 면담 과정에서 증인에 대한 회유나 압박, 답변 유도나 암시 등으로 증인의 법정진술에 영향을 미치지 않았다는 점이 담보되어야 증인의 법정진술을 신빙할 수 있다고 할 것이다. 검사가 증인신문 준비 등 필요에 따라 증인을 사전 면담할 수 있다고 하더라도 법원이나 피고인의 관여 없이 일방적으로 사전 면담하는 과정에서 증인이 훈련되거나 유도되어 법정에서 왜곡된 진술을 할 가능성도 배제할 수 없기 때문이다. 증인에 대한 회유나 압박 등이 없었다는 사정은 검사가 증인의 법정진술이나 면담 과정을 기록한 자료 등으로 사전면담 시점, 이유와 방법, 구체적 내용 등을 밝힘으로써 증명하여야 한다.

나. 이 부분 공소사실 요지와 소송의 경과

1) 이 부분 변경된 공소사실 요지는, 피고인이 2000. 10.경부터 2011. 5.경까지 직무에 관하여 공소외 1로부터 신용카드 사용대금, 상품권, 차명 휴대전화 사용대금, 주대, 금원 등 합계 51,600,345원 이상의 뇌물을 수수함과 동시에, 공무원의 지위를 이용하여 다른 공무원의 직무에 속한 사항의 알선에 관하여 같은 액수의 뇌물을 수수하였다는 것이다.

2) 제1심은, ① 공소제기일로부터 역산하여 공소시효 10년 이내인 2009. 6.경부터 2011. 5. 경까지의 뇌물수수 중 상품권 수수 부분에 대해서는 수수 사실의 증명이 부족하고, 차명 휴대전화 사용대금 수수 부분에 대해서는 수수 사실은 인정되나 공소외 1의 수원지검 사건 관련 법정진술의 신빙성을 배척하고 나머지 증거만으로는 직무관련성과 대가성에 대한 증명이 부족하다고 보아 무죄로 판단하고, ② 나머지 뇌물수수 부분에 대해서는 공소시효가 완성되었다고 보아 이유에서 면소로 판단하였다.

3) 반면 원심은, ① 알선수뢰 중 신용카드 사용대금, 차명 휴대전화 사용대금, 2009. 5. 19. 주대, 금원 수수 부분에 대해서는 공소외 1의 수원지검 사건 관련 법정진술 및 차명 휴대전화 관련 원심 법정진술에 신빙성이 있으므로 피고인이 알선 대가로 금품이나 재산상 이익을 수수한 사실과 범의가 인정된다고 보아 유죄로 판단하고, 상품권 수수, 2009. 2. 26.과 2009. 3. 25. 주대 부분에 대해서는 범죄의 증명이 없다고 보아 이유에서 무죄로 판단하였으며, ② 단순수뢰 부분에 대해서는 직무관련성을 인정할 수 없다고 보아 이유에서 무죄로 판단하였다.

다. 대법원의 판단

그러나 원심의 판단은 받아들일 수 없다.

1) 기록에 의하면 다음과 같은 사실을 알 수 있다.

가) 검사는 2019. 7. 26. 제1심 제2회 공판준비기일에 공소외 1을 증인으로 신청하였고, 제1심법원은 2019. 8. 13. 제1회 공판기일에 공소외 1을 증인으로 채택하여 2019. 9. 24. 제5회 공판기일에 공소외 1에 대한 증인신문을 비공개로 실시하였다.

그런데 검사는 위 공소외 1에 대한 증인신문이 이루어지기 전에 공소외 1을 소환하여 공소외 1로 하여금 검찰 진술조서 내용을 확인하게 하는 등 면담을 실시하였다.

공소외 1은 위 제1심 증인신문에서 1998년경에 있은 자신의 뇌물공여 사건인 수원지검 사건과 관련하여 검찰진술과 달리, '공소외 2가 어떻게 될 것 같은지 피고인에게 물어보는 등으로 수원지검 사건과 관련하여 상담을 하였는데, 피고인이 공소외 1 본인도 수사대상자인 것 같다고 말해주었으며, 그 직후 본인의 사무실에 대한 압수수색이 이루어졌다.'고 진술하였다.

나) 검사는 2020. 6. 17. 원심 제1회 공판기일에 공소외 1을 다시 증인으로 신청하였고, 원심법원은 같은 날 공소외 1을 증인으로 채택하여 2020. 8. 19. 제2회 공판기일에 공소외 1에 대한 증인신문을 비공개로 실시하였다.

그런데 검사는 제1심에서와 마찬가지로 원심에서도 공소외 1에 대한 증인신문이 이루어지기 전에 공소외 1을 소환하여 공소외 1로 하여금 제1심 법정진술과 검찰 진술조서 내용을 확인하게 하는 등 면담을 실시하였다. 면담 당시 공소외 1은 자신이 증언할 사항에 대해서 검사에게 물어보기까지 하였다.

그 후 공소외 1은 원심 증인신문에서 수원지검 사건과 관련하여 검찰진술과 달리, '공소외 1 본인이 근무하던 공소외 3 주식회사에서 시행한 아파트 인허가 과정이 문제였는데, 당시에 용인시 (부서명 생략) 과장인 공소외 2가 본인 친구였고, 그 친구가 뇌물수수로 조사를 받는다고 상의를 해서 본인이 피고인에게 부탁을 하였더니 나중에 피고인으로부터 공소외 1 본인도 수사대상이라는 연락을 받았으며, 그때 본인 사무실에 압수수색이 들어오고 수원지검에 가서 48시간 정도 조사를 받았다.'고 진술하였다.

또한 공소외 1은 검사의 사전면담 이후 원심 증인신문에서 차명 휴대전화와 관련하여 제1심 법정진술과 달리, '다른 금품이나 재산상 이익을 제공한 것과 구별하여 차명 휴대전화는 순수하게 피고인을 도와준다거나 단순히 휴대전화를 빌려준다는 사유로 제공한 것은 아니었다.'고 진술하였다.

2) 이러한 사실관계를 앞서 본 법리에 비추어 살펴본다. 검사는 제1심과 원심에서 두 차례에 걸쳐 증인신문 전에 공소외 1을 소환하여 면담하였다. 면담 과정에서 공소외 1은 자신의 검찰진술조서와 제1심 법정진술 내용을 확인하였을 뿐만 아니라 검사에게 법정에서 증언할 사항을 물어보기까지 하였다. 그리고 그 직후 이루어진 증인신문에서 수원지검 사건 및 차명 휴대전화와 관련하여 종전 진술을 번복하였고, 수원지검 사건에 대해서는 피고인에게 불리한 진술을 점점 구체적으로 하였다. 사정이 이러하다면 공소외 1이 제1심과 원심 법정에서 진술하기 전에 검찰에 소환되어 면담하는 과정에서 수사기관의 회유나 압박, 답변 유도나 암시 등의 영향을 받아 종전에 한 진술을 공소사실에 부합하는 진술로 변경하였을 가능성을 배제하기 어렵다. 따라서 검사가 증인신문 전 면담 과정에서 회유나 압박 등으로 공소외 1의 법정진술에 영향을 미치지 않았다는 점을 증인의 진술 등으로 증명하지 못하는 한 원심이 제1심과 달리 유죄로 판단한 근거가 된 공소외 1의 수원지검 사건 관련 법정진술 및 차명 휴대전화 관련 원심 법정진술은 신빙성을 인정하기 어렵다.

3) 그런데도 원심은 검사의 증인 사전면담 시점이나 이유, 방법, 내용 등에 대한 구체적인 심리 없이 공소외 1의 수원지검 사건 관련 법정진술과 차명 휴대전화 관련 원심 법정진술에 신빙성을 인정하여 이 부분 알선수뢰 공소사실 중 신용카드 사용대금, 차명 휴대전화 사용대금, 2009. 5. 19. 주대, 금원 수수 부분을 유죄로 판단하였다.

이러한 원심판결에는 검사의 사전면담이 이루어진 증인의 법정진술의 신빙성 판단 등에 관한 법리를 오해하여 필요한 심리를 다하지 아니함으로써 판결에 영향을 미친 잘못이 있다. 이를 지적하는 상고이유 주장은 이유 있다.

2. 검사의 상고이유에 관하여

원심은 판시와 같은 이유로 이 사건 공소사실 중 공소외 4, 공소외 5 관련 각「특정범죄 가중처벌 등에 관한 법률」(이하 '특정범죄가중법'이라고 한다) 위반(뇌물) 부분에 대하여 범죄의 증명이 없거나 공소시효가 완성되었다고 보아 무죄 또는 이유면소로 판단하고, 알선수뢰로 인한 공소외 1 관련 특정범죄가중법 위반(뇌물) 중 상품권 수수, 2009. 2. 26.과 2009. 3. 25. 주대 부분에 대하여 범죄의 증명이 없다고 보아 이유무죄로 판단하였다. 원심판결 이유를 관련 법리와 기록에 비추어 살펴보면, 원심의 판단에 논리와 경험의 법칙을 위반하여 자유심증주의의 한계를 벗어나거나 제3자뇌물수수죄에서의 부정한 청탁, 수뢰후부정처사죄의 성립, 뇌물죄에서의 직무관련성, 공소시효에 관한 법리를 오해한 잘못이 없다.

3. 파기의 범위

원심판결 중 공소외 1 관련 특정범죄가중법 위반(뇌물) 부분 중 유죄 부분은 앞서 본 이유로 파기되어야 하고, 이와 포괄일죄 및 상상적 경합 관계에 있는 공소외 1 관련 특정범죄가중법 위반(뇌물) 부분 중 이유무죄 부분도 함께 파기되어야 한다.

4. 결론

그러므로 피고인의 나머지 상고이유에 관한 판단을 생략한 채, 원심판결 중 유죄 부분(이유무죄 부분 포함)을 파기하고, 이 부분 사건을 다시 심리·판단하도록 원심법원에 환송하며, 검사의 나머지 상고를 기각하기로 하여, 관여 대법관의 일치된 의견으로 주문과 같이 판결한다.

Ⓐ 대법원 2021. 06. 30. 선고 2019도7217 판결 [강제추행(인정된 죄명: 공연음란)]

【판시사항】

[1] 형사소송규칙 제142조 제1항, 제5항의 규정 취지 / 검사의 서면에 의한 공소장변경허가신청이 있는데도 법원이 피고인 또는 변호인에게 공소장변경허가신청서 부본을 송달·교부하지 않은 채 공소장변경을 허가하고 공소장변경허가신청서에 기재된 공소사실에 관하여 유죄판결을 한 경우, 공소장변경허가신청서 부본을 송달·교부하지 않은 법원의 잘못이 판결에 영향을 미친 법령 위반에 해당하는지 여부(원칙적 적극)

[2] 피고인이 강제추행죄로 기소되어 제1심에서 무죄가 선고되자 검사가 항소심에서 공연음란죄를 예비적으로 추가하는 공소장변경허가신청서를 제출하였는데 원심이 공소장변경허가신청서 부본을 피고인 또는 변호인에게 송달하거나 교부하지 않은 채 공판절차를 진행하여 제1심판결을 파기하고 예비적 공소사실을 유죄로 판단한 사안에서, 원심판결에는 공소장변경절차에 관한 법령을 위반하여 판결에 영향을 미친 잘못이 있다고 한 사례

【판결요지】

[1] 법원은 공소사실 또는 적용법조의 추가, 철회 또는 변경이 있을 때에는 그 사유를 신속히 피고인 또는 변호인에게 고지하여야 한다(형사소송법 제298조 제3항). 형사소송규칙 제142조 제1항은 '검사가 형사소송법 제298조 제1항에 따라 공소장에 기재한 공소사실 또는 적용법조의 추가, 철회 또는 변경을 하고자 하는 때에는 그 취지를 기재한 공소장변경허가신청서를 법원에 제출하여야 한다.'고 정하고, 제5항은 '법원은 제1항의 규정에도 불구하고 피고인이 재정하는 공판정에서는 피고인에게 이익이 되거나 피고인이 동의하는 경우 구술에 의한 공소장변경을 허가할 수 있다.'고 정하고 있다. 이와 같이 검사가 공소장변경신청을 하고자 할 때에는 서면으로 하는 것이 원칙이고, 예외적으로 피고인이 재정하는 공판정에서 피고인에게 이익이 되거나 피고인이 동의하는 경우에는 구술에 의한 공소장변경신청을 할 수 있다. 이는 심판의 대상을 명확히 한정하고 절차를 분명히 하여 피고인의 방어권 행사를 가능하게 하기 위한 것이다.

형사소송규칙 제142조 제2항, 제3항에 따르면, 검사가 서면으로 공소장변경신청을 하는 경우 피고인의 수에 상응한 부본을 첨부하여야 하고, 법원은 그 부본을 피고인 또는 변호인에게 즉시 송달하여야 한다.

위와 같은 공소장변경 절차에 관한 법규의 내용과 취지에 비추어 보면, 검사의 서면에 의한 공소장변경허가신청이 있는데도 법원이 피고인 또는 변호인에게 공소장변경허가신청서 부본을 송달·교부하지 않은 채 공소장변경을 허가하고 공소장변경허가신청서에 기재된 공소사실에 관하여 유죄판결을 하였다면, 공소장변경허가신청서 부본을 송달·교부하지 않은 법원의 잘못은 판결에 영향을 미친 법령 위반에 해당한다. 다만 공소장변경 내용이 피고인의 방어권과 변호인의 변호권 행사에 지장이 없는 것이거나 피고인과 변호인이 공판기일에서 변경된 공소사실에 대하여 충분히 변론할 기회를 부여받는 등 피고인의 방어권이나 변호인의 변호권이 본질적으로 침해되지 않았다고 볼 만한 특별한 사정이 있다면 판결에 영향을 미친 법령 위반이라고 할 수 없다.

[2] 피고인이 강제추행죄로 기소되어 제1심에서 무죄가 선고되자 검사가 항소심에서 공연음란죄를 예비적으로 추가하는 공소장변경허가신청서를 제출하였는데 원심이 공소장변경허가신청서 부본을 피고인 또는 변호인에게 송달하거나 교부하지 않은 채 공판절차를 진행하여 기존 공소사실에 대하여 무죄로 판단한 제1심판결을 파기하고 예비적 공소사실을 유죄로 판단한 사안에서, 공연음란죄는 강제추행죄와 비교하여 행위양태, 보호법익, 죄질과 법정형 등에서 차이가 있어, 기존 공소사실과 예비적 공소사실은 심판대상과 피고인의 방어대상이 서로 달라 피고인의 방어권이나 변호인의 변호권을 본질적으로 침해한 것으로 볼 수 있으므로, 원심판결에는 공소장변경절차에 관한 법령을 위반하여 판결에 영향을 미친 잘못이 있다고 한 사례

【참조조문】 [1] 형사소송법 제298조 제3항, 형사소송규칙 제142조 제1항, 제2항, 제3항, 제5항 / [2] 형사소송법 제298조 제3항, 형사소송규칙 제142조 제1항, 제2항, 제3항
【참조판례】 [1] 대법원 2009. 6. 11. 선고 2009도1830 판결, 대법원 2017. 6. 8. 선고 2017도5122 판결
【전　　문】　【피 고 인】 피고인　【상 고 인】 피고인
【변 호 인】 법무법인 더가람 담당변호사 박찬향 외 1인
【원심판결】 창원지법 2019. 5. 16. 선고 2018노2934 판결

【주 문】

원심판결을 파기하고, 사건을 창원지방법원에 환송한다.

【이 유】

1. 법원은 공소사실 또는 적용법조의 추가, 철회 또는 변경(이하 '공소장의 변경'이라 한다)이 있을 때에는 그 사유를 신속히 피고인 또는 변호인에게 고지하여야 한다(형사소송법 제298조 제3항). 형사소송규칙 제142조 제1항은 '검사가 형사소송법 제298조 제1항에 따라 공소장에 기재한 공소사실 또는 적용법조의 추가, 철회 또는 변경을 하고자 하는 때에는 그 취지를 기재한 공소장변경허가신청서를 법원에 제출하여야 한다.'고 정하고, 제5항은 '법원은 제1항의 규정에도 불구하고 피고인이 재정하는 공판정에서는 피고인에게 이익이 되거나 피고인이 동의하는 경우 구술에 의한 공소장변경을 허가할 수 있다.'고 정하고 있다. 이와 같이 검사가 공소장변경신청을 하고자 할 때에는 서면으로 하는 것이 원칙이고, 예외적으로 피고인이 재정하는 공판정에서 피고인에게 이익이 되거나 피고인이 동의하는 경우에는 구술에 의한 공소장변경신청을 할 수 있다(대법원 2017. 06. 08. 선고 2017도5122 판결 등 참조). 이는 심판의 대상을 명확히 한정하고 절차를 분명히 하여 피고인의 방어권 행사를 가능하게 하기 위한 것이다.

형사소송규칙 제142조 제2항, 제3항에 따르면, 검사가 서면으로 공소장변경신청을 하는 경우 피고인의 수에 상응한 부본을 첨부하여야 하고, 법원은 그 부본을 피고인 또는 변호인에게 즉시 송달하여야 한다.

위와 같은 공소장변경 절차에 관한 법규의 내용과 취지에 비추어 보면, 검사의 서면에 의한 공소장변경허가신청이 있는데도 법원이 피고인 또는 변호인에게 공소장변경허가신청서 부본을 송달·교부하지 않은 채 공소장변경을 허가하고 공소장변경허가신청서에 기재된 공소사실에 관하여 유죄판결을 하였다면, 공소장변경허가신청서 부본을 송달·교부하지 않은 법원의 잘못은 판결에 영향을 미친 법령 위반에 해당한다. 다만 공소장변경 내용이 피고인의 방어권과 변호인의 변호권 행사에 지장이 없는 것이거나 피고인과 변호인이 공판기일에서 변경된 공소사실에 대하여 충분히 변론할 기회를 부여받는 등 피고인의 방어권이나 변호인의 변호권이 본질적으로 침해되지 않았다고 볼 만한 특별한 사정이 있다면 판결에 영향을 미친 법령 위반이라고 할 수 없다(대법원 2009. 06. 11. 선고 2009도1830 판결 등 참조).

2. 기록에 따르면 다음 사실을 알 수 있다.

가. 검사는 피고인에 대하여 '피고인이 고속버스 안에서 음란동영상을 보면서 자위행위를 하던 중 옆자리에 앉아 있는 여성의 허벅지를 만져 추행하였다.'는 내용의 강제추행죄로 공소를 제기하였다. 피고인은 제1심에서 추행한 사실이 없다고 다투었고, 제1심은 추행사실과 고의에 대한 증명이 부족하다는 이유로 피고인에게 무죄를 선고하였다. 검사는 제1심판결에 대하여 항소하였다.

나. 검사는 원심에서 2019. 4. 15. 위 공소사실을 주위적 공소사실로 하고, '피고인이 위 공소사실 기재 일시, 장소에서 자위행위를 함으로써 공연히 음란한 행위를 하였다.'는 내용의 공연음란죄를

예비적으로 추가하는 공소장변경허가신청서를 제출하였다.

원심은 2019. 4. 18. 제2회 공판기일에서 위 공소장변경허가신청서 부본을 피고인 또는 변호인에게 송달하거나 교부하지 않은 상태에서 공소장변경을 허가하였다. 검사는 위 공소장변경허가신청서에 따라 공소사실, 죄명과 적용법조를 진술하였고, 피고인과 변호인은 예비적으로 추가된 공소사실을 부인한다고 진술하였다. 원심은 피고인과 변호인에게 최종 의견 진술의 기회를 부여하였는데, 피고인은 강제추행의 공소사실과 관련하여 추행한 사실이 없다는 취지로만 진술하였다.

다. 원심은 제2회 공판기일에서 변론을 종결하고 2019. 5. 16. 제3회 공판기일에서 제1심판결을 파기하고 예비적 공소사실을 유죄로 인정하여 피고인에게 벌금 400만 원을 선고하였다.

한편 위 공소장변경허가신청서 부본은 원심 변론종결 이후인 2019. 4. 19. 변호인에게, 2019. 5. 3. 피고인에게 송달되었다.

3. 이러한 사실관계를 위에서 본 법리에 비추어 살펴본다.

검사가 원심에서 공소장변경을 신청한 예비적 공소사실은 공연음란죄에 관한 것으로서 기존 공소사실인 강제추행죄와 비교하여 행위 양태, 보호법익, 죄질과 법정형 등에서 차이가 있다. 강제추행죄는 피고인이 자위행위를 하였는지 여부나 그 행위에 공연성이 있는지 여부가 범죄 성립에 직접 영향이 없지만, 공연음란죄는 공연히 자위행위를 한 사실이 범죄 성립요건이다. 따라서 기존 공소사실과 예비적 공소사실은 심판대상과 피고인의 방어대상이 서로 다르다.

그런데도 원심은 검사의 공소장변경허가신청서 부본을 피고인 또는 변호인에게 송달하거나 교부하지 않은 채 공판절차를 진행하여 당일 변론을 종결한 다음 기존 공소사실에 대하여 무죄로 판단한 제1심판결을 파기하고 예비적 공소사실을 유죄로 판단하였다. 이는 피고인의 방어권이나 변호인의 변호권을 본질적으로 침해한 것으로 볼 수 있다. 원심판결에는 공소장변경절차에 관한 법령을 위반하여 판결에 영향을 미친 잘못이 있다. 이를 지적하는 상고이유 주장은 정당하다.

원심판결 중 예비적 공소사실 부분은 파기되어야 하는데, 예비적 공소사실 부분을 파기하는 이상 주위적 공소사실을 포함한 원심판결 전부가 파기되어야 한다.

4. 피고인의 상고는 이유 있으므로 원심판결을 파기하고 사건을 다시 심리·판단하도록 원심법원에 환송하기로 하여, 대법관의 일치된 의견으로 주문과 같이 판결한다.

● 대법원 2022. 01. 13. 선고 2021도13108 판결 [사기]

【판시사항】

[1] 검사가 공소장변경허가신청서를 제출하지 않고 공소사실에 대한 검사의 의견을 기재한 서면을 제출한 경우, 이를 곧바로 공소장변경허가신청서를 제출한 것으로 볼 수 있는지 여부(소극)
[2] 공소장의 기재가 불분명한 경우, 법원이 취할 조치
[3] 경합범 관계에 있는 공소사실 중 판결주문이 수 개일 때 피고인과 검사가 일부에 대하여만 상소한 경우, 상소심에서 이를 파기할 때의 파기 범위(=상소된 부분) / 경합범 관계에 있는 공소사실 중 일부 유죄, 일부 무죄를 선고하여 판결 주문이 수 개일 때 검사가 판결 전부에 대하여 상소한 경우, 상소심에서 이를 파기할 때 유죄 부분과 파기되는 무죄 부분을 함께 파기하여야 하는지 여부(적극) 및 이때 경합범 관계에 있는 공소사실이라도 개별적으로 파기되는 부분과 불가분의 관계에 있는 부분만을 파기하여야 하는 경우
[4] 학부모들 및 대한민국에 대한 사기로 기소된 피고인에 대하여 제1심법원이 피해자 대한민국에 대한 사기 부분에 대하여 무죄를 선고하고 피해자 학부모들에 대한 사기 부분에 대하여 공소를 기각하자 검사가 제1심판결 전부에 대하여 항소를 제기한 사안에서, 제1심판결 중 공소기각 부분을 파기하는 이상 제1심판결 중 무죄 부분도 함께 파기하여야 한다고 본 원심판단에 법리오해의 잘못이 있다고 한 사례

【판결요지】

[1] 검사는 법원의 허가를 얻어 공소장에 기재한 공소사실 또는 적용법조의 추가·철회 또는 변경을 할 수 있다. 이 경우에 법원은 공소사실의 동일성을 해하지 아니하는 한도에서 허가하여야 한다(형사소송법 제298조 제1항). 검사가 형사소송법 제298조 제1항에 따라 공소장에 기재한 공소사실 또는 적용법조의 추가·철회 또는 변경을 하고자 하는 때에는 그 취지를 기재한 공소장변경허가신청서를 법원에 제출하여야 하고, 다만 피고인이 재정하는 공판정에서는 피고인에게 이익이 되거나 피고인이 동의하는 경우 구술에 의한 공소장변경을 허가할 수 있다(형사소송규칙 제142조 제1항, 제5항).

따라서 검사가 공소장변경허가신청서를 제출하지 않고 공소사실에 대한 검사의 의견을 기재한 서면을 제출하였더라도 이를 곧바로 공소장변경허가신청서를 제출한 것이라고 볼 수는 없다.

[2] 재판장은 소송관계를 명료하게 하기 위하여 검사, 피고인 또는 변호인에게 사실상과 법률상의 사항에 관하여 석명을 구하거나 입증을 촉구할 수 있다(형사소송규칙 제141조 제1항). 공소장의 기재가 불분명한 경우에는 법원은 형사소송규칙 제141조에 따라 검사에게 석명을 한 다음, 그래도 검사가 이를 명확하게 하지 않은 때에야 공소사실의 불특정을 이유로 공소를 기각해야 한다.

[3] 상소는 재판의 일부에 대하여도 할 수 있고, 일부에 대한 상소는 그 일부와 불가분의 관계에 있는 부분에 대하여도 효력이 미친다(형사소송법 제342조). 형법 제37조 전단의 경합범으로 동시에 기소된 수 개의 공소사실에 대하여 각기 따로 유무죄, 공소기각 및 면소를 선고하거나 형을 정하는 등

으로 판결주문이 수 개일 때에는 그 1개의 주문에 포함된 부분을 다른 부분과 분리하여 일부상소를 할 수 있고 당사자 쌍방이 상소하지 않은 부분은 분리 확정된다. 따라서 경합범 관계에 있는 공소사실 중 판결주문이 수 개일 때 피고인과 검사가 일부에 대하여만 상소한 경우, 피고인과 검사가 상소하지 않은 부분은 상소기간이 지남으로써 확정되어 상소심에 계속된 사건은 상소된 부분에 대한 공소뿐이고, 그에 따라 상소심에서 이를 파기할 때에는 그 부분만을 파기하여야 한다.

반면 경합범 관계에 있는 공소사실 중 일부 유죄, 일부 무죄를 선고하여 판결주문이 수 개일 때 검사가 판결 전부에 대하여 상소하였는데 상소심에서 이를 파기할 때에는 유죄 부분과 파기되는 무죄 부분이 형법 제37조 전단의 경합범 관계에 있어 하나의 형이 선고되어야 하므로, 유죄 부분과 파기되는 무죄 부분을 함께 파기하여야 한다.

그러나 위와 같이 하나의 형을 선고하기 위해서 파기하는 경우를 제외하고는 경합범의 관계에 있는 공소사실이라고 하더라도 개별적으로 파기되는 부분과 불가분의 관계에 있는 부분만을 파기하여야 한다.

[4] 피해자 학부모들 및 대한민국에 대한 사기로 기소된 피고인에 대하여 제1심법원이 피해자 대한민국에 대한 사기 부분에 대하여 무죄를 선고하고 피해자 학부모들에 대한 사기 부분에 대하여 공소를 기각하자 검사가 제1심판결 전부에 대하여 항소를 제기한 사안에서, 제1심은 경합범 관계에 있는 공소사실 중 피해자 대한민국에 대한 사기 부분을 주문 무죄로, 피해자 학부모들에 대한 사기 부분을 주문 공소기각으로 각 판단하였으므로, 검사가 제1심판결 전부에 대하여 항소하였더라도 그 판결 전체가 불가분의 관계에 있다고 볼 수 없고, 원심으로서는 각 부분에 관한 항소이유를 개별적으로 판단했어야 함에도, 공소사실 전체가 경합범 관계에 있어 불가분의 관계에 있다는 이유로 제1심판결 중 공소기각 부분을 파기하는 이상 제1심판결 중 무죄 부분도 함께 파기하여야 한다고 본 원심판단에 법리오해의 잘못이 있다고 한 사례.

【참조조문】 [1] 형사소송법 제298조 제1항, 형사소송규칙 제142조 제1항, 제5항 / [2] 형사소송규칙 제141조 제1항 / [3] 형법 제37조, 형사소송법 제342조, 제364조 / [4] 형법 제37조, 형사소송법 제342조, 제364조
【참조판례】 [2] 대법원 1983. 6. 14. 선고 82도293 판결, 대법원 2021. 2. 25. 선고 2020도3694 판결(공2021상, 728) / [3] 대법원 2010. 11. 25. 선고 2010도10985 판결(공2011상, 78), 대법원 2020. 3. 12. 선고 2019도18935 판결
【전 문】 【피 고 인】 피고인 【상 고 인】 피고인
【변 호 인】 법무법인(유한) 동인 담당변호사 박세규 외 3인
【원심판결】 부산지법 2021. 9. 9. 선고 2020노899 판결

【주 문】

원심판결을 파기하고, 사건을 부산지방법원에 환송한다.

【이 유】

상고이유를 판단한다.

1. 소송의 경과

원심판결 이유와 기록에 의하면, 다음과 같은 사실을 알 수 있다.

가. 제1심

1) 피고인은 2018. 1. 17. 6개 유치원의 피해자 학부모들에 대한 급식비, 교재·교구비, 특성화 프로그램 교육비, 방과후과정 학부모부담금 및 원복·체육복·가방비 관련 사기[범죄일람표(1) 내지 범죄일람표(15) 기재 부분, 이하 '피해자 학부모들에 대한 사기 부분'이라고 한다] 및 피해자 대한민국에 대한 교육청 지원금 관련 사기[범죄일람표(16), 범죄일람표(17)기재 부분, 이하 '피해자 대한민국에 대한 사기 부분'이라고 한다]로 공소제기되었다.

2) 변호인은 2018. 6. 15. 자 변호인의견서를 통하여 피해자 학부모들에 대한 사기 부분에 관하여 범죄일람표(1) 내지 범죄일람표(15)에 피해자별 편취금액이 특정되지 않았으므로 공소사실이 특정되지 않았다고 주장하였고, 이에 검사는 2018. 8. 13. 자 의견서를 통하여 사건의 특성상 개괄적 표시가 부득이하고 피고인의 방어권 행사에 지장이 없으므로 피해자 학부모들에 대한 사기 부분 공소사실이 충분히 특정되었다고 주장하였다.

3) 검사는 2018. 12. 11. 제1심법원에 피해자 학부모들에 대한 사기 부분 피해자들을 확인하기 위하여 부산광역시 교육청 감사관실에 대하여 '피고인의 범행기간인 2014. 1.경부터 2017. 6.경까지 6개 유치원에서 학비지원을 받은 원아명 및 그 원아의 학부모명'에 관한 사실조회를 신청하였고, 그 사실조회회신이 2018. 12. 21. 제1심법원에 도착하였다.

4) 검사는 2019. 1. 17. 제6회 공판기일에서 피해자 대한민국에 대한 사기 부분 공소사실 일부를 정정하였고, 피해자 학부모들에 대한 사기 부분 공소사실에 관하여 기존 범죄일람표(1) 내지 범죄일람표(15)를 유지하고 사실조회 회신자료를 반영하여 원아명과 학부모명을 병기한 피해자 일람표를 첨부하면서 이 부분 피해자를 '피해자 일람표 기재 학부모들'로 변경하겠다는 취지의 의견서를 제출하였다.

5) 제1심법원은 2019. 3. 28. 제7회 공판기일에서 판사의 경질을 이유로 공판절차를 갱신하면서 검사의 피해자 특정 여부를 위하여 변론을 속행하였다.

6) 검사는 2019. 7. 12. 자 의견서를 통하여 피해자 학부모들에 대한 사기 부분 중 방과후과정 학부모부담금 부분 편취금액을 특정하는 내용의 의견서를 제출하였다.

7) 변호인은 2019. 12. 2. 자 변론요지서를 통하여 피해자 학부모들에 대한 사기 부분 공소사실이 특정되지 않았다고 주장하였고, 검사는 2020. 1. 6. 자 변론기일변경신청서를 제출하면서 공소장변경을 예정하고 있다는 취지로 기재하였다.

8) 검사는 2020. 1. 13. 피해자 대한민국에 대한 사기 부분 공소사실을 일부 변경하는 내용의 공소장변경허가신청서와 함께 피해자 학부모들에 대한 사기 부분 공소사실의 피해자와 피해금액이 모두 특정되었다는 취지의 의견서를 제출하였다.

9) 제1심법원은 2020. 1. 14. 제12회 공판기일에서 위 공소장변경을 허가한 뒤 변론을 종결하였고, 제1심은 2020. 2. 18. 피해자 대한민국에 대한 사기 부분에 대하여 무죄를 선고하고 피해자 학부모들에 대한 사기 부분에 대한 공소를 기각하였다. 이에 검사가 제1심판결 전부에 대하여 항소를 제기하였다.

나. 원심

1) 검사는 2020. 9. 10. 제1회 공판기일에서 피해자 학부모들에 대한 사기 부분 공소사실 범죄일람표를 특정할 수 있는지 한 번 더 검토하겠다고 진술하였다.

2) 검사는 2020. 11. 19. 제3회 공판기일에서 ① 피해자 학부모들에 대한 사기 부분 중 원복·체육복·가방비 부분을 제외한 나머지 부분의 편취금액과 범죄일람표를 변경하는 내용의 공소장변경허가신청서를 제출하였고, ② 2021. 3. 30. 피해자 학부모들에 대한 사기 부분 중 방과후과정 학부모부담금 부분의 편취금액과 범죄일람표를 변경하는 내용의 공소장변경허가신청서를 제출하였다.

3) 변호인은 2021. 4. 1. 자 의견서를 통하여 공소장변경허가신청서가 당초 공소사실과 기본적 사실관계가 동일하지 않고 이에 의하더라도 피해자 학부모들에 대한 사기 부분 공소사실이 특정되지 않았다고 주장하였고, 검사는 2021. 4. 28. 자 의견서를 통하여 변호인 의견에 대하여 반박하면서 공소장변경을 허가하여 달라고 주장하였다.

4) 원심법원은 2021. 8. 9. 검사의 공소장변경허가신청에 대하여 허가 또는 불허가결정을 하지 않은 채 변론을 종결하였다.

5) 원심은 2021. 9. 9. 다음과 같은 이유로 제1심판결 전부를 파기하고 사건을 제1심법원에 환송하였다.

   가) 제1심은 검사가 피해자 학부모들에 대한 사기 부분 공소사실을 그대로 유지하겠다는 의사를 명확하게 하였다고 단정할 수 없는데도 피해자 특정에 관하여 제대로 석명을 구하지 않았고, 검사가 2019. 1. 17. 제출한 의견서를 공소장변경허가신청서에 해당한다고 볼 여지가 있는데도 검사에게 공소장변경허가신청서로 제출된 것인지 여부를 확인하지 않고 공소장변경 절차를 진행하지 않았으므로, 제1심판결 중 공소기각 부분에는 공소장변경 절차에 관한 법리를 오해한 잘못이 있다.

   나) 제1심판결 중 공소기각 부분과 무죄 부분은 정당하게 실체 판결을 하였을 때 경합범가중이 필요한 범위 내에서 불가분의 관계에 있으므로, 제1심판결 전부를 파기하여야 한다.

2. 상고이유 제1, 2점에 대하여

가. 관련 법리

1) 검사는 법원의 허가를 얻어 공소장에 기재한 공소사실 또는 적용법조의 추가·철회 또는 변경을 할 수 있다. 이 경우에 법원은 공소사실의 동일성을 해하지 아니하는 한도에서 허가하여야 한다(형사소송법 제298조 제1항). 검사가 형사소송법 제298조 제1항에 따라 공소장에 기재한 공소사실 또는 적용법조의 추가·철회 또는 변경을 하고자 하는 때에는 그 취지를 기재한 공소장변경허가신청서를 법원에 제출하여야 하고, 다만 피고인이 재정하는 공판정에서는 피고인에게 이익이 되거나 피고인이 동의하는 경우 구술에 의한 공소장변경을 허가할 수 있다(형사소송규칙 제142조 제1항, 제5항). 따라서 검사가 공소장변경허가신청서를 제출하지 않고 공소사실에 대한 검사의 의견을 기재한 서면을 제출하였다고 하더라도 이를 곧바로 공소장변경허가신청서를 제출한 것이라고 볼 수는 없다.

2) 재판장은 소송관계를 명료하게 하기 위하여 검사, 피고인 또는 변호인에게 사실상과 법률상의 사항에 관하여 석명을 구하거나 입증을 촉구할 수 있다(형사소송규칙 제141조 제1항). 공소장의 기재가 불분명한 경우에는 법원은 형사소송규칙 제141조에 따라 검사에게 석명을 한 다음, 그래도 검사가 이를 명확하게 하지 않은 때에야 공소사실의 불특정을 이유로 공소를 기각해야 한다(대법원 1983. 06. 14. 선고 82도293 판결, 대법원 2021. 02. 25. 선고 2020도3694 판결 등 참조).

나. 판 단

1) 앞서 본 사실관계에서 인정되는 다음과 같은 사정을 위 법리에 비추어 살펴보면, 제1심이 검사에게 공소사실 특정을 위한 석명을 제대로 하지 않은 잘못이 있다고 할 수 없다.

가) 이 사건 공소사실 중 피해자 학부모들에 대한 사기 부분의 피해자와 피해금액이 특정되었는지 여부에 대하여 검사와 변호인 사이에 약 2년에 이르는 제1심 소송기간 동안 충분한 공방이 이루어졌다.

나) 검사는 2019. 1. 17. 피해자 학부모들에 대한 사기 부분 공소사실에 관하여 기존 범죄일람표(1) 내지 범죄일람표(15)를 유지하고 사실조회 회신자료를 반영하여 원아명과 학부모명을 병기한 피해자 일람표를 첨부하면서 이 부분 피해자를 '피해자 일람표 기재 학부모들'로 변경하겠다는 취지의 의견서를 제출하기는 하였으나, 그 의견서는 종전 공소사실을 유지하는 범위에서 주장을 정리한 것에 불과하고 공소장변경허가신청서라고 보기 어렵다.

다) 제1심법원은 검사의 공소사실 특정을 위하여 여러 공판기일을 속행하였고, 검사는 제1심 변론종결 직전에 최종적으로 피해자 학부모들에 대한 사기 부분 공소사실의 피해자와 피해금액이 모두 특정되었다는 취지의 의견서를 제출하였다.

2) 또한 검사가 원심에서 피해자 학부모들에 대한 사기 부분에 관한 공소장변경허가신청서를 제출하였으므로, 원심으로서는 공소장변경허가신청서에 기재된 공소사실이 당초 공소사실과의 동일성이 인정되는지 여부에 따라 공소장변경 허가 또는 불허가결정을 하여 공소사실 특정이 문제 되는 피해자 학부모들에 대한 사기 부분의 심판대상을 명확히 특정하였어야 한다.

3) 그런데도 원심은 제1심이 검사에게 공소사실 특정을 위한 석명을 제대로 하지 않은 채 피해자 학부모들에 대한 사기 부분에 대한 공소를 기각한 잘못이 있다고 판단하였다. 이러한 원심의 판단에는 필요한 심리를 다하지 않은 채 공소장변경 절차와 법원의 석명의무에 관한 법리를 오해하여 판결에 영향을 미친 잘못이 있다. 이를 지적하는 상고이유 제1, 2점은 이유 있다.

3. 상고이유 제3점에 대하여

가. 관련 법리

1) 상소는 재판의 일부에 대하여도 할 수 있고, 일부에 대한 상소는 그 일부와 불가분의 관계에 있는 부분에 대하여도 효력이 미친다(형사소송법 제342조). 형법 제37조 전단의 경합범으로 동시에 기소된 수 개의 공소사실에 대하여 각기 따로 유무죄, 공소기각 및 면소를 선고하거나 형을 정하는 등으로 판결주문이 수 개일 때에는 그 1개의 주문에 포함된 부분을 다른 부분과 분리하여 일부상소를 할 수 있고 당사자 쌍방이 상소하지 않은 부분은 분리 확정된다. 따라서 경합범 관계에 있는 공소사실 중 판결주문이 수 개일 때 피고인과 검사가 일부에 대하여만 상

소한 경우, 피고인과 검사가 상소하지 않은 부분은 상소기간이 지남으로써 확정되어 상소심에 계속된 사건은 상소된 부분에 대한 공소뿐이고, 그에 따라 상소심에서 이를 파기할 때에는 그 부분만을 파기하여야 한다(대법원 2010. 11. 25. 선고 2010도10985 판결, 대법원 2020. 03. 12. 선고 2019도18935 판결 등 참조).

2) 반면 경합범 관계에 있는 공소사실 중 일부 유죄, 일부 무죄를 선고하여 판결주문이 수 개일 때 검사가 판결 전부에 대하여 상소하였는데 상소심에서 이를 파기할 때에는 유죄 부분과 파기되는 무죄 부분이 형법 제37조 전단의 경합범 관계에 있어 하나의 형이 선고되어야 하므로, 유죄 부분과 파기되는 무죄 부분을 함께 파기하여야 한다. 그러나 위와 같이 하나의 형을 선고하기 위해서 파기하는 경우를 제외하고는 경합범의 관계에 있는 공소사실이라고 하더라도 개별적으로 파기되는 부분과 불가분의 관계에 있는 부분만을 파기하여야 한다.

나. 판 단

앞서 본 사실관계를 위 법리에 비추어 살펴보면, 제1심은 경합범 관계에 있는 공소사실 중 피해자 대한민국에 대한 사기 부분을 주문 무죄로, 피해자 학부모들에 대한 사기 부분을 주문 공소기각으로 각 판단하였으므로, 검사가 제1심판결 전부에 대하여 항소하였다고 하더라도 그 판결 전체가 불가분의 관계에 있다고 볼 수 없고, 원심으로서는 각 부분에 관한 항소이유를 개별적으로 판단하였어야 한다.

그런데도 원심은 이 사건 공소사실 전체가 경합범 관계에 있어 불가분의 관계에 있다는 이유로 제1심판결 중 공소기각 부분을 파기하는 이상 제1심판결 중 무죄 부분도 함께 파기하여야 한다고 판단하였다. 이러한 원심의 판단에는 상소심의 심판대상과 파기의 범위에 관한 법리를 오해함으로써 제1심판결 중 무죄 부분에 대한 판단을 누락한 잘못이 있다. 이를 지적하는 상고이유 제3점은 이유 있다.

4. 결 론

그러므로 원심판결을 파기하고, 사건을 다시 심리·판단하도록 원심법원에 환송하기로 하여, 관여 대법관의 일치된 의견으로 주문과 같이 판결한다.

Ⓐ 대법원 2022. 03. 17. 선고 2016도17054 판결 [폭력행위등처벌에관한법률위반(집단·흉기등상해)(변경된 죄명: 특수상해)]

【판시사항】

[1] 피고인에게 불리한 증거인 증인이 주신문의 경우와 달리 반대신문에 대하여는 답변을 하지 아니하는 등 진술 내용의 모순이나 불합리를 증인신문 과정에서 드러내어 이를 탄핵하는 것이 사실상 곤란하였고, 그것이 피고인 또는 변호인에게 책임 있는 사유에 기인한 것이 아닌 경우, 증인의 법정진술의 증거능력 유무(원칙적 소극) / 이때 피고인의 책문권 포기로 그 하자가 치유될 수 있는지 여부(적극) 및 책문권 포기의 의사는 명시적인 것이어야 하는지 여부(적극)
[2] 형사소송법 제314조에서 정한 '그 진술이 특히 신빙할 수 있는 상태하에서 행하여졌음'의 의미 및 이에 대한 증명 정도(=합리적 의심의 여지를 배제할 정도) / 수사기관에서 작성된 조서 등 서면증거의 증거능력 인정 요건에 관한 규정을 해석·적용할 때 유의하여야 할 사항

【판결요지】

[1] 형사소송법은 제161조의2에서 피고인의 반대신문권을 포함한 교호신문제도를 규정하는 한편, 제310조의2에서 법관의 면전에서 진술되지 아니하고 피고인에 의한 반대신문의 기회가 부여되지 아니한 진술에 대하여는 원칙적으로 그 증거능력을 부여하지 아니함으로써, 형사재판에서 증거는 법관의 면전에서 진술·심리되어야 한다는 직접주의와 피고인에게 불리한 증거에 대하여 반대신문할 수 있는 권리를 원칙적으로 보장하고 있는데, 이러한 반대신문권의 보장은 피고인에게 불리한 주된 증거의 증명력을 탄핵할 수 있는 기회가 보장되어야 한다는 점에서 형식적·절차적인 것이 아니라 실질적·효과적인 것이어야 한다. 따라서 피고인에게 불리한 증거인 증인이 주신문의 경우와 달리 반대신문에 대하여는 답변을 하지 아니하는 등 진술 내용의 모순이나 불합리를 그 증인신문 과정에서 드러내어 이를 탄핵하는 것이 사실상 곤란하였고, 그것이 피고인 또는 변호인에게 책임 있는 사유에 기인한 것이 아닌 경우라면, 관계 법령의 규정 혹은 증인의 특성 기타 공판절차의 특수성에 비추어 이를 정당화할 수 있는 특별한 사정이 존재하지 아니하는 이상, 이와 같이 실질적 반대신문권의 기회가 부여되지 아니한 채 이루어진 증인의 법정진술은 위법한 증거로서 증거능력을 인정하기 어렵다. 이 경우 피고인의 책문권 포기로 그 하자가 치유될 수 있으나, 책문권 포기의 의사는 명시적인 것이어야 한다.
[2] 형사소송법 제314조에서 '그 진술이 특히 신빙할 수 있는 상태하에서 행하여졌음'이란 그 진술 내용이나 조서의 작성에 허위개입의 여지가 거의 없고, 그 진술 내용의 신빙성이나 임의성을 담보할 구체적이고 외부적인 정황이 있는 경우를 가리키고, 이에 대한 증명은 단지 그러할 개연성이 있다는 정도로는 부족하며, 합리적 의심의 여지를 배제할 정도에 이르러야 한다.
형사소송법은 수사기관에서 작성된 조서 등 서면증거에 대하여 일정한 요건 아래 증거능력을 인정하는데, 이는 실체적 진실발견의 이념과 소송경제의 요청을 고려하여 예외적으로 허용하는 것이므로, 그 증거능력 인정 요건에 관한 규정은 엄격하게 해석·적용하여야 한다. 형사소송법 제312조,

제313조는 진술조서 등에 대하여 피고인 또는 변호인의 반대신문권이 보장되는 등 엄격한 요건이 충족될 경우에 한하여 증거능력을 인정할 수 있도록 함으로써 직접심리주의 등 기본원칙에 대한 예외를 정하고 있는데, 형사소송법 제314조는 원진술자 또는 작성자가 사망·질병·외국거주·소재불명 등의 사유로 공판준비 또는 공판기일에 출석하여 진술할 수 없는 경우에 그 진술이 특히 신빙할 수 있는 상태하에서 행하여졌다는 점이 증명되면 원진술자 등에 대한 반대신문의 기회조차도 없이 증거능력을 부여할 수 있도록 함으로써 보다 중대한 예외를 인정한 것이므로, 그 요건을 더욱 엄격하게 해석·적용하여야 한다.

【참조조문】 [1] 형사소송법 제161조의2, 제296조, 제308조의2, 제310조의2 / [2] 형사소송법 제308조, 제312조, 제313조, 제314조
【참조판례】 [1] 대법원 2001. 9. 14. 선고 2001도1550 판결(공2001하, 2296), 대법원 2010. 1. 14. 선고 2009도9344 판결(공2010상, 363) / [2] 대법원 1987. 3. 24. 선고 87도81 판결(공1987, 764), 대법원 2006. 4. 14. 선고 2005도9561 판결(공2006상, 836), 대법원 2013. 3. 14. 선고 2011도8325 판결(공2013상, 699), 대법원 2014. 2. 21. 선고 2013도12652 판결(공2014상, 785), 대법원 2017. 12. 22. 선고 2016도15868 판결
【전 문】 【피 고 인】 피고인 【상 고 인】 검사 【변 호 인】 법무법인 민 외 1인
【원심판결】 서울중앙지법 2016. 9. 29. 선고 2015노3170 판결

【주 문】

상고를 기각한다.

【이 유】

상고이유를 판단한다.

1. 이 사건의 개요 및 쟁점

가. 이 사건 공소사실의 요지는, '피고인이 공소외인과 공동하여 위험한 물건을 휴대하고 피해자를 폭행하여 치료일수 미상의 상해를 가하였다.'는 것이다.

나. 피해자는 검찰 및 경찰에서 참고인으로 출석하여 그 피해 사실을 진술하였고, 제1심 제2회 공판기일에 증인으로 출석하여 검사의 주신문 및 변호인의 일부 반대신문에 대하여 진술하였다. 그러나 피해자는 변호인의 나머지 반대신문을 위하여 속행된 제1심 제4회 공판기일부터 출석하지 아니하였고, 제1심은 제6회 공판기일까지는 나머지 반대신문을 위하여 증인신문절차를 속행하면서 피해자에 대하여 증인소환절차를 진행하였으나, 그 이후부터 피해자에 대한 증인소환절차를 더 이상 진행하지 아니한 채 제9회 공판기일에 변론을 종결하였다.

다. 제1심은 제2회 공판조서 중 증인신문조서에 기재된 피해자의 진술(이하 '이 사건 증인신문조서'라 한다) 등을 기초로 이 사건 공소사실을 유죄로 판단하였으나, 원심은 이 사건 증인신문조서에 대하여는 피고인 또는 변호인의 실질적 반대신문권이 보장되지 아니한 하자가 있다는 등의 이유로 증거능력을 인정하지 아니하고, 피해자에 대한 검찰 및 경찰 각 진술조서(이하 '이 사건 진술조서

'라 한다)에 대하여는 형사소송법 제312조 제4항, 제314조에서 규정한 전문법칙의 예외 요건을 충족하지 못하였다는 이유로 그 증거능력을 부정한 후, 나머지 증거들만으로 이 사건 공소사실을 유죄로 인정하기에 부족하다고 보아 피고인에 대하여 무죄를 선고하였다.

라. 이 사건의 쟁점은 이 사건 증인신문조서 및 이 사건 진술조서의 증거능력에 대한 원심의 판단에 법리오해의 잘못이 있는지 여부이다.

2. 이 사건 증인신문조서의 증거능력에 관하여

가. 형사소송법은 제161조의2에서 피고인의 반대신문권을 포함한 교호신문제도를 규정하는 한편, 제310조의2에서 법관의 면전에서 진술되지 아니하고 피고인에 의한 반대신문의 기회가 부여되지 아니한 진술에 대하여는 원칙적으로 그 증거능력을 부여하지 아니함으로써, 형사재판에서 증거는 법관의 면전에서 진술·심리되어야 한다는 직접주의와 피고인에게 불리한 증거에 대하여 반대신문할 수 있는 권리를 원칙적으로 보장하고 있는데, 이러한 반대신문권의 보장은 피고인에게 불리한 주된 증거의 증명력을 탄핵할 수 있는 기회가 보장되어야 한다는 점에서 형식적·절차적인 것이 아니라 실질적·효과적인 것이어야 한다(대법원 2001. 09. 14. 선고 2001도1550 판결 참조). 따라서 피고인에게 불리한 증거인 증인이 주신문의 경우와 달리 반대신문에 대하여는 답변을 하지 아니하는 등 진술 내용의 모순이나 불합리를 그 증인신문 과정에서 드러내어 이를 탄핵하는 것이 사실상 곤란하였고, 그것이 피고인 또는 변호인에게 책임 있는 사유에 기인한 것이 아닌 경우라면, 관계 법령의 규정 혹은 증인의 특성 기타 공판절차의 특수성에 비추어 이를 정당화할 수 있는 특별한 사정이 존재하지 아니하는 이상, 이와 같이 실질적 반대신문권의 기회가 부여되지 아니한 채 이루어진 증인의 법정진술은 위법한 증거로서 증거능력을 인정하기 어렵다. 이 경우 피고인의 책문권 포기로 그 하자가 치유될 수 있으나, 책문권 포기의 의사는 명시적인 것이어야 한다(대법원 2010. 01. 14. 선고 2009도9344 판결 참조).

나. 원심은, 변호인의 피해자에 대한 나머지 반대신문을 위하여 증인신문절차를 속행하던 중 제1심 제6회 공판기일까지 피해자가 출석하지 아니하자 그 이후부터 피해자에 대한 증인소환절차를 진행하지 아니한 채 제9회 공판기일에 변론을 종결하였으므로 피고인 또는 변호인의 반대신문권이 실질적으로 보장된 것으로 볼 수 없다고 하면서, 그 구체적인 사유로, 피고인이 수사기관에서부터 공판에 이르기까지 일관하여 피해자의 진술과 정면으로 배치되는 취지로 주장하며 이 사건 공소사실을 극렬히 다투어 온 점, 변호인이 미리 준비하여 재판부에 제출하였으나 증인신문절차 속행으로 증인의 답변을 듣지 못한 사항은 전체 반대신문사항의 1/2 정도에 달하는 것으로 폭행의 수단, 방법, 상해의 부위, 정도 등 이 사건 공소사실의 주된 부분에 관한 것이었던 점, 제1심에서 이루어진 다른 증인들의 전체적인 증언 취지가 위 폭행 및 상해 등 이 사건 공소사실과 달랐던 점 등의 사정을 들었다.

원심은 나아가, 피고인 및 변호인이 제1심 제3회 공판기일 및 제5회 공판기일에 각 '이의가 없다.'는 취지로 진술하기는 하였으나 실질적 반대신문권을 보장하지 아니한 하자는 그 이후인 제1심 제6회 공판기일 이후에 발생한 것이므로 피고인 또는 변호인이 책문권 포기의 의사를 명시한 것으로 볼 수도 없다는 취지로 판단하였다.

다. 위와 같은 원심판결의 이유와 아래의 이 사건 진술조서의 증거능력과 관련하여 원심이 그 이유로 들고 있는 사정(피해자의 수사기관에서의 진술 중 폭행당하였다는 점에 관하여는 다소 변경되었으므로, 피고인으로서는 반대신문을 통하여 피해자의 위 진술을 탄핵할 필요성이 있었던 점, 그러나 피해자는 제1심 제2회 공판기일 이후부터 증인신문을 의도적으로 회피한 것으로 보이는 점 등)을 관련 법리와 적법하게 채택한 증거에 비추어 살펴보면, 원심이 증인신문절차에서의 실질적 반대신문권 보장, 책문권 포기 등에 관한 법리를 오해하여 판결에 영향을 미친 잘못이 없다.

3. 이 사건 진술조서의 증거능력에 관하여

가. 형사소송법 제312조 제4항과 관련하여

원심은 그 판시와 같이 피해자에 대한 증인신문절차에서 피고인 또는 변호인에게 이 사건 진술조서의 기재 내용에 대하여 피해자를 신문할 기회가 실질적으로 주어졌다고 볼 수 없으므로, 이 사건 진술조서는 형사소송법 제312조 제4항에서 규정한 '피고인 또는 변호인이 공판기일에 그 기재 내용에 관하여 피해자를 신문할 수 있었던 때'의 요건을 갖추지 못하여 이를 근거로 전문법칙의 예외를 인정할 수 없다는 취지로 판단하였다.

원심판결의 이유를 관련 법리와 적법하게 채택한 증거에 비추어 살펴보면, 원심이 형사소송법 제312조 제4항에서 규정한 반대신문권 보장에 관한 법리를 오해하여 판결에 영향을 미친 잘못이 없다.

나. 형사소송법 제314조와 관련하여

1) 형사소송법 제314조에서 '그 진술이 특히 신빙할 수 있는 상태하에서 행하여졌음'이라 함은 그 진술 내용이나 조서의 작성에 허위개입의 여지가 거의 없고, 그 진술 내용의 신빙성이나 임의성을 담보할 구체적이고 외부적인 정황이 있는 경우를 가리키고(대법원 1987. 03. 24. 선고 87도81 판결, 대법원 2006. 04. 14. 선고 2005도9561 판결 등 참조), 이에 대한 증명은 단지 그러할 개연성이 있다는 정도로는 부족하며, 합리적 의심의 여지를 배제할 정도에 이르러야 한다(대법원 2014. 02. 21. 선고 2013도12652 판결 등 참조).

형사소송법은 수사기관에서 작성된 조서 등 서면증거에 대하여 일정한 요건 아래 증거능력을 인정하는데, 이는 실체적 진실발견의 이념과 소송경제의 요청을 고려하여 예외적으로 허용하는 것이므로, 그 증거능력 인정 요건에 관한 규정은 엄격하게 해석·적용하여야 한다(대법원 2013. 03. 14. 선고 2011도8325 판결 참조). 형사소송법 제312조, 제313조는 진술조서 등에 대하여 피고인 또는 변호인의 반대신문권이 보장되는 등 엄격한 요건이 충족될 경우에 한하여 증거능력을 인정할 수 있도록 함으로써 직접심리주의 등 기본원칙에 대한 예외를 정하고 있는데, 형사소송법 제314조는 원진술자 또는 작성자가 사망·질병·외국거주·소재불명 등의 사유로 공판준비 또는 공판기일에 출석하여 진술할 수 없는 경우에 그 진술이 특히 신빙할 수 있는 상태하에서 행하여졌다는 점이 증명되면 원진술자 등에 대한 반대신문의 기회조차도 없이 증거능력을 부여할 수 있도록 함으로써 보다 중대한 예외를 인정한 것이므로, 그 요건을 더욱 엄격하게 해석·적용하여야 한다(대법원 2014. 02. 21. 선고 2013도12652 판결, 대법원 2017. 12. 22. 선고 2016도15868 판결 등 참조).

2) 원심은 피고인이 수사기관에서부터 원심에 이르기까지 일관하여 피해자의 진술과 정면으로 배치되는 취지로 주장하며 이 사건 공소사실을 극렬히 다투어 온 점, 피해자의 수사기관에서의 진술 중 피해자가 피고인으로부터 폭행당하였다는 점에 관하여는 진술이 대체로 일관되나, 폭행의 일시, 수단 및 방법, 상해 부위 및 정도 등에 관하여는 다소 변경되었으므로, 피고인으로서는 반대신문을 통하여 피해자의 진술을 탄핵할 필요성이 있는 점, 그러나 피해자는 제1심 제2회 공판기일 이후부터 증인신문을 의도적으로 회피한 것으로 보이는 점 등을 들어 피해자의 수사기관에서의 각 진술이 법정에서의 반대신문 등을 통한 검증을 거치지 않더라도 진술의 신빙성과 임의성을 충분히 담보할 수 있는 구체적이고 외부적인 정황이 있다는 점을 검사가 증명한 것으로 볼 수 없다고 판단하였다.

3) 원심판결의 이유를 관련 법리와 적법하게 채택한 증거에 비추어 살펴보면, 원심이 구 형사소송법 제314조(2016. 5. 29. 법률 제14179호로 개정되기 전의 것)에서 규정한 '특히 신빙할 수 있는 상태'에 관한 법리 등을 오해하여 판결에 영향을 미친 잘못이 없다.

4. 결 론

그러므로 상고를 기각하기로 하여, 관여 대법관의 일치된 의견으로 주문과 같이 판결한다.

Ⓑ 대법원 2022. 03. 31. 선고 2018도19472, 2018전도126 판결 [군인등강간치상 · 군인등강제추행치상(예비적 죄명: 상습강제추행) · 부착명령]

【판시사항】

[1] 형사재판에서 범죄사실을 유죄로 인정하기 위한 증거의 증명력 정도
[2] 인접한 시기에 같은 피해자를 상대로 저질러진 동종 범죄에 대해서도 각각의 범죄에 따라 피해자 진술의 신빙성이나 그 신빙성 유무를 기초로 한 범죄 성립 여부를 달리 판단할 수 있는지 여부(적극)

【판결요지】

[1] 형사재판에서 범죄사실에 대한 유죄의 인정은 법관으로 하여금 합리적인 의심을 할 여지가 없을 정도로 공소사실이 진실한 것이라는 확신을 가지게 하는 증명력을 가진 증거에 의하여야 하므로, 그와 같은 증거가 없다면 설령 피고인에게 유죄의 의심이 간다고 하더라도 피고인의 이익으로 판단할 수밖에 없다.

[2] 사실인정의 전제로 이루어지는 증거의 취사선택과 증명력에 대한 판단은 자유심증주의의 한계를 벗어나지 않는 한 사실심 법원의 재량에 속한다(형사소송법 제308조). 인접한 시기에 같은 피해자를 상대로 저질러진 동종 범죄라도 각각의 범죄에 따라 범행의 구체적인 경위, 피해자와 피고인

> 사이의 관계, 피해자를 비롯한 관련 당사자의 진술 등이 다를 수 있다. 따라서 사실심 법원은 인접한 시기에 같은 피해자를 상대로 저질러진 동종 범죄에 대해서도 각각의 범죄에 따라 피해자 진술의 신빙성이나 그 신빙성 유무를 기초로 한 범죄 성립 여부를 달리 판단할 수 있고, 이것이 실체적 진실발견과 인권보장이라는 형사소송의 이념에 부합한다.

【참조조문】 [1] 형사소송법 제307조, 제308조 / [2] 형사소송법 제308조
【참조판례】 [1] 대법원 2002. 12. 24. 선고 2002도5662 판결(공2003상, 554)
【전　문】 【피고인 겸 피부착명령청구자】 피고인　【상　고　인】 군검사　【변　호　인】 변호사 장영진
【원심판결】 고등군사법원 2018. 11. 19. 선고 2018노195, 2018전노2 판결

【주　문】

상고를 모두 기각한다.

【이　유】

상고이유를 판단한다.

1. 피고사건

가. 형사재판에서 범죄사실에 대한 유죄의 인정은 법관으로 하여금 합리적인 의심을 할 여지가 없을 정도로 공소사실이 진실한 것이라는 확신을 가지게 하는 증명력을 가진 증거에 의하여야 하므로, 그와 같은 증거가 없다면 설령 피고인에게 유죄의 의심이 간다고 하더라도 피고인의 이익으로 판단할 수밖에 없다(대법원 2002. 12. 24. 선고 2002도5662 판결 등 참조).

사실인정의 전제로 이루어지는 증거의 취사선택과 증명력에 대한 판단은 자유심증주의의 한계를 벗어나지 않는 한 사실심 법원의 재량에 속한다(형사소송법 제308조). 인접한 시기에 같은 피해자를 상대로 저질러진 동종 범죄라도 각각의 범죄에 따라 범행의 구체적인 경위, 피해자와 피고인 사이의 관계, 피해자를 비롯한 관련 당사자의 진술 등이 다를 수 있다. 따라서 사실심 법원은 인접한 시기에 같은 피해자를 상대로 저질러진 동종 범죄에 대해서도 각각의 범죄에 따라 피해자 진술의 신빙성이나 그 신빙성 유무를 기초로 한 범죄 성립 여부를 달리 판단할 수 있고, 이것이 실체적 진실발견과 인권보장이라는 형사소송의 이념에 부합한다.

나. 원심은 이 사건 공소사실에 대하여 범죄의 증명이 없다고 보아, 이를 유죄로 판단한 제1심판결을 파기하고 무죄를 선고하였다. 원심판결 이유를 위에서 본 법리와 적법하게 채택된 증거에 비추어 살펴보면, 원심판결에 필요한 심리를 다하지 않은 채 논리와 경험의 법칙에 반하여 자유심증주의의 한계를 벗어나거나 군인등강간치상죄와 군인등강제추행치상죄의 성립요건 등에 관한 법리를 오해하여 판결에 영향을 미친 잘못이 없다.

한편 피고인과 같은 부대에서 근무하던 상관이 이 사건 공소사실 범행 일시와 인접한 시기에 이

사건 피해자에 대해 군인등강간치상죄를 저질렀다고 기소된 사건(이하 '관련 사건'이라 한다)에서 대법원은 피해자 진술의 신빙성을 부정하여 공소사실을 무죄로 판단한 원심판결에 법리를 오해하여 필요한 심리를 다하지 않은 잘못이 있다고 하였다(대법원 2022. 3. 31. 선고 2018도19037 판결). 그러나 이 사건과 관련 사건은 사건의 구체적인 경위, 피고인과 피해자의 관계, 피해자의 진술 등이 서로 다르므로 피해자 진술의 신빙성이나 그 신빙성 유무를 기초로 한 범죄 성립 여부가 달리 판단될 수 있다.

2. 부착명령청구사건

군검사는 원심판결 전부에 대해 상고를 제기하였으나, 상고장과 상고이유서에 이 부분 사건에 관한 불복이유를 기재하지 않았다.

3. 결 론

군검사의 상고는 이유 없어 이를 모두 기각하기로 하여, 대법관의 일치된 의견으로 주문과 같이 판결한다.

Ⓐ 대법원 2022. 04. 14. 선고 2021도14530, 2021전도143 판결 [성폭력범죄의처벌등에관한특례법위반(13세미만미성년자위계등간음)·성폭력범죄의처벌등에관한특례법위반(13세미만미성년자위계등추행)·부착명령]

【판시사항】

피고인이 위력으로써 13세 미만 미성년자인 피해자 갑(녀, 12세)에게 유사성행위와 추행을 하였다는 성폭력범죄의 처벌 등에 관한 특례법 위반의 공소사실에 대하여, 원심이 갑의 진술과 조사 과정을 촬영한 영상물과 속기록을 중요한 증거로 삼아 유죄로 인정하였는데, 피고인은 위 영상물과 속기록을 증거로 함에 동의하지 않았고, 조사 과정에 동석하였던 신뢰관계인에 대한 증인신문이 이루어졌을 뿐 원진술자인 갑에 대한 증인신문은 이루어지지 않은 사안에서, 위 영상물과 속기록을 유죄의 증거로 삼은 원심판결에 법리오해 또는 심리미진의 잘못이 있다고 한 사례

【판결요지】

피고인이 위력으로써 13세 미만 미성년자인 피해자 갑(녀, 12세)에게 유사성행위와 추행을 하였다는 성폭력범죄의 처벌 등에 관한 특례법(이하 '성폭력처벌법'이라 한다) 위반의 공소사실에 대하여, 원심이 갑의 진술과 조사 과정을 촬영한 영상물과 속기록을 중요한 증거로 삼아 유죄로 인정하였는데, 피고인은 위 영상물과 속기록을 증거로 함에 동의하지 않았고, 조사 과정에 동석하였던 신뢰관계인에 대한 증인신문이 이루어졌을 뿐 원진술자인 갑에 대한 증인신문은 이루어지지 않은 사안에서, 헌법재

판소는 2021. 12. 23. 성폭력처벌법 제30조 제6항 중 19세 미만 성폭력범죄 피해자의 진술을 촬영한 영상물의 증거능력을 규정한 부분(이하 '위헌 법률 조항'이라 한다)에 대해 과잉금지 원칙 위반 등을 이유로 위헌결정을 하였는데, 위 위헌결정의 효력은 결정 당시 법원에 계속 중이던 사건에도 미치므로 위헌 법률 조항은 위 영상물과 속기록의 증거능력을 인정하는 근거가 될 수 없고, 한편 피고인의 범행은 아동·청소년의 성보호에 관한 법률(이하 '청소년성보호법'이라 한다) 제26조 제1항의 아동·청소년 대상 성범죄에 해당하므로 같은 법 제26조 제6항에 따라 영상물의 증거능력이 인정될 여지가 있으나, 청소년성보호법 제26조 제6항 중 위헌 법률 조항과 동일한 내용을 규정한 부분은 위헌결정의 심판대상이 되지 않았지만 위헌 법률 조항에 대한 위헌결정 이유와 마찬가지로 과잉금지 원칙에 위반될 수 있으므로, 청소년성보호법 제26조 제6항의 위헌 여부 또는 그 적용에 따른 위헌적 결과를 피하기 위하여 갑을 증인으로 소환하여 진술을 듣고 피고인에게 반대신문권을 행사할 기회를 부여할 필요가 있는지 여부 등에 관하여 심리·판단하였어야 한다는 이유로, 이와 같은 심리에 이르지 않은 채 위 영상물과 속기록을 유죄의 증거로 삼은 원심판결에 법리오해 또는 심리미진의 잘못이 있다고 한 사례.

【참조조문】 성폭력범죄의 처벌 등에 관한 특례법 제7조 제2항, 제3항, 제5항, 제30조 제1항, 제6항, 아동·청소년의 성보호에 관한 법률 제26조 제1항, 제6항, 형사소송법 제307조
【전 문】 【피고인 겸 피부착명령청구자】 피고인 【상 고 인】 피고인 겸 피부착명령청구자
【변 호 인】 변호사 송준호
【원심판결】 부산고법 2021. 10. 13. 선고 (울산)2021노36, 2021전노3 판결

【주 문】

원심판결을 파기하고, 사건을 부산고등법원에 환송한다.

【이 유】

상고이유를 판단한다.

1. 「성폭력범죄의 처벌 등에 관한 특례법」(이하 '성폭력처벌법'이라 한다) 제30조는 제1항에서 "성폭력범죄의 피해자가 19세 미만이거나 신체적인 또는 정신적인 장애로 사물을 변별하거나 의사를 결정할 능력이 미약한 경우에는 피해자의 진술 내용과 조사 과정을 비디오녹화기 등 영상물 녹화장치로 촬영·보존하여야 한다."라고 정하고, 제6항에서 "제1항에 따라 촬영한 영상물에 수록된 피해자의 진술은 공판준비기일 또는 공판기일에 피해자나 조사 과정에 동석하였던 신뢰관계에 있는 사람 또는 진술조력인의 진술에 의하여 그 성립의 진정함이 인정된 경우에 증거로 할 수 있다."라고 정한다. 「아동·청소년의 성보호에 관한 법률」(이하 '청소년성보호법'이라 한다) 제26조는 제1항에서 "아동·청소년대상 성범죄 피해자의 진술 내용과 조사 과정은 비디오녹화기 등 영상물 녹화장치로 촬영·보존하여야 한다."라고 정하고, 제2항에서 제4항까지 영상물 녹화의 방식과 절차를 정하며, 제6항에서 "제1항부터 제4항까지의 절차에 따라 촬영한 영상물에 수록된 피해자의 진술은 공판준비기일 또는 공판기일에 피해자 또는 조사 과정에 동석하였던 신뢰관계에 있는 자의 진술에 의하여 그 성립의 진정함이 인정된 때에는 증거로 할 수 있다."라고 정한다.

헌법재판소는 2021. 12. 23. 선고 2018헌바524 사건에서 "성폭력처벌법(2012. 12. 18. 법률 제11556호로 전부 개정된 것) 제30조 제6항 중 '제1항에 따라 촬영한 영상물에 수록된 피해자의 진술은 공판준비기일 또는 공판기일에 조사 과정에 동석하였던 신뢰관계에 있는 사람 또는 진술조력인의 진술에 의하여 그 성립의 진정함이 인정된 경우에 증거로 할 수 있다.'는 부분 가운데 19세 미만 성폭력범죄 피해자에 관한 부분은 헌법에 위반된다."라고 결정하였다(이하 위 결정을 '이 사건 위헌결정', 위헌결정이 선고된 법률 조항을 '이 사건 위헌 법률 조항'이라 한다). 그 이유는 다음과 같다.

자기에게 불리하게 진술한 증인에 대하여 반대신문의 기회를 부여해야 한다는 절차적 권리의 보장은 피고인의 '공정한 재판을 받을 권리'의 핵심적인 내용을 이룬다. 피고인의 반대신문권을 보장하면서도 미성년 피해자를 보호할 수 있는 조화로운 방법을 상정할 수 있는데도, 피고인의 반대신문권을 실질적으로 배제하여 피고인의 방어권을 과도하게 제한하는 이 사건 위헌 법률 조항은 피해의 최소성, 법익의 균형성 요건을 충족하지 못하여 과잉금지 원칙을 위반하고 피고인의 공정한 재판을 받을 권리를 침해한다.

2. 이 사건 공소사실 요지는 피고인 겸 피부착명령청구자(이하 '피고인'이라 한다)가 12세인 피해자에 대하여 성폭력처벌법 제7조 제5항, 제2항 제1호, 제2호(13세 미만 미성년자에 대한 위력 유사성행위), 성폭력처벌법 제7조 제5항, 제3항(13세 미만 미성년자에 대한 위력 추행)에 해당하는 죄를 범했다는 것이다. 원심은 피해자의 진술과 조사 과정을 촬영한 영상물과 속기록(이하 '이 사건 영상물'과 '이 사건 속기록'이라 한다)을 중요한 증거로 삼아 이 사건 공소사실을 전부 유죄로 인정한 제1심판결을 유지하였다.

기록에 따르면 피고인은 이 사건 영상물과 속기록을 증거로 할 수 있음을 동의하지 않았고, 제1심에서는 '조사 과정에 동석하였던 신뢰관계에 있는 사람'에 해당하는 공소외인을 증인으로 신문하여 영상물이 진정하게 성립하였다는 진술이 이루어졌을 뿐이며, 원진술자인 피해자에 대한 증인신문은 이루어지지 않은 사실을 알 수 있다.

3. 이 사건 위헌결정의 효력은 결정 당시 법원에 계속 중이던 이 사건에도 미친다. 따라서 이 사건 위헌 법률 조항은 이 사건 영상물의 증거능력을 인정하는 근거가 될 수 없다. 이 사건 속기록의 증거능력을 인정할 근거도 없다.

이 사건 공소사실은 청소년성보호법 제26조 제1항의 아동·청소년대상 성범죄에 해당하므로, 청소년성보호법 제26조 제6항에 따라 이 사건 영상물의 증거능력이 인정될 여지가 있다. 그러나 청소년성보호법 제26조 제6항 중 이 사건 위헌 법률 조항과 동일한 내용을 규정하고 있는 부분은 이 사건 위헌결정의 심판대상이 되지 않았지만 이 사건 위헌 법률 조항에 대한 위헌결정 이유와 마찬가지로 과잉금지 원칙에 위반될 수 있다.

원심으로서는 청소년성보호법의 위 조항이 위헌인지 여부 또는 그 적용에 따른 위헌적 결과를 피하기 위하여 피해자를 증인으로 소환하여 진술을 듣고 피고인에게 반대신문권을 행사할 기회를 부여할 필요가 있는지 여부 등에 관하여 심리·판단했어야 한다.

그런데도 원심은 이와 같은 심리에 이르지 않은 채 이 사건 영상물과 속기록을 유죄의 증거로 삼아 이 사건 공소사실을 유죄로 인정한 제1심판결을 그대로 유지하였다. 원심판결에는 영상물과 속기록의 증거능력에 관한 법리를 오해하거나, 필요한 심리를 다하지 않아 판결에 영향을 미친 잘못이 있다. 이를 지적하는 상고이유 주장은 정당하다.

4. 그러므로 원심판결을 파기하고 사건을 다시 심리·판단하도록 원심법원에 환송하기로 하여, 대법관의 일치된 의견으로 주문과 같이 판결한다.

Ⓐ 대법원 2022. 05. 13. 선고 2017도3884 판결 [무고·사문서위조·위조사문서행사]

【판시사항】

[1] 판결 선고의 종료 시점 / 재판장이 주문을 낭독한 이후라도 선고가 종료되기 전까지는 일단 낭독한 주문의 내용을 정정하여 다시 선고할 수 있는지 여부(적극) 및 이러한 변경 선고가 허용되는 경우

[2] 제1심 재판장이 선고기일에 법정에서 '피고인을 징역 1년에 처한다.'는 주문을 낭독한 뒤 상소기간 등에 관한 고지를 하던 중 피고인이 '재판이 개판이야, 재판이 뭐 이 따위야.' 등의 말과 욕설을 하면서 난동을 부려 교도관이 피고인을 제압하여 구치감으로 끌고 갔는데, 제1심 재판장은 그 과정에서 피고인에게 원래 선고를 듣던 자리로 돌아올 것을 명하였고, 법정경위가 구치감으로 따라 들어가 피고인을 다시 법정으로 데리고 나오자, 제1심 재판장이 피고인에게 '선고가 아직 끝난 것이 아니고 선고가 최종적으로 마무리되기까지 이 법정에서 나타난 사정 등을 종합하여 선고형을 정정한다.'는 취지로 말하며 징역 3년을 선고한 사안에서, 위 변경 선고는 위법하다고 한 사례

【판결요지】

[1] 형사소송법은 재판장이 판결을 선고함에는 주문을 낭독하고 이유의 요지를 설명하여야 하고(제43조 후문), 형을 선고하는 경우에는 피고인에게 상소할 기간과 상소할 법원을 고지하여야 한다고 정한다(제324조). 형사소송규칙은 재판장은 판결을 선고할 때 피고인에게 이유의 요지를 말이나 판결서 등본 또는 판결서 초본의 교부 등 적절한 방법으로 설명하고, 판결을 선고하면서 피고인에게 적절한 훈계를 할 수 있으며(제147조), 재판장은 판결을 선고하면서 피고인에게 형법 제59조의2, 형법 제62조의2의 규정에 의하여 보호관찰, 사회봉사 또는 수강을 명하는 경우에는 그 취지 및 필요하다고 인정하는 사항이 적힌 서면을 교부하여야 한다고 정한다(제147조의2 제1항).

이러한 규정 내용에 비추어 보면, 판결 선고는 전체적으로 하나의 절차로서 재판장이 판결의 주문을 낭독하고 이유의 요지를 설명한 다음 피고인에게 상소기간 등을 고지하고, 필요한 경우 훈계, 보호관찰 등 관련 서면의 교부까지 마치는 등 선고절차를 마쳤을 때에 비로소 종료된다. 재판장이 주문을 낭독한 이후라도 선고가 종료되기 전까지는 일단 낭독한 주문의 내용을 정정하여 다시 선고할 수 있다.

그러나 판결 선고절차가 종료되기 전이라도 변경 선고가 무제한 허용된다고 할 수는 없다. 재판장이 일단 주문을 낭독하여 선고 내용이 외부적으로 표시된 이상 재판서에 기재된 주문과 이유를 잘못 낭독하거나 설명하는 등 실수가 있거나 판결 내용에 잘못이 있음이 발견된 경우와 같이 특별한 사정이 있는 경우에 변경 선고가 허용된다.

[2] 제1심 재판장이 선고기일에 법정에서 '피고인을 징역 1년에 처한다.'는 주문을 낭독한 뒤 상소기간 등에 관한 고지를 하던 중 피고인이 '재판이 개판이야, 재판이 뭐 이 따위야.' 등의 말과 욕설을 하면서 난동을 부려 교도관이 피고인을 제압하여 구치감으로 끌고 갔는데, 제1심 재판장은 그 과정에서 피고인에게 원래 선고를 듣던 자리로 돌아올 것을 명하였고, 법정경위가 구치감으로 따라 들어가 피고인을 다시 법정으로 데리고 나오자, 제1심 재판장이 피고인에게 '선고가 아직 끝난 것이 아니고 선고가 최종적으로 마무리되기까지 이 법정에서 나타난 사정 등을 종합하여 선고형을 정한다.'는 취지로 말하며 징역 3년을 선고한 사안에서, 위 변경 선고는 최초 낭독한 주문 내용에 잘못이 있다거나 재판서에 기재된 주문과 이유를 잘못 낭독하거나 설명하는 등 변경 선고가 정당하다고 볼 만한 특별한 사정이 발견되지 않으므로 위법하고, 피고인이 난동을 부린 것은 제1심 재판장이 징역 1년의 주문을 낭독한 이후의 사정이며, 제1심 재판장은 선고절차 중 피고인의 행동을 양형에 반영해야 한다는 이유로 이미 주문으로 낭독한 형의 3배에 해당하는 징역 3년으로 선고형을 변경하였는데, 선고기일에 피고인의 변호인이 출석하지 않았고, 피고인은 자신의 행동이 양형에 불리하게 반영되는 과정에서 어떠한 방어권도 행사하지 못하였다는 이유로, 이와 달리 보아 제1심 선고절차에 아무런 위법이 없다고 판단한 원심판결에 판결 선고절차와 변경 선고의 한계에 관한 법리오해의 잘못이 있다고 한 사례.

【참조조문】 [1] 형사소송법 제43조, 제324조, 형사소송규칙 제147조, 제147조의2 제1항 / [2] 형사소송법 제43조, 제324조, 형사소송규칙 제147조
【전 문】 【피 고 인】 피고인 【상 고 인】 피고인 【변 호 인】 변호사 추헌영
【원심판결】 의정부지법 2017. 2. 14. 선고 2016노2606 판결

【주 문】

원심판결을 파기하고, 사건을 의정부지방법원에 환송한다.

【이 유】

상고이유(상고이유서 제출기간이 지난 다음 제출된 참고자료 등은 이를 보충하는 범위에서)를 판단한다.

1. 사안 개요

원심판결 이유와 기록에 따르면 다음 사실을 알 수 있다.

가. 피고인은 2012. 4. 20.경 공소외인 명의의 차용증을 위조하고, 2013. 3.경 성북경찰서 담당 공무원에게 그 위조된 차용증을 제출하여 이를 행사하며, 2013. 3. 12.경과 2013. 5.경 허위의 고

소장을 제출하여 공소외인을 무고하였다는 사실로 공소가 제기되었다. 검사는 제1심 제6회 공판기일에서 피고인을 징역 1년에 처함이 상당하다는 의견을 진술하였다.

나. 제1심은 이 사건 공소사실을 모두 유죄로 인정하였다. 그런데 제1심 재판장이 선고기일인 2016. 9. 22. 법정에서 '피고인을 징역 1년에 처한다.'는 주문을 낭독한 뒤, 상소기간 등에 관한 고지를 하던 중 피고인이 '재판이 개판이야, 재판이 뭐 이 따위야.' 등의 말과 욕설을 하면서 난동을 부리기 시작하였고, 당시 그곳에 있던 교도관이 피고인을 제압하여 구치감으로 끌고 갔다. 제1심 재판장은 그 과정에서 피고인에게 원래 선고를 듣던 자리로 돌아올 것을 명하였고, 결국 법정경위가 구치감으로 따라 들어가 피고인을 다시 법정으로 데리고 나왔다. 이후 제1심 재판장은 '선고가 아직 끝난 것이 아니고 선고가 최종적으로 마무리되기까지 이 법정에서 나타난 사정 등을 종합하여 선고형을 정정한다.'는 취지로 말하고, 피고인에게 '징역 3년'을 선고하였다(이하 '이 사건 변경 선고'라 한다).

다. 제1심 판결에 대하여 피고인만 항소하였다.

2. 원심판단

가. 원심은 피고인의 사실오인에 관한 항소이유에 대해서 피고인의 항소이유 주장을 받아들이지 않고 이 사건 공소사실을 모두 유죄로 인정하였다.

나. 원심은 제1심 판결 선고절차에 관한 피고인의 항소이유에 대해서는 다음과 같이 이 사건 변경 선고가 위법하지 않다고 판단하였다. 선고를 위한 공판기일이 종료될 때까지는 판결 선고가 끝난 것이 아니고, 그때까지는 발생한 모든 사정을 참작하여 일단 선고한 판결의 내용을 변경하여 다시 선고하는 것도 유효 · 적법하다. 제1심 재판장이 이 사건 변경 선고를 할 당시 피고인에 대한 선고절차가 아직 종료되지 않았다.

다. 그러나 원심은 징역 3년을 선고한 제1심의 양형이 과중하다는 이유로 제1심 판결을 파기하고 피고인에 대하여 징역 2년을 선고하였다.

3. 대법원 판단

가. 채증법칙 위반 여부

원심판결 이유를 적법하게 채택한 증거에 비추어 살펴보면, 원심판결에 논리와 경험칙에 반하여 자유심증주의의 한계를 벗어난 잘못이 없다.

나. 제1심 판결 선고절차상 위법 여부

(1) 형사소송법은 재판장이 판결을 선고함에는 주문을 낭독하고 이유의 요지를 설명하여야 하고(제43조 후문), 형을 선고하는 경우에는 피고인에게 상소할 기간과 상소할 법원을 고지하여야 한다고 정한다(제324조). 형사소송규칙은 재판장은 판결을 선고할 때 피고인에게 이유의 요지를 말이나 판결서 등본 또는 판결서 초본의 교부 등 적절한 방법으로 설명하고, 판결을 선고하면서 피고인에게 적절한 훈계를 할 수 있으며(제147조), 재판장은 판결을 선고하면서 피고인에게 형법 제59조의2, 형법 제59조의2, 형법 제62조의2의 규정에 의하여 보호관찰, 사회

봉사 또는 수강을 명하는 경우에는 그 취지 및 필요하다고 인정하는 사항이 적힌 서면을 교부하여야 한다고 정한다(제147조의2 제1항).

이러한 규정 내용에 비추어 보면, 판결 선고는 전체적으로 하나의 절차로서 재판장이 판결의 주문을 낭독하고 이유의 요지를 설명한 다음 피고인에게 상소기간 등을 고지하고, 필요한 경우 훈계, 보호관찰 등 관련 서면의 교부까지 마치는 등 선고절차를 마쳤을 때에 비로소 종료된다. 재판장이 주문을 낭독한 이후라도 선고가 종료되기 전까지는 일단 낭독한 주문의 내용을 정정하여 다시 선고할 수 있다.

그러나 판결 선고절차가 종료되기 전이라도 변경 선고가 무제한 허용된다고 할 수는 없다. 재판장이 일단 주문을 낭독하여 선고 내용이 외부적으로 표시된 이상 재판서에 기재된 주문과 이유를 잘못 낭독하거나 설명하는 등 실수가 있거나 판결 내용에 잘못이 있음이 발견된 경우와 같이 특별한 사정이 있는 경우에 변경 선고가 허용된다.

(2) 위에서 본 사실관계를 이러한 법리에 비추어 보면, 이 사건 변경 선고는 최초 낭독한 주문 내용에 잘못이 있다거나 재판서에 기재된 주문과 이유를 잘못 낭독하거나 설명하는 등 변경 선고가 정당하다고 볼 만한 특별한 사정이 발견되지 않으므로 위법하다.

제1심 재판장은 '피고인을 징역 1년에 처한다.'는 주문을 낭독하여 선고 내용을 외부적으로 표시하였다. 제1심 재판장은 징역 1년이 피고인의 죄책에 부합하는 적정한 형이라고 판단하여 징역 1년을 선고하였다고 볼 수 있고, 피고인이 난동을 부린 것은 그 이후의 사정이다.

제1심 재판장은 선고절차 중 피고인의 행동을 양형에 반영해야 한다는 이유로 이미 주문으로 낭독한 형의 3배에 해당하는 징역 3년으로 선고형을 변경하였다. 위 선고기일에는 피고인의 변호인이 출석하지 않았고, 피고인은 자신의 행동이 위와 같이 양형에 불리하게 반영되는 과정에서 어떠한 방어권도 행사하지 못하였다.

그런데도 원심은 제1심 선고절차에 아무런 위법이 없다고 판단하였다. 원심판결에는 판결 선고절차와 변경 선고의 한계에 관한 법리를 오해하여 판결에 영향을 미친 잘못이 있다. 이를 지적하는 상고이유 주장은 정당하다.

4. 결 론

피고인의 상고는 이유 있어 원심판결을 파기하고 사건을 다시 심리·판단하도록 원심법원에 환송하기로 하여, 대법관의 일치된 의견으로 주문과 같이 판결한다.

⑧ 대법원 2022. 05. 26. 선고 2017도11582 판결 [강제추행]

【판시사항】

[1] 형사재판에서 공소사실을 유죄로 인정하기 위한 증거의 증명력 정도
[2] 항소심이 심리과정에서 심증의 형성에 영향을 미칠 만한 객관적 사유가 새로 드러난 것이 없는데도 제1심의 사실인정에 관한 판단을 재평가하여 사후심적으로 판단하여 뒤집을 수 있는지 여부(원칙적 소극) / 항소심이 공소사실을 뒷받침하는 증인 진술의 신빙성을 배척한 제1심판단을 뒤집을 수 있는 경우

【판결요지】

[1] 형사재판에서 유죄의 인정은 법관으로 하여금 합리적인 의심을 할 여지가 없을 정도로 공소사실이 진실한 것이라는 확신을 가지게 하는 증명력을 가진 증거에 의하여야 한다. 검사가 이러한 확신을 가지게 할 만큼 충분히 증명하지 못한 경우에는 설령 유죄의 의심이 든다고 하더라도 피고인의 이익으로 판단해야 한다.

[2] 형사소송법상 항소심은 속심을 기반으로 하되 사후심의 요소도 상당 부분 들어 있는 이른바 사후심적 속심의 성격을 가지므로, 항소심에서 제1심판결의 당부를 판단할 때에는 이러한 심급구조의 특성을 고려해야 한다. 항소심이 심리과정에서 심증의 형성에 영향을 미칠 만한 객관적 사유가 새로 드러난 것이 없는데도 제1심판단을 재평가하여 사후심적으로 판단하여 뒤집고자 할 때에는, 제1심의 증거가치 판단이 명백히 잘못되었다거나 사실인정에 이르는 논증이 논리와 경험의 법칙에 어긋나는 등 그 판단을 그대로 유지하는 것이 현저히 부당하다고 볼 만한 합리적인 사정이 있어야 하고, 그러한 예외적 사정도 없이 제1심의 사실인정에 관한 판단을 함부로 뒤집어서는 안 된다. 특히 공소사실을 뒷받침하는 증인 진술의 신빙성을 배척한 제1심판단을 뒤집는 경우에는 무죄추정의 원칙과 형사증명책임의 원칙에 비추어 이를 수긍할 수 없는 충분하고도 납득할 만한 현저한 사정이 나타나는 경우라야 한다.

【참조조문】 [1] 형사소송법 제307조, 제308조 / [2] 형사소송법 제308조, 제364조
【참조판례】 [1] 대법원 2014. 2. 13. 선고 2011도15767 판결(공2014상, 650) / [2] 대법원 1996. 12. 6. 선고 96도2461 판결(공1997상, 279), 대법원 2010. 3. 25. 선고 2009도14065 판결(공2010상, 844), 대법원 2017. 3. 22. 선고 2016도18031 판결(공2017상, 919)
【전 문】 【피 고 인】 피고인 【상 고 인】 피고인
【변 호 인】 법무법인(유한) 세종 담당변호사 조용준 외 2인
【원심판결】 서울동부지법 2017. 6. 29. 선고 2016노1982 판결

【주 문】

원심판결을 파기하고, 사건을 서울동부지방법원에 환송한다.

【이　유】

상고이유를 판단한다.

1. 공소사실 요지

공소사실 요지는 다음과 같다. 피고인은 서울 강남구 (주소 생략)에 있는 (병원명 생략)(이하 '이 사건 병원'이라 한다)에서 근무하는 내과 전공의 2년차 의사로서, 2015. 5. 26. 이 사건 병원에 환자로 방문하여 직장수지검사를 위해 누워 있는 피해자 공소외인(여, 나이 생략)을 추행할 마음을 먹고 손가락을 피해자의 질 안에 집어넣어 피해자를 강제로 추행하였다.

2. 원심판단

원심은 다음과 같은 이유로 공소사실을 뒷받침하는 피해자 진술을 믿을 수 있다고 보아, 이 사건 공소사실을 무죄로 판단한 제1심판결을 파기하고 유죄로 판단하였다.

피해자는 수사기관에서부터 제1심법정에 이르기까지 범행 경위에 관한 구체적인 사정을 일관되게 진술하였고, 피해자의 일부 추측성 답변 사실만으로 피해자가 직접 경험하지 않은 사실을 진술하였다고 단정할 수 없다. 피해자는 혈변 등의 증세로 이 사건 병원에 입원하여 수련의로부터 직장수지검사를 받은 뒤 전공의인 피고인으로부터 다시 직장수지검사를 받았다. 따라서 피해자가 항문에 손가락을 넣은 행위를 질에 손가락을 넣은 행위로 착각하였을 가능성은 없었다고 보인다. 피해자는 사건 발생 다음 날 곧바로 고소장을 제출하였고, 병원 측에 과잉진료에 대하여 항의하였으나 그 병원비를 납부한 사실 등에 비추어 보면, 피해자에게 피고인을 허위로 고소할 동기나 이유가 있다고 보이지 않는다. 피해자가 피고인의 행위에 대하여 큰소리를 치지 않았다고 하더라도 의료행위 중에 기습적으로 추행을 당하여 순간 놀라고 당황한 데에 기인하는 것일 수 있으므로, 피해자의 반응이 부자연스럽다고 단정할 수 없다.

3. 대법원 판단

원심판결은 다음과 같은 이유로 그대로 받아들일 수 없다.

가. 형사재판에서 유죄의 인정은 법관으로 하여금 합리적인 의심을 할 여지가 없을 정도로 공소사실이 진실한 것이라는 확신을 가지게 하는 증명력을 가진 증거에 의하여야 한다. 검사가 이러한 확신을 가지게 할 만큼 충분히 증명하지 못한 경우에는 설령 유죄의 의심이 든다고 하더라도 피고인의 이익으로 판단해야 한다(대법원 2014. 02. 13. 선고 2011도15767 판결 등 참조).

형사소송법상 항소심은 속심을 기반으로 하되 사후심의 요소도 상당 부분 들어 있는 이른바 사후심적 속심의 성격을 가지므로, 항소심에서 제1심판결의 당부를 판단할 때에는 이러한 심급구조의 특성을 고려해야 한다. 항소심이 심리과정에서 심증의 형성에 영향을 미칠 만한 객관적 사유가 새로 드러난 것이 없는데도 제1심판단을 재평가하여 사후심적으로 판단하여 뒤집고자 할 때에는, 제1심의 증거가치 판단이 명백히 잘못되었다거나 사실인정에 이르는 논증이 논리와 경험의 법칙에 어긋나는 등 그 판단을 그대로 유지하는 것이 현저히 부당하다고 볼 만한 합리적인 사정이 있어야 하고, 그러한 예외적 사정도 없이 제1심의 사실인정에 관한 판단을 함부로 뒤집어서는 안 된다(대법원 1996. 12. 06. 선고 96도2461 판결, 대법원 2017. 03. 22. 선고 2016도18031 판결 등 참조). 특히 공소사실을 뒷받침하는 증인 진술의 신빙성을 배척한 제1심판단을 뒤집는 경우에는 무죄추정의 원칙과 형사증명책임의 원칙에 비추어 이를 수긍할 수 없는 충분하고도 납득할 만한 현저한 사정이 나타나는 경우라야 한다(대법원 2010. 03. 25. 선고 2009도14065 판결 참조).

나. 원심판결 이유와 적법하게 채택된 증거에 따르면 다음 사실을 알 수 있다.

　(1) 피해자는 제1심법정에서 피고인의 손가락이 어느 정도 들어갔는지를 묻는 검사의 질문에 '거의 손가락 하나가 다 들어갔다고 봐도 무방하고, 안에 들어가서 몇 번 좀 많이 휘저었다.'고 답변하였다(이 진술을 이하 '쟁점 진술'이라 한다). 이에 검사는 피해자가 피고인의 위와 같은 행위에 대해 즉시 항의하였는지를 물었고, 피해자는 '거기가 아니라고 소리를 질렀다.'고 답변하였다. 그 후 검사는 피고인이 어떻게 대응하였는지를 물었고 피해자는 '아무 말도 안 하고, 손가락을 뺀 뒤 다시 항문으로 (손가락을) 집어넣었다.'고 답변하였다.

　(2) 제1심은 쟁점 진술이 질에 손가락을 넣은 상황에 대한 것이라고 이해한 다음, 피해자가 수사기관에서는 '피고인이 항문으로 손가락을 넣으려는 시도도 없이 곧바로 손가락을 질 내로 집어넣었다.'고만 진술하였을 뿐 피고인이 질에 손가락을 넣어 '휘저었다.'고 진술한 적이 없었던 사실을 고려하여, 공소사실을 뒷받침하는 피해자의 진술이 수사과정에서 제1심법정에 이르는 동안 피고인이 고의로 질 속으로 손가락을 밀어 넣었다고 단정하는 방향으로 점점 묘사가 풍부해져 그 정확성 또는 신빙성이 의심스럽다고 보았다.

　(3) 원심은 추가로 증거를 조사하지 않고 피고인신문을 거쳐 심리를 마친 후, 쟁점 진술이 질에 손가락을 넣은 상황에 대한 것이 아니라 그 후 항문에 손가락을 넣은 상황에 대한 답변에 해당한다고 이해한 다음, 이를 기초로 피해자가 제1심법정에서 한 진술이 수사기관에서 한 진술보다 묘사가 풍부해진 것은 아니라고 보았다.

다. 이러한 사정과 위 2.항에서 본 원심판단 이유를 위 가.항 법리에 비추어 살펴본다.

　쟁점 진술을 전후한 검사와 피해자의 문답 내용에 따르면, 쟁점 진술이 항문에 손가락을 넣은 상황에 대한 답변에 해당하는지 여부가 분명하다고 보기 어렵고, 쟁점 진술을 제1심의 판단대로 이해한다면 피해자 진술이 수사과정에서 제1심법정에 이르는 동안 피고인이 고의로 질 속으로 손가락을 밀어 넣었다고 단정하는 방향으로 점점 묘사가 풍부해졌다고 볼 여지가 있다.

　원심으로서는 공소사실을 뒷받침하는 피해자 진술의 신빙성을 배척한 제1심판단에 의문이 들더라도 위에서 본 사정만을 들어 곧바로 제1심판단을 뒤집을 것이 아니라 피해자를 증인으로 다시 신문하여 쟁점 진술의 취지를 분명히 하는 등 추가적인 증거조사를 한 다음, 피해자 진술의 신빙성 유무 등을 신중하게 판단했어야 한다.

　그런데도 원심은 추가적인 증거조사 없이 피해자 진술의 신빙성에 관한 제1심판단을 뒤집은 다음 이를 기초로 이 사건 공소사실을 유죄로 인정하였다. 원심판결에는 항소심의 심리와 재판에 관한 법리 등을 오해하여 필요한 심리를 다하지 않은 잘못이 있다. 이를 지적하는 상고이유 주장은 정당하다.

4. 결 론

피고인의 상고는 이유 있어 원심판결을 파기하고 사건을 다시 심리·판단하도록 원심법원에 환송하기로 하여, 대법관의 일치된 의견으로 주문과 같이 판결한다.

● 대법원 2022. 06. 16. 선고 2022도364 판결 [공갈·특수협박·협박·특수상해·특수폭행·상해]

【판시사항】

수사기관이 작성한 피고인 아닌 자의 진술을 기재한 조서에 대한 실질적 진정성립을 증명할 수 있는 수단으로서 형사소송법 제312조 제4항에 규정된 '영상녹화물'의 의미 / 형사소송규칙 제134조의3의 입법 취지 / 형사소송법 및 형사소송규칙에 규정된 방식과 절차를 위반한 영상녹화물에 의하여 피고인 아닌 자의 진술을 기재한 조서의 실질적 진정성립을 증명할 수 있는지 여부(원칙적 소극)

【판결요지】

형사소송법 제312조 제4항은 "검사 또는 사법경찰관이 피고인이 아닌 자의 진술을 기재한 조서는 적법한 절차와 방식에 따라 작성된 것으로서 그 조서가 검사 또는 사법경찰관 앞에서 진술한 내용과 동일하게 기재되어 있음이 원진술자의 공판준비 또는 공판기일에서의 진술이나 영상녹화물 또는 그 밖의 객관적인 방법에 의하여 증명되고, 피고인 또는 변호인이 공판준비 또는 공판기일에 그 기재 내용에 관하여 원진술자를 신문할 수 있었던 때에는 증거로 할 수 있다. 다만 그 조서에 기재된 진술이 특히 신빙할 수 있는 상태하에서 행하여졌음이 증명된 때에 한한다."라고 규정하여 수사기관이 작성한 피고인이 아닌 자에 대한 진술조서의 실질적 진정성립은 공판준비 또는 공판기일에서의 원진술자의 진술 외에 영상녹화물 또는 그 밖의 객관적인 방법에 의하여 인정할 수 있도록 하고 있다.

형사소송법 제312조 제4항이 실질적 진정성립을 증명할 수 있는 방법으로 규정하는 영상녹화물에 대하여는 형사소송법 및 형사소송규칙에서 영상녹화의 과정, 방식 및 절차 등을 엄격하게 규정하고 있으므로(형사소송법 제221조 제1항 후문, 형사소송규칙 제134조의2, 제134조의3) 수사기관이 작성한 피고인 아닌 자의 진술을 기재한 조서에 대한 실질적 진정성립을 증명할 수 있는 수단으로서 형사소송법 제312조 제4항에 규정된 '영상녹화물'이라 함은 형사소송법 및 형사소송규칙에 규정된 방식과 절차에 따라 제작되어 조사 신청된 영상녹화물을 의미한다고 봄이 타당하다.

형사소송법은 제221조 제1항 후문에서 "검사 또는 사법경찰관은 피의자가 아닌 자의 출석을 요구하여 진술을 들을 경우 그의 동의를 받아 영상녹화할 수 있다."라고 규정하고 있고, 형사소송규칙은 제134조의3에서 검사는 피의자가 아닌 자가 공판준비 또는 공판기일에서 조서가 자신이 검사 또는 사법경찰관 앞에서 진술한 내용과 동일하게 기재되어 있음을 인정하지 아니하는 경우 그 부분의 성립의 진정을 증명하기 위하여 영상녹화물의 조사를 신청할 수 있고(제1항), 검사가 이에 따라 영상녹화물의 조사를 신청하는 때에는 피의자가 아닌 자가 영상녹화에 동의하였다는 취지로 기재하고 기명날인 또는 서명한 서면을 첨부하여야 하며(제2항), 조사 신청한 영상녹화물은 조사가 개시된 시점부터 조사가 종료되어 피의자 아닌 자가 조서에 기명날인 또는 서명을 마치는 시점까지 전 과정이 영상녹화된 것으로서 피의자 아닌 자의 진술이 영상녹화되고 있다는 취지의 고지, 영상녹화를 시작하고 마친 시각 및 장소의 고지, 신문하는 검사 또는 사법경찰관과 참여한 자의 성명과 직급의 고지, 조사를 중단·재개하는 경우 중단 이유와 중단 시각, 중단 후 재개하는 시각, 조사를 종료하는 시각의 내용을 포함하는 것이어야 한다고 규정하고 있다(제3항에 의하여 제134조의2 제3항 제1호부터 제3호, 제5호, 제6호를 준용한다). 형사소송규칙에서 피의자 아닌 자가 기명날인 또는 서명한 영상녹화 동의서를 첨부하도록 한 취지는 피의자 아닌 자의 영상녹화에 대한 진정한 동의를 받아 영상녹화를 시작했는지를 확인하기 위한 것이고, 조사가 개시된 시점부터 조사가 종료되어 조서에 기명날인 또는 서명을 마치는 시점까지 조사 전 과정이 영상녹화된 것을 요구하는 취지는 진술 과정에서 연출이나 조작을 방지하여야 할 필요성이 인정되기 때문이다.

이러한 형사소송법과 형사소송규칙의 규정 내용과 취지에 비추어 보면, 수사기관이 작성한 피고인이 아닌 자의 진술을 기재한 조서에 대하여 실질적 진정성립을 증명하기 위해 영상녹화물의 조사를 신청하려면 영상녹화를 시작하기 전에 피고인 아닌 자의 동의를 받고 그에 관해서 피고인 아닌 자가 기명날인 또는 서명한 영상녹화 동의서를 첨부하여야 하고, 조사가 개시된 시점부터 조사가 종료되어 참고인이 조서에 기명날인 또는 서명을 마치는 시점까지 조사 전 과정이 영상녹화되어야 하므로 이를 위반한 영상녹화물에 의하여는 특별한 사정이 없는 한 피고인 아닌 자의 진술을 기재한 조서의 실질적 진정성립을 증명할 수 없다.

【참조조문】 형사소송법 제221조 제1항, 제312조 제4항, 형사소송규칙 제134조의2 제3항 제1호, 제2호, 제3호, 제5호, 제6호, 제134조의3
【참조판례】 대법원 2016. 2. 18. 선고 2015도16586 판결(공2016상, 493)
【전　문】　【피 고 인】 피고인 1 외 1인　　【상 고 인】 검사 및 피고인들
【변 호 인】 법무법인 호민 담당변호사 최규일 외 3인
【원심판결】 대전지법 2021. 12. 22. 선고 2021노2538 판결

【주　문】

상고를 모두 기각한다.

【이　유】

상고이유(상고이유서 제출기간이 지난 다음 제출된 각 상고이유보충서의 기재는 상고이유를 보충하는 범위에서)를 판단한다.

1. 피고인 1의 상고이유에 대한 판단

가. 무죄 부분 및 제1심의 공소기각판결에 대한 검사의 항소기각 부분에 관하여

피고인을 위한 상소는 하급심법원의 재판에 대한 불복으로서 피고인에게 불이익한 재판을 시정하여 유리한 재판을 청구하는 것이 본질이므로 하급심법원의 재판이 피고인에게 불이익하지 않으면 이에 대하여 피고인은 상소권이 없다(대법원 2005. 09. 15. 선고 2005도4866 판결 등 참조). 피고인에게 가장 유리한 판결인 무죄판결에 대한 피고인의 상고는 부적법하다(대법원 1994. 07. 29. 선고 93도1091 판결 등 참조).

이 사건 기록에 의하면, 피고인 1에 대한 공소사실 중 협박의 점을 공소기각한 제1심판결에 대하여 피고인 1은 항소하지 않았고 검사가 사실오인 및 법리오해를 이유로 항소하였으나 원심은 검

사의 항소를 기각하였고, 공갈의 점에 대하여는 원심이 무죄를 선고한 사실을 알 수 있다. 앞서 본 법리에 비추어 보면, 이 부분 원심판결이 피고인 1에게 불이익한 재판이라고 할 수 없으므로 피고인 1은 이 부분 원심판결에 대하여 상고할 수 없다. 따라서 원심판결 중 제1심의 공소기각판결에 대하여 검사의 항소를 기각한 부분(피고인 1의 협박의 점)과 원심이 무죄로 판단한 부분(피고인 1의 공갈의 점)에 대한 피고인 1의 상고는 부적법하다.

나. 유죄 부분에 관하여

상고법원은 상고이유에 의하여 불복신청한 한도 내에서만 조사·판단할 수 있으므로 상고이유서에는 상고이유를 특정하여 원심판결의 구체적인 법령위반 사유를 명시적으로 설시하여야 한다. 따라서 상고이유서에 이와 같은 구체적이고 명시적인 상고이유의 설시가 없다면 적법한 상고이유서가 제출되었다고 볼 수 없다(대법원 2000. 04. 21. 선고 99도5513 판결 등 참조).

피고인 1은 상고이유서에 이 사건 공소사실 중 공갈의 점에 대해서만 다투는 취지로 기재하였고 원심이 유죄로 인정한 부분에 대하여는 구체적인 법령위반 사유를 명시적으로 설시하지 않았으므로, 원심판결 중 유죄 부분에 관하여는 적법한 상고이유서가 제출되었다고 볼 수 없다.

2. 피고인 2의 상고이유에 대한 판단

가. 공소외 1, 공소외 2, 공소외 3, 공소외 4에 대한 경찰 진술조서 중 공소외 1, 공소외 2, 공소외 4 진술 부분의 증거능력에 대한 판단

1) 헌법 제12조 제1항이 규정한 적법절차의 원칙과 헌법 제27조에 의하여 보장된 공정한 재판을 받을 권리를 구현하기 위하여 형사소송법은 공판중심주의와 구두변론주의 및 직접심리주의를 기본원칙으로 하고 있다. 따라서 형사소송법이 수사기관에서 작성된 조서 등 서면증거에 대하여 일정한 요건을 충족하는 경우에 증거능력을 인정하는 것은 실체적 진실발견의 이념과 소송경제의 요청을 고려하여 예외적으로 허용하는 것일 뿐이므로 증거능력 인정 요건에 관한 규정은 엄격하게 해석·적용하여야 한다(대법원 2013. 03. 14. 선고 2011도8325 판결 등 참조).

형사소송법 제312조 제4항은 "검사 또는 사법경찰관이 피고인이 아닌 자의 진술을 기재한 조서는 적법한 절차와 방식에 따라 작성된 것으로서 그 조서가 검사 또는 사법경찰관 앞에서 진술한 내용과 동일하게 기재되어 있음이 원진술자의 공판준비 또는 공판기일에서의 진술이나 영상녹화물 또는 그 밖의 객관적인 방법에 의하여 증명되고, 피고인 또는 변호인이 공판준비 또는 공판기일에 그 기재 내용에 관하여 원진술자를 신문할 수 있었던 때에는 증거로 할 수 있다. 다만 그 조서에 기재된 진술이 특히 신빙할 수 있는 상태하에서 행하여졌음이 증명된 때에 한한다."라고 규정하여 수사기관이 작성한 피고인이 아닌 자에 대한 진술조서의 실질적 진정성립은 공판준비 또는 공판기일에서의 원진술자의 진술 외에 영상녹화물 또는 그 밖의 객관적인 방법에 의하여 인정할 수 있도록 하고 있다.

형사소송법 제312조 제4항이 실질적 진정성립을 증명할 수 있는 방법으로 규정하는 영상녹화물에 대하여는 형사소송법 및 형사소송규칙에서 영상녹화의 과정, 방식 및 절차 등을 엄격하게 규정하고 있으므로(형사소송법 제221조 제1항 후문, 형사소송규칙 제134조의2, 제134조의3) 수사기관이 작성한 피고인 아닌 자의 진술을 기재한 조서에 대한 실질적 진정성립을 증명할 수 있는 수단으로서 형사소송법 제312조 제4항에 규정된 '영상녹화물'이라 함은 형사소송

법 및 형사소송규칙에 규정된 방식과 절차에 따라 제작되어 조사 신청된 영상녹화물을 의미한다고 봄이 타당하다(대법원 2016. 02. 18. 선고 2015도16586 판결 참조).

형사소송법은 제221조 제1항 후문에서 "검사 또는 사법경찰관은 피의자가 아닌 자의 출석을 요구하여 진술을 들을 경우 그의 동의를 받아 영상녹화할 수 있다."라고 규정하고 있고, 형사소송규칙은 제134조의3에서 검사는 피의자가 아닌 자가 공판준비 또는 공판기일에서 조서가 자신이 검사 또는 사법경찰관 앞에서 진술한 내용과 동일하게 기재되어 있음을 인정하지 아니하는 경우 그 부분의 성립의 진정을 증명하기 위하여 영상녹화물의 조사를 신청할 수 있고(제1항), 검사가 이에 따라 영상녹화물의 조사를 신청하는 때에는 피의자가 아닌 자가 영상녹화에 동의하였다는 취지로 기재하고 기명날인 또는 서명한 서면을 첨부하여야 하며(제2항), 조사 신청한 영상녹화물은 조사가 개시된 시점부터 조사가 종료되어 피의자 아닌 자가 조서에 기명날인 또는 서명을 마치는 시점까지 전 과정이 영상녹화된 것으로서 피의자 아닌 자의 진술이 영상녹화되고 있다는 취지의 고지, 영상녹화를 시작하고 마친 시각 및 장소의 고지, 신문하는 검사 또는 사법경찰관과 참여한 자의 성명과 직급의 고지, 조사를 중단·재개하는 경우 중단 이유와 중단 시각, 중단 후 재개하는 시각, 조사를 종료하는 시각의 내용을 포함하는 것이어야 한다고 규정하고 있다(제3항에 의하여 제134조의2 제3항 제1호부터 제3호, 제5호, 제6호를 준용한다). 형사소송규칙에서 피의자 아닌 자가 기명날인 또는 서명한 영상녹화 동의서를 첨부하도록 한 취지는 피의자 아닌 자의 영상녹화에 대한 진정한 동의를 받아 영상녹화를 시작했는지를 확인하기 위한 것이고, 조사가 개시된 시점부터 조사가 종료되어 조서에 기명날인 또는 서명을 마치는 시점까지 조사 전 과정이 영상녹화된 것을 요구하는 취지는 진술 과정에서 연출이나 조작을 방지하여야 할 필요성이 인정되기 때문이다.

이러한 형사소송법과 형사소송규칙의 규정 내용과 취지에 비추어 보면, 수사기관이 작성한 피고인이 아닌 자의 진술을 기재한 조서에 대하여 실질적 진정성립을 증명하기 위해 영상녹화물의 조사를 신청하려면 영상녹화를 시작하기 전에 피고인 아닌 자의 동의를 받고 그에 관해서 피고인 아닌 자가 기명날인 또는 서명한 영상녹화 동의서를 첨부하여야 하고, 조사가 개시된 시점부터 조사가 종료되어 참고인이 조서에 기명날인 또는 서명을 마치는 시점까지 조사 전 과정이 영상녹화되어야 하므로 이를 위반한 영상녹화물에 의하여는 특별한 사정이 없는 한 피고인 아닌 자의 진술을 기재한 조서의 실질적 진정성립을 증명할 수 없다.

2) 이 사건 기록과 원심판결 이유에 따르면 아래의 사실 내지 사정을 알 수 있다.
    가) 피해자 공소외 1, 공소외 2, 공소외 4는 제1심 공판기일에서 2020. 6. 13. 자 경찰 진술조서 중 각 진술 부분(이하 '이 사건 진술조서 중 피해자들의 진술 부분'이라 한다)에 대하여 명시적인 진술에 의하여 실질적 진정성립을 인정하지 않았다.
    나) 사법경찰관은 피해자들의 진술을 영상녹화하기 전에 그들로부터 기명날인 또는 서명한 영상녹화 동의서를 받지 않았다.
    다) 피해자들의 진술에 대한 영상녹화물(이하 '이 사건 영상녹화물'이라 한다)은 위 피해자들이 조서를 열람하는 도중 중단되어 피해자들의 조서 열람과정 중 일부와 조서에 기명날인 또는 서명을 마치는 과정이 영상녹화되지 않았다.
3) 이러한 사실과 다음 사정을 앞서 본 법리에 비추어 살펴보면, 이 사건 영상녹화물에 의해서는

이 사건 진술조서 중 피해자들의 진술 부분의 실질적 진정성립을 증명할 수 없다.

검사는 이 사건 영상녹화물에 대하여 조사를 신청할 때 영상녹화를 시작하기 전에 피해자들의 동의를 받고 그에 관해서 피해자들이 기명날인 또는 서명한 영상녹화 동의서를 첨부하지 않았다. 피해자들이 조사가 진행된 이후에 조사과정을 영상녹화하겠다는 사법경찰관의 설명에 이의를 하지 않았다는 사정만으로 달리 보기도 어렵다.

이 사건 영상녹화물은 조사가 종료되어 피해자들이 조서에 기명날인 또는 서명을 마치는 시점까지의 조사 전 과정이 영상녹화되지 않았다. 조서 열람과정이나 기명날인 또는 서명 과정은 조서의 진정성과 형식적 진정성립을 포함하여 적법한 절차와 방식에 따라 조서가 작성되었는지 판단할 수 있는 중요한 부분이므로 녹화되지 않은 부분이 조사시간에 비추어 짧다거나 조서 열람 및 기명날인 또는 서명 과정에서 진술번복 등이 없었다는 사정만으로 달리 보기 어렵다.

그런데도 원심은 판시와 같은 이유로 이 사건 영상녹화물에 의하여 이 사건 진술조서 중 피해자들의 진술 부분의 실질적 진정성립이 인정된다고 판단하였다. 이러한 원심판단에는 형사소송법 제312조 제4항이 정한 영상녹화물에 의한 실질적 진정성립 증명에 관한 법리를 오해한 잘못이 있다.

4) 다만 원심은 공소장 변경 없이 직권으로 피고인 2가 판시와 같이 공갈 범행을 하였다고 인정하였다. 원심이 이 사건 진술조서 중 피해자들의 진술 부분의 증거능력을 인정한 것은 잘못이나, 위 증거를 제외한 원심이 유죄의 증거로 삼은 나머지 증거만으로도 피고인 2가 피해자들에게 상납금을 제대로 지급하지 않을 경우 유흥접객원 알선 영업을 하지 못하도록 피해자들을 위협하며 돈을 요구하여 피해자들로부터 돈을 받았다고 인정할 수 있으므로 원심의 위와 같은 잘못이 판결에 영향을 미쳤다고 할 수 없다.

나. 나머지 주장에 관한 판단

원심판결 이유를 관련 법리와 적법하게 채택된 증거에 비추어 살펴보면, 원심의 판단에 필요한 심리를 다하지 않은 채 논리와 경험의 법칙을 위반하여 자유심증주의의 한계를 벗어나거나 메신저 대화내용과 돈 봉투 사진의 증거능력, 공갈죄 성립에 관한 법리를 오해한 잘못이 없다.

형사소송법 제383조 제4호에 의하여 사형, 무기 또는 10년 이상의 징역이나 금고가 선고된 사건에서만 양형부당을 사유로 한 상고가 허용된다. 피고인 2에 대하여 그보다 가벼운 형이 선고된 이 사건에서 형이 너무 무거워 부당하다는 취지의 주장은 적법한 상고이유가 되지 못한다.

3. 검사의 상고이유에 대한 판단

원심은 판시와 같은 이유로 피고인 1에 대한 공소사실 중 공갈 부분에 대하여 범죄의 증명이 없다고 보아 이를 무죄로 판단하였다. 원심판결 이유를 관련 법리와 기록에 비추어 살펴보면, 원심의 판단에 논리와 경험의 법칙을 위반하여 자유심증주의의 한계를 벗어나거나 증거의 증명력에 관한 법리오해, 이유모순 등의 잘못이 없다.

검사는 원심판결 전부에 대하여 상고하였으나, 나머지 부분에 관하여는 상고장이나 상고이유서에 구체적인 불복이유의 기재가 없다.

4. 결 론

그러므로 상고를 모두 기각하기로 하여, 관여 대법관의 일치된 의견으로 주문과 같이 판결한다.

Ⓐ 대법원 2022. 06. 16. 선고 2022도2236 판결 [미성년자약취·사체은닉미수]

【판시사항】

형사재판에서 범죄사실을 인정하기 위한 증거의 증명력 정도 / 법정형이 무거운 범죄의 경우 간접증거에 의하여 유죄를 인정하기 위한 증명의 정도 / 증명력에 한계가 있는 간접증거만이 존재하고, 범인으로 지목되고 있는 자에게 범행을 저지를 만한 동기가 발견되지 않는 경우의 증거평가방법 / 유전자검사나 혈액형검사 등 과학적 증거방법의 증명력

【판결요지】

형사재판에서 범죄사실의 인정은 법관으로 하여금 합리적인 의심을 할 여지가 없을 정도의 확신을 가지게 하는 증명력을 가진 엄격한 증거에 의하여야 하므로, 검사의 증명이 그만한 확신을 가지게 하는 정도에 이르지 못한 경우에는 설령 피고인의 주장이나 변명이 모순되거나 석연치 않은 면이 있어 유죄의 의심이 가는 등의 사정이 있다고 하더라도 피고인의 이익으로 판단하여야 한다.

법정형이 무거운 범죄의 경우에도 직접증거 없이 간접증거만으로 유죄를 인정할 수 있으나, 그러한 유죄 인정에는 공소사실에 대한 관련성이 깊은 간접증거들에 의하여 신중한 판단이 요구되므로, 간접증거에 의하여 주요사실의 전제가 되는 간접사실을 인정할 때에는 증명이 합리적인 의심을 허용하지 않을 정도에 이르러야 하고, 하나하나의 간접사실 사이에 모순, 저촉이 없어야 하는 것은 물론 간접사실이 논리와 경험칙, 과학법칙에 의하여 뒷받침되어야 한다. 그러므로 유죄의 인정은 범행 동기, 범행 수단의 선택, 범행에 이르는 과정, 범행 전후 피고인의 태도 등 여러 간접사실로 보아 피고인이 범행한 것으로 보기에 충분할 만큼 압도적으로 우월한 증명이 있어야 한다. 피고인은 무죄로 추정된다는 것이 헌법상의 원칙이고, 그 추정의 번복은 직접증거가 존재할 경우에 버금가는 정도가 되어야 한다.

그리고 범행에 관한 간접증거만이 존재하고 더구나 그 간접증거의 증명력에 한계가 있는 경우, 범인으로 지목되고 있는 자에게 범행을 저지를 만한 동기가 발견되지 않는다면, 만연히 무엇인가 동기가 분명히 있는데도 이를 범인이 숨기고 있다고 단정할 것이 아니라 반대로 간접증거의 증명력이 그만큼 떨어진다고 평가하는 것이 형사증거법의 이념에 부합하는 것이다.

유전자검사나 혈액형검사 등 과학적 증거방법은 전제로 하는 사실이 모두 진실임이 증명되고 추론의 방법이 과학적으로 정당하여 오류의 가능성이 없거나 무시할 정도로 극소하다고 인정되는 경우에는 법관이 사실인정을 할 때 상당한 정도로 구속력을 가진다. 그러나 이 경우 법관은 과학적 증거방법이 증명하는 대상이 무엇인지, 즉 증거방법과 쟁점이 어떠한 관련성을 갖는지를 면밀히 살펴 신중하게 사실인정을 하여야 한다.

【참조조문】 형사소송법 제307조, 제308조
【참조판례】 대법원 2006. 3. 9. 선고 2005도8675 판결(공2006상, 685), 대법원 2009. 3. 12. 선고 2008도8486 판결(공2009상, 512), 대법원 2011. 5. 26. 선고 2011도1902 판결(공2011하, 1352), 대법원 2012. 6. 28. 선고 2012도231 판결(공2012하, 1367), 대법원 2017. 5. 30. 선고 2017도1549 판결(공2017하, 1417)

【전 문】 【피 고 인】 피고인 【상 고 인】 피고인 【변 호 인】 변호사 모병철
【원심판결】 대구지법 2022. 1. 26. 선고 2021노2979 판결

【주   문】

원심판결을 파기하고, 사건을 대구지방법원에 환송한다.

【이   유】

상고이유(상고이유서 제출기간이 지난 후에 제출된 서면의 기재는 상고이유를 보충하는 범위 내에서)를 판단한다.

1. 관련 법리

형사재판에서 범죄사실의 인정은 법관으로 하여금 합리적인 의심을 할 여지가 없을 정도의 확신을 가지게 하는 증명력을 가진 엄격한 증거에 의하여야 하는 것이므로, 검사의 증명이 그만한 확신을 가지게 하는 정도에 이르지 못한 경우에는 설령 피고인의 주장이나 변명이 모순되거나 석연치 않은 면이 있어 유죄의 의심이 가는 등의 사정이 있다고 하더라도 피고인의 이익으로 판단하여야 한다(대법원 2012. 06. 28. 선고 2012도231 판결 등 참조).

법정형이 무거운 범죄의 경우에도 직접증거 없이 간접증거만으로 유죄를 인정할 수 있으나, 그러한 유죄 인정에는 공소사실에 대한 관련성이 깊은 간접증거들에 의하여 신중한 판단이 요구되므로, 간접증거에 의하여 주요사실의 전제가 되는 간접사실을 인정할 때에는 증명이 합리적인 의심을 허용하지 않을 정도에 이르러야 하고, 하나하나의 간접사실 사이에 모순, 저촉이 없어야 하는 것은 물론 간접사실이 논리와 경험칙, 과학법칙에 의하여 뒷받침되어야 한다(대법원 2011. 05. 26. 선고 2011도1902 판결 참조). 그러므로 유죄의 인정은 범행 동기, 범행수단의 선택, 범행에 이르는 과정, 범행 전후 피고인의 태도 등 여러 간접사실로 보아 피고인이 범행한 것으로 보기에 충분할 만큼 압도적으로 우월한 증명이 있어야 한다. 피고인은 무죄로 추정된다는 것이 헌법상의 원칙이고, 그 추정의 번복은 직접증거가 존재할 경우에 버금가는 정도가 되어야 한다(대법원 2017. 05. 30. 선고 2017도1549 판결 참조).

그리고 범행에 관한 간접증거만이 존재하고 더구나 그 간접증거의 증명력에 한계가 있는 경우, 범인으로 지목되고 있는 자에게 범행을 저지를 만한 동기가 발견되지 않는다면, 만연히 무엇인가 동기가 분명히 있는데도 이를 범인이 숨기고 있다고 단정할 것이 아니라 반대로 간접증거의 증명력이 그만큼 떨어진다고 평가하는 것이 형사증거법의 이념에 부합하는 것이다(대법원 2006. 03. 09. 선고 2005도8675 판결 참조).

유전자검사나 혈액형검사 등 과학적 증거방법은 전제로 하는 사실이 모두 진실임이 증명되고 추론의 방법이 과학적 정당하여 오류의 가능성이 없거나 무시할 정도로 극소하다고 인정되는 경우에는 법관이 사실인정을 할 때 상당한 정도로 구속력을 가진다(대법원 2009. 03. 12. 선고 2008도8486 판결 등 참조). 그러나 이 경우 법관은 과학적 증거방법이 증명하는 대상이 무엇인지, 즉 증거방법과 쟁점이 어떠한 관련성을 갖는지를 면밀히 살펴 신중하게 사실인정을 하여야 한다.

2. 쟁점 공소사실의 요지

피고인은 공소외 1의 친모이고, 공소외 1은 공소외 2와 2017년경 구미시 (주소 생략) 원룸에서 동거를 시작하여 2018. 3. 30. 12:56경 구미시 ○○○ 산부인과의원에서 피해자인 여아(출생 당시 몸무게 3.485kg)를 제왕절개 수술을 통해 출산한 후 2018. 4. 8.경까지 위 의원 (호실 1 생략)에 입원하였다.

위 의원은 통상 산모의 입원기간 동안 간호사가 2층에 있는 신생아실에서 신생아를 관리하나, 3층 병실에 입원한 산모가 원할 경우 일정 시간(09:00경부터 20:00경까지) 동안 산모가 신생아와 함께 같은 병실(일명 '모자동실')에서 머물 수 있는데, 이를 위해서는 산모가 직접 또는 산모수첩을 소지한 사람이 신생아실을 방문하여 요청을 하면 그 신생아실에서 근무하는 간호사가 신생아를 산모 등에게 건네주어 모자동실 등으로 데리고 갈 수 있는 형태로 운영되었다.

피고인은 2018. 3.경 출산한 여아(이하 '이 사건 여아'라고 한다)를 피해자와 몰래 바꾸어 공소외 1로 하여금 이 사건 여아를 양육하게 하기로 마음먹었다.

피고인은 2018. 3. 31. 17:32경부터 같은 해 4. 1. 08:17경까지 사이에 ○○○ 산부인과의원 건물 안에서, 불상의 방법으로 피해자를 자신의 실력적 지배하에 두고 피해자의 오른 발목에 부착되어 있는 식별 띠를 분리한 후, 피해자가 입고 있던 배냇저고리와 속싸개, 겉싸개를 미리 데리고 온 이 사건 여아에게 입히고 분리한 식별 띠를 겉싸개 안에 넣는 방법으로 이 사건 여아를 마치 피해자인 것처럼 가장하여 신생아실에 들여보내고, 피해자를 의원 밖 불상의 장소로 데리고 갔다.

이로써 피고인은 공소외 1이 출산하여 공소외 1의 보호·감독을 받는 미성년자인 피해자를 약취하였다.

3. 원심의 판단

원심은, 유전자 감정 결과에 따르면 공소외 1이 거주하던 △△△△ (호실 2 생략)에서 변사체로 발견된 이 사건 여아는 피고인이 출산한 아이라고 볼 수밖에 없고, 몇 가지 간접사실을 더하여 보면 피고인이 2018. 3.경 이 사건 여아를 출산하였다는 사실을 인정할 수 있으며, 피고인이 이 사건 여아를 출산한 이상 피고인 외에 제3자의 범행 가능성은 상정하기 어렵다는 등의 이유로 쟁점 공소사실을 유죄로 인정한 제1심판결을 그대로 유지하였다.

4. 대법원의 판단

이 사건 쟁점 공소사실은, 피고인이 자신이 낳은 이 사건 여아를 데리고 산부인과의원으로 가서 신생아실에 있던 자신의 외손녀인 피해자의 자리에 이 사건 여아를 놓아두고, 그 자리에 있던 피해자를 몰래 데리고 가 약취하였다는 것이다. 증거에 의하면 범행 전까지 이 사건 여아의 존재에 대하여 아는 사람이 피고인 외에 아무도 없었고, 범행 이후 피해자의 생존 여부에 대하여 아는 사람은 아무도 없다. 공소사실에 기재된 범행의 방법은 추측에 의한 것이고, 수긍할 만한 범행의 동기나 목적은 확인되지 않는다. 유죄 인정의 결정적 증거는 유전자 감정 결과이다. 이에 따르면 이 사건 여아는 피고인의 딸 공소외 1과는 친자관계가 없고, 피고인과 친자관계가 있다. 이를 전제로 보면 피고인이 자신이 낳은 이 사건 여아를 피해자와 바꿔치기하였다고 보는 데에 별다른 무리가 없다고 보이기는 한다. 그러나 이 사건과 같이 유례를 찾아보기 어려운 사건에 관하여 유전자 감정 결과에도 불구하고 쟁점 공소사실에 대하여 유죄로 확신하는 것을 주저하게 하는 의문점들이 남아 있고, 그에 대하여 추가적으로 심리하는 것이 가능하다고 보이는 이상 추가 심리 없이 원심의 결론을 그대로 유지하기는 어렵다.

가. 유전자 감정 결과가 증명하는 사실과 증명이 필요한 사실

수사기관이 국립과학수사연구원 등에 의뢰하여 한 유전자 감정 결과, 이 사건 여아는 99.9999% 이상의 확률로 피고인과 친자관계가 성립하고, 공소외 1, 공소외 2와는 친자관계가 성립하지 않는다고 판단된 사실은 원심이 설시한 바와 같다.

그런데 위와 같은 유전자 감정 결과가 증명하는 대상은 이 사건 여아를 공소외 1, 공소외 2의 친자가 아닌 피고인의 친자로 볼 수 있다는 사실에 불과하고, 피고인이 쟁점 공소사실 기재 일시 및 장소에서 이 사건 여아를 피해자와 바꾸는 방법으로 약취하였다는 사실이 아니다. 피고인이 유전자 감정 결과에도 불구하고 자신이 범행을 저지르지 않았다는 점에 대하여 개연성 있는 설명을 하고 있지는 못하지만, 목격자의 진술이나 CCTV 영상 등 직접적인 증거가 없고, 뒤에서 보는 바와 같이 추가로 심리할 점들이 있는 이 사건에서, 유전자 감정 결과만으로 쟁점 공소사실이 증명되었다고 보기에는 어려움이 있다.

한편 형법 제287조 미성년자약취죄의 '약취'란 폭행, 협박 또는 불법적인 사실상의 힘을 수단으로 사용하여 피해자를 그 의사에 반하여 자유로운 생활관계 또는 보호관계로부터 이탈시켜 자기 또는 제3자의 사실상 지배하에 옮기는 행위를 의미하고, 어떤 행위가 약취에 해당하는지 여부는 행위의 목적과 의도, 행위 당시의 정황, 행위의 태양과 종류, 수단과 방법, 피해자의 상태 등 관련 사정을 종합하여 판단하여야 한다(대법원 2013. 06. 20. 선고 2010도14328 전원합의체 판결 참조). 특히 피고인은 피해자의 외할머니이므로, 설사 피고인이 쟁점 공소사실 기재와 같이 피해자를 이 사건 여아와 바꿔치기한 후 데리고 간 사실관계가 인정된다고 하더라도, 그러한 행위가 피해자의 친권자인 공소외 1, 공소외 2의 의사에 반하지 않고 피해자의 자유와 안전을 침해하는 것으로 볼 수 없는 어떤 사정이 있다면, 이는 약취행위로 평가되지 않을 가능성도 있다. 따라서 피고인의 행위가 약취에 해당하는지를 판단하기 위해서는 위와 같은 구체적인 관련 사정들, 즉 피고인의 목적과 의도, 행위 당시의 정황, 행위의 태양과 종류, 수단과 방법, 피해자의 상태 등에 관한 추가적인 심리가 필요하다.

나. 쟁점 공소사실의 증명 여부

1) 원심판결 이유와 적법하게 채택된 증거들에 의하여 알 수 있는 아래와 같은 사정들을 보면, 피고인이 쟁점 공소사실 기재와 같은 범행을 하였다고 보는 데에 큰 무리는 없다.

　가) 피고인과 이 사건 여아 사이에 친자관계가 성립하고, 공소외 1이 2018. 3. 30. 제왕절개로 아기를 낳은 것이 분명하므로, 이 사건 여아가 사망하기 전 어느 순간엔가 이 사건 여아와 공소외 1이 낳은 아이가 바뀌었다고 보는 것이 자연스러운 추론이다.

　나) 공소외 1이 2018. 4. 8. ○○○ 산부인과의원에서 퇴원하면서 데리고 나온 아기의 탯줄에서 이 사건 여아의 유전자가 검출되었으므로, 아기가 바뀌었다면 그 이전에 산부인과의원에서 바뀌었을 가능성이 크다.

　다) 피고인과 친자관계에 있는 이 사건 여아와 공소외 1이 낳은 아기가 산부인과의원에서 바

꾀었다면, 피고인이 범행에 개입하지 않았을 가능성을 상정하기가 어렵다.
2) 그러나 쟁점 공소사실의 인정과 관련하여 아래와 같은 의문점들이 남아 있으므로, 이에 관하여 추가적인 심리를 하여 밝혀 본 다음 유무죄를 판단할 필요가 있다.
   가) 피고인의 범행 동기에 대한 의문
   원심은 피고인이 범행을 한 목적과 동기를 정확히 알 수 없다고 설시하면서도, 동기는 미성년자약취죄의 구성요건에 해당하지 않으므로, 범죄의 성립에 영향이 없다는 취지로 판시하였다. 그러나 범행의 동기는 간접증거에 의한 공소사실의 증명 여부가 문제 되는 사건에서 중요한 의미를 가진다.
   피고인이 만일 외도를 하여 임신을 하고 시기를 놓쳐 임신중절수술을 받지 못하였다면, 가족들 몰래 출산을 할 동기가 될 수는 있다. 그러나 이 사건 범행을 저지르더라도 공소외 1이 낳은 자신의 손녀를 가족들 몰래 돌보거나 유기하여야 하므로, 자신의 출산 사실을 감추려는 마음만으로는 이 사건 범행을 할 동기가 충분히 설명되지 않는다.
   제1심은 피고인이 자신이 출산한 딸을 손녀보다 가까이에 두고 지켜보고 싶다는 마음이 이 사건 범행의 동기가 될 수 있다는 취지로 설시하였으나, 일반적으로 딸과 손녀가 가족들을 모두 속이고 바꿔치기 범행을 감행할 만큼 애정에 있어 차이가 있는 존재라고 볼 수 있는지도 의문이거니와, 그런 동기에서 약취 범행까지 감행하였다면, 공소외 1이 이 사건 여아를 방치하여 죽음에 이르게 할 무렵 이 사건 여아를 상당 기간 동안 적극적으로 돌보지 않았던 피고인의 행동을 설명하기 곤란하고, 이 사건 여아의 사체를 발견한 후 경찰에 신고할 때까지의 피고인의 행동 역시 자연스럽게 설명되지 않는다.
   결국 피고인이 범행을 저지를 만한 동기가 무엇인지 제대로 찾기 어려운 이 사건에서, 만연히 무엇인가 동기가 있는데도 피고인이 이를 숨기고 있다고 단정할 것이 아니라 간접증거의 증명력이 그만큼 떨어진다고 평가하는 것이 형사증거법의 이념에 부합한다(위 대법원 2005도8675 판결 참조). 더구나 피고인의 목적과 의도는 피고인의 행위가 '약취'에 해당하는지를 평가하기 위한 중요한 고려요소이므로, 이러한 점에서도 동기에 대하여 좀 더 심리할 필요가 있다.
   나) 제1심 및 원심이 제시한 공소사실을 추단케 하는 간접사실에 대한 의문
   (1) 증거에 따르면, ○○○ 산부인과의원에서 2018. 3. 31. 00:00경 측정한 아기의 몸무게는 3.460kg인데, 2018. 4. 1. 00:00경 측정된 몸무게가 3.235kg인 사실이 인정되고, 제1심은 여기에 대하여 서로 다른 사람의 몸무게를 측정한 것이 아니라면 설명하기 곤란하다고 설시하였다.
   그러나 기록에 따르면, 신생아의 체중은 출생 후 3~4일 동안 태변과 수분을 배출하느라 출생 직후 몸무게의 5~10%가 줄어들어 출생 후 4일째 되는 날 최저 몸무게를 기록한 후 서서히 증가하는 경우도 적지 않은 것으로 보인다.
   ○○○ 산부인과의원에서 측정한 아기 몸무게가 ① 2018. 3. 30. 3.485kg, ② 2018. 3. 31. 3.460kg, ③ 2018. 4. 1. 3.235kg, ④ 2018. 4. 2. 3.210kg, ⑤ 2018. 4. 3. 3.270kg, ⑥ 2018. 4. 4. 3.305kg인 사실을 알 수 있다.
   위와 같은 몸무게 측정 기록에 따르면, 출생 후 4일째 되는 날인 2018. 4. 2. 아기 몸무게 3.210kg은 출생 직후 몸무게 3.485kg의 7.89%가 감소한 것이고, 그날 최저

몸무게를 기록한 후 다시 증가하기 시작하였다. 이러한 수치가 2018. 3. 30. 출생한 신생아의 몸무게 변화로 이례적인 것인지 여부에 대하여 심리할 필요가 있다.
(2) 증거에 따르면, 2018. 4. 1. 17:12경 촬영된 사진에서 아기의 우측 발목에 착용되어 있던 식별 띠가 벗겨져 있었던 사실이 인정된다. 제1심은 '식별 띠가 빠지는 경우는 진짜 드물다'는 취지의 간호사 공소외 3의 수사기관에서의 진술을 들어 누군가 식별 띠를 임의로 분리하였을 가능성이 있다고 설시하였다.

그러나 기록에 따르면, 2018. 4. 1. 신생아실에서 야간근무를 하였던 간호사 공소외 4가 '식별 띠는 보통 손마디 하나 정도의 간격을 두고 부착한다. 영아들의 식별 띠가 분리되는 경우가 가끔 있다. 그럴 때마다 다시 채우기는 하지만, 계속하여 분리되면 어쩔 수 없이 채우지 못하고, 카트에 테이프로 붙여놓는다.'고 진술하였음을 알 수 있다.

이와 같이 간호사들의 진술에 차이가 있는 이상, 추가적인 증거조사를 통하여 식별 띠의 분리가능성에 대하여 보다 정확히 심리할 필요가 있다. 또한 분리된 식별 띠의 상태를 살펴 인위적으로 분리된 것인지 아니면 자연스럽게 빠진 것인지 판단할 필요가 있다.

(3) 원심은 피해자가 있던 산부인과의원에 외부인의 출입이 자유로웠고, 신생아를 신생아실에서 데리고 나오는 것이 비교적 용이해서 마음만 먹는다면 신생아를 바꾸는 것이 불가능하지 않았던 것으로 보인다고 설시하였다.

그러나 기록에 따르면, 이 사건 산부인과의원 건물에 들어가서 신생아실 입구까지의 출입이 자유로웠을 뿐, 신생아를 데리고 가기 위해서는 산모가 직접 가거나 산모수첩을 가지고 가야 했음을 알 수 있고, 간호사 공소외 4가 '모자동실이 가능한 시간은 09:00경부터 20:00경까지이고, 09:00경 이전과 20:00 이후는 일절 영아를 신생아실 외부로 내보내지 않는다.'고 진술하기도 하였으므로, 이 부분에 관하여도 좀 더 심리할 필요가 있다.

다) 그 밖에 추가 심리가 필요한 부분
(1) 증거로 제출된 수십 장의 아기 사진을 보면, 2018. 3. 30. 출생 무렵부터 2018. 4. 8. 퇴원 당시까지 아기의 생김새에서 별다른 차이를 찾기 어렵다. 특히 피해자는 출생 당시부터 왼쪽 귓바퀴 위쪽이 접혀 있는 특징을 갖고 있었는데, 2018. 4. 7. 아기 사진에서도 그와 같은 특징이 드러난다.

쟁점 공소사실 기재 일시인 '2018. 3. 31. 17:32경부터 2018. 4. 1. 08:17경' 이전과 이후의 아기가 다른 사람인지 여부는 이 사건의 핵심 쟁점이고, 그 무렵 아기를 촬영한 수십 장의 사진이 있으므로, 전문가에게 얼굴 사진 판독 등을 의뢰하여 의견을 듣는 등의 방법으로 심리할 필요가 있어 보인다.

(2) 기록에 따르면, 피고인은 2018. 2. 26. 재입사를 한 이후 2018. 3. 31.까지 총 34일 중 휴일근무 6일을 포함하여 총 28일을 근무하였고, 근무일 28일 중 2일을 제외하고는 모두 연장근무를 하여 하루에 10시간씩 근무한 사실이 인정된다.

그런데 피고인의 휴대전화 및 신용카드 사용내역, 출퇴근 기록 등에 대한 수사에도 불구하고 피고인이 위와 같이 근무를 하는 동안 갓 태어난 신생아를 누가 어디에서 돌보았는지에 대해서 전혀 밝혀지지 않았다. 따라서 피고인이 2018. 3.경 출산한 이 사건 여아를 공소사실 기재와 같이 피해자와 바꿔치기하기 전까지 어디서 어떻게 돌보았는지 좀 더 심리할 필요가 있다.

(3) 기록에 따르면, 공소외 1이 2018. 4. 8. 산부인과의원에서 퇴원할 때 데리고 나온 아기의 탯줄이 2018. 4. 9. 감염 등 별다른 문제없이 떨어졌는바, 이는 2018. 3. 30. 출생한 아이의 탯줄이 떨어진 시기로 자연스럽다.

검사는 피고인이 2018. 2. 26. 재입사를 한 후 2018. 3. 6. 조퇴를 하고 2018. 3. 7. 결근을 한 사정을 들어 그 무렵 출산하였다고 주장하였는데, 그 주장에 따르더라도 2018. 3. 초순경 출생한 아기의 탯줄이 2018. 4. 9. 감염 등 별다른 문제없이 떨어진다는 것은 이례적이라고 볼 수 있으므로, 이에 대하여 심리할 필요가 있다.

(4) 기록에 따르면, 피고인이 2018. 3. 31. 17:32경 퇴근을 한 후 공소외 5와 함께 19:00경 전후로 ○○○ 산부인과의원에 도착하여 한 시간 정도 머무른 사실, 피고인과 공소외 5가 20:00경 공소외 2와 함께 신생아실에 피해자를 데려다준 후 산부인과의원을 출발한 사실, 피고인과 공소외 5가 20:30경 집 근처 롯데리아에서 햄버거를 산 사실, 피고인이 2018. 4. 1. 08:17경 출근을 한 사실이 인정된다. 공소외 1, 공소외 5, 공소외 2의 일관된 진술에 비추어 보면, 피고인이 이들과 함께 있는 동안 바꿔치기를 했다고 인정하기는 어렵다.

결국 운전을 하지 못하는 피고인이 2018. 3. 31. 20:30경 이후에 혼자서 불상의 장소에 있던 이 사건 여아를 데리고 산부인과의원으로 다시 간 후 신생아실에 있던 피해자와 이 사건 여아를 바꿔치기한 다음 피해자를 데리고 나와 불상의 장소에 유기한 후 혼자서 집으로 몰래 돌아왔다는 것인데, 광범위한 수사에도 불구하고 그러한 행적에 부합하는 증거가 발견되지 않았으므로, 이에 관하여 좀 더 심리할 필요가 있다.

(5) ○○○ 산부인과의원 신생아실에서 근무하였던 간호사 공소외 4가 야간에는 영아를 신생아실 외부로 내보내지 않는다는 취지로 진술하였음은 앞서 본 바와 같고, 피해자에 대한 신생아 관찰기록지에 간호사가 피해자에게 2018. 3. 31. 21시(10cc), 24시(10cc), 2018. 4. 1. 3시(10cc), 6시(20cc), 9시(30cc)에 수유를 한 사실이 기록되어 있다. 이에 비추어 볼 때 2018. 3. 31. 21:00부터 2018. 4. 1. 09:00경까지 사이에 피해자가 신생아실에 머물러 있었을 가능성은 어느 정도인지 살펴볼 필요가 있다.

(6) 증거에 따르면, 피고인이 2017. 8. 30.부터 근무하던 공장에서 2018. 1. 27.까지 근무하다가 퇴사를 하였고, 2018. 2. 26. 재입사를 한 사실이 인정된다. 피고인은 한 달이나 일을 쉬었던 기억은 나지 않는다는 취지로 진술하였으나, 제1심은 아웃소싱 업체 '□□'의 팀장 공소외 6의 수사기관에서의 전화 진술을 증거로 피고인이 개인적인 사정으로 만류에도 불구하고 퇴사를 한 것으로 인정하고, 이 무렵 피고인이 임신 또는 출산준비를 이유로 퇴사한 것이 아닌가 하는 강한 의심이 든다고 설시하였다. 그리고 제1심은 위와 같은 사실인정을 토대로 피고인이 거짓진술을 한 것으로 판단하고, 이를 피고인의 변소의 타당성을 배척하는 중요한 근거로 설시하였다.

그러나 기록에 따르면, 피고인이 공장의 물량에 따라 매일 연장근무 여부를 회사 측으로부터 통보받아 왔던 사실, 피고인이 퇴사 며칠 전인 2018. 1. 20. 카카오톡 가족 대화방에서 출근 여부를 회사에서 연락해 주기로 했다고 말했던 사실, 피고인이

2018. 2. 25. 가족 대화방에서 '나 내일부터 출근해~~^^'라고 말하며 기뻐하고 공소외 1도 함께 기뻐하는 대화를 했던 사실을 인정할 수 있는바, 이런 사실들을 종합하면, 피고인이 회사 측의 사정으로 일을 쉬었던 것은 아닌지 살펴볼 필요가 있다.

더구나 피고인이 2018. 1. 28.부터 2018. 2. 25.까지 일을 쉬면서 출산준비를 하였다는 사실을 추단케 할 만한 자료가 발견되지 않았을 뿐 아니라, 피고인이 2018. 3.경 출산을 앞두고 있어 출산준비를 위하여 2018. 1. 27. 자발적으로 퇴사까지 하였다면 출산이 임박한 시점인 2018. 2. 26. 굳이 재입사를 하였다는 것도 쉽게 설명이 되지 않는다.

3) 그런데도 원심은 그 판시와 같은 이유만으로 쟁점 공소사실을 유죄로 판단하였다. 이러한 원심판결에는 형사재판에서 요구되는 증명의 정도에 관한 법리를 오해하여 필요한 심리를 다하지 아니함으로써 판결에 영향을 미친 잘못이 있다.

5. 파기의 범위

위에서 본 이유로 원심판결 중 미성년자약취 유죄 부분은 파기되어야 한다. 그런데 위 파기 부분은 나머지 유죄 부분과 형법 제37조 전단의 경합범 관계에 있어 하나의 형이 선고되었으므로, 원심판결은 전부 파기되어야 한다.

6. 결 론

그러므로 원심판결을 파기하고, 사건을 다시 심리·판단하도록 원심법원에 환송하기로 하여, 관여 대법관의 일치된 의견으로 주문과 같이 판결한다.

● 대법원 2022. 07. 14. 선고 2020도13957 판결 [정치자금법위반]

【판시사항】

[1] 검사가 작성한 피의자신문조서의 실질적 진정성립을 증명할 수 있는 방법으로서 구 형사소송법 제312조 제2항에 예시된 '영상녹화물'의 의미

[2] 형사소송법 및 형사소송규칙에서 영상녹화물에 대한 봉인절차를 둔 취지 / 검사가 작성한 피고인이 된 피의자의 진술을 기재한 조서의 실질적 진정성립을 증명하려면 봉인되어 피의자가 기명날인 또는 서명한 영상녹화물을 조사하는 방법으로 하여야 하는지 여부(원칙적 적극) 및 예외적으로 영상녹화물을 법정 등에서 재생·시청하는 방법으로 조사하여 영상녹화물의 조작 여부를 확인함과 동시에 위 조서에 대한 실질적 진정성립의 인정 여부를 판단할 수 있는 경우

[3] 피의자의 진술을 영상녹화하는 경우, 형사소송법 및 형사소송규칙에서 조사 전 과정이 영상녹화되는 것을 요구하는 취지 / 수회의 조사가 이루어진 경우, 최초의 조사부터 모든 조사 과정을 빠짐없이 영상녹화하여야 하는지 여부(소극) 및 같은 날 수회의 조사가 이루어진 경우, 조사 과정 전부를 영상녹화하여야 하는지 여부(원칙적 소극)

【판결요지】

[1] 헌법 제12조 제1항이 규정한 적법절차의 원칙과 헌법 제27조에 의하여 보장된 공정한 재판을 받을 권리를 구현하기 위하여 형사소송법은 공판중심주의와 구두변론주의 및 직접심리주의를 기본원칙으로 하고 있다. 따라서 형사소송법이 수사기관에서 작성된 조서 등 서면증거에 대하여 일정한 요건을 충족하는 경우에 증거능력을 인정하는 것은 실체적 진실발견의 이념과 소송경제의 요청을 고려하여 예외적으로 허용하는 것일 뿐이므로 증거능력 인정 요건에 관한 규정은 엄격하게 해석·적용하여야 한다.

구 형사소송법(2020. 2. 4. 법률 제16924호로 개정되기 전의 것, 이하 '구 형사소송법'이라 한다) 제312조는 제1항에서 "검사가 피고인이 된 피의자의 진술을 기재한 조서는 적법한 절차와 방식에 따라 작성된 것으로서 피고인이 진술한 내용과 동일하게 기재되어 있음이 공판준비 또는 공판기일에서의 피고인의 진술에 의하여 인정되고, 그 조서에 기재된 진술이 특히 신빙할 수 있는 상태하에서 행하여졌음이 증명된 때에 한하여 증거로 할 수 있다."라고 규정한다. 제2항은 "제1항에도 불구하고 피고인이 그 조서의 성립의 진정을 부인하는 경우에는 그 조서에 기재된 진술이 피고인이 진술한 내용과 동일하게 기재되어 있음이 영상녹화물이나 그 밖의 객관적인 방법에 의하여 증명되고, 그 조서에 기재된 진술이 특히 신빙할 수 있는 상태하에서 행하여졌음이 증명된 때에 한하여 증거로 할 수 있다."라고 규정한다.

그런데 형사소송법 및 형사소송규칙은 피의자진술의 영상녹화에 관하여 그 영상녹화의 과정, 방식 및 절차 등을 엄격하게 규정하고 있으므로(형사소송법 제244조의2, 형사소송규칙 제134조의2 제3항, 제4항, 제5항, 제134조의4), 검사가 작성한 피의자신문조서의 실질적 진정성립을 증명할 수 있는 방법으로서 구 형사소송법 제312조 제2항에 예시된 영상녹화물은 위와 같은 형사소송법 등에 규정된 방식과 절차에 따라 제작되어 조사 신청된 영상녹화물을 의미한다고 보아야 한다.

[2] 형사소송법은 제244조의2 제2항에서 "영상녹화가 완료된 때에는 피의자 또는 변호인 앞에서 지체 없이 그 원본을 봉인하고 피의자로 하여금 기명날인 또는 서명하게 하여야 한다."라고 규정한다. 형사소송규칙은 제134조의4에서 "법원은 검사가 영상녹화물의 조사를 신청한 경우 이에 관한 결정을 함에 있어 피고인 또는 변호인으로 하여금 그 영상녹화물이 적법한 절차와 방식에 따라 작성되어 봉인된 것인지에 관한 의견을 진술하게 하여야 하고(제1항)", "공판준비 또는 공판기일에서 봉인을 해체하고 영상녹화물의 전부 또는 일부를 재생하는 방법으로 조사하여야 하며(제3항 전문)", "재판장은 조사를 마친 후 지체 없이 법원사무관 등으로 하여금 다시 원본을 봉인하도록 하고, 원진술자와 함께 피고인 또는 변호인에게 기명날인 또는 서명하도록 하여 검사에게 반환한다(제4항 본문)."라고 규정한다. 형사소송법 및 형사소송규칙에서 영상녹화물에 대한 봉인절차를 둔 취지는 영상녹화물의 조작가능성을 원천적으로 봉쇄하여 영상녹화물 원본과의 동일성과 무결성을 담보하기 위한 것이다.

이러한 형사소송법 등의 규정 내용과 취지에 비추어 보면, 검사가 작성한 피고인이 된 피의자의 진술을 기재한 조서의 실질적 진정성립을 증명하려면 원칙적으로 봉인되어 피의자가 기명날인 또는 서명한 영상녹화물을 조사하는 방법으로 하여야 하고 특별한 사정이 없는 한 봉인절차를 위반한 영상녹화물로는 이를 증명할 수 없다.

다만 형사소송법 등이 정한 봉인절차를 제대로 지키지 못했더라도 영상녹화물 자체에 원본으로서 동일성과 무결성을 담보할 수 있는 수단이나 장치가 있어 조작가능성에 대한 합리적 의심을 배제할 수 있는 경우에는 그 영상녹화물을 법정 등에서 재생·시청하는 방법으로 조사하여 영상녹화물의 조작 여부를 확인함과 동시에 위 조서에 대한 실질적 진정성립의 인정 여부를 판단할 수 있다고 보아야 한다. 그와 같은 예외적인 경우라면 형사소송법 등이 봉인절차를 마련하여 둔 취지와 구 형사소송법(2020. 2. 4. 법률 제16924호로 개정되기 전의 것) 제312조 제2항에서 '영상녹화물이나 그 밖의 객관적인 방법'에 의하여 실질적 진정성립을 증명할 수 있도록 한 취지에 부합하기 때문이다.

[3] 형사소송법은 제244조의2 제1항에서 피의자의 진술을 영상녹화하는 경우 조사의 개시부터 종료까지의 전 과정 및 객관적 정황을 영상녹화하여야 한다고 규정하고 있고, 형사소송규칙은 제134조의2 제3항에서 영상녹화물은 조사가 개시된 시점부터 조사가 종료되어 피의자가 조서에 기명날인 또는 서명을 마치는 시점까지 전 과정이 영상녹화된 것으로서 피의자의 신문이 영상녹화되고 있다는 취지의 고지, 영상녹화를 시작하고 마친 시각 및 장소의 고지, 신문하는 검사와 참여한 자의 성명과 직급의 고지, 진술거부권·변호인의 참여를 요청할 수 있다는 점 등의 고지, 조사를 중단·재개하는 경우 중단 이유와 중단 시각, 중단 후 재개하는 시각, 조사를 종료하는 시각의 내용을 포함하는 것이어야 한다고 규정한다. 형사소송법 등에서 조사가 개시된 시점부터 조사가 종료되어 조서에 기명날인 또는 서명을 마치는 시점까지 조사 전 과정이 영상녹화되는 것을 요구하는 취지는 진술 과정에서 연출이나 조작을 방지하고자 하는 데 있다. 여기서 조사가 개시된 시점부터 조사가 종료되어 조서에 기명날인 또는 서명을 마치는 시점까지라 함은 기명날인 또는 서명의 대상인 조서가 작성된 개별 조사에서의 시점을 의미하므로 수회의 조사가 이루어진 경우에도 최초의 조사부터 모든 조사 과정을 빠짐없이 영상녹화하여야 한다고 볼 수 없고, 같은 날 이루어진 수회의 조사라 하더라도 특별한 사정이 없는 한 조사 과정 전부를 영상녹화하여야 하는 것도 아니다.

【참조조문】 [1] 헌법 제12조 제1항, 제27조, 구 형사소송법(2020. 2. 4. 법률 제16924호로 개정되기 전의 것) 제312조 제1항, 제2항(현행 삭제), 형사소송법 제244조의2, 형사소송규칙 제134조의2 제3항, 제4항, 제5항, 제134조의4 / [2] 구 형사소송법(2020. 2. 4. 법률 제16924호로 개정되기 전의 것) 제312조 제1항, 제2항(현행 삭제), 형사소송법 제244조의2 제2항, 형사소송규칙 제134조의4 [3] 형사소송법 제244조의2 제1항, 형사소송규칙 제134조의2 제3항
【참조판례】 [1] 대법원 2013. 3. 14. 선고 2011도8325 판결(공2013상, 699), 대법원 2016. 2. 18. 선고 2015도16586 판결(공2016상, 493)
【전 문】 【피 고 인】 피고인 1 외 4인 【상 고 인】 피고인들
【변 호 인】 법무법인(유한) 엘케이비앤파트너스 외 3인
【원심판결】 서울고법 2020. 9. 25. 선고 2018노2389 판결

【주 문】

상고를 모두 기각한다.

【이 유】

상고이유(상고이유서 제출기간이 지난 다음 제출된 상고이유보충서의 기재는 이를 보충하는 범위에서)를 판단한다.

1. 피고인 2, 피고인 3의 상고이유에 대한 판단

원심은 판시와 같은 이유로 피고인들에 대한 공소사실(무죄 부분 제외)을 유죄로 판단하였다. 원심판결 이유를 관련 법리와 적법하게 채택된 증거에 비추어 살펴보면, 원심의 판단에 논리와 경험의 법칙을 위반하여 자유심증주의의 한계를 벗어나거나 '정치자금 부정용도 지출'로 인한 정치자금법 위반죄의 성립에 관한 법리를 오해하는 등으로 판결에 영향을 미친 잘못이 없다.

2. 피고인 1, 피고인 4, 피고인 5의 상고이유에 대한 판단

가. 공소사실의 요지

피고인 1은 마치 피고인 5가 피고인 4에게 급여 명목으로 돈을 지급한 것과 같은 외관을 만드는 방법으로 피고인 5로부터 정치자금을 받기 위해 공소외 1을 통해 피고인 5에게 부탁하고 피고인 5는 이를 수락하였다. 피고인 4는 2013. 7. 17. 인천 남구에 있는 농협 ○○○○지부에서 △△△△ 주식회사(이하 '△△△△'이라 한다)로부터 급여를 받을 통장을 개설한 다음 피고인 1에게 통장 사본 등을 전달하였고, 피고인 5는 피고인 1로부터 통장 사본 등을 전달받은 다음 피고인 4를 △△△△의 직원으로 등재하였다.

피고인 5는 2013. 9. 16.경 △△△△ 사무실에서 피고인 4 명의의 농협 통장에 급여 명목으로 200만 원을 입금한 것을 비롯하여 그 무렵부터 2014. 6. 20.경까지 합계 19,847,670원을 입금하였다. 이로써 피고인 5는 정치자금법에 정하지 아니한 방법으로 19,847,670원 상당을 피고인 1에게 기부하였다.

피고인 1, 피고인 4는 공모하여 정치자금법에 정하지 아니한 방법으로 피고인 5로부터 19,847,670원 상당을 기부받았다.

나. 영상녹화물에 관한 주장에 대한 판단

1) 원심판단

원심은 아래와 같이 판단하면서 피고인들에 대한 공소사실을 유죄로 인정한 제1심판결을 그대로 유지하였다.

가) 피고인 5에 대한 검찰 제2회 피의자신문조서(이하 '이 사건 피의자신문조서'라 한다)에 관한 영상녹화 CD(이하 '이 사건 영상녹화물'이라 한다)가 형사소송법 제244조의2 제2항을 위반하여 봉인되지 않은 사실은 인정된다. 그러나 이 사건 영상녹화물에 부착된 라벨지 및 이를 담은 봉투에 있는 '조사자 검사 공소외 2의 날인'과 '피조사자 피고인 5의 서명 및 무인', 그리고 이 사건 영상녹화물에 부착된 라벨지에 표시된 해시 값 등을 통하여 이 사건 영상녹화물이 변개, 교환, 훼손 등 인위적 개작이 되지 않았음이 증명된다. 따라서 수사기관이 형사소송법이 정한 봉인절차를 위반하였더라도 이는 적법절차의 실질적인 내용을 침해하는 경우에 해당하지 않고, 이 사건 영상녹화물의 활용을 배제하는 것이 오히려 적법절차의 원칙과 실체적 진실 규명의 조화를 통하여 형사사법 정의를 실현하고자 하는 헌법과 형사소송법의 취지에 반하므로, 이 사건 영상녹화물을 이 사건 피의자신문조서의 실질적 진정성립을 증명할 수 있는 수단으로 사용할 수 있다. 이 사건 영상녹화물에 의하면 이 사건 피의자신문조서에 기재된 진술이 피고인 5가 진술한 내용과 동일하게 기

재되어 있음이 증명되었으므로 이 사건 피의자신문조서는 증거능력이 있다.

나) 형사소송법 제244조의2 제1항에서 '조사 개시부터 종료 시까지의 전 과정'을 영상녹화하도록 한 취지는 당해 조사에 의도적으로 조사 과정의 일부만을 선별하여 영상녹화하는 것을 허용하지 않겠다는 것이므로 여러 차례의 조사가 이루어진 경우 최초의 조사부터 모든 조사 과정을 영상녹화하여야 한다고 볼 수는 없다. 피고인 5에 대한 검찰 제1회 피의자신문과 제2회 피의자신문이 같은 날 같은 장소에서 동일한 피의사실에 대하여 이루어졌더라도 위 각 피의자신문이 객관적으로 구분되어 있는 이상 제1회 피의자신문에 대한 조사 개시부터 영상녹화했어야 한다고 볼 수 없다.

2) 대법원의 판단

가) 이 사건 영상녹화물이 봉인되지 않아 증명방법이 될 수 없는지 여부

(1) 헌법 제12조 제1항이 규정한 적법절차의 원칙과 헌법 제27조에 의하여 보장된 공정한 재판을 받을 권리를 구현하기 위하여 형사소송법은 공판중심주의와 구두변론주의 및 직접심리주의를 기본원칙으로 하고 있다. 따라서 형사소송법이 수사기관에서 작성된 조서 등 서면증거에 대하여 일정한 요건을 충족하는 경우에 증거능력을 인정하는 것은 실체적 진실발견의 이념과 소송경제의 요청을 고려하여 예외적으로 허용하는 것일 뿐이므로 증거능력 인정 요건에 관한 규정은 엄격하게 해석·적용하여야 한다(대법원 2013. 03. 14. 선고 2011도8325 판결 등 참조).

구 형사소송법(2020. 2. 4. 법률 제16924호로 개정되기 전의 것, 이하 '구 형사소송법'이라 한다) 제312조는 제1항에서 "검사가 피고인이 된 피의자의 진술을 기재한 조서는 적법한 절차와 방식에 따라 작성된 것으로서 피고인이 진술한 내용과 동일하게 기재되어 있음이 공판준비 또는 공판기일에서의 피고인의 진술에 의하여 인정되고, 그 조서에 기재된 진술이 특히 신빙할 수 있는 상태하에서 행하여졌음이 증명된 때에 한하여 증거로 할 수 있다."라고 규정한다. 제2항은 "제1항에도 불구하고 피고인이 그 조서의 성립의 진정을 부인하는 경우에는 그 조서에 기재된 진술이 피고인이 진술한 내용과 동일하게 기재되어 있음이 영상녹화물이나 그 밖의 객관적인 방법에 의하여 증명되고, 그 조서에 기재된 진술이 특히 신빙할 수 있는 상태하에서 행하여졌음이 증명된 때에 한하여 증거로 할 수 있다."라고 규정한다.

그런데 형사소송법 및 형사소송규칙은 피의자진술의 영상녹화에 관하여 그 영상녹화의 과정, 방식 및 절차 등을 엄격하게 규정하고 있으므로(형사소송법 제244조의2, 형사소송규칙 제134조의2 제3항, 제4항, 제5항, 제134조의4), 검사가 작성한 피의자신문조서의 실질적 진정성립을 증명할 수 있는 방법으로서 구 형사소송법 제312조 제2항에 예시된 영상녹화물은 위와 같은 형사소송법 등에 규정된 방식과 절차에 따라 제작되어 조사 신청된 영상녹화물을 의미한다고 보아야 한다(대법원 2016. 02. 18. 선고 2015도16586 판결 참조).

(2) 형사소송법은 제244조의2 제2항에서 "영상녹화가 완료된 때에는 피의자 또는 변호인 앞에서 지체 없이 그 원본을 봉인하고 피의자로 하여금 기명날인 또는 서명하게 하여야 한다."라고 규정한다. 형사소송규칙은 제134조의4에서 "법원은 검사가 영상녹화물의 조사를 신청한 경우 이에 관한 결정을 함에 있어 피고인 또는 변호인으로 하여금 그 영상녹

화물이 적법한 절차와 방식에 따라 작성되어 봉인된 것인지에 관한 의견을 진술하게 하여야 하고(제1항)", "공판준비 또는 공판기일에서 봉인을 해체하고 영상녹화물의 전부 또는 일부를 재생하는 방법으로 조사하여야 하며(제3항 전문)", "재판장은 조사를 마친 후 지체 없이 법원사무관 등으로 하여금 다시 원본을 봉인하도록 하고, 원진술자와 함께 피고인 또는 변호인에게 기명날인 또는 서명하도록 하여 검사에게 반환한다(제4항 본문)."라고 규정한다. 형사소송법 및 형사소송규칙에서 영상녹화물에 대한 봉인절차를 둔 취지는 영상녹화물의 조작가능성을 원천적으로 봉쇄하여 영상녹화물 원본과의 동일성과 무결성을 담보하기 위한 것이다.

이러한 형사소송법 등의 규정 내용과 취지에 비추어 보면, 검사가 작성한 피고인이 된 피의자의 진술을 기재한 조서의 실질적 진정성립을 증명하려면 원칙적으로 봉인되어 피의자가 기명날인 또는 서명한 영상녹화물을 조사하는 방법으로 하여야 하고 특별한 사정이 없는 한 봉인절차를 위반한 영상녹화물로는 이를 증명할 수 없다.

다만 형사소송법 등이 정한 봉인절차를 제대로 지키지 못했더라도 영상녹화물 자체에 원본으로서 동일성과 무결성을 담보할 수 있는 수단이나 장치가 있어 조작가능성에 대한 합리적 의심을 배제할 수 있는 경우에는 그 영상녹화물을 법정 등에서 재생·시청하는 방법으로 조사하여 영상녹화물의 조작 여부를 확인함과 동시에 위 조서에 대한 실질적 진정성립의 인정 여부를 판단할 수 있다고 보아야 한다. 그와 같은 예외적인 경우라면 형사소송법 등이 봉인절차를 마련하여 둔 취지와 구 형사소송법 제312조 제2항에서 '영상녹화물이나 그 밖의 객관적인 방법'에 의하여 실질적 진정성립을 증명할 수 있도록 한 취지에 부합하기 때문이다.

(3) 이 사건 기록과 원심판결 이유에 따르면 아래의 사실 내지 사정을 알 수 있다.

① 이 사건 영상녹화물을 담은 봉투는 봉인되지 않았다.

② 이 사건 영상녹화물이 제작된 과정을 보면, 피의자신문 과정을 영상녹화한 파일이 영상녹화용 컴퓨터에 저장되고 같은 영상녹화파일은 다시 대검찰청 영상물통합관리 서버에 전송되어 저장되었는데, 그 과정에서 이 사건 영상녹화물도 함께 제작되었다.

③ 이 사건 영상녹화물에 부착된 라벨지와 이를 담은 봉투에 조사자인 검사의 날인과 피조사자인 피고인 5의 서명과 무인이 있고, 그 라벨지에 영상녹화파일의 해시 값이 인쇄되어 있다. 라벨지가 손상된 흔적은 없다.

(4) 이러한 사실과 사정을 위에서 본 법리에 비추어 살펴보면, 이 사건 영상녹화물은 봉인되지는 않았지만 부착된 라벨지에 있는 피조사자의 서명, 무인과 인쇄된 해시 값 등으로 볼 때 이 사건 영상녹화물 자체에 원본으로서 동일성과 무결성을 담보할 수 있는 수단이나 장치가 있어 조작가능성에 대한 의심을 배제할 수 있는 경우에 해당한다고 볼 수 있다. 그러므로 이 사건 영상녹화물을 법정 등에서 재생·시청하는 방법으로 조사하여 영상녹화물의 조작 여부를 확인함과 동시에 이 사건 피의자신문조서의 실질적 진정성립 여부를 판단할 수 있다.

이 부분 원심판결의 이유 설시에 다소 적절하지 않은 부분이 있기는 하나 이 사건 영상녹화물을 법정에서 재생·시청하는 방법으로 조사하여 이 사건 피의자신문조서의 실질적 진정성립을 인정한 원심판단에 상고이유 주장과 같은 영상녹화물에 의한 실질적 진정성립의 증명에 관한 법리를 오해하여 판결에 영향을 미친 잘못이 있다고 할 수 없다.

나) 조사 전 과정을 영상녹화하지 않은 잘못이 있는지 여부

형사소송법은 제244조의2 제1항에서 피의자의 진술을 영상녹화하는 경우 조사의 개시부터 종료까지의 전 과정 및 객관적 정황을 영상녹화하여야 한다고 규정하고 있고, 형사소송규칙은 제134조의2 제3항에서 영상녹화물은 조사가 개시된 시점부터 조사가 종료되어 피의자가 조서에 기명날인 또는 서명을 마치는 시점까지 전 과정이 영상녹화된 것으로서 피의자의 신문이 영상녹화되고 있다는 취지의 고지, 영상녹화를 시작하고 마친 시각 및 장소의 고지, 신문하는 검사와 참여한 자의 성명과 직급의 고지, 진술거부권·변호인의 참여를 요청할 수 있다는 점 등의 고지, 조사를 중단·재개하는 경우 중단 이유와 중단 시각, 중단 후 재개하는 시각, 조사를 종료하는 시각의 내용을 포함하는 것이어야 한다고 규정한다. 형사소송법 등에서 조사가 개시된 시점부터 조사가 종료되어 조서에 기명날인 또는 서명을 마치는 시점까지 조사 전 과정이 영상녹화되는 것을 요구하는 취지는 진술 과정에서 연출이나 조작을 방지하고자 하는 데 있다. 여기서 조사가 개시된 시점부터 조사가 종료되어 조서에 기명날인 또는 서명을 마치는 시점까지라 함은 기명날인 또는 서명의 대상인 조서가 작성된 개별 조사에서의 시점을 의미하므로 수회의 조사가 이루어진 경우에도 최초의 조사부터 모든 조사 과정을 빠짐없이 영상녹화하여야 한다고 볼 수 없고, 같은 날 이루어진 수회의 조사라 하더라도 특별한 사정이 없는 한 조사 과정 전부를 영상녹화하여야 하는 것도 아니다.

피고인들의 주장과 같이 피고인 5에 대한 제1회 검찰 조사와 제2회 검찰 조사가 같은 날 이루어졌는데 제1회 검찰 조사부터 영상녹화되지 않고 제2회 검찰 조사부터 영상녹화되었더라도 실질적으로 하나의 조사임에도 수회로 나누고 회유와 협박 등을 통해 자백을 유도한 후 자백하는 조사에 대해서만 영상녹화를 하는 등의 특별한 사정이 나타나지 않으므로 형사소송법 등이 정한 영상녹화의 방식과 절차를 위반하였다고 볼 수 없다. 피고인 5에 대한 제2회 검찰 피의자신문을 영상녹화한 이 사건 영상녹화물에 의하여 이 사건 피의자신문조서의 실질적 진정성립을 인정한 원심판단은 정당한 것으로 수긍이 가고, 거기에 상고이유 주장과 같이 영상녹화물에 의한 실질적 진정성립의 증명에 관한 법리를 오해하는 등으로 판결에 영향을 미친 잘못이 없다.

다. 나머지 주장에 관한 판단

원심은 판시와 같은 이유로 피고인들에 대한 공소사실(피고인 1에 대한 무죄 부분 제외)을 유죄로 판단한 제1심판결을 그대로 유지하였다. 원심판결 이유를 관련 법리와 적법하게 채택된 증거에 비추어 살펴보면, 원심의 판단에 논리와 경험의 법칙을 위반하여 자유심증주의의 한계를 벗어나거나 검사 작성 피의자신문조서의 증거능력, 전문진술의 증거능력, '정치자금 부정수수'로 인한 정치자금법 위반죄의 성립에 관한 법리를 오해하는 등으로 판결에 영향을 미친 잘못이 없다.

3. 결 론

그러므로 피고인들의 상고는 이유 없어 모두 기각하기로 하여, 관여 대법관의 일치된 의견으로 주문과 같이 판결한다.

● 대법원 2022. 09. 07. 선고 2022도6993 판결 [폭력행위등처벌에관한법률위반(단체등의구성·활동)·폭력행위등처벌에관한법률위반(단체등의공동공갈)·정보통신망이용촉진및정보보호등에관한법률위반(명예훼손)·아동·청소년의성보호에관한법률위반(성착취물제작·배포등)·폭력행위등처벌에관한법률위반(단체등의공동강요)·폭력행위등처벌에관한법률위반(공동강요)·아동·청소년의성보호에관한법률위반(성착취물소지등)·성폭력범죄의처벌등에관한특례법위반(카메라등이용촬영·반포등)·성폭력범죄의처벌등에관한특례법위반(카메라등이용촬영물소지등)]

【판시사항】

[1] 공소장변경이 허용되는 범위 / 공소사실의 동일성이 인정되지 않는 범죄사실을 공소사실로 추가하는 취지의 공소장변경신청이 있는 경우, 법원이 취할 조치 / 공소사실의 동일성을 판단하는 기준
[2] 폭력행위 등 처벌에 관한 법률 제4조 제1항에서 말하는 범죄단체 구성원으로서의 '활동'의 의미
[3] 범죄단체 등에 소속된 조직원이 저지른 폭력행위 등 처벌에 관한 법률 위반(단체 등의 공동강요)죄 등의 개별적 범행과 같은 법 위반(단체 등의 활동)죄가 구성요건을 달리하는 별개의 범죄인지 여부(적극) / 같은 법 위반(단체 등의 구성·활동)죄와 위 개별적 범행의 죄수관계(=원칙적으로 실체적 경합)

【판결요지】

[1] 공소장변경은 공소사실의 동일성이 인정되는 범위 내에서만 허용되고, 공소사실의 동일성이 인정되지 않는 범죄사실을 공소사실로 추가하는 취지의 공소장변경신청이 있는 경우 법원은 그 변경신청을 기각하여야 한다(형사소송법 제298조 제1항). 공소사실의 동일성은 그 사실의 기초가 되는 사회적 사실관계가 기본적인 점에서 동일하면 그대로 유지된다고 할 것이고, 이러한 기본적 사실관계의 동일성을 판단함에 있어서는 그 사실의 동일성이 갖는 법률적 기능을 염두에 두고 피고인의 행위와 그 사회적인 사실관계를 기본으로 하되 규범적 요소도 아울러 고려하여야 한다.
[2] 폭력행위 등 처벌에 관한 법률 제4조 제1항은 그 법에 규정된 범죄를 목적으로 하는 단체 등을 구성하거나 이에 가입하는 행위 또는 구성원으로 활동하는 행위를 처벌하도록 정하고 있고, 여기서 말하는 범죄단체 구성원으로서의 '활동'이란 범죄단체의 내부 규율 및 통솔 체계에 따른 조직적·집단적 의사 결정에 기초하여 행하는 범죄단체의 존속·유지를 지향하는 적극적인 행위를 의미한다.
[3] 범죄단체 등에 소속된 조직원이 저지른 폭력행위 등 처벌에 관한 법률(이하 '폭력행위처벌법'이라 한다) 위반(단체 등의 공동강요)죄 등의 개별적 범행과 폭력행위처벌법 위반(단체 등의 활동)죄는 범행의 목적이나 행위 등 측면에서 일부 중첩되는 부분이 있더라도, 일반적으로 구성요건을 달리하는 별개의 범죄로서 범행의 상대방, 범행 수단 내지 방법, 결과 등이 다를 뿐만 아니라 그 보호법익이 일치한다고 볼 수 없다. 또한 폭력행위처벌법 위반(단체 등의 구성·활동)죄와 위 개별적 범행은 특별한 사정이 없는 한 법률상 1개의 행위로 평가되는 경우로 보기 어려워 상상적 경합이 아닌 실체적 경합관계에 있다고 보아야 한다.

【참조조문】 [1] 형사소송법 제298조 제1항 / [2] 폭력행위 등 처벌에 관한 법률 제4조 제1항 / [3] 폭력행위 등 처벌에 관한 법률 제2조 제2항 제2호, 제4조 제1항, 제2항 제2호, 형법 제37조, 제324조 제2항
【참조판례】 [1] 대법원 1994. 3. 22. 선고 93도2080 전원합의체 판결(공1994상, 1368), 대법원 2002. 3. 29. 선고 2002도587 판결(공2002상, 1056), 대법원 2020. 12. 24. 선고 2020도10814 판결 / [2] 대법원 2009. 9. 10. 선고 2008도10177 판결(공2009하, 1697), 대법원 2015. 9. 10. 선고 2015도7081 판결(공2015하, 1581)
【따름판례】 대법원 2022. 12. 29 선고 2022도10660 판결
【전 문】 【피 고 인】 피고인 1 외 1인 【상 고 인】 피고인들
【변 호 인】 변호사 현희철 외 1인
【원심판결】 대전고법 2022. 5. 24. 선고 2021노506, 2022노12, 71 판결

【주 문】

원심판결 중 피고인 1 부분을 파기하고, 이 부분 사건을 대전고등법원으로 환송한다. 피고인 2의 상고를 기각한다.

【이 유】

1. 피고인 1의 상고에 관한 판단
상고이유에 대한 판단에 앞서 직권으로 본다.

가.

(1) 공소장변경은 공소사실의 동일성이 인정되는 범위 내에서만 허용되고, 공소사실의 동일성이 인정되지 않는 범죄사실을 공소사실로 추가하는 취지의 공소장변경신청이 있는 경우 법원은 그 변경신청을 기각하여야 한다(형사소송법 제298조 제1항). 공소사실의 동일성은 그 사실의 기초가 되는 사회적 사실관계가 기본적인 점에서 동일하면 그대로 유지된다고 할 것이고, 이러한 기본적 사실관계의 동일성을 판단함에 있어서는 그 사실의 동일성이 갖는 법률적 기능을 염두에 두고 피고인의 행위와 그 사회적인 사실관계를 기본으로 하되 규범적 요소도 아울러 고려하여야 한다(대법원 1994. 03. 22. 선고 93도2080 전원합의체 판결, 대법원 2002. 03. 29. 선고 2002도587 판결, 대법원 2020. 12. 24. 선고 2020도10814 판결 등 참조).

(2) 「폭력행위 등 처벌에 관한 법률」(이하 '폭력행위처벌법'이라 한다) 제4조 제1항은 그 법에 규정된 범죄를 목적으로 하는 단체 등을 구성하거나 이에 가입하는 행위 또는 구성원으로 활동하는 행위를 처벌하도록 정하고 있고, 여기서 말하는 범죄단체 구성원으로서의 '활동'이란 범죄단체의 내부 규율 및 통솔 체계에 따른 조직적·집단적 의사 결정에 기초하여 행하는 범죄단체의 존속·유지를 지향하는 적극적인 행위를 의미한다(대법원 2009. 09. 10. 선고 2008도10177 판결, 대법원 2015. 09. 10. 선고 2015도7081 판결 등 참조). 한편 범죄단체 등에 소속된 조직원이 저지른 폭력행위처벌법 위반(단체 등의 공동강요)죄 등의 개별적 범행과 폭력행위처벌법 위반(단체 등의 활동)죄는 범행의 목적이나 행위 등 측면에서 일부 중첩되는 부분이 있더라도, 일반적으로 구성요건을 달리하는 별개의 범죄로서 범행의 상대방, 범행 수단 내지 방법, 결과 등이 다를 뿐만 아니라 그 보호법익이 일치한다고 볼 수 없다. 또한 폭력행위처벌법 위반(단체

등의 구성·활동)죄와 위 개별적 범행은 특별한 사정이 없는 한 법률상 1개의 행위로 평가되는 경우로 보기 어려워 상상적 경합이 아닌 실체적 경합관계에 있다고 보아야 한다.

나. 기록에 의하면 아래와 같은 사실을 알 수 있다.
   (1) 검사는, '피고인 1이 2020. 7. 29.경 텔레그램 대화방인 (대화방 명칭 생략)에 참여하여 이를 조직적인 형태로 발전시키고 다수의 구성원들을 모아 범죄집단인 "○○○○"을 구성한 후 2021. 3. 8.경까지 ○○○○의 수괴로서, 지인에 대한 음란물 합성사진을 의뢰하거나 미성년자 조건 만남을 의뢰하는 다수 피해자들을 상대로 그 의뢰 사실을 주변 사람들에게 알리겠다고 협박하여 자신들의 지시에 따르도록 하면서, 2020. 8. 초순경부터 2021. 2. 중순경까지 자신들의 지시에 불응한 피해자들 39명의 의뢰 사실을 폭로하여 명예를 훼손하고, 2020. 8. 25.경 및 2020. 8. 28.경 2명의 아동·청소년 피해자들에게 속옷을 벗은 나체 사진을 찍어 전송하도록 지시하고, 2020. 9. 1.경부터 2021. 3. 5.경까지 피해자들 41명으로부터 돈을 갈취하거나 미수에 그치는 등 활동하였다.'는 등의 범죄사실(이하 '이 사건 공소사실'이라 한다)로 공소를 제기하였다.
   (2) 검사는 원심 공판절차 진행 중, 2022. 1. 19. '피고인 1이 ○○○○의 성명불상 구성원들과 공동하여 집단의 위력을 과시하는 방법으로 2020. 7. 30.경부터 2021. 2. 23.경까지 원심판결 별지 범죄일람표 기재와 같이 지인에 대한 음란물 합성사진 등을 의뢰한 342명의 피해자들을 협박하여 ○○○○의 격리유치장 대화방에 입장하도록 한 후 반성문 작성, 일상생활 보고 등 의무 없는 일을 하게 강요하거나 미수에 그쳤다.'는 취지로 폭력행위처벌법 위반(단체 등의 공동강요)의 범죄사실(이하 '추가된 공소사실'이라 한다)을 추가하는 공소장변경허가신청을 하였다. 원심은 2022. 3. 22. 제1회 공판기일에서 검사의 공소장변경을 허가하였다.
   (3) 원심은 이 사건 공소사실 및 추가된 공소사실을 전부 유죄로 판단하였다.

다. 이러한 사실관계를 앞서 본 법리에 비추어 살펴보면, 추가된 공소사실과 이 사건 공소사실은 범행의 기간 등이 일부 중첩되긴 하나, 전체 범행기간이 일치하지 않고 범행의 상대방, 수단 내지 방법, 보호법익 등도 상이하며 실체적 경합관계에 있으므로, 공소사실의 기본적인 사실관계가 동일하다고 볼 수 없다.

라. 이와 같이 추가된 공소사실이 이 사건 공소사실과 동일성이 인정되지 않아 이를 추가하는 공소장변경이 허가될 수 없음에도, 이와 달리 검사의 공소장변경을 받아들여 이를 유죄로 인정한 원심판결에는 공소사실의 동일성, 공소장변경 등에 관한 법리를 오해하여 판결에 영향을 미친 잘못이 있다.

마. 따라서 원심판결의 피고인 1 부분 중 각 폭력행위처벌법 위반(단체 등의 공동강요) 부분은 더 이상 유지될 수 없게 되었고, 원심이 이와 나머지 범행들이 상상적 경합 내지 형법 제37조 전단의 경합관계에 있다고 보아 하나의 형을 선고하였으므로 나머지 부분도 함께 파기되어야 한다.

2. 피고인 2의 상고이유(상고이유서 제출기간이 지난 후 제출된 상고이유보충서는 상고이유를 보충하는 범위에서)에 관한 판단

원심은 판시와 같은 이유로 피고인 2에 대한 공소사실을 유죄로 판단하였다. 원심판결 이유를 관

련 법리와 적법하게 채택된 증거에 비추어 살펴보면, 원심의 판단에 논리와 경험의 법칙을 위반하여 자유심증주의의 한계를 벗어나거나 폭력행위처벌법 위반(단체 등의 구성·활동)죄의 성립, 강요된 행위, 적법행위의 기대가능성에 관한 법리를 오해한 잘못이 없다.

형사소송법 제383조 제4호에 의하면 사형, 무기 또는 10년 이상의 징역이나 금고가 선고된 사건에서만 양형부당을 사유로 한 상고가 허용된다. 피고인 2에 대하여 그보다 가벼운 형이 선고된 이 사건에서 형이 너무 무거워 부당하다는 취지의 주장은 적법한 상고이유가 되지 못한다.

한편 피고인 2의 폭력행위처벌법 위반(단체 등의 구성·활동)죄와 폭력행위처벌법 위반(단체 등의 공동강요)죄 등 개별적 범행들은 앞서 본 바와 같이 실체적 경합관계에 있음에도 이를 상상적 경합관계로 본 원심의 판단에는 죄수에 관한 법리를 오해한 잘못이 있다. 다만 이를 실체적 경합관계로 볼 경우 피고인 2의 죄수가 증가하여 오히려 불리한 결과가 초래되는데, 피고인 2만이 상고하여 불이익변경금지 원칙이 적용되는 이상 위 직권 판단 이유를 들어 원심을 파기할 수는 없다.

3. 결론

그러므로 피고인 1의 상고이유에 관한 판단을 생략한 채 원심판결 중 피고인 1 부분을 파기하고, 이 부분 사건을 다시 심리·판단하도록 원심법원에 환송하며, 피고인 2의 상고를 기각하기로 하여, 관여 대법관의 일치된 의견으로 주문과 같이 판결한다.

Ⓐ 대법원 2022. 09. 29. 선고 2020도11185 판결 [군인등강제추행·성폭력범죄의처벌등에관한특례법위반(통신매체이용음란)]

【판시사항】

[1] 성폭행 등의 피해자 진술의 증명력을 판단하는 방법 / 범행 후 피해자의 태도 중 '마땅히 그러한 반응을 보여야만 하는 피해자'로 보이지 않는 사정이 존재한다는 이유만으로 피해자 진술의 신빙성을 함부로 배척할 수 있는지 여부(소극)
[2] 일정 수준의 신체접촉을 용인하였더라도 자신이 예상하거나 동의한 범위를 넘어서는 신체접촉을 거부할 수 있는지 여부(적극) / 시간적·장소적으로 근접한 신체접촉 행위들 중 강제성이 인정되는 일부 행위가 기소된 경우, 피해자 진술 전체의 신빙성을 평가할 때 유의할 사항
[3] 피해자 증언의 신빙성을 판단하는 방법 및 피해자 증언이 질문에 대한 답변인 경우 고려할 사항
[4] 군부대 내에서 벌어진 성폭력 범행의 경우, 범행 후 피해자의 행동을 가지고 범행에 대한 피해자 진술의 신빙성을 판단할 때 고려할 사항
[5] '혐오감'이 성적 자유를 침해당했을 때 피해자가 느낄 수 있는 감정에 해당하는지 여부(적극)
[6] 성폭력범죄의 처벌 등에 관한 특례법 제13조에서 정한 '자기 또는 다른 사람의 성적 욕망을 유발하거나 만족시킬 목적'이 있는지 판단하는 기준 / 위 규정에서 정한 '성적 수치심이나 혐오감을 일으키는 것'의 의미 및 성적 수치심 또는 혐오감의 유발 여부를 판단하는 기준

【판결요지】

[1] 성폭행 피해자의 대처 양상은 피해자의 성정이나 가해자와의 관계 및 구체적인 상황에 따라 다르게 나타날 수밖에 없다. 따라서 개별적, 구체적인 사건에서 성폭행 등의 피해자가 처하여 있는 특별한 사정을 충분히 고려하지 않은 채 피해자 진술의 증명력을 가볍게 배척하는 것은 정의와 형평의 이념에 입각하여 논리와 경험의 법칙에 따른 증거판단이라고 볼 수 없다. 범행 후 피해자의 태도 중 '마땅히 그러한 반응을 보여야만 하는 피해자'로 보이지 않는 사정이 존재한다는 이유만으로 피해자 진술의 신빙성을 함부로 배척할 수 없다.

[2] 누구든지 일정 수준의 신체접촉을 용인하였더라도 자신이 예상하거나 동의한 범위를 넘어서는 신체접촉을 거부할 수 있다. 그런데 피해자는 동의 범위를 벗어난 신체접촉을 당한 피해상황에서 명확한 판단이나 즉각적인 대응을 하는 데에 어려움을 겪을 수 있다.
따라서 시간적, 장소적으로 근접한 신체접촉 행위들 중 강제성이 인정되는 일부 행위가 기소된 경우, 그 이전의 신체접촉 행위에 대하여 피해자가 용인하였다는 이유로 공소사실 기재 추행행위까지도 용인하였으리라는 막연한 추측하에 피해자 진술 전체의 신빙성을 평가하여서는 아니 된다.

[3] 피해자의 증언은 단편적인 부분만을 떼어서 판단할 것이 아니라 전체적인 취지를 살펴야 하고, 특히 피해자의 증언이 질문에 대한 답변인 경우 질문 내용은 물론, 다른 질문에 대한 답변 내용과 비교 등을 통해 피해자 증언의 전체적인 취지를 파악하여야 한다.

[4] 피해자라도 본격적으로 문제제기를 하게 되기 전까지는 피해사실이 알려지기를 원하지 아니하고 가해자와 종전의 관계를 계속 유지하는 경우도 적지 아니하다. 이러한 양상은 결속력이 강하고 폐쇄적인 군부대 내에서 벌어진 성폭력 범행의 경우 더욱 현저할 수 있으므로 범행 후 피해자의 행동을 가지고 범행에 대한 피해자 진술의 신빙성을 판단함에 있어서는 이러한 점이 충분히 고려되어야 한다.

[5] 성적 자유를 침해당했을 때 느끼는 성적 수치심은 부끄럽고 창피한 감정만으로 나타나는 것이 아니라 다양한 형태로 나타날 수 있고, 혐오감 또한 추행 피해자가 느낄 수 있는 감정에 해당한다.

[6] 성폭력범죄의 처벌 등에 관한 특례법 제13조는 "자기 또는 다른 사람의 성적 욕망을 유발하거나 만족시킬 목적으로 전화, 우편, 컴퓨터, 그 밖의 통신매체를 통하여 '성적 수치심이나 혐오감을 일으키는 말, 음향, 글, 그림, 영상 또는 물건'을 상대방에게 도달하게 한 사람"을 처벌한다. '자기 또는 다른 사람의 성적 욕망을 유발하거나 만족시킬 목적'이 있는지 여부는 피고인과 피해자의 관계, 행위의 동기와 경위, 행위의 수단과 방법, 행위의 내용과 태양, 상대방의 성격과 범위 등 여러 사정을 종합하여 사회통념에 비추어 합리적으로 판단하여야 한다. 또한 '성적 수치심이나 혐오감을 일으키는 것'은 피해자에게 단순한 부끄러움이나 불쾌감을 넘어 인격적 존재로서의 수치심이나 모욕감을 느끼게 하거나 싫어하고 미워하는 감정을 느끼게 하는 것으로서 사회 평균인의 성적 도의관념에 반하는 것을 의미한다. 이와 같은 성적 수치심 또는 혐오감의 유발 여부는 일반적이고 평균적인 사람들을 기준으로 하여 판단함이 타당하고, 특히 성적 수치심의 경우 피해자와 같은 성별과 연령대의 일반적이고 평균적인 사람들을 기준으로 하여 그 유발 여부를 판단하여야 한다.

【참조조문】 [1] 군형법 제92조의3, 형사소송법 제308조 / [2] 군형법 제92조의3, 형사소송법 제308조 / [3] 형사소송법 제308조 / [4] 군형법 제92조의3, 형사소송법 제308조 / [5] 군형법 제92조의3 / [6] 성폭력범죄의 처벌 등에 관한 특례법 제13조

【참조판례】 [1] 대법원 2018. 10. 25. 선고 2018도7709 판결(공2018하, 2294), 대법원 2020. 10. 29. 선고 2019도4047 판결 / [2][4] 대법원 2022. 8. 19. 선고 2021도3451 판결(공2022하, 1881) / [5] 대법원 2004. 4. 16. 선고 2004도52 판결, 대법원 2021. 10. 28. 선고 2021도7538 판결 / [6] 대법원 2017. 6. 8. 선고 2016도21389 판결(공2017하, 1499)
【전 문】 【피 고 인】 김성룡 【상 고 인】 군검사 【변 호 인】 변호사 정별님
【원심판결】 고등군사법원 2020. 7. 30. 선고 2019노398 판결

【주 문】

원심판결을 파기하고, 사건을 서울고등법원에 이송한다.

【이 유】

상고이유를 판단한다.

1. 군인 등 강제추행 부분

가. 관련 법리

증거의 증명력은 법관의 자유판단에 맡겨져 있으나 그 판단은 논리와 경험칙에 합치하여야 한다. 형사재판에서 유죄로 인정하기 위한 심증형성의 정도는 합리적인 의심을 할 여지가 없을 정도여야 하나, 이는 모든 가능한 의심을 배제할 정도에 이를 것까지 요구하는 것은 아니며, 증명력이 있는 것으로 인정되는 증거를 합리적인 근거가 없는 의심을 일으켜 이를 배척하는 것은 자유심증주의의 한계를 벗어나는 것으로 허용될 수 없다(대법원 1994. 09. 13. 선고 94도1335 판결, 대법원 2004. 06. 25. 선고 2004도2221 판결 등 참조). 피해자 등의 진술은 그 진술 내용의 주요한 부분이 일관되며, 경험칙에 비추어 비합리적이거나 진술 자체로 모순되는 부분이 없고, 또한 허위로 피고인에게 불리한 진술을 할 만한 동기나 이유가 분명하게 드러나지 않는 이상, 그 밖의 사소한 사항에 관한 진술에 다소 일관성이 없다는 등의 사정만으로 그 진술의 신빙성을 특별한 이유 없이 함부로 배척해서는 아니 된다(대법원 2006. 11. 23. 선고 2006도5407 판결, 대법원 2008. 03. 14. 선고 2007도10728 판결 등 참조).

성폭행 피해자의 대처 양상은 피해자의 성정이나 가해자와의 관계 및 구체적인 상황에 따라 다르게 나타날 수밖에 없다. 따라서 개별적, 구체적인 사건에서 성폭행 등의 피해자가 처하여 있는 특별한 사정을 충분히 고려하지 않은 채 피해자 진술의 증명력을 가볍게 배척하는 것은 정의와 형평의 이념에 입각하여 논리와 경험의 법칙에 따른 증거판단이라고 볼 수 없다(대법원 2018. 10. 25. 선고 2018도7709 판결 참조). 범행 후 피해자의 태도 중 '마땅히 그러한 반응을 보여야만 하는 피해자'로 보이지 않는 사정이 존재한다는 이유만으로 피해자 진술의 신빙성을 함부로 배척할 수 없다(대법원 2020. 10. 29. 선고 2019도4047 판결 등 참조).

나. 공소사실

이 부분 공소사실은, 피고인이 2013. 11.경 남양주시에 있는 노래연습장에서 군무원인 피해자 이

미지(가명, 이하 '피해자'라고만 한다)를 피고인의 무릎에 앉힌 상태에서, 오른손으로 피해자의 왼쪽 젖가슴을 약 2분간 만지고 노래연습장을 나가려는 피해자를 끌어안고 강제로 입맞춤하여 피해자를 강제로 추행하였다는 것이다.

다. 원심의 판단

원심은 공소사실에 부합하는 피해자의 진술은 믿기 어렵고 달리 공소사실을 인정할 증거가 없다고 보아 이 부분 공소사실을 무죄로 판단한 제1심판결을 그대로 유지하였다.

라. 대법원의 판단

1)

가) 누구든지 일정 수준의 신체접촉을 용인하였더라도 자신이 예상하거나 동의한 범위를 넘어서는 신체접촉을 거부할 수 있다. 그런데 피해자는 동의 범위를 벗어난 신체접촉을 당한 피해상황에서 명확한 판단이나 즉각적인 대응을 하는 데에 어려움을 겪을 수 있다(대법원 2022. 08. 19. 선고 2021도3451 판결 참조).

따라서 시간적, 장소적으로 근접한 신체접촉 행위들 중 강제성이 인정되는 일부 행위가 기소된 경우, 그 이전의 신체접촉 행위에 대하여 피해자가 용인하였다는 이유로 공소사실 기재 추행행위까지도 용인하였으리라는 막연한 추측하에 피해자 진술 전체의 신빙성을 평가하여서는 아니 된다.

나) 피고인은 제1심 공판과정에서 공소사실에 대한 진술을 여러 번 변경하였는바, 처음에는 이를 기억하지 못한다고 하다가 피해자에 대한 증인신문 후에는 공소사실 기재 신체접촉 사실 자체는 다투지는 않으면서 강제성만 부정하였고, 제6회 공판기일에서 공소사실을 전부 부인한다고 진술을 변경하였다. 피고인은 그 과정에서 계속하여 '피해자가 피고인의 무릎에 앉은 것에 관하여는 강제추행으로 주장하지 않는바, 그 이후의 신체접촉 행위를 용인한 것으로 보아야 한다.'는 취지로 주장하였다.

다) 원심 역시 피해자가 피고인의 무릎에 앉게 된 경위에 관하여 기억나지 않는다고 진술한 점 등을 이유로, 피해자가 공소사실 기재 추행행위 전후로 피고인의 무릎에 앉아 단순한 직장동료 사이로는 매우 이례적인 신체접촉 상태를 유지하였다고 보고 이를 무죄 판단의 사유로 들었다.

라) 이 부분 공소사실은 '피해자의 가슴을 만지고 강제로 입맞춤한 행위'가 강제추행죄를 구성한다는 것이므로 법원으로서는 기소된 추행행위의 존재가 인정되는지를 판단하고, 인정될 경우 피해자의 의사에 반하는지를 판단하여야 한다.

공소장에 기재된 '피해자를 피고인의 무릎에 앉힌 행위'에 대해서는 별도로 강제추행죄로 기소되지 않았으며, 위 행위는 추행행위 무렵의 정황 중 하나로 평가될 수는 있지만 피해자가 피고인의 무릎에 앉게 된 경위가 강제에 의한 것이 아니라고 하여 곧바로 공소사실 기재 행위까지 '강제성 없는 행위'가 되는 것은 아니다.

마) 그럼에도 원심이 공소사실에 포함되지 않은 행위에 관한 피해자 진술을 들어 공소사실에 관한 피해자 진술의 신빙성을 배척한 것은 논리와 경험의 법칙에 어긋난 증거판단이라 할 것이다.

2)

가) 피해자의 증언은 단편적인 부분만을 떼어서 판단할 것이 아니라 전체적인 취지를 살펴야 하고, 특히 피해자의 증언이 질문에 대한 답변인 경우 질문 내용은 물론, 다른 질문에 대한 답변 내용과 비교 등을 통해 피해자 증언의 전체적인 취지를 파악하여야 한다.

나) 원심은 피해자의 증언 중 '피고인이 피해자의 가슴을 1분에서 2분간 지속적으로 만지고 있었는지까지 기억이 나지 않는다.'는 부분을 특정하여 지적하며 피해자 진술의 신빙성을 배척하는 이유로 들었다.

그러나 위 증언은 변호인의 질문에 대한 답변 내용의 일부로서, 증언의 전체적인 맥락, 답변 전후 변호인의 질문과 피해자의 답변을 종합하면, '피고인의 손이 올라와서 피해자의 가슴을 만졌고 피해자는 계속 그 손을 내리려고 했던 것이 기억나지, 피고인이 피해자의 가슴을 1분에서 2분간 지속적으로 만지고 있었는지까지는 기억나지 않는다.'는 것으로서, 공소사실과 배치되는 내용으로 볼 수 없다.

다) 또한 원심은 "'피고인이 나를 좋아해서 이런 행동을 하나.'라는 생각을 했느냐?"라는 변호인의 질문에 피해자가 "그때 당시에는 그랬던 것으로 기억한다."라고 증언한 사정도 피해자 진술의 신빙성을 배척하는 이유로 들었다.

그러나 증언의 전체적인 맥락, 변호인의 질문과 피해자의 답변을 종합하면, 피해자의 증언 취지는 "공소사실 기재 사건 당시에는 '피고인이 피해자를 좋아해서 이런 행동을 하나.'라는 생각을 한 적이 있으나, 피고인이 부대 내의 다른 사람들에게도 성희롱을 한 사실을 알게 되어 피고인의 인성이 바르지 않고, 피고인이 피해자를 좋아해서 그런 행동을 한 것이 아니라는 점을 분명히 알게 되었다."라는 것인바, 피해자의 위 증언을 피해자 진술의 신빙성을 배척하는 사정으로 삼을 수 없다.

3)
가) 피해자라도 본격적으로 문제제기를 하게 되기 전까지는 피해사실이 알려지기를 원하지 아니하고 가해자와 종전의 관계를 계속 유지하는 경우도 적지 아니하다(앞서 본 대법원 2021도3451 판결 참조). 이러한 양상은 결속력이 강하고 폐쇄적인 군부대 내에서 벌어진 성폭력 범행의 경우 더욱 현저할 수 있으므로 범행 후 피해자의 행동을 가지고 범행에 대한 피해자 진술의 신빙성을 판단함에 있어서는 이러한 점이 충분히 고려되어야 한다.

나) 원심은, 피해자가 이 사건 직후에도 피고인과 같은 부대에 근무하면서 별다른 이의를 제기하지 않다가 4년 9개월이 지난 후 비로소 피해 신고를 한 점을 들어서 피해자 진술의 신빙성을 배척하였다.

다) 피해자는 '군부대 내 소문이 빠르고 피해사실을 신고하면 노래연습장을 따라간 자신의 잘못으로 인식될 것 같았고, 권력관계나 부대 분위기 등이 두려워 신고할 생각을 못하였다가, 미투 운동으로 군부대 분위기와 성범죄에 대한 대처방식이 많이 달라져 더 이상 자신과 같은 피해자가 나오지 않았으면 하는 마음에 양성평등상담관이 부대를 방문하여 열린 간담회에서 피해사실을 이야기하게 된 것이다.'라고 진술하였다.

라) 위에서 본 법리와 피해자가 범행 직후 이의를 제기하지 못한 경위에 비추어 피해 신고가 늦었다는 점만으로 피해자 진술의 신빙성을 배척할 수 없다.

그럼에도 이와 달리 원심이 위 사정을 들어 피해자 진술의 신빙성을 배척한 것은 논리와 경험의 법칙에 어긋난 증거판단이라 할 것이다.

4)
    가) 성적 자유를 침해당했을 때 느끼는 성적 수치심은 부끄럽고 창피한 감정만으로 나타나는 것이 아니라 다양한 형태로 나타날 수 있고(대법원 2021. 10. 28. 선고 2021도7538 판결 등 참조), 혐오감 또한 추행 피해자가 느낄 수 있는 감정에 해당한다(대법원 2004. 04. 16. 선고 2004도52 판결 등 참조).
    나) 원심은, 피해자가 수사기관에서 '이 사건 당시 수치심은 느끼지 못하였고 거부감과 혐오감만 느꼈다.'고 진술한 점을 진술의 신빙성 배척 이유로 들었다.
    다) 그러나 위에서 본 바와 같이 원심이 드는 사정은 진술의 신빙성이나 추행 피해사실을 부정할 근거가 될 수 없다.

5)
    가) 그 밖에도, 원심은 노래연습장에 가게 된 경위에 관한 피해자의 진술 내용과 같은 상황이 발생하는 것은 불가능하다고 보아 피해자 진술의 신빙성을 배척하였다.
        그러나 피해자의 진술에 의하더라도 피해자는 마트를 먼저 들른 후 집으로 가던 중이었고, 위 마트는 회식장소를 기준으로 피해자 집 반대방향에 있었고 노래연습장은 피해자의 집이 있는 건물 지하 1층에 있었으므로, 피해자가 위 마트를 들른 후 귀가하였다면 위 마트 앞 횡단보도에서 만난 피고인이 상당한 거리를 따라오며 종용하여 이 사건 노래연습장에 함께 가게 된 것이 불가능하다고 단정할 수 없을뿐더러 피해자의 이 부분 진술은 공소사실과 직접적인 관련성도 부족하다.
        더욱이 피고인 또한 수사기관에서 '저녁식사 후 귀가하는 피해자를 따라가 노래연습장에 가자고 제안하여 피해자와 함께 노래연습장에 간 사실이 있다.'고 진술하였다.
    나) 원심은, 피해자가 제1심 법정에서 '피고인의 무릎에 앉은 상태에서 노래까지 불렀다는 것은 강제추행의 분위기는 아니지 않느냐?'는 변호인의 질문에 대답을 회피하였다는 점을 들어서 피해자 진술의 신빙성을 배척하였다.
        그러나 앞서 본 바와 같이 공소사실에 포함되지 않은 행위에 대하여 변호인이 집중적으로 신문하면서 피해자가 피고인에게 이성적 호감이 있었음을 전제로 한 질문을 하자 피해자가 거부감, 불쾌감 등 표현의 일환으로 답변을 거부한 것으로 볼 여지가 있을 뿐, 이를 두고 피해자 진술의 신빙성을 배척하는 사정으로 삼을 수 없다.

6) 그런데도 원심은 피해자 진술의 신빙성을 배척하기에 부족하거나 양립 가능한 사정, 혹은 공소사실과 직접 관련이 없는 부수적 사항만을 근거로 피해자 진술의 신빙성을 의심하여 그 증명력을 배척하고 이 부분 공소사실을 무죄로 판단하였다. 이러한 원심의 판단에는 논리와 경험의 법칙을 위반하여 자유심증주의의 한계를 벗어나거나 증거의 증명력에 관한 법리를 오해하여 판결에 영향을 미친 잘못이 있다.

2. 「성폭력범죄의 처벌 등에 관한 특례법」(이하 '성폭력처벌법'이라고 한다) 위반(통신매체이용음란) 부분

가. 관련 법리

성폭력처벌법 제13조는 "자기 또는 다른 사람의 성적 욕망을 유발하거나 만족시킬 목적으로 전

화, 우편, 컴퓨터, 그 밖의 통신매체를 통하여 '성적 수치심이나 혐오감을 일으키는 말, 음향, 글, 그림, 영상 또는 물건'을 상대방에게 도달하게 한 사람"을 처벌한다. '자기 또는 다른 사람의 성적 욕망을 유발하거나 만족시킬 목적'이 있는지 여부는 피고인과 피해자의 관계, 행위의 동기와 경위, 행위의 수단과 방법, 행위의 내용과 태양, 상대방의 성격과 범위 등 여러 사정을 종합하여 사회통념에 비추어 합리적으로 판단하여야 한다. 또한 '성적 수치심이나 혐오감을 일으키는 것'은 피해자에게 단순한 부끄러움이나 불쾌감을 넘어 인격적 존재로서의 수치심이나 모욕감을 느끼게 하거나 싫어하고 미워하는 감정을 느끼게 하는 것으로서 사회 평균인의 성적 도의관념에 반하는 것을 의미한다. 이와 같은 성적 수치심 또는 혐오감의 유발 여부는 일반적이고 평균적인 사람들을 기준으로 하여 판단함이 타당하고, 특히 성적 수치심의 경우 피해자와 같은 성별과 연령대의 일반적이고 평균적인 사람들을 기준으로 하여 그 유발 여부를 판단하여야 한다(대법원 2017. 06. 08. 선고 2016도21389 판결 등 참조).

나. 공소사실

이 부분 공소사실은, 피고인이 2013. 12.경 남양주시에 있는 자신의 집에서 피해자 김○○(이하 '피해자'라고만 한다)과 전화통화를 하면서 '남자친구와 자 봤느냐?', '왜 모르느냐, 남자친구도 있는데 모르느냐?', '진짜냐, 왜 그런 것을 안하느냐, 나는 그런 것을 하면 기분이 좋던데, 진짜 안 해봤냐?', '나는 해봤다, 좋더라.', '어떻게 하니까 기분이 좋더라.'라는 등의 말(이하 '이 사건 발언'이라고 한다)을 함으로써 자기 또는 다른 사람의 성적 욕망을 유발하거나 만족시킬 목적으로 전화를 통하여 피해자에게 성적 수치심이나 혐오감을 일으키는 말을 도달하게 하였다는 것이다.

다. 원심의 판단

원심은 피고인이 이 사건 발언을 한 사실을 인정하면서도, 피고인이 이 사건 발언을 하게 된 경위나 전후 맥락, 전체 통화 내용에서 이 사건 발언이 차지하는 비중 등을 고려하면, 이 사건 발언이 성적 수치심이나 혐오감을 일으키는 말에 해당하지 않고, 피고인에게 자신 또는 피해자의 성적 욕망을 유발하거나 만족시킬 목적이 있었다고 보기 어렵다고 보아 이 부분 공소사실을 무죄로 판단한 제1심판결을 그대로 유지하였다.

라. 대법원의 판단

1) 앞서 본 법리와 적법하게 채택된 증거에 비추어 알 수 있는 다음과 같은 사정을 종합하면, 이 사건 발언은 '성적 수치심이나 혐오감을 일으키는 말'에 해당하고 피고인에게 '성적 욕망을 유발하거나 만족시킬 목적' 또한 있었다고 봄이 타당하다.

　가) 이 사건 당시 피해자는 임관한 지 1년 남짓 지난 20세의 여성 하사였고, 피고인은 임관한 지 15년이 지난 35세의 남성 상사로 같은 대대에 소속되어 있었다. 피고인은 자신이 결혼하기 한 달 전 무렵 20:00~21:00경 피해자에게 전화를 하여 이 사건 발언을 하였다.

　나) 원심은 피고인이 결혼 전 피해자에게 안부 전화를 한 것이고, 전체 통화 시간 중 짧은 시간에 걸쳐 이 사건 발언을 한 점 등을 무죄 판단의 근거로 들고 있다.

그러나 부사관 선·후임 관계로서 상급자인 피고인이 일과시간 이후의 저녁시간에 개인 숙소에서 휴식을 취하는 피해자에게 전화를 하여 자신의 결혼 소식을 전하면서 '원래 너를 좋아했었다.'는 말을 하거나, 1시간가량 장시간에 걸쳐 통화를 하는 것만으로도 단순한 안부 전화의 범위를 벗어난 행위로 보여진다. 또한 피고인의 전화를 일방적으로 끊기 어려워 피고인의 발언 내용을 들을 수밖에 없는 관계에 있는 피해자에 대하여, 상급자라는 이유로 피고인 자신은 개인의 내밀한 영역인 성생활에 관해 언급을 해도 문제가 없고, 하급자인 피해자는 이를 모두 들어주어야 한다는 인식에서 나온 행위로서 수용하기 어렵다고 할 것이다.

다) 이 사건 발언은 '교제하는 이성과 성관계 경험이 있는지 여부와 성관계를 하지 않은 이유에 대한 반복적인 질문, 성관계 자세를 포함한 자신의 성관계 경험과 당시 느꼈던 기분' 등 성관계와 그에 대한 주관적인 경험을 직접적인 내용으로 하고, 성적인 목적 외에 다른 목적이 있다고 보기 어렵다.

라) 피해자는 이 사건 발언에 대해 수사기관과 제1심 법정에서 '무서웠고 도를 지나치는 내용인 것 같아 누군가에게 보고를 해야겠다는 생각이 들었다.', '진짜 군생활이 힘들구나 하는 생각이 들며 수치심을 느꼈다.'고 진술하였고, 이 사건 발언을 녹음한 후 소속 부대의 주임원사에게 피해사실을 보고하였다.

마) 위와 같은 이 사건 발언의 내용, 피고인과 피해자의 관계, 피해자의 성별과 연령, 피해자가 느낀 감정과 피해자의 대처방법, 이 사건 발언에 이르게 된 경위 등을 종합하면, 이 사건 발언은 피해자뿐만 아니라 피해자와 같은 성별과 연령대의 일반적이고 평균적인 사람들의 성적 도의관념에 비추어 성적 수치심 또는 혐오감을 일으키는 말에 해당한다. 또한 피고인은 미혼인 20대 초반의 여성 피해자에게 성관계 경험에 관하여 반복적으로 질문하고 자신의 성관계 경험을 들려주면서 그에 관한 피해자의 반응을 살핌으로써 성적 욕망을 유발하거나 성적 만족을 얻고자 하는 의도가 있었던 것으로 봄이 상당하다.

바) 피해자는 제1심 법정에서 '성적으로 부끄럽지는 않았고 분노를 느꼈다.'는 취지로 진술하면서도 한편으로 '성적 수치심을 느꼈다.'는 취지로도 진술하였는바, 피해자의 진술은 성폭력처벌법 제13조의 규율대상인 '성적 수치심이나 혐오감'을 표현한 것으로 봄이 타당하다. 또한 이 사건 발언이 노골적으로 성적 부위나 행위 등을 적나라하게 표현 또는 묘사한 것인지 여부나 피고인과 피해자가 평소 종종 전화통화를 하는 사이라거나 전체 통화시간 중 이 사건 발언이 차지하는 비중이 적었다는 점 등은 이 사건 공소사실의 인정과 직접 관련이 없다. 결국 원심이 든 사정들은 성폭력처벌법 위반(통신매체이용음란)죄의 인정에 장애가 되지 않는다.

2) 그런데도 원심은 판시와 같은 사정만을 들어 이 부분 공소사실을 무죄로 판단하였다. 이러한 원심의 판단에는 논리와 경험의 법칙을 위반하여 자유심증주의의 한계를 벗어나거나 성폭력처벌법 위반(통신매체이용음란)죄의 성립에 관한 법리를 오해하여 판결에 영향을 미친 잘못이 있다.

3. 결 론

그러므로 원심판결을 파기하고, 사건을 다시 심리·판단하도록 군사법원법 제10조에 따라 원심법원과 동등한 관할 법원인 서울고등법원에 이송하기로 하여, 관여 대법관의 일치된 의견으로 주문과 같이 판결한다.

ⓑ 대법원 2022. 10. 27. 선고 2022도9510 판결 [공직선거법위반]

【판시사항】

[1] 구 개인정보 보호법 제18조 제2항 제7호는 '개인정보처리자'가 '공공기관'인 경우에 한정되는지 여부(적극) / 구 개인정보 보호법 제18조 제2항 제2호에서 정한 '다른 법률에 특별한 규정이 있는 경우'에 형사소송법 제199조 제2항과 같이 수사기관이 공무소 기타 공사단체에 조회하여 필요한 사항의 보고를 요구할 수 있는 포괄적인 규정이 해당되는지 여부(소극)

[2] 개인정보 보호법 제59조 제2호의 의무주체인 '개인정보를 처리하거나 처리하였던 자'에 업무상 알게 된 개인정보 보호법 제2조 제1호의 '개인정보'를 제2조 제2호의 방법으로 '처리'하거나 '처리'하였던 자를 포함하는지 여부(적극)

[3] 검사 또는 사법경찰관이 피고인이 아닌 자의 진술을 기재한 조서의 증거능력이 인정되려면 '적법한 절차와 방식에 따라 작성된 것'이어야 한다는 법리는 피고인이 아닌 자가 수사과정에서 작성한 진술서의 증거능력에 관하여도 적용되는지 여부(적극) / 형사소송법 제221조 제1항, 제244조의4 제1항, 제3항의 취지 / 피고인이 아닌 자가 수사과정에서 진술서를 작성하였지만 수사기관이 조사과정의 진행경과를 확인하기 위하여 필요한 사항을 진술서에 기록하거나 별도의 서면에 기록한 후 수사기록에 편철하는 등 적절한 조치를 취하지 아니하여 형사소송법 제244조의4 제1항, 제3항에서 정한 절차를 위반한 경우, '적법한 절차와 방식'에 따라 수사과정에서 진술서가 작성되었다고 할 수 있는지 여부(원칙적 소극) / 형사소송법 제312조 제5항의 적용대상인 '수사과정에서 작성한 진술서'의 의미

【판결요지】

[1] 구 개인정보 보호법(2020. 2. 4. 법률 제16930호로 일부 개정되기 전의 것, 이하 같다) 제18조 제2항 제7호는 개인정보처리자가 '범죄의 수사와 공소의 제기 및 유지를 위하여 필요한 경우'에는 정보주체 또는 제3자의 이익을 부당하게 침해할 우려가 있는 때를 제외하고는 개인정보를 목적 외의 용도로 이용하거나 이를 제3자에 제공할 수 있음을 규정하였으나, 이는 '개인정보처리자'가 '공공기관'인 경우에 한정될 뿐 법인·단체·개인 등의 경우에는 적용되지 아니한다(구 개인정보 보호법 제18조 제2항 단서, 제2조 제5호 및 제6호). 또한 구 개인정보 보호법 제18조 제2항 제2호에서 정한 '다른 법률에 특별한 규정이 있는 경우'란 그 문언 그대로 개별 법률에서 개인정보의 제공이 허용됨을 구체적으로 명시한 경우로 한정하여 해석하여야 하므로, 형사소송법 제199조 제2항과 같이 수사기관이 공무소 기타 공사단체에 조회하여 필요한 사항의 보고를 요구할 수 있는 포괄적인 규정은 이에 해당하지 아니한다. 만일 형사소송법 제199조 제2항이 구 개인정보 보호법 제18조 제2항 제2호에서 정한 '다른 법률에 특별한 규정이 있는 경우'에 포함된다면, 구 개인정보 보호법 제18조 제2항 제7호에서 수사기관으로 하여금 공공기관에 한정하여 일정한 제한 아래 개인정보를 제공받을 수 있도록 한 입법 취지·목적을 몰각시킬 뿐만 아니라 헌법상 영장주의 및 적법절차의 원칙을 잠탈할 가능성이 크기 때문이다.

[2] 개인정보 보호법 제59조 제2호의 의무주체인 '개인정보를 처리하거나 처리하였던 자'는 제2조 제5호의 '개인정보처리자'에 한정되지 않고, 업무상 알게 된 제2조 제1호의 '개인정보'를 제2조 제2호의 방법으로 '처리'하거나 '처리'하였던 자를 포함한다.

[3] 형사소송법 제312조 제5항은 피고인 또는 피고인이 아닌 자가 수사과정에서 작성한 진술서의 증거능력에 관하여 형사소송법 제312조 제1항부터 제4항까지 준용하도록 규정하고 있으므로, 검사 또는 사법경찰관이 피고인이 아닌 자의 진술을 기재한 조서의 증거능력이 인정되려면 '적법한 절차와 방식에 따라 작성된 것'이어야 한다는 법리가 피고인이 아닌 자가 수사과정에서 작성한 진술서의 증거능력에 관하여도 적용된다. 한편 검사 또는 사법경찰관이 피의자가 아닌 자의 출석을 요구하여 조사하는 경우에는 피의자를 조사하는 경우와 마찬가지로 조사장소에 도착한 시각, 조사를 시작하고 마친 시각, 그 밖에 조사과정의 진행경과를 확인하기 위하여 필요한 사항을 조서에 기록하거나 별도의 서면에 기록한 후 수사기록에 편철하도록 하는 등 조사과정을 기록하게 한 형사소송법 제221조 제1항, 제244조의4 제1항, 제3항의 취지는 수사기관이 조사과정에서 피조사자로부터 진술증거를 취득하는 과정을 투명하게 함으로써 그 과정에서의 절차적 적법성을 제도적으로 보장하려는 것이다. 따라서 수사기관이 수사에 필요하여 피의자가 아닌 자로부터 진술서를 작성·제출받는 경우에도 그 절차는 준수되어야 하므로, 피고인이 아닌 자가 수사과정에서 진술서를 작성하였지만 수사기관이 조사과정의 진행경과를 확인하기 위하여 필요한 사항을 그 진술서에 기록하거나 별도의 서면에 기록한 후 수사기록에 편철하는 등 적절한 조치를 취하지 아니하여 형사소송법 제244조의4 제1항, 제3항에서 정한 절차를 위반한 경우에는, 그 진술증거 취득과정의 절차적 적법성의 제도적 보장이 침해되지 않았다고 볼 만한 특별한 사정이 없는 한 '적법한 절차와 방식'에 따라 수사과정에서 진술서가 작성되었다고 할 수 없어 증거능력을 인정할 수 없다.
이러한 형사소송법 규정 및 문언과 그 입법 목적 등에 비추어 보면, 형사소송법 제312조 제5항의 적용대상인 '수사과정에서 작성한 진술서'란 수사가 시작된 이후에 수사기관의 관여 아래 작성된 것이거나, 개시된 수사와 관련하여 수사과정에 제출할 목적으로 작성한 것으로, 작성 시기와 경위 등 여러 사정에 비추어 그 실질이 이에 해당하는 이상 명칭이나 작성된 장소 여부를 불문한다.

【참조조문】 [1] 구 개인정보 보호법(2020. 2. 4. 법률 제16930호로 일부 개정되기 전의 것) 제2조 제5호, 제6호, 제18조 제2항 제2호, 제7호, 형사소송법 제199조 제2항 / [2] 개인정보 보호법 제2조 제2호, 제5호, 제59조 제2호 / [3] 형사소송법 제221조 제1항, 제244조의4 제1항, 제3항, 제312조 제1항, 제2항, 제3항, 제4항, 제5항
【참조판례】 [2] 대법원 2016. 3. 10. 선고 2015도8766 판결(공2016상, 593) [3] 대법원 2015. 4. 23. 선고 2013도3790 판결(공2015상, 773)
【전 문】 【피 고 인】 피고인 1 외 4인 【상 고 인】 검사
【변 호 인】 변호사 김상동 외 4인
【원심판결】 서울고법 2022. 7. 22. 선고 2021노2521 판결

【주 문】

상고를 모두 기각한다.

【이 유】

상고이유를 판단한다.

1. 책임당원 모집 관련 당내경선운동방법 제한 위반에 관한 공소사실에 대하여

   원심은 판시와 같은 이유로, 피고인 1·피고인 3·피고인 4·피고인 5가 한 책임당원 모집행위를 당내경선운동으로 볼 수 없다고 보아, 이 부분 공소사실을 무죄로 판단하였다.

   원심판결 이유를 관련 법리 및 적법하게 채택된 증거에 비추어 살펴보면, 이러한 원심의 판단에 논리와 경험의 법칙을 위반하여 자유심증주의의 한계를 벗어나거나 '경선운동'에 관한 법리를 오해함으로써 판결에 영향을 미친 잘못이 없다.

2. 경선운동을 할 수 없는 사람의 당내경선운동에 관한 공소사실에 대하여

   원심은 앞서 본 바와 같이 책임당원 모집행위를 당내경선운동으로 볼 수 없는 이상, 이 부분 공소사실도 무죄라고 판단하였다.

   원심판결 이유를 관련 법리 및 적법하게 채택된 증거에 비추어 살펴보면, 이러한 원심의 판단에 논리와 경험의 법칙을 위반하여 자유심증주의의 한계를 벗어나거나 공직선거법 위반죄의 성립에 관한 법리를 오해함으로써 판결에 영향을 미친 잘못이 없다.

3. 사전선거운동에 관한 공소사실에 대하여

   원심은 판시와 같은 이유로, 이 부분 공소사실에 기재되어 심판대상이 된 사전선거운동의 방법은 '말로 피고인 1의 지지를 호소하는 방법'일 뿐 피켓·명함·이름표 등은 위 말로 하는 지지 호소에 수반된 경위 사실의 적시에 불과하고, 설령 이를 별도의 사전선거운동 방법으로 적시한 것이라고 보더라도 '선거운동'에 해당하지 아니한다고 보아, 이 부분 공소사실도 무죄로 판단하였다.

   원심판결 이유를 관련 법리 및 적법하게 채택된 증거에 비추어 살펴보면, 이러한 원심의 판단에 논리와 경험의 법칙을 위반하여 자유심증주의의 한계를 벗어나거나 공직선거법위반죄의 성립에 관한 법리를 오해하여 필요한 심리를 다하지 아니함으로써 판결에 영향을 미친 잘못이 없다.

4. 당내경선운동 및 선거운동 관련 금품수수에 관한 공소사실에 대하여

   원심은 판시와 같은 이유로, 피고인 1·피고인 5·피고인 4가 선거운동과 관련하여 이익을 제공하거나 제공받았다고 볼 수 없다고 보아, 이 부분 공소사실도 무죄로 판단하였다.

   원심판결 이유를 관련 법리 및 적법하게 채택된 증거에 비추어 살펴보면, 이러한 원심의 판단에 논리와 경험의 법칙을 위반하여 자유심증주의의 한계를 벗어나거나 '선거운동·경선운동'에 관한 법리를 오해함으로써 판결에 영향을 미친 잘못이 없다.

5. 입당원서의 증거능력에 대하여

가. 관련 법리

   구「개인정보 보호법」(2020. 2. 4. 법률 제16930호로 일부 개정되기 전의 것, 이하 같다) 제18

조 제2항 제7호는 개인정보처리자가 '범죄의 수사와 공소의 제기 및 유지를 위하여 필요한 경우'에는 정보주체 또는 제3자의 이익을 부당하게 침해할 우려가 있는 때를 제외하고는 개인정보를 목적 외의 용도로 이용하거나 이를 제3자에 제공할 수 있음을 규정하였으나, 이는 '개인정보처리자'가 '공공기관'인 경우에 한정될 뿐 법인·단체·개인 등의 경우에는 적용되지 아니한다(구「개인정보 보호법」제18조 제2항 단서, 제2조 제5호 및 제6호). 또한, 구「개인정보 보호법」제18조 제2항 제2호에서 정한 '다른 법률에 특별한 규정이 있는 경우'란 그 문언 그대로 개별 법률에서 개인정보의 제공이 허용됨을 구체적으로 명시한 경우로 한정하여 해석하여야 하므로, 형사소송법 제199조 제2항과 같이 수사기관이 공무소 기타 공사단체에 조회하여 필요한 사항의 보고를 요구할 수 있는 포괄적인 규정은 이에 해당하지 아니한다. 만일 형사소송법 제199조 제2항이 구「개인정보 보호법」제18조 제2항 제2호에서 정한 '다른 법률에 특별한 규정이 있는 경우'에 포함된다면, 구「개인정보 보호법」제18조 제2항 제7호에서 수사기관으로 하여금 공공기관에 한정하여 일정한 제한 아래 개인정보를 제공받을 수 있도록 한 입법 취지·목적을 몰각시킬 뿐만 아니라 헌법상 영장주의 및 적법절차의 원칙을 잠탈할 가능성이 크기 때문이다.

「개인정보 보호법」 제59조 제2호의 의무주체인 '개인정보를 처리하거나 처리하였던 자'는 제2조 제5호의 '개인정보처리자'에 한정되지 않고, 업무상 알게 된 제2조 제1호의 '개인정보'를 제2조 제2호의 방법으로 '처리'하거나 '처리'하였던 자를 포함한다(대법원 2016. 03. 10. 선고 2015도8766 판결 참조).

나. 판 단

원심은 판시와 같은 이유로, 피고인 5·피고인 4가 피고인 1을 위하여 처리하였던 입당원서를 작성자의 동의 없이 임의로 수사기관에 제출한 행위는 「개인정보 보호법」 제59조 제2호가 금지한 행위로서, 구「개인정보 보호법」 제18조 제2항 제2호 또는 제7호가 적용될 수 없고, 위법수집증거에 해당함에도 예외적으로 증거능력을 인정하여야 할 경우에 해당하지도 않는다고 보아, 입당원서 및 이와 관련된 증거의 증거능력을 인정하지 아니하였다.

원심판결 이유를 관련 법리 및 적법하게 채택된 증거에 비추어 살펴보면, 이러한 원심의 판단에 위법수집증거, 「개인정보 보호법」 제59조 제2호 및 제18조 제2항 제7호에 관한 법리를 오해함으로써 판결에 영향을 미친 잘못이 없다.

6. '진술서'의 증거능력에 대하여

가. 관련 법리

형사소송법 제312조 제5항은 피고인 또는 피고인이 아닌 자가 수사과정에서 작성한 진술서의 증거능력에 관하여 형사소송법 제312조 제1항부터 제4항까지 준용하도록 규정하고 있으므로, 검사 또는 사법경찰관이 피고인이 아닌 자의 진술을 기재한 조서의 증거능력이 인정되려면 '적법한 절차와 방식에 따라 작성된 것'이어야 한다는 법리가 피고인이 아닌 자가 수사과정에서 작성한 진술서의 증거능력에 관하여도 적용된다. 한편 검사 또는 사법경찰관이 피의자가 아닌 자의 출석을 요구하여 조사하는 경우에는 피의자를 조사하는 경우와 마찬가지로 조사장소에 도착한 시각, 조사를 시작하고 마친 시각, 그 밖에 조사과정의 진행경과를 확인하기 위하여 필요한 사항을 조서에 기록하거나 별도의 서면에 기록한 후 수사기록에 편철하도록 하는 등 조사과정을 기록하게 한 형사소송법 제221조 제1항, 제244조의4 제1항, 제3항의 취지는 수사기관이 조사과정에서 피조사자로부터 진술증거를 취득하는 과정을 투명하게 함으로써 그 과정에서의 절차적 적법성을 제도적으로 보장하려는 것이다. 따라서 수사기관이 수사에 필요하여 피의자가 아닌 자로부터 진술서를 작성·제출받는 경우에도 그 절차는 준수되어야 하므로, 피고인이 아닌 자가 수사과정에서 진술서를 작성하였지만 수사기관이 조사과정의 진행경과를 확인하기 위하여 필요한 사항을 그 진술서에 기록하거나 별도의 서면에 기록한 후 수사기록에 편철하는 등 적절한 조치를 취하지 아니하여 형사소송법 제244조의4 제1항, 제3항에서 정한 절차를 위반한 경우에는, 그 진술증거 취득과정의 절차적 적법성의 제도적 보장이 침해되지 않았다고 볼 만한 특별한 사정이 없는 한 '적법한 절차와 방식'에 따라 수사과정에서 진술서가 작성되었다고 할 수 없어 증거능력을 인정할 수 없다(대법원 2015. 04. 23. 선고 2013도3790 판결 등 참조).

이러한 형사소송법 규정 및 문언과 그 입법 목적 등에 비추어 보면, 형사소송법 제312조 제5항의 적용대상인 '수사과정에서 작성한 진술서'란 수사가 시작된 이후에 수사기관의 관여 아래 작성된 것이거나, 개시된 수사와 관련하여 수사과정에 제출할 목적으로 작성한 것으로, 작성 시기와 경위 등 여러 사정에 비추어 그 실질이 이에 해당하는 이상 명칭이나 작성된 장소 여부를 불문한다.

나. 판 단

원심은 판시와 같은 이유로, 경찰관이 입당원서 작성자의 주거지·근무지를 방문하여 입당원서 작성 경위 등을 질문한 후 진술서 작성을 요구하여 이를 제출받은 이상 형사소송법 제312조 제5항이 적용되어야 한다는 이유로 형사소송법 제244조의4에서 정한 절차를 준수하지 않은 위 각 증거의 증거능력이 인정되지 않는다고 판단하고, 이와 달리 위 진술서는 경찰서에서 작성한 것이 아니라 작성자가 원하는 장소를 방문하여 받은 것이므로 위 각 절차에 관한 규정이 적용되지 아니한다는 검사의 주장을 배척하였다.

원심판결 이유를 관련 법리 및 적법하게 채택된 증거에 비추어 살펴보면, 이러한 원심의 판단에 형사소송법 제312조 제5항의 적용 여부, 형사소송법 제221조 제1항 및 제244조의4 제1항, 제3항의 적용 여부 등에 관한 법리를 오해함으로써 판결에 영향을 미친 잘못이 없다.

7. 결 론

그러므로 상고를 모두 기각하기로 하여, 관여 대법관의 일치된 의견으로 주문과 같이 판결한다.

⑩ 대법원 2022. 11. 22. 자 2022모1799 결정 [구속집행정지결정에대한재항고]

【판시사항】

군사법원법상 전자장치의 부착을 피고인에 대한 구속집행정지의 조건으로 부가할 수 있는지 여부(적극)

【결정요지】

군사법원법 제141조 제2항은 피고인에 대한 구속집행정지에 관하여 '피고인이 영내거주자이면 그 소속 부대장에게 부탁하고, 영내거주자가 아니면 친족·보호단체 그 밖의 적당한 사람에게 부탁하거나 피고인의 주거를 제한'하도록 규정한다. 이때 구속집행정지 제도의 취지에 부합한다면 피고인의 도주 방지 및 출석을 확보하기 위하여 예컨대, 전자장치의 부착을 구속집행정지의 조건으로 부가할 수도 있다. 이하에서 더 구체적으로 살펴본다.

(가) 군사법원법 제141조 제1항에 근거한 피고인에 대한 구속집행정지는 상당한 이유가 있을 때 군사법원이 직권으로 제반 사정을 고려하여 피고인의 구속 상태를 잠정적으로 해제하는 것이다. 가장 중한 기본권 제한인 구속을 예외적으로 해제하면서 다시 구속될 것을 담보하기 위해 일정한 조건을 부가하는 것은 구속집행정지의 성질상 당연히 허용된다고 보아야 한다. 구속의 목적을 달성하는 데 지장이 없다면 일정한 조건을 부가하더라도 구속집행을 정지하는 것이 피고인에게 더 유리하기 때문이다.

(나) 군사법원법 제141조 제2항에서 규정한 구속집행정지 조건의 내용은 예시로 볼 수 있고 반드시 이에 한정되지 않는다. 물론 이때에도 그 내용은 피고인의 도주 예방과 출석에 대한 담보라는 구속집행정지 제도의 취지에 들어맞는 것이어야 하고, 그 구체적인 조건은 보석의 조건(군사법원법 제139조)이 성질에 반하지 않는 한 적용될 수 있다. 구속집행정지 제도는 불구속재판의 원칙과 무죄추정의 원칙을 구현하기 위한 보석 제도를 보충하는 기능을 하므로 본질적으로 보석과 같은 성격을 띠고 있고, 군사법원법 제142조 제2항에서는 보석과 구속집행정지의 취소사유에 관하여 동일한 내용을 규정하고 있기 때문이다.

(다) 군사법원법, 전자장치 부착 등에 관한 법률(이하 '전자장치부착법'이라 한다) 등에서 구속집행정지의 조건으로 전자장치의 부착을 부가할 수 있는지에 관하여 별도의 규정을 두고 있지는 않다. 그러나 전자장치 부착으로 인해 제한되는 피부착자의 자유는 자신의 위치가 24시간 국가에 노출됨으로 인하여 행동의 자유가 심리적으로 위축된다는 것일 뿐 행동 자체가 금지되거나 물리적으로 제한되는 것은 아니다. 전자장치의 부착은 피고인의 기본권을 제한하는 성격을 갖고 있지만 구속보다 가벼운 처분을 통하여 피고인의 도주를 방지하여 가장 중한 기본권 제한인 구속의 목적을 달성할 수 있다는 점에서 불구속재판의 원칙의 실현에 기여하면서 비례의 원칙에도 어긋나지 않는다. 또한 전자장치 부착은 전자장치부착법상 보석의 조건으로도 허용되고 있다. 따라서 전자장치 부착은 구속집행정지 조건으로도 허용된다고 보아야 한다.

【참조조문】 군사법원법 제139조, 제141조 제1항, 제2항, 제142조 제2항
【참조판례】 헌법재판소 2012. 6. 27. 선고 2011헌가36 전원재판부 결정(헌공189, 1202), 헌법재판소 2012. 12. 27. 선고 2011헌바89 전원재판부 결정(헌공195, 94)
【전 문】 【피 고 인】 피고인 【재항고인】 군검사
【원심결정】 서울고법 2022. 8. 23. 자 2022노1599 결정

【주 문】

재항고를 기각한다. 원심결정 이유 중 '형사소송법 제101조 제1항'을 '군사법원법 제141조 제1항'으로 경정한다.

【이 유】

재항고이유를 판단한다.

1. 구속집행정지와 조건의 부가

군사법원법 제141조 제2항은 피고인에 대한 구속집행정지에 관하여 '피고인이 영내거주자이면 그 소속 부대장에게 부탁하고, 영내거주자가 아니면 친족·보호단체 그 밖의 적당한 사람에게 부탁하거나 피고인의 주거를 제한'하도록 규정한다. 이때 구속집행정지 제도의 취지에 부합한다면 피고인의 도주 방지 및 출석을 확보하기 위하여 예컨대, 전자장치의 부착을 구속집행정지의 조건으로 부가할 수도 있다. 이하에서 더 구체적으로 살펴본다.

군사법원법 제141조 제1항에 근거한 피고인에 대한 구속집행정지는 상당한 이유가 있을 때 군사법원이 직권으로 제반 사정을 고려하여 피고인의 구속 상태를 잠정적으로 해제하는 것이다. 가장 중한 기본권 제한인 구속을 예외적으로 해제하면서 다시 구속될 것을 담보하기 위해 일정한 조건을 부가하는 것은 구속집행정지의 성질상 당연히 허용된다고 보아야 한다. 구속의 목적을 달성하는 데 지장이 없다면 일정한 조건을 부가하더라도 구속집행을 정지하는 것이 피고인에게 더 유리하기 때문이다.

군사법원법 제141조 제2항에서 규정한 구속집행정지 조건의 내용은 예시로 볼 수 있고 반드시 이에 한정되지 않는다. 물론 이때에도 그 내용은 피고인의 도주 예방과 출석에 대한 담보라는 구속집행정지 제도의 취지에 들어맞는 것이어야 하고, 그 구체적인 조건은 보석의 조건(군사법원법 제139조)이 성질에 반하지 않는 한 적용될 수 있다. 구속집행정지 제도는 불구속재판의 원칙과 무죄추정의 원칙을 구현하기 위한 보석 제도를 보충하는 기능을 하므로(헌법재판소 2012. 6. 27. 선고 2011헌가36 전원재판부 결정 참조) 본질적으로 보석과 같은 성격을 띠고 있고, 군사법원법 제142조 제2항에서는 보석과 구속집행정지의 취소사유에 관하여 동일한 내용을 규정하고 있기 때문이다.

군사법원법, 「전자장치 부착 등에 관한 법률」(이하 '전자장치부착법'이라 한다) 등에서 구속집행정지의 조건으로 전자장치의 부착을 부가할 수 있는지에 관하여 별도의 규정을 두고 있지는 않다. 그러나 전자장치 부착으로 인해 제한되는 피부착자의 자유는 자신의 위치가 24시간 국가에 노출됨으로 인하여 행동의 자유가 심리적으로 위축된다는 것일 뿐 행동 자체가 금지되거나 물리적으로

제한되는 것은 아니다(헌법재판소 2012. 12. 27. 선고 2011헌바89 전원재판부 결정 등 참고). 전자장치의 부착은 피고인의 기본권을 제한하는 성격을 갖고 있지만 구속보다 가벼운 처분을 통하여 피고인의 도주를 방지하여 가장 중한 기본권 제한인 구속의 목적을 달성할 수 있다는 점에서 불구속재판의 원칙의 실현에 기여하면서 비례의 원칙에도 어긋나지 않는다. 또한 전자장치 부착은 전자장치부착법상 보석의 조건으로도 허용되고 있다. 따라서 전자장치 부착은 구속집행정지 조건으로도 허용된다고 보아야 한다.

2. 원심의 구속집행정지의 적법 여부

원심은 피고인의 구속의 집행을 정지할 상당한 이유가 있다고 보아 피고인이 전자장치를 부착할 것과 보호관찰관의 지도·감독을 받을 것을 조건으로 피고인에 대한 구속의 집행을 2022. 9. 14. 15:00까지 정지하면서 피고인의 주거를 성남시 소재 ○○○○병원으로 제한하였다(원심결정 이유 중 '형사소송법 제101조 제1항'은 '군사법원법 제141조 제1항'을 잘못 기재한 것으로 보인다).

보호관찰관의 지도·감독은 전자장치의 부착을 위하여 수반된 것일 뿐 별도의 조건이나 「보호관찰 등에 관한 법률」상 보호관찰에 해당하지 않고(이러한 점에서 군인 신분인 피고인은 보호관찰을 받을 수 없으므로 원심결정이 위법하다는 취지의 재항고이유는 받아들일 수 없다), 앞서 본 구속집행정지의 조건에 관한 법리에 비추어 전자장치의 부착을 조건으로 한 원심의 구속집행정지는 적법하다. 원심의 판단에는 재항고이유 주장과 같이 재판에 영향을 미친 헌법·법률·명령 또는 규칙 위반의 잘못이 없다.

3. 결론

그러므로 재항고를 기각하되 원심결정 이유에 잘못된 기재가 있음이 명백하므로 이를 경정하기로 하여, 관여 대법관의 일치된 의견으로 주문과 같이 결정한다.

---

⑯ 대법원 2022. 12. 15 선고 2022도10564 판결 [성폭력범죄의처벌등에관한특례법위반(촬영물등이용협박)·성폭력범죄의처벌등에관한특례법위반(카메라등이용촬영·반포등)·성폭력범죄의처벌등에관한특례법위반(촬영물등이용강요)·공갈미수]

【판시사항】

법원이 당초 공소사실과 다른 공소사실을 심판대상으로 삼아 유죄를 인정하기 위해서는 공소장변경절차를 거쳐야 하는지 여부(원칙적 적극) / 공소장변경절차를 거치지 않고서도 직권으로 당초 공소사실과 다른 공소사실에 대하여 유죄를 인정할 수 있는 예외적인 경우임에도 공소장변경절차를 거친 다음 변경된 공소사실을 유죄로 인정하는 것이 위법한지 여부(원칙적 소극)

【판결요지】

> 공소사실은 법원의 심판대상을 한정하고 피고인의 방어범위를 특정함으로써 피고인의 방어권을 보장하는 의미를 가지므로, 법원이 당초 공소사실과 다른 공소사실을 심판대상으로 삼아 유죄를 인정하기 위해서는 불고불리 원칙 및 피고인의 방어권 보장 등 형사소송의 기본원칙에 따라 공소장변경절차를 거치는 것이 원칙이다. 다만 공소사실의 기본적 요소에 실질적인 영향을 미치지 않은 단순한 일시·장소·수단 등에 관한 사항 또는 명백한 오기의 정정에 해당하는 등 피고인이 방어권을 실질적으로 행사함에 지장이 없는 경우에는 예외적으로 공소장변경절차를 거치지 않고서도 직권으로 당초 공소사실과 동일성이 인정되는 범위 내의 다른 공소사실에 대하여 유죄를 인정할 수 있다. 따라서 공소장변경절차를 거쳐야 하는 경우임에도 이를 거치지 않은 채 직권으로 당초 공소사실과 다른 공소사실에 대하여 유죄를 인정하는 것은 피고인의 방어권을 침해하거나 불고불리 원칙에 위반되어 허용될 수 없지만, 공소장변경절차를 거치지 않고서도 직권으로 당초 공소사실과 다른 공소사실에 대하여 유죄를 인정할 수 있는 예외적인 경우임에도 공소장변경절차를 거친 다음 변경된 공소사실을 유죄로 인정하는 것은 심판대상을 명확히 특정함으로써 피고인의 방어권 보장을 강화하는 것이므로 특별한 사정이 없는 한 위법하다고 볼 수 없다.

【참조조문】 형사소송법 제298조
【전 문】 【피 고 인】 피고인 【상 고 인】 피고인
【변 호 인】 변호사 김한나 외 1인
【원심판결】 서울고법 2022. 8. 17. 선고 2022노540 판결

【주 문】

상고를 기각한다.

【이 유】

상고이유를 판단한다.

1. 상고이유 제1점에 대하여

공소사실은 법원의 심판대상을 한정하고 피고인의 방어범위를 특정함으로써 피고인의 방어권을 보장하는 의미를 가지므로, 법원이 당초 공소사실과 다른 공소사실을 심판대상으로 삼아 유죄를 인정하기 위해서는 불고불리 원칙 및 피고인의 방어권 보장 등 형사소송의 기본원칙에 따라 공소장변경절차를 거치는 것이 원칙이다. 다만 공소사실의 기본적 요소에 실질적인 영향을 미치지 않은 단순한 일시·장소·수단 등에 관한 사항 또는 명백한 오기의 정정에 해당하는 등 피고인이 방어권을 실질적으로 행사함에 지장이 없는 경우에는 예외적으로 공소장변경절차를 거치지 않고서도 직권으로 당초 공소사실과 동일성이 인정되는 범위 내의 다른 공소사실에 대하여 유죄를 인정할 수 있다. 따라서 공소장변경절차를 거쳐야 하는 경우임에도 이를 거치지 않은 채 직권으로 당초 공소사실과 다른 공소사실에 대하여 유죄를 인정하는 것은 피고인의 방어권을 침해하거나 불고불

리 원칙에 위반되어 허용될 수 없지만, 공소장변경절차를 거치지 않고서도 직권으로 당초 공소사실과 다른 공소사실에 대하여 유죄를 인정할 수 있는 예외적인 경우임에도 공소장변경절차를 거친 다음 변경된 공소사실을 유죄로 인정하는 것은 심판대상을 명확히 특정함으로써 피고인의 방어권 보장을 강화하는 것이므로 특별한 사정이 없는 한 위법하다고 볼 수 없다.

원심은 이 사건 공소사실 제3의 가.항의 범행 방법 중 일부 추가하는 내용의 공소장변경허가신청에 대하여 이를 허가한 후 심판대상이 변경되었다고 보아 직권으로 제1심판결을 파기한 후 적법한 증거조사를 거쳐 변경된 공소사실을 유죄로 판단하였다.

이러한 원심의 판단을 앞서 본 법리에 비추어 살펴보면, 공소장변경을 한 부분은 이 사건 공소사실 제3의 가.항의 범행 방법 중 일부 추가하여 정정하는 것이어서 해당 공소사실의 기본적 요소에 실질적인 영향을 미치지 않을 뿐만 아니라 피고인이 방어권을 실질적으로 행사함에 지장이 있다고 보기도 어려우므로, 공소장변경절차를 거치지 않고서도 직권으로 유죄로 인정함에 별다른 제한이 없는 경우에 해당하지만, 이에 대하여 공소장변경절차를 거친 다음 변경된 공소사실을 유죄로 인정한 것은 심판대상을 명확히 특정함으로써 피고인의 방어권 보장을 강화하는 조치에 해당하는 이상, 여기에 공소장변경에 관한 법리를 오해함으로써 판결에 영향을 미친 잘못이 없다.

2. 상고이유 제2·3점에 대하여

원심은 판시와 같은 이유로 이 사건 공소사실(이유 무죄 부분 제외)을 유죄로 판단하였다. 원심판결 이유를 관련 법리와 적법하게 채택된 증거에 비추어 살펴보면, 원심의 판단에 논리와 경험의 법칙을 위반하여 자유심증주의의 한계를 벗어나거나 「성폭력범죄의 처벌 등에 관한 특례법」 위반(촬영물등이용협박)죄의 성립, 강요죄·공갈죄·협박죄의 고의 등에 관한 법리를 오해함으로써 판결에 영향을 미친 잘못이 없다.

3. 결 론

그러므로 상고를 기각하기로 하여, 관여 대법관의 일치된 의견으로 주문과 같이 판결한다.

ⓒ 대법원 2022. 12. 20. 자 2020모627 결정 [형사보상각하결정에대한재항고]

【판시사항】

[1] 면소 또는 공소기각의 재판을 받아 확정되었으나 그 면소 또는 공소기각의 사유가 없었더라면 무죄재판을 받을 만한 현저한 사유가 있음을 이유로 구금에 대한 보상을 청구하는 경우, 보상청구의 기간(=면소 또는 공소기각의 재판이 확정된 사실을 안 날부터 3년, 면소 또는 공소기각의 재판이 확정된 때부터 5년 이내) / 이때 면소 또는 공소기각의 재판이 확정된 이후에 무죄재판을 받을 만한 현저한 사유가 생겼다고 볼 수 있는 경우, 보상청구의 기간(=해당 사유가 발생한 사실을 안 날부터 3년, 해당 사유가 발생한 때부터 5년 이내)

[2] 재항고인이 소요 등 피의사실로 체포·구속되었다가 '국가안전과 공공질서의 수호를 위한 대통령긴급조치'(긴급조치 제9호) 등 위반으로 기소된 후 공소기각결정(원결정)을 받고 석방되었는데, 그 후 대법원 2013. 4. 18. 자 2011초기689 전원합의체 결정으로 긴급조치 제9호에 대하여 위헌·무효 판단이 있게 되자 형사보상 및 명예회복에 관한 법률 제26조 제1항 제1호에 따라 형사보상청구를 한 사안에서, 원결정 확정 이후에 대법원이 긴급조치 제9호에 대하여 위헌·무효라고 선언함으로써 비로소 재항고인에게 공소기각의 사유가 없었더라면 무죄재판을 받을 만한 현저한 사유가 생겼다고 볼 수 있으므로, 재항고인은 위 전원합의체 결정 사실을 안 날부터 3년, 그 결정일부터 5년 이내에 보상청구를 하여야 함에도 그 보상청구 기간을 도과하였다고 한 사례

【결정요지】

[1] 형사보상 및 명예회복에 관한 법률(이하 '형사보상법'이라 한다) 제26조 제1항 제1호는 국가에 대하여 구금에 대한 보상을 청구할 수 있는 경우로 '형사소송법에 따라 면소 또는 공소기각의 재판을 받아 확정된 피고인이 면소 또는 공소기각의 재판을 할 만한 사유가 없었더라면 무죄재판을 받을 만한 현저한 사유가 있었을 경우'를 규정하고, 같은 조 제2항은 '제1항에 따른 보상에 대하여는 무죄재판을 받아 확정된 사건의 피고인에 대한 보상에 관한 규정을 준용한다.'고 규정한다. 형사보상법 제8조는 '보상청구는 무죄재판이 확정된 사실을 안 날부터 3년, 무죄재판이 확정된 때부터 5년 이내에 하여야 한다.'고 규정한다.
따라서 면소 또는 공소기각의 재판을 받아 확정되었으나, 그 면소 또는 공소기각의 사유가 없었더라면 무죄재판을 받을 만한 현저한 사유가 있음을 이유로 구금에 대한 보상을 청구하는 경우, 보상청구는 면소 또는 공소기각의 재판이 확정된 사실을 안 날부터 3년, 면소 또는 공소기각의 재판이 확정된 때부터 5년 이내에 하는 것이 원칙이다. 다만 면소 또는 공소기각의 재판이 확정된 이후에 비로소 해당 형벌법령에 대하여 위헌·무효 판단이 있는 경우 등과 같이 면소 또는 공소기각의 재판이 확정된 이후에 무죄재판을 받을 만한 현저한 사유가 생겼다고 볼 수 있는 경우에는 해당 사유가 발생한 사실을 안 날부터 3년, 해당 사유가 발생한 때부터 5년 이내에 보상청구를 할 수 있다.

[2] 재항고인이 소요 등 피의사실로 1979. 10. 17. 체포·구속되었다가 '국가안전과 공공질서의 수호를 위한 대통령긴급조치'(이하 '긴급조치 제9호'라 한다) 등 위반으로 기소된 후 1979. 11. 28. 공소취소로 인한 공소기각결정(이하 '원결정'이라 한다)을 받고 석방되었는데, 그 후 대법원 2013. 4. 18. 자 2011초기689 전원합의체 결정으로 긴급조치 제9호에 대하여 위헌·무효 판단이 있게 되자 2019. 6. 27. 형사보상 및 명예회복에 관한 법률 제26조 제1항 제1호에 따라 형사보상청구를 한 사안에서, 대법원은 구 헌법(1980. 10. 27. 헌법 제9호로 전부 개정되기 전의 것) 제53조에 근거하여 발령된 긴급조치 제9호가 합헌이라는 취지로 판단한 종래 판례의 입장을 변경하여, 2013. 4. 18. "긴급조치 제9호는 헌법에 위배되어 당초부터 무효라 할 것이고, 이와 같이 위헌·무효인 긴급조치 제9호를 적용하여 공소가 제기된 경우에는 형사소송법 제325조 전단의 '피고사건이 범죄로 되지 아니한 때'에 해당하므로 법원은 무죄를 선고하였어야 할 것이다."라고 판단하였고, 따라서 원결정 확정 이후에 대법원이 긴급조치 제9호에 대하여 위헌·무효라고 선언함으로써 비로소 재항고인에게 공소기각의 사유가 없었더라면 무죄재판을 받을 만한 현저한 사유가 생겼다고 볼 수 있으므로, 재항고인은 위 전원합의체 결정 사실을 안 날부터 3년, 그 결정일인 2013. 4. 18.부터 5년 이내에 보상청

구를 하여야 함에도 2019. 6. 27. 형사보상청구를 함으로써 보상청구 기간을 도과하였다는 이유로, 같은 취지에서 재항고인의 형사보상청구를 각하한 원심의 조치는 정당하다고 한 사례.

【참조조문】 [1] 형사보상 및 명예회복에 관한 법률 제8조, 제26조 제1항 제1호, 제2항 [2] 구 헌법(1980. 10. 27. 헌법 제9호로 전부 개정되기 전의 것, 유신헌법) 제53조(현행 제76조 참조), 형사보상 및 명예회복에 관한 법률 제8조, 제16조 제3호, 제26조 제1항 제1호, 제2항, 형사소송법 제325조, 제328조 제1항 제1호
【전 문】 【청 구 인】 청구인 【재항고인】 청구인 【원심결정】 부산지법 2020. 2. 13. 자 2019코134 결정

【주 문】

재항고를 기각한다.

【이 유】

1. 인정 사실

기록에 의하면 다음 사실을 인정할 수 있다.

가. 재항고인은 소요 등 피의사실로 1979. 10. 17. 체포되어 구속되었다가 '○○대학교 의예과 2학년으로 재학하던 중 1979. 10. 16. 10:00경 ○○대학교 상과대학 건물 앞에서 학생 약 1,000명이 집합하여 공소외인이 미리 준비하여 소지하고 있던 헌법철폐 등의 내용이 담긴 유인물을 낭독하자, 이에 동조하여 ○○대학교 도서관 앞에서부터 교정을 돌면서 유신철폐의 구호를 외치며 시위하고, 같은 날 10:30 ○○대학교를 나오려 하는 시위대를 제지하던 ○○시 경찰관 소속 기동대 165명에게 투석하여 경찰 차량을 손괴하고, △△ 온천장 옆 산업도로까지 나와 시위함으로써 「국가안전과 공공질서의 수호를 위한 대통령긴급조치」(이하 '긴급조치 제9호'라 한다) 등을 위반하였다.'는 공소사실로 기소되었다.

나. 재항고인은 1979. 11. 28. 제2관사계엄보통군법회의에서 공소취소로 인한 공소기각결정(이하 '이 사건 원결정'이라 한다)을 받고 같은 날 석방되었다.

다. 재항고인은 2019. 6. 27. 「형사보상 및 명예회복에 관한 법률」(이하 '형사보상법'이라 한다) 제26조 제1항 제1호에 따라 '공소기각의 재판을 받아 확정된 피고인이 공소기각의 재판을 할 만한 사유가 없었더라면 무죄재판을 받을 만한 현저한 사유가 있었을 경우'에 해당한다는 이유를 들어 이 사건 형사보상청구를 하였다.

2. 판 단

가. 형사보상법 제26조 제1항 제1호는 국가에 대하여 구금에 대한 보상을 청구할 수 있는 경우로 '형사소송법에 따라 면소 또는 공소기각의 재판을 받아 확정된 피고인이 면소 또는 공소기각의 재판을 할 만한 사유가 없었더라면 무죄재판을 받을 만한 현저한 사유가 있었을 경우'를 규정하고, 같은 조 제2항은 '제1항에 따른 보상에 대하여는 무죄재판을 받아 확정된 사건의 피고인에 대한 보상에 관한 규정을 준용한다.'고 규정한다. 형사보상법 제8조는 '보상청구는 무죄재판이 확정된

사실을 안 날부터 3년, 무죄재판이 확정된 때부터 5년 이내에 하여야 한다.'고 규정한다.

따라서 면소 또는 공소기각의 재판을 받아 확정되었으나, 그 면소 또는 공소기각의 사유가 없었더라면 무죄재판을 받을 만한 현저한 사유가 있음을 이유로 구금에 대한 보상을 청구하는 경우, 보상청구는 면소 또는 공소기각의 재판이 확정된 사실을 안 날부터 3년, 면소 또는 공소기각의 재판이 확정된 때부터 5년 이내에 하는 것이 원칙이다. 다만 면소 또는 공소기각의 재판이 확정된 이후에 비로소 해당 형벌법령에 대하여 위헌·무효 판단이 있는 경우 등과 같이 면소 또는 공소기각의 재판이 확정된 이후에 무죄재판을 받을 만한 현저한 사유가 생겼다고 볼 수 있는 경우에는 해당 사유가 발생한 사실을 안 날부터 3년, 해당 사유가 발생한 때부터 5년 이내에 보상청구를 할 수 있다.

나. 대법원은 구 대한민국헌법(1980. 10. 27. 헌법 제9호로 전부 개정되기 전의 것) 제53조에 근거하여 발령된 긴급조치 제9호가 합헌이라는 취지로 판단한 종래 판례의 입장을 변경하여, 2013. 4. 18. "긴급조치 제9호는 헌법에 위배되어 당초부터 무효라 할 것이고, 이와 같이 위헌·무효인 긴급조치 제9호를 적용하여 공소가 제기된 경우에는 형사소송법 제325조 전단의 '피고사건이 범죄로 되지 아니한 때'에 해당하므로 법원은 무죄를 선고하였어야 할 것이다."라고 판단하였다(대법원 2013. 04. 18. 자 2011초기689 전원합의체 결정 참조).

따라서 이 사건 원결정 확정 이후에 대법원이 긴급조치 제9호에 대하여 위헌·무효라고 선언함으로써 비로소 재항고인에게 공소기각의 사유가 없었더라면 무죄재판을 받을 만한 현저한 사유가 생겼다고 볼 수 있다.

다. 그러므로 재항고인은 대법원 2011초기689 전원합의체 결정 사실을 안 날부터 3년, 대법원 2011초기689 전원합의체 결정일인 2013. 4. 18.부터 5년 이내에 보상청구를 하여야 한다. 그럼에도 재항고인은 2019. 6. 27. 이 사건 형사보상청구를 함으로써 보상청구 기간을 도과하였다.

라. 그렇다면 재항고인이 보상청구 기간이 지난 후 이 사건 형사보상청구를 하였다는 이유로 이를 각하한 원심의 조치에 재판에 영향을 미친 헌법·법률·명령 또는 규칙의 위반이 있다고 할 수 없다.

3. 결 론

그러므로 재항고를 기각하기로 하여, 관여 대법관의 일치된 의견으로 주문과 같이 결정한다.

Ⓐ 대법원 2023. 01. 12. 선고 2022도11245 판결 [살인·협박·보호관찰명령]

【판시사항】

[1] 형사재판에서 유죄를 인정하기 위한 증거의 증명력 정도
[2] 공소사실에 부합하는 진술 중 주요한 부분을 그대로 믿을 수 없는 객관적 사정이 밝혀진 경우, 나머지 진술 부분의 신빙성을 인정하기 위한 요건
[3] 범행 당시 살인의 고의는 없었고 단지 상해 또는 폭행의 고의만 있었을 뿐이라고 다투는 피고인에게 살인의 고의가 있었는지 판단하는 기준
[4] 공동정범의 성립 요건 및 주관적 요건인 '공동가공의 의사'의 내용 / 공동정범이 성립한다고 판단하기 위해서는 공동가공의 의사에 기한 상호 이용의 관계가 합리적인 의심을 할 여지가 없을 정도로 증명되어야 하는지 여부(적극)

【판결요지】

[1] 형사재판에서 범죄사실의 인정은 법관으로 하여금 합리적인 의심을 할 여지가 없을 정도의 확신을 가지게 하는 증명력을 가진 엄격한 증거에 의하여야 하므로, 검사의 증명이 그만한 확신을 가지게 하는 정도에 이르지 못한 경우에는 설령 유죄의 의심이 가는 사정이 있더라도 피고인의 이익으로 판단하여야 한다.

[2] 공소사실에 부합하는 진술 중 주요한 부분을 그대로 믿을 수 없는 객관적 사정이 밝혀진 경우에는 진술 전체의 신빙성이 전체적으로 상당히 약해졌다고 보아야 할 것이므로, 나머지 진술 부분의 신빙성을 인정할 수 있으려면 신빙성이 인정되지 않는 진술 부분과 달리 나머지 부분 진술만 신뢰할 수 있는 충분한 근거나 그 진술을 보강하는 다른 증거가 제시되는 등과 같이 합리적 의심을 배제할 만한 사정이 있어야 한다.

[3] 피고인이 범행 당시 살인의 고의는 없었고 단지 상해 또는 폭행의 고의만 있었을 뿐이라고 다투는 경우에, 피고인에게 범행 당시 살인의 고의가 있었는지는 피고인이 범행에 이르게 된 경위, 범행의 동기, 준비된 흉기의 유무·종류·용법, 공격 부위와 반복성, 사망의 결과 발생 가능성 정도, 범행 후 결과 회피 행동의 유무 등 범행 전후의 객관적 사정을 종합하여 판단해야 한다.

[4] 형법 제30조의 공동정범은 2인 이상이 공동하여 죄를 범하는 것으로서, 공동정범이 성립하기 위해서는 주관적 요건으로서 공동가공의 의사와 객관적 요건으로서 공동의사에 기한 기능적 행위 지배를 통한 범죄의 실행사실이 필요하다. 공동가공의 의사는 타인의 범행을 인식하면서도 이를 제지하지 아니하고 용인하는 것만으로는 부족하고, 공동의 의사로 특정한 범죄행위를 하기 위해 일체가 되어 서로 다른 사람의 행위를 이용하여 자기 의사를 실행에 옮기는 것을 내용으로 하는 것이어야 한다. 따라서 공동정범이 성립한다고 판단하기 위해서는 범죄 실현의 전 과정을 통하여 행위자들 각자의 지위와 역할, 다른 행위자에 대한 권유 내용 등을 구체적으로 검토하고 이를 종합하여 위와 같은 공동가공의 의사에 기한 상호 이용의 관계가 합리적인 의심을 할 여지가 없을 정도로 증명되어야 한다.

【참조조문】 [1] 형사소송법 제307조, 제308조 / [2] 형사소송법 제308조 / [3] 형법 제13조, 제250조 제1항 / [4] 형법 제30조, 형사소송법 제308조
【참조판례】 [1][2] 대법원 2016. 6. 23. 선고 2016도2889 판결 [1] 대법원 2017. 3. 30. 선고 2013도10100 판결 [2] 대법원 2014. 6. 26. 선고 2013도9866 판결(공2014하, 1520) [4] 대법원 2015. 10. 29. 선고 2015도5355 판결(공2015하, 1850)
【전 문】 【피고인 겸 피보호관찰명령청구자】 피고인 겸 피보호관찰명령청구자
【상 고 인】 피고인 겸 피보호관찰명령청구자 【변 호 인】 변호사 장세경
【원심판결】 광주고법 2022. 8. 17. 선고 (제주)2022노31, (제주)2022전노4, (제주)2022보노1 판결

【주 문】

원심판결의 피고사건 중 살인 부분과 보호관찰명령청구사건 부분을 파기하고, 이 부분 사건을 광주고등법원에 환송한다. 피고인 겸 피보호관찰명령청구자의 나머지 상고를 기각한다.

【이 유】

상고이유를 판단한다.

1. 살인 부분에 관한 판단

가. 공소사실의 요지

피고인 겸 피보호관찰명령청구자(이하 '피고인'이라 한다)는 1999. 8.경부터 1999. 9.경 사이에 성명불상자로부터 "공소외 1 변호사(이하 '피해자'라 한다)를 손 좀 봐줘야겠다. 조직에서 네가 가장 믿을 수 있는 동생 하나를 골라 혼 좀 내줘라."라는 취지의 지시를 받고 그 무렵 성명불상자로부터 현금 3,000만 원을 받았고, 범행 방법·도구, 범행을 통한 위해의 정도 등 구체적 범행에 대한 결정권을 일임받았다.

피고인은 폭력조직인 ○○○ 구성원 중 가장 신뢰하던 친구 공소외 2(일명 '△△△')와 성명불상자가 지시한 범행 방법에 관하여 수차례 모의하여 ① 공소외 2가 직접 범행을 실행하기로 하고, ② 공소외 2가 피해자를 차량으로 미행하여 피해자의 생활패턴과 동선, 자주 출입하는 주점 등에 관한 정보를 파악하기로 하였으며, ③ 피해자가 종전에 검사로 근무한 경력이 있는 변호사로서 검도 유단자로 판단하여 범행 과정에서 피해자의 거센 저항이 예상되었기 때문에 칼을 사용하기로 하였다.

피고인과 공소외 2는 '검사 출신 변호사'라는 피해자의 사회적 지위 및 범행 이후 예상되는 사건의 파장과 수사기관의 대응 등을 고려할 때 피해자에게 상해만을 가할 경우 피해자의 진술 등으로 인하여 자신들의 범행을 은폐하기 어렵다고 생각하는 한편, 종래 ○○○ 조직원으로 활동하는 동안 칼을 사용하여 다른 폭력 범죄단체 구성원이 피살되었던 사건과 피고인도 칼에 찔려 생명을 잃을 뻔했던 경험 등에 비추어 범행 실행 과정에서 칼로 피해자를 공격할 경우 얼마든지 피해자를 살해할 수 있다는 정을 알면서도 범행을 결행하기로 공모하였다.

공소외 2는 1999. 11. 5. 03:00경 제주시 (상호 1 생략) 카페에서 술을 마시고 나오는 피해자를 계속하여 추적·미행한 후 같은 날 03:15경부터 06:20경까지 사이에 제주시 (상호 2 생략) 식당

건물 맞은편 노상에서 주위에 인적이 없는 틈을 이용하여 피해자를 정면으로 마주선 상태에서 미리 소지하고 있던 흉기인 칼(칼날 길이 약 14cm)로 피해자의 복부 쪽을 연속 2회 찔러 칼이 피해자의 왼쪽 팔목 부위를 관통하여 복부 안 약 9.8cm 지점까지 이르도록 하였고, 곧바로 위 칼로 피해자의 가슴 중앙 부위를 찔러 칼이 흉골을 관통하여 가슴 안 약 9.7cm 지점까지 이르도록 하여 결국 현장에서 피해자를 흉부 자창에 의한 심장파열로 사망하게 하였다.

이로써 피고인은 공소외 2와 공모하여 피해자를 살해하였다.

나. 원심 판단

원심은 다음과 같은 이유로, 피고인에게 살인의 고의 및 기능적 행위 지배를 인정하기 어렵다고 보아 무죄로 판단한 제1심판결을 파기하고 유죄로 판단하였다.

1) 피고인이 2019. 10.경 지인을 통하여 (프로그램명 생략) 방송 팀에 제보한 후 2019. 10. 7.자 전화 통화 및 2019. 10. 11. 자 대면 인터뷰에서 한 진술(이하 '제보 진술'이라 한다)은, 피고인이 성명불상자로부터 피해자에 대한 가해를 사주받은 다음 공소외 2와 범행을 모의하고 공소외 2에게 피해자에 대한 가해를 지시·의뢰하였고, 공소외 2는 피해자에 대한 미행 등을 통해 정보를 수집한 다음 실행행위에 착수하였으며, 그로 인하여 피해자가 사망하는 결과가 발생하였다는 것인데, 아래의 사정에 비추어 신빙성이 인정되고, 이후의 번복된 진술은 믿기 어렵다.

가) 피고인의 제보 진술은 공소시효가 완성되었다고 믿고서 금전적 이득 등을 목적으로 스스로 방송국에 접촉하여 적극적으로 한 것일 뿐 제작진이 진술을 유도하는 등의 사정이 보이지 않고, 피고인은 사건 경위에 관하여 일관되게 진술하였다.

나) 피고인의 제보 진술은 매우 구체적이고, 흉기의 특징이나 범행 현장 상황 등에 대하여 보도되지 않았거나 수사기관이 미처 파악하지 못한 사정에 관한 것도 있으며, 이는 대체로 타당성이 있다.

다) 피고인은 2014. 10.경 동거녀 공소외 3과 2017년경 주거지 건물 임대인 공소외 4에게 이 사건에 대하여 이야기한 적이 있는데, 이는 진술이 강요되는 상황이나 특정한 목적이 개입되지 않은 상태에서 자연스럽게 이루어진 것으로서 특히 신빙할 수 있는 상태에서 행하여진 것으로 보인다.

2) 범행 현장 상황, 피해자가 입은 상처 부위·내용·정도, 부검감정의 의견 등을 종합하여 공소외 2의 실행행위 과정을 보면, ㉮ 공소외 2가 자동차 문을 열고 있거나 연 직후의 피해자를 제압하기 위하여 피해자의 목에 칼을 들이대는 과정에서 목 부위에 표재성 절창을 가하였고(이하 '1차 가해행위'라 한다), ㉯ 공소외 2가 피해자의 복부 부위를 칼로 2회 연속하여 강하게 찌르는 과정에서 피해자가 왼팔로 복부를 막아 왼팔을 관통하는 동시에 복부 장기를 손상하는 자창·절창을 가하였으며(이하 '2차 가해행위'라 한다), ㉰ 공소외 2가 피해자의 흉골 부위를 칼로 찔러 관통하여 심장을 손상하는 자창을 가하였고(이하 '3차 가해행위'라 한다), 이후 피해자는 차량 운전석에 앉았으나 시동을 걸지 못한 채 그대로 사망한 것으로 추인할 수 있고, 이러한 실행행위 내용에 비추어 공소외 2의 피해자에 대한 살인의 고의를 충분히 인정할 수 있다.

3) 앞서 인정한 사실, 피고인의 제보 진술 내용, 공소외 2의 실행행위 내용 등을 종합해 보면, 피고인이 폭력 범죄단체의 조직원으로서 흉기를 사용한 범행 과정에서 사망의 결과가 발생할 위

험성을 인지하고, 공소외 2가 살상력을 높이기 위하여 특별히 제작된 칼을 범행수단으로 사용할 것이라는 사정을 알면서, 공소외 2에게 '칼을 이용하여 피해자의 다리 등 신체의 주요 부위에 기능상 장애를 초래하는 수준의 상해를 가하는 범행'을 지시·의뢰한 다음 공소외 2로부터 피해자에 대한 미행과 뒷조사를 통하여 파악한 정보를 전달받았고, 피고인의 지시·의뢰에 따라 공소외 2가 칼로 피해자의 복부와 가슴 부위를 3회 찔러 피해자를 사망하게 한 다음 피고인에게 그 사실을 알리고 피고인으로부터 도피자금을 제공받았는바, 피고인과 공소외 2는 이 부분 범행을 공모할 당시 적어도 공소외 2의 행위로 인하여 피해자가 사망할 수도 있다는 점에 대한 미필적 인식이나 예견을 하고 이를 용인하는 내심의 의사가 있었다고 할 것이고, 아울러 피고인이 성명불상자로부터 사주를 받아 공소외 2에게 이 부분 범행을 지시·의뢰한 다음 공소외 2로부터 진행 사항 및 범행 결과를 보고받고 도피자금을 제공하며, 공소외 2가 피고인의 지시·의뢰를 수락한 다음 피해자에 대한 미행과 뒷조사를 하고 범행을 실행하는 등으로 피고인은 이 부분 범행에 대한 본질적 기여를 통한 기능적 행위 지배를 통하여 실행행위를 분담하였다고 인정할 수 있으므로, 결국 피고인은 살인죄의 공동정범의 죄책을 면할 수 없다.

다. 대법원 판단

1) 관련 법리

형사재판에서 범죄사실의 인정은 법관으로 하여금 합리적인 의심을 할 여지가 없을 정도의 확신을 가지게 하는 증명력을 가진 엄격한 증거에 의하여야 하므로, 검사의 증명이 그만한 확신을 가지게 하는 정도에 이르지 못한 경우에는 설령 유죄의 의심이 가는 사정이 있더라도 피고인의 이익으로 판단하여야 한다.

공소사실에 부합하는 진술 중 주요한 부분을 그대로 믿을 수 없는 객관적 사정이 밝혀진 경우에는 진술 전체의 신빙성이 전체적으로 상당히 약해졌다고 보아야 할 것이므로, 나머지 진술 부분의 신빙성을 인정할 수 있으려면 신빙성이 인정되지 않는 진술 부분과 달리 나머지 부분 진술만 신뢰할 수 있는 충분한 근거나 그 진술을 보강하는 다른 증거가 제시되는 등과 같이 합리적 의심을 배제할 만한 사정이 있어야 한다(대법원 2016. 06. 23. 선고 2016도2889 판결 등 참조).

피고인이 범행 당시 살인의 고의는 없었고 단지 상해 또는 폭행의 고의만 있었을 뿐이라고 다투는 경우에, 피고인에게 범행 당시 살인의 고의가 있었는지는 피고인이 범행에 이르게 된 경위, 범행의 동기, 준비된 흉기의 유무·종류·용법, 공격 부위와 반복성, 사망의 결과 발생 가능성 정도, 범행 후 결과 회피 행동의 유무 등 범행 전후의 객관적 사정을 종합하여 판단해야 한다. 한편 형법 제30조의 공동정범은 2인 이상이 공동하여 죄를 범하는 것으로서, 공동정범이 성립하기 위해서는 주관적 요건으로서 공동가공의 의사와 객관적 요건으로서 공동의사에 기한 기능적 행위 지배를 통한 범죄의 실행사실이 필요하다. 공동가공의 의사는 타인의 범행을 인식하면서도 이를 제지하지 아니하고 용인하는 것만으로는 부족하고, 공동의 의사로 특정한 범죄행위를 하기 위해 일체가 되어 서로 다른 사람의 행위를 이용하여 자기 의사를 실행에 옮기는 것을 내용으로 하는 것이어야 한다. 따라서 공동정범이 성립한다고 판단하기 위해서는 범죄 실현의 전 과정을 통하여 행위자들 각자의 지위와 역할, 다른 행위자에 대한 권유 내용 등을 구체적으로 검토하고 이를 종합하여 위와 같은 공동가공의 의사에 기한 상호 이용의 관계가 합리적인 의심을 할 여지가 없을 정도로 증명되어야 한다(대법원 2015. 10. 29. 선고 2015도5355 판결 참조).

2) 구체적 판단

원심판결 이유를 관련 법리에 비추어 보면, 원심의 판단은 아래와 같은 이유에서 그대로 수긍하기 어렵다.

가) 피고인이 공소시효가 완성된 것으로 생각한 상태에서 자발적으로 방송국에 제보 진술을 한 경위나 그 진술의 구체성, 특히 범행 당시 상황에 대한 진술 내용 등에 비추어 보면, 피고인이 피해자의 사망 사건에 관여된 것이 아닌가 하는 의심은 든다.

그러나 아래와 같은 사정에 비추어 보면, 피고인의 제보 진술이 형사재판에서 합리적 의심을 배제하고 공소사실을 입증할 만한 신빙성을 갖추었다고 볼 수는 없다.

(1) 무엇보다도 피고인의 제보 진술 중 주요한 부분이 객관적인 사실과 배치되는 것으로 밝혀졌고, 그럼에도 피고인은 허위 진술을 한 경위에 대한 납득할 만한 설명을 하지 못한 채 계속 진술을 번복하였다.

(가) 피고인은 제보 진술에서 '1999년 여름경 당시 ○○○ 두목인 공소외 5가 전화를 하여 어디로 오라고 하였고, 밖에서 그 무렵 공소외 5가 가깝게 지내던 여성인 공소외 6과 함께 있던 공소외 5를 만난 후 공소외 6과 헤어져 공소외 5의 집으로 이동하여 둘만 있는 자리에서 공소외 5로부터 피해자를 혼내 주라는 지시를 받았다.'는 취지로 진술하였다. 그러나 기록에 따르면, 공소외 5는 1995. 5. 1. 징역 5년을 선고받고 1995. 8. 28. 그 판결이 확정되어 1995. 11. 22.부터 1999. 11. 16.까지 광주교도소에 수감되어 있었던 사실이 인정되는바, 피고인의 위 진술 부분은 객관적 사실과 명백히 배치되어 믿을 수 없다. 피고인은 이러한 점을 지적받자 자신에게 범행을 지시한 자가 공소외 5가 아니라 다른 사람이라는 취지로 진술을 바꾸었으나, 그 사람이 누구인지는 밝히지 못하였고 최초에 공소외 5라고 거짓말을 했던 이유에 대해서도 합리적으로 설명하지 못하였으며, 이후에도 그러한 지시를 한 사람이 누구인지에 대하여 수차례 진술을 번복하였다. 그에 따라 이 사건 범행을 지시한 사람이 누구인지, 범행을 지시한 동기가 무엇인지는 전혀 알 수 없는 상황이다.

(나) 피고인은 제보 진술에서 '이 사건 범행 이틀 후 공소외 2를 서울로 올려 보냈고, 공소외 2는 4~5년 동안 제주에 돌아오지 못하였다.'는 취지로 진술하였다. 그러나 기록에 따르면, 공소외 2는 2001. 8. 21. 01:00경 제주시에서 차량 통행 문제로 지나가던 행인과 말다툼을 하다가 상해를 가한 범행을 저지른 사실이 인정되는바, 피고인의 위 진술 부분 역시 위 사실과 배치되어 그대로 믿을 수 없다. 피고인은 이러한 점을 지적받자 공소외 2가 이 사건 범행일로부터 몇 달 후에 제주를 떠났다가 다시 돌아왔다고 진술하다가, 다시 그마저 번복하여 공소외 2가 제주를 떠나지 않고 숨어 살았다고 하는 등 서로 모순되거나 일관성 없는 진술만 계속하였을 뿐 공소외 2를 언제 어떻게 도피시켰는지 구체적으로 진술하지 못하였다.

(2) 피고인 제보 진술을 뒷받침하는 객관적 증거나 구체적 정황도 존재하지 않는다. 특히 피고인은 직접 실행행위를 하지 않은 공동정범으로 기소되었으므로, 피고인의 기능적 행위 지배를 인정하기 위해서는 범죄 실현의 전 과정을 통하여 행위자 각자의 지위와

역할이 구체적으로 입증되어야 하는데, 공소외 2의 실행행위에 관한 피고인의 진술을 뒷받침할 만한 객관적 증거나 구체적 정황이 전혀 보이지 않는다.

(가) 피고인은 제보 진술에서 이 사건 범행에 관여한 주요 인물인 지시자(공소외 5)와 실행자(공소외 2)를 모두 이미 사망한 사람으로 지목함으로써 관련자의 진술을 통한 제보 진술의 신빙성 확인이 애초에 불가능하였다.

(나) 피고인이 누군가로부터 피해자에 대한 가해를 지시받은 점이나 공소외 2와 함께 범행을 공모·준비하였던 흔적, 범행 이후 대책을 마련한 과정, 공소외 2의 도피 행적 등 피고인의 제보 진술에 부합하는 객관적 증거도 없다.

(다) 피고인은 '3,000만 원을 현금으로 받았고, 공소외 2가 실행행위를 한 직후 공소외 2에게 3,000만 원을 모두 주었다.'는 취지로 진술하였는데, 피고인이 받았다는 3,000만 원에 관한 아무런 정황증거도 없을 뿐 아니라 피고인이 언제 어디에서 어떻게 돈을 받아 어떻게 보관하다가 공소외 2에게 언제 어디에서 이를 교부하였는지 등에 관한 진술이 없어 구체성이 떨어지고, 돈을 받은 시기가 범행 이전인지 혹은 이후인지에 대해서는 진술이 번복되기도 하였다. 피고인이 공소외 2와 함께 두 달 가까이 주도적으로 범행을 준비하였음에도, 자신의 기여 부분에 대한 대가를 전혀 받지 않았다는 것도 선뜻 납득이 가지 않는다.

(라) 피고인은 공소외 2가 평소 이 사건 범행으로 인한 죄책감에 괴로워하였고 2014. 8.경 결국 죄책감을 이기지 못하고 자살을 하였다는 취지로 진술하였다. 그러나 기록에 따르면, 공소외 2가 2014. 8. 31. 혼자 살던 집에서 자살을 하면서 자필로 작성한 유서에는 어머니에게 죄송하고 사랑한다는 내용, 동생에게 어머니를 잘 부탁한다는 내용, 형이 잘 되길 바란다는 내용과 친구들에게 미안하고 잘 되길 바란다는 내용만 기재되어 있을 뿐 이 사건을 암시하는 내용이 전혀 없는 사실, 사망 전날 공소외 2를 만났던 친구는 '평소와 다르게 고맙다, 미안하다는 이야기를 했다. 최근에 금전적인 문제로 괴로워하면서 자살하고 싶다는 이야기를 몇 번 한 적이 있다.'는 취지로 진술한 사실이 인정될 뿐이다.

(마) 피고인의 진술 외에 공소외 2와 이 사건 범행의 관련성을 인정할 만한 다른 증거가 없으므로, 공소외 2가 아닌 다른 사람이 실행행위를 하였다고 보더라도 제보 진술의 내용에 아무런 차이가 없게 되는바, 이는 제보 진술의 구체성·신빙성을 현저히 떨어뜨리는 사정이다.

(3) 원심이 피고인 제보 진술의 신빙성을 인정한 가장 주된 근거인 진술의 구체성에 관하여도 상당한 의문이 든다.

(가) 피고인이 이 사건에서 사용된 것으로 추정되는 칼날의 폭이 좁은 독특한 흉기에 대하여 그 제조 방법 등을 상당히 구체적으로 진술하였다. 그러나 이 사건은 피해자가 사망한 시점은 물론 공소시효 연장에 관한 논의가 있을 때마다 언론에 빈번하게 보도되었고, 그때마다 피해자의 부검 결과 및 그에 따라 추정되는 흉기의 크기·형태에 대하여 자세히 보도되었으므로, 피고인이 이러한 보도를 통해 폭력조직에서 많이 사용하는 칼날을 갈아서 폭을 좁게 만들었다고 추측하였을 가능성도 배제하기 어렵다.

(나) 피고인은 마치 미행을 하면서 알게 된 정보라는 취지로 '피해자가 운동을 많이

했고 검도도 했다.'고 진술하였으나, 피해자는 평소 운동을 많이 하지 않았고, 검도를 한 사실도 없었다. 원심은 피고인의 진술이 사실은 아니었지만, 피해자의 사무장이 한 '사무실에 죽도가 있었다.'는 취지의 진술을 근거로 피고인의 이 부분 진술에 상당한 이유가 있다고 보았으나, 피고인의 진술은 미행을 하면서 검도 등 운동을 하는 것을 직접 확인하였다는 취지여서, 사무실에 죽도가 있다는 사정만으로 피고인 진술에 상당한 이유가 있다고 평가하는 것이 합리적인 추론으로 보이지는 않는다.

(다) 원심은 피고인의 진술 중 이 사건 현장이 암흑이고 평소 인적이 드물다는 내용이 언론에 정확히 보도되지 않은 것으로 사실에 부합한다고 보았으나, 피고인이 '내가 그 초등학교 인근에 살았다.'는 취지로 진술한 점에 비추어 보면, 언론 보도된 사건 현장이 자신이 살던 곳 부근임을 알고 그곳에 관하여 원래 알고 있던 정보를 이야기하였을 가능성을 배제하기 어렵다.

(4) 그 밖에 피고인이 2014년경 및 2017년경 주변 사람들에게 제보 진술과 유사한 취지의 이야기를 하였다거나 후배 공소외 7에게 제보를 부탁하면서 했던 이야기가 제보 진술과 유사하다는 정황은 모두 피고인의 과거 진술을 되풀이하는 것이어서 독자적인 증거가치를 가진다고 볼 수 없다.

나) 설령 원심판단과 같이 피고인 제보 진술의 일부에 신빙성을 인정하더라도, 아래와 같은 점을 고려해 보면, 범행 현장의 상황 등의 정황증거만을 종합하여 공소외 2와 피고인의 살인의 고의 및 공모 사실을 인정하기도 어렵다.

(1) 우선 피고인 제보 진술의 취지는 '상해를 공모하였는데, 일이 잘못되어 피해자가 사망에 이르렀다.'는 것으로 살인의 고의가 없었다는 것이다. 피고인 제보 진술의 신빙성을 상당 부분 인정하면서도 살인의 고의가 없었다는 진술 부분만 그 신빙성을 배척하여 살인의 고의를 인정하기 위해서는 이를 뒷받침하는 간접사실이 보다 객관적이고 엄격한 증거에 따라 인정되어야 한다. 그러나 원심이 살인의 고의를 인정하는 근거로 든 간접사실에는 아래와 같은 상당한 의문이 있다.

(2) 원심은 공소외 2가 피해자의 목에 칼을 들이대는 과정에서 목 부위에 표재성 절창을 가하는 1차 가해행위를 한 후 복부·가슴을 찌르는 2·3차 가해행위를 한 사실을 인정하였는바, 만일 원심이 인정한 바와 같이 공소외 2에게 살인의 확정적 고의가 있었다면 뒤에서 목에 칼을 들이대는 순간 목 부위를 찔러 살해하는 것이 더 쉬운 방법일 수 있는데도, 굳이 피해자를 돌려세운 후 복부·가슴을 공격하였다는 것은 쉽게 이해하기 어렵다. 오히려 목 부위의 표재성 절창은 '피해자에게 겁만 주려고 했는데, 피해자가 반항하여 일이 잘못되었다.'는 피고인의 진술에 부합하는 사정으로 보이기도 한다.

(3) 원심은 공소외 2가 짧은 시간 안에 피해자가 팔로 가린 복부를 2회 연속 찔렀다는 점에서 '복부를 강하게 반복하여 찌르려는 확정적 의사를 가지고 있었다.'고 보았으나, 그것이 공격을 시작한 직후에 확정적 고의에 따라 발생한 것인지, 몸싸움 과정에서 우발적으로 일어난 것인지는 상처의 부위 및 형태만으로 알 수 없다.

(4) 원심은 '피해자가 2차 가해행위로 상당한 출혈이 발생하고 장시간 음주로 만취하여 저항하는 것이 불가능하거나 현저히 곤란한 상태에 있었던 것으로 보임에도 공소외 2는 가슴을 찌르는 3차 가해행위를 하였다.'는 취지로 판단하였으나, 이는 상처의 형태

와 혈중알코올농도만으로 당시 상황을 추측한 것에 불과하다. 동일한 혈중알코올농도에서도 피해자의 나이, 신장, 체중, 주량, 체질, 당시의 건강상태 등 다양한 변수에 따라 신체적 움직임은 상당한 차이를 보일 수 있는바, 당시 상황에 대한 객관적 증거 없이 위와 같이 추정하는 것은 타당하지 않다.

(5) 부검감정의 공소외 8 교수는 원심 법정에서 '흉골을 뚫을 정도의 가해행위가 있었다는 것은 살해 의도를 나타내는 것일 수 있다.'는 취지로 진술하는 동시에 '살해 의도는 상황에 따라 달라질 수 있다. 일률적으로 말하는 것은 불가능하다. 당시 상황이나 그 전에 가해행위의 동기 등이 복합적으로 관련될 수 있다. 예를 들어 누워 있는 피해자의 가슴 한가운데를 찔러 흉부를 뚫었다면 살해 의도가 있었다고 볼 수 있으나, 몸싸움 과정에서는 상대방의 동작이나 움직임을 예측하기 어렵기 때문에 정확히 알 수 없다.'는 취지로 진술하였는바, 당시의 구체적 상황을 알 수 없는 이상 상처 부위의 형태 및 정도만으로 공소외 2의 살인에 대한 확정적 고의를 인정하기는 어렵다.

(6) 공소외 2가 피해자와 몸싸움 과정에서 2·3차 가해행위를 하였더라도, 칼로 치명상을 가할 수 있는 배와 가슴을 강하게 찔러 피해자를 사망에 이르게 하였다는 점에서 공소외 2에게 살인의 미필적 고의를 인정할 여지는 있으나, 이러한 미필적 고의는 싸움 과정에서 생긴 인식과 용인으로 이루어진 것이므로, 현장에 있지 않았던 피고인에게까지 함부로 살인의 고의 및 공모 사실을 인정할 수는 없다.

다) 결국 피고인의 제보 진술은 주요한 부분에 관하여 객관적 사실과 배치되는 사정이 밝혀져 진술 전체의 신빙성이 상당히 약해졌다고 평가할 수 있고, 나머지 진술의 신빙성을 인정하기 위한 다른 추가 증거·근거가 충분히 제출되었다고 보기도 어려우므로, 합리적 의심을 배제하고 공소사실을 인정할 정도의 신빙성을 갖추었다고 볼 수 없으며, 범행 현장 상황 등 정황증거만을 종합하여 공소외 2와 피고인의 살인의 고의 및 공모 사실을 인정하기도 어렵다.

3) 소결론

가) 검사가 제출한 증거만으로는 공소사실이 합리적 의심의 여지없이 증명되었다고 인정할 수 없다. 그런데도 원심은 판시와 같은 이유만으로 공소사실을 유죄로 판단하였는바, 이러한 원심판결에는 형사재판에서 요구되는 증명의 정도, 진술의 신빙성 판단, 살인죄의 고의 및 공모 등에 관한 법리를 오해하여 논리와 경험의 법칙에 반하여 자유심증주의의 한계를 벗어나거나 공소사실의 인정에 필요한 충분한 심리를 하지 않아 중대한 사실오인을 함으로써 판결에 영향을 미친 잘못이 있다.

나) 위와 같은 이유로 피고사건 중 살인 부분을 파기하는 이상, 그와 함께 심리되어 동시에 판결이 선고되어야 하는 「전자장치 부착 등에 관한 법률」 제21조의2에 따른 보호관찰명령청구사건도 함께 파기하여야 한다.

2. 협박 부분에 관한 판단

원심은 판시와 같은 이유로 이 사건 공소사실 중 협박 부분에 관하여 유죄로 판단하면서 징역 1년 6개월을 선고한 제1심판결을 그대로 유지하였다. 원심판결 이유를 관련 법리와 적법하게 채택된 증거에 비추어 살펴보면, 원심판결에 상고이유 주장과 같은 잘못이 없다.

3. 결론

그러므로 나머지 상고이유에 대한 판단을 생략한 채 원심판결의 피고사건 중 살인 부분과 보호관찰명령청구사건 부분을 파기하고, 이 부분 사건을 광주고등법원에 환송하되, 피고인의 나머지 상고를 기각하기로 하여, 관여 대법관의 일치된 의견으로 주문과 같이 판결한다.

Ⓐ 대법원 2023. 06. 01. 선고 2023도3741 판결 [마약류관리에관한법률위반(향정)·마약류관리에관한법률위반(대마)·특정범죄가중처벌등에관한법률위반(도주치상)·도로교통법위반(사고후미조치)·범인도피교사]

【판시사항】

2020. 2. 4. 법률 제16924호로 개정되어 2022. 1. 1.부터 시행된 형사소송법 제312조 제1항에서 '그 내용을 인정할 때'의 의미 / 형사소송법 제312조 제1항에서 정한 '검사가 작성한 피의자신문조서'에 당해 피고인과 공범관계에 있는 다른 피고인이나 피의자에 대하여 검사가 작성한 피의자신문조서도 포함되는지 여부(적극) 및 여기서 말하는 '공범'에는 강학상 필요적 공범 또는 대향범까지 포함하는지 여부(적극) / 피고인이 자신과 공범관계에 있는 다른 피고인이나 피의자에 대하여 검사가 작성한 피의자신문조서의 내용을 부인하는 경우, 형사소송법 제312조 제1항에 따라 유죄의 증거로 쓸 수 있는지 여부(소극)

【판결요지】

2020. 2. 4. 법률 제16924호로 개정되어 2022. 1. 1.부터 시행된 형사소송법 제312조 제1항은 검사가 작성한 피의자신문조서의 증거능력에 대하여 '적법한 절차와 방식에 따라 작성된 것으로서 공판준비, 공판기일에 그 피의자였던 피고인 또는 변호인이 그 내용을 인정할 때에 한정하여 증거로 할 수 있다.'고 규정하였다. 여기서 '그 내용을 인정할 때'라 함은 피의자신문조서의 기재 내용이 진술 내용대로 기재되어 있다는 의미가 아니고 그와 같이 진술한 내용이 실제 사실과 부합한다는 것을 의미한다.

형사소송법 제312조 제1항에서 정한 '검사가 작성한 피의자신문조서'란 당해 피고인에 대한 피의자신문조서만이 아니라 당해 피고인과 공범관계에 있는 다른 피고인이나 피의자에 대하여 검사가 작성한 피의자신문조서도 포함되고, 여기서 말하는 '공범'에는 형법 총칙의 공범 이외에도 서로 대향된 행위의 존재를 필요로 할 뿐 각자의 구성요건을 실현하고 별도의 형벌 규정에 따라 처벌되는 강학상 필요적 공범 또는 대향범까지 포함한다. 따라서 피고인이 자신과 공범관계에 있는 다른 피고인이나 피의자에 대하여 검사가 작성한 피의자신문조서의 내용을 부인하는 경우에는 형사소송법 제312조 제1항에 따라 유죄의 증거로 쓸 수 없다.

【참조조문】 형사소송법 제312조 제1항
【참조판례】 대법원 2023. 4. 27. 선고 2023도2102 판결(공2023상, 994)
【전 문】 【피 고 인】 피고인 【상 고 인】 피고인
【변 호 인】 변호사 신알찬 외 4인
【원심판결】 서울고법 2023. 2. 16. 선고 2022노2244 판결

【주 문】

상고를 기각한다.

【이 유】

상고이유를 판단한다.

1. 관련 법리

가. 2020. 2. 4. 법률 제16924호로 개정되어 2022. 1. 1.부터 시행된 형사소송법 제312조 제1항은 검사가 작성한 피의자신문조서의 증거능력에 대하여 '적법한 절차와 방식에 따라 작성된 것으로서 공판준비, 공판기일에 그 피의자였던 피고인 또는 변호인이 그 내용을 인정할 때에 한정하여 증거로 할 수 있다.'고 규정하였다. 여기서 '그 내용을 인정할 때'라 함은 피의자신문조서의 기재 내용이 진술 내용대로 기재되어 있다는 의미가 아니고 그와 같이 진술한 내용이 실제 사실과 부합한다는 것을 의미한다(대법원 2023. 04. 27. 선고 2023도2102 판결 참조).

나. 형사소송법 제312조 제1항에서 정한 '검사가 작성한 피의자신문조서'란 당해 피고인에 대한 피의자신문조서만이 아니라 당해 피고인과 공범관계에 있는 다른 피고인이나 피의자에 대하여 검사가 작성한 피의자신문조서도 포함되고, 여기서 말하는 '공범'에는 형법 총칙의 공범 이외에도 서로 대향된 행위의 존재를 필요로 할 뿐 각자의 구성요건을 실현하고 별도의 형벌 규정에 따라 처벌되는 강학상 필요적 공범 또는 대향범까지 포함한다. 따라서 피고인이 자신과 공범관계에 있는 다른 피고인이나 피의자에 대하여 검사가 작성한 피의자신문조서의 내용을 부인하는 경우에는 형사소송법 제312조 제1항에 따라 유죄의 증거로 쓸 수 없다.

2. 판 단

가. 원심은 판시와 같은 이유로, 이 사건 공소사실 중 공소외인에 대한 필로폰 매도 부분에 대하여 '공소외인에 대한 검찰 피의자신문조서 사본' 등을 증거로 하여 유죄로 판단한 제1심판결을 유지하였다.

나. 원심판결 이유를 관련 법리와 적법하게 채택된 증거에 비추어 살펴보면, 피고인과 변호인이 '공소외인에 대한 검찰 피의자신문조서 사본'에 관하여 내용 부인 취지에서 '증거로 사용함에 동의하지 않는다.'는 의견을 밝혔음에도 이를 유죄인정의 증거로 사용한 것은 형사소송법 제312조 제1항에 관한 법리를 오해한 것이지만, 적법하게 채택한 나머지 증거능력 있는 증거만으로도 이 부분 공

소사실을 유죄로 인정하기에 충분하므로, 위와 같은 원심의 일부 부적절한 판단이 판결에 영향을 미친 잘못에 해당한다고 볼 수는 없다.

3. 결론

그러므로 상고를 기각하기로 하여, 관여 대법관의 일치된 의견으로 주문과 같이 판결한다.

● 대법원 2023. 06. 15. 선고 2022도15414 판결 [정보통신망이용촉진및정보보호등에관한법률위반(음란물유포)[택일적죄명:성폭력범죄의처벌등에관한특례법위반(카메라등이용촬영·반포등)]]

【판시사항】

[1] 자유심증주의의 의미와 한계 / 형사재판에서 유죄를 인정하기 위한 심증형성의 정도(=합리적인 의심을 할 여지가 없을 정도) 및 여기에서 말하는 '합리적 의심'의 의미
[2] 성폭력범죄의 처벌 등에 관한 특례법 제14조 제2항 위반죄는 반포 등 행위 시를 기준으로 촬영대상자의 의사에 반하여 그 행위를 함으로써 성립하는지 여부(적극) 및 촬영이 촬영대상자의 의사에 반하지 아니하였더라도 마찬가지인지 여부(적극) / 촬영대상자의 신원이 파악되지 않는 등 촬영대상자의 의사를 명확히 확인할 수 없는 경우, 촬영대상자의 의사에 반하여 반포 등을 하였는지 판단하는 기준 및 이때 고려해야 할 사항

【판결요지】

[1] 증거의 증명력은 법관의 자유판단에 맡겨져 있으나 그 판단은 논리와 경험칙에 합치하여야 하고, 형사재판에서 유죄로 인정하기 위한 심증형성의 정도는 합리적인 의심을 할 여지가 없을 정도여야 하나 이는 모든 가능한 의심을 배제할 정도에 이를 것까지 요구하는 것은 아니며 증명력이 있는 것으로 인정되는 증거를 합리적인 근거가 없는 의심을 일으켜 이를 배척하는 것은 자유심증주의의 한계를 벗어나는 것으로 허용될 수 없다. 여기에서 말하는 합리적 의심이란 모든 의문, 불신을 포함하는 것이 아니라 논리와 경험칙에 기하여 요증사실과 양립할 수 없는 사실의 개연성에 대한 합리성 있는 의문을 의미하는 것으로서 피고인에게 유리한 정황을 사실인정과 관련하여 파악한 이성적 추론에 그 근거를 두어야 하는 것이므로 단순히 관념적인 의심이나 추상적인 가능성에 기초한 의심은 합리적 의심에 포함된다고 할 수 없다.
[2] 성폭력범죄의 처벌 등에 관한 특례법(이하 '성폭력처벌법'이라 한다)은 제14조 제1항에서 '카메라나 그 밖에 이와 유사한 기능을 갖춘 기계장치를 이용하여 성적 욕망 또는 수치심을 유발할 수 있는 사람의 신체를 촬영대상자의 의사에 반하여 촬영'하는 행위를 처벌하면서, 같은 조 제2항에서 '그 촬영물 또는 복제물(이하 '촬영물 등'이라 한다)을 반포·판매·임대·제공 또는 공공연하게 전시·상영(이하 '반포 등'이라 한다)하거나 촬영 당시에는 촬영대상자의 의사에 반하지 아니한 경우에도 사후에 그

촬영물 등을 촬영대상자의 의사에 반하여 반포 등'을 하는 행위도 처벌대상으로 정하고 있다.

이와 같이 성폭력처벌법 제14조 제2항 위반죄는 반포 등 행위 시를 기준으로 촬영대상자의 의사에 반하여 그 행위를 함으로써 성립하고, 촬영이 촬영대상자의 의사에 반하지 아니하였더라도 그 성립에 지장이 없다. 촬영대상자의 신원이 파악되지 않는 등 촬영대상자의 의사를 명확히 확인할 수 없는 경우 촬영대상자의 의사에 반하여 반포 등을 하였는지 여부는, 촬영물 등을 토대로 확인할 수 있는 촬영대상자와 촬영자의 관계 및 촬영 경위, 그 내용이 성적 욕망 또는 수치심을 유발하는 정도, 촬영대상자의 특정가능성, 촬영물 등의 취득·반포 등이 이루어진 경위 등을 종합하여 판단하여야 한다. 이때 해당 촬영물 등이 인터넷 등 정보통신망을 통하여 급속도로 광범위하게 유포될 경우 피해자에게 심각한 피해와 고통을 초래할 수 있다는 점도 아울러 고려하여야 한다.

【참조조문】 [1] 형사소송법 제307조, 제308조 / [2] 성폭력범죄의 처벌 등에 관한 특례법 제14조 제1항, 제2항
【참조판례】 [1] 대법원 2004. 6. 25. 선고 2004도2221 판결(공2004하, 1290), 대법원 2019. 10. 31. 선고 2018도2642 판결
【전 문】【피 고 인】피고인 【상 고 인】검사
【원심판결】 서울남부지법 2022. 11. 8. 선고 2022노588 판결

【주 문】

원심판결을 파기하고, 사건을 서울남부지방법원에 환송한다.

【이 유】

상고이유를 판단한다.

1. 쟁점 공소사실의 요지

이 사건 공소사실 중 검사가 원심에서 택일적으로 추가한 「성폭력범죄의 처벌 등에 관한 특례법」(이하 '성폭력처벌법'이라 한다) 위반(카메라등이용촬영·반포등) 부분의 요지는, 피고인이 2021. 9. 6. 03:20:44경 휴대전화기를 이용하여 인터넷 커뮤니티사이트인 (사이트명 생략)에 닉네임 'ㅇㅇ'로 접속하여 '한국야동'이라는 제목의 글과 함께 불상의 남녀가 나체모습으로 침대에 앉아 있는 모습을 촬영한 사진파일 1개(이하 '이 사건 사진'이라 한다)를 위 촬영대상자의 의사에 반하여 게시하여 카메라나 그 밖에 이와 유사한 기능을 갖춘 기계장치를 이용하여 성적 욕망 또는 수치심을 유발할 수 있는 사람의 신체를 촬영한 촬영물의 복제물을 촬영 사후에 촬영대상자의 의사에 반하여 반포하였다는 것이다.

2. 원심의 판단

원심은 판시와 같은 이유로, 이 사건 사진이 이에 등장하는 남녀의 성적 욕망 또는 수치심을 유발할 수 있는 신체를 촬영한 것에 해당한다고 보면서도, 위 남녀에 관한 조사가 이루어지지 아니하였고 이 사건 사진이 반포를 전제로 위 남녀의 의사에 따라 촬영되었을 가능성을 배제할 수 없다는 등의 이유로 피고인이 촬영대상자들의 의사에 반하여 이 사건 사진을 반포하였음에 관한 검사

의 증명이 부족하다고 판단하여 쟁점 공소사실을 무죄로 판단하였다.

3. 대법원의 판단

원심의 판단은 다음과 같은 이유로 수긍하기 어렵다.

가. 관련 법리

1) 증거의 증명력은 법관의 자유판단에 맡겨져 있으나 그 판단은 논리와 경험칙에 합치하여야 하고, 형사재판에서 유죄로 인정하기 위한 심증형성의 정도는 합리적인 의심을 할 여지가 없을 정도여야 하나 이는 모든 가능한 의심을 배제할 정도에 이를 것까지 요구하는 것은 아니며 증명력이 있는 것으로 인정되는 증거를 합리적인 근거가 없는 의심을 일으켜 이를 배척하는 것은 자유심증주의의 한계를 벗어나는 것으로 허용될 수 없다. 여기에서 말하는 합리적 의심이라 함은 모든 의문, 불신을 포함하는 것이 아니라 논리와 경험칙에 기하여 요증사실과 양립할 수 없는 사실의 개연성에 대한 합리성 있는 의문을 의미하는 것으로서 피고인에게 유리한 정황을 사실인정과 관련하여 파악한 이성적 추론에 그 근거를 두어야 하는 것이므로 단순히 관념적인 의심이나 추상적인 가능성에 기초한 의심은 합리적 의심에 포함된다고 할 수 없다(대법원 2004. 06. 25. 선고 2004도2221 판결 등 참조).

2) 성폭력처벌법은 제14조 제1항에서 '카메라나 그 밖에 이와 유사한 기능을 갖춘 기계장치를 이용하여 성적 욕망 또는 수치심을 유발할 수 있는 사람의 신체를 촬영대상자의 의사에 반하여 촬영'하는 행위를 처벌하면서, 같은 조 제2항에서 '그 촬영물 또는 복제물(이하 '촬영물 등'이라 한다)을 반포·판매·임대·제공 또는 공공연하게 전시·상영(이하 '반포 등'이라 한다)하거나 촬영 당시에는 촬영대상자의 의사에 반하지 아니한 경우에도 사후에 그 촬영물 등을 촬영대상자의 의사에 반하여 반포 등'을 하는 행위도 처벌대상으로 정하고 있다.

이와 같이 성폭력처벌법 제14조 제2항 위반죄는 반포 등 행위 시를 기준으로 촬영대상자의 의사에 반하여 그 행위를 함으로써 성립하고, 촬영이 촬영대상자의 의사에 반하지 아니하였더라도 그 성립에 지장이 없다. 촬영대상자의 신원이 파악되지 않는 등 촬영대상자의 의사를 명확히 확인할 수 없는 경우 촬영대상자의 의사에 반하여 반포 등을 하였는지 여부는, 촬영물 등을 토대로 확인할 수 있는 촬영대상자와 촬영자의 관계 및 촬영 경위, 그 내용이 성적 욕망 또는 수치심을 유발하는 정도, 촬영대상자의 특정가능성, 촬영물 등의 취득·반포 등이 이루어진 경위 등을 종합하여 판단하여야 한다. 이때 해당 촬영물 등이 인터넷 등 정보통신망을 통하여 급속도로 광범위하게 유포될 경우 피해자에게 심각한 피해와 고통을 초래할 수 있다는 점도 아울러 고려하여야 한다.

나. 원심판결 이유와 기록에 의하면 다음과 같은 사정을 알 수 있다.

1) 이 사건 사진은 남녀의 성관계를 촬영한 동영상(이하 '원본동영상'이라 한다) 중 일부를 캡처한 것이다. 원본동영상의 내용, 촬영 방법 및 각도, 영상에서 확인되는 촬영대상자들의 태도 및 대화 내용 등에 의하면 원본동영상은 남성이 여성의 동의 없이 몰래 촬영한 것으로 보인다. 이 사건 사진에서도 촬영 각도, 남녀의 자세 및 시선 등을 통해 그러한 사정을 확인할 수 있다.

2) 이 사건 사진의 내용은 나체의 남성과 짧은 치마를 입고 있는 여성이 침대 위에 나란히 앉아 있는 것으로 남성의 나신과 여성의 허벅지 부분이 적나라하게 드러나 있고 성관계 직전 또는 직후를 암시하는 모습을 담고 있어 상당한 성적 욕망 또는 수치심을 유발한다.

3) 이 사건 사진에 나타난 남녀의 얼굴과 신체적 특징으로 촬영대상자들에 대한 특정이 가능하다. 여기에 앞서 본 이 사건 사진의 내용까지 더해 보면, 위 사진이 촬영대상자들의 의사에 반하여 반포될 경우 촬영대상자들에게 피해와 고통을 야기할 가능성이 상당하다.

4) 피고인은 이 사건 사진에 등장하는 남녀를 전혀 알지 못하고 이들로부터 위 사진의 반포에 관하여 어떠한 동의나 양해를 받은 사실도 없이 인터넷 검색을 통해 위 사진을 취득한 다음 불특정 다수인이 쉽게 접근할 수 있는 인터넷 사이트에 이를 게시하였다.

다. 이러한 사정을 앞서 본 법리에 비추어 살펴보면, 이 사건 사진의 촬영대상자들, 적어도 여성이 위 사진의 반포에 동의하리라고는 도저히 기대하기 어렵다. 피고인의 이 사건 사진 반포는 촬영대상자들의 의사에 반하여 이루어졌고 피고인도 그러한 사정을 인식하고 있었다고 볼 여지가 충분하다. 그런데도 쟁점 공소사실을 무죄로 판단한 원심판결에는 논리와 경험의 법칙을 위반하여 자유심증주의의 한계를 벗어나거나 성폭력처벌법 위반(카메라등이용촬영·반포등)죄의 성립에 관한 법리를 오해하는 등으로 판결에 영향을 미친 잘못이 있다.

4. 파기의 범위

위와 같은 이유로 원심판결 중 쟁점 공소사실 부분은 파기되어야 하고 이와 택일적 공소사실의 관계에 있는 「정보통신망 이용촉진 및 정보보호 등에 관한 법률」 위반(음란물유포) 부분도 쟁점 공소사실과 일죄로 공소 제기되어 한꺼번에 심판되어야 하므로 결국 원심판결 전부가 파기되어야 한다.

5. 결 론

그러므로 원심판결을 파기하고 사건을 다시 심리·판단하도록 원심법원에 환송하기로 하여, 관여 대법관의 일치된 의견으로 주문과 같이 판결한다.

● 대법원 2023. 06. 15. 선고 2023도3038 판결 [업무상횡령 · 근로기준법위반 · 근로자퇴직급여보장법위반]

【판시사항】

[1] 형사소송법 제298조 제1항의 취지 / 공소사실의 동일성을 판단할 때 고려할 사항
[2] 법원이 공소장변경허가신청에 대한 결정을 공판정에서 고지한 경우, 그 사실은 공판조서의 필요적 기재사항인지 여부(적극) / 공소사실 또는 적용법조의 추가 · 철회 또는 변경의 허가에 관한 결정의 위법이 판결에 영향을 미친 경우 불복 방법
[3] 공판조서의 증명력 / 공판조서에 기재되지 않은 소송절차의 존재가 공판조서에 기재된 다른 내용이나 공판조서 이외의 자료로 증명될 수 있는지 여부(적극) 및 이는 자유로운 증명의 대상이 되는지 여부(적극)
[4] 검사가 제1심판결에 대하여 양형부당을 이유로 항소한 다음 원심의 제1회 공판기일이 열리기 전에 먼저 기소된 업무상횡령 공소사실과 상상적 경합관계에 있는 업무상횡령 공소사실을 추가하는 취지임을 밝히며 공소장변경허가신청서를 제출하였으나, 원심이 공판정 외에서 공소장변경허가신청에 대한 결정을 하지 않았을 뿐만 아니라 공판조서 등 기록에 원심에서 공소장변경허가 여부를 결정한 소송절차가 진행되었다는 내용이 없이, 제1회 공판기일을 진행하여 변론을 종결하고 검사의 항소를 기각하여 제1심판결을 그대로 유지한 사안에서, 원심은 검사가 서면으로 제출한 공소장변경허가신청에 대하여 허가 여부를 결정해야 하고, 나아가 상상적 경합관계에 있는 수죄 가운데 당초 공소를 제기하지 아니한 공소사실을 추가하는 내용의 공소장변경을 허가하여 추가된 공소사실에 대하여 심리 · 판단했어야 하므로, 이러한 조치 없이 검사의 항소를 기각한 원심판결에 법리오해 등의 잘못이 있다고 한 사례

【판결요지】

[1] 형사소송법 제298조 제1항의 규정에 의하면, '검사는 법원의 허가를 얻어 공소장에 기재한 공소사실 또는 적용법조의 추가 · 철회 또는 변경을 할 수 있고', '법원은 공소사실의 동일성을 해하지 아니하는 한도에서 이를 허가하여야 한다.'고 되어 있으므로, 위 규정의 취지는 검사의 공소장변경신청이 공소사실의 동일성을 해하지 아니하는 한 법원은 이를 허가하여야 한다는 뜻으로 해석하여야 한다. 공소사실의 동일성은 그 사실의 기초가 되는 사회적 사실관계가 기본적인 점에서 동일하면 그대로 유지되고, 이러한 기본적 사실관계의 동일성을 판단할 때에는 그 사실의 동일성이 갖는 기능을 염두에 두고 피고인의 행위와 그 사회적인 사실관계를 기본으로 하되 규범적 요소도 아울러 고려하여야 한다.

[2] 법원은 검사의 공소장변경허가신청에 대해 결정의 형식으로 이를 허가 또는 불허가 하고, 법원의 허가 여부 결정은 공판정 외에서 별도의 결정서를 작성하여 고지하거나 공판정에서 구술로 하고 공판조서에 기재할 수도 있다. 만일 공소장변경허가 여부 결정을 공판정에서 고지하였다면 그 사실은 공판조서의 필요적 기재사항이다(형사소송법 제51조 제2항 제14호). 공소장변경허가신청이 있

음에도 공소장변경허가 여부 결정을 명시적으로 하지 않은 채 공판절차를 진행하면 현실적 심판대상이 된 공소사실이 무엇인지 불명확하여 피고인의 방어권 행사에 영향을 줄 수 있으므로 공소장변경허가 여부 결정은 위와 같은 형식으로 명시적인 결정을 하는 것이 바람직하다.

판결 전의 소송절차에 관한 결정에 대하여는 특히 즉시항고를 할 수 있는 경우 외에는 항고를 하지 못하는데(형사소송법 제403조 제1항), 공소사실 또는 적용법조의 추가·철회 또는 변경의 허가에 관한 결정은 판결 전의 소송절차에 관한 결정으로서, 그 결정에 관한 위법이 판결에 영향을 미친 경우에는 그 판결에 대하여 상소를 하는 방법으로만 불복할 수 있다.

[3] 공판기일의 소송절차로서 판결 기타의 재판을 선고 또는 고지한 사실은 공판조서에 기재되어야 하는데(형사소송법 제51조 제1항, 제2항 제14호), 공판조서의 기재가 명백한 오기인 경우를 제외하고는, 공판기일의 소송절차로서 공판조서에 기재된 것은 조서만으로써 증명하여야 하고 그 증명력은 공판조서 이외의 자료에 의한 반증이 허용되지 않는 절대적인 것이다. 반면에 어떤 소송절차가 진행된 내용이 공판조서에 기재되지 않았다고 하여 당연히 그 소송절차가 당해 공판기일에 행하여지지 않은 것으로 추정되는 것은 아니고 공판조서에 기재되지 않은 소송절차의 존재가 공판조서에 기재된 다른 내용이나 공판조서 이외의 자료로 증명될 수 있고, 이는 소송법적 사실이므로 자유로운 증명의 대상이 된다.

[4] 검사가 제1심판결에 대하여 양형부당을 이유로 항소한 다음 원심의 제1회 공판기일이 열리기 전에 먼저 기소된 업무상횡령 공소사실과 상상적 경합관계에 있는 업무상횡령 공소사실을 추가하는 취지임을 밝히며 공소장변경허가신청서를 제출하였으나, 원심이 공판정 외에서 공소장변경허가신청에 대한 결정을 하지 않았을 뿐만 아니라 공판조서 등 기록에 원심에서 공소장변경허가 여부를 결정한 소송절차가 진행되었다는 내용이 없이, 제1회 공판기일을 진행하여 변론을 종결하고 검사의 항소를 기각하여 제1심판결을 그대로 유지한 사안에서, 원심은 검사의 공소장변경허가신청서 제출에 의한 공소장변경허가신청이 있었음에도 이를 간과하고 허가 여부를 결정하지 않은 채 절차를 진행한 것으로 의심되는 점, 공소장변경허가신청 전후의 공소사실은 업무상횡령의 피해자를 추가한 부분과 전체 횡령금액만을 달리할 뿐 그 밖에 횡령의 일시, 장소, 방법 등이 모두 동일하여 그 기본적 사실관계가 동일하므로 공소사실의 동일성을 해치지 않는 점을 종합하면, 원심은 검사가 서면으로 제출한 공소장변경허가신청에 대하여 허가 여부를 결정해야 하고, 나아가 상상적 경합관계에 있는 수죄 가운데 당초 공소를 제기하지 아니한 공소사실을 추가하는 내용의 공소장변경을 허가하여 추가된 공소사실에 대하여 심리·판단했어야 하므로, 이러한 조치 없이 검사의 항소를 기각한 원심판결에 법리오해 등의 잘못이 있다고 한 사례.

【참조조문】 [1] 형사소송법 제298조 제1항 [2] 형사소송법 제51조 제2항 제14호, 제298조, 제403조 제1항 [3] 형사소송법 제51조 제1항, 제2항 제14호, 제308조 [4] 형사소송법 제51조 제2항 제14호, 제298조 제1항
【참조판례】 [1] 대법원 1999. 5. 14. 선고 98도1438 판결(공1999상, 1211), 대법원 2018. 12. 13. 선고 2018도11711 판결 [2] 대법원 1987. 3. 28. 자 87모17 결정(공1987, 1103), 대법원 2001. 7. 13. 선고 2001도1660 판결 [3] 대법원 2005. 12. 22. 선고 2005도6557 판결(공2006상, 199)
【전 문】 【피 고 인】 피고인 【상 고 인】 검사
【원심판결】 청주지법 2023. 2. 15. 선고 2022노549 판결

【주   문】

원심판결을 파기하고, 사건을 청주지방법원에 환송한다.

【이   유】

상고이유를 판단한다.

1. **관련 법리**

가. 형사소송법 제298조 제1항의 규정에 의하면, '검사는 법원의 허가를 얻어 공소장에 기재한 공소사실 또는 적용법조의 추가·철회 또는 변경을 할 수 있고', '법원은 공소사실의 동일성을 해하지 아니하는 한도에서 이를 허가하여야 한다.'고 되어 있으므로, 위 규정의 취지는 검사의 공소장변경신청이 공소사실의 동일성을 해하지 아니하는 한 법원은 이를 허가하여야 한다는 뜻으로 해석하여야 한다(대법원 2018. 12. 13. 선고 2018도11711 판결 등 참조). 공소사실의 동일성은 그 사실의 기초가 되는 사회적 사실관계가 기본적인 점에서 동일하면 그대로 유지되고, 이러한 기본적 사실관계의 동일성을 판단할 때에는 그 사실의 동일성이 갖는 기능을 염두에 두고 피고인의 행위와 그 사회적인 사실관계를 기본으로 하되 규범적 요소도 아울러 고려하여야 한다(대법원 1999. 05. 14. 선고 98도1438 판결 등 참조).

나.

1) 법원은 검사의 공소장변경허가신청에 대해 결정의 형식으로 이를 허가 또는 불허가 하고, 법원의 허가 여부 결정은 공판정 외에서 별도의 결정서를 작성하여 고지하거나 공판정에서 구술로 하고 공판조서에 기재할 수도 있다. 만일 공소장변경허가 여부 결정을 공판정에서 고지하였다면 그 사실은 공판조서의 필요적 기재사항이다(형사소송법 제51조 제2항 제14호). 공소장변경허가신청이 있음에도 공소장변경허가 여부 결정을 명시적으로 하지 않은 채 공판절차를 진행하면 현실적 심판대상이 된 공소사실이 무엇인지 불명확하여 피고인의 방어권 행사에 영향을 줄 수 있으므로 공소장변경허가 여부 결정은 위와 같은 형식으로 명시적인 결정을 하는 것이 바람직하다.

2) 판결 전의 소송절차에 관한 결정에 대하여는 특히 즉시항고를 할 수 있는 경우 외에는 항고를 하지 못하는데(형사소송법 제403조 제1항), 공소사실 또는 적용법조의 추가·철회 또는 변경의 허가에 관한 결정은 판결 전의 소송절차에 관한 결정으로서, 그 결정에 관한 위법이 판결에 영향을 미친 경우에는 그 판결에 대하여 상소를 하는 방법으로만 불복할 수 있다(대법원 1987. 03. 28. 자 87모17 결정, 대법원 2001. 07. 13. 선고 2001도1660 판결 참조).

다. 공판기일의 소송절차로서 판결 기타의 재판을 선고 또는 고지한 사실은 공판조서에 기재되어야 하는데(형사소송법 제51조 제1항, 제2항 제14호), 공판조서의 기재가 명백한 오기인 경우를 제외하고는, 공판기일의 소송절차로서 공판조서에 기재된 것은 조서만으로써 증명하여야 하고 그 증명력은 공판조서 이외의 자료에 의한 반증이 허용되지 않는 절대적인 것이다(대법원 2005. 12. 22. 선고 2005도6557 판결 등 참조). 반면에 어떤 소송절차가 진행된 내용이 공판조서에 기재되지 않았다고 하여 당연히 그 소송절차가 당해 공판기일에 행하여지지 않은 것으로 추정되는 것은 아니고 공판조서에 기재되지 않은 소송절차의 존재가 공판조서에 기재된 다른 내용이나 공판조서 이외의 자료로 증명될 수 있고, 이는 소송법적 사실이므로 자유로운 증명의 대상이 된다.

2. 이 사건의 판단

가. 기록에 의하면, 다음과 같은 사실을 알 수 있다.

1) 검사는 업무상횡령 부분에 대하여 '피고인은 병원을 운영하면서 2017. 5.경부터 2020. 5.경까지 병원 직원인 피해자 11명을 위하여 업무상 보관하는 국민연금법상 연금보험료 중 사업장가입자가 부담할 기여금 및 국민건강보험법상 보험료·노인장기요양보험법상 장기요양보험료 중 직장가입자가 부담하여야 하는 보험료 합계 17,082,860원을 임의로 소비하여 횡령하였다.'고 공소를 제기한 후 범행 병원의 다른 직원 1명에 대한 동일한 보험료 업무상횡령을 추가기소하였다.

2) 제1심법원은 이를 병합하여 12명의 피해자별로 포괄하여 성립하는 수 개의 업무상횡령죄를 상상적 경합관계의 유죄로 판단하였다.

3) 검사는 제1심판결에 대하여 양형부당을 이유로 항소한 다음 원심의 제1회 공판기일이 열리기 전인 2022. 9.경 먼저 기소된 업무상횡령 공소사실과 상상적 경합관계에 있는 다른 직원 5명에 대한 업무상횡령 공소사실을 추가하는 취지임을 밝히며 '피고인은 2017. 5.경부터 2020. 5.경까지 피고인이 운영하던 병원 직원인 피해자 17명을 위하여 업무상 보관하는 국민연금법상 연금보험료 중 사업장가입자가 부담할 기여금 및 국민건강보험법상 보험료·노인장기요양보험법상 장기요양보험료 중 직장가입자가 부담하여야 하는 보험료 합계 22,817,330원을 임의로 소비하여 횡령하였다.'는 내용으로 변경하는 공소장변경허가신청서를 제출하였다. 원심법원은 공소장변경허가신청서 부본을 피고인에게 송달하였다.

4) 원심은 2022. 12.경 제1회 공판기일을 진행하여 변론을 종결하고 검사의 양형부당을 이유로 한 항소를 기각하여 제1심판결을 그대로 유지하였다.

5) 원심은 공판정 외에서 공소장변경허가신청에 대한 결정을 하지 않았을 뿐만 아니라 공판조서 등 기록에 검사의 위 공소장변경허가신청 또는 위 공소장변경허가신청으로 추가하려한 공소사실에 대하여 피고인 측의 의견 제출 등 원심에서 공소장변경허가 여부를 결정한 소송절차가 진행되었다는 내용이 없다.

나. 위와 같은 사실을 앞서 본 법리에 비추어 살펴본다.

1) 원심은 검사의 공소장변경허가신청서 제출에 의한 공소장변경허가신청이 있었음에도 이를 간과하고 허가 여부를 결정하지 않은 채 절차를 진행한 것으로 의심된다.

2) 공소장변경허가신청 전후의 공소사실은 업무상횡령의 피해자 5명을 추가한 부분과 전체 횡령 금액만을 달리할 뿐 그 밖에 횡령의 일시, 장소, 방법 등이 모두 동일하여 그 기본적 사실관계가 동일하므로 공소사실의 동일성을 해하지 않는다. 원심 역시 피해자별로 성립한 수 개의 업무상횡령죄를 상상적 경합관계로 판단한 제1심판결을 그대로 유지하였다.

3) 따라서 원심은 검사가 서면으로 제출한 공소장변경허가신청에 대하여 허가 여부를 결정해야 하고, 나아가 상상적 경합관계에 있는 수죄 가운데 당초 공소를 제기하지 아니한 공소사실을

추가하는 내용의 공소장변경을 허가하여 추가된 공소사실에 대하여 심리·판단했어야 한다. 이러한 조치 없이 검사의 항소를 기각한 것은 필요한 심리를 다하지 않거나 공소장변경에 관한 법리를 오해하여 판결에 영향을 미친 잘못이 있다. 이 점을 지적하는 검사의 상고이유 주장은 이유 있다.

3. 파기의 범위

원심판결 중 업무상횡령 부분은 파기되어야 한다. 그런데 이 부분은 유죄로 인정한 나머지 부분(근로기준법 위반 등)과 형법 제37조 전단의 경합범 관계에 있어 하나의 형이 선고되었으므로, 결국 원심판결 전부가 파기의 대상이 된다.

4. 결 론

원심판결을 파기하고, 사건을 다시 심리·판단하게 하도록 원심법원에 환송하기로 하여, 관여 대법관의 일치된 의견으로 주문과 같이 판결한다.

● 대법원 2023. 06. 29. 선고 2020도3705 판결 [성폭력범죄의처벌등에관한특례법위반(통신매체이용음란)·정보통신망이용촉진및정보보호등에관한법률위반(명예훼손)·모욕·협박]

【판시사항】

포괄일죄 관계인 범행의 일부에 대하여 판결이 확정되거나 약식명령이 확정되었는데 그 사실심 판결선고 시 또는 약식명령 발령 시를 기준으로 그 이전에 이루어진 범행이 포괄일죄의 일부에 해당할 뿐만 아니라 그와 상상적 경합관계에 있는 다른 죄에도 해당하는 경우, 확정된 판결 내지 약식명령의 기판력이 위와 같이 상상적 경합관계에 있는 다른 죄에 대하여도 미치는지 여부(적극)

【판결요지】

포괄일죄 관계인 범행의 일부에 대하여 판결이 확정된 경우에는 사실심 판결선고 시를 기준으로, 약식명령이 확정된 경우에는 약식명령 발령 시를 기준으로, 그 이전에 이루어진 범행에 대하여는 확정판결의 기판력이 미친다. 또한 상상적 경합범 중 1죄에 대한 확정판결의 기판력은 다른 죄에 대하여도 미친다. 따라서 포괄일죄 관계인 범행의 일부에 대하여 판결이 확정되거나 약식명령이 확정되었는데 그 사실심 판결선고 시 또는 약식명령 발령 시를 기준으로 그 이전에 이루어진 범행이 포괄일죄의 일부에 해당할 뿐만 아니라 그와 상상적 경합관계에 있는 다른 죄에도 해당하는 경우에는 확정된 판결 내지 약식명령의 기판력은 위와 같이 상상적 경합관계에 있는 다른 죄에 대하여도 미친다.

【참조조문】 형법 제37조, 제40조, 형사소송법 제326조 제1호
【참조판례】 대법원 1994. 8. 9. 선고 94도1318 판결(공1994하, 2317), 대법원 2006. 11. 23. 선고 2006도6273 판

결, 대법원 2007. 2. 23. 선고 2005도10233 판결, 대법원 2009. 2. 26. 선고 2009도39 판결
【전 문】【피 고 인】피고인 【상 고 인】검사
【원심판결】 서울서부지방법원 2020. 2. 13. 선고 2019노1640 판결,

【주 문】

상고를 기각한다.

【이 유】

상고이유를 판단한다.

1. 포괄일죄 관계인 범행의 일부에 대하여 판결이 확정된 경우에는 사실심 판결선고 시를 기준으로, 약식명령이 확정된 경우에는 약식명령 발령 시를 기준으로, 그 이전에 이루어진 범행에 대하여는 확정판결의 기판력이 미친다(대법원 1994. 08. 09. 선고 94도1318 판결, 대법원 2009. 02. 26. 선고 2009도39 판결 등 참조). 또한 상상적 경합범 중 1죄에 대한 확정판결의 기판력은 다른 죄에 대하여도 미친다(대법원 2007. 02. 23. 선고 2005도10233 판결 등 참조). 따라서 포괄일죄 관계인 범행의 일부에 대하여 판결이 확정되거나 약식명령이 확정되었는데 그 사실심 판결선고 시 또는 약식명령 발령 시를 기준으로 그 이전에 이루어진 범행이 포괄일죄의 일부에 해당할 뿐만 아니라 그와 상상적 경합관계에 있는 다른 죄에도 해당하는 경우에는 확정된 판결 내지 약식명령의 기판력은 위와 같이 상상적 경합관계에 있는 다른 죄에 대하여도 미친다(대법원 2006. 11. 23. 선고 2006도6273 판결 참조).

2. 원심은 판시와 같은 이유로 이 사건 공소사실 중 원심 판시 별지 범죄일람표1 순번 1 내지 7 기재 「성폭력범죄의 처벌 등에 관한 특례법」위반(통신매체이용음란) 부분, 원심 판시 별지 범죄일람표2 순번 2 내지 8 기재 「정보통신망 이용촉진 및 정보보호 등에 관한 법률」위반(명예훼손) 부분, 원심 판시 별지 범죄일람표3 순번 1 내지 4 기재 모욕 부분에 대하여 형사소송법 제326조 제1호의 '확정판결이 있는 때'에 해당한다고 보아 주문 또는 이유에서 면소로 판단하였다. 원심판결 이유를 관련 법리와 기록에 비추어 살펴보면, 원심의 판단에 필요한 심리를 다하지 않은 채 논리와 경험의 법칙을 위반하여 자유심증주의의 한계를 벗어나거나 상상적 경합관계에 관한 법리를 오해한 잘못이 없다.

한편 검사는 원심판결 전부에 대하여 상고하였으나, 유죄 부분에 관하여는 상고장이나 상고이유서에 불복이유를 기재하지 않았다.

3. 그러므로 상고를 기각하기로 하여, 관여 대법관의 일치된 의견으로 주문과 같이 판결한다.

● 대법원 2023. 08. 31. 선고 2023도8024 판결 [특정범죄가중처벌등에관한법률위반(도주치상)·마약류관리에관한법률위반(향정)·도로교통법위반(사고후미조치)·도로교통법위반(무면허운전)]

【판시사항】

[1] 모발감정결과에 기초한 투약가능기간 추정 방법의 문제 및 마약류 투약범죄에서 모발감정결과만을 토대로 마약류 투약기간을 추정하고 유죄로 판단할 때 고려할 사항
[2] 피고인 甲이 마약류취급자가 아님에도 향정신성의약품인 메트암페타민(필로폰)을 물에 희석하여 일회용 주사기에 넣고 주사하는 방법으로 투약했다는 등의 공소사실로 기소된 사안에서, 甲의 모발에 대한 감정에서 필로폰이 검출되었다는 사정과 甲이 사용하던 차량을 압수·수색하여 발견된 주사기에서 필로폰이 검출된 사정만으로 필로폰 투약사실을 유죄로 인정한 원심판단에 증거재판주의, 자유심증주의 원칙을 위반한 잘못이 있다고 한 사례

【판결요지】

[1] 마약류 투약사실을 밝히기 위한 모발감정은 검사 조건 등 외부적 요인에 의한 변수가 작용할 수 있고, 그 결과에 터 잡아 투약가능기간을 추정하는 방법은 모발의 성장속도가 일정하다는 것을 전제로 하고 있으나 실제로는 개인에 따라 적지 않은 차이가 있고, 동일인이라도 모발의 채취 부위, 건강상태 등에 따라 편차가 있으며, 채취된 모발에도 성장기, 휴지기, 퇴행기 단계의 모발이 혼재함으로 인해 정확성을 신뢰하기 어려운 문제가 있다. 또한 모발감정결과에 기초한 투약가능기간의 추정은 수십 일에서 수개월에 걸쳐 있는 경우가 많은데, 마약류 투약범죄의 특성상 그 기간 동안 여러 번의 투약가능성을 부정하기 어려운 점에 비추어 볼 때, 그와 같은 방법으로 추정한 투약가능기간을 공소 제기된 범죄의 범행시기로 인정하는 것은, 피고인의 방어권 행사에 현저한 지장을 초래할 수 있고, 투약 시마다 별개의 범죄를 구성하는 마약류 투약범죄의 성격상 이중기소 여부나 일사부재리의 효력이 미치는 범위를 판단하는 데에도 곤란한 문제가 생길 수 있다. 그러므로 모발감정결과만을 토대로 마약류 투약기간을 추정하고 유죄로 판단하는 것은 신중하여야 한다.

[2] 피고인 甲이 마약류취급자가 아님에도 향정신성의약품인 메트암페타민(이하 '필로폰'이라 한다)을 물에 희석하여 일회용 주사기에 넣고 주사하는 방법으로 투약했다는 등의 공소사실로 기소된 사안에서, 공소사실에 기재된 투약시점 이전에 이루어진 甲의 모발에 대한 1차 감정의뢰회보는 그 이전에 甲이 필로폰을 투약했을 가능성을 뒷받침하는 것이기는 하지만, 길이 4~7cm가량의 모발에 대해 구간별 또는 절단모발로 감정이 이루어지지 않은 이상, 필로폰의 투약시점을 특정할 수 없음은 물론 모근부위부터 어느 정도 범위에서 필로폰이 검출되었는지를 알 수 있는 아무런 증거가 없는 점, 甲의 모발에 대한 2차 감정의뢰회보도 그 이전에 甲이 필로폰을 투약했을 가능성을 뒷받침하는 것이기는 하지만, 1차 감정의뢰회보에서 모근부위부터 최대 7cm까지 필로폰이 검출되었을 가능성이 있는 이상, 공소사실 기재 일시에 필로폰을 투약하지 않았더라도 약 1개월 21일이 경과된 후인 2차 감정의뢰회보에서 모근부위 길이 1cm 지점부터 최대 9cm 지점까지 필로폰이 검출될 가능성이 있기 때문에 길이 6~9cm가량의 모발 모근부위부터 3cm 단위로 절단한 3개 구간에서 모두

필로폰이 검출되었다는 사정만으로는 공소사실 기재 일시에 필로폰을 투약한 점을 뒷받침하는 객관적인 증명력이 있다고 보기 어려운 점, 甲의 소변에 대한 감정의뢰회보에서도 필로폰이 검출되지 않았음은 물론 甲이 사용하던 차량에서 발견된 소형주사기에서도 甲의 사용을 추단케 할 만한 DNA 등이 전혀 검출되지 않은 이상, 차량에서 발견된 소형주사기 및 거기서 필로폰이 검출되었다는 사정이 공소사실을 뒷받침하는 간접사실에 해당한다고 선뜻 단정하기도 어려운 점 등을 종합하면, 甲의 모발에 대한 감정에서 필로폰이 검출되었다는 사정과 甲이 사용하던 차량을 압수·수색하여 발견된 주사기에서 필로폰이 검출된 사정만으로 필로폰 투약 사실을 유죄로 인정한 원심판단에 증거재판주의, 자유심증주의 원칙을 위반한 잘못이 있다고 한 사례.

【참조조문】 [1] 형사소송법 제254조 제4항, 제307조, 제308조, 마약류 관리에 관한 법률 제2조 제3호, 제4조 제1항 제1호, 제60조 제1항 제2호 / [2] 형사소송법 제254조 제4항, 제307조, 제308조, 마약류 관리에 관한 법률 제2조 제3호, 제4조 제1항 제1호, 제60조 제1항 제2호
【참조판례】 [1] 대법원 2017. 3. 15. 선고 2017도44 판결(공2017상, 837)
【전 문】 【피 고 인】 피고인 【상 고 인】 피고인 【변 호 인】 변호사 이민수
【원심판결】 서울북부지방법원 2023. 5. 26. 선고 2022노1130 판결.

【주 문】

원심판결을 파기하고, 사건을 서울북부지방법원에 환송한다.

【이 유】

상고이유를 판단한다.

1. 판시 필로폰 투약의 점에 관한 공소사실 요지

피고인은 마약류취급자가 아님에도 불구하고, 2021. 7. 4.경부터 2021. 8. 5.경까지 사이에 알 수 없는 장소에서 향정신성의약품인 메트암페타민(이하 '필로폰'이라 한다) 약 0.03g 상당을 물에 희석하여 일회용 주사기에 넣고 팔 부분에 주사하는 방법으로 이를 투약하였다.

2. 상고이유 제1점에 대한 판단

원심은 판시와 같은 이유로, 이 부분 공소사실의 일시·장소 및 투약 방법 등에 관한 기재가 피고인의 방어권 행사에 상당한 지장을 초래할 정도로 공소사실이 특정되지 않은 경우에 해당한다고 보기 어렵다는 취지에서 본안판단을 하였다.

원심판결 이유를 관련 법리 및 적법하게 채택된 증거에 비추어 살펴보면, 이 부분 원심의 판단에 공소사실 특정에 관한 법리를 오해함으로써 판결에 영향을 미친 잘못이 없다.

3. 상고이유 제2점에 대한 판단

가. 관련 법리

마약류 투약사실을 밝히기 위한 모발감정은 검사 조건 등 외부적 요인에 의한 변수가 작용할 수 있고, 그 결과에 터 잡아 투약가능기간을 추정하는 방법은 모발의 성장속도가 일정하다는 것을 전제로 하고 있으나 실제로는 개인에 따라 적지 않은 차이가 있고, 동일인이라도 모발의 채취 부위, 건강상태 등에 따라 편차가 있으며, 채취된 모발에도 성장기, 휴지기, 퇴행기 단계의 모발이 혼재함으로 인해 정확성을 신뢰하기 어려운 문제가 있다. 또한 모발감정결과에 기초한 투약가능기간의 추정은 수십 일에서 수개월에 걸쳐 있는 경우가 많은데, 마약류 투약범죄의 특성상 그 기간 동안 여러 번의 투약가능성을 부정하기 어려운 점에 비추어 볼 때, 그와 같은 방법으로 추정한 투약가능기간을 공소 제기된 범죄의 범행시기로 인정하는 것은, 피고인의 방어권 행사에 현저한 지장을 초래할 수 있고, 매 투약 시마다 별개의 범죄를 구성하는 마약류 투약범죄의 성격상 이중기소 여부나 일사부재리의 효력이 미치는 범위를 판단하는 데에도 곤란한 문제가 생길 수 있다. 그러므로 모발감정결과만을 토대로 마약류 투약기간을 추정하고 유죄로 판단하는 것은 신중하여야 한다(대법원 2017. 03. 15. 선고 2017도44 판결 참조).

나. 판 단
1) 원심판결 이유 및 적법하게 채택된 증거에 따르면, 아래의 사정을 알 수 있다.
   가) 서울관악경찰서는 피고인에 대하여 '2020. 1.경, 2020. 4.경 및 2020. 6.경 필로폰 투약의 점'에 관한 피의사실로 수사를 하였고, 2021. 7. 3. 피고인이 사용하던 차량(차량번호 생략) 및 주거지를 압수·수색하였으나, 피의사실에 관한 증거를 발견하지 못하였다.
   나) 서울관악경찰서는 2021. 7. 3. 피고인의 소변과 모발을 압수하여 국립과학수사연구원에 감정을 의뢰하였는데, ① 소변에서는 필로폰이 검출되지 않았고, ② 길이 4~7㎝가량의 모발 약 20㎎에서는 필로폰이 검출되었으나, 모발의 구간별 또는 절단모발로 감정이 이뤄지지는 않았다. 결국 피고인에 대하여 '2020. 1.경, 2020. 4.경 및 2020. 6.경 필로폰 투약의 점'에 관한 피의사실에 관하여 공소가 제기되지 않았다.
   다) 서울도봉경찰서는 2021. 8. 5. 이 사건 공소사실 중 판시 「특정범죄 가중처벌 등에 관한 법률」위반(도주치상)의 점 등 피의사실을 수사하기 위해 위 차량에 대한 압수·수색을 하였는데, 트렁크에서 소형주사기 9개, 알루미늄 호일, 고무호스, 담배 등이 발견되었다.
   라) 서울도봉경찰서는 2021. 8. 24. 판시 필로폰 투약의 점에 관한 수사를 위하여 피고인의 소변과 모발을 압수한 후 국립과학수사연구원에 감정을 의뢰하였는데, ① 소변에서는 필로폰이 검출되지 않았고, ② 길이 6~9㎝가량의 모발 약 90㎎ 중, ㉮ 모근부위에서 길이 약 3㎝까지의 절단모발, ㉯ 모근부위 길이 약 3㎝에서 길이 약 6㎝까지의 절단모발, ㉰ 모근부위 길이 약 6㎝에서 끝까지의 절단모발에서 모두 필로폰이 검출되었다. 한편 압수된 소형주사기 9개 중 사용한 것으로 추정되는 2개에서 필로폰 성분이 검출되었고, 그중 1개에서 '인혈 양성반응'이 나왔으나, 2개 모두에서 피고인의 DNA가 검출되지는 않은 반면 다수인의 DNA가 혼합 검출되었다.
   마) 피고인은 수사과정 이래 원심법정에 이르기까지 일관되게 판시 필로폰 투약의 점을 부인하였고, 수사과정에서 피고인의 양쪽 팔 부분에 대해 여러 차례 근접 촬영이 이루어졌으나 주사 자국이 발견되지는 않았다.
   바) 위 차량은 피고인이 소속된 법인 명의로 등록된 것이었고, 피고인은 일관되게 '이 차량은

아는 지인이 몇 번 빌려가서 운행을 한 적이 있다. 여자 친구인 공소외인도 탑승하기도 해서, 차량 내 물품 중 일부는 공소외인의 것이다.'라는 취지로 진술하였는바, 이는 위 차량을 자신이 독점적으로 사용한 것이 아니라는 것이다. 실제로 서울관악경찰서 및 서울도봉경찰서에서 실시한 위 차량에 대한 압수·수색과정에서 공소외인이 사용한 것으로 추정되는 지갑, 신분증, 신발 등 여성용 소지품이 다수 발견되었고, 피고인과 공소외인이 함께 위 차량에 탑승한 상태가 촬영된 CCTV도 확인되었다.

사) 이 부분 공소사실의 투약 일시는 서울관악경찰서가 피고인의 소변·모발을 압수한 다음 날부터 서울도봉경찰서가 위 차량을 수색한 날까지로 특정되어, 원심 공판과정에서 공소장변경절차가 이루어졌다.

2) 위와 같은 사정을 관련 법리 및 기록에 비추어 보면, 이 사건 공소사실 중 판시 필로폰 투약의 점을 유죄로 본 원심의 판단은 다음과 같은 이유에서 수긍할 수 없다.

가) 서울관악경찰서의 2021. 7. 3. 자 압수·수색에 따른 피고인의 모발에 대한 감정의뢰회보는 그 이전에 피고인이 필로폰을 투약했을 가능성을 뒷받침하는 것이기는 하지만, 길이 4~7㎝가량의 모발에 대해 구간별 또는 절단모발로 감정이 이뤄지지 않은 이상, 필로폰의 투약시점을 특정할 수 없음은 물론 모근부위부터 어느 정도의 범위에서 필로폰이 검출되었는지를 알 수 있는 아무런 증거도 없다.

나) 서울도봉경찰서의 2021. 8. 24. 자 압수·수색에 따른 피고인의 모발에 대한 감정의뢰회보도 그 이전에 피고인이 필로폰을 투약했을 가능성을 뒷받침하는 것이기는 하지만, 길이 6~9㎝가량의 모발의 모근부위부터 3㎝ 단위로 절단한 3개 구간에서 모두 필로폰이 검출되었다는 사정만으로는 이 부분 공소사실인 '2021. 7. 4.경부터 2021. 8. 5.경까지 필로폰 투약의 점'을 뒷받침하는 객관적인 증명력이 있다고 보기는 어렵다. 왜냐하면, 개인의 연령·성별·인종·영양상태 등에 따라 차이가 있지만 모발이 평균적으로 한 달에 1㎝ 정도 자란다고 알려져 있는바, 서울관악경찰서의 2021. 7. 3. 자 압수·수색에 따른 피고인의 모발에 대한 감정의뢰회보에 따르면, 피고인의 일부 모발에 대해 모근부위부터 최대 7㎝까지 필로폰이 검출되었을 가능성이 있는 이상, 이 부분 공소사실 기재 일시에 필로폰을 투약하지 않았더라도 약 1개월 21일이 경과된 후인 2021. 8. 24. 자 압수·수색에 따라 모근부위 길이 1㎝ 지점부터 최대 9㎝ 지점까지 필로폰이 검출될 가능성이 있기 때문이다. 즉, 모근부위 길이 1㎝ 지점부터 최대 9㎝ 지점까지 필로폰이 검출되었다면, 앞서 본 2021. 8. 24. 자 압수·수색에 따른 피고인의 모발에 대한 감정의뢰회보와 같이 ㉮ 모근부위에서 길이 약 3㎝까지의 절단모발, ㉯ 모근부위 길이 약 3㎝에서 길이 약 6㎝까지의 절단모발, ㉰ 모근부위 길이 약 6㎝에서 끝까지의 절단모발에서 모두 필로폰이 검출된 결과와도 배치된다고 보기 어려운바, 그렇다면 서울도봉경찰서의 2021. 8. 24. 자 압수·수색에 따른 피고인의 모발에 대한 감정의뢰회보는 서울관악경찰서의 2021. 7. 3. 자 압수·수색에 따른 피고인의 모발에 대한 감정의뢰회보와 사실상 동일한 내용에 불과한 것일 가능성을 배제하기 어렵다.

다) 더욱이 이 부분 공소사실에 기재된 투약 방법은 '약 0.03g 상당을 물에 희석하여 일회용 주사기에 넣고 팔 부분에 주사하였다.'는 취지이지만, 피고인이 일관되게 이를 부인하는 상황에서 위와 같은 투약 방법을 인정할 만한 객관적인 증거가 보이지 않는 반면, 앞서

본 바와 같이 2021. 8. 24.자 압수·수색에 따른 피고인의 소변에 대한 감정의뢰회보에서도 필로폰이 검출되지 않았음은 물론 위 차량에서 발견된 소형주사기에서도 피고인의 사용을 추단케 할 만한 DNA 등이 전혀 검출되지 않았고, 수사과정에서 피고인의 양쪽 팔 부분에 대해 여러 차례 근접 촬영이 이루어졌음에도 주사 자국조차 발견되지 못한 점 등은 오히려 피고인의 주장에 부합하는 정황이라고 볼 여지가 크다. 또한 압수물 중 알루미늄 호일, 고무호스 등을 피고인이 필로폰을 투약하는 데 사용하였다고 볼 만한 별다른 증거도 없다.

라) 피고인이 일관되게 위 차량을 여러 사람이 사용하였다고 주장하는 상황에서, 피고인만이 이를 독점적으로 사용하였다고 볼 만한 객관적인 증거가 없는 반면, 앞서 본 바와 같이 여자 친구 공소외인이 위 차량에 탑승하거나 이를 사용하였다고 볼 만한 객관적인 증거와 함께 압수된 소형주사기에서도 다수인의 DNA가 혼합 검출된 점에 비추어 피고인 이외의 다수인이 위 차량을 사용하였을 가능성이 상당히 높은 이상, 위 차량에서 발견된 소형주사기 및 거기서 필로폰이 검출되었다는 사정이 이 부분 공소사실을 뒷받침하는 간접사실에 해당한다고 선뜻 단정하기도 어렵다.

3) 결국 이 부분 원심의 판단에는 증거재판주의, 자유심증주의 원칙에 관한 법리를 위반함으로써 판결에 영향을 미친 잘못이 있다. 그렇다면 원심판결 중 판시 필로폰 투약의 점에 관한 부분은 파기되어야 하는데, 이 부분은 유죄로 인정된 나머지 부분과 실체적 경합 관계에 있어 하나의 형이 선고되었으므로, 결국 원심판결은 모두 파기되어야 한다.

4. 결론

그러므로 원심판결을 파기하고, 사건을 다시 심리·판단하도록 원심법원에 환송하기로 하여, 관여 대법관의 일치된 의견으로 주문과 같이 판결한다.

제4장 상소심 절차

Ⓑ 대법원 2020. 12. 24. 선고 2020도10778 판결 [주식회사의외부감사에관한법률위반]

【판시사항】

항소심에서 변호인이 피고인을 신문하겠다는 의사를 표시하였음에도 변호인에게 일체의 피고인신문을 허용하지 않은 재판장의 조치가 소송절차의 법령위반으로서 상고이유에 해당하는지 여부(적극)

【판결요지】

> 형사소송법 제370조, 제296조의2 제1항 본문은 "검사 또는 변호인은 증거조사 종료 후에 순차로 피고인에게 공소사실 및 정상에 관하여 필요한 사항을 신문할 수 있다."라고 규정하고 있으므로, 변호인의 피고인신문권은 변호인의 소송법상 권리이다. 한편 재판장은 검사 또는 변호인이 항소심에서 피고인신문을 실시하는 경우 제1심의 피고인신문과 중복되거나 항소이유의 당부를 판단하는 데 필요 없다고 인정하는 때에는 그 신문의 전부 또는 일부를 제한할 수 있으나(형사소송규칙 제156조의6 제2항) 변호인의 본질적 권리를 해할 수는 없다(형사소송법 제370조, 제299조 참조). 따라서 재판장은 변호인이 피고인을 신문하겠다는 의사를 표시한 때에는 피고인을 신문할 수 있도록 조치하여야 하고, 변호인이 피고인을 신문하겠다는 의사를 표시하였음에도 변호인에게 일체의 피고인신문을 허용하지 않은 것은 변호인의 피고인신문권에 관한 본질적 권리를 해하는 것으로서 소송절차의 법령위반에 해당한다.

【참조조문】 형사소송법 제296조의2 제1항, 제299조, 제370조, 제383조 제1호, 형사소송규칙 제156조의6 제1항, 제2항
【전　　문】【피 고 인】 피고인 【상 고 인】 피고인
【변 호 인】 법무법인(유한) 클라스 담당변호사 박주현
【원심판결】 전주지법 2020. 7. 15. 선고 2020노149 판결

【주　　문】

원심판결을 파기하고, 사건을 전주지방법원에 환송한다.

【이　　유】

상고이유를 판단한다.

1. 형사소송법 제370조, 제296조의2 제1항 본문은 "검사 또는 변호인은 증거조사 종료 후에 순차로 피고인에게 공소사실 및 정상에 관하여 필요한 사항을 신문할 수 있다."라고 규정하고 있으므로,

변호인의 피고인신문권은 변호인의 소송법상 권리이다. 한편 재판장은 검사 또는 변호인이 항소심에서 피고인신문을 실시하는 경우 제1심의 피고인신문과 중복되거나 항소이유의 당부를 판단하는 데 필요 없다고 인정하는 때에는 그 신문의 전부 또는 일부를 제한할 수 있으나(형사소송규칙 제156조의6 제2항) 변호인의 본질적 권리를 해할 수는 없다(형사소송법 제370조, 제299조 참조). 따라서 재판장은 변호인이 피고인을 신문하겠다는 의사를 표시한 때에는 피고인을 신문할 수 있도록 조치하여야 하고, 변호인이 피고인을 신문하겠다는 의사를 표시하였음에도 변호인에게 일체의 피고인신문을 허용하지 않은 것은 변호인의 피고인신문권에 관한 본질적 권리를 해하는 것으로서 소송절차의 법령위반에 해당한다.

2. 기록에 의하면, 원심 변호인은 2020. 6. 17. 제2회 공판기일에 증거조사가 종료되자 재판장에게 피고인신문을 원한다는 의사를 표시하였으나, 재판장은 피고인신문을 불허하고 변호인에게 주장할 내용을 변론요지서로 제출할 것을 명하면서 변론을 종결하고 2020. 7. 15. 제3회 공판기일에 판결을 선고한 사실을 알 수 있다.

3. 위 사실관계를 앞서 본 법리에 비추어 살펴보면, 변호인이 피고인을 신문하겠다는 의사를 표시하였음에도 불구하고 피고인신문절차를 진행하지 않은 채 변론을 종결하고 판결을 선고한 원심판결에는 소송절차에 관한 법령을 위반한 잘못이 있다. 이 점을 지적하는 상고이유 주장은 이유 있다.

4. 그러므로 나머지 상고이유에 관한 판단을 생략한 채 원심판결을 파기하고, 사건을 다시 심리·판단하도록 원심법원에 환송하기로 하여, 관여 대법관의 일치된 의견으로 주문과 같이 판결한다.

© 대법원 2021. 01. 14. 자 2020모3694 결정 [항소기각결정에대한재항고]

【판시사항】

[1] 항소이유서 제출기간 및 기간의 말일이 공휴일 또는 토요일에 해당하는 경우, 그 날을 항소이유서 제출기간에 산입하는지 여부(소극) / 이때 기간의 말일이 공휴일인지 결정하는 기준 및 '관공서의 공휴일에 관한 규정' 제2조 제11호에서 정한 '기타 정부에서 수시 지정하는 날'인 임시공휴일이 공휴일에 해당하는지 여부(적극)

[2] 피고인이 제1심판결에 대해 항소를 제기하여 2020. 7. 27. 원심으로부터 소송기록접수통지서를 송달받고 2020. 8. 18. 항소이유서를 제출하였는데, 원심이 국선변호인을 선정하거나 피고인이 사선변호인을 선임한 바는 없으며, 정부는 2020. 7.경 2020. 8. 17.을 임시공휴일로 지정한 사안에서, 피고인이 소송기록접수통지를 받은 2020. 7. 27.부터 계산한 항소이유서 제출기간의 말일인 2020. 8. 16.은 일요일이고, 다음 날인 2020. 8. 17. 역시 임시공휴일로서 위 기간에 산입되지 아니하여 그 다음 날인 2020. 8. 18.이 위 기간의 말일이 되므로, 피고인의 항소이유서는 제출기간 내에 적법하게 제출되었다고 한 사례

【결정요지】

[1] 형사소송법 제361조의2와 제361조의3 제1항에 의하면, 항소법원이 기록의 송부를 받은 때에는 즉시 항소인과 그 상대방에게 통지하여야 하고, 이 통지 전에 변호인의 선임이 있는 때에는 변호인에게도 통지를 하여야 하며, 항소인 또는 변호인은 이 통지를 받은 날로부터 20일 이내에 항소이유서를 제출하도록 되어 있다. 그리고 같은 법 제66조 제3항에 의하면, 시효와 구속의 기간을 제외하고는 기간의 말일이 공휴일 또는 토요일에 해당하는 날은 항소이유서 제출기간에 산입하지 아니하도록 되어 있다.

이때 기간의 말일이 공휴일인지 여부는 '공휴일'에 관하여 규정하고 있는 '관공서의 공휴일에 관한 규정' 제2조 각호에 해당하는지에 따라 결정되고, 같은 조 제11호가 정한 '기타 정부에서 수시 지정하는 날'인 임시공휴일 역시 공휴일에 해당한다.

[2] 피고인이 제1심판결에 대해 항소를 제기하여 2020. 7. 27. 원심으로부터 소송기록접수통지서를 송달받고 2020. 8. 18. 항소이유서를 제출하였는데, 원심이 국선변호인을 선정하거나 피고인이 사선변호인을 선임한 바는 없으며, 정부는 2020. 7.경 국무회의의 심의·의결, 대통령의 재가 및 관보 게재를 통해 2020. 8. 17.을 임시공휴일로 지정한 사안에서, 피고인이 소송기록접수통지를 받은 2020. 7. 27.부터 계산한 항소이유서 제출기간의 말일인 2020. 8. 16.은 일요일이고, 다음 날인 2020. 8. 17. 역시 임시공휴일로서 위 기간에 산입되지 아니하여 그 다음 날인 2020. 8. 18.이 위 기간의 말일이 되므로, 2020. 8. 18. 제출된 피고인의 항소이유서는 제출기간 내에 적법하게 제출되었다는 이유로, 이와 달리 보아 피고인의 항소를 기각한 원심결정에 항소이유서 제출기간에 관한 법리오해의 잘못이 있다고 한 사례.

【참조조문】 [1] 형사소송법 제66조 제3항, 제361조의2, 제361조의3 제1항, 관공서의 공휴일에 관한 규정 제2조 제11호 / [2] 형사소송법 제66조 제3항, 제361조의2, 제361조의3 제1항, 관공서의 공휴일에 관한 규정 제2조 제11호
【참조판례】 [1] 대법원 1998. 3. 13. 선고 98재다53 판결(공1998상, 1059), 대법원 2008. 6. 12.자 2006마851 결정
【전　　문】　【피 고 인】 피고인　【재항고인】 피고인
【원심결정】 서울남부지법 2020. 10. 23.자 2020노1398 결정

【주　문】

원심결정을 파기하고, 사건을 서울남부지방법원에 환송한다.

【이　유】

재항고이유에 대하여 판단한다.

1. 원심은 피고인이 적법한 제출기간 내에 항소이유서를 제출하지 아니하였고 항소장에도 항소이유를 기재하지 않았으며 직권파기사유가 없다는 이유로 피고인의 항소를 기각하는 원심결정을 한 사실을 알 수 있다.

2. 그러나 원심판단은 다음과 같은 이유로 수긍하기 어렵다.

가. 형사소송법 제361조의2와 제361조의3 제1항에 의하면, 항소법원이 기록의 송부를 받은 때에는 즉시 항소인과 그 상대방에게 통지하여야 하고, 이 통지 전에 변호인의 선임이 있는 때에는 변호인에게도 통지를 하여야 하며, 항소인 또는 변호인은 이 통지를 받은 날로부터 20일 이내에 항소이유서를 제출하도록 되어 있다. 그리고 같은 법 제66조 제3항에 의하면, 시효와 구속의 기간을 제외하고는 기간의 말일이 공휴일 또는 토요일에 해당하는 날은 항소이유서 제출기간에 산입하지 아니하도록 되어 있다.

이때 기간의 말일이 공휴일인지 여부는 '공휴일'에 관하여 규정하고 있는 '관공서의 공휴일에 관한 규정' 제2조 각호에 해당하는지 여부에 따라 결정되고, 같은 조 제11호가 정한 '기타 정부에서 수시 지정하는 날'인 임시공휴일 역시 공휴일에 해당하는바(대법원 1998. 03. 13. 선고 98재다53 판결, 대법원 2008. 06. 12. 자 2006마851 결정 등 참조), 정부는 2020. 7.경 국무회의의 심의·의결, 대통령의 재가 및 관보 게재를 통해 2020. 8. 17.을 임시공휴일로 지정하였다(2020. 7. 22.자 인사혁신처 공고 제2020-378호).

나. 기록에 의하면, 피고인이 2020. 7. 8. 제1심판결을 선고받고, 2020. 7. 14. 항소를 제기하였으며, 2020. 7. 27. 원심으로부터 소송기록접수통지서를 송달받고, 2020. 8. 18. 항소이유서를 제출한 사실, 원심이 국선변호인을 선정하거나 피고인이 사선변호인을 선임한 바는 없는 사실 등을 알 수 있다.

이를 앞서 본 법리에 비추어 살펴보면, 피고인이 소송기록접수통지를 받은 2020. 7. 27.부터 계산한 항소이유서 제출기간의 말일인 2020. 8. 16.은 일요일이고, 그 다음 날인 2020. 8. 17. 역시 임시공휴일로서 위 기간에 산입되지 아니하므로, 그 다음 날인 2020. 8. 18.이 위 기간의 말일이 되며, 따라서 2020. 8. 18. 제출된 피고인의 항소이유서는 그 제출기간 내에 적법하게 제출되었다고 판단된다.

다. 그럼에도 원심은 피고인이 제출한 항소이유서가 제출기간 내에 적법하게 제출되지 않은 것으로 보아 그 항소이유에 대하여 판단하지 아니한 채 피고인의 항소를 기각하는 결정을 하였는바, 이러한 원심결정에는 항소이유서 제출기간에 관한 법리를 오해하여 재판에 영향을 미친 잘못이 있다. 이 점을 지적하는 재항고이유는 이유 있다.

3. 그러므로 원심결정을 파기하고 사건을 다시 심리·판단하도록 원심법원에 환송하기로 하여, 관여 대법관의 일치된 의견으로 주문과 같이 결정한다.

ⓑ 대법원 2021. 05. 06. 선고 2021도1282 판결 [사기]

【판시사항】

[1] '불이익변경의 금지'에 관한 형사소송법 제368조, 제399조의 취지 / 피고인만이 상소한 사건에서 상소심이 원심법원이 인정한 범죄사실의 일부를 무죄로 인정하면서도 피고인에 대하여 원심법원과 동일한 형을 선고한 것이 불이익변경금지원칙에 위배되는지 여부(소극)
[2] 피고인만의 상고에 의한 상고심에서 원심판결을 파기하고 사건을 항소심에 환송한 경우, 불이익변경금지 원칙상 환송 후 원심법원은 파기된 환송 전 원심판결보다 중한 형을 선고할 수 없는지 여부(적극)

【판결요지】

[1] '불이익변경의 금지'에 관한 형사소송법 제368조에서 피고인이 항소한 사건과 피고인을 위하여 항소한 사건에 대하여는 원심판결의 형보다 중한 형을 선고하지 못한다고 규정하고 있고, 위 법률조항은 형사소송법 제399조에 의하여 상고심에도 준용된다. 이러한 불이익변경금지 원칙은, 상소심에서 원심판결의 형보다 중한 형을 선고받을 수 있다는 우려로 말미암아 피고인의 상소권 행사가 위축되는 것을 막기 위한 정책적 고려의 결과로 입법자가 채택하였다. 위 법률조항의 문언이 '원심판결의 형보다 중한 형'으로의 변경만을 금지하고 있을 뿐이고, 상소심은 원심법원이 형을 정함에 있어서 전제로 삼았던 사정이나 견해에 반드시 구속되는 것은 아닌 점 등에 비추어 보면, 피고인만이 상소한 사건에서 상소심이 원심법원이 인정한 범죄사실의 일부를 무죄로 인정하면서도 피고인에 대하여 원심법원과 동일한 형을 선고하였다고 하여 그것이 불이익변경금지 원칙을 위반하였다고 볼 수 없다.
[2] 피고인만의 상고에 의한 상고심에서 원심판결을 파기하고 사건을 항소심에 환송한 경우 불이익변경금지 원칙은 환송 전 원심판결과의 관계에서도 적용되어 환송 후 원심법원은 파기된 환송 전 원심판결보다 중한 형을 선고할 수 없다.

【참조조문】 [1] 형사소송법 제368조, 제399조 / [2] 형사소송법 제368조, 제399조
【참조판례】 [1] 대법원 2003. 2. 11. 선고 2002도5679 판결(공2003상, 851) / [2] 대법원 1992. 12. 8. 선고 92도2020 판결(공1993상, 496), 대법원 2006. 5. 26. 선고 2005도8607 판결
【전　　문】　【피 고 인】 피고인　　【상 고 인】 피고인　　【변 호 인】 변호사 박철현
【환송판결】 대법원 2020. 10. 15. 선고 2020도9688 판결
【원심판결】 대전지법 2021. 1. 14. 선고 2020노3348 판결

【주　문】

상고를 기각한다.

【이   유】

상고이유(상고이유서 제출기간이 지난 후에 제출된 상고이유보충서의 기재는 상고이유를 보충하는 범위 내에서)를 판단한다.

1. '불이익변경의 금지'에 관한 형사소송법 제368조에서 피고인이 항소한 사건과 피고인을 위하여 항소한 사건에 대하여는 원심판결의 형보다 중한 형을 선고하지 못한다고 규정하고 있고, 위 법률조항은 형사소송법 제399조에 의하여 상고심에도 준용된다. 이러한 불이익변경금지 원칙은, 상소심에서 원심판결의 형보다 중한 형을 선고받을 수 있다는 우려로 말미암아 피고인의 상소권 행사가 위축되는 것을 막기 위한 정책적 고려의 결과로 입법자가 채택하였다. 위 법률조항의 문언이 '원심판결의 형보다 중한 형'으로의 변경만을 금지하고 있을 뿐이고, 상소심은 원심법원이 형을 정함에 있어서 전제로 삼았던 사정이나 견해에 반드시 구속되는 것은 아닌 점 등에 비추어 보면, 피고인만이 상소한 사건에서 상소심이 원심법원이 인정한 범죄사실의 일부를 무죄로 인정하면서도 피고인에 대하여 원심법원과 동일한 형을 선고하였다고 하여 그것이 불이익변경금지 원칙을 위반하였다고 볼 수 없다(대법원 2003. 02. 11. 선고 2002도5679 판결 등 참조).

   한편 피고인만의 상고에 의한 상고심에서 원심판결을 파기하고 사건을 항소심에 환송한 경우 불이익변경금지 원칙은 환송 전 원심판결과의 관계에서도 적용되어 환송 후 원심법원은 파기된 환송 전 원심판결보다 중한 형을 선고할 수 없다(대법원 1992. 12. 08. 선고 92도2020 판결 등 참조).

2. 앞서 본 법리를 기록에 비추어 살펴본다. 기록에 의하면, 환송 전 원심판결이 배임 부분(원심 판시 2017고단2343)과 사기 부분(원심 판시 2017고단682, 2017고단800)에 대하여 징역 4년을 선고하였고, 이에 대하여 피고인만 상고한 결과 상고심에서 원심판결 중 위 각 부분을 파기하고 그 부분 사건을 항소심에 환송한다는 판결이 선고되었으며, 환송 후 원심은 파기환송의 취지에 따라 배임 부분을 무죄로 판단하고 나머지 사기 부분만 유죄로 판단하면서 이에 대하여 환송 전 원심판결과 동일한 징역 4년을 선고하였다. 환송 전 원심판결보다 중한 형을 선고하지 않은 이상, 위와 같은 환송 후 원심의 판단에 불이익변경금지 원칙을 위반하거나 환송판결의 기속력에 관한 법리를 오해한 잘못이 없다. 이를 다투는 상고이유의 주장은 이유 없다.

3. 그러므로 상고를 기각하기로 하여, 관여 대법관의 일치된 의견으로 주문과 같이 판결한다.

⑧ 대법원 2022. 02. 18. 자 2022어3 결정 [항고기각결정에대한재항고]

【판시사항】

가정폭력범죄의 처벌 등에 관한 특례법에 따른 가정보호처분 결정에 대한 항고에 형사소송법 제407조가 준용되는지 여부(소극)

【판결요지】

가정폭력범죄의 처벌 등에 관한 특례법(이하 '가정폭력처벌법'이라 한다)은 제2장에 제4조부터 제54조까지의 규정을 두고 가정보호사건에 관하여 정하고 있는데, 제18조의2는 "이 장에서 따로 정하지 아니한 사항에 대하여는 가정보호사건의 성질에 위배되지 아니하는 범위에서 형사소송법을 준용한다."라고 규정하고 있다. 가정폭력처벌법 제2장의 규정에 따르면, 판사는 가정보호사건을 심리한 결과 보호처분이 필요하다고 인정하는 경우에는 결정으로 보호처분을 할 수 있고(제40조 제1항), 이와 같은 보호처분결정에 영향을 미칠 법령 위반이 있거나 중대한 사실 오인이 있는 경우 또는 그 결정이 현저히 부당한 경우에는 검사, 가정폭력행위자 등이 가정법원 본원 합의부에 항고할 수 있는데(제49조 제1항), 항고는 그 결정을 고지받은 날부터 7일 이내에 하여야 한다(제49조 제3항). 항고는 항고장을 원심법원에 제출하는 방법으로 하고(제50조 제1항), 항고장을 받은 법원은 3일 이내에 의견서를 첨부하여 기록을 항고법원에 보내야 하며(제50조 제2항), 항고법원은 항고의 절차가 법률에 위반되거나 항고가 이유 없다고 인정하는 경우에는 결정으로 항고를 기각하여야 한다(제51조 제1항).

위와 같은 가정폭력처벌법 제2장의 규정 체계와 내용을 살펴보면, 가정폭력처벌법은 가정보호처분 결정에 대한 항고장이 제출된 경우 항고장을 받은 법원은 그 항고의 절차가 법률에 위반되는지 가릴 필요 없이 3일 이내에 의견서를 첨부하여 기록을 항고법원에 보내도록 정하고 있고, 항고의 제기가 법률상의 방식에 위반하거나 항고권 소멸 후인 경우와 같이 항고의 절차가 법률에 위반되는 경우에는 항고법원이 항고기각결정을 하도록 정하고 있음을 알 수 있다. 이와 같이 가정폭력처벌법이 가정보호처분결정에 대한 항고에 관하여 따로 정하고 있는 이상, 가정보호처분 결정에 대한 항고에는 형사소송법 제407조의 원심법원의 항고기각 결정에 관한 규정이 준용될 여지가 없다.

【참조조문】 가정폭력범죄의 처벌 등에 관한 특례법 제18조의2, 제40조 제1항, 제49조제1항, 제3항, 제50조, 제51조 제1항, 형사소송법 제405조, 제407조
【전 문】 【재항고인】 행위자
【원심결정】 울산가법 2021. 12. 20. 자 2021서1 결정

【주 문】

원심결정을 파기하고, 제1심의 2020. 12. 28. 자 항고기각 결정을 취소한다.

행위자의 2020. 12. 24. 자 항고를 기각한다.

【이 유】

직권으로 판단한다.

1. 「가정폭력범죄의 처벌 등에 관한 특례법」(이하 '가정폭력처벌법'이라 한다)은 제2장에 제4조부터 제54조까지의 규정을 두고 가정보호사건에 관하여 정하고 있는데, 제18조의2는 "이 장에서 따로 정하지 아니한 사항에 대하여는 가정보호사건의 성질에 위배되지 아니하는 범위에서 형사소송법을 준용한다."라고 규정하고 있다. 가정폭력처벌법 제2장의 규정에 따르면, 판사는 가정보호사건을 심리한 결과 보호처분이 필요하다고 인정하는 경우에는 결정으로 보호처분을 할 수 있고(제40조 제1항), 이와 같은 보호처분 결정에 영향을 미칠 법령 위반이 있거나 중대한 사실 오인이 있는 경우 또는 그 결정이 현저히 부당한 경우에는 검사, 가정폭력행위자 등이 가정법원 본원 합의부에 항고할 수 있는데(제49조 제1항), 항고는 그 결정을 고지받은 날부터 7일 이내에 하여야 한다(제49조 제3항). 항고는 항고장을 원심법원에 제출하는 방법으로 하고(제50조 제1항), 항고장을 받은 법원은 3일 이내에 의견서를 첨부하여 기록을 항고법원에 보내야 하며(제50조 제2항), 항고법원은 항고의 절차가 법률에 위반되거나 항고가 이유 없다고 인정하는 경우에는 결정으로 항고를 기각하여야 한다(제51조 제1항).

위와 같은 가정폭력처벌법 제2장의 규정 체계와 내용을 살펴보면, 가정폭력처벌법은 가정보호처분 결정에 대한 항고장이 제출된 경우 항고장을 받은 법원은 그 항고의 절차가 법률에 위반되는지 가릴 필요 없이 3일 이내에 의견서를 첨부하여 기록을 항고법원에 보내도록 정하고 있고, 항고의 제기가 법률상의 방식에 위반하거나 항고권 소멸 후인 경우와 같이 항고의 절차가 법률에 위반되는 경우에는 항고법원이 항고기각 결정을 하도록 정하고 있음을 알 수 있다. 이와 같이 가정폭력처벌법이 가정보호처분 결정에 대한 항고에 관하여 따로 정하고 있는 이상, 가정보호처분 결정에 대한 항고에는 형사소송법 제407조의 원심법원의 항고기각 결정에 관한 규정이 준용될 여지가 없다.

2. 기록에 따르면 다음과 같은 사실을 알 수 있다.

제1심은 제1차 심리기일(2020. 12. 10. 15:20)에 행위자와 피해자의 진술을 청취한 다음 심리를 종결하고 행위자에게 가정폭력치료강의 40시간의 수강을 명하는 결정(이하 '이 사건 보호처분 결정'이라 한다)을 고지하면서, 항고기간, 항고장 제출법원 및 항고법원을 고지하였다. 행위자는 2020. 12. 24. 제1심법원에 이 사건 보호처분 결정에 대한 항고장을 제출하였다(이하 '1차 항고'라 한다). 제1심은 2020. 12. 28. '행위자의 항고장은 항고기간이 지난 후에 제출되었음이 명백하다.'는 이유로 가정폭력처벌법 제18조의2, 형사소송법 제407조를 적용하여 결정으로 행위자의 1차 항고를 기각하였다. 행위자는 2021. 1. 4. 제1심법원의 1차 항고기각 결정을 송달받고, 2021. 1. 19. 이에 대하여 항고하였고(이하 '2차 항고'라 한다), 원심은 2021. 12. 20. '행위자의 2차 항고는 즉시항고기간이 지난 후 제기된 것이어서 부적법하다.'는 이유로 2차 항고를 기각하였다. 행위자는 2021. 12. 24. 원심결정을 송달받고, 2021. 12. 28. 이에 대하여 재항고하였다.

3. 이러한 사실관계를 앞서 본 법리에 비추어 살펴본다.

제1심이 1차 항고장을 제출받고도 의견서를 첨부하여 기록을 원심법원에 보내지 않고 2020. 12.

28. 직접 결정으로 1차 항고를 기각한 것은 가정폭력처벌법 제50조 제2항, 제51조 제1항을 위반한 것이다. 행위자의 2차 항고로 기록을 송부받은 원심은 제1심의 위법한 항고기각 결정을 취소하고 스스로 1차 항고의 적법 여부를 판단하였어야 함에도, 제1심의 2020. 12. 28. 자 1차 항고기각 결정이 적법하다는 것을 전제로 2차 항고가 즉시항고기간이 지난 다음 제기되어 부적법하다고 보아 2차 항고를 기각하였다. 이와 같은 원심의 판단에는 가정폭력처벌법 제51조 제1항을 위반한 잘못이 있다.

4. 그러므로 원심결정을 파기하되, 이 사건은 대법원에서 직접 재판하기에 충분하므로 자판하기로 한다. 제1심의 1차 항고기각 결정은 심급관할을 위반하여 위법하므로 이를 취소하고, 행위자의 1차 항고는 항고기간이 지난 다음 제기된 것이어서 부적법하므로 이를 기각하기로 하여, 관여 대법관의 일치된 의견으로 주문과 같이 결정한다.

⑧ 대법원 2022. 04. 28. 선고 2021도16719, 2021전도165, 2021보도54 판결 [살인[예비적죄명: 아동학대범죄의처벌등에관한특례법위반(아동학대치사)]·아동복지법위반(상습아동학대)·아동복지법위반(상습아동유기·방임)·아동복지법위반(아동학대)·아동복지법위반(아동유기·방임)·부착명령·보호관찰명령]

【판시사항】

형사소송법 제383조 제4호 후단에서 정한 양형부당의 상고이유는 10년 이상의 징역이나 금고 등의 형을 선고받은 피고인의 이익을 위한 것인지 여부(적극) / 검사가 피고인에게 불리하게 원심의 양형이 가볍다거나 원심이 양형의 전제사실을 인정하는 데 자유심증주의의 한계를 벗어난 잘못이 있다는 사유를 상고이유로 주장할 수 있는지 여부(소극)

【판결요지】

형사소송법 제383조 제4호 후단은 '사형, 무기 또는 10년 이상의 징역이나 금고가 선고된 사건에서 형의 양정이 심히 부당하다고 인정할 현저한 사유가 있는 때'를 원심판결에 대한 상고이유로 할 수 있다고 정한다.

상고심의 본래 기능은 하급심의 법령위반을 사후에 심사하여 잘못을 바로잡음으로써 법령 해석·적용의 통일을 도모하는 것이고, 형사소송법은 상고심을 원칙적으로 법률심이자 사후심으로 정하고 있다. 그런데도 형사소송법이 양형부당을 상고이유로 삼을 수 있도록 한 이유는 무거운 형이라고 할 수 있는 사형, 무기 또는 10년 이상의 징역이나 금고를 선고받은 피고인의 이익을 한층 두텁게 보호하고 양형문제에 관한 권리구제를 최종적으로 보장하려는 데 있다.

원심의 양형이 가볍다는 이유로 상고를 허용할 필요성은 10년 이상의 징역이나 금고 등의 형이 선고된 사건보다 10년 미만의 징역이나 금고 등의 형이 선고된 사건이 더 클 수 있다. 형사소송법 제383조 제4호 후단에 따르더라도 10년 미만의 징역이나 금고 등의 형이 선고된 사건에서 검사는 원심의 양형이 가볍다는 이유로 상고할 수 없다. 그런데도 그보다 중한 형인 10년 이상의 징역이나 금고 등이 선고된 사건에서는 검사가 위와 같은 이유로 상고할 수 있다고 보는 것은 균형이 맞지 않는다. 이러한 사정에 비추어 형사소송법 제383조 제4호 후단이 정한 양형부당의 상고이유는 10년 이상의 징역이나 금고 등의 형을 선고받은 피고인의 이익을 위한 것으로 볼 수 있다.

따라서 검사는 피고인에게 불리하게 원심의 양형이 가볍다거나 원심이 양형의 전제사실을 인정하는 데 자유심증주의의 한계를 벗어난 잘못이 있다는 사유를 상고이유로 주장할 수 없다.

【참조조문】 형사소송법 제383조 제4호
【참조판례】 대법원 1994. 8. 12. 선고 94도1705 판결(공1994하, 2321), 대법원 2001. 12. 27. 선고 2001도5304 판결(공2002상, 434), 대법원 2005. 9. 15. 선고 2005도1952 판결(공2005하, 1665), 헌법재판소 2012. 5. 31. 선고 2010헌바90, 2011헌바389 전원재판부 결정(헌공188, 1007), 헌법재판소 2015. 9. 24. 선고 2012헌마798 전원재판부 결정(헌공228, 1451)
【전 문】
【피고인 겸 피부착명령청구자 겸 피보호관찰명령청구자】 피고인 1
【피 고 인】 피고인 2
【상 고 인】 피고인 겸 피부착명령청구자 겸 피보호관찰명령청구자 피고인 1, 피고인 2 및 검사
【변 호 인】 법무법인 소망 담당변호사 오승원
【원심판결】 서울고법 2021. 11. 26. 선고 2021노903, 2021전노84, 2021보노41 판결

【주 문】

상고를 모두 기각한다.

【이 유】

상고이유(상고이유서 제출기간이 지난 다음 제출된 상고이유서보충서 등은 이를 보충하는 범위에서)를 판단한다.

1. 검 사

가. 피고인 겸 피부착명령 겸 피보호관찰명령청구자피고인 1에 대한 부분

(1) 피고사건

형사소송법 제383조 제4호 후단은 '사형, 무기 또는 10년 이상의 징역이나 금고가 선고된 사건에서 형의 양정이 심히 부당하다고 인정할 현저한 사유가 있는 때'를 원심판결에 대한 상고이유로 할 수 있다고 정한다.

상고심의 본래 기능은 하급심의 법령위반을 사후에 심사하여 잘못을 바로잡음으로써 법령 해

석·적용의 통일을 도모하는 것이고, 형사소송법은 상고심을 원칙적으로 법률심이자 사후심으로 정하고 있다. 그런데도 형사소송법이 양형부당을 상고이유로 삼을 수 있도록 한 이유는 무거운 형이라고 할 수 있는 사형, 무기 또는 10년 이상의 징역이나 금고를 선고받은 피고인의 이익을 한층 두텁게 보호하고 양형문제에 관한 권리구제를 최종적으로 보장하려는 데 있다(헌법재판소 2012. 5. 31. 선고 2010헌바90, 2011헌바389 전원재판부 결정, 헌법재판소 2015. 9. 24. 선고 2012헌마798 전원재판부 결정 참조).

원심의 양형이 가볍다는 이유로 상고를 허용할 필요성은 10년 이상의 징역이나 금고 등의 형이 선고된 사건보다 10년 미만의 징역이나 금고 등의 형이 선고된 사건이 더 클 수 있다. 형사소송법 제383조 제4호 후단에 따르더라도 10년 미만의 징역이나 금고 등의 형이 선고된 사건에서 검사는 원심의 양형이 가볍다는 이유로 상고할 수 없다. 그런데도 그보다 중한 형인 10년 이상의 징역이나 금고 등이 선고된 사건에서는 검사가 위와 같은 이유로 상고할 수 있다고 보는 것은 균형이 맞지 않는다. 이러한 사정에 비추어 형사소송법 제383조 제4호 후단이 정한 양형부당의 상고이유는 10년 이상의 징역이나 금고 등의 형을 선고받은 피고인의 이익을 위한 것으로 볼 수 있다.

따라서 검사는 피고인에게 불리하게 원심의 양형이 가볍다거나 원심이 양형의 전제사실을 인정하는 데 자유심증주의의 한계를 벗어난 잘못이 있다는 사유를 상고이유로 주장할 수 없다(대법원 1994. 08. 12. 선고 94도1705 판결, 대법원 2001. 12. 27. 선고 2001도5304 판결, 대법원 2005. 09. 15. 선고 2005도1952 판결 등 참조).

검사는 형사소송법 제383조 제4호에 따라 양형부당을 이유로 상고할 수 있는 주체를 피고인으로 한정하여 해석하는 판례를 변경할 필요가 있다고 주장한다. 그러나 위에서 본 이유에 비추어 보면 위와 같은 판례를 변경할 필요가 있다고 볼 수 없다. 따라서 양형부당에 관한 검사의 상고이유 주장은 받아들일 수 없다.

(2) 부착명령과 보호관찰명령 청구 사건

원심은 피고인 1에 대한 부착명령청구와 보호관찰명령청구를 모두 기각하였다. 관련 법리와 기록에 비추어 살펴보면, 원심판결에 「전자장치 부착 등에 관한 법률」에서 정한 '살인범죄를 다시 범할 위험성'에 관한 법리를 오해한 잘못이 없다.

나. 피고인 2에 대한 부분

원심은 피고인 2에 대한 공소사실 중 아동복지법 위반(아동학대) 부분에 대하여 범죄의 증명이 없다고 보아 무죄로 판단하였다. 원심판결 이유를 관련 법리와 기록에 비추어 살펴보면, 원심판결에 논리와 경험의 법칙에 반하여 자유심증주의의 한계를 벗어나거나 아동복지법 제17조 제5호에서 정한 '정서적 학대행위'에 관한 법리를 오해한 잘못이 없다.

2. 피고인 1

원심은 피고인 1에 대한 공소사실(이유무죄 부분 제외)을 유죄로 판단하였다. 원심판결 이유를 관련 법리와 적법하게 채택된 증거에 비추어 살펴보면, 원심판결에 논리와 경험의 법칙에 반하여 자유심증주의의 한계를 벗어나거나 살인죄의 고의, 아동복지법 제17조에서 정한 '정서적 학대행위'와 '유기·방임행위'에 관한 법리를 오해한 잘못이 없다.

기록에 나타난 피고인 1의 연령·성행·환경, 피해자와의 관계, 이 사건 각 범행의 동기·수단과 결과, 범행 후의 정황 등 양형의 조건이 되는 여러 사정을 살펴보면, 상고이유에서 주장하는 사정을 참작하더라도 원심이 피고인 1에 대하여 징역 35년을 선고한 것이 심히 부당하다고 할 수 없다.

3. 피고인 2

원심은 피고인 2에 대한 공소사실(무죄 부분 제외)을 유죄로 판단하였다. 원심판결 이유를 관련 법리와 적법하게 채택된 증거에 비추어 살펴보면, 원심판결에 논리와 경험의 법칙에 반하여 자유심증주의의 한계를 벗어나거나 아동복지법 위반(아동유기·방임)죄에서 유기·방임의 고의에 관한 법리를 오해한 잘못이 없다.

4. 결 론

검사와 피고인들의 상고는 이유 없어 이를 모두 기각하기로 하여, 대법관의 일치된 의견으로 주문과 같이 판결한다.

Ⓑ 대법원 2022. 05. 26. 자 2022모439 결정 [상소권회복기각결정에대한재항고]

【판시사항】

[1] 형사피고사건으로 법원에 재판이 계속 중인 사람은 공소제기 당시의 주소지나 그 후 신고한 주소지를 옮길 때 새로운 주소지를 법원에 신고하거나 기타 소송 진행 상태를 알 수 있는 방법을 강구하여야 하는지 여부(적극)

[2] 피고인이 재판이 계속 중인 사실을 알면서도 새로운 주소지 등을 법원에 신고하는 등 조치를 하지 않아 소환장이 송달불능되었더라도, 법원이 기록에 나타난 주민등록지 이외의 주소, 피고인의 집 전화번호 또는 휴대전화번호로 연락하여 송달받을 장소를 확인하여 보는 등의 시도를 하지 않고 곧바로 공시송달 방법으로 송달하는 것이 허용되는지 여부(소극) 및 잘못된 공시송달에 터 잡아 피고인의 진술 없이 공판이 진행되고 피고인이 출석하지 않은 기일에 판결이 선고된 경우, 피고인은 자기 또는 대리인이 책임질 수 없는 사유로 상소 제기기간 내에 상소를 하지 못한 것인지 여부(적극) / 공시송달에 의한 소환을 함에 있어서도 공시송달 요건의 엄격한 준수가 요구되는지 여부(적극)

【결정요지】

[1] 형사소송법 제345조의 상소권회복청구는 자기 또는 대리인이 책임질 수 없는 사유로 상소 제기기간 내에 상소를 하지 못한 경우에만 청구할 수 있다. 형사피고사건으로 법원에 재판이 계속 중인 사람은 공소제기 당시의 주소지나 그 후 신고한 주소지를 옮길 때 새로운 주소지를 법원에 신고하

거나 기타 소송 진행 상태를 알 수 있는 방법을 강구하여야 하고, 만일 이러한 조치를 하지 않았다면 특별한 사정이 없는 한 소송서류가 송달되지 않아서 공판기일에 출석하지 못하거나 판결 선고사실을 알지 못하여 상소 제기기간을 도과하는 등 불이익을 면할 수 없다.

[2] 피고인이 재판이 계속 중인 사실을 알면서도 새로운 주소지 등을 법원에 신고하는 등 조치를 하지 않아 소환장이 송달불능되었더라도, 법원은 기록에 주민등록지 이외의 주소가 나타나 있고 피고인의 집 전화번호 또는 휴대전화번호 등이 나타나 있는 경우에는 위 주소지 및 전화번호로 연락하여 송달받을 장소를 확인하여 보는 등의 시도를 해 보아야 하고, 그러한 조치 없이 곧바로 공시송달 방법으로 송달하는 것은 형사소송법 제63조 제1항, 소송촉진 등에 관한 특례법 제23조에 위배되어 허용되지 아니하는데, 이처럼 허용되지 아니하는 잘못된 공시송달에 터 잡아 피고인의 진술 없이 공판이 진행되고 피고인이 출석하지 않은 기일에 판결이 선고된 경우에는, 피고인은 자기 또는 대리인이 책임질 수 없는 사유로 상소 제기기간 내에 상소를 하지 못한 것으로 봄이 타당하다.

민사소송과 달리 형사소송에서는, 피고인이 공판기일에 출석하지 아니한 때에는 특별한 규정이 없으면 개정하지 못하는 것이 원칙이고(형사소송법 제276조), 소송촉진 등에 관한 특례법 제23조, 소송촉진 등에 관한 특례규칙 제19조에 의하여 예외적으로 제1심 공판절차에서 피고인 불출석 상태에서의 재판이 허용되지만, 이는 피고인에게 공판기일 소환장이 적법하게 송달되었음을 전제로 하기 때문에 공시송달에 의한 소환을 함에 있어서도 공시송달 요건의 엄격한 준수가 요구된다.

【참조조문】 [1] 형사소송법 제345조 / [2] 형사소송법 제63조 제1항, 제276조, 소송촉진 등에 관한 특례법 제23조, 소송촉진 등에 관한 특례규칙 제19조
【참조판례】 [1] 대법원 2008. 3. 10. 자 2007모795 결정 [2] 대법원 2011. 7. 28. 선고 2011도6762 판결, 대법원 2014. 5. 29. 선고 2014도3141 판결, 대법원 2014. 10. 16. 자 2014모1557 결정(공2014하, 2219)
【전 문】 【피 고 인】 피고인 【재항고인】 피고인
【원심결정】 울산지법 2022. 2. 16. 자 2022로5 결정

【주 문】

원심결정을 파기하고, 사건을 울산지방법원에 환송한다.

【이 유】

재항고이유를 판단한다.

1.

가. 형사소송법 제345조의 상소권회복청구는 자기 또는 대리인이 책임질 수 없는 사유로 상소 제기기간 내에 상소를 하지 못한 경우에만 청구할 수 있다. 형사피고사건으로 법원에 재판이 계속 중인 사람은 공소제기 당시의 주소지나 그 후 신고한 주소지를 옮길 때 새로운 주소지를 법원에 신고하거나 기타 소송 진행 상태를 알 수 있는 방법을 강구하여야 하고, 만일 이러한 조치를 하지 않았다면 특별한 사정이 없는 한 소송서류가 송달되지 않아서 공판기일에 출석하지 못하거나 판결

선고사실을 알지 못하여 상소 제기기간을 도과하는 등 불이익을 면할 수 없다(대법원 2008. 03. 10. 자 2007모795 결정 등 참조).

나. 그러나 위와 같이 피고인이 재판이 계속 중인 사실을 알면서도 새로운 주소지 등을 법원에 신고하는 등 조치를 하지 않아 소환장이 송달불능되었더라도, 법원은 기록에 주민등록지 이외의 주소가 나타나 있고 피고인의 집 전화번호 또는 휴대전화번호 등이 나타나 있는 경우에는 위 주소지 및 전화번호로 연락하여 송달받을 장소를 확인하여 보는 등의 시도를 해 보아야 하고, 그러한 조치 없이 곧바로 공시송달 방법으로 송달하는 것은 형사소송법 제63조 제1항, 소송촉진 등에 관한 특례법 제23조에 위배되어 허용되지 아니하는데(대법원 2011. 07. 28. 선고 2011도6762 판결, 대법원 2014. 05. 29. 선고 2014도3141 판결 등 참조), 이처럼 허용되지 아니하는 잘못된 공시송달에 터 잡아 피고인의 진술 없이 공판이 진행되고 피고인이 출석하지 않은 기일에 판결이 선고된 경우에는, 피고인은 자기 또는 대리인이 책임질 수 없는 사유로 상소 제기기간 내에 상소를 하지 못한 것으로 봄이 타당하다(대법원 2014. 10. 16. 자 2014모1557 결정 등 참조).

민사소송과 달리 형사소송에서는, 피고인이 공판기일에 출석하지 아니한 때에는 특별한 규정이 없으면 개정하지 못하는 것이 원칙이고(형사소송법 제276조), 소송촉진 등에 관한 특례법 제23조, 소송촉진 등에 관한 특례규칙 제19조에 의하여 예외적으로 제1심 공판절차에서 피고인 불출석 상태에서의 재판이 허용되지만, 이는 피고인에게 공판기일 소환장이 적법하게 송달되었음을 전제로 하기 때문에 공시송달에 의한 소환을 함에 있어서도 공시송달 요건의 엄격한 준수가 요구된다.

2. 기록에 의하면, 다음과 같은 사실을 알 수 있다.

가. 재항고인은 울산지방법원 2020고단2654 도로교통법위반(음주운전) 사건으로 공소제기되었는데, 그 공소장에 기재된 주소로서 재항고인의 주민등록상 주소인 '울산 울주군 (주소 1 생략)'에서 재항고인의 어머니가 공소장 부본 및 소환장 등을 수령하였다.

나. 재항고인은 제1회 공판기일부터 제4회 공판기일까지 출석하지 아니하였다(제2, 4회 공판기일 소환장은 폐문부재로 송달되지 않아 제1심법원은 재항고인의 휴대전화로 연락하여 소환통지를 하였다).

다. 제1심법원은 위 주소지로 제5회 공판기일 소환장의 집행관 송달을 실시하였으나 송달되지 않았고, 울산울주경찰서장에게 재항고인의 소재탐지를 촉탁하였으나 2021. 1. 22. '재항고인의 어머니는 따로 거주하는 재항고인의 주소를 알지 못한다.'라는 내용의 소재탐지 불능 회신을 받았다.

라. 제1심법원은 2021. 7. 27. 재항고인에 대한 송달을 공시송달로 하기로 결정하고 이후 2번째 공판기일인 2021. 9. 7. 제7회 공판기일에도 재항고인이 불출석하자 재항고인 출석없이 개정하여 변론을 종결하고 2021. 10. 7. 재항고인이 불출석한 상태에서 재항고인에게 징역 1년을 선고하는 판결을 선고하였다.

마. 한편 위 제7회 공판기일에 증거로 제출된 재항고인에 대한 주취운전자 적발보고서와 주취운전자 정황진술보고서에는 재항고인의 주소로 '울산 남구 (주소 2 생략)'이 각각 기재되어 있고, 재항고인에 대한 피의자신문조서에는 직업이 '택시운전(○○택시)'라고 기재되어 있으며, 재항고인이 음주운전한 택시의 차적조회서에 ○○택시 주식회사의 주소로 '울산 남구 (주소 3 생략)'이 기재되어 있다.

3.

가. 이러한 사실관계를 앞서 본 법리에 비추어 살펴보면, 제1심법원으로서는 공시송달을 하기에 앞서 피고인이 송달받을 수 있는 장소를 기록에서 찾아보거나 확인 가능한 전화번호로 통화를 시도하여 소재지를 알아보는 등 조치를 다하여야 한다. 그럼에도 피고인의 소재를 확인할 수 없어 공시송달결정을 하고 피고인이 출석하지 아니한 채 공판기일을 진행하면서 증거로 제출받은 서류에 피고인이 송달받을 가능성이 있는 다른 주소 '울산 남구 (주소 2 생략)'이나 직장 주소지가 있었다면, 공시송달결정을 취소하고 그 주소나 직장 주소지로 소환장 송달을 실시하는 절차 등을 거쳐 피고인이 송달받을 수 있는 조치를 다하여야 했다.

나. 그런데 제1심법원은 이러한 조치를 하지 아니한 채 재항고인의 주거, 사무소와 현재지를 알 수 없다고 단정하여 공시송달 방법에 의한 송달을 유지하고 재항고인의 진술 없이 판결을 선고하였다. 이처럼 잘못된 공시송달에 터 잡아 재항고인의 진술 없이 공판이 진행되고 재항고인이 출석하지 않은 공판기일에서 제1심판결이 선고된 이상, 재항고인은 자기가 책임질 수 없는 사유로 항소제기 기간 내에 항소를 하지 못하였다고 보아야 한다. 그럼에도 원심은 제1심법원의 공시송달결정이 적법함을 전제로 재항고인의 상소권회복청구를 기각한 제1심결정을 유지하였다. 이러한 원심판단에는 공시송달과 상소권회복청구권에 관한 법리를 오해하여 재판에 영향을 미친 잘못이 있다.

4. 그러므로 원심결정을 파기하고, 사건을 다시 심리·판단하도록 원심법원에 환송하기로 하여, 관여 대법관의 일치된 의견으로 주문과 같이 결정한다.

---

⑪ 대법원 2022. 07. 28. 선고 2021도10579 판결 [국가정보원직원법위반]

【판시사항】

형사소송법 제364조의2의 취지 / 위 조항에서 정한 '항소한 공동피고인'에 제1심의 공동피고인으로서 자신이 항소한 경우 외에 그에 대하여 검사만 항소한 경우도 포함되는지 여부(적극)

【판결요지】

형사소송법 제364조의2는 항소법원이 피고인을 위하여 원심판결을 파기하는 경우에 파기의 이유가 항소한 공동피고인에게 공통되는 때에는 그 공동피고인에 대하여도 원심판결을 파기하여야 함을 규정하였는데, 이는 공동피고인 상호 간의 재판의 공평을 도모하려는 취지이다. 이와 같은 형사소송법 제364조의2의 규정 내용과 입법 목적·취지를 고려하면, 위 조항에서 정한 '항소한 공동피고인'은 제1심의 공동피고인으로서 자신이 항소한 경우는 물론 그에 대하여 검사만 항소한 경우까지도 포함한다.

【참조조문】 형사소송법 제364조의2
【참조판례】 대법원 2003. 2. 26. 선고 2002도6834 판결(공2003상, 950), 대법원 2019. 8. 29. 선고 2018도14303 전원합의체 판결(공2019하, 1936)
【전 문】 【피 고 인】 피고인 1 외 2인   【상 고 인】 검사   【변 호 인】 법무법인 한중 외 4인
【원심판결】 서울중앙지법 2021. 7. 21. 선고 2020노2940 판결

【주 문】

상고를 모두 기각한다.

【이 유】

상고이유를 판단한다.

1. 상고이유 제1·2점에 대하여

원심은 그 판시와 같은 이유로, 피고인들에 대한 공소사실에 대하여 범죄의 증명이 없다고 보아 모두 무죄로 판단하였다. 원심판결 이유를 관련 법리와 기록에 비추어 살펴보면, 원심의 판단에 논리와 경험의 법칙을 위반하여 자유심증주의의 한계를 벗어나거나 국가정보원직원법 제17조 제1항의 '직무상 알게 된 비밀'에 관한 법리를 오해한 잘못이 없다.

2. 상고이유 제3점에 대하여

형사소송법 제364조의2는 항소법원이 피고인을 위하여 원심판결을 파기하는 경우에 파기의 이유가 항소한 공동피고인에게 공통되는 때에는 그 공동피고인에 대하여도 원심판결을 파기하여야 함을 규정하였는데, 이는 공동피고인 상호 간의 재판의 공평을 도모하려는 취지이다(대법원 2003. 02. 26. 선고 2002도6834 판결, 대법원 2019. 08. 29. 선고 2018도14303 전원합의체 판결 참조). 이와 같은 형사소송법 제364조의2의 규정 내용과 입법 목적·취지를 고려하면, 위 조항에서 정한 '항소한 공동피고인'은 제1심의 공동피고인으로서 자신이 항소한 경우는 물론 그에 대하여 검사만 항소한 경우까지도 포함한다.

원심은, 피고인 3에 대하여도 피고인 1·피고인 2에 대한 파기 이유가 공통되고, 비록 피고인 3에 대하여 검사만 항소하였으나 형사소송법 제364조의2의 '항소한 공동피고인'에 해당한다고 보아, 위 조항에 따라 직권으로 제1심판결 중 피고인 3에 대한 부분을 파기한 후 그 판시와 같이 무죄로 판단하였다.

원심판결 이유를 관련 법리에 비추어 살펴보면, 이러한 원심의 판단에 형사소송법 제364조의2의 '항소한 공동피고인'에 관한 법리를 오해한 잘못이 없다.

3. 결 론

그러므로 상고를 모두 기각하기로 하여, 관여 대법관의 일치된 의견으로 주문과 같이 판결한다.

© 대법원 2022. 10. 27. 자 2022모1004 결정 [상소권회복기각결정에대한재항고]

【판시사항】

형사소송법 제344조 제1항 재소자에 대한 특칙 규정이 집행유예취소결정에 대한 즉시항고권회복청구서의 제출에 적용되는지 여부(적극)

【결정요지】

형사소송법은 "교도소 또는 구치소에 있는 피고인이 상소의 제기기간 내에 상소장을 교도소장 또는 구치소장 또는 그 직무를 대리하는 자에게 제출한 때에는 상소의 제기기간 내에 상소한 것으로 간주한다."라는 이른바 재소자에 대한 특칙(제344조 제1항)을 두고 이를 상소권회복의 청구에 준용하도록 하고 있다(제355조). 즉시항고도 상소의 일종이므로 위와 같은 특칙은 집행유예취소결정에 대한 즉시항고권회복청구서의 제출에도 마찬가지로 적용된다.

【참조조문】 형사소송법 제335조 제3항, 제344조 제1항, 제355조
【전 문】 【피 고 인】 피고인 【재항고인】 피고인 【변 호 인】 변호사 김영규
【원심결정】 서울중앙지법 2022. 5. 3. 자 2022로40 결정

【주 문】

원심결정을 취소하고, 사건을 서울중앙지방법원에 환송한다.

【이 유】

재항고이유를 본다.

형사소송법은 "교도소 또는 구치소에 있는 피고인이 상소의 제기기간 내에 상소장을 교도소장 또는 구치소장 또는 그 직무를 대리하는 자에게 제출한 때에는 상소의 제기기간 내에 상소한 것으로 간주한다."라는 이른바 재소자에 대한 특칙(제344조 제1항)을 두고 이를 상소권회복의 청구에 준용하도록 하고 있다(제355조). 즉시항고도 상소의 일종이므로 위와 같은 특칙은 집행유예취소 결정에 대한 즉시항고권회복청구서의 제출에도 마찬가지로 적용된다.

원심결정 이유에 의하면, 원심은 재항고인이 2022. 1. 26. 이 사건 집행유예취소결정에 따른 형 집행으로 구치소에 수감되면서 집행유예취소결정이 확정되어 형이 집행된다는 점과 즉시항고권회복청구를 신청할 수 있다는 점을 고지받아 이로써 즉시항고를 하지 못한 책임질 수 없는 사유가 사라졌는데도 그로부터 즉시항고장의 제출기간인 7일이 경과한 2022. 2. 9.에야 이 사건 즉시항고권회복청구를 하였다는 이유로 이를 기각한 제1심결정을 유지하였다.

그런데 기록에 의하면, 재항고인은 즉시항고장의 제출기간 내인 2022. 1. 27. 재항고인이 수감 중이던 서울구치소의 담당 직원에게 '즉시항고장' 및 '상소권회복청구서'를 제출하였고, 위 제출기간이 지난 2022. 2. 9.에도 '항소장' 및 '상소권회복청구서'를 제출한 사실, 재항고인의 변호인은 원심에서 서울구치소에 대하여 위 구치소의 담당 직원이 재항고인으로부터 상소권회복청구 관련 서면의 접수 시점 및 이에 대해 조치한 경위 등을 확인하는 내용으로 사실조회를 신청하였으나, 위 구치소로부터 2022. 2. 9. 자 각 서면의 접수 사실에 대해서만 회신이 온 사실을 알 수 있다.

이러한 경우 원심으로서는 재항고인이 2022. 1. 27. 제출한 '즉시항고장' 및 '상소권회복청구서'에 따른 즉시항고권회복청구가 취하된 것인지, 아니면 이를 위 구치소 담당 직원이 2022. 2. 9. 자로 접수 처리한 것에 불과한 것인지 여부 등을 추가로 심리하였어야 한다. 그럼에도 원심은 그 판시와 같은 이유로 재항고인의 즉시항고권회복청구를 기각한 제1심결정을 그대로 유지하였으니, 이러한 원심결정에는 재소자의 특칙에 관한 법리를 오해하여 재판에 영향을 미친 잘못이 있다.

그러므로 원심결정을 파기하고, 사건을 다시 심리·판단하도록 원심법원에 환송하기로 하여, 관여 대법관의 일치된 의견으로 주문과 같이 결정한다.

ⓒ 대법원 2022. 11. 10. 선고 2022도7940 판결 [사기]

【판시사항】

항소심에서 피고인이 불출석한 상태에서 그 진술 없이 판결하기 위해서는 피고인이 적법한 공판기일 통지를 받고서도 2회 연속으로 정당한 이유 없이 출정하지 않은 경우에 해당하여야 하는지 여부(적극) / 이때 '적법한 공판기일 통지'에 공판기일 변경명령을 송달받은 경우도 포함되는지 여부(적극)

【판결요지】

항소심에서도 피고인의 출석 없이 개정하지 못하는 것이 원칙이지만(형사소송법 제370조, 제276조), 피고인이 항소심 공판기일에 출정하지 않아 다시 기일을 정하였는데도 정당한 사유 없이 그 기일에도 출정하지 않은 때에는 피고인의 진술 없이 판결할 수 있다(형사소송법 제365조). 이와 같이 피고인이 불출석한 상태에서 그 진술 없이 판결하기 위해서는 피고인이 적법한 공판기일 통지를 받고서도 2회 연속으로 정당한 이유 없이 출정하지 않은 경우에 해당하여야 한다. 이때 '적법한 공판기일 통지'란 소환장의 송달(형사소송법 제76조) 및 소환장 송달의 의제(형사소송법 제268조)의 경우에 한정되는 것이 아니라 적어도 피고인의 이름·죄명·출석 일시·출석 장소가 명시된 공판기일 변경명령을 송달받은 경우(형사소송법 제270조)도 포함된다.

【참조조문】 형사소송법 제76조, 제268조, 제270조, 제276조, 제365조, 제370조
【참조판례】 대법원 2012. 6. 28. 선고 2011도16166 판결(공2012하, 1365), 대법원 2019. 10. 31. 선고 2019도5426 판결(공2019하, 2295)
【전 문】【피 고 인】피고인 【상 고 인】피고인 【변 호 인】법무법인 더정성 담당변호사 김상욱 외 3인
【원심판결】 울산지법 2020. 9. 17. 선고 2019노917 판결

【주 문】

상고를 기각한다.

【이 유】

상고이유를 판단한다.

항소심에서도 피고인의 출석 없이 개정하지 못하는 것이 원칙이지만(형사소송법 제370조, 제276조), 피고인이 항소심 공판기일에 출정하지 않아 다시 기일을 정하였는데도 정당한 사유 없이 그 기일에도 출정하지 않은 때에는 피고인의 진술 없이 판결할 수 있다(형사소송법 제365조). 이와 같이 피고인이 불출석한 상태에서 그 진술 없이 판결하기 위해서는 피고인이 적법한 공판기일 통지를 받고서도 2회 연속으로 정당한 이유 없이 출정하지 않은 경우에 해당하여야 한다(대법원 2012. 06. 28. 선고 2011도16166 판결, 대법원 2019. 10. 31. 선고 2019도5426 판결 참조). 이때 '적법한 공판기일 통지'란 소환장의 송달(형사소송법 제76조) 및 소환장 송달의 의제(형사소송법 제268조)의 경우에 한정되는 것이 아니라 적어도 피고인의 이름·죄명·출석 일시·출석 장소가 명시된 공판기일 변경명령을 송달받은 경우(형사소송법 제270조)도 포함된다.

기록에 따르면, ① 원심은 2020. 7. 14. 피고인에 대하여 적법한 공시송달 결정을 하였고, 같은 날 공판기일 변경명령도 하여 공시송달의 방법으로 2020. 7. 29. 이를 송달한 사실, ② 위 공판기일 변경명령에는 피고인의 이름·죄명은 물론 제2회 공판기일에 관한 일시·장소까지 명시된 사실, ③ 원심은 2020. 8. 13. 제2회 공판기일에 피고인이 불출석하자, 공판기일을 2020. 8. 27.로 연기한 후 그 소환장을 공시송달의 방법으로 2020. 8. 19. 송달한 사실, ④ 원심은 2020. 8. 27. 제3회 공판기일에 피고인이 불출석한 상태에서 공판절차를 진행하여 변론을 종결한 후 선고기일 소환장을 공시송달의 방법으로 2020. 9. 2. 송달한 다음 2020. 9. 17. 원심판결을 선고한 사실을 알 수 있다.

이와 같은 사실관계를 앞서 본 법리에 비추어 살펴보면, 원심이 제2회 공판기일에 관한 공판기일 변경명령 및 제3회 공판기일에 관한 소환장을 적법한 공판기일 통지로 보고 진행한 소송절차에 항소심의 불출석 재판에 관한 법령을 위반한 잘못이 없다.

그러므로 상고를 기각하기로 하여, 관여 대법관의 일치된 의견으로 주문과 같이 판결한다.

● 대법원 2023. 01. 12. 선고 2022도14645 판결 [마약류관리에관한법률위반(향정)]

【판시사항】

[1] 항소심이 심리과정에서 심증 형성에 영향을 미칠 만한 객관적 사유가 새로 드러난 것이 없음에도 제1심의 사실인정에 관한 판단을 재평가하여 사후심적으로 판단하여 뒤집을 수 있는지 여부(원칙적 소극) / 항소심이 공소사실을 뒷받침하는 증인 진술의 신빙성을 배척한 제1심의 판단을 뒤집어 그 진술의 신빙성을 인정할 수 있는 경우

[2] 형사재판에서 증거재판주의의 의미 및 유죄를 인정하기 위한 증거의 증명력 정도 / 피고인이 범행한 것이라고 보기에 의심스러운 사정이 병존하고 증거관계 및 경험법칙상 의심스러운 정황을 확실하게 배제할 수 없는 경우, 유죄로 인정할 수 있는지 여부(소극)

【판결요지】

[1] 현행 형사소송법상 항소심은 속심을 기반으로 하되 사후심적 요소도 상당 부분 들어 있는 사후심적 속심의 성격을 가지므로, 항소심이 제1심판결의 당부를 판단할 때에는 이러한 심급구조의 특성을 고려하여야 한다. 그러므로 항소심 심리과정에서 심증 형성에 영향을 미칠 만한 객관적 사유가 새로 드러난 것이 없음에도 불구하고 제1심판단을 재평가하여 사후심적으로 판단하여 뒤집고자 할 때에는, 제1심의 증거가치 판단이 명백히 잘못되었다거나 사실인정에 이르는 논증이 논리와 경험법칙에 어긋나는 등으로 그 판단을 그대로 유지하는 것이 현저히 부당하다고 볼 만한 합리적인 사정이 있어야 하고, 그러한 예외적 사정도 없이 제1심의 사실인정에 관한 판단을 함부로 뒤집어서는 아니 된다. 특히 공소사실을 뒷받침하는 증거의 경우에는, 증인신문 절차를 진행하면서 진술에 임하는 증인의 모습과 태도를 직접 관찰한 제1심이 증인 진술의 신빙성을 인정할 수 없다고 판단하였음에도 불구하고, 항소심이 이를 뒤집어 그 진술의 신빙성을 인정할 수 있다고 판단하려면, 진술의 신빙성을 배척한 제1심의 판단을 수긍할 수 없는 충분하고도 납득할 만한 현저한 사정이 나타나는 경우이어야 한다. 그것이 형사사건의 실체에 관한 유무죄의 심증은 법정 심리에 의하여 형성하여야 한다는 공판중심주의, 그리고 법관의 면전에서 직접 조사한 증거만을 재판의 기초로 삼는 것을 원칙으로 하는 실질적 직접심리주의의 정신에 부합한다.

[2] 형사재판에 있어서 사실의 인정은 증거에 의하여야 하고(형사소송법 제307조), 이는 증거능력 있고 적법한 증거조사를 거친 증거에 의해서만 공소가 제기된 범죄사실을 인정할 수 있음을 뜻한다. 나아가 형사재판에서 범죄사실의 인정은 법관으로 하여금 합리적인 의심을 할 여지가 없을 정도의 확신을 가지게 하는 증명력을 가진 엄격한 증거에 의하여야 하므로, 검사의 증명이 그만한 확신을 가지게 하는 정도에 이르지 못한 경우에는 설령 피고인의 주장이나 변명이 모순되거나 석연치 않은 면이 있어 유죄의 의심이 가는 등의 사정이 있다고 하더라도 피고인의 이익으로 판단하여야 한다. 그러므로 유죄의 인정은 범행 동기, 범행수단의 선택, 범행에 이르는 과정, 범행 전후 피고인의 태도 등 여러 간접사실로 보아 피고인이 범행한 것으로 보기에 충분할 만큼 압도적으로 우월한 증명이 있어야 하고, 피고인이 범행한 것이라고 보기에 의심스러운 사정이 병존하고 증거관계 및

> 경험법칙상 위와 같이 의심스러운 정황을 확실하게 배제할 수 없다면 유죄로 인정할 수 없다. 피고인은 무죄로 추정된다는 것이 헌법상의 원칙이고, 그 추정의 번복은 직접증거가 존재할 경우에 버금가는 정도가 되어야 한다.

【참조조문】 [1] 형사소송법 제275조 제1항, 제307조, 제308조, 제364조 / [2] 헌법 제27조 제4항, 형사소송법 제307조, 제308조
【참조판례】 [1] 대법원 1983. 4. 26. 선고 82도2829, 82감도612 판결(공1983, 926), 대법원 1996. 12. 6. 선고 96도2461 판결(공1997상, 279), 대법원 2006. 11. 24. 선고 2006도4994 판결(공2007상, 96), 대법원 2013. 1. 31. 선고 2012도2409 판결, 대법원 2017. 3. 22. 선고 2016도18031 판결(공2017상, 919)
[2] 대법원 2012. 6. 28. 선고 2012도231 판결(공2012하, 1367), 대법원 2017. 5. 30. 선고 2017도1549 판결(공2017하, 1417), 대법원 2022. 6. 16. 선고 2022도2236 판결(공2022하, 1412)
【전 문】 【피 고 인】 피고인 【상 고 인】 피고인
【변 호 인】 법무법인(유한) 바른 담당변호사 김용균 외 1인
【원심판결】 서울중앙지법 2022. 10. 20. 선고 2022노1342 판결

【주 문】

원심판결을 파기하고, 사건을 서울중앙지방법원에 환송한다.

【이 유】

상고이유를 판단한다.

1. 관련 법리

현행 형사소송법상 항소심은 속심을 기반으로 하되 사후심적 요소도 상당 부분 들어 있는 사후심적 속심의 성격을 가지므로, 항소심이 제1심판결의 당부를 판단할 때에는 이러한 심급구조의 특성을 고려하여야 한다. 그러므로 항소심 심리과정에서 심증 형성에 영향을 미칠 만한 객관적 사유가 새로 드러난 것이 없음에도 불구하고 제1심판단을 재평가하여 사후심적으로 판단하여 뒤집고자 할 때에는, 제1심의 증거가치 판단이 명백히 잘못되었다거나 사실인정에 이르는 논증이 논리와 경험법칙에 어긋나는 등으로 그 판단을 그대로 유지하는 것이 현저히 부당하다고 볼 만한 합리적인 사정이 있어야 하고, 그러한 예외적 사정도 없이 제1심의 사실인정에 관한 판단을 함부로 뒤집어서는 아니 된다(대법원 1983. 04. 26. 선고 82도2829, 82감도612 판결, 대법원 1996. 12. 06. 선고 96도2461 판결 등 참조). 특히 공소사실을 뒷받침하는 증거의 경우에는, 증인신문 절차를 진행하면서 진술에 임하는 증인의 모습과 태도를 직접 관찰한 제1심이 증인 진술의 신빙성을 인정할 수 없다고 판단하였음에도 불구하고, 항소심이 이를 뒤집어 그 진술의 신빙성을 인정할 수 있다고 판단하려면, 진술의 신빙성을 배척한 제1심의 판단을 수긍할 수 없는 충분하고도 납득할 만한 현저한 사정이 나타나는 경우이어야 한다(대법원 2006. 11. 24. 선고 2006도4994 판결, 대법원 2013. 01. 31. 선고 2012도2409 판결 등 참조). 그것이 형사사건의 실체에 관한 유무죄의 심증은 법정 심리에 의하여 형성하여야 한다는 공판중심주의, 그리고 법관의 면전에서 직접 조사한

증거만을 재판의 기초로 삼는 것을 원칙으로 하는 실질적 직접심리주의의 정신에 부합한다(대법원 2017. 03. 22. 선고 2016도18031 판결 등 참조).

형사재판에 있어서 사실의 인정은 증거에 의하여야 하고(형사소송법 제307조), 이는 증거능력 있고 적법한 증거조사를 거친 증거에 의해서만 공소가 제기된 범죄사실을 인정할 수 있음을 뜻한다. 나아가 형사재판에서 범죄사실의 인정은 법관으로 하여금 합리적인 의심을 할 여지가 없을 정도의 확신을 가지게 하는 증명력을 가진 엄격한 증거에 의하여야 하므로, 검사의 증명이 그만한 확신을 가지게 하는 정도에 이르지 못한 경우에는 설령 피고인의 주장이나 변명이 모순되거나 석연치 않은 면이 있어 유죄의 의심이 가는 등의 사정이 있다고 하더라도 피고인의 이익으로 판단하여야 한다(대법원 2012. 06. 28. 선고 2012도231 판결 등 참조). 그러므로 유죄의 인정은 범행 동기, 범행수단의 선택, 범행에 이르는 과정, 범행 전후 피고인의 태도 등 여러 간접사실로 보아 피고인이 범행한 것으로 보기에 충분할 만큼 압도적으로 우월한 증명이 있어야 하고, 피고인이 범행한 것이라고 보기에 의심스러운 사정이 병존하고 증거관계 및 경험법칙상 위와 같이 의심스러운 정황을 확실하게 배제할 수 없다면 유죄로 인정할 수 없다. 피고인은 무죄로 추정된다는 것이 헌법상의 원칙이고, 그 추정의 번복은 직접증거가 존재할 경우에 버금가는 정도가 되어야 한다(대법원 2017. 05. 30. 선고 2017도1549 판결, 대법원 2022. 06. 16. 선고 2022도2236 판결 등 참조).

2. 판 단

가. 원심판결 이유 및 원심이 적법하게 채택한 증거에 따르면, 아래와 같은 사정을 알 수 있다.

1) 이 사건 공소사실의 요지는 '피고인이 2020. 3. 30. 01:00경 자신의 집에서 필로폰 약 0.05g을 1회용 주사기에 넣어 공소외인의 오른팔 부위에 주사하여 필로폰을 사용하였다.'는 것이다.

2) 피고인은 수사기관 이래 법정에 이르기까지 일관되게 공소외인에게 필로폰을 주사하여 사용한 적이 없다고 진술하였다.

3) 피고인·공소외인은 공소사실 기재 일시·장소에 함께 있었고, 그 무렵 피고인의 집에서 압수된 일회용 주사기 조각에서 필로폰 양성반응과 더불어 공소외인의 DNA가 검출되었다. 한편 공소외인이 2020. 11.경 수사기관에 자필 반성문을 제출한 후 이 사건 공소사실과 동일한 혐의사실로 교육조건부 기소유예 처분을 받았다.

4) 공소외인은 제1심에 증인으로 출석하여, '피고인이 나에게 필로폰을 투약한 사실이 없고, 범행 당일이 잘 기억나지 않는다. 수사기관에서 진술한 것은 사실이 아니다.'라고 진술하였다.

5) 제1심은 위와 같은 사정을 토대로, 앞서 본 공소외인의 증언 내용과 더불어 공소외인이 수사기관 및 법정에서 '필로폰을 투약한 적이 전혀 없다.'고 진술하였음에도, 2020. 10. 13. 압수된 공소외인의 모발에 대한 감정결과에 따르면 공소사실 기재 일시 이전은 물론 그 이후에도 필로폰을 여러 차례 투약한 사실이 인정된 점, 공소외인의 진술은 최초 경찰 조사부터 법정에 이르기까지 일관성이 없어 그 자체로 믿기 어려울 뿐만 아니라 본인의 형사책임을 경감받을 목적으로 허위 진술을 하였을 가능성을 배제하기 어려운 점 등을 이유로 무죄를 선고하였다.

6) 원심은 제1회 공판기일에 추가적인 증거 제출 없이 곧바로 변론을 종결한 다음, 제1심이 인정한 사정에 더하여, 공소외인이 공소사실 기재 일시경 피고인과 교제하는 사이였고 2020. 8.경

부터 2020. 11.경까지 구금된 피고인을 수회 접견하고 영치금을 여러 차례 입금해 주었던 관계임에도 이 사건 공소사실과 동일한 혐의사실을 자백한 점, 공소외인의 제1심 법정진술은 위와 같이 범행을 인정하여 교육조건부 기소유예 처분을 받고 교육 과정까지 이수한 행위와 배치되고 진술 번복 경위 등이 합리적이라고 보기 어려운 점 등을 종합하여, 제1심을 파기하고 피고인에게 유죄를 선고하였다.

나. 이러한 사정을 관련 법리와 기록에 비추어 살펴보면, 원심의 판단은 다음과 같은 이유에서 수긍할 수 없다.

1) 수사기관이 작성한 수사보고서는 전문증거로서 형사소송법 제311조·제312조·제315조·제316조의 적용 대상이 아님이 분명하므로, 형사소송법 제313조의 서류에 해당하여야만 증거능력이 인정될 수 있는바, 형사소송법 제313조가 적용되기 위해서는 그 서류에 진술자의 서명 또는 날인이 있어야 한다(대법원 1999. 02. 26. 선고 98도2742 판결, 대법원 2007. 09. 20. 선고 2007도4105 판결 등 참조).

원심은 공소외인이 수사과정에서 이 사건 공소사실과 동일한 혐의사실을 자백하였다는 정황을 공소사실을 뒷받침하는 주된 증거로 보았는데, 이에 부합하는 증거는 의견서 사본(증거목록 순번 25번) 및 수사보고(증거목록 33번)뿐이다. 그러나 후자는 전자의 서류를 다시 추가로 첨부한 것에 불과하므로 결국 '의견서 사본(증거목록 순번 25번)'만이 유일한 증거이다. 그런데 피고인은 일관되게 공소사실을 부인하면서 공소사실에 부합할 여지가 있는 공소외인의 수사기관 진술을 모두 부동의한 점에 비추어, 증거목록상 '의견서 사본(증거목록 순번 25번)'에 대한 증거의견란 부분은 착오로 잘못 기재된 것으로 볼 수 있으므로(대법원 2010. 06. 24. 선고 2010도5040 판결 등 참조) 증거목록상의 위 기재 내용을 근거로 곧바로 증거능력을 인정할 수는 없다.

결국 '의견서 사본(증거목록 순번 25번)' 중 공소사실에 부합하는 내용은 공소외인이 수사과정에서 이 사건 공소사실과 동일한 혐의사실을 자백하였다는 부분인데, 이는 수사의 경위 및 결과를 내부적으로 보고하면서 피고인 아닌 자에 해당하는 공소외인의 진술을 기재한 것에 불과하여 형사소송법 제313조의 서류에 해당하는바, 앞서 본 법리에 비추어 보면 형사소송법 제313조에서 정한 진술자인 공소외인의 서명·날인이 없는 이상 전문증거로서 증거능력을 인정할 수 없다.

2) 또한 원심이 공소외인의 수사기관 및 제1심 법정진술의 신빙성을 배척한 제1심의 판단을 뒤집기 위해서는 제1심의 판단을 수긍할 수 없는 충분하고도 납득할 만한 현저한 사정이 나타나는 경우이어야 한다. 그런데 원심이 지적한 사정은 모두 제1심에서 증거조사를 마친 증거기록에 기초하여 제1심 공판과정에서 이미 드러나 있었던 것이지 원심 공판과정에서 새롭게 드러난 것이 아니고, 제1심이 공소외인의 수사기관 및 법정진술의 신빙성을 배척함에 있어 이미 고려했던 여러 정황 중 일부에 불과한 것일 뿐 제1심판단을 뒤집을 만한 특별한 사정으로 내세울 만한 것에 해당한다고 보기도 어렵다. 특히 공소외인의 수사기관 진술은 앞서 본 바와 같이 증거능력을 인정할 수도 없거니와, 설사 그 증거능력이 인정되더라도 제1심법원이 증인신문절차를 진행하면서 진술에 임하는 공소외인의 모습·태도를 직접 관찰한 후 수사기관 및 법정진술의 신빙성을 모두 인정할 수 없다고 판단한 이상, 원심이 이를 뒤집어 공소외인의 수사기관 진술의 신빙성을 인정할 수 있다고 판단하려면 제1심의 판단을 수긍할 수 없는 충분하고도

납득할 만한 현저한 사정이 나타나는 경우이어야 할 것인데, 원심이 유죄의 근거로 든 정황이 이러한 사정에 해당한다고 보이지 않는다.

3) 나아가, 공소외인의 법정진술의 신빙성을 인정하기 어렵다고 보는 경우에도, 원심과 같이 이러한 사정만으로 곧바로 공소외인의 수사기관 진술 중 공소사실에 부합하는 부분에 대하여 신빙성을 부여할 수 있는 것도 아니다. 즉, 공소외인의 수사기관 진술은 객관적 감정결과 등에 따라 내용이 바뀌는 등 그 자체로도 일관되지 않은데다가, 수사기관 진술 후 기소유예의 처분을 받은 사실에 비추어 보면, 자신의 형사책임을 경감할 목적으로 상황에 따라 임의로 진술의 내용·방향이 바뀌었다고 볼 여지가 크다. 이러한 상황에서 공소외인의 수사기관 진술은 쉽게 그 신빙성을 인정하기 어렵게 되었다고 봄이 타당하고, 이러한 취지의 제1심의 판단을 수긍할 수 없는 충분하고도 납득할 만한 현저한 사정에 해당하는 직접적·객관적 증거도 없는 이상, 공소외인의 수사기관 진술 중 공소사실에 부합하는 부분에 한하여만 함부로 신빙성을 인정할 수도 없다.

4) 또한 피고인의 일관된 진술 내용·태도에다가 범행 도구로 압수된 일회용 주사기 조각에서 피고인의 DNA가 검출되지 않은 상황에서 피고인이 이를 사용하였다고 볼 객관적·합리적인 근거가 없는 점, 공소외인의 진술 내용은 위 주사기 조각 및 모발 감정결과에 따라 수시로 변경되었을 뿐만 아니라 필로폰 투약 경험 여부에 관한 진술은 객관적 감정결과와도 명백히 배치되는 점, 이러한 상황에서 공소외인이 수사기관에 자필 진술서를 제출한 후 이 사건 공소사실과 동일한 혐의사실로 교육조건부 기소유예 처분을 받았다는 사정은 자신의 필로폰 투약 사실을 부인하다가 객관적 감정결과로 인해 허위성이 드러나자 자신의 투약 사실을 인정하였다는 정도의 의미로 볼 수 있을 뿐, 추가적인 심리 및 증거조사도 없이 이를 넘어 이 사건 공소사실과 같이 '피고인이 공소외인에게 필로폰을 주사하여 사용하였다.'는 부분까지 객관적·적극적 증명력이 미친다고 보기 어려운 점 등에 비추어 보면, 비록 피고인의 주장·변명에 일부 석연치 않은 면이 있다 하더라도 유죄의 의심이 드는 정도에 불과하고 여전히 공소외인이 제1심 법정에서 증언한 바와 같이 스스로 필로폰을 투약하였을 가능성을 배제할 수 없다. 검사가 제출한 나머지 증거만으로는 피고인이 공소외인에게 필로폰을 주사하여 사용한 것으로 보기에 충분할 만큼 압도적으로 우월한 증명이 있다고 보기 어려워 증거관계상 의심스러운 정황이 확실히 제거되었다고 할 수 없으므로, 이 사건 공소사실을 유죄로 인정할 수 없다.

다. 결국 원심의 판단에는 증거재판주의·공판중심주의·직접심리주의 원칙에 관한 법리를 위반함으로써 판결에 영향을 미친 잘못이 있다.

3. 결 론

그러므로 원심판결을 파기하고, 사건을 다시 심리·판단하도록 원심법원에 환송하기로 하여, 관여 대법관의 일치된 의견으로 주문과 같이 판결한다.

ⓑ 대법원 2023. 01. 12. 자 2022모1566 결정 [수사기관의압수수색처분에대한준항고기각결정에대한재항고]

【판시사항】

[1] 형사소송법 제417조에서 규정한 준항고 절차의 취지와 내용 / 피압수자는 준항고인의 지위에서 불복의 대상이 되는 압수 등에 관한 처분을 특정하고 준항고취지를 명확히 하여 청구의 내용을 서면으로 기재한 다음 관할법원에 제출하여야 하는지 여부(적극) 및 준항고인이 불복의 대상이 되는 압수 등에 관한 처분을 구체적으로 특정하기 어려운 사정이 있는 경우, 법원이 취해야 할 조치

[2] 형사소송법 제417조에 따른 준항고 절차의 법적 성격(=항고소송의 일종) / 준항고인이 불복의 대상이 되는 압수 등에 관한 처분을 한 수사기관을 제대로 특정하지 못하거나 준항고인이 특정한 수사기관이 해당 처분을 한 사실을 인정하기 어렵다는 이유만으로 준항고를 배척할 수 있는지 여부(소극)

【결정요지】

[1] 형사소송법은 수사기관의 압수·수색영장 집행에 대한 사후적 통제수단 및 피압수자의 신속한 구제절차로 준항고 절차를 마련하여 검사 또는 사법경찰관의 압수 등에 관한 처분에 대하여 불복이 있으면 처분의 취소 또는 변경을 구할 수 있도록 규정하고 있다(제417조). 피압수자는 준항고인의 지위에서 불복의 대상이 되는 압수 등에 관한 처분을 특정하고 준항고취지를 명확히 하여 청구의 내용을 서면으로 기재한 다음 관할법원에 제출하여야 한다(형사소송법 제418조). 다만 준항고인이 불복의 대상이 되는 압수 등에 관한 처분을 구체적으로 특정하기 어려운 사정이 있는 경우에는 법원은 석명권 행사 등을 통해 준항고인에게 불복하는 압수 등에 관한 처분을 특정할 수 있는 기회를 부여하여야 한다.

[2] 형사소송법 제417조에 따른 준항고 절차는 항고소송의 일종으로 당사자주의에 의한 소송절차와는 달리 대립되는 양 당사자의 관여를 필요로 하지 않는다. 따라서 준항고인이 불복의 대상이 되는 압수 등에 관한 처분을 한 수사기관을 제대로 특정하지 못하거나 준항고인이 특정한 수사기관이 해당 처분을 한 사실을 인정하기 어렵다는 이유만으로 준항고를 쉽사리 배척할 것은 아니다.

【참조조문】 [1] 형사소송법 제417조, 제418조, 형사소송규칙 제141조 / [2] 형사소송법 제417조, 제418조, 형사소송규칙 제141조
【참조판례】 [2] 대법원 1991. 3. 28. 자 91모24 결정(공1991, 1324), 대법원 2022. 11. 8. 자 2021모3291 결정
【전 문】 【재항고인】 재항고인
【재항고대리인】 법무법인 평안 담당변호사 이상원 외 1인
【원심결정】 서울중앙지법 2022. 7. 14. 자 2021보12 결정

【주 문】

원심결정 중 2021. 9. 10. 및 2021. 11. 15. 한 각 압수·수색 처분에 관한 부분을 제외한 나머지 부분을 취소하고, 이 부분 사건을 서울중앙지방법원에 환송한다.

【이 유】

재항고이유를 판단한다.

1. 관련 법리

    형사소송법은 수사기관의 압수·수색영장 집행에 대한 사후적 통제수단 및 피압수자의 신속한 구제절차로 준항고 절차를 마련하여 검사 또는 사법경찰관의 압수 등에 관한 처분에 대하여 불복이 있으면 처분의 취소 또는 변경을 구할 수 있도록 규정하고 있다(제417조). 피압수자는 준항고인의 지위에서 불복의 대상이 되는 압수 등에 관한 처분을 특정하고 준항고취지를 명확히 하여 청구의 내용을 서면으로 기재한 다음 관할법원에 제출하여야 한다(형사소송법 제418조). 다만 준항고인이 불복의 대상이 되는 압수 등에 관한 처분을 구체적으로 특정하기 어려운 사정이 있는 경우에는 법원은 석명권 행사 등을 통해 준항고인에게 불복하는 압수 등에 관한 처분을 특정할 수 있는 기회를 부여하여야 한다.

    형사소송법 제417조에 따른 준항고 절차는 항고소송의 일종으로 당사자주의에 의한 소송절차와는 달리 대립되는 양 당사자의 관여를 필요로 하지 않는다(대법원 1991. 03. 28. 자 91모24 결정, 대법원 2022. 11. 08. 자 2021모3291 결정 등 참조). 따라서 준항고인이 불복의 대상이 되는 압수 등에 관한 처분을 한 수사기관을 제대로 특정하지 못하거나 준항고인이 특정한 수사기관이 해당 처분을 한 사실을 인정하기 어렵다는 이유만으로 준항고를 쉽사리 배척할 것은 아니다.

2. 원심 판시 '이 사건 각 자료 중 PC 저장장치 제외' 부분, '그 외 나머지 처분' 부분 주장에 관한 판단

가. 원심은, 고위공직자범죄수사처(이하 '수사처'라고 한다) 검사가 준항고인이 사용하던 검찰 내부망인 ○○○○ 쪽지·이메일·메신저 내역, 형사사법정보시스템의 사건검색조회, 판결문검색조회 자료('이 사건 각 자료 중 PC 저장장치 제외' 부분)에 대하여 압수·수색영장을 집행하였다는 전제하에 그 압수·수색 처분의 취소를 구하는 준항고인의 주장에 대하여, 위 자료는 서울중앙지방검찰청 검사가 서울중앙지방검찰청 2021형제44914호 사건에 관하여 발부받은 압수·수색영장의 집행으로 압수한 것이라는 이유만으로 준항고인의 이 부분 청구를 기각하였다.

    또한 원심은 원심 판시 '그 외 나머지 처분' 부분과 관련하여 준항고인을 압수·수색영장 대상자로 하여 어떠한 물건에 대한 압수·수색 처분을 하였다고 인정할 자료가 없거나 부족하다고 보고 준항고인의 이 부분 청구를 기각하였다.

나. 그러나 앞서 본 법리와 기록에 나타난 원심의 진행과정 등에 비추어 볼 때, 원심의 조치는 그대로 수긍하기 어렵다. 구체적 이유는 다음과 같다.

    1) 준항고인은 원심법원에 제출한 준항고청구서에서 수사기관의 압수·수색 당시 압수·수색영장을 제시받지 못하였고 참여를 위한 통지조차 받지 못하였기 때문에 준항고 절차에서 압수·수색 처분의 내역 등을 확인할 수 있을 것이라는 취지의 주장을 하면서, 준항고취지를 '수사처 소속 검사들이 2021. 9. 초순경부터 2021. 11. 30.까지 사이에 피의자(준항고인)를 대상으로 실시한 압수·수색 처분 중 피의자에 대한 통지절차를 거치지 아니하여 피의자의 참여권을 보장하지 아니한 압수·수색 처분을 모두 취소한다.'라고 기재하였다.

2) 준항고인이 참여의 기회를 보장받지 못하였다는 이유로 압수·수색 처분에 불복하는 경우, 준항고인으로서는 불복하는 압수·수색 처분을 특정하는 데 한계가 있을 수밖에 없다. 특히나 제3자가 보관하고 있는 전자정보에 대하여 압수·수색을 실시하면서 그 전자정보의 내용에 관하여 사생활의 비밀과 자유 등의 법익 귀속주체로서 해당 전자정보에 관한 전속적인 생성·이용 등의 권한을 보유·행사하는 실질적 피압수자이자 피의자인 준항고인에게 통지조차 이루어지지 않은 경우에는 더욱 그러하다.

3) 사정이 그와 같다면, 원심으로서는 준항고취지에 압수·수색 처분의 주체로 기재된 수사기관뿐만 아니라 준항고취지에 기재된 기간에 실제로 압수·수색 처분을 집행한 것으로 확인되거나 추정되는 수사기관, 사건을 이첩받는 등으로 압수·수색의 결과물을 보유하고 있는 수사기관 등의 압수·수색 처분에 대하여도 준항고인에게 석명권을 행사하는 등의 방식으로 불복하는 압수·수색 처분을 개별적, 구체적으로 특정할 수 있는 기회를 부여하여야 한다.

4) 나아가 특정된 각 압수·수색 처분을 한 수사기관과 준항고취지에 기재된 수사기관이 일치하지 않는 경우에는 준항고인에게 준항고취지의 보정을 요구하는 등 절차를 거쳐 이를 일치시키는 방식으로 준항고취지를 보다 명확히 한 다음, 해당 압수·수색 처분이 위법한지 여부를 충실하게 심리, 판단하여야 한다. 준항고인이 준항고취지에서 압수·수색 처분을 한 주체로 지정한 수사처 검사가 압수·수색 처분을 한 사실이 인정되지 않는다는 이유만으로 준항고를 배척할 것은 아니다.

5) 원심이 수사처 검사에 대하여 2021. 12. 13.에 이어 2022. 1. 19. 거듭 준항고인을 피의자로 하여 집행된 압수·수색 처분의 내역을 제출하도록 석명하였지만, 수사처 검사는 이에 응하지 않았고 그러던 중 원심결정 전 2022. 5. 4. 본안 사건(서울중앙지방법원 2022고합326호)에 관하여 공소가 제기되었다. 실제로 이 사건의 본안 사건 수사기록 목록을 보면, 준항고인이 주장한 바와 같이 수사처 및 서울중앙지방검찰청이 준항고인을 피의자로 하여 집행한 압수·수색영장 내역이 여럿 포함되어 있음을 알 수 있다. 이러한 경위나 전후 사정을 보면, 원심으로서는 당사자에 대한 석명과 동시에 본안 사건의 진행경과를 지켜보면서 준항고인으로 하여금 수사기록 목록 등과 같은 압수·수색영장의 집행 관련 자료들을 확보하여 제출할 수 있는 기회를 부여할 필요가 있었다.

다. 그럼에도 원심은 그와 같은 조치를 취하지 아니한 채 준항고인이 압수·수색 처분의 주체로 지정한 수사처 검사가 압수·수색 처분을 한 사실이 없다거나 준항고인을 압수·수색영장 대상자로 하여 어떠한 물건에 대한 압수·수색 처분을 하였다고 인정할 자료가 없거나 부족하다는 이유만으로 준항고인의 이 부분 청구를 기각하였다. 이러한 원심의 판단에는 준항고 대상 특정에 관한 법리를 오해하고 필요한 심리를 다하지 않아 재판에 영향을 미친 잘못이 있다.

3. 2021. 11. 15. 한 압수·수색 처분에 관한 주장(원심 판시 '이 사건 각 자료 중 PC 저장장치' 부분)에 대한 판단

원심은, 이 부분 압수·수색영장의 집행 과정에서 준항고인에게 사전 통지가 필요한 상황이라고 보기 어려울 뿐만 아니라 그렇지 않더라도 그 집행 과정에서 준항고인이 사용한 PC 저장장치가 발견된 이후에는 준항고인과 변호인에게 사실상 참여권이 보장되었으므로, 이 부분 압수·수색 절

차 전체를 위법하게 할 정도의 중대한 위법이 있었다고 보이지 않는다고 판단하였다.

관련 법리와 기록에 비추어 보면, 원심의 이유 설시에 일부 부적절한 부분이 없지 아니하나, 실제 영장 집행 과정에서 준항고인 측에 참여권이 보장된 이상 그 절차 위반행위가 압수·수색 절차 전체를 위법하게 할 정도로 중대하지 않다고 본 원심의 판단은 수긍할 수 있으므로, 결국 이 부분에 대한 원심의 판단에 헌법·법률·명령 또는 규칙을 위반함으로써 재판에 영향을 미친 잘못이 없다.

4. 결 론

그러므로 나머지 재항고이유에 대한 판단을 생략한 채 원심결정 중 2021. 9. 10. 및 2021. 11. 15. 한 각 압수·수색 처분에 관한 부분을 제외한 나머지 부분을 취소하고, 이 부분 사건을 다시 심리·판단하도록 원심법원에 환송하기로 하여, 관여 대법관의 일치된 의견으로 주문과 같이 결정한다.

ⓑ 대법원 2023. 04. 21. 자 2022도16568 결정 [준강간]

【판시사항】

검사가 상고한 경우, 상고이유서를 제출하여야 하는 자(=상고법원에 대응하는 검찰청 소속 검사) 및 제출기간(=소송기록접수통지를 받은 날로부터 20일 이내) / 이때 상고를 제기한 검찰청 소속 검사가 상고이유서를 제출한 경우, 상고를 제기한 검찰청이 있는 곳을 기준으로 법정기간인 상고이유서 제출기간이 연장될 수 있는지 여부(소극) / 이러한 법리는 군검사가 상고한 경우에도 마찬가지로 적용되는지 여부(적극)

【결정요지】

검사가 상고한 경우에는 상고법원에 대응하는 검찰청 소속 검사가 소송기록접수통지를 받은 날로부터 20일 이내에 그 이름으로 상고이유서를 제출하여야 한다. 다만 상고를 제기한 검찰청 소속 검사가 그 이름으로 상고이유서를 제출하여도 유효한 것으로 취급되지만, 이 경우 상고를 제기한 검찰청이 있는 곳을 기준으로 법정기간인 상고이유서 제출기간이 형사소송법 제67조에 따라 연장될 수 없다. 이러한 법리는 군검사가 상고한 경우에도 마찬가지로 적용된다.

【참조조문】 형사소송법 제67조, 제379조 제1항
【참조판례】 대법원 2003. 6. 26. 자 2003도2008 결정(공2003하, 1738)
【전 문】 【피 고 인】 피고인 【상 고 인】 군검사 【변 호 인】 변호사 김주오
【원심판결】 서울고법 2022. 12. 1. 선고 2022노1666 판결

【주　문】

상고를 기각한다.

【이　유】

상고이유를 본다.

검사가 상고한 경우에는 상고법원에 대응하는 검찰청 소속 검사가 소송기록접수통지를 받은 날로부터 20일 이내에 그 이름으로 상고이유서를 제출하여야 한다. 다만 상고를 제기한 검찰청 소속 검사가 그 이름으로 상고이유서를 제출하여도 유효한 것으로 취급되지만, 이 경우 상고를 제기한 검찰청이 있는 곳을 기준으로 법정기간인 상고이유서 제출기간이 형사소송법 제67조에 따라 연장될 수 없다(대법원 2003. 06. 26. 자 2003도2008 결정 참조). 이러한 법리는 군검사가 상고한 경우에도 마찬가지로 적용된다.

기록에 의하면, 원심법원에 대응하는 해군검찰단 고등검찰부 소속 군검사가 상고를 제기하였고, 이 법원이 대검찰청 소속 검사에게 소송기록접수통지를 하여 2022. 12. 27. 송달되었는데, 상고를 제기한 해군검찰단 고등검찰부 소속 군검사는 상고이유서 제출기간이 지난 2023. 1. 17. 상고이유서를 제출하였으며, 상고장에도 구체적인 불복이유를 기재하지 않았다.

그러므로 군사법원법 제450조 제2항, 형사소송법 제380조 제1항에 따라 상고를 기각하기로 하여, 관여 대법관의 일치된 의견으로 주문과 같이 결정한다.

© 대법원 2023. 04. 27. 자 2023모350 결정 [상소권회복기각결정에대한재항고]

【판시사항】

재판에 대하여 적법하게 상소를 제기한 경우, 다시 상소권회복을 청구할 수 있는지 여부(소극) / 제1심판결에 대하여 항소심판결이 선고된 후 당초 항소하지 않았던 자가 항소권회복청구를 하는 경우, 이를 적법하다고 볼 수 있는지 여부(원칙적 소극) 및 이때 법원이 취할 조치(=기각결정) / 상소권회복청구 사건을 심리하는 법원이 확인해야 할 사항

【결정요지】

상소권회복은 상소권자가 자기 또는 대리인이 책임질 수 없는 사유로 인하여 상소의 제기기간 내에 상소를 하지 못한 경우에 한하여 청구할 수 있으므로(형사소송법 제345조), 재판에 대하여 적법하게 상소를 제기한 자는 다시 상소권회복을 청구할 수 없다.

> 제1심판결에 대하여 피고인 또는 검사가 항소하여 항소심판결이 선고되면 상고법원으로부터 사건이 환송되는 경우 등을 제외하고는 항소법원이 다시 항소심 소송절차를 진행하여 판결을 선고할 수 없으므로, 항소심판결이 선고되면 제1심판결에 대하여 당초 항소하지 않았던 자의 항소권회복청구도 적법하다고 볼 수 없다. 따라서 항소심판결이 선고된 사건에 대하여 제기된 항소권회복청구는 항소권회복청구의 원인에 대한 판단에 나아갈 필요 없이 형사소송법 제347조 제1항에 따라 결정으로 이를 기각하여야 한다.
>
> 상소권회복청구 사건을 심리하는 법원은 상소권회복청구 대상이 되는 재판에 대하여 이미 적법한 상소가 제기되었는지 또는 상소심재판이 있었는지 등을 본안기록 등을 통하여 확인해야 한다.

【참조조문】 형사소송법 제345조, 제347조 제1항
【참조판례】 대법원 2001. 3. 16. 자 2000모233 결정, 대법원 2017. 3. 30. 자 2016모2874 결정(공2017상, 933), 대법원 2017. 7. 17. 자 2017모1771 결정
【전 문】 【피 고 인】 피고인 【재항고인】 피고인
【원심결정】 부산지법 2023. 2. 2. 자 2023로3 결정

【주 문】

재항고를 기각한다.

【이 유】

직권으로 판단한다.

1.

가. 상소권회복은 상소권자가 자기 또는 대리인이 책임질 수 없는 사유로 인하여 상소의 제기기간 내에 상소를 하지 못한 경우에 한하여 청구할 수 있으므로(형사소송법 제345조), 재판에 대하여 적법하게 상소를 제기한 자는 다시 상소권회복을 청구할 수 없다(대법원 2001. 03. 16. 자 2000모233 결정 참조).

나. 제1심판결에 대하여 피고인 또는 검사가 항소하여 항소심판결이 선고되면 상고법원으로부터 사건이 환송되는 경우 등을 제외하고는 항소법원이 다시 항소심 소송절차를 진행하여 판결을 선고할 수 없으므로, 항소심판결이 선고되면 제1심판결에 대하여 당초 항소하지 않았던 자의 항소권회복청구도 적법하다고 볼 수 없다. 따라서 항소심판결이 선고된 사건에 대하여 제기된 항소권회복청구는 항소권회복청구의 원인에 대한 판단에 나아갈 필요 없이 형사소송법 제347조 제1항에 따라 결정으로 이를 기각하여야 한다(대법원 2017. 03. 30. 자 2016모2874 결정, 대법원 2017. 07. 17. 자 2017모1771 결정 참조).

상소권회복청구 사건을 심리하는 법원은 상소권회복청구 대상이 되는 재판에 대하여 이미 적법한 상소가 제기되었는지 또는 상소심재판이 있었는지 등을 본안기록 등을 통하여 확인해야 한다.

2. 기록에 의하면, 부산지방법원 서부지원은 2020고단1590 사건에서 2021. 1.경 재항고인에 대한 공소사실을 유죄로 인정하며 재항고인에게 벌금형을 선고한 사실, 위 판결에 대하여 재항고인과 검사 모두 항소하였고, 항소심(부산지방법원 2021노379)은 2021. 6.경 항소를 모두 기각하였으며, 항소심판결에 대하여 재항고인이 상고를 제기하였으나 상고심(대법원 2021도8236)은 2021. 8.경 재항고인이 법정기간 내에 상고이유서를 제출하지 않았다는 이유로 형사소송법 제380조에 의하여 상고기각 결정을 하여 재항고인에게 벌금형을 선고한 위 제1심판결이 그대로 확정된 사실, 재항고인은 2022. 11.경 위 본안사건 제1심판결에 대한 항소권회복청구와 함께 항소장을 위 본안사건 제1심법원에 제출하였고, 제1심은 항소권회복청구를 기각하였으며, 원심은 재항고인이 항소기간 내에 항소를 제기하지 못한 것이 재항고인의 책임질 수 없는 사유에 기한 것임을 인정할 만한 사정을 찾아보기 어렵다는 이유로 재항고인의 즉시항고를 기각한 사실을 알 수 있다.

3. 위와 같은 사실관계를 앞서 본 법리에 비추어 살펴보면, 재항고인이 본안사건 제1심판결에 대하여 이미 적법한 항소를 제기하여 항소심판결도 선고되었으므로 재항고인의 항소권회복청구는 부적법하다. 따라서 원심으로서는 항소권회복청구의 원인에 대한 판단에 나아갈 필요 없이 재항고인의 즉시항고를 기각했어야 할 것이다.

    원심이 이와 달리 항소권회복청구의 대상이 되는 본안사건 제1심판결에 대하여 재항고인이 이미 항소를 제기하였는지 등을 확인하지 아니한 채 재항고인의 항소권회복청구가 적법함을 전제로 그 청구에 관한 사유를 판단한 것은 상소권회복청구에 관한 법리를 오해하고 필요한 심리를 다하지 아니한 잘못이 있으나, 재항고인의 항소권회복청구를 기각한 제1심결정을 그대로 유지한 결론은 정당하다.

    따라서 원심의 결정에 재판에 영향을 미친 헌법·법률·명령 또는 규칙의 위반이 없다.

4. 그러므로 재항고를 기각하기로 하여 관여 대법관의 일치된 의견으로 주문과 같이 결정한다.

제5장 특수절차

ⓒ 대법원 2021. 03. 11. 선고 2018오2 판결 [폭력행위등처벌에관한법률위반(변경된 죄명: 특수감금)]

【판시사항】

비상상고 제도의 의의와 기능 / 형사소송법이 정한 비상상고이유인 '그 사건의 심판이 법령에 위반한 때'의 의미 및 단순히 법령을 적용하는 과정에서 전제가 되는 사실을 오인함에 따라 법령위반의 결과를 초래한 경우가 여기에 해당하는지 여부(소극)

【판결요지】

비상상고 제도는 이미 확정된 판결에 대하여 법령 적용의 오류를 시정함으로써 법령의 해석·적용의 통일을 도모하려는 데에 그 목적이 있다. 형사소송법이 확정판결을 시정하는 또 다른 절차인 재심과는 달리, 비상상고의 이유를 심판의 법령위반에, 신청권자를 검찰총장에, 관할법원을 대법원에 각각 한정하여 인정하고(제441조), 비상상고판결의 효력이 일정한 경우를 제외하고는 피고인에게 미치지 않도록 규정한 것도(제447조) 이러한 제도 본래의 의의와 기능을 고려하였기 때문이다.

이와 같은 비상상고 제도의 의의와 기능은 적법한 비상상고이유의 의미가 무엇인지, 그 범위가 어디까지인지를 해석·판단하는 때에도 중요한 지침이 된다. 형사소송법이 정한 비상상고이유인 '그 사건의 심판이 법령에 위반한 때'란 확정판결에서 인정한 사실을 변경하지 아니하고 이를 전제로 한 실체법의 적용에 관한 위법 또는 그 사건에서의 절차법상의 위배가 있는 경우를 뜻한다. 단순히 그 법령을 적용하는 과정에서 전제가 되는 사실을 오인함에 따라 법령위반의 결과를 초래한 것과 같은 경우에는 이를 이유로 비상상고를 허용하는 것이 법령의 해석·적용의 통일을 도모한다는 비상상고제도의 목적에 유용하지 않으므로 '그 사건의 심판이 법령에 위반한 때'에 해당하지 않는다고 해석하여야 한다.

【참조조문】 형사소송법 제441조, 제447조
【참조판례】 대법원 1962. 9. 27. 선고 62오1 판결, 대법원 2005. 3. 11. 선고 2004오2 판결(공2005상, 629)
【전 문】 【피 고 인】 피고인 【비상상고인】 검찰총장
【원 판 결】 대구고법 1989. 3. 15. 선고 88노593 판결

【주 문】

이 사건 비상상고를 기각한다.

【이 유】

비상상고이유를 판단한다.

1. 비상상고 제도는 이미 확정된 판결에 대하여 법령 적용의 오류를 시정함으로써 법령의 해석·적용의 통일을 도모하려는 데에 그 목적이 있다. 형사소송법이 확정판결을 시정하는 또 다른 절차인 재심과는 달리, 비상상고의 이유를 심판의 법령위반에, 신청권자를 검찰총장에, 관할법원을 대법원에 각각 한정하여 인정하고(제441조), 비상상고 판결의 효력이 일정한 경우를 제외하고는 피고인에게 미치지 않도록 규정한 것도(제447조) 이러한 제도 본래의 의의와 기능을 고려하였기 때문이다.

   이와 같은 비상상고 제도의 의의와 기능은 적법한 비상상고이유의 의미가 무엇인지, 그 범위가 어디까지인지를 해석·판단하는 때에도 중요한 지침이 된다. 형사소송법이 정한 비상상고이유인 '그 사건의 심판이 법령에 위반한 때'란 확정판결에서 인정한 사실을 변경하지 아니하고 이를 전제로 한 실체법의 적용에 관한 위법 또는 그 사건에서의 절차법상의 위배가 있는 경우를 뜻한다. 단순히 그 법령을 적용하는 과정에서 전제가 되는 사실을 오인함에 따라 법령위반의 결과를 초래한 것과 같은 경우에는 이를 이유로 비상상고를 허용하는 것이 법령의 해석·적용의 통일을 도모한다는 비상상고 제도의 목적에 유용하지 않으므로 '그 사건의 심판이 법령에 위반한 때'에 해당하지 않는다고 해석하여야 한다(대법원 1962. 09. 27. 선고 62오1 판결, 대법원 2005. 03. 11. 선고 2004오2 판결 등 참조).

2. 원판결 이유와 기록에 의하면 다음과 같은 사실을 알 수 있다.

가. 내무부장관은 1975. 12. 15.경 부랑인의 단속·수용·보호를 목적으로 '부랑인 신고, 단속, 수용, 보호와 귀향 및 사후관리에 관한 업무처리지침'(내무부 훈령 제410호, 이하 '이 사건 훈령'이라 한다)을 발령하였다. 이 사건 훈령의 주된 내용은, 시장·군수·구청장으로 하여금 경찰과 합동으로 부랑인 단속반을 편성하여 정기 또는 수시로 부랑인 단속을 실시하고, 단속된 부랑인 중 연고가 불확실한 사람을 시·도 단위로 설치된 부랑인수용시설에 위탁 수용하게 하는 것이다.

나. 피고인은 부산 북구 (주소 1 생략) 소재 부랑아 수용·보호시설인 '○○복지원' 등을 운영하던 사회복지법인 ○○복지원의 대표이사로서, 1975. 7. 25.경 부산직할시장과 부랑인의 수용·보호 등을 목적으로 한 '부랑인선도(수용보호)위탁계약'을 체결하고 국고 보조금을 지급받으면서 이 사건 훈령 등에 따라 단속기관으로부터 단속된 부랑인의 신병을 인계받아 ○○복지원에 수용하였다.

다. 피고인은, 단속기관에서 인계되는 부랑인의 수가 증가함에 따라 1985년 말경 경남 울주군 (주소 2 생략) 일대 토지에 신규 수용시설과 ○○복지원 수용자들의 직업 보도(輔導) 시설로서의 자동차운전교습소를 건립하기로 한 후 ○○복지원 총무인 공소외인 등을 통해 그곳에 출입문과 창문에 철창시설을 한 숙소시설을 마련하였다(위 토지와 그 지상의 시설물 일체를 합하여 이하 '울주작업장'이라 한다).

라. 피고인은 1986. 7.경부터 1987. 1. 16.경까지 ○○복지원 수용자 중에서 선발된 피해자들을 야간에는 위 숙소시설에 수용하면서 자물쇠로 출입문을 잠가 도주하거나 이탈하지 못하도록 하고(이하 '야간감금행위'라 한다), 주간에는 피해자들로 하여금 울주작업장 토지의 평탄화 작업과 석축 공사 등의 노역에 종사하게 하는 한편, 피해자들 중 일부를 경비원으로 임명하여 이들로 하여금 목봉과 감시견 10여 마리를 사용해 다른 피해자들을 감시하게 하였다(이하 '주간감금행위'라 한다).

마. 피고인은 1987. 1. 28.경 주간 및 야간감금행위에 대해 구 폭력행위 등 처벌에 관한 법률(1990. 12. 31. 법률 제4294호로 개정되기 전의 것) 위반으로, ○○복지원 운영 과정에서 수급한 국고 보조금의 횡령행위 등에 대해 구 특정경제범죄 가중처벌 등에 관한 법률(1988. 12. 31. 법률 제4069호로 개정되기 전의 것) 위반 등으로 기소되었다. 피고인에 대한 재판의 진행 경과는 다음과 같다.

(1) 제1심인 부산지방법원 울산지원은 위 구 폭력행위 등 처벌에 관한 법률 위반 부분의 죄명과 적용법조를 구 형법(1995. 12. 29. 법률 제5057호로 개정되기 전의 것)상 특수감금에 맞게 변경하는 검사의 공소장변경신청을 허가한 후 1987. 6. 23. 공소사실 전부를 유죄로 인정하면서 피고인에 대해 징역 10년 및 벌금 6억 8,178만 원을 선고하였다(87고합33 판결).

(2) 항소심인 대구고등법원은 1987. 11. 12. 피고인에 대한 특수감금의 공소사실 중 피해자들을 ○○복지원 시설의 일부인 울주작업장에 수용하고 주간에 감시한 주간감금행위 부분에 한하여 형법 제20조에 따른 정당행위가 성립된다고 보아 이유에서 이를 무죄로 판단하면서 피고인에 대해 징역 4년을 선고하였다(87노1048 판결). 피고인만이 위 항소심판결 중 유죄 부분에 대하여 상고하여 위 주간감금행위 부분은 이후 재판의 심판대상에서 제외되었다.

(3) 1차 상고심에서 대법원은 1988. 3. 8. 구 사회복지사업법(1992. 12. 8. 법률 제4531호로 개정되기 전의 것), 구 생활보호법(1997. 8. 22. 법률 제5360호로 개정되기 전의 것, 1999. 9. 7. 법률 제6024호로 폐지됨), 이 사건 훈령 등 관련 법령에 의할 때, ○○복지원과 같은 사회복지시설의 장은 보호기관으로부터 부랑인의 보호위탁을 받은 경우 정당한 이유 없이 이를 거절할 수 없고, 수용 중인 부랑인의 이탈 방지를 위한 경비, 경계를 철저히 할 의무가 있다고 전제하고, 울주작업장이 ○○복지원의 적법한 복지시설의 일부라면 ○○복지원의 장인 피고인이 관계 보호기관으로부터 ○○복지원에 위탁된 부랑인들인 피해자들을 울주작업장에 수용한 조치는 법령에 근거한 정당한 직무수행행위이고, 피고인의 야간감금행위는 수용 중인 부랑인들의 이탈 방지를 위한 조치로서 적절치 못하였다는 비난을 받을 여지가 있지만 다른 특별한 사정이 없는 한 형사상의 감금죄를 구성하지 않는다고 판단하여, 울주작업장이 ○○복지원 수용시설의 일부라고 하면서도 피고인의 야간감금행위가 특수감금죄를 구성한다고 본 위 항소심판결을 파기환송하였다(87도2671 판결).

(4) 1차 환송심인 대구고등법원은 1988. 7. 7. 울주작업장을 법령에 따른 적법한 부랑인 수용시설로 볼 수 없다는 등의 이유를 들어 주간 및 야간감금행위가 전체적으로 법령에 의한 적법한 수용보호라고 할 수 없어 피고인에 대한 특수감금죄가 성립한다는 전제하에, 피고인에 대한 특수감금의 공소사실 중 위 법원의 심판대상에 속한 야간감금행위 부분을 유죄로 판단하면서 피고인에 대해 징역 3년을 선고하였다(88노144 판결).

(5) 2차 상고심에서 대법원은 1988. 11. 8. 울주작업장의 시설이 ○○복지원 수용시설의 일부라고 전제하고, 피고인의 야간감금행위는 그 행위에 이른 과정과 목적, 수단 및 행위자의 의사 등 제반 사정에 비추어 사회적 상당성이 인정되는 범위 내에 있는 행위로서 형법 제20조에 의해 그 위법성이 조각된다고 판단하면서 1차 환송심판결을 다시 파기환송하였다(88도1580 판결).

(6) 2차 환송심인 원판결 법원은 1989. 3. 15. 피고인의 주간 및 야간감금행위는 울주작업장이 적법한 수용시설의 일부인지 여부와 관계없이 수용인들의 의사에 반하는 한 위법하다고 볼 여지가 있음을 지적하면서도, 기속력을 가지는 1, 2차 상고심판결의 취지에 따라 피고인의 야

간감금행위는 그 위법성이 조각된다고 보아 주문에서 피고인에 대한 특수감금의 공소사실은 무죄로, 위 특수감금 등을 제외한 나머지 공소사실은 유죄로 각각 판단하고 피고인에 대하여 징역 2년 6월을 선고하였다(대구고등법원 88노593 판결, 이 사건으로 그중 특수감금 무죄 부분의 파기를 구하는 원판결이다).

(7) 3차 상고심에서 대법원은 1989. 7. 11. 위와 같은 원판결 법원의 판단을 정당하다고 보아 검사의 상고를 기각하였다(89도698 판결).

3. 이 사건 비상상고이유는, 원판결 법원이 위헌·무효인 이 사건 훈령을 근거로 삼아 피고인에 대한 공소사실 중 특수감금 부분에 대해 형법 제20조를 적용하여 무죄로 판단한 것이 법령위반에 해당한다는 취지이다.

그러나 원판결 법원이 피고인의 특수감금 행위의 위법성이 조각된다고 판단하면서 적용한 법령은 이 사건 훈령이 아니라 정당행위에 관한 형법 제20조나 상급심 재판의 기속력에 관한 법원조직법 제8조이고, 이 사건 훈령의 존재는 그중 위 형법 제20조를 적용하기로 하면서 그 적용의 전제로 삼은 여러 사실 중 하나일 뿐이다.

따라서 비상상고인이 비상상고이유로 들고 있는 사정, 즉 원판결이 이 사건 훈령이 상위법령에 저촉되어 무효임을 간과하였다는 점은 형법 제20조의 적용에 관한 전제사실을 오인하였다는 것에 해당하고, 그로 말미암아 피고인의 특수감금 행위에 형법 제20조를 적용한 잘못이 있더라도 이는 형법 제20조의 적용에 관한 전제사실을 오인함에 따라 법령위반의 결과를 초래한 경우에 불과하다. 결국 이 사건 비상상고이유 주장은 정당행위에 관한 원판결 법원의 포섭 판단을 탓하는 것에 지나지 않는다.

이를 앞서 본 법리에 비추어 살펴보면, 이 사건 비상상고이유로 들고 있는 사유는 형사소송법 제441조가 비상상고의 이유로 정한 '그 사건의 심판이 법령에 위반한 때'에 해당하지 않는다.

4. 비상상고인은, 이른바 '○○복지원 사건'은 과거 권위주의 체제 아래에서 국가가 국민의 기본권 보호 의무를 소홀히 함으로써 발생한 대표적인 인권유린 사건에 해당하므로, 피해자들에 대한 도의적인 책임을 다하고 우리 사회의 정의를 바로 세우기 위해서라도 가해자인 피고인에 대한 특수감금의 공소사실을 무죄로 판단한 원판결이 파기되어야 한다고 주장한다.

가. 이 사건 기록을 살펴보면, ○○복지원 사건의 시대적 배경이 되는 과거 국가권위주의 체제 아래에서 국가기관의 주도로 건전한 도시 질서를 확립한다는 기치 아래 이른바 '부랑인'으로 지목된 사람들을 단속·수용하였고, 그 과정에서 대규모의 인권유린이 오랜 기간에 걸쳐 행해졌음을 알 수 있다.

모든 국민은 인간다운 생활을 할 권리를 가지며, 국가는 사회보장·사회복지의 증진에 노력할 의무를 진다(1980. 10. 27. 개정 헌법 제32조). 국가는 이러한 취지에 따라 복지국가를 내세우면서도 아동·장애인을 포함하여 의지할 곳 없이 빈곤이나 질병으로 고통 받는 사회적 약자들을 부랑인으로 구분하여 '단속'이라는 명목으로 사회에서 격리하고, 피고인이 운영하는 ○○복지원을 사회복지기관으로 인가하여 '보호'라는 이름 아래 단속한 부랑인들의 수용을 위탁하고는, 피고인이 앞서 본 바와 같이 폭력적인 방법으로 부랑인들을 감금하여 신체의 자유를 침해하고 강제노역을 통하여 노동력을 착취하도록 묵인·비호하였다. 또 당시 전국적으로 ○○복지원 외에도 30여 개의 '복지기관'에서 '보호' 명목으로 부랑인 등을 수용하여 왔고, 피고인은 그 대표적인 사례로 기소된 것으로 보인다.

이 사건 비상상고의 대상인 감금죄는 사람의 신체적 활동의 자유를 침해하는 것을 내용으로 하는 범죄이다. 그런데 이 사건의 배경으로 자리하고 있는 국가적·사회적 상황을 살피지 않고 단순히 이 사건에서 피고인의 특수감금죄가 성립하는지 여부만을 문제로 삼는 것은 피해자들에 대한 인권침해의 단편(斷片)만을 보는 결과가 된다. 이 사건이 갖는 문제의 심각성의 핵심은 단순히 '신체의 자유'가 침해되었다는 점보다 헌법의 최고가치인 '인간의 존엄성'이 침해되었다는 점이다.

나. 헌법 제10조는, 모든 국민은 인간으로서의 존엄과 가치를 가지며, 국가는 개인이 가지는 기본적 인권을 보장할 의무를 진다고 선언하고 있다. 이러한 헌법 규정에 따른 실질적 법치국가는 항상 인간의 존엄을 존중하고 보호하여야 하고, 국가 활동의 중심은 모든 국민이 인간다운 삶을 살아갈 수 있도록 하는 것이어야 한다.

헌법이 선언한 인간 존엄의 불가침성을 확보하기 위해서는 다음 세 가지 점을 살펴볼 필요가 있다. 첫째는 인간의 인격성에 대한 상호존중이다. 타인에 의해 존엄성 침해를 받으면 그에 저항을 할 수 있어야 하고, 타인의 자의적인 의사에 따라 나의 존엄성이 일방적으로 침해되어서는 안 된다. 둘째는 보편적 인격성에 대한 상호연대이다. 나의 존엄성이 침해될 경우 나 혼자서는 스스로 지켜낼 힘이 없더라도 보편적 인격성에 바탕을 둔 이웃과 연대를 통해 그 침해를 방어할 수 있어야 한다. 셋째는 존엄성 침해로 인한 피해의 회복에 대한 조력이다. 이미 존엄성이 침해되어 원상회복이 어렵게 되었다 하더라도 사후에라도 기울어진 균형추를 바로 세우고 그 피해가 회복될 수 있도록 도와주어야 한다.

그런데 이 사건 ○○복지원 수용자들은, 아무런 힘도 없어서 폭행을 당하거나 심지어 죽임을 당하더라도 저항하지 못하고 자기의 불행이 타인의 기분이나 감정에 맡겨진 삶을 살아왔고, 또 '부랑인'이라는 낙인이 찍힌 채 격리·고립되어 힘이 되어 줄 이웃도 없이 소외된 삶을 살아왔다. 이는 민주국가에서 있을 수 없는 인간 존엄성의 침해라고 하지 않을 수 없다. 건강한 사회 공동체라면 이러한 인권침해에 대하여 관심을 가지고 공적 담론을 거쳐 피해자들에 대한 치유와 회복을 위한 사회적 공감대를 형성하여야 마땅하다.

다. 이 사건의 성격과 발생원인 및 그로 인한 피해자들의 기본권 침해의 내용과 정도를 고려할 때, 피해자나 유가족에 대한 피해 회복은 특별한 권리를 창설·부여하는 것이 아니라 마땅히 보장되었어야 할 권리를 돌려주는 것이다. 국회는 2020. 6. 9. 진실·화해를 위한 과거사정리 기본법을 개정하여 진실·화해를위한과거사정리위원회가 이 사건의 진실규명을 위한 활동을 재개할 수 있도록 하고, 정부로 하여금 위 위원회의 활동으로 규명된 진실에 따라 희생자, 피해자 및 유가족의 피해 및 명예를 회복시키기 위한 적절한 조치를 취하도록 하였다(제36조 제1항). 이는 뒤늦게나마 피해 회복의 근거를 마련한 것으로서 피해 회복의 첫걸음을 내딛는 의미가 있다고 할 수 있다. 앞으로 이를 바탕으로 하여 더 구체화된 피해 회복 조치가 취해지고, 이를 통해 피해자들의 아픔이 치유되어 모두가 바라는 모습으로 사회 통합이 실현되기를 기대한다.

라. 재판은 법이라는 천칭으로 대립하는 가치들의 무게를 저울질하여 균형을 찾는 작업이다. 저울의 균형은 우리가 살아오면서 경험한 역사성과 현실성을 바탕으로 그 속에서 생활하고 있는 구성원

들에게 미치게 될 영향을 고려하여 사회 시스템이 최적의 상태로 기능하고 최고의 효율로 작동하도록 하는 것이어야 한다. 그리고 형사재판에서 실체의 심각성만으로 절차의 저울 한쪽이 기울어지는 것은 바람직하지 못하다.

이러한 관점에서 볼 때, 원판결에 대한 비상상고의 허용 여부는 이 사건의 본질에 대한 인식이나 피해자들에 대한 피해 회복 조치의 필요성과는 별개로 판단되어야 할 문제이다. 사법의 영역을 담당하는 법원으로서는 비상상고이유의 당부 판단에 앞서 비상상고이유로 주장하는 사정이 형사소송법에서 비상상고이유로 정한 법령위반에 해당하는지를 판단하여야 하고, 이때 적법한 비상상고이유인 법령위반의 의미와 범위에 관하여는 종래 대법원이 다른 비상상고 사건에서 적용하여 온 것과 동일한 기준으로 판단할 수밖에 없다.

만일 법원이 적법한 비상상고이유에 관하여 그동안 견지해 온 원칙을 벗어나 비상상고를 쉽게 허용한다면, 확정판결의 확정력과 기판력에 토대를 둔 법적 안정성에 커다란 혼란을 초래할 수 있다. 또 비상상고인이 주장하는 사정을 헤아려 비상상고이유의 범위를 확대하는 것은 법령의 해석·적용에 통일을 도모하려는 비상상고 제도 본래의 의의와 기능에도 부합하지 않는다.

5. 그러므로 이 사건 비상상고를 기각하기로 하여, 관여 대법관의 일치된 의견으로 주문과 같이 판결한다.

---

⑩ 대법원 2021. 03. 11. 선고 2019오1 판결 [폭력행위등처벌에관한법률위반(인정된 죄명: 특수감금)]

【판시사항】

상급심의 파기판결에 의해 효력을 상실한 재판이 형사소송법 제441조에 따른 비상상고의 대상이 될 수 있는지 여부(소극)

【판결요지】

형사소송법 제441조는 "검찰총장은 판결이 확정한 후 그 사건의 심판이 법령에 위반한 것을 발견한 때에는 대법원에 비상상고를 할 수 있다."라고 규정하고 있다. 상급심의 파기판결에 의해 효력을 상실한 재판의 법령위반 여부를 다시 심사하는 것은 무익할 뿐만 아니라, 법령의 해석·적용의 통일을 도모하려는 비상상고 제도의 주된 목적과도 부합하지 않는다. 따라서 상급심의 파기판결에 의해 효력을 상실한 재판은 위 조항에 따른 비상상고의 대상이 될 수 없다.

【참조조문】 형사소송법 제441조
【전 문】 【피 고 인】 피고인 【비상상고인】 검찰총장
【원 판 결】 대구고법 1987. 11. 12. 선고 87노1048 판결

【주   문】

이 사건 비상상고를 기각한다.

【이   유】

비상상고이유를 판단한다.

1. 이 사건 비상상고의 이유는, 원판결 법원이 위헌·무효인 훈령을 근거로 삼아 피고인에 대한 공소사실 중 주간의 특수감금 부분에 대해 형법 제20조를 적용하여 이유에서 무죄로 판단한 것이 법령위반에 해당한다는 취지이다.

2.

가. 형사소송법 제441조는 "검찰총장은 판결이 확정한 후 그 사건의 심판이 법령에 위반한 것을 발견한 때에는 대법원에 비상상고를 할 수 있다."라고 규정하고 있다. 상급심의 파기판결에 의해 효력을 상실한 재판의 법령위반 여부를 다시 심사하는 것은 무익할 뿐만 아니라, 법령의 해석·적용의 통일을 도모하려는 비상상고 제도의 주된 목적과도 부합하지 않는다. 따라서 상급심의 파기판결에 의해 효력을 상실한 재판은 위 조항에 따른 비상상고의 대상이 될 수 없다.

나. 기록에 의하면, 다음과 같은 사실을 알 수 있다.

(1) 내무부장관은 1975. 12. 15.경 부랑인의 단속·수용·보호를 목적으로 '부랑인 신고, 단속, 수용, 보호와 귀향 및 사후관리에 관한 업무처리지침'(내무부 훈령 제410호)을 발령하였다. 위 훈령의 주된 내용은, 시장·군수·구청장으로 하여금 경찰과 합동으로 부랑인 단속반을 편성하여 정기 또는 수시로 부랑인 단속을 실시하고, 단속된 부랑인 중 연고가 불확실한 사람을 시·도 단위로 설치된 부랑인수용시설에 위탁 수용하게 하는 것이다.

(2) 피고인은 부산 북구 (주소 1 생략) 소재 부랑아 수용·보호시설인 '○○복지원' 등을 운영하던 사회복지법인 ○○복지원의 대표이사로서, 1975. 7. 25.경 부산직할시장과 부랑인의 수용·보호 등을 목적으로 한 '부랑인선도(수용보호)위탁계약'을 체결하고 국고 보조금을 지급받으면서 단속기관으로부터 위 훈령 등에 따라 단속된 부랑인의 신병을 인계받아 ○○복지원에 수용하였다.

(3) 피고인은, 단속기관에서 인계되는 부랑인의 수가 증가함에 따라 1985년 말경 경남 울주군 (주소 2 생략) 일대 토지에 신규 수용시설과 ○○복지원 수용자들의 직업 보도(輔導)시설로서의 자동차운전교습소를 건립하기로 한 후 ○○복지원 총무인 공소외인 등을 통해 그곳에 출입문과 창문에 철창시설을 한 숙소시설을 마련하였다.

(4) 피고인은 1986. 7.경부터 1987. 1. 16.경까지 ○○복지원의 수용자 중에서 선발된 피해자들을 야간에는 위 숙소시설에 수용하면서 자물쇠로 출입문을 잠가 도주하거나 이탈하지 못하도록 하고(이하 '야간감금행위'라 한다), 주간에는 피해자들로 하여금 토지 평탄화 작업과 석축공사 등 노역에 종사하게 하는 한편, 피해자들 중 일부를 경비원으로 임명하여 이들로 하여금

목봉과 감시견 10여 마리를 사용해 다른 피해자들을 감시하게 하였다(이하 '주간감금행위'라 한다).

(5) 피고인은 1987. 1. 28.경 주간 및 야간감금행위에 대해 구 폭력행위 등 처벌에 관한 법률(1990. 12. 31. 법률 제4294호로 개정되기 전의 것) 위반으로, ○○복지원 운영 과정에서 수급한 국고 보조금의 횡령행위 등에 대해 구 특정경제범죄 가중처벌 등에 관한 법률(1988.12. 31. 법률 제4069호로 개정되기 전의 것) 위반 등으로 각각 기소되었다.

(6) 제1심인 부산지방법원 울산지원은 위 구 폭력행위 등 처벌에 관한 법률 위반 부분의 죄명과 적용법조를 구 형법(1995. 12. 29. 법률 제5057호로 개정되기 전의 것)상 특수감금에 맞게 변경하는 검사의 공소장변경신청을 허가한 후 1987. 6. 23. 공소사실 전부를 유죄로 인정하면서 피고인에 대해 징역 10년 및 벌금 6억 8,178만 원을 선고하였다(87고합33 판결).

(7) 항소심인 대구고등법원은 1987. 11. 12. 피해자별로 포괄일죄에 해당하는 피고인에 대한 특수감금의 공소사실 중 주간감금행위 부분에 한하여 형법 제20조에 따른 정당행위가 성립한다고 보아 이유에서 이를 무죄로 판단하면서 피고인에 대해 징역 4년을 선고하였고(87노1048 판결, 이 사건으로 그중 위 이유무죄 부분의 파기를 구하는 원판결이다), 피고인만이 원판결 중 유죄 부분에 대하여 상고하였다.

(8) 대법원은 1988. 3. 8. 피고인에 대한 공소사실 중 야간감금행위 부분이 감금죄를 구성한다고 본 원판결 법원의 판단에 감금죄와 형법 제20조의 정당행위에 관한 법리를 오해한 잘못이 있다는 이유로 원판결 중 피고인에 대한 부분을 전부 파기하고 그 부분 사건을 원판결 법원에 환송하였다(87도2671 판결).

다. 위와 같은 사실관계와 형사소송법 제342조 제2항에서 정하고 있는 이른바 상소불가분의 원칙에 의하면, 원판결 중 유죄 부분에 대한 피고인의 상고는 위 유죄 부분 중 야간감금행위 부분과 포괄일죄로서 불가분의 관계에 있는 이유무죄 부분에 대하여도 그 효력이 미치므로, 원판결 중 피고인에 대한 이유무죄 부분은 유죄 부분과 함께 상고심에 이심되었다가 대법원의 파기판결에 의해 그 효력을 상실하였음이 분명하다.

이를 앞서 본 법리에 비추어 살펴보면, 원판결 중 피고인에 대한 이유무죄 부분을 대상으로 한 이 사건 비상상고는 비상상고의 대상이 될 수 없는 재판에 대해 제기된 것이어서 받아들일 수 없다.

3. 그러므로 이 사건 비상상고를 기각하기로 하여, 관여 대법관의 일치된 의견으로 주문과 같이 판결한다.

⑪ 대법원 2021. 03. 12. 자 2019모3554 결정 [재심기각결정에대한재항고]

【판시사항】

재심의 청구를 받은 법원은 당사자가 재심청구의 이유에 관하여 한 사실조사신청에 대하여 재판을 하여야 하는지 여부(소극) 및 이 신청을 배척한 경우에는 당사자에게 이를 고지하여야 하는지 여부(소극)

【판결요지】

재심의 청구를 받은 법원은 필요하다고 인정한 때에는 형사소송법 제431조에 의하여 직권으로 재심청구의 이유에 대한 사실조사를 할 수 있으나, 소송당사자에게 사실조사신청권이 있는 것이 아니다.

그러므로 당사자가 재심청구의 이유에 관한 사실조사신청을 한 경우에도 이는 단지 법원의 직권발동을 촉구하는 의미밖에 없는 것이므로, 법원은 이 신청에 대하여는 재판을 할 필요가 없고, 설령 법원이 이 신청을 배척하였다고 하여도 당사자에게 이를 고지할 필요가 없다.

【참조조문】 형사소송법 제420조, 제431조
【전   문】 【재심청구인】 재심청구인 1 외 12인 【재항고인】 재심청구인들
【변 호 인】 법무법인 오월 담당변호사 강호민 외 2인
【원심결정】 수원지법 2019. 11. 13.자 2019로150 결정

【주   문】

재항고를 모두 기각한다.

【이   유】

재항고이유를 판단한다.

1. 형사소송법 제420조 제5호에 의한 증거의 명백성에 관한 법리를 오해하였다는 주장에 관하여

   기록에 비추어 살펴보면, 원심이 그 판시와 같은 이유로, 재심청구인들이 재심사유로 내세우고 있는 자료들이 재심청구인들에 대하여 이 사건 재심대상판결을 그대로 유지할 수 없을 정도로 무죄를 인정할 명백한 증거가 새로이 발견된 경우에 해당하지 않는다고 보아 이 사건 재심청구를 기각한 제1심결정을 그대로 유지한 데에 재판에 영향을 미친 헌법?법률?명령 또는 규칙의 위반이 없다.

2. 재심청구인들의 문서송부촉탁신청을 배척하고도 이를 고지하지 아니한 위법이 있다는 주장에 관하여

   재심의 청구를 받은 법원은 필요하다고 인정한 때에는 형사소송법 제431조에 의하여 직권으로 재심청구의 이유에 대한 사실조사를 할 수 있으나, 소송당사자에게 사실조사신청권이 있는 것이 아니다.

그러므로 당사자가 재심청구의 이유에 관한 사실조사신청을 한 경우에도 이는 단지 법원의 직권발동을 촉구하는 의미밖에 없는 것이므로, 법원은 이 신청에 대하여는 재판을 할 필요가 없고, 설령 법원이 이 신청을 배척하였다고 하여도 당사자에게 이를 고지할 필요가 없다.

위와 같은 법리에 의하면, 원심이 재심청구인들이 재심청구의 이유에 관한 사실조사의 일환으로서 한 문서송부촉탁신청을 배척한 후 그 결과를 고지하지 아니하였다고 하더라도, 거기에 재항고이유 주장과 같은 잘못이 없다.

3. 그러므로 재항고를 모두 기각하기로 하여, 관여 대법관의 일치된 의견으로 주문과 같이 결정한다.

ⓒ 대법원 2021. 04. 09. 자 2020모4058 결정 [재판의집행에관한이의인용결정에대한재항고]

【판시사항】

피고인의 차명재산이라는 이유만으로 제3자 명의로 등기되어 있는 부동산에 관하여 피고인에 대한 추징판결을 곧바로 집행하는 것이 허용되는지 여부(소극)

【판결요지】

피고인의 차명재산이라는 이유만으로 제3자 명의로 등기되어 있는 부동산에 관하여 피고인에 대한 추징판결을 곧바로 집행하는 것은 허용되지 아니한다. 그 이유는 다음과 같다.

형사소송법은, 추징의 집행은 민사집행법의 집행에 관한 규정을 준용하거나 국세징수법에 따른 국세체납처분의 예에 따르도록 규정하고 있다(제477조). 따라서 추징의 집행은 민사집행법에 의한 집행이나 국세징수법에 따른 국세체납처분의 일반원칙에 따라 이루어져야 하는데, 민사집행법에 의한 집행이나 국세체납처분을 할 때에 '채무자가 사실상 소유하는 재산'이라는 이유로 제3자 명의로 등기되어 있는 부동산에 관하여 곧바로 집행이나 체납처분을 하는 것은 허용되지 않는다.

이와 같이 제3자 명의로 등기되어 있는 부동산에 대하여 추징의 집행을 허용하는 것은 강제집행의 일반원칙에 반하는 것이므로 이를 허용하기 위해서는 별도의 법적근거가 있어야 한다. 2013. 7. 12. 법률 제11883호로 개정된 공무원범죄에 관한 몰수특례법(이하 '공무원범죄몰수법'이라 한다) 제9조의2는 "제6조의 추징은 범인 외의 자가 그 정황을 알면서 취득한 불법재산 및 그로부터 유래한 재산에 대하여 그 범인 외의 자를 상대로 집행할 수 있다."라고 규정함으로써 범인 외의 자를 상대로 추징을 집행할 수 있는 법적 근거를 마련하였는바, 이에 해당하지 않는 이상 제3자 명의로 등기되어 있는 부동산에 관하여 추징을 집행할 수는 없다고 보아야 한다.

한편 제3자 명의로 등기되어 있으나 실질적으로 피고인에게 귀속하는 부동산이 공무원범죄몰수법 제42조 등에 따라 추징보전명령의 대상이 될 수는 있다. 그러나 추징보전명령은 추징의 집행을 보전할 목적으로 형사정책적으로 도입된 제도로서 반드시 민사집행법상 보전처분과 그 대상이나 요건이 동일하다고 볼 필요가 없는 데 반하여, 추징의 집행은 재판확정 후 국가의 형 집행으로 민사집행법의 집행에 관한 규정을 준용하거나 국세징수법에 따른 국세체납처분의 예에 따라야 한다(형사소송법 제477조)는 점에서 추징의 집행을 추징보전명령과 동일시할 수 없다.

피고인이 범죄행위를 통하여 취득한 불법수익 등을 철저히 환수할 필요성이 크더라도 추징의 집행 역시 형의 집행이므로 법률에서 정한 절차에 따라야 하고, 피고인이 제3자 명의로 부동산을 은닉하고 있다면 적법한 절차를 통하여 피고인 명의로 그 등기를 회복한 후 추징판결을 집행하여야 한다.

【참조조문】 형사소송법 제477조, 공무원범죄에 관한 몰수 특례법 제9조의2, 제42조
【참조판례】 대법원 2009. 6. 25.자 2009모471 결정(2009하, 1452)
【전　　문】【피 고 인】 피고인 【신 청 인】 신청인 1 외 1인
【신청인들 대리인】 변호사 정주교 【재항고인】 검사
【원심결정】 서울고법 2020. 11. 20.자 2018초기630 결정

【주　문】

재항고를 기각한다.

【이　유】

재항고이유를 판단한다.

1. 피고인의 차명재산이라는 이유만으로 제3자 명의로 등기되어 있는 부동산에 관하여 피고인에 대한 추징판결을 곧바로 집행하는 것은 허용되지 아니한다. 따라서 신청인들 명의의 원심결정 별지 목록 기재 부동산은 피고인의 차명재산이므로 피고인에 대한 추징판결을 곧바로 집행할 수 있다는 검사의 재항고이유는 받아들이기 어렵다. 그 이유는 다음과 같다.

형사소송법은, 추징의 집행은 민사집행법의 집행에 관한 규정을 준용하거나 국세징수법에 따른 국세체납처분의 예에 따르도록 규정하고 있다(제477조). 따라서 추징의 집행은 민사집행법에 의한 집행이나 국세징수법에 따른 국세체납처분의 일반원칙에 따라 이루어져야 하는데, 민사집행법에 의한 집행이나 국세체납처분을 할 때에 '채무자가 사실상 소유하는 재산'이라는 이유로 제3자 명의로 등기되어 있는 부동산에 관하여 곧바로 집행이나 체납처분을 하는 것은 허용되지 않는다.

이와 같이 제3자 명의로 등기되어 있는 부동산에 대하여 추징의 집행을 허용하는 것은 강제집행의 일반원칙에 반하는 것이므로 이를 허용하기 위해서는 별도의 법적 근거가 있어야 한다. 2013. 7. 12. 법률 제11883호로 개정된 「공무원범죄에 관한 몰수 특례법」(이하 '공무원범죄몰수법'이라 한다) 제9조의2는 "제6조의 추징은 범인 외의 자가 그 정황을 알면서 취득한 불법재산 및 그로부터 유래한 재산에 대하여 그 범인 외의 자를 상대로 집행할 수 있다."라고 규정함으로써 범인 외의 자를 상대로 추징을 집행할 수 있는 법적 근거를 마련하였는바, 이에 해당하지 않는 이상 제3자 명의로 등기되어 있는 부동산에 관하여 추징을 집행할 수는 없다고 보아야 한다.

한편 제3자 명의로 등기되어 있으나 실질적으로 피고인에게 귀속하는 부동산이 공무원범죄몰수법 제42조등에 따라 추징보전명령의 대상이 될 수는 있다(대법원 2009. 06. 25. 자 2009모471 결

정 등 참조). 그러나 추징보전명령은 추징의 집행을 보전할 목적으로 형사정책적으로 도입된 제도로서 반드시 민사집행법상 보전처분과 그 대상이나 요건이 동일하다고 볼 필요가 없는 데 반하여, 추징의 집행은 재판확정 후 국가의 형 집행으로 민사집행법의 집행에 관한 규정을 준용하거나 국세징수법에 따른 국세체납처분의 예에 따라야 한다(형사소송법 제477조)는 점에서 추징의 집행을 추징보전명령과 동일시할 수 없다.

피고인이 범죄행위를 통하여 취득한 불법수익 등을 철저히 환수할 필요성이 크더라도 추징의 집행 역시 형의 집행이므로 법률에서 정한 절차에 따라야 하고, 피고인이 제3자 명의로 부동산을 은닉하고 있다면 적법한 절차를 통하여 피고인 명의로 그 등기를 회복한 후 추징판결을 집행하여야 한다.

2. 신청인들 명의의 원심결정 별지 목록 기재 각 부동산이 공무원범죄몰수법 제9조의2에서 정한 '불법재산 및 그로부터 유래한 재산'에 해당한다는 검사의 재항고이유는 원심의 사실인정을 탓하는 취지에 불과하고, 나아가 원심결정 이유를 관련 법리와 기록에 비추어 살펴보더라도, 이 부분 원심판단에 재판에 영향을 미친 헌법·법률·명령 또는 규칙의 위반이 없다.

3. 그러므로 재항고를 기각하기로 하여, 관여 대법관의 일치된 의견으로 주문과 같이 결정한다.

Ⓐ 대법원 2022. 05. 19. 선고 2021도17131, 2021전도170 전원합의체 판결 [강도·폭행·업무방해·부착명령]

【판시사항】

제1심판결에 대하여 피고인은 비약적 상고를, 검사는 항소를 각각 제기하여 이들이 경합한 경우, 피고인의 비약적 상고에 항소로서의 효력이 인정되는지 여부(한정 적극)

【판결요지】

[다수의견]
형사소송법 제372조, 제373조 및 관련 규정의 내용과 취지, 비약적 상고와 항소가 제1심판결에 대한 상소권 행사로서 갖는 공통성, 이와 관련된 피고인의 불복의사, 피고인의 상소권 보장의 취지 및 그에 대한 제한의 범위와 정도, 피고인의 재판청구권을 보장하는 헌법합치적 해석의 필요성 등을 종합하여 보면, 제1심판결에 대하여 피고인은 비약적 상고를, 검사는 항소를 각각 제기하여 이들이 경합한 경우 피고인의 비약적 상고에 상고의 효력이 인정되지는 않더라도, 피고인의 비약적 상고가 항소기간 준수 등 항소로서의 적법요건을 모두 갖추었고, 피고인이 자신의 비약적 상고에 상고의 효력이 인정되지 않는 때에도 항소심에서는 제1심판결을 다툴 의사가 없었다고 볼 만한 특별한 사정이 없다면, 피고인의 비약적 상고에 항소로서의 효력이 인정된다고 보아야 한다. 구체적인 이유는 다음과 같다.

(가) 비약적 상고는 제1심판결이 인정한 사실에 대하여 법령을 적용하지 않았거나 법령의 적용에 착오가 있는 때 또는 제1심판결이 있은 후 형의 폐지나 변경 또는 사면이 있는 때에 제기할 수 있다(형사소송법 제372조). 제1심판결에 대한 비약적 상고는 그 사건에 대한 항소가 제기된 때에는 효력을 잃고, 다만 항소의 취하 또는 항소기각의 결정이 있는 때에는 예외로 한다(형사소송법 제373조).

형사소송법은 피고인의 비약적 상고와 검사의 항소가 경합한 경우 피고인의 비약적 상고는 상고의 효력이 없다는 취지로 규정하고 있을 뿐, 피고인의 비약적 상고에 항소로서의 효력을 인정할 수 있는지에 관해서는 명문의 규정을 두고 있지 않다. 또한 형사소송법 제373조의 취지는 당사자 일방의 비약적 상고로 상대방이 심급의 이익을 잃지 않도록 하고 아울러 동일 사건이 항소심과 상고심에 동시에 계속되는 것을 막기 위하여 당사자 일방의 비약적 상고가 있더라도 항소심을 진행한다는 것이다.

형사소송법상 항소와 상고가 원칙적으로 구별되는 것은, 항소는 '제1심판결'에 대한 상소이고 상고는 '항소심판결'에 대한 상소여서 통상적인 경우 양자가 절차적으로 중첩될 수 없기 때문이기도 하다. 이와 달리 비약적 상고는 제1심판결에 대하여 곧바로 대법원에 하는 상소절차여서 항소와 함께 '제1심판결'에 대한 상소라는 공통점을 갖게 되는바, 피고인의 비약적 상고가 검사의 항소와 경합할 때 비약적 상고에 '상소'로서 어떠한 효력이 남아있는지에 대하여 형사소송법은 명시적인 규정을 두고 있지 않으므로, 이러한 영역에서 피고인의 헌법상 기본권인 재판청구권을 보장할 수 있는 헌법합치적 법률해석을 할 필요가 있다.

(나) 피고인은 비약적 상고를 제기함으로써 제1심판결에 불복하는 상소를 제기할 의사를 명확하게 표시한 것으로 볼 수 있다. 비약적 상고를 제기한 피고인에게 가장 중요하고 본질적인 의사는 제1심판결에 대한 '불복의사' 또는 '상소의사'이고, 이러한 의사는 절차적으로 존중되어야 한다. 항소와 비약적 상고 사이에 불복사유와 심급의 차이는 있지만 이러한 차이점을 들어 가장 중요하고 본질적인 부분인 피고인의 '불복의사' 자체에 아무런 효력을 인정하지 않는 것은 타당하지 않다.

특히 피고인이 제기한 비약적 상고의 효력이 상실되고 항소심에서 재판이 진행되는 것은 피고인의 의사나 책임과는 무관한 검사의 일방적 조치에 따른 결과이다. 피고인의 항소심급 포기의사는 비약적 상고절차가 진행되는 것을 당연한 전제로 하므로, 이를 검사의 항소로 항소심이 진행되는 상황에서까지 항소심급에서의 불복을 포기한다는 의사로 해석할 수 없다.

이러한 사정을 전체적으로 고려하면, 피고인의 의사에는 비약적 상고가 검사의 항소 제기로 상고의 효력을 잃게 되는 경우 '항소' 등 가능한 다른 형태로 제1심판결의 효력을 다투는 의사도 포함되어 있다고 보는 것이 합리적이다. 따라서 피고인의 비약적 상고에 항소로서의 효력을 인정하는 것은 당사자의 진정한 의사를 고려한 합리적이고 객관적인 범위 내의 해석이다.

(다) 피고인의 비약적 상고에 상고의 효력이 상실되는 것을 넘어 항소로서의 효력까지도 부정된다면 피고인의 헌법상 기본권인 재판청구권이 지나치게 침해된다. 비약적 상고를 제기한 피고인이 제1심판결에 대하여 '상소'를 제기한 '상소인'임은 분명하다. 그런데 피고인의 비약적 상고와 검사의 항소가 경합한 경우 피고인의 비약적 상고에 항소로서의 효력을 인정할 수 없다고 판시한 종전 판례에 따르면 피고인이 그 자체로는 적법한 상소를 제기하였음에도, 검사의 일방적 조치에 따라 피고인의 상소는 아무런 효력이 없게 되고 형사절차상 완전히 무의미한 행위가 된다.

더욱이 피고인은 자신이 불복하려고 했던 제1심판결에 대한 항소심판결에 대해서도 대부분의 경우 적법한 상고를 제기할 수 없다. 검사의 항소를 기각한 항소심판결은 피고인에게 불이익한 판결이 아니어서 상고의 이익이 없으므로 상고권이 인정되지 않고, 검사의 양형부당 항소를 인용한 항소심판결에 대해서는 항소심의 심판대상이 되지 않은 사실오인이나 법령위반 등을 상고이유로 주장할 수 없다.

요컨대, 종전 판례에 따를 경우 법원은 상소를 제기한 피고인을 제1심판결에 승복한 당사자와 마찬가지로 취급하여 상소심의 판단을 받을 수 있는 기회를 대부분 박탈하는 것이다. 이와 같은 결과는 피고인의 재판청구권의 본질적 부분을 침해하는 것으로서 용인하기 어렵다. 상소심재판을 받을 기회를 법률로써 제한하는 것도 가능하지만, 단지 형식적인 권리나 이론적인 가능성만을 허용하는 것이어서는 안 되며 상당한 정도로 권리구제의 실효성이 보장되어야 한다. 더욱이 피고인은 검사와는 달리 형사절차의 소극적·방어적 당사자에 불과하고 법률전문가가 아니며, 실무상 피고인이 상소기간 내 상소장을 제출하는 단계에서 변호인의 조력을 충분히 받지 못하는 경우가 흔히 발생한다. 이러한 상황에서 검사의 항소가 제기되었다는 사정만으로 피고인의 비약적 상고가 상소로서의 효력을 전혀 갖지 못한다고 해석하는 것은, 피고인의 상소권이 형식적인 권리에 머물러 실효적인 권리구제 기능을 하지 못하게 되는 결과를 초래한다.

(라) 피고인의 비약적 상고와 검사의 항소가 경합한 경우 피고인의 비약적 상고에 항소로서의 효력을 인정하더라도 형사소송절차의 명확성과 안정성을 해치지 않는다. 이는 검사의 항소로 형사소송법 제373조에 따라 항소심이 진행되어야 하는 상황에서 피고인의 비약적 상고에 항소로서의 효력을 인정하여 피고인을 항소인으로 취급하는 것에 불과하고, 그 밖에 형사소송법이 예정한 심급의 변경 등 절차 진행에 별다른 변동이 발생하지 않는다.

[대법관 안철상, 대법관 노태악의 반대의견]

다수의견의 요지는, 형사소송법 제373조에서 비약적 상고는 항소가 제기된 때에 그 효력을 잃는다고 규정할 뿐 항소로서의 효력 여부에 관하여는 아무런 규정이 없음에도, 피고인이 비약적 상고를 제기하고 검사가 항소한 때에는 피고인의 비약적 상고는 항소로서의 효력이 인정되어야 한다는 것이다. 이러한 다수의견은 다음과 같은 이유로 받아들일 수 없다.

첫째, 다수의견은 비약적 상고를 제기한 피고인의 상소권을 보장하는 해석을 시도하는 것으로서 경청할 점이 있다. 그러나 법률적 근거 없이 비약적 상고를 항소로 인정하는 해석은 항소와 상고를 준별하는 현행 형사절차의 기본구조를 일탈하는 것이어서 받아들이기 어렵다.

둘째, 다수의견은 법해석의 첫 단계로서 성문법규 해석의 기본인 문언해석을 벗어난 것으로 법형성에 해당하고 그 정당한 사유를 찾기도 어렵다. 특히 명확성과 안정성이 엄격하게 요구되는 형사절차 규정에 대하여 문언의 통상적인 의미를 넘어서는 해석은 허용되기 어렵다.

셋째, 다수의견은 대법원의 확립된 선례를 변경함으로써 이에 근거하여 안정적으로 운영되어 온 현재 재판실무에 혼란과 지장을 가져다 줄 뿐만 아니라, 그러한 이유를 들어 명문의 법률 규정을 얼마든지 문언과 다르게 해석할 수 있다는 잘못된 신호를 줄 수 있다는 점에서 우려가 크다.

넷째, 문언대로 해석하더라도 반드시 피고인에게 불이익한 결과를 초래한다고 볼 수 없다. 비약적 상고의 효력이 상실되더라도 피고인은 직권조사 내지 직권심판을 촉구하는 의미로 원심의 위법사유에 대해 주장할 수 있고, 이에 대한 상소심의 심리가 이루어진다. 나아가 현재 해석상 인정되는 상고권 제한 법리를 사안에 맞게 적용함으로써 비약적 상고를 제기한 피고인의 상고권을 보장하는 해석도 가능하다.

[대법관 민유숙의 반대의견]

(가) 형사소송법 제372조, 제373조의 해석상 원칙적으로 피고인이 비약적 상고를 제기한 후 검사가 항소를 제기하면 피고인의 비약적 상고는 효력을 잃는데, 그와 같이 효력이 없어진 비약적 상고에 항소로서의 효력을 부여할 수 없다. 다만 검사의 항소로 인하여 피고인은 항소심에서 재판을 받게 되고, 피고인이 항소심에서 형사소송법 제372조의 비약적 상고이유를 주장하였다면 피고인의 비약적 상고이유에 해당하는 법률적 주장을 배척한 항소심판결에 대하여 피고인은 그 사유를 들어 상고를 제기하고 상고이유로 주장할 수 있다.

(나) 비약적 상고와 항소가 경합되는 경우의 규율은 입법형성 범위 내의 문제로서 현행 형사소송법 규정이 헌법상 재판청구권을 침해한다고 보기 어렵다. 헌법 제27조 제1항에 의하여 보장되는 국민의 재판청구권은 제한 없이 상소심의 재판을 받을 권리까지 보장하는 취지는 아니다.

(다) 다수의견이 피고인의 조건부 또는 추정적 의사를 기초로 항소의 효력을 인정하는 것은 동의하기 어렵다. '항소장'을 제출한 피고인의 의사와 '비약적 상고장'을 제출한 피고인의 의사는 성격과 범위가 크게 달라 서로 구분되어야 한다. 비약적 상고장을 제출한 피고인의 진정한 의사가 '어떤 사정으로 곧바로 상고심재판을 받지 않고 항소심재판을 받는다면 항소인으로서 재판을 받겠다는 의사'라고 할 근거를 찾을 수 없다.

(라) 상고권 제한 법리의 예외를 인정하여 피고인이 상고심에서 판단받을 기회는 보장될 수 있다. 일반적으로 피고인이 항소하지 않은 모든 경우까지 상고권 제한 법리의 예외를 인정할 것은 아니지만, 피고인이 비약적 상고장을 제출하였으나 검사의 항소로 계속된 항소심에서 피고인이 직권조사 내지 직권심판 사항에 관하여 비약적 상고이유에 해당하는 내용을 주장하였으나 항소심법원이 받아들이지 않은 경우에는 이를 다시 주장하기 위해 상고를 하는 것은 허용되어야 한다. 나아가 항소심에서 적법한 항소로 취급되지 못하는 등의 이유로 비약적 상고이유에 해당하는 사항을 주장하지 않았으나, 상고심에 이르러 주장을 한 경우에 그 상고도 허용되어야 한다. 반면 피고인이 항소심 및 상고심에서 모두 비약적 상고이유에 해당하는 법률적 주장을 하지 않았다면, 피고인의 상고는 부적법하다고 볼 수밖에 없다.

【참조조문】 헌법 제27조, 형사소송법 제361조의4 제1항, 제361조의5, 제364조 제1항, 제2항, 제372조, 제373조, 제383조, 제384조
【참조판례】 대법원 2005. 7. 8. 선고 2005도2967 판결(변경), 대법원 2005. 9. 15. 선고 2005도4866 판결, 대법원 2015. 9. 11. 자 2015도10826 결정(변경), 대법원 2016. 9. 30. 자 2016도11358 결정(변경), 대법원 2017. 7. 6. 자 2017도6216 결정(변경), 대법원 2019. 3. 21. 선고 2017도16593-1 전원합의체 판결(공2019상, 917), 헌법재판소 2001. 2. 22. 선고 2000헌가1 전원재판부 결정(헌공54, 171), 헌법재판소 2005. 3. 31. 선고 2003헌바34 전원재판부 결정(헌공103, 493)
【전 문】 【피고인 겸 피부착명령청구자】 피고인 【상 고 인】 피고인 겸 피부착명령청구자
【변 호 인】 변호사 권용제
【원심판결】 부산고법 2021. 12. 8. 선고 (창원)2021노253, 2021전노32, 2021보노24 판결

【주   문】

원심판결 중 피고사건과 부착명령청구사건 부분을 파기하고, 이 부분 사건을 부산고등법원에 환송한다.

【이   유】

상고이유를 판단한다.

1. 제1심 및 원심의 진행경과

원심판결 이유 및 기록에 의하면 다음과 같은 사실을 알 수 있다.

가. 제1심은 2021. 7. 22. 피고인 겸 피부착명령청구자(이하 '피고인'이라 한다)에 대하여 강도죄 등 범죄사실 전부를 유죄로 인정하고 징역 3년 및 전자장치 부착명령 10년 등을 선고하는 한편, 보호관찰명령청구는 기각하였다.

나. 피고인은 2021. 7. 27. 제1심법원에 비약적 상고장을 제출하였고, 검사는 2021. 7. 28. 제1심법원에 항소장을 제출하였다.

다. 원심법원은 2021. 8. 12. 사건을 접수한 다음 2021. 8. 17. 피고인 및 피고인의 국선변호인에게 소송기록 접수통지서를 발송하였고, 위 통지서가 2021. 8. 19. 모두 송달되었다.

라. 검사는 2021. 8. 26. 양형부당을 주장하는 항소이유서를 원심법원에 제출하였다. 피고인은 2021. 9. 1. 심신장애 및 양형부당, 전자장치 부착기간 과다를 주장하는 항소이유서를 원심법원에 제출하였다.

마. 피고인 및 피고인의 국선변호인은 2021. 10. 6. 원심 제1회 공판기일에서 심신장애 및 양형부당을 항소이유로 진술함과 동시에 위 2021. 9. 1. 자 항소이유서를 진술하였다.

바. 원심은 2021. 12. 8. 검사의 항소만을 기각하는 판결을 선고하였다. 원심은, 피고인의 비약적 상고와 검사의 항소가 경합한 경우 피고인의 비약적 상고에 항소로서의 효력을 인정할 수 없다고 판시한 대법원 2005. 07. 08. 선고 2005도2967 판결 등(이하 '종전 판례'라 한다)의 견해와 같이, 피고인이 제기한 비약적 상고가 검사의 항소 제기로 형사소송법 제373조에 따라 효력을 상실하였고 여기에 상고의 효력은 물론 항소로서의 효력도 인정할 수 없으므로, 피고인의 적법한 항소가 존재하지 않는다고 보아 피고인의 항소에 관한 판단을 하지 않았다.

2. 대법원의 판단

가. 형사소송법 제372조, 제373조 및 관련 규정의 내용과 취지, 비약적 상고와 항소가 제1심판결에 대한 상소권 행사로서 갖는 공통성, 이와 관련된 피고인의 불복의사, 피고인의 상소권 보장의 취지 및 그에 대한 제한의 범위와 정도, 피고인의 재판청구권을 보장하는 헌법합치적 해석의 필요성 등을 종합하여 보면, 제1심판결에 대하여 피고인은 비약적 상고를, 검사는 항소를 각각 제기

하여 이들이 경합한 경우 피고인의 비약적 상고에 상고의 효력이 인정되지는 않더라도, 피고인의 비약적 상고가 항소기간 준수 등 항소로서의 적법요건을 모두 갖추었고, 피고인이 자신의 비약적 상고에 상고의 효력이 인정되지 않는 때에도 항소심에서는 제1심판결을 다툴 의사가 없었다고 볼 만한 특별한 사정이 없다면, 피고인의 비약적 상고에 항소로서의 효력이 인정된다고 보아야 한다. 구체적인 이유는 다음과 같다.

1) 비약적 상고는 제1심판결이 인정한 사실에 대하여 법령을 적용하지 않았거나 법령의 적용에 착오가 있는 때 또는 제1심판결이 있은 후 형의 폐지나 변경 또는 사면이 있는 때에 제기할 수 있다(형사소송법 제372조). 제1심판결에 대한 비약적 상고는 그 사건에 대한 항소가 제기된 때에는 효력을 잃고, 다만 항소의 취하 또는 항소기각의 결정이 있는 때에는 예외로 한다(형사소송법 제373조).

형사소송법은 피고인의 비약적 상고와 검사의 항소가 경합한 경우 피고인의 비약적 상고는 상고의 효력이 없다는 취지로 규정하고 있을 뿐, 피고인의 비약적 상고에 항소로서의 효력을 인정할 수 있는지에 관해서는 명문의 규정을 두고 있지 않다. 또한 형사소송법 제373조의 취지는 당사자 일방의 비약적 상고로 상대방이 심급의 이익을 잃지 않도록 하고 아울러 동일 사건이 항소심과 상고심에 동시에 계속되는 것을 막기 위하여 당사자 일방의 비약적 상고가 있더라도 항소심을 진행한다는 것이다.

형사소송법상 항소와 상고가 원칙적으로 구별되는 것은, 항소는 '제1심판결'에 대한 상소이고 상고는 '항소심판결'에 대한 상소여서 통상적인 경우 양자가 절차적으로 중첩될 수 없기 때문이기도 하다. 이와 달리 비약적 상고는 제1심판결에 대하여 곧바로 대법원에 하는 상소절차여서 항소와 함께 '제1심판결'에 대한 상소라는 공통점을 갖게 되는바, 피고인의 비약적 상고가 검사의 항소와 경합할 때 비약적 상고에 '상소'로서 어떠한 효력이 남아있는지에 대하여 형사소송법은 명시적인 규정을 두고 있지 않으므로, 이러한 영역에서 피고인의 헌법상 기본권인 재판청구권을 보장할 수 있는 헌법합치적 법률해석을 할 필요가 있다. 이와 같은 헌법합치적 법률해석은 법원이 통상적으로 사용하는 정당한 해석방법이다(대법원 2006. 06. 22. 자 2004스42 전원합의체 결정, 대법원 2009. 02. 12. 선고 2004두10289 판결, 대법원 2018. 05. 02. 자 2015모3243 결정, 대법원 2018. 11. 01. 선고 2016도10912 전원합의체 판결 등 참조).

2) 피고인은 비약적 상고를 제기함으로써 제1심판결에 불복하는 상소를 제기할 의사를 명확하게 표시한 것으로 볼 수 있다. 비약적 상고를 제기한 피고인에게 가장 중요하고 본질적인 의사는 제1심판결에 대한 '불복의사' 또는 '상소의사'이고, 이러한 의사는 절차적으로 존중되어야 한다. 항소와 비약적 상고 사이에 불복사유와 심급의 차이는 있지만 이러한 차이점을 들어 가장 중요하고 본질적인 부분인 피고인의 '불복의사' 자체에 아무런 효력을 인정하지 않는 것은 타당하지 않다.

특히 피고인이 제기한 비약적 상고의 효력이 상실되고 항소심에서 재판이 진행되는 것은 피고인의 의사나 책임과는 무관한 검사의 일방적 조치에 따른 결과이다. 피고인의 항소심급 포기 의사는 비약적 상고절차가 진행되는 것을 당연한 전제로 하므로, 이를 검사의 항소로 항소심이 진행되는 상황에서까지 항소심급에서의 불복을 포기한다는 의사로 해석할 수 없다.

이러한 사정을 전체적으로 고려하면, 피고인의 의사에는 비약적 상고가 검사의 항소 제기로 상고의 효력을 잃게 되는 경우 '항소' 등 가능한 다른 형태로 제1심판결의 효력을 다투는 의사도 포함되어 있다고 보는 것이 합리적이다. 따라서 피고인의 비약적 상고에 항소로서의 효력을 인정하는 것은 당사자의 진정한 의사를 고려한 합리적이고 객관적인 범위 내의 해석이다.

3) 피고인의 비약적 상고에 상고의 효력이 상실되는 것을 넘어 항소로서의 효력까지도 부정된다면 피고인의 헌법상 기본권인 재판청구권이 지나치게 침해된다. 비약적 상고를 제기한 피고인이 제1심판결에 대하여 '상소'를 제기한 '상소인'임은 분명하다. 그런데 종전 판례에 따르면 피고인이 그 자체로는 적법한 상소를 제기하였음에도, 검사의 일방적 조치에 따라 피고인의 상소는 아무런 효력이 없게 되고 형사절차상 완전히 무의미한 행위가 된다.

더욱이 피고인은 자신이 불복하려고 했던 제1심판결에 대한 항소심판결에 대해서도 대부분의 경우 적법한 상고를 제기할 수 없다. 검사의 항소를 기각한 항소심판결은 피고인에게 불이익한 판결이 아니어서 상고의 이익이 없으므로 상고권이 인정되지 않고(대법원 2005. 09. 15. 선고 2005도4866 판결 등 참조), 검사의 양형부당 항소를 인용한 항소심판결에 대해서는 항소심의 심판대상이 되지 않은 사실오인이나 법령위반 등을 상고이유로 주장할 수 없다(대법원 2019. 03. 21. 선고 2017도16593-1 전원합의체 판결 등 참조).

요컨대, 종전 판례에 따를 경우 법원은 상소를 제기한 피고인을 제1심판결에 승복한 당사자와 마찬가지로 취급하여 상소심의 판단을 받을 수 있는 기회를 대부분 박탈하는 것이다. 이와 같은 결과는 피고인의 재판청구권의 본질적 부분을 침해하는 것으로서 용인하기 어렵다. 상소심 재판을 받을 기회를 법률로써 제한하는 것도 가능하지만, 단지 형식적인 권리나 이론적인 가능성만을 허용하는 것이어서는 안 되며 상당한 정도로 권리구제의 실효성이 보장되어야 한다(헌법재판소 2001. 2. 22. 선고 2000헌가1 전원재판부 결정, 헌법재판소 2005. 3. 31. 선고 2003헌바34 전원재판부 결정 등 참조).

더욱이 피고인은 검사와는 달리 형사절차의 소극적·방어적 당사자에 불과하고 법률전문가가 아니며, 실무상 피고인이 상소기간 내 상소장을 제출하는 단계에서 변호인의 조력을 충분히 받지 못하는 경우가 흔히 발생한다. 이러한 상황에서 검사의 항소가 제기되었다는 사정만으로 피고인의 비약적 상고가 상소로서의 효력을 전혀 갖지 못한다고 해석하는 것은, 피고인의 상소권이 형식적인 권리에 머물러 실효적인 권리구제 기능을 하지 못하게 되는 결과를 초래한다.

4) 피고인의 비약적 상고와 검사의 항소가 경합한 경우 피고인의 비약적 상고에 항소로서의 효력을 인정하더라도 형사소송절차의 명확성과 안정성을 해치지 않는다.

이는 검사의 항소로 형사소송법 제373조에 따라 항소심이 진행되어야 하는 상황에서 피고인의 비약적 상고에 항소로서의 효력을 인정하여 피고인을 항소인으로 취급하는 것에 불과하고, 그 밖에 형사소송법이 예정한 심급의 변경 등 절차 진행에 별다른 변동이 발생하지 않는다.

나. 이와 달리 피고인의 비약적 상고와 검사의 항소가 경합한 경우 피고인의 비약적 상고에 항소로서의 효력을 인정할 수 없다고 판시한 대법원 2005. 07. 08. 선고 2005도2967 판결, 대법원 2015. 09. 11. 자 2015도10826 결정, 대법원 2016. 09. 30. 자 2016도11358 결정, 대법원 2017. 07. 06. 자 2017도6216 결정을 비롯한 같은 취지의 대법원판결 및 결정들은 이 판결의 견해에 배치되는 범위 내에서 모두 변경하기로 한다.

다. 위 법리에 비추어 앞서 본 사실관계를 살펴본다.

이 사건 피고인은 제1심판결에 대하여 비약적 상고를 제기하였으나, 검사가 항소를 제기함으로써 비약적 상고에서 상고의 효력은 상실되었다. 그러나 피고인의 비약적 상고가 항소기간 내에 적법하게 제기되는 등 항소로서의 적법요건을 모두 갖추었고, 피고인이 비약적 상고에 상고의 효력이 인정되지 않는 경우에도 항소심에서는 제1심판결을 다툴 의사가 없었다고 볼 만한 특별한 사정도 보이지 아니한다. 그렇다면 원심으로서는 앞서 본 법리에 따라 피고인의 비약적 상고에 항소로서의 효력을 인정하여 피고인이 법정기간 내에 적법하게 제출한 항소이유에 관하여 심리·판단하였어야 했다. 그럼에도 원심은 피고인의 비약적 상고에 항소로서의 효력을 인정할 수 없다는 이유로 위와 같은 조치를 취하지 아니한 채 검사의 항소에 대해서만 판단하였다. 원심판결에는 피고인의 비약적 상고의 효력에 관한 법리를 오해함으로써 판결에 영향을 미친 잘못이 있고, 이를 지적하는 피고인의 상고이유는 이유 있다.

3. 결론

그러므로 피고인의 나머지 상고이유에 관한 판단을 생략한 채, 원심판결 중 피고사건과 부착명령 청구사건 부분을 파기하고 이 부분 사건을 다시 심리·판단하도록 원심법원에 환송하기로 하여, 주문과 같이 판결한다. 이 판결에는 대법관 안철상, 대법관 노태악의 반대의견, 대법관 민유숙의 반대의견이 있는 외에는 관여 법관의 의견이 일치하였고, 다수의견에 대한 대법관 오경미의 보충의견이 있다.

4. 대법관 안철상, 대법관 노태악의 반대의견

가. 반대의견의 요지

다수의견의 요지는, 형사소송법 제373조에서 비약적 상고는 항소가 제기된 때에 그 효력을 잃는다고 규정할 뿐 항소로서의 효력 여부에 관하여는 아무런 규정이 없음에도, 피고인이 비약적 상고를 제기하고 검사가 항소한 때에는 피고인의 비약적 상고는 항소로서의 효력이 인정되어야 한다는 것이다. 이러한 다수의견은 다음과 같은 이유로 받아들일 수 없다.

첫째, 다수의견은 비약적 상고를 제기한 피고인의 상소권을 보장하는 해석을 시도하는 것으로서 경청할 점이 있다. 그러나 법률적 근거 없이 비약적 상고를 항소로 인정하는 해석은 항소와 상고를 준별하는 현행 형사절차의 기본구조를 일탈하는 것이어서 받아들이기 어렵다.

둘째, 다수의견은 법해석의 첫 단계로서 성문법규 해석의 기본인 문언해석을 벗어난 것으로 법형성에 해당하고 그 정당한 사유를 찾기도 어렵다. 특히 명확성과 안정성이 엄격하게 요구되는 형사절차 규정에 대하여 문언의 통상적인 의미를 넘어서는 해석은 허용되기 어렵다.

셋째, 다수의견은 대법원의 확립된 선례를 변경함으로써 이에 근거하여 안정적으로 운영되어 온 현재 재판실무에 혼란과 지장을 가져다 줄 뿐만 아니라, 그러한 이유를 들어 명문의 법률 규정을 얼마든지 문언과 다르게 해석할 수 있다는 잘못된 신호를 줄 수 있다는 점에서 우려가 크다.

넷째, 문언대로 해석하더라도 반드시 피고인에게 불이익한 결과를 초래한다고 볼 수 없다. 비약적 상고의 효력이 상실되더라도 피고인은 직권조사 내지 직권심판을 촉구하는 의미로 원심의 위법사유에 대해 주장할 수 있고, 이에 대한 상소심의 심리가 이루어진다. 나아가 현재 해석상 인정되는 상고권 제한 법리를 사안에 맞게 적용함으로써 비약적 상고를 제기한 피고인의 상고권을 보장하는 해석도 가능하다.

나. 상소제도의 기본구조

1) 형사소송법은 상소제도로서 항소와 상고를 엄격히 구별하고 있다.

형사소송법 제3편(상소)은 제2장의 '항소'와 제3장의 '상고'를 구별하여 규정하고 있고, 비약적 상고는 제3장의 '상고'에 속해 있다. 항소는 항소심법원에서 진행되는 상소절차를 신청하는 소송행위이고(형사소송법 제357조), 상고는 대법원에서 진행되는 상소절차를 신청하는 소송행위로서(형사소송법 제371조, 제372조), 양자가 심급과 절차를 달리함은 굳이 설명할 필요가 없다.

항소는 제1심판결에 법리오해가 있거나 제1심판결 후 형의 폐지 등이 있는 때뿐만 아니라 사실오인, 양형부당, 이유모순 등 광범위한 사유를 들어 제기할 수 있다(형사소송법 제361조의5). 반면, 비약적 상고는 제1심판결이 인정한 사실에 대하여 법령을 적용하지 않았거나 법령의 적용에 착오가 있는 때 또는 제1심판결 후 형의 폐지나 변경 또는 사면이 있는 때에만 제기할 수 있다(형사소송법 제372조).

또한 형사소송법은 상소인이 상소 제기 당시부터 자신이 신청하는 절차가 항소와 비약적 상고 중 어느 것인지를 명확하게 표시하여 제기하는 것을 예정할 뿐, 독일 형사소송법과 같이 상소의 종류를 상소 제기 이후에 결정하거나 이를 변경하는 것을 예정하고 있지도 않다.

2) 비약적 상고는 법령의 해석·적용의 통일에 신속을 기하고 피고인의 이익을 조기에 회복하기 위하여 비약적 상고이유가 있는 경우 제1심판결에 대하여 항소를 제기하지 아니하고 곧바로 상고를 제기할 수 있도록 한 예외적 상소제도이다. 즉, 항소심을 건너뛰고 신속히 법률심인 대법원의 판단을 구하는 것이 비약적 상고제도의 본질적인 내용이자 존재 이유이다.

다. 형사절차 규정에 관한 법해석의 한계

1) 법해석은 법률조항의 문언과 문장 구조에서 시작하고, 법은 '쓰인 대로' 해석되어야 함이 원칙이다.

법률의 문언 자체가 비교적 명확한 개념으로 구성되어 있다면 원칙적으로 더 이상 다른 해석방법은 활용할 필요가 없거나 제한될 수밖에 없다. 문언상 해석 가능한 범위를 넘어서는 것은 사법에 의한 법창조 내지 법형성으로서 정당한 사유가 없는 한 허용될 수 없다.

특히 형사절차 규정의 해석·적용에 관해서는 절차의 안정성과 명확성이 무엇보다 중시되므로, 문언의 통상적인 의미에 충실한 해석이 더욱 강조되어야 한다. 예를 들자면 상소제기기간과 같이 법원이 단축하거나 늘릴 수 없는 불변기간으로 절차 규정에 명시된 경우에도 피고인에게 유리하다는 이유로 가변적인 해석을 허용할 수 있을 것인가. 단순히 피고인에게 유리하다는 이유로 형사절차 규정의 문언을 벗어나는 해석을 허용하는 것은 헌법상 적법절차와 법치주의 원칙의 일탈을 의미한다.

2) 형사소송법 제373조에 관한 다수의견의 해석은 문언에 반하고 형사절차의 안정성과 명확성을 침해한다.

형사소송법 제373조는 제1심판결에 대한 비약적 상고는 그 사건에 대한 항소가 제기된 때에는 효력을 잃고, 다만 항소의 취하 또는 항소기각의 결정이 있는 때에는 예외로 한다고만 규정하고 있을 뿐이다. 이는 제기된 상소가 비약적 상고임을 전제로 그에 대해서 상고의 효력을 상실한다는 내용임이 문언상 명백하고, 독일 형사소송법과 달리 효력을 상실한 비약적 상고에 항소의 효력을 인정하는 내용의 규정을 두고 있지 않다.

이러한 현행 절차 규정의 문언을 항소와 상고를 엄격하게 구별하고 있는 상소제도의 구조와 비약적 상고제도의 존재 이유 등을 고려하여 해석하면, 입법자의 의사는 효력을 상실한 비약적 상고에 항소의 효력을 인정하지 않겠다는 취지가 분명하다. 어떠한 종류의 상소로 효력이 인정되는지는 상소절차의 가장 기본적이고 선결적인 문제로서 형사절차의 안정성과 명확성이 강하게 요구되는 영역이다. 그럼에도 다수의견은 현행 절차 규정이 가지는 문언의 가능한 의미를 벗어난 것으로서 입법론으로 참고할 수 있을 뿐 현행 형사소송법의 해석론으로는 채택할 수 없다.

라. 선례 변경에 따른 재판실무의 혼란가능성

1) 다수의견의 결론에 따를 경우 문언과 달리 피고인과 검사를 차별적으로 취급하는 해석을 하게 된다.

대법원은 피고인이 제기한 비약적 상고와 검사가 제기한 항소가 경합한 사안뿐만 아니라(종전 판례), 검사가 제기한 비약적 상고와 피고인이 제기한 항소가 경합한 사안에서도 효력이 상실된 검사의 비약적 상고에 항소로서의 효력을 인정하지 않았다(대법원 1959. 07. 31. 선고 4292형상228 판결, 대법원 1971. 02. 09. 선고 71도28 판결 참조).

다수의견은 변경 대상 판례로 피고인의 비약적 상고 사안에 관한 종전 판례만을 들고 있을 뿐 검사의 비약적 상고 사안에 관한 위 판례는 들고 있지 않다. 또한 다수의견은 피고인이 검사와는 달리 형사절차의 소극적·방어적 당사자에 불과하고 법률전문가가 아니며 변호인의 조력을 충분히 받지 못하는 경우가 발생한다는 사정을 비약적 상고에 항소로서의 효력을 인정하는 논거로 들고 있다.

이러한 다수의견에 따를 경우 피고인의 비약적 상고 사안에 관한 종전 판례는 변경되고, 검사의 비약적 상고 사안에 관한 판례는 변경되지 않으므로 피고인의 비약적 상고와 검사의 비약적 상고를 차별적으로 취급하는 결론에 이르게 된다. 그러나 이러한 차별적 취급은 바람직하지도 않고 적절하다고 볼 수도 없다.

또한 다수의견이 검사가 비약적 상고를 제기한 사안의 처리에 관하여 명확한 판단을 하지 않음으로써, 검사의 비약적 상고와 피고인의 항소가 경합한 경우에 검사의 비약적 상고에 항소로서의 효력을 인정하여야 하는지가 분명하지 않아 향후 재판실무상 상당한 혼란이 생길 수 있다는 점도 지적하지 않을 수 없다.

2) 대법원 판례는 상대방의 항소로 인하여 효력을 상실한 비약적 상고에 항소로서의 효력을 인정할 수 없다는 취지로 다수의 판결례를 통하여 확립되어 있었다. 이에 따라 비약적 상고장에는 비약적 상고의 효력만이, 항소장에는 항소의 효력만이 문제 된다고 보고, 관련 재판실무의 분명하고 안정적인 처리가 가능하였다.

그러나 이제 다수의견과 같이 해석한다면 피고인이 제기한 상소가 상고인지 항소인지가 가변적이어서 재판실무에 상당한 혼란이 예상된다. 피고인이 직접 대법원의 판단을 구하는 취지로 비약적 상고장을 제출하였음에도, 검사의 항소가 있다는 사정만으로 표시된 의사와는 달리 피고인의 비약적 상고가 항소로 의제되고, 그 후 검사의 항소가 취하되거나 항소기각의 결정이 있는 때에는 형사소송법 제373조 단서에 따라 피고인의 항소는 다시 비약적 상고로 취급된다. 이 경우 항소 취하는 항소심 종국판결 전까지 가능할 것이므로, 항소심이 피고인의 비약적 상고를 항소로 보아 항소이유에 관한 증거조사 등의 심리를 진행하였음에도 불구하고, 검사의 항소 취하 등의 일방적 조치에 따라 종전까지 진행한 항소심 절차가 무위로 돌아가는 문제가 발생한다. 경우에 따라 이와 같은 절차 진행이 악용될 가능성도 배제할 수 없다.

3) 대법원 전원합의체 판결은 모든 하급심이 원용하는 중요한 선례가 되고, 대법원이 제시한 판단 기준은 일반 법원에서도 동일하게 적용된다. 그런데 이 사건 전원합의체 판결을 통하여 형사절차 규정의 문언의 통상적인 의미를 넘어서는 해석을 허용한다면, 일반 법원 실무에서도 이러한 해석이 허용된다는 잘못된 신호를 전달할 수 있다. 재판실무를 담당하는 법관들이 문언상 해석 가능한 범위를 넘어선 자의적인 해석을 개별적으로 시도하여 실질적으로 입법작용을 수행하는 결과에 이르는 것은 헌법상 권력분립과 법치주의 원칙에 대한 중대한 침해로서 경계되어야 한다.

마. 피고인의 재판청구권에 대한 실질적 보장

1) 현행 절차 규정을 문언대로 해석하더라도 피고인의 재판청구권 행사에 실질적인 불이익을 가져온다고 할 수 없다.

비약적 상고를 제기한 피고인이 항소기간 내에 검사의 항소장 접수통지를 받은 경우에는 항소기간이 지나기 전에 다시 항소를 제기할 수 있으므로, 종전 판례에 따르더라도 유효한 상소를 제기할 기회가 있다.

나아가 설령 항소기간 경과 등으로 유효한 상소를 제기할 수 없다고 하더라도 피고인이 원심의 위법사유에 관하여 다투고 법원이 이를 시정할 수 있는 기회는 충분히 보장될 수 있다. 형사소송법 제372조가 규정하는 비약적 상고이유는 법령적용의 착오 등으로서 형사소송법 제361조의4 제1항 단서가 규정하는 직권조사사유에도 해당되므로, 당사자가 주장하지 아니하는 경우에도 법원이 직권으로 조사하여야 한다(대법원 2003. 05. 16. 자 2002모338 결정 등 참조). 또한 항소심 및 상고심은 사건이 이심되어 심판대상이 된 이상 적법한 상소이유에 포함되지 않았더라도 판결에 영향을 미친 법령위반 등의 사유에 대하여 직권으로 심판할 수 있다(형사소송법 제364조 제2항, 제384조).

따라서 피고인의 비약적 상고가 검사의 항소 제기로 효력을 상실하더라도, 피고인은 항소심 및 상고심에서 직권발동을 촉구하는 의미로 원심의 위법사유에 관하여 얼마든지 주장이 가능하다. 이러한 피고인의 주장에 대하여 상소심의 심리가 이루어지고, 주장이 이유 있고 원심판결에 영향을 미쳤다고 인정되면 직권으로 파기가 이루어질 수 있다. 이 사건의 원심에서도 피고인이 주장하는 위법사유가 있는지 실질적으로 심리되었으며, 실제 하급심 실무도 그러한 것으로 보인다.

2) 다수의견은 피고인의 비약적 상고가 검사의 항소 제기로 효력을 상실하는 경우 상고권 제한 법리에 관한 판례에 따라 피고인의 상고권이 상실되거나 상고이유가 제한되어 피고인에게 불리하다는 논거를 제시하고 있다. 그러나 해석상 인정되는 상고권 제한 법리에 따라 피고인의 상고권이 제한되는 결과가 된다면 그 해석을 달리하여 시정하는 것이 정도이고, 법률규정에 없는 항소제도를 창설하는 것은 실질적 입법행위에 해당하여 타당하다고 할 수 없다.

다수의견이 들고 있는 판례 법리는 원칙적으로 피고인이 아무런 상소를 제기하지 않았거나 양형부당만을 이유로 항소한 사안에서, 검사만 항소한 경우 검사의 항소를 기각하였을 뿐인 항소심판결이 피고인에게 불이익한 판결이 아니어서 상고권이 없다거나(대법원 2005. 09. 15. 선고 2005도4866 판결 등 참조), 피고인이 상고심에서 사실오인이나 법령위반 등의 새로운 사유를 상고이유로 주장할 수 없다는 취지이다(대법원 2019. 03. 21. 선고 2017도16593-1 전원합의체 판결 등 참조). 따라서 피고인이 법령적용의 착오 등의 사유로 비약적 상고를 제기하였으나 검사의 항소 제기로 비약적 상고의 효력이 상실한 경우는 앞서 본 판례 법리가 적용되는 사안과 달라서 피고인의 불복의사를 고려하여 상고권을 인정하는 해석을 하더라도 판례의 상고권 제한 법리에 어긋난다고 할 수 없다. 만약 위와 같은 사안에서 상고권 제한 법리를 적용하여 상고를 부적법하다고 본 선례가 존재한다면 그 선례를 변경하는 것이 보다 정당한 해석론이다. 즉, 검사의 항소로 비약적 상고의 효력이 상실되더라도 애초 비약적 상고이유에 포함되는 사유에 관해서는 피고인이 항소심판결에 대한 상고를 제기하여 상고이유를 주장할 수 있다는 해석이 충분히 가능하다.

제1심판결에 대하여 비약적 상고를 제기한 피고인은 애초부터 상고심에서 법령적용의 착오 등에 관한 비약적 상고이유를 주장하고 판단받기를 희망한 것이다. 따라서 피고인에게 상고심 단계에서 이와 같은 상고이유에 관한 주장을 허용하는 것이 항소심 단계에서 항소로서의 효력을 의제하는 것보다 당사자의 의사에도 부합한다.

바. 소결론

종전 판례는 법률상 근거가 없는 이상 비약적 상고와 항소 사이의 전환이나 의제가 불가능하다고 본 것이다. 이는 형사절차의 명확성과 안정성을 확보하려는 입법자의 분명한 의사에 따른 것으로서 현행 법제에 부합하는 해석이므로 유지되어야 한다. 따라서 종전 판례에 근거하여 이 사건에서 피고인의 비약적 상고는 상고의 효력은 물론 항소로서의 효력도 인정할 수 없어 피고인의 적법한 항소가 존재하지 않는다고 보아 피고인의 항소에 관한 판단을 하지 않은 원심은 정당하다. 나아가 이 사건에서 피고인이 주장하는 상고이유는 애초 비약적 상고이유에 포함될 수 있는 사유가 아니므로, 상고권 제한 법리가 적용되지 않는 경우로 볼 수도 없다. 따라서 피고인의 상고는 부적법하여 기각되어야 한다.

다수의견과 같이 현행 형사소송법의 비약적 상고에 관한 규정이 피고인에게 불리한 측면이 있다고 평가한다면, 이는 입법으로 해결하여야 할 문제이다. 다수의견이 가진 문제의식에 따르더라도 정당한 입법절차에 따라 제반 상소절차에 미치는 영향 및 비약적 상고와 관련하여 상정 가능한 다양한 경우를 면밀히 고려하여 형사소송법규에 요건과 절차, 효과 등을 분명하게 규정함으로써 형사절차의 안정성을 담보할 수 있는 방법으로 시정되는 것이 타당하다.

이상과 같은 이유로 다수의견에 찬성할 수 없음을 밝힌다.

5. 대법관 민유숙의 반대의견

가. 형사소송법 제372조, 제373조의 해석상 원칙적으로 피고인이 비약적 상고를 제기한 후 검사가 항소를 제기하면 피고인의 비약적 상고는 효력을 잃는데, 그와 같이 효력이 없어진 비약적 상고에 항소로서의 효력을 부여할 수 없다. 다만 검사의 항소로 인하여 피고인은 항소심에서 재판을 받게 되고, 피고인이 항소심에서 형사소송법 제372조의 비약적 상고이유를 주장하였다면 피고인의 비약적 상고이유에 해당하는 법률적 주장을 배척한 항소심판결에 대하여 피고인은 그 사유를 들어 상고를 제기하고 상고이유로 주장할 수 있다.

다수의견이 변경 대상 판결로 거시한 종전 판례는 피고인이 항소심이나 상고심에서 비약적 상고이유에 해당하는 법률적 주장을 한 사안까지 포함하여 항소심판결 후 피고인의 '상고'가 일률적으로 허용되지 않는다고 판단한 것이 아니라, 원칙적으로 효력을 상실한 피고인의 비약적 상고에 '항소'의 효력을 인정할 수 없다는 취지를 밝힌 것에 불과하므로, 위와 같은 법리와 배치되지 아니한다. 따라서 종전 판례는 변경 필요성이 없다.

이 사건에서 피고인은 원심에서 비약적 상고이유에 해당하거나 이를 포함하는 법률적 주장을 한 바 없으며, 나아가 상고심에서도 이를 주장한 바 없으므로 피고인의 상고는 부적법하여 기각할 수밖에 없다.

다수의견은 피고인의 비약적 상고에 항소의 효력을 부여하고, 이와 달리 판단한 종전 판례를 모두 변경한다는 내용이므로 이에 반대한다. 대법관 안철상, 대법관 노태악의 반대의견은 비약적 상고에 항소의 효력을 부여할 수 없다는 판단은 동일하나, 원칙적으로 피고인의 비약적 상고에 항소로서의 효력을 인정할 수 없는 논거에 관해 규정을 지나치게 엄격하게 해석하는 점에서 견해를 달리하고, 이 사건에서 피고인의 상고를 배척하는 이유도 달리한다. 따라서 대법관 안철상, 대법관 노태악의 반대의견과 별도로 다수의견에 반대하는 견해를 밝히고자 한다.

나. 비약적 상고와 항소가 경합되는 경우의 규율은 입법형성 범위 내의 문제로서 현행 형사소송법 규정이 헌법상 재판청구권을 침해한다고 보기 어렵다.

1) 제1심판결에 대하여 검사, 피고인 쌍방이 상소권을 가지는 경우에 일방이 비약적 상고를 하면 타방은 항소심 심급이익을 상실하는 결과가 된다. 또한 동일사건이 항소심과 상고심에 동시에 계속되는 경우 판결의 모순·저촉이 발생할 수 있게 되므로 하나의 법원에서 상소심이 진행되어야 할 것이다.

이 경우 각국의 입법례는 비약적 상고에 항소의 효력까지 부여하거나, 비약적 상고의 효력을 상실시키는 경우로 구분된다. 독일 형사소송법 제335조 제3항은 이 경우 비약적 상고는 항소로서의 효력이 있다고 명문으로 규정한다. 즉, 독일법은 일정 시점까지 항소와 비약적 상고 사이의 자유로운 전환이 가능하다고 하면서, 비약적 상고의 효력이 상실된 경우 명문으로 항소로서의 효력을 인정한다.

이와 같이 비약적 상고에 항소의 효력까지 부여할 것인지의 문제는 원칙적으로 입법형성의 범위 내에 있다. 형사소송법 제373조가 '효력을 상실한다.'라고 규정한 것은 입법형태 중 후자를 선택한 것으로 해석함이 자연스럽고, 상소로서의 효력을 부정하는 취지로 해석하는 것이 입법취지나 법문의 규정형태에 부합한다.

2) 입법형성의 범위 내에 있는 경우에도 새로운 해석이 요구되어 판례변경이 필요해지는 경우가 있다. 첫째로, 조문 자체는 개정되지 않았으나 그 조문의 해석·적용과 관련된 다른 제도가 신설되거나 변경되는 등 입법 측면에서 사정변경이 생겨서 종전의 해석론으로는 새로운 입법환경에 부합하지 않게 되었거나 새로운 해석이 요구되는 경우가 있다(대법원 2019. 10. 23. 선고 2012다46170 전원합의체 판결 등 참조). 둘째로, 입법 당시에는 미처 그 가능성과 필요성을 상정하지 못하였기 때문에 규정을 두지 않았지만 그 이후 사회적·경제적·기술적 변화에 따라 새로운 적극적인 해석이 필요하게 된 경우가 있다(대법원 2006. 06. 22. 자 2004스42 전원합의체 결정 등 참조).

그러나 이 사건에서 문제 된 비약적 상고는 위의 어느 경우에도 해당하지 않는다. 오히려 현재 대부분 비약적 상고는 구속 피고인이 미결구금일수를 늘리면서 근거리, 소규모의 작은 교도소·구치소에서 구금되어 있기를 원하는 경우 많이 활용되고, 대법원에 곧바로 상고하여 법령의 해석·적용의 통일에 신속을 기한다거나 법리적인 부분에 대한 신속한 불복을 통해 피고인의 이익을 회복한다는 등의 비약적 상고제도의 본래 취지에 부합한다고 볼 수 있는 사건은 거의 찾아보기 힘든 것이 현실이다. 이에 따라 대법원이 비약적 상고를 받아들인 사례를 거의 찾아보기 어렵다. 나아가 현재 하급심법원의 재판실무상 직권판단이 확대·강화되어 직권발동을 촉구하는 의미의 주장에 대한 판단이 상세히 이루어지고 있어서 피고인이 굳이 '법령의 미적용 또는 법령적용의 착오'에 대하여 비약적 상고이유로 주장하여야 할 필요성 또한 크지 않다.

3) 헌법 제27조 제1항에 의하여 보장되는 국민의 재판청구권은 제한 없이 상소심의 재판을 받을 권리까지 보장하는 취지는 아니다.

모든 국민은 헌법상 기본권으로서 법률에 의한 재판을 받을 권리를 가지나, 거기에 항소심재판을 받을 권리가 반드시 포함되는 것은 아니다(대법원 2021. 04. 22. 자 2017마6438 전원합의체 결정, 헌법재판소 2012. 7. 26. 선고 2009헌바297 전원재판부 결정 등 참조). 특히 상고심재판의 경우 형사재판에 있어 사실인정이나 형의 양정은 사실심법원에서 행하고, 상고심법원은 법률심으로서 법령의 해석·적용의 통일을 기하는 것이 그 본래적 기능이고, 한정된 사법자원을 효율적으로 분배하고 상고심재판의 법률심 기능을 제고할 필요성 등을 감안하여 상고권을 일정 범위에서 제한하는 것은 재판청구권과 무관하다는 법리가 확립되어 있다(대법원 2019. 03. 21. 선고 2017도16593-1 전원합의체 판결, 헌법재판소 2020. 7. 16. 선고 2020헌바14 전원재판부 결정 등 참조).

다. 다수의견이 피고인의 조건부 또는 추정적 의사를 기초로 항소의 효력을 인정하는 것은 동의하기 어렵다.

1) 다수의견은 비약적 상고를 제기한 피고인의 의사에는 자신이 제기한 비약적 상고가 검사의 항소 제기로 상고의 효력을 잃게 되는 경우 항소 등 가능한 다른 형태로 제1심판결의 효력을 다투는 의사도 포함되었다고 해석하는 것이 합리적이라고 한다. 그러나 피고인이 '비약적 상고를 제기하지만, 만약 검사가 항소를 하는 경우에는 나도 항소로 다툴 의사가 있다.'는 의사는 일종의 조건부 의사 또는 추정적인 의사로서, 당사자의 조건부 의사를 받아들이거나 추정적인 내심의 의사까지 탐지하는 것은 재판절차에 관한 당사자의 소송행위 해석의 원칙에 부합하지 않는다(대법원 1984. 02. 28. 선고 83다카1981 전원합의체 판결, 대법원 1997. 10. 24. 선

고 95다11740 판결, 대법원 2007. 06. 15. 선고 2007다2848, 2855 판결 등 참조).

형사소송법은 상소장을 서면으로 제출하도록 명시하고 있으므로(형사소송법 제359조, 제375조), 상소를 제기한 피고인의 의사 역시 원칙적으로 서면으로 표시된 의사에 따라야 할 것이다. 비약적 상고는 제1심판결에 법령적용의 잘못이 있는 경우에 항소권자가 항소심급의 이익을 포기하고 항소심을 뛰어넘어 바로 대법원에 상고하는 제도이고, 이는 항소심급의 이익을 포기하되 법률심이자 최종심인 대법원에서 신속히 법률적 쟁점을 판단받는 방법으로 권리를 실현하겠다는 의사를 표시한 것이다.

또한 형사소송법 제361조의5가 규정하는 항소이유는 형사소송법 제372조가 규정하는 비약적 상고이유에 비하여 훨씬 광범위하다. 항소한 피고인은 양형부당, 사실오인 등을 다툴 수 있는 반면, 비약적 상고를 한 피고인은 양형부당, 사실오인을 다툴 수 없고 법률적 주장만을 할 수 있다. 즉, 제1심판결이 인정한 사실을 전제로 하여 그에 대한 법령의 적용을 잘못한 경우만이 비약적 상고이유가 된다(대법원 2007. 03. 15. 선고 2006도9338 판결 등 참조).

따라서 '항소장'을 제출한 피고인의 의사와 '비약적 상고장'을 제출한 피고인의 의사는 성격과 범위가 크게 달라 서로 구분되어야 한다.

2) 비약적 상고장을 제출한 피고인의 진정한 의사가 '어떤 사정으로 곧바로 상고심재판을 받지 않고 항소심재판을 받는다면 항소인으로서 재판을 받겠다는 의사'라고 할 근거를 찾을 수 없다.

만약 피고인이 구치소에 비치된 용지 등을 사용하면서 '비약적 상고장'을 제출하였으나 피고인의 의사는 사실 '어떤 사유로 항소심재판을 받는다면 항소이유로 사실오인, 양형부당 등을 주장하고 싶다는 의사'라면, 이러한 피고인의 의사는 비약적 상고를 할 의사가 아니라고 보아야 하고, 오히려 처음부터 항소할 의사로 취급되어야 한다. 즉, 피고인의 의사가 불분명하거나 법률 조력을 제대로 받지 못하였다거나 선해의 여지가 있을 경우 피고인의 상소를 '항소'로 해석하여야 한다. 그러나 이는 이 사건과 다른 쟁점이고 피고인의 '비약적 상고' 의사가 명확한 경우와 혼동되어서는 안 된다.

3) 다수의견은 '항소기간 준수 등 비약적 상고가 항소로서의 적법요건을 충족'하고, '피고인이 상고의 효력이 없더라도 항소심에서 제1심판결을 다툴 의사가 존재할 것'을 전제로 하는 듯하다. 그런데 항소기간과 상고기간은 모두 7일이고 원심법원에 상소장을 제출하는 방식에 의하여야 하는 등 동일한 요건을 요구하므로 비약적 상고로서의 적법요건을 갖추었지만 항소로서의 적법요건을 갖추지 못한 경우를 찾을 수 없다. 또한 앞서 본 바와 같이 '비약적 상고장'을 제출함으로써 제한적으로 법률적 잘못만 다투겠다는 의사를 표명한 피고인에게 항소의 의사까지 인정하는 것도 부자연스럽다. 다수의견이 피고인이 비약적 상고를 제기하였다는 사정만으로 항소의 의사까지 인정하는 취지라면 다수의견이 말하는 '특별한 사정'은 존재할 여지가 없게 되고, 결국 다수의견은 비약적 상고를 항소로 의제하는 결과와 마찬가지가 된다.

라. 상고권 제한 법리의 예외를 인정하여 피고인이 상고심에서 판단받을 기회는 보장될 수 있다.

1) 형사소송법과 같이 상대방의 항소가 제기되면 비약적 상고의 효력을 잃는 형태로 입법이 이루어진 경우, 비약적 상고를 통해 상고심의 판단을 받고자 하였던 피고인의 의사에도 불구하고 검사가 항소하였다는 이유로 상고심의 판단을 전혀 받을 수 없게 된다면, 적어도 비약적 상고

이유에 해당하는 법령의 해석·적용 등에 관하여 최고법원이자 법률심인 상고심의 판단을 받고자 하였던 피고인의 의사에 반하고, 그 범위에서 피고인의 권리가 침해될 우려가 있다. 이 경우에 한정하여 피고인이 상고심에서 판단을 받을 기회는 보장되어야 한다.

그러나 피고인이 이러한 의사를 갖고 있었다는 점을 다수의견과 같이 막연하게 피고인의 의사를 추정하는 방법에 의하는 것은 적절하지 않다.

항소법원은 기록의 송부를 받으면 항소인뿐 아니라 상대방에게도 소송기록 접수통지를 하여야 한다(형사소송법 제361조의2 제1항). 이러한 통지를 받은 피고인이 항소심에서 비약적 상고이유에 해당하는 법률적 주장을 한 경우에 법원은 피고인에게 비약적 상고이유에 관하여 판단을 받고자 하였던 의사가 존재하였음을 객관적으로 인정할 수 있게 된다.

다만 종전 판례에 의할 때 피고인에게 항소인의 지위가 부여되지 않았고 직권판단은 재판부의 재량적인 것이라는 이유 등으로 피고인이 항소이유서 기타 서면을 제출하는 등 법률적인 주장을 하지 않았더라도, 유죄의 항소심판결에 대하여 상고를 하고 상고이유서에서 비약적 상고이유에 해당하는 법률적 주장을 했다면 이러한 피고인은 보호 대상에 포함시킴이 타당하다.

2) 상고이유 제한 법리를 재확인한 위 대법원 2017도16593-1 전원합의체 판결은 피고인이 항소하지 않거나 양형부당만을 이유로 항소함으로써 항소심의 심판대상이 되지 않았던 법령위반 등 새로운 사항에 대해서는 피고인이 이를 상고이유로 삼아 상고하더라도 부적법하다고 판시하였다. 위 법리는 상고심은 항소법원 판결에 대한 사후심이므로 항소심에서 심판대상이 되지 아니한 사항은 상고심의 심판범위에 들지 아니하는 것이어서 피고인이 항소심에서 항소이유로 주장하지 아니하거나 항소심이 직권으로 심판대상으로 삼은 사항 이외의 사유에 대하여는 이를 적법한 상고이유로 삼을 수 없다는 취지이다.

나아가 다수의견이 들고 있는 대법원 2005. 09. 15. 선고 2005도4866 판결은 검사만이 항소한 사건에서 그 항소를 기각한 항소심판결은 피고인에게 불이익한 판결이 아니므로 상고의 이익이 없는 피고인에게 상고권이 생기지 않는다는 취지이다.

위 각 판결과 더불어 같은 취지로 상고권 제한에 관하여 판시한 대법원의 많은 선례를 종합하더라도, 피고인이 비약적 상고장을 제출하였으나 검사의 항소로 비약적 상고가 효력을 상실한 경우 일률적으로 피고인의 상고가 부적법하다는 결론에 이르는 것은 아니다. 위와 같은 상고권 제한 법리는 형사소송법 등 관련 법령에 명시되어 있는 것이 아니라 상고심의 법령 해석의 통일 기능 확보, 상고 제기의 적법요건으로서 상고의 이익 등의 요청에 따라 '해석'으로 정립된 것이므로, 선례에서 명시하지 않은 영역은 해석론에 맡겨져 있다.

따라서 피고인이 소송절차의 진행 결과 예기치 못한 불이익을 입었고 상고심의 기능에 반하지 않는다고 볼 만한 경우에는 위 법리 적용의 특별한 예외를 인정할 수 있고, 이 사건 쟁점인 '피고인이 비약적 상고를 함으로써 특정한 법률판단을 다투는 의사를 명백히 하였음에도 비약적 상고가 효력을 잃었다는 사실'은 상고권 제한 법리의 기본 취지를 공감하더라도 다른 해석을 할 수 있는 분명한 근거가 된다.

3) 형사소송법 제372조의 비약적 상고이유는 '법령의 미적용 또는 법령적용의 착오', '형의 폐지·변경 또는 사면'으로서 이는 형사소송법 제361조의4 제1항 단서의 직권조사사유에 해당한다. 항소심 및 상고심은 판결에 영향을 미친 법령위반 등의 사유에 대하여 직권으로 심판할

수 있으므로(형사소송법 제364조 제2항, 제384조), 비약적 상고이유는 직권심판의 대상도 된다. 또한 위 대법원 2017도16593-1 전원합의체 판결도 상소심의 직권심판권을 법령 해석·적용의 통일을 위한 제도로 인정하고 있다.

이에 비추어 보면, 일반적으로 피고인이 항소하지 않은 모든 경우까지 상고권 제한 법리의 예외를 인정할 것은 아니지만, 피고인이 비약적 상고장을 제출하였으나 검사의 항소로 계속된 항소심에서 피고인이 위와 같은 직권조사 내지 직권심판 사항에 관하여 비약적 상고이유에 해당하는 내용을 주장하였으나 항소심법원이 받아들이지 않은 경우에는 이를 다시 주장하기 위해 상고를 하는 것은 허용되어야 한다. 나아가 항소심에서 적법한 항소로 취급되지 못하는 등의 이유로 비약적 상고이유에 해당하는 사항을 주장하지 않았으나, 상고심에 이르러 주장을 한 경우에 그 상고도 허용되어야 한다. 반면 피고인이 항소심 및 상고심에서 모두 비약적 상고이유에 해당하는 법률적 주장을 하지 않았다면, 피고인의 상고는 부적법하다고 볼 수밖에 없다.

마. 이 사건의 결론

1) 원심판결 이유와 이 사건 기록에 의하면 다음의 사실을 알 수 있다.

가) 피고인은 2021. 7. 27. '비약적 상고장'을 제출하였고, 비약적 상고의 취지가 문면상 명백하며 다른 해석의 여지가 없다. 검사는 2021. 7. 28. 항소장을 제출하였다.

나) 원심법원은 2021. 8. 17. 피고인 및 피고인의 국선변호인에게 소송기록 접수통지서를 발송하였다.

다) 피고인은 2021. 9. 1. 원심법원에 항소이유서를 제출하였는데, 심신장애와 양형부당을 주장하는 취지이다. 위 항소이유서에 첨부된 문건에는 '술을 너무 많이 마신 상태에서 일어난 일이다.', '홀로 계시는 어머니를 모시기 위해 하루라도 빨리 출소할 수 있도록 선처해 달라.', '원심이 정한 전자장치 부착명령 기간이 너무 길다.' 등의 취지가 기재되어 있다.

라) 한편 위 항소이유서 첫장에는 '피고인은 제1심판결을 존중하여 항소를 하지 않으려고 하였는데 검사가 항소를 하여 어쩔 수 없이 항소이유서를 제출한다.'는 취지를 기재하였다.

마) 피고인 및 피고인의 국선변호인은 상고이유로 심신장애, 전자장치 부착기간 과다를 주장하고, 나아가 피고인의 비약적 상고에 항소로서의 효력을 인정하지 않은 원심의 조치가 법리오해에 해당한다는 취지로 주장한다.

2) 이러한 사실관계를 앞서 제시한 법리에 비추어 살펴본다. 먼저 피고인이 항소가 아니라 비약적 상고를 제기하고자 한 의사가 분명하게 표시되었으므로 사실상 항소를 제기한 것으로 선해하기는 어렵다. 나아가 피고인은 항소심에서 심신장애, 양형부당, 부착기간 과다를 주장하였을 뿐 비약적 상고이유에 해당하는 법률적 주장을 전혀 한 바 없고, 상고심에서도 마찬가지이다. 상고이유로 주장한 비약적 상고에 관한 법리오해는 형사소송법 제373조에 관한 종전 판례에 따라 원심이 피고인의 비약적 상고에 항소로서의 효력을 인정하지 않은 것을 탓하는 취지에 불과하여, 애초 제1심판결에 대한 비약적 상고이유에 해당하는 법률적 주장이 될 수 없다. 따라서 피고인의 상고는 부적법하다고 보아야 한다.

3) 원심은 피고인의 항소가 적법하지 않다고 보았으나, 직권으로 피고인이 각 범행에 이르게 된 경위, 범행의 수단과 방법, 범행 후의 정황 등에 비추어 피고인이 이 사건 각 범행 당시 심신미약 또는 심신상실의 상태에 있었다고 볼 수 없고, 위와 같은 사정과 피고인의 범죄전력, 그

밖에 여러 양형조건들 및 이를 종합하여 인정되는 피고인의 재범의 위험성 등에 비추어 원심이 정한 형이 너무 무겁다거나 전자장치 부착명령 기간이 너무 길어서 부당하다고 보기 어렵다는 판단을 부가하였다. 따라서 원심이 피고인의 항소에 관한 판단을 하지 않았다는 다수의견의 견해와는 다르다. 이 점에서도 원심을 파기할 사유가 없다.

이상과 같은 이유로 다수의견에 찬성할 수 없음을 밝힌다.

6. 다수의견에 대한 대법관 오경미의 보충의견

가. 피고인의 비약적 상고에 항소로서의 효력을 인정할 수 있는 근거에 관한 다수의견의 논거를 보충하고, 2개의 반대의견이 제시하는 논거와 견해에 대하여 답변을 하고자 한다(이하 대법관 안철상, 대법관 노태악의 반대의견을 '반대의견1'이라 하고, 대법관 민유숙의 반대의견을 '반대의견2'라 하며, 2개의 반대의견을 통칭하여 '반대의견'이라 한다).

나. 피고인의 재판청구권 보장을 위하여 반대의견이 제시하는 대안은 유효적절한 수단이 되지 못하거나 종전 법리와 정합성 등의 문제가 있어 수긍하기 어렵다.

1) 형사소송법 제361조의4 제1항 단서가 규정하는 항소심의 직권조사사유, 제364조 제2항, 제384조가 규정하는 상소심의 직권심판권만으로는 피고인의 재판청구권이 충분히 보장된다고 볼 수 없다. 기본적으로 상소심이 피고인의 직권발동을 촉구하는 주장에 대하여 직권으로 심리·판단할 수 있다는 것과 적법한 상소이유로 심판대상이 되어 심리·판단하는 것은 피고인의 재판청구권 보장 측면에서 비교할 수 없는 차이가 있다. 상소심이 직권판단을 하지 않을 경우 피고인은 자신의 주장에 대하여 아무런 판단을 받지 못하고, 상소심이 어떠한 근거로 직권으로 판단할 사항이 아니라고 보았는지조차 알 수가 없다.

형사소송법 제361조의4 제1항 단서의 직권조사사유는 관할위반, 소송조건의 존부, 형의 폐지·변경 등 원심판결에 일반적·추상적 사유에 관한 하자가 존재하여 당사자가 주장하지 아니하는 경우에도 판결에 영향을 미쳤는지와 무관하게 법원이 직권으로 조사할 의무가 인정되는 사항으로서, 그 성격상 비약적 상고이유를 전부 포함할 수 없다. 또한 상고심에서는 형사소송법 제361조의4 제1항 단서와 같은 규정이 없어 소송조건 등 예외적인 경우를 제외하고는 직권조사의무가 인정되지 않는다.

형사소송법 제364조 제2항의 항소심의 직권심판권, 제384조의 상고심의 직권심판권은 직권조사사유보다 대상이 넓기는 하나, 이는 상소심의 의무가 아니라 권한이고 그 발동 여부는 상소심의 재량에 달려 있다. 상소심의 직권심판권은 의무적 심판대상인 상소이유에 대한 판단과 비교하여 피고인의 재판청구권을 보장하기 위한 수단으로 크게 미흡하다.

2) 비약적 상고를 제기한 피고인에 대하여 상고권 제한 법리를 완화하거나 그 예외를 인정하는 반대의견의 해석은, 종전 판례를 그대로 따를 경우 피고인에게 소송절차상 예기치 못한 불이익을 줄 수 있다고 보아 이러한 상황을 개선하고자 하는 취지로서 다수의견과 문제의식을 같이한다. 그러나 이는 종래 이론상·실무상 확립된 상소에 관한 법리와 정합성이 맞지 않고, 피고인의 재판청구권을 충분히 보호하지 못하는 것이어서 동의하기 어렵다.

반대의견은 피고인의 비약적 상고가 항소심 단계에서 아무런 효력을 갖지 않는다는 입장을 유지하면서도, 상고심 단계에서 피고인이 비약적 상고이유에 해당하는 사유를 주장할 경우 적법한 상고가 가능하다는 것이다. 그러나 검사의 항소만이 심판대상이 되어 이를 기각하였을 뿐인 항소심판결에 대하여 피고인에게 상고권을 인정하는 것은 상소의 이익에 관한 법리의 기본 체계와 조화되기 어렵다. 또한 항소심 단계에서 비약적 상고가 소송행위로서 갖는 효력이 절차상 이미 소멸하였음에도 상고심 단계에서 특정 조건 아래 다시 되살아난다고 볼 수 있는 법적 근거를 찾기 어렵고, 오히려 이러한 해석이 형사절차의 안정성을 침해하는 것은 아닌지 의문이 있다.

피고인이 항소하지 않거나 양형부당만을 이유로 항소함으로써 항소심의 심판대상이 되지 않았던 법령위반 등 새로운 사항에 대해서는 피고인이 이를 적법한 상고이유로 삼을 수 없다는 취지의 상고이유 제한 법리가 판례상 확립되어 있다(대법원 2019. 03. 21. 선고 2017도16593-1 전원합의체 판결 등 참조). 그런데 반대의견은 피고인의 비약적 상고에 항소심 단계에서 아무런 효력을 인정하지 아니하는 입장을 유지하면서도, 상고심 단계에서 피고인이 비약적 상고이유에 해당하는 사유를 주장할 경우 적법한 상고이유로 허용할 수 있다는 것이다. 이는 항소심의 심판대상이 되지 않았던 경우에도 상고이유로 삼는 것을 인정하는 것이어서 상고이유 제한 법리의 본래 취지에서 벗어나게 된다.

무엇보다 반대의견은 비약적 상고를 제기한 피고인의 재판청구권을 충분히 보호하지 못하는 문제가 있다. 피고인이 제기한 비약적 상고의 효력이 상실되고 항소심에서 재판이 진행되는 것은 피고인의 의사에 따른 것이 아니고 검사의 항소라는 일방적 조치에 따른 결과이다. 피고인이 어차피 항소심을 거쳐야 하는 상황에서 항소심에서부터 제1심판결의 위법사유를 적법한 상소이유로 주장하여 심판대상으로 삼고자 하는 것은 충분히 보호가치가 인정되는 합리적인 기대이다. 항소심이 진행되어야 하는 상황에서 불복의사를 표시한 피고인에게 굳이 항소인의 지위를 부여하지 않다가 상고심에 이르러서야 적법한 상고인이 될 수 있다는 것은 피고인의 신속한 구제 측면에서도 바람직하지 않다.

나아가 심급제도의 효율적 운영 측면에서 보더라도 그러하다. 항소심 단계에서 항소의 효력을 인정하지 않다가 상고심 단계에서 상고를 인정하는 것은 항소심의 종국 기능을 침해하는 한편 상고심에만 과도한 심판의무를 부여하기 때문이다. 이러한 해석은 제1심과 항소심에서의 종국을 중시하는 심급제도 운영의 방향성에도 역행한다고 보인다.

3) 한편 반대의견1은 비약적 상고를 제기한 피고인이 항소기간 내에 검사의 항소장 접수통지를 받은 경우에는 항소기간이 지나기 전에 다시 항소를 제기할 수 있으므로, 종전 판례에 따르더라도 유효한 상소를 제기할 기회가 있다고 지적한다. 그러나 항소기간이 7일로서 비교적 단기간이므로, 피고인이 검사의 항소장 접수통지를 송달받게 되는 시기는 대체로 이 사건과 같이 항소기간이 지난 이후가 될 것이다. 설령 항소기간 중 일부가 남아 있다고 하더라도 법률전문가가 아닌 피고인이 다시 항소장을 제출하여야 한다는 점을 파악하여 항소기간 경과 전에 이를 제출하는 등 짧은 기간 내에 신속·적절한 법률적 대처를 할 수 있을 것이라고 기대하기도 어렵다. 결국 어느 경우든 비약적 상고를 제기한 피고인의 상소의 기회가 상당 부분 실질적으로 제약되는 것은 마찬가지이다.

다. 다수의견의 해석론이 형사소송절차의 안정성을 저해한다거나 재판실무의 혼란을 초래한다고 볼 수 없다.

1) 피고인이 비약적 상고를 제기하였으나 상대방인 검사의 항소가 제기된 경우 검사의 심급의 이익을 보호하기 위해 항소심이 진행되고, 그 후 검사의 항소가 취하 등으로 효력을 상실한 경우 항소심 절차가 중단되며 다시 대법원으로 이심되어 비약적 상고절차가 진행된다. 이와 같은 절차 진행은 형사소송법 제373조가 명문으로 규정하고 있는 것이어서 이 사건 쟁점 판단에 따라 달라지는 것이 아니므로, 이를 이유로 다수의견이 형사소송절차의 안정성을 저해한다는 비판은 타당하지 않다.

2) 피고인의 비약적 상고와 검사의 항소가 경합한 경우 형사소송법 제373조에 따라 피고인의 비약적 상고는 상고의 효력을 상실하므로 제1심법원은 소송기록을 항소법원으로 송부하여야 하고, 항소법원은 기록 송부를 받은 때 즉시 검사와 피고인에게 소송기록 접수통지를 하여야 한다(형사소송법 제361조, 제361조의2).

다수의견에 따를 때 종전 재판실무와 달라지는 것은, 피고인의 비약적 상고를 항소로 취급하여 피고인에게 형사소송법 제361조의3 제1항에 따라 항소이유 제출기한 내에 적법한 항소이유를 제출할 기회를 부여하는 부분이다. 이는 형사소송법 명문규정이 예정한 절차의 진행에 별다른 변경 없이 어차피 항소심이 진행되어야 하는 상황에서 상소장을 제출한 피고인을 항소인으로 인정하는 것뿐이어서 특별히 재판실무가 혼란스러워진다고 볼 수 없다.

3) 이 사건 쟁점은 제1심판결에 대하여 피고인은 비약적 상고를, 검사는 항소를 각각 제기하여 이들이 경합한 경우 피고인의 비약적 상고에 항소로서의 효력을 인정할 것인지이므로, 동일한 사안에 관한 종전 판례를 변경 대상 판례로 삼는 것이다. 피고인의 비약적 상고와 검사의 비약적 상고의 효력을 다르게 취급할 것인지 여부는 향후 검사가 비약적 상고를 제기한 사안에서 논의되어야 할 문제이다.

한편 항소이유 기재의 적법 여부, 항소심의 직권조사 및 직권심판의 범위, 과형상 일죄 중 일부 유죄·일부 무죄인 경우 상소심의 심판범위 등에 관해서 피고인이 상소한 경우와 검사가 상소한 경우를 다르게 취급하는 판례 법리가 존재하므로, 반대의견1의 견해와 같이 비약적 상고에 관하여 피고인과 검사를 다르게 취급하는 결과가 반드시 부적절하다고 단정짓기도 어렵다.

이상과 같이 다수의견에 대한 보충의견을 밝힌다.

⑪ 대법원 2022. 06. 16. 자 2022모509 결정 [재심기각결정에대한재항고]

【판시사항】

제1심 유죄판결이 항소 또는 상고기각판결로 확정된 경우, 형벌조항에 대한 헌법재판소의 위헌결정에 따라 헌법재판소법 제47조에 의한 재심을 청구할 때 재심대상이 되는 판결(=제1심판결) 및 항소 또는 상고기각판결을 재심대상으로 삼은 재심청구가 적법한지 여부(소극) / 형사재판에서 법률상의 방식을 위반한 재심청구라는 이유로 기각결정을 한 경우, 청구인이 이를 보정하여 다시 동일한 이유로 재심청구를 할 수 있는지 여부(적극)

【결정요지】

형벌에 관한 법률조항에 대하여 헌법재판소의 위헌결정이 선고되어 헌법재판소법 제47조에 따라 재심을 청구하는 경우 그 재심사유는 형사소송법 제420조 제1호, 제2호, 제7호 어느 것에도 해당하지 않는다. 즉 형벌조항에 대하여 헌법재판소의 위헌결정이 있는 경우 헌법재판소법 제47조에 의한 재심은 원칙적인 재심대상판결인 제1심 유죄판결 또는 파기자판한 상급심판결에 대하여 청구하여야 한다. 제1심이 유죄판결을 선고하고, 그에 대하여 불복하였으나, 항소 또는 상고기각판결이 있었던 경우에 헌법재판소법 제47조를 이유로 재심을 청구하려면 재심대상판결은 제1심판결이 되어야 하고, 항소 또는 상고기각판결을 재심대상으로 삼은 재심청구는 법률상의 방식을 위반한 것으로 부적법하다.

민사항소심은 속심제를 취하고 있고, 민사소송법은 "항소심에서 사건에 관하여 본안판결을 하였을 때에는 제1심판결에 대하여 재심의 소를 제기하지 못한다."라고 규정하고 있다(제451조 제3항). 그러나 형사항소심은 속심이면서도 사후심으로서 성격을 가지고 있고, 헌법재판소법 제47조에 따라 '유죄 확정판결'에 대하여 재심을 청구하는 경우 준용되는 형사소송법은 원칙적인 재심대상판결을 '유죄 확정판결'로 규정하고 있는데(제420조), 항소 또는 상고기각판결은 그 확정으로 원심의 유죄판결이 확정되는 것이지 그 자체가 유죄판결은 아니기 때문에, 민사재심에서와 달리 보아야 한다. 한편 민사소송법은 원칙적으로 재심의 소 제기에 시간적 제한을 두고 있으나(제456조), 형사소송법은 재심청구 제기기간에 제한을 두고 있지 않으므로(형사소송법 제427조 참조), 법률상의 방식을 위반한 재심청구라는 이유로 기각결정이 있더라도, 청구인이 이를 보정한다면 다시 동일한 이유로 재심청구를 할 수 있다.

【참조조문】 형사소송법 제420조 제1호, 제2호, 제7호, 제421조, 헌법재판소법 제47조 제4항
【참조판례】 대법원 2015. 10. 2. 자 2015재도75 결정, 대법원 2022. 3. 11. 자 2022재도1 결정
【전 문】 【피 고 인】 피고인 【재항고인】 피고인
【원심결정】 서울북부지법 2022. 2. 17. 자 2022재노2 결정

【주 문】

재항고를 기각한다.

【이   유】

　　형벌에 관한 법률조항에 대하여 헌법재판소의 위헌결정이 선고되어 헌법재판소법 제47조에 따라 재심을 청구하는 경우 그 재심사유는 형사소송법 제420조 제1호, 제2호, 제7호 어느 것에도 해당하지 않는다(대법원 2015. 10. 02. 자 2015재도75 결정, 대법원 2022. 03. 11. 자 2022재도1 결정 등 참조). 즉 형벌조항에 대하여 헌법재판소의 위헌결정이 있는 경우 헌법재판소법 제47조에 의한 재심은 원칙적인 재심대상판결인 제1심 유죄판결 또는 파기자판한 상급심판결에 대하여 청구하여야 한다. 제1심이 유죄판결을 선고하고, 그에 대하여 불복하였으나, 항소 또는 상고기각판결이 있었던 경우에 헌법재판소법 제47조를 이유로 재심을 청구하려면 재심대상판결은 제1심판결이 되어야 하고, 항소 또는 상고기각판결을 재심대상으로 삼은 재심청구는 법률상의 방식을 위반한 것으로 부적법하다.

　　민사항소심은 속심제를 취하고 있고, 민사소송법은 "항소심에서 사건에 관하여 본안판결을 하였을 때에는 제1심판결에 대하여 재심의 소를 제기하지 못한다."라고 규정하고 있다(제451조 제3항). 그러나 형사항소심은 속심이면서도 사후심으로서 성격을 가지고 있고, 헌법재판소법 제47조에 따라 '유죄 확정판결'에 대하여 재심을 청구하는 경우 준용되는 형사소송법은 원칙적인 재심대상판결을 '유죄 확정판결'로 규정하고 있는데(제420조), 항소 또는 상고기각판결은 그 확정으로 그 원심의 유죄판결이 확정되는 것이지 그 자체가 유죄판결은 아니기 때문에, 민사재심에서와 달리 보아야 한다. 한편 민사소송법은 원칙적으로 재심의 소 제기에 시간적 제한을 두고 있으나(제456조), 형사소송법은 재심청구 제기기간에 제한을 두고 있지 않으므로(형사소송법 제427조 참조), 법률상의 방식을 위반한 재심청구라는 이유로 기각결정이 있더라도, 청구인이 이를 보정한다면 다시 동일한 이유로 재심청구를 할 수 있다.

　　원심은, 피고인이 제1심에서 도로교통법 위반(음주운전)죄 등으로 유죄를 선고받고(서울북부지방법원 2020고단2126 판결), 항소하여 항소기각판결(서울북부지방법원 2020노1962 판결)을 선고받아 판결이 확정된 사실, 청구인이 재심을 청구한 재심대상판결이 위 항소기각판결인 사실을 인정한 다음, 재심대상판결 중 도로교통법 위반(음주운전)죄 부분에 관하여 피고인에게 적용된 형벌 조항이 헌법재판소에서 위헌으로 결정되었다는 재심청구이유(헌법재판소법 제47조 제4항에서 정한 재심사유)는 형사소송법 제420조 제1호, 제2호, 제7호에 정한 재심사유 중 어느 것에도 해당하지 아니한다는 이유로 재심청구를 기각하였다.

　　기록에 비추어 살펴보아도 원심의 판단에는 재판에 영향을 미친 헌법·법률·명령 또는 규칙 위반의 잘못이 없다. 그러므로 재항고를 기각하기로 하여, 관여 대법관의 일치된 의견으로 주문과 같이 결정한다.

⑪ 대법원 2022. 07. 28. 선고 2020도12279 판결 [사기]

【판시사항】

소송촉진 등에 관한 특례법 제25조 제1항에 따른 배상명령제도의 취지 / 같은 법 제26조 제7항에서 정한 '다른 절차에 따른 손해배상청구'의 의미 및 이에 해당하는 경우 법원이 취할 조치

【판결요지】

소송촉진 등에 관한 특례법(이하 '소송촉진법'이라 한다) 제25조 제1항의 규정에 따른 배상명령은 피고인의 범죄행위로 피해자가 입은 직접적인 재산상 손해에 대하여 피해금액이 특정되고 피고인의 배상책임 범위가 명백한 경우에 한하여 피고인에게 배상을 명함으로써 간편하고 신속하게 피해자의 피해 회복을 도모하고자 하는 제도이다. 소송촉진법 제26조 제7항에 따르면 피해자는 피고사건의 범죄행위로 발생한 피해에 관하여 다른 절차에 따른 손해배상청구가 법원에 계속 중일 때에는 배상신청을 할 수 없다. 여기에서 '다른 절차에 따른 손해배상청구'는 피고사건의 범죄행위로 인하여 발생한 피해에 관하여 불법행위를 원인으로 손해배상청구를 하는 경우를 가리킨다. 그러한 경우에는 같은 법 제32조 제1항이 정하는 바에 따라 법원은 결정으로 배상명령신청을 각하해야 한다.

【참조조문】 소송촉진 등에 관한 특례법 제25조 제1항, 제26조 제7항, 제32조 제1항
【참조판례】 대법원 1985. 11. 12. 선고 85도1765 판결(공1986, 74), 대법원 1996. 6. 11. 선고 96도945 판결(공1996하, 2268)
【전 문】 【피 고 인】 피고인 1 외 1인 【상 고 인】 피고인들
【변 호 인】 법무법인 대경종합법률사무소 담당변호사 조정 외 1인
【배상신청인】 배상신청인
【원심판결】 대구지법 2020. 8. 14. 선고 2019노4467 판결, 2020초기43 배상명령신청

【주 문】

상고를 모두 기각한다.

【이 유】

상고이유를 판단한다.

1. 피고인들에 대한 피고사건과 피고인 2에 대한 배상명령 부분

원심은 피고인들에 대한 이 사건 공소사실을 유죄로 판단한 제1심판결을 그대로 유지하면서 피고인 2에 대하여 배상신청인에게 편취금 30,000,000원을 지급할 것을 명하였다. 원심판결 이유를 관련 법리와 적법하게 채택된 증거에 비추어 살펴보면, 원심판단에 논리와 경험의 법칙에 반하여

자유심증주의의 한계를 벗어나거나 배상명령에 관한 법리를 오해한 잘못이 없다.

2. 피고인 1에 대한 배상명령 부분

가. 「소송촉진 등에 관한 특례법」(이하 '소송촉진법'이라 한다) 제25조 제1항의 규정에 따른 배상명령은 피고인의 범죄행위로 피해자가 입은 직접적인 재산상 손해에 대하여 피해금액이 특정되고 피고인의 배상책임 범위가 명백한 경우에 한하여 피고인에게 배상을 명함으로써 간편하고 신속하게 피해자의 피해회복을 도모하고자 하는 제도이다(대법원 1985. 11. 12. 선고 85도1765 판결, 대법원 1996. 06. 11. 선고 96도945 판결 등 참조). 소송촉진법 제26조 제7항에 따르면 피해자는 피고사건의 범죄행위로 발생한 피해에 관하여 다른 절차에 따른 손해배상청구가 법원에 계속 중일 때에는 배상신청을 할 수 없다. 여기에서 '다른 절차에 따른 손해배상청구'는 피고사건의 범죄행위로 인하여 발생한 피해에 관하여 불법행위를 원인으로 손해배상청구를 하는 경우를 가리킨다. 그러한 경우에는 같은 법 제32조 제1항이 정하는 바에 따라 법원은 결정으로 배상명령신청을 각하해야 한다.

나. 원심은 피고인 1에 대하여 피고인 2와 공동하여 배상신청인에게 편취금 30,000,000원을 지급하라고 배상명령을 하였다.

이 사건 기록에 따르면 다음 사실을 알 수 있다. 피해자는 2020. 1. 10. 원심에 배상명령신청을 하기 전에 피고인 1을 상대로 대구지방법원 2019가단100599호로 피해자가 이 사건 공소사실 기재 일시에 피고인 1에게 대여한 30,000,000원을 포함한 198,700,000원과 이에 대한 지연손해금의 지급을 구하는 약정금 청구의 소를 제기하였다. 위 법원은 2019. 12. 20. 피해자에 대하여 위 각 채권은 상사채권으로서 소멸시효가 완성되었다는 이유로 패소판결을 선고하였고, 피해자는 위 판결에 대하여 대구지방법원 2020나301658호로 항소를 제기하였다.

피해자는 피고인 1에 대하여 약정금 청구를 하였을 뿐이므로 이 사건 범죄행위로 인해 발생한 피해에 관하여 민사소송절차에 따른 손해배상청구가 다른 법원에 계속 중에 있었다고 볼 수 없다. 따라서 피고인 1에 대하여 배상신청인에게 편취금 30,000,000원을 지급하라고 배상명령을 한 원심판결에는 상고이유 주장과 같이 배상명령에 관한 법리를 오해한 잘못이 없다.

3. 결 론

피고인들의 상고는 이유 없어 이를 모두 기각하기로 하여, 대법관의 일치된 의견으로 주문과 같이 판결한다.

● 대법원 2023. 02. 13. 자 2022모1872 결정 [정식재판청구권회복기각결정에대한재항고]

【판시사항】

[1] 정식재판청구서에 청구인의 기명날인이나 서명이 없음에도 이에 대한 보정을 구하지 아니하고 적법한 청구가 있는 것으로 오인하여 청구서를 접수한 경우, 법원이 취하여야 할 조치(=기각결정) 및 이때 적법한 정식재판청구가 제기된 것으로 신뢰한 피고인이 정식재판청구기간을 넘기게 된 경우의 구제 방법(=정식재판청구권회복청구)

[2] 약식명령을 송달받은 피고인의 모(모) 갑이 피고인을 위하여 정식재판청구서를 제출하면서 피고인과 갑의 성명만 기재하고 인장 또는 지장을 날인하거나 서명을 하지 않았음에도 법원공무원이 아무런 보정을 구하지 않은 채 이를 접수함에 따라 4개월여 후 정식재판청구사건의 공판기일이 지정되었는데, 담당판사가 피고인 불출석으로 변론을 연기하면서 법정에 출석한 변호인과 갑에게 정식재판청구서가 법령상의 방식을 위반하였음을 설명하자, 갑이 같은 날 '적법한 정식재판청구가 제기된 것으로 알고 정식재판청구기간을 넘겼으므로, 피고인 또는 대리인이 책임질 수 없는 사유로 청구기간 내에 정식재판청구를 하지 못한 때에 해당한다.'는 취지로 주장하며 피고인을 위하여 정식재판청구권회복청구를 한 사안에서, 정식재판청구권회복청구를 기각한 제1심의 결론을 그대로 유지한 원심결정에 법리오해의 잘못이 있다고 한 사례

【결정요지】

[1] 약식명령에 대한 정식재판의 청구는 서면으로 제출하여야 하고(형사소송법 제453조 제2항), 공무원 아닌 사람이 작성하는 서류에는 연월일을 기재하고 기명날인 또는 서명하여야 하고, 인장이 없으면 지장으로 한다(형사소송법 제59조). 따라서 정식재판청구서에 청구인의 기명날인 또는 서명이 없다면 법령상의 방식을 위반한 것으로서 그 청구를 결정으로 기각하여야 한다. 이는 정식재판의 청구를 접수하는 법원공무원이 청구인의 기명날인이나 서명이 없음에도 불구하고 이에 대한 보정을 구하지 아니하고 적법한 청구가 있는 것으로 오인하여 청구서를 접수한 경우에도 마찬가지이다. 그러나 법원공무원의 위와 같은 잘못으로 인하여 적법한 정식재판청구가 제기된 것으로 신뢰한 피고인이 그 정식재판청구기간을 넘기게 되었다면, 이때 피고인은 자기가 '책임질 수 없는 사유'로 청구기간 내에 정식재판을 청구하지 못한 때에 해당하여 정식재판청구권의 회복을 구할 수 있다.

[2] 약식명령을 송달받은 피고인의 모(모) 갑이 피고인을 위하여 정식재판청구서를 제출하면서 피고인과 갑의 성명만 기재하고 인장 또는 지장을 날인하거나 서명을 하지 않았음에도 법원공무원이 아무런 보정을 구하지 않은 채 이를 접수함에 따라 4개월여 후 정식재판청구사건의 공판기일이 지정되었는데, 담당판사가 피고인 불출석으로 변론을 연기하면서 법정에 출석한 변호인과 갑에게 정식재판청구서가 법령상의 방식을 위반하였음을 설명하자, 갑이 같은 날 '적법한 정식재판청구가 제기된 것으로 알고 정식재판청구기간을 넘겼으므로, 피고인 또는 대리인이 책임질 수 없는 사유로 청구기간 내에 정식재판청구를 하지 못한 때에 해당한다.'는 취지로 주장하며 피고인을 위하여 정식재판청구권회복청구를 한 사안에서, 피고인과 갑은 청구인의 날인 또는 서명이 없는 정식재판청구

서를 적법한 것으로 오인하여 접수한 법원공무원의 잘못으로 적법한 정식재판청구가 제기된 것으로 신뢰한 채 정식재판청구기간을 넘긴 것이고, 이는 '피고인 또는 대리인이 책임질 수 없는 사유로 정식재판청구기간 내에 정식재판청구를 하지 못한 경우'에 해당하는데, 갑이 정식재판청구사건 담당판사의 설명으로 위와 같은 사정을 알게 된 날 정식재판청구권회복청구를 함으로써 '책임질 수 없는 사유가 해소된 날로부터 정식재판청구기간에 해당하는 기간 내'에 적법하게 정식재판청구권회복청구를 하였다는 이유로, 이와 달리 보아 정식재판청구권회복청구를 기각한 제1심의 결론을 그대로 유지한 원심결정에 법리오해의 잘못이 있다고 한 사례.

【참조조문】 [1] 형사소송법 제59조, 제345조, 제453조 제1항, 제2항, 제455조, 제458조 제1항 / [2] 형사소송법 제59조, 제345조, 제453조 제1항, 제2항, 제455조, 제458조
【참조판례】 [1] 대법원 2008. 7. 11. 자 2008모605 결정(공2008하, 1254)
【전 문】 【피 고 인】 피고인 【재항고인】 피고인
【원심결정】 제주지법 2022. 8. 22. 자 2022로19 결정

【주 문】

원심결정을 파기하고, 제1심결정을 취소한다. 피고인에 대한 제주지방법원 2021. 12. 29. 자 2021고약6228 약식명령에 관하여 피고인의 정식재판청구권을 회복한다.

【이 유】

재항고이유를 판단한다.

1. 약식명령에 대한 정식재판의 청구는 서면으로 제출하여야 하고(형사소송법 제453조 제2항), 공무원 아닌 사람이 작성하는 서류에는 연월일을 기재하고 기명날인 또는 서명하여야 하고, 인장이 없으면 지장으로 한다(형사소송법 제59조). 따라서 정식재판청구서에 청구인의 기명날인 또는 서명이 없다면 법령상의 방식을 위반한 것으로서 그 청구를 결정으로 기각하여야 한다. 이는 정식재판의 청구를 접수하는 법원공무원이 청구인의 기명날인이나 서명이 없음에도 불구하고 이에 대한 보정을 구하지 아니하고 적법한 청구가 있는 것으로 오인하여 청구서를 접수한 경우에도 마찬가지이다. 그러나 법원공무원의 위와 같은 잘못으로 인하여 적법한 정식재판청구가 제기된 것으로 신뢰한 피고인이 그 정식재판청구기간을 넘기게 되었다면, 이때 피고인은 자기가 '책임질 수 없는 사유'로 청구기간 내에 정식재판을 청구하지 못한 때에 해당하여 정식재판청구권의 회복을 구할 수 있다(대법원 2008. 07. 11. 자 2008모605 결정 참조).

2. 기록에 따르면 다음 사실을 알 수 있다.

가. 피고인은 2021. 12. 31. 제주지방법원 2021. 12. 29. 자 2021고약6228 약식명령(이하 '이 사건 약식명령'이라 한다) 등본을 송달받았고, 피고인의 어머니 공소외인은 피고인을 위하여 2022. 1. 3. 위 법원에 정식재판청구서(이하 '이 사건 정식재판청구서'라 한다)를 제출하였다. 그런데 이 사건 정식재판청구서에는 피고인과 공소외인의 성명만 기재되어 있을 뿐 그 인장 또는 지장의 날

인이나 서명이 없었음에도 법원공무원은 아무런 보정을 구하지 않은 채 이를 접수하여 제주지방법원 2022고정2호로 사건번호가 부여되었다.

나. 제주지방법원 2022고정2 사건의 담당판사는 2022. 5. 19. 제1회 공판기일에서 피고인 불출석으로 변론을 연기하면서 법정에 출석한 변호인과 공소외인에게 이 사건 정식재판청구서에 청구인의 인장 또는 지장의 날인이나 서명이 없어 법령상의 방식에 위배되었음을 설명하고, 그다음 날인 2022. 5. 20. 같은 이유로 정식재판청구를 기각하는 결정을 하였다.

다. 그런데 공소외인은 2022. 5. 19. '법원공무원이 이 사건 정식재판청구서에 청구인의 날인 또는 서명이 없는데도 보정을 구하지 않고 그대로 접수하여 피고인과 공소외인은 적법한 정식재판청구가 제기된 것으로 알고 정식재판청구기간을 넘겼으므로, 피고인 또는 그 대리인이 책임질 수 없는 사유로 정식재판청구기간 내에 정식재판청구를 하지 못한 때에 해당한다.'는 취지로 주장하며 피고인을 위하여 이 사건 정식재판청구권회복청구를 하였다.

라. 제1심은 2022. 6. 15. '이 사건 약식명령에 대한 정식재판청구가 받아들여져 2022고정2 사건이 계속 중이므로 이 사건 정식재판청구권회복청구는 이유 없다.'고 보아 이를 기각하는 결정을 하였고, 공소외인이 피고인을 위하여 즉시항고를 제기하자 원심은 2022. 8. 22. '피고인이 2022. 5. 20. 자 정식재판청구 기각결정에 대하여 즉시항고로 불복하는 것은 별론으로 하고, 이 사건 약식명령에 대한 정식재판청구가 받아들여져 제주지방법원 2022고정2 사건이 진행된 이상 정식재판청구권회복청구를 하는 것은 허용되지 않는다.'는 이유로 제1심의 결론을 그대로 유지하여 즉시항고를 기각하였다.

3. 이러한 사실관계를 앞서 본 법리에 비추어 살펴본다.

피고인과 공소외인은 이 사건 정식재판청구서에 청구인의 날인 또는 서명이 없음에도 적법한 청구가 있는 것으로 오인하여 아무런 보정을 구하지 않고 이를 접수한 법원공무원의 잘못으로 인하여 적법한 정식재판청구가 제기된 것으로 신뢰한 채 정식재판청구기간을 넘긴 것으로 보인다. 이는 '피고인 또는 대리인이 책임질 수 없는 사유로 정식재판청구기간 내에 정식재판청구를 하지 못한 경우'에 해당할 뿐만 아니라, 공소외인은 2022. 5. 19. 제주지방법원 2022고정2 사건 담당판사의 설명으로 위와 같은 사정을 알게 되자 같은 날 피고인을 위하여 이 사건 정식재판청구권회복청구를 하였으므로, '책임질 수 없는 사유가 해소된 날로부터 정식재판청구기간에 해당하는 기간 내'에 적법하게 정식재판청구권회복청구를 하였다고 보아야 한다.

그럼에도 원심은 이 사건 정식재판청구서가 접수되어 제주지방법원 2022고정2 사건이 진행된 바 있다는 이유만으로 이 사건 정식재판청구권회복청구를 기각한 제1심의 결론을 그대로 유지하였다. 이러한 원심의 판단에는 정식재판청구권회복청구에 관한 법리를 오해하여 재판에 영향을 미친 잘못이 있다.

4. 그러므로 원심결정을 파기하되, 이 사건은 대법원에서 직접 재판하기에 충분하므로 자판하기로 한다. 제1심결정은 정식재판청구권회복청구에 관한 법리를 위반한 잘못이 있으므로 이를 취소하고, 이 사건 정식재판청구권회복청구는 이유 있으므로 이를 인용하기로 하여 관여 대법관의 일치된 의견으로 주문과 같이 결정한다.

⑪ 대법원 2023. 02. 23. 자 2021모3227 결정 [재판의집행에관한이의기각결정에대한재항고]

【판시사항】

추징형의 집행을 채권에 대한 강제집행의 방법으로 하는 경우, 추징형의 시효중단 효력이 발생하는 시기 / 수형자의 재산이라고 추정되는 채권에 대하여 압류신청을 하였으나 집행불능이 된 경우 또는 채권압류가 집행된 후 해당 채권에 대한 압류가 취소된 경우, 이미 발생한 시효중단 효력이 소멸하는지 여부(소극) / 채권에 대한 압류의 효력이 존속하는 기간 및 채권압류의 집행으로 압류의 효력이 유지되고 있는 동안에는 추징형의 집행이 계속되고 있는지 여부(원칙적 적극) / 피압류채권이 법률상 압류금지채권에 해당하더라도 즉시항고에 의하여 취소되기 전까지는 추징형의 집행이 계속되고 있는지 여부(적극)

【결정요지】

추징형의 시효는 강제처분을 개시함으로써 중단되는데(형법 제80조), 추징형은 검사의 명령에 의하여 민사집행법을 준용하여 집행하거나 국세징수법에 따른 국세체납처분의 예에 따라 집행한다(형사소송법 제477조). 추징형의 집행을 채권에 대한 강제집행의 방법으로 하는 경우에는 검사가 집행명령서에 기하여 법원에 채권압류명령을 신청하는 때에 강제처분인 집행행위의 개시가 있는 것이므로 특별한 사정이 없는 한 그때 시효중단의 효력이 발생한다.

시효중단의 효력이 발생하기 위하여 집행행위가 종료하거나 성공할 필요는 없으므로 수형자의 재산이라고 추정되는 채권에 대하여 압류신청을 한 이상 피압류채권이 존재하지 않거나 압류채권을 환가하여도 집행비용 외에 잉여가 없다는 이유로 집행불능이 되었다고 하더라도 이미 발생한 시효중단의 효력이 소멸하지 않는다. 또한 채권압류가 집행된 후 해당 채권에 대한 압류가 취소되더라도 이미 발생한 시효중단의 효력이 소멸하지 않는다.

채권에 대한 압류의 효력은 압류채권자가 압류명령의 신청을 취하하거나 압류명령이 즉시항고에 의하여 취소되는 경우 또는 채권압류의 목적인 현금화절차가 종료할 때(추심채권자가 추심을 완료한 때 등)까지 존속한다. 이처럼 채권압류의 집행으로 압류의 효력이 유지되고 있는 동안에는 특별한 사정이 없는 한 추징형의 집행이 계속되고 있는 것으로 보아야 한다.

한편 피압류채권이 법률상 압류금지채권에 해당하더라도 재판으로서 압류명령이 당연무효는 아니므로 즉시항고에 의하여 취소되기 전까지는 역시 추징형의 집행이 계속되고 있는 것으로 보아야 한다.

【참조조문】 형법 제80조, 형사소송법 제477조, 민사집행법 제246조 제1항 제8호
【참조판례】 대법원 2001. 7. 27. 선고 2001두3365 판결(공2001하, 1993), 대법원 2009. 6. 25. 자 2008모1396 결정(공2009하, 1451), 대법원 2017. 7. 12. 자 2017모648 결정
【전 문】 【피 고 인】 피고인 【재항고인】 변호인
【변 호 인】 법무법인 윤 담당변호사 김민석 외 1인
【원심결정】 울산지법 2021. 11. 10. 자 2021로18 결정

【주   문】

재항고를 기각한다.

【이   유】

재항고이유를 판단한다.

1.

가. 추징형의 시효는 강제처분을 개시함으로써 중단되는데(형법 제80조), 추징형은 검사의 명령에 의하여 민사집행법을 준용하여 집행하거나 국세징수법에 따른 국세체납처분의 예에 따라 집행한다(형사소송법 제477조). 추징형의 집행을 채권에 대한 강제집행의 방법으로 하는 경우에는 검사가 집행명령서에 기하여 법원에 채권압류명령을 신청하는 때에 강제처분인 집행행위의 개시가 있는 것이므로 특별한 사정이 없는 한 그때 시효중단의 효력이 발생한다.

나. 시효중단의 효력이 발생하기 위하여 집행행위가 종료하거나 성공할 필요는 없으므로 수형자의 재산이라고 추정되는 채권에 대하여 압류신청을 한 이상 피압류채권이 존재하지 않거나 압류채권을 환가하여도 집행비용 외에 잉여가 없다는 이유로 집행불능이 되었다고 하더라도 이미 발생한 시효중단의 효력이 소멸하지 않는다(대법원 2009. 06. 25. 자 2008모1396 결정 등 참조). 또한 채권압류가 집행된 후 해당 채권에 대한 압류가 취소되더라도 이미 발생한 시효중단의 효력이 소멸하지 않는다(대법원 2001. 07. 27. 선고 2001두3365 판결, 대법원 2017. 07. 12. 자 2017모648 결정 등 참조).

다. 채권에 대한 압류의 효력은 압류채권자가 압류명령의 신청을 취하하거나 압류명령이 즉시항고에 의하여 취소되는 경우 또는 채권압류의 목적인 현금화절차가 종료할 때(추심채권자가 추심을 완료한 때 등)까지 존속한다. 이처럼 채권압류의 집행으로 압류의 효력이 유지되고 있는 동안에는 특별한 사정이 없는 한 추징형의 집행이 계속되고 있는 것으로 보아야 한다(대법원 2017. 07. 12. 자 2017모648 결정 참조).

한편 피압류채권이 법률상 압류금지채권에 해당하더라도 재판으로서 압류명령이 당연무효는 아니므로 즉시항고에 의하여 취소되기 전까지는 역시 추징형의 집행이 계속되고 있는 것으로 보아야 한다.

2.

가. 피고인에 대하여 추징형을 선고한 판결은 2011. 9.경 확정되었고, 검사는 추징형의 시효가 완성되기 전인 2014. 9.경 추징형의 집행을 위하여 법원에 피고인의 10개 금융기관 등에 대한 예금채권에 대하여 채권압류 및 추심명령(이하 '이 사건 압류·추심명령'이라 한다)을 신청하였으며, 이 사건 압류·추심명령을 받았다.

나. 이 사건 압류·추심명령이 제3채무자로서 10개 금융기관 등에 송달되었는데, 당시 3개 이상의 금융기관에 피고인의 예금채권이 있었고, 모두 잔액은 1만 원 이하였다. 검사는 이러한 예금채권을 추심하지 않았고 현재까지 그 잔액이 그대로 남아 있다.

다. 재항고인은 이 사건 압류·추심명령의 압류명령으로 압류된 예금채권이 민사집행법 제246조 제1항 제8호(채무자의 1월간 생계유지에 필요한 예금)에 의하여 압류금지채권에 해당하여 무효이므로 피고인에 대한 추징형의 시효가 완성되었다고 주장하며, 검사의 추징형 집행명령에 대하여 이의신청을 하였다.

라. 원심은, 이 사건 압류·추심명령의 압류명령으로 압류된 예금채권이 민사집행법 제246조 제1항 제8호에 의한 압류금지채권에 해당하지 않는다는 이유로 압류명령이 유효하다고 보아 재항고인의 이의신청을 기각한 제1심결정을 유지하였다.

3. 위와 같은 사실을 앞서 본 법리에 비추어 살펴보면, 검사가 이 사건 압류·추심명령을 신청하였을 때부터 형의 시효가 중단되는 효력이 발생하였고, 이 사건 압류·추심명령의 압류명령이 잔액이 남아 있는 예금채권에 대하여 그 효력이 유지되고 있는 이상 추징형의 집행은 계속되고 있다.

재항고이유 주장과 같이 이 사건 압류·추심명령의 압류명령으로 압류된 예금채권이 압류금지채권에 해당하더라도, 재판으로서 압류명령이 당연무효는 아니므로 즉시항고에 의하여 취소되기 전까지는 역시 추징형의 집행이 계속되고 있다고 보아야 한다.

재항고인의 이 사건 이의신청은 어차피 기각되어야 할 것이므로, 원심이 이 사건 이의신청을 기각한 제1심결정을 그대로 유지한 결론은 정당하고, 결국 재항고이유 주장은 받아들일 수 없다.

4. 그러므로 재항고를 기각하기로 하여, 관여 대법관의 일치된 의견으로 주문과 같이 결정한다.

---

⑬ 대법원 2023. 07. 14. 자 2023모1121 결정 [이송결정에대한재항고] 〈「제주4·3사건 진상규명 및 희생자 명예회복에 관한 특별법」 제14조 제3항에 따라 제주지방법원에 관할이 있는 재심사건이 무엇인지 문제된 사건〉

【판시사항】

제주4·3사건 진상규명 및 희생자 명예회복에 관한 특별법 제14조 제3항에서 제주지방법원에 전속관할권을 인정한 사건은 제주4·3사건진상규명및희생자명예회복위원회로부터 제주4·3사건의 희생자로 결정된 경우에 청구하는 같은 법 제14조 제1항의 특별재심사건에 한정되는지 여부(적극) / 제주4·3사건진상규명및희생자명예회복위원회로부터 희생자 결정을 받지 않은 상태에서 형사소송법에 따른 재심을 청구하는 사건의 경우, 형사소송법 제423조가 적용되는지 여부(적극)

【결정요지】

제주4·3사건 진상규명 및 희생자 명예회복에 관한 특별법(이하 '4·3사건법'이라고 한다)은 제주4·3사건의 진상을 규명하고 이 사건과 관련된 희생자와 그 유족들의 명예회복 및 희생자에 대한 보상을 함으로써 인권신장과 민주발전 및 국민화합에 이바지할 목적으로 제정되었다(제1조). 4·3사건법 제2조 제2호에서 '희생자'는 제주4·3사건으로 인하여 사망하거나 행방불명된 사람, 후유장애가 남은 사람 또는 수형인으로서 제5조 제2항 제2호에 따라 제주4·3사건진상규명및희생자명예회복위원회(이하 '위원회'라고 한다)의 심사를 통하여 제주4·3사건의 희생자로 결정된 사람을 말한다고 규정하고 있다. 한편 같은 법 제14조는 '특별재심'이라는 제목 아래 제1항에서 희생자로서 제주4·3사건으로 인하여 유죄의 확정판결을 선고받은 사람, 수형인 명부 등 관련 자료로서 위와 같은 사람으로 인정되는 사람은 형사소송법과 군사법원법의 재심이유, 재심청구권자에 관한 규정에도 불구하고 재심을 청구할 수 있다고 규정하여, 희생자에게 형사소송법 등의 재심절차와 별도로 특별재심을 청구할 수 있는 권리를 부여하고 있다. 같은 조 제3항은 형사소송법과 군사법원법의 재심의 관할에 관한 규정에도 불구하고 재심의 청구는 제주지방법원이 관할한다고 규정하여 재심사건에 관하여 원판결 법원이 어디인지에 관계없이 제주지방법원에 전속관할을 인정하고 있다. 위와 같이 4·3사건법 제14조는 제1조의 목적 달성을 위하여 형사소송법과 군사법원법상 재심의 예외적 제도로서 특별재심절차에 관하여 정하고 있는 조항이라는 점과 4·3사건법 제2조 제2호, 제14조 등 관련 규정의 문언 및 체계적 해석에 비추어 보면, 제14조 제3항에서 제주지방법원에 전속관할권을 인정한 사건은 제5조 제2항 제2호에 따라 위원회로부터 제주4·3사건의 희생자로 결정된 경우에 청구하는 제14조 제1항의 특별재심사건에 한정된다고 보아야 한다. 따라서 위원회로부터 희생자 결정을 받지 않은 상태에서 형사소송법에 따른 재심을 청구하는 사건에는 형사소송법 제423조가 적용되어 원판결의 법원이 관할권을 가진다.

【참조조문】 제주4·3사건 진상규명 및 희생자 명예회복에 관한 특별법 제1조, 제2조 제2호, 제5조 제2항 제2호, 제14조, 형사소송법 제423조
【전 문】 【피 고 인】 망 피고인 【재항고인】 피고인의 아들 재항고인
【변 호 사】 법무법인(유) 원 담당변호사 문성윤 외 1인
【원심결정】 광주고등법원 2023. 4. 11. 자 (제주)2023로1 결정,

【주 문】

재항고를 기각한다.

【이 유】

재항고이유를 판단한다.

1. 「제주4·3사건 진상규명 및 희생자 명예회복에 관한 특별법」(이하 '4·3사건법'이라고 한다)은 제주4·3사건의 진상을 규명하고 이 사건과 관련된 희생자와 그 유족들의 명예회복 및 희생자에 대한 보상을 함으로써 인권신장과 민주발전 및 국민화합에 이바지할 목적으로 제정되었다(제1조). 4·3사건법 제2조 제2호에서 '희생자'는 제주4·3사건으로 인하여 사망하거나 행방불명된 사람, 후유장애가 남은 사람 또는 수형인으로서 제5조 제2항 제2호에 따라 제주4·3사건진상규명및희생자명예회복위원회(이하 '위원회'라고 한다)의 심사를 통하여 제주4·3사건의 희생자로 결정된 사람을 말한다고 규정하고 있다. 한편 같은 법 제14조는 '특별재심'이라는 제목 아래 제1항에서 희생자로

서 제주4·3사건으로 인하여 유죄의 확정판결을 선고받은 사람, 수형인 명부 등 관련 자료로서 위와 같은 사람으로 인정되는 사람은 형사소송법과 군사법원법의 재심이유, 재심청구권자에 관한 규정에도 불구하고 재심을 청구할 수 있다고 규정하여, 희생자에게 형사소송법 등의 재심절차와 별도로 특별재심을 청구할 수 있는 권리를 부여하고 있다. 같은 조 제3항은 형사소송법과 군사법원법의 재심의 관할에 관한 규정에도 불구하고 재심의 청구는 제주지방법원이 관할한다고 규정하여 재심사건에 관하여 원판결 법원이 어디인지에 관계없이 제주지방법원에 전속관할을 인정하고 있다. 위와 같이 4·3사건법 제14조는 제1조의 목적 달성을 위하여 형사소송법과 군사법원법상 재심의 예외적 제도로서 특별재심절차에 관하여 정하고 있는 조항이라는 점과 4·3사건법 제2조 제2호, 제14조 등 관련 규정의 문언 및 체계적 해석에 비추어 보면, 제14조 제3항에서 제주지방법원에 전속관할권을 인정한 사건은 제5조 제2항 제2호에 따라 위원회로부터 제주4·3사건의 희생자로 결정된 경우에 청구하는 제14조 제1항의 특별재심사건에 한정된다고 보아야 한다. 따라서 위원회로부터 희생자 결정을 받지 않은 상태에서 형사소송법에 따른 재심을 청구하는 사건에는 형사소송법 제423조가 적용되어 원판결의 법원이 관할권을 가진다.

2. 원심은, 피고인이 위원회로부터 제주4·3사건의 희생자로 결정되지 아니하였을 뿐만 아니라 4·3사건법 제14조의 특별재심이 아닌 형사소송법에 따른 재심을 청구한 이상 4·3사건법 제14조 제3항을 근거로 제주지방법원이 이 사건의 관할권을 갖는다고 볼 수 없고 원판결 법원인 광주지방법원에 관할이 있다고 판단하였다. 원심의 판단은 위와 같은 법리에 따른 것으로서 정당하고, 거기에 재항고이유 주장과 같이 4·3사건법 제14조 제3항이 정하는 관할에 관한 법리를 오해한 잘못이 없다.

3. 그러므로 재항고를 기각하기로 하여, 관여 대법관의 일치된 의견으로 주문과 같이 결정한다.

판례색인

대법원 1953. 06. 09. 자 4286형항3 결정 ·············662
대법원 1955. 12. 23. 선고 4288형상25 판결 460, 470, 475, 483, 514
대법원 1959. 07. 31. 선고 4292형상228 판결 ····1615
대법원 1962. 05. 17. 선고 4294형상12 판결 ·······366
대법원 1962. 09. 27. 선고 62오1 판결 ·············1596
대법원 1963. 01. 31. 선고 62도257 판결 ·············18
대법원 1965. 08. 17. 선고 65도388 판결 ····955, 961
대법원 1967. 12. 19. 선고 67도1281 판결 ···514, 521
대법원 1967. 12. 26. 선고 67도1439 판결 ···········483
대법원 1968. 12. 24. 선고 68도1569 판결 361, 368, 369
대법원 1971. 02. 09. 선고 71도28 판결 ············1615
대법원 1971. 03. 30. 선고 71도324 판결 ···········860
대법원 1973. 08. 21. 선고 73도409 판결 ···········370
대법원 1973. 09. 25. 선고 73도1915 판결 1101, 1108
대법원 1976. 12. 21. 자 75마551 결정 ············1321
대법원 1978. 02. 28. 선고 77도1280 판결 ············18
대법원 1978. 04. 25. 선고 78도473 판결 ···········363
대법원 1979. 09. 25. 선고 79도1309 판결 ············98
대법원 1979. 10. 30. 선고 79도1882 판결 ··········483
대법원 1980. 03. 25. 선고 79도2962 판결 ··········878
대법원 1980. 07. 22. 선고 79도2953 판결 ············18
대법원 1980. 09. 09. 선고 80도1924 판결 ··········254
대법원 1980. 10. 27. 선고 80도1127 판결 ··········860
대법원 1981. 09. 22. 선고 80도3180 판결 ··········267
대법원 1981. 10. 27. 선고 81도1023 판결 ··········363
대법원 1981. 11. 24. 선고 81도2422 판결 ···964, 981
대법원 1982. 03. 23. 선고 81도2491 판결 ··········362
대법원 1982. 04. 27. 선고 81도2956 판결 ···779, 792
대법원 1982. 04. 27. 선고 82도122 판결 ····961, 969
대법원 1982. 10. 26. 선고 82도1861 판결 ············18
대법원 1983. 02. 08. 선고 82도357 판결 ············86
대법원 1983. 03. 08. 선고 82도1363 판결 ··458, 460, 470, 475, 487, 514
대법원 1983. 03. 08. 선고 82도3248 판결 ············85
대법원 1983. 03. 22. 선고 82도3065 판결 ··········149
대법원 1983. 04. 26. 선고 82도2829, 82감도612 판결 1584
대법원 1983. 05. 10. 선고 82도2279 판결 ············44
대법원 1983. 06. 14. 선고 82도293 판결 ·1331, 1478
대법원 1983. 06. 28. 선고 83도399 판결 ··········332
대법원 1983. 08. 23. 선고 83도1017 판결 ··········392
대법원 1984. 02. 28. 선고 83다카1981 전합 ······1619
대법원 1984. 03. 27. 선고 84도86 판결 ············363
대법원 1984. 04. 24. 선고 83도1429 판결 ···458, 487
대법원 1984. 06. 26. 선고 83도685 판결 ····454, 520
대법원 1984. 12. 11. 선고 84도413 판결 ············18
대법원 1985. 03. 26. 선고 85도122 판결 ····458, 487
대법원 1985. 04. 09. 선고 84도300 판결 ··········576
대법원 1985. 04. 23. 선고 85도431 판결 ··········368
대법원 1985. 06. 11. 선고 85도926 판결 ··········137
대법원 1985. 06. 25. 선고 85도758 판결 ····264, 267
대법원 1985. 07. 23. 선고 85도1291 판결 ··········254
대법원 1985. 09. 10. 선고 84도2644 판결 ··········574
대법원 1985. 11. 12. 선고 85도1765 판결 ········1629
대법원 1986. 10. 28. 선고 86도1764 판결 ············66
대법원 1986. 12. 09. 선고 86도198 판결 ··········961
대법원 1987. 03. 24. 선고 87도81 판결 ··········1483
대법원 1987. 03. 28. 자 87모17 결정 ············1555
대법원 1987. 05. 26. 선고 87므5, 6 판결 ··········485
대법원 1987. 07. 07. 선고 87도945 판결 ··········122
대법원 1987. 09. 22. 선고 87도1635 판결 ··········134
대법원 1987. 11. 10. 선고 87도1760 판결 ···458, 487
대법원 1987. 12. 08. 선고 87도2108 판결 ········1195
대법원 1988. 01. 19. 선고 87도1410 판결 ··········165
대법원 1988. 09. 27. 선고 88도1008 판결 ··········359
대법원 1988. 10. 11. 선고 85다카29 판결 ··········366
대법원 1988. 10. 11. 선고 88도1273 판결 ··········290
대법원 1988. 11. 08. 선고 88도1628 판결 ··········340
대법원 1989. 07. 11. 선고 89도886 판결 ··········362
대법원 1989. 07. 25. 선고 89도350 판결 ··········611
대법원 1989. 12. 26. 선고 87도840 판결 ········1195
대법원 1990. 03. 13. 선고 90도173 판결 ··········513

대법원 1990. 03. 27. 선고 89도813 판결 ············574
대법원 1990. 04. 27. 선고 89도1467 판결 ···········362
대법원 1990. 10. 26. 선고 90도1940 판결 ··········165
대법원 1990. 11. 27. 선고 90도1516 전합 ·681, 1016
대법원 1991. 01. 11. 선고 90도2180 판결 ············546
대법원 1991. 03. 28. 자 91모24 결정 ···············1589
대법원 1991. 05. 10. 선고 91도453 판결 ······212, 217
대법원 1991. 06. 11. 선고 91도383 판결 ············207
대법원 1991. 06. 11. 선고 91도985 판결 ······110, 114
대법원 1991. 12. 10. 선고 91도2184 판결 ···········568
대법원 1991. 12. 27. 선고 90도2800 판결 ···········176
대법원 1992. 01. 21. 선고 91도1402 전합 ········1060
대법원 1992. 02. 28. 선고 91도3182 판결 ···········340
대법원 1992. 04. 14. 선고 92도259 판결 ······340, 350
대법원 1992. 05. 08. 선고 91도2825 판결 ···········693
대법원 1992. 05. 26. 선고 92도445 판결 ············361
대법원 1992. 05. 26. 선고 92도699 판결 ············247
대법원 1992. 06. 13. 자 92마290 결정 ················499
대법원 1992. 07. 28. 선고 92도700 판결 ············104
대법원 1992. 08. 14. 선고 92도1086 판결 ···········138
대법원 1992. 09. 25. 선고 92도1520 판결 ············85
대법원 1992. 10. 13. 선고 92도2060 판결 ···········267
대법원 1992. 11. 27. 선고 92도2226 판결 ···········251
대법원 1992. 12. 08. 선고 92도2020 판결 ·········1569
대법원 1992. 12. 22. 선고 92도2540 판결 ············81
대법원 1993. 02. 09. 선고 92도2929 판결 ···········439
대법원 1993. 05. 25. 선고 93도836 판결 ··········1465
대법원 1993. 12. 15. 자 93모73 결정 ················142
대법원 1994. 02. 08. 선고 93도3568 판결 ···········149
대법원 1994. 03. 22. 선고 93도2080 전합결 38, 1516
대법원 1994. 04. 26. 선고 93도1689 판결 ·650, 651,
 652, 655, 662
대법원 1994. 07. 29. 선고 93도1091 판결 ·········1497
대법원 1994. 08. 09. 선고 94도1318 판결 ·········1558
대법원 1994. 08. 12. 선고 94도1705 판결 ·········1574
대법원 1994. 08. 23. 선고 94도630 판결 ············340
대법원 1994. 09. 13. 선고 94도1335 판결 ·322, 1520
대법원 1994. 09. 30. 선고 94도1880 판결 ···········373
대법원 1994. 10. 11. 선고 94도1575 판결 ···········546
대법원 1994. 10. 25. 선고 94도1770 판결 ···········364
대법원 1994. 10. 28. 자 94모25 결정 ················662
대법원 1994. 11. 08. 선고 94도1657 판결 ············86
대법원 1995. 01. 12. 선고 93도3213 판결 ···········878
대법원 1995. 03. 10. 선고 93다57964 판결 ········607

대법원 1995. 09. 15. 선고 94도2561 판결 ···470, 487
대법원 1995. 09. 15. 선고 94도3336 판결 487, 513, 807
대법원 1995. 09. 29. 선고 95도456 판결 955, 961, 968
대법원 1995. 11. 10. 선고 95도1395 판결 ···264, 267
대법원 1995. 11. 24. 선고 95도1923 판결 ···566, 576
대법원 1995. 12. 12. 선고 94도3271 판결 ···········244
대법원 1995. 12. 12. 선고 95도2154 판결 ·········1268
대법원 1995. 12. 22. 선고 94도1519 판결 ···········681
대법원 1996. 05. 08. 선고 96도221 판결 ··········1252
대법원 1996. 05. 10. 선고 96도419 판결 ············487
대법원 1996. 05. 14. 선고 96도410 판결 ············576
대법원 1996. 05. 14. 선고 96도554 판결 ············259
대법원 1996. 06. 11. 선고 96도945 판결 ··········1629
대법원 1996. 06. 14. 선고 96도405 판결 ············918
대법원 1996. 07. 12. 선고 96도1007 판결 ···········361
대법원 1996. 11. 08. 선고 95도2710 판결 ···········293
대법원 1996. 12. 06. 선고 96도2461 판결 1494, 1584
대법원 1997. 02. 14. 선고 96도2234 판결 ···········362
대법원 1997. 03. 20. 선고 96도1167 전합 ···657, 703
대법원 1997. 03. 28. 선고 95도2674 판결 ··483, 510,
 511, 514, 520
대법원 1997. 04. 22. 선고 95도748 판결 ············149
대법원 1997. 08. 22. 선고 97도1211 판결 ·········1401
대법원 1997. 10. 24. 선고 95다11740 판결 ········1620
대법원 1997. 11. 14. 선고 97도2118 판결 ············86
대법원 1997. 12. 09. 선고 97도2682 판결 ············18
대법원 1998. 01. 23. 선고 97도2506 판결 ···········347
대법원 1998. 02. 24. 선고 97도183 판결 ··········1151
대법원 1998. 03. 10. 선고 98도70 판결 ··············305
대법원 1998. 03. 13. 선고 98재다53 판결 ·········1567
대법원 1998. 03. 24. 선고 97도2956 판결 ···········418
대법원 1998. 04. 28. 선고 98도492 판결 ············122
대법원 1998. 05. 12. 선고 98도305 판결 ············138
대법원 1998. 05. 29. 선고 97도1126 판결 ···········824
대법원 1998. 07. 10. 선고 98도126 판결 ············590
대법원 1998. 08. 21. 선고 96도2340 판결 ···········825
대법원 1998. 08. 21. 선고 98도360 판결 ············860
대법원 1998. 09. 08. 선고 98도1949 판결 ···363, 373
대법원 1998. 10. 09. 선고 97도158 판결 ············366
대법원 1999. 02. 05. 선고 98도4239 판결 ···········677
대법원 1999. 02. 26. 선고 98도2742 판결 ·········1586
대법원 1999. 04. 15. 선고 97도666 전합565, 570, 571, 581
대법원 1999. 05. 14. 선고 98도1438 판결 ·········1555
대법원 1999. 06. 11. 선고 99도763 판결 ············137

대법원 1999. 06. 25. 선고 98후58 판결 ··············1059
대법원 1999. 07. 09. 선고 98도1719 판결 ··········1032
대법원 1999. 07. 09. 선고 99도1695 판결 ··············20
대법원 1999. 07. 15. 선고 95도2870 전합 ··········1008
대법원 1999. 09. 03. 선고 98도968 판결 ············1343
대법원 1999. 09. 03. 선고 99다10479 판결 ·········286
대법원 1999. 09. 03. 선고 99도2317 판결 ··········1411
대법원 1999. 09. 17. 선고 97도3349 판결 ············976
대법원 1999. 09. 21. 선고 99도2608 판결 ············350
대법원 1999. 09. 21. 선고 99도383 판결 ·············217
대법원 1999. 10. 12. 선고 99도3170 판결 ············558
대법원 1999. 11. 12. 선고 98다30834 판결 ·636, 676
대법원 1999. 12. 10. 선고 99도3711 판결 ············285
대법원 2000. 02. 11. 선고 99도4579 판결 ···363, 373
대법원 2000. 02. 22. 선고 99도5227 판결 ············558
대법원 2000. 02. 25. 선고 98도2188 판결 ···364, 395
대법원 2000. 02. 25. 선고 99도1252 판결 ············973
대법원 2000. 03. 14. 선고 99도1243 판결 ··········1256
대법원 2000. 04. 20. 선고 99도3822 전합 ············878
대법원 2000. 04. 21. 선고 99도5513 판결 ··········1498
대법원 2000. 04. 25. 선고 98도2389 판결 ·······86, 87
대법원 2000. 04. 25. 선고 99도1906 판결 ············558
대법원 2000. 06. 09. 선고 2000도1253 판결 ·········720
대법원 2000. 06. 27. 선고 2000도1858 판결 ·········259
대법원 2000. 07. 04. 선고 2000도1908, 2000감도62
　　　　판결 ··244
대법원 2000. 07. 06. 선고 2000도1507 판결 ·········138
대법원 2000. 08. 18. 선고 2000도2943 판결 ·········888
대법원 2000. 10. 13. 선고 2000도3199 판결 ·········334
대법원 2000. 11. 14. 선고 2000도3947 판결 ·········134
대법원 2000. 11. 24. 선고 2000도2900 판결 ·········689
대법원 2000. 12. 22. 선고 2000도4372 판결 ·········370
대법원 2001. 02. 09. 선고 2000도1216 판결 ········1011
대법원 2001. 03. 09. 선고 2000도5736 판결 ·········138
대법원 2001. 03. 16. 자 2000모233 결정 ············1593
대법원 2001. 04. 10. 선고 2000도5711 판결 ·········362
대법원 2001. 04. 19. 선고 2000도1985 전합 ·········273
대법원 2001. 04. 24. 선고 2001도1092 판결 470, 487
대법원 2001. 04. 24. 선고 2001도361 판결 ··········991
대법원 2001. 06. 15. 선고 2001도1809 판결 ·········651
대법원 2001. 07. 13. 선고 2001도1660 판결 ········1555
대법원 2001. 07. 27. 선고 2001두3365 판결 ········1634
대법원 2001. 09. 14. 선고 2001도1550 판결 ········1482
대법원 2001. 11. 27. 선고 99도4779 판결 ············207

대법원 2001. 11. 30. 선고 2001도2015 판결 ·········422
대법원 2001. 12. 27. 선고 2001도5304 판결 ········1574
대법원 2002. 01. 22. 선고 2000다37524, 37531 판결 405
대법원 2002. 02. 08. 선고 2001도5410 판결 ··········98
대법원 2002. 03. 29. 선고 2002도587 판결 ·········1516
대법원 2002. 04. 12. 선고 2000도3485 판결 ·········217
대법원 2002. 04. 26. 선고 2001다59033 판결 ·······572
대법원 2002. 04. 26. 선고 2001도2417 판결332, 340, 1107
대법원 2002. 05. 14. 선고 2002다9738 판결 ········499
대법원 2002. 06. 14. 선고 2000두3450 판결 ········1005
대법원 2002. 06. 20. 선고 2002도807 전합 ········1430
대법원 2002. 07. 23. 선고 2001도6281 판결 ·········701
대법원 2002. 07. 26. 선고 2002도1855 판결 ·······1430
대법원 2002. 09. 04. 선고 2000도637 판결 ··········590
대법원 2002. 09. 24. 선고 2002도3570 판결 ········366
대법원 2002. 10. 08. 선고 2002도123 판결 ··········841
대법원 2002. 10. 11. 선고 2002도2939 판결177, 566, 1401
대법원 2002. 10. 22. 선고 2002도4260 판결 ···········64
대법원 2002. 11. 26. 선고 2002도4800 판결 ·········363
대법원 2002. 12. 24. 선고 2002도5662 판결 ·······1485
대법원 2003. 01. 10. 선고 2001도3292 판결 ·········293
대법원 2003. 02. 11. 선고 2002도4293 판결 ·········222
대법원 2003. 02. 11. 선고 2002도5679 판결 ·······1569
대법원 2003. 02. 11. 선고 99다66427, 73371 판결 1315
대법원 2003. 02. 26. 선고 2002도4935 판결 ·········273
대법원 2003. 02. 26. 선고 2002도6834 판결 ·······1579
대법원 2003. 02. 28. 선고 2002도7335 판결 ···········94
대법원 2003. 04. 25. 선고 2003도949 판결 ··········720
대법원 2003. 05. 13. 선고 2002도7425 판결 ·········758
대법원 2003. 05. 16. 자 2002모338 결정 ············1616
대법원 2003. 06. 13. 선고 2003도924 판결 ·137, 138
대법원 2003. 06. 23. 자 2003모172 결정 ·············142
대법원 2003. 06. 24. 선고 2003도1869 판결 ·········991
대법원 2003. 06. 26. 자 2003도2008 결정 ·········1592
대법원 2003. 07. 11. 선고 2003도2077 판결 ·········574
대법원 2003. 07. 11. 선고 2003도2313 판결 ·········303
대법원 2003. 09. 02. 선고 2003도3073 판결 ·········617
대법원 2003. 09. 23. 선고 2003도3840 판결 ·········576
대법원 2003. 09. 26. 선고 2002도3924 판결 ·········981
대법원 2003. 10. 10. 선고 2003도2770 판결 ··········18
대법원 2003. 10. 24. 선고 2003도4417 판결 ·········470
대법원 2003. 11. 13. 선고 2001도7045 판결 ·········228
대법원 2003. 11. 13. 선고 2003도687 판결 ············73
대법원 2003. 11. 14. 선고 2003도3600 판결 ·········118

대법원 2003. 11. 14. 선고 2003도3977 판결 ……1182
대법원 2003. 11. 28. 선고 2001다9359 판결 ……947
대법원 2003. 11. 28. 선고 2003도3972 판결 …55, 71
대법원 2003. 11. 28. 선고 2003도5234 판결 ……217
대법원 2003. 12. 26. 선고 2002도7339 판결 ……251
대법원 2003. 12. 26. 선고 2003도4893 판결 ……558
대법원 2004. 03. 12. 선고 2004도134 판결 ……566
대법원 2004. 03. 26. 선고 2003도7927 판결 ……433
대법원 2004. 04. 09. 선고 2004도340 판결 ……362
대법원 2004. 04. 16. 선고 2004도52 판결 ·344, 1523
대법원 2004. 05. 14. 선고 2004도1370 판결 ……535
대법원 2004. 05. 14. 선고 2004도74 판결 ……958
대법원 2004. 06. 25. 선고 2004도2221 판결 ……322,
　　　　　　　　　　　　　　　　　　　1520, 1551
대법원 2004. 06. 25. 선고 2004도2611 판결 ……350
대법원 2004. 08. 20. 선고 2003도4732 판결 ……86
대법원 2004. 10. 27. 선고 2004도5724 판결 ……824
대법원 2004. 10. 28. 선고 2004도3994 판결 ……91
대법원 2004. 11. 11. 선고 2004도4049 판결 ……650
대법원 2004. 11. 25. 선고 2004도6027 판결 ……826
대법원 2004. 12. 10. 선고 2004도6480 판결 ……703
대법원 2005. 01. 28. 선고 2004도7359 판결 ……1402
대법원 2005. 02. 17. 선고 2004도8808 판결 ……1429
대법원 2005. 02. 18. 선고 2002도2822 판결 ……592
대법원 2005. 02. 18. 선고 2004도6795 판결 ……926
대법원 2005. 02. 25. 선고 2004도7245 판결 ……1268
대법원 2005. 03. 11. 선고 2004오2 판결 ……1596
대법원 2005. 03. 25. 선고 2005도329 판결368, 369, 373
대법원 2005. 04. 15. 선고 2002도3453 판결 ……426
대법원 2005. 04. 29. 선고 2003도6056 판결 92, 955,
　　　　　　　　　　　　　　　　　　　　958, 1166
대법원 2005. 05. 13. 선고 2004다1899 판결 ……485
대법원 2005. 05. 27. 선고 2004도7892 판결 ……720
대법원 2005. 06. 10. 선고 2005도89 판결 ……418
대법원 2005. 07. 08. 선고 2005도2967 판결 　1610,
　　　　　　　　　　　　　　　　　　　　　　1612
대법원 2005. 07. 29. 선고 2004도5868 판결 ……335
대법원 2005. 07. 29. 선고 2005도4233 판결 ……1183
대법원 2005. 08. 23. 자 2005모444 결정 ……142
대법원 2005. 09. 09. 선고 2005다26727 판결 ……1131
대법원 2005. 09. 15. 선고 2005도1952 판결 ……1574
대법원 2005. 09. 15. 선고 2005도4866 판결 ……1497,
　　　　　　　　　　　　　　　　　　1612, 1617, 1621
대법원 2005. 09. 29. 선고 2005도6120 판결 ……110

대법원 2005. 10. 28. 선고 2004다13045 판결 ……285
대법원 2005. 11. 10. 선고 2005도3627 판결 566, 576
대법원 2005. 11. 25. 선고 2005도870 판결 ·832, 842
대법원 2005. 12. 22. 선고 2005도6557 판결 ……1555
대법원 2005. 12. 23. 선고 2005도1453 판결 …55, 58
대법원 2006. 01. 26. 선고 2004도788 판결 ……247
대법원 2006. 02. 09. 선고 2003도4599 판결 ……186
대법원 2006. 02. 23. 선고 2005도9422 판결 ……316
대법원 2006. 03. 09. 선고 2003도6733 판결 ……566
대법원 2006. 03. 09. 선고 2005도8675 판결 ……1502
대법원 2006. 03. 23. 선고 2006도1297 판결 ……1201
대법원 2006. 03. 24. 선고 2005도3717 판결 ……64
대법원 2006. 04. 14. 선고 2004도207 판결 ……362
대법원 2006. 04. 14. 선고 2005도9561 판결 ……1483
대법원 2006. 04. 27. 선고 2006도514 판결 ……701
대법원 2006. 04. 28. 선고 2003도4128 판결 955, 961
대법원 2006. 05. 11. 선고 2005도8364 판결 ……1263
대법원 2006. 05. 11. 선고 2006도920 판결 ……50
대법원 2006. 05. 12. 선고 2005도6525 판결 ……657
대법원 2006. 05. 25. 선고 2003도3945 판결 ……860
대법원 2006. 06. 22. 자 2004스42 전합657, 1611, 1619
대법원 2006. 07. 25. 자 2006모389 결정 ……142
대법원 2006. 09. 08. 선고 2006도1580 판결 ……418
대법원 2006. 09. 14. 선고 2006도2824 판결 ……470
대법원 2006. 09. 22. 선고 2006다29358 판결 ……671
대법원 2006. 09. 28. 선고 2006도2963 판결 ……546
대법원 2006. 10. 12. 선고 2006도4981 판결 ……1146
대법원 2006. 10. 13. 선고 2005도3112 판결 ……384
대법원 2006. 11. 09. 선고 2006다35117 판결 ……557
대법원 2006. 11. 23. 선고 2006다44401 판결 ……596
대법원 2006. 11. 23. 선고 2006도5407 판결 ……1520
대법원 2006. 11. 23. 선고 2006도6273 판결 ……1558
대법원 2006. 11. 24. 선고 2006도4994 판결 ……1584
대법원 2006. 12. 07. 선고 2006도300 판결 ……1065
대법원 2006. 12. 22. 선고 2004도2581 판결 ……442
대법원 2007. 01. 25. 선고 2006도5979 판결 ……332
대법원 2007. 01. 31. 자 2006모657 결정 ……235
대법원 2007. 02. 22. 선고 2005도9229 판결 ……286
대법원 2007. 02. 23. 선고 2005도10233 판결 ……1558
대법원 2007. 03. 15. 선고 2006도7044 판결 458, 488
대법원 2007. 03. 15. 선고 2006도7079 판결 ……728
대법원 2007. 03. 15. 선고 2006도8368 판결 ……871
대법원 2007. 03. 15. 선고 2006도9338 판결 ……1620
대법원 2007. 03. 29. 선고 2005다44138 판결 ……947

대법원 2007. 03. 29. 선고 2006도9425 판결 ········276
대법원 2007. 03. 29. 선고 2007도595 판결 ········878
대법원 2007. 05. 11. 선고 2006도4935 판결 570, 581
대법원 2007. 05. 31. 선고 2006도3493 판결 ········290
대법원 2007. 06. 14. 선고 2004도5561 판결 ········200
대법원 2007. 06. 14. 선고 2007도2162 판결 ·50, 710
대법원 2007. 06. 15. 선고 2007다2848, 2855 판결1620
대법원 2007. 06. 28. 선고 2002도3600 판결 ········240
대법원 2007. 06. 28. 선고 2005도7473 판결 92, 1060
대법원 2007. 06. 28. 선고 2005도8317 판결 ········693
대법원 2007. 07. 12. 선고 2006도5993 판결 ········685
대법원 2007. 07. 26. 선고 2005도6439 판결 ········621
대법원 2007. 07. 27. 선고 2006도3137 판결 458, 488
대법원 2007. 08. 23. 선고 2007도2595 판결 487, 513
대법원 2007. 09. 20. 선고 2007도4105 판결 ·······1586
대법원 2007. 09. 21. 선고 2005다44886 판결 ······607
대법원 2007. 09. 28. 선고 2007도606 전합 ·······305
대법원 2007. 10. 11. 선고 2007도6406 판결 ········592
대법원 2007. 10. 25. 선고 2006도346 판결962, 970, 982
대법원 2007. 10. 25. 선고 2007도4961 판결1347, 1348
대법원 2007. 10. 26. 선고 2007도4702 판결 ········174
대법원 2007. 10. 26. 선고 2007도5858 판결1050, 1051
대법원 2007. 11. 15. 선고 2007도3061 전합 ·····1325,
　　　　　　　　　　　　　　　　　　　　　　1374, 1418
대법원 2007. 11. 29. 선고 2006도7733 판결 ·······1074
대법원 2007. 11. 30. 선고 2007도4812 판결 ········276
대법원 2007. 12. 13. 선고 2007도7601 판결 ········345
대법원 2007. 12. 14. 선고 2006도2074 판결 ········388
대법원 2008. 01. 31. 선고 2007도8011 판결 ········311
대법원 2008. 01. 31. 선고 2007도9220 판결 ········677
대법원 2008. 02. 01. 선고 2007도5190 판결 ······1252
대법원 2008. 02. 14. 선고 2007도8155 판결361, 363, 369
대법원 2008. 02. 28. 선고 2007도10416 판결 551, 759
대법원 2008. 03. 10. 자 2007모795 결정 ·······1577
대법원 2008. 03. 13. 선고 2006도3558 판결 ······1106
대법원 2008. 03. 13. 선고 2007도10050 판결 ······334
대법원 2008. 03. 13. 선고 2007도9507 판결 ········918
대법원 2008. 03. 14. 선고 2007도10728 판결 ····1520
대법원 2008. 03. 27. 선고 2008도364 판결 ······1256
대법원 2008. 03. 27. 선고 2008도89 판결 1023, 1024
대법원 2008. 04. 10. 선고 2007도9139 판결 ········176
대법원 2008. 04. 10. 선고 2008도1013 판결 ········247
대법원 2008. 04. 10. 선고 2008도1464 판결 ········470
대법원 2008. 04. 24. 선고 2007도9802 판결 551, 759
대법원 2008. 05. 08. 선고 2007도11322 판결 458, 487
대법원 2008. 05. 15. 선고 2008도1097 판결 ·····1343
대법원 2008. 05. 29. 선고 2007도5037 판결 ········442
대법원 2008. 05. 29. 선고 2008도2222 판결 ····1087,
　　　　　　　　　　　　　　　　　　　　　　1090, 1091, 1102
대법원 2008. 06. 12. 선고 2006도4982 판결 ·······913
대법원 2008. 06. 12. 자 2006마851 결정 ········1567
대법원 2008. 06. 26. 선고 2008도2537 판결 ········433
대법원 2008. 07. 10. 선고 2008도1433 판결 ·········87
대법원 2008. 07. 10. 선고 2008도1664 판결 ······1430
대법원 2008. 07. 10. 선고 2008도3252 판결 ······466
대법원 2008. 07. 11. 자 2008모605 결정 ······1631
대법원 2008. 08. 21. 선고 2008도4351 판결 ········848
대법원 2008. 09. 11. 선고 2006도8376 판결 ········110
대법원 2008. 10. 23. 선고 2008도5200 판결 ········247
대법원 2008. 10. 23. 선고 2008도5526 판결 ·····1170
대법원 2008. 10. 23. 선고 2008도6515 판결 368, 392
대법원 2008. 10. 23. 선고 2008도6924 판결 ·······826
대법원 2008. 10. 23. 선고 2008도6940 판결 ········290
대법원 2008. 11. 13. 선고 2007도9794 판결 ········212
대법원 2008. 11. 13. 선고 2008도7388 판결 ········937
대법원 2008. 11. 27. 선고 2007도5312 판결 ········383
대법원 2008. 11. 27. 선고 2008도7303 판결 ········539
대법원 2008. 12. 11. 선고 2008도4101 판결 1399, 1404
대법원 2008. 12. 11. 선고 2008도4375 판결 ········765
대법원 2009. 02. 12. 선고 2004두10289 판결 ····1611
대법원 2009. 02. 12. 선고 2008도9476 판결 1023, 1024
대법원 2009. 02. 26. 선고 2007다19051 판결 ······121
대법원 2009. 02. 26. 선고 2009도39 판결 ········1558
대법원 2009. 03. 12. 선고 2008도11437 판결 ····1375
대법원 2009. 03. 12. 선고 2008도763 판결 ······1380
대법원 2009. 03. 12. 선고 2008도8486 판결 ······1502
대법원 2009. 04. 09. 선고 2009도321 판결 ········1151
대법원 2009. 04. 23. 선고 2006다81035 판결 ····657,
　　　　　　　　　　　　　　　　　　　　　　1057, 1086
대법원 2009. 04. 23. 선고 2007도1554 판결 ········235
대법원 2009. 04. 23. 선고 2008도11595 판결 ·····848
대법원 2009. 04. 23. 선고 2009도834 판결 ········902
대법원 2009. 05. 14. 선고 2007도9598 판결 ········642
대법원 2009. 05. 14. 선고 2008도101 판결 ········1074
대법원 2009. 05. 14. 선고 2008도11040 판결 ·902, 903
대법원 2009. 05. 21. 선고 2009다17417 전합 ·····665
대법원 2009. 05. 28. 선고 2009다9294, 9300 판결636, 676
대법원 2009. 06. 11. 선고 2009도1518 판결 961, 969

대법원 2009. 06. 11. 선고 2009도1830 판결 ······1472
대법원 2009. 06. 25. 선고 2008도11985 판결 ······947
대법원 2009. 06. 25. 선고 2008도3792 판결 ······621
대법원 2009. 06. 25. 자 2008모1396 결정 ······1634
대법원 2009. 06. 25. 자 2009모471 결정 ······1606
대법원 2009. 07. 09. 선고 2009도3816 판결 ······311
대법원 2009. 07. 23. 선고 2008도10195 판결 ······251
대법원 2009. 07. 23. 선고 2009도1934 판결 ······303
대법원 2009. 07. 23. 선고 2009도840 판결 ······87
대법원 2009. 08. 20. 선고 2008도12009 판결 ······558
대법원 2009. 08. 20. 선고 2008도8034 판결 ······1060
대법원 2009. 08. 20. 선고 2009도3452 판결 ······790
대법원 2009. 08. 20. 선고 2009도4523 판결 ······87
대법원 2009. 09. 10. 선고 2008도10177 판결 ······1516
대법원 2009. 09. 10. 선고 2009도293 판결 460, 470, 475, 514
대법원 2009. 09. 10. 선고 2009도4335 판결 505, 727
대법원 2009. 09. 24. 선고 2009도5302 판결 ······617
대법원 2009. 10. 15. 선고 2009도2198 판결 ······1430
대법원 2009. 10. 22. 선고 2009도7436 전합 ······1467
대법원 2009. 11. 09. 선고 2009도6058 전합 ······671
대법원 2009. 11. 12. 선고 2009도9396 판결 ······365
대법원 2009. 11. 19. 선고 2009도6058 전합650, 651, 662, 669
대법원 2009. 11. 26. 선고 2008다77405 판결 954, 962
대법원 2009. 11. 26. 선고 2009도5547 판결 ······558
대법원 2009. 12. 10. 선고 2009도3053 판결 ······1032
대법원 2009. 12. 10. 선고 2009도5383 판결 ······475
대법원 2009. 12. 24. 선고 2009도11859 판결 ······651
대법원 2010. 01. 14. 선고 2009도9344 판결 ······1482
대법원 2010. 03. 11. 선고 2009다4343 판결 ······954
대법원 2010. 03. 11. 선고 2009도12930 판결 ······18
대법원 2010. 03. 25. 선고 2009도14065 판결 ······1495
대법원 2010. 04. 29. 선고 2007도7064 판결 ······1430
대법원 2010. 04. 29. 선고 2009도14643 판결 470, 487
대법원 2010. 04. 29. 선고 2009도7017 판결 ······992
대법원 2010. 05. 13. 선고 2009도5658 판결 ······651
대법원 2010. 05. 27. 선고 2008도2344 판결 ······422
대법원 2010. 06. 24. 선고 2008도11226 판결 ······268
대법원 2010. 06. 24. 선고 2010도5040 판결 1414, 1586
대법원 2010. 07. 08. 선고 2007다55866 판결 ······1191
대법원 2010. 07. 15. 선고 2010도4869 판결 ······748
대법원 2010. 07. 15. 선고 2010도5624 판결 ······488
대법원 2010. 07. 22. 선고 2009도14370 판결 ······488

대법원 2010. 09. 09. 선고 2008도11254 판결 ······1430
대법원 2010. 09. 09. 선고 2010도5914 판결 ······848
대법원 2010. 09. 09. 선고 2010도8021 판결 ······768
대법원 2010. 09. 30. 선고 2009도3876 판결 ······844
대법원 2010. 10. 14. 선고 2010도5610, 2010전도31 판결 ······669
대법원 2010. 10. 28. 선고 2010도2877 판결 ······392
대법원 2010. 11. 11. 선고 2010도7621 판결 ······206
대법원 2010. 11. 11. 선고 2010도9633 판결 ······340
대법원 2010. 11. 25. 선고 2009도11906 판결 ······1136
대법원 2010. 11. 25. 선고 2010도10417 판결 ······566
대법원 2010. 11. 25. 선고 2010도10985 판결 ······1479
대법원 2010. 11. 25. 선고 2010도11620 판결 ······134
대법원 2010. 12. 09. 선고 2010도891 판결574, 590, 602
대법원 2010. 12. 23. 선고 2010도9110 판결 ······926
대법원 2011. 01. 13. 선고 2010도2534 판결 ······1189
대법원 2011. 01. 20. 선고 2008도10479 전합567, 575, 595
대법원 2011. 01. 27. 선고 2010도12944 판결 ······558
대법원 2011. 02. 10. 선고 2010도13766 판결 ······169
대법원 2011. 02. 24. 선고 2010도14720 판결 ······86
대법원 2011. 03. 24. 선고 2010다100711 판결 ······572
대법원 2011. 04. 14. 선고 2010도10104 판결 ······1190
대법원 2011. 04. 28. 선고 2009도10412 판결 ······1467
대법원 2011. 04. 28. 선고 2010도14102 판결 293, 296
대법원 2011. 04. 28. 선고 2011도3247 판결 ······599
대법원 2011. 05. 26. 선고 2011도1902 판결 ······1502
대법원 2011. 05. 26. 자 2009모1190 결정 ······1363
대법원 2011. 06. 30. 선고 2009도3915 판결 ······624
대법원 2011. 07. 14. 선고 2009도10759 판결 ······94
대법원 2011. 07. 14. 선고 2009도7777 판결 ······1016
대법원 2011. 07. 14. 선고 2011도1303 판결 ······20
대법원 2011. 07. 14. 선고 2011도3862 판결 ······918
대법원 2011. 07. 14. 선고 2011도639 판결 ······305
대법원 2011. 07. 28. 선고 2011도6762 판결 ······1577
대법원 2011. 08. 25. 선고 2011도7725 판결 ······865
대법원 2011. 09. 02. 선고 2010도17237 판결 383, 384
대법원 2011. 09. 29. 선고 2008두18885 판결 ······1335
대법원 2011. 09. 29. 선고 2009도12515 판결 ······1136
대법원 2011. 10. 13. 선고 2009다102209 판결 ······1190
대법원 2011. 10. 13. 선고 2011도8349 판결 ······483
대법원 2011. 10. 27. 선고 2009도2629 판결 937, 1267
대법원 2011. 10. 27. 선고 2009도9948 판결 ······96
대법원 2011. 10. 27. 선고 2011도8109 판결 ······1119
대법원 2011. 11. 24. 선고 2010도10864 판결 828, 837

대법원 2011. 12. 22. 선고 2008도11847 판결 ······920
대법원 2011. 12. 22. 선고 2010도10130 판결 ······405
대법원 2011. 12. 22. 선고 2011도14272 판결 ····1429
대법원 2012. 03. 15. 선고 2012도914 판결 ·········727
대법원 2012. 03. 29. 선고 2011도3176 판결 ·······231
대법원 2012. 03. 30. 자 2008모481 결정 ·········1317
대법원 2012. 04. 12. 선고 2012도976 판결 ·········446
대법원 2012. 05. 10. 선고 2010도5964 판결1194, 1201
대법원 2012. 05. 10. 선고 2011도12131 판결 964, 972
대법원 2012. 05. 24. 선고 2010도9963 판결460, 470, 475, 514
대법원 2012. 05. 24. 선고 2011도7943 판결 ·······834
대법원 2012. 06. 14. 선고 2012도3980 판결 ······1087, 1090, 1091, 1102
대법원 2012. 06. 28. 선고 2011도16166 판결 ····1582
대법원 2012. 06. 28. 선고 2012도231 판결 1502, 1585
대법원 2012. 06. 28. 선고 2012도2631 판결 ·······316
대법원 2012. 07. 26. 선고 2011도8805 판결332, 335, 340
대법원 2012. 07. 26. 선고 2011도919 판결 ·········488
대법원 2012. 08. 30. 선고 2012도6027 판결91, 955, 970
대법원 2012. 09. 13. 선고 2010도17418 판결 ····1401
대법원 2012. 09. 27. 선고 2010도17052 판결 1347, 1348
대법원 2012. 09. 27. 선고 2012도9295 판결 ·········96
대법원 2012. 11. 29. 선고 2012도10139 판결 ······614
대법원 2012. 12. 27. 선고 2010도16537 판결 779, 792
대법원 2013. 01. 16. 선고 2011도7164 판결 ·······335
대법원 2013. 01. 16. 선고 2012도8964 판결 ······104
대법원 2013. 01. 31. 선고 2012도2409 판결 185, 1584
대법원 2013. 02. 28. 선고 2011도16718 판결 ·····425
대법원 2013. 03. 14. 선고 2010도2094 판결 ·····1324
대법원 2013. 03. 14. 선고 2010도410 판결 ········426
대법원 2013. 03. 14. 선고 2011도8325 판결 ····1483, 1498, 1512
대법원 2013. 03. 14. 선고 2012도13611 판결 ····1418
대법원 2013. 03. 28. 선고 2010도14607 판결 ····834
대법원 2013. 03. 28. 선고 2012도16191 판결 ······574
대법원 2013. 04. 11. 선고 2011도14690 판결 ·····883
대법원 2013. 04. 11. 선고 2011도157 판결 ········231
대법원 2013. 04. 11. 선고 2012도15497 판결 ·····918
대법원 2013. 04. 18. 자 2011초기689 전합 ········1538
대법원 2013. 05. 16. 선고 2012도14788 전합333, 1107
대법원 2013. 05. 16. 선고 2012도14788, 2012전도252 전합 ··975
대법원 2013. 06. 13. 선고 2012도9937 판결 ·······212
대법원 2013. 06. 20. 선고 2010도14328 전합 ····1504
대법원 2013. 06. 28. 선고 2011다40397 판결 ·····384
대법원 2013. 07. 11. 선고 2013도4862, 2013전도101 판결 ··18
대법원 2013. 08. 23. 선고 2011도1957 판결 ······972
대법원 2013. 08. 23. 선고 2011도4763 판결 206, 212
대법원 2013. 09. 26. 선고 2011도1435 판결 ·······956
대법원 2013. 09. 26. 선고 2012도568 판결 ········662
대법원 2013. 09. 26. 선고 2013도5856 판결 ·······343
대법원 2013. 09. 26. 선고 2013도7718 판결 ·····1343
대법원 2013. 10. 11. 선고 2013도8907 판결 ·······960
대법원 2013. 11. 14. 선고 2011두11266 판결 ···1088
대법원 2013. 11. 28. 선고 2011도17163 판결 ·····903
대법원 2013. 11. 28. 선고 2012도14725 판결 ·····107
대법원 2013. 12. 12. 선고 2013도4555 판결 ········58
대법원 2013. 12. 12. 선고 2013도7761 판결 ·······847
대법원 2013. 12. 26. 선고 2012후1415 판결 ····1059
대법원 2014. 01. 16. 선고 2011도16649 판결 ···1186
대법원 2014. 01. 16. 선고 2013도11014 판결 ·····567
대법원 2014. 01. 16. 선고 2013도6761 판결 ·······66
대법원 2014. 01. 16. 선고 2013도9933 판결 ·····1119
대법원 2014. 02. 13. 선고 2010도10352 판결 ···1185, 1187, 1192
대법원 2014. 02. 13. 선고 2011도15767 판결 ···1494
대법원 2014. 02. 13. 선고 2011도6907 판결 ·······733
대법원 2014. 02. 21. 선고 2013도12652 판결 ···1483
대법원 2014. 02. 27. 선고 2011도48 판결 ···551, 759
대법원 2014. 02. 27. 선고 2013도12301, 2013전도252, 2013치도2 판결 ··941
대법원 2014. 03. 27. 선고 2014도469 판결 ··········96
대법원 2014. 05. 16. 선고 2012다46644 판결 ···1162
대법원 2014. 05. 16. 선고 2012도11258 판결 ·····628
대법원 2014. 05. 16. 선고 2013도16404 판결 ···1146
대법원 2014. 05. 29. 선고 2014도3141 판결 ······1577
대법원 2014. 07. 24. 선고 2012므806 판결 ·······1088
대법원 2014. 08. 20. 선고 2012도14360 판결 ···1269
대법원 2014. 08. 21. 선고 2014도3363 전합 569, 595
대법원 2014. 09. 04. 선고 2012다115625(본소), 2012다115632(반소) 판결 ·························947
대법원 2014. 09. 04. 선고 2013도7572 판결 ·····1195
대법원 2014. 09. 04. 선고 2014도4408 판결 ········91
대법원 2014. 10. 16. 자 2014모1557 결정 ········1577
대법원 2014. 11. 13. 선고 2013도1228 판결 ·······662
대법원 2014. 11. 20. 선고 2011므2997 전합 ·······485

대법원 2015. 01. 22. 선고 2014도10978 전합 ·····1325
대법원 2015. 02. 12. 선고 2014도11501, 2014전도 197 판결 ···1143
대법원 2015. 02. 12. 선고 2014도15131 판결 ······110
대법원 2015. 02. 26. 선고 2014도11552 판결 ······590
대법원 2015. 03. 12. 선고 2012다117492 판결 ··1190
대법원 2015. 03. 12. 선고 2012도13748 판결64, 952, 959, 960
대법원 2015. 03. 26. 선고 2012도3450 판결 ·······293
대법원 2015. 03. 26. 선고 2015도1301 판결 ·······596
대법원 2015. 04. 23. 선고 2013도3790 판결 ······1530
대법원 2015. 04. 23. 선고 2013두12386 판결 ···1046
대법원 2015. 05. 28. 선고 2015도1362, 2015전도19 판결 ···1330
대법원 2015. 05. 29. 선고 2013므2441 판결 ······485
대법원 2015. 06. 11. 선고 2015도2435 판결 ·····1314
대법원 2015. 06. 25. 선고 2015도1944 전합 ······975
대법원 2015. 07. 09. 선고 2013도13070 판결 ··1170
대법원 2015. 07. 09. 선고 2013도7787 판결 ···1143
대법원 2015. 07. 16. 자 2011모1839 전합1341, 1363, 1386, 1394, 1421
대법원 2015. 07. 16.자 2011모1839 전합 ··········1324
대법원 2015. 07. 23. 선고 2015도3080 판결 ······628
대법원 2015. 07. 23. 선고 2015도3260 전합 ·····666
대법원 2015. 08. 27. 선고 2015도6480 판결 ···1143
대법원 2015. 08. 27. 선고 2015도8408 판결 ······974
대법원 2015. 09. 10. 선고 2013다55300 판결 ·····557
대법원 2015. 09. 10. 선고 2015도6745 판결 ······606
대법원 2015. 09. 10. 선고 2015도6980 판결 1087, 1107
대법원 2015. 09. 10. 선고 2015도7081 판결 ····1516
대법원 2015. 09. 11. 자 2015도10826 결정 ·······1612
대법원 2015. 09. 24. 선고 2015도11286 판결 ·····890
대법원 2015. 10. 02. 자 2015재도75 결정 ··········1627
대법원 2015. 10. 29. 선고 2015도5355 판결 ····1543
대법원 2015. 11. 12. 선고 2015도3968 판결 967, 982
대법원 2016. 01. 14. 선고 2013도8118 판결 ·····1224
대법원 2016. 01. 14. 선고 2015도9019 판결 ······373
대법원 2016. 01. 28. 선고 2015도15669 판결 ······38
대법원 2016. 02. 18. 선고 2015도10976 판결 885, 1032
대법원 2016. 02. 18. 선고 2015도16586 판결1499, 1512
대법원 2016. 02. 19. 선고 2015도12980 전합 ·····137
대법원 2016. 03. 10. 선고 2013도11233 판결 ···1458
대법원 2016. 03. 10. 선고 2013도7186 판결460, 475, 514

대법원 2016. 03. 10. 선고 2015도17847 판결 ······112, 240, 874, 1057, 1138, 1268
대법원 2016. 03. 10. 선고 2015도8766 판결 ·····1529
대법원 2016. 03. 24. 선고 2015도8621 판결 ·····1067
대법원 2016. 04. 15. 선고 2015도15227 판결 ········44
대법원 2016. 05. 12. 선고 2013도15616 판결 ···1146
대법원 2016. 05. 19. 선고 2014도6992 전합557, 587, 657
대법원 2016. 06. 09. 자 2016모1567 결정 ··········142
대법원 2016. 06. 23. 선고 2016도2889 판결 ····1542
대법원 2016. 07. 12. 자 2015모2747 결정 ·······1317
대법원 2016. 07. 21. 선고 2013도850 전합 ········1187
대법원 2016. 08. 29. 선고 2014도6540 판결 ······293
대법원 2016. 08. 29. 선고 2016도4699 판결 ······369
대법원 2016. 09. 28. 선고 2016도7273 판결 ·····1330
대법원 2016. 09. 30. 선고 2016도7395 판결 ····1402
대법원 2016. 09. 30. 자 2016도11358 결정 ·······1612
대법원 2016. 10. 13. 선고 2016도9674 판결 ·54, 405
대법원 2016. 10. 27. 선고 2016도10956 판결 ······526
대법원 2016. 10. 27. 선고 2016도9954 판결 ··········18
대법원 2016. 12. 15. 선고 2013두20882 판결 ····1317
대법원 2016. 12. 15. 선고 2015도3682 판결 ·····1401
대법원 2016. 12. 15. 선고 2016도15492 판결 ······466
대법원 2017. 01. 12. 선고 2016도15470 판결 ····1115
대법원 2017. 01. 25. 선고 2016도13489 판결 ····1417
대법원 2017. 02. 16. 선고 2016도13362 전합 546, 975
대법원 2017. 03. 09. 선고 2013도16162 판결 ······235
대법원 2017. 03. 09. 선고 2016도21295 판결 ···1051
대법원 2017. 03. 15. 선고 2013도2168 판결 ·········81
대법원 2017. 03. 15. 선고 2014도12773 판결 64, 1202
대법원 2017. 03. 15. 선고 2014두7305 판결 ·····1317
대법원 2017. 03. 15. 선고 2016도17442 판결 ······642
대법원 2017. 03. 15. 선고 2016두55490 판결 ······155
대법원 2017. 03. 15. 선고 2017도44 판결 ·········1561
대법원 2017. 03. 16. 선고 2016도18721 판결 ····1271
대법원 2017. 03. 22. 선고 2016도18031 판결 1494, 1585
대법원 2017. 03. 30. 선고 2014도6910 판결 ·····1120
대법원 2017. 03. 30. 자 2016모2874 결정 ·······1593
대법원 2017. 04. 13. 선고 2016도19159 판결 ······418
대법원 2017. 04. 26. 선고 2016도21439 판결 ····1314
대법원 2017. 05. 30. 선고 2017도1549 판결1502, 1585
대법원 2017. 05. 31. 선고 2016도12865 판결 964, 973
대법원 2017. 06. 08. 선고 2016도21389 판결 ····1524
대법원 2017. 06. 08. 선고 2016도3411 판결 ·····1120
대법원 2017. 06. 08. 선고 2017도5122 판결 ·····1472

대법원 2017. 07. 06. 자 2017도6216 결정 ········1612
대법원 2017. 07. 12. 자 2017모648 결정 ··········1634
대법원 2017. 07. 17. 자 2017모1771 결정 ··········1593
대법원 2017. 08. 18. 선고 2016도8957 판결 ········899
대법원 2017. 09. 07. 선고 2015도10648 판결 ····1364
대법원 2017. 09. 21. 선고 2015도12400 판결 ···1324, 1353, 1438
대법원 2017. 10. 12. 선고 2016도16948 판결 ······350
대법원 2017. 10. 12. 선고 2017도6151 판결 ········606
대법원 2017. 10. 26. 선고 2014도4570 판결 ······1190
대법원 2017. 10. 26. 선고 2016도16031 판결 ······923
대법원 2017. 11. 03. 자 2017도13231 결정 369, 373
대법원 2017. 11. 14. 선고 2017도3449 판결1353, 1438
대법원 2017. 12. 05. 선고 2017도11564 판결 ···1008
대법원 2017. 12. 05. 선고 2017도13458 판결926, 1417
대법원 2017. 12. 07. 선고 2017도12129 판결 ······629
대법원 2017. 12. 13. 선고 2015도10032 판결 ······311
대법원 2017. 12. 21. 선고 2015도8335 전합 12, 112, 1057, 1100, 1158, 1207
대법원 2017. 12. 22. 선고 2014도12608 판결 ·····883
대법원 2017. 12. 22. 선고 2016도15868 판결 ····1483
대법원 2017. 12. 22. 선고 2017도12346 판결 ····1166
대법원 2018. 01. 25. 선고 2015다210231 판결 ····628
대법원 2018. 01. 25. 선고 2017도17167 판결 ····1271
대법원 2018. 02. 08. 선고 2017도13263 판결 ····1354
대법원 2018. 02. 13. 선고 2014도11441 판결169, 185, 200
대법원 2018. 02. 28. 선고 2017도21249 판결 299, 350
대법원 2018. 03. 22. 선고 2012두26401 전합 ··········6
대법원 2018. 03. 27. 선고 2015두47492 판결154, 1040
대법원 2018. 03. 29. 선고 2017도20409 판결 ······365
대법원 2018. 04. 10. 선고 2017도17699 판결 ····1287
대법원 2018. 04. 12. 선고 2013도6962 판결 ······844
대법원 2018. 05. 02. 자 2015모3243 결정 657, 1611
대법원 2018. 05. 15. 선고 2016다227625 판결 ····947
대법원 2018. 05. 17. 선고 2017도4027 전합 ········569
대법원 2018. 06. 15. 선고 2016두57564 판결 ·····154
대법원 2018. 06. 15. 선고 2018도4200 판결 361, 362
대법원 2018. 06. 19. 선고 2017도19422 판결 ····1201
대법원 2018. 07. 11. 선고 2014두40227 판결 ····1153
대법원 2018. 07. 19. 선고 2017도17494 전합 ······557, 574, 587, 590
대법원 2018. 09. 13. 선고 2018도7658, 2018전도54, 55, 2018보도6, 2018모2593 판결 ···961, 968
대법원 2018. 09. 28. 선고 2018도10447 판결 ······160
대법원 2018. 09. 28. 선고 2018도11491 판결 ······395
대법원 2018. 09. 28. 선고 2018도9828 판결 ······1207
대법원 2018. 10. 12. 선고 2018도8438 판결 ······1001
대법원 2018. 10. 25. 선고 2018도7709 판결 ········323
대법원 2018. 10. 25. 선고 2018도9810 판결 ·······701
대법원 2018. 10. 30. 선고 2014다61654 전합 383, 405
대법원 2018. 10. 30. 선고 2018도7172 전합 ······1178
대법원 2018. 11. 01. 선고 2016도10912 전합 ·····880, 942, 975, 1092, 1233, 1611
대법원 2018. 11. 29. 선고 2017도2661 판결 402, 409
대법원 2018. 11. 29. 선고 2017도8822 판결 ········920
대법원 2018. 12. 13. 선고 2018도11711 판결 ····1555
대법원 2018. 12. 28. 선고 2018도13305 판결 ·····543
대법원 2019. 01. 10. 선고 2016도21311 판결 ·····301
대법원 2019. 02. 22. 자 2019도790 결정 ············365
대법원 2019. 03. 14. 선고 2018도18646 판결 ······169
대법원 2019. 03. 14. 선고 2018도2841 판결 ······1364
대법원 2019. 03. 21. 선고 2017도16593-1 전합 159, 1612, 1617, 1619, 1624
대법원 2019. 03. 28. 선고 2018도16002 전원합의체 판결 ···685
대법원 2019. 04. 18. 선고 2017도14609 전원합의체 판결 ···111, 112
대법원 2019. 04. 25. 선고 2018도20928 판결 ·····824
대법원 2019. 05. 30. 선고 2019도1468 판결 ······1271
대법원 2019. 06. 27. 선고 2017도16946 판결899, 1211
대법원 2019. 06. 27. 선고 2018도14148 판결 ····1158
대법원 2019. 07. 05. 자 2019도6916 결정 ··········365
대법원 2019. 07. 11. 선고 2018도20504 판결 ···1324, 1325, 1375, 1438
대법원 2019. 07. 11. 선고 2018도2614 판결 ········322
대법원 2019. 08. 29. 선고 2018도14303 전합 ····169, 176, 1579
대법원 2019. 10. 23. 선고 2012다46170 전합 ···1619
대법원 2019. 10. 31. 선고 2019도5426 판결 ······1582
대법원 2019. 12. 24. 선고 2019도10086 판결 1401, 1413
대법원 2019. 12. 27. 선고 2015도10570 판결 551, 760
대법원 2020. 01. 09. 선고 2019도11698 판결 ·····169
대법원 2020. 01. 09. 선고 2019두50014 판결 ····1201
대법원 2020. 01. 16. 선고 2017도10896 판결 ·····543
대법원 2020. 01. 30. 선고 2016도21547 판결 ·····362
대법원 2020. 01. 30. 선고 2018도2236 전합153, 186, 193
대법원 2020. 02. 06. 선고 2015도9130 판결 551, 760
대법원 2020. 02. 13. 선고 2019도12194 판결 ·····834

대법원 2020. 02. 20. 선고 2019도9756 전합567, 596, 598, 599, 602, 610, 617
대법원 2020. 03. 02. 선고 2018도15868 판결 828, 837
대법원 2020. 03. 12. 선고 2019도18935 판결 ·····1479
대법원 2020. 03. 27. 선고 2016도18713 판결 ······298
대법원 2020. 04. 09. 선고 2017도9459 판결 ······923
대법원 2020. 05. 14. 선고 2019도18947 판결 ······768
대법원 2020. 05. 21. 선고 2018다287522 전합499, 975
대법원 2020. 05. 28. 선고 2016다233729 판결 ····607
대법원 2020. 05. 28. 선고 2016도2518 판결 ······981
대법원 2020. 05. 28. 선고 2017도8610 판결 ·····1036
대법원 2020. 06. 04. 선고 2015도6057 판결 ······568
대법원 2020. 06. 18. 선고 2019도14340 전합 569, 598
대법원 2020. 06. 25. 선고 2019도17995 판결 ······347
대법원 2020. 07. 16. 선고 2019도13328 전합 ······871
대법원 2020. 07. 23. 선고 2019도15421 판결 ······347
대법원 2020. 07. 23. 선고 2020도5494 판결 ·····1271
대법원 2020. 08. 27. 선고 2015도9436 전합316, 333, 975, 1093, 1143
대법원 2020. 08. 27. 선고 2018도10845 판결 ·····1074
대법원 2020. 08. 27. 선고 2019도11294 전합 ·····1100
대법원 2020. 08. 27. 선고 2019도14770 전합 ······567, 598, 617
대법원 2020. 08. 27.선고 2019도11294 전합 ············5
대법원 2020. 09. 03. 선고 2015도1927 판결 ·········86
대법원 2020. 09. 03. 선고 2016두32992 전합 ·····1106
대법원 2020. 09. 03. 선고 2020도8358 판결 165, 666
대법원 2020. 10. 22. 선고 2020도6258 전합 ······568
대법원 2020. 10. 29. 선고 2019도4047 판결 323, 1520
대법원 2020. 11. 12. 선고 2019도11688 판결 ·········93
대법원 2020. 11. 17. 자 2019모291 결정 ·········1344
대법원 2020. 11. 19. 선고 2020도5813 전합353, 398, 412, 920
대법원 2020. 11. 26. 선고 2020도10729 판결 ·····1322
대법원 2020. 12. 10. 선고 2015도19296 판결 ······851
대법원 2020. 12. 10. 선고 2016도8447 판결 ······569
대법원 2020. 12. 10. 선고 2019도17879 판결151, 1041
대법원 2020. 12. 10. 선고 2020도11471 판결 827, 837
대법원 2020. 12. 10. 선고 2020도2623 판결 ·····1460
대법원 2020. 12. 10. 선고 2020도6425 판결 ······861
대법원 2020. 12. 24. 선고 2018도17378 판결 ······864
대법원 2020. 12. 24. 선고 2019도12901 판결 ······866
대법원 2020. 12. 24. 선고 2019도8443 판결 ······245
대법원 2020. 12. 24. 선고 2020도10778 판결 ·····1564
대법원 2020. 12. 24. 선고 2020도10814 판결 ·····1516
대법원 2020. 12. 24. 선고 2020도7981 판결 ······344
대법원 2020. 12. 24. 선고 2020도8675 판결 ······640
대법원 2020. 12. 30. 선고 2020도9994 판결 ······635
대법원 2021. 01. 14. 선고 2016도7104 판결 ······872
대법원 2021. 01. 14. 선고 2017도10815 판결 ·····675
대법원 2021. 01. 14. 선고 2017도21323 판결 ·····445, 460, 470, 473, 475, 483, 514
대법원 2021. 01. 14. 선고 2020도10979 판결 ······876
대법원 2021. 01. 14. 선고 2020도9836 판결 ·····1122
대법원 2021. 01. 14. 선고 2020두38171 판결 ·····1189
대법원 2021. 01. 14. 자 2020모3694 결정 ·········1565
대법원 2021. 01. 21. 선고 2018도5475 전합 ········108
대법원 2021. 01. 28. 선고 2014도8714 판결 ······569
대법원 2021. 01. 28. 선고 2016도11877 판결 ······101
대법원 2021. 01. 28. 선고 2017도18536 판결 ·····1313
대법원 2021. 01. 28. 선고 2018도4708 판결 ······879
대법원 2021. 01. 28. 선고 2020도2642 판결 238, 1173
대법원 2021. 02. 04. 선고 2018도9781 판결 313, 352
대법원 2021. 02. 04. 선고 2019도10999 판결 ·····1463
대법원 2021. 02. 04. 선고 2020도12103 판결 ······202
대법원 2021. 02. 04. 선고 2020도13899 판결 ······881
대법원 2021. 02. 10. 선고 2019도18700 판결 ·····883, 1032, 1128
대법원 2021. 02. 18 선고 2016도18761 전합 ······555
대법원 2021. 02. 18. 선고 2016도18761 전합 574, 587
대법원 2021. 02. 25 선고 2016도4404 판결 ·········716
대법원 2021. 02. 25 선고 2018도19043 판결 ·······250
대법원 2021. 02. 25 선고 2020도3694 판결 ·····1328
대법원 2021. 02. 25. 선고 2016도4404 판결 ······722
대법원 2021. 02. 25. 선고 2016도4404, 2016전도49 판결 ··732, 733
대법원 2021. 02. 25. 선고 2020도12927 판결559, 569, 576
대법원 2021. 02. 25. 선고 2020도3694 판결 ······1478
대법원 2021. 03. 11 선고 2020도12583 판결 ········156
대법원 2021. 03. 11 선고 2020도14666 판결 ······252
대법원 2021. 03. 11. 선고 2018도12270 판결 ······889
대법원 2021. 03. 11. 선고 2018오2 판결 ·········1595
대법원 2021. 03. 11. 선고 2019오1 판결 ············1600
대법원 2021. 03. 12. 자 2019모3554 결정 ·········1603
대법원 2021. 03. 18. 선고 2018다287935 전합 ····975
대법원 2021. 03. 18. 선고 2018두47264 전합 19, 1298
대법원 2021. 03. 25 선고 2017도17643 판결 ·······53
대법원 2021. 03. 25. 선고 2016도14165 판결 ······892

대법원 2021. 03. 25. 선고 2016도14995 판결 ······380
대법원 2021. 03. 25. 선고 2017도17643 판결 ········71
대법원 2021. 04. 09. 자 2020모4058 결정 ·······1604
대법원 2021. 04. 15. 선고 2020도16468 판결 ·····898
대법원 2021. 04. 22. 자 2017마6438 전합 ·······1619
대법원 2021. 04. 29 선고 2018도18582 판결 ·····220
대법원 2021. 04. 29. 선고 2019도14338 판결 ···1050
대법원 2021. 04. 29. 선고 2019도8605 판결 ···1248
대법원 2021. 04. 29. 선고 2019도9494 판결 ·····901
대법원 2021. 04. 29. 선고 2020도16369 판결 ·····906
대법원 2021. 05. 06. 선고 2021도1282 판결 ···1568
대법원 2021. 05. 07. 선고 2018도12973 판결 ·····909, 1023, 1024
대법원 2021. 05. 27. 선고 2018도13458 판결 ···1333
대법원 2021. 05. 27. 선고 2020도15529 판결 ·····612
대법원 2021. 06. 10. 선고 2020도14321 판결 ·····912
대법원 2021. 06. 10. 선고 2020도15891 판결 ···1466
대법원 2021. 06. 10. 선고 2021도2436 판결 ·····914
대법원 2021. 06. 24. 선고 2018도14365 판결 580, 615
대법원 2021. 06. 24. 선고 2019도13234 판결 ·····916
대법원 2021. 06. 24. 선고 2019도13687 판결 ·····919
대법원 2021. 06. 30. 선고 2015도19696 판결 ·····580
대법원 2021. 06. 30. 선고 2018도14261 판결 ···1315
대법원 2021. 06. 30. 선고 2019다207813 판결 ···932
대법원 2021. 06. 30. 선고 2019도7217 판결 ···1470
대법원 2021. 06. 30. 선고 2020도4539 판결 ·····534
대법원 2021. 07. 08. 선고 2014도12104 판결 568, 594
대법원 2021. 07. 15. 선고 2015도5184 판결 569, 597
대법원 2021. 07. 15. 선고 2018도144 판결 ······922
대법원 2021. 07. 15. 선고 2020도13815 판결 ·····743
대법원 2021. 07. 21 선고 2020도10970 판결 ········97
대법원 2021. 07. 21. 선고 2020도16062 판결 ·····924
대법원 2021. 07. 21. 선고 2021도4785 판결 ·······927
대법원 2021. 07. 29. 선고 2019도13010 판결 ·····931
대법원 2021. 07. 29. 선고 2020도14654 판결 ···1417
대법원 2021. 07. 29. 선고 2021도3520 판결 ·····933
대법원 2021. 07. 29. 선고 2021도6092 판결 ·····936
대법원 2021. 08. 12 선고 2020도17796 판결 ······719
대법원 2021. 08. 19 선고 2020도14576 판결 ········57
대법원 2021. 08. 19. 선고 2020도16111 판결 ·····938
대법원 2021. 08. 26 선고 2020도12017 판결 ··········3
대법원 2021. 08. 26. 선고 2020도13556 판결 ·····945
대법원 2021. 08. 26. 선고 2021도2205 판결 ···1342
대법원 2021. 08. 26. 선고 2021도6416 판결 ······387
대법원 2021. 09. 09. 선고 2017도19025 전합 63, 64, 91, 92, 208, 741, 949
대법원 2021. 09. 09. 선고 2019도16421 판결 ·····308
대법원 2021. 09. 09. 선고 2019도5371 판결 ········986
대법원 2021. 09. 09. 선고 2020도12630 전합 ４５０, 505, 511, 513, 518, 525, 529, 727, 778, 785, 790
대법원 2021. 09. 09. 선고 2020도6085 전합529, 773, 1109
대법원 2021. 09. 16 선고 2015도12632 판결 ·······205
대법원 2021. 09. 16 선고 2019도18394 판결 ·······256
대법원 2021. 09. 16. 선고 2015도12632 판결 ·······429
대법원 2021. 09. 16. 선고 2019도11826 판결 ·······676
대법원 2021. 09. 30 선고 2017도13182 판결 ·······679
대법원 2021. 09. 30 선고 2021도6634 판결 ········416
대법원 2021. 09. 30. 선고 2014도17900 판결 212, 213
대법원 2021. 09. 30. 선고 2019도17102 판결 ······626
대법원 2021. 09. 30. 선고 2019도3595 판결 ·······988
대법원 2021. 09. 30. 선고 2020도3996 판결 993, 1136
대법원 2021. 09. 30. 선고 2021도1143 판결 ·····1000
대법원 2021. 10. 14 선고 2021도7168 판결 ·········99
대법원 2021. 10. 14 선고 2021도8719 판결 ·········95
대법원 2021. 10. 14. 선고 2016도16343 판결 ······754
대법원 2021. 10. 14. 선고 2017도10634 판결 ···1003
대법원 2021. 10. 14. 선고 2018도10327 판결 ······682
대법원 2021. 10. 14. 선고 2018도2993 판결 ········210
대법원 2021. 10. 28. 선고 2020도1942 판결 ·····1006
대법원 2021. 10. 28. 선고 2021도404 판결 ······1010
대법원 2021. 10. 28. 선고 2021도7538 판결 ·····1523
대법원 2021. 10. 28. 선고 2021도9051 판결 722, 732
대법원 2021. 11. 11. 선고 2021도11454 판결 ···1413
대법원 2021. 11. 11. 선고 2021도7831 판결 ······538
대법원 2021. 11. 11. 선고 2021도9855 판결 540, 602
대법원 2021. 11. 18. 선고 2016도348 전합 ····1336, 1359, 1370, 1394, 1426, 1435, 1459
대법원 2021. 11. 25. 선고 2016도3452 판결 ······619
대법원 2021. 11. 25. 선고 2017도641 판결 ·······1012
대법원 2021. 11. 25. 선고 2018도1346 판결 ······531
대법원 2021. 11. 25. 선고 2019도7342 판결 ···1439
대법원 2021. 11. 25. 선고 2019도9100 판결 ···1458
대법원 2021. 11. 25. 선고 2021도10903 판결 ·······60
대법원 2021. 11. 25. 선고 2021도10981 판결 ···1015
대법원 2021. 11. 25. 선고 2021도2486 판결 ······199
대법원 2021. 12. 16. 선고 2019도17150 판결 ···1346
대법원 2021. 12. 16. 선고 2020도9789 판결 584, 600

대법원 2021. 12. 23. 선고 2017다257746 전합 ······33
대법원 2021. 12. 30 선고 2017도15175 판결 ············7
대법원 2021. 12. 30 선고 2021도9680 판결 ·········65
대법원 2021. 12. 30. 선고 2019도16259 판결 ····1347
대법원 2021. 12. 30. 선고 2020도1709 판결 435, 1017
대법원 2021. 12. 30. 선고 2020도9972 판결 ······1211
대법원 2021. 12. 30. 선고 2021도11995 판결 ·····699
대법원 2022. 01. 13. 선고 2015도6326 판결 ········811
대법원 2022. 01. 13. 선고 2015도6329 판결 ········816
대법원 2022. 01. 13. 선고 2021도11110 판결 ····1021
대법원 2022. 01. 13. 선고 2021도13108 판결 ····1474
대법원 2022. 01. 14. 선고 2017도18693 판결 ·····820
대법원 2022. 01. 14. 자 2021모1586 결정 ········1350
대법원 2022. 01. 27. 선고 2021도11170 판결 1355, 1435
대법원 2022. 01. 27. 선고 2021도15334 판결 ····1029
대법원 2022. 01. 27. 선고 2021도15507 판결 ·····503, 522, 728
대법원 2022. 02. 11. 선고 2020도68 판결 ·········1034
대법원 2022. 02. 11. 선고 2021도10827 판결 ·····412
대법원 2022. 02. 11. 선고 2021도13197 판결 ····1038
대법원 2022. 02. 11. 자 2021모3175 결정 ·········1316
대법원 2022. 02. 17. 선고 2019도4938 판결1368, 1458
대법원 2022. 02. 18. 자 2022어3 결정 ············1570
대법원 2022. 02. 24. 선고 2018도3821 판결 ····1042
대법원 2022. 02. 24. 선고 2020도17430 판결 ····1047
대법원 2022. 03. 11. 선고 2018도18872 판결 ········11
대법원 2022. 03. 11. 자 2022재도1 결정 ············1627
대법원 2022. 03. 17. 선고 2016도17054 판결 ····1480
대법원 2022. 03. 17. 선고 2019도9044 판결 ·····1055
대법원 2022. 03. 17. 선고 2021도13883 판결 ·····215
대법원 2022. 03. 17. 선고 2021도16232, 2021전도 156 판결 ·······································1061
대법원 2022. 03. 17. 선고 2021도2180 판결 ····1058
대법원 2022. 03. 24. 선고 2017도18272 전합507, 525, 727
대법원 2022. 03. 31. 선고 2018도15213 판결 ·····226
대법원 2022. 03. 31. 선고 2018도19472, 2018전도 126 판결 ·······································1484
대법원 2022. 03. 31. 선고 2019도10297 판결 ····1064
대법원 2022. 03. 31. 선고 2020도12560 판결 ····1066
대법원 2022. 03. 31. 선고 2021도17197 판결 ·····275
대법원 2022. 03. 31. 선고 2022도755 판결 ······1069
대법원 2022. 04. 14. 선고 2019도14416 판결 ····1071
대법원 2022. 04. 14. 선고 2020도9257 판결 ·····1076

대법원 2022. 04. 14. 선고 2021도14530, 2021전도 143 판결 ·······································1486
대법원 2022. 04. 14. 선고 2021도17744 판결 ·····391
대법원 2022. 04. 14. 선고 2021도2046 판결 ·····1078
대법원 2022. 04. 21. 선고 2019도3047 전합 351, 1080
대법원 2022. 04. 28. 선고 2020도12239 판결 ·····230
대법원 2022. 04. 28. 선고 2021도16719, 2021전도 165, 2021보도54 판결 ·······················1572
대법원 2022. 04. 28. 선고 2021도17103 판결 ····1371
대법원 2022. 04. 28. 선고 2022도1013 판결 ········763
대법원 2022. 04. 28. 선고 2022도1508 판결 ····1111
대법원 2022. 05. 12. 선고 2020도18062 판결 ····1113
대법원 2022. 05. 12. 선고 2021도14074 판결 ·····687
대법원 2022. 05. 12. 선고 2021도1533 판결 ········830
대법원 2022. 05. 12. 선고 2022도2907 판결 ········525
대법원 2022. 05. 13. 선고 2017도3884 판결 ····1489
대법원 2022. 05. 13. 선고 2020도15642 판결 ·····393
대법원 2022. 05. 19. 선고 2021도17131, 2021전도 170 전원합의체 판결 ·······················1606
대법원 2022. 05. 26. 선고 2017도11582 판결 ····1493
대법원 2022. 05. 26. 선고 2018도13864 판결 ····1117
대법원 2022. 05. 26. 선고 2020두36267 판결 ····1151
대법원 2022. 05. 26. 선고 2021도2488 판결 658, 1318
대법원 2022. 05. 26. 선고 2022도1227 판결 ·····541
대법원 2022. 05. 26. 선고 2022도2188 판결 ····1243
대법원 2022. 05. 26. 자 2022모439 결정 ··········1575
대법원 2022. 05. 31. 자 2016모587 결정 1376, 1439
대법원 2022. 06. 09. 선고 2016도11744 판결 ····1122
대법원 2022. 06. 09. 선고 2021도14878 판결 ·····692
대법원 2022. 06. 09. 선고 2022도1683 판결 ·······723
대법원 2022. 06. 16. 선고 2021도7087 판결 ·····525
대법원 2022. 06. 16. 선고 2022다204708 판결 ······87
대법원 2022. 06. 16. 선고 2022도1676 판결 ····1126
대법원 2022. 06. 16. 선고 2022도2236 판결1501, 1585
대법원 2022. 06. 16. 선고 2022도364 판결 ·····1496
대법원 2022. 06. 16. 자 2022모509 결정 ··········1626
대법원 2022. 06. 23. 선고 2017도3829 전합 ········561
대법원 2022. 06. 30. 선고 2017도21286 판결 ·····585
대법원 2022. 06. 30. 선고 2018도4794 판결 ······623
대법원 2022. 06. 30. 선고 2020도7866 판결 ·········89
대법원 2022. 06. 30. 선고 2021도244 판결 ·······233
대법원 2022. 06. 30. 선고 2021도8361 판결 ······147
대법원 2022. 06. 30. 선고 2022도1629 판결 ·····699
대법원 2022. 06. 30. 선고 2022도3044 판결 ····1129

대법원 2022. 06. 30. 선고 2022도32 판결 ·········693
대법원 2022. 06. 30. 선고 2022도3413 판결 ·······243
대법원 2022. 06. 30. 자 2020모735 결정 ········1379
대법원 2022. 07. 14. 선고 2020도13957 판결 ····1508
대법원 2022. 07. 14. 선고 2020도9188 판결 ·····1134
대법원 2022. 07. 14. 선고 2021도16578 판결 ····1137
대법원 2022. 07. 14. 자 2019모2584 결정 ·······1383
대법원 2022. 07. 28. 선고 2019도7563 판결 ·····1140
대법원 2022. 07. 28. 선고 2020도12279 판결 ····1628
대법원 2022. 07. 28. 선고 2020도12419 판결 ····1141
대법원 2022. 07. 28. 선고 2020도13705 판결 ······766
대법원 2022. 07. 28. 선고 2020도15669 판결 ····1414
대법원 2022. 07. 28. 선고 2020도8336 판결 ······396
대법원 2022. 07. 28. 선고 2020도8421 판결 ······412
대법원 2022. 07. 28. 선고 2021도10579 판결 ····1578
대법원 2022. 07. 28. 선고 2022도2960 판결 ····1393
대법원 2022. 07. 28. 선고 2022도3929 판결 ······696
대법원 2022. 07. 28. 선고 2022도4171 판결 ······835
대법원 2022. 08. 11. 선고 2021도16080 판결 ····1271
대법원 2022. 08. 19. 선고 2020도1153 판결 ····1396
대법원 2022. 08. 19. 선고 2020도9714 판결 262, 267
대법원 2022. 08. 19. 선고 2021도3451 판결320, 334, 1521
대법원 2022. 08. 25 선고 2020도16897 판결 ·······69
대법원 2022. 08. 25. 선고 2020도12944 판결 ·····746
대법원 2022. 08. 25. 선고 2020도16897 판결 78, 406
대법원 2022. 08. 25. 선고 2022도3801 판결 ······725
대법원 2022. 08. 31. 선고 2019도7370 판결 ······400
대법원 2022. 08. 31. 선고 2020도1007 판결 ····1144
대법원 2022. 09. 07. 선고 2021도9055 판결 ······523
대법원 2022. 09. 07. 선고 2022도6993 판결 38, 1515
대법원 2022. 09. 07. 선고 2022도8341 판결 ······769
대법원 2022. 09. 16. 선고 2019도19067 판결 ····1147
대법원 2022. 09. 29. 선고 2019도18942 판결 ····1156
대법원 2022. 09. 29. 선고 2020도11185 판결 ····1518
대법원 2022. 09. 29. 선고 2020도13547 판결 ····1398
대법원 2022. 09. 29. 선고 2021도14514 판결 ·····271
대법원 2022. 10. 14. 선고 2018도13604 판결 ·····603
대법원 2022. 10. 14. 선고 2021도10046 판결 ······822
대법원 2022. 10. 27. 선고 2018도4413 판결 ····1159
대법원 2022. 10. 27. 선고 2019도10516 판결 ·······72
대법원 2022. 10. 27. 선고 2019도14421 판결 ·······76
대법원 2022. 10. 27. 선고 2020도12563 판결 ····1163
대법원 2022. 10. 27. 선고 2020도15105 판결 ······182
대법원 2022. 10. 27. 선고 2022도8806 판결 ·······700

대법원 2022. 10. 27. 선고 2022도9510 판결 ·····1526
대법원 2022. 10. 27. 선고 2022도9877 판결 ·······839
대법원 2022. 10. 27. 자 2022모1004 결정 ·······1580
대법원 2022. 11. 08. 자 2021모3291 결정 ·······1589
대법원 2022. 11. 10. 선고 2018도1966 판결 ····1167
대법원 2022. 11. 10. 선고 2020도13672 판결 352, 730
대법원 2022. 11. 10. 선고 2022도7940 판결 ·····1581
대법원 2022. 11. 17. 선고 2021도701 판결 ········843
대법원 2022. 11. 17. 선고 2022도7290 판결 ·····1170
대법원 2022. 11. 17. 선고 2022도8257 판결1400, 1413
대법원 2022. 11. 17. 선고 2022도8662 판결 102, 107
대법원 2022. 11. 17. 선고 2022도9737 판결 ·····1175
대법원 2022. 11. 22. 자 2022모1799 결정 ········1531
대법원 2022. 11. 30. 선고 2022도1410 판결 ······630
대법원 2022. 11. 30. 선고 2022도6462 판결 ·····1176
대법원 2022. 12. 01. 선고 2018도13867 판결 ····1179
대법원 2022. 12. 01. 선고 2019도5925 판결 ····1402
대법원 2022. 12. 01. 선고 2022도11950 판결 ·····289
대법원 2022. 12. 01. 선고 2022도1499 판결 ······283
대법원 2022. 12. 15 선고 2022도10564 판결 ····1533
대법원 2022. 12. 15. 선고 2017도19229 판결 ·····403
대법원 2022. 12. 15. 선고 2022도8824 판결 ·····1405
대법원 2022. 12. 15. 선고 2022도9187 판결 ······304
대법원 2022. 12. 16. 선고 2022도10629 판결 ····1181
대법원 2022. 12. 20. 자 2020모627 결정 ········1535
대법원 2022. 12. 22. 선고 2016도21314 전합 ···1183
대법원 2022. 12. 22. 선고 2020도16420 전합 ·13, 42
대법원 2022. 12. 22. 선고 2020도8682 전합 ·······608
대법원 2022. 12. 29. 선고 2017도10007 판결 ····1199
대법원 2022. 12. 29. 선고 2018도2720 판결 ····1202
대법원 2022. 12. 29. 선고 2021도2088 판결 ······588
대법원 2022. 12. 29. 선고 2022도10660 판결 ······37
대법원 2022. 12. 29. 선고 2022도12494 판결 ·····545
대법원 2022. 12. 29. 선고 2022도8592 판결 ······106
대법원 2023. 01. 12 선고 2017도14104 판결 ······547
대법원 2023. 01. 12. 선고 2019도16782 판결 ····1205
대법원 2023. 01. 12. 선고 2021도10861 판결 ····1209
대법원 2023. 01. 12. 선고 2022도11163 판결 291, 296
대법원 2023. 01. 12. 선고 2022도11245 판결 ····1539
대법원 2023. 01. 12. 선고 2022도14645 판결 ····1583
대법원 2023. 01. 12. 자 2022모1566 결정 ········1588
대법원 2023. 02. 02. 선고 2021도15681 판결 ····1213
대법원 2023. 02. 02. 선고 2021도16198 판결 ····1217
대법원 2023. 02. 02. 선고 2021도16765 판결 ····1221

대법원 2023. 02. 02. 선고 2022도13425 판결 ······410
대법원 2023. 02. 02. 선고 2022도4719 판결 ······407
대법원 2023. 02. 02. 자 2022어48 결정 ··········1227
대법원 2023. 02. 13. 자 2022모1872 결정 ·······1630
대법원 2023. 02. 23 선고 2022도4610 판결 ·······40
대법원 2023. 02. 23 자 2022모2092 결정 ·········705
대법원 2023. 02. 23. 자 2021모3227 결정 ·······1633
대법원 2023. 03. 09 선고 2022도16120 판결 ······43
대법원 2023. 03. 13 선고 2021도3652 판결 ·······45
대법원 2023. 03. 16 선고 2020도15554 판결 ··1230
대법원 2023. 03. 16 선고 2021도16482 판결 ···420
대법원 2023. 03. 16. 선고 2022도15319 판결 ···741
대법원 2023. 03. 30 선고 2019도7446 판결 ·····423
대법원 2023. 03. 30 선고 2022도6886 판결 ·····266
대법원 2023. 03. 30. 선고 2022도4793 판결 ··1235
대법원 2023. 04. 13 선고 2023도162 판결 ······735
대법원 2023. 04. 13 선고 2023도2358, 2023전도26 판결 ··736
대법원 2023. 04. 21. 자 2022도16568 결정 ···1591
대법원 2023. 04. 21. 자 2023모176 결정 ·······1237
대법원 2023. 04. 27 선고 2020도18296 판결 ···190
대법원 2023. 04. 27 선고 2020도34 판결 ·······428
대법원 2023. 04. 27 선고 2020도6874 판결 ·····79
대법원 2023. 04. 27. 선고 2018도8161 판결 ·1409
대법원 2023. 04. 27. 선고 2020도16431 판결 ·1241
대법원 2023. 04. 27. 선고 2020도17883 판결 ·1245
대법원 2023. 04. 27. 선고 2022도15459 판결 ·1249
대법원 2023. 04. 27. 선고 2023도2102 판결 1412, 1548
대법원 2023. 04. 27. 자 2023모350 결정 ······1592
대법원 2023. 05. 18 선고 2017도2760 판결 ·····83
대법원 2023. 05. 18 선고 2022도10961 판결 ····48
대법원 2023. 05. 18 선고 2022도12037 판결 ··708
대법원 2023. 06. 01 선고 2020도2884 판결 ···591
대법원 2023. 06. 01. 선고 2018도18866 판결 ·1416
대법원 2023. 06. 01. 선고 2018도19782 판결 ·1419
대법원 2023. 06. 01. 선고 2020도12157 판결 ·1422
대법원 2023. 06. 01. 선고 2020도2550 판결 ·1454
대법원 2023. 06. 01. 선고 2020도5233 판결1252, 1260
대법원 2023. 06. 01. 선고 2023도3741 판결 ·1547
대법원 2023. 06. 15 선고 2020도927 판결 ·····279
대법원 2023. 06. 15. 선고 2020도16228 판결 ·1255
대법원 2023. 06. 15. 선고 2022도15414 판결 ·1549
대법원 2023. 06. 15. 선고 2023도3038 판결 ·1553
대법원 2023. 06. 29 선고 2021도17733 판결 ······702

대법원 2023. 06. 29 선고 2022도13430 판결 ···637
대법원 2023. 06. 29 선고 2022도6278 판결 ····739
대법원 2023. 06. 29 선고 2023도3351 판결 ····528
대법원 2023. 06. 29 자 2023모1007 결정 ········141
대법원 2023. 06. 29. 선고 2020도3626 판결 ·1427
대법원 2023. 06. 29. 선고 2020도3705 판결 ·1557
대법원 2023. 07. 13 선고 2021도10763 판결 ···749
대법원 2023. 07. 13 선고 2023도2043 판결 ····135
대법원 2023. 07. 13. 선고 2021도15745 판결 ·1257
대법원 2023. 07. 13. 선고 2023도188 판결 ···1262
대법원 2023. 07. 14. 자 2023모1121 결정 ······1635
대법원 2023. 07. 17 선고 2021도11126 전합 ···643
대법원 2023. 07. 17. 선고 2017도1807 전합1264, 1294
대법원 2023. 08. 18. 선고 2020도6492 판결 ·1291
대법원 2023. 08. 31 선고 2021도17151 판결 ···430
대법원 2023. 08. 31 선고 2021도1833 판결 ····294
대법원 2023. 08. 31 선고 2023도6355 판결 ····809
대법원 2023. 08. 31. 선고 2023도8024 판결 ·1559
대법원 2023. 09. 14 선고 2023도5814 판결 ····845
대법원 2023. 09. 14. 선고 2023도6767 판결 ·1301
대법원 2023. 09. 18. 선고 2022도7453 전합 ·1431
대법원 2023. 09. 21 선고 2018도13877 전합 ···328
대법원 2023. 09. 21 선고 2022도8459 판결 ····441
대법원 2023. 09. 21. 선고 2021도11675 판결 ·1305
대법원 2023. 09. 27 선고 2023도6411 판결 ····713
대법원 2023. 09. 27 선고 2023도9332 판결 ····438

신관악 형사법학회

[글샘 주요발행도서]

- 유형별 민사기록형 연습문제(제2판) (글샘, 2019)
- 민사재판실무 GUIDE(개정판) (글샘, 2019)
- 핵두 행정법 (글샘, 2020)
- (인생실전)생활법률상식 (글샘, 2020)
- (단권화)민사집행법정리(전정판)(글샘, 2021)
- 민사사례연습문제Ⅰ(요건사실론)(글샘, 2021)
- 민사사례연습문제Ⅱ(글샘, 2022)
- (최근9개년)대법원선정주요민사판례(글샘, 2022)
- (최근9개년)대법원선정주요형사판례(글샘, 2022)
- 대법원 전원합의체 판례집(제3판)(글샘, 2022)
- 요건사실론(제5판)(글샘, 2022)
- 주제별 형사판례정리Ⅰ,Ⅱ,Ⅲ(재6편)(글샘, 2023)
- 주제별민사판례정리Ⅰ,Ⅱ,Ⅲ,Ⅳ(제6판)(글샘, 2023)
- 민사재판실무 종합문제(제5판)(글샘, 2023)
- 형사특별법(제6판)(글샘, 2023)
- 형사재판실무 GUIDE(제3판)(글샘, 2023)
- 환경법전(제4판)(글샘, 2023)
- 세무사 민법(제3판)(글샘, 2023)
- 세무사 객관식 민법(제3판)(글샘, 2023)
- 민사재판실무 검토보고서 모음(글샘, 2023)
- 형사재판실무 검토보고서 모음(글샘, 2023)

제1저자 : 장철호 변호사

- 부산대학교법학과 졸업(1998)
- 제48회 사법시험합격(2006)
- 사법연수원 제38기수료(2009)
- 전 경찰공제회 법무지원팀장
- 장철호법률사무소 대표

저서목록

- 주제별 형사판례정리Ⅰ,Ⅱ,Ⅲ (글샘)
- 형사재판실무 GUIDE(제3판)(글샘, 2023)

주제별 형사판례정리Ⅱ

발행일 : 2023년 12월 19일

발행인 : 이 기 철

발행처 : 도서출판 글 샘

주 소 : 서울시 관악구 호암로 582 B01호(신림동, 해동빌딩)

연락처 : 전화 : 02-6338-9423, 010-3771-9423. 팩 스 : 02-6280-9423

등록일 : 2017.08.30. 제2017-000052호

E-mail : gulsam2017@naver.com

저자와 협의하여 인지를 생략함

파본은 바꿔드립니다. 본서의 무단전제·복제 행위를 금합니다.
정가 : 45,000원 ISBN :979-11-88946-92-1 (13360)

「이 도서의 국립중앙도서관 출판시도서목록(CIP)은 서지정보유통지원시스템 홈페이지 (http://seoji.nl.go.kr)와 국가자료공동목록시스템(http://www.nl.go.kr/kolisnet)에서 이용하실 수 있습니다.